NomosGesetze

Landesrecht Bayern

Textsammlung

Herausgegeben von

Prof. Dr. Dirk Heckmann, Technische Universität München
Mitglied des Bayerischen Verfassungsgerichtshofs

Dr. Karl Huber, Präsident des Bayerischen Verfassungsgerichtshofs a.D., Präsident des Oberlandesgerichts München a.D.

Rechtsanwalt Leopold Thum, Fachanwalt für Verwaltungsrecht, Fachanwalt für Agrarrecht, München

19. Auflage

Stand: 16. September 2024

Nomos

Die Deutsche Nationalbibliothek verzeichnet diese Publikation in der Deutschen Nationalbibliografie; detaillierte bibliografische Daten sind im Internet über http://dnb.d-nb.de abrufbar.

ISBN 978-3-7560-1759-1

19. Auflage 2024

Vorwort

Die Textsammlung „Landesrecht Bayern“ erschien erstmalig im September 2003, nun liegt die 19. Auflage vor. Seit Erscheinen der vorhergehenden Auflage im September 2023 sind im Bayerischen Landesrecht etliche Gesetzes- und Verordnungsänderungen wirksam geworden, die mit Zuständigkeitsanpassungen wie auch der Umsetzung der Digitalisierung der Verwaltung des Freistaats Bayern zusammenhängen.

Die 19. Auflage enthält die wichtigsten Gesetze des Freistaats Bayern in einer handlichen und übersichtlichen Form. Wie bisher orientiert sich die Auswahl der Gesetze und Verordnungen an der praktischen Bedeutung in Studium, Fortbildung und Rechtspraxis. Die Textsammlung richtet sich an die Studierenden der Universitäten und Fachhochschulen Bayerns, an die Rechtsreferendare sowie an die in der bayerischen Rechtspraxis tätigen Richter, Verwaltungsbeamten und Rechtsanwälte. Die regelmäßigen Neuauflagen gewährleisten stets die Aktualität der Sammlung. Für einen schnelleren Zugriff auf die benötigten Gesetze sorgt eine alphabetische Schnellübersicht auf der Rückseite des Bandes.

Die vorliegende 19. Auflage berücksichtigt die Gesetzesänderungen und Neufassungen von Landesgesetzen seit Oktober 2023 und befindet sich jetzt auf dem Rechtsstand vom 16. September 2024.

Der Gesetzes- und Verordnungsgeber hat zuletzt zahlreiche Normanpassungen vorrangig im Landesverordnungsrecht veranlasst, unter anderem betreffend die Bekanntmachungsverordnung (GVBl. 2023 S. 655), mehrmals die Digitale Bauantragsverordnung, zudem die Garagen- und Stellplatzverordnung (GVBl. 2023 S. 639). Zuständigkeitsanpassungen führten zu Änderungen unter anderem der Bayerischen Gemeindeordnung, der Landkreisordnung sowie der Bezirksordnung, des Kommunalabgabengesetzes, des Bayerischen Naturschutzgesetzes und des Bayerischen Straßen- und Wegegesetzes (GVBl. 2024 S. 98), weiter erfolgte auch eine nochmalige Änderung des Gemeinde- und Landkreiswahlgesetzes (GVBl. 2023 S. 586).

Für Anregungen und Kritik sind Verlag und Herausgeber sehr dankbar.

München im September 2024

Dirk Heckmann
Karl Huber
Leopold Thum

Inhalt

Verfassung des Freistaates Bayern

In der Fassung der Bekanntmachung vom 15. Dezember 1998 (GVBl. S. 991, 992)
(BayRS 100-1-I)
zuletzt geändert durch § 1 ÄndG vom 11. November 2013 (GVBl. S. 642)

Nichtamtliche Inhaltsübersicht

Präambel

Angesichts des Trümmerfeldes, zu dem eine Staats- und Gesellschaftsordnung ohne Gott, ohne Gewissen und ohne Achtung vor der Würde des Menschen die Überlebenden des zweiten Weltkrieges geführt hat, in dem festen Entschlusse, den kommenden deutschen Geschlechtern die Segnungen des Friedens, der Menschlichkeit und des Rechtes dauernd zu sichern, gibt sich das Bayerische Volk, eingedenk seiner mehr als tausendjährigen Geschichte, nachstehende demokratische Verfassung

Erster Hauptteil

Aufbau und Aufgaben des Staates

1. Abschnitt

Die Grundlagen des Bayerischen Staates

Artikel 1 [Freistaat; Landesfarben; Landeswappen]

(1) Bayern ist ein Freistaat.

(2) Die Landesfarben sind Weiß und Blau.

(3) Das Landeswappen wird durch Gesetz bestimmt.

Artikel 2 [Träger der Staatsgewalt]

(1) [1]Bayern ist ein Volksstaat. [2]Träger der Staatsgewalt ist das Volk.

(2) [1]Das Volk tut seinen Willen durch Wahlen und Abstimmung kund. [2]Mehrheit entscheidet.

Artikel 3 [Rechts-, Kultur- und Sozialstaatlichkeit]

(1) [1]Bayern ist ein Rechts-, Kultur- und Sozialstaat. [2]Er dient dem Gemeinwohl.

(2) [1]Der Staat schützt die natürlichen Lebensgrundlagen und die kulturelle Überlieferung. [2]Er fördert und sichert gleichwertige Lebensverhältnisse und Arbeitsbedingungen in ganz Bayern, in Stadt und Land.

Artikel 3a [Geeintes Europa]

[1]Bayern bekennt sich zu einem geeinten Europa, das demokratischen, rechtsstaatlichen, sozialen und föderativen Grundsätzen sowie dem Grundsatz der Subsidiarität verpflichtet ist, die Eigenständigkeit der Regionen wahrt und deren Mitwirkung an europäischen Entscheidungen sichert. [2]Bayern arbeitet mit anderen europäischen Regionen zusammen.

Artikel 4 [Ausübung der Staatsgewalt]

Die Staatsgewalt wird ausgeübt durch die stimmberechtigten Staatsbürger selbst, durch die von ihnen gewählte Volksvertretung und durch die mittelbar oder unmittelbar von ihr bestellten Vollzugsbehörden und Richter.

Artikel 5 [Gewaltenteilung]

(1) Die gesetzgebende Gewalt steht ausschließlich dem Volk und der Volksvertretung zu.

(2) Die vollziehende Gewalt liegt in den Händen der Staatsregierung und der nachgeordneten Vollzugsbehörden.

(3) Die richterliche Gewalt wird durch unabhängige Richter ausgeübt.

Artikel 6 [Staatsangehörigkeit]

(1) Die Staatsangehörigkeit wird erworben
1. durch Geburt;
2. durch Legitimation;
3. durch Eheschließung;
4. durch Einbürgerung.

(2) Die Staatsangehörigkeit kann nicht aberkannt werden.

(3) Das Nähere regelt ein Gesetz über die Staatsangehörigkeit.

Artikel 7 [Rechte des Staatsbürgers]

(1) Staatsbürger ist ohne Unterschied der Geburt, der Rasse, des Geschlechts, des Glaubens und des Berufs jeder Staatsangehörige, der das 18. Lebensjahr vollendet hat.

(2) Der Staatsbürger übt seine Rechte aus durch Teilnahme an Wahlen, Bürgerbegehren und Bürgerentscheiden sowie Volksbegehren und Volksentscheiden.

(3) Die Ausübung dieser Rechte kann von der Dauer eines Aufenthalts bis zu einem Jahr abhängig gemacht werden.

Artikel 8 [Staatsbürgerliche Gleichstellung]

Alle deutschen Staatsangehörigen, die in Bayern ihren Wohnsitz haben, besitzen die gleichen Rechte und haben die gleichen Pflichten wie die bayerischen Staatsangehörigen.

Artikel 9 [Gliederung des Staatsgebietes]

(1) Das Staatsgebiet gliedert sich in Kreise (Regierungsbezirke); die Abgrenzung erfolgt durch Gesetz.

(2) [1]Die Kreise sind in Bezirke eingeteilt; die kreisunmittelbaren Städte stehen den Bezirken gleich. [2]Die Einteilung wird durch Rechtsverordnung der Staatsregierung bestimmt; hierzu ist die vorherige Genehmigung des Landtags einzuholen.

Artikel 10 [Gemeindeverbände]

(1) Für das Gebiet jedes Kreises und jedes Bezirks besteht ein Gemeindeverband als Selbstverwaltungskörper.

(2) Der eigene Wirkungskreis der Gemeindeverbände wird durch die Gesetzgebung bestimmt.

(3) [1]Den Gemeindeverbänden können durch Gesetz weitere Aufgaben übertragen werden, die sie namens des Staates zu erfüllen haben. [2]Sie besorgen diese Aufgaben entweder nach den Weisungen der Staatsbehörden oder kraft besonderer Bestimmung selbständig.

(4) Das wirtschaftliche und kulturelle Eigenleben im Bereich der Gemeindeverbände ist vor Verödung zu schützen.

Artikel 11 [Gemeinden]

(1) [1]Jeder Teil des Staatsgebiets ist einer Gemeinde zugewiesen. [2]Eine Ausnahme hiervon machen bestimmte unbewohnte Flächen (ausmärkische Gebiete).

(2) [1]Die Gemeinden sind ursprüngliche Gebietskörperschaften des öffentlichen Rechts. [2]Sie haben das Recht, ihre eigenen Angelegenheiten im Rahmen der Gesetze selbst zu ordnen und zu verwalten, insbesonders ihre Bürgermeister und Vertretungskörper zu wählen.

(3) Durch Gesetz können den Gemeinden Aufgaben übertragen werden, die sie namens des Staates zu erfüllen haben.

(4) Die Selbstverwaltung der Gemeinden dient dem Aufbau der Demokratie in Bayern von unten nach oben.

(5) Für die Selbstverwaltung in der Gemeinde gilt der Grundsatz der Gleichheit der politischen Rechte und Pflichten aller in der Gemeinde wohnenden Staatsbürger.

Artikel 12 [Kommunalwahlen; Bürgerbegehren und Bürgerentscheid]

(1) Die Grundsätze für die Wahl zum Landtag gelten auch für die Gemeinden und Gemeindeverbände.

(2) [1]Das Vermögen der Gemeinden und Gemeindeverbände kann unter keinen Umständen zum Staatsvermögen gezogen werden. [2]Die Vergabung solchen Vermögens ist unzulässig.

(3) [1]Die Staatsbürger haben das Recht, Angelegenheiten des eigenen Wirkungskreises der Gemeinden und Landkreise durch Bürgerbegehren und Bürgerentscheid zu regeln. [2]Das Nähere regelt ein Gesetz.

2. Abschnitt
Der Landtag

Artikel 13 [Abgeordnete]

(1) Der Landtag besteht aus 180[1)] Abgeordneten des bayerischen Volkes.

(2) [1]Die Abgeordneten sind Vertreter des Volkes, nicht nur einer Partei. [2]Sie sind nur ihrem Gewissen verantwortlich und an Aufträge nicht gebunden.

Artikel 14 [Wahl]

(1) [1]Die Abgeordneten werden in allgemeiner, gleicher, unmittelbarer und geheimer Wahl nach einem verbesserten Verhältniswahlrecht von allen wahlberechtigten Staatsbürgern in Wahlkreisen und Stimmkreisen gewählt. [2]Jeder Regierungsbezirk bildet einen Wahlkreis. [3]Jeder Landkreis und jede kreisfreie Gemeinde bildet einen Stimmkreis. [4]Soweit es der Grundsatz der Wahlgleichheit erfordert, sind räumlich zusammenhängende Stimmkreise abweichend von Satz 3 zu bilden. [5]Je Wahlkreis darf höchstens ein Stimmkreis mehr gebildet werden als Abgeordnete aus der Wahlkreisliste zu wählen sind. [6]Durch Überhang- und Ausgleichsmandate, die in Anwendung dieser Grundsätze zugeteilt werden, kann die Zahl der Abgeordneten nach Art. 13 Abs. 1 überschritten werden.

(2) Wählbar ist jeder wahlfähige Staatsbürger, der das 18. Lebensjahr vollendet hat.

(3) Die Wahl findet an einem Sonntag oder öffentlichen Ruhetag statt.

(4) Wahlvorschläge, auf die im Land nicht mindestens fünf vom Hundert der insgesamt abgegebenen gültigen Stimmen entfallen, erhalten keinen Sitz im Landtag zugeteilt.

(5) Das Nähere bestimmt das Landeswahlgesetz.

Artikel 15 [Verbotene Wählergruppen]

(1) Wählergruppen, deren Mitglieder oder Förderer darauf ausgehen, die staatsbürgerlichen Freiheiten zu unterdrücken oder gegen Volk, Staat oder Verfassung Gewalt anzuwenden, dürfen sich an Wahlen und Abstimmungen nicht beteiligen.

---

1) **Amtl. Anm.:** Für den 14. Landtag s. § 2 Abs. 3 Nr. 2 des Gesetzes vom 20. Februar 1998 (GVBl. S. 39).

(2) Die Entscheidung darüber, ob diese Voraussetzungen vorliegen, trifft auf Antrag der Staatsregierung oder einer der im Landtag vertretenen politischen Parteien der Bayerische Verfassungsgerichtshof.

Artikel 16 [Wahlperiode; Neuwahl]

(1) [1]Der Landtag wird auf fünf Jahre gewählt. [2]Seine Wahlperiode beginnt mit seinem ersten Zusammentritt und endet mit dem Zusammentritt eines neuen Landtags. [3]Die Neuwahl findet frühestens 59 Monate, spätestens 62 Monate nach dem Tag statt, an dem der vorausgegangene Landtag gewählt worden ist.

(2) Der Landtag tritt spätestens am 22. Tag nach der Wahl zusammen.

Artikel 16a [Parlamentarische Opposition]

(1) Parlamentarische Opposition ist ein grundlegender Bestandteil der parlamentarischen Demokratie.

(2) [1]Die Fraktionen und die Mitglieder des Landtags, welche die Staatsregierung nicht stützen, haben das Recht auf ihrer Stellung entsprechende Wirkungsmöglichkeiten in Parlament und Öffentlichkeit. [2]Sie haben Anspruch auf eine zur Erfüllung ihrer besonderen Aufgaben erforderliche Ausstattung.

(3) Das Nähere wird durch Gesetz geregelt.

Artikel 17 [Einberufung]

(1) Der Landtag tritt jedes Jahr im Herbst am Sitz der Staatsregierung zusammen.

(2) [1]Der Präsident kann ihn früher einberufen. [2]Er muß ihn einberufen, wenn es die Staatsregierung oder mindestens ein Drittel der Landtagsmitglieder verlangt.

(3) Der Landtag bestimmt den Schluß der Tagung und den Zeitpunkt des Wiederzusammentritts.

Artikel 18 [Auflösung; Abberufung]

(1) Der Landtag kann sich vor Ablauf seiner Wahldauer durch Mehrheitsbeschluß seiner gesetzlichen Mitgliederzahl selbst auflösen.

(2) Er kann im Falle des Art. 44 Abs. 5 vom Landtagspräsidenten aufgelöst werden.

(3) Er kann auf Antrag von einer Million wahlberechtigter Staatsbürger durch Volksentscheid abberufen werden.

(4) Die Neuwahl des Landtags findet spätestens am sechsten Sonntag nach der Auflösung oder Abberufung statt.

Artikel 19 [Verlust der Mitgliedschaft]

Die Mitgliedschaft beim Landtag während der Wahldauer geht verloren durch Verzicht, Ungültigkeitserklärung der Wahl, nachträgliche Änderung des Wahlergebnisses und Verlust der Wahlfähigkeit.

Artikel 20 [Präsidium; Geschäftsordnung]

(1) Der Landtag wählt aus seiner Mitte ein Präsidium, bestehend aus einem Präsidenten, dessen Stellvertretern und den Schriftführern.

(2) Zwischen zwei Tagungen führt das Präsidium die laufenden Geschäfte des Landtags fort.

(3) Der Landtag gibt sich eine Geschäftsordnung.

Artikel 21 [Befugnisse des Präsidenten]

(1) Der Präsident übt das Hausrecht und die Polizeigewalt im Landtagsgebäude aus.

(2) Er führt die Hausverwaltung, verfügt über die Einnahmen und Ausgaben des Hauses und vertritt den Staat in allen Rechtsgeschäften und Rechtsstreitigkeiten dieser Verwaltung.

Artikel 22 [Öffentlichkeit der Verhandlungen]

(1) [1]Der Landtag verhandelt öffentlich. [2]Auf Antrag von 50 Mitgliedern oder der Staatsregierung kann mit Zweidrittelmehrheit der anwesenden Mitglieder die Öffentlichkeit für die Behandlung eines bestimmten Gegenstandes ausgeschlossen werden. [3]Sie muß ausgeschlossen werden, wenn und solange es die Staatsregierung zur Begründung ihres Antrages auf Ausschluß der Öffentlichkeit verlangt. [4]Der Landtag entscheidet darüber, ob und in welcher Art die Öffentlichkeit über solche Verhandlungen unterrichtet werden soll.

(2) Wahrheitsgetreue Berichte über die Verhandlungen in den öffentlichen Sitzungen des Landtags oder seiner Ausschüsse bleiben von jeder Verantwortlichkeit frei, es sei denn, daß es sich um die Wiedergabe von Ehrverletzungen handelt.

Artikel 23 [Beschlussfassung; Beschlussfähigkeit]

(1) Der Landtag beschließt mit einfacher Mehrheit der abgegebenen Stimmen, sofern die Verfassung kein anderes Stimmverhältnis vorschreibt.

(2) Zur Beschlußfähigkeit des Landtags ist die Anwesenheit der Mehrheit seiner Mitglieder erforderlich.

(3) Die in der Verfassung vorgesehenen Ausnahmen bleiben unberührt.

Artikel 24 [Anwesenheit und Mitwirkung der Staatsregierung]

(1) Der Landtag und seine Ausschüsse können das Erscheinen des Ministerpräsidenten und jedes Staatsministers und Staatssekretärs verlangen.

(2) [1]Die Mitglieder der Staatsregierung und die von ihnen bestellten Beauftragten haben zu allen Sitzungen des Landtags und seiner Ausschüsse Zutritt. [2]Sie müssen während der Beratung jederzeit, auch außerhalb der Tagesordnung, gehört werden.

Artikel 25 [Untersuchungsausschüsse]

(1) Der Landtag hat das Recht und auf Antrag von einem Fünftel seiner Mitglieder die Pflicht, Untersuchungsausschüsse einzusetzen.

(2) Bei der Einsetzung jedes neuen Untersuchungsausschusses wechselt der Vorsitz unter den Fraktionen entsprechend ihrem Stärkeverhältnis im Landtag.

(3) [1]Diese Ausschüsse und die von ihnen ersuchten Behörden können in entsprechender Anwendung der Strafprozeßordnung alle erforderlichen Beweise erheben, auch Zeugen und Sachverständige vorladen, vernehmen, beeidigen und das Zeugniszwangsverfahren gegen sie durchführen. [2]Das Brief-, Post-, Telegraphen- und Fernsprechgeheimnis bleibt jedoch unberührt. [3]Die Gerichts- und Verwaltungsbehörden sind verpflichtet, dem Ersuchen dieser Ausschüsse um Beweiserhebung Folge zu leisten. [4]Die Akten der Behörden sind ihnen auf Verlangen vorzulegen.

(4) [1]Auf Antrag von einem Fünftel ihrer Mitglieder haben die Ausschüsse zulässigen Anträgen nach Absatz 3 stattzugeben. [2]Hält die Mehrheit der Mitglieder dieses Ausschusses einen Antrag nach Absatz 3 für unzulässig, so entscheidet darüber der Landtag. [3]Gegen dessen Entscheidung kann der Bayerische Verfassungsgerichtshof angerufen werden.

(5) [1]Die Untersuchungsausschüsse verhandeln öffentlich, doch wird die Öffentlichkeit auf Verlangen einer Zweidrittelmehrheit ausgeschlossen. [2]Art. 22 Abs. 1 Satz 3 und 4 gilt entsprechend.

Artikel 25a [Enquete-Kommission]

[1]Zur Vorbereitung von Entscheidungen über umfangreiche und bedeutsame Angelegenheiten, die in die Zuständigkeit des Freistaates Bayern fallen, kann der Landtag eine Enquete-Kommission einsetzen. [2]Auf Antrag eines Fünftels seiner Mitglieder ist er dazu verpflichtet. [3]Der Antrag muß den Auftrag der Kommission bezeichnen. [4]Das Nähere regelt die Geschäftsordnung des Landtags.

Artikel 26 [Zwischenausschuss]

(1) [1]Der Landtag bestellt zur Wahrung der Rechte der Volksvertretung gegenüber der Staatsregierung und zur Behandlung dringlicher Staatsangelegenheiten für die Zeit außerhalb der Tagung sowie nach der Auflösung oder der Abberufung des Landtags bis zum Zusammentritt des neuen Landtags einen Zwischenausschuß. [2]Dieser Ausschuß hat die Befugnisse des Landtags, doch kann er nicht Ministeranklage erheben und nicht Gesetze beschließen oder Volksbegehren behandeln.

(2) Für diesen Ausschuß gelten die Bestimmungen des Art. 25.

Artikel 27 [Indemnität der Abgeordneten]

Kein Mitglied des Landtags darf zu irgendeiner Zeit wegen seiner Abstimmung gerichtlich oder dienstlich verfolgt oder sonst außerhalb der Versammlung zur Verantwortung gezogen werden.

Artikel 28 [Immunität der Abgeordneten]

(1) Kein Mitglied des Landtags kann ohne dessen Genehmigung während der Tagung wegen einer mit Strafe bedrohten Handlung zur Untersuchung gezogen oder verhaftet werden, es sei denn, daß es bei Ausübung der Tat oder spätestens im Laufe des folgenden Tages festgenommen worden ist.

(2) Die gleiche Genehmigung ist erforderlich, wenn der Abgeordnete anderweitig in seiner persönlichen Freiheit beschränkt und dadurch in der Ausübung seines Abgeordnetenberufes beeinträchtigt wird.

(3) [1]Jedes Strafverfahren gegen ein Mitglied des Landtags und jede Haft oder sonstige Beschränkung seiner persönlichen Freiheit wird auf Verlangen des Landtags für die Dauer der Tagung aufgehoben. [2]Ein solches Verlangen kann jedoch nicht gestellt werden, wenn der Abgeordnete eines unpolitischen Verbrechens bezichtigt wird. [3]Ob dieser Fall vorliegt, entscheidet der Landtag.

Artikel 29 [Zeugnisverweigerungsrecht der Abgeordneten]

(1) [1]Die Mitglieder des Landtags sind berechtigt, über Personen, die ihnen in ihrer Eigenschaft als Abgeordnete Tatsachen anvertrauten oder denen sie in Ausübung ihres Abgeordnetenberufes Tatsachen anvertraut haben, sowie über diese Tatsachen selbst, das Zeugnis zu verweigern. [2]Soweit dieses Zeugnisverweigerungsrecht reicht, ist die Beschlagnahme von Schriftstücken bei ihnen unzulässig.

(2) Eine Untersuchung oder Beschlagnahme darf in den Räumen des Landtags nur mit Genehmigung des Präsidenten vorgenommen werden.

Artikel 30 [Mandat und Arbeitsverhältnis]

Abgeordnete bedürfen zur Ausübung ihres Amtes als Mitglied des Landtags keines Urlaubs von ihrem Arbeitgeber[1)].

Artikel 31 [Aufwandsentschädigung]

Die Mitglieder des Landtags haben das Recht zur freien Fahrt auf allen staatlichen Verkehrseinrichtungen in Bayern sowie auf eine Aufwandsentschädigung.

Artikel 32 [Rechtsstellung des Präsidiums und des Zwischenausschusses]

(1) Die Art. 27 mit 31 gelten für das Präsidium des Landtags sowie für die Mitglieder des Zwischenausschusses und ihre ersten Stellvertreter.

(2) In den Fällen des Art. 28 wird die Mitwirkung des Landtags durch die Mitwirkung des Zwischenausschusses ersetzt.

Artikel 33 [Wahlprüfung]

[1]Die Wahlprüfung obliegt dem Landtag. [2]Wird die Gültigkeit einer Wahl bestritten, so entscheidet der Bayerische Verfassungsgerichtshof. [3]Er entscheidet auch über die Frage, ob ein Abgeordneter die Mitgliedschaft beim Landtag verloren hat.

Artikel 33a [Landesbeauftragter für den Datenschutz]

(1) Der Landtag wählt auf Vorschlag der Staatsregierung einen Landesbeauftragten für den Datenschutz.

(2) Der Landesbeauftragte für den Datenschutz kontrolliert nach Maßgabe des Gesetzes bei den öffentlichen Stellen die Einhaltung der Vorschriften über den Datenschutz.

(3) [1]Der Landesbeauftragte für den Datenschutz ist in Ausübung seines Amts unabhängig und nur dem Gesetz unterworfen. [2]Er untersteht der Dienstaufsicht des Landtagspräsidenten.

(4) [1]Der Landesbeauftragte für den Datenschutz wird auf sechs Jahre gewählt. [2]Wiederwahl ist zulässig. [3]Er kann ohne seine Zustimmung vor Ablauf seiner Amtszeit nur mit Zweidrittelmehrheit der Mitgliederzahl des Landtags abberufen werden, wenn eine entsprechende Anwendung der Vorschriften über die Amtsenthebung von Richtern auf Lebenszeit dies rechtfertigt.

(5) Das Nähere wird durch Gesetz geregelt.

3. Abschnitt
Der Senat[2)]

Artikel 34–42 (aufgehoben)

4. Abschnitt
Die Staatsregierung

Artikel 43 [Zusammensetzung]

(1) Die Staatsregierung ist die oberste leitende und vollziehende Behörde des Staates.

---

1) Siehe hierzu auch Art. 2 bis 4 des Bayerischen Abgeordnetengesetzes.

2) **Amtl. Anm.:** Mit Inkrafttreten des Gesetzes zur Abschaffung des Bayerischen Senates vom 20. Februar 1998 (GVBl. S. 42) zum 1. Januar 2000 treten die Art. 34 bis 42 außer Kraft. Folgeänderungen ergeben sich für Art. 68 Abs. 3 Satz 2, Art. 71, 111a Abs. 2 Satz 3 und Art. 179.

(2) Sie besteht aus dem Ministerpräsidenten und bis zu 17 Staatsministern und Staatssekretären.

Artikel 44 [Wahl des Ministerpräsidenten; Rücktritt]

(1) Der Ministerpräsident wird von dem neu gewählten Landtag spätestens innerhalb einer Woche nach seinem Zusammentritt auf die Dauer von fünf Jahren gewählt.

(2) Wählbar ist jeder wahlberechtigte Bayer, der das 40. Lebensjahr vollendet hat.

(3) [1]Der Ministerpräsident kann jederzeit von seinem Amt zurücktreten. [2]Er muß zurücktreten, wenn die politischen Verhältnisse ein vertrauensvolles Zusammenarbeiten zwischen ihm und dem Landtag unmöglich machen. [3]Der Rücktritt des Ministerpräsidenten hat den Rücktritt der Staatsregierung zur Folge. [4]Bis zur Neuwahl eines Ministerpräsidenten geht die Vertretung Bayerns nach außen auf den Landtagspräsidenten über. [5]Während dieser Zeit kann der Landtagspräsident vom Landtag nicht abberufen werden.

(4) Bei Rücktritt oder Tod des Ministerpräsidenten während seiner Amtsdauer wird in der nächsten Sitzung des Landtags ein neuer Ministerpräsident für den Rest der laufenden Amtsdauer gewählt.

(5) Kommt die Neuwahl innerhalb von vier Wochen nicht zustande, muß der Landtagspräsident den Landtag auflösen.

Artikel 45 [Berufung und Entlassung der Staatsminister und Staatssekretäre]

Der Ministerpräsident beruft und entläßt mit Zustimmung des Landtags die Staatsminister und die Staatssekretäre.

Artikel 46 [Stellvertreter des Ministerpräsidenten]

Der Ministerpräsident bestimmt mit Zustimmung des Landtags seinen Stellvertreter aus der Zahl der Staatsminister.

Artikel 47 [Befugnisse des Ministerpräsidenten]

(1) Der Ministerpräsident führt in der Staatsregierung den Vorsitz und leitet ihre Geschäfte.

(2) Er bestimmt die Richtlinien der Politik und trägt dafür die Verantwortung gegenüber dem Landtag.

(3) Er vertritt Bayern nach außen.

(4) Er übt in Einzelfällen das Begnadigungsrecht aus.

(5) Er unterbreitet dem Landtag die Vorlagen der Staatsregierung.

Artikel 48 [Suspendierung von Grundrechten]

(1) Die Staatsregierung kann bei drohender Gefährdung der öffentlichen Sicherheit und Ordnung das Recht der öffentlichen freien Meinungsäußerung (Art. 110), die Pressefreiheit (Art. 111), das Brief-, Post-, Telegraphen- und Fernsprechgeheimnis (Art. 112) und die Versammlungsfreiheit (Art. 113) zunächst auf die Dauer einer Woche einschränken oder aufheben.

(2) [1]Sie hat gleichzeitig die Einberufung des Landtags zu veranlassen, ihn von allen getroffenen Maßnahmen unverzüglich zu verständigen und diese auf Verlangen des Landtags ganz oder teilweise aufzuheben. [2]Bestätigt der Landtag mit der Mehrheit seiner gesetzlichen Mitgliederzahl die getroffenen Maßnahmen, so wird ihre Geltung um einen Monat verlängert.

(3) Gegen die getroffenen Maßnahmen ist außerdem Beschwerde zum Bayerischen Verfassungsgerichtshof zulässig; dieser hat innerhalb einer Woche wenigstens eine vorläufige Entscheidung zu treffen.

Artikel 49 [Zahl und Abgrenzung der Geschäftsbereiche]

[1]Der Ministerpräsident bestimmt die Zahl und die Abgrenzung der Geschäftsbereiche (Staatsministerien). [2]Dies bedarf der Bestätigung durch Beschluß des Landtags.

Artikel 50 [Geschäftsbereich der Staatsminister]

[1]Jedem Staatsminister wird durch den Ministerpräsidenten ein Geschäftsbereich oder eine Sonderaufgabe zugewiesen. [2]Der Ministerpräsident kann sich selbst einen oder mehrere Geschäftsbereiche vorbehalten oder einem Staatsminister mehrere Geschäftsbereiche zuweisen.

Artikel 51 [Richtlinien der Politik; Verantwortlichkeit der Staatsminister und Staatssekretäre]

(1) Gemäß den vom Ministerpräsidenten bestimmten Richtlinien der Politik führt jeder Staatsminister seinen Geschäftsbereich selbständig und unter eigener Verantwortung gegenüber dem Landtag.

(2) [1]Die Staatssekretäre sind an die Weisungen des Staatsministers, dem sie zugewiesen sind, gebunden. [2]Im Falle der Verhinderung des Staatsministers handeln sie selbständig und unter eigener Verantwortung gegenüber dem Landtag.

Artikel 52 [Staatskanzlei]

Zur Unterstützung des Ministerpräsidenten und der Staatsregierung in ihren verfassungsmäßigen Aufgaben besteht eine Staatskanzlei.

Artikel 53 [Geschäftsordnung]

[1]Die Staatsregierung gibt sich eine Geschäftsordnung. [2]In dieser wird die Zuweisung der Geschäfte an die einzelnen Geschäftsbereiche geregelt. [3]Jede Aufgabe der Staatsverwaltung ist einem Geschäftsbereich zuzuteilen.

Artikel 54 [Beschlüsse der Staatsregierung]

[1]Die Staatsregierung faßt ihre Beschlüsse mit Stimmenmehrheit der Abstimmenden. [2]Bei Stimmengleichheit entscheidet die Stimme des Ministerpräsidenten. [3]Zur Beschlußfähigkeit ist die Anwesenheit der Mehrheit der Mitglieder erforderlich. [4]Kein Mitglied darf sich der Stimme enthalten.

Artikel 55 [Grundsätze der Staatsverwaltung]

Für die Geschäftsführung der Staatsregierung und der einzelnen Staatsministerien gelten folgende Grundsätze:

1. Die Staatsverwaltung wird nach der Verfassung, den Gesetzen und dem Haushaltsplan geführt.
2. Der Staatsregierung und den einzelnen Staatsministerien obliegt der Vollzug der Gesetze und Beschlüsse des Landtags. Zu diesem Zwecke können die erforderlichen Ausführungs- und Verwaltungsverordnungen von ihr erlassen werden. Rechtsverordnungen, die über den Rahmen einer Ausführungsverordnung hinausgehen, bedürfen besonderer gesetzlicher Ermächtigung.
3. Die Staatsregierung beschließt über alle dem Landtag zu unterbreitenden Vorlagen. Die Unterrichtung des Landtags durch die Staatsregierung bleibt einer Vereinbarung zwischen Landtag und Staatsregierung auf gesetzlicher Grundlage vorbehalten.
4. Die Staatsregierung ernennt die leitenden Beamten der Staatsministerien und die Vorstände der den Ministerien unmittelbar untergeordneten Behörden. Die übrigen Beamten werden durch die zuständigen Staatsminister oder durch die von ihnen beauftragten Behörden ernannt.
5. Die gesamte Staatsverwaltung ist der Staatsregierung und den zuständigen Staatsministerien untergeordnet. Den Staatsministerien obliegt auch im Rahmen der Gesetze die Aufsicht über die Gemeinden und Gemeindeverbände sowie die sonstigen Körperschaften des öffentlichen Rechts und die öffentlich-rechtlichen Stiftungen.
6. Jeder Staatsminister übt die Dienstaufsicht über die Behörden und Beamten seines Geschäftsbereichs aus.
7. Jeder Staatsminister entscheidet über Verwaltungsbeschwerden im Rahmen seines Geschäftsbereichs.

Artikel 56 [Eid der Mitglieder der Staatsregierung]

Sämtliche Mitglieder der Staatsregierung leisten vor ihrem Amtsantritt vor dem Landtag einen Eid auf die Staatsverfassung.

Artikel 57 [Inkompatibilitäten]

[1]Der Ministerpräsident, die Staatsminister und die Staatssekretäre dürfen ein anderes besoldetes Amt, einen Beruf oder ein Gewerbe nicht ausüben; sie dürfen nicht Mitglieder des Aufsichtsrats oder Vorstands einer privaten Erwerbsgesellschaft sein. [2]Eine Ausnahme besteht für Gesellschaften, bei denen der überwiegende Einfluß des Staates sichergestellt ist.

Artikel 58 [Gehalt und Versorgung]

Gehalt, Ruhegehalt und Hinterbliebenenversorgung der Mitglieder der Staatsregierung werden durch Gesetz geregelt.

Artikel 59 [Ministeranklage]

Der Landtag ist berechtigt, den Ministerpräsidenten, jeden Staatsminister und Staatssekretär vor dem Bayerischen Verfassungsgerichtshof anzuklagen, daß sie vorsätzlich die Verfassung oder ein Gesetz verletzt haben.

5. Abschnitt
Der Verfassungsgerichtshof

Artikel 60 [Aufgaben]
Als oberstes Gericht für staatsrechtliche Fragen besteht der Bayerische Verfassungsgerichtshof.

Artikel 61 [Anklagen gegen ein Mitglied der Staatsregierung oder des Landtags]
(1) Der Verfassungsgerichtshof entscheidet über Anklagen gegen ein Mitglied der Staatsregierung oder des Landtags.
(2) Die Anklage gegen ein Mitglied der Staatsregierung ist darauf gerichtet, daß die Verfassung oder ein Gesetz von ihm vorsätzlich verletzt worden ist.
(3) Die Anklage gegen ein Mitglied des Landtags ist darauf gerichtet, daß es in gewinnsüchtiger Absicht seinen Einfluß oder sein Wissen als Mitglied des Vertretungskörpers in einer das Ansehen der Volksvertretung gröblich gefährdenden Weise mißbraucht hat oder daß es vorsätzlich Mitteilungen, deren Geheimhaltung in einer Sitzung des Landtags oder einer seiner Ausschüsse beschlossen worden ist, in der Voraussicht, daß sie öffentlich bekannt werden, einem anderen zur Kenntnis gebracht hat.
(4) [1]Die Erhebung der Anklage erfolgt durch den Landtag auf Antrag von einem Drittel der gesetzlichen Mitgliederzahl und bedarf einer Zweidrittelmehrheit dieser Zahl. [2]Jedes Mitglied der Staatsregierung oder des Landtags kann Antrag gegen sich selbst stellen.

Artikel 62 [Ausschluss von Wählergruppen von Wahlen und Abstimmungen]
Der Verfassungsgerichtshof entscheidet über den Ausschluß von Wählergruppen von Wahlen und Abstimmungen (Art. 15 Abs. 2).

Artikel 63 [Gültigkeit der Wahl und Verlust der Mitgliedschaft zum Landtag]
Der Verfassungsgerichtshof entscheidet über die Gültigkeit der Wahl der Mitglieder des Landtags und den Verlust der Mitgliedschaft zum Landtag (Art. 33).

Artikel 64 [Organstreit]
Der Verfassungsgerichtshof entscheidet über Verfassungsstreitigkeiten zwischen den obersten Staatsorganen oder in der Verfassung mit eigenen Rechten ausgestatteten Teilen eines obersten Staatsorgans.

Artikel 65 [Verfassungsmäßigkeit von Gesetzen]
Der Verfassungsgerichtshof entscheidet über die Verfassungsmäßigkeit von Gesetzen (Art. 92).

Artikel 66 [Verfassungsbeschwerde]
Der Verfassungsgerichtshof entscheidet über Beschwerden wegen Verletzung der verfassungsmäßigen Rechte durch eine Behörde (Art. 48 Abs. 3, Art. 120).

Artikel 67 [Sonderfälle]
Der Verfassungsgerichtshof entscheidet ferner in den besonderen ihm durch Gesetz zugewiesenen Fällen.

Artikel 68 [Bildung; Zusammensetzung]
(1) Der Verfassungsgerichtshof wird beim Oberlandesgericht in München gebildet.
(2) Der Gerichtshof setzt sich zusammen:
a) in den in Art. 61 geregelten Fällen aus einem der Präsidenten der Bayerischen Oberlandesgerichte, acht Berufsrichtern, von denen drei dem Verwaltungsgerichtshof angehören, sowie zehn weiteren Mitgliedern, welche vom Landtag gewählt werden;
b) in den Fällen des Art. 65 aus dem Präsidenten und acht Berufsrichtern, von denen drei dem Verwaltungsgerichtshof angehören;
c) in den übrigen Fällen aus dem Präsidenten, drei Berufsrichtern, von denen zwei dem Verwaltungsgerichtshof angehören, und fünf vom Landtag gewählten Mitgliedern.

(3) [1]Der Präsident und die Berufsrichter werden vom Landtag gewählt. [2]Sie können nicht Mitglieder des Landtags sein.

Artikel 69 [Verfassungsgerichtshofsgesetz]
Die weiteren Bestimmungen über die Organisation des Gerichtshofs und über das Verfahren vor ihm sowie über die Vollstreckung seiner Urteile werden durch Gesetz geregelt.

6. Abschnitt
Die Gesetzgebung

Artikel 70 [Gesetzesvorbehalt]

(1) Die für alle verbindlichen Gebote und Verbote bedürfen der Gesetzesform.

(2) Auch der Staatshaushalt muß vom Landtag durch formelles Gesetz festgestellt werden.

(3) Das Recht der Gesetzgebung kann vom Landtag nicht übertragen werden, auch nicht auf seine Ausschüsse.

(4) [1]Über Angelegenheiten der Europäischen Union hat die Staatsregierung den Landtag zu unterrichten. [2]Ist das Recht der Gesetzgebung durch die Übertragung von Hoheitsrechten auf die Europäische Union betroffen, kann die Staatsregierung in ihren verfassungsmäßigen Aufgaben durch Gesetz gebunden werden. [3]Ist das Recht der Gesetzgebung durch ein Vorhaben der Europäischen Union betroffen, hat die Staatsregierung bei ihren verfassungsmäßigen Aufgaben die Stellungnahmen des Landtags maßgeblich zu berücksichtigen. [4]Das Nähere regelt ein Gesetz.

Artikel 71 [Gesetzesinitiative]

Die Gesetzesvorlagen werden vom Ministerpräsidenten namens der Staatsregierung, aus der Mitte des Landtags,[1)] oder vom Volk (Volksbegehren) eingebracht.

Artikel 72 [Zuständigkeit für Gesetzgebung und Staatsverträge]

(1) Die Gesetze werden vom Landtag oder vom Volk (Volksentscheid) beschlossen.

(2) Staatsverträge werden vom Ministerpräsidenten nach vorheriger Zustimmung des Landtags abgeschlossen.

Artikel 73 [Kein Volksentscheid über Staatshaushalt]

Über den Staatshaushalt findet kein Volksentscheid statt.

Artikel 74 [Volksbegehren und Volksentscheid]

(1) Ein Volksentscheid ist herbeizuführen, wenn ein Zehntel der stimmberechtigten Staatsbürger das Begehren nach Schaffung eines Gesetzes stellt.

(2) Dem Volksbegehren muß ein ausgearbeiteter und mit Gründen versehener Gesetzentwurf zugrundeliegen.

(3) Das Volksbegehren ist vom Ministerpräsidenten namens der Staatsregierung unter Darlegung ihrer Stellungnahme dem Landtag zu unterbreiten.

(4) Wenn der Landtag das Volksbegehren ablehnt, kann er dem Volk einen eigenen Gesetzentwurf zur Entscheidung mit vorlegen.

(5) [1]Rechtsgültige Volksbegehren sind von der Volksvertretung binnen drei Monaten nach Unterbreitung zu behandeln und binnen weiterer drei Monate dem Volk zur Entscheidung vorzulegen. [2]Der Ablauf dieser Fristen wird durch die Auflösung des Landtags gehemmt.

(6) Die Volksentscheide über Volksbegehren finden gewöhnlich im Frühjahr oder Herbst statt.

(7) Jeder dem Volk zur Entscheidung vorgelegte Gesetzentwurf ist mit einer Weisung der Staatsregierung zu begleiten, die bündig und sachlich sowohl die Begründung der Antragsteller wie die Auffassung der Staatsregierung über den Gegenstand darlegen soll.

Artikel 75 [Verfassungsänderung]

(1) [1]Die Verfassung kann nur im Wege der Gesetzgebung geändert werden. [2]Anträge auf Verfassungsänderungen, die den demokratischen Grundgedanken der Verfassung widersprechen, sind unzulässig.

(2) [1]Beschlüsse des Landtags auf Änderung der Verfassung bedürfen einer Zweidrittelmehrheit der Mitgliederzahl. [2]Sie müssen dem Volk zur Entscheidung vorgelegt werden.

(3) Meinungsverschiedenheiten darüber, ob durch ein Gesetz die Verfassung geändert wird oder ob ein Antrag auf unzulässige Verfassungsänderung vorliegt, entscheidet der Bayerische Verfassungsgerichtshof.

(4) Änderungen der Verfassung sind im Text der Verfassung oder in einem Anhang aufzunehmen.

---

1) Zeichensetzung amtlich.

Artikel 76 [Ausfertigung, Verkündung und Inkrafttreten der Gesetze]

(1) Die verfassungsmäßig zustandegekommenen Gesetze werden vom Ministerpräsidenten ausgefertigt und auf seine Anordnung binnen Wochenfrist im Bayerischen Gesetz- und Verordnungsblatt bekanntgemacht.

(2) In jedem Gesetz muß der Tag bestimmt sein, an dem es in Kraft tritt.

7. Abschnitt
Die Verwaltung

Artikel 77 [Behördenorganisation]

(1) [1]Die Organisation der allgemeinen Staatsverwaltung, die Regelung der Zuständigkeiten und der Art der Bestellung der staatlichen Organe erfolgen durch Gesetz. [2]Die Einrichtung der Behörden im einzelnen obliegt der Staatsregierung und auf Grund der von ihr erteilten Ermächtigung den einzelnen Staatsministerien.

(2) Für die Organisation der Behörden und die Regelung ihres Verfahrens hat als Richtschnur zu dienen, daß unter Wahrung der notwendigen Einheitlichkeit der Verwaltung alle entbehrliche Zentralisation vermieden, die Entschlußkraft und die Selbstverantwortung der Organe gehoben wird und die Rechte der Einzelperson genügend gewahrt werden.

Artikel 78 [Haushaltsplan]

(1) Alle Einnahmen und Ausgaben des Staates müssen für jedes Jahr veranschlagt und in den Haushaltsplan eingestellt werden.

(2) Ausgaben, die zur Deckung der Kosten bestehender bereits bewilligter Einrichtungen und zur Erfüllung rechtlicher Verpflichtungen des Staates erforderlich sind, müssen in den Haushaltsplan eingestellt werden.

(3) Der Haushaltsplan wird vor Beginn des Rechnungsjahres durch Gesetz festgestellt.

(4) Wird der Staatshaushalt im Landtag nicht rechtzeitig verabschiedet, so führt die Staatsregierung den Haushalt zunächst nach dem Haushaltsplan des Vorjahres weiter.

(5) [1]Beschlüsse des Landtags, welche die im Entwurf des Haushaltsplans eingesetzten Ausgaben erhöhen, sind auf Verlangen der Staatsregierung noch einmal zu beraten. [2]Diese Beratung darf ohne Zustimmung der Staatsregierung nicht vor Ablauf von 14 Tagen stattfinden.

(6) Die Ausgaben werden in der Regel für ein Jahr, in besonderen Fällen auch für eine längere Dauer bewilligt.

Artikel 79 [Deckungsgrundsatz für Haushaltsplan]

Eine Angelegenheit, welche Ausgaben verursacht, für die im festgesetzten Haushaltplan kein entsprechender Betrag eingestellt ist, darf seitens des Landtags nur in Beratung gezogen und beschlossen werden, wenn gleichzeitig für die notwendige Deckung gesorgt wird.

Artikel 80 [Rechnungslegung; Rechnungsprüfung; Wahl des Präsidenten des Obersten Rechnungshofs]

(1) [1]Über die Verwendung aller Staatseinnahmen legt der Staatsminister der Finanzen im folgenden Rechnungsjahr zur Entlastung der Staatsregierung dem Landtag Rechnung. [2]Die Rechnungsprüfung erfolgt durch einen mit richterlicher Unabhängigkeit ausgestatteten Rechnungshof.

(2) [1]Der Landtag wählt auf Vorschlag der Staatsregierung den Präsidenten des Rechnungshofs. [2]Die Wahldauer beträgt 12 Jahre. [3]Wiederwahl ist ausgeschlossen. [4]Er kann ohne seine Zustimmung vor Ablauf seiner Amtszeit nur abberufen werden, wenn eine entsprechende Anwendung der Vorschriften über die Amtsenthebung von Richtern auf Lebenszeit dies rechtfertigt. [5]Die Durchführung eines Amtsenthebungsverfahrens bedarf der Zustimmung des Landtags mit Zweidrittelmehrheit seiner Mitgliederzahl.

(3) Das Nähere wird durch Gesetz geregelt.

Artikel 81 [Erhaltung des Grundstockvermögens des Staates]

[1]Das Grundstockvermögen des Staates darf in seinem Wertbestand nur auf Grund eines Gesetzes verringert werden. [2]Der Erlös aus der Veräußerung von Bestandteilen des Grundstockvermögens ist zu Neuerwerbungen für dieses Vermögen zu verwenden.

Artikel 82 [Kreditbeschaffung und -gewährung; Sicherheitsleistungen]
(1) Der Haushalt ist grundsätzlich ohne Nettokreditaufnahme auszugleichen.
(2) 1Bei einer von der Normallage abweichenden konjunkturellen Entwicklung kann von Abs. 1 abgewichen werden. 2In diesem Fall sind die Auswirkungen auf den Haushalt im Auf- und Abschwung symmetrisch zu berücksichtigen.
(3) [1]Bei Naturkatastrophen oder außergewöhnlichen Notsituationen, die sich der Kontrolle des Staates entziehen und die staatliche Finanzlage erheblich beeinträchtigen, kann von Abs. 1 abgewichen werden. [2]Hierfür ist eine entsprechende Tilgungsregelung vorzusehen. [3]Die Kredite sind binnen eines angemessenen Zeitraums zurückzuführen.
(4) Die Aufnahme von Krediten sowie die Übernahme von Bürgschaften, Garantien oder sonstigen Gewährleistungen, die zu Ausgaben in künftigen Rechnungsjahren führen können, bedürfen einer der Höhe nach bestimmten oder bestimmbaren Ermächtigung durch Gesetz.
(5) Das Nähere bestimmt ein Gesetz.

Artikel 83 [Gemeinden und Gemeindeverbände]
(1) In den eigenen Wirkungskreis der Gemeinden (Art. 11 Abs. 2) fallen insbesonders die Verwaltung des Gemeindevermögens und der Gemeindebetriebe; der örtliche Verkehr nebst Straßen- und Wegebau; die Versorgung der Bevölkerung mit Wasser, Licht, Gas und elektrischer Kraft; Einrichtungen zur Sicherung der Ernährung; Ortsplanung, Wohnungsbau und Wohnungsaufsicht; örtliche Polizei, Feuerschutz; örtliche Kulturpflege; Volks- und Berufsschulwesen und Erwachsenenbildung; Vormundschaftswesen und Wohlfahrtspflege; örtliches Gesundheitswesen; Ehe- und Mütterberatung sowie Säuglingspflege; Schulhygiene und körperliche Ertüchtigung der Jugend; öffentliche Bäder; Totenbestattung; Erhaltung ortsgeschichtlicher Denkmäler und Bauten.
(2) [1]Die Gemeinden sind verpflichtet, einen Haushaltsplan aufzustellen. [2]Sie haben das Recht, ihren Bedarf durch öffentliche Abgaben zu decken. [3]Der Staat gewährleistet den Gemeinden im Rahmen seiner finanziellen Leistungsfähigkeit eine angemessene Finanzausstattung.
(3) [1]Überträgt der Staat den Gemeinden Aufgaben, verpflichtet er sie zur Erfüllung von Aufgaben im eigenen Wirkungskreis oder stellt er besondere Anforderungen an die Erfüllung bestehender oder neuer Aufgaben, hat er gleichzeitig Bestimmungen über die Deckung der Kosten zu treffen. [2]Führt die Wahrnehmung dieser Aufgaben zu einer Mehrbelastung der Gemeinden, ist ein entsprechender finanzieller Ausgleich zu schaffen.
(4) [1]Die Gemeinden unterstehen der Aufsicht der Staatsbehörden. [2]In den Angelegenheiten des eigenen Wirkungskreises der Gemeinden wacht der Staat nur über die Erfüllung der gesetzlichen Pflichten und die Einhaltung der gesetzlichen Vorschriften durch die Gemeinden. [3]In den Angelegenheiten des übertragenen Wirkungskreises sind die Gemeinden überdies an die Weisungen der übergeordneten Staatsbehörden gebunden. [4]Der Staat schützt die Gemeinden bei Durchführung ihrer Aufgaben.
(5) Verwaltungsstreitigkeiten zwischen den Gemeinden und dem Staate werden von den Verwaltungsgerichten entschieden.
(6) Die Bestimmungen der Abs. 2 mit 5 gelten auch für die Gemeindeverbände.
(7) [1]Die kommunalen Spitzenverbände sollen rechtzeitig gehört werden, bevor durch Gesetz oder Rechtsverordnung Angelegenheiten geregelt werden, welche die Gemeinden oder die Gemeindeverbände berühren. [2]Die Staatsregierung vereinbart zur Umsetzung des Konnexitätsprinzips (Abs. 3) ein Konsultationsverfahren mit den kommunalen Spitzenverbänden.

8. Abschnitt
Die Rechtspflege

Artikel 84 [Grundsätze des Völkerrechts]
Die allgemein anerkannten Grundsätze des Völkerrechts gelten als Bestandteil des einheimischen Rechts.

Artikel 85 [Sachliche richterliche Unabhängigkeit]
Die Richter sind nur dem Gesetz unterworfen.

Artikel 86 [Ausnahme- und Sondergerichte]
(1) [1]Ausnahmegerichte sind unstatthaft. [2]Niemand darf seinem gesetzlichen Richter entzogen werden.

(2) Gerichte für besondere Sachgebiete sind nur kraft gesetzlicher Bestimmung zulässig.

Artikel 87 [Persönliche richterliche Unabhängigkeit]

(1) [1]Die Richter können gegen ihren Willen nur kraft richterlicher Entscheidung und nur aus Gründen und unter den Formen, die gesetzlich bestimmt sind, dauernd oder zeitweise ihres Amtes enthoben oder an eine andere Stelle oder in den Ruhestand versetzt werden. [2]Die gesetzliche Bestimmung einer Altersgrenze ist zulässig.

(2) Die Richter der ordentlichen Gerichtsbarkeit werden auf Lebenszeit ernannt.

Artikel 88 [Laienrichter]

[1]An der Rechtspflege sollen Männer und Frauen aus dem Volke mitwirken. [2]Ihre Zuziehung und die Art ihrer Auswahl wird durch Gesetz geregelt.

Artikel 89 [Weisungsgebundenheit der Staatsanwaltschaft]

Die öffentlichen Ankläger vor den Strafgerichten sind an die Weisungen ihrer vorgesetzten Behörde gebunden.

Artikel 90 [Öffentlichkeit der Gerichtsverhandlungen]

[1]Die Verhandlungen vor allen Gerichten sind öffentlich. [2]Bei Gefährdung der Staatssicherheit oder der öffentlichen Sittlichkeit kann die Öffentlichkeit durch Gerichtsbeschluß ausgeschlossen werden.

Artikel 91 [Rechtliches Gehör; Verteidigung]

(1) Vor Gericht hat jedermann Anspruch auf rechtliches Gehör.

(2) Jeder wegen einer strafbaren Handlung Angeklagte kann sich eines Verteidigers bedienen.

Artikel 92 [Konkrete Normenkontrolle]

Hält der Richter ein Gesetz für verfassungswidrig, so hat er die Entscheidung des Verfassungsgerichtshofs herbeizuführen.

Artikel 93 [Verwaltungsgerichtsbarkeit]

Verwaltungsrechtliche Streitigkeiten entscheiden die Verwaltungsgerichte.

9. Abschnitt

Die Beamten

Artikel 94 [Ernennung oder Wahl]

(1) Die Beamten des Staates, der Gemeinden und Gemeindeverbände werden nach Maßgabe der Gesetze vom Volk gewählt oder von den zuständigen Behörden ernannt.

(2) [1]Die öffentlichen Ämter stehen allen wahlberechtigten Staatsbürgern nach ihrer charakterlichen Eignung, nach ihrer Befähigung und ihren Leistungen offen, die, soweit möglich, durch Prüfungen im Wege des Wettbewerbs festgestellt werden. [2]Für die Beförderung des Beamten gelten dieselben Grundsätze.

Artikel 95 [Rechte des Beamten]

(1) [1]Die Grundlagen des Beamtenverhältnisses werden durch Gesetz geregelt. [2]Das Berufsbeamtentum wird grundsätzlich aufrechterhalten.

(2) Den Beamten steht für die Verfolgung ihrer vermögensrechtlichen Ansprüche der ordentliche Rechtsweg offen.

(3) Gegen jedes dienstliche Straferkenntnis muß der Beschwerdeweg und ein Wiederaufnahmeverfahren offenstehen.

(4) [1]In die Nachweise über die Person des Beamten dürfen ungünstige Tatsachen erst eingetragen werden, wenn der Beamte Gelegenheit gehabt hat, sich über sie zu äußern. [2]Die Äußerung des Beamten ist in den Personalnachweis mitaufzunehmen.

(5) Jeder Beamte hat das Recht, seine sämtlichen Personalnachweise jederzeit einzusehen.

Artikel 96 [Pflichten des Beamten]

[1]Die Beamten sind Diener des ganzen Volkes, nicht einer einzelnen Partei. [2]Der Beamte hat sich jederzeit zum demokratisch-konstitutionellen Staat zu bekennen und zu ihm innerhalb und außerhalb des Dienstes zu stehen.

Artikel 97 [Amtspflichtverletzung]
[1]Verletzt ein Beamter in Ausübung der ihm anvertrauten öffentlichen Gewalt schuldhaft die ihm einem anderen gegenüber obliegende Amtspflicht, so haftet für die Folgen der Staat oder diejenige öffentliche Körperschaft, in deren Diensten der Beamte steht. [2]Der Rückgriff gegen den Beamten bleibt vorbehalten. [3]Der ordentliche Rechtsweg darf nicht ausgeschlossen werden.

Zweiter Hauptteil
Grundrechte und Grundpflichten

Artikel 98 [Einschränkung von Grundrechten]
[1]Die durch die Verfassung gewährleisteten Grundrechte dürfen grundsätzlich nicht eingeschränkt werden. [2]Einschränkungen durch Gesetz sind nur zulässig, wenn die öffentliche Sicherheit, Sittlichkeit, Gesundheit und Wohlfahrt es zwingend erfordern. [3]Sonstige Einschränkungen sind nur unter den Voraussetzungen des Art. 48 zulässig. [4]Der Verfassungsgerichtshof hat Gesetze und Verordnungen für nichtig zu erklären, die ein Grundrecht verfassungswidrig einschränken.

Artikel 99 [Rechtlicher Schutz der Einwohner]
[1]Die Verfassung dient dem Schutz und dem geistigen und leiblichen Wohl aller Einwohner. [2]Ihr Schutz gegen Angriffe von außen ist gewährleistet durch das Völkerrecht, nach innen durch die Gesetze, die Rechtspflege und die Polizei.

Artikel 100 [Schutz der Menschenwürde]
[1]Die Würde des Menschen ist unantastbar. [2]Sie zu achten und zu schützen ist Verpflichtung aller staatlichen Gewalt.

Artikel 101 [Freie Entfaltung der Persönlichkeit]
Jedermann hat die Freiheit, innerhalb der Schranken der Gesetze und der guten Sitten alles zu tun, was anderen nicht schadet.

Artikel 102 [Rechtsgarantien bei Freiheitsentziehung]
(1) Die Freiheit der Person ist unverletzlich.

(2) [1]Jeder von der öffentlichen Gewalt Festgenommene ist spätestens am Tage nach der Festnahme dem zuständigen Richter vorzuführen. [2]Dieser hat dem Festgenommenen mitzuteilen, von welcher Behörde und aus welchen Gründen die Festnahme verfügt worden ist, und ihm Gelegenheit zu geben, Einwendungen gegen die Festnahme zu erheben. [3]Er hat gegen den Festgenommenen entweder Haftbefehl zu erlassen oder ihn unverzüglich in Freiheit zu setzen.

Artikel 103 [Eigentums- und Erbrecht]
(1) Eigentumsrecht und Erbrecht werden gewährleistet.

(2) Eigentumsordnung und Eigentumsgebrauch haben auch dem Gemeinwohl zu dienen.

Artikel 104 [Grundrechte vor Gericht]
(1) Eine Handlung kann nur dann mit Strafe belegt werden, wenn die Strafbarkeit gesetzlich bestimmt war, bevor die Handlung begangen wurde.

(2) Niemand darf wegen derselben Tat zweimal gerichtlich bestraft werden.

Artikel 105 [Asylrecht]
Ausländer, die unter Nichtbeachtung der in dieser Verfassung niedergelegten Grundrechte im Ausland verfolgt werden und nach Bayern geflüchtet sind, dürfen nicht ausgeliefert und ausgewiesen werden.

Artikel 106 [Unverletzlichkeit der Wohnung]
(1) Jeder Bewohner Bayerns hat Anspruch auf eine angemessene Wohnung.

(2) Die Förderung des Baues billiger Volkswohnungen ist Aufgabe des Staates und der Gemeinden.

(3) Die Wohnung ist für jedermann eine Freistätte und unverletzlich.

Artikel 107 [Glaubens-, Gewissens- und Bekenntnisfreiheit]
(1) Die Glaubens- und Gewissensfreiheit ist gewährleistet.

(2) Die ungestörte Religionsausübung steht unter staatlichem Schutz.

(3) [1]Durch das religiöse Bekenntnis wird der Genuß der bürgerlichen und staatsbürgerlichen Rechte weder bedingt noch beschränkt. [2]Den staatsbürgerlichen Pflichten darf es keinen Abbruch tun.

(4) Die Zulassung zu den öffentlichen Ämtern ist von dem religiösen Bekenntnis unabhängig.
(5) [1]Niemand ist verpflichtet, seine religiöse Überzeugung zu offenbaren. [2]Die Behörden haben nur soweit das Recht, nach der Zugehörigkeit zu einer Religionsgemeinschaft zu fragen, als davon Rechte und Pflichten abhängen oder eine gesetzlich angeordnete statistische Erhebung dies erfordert.
(6) Niemand darf zu einer kirchlichen Handlung oder zur Teilnahme an religiösen Übungen oder Feierlichkeiten oder zur Benutzung einer religiösen Eidesformel gezwungen werden.

Artikel 108 [Freiheit von Kunst und Wissenschaft]
Die Kunst, die Wissenschaft und ihre Lehre sind frei.

Artikel 109 [Freizügigkeit]
(1) [1]Alle Bewohner Bayerns genießen volle Freizügigkeit. [2]Sie haben das Recht, sich an jedem beliebigen Ort aufzuhalten und niederzulassen, Grundstücke zu erwerben und jeden Erwerbszweig zu betreiben.
(2) Alle Bewohner Bayerns sind berechtigt, nach außerdeutschen Ländern auszuwandern.

Artikel 110 [Recht der freien Meinungsäußerung]
(1) [1]Jeder Bewohner Bayerns hat das Recht, seine Meinung durch Wort, Schrift, Druck, Bild oder in sonstiger Weise frei zu äußern. [2]An diesem Recht darf ihn kein Arbeits- und Anstellungsvertrag hindern und niemand darf ihn benachteiligen, wenn er von diesem Recht Gebrauch macht.
(2) Die Bekämpfung von Schmutz und Schund ist Aufgabe des Staates und der Gemeinden.

Artikel 111 [Pressefreiheit]
(1) Die Presse hat die Aufgabe, im Dienst des demokratischen Gedankens über Vorgänge, Zustände und Einrichtungen und Persönlichkeiten des öffentlichen Lebens wahrheitsgemäß zu berichten.
(2) [1]Vorzensur ist verboten. [2]Gegen polizeiliche Verfügungen, welche die Pressefreiheit berühren, kann gerichtliche Entscheidung verlangt werden.

Artikel 111a [Freiheit des Rundfunks]
(1) [1]Die Freiheit des Rundfunks wird gewährleistet. [2]Der Rundfunk dient der Information durch wahrheitsgemäße, umfassende und unparteiische Berichterstattung sowie durch die Verbreitung von Meinungen. [3]Er trägt zur Bildung und Unterhaltung bei. [4]Der Rundfunk hat die freiheitliche demokratische Grundordnung, die Menschenwürde, religiöse und weltanschauliche Überzeugungen zu achten. [5]Die Verherrlichung von Gewalt sowie Darbietungen, die das allgemeine Sittlichkeitsgefühl grob verletzen, sind unzulässig. [6]Meinungsfreiheit, Sachlichkeit, gegenseitige Achtung, Schutz vor Verunglimpfung sowie die Ausgewogenheit des Gesamtprogramms sind zu gewährleisten.
(2) Rundfunk wird in öffentlicher Verantwortung und in öffentlich-rechtlicher Trägerschaft betrieben. [2]An der Kontrolle des Rundfunks sind die in Betracht kommenden bedeutsamen politischen, weltanschaulichen und gesellschaftlichen Gruppen angemessen zu beteiligen. [3]Der Anteil der von der Staatsregierung, dem Landtag und dem Senat[1)] in die Kontrollorgane entsandten Vertreter darf ein Drittel nicht übersteigen. [4]Die weltanschaulichen und gesellschaftlichen Gruppen wählen oder berufen ihre Vertreter selbst.
(3) Das Nähere regelt ein Gesetz.

Artikel 112 [Brief-, Post-, Telegraphen- und Fernsprechgeheimnis]
(1) Das Brief-, Post-, Telegraphen- und Fernsprechgeheimnis ist unverletzlich.
(2) Beschränkungen des Rundfunkempfanges sowie des Bezuges von Druck-Erzeugnissen sind unzulässig.

Artikel 113 [Versammlungsfreiheit]
Alle Bewohner Bayerns haben das Recht, sich ohne Anmeldung oder besondere Erlaubnis friedlich und unbewaffnet zu versammeln.

Artikel 114 [Vereinigungsfreiheit]
(1) Alle Bewohner Bayerns haben das Recht, Vereine und Gesellschaften zu bilden.
(2) Vereine und Gesellschaften, die rechts- oder sittenwidrige Zwecke verfolgen oder solche Mittel gebrauchen oder die darauf ausgehen, die staatsbürgerlichen Freiheiten zu vernichten oder gegen Volk, Staat oder Verfassung Gewalt anzuwenden, können verboten werden.

---

1) **Amtl. Anm.:** Siehe Fußnote zu Art. 34 bis 42.

(3) Der Erwerb der Rechtsfähigkeit steht jedem Verein gemäß den Vorschriften des bürgerlichen Rechts frei.

Artikel 115 [Petitionsrecht]

(1) Alle Bewohner Bayerns haben das Recht, sich schriftlich mit Bitten oder Beschwerden an die zuständigen Behörden oder an den Landtag zu wenden.
(2) Die Rechte des Landtags zur Überprüfung von Beschwerden werden durch Gesetz geregelt.

Artikel 116 [Zugang zu öffentlichen Ämtern]

Alle Staatsangehörigen ohne Unterschied sind entsprechend ihrer Befähigung und ihren Leistungen zu den öffentlichen Ämtern zuzulassen.

Artikel 117 [Treuepflicht]

[1]Der ungestörte Genuß der Freiheit für jedermann hängt davon ab, daß alle ihre Treuepflicht gegenüber Volk und Verfassung, Staat und Gesetzen erfüllen. [2]Alle haben die Verfassung und die Gesetze zu achten und zu befolgen, an den öffentlichen Angelegenheiten Anteil zu nehmen und ihre körperlichen und geistigen Kräfte so zu betätigen, wie es das Wohl der Gesamtheit erfordert.

Artikel 118 [Gleichheit]

(1) [1]Vor dem Gesetz sind alle gleich. [2]Die Gesetze verpflichten jeden in gleicher Weise und jeder genießt auf gleiche Weise den Schutz der Gesetze.
(2) [1]Frauen und Männer sind gleichberechtigt. [2]Der Staat fördert die tatsächliche Durchsetzung der Gleichberechtigung von Frauen und Männern und wirkt auf die Beseitigung bestehender Nachteile hin.
(3) [1]Alle öffentlich-rechtlichen Vorrechte und Nachteile der Geburt oder des Standes sind aufgehoben. [2]Adelsbezeichnungen gelten nur als Bestandteil des Namens; sie dürfen nicht mehr verliehen und können durch Adoption nicht mehr erworben werden.
(4) [1]Titel dürfen nur verliehen werden, wenn sie mit einem Amt oder einem Beruf in Verbindung stehen. [2]Sie sollen außerhalb des Amtes oder Berufs nicht geführt werden. [3]Akademische Grade fallen nicht unter dieses Verbot.
(5) Orden und Ehrenzeichen dürfen vom Staat nur nach Maßgabe der Gesetze verliehen werden.

Artikel 118a [Menschen mit Behinderungen]

[1]Menschen mit Behinderungen dürfen nicht benachteiligt werden. [2]Der Staat setzt sich für gleichwertige Lebensbedingungen von Menschen mit und ohne Behinderung ein.

Artikel 119 [Rassen- und Völkerhass]

Rassen- und Völkerhaß zu entfachen ist verboten und strafbar.

Artikel 120 [Verfassungsbeschwerde]

Jeder Bewohner Bayerns, der sich durch eine Behörde in seinen verfassungsmäßigen Rechten verletzt fühlt, kann den Schutz des Bayerischen Verfassungsgerichtshofes anrufen.

Artikel 121 [Übernahme von Ehrenämtern]

[1]Alle Bewohner Bayerns sind zur Übernahme von Ehrenämtern, insbesondere als Vormund, Waisenrat, Jugendpfleger, Schöffe und Geschworener verpflichtet. [2]Staat und Gemeinden fördern den ehrenamtlichen Einsatz für das Gemeinwohl. [3]Das Nähere bestimmen die Gesetze.

Artikel 122 [Hilfeleistungspflicht]

Bei Unglücksfällen, Notständen und Naturkatastrophen und im nachbarlichen Verkehr sind alle nach Maßgabe der Gesetze zur gegenseitigen Hilfe verpflichtet.

Artikel 123 [Steuerwesen]

(1) Alle sind im Verhältnis ihres Einkommens und Vermögens und unter Berücksichtigung ihrer Unterhaltspflicht zu den öffentlichen Lasten heranzuziehen.
(2) Verbrauchssteuern und Besitzsteuern müssen zueinander in einem angemessenen Verhältnis stehen.
(3) [1]Die Erbschaftssteuer dient auch dem Zwecke, die Ansammlung von Riesenvermögen in den Händen einzelner zu verhindern. [2]Sie ist nach dem Verwandtschaftsverhältnis zu staffeln.

Dritter Hauptteil
Das Gemeinschaftsleben

1. Abschnitt
Ehe, Familie und Kinder

Artikel 124 [Ehe und Familie]
(1) Ehe und Familie sind die natürliche und sittliche Grundlage der menschlichen Gemeinschaft und stehen unter dem besonderen Schutz des Staates.
(2) Mann und Frau haben in der Ehe grundsätzlich die gleichen bürgerlichen Rechte und Pflichten.

Artikel 125 [Kinder]
(1) [1]Kinder sind das köstlichste Gut eines Volkes. [2]Sie haben Anspruch auf Entwicklung zu selbstbestimmungsfähigen und verantwortungsfähigen Persönlichkeiten. [3]Jede Mutter hat Anspruch auf den Schutz und die Fürsorge des Staates.
(2) Die Reinhaltung, Gesundung und soziale Förderung der Familie ist gemeinsame Aufgabe des Staates und der Gemeinden.
(3) Kinderreiche Familien haben Anspruch auf angemessene Fürsorge, insbesondere auf gesunde Wohnungen.

Artikel 126 [Erziehungsrecht der Eltern; nichteheliche Kinder; Jugendschutz]
(1) [1]Die Eltern haben das natürliche Recht und die oberste Pflicht, ihre Kinder zur leiblichen, geistigen und seelischen Tüchtigkeit zu erziehen. [2]Sie sind darin durch Staat und Gemeinden zu unterstützen. [3]In persönlichen Erziehungsfragen gibt der Wille der Eltern den Ausschlag.
(2) Uneheliche Kinder haben den gleichen Anspruch auf Förderung wie eheliche Kinder.
(3) [1]Kinder und Jugendliche sind durch staatliche und gemeindliche Maßnahmen und Einrichtungen gegen Ausbeutung sowie gegen sittliche, geistige und körperliche Verwahrlosung und gegen Misshandlung zu schützen. [2]Fürsorgeerziehung ist nur auf gesetzlicher Grundlage zulässig.

Artikel 127 [Teilhabe der Religionsgemeinschaften an der Erziehung]
Das eigene Recht der Religionsgemeinschaften und staatlich anerkannten weltanschaulichen Gemeinschaften auf einen angemessenen Einfluß bei der Erziehung der Kinder ihres Bekenntnisses oder ihrer Weltanschauung wird unbeschadet des Erziehungsrechtes der Eltern gewährleistet.

2. Abschnitt
Bildung und Schule, Schutz der natürlichen Lebensgrundlagen und der kulturellen Überlieferung

Artikel 128 [Ausbildung; Begabtenförderung]
(1) Jeder Bewohner Bayerns hat Anspruch darauf, eine seinen erkennbaren Fähigkeiten und seiner inneren Berufung entsprechende Ausbildung zu erhalten.
(2) Begabten ist der Besuch von Schulen und Hochschulen, nötigenfalls aus öffentlichen Mitteln zu ermöglichen.

Artikel 129 [Schulpflicht]
(1) Alle Kinder sind zum Besuch der Volksschule und der Berufsschule verpflichtet.
(2) Der Unterricht an diesen Schulen ist unentgeltlich.

Artikel 130 [Schulaufsicht]
(1) Das gesamte Schul- und Bildungswesen steht unter der Aufsicht des Staates, er kann daran die Gemeinden beteiligen.
(2) Die Schulaufsicht wird durch hauptamtlich tätige, fachmännisch vorgebildete Beamte ausgeübt.

Artikel 131 [Bildungsziele]
(1) Die Schulen sollen nicht nur Wissen und Können vermitteln, sondern auch Herz und Charakter bilden.
(2) Oberste Bildungsziele sind Ehrfurcht vor Gott, Achtung vor religiöser Überzeugung und vor der Würde des Menschen, Selbstbeherrschung, Verantwortungsgefühl und Verantwortungsfreudigkeit,

Hilfsbereitschaft, Aufgeschlossenheit für alles Wahre, Gute und Schöne und Verantwortungsbewußtsein für Natur und Umwelt.

(3) Die Schüler sind im Geiste der Demokratie, in der Liebe zur bayerischen Heimat und zum deutschen Volk und im Sinne der Völkerversöhnung zu erziehen.

(4) Die Mädchen und Buben sind außerdem in der Säuglingspflege, Kindererziehung und Hauswirtschaft besonders zu unterweisen.

Artikel 132 [Schulwahl]

Für den Aufbau des Schulwesens ist die Mannigfaltigkeit der Lebensberufe, für die Aufnahme eines Kindes in eine bestimmte Schule sind seine Anlagen, seine Neigung, seine Leistung und seine innere Berufung maßgebend, nicht aber die wirtschaftliche und gesellschaftliche Stellung der Eltern.

Artikel 133 [Öffentliche Schulen; Konfessionsschulen]

(1) [1]Für die Bildung der Jugend ist durch öffentliche Anstalten zu sorgen. [2]Bei ihrer Einrichtung wirken Staat und Gemeinde zusammen. [3]Auch die anerkannten Religionsgemeinschaften und weltanschaulichen Gemeinschaften sind Bildungsträger.

(2) Die Lehrer an öffentlichen Schulen haben grundsätzlich die Rechte und Pflichten der Staatsbeamten.

Artikel 134 [Privatschulen]

(1) [1]Privatschulen müssen den an die öffentlichen Schulen gestellten Anforderungen entsprechen. [2]Sie können nur mit Genehmigung des Staates errichtet und betrieben werden.

(2) Die Genehmigung ist zu erteilen, wenn die Schule in ihren Lernzielen (Art. 131) und Einrichtungen sowie in der wissenschaftlichen Ausbildung ihrer Lehrer nicht hinter den gleichartigen öffentlichen Schulen zurücksteht, wenn die wirtschaftliche und rechtliche Stellung der Lehrer genügend gesichert ist und gegen die Person des Schulleiters keine Bedenken bestehen.

(3) [1]Private Volksschulen dürfen nur unter besonderen Voraussetzungen zugelassen werden. [2]Diese Voraussetzungen liegen insbesonders vor, wenn den Erziehungsberechtigten eine öffentliche Schule ihres Bekenntnisses oder ihrer Weltanschauung nicht zur Verfügung steht.

Artikel 135 [Öffentliche Volksschulen]

[1]Die öffentlichen Volksschulen sind gemeinsame Schulen für alle volksschulpflichtigen Kinder. [2]In ihnen werden die Schüler nach den Grundsätzen der christlichen Bekenntnisse unterrichtet und erzogen. [3]Das Nähere bestimmt das Volksschulgesetz.

Artikel 136 [Religionsunterricht]

(1) An allen Schulen sind beim Unterricht die religiösen Empfindungen aller zu achten.

(2) [1]Der Religionsunterricht ist ordentliches Lehrfach aller Volksschulen, Berufsschulen, mittleren und höheren Lehranstalten. [2]Er wird erteilt in Übereinstimmung mit den Grundsätzen der betreffenden Religionsgemeinschaft.

(3) Kein Lehrer kann gezwungen oder gehindert werden, Religionsunterricht zu erteilen.

(4) Die Lehrer bedürfen der Bevollmächtigung durch die Religionsgemeinschaften zur Erteilung des Religionsunterrichts.

(5) Die erforderlichen Schulräume sind zur Verfügung zu stellen.

Artikel 137 [Teilnahme am Religionsunterricht]

(1) Die Teilnahme am Religionsunterricht und an kirchlichen Handlungen und Feierlichkeiten bleibt der Willenserklärung der Erziehungsberechtigten, vom vollendeten 18. Lebensjahr ab der Willenserklärung der Schüler überlassen.

(2) Für Schüler, die nicht am Religionsunterricht teilnehmen, ist ein Unterricht über die allgemein anerkannten Grundsätze der Sittlichkeit einzurichten.

Artikel 138 [Hochschulen]

(1) [1]Die Errichtung und Verwaltung der Hochschulen ist Sache des Staates. [2]Eine Ausnahme bilden die kirchlichen Hochschulen (Art. 150 Abs. 1). [3]Weitere Ausnahmen bedürfen staatlicher Genehmigung.

(2) [1]Die Hochschulen haben das Recht der Selbstverwaltung. [2]Die Studierenden sind daran zu beteiligen, soweit es sich um ihre Angelegenheiten handelt.

Artikel 139 [Erwachsenenbildung]
Die Erwachsenenbildung ist durch Volkshochschulen und sonstige mit öffentlichen Mitteln unterstützte Einrichtungen zu fördern.

Artikel 140 [Förderung von Kunst, Wissenschaft, kulturellem Leben und Sport]
(1) Kunst und Wissenschaft sind von Staat und Gemeinde zu fördern.
(2) Sie haben insbesonders Mittel zur Unterstützung schöpferischer Künstler, Gelehrter und Schriftsteller bereitzustellen, die den Nachweis ernster künstlerischer oder kultureller Tätigkeit erbringen.
(3) Das kulturelle Leben und der Sport sind von Staat und Gemeinden zu fördern.

Artikel 141 [Schutz der natürlichen Lebensgrundlagen und der Denkmäler; Recht auf Naturgenuss]
(1) [1]Der Schutz der natürlichen Lebensgrundlagen ist, auch eingedenk der Verantwortung für die kommenden Generationen, der besonderen Fürsorge jedes einzelnen und der staatlichen Gemeinschaft anvertraut. [2]Tiere werden als Lebewesen und Mitgeschöpfe geachtet und geschützt. [3]Mit Naturgütern ist schonend und sparsam umzugehen. [4]Es gehört auch zu den vorrangigen Aufgaben von Staat, Gemeinden und Körperschaften des öffentlichen Rechts,

Boden, Wasser und Luft als natürliche Lebensgrundlagen zu schützen, eingetretene Schäden möglichst zu beheben oder auszugleichen und auf möglichst sparsamen Umgang mit Energie zu achten,
die Leistungsfähigkeit des Naturhaushaltes zu erhalten und dauerhaft zu verbessern,
den Wald wegen seiner besonderen Bedeutung für den Naturhaushalt zu schützen und eingetretene Schäden möglichst zu beheben oder auszugleichen,
die heimischen Tier- und Pflanzenarten und ihre notwendigen Lebensräume sowie kennzeichnende Orts- und Landschaftsbilder zu schonen und zu erhalten.

(2) Staat, Gemeinden und Körperschaften des öffentlichen Rechts haben die Aufgabe,

die Denkmäler der Kunst, der Geschichte und der Natur sowie die Landschaft zu schützen und zu pflegen,
herabgewürdigte Denkmäler der Kunst und der Geschichte möglichst ihrer früheren Bestimmung wieder zuzuführen,
die Abwanderung deutschen Kunstbesitzes ins Ausland zu verhüten.

(3) [1]Der Genuß der Naturschönheiten und die Erholung in der freien Natur, insbesondere das Betreten von Wald und Bergweide, das Befahren der Gewässer und die Aneignung wildwachsender Waldfrüchte in ortsüblichem Umfang ist jedermann gestattet. [2]Dabei ist jedermann verpflichtet, mit Natur und Landschaft pfleglich umzugehen. [3]Staat und Gemeinde sind berechtigt und verpflichtet, der Allgemeinheit die Zugänge zu Bergen, Seen, Flüssen und sonstigen landschaftlichen Schönheiten freizuhalten und allenfalls durch Einschränkungen des Eigentumsrechtes freizumachen sowie Wanderwege und Erholungsparks anzulegen.

3. Abschnitt

Religion und Religionsgemeinschaften

Artikel 142 [Vereinigungsfreiheit; Selbstverwaltungsrecht]
(1) Es besteht keine Staatskirche.
(2) Die Freiheit der Vereinigung zu gemeinsamer Hausandacht, zu öffentlichen Kulthandlungen und Religionsgemeinschaften sowie deren Zusammenschluß innerhalb Bayerns unterliegen im Rahmen der allgemein geltenden Gesetze keinerlei Beschränkung.
(3) [1]Kirchen und anerkannte Religionsgemeinschaften sowie solche weltanschauliche Gemeinschaften, deren Bestrebungen den allgemein geltenden Gesetzen nicht widersprechen, sind von staatlicher Bevormundung frei. [2]Sie ordnen und verwalten ihre Angelegenheiten innerhalb der Schranken der für alle geltenden Gesetze selbständig. [3]Sie verleihen ihre Ämter ohne Mitwirkung des Staates oder der politischen Gemeinde.

Artikel 143 [Rechtsstellung; Kirchensteuer]
(1) Die Religionsgemeinschaften und weltanschaulichen Gemeinschaften erwerben die Rechtsfähigkeit nach den Vorschriften des bürgerlichen Rechts.

(2) [1]Kirchen und anerkannte Religionsgemeinschaften bleiben Körperschaften des öffentlichen Rechts, soweit sie es bisher waren. [2]Anderen anerkannten Religionsgemeinschaften sowie solchen weltanschaulichen Gemeinschaften, deren Bestrebungen den allgemein geltenden Gesetzen nicht widersprechen, sind nach einer Bestandszeit von fünf Jahren auf Antrag die gleichen Rechte zu gewähren.
(3) Kirchen und Religionsgemeinschaften sowie weltanschauliche Gemeinschaften, die Körperschaften des öffentlichen Rechts sind, dürfen auf Grund der öffentlichen Steuerlisten Steuern erheben.

Artikel 144 [Staatlicher Schutz der Religion und der Geistlichen]

(1) In der Erfüllung ihrer Amtspflichten genießen die Geistlichen den Schutz des Staates.
(2) Jede öffentliche Verächtlichmachung der Religion, ihrer Einrichtungen, der Geistlichen und Ordensleute in ihrer Eigenschaft als Religionsdiener ist verboten und strafbar.
(3) Geistliche können vor Gerichten und anderen Behörden nicht um Auskunft über Tatsachen angehalten werden, die ihnen in ihrer Eigenschaft als Seelsorger anvertraut worden sind.

Artikel 145 [Leistungen des Staates an die Religionsgemeinschaften]

(1) Die auf Gesetz, Vertrag oder anderen Rechtstiteln beruhenden bisherigen Leistungen des Staates oder der politischen Gemeinden an die Religionsgemeinschaften bleiben aufrechterhalten.
(2) Neue freiwillige Leistungen des Staates, der politischen Gemeinden und Gemeindeverbände an eine Religionsgemeinschaft werden durch Zuschläge zu den Staatssteuern und Umlagen der Angehörigen dieser Religionsgemeinschaft aufgebracht.

Artikel 146 [Schutz des Eigentums und andere Rechte]

Das Eigentum und andere Rechte der Religionsgemeinschaften, religiöser Vereine, Orden, Kongregationen, weltanschaulicher Gemeinschaften an ihren für Kultus-, Unterrichts- und Wohltätigkeitszwecke bestimmten Anstalten, Stiftungen und sonstigen Vermögen werden gewährleistet.

Artikel 147 [Schutz der Sonn- und Feiertage]

Die Sonntage und staatlich anerkannten Feiertage bleiben als Tage der seelischen Erhebung und der Arbeitsruhe gesetzlich geschützt[1)].

Artikel 148 [Gottesdienst und Seelsorge in Krankenhäusern, Strafanstalten usw.]

Soweit das Bedürfnis nach Gottesdienst und Seelsorge in Krankenhäusern, Strafanstalten oder sonstigen öffentlichen Anstalten besteht, sind die Religionsgemeinschaften zur Vornahme religiöser Handlungen zuzulassen, wobei jeder Zwang fernzuhalten ist.

Artikel 149 [Friedhöfe]

(1) [1]Die Gemeinden haben dafür zu sorgen, daß jeder Verstorbene schicklich beerdigt werden kann. [2]Über die Mitwirkung der Religionsgemeinschaften haben diese selbst zu bestimmen.
(2) In Friedhöfen, die nur für einzelne Religionsgemeinschaften bestimmt sind, ist die Beisetzung Andersgläubiger unter den für sie üblichen Formen und ohne räumliche Absonderung zu gestatten, wenn ein anderer geeigneter Begräbnisplatz nicht vorhanden ist.
(3) Im übrigen bemißt sich der Simultangebrauch der Kirchen und Friedhöfe nach bisherigem Recht, soweit nicht durch Gesetz Abänderungen getroffen werden.

Artikel 150 [Theologische Hochschulen und Fakultäten]

(1) Die Kirchen haben das Recht, ihre Geistlichen auf eigenen kirchlichen Hochschulen auszubilden und fortzubilden.
(2) Die theologischen Fakultäten an den Hochschulen bleiben erhalten.

1) Siehe hierzu auch das Gesetz über den Schutz der Sonn- und Feiertage (Feiertagsgesetz – FTG).

Vierter Hauptteil
Wirtschaft und Arbeit

1. Abschnitt
Die Wirtschaftsordnung

Artikel 151 [Grundlagen]

(1) Die gesamte wirtschaftliche Tätigkeit dient dem Gemeinwohl, insbesonders der Gewährleistung eines menschenwürdigen Daseins für alle und der allmählichen Erhöhung der Lebenshaltung aller Volksschichten.

(2) [1]Innerhalb dieser Zwecke gilt Vertragsfreiheit nach Maßgabe der Gesetze. [2]Die Freiheit der Entwicklung persönlicher Entschlußkraft und die Freiheit der selbständigen Betätigung des einzelnen in der Wirtschaft wird grundsätzlich anerkannt. [3]Die wirtschaftliche Freiheit des einzelnen findet ihre Grenze in der Rücksicht auf den Nächsten und auf die sittlichen Forderungen des Gemeinwohls. [4]Gemeinschädliche und unsittliche Rechtsgeschäfte, insbesonders alle wirtschaftlichen Ausbeutungsverträge sind rechtswidrig und nichtig.

Artikel 152 [Grundversorgung]

[1]Die geordnete Herstellung und Verteilung der wirtschaftlichen Güter zur Deckung des notwendigen Lebensbedarfes der Bevölkerung wird vom Staat überwacht. [2]Ihm obliegt die Sicherstellung der Versorgung des Landes mit elektrischer Kraft.

Artikel 153 [Klein- und Mittelstandsbetriebe]

[1]Die selbständigen Kleinbetriebe und Mittelstandsbetriebe in Landwirtschaft, Handwerk, Handel, Gewerbe und Industrie sind in der Gesetzgebung und Verwaltung zu fördern und gegen Überlastung und Aufsaugung zu schützen. [2]Sie sind in ihren Bestrebungen, ihre wirtschaftliche Freiheit und Unabhängigkeit sowie ihre Entwicklung durch genossenschaftliche Selbsthilfe zu sichern, vom Staat zu unterstützen. [3]Der Aufstieg tüchtiger Kräfte aus nichtselbständiger Arbeit zu selbständigen Existenzen ist zu fördern.

Artikel 154 [Selbstverwaltungsorgane der Wirtschaft]

[1]Die auf demokratischer Grundlage aus den Kreisen der Berufsverbände gewählten Selbstverwaltungsorgane der Wirtschaft nehmen an den wirtschaftlichen Gestaltungsaufgaben teil. [2]Das Nähere bestimmt ein Gesetz.

Artikel 155 [Bedarfsdeckungsgebiete]

[1]Zum Zweck einer möglichst gleichmäßigen Befriedigung der wirtschaftlichen Bedürfnisse aller Bewohner können unter Berücksichtigung der Lebensinteressen der selbständigen, produktiv tätigen Kräfte der Wirtschaft durch Gesetz besondere Bedarfsdeckungsgebiete gebildet und dafür Körperschaften des öffentlichen Rechts auf genossenschaftlicher Grundlage errichtet werden. [2]Sie haben im Rahmen der Gesetze das Recht auf Selbstverwaltung.

Artikel 156 [Kartell- und Konzernverbot]

[1]Der Zusammenschluß von Unternehmungen zum Zwecke der Zusammenballung wirtschaftlicher Macht und der Monopolbildung ist unzulässig. [2]Insbesondere sind Kartelle, Konzerne und Preisabreden verboten, welche die Ausbeutung der breiten Massen der Bevölkerung oder die Vernichtung selbständiger mittelständischer Existenzen bezwecken.

Artikel 157 [Geld- und Kreditwesen]

(1) Kapitalbildung ist nicht Selbstzweck, sondern Mittel zur Entfaltung der Volkswirtschaft.

(2) Das Geld- und Kreditwesen dient der Werteschaffung und der Befriedigung der Bedürfnisse aller Bewohner.

2. Abschnitt
Das Eigentum

Artikel 158 [Eigentum]

[1]Eigentum verpflichtet gegenüber der Gesamtheit. [2]Offenbarer Mißbrauch des Eigentums- oder Besitzrechts genießt keinen Rechtsschutz.

Artikel 159 [Enteignung]
[1]Eine Enteignung darf nur in den gesetzlich vorgesehenen Fällen und gegen angemessene Entschädigung erfolgen, die auch in Form einer Rente gewährt werden kann. [2]Wegen der Höhe der Entschädigung steht im Streitfall der Rechtsweg vor den ordentlichen Gerichten offen.

Artikel 160 [Eigentum an Bodenschätzen; Sozialisierung]
(1) Eigentum an Bodenschätzen, die für die allgemeine Wirtschaft von größerer Bedeutung sind, an wichtigen Kraftquellen, Eisenbahnen und anderen der Allgemeinheit dienenden Verkehrswegen und Verkehrsmitteln, an Wasserleitungen und Unternehmungen der Energieversorgung steht in der Regel Körperschaften oder Genossenschaften des öffentlichen Rechtes zu.
(2) [1]Für die Allgemeinheit lebenswichtige Produktionsmittel, Großbanken und Versicherungsunternehmungen können in Gemeineigentum übergeführt werden, wenn die Rücksicht auf die Gesamtheit es erfordert. [2]Die Überführung erfolgt auf gesetzlicher Grundlage und gegen angemessene Entschädigung.
(3) In Gemeineigentum stehende Unternehmen können, wenn es dem wirtschaftlichen Zweck entspricht, in einer privatwirtschaftlichen Form geführt werden.

Artikel 161 [Bodennutzung]
(1) [1]Die Verteilung und Nutzung des Bodens wird von Staats wegen überwacht. [2]Mißbräuche sind abzustellen.
(2) Steigerungen des Bodenwertes, die ohne besonderen Arbeits- oder Kapitalaufwand des Eigentümers entstehen, sind für die Allgemeinheit nutzbar zu machen.

Artikel 162 [Schutz des Urheber- und Erfinderrechts]
Das geistige Eigentum, das Recht der Urheber, der Erfinder und Künstler genießen den Schutz und die Obsorge des Staates.

3. Abschnitt
Die Landwirtschaft

Artikel 163 [Grund und Boden]
(1) [1]Grund und Boden sind frei. [2]Der Bauer ist nicht an die Scholle gebunden.
(2) Der in der land- und forstwirtschaftlichen Kultur stehende Grund und Boden aller Besitzgrößen dient der Gesamtheit des Volkes.
(3) Das bäuerliche Eigentum an Grund und Boden wird gewährleistet.
(4) [1]Bauernland soll seiner Zweckbestimmung nicht entfremdet werden. [2]Der Erwerb von land- und forstwirtschaftlich genutztem Boden soll von einem Nachweis der Eignung für sachgemäße Bewirtschaftung abhängig gemacht werden; er darf nicht lediglich der Kapitalanlage dienen.
(5) Enteignungen an land- und forstwirtschaftlichem Grund und Boden sind nur für dringende Zwecke des Gesamtwohls, insbesonders der Siedlung, gegen angemessene Entschädigung unter Schonung der Mustergüter und Beispielwirtschaften zulässig.

Artikel 164 [Förderung der Landwirtschaft]
(1) Der landwirtschaftlichen Bevölkerung wird durch Anwendung des technischen Fortschritts auf ihren Lebensbereich, Verbesserung der Berufsausbildung, Pflege des landwirtschaftlichen Genossenschaftswesens und Förderung der Erzeugung und des Absatzes ein menschenwürdiges Auskommen auf der ererbten Heimatscholle gewährleistet.
(2) [1]Ein angemessenes landwirtschaftliches Einkommen wird durch eine den allgemeinen Wirtschaftsverhältnissen entsprechende Preis- und Lohngestaltung sowie durch Marktordnungen sichergestellt. [2]Diesen werden Vereinbarungen zwischen den Organisationen der Erzeuger, Verteiler und Verbraucher zugrundegelegt.

Artikel 165 [Verhinderung der Überschuldung]
Die Überschuldung landwirtschaftlicher Betriebe ist durch die Gesetzgebung möglichst zu verhindern.

4. Abschnitt
Die Arbeit

Artikel 166 [Recht auf Arbeit]
(1) Arbeit ist die Quelle des Volkswohlstandes und steht unter dem besonderen Schutz des Staates.
(2) Jedermann hat das Recht, sich durch Arbeit eine auskömmliche Existenz zu schaffen.
(3) Er hat das Recht und die Pflicht, eine seinen Anlagen und seiner Ausbildung entsprechende Arbeit im Dienste der Allgemeinheit nach näherer Bestimmung der Gesetze zu wählen.

Artikel 167 [Schutz der Arbeitskraft]
(1) Die menschliche Arbeitskraft ist als wertvollstes wirtschaftliches Gut eines Volkes gegen Ausbeutung, Betriebsgefahren und sonstige gesundheitliche Schädigungen geschützt.
(2) Ausbeutung, die gesundheitliche Schäden nach sich zieht, ist als Körperverletzung strafbar.
(3) Die Verletzung von Bestimmungen zum Schutz gegen Gefahren und gesundheitliche Schädigungen in Betrieben wird bestraft.

Artikel 168 [Arbeitsentgelt; Fürsorge]
(1) [1]Jede ehrliche Arbeit hat den gleichen sittlichen Wert und Anspruch auf angemessenes Entgelt. [2]Männer und Frauen erhalten für gleiche Arbeit den gleichen Lohn.
(2) Arbeitsloses Einkommen arbeitsfähiger Personen wird nach Maßgabe der Gesetze mit Sondersteuern belegt.
(3) Jeder Bewohner Bayerns, der arbeitsunfähig ist oder dem keine Arbeit vermittelt werden kann, hat ein Recht auf Fürsorge.

Artikel 169 [Mindestlöhne; Tarifverträge]
(1) Für jeden Berufszweig können Mindestlöhne festgesetzt werden, die dem Arbeitnehmer eine den jeweiligen kulturellen Verhältnissen entsprechende Mindestlebenshaltung für sich und seine Familie ermöglichen.
(2) Die Gesamtvereinbarungen zwischen Arbeitgeber- und Arbeitnehmerverbänden über das Arbeitsverhältnis sind für die Verbandsangehörigen verpflichtend und können, wenn es das Gesamtinteresse erfordert, für allgemein verbindlich erklärt werden.

Artikel 170 [Vereinigungsfreiheit]
(1) Die Vereinigungsfreiheit zur Wahrung und Förderung der Arbeits- und Wirtschaftsbedingungen ist für jedermann und für alle Berufe gewährleistet.
(2) Alle Abreden und Maßnahmen, welche die Vereinigungsfreiheit einschränken oder zu behindern suchen, sind rechtswidrig und nichtig.

Artikel 171 [Sozialversicherung]
Jedermann hat Anspruch auf Sicherung gegen die Wechselfälle des Lebens durch eine ausreichende Sozialversicherung im Rahmen der Gesetze.

Artikel 172 [Rechte und Pflichten der Arbeitnehmer und Arbeitgeber]
Die Rechte und Pflichten der Arbeitnehmer und Arbeitgeber werden in einem besonderen Gesetz geregelt.

Artikel 173 [Höchstarbeitszeiten]
Über die tägliche und wöchentliche Höchstarbeitszeit werden durch Gesetz besondere Bestimmungen erlassen.

Artikel 174 [Urlaubsrecht]
(1) [1]Jeder Arbeitnehmer hat ein Recht auf Erholung. [2]Es wird grundsätzlich gewährleistet durch ein freies Wochenende und durch einen Jahresurlaub unter Fortbezug des Arbeitsentgelts. [3]Die besonderen Verhältnisse in einzelnen Berufen werden durch Gesetz geregelt. [4]Der Lohnausfall an gesetzlichen Feiertagen ist zu vergüten.
(2) Der 1. Mai ist gesetzlicher Feiertag.

Artikel 175 [Mitbestimmungsrecht]
[1]Die Arbeitnehmer haben bei allen wirtschaftlichen Unternehmungen ein Mitbestimmungsrecht in den sie berührenden Angelegenheiten sowie in Unternehmungen von erheblicher Bedeutung einen unmit-

telbaren Einfluß auf die Leitung und die Verwaltung der Betriebe. [2]Zu diesem Zweck bilden sie Betriebsräte nach Maßgabe eines besonderen Gesetzes. [3]Dieses enthält auch Bestimmungen über die Mitwirkung der Betriebsräte bei Einstellung und Entlassung von Arbeitnehmern.

Artikel 176 [Mitwirkung der Arbeitnehmer im Wirtschaftsleben]
Die Arbeitnehmer als gleichberechtigte Glieder der Wirtschaft nehmen zusammen mit den übrigen in der Wirtschaft Tätigen an den wirtschaftlichen Gestaltungsaufgaben teil.

Artikel 177 [Arbeitsstreitigkeiten]
(1) Arbeitsstreitigkeiten werden durch Arbeitsgerichte entschieden, die aus einer gleichen Anzahl von Arbeitnehmern und Arbeitgebern und einem unabhängigen Vorsitzenden zusammengesetzt sind.
(2) Schiedssprüche in Arbeitsstreitigkeiten können gemäß den bestehenden Gesetzen für allgemeinverbindlich erklärt werden.

Schluß- und Übergangsbestimmungen

Artikel 178 [Beitritt zu einem Bundesstaat]
[1]Bayern wird einem künftigen deutschen demokratischen Bundesstaat beitreten. [2]Er soll auf einem freiwilligen Zusammenschluß der deutschen Einzelstaaten beruhen, deren staatsrechtliches Eigenleben zu sichern ist.

Artikel 179[1)] [Organisation der Wirtschaft; Erzeuger- und Verbraucherorganisationen]
[1]Die in dieser Verfassung bezeichneten sozialen, wirtschaftlichen und kulturellen Körperschaften, Selbstverwaltungsorgane der Wirtschaft und Organisationen der Erzeuger, Verteiler und Verbraucher (Art. 34, 36, 154, 155, 164Art. 154, 155, 164) sind keine öffentlichen Behörden und dürfen keine staatlichen Machtbefugnisse ausüben. [2]Zwangsmitgliedschaft bei ihnen ist ausgeschlossen.

Artikel 180 [Ermächtigungen bis zur Errichtung eines Bundesstaates]
Bis zur Errichtung eines deutschen demokratischen Bundesstaates ist die Bayerische Staatsregierung ermächtigt, soweit es unumgänglich notwendig ist, mit Zustimmung des Bayerischen Landtags Zuständigkeiten des Staates Bayern auf den Gebieten der auswärtigen Beziehungen, der Wirtschaft, Ernährung, des Geldwesens und des Verkehrs an den Rat der Ministerpräsidenten der Staaten der US-Zone oder andere deutsche Gemeinschaftseinrichtungen mehrerer Staaten oder Zonen abzutreten.

Artikel 181 [Abschluss von Staatsverträgen]
Das Recht des Bayerischen Staates, im Rahmen seiner Zuständigkeit Staatsverträge abzuschließen, bleibt unberührt.

Artikel 182 [Weitergeltung von Staatsverträgen]
Die früher geschlossenen Staatsverträge, insbesonders die Verträge mit den christlichen Kirchen vom 24. Januar 1925 bleiben in Kraft.

Artikel 183 [Wiedergutmachung]
Alle durch die nationalsozialistische Gewaltherrschaft wegen ihrer religiösen oder politischen Haltung oder wegen ihrer Rasse Geschädigten haben im Rahmen der Gesetzgebung Anspruch auf Wiedergutmachung.

Artikel 184 [Entnazifizierungsgesetze]
Die Gültigkeit von Gesetzen, die gegen Nationalsozialismus und Militarismus gerichtet sind oder ihre Folgen beseitigen wollen, wird durch diese Verfassung nicht berührt oder beschränkt.

Artikel 185 [Wiederherstellung der Regierungsbezirke]
Die alten Kreise (Regierungsbezirke) mit ihren Regierungssitzen werden ehestens wiederhergestellt.

Artikel 186 [Weitergeltung bisherigen Rechts]
(1) Die Bayerische Verfassung vom 14. August 1919 ist aufgehoben.
(2) Die übrigen Gesetze und Verordnungen bleiben vorläufig in Kraft, soweit ihnen diese Verfassung nicht entgegensteht.

---

1) **Amtl. Anm.:** Siehe Fußnote zu Art. 34 bis 42.

(3) Anordnungen der Behörden, die auf Grund bisheriger Gesetze in rechtsüblicher Weise getroffen waren, behalten ihre Gültigkeit bis zur Aufhebung im Wege anderweitiger Anordnung oder Gesetzgebung.

Artikel 187 [Vereidigung von Beamten und Angestellten]

Alle Beamten und Angestellten im öffentlichen Dienst sind auf diese Verfassung zu vereidigen.

Artikel 188 [Verfassungstextexemplar für Schüler]

Jeder Schüler erhält vor Beendigung der Schulpflicht einen Abdruck dieser Verfassung.

Gesetz über den Bayerischen Verfassungsgerichtshof (VfGHG)

Vom 10. Mai 1990 (GVBl. S. 122, 231)
(BayRS 1103-1-I)
zuletzt geändert durch G zur Änderung des Gesetzes über den Bayerischen Verfassungsgerichtshof vom 23. Juli 2024 (GVBl. S. 246)

Der Landtag des Freistaates Bayern hat das folgende Gesetz beschlossen, das nach Anhörung des Senats hiermit bekanntgemacht wird:

Nichtamtliche Inhaltsübersicht

Erster Teil
Einrichtung und Zuständigkeit

Artikel 1 Sitz
Der Verfassungsgerichtshof besteht beim Oberlandesgericht München.

Artikel 2 Zuständigkeit
Der Verfassungsgerichtshof ist zuständig zur Entscheidung
1. über Anklagen des Landtags gegen ein Mitglied der Staatsregierung oder des Landtags (Art. 61 Abs. 1 der Verfassung),
2. über den Ausschluß von Wählergruppen von Wahlen und Abstimmungen (Art. 62 der Verfassung),
3. über die Gültigkeit der Wahl der Mitglieder des Landtags und den Verlust der Mitgliedschaft zum Landtag (Art. 63 der Verfassung),
4. über Verfassungsstreitigkeiten zwischen den obersten Staatsorganen oder in der Verfassung mit eigenen Rechten ausgestatteten Teilen eines obersten Staatsorgans (Art. 64 der Verfassung),
5. über Richtervorlagen wegen Verfassungswidrigkeit von Rechtsvorschriften (Art. 65 der Verfassung),
6. über Verfassungsbeschwerden (Art. 66 der Verfassung),
7. über Popularklagen wegen Verfassungswidrigkeit von Rechtsvorschriften (Art. 98 Satz 4 der Verfassung),
8. über Meinungsverschiedenheiten darüber, ob durch ein Gesetz die Verfassung verletzt wird oder ob ein Antrag auf unzulässige Verfassungsänderung vorliegt (Art. 75 Abs. 3 der Verfassung),
9. in den übrigen durch Gesetz zugewiesenen Fällen (Art. 67 der Verfassung).

Zweiter Teil
Zusammensetzung und Organisation

Artikel 3 Besetzung
(1) Der Verfassungsgerichtshof besteht aus dem Präsidenten, 22 berufsrichterlichen Mitgliedern, 15 weiteren Mitgliedern und deren Vertretern.

(2) [1]An den einzelnen Verfahren wirken mit:
1. in den Fällen des Art. 2 Nr. 1 der Präsident, acht berufsrichterliche Mitglieder, von denen drei dem Verwaltungsgerichtshof angehören, sowie zehn weitere Mitglieder,
2. in den Fällen des Art. 2 Nrn. 5, 7 und 8 und, wenn der Organstreit die Verfassungsmäßigkeit einer Rechtsvorschrift betrifft, auch im Fall des Art. 2 Nr. 4, der Präsident und acht berufsrichterliche Mitglieder, von denen drei dem Verwaltungsgerichtshof angehören,
3. in den übrigen Fällen der Präsident, drei berufsrichterliche Mitglieder, von denen zwei dem Verwaltungsgerichtshof angehören, und fünf weitere Mitglieder.

[2]Für die Verfahrensarten im Sinn des Satzes 1 können im Geschäftsverteilungsplan jeweils mehrere Spruchgruppen gebildet werden. [3]Jedes Mitglied des Verfassungsgerichtshofs gehört mindestens einer Spruchgruppe an.

(3) [1]Kommt der Verfassungsgerichtshof in einem vor ihm anhängigen anderen Verfahren in der Zusammensetzung nach Art. 3 Abs. 2 Nrn. 1 oder 3 zu der Auffassung, daß eine entscheidungserhebliche Rechtsvorschrift des bayerischen Landesrechts verfassungswidrig sei, so hat er über diese Frage in der in Art. 3 Abs. 2 Nr. 2 vorgeschriebenen Zusammensetzung vorab zu entscheiden. [2]Er hat das bei ihm anhängige Verfahren bis zu dieser Entscheidung auszusetzen. [3]Die Entscheidung ist zu begründen und die für verfassungswidrig gehaltene Rechtsvorschrift zu bezeichnen.

(4) [1]Hält eine Spruchgruppe ihre Zuständigkeit nicht für gegeben, gibt sie durch Beschluß das Verfahren an die nach ihrer Ansicht zuständige Spruchgruppe ab. [2]Hält sich auch diese nicht für zuständig, bestimmt das Berufsrichterplenum die zuständige Spruchgruppe mit bindender Wirkung; das gleiche gilt, wenn mehrere Spruchgruppen sich für zuständig halten.

(5) [1]In den vom Gesetz bestimmten Fällen entscheidet der Verfassungsgerichtshof in der kleinen Besetzung. [2]Diese besteht aus dem Präsidenten und zwei berufsrichterlichen Mitgliedern, von denen einer dem Verwaltungsgerichtshof angehören muß.

(6) [1]Der Präsident und die berufsrichterlichen Mitglieder bilden das Berufsrichterplenum. [2]Es ist beschlußfähig, wenn seine Mitglieder rechtzeitig geladen sind und der Präsident und mindestens die Hälfte der berufsrichterlichen Mitglieder anwesend sind. [3]Die Ladungsfrist beträgt zwei Wochen. [4]Das Berufsrichterplenum entscheidet mit der Mehrheit der Stimmen der anwesenden Mitglieder. [5]Bei Stimmengleichheit gibt die Stimme des Präsidenten, im Vertretungsfall die seines Vertreters, den Ausschlag.

Artikel 4 Wahl der Verfassungsrichter

(1) [1]Der Präsident, die berufsrichterlichen Mitglieder des Verfassungsgerichtshofs und der aus diesen zu wählende erste und zweite Vertreter des Präsidenten werden vom Landtag auf die Dauer von acht Jahren gewählt. [2]Die Wahl findet ohne Aussprache in der Vollversammlung statt. [3]Sie ist in einem Gremium des Landtags vorzubereiten, dessen Zusammensetzung und Verfahren der Landtag bestimmt. [4]Die Sitzungen des Gremiums sind nichtöffentlich; über den Inhalt der Beratungen ist Stillschweigen zu bewahren. [5]Die Teilnahme an den Sitzungen des Gremiums ist anderen Abgeordneten als seinen Mitgliedern oder deren Vertretern nicht gestattet. [6]Der Präsident des Verfassungsgerichtshofs oder sein Vertreter nimmt an den Sitzungen teil. [7]Eine Anhörung der Vorgeschlagenen findet nicht statt.

(2) [1]Die weiteren Mitglieder und ihre Vertreter werden getrennt voneinander vom neuen Landtag nach seinem Zusammentritt über jeweils zwei Vorschlagslisten gewählt. [2]Für die erste Wahlliste für weitere Mitglieder sind Fraktionen vorschlagsberechtigt, die die Staatsregierung stützen. [3]Dabei bemisst sich die Zahl der über die erste Wahlliste zu wählenden weiteren Mitglieder nach dem gemeinsamen Anteil der Sitze der Fraktionen, die die Staatsregierung stützen, im Verhältnis zur Gesamtzahl der Sitze im Landtag, wobei Zahlenbruchteile mit oder über 0,5 auf die darüberliegende ganze Sitzzahl aufgerundet, solche unter 0,5 auf die darunterliegende ganze Sitzzahl abgerundet werden. [4]Das Vorschlagsrecht für die zweite Wahlliste für die verbliebenen weiteren Mitglieder steht den übrigen Fraktionen zu. [5]Jede Fraktion kann höchstens so viele Vorschläge unterbreiten, wie weitere Mitglieder über diese Wahlliste zu wählen sind. [6]Jeder Abgeordnete hat so viele Stimmen, wie weitere Mitglieder über die jeweilige Liste zu wählen sind, wobei Kumulierung mehrerer Stimmen nicht zulässig ist. [7]Zur Wahl genügt die Mehrheit der abgegebenen, gültigen Stimmen. [8]Im Falle von Stimmengleichheit erfolgt eine Stichwahl, sofern dies für die Wahl oder Nichtwahl als weiteres Mitglied entscheidend ist. [9]Für die Wahl der Vertreter gelten die Sätze 2 bis 8 entsprechend.

(3) Wiederwahl ist zulässig.

(4) Bis zur Neuwahl führen die bisherigen Mitglieder ihr Amt weiter, sofern das Ausscheiden nicht auf einem Verlust der Wählbarkeit beruht.

Artikel 5 Wählbarkeit

(1) [1]Die Mitglieder des Verfassungsgerichtshofs müssen das 40. Lebensjahr vollendet haben und zum Landtag wählbar sein. [2]Sie sollen sich durch besondere Kenntnisse im öffentlichen Recht auszeichnen. [3]Auch die weiteren Mitglieder sollen die Befähigung zum Richteramt haben oder Lehrer der Rechtswissenschaft an einer bayerischen Universität sein.

(2) Die Mitglieder des Verfassungsgerichtshofs können nicht Mitglieder des Landtags, der Staatsregierung oder eines entsprechenden Organs des Bundes oder eines anderen Landes sein.

(3) [1]Der Präsident des Verfassungsgerichtshofs ist aus den Präsidenten der bayerischen Oberlandesgerichte zu wählen. [2]Die übrigen berufsrichterlichen Mitglieder müssen Richter auf Lebenszeit an einem Gericht des Freistaates Bayern sein. [3]Mit dem Ausscheiden aus dem richterlichen Hauptamt an einem Gericht des Freistaates Bayern endet die Mitgliedschaft beim Verfassungsgerichtshof. [4]Für den Präsidenten des Verfassungsgerichtshofs ist im richterlichen Hauptamt der Eintritt in den Ruhestand abweichend von Art. 7 Abs. 1 Satz 2 des Bayerischen Richter- und Staatsanwaltsgesetzes (BayRiStAG) bis zum Ablauf seiner Wahlperiode nach Art. 4 Abs. 1 Satz 1 hinausgeschoben, wenn er die Altersgrenze nach Art. 7 Abs. 1 Satz 1, Art. 72 Abs. 1 Satz 1 BayRiStAG vor dem Ende seiner Wahlperiode erreicht und er dies in der schriftlichen Erklärung über die Bereitschaft zur Annahme der Wahl (Art. 6 Abs. 2) beantragt hat. [5]Art. 7 Abs. 2 BayRiStAG bleibt unberührt.

Artikel 6 Vorschläge für die Wahl der berufsrichterlichen Mitglieder

(1) [1]Wird die Wahl eines berufsrichterlichen Mitglieds wegen des Ablaufs der Amtszeit oder aus sonstigen Gründen erforderlich, unterbreitet der Präsident des Verfassungsgerichtshofs nach Anhörung der berufsrichterlichen Mitglieder des Verfassungsgerichtshofs der Staatsregierung für jedes zu wählende berufsrichterliche Mitglied einen Wahlvorschlag. [2]Der Vorschlag wird von der Staatsregierung dem Landtag übermittelt.

(2) [1]Dem Wahlvorschlag ist eine schriftliche Erklärung des Vorgeschlagenen beizufügen, daß er im Fall der Wahl bereit ist, das Amt anzunehmen. [2]Das gilt auch für Wahlvorschläge der Staatsregierung oder aus der Mitte des Landtags.

Artikel 7 Vereidigung

(1) Die weiteren Mitglieder des Verfassungsgerichtshofs leisten beim Präsidenten vor ihrer ersten Amtshandlung folgenden Eid: „Ich schwöre, das Richteramt getreu dem Grundgesetz für die Bundesrepublik Deutschland, getreu der Verfassung des Freistaates Bayern und getreu dem Gesetz auszuüben, nach bestem Wissen und Gewissen ohne Ansehen der Person zu urteilen und nur der Wahrheit und Gerechtigkeit zu dienen, so wahr mir Gott helfe."

(2) [1]Der Eid kann auch ohne religiöse Beteuerungsformel geleistet werden. [2]Erklärt ein Richter, daß er aus Glaubens- oder Gewissensgründen keinen Eid leisten könne, so hat er an Stelle der Worte „ich schwöre" die Worte „ich gelobe" zu sprechen oder das Gelöbnis mit einer dem Bekenntnis seiner Religionsgemeinschaft oder der Überzeugung seiner Weltanschauungsgemeinschaft entsprechenden, gleichwertigen Beteuerungsformel einzuleiten.

(3) [1]Die Vereidigung der Mitglieder des Verfassungsgerichtshofs gilt für die Dauer ihres Amts. [2]Werden sie für eine weitere Amtszeit wiedergewählt, so ist ihre erneute Vereidigung nicht erforderlich.

(4) Über die Vereidigung ist eine Niederschrift aufzunehmen, die vom Präsidenten des Verfassungsgerichtshofs und dem Vereidigten zu unterzeichnen ist.

Artikel 8 Vorrang der Amtsausübung

[1]Die Tätigkeit als Mitglied des Verfassungsgerichtshofs geht allen anderen Aufgaben vor. [2]Der Generalsekretär ist von den Aufgaben im richterlichen Hauptamt freigestellt. [3]Für den Präsidenten und die berufsrichterlichen Mitglieder des Verfassungsgerichtshofs gelten die Vorschriften des Bayerischen Richter- und Staatsanwaltsgesetzes sowie des Deutschen Richtergesetzes nicht hinsichtlich ihrer Stellung als Verfassungsrichter.

Artikel 9 Ausschließung und Ablehnung

Auf die Ausschließung und die Ablehnung eines Mitglieds des Verfassungsgerichtshofs sind die Vorschriften der §§ 22 bis 30 StPO entsprechend anzuwenden.

Artikel 10 Geschäftsverteilung

(1) [1]Vor Ablauf eines Kalenderjahres beschließt das Berufsrichterplenum den Geschäftsverteilungsplan für das neue Kalenderjahr. [2]Der Geschäftsverteilungsplan enthält Bestimmungen über Bildung und Besetzung von Spruchgruppen, die Verteilung der Geschäfte und die Vertretung.

(2) Während des Kalenderjahres kann der Präsident den Geschäftsverteilungsplan ändern, soweit das wegen des Ausscheidens oder Eintretens von Mitgliedern erforderlich ist.

(3) Der Geschäftsverteilungsplan und seine Änderungen sind im Bayerischen Staatsanzeiger zu veröffentlichen.

(4) [1]Jedes einzelne Verfahren wird in der Zusammensetzung zu Ende geführt, in der es begonnen wurde. [2]Es ist begonnen, wenn die Spruchgruppe die Beratung aufgenommen hat. [3]Scheidet ein Mitglied nach Beginn des Verfahrens aus oder ist es für längere Zeit verhindert, tritt sein Vertreter an seine Stelle.

Artikel 11 Generalsekretär

[1]Der Präsident ernennt aus dem Kreis der berufsrichterlichen Mitglieder des Verfassungsgerichtshofs zu seiner Unterstützung und zur Durchführung der Verwaltungsgeschäfte einen Generalsekretär. [2]Die Ernennung zum Generalsekretär gilt für die Dauer der Amtszeit als berufsrichterliches Mitglied des Verfassungsgerichtshofs. [3]Im Fall seiner Wiederwahl kann das Mitglied erneut zum Generalsekretär ernannt werden.

Artikel 12 Befugnisse außerhalb der Sitzung; Vertretung des Präsidenten und des Generalsekretärs

(1) [1]Die dem Verfassungsgerichtshof zustehenden Befugnisse werden außerhalb der Sitzung von seinem Präsidenten oder nach Anordnung des Präsidenten vom Generalsekretär wahrgenommen. [2]Dem Generalsekretär können insbesondere die zur Vorbereitung der Sitzung erforderlichen verfahrensleitenden Befugnisse sowie die Durchführung der Verwaltungsgeschäfte übertragen werden.
(2) Im Fall seiner Verhinderung wird der Präsident durch den ersten oder zweiten Vertreter, im Fall auch ihrer Verhinderung von einem der übrigen berufsrichterlichen Mitglieder nach Maßgabe der in der Geschäftsverteilung festgelegten Reihenfolge vertreten.
(3) [1]Der Präsident ordnet an, wer den Generalsekretär in dessen Aufgabenbereich außerhalb seines Richteramts vertritt. [2]Der Vertreter des Generalsekretärs muß Richter auf Lebenszeit an einem Gericht des Freistaates Bayern sein.

Artikel 13 Geschäftsstelle

Beim Verfassungsgerichtshof wird eine Geschäftsstelle eingerichtet.

Dritter Teil
Verfahren

Kapitel I
Allgemeine Verfahrensvorschriften

Artikel 14 Antragstellung

(1) [1]Das Verfahren vor dem Verfassungsgerichtshof wird nur auf schriftlichen Antrag eingeleitet. [2]Dem Antrag und allen anderen Schriftsätzen sind jeweils so viele Abschriften beizufügen, als weitere Beteiligte vorhanden sind.
(2) [1]Den übrigen Beteiligten ist vom Verfassungsgerichtshof eine Abschrift des Antrags zu übermitteln. [2]Zugleich ist ihnen Gelegenheit zu geben, innerhalb bestimmter Frist schriftlich Stellung zu nehmen.

Artikel 15 Zustellung, Ladung

[1]Zustellungen und Ladungen geschehen von Amts wegen. [2]Die Zustellungsvorschriften der Zivilprozeßordnung sind entsprechend anzuwenden. [3]Zustellungen und Ladungen können auch durch eingeschriebenen Brief gegen Rückschein sowie in der Weise bewirkt werden, daß der Urkundsbeamte oder ein anderer damit beauftragter Beamter das Schriftstück gegen Empfangsbestätigung aushändigt.

Artikel 16 Verfahrensbevollmächtigte

(1) [1]Die Beteiligten können sich in jeder Lage des Verfahrens durch Bevollmächtigte vertreten lassen. [2]Die Vollmacht ist schriftlich zu erteilen oder zu bestätigen und kann nachgereicht werden. [3]Der Verfassungsgerichtshof kann hierfür eine Frist bestimmen.
(2) [1]Erfordert es die Sach- und Rechtslage oder ist der Antragsteller zum Vortrag nicht geeignet, so kann ihm der Verfassungsgerichtshof auftragen, einen Bevollmächtigten nach Absatz 4 Satz 1 zu bestellen. [2]Der Verfassungsgerichtshof kann mehreren Beteiligten mit gleichen Interessen die Bestellung eines gemeinsamen Bevollmächtigten auftragen.
(3) Ist ein Bevollmächtigter bestellt, so sind die Mitteilungen des Gerichts an ihn zu richten.
(4) [1]Als Bevollmächtigte sind zugelassen Rechtsanwälte und Rechtslehrer an Hochschulen allgemein, Vertreter beruflicher, genossenschaftlicher und gewerkschaftlicher Vereinigungen für den von ihnen

in dieser Eigenschaft vertretenen Personenkreis. [2]Andere Personen können vom Verfassungsgerichtshof zurückgewiesen werden, wenn sie die Vertretung geschäftsmäßig betreiben oder zum geeigneten Vortrag unfähig sind.

(5) In den Fällen, in denen die Vertretung Beteiligter durch einen Bevollmächtigten vorgeschrieben oder aufgetragen ist, kann nur der Bevollmächtigte rechtswirksam Anträge stellen und rechtsverbindlich Erklärungen abgeben.

(6) Soweit nicht etwas anderes bestimmt ist, gelten für die Bevollmächtigung die Vorschriften der Zivilprozeßordnung entsprechend.

Artikel 17 Fristen, Wiedereinsetzung

(1) [1]Die Fristen werden nach den Vorschriften des Bürgerlichen Gesetzbuchs berechnet. [2]Fällt das Ende einer Frist auf einen Samstag, einen Sonntag oder einen allgemeinen Feiertag, so endet die Frist mit Ablauf des nächstfolgenden Werktags.

(2) [1]Wer glaubhaft macht, daß er ohne Verschulden verhindert war, eine gesetzliche Frist einzuhalten, innerhalb derer ein Antrag zu stellen war, ist auf seinen Antrag in den vorigen Stand einzusetzen. [2]Innerhalb der Antragsfrist ist die versäumte Handlung nachzuholen. [3]Ist das geschehen, kann die Wiedereinsetzung auch ohne Antrag gewährt werden.

(3) [1]Die Wiedereinsetzung in den vorigen Stand muß binnen zwei Wochen nach Beseitigung des Hindernisses beantragt werden. [2]Nach Ablauf eines Jahres seit dem Ende der versäumten Frist ist der Antrag ausgeschlossen, es sei denn, daß höhere Gewalt vorliegt.

(4) [1]Über den Antrag auf Wiedereinsetzung in den vorigen Stand beschließt nach Anhörung der Beteiligten der Verfassungsgerichtshof in der kleinen Besetzung. [2]Wird die Wiedereinsetzung abgelehnt, kann binnen zwei Wochen die Entscheidung der nach Art. 3 Abs. 2 für die Hauptsache zuständigen Spruchgruppe beantragt werden. [3]Diese kann über den Antrag auf Wiedereinsetzung in den vorigen Stand unmittelbar entscheiden, wenn sie dabei zugleich über die Hauptsache entscheidet.

(5) Richterliche Fristen können jederzeit verlängert werden.

Artikel 18 Amts- und Rechtshilfe

[1]Gerichte und Behörden haben dem Verfassungsgerichtshof Rechts- und Amtshilfe zu leisten und ihm insbesondere die von ihm verlangten Akten und Urkunden vorzulegen. [2]§ 99 Abs. 1 und 2 Sätze 1 und 2 VwGO finden entsprechende Anwendung.

Artikel 19 Akteneinsicht

(1) [1]Die Beteiligten haben das Recht, auf der Geschäftsstelle des Verfassungsgerichtshofs Einsicht in die Akten zu nehmen. [2]Ist für einen Beteiligten die Akteneinsicht auf der Geschäftsstelle des Verfassungsgerichtshofs wegen persönlicher Umstände erheblich erschwert oder unmöglich, so können die Akten an ein anderes Gericht oder eine andere Behörde zur Einsichtnahme übersandt werden.

(2) [1]Ausgenommen von dem Recht auf Akteneinsicht sind Akten oder Aktenstücke, deren Einsichtnahme vom Verfassungsgerichtshof mit dem Staatswohl für unvereinbar erklärt wird. [2]Hält der Präsident die Einsichtnahme in Akten oder Aktenstücke mit dem Staatswohl für unvereinbar, so ist diese bis zur Entscheidung des Verfassungsgerichtshofs vorläufig zu verweigern; dasselbe gilt, wenn der Landtag, die Staatsregierung oder das zuständige Staatsministerium, soweit sie am Verfahren beteiligt sind, die Einsichtnahme mit dem Staatswohl für unvereinbar halten. [3]Die Entscheidung des Verfassungsgerichtshofs ist unverzüglich herbeizuführen. [4]Er entscheidet in der für die Hauptsache nach Art. 3 Abs. 2 vorgeschriebenen Besetzung.

(3) Die Akteneinsicht ist den Beteiligten und ihren Bevollmächtigten auch noch nach der Entscheidung des Verfassungsgerichtshofs zu gewähren, wenn sie ein berechtigtes Interesse glaubhaft machen.

(4) Ist zu einer Entscheidung eine abweichende Ansicht niedergelegt, erstreckt sich das Recht auf Akteneinsicht nicht auf die Erlangung der Kenntnis von der Person des Richters, der sie niedergelegt hat.

(5) Anderen Personen als Beteiligten kann Akteneinsicht gewährt werden, wenn sie ein berechtigtes Interesse glaubhaft machen und die Belange der Beteiligten, Dritter, des Staates oder die Erfordernisse des Verfahrens nicht entgegenstehen.

Artikel 20 Terminierung, Sitzungsort

Termin und Ort der Sitzungen werden vom Präsidenten bestimmt.

Artikel 21 Berichterstatter

Der Präsident kann für jedes Verfahren aus dem Kreis der berufsrichterlichen Mitglieder der zuständigen Spruchgruppe einen Berichterstatter und, falls er es für geboten erachtet, einen Mitberichterstatter ernennen.

Artikel 22 Mündliche Verhandlung

(1) [1]Der Verfassungsgerichtshof entscheidet, soweit nichts anderes bestimmt ist, auf Grund mündlicher Verhandlung. [2]Einer solchen bedarf es nicht, wenn alle Beteiligten ausdrücklich auf sie verzichten.

(2) [1]Zur mündlichen Verhandlung sind die Beteiligten von Amts wegen mit einer Frist von zwei Wochen zu laden. [2]In dringenden Fällen kann der Präsident die Frist abkürzen.

(3) [1]Nach Aufruf der Sache und Feststellung, wer von den Beteiligten erschienen ist, trägt der Vorsitzende oder der Berichterstatter den Sachverhalt vor. [2]Hierauf erhalten die Beteiligten Gelegenheit zu ihren Ausführungen und Anträgen. [3]Die Antragsteller haben das letzte Wort.

(4) [1]Der Vorsitzende schließt die mündliche Verhandlung. [2]Das Gericht kann ihre Wiedereröffnung beschließen.

(5) [1]Zur mündlichen Verhandlung ist ein Urkundsbeamter der Geschäftsstelle als Schriftführer zuzuziehen. [2]Der Schriftführer nimmt über den Gang der Verhandlung und die gestellten Anträge eine Niederschrift auf, die von ihm und dem Vorsitzenden zu unterzeichnen ist.

(6) Im übrigen gelten die §§ 136 bis 139, 141 und 159 bis 164 ZPO entsprechend.

Artikel 23 Beweisaufnahme

(1) [1]Der Verfassungsgerichtshof erhebt ohne Bindung an Anträge den nach seinem Ermessen erforderlichen Beweis. [2]Zur Vorbereitung der Verhandlung kann auch der Präsident außerhalb der Sitzung durch ein berufsrichterliches Mitglied des Verfassungsgerichtshofs als beauftragten Richter Beweise aufnehmen lassen oder zu bestimmten Beweisthemen ein anderes Gericht um die Aufnahme bestimmter Beweise ersuchen.

(2) [1]Die Beteiligten werden von allen Beweisterminen unter Mitteilung des Beweisthemas benachrichtigt und können der Beweisaufnahme beiwohnen. [2]Sie können an Zeugen und Sachverständige sachdienliche Fragen richten oder richten lassen. [3]Über die Aussagen von Zeugen, Sachverständigen und Beteiligten ist eine Niederschrift aufzunehmen.

(3) Bei Beweisaufnahmen außerhalb der Sitzung entscheidet über eine Beschwerde gegen die Festsetzung eines Ordnungsmittels im Fall des § 180 GVG oder die Anordnung von Zwangsmitteln der Verfassungsgerichtshof in der kleinen Besetzung; im übrigen sind richterliche Maßnahmen im Rahmen der Beweisaufnahme nicht gesondert anfechtbar.

(4) Auf die Beweisaufnahme finden im übrigen in den Fällen des Art. 2 Nr. 1 die Vorschriften der Strafprozeßordnung, in den übrigen Fällen die Vorschriften der Zivilprozeßordnung entsprechende Anwendung.

Artikel 24 Beratung, Abstimmung, Öffentlichkeit, Sitzungspolizei und Gerichtssprache

(1) Bei der Beratung und Abstimmung dürfen nur die zur Entscheidung berufenen Mitglieder des Verfassungsgerichtshofs anwesend sein.

(2) [1]Die zur Entscheidung berufenen Mitglieder des Verfassungsgerichtshofs stimmen nach dem Lebensalter; der Jüngere stimmt vor dem Älteren. [2]Wenn ein Berichterstatter ernannt ist, stimmt er zuerst; nach ihm stimmt gegebenenfalls der Mitberichterstatter. [3]Zuletzt stimmt der Vorsitzende. [4]Stimmenthaltung ist nicht zulässig.

(3) Eine schriftliche Abstimmung, insbesondere eine solche im Weg des Umlaufs bei den zur Entscheidung berufenen Mitgliedern des Verfassungsgerichtshofs, ist nicht zulässig.

(4) Die Mitglieder des Verfassungsgerichtshofs sind verpflichtet, über den Gang der Beratung und Abstimmung Stillschweigen zu wahren.

(5) Im übrigen sind hinsichtlich der Öffentlichkeit, Sitzungspolizei, Gerichtssprache, Beratung und Abstimmung die Vorschriften der Titel 14 bis 16 des Gerichtsverfassungsgesetzes entsprechend anwendbar.

Artikel 25 Entscheidung

(1) Der Verfassungsgerichtshof entscheidet: „Im Namen des Freistaates Bayern".

(2) [1]Der Verfassungsgerichtshof entscheidet nach seiner freien, aus dem Inhalt der Verhandlung und dem Ergebnis der Beweisaufnahme geschöpften Überzeugung. [2]Die Entscheidung ist am Schluß der mündlichen Verhandlung oder in einem späteren, den Beteiligten bekanntgegebenen Termin durch Verlesen der Entscheidungsformel zu verkünden. [3]Die Entscheidungsgründe werden bei der Verkündung vorgelesen oder ihrem wesentlichen Inhalt nach mitgeteilt. [4]Die Entscheidung wird mit der Verkündung wirksam. [5]Entscheidet der Verfassungsgerichtshof ohne mündliche Verhandlung, so wird die Entscheidung mit Zustellung an die Beteiligten wirksam.

(3) [1]Die Entscheidung ist schriftlich niederzulegen, zu begründen und von den Richtern, die bei ihr mitgewirkt haben, zu unterschreiben. [2]Ist ein Richter an der Unterzeichnung der Entscheidung verhindert, so wird dies unter Angabe des Verhinderungsgrundes von dem Vorsitzenden, bei dessen Verhinderung vom lebensältesten berufsrichterlichen Beisitzer unter der Entscheidung vermerkt.

(4) Schreibfehler, Rechenfehler und ähnliche offenbare Unrichtigkeiten in der Entscheidung kann der Vorsitzende berichtigen.

(5) Jeder Richter hat das Recht, seine von der Entscheidung oder von deren Begründung abweichende Ansicht in einem Sondervotum schriftlich niederzulegen; das Sondervotum ist ohne Angabe des Verfassers der Entscheidung anzuschließen.

(6) Ausfertigungen der Entscheidung sind den Beteiligten durch den Urkundsbeamten der Geschäftsstelle zuzustellen.

(7) Wird eine Rechtsvorschrift für verfassungswidrig, nichtig oder nur in einer bestimmten Auslegung für verfassungsgemäß erklärt, ist die Entscheidung des Verfassungsgerichtshofs im Gesetz- und Verordnungsblatt zu veröffentlichen.

Artikel 26 Einstweilige Anordnung

(1) Der Verfassungsgerichtshof kann eine einstweilige Anordnung erlassen, wenn dies zur Abwehr schwerer Nachteile, zur Verhinderung drohender Gewalt oder aus einem anderen wichtigen Grund dringend geboten ist.

(2) [1]Die einstweilige Anordnung kann ohne mündliche Verhandlung ergehen. [2]Bei besonderer Dringlichkeit kann der Verfassungsgerichtshof davon absehen, den am Verfahren zur Hauptsache Beteiligten oder Äußerungsberechtigten vor der Entscheidung Gelegenheit zur Stellungnahme zu geben.

(3) [1]Kann in Fällen besonderer Dringlichkeit die Entscheidung der zuständigen Spruchgruppe nicht rechtzeitig herbeigeführt werden, so entscheidet der Präsident oder im Fall seiner Verhinderung sein Vertreter. [2]Gegen die Entscheidung kann jeder Beteiligte innerhalb von zwei Wochen nach Bekanntgabe Widerspruch erheben. [3]Über den Widerspruch entscheidet der Verfassungsgerichtshof in der Besetzung nach Art. 3 Abs. 2. [4]Der Widerspruch hat keine aufschiebende Wirkung. [5]Der Verfassungsgerichtshof kann die Vollziehung der einstweiligen Anordnung aussetzen.

(4) Die einstweilige Anordnung tritt mit der Beendigung des Hauptsacheverfahrens außer Kraft, sofern sie der Verfassungsgerichtshof nicht früher aufhebt.

Artikel 27 Kosten

(1) [1]Das Verfahren des Verfassungsgerichtshofs ist kostenfrei. [2]Ist jedoch in den Fällen des Art. 2 Nr. 6 die Beschwerde und in den Fällen des Art. 2 Nr. 7 die Popularklage unzulässig oder offensichtlich unbegründet, so kann der Verfassungsgerichtshof dem Beschwerdeführer oder Antragsteller eine Gebühr bis zu eintausendfünfhundert Euro auferlegen. [3]Der Verfassungsgerichtshof kann dem Beschwerdeführer oder Antragsteller aufgeben, einen entsprechenden Vorschuß zu leisten. [4]Über die Auferlegung eines Kostenvorschusses entscheidet der Verfassungsgerichtshof in der kleinen Besetzung.

(2) In den Fällen des Art. 2 Nr. 1 sind dem nicht für schuldig Befundenen die notwendigen Auslagen einschließlich der Kosten der Verteidigung zu ersetzen.

(3) Erklärt der Verfassungsgerichtshof in einem Verfahren nach Art. 55 eine Rechtsvorschrift für verfassungswidrig, nichtig oder nur in einer bestimmten Auslegung für verfassungsgemäß, ordnet er an, daß die juristische Person des öffentlichen Rechts, deren Vorschrift Gegenstand des Verfahrens war, dem Antragsteller oder Beschwerdeführer die notwendigen Auslagen ganz oder teilweise zu erstatten hat.

(4) [1]Erweist sich eine Verfassungsbeschwerde als begründet, sind dem Beschwerdeführer die notwendigen Auslagen ganz oder teilweise zu erstatten. [2]Erstattungspflichtig ist die juristische Person des öffentlichen Rechts, der die Verletzung des verfassungsmäßigen Rechts zuzurechnen ist.

(5) In den übrigen Fällen kann der Verfassungsgerichtshof volle oder teilweise Erstattung von Kosten und Auslagen anordnen.

Artikel 28 Prozeßkostenhilfe, Kostenfestsetzung, Gegenstandswert

(1) [1]Die Vorschriften der Zivilprozeßordnung über Prozeßkostenhilfe gelten entsprechend. [2]Über einen Antrag auf Gewährung von Prozeßkostenhilfe entscheidet der Verfassungsgerichtshof in der kleinen Besetzung.

(2) Ist ein Kostenvorschuß eingefordert oder die Erstattung von Kosten oder Auslagen von einem Beteiligten beantragt worden, so entscheidet über die Pflicht zur Kostentragung nach Erledigung der Hauptsache der Verfassungsgerichtshof in der kleinen Besetzung.

(3) [1]Der Urkundsbeamte der Geschäftsstelle setzt auf Antrag die zu erstattenden Kosten und Auslagen fest. [2]Dem Antrag sind Kostenberechnung und Belege beizufügen.

(4) [1]Gegen den Kostenfestsetzungsbeschluß kann binnen einer Frist von zwei Wochen ab Zustellung Erinnerung eingelegt werden. [2]Über die Erinnerung entscheidet der Verfassungsgerichtshof in der kleinen Besetzung. [3]Die Erinnerung hat aufschiebende Wirkung.

(5) Der Verfassungsgerichtshof setzt in der kleinen Besetzung den Gegenstandswert nach der Bundesgebührenordnung für Rechtsanwälte fest.

Artikel 29 Bindungswirkung der Entscheidung, Vollzug

(1) Die Entscheidungen des Verfassungsgerichtshofs sind für alle anderen Verfassungsorgane sowie für Gerichte und Behörden bindend.

(2) Der Verfassungsgerichtshof kann in seiner Entscheidung die Art und Weise des Vollzugs regeln.

Artikel 30 Ergänzende Bestimmungen

(1) Soweit dieses Gesetz keine Bestimmungen über das Verfahren enthält, sind die Vorschriften der Verwaltungsgerichtsordnung, ergänzend die der Zivilprozeßordnung entsprechend heranzuziehen.

(2) [1]Im übrigen kann das Berufsrichterplenum des Verfassungsgerichtshofs das Verfahren und den Geschäftsgang durch eine Geschäftsordnung regeln. [2]Diese ist im Gesetz- und Verordnungsblatt zu veröffentlichen.

Kapitel II
Besondere Verfahrensvorschriften

1. Abschnitt
Anklagen gegen ein Mitglied der Staatsregierung oder des Landtags (Art. 2 Nr. 1)

1. Unterabschnitt
Anklagen gegen ein Mitglied der Staatsregierung

Artikel 31 Erhebung der Anklage

(1) [1]Der Landtag erhebt die Anklage durch Übersendung einer Anklageschrift an den Präsidenten des Verfassungsgerichtshofs. [2]Der Anklageschrift sind die Akten über die Erhebung der Anklage sowie eine Ausfertigung des Beschlusses, durch den der Landtag bestimmt hat, wer die Anklage vor dem Verfassungsgerichtshof vertritt, beizufügen.

(2) [1]Die Anklageschrift muß die Handlung oder Unterlassung, wegen welcher die Anklage erhoben ist, die Bestimmung der Verfassung oder des Gesetzes, die verletzt sein soll, und die Tatsachen, auf welche sich die Anklage stützt, bezeichnen. [2]Sie muß die Feststellung enthalten, daß der Beschluß des Landtags auf Erhebung der Anklage mit Zweidrittelmehrheit der gesetzlichen Mitgliederzahl gefaßt ist.

(3) [1]Der Landtag bestimmt, wer die Anklage vor dem Verfassungsgerichtshof vertritt. [2]Der Anklagevertreter kann seine Bestellung nicht ablehnen. [3]Er darf nicht Mitglied des Verfassungsgerichtshofs sein.

Artikel 32 Rücktritt und Entlassung des Anzuklagenden; Auflösung des Landtags

Die Erhebung oder Weiterverfolgung der Anklage werden durch den Rücktritt (Art. 44 Abs. 3 der Verfassung) oder die Entlassung (Art. 45 der Verfassung) des Anzuklagenden, die Vertagung oder Auflösung des Landtags oder den Ablauf der Wahldauer nicht berührt.

Artikel 33 Zurücknahme der Anklage

(1) Die Anklage kann mit Zustimmung des Angeklagten bis zur Verkündung des Urteils durch Beschluß des Landtags zurückgenommen werden; für diesen Beschluß ist eine Zweidrittelmehrheit der gesetzlichen Mitgliederzahl erforderlich.

(2) [1]Wird die Anklage zurückgenommen, ist eine Ausfertigung des Beschlusses an den Präsidenten des Verfassungsgerichtshofs zu übersenden. [2]Ist die Zustimmungserklärung des Angeklagten nicht beigefügt, so fordert der Präsident den Angeklagten auf, binnen bestimmter Frist sich über die Zustimmung schriftlich zu erklären.

Artikel 34 Mehrere Angeklagte

[1]Gegen mehrere Mitglieder der Staatsregierung kann gemeinschaftlich Anklage erhoben werden. [2]Der Verfassungsgerichtshof kann durch Beschluß die Verfahren gegen Mitglieder der Staatsregierung auch nachträglich verbinden oder ein verbundenes Verfahren trennen.

Artikel 35 Aussetzung des Verfahrens

Ist gegen den Angeklagten wegen einer mit dem Verfahren vor dem Verfassungsgerichtshof zusammenhängenden Handlung ein Strafverfahren anhängig, so kann der Verfassungsgerichtshof die Verhandlung bis zur Erledigung des Strafverfahrens aussetzen.

Artikel 36 Zustellung der Anklageschrift

Die Anklageschrift wird dem Angeklagten zugestellt.

Artikel 37 Voruntersuchung

(1) [1]Der Verfassungsgerichtshof kann zur Vorbereitung der Verhandlung eine Voruntersuchung anordnen. [2]Der Anklagevertreter und der Angeklagte können Antrag auf Anordnung einer Voruntersuchung stellen. [3]Über die Anordnung der Voruntersuchung und über Anträge auf Ergänzung der Voruntersuchung entscheidet der Verfassungsgerichtshof in der Besetzung nach Art. 3 Abs. 2 Nr. 1.

(2) [1]Mit der Führung der Voruntersuchung ist ein berufsrichterliches Mitglied des Verfassungsgerichtshofs zu betrauen. [2]Der Untersuchungsführer ist unabhängig und an Weisungen nicht gebunden. [3]Sein Amt erlischt, sobald seine Mitgliedschaft beim Verfassungsgerichtshof endet (Art. 5 Abs. 3 Satz 3). [4]Maßgebender Zeitpunkt für die Ablehnung im Sinn des § 25 Abs. 1 StPO ist das Ende der erstmaligen Vernehmung des Angeklagten. [5]Über die Ablehnung entscheidet der Verfassungsgerichtshof in der kleinen Besetzung abschließend.

(3) [1]Zeugen und Sachverständige werden in der Voruntersuchung nur dann beeidigt, wenn sie voraussichtlich am Erscheinen in der Verhandlung vor dem Verfassungsgerichtshof verhindert sein werden oder wenn ihr Erscheinen wegen großer Entfernung besonders erschwert sein würde. [2]Ist die Vernehmung eines Zeugen oder Sachverständigen wegen großer Entfernung erschwert, so kann der die Voruntersuchung führende Richter das Amtsgericht, in dessen Bezirk der Zeuge oder Sachverständige sich aufhält, um die Vernehmung ersuchen.

(4) [1]Die Voruntersuchung beginnt mit einer Vernehmung des Angeklagten. [2]Ist er aus zwingenden Gründen am Erscheinen verhindert und hat er dies unverzüglich mitgeteilt, ist er erneut zu laden. [3]Erscheint der Angeklagte zu seiner Vernehmung nicht, so wird die Voruntersuchung ohne ihn weitergeführt. [4]Die Verhaftung, die vorläufige Festnahme und die Vorführung des Angeklagten sind unzulässig.

(5) [1]Vor Abschluß der Voruntersuchung ist dem Angeklagten Gelegenheit zu seiner Verteidigung zu geben. [2]Nach der abschließenden Anhörung legt der Untersuchungsführer die Akten mit einem zusammenfassenden Bericht dem Präsidenten vor.

(6) [1]Im Übrigen finden Art. 26, 27, 29, 30, 32 und 51 Abs. 2, Art. 54 des Bayerischen Disziplinargesetzes auf die Voruntersuchung entsprechende Anwendung. [2]Dem Angeklagten ist zu gestatten, die Akten und beigezogenen Schriftstücke einzusehen, soweit dies ohne Gefährdung des Untersuchungszwecks möglich ist. [3]An Stelle des Verwaltungsgerichts entscheidet der Verfassungsgerichtshof in der kleinen Besetzung.

(7) Der Präsident des Verfassungsgerichtshofs kann in den Fällen, in denen eine Voruntersuchung nicht stattfindet, zur Vorbereitung der Verhandlung vor dem Verfassungsgerichtshof einzelne Ermittlungen anordnen und mit der Durchführung ein berufsrichterliches Mitglied der zuständigen Spruchgruppe beauftragen.

Artikel 38 Mündliche Verhandlung

(1) [1]Über die Anklage wird mündlich verhandelt. [2]Zu der Verhandlung sind der Anklagevertreter, der Angeklagte, sein Bevollmächtigter und die erforderlichen Zeugen und Sachverständigen zu laden. [3]Bei der Ladung ist der Angeklagte darauf hinzuweisen, daß ohne ihn verhandelt wird, wenn er unentschuldigt ausbleibt oder sich ohne hinreichenden Grund vorzeitig entfernt. [4]Im übrigen finden die §§ 217 bis 222 StPO entsprechende Anwendung.

(2) [1]Die Zeugen und Sachverständigen werden von Amts wegen geladen, soweit der Präsident oder die zuständige Spruchgruppe die Ladung nach Lage der Sache, insbesondere nach dem Ergebnis der Voruntersuchung oder der angestellten Ermittlungen, für nötig erachtet. [2]Über Anträge des Anklagevertreters oder des Angeklagten oder seines Bevollmächtigten auf Ladung von Zeugen oder Sachverständigen entscheidet in der mündlichen Verhandlung die zuständige Spruchgruppe, außerhalb der mündlichen Verhandlung der Präsident.

Artikel 39 Gang der mündlichen Verhandlung

[1]In der Verhandlung wird zunächst die Anklageschrift verlesen. [2]Sodann wird der Angeklagte vernommen. [3]Hierauf findet die Beweisaufnahme statt. [4]Zum Schluß wird der Anklagevertreter mit seinem Antrag und der Angeklagte mit seinem Verteidigungsvorbringen gehört. [5]Der Angeklagte hat das letzte Wort.

Artikel 40 Urteil

(1) Der Verfassungsgerichtshof entscheidet auf der Grundlage der Anklageschrift des Landtags nach dem Ergebnis der mündlichen Verhandlung.

(2) Der Verfassungsgerichtshof spricht in seinem Urteil aus, daß der Angeklagte vorsätzlich die Verfassung oder ein näher zu bezeichnendes Gesetz verletzt hat oder daß er von der Anklage freigesprochen wird.

(3) Zur Bejahung der Schuldfrage sind mehr als zwölf Stimmen erforderlich.

Artikel 41 Verkündung des Urteils; Zustellung

(1) Die Verkündung des Urteils erfolgt durch Verlesung der Urteilsformel und Eröffnung der Urteilsgründe am Schluß der Verhandlung oder spätestens nach Ablauf eines Monats nach dem Schluß der Verhandlung.

(2) Ausfertigungen des Urteils samt Gründen sind dem Landtag, der Staatsregierung und dem Angeklagten zuzustellen.

Artikel 42 Sonstige Verfahrensvorschriften

Im übrigen finden auf die Verhandlung vor dem Verfassungsgerichtshof die Vorschriften der §§ 226 bis 229, 236, 238, 240 bis 258, 271 bis 273 und 275 StPO entsprechend Anwendung.

Artikel 43 Wiederaufnahme des Verfahrens

(1) [1]Die Wiederaufnahme des Verfahrens findet nur zugunsten des Verurteilten und nur auf seinen Antrag oder nach seinem Tod auf Antrag seines Ehegatten oder seiner Abkömmlinge unter den Voraussetzungen der §§ 359 und 364 StPO statt. [2]In dem Antrag müssen der gesetzliche Grund der Wiederaufnahme sowie die Beweismittel angegeben werden; er ist schriftlich bei dem Präsidenten des Verfassungsgerichtshofs einzureichen. [3]Durch den Antrag auf Wiederaufnahme wird die Wirksamkeit des Urteils nicht gehemmt.

(2) [1]Über die Zulassung des Antrags entscheidet der Verfassungsgerichtshof in der Besetzung nach Art. 3 Abs. 2 Nr. 1 ohne mündliche Verhandlung. [2]Die Vorschriften der §§ 368 bis 370 und 371 Abs. 1 bis 3 StPO finden entsprechende Anwendung.

(3) Auf die erneute Hauptverhandlung finden die Vorschriften der Art. 38 bis 42 Anwendung.

(4) In dem erneuten Urteil ist entweder das frühere Urteil aufrechtzuerhalten oder aufzuheben und der Angeklagte freizusprechen.

2. Unterabschnitt

Anklagen gegen Abgeordnete

Artikel 44 Verfahren

(1) Auf das Verfahren finden die besonderen Verfahrensvorschriften bei Anklagen gegen Mitglieder der Staatsregierung entsprechende Anwendung.

(2) Die Erhebung und Weiterverfolgung der Anklage werden durch den Verlust der Mitgliedschaft beim Landtag nicht berührt.
(3) Ausfertigungen des Urteils samt Gründen sind dem Landtag, dem Angeklagten und der Staatsregierung zuzustellen.

3. Unterabschnitt
[aufgehoben]

Artikel 45 ***[aufgehoben]***

2. Abschnitt
Entscheidungen über den Ausschluß von Wählergruppen von Wahlen und Abstimmungen (Art. 2 Nr. 2)

Artikel 46 Antrag
(1) Der Antrag auf Entscheidung über den Ausschluß von Wählergruppen von Wahlen und Abstimmungen kann von der Staatsregierung oder von einer der im Landtag vertretenen politischen Parteien gestellt werden.
(2) In dem Antrag sind die Tatsachen und Beweismittel zu bezeichnen, aus denen hervorgeht, daß die Mitglieder oder Förderer der Wählergruppe darauf ausgehen, die staatsbürgerlichen Freiheiten zu unterdrücken oder gegen Volk, Staat oder Verfassung Gewalt anzuwenden.

Artikel 47 Verfahren
(1) [1]Der Antrag ist der beteiligten Wählergruppe zur Äußerung binnen einer zu bestimmenden Frist mitzuteilen. [2]Hat eine im Landtag vertretene politische Partei den Antrag gestellt, ist der Staatsregierung Gelegenheit zur Äußerung zu geben.
(2) [1]Der Antragsteller und die Wählergruppe müssen sich durch einen Bevollmächtigten vertreten lassen. [2]Dieser hat bei seiner ersten Äußerung eine schriftliche Vollmacht vorzulegen. [3]Wird der Antrag von einer politischen Partei gestellt, ist zugleich der Nachweis vorzulegen, daß die Vollmacht von dem nach der Parteisatzung hierzu Berechtigten erteilt wurde.
(3) Ausfertigungen der Entscheidung sind der Staatsregierung, auch wenn sie den Antrag nicht gestellt hat, den Bevollmächtigten des Antragstellers und der beteiligten Wählergruppe, dem Landtag und dem Landeswahlleiter zuzustellen.

3. Abschnitt
Entscheidungen über die Gültigkeit der Wahl der Mitglieder des Landtags und den Verlust der Mitgliedschaft beim Landtag (Art. 2 Nr. 3)

Artikel 48 Antrag, Verfahren
(1) Gegen Beschlüsse des Landtags über die Gültigkeit der Wahl oder den Verlust der Mitgliedschaft können die Entscheidung des Verfassungsgerichtshofs beantragen
1. Abgeordnete, deren Mitgliedschaft im Landtag bestritten ist,
2. Fraktionen des Landtags oder Minderheiten des Landtags, die wenigstens ein Zehntel der gesetzlichen Mitgliederzahl umfassen,
3. Stimmberechtigte, deren Wahlbeanstandung vom Landtag verworfen worden ist.

(2) [1]Der Antrag ist schriftlich bei dem Präsidenten des Verfassungsgerichtshofs binnen einem Monat seit der Beschlußfassung des Landtags einzureichen; er ist durch die Anführung von Tatsachen und Beweismitteln zu begründen. [2]Eine Landtagsminderheit muß sich durch einen Bevollmächtigten vertreten lassen. [3]Dieser hat bei der Antragstellung den Nachweis seiner Bevollmächtigung vorzulegen.
(3) [1]Der fristgemäß eingereichte Antrag ist den weiteren Beteiligten zur Äußerung binnen einer zu bestimmenden Frist mitzuteilen. [2]Beteiligt sind außer dem Antragsteller der Landtag und die Personen, deren Mitgliedschaft im Landtag durch die beantragte Entscheidung betroffen wäre. [3]Die Äußerung und die Gegenerklärung erfolgen schriftlich. [4]Der Verfassungsgerichtshof kann von einer mündlichen Verhandlung absehen, wenn er eine solche nach der Sach- und Rechtslage nicht für geboten erachtet.
(4) Ist die Frist des Absatzes 2 Satz 1 nicht eingehalten worden, so ist der Antrag als unzulässig zurückzuweisen.

(5) Ausfertigungen der Entscheidung sind dem Abgeordneten, dem Landtag, den etwaigen übrigen Beteiligten, der Staatsregierung und dem Landeswahlleiter zuzustellen.

4. Abschnitt

Verfassungsstreitigkeiten zwischen obersten Staatsorganen; Meinungsverschiedenheiten über Verfassungsänderung (Art. 2 Nrn. 4 und 8)

Artikel 49 Verfahren, Zustellung

(1) Bei Verfassungsstreitigkeiten zwischen den obersten Staatsorganen oder in der Verfassung mit eigenen Rechten ausgestatteten Teilen eines obersten Staatsorgans (Art. 64 der Verfassung) sowie bei Meinungsverschiedenheiten darüber, ob durch ein Gesetz die Verfassung verletzt wird oder ob ein Antrag auf eine unzulässige Verfassungsänderung vorliegt (Art. 75 Abs. 3 der Verfassung), kann die Entscheidung des Verfassungsgerichtshofs herbeigeführt werden.

(2) [1]Antragsberechtigt sind der Landtag, die Staatsregierung und die in der Verfassung mit eigenen Rechten ausgestatteten Teile eines obersten Staatsorgans. [2]Letztere müssen sich durch einen Bevollmächtigten vertreten lassen, der den Antrag zu stellen und dabei den Nachweis seiner Bevollmächtigung vorzulegen hat. [3]Bei Meinungsverschiedenheiten innerhalb des Landtags (Art. 75 Abs. 3 der Verfassung) müssen sich auch die Mitglieder des Landtags, die die gegenteilige Ansicht vertreten, durch einen Bevollmächtigten vertreten lassen.

(3) Ausfertigungen der Entscheidung sind dem Landtag und der Staatsregierung zuzustellen.

5. Abschnitt

Richtervorlagen (Art. 2 Nr. 5)

Artikel 50 Verfahren, Zustellung

(1) Hält ein Gericht eine Rechtsvorschrift des bayerischen Landesrechts, die für die Entscheidung eines bei ihm anhängigen Verfahrens erheblich ist, für verfassungswidrig, so hat es das Verfahren auszusetzen und die Entscheidung des Verfassungsgerichtshofs herbeizuführen.

(2) [1]Das Gericht leitet den Vorlagebeschluß mit den Akten dem Verfassungsgerichtshof unmittelbar zu. [2]In der Begründung des Beschlusses ist auszuführen, aus welchen Gründen die Rechtsvorschrift für das anhängige Verfahren entscheidungserheblich ist und für verfassungswidrig erachtet wird.

(3) Der Verfassungsgerichtshof gibt dem Landtag, der Staatsregierung und den sonst am Verfahren Beteiligten Gelegenheit zur Äußerung.

(4) Ausfertigungen der Entscheidung sind dem Landtag und der Staatsregierung zuzustellen.

6. Abschnitt

Verfassungsbeschwerden (Art. 2 Nr. 6)

Artikel 51 Inhalt und Voraussetzung der Verfassungsbeschwerde; Frist

(1) [1]In der Beschwerde nach Art. 120 der Verfassung sind die Handlung oder Unterlassung der Behörde, gegen die sich der Beschwerdeführer wendet, und das verfassungsmäßige Recht, dessen Verletzung der Beschwerdeführer geltend macht, zu bezeichnen; die Bestimmungen der Verfassung, deren Verletzung behauptet wird, sollen angeführt werden. [2]Die Beschwerde kann auch gegen die Handlung oder Unterlassung eines Gerichts erhoben werden.

(2) [1]Ist hinsichtlich des Beschwerdegegenstands ein Rechtsweg zulässig, so ist bei Einreichung der Beschwerde nachzuweisen, daß der Rechtsweg erschöpft worden ist. [2]Die Verfassungsbeschwerde ist spätestens zwei Monate nach der schriftlichen Bekanntgabe der vollständigen letztgerichtlichen Entscheidung an den Beschwerdeführer beim Verfassungsgerichtshof einzureichen.

(3) [1]Ist ein Rechtsweg nicht zulässig und wird die Beschwerde gegen eine einem Staatsministerium nachgeordnete Behörde erhoben, so muß der Beschwerdeführer bei Einreichung der Beschwerde nachweisen, daß er innerhalb eines Monats, seit er von der Handlung der Behörde Kenntnis hat, ohne Erfolg bei dem zuständigen Staatsministerium um Abhilfe nachgesucht hat. [2]Sind seit der Einreichung des Gesuchs um Abhilfe drei Monate verstrichen, ohne daß dem Beschwerdeführer ein Bescheid zugegangen ist, so wird angenommen, daß das Gesuch um Abhilfe erfolglos geblieben ist. [3]Die Verfassungsbeschwerde ist spätestens zwei Monate nach der Entscheidung des Staatsministeriums oder der

von ihm beauftragten Dienststelle und, falls eine Entscheidung nicht ergangen ist, zwei Monate nach Ablauf der Frist des Satzes 2 beim Verfassungsgerichtshof einzureichen.

(4) Wird der Nachweis, daß der Rechtsweg erschöpft oder das Abhilfegesuch an das zuständige Staatsministerium ohne Erfolg geblieben ist, bei Einreichung der Verfassungsbeschwerde nicht erbracht, so kann ihn der Präsident unter Setzung einer Frist beim Beschwerdeführer anfordern.

(5) Ist ein Rechtsweg nicht zulässig und auch ein Gesuch um Abhilfe nach Absatz 3 Satz 1 nicht möglich, so ist

1. die Verfassungsbeschwerde gegen die Handlung einer Behörde spätestens zwei Monate seit der Kenntnisnahme des Beschwerdeführers,
2. die Verfassungsbeschwerde gegen eine gerichtliche Entscheidung spätestens zwei Monate seit der schriftlichen Bekanntgabe der vollständigen Entscheidung an den Beschwerdeführer,
3. die Verfassungsbeschwerde gegen die Unterlassung einer beantragten Handlung spätestens sechs Monate nach der Antragstellung

zu erheben.

(6) Im Fall des Art. 48 Abs. 3 der Verfassung findet Absatz 1 Satz 1 entsprechende Anwendung.

Artikel 52 Äußerung der Staatsregierung oder des zuständigen Staatsministeriums

Vor einer abschließenden Entscheidung übermittelt der Verfassungsgerichtshof eine Abschrift der Beschwerde im Fall des Art. 48 Abs. 3 der Verfassung der Staatsregierung, im Fall des Art. 120 der Verfassung dem beteiligten Staatsministerium und gibt Gelegenheit zur Äußerung binnen einer zu bestimmenden Frist.

Artikel 53 Verfahren

(1) [1]Über die Beschwerde entscheidet der Verfassungsgerichtshof ohne mündliche Verhandlung. [2]Der Präsident oder der Verfassungsgerichtshof können mündliche Verhandlung anordnen.

(2) Zur mündlichen Verhandlung sind der Beschwerdeführer und die Staatsregierung oder das beteiligte Staatsministerium zu laden.

(3) Der Präsident oder der Verfassungsgerichtshof können das persönliche Erscheinen des Beschwerdeführers anordnen.

Artikel 54 Inhalt der Entscheidung

[1]Wird einer Verfassungsbeschwerde stattgegeben, so ist in der Entscheidung festzustellen, welche Verfassungsbestimmung verletzt wurde und durch welche gerichtliche oder behördliche Handlung oder Unterlassung die Verletzung erfolgt ist. [2]Der Verfassungsgerichtshof bestimmt, in welcher Weise der Beschwerde abzuhelfen ist.

7. Abschnitt
Popularklagen (Art. 2 Nr. 7)

Artikel 55 Popularklage

(1) [1]Die Verfassungswidrigkeit einer Rechtsvorschrift des bayerischen Landesrechts kann jedermann durch Beschwerde beim Verfassungsgerichtshof geltend machen. [2]Er hat darzulegen, daß ein durch die Verfassung gewährleistetes Grundrecht verfassungswidrig eingeschränkt wird.

(2) Der Verfassungsgerichtshof hat dem Landtag, der Staatsregierung und den übrigen Beteiligten Gelegenheit zur Äußerung zu geben.

(3) Der Verfassungsgerichtshof kann von einer mündlichen Verhandlung absehen, wenn er eine solche nach der Sach- und Rechtslage nicht für geboten erachtet.

(4) Ausfertigungen der Entscheidung sind dem Landtag und der Staatsregierung zuzustellen.

(5) Der Verfassungsgerichtshof kann trotz einer Rücknahme der Popularklage über diese entscheiden, wenn er eine Entscheidung im öffentlichen Interesse für geboten hält; er hat über die Popularklage zu entscheiden, wenn die juristische Person des öffentlichen Rechts, deren Rechtsvorschrift angegriffen ist, eine Entscheidung binnen vier Wochen ab Zustellung der Rücknahmeerklärung beantragt.

Vierter Teil

Änderungs-, Übergangs- und Schlußvorschriften

Artikel 56 Übergangsregelung

[1]Abweichend von Art. 7 Abs. 1 Satz 2 BayRiStAG ist für den Präsidenten des Verfassungsgerichtshofs, der bereits vor dem 1. August 2024 gewählt worden ist, im richterlichen Hauptamt der Eintritt in den Ruhestand bis zum Ende der Wahlperiode hinausgeschoben, wenn er dies beantragt. [2]Hierüber ist der Landtag zu unterrichten.

Artikel 57 Inkrafttreten; Außerkrafttreten

(1) Dieses Gesetz tritt am 1. Januar 1991 in Kraft.

(2) Abweichend von Absatz 1 Satz 1 treten Art. 3 Abs. 6, Art. 10 Abs. 1 und Art. 30 Abs. 2 am 1. August 1990 in Kraft.

Gesetz über Landtagswahl, Volksbegehren und Volksentscheid (Landeswahlgesetz – LWG)

In der Fassung der Bekanntmachung vom 5. Juli 2002[1)] (GVBl. S. 277, 278, 620)
(BayRS 111-1-I)
zuletzt geändert durch G zur Änderung des Landeswahlgesetzes vom 23. Mai 2022 (GVBl. S. 218)

Nichtamtliche Inhaltsübersicht

---

1) Neubekanntmachung des LWG in der Fassung der Bekanntmachung v. 9.3.1994 (GVBl. S. 135, 136, 620) in der ab 1.7.2002 geltenden Fassung mit neuer Artikelfolge und unter Beseitigung von Unstimmigkeiten des Wortlauts gem. § 3 ÄndG v. 24.6.2002 (GVBl. S. 242).

Teil 1
Allgemeine Bestimmungen

Kapitel 1
Stimmrecht

Artikel 1 Voraussetzungen des Stimmrechts

(1) Stimmberechtigt bei den Wahlen zum Landtag, bei Volksbegehren und Volksentscheiden sind alle Deutschen im Sinn des Art. 116 Abs. 1 des Grundgesetzes, die am Tag der Abstimmung, bei Volksbegehren spätestens am letzten Tag der Eintragungsfrist,

1. das 18. Lebensjahr vollendet haben,
2. seit mindestens drei Monaten in Bayern ihre Wohnung, bei mehreren Wohnungen ihre Hauptwohnung, haben oder sich sonst in Bayern gewöhnlich aufhalten,
3. nicht nach Art. 2 vom Stimmrecht ausgeschlossen sind.

(2) [1]Stimmberechtigt sind bei Vorliegen der sonstigen Voraussetzungen auch Beamte und Arbeitnehmer im öffentlichen Dienst, die ihre Wohnung, bei mehreren Wohnungen ihre Hauptwohnung, aus beruflichen Gründen aus Bayern in einen Ort im Ausland nahe der Landesgrenze verlegen mussten, sowie die Angehörigen ihres Hausstands. [2]Bei Rückkehr nach Bayern gilt die Dreimonatsfrist des Absatzes 1 Nr. 2 nicht.

(3) Bei der Berechnung der Dreimonatsfrist nach Absatz 1 Nr. 2 wird der Tag der Wohnungs- oder Aufenthaltsnahme in die Frist einbezogen.

Artikel 2 Ausschluss vom Stimmrecht

Ausgeschlossen vom Stimmrecht ist, wer infolge Richterspruchs das Stimmrecht nicht besitzt.

Artikel 3 Ausübung des Stimmrechts

(1) Abstimmen kann nur, wer in ein Wählerverzeichnis eingetragen ist oder einen Wahlschein hat.

(2) Wer im Wählerverzeichnis eingetragen ist, kann nur in dem Stimmbezirk abstimmen, in dessen Wählerverzeichnis er geführt wird.

(3) [1]Wer einen Wahlschein hat, kann sein Stimmrecht in dem Stimmkreis, in dem der Wahlschein ausgestellt ist,
1. durch Stimmabgabe in einem beliebigen Stimmbezirk dieses Stimmkreises oder
2. durch Briefwahl

ausüben. [2]Beim Volksentscheid kann der Inhaber eines Wahlscheins sein Stimmrecht in einem beliebigen Stimmbezirk innerhalb der kreisfreien Gemeinde oder des Landkreises ausüben, sofern der Volksentscheid nicht zusammen mit einer Landtagswahl durchgeführt wird.

(4) [1]Jede stimmberechtigte Person kann ihr Stimmrecht nur einmal und nur persönlich ausüben. [2]Eine Ausübung des Stimmrechts durch einen Vertreter anstelle der stimmberechtigten Person ist unzulässig.

(5) [1]Eine stimmberechtigte Person, die des Lesens unkundig oder wegen einer Behinderung an der Abgabe ihrer Stimme gehindert ist, kann sich hierzu der Hilfe einer anderen Person bedienen. [2]Die Hilfeleistung ist auf technische Hilfe bei der Kundgabe einer von der stimmberechtigten Person selbst getroffenen und geäußerten Wahlentscheidung beschränkt. [3]Unzulässig ist eine Hilfeleistung, die unter missbräuchlicher Einflussnahme erfolgt, die selbstbestimmte Willensbildung oder Entscheidung der stimmberechtigten Person ersetzt oder verändert oder wenn ein Interessenkonflikt der Hilfsperson besteht.

Artikel 4 Wählerverzeichnis und Wahlschein

(1) [1]Die Gemeinden legen für jeden Stimmbezirk ein Verzeichnis der Stimmberechtigten an. [2]Jede stimmberechtigte Person hat das Recht, an den Werktagen, außer Samstagen, vom 20. bis 16. Tag vor der Abstimmung während der allgemeinen Dienststunden die Richtigkeit oder Vollständigkeit der zu ihrer Person im Wählerverzeichnis eingetragenen Daten zu überprüfen. [3]Zur Überprüfung der Richtigkeit oder Vollständigkeit der Daten von anderen im Wählerverzeichnis eingetragenen Personen haben Stimmberechtigte während des in Satz 2 genannten Zeitraums nur dann ein Recht auf Einsicht in das Wählerverzeichnis, wenn sie Tatsachen glaubhaft machen, aus denen sich eine Unrichtigkeit oder Unvollständigkeit des Wählerverzeichnisses ergeben kann. [4]Das Recht zur Überprüfung gemäß Satz 3 besteht nicht hinsichtlich der Daten von Stimmberechtigten, für die im Melderegister eine Auskunftssperre gemäß § 51 des Bundesmeldegesetzes eingetragen ist.

(2) Eine stimmberechtigte Person, die im Wählerverzeichnis eingetragen ist oder die aus einem von ihr nicht zu vertretenden Grund in das Wählerverzeichnis nicht aufgenommen worden ist, erhält auf Antrag einen Wahlschein.

Kapitel 2

Räumliche Gliederung und Wahlorgane

Artikel 5 Wahlkreis, Stimmkreis, Stimmbezirk

(1) Jeder Regierungsbezirk bildet einen Wahlkreis.

(2) [1]Jeder Landkreis und jede kreisfreie Gemeinde bildet einen Stimmkreis. [2]Soweit es der Grundsatz der Wahlgleichheit erfordert, sind räumlich zusammenhängende Stimmkreise abweichend von Satz 1 zu bilden; das Gebiet kreisangehöriger Gemeinden und der räumliche Wirkungsbereich von Verwaltungsgemeinschaften dürfen nicht durchschnitten werden. [3]Die sich nach der Bevölkerungsstatistik ergebende Zahl der wahlberechtigten Einwohner (Wahlberechtigtenzahl) eines Stimmkreises soll von der durchschnittlichen Wahlberechtigtenzahl der Stimmkreise im jeweiligen Wahlkreis nicht um mehr als 15 v.H. nach oben oder unten abweichen; beträgt die Abweichung mehr als 25 v.H. ist eine Neuabgrenzung vorzunehmen.

(3) [1]Wird eine Gemeinde oder ein Gemeindeteil in eine Gemeinde eingegliedert, die einem anderen Stimmkreis angehört, so fällt sie diesem Stimmkreis zu. [2]Wird eine neue Gemeinde oder eine Verwaltungsgemeinschaft aus Gemeinden verschiedener Stimmkreise gebildet, so fällt sie dem Stimmkreis zu, dem der größere Teil der wahlberechtigten Einwohner bisher angehört hat. [3]Dies gilt jedoch nicht, wenn hierdurch die Wahlberechtigtenzahl eines der Stimmkreise von der durchschnittlichen Wahlberechtigtenzahl der Stimmkreise in dem jeweiligen Wahlkreis um mehr als 25 v.H. nach oben oder unten abweicht; in diesem Fall fällt sie dem Stimmkreis zu, dem der nächstgrößere Teil der wahlberechtigten Einwohner bisher angehört hat. [4]Die Feststellungen trifft der Landeswahlleiter.

(4) [1]Die sich hieraus ergebende Einteilung regelt die **Anlage** zu diesem Gesetz. [2]Berichtigungen der Anlage nach Absatz 3 gibt das Staatsministerium des Innern, für Sport und Integration bekannt.

(5) [1]Die Staatsregierung erstattet dem Landtag 36 Monate nach dem Tag, an dem der Landtag gewählt worden ist, einen schriftlichen Bericht über die Veränderung der Wahlberechtigtenzahlen in den Wahl- und den Stimmkreisen. [2]Der Bericht hat Vorschläge zur Änderung der Zahl der auf die Wahlkreise entfallenden Abgeordnetensitze und zur Änderung der Stimmkreiseinteilung zu enthalten, soweit das durch die Veränderung der Wahlberechtigtenzahlen geboten ist. [3]Der Bericht wird als Landtagsdrucksache veröffentlicht.

(6) Jeder Stimmkreis wird für die Stimmabgabe in Stimmbezirke eingeteilt.

Artikel 6 Wahlorgane

Wahlorgane sind

1. der Landeswahlleiter und der Landeswahlausschuss für das Staatsgebiet,
2. bei Landtagswahlen ein Beschwerdeausschuss für das Staatsgebiet,
3. bei Landtagswahlen ein Wahlkreisleiter und ein Wahlkreisausschuss für jeden Wahlkreis,
4. bei Landtagswahlen ein Stimmkreisleiter und ein Stimmkreisausschuss für jeden Stimmkreis, bei Volksentscheiden ein Abstimmungsleiter und ein Abstimmungsausschuss für jeden Landkreis und für jede kreisfreie Gemeinde,
5. ein Wahlvorsteher und ein Wahlvorstand für jeden Stimmbezirk; der Stimmkreisleiter soll anordnen, dass ein Wahlvorstand, der weniger als 50 Stimmberechtigte zur Abstimmung zugelassen hat, die Abstimmungsverhandlungen zur Ergebnisermittlung einem anderen Wahlvorstand übergibt, und
6. mindestens ein Wahlvorsteher und ein Wahlvorstand für jede Gemeinde zur Feststellung des Briefwahlergebnisses (Briefwahlvorstand); der Stimmkreisleiter kann anordnen, dass für mehrere Gemeinden ein gemeinsamer Briefwahlvorstand zu bilden ist, und eine dieser Gemeinden mit der Durchführung der Briefwahl betrauen.

Artikel 7 Bildung der Wahlorgane

(1) Der Landeswahlleiter und sein Stellvertreter sowie die Wahlkreisleiter und ihre Stellvertreter werden vom Staatsministerium des Innern, für Sport und Integration, die Stimmkreisleiter und die Abstimmungsleiter sowie ihre Stellvertreter von der Regierung, die Wahlvorsteher und ihre Stellvertreter von der Gemeinde ernannt.

(2) [1]Der Landeswahlausschuss, die Wahlkreisausschüsse, die Stimmkreisausschüsse und die Abstimmungsausschüsse bestehen jeweils aus dem Wahlleiter als Vorsitzendem und sechs von ihm berufenen Stimmberechtigten als Beisitzern. [2]Der Beschwerdeausschuss besteht aus dem Landeswahlleiter als Vorsitzendem sowie den sechs Beisitzern des Landeswahlausschusses und zwei vom Landeswahlleiter berufenen Richtern des Verwaltungsgerichtshofs. [3]Die Wahlvorstände bestehen aus dem Wahlvorsteher als Vorsitzendem, seinem Stellvertreter und weiteren drei bis sieben von der Gemeinde berufenen

Stimmberechtigten als Beisitzern. 4Bei der Berufung der Beisitzer sind die in dem jeweiligen Gebiet vertretenen Parteien und sonstigen organisierten Wählergruppen nach Möglichkeit zu berücksichtigen.
(3) 1Niemand darf in mehr als einem Wahlorgan Mitglied sein. 2Wahlbewerber, Beauftragte für Wahlkreisvorschläge und ihre Stellvertreter dürfen nicht zu Mitgliedern eines Wahlorgans bestellt werden.
(4) 1Die Gemeinden sind befugt, personenbezogene Daten von Stimmberechtigten zum Zweck ihrer Berufung zu Mitgliedern von Wahlvorständen zu erheben, zu verarbeiten und zu nutzen. 2Zu diesem Zweck dürfen personenbezogene Daten von Stimmberechtigten, die zur Tätigkeit in Wahlvorständen geeignet sind, auch für künftige Abstimmungen verarbeitet und genutzt werden, sofern die betroffene Person der Verarbeitung oder Nutzung nicht widersprochen hat. 3Die betroffene Person ist über das Widerspruchsrecht zu unterrichten. 4Im Einzelnen dürfen folgende Daten erhoben, verarbeitet und genutzt werden: Name, Vorname, akademische Grade, Geburtsdatum, Anschriften, Telefonnummern, Zahl der Berufungen zu einem Mitglied der Wahlvorstände und die dabei ausgeübte Funktion.
(5) 1Auf Ersuchen der Gemeinde sind zur Sicherstellung der Durchführung der Abstimmung die Behörden des Freistaates Bayern, der Gemeinden, der Landkreise und der Bezirke sowie der sonstigen der Aufsicht des Freistaates Bayern unterstehenden juristischen Personen des öffentlichen Rechts verpflichtet, aus dem Kreis ihrer Bediensteten unter Angabe von Name, Vorname, akademischen Graden, Geburtsdatum, Anschriften und Telefonnummern zum Zweck der Berufung als Mitglieder der Wahlvorstände stimmberechtigte Personen zu benennen, die im Gebiet der ersuchenden Gemeinde wohnen. 2Die ersuchte Stelle hat die Betroffenen über die übermittelten Daten und den Empfänger zu benachrichtigen.

Artikel 8 Tätigkeit der Wahlausschüsse und Wahlvorstände

(1) 1Die Wahlausschüsse und Wahlvorstände verhandeln, beraten und entscheiden in öffentlicher Sitzung. 2Soweit nicht in diesem Gesetz etwas anderes bestimmt ist, entscheidet bei den Abstimmungen Stimmenmehrheit. 3Bei Stimmengleichheit entscheidet die Stimme des Vorsitzenden.
(2) 1Die Mitglieder der Wahlorgane, ihre Stellvertreter und die Schriftführer sind zur unparteiischen Wahrnehmung ihres Amts und zur Verschwiegenheit über die ihnen bei ihrer amtlichen Tätigkeit bekannt gewordenen Angelegenheiten verpflichtet. 2Sie dürfen bei der Ausübung ihres Amts ihr Gesicht nicht verhüllen.

Artikel 9 Ehrenämter

1Die Beisitzer der Wahlausschüsse und die Mitglieder der Wahlvorstände üben ihre Tätigkeit ehrenamtlich aus. 2Zur Übernahme des Ehrenamts ist jede stimmberechtigte Person verpflichtet. 3Das Ehrenamt darf nur aus wichtigem Grund abgelehnt werden.

Kapitel 3
Durchführung der Abstimmung

Artikel 10 Tag der Abstimmung

Die Abstimmungen finden an einem Sonntag oder gesetzlichen Feiertag statt.

Artikel 11 Öffentlichkeit der Abstimmung

1Die Durchführung der Abstimmung und die Ermittlung des Abstimmungsergebnisses sind öffentlich. 2Der Wahlvorstand kann Personen, die Ruhe und Ordnung stören, aus dem Abstimmungsraum verweisen. 3Stimmberechtigten ist zuvor Gelegenheit zur Stimmabgabe zu geben.

Artikel 12 Unzulässige Beeinflussung der Abstimmenden, unzulässige Veröffentlichung von Befragungen zur Stimmabgabe

(1) Während der Abstimmungszeit ist in und an dem Gebäude, in dem sich der Abstimmungsraum befindet, sowie unmittelbar vor dem Zugang zu dem Gebäude jede Beeinflussung der Abstimmenden durch Wort, Ton, Schrift, Bild oder auf andere Weise, insbesondere durch Umfragen oder Unterschriftensammlungen, sowie jede Behinderung oder erhebliche Belästigung der Abstimmenden verboten.
(2) Vor Ablauf der Abstimmungszeit dürfen Ergebnisse von Befragungen nach der Stimmabgabe über den Inhalt der Abstimmungsentscheidung nicht veröffentlicht werden.
(3) Den Behörden des Staates und den Gemeinden ist es untersagt, die Abstimmung in irgendeiner Weise zu beeinflussen oder das Abstimmungsgeheimnis zu verletzen.

Artikel 13 Abstimmungsgeheimnis

(1) [1]Es sind Vorkehrungen zu treffen, dass die abstimmende Person die Stimmzettel unbeobachtet kennzeichnen kann. [2]Für die Aufnahme der Stimmzettel sind Wahlurnen zu verwenden, die die Wahrung des Abstimmungsgeheimnisses sicherstellen.

(2) [1]Die nach Art. 3 Abs. 5 zulässige Hilfe bei der Stimmabgabe bleibt unberührt. [2]Die Hilfsperson ist zur Geheimhaltung der Kenntnisse verpflichtet, die sie bei der Hilfeleistung von der Abstimmung einer anderen Person erhalten hat.

Artikel 14 Stimmzettel, Stimmenzählgeräte

(1) Für die Stimmabgabe werden amtliche Stimmzettel verwendet.

(2) Das Staatsministerium des Innern, für Sport und Integration kann zulassen, dass an Stelle von Stimmzetteln amtlich zugelassene Stimmenzählgeräte verwendet werden.

Artikel 15 Briefwahl

(1) [1]Bei der Briefwahl hat die abstimmende Person der Gemeinde, die den Wahlschein ausgestellt hat, im verschlossenen Wahlbriefumschlag

1. ihren Wahlschein,
2. in einem besonderen verschlossenen Stimmzettelumschlag ihre Stimmzettel

so rechtzeitig zu übersenden, dass der Wahlbrief spätestens am Tag der Abstimmung bis zum Ende der Abstimmungszeit eingeht. [2]Art. 13 Abs. 2 gilt entsprechend.

(2) Auf dem Wahlschein hat die abstimmende Person oder die Person ihres Vertrauens an Eides statt zu versichern, dass die Stimmzettel persönlich oder gemäß dem erklärten Willen der abstimmenden Person gekennzeichnet worden sind.

Artikel 16 Entscheidungen des Wahlvorstands

[1]Der Wahlvorstand leitet die Durchführung der Abstimmung. [2]Vorbehaltlich einer Nachprüfung durch den Stimmkreisausschuss oder den Abstimmungsausschuss entscheidet er über die Gültigkeit der abgegebenen Stimmen und stellt das Abstimmungsergebnis fest.

Artikel 17 Kosten der Abstimmung

(1) Der Freistaat Bayern erstattet den Gemeinden und den Verwaltungsgemeinschaften die durch die Abstimmung veranlassten notwendigen Ausgaben durch einen festen Betrag je stimmberechtigte Person.

(2) [1]Der Betrag wird vom Staatsministerium des Innern, für Sport und Integration festgesetzt. [2]Bei der Festsetzung werden laufende persönliche und sächliche Kosten sowie Kosten für die Bereitstellung von Räumen und Einrichtungen der Gemeinden und der Verwaltungsgemeinschaften nicht berücksichtigt.

(3) Blindenvereinen, die ihre Bereitschaft zur Herstellung von Stimmzettelschablonen erklärt haben, werden die durch die Herstellung und Verteilung der Stimmzettelschablonen veranlassten notwendigen Ausgaben erstattet.

Artikel 18 Dienstbefreiung ohne Lohnabzug

Stimmberechtigten in einem Dienst- oder Arbeitsverhältnis muss die freie Zeit, die sie zur Stimmabgabe und zur Ausübung von Ehrenämtern bei den Abstimmungen benötigen, ohne Abzug an Lohn oder Gehalt gewährt werden.

Teil 2

Besondere Bestimmungen für die Landtagswahl

Kapitel 1

Grundsätze für die Wahl der Abgeordneten

Artikel 19 Wahlrechtsgrundsätze und Wahldauer

Die Abgeordneten des Bayerischen Landtags werden auf die Dauer von fünf Jahren in allgemeiner, gleicher, unmittelbarer und geheimer Wahl nach einem verbesserten Verhältniswahlrecht gewählt.

Artikel 20 Festsetzung des Wahltags

[1]Die Staatsregierung setzt spätestens fünf Monate vor dem Wahltag den Tag für die Wahl zum Landtag fest. [2]Die Neuwahl findet frühestens 59 Monate, spätestens 62 Monate nach dem Tag, an dem der

vorausgegangene Landtag gewählt worden ist (Art. 16 Abs. 1 Satz 3 der Verfassung), bzw. spätestens am sechsten Sonntag nach der Auflösung oder Abberufung (Art. 18 Abs. 4 der Verfassung) statt.

Artikel 21 Zahl der Abgeordneten

(1) [1]Der Landtag besteht aus 180 Abgeordneten. [2]Die 180 Abgeordnetenmandate werden auf die Wahlkreise nach dem Verhältnis der sich nach der Bevölkerungsstatistik ergebenden Zahl ihrer wahlberechtigten Einwohner aufgeteilt. [3]Maßgeblich ist die Zahl der wahlberechtigten Einwohner, die sich nach dem 33 Monate nach der Wahl des Landtags vorliegenden letzten fortgeschriebenen Stand der Bevölkerungsstatistik ergibt. [4]Jeder Wahlkreis erhält so viele Abgeordnetenmandate, wie sich nach Teilung der Summe der Wahlberechtigtenzahlen der Wahlkreise durch einen Zuteilungsdivisor ergeben. [5]Art. 42 Abs. 2 Satz 2 und 3 gilt entsprechend. [6]Der Zuteilungsdivisor ist so zu bestimmen, dass zunächst die Summe der Wahlberechtigtenzahlen der Wahlkreise durch 180 geteilt wird. [7]Werden bei Anwendung dieses Zuteilungsdivisors mehr als 180 Abgeordnetenmandate auf die Wahlkreise verteilt, ist der Zuteilungsdivisor so heraufzusetzen, dass sich bei der Berechnung 180 Mandate ergeben. [8]Entfallen zu wenig Abgeordnetenmandate auf die Wahlkreise, ist der Zuteilungsdivisor entsprechend herunterzusetzen.

(2) Hiernach verteilen sich die Abgeordnetenmandate auf die Wahlkreise wie folgt:

Oberbayern	61,
Niederbayern	18,
Oberpfalz	16,
Oberfranken	16,
Mittelfranken	24,
Unterfranken	19,
Schwaben	26.

(3) Für die Wahl der Abgeordneten als Vertreter ihres Stimmkreises werden 91 Stimmkreise gebildet, und zwar in den Wahlkreisen

Oberbayern	31,
Niederbayern	9,
Oberpfalz	8,
Oberfranken	8,
Mittelfranken	12,
Unterfranken	10,
Schwaben	13.

(4) Die übrigen Abgeordneten werden in den Wahlkreisen aus den Wahlkreislisten der einzelnen Wahlkreisvorschläge gewählt.

Artikel 22 Wählbarkeit

[1]Wählbar ist jede stimmberechtigte Person. [2]Nicht wählbar ist, wer infolge Richterspruchs die Wählbarkeit nicht besitzt.

Kapitel 2

Wahlvorschläge

Artikel 23 Wahlvorschlagsrecht

Wahlvorschläge können von politischen Parteien und sonstigen organisierten Wählergruppen eingereicht werden.

Artikel 24 Beteiligungsanzeige

(1) Politische Parteien und sonstige organisierte Wählergruppen, die im Bayerischen Landtag oder im Deutschen Bundestag seit deren letzter Wahl nicht auf Grund eigener Wahlvorschläge ununterbrochen vertreten waren, können als solche einen Wahlvorschlag nur einreichen, wenn sie spätestens am 90. Tag vor dem Wahltag, 18 Uhr – bei einer Wahl nach Auflösung oder Abberufung des Landtags spätestens am 31. Tag vor dem Wahltag, 18 Uhr – dem Landeswahlleiter ihre Beteiligung an der Wahl schriftlich angezeigt haben und der Landeswahlausschuss ihr Wahlvorschlagsrecht festgestellt hat.

(2) [1]Die Anzeige muss den Namen der Partei oder Wählergruppe, sofern eine Kurzbezeichnung verwendet wird, auch diese enthalten. [2]Name und Kurzbezeichnung einer Wählergruppe werden von dem satzungsgemäß zur Vertretung berufenen Organ bestimmt; sie müssen sich von der Bezeichnung einer bereits bestehenden politischen Partei oder sonstigen organisierten Wählergruppe deutlich unterscheiden.

(3) [1]Die Anzeige politischer Parteien muss von mindestens drei Vorstandsmitgliedern des Landesverbands, darunter dem Vorsitzenden oder seinem Stellvertreter, oder, wenn ein Landesverband nicht besteht, der nächstniedrigen Gebietsverbände, die Anzeige sonstiger organisierter Wählergruppen vom Vorstand der Wählergruppe persönlich unterzeichnet sein. [2]Politische Parteien haben der Anzeige ihre Satzung und ihr Programm sowie einen Nachweis über die satzungsgemäße Bestellung des Vorstands, sonstige organisierte Wählergruppen haben einen Nachweis über ihre Gründung, ihre Satzung und einen Nachweis, dass ihr Vorstand nach demokratischen Grundsätzen bestellt worden ist, beizufügen.

Artikel 25 Mängelbeseitigung, Feststellung des Landeswahlausschusses

(1) [1]Der Landeswahlleiter hat die Anzeige nach Art. 24 unverzüglich nach Eingang zu prüfen. [2]Stellt er Mängel fest, so benachrichtigt er sofort die Partei oder Wählergruppe und fordert sie auf, behebbare Mängel rechtzeitig zu beseitigen. [3]Nach Ablauf der Anzeigefrist können nur noch Mängel an sich gültiger Anzeigen behoben werden. [4]Eine gültige Anzeige liegt nicht vor, wenn

1. die Schriftform oder Frist des Art. 24 Abs. 1 nicht gewahrt ist,
2. der Name und die Kurzbezeichnung fehlen,
3. die nach Art. 24 Abs. 3 erforderlichen gültigen Unterschriften oder die der Anzeige beizufügenden Anlagen fehlen.

[5]Nach der Entscheidung über das Wahlvorschlagsrecht ist jede Mängelbeseitigung ausgeschlossen.

(2) Der Landeswahlausschuss stellt spätestens am 79. Tag vor dem Wahltag – bei einer Wahl nach Auflösung oder Abberufung des Landtags spätestens am 27. Tag vor dem Wahltag – für alle Wahlorgane verbindlich fest,

1. welche politischen Parteien oder sonstigen organisierten Wählergruppen im Bayerischen Landtag oder im Deutschen Bundestag seit deren letzter Wahl auf Grund eigener Wahlvorschläge ununterbrochen vertreten waren,
2. welche Vereinigungen, die nach Art. 24 ihre Beteiligung angezeigt haben, sonst zur Einreichung von Wahlvorschlägen berechtigt sind; die Ablehnung des Wahlvorschlagsrechts bedarf der Mehrheit von zwei Dritteln der abgegebenen Stimmen.

Artikel 26 Einreichung der Wahlkreisvorschläge

(1) [1]Die Wahlvorschläge sind für die Wahlkreise aufzustellen (Wahlkreisvorschläge). [2]Eine politische Partei oder sonstige organisierte Wählergruppe kann in einem Wahlkreis nur einen Wahlkreisvorschlag einreichen.

(2) Die Wahlkreisvorschläge sind beim Wahlkreisleiter spätestens am 73. Tag vor dem Wahltag, 18 Uhr – bei einer Wahl nach Auflösung oder Abberufung des Landtags spätestens am 24. Tag vor dem Wahltag, 18 Uhr – schriftlich einzureichen.

Artikel 27 Inhalt und Form der Wahlkreisvorschläge

(1) Die Wahlkreisvorschläge müssen folgende Voraussetzungen erfüllen:

1. Wahlkreisvorschläge müssen den Namen der Partei oder Wählergruppe, sofern eine Kurzbezeichnung verwendet wird, auch diese tragen.
2. [1]Jeder Wahlkreisvorschlag muss alle sich bewerbenden Personen für die Stimmkreise (Stimmkreisbewerber) und die in der Wahlkreisliste aufgestellten sich bewerbenden Personen (Wahlkreisbewerber) enthalten. [2]Er darf höchstens so viele sich bewerbende Personen enthalten, als im Wahlkreis Abgeordnete zu wählen sind. [3]Jede sich bewerbende Person kann nur in einem Wahlkreis aufgestellt und hier nur in einem Wahlkreisvorschlag benannt werden. [4]Als sich bewerbende Person kann nur vorgeschlagen werden, wer seine Zustimmung dazu schriftlich erteilt hat; die Zustimmung ist unwiderruflich.
3. [1]Für mindestens einen Stimmkreis muss eine sich bewerbende Person benannt sein. [2]Jeder Stimmkreisbewerber kann nur für einen Stimmkreis aufgestellt werden. [3]Für jeden Stimmkreis darf in einem Wahlkreisvorschlag nur ein Stimmkreisbewerber benannt sein. [4]Bei jedem Stimmkreisbewerber ist anzugeben, für welchen Stimmkreis er aufgestellt ist.

4. [1]Wahlkreisvorschläge politischer Parteien müssen vom Vorstand des Landesverbands oder, wenn ein Landesverband nicht besteht, von den Vorständen der nächstniedrigen Gebietsverbände, in deren Bereich der Wahlkreis liegt, Wahlkreisvorschläge sonstiger organisierter Wählergruppen vom Vorstand persönlich unterzeichnet sein. [2]Sie müssen außerdem von 1 v.T. der Stimmberechtigten des Wahlkreises bei der letzten Abstimmung nach diesem Gesetz, jedoch höchstens von 2 000 Stimmberechtigten persönlich unterzeichnet sein, sofern nicht die Partei oder Wählergruppe bei der letzten Landtagswahl im gesamten Wahlgebiet mindestens 1,25 v.H. der abgegebenen gültigen Stimmen erhalten hat; das Stimmrecht muss im Zeitpunkt der Unterzeichnung gegeben sein und ist bei Einreichung des Wahlkreisvorschlags nachzuweisen.

(2) Mit dem Wahlkreisvorschlag sind beim Wahlkreisleiter einzureichen:

1. die Niederschriften über die Versammlungen in den Stimmkreisen (Art. 28) und im Wahlkreis (Art. 29),
2. die Zustimmungserklärungen der in den Wahlkreisvorschlag aufgenommenen sich bewerbenden Personen.

Artikel 28 Aufstellung der Stimmkreisbewerber

(1) [1]Die Stimmkreisbewerber werden in einer Mitgliederversammlung oder in einer besonderen oder allgemeinen Vertreterversammlung gewählt. [2]Mitgliederversammlung ist eine Versammlung der im Zeitpunkt ihres Zusammentritts im Stimmkreis stimmberechtigten Mitglieder der politischen Partei oder sonstigen organisierten Wählergruppe. [3]Besondere Vertreterversammlung ist eine Versammlung der von einer derartigen Mitgliederversammlung aus ihrer Mitte gewählten Vertreter. [4]Allgemeine Vertreterversammlung ist eine nach der Satzung der Partei oder Wählergruppe allgemein für bevorstehende Wahlen von einer derartigen Mitgliederversammlung aus ihrer Mitte bestellte Versammlung.

(2) [1]Die Stimmkreisbewerber und die Vertreter für die Vertreterversammlungen werden in geheimer Abstimmung gewählt. [2]Jeder stimmberechtigte Teilnehmer der Versammlung ist hierbei vorschlagsberechtigt. [3]Den sich bewerbenden Personen ist Gelegenheit zu geben, sich und ihr Programm der Versammlung in angemessener Zeit vorzustellen. [4]Die Wahlen dürfen frühestens 46 Monate, für die Vertreterversammlungen frühestens 43 Monate nach dem Tag, an dem der Landtag gewählt worden ist, stattfinden; dies gilt nicht im Fall der Auflösung oder Abberufung des Landtags.

(3) [1]Der Vorstand des Landesverbands oder, wenn ein Landesverband nicht besteht, die Vorstände der nächstniedrigen Gebietsverbände der Partei, in deren Bereich der Stimmkreis liegt, oder ein anderes in der Parteisatzung hierfür vorgesehenes Organ sowie der Vorstand einer sonstigen organisierten Wählergruppe können gegen den Beschluss einer Mitglieder- oder Vertreterversammlung Einspruch erheben. [2]Auf einen solchen Einspruch hin ist die Abstimmung zu wiederholen. [3]Ihr Ergebnis ist endgültig.

(4) [1]Das Nähere über die Wahl der Vertreter für die Vertreterversammlung, über die Einberufung und Beschlussfähigkeit der Mitglieder- oder Vertreterversammlung sowie über das Verfahren für die Wahl des Stimmkreisbewerbers regeln die Parteien und Wählergruppen durch ihre Satzung. [2]Sofern hierin keine Regelung getroffen ist, haben die im Stimmkreis vertretungsberechtigten Organe der politischen Partei oder sonstigen organisierten Wählergruppe die Mitglieder oder die Vertreter der Vertreterversammlung einzeln oder durch öffentliche Ankündigung mindestens drei Tage vor der Versammlung, von dem auf die Zustellung oder öffentliche Ankündigung folgenden Tag an gerechnet, zur Wahl des Stimmkreisbewerbers einzuladen. [3]Als Stimmkreisbewerber ist gewählt, wer mehr als die Hälfte der abgegebenen gültigen Stimmen erhält. [4]Erlangt keine sich bewerbende Person diese Mehrheit, so findet eine Stichwahl unter den zwei sich bewerbenden Personen statt, die die meisten Stimmen erhalten haben. [5]Bei Stimmengleichheit in der Stichwahl entscheidet das Los.

(5) [1]Eine Ausfertigung der Niederschrift über die Wahl des Stimmkreisbewerbers mit Angaben über Ort und Zeit der Versammlung, Form der Einladung, Zahl der erschienenen Mitglieder und Gang der Abstimmung ist mit dem Wahlkreisvorschlag einzureichen. [2]Hierbei haben der Leiter der Versammlung und zwei weitere von dieser bestimmte Teilnehmer gegenüber dem Wahlkreisleiter an Eides statt zu versichern, dass die Anforderungen gemäß Absatz 2 Sätze 1 bis 3 beachtet worden sind. [3]Sich bewerbende Personen sollen nicht zur Abgabe der eidesstattlichen Versicherung bestimmt werden.

Artikel 29 Aufstellung der Wahlkreisliste

(1) [1]Die Wahlkreisliste wird in einer Mitgliederversammlung oder in einer besonderen oder allgemeinen Vertreterversammlung aufgestellt. [2]Art. 28 Abs. 1 Sätze 2 bis 4 gelten entsprechend.

(2) [1]Die Wahlkreisliste besteht aus den nach Art. 28 gewählten Stimmkreisbewerbern und aus den gegebenenfalls von der Versammlung unmittelbar gewählten Wahlkreisbewerbern; die Stimmkreisbewerber können im eigenen Stimmkreis auf der Wahlkreisliste nicht zur Wahl aufgestellt werden. [2]Die Wahl der unmittelbar gewählten Wahlkreisbewerber erfolgt nach den Grundsätzen der Mehrheitswahl; gewählt sind die Wahlkreisbewerber in der Reihenfolge der auf sie entfallenden Stimmen.

(3) [1]Die Versammlung bestimmt auch die Reihenfolge sämtlicher sich bewerbender Personen auf der Wahlkreisliste. [2]Trifft die Versammlung keine Bestimmung über die Reihenfolge, so sind die sich bewerbenden Personen in alphabetischer Reihenfolge auf der Wahlkreisliste aufzuführen.

(4) [1]Nach Aufstellung der Wahlkreisliste ist die Wahl eines Stimmkreisbewerbers nur noch zulässig, wenn der bisher gewählte Stimmkreisbewerber gestorben ist, die Wählbarkeit verloren hat oder aus sonstigen wichtigen Gründen ersetzt werden soll. [2]Satz 1 gilt entsprechend, wenn ein Stimmkreisbewerber vor Aufstellung der Wahlkreisliste aus vergleichbar wichtigen Gründen nicht gewählt werden konnte. [3]Sofern die Wahlkreisversammlung nicht etwas anderes bestimmt hat, nimmt der nachträglich gewählte Stimmkreisbewerber die Stelle des bisherigen Stimmkreisbewerbers auf der Wahlkreisliste ein; weist die Wahlkreisliste eine alphabetische Reihenfolge auf, ist er entsprechend einzureihen. [4]Im Fall des Satzes 2 schließen sich die Stimmkreisbewerber in alphabetischer Reihenfolge am Ende der Wahlkreisliste an, sofern die Wahlkreisversammlung nicht etwas anderes bestimmt hat.

(5) Art. 28 Abs. 2, Abs. 4 Sätze 1 und 2 und Abs. 5 gelten entsprechend mit der Maßgabe, dass die Versicherung an Eides statt nach Art. 28 Abs. 5 Satz 2 sich auch darauf erstrecken muss, dass die Reihenfolge der sich bewerbenden Personen auf der Wahlkreisliste in geheimer Abstimmung festgelegt worden ist.

Artikel 30 Beauftragte für die Wahlkreisvorschläge

(1) In jedem Wahlkreisvorschlag sollen ein Beauftragter und ein Stellvertreter bezeichnet werden; fehlt diese Bezeichnung, so gilt der erste Unterzeichner als Beauftragter, der zweite als sein Stellvertreter.

(2) [1]Soweit in diesem Gesetz nichts anderes bestimmt ist, sind nur der Beauftragte und sein Stellvertreter, jeder für sich, berechtigt, verbindliche Erklärungen zum Wahlkreisvorschlag abzugeben und entgegenzunehmen. [2]Im Zweifelsfall gilt die Erklärung des Beauftragten.

(3) Der Beauftragte und sein Stellvertreter können durch schriftliche Erklärung der Mehrheit der Unterzeichner des Wahlkreisvorschlags gemäß Art. 27 Abs. 1 Nr. 4 Satz 1 gegenüber dem Wahlkreisleiter abberufen und durch andere ersetzt werden.

Artikel 31 Rücknahme von Wahlkreisvorschlägen

[1]Ein Wahlkreisvorschlag kann ganz oder teilweise durch gemeinsame schriftliche Erklärung des Beauftragten und seines Stellvertreters zurückgenommen werden, solange nicht über seine Zulassung entschieden ist. [2]Wahlkreisvorschläge, die nach Art. 27 Abs. 1 Nr. 4 Satz 2 von Stimmberechtigten unterzeichnet sein müssen, können bis zu diesem Zeitpunkt auch von der Mehrheit der Unterzeichner durch eine von ihnen persönlich unterzeichnete Erklärung zurückgenommen werden; die Rücknahme kann nicht auf einen Teil des Wahlkreisvorschlags beschränkt werden.

Artikel 32 Änderung von Wahlkreisvorschlägen

[1]Ein Wahlkreisvorschlag kann nach Ablauf der Einreichungsfrist durch gemeinsame schriftliche Erklärung des Beauftragten und seines Stellvertreters geändert werden, wenn eine sich bewerbende Person stirbt oder die Wählbarkeit verliert. [2]Das Verfahren nach Art. 28 und 29 braucht nicht eingehalten zu werden, der Unterschriften nach Art. 27 Abs. 1 Nr. 4 bedarf es nicht. [3]Nach der Entscheidung über die Zulassung eines Wahlkreisvorschlags (Art. 34 Abs. 1 Satz 1) ist jede Änderung ausgeschlossen.

Artikel 33 Beseitigung von Mängeln

(1) [1]Der Wahlkreisleiter hat die Wahlkreisvorschläge unverzüglich nach Eingang zu prüfen. [2]Stellt er Mängel fest, so benachrichtigt er sofort den Beauftragten und fordert ihn auf, behebbare Mängel rechtzeitig zu beseitigen.

(2) [1]Nach Ablauf der Einreichungsfrist können nur noch Mängel an sich gültiger Wahlkreisvorschläge behoben werden. [2]Ein gültiger Wahlkreisvorschlag liegt nicht vor, wenn

1. nach Art. 24 Abs. 1 kein Wahlvorschlagsrecht besteht,
2. die Form oder Frist des Art. 26 nicht gewahrt ist,
3. die nach Art. 27 Abs. 1 Nr. 4 erforderlichen gültigen Unterschriften mit dem Nachweis des Stimmrechts der Unterzeichner fehlen, es sei denn, der Nachweis kann infolge von Umständen, die die Partei oder Wählergruppe nicht zu vertreten hat, nicht rechtzeitig erbracht werden,
4. die Herkunft des Wahlkreisvorschlags nicht ausreichend erkennbar ist,
5. die Niederschrift über die Versammlung im Wahlkreis fehlt.

[3]Hinsichtlich einzelner sich bewerbender Personen liegt ein gültiger Wahlkreisvorschlag nicht vor, wenn

1. eine sich bewerbende Person mangelhaft bezeichnet ist, so dass ihre Person nicht feststeht,
2. die Zustimmungserklärung der sich bewerbenden Person fehlt oder
3. die Niederschrift über die Versammlung im Stimmkreis fehlt.

(3) Nach der Entscheidung über die Zulassung eines Wahlkreisvorschlags (Art. 34 Abs. 1 Satz 1) ist jede Mängelbeseitigung ausgeschlossen.

Artikel 34 Zulassung der Wahlkreisvorschläge

(1) [1]Der Wahlkreisausschuss entscheidet am 58. Tag vor dem Wahltag – bei einer Wahl nach Auflösung oder Abberufung des Landtags am 16. Tag vor dem Wahltag – über die Zulassung der Wahlkreisvorschläge. [2]Er hat Wahlkreisvorschläge zurückzuweisen, wenn sie

1. verspätet eingereicht sind oder
2. den Anforderungen nicht entsprechen, die durch dieses Gesetz und die Landeswahlordnung aufgestellt sind, es sei denn, dass in diesen Vorschriften etwas anderes bestimmt ist.

[3]Sind die Anforderungen nur hinsichtlich einzelner sich bewerbender Personen nicht erfüllt oder sind über die zulässige Zahl hinaus sich bewerbende Personen vorgeschlagen, so werden nur diese sich bewerbenden Personen zurückgewiesen. [4]Die Entscheidung ist in der Sitzung des Wahlkreisausschusses bekannt zu geben.

(2) [1]Weist der Wahlkreisausschuss einen Wahlkreisvorschlag ganz oder teilweise zurück, so kann Beschwerde erhoben werden. [2]Sie muss beim Wahlkreisausschuss spätestens am 55. Tag vor dem Wahltag, 18 Uhr – bei einer Wahl nach Auflösung oder Abberufung des Landtags spätestens am 13. Tag vor dem Wahltag, 18 Uhr – eingelegt werden. [3]Beschwerdeberechtigt sind der Beauftragte für den Wahlkreisvorschlag, der Landeswahlleiter und der Wahlkreisleiter. [4]Der Landeswahlleiter und der Wahlkreisleiter können auch gegen eine Entscheidung, durch die ein Wahlkreisvorschlag zugelassen wird, Beschwerde erheben. [5]In der Beschwerdeverhandlung sind die erschienenen Beteiligten zu hören. [6]Der Beschwerdeausschuss muss über die Beschwerde spätestens am 52. Tag vor dem Wahltag – bei einer Wahl nach Auflösung oder Abberufung des Landtags spätestens am 12. Tag vor dem Wahltag – entscheiden.

Artikel 35 Bekanntmachung der Wahlkreisvorschläge

(1) Der Wahlkreisleiter macht die endgültig zugelassenen Wahlkreisvorschläge spätestens am 37. Tag vor dem Wahltag – bei einer Wahl nach Auflösung oder Abberufung des Landtags die vom Wahlkreisausschuss als gültig anerkannten Wahlkreisvorschläge am 9. Tag vor dem Wahltag – bekannt.

(2) [1]Die Reihenfolge der Wahlkreisvorschläge in der Bekanntmachung richtet sich bei politischen Parteien und sonstigen organisierten Wählergruppen, die an der letzten Landtagswahl teilgenommen haben, nach den bei dieser Wahl im gesamten Wahlgebiet erreichten Stimmenzahlen. [2]Wahlkreisvorschläge neu hinzugekommener politischer Parteien und Wählergruppen schließen sich in alphabetischer Reihenfolge der Namen der Parteien oder Wählergruppen an.

Kapitel 3

Abstimmung

Artikel 36 Stimmen

Jeder Wähler hat zwei Stimmen, eine zur Wahl eines Stimmkreisabgeordneten und eine zur Wahl eines Wahlkreisabgeordneten.

Artikel 37 Stimmzettel

(1) Der Stimmzettel für die Wahl eines Stimmkreisabgeordneten enthält die Namen der für den Stimmkreis zugelassenen Stimmkreisbewerber mit Angabe des Namens der Partei oder Wählergruppe, sofern eine Kurzbezeichnung verwendet wird, auch diese.

(2) Der Stimmzettel für die Wahl eines Wahlkreisabgeordneten enthält in jedem Stimmkreis die Wahlkreislisten sämtlicher im Wahlkreis zugelassener Wahlkreisvorschläge; in den Wahlkreislisten werden die Stimmkreisbewerber im eigenen Stimmkreis nicht aufgeführt.

(3) Die Reihenfolge der Stimmkreisbewerber und der Wahlkreislisten richtet sich nach Art. 35 Abs. 2.

Artikel 38 Stimmabgabe

Der Wähler kennzeichnet durch je ein Kreuz oder auf andere eindeutige Weise auf dem Stimmzettel für die Wahl eines Stimmkreisabgeordneten, welchem Stimmkreisbewerber, und auf dem Stimmzettel für die Wahl eines Wahlkreisabgeordneten, welchem Wahlkreisbewerber er seine Stimme geben will.

Kapitel 4

Feststellung des Wahlergebnisses

Artikel 39 Feststellung des Wahlergebnisses im Stimmbezirk

Nach Beendigung der Wahlhandlung stellt der Wahlvorstand fest, wie viele gültige Stimmen
1. insgesamt,
2. für jeden Stimmkreisbewerber,
3. für jeden Wahlkreisbewerber,
4. für jede Wahlkreisliste nach Art. 40 Abs. 2,
5. für jeden Wahlkreisvorschlag insgesamt

abgegeben worden sind.

Artikel 40 Ungültige Stimmen, Zurückweisung von Wahlbriefen

(1) Ungültig sind Stimmen, wenn der Stimmzettel
1. nicht amtlich hergestellt oder für einen anderen Stimmkreis gültig ist,
2. nicht gekennzeichnet ist,
3. den Willen der wählenden Person nicht zweifelsfrei erkennen lässt,
4. mit einem besonderen Merkmal versehen ist, einen Zusatz oder Vorbehalt enthält.

(2) Wird auf dem Stimmzettel für die Wahl eines Wahlkreisabgeordneten ohne Kennzeichnung einer besonderen sich bewerbenden Person nur eine bestimmte Partei oder Wählergruppe angekreuzt oder werden innerhalb einer Wahlkreisliste mehrere sich bewerbende Personen angekreuzt, so ist die Stimme der Wahlkreisliste der betreffenden Partei oder Wählergruppe zuzurechnen.

(3) Sind bei der Briefwahl mehrere gleichartige Stimmzettel in einem Stimmzettelumschlag enthalten, gelten sie als ein Stimmzettel, wenn sie gleich lauten oder nur einer von ihnen gekennzeichnet ist; sonst zählen sie als ein Stimmzettel mit einer ungültigen Stimme.

(4) Wird bei der Briefwahl ein Stimmzettelumschlag leer abgegeben, so gelten beide Stimmen als ungültig.

(5) [1]Bei der Briefwahl sind Wahlbriefe zurückzuweisen, wenn
1. der Wahlbrief nicht rechtzeitig eingegangen ist,
2. dem Wahlbriefumschlag kein oder kein gültiger Wahlschein beigefügt ist oder die Versicherung an Eides statt nicht unterschrieben ist,
3. dem Wahlbriefumschlag kein Stimmzettelumschlag beigefügt ist,
4. weder der Wahlbriefumschlag noch der Stimmzettelumschlag verschlossen ist,
5. der Wahlbriefumschlag mehrere Stimmzettelumschläge, aber nicht eine gleiche Anzahl gültiger und mit der vorgeschriebenen Versicherung an Eides statt versehener Wahlscheine enthält,
6. kein amtlicher Stimmzettelumschlag benutzt worden ist,
7. ein Stimmzettelumschlag benutzt worden ist, der offensichtlich in einer das Wahlgeheimnis gefährdenden Weise von den übrigen abweicht oder einen deutlich fühlbaren Gegenstand enthält.

[2]Die Einsender zurückgewiesener Wahlbriefe werden nicht als wählende Personen gezählt; ihre Stimmen gelten als nicht abgegeben.

(6) Die Stimmen einer wählenden Person, die an der Briefwahl teilgenommen hat, werden nicht dadurch ungültig, dass sie vor dem oder am Wahltag stirbt, aus dem Wahlgebiet wegzieht oder sonst ihr Stimmrecht verliert.

Artikel 41 Feststellung des Wahlergebnisses im Stimmkreis

Der Stimmkreisausschuss stellt fest, wie viele gültige Stimmen im Stimmkreis

1. insgesamt,
2. für jeden Stimmkreisbewerber,
3. für jeden Wahlkreisbewerber,
4. für jede Wahlkreisliste nach Art. 40 Abs. 2,
5. für jeden Wahlkreisvorschlag insgesamt

abgegeben worden sind.

Artikel 42 Feststellung des Wahlergebnisses für den Wahlkreis

(1) Der Landeswahlausschuss stellt für jeden Wahlkreis fest, wie viele gültige Stimmen

1. insgesamt,
2. für jeden Stimmkreisbewerber,
3. für jeden Wahlkreisbewerber,
4. für jede Wahlkreisliste nach Art. 40 Abs. 2,
5. für jeden Wahlkreisvorschlag insgesamt

abgegeben worden sind.

(2) [1]Jeder Wahlkreisvorschlag erhält so viele Sitze, wie sich nach Teilung der Summe der Stimmen, die für ihn insgesamt im Wahlkreis abgegeben worden sind, durch einen Zuteilungsdivisor ergeben. [2]Zahlenbruchteile unter 0,5 werden auf die darunter liegende ganze Zahl abgerundet, solche über 0,5 werden auf die darüber liegende ganze Zahl aufgerundet. [3]Zahlenbruchteile, die gleich 0,5 sind, werden so aufgerundet oder abgerundet, dass die Zahl der zu vergebenden Sitze eingehalten wird. [4]Der Zuteilungsdivisor ist so zu bestimmen, dass zunächst die Gesamtzahl der Stimmen aller zu berücksichtigenden Wahlkreisvorschläge durch die Zahl der nach Art. 21 Abs. 2 zu vergebenen Sitze geteilt wird. [5]Entfallen bei Anwendung dieses Zuteilungsdivisors mehr Sitze auf die Wahlkreisvorschläge, als Sitze im Wahlkreis zu vergeben sind, ist der Zuteilungsdivisor so heraufzusetzen, dass sich bei der Berechnung die zu vergebende Sitzzahl ergibt. [6]Entfallen zu wenig Sitze auf die Wahlkreisvorschläge, ist der Zuteilungsdivisor entsprechend herunterzusetzen.

(3) [1]Ergeben sich bei Anwendung des Abs. 2 Satz 3 mehrere mögliche Sitzzuteilungen, so wird der Sitz dem Wahlkreisvorschlag angerechnet, dessen in Betracht kommende sich bewerbende Person die größte Stimmenzahl aufweist. [2]Bei Stimmengleichheit entscheidet das Los.

(4) [1]Wahlvorschläge, auf die im Land nicht mindestens fünf v.H. der insgesamt abgegebenen gültigen Stimmen entfallen, erhalten keinen Sitz zugeteilt (Art. 14 Abs. 4 der Verfassung). [2]Die auf diese Wahlvorschläge entfallenden Stimmen scheiden bei der Ermittlung der Sitze nach Absatz 2 aus.

(5) [1]Erhält ein Wahlvorschlag, auf den im Land mehr als die Hälfte der für die zu berücksichtigenden Wahlvorschläge insgesamt abgegebenen gültigen Stimmen entfallen ist, nicht mehr als die Hälfte aller Abgeordnetenmandate, so werden ihm so viele weitere Sitze zugeteilt, bis er über mehr als die Hälfte der Abgeordnetenmandate verfügt. [2]Die Sitze erhalten die nach den Vorschriften der Art. 43 bis 45 nicht gewählten sich bewerbenden Personen in der Reihenfolge der auf sie landesweit entfallenden höchsten Stimmenzahlen.

Artikel 43 Wahl der Vertreter der Stimmkreise

(1) [1]Im Stimmkreis ist diejenige sich bewerbende Person gewählt, die die meisten Stimmen erhalten hat. [2]Bei Gleichheit zweier sich bewerbender Personen entscheidet das Los.

(2) [1]Kann die nach Absatz 1 gewählte sich bewerbende Person gemäß Art. 14 Abs. 4 der Verfassung keinen Sitz zugeteilt erhalten, so scheiden die auf sie entfallenden Stimmen aus. [2]Als gewählt gilt in diesem Fall der Stimmkreisbewerber mit der nächsthohen Stimmenzahl.

Artikel 44 Wahl der Abgeordneten aus den Wahlkreislisten

(1) Jeder Wahlkreisvorschlag erhält zur Verteilung an die Wahlkreisbewerber so viele Sitze zugeteilt, als der Unterschied zwischen den nach Art. 42 Abs. 2 ermittelten Sitzen und den nach Art. 43 gewählten Stimmkreisbewerbern des betreffenden Wahlkreisvorschlags ergibt.

(2) [1]In den Stimmkreisen errungene Sitze verbleiben dem Wahlkreisvorschlag auch dann, wenn sie die nach Art. 42 Abs. 2 ermittelte Zahl der Sitze übersteigen (Überhangmandate). [2]Die Zahl der auf den Wahlkreis treffenden Sitze (Art. 21 Abs. 2) wird so lange erhöht, bis sich bei ihrer Verteilung nach Art. 42 Abs. 2 für diesen Wahlkreisvorschlag die Zahl der für ihn in den Stimmkreisen errungenen Sitze ergibt.

Artikel 45 Verteilung der Sitze an die sich bewerbenden Personen

(1) [1]Innerhalb der Wahlkreisliste werden die nach Art. 42 Abs. 2 und Art. 44 festgestellten Sitze an die sich bewerbenden Personen nach der Zahl der auf sie entfallenden Stimmen verteilt. [2]Hierbei werden die Stimmen, die ein Stimmkreisbewerber in seinem Stimmkreis erhalten hat, und jene, die er auf der Wahlkreisliste erhalten hat, zusammengezählt.

(2) Haben in einem Wahlkreisvorschlag mehrere sich bewerbende Personen die gleiche Stimmenzahl erhalten und reicht die verfügbare Zahl der Sitze nicht für alle aus, dann entscheidet das Los.

(3) Entfallen auf einen Wahlkreisvorschlag mehr Sitze als er wählbare sich bewerbende Personen enthält, so bleiben diese Sitze unbesetzt.

Artikel 46 Listennachfolger

(1) [1]Die nicht gewählten sich bewerbenden Personen eines Wahlkreisvorschlags sind in der Reihenfolge ihrer Stimmenzahlen Listennachfolger für ausscheidende Abgeordnete. [2]Bei gleicher Stimmenzahl ist die Reihenfolge durch das Los festzustellen.

(2) [1]Eine nicht gewählte sich bewerbende Person verliert ihre Anwartschaft als Listennachfolger, wenn sie dem Landeswahlleiter schriftlich ihren Verzicht erklärt. [2]Der Verzicht kann nicht widerrufen werden.

Artikel 47 Ungültigkeitserklärung von Stimmen durch den Landeswahlausschuss

[1]Ergibt sich bei der Feststellung des Ergebnisses, dass eine sich bewerbende Person in mehreren Wahlkreisvorschlägen aufgestellt worden ist, so hat der Landeswahlausschuss die sämtlichen für diese sich bewerbende Person abgegebenen Stimmen für ungültig zu erklären. [2]Das Wahlergebnis ist hiernach gegebenenfalls neu festzustellen.

Artikel 48 Benachrichtigung der Gewählten

Der Landeswahlleiter benachrichtigt die Gewählten und weist sie auf die Regelung des Art. 49 Abs. 1 hin.

Artikel 49 Erwerb der Mitgliedschaft im Landtag

(1) [1]Eine gewählte sich bewerbende Person erwirbt die Mitgliedschaft im Landtag nach der Feststellung des Ergebnisses für sämtliche Wahlkreise durch den Landeswahlausschuss (Art. 42) mit der Eröffnung der ersten Sitzung des Landtags nach der Wahl. [2]Eine Ablehnung des Erwerbs der Mitgliedschaft muss vor der ersten Sitzung des Landtags gegenüber dem Landeswahlleiter schriftlich erklärt werden. [3]Eine Erklärung unter Vorbehalt gilt als Ablehnung. [4]Die Erklärung kann nicht widerrufen werden.

(2) [1]Bei einer Listennachfolge (Art. 58) oder einer Wiederholungswahl (Art. 55) wird die Mitgliedschaft im Landtag mit dem frist- und formgerechten Eingang der auf die Benachrichtigung erfolgenden Annahmeerklärung beim Landeswahlleiter, jedoch nicht vor Ausscheiden des ursprünglich gewählten Abgeordneten erworben. [2]Liegt bei Ablehnung des Erwerbs der Mitgliedschaft im Landtag durch eine gewählte sich bewerbende Person die Annahmeerklärung des Listennachfolgers bereits vor der ersten Sitzung des Landtags nach der Wahl vor, erwirbt der Listennachfolger das Mandat mit der Eröffnung dieser Sitzung. [3]Gibt der Listennachfolger oder die durch Wiederholungswahl gewählte sich bewerbende Person bis zum Ablauf der Frist keine oder keine formgerechte Erklärung ab, so gilt die Nachfolge oder Wahl zu diesem Zeitpunkt als angenommen. [4]Abs. 1 Sätze 3 und 4 gelten entsprechend.

Artikel 50 Bekanntmachung der Namen der Gewählten

Sobald die Namen aller Abgeordneten feststehen, hat der Landeswahlleiter die Namen der Gewählten und die Namen der Listennachfolger in ihrer Reihenfolge bekannt zu machen.

Kapitel 5
Wahlprüfung

Artikel 51 Zuständigkeit
Die Wahlprüfung obliegt dem Landtag.

Artikel 52 Umfang der Wahlprüfung
Bei der Wahlprüfung unterliegen alle während des Wahlverfahrens ergangenen Entscheidungen einer Nachprüfung, auch wenn sie nach diesem Gesetz für die Durchführung der Wahl als endgültig erklärt sind.

Artikel 53 Frist für Wahlbeanstandungen
Wahlbeanstandungen durch Stimmberechtigte müssen binnen eines Monats nach der Bekanntmachung des Wahlergebnisses beim Landtag eingehen.

Artikel 54 Nachwahl
(1) Eine Nachwahl findet statt, wenn in einem Stimmkreis oder in einem Stimmbezirk die Wahl nicht durchgeführt oder die Verhinderung der ordnungsgemäßen Wahlhandlung festgestellt worden ist.
(2) [1]Die Nachwahl soll spätestens drei Wochen nach dem Tag der ausgefallenen Wahl stattfinden. [2]Den Tag der Nachwahl bestimmt das Staatsministerium des Innern, für Sport und Integration. [3]Die Anordnung der Nachwahl unterliegt der Nachprüfung im Wahlprüfungsverfahren.
(3) Die Nachwahl findet nach den für die ausgefallene Wahl maßgebenden Grundlagen und Vorschriften statt.
(4) Im Fall einer Nachwahl ist das vorläufige Ergebnis der Hauptwahl unmittelbar im Anschluss an die Wahlhandlung der Hauptwahl auf der Grundlage der erfolgten Stimmabgaben zu ermitteln, festzustellen und bekannt zu geben.

Artikel 55 Wiederholungswahl
(1) Wird das Wahlergebnis in einem Wahlkreis oder in einem Stimmkreis für ungültig erklärt, so ist für diesen Wahlkreis oder für diesen Stimmkreis die Wahl in dem in der Entscheidung genannten Umfang zu wiederholen.
(2) Wird das Wahlergebnis nur in einzelnen Stimmbezirken für ungültig erklärt und dabei festgestellt, dass es auf das Gesamtergebnis von Einfluss sein kann, so hat eine Wiederholungswahl in diesen Stimmbezirken stattzufinden.
(3) Bei der Wiederholungswahl wird vorbehaltlich einer anderweitigen Entscheidung im Wahlprüfungsverfahren nach denselben Wahlvorschlägen und, wenn seit der Hauptwahl noch nicht sechs Monate vergangen sind, auf Grund derselben Wählerverzeichnisse gewählt wie bei der für ungültig erklärten Wahl.
(4) [1]Die Wiederholungswahl muss spätestens 60 Tage nach Rechtskraft der Entscheidung stattfinden, durch die die Wahl für ungültig erklärt worden ist. [2]Sie unterbleibt, wenn feststeht, dass innerhalb von sechs Monaten ein neuer Landtag gewählt wird. [3]Den Tag der Wiederholungswahl bestimmt das Staatsministerium des Innern, für Sport und Integration.
(5) [1]Auf Grund der Wiederholungswahl wird das Wahlergebnis vom Landeswahlausschuss neu festgestellt. [2]Der Landeswahlleiter benachrichtigt die Gewählten und fordert sie auf, binnen einer Woche schriftlich zu erklären, ob sie die Wahl annehmen.

Kapitel 6
Verlust und Ruhen der Mitgliedschaft

Artikel 56 Verlust der Mitgliedschaft beim Landtag
(1) Ein Abgeordneter verliert seinen Sitz
1. durch nicht mehr anfechtbare Ungültigkeitserklärung der Wahl oder sonstiges Ausscheiden beim Wahlprüfungsverfahren,
2. durch nachträgliche Änderung des Wahlergebnisses,
3. durch Verlust der Wählbarkeit,
4. durch Verzicht,
5. durch Wegfall der Gründe für die Berufung als Listennachfolger.

(2) [1]Der Verzicht ist zur Niederschrift des Landtagspräsidenten oder eines Notars, der seinen Sitz in Bayern hat, zu erklären; eine notarielle Verzichtserklärung wird in dem Zeitpunkt wirksam, in dem der Abgeordnete sie dem Landtagspräsidenten übermittelt. [2]Der Verzicht kann nicht widerrufen werden. [3]Der Abgeordnete verliert seinen Sitz in dem Zeitpunkt, in dem der Landtagspräsident die Wirksamkeit der Verzichtserklärung feststellt.

(3) Über den Verlust der Mitgliedschaft in den Fällen des Absatzes 1 Nrn. 1 bis 3 und 5 beschließt der Landtag.

Artikel 57 Ruhen der Mitgliedschaft eines Abgeordneten

(1) Die Mitgliedschaft eines Abgeordneten ruht, wenn

1. gegen ihn nach Art. 61 der Verfassung Anklage zum Verfassungsgerichtshof erhoben wird,
2. die Wahl eines Abgeordneten im Wahlprüfungsverfahren durch den Landtag für ungültig erklärt wird, solange der Beschluss des Landtags anfechtbar ist oder über ihn durch den Verfassungsgerichtshof noch nicht entschieden worden ist,
3. das Ruhen durch den Verfassungsgerichtshof in einem dort anhängigen Wahlprüfungsverfahren besonders angeordnet wird,
4. der Verlust der Mitgliedschaft beim Verfassungsgerichtshof angefochten wird.

(2) Abgesehen von der Anordnung des Ruhens nach Absatz 1 Nr. 3 findet Art. 56 Abs. 3 entsprechende Anwendung.

Artikel 58 Feststellung der Listennachfolger

(1) [1]Scheidet ein Abgeordneter durch Tod oder Verlust der Mitgliedschaft aus oder ruht seine Mitgliedschaft, so wird der Sitz mit dem nächstfolgenden Listennachfolger aus dem Wahlkreisvorschlag der politischen Partei oder sonstigen organisierten Wählergruppe besetzt, für die der Ausgeschiedene bei der Wahl aufgetreten war; ist die Liste erschöpft, so bleibt der Sitz unbesetzt. [2]Gleiches gilt, wenn eine gewählte sich bewerbende Person dem Landeswahlleiter schriftlich die Ablehnung des Erwerbs der Mitgliedschaft erklärt oder nach der Entscheidung über die Zulassung der Wahlkreisvorschläge verstorben ist oder ihre Wählbarkeit verloren hat.

(2) [1]Die Feststellung, wer als Listennachfolger eintritt, trifft der Landeswahlleiter. [2]Er benachrichtigt den Listennachfolger und fordert ihn auf, binnen einer Woche schriftlich zu erklären, ob er die Wahl annimmt.

(3) Muss von der festgestellten Reihenfolge der Listennachfolger abgewichen werden, so entscheidet hierüber – vom Fall des Todes oder des Verzichts (Art. 46 Abs. 2) eines Listennachfolgers abgesehen – der Landeswahlausschuss.

Artikel 59 Folgen eines Parteiverbots

(1) Erklärt das Bundesverfassungsgericht gemäß Art. 21 des Grundgesetzes eine Partei für verfassungswidrig, so verlieren die Abgeordneten, die auf Grund eines Wahlvorschlags dieser Partei gewählt worden sind oder die der für verfassungswidrig erklärten Partei zur Zeit der Verkündung des Urteils angehören, mit Verkündung des Urteils ihren Sitz, soweit nicht in dem Urteil ausdrücklich etwas anderes bestimmt ist.

(2) [1]Soweit Abgeordnete nach Absatz 1 ihren Sitz verloren haben, bleiben die Sitze unbesetzt. [2]Das gilt nicht, wenn die ausgeschiedenen Abgeordneten auf Grund eines Wahlvorschlags einer nicht für verfassungswidrig erklärten Partei gewählt waren; in diesem Fall werden die nächstfolgenden Listennachfolger dieses Wahlvorschlags einberufen, soweit nicht auch auf diese die Voraussetzungen des Absatzes 1 zutreffen. [3]Art. 58 Abs. 2 und 3 gelten entsprechend.

(3) [1]Im Fall des Absatzes 2 Satz 1 verringert sich die gesetzliche Mitgliederzahl des Landtags für den Rest der Wahldauer entsprechend. [2]Eine Neuverteilung der verbleibenden Sitze findet nicht statt.

(4) [1]Den Verlust der Mitgliedschaft nach Absatz 1 stellt der Landtagspräsident fest. [2]Diese Feststellung steht einem Landtagsbeschluss im Sinn des Art. 48 Abs. 1 des Gesetzes über den Verfassungsgerichtshof gleich.

Kapitel 7

Staatliche Mittel für Träger von Wahlvorschlägen

Artikel 60 Leistungen an Parteien

(1) Die staatlichen Mittel nach dem Parteiengesetz für die bei Landtagswahlen erzielten Stimmen werden vom Präsidenten des Landtags festgesetzt und an die Landesverbände der Parteien ausgezahlt.
(2) Die erforderlichen Mittel sind im Haushalt des Freistaates Bayern in dem für den Landtag geltenden Einzelplan auszubringen.
(3) Der Oberste Rechnungshof prüft, ob der Präsident des Landtags als mittelverwaltende Stelle die staatlichen Mittel entsprechend den Vorschriften des Parteiengesetzes ausgezahlt hat.

Artikel 61 Leistungen an sonstige organisierte Wählergruppen

(1) Sonstige organisierte Wählergruppen, die sich mit eigenen Wahlvorschlägen an der Landtagswahl beteiligen und nach dem endgültigen Wahlergebnis mindestens 1,0 v.H. der abgegebenen gültigen Gesamtstimmen erzielt haben, erhalten für jede erzielte gültige Stimme 1,28 Euro.
(2) [1]Die Mittel nach Absatz 1 werden vom Präsidenten des Landtags auf schriftlichen Antrag der Wählergruppe festgesetzt und ausgezahlt. [2]Anträge werden nur berücksichtigt, wenn sie innerhalb von zwei Monaten nach dem Zusammentritt des Landtags beim Präsidenten des Landtags eingehen.
(3) Art. 60 Abs. 2 und 3 gelten entsprechend.

Teil 3

Besondere Bestimmungen über Volksbegehren und Volksentscheid

Kapitel 1

Das unmittelbare Gesetzgebungsrecht des Volkes

Artikel 62 Volksgesetzgebung

(1) Das Volk übt das unmittelbare Recht der Gesetzgebung aus durch die Vorlage von Gesetzentwürfen in Volksbegehren und durch die Abstimmung über Gesetze in Volksentscheiden.
(2) [1]Über den Staatshaushalt findet kein Volksentscheid statt (Art. 73 der Verfassung). [2]Ebenso sind Volksbegehren und Volksentscheid auf Verfassungsänderungen, die dem demokratischen Grundgedanken der Verfassung widersprechen, unzulässig.

Abschnitt 1

Volksbegehren

Artikel 63 Zulassungsantrag

(1) [1]Der Antrag auf Zulassung eines Volksbegehrens ist schriftlich an das Staatsministerium des Innern, für Sport und Integration zu richten. [2]Ihm muss der ausgearbeitete, mit Gründen versehene Gesetzentwurf, der den Gegenstand des Volksbegehrens bilden soll, beigegeben sein. [3]Der Antrag bedarf der Unterschrift von 25 000 Stimmberechtigten; das Stimmrecht der Unterzeichner muss im Zeitpunkt der Unterzeichnung gegeben sein und ist bei der Einreichung des Zulassungsantrags nachzuweisen. [4]Der Nachweis darf bei Einreichung des Zulassungsantrags nicht älter als zwei Jahre sein.
(2) [1]In dem Zulassungsantrag sind ein Beauftragter und ein Stellvertreter zu benennen. [2]Der Beauftragte und sein Stellvertreter sind jeder für sich berechtigt, verbindliche Erklärungen zum Antrag abzugeben und entgegenzunehmen; im Zweifelsfall gilt die Erklärung des Beauftragten. [3]Für den Fall des Ausscheidens des Beauftragten oder seines Stellvertreters sind in dem Zulassungsantrag zusätzlich mindestens drei weitere Stellvertreter zu benennen.

Artikel 64 Entscheidung über den Zulassungsantrag

(1) [1]Erachtet das Staatsministerium des Innern, für Sport und Integration die gesetzlichen Voraussetzungen für die Zulassung des Volksbegehrens nicht für gegeben, so hat es die Entscheidung des Verfassungsgerichtshofs herbeizuführen (Art. 67 der Verfassung). [2]Dies gilt insbesondere dann, wenn angenommen wird, dass der Antrag eine unzulässige Verfassungsänderung (Art. 75 Abs. 1 Satz 2 der Verfassung) oder eine verfassungswidrige Einschränkung eines Grundrechts (Art. 98 der Verfassung) enthält.

(2) [1]Auf das Verfahren vor dem Verfassungsgerichtshof finden die besonderen Verfahrensvorschriften über Verfassungsstreitigkeiten sinngemäß Anwendung. [2]Die Entscheidung des Verfassungsgerichtshofs muss innerhalb eines Monats nach Schluss der mündlichen Verhandlung, bei Entscheidung im schriftlichen Verfahren nach Beendigung der Anhörung der Verfahrensbeteiligten getroffen werden, spätestens jedoch drei Monate nach Anrufung durch das Staatsministerium des Innern, für Sport und Integration. [3]Sie ist im Staatsanzeiger bekannt zu machen.

Artikel 65 Bekanntmachung des Volksbegehrens und der Eintragungsfrist

(1) Wird dem Zulassungsantrag stattgegeben, so macht das Staatsministerium des Innern, für Sport und Integration das Volksbegehren in der gesetzlich vorgeschriebenen Form bekannt und setzt Beginn und Ende der Frist fest, während deren die Eintragungen für das Volksbegehren vorgenommen werden können (Eintragungsfrist).

(2) Die Bekanntmachung hat spätestens sechs Wochen nach dem Eingang des vollständigen Zulassungsantrags beim Staatsministerium des Innern, für Sport und Integration, im Fall des Art. 64 vier Wochen nach der Verkündung der dem Zulassungsantrag stattgebenden Entscheidung des Verfassungsgerichtshofs zu ergehen.

(3) [1]Die Eintragungsfrist beträgt 14 Tage. [2]Sie beginnt frühestens acht, spätestens zwölf Wochen nach der Veröffentlichung im Staatsanzeiger. [3]Sind die Eintragungslisten aus Gründen, die die Unterzeichner des Zulassungsantrags nicht zu vertreten haben, nicht oder nicht ordnungsgemäß während der gesamten Eintragungsfrist zum Eintrag der Unterzeichnungserklärung bereitgehalten worden, so verlängert das Staatsministerium des Innern, für Sport und Integration die Eintragungsfrist allgemein oder für einzelne Gemeinden entsprechend.

Artikel 66 Änderung und Rücknahme des Zulassungsantrags

(1) [1]Nach der Bekanntmachung kann der Zulassungsantrag nicht mehr geändert, aber bis zum Ablauf der Eintragungsfrist jederzeit zurückgenommen werden. [2]Die Rücknahmeerklärung ist gültig, wenn sie von mehr als der Hälfte der Unterzeichner des Antrags abgegeben ist.

(2) [1]Auf Antrag des Beauftragten und des Stellvertreters kann das Staatsministerium des Innern, für Sport und Integration den Zulassungsantrag für erledigt erklären, wenn durch ein vom Landtag beschlossenes Gesetz die mit dem Antrag erstrebte Gesetzesvorlage als überholt zu betrachten ist. [2]Diese Entscheidung kann von Unterzeichnern des Zulassungsantrags beim Verfassungsgerichtshof angefochten werden. [3]Auf das Verfahren vor diesem Gericht ist Art. 64 Abs. 2 entsprechend anzuwenden.

(3) Das Volksbegehren ist durch das Staatsministerium des Innern, für Sport und Integration einzustellen, wenn von den Antragstellern die ihnen obliegenden Maßnahmen nicht innerhalb einer angemessenen Frist getroffen werden.

Artikel 67 Eintragungsbezirke

[1]Die Gemeinden, in denen Eintragungslisten aufgelegt werden sollen, bestimmen die Anzahl der Eintragungsbezirke so, dass jede stimmberechtigte Person ausreichend Gelegenheit findet, sich an dem Volksbegehren zu beteiligen. [2]Jede Gemeinde bildet mindestens einen Eintragungsbezirk.

Artikel 68 Auslegung der Eintragungslisten

(1) [1]Die Unterzeichner des Zulassungsantrags haben den kreisfreien Gemeinden, für die kreisangehörigen Gemeinden den Landratsämtern die erforderliche Anzahl vorschriftsmäßiger Eintragungslisten gegen Empfangsnachweis spätestens zwei Wochen vor Beginn der Eintragungsfrist zuzuleiten. [2]Diese müssen den vollen Inhalt des Volksbegehrens enthalten.

(2) [1]Die Gemeinden sind verpflichtet, die Eintragungslisten für die Dauer der Eintragungsfrist zum Eintrag der Unterzeichnungserklärung bereitzuhalten. [2]Die Eintragungsräume und -stunden sind so zu bestimmen, dass jede stimmberechtigte Person ausreichend Gelegenheit findet, sich an dem Volksbegehren zu beteiligen.

Artikel 69 Eintragungsberechtigung, Inhalt der Eintragung, Eintragungsschein

(1) [1]In eine Eintragungsliste kann sich nur eintragen, wer in ein Wählerverzeichnis eingetragen ist oder einen Eintragungsschein hat. [2]Wer im Wählerverzeichnis eingetragen ist, kann sich nur in dem Eintragungsbezirk eintragen, in dessen Wählerverzeichnis er geführt wird. [3]Wer einen Eintragungsschein hat, kann sich in die Eintragungsliste eines beliebigen Eintragungsbezirks in Bayern eintragen.

(2) Eine stimmberechtigte Person, die im Wählerverzeichnis eingetragen ist oder die aus einem von ihr nicht zu vertretenden Grund in das Wählerverzeichnis nicht aufgenommen worden ist, erhält auf Antrag einen Eintragungsschein.

(3) [1]Die Eintragung muss Vor- und Familienname[1)] sowie die Unterschrift enthalten. [2]Die Unterschrift muss eigenhändig geleistet werden. [3]Wer auf einem Eintragungsschein an Eides statt versichert, dass er wegen Krankheit oder körperlicher Behinderung während der gesamten Eintragungszeit nicht oder nur unter unzumutbaren Schwierigkeiten in der Lage ist, einen Eintragungsraum aufzusuchen, kann die Eintragung in diesem Fall dadurch bewirken, dass er auf dem Eintragungsschein seine Unterstützung des Volksbegehrens erklärt und eine von ihm beauftragte Hilfsperson die Eintragung im Eintragungsraum für ihn vornimmt.

(4) Die Eintragung kann nicht zurückgenommen werden.

Artikel 70 Ungültige Eintragungen

(1) Ungültig sind Eintragungen, wenn

1. sie keine eigenhändige Unterschrift enthalten,
2. sie die Person des Eingetragenen nicht deutlich erkennen lassen,
3. der Eingetragene nicht stimmberechtigt ist,
4. sie nicht auf vorschriftsmäßigen Eintragungslisten stehen,
5. sie nicht rechtzeitig geleistet worden sind,
6. sie außerhalb der amtlichen Eintragungsräume geleistet worden sind,
7. der Eintragungsschein ungültig ist, die Erklärung der Unterstützung des Volksbegehrens oder die Versicherung an Eides statt nicht unterschrieben ist.

(2) Mehrere Eintragungen einer Person gelten als eine Eintragung.

(3) Die von einer beauftragten Hilfsperson gemäß Art. 69 Abs. 3 vorgenommene Eintragung ist nicht unwirksam, wenn die stimmberechtigte Person vor der Eintragung gestorben oder aus dem Wahlgebiet weggezogen ist oder sonst ihr Stimmrecht verloren hat.

Artikel 71 Feststellung des Ergebnisses des Volksbegehrens

(1) [1]Der Landeswahlausschuss stellt das Ergebnis des Volksbegehrens fest. [2]Er ist dabei an die Auffassung der Gemeinde oder des Landratsamts über die Gültigkeit der Eintragungen nicht gebunden.

(2) Zur Rechtsgültigkeit des Volksbegehrens ist es erforderlich, dass das Verlangen nach Schaffung eines Gesetzes von mindestens einem Zehntel der Stimmberechtigten gestellt worden ist.

(3) Der Landeswahlleiter macht das vom Landeswahlausschuss festgestellte Ergebnis des Volksbegehrens bekannt.

Artikel 72 Vorlage des Volksbegehrens an den Landtag

(1) Der Ministerpräsident hat rechtsgültige Volksbegehren innerhalb von vier Wochen namens der Staatsregierung unter Darlegung ihrer Stellungnahme dem Landtag zu unterbreiten.

(2) In den Fällen des Art. 73 Abs. 2 hat der Ministerpräsident sämtliche Volksbegehren dem Landtag gemeinsam vorzulegen; die Frist des Absatzes 1 beginnt hier mit der Feststellung des Ergebnisses des vom Landeswahlausschuss zuletzt behandelten Volksbegehrens.

Artikel 73 Behandlung des Volksbegehrens im Landtag

(1) [1]Rechtsgültige Volksbegehren sind vom Landtag binnen drei Monaten nach Unterbreitung zu behandeln und – vorbehaltlich des Absatzes 3 – binnen weiterer drei Monate dem Volk zur Entscheidung vorzulegen. [2]Bei Ablauf dieser Fristen während einer Vertagung des Landtags hat der Präsident den Landtag zu einer außerordentlichen Tagung einzuberufen.

(2) [1]Mehrere rechtsgültige Volksbegehren, die den gleichen Gegenstand betreffen, werden vom Landtag gemeinsam behandelt und dem Volk gemeinsam zur Entscheidung vorgelegt, wenn ihre Laufzeit zusammengefallen war oder sich überschnitten hatte. [2]Die Laufzeit im Sinn des Satzes 1 umfasst den Zeitraum vom Eingang des Zulassungsantrags beim Staatsministerium des Innern, für Sport und Integration (Art. 63 Abs. 1 Satz 1) bis zur Feststellung des Ergebnisses des Volksbegehrens durch den Landeswahlausschuss (Art. 71 Abs. 1 Satz 1).

(3) Nimmt der Landtag den begehrten Gesetzentwurf unverändert an, so entfällt ein Volksentscheid vorbehaltlich der Bestimmung des Art. 75 Abs. 2 der Verfassung.

---

1) Richtig wohl:„Familiennamen“.

(4) Lehnt der Landtag den im Volksbegehren unterbreiteten Gesetzesantrag ab, so kann er dem Volk einen eigenen Gesetzentwurf zur Entscheidung mit vorlegen.

(5) [1]Wird durch den Landtag die Rechtsgültigkeit des Volksbegehrens bestritten, so ist der hierüber ergangene Beschluss durch das Staatsministerium des Innern, für Sport und Integration öffentlich bekannt zu machen. [2]Auf Antrag von Unterzeichnern des Volksbegehrens entscheidet hierüber der Verfassungsgerichtshof (Art. 67 der Verfassung). [3]Der Antrag muss innerhalb eines Monats nach Bekanntmachung des Beschlusses gestellt werden. [4]Art. 64 ist entsprechend anzuwenden.

Artikel 74 Kosten

[1]Die Kosten der Herstellung der Eintragungslisten und deren Versendung an die kreisfreien Gemeinden und an die Landratsämter tragen die Antragsteller. [2]Die Kosten der Feststellung des Ergebnisses des Volksbegehrens fallen dem Staat, die übrigen Kosten den Gemeinden zur Last.

Abschnitt 2

Volksentscheid

Artikel 75 Bekanntmachung von Tag und Gegenstand des Volksentscheids

(1) [1]Die Staatsregierung setzt den Tag der Abstimmung fest. [2]Sie macht ihn mit dem Gegenstand des Volksentscheids bekannt.

(2) Die Bekanntmachung hat zu enthalten:

1. den Tag der Abstimmung,
2. den Text des Gesetzentwurfs,
3. eine Erläuterung der Staatsregierung (Art. 74 Abs. 7 der Verfassung), die bündig und sachlich sowohl die Begründung der Antragsteller wie die Auffassung der Staatsregierung und des Landtags einschließlich des Abstimmungsergebnisses im Landtag über den Gegenstand darlegen soll.

Artikel 76 Stimmzettel, Stimmabgabe

(1) [1]Inhalt und Form des Stimmzettels werden vom Staatsministerium des Innern, für Sport und Integration bestimmt. [2]Der Stimmzettel hat den Text des zur Abstimmung vorgelegten Gesetzentwurfs zu enthalten. [3]Vom Abdruck umfangreicher Gesetzentwürfe kann abgesehen werden; der Gesetzentwurf ist dann den Stimmberechtigten vor der Abstimmung zu übermitteln.

(2) [1]Stehen mehrere Gesetzentwürfe, die den gleichen Gegenstand betreffen, inhaltlich aber miteinander nicht vereinbar sind, zur Abstimmung, so sind sie auf einem Stimmzettel gemeinsam aufzuführen; Absatz 1 Satz 3 gilt entsprechend. [2]Ihre Reihenfolge richtet sich nach der vom Landeswahlausschuss festgestellten Zahl der gültigen Eintragungen. [3]Hat der Landtag dem Volk einen eigenen Gesetzentwurf mit zur Abstimmung vorgelegt, so wird dieser vor den mit Volksbegehren gestellten Gesetzentwürfen aufgeführt.

(3) Die abstimmende Person hat ihre Entscheidung, ob sie dem Gesetzentwurf zustimmt (Ja-Stimme) oder diesen ablehnt (Nein-Stimme), auf dem Stimmzettel durch ein Kreuz oder auf andere Weise eindeutig kenntlich zu machen.

(4) [1]Stehen mehrere Gesetzentwürfe, die den gleichen Gegenstand betreffen, inhaltlich aber miteinander nicht vereinbar sind, zur Abstimmung, so kann die abstimmende Person zu jedem einzelnen Gesetzentwurf kenntlich machen, ob sie ihn dem geltenden Recht vorzieht (Ja-Stimme) oder nicht (Nein-Stimme). [2]Zusätzlich kann sie kenntlich machen, welchen der Gesetzentwürfe sie vorzieht für den Fall, dass zwei oder mehr Gesetzentwürfe jeweils die erforderliche Zustimmung (Art. 79 Abs. 1) erreichen (Stichfrage).

Artikel 77 Ungültige Stimmen

[1]Ungültig sind Stimmen, wenn der Stimmzettel nicht amtlich hergestellt ist. [2]Art. 40 Abs. 1 Nrn. 2 bis 4 und Abs. 3 bis 6 gelten entsprechend. [3]Stehen mehrere Gesetzentwürfe, die den gleichen Gegenstand betreffen, inhaltlich aber miteinander nicht vereinbar sind, zur Abstimmung, so macht die Ungültigkeit der Stimmabgabe zu einer einzelnen Frage die Stimmabgabe zu den übrigen Fragen nicht ungültig.

Artikel 78 Feststellung des Abstimmungsergebnisses

(1) Nach Beendigung der Abstimmung stellt der Wahlvorstand das Abstimmungsergebnis für den Stimmbezirk fest.

(2) Im Anschluss daran stellt der Abstimmungsausschuss das Abstimmungsergebnis für den Landkreis oder die kreisfreie Gemeinde fest.

(3) Der Landeswahlausschuss stellt das Ergebnis des Volksentscheids fest.

Artikel 79 Ergebnis des Volksentscheids

(1) Ein Gesetzentwurf erreicht die erforderliche Zustimmung durch Volksentscheid, wenn

1. er mehr gültige Ja-Stimmen als Nein-Stimmen erhält und
2. im Fall, dass der Gesetzentwurf eine Verfassungsänderung beinhaltet, diese Ja-Stimmen mindestens 25 v.H. der Stimmberechtigten entsprechen (Quorum); beinhaltet der Gesetzentwurf sowohl eine Verfassungsänderung als auch die Schaffung oder die Änderung einfachen Rechts, so unterliegt er insgesamt dem Quorum.

(2) Steht ein einziger Gesetzentwurf zur Abstimmung, so ist er durch Volksentscheid angenommen, wenn er die erforderliche Zustimmung (Absatz 1) erreicht.

(3) [1]Hat von mehreren nach Art. 76 Abs. 4 zur Abstimmung stehenden Gesetzentwürfen nur ein Gesetzentwurf die erforderliche Zustimmung (Absatz 1) erreicht, so ist dieser Gesetzentwurf angenommen. [2]Haben zwei oder mehr Gesetzentwürfe die erforderliche Zustimmung (Absatz 1) erreicht, so ist von diesen der Gesetzentwurf angenommen, der bei der Stichfrage (Art. 76 Abs. 4 Satz 2) die Mehrheit der gültigen Stimmen erhält. [3]Ergibt sich bei der Stichfrage Stimmengleichheit, so ist der Gesetzentwurf angenommen, der die meisten gültigen Ja-Stimmen (Art. 76 Abs. 4 Satz 1) erhalten hat. [4]Haben dabei zwei oder mehr Gesetzentwürfe die gleiche Zahl an gültigen Ja-Stimmen erhalten, so ist derjenige angenommen, der nach Abzug der auf ihn entfallenden Nein-Stimmen die größte Zahl an Ja-Stimmen auf sich vereinigt. [5]Ergibt sich auch danach Stimmengleichheit zwischen zwei oder mehr Gesetzentwürfen, so wird über diese Gesetzentwürfe erneut abgestimmt.

Artikel 80 Prüfung des Volksentscheids

(1) Für die Prüfung des Volksentscheids gelten Art. 51 bis 55 entsprechend.

(2) [1]Gegen die Beschlüsse des Landtags im Rahmen der Prüfung des Volksentscheids können die Entscheidung des Verfassungsgerichtshofs beantragen

1. Fraktionen des Landtags oder Minderheiten des Landtags, die wenigstens ein Zehntel der gesetzlichen Mitgliederzahl umfassen,
2. Stimmberechtigte, deren Beanstandung des Volksentscheids vom Landtag verworfen worden ist,
3. die Beauftragten der dem Volksentscheid unterstellten Volksbegehren.

[2]Für das Verfahren gelten Art. 48 Abs. 2 bis 5 des Gesetzes über den Verfassungsgerichtshof entsprechend.

Artikel 81 Ausfertigung und Verkündung der Gesetze

Wird ein durch Volksbegehren verlangtes Gesetz durch Volksentscheid angenommen, so ist es als Gesetz auszufertigen und bekannt zu machen.

Artikel 82 Beteiligung des Beauftragten des Volksbegehrens in Verfahren vor dem Verfassungsgerichtshof

Der Verfassungsgerichtshof soll dem Beauftragten eines Volksbegehrens (Art. 63 Abs. 2) Gelegenheit zur Äußerung geben, wenn Gegenstand des verfassungsgerichtlichen Verfahrens eine Rechtsvorschrift ist, die im Weg eines durch Volksbegehren verlangten Gesetzes durch Volksentscheid angenommen worden ist.

Kapitel 2

Die Abberufung des Landtags durch das Volk

Artikel 83 Abberufung des Landtags durch das Volk

Auf Antrag von einer Million Stimmberechtigter ist ein Volksentscheid über die Abberufung des Landtags herbeizuführen.

Artikel 84 Volksbegehren

Für die Durchführung des Volksbegehrens finden Art. 63 bis 70, 71 Abs. 1 und 3, Art. 72, 73 Abs. 1 und 5 und Art. 74 entsprechende Anwendung.

Artikel 85 Volksentscheid

Für die Durchführung des Volksentscheids finden Art. 75, 76 Abs. 1 und 3, Art. 77 Sätze 1 und 2, Art. 78 und 80 entsprechende Anwendung.

Artikel 86 Ergebnis des Volksentscheids

Zur Abberufung des Landtags durch Volksentscheid ist die Mehrheit der abgegebenen gültigen Stimmen erforderlich.

Artikel 87 Vollzug der Abberufung

Die Abberufung des Landtags ist durch seinen Präsidenten umgehend zu vollziehen.

Kapitel 3

Volksentscheid über Beschlüsse des Landtags auf Änderung der Verfassung

Artikel 88 Volksentscheid über Beschlüsse des Landtags auf Änderung der Verfassung

(1) Vom Landtag beschlossene Verfassungsänderungen sind dem Volk zur Entscheidung vorzulegen.

(2) Für die Durchführung des Volksentscheids finden die Art. 75, 76 Abs. 1 und 3, Art. 77 Sätze 1 und 2, Art. 78, 80 und 81 entsprechende Anwendung.

(3) Eine vom Landtag beschlossene Verfassungsänderung ist durch Volksentscheid angenommen, wenn sie mehr gültige Ja-Stimmen als Nein-Stimmen erhält.

Abschnitt IV

[aufgehoben]

Teil 4

Schlussbestimmungen

Artikel 89 Ordnungswidrigkeiten

(1) Mit Geldbuße kann belegt werden, wer

1. entgegen Art. 9 ohne wichtigen Grund ein Ehrenamt ablehnt oder sich ohne genügende Entschuldigung den Pflichten eines solchen entzieht,
2. entgegen Art. 12 Abs. 1 Abstimmende beeinflusst, behindert oder belästigt.

(2) Mit Geldbuße bis zu 50 000 Euro kann belegt werden, wer entgegen Art. 12 Abs. 2 vor Ablauf der Abstimmungszeit Ergebnisse von Befragungen nach der Stimmabgabe über den Inhalt der Abstimmungsentscheidung veröffentlicht.

Artikel 90 Fristen, Termine und Form

(1) [1]Die in diesem Gesetz und in der auf Grund dieses Gesetzes erlassenen Landeswahlordnung vorgesehenen Fristen und Termine verlängern oder ändern sich nicht dadurch, dass der letzte Tag der Frist oder ein Termin auf einen Samstag, Sonntag oder gesetzlichen oder staatlich geschützten Feiertag fällt. [2]Eine behördliche Verlängerung von Fristen ist ebenso ausgeschlossen wie eine Wiedereinsetzung in den vorigen Stand.

(2) Soweit in diesem Gesetz oder in der auf Grund dieses Gesetzes erlassenen Landeswahlordnung nichts anderes bestimmt ist, müssen vorgeschriebene Erklärungen persönlich und handschriftlich unterzeichnet sein und bei der zuständigen Stelle im Original vorliegen.

Artikel 91 Wahlstatistik

(1) Das Ergebnis der Wahlen zum Landtag ist statistisch zu bearbeiten.

(2) [1]In den vom Landeswahlleiter zu bestimmenden Stimmbezirken sind auch Statistiken über Geschlechter- und Altersgliederung der Stimmberechtigten und Wähler unter Berücksichtigung der Stimmabgabe für die einzelnen Wahlkreisvorschläge zu erstellen. [2]Die Trennung der Abstimmung nach Geschlechtern und Altersgruppen ist nur zulässig, wenn die Stimmabgabe der einzelnen Wähler dadurch nicht erkennbar wird.

Artikel 92 Landeswahlordnung

[1]Das Staatsministerium des Innern, für Sport und Integration erlässt durch Rechtsverordnung die zum Vollzug dieses Gesetzes erforderlichen Vorschriften. [2]Es trifft darin insbesondere Bestimmungen über

1. die Ernennung der Wahlleiter und Wahlvorsteher, die Bildung der Wahlausschüsse und Wahlvorstände sowie ihre Tätigkeit, Beschlussfähigkeit und ihr Verfahren,
2. Ablehnungsgründe und Auslagenersatz bei Ehrenämtern,
3. die Bildung der Stimmbezirke,
4. die Voraussetzungen für die Aufnahme in das Wählerverzeichnis, dessen Form und Inhalt, Berichtigung und Abschluss, über die Einsicht in das Wählerverzeichnis, über den Einspruch und die Beschwerde gegen das Wählerverzeichnis sowie über die Benachrichtigung der Stimmberechtigten,
5. die Voraussetzungen und das Verfahren zur Erteilung von Wahlscheinen sowie den Einspruch und die Beschwerde gegen deren Ablehnung,
6. den Nachweis von Stimmrechtsvoraussetzungen,
7. das Verfahren nach Art. 24 und 25,
8. Einreichung, Inhalt und Form der Wahlkreisvorschläge sowie der dazugehörigen Unterlagen, ihre Prüfung, die Beseitigung von Mängeln, ihre Zulassung, die Beschwerde gegen Entscheidungen des Wahlkreisausschusses sowie die Bekanntmachung der Wahlkreisvorschläge,
9. Form und Inhalt der Stimmzettel,
10. Bereitstellung und Einrichtung der Abstimmungsräume,
11. Bekanntmachungen zur Vorbereitung der Abstimmung, wobei eine von den Bekanntmachungsvorschriften der Gemeindeordnung abweichende Regelung getroffen werden kann,
12. die Abstimmungszeit,
13. die Stimmabgabe,
14. die Briefwahl,
15. die Abgabe und die Aufnahme von Versicherungen an Eides statt,
16. die Stimmabgabe in Krankenhäusern, Pflegeeinrichtungen, Klöstern und Justizvollzugsanstalten,
17. die Feststellung und Bekanntmachung des Abstimmungsergebnisses,
18. die Durchführung von Nachwahlen und Wiederholungswahlen,
19. das Zulassungs- und Eintragungsverfahren für Volksbegehren.

Artikel 93 In-Kraft-Treten

[1]Dieses Gesetz ist dringlich. [2]Es tritt am 15. August 1954 in Kraft[1)].

Anlage (hier nicht abgedruckt)

1) **Amtl. Anm.:** Diese Vorschrift betrifft das In-Kraft-Treten des Gesetzes in der ursprünglichen Fassung vom 11. August 1954 (GVBl S. 177). Der Zeitpunkt des In-Kraft-Tretens der späteren Änderungen ergibt sich aus den jeweiligen Änderungsgesetzen.

Bayerische Verordnung zur Ausführung kommunalrechtlicher Vorschriften (BayKommV)

Vom 19. Januar 1983 (GVBl. S. 14)
(BayRS 2020-1-1-2-I)
zuletzt geändert durch V zur Änderung der Bekanntmachungsverordnung vom 10. Dezember 2023 (GVBl. S. 655)

Auf Grund des Art. 123 Abs. 1 Satz 1 der Gemeindeordnung (GO) und des Art. 10 Abs. 2 der Verwaltungsgemeinschaftsordnung (VGemO) in Verbindung mit Art. 27 Abs. 1 Satz 1 des Gesetzes über die kommunale Zusammenarbeit (KommZG) erläßt das Bayerische Staatsministerium des Innern folgende Verordnung:

§ 1 Bestimmung der Art der amtlichen Bekanntmachung

(1) Gemeinden, die ihre Satzungen nach Art. 26 Abs. 2 Satz 1 der Gemeindeordnung (GO) in einem nach Art. 17 Abs. 3 Satz 2 des Bayerischen Digitalgesetzes (BayDiG) ausschließlich digital veröffentlichten Amtsblatt der Gemeinde oder der Verwaltungsgemeinschaft über das Internet bekanntmachen, bestimmen in der Geschäftsordnung oder durch Beschluss des Gemeinderats diese Art der Bekanntmachung und benennen dabei eine öffentlich zugängliche Internetseite der Gemeinde oder der Verwaltungsgemeinschaft.

(2) [1]Gemeinden, die kein Amtsblatt im Sinn des Art. 26 Abs. 2 Satz 1 GO haben, bestimmen in der Geschäftsordnung oder durch Beschluss des Gemeinderats eine der in Art. 26 Abs. 2 Satz 2 GO genannten Arten der Bekanntmachung und benennen dabei auch

1. das Amtsblatt,
2. das Druckwerk,
3. die Tageszeitung oder
4. den Ort, an dem die Gemeindetafel aufgestellt ist.

[2]Will eine Gemeinde nach Art. 26 Abs. 2 Satz 2 GO ein nach Art. 17 Abs. 3 Satz 2 BayDiG ausschließlich digital veröffentlichtes Amtsblatt des Landkreises oder des Landratsamtes nutzen, genügt es, in der Geschäftsordnung oder im Beschluss des Gemeinderats diese Art der Bekanntmachung zu bestimmen und auf die öffentlich zugängliche Internetseite des Landkreises oder des Landratsamtes zu verweisen.

(3) [1]Gemeinden, die ihre Satzungen nach Art. 26 Abs. 2 Satz 2 Halbsatz 2 GO durch Niederlegung bekanntmachen, geben, soweit nichts anderes bestimmt ist, die Niederlegung

1. auf einer in der Geschäftsordnung oder durch Beschluss des Gemeinderates vorher bestimmten öffentlich zugänglichen Internetseite der Gemeinde,
2. in einer in der Geschäftsordnung oder durch Beschluss des Gemeinderates vorher bestimmten Tageszeitung oder
3. auf der Gemeindetafel

bekannt. [2]Die Niederlegung muss vor ihrer Bekanntgabe erfolgt sein und soll über einen Zeitraum von 14 Tagen bekannt gegeben werden.

(4) [1]Die Gemeinden können ihre Gemeindetafel auch in Form eines digitalen Bildschirms unterhalten. [2]Die Gemeinden sollen zu Informationszwecken weitere Gemeindetafeln in größeren, siedlungsmäßig selbständigen Gemeindeteilen unterhalten und auch dort Anschläge anheften oder digital lesbar anzeigen.

(5) [1]Eine Gemeinde darf eine andere als die nach Abs. 1 oder Abs. 2 Satz 1 bestimmte Art der Bekanntmachung nur wählen, falls im Einzelfall ein wichtiger Grund es erfordert. [2]In diesem Fall ist auf die Satzung und die Art ihrer Bekanntmachung an der Stelle hinzuweisen, an der die Satzungen sonst abzudrucken sind oder ihre Niederlegung bekanntzugeben ist.

§ 2 Tag der amtlichen Bekanntmachung

Als Tag der amtlichen Bekanntmachung gilt bei einer Bekanntmachung

1. in einem ausschließlich digitalen Amtsblatt oder einer ausschließlich digitalen Tageszeitung der erste Tag der öffentlichen Verfügbarkeit im Internet,

2. in einem nicht nur digital veröffentlichten Amtsblatt, einem Druckwerk oder einer nicht nur digital erscheinenden Tageszeitung der Ausgabetag des Amtsblattes, des Druckwerkes oder der Tageszeitung,
3. durch Niederlegung und deren Bekanntgabe
   a) auf einer öffentlich zugänglichen Internetseite der Gemeinde oder einer ausschließlich digitalen Tageszeitung der erste Tag der öffentlichen Verfügbarkeit im Internet,
   b) in einer nicht nur digital erscheinenden Tageszeitung der Ausgabetag der Tageszeitung oder
   c) auf einer Gemeindetafel der Tag des Anschlages oder der digital lesbaren Anzeige.

§ 3 Bekanntmachungsvermerk, Mitteilungspflicht

[1]Die Gemeinden sollen auf nicht in einem Amtsblatt bekanntgemachten Satzungen die Art und den Tag der amtlichen Bekanntmachung vermerken. [2]Die Gemeinden übermitteln ihre Satzungen mit dem Bekanntmachungsvermerk der Rechtsaufsichtsbehörde. [3]Bewehrte Satzungen übermitteln sie zudem dem Amtsgericht, zu dessen Bezirk die Gemeinde gehört, und der örtlich zuständigen Polizeidienststelle.

§ 4 Sammlung der Vorschriften, Einsichtnahme

[1]Die Vorschriften sind zu sammeln und für die Dauer ihrer Gültigkeit zur Einsicht bereitzuhalten. [2]Die Gemeinden können die Einsicht auch mittels digitaler Medien ermöglichen. [3]Sie haben auf Antrag eine Ablichtung oder einen Ausdruck auszuhändigen oder die Vorschrift digital zu übermitteln. [4]Vorbehaltlich des Art. 17 Abs. 2 BayDiG können die Gemeinden hierfür Kosten nach Maßgabe des Kostengesetzes erheben. [5]Das gilt auch für Vorschriften, die vor dem Inkrafttreten dieser Verordnung erlassen worden sind.

§ 5 Verwaltungsgemeinschaften

[1]Für die amtliche Bekanntmachung von Rechtsvorschriften der Verwaltungsgemeinschaften gelten die §§ 1 bis 4 entsprechend. [2]Verwaltungsgemeinschaften, die ihre Rechtsvorschriften nach Art. 10 Abs. 1 Satz 3 der Verwaltungsgemeinschaftsordnung an ihrer Amtstafel oder durch Niederlegung und deren Bekanntgabe an der Amtstafel bekanntmachen, müssen die Amtstafel an ihrem Sitz unterhalten. [3]Die Mitgliedsgemeinden sollen die Bekanntgabe auch auf ihren Gemeindetafeln veröffentlichen.

§ 6 Inkrafttreten

Diese Verordnung tritt am 1. April 1983 in Kraft.

Bayerisches Verwaltungsverfahrensgesetz (BayVwVfG)

Vom 23. Dezember 1976 (BayRS II S. 213)
(BayRS 2010-1-I)

zuletzt geändert durch § 3 G zur Änderung des Gesetzes zur Ausführung des Betreuungsgesetzes und weiterer Rechtsvorschriften vom 23. Dezember 2022 (GVBl. S. 718)

Nichtamtliche Inhaltsübersicht

Erster Teil

Anwendungsbereich, örtliche Zuständigkeit, elektronische Kommunikation, Amtshilfe, europäische Verwaltungszusammenarbeit

Abschnitt I

Anwendungsbereich, örtliche Zuständigkeit, elektronische Kommunikation

Artikel 1 Anwendungsbereich

(1) [1]Dieses Gesetz gilt für die öffentlich-rechtliche Verwaltungstätigkeit der Behörden des Freistaates Bayern, der Gemeinden und Gemeindeverbände und der sonstigen der Aufsicht des Freistaates Bayern unterstehenden juristischen Personen des öffentlichen Rechts, soweit nicht Rechtsvorschriften des Freistaates Bayern inhaltsgleiche oder entgegenstehende Bestimmungen enthalten. [2]Verfahrensregelungen in Rechtsvorschriften des Bundes bleiben unberührt.

(2) Behörde im Sinn dieses Gesetzes ist jede Stelle, die Aufgaben der öffentlichen Verwaltung wahrnimmt.

Artikel 2 Ausnahmen vom Anwendungsbereich

(1) [1]Dieses Gesetz gilt nicht für die Tätigkeit der Kirchen, der Religionsgemeinschaften und der weltanschaulichen Gemeinschaften sowie ihrer Verbände und Einrichtungen. [2]Das Gesetz gilt auch nicht für die Anstalt des öffentlichen Rechts „Bayerischer Rundfunk".

(2) Dieses Gesetz gilt ferner nicht für

1. Verfahren der Finanzbehörden nach der Abgabenordnung[1)],
2. die Strafverfolgung, die Verfolgung und Ahndung von Ordnungswidrigkeiten, die Rechtshilfe für das Ausland in Straf- und Zivilsachen und, unbeschadet des Art. 80 Abs. 4, für Maßnahmen des Richterdienstrechts,
3. Verfahren im Zusammenhang mit Ehrungen und der Ausübung des Begnadigungsrechts,
4. Verfahren nach dem Sozialgesetzbuch,
5. das Recht des Lastenausgleichs,
6. das Recht der Wiedergutmachung.

(3) Das Gesetz gilt für die Tätigkeit

1. der Gerichtsverwaltungen und der Behörden der Justizverwaltung einschließlich der ihrer Aufsicht unterliegenden Körperschaften des öffentlichen Rechts nur, soweit die Tätigkeit der Nachprüfung durch die Gerichte der Verwaltungsgerichtsbarkeit oder durch die in verwaltungsrechtlichen Anwalts- und Notarsachen zuständigen Gerichte unterliegt,
2. der Behörden bei Leistungs-, Eignungs- und ähnlichen Prüfungen von Personen nur, soweit nicht die Besonderheiten des Prüfungsverfahrens entgegenstehen.

Artikel 3 Örtliche Zuständigkeit

(1) Örtlich zuständig ist

1. in Angelegenheiten, die sich auf unbewegliches Vermögen oder ein ortsgebundenes Recht oder Rechtsverhältnis beziehen, die Behörde, in deren Bezirk das Vermögen oder der Ort liegt,
2. in Angelegenheiten, die sich auf den Betrieb eines Unternehmens oder einer seiner Betriebsstätten, auf die Ausübung eines Berufs oder auf eine andere dauernde Tätigkeit beziehen, die Behörde, in deren Bezirk das Unternehmen oder die Betriebsstätte betrieben oder der Beruf oder die Tätigkeit ausgeübt wird oder werden soll,
3. in anderen Angelegenheiten, die
   a) eine natürliche Person betreffen, die Behörde, in deren Bezirk die natürliche Person ihren gewöhnlichen Aufenthalt hat oder zuletzt hatte,
   b) eine juristische Person oder eine Vereinigung betreffen, die Behörde, in deren Bezirk die juristische Person oder die Vereinigung ihren Sitz hat oder zuletzt hatte,
4. in Angelegenheiten, bei denen sich die Zuständigkeit nicht aus den Nummern 1 bis 3 ergibt, die Behörde, in deren Bezirk der Anlaß für die Amtshandlung hervortritt.

(2) [1]Sind nach Absatz 1 mehrere Behörden zuständig, so entscheidet die Behörde, die zuerst mit der Sache befaßt worden ist, es sei denn, die gemeinsame fachlich zuständige Aufsichtsbehörde bestimmt, daß eine andere örtlich zuständige Behörde zu entscheiden hat. [2]Sie kann in den Fällen, in denen eine

---

1) **Amtl. Anm.:** BGBl. FN 610-1-3

gleiche Angelegenheit sich auf mehrere Betriebsstätten eines Betriebs oder Unternehmens bezieht, eine der nach Absatz 1 Nr. 2 zuständigen Behörden als gemeinsame zuständige Behörde bestimmen, wenn dies unter Wahrung der Interessen der Beteiligten zur einheitlichen Entscheidung geboten ist. [3]Diese Aufsichtsbehörde entscheidet ferner über die örtliche Zuständigkeit, wenn sich mehrere Behörden für zuständig oder für unzuständig halten oder wenn die Zuständigkeit aus anderen Gründen zweifelhaft ist. [4]Fehlt eine gemeinsame Aufsichtsbehörde, so treffen die fachlich zuständigen Aufsichtsbehörden die Entscheidung gemeinsam.

(3) Ändern sich im Lauf des Verwaltungsverfahrens die die Zuständigkeit begründenden Umstände, so kann die bisher zuständige Behörde das Verwaltungsverfahren fortführen, wenn dies unter Wahrung der Interessen der Beteiligten der einfachen und zweckmäßigen Durchführung des Verfahrens dient und die nunmehr zuständige Behörde zustimmt.

(4) [1]Bei Gefahr im Verzug ist für unaufschiebbare Maßnahmen jede Behörde örtlich zuständig, in deren Bezirk der Anlaß für die Amtshandlung hervortritt. [2]Die nach Absatz 1 Nrn. 1 bis 3 örtlich zuständige Behörde ist unverzüglich zu unterrichten.

Artikel 3a Elektronische Kommunikation

(1) Die Übermittlung elektronischer Dokumente ist zulässig, soweit der Empfänger hierfür einen Zugang eröffnet.

(2) [1]Eine durch Rechtsvorschrift angeordnete Schriftform kann, soweit nicht durch Rechtsvorschrift etwas anderes bestimmt ist, durch die elektronische Form ersetzt werden. [2]Der elektronischen Form genügt ein elektronisches Dokument, das mit einer qualifizierten elektronischen Signatur versehen ist. [3]Die Signierung mit einem Pseudonym, das die Identifizierung der Person des Signaturschlüsselinhabers nicht unmittelbar durch die Behörde ermöglicht, ist nicht zulässig. [4]Die Schriftform kann auch ersetzt werden

1. durch unmittelbare Abgabe der Erklärung in einem elektronischen Formular, das von der Behörde in einem Eingabegerät oder über öffentlich zugängliche Netze zur Verfügung gestellt wird;
2. bei Anträgen und Anzeigen durch Versendung eines elektronischen Dokuments an die Behörde mit der Versandart nach § 5 Abs. 5 des De-Mail-Gesetzes;
3. bei elektronischen Verwaltungsakten oder sonstigen elektronischen Dokumenten der Behörden durch Versendung einer De-Mail-Nachricht nach § 5 Abs. 5 des De-Mail-Gesetzes, bei der die Bestätigung des akkreditierten Diensteanbieters die erlassende Behörde als Nutzer des De-Mail-Kontos erkennen lässt;
4. durch sonstige sichere Verfahren, die durch Rechtsverordnung der Staatsregierung festgelegt werden, welche den Datenübermittler (Absender der Daten) authentifizieren und die Integrität des elektronisch übermittelten Datensatzes sowie die Barrierefreiheit gewährleisten.

[5]In den Fällen des Satzes 4 Nr. 1 muss bei einer Eingabe über öffentlich zugängliche Netze ein sicherer Identitätsnachweis nach § 18 des Personalausweisgesetzes oder nach § 78 Abs. 5 des Aufenthaltsgesetzes erfolgen.

(3) [1]Ist ein der Behörde übermitteltes elektronisches Dokument für sie zur Bearbeitung nicht geeignet, teilt sie dies dem Absender unter Angabe der für sie geltenden technischen Rahmenbedingungen unverzüglich mit. [2]Macht ein Empfänger geltend, er könne das von der Behörde übermittelte elektronische Dokument nicht bearbeiten, hat sie es ihm erneut in einem geeigneten elektronischen Format oder als Schriftstück zu übermitteln.

Artikel 3b Selbsteintritt

(1) Kommt eine staatliche Behörde einer schriftlichen Weisung der Aufsichtsbehörde nicht fristgerecht nach, so kann der Leiter der Aufsichtsbehörde an Stelle der angewiesenen Behörde handeln (Selbsteintritt).

(2) Der Selbsteintritt gegenüber einem Landratsamt als Staatsbehörde ist nur zulässig, wenn der fachlich zuständige Minister ein sofortiges Handeln aus wichtigen Gründen des öffentlichen Wohls, insbesondere in Fällen von überörtlicher oder landesweiter Bedeutung, im Einzelfall für erforderlich hält und dies gegenüber der Aufsichtsbehörde erklärt.

Abschnitt II
Amtshilfe

Artikel 4 Amtshilfepflicht

(1) Jede Behörde leistet anderen Behörden auf Ersuchen ergänzende Hilfe (Amtshilfe).

(2) Amtshilfe liegt nicht vor, wenn

1. Behörden einander innerhalb eines bestehenden Weisungsverhältnisses Hilfe leisten,
2. die Hilfeleistung in Handlungen besteht, die der ersuchten Behörde als eigene Aufgabe obliegen.

Artikel 5 Voraussetzungen und Grenzen der Amtshilfe

(1) Eine Behörde kann um Amtshilfe insbesondere dann ersuchen, wenn sie

1. aus rechtlichen Gründen die Amtshandlung nicht selbst vornehmen kann,
2. aus tatsächlichen Gründen, besonders weil die zur Vornahme der Amtshandlung erforderlichen Dienstkräfte oder Einrichtungen fehlen, die Amtshandlung nicht selbst vornehmen kann,
3. zur Durchführung ihrer Aufgaben auf die Kenntnis von Tatsachen angewiesen ist, die ihr unbekannt sind und die sie selbst nicht ermitteln kann,
4. zur Durchführung ihrer Aufgaben Urkunden oder sonstige Beweismittel benötigt, die sich im Besitz der ersuchten Behörde befinden,
5. die Amtshandlung nur mit wesentlich größerem Aufwand vornehmen könnte als die ersuchte Behörde.

(2) [1]Die ersuchte Behörde darf Hilfe nicht leisten, wenn

1. sie hierzu aus rechtlichen Gründen nicht in der Lage ist,
2. durch die Hilfeleistung dem Wohl des Bundes oder eines Landes erhebliche Nachteile bereitet würden.

[2]Die ersuchte Behörde ist insbesondere zur Vorlage von Urkunden oder Akten sowie zur Erteilung von Auskünften nicht verpflichtet, wenn die Vorgänge nach einem Gesetz oder ihrem Wesen nach geheimgehalten werden müssen.

(3) Die ersuchte Behörde braucht Hilfe nicht zu leisten, wenn

1. eine andere Behörde die Hilfe wesentlich einfacher oder mit wesentlich geringerem Aufwand leisten kann,
2. sie die Hilfe nur mit unverhältnismäßig großem Aufwand leisten könnte,
3. sie unter Berücksichtigung der Aufgaben der ersuchenden Behörde durch die Hilfeleistung die Erfüllung ihrer eigenen Aufgaben ernstlich gefährden würde.

(4) Die ersuchte Behörde darf die Hilfe nicht deshalb verweigern, weil sie das Ersuchen aus anderen als den in Absatz 3 genannten Gründen oder weil sie die mit der Amtshilfe zu verwirklichende Maßnahme für unzweckmäßig hält.

(5) [1]Hält die ersuchte Behörde sich zur Hilfe nicht für verpflichtet, so teilt sie der ersuchenden Behörde ihre Auffassung mit. [2]Besteht diese auf der Amtshilfe, so entscheidet über die Verpflichtung zur Amtshilfe die gemeinsame fachlich zuständige Aufsichtsbehörde oder, sofern eine solche nicht besteht, die für die ersuchte Behörde fachlich zuständige Aufsichtsbehörde.

Artikel 6 Auswahl der Behörde

Kommen für die Amtshilfe mehrere Behörden in Betracht, so soll nach Möglichkeit eine Behörde der untersten Verwaltungsstufe des Verwaltungszweigs ersucht werden, dem die ersuchende Behörde angehört.

Artikel 7 Durchführung der Amtshilfe

(1) Die Zulässigkeit der Maßnahme, die durch die Amtshilfe verwirklicht werden soll, richtet sich nach dem für die ersuchende Behörde, die Durchführung der Amtshilfe nach dem für die ersuchte Behörde geltenden Recht.

(2) [1]Die ersuchende Behörde trägt gegenüber der ersuchten Behörde die Verantwortung für die Rechtmäßigkeit der zu treffenden Maßnahme. [2]Die ersuchte Behörde ist für die Durchführung der Amtshilfe verantwortlich.

Artikel 8 Kosten der Amtshilfe

(1) [1]Die ersuchende Behörde hat der ersuchten Behörde für die Amtshilfe keine Verwaltungsgebühr zu entrichten. [2]Besondere Aufwendungen hat sie der ersuchten Behörde auf Anforderung zu erstatten,

wenn sie fünfundzwanzig Euro übersteigen. [3]Leisten Behörden desselben Rechtsträgers einander Amtshilfe, so werden die Aufwendungen nicht erstattet.
(2) Nimmt die ersuchte Behörde zur Durchführung der Amtshilfe eine kostenpflichtige Amtshandlung vor, so stehen ihr die von einem Dritten hierfür geschuldeten Kosten (Verwaltungsgebühren, Benutzungsgebühren und Auslagen) zu.

Abschnitt III
Europäische Verwaltungszusammenarbeit

Artikel 8a Grundsätze der Hilfeleistung
(1) Jede Behörde leistet Behörden anderer Mitgliedstaaten der Europäischen Union auf Ersuchen Hilfe, soweit dies nach Maßgabe von Rechtsakten der Europäischen Union geboten ist.
(2) [1]Behörden anderer Mitgliedstaaten der Europäischen Union können um Hilfe ersucht werden, soweit dies nach Maßgabe von Rechtsakten der Europäischen Union zugelassen ist. [2]Um Hilfe ist zu ersuchen, soweit dies nach Maßgabe von Rechtsakten der Europäischen Union geboten ist.
(3) Art. 5, 7 und 8 Abs. 2 sind entsprechend anzuwenden, soweit Rechtsakte der Europäischen Union nicht entgegenstehen.

Artikel 8b Form und Behandlung der Ersuchen
(1) [1]Ersuchen sind in deutscher Sprache an Behörden anderer Mitgliedstaaten der Europäischen Union zu richten; soweit erforderlich, ist eine Übersetzung beizufügen. [2]Die Ersuchen sind gemäß den gemeinschaftsrechtlichen Vorgaben und unter Angabe des maßgeblichen Rechtsakts zu begründen.
(2) [1]Ersuchen von Behörden anderer Mitgliedstaaten der Europäischen Union dürfen nur erledigt werden, wenn sich ihr Inhalt in deutscher Sprache aus den Akten ergibt. [2]Soweit erforderlich, soll bei Ersuchen in einer anderen Sprache von der ersuchenden Behörde eine Übersetzung verlangt werden.
(3) Ersuchen von Behörden anderer Mitgliedstaaten der Europäischen Union können abgelehnt werden, wenn sie nicht ordnungsgemäß und unter Angabe des maßgeblichen Rechtsakts begründet sind und die erforderliche Begründung nach Aufforderung nicht nachgereicht wird.
(4) [1]Einrichtungen und Hilfsmittel der Kommission zur Behandlung von Ersuchen sollen genutzt werden. [2]Informationen sollen elektronisch übermittelt werden.

Artikel 8c Kosten der Hilfeleistung
Ersuchende Behörden anderer Mitgliedstaaten der Europäischen Union haben Verwaltungsgebühren oder Auslagen nur zu erstatten, soweit dies nach Maßgabe von Rechtsakten der Europäischen Union verlangt werden kann.

Artikel 8d Mitteilungen von Amts wegen
(1) [1]Die zuständige Behörde teilt den Behörden anderer Mitgliedstaaten der Europäischen Union und der Kommission Angaben über Sachverhalte und Personen mit, soweit dies nach Maßgabe von Rechtsakten der Europäischen Union geboten ist. [2]Dabei sollen die hierzu eingerichteten Informationsnetze genutzt werden.
(2) Übermittelt eine Behörde Angaben nach Abs. 1 an die Behörde eines anderen Mitgliedstaates der Europäischen Union, unterrichtet sie den Betroffenen über die Tatsache der Übermittlung, soweit Rechtsakte der Europäischen Union dies vorsehen; dabei ist auf die Art der Angaben sowie auf die Zweckbestimmung und die Rechtsgrundlage der Übermittlung hinzuweisen.

Artikel 8e Anwendbarkeit
[1]Die Regelungen dieses Abschnitts sind mit Inkrafttreten des jeweiligen Rechtsakts der Europäischen Union, wenn dieser unmittelbare Wirkung entfaltet, im Übrigen mit Ablauf der jeweiligen Umsetzungsfrist anzuwenden. [2]Sie gelten auch im Verhältnis zu den anderen Vertragsstaaten des Abkommens über den Europäischen Wirtschaftsraum, soweit Rechtsakte der Europäischen Union auch auf diese Staaten anzuwenden sind.

Zweiter Teil
Allgemeine Vorschriften über das Verwaltungsverfahren

Abschnitt I
Verfahrensgrundsätze

Artikel 9 Begriff des Verwaltungsverfahrens
Das Verwaltungsverfahren im Sinn dieses Gesetzes ist die nach außen wirkende Tätigkeit der Behörden, die auf die Prüfung der Voraussetzungen, die Vorbereitung und den Erlaß eines Verwaltungsakts oder auf den Abschluß eines öffentlich-rechtlichen Vertrags gerichtet ist; es schließt den Erlaß des Verwaltungsakts oder den Abschluß des öffentlich-rechtlichen Vertrags ein.

Artikel 10 Nichtförmlichkeit des Verwaltungsverfahrens
[1]Das Verwaltungsverfahren ist an bestimmte Formen nicht gebunden, soweit keine besonderen Rechtsvorschriften für die Form des Verfahrens bestehen. [2]Es ist einfach, zweckmäßig und zügig durchzuführen.

Artikel 11 Beteiligungsfähigkeit
Fähig, am Verfahren beteiligt zu sein, sind
1. natürliche und juristische Personen,
2. Vereinigungen, soweit ihnen ein Recht zustehen kann,
3. Behörden.

Artikel 12 Handlungsfähigkeit
(1) Fähig zur Vornahme von Verfahrenshandlungen sind
1. natürliche Personen, die nach bürgerlichem Recht geschäftsfähig sind,
2. natürliche Personen, die nach bürgerlichem Recht in der Geschäftsfähigkeit beschränkt sind, soweit sie für den Gegenstand des Verfahrens durch Vorschriften des bürgerlichen Rechts als geschäftsfähig oder durch Vorschriften des öffentlichen Rechts als handlungsfähig anerkannt sind,
3. juristische Personen und Vereinigungen (Art. 11 Nr. 2) durch ihre gesetzlichen Vertreter oder durch besonders Beauftragte,
4. Behörden durch ihre Leiter, deren Vertreter oder Beauftragte.

(2) Betrifft ein Einwilligungsvorbehalt nach § 1825 des Bürgerlichen Gesetzbuchs den Gegenstand des Verfahrens, so ist ein geschäftsfähiger Betreuter nur insoweit zur Vornahme von Verfahrenshandlungen fähig, als er nach den Vorschriften des bürgerlichen Rechts ohne Einwilligung des Betreuers handeln kann oder durch Vorschriften des öffentlichen Rechts als handlungsfähig anerkannt ist.

(3) Die §§ 53 und 55 der Zivilprozeßordnung[1)] gelten entsprechend.

Artikel 13 Beteiligte
(1) Beteiligte sind
1. Antragsteller und Antragsgegner,
2. diejenigen, an die die Behörde den Verwaltungsakt richten will oder gerichtet hat,
3. diejenigen, mit denen die Behörde einen öffentlich-rechtlichen Vertrag schließen will oder geschlossen hat,
4. diejenigen, die nach Absatz 2 von der Behörde zu dem Verfahren hinzugezogen worden sind.

(2) [1]Die Behörde kann von Amts wegen oder auf Antrag diejenigen, deren rechtliche Interessen durch den Ausgang des Verfahrens berührt werden können, als Beteiligte hinzuziehen. [2]Hat der Ausgang des Verfahrens rechtsgestaltende Wirkung für einen Dritten, so ist dieser auf Antrag als Beteiligter zu dem Verfahren hinzuzuziehen; soweit er der Behörde bekannt ist, hat diese ihn von der Einleitung des Verfahrens zu benachrichtigen.

(3) Wer anzuhören ist, ohne daß die Voraussetzungen des Absatzes 1 vorliegen, wird dadurch nicht Beteiligter.

Artikel 14 Bevollmächtigte und Beistände
(1) [1]Ein Beteiligter kann sich durch einen Bevollmächtigten vertreten lassen. [2]Die Vollmacht ermächtigt zu allen das Verwaltungsverfahren betreffenden Verfahrenshandlungen, sofern sich aus ihrem Inhalt nicht etwas anderes ergibt. [3]Der Bevollmächtigte hat auf Verlangen seine Vollmacht schriftlich

1) **Amtl. Anm.:** BGBl. FN 310-4

nachzuweisen. [4]Ein Widerruf der Vollmacht wird der Behörde gegenüber erst wirksam, wenn er ihr zugeht.

(2) Die Vollmacht wird weder durch den Tod des Vollmachtgebers noch durch eine Veränderung in seiner Handlungsfähigkeit oder seiner gesetzlichen Vertretung aufgehoben; der Bevollmächtigte hat jedoch, wenn er für den Rechtsnachfolger im Verwaltungsverfahren auftritt, dessen Vollmacht auf Verlangen schriftlich beizubringen.

(3) [1]Ist für das Verfahren ein Bevollmächtigter bestellt, so soll sich die Behörde an ihn wenden. [2]Sie kann sich an den Beteiligten selbst wenden, soweit er zur Mitwirkung verpflichtet ist. [3]Wendet sich die Behörde an den Beteiligten, so soll der Bevollmächtigte verständigt werden. [4]Vorschriften über die Zustellung an Bevollmächtigte bleiben unberührt.

(4) [1]Ein Beteiligter kann zu Verhandlungen und Besprechungen mit einem Beistand erscheinen. [2]Das von dem Beistand Vorgetragene gilt als von dem Beteiligten vorgebracht, soweit dieser nicht unverzüglich widerspricht.

(5) Bevollmächtigte und Beistände sind zurückzuweisen, wenn sie entgegen § 3 des Rechtsdienstleistungsgesetzes Rechtsdienstleistungen erbringen.

(6) [1]Bevollmächtigte und Beistände können vom Vortrag zurückgewiesen werden, wenn sie hierzu ungeeignet sind; vom mündlichen Vortrag können sie nur zurückgewiesen werden, wenn sie zum sachgemäßen Vortrag nicht fähig sind. [2]Nicht zurückgewiesen werden können Personen, die nach § 67 Abs. 2 Sätze 1 und 2 Nrn. 3 bis 7 der Verwaltungsgerichtsordnung zur Vertretung im verwaltungsgerichtlichen Verfahren befugt sind.

(7) [1]Die Zurückweisung nach den Absätzen 5 und 6 ist auch dem Beteiligten, dessen Bevollmächtigter oder Beistand zurückgewiesen wird, mitzuteilen. [2]Verfahrenshandlungen des zurückgewiesenen Bevollmächtigten oder Beistands, die dieser nach der Zurückweisung vornimmt, sind unwirksam.

Artikel 15 Bestellung eines Empfangsbevollmächtigten

[1]Ein Beteiligter ohne Wohnsitz oder gewöhnlichen Aufenthalt, Sitz oder Geschäftsleitung im Inland hat der Behörde auf Verlangen innerhalb einer angemessenen Frist einen Empfangsbevollmächtigten im Inland zu benennen. [2]Unterlässt er dies, gilt ein an ihn gerichtetes Schriftstück am siebten Tag nach der Aufgabe zur Post und ein elektronisch übermitteltes Dokument am dritten Tag nach der Absendung als zugegangen. [3]Dies gilt nicht, wenn feststeht, dass das Dokument den Empfänger nicht oder zu einem späteren Zeitpunkt erreicht hat. [4]Auf die Rechtsfolgen der Unterlassung ist der Beteiligte hinzuweisen.

Artikel 16 Bestellung eines Vertreters von Amts wegen

(1) Ist ein Vertreter nicht vorhanden, so hat das Betreuungsgericht, für einen minderjährigen Beteiligten das Familiengericht auf Ersuchen der Behörde einen geeigneten Vertreter zu bestellen

1. für einen Beteiligten, dessen Person unbekannt ist,
2. für einen abwesenden Beteiligten, dessen Aufenthalt unbekannt ist oder der an der Besorgung seiner Angelegenheiten verhindert ist,
3. für einen Beteiligten ohne Aufenthalt im Geltungsbereich des Grundgesetzes[1)], wenn er der Aufforderung der Behörde, einen Vertreter zu bestellen, innerhalb der ihm gesetzten Frist nicht nachgekommen ist,
4. für einen Beteiligten, der infolge einer psychischen Krankheit oder körperlichen, geistigen oder seelischen Behinderung nicht in der Lage ist, in dem Verwaltungsverfahren selbst tätig zu werden,
5. bei herrenlosen Sachen, auf die sich das Verfahren bezieht, zur Wahrung der sich in bezug auf die Sache ergebenden Rechte und Pflichten.

(2) Für die Bestellung des Vertreters ist in den Fällen des Absatzes 1 Nr. 4 das Gericht zuständig, in dessen Bezirk der Beteiligte seinen gewöhnlichen Aufenthalt hat; im übrigen ist das Gericht zuständig, in dessen Bezirk die ersuchende Behörde ihren Sitz hat.

(3) [1]Der Vertreter hat gegen den Rechtsträger der Behörde, die um seine Bestellung ersucht hat, Anspruch auf eine angemessene Vergütung und auf die Erstattung seiner baren Auslagen. [2]Die Behörde kann von dem Vertretenen Ersatz ihrer Aufwendungen verlangen. [3]Sie bestimmt die Vergütung und stellt die Auslagen und Aufwendungen fest.

1) **Amtl. Anm.:** BGBl. FN 100-1

(4) Im übrigen gelten für die Bestellung und für das Amt des Vertreters in den Fällen des Absatzes 1 Nr. 4 die Vorschriften über die Betreuung, in den übrigen Fällen die Vorschriften über die Pflegschaft entsprechend.

Artikel 17 Vertreter bei gleichförmigen Eingaben

(1) [1]Bei Anträgen und Eingaben, die in einem Verwaltungsverfahren von mehr als 50 Personen auf Unterschriftslisten unterzeichnet oder in Form vervielfältigter gleichlautender Texte eingereicht worden sind (gleichförmige Eingaben), gilt für das Verfahren derjenige Unterzeichner als Vertreter der übrigen Unterzeichner, der darin mit seinem Namen, seinem Beruf und seiner Anschrift als Vertreter bezeichnet ist, soweit er nicht von ihnen als Bevollmächtigter bestellt worden ist. [2]Vertreter kann nur eine natürliche Person sein.

(2) [1]Die Behörde kann gleichförmige Eingaben, die die Angaben nach Absatz 1 Satz 1 nicht deutlich sichtbar auf jeder mit einer Unterschrift versehenen Seite enthalten oder dem Erfordernis des Absatzes 1 Satz 2 nicht entsprechen, unberücksichtigt lassen. [2]Will die Behörde so verfahren, so hat sie dies durch ortsübliche Bekanntmachung mitzuteilen. [3]Die Behörde kann ferner gleichförmige Eingaben insoweit unberücksichtigt lassen, als Unterzeichner ihren Namen oder ihre Anschrift nicht oder unleserlich angegeben haben.

(3) [1]Die Vertretungsmacht erlischt, sobald der Vertreter oder der Vertretene dies der Behörde schriftlich erklärt; der Vertreter kann eine solche Erklärung nur hinsichtlich aller Vertretenen abgeben. [2]Gibt der Vertretene eine solche Erklärung ab, so soll er der Behörde zugleich mitteilen, ob er seine Eingabe aufrechterhält und ob er einen Bevollmächtigten bestellt hat.

(4) [1]Endet die Vertretungsmacht des Vertreters, so kann die Behörde die nicht mehr Vertretenen auffordern, innerhalb einer angemessenen Frist einen gemeinsamen Vertreter zu bestellen. [2]Sind mehr als 50 Personen aufzufordern, so kann die Behörde die Aufforderung ortsüblich bekanntmachen. [3]Wird der Aufforderung nicht fristgemäß entsprochen, so kann die Behörde von Amts wegen einen gemeinsamen Vertreter bestellen.

Artikel 18 Vertreter für Beteiligte bei gleichem Interesse

(1) [1]Sind an einem Verwaltungsverfahren mehr als 50 Personen im gleichen Interesse beteiligt, ohne vertreten zu sein, so kann die Behörde sie auffordern, innerhalb einer angemessenen Frist einen gemeinsamen Vertreter zu bestellen, wenn sonst die ordnungsmäßige Durchführung des Verwaltungsverfahrens beeinträchtigt wäre. [2]Kommen sie der Aufforderung nicht fristgemäß nach, so kann die Behörde von Amts wegen einen gemeinsamen Vertreter bestellen. [3]Vertreter kann nur eine natürliche Person sein.

(2) [1]Die Vertretungsmacht erlischt, sobald der Vertreter oder der Vertretene dies der Behörde schriftlich erklärt; der Vertreter kann eine solche Erklärung nur hinsichtlich aller Vertretenen abgeben. [2]Gibt der Vertretene eine solche Erklärung ab, so soll er der Behörde zugleich mitteilen, ob er seine Eingabe aufrechterhält und ob er einen Bevollmächtigten bestellt hat.

Artikel 19 Gemeinsame Vorschriften für Vertreter bei gleichförmigen Eingaben und bei gleichem Interesse

(1) [1]Der Vertreter hat die Interessen der Vertretenen sorgfältig wahrzunehmen. [2]Er kann alle das Verwaltungsverfahren betreffenden Verfahrenshandlungen vornehmen. [3]An Weisungen ist er nicht gebunden.

(2) Art. 14 Abs. 5 bis 7 gelten entsprechend.

(3) [1]Der von der Behörde bestellte Vertreter hat gegen deren Rechtsträger Anspruch auf angemessene Vergütung und auf Erstattung seiner baren Auslagen. [2]Die Behörde kann von den Vertretenen zu gleichen Anteilen Ersatz ihrer Aufwendungen verlangen. [3]Sie bestimmt die Vergütung und stellt die Auslagen und Aufwendungen fest.

Artikel 20 Ausgeschlossene Personen

(1) [1]In einem Verwaltungsverfahren darf für eine Behörde nicht tätig werden,

1. wer selbst Beteiligter ist,
2. wer Angehöriger eines Beteiligten ist,
3. wer einen Beteiligten kraft Gesetzes oder Vollmacht allgemein oder in diesem Verwaltungsverfahren vertritt,
4. wer Angehöriger einer Person ist, die einen Beteiligten in diesem Verfahren vertritt,

5. wer bei einem Beteiligten gegen Entgelt beschäftigt ist oder bei ihm als Mitglied des Vorstands, des Aufsichtsrats oder eines gleichartigen Organs tätig ist; dies gilt nicht für den, dessen Anstellungskörperschaft Beteiligte ist,
6. wer außerhalb seiner amtlichen Eigenschaft in der Angelegenheit ein Gutachten abgegeben hat oder sonst tätig geworden ist.

2Dem Beteiligten steht gleich, wer durch die Tätigkeit oder durch die Entscheidung einen unmittelbaren Vorteil oder Nachteil erlangen kann. 3Dies gilt nicht, wenn der Vor- oder Nachteil nur darauf beruht, daß jemand einer Berufs- oder Bevölkerungsgruppe angehört, deren gemeinsame Interessen durch die Angelegenheit berührt werden.

(2) Absatz 1 gilt nicht für Wahlen zu einer ehrenamtlichen Tätigkeit und für die Abberufung von ehrenamtlich Tätigen.

(3) Wer nach Absatz 1 ausgeschlossen ist, darf bei Gefahr im Verzug unaufschiebbare Maßnahmen treffen.

(4) 1Hält sich ein Mitglied eines Ausschusses (Art. 88) für ausgeschlossen oder bestehen Zweifel, ob die Voraussetzungen des Absatzes 1 gegeben sind, ist dies dem Vorsitzenden des Ausschusses mitzuteilen. 2Der Ausschuß entscheidet über den Ausschluß. 3Der Betroffene darf an dieser Entscheidung nicht mitwirken. 4Das ausgeschlossene Mitglied darf bei der weiteren Beratung und Beschlußfassung nicht zugegen sein.

(5) 1Angehörige im Sinn des Absatzes 1 Nrn. 2 und 4 sind:
1. der Verlobte,
2. der Ehegatte oder der Lebenspartner im Sinn des Lebenspartnerschaftsgesetzes (Lebenspartner),
3. Verwandte und Verschwägerte gerader Linie,
4. Geschwister,
5. Kinder der Geschwister,
6. Ehegatten der Geschwister und Geschwister des Ehegatten sowie Lebenspartner der Geschwister und Geschwister des Lebenspartners,
7. Geschwister der Eltern,
8. Personen, die durch ein auf längere Dauer angelegtes Pflegeverhältnis mit häuslicher Gemeinschaft wie Eltern und Kind miteinander verbunden sind (Pflegeeltern und Pflegekinder).

2Angehörige sind die in Satz 1 aufgeführten Personen auch dann, wenn
1. in den Fällen der Nummern 2, 3 und 6 die die Beziehung begründende Ehe oder Lebenspartnerschaft nicht mehr besteht,
2. in den Fällen der Nummern 3 bis 7 die Verwandtschaft oder Schwägerschaft durch Annahme als Kind erloschen ist,
3. im Fall der Nummer 8 die häusliche Gemeinschaft nicht mehr besteht, sofern die Personen weiterhin wie Eltern und Kind miteinander verbunden sind.

Artikel 21 Besorgnis der Befangenheit

(1) 1Liegt ein Grund vor, der geeignet ist, Mißtrauen gegen eine unparteiische Amtsausübung zu rechtfertigen, oder wird von einem Beteiligten das Vorliegen eines solchen Grundes behauptet, so hat, wer in einem Verwaltungsverfahren für eine Behörde tätig werden soll, den Leiter der Behörde oder den von diesem Beauftragten zu unterrichten und sich auf dessen Anordnung der Mitwirkung zu enthalten. 2Betrifft die Besorgnis der Befangenheit den Leiter der Behörde, so trifft diese Anordnung die Aufsichtsbehörde, sofern sich der Behördenleiter nicht selbst einer Mitwirkung enthält.

(2) Für Mitglieder eines Ausschusses (Art. 88) gilt Art. 20 Abs. 4 entsprechend.

Artikel 22 Beginn des Verfahrens

1Die Behörde entscheidet nach pflichtgemäßem Ermessen, ob und wann sie ein Verwaltungsverfahren durchführt. 2Dies gilt nicht, wenn die Behörde auf Grund von Rechtsvorschriften
1. von Amts wegen oder auf Antrag tätig werden muß,
2. nur auf Antrag tätig werden darf und ein Antrag nicht vorliegt.

Artikel 23 Amtssprache

(1) Die Amtssprache ist deutsch.

(2) 1Werden bei einer Behörde in einer fremden Sprache Anträge gestellt oder Eingaben, Belege, Urkunden oder sonstige Dokumente vorgelegt, soll die Behörde unverzüglich die Vorlage einer Über-

setzung verlangen. [2]In begründeten Fällen kann die Vorlage einer beglaubigten oder von einem öffentlich bestellten oder beeidigten Dolmetscher oder Übersetzer angefertigten Übersetzung verlangt werden. [3]Wird die verlangte Übersetzung nicht unverzüglich vorgelegt, so kann die Behörde auf Kosten des Beteiligten selbst eine Übersetzung beschaffen. [4]Hat die Behörde Dolmetscher oder Übersetzer herangezogen, erhalten diese in entsprechender Anwendung des Justizvergütungs- und -entschädigungsgesetzes eine Vergütung.

(3) Soll durch eine Anzeige, einen Antrag oder die Abgabe einer Willenserklärung eine Frist in Lauf gesetzt werden, innerhalb deren die Behörde in einer bestimmten Weise tätig werden muß, und gehen diese in einer fremden Sprache ein, so beginnt der Lauf der Frist erst mit dem Zeitpunkt, in dem der Behörde eine Übersetzung vorliegt.

(4) [1]Soll durch eine Anzeige, einen Antrag oder eine Willenserklärung, die in fremder Sprache eingehen, zugunsten eines Beteiligten eine Frist gegenüber der Behörde gewahrt, ein öffentlich-rechtlicher Anspruch geltend gemacht oder eine Leistung begehrt werden, so gelten die Anzeige, der Antrag oder die Willenserklärung als zum Zeitpunkt des Eingangs bei der Behörde abgegeben, wenn auf Verlangen der Behörde innerhalb einer von dieser zu setzenden angemessenen Frist eine Übersetzung vorgelegt wird. [2]Andernfalls ist der Zeitpunkt des Eingangs der Übersetzung maßgebend, soweit sich nicht aus zwischenstaatlichen Vereinbarungen etwas anderes ergibt. [3]Auf diese Rechtsfolge ist bei der Fristsetzung hinzuweisen.

Artikel 24 Untersuchungsgrundsatz

(1) [1]Die Behörde ermittelt den Sachverhalt von Amts wegen. [2]Sie bestimmt Art und Umfang der Ermittlungen; an das Vorbringen und an die Beweisanträge der Beteiligten ist sie nicht gebunden.

(2) Die Behörde hat alle für den Einzelfall bedeutsamen, auch die für die Beteiligten günstigen Umstände zu berücksichtigen.

(3) Die Behörde darf die Entgegennahme von Erklärungen oder Anträgen, die in ihren Zuständigkeitsbereich fallen, nicht deshalb verweigern, weil sie die Erklärung oder den Antrag in der Sache für unzulässig oder unbegründet hält.

Artikel 25 Beratung, Auskunft, frühe Öffentlichkeitsbeteiligung

(1) [1]Die Behörde soll die Abgabe von Erklärungen, die Stellung von Anträgen oder die Berichtigung von Erklärungen oder Anträgen anregen, wenn diese offensichtlich nur versehentlich oder aus Unkenntnis unterblieben oder unrichtig abgegeben oder gestellt worden sind. [2]Sie erteilt, soweit erforderlich, Auskunft über die den Beteiligten im Verwaltungsverfahren zustehenden Rechte und die ihnen obliegenden Pflichten.

(2) [1]Die Behörde erörtert, soweit erforderlich, bereits vor Stellung eines Antrags mit dem zukünftigen Antragsteller, welche Nachweise und Unterlagen von ihm zu erbringen sind und in welcher Weise das Verfahren beschleunigt werden kann. [2]Soweit es der Verfahrensbeschleunigung dient, soll sie dem Antragsteller nach Eingang des Antrags unverzüglich Auskunft über die voraussichtliche Verfahrensdauer und die Vollständigkeit der Antragsunterlagen geben.

(3) [1]Die Behörde wirkt darauf hin, dass der Träger bei der Planung von Vorhaben, die nicht nur unwesentliche Auswirkungen auf die Belange einer größeren Zahl von Dritten haben können, die betroffene Öffentlichkeit frühzeitig über die Ziele des Vorhabens, die Mittel, es zu verwirklichen, und die voraussichtlichen Auswirkungen des Vorhabens unterrichtet (frühe Öffentlichkeitsbeteiligung). [2]Die frühe Öffentlichkeitsbeteiligung soll möglichst bereits vor Stellung eines Antrags stattfinden. [3]Der betroffenen Öffentlichkeit soll Gelegenheit zur Äußerung und zur Erörterung gegeben werden. [4]Das Ergebnis der vor Antragstellung durchgeführten frühen Öffentlichkeitsbeteiligung soll der betroffenen Öffentlichkeit und der Behörde spätestens mit der Antragstellung, im Übrigen unverzüglich mitgeteilt werden. [5]Satz 1 gilt nicht, soweit die betroffene Öffentlichkeit bereits nach anderen Rechtsvorschriften vor der Antragstellung zu beteiligen ist. [6]Beteiligungsrechte nach anderen Rechtsvorschriften bleiben unberührt.

Artikel 26 Beweismittel

(1) [1]Die Behörde bedient sich der Beweismittel, die sie nach pflichtgemäßem Ermessen zur Ermittlung des Sachverhalts für erforderlich hält. [2]Sie kann insbesondere

1. Auskünfte jeder Art einholen,
2. Beteiligte anhören, Zeugen und Sachverständige vernehmen oder die schriftliche oder elektronische Äußerung von Beteiligten, Sachverständigen und Zeugen einholen,
3. Urkunden und Akten beiziehen,
4. den Augenschein einnehmen.

(2) [1]Die Beteiligten sollen bei der Ermittlung des Sachverhalts mitwirken. [2]Sie sollen insbesondere ihnen bekannte Tatsachen und Beweismittel angeben. [3]Eine weitergehende Pflicht, bei der Ermittlung des Sachverhalts mitzuwirken, insbesondere eine Pflicht zum persönlichen Erscheinen oder zur Aussage, besteht nur, soweit sie durch Rechtsvorschrift besonders vorgesehen ist.

(3) [1]Für Zeugen und Sachverständige besteht eine Pflicht zur Aussage oder zur Erstattung von Gutachten, wenn sie durch Rechtsvorschrift vorgesehen ist. [2]Falls die Behörde Zeugen und Sachverständige herangezogen hat, erhalten diese auf Antrag in entsprechender Anwendung des Justizvergütungs- und -entschädigungsgesetzes eine Entschädigung oder Vergütung.

Artikel 27 Versicherung an Eides Statt

(1) [1]Die Behörde darf bei der Ermittlung des Sachverhalts eine Versicherung an Eides Statt nur verlangen und abnehmen, wenn die Abnahme der Versicherung über den betreffenden Gegenstand und in dem betreffenden Verfahren durch Gesetz oder Rechtsverordnung vorgesehen und die Behörde durch Rechtsvorschrift für zuständig erklärt worden ist. [2]Eine Versicherung an Eides Statt soll nur gefordert werden, wenn andere Mittel zur Erforschung der Wahrheit nicht vorhanden sind, zu keinem Ergebnis geführt haben oder einen unverhältnismäßigen Aufwand erfordern. [3]Von eidesunfähigen Personen im Sinn des § 393 der Zivilprozeßordnung[1)] darf eine eidesstattliche Versicherung nicht verlangt werden.

(2) [1]Wird die Versicherung an Eides Statt von einer Behörde zur Niederschrift aufgenommen, so sind zur Aufnahme nur der Behördenleiter, sein allgemeiner Vertreter sowie Angehörige des öffentlichen Dienstes befugt, welche die Befähigung zum Richteramt haben oder die Voraussetzungen des § 110 Satz 1 des Deutschen Richtergesetzes[2)] erfüllen. [2]Andere Angehörige des öffentlichen Dienstes kann der Behördenleiter oder sein allgemeiner Vertreter hierzu allgemein oder im Einzelfall schriftlich ermächtigen.

(3) [1]Die Versicherung besteht darin, daß der Versichernde die Richtigkeit seiner Erklärung über den betreffenden Gegenstand bestätigt und erklärt: „Ich versichere an Eides Statt, daß ich nach bestem Wissen die reine Wahrheit gesagt und nichts verschwiegen habe." [2]Bevollmächtigte und Beistände sind berechtigt, an der Aufnahme der Versicherung an Eides Statt teilzunehmen.

(4) [1]Vor der Aufnahme der Versicherung an Eides Statt ist der Versichernde über die Bedeutung der eidesstattlichen Versicherung und die strafrechtlichen Folgen einer unrichtigen oder unvollständigen eidesstattlichen Versicherung zu belehren. [2]Die Belehrung ist in der Niederschrift zu vermerken.

(5) [1]Die Niederschrift hat ferner die Namen der anwesenden Personen sowie den Ort und den Tag der Niederschrift zu enthalten. [2]Die Niederschrift ist demjenigen, der die eidesstattliche Versicherung abgibt, zur Genehmigung vorzulesen oder auf Verlangen zur Durchsicht vorzulegen. [3]Die erteilte Genehmigung ist zu vermerken und von dem Versichernden zu unterschreiben. [4]Die Niederschrift ist sodann von demjenigen, der die Versicherung an Eides Statt aufgenommen hat, sowie von dem Schriftführer zu unterschreiben.

Artikel 27a Öffentliche Bekanntmachung im Internet

(1) [1]Ist durch Rechtsvorschrift eine öffentliche oder ortsübliche Bekanntmachung angeordnet, soll die Behörde deren Inhalt zusätzlich im Internet veröffentlichen. [2]Dies wird dadurch bewirkt, dass der Inhalt der Bekanntmachung auf einer Internetseite der Behörde oder ihres Verwaltungsträgers zugänglich gemacht wird. [3]Bezieht sich die Bekanntmachung auf zur Einsicht auszulegende Unterlagen, sollen auch diese über das Internet zugänglich gemacht werden. [4]Soweit durch Rechtsvorschrift nichts anderes geregelt ist, ist der Inhalt der zur Einsicht ausgelegten Unterlagen maßgeblich.

(2) In der öffentlichen oder ortsüblichen Bekanntmachung ist die Internetseite anzugeben.

---

1) **Amtl. Anm.:** BGBl. FN 310-4
2) **Amtl. Anm.:** BGBl. FN 301-1

Artikel 28 Anhörung Beteiligter

(1) Bevor ein Verwaltungsakt erlassen wird, der in Rechte eines Beteiligten eingreift, ist diesem Gelegenheit zu geben, sich zu den für die Entscheidung erheblichen Tatsachen zu äußern.

(2) Von der Anhörung kann abgesehen werden, wenn sie nach den Umständen des Einzelfalls nicht geboten ist, insbesondere wenn

1. eine sofortige Entscheidung wegen Gefahr im Verzug oder im öffentlichen Interesse notwendig erscheint,
2. durch die Anhörung die Einhaltung einer für die Entscheidung maßgeblichen Frist in Frage gestellt würde,
3. von den tatsächlichen Angaben eines Beteiligten, die dieser in einem Antrag oder einer Erklärung gemacht hat, nicht zu seinen Ungunsten abgewichen werden soll,
4. die Behörde eine Allgemeinverfügung oder gleichartige Verwaltungsakte in größerer Zahl oder Verwaltungsakte mit Hilfe automatischer Einrichtungen erlassen will,
5. Maßnahmen in der Verwaltungsvollstreckung getroffen werden sollen.

(3) Eine Anhörung unterbleibt, wenn ihr ein zwingendes öffentliches Interesse entgegensteht.

Artikel 29 Akteneinsicht durch Beteiligte

(1) [1]Die Behörde hat den Beteiligten Einsicht in die einzelnen Teile der das Verfahren betreffenden Akten zu gestatten, soweit deren Kenntnis zur Geltendmachung oder Verteidigung ihrer rechtlichen Interessen erforderlich ist. [2]Satz 1 gilt bis zum Abschluß des Verwaltungsverfahrens nicht für Entwürfe zu Entscheidungen sowie die Arbeiten zu ihrer unmittelbaren Vorbereitung. [3]Soweit nach den Art. 17 und 18 eine Vertretung stattfindet, haben nur die Vertreter Anspruch auf Akteneinsicht.

(2) Die Behörde ist zur Gestattung der Akteneinsicht nicht verpflichtet, soweit durch sie die ordnungsgemäße Erfüllung der Aufgaben der Behörde beeinträchtigt, das Bekanntwerden des Inhalts der Akten dem Wohl des Bundes oder eines Landes Nachteile bereiten würde oder soweit die Vorgänge nach einem Gesetz oder ihrem Wesen nach, namentlich wegen der berechtigten Interessen der Beteiligten oder dritter Personen, geheimgehalten werden müssen.

(3) [1]Die Akteneinsicht erfolgt bei der Behörde, die die Akten führt. [2]Organen der Rechtspflege können die Akten zur Einsicht vorübergehend in ihre Geschäftsräume hinausgegeben werden. [3]Im Einzelfall kann die Einsicht auch bei einer anderen Behörde oder bei einer diplomatischen oder berufskonsularischen Vertretung der Bundesrepublik Deutschland im Ausland erfolgen; weitere Ausnahmen kann die Behörde, die die Akten führt, gestatten.

Artikel 30 Geheimhaltung

Die Beteiligten haben Anspruch darauf, daß ihre Geheimnisse, insbesondere die zum persönlichen Lebensbereich gehörenden Geheimnisse sowie die Betriebs- und Geschäftsgeheimnisse, von der Behörde nicht unbefugt offenbart werden.

Abschnitt II

Fristen, Termine, Wiedereinsetzung

Artikel 31 Fristen und Termine

(1) Für die Berechnung von Fristen und für die Bestimmung von Terminen gelten die §§ 187 bis 193 des Bürgerlichen Gesetzbuchs[1)] entsprechend, soweit nicht durch die Absätze 2 bis 5 etwas anderes bestimmt ist.

(2) Der Lauf einer Frist, die von einer Behörde gesetzt wird, beginnt mit dem Tag, der auf die Bekanntgabe der Frist folgt, außer wenn dem Betroffenen etwas anderes mitgeteilt wird.

(3) [1]Fällt das Ende einer Frist auf einen Sonntag, einen gesetzlichen Feiertag oder einen Samstag, so endet die Frist mit dem Ablauf des nächstfolgenden Werktags. [2]Dies gilt nicht, wenn dem Betroffenen unter Hinweis auf diese Vorschrift ein bestimmter Tag als Ende der Frist mitgeteilt worden ist.

(4) Hat eine Behörde Leistungen nur für einen bestimmten Zeitraum zu erbringen, so endet dieser Zeitraum auch dann mit dem Ablauf seines letzten Tags, wenn dieser auf einen Sonntag, einen gesetzlichen Feiertag oder einen Samstag fällt.

1) **Amtl. Anm.:** BGBl. FN 400-2

(5) Der von einer Behörde gesetzte Termin ist auch dann einzuhalten, wenn er auf einen Sonntag, gesetzlichen Feiertag oder Samstag fällt.

(6) Ist eine Frist nach Stunden bestimmt, so werden Sonntage, gesetzliche Feiertage oder Samstage mitgerechnet.

(7) [1]Fristen, die von einer Behörde gesetzt sind, können verlängert werden. [2]Sind solche Fristen bereits abgelaufen, so können sie rückwirkend verlängert werden, insbesondere wenn es unbillig wäre, die durch den Fristablauf eingetretenen Rechtsfolgen bestehen zu lassen. [3]Die Behörde kann die Verlängerung der Frist nach Art. 36 mit einer Nebenbestimmung verbinden.

Artikel 32 Wiedereinsetzung in den vorigen Stand

(1) [1]War jemand ohne Verschulden verhindert, eine gesetzliche Frist einzuhalten, so ist ihm auf Antrag Wiedereinsetzung in den vorigen Stand zu gewähren. [2]Das Verschulden eines Vertreters ist dem Vertretenen zuzurechnen.

(2) [1]Der Antrag ist innerhalb von zwei Wochen nach Wegfall des Hindernisses zu stellen. [2]Die Tatsachen zur Begründung des Antrags sind bei der Antragstellung oder im Verfahren über den Antrag glaubhaft zu machen. [3]Innerhalb der Antragsfrist ist die versäumte Handlung nachzuholen. [4]Ist dies geschehen, so kann Wiedereinsetzung auch ohne Antrag gewährt werden.

(3) Nach einem Jahr seit dem Ende der versäumten Frist kann die Wiedereinsetzung nicht mehr beantragt oder die versäumte Handlung nicht mehr nachgeholt werden, außer wenn dies vor Ablauf der Jahresfrist infolge höherer Gewalt unmöglich war.

(4) Über den Antrag auf Wiedereinsetzung entscheidet die Behörde, die über die versäumte Handlung zu befinden hat.

(5) Die Wiedereinsetzung ist unzulässig, wenn sich aus einer Rechtsvorschrift ergibt, daß sie ausgeschlossen ist.

Abschnitt III

Amtliche Beglaubigung

Artikel 33 Beglaubigung von Dokumenten

(1) [1]Jede Behörde ist befugt, Abschriften von Urkunden, die sie selbst ausgestellt hat, zu beglaubigen. [2]Darüber hinaus sind die von der Staatsregierung durch Rechtsverordnung bestimmten Behörden befugt, Abschriften zu beglaubigen, wenn die Urschrift von einer Behörde ausgestellt ist oder die Abschrift zur Vorlage bei einer Behörde benötigt wird, sofern nicht durch Rechtsvorschrift die Erteilung beglaubigter Abschriften aus amtlichen Registern und Archiven anderen Behörden ausschließlich vorbehalten ist.

(2) Abschriften dürfen nicht beglaubigt werden, wenn Umstände zu der Annahme berechtigen, daß der ursprüngliche Inhalt des Schriftstücks, dessen Abschrift beglaubigt werden soll, geändert worden ist, insbesondere wenn dieses Schriftstück Lücken, Durchstreichungen, Einschaltungen, Änderungen, unleserliche Wörter, Zahlen oder Zeichen, Spuren der Beseitigung von Wörtern, Zahlen und Zeichen enthält oder wenn der Zusammenhang eines aus mehreren Blättern bestehenden Schriftstücks aufgehoben ist.

(3) [1]Eine Abschrift wird beglaubigt durch einen Beglaubigungsvermerk, der unter die Abschrift zu setzen ist. [2]Der Vermerk muß enthalten

1. die genaue Bezeichnung des Schriftstücks, dessen Abschrift beglaubigt wird,
2. die Feststellung, daß die beglaubigte Abschrift mit dem vorgelegten Schriftstück übereinstimmt,
3. den Hinweis, daß die beglaubigte Abschrift nur zur Vorlage bei der angegebenen Behörde erteilt wird, wenn die Urschrift nicht von einer Behörde ausgestellt worden ist,
4. den Ort und den Tag der Beglaubigung, die Unterschrift des für die Beglaubigung zuständigen Bediensteten und das Dienstsiegel.

(4) Die Absätze 1 bis 3 gelten entsprechend für die Beglaubigungen von

1. Ablichtungen, Lichtdrucken und ähnlichen in technischen Verfahren hergestellten Vervielfältigungen,
2. auf fototechnischem Weg von Schriftstücken hergestellten Negativen, die bei einer Behörde aufbewahrt werden,
3. Ausdrucken elektronischer Dokumente,

4. elektronischen Dokumenten,
   a) die zur Abbildung eines Schriftstücks hergestellt wurden,
   b) die ein anderes technisches Format als das mit einer qualifizierten elektronischen Signatur verbundene Ausgangsdokument erhalten haben.

(5) [1]Der Beglaubigungsvermerk muss zusätzlich zu den Angaben nach Absatz 3 Satz 2 bei der Beglaubigung

1. des Ausdrucks eines elektronischen Dokuments, das mit einer qualifizierten elektronischen Signatur verbunden ist, die Feststellungen enthalten,
   a) wen die Signaturprüfung als Inhaber der Signatur ausweist,
   b) welchen Zeitpunkt die Signaturprüfung für die Anbringung der Signatur ausweist und
   c) welche Zertifikate mit welchen Daten dieser Signatur zugrunde lagen;
2. eines elektronischen Dokuments den Namen des für die Beglaubigung zuständigen Bediensteten und die Bezeichnung der Behörde, die die Beglaubigung vornimmt, enthalten; die Unterschrift des für die Beglaubigung zuständigen Bediensteten und das Dienstsiegel nach Absatz 3 Satz 2 Nr. 4 werden durch eine dauerhaft überprüfbare qualifizierte elektronische Signatur ersetzt.

[2]Wird ein elektronisches Dokument, das ein anderes technisches Format als das mit einer qualifizierten elektronischen Signatur verbundene Ausgangsdokument erhalten hat, nach Satz 1 Nr. 2 beglaubigt, muss der Beglaubigungsvermerk zusätzlich die Feststellungen nach Satz 1 Nr. 1 für das Ausgangsdokument enthalten.

(6) Die nach Absatz 4 hergestellten Dokumente stehen, sofern sie beglaubigt sind, beglaubigten Abschriften gleich.

(7) Jede Behörde soll von Urkunden, die sie selbst ausgestellt hat, auf Verlangen ein elektronisches Dokument nach Abs. 4 Nr. 4 Buchst. a oder eine elektronische Abschrift fertigen und beglaubigen.

Artikel 34 Beglaubigung von Unterschriften

(1) [1]Die von der Staatsregierung durch Rechtsverordnung bestimmten Behörden sind befugt, Unterschriften zu beglaubigen, wenn das unterzeichnete Schriftstück zur Vorlage bei einer Behörde oder bei einer sonstigen Stelle, der auf Grund einer Rechtsvorschrift das unterzeichnete Schriftstück vorzulegen ist, benötigt wird. [2]Dies gilt nicht für

1. Unterschriften ohne zugehörigen Text,
2. Unterschriften, die der öffentlichen Beglaubigung (§ 129 des Bürgerlichen Gesetzbuchs[1)]) bedürfen.

(2) Eine Unterschrift soll nur beglaubigt werden, wenn sie in Gegenwart des beglaubigenden Bediensteten vollzogen oder anerkannt wird.

(3) [1]Der Beglaubigungsvermerk ist unmittelbar bei der Unterschrift, die beglaubigt werden soll, anzubringen. [2]Er muß enthalten

1. die Bestätigung, daß die Unterschrift echt ist,
2. die genaue Bezeichnung desjenigen, dessen Unterschrift beglaubigt wird, sowie die Angabe, ob sich der für die Beglaubigung zuständige Bedienstete Gewißheit über diese Person verschafft hat und ob die Unterschrift in seiner Gegenwart vollzogen oder anerkannt worden ist,
3. den Hinweis, daß die Beglaubigung nur zur Vorlage bei der angegebenen Behörde oder Stelle bestimmt ist,
4. den Ort und den Tag der Beglaubigung, die Unterschrift des für die Beglaubigung zuständigen Bediensteten und das Dienstsiegel.

(4) Die Absätze 1 bis 3 gelten für die Beglaubigung von Handzeichen entsprechend.

1) **Amtl. Anm.:** BGBl. FN 400-2

Dritter Teil
Verwaltungsakt

Abschnitt I
Zustandekommen des Verwaltungsakts

Artikel 35 Begriff des Verwaltungsakts

[1]Verwaltungsakt ist jede Verfügung, Entscheidung oder andere hoheitliche Maßnahme, die eine Behörde zur Regelung eines Einzelfalls auf dem Gebiet des öffentlichen Rechts trifft und die auf unmittelbare Rechtswirkung nach außen gerichtet ist. [2]Allgemeinverfügung ist ein Verwaltungsakt, der sich an einen nach allgemeinen Merkmalen bestimmten oder bestimmbaren Personenkreis richtet oder die öffentlich-rechtliche Eigenschaft einer Sache oder ihre Benutzung durch die Allgemeinheit betrifft.

Artikel 36 Nebenbestimmungen zum Verwaltungsakt

(1) Ein Verwaltungsakt, auf den ein Anspruch besteht, darf mit einer Nebenbestimmung nur versehen werden, wenn sie durch Rechtsvorschrift zugelassen ist oder wenn sie sicherstellen soll, daß die gesetzlichen Voraussetzungen des Verwaltungsakts erfüllt werden.

(2) Unbeschadet des Absatzes 1 darf ein Verwaltungsakt nach pflichtgemäßem Ermessen erlassen werden mit

1. einer Bestimmung, nach der eine Vergünstigung oder Belastung zu einem bestimmten Zeitpunkt beginnt, endet oder für einen bestimmten Zeitraum gilt (Befristung),
2. einer Bestimmung, nach der der Eintritt oder der Wegfall einer Vergünstigung oder einer Belastung von dem ungewissen Eintritt eines zukünftigen Ereignisses abhängt (Bedingung),
3. einem Vorbehalt des Widerrufs

oder verbunden werden mit

4. einer Bestimmung, durch die dem Begünstigten ein Tun, Dulden oder Unterlassen vorgeschrieben wird (Auflage),
5. einem Vorbehalt der nachträglichen Aufnahme, Änderung oder Ergänzung einer Auflage.

(3) Eine Nebenbestimmung darf dem Zweck des Verwaltungsakts nicht zuwiderlaufen.

Artikel 37 Bestimmtheit und Form des Verwaltungsakts

(1) Ein Verwaltungsakt muß inhaltlich hinreichend bestimmt sein.

(2) [1]Ein Verwaltungsakt kann schriftlich, elektronisch, mündlich oder in anderer Weise erlassen werden. [2]Ein mündlicher Verwaltungsakt ist schriftlich oder elektronisch zu bestätigen, wenn hieran ein berechtigtes Interesse besteht und der Betroffene dies unverzüglich verlangt. [3]Ein elektronischer Verwaltungsakt ist unter denselben Voraussetzungen schriftlich zu bestätigen; Art. 3a Abs. 2 findet insoweit keine Anwendung.

(3) [1]Ein schriftlicher oder elektronischer Verwaltungsakt muss die erlassende Behörde erkennen lassen und die Unterschrift oder die Namenswiedergabe des Behördenleiters, seines Vertreters oder seines Beauftragten enthalten. [2]Wird für einen Verwaltungsakt, für den durch Rechtsvorschrift die Schriftform angeordnet ist, die elektronische Form verwendet, muss auch das der Signatur zugrunde liegende qualifizierte Zertifikat oder ein zugehöriges qualifiziertes Attributzertifikat die erlassende Behörde erkennen lassen. [3]Im Fall des Art. 3a Abs. 2 Satz 4 Nr. 3 muss die Bestätigung nach § 5 Abs. 5 des De-Mail-Gesetzes die erlassende Behörde als Nutzer des De-Mail-Kontos erkennen lassen.

(4) Für einen Verwaltungsakt kann für die nach Art. 3a Abs. 2 erforderliche Signatur durch Rechtsvorschrift die dauerhafte Überprüfbarkeit vorgeschrieben werden.

(5) [1]Bei einem schriftlichen Verwaltungsakt, der mit Hilfe automatischer Einrichtungen erlassen wird, können abweichend von Absatz 3 Unterschrift und Namenswiedergabe fehlen. [2]Zur Inhaltsangabe können Schlüsselzeichen verwendet werden, wenn derjenige, für den der Verwaltungsakt bestimmt ist oder der von ihm betroffen wird, auf Grund der dazu gegebenen Erläuterungen den Inhalt des Verwaltungsakts eindeutig erkennen kann.

Artikel 38 Zusicherung

(1) [1]Eine von der zuständigen Behörde erteilte Zusage, einen bestimmten Verwaltungsakt später zu erlassen oder zu unterlassen (Zusicherung), bedarf zu ihrer Wirksamkeit der schriftlichen Form. [2]Ist vor dem Erlaß des zugesicherten Verwaltungsakts die Anhörung Beteiligter oder die Mitwirkung einer anderen Behörde oder eines Ausschusses auf Grund einer Rechtsvorschrift erforderlich, so darf die

Zusicherung erst nach Anhörung der Beteiligten oder nach Mitwirkung dieser Behörde oder des Ausschusses gegeben werden.

(2) Auf die Unwirksamkeit der Zusicherung finden, unbeschadet des Absatzes 1 Satz 1, Art. 44, auf die Heilung von Mängeln bei der Anhörung Beteiligter und der Mitwirkung anderer Behörden oder Ausschüsse Art. 45 Abs. 1 Nrn. 3 bis 5 sowie Abs. 2, auf die Rücknahme Art. 48, auf den Widerruf, unbeschadet des Absatzes 3, Art. 49 entsprechende Anwendung.

(3) Ändert sich nach Abgabe der Zusicherung die Sach- oder Rechtslage derart, daß die Behörde bei Kenntnis der nachträglich eingetretenen Änderung die Zusicherung nicht gegeben hätte oder aus rechtlichen Gründen nicht hätte geben dürfen, ist die Behörde an die Zusicherung nicht mehr gebunden.

Artikel 39 Begründung des Verwaltungsakts

(1) [1]Ein schriftlicher oder elektronischer sowie ein schriftlich oder elektronisch bestätigter Verwaltungsakt ist mit einer Begründung zu versehen. [2]In der Begründung sind die wesentlichen tatsächlichen und rechtlichen Gründe mitzuteilen, die die Behörde zu ihrer Entscheidung bewogen haben. [3]Die Begründung von Ermessensentscheidungen soll auch die Gesichtspunkte erkennen lassen, von denen die Behörde bei der Ausübung ihres Ermessens ausgegangen ist.

(2) Einer Begründung bedarf es nicht,

1. soweit die Behörde einem Antrag entspricht oder einer Erklärung folgt und der Verwaltungsakt nicht in Rechte eines anderen eingreift,
2. soweit demjenigen, für den der Verwaltungsakt bestimmt ist oder der von ihm betroffen wird, die Auffassung der Behörde über die Sach- und Rechtslage bereits bekannt oder auch ohne Begründung für ihn ohne weiteres erkennbar ist,
3. wenn die Behörde gleichartige Verwaltungsakte in größerer Zahl oder Verwaltungsakte mit Hilfe automatischer Einrichtungen erläßt und die Begründung nach den Umständen des Einzelfalls nicht geboten ist,
4. wenn sich dies aus einer Rechtsvorschrift ergibt,
5. wenn eine Allgemeinverfügung öffentlich bekanntgegeben wird.

Artikel 40 Ermessen

Ist die Behörde ermächtigt, nach ihrem Ermessen zu handeln, hat sie ihr Ermessen entsprechend dem Zweck der Ermächtigung auszuüben und die gesetzlichen Grenzen des Ermessens einzuhalten.

Artikel 41 Bekanntgabe des Verwaltungsakts

(1) [1]Ein Verwaltungsakt ist demjenigen Beteiligten bekanntzugeben, für den er bestimmt ist oder der von ihm betroffen wird. [2]Ist ein Bevollmächtigter bestellt, so kann die Bekanntgabe ihm gegenüber vorgenommen werden.

(2) [1]Ein schriftlicher Verwaltungsakt, der im Inland durch die Post übermittelt wird, gilt am dritten Tag nach der Aufgabe zur Post als bekannt gegeben. [2]Ein Verwaltungsakt, der im Inland oder in das Ausland elektronisch übermittelt wird, gilt am dritten Tag nach der Absendung als bekannt gegeben. [3]Dies gilt nicht, wenn der Verwaltungsakt nicht oder zu einem späteren Zeitpunkt zugegangen ist; im Zweifel hat die Behörde den Zugang des Verwaltungsakts und den Zeitpunkt des Zugangs nachzuweisen.

(3) [1]Ein Verwaltungsakt darf öffentlich bekanntgegeben werden, wenn dies durch Rechtsvorschrift zugelassen ist. [2]Eine Allgemeinverfügung darf auch dann öffentlich bekanntgegeben werden, wenn eine Bekanntgabe an die Beteiligten untunlich ist.

(4) [1]Die öffentliche Bekanntgabe eines schriftlichen oder elektronischen Verwaltungsakts wird dadurch bewirkt, daß sein verfügender Teil ortsüblich bekanntgemacht wird. [2]In der ortsüblichen Bekanntmachung ist anzugeben, wo der Verwaltungsakt und seine Begründung eingesehen werden können. [3]Der Verwaltungsakt gilt zwei Wochen nach der ortsüblichen Bekanntmachung als bekanntgegeben. [4]In einer Allgemeinverfügung kann ein hiervon abweichender Zeitpunkt bestimmt werden.

(5) Vorschriften über die Bekanntgabe eines Verwaltungsakts mittels Zustellung bleiben unberührt.

Artikel 42 Offenbare Unrichtigkeiten im Verwaltungsakt

[1]Die Behörde kann Schreibfehler, Rechenfehler und ähnliche offenbare Unrichtigkeiten in einem Verwaltungsakt jederzeit berichtigen. [2]Bei berechtigtem Interesse des Beteiligten ist zu berichtigen. [3]Die Behörde ist berechtigt, die Vorlage des Dokuments zu verlangen, das berichtigt werden soll.

Artikel 42a Genehmigungsfiktion

(1) [1]Eine beantragte Genehmigung gilt nach Ablauf einer für die Entscheidung festgelegten Frist als erteilt (Genehmigungsfiktion), wenn dies durch Rechtsvorschrift angeordnet und der Antrag hinreichend bestimmt ist. [2]Die Vorschriften über die Bestandskraft von Verwaltungsakten und über das Rechtsbehelfsverfahren gelten entsprechend.

(2) [1]Die Frist nach Abs. 1 Satz 1 beträgt drei Monate, soweit durch Rechtsvorschrift nichts Abweichendes bestimmt ist. [2]Die Frist beginnt mit Eingang der vollständigen Unterlagen. [3]Sie kann einmal angemessen verlängert werden, wenn dies wegen der Schwierigkeit der Angelegenheit gerechtfertigt ist. [4]Die Fristverlängerung ist zu begründen und rechtzeitig mitzuteilen.

(3) Auf Verlangen ist demjenigen, dem der Verwaltungsakt nach Art. 41 Abs. 1 hätte bekannt gegeben werden müssen, der Eintritt der Genehmigungsfiktion schriftlich zu bescheinigen.

Abschnitt II

Bestandskraft des Verwaltungsakts

Artikel 43 Wirksamkeit des Verwaltungsakts

(1) [1]Ein Verwaltungsakt wird gegenüber demjenigen, für den er bestimmt ist oder der von ihm betroffen wird, in dem Zeitpunkt wirksam, in dem er ihm bekanntgegeben wird. [2]Der Verwaltungsakt wird mit dem Inhalt wirksam, mit dem er bekanntgegeben wird.

(2) Ein Verwaltungsakt bleibt wirksam, solange und soweit er nicht zurückgenommen, widerrufen, anderweitig aufgehoben oder durch Zeitablauf oder auf andere Weise erledigt ist.

(3) Ein nichtiger Verwaltungsakt ist unwirksam.

Artikel 44 Nichtigkeit des Verwaltungsakts

(1) Ein Verwaltungsakt ist nichtig, soweit er an einem besonders schwerwiegenden Fehler leidet und dies bei verständiger Würdigung aller in Betracht kommenden Umstände offenkundig ist.

(2) Ohne Rücksicht auf das Vorliegen der Voraussetzungen des Absatzes 1 ist ein Verwaltungsakt nichtig,

1. der schriftlich oder elektronisch erlassen worden ist, die erlassende Behörde aber nicht erkennen läßt,
2. der nach einer Rechtsvorschrift nur durch die Aushändigung einer Urkunde erlassen werden kann, aber dieser Form nicht genügt,
3. den eine Behörde in bezug auf unbewegliches Vermögen außerhalb ihres Bezirks oder in bezug auf ein Recht oder Rechtsverhältnis, das an einen Ort außerhalb ihres Bezirks gebunden ist, erlassen hat, ohne dazu ermächtigt zu sein,
4. den aus tatsächlichen Gründen niemand ausführen kann,
5. der die Begehung einer rechtswidrigen Tat verlangt, die einen Straf- oder Bußgeldtatbestand verwirklicht,
6. der gegen die guten Sitten verstößt.

(3) Ein Verwaltungsakt ist nicht schon deshalb nichtig, weil

1. Vorschriften über die örtliche Zuständigkeit nicht eingehalten worden sind, außer wenn ein Fall des Absatzes 2 Nr. 3 vorliegt,
2. eine nach Art. 20 Abs. 1 Satz 1 Nrn. 2 bis 6 ausgeschlossene Person mitgewirkt hat,
3. ein durch Rechtsvorschrift zur Mitwirkung berufener Ausschuß den für den Erlaß des Verwaltungsakts vorgeschriebenen Beschluß nicht gefaßt hat oder nicht beschlußfähig war,
4. die nach einer Rechtsvorschrift erforderliche Mitwirkung einer anderen Behörde unterblieben ist.

(4) Betrifft die Nichtigkeit nur einen Teil des Verwaltungsakts, so ist er im ganzen nichtig, wenn der nichtige Teil so wesentlich ist, daß die Behörde den Verwaltungsakt ohne den nichtigen Teil nicht erlassen hätte.

(5) Die Behörde kann die Nichtigkeit jederzeit von Amts wegen feststellen; auf Antrag ist sie festzustellen, wenn der Antragsteller hieran ein berechtigtes Interesse hat.

Artikel 45 Heilung von Verfahrens- und Formfehlern

(1) Eine Verletzung von Verfahrens- oder Formvorschriften, die nicht den Verwaltungsakt nach Art. 44 nichtig macht, ist unbeachtlich, wenn

1. der für den Erlaß des Verwaltungsakts erforderliche Antrag nachträglich gestellt wird,
2. die erforderliche Begründung nachträglich gegeben wird,
3. die erforderliche Anhörung eines Beteiligten nachgeholt wird,
4. der Beschluß eines Ausschusses, dessen Mitwirkung für den Erlaß des Verwaltungsakts erforderlich ist, nachträglich gefaßt wird,
5. die erforderliche Mitwirkung einer anderen Behörde nachgeholt wird.

(2) Handlungen nach Absatz 1 können bis zum Abschluss der letzten Tatsacheninstanz eines verwaltungsgerichtlichen Verfahrens nachgeholt werden.

(3) [1]Fehlt einem Verwaltungsakt die erforderliche Begründung oder ist die erforderliche Anhörung eines Beteiligten vor Erlaß des Verwaltungsakts unterblieben und ist dadurch die rechtzeitige Anfechtung des Verwaltungsakts versäumt worden, so gilt die Versäumung der Rechtsbehelfsfrist als nicht verschuldet. [2]Das für die Wiedereinsetzungsfrist maßgebende Ereignis tritt im Zeitpunkt der Nachholung der unterlassenen Verfahrenshandlung ein.

Artikel 46 Folgen von Verfahrens- und Formfehlern

Die Aufhebung eines Verwaltungsakts, der nicht nach Art. 44 nichtig ist, kann nicht allein deshalb beansprucht werden, weil er unter Verletzung von Vorschriften über das Verfahren, die Form oder die örtliche Zuständigkeit zustande gekommen ist, wenn offensichtlich ist, daß die Verletzung die Entscheidung in der Sache nicht beeinflußt hat.

Artikel 47 Umdeutung eines fehlerhaften Verwaltungsakts

(1) Ein fehlerhafter Verwaltungsakt kann in einen anderen Verwaltungsakt umgedeutet werden, wenn er auf das gleiche Ziel gerichtet ist, von der erlassenden Behörde in der geschehenen Verfahrensweise und Form rechtmäßig hätte erlassen werden können und wenn die Voraussetzungen für dessen Erlaß erfüllt sind.

(2) [1]Absatz 1 gilt nicht, wenn der Verwaltungsakt, in den der fehlerhafte Verwaltungsakt umzudeuten wäre, der erkennbaren Absicht der erlassenden Behörde widerspräche oder seine Rechtsfolgen für den Betroffenen ungünstiger wären als die des fehlerhaften Verwaltungsakts. [2]Eine Umdeutung ist ferner unzulässig, wenn der fehlerhafte Verwaltungsakt nicht zurückgenommen werden dürfte.

(3) Eine Entscheidung, die nur als gesetzlich gebundene Entscheidung ergehen kann, kann nicht in eine Ermessensentscheidung umgedeutet werden.

(4) Art. 28 ist entsprechend anzuwenden.

Artikel 48 Rücknahme eines rechtswidrigen Verwaltungsakts

(1) [1]Ein rechtswidriger Verwaltungsakt kann, auch nachdem er unanfechtbar geworden ist, ganz oder teilweise mit Wirkung für die Zukunft oder für die Vergangenheit zurückgenommen werden. [2]Ein Verwaltungsakt, der ein Recht oder einen rechtlich erheblichen Vorteil begründet oder bestätigt hat (begünstigender Verwaltungsakt), darf nur unter den Einschränkungen der Absätze 2 bis 4 zurückgenommen werden.

(2) [1]Ein rechtswidriger Verwaltungsakt, der eine einmalige oder laufende Geldleistung oder teilbare Sachleistung gewährt oder hierfür Voraussetzung ist, darf nicht zurückgenommen werden, soweit der Begünstigte auf den Bestand des Verwaltungsakts vertraut hat und sein Vertrauen unter Abwägung mit dem öffentlichen Interesse an einer Rücknahme schutzwürdig ist. [2]Das Vertrauen ist in der Regel schutzwürdig, wenn der Begünstigte gewährte Leistungen verbraucht oder eine Vermögensdisposition getroffen hat, die er nicht mehr oder nur unter unzumutbaren Nachteilen rückgängig machen kann. [3]Auf Vertrauen kann sich der Begünstigte nicht berufen, wenn er

1. den Verwaltungsakt durch arglistige Täuschung, Drohung oder Bestechung erwirkt hat,
2. den Verwaltungsakt durch Angaben erwirkt hat, die in wesentlicher Beziehung unrichtig oder unvollständig waren,
3. die Rechtswidrigkeit des Verwaltungsakts kannte oder infolge grober Fahrlässigkeit nicht kannte.

[4]In den Fällen des Satzes 3 wird der Verwaltungsakt in der Regel mit Wirkung für die Vergangenheit zurückgenommen.

(3) [1]Wird ein rechtswidriger Verwaltungsakt, der nicht unter Absatz 2 fällt, zurückgenommen, so hat die Behörde dem Betroffenen auf Antrag den Vermögensnachteil auszugleichen, den dieser dadurch erleidet, daß er auf den Bestand des Verwaltungsakts vertraut hat, soweit sein Vertrauen unter Abwägung mit dem öffentlichen Interesse schutzwürdig ist. [2]Absatz 2 Satz 3 ist anzuwenden. [3]Der Vermö-

gensnachteil ist jedoch nicht über den Betrag des Interesses hinaus zu ersetzen, das der Betroffene an dem Bestand des Verwaltungsakts hat. [4]Der auszugleichende Vermögensnachteil wird durch die Behörde festgesetzt. [5]Der Anspruch kann nur innerhalb eines Jahres geltend gemacht werden; die Frist beginnt, sobald die Behörde den Betroffenen auf sie hingewiesen hat.

(4) [1]Erhält die Behörde von Tatsachen Kenntnis, welche die Rücknahme eines rechtswidrigen Verwaltungsakts rechtfertigen, so ist die Rücknahme nur innerhalb eines Jahres seit dem Zeitpunkt der Kenntnisnahme zulässig. [2]Dies gilt nicht im Fall des Absatzes 2 Satz 3 Nr. 1.

(5) Über die Rücknahme entscheidet nach Unanfechtbarkeit des Verwaltungsakts die nach Art. 3 zuständige Behörde; dies gilt auch dann, wenn der zurückzunehmende Verwaltungsakt von einer anderen Behörde erlassen worden ist.

Artikel 49 Widerruf eines rechtmäßigen Verwaltungsakts

(1) Ein rechtmäßiger nicht begünstigender Verwaltungsakt kann, auch nachdem er unanfechtbar geworden ist, ganz oder teilweise mit Wirkung für die Zukunft widerrufen werden, außer wenn ein Verwaltungsakt gleichen Inhalts erneut erlassen werden müßte oder aus anderen Gründen ein Widerruf unzulässig ist.

(2) [1]Ein rechtmäßiger begünstigender Verwaltungsakt darf, auch nachdem er unanfechtbar geworden ist, ganz oder teilweise mit Wirkung für die Zukunft nur widerrufen werden,
1. wenn der Widerruf durch Rechtsvorschrift zugelassen oder im Verwaltungsakt vorbehalten ist,
2. wenn mit dem Verwaltungsakt eine Auflage verbunden ist und der Begünstigte diese nicht oder nicht innerhalb einer ihm gesetzten Frist erfüllt hat,
3. wenn die Behörde auf Grund nachträglich eingetretener Tatsachen berechtigt wäre, den Verwaltungsakt nicht zu erlassen und wenn ohne den Widerruf das öffentliche Interesse gefährdet würde,
4. wenn die Behörde auf Grund einer geänderten Rechtsvorschrift berechtigt wäre, den Verwaltungsakt nicht zu erlassen, soweit der Begünstigte von der Vergünstigung noch keinen Gebrauch gemacht oder auf Grund des Verwaltungsakts noch keine Leistungen empfangen hat, und wenn ohne den Widerruf das öffentliche Interesse gefährdet würde,
5. um schwere Nachteile für das Gemeinwohl zu verhüten oder zu beseitigen.

[2]Art. 48 Abs. 4 gilt entsprechend.

(2a) [1]Ein rechtmäßiger Verwaltungsakt, der eine einmalige oder laufende Geldleistung oder teilbare Sachleistung zur Erfüllung eines bestimmten Zweckes gewährt oder hierfür Voraussetzung ist, kann, auch nachdem er unanfechtbar geworden ist, ganz oder teilweise auch mit Wirkung für die Vergangenheit widerrufen werden,
1. wenn die Leistung nicht, nicht alsbald nach der Erbringung oder nicht mehr für den in dem Verwaltungsakt bestimmten Zweck verwendet wird;
2. wenn mit dem Verwaltungsakt eine Auflage verbunden ist und der Begünstigte diese nicht oder nicht innerhalb einer ihm gesetzten Frist erfüllt hat.

[2]Art. 48 Abs. 4 gilt entsprechend.

(3) Der widerrufene Verwaltungsakt wird mit dem Wirksamwerden des Widerrufs unwirksam, wenn die Behörde keinen anderen Zeitpunkt bestimmt.

(4) Über den Widerruf entscheidet nach Unanfechtbarkeit des Verwaltungsakts die nach Art. 3 zuständige Behörde; dies gilt auch dann, wenn der zu widerrufende Verwaltungsakt von einer anderen Behörde erlassen worden ist.

(5) [1]Wird ein begünstigender Verwaltungsakt in den Fällen des Absatzes 2 Nrn. 3 bis 5 widerrufen, so hat die Behörde den Betroffenen auf Antrag für den Vermögensnachteil zu entschädigen, den dieser dadurch erleidet, daß er auf den Bestand des Verwaltungsakts vertraut hat, soweit sein Vertrauen schutzwürdig ist. [2]Art. 48 Abs. 3 Sätze 3 bis 5 gelten entsprechend. [3]Für Streitigkeiten über die Entschädigung ist der ordentliche Rechtsweg gegeben.

Artikel 49a Erstattung, Verzinsung

(1) [1]Soweit ein Verwaltungsakt mit Wirkung für die Vergangenheit zurückgenommen oder widerrufen worden oder infolge Eintritts einer auflösenden Bedingung unwirksam geworden ist, sind bereits erbrachte Leistungen zu erstatten. [2]Die zu erstattende Leistung ist durch schriftlichen Verwaltungsakt festzusetzen.

(2) [1]Für den Umfang der Erstattung mit Ausnahme der Verzinsung gelten die Vorschriften des Bürgerlichen Gesetzbuchs über die Herausgabe einer ungerechtfertigten Bereicherung entsprechend. [2]Auf den Wegfall der Bereicherung kann sich der Begünstigte nicht berufen, soweit er die Umstände kannte oder infolge grober Fahrlässigkeit nicht kannte, die zur Rücknahme, zum Widerruf oder zur Unwirksamkeit des Verwaltungsakts geführt haben.

(3) [1]Der zu erstattende Betrag ist vom Eintritt der Unwirksamkeit des Verwaltungsakts an mit drei Prozentpunkten über dem Basiszinssatz jährlich zu verzinsen. [2]Von der Geltendmachung des Zinsanspruchs kann insbesondere dann abgesehen werden, wenn der Begünstigte die Umstände, die zur Rücknahme, zum Widerruf oder zur Unwirksamkeit des Verwaltungsakts geführt haben, nicht zu vertreten hat und den zu erstattenden Betrag innerhalb der von der Behörde festgesetzten Frist leistet.

(4) [1]Wird eine Leistung nicht alsbald nach der Auszahlung für den bestimmten Zweck verwendet, so können für die Zeit bis zur zweckentsprechenden Verwendung Zinsen nach Absatz 3 Satz 1 verlangt werden. [2]Entsprechendes gilt, soweit eine Leistung in Anspruch genommen wird, obwohl andere Mittel anteilig oder vorrangig einzusetzen sind. [3]Art. 49 Abs. 2a Satz 1 Nr. 1 bleibt unberührt.

Artikel 50 Rücknahme und Widerruf im Rechtsbehelfsverfahren

Art. 48 Abs. 1 Satz 2 und Abs. 2 bis 4 sowie Art. 49 Abs. 2 bis 3 und 5 gelten nicht, wenn ein begünstigender Verwaltungsakt, der von einem Dritten angefochten worden ist, während des Vorverfahrens oder während des verwaltungsgerichtlichen Verfahrens aufgehoben wird, soweit dadurch dem Widerspruch oder der Klage abgeholfen wird.

Artikel 51 Wiederaufgreifen des Verfahrens

(1) Die Behörde hat auf Antrag des Betroffenen über die Aufhebung oder Änderung eines unanfechtbaren Verwaltungsakts zu entscheiden, wenn

1. sich die dem Verwaltungsakt zugrunde liegende Sach- oder Rechtslage nachträglich zugunsten des Betroffenen geändert hat,
2. neue Beweismittel vorliegen, die eine dem Betroffenen günstigere Entscheidung herbeigeführt haben würden,
3. Wiederaufnahmegründe entsprechend § 580 der Zivilprozeßordnung[1)] gegeben sind.

(2) Der Antrag ist nur zulässig, wenn der Betroffene ohne grobes Verschulden außerstande war, den Grund für das Wiederaufgreifen in dem früheren Verfahren, insbesondere durch Rechtsbehelf, geltend zu machen.

(3) [1]Der Antrag muß binnen drei Monaten gestellt werden. [2]Die Frist beginnt mit dem Tag, an dem der Betroffene von dem Grund für das Wiederaufgreifen Kenntnis erhalten hat.

(4) Über den Antrag entscheidet die nach Art. 3 zuständige Behörde; dies gilt auch dann, wenn der Verwaltungsakt, dessen Aufhebung oder Änderung begehrt wird, von einer anderen Behörde erlassen worden ist.

(5) Die Vorschriften des Art. 48 Abs. 1 Satz 1 und des Art. 49 Abs. 1 bleiben unberührt.

Artikel 52 Rückgabe von Urkunden und Sachen

[1]Ist ein Verwaltungsakt unanfechtbar widerrufen oder zurückgenommen oder ist seine Wirksamkeit aus einem anderen Grund nicht oder nicht mehr gegeben, so kann die Behörde die auf Grund dieses Verwaltungsakts erteilten Urkunden oder Sachen, die zum Nachweis der Rechte aus dem Verwaltungsakt oder zu deren Ausübung bestimmt sind, zurückfordern. [2]Der Inhaber und, sofern er nicht der Besitzer ist, auch der Besitzer dieser Urkunden oder Sachen sind zu ihrer Herausgabe verpflichtet. [3]Der Inhaber oder der Besitzer kann jedoch verlangen, daß ihm die Urkunden oder Sachen wieder ausgehändigt werden, nachdem sie von der Behörde als ungültig gekennzeichnet sind; dies gilt nicht bei Sachen, bei denen eine solche Kennzeichnung nicht oder nicht mit der erforderlichen Offensichtlichkeit oder Dauerhaftigkeit möglich ist.

1) **Amtl. Anm.:** BGBl. FN 310-4

Abschnitt III

Einfluß des Verwaltungsakts auf Verjährung und Erlöschen

Artikel 53 Hemmung der Verjährung und des Erlöschens durch Verwaltungsakt

(1) [1]Ein Verwaltungsakt, der zur Feststellung oder Durchsetzung des Anspruchs eines öffentlich-rechtlichen Rechtsträgers erlassen wird, hemmt die Verjährung und das Erlöschen dieses Anspruchs. [2]Die Hemmung endet mit Eintritt der Unanfechtbarkeit des Verwaltungsakts oder sechs Monate nach seiner anderweitigen Erledigung.

(2) [1]Wird ein Verwaltungsakt im Sinn des Absatzes 1 unanfechtbar, beginnt eine Verjährungs- und Erlöschungsfrist von 30 Jahren. [2]Soweit der Verwaltungsakt einen Anspruch auf künftig fällig werdende regelmäßig wiederkehrende Leistungen zum Inhalt hat, bleibt es bei der für diesen Anspruch geltenden Verjährungs- und Erlöschensfrist.

Vierter Teil

Öffentlich-rechtlicher Vertrag

Artikel 54 Zulässigkeit des öffentlich-rechtlichen Vertrags

[1]Ein Rechtsverhältnis auf dem Gebiet des öffentlichen Rechts kann durch Vertrag begründet, geändert oder aufgehoben werden (öffentlich-rechtlicher Vertrag), soweit Rechtsvorschriften nicht entgegenstehen. [2]Insbesondere kann die Behörde, anstatt einen Verwaltungsakt zu erlassen, einen öffentlich-rechtlichen Vertrag mit demjenigen schließen, an den sie sonst den Verwaltungsakt richten würde.

Artikel 55 Vergleichsvertrag

Ein öffentlich-rechtlicher Vertrag im Sinn des Art. 54 Satz 2, durch den eine bei verständiger Würdigung des Sachverhalts oder der Rechtslage bestehende Ungewißheit durch gegenseitiges Nachgeben beseitigt wird (Vergleich), kann geschlossen werden, wenn die Behörde den Abschluß des Vergleichs zur Beseitigung der Ungewißheit nach pflichtgemäßem Ermessen für zweckmäßig hält.

Artikel 56 Austauschvertrag

(1) [1]Ein öffentlich-rechtlicher Vertrag im Sinn des Art. 54 Satz 2, in dem sich der Vertragspartner der Behörde zu einer Gegenleistung verpflichtet, kann geschlossen werden, wenn die Gegenleistung für einen bestimmten Zweck im Vertrag vereinbart wird und der Behörde zur Erfüllung ihrer öffentlichen Aufgaben dient. [2]Die Gegenleistung muß den gesamten Umständen nach angemessen sein und im sachlichen Zusammenhang mit der vertraglichen Leistung der Behörde stehen.

(2) Besteht auf die Leistung der Behörde ein Anspruch, so kann nur eine solche Gegenleistung vereinbart werden, die bei Erlaß eines Verwaltungsakts Inhalt einer Nebenbestimmung nach Art. 36 sein könnte.

Artikel 57 Schriftform

Ein öffentlich-rechtlicher Vertrag ist schriftlich zu schließen, soweit nicht durch Rechtsvorschrift eine andere Form vorgeschrieben ist.

Artikel 58 Zustimmung von Dritten und Behörden

(1) Ein öffentlich-rechtlicher Vertrag, der in Rechte eines Dritten eingreift, wird erst wirksam, wenn der Dritte schriftlich zustimmt.

(2) Wird anstatt eines Verwaltungsakts, bei dessen Erlaß nach einer Rechtsvorschrift die Genehmigung, die Zustimmung oder das Einvernehmen einer anderen Behörde erforderlich ist, ein Vertrag geschlossen, so wird dieser erst wirksam, nachdem die andere Behörde in der vorgeschriebenen Form mitgewirkt hat.

Artikel 59 Nichtigkeit des öffentlich-rechtlichen Vertrags

(1) Ein öffentlich-rechtlicher Vertrag ist nichtig, wenn sich die Nichtigkeit aus der entsprechenden Anwendung von Vorschriften des Bürgerlichen Gesetzbuchs[1)] ergibt.

(2) Ein Vertrag im Sinn des Art. 54 Satz 2 ist ferner nichtig, wenn

1. ein Verwaltungsakt mit entsprechendem Inhalt nichtig wäre,
2. ein Verwaltungsakt mit entsprechendem Inhalt nicht nur wegen eines Verfahrens- oder Formfehlers im Sinn des Art. 46 rechtswidrig wäre und dies den Vertragschließenden bekannt war,

1) **Amtl. Anm.:** BGBl. FN 400-2

3. die Voraussetzungen zum Abschluß eines Vergleichsvertrags nicht vorlagen und ein Verwaltungsakt mit entsprechendem Inhalt nicht nur wegen eines Verfahrens- oder Formfehlers im Sinn des Art. 46 rechtswidrig wäre,
4. sich die Behörde eine nach Art. 56 unzulässige Gegenleistung versprechen läßt.

(3) Betrifft die Nichtigkeit nur einen Teil des Vertrags, so ist er im ganzen nichtig, wenn nicht anzunehmen ist, daß er auch ohne den nichtigen Teil geschlossen worden wäre.

Artikel 60 Anpassung und Kündigung in besonderen Fällen

(1) [1]Haben die Verhältnisse, die für die Festsetzung des Vertragsinhalts maßgebend gewesen sind, sich seit Abschluß des Vertrags so wesentlich geändert, daß einer Vertragspartei das Festhalten an der ursprünglichen vertraglichen Regelung nicht zuzumuten ist, so kann diese Vertragspartei eine Anpassung des Vertragsinhalts an die geänderten Verhältnisse verlangen oder, sofern eine Anpassung nicht möglich oder einer Vertragspartei nicht zuzumuten ist, den Vertrag kündigen. [2]Die Behörde kann den Vertrag auch kündigen, um schwere Nachteile für das Gemeinwohl zu verhüten oder zu beseitigen.

(2) [1]Die Kündigung bedarf der Schriftform, soweit nicht durch Rechtsvorschrift eine andere Form vorgeschrieben ist. [2]Sie soll begründet werden.

Artikel 61 Unterwerfung unter die sofortige Vollstreckung

(1) [1]Jeder Vertragschließende kann sich der sofortigen Vollstreckung aus einem öffentlich-rechtlichen Vertrag im Sinn des Art. 54 Satz 2 unterwerfen. [2]Die Behörde muß hierbei von dem Behördenleiter, seinem allgemeinen Vertreter oder einem Angehörigen des öffentlichen Dienstes, der die Befähigung zum Richteramt hat oder die Voraussetzungen des § 110 Satz 1 des Deutschen Richtergesetzes[1)] erfüllt, vertreten werden.

(2) [1]Auf öffentlich-rechtliche Verträge im Sinn des Absatzes 1 Satz 1 ist der Zweite Hauptteil des Bayerischen Verwaltungszustellungs- und Vollstreckungsgesetzes[2)] entsprechend anzuwenden. [2]Will eine natürliche oder juristische Person des Privatrechts oder eine nichtrechtsfähige Vereinigung die Vollstreckung wegen einer Geldforderung betreiben, so sind § 170 Abs. 1 bis 3 der Verwaltungsgerichtsordnung (VwGO)[3)] entsprechend anzuwenden. [3]Richtet sich die Vollstreckung wegen der Erzwingung einer Handlung, Duldung oder Unterlassung gegen eine Behörde, so ist § 172 VwGO entsprechend anzuwenden.

Artikel 62 Ergänzende Anwendung von Vorschriften

[1]Soweit sich aus den Art. 54 bis 61 nichts Abweichendes ergibt, gelten die übrigen Vorschriften dieses Gesetzes. [2]Ergänzend gelten die Vorschriften des Bürgerlichen Gesetzbuchs[4)] entsprechend.

Fünfter Teil
Besondere Verfahrensarten

Abschnitt I
Förmliches Verwaltungsverfahren

Artikel 63 Anwendung der Vorschriften über das förmliche Verwaltungsverfahren

(1) Das förmliche Verwaltungsverfahren nach diesem Gesetz findet statt, wenn es durch Rechtsvorschrift angeordnet ist.

(2) Für das förmliche Verwaltungsverfahren gelten die Art. 64 bis 71 und, soweit sich aus ihnen nichts Abweichendes ergibt, die übrigen Vorschriften dieses Gesetzes.

(3) [1]Die Mitteilung nach Art. 17 Abs. 2 Satz 2 und die Aufforderung nach Art. 17 Abs. 4 Satz 2 sind im förmlichen Verwaltungsverfahren öffentlich bekanntzumachen. [2]Die öffentliche Bekanntmachung wird dadurch bewirkt, daß die Behörde die Mitteilung oder die Aufforderung in ihrem amtlichen Veröffentlichungsblatt und außerdem in örtlichen Tageszeitungen, die in dem Bereich verbreitet sind, in dem sich die Entscheidung voraussichtlich auswirken wird, bekanntmacht.

---

1) **Amtl. Anm.:** BGBl. FN 301-1
2) **Amtl. Anm.:** BayRS 2010-2-I
3) **Amtl. Anm.:** BGBl. FN 340-1
4) **Amtl. Anm.:** BGBl. FN 400-2

Artikel 64 Form des Antrags

Setzt das förmliche Verwaltungsverfahren einen Antrag voraus, so ist er schriftlich oder zur Niederschrift bei der Behörde zu stellen.

Artikel 65 Mitwirkung von Zeugen und Sachverständigen

(1) [1]Im förmlichen Verwaltungsverfahren sind Zeugen zur Aussage und Sachverständige zur Erstattung von Gutachten verpflichtet. [2]Die Vorschriften der Zivilprozeßordnung[1)] über die Pflicht, als Zeuge auszusagen oder als Sachverständiger ein Gutachten zu erstatten, über die Ablehnung von Sachverständigen sowie über die Vernehmung von Angehörigen des öffentlichen Dienstes als Zeugen oder Sachverständige gelten entsprechend.

(2) [1]Verweigern Zeugen oder Sachverständige ohne Vorliegen eines der in den §§ 376, 383 bis 385 und 408 der Zivilprozeßordnung bezeichneten Gründe die Aussage oder die Erstattung des Gutachtens, so kann die Behörde das für den Wohnsitz oder den Aufenthaltsort des Zeugen oder des Sachverständigen zuständige Verwaltungsgericht um die Vernehmung ersuchen. [2]Befindet sich der Wohnsitz oder der Aufenthaltsort des Zeugen oder des Sachverständigen nicht am Sitz eines Verwaltungsgerichts oder einer besonders errichteten Kammer, so kann auch das zuständige Amtsgericht um die Vernehmung ersucht werden. [3]In dem Ersuchen hat die Behörde den Gegenstand der Vernehmung darzulegen sowie die Namen und Anschriften der Beteiligten anzugeben. [4]Das Gericht hat die Beteiligten von den Beweisterminen zu benachrichtigen.

(3) Hält die Behörde mit Rücksicht auf die Bedeutung der Aussage eines Zeugen oder des Gutachtens eines Sachverständigen oder zur Herbeiführung einer wahrheitsgemäßen Aussage die Beeidigung für geboten, so kann sie das nach Absatz 2 zuständige Gericht um die eidliche Vernehmung ersuchen.

(4) Das Gericht entscheidet über die Rechtmäßigkeit einer Verweigerung des Zeugnisses, des Gutachtens oder der Eidesleistung.

(5) Ein Ersuchen nach den Absätzen 2 oder 3 an das Gericht darf nur von dem Behördenleiter, seinem allgemeinen Vertreter oder einem Angehörigen des öffentlichen Dienstes gestellt werden, der die Befähigung zum Richteramt hat oder die Voraussetzungen des § 110 Satz 1 des Deutschen Richtergesetzes[2)] erfüllt.

(6) § 180 VwGO[3)] findet entsprechende Anwendung.

Artikel 66 Verpflichtung zur Anhörung von Beteiligten

(1) Im förmlichen Verwaltungsverfahren ist den Beteiligten Gelegenheit zu geben, sich vor der Entscheidung zu äußern.

(2) Den Beteiligten ist Gelegenheit zu geben, der Vernehmung von Zeugen und Sachverständigen und der Einnahme des Augenscheins beizuwohnen und hierbei sachdienliche Fragen zu stellen; ein schriftlich oder elektronisch vorliegendes Gutachten soll ihnen zugänglich gemacht werden.

Artikel 67 Erfordernis der mündlichen Verhandlung

(1) [1]Die Behörde entscheidet nach mündlicher Verhandlung. [2]Hierzu sind die Beteiligten mit angemessener Frist schriftlich zu laden. [3]Bei der Ladung ist darauf hinzuweisen, daß bei Ausbleiben eines Beteiligten auch ohne ihn verhandelt und entschieden werden kann. [4]Sind mehr als 50 Ladungen vorzunehmen, so können sie durch öffentliche Bekanntmachung ersetzt werden. [5]Die öffentliche Bekanntmachung wird dadurch bewirkt, daß der Verhandlungstermin mindestens zwei Wochen vorher im amtlichen Veröffentlichungsblatt der Behörde und außerdem in örtlichen Tageszeitungen, die in dem Bereich verbreitet sind, in dem sich die Entscheidung voraussichtlich auswirken wird, mit dem Hinweis nach Satz 3 bekanntgemacht wird. [6]Maßgebend für die Frist nach Satz 5 ist die Bekanntgabe im amtlichen Veröffentlichungsblatt.

(2) Die Behörde kann ohne mündliche Verhandlung entscheiden, wenn

1. einem Antrag im Einvernehmen mit allen Beteiligten in vollem Umfang entsprochen wird,
2. kein Beteiligter innerhalb einer hierfür gesetzten Frist Einwendungen gegen die vorgesehene Maßnahme erhoben hat,

---

1) **Amtl. Anm.:** BGBl. FN 310-4
2) **Amtl. Anm.:** BGBl. FN 301-1
3) **Amtl. Anm.:** BGBl. FN 340-1

3. die Behörde den Beteiligten mitgeteilt hat, daß sie beabsichtige, ohne mündliche Verhandlung zu entscheiden, und kein Beteiligter innerhalb einer hierfür gesetzten Frist Einwendungen dagegen erhoben hat,
4. alle Beteiligten auf sie verzichtet haben,
5. wegen Gefahr im Verzug eine sofortige Entscheidung notwendig ist.

(3) Die Behörde soll das Verfahren so fördern, daß es möglichst in einem Verhandlungstermin erledigt werden kann.

Artikel 68 Verlauf der mündlichen Verhandlung

(1) [1]Die mündliche Verhandlung ist nicht öffentlich. [2]An ihr können Vertreter der Aufsichtsbehörden und Personen, die bei der Behörde zur Ausbildung beschäftigt sind, teilnehmen. [3]Anderen Personen kann der Verhandlungsleiter die Anwesenheit gestatten, wenn kein Beteiligter widerspricht.

(2) [1]Der Verhandlungsleiter hat die Sache mit den Beteiligten zu erörtern. [2]Er hat darauf hinzuwirken, daß unklare Anträge erläutert, sachdienliche Anträge gestellt, ungenügende Angaben ergänzt sowie alle für die Feststellung des Sachverhalts wesentlichen Erklärungen abgegeben werden.

(3) [1]Der Verhandlungsleiter ist für die Ordnung verantwortlich. [2]Er kann Personen, die seine Anordnungen nicht befolgen, entfernen lassen. [3]Die Verhandlung kann ohne diese Personen fortgesetzt werden.

(4) [1]Über die mündliche Verhandlung ist eine Niederschrift zu fertigen. [2]Die Niederschrift muß Angaben enthalten über

1. den Ort und den Tag der Verhandlung,
2. die Namen des Verhandlungsleiters, der erschienenen Beteiligten, Zeugen und Sachverständigen,
3. den behandelten Verfahrensgegenstand und die gestellten Anträge,
4. den wesentlichen Inhalt der Aussagen der Zeugen und Sachverständigen,
5. das Ergebnis eines Augenscheins.

[3]Die Niederschrift ist von dem Verhandlungsleiter und, soweit ein Schriftführer hinzugezogen worden ist, auch von diesem zu unterzeichnen. [4]Der Aufnahme in die Verhandlungsniederschrift steht die Aufnahme in eine Schrift gleich, die ihr als Anlage beigefügt und als solche bezeichnet ist; auf die Anlage ist in der Verhandlungsniederschrift hinzuweisen.

Artikel 69 Entscheidung

(1) Die Behörde entscheidet unter Würdigung des Gesamtergebnisses des Verfahrens.

(2) [1]Verwaltungsakte, die das förmliche Verfahren abschließen, sind schriftlich zu erlassen, schriftlich zu begründen und den Beteiligten zuzustellen; in den Fällen des Art. 39 Abs. 2 Nrn. 1 und 3 bedarf es einer Begründung nicht. [2]Ein elektronischer Verwaltungsakt nach Satz 1 ist mit einer dauerhaft überprüfbaren qualifizierten elektronischen Signatur zu versehen. [3]Sind mehr als 50 Zustellungen vorzunehmen, so können sie durch öffentliche Bekanntmachung ersetzt werden. [4]Die öffentliche Bekanntmachung wird dadurch bewirkt, daß der verfügende Teil des Verwaltungsakts und die Rechtsbehelfsbelehrung im amtlichen Veröffentlichungsblatt der Behörde und außerdem in örtlichen Tageszeitungen bekanntgemacht werden, die in dem Bereich verbreitet sind, in dem sich die Entscheidung voraussichtlich auswirken wird. [5]Der Verwaltungsakt gilt mit dem Tag als zugestellt, an dem seit dem Tag der Bekanntmachung in dem amtlichen Veröffentlichungsblatt zwei Wochen verstrichen sind; hierauf ist in der Bekanntmachung hinzuweisen. [6]Nach der öffentlichen Bekanntmachung kann der Verwaltungsakt bis zum Ablauf der Rechtsbehelfsfrist von den Beteiligten schriftlich oder elektronisch angefordert werden; hierauf ist in der Bekanntmachung gleichfalls hinzuweisen.

(3) [1]Wird das förmliche Verwaltungsverfahren auf andere Weise abgeschlossen, so sind die Beteiligten hiervon zu benachrichtigen. [2]Sind mehr als 50 Benachrichtigungen vorzunehmen, so können sie durch öffentliche Bekanntmachung ersetzt werden; Absatz 2 Satz 4 gilt entsprechend.

Artikel 70 Anfechtung der Entscheidung

Vor Erhebung einer verwaltungsgerichtlichen Klage, die einen im förmlichen Verwaltungsverfahren erlassenen Verwaltungsakt zum Gegenstand hat, bedarf es keiner Nachprüfung in einem Vorverfahren.

Artikel 71 Besondere Vorschriften für das förmliche Verfahren vor Ausschüssen

(1) [1]Findet das förmliche Verwaltungsverfahren vor einem Ausschuß (Art. 88) statt, so hat jedes Mitglied das Recht, sachdienliche Fragen zu stellen. [2]Wird eine Frage von einem Beteiligten beanstandet, so entscheidet der Ausschuß über ihre Zulässigkeit.

(2) [1]Bei der Beratung und Abstimmung dürfen nur Ausschußmitglieder zugegen sein, die an der mündlichen Verhandlung teilgenommen haben. [2]Ferner dürfen Personen zugegen sein, die bei der Behörde, bei der der Ausschuß gebildet ist, zur Ausbildung beschäftigt sind, soweit der Vorsitzende ihre Anwesenheit gestattet. [3]Die Abstimmungsergebnisse sind festzuhalten.
(3) [1]Jeder Beteiligte kann ein Mitglied des Ausschusses ablehnen, das in diesem Verwaltungsverfahren nicht tätig werden darf (Art. 20) oder bei dem die Besorgnis der Befangenheit besteht (Art. 21). [2]Eine Ablehnung vor der mündlichen Verhandlung ist schriftlich oder zur Niederschrift zu erklären. [3]Die Erklärung ist unzulässig, wenn sich der Beteiligte, ohne den ihm bekannten Ablehnungsgrund geltend zu machen, in die mündliche Verhandlung eingelassen hat. [4]Für die Entscheidung über die Ablehnung gelten Art. 20 Abs. 4 Sätze 2 bis 4.

Abschnitt Ia
Verfahren über eine einheitliche Stelle

Artikel 71a Anwendbarkeit
(1) Ist durch Rechtsvorschrift angeordnet, dass ein Verwaltungsverfahren über eine einheitliche Stelle abgewickelt werden kann, so gelten die Vorschriften dieses Abschnitts und, soweit sich aus ihnen nichts Abweichendes ergibt, die übrigen Vorschriften dieses Gesetzes.
(2) Der zuständigen Behörde obliegen die Pflichten aus Art. 71b Abs. 3, 4 und 6, Art. 71c Abs. 2 und Art. 71e auch dann, wenn sich der Antragsteller oder Anzeigepflichtige unmittelbar an die zuständige Behörde wendet.

Artikel 71b Verfahren
(1) Die einheitliche Stelle nimmt Anzeigen, Anträge, Willenserklärungen und Unterlagen entgegen und leitet sie unverzüglich an die zuständigen Behörden weiter.
(2) [1]Anzeigen, Anträge, Willenserklärungen und Unterlagen gelten am dritten Tag nach Eingang bei der einheitlichen Stelle als bei der zuständigen Behörde eingegangen. [2]Fristen werden mit Eingang bei der einheitlichen Stelle gewahrt.
(3) [1]Soll durch die Anzeige, den Antrag oder die Abgabe einer Willenserklärung eine Frist in Lauf gesetzt werden, innerhalb deren die zuständige Behörde tätig werden muss, stellt die zuständige Behörde eine Empfangsbestätigung aus. [2]In der Empfangsbestätigung ist das Datum des Eingangs bei der einheitlichen Stelle mitzuteilen und auf die Frist, die Voraussetzungen für den Beginn des Fristlaufs und auf eine an den Fristablauf geknüpfte Rechtsfolge sowie auf die verfügbaren Rechtsbehelfe hinzuweisen.
(4) [1]Ist die Anzeige oder der Antrag unvollständig, teilt die zuständige Behörde unverzüglich mit, welche Unterlagen nachzureichen sind. [2]Die Mitteilung enthält den Hinweis, dass der Lauf der Frist nach Abs. 3 erst mit Eingang der vollständigen Unterlagen beginnt. [3]Das Datum des Eingangs der nachgereichten Unterlagen bei der einheitlichen Stelle ist mitzuteilen.
(5) [1]Soweit die einheitliche Stelle zur Verfahrensabwicklung in Anspruch genommen wird, sollen Mitteilungen der zuständigen Behörde an den Antragsteller oder Anzeigepflichtigen über sie weitergegeben werden. [2]Verwaltungsakte werden auf Verlangen desjenigen, an den sich der Verwaltungsakt richtet, von der zuständigen Behörde unmittelbar bekannt gegeben.
(6) [1]Ein schriftlicher Verwaltungsakt, der durch die Post in das Ausland übermittelt wird, gilt einen Monat nach Aufgabe zur Post als bekannt gegeben. [2]Art. 41 Abs. 2 Satz 3 gilt entsprechend.

Artikel 71c Informationspflichten
(1) [1]Die einheitliche Stelle erteilt auf Anfrage unverzüglich Auskunft über die maßgeblichen Vorschriften, die zuständigen Behörden, den Zugang zu den öffentlichen Registern und Datenbanken, die zustehenden Verfahrensrechte und die Einrichtungen, die den Antragsteller oder Anzeigepflichtigen bei der Aufnahme oder Ausübung seiner Tätigkeit unterstützen. [2]Sie teilt unverzüglich mit, wenn eine Anfrage zu unbestimmt ist.
(2) [1]Die zuständigen Behörden erteilen auf Anfrage unverzüglich Auskunft über die maßgeblichen Vorschriften und deren gewöhnliche Auslegung. [2]Nach Art. 25 erforderliche Anregungen und Auskünfte werden unverzüglich gegeben.

Artikel 71d Gegenseitige Unterstützung

[1]Die einheitliche Stelle und die zuständigen Behörden wirken gemeinsam auf eine ordnungsgemäße und zügige Verfahrensabwicklung hin; die Pflicht zur Unterstützung besteht auch gegenüber einheitlichen Stellen oder sonstigen Behörden des Bundes oder anderer Länder. [2]Die zuständigen Behörden stellen der einheitlichen Stelle insbesondere die erforderlichen Informationen zum Verfahrensstand zur Verfügung.

Artikel 71e Elektronisches Verfahren

[1]Das Verfahren nach diesem Abschnitt wird auf Verlangen in elektronischer Form abgewickelt. [2]Art. 3a Abs. 2 Sätze 2 und 3 und Abs. 3 bleiben unberührt.

Abschnitt II

Planfeststellungsverfahren

Artikel 72 Anwendung der Vorschriften über das Planfeststellungsverfahren

(1) Ist ein Planfeststellungsverfahren durch Rechtsvorschrift angeordnet, so gelten hierfür die Art. 73 bis 78 und, soweit sich aus ihnen nichts Abweichendes ergibt, die übrigen Vorschriften dieses Gesetzes; Art. 51 ist nicht anzuwenden, Art. 29 ist mit der Maßgabe anzuwenden, daß Akteneinsicht nach pflichtgemäßem Ermessen zu gewähren ist.

(2) [1]Die Mitteilung nach Art. 17 Abs. 2 Satz 2 und die Aufforderung nach Art. 17 Abs. 4 Satz 2 sind im Planfeststellungsverfahren öffentlich bekanntzumachen. [2]Die öffentliche Bekanntmachung wird dadurch bewirkt, daß die Behörde die Mitteilung oder die Aufforderung in ihrem amtlichen Veröffentlichungsblatt und außerdem in örtlichen Tageszeitungen, die in dem Bereich verbreitet sind, in dem sich das Vorhaben voraussichtlich auswirken wird, bekanntmacht.

Artikel 73 Anhörungsverfahren

(1) [1]Der Träger des Vorhabens hat den Plan der Anhörungsbehörde zur Durchführung des Anhörungsverfahrens einzureichen. [2]Der Plan besteht aus den Zeichnungen und Erläuterungen, die das Vorhaben, seinen Anlaß und die von dem Vorhaben betroffenen Grundstücke und Anlagen erkennen lassen.

(2) Innerhalb eines Monats nach Zugang des vollständigen Plans fordert die Anhörungsbehörde die Behörden, deren Aufgabenbereich durch das Vorhaben berührt wird, zur Stellungnahme auf und veranlaßt, daß der Plan in den Gemeinden, in denen sich das Vorhaben voraussichtlich auswirken wird, ausgelegt wird.

(3) [1]Die Gemeinden nach Absatz 2 haben den Plan innerhalb von drei Wochen nach Zugang für die Dauer eines Monats zur Einsicht auszulegen. [2]Auf eine Auslegung kann verzichtet werden, wenn der Kreis der Betroffenen und die Vereinigungen nach Abs. 4 Satz 5 bekannt sind und ihnen innerhalb angemessener Frist Gelegenheit gegeben wird, den Plan einzusehen.

(3a) [1]Die Behörden nach Absatz 2 haben ihre Stellungnahme innerhalb einer von der Anhörungsbehörde zu setzenden Frist abzugeben, die drei Monate nicht überschreiten darf. [2]Stellungnahmen, die nach Ablauf der Frist nach Satz 1 eingehen, sind zu berücksichtigen, wenn der Planfeststellungsbehörde die vorgebrachten Belange bekannt sind oder hätten bekannt sein müssen oder für die Rechtmäßigkeit der Entscheidung von Bedeutung sind; im Übrigen können sie berücksichtigt werden.

(4) [1]Jeder, dessen Belange durch das Vorhaben berührt werden, kann bis zwei Wochen nach Ablauf der Auslegungsfrist schriftlich oder zur Niederschrift bei der Anhörungsbehörde oder bei der Gemeinde Einwendungen gegen den Plan erheben. [2]Im Fall des Absatzes 3 Satz 2 bestimmt die Anhörungsbehörde die Einwendungsfrist. [3]Mit Ablauf der Einwendungsfrist sind alle Einwendungen ausgeschlossen, die nicht auf besonderen privatrechtlichen Titeln beruhen. [4]Hierauf ist in der Bekanntmachung der Auslegung oder bei der Bekanntgabe der Einwendungsfrist hinzuweisen. [5]Vereinigungen, die auf Grund einer Anerkennung nach anderen Rechtsvorschriften befugt sind, Rechtsbehelfe nach der Verwaltungsgerichtsordnung gegen die Entscheidung nach Art. 74 einzulegen, können innerhalb der Frist nach Satz 1 Stellungnahmen zu dem Plan abgeben. [6]Sätze 2 bis 4 gelten entsprechend.

(5) [1]Die Gemeinden, in denen der Plan auszulegen ist, haben die Auslegung vorher ortsüblich bekanntzumachen. [2]In der Bekanntmachung ist darauf hinzuweisen,

1. wo und in welchem Zeitraum der Plan zur Einsicht ausgelegt ist,
2. daß etwaige Einwendungen oder Stellungnahmen von Vereinigungen nach Abs. 4 Satz 5 bei den in der Bekanntmachung zu bezeichnenden Stellen innerhalb der Einwendungsfrist vorzubringen sind,
3. daß bei Ausbleiben eines Beteiligten in dem Erörterungstermin auch ohne ihn verhandelt werden kann,
4. daß
   a) die Personen, die Einwendungen erhoben haben, oder die Vereinigungen, die Stellungnahmen abgegeben haben, von dem Erörterungstermin durch öffentliche Bekanntmachung benachrichtigt werden können,
   b) die Zustellung der Entscheidung über die Einwendungen durch öffentliche Bekanntmachung ersetzt werden kann,

   wenn mehr als 50 Benachrichtigungen oder Zustellungen vorzunehmen sind.

[3]Nicht ortsansässige Betroffene, deren Person und Aufenthalt bekannt sind oder sich innerhalb angemessener Frist ermitteln lassen, sollen auf Veranlassung der Anhörungsbehörde von der Auslegung mit dem Hinweis nach Satz 2 benachrichtigt werden.

(6) [1]Nach Ablauf der Einwendungsfrist hat die Anhörungsbehörde die rechtzeitig gegen den Plan erhobenen Einwendungen, die rechtzeitig abgegebenen Stellungnahmen von Vereinigungen nach Abs. 4 Satz 5 sowie die Stellungnahmen der Behörden zu dem Plan mit dem Träger des Vorhabens, den Behörden, den Betroffenen sowie denjenigen, die Einwendungen erhoben oder Stellungnahmen abgegeben haben, zu erörtern. [2]Der Erörterungstermin ist mindestens eine Woche vorher ortsüblich bekanntzumachen. [3]Die Behörden, der Träger des Vorhabens und diejenigen, die Einwendungen erhoben oder Stellungnahmen abgegeben haben, sind von dem Erörterungstermin zu benachrichtigen. [4]Sind außer der Benachrichtigung der Behörden und des Trägers des Vorhabens mehr als 50 Benachrichtigungen vorzunehmen, so können diese Benachrichtigungen durch öffentliche Bekanntmachung ersetzt werden. [5]Die öffentliche Bekanntmachung wird dadurch bewirkt, daß abweichend von Satz 2 der Erörterungstermin im amtlichen Veröffentlichungsblatt der Anhörungsbehörde und außerdem in örtlichen Tageszeitungen bekanntgemacht wird, die in dem Bereich verbreitet sind, in dem sich das Vorhaben voraussichtlich auswirken wird; maßgebend für die Frist nach Satz 2 ist die Bekanntgabe im amtlichen Veröffentlichungsblatt. [6]Im übrigen gelten für die Erörterung die Vorschriften über die mündliche Verhandlung im förmlichen Verwaltungsverfahren (Art. 67 Abs. 1 Satz 3, Abs. 2 Nrn. 1 und 4 und Abs. 3, Art. 68) entsprechend. [7]Die Anhörungsbehörde schließt die Erörterung innerhalb von drei Monaten nach Ablauf der Einwendungsfrist ab.

(7) Abweichend von den Vorschriften des Absatzes 6 Sätze 2 bis 5 kann der Erörterungstermin bereits in der Bekanntmachung nach Absatz 5 Satz 2 bestimmt werden.

(8) [1]Soll ein ausgelegter Plan geändert werden und werden dadurch der Aufgabenbereich einer Behörde oder einer Vereinigung nach Abs. 4 Satz 5 oder Belange Dritter erstmals oder stärker als bisher berührt, so ist diesen die Änderung mitzuteilen und ihnen Gelegenheit zu Stellungnahmen und Einwendungen innerhalb von zwei Wochen zu geben; Abs. 4 Sätze 3 bis 6 gelten entsprechend. [2]Wird sich die Änderung voraussichtlich auf das Gebiet einer anderen Gemeinde auswirken, so ist der geänderte Plan in dieser Gemeinde auszulegen; die Absätze 2 bis 6 gelten entsprechend.

(9) Die Anhörungsbehörde gibt zum Ergebnis des Anhörungsverfahrens eine Stellungnahme ab und leitet diese der Planfeststellungsbehörde innerhalb eines Monats nach Abschluss der Erörterung mit dem Plan, den Stellungnahmen der Behörden und der Vereinigungen nach Abs. 4 Satz 5 sowie den nicht erledigten Einwendungen zu.

Artikel 74 Planfeststellungsbeschluß, Plangenehmigung

(1) [1]Die Planfeststellungsbehörde stellt den Plan fest (Planfeststellungsbeschluß). [2]Die Vorschriften über die Entscheidung und die Anfechtung der Entscheidung im förmlichen Verwaltungsverfahren (Art. 69 und 70) sind anzuwenden.

(2) [1]Im Planfeststellungsbeschluß entscheidet die Planfeststellungsbehörde über die Einwendungen, über die bei der Erörterung vor der Anhörungsbehörde keine Einigung erzielt worden ist. [2]Sie hat dem Träger des Vorhabens Vorkehrungen oder die Errichtung und Unterhaltung von Anlagen aufzuerlegen, die zum Wohl der Allgemeinheit oder zur Vermeidung nachteiliger Wirkungen auf Rechte anderer

erforderlich sind. [3]Sind solche Vorkehrungen oder Anlagen untunlich oder mit dem Vorhaben unvereinbar, so hat der Betroffene Anspruch auf angemessene Entschädigung in Geld.

(3) Soweit eine abschließende Entscheidung noch nicht möglich ist, ist diese im Planfeststellungsbeschluß vorzubehalten; dem Träger des Vorhabens ist dabei aufzugeben, noch fehlende oder von der Planfeststellungsbehörde bestimmte Unterlagen rechtzeitig vorzulegen.

(4) [1]Der Planfeststellungsbeschluß ist dem Träger des Vorhabens, denjenigen, über deren Einwendungen entschieden worden ist, und den Vereinigungen, über deren Stellungnahmen entschieden worden ist, zuzustellen. [2]Eine Ausfertigung des Beschlusses ist mit einer Rechtsbehelfsbelehrung und einer Ausfertigung des festgestellten Plans in den Gemeinden zwei Wochen zur Einsicht auszulegen; der Ort und die Zeit der Auslegung sind ortsüblich bekanntzumachen. [3]Mit dem Ende der Auslegungsfrist gilt der Beschluß gegenüber den übrigen Betroffenen als zugestellt; darauf ist in der Bekanntmachung hinzuweisen.

(5) [1]Sind außer an den Träger des Vorhabens mehr als 50 Zustellungen nach Absatz 4 vorzunehmen, so können diese Zustellungen durch öffentliche Bekanntmachung ersetzt werden. [2]Die öffentliche Bekanntmachung wird dadurch bewirkt, daß der verfügende Teil des Planfeststellungsbeschlusses, die Rechtsbehelfsbelehrung und ein Hinweis auf die Auslegung nach Absatz 4 Satz 2 im amtlichen Veröffentlichungsblatt der zuständigen Behörde und außerdem in örtlichen Tageszeitungen bekanntgemacht werden, die in dem Bereich verbreitet sind, in dem sich das Vorhaben voraussichtlich auswirken wird; auf Auflagen ist hinzuweisen. [3]Mit dem Ende der Auslegungsfrist gilt der Beschluß den Betroffenen und denjenigen gegenüber, die Einwendungen erhoben haben, als zugestellt; hierauf ist in der Bekanntmachung hinzuweisen. [4]Nach der öffentlichen Bekanntmachung kann der Planfeststellungsbeschluß bis zum Ablauf der Rechtsbehelfsfrist von den Betroffenen und von denjenigen, die Einwendungen erhoben haben, schriftlich angefordert werden; hierauf ist in der Bekanntmachung gleichfalls hinzuweisen.

(6) [1]An Stelle eines Planfeststellungsbeschlusses kann eine Plangenehmigung erteilt werden, wenn

1. Rechte anderer nicht oder nur unwesentlich beeinträchtigt werden oder die Betroffenen sich mit der Inanspruchnahme ihres Eigentums oder eines anderen Rechts schriftlich einverstanden erklärt haben,
2. mit den Trägern öffentlicher Belange, deren Aufgabenbereich berührt wird, das Benehmen hergestellt worden ist und
3. nicht andere Rechtsvorschriften eine Öffentlichkeitsbeteiligung vorschreiben, die den Anforderungen der Art. 73 Abs. 3 Satz 1 und Abs. 4 bis 7 entsprechen muss.

[2]Die Plangenehmigung hat die Rechtswirkungen der Planfeststellung; auf ihre Erteilung sind die Vorschriften über das Planfeststellungsverfahren nicht anzuwenden; davon ausgenommen sind Abs. 4 Satz 1 und Abs. 5, die entsprechend anzuwenden sind. [3]Vor Erhebung einer verwaltungsgerichtlichen Klage bedarf es keiner Nachprüfung in einem Vorverfahren. [4]Art. 75 Abs. 4 gilt entsprechend.

(7) [1]Planfeststellung und Plangenehmigung entfallen in Fällen von unwesentlicher Bedeutung. [2]Diese liegen vor, wenn

1. andere öffentliche Belange nicht berührt sind oder die erforderlichen behördlichen Entscheidungen vorliegen und sie dem Plan nicht entgegenstehen,
2. Rechte anderer nicht beeinflußt werden oder mit den vom Plan Betroffenen entsprechende Vereinbarungen getroffen worden sind und
3. nicht andere Rechtsvorschriften eine Öffentlichkeitsbeteiligung vorschreiben, die den Anforderungen der Art. 73 Abs. 3 Satz 1 und Abs. 4 bis 7 entsprechen muss.

Artikel 75 Rechtswirkungen der Planfeststellung

(1) [1]Durch die Planfeststellung wird die Zulässigkeit des Vorhabens einschließlich der notwendigen Folgemaßnahmen an anderen Anlagen im Hinblick auf alle von ihm berührten öffentlichen Belange festgestellt; neben der Planfeststellung sind andere behördliche Entscheidungen nach Landes- oder Bundesrecht, insbesondere öffentlich-rechtliche Genehmigungen, Verleihungen, Erlaubnisse, Bewilligungen, Zustimmungen und Planfeststellungen nicht erforderlich. [2]Durch die Planfeststellung werden alle öffentlich-rechtlichen Beziehungen zwischen dem Träger des Vorhabens und den durch den Plan Betroffenen rechtsgestaltend geregelt.

(1a) [1]Mängel bei der Abwägung der von dem Vorhaben berührten öffentlichen und privaten Belange sind nur erheblich, wenn sie offensichtlich und auf das Abwägungsergebnis von Einfluß gewesen sind.

[2]Erhebliche Mängel bei der Abwägung oder eine Verletzung von Verfahrens- oder Formvorschriften führen nur dann zur Aufhebung des Planfeststellungsbeschlusses oder der Plangenehmigung, wenn sie nicht durch Planergänzung oder durch ein ergänzendes Verfahren behoben werden können; Art. 45 und 46 bleiben unberührt.

(2) [1]Ist der Planfeststellungsbeschluß unanfechtbar geworden, so sind Ansprüche auf Unterlassung des Vorhabens, auf Beseitigung oder Änderung der Anlagen oder auf Unterlassung ihrer Benutzung ausgeschlossen. [2]Treten nicht voraussehbare Wirkungen des Vorhabens oder der dem festgestellten Plan entsprechenden Anlagen auf das Recht eines anderen erst nach Unanfechtbarkeit des Plans auf, so kann der Betroffene Vorkehrungen oder die Errichtung und Unterhaltung von Anlagen verlangen, welche die nachteiligen Wirkungen ausschließen. [3]Sie sind dem Träger des Vorhabens durch Beschluß der Planfeststellungsbehörde aufzuerlegen. [4]Sind solche Vorkehrungen oder Anlagen untunlich oder mit dem Vorhaben unvereinbar, so richtet sich der Anspruch auf angemessene Entschädigung in Geld. [5]Werden Vorkehrungen oder Anlagen im Sinn des Satzes 2 notwendig, weil nach Abschluß des Planfeststellungsverfahrens auf einem benachbarten Grundstück Veränderungen eingetreten sind, so hat die hierdurch entstehenden Kosten der Eigentümer des benachbarten Grundstücks zu tragen, es sei denn, daß die Veränderungen durch natürliche Ereignisse oder höhere Gewalt verursacht worden sind; Satz 4 ist nicht anzuwenden.

(3) [1]Anträge, mit denen Ansprüche auf Herstellung von Einrichtungen oder auf angemessene Entschädigung nach Absatz 2 Sätze 2 und 4 geltend gemacht werden, sind schriftlich an die Planfeststellungsbehörde zu richten. [2]Sie sind nur innerhalb von drei Jahren nach dem Zeitpunkt zulässig, zu dem der Betroffene von den nachteiligen Wirkungen des dem unanfechtbar festgestellten Plan entsprechenden Vorhabens oder der Anlage Kenntnis erhalten hat; sie sind ausgeschlossen, wenn nach Herstellung des dem Plan entsprechenden Zustands 30 Jahre verstrichen sind.

(4) [1]Wird mit der Durchführung des Plans nicht innerhalb von fünf Jahren nach Eintritt der Unanfechtbarkeit begonnen, so tritt er außer Kraft, es sei denn, er wird vorher von der Planfeststellungsbehörde um höchstens fünf Jahre verlängert. [2]Als Beginn der Durchführung des Plans gilt jede erstmals nach außen erkennbare Tätigkeit von mehr als nur geringfügiger Bedeutung zur plangemäßen Verwirklichung des Vorhabens; eine spätere Unterbrechung der Verwirklichung des Vorhabens berührt den Beginn der Durchführung nicht.

Artikel 76 Planänderungen vor Fertigstellung des Vorhabens

(1) Soll vor Fertigstellung des Vorhabens der festgestellte Plan geändert werden, bedarf es eines neuen Planfeststellungsverfahrens.

(2) Bei Planänderungen von unwesentlicher Bedeutung kann die Planfeststellungsbehörde von einem neuen Planfeststellungsverfahren absehen, wenn die Belange anderer nicht berührt werden oder wenn die Betroffenen der Änderung zugestimmt haben.

(3) Führt die Planfeststellungsbehörde in den Fällen des Absatzes 2 oder in anderen Fällen einer Planänderung von unwesentlicher Bedeutung ein Planfeststellungsverfahren durch, so bedarf es keines Anhörungsverfahrens und keiner öffentlichen Bekanntgabe des Planfeststellungsbeschlusses.

Artikel 77 Aufhebung des Planfeststellungsbeschlusses

[1]Wird ein Vorhaben, mit dessen Durchführung begonnen worden ist, endgültig aufgegeben, so hat die Planfeststellungsbehörde den Planfeststellungsbeschluß aufzuheben. [2]In dem Aufhebungsbeschluß sind dem Träger des Vorhabens die Wiederherstellung des früheren Zustands oder geeignete andere Maßnahmen aufzuerlegen, soweit dies zum Wohl der Allgemeinheit oder zur Vermeidung nachteiliger Wirkungen auf Rechte anderer erforderlich ist. [3]Werden solche Maßnahmen notwendig, weil nach Abschluß des Planfeststellungsverfahrens auf einem benachbarten Grundstück Veränderungen eingetreten sind, so kann der Träger des Vorhabens durch Beschluß der Planfeststellungsbehörde zu geeigneten Vorkehrungen verpflichtet werden; die hierdurch entstehenden Kosten hat jedoch der Eigentümer des benachbarten Grundstücks zu tragen, es sei denn, daß die Veränderungen durch natürliche Ereignisse oder höhere Gewalt verursacht worden sind.

Artikel 78 Zusammentreffen mehrerer Vorhaben

(1) Treffen mehrere selbständige Vorhaben, für deren Durchführung Planfeststellungsverfahren vorgeschrieben sind, derart zusammen, daß für diese Vorhaben oder für Teile von ihnen nur eine einheit-

liche Entscheidung möglich ist, so findet für diese Vorhaben oder für deren Teile nur ein Planfeststellungsverfahren statt.

(2) [1]Zuständigkeiten und Verfahren richten sich nach den Rechtsvorschriften über das Planfeststellungsverfahren, das für diejenige Anlage vorgeschrieben ist, die einen größeren Kreis öffentlich-rechtlicher Beziehungen berührt. [2]Bestehen Zweifel, welche Rechtsvorschrift anzuwenden ist, so entscheidet, falls nach den in Betracht kommenden Rechtsvorschriften mehrere Behörden des Geschäftsbereichs eines Staatsministeriums zuständig sind, das Staatsministerium; gehören die Behörden zum Geschäftsbereich verschiedener Staatsministerien, so entscheidet die Staatsregierung. [3]Bestehen Zweifel, welche Rechtsvorschrift anzuwenden ist, und sind nach den in Betracht kommenden Rechtsvorschriften Behörden verschiedener Länder zuständig, so führen, falls sich die obersten Behörden der Länder nicht einigen, die Landesregierungen das Einvernehmen darüber herbei, welche Rechtsvorschrift anzuwenden ist; sind nach den in Betracht kommenden Rechtsvorschriften eine Bundesbehörde und eine Landesbehörde zuständig, so führen, falls sich die obersten Bundes- und Landesbehörden nicht einigen, die Bundesregierung und die Staatsregierung das Einvernehmen darüber herbei, welche Rechtsvorschrift anzuwenden ist.

Abschnitt III
Verwaltungsverfahren mit Umweltverträglichkeitsprüfung

Artikel 78a Anwendung des Gesetzes über die Umweltverträglichkeitsprüfung

[1]Ist in Rechtsvorschriften des Freistaates Bayern für Vorhaben ein Verwaltungsverfahren mit Umweltverträglichkeitsprüfung vorgeschrieben, so gelten hierfür die §§ 2 bis 4, 15 bis 23, 24 Abs. 1, §§ 25 bis 30, 31 Abs. 1, 2 Satz 1 Nr. 2 bis 6, Satz 2 bis 4 und Abs. 4, §§ 32, 54 bis 59, 64, 72, 73 Abs. 1 Nr. 1 und Abs. 2 des Gesetzes über die Umweltverträglichkeitsprüfung (UVPG) mit folgenden Maßgaben entsprechend:

1. Abweichend von § 18 Abs. 1 Satz 4 UVPG entfällt der Erörterungstermin, wenn für die Entscheidung über die Zulässigkeit des Vorhabens ein Verwaltungsverfahren ohne Erörterungstermin vorgeschrieben ist oder die zuständige Behörde einen Erörterungstermin nicht für erforderlich hält.
2. Abweichend von § 73 Abs. 1 Nr. 1 UVPG sind die Vorhaben getrennt nach den im jeweiligen Fachrecht genannten Vorhabenarten mitzuteilen.
3. Verweisungen des UVPG auf das Verwaltungsverfahrensgesetz des Bundes gelten als Verweisungen auf die entsprechenden Vorschriften dieses Gesetzes.

[2]Im Übrigen gelten die Vorschriften dieses Gesetzes.

Artikel 78b–78l *[aufgehoben]*

Sechster Teil
Rechtsbehelfsverfahren

Artikel 79 Rechtsbehelfe gegen Verwaltungsakte

Für förmliche Rechtsbehelfe gegen Verwaltungsakte gilt die Verwaltungsgerichtsordnung[1)], soweit nicht durch Gesetz etwas anderes bestimmt ist; im übrigen gelten die Vorschriften dieses Gesetzes.

Artikel 80 Kosten im Vorverfahren

(1) [1]Ist der Widerspruch erfolgreich, so hat der Rechtsträger, dessen Behörde den angefochtenen Verwaltungsakt erlassen hat, die Kosten des Widerspruchsverfahrens zu tragen; dies gilt auch, wenn der Widerspruch nur deshalb keinen Erfolg hat, weil die Verletzung einer Verfahrens- oder Formvorschrift nach Art. 45 unbeachtlich ist. [2]Ist der Widerspruch erfolglos geblieben oder zurückgenommen worden, so hat derjenige, der den Widerspruch eingelegt hat, die Kosten des Widerspruchsverfahrens zu tragen; dies gilt nicht für die Verwaltungskosten und die zur zweckentsprechenden Rechtsverfolgung oder Rechtsverteidigung notwendigen Aufwendungen der Behörde, die den angefochtenen Verwaltungsakt erlassen hat, wenn der Widerspruch gegen einen Verwaltungsakt eingelegt wird, der im Rahmen

1) **Amtl. Anm.:** BGBl. FN 340-1

1. eines bestehenden oder früheren öffentlich-rechtlichen Dienst- oder Amtsverhältnisses oder
2. einer bestehenden oder früheren gesetzlichen Dienstpflicht oder einer Tätigkeit, die an Stelle der gesetzlichen Dienstpflicht geleistet werden kann,

erlassen wurde. [3]Ist der Widerspruch zum Teil erfolgreich, so gilt § 155 Abs. 1 VwGO[1)] entsprechend. [4]Aufwendungen, die einem Beteiligten durch eigenes Verschulden oder das Verschulden seines Vertreters entstanden sind, hat er selbst zu tragen. [5]Erledigt sich der Widerspruch auf andere Weise, so wird über die Kosten nach billigem Ermessen entschieden; der bisherige Sachstand ist zu berücksichtigen.

(2) [1]Zu den Kosten des Widerspruchsverfahrens gehören nur die Verwaltungskosten und die zur zweckentsprechenden Rechtsverfolgung oder Rechtsverteidigung notwendigen Aufwendungen dessen, der den Widerspruch eingelegt hat, und der Behörde, die den angefochtenen Verwaltungsakt erlassen hat. [2]Aufwendungen anderer Beteiligter sind erstattungsfähig, wenn sie aus Billigkeit demjenigen, der die Kosten des Widerspruchsverfahrens zu tragen hat, oder der Staatskasse auferlegt werden. [3]Die Gebühren und Auslagen eines Rechtsanwalts oder eines sonstigen Bevollmächtigten im Widerspruchsverfahren sind nur dann notwendige Aufwendungen, wenn die Zuziehung eines Bevollmächtigten notwendig war.

(3) [1]Die Behörde, die die Kostenentscheidung getroffen hat, setzt auf Antrag den Betrag der zu erstattenden Aufwendungen fest; hat ein Ausschuß oder Beirat (§ 73 Abs. 2 VwGO) die Kostenentscheidung getroffen, so obliegt die Kostenfestsetzung der Behörde, bei der der Ausschuß oder Beirat gebildet ist. [2]Die Kostenentscheidung bestimmt auch, ob die Zuziehung eines Rechtsanwalts oder eines sonstigen Bevollmächtigten notwendig war.

(4) Die Absätze 1 bis 3 gelten auch für andere förmliche verwaltungsrechtliche Rechtsbehelfe und für Vorverfahren bei Maßnahmen des Richterdienstrechts.

Siebter Teil
Ehrenamtliche Tätigkeit, Ausschüsse

Abschnitt I
Ehrenamtliche Tätigkeit

Artikel 81 Anwendung der Vorschriften über die ehrenamtliche Tätigkeit

Für die ehrenamtliche Tätigkeit im Verwaltungsverfahren gelten die Art. 82 bis 87, soweit Rechtsvorschriften nichts Abweichendes bestimmen.

Artikel 82 Pflicht zu ehrenamtlicher Tätigkeit

Eine Pflicht zur Übernahme ehrenamtlicher Tätigkeit besteht nur, wenn sie durch Rechtsvorschrift vorgesehen ist.

Artikel 83 Ausübung ehrenamtlicher Tätigkeit

(1) Der ehrenamtlich Tätige hat seine Tätigkeit gewissenhaft und unparteiisch auszuüben.

(2) [1]Bei Übernahme seiner Aufgaben ist er zur gewissenhaften und unparteiischen Tätigkeit und zur Verschwiegenheit besonders zu verpflichten. [2]Die Verpflichtung ist aktenkundig zu machen.

Artikel 84 Verschwiegenheitspflicht

(1) [1]Der ehrenamtlich Tätige hat, auch nach Beendigung seiner ehrenamtlichen Tätigkeit, über die ihm dabei bekanntgewordenen Angelegenheiten Verschwiegenheit zu wahren. [2]Dies gilt nicht für Mitteilungen im dienstlichen Verkehr oder über Tatsachen, die offenkundig sind oder ihrer Bedeutung nach keiner Geheimhaltung bedürfen.

(2) Der ehrenamtlich Tätige darf ohne Genehmigung über Angelegenheiten, über die er Verschwiegenheit zu wahren hat, weder vor Gericht noch außergerichtlich Aussagen oder Erklärungen abgeben.

(3) Die Genehmigung, als Zeuge auszusagen, darf nur versagt werden, wenn die Aussage dem Wohl des Bundes oder eines Landes Nachteile bereiten oder die Erfüllung öffentlicher Aufgaben ernstlich gefährden oder erheblich erschweren würde.

(4) [1]Ist der ehrenamtlich Tätige Beteiligter in einem gerichtlichen Verfahren oder soll sein Vorbringen der Wahrnehmung seiner berechtigten Interessen dienen, so darf die Genehmigung auch dann, wenn

---

1) **Amtl. Anm.:** BGBl. FN 340-1

die Voraussetzungen des Absatzes 3 erfüllt sind, nur versagt werden, wenn ein zwingendes öffentliches Interesse dies erfordert. [2]Wird sie versagt, so ist dem ehrenamtlich Tätigen der Schutz zu gewähren, den die öffentlichen Interessen zulassen.
(5) Die Genehmigung nach den Absätzen 2 bis 4 erteilt die fachlich zuständige Aufsichtsbehörde der Stelle, die den ehrenamtlich Tätigen berufen hat.

Artikel 85 Entschädigung
Der ehrenamtlich Tätige hat Anspruch auf Ersatz seiner notwendigen Auslagen und seines Verdienstausfalls.

Artikel 86 Abberufung
[1]Personen, die zu ehrenamtlicher Tätigkeit herangezogen worden sind, können von der Stelle, die sie berufen hat, abberufen werden, wenn ein wichtiger Grund vorliegt. [2]Ein wichtiger Grund liegt insbesondere vor, wenn der ehrenamtlich Tätige
1. seine Pflicht gröblich verletzt oder sich als unwürdig erwiesen hat,
2. seine Tätigkeit nicht mehr ordnungsgemäß ausüben kann.

Artikel 87 ***[aufgehoben]***

Abschnitt II
Ausschüsse

Artikel 88 Anwendung der Vorschriften über Ausschüsse
Für Ausschüsse, Beiräte und andere kollegiale Einrichtungen (Ausschüsse) gelten, wenn sie in einem Verwaltungsverfahren tätig werden, die Art. 89 bis 93, soweit Rechtsvorschriften nichts Abweichendes bestimmen.

Artikel 89 Ordnung in den Sitzungen
Der Vorsitzende eröffnet, leitet und schließt die Sitzungen; er ist für die Ordnung verantwortlich.

Artikel 90 Beschlußfähigkeit
(1) [1]Ausschüsse sind beschlußfähig, wenn alle Mitglieder geladen und mehr als die Hälfte, mindestens aber drei der stimmberechtigten Mitglieder anwesend sind. [2]Beschlüsse können auch im schriftlichen Verfahren gefaßt werden, wenn kein Mitglied widerspricht.
(2) Ist eine Angelegenheit wegen Beschlußunfähigkeit zurückgestellt worden und wird der Ausschuß zur Behandlung desselben Gegenstands erneut geladen, so ist er ohne Rücksicht auf die Zahl der Erschienenen beschlußfähig, wenn darauf in dieser Ladung hingewiesen worden ist.

Artikel 91 Beschlußfassung
[1]Beschlüsse werden mit Stimmenmehrheit gefaßt. [2]Bei Stimmengleichheit entscheidet die Stimme des Vorsitzenden, wenn er stimmberechtigt ist; sonst gilt Stimmengleichheit als Ablehnung.

Artikel 92 Wahlen durch Ausschüsse
(1) [1]Gewählt wird, wenn kein Mitglied des Ausschusses widerspricht, durch Zuruf oder Zeichen, sonst durch Stimmzettel. [2]Auf Verlangen eines Mitglieds ist geheim zu wählen.
(2) [1]Gewählt ist, wer von den abgegebenen Stimmen die meisten erhalten hat. [2]Bei Stimmengleichheit entscheidet das vom Leiter der Wahl zu ziehende Los.
(3) [1]Sind mehrere gleichartige Wahlstellen zu besetzen, so ist nach dem Höchstzahlverfahren d'Hondt zu wählen, außer wenn einstimmig etwas anderes beschlossen worden ist. [2]Über die Zuteilung der letzten Wahlstelle entscheidet bei gleicher Höchstzahl das vom Leiter der Wahl zu ziehende Los.

Artikel 93 Niederschrift
[1]Über die Sitzung ist eine Niederschrift zu fertigen. [2]Die Niederschrift muß Angaben enthalten über
1. den Ort und den Tag der Sitzung,
2. die Namen des Vorsitzenden und der anwesenden Ausschußmitglieder,
3. den behandelten Gegenstand und die gestellten Anträge,
4. die gefaßten Beschlüsse,
5. das Ergebnis von Wahlen.

[3]Die Niederschrift ist von dem Vorsitzenden und, soweit ein Schriftführer hinzugezogen worden ist, auch von diesem zu unterzeichnen.

Achter Teil
Schlußvorschriften

Artikel 94 Länderübergreifende Verfahren
[1]Ist nach Art. 3 Abs. 2 Satz 4 eine gemeinsame zuständige Behörde bestimmt und erstreckt sich das Verwaltungsverfahren auf das Gebiet eines anderen Bundeslandes, so ist insoweit das Verfahrensrecht dieses Landes anzuwenden. [2]Die fachlich zuständigen Aufsichtsbehörden können durch Vereinbarung eine abweichende Regelung treffen.

Artikel 95 Sonderregelung für Verteidigungsangelegenheiten
[1]Nach Feststellung des Verteidigungsfalls oder des Spannungsfalls kann in Verteidigungsangelegenheiten von der Anhörung Beteiligter (Art. 28 Abs. 1), von der schriftlichen Bestätigung (Art. 37 Abs. 2 Satz 2) und von der schriftlichen Begründung eines Verwaltungsakts (Art. 39 Abs. 1) abgesehen werden; in diesen Fällen gilt ein Verwaltungsakt abweichend von Art. 41 Abs. 4 Satz 3 mit dem auf die Bekanntmachung folgenden Tag als bekanntgegeben. [2]Dasselbe gilt für die sonstigen gemäß Art. 80a des Grundgesetzes[1)] anzuwendenden Rechtsvorschriften.

Artikel 96 Überleitung von Verfahren
[1]Art. 53 in der ab dem 1. Januar 2003 geltenden Fassung findet auf die an diesem Tag bestehenden und noch nicht verjährten oder erloschenen Ansprüche Anwendung. [2]Eine vor Ablauf des 31. Dezember 2002 eingetretene und mit diesem Zeitpunkt noch nicht beendete Unterbrechung der Verjährung oder des Erlöschens gilt mit Ablauf des 31. Dezember 2002 als beendet; die neue Verjährung ist mit Beginn des 1. Januar 2003 gehemmt. [3]Ist ein Verwaltungsakt, der zur Unterbrechung der Verjährung oder des Erlöschens geführt hat, vor Ablauf des 31. Dezember 2002 aufgehoben worden und ist an diesem Tag die in § 212 Abs. 2 Satz 1 des Bürgerlichen Gesetzbuchs in der bis zum 31. Dezember 2001 geltenden Fassung bestimmte Frist noch nicht abgelaufen, so ist § 212 Abs. 2 des Bürgerlichen Gesetzbuchs in dieser Fassung entsprechend anzuwenden.

Artikel 96a Übergangsregelung
(1) [1]Verfahren für die in Art. 78a bezeichneten Vorhaben, die vor dem 16. Mai 2017 begonnen worden sind, sind nach den Vorschriften dieses Gesetzes in der ab dem 1. August 2018 geltenden Fassung zu Ende zu führen. [2]Satz 1 findet keine Anwendung auf Verfahren, bei denen vor dem 16. Mai 2017 das Verfahren zur Unterrichtung des Trägers des Vorhabens nach Art. 78d in der bis 31. Juli 2018 geltenden Fassung eingeleitet oder die Unterlagen nach Art. 78e in der bis 31. Juli 2018 geltenden Fassung vorgelegt wurden.
(2) [1]Vor dem 1. Juni 2015 begonnene Verfahren werden nach den Vorschriften dieses Gesetzes in der ab dem 1. Juni 2015 geltenden Fassung weitergeführt. [2]Fachgesetzliche Sonderregelungen bleiben unberührt. [3]Art. 75 Abs. 4 Satz 2 gilt auch für Planfeststellungsbeschlüsse und Plangenehmigungen, die vor dem 1. Juni 2015 erlassen worden sind, soweit der Plan noch nicht außer Kraft getreten ist.

Artikel 97 Revision
In einem gerichtlichen Verfahren kann die Revision auch darauf gestützt werden, daß das angefochtene Urteil auf der Verletzung dieses Gesetzes beruht.

Artikel 98 ***[aufgehoben]***

Artikel 99 Inkrafttreten
[1]Dieses Gesetz ist dringlich. [2]Es tritt am 1. Januar 1977 in Kraft[2)].

1) **Amtl. Anm.:** BGBl. FN 100-1
2) **Amtl. Anm.:** Betrifft die ursprüngliche Fassung vom 23. Dezember 1976 (GVBl. S. 544).

Gesetz über die Digitalisierung im Freistaat Bayern (Bayerisches Digitalgesetz – BayDiG)

Vom 22. Juli 2022 (GVBl. S. 374)
(BayRS 206-1-D)
zuletzt geändert durch Art. 10 Haushaltsgesetz 2024/2025 vom 21. Juni 2024 (GVBl. S. 114)

Der Landtag des Freistaates Bayern hat das folgende Gesetz beschlossen, das hiermit bekannt gemacht wird:

Nichtamtliche Inhaltsübersicht

Teil 1
Allgemeiner Teil

Kapitel 1
Allgemeines, Digitalstandort, Digitale Technologien

Artikel 1 Anwendungsbereich

(1) [1]Dieses Gesetz gilt für den Freistaat Bayern, die Gemeindeverbände und Gemeinden und die sonstigen der Aufsicht des Freistaates Bayern unterstehenden juristischen Personen des öffentlichen Rechts. [2]Für die staatlichen Landratsämter, die Verwaltungsgemeinschaften und Zweckverbände gelten die Rechtsvorschriften für Gemeindeverbände und Gemeinden entsprechend.

(2) [1]Soweit nichts anderes bestimmt ist, gelten Teil 2 und 3 dieses Gesetzes für die öffentlich-rechtliche Verwaltungstätigkeit der Behörden der in Abs. 1 genannten juristischen Personen. [2]Teil 2 und 4 dieses Gesetzes gelten nicht für

1. die Tätigkeiten der Schulen, Krankenhäuser, des Landesamtes für Verfassungsschutz und Beliehener,
2. die Tätigkeit der Finanzbehörden nach der Abgabenordnung (AO),
3. die in Art. 2 Abs. 1, 2 Nr. 2, 3, 5 und 6 des Bayerischen Verwaltungsverfahrensgesetzes (BayVwVfG) genannten Bereiche,
4. die Tätigkeit der Behörden im Rahmen des Prüfungsverfahrens und
5. die Tätigkeit der Gerichtsverwaltungen und der Behörden der Justizverwaltung, soweit sie nicht der Nachprüfung durch die Gerichte der Verwaltungsgerichtsbarkeit oder durch die in verwaltungsrechtlichen Anwalts- und Notarsachen zuständigen Gerichte unterliegt oder soweit Teil 2 Kapitel 3 die Einbeziehung von Justizleistungen nicht ausdrücklich regelt.

(3) Dieses Gesetz gilt nicht für die Verwaltungstätigkeit nach dem Zweiten Buch Sozialgesetzbuch (SGB II), soweit sie von gemeinsamen Einrichtungen nach § 44b SGB II vollzogen wird.

(4) Das E-Government-Gesetz findet nur beim Vollzug von Bundesrecht im Auftrag des Bundes Anwendung.

Artikel 2 Förderung der Digitalisierung

[1]Der Freistaat Bayern gestaltet und fördert die Digitalisierung im Interesse von Bürgern, Gesellschaft und Wirtschaft. [2]Die Maßnahmen des Freistaates Bayern zielen insbesondere auf

1. die Förderung digitaler Technologien am Digitalstandort Bayern,
2. den Ausbau digitaler Bildungsangebote, insbesondere an Schulen und Hochschulen, sowie allgemeiner digitaler Weiterbildungs- und Informationsangebote,
3. die Förderung der digitalen Daseinsvorsorge, insbesondere leistungsfähiger digitaler Infrastrukturen sowie digitaler Inklusion und Teilhabe,
4. eine stärkere Nutzung der Möglichkeiten der Digitalisierung im Mobilitätsbereich,
5. die Digitalisierung in Gesundheit und Pflege,
6. die Stärkung der Digitalisierung in der Wissenschaft,
7. die Stärkung digitaler Grundkompetenzen in Gesellschaft, Wirtschaft und Verwaltung,

8. den digitalen Verbraucherschutz und die Stärkung digitaler Kompetenzen der Verbraucher,
9. die Förderung digitaler Geschäftsmodelle,
10. die Förderung des gleichberechtigten Zugangs zu Digitalberufen,
11. die Stärkung der IT-Sicherheit in Staat, Verwaltung und Wirtschaft,
12. die Digitalisierung der Verwaltung und den Ausbau digitaler Verwaltungsangebote,
13. die Vereinfachung und nutzerfreundliche Gestaltung von Verwaltungsleistungen,
14. die Bereitstellung offener Daten der Verwaltung und
15. die digitale Barrierefreiheit öffentlicher Dienste.

Artikel 3 Digitale Entscheidungsfähigkeit des Freistaates Bayern

(1) [1]Die eigenständige digitale Entscheidungs- und Handlungsfähigkeit des Freistaates Bayern ist durch geeignete Maßnahmen zu sichern. [2]Der Freistaat Bayern unterhält hierfür staatliche Rechenzentren und staatlich verfügbare Netze, geeignete Cloud-Dienste und weitere geeignete Technologien und Anwendungen. [3]Der Freistaat Bayern wirkt mit dem Bund und anderen Ländern im Bereich der Digitalisierung in geeigneter Weise zusammen.

(2) Der Freistaat Bayern schützt die Funktionsfähigkeit und den Zugang zu kritischen staatlichen Infrastrukturen und Netzen.

(3) Der Freistaat Bayern, die Gemeindeverbände und Gemeinden treffen nach Maßgabe dieses Gesetzes angemessene Maßnahmen zur Abwehr von Gefahren für die Sicherheit ihrer informationstechnischen Systeme.

(4) [1]Die Behörden des Freistaates Bayern sollen bei Neuanschaffungen offene Software verwenden und offene Austauschstandards nutzen, soweit dies wirtschaftlich und zweckmäßig ist. [2]Den Gemeindeverbänden und Gemeinden sowie den sonstigen Körperschaften des öffentlichen Rechts wird die Verwendung offener Software im Sinne des Satzes 1 empfohlen.

(5) Die Behörden des Freistaates Bayern sollen bei Neuanschaffungen von Software die Gebrauchstauglichkeit, das Benutzererlebnis und die Benutzerfreundlichkeit berücksichtigen sowie Nutzersicht und Wirtschaftlichkeit gleichrangig behandeln.

Artikel 4 Digitale Daseinsvorsorge

(1) Der Freistaat Bayern, die Gemeindeverbände und Gemeinden und sonstige unter der Aufsicht des Freistaates Bayern stehende juristische Personen des öffentlichen Rechts stellen ihre hierfür geeigneten Verwaltungsleistungen und sonstigen öffentlichen Dienste im Rahmen ihrer Zuständigkeiten nach Maßgabe dieses Gesetzes auch digital über öffentlich zugängliche Netze bereit.

(2) Der Freistaat Bayern, die Gemeindeverbände und Gemeinden stellen zur inhaltlichen Vermittlung und zur Förderung der Akzeptanz ihrer digitalen Angebote qualifizierte Ansprechpartner bereit.

(3) [1]Der Freistaat Bayern unterstützt die Gemeindeverbände und Gemeinden beim Angebot digitaler öffentlicher Dienste im Sinne der Abs. 1 und 2. [2]Der Freistaat Bayern stellt hierzu insbesondere Basisdienste und zentrale Dienste bereit und fördert die Qualifizierung von digitalen Ansprechpartnern. [3]Die Aufgaben, Zuständigkeiten und Verantwortlichkeiten der Gemeindeverbände und Gemeinden bleiben unberührt.

(4) Die Landratsämter als Aufsichtsbehörden sollen die Gemeinden und Verwaltungsgemeinschaften bei der Erfüllung ihrer Aufgaben im Bereich der digitalen Verwaltung beraten, fördern und schützen sowie die Selbstverantwortung der handelnden Organe stärken.

Artikel 5 Digitalisierung von Staat und Verwaltung

(1) Geeignete staatliche Prozesse der Verwaltung des Freistaates Bayern sollen vollständig digitalisiert und bereits digitalisierte Prozesse in einem Verbesserungsprozess fortentwickelt werden.

(2) [1]Bei Verwaltungsverfahren, die vollständig durch automatische Einrichtungen durchgeführt werden, sind die eingesetzten Einrichtungen regelmäßig auf ihre Zweckmäßigkeit, Objektivität und Wirtschaftlichkeit hin zu überprüfen. [2]Der Einsatz von Künstlicher Intelligenz in der Verwaltung ist durch geeignete Kontroll- und Rechtsschutzmaßnahmen abzusichern.

(3) [1]Die Digitalisierung der Verwaltung zur Umsetzung des Onlinezugangsgesetzes (OZG) wird im Freistaat Bayern vom Staatsministerium für Digitales gesteuert. [2]Die Zuständigkeiten der Staatsministerien sowie die Themenfeldverantwortung und Themenfeldbetreuung nach dem Onlinezugangsgesetz bleiben unberührt.

Artikel 6 Nachhaltigkeit

[1]Im Rahmen der Wirtschaftlichkeit und Zweckmäßigkeit sind staatliche Behörden verpflichtet, bei ihrer digitalen Aufgabenerfüllung Aspekte der Ökologie und der Nachhaltigkeit zu berücksichtigen, insbesondere

1. bei der Beschaffung der IT-Infrastruktur auf eine Wiederverwertbarkeit der Rohstoffe, auf hohe Energieeffizienz sowie auf umweltgerechtes Verpackungsmaterial zu achten,
2. bei der Server-Betreuung und beim Server-Betrieb auf Energieeffizienz und -sparsamkeit zu achten,
3. für eine umweltgerechte Entsorgung der IT-Infrastruktur Sorge zu tragen,
4. bei Beschaffung, Entwicklung und Einsatz von Software und mobilen Applikationen auf Energieeffizienz hinzuwirken,
5. nach Möglichkeit auf Dienstreisen zu verzichten und sie durch digitale Formen der Zusammenarbeit zu ersetzen.

[2]Den Gemeinden und Gemeindeverbänden und den sonstigen unter der Aufsicht des Freistaates Bayern stehenden juristischen Personen des öffentlichen Rechts wird die Berücksichtigung von Nachhaltigkeitsaspekten gemäß Satz 1 empfohlen.

Artikel 7 Personal und Qualifizierung

(1) [1]Der Freistaat Bayern fördert die digitale Qualifizierung der Beschäftigten der öffentlichen Verwaltung. [2]Der Freistaat Bayern trifft geeignete Maßnahmen zur Gewinnung, Bindung und Entwicklung von IT-Fachkräften in der bayerischen Staatsverwaltung.

(2) [1]Der Einsatz nutzerfreundlicher digitaler Verfahren und Anwendungen in den Behörden sowie die Einrichtung von Telearbeitsplätzen werden gefördert. [2]Dies umfasst auch die digitale Barrierefreiheit.

(3) Bei der Einführung neuer digitaler Verfahren sowie bei wesentlichen Erweiterungen oder sonstigen Änderungen bestehender Verfahren sind die hiervon betroffenen staatlichen Bediensteten angemessen fort- und weiterzubilden.

(4) Den Gemeinden und Gemeindeverbänden und den sonstigen unter der Aufsicht des Freistaates Bayern stehenden juristischen Personen des öffentlichen Rechts wird die Förderung der Telearbeit gemäß Abs. 2 und das Angebot von Fort- und Weiterbildungsangeboten gemäß Abs. 3 empfohlen.

Kapitel 2
Digitale Rechte und Gewährleistungen

Artikel 8 Freier Zugang zum Internet

[1]Jeder hat das Recht auf freien Zugang zum Internet über allgemein zugängliche Netze. [2]Der Zugang zum Internet kann nur durch Gesetz oder aufgrund eines Gesetzes beschränkt werden. [3]Allgemeine staatliche Internetzugangsblockaden sind unzulässig.

Artikel 9 Digitale Handlungsfähigkeit

Der Freistaat Bayern stellt digitale Dienste bereit, die insbesondere die Möglichkeiten zur digitalen Ausübung der Rechts- und Geschäftsfähigkeit, der Beteiligten- und Handlungsfähigkeit im Verwaltungsverfahren, der elterlichen Sorge, der Vormundschaft, der Betreuung, der Bevollmächtigung, der Pflegschaft und der Rechtsnachfolge im Erbfall im Rahmen der Kommunikation mit den Behörden verbessern.

Artikel 10 Digitale Selbstbestimmung

(1) [1]Der Freistaat Bayern fördert die digitale Selbstbestimmung und stellt hierzu nutzerfreundliche und barrierefreie digitale Dienste bereit. [2]Die Nutzer sollen in die Entwicklung neuer digitaler Angebote des Freistaates Bayern einbezogen werden.

(2) [1]Der Freistaat Bayern fördert geeignete Maßnahmen zur Stärkung der digitalen Grundkompetenzen von natürlichen und juristischen Personen. [2]Der Freistaat Bayern fördert geeignete Qualifizierungsmaßnahmen zur digitalen Barrierefreiheit.

Artikel 11 Digitale Identität

(1) [1]Jede natürliche Person hat nach Maßgabe dieses Artikels das Recht auf eine eigene digitale Identität. [2]Dies umfasst die Bereitstellung digitaler Identitätsdienste zur sicheren Abwicklung digitaler Kontakte mit den Behörden, zur Inanspruchnahme digitaler öffentlicher Dienste, zur Durchführung

von Verwaltungsverfahren und zum Empfang, zur Vorlage und Archivierung von Belegen und Nachweisen.

(2) [1]Hierzu stellt der Freistaat Bayern den Berechtigten unentgeltlich Nutzerkonten und weitere erforderliche digitale Dienste nach Maßgabe der Art. 29 bis 31 zur Verfügung. [2]Die digitalen Identitätsdienste werden über einen sicheren Identitätsnachweis im Sinne von Art. 31 Abs. 2 beantragt.

(3) [1]Die Einrichtung und Nutzung der digitalen Identität ist freiwillig. [2]Ihr Inhaber hat das jederzeitige Zugriffs- und Löschungsrecht für die digitale Identität als solche und all ihrer Inhalte. [3]Die datenschutzrechtliche Aufsicht über die bereitstellende Stelle erfolgt durch den Landesbeauftragten für den Datenschutz.

(4) [1]Die in der digitalen Identität gespeicherten amtlichen Dokumente sind der Sphäre des Inhabers zuzurechnen, dauerhaft zu sichern und gegen den unbefugten Zugriff Dritter zu schützen. [2]Ein Zugriff auf die im Rahmen der digitalen Identität gespeicherten digitalen Dokumente ist ohne Einwilligung des Inhabers nur unter den Voraussetzungen der §§ 94, 95, 97 und 98 der Strafprozeßordnung (StPO) zulässig. [3]Besondere gesetzliche Befugnisse bleiben unberührt.

Artikel 12 Rechte in der digitalen Verwaltung

(1) [1]Jeder hat das Recht nach Maßgabe der Art. 16 bis 18 digital über das Internet mit den Behörden zu kommunizieren und ihre Dienste in Anspruch zu nehmen. [2]Er kann verlangen, dass Verwaltungsverfahren nach Maßgabe des Art. 19 ihm gegenüber digital durchgeführt werden. [3]Die Möglichkeit, Verwaltungsverfahren auch nichtdigital zu erledigen, bleibt unberührt.

(2) [1]Die zuständigen Behörden haben den Beteiligten in digitalen Verfahren eine nichtdigitale Beratung, Auskunft und Anhörung anzubieten. [2]Die Kontaktdaten für die persönliche Beratung, Auskunft und Anhörung sollen für die Beteiligten leicht erkennbar, erreichbar und ständig verfügbar sein.

(3) Der sofortige Vollzug vollständig automatisiert erlassener Verwaltungsakte ist nur aufgrund gesetzlicher Ermächtigung zulässig.

Artikel 13 Mobile Dienste

(1) Jeder hat nach Maßgabe dieses Artikels das Recht auf mobile Bereitstellung öffentlicher digitaler Dienste.

(2) [1]Der Freistaat Bayern stellt geeignete öffentliche digitale Dienste auch mobil über allgemein zugängliche Netze bereit. [2]Der Freistaat Bayern unterstützt die Gemeindeverbände und Gemeinden bei der mobilen Bereitstellung digitaler öffentlicher Dienste durch geeignete Basisdienste oder zentrale Dienste.

Artikel 14 Offene Daten

(1) [1]Die Nutzbarkeit offener Datenbestände der öffentlichen Verwaltung wird gewährleistet. [2]Die staatlichen Behörden sind zur zielgruppenorientierten und nutzerfreundlichen Aufbereitung öffentlich zugänglicher Daten verpflichtet.

(2) [1]Die Behörden können für ein datenbasiertes Verwalten vorhandene Daten so kombinieren, dass neue, zukunftsorientierte Leistungen für Bürger und Unternehmen entstehen. [2]Die Regelungen zum Schutz personenbezogener Daten bleiben unberührt.

(3) Das Nähere wird durch Gesetz oder aufgrund eines Gesetzes bestimmt.

Artikel 15 Digitalplan, Digitalbericht

(1) Zur Umsetzung der Ziele dieses Gesetzes beschließt die Staatsregierung auf Vorschlag des Staatsministeriums für Digitales im Einvernehmen mit den Ressorts einen Digitalplan und schreibt diesen regelmäßig fort.

(2) Die Staatsregierung berichtet auf Basis des Digitalplans dem Landtag regelmäßig, spätestens drei Jahre nach Inkrafttreten dieses Gesetzes, über den Stand der Digitalisierung in Bayern und die Umsetzung der nach diesem Gesetz vorgesehenen Maßnahmen.

Teil 2
Digitale Verwaltung

Kapitel 1
Digitale Kommunikation und Dienste

Artikel 16 Digitale Kommunikation

[1]Jede Behörde ist verpflichtet, einen Zugang für die Übermittlung digitaler sowie im Sinne des Art. 3a Abs. 2 BayVwVfG schriftformersetzender Dokumente zu eröffnen. [2]Die Übermittlung digitaler Dokumente durch Behörden ist zulässig, soweit und solange der Empfänger hierfür einen Zugang eröffnet. [3]Die Behörden stellen geeignete sichere Verfahren für die Kommunikation mit dem Nutzer bereit. [4]Soweit nichts anderes bestimmt ist, entscheidet die Behörde über die Art und Weise der Übermittlungsmöglichkeit.

Artikel 17 Digitale Dienste

(1) [1]Die Behörden sollen geeignete Dienste auch digital über allgemein zugängliche Netze anbieten. [2]Die Behörden sollen dabei zugleich die Informationen bereitstellen, die ihre sachgerechte und nutzerfreundliche digitale Inanspruchnahme ermöglichen.

(2) Für die Nutzung des digitalen Weges werden vorbehaltlich anderer Rechtsvorschriften keine zusätzlichen Kosten erhoben.

(3) [1]Veröffentlichungspflichtige Mitteilungen und amtliche Verkündungsblätter sollen auch digital bekannt gemacht werden. [2]Vorbehaltlich entgegenstehender rechtlicher Vorgaben kann die Bekanntmachung ausschließlich digital erfolgen, wenn eine Veränderung der veröffentlichten Inhalte ausgeschlossen ist und die Einsichtnahme auch unmittelbar bei der die Veröffentlichung veranlassenden Stelle auf Dauer gewährleistet wird. [3]Das Nähere regelt die Staatsregierung für ihren Bereich durch Bekanntmachung.

Artikel 18 Zahlungsabwicklung und Rechnungen

(1) [1]Geldansprüche öffentlicher Kassen können unbar beglichen werden, solange kein sofortiges anderes Vollstreckungsinteresse besteht. [2]Die Behörden bieten hierfür integrierte digitale Zahlungsmöglichkeiten an, soweit dies wirtschaftlich und zweckmäßig ist.

(2) [1]Alle Auftraggeber im Sinne von § 98 des Gesetzes gegen Wettbewerbsbeschränkungen stellen den Empfang und die Verarbeitung digitaler Rechnungen sicher, soweit
1. für sie eine Vergabekammer des Freistaates Bayern zuständig ist,
2. sie im Rahmen der Organleihe für den Bund tätig werden oder
3. dies durch Rechtsverordnung der Staatsregierung vorgesehen ist.

[2]Eine Rechnung ist digital, wenn sie in einem strukturierten digitalen Format ausgestellt, übermittelt und empfangen werden kann, das ihre automatische und digitale Verarbeitung ermöglicht.

Kapitel 2
Digitales Verwaltungsverfahren

Artikel 19 Digitale Verfahren

(1) [1]Die Behörden bieten geeignete Verwaltungsleistungen auch digital an. [2]Die Gemeindeverbände und die Gemeinden sollen in Angelegenheiten des eigenen Wirkungskreises geeignete Verwaltungsleistungen auch digital anbieten.

(2) [1]Behördliche Formulare, die zur Verwendung durch Beteiligte dienen, sind in digital ausfüllbarer Form zum Abruf und zur sicheren Datenübermittlung an die Behörden bereitzustellen. [2]Dies gilt nicht, soweit Verwaltungsleistungen gemäß Abs. 1 vollständig digital angeboten werden. [3]Ist aufgrund einer Rechtsvorschrift ein bestimmtes Formular zwingend zu verwenden, das ein Unterschriftsfeld vorsieht, wird allein dadurch nicht die Anordnung der Schriftform bewirkt.

(3) Die Behörden sind verpflichtet, in digitalen Verwaltungsverfahren, in denen sie die Identität einer Person aufgrund einer Rechtsvorschrift festzustellen haben oder aus anderen Gründen eine Identifizierung für notwendig erachten, die Identifizierung über einen digitalen Identitätsnachweis anzubieten:
1. nach § 18 des Personalausweisgesetzes (PAuswG),
2. nach § 78 Abs. 5 des Aufenthaltsgesetzes (AufenthG),

3. nach § 12 des eID-Karte-Gesetzes (eIDKG) oder
4. durch ein anderes sicheres Verfahren, das gesetzlich oder durch Rechtsverordnung der Staatsregierung als allgemeines Identifizierungs- oder Authentifizierungsmittel oder zum Ersatz der Schriftform zugelassen ist.

Artikel 20 Digitale Verfahren als Regelfall

(1) [1]Staatliche Behörden sollen geeignete Verwaltungsverfahren oder abtrennbare Teile davon in der Regel digital durchführen. [2]Digital durchgeführte Verfahren sind von den staatlichen Behörden nutzerfreundlich im Sinne des Art. 10 zu gestalten. [3]Art. 12 bleibt unberührt.

(2) [1]Verwaltungsleistungen, die über ein Organisationskonto im Sinne des Art. 29 Abs. 2 Satz 2 abgewickelt werden, können auch ausschließlich digital angeboten werden. [2]Zur Vermeidung unbilliger Härten ist auf eine digitale Abwicklung auf Antrag des Beteiligten zu verzichten, wenn diese persönlich oder wirtschaftlich unzumutbar ist.

(3) Der Freistaat Bayern, die Gemeindeverbände und die Gemeinden sowie die sonstigen der Aufsicht des Freistaates Bayern unterstehenden juristischen Personen des öffentlichen Rechts können Verwaltungsdienstleistungen im Bereich der Personalverwaltung und Personalwirtschaft gegenüber ihren Beschäftigten ausschließlich digital anbieten und erbringen.

Artikel 21 Assistenzdienste, Datenübermittlung durch Dritte

(1) [1]Die Staatsministerien können beim Angebot digitaler Verwaltungsleistungen den Einsatz nicht amtlicher digitaler Assistenzdienste gewerblicher Anbieter durch Bekanntmachung zulassen. [2]In der Bekanntmachung sind für die jeweilige Verwaltungsleistung die amtlichen Datensätze und amtlichen Schnittstellen zu bezeichnen.

(2) [1]Bei der digitalen Übermittlung von amtlich vorgeschriebenen Datensätzen an die zuständigen Behörden hat der Anbieter gewerblicher Assistenzdienste die hierfür amtlich bestimmten Schnittstellen ordnungsgemäß zu bedienen. [2]Die amtlich bestimmten Schnittstellen werden über das Internet zur Verfügung gestellt.

Artikel 22 Einwilligung im digitalen Verfahren

(1) [1]Die Durchführung digitaler Verwaltungsverfahren erfolgt mit Einwilligung des oder der Beteiligten, soweit gesetzlich nichts anderes bestimmt ist. [2]Die Einwilligung kann für einzelne Verfahren, für bestimmte Gruppen von Behördenkontakten oder generell erteilt werden. [3]Sie kann die Weitergabe personenbezogener Daten an andere digitale Anwendungen und Verfahren umfassen.

(2) [1]Die generelle Einwilligung im digitalen Verwaltungsverfahren soll digital über das Nutzerkonto gemäß Art. 29 erteilt werden. [2]Die Einwilligung ist im Nutzerkonto zu dokumentieren und kann mit Wirkung für die Zukunft widerrufen werden. [3]Der Widerruf in einem laufenden Verwaltungsverfahren ist gegenüber der für die Durchführung des Verwaltungsverfahrens zuständigen Behörde zu erklären.

Artikel 23 Nachweise, Direktabruf von Informationen

(1) [1]Die Beteiligten können benötigte Nachweise und Unterlagen digital einreichen, soweit durch Rechtsvorschrift nichts anderes bestimmt ist. [2]Die Behörde kann für bestimmte Verfahren oder im Einzelfall die Vorlage eines Originals oder amtlich beglaubigter Kopien verlangen.

(2) [1]Von einer zuständigen inländischen Behörde zur Vorlage verlangte Informationen sollen mit Einwilligung der betroffenen Person von der Behörde selbst eingeholt werden, wenn die Informationen von der Behörde in digitaler Form abgerufen werden können. [2]Für den Abruf nach Satz 1 werden Kosten nach Maßgabe des Kostengesetzes erhoben. [3]Die betroffene Person ist über die Kosten des Abrufs vorab zu informieren. [4]Sonstige gesetzliche Regelungen bleiben unberührt.

(3) [1]Im Fall des Abs. 2 darf die datenabrufende Stelle die Nachweise der betroffenen Person bei der datenübermittelnden Stelle abrufen, soweit dies zur Erfüllung ihrer Aufgabe erforderlich ist und der Nachweis aufgrund anderer Rechtsvorschrift bei der betroffenen Person erhoben werden dürfte. [2]Liegen die Voraussetzungen nach Satz 1 vor, darf die datenübermittelnde Stelle die Nachweise der betroffenen Person an die datenabrufende Stelle übermitteln. [3]Datenabrufende Stelle kann die für die Entscheidung über den Antrag zuständige Behörde oder auch eine andere öffentliche Stelle sein, die dafür zuständig ist, Antragsdaten und Nachweise einzuholen und an die für die Entscheidung über den Antrag zuständige Behörde weiterzuleiten. [4]Datenübermittelnde Stelle ist eine Stelle, die über den Nachweis verfügt.

(4) Die zuständige Behörde darf bei einer Behörde eines anderen Mitgliedstaats der Europäischen Union einen Nachweis abrufen, soweit dies zur Erfüllung ihrer Aufgaben für eines der Verfahren nach Art. 14 Abs. 1 der Verordnung (EU) 2018/1724 erforderlich ist.

(5) Die Übermittlung von Nachweisen an Behörden anderer Mitgliedstaaten der Europäischen Union ist nach Maßgabe von Art. 14 der Verordnung (EU) 2018/1724 sowie einem dazu ergangenen Durchführungsrechtsakt zulässig.

Artikel 24 Bekanntgabe über Portale

(1) [1]Mit Einwilligung des Beteiligten können Verwaltungsakte bekannt gegeben werden, indem sie dem Beteiligten oder einem von ihm benannten Dritten zum Datenabruf durch Datenfernübertragung bereitgestellt werden. [2]Für den Abruf hat sich die abrufberechtigte Person zu authentifizieren. [3]Im Falle des Art. 20 Abs. 3 ist eine Einwilligung des Beteiligten nicht erforderlich.

(2) [1]Der Verwaltungsakt gilt am dritten Tag, nachdem die digitale Benachrichtigung über die Bereitstellung des Verwaltungsakts zum Abruf an die abrufberechtigte Person abgesendet wurde, als bekannt gegeben. [2]Dies gilt nicht, wenn die digitale Benachrichtigung nicht oder zu einem späteren Zeitpunkt zugegangen ist. [3]Im Zweifel hat die Behörde den Zugang der digitalen Benachrichtigung nachzuweisen. [4]Gelingt ihr der Nachweis nicht, gilt der Verwaltungsakt in dem Zeitpunkt als bekannt gegeben, in dem die abrufberechtigte Person den Datenabruf durchgeführt hat.

(3) Die Übermittlung der Benachrichtigung, der Tag der Bereitstellung zum Abruf und des Versands der Benachrichtigung sowie der Abruf durch die abrufberechtigte Person sind zu protokollieren.

(4) Die Abs. 1 bis 3 gelten auch abweichend von § 9 Abs. 1 OZG.

Artikel 25 Zustellung über Portale

[1]Ein elektronisches Dokument kann, unbeschadet des Art. 5 Abs. 4 bis 6 des Bayerischen Verwaltungszustellungs- und Vollstreckungsgesetzes (VwZVG), auch durch Bereitstellung zum Datenabruf gemäß Art. 24 zugestellt werden. [2]Die Zustellung setzt voraus, dass der Beteiligte ausdrücklich in die Zustellung durch Bereitstellung zum Datenabruf einwilligt. [3]Der Beteiligte ist vor der Einwilligung unter ausdrücklichem Hinweis auf diese Rechtsvorschrift über die Rechtsfolgen der Zustellung zu informieren. [4]Im Falle des Art. 20 Abs. 3 ist eine Einwilligung des Beteiligten nicht erforderlich.

Kapitel 3
Portalverbund Bayern

Artikel 26 Portalverbund Bayern

(1) [1]Der Freistaat Bayern errichtet und betreibt den Portalverbund Bayern. [2]Der Portalverbund Bayern umfasst das Bayernportal und das Organisationsportal Bayern. [3]Der Portalverbund Bayern stellt sicher, dass die Nutzer einen barriere- und medienbruchfreien Zugang zu den digitalen Verwaltungs- und Justizleistungen der Behörden, Gerichte und Staatsanwaltschaften erhalten. [4]Der Portalverbund Bayern ist auch das Verwaltungsportal des Freistaates Bayern im Sinne des § 1 Abs. 2 OZG.

(2) [1]Über den Portalverbund Bayern werden von den Behörden, Gerichten und Staatsanwaltschaften

1. die Verwaltungs- und Justizleistungen im Sinne des Abs. 1 sowie aktuelle Informationen über Verwaltungsleistungen, Anschrift, Geschäftszeiten sowie postalische, telefonische und digitale Erreichbarkeiten zur Verfügung gestellt,
2. die Rechte aus den Art. 11 bis 13 gewährleistet,
3. der digitale Zugang zur Verwaltung nach Art. 16 eröffnet,
4. digitale Behördendienste nach Art. 17 bereitgestellt,
5. der digitale Zahlungsverkehr nach Art. 18 ermöglicht,
6. Verwaltungsverfahren nach Maßgabe der Art. 19 bis 25 abgewickelt,
7. Verwaltungsverfahren bereitgestellt, die über den Einheitlichen Ansprechpartner oder über die einheitliche Stelle abgewickelt werden können,
8. die Identifizierung mit einem digitalen Identitätsnachweis nach Art. 19 Abs. 3 ermöglicht,
9. Nutzerkonten nach den Art. 29 bis 32 bereitgestellt und
10. die Pflichten der Behörden aus dem Onlinezugangsgesetz und aus der Verordnung (EU) 2018/1724 erfüllt.

[2]Die erforderlichen technischen Standards werden durch das Staatsministerium für Digitales im Einvernehmen mit dem Staatsministerium der Finanzen und für Heimat festgelegt, wobei für Portale der mittelbaren Staatsverwaltung auch eine Anbindung durch eine Verlinkung zugelassen werden kann.

Artikel 27 Bayernportal

[1]Das Bayernportal ist das allgemeine Verwaltungsportal des Freistaates Bayern. [2]Über das Bayernportal stellt der Freistaat Bayern Funktionen bereit, um insbesondere

1. eine digitale Suche nach Verwaltungsleistungen der Behörden des Freistaates Bayern und der Gemeindeverbände und Gemeinden anzubieten,
2. die Identifizierung und Authentifizierung über das Bürgerkonto gemäß Art. 29 Abs. 2 Satz 1 anzubieten,
3. Online-Antragsformulare für die digitale Beantragung von Verwaltungs- und Justizleistungen der Behörden des Freistaates Bayern und der Gemeindeverbände und Gemeinden bereitzustellen und
4. einen sicheren digitalen Übermittlungsweg für die Behörden zu eröffnen, der es ihnen ermöglicht Bescheide und sonstige Dokumente digital an das Postfach im Bürgerkonto des Antragstellers zu übermitteln, soweit der Antragsteller diesen Kommunikationskanal gewählt hat.

Artikel 28 Organisationsportal Bayern

(1) Der Freistaat Bayern errichtet und betreibt ein elektronisches, über allgemein zugängliche Netze aufrufbares Verwaltungsportal, das die landesweite elektronische Abwicklung aller Verwaltungsleistungen und sonstigen Verwaltungsverfahren ermöglicht, die über das Organisationskonto im Sinne von Art. 29 Abs. 2 Satz 2 abgewickelt werden können (Organisationsportal).

(2) Über das Organisationsportal werden alle Verwaltungsverfahren bereitgestellt, die über das „einheitliche digitale Zugangstor“ im Sinne der Verordnung (EU) 2018/1724 abgewickelt werden.

(3) [1]Die Behörden sind zur digitalen Abwicklung der im Organisationsportal bereitgestellten Verwaltungsleistungen verpflichtet, die der Nutzer über das Portal einleitet oder anfordert. [2]Gleiches gilt für sonstige Verwaltungsverfahren, die nach Abs. 1 über das Organisationskonto abgewickelt werden können.

(4) [1]Die Behörden müssen die für die Abwicklung erforderlichen technischen und organisatorischen Voraussetzungen schaffen. [2]Sie sollen der effizienten Verfahrensgestaltung dienende technische Einrichtungen, technische Kommunikationsstandards und Möglichkeiten zur medienbruchfreien Datenübermittlung nutzen.

Artikel 29 Nutzerkonto, Postfach

(1) [1]Der Freistaat Bayern stellt im Portalverbund Bayern Nutzerkonten bereit, über die sich Nutzer für die im Portalverbund angebotenen Verwaltungs- und Justizleistungen einheitlich identifizieren und authentisieren können. [2]Nutzerkonten im Sinne des Satzes 1 können vom Freistaat Bayern auch gemeinsam mit dem Bund und anderen Ländern bereitgestellt werden. [3]Das Nutzerkonto umfasst auch eine Kommunikationsfunktion mit den Behörden sowie ein Postfach, das die Bekanntgabe und Zustellung von Verwaltungsakten und die Übermittlung sonstiger elektronischer Dokumente und Informationen von den Behörden, Gerichten oder Staatsanwaltschaften ermöglicht. [4]Nutzerkonten werden als jeweils eigenständige Bürger- und Organisationskonten angeboten.

(2) [1]Das bayerische Bürgerkonto ist das Nutzerkonto des Freistaates Bayern, das natürlichen Personen für ihre privaten, nicht wirtschaftlichen Verwaltungskontakte zur Verfügung steht. [2]Das Organisationskonto ist ein einheitliches Nutzerkonto von Bund und Ländern, das juristischen Personen, Vereinigungen, denen ein Recht zustehen kann, natürlichen Personen, die beruflich oder wirtschaftlich tätig sind oder wirtschaftliche Fördermaßnahmen in Anspruch nehmen, Land- und Forstwirten sowie Behörden zur Inanspruchnahme der Verwaltungs- und Justizleistungen im Sinne von Art. 26 Abs. 1 zur Verfügung steht.

(3) [1]Über das Organisationskonto können sich Nutzer für die im Organisationsportal des Freistaates Bayern verfügbaren digitalen Verwaltungsleistungen einheitlich über ein nach § 87a Abs. 6 Satz 1 AO in der Steuerverwaltung eingesetztes sicheres Verfahren identifizieren und authentifizieren. [2]Das schließt den Einsatz von Identifizierungsmitteln für natürliche Personen als Vertreter von Organisationen nicht aus.

(4) [1]Die Behörden haben die Nutzerkonten im Rahmen ihrer Verwaltungsleistungen anzubinden. [2]Dies gilt nicht für Verwaltungsleistungen, die über rein verwaltungsinterne Portale angeboten werden. [3]Die

Anbindung von Bürgerkonten des Bundes oder anderer Länder an Verwaltungsleistungen der Behörden erfolgt über das bayerische Bürgerkonto. [4]Eine abweichende Form der Anbindung ist nur mit Zustimmung des Staatsministeriums für Digitales im Einvernehmen mit dem Staatsministerium der Finanzen und für Heimat und dem Staatsministerium des Innern, für Sport und Integration zulässig. [5]Die technischen Anforderungen an die Funktionen des Nutzerkontos werden durch Bekanntmachung des Staatsministeriums für Digitales im Einvernehmen mit dem Staatsministerium der Finanzen und für Heimat festgelegt.

Artikel 30 Funktionsumfang des Nutzerkontos, Datenschutz

(1) [1]Im Nutzerkonto werden die zur Identifizierung des Nutzers gespeicherten Daten und die in das Postfach übermittelten elektronischen Dokumente so aufgeführt, dass sie für ihn nach vorheriger Authentifizierung jederzeit einsehbar sind. [2]Der Nutzer hat die Möglichkeit, über ihn im Nutzerkonto gespeicherte Daten, im Postfach gespeicherte Dokumente oder auch das gesamte Nutzerkonto zu löschen. [3]Die Sicherheit des Nutzerkontos wird nach dem Stand der Technik gewährleistet.

(2) [1]Das Nutzerkonto ist mit einer Funktion zu verknüpfen, die es dem Nutzer ermöglicht, sich über aktive Zustimmungen und die auf dieser Grundlage derzeit übermittelten Daten zu informieren, Zustimmungen zu erteilen sowie jederzeit zu widerrufen. [2]Daten aus dem Nutzerkonto können mit Zustimmung des Nutzers automatisiert in die zur Antragstellung bereitgestellten Formulare übernommen werden.

(3) [1]Das Nutzerkonto umfasst eine sichere Archivierungsfunktion für digitale amtliche Dokumente des Nutzers. [2]Die im Nutzerkonto gespeicherten Dokumente sind vor unberechtigten Zugriffen und Veränderungen zu schützen. [3]Sie sind zum Datenabruf durch den Nutzer auch zur mobilen Vorlage bereitzustellen. [4]Von den zuständigen Behörden in das Postfach übermittelte digitale Dokumente können zur Erfüllung von Nachweispflichten auch digital als Nachweis vorgelegt werden.

(4) Die Datenverarbeitungsvorgänge, die im Zusammenhang mit der Antragstellung über das Nutzerkonto stehen, sind in digital abrufbarer Form im Nutzerkonto zu speichern.

Artikel 31 Identifizierung am Nutzerkonto, Schriftformersatz

(1) [1]Der Nachweis der Identität eines Nutzers kann durch unterschiedliche Identifizierungsmittel erfolgen. [2]Vor jeder Verwendung muss der Nutzer die Zustimmung zur Verarbeitung seiner Identitätsdaten für die konkrete digitale Verwaltungs- und Justizleistung erteilen. [3]Der Nutzer kann die Zustimmung zur Verarbeitung seiner Identitätsdaten auch generell für alle Verwaltungs- und Justizleistungen erteilen. [4]In den Fällen des Satzes 3 ist der Nutzer bei der Zustimmung über deren rechtliche Folgen zu informieren. [5]Die Zustimmung ist zu protokollieren und kann jederzeit widerrufen werden.

(2) [1]In Verwaltungsverfahren und der sonstigen digitalen Kommunikation über den Portalverbund kann sich jeder Nutzer unter Inanspruchnahme des Nutzerkontos identifizieren

1. durch einen Identitätsnachweis nach § 18 PAuswG, nach § 78 Abs. 5 AufenthG oder nach § 12 eIDKG,
2. durch ein sicheres Verfahren nach § 87a Abs. 6 Satz 1 AO,
3. durch Dienste anderer Mitgliedstaaten, die nach Maßgabe der Verordnung (EU) 910/2014 auf dem Vertrauensniveau
   a) „substanziell" oder
   b) „hoch"

   notifiziert worden sind oder
4. durch ein anderes sicheres Verfahren, das gesetzlich oder durch Rechtsverordnung der Staatsregierung als Identifizierungs- oder Authentifizierungsmittel oder zum Ersatz der Schriftform zugelassen ist.

[2]Die zuständige Behörde kann von einer Identifizierung durch ein Verfahren im Sinne des Satzes 1 für einzelne Verwaltungsverfahren absehen, soweit Sicherheitsbedenken nicht entgegenstehen. [3]Satz 1 Nr. 2, 3 Buchst. a und Nr. 4 sowie Satz 2 gelten nicht, soweit durch gesetzliche Vorschrift ein Identitätsnachweis nach § 18 PAuswG, nach § 78 Abs. 5 AufenthG oder nach § 12 eIDKG genutzt wird. [4]In begründeten Ausnahmefällen kann die Behörde ein Verfahren im Sinne des Satzes 3 auch für weitere Verwaltungsverfahren vorsehen.

(3) [1]Das nach § 87a Abs. 6 Satz 1 AO eingesetzte sichere Verfahren ersetzt im Falle der Identifizierung und Authentifizierung am Nutzerkonto auch eine durch Rechtsvorschrift angeordnete Schriftform.

²Gleiches gilt für Dienste anderer Mitgliedstaaten, die nach Maßgabe der Verordnung (EU) 910/2014 auf dem Vertrauensniveau „substanziell“ oder „hoch“ notifiziert worden sind.

(4) Abs. 3 gilt auch abweichend von § 8 Abs. 6 Satz 2 OZG.

(5) Eine durch Rechtsvorschrift angeordnete Schriftform wird auch ersetzt

1. bei Übermittlung eines elektronischen Dokuments
   a) aus einem Postfach einer Behörde oder einer juristischen Person des öffentlichen Rechts im Sinne von § 130a Abs. 4 Satz 1 Nr. 3 der Zivilprozessordnung (ZPO) – besonderes elektronisches Behördenpostfach – oder aus einem elektronischen Gerichts- und Verwaltungspostfach eines Gerichts oder einer Staatsanwaltschaft (elektronische Poststelle eines Gerichts oder einer Staatsanwaltschaft) oder
   b) an ein besonderes elektronisches Behördenpostfach oder eine elektronische Poststelle eines Gerichts oder einer Staatsanwaltschaft, wenn das elektronische Dokument versandt wurde,
      aa) aus einem besonderen elektronischen Anwaltspostfach nach § 31a der Bundesrechtsanwaltsordnung oder einem entsprechenden, auf gesetzlicher Grundlage errichteten elektronischen Postfach im Sinne von § 130a Abs. 4 Satz 1 Nr. 2 ZPO,
      bb) aus einem besonderen elektronischen Behördenpostfach oder von einer elektronischen Poststelle eines Gerichts oder einer Staatsanwaltschaft oder
      cc) aus einem Postfach einer natürlichen oder juristischen Person oder einer sonstigen Vereinigung im Sinne von § 130a Abs. 4 Satz 1 Nr. 4 ZPO (besonderes elektronisches Bürger- und Organisationenpostfach)

oder

2. durch die Verwendung von elektronischen Siegeln im Sinne des Abschnitts 5 der Verordnung (EU) Nr. 910/2014.

Artikel 32 Rechtsgrundlage der Datenverarbeitung

(1) ¹Zur Feststellung der Identität des Nutzers dürfen bei Registrierung und Nutzung eines Nutzerkontos die zur Identitätsfeststellung erforderlichen Daten natürlicher und juristischer Personen verarbeitet werden. ²Gleiches gilt für Daten, die zum bestimmungsgemäßen Betrieb des Nutzerkontos und zur Abwicklung von Verwaltungsverfahren über das Nutzerkonto erforderlich sind. ³Bei Einsatz des Nutzerkontos dürfen die zur Durchführung des Verwaltungsverfahrens oder zur Inanspruchnahme sonstiger Leistungen der öffentlichen Verwaltung erforderlichen Daten verarbeitet werden.

(2) Daten im Sinne des Abs. 1 dürfen auch zwischen den Nutzerkonten von Bund und Ländern ausgetauscht und an weitere öffentliche Stellen weitergegeben werden, soweit dies zur Durchführung eines Verwaltungsverfahrens oder zur Inanspruchnahme eines Dienstes erforderlich ist.

(3) ¹Daten im Sinne des Abs. 1 sind im Nutzerkonto zu speichern und können automatisiert aktualisiert werden, soweit die Daten für den Betrieb des Nutzerkontos oder die Abwicklung von Verwaltungsverfahren über das Nutzerkonto erforderlich sind. ²Sie können zur Abwicklung von Verwaltungsverfahren genutzt und in die hierfür bereitgestellten Verfahren und Formulare automatisiert übertragen werden. ³Der Nutzer ist über Aktualisierungen der Daten im Sinne des Satzes 1 zu informieren.

Kapitel 4
Digitale Akten und Register

Artikel 33 Digitale Akten

(1) ¹Die staatlichen Behörden sollen, Landratsämter und sonstige Behörden können, ihre Akten digital führen. ²Die Grundsätze ordnungsgemäßer Aktenführung sind zu wahren. ³Die verarbeiteten Daten sind vor Informationsverlust sowie unberechtigten Zugriffen und Veränderungen zu schützen.

(2) Nutzt eine Behörde die digitale Aktenführung, soll sie Akten, Vorgänge und Dokumente gegenüber anderen Behörden unter Einhaltung der datenschutzrechtlichen Bestimmungen digital übermitteln.

(3) ¹Papierdokumente sollen in ein digitales Format übertragen und gespeichert werden. ²Sie können anschließend vernichtet werden, soweit keine entgegenstehenden Pflichten zur Rückgabe oder Aufbewahrung bestehen. ³Bei der Übertragung ist nach dem Stand der Technik sicherzustellen, dass die digitale Fassung mit dem Papierdokument übereinstimmt.

(4) Die Verfahren zur digitalen Vorgangsbearbeitung und Aktenführung sind schrittweise technisch so zu gestalten, dass sie auch von Menschen mit Behinderung grundsätzlich uneingeschränkt genutzt werden können.

Artikel 34 Einsicht in die digitale Akte

[1]Die Einsicht in digital geführte Akten ist in nutzerfreundlicher Form sicherzustellen. [2]Soweit ein Recht auf Akteneinsicht besteht, können die Behörden, die Akten digital führen, Akteneinsicht insbesondere dadurch gewähren, dass sie

1. einen Aktenausdruck zur Verfügung stellen,
2. die digitalen Dokumente auf einem Bildschirm wiedergeben,
3. digitale Dokumente übermitteln oder
4. den digitalen Zugriff auf den Inhalt der Akten gestatten.

Artikel 35 Digitale Register

[1]Die staatlichen Behörden sollen ihre Register digital führen. [2]Landratsämter und sonstige Behörden können ihre Register digital führen.

Kapitel 5
Behördenzusammenarbeit, Rechenzentren

Artikel 36 Behördliche Zusammenarbeit

[1]Die Behörden unterhalten die zur Erfüllung ihrer Aufgaben erforderlichen digitalen Verwaltungsinfrastrukturen. [2]Sie gewährleisten deren Sicherheit und fördern deren gegenseitige technische Abstimmung und Barrierefreiheit. [3]Die Behörden können bei Entwicklung, Einrichtung und Betrieb von digitalen Verwaltungsinfrastrukturen zusammenwirken und sich diese wechselseitig zur öffentlichen Aufgabenerfüllung überlassen.

Artikel 37 Basisdienste und zentrale Dienste

(1) [1]Der Freistaat Bayern soll digitale Verwaltungsinfrastrukturen zur behördenübergreifenden Nutzung bereitstellen (Basisdienste). [2]Die datenschutzrechtliche Verantwortung für die Nutzung liegt bei der nutzenden Stelle. [3]Die Möglichkeit einer gemeinsamen Verantwortung gemäß Art. 26 der Verordnung (EU) 2016/679 (Datenschutz-Grundverordnung – DSGVO) bleibt hiervon unberührt.

(2) [1]Der Freistaat Bayern kann den Behörden digitale Verwaltungsinfrastrukturen des Staatsministeriums für Digitales oder des Staatsministeriums der Finanzen und für Heimat bereitstellen (zentrale Dienste). [2]Die datenschutzrechtliche Verantwortung liegt in diesem Fall beim bereitstellenden Staatsministerium. [3]Personenbezogene Daten können mit Zustimmung des Nutzers an angeschlossene Behörden übermittelt werden. [4]Diese personenbezogenen Daten dürfen ausschließlich für die Zwecke der zentralen Dienste und der mit diesen in Anspruch genommenen Verwaltungsleistungen verarbeitet werden.

(3) [1]Behördenübergreifende Dienste werden in der Regel als Basisdienste angeboten. [2]Soll ein zentraler Dienst bereitgestellt werden, ist dies ausdrücklich festzulegen. [3]Die Nutzung von Basisdiensten und zentralen Diensten kann den Behörden vom Staatsministerium für Digitales im Einvernehmen mit dem Staatsministerium der Finanzen und für Heimat verbindlich vorgegeben werden.

(4) [1]Der Freistaat Bayern stellt den Behörden Dienste im Sinne der Abs. 1 und 2 zur Aufgabenerfüllung zur Verfügung, soweit dies wirtschaftlich und zweckmäßig ist. [2]Die Behörden können ihre Verpflichtungen gemäß den Art. 16 bis 25 auch durch den Anschluss an Dienste im Sinne der Abs. 1 und 2 erfüllen.

(5) [1]Die Bereitstellung von Diensten aus anderen Ländern zur Nachnutzung im Rahmen der Umsetzung des Onlinezugangsgesetzes erfolgt für die Behörden, Gerichte und Staatsanwaltschaften über das Staatsministerium für Digitales in Zusammenarbeit mit den fachlich zuständigen Ressorts. [2]Die Bereitstellung von Diensten im Sinne des Satzes 1 an die Behörden erfolgt nach Freigabe durch das fachlich zuständige Ressort. [3]Das Staatsministerium für Digitales kann sich zur Erfüllung der Aufgabe im Sinne des Satzes 1 auf der Grundlage eines öffentlich-rechtlichen Vertrags der in Art. 52 Abs. 1 genannten Anstalt des öffentlichen Rechts bedienen.

Artikel 38 Auftragsverarbeitung durch staatliche Stellen

(1) [1]Unabhängig vom Anwendungsbereich dieses Gesetzes erfolgt die datenschutzrechtliche Auftragsverarbeitung durch staatliche Stellen für öffentliche Stellen auf Grundlage eines Vertrages im Sinne des Art. 28 Abs. 3 Satz 1 Alternative 1 DSGVO oder § 62 Abs. 5 Satz 1 Alternative 1 des Bundesdatenschutzgesetzes und mit dem Vertragsinhalt, wie er nach Maßgabe dieses Artikels bestimmt wird, wenn und soweit die Auftragsverarbeitung nicht anderweitig gesetzlich geregelt ist. [2]Zur Begründung eines Auftragsverarbeitungsverhältnisses durch Vertrag teilt der Verantwortliche dem Auftragsverarbeiter in Textform mit:

1. Gegenstand und Dauer der Verarbeitung,
2. Art und Zweck der Verarbeitung,
3. die Art der personenbezogenen Daten und
4. die Kategorien betroffener Personen.

(2) [1]Bereits bestehende Auftragsverarbeitungsverhältnisse im Sinne des Abs. 1 Satz 1 werden zum Ablauf des dritten auf das Inkrafttreten des Gesetzes folgenden Kalenderjahres ungültig, soweit nicht rechtzeitig vor diesem Zeitpunkt der Verantwortliche oder der Auftragsverarbeiter ein bestehendes Auftragsverarbeitungsverhältnis in Textform bestätigt und der jeweils andere Vertragspartner zustimmt. [2]Die allgemeinen Nutzungsbedingungen zur datenschutzrechtlichen Auftragsverarbeitung werden in der jeweils geltenden Fassung, die durch Bekanntmachung der Staatsregierung im Bayerischen Ministerialblatt festgelegt werden, Bestandteil des Vertrages im Sinne des Abs. 1 Satz 1, soweit Verantwortlicher und Auftragsverarbeiter nicht eine abweichende individualvertragliche Vereinbarung treffen. [3]Die allgemeinen Nutzungsbedingungen zur datenschutzrechtlichen Auftragsverarbeitung können auch Regelungen zur Begründung von weiteren Auftragsverarbeitungsverhältnissen enthalten.

Artikel 39 Bayernserver

(1) Die für die Digitalisierung der staatlichen öffentlichen Verwaltung erforderlichen Infrastrukturen, insbesondere Leitungen, Server und Programme, sind nach Stand der Technik und der angemessenen Verfügbarkeit einzurichten und vorzuhalten.

(2) [1]Die staatliche öffentliche Verwaltung betreibt im Geschäftsbereich des Staatsministeriums der Finanzen und für Heimat sowohl ein zentrales Rechenzentrum als Dienstleister für den IT-Betrieb der Staatsverwaltung und der Fachgerichte als auch ein spezialisiertes Rechenzentrum für den IT-Betrieb im Bereich der Steuerverwaltung und für die Gerichte und Staatsanwaltschaften (Bayernserver). [2]Den Rechenzentren obliegt auch der Betrieb von bestimmten Diensten und Anwendungen im Sinne der Art. 26 bis 29 und von bestimmten Basisdiensten und zentralen Diensten im Sinne des Art. 37. [3]Das Staatsministerium der Finanzen und für Heimat steuert die beiden vorgenannten staatlichen Rechenzentren. [4]Die Befugnisse der Gerichtsbarkeiten bleiben hiervon unberührt. [5]Polizeiliche Fachanwendungen werden in einem spezialisierten Rechenzentrum im Geschäftsbereich des Staatsministeriums des Innern, für Sport und Integration betrieben. [6]Es stimmt sich hinsichtlich Aufbau und Betrieb der Rechenzentrumsflächen mit dem Staatsministerium der Finanzen und für Heimat ab.

(3) [1]Der Bayernserver stellt im Benehmen mit der Staatskanzlei und den Staatsministerien staatliche Informationstechnik zur Verfügung. [2]Die Aufgaben des zentralen Rechenzentrums umfassen insbesondere

1. die Beobachtung der Entwicklungen in der Informationstechnik,
2. das Bereitstellen und den Betrieb von IT-Infrastruktursystemen für die Informationstechnik der staatlichen öffentlichen Verwaltung,
3. die Entwicklung und den Betrieb ressortübergreifender digitaler Verwaltungsverfahren unter Berücksichtigung der Regelungen des Datenschutzes und der Datensicherheit,
4. den Auf- und Ausbau sowie die Förderung des Datenaustausches mit Dritten auf der Basis standardisierter Prozesse und Techniken,
5. die Beratung der staatlichen öffentlichen Verwaltung bei Planung, Entwicklung und Einsatz digitaler Verwaltungsverfahren und
6. die Übernahme von Entwicklungen und des Betriebs der von der Staatskanzlei oder einem Staatsministerium beauftragten digitalen Verwaltungsverfahren nach Maßgabe des Staatshaushaltes.

[3]Die Rechenzentren im Sinne des Abs. 2 können im Einvernehmen mit den betroffenen obersten Dienstbehörden Dritte mit der Durchführung der ihnen obliegenden Aufgaben betrauen. [4]Auf der Basis

von Vereinbarungen oder öffentlich-rechtlichen Verträgen können auch der Landtag, Kommunen oder sonstige Personen des öffentlichen Rechts die Dienste der Rechenzentren im Sinne des Abs. 2 im Einvernehmen mit den betroffenen obersten Dienstbehörden in Anspruch nehmen. [5]Im Rahmen der Umsetzung des Onlinezugangsgesetzes und von IT-Kooperationen ist auch eine Aufgabenübernahme für Behörden außerhalb Bayerns möglich.

Artikel 40 Staatlich verfügbare Netze

(1) Der Freistaat Bayern unterhält staatlich verfügbare Netze für die behördeninterne Kommunikation.

(2) Zur Festigung seiner strategischen Autonomie kann der Freistaat Bayern seine Fertigungstiefe in Bezug auf die eigene Netzinfrastruktur erhöhen.

Teil 3

IT-Sicherheit

Kapitel 1

Allgemeine Vorschriften

Artikel 41 Landesamt für Sicherheit in der Informationstechnik

[1]Es besteht ein Landesamt für Sicherheit in der Informationstechnik (Landesamt). [2]Es ist dem Staatsministerium der Finanzen und für Heimat unmittelbar nachgeordnet.

Artikel 42 Aufgaben

(1) Das Landesamt hat

1. Gefahren für die Sicherheit der Informationstechnik an den Schnittstellen zwischen Behördennetz und anderen Netzen abzuwehren,
2. die staatlichen und die sonstigen an das Behördennetz angeschlossenen Stellen bei der Abwehr von Gefahren für die Sicherheit in der Informationstechnik zu unterstützen,
3. sicherheitstechnische Mindeststandards an die Informationstechnik für die staatlichen und die sonstigen an das Behördennetz angeschlossenen Stellen zu entwickeln,
4. die Einhaltung der Mindeststandards nach Nr. 3 zu prüfen,
5. alle für die Abwehr von Gefahren für die Sicherheit in der Informationstechnik erforderlichen Informationen zu sammeln und auszuwerten sowie die staatlichen und sonstigen an das Behördennetz angeschlossenen Stellen unverzüglich über die sie betreffenden Informationen zu unterrichten und
6. die zuständigen Aufsichtsbehörden über Informationen, die es als Kontaktstelle im Rahmen des Verfahrens zu § 8b des BSI-Gesetzes erhalten hat, zu unterrichten.

(2) Auf Ersuchen kann das Landesamt staatliche und kommunale Stellen, öffentliche Unternehmen, Betreiber kritischer Infrastrukturen und weitere Einrichtungen mit wichtiger Bedeutung für das staatliche Gemeinwesen in Fragen der Sicherheit in der Informationstechnik unter Berücksichtigung der möglichen Folgen fehlender oder unzureichender Sicherheitsvorkehrungen beraten und unterstützen.

(3) Auf Ersuchen kann das Landesamt die Polizei, die Strafverfolgungsbehörden und das Landesamt für Verfassungsschutz bei der Wahrnehmung ihrer gesetzlichen Aufgaben technisch unterstützen, insbesondere bei der Durchführung von technischen Untersuchungen oder der Datenverarbeitung.

(4) Für die Kommunikationstechnik des Landtags, der Gerichte, des Obersten Rechnungshofs und des Landesbeauftragten für den Datenschutz ist das Landesamt nur zuständig, soweit sie an das Behördennetz angeschlossen sind oder Dienste im Sinne des Art. 37 nutzen.

Artikel 43 Behördenübergreifende Pflichten

(1) [1]Die Sicherheit der informationstechnischen Systeme der Behörden ist im Rahmen der Verhältnismäßigkeit sicherzustellen. [2]Die Behörden treffen zu diesem Zweck angemessene technische und organisatorische Maßnahmen im Sinn von Art. 32 DSGVO und Art. 32 des Bayerischen Datenschutzgesetzes und erstellen die hierzu erforderlichen Informationssicherheitskonzepte.

(2) Werden staatlichen oder sonstigen an das Behördennetz angeschlossenen Stellen Informationen bekannt, die zur Abwehr von Gefahren für die Sicherheit in der Informationstechnik von Bedeutung sind, unterrichten diese das Landesamt und ihre jeweilige oberste Dienstbehörde unverzüglich hierüber, soweit andere Vorschriften oder Vereinbarungen mit Dritten nicht entgegenstehen.

(3) Die staatlichen und die sonstigen an das Behördennetz angeschlossenen Stellen unterstützen das Landesamt bei Maßnahmen nach Art. 42 Abs. 1 Nr. 1, 2, 4 und 5, soweit keine Vorschriften entgegenstehen.

(4) Bei der Planung und Umsetzung von maßgeblichen neuen Digitalisierungsvorhaben des Landes ist das Landesamt zur Gewährleistung der Sicherheit in der Informationstechnik durch die jeweils zuständige Stelle frühzeitig zu beteiligen und es ist ihm die Gelegenheit zur Stellungnahme zu geben.

Kapitel 2
Befugnisse

Artikel 44 Abwehr von Gefahren für die Informationstechnik

(1) [1]Das Landesamt kann zur Erfüllung seiner Aufgaben gegenüber staatlichen und an das Behördennetz angeschlossenen Stellen die nötigen Anordnungen treffen oder Maßnahmen ergreifen, um Gefahren für die Informationstechnik etwa durch Schadprogramme, programmtechnische Sicherheitslücken oder unbefugte Datenverarbeitung zu erkennen und abzuwehren. [2]Das umfasst insbesondere auch die dazu nötige Datenverarbeitung gemäß Abs. 2. [3]Die Sätze 1 und 2 gelten nicht für die vom Behördennetz getrennte Informationstechnik des Landesamts für Verfassungsschutz.

(2) Das Landesamt kann hierzu, soweit dies zur Erfüllung seiner Aufgaben erforderlich ist,

1. Protokolldaten erheben und automatisiert auswerten, die beim Betrieb von Informationstechnik des Landes oder der an das Behördennetz angeschlossenen Stellen anfallen,
2. Daten erheben und automatisiert auswerten, die an den Schnittstellen zwischen dem Behördennetz und anderen Netzen und an vergleichbaren Schnittstellen innerhalb des Behördennetzes anfallen,
3. Daten aus öffentlich zugänglichen Quellen, die Informationen mit Auswirkungen auf die Sicherheit der Informationstechnik des Landes oder der an das Behördennetz angeschlossenen Stellen haben können, erheben und automatisiert auswerten und
4. bei der Untersuchung von Informationstechnik des Landes oder der an das Behördennetz angeschlossenen Stellen, soweit ein Angriff auf die Informationstechnik anzunehmen ist, zur Bearbeitung des Angriffs die dort gespeicherten Daten verarbeiten.

(3) Soweit das Landesamt zur Erfüllung seiner Aufgaben nach Art. 42 Abs. 2 gegenüber kommunalen Stellen, öffentlichen Unternehmen, Betreibern kritischer Infrastrukturen und weiteren Einrichtungen mit wichtiger Bedeutung für das staatliche Gemeinwesen personenbezogene Daten verarbeitet, handelt das Landesamt als Auftragsverarbeiter der für die Daten verantwortlichen Stelle nach Art. 28 DSGVO.

Artikel 45 Untersuchung der Sicherheit in der Informationstechnik

(1) [1]Das Landesamt kann zur Erfüllung seiner Aufgaben nach Art. 42 Abs. 1 Nr. 1 und 4 die Sicherheit der Informationstechnik staatlicher und an das Behördennetz angeschlossener Stellen untersuchen und bewerten. [2]Über das Ergebnis erstellt das Landesamt einen Bericht, der der untersuchten Stelle zur Verfügung gestellt wird.

(2) [1]Das Landesamt kann auf dem Markt bereitgestellte oder zur Bereitstellung auf dem Markt vorgesehene informationstechnische Produkte und Systeme untersuchen und bewerten. [2]Die Bewertung kann vom Landesamt an die an das Behördennetz angeschlossenen Stellen und im Einzelfall an die in Art. 42 Abs. 2 genannten öffentlichen Stellen weitergegeben werden.

Artikel 46 Mindeststandards

[1]Das Landesamt erarbeitet Mindeststandards für die Sicherheit der Informationstechnik. [2]Das Staatsministerium der Finanzen und für Heimat kann im Einvernehmen mit den weiteren Staatsministerien und der Staatskanzlei diese Mindeststandards ganz oder teilweise als allgemeine Verwaltungsvorschriften erlassen. [3]Für Landratsämter und die an das Behördennetz angeschlossenen nicht staatlichen Stellen gelten die Mindeststandards für die Teilnahme am Behördennetz.

Artikel 47 Warnungen

(1) Das Landesamt kann Warnungen zu Gefahren für die Sicherheit in der Informationstechnik, insbesondere zu Sicherheitslücken, Schadprogrammen oder unbefugten Datenzugriffen aussprechen und Sicherheitsmaßnahmen empfehlen.

(2) [1]Stellen sich die von der Behörde an die Öffentlichkeit gegebenen Informationen im Nachhinein als falsch oder die zugrunde liegenden Umstände als unrichtig wiedergegeben heraus, so ist dies un-

verzüglich öffentlich bekannt zu machen, sofern der betroffene Wirtschaftsbeteiligte dies beantragt oder dies zur Wahrung erheblicher Belange des Gemeinwohls erforderlich ist. [2]Diese Bekanntmachung soll in derselben Weise erfolgen, in der die Information der Öffentlichkeit ergangen ist.

Kapitel 3
Datenschutz

Artikel 48 Datenspeicherung und -auswertung

(1) [1]Sofern nicht die nachfolgenden Absätze eine weitere Verarbeitung gestatten, muss eine automatisierte Auswertung der Daten durch das Landesamt unverzüglich erfolgen und müssen die Daten nach erfolgtem Abgleich sofort und spurlos gelöscht werden. [2]Daten, die weder dem Fernmeldegeheimnis unterliegen noch Personenbezug aufweisen, sind von den Verarbeitungseinschränkungen dieser Vorschrift ausgenommen.

(2) [1]Protokolldaten nach Art. 44 Abs. 2 Nr. 1 dürfen über den für die automatisierte Auswertung erforderlichen Zeitraum hinaus, längstens jedoch für zwölf Monate, gespeichert werden, soweit tatsächliche Anhaltspunkte bestehen, dass die Daten erforderlich sein können

1. für den Fall der Bestätigung eines Verdachts nach Abs. 4 Satz 1 Nr. 2 zur Abwehr von Gefahren für die Informationstechnik oder
2. zur Verhütung, Unterbindung oder Verfolgung damit zusammenhängender Straftaten.

[2]Die Daten sind im Gebiet der Europäischen Union zu speichern. [3]Durch organisatorische und technische Maßnahmen nach dem Stand der Technik ist sicherzustellen, dass eine Auswertung der nach diesem Absatz gespeicherten Daten nur automatisiert erfolgt. [4]Die Daten sind zu pseudonymisieren, soweit dies automatisiert möglich ist. [5]Eine nicht automatisierte Auswertung oder eine personenbezogene Verarbeitung ist nur nach Maßgabe der nachfolgenden Absätze zulässig. [6]Soweit hierzu die Wiederherstellung des Personenbezugs pseudonymisierter Daten erforderlich ist, muss diese durch die Behördenleitung angeordnet werden. [7]Die Entscheidung ist zu dokumentieren.

(3) [1]Für die Datenverarbeitung von Inhaltsdaten gilt Abs. 2 mit der Maßgabe, dass eine Speicherung für höchstens zwei Monate zulässig ist, die Speicherung und Auswertung von der Behördenleitung und einem weiteren Bediensteten des Landesamts mit der Befähigung zum Richteramt angeordnet sind und dies zum Schutz der technischen Systeme unerlässlich ist. [2]Die Anordnung gilt längstens für zwei Monate; sie kann verlängert werden.

(4) [1]Eine über die Abs. 2 und 3 hinausgehende Verarbeitung der Daten ist nur zulässig,

1. wenn bestimmte Tatsachen den Verdacht begründen, dass die Daten Gefahren für die Informationstechnik, etwa durch Schadprogramme, programmtechnische Sicherheitslücken oder unbefugte Datenverarbeitung, enthalten oder Hinweise auf solche Gefahren geben können und soweit die Datenverarbeitung erforderlich ist, um den Verdacht zu bestätigen oder zu widerlegen,
2. wenn sich der Verdacht nach Nr. 1 bestätigt und soweit dies zur Abwehr von Gefahren für die Informationstechnik erforderlich ist oder
3. wenn bei einer Verarbeitung der Daten ein nach Art. 49 Abs. 2 zu übermittelndes Datum festgestellt wird.

[2]Werden Daten, welche die richterliche Unabhängigkeit berühren, nach diesem Absatz verarbeitet, ist dies der jeweils zuständigen obersten Dienstbehörde unverzüglich zu berichten. [3]Berührt die Datenverarbeitung die Aufgabenwahrnehmung anderer unabhängiger Stellen oder ein Berufs- oder besonderes Amtsgeheimnis, ist die betroffene Stelle unverzüglich zu unterrichten. [4]Die jeweiligen Stellen nach den Sätzen 2 und 3 können vom Landesamt Auskunft über die Verarbeitung von Daten nach diesem Absatz verlangen.

(5) [1]Soweit möglich, ist bei der Datenverarbeitung technisch sicherzustellen, dass Daten, die den Kernbereich privater Lebensgestaltung betreffen, nicht erhoben werden. [2]Werden Erkenntnisse aus dem Kernbereich privater Lebensgestaltung erlangt, dürfen diese nicht verwendet werden und sind unverzüglich zu löschen. [3]Die Tatsache ihrer Erlangung und Löschung ist zu dokumentieren. [4]Dies gilt auch in Zweifelsfällen.

Artikel 49 Datenübermittlung

(1) Das Landesamt übermittelt Daten nach Art. 48 Abs. 2 bis 4 an die für den Betrieb der Informations- und Kommunikationstechnik verantwortlichen Stellen, wenn und soweit dies zur Abwehr oder Beseitigung von Gefahren für die Vertraulichkeit, Verfügbarkeit und Integrität der Daten in der Informations- und Kommunikationsinfrastruktur erforderlich ist.

(2) [1]Das Landesamt soll Daten nach Art. 48 Abs. 2 bis 4 unverzüglich übermitteln

1. an die Polizei und sonstigen Sicherheitsbehörden zur Verhütung und Unterbindung von in Nr. 2 genannten Straftaten sowie zur Abwehr von Gefahren für Leib, Leben oder Freiheit einer Person; Art. 24 des Bayerischen Verfassungsschutzgesetzes bleibt unberührt; und
2. an die Strafverfolgungsbehörden zur Verfolgung einer Straftat,
   a) soweit die Tatsachen, aus denen sich eine Gefahr für die Informationstechnik oder der diesbezügliche Verdacht ergibt, den Verdacht einer Straftat begründen oder
   b) soweit bestimmte Tatsachen den Verdacht begründen, dass jemand als Täter oder Teilnehmer eine Straftat von auch im Einzelfall erheblicher Bedeutung, insbesondere eine in § 100a Abs. 2 StPO bezeichnete Straftat begangen hat, in Fällen, in denen der Versuch strafbar ist, zu begehen versucht oder durch eine Straftat vorbereitet hat.

[2]Näheres regeln Verwaltungsvorschriften, die das Staatsministerium der Finanzen und für Heimat im Einvernehmen mit dem Staatsministerium des Innern, für Sport und Integration und dem Staatsministerium der Justiz festlegt.

Teil 4

Organisation

Artikel 50 Kommunaler Digitalpakt

(1) Der Kommunale Digitalpakt ist das gemeinsame Gremium für die verwaltungsträgerübergreifende Zusammenarbeit zwischen dem Freistaat Bayern und den Gemeindeverbänden und Gemeinden im Bereich der Digitalisierung.

(2) [1]Dem Kommunalen Digitalpakt gehören als ständige Mitglieder an:

1. ein Vertreter des Staatsministeriums für Digitales, das den Vorsitz führt,
2. je ein Vertreter des Staatsministeriums der Finanzen und für Heimat, des Staatsministeriums des Innern, für Sport und Integration und des Staatsministeriums für Wirtschaft, Landesentwicklung und Energie und
3. je ein Vertreter der kommunalen Spitzenverbände.

[2]Bei Bedarf kann der Kommunale Digitalpakt weitere Dritte als beratende Mitglieder hinzuziehen. [3]Beratende Mitglieder sind nicht stimmberechtigt.

(3) Der Kommunale Digitalpakt ist über Beschlüsse des IT-Planungsrats, Maßnahmen zur Umsetzung des Onlinezugangsgesetzes und der Verordnung (EU) 2018/1724 sowie sonstige für die Gemeindeverbände und Gemeinden relevante Rechtssetzungsvorhaben, Planungen und Maßnahmen im Bereich der Digitalisierung zu informieren.

(4) Der Kommunale Digitalpakt kann einstimmig Empfehlungen aussprechen, insbesondere

1. zu den im IT-Planungsrat behandelten Themen und den Beschlussvorschlägen des IT-Planungsrats sowie zu relevanten Rechtsetzungsvorhaben, Planungen und Maßnahmen nach Maßgabe des Abs. 3,
2. zur Umsetzung von Standardisierungsbeschlüssen nach Art. 51, soweit sie für die Gemeindeverbände und Gemeinden relevant sind,
3. zur Weiterentwicklung der Digital-Strategie und zum Digitalplan des Freistaates Bayern,
4. zu den im Freistaat Bayern vom Land und von Gemeindeverbänden und Gemeinden gegenseitig überlassenen oder gemeinsam genutzten Verwaltungsinfrastrukturen,
5. zur Förderung des Angebots digitaler öffentlicher Dienste und von anforderungsgerechten Qualifizierungsmaßnahmen,
6. zum Anschluss der Landratsämter und Gemeinden an das sichere Behördennetz des Freistaates Bayern,

7. zu landesspezifischen IT-Interoperabilitäts- und IT-Sicherheitsstandards für die Ebenen übergreifende Kooperation der im Freistaat Bayern eingesetzten informationstechnischen Systeme und
8. zu digitalen Kommunikations- und Zahlungsverfahren.

(5) [1]Das Staatsministerium für Digitales berichtet dem Landesbeauftragten für den Datenschutz regelmäßig über datenschutzrelevante Themen im Sinne des Abs. 1. [2]Der Landesbeauftragte für den Datenschutz wird zu datenschutzrechtlich relevanten Empfehlungen des Kommunalen Digitalpakts angehört.

(6) [1]Der Kommunale Digitalpakt wird durch eine Geschäftsstelle beim Staatsministerium für Digitales unterstützt. [2]Der Kommunale Digitalpakt gibt sich eine Geschäftsordnung.

Artikel 51 Standardisierungsbeschlüsse

(1) [1]Das Staatsministerium für Digitales legt nach Anhörung des Kommunalen Digitalpakts im Einvernehmen mit dem Staatsministerium der Finanzen und für Heimat, im Einvernehmen mit den fachlich zuständigen Ressorts und unter Beachtung der sicherheitstechnischen Mindeststandards nach Art. 42 Abs. 1 Nr. 3 IT-Standards für die im Freistaat Bayern übergreifend eingesetzten informationstechnischen Systeme fest. [2]Das Landesamt für Sicherheit in der Informationstechnik ist bei Sicherheitsfragen anzuhören.

(2) [1]Vom IT-Planungsrat gemäß § 1 Abs. 1 Satz 1 Nr. 2 und § 2 des IT-Staatsvertrages beschlossene fachunabhängige und fachübergreifende IT-Interoperabilitäts- oder IT-Sicherheitsstandards gelten für die Behörden im Sinne des Art. 1 Abs. 2. [2]Das Staatsministerium für Digitales kann nach Beteiligung des Kommunalen Digitalpakts und im Einvernehmen mit den fachlich zuständigen Staatsministerien Ausführungsbestimmungen erlassen.

Artikel 52 Errichtung der BayKommun

(1) Es besteht eine rechtsfähige Anstalt des öffentlichen Rechts mit der Bezeichnung „BayKommun".

(2) Gemeinsame Träger der BayKommun sind der Freistaat Bayern sowie die Gemeinden, Landkreise und Bezirke.

(3) Weitere Träger können mit Zustimmung der in Abs. 2 genannten Träger durch öffentlich-rechtlichen Vertrag aufgenommen werden.

Artikel 53 Aufgaben und Finanzierung der BayKommun

(1) [1]Die BayKommun ist als Einrichtung der Leistungsverwaltung Kompetenzzentrum für die Bereitstellung digitaler Verwaltungsleistungen an Bürger sowie Unternehmen auf kommunaler Ebene. [2]Vorrangig wird die BayKommun hierbei im Zusammenhang mit Leistungen nach dem „Einer für Alle"-Prinzip („EfA-Leistungen") tätig. [3]Zu diesem Zweck nimmt sie insbesondere folgende Aufgaben wahr:
1. rechtssicherer Transport von EfA-Leistungen anderer Länder an die bayerischen Kommunen,
2. Koordinierung der Bereitstellung von digitalen Verwaltungsleistungen durch IT-Dienstleister für die Kommunen in Bayern,
3. Ausrollen von EfA-Leistungen nach Maßgabe der Vorgaben des Staatsministeriums für Digitales,
4. flankierende Beratung der bayerischen Kommunen zur Umsetzung der Aufgaben nach den vorbezeichneten Nrn. 1 bis 3.

(2) Das Nähere hinsichtlich der Aufgaben der BayKommun regelt die Satzung.

(3) [1]Für die Erfüllung der Aufgaben nach den Abs. 1 und 2 erhält die BayKommun vom Freistaat Bayern Finanzmittel als Globalzuweisung. [2]Die Finanzierung erfolgt nach Maßgabe und vorbehaltlich eines beschlossenen Landeshaushalts. [3]Art. 55a bleibt unberührt.

(4) Die Träger unterstützen die eKom Bayern bei der Erfüllung ihrer Aufgaben mit der Maßgabe, dass ein Anspruch der BayKommun gegen die Träger oder eine sonstige Verpflichtung der Träger, der BayKommun Mittel zur Verfügung zu stellen, nicht besteht.

(5) [1]Die BayKommun haftet für ihre Verbindlichkeiten mit ihrem gesamten Vermögen. [2]Die Träger haften nicht für die Verbindlichkeiten der BayKommun.

Artikel 54 Organisation der BayKommun

(1) [1]Die BayKommun regelt ihre inneren Verhältnisse durch Satzung. [2]Der Erlass sowie die Änderung der Satzung bedürfen der Zustimmung durch die Aufsichtsbehörde.

(2) Organe der BayKommun sind der Verwaltungsrat und die Geschäftsführung.

(3) [1]Der Verwaltungsrat besteht aus neun Mitgliedern. [2]Von den Trägern entsenden in den Verwaltungsrat
1. für den Freistaat Bayern
   a) das Staatsministerium für Digitales zwei Vertreter,
   b) das Staatsministerium der Finanzen und für Heimat zwei Vertreter,
   c) das Staatsministerium des Innern, für Sport und Integration einen Vertreter,
2. die Gemeinden, Landkreise und Bezirke jeweils einen Vertreter des Bayerischen Gemeindetags, des Bayerischen Städtetags, des Bayerischen Landkreistags und des Bayerischen Bezirketags.

(4) [1]Die Entsendung erfolgt für die Dauer von fünf Jahren. [2]Für jeden Vertreter im Verwaltungsrat ist für den Fall der Verhinderung eine Vertretung zu entsenden. [3]Eine vorzeitige Abberufung ist durch denjenigen, der die Vertreter entsandt hat, zulässig. [4]In diesem Fall ist für den Rest der Amtszeit ein neuer Vertreter zu entsenden. [5]Bis zu dessen Entsendung werden die Aufgaben durch den bisherigen Vertreter weiter wahrgenommen.

(5) [1]Der Verwaltungsrat wählt aus seiner Mitte den Vorsitzenden sowie dessen Stellvertretung. [2]Der Verwaltungsrat entscheidet mit einer Mehrheit von sechs Stimmen, soweit in der Geschäftsordnung nichts anderes bestimmt ist. [3]Der Verwaltungsrat gibt sich eine Geschäftsordnung. [4]Beamte der Träger nehmen ihre Aufgaben im Verwaltungsrat im Rahmen ihres Hauptamtes wahr. [5]Die Geschäftsführung nimmt an den Sitzungen des Verwaltungsrates beratend teil. [6]Der Vorsitzende des Verwaltungsrates vertritt die BayKommun gerichtlich und außergerichtlich.

(6) Der Verwaltungsrat entscheidet über die grundsätzlichen Angelegenheiten der BayKommun, insbesondere über:
1. strategische und allgemeine Grundsätze für die Tätigkeit der BayKommun,
2. den Erlass von Satzung und Geschäftsordnung für die BayKommun und ihre Änderungen,
3. den Sitz der BayKommun,
4. die Feststellung des Wirtschaftsplanes und seine Änderungen,
5. die Bestellung der Jahresabschlussprüferin oder des Jahresabschlussprüfers,
6. die Feststellung des geprüften Jahresabschlusses und die Genehmigung des Lageberichts,
7. die Ergebnisverwendung,
8. die Entlastung der Geschäftsführung,
9. die Auswahl, Einstellung, Verlängerung und Beendigung des Beschäftigungsverhältnisses der Geschäftsführung,
10. allgemeine Vereinbarungen und Maßnahmen zur Regelung der arbeits-, dienst- und versorgungsrechtlichen Verhältnisse der Beschäftigten und
11. Grundsatzfragen der Personalverwaltung.

(7) Der Verwaltungsrat kann sich jederzeit über alle Angelegenheiten der BayKommun unterrichten lassen.

Artikel 55 Geschäftsführung und Aufsicht der BayKommun

(1) [1]Die Geschäftsführung wird vom Verwaltungsrat bestellt und führt die Geschäfte der BayKommun nach wirtschaftlichen Grundsätzen mit der Sorgfalt eines ordentlichen Kaufmanns im Rahmen der Gesetze, der Satzung und der Grundsätze für die Geschäftsführung im Rahmen der Weisungen des Verwaltungsrates. [2]Der Vorsitzende der Geschäftsführung vertritt die BayKommun gerichtlich und außergerichtlich. [3]Die Geschäftsführung bereitet die Beschlüsse des Verwaltungsrates vor und führt diese aus. [4]Sie hat den Verwaltungsrat über alle wichtigen Vorgänge rechtzeitig zu unterrichten und auf Aufforderung dem Verwaltungsrat über alle Angelegenheiten der BayKommun Auskunft zu geben. [5]Die erste Geschäftsführung wird durch das Staatsministerium für Digitales bestellt.

(2) [1]Der Vorsitzende der Geschäftsführung ist Vorgesetzter der Beschäftigten der BayKommun. [2]Er entscheidet über die Einstellung und Kündigung sowie über weitere arbeitsrechtliche Maßnahmen gegenüber den Beschäftigten und übt das Direktionsrecht aus.

(3) [1]Die BayKommun unterliegt der Aufsicht des Staatsministeriums für Digitales. [2]Die Vorschriften der Gemeindeordnung über die staatliche Aufsicht gelten entsprechend.

Artikel 55a Gemeinsam finanzierte Dienste

(1) [1]Der Freistaat Bayern, die Gemeindeverbände und Gemeinden finanzieren gemeinsam technische Lösungen zur Verwaltungsdigitalisierung nach Maßgabe dieses Gesetzes (gemeinsam finanzierte

Dienste). [2]Die gemeinsame Finanzierung kann sich auf einen Teil der Kosten beschränken. [3]Die Finanzierung anderer gemeinsamer Vorhaben bleibt unberührt.

(2) [1]Der Freistaat Bayern trägt nach Maßgabe des Staatshaushalts folgende Kosten gemeinsam finanzierter Dienste:

1. die Hälfte der dem jeweiligen Jahr zuzuordnenden Anschaffungs-, Herstellungs-, Weiterentwicklungs- sowie Betriebs-, Wartungs- und Pflegekosten und
2. die dem jeweiligen Jahr zuzuordnenden Kosten der technischen Implementierung bis zur erstmaligen Aufnahme des Regelbetriebs.

[2]Im Übrigen tragen die Gemeindeverbände und Gemeinden die Kosten gemeinsam finanzierter Dienste als kommunalen Finanzierungsanteil über Umlagen getrennt nach

1. Bezirken,
2. Landkreisen,
3. kreisfreien Städten und
4. kreisangehörigen Gemeinden und Verwaltungsgemeinschaften.

[3]Dabei erfolgt eine Aufteilung des kommunalen Finanzierungsanteils zwischen den vier Gruppen nach Satz 2 Nr. 1 bis 4 entsprechend dem finanziellen Anteil der zu ihrer Nutzung bestimmten gemeinsam finanzierten Dienste.

Teil 5
Übergangs- und Schlussbestimmungen

Artikel 56 Experimentierklausel

[1]Zur Einführung und Fortentwicklung digitaler Verwaltungsinfrastrukturen kann das Staatsministerium für Digitales im Einvernehmen mit der Staatskanzlei und den fachlich betroffenen Ressorts durch Rechtsverordnung sachlich und räumlich begrenzte Abweichungen von folgenden Vorschriften zulassen:

1. Zuständigkeits- und Formvorschriften nach den Art. 3, 3a, 27a, 33, 34, 37 Abs. 2 bis 5, Art. 41, 57, 64 und 69 Abs. 2 BayVwVfG,
2. Art. 5 Abs. 4 bis 7, Art. 6 und 15 Abs. 2 VwZVG, und
3. sonstigen landesgesetzlichen Zuständigkeits- und Formvorschriften, soweit dies zur Erprobung neuer digitaler Formen des Schriftformersatzes, der Übermittlung, Zustellung und Bekanntgabe von Dokumenten oder Erklärungen, der Vorlage von Nachweisen, der Erhebung, Verarbeitung, Nutzung oder Weitergabe von Daten oder für die Erprobung von Basisdiensten oder zentralen Diensten sowie Diensten von Portalen erforderlich ist.

[2]Die Ausnahmegenehmigungen sind auf höchstens fünf Jahre zu befristen und können einmalig für einen Zeitraum von höchstens zwei weiteren Jahren verlängert werden.

Artikel 57 Verordnungsermächtigungen

(1) Die Staatsregierung wird ermächtigt, durch Rechtsverordnung

1. Maßnahmen zur Gewährleistung der Barrierefreiheit in der digitalen Verwaltung im Zusammenhang mit den Förderzielen aus Art. 2 und den Aufgaben nach Art. 10 zu bestimmen,
2. ausführende Maßnahmen zum Schutz des freien Zugangs zum Internet im Sinne von Art. 8 zu treffen, insbesondere in Bezug auf die Freiheit und Pluralität der Medien, den Jugendschutz, den Schutz des unternehmerischen Wettbewerbs im Internet und die Förderung kleinerer und mittlerer Unternehmen,
3. das Nähere zum Vollzug des Art. 18, insbesondere Vorschriften, die sich auf die Ausgestaltung des digitalen Rechnungsverkehrs, insbesondere auf die Verbindlichkeit der elektronischen Form beziehen, festzulegen,
4. Ausführungsbestimmungen zu digitalen Verwaltungsverfahren oder Teilen hiervon im Sinne des Art. 19 Abs. 1, einschließlich Mindeststandards, Übergangsvorschriften und Ausnahmen festzulegen,
5. im Rahmen von Art. 19 festzulegen, dass Verwaltungsverfahren auch über vom Freistaat Bayern festgelegte einheitliche digitale Formulare oder Online-Verfahren erreichbar sein müssen,

6. im Rahmen von Art. 19 zu bestimmen, dass für bestimmte Verwaltungsleistungen der Behörden Zugangstor-Dienste im Sinne der Art. 4 bis 7 der Verordnung (EU) 2018/1724 anzubieten oder Anforderungen im Sinne der Art. 9 bis 16 der Verordnung (EU) 2018/1724 einzuhalten sind,
7. im Rahmen von Art. 21 nähere Bestimmungen zum Einsatz digitaler Assistenzdienste gewerblicher Anbieter zu treffen, insbesondere im Hinblick auf Zuverlässigkeit und technischen Betrieb,
8. zur Umsetzung der Art. 26 bis 31 weitere Anforderungen an den Portalverbund Bayern und die Nutzerkonten, insbesondere Standards zur Nutzerfreundlichkeit, zur Kommunikation zwischen den im Portalverbund Bayern genutzten informationstechnischen Systemen, zu Anforderungen und Standards im Sinne des Abs. 3, zur Gewährleistung von IT-Sicherheit sowie zu Art, Umfang und Aktualisierung veröffentlichungspflichtiger Informationen festzulegen, soweit nicht Zuständigkeiten aus Abs. 4 Nr. 1 und 2 bestehen,
9. im Rahmen von Art. 28 und 29 Abs. 3 Anforderungen für Verwaltungsleistungen festzulegen, die über das Organisationsportal bereitzustellen und über das Organisationskonto abzuwickeln sind,
10. weitere Identifizierungs- und Authentifizierungsmittel im Sinne von Art. 31 Abs. 2 zuzulassen,
11. Einzelheiten zu den Datenverarbeitungstatbeständen im Nutzerkonto gemäß Art. 30 Abs. 4 und für die Feststellung der Identität des Nutzers und die Kommunikation im Portalverbund Bayern im Rahmen von Art. 32 festzulegen und
12. im Rahmen von Art. 36 Einzelheiten zu Planung, Errichtung, Betrieb, Bereitstellung, Nutzung, Sicherheit und technischen Standards digitaler Verwaltungsinfrastrukturen sowie die damit zusammenhängenden Aufgaben und datenschutzrechtlichen Befugnisse der Behörden festzulegen; dies gilt für die Kommunen nur für die Behördenzusammenarbeit im Sinne von Art. 36 Satz 3.

(2) Das Staatsministerium für Digitales wird im Einvernehmen mit der Staatskanzlei ermächtigt, durch Rechtsverordnung

1. Voraussetzungen für die Bereitstellung und den Funktionsumfang der digitalen Identität sowie die Zuständigkeiten für deren Bereitstellung gemäß Art. 11 im Benehmen mit dem Staatsministerium des Innern, für Sport und Integration festzulegen und
2. die technischen Voraussetzungen der Verpflichtung nach Art. 13 Abs. 2 einschließlich Übergangsfristen zu regeln.

(3) Das Staatsministerium für Digitales wird im Einvernehmen mit den fachlich zuständigen Staatsministerien ermächtigt, durch Rechtsverordnung

1. zur Ausführung von Art. 26 für Behörden der in Art. 1 Abs. 1 genannten juristischen Personen verbindliche IT-Interoperabilitätsstandards oder die Nutzung von Basisdiensten festzulegen und
2. im Rahmen von Art. 26 Mindestkataloge von Verwaltungsleistungen festzulegen, die von den zuständigen Behörden über den Portalverbund Bayern bereitgestellt werden und Standards für die einheitliche Bereitstellung dieser Leistungen über den Portalverbund festzulegen.

(4) Das Staatsministerium für Digitales wird ermächtigt, durch Rechtsverordnung

1. Einzelheiten zur Errichtung, Betrieb und Nutzung des Organisationsportals und des Organisationskontos im Sinne von Art. 28 und 29 festzulegen,
2. zur Ausführung von Art. 29 und 30 die Nutzungsbedingungen des Nutzerkontos, die technischen Anforderungen an Nutzerkonto und Postfach, insbesondere die zugelassenen Identifizierungsmittel und Schnittstellen, sowie den Zeitpunkt der Freischaltung des Nutzerkontos und seiner Funktionen festzulegen,
3. im Rahmen von Art. 32 Verfahren zur Änderung personenbezogener Daten und der Rechtsnachfolge festzulegen.

(4a) Das Staatsministerium für Digitales wird ermächtigt, im Einvernehmen mit dem Staatsministerium der Finanzen und für Heimat und dem Staatsministerium des Innern, für Sport und Integration durch Rechtsverordnung

1. gemeinsam finanzierte Dienste zu bestimmen
   a) für die Bezirke im Einvernehmen mit dem Bayerischen Bezirketag,
   b) für die Landkreise im Einvernehmen mit dem Bayerischen Landkreistag,
   c) für die kreisfreien Städte im Einvernehmen mit dem Bayerischen Städtetag,
   d) für die kreisangehörigen Gemeinden und Verwaltungsgemeinschaften im Einvernehmen mit dem Bayerischen Gemeindetag,

2. die Zuständigkeit und Einzelheiten zur Berechnung und Erhebung des kommunalen Finanzierungsanteils hinsichtlich gemeinsam finanzierter Dienste sowie der Aufteilung des kommunalen Finanzierungsanteils auf die jeweiligen Gemeindeverbände und Gemeinden festzulegen.

(5) Jedes Staatsministerium wird ermächtigt, in den Angelegenheiten seines Geschäftsbereichs durch Rechtsverordnung im Einvernehmen mit dem Staatsministerium der Finanzen und für Heimat juristischen Personen des öffentlichen Rechts, die der Aufsicht des Freistaates Bayern unterstehen, die Erbringung von IT-Dienstleistungen im Zusammenhang mit der Bereitstellung digitaler öffentlicher Dienste im Sinne von Art. 17, der Errichtung und dem Betrieb des Portalverbunds Bayern im Sinne von Art. 26, des Bayernportals im Sinne von Art. 27, des Organisationsportals Bayern im Sinne von Art. 28 sowie der Bereitstellung von Nutzerkonten im Sinne von Art. 29 zu übertragen.

(6) Das Staatsministerium für Umwelt und Verbraucherschutz wird ermächtigt, beim Betrieb von Flächenmanagement-Datenbanken durch Gemeinden durch Rechtsverordnung Regelungen der hierzu erforderlichen Verarbeitung, Verwendung und Einbeziehung personen- und grundstücksbezogener Daten zu treffen.

(7) Das Staatsministerium für Wohnen, Bau und Verkehr wird ermächtigt, zur Planung und Steuerung der baulichen und sonstigen Nutzung der Grundstücke durch die Gemeinden durch Rechtsverordnung Regelungen der hierzu erforderlichen Datenerfassung, -nutzung und -verarbeitung zu treffen.

(8) Das Staatsministerium für Digitales wird ermächtigt, durch Rechtsverordnung im Einvernehmen mit dem Staatsministerium des Innern, für Sport und Integration Bestimmungen über den Aufbau und die Durchführung der Datenverarbeitung im kommunalen Bereich sowie die dafür durch die Kommunalen Spitzenverbände geschaffenen Einrichtungen zu treffen.

(9) Das Staatsministerium für Digitales wird ermächtigt, im Einvernehmen mit dem Staatsministerium der Finanzen und für Heimat durch Rechtsverordnung weitere Bestimmungen zu Organisation und Geschäftsführung der BayKommun zu treffen, insbesondere Fragen zur Wirtschaftsführung, Risikovorsorge und Rücklagenbildung, zum Geschäftsjahr, Jahresabschluss und Personal.

(10) Durch Rechtsverordnung der Staatsregierung können Regelungen zur Verwendung von Wappen und Logos von Behörden der in Art. 1 Abs. 1 genannten juristischen Personen zum Zwecke der Darstellung von behördenbezogenen Informationen und Online-Verfahren auf Plattformen und Anwendungen des Freistaates Bayern und im Portalverbund des Bundes und der Länder getroffen werden.

[Art. 57b bis 31.12.2024:]

Artikel 57b[1)] Änderung des Bayerischen Digitalgesetzes

Art. 19 Abs. 1 und 2 des Bayerischen Digitalgesetzes (BayDiG) vom 22. Juli 2022 (GVBl. 374, BayRS 206-1-D) wird wie folgt gefasst:

(1) [1]Die Behörden bieten geeignete Verwaltungsleistungen auch digital an. [2]Die Gemeindeverbände und die Gemeinden sollen in Angelegenheiten des eigenen Wirkungskreises geeignete Verwaltungsleistungen auch digital anbieten.

(2) [1]Behördliche Formulare, die zur Verwendung durch Beteiligte dienen, sind in digital ausfüllbarer Form zum Abruf und zur sicheren Datenübermittlung an die Behörden bereitzustellen. [2]Dies gilt nicht, soweit Verwaltungsleistungen gemäß Abs. 1 vollständig digital angeboten werden. [3]Ist aufgrund einer Rechtsvorschrift ein bestimmtes Formular zwingend zu verwenden, das ein Unterschriftsfeld vorsieht, wird allein dadurch nicht die Anordnung der Schriftform bewirkt.

Artikel 58 Einschränkung von Grundrechten

Die Art. 44, 48 und 49 schränken das Fernmeldegeheimnis (Art. 10 des Grundgesetzes, Art. 112 der Verfassung) ein.

Artikel 59 Inkrafttreten, Außerkrafttreten

(1) [1]Dieses Gesetz tritt am 1. August 2022 in Kraft. [2]Abweichend von Satz 1 tritt Art. 57b am 1. Januar 2024 in Kraft.

(2) Art. 57a tritt am 1. Januar 2023 außer Kraft.

(3) Art. 57b tritt mit Ablauf des 31. Dezember 2024 außer Kraft.

1) Art. 57b **tritt mit Ablauf des 31.12.2024 außer Kraft**; vgl. Art. 59 Abs. 3.

(4) Das Bayerische E-Government-Gesetz (BayEGovG) vom 22. Dezember 2015 (GVBl. S. 458, BayRS 206-1-D), das zuletzt durch § 1 Abs. 138 der Verordnung vom 26. März 2019 (GVBl. S. 98) geändert worden ist, tritt mit Ablauf des 31. Juli 2022 außer Kraft.

Verordnung über den elektronischen Rechtsverkehr bei den ordentlichen Gerichten (E-Rechtsverkehrsverordnung Justiz – ERVV Ju)

Vom 15. Dezember 2006 (GVBl. S. 1084)
(BayRS 31-1-1-J)
zuletzt geändert durch V zur Änderung der E-Rechtsverkehrsverordnung Justiz vom 4. Juni 2024 (GVBl. S. 108)

Auf Grund von § 8a Abs. 2 Sätze 1 und 2 des Handelsgesetzbuchs (BGBl. III 4100-1), zuletzt geändert durch Art. 3 des Gesetzes vom 17. November 2006 (BGBl. I S. 2606), § 156 Abs. 1 Satz 1 des Gesetzes betreffend die Erwerbs- und Wirtschaftsgenossenschaften (Genossenschaftsgesetz – GenG) in der Fassung der Bekanntmachung vom 16. Oktober 2006 (BGBl. I S. 2230), zuletzt geändert durch Art. 3 des Gesetzes vom 10. November 2006 (BGBl. I S. 2553), § 5 Abs. 2 des Gesetzes über Partnerschaftsgesellschaften Angehöriger Freier Berufe (Partnerschaftsgesellschaftsgesetz – PartGG) vom 25. Juli 1994 (BGBl. I S. 1744), zuletzt geändert durch Art. 12 Abs. 12 des Gesetzes vom 10. November 2006 (BGBl. I S. 2553), § 55a Abs. 1 Satz 1, Abs. 6 Satz 2 Halbsatz 1, § 79 Abs. 5 Satz 3 des Bürgerlichen Gesetzbuchs in der Fassung der Bekanntmachung vom 2. Januar 2002 (BGBl. I S. 42), zuletzt geändert durch Art. 11 des Gesetzes vom 5. September 2006 (BGBl. I S. 2098), § 125 Abs. 2 Satz 1 Nrn. 1 und 2, § 147 Abs. 1 Satz 1 und § 160b Abs. 1 Satz 2 des Gesetzes über die Angelegenheiten der freiwilligen Gerichtsbarkeit (BGBl. III 315-1), zuletzt geändert durch Art. 2 des Gesetzes vom 17. November 2006 (BGBl. I S. 2606), § 126 Abs. 1 Satz 1, § 141 Abs. 2 Satz 4 Halbsatz 1 der Grundbuchordnung in der Fassung der Bekanntmachung vom 26. Mai 1994 (BGBl. I S. 1114), zuletzt geändert durch Art. 88 des Gesetzes vom 19. April 2006 (BGBl. I S. 866), § 93 Satz 1 der Verordnung zur Durchführung der Grundbuchordnung (Grundbuchverfügung – GBV) in der Fassung der Bekanntmachung vom 24. Januar 1995 (BGBl. I S. 114), zuletzt geändert durch Art. 1 der Verordnung vom 18. März 1999 (BGBl. I S. 497), und § 3 Nrn. 7, 12, 13a, 16, 17, 19, 19a und § 28a der Verordnung über die Zuständigkeit zum Erlass von Rechtsverordnungen (Delegationsverordnung – DelV) vom 15. Juni 2004 (GVBl S. 239, BayRS 103-2-S), zuletzt geändert durch § 1 der Verordnung vom 11. Dezember 2006 (GVBl S. 1013), erlässt das Bayerische Staatsministerium der Justiz folgende Verordnung:

Abschnitt 1

Allgemeine Bestimmungen für die elektronische Kommunikation in Grundbuchsachen am Grundbuchamt und in Registersachen

§ 1 Zulassung der elektronischen Kommunikation

Bei den in der **Anlage 1** bezeichneten Gerichten und Justizbehörden können in den dort jeweils für sie näher bezeichneten Verfahrensarten und ab dem dort für sie angegebenen Datum elektronische Dokumente eingereicht werden.

§ 2 Form der Einreichung

(1) [1]Zur Entgegennahme elektronischer Dokumente ist ausschließlich die elektronische Poststelle der Gerichte in Bayern bestimmt. [2]Die elektronische Poststelle ist über den auf der Internetseite des Staatsministeriums der Justiz (Staatsministerium) bezeichneten Kommunikationsweg erreichbar.
(2) Die Einreichung erfolgt durch die Übertragung des elektronischen Dokuments in die elektronische Poststelle.
(3) [1]Sofern für Einreichungen die Schriftform oder die elektronische Form vorgeschrieben ist, sind die elektronischen Dokumente mit einer qualifizierten elektronischen Signatur zu versehen. [2]Das gilt nicht in den Fällen des § 12 Abs. 2 Satz 2 Halbsatz 1 des Handelsgesetzbuchs (HGB), auch in Verbindung mit § 707b Nr. 2 des Bürgerlichen Gesetzbuchs (BGB), § 11 Abs. 4 des Genossenschaftsgesetzes (GenG) oder § 5 Abs. 2 Halbsatz 1 des Partnerschaftsgesellschaftsgesetzes (PartGG). [3]Die qualifizierte elektronische Signatur und das ihr zugrunde liegende Zertifikat müssen durch das adressierte Gericht oder durch eine andere von der Landesjustizverwaltung mit der automatisierten Überprüfung beauf-

tragte Stelle prüfbar sein. [4]Die Einzelheiten der Anbringung der qualifizierten elektronischen Signatur am elektronischen Dokument werden als technischer Standard gemäß § 3 Nr. 1 bekannt gegeben.

(4) [1]Das elektronische Dokument muss eines der folgenden Formate in einer für das adressierte Gericht bearbeitbaren Version aufweisen:

1. Adobe PDF (Portable Document Format),
2. XML (Extensible Markup Language).

[2]Nähere Informationen insbesondere zu den bearbeitbaren Versionen der zulässigen Dateiformate werden gemäß § 3 Nr. 1 bekannt gegeben.

§ 3 Bekanntgabe der Bearbeitungsvoraussetzungen

Die Landesjustizverwaltung gibt auf der Internetseite des Staatsministeriums bekannt:

1. die technischen Voraussetzungen zur Einreichung und Bearbeitung elektronischer Dokumente sowie die Anforderungen an die elektronischen Dokumente und an die qualifizierte elektronische Signatur,
2. in Grundbuchangelegenheiten die Angaben zur höchstzulässigen Anzahl der elektronischen Dokumente und den Volumengrenzen bei einer Einreichung sowie die Angaben zu den Datenträgern für die Ersatzeinreichung nach § 20 Satz 1.

§ 4 Ersatzeinreichung

Ist die Entgegennahme elektronischer Dokumente über die elektronische Poststelle nicht möglich, trifft der Vorstand des Gerichts oder der Leiter der Justizbehörde im Einzelfall Anordnungen zur Einreichung von Dokumenten.

§ 5 Datenverarbeitung im Auftrag, Datenübermittlung an andere Amtsgerichte

(1) Die Datenverarbeitung erfolgt im Auftrag der in § 6 Abs. 1 Satz 1, § 11 Abs. 1 Satz 1 und der Anlage 1 genannten Gerichte und Justizbehörden durch das Landesamt für Steuern.

(2) Die Daten des zuständigen Registergerichts oder des Grundbuchamts werden von den in der Anlage 1 genannten Stellen auch an andere Amtsgerichte, die gleichartige Register führen, zur Einsicht und zur Erteilung von Ausdrucken übermittelt.

Abschnitt 2

Elektronisches Handels-, Gesellschafts-, Genossenschafts-, Partnerschafts- und Vereinsregister

§ 6 Elektronische Registerführung

(1) [1]Bei den für die Führung zuständigen Amtsgerichten wird neben dem Handels-, Gesellschafts-, Genossenschafts- und Partnerschaftsregister das Vereinsregister, einschließlich der zu seiner Führung erforderlichen Verzeichnisse, in elektronischer Form geführt. [2]Das angelegte elektronisch geführte Registerblatt tritt mit seiner Freigabe an die Stelle des in Papierform geführten Registerblatts.

(2) Die umgeschriebenen Registerblätter werden als Wiedergabe auf einem Bildträger oder auf einem anderen Datenträger aufbewahrt.

§ 7 Abrufverfahren

Für die Abwicklung des elektronischen Abrufverfahrens aus den elektronisch geführten Registern nach § 79 Abs. 5, § 707d Abs. 2 BGB und § 9 Abs. 1 HGB, auch in Verbindung mit § 707b Nr. 2 BGB, § 156 GenG und § 5 Abs. 2 Halbsatz 1 PartGG, sind die in der Anlage 1 bezeichneten Stellen zuständig.

§ 8 Ersatzregister

(1) [1]Ist die Vornahme von Eintragungen in das elektronisch geführte Register nicht nur vorübergehend unmöglich und wird der Geschäftsbetrieb dadurch erheblich beeinträchtigt, so sollen in der Regel Eintragungen ohne Vergabe einer neuen Nummer in einem Ersatzregister in Papierform vorgenommen werden. [2]Die Anordnung zur Führung des Ersatzregisters trifft der Vorstand des Gerichts.

(2) [1]Nach Wiederherstellung der Betriebsfähigkeit sind die Eintragungen unverzüglich in das elektronisch geführte Register zu übernehmen. [2]Erst nach der Übernahme darf die elektronische Einsicht in das Registerblatt gestattet werden.

§ 9 Anmeldung und Einreichung von Schriftstücken in elektronischer Form
Bei den Registergerichten sind die in § 707d Abs. 1 Satz 1 BGB sowie § 8a Abs. 2 Satz 1 HGB, auch in Verbindung mit § 156 GenG und § 5 Abs. 2 Halbsatz 1 PartGG, genannten Schriftstücke ausschließlich elektronisch einzureichen.

§ 10 Technische Störungen
[1]Ist die Einreichung elektronischer Dokumente über die elektronische Poststelle ohne Verschulden des Einreichenden vorübergehend technisch nicht möglich, trifft der Vorstand des Gerichts auf Antrag Anordnungen im Einzelfall. [2]Der Antrag ist zu begründen, die Gründe sind glaubhaft zu machen. [3]Dabei kann auch angeordnet werden, dass ein zu einem späteren Zeitpunkt eingereichtes elektronisches Dokument so behandelt wird, als wäre es bereits zum Zeitpunkt der fehlgeschlagenen Einreichung nach Satz 1 bei der elektronischen Poststelle eingegangen.

Abschnitt 3

Maschinell geführtes Grundbuch

§ 11 Maschinell geführtes Grundbuch
(1) [1]Bei allen Amtsgerichten wird das Grundbuch in maschineller Form als automatisierte Datei geführt. [2]Die einzelnen maschinell geführten Grundbücher treten mit ihrer Freigabe an die Stelle der in Papierform geführten Grundbücher.
(2) Die Freigabe des durch Umstellung angelegten maschinell geführten Grundbuchs nach § 128 Abs. 1 Satz 2 der Grundbuchordnung wird dem Urkundsbeamten der Geschäftsstelle übertragen.

§ 12 Abrufverfahren
[1]Die Genehmigung des Abrufverfahrens nach § 133 Abs. 2 Satz 1 und Abs. 4 Satz 2 der Grundbuchordnung wird von der in der Anlage 1 bezeichneten Stelle erteilt. [2]Diese ist auch für die damit verbundenen Abwicklungsaufgaben zuständig.

§ 13 Ersatzgrundbuch
(1) Ein Ersatzgrundbuch in Papierform soll in der Regel angelegt werden, wenn die Vornahme von Eintragungen in das maschinell geführte Grundbuch länger als einen Monat nicht möglich ist.
(2) [1]Bei der Übernahme neuer Eintragungen aus dem Ersatzgrundbuch in das maschinell geführte Grundbuch nach § 148 Abs. 2 Satz 2 der Grundbuchordnung ist die Speicherung des Schriftzugs von Unterschriften nicht notwendig. [2]Die aus dem Ersatzgrundbuch in das maschinell geführte Grundbuch übernommene Eintragung ist mit dem Vermerk abzuschließen: „Aus dem Ersatzgrundbuch übernommen und freigegeben am/zum …“. [3]Das Ersatzgrundbuch ist zu schließen. [4]In der Aufschrift ist folgender Schließungsvermerk einzutragen: „Nach Wiederherstellung des maschinell geführten Grundbuchs geschlossen am/zum …“. [5]§ 70 Abs. 2 Satz 2 der Grundbuchverfügung (GBV) gilt entsprechend.

Abschnitt 4

Elektronische Aktenführung bei den Gerichten der ordentlichen Gerichtsbarkeit und den Staatsanwaltschaften

§ 14 Anordnung der elektronischen Aktenführung
(1) [1]Bei den ordentlichen Gerichten und Staatsanwaltschaften werden die Akten elektronisch geführt, soweit dies durch Verwaltungsvorschrift des Staatsministeriums, die im Bayerischen Ministerialblatt bekanntzumachen ist, angeordnet wird. [2]Ist in der Verwaltungsvorschrift nichts anderes geregelt, werden Akten, die zum angegebenen Zeitpunkt bereits in Papierform angelegt sind, weiterhin in Papierform geführt. [3]Dies gilt auch für von anderen Gerichten oder Staatsanwaltschaften bis zum Ablauf des 31. Mai 2022 abgegebene Verfahren, soweit die Akten dort zum angegebenen Zeitpunkt bereits in Papierform angelegt wurden. [4]Ab dem 1. Juni 2022 abgegebene Verfahren werden elektronisch geführt, soweit beim empfangenden Gericht oder der empfangenden Staatsanwaltschaft zum Zeitpunkt des Eingangs die Akten gemäß Satz 1 elektronisch geführt werden. [5]Verfahren gemäß § 271 des Gesetzes über das Verfahren in Familiensachen und in den Angelegenheiten der freiwilligen Gerichtsbarkeit (FamFG), die zum angegebenen Zeitpunkt bereits in Papierform angelegt sind, sind in Abweichung zu Sätzen 2 bis 4 ab dem angegebenen Zeitpunkt in elektronischer Form weiterzuführen (Hybridaktenführung).

(2) Abweichend von Abs. 1 werden bei den Oberlandesgerichten in Grundbuchsachen in der Beschwerdeinstanz ab dem 1. Juli 2023 die Akten elektronisch geführt, soweit an dem Grundbuchamt die elektronische Aktenführung gemäß § 21 Satz 1 angeordnet wurde.

(3) [1]Soweit in einem Verfahren Dokumente Aktenbestandteil werden sollen, die dem Geheimhaltungsgrad „VS-NUR FÜR DEN DIENSTGEBRAUCH" oder höher unterliegen, ist die Akte abweichend von Abs. 1 in Papierform zu führen. [2]Soweit bereits eine elektronische Akte angelegt wurde, ist diese in die Papierform umzuwandeln.

§ 15 Bildung elektronischer Akten

(1) [1]In der elektronischen Akte werden zur Akte gebrachte elektronische Dokumente einschließlich zugehöriger Signaturdateien sowie sonstige zur Akte gebrachte Dateien und Informationen gespeichert. [2]Strukturierte maschinenlesbare Datensätze werden als Datensätze in der elektronischen Akte gespeichert.

(2) Elektronische Dokumente sowie in Papierform vorliegende Akten anderer Instanzen und Beiakten, die nicht nach § 16 Nr. 1 in die elektronische Form übertragen wurden und dieselbe Angelegenheit betreffen, sind zu Akten zu vereinigen.

(3) Enthält eine elektronisch geführte Akte sowohl elektronische Bestandteile als auch solche, die nicht in die elektronische Form übertragen wurden, so muss beim Zugriff auf jeden der Teile ein Hinweis auf den jeweils anderen Teil enthalten sein.

§ 16 Übertragung von Papierdokumenten in die elektronische Form

Die Übertragung von Papierdokumenten in die elektronische Form richtet sich für die ordentlichen Gerichte in Zivilsachen nach § 298a Abs. 2 der Zivilprozessordnung (ZPO) und § 14 Abs. 1 Satz 2 FamFG in Verbindung mit § 298a Abs. 2 ZPO mit folgender Maßgabe:

1. In Papierform vorliegende Akten anderer Instanzen und Beiakten können gemäß Anordnung der Gerichts- oder Behördenleitung in die elektronische Form übertragen werden.
2. In Papierform vorliegende Akten anderer Instanzen können nach Maßgabe des § 298a Abs. 2 Satz 5 ZPO vernichtet werden.

§ 17 Führung und Aufbewahrung elektronischer Akten

[1]Die elektronische Akte ist mit einem elektronischen Datenverarbeitungssystem nach dem Stand der Technik zu führen und aufzubewahren. [2]Das elektronische Datenverarbeitungssystem muss gewährleisten, dass die elektronische Akte benutzbar, lesbar und auffindbar ist und dass die in § 64 Abs. 2 Satz 1 GBV genannten Anforderungen entsprechend erfüllt sind.

§ 18 Ersatzmaßnahmen

[1]Soweit dies auf Grund technischer Störungen beim Betrieb der elektronischen Akte erforderlich ist, kann der Vorstand des Gerichts oder die Behördenleitung der Staatsanwaltschaft anordnen, dass eine Ersatzakte in Papierform geführt wird. [2]Diese ist in die elektronische Form zu übertragen, sobald die Störung behoben ist.

Abschnitt 5

Elektronischer Rechtsverkehr und elektronische Aktenführung in Grundbuchsachen am Grundbuchamt

§ 19 Besonderheiten für den elektronischen Rechtsverkehr in Grundbuchsachen am Grundbuchamt

(1) [1]Soweit in Grundbuchsachen die Einreichung elektronischer Dokumente gemäß § 1 eröffnet ist, haben Notare

1. Dokumente elektronisch zu übermitteln und
2. neben den elektronischen Dokumenten auch die darin enthaltenen Angaben in strukturierter maschinenlesbarer Form im Dateiformat XML, das den nach § 3 Nr. 1 bekannt gegebenen Definitions- oder Schemadateien entspricht, zu übermitteln; dazu gehören mindestens die Bezeichnung des Grundbuchamts, des Grundbuchbezirks, des Grundbuchblatts, der Beteiligten und der eingereichten Dokumente.

[2]Satz 1 gilt nicht für
1. Pläne und Zeichnungen, die ein größeres Format als DIN A3 aufweisen und dem Notar nicht bereits als elektronisches Dokument vorliegen, und
2. mit Plänen oder Zeichnungen gemäß § 44 des Beurkundungsgesetzes verbundene Dokumente, soweit es sich nicht um Urkunden des antragstellenden oder eines mit ihm zur gemeinsamen Berufsausübung verbundenen Notars handelt; in diesem Fall sind zumindest die in Satz 1 Nr. 2 genannten Angaben in strukturierter maschinenlesbarer Form zu übermitteln.

[3]§ 137 Abs. 1 Satz 3 der Grundbuchordnung bleibt unberührt.

(2) [1]§ 2 findet für die elektronische Einreichung in Grundbuchsachen mit der Maßgabe Anwendung, dass zur Entgegennahme elektronischer Dokumente in Grundbuchsachen ausschließlich das direkt adressierbare elektronische Postfach des jeweiligen Grundbuchamtes bei der elektronischen Poststelle bestimmt ist. [2]§ 136 der Grundbuchordnung bleibt unberührt.

§ 20 Ersatzeinreichung in Grundbuchsachen am Grundbuchamt

[1]Ist eine Übermittlung an das elektronische Postfach des Grundbuchamtes nicht möglich, insbesondere weil die Grenzen für die Anzahl der einzureichenden Dokumente oder das Volumen der zu übermittelnden Daten nach § 3 Nr. 2 überschritten werden oder weil beim Einreicher oder bei der elektronischen Poststelle eine technische Störung vorliegt, gilt abweichend von § 4, dass die Einreichung beim Grundbuchamt auf einem Datenträger nach § 3 Nr. 2 erfolgen kann. [2]Ist die Übermittlung elektronischer Dokumente über das elektronische Postfach des Grundbuchamtes und die Einreichung gemäß Satz 1 nicht möglich, sind die Dokumente in Papierform einzureichen. [3]Die Unmöglichkeit der Übermittlung ist jeweils darzulegen.

§ 21 Anordnung der elektronischen Grundakte in Grundbuchsachen am Grundbuchamt

[1]Bei den in der Anlage 2 bezeichneten Gerichten werden die Grundakten in Grundbuchsachen ab dem dort angegebenen Zeitpunkt elektronisch geführt. [2]Entscheidungen und Verfügungen der Grundbuchämter sind in elektronischer Form zu erlassen.

§ 22 Besonderheiten für die elektronische Aktenführung in Grundbuchsachen am Grundbuchamt

(1) Für die elektronische Grundakte in Grundbuchsachen sind §§ 138 bis 140 der Grundbuchordnung und §§ 94 bis 101 GBV zu beachten, ferner gelten §§ 15, 17 und 18 entsprechend.

(2) [1]Schriftstücke und sonstige Unterlagen, die zu einer elektronisch geführten Akte in Papierform eingereicht werden, sind in elektronische Dokumente zu übertragen. [2]Ausgenommen sind in Papierform geführte Akten anderer Instanzen sowie Schriftstücke und sonstige Unterlagen, deren Übertragung technisch nicht möglich ist oder wegen ihrer besonderen Beschaffenheit unverhältnismäßig wäre.

(3) [1]Die in Papierform eingereichten, in elektronische Dokumente übertragenen Schriftstücke und sonstigen Unterlagen sind sechs Monate nach ihrer Übertragung zu vernichten, sofern es sich nicht um Urschriften oder Ausfertigungen einer Urkunde oder sonstige rückgabepflichtige Unterlagen handelt oder im Einzelfall eine längere Aufbewahrungsfrist angeordnet worden ist oder sich aus spezialgesetzlichen Regelungen ergibt. [2]§ 138 Abs. 1 Satz 2 der Grundbuchordnung bleibt unberührt.

Abschnitt 6

Elektronischer Rechtsverkehr in Angelegenheiten der internationalen Rechtshilfe in Strafsachen

§ 23 Zulassung des elektronischen Rechtsverkehrs

(1) Im Anwendungsbereich des § 77a Abs. 1 Satz 1 und 3 des Gesetzes über die internationale Rechtshilfe in Strafsachen (IRG) können elektronische Dokumente bei den in Anlage 3 genannten Gerichten, Staatsanwaltschaften und Behörden in dem dort genannten Umfang eingereicht werden.

(2) [1]Soweit für eingehende Rechtshilfeersuchen und für Erklärungen, Anträge oder Begründungen, die nach dem Gesetz über die internationale Rechtshilfe in Strafsachen ausdrücklich schriftlich abzufassen oder zu unterzeichnen sind, nach Abs. 1 der elektronische Rechtsverkehr zugelassen ist, müssen die elektronischen Dokumente mit einer qualifizierten elektronischen Signatur versehen sein. [2]Für die qualifizierte elektronische Signatur gilt § 2 Abs. 3 Satz 2 und 3 entsprechend. [3]§ 77a Abs. 2 IRG bleibt unberührt.

Abschnitt 7

Elektronische Führung, Aufbewahrung und Einreichung der Insolvenztabelle sowie der dazugehörenden Dokumente

§ 24 Führung und Aufbewahrung der Insolvenztabelle und der dazugehörigen Dokumente

(1) [1]In Insolvenzverfahren, in denen die elektronische Aktenführung durch Verwaltungsvorschrift des Staatsministeriums, die im Bayerischen Ministerialblatt bekanntzumachen ist, angeordnet ist, sind auch die Tabellen im Sinne des § 175 der Insolvenzordnung (InsO) elektronisch im Sinne des § 17 zu führen und aufzubewahren, es sei denn, das Insolvenzgericht beschließt, dass die Tabelle abweichend hiervon nicht elektronisch geführt und aufbewahrt wird. [2]Satz 1 gilt für die Aufbewahrung der dazugehörigen Dokumente im Sinne des § 5 Abs. 4 Satz 2 InsO entsprechend. [3]§ 15 Abs. 3 bleibt unberührt. [4]Das Insolvenzgericht soll einen Beschluss nach Satz 1 erlassen, wenn zu erwarten ist, dass die Tabelle mehr als 100 Tabellenblätter umfassen wird. [5]Der Beschluss ist öffentlich bekannt zu machen nach Maßgabe des § 9 Abs. 1 InsO.

(2) [1]Die von dem Insolvenzverwalter elektronisch eingereichten Dokumente mit den Angaben

1. aus der Forderungsanmeldung und dem Prüfungsergebnis des Insolvenzverwalters,
2. aus einer nach dem Prüfungstermin durch den Insolvenzverwalter vorgenommenen Berichtigung des Prüfungsergebnisses oder sonstiger Daten aus der Forderungsanmeldung

sind als Ergebnis der Erörterung und Prüfung der Forderung mit einer qualifizierten elektronischen Signatur zu versehen. [2]Abweichend von Satz 1 können bei der elektronisch geführten Tabelle alle Tabellenblattnummern der geprüften Forderungen in einem Dokument aufgelistet werden, das qualifiziert elektronisch zu signieren ist. [3]Berichtigungen sind in entsprechender Vorgehensweise gesondert qualifiziert elektronisch zu signieren. [4]Das gemäß Satz 2 signierte Dokument wird Bestandteil der elektronisch geführten Tabelle.

§ 25 Einreichung der Insolvenztabelle sowie der dazugehörenden Dokumente bei den Insolvenzgerichten

[1]Die Tabelle sowie die dazugehörigen Dokumente sind bei Gericht über einen sicheren Übermittlungsweg im Sinne des § 130a Abs. 4 Satz 1 ZPO einzureichen, sofern die Tabelle in dem jeweiligen Insolvenzverfahren gemäß § 24 elektronisch geführt wird. [2]§ 130a Abs. 2 und 3 ZPO gilt entsprechend. [3]Ist eine Einreichung der Tabelle über einen sicheren Übermittlungsweg aus technischen Gründen vorübergehend nicht möglich, so gilt § 130d Satz 2 und 3 ZPO entsprechend.

Abschnitt 8

Schlussvorschriften

§ 26 Inkrafttreten

Diese Verordnung tritt am 1. Januar 2007 in Kraft.

Anlage 1
(zu § 1)

Zulassung der elektronischen Kommunikation in Grundbuch- und Registersachen

Nr.	Gericht/Justizbehörde	Verfahrensbereich/Angelegenheit	Einreichung elektronischer Dokumente möglich ab
1	Alle Amtsgerichte am Sitz eines Landgerichts sowie die Amtsgerichte Fürth und Straubing (Registergerichte)	– Elektronische Führung des Handels-, Genossenschafts- und Partnerschaftsregisters samt elektronisch geführter Registerakten – Elektronische Führung des Vereinsregisters	1. Januar 2007
2	Präsident des Oberlandesgerichts Nürnberg	Elektronisches Abrufverfahren aus dem elektronisch geführten Handels-, Genossenschafts-, Partnerschafts- und Vereinsregister sowie aus elektronisch geführten Registerakten (elektronisches Informations- und Kommunikationssystem, zugänglich über die Internetseite des Staatsministeriums der Justiz)	1. Januar 2007
3	Präsident des Oberlandesgerichts Nürnberg	Abwicklung und Genehmigung des elektronischen Abrufverfahrens in Grundbuchsachen	1. Januar 2007
4	Amtsgericht Kelheim	Grundbuchsachen	1. Juli 2021
5	Amtsgericht Erlangen	Grundbuchsachen	1. Juni 2022
6	Amtsgericht Ansbach Amtsgericht Weißenburg i. Bay.	Grundbuchsachen	10. Juli 2023
7	Amtsgericht Cham Amtsgericht Straubing Amtsgericht Regensburg	Grundbuchsachen	24. Juli 2023
8	Amtsgericht Weiden i. d. OPf. Amtsgericht Tirschenreuth Amtsgericht Amberg Amtsgericht Schwandorf Amtsgericht Aschaffenburg Amtsgericht Aschaffenburg, Zweigstelle Alzenau Amtsgericht Obernburg a. Main	Grundbuchsachen	16. Oktober 2023
9	Amtsgericht Fürth Amtsgericht Hersbruck Amtsgericht Neumarkt i. d. OPf. Amtsgericht Neustadt a. d. Aisch Amtsgericht Nürnberg Amtsgericht Schwabach	Grundbuchsachen	30. Oktober 2023
10	Amtsgericht Neuburg a. d. Donau Amtsgericht Pfaffenhofen a. d. Ilm Amtsgericht Ingolstadt Amtsgericht Bayreuth Amtsgericht Kulmbach Amtsgericht Hof Amtsgericht Wunsiedel	Grundbuchsachen	13. November 2023

Nr.	Gericht/Justizbehörde	Verfahrensbereich/Angelegenheit	Einreichung elektronischer Dokumente möglich ab
11	Amtsgericht Traunstein Amtsgericht Rosenheim Amtsgericht Laufen Amtsgericht Altötting Amtsgericht Mühldorf a. Inn	Grundbuchsachen	11. Dezember 2023
12	Alle Amtsgerichte am Sitz eines Landgerichts sowie die Amtsgerichte Fürth und Straubing (Registergerichte)	Elektronische Führung des Gesellschaftsregisters samt elektronisch geführter Registerakten	1. Januar 2024
13	Präsident des Oberlandesgerichts Nürnberg	Elektronisches Abrufverfahren aus dem elektronisch geführten Gesellschaftsregister sowie aus elektronisch geführten Registerakten (elektronisches Informations- und Kommunikationssystem, zugänglich über die Internetseite des Staatsministeriums der Justiz)	1. Januar 2024
14	Amtsgericht München	Grundbuchsachen	5. Februar 2024
15	Amtsgericht Bad Kissingen Amtsgericht Bad Neustadt a. d. Saale Amtsgericht Schweinfurt Amtsgericht Günzburg Amtsgericht Memmingen Amtsgericht Neu-Ulm	Grundbuchsachen	19. Februar 2024
16	Amtsgericht Dachau Amtsgericht Ebersberg Amtsgericht Wolfratshausen Amtsgericht Garmisch-Partenkirchen Amtsgericht Miesbach Amtsgericht Weilheim i. OB Amtsgericht Starnberg Amtsgericht Fürstenfeldbruck	Grundbuchsachen	11. März 2024
17	Amtsgericht Aichach Amtsgericht Augsburg Amtsgericht Dillingen a. d. Donau Amtsgericht Landsberg am Lech Amtsgericht Nördlingen	Grundbuchsachen	18. März 2024
18	Amtsgericht Deggendorf Amtsgericht Viechtach Amtsgericht Freyung Amtsgericht Passau Amtsgericht Erding Amtsgericht Freising Amtsgericht Landau a. d. Isar Amtsgericht Landshut Amtsgericht Eggenfelden	Grundbuchsachen	29. April 2024
19	Amtsgericht Bamberg Amtsgericht Forchheim Amtsgericht Haßfurt Amtsgericht Gemünden a. Main	Grundbuchsachen	6. Mai 2024

Nr.	Gericht/Justizbehörde	Verfahrensbereich/Angelegenheit	Einreichung elektronischer Dokumente möglich ab
	Amtsgericht Kitzingen Amtsgericht Würzburg		
20	Amtsgericht Kaufbeuren Amtsgericht Kempten Amtsgericht Lindau Amtsgericht Sonthofen Amtsgericht Coburg Amtsgericht Kronach Amtsgericht Lichtenfels	Grundbuchsachen	24. Juni 2024

Anlage 2
(zu § 21)

Anordnung der elektronischen Grundakte in Grundbuchsachen

Nr.	Gericht	Datum
1	Amtsgericht Kelheim	1. Juli 2021
2	Amtsgericht Erlangen	1. Juni 2022
3	Amtsgericht Ansbach Amtsgericht Weißenburg i. Bay.	10. Juli 2023
4	Amtsgericht Cham Amtsgericht Straubing Amtsgericht Regensburg	24. Juli 2023
5	Amtsgericht Weiden i. d. OPf. Amtsgericht Tirschenreuth Amtsgericht Amberg Amtsgericht Schwandorf Amtsgericht Aschaffenburg Amtsgericht Aschaffenburg, Zweigstelle Alzenau Amtsgericht Obernburg a. Main	16. Oktober 2023
6	Amtsgericht Fürth Amtsgericht Hersbruck Amtsgericht Neumarkt i. d. OPf. Amtsgericht Neustadt a. d. Aisch Amtsgericht Nürnberg Amtsgericht Schwabach	30. Oktober 2023
7	Amtsgericht Neuburg a. d. Donau Amtsgericht Pfaffenhofen a. d. Ilm Amtsgericht Ingolstadt Amtsgericht Bayreuth Amtsgericht Kulmbach Amtsgericht Hof Amtsgericht Wunsiedel	13. November 2023
8	Amtsgericht Traunstein Amtsgericht Rosenheim Amtsgericht Laufen Amtsgericht Altötting Amtsgericht Mühldorf a. Inn	11. Dezember 2023
9	Amtsgericht München	5. Februar 2024
10	Amtsgericht Bad Kissingen Amtsgericht Bad Neustadt a. d. Saale Amtsgericht Schweinfurt Amtsgericht Günzburg Amtsgericht Memmingen Amtsgericht Neu-Ulm	19. Februar 2024
11	Amtsgericht Dachau Amtsgericht Ebersberg Amtsgericht Wolfratshausen Amtsgericht Garmisch-Partenkirchen Amtsgericht Miesbach Amtsgericht Weilheim i. OB Amtsgericht Starnberg Amtsgericht Fürstenfeldbruck	11. März 2024

Nr.	Gericht	Datum
12	Amtsgericht Aichach Amtsgericht Augsburg Amtsgericht Dillingen a. d. Donau Amtsgericht Landsberg am Lech Amtsgericht Nördlingen	18. März 2024
13	Amtsgericht Deggendorf Amtsgericht Viechtach Amtsgericht Freyung Amtsgericht Passau Amtsgericht Erding Amtsgericht Freising Amtsgericht Landau a. d. Isar Amtsgericht Landshut Amtsgericht Eggenfelden	29. April 2024
14	Amtsgericht Bamberg Amtsgericht Forchheim Amtsgericht Haßfurt Amtsgericht Gemünden a. Main Amtsgericht Kitzingen Amtsgericht Würzburg	6. Mai 2024
15	Amtsgericht Kaufbeuren Amtsgericht Kempten Amtsgericht Lindau Amtsgericht Sonthofen Amtsgericht Coburg Amtsgericht Kronach Amtsgericht Lichtenfels	24. Juni 2024

Anlage 3
(zu § 23)

Zulassung der elektronischen Kommunikation in Angelegenheiten der internationalen Rechtshilfe in Strafsachen

Nr.	Gericht/Staatsanwaltschaft/Behörde	Verfahrensbereich/Angelegenheit	Einreichung elektronischer Dokumente möglich ab
1	Staatsanwaltschaft Traunstein	Europäische Ermittlungsanordnungen im Sinne der Richtlinie 2014/41/EU des Europäischen Parlaments und des Rates vom 3. April 2014 über die Europäische Ermittlungsanordnung in Strafsachen	20. Februar 2023

Bayerisches Datenschutzgesetz (BayDSG)

Vom 15. Mai 2018 (GVBl. S. 230)
(BayRS 204-1-I)

zuletzt geändert durch § 1 Abs. 26 V zur Anpassung des Landesrechts an die geltende Geschäftsverteilung vom 4. Juni 2024 (GVBl. S. 98)

Nichtamtliche Inhaltsübersicht

Der Landtag des Freistaates Bayern hat das folgende Gesetz beschlossen, das hiermit bekannt gemacht wird:

Teil 1
Allgemeine Vorschriften

Artikel 1 Anwendungsbereich des Gesetzes

(1) [1]Dieses Gesetz gilt für die Behörden und sonstigen öffentlichen Stellen des Freistaates Bayern, der Gemeinden, Gemeindeverbände und der sonstigen der Aufsicht des Freistaates Bayern unterstehenden juristischen Personen des öffentlichen Rechts. [2]Für den Landtag gilt dieses Gesetz nur, soweit er in Verwaltungsangelegenheiten tätig wird. [3]Für den Obersten Rechnungshof und die Gerichte gilt Teil 2 Kapitel 5 nur, soweit diese in Verwaltungsangelegenheiten tätig werden. [4]Art. 38 gilt auch für nicht öffentliche Stellen, soweit die Verarbeitung nicht ausschließlich zur Ausübung persönlicher oder familiärer Tätigkeiten erfolgt.

(2) [1]Öffentliche Stellen sind auch Vereinigungen des privaten Rechts, die Aufgaben der öffentlichen Verwaltung wahrnehmen und an denen – ungeachtet der Beteiligung nicht öffentlicher Stellen – eine oder mehrere der in Abs. 1 Satz 1 genannten juristischen Personen des öffentlichen Rechts unmittelbar oder durch eine solche Vereinigung beteiligt sind. [2]Öffentlich rechtliche Finanzdienstleistungsunternehmen sowie ihre Zusammenschlüsse und Verbände gelten als nicht öffentliche Stellen.

(3) [1]Soweit öffentliche Stellen als Unternehmen am Wettbewerb teilnehmen, gelten für sie selbst, ihre Zusammenschlüsse und Verbände die Vorschriften für nicht öffentliche Stellen. [2]Die Zuständigkeit des Landesbeauftragten für den Datenschutz (Landesbeauftragter) nach Art. 15 bleibt hiervon unberührt.

(4) Soweit nicht öffentliche Stellen hoheitliche Aufgaben der öffentlichen Verwaltung wahrnehmen, gelten für sie die Vorschriften für öffentliche Stellen.

(5) Soweit besondere Rechtsvorschriften über den Datenschutz oder über Verfahren der Rechtspflege auf personenbezogene Daten anzuwenden sind, gehen sie den Vorschriften dieses Gesetzes vor.

(6) Die Vorschriften dieses Gesetzes gelten nicht für die Verarbeitung personenbezogener Daten zur Ausübung des Begnadigungsrechts.

Teil 2
Verarbeitung personenbezogener Daten

Kapitel 1
Allgemeines

Artikel 2 Anwendung der Verordnung (EU) 2016/679

[1]Für die Verarbeitung personenbezogener Daten durch öffentliche Stellen gelten vorbehaltlich anderweitiger Regelungen die Vorschriften der Verordnung (EU) 2016/679 (Datenschutz-Grundverordnung – DSGVO) auch außerhalb des sachlichen Anwendungsbereichs des Art. 2 Abs. 1 und 2 DSGVO. [2]Die Art. 30, 35 und 36 DSGVO gelten nur, soweit die Verarbeitung automatisiert erfolgt oder die Daten in einem Dateisystem gespeichert sind oder gespeichert werden sollen.

Kapitel 2
Grundsätze der Verarbeitung

Artikel 3 Sicherstellung des Datenschutzes, Verantwortlicher (zu Art. 4 Nr. 7 DSGVO)

(1) Die Staatskanzlei, die Staatsministerien und die sonstigen obersten Dienststellen des Staates, die Gemeinden, die Gemeindeverbände und die sonstigen der Aufsicht des Freistaates Bayern unterstehenden juristischen Personen des öffentlichen Rechts sowie die privatrechtlichen Vereinigungen, auf die dieses Gesetz gemäß Art. 1 Abs. 1 und 2 Anwendung findet, haben für ihren Bereich die Ausführung der DSGVO, dieses Gesetzes sowie anderer Rechtsvorschriften über den Datenschutz sicherzustellen.

(2) Verantwortlicher für die Verarbeitung personenbezogener Daten im Sinne der DSGVO ist die für die Verarbeitung zuständige öffentliche Stelle, soweit nichts anderes bestimmt ist.

Artikel 4 Rechtmäßigkeit der Verarbeitung (zu Art. 6 Abs. 1 bis 3 DSGVO)

(1) Die Verarbeitung personenbezogener Daten durch eine öffentliche Stelle ist unbeschadet sonstiger Bestimmungen zulässig, wenn sie zur Erfüllung einer ihr obliegenden Aufgabe erforderlich ist.

(2) [1]Personenbezogene Daten, die nicht aus allgemein zugänglichen Quellen entnommen werden, sind bei der betroffenen Person mit ihrer Kenntnis zu erheben. [2]Bei Dritten dürfen personenbezogene Daten erhoben werden, wenn

1. dies durch Rechtsvorschrift vorgesehen oder zwingend vorausgesetzt wird,
2. die zu erfüllende Verwaltungsaufgabe ihrer Art nach oder im Einzelfall eine solche Erhebung erforderlich macht,
3. die Erhebung bei der betroffenen Person einen unverhältnismäßigen Aufwand erfordern würde oder keinen Erfolg verspricht oder
4. die Daten von einer anderen öffentlichen Stelle an die erhebende Stelle übermittelt werden dürfen.

[3]In den Fällen des Satzes 2 Nr. 2 und 3 dürfen keine Anhaltspunkte dafür bestehen, dass überwiegende schutzwürdige Interessen der betroffenen Person beeinträchtigt werden. [4]Werden Daten bei der betroffenen Person ohne ihre Kenntnis erhoben, gilt Satz 2 Nr. 1 und 2 entsprechend.

Artikel 5 Übermittlung (zu Art. 6 Abs. 2 bis 4 DSGVO)

(1) [1]Eine Übermittlung personenbezogener Daten ist zulässig, wenn

1. sie zur Erfüllung einer der übermittelnden oder der empfangenden öffentlichen Stelle obliegenden Aufgabe erforderlich ist oder
2. der Empfänger eine nicht öffentliche Stelle ist, diese Stelle ein berechtigtes Interesse an ihrer Kenntnis glaubhaft darlegt und die betroffene Person kein schutzwürdiges Interesse an dem Ausschluss der Übermittlung hat; dies gilt auch, soweit die Daten zu anderen Zwecken als denjenigen, zu denen sie erhoben wurden, übermittelt werden.

[2]Bei einer Übermittlung nach Satz 1 Nr. 2 darf der Empfänger die übermittelten Daten nur für den Zweck verarbeiten, zu dem sie ihm übermittelt wurden.

(2) Sind mit personenbezogenen Daten weitere personenbezogene Daten der betroffenen Person oder Dritter so verbunden, dass eine Trennung nicht oder nur mit unvertretbarem Aufwand möglich ist, ist die Übermittlung auch dieser Daten an öffentliche Stellen zulässig, soweit nicht schutzwürdige Interessen der betroffenen Person oder Dritter offensichtlich überwiegen.

(3) [1]Wenn die Prüfung oder Wartung automatisierter Verfahren oder Datenverarbeitungsanlagen durch andere Stellen vorgenommen wird und dabei ein Zugriff auf personenbezogene Daten nicht ausgeschlossen werden kann, gilt Art. 28 Abs. 1 bis 4, 9 und 10 DSGVO hierfür entsprechend. [2]Kann der nach Art. 28 Abs. 3 DSGVO erforderliche Vertrag oder das andere Rechtsinstrument vor der Verarbeitung nicht schriftlich oder elektronisch abgefasst werden, muss dies unverzüglich nachgeholt werden.

(4) [1]Werden personenbezogene Daten an eine andere öffentliche Stelle auf deren Ersuchen übermittelt, trägt diese die Verantwortung für die Zulässigkeit der Übermittlung. [2]Die ersuchte Stelle übermittelt Daten nur, wenn das Ersuchen im Rahmen der Aufgaben des Empfängers liegt. [3]Im Übrigen trägt sie die Verantwortung nur dann, wenn besonderer Anlass zur Prüfung der Zulässigkeit besteht.

Artikel 6 Zweckbindung (zu Art. 6 Abs. 3 und 4 DSGVO)

(1) Öffentliche Stellen, die personenbezogene Daten verarbeiten dürfen, dürfen diese auch zur Wahrnehmung von Aufsichts- oder Kontrollbefugnissen, zur Erstellung von Geschäftsstatistiken, zur Rechnungsprüfung, zur Durchführung eigener Organisationsuntersuchungen oder zur Prüfung oder Wartung automatisierter Verfahren der Datenverarbeitung und zur Gewährleistung der Netz- und Informationssicherheit sowie, soweit nicht offensichtlich überwiegende schutzwürdige Interessen der betroffenen Personen entgegenstehen, zu eigenen Ausbildungs- oder Prüfungszwecken verarbeiten.

(2) Eine Verarbeitung zu anderen Zwecken als zu denjenigen, zu denen die Daten erhoben wurden, ist unbeschadet der Bestimmungen der DSGVO zulässig, wenn

1. offensichtlich ist, dass die Verarbeitung im Interesse der betroffenen Person liegt, und kein Grund zu der Annahme besteht, dass sie in Kenntnis des anderen Zwecks ihre Einwilligung hierzu verweigern würde,

2. die Daten aus allgemein zugänglichen Quellen entnommen werden können oder die Daten verarbeitende Stelle sie veröffentlichen dürfte,
3. die Verarbeitung erforderlich ist
   a) zur Abwehr erheblicher Nachteile für das Gemeinwohl oder von Gefahren für die öffentliche Sicherheit und Ordnung,
   b) zur Verfolgung von Straftaten oder Ordnungswidrigkeiten, zur Vollstreckung oder zum Vollzug von Strafen oder Maßnahmen im Sinne des § 11 Abs. 1 Nr. 8 des Strafgesetzbuchs oder von Erziehungsmaßregeln oder Zuchtmitteln im Sinne des Jugendgerichtsgesetzes oder zur Vollstreckung von Bußgeldentscheidungen,
   c) zur Durchführung wissenschaftlicher oder historischer Forschung, das wissenschaftliche oder historische Interesse an der Durchführung des Forschungsvorhabens das Interesse der betroffenen Person an dem Ausschluss der Zweckänderung erheblich überwiegt und der Zweck der Forschung auf andere Weise nicht oder nur mit unverhältnismäßigem Aufwand erreicht werden kann,
   d) zur Abwehr einer schwerwiegenden Beeinträchtigung der Rechte einer anderen Person,
   e) zur Überprüfung von Angaben der betroffenen Person, weil tatsächliche Anhaltspunkte für deren Unrichtigkeit bestehen,
   f) zum Vergleich von Angaben der betroffenen Person zur Erlangung von finanziellen Leistungen öffentlicher Stellen mit anderen derartigen Angaben oder
   g) zur Sicherung des Steuer- und Zollaufkommens.

(3) Art. 9 DSGVO und die Art. 8 und 24 Abs. 3 bleiben unberührt.

(4) Personenbezogene Daten, die ausschließlich zu Zwecken der Datensicherung oder der Datenschutzkontrolle verarbeitet werden, dürfen nicht zu anderen Zwecken verarbeitet werden.

Artikel 7 Besondere automatisierte Verfahren (zu Art. 6 Abs. 3, Art. 26 DSGVO)

(1) [1]Öffentliche Stellen dürfen automatisierte Verfahren, welche die Übermittlung personenbezogener Daten durch Abruf ermöglichen, nur einrichten, soweit

1. der Abruf aus Datenbeständen erfolgt, die jedermann ohne oder nach besonderer Zulassung zur Benutzung offen stehen, oder
2. das Verfahren die Rechte und Freiheiten der betroffenen Personen und die Aufgaben der beteiligten Stellen angemessen berücksichtigt.

[2]Für Abrufe nach Satz 1 Nr. 2

1. trägt der Empfänger die Verantwortung für die Zulässigkeit des einzelnen Abrufs,
2. hat die einrichtende Stelle zu gewährleisten, dass die Übermittlung personenbezogener Daten zumindest durch geeignete Stichprobenverfahren festgestellt und überprüft werden kann; sie prüft die Zulässigkeit der Abrufe nur, wenn dazu Anlass besteht.

(2) [1]Die Einrichtung automatisierter Verfahren, die mehreren öffentlichen Stellen die Verarbeitung personenbezogener Daten in einem Datenbestand ermöglichen sollen oder bei denen die beteiligten öffentlichen Stellen sich wechselseitig Zugriffe auf die gespeicherten personenbezogenen Daten ermöglichen sollen, ist zulässig, soweit dies unter Berücksichtigung der Rechte und Freiheiten der betroffenen Personen und der Aufgaben der beteiligten Stellen angemessen ist und durch technische und organisatorische Maßnahmen Risiken für die Rechte und Freiheiten der betroffenen Personen vermieden werden können. [2]Verfahren nach Satz 1, die ein hohes Risiko für die Rechte und Freiheiten der betroffenen Personen beinhalten können, sind nur zulässig, wenn sie durch Gesetz oder auf Grund eines Gesetzes eingerichtet werden.

Artikel 8 Verarbeitung besonderer Kategorien personenbezogener Daten (zu Art. 9 DSGVO)

(1) [1]Die Verarbeitung von Daten im Sinne des Art. 9 Abs. 1 DSGVO ist auch zulässig, soweit sie erforderlich ist

1. zur Wahrnehmung von Rechten und Pflichten, die aus dem Recht der sozialen Sicherheit und des Sozialschutzes folgen,
2. zur Wahrnehmung von Rechten und Pflichten der öffentlichen Stellen auf dem Gebiet des Dienst- und Arbeitsrechts,

3. zum Zweck der Gesundheitsvorsorge oder der Arbeitsmedizin, für die Beurteilung der Arbeitsfähigkeit von beschäftigten Personen, für die medizinische Diagnostik, die Versorgung oder Behandlung im Gesundheits- oder Sozialbereich oder für die Verwaltung von Systemen und Diensten im Gesundheits- und Sozialbereich oder auf Grund eines Vertrags der betroffenen Person mit einem Angehörigen eines Gesundheitsberufs, wenn diese Daten von ärztlichem Personal oder durch sonstige Personen, die einer Geheimhaltungspflicht unterliegen, oder unter deren Verantwortung verarbeitet werden,
4. aus Gründen des öffentlichen Interesses im Bereich der öffentlichen Gesundheit und des Infektionsschutzes, wie dem Schutz vor schwerwiegenden grenzüberschreitenden Gesundheitsgefahren oder zur Gewährleistung hoher Qualitäts- und Sicherheitsstandards bei der Gesundheitsversorgung und bei Arzneimitteln und Medizinprodukten, oder
5. für die in Art. 6 Abs. 2 Nr. 3 Buchst. a bis c genannten Zwecke.

[2]Bei Verarbeitungen nach Satz 1 bleibt Art. 6 Abs. 1 unberührt.

(2) [1]Bei der Verarbeitung von Daten im Sinne des Art. 9 Abs. 1 DSGVO sind angemessene und spezifische Maßnahmen zur Wahrung der Interessen der betroffenen Personen vorzusehen. [2]Diese Maßnahmen sind in dem Verzeichnis nach Art. 30 DSGVO darzustellen.

(3) Art. 26 Abs. 2 und Art. 27 Abs. 2 bleiben unberührt.

Kapitel 3
Rechte der betroffenen Person

Artikel 9 Informationspflicht (zu Art. 13, 14 DSGVO)

(1) Eine Pflicht zur Information der betroffenen Person besteht unbeschadet sonstiger Bestimmungen dann nicht, soweit und solange ein Fall des Art. 6 Abs. 2 Nr. 3 Buchst. a, b oder Buchst. d vorliegt.

(2) In den Fällen des Art. 4 Abs. 2 Satz 2 ist eine nicht öffentliche Stelle auf die Rechtsvorschrift, die zur Auskunft verpflichtet, sonst auf die Freiwilligkeit ihrer Angaben hinzuweisen.

Artikel 10 Auskunftsrecht der betroffenen Person (zu Art. 15 DSGVO)

(1) [1]Ob einer Person Auskunft erteilt wird, dass personenbezogene Daten an die Staatsanwaltschaft, Polizei, Finanzverwaltung, Organe der überörtlichen Rechnungsprüfung, den Verfassungsschutz, den Bundesnachrichtendienst, den Militärischen Abschirmdienst oder andere Behörden des Bundesministeriums der Verteidigung übermittelt wurden, entscheidet der Verantwortliche im Einvernehmen mit den Stellen, an die diese Daten übermittelt wurden. [2]Dies gilt auch für die Auskunft über personenbezogene Daten, die dem Verantwortlichen von einer der in Satz 1 genannten Stellen übermittelt wurden.

(2) Unbeschadet des Abs. 1 unterbleibt die Auskunft, soweit

1. die Auskunft die ordnungsgemäße Erfüllung von Aufgaben der Gefahrenabwehr oder die Verhütung, Ermittlung, Aufdeckung oder Verfolgung von Straftaten, Ordnungswidrigkeiten oder berufsrechtlichen Vergehen oder die Strafvollstreckung gefährden würde,
2. die Auskunft die öffentliche Sicherheit und Ordnung, die Landesverteidigung oder ein wichtiges wirtschaftliches oder finanzielles Interesse des Freistaates Bayern, eines anderen Landes, des Bundes oder der Europäischen Union – einschließlich Währungs-, Haushalts- und Steuerangelegenheiten – gefährden würde,
3. personenbezogene Daten oder die Tatsache ihrer Speicherung zum Schutz der betroffenen Person oder wegen der überwiegenden berechtigten Interessen Dritter geheim gehalten werden müssen,
4. personenbezogene Daten ausschließlich zu Zwecken der Datensicherung oder der Datenschutzkontrolle verarbeitet werden, eine Auskunftserteilung einen unverhältnismäßigen Aufwand erfordern würde und eine Verarbeitung zu anderen Zwecken durch geeignete technische und organisatorische Maßnahmen ausgeschlossen ist oder
5. personenbezogene Daten weder automatisiert verarbeitet werden noch in einem Dateisystem gespeichert sind oder gespeichert werden sollen und
   a) die betroffene Person keine Angaben macht, die das Auffinden der Daten ermöglichen, oder
   b) der für die Erteilung der Auskunft erforderliche Aufwand außer Verhältnis zu dem geltend gemachten Informationsinteresse steht.

(3) [1]Wird die Auskunft nicht oder nur eingeschränkt erteilt,

1. sind die Gründe dafür aktenkundig zu machen,
2. ist die betroffene Person unter Darlegung der Gründe zu unterrichten, soweit dies nicht einem der in Abs. 2 Nr. 1 bis 3 genannten Zwecke zuwiderliefe, und
3. ist auf Verlangen der betroffenen Person uneingeschränkte Auskunft der Aufsichtsbehörde zu erteilen.

[2]Die Aufsichtsbehörde darf der betroffenen Person ohne Zustimmung der in Abs. 1 Satz 1 genannten Stellen keine Informationen mitteilen, die Rückschlüsse auf deren Erkenntnisstand zulassen.

(4) Art. 25 Abs. 4, Art. 26 Abs. 3 und Art. 27 Abs. 4 bleiben unberührt.

Kapitel 4
Verantwortlicher und Auftragsverarbeiter

Artikel 11 Datengeheimnis (zu Art. 32 Abs. 4 DSGVO)

[1]Den bei öffentlichen Stellen beschäftigten Personen ist es untersagt, personenbezogene Daten unbefugt zu verarbeiten (Datengeheimnis). [2]Das Datengeheimnis besteht nach dem Ende ihrer Tätigkeit fort.

Artikel 12 Behördliche Datenschutzbeauftragte (zu Art. 35 Abs. 2, Art. 37 bis 39 DSGVO)

(1) [1]Behördliche Datenschutzbeauftragte erhalten insbesondere

1. Zugang zu dem Verzeichnis nach Art. 30 DSGVO und
2. Gelegenheit zur Stellungnahme vor dem erstmaligen Einsatz oder einer wesentlichen Änderung eines automatisierten Verfahrens, mit dem personenbezogene Daten verarbeitet werden.

[2]Art. 24 Abs. 5 bleibt unberührt.

(2) Behördliche Datenschutzbeauftragte dürfen Tatsachen, die ihnen in Ausübung ihrer Funktion anvertraut wurden, und die Identität der mitteilenden Personen nicht ohne deren Einverständnis offenbaren.

(3) Behördliche Datenschutzbeauftragte staatlicher Behörden können durch eine höhere Behörde bestellt werden.

Artikel 13 Benachrichtigung bei Datenschutzverletzungen (zu Art. 34 DSGVO)

Die Benachrichtigung kann auch unter den Voraussetzungen des Art. 6 Abs. 2 Nr. 3 Buchst. a, b oder Buchst. d unterbleiben.

Artikel 14 Datenschutz-Folgenabschätzung (zu Art. 35 DSGVO)

(1) Eine Datenschutz-Folgenabschätzung (Folgenabschätzung) durch den Verantwortlichen kann unterbleiben, soweit

1. eine solche für den Verarbeitungsvorgang bereits vom fachlich zuständigen Staatsministerium oder einer von diesem ermächtigten öffentlichen Stelle durchgeführt wurde und dieser Verarbeitungsvorgang im Wesentlichen unverändert übernommen wird oder
2. der konkrete Verarbeitungsvorgang in einer Rechtsvorschrift geregelt ist und im Rechtsetzungsverfahren bereits eine Folgenabschätzung erfolgt ist, es sei denn, dass in der Rechtsvorschrift etwas anderes bestimmt ist.

(2) [1]Entwickelt eine öffentliche Stelle ein automatisiertes Verfahren, das zum Einsatz durch öffentliche Stellen bestimmt ist, so kann sie, sofern die Voraussetzungen des Art. 35 Abs. 1 DSGVO bei diesem Verfahren vorliegen, die Folgenabschätzung nach den Art. 35 und 36 DSGVO durchführen. [2]Soweit das Verfahren von öffentlichen Stellen im Wesentlichen unverändert übernommen wird, kann eine weitere Folgenabschätzung durch die übernehmenden öffentlichen Stellen unterbleiben.

Kapitel 5
Unabhängige Aufsichtsbehörden

Abschnitt 1
Landesbeauftragter für den Datenschutz

Artikel 15 Ernennung und Aufgaben (zu Art. 51 bis 58 DSGVO)

(1) [1]Der Landesbeauftragte nach Art. 33a der Verfassung ist zuständige Aufsichtsbehörde nach Art. 51 DSGVO und überwacht die Einhaltung dieses Gesetzes und anderer Vorschriften über den Datenschutz bei den öffentlichen Stellen. [2]Der Landesbeauftragte ist Beamter auf Zeit. [3]Die Ernennung, Entlassung und Abberufung erfolgt durch den Präsidenten des Landtags.

(2) [1]Die Aufsicht durch den Landesbeauftragten erstreckt sich nicht auf Akten zu einer Sicherheitsüberprüfung, soweit die betroffenen Personen der Aufsicht schriftlich gegenüber dem Verantwortlichen widersprochen haben. [2]Der Verantwortliche unterrichtet die betroffenen Personen in allgemeiner Form über ihr Widerspruchsrecht nach Satz 1.

(3) Der Landtag oder die Staatsregierung können den Landesbeauftragten unbeschadet seiner Unabhängigkeit ersuchen, zu bestimmten Vorgängen aus seinem Aufgabenbereich Stellung zu nehmen.

(4) [1]Der Landesbeauftragte bedient sich einer Geschäftsstelle, die beim Landtag eingerichtet wird. [2]Verwaltungsangelegenheiten der Geschäftsstelle werden vom Landtagsamt wahrgenommen, soweit sie nicht der Zuständigkeit des Landesbeauftragten unterliegen.

Artikel 16 Ergänzende Rechte und Befugnisse (zu Art. 57, 58 DSGVO)

(1) [1]Der Landesbeauftragte ist von allen öffentlichen Stellen in der Erfüllung seiner Aufgaben zu unterstützen. [2]Ihm sind alle zur Erfüllung seiner Aufgaben notwendigen Auskünfte zu geben und auf Anforderung alle Unterlagen über die Verarbeitung personenbezogener Daten zur Einsicht vorzulegen. [3]Er hat ungehinderten Zutritt zu allen Diensträumen, in denen öffentliche Stellen Daten verarbeiten.

(2) [1]Die Verpflichtungen nach Abs. 1 gelten für

1. Einrichtungen der Rechtspflege, soweit sie strafverfolgend, strafvollstreckend oder strafvollziehend tätig werden,
2. Behörden, soweit sie Steuern verwalten oder strafverfolgend oder in Bußgeldverfahren tätig werden, und
3. Polizei und Verfassungsschutzbehörden

nur gegenüber dem Landesbeauftragten selbst und gegenüber den von ihm schriftlich besonders damit Beauftragten. [2]Abs. 1 Satz 2 und 3 gilt für diese Stellen nicht, soweit das jeweils zuständige Staatsministerium im Einzelfall feststellt, dass die Auskunft oder Einsicht die Sicherheit des Freistaates Bayern, eines anderen Landes oder des Bundes gefährden würde.

(3) Die Staatskanzlei und die Staatsministerien unterrichten den Landesbeauftragten rechtzeitig über ihre Entwürfe von Rechts- und Verwaltungsvorschriften des Freistaates Bayern sowie über ihre Planungen bedeutender Verfahren zur Verarbeitung personenbezogener Daten.

(4) [1]Unbeschadet der Bestimmungen des Art. 58 DSGVO kann der Landesbeauftragte festgestellte Verstöße gegen dieses Gesetz oder gegen andere Vorschriften über den Datenschutz beanstanden und ihre Behebung in angemessener Frist fordern. [2]Er kann die nach Art. 3 Abs. 1 für die Sicherstellung des Datenschutzes verantwortliche Stelle sowie die Rechts- und Fachaufsichtsbehörde hierüber verständigen. [3]Werden die beanstandeten Verstöße nicht behoben, kann der Landesbeauftragte von den in Satz 2 genannten Stellen binnen angemessener Frist geeignete Maßnahmen fordern. [4]Nach fruchtlosem Fristablauf kann der Landesbeauftragte den Landtag und die Staatsregierung verständigen.

Artikel 17 Datenschutzkommission

(1) [1]Der Landtag bildet zur Unterstützung des Landesbeauftragten eine Datenschutzkommission. [2]Sie besteht aus zehn Mitgliedern. [3]Der Landtag bestellt sechs Mitglieder aus seiner Mitte nach Maßgabe der Stärke seiner Fraktionen; dabei wird das Verfahren nach Sainte-Laguë/Schepers angewandt. [4]Für Fraktionen, die hiernach nicht zum Zuge kommen, kann der Landtag jeweils ein weiteres Mitglied bestellen, auch wenn sich dadurch die Zahl der Mitglieder nach Satz 2 erhöht. [5]Ferner bestellt der Landtag jeweils ein weiteres Mitglied auf Vorschlag

1. der Staatsregierung,
2. der kommunalen Spitzenverbände,

3. des Staatsministeriums für Gesundheit, Pflege und Prävention aus dem Bereich der gesetzlichen Sozialversicherungsträger und
4. des Verbands freier Berufe in Bayern e.V.

[6]Für jedes Mitglied der Datenschutzkommission wird zugleich ein stellvertretendes Mitglied bestellt.

(2) Die Mitglieder der Datenschutzkommission werden jeweils für die Wahldauer des Landtags bestellt; sie sind in ihrer Tätigkeit an Aufträge und Weisungen nicht gebunden.

(3) [1]Die Datenschutzkommission tritt auf Antrag jedes ihrer Mitglieder oder des Landesbeauftragten zusammen. [2]Den Vorsitz führt ein Mitglied des Landtags. [3]Die Datenschutzkommission gibt sich eine Geschäftsordnung.

(4) [1]Die Mitglieder der Datenschutzkommission haben, auch nach ihrem Ausscheiden, über die ihnen bei ihrer Tätigkeit bekanntgewordenen Angelegenheiten Verschwiegenheit zu bewahren. [2]Dies gilt nicht für Tatsachen, die offenkundig sind oder ihrer Bedeutung nach keiner Geheimhaltung bedürfen.

(5) Die Mitglieder der Datenschutzkommission erhalten vom Landesbeauftragten Reisekostenvergütung nach den Bestimmungen des Bayerischen Reisekostengesetzes wie Ehrenbeamte.

Abschnitt 2
Landesamt für Datenschutzaufsicht

Artikel 18 Einrichtung und Aufgaben (zu Art. 51 bis 58 und 85 DSGVO)

(1) [1]Das Landesamt für Datenschutzaufsicht (Landesamt) ist Aufsichtsbehörde nach Art. 51 DSGVO und nach § 40 des Bundesdatenschutzgesetzes für nicht öffentliche Stellen. [2]Im Anwendungsbereich des Art. 38 findet Art. 58 Abs. 1 Buchst. b, c, e und f sowie Abs. 2 Buchst. c bis j DSGVO keine Anwendung.

(2) Sitz des Landesamts ist Ansbach.

(3) Der Präsident des Landesamts ist Beamter auf Zeit und wird durch die Staatsregierung für die Dauer von fünf Jahren ernannt.

(4) [1]Das Landesamt kann Aufgaben der Personalverwaltung und Personalwirtschaft auf andere öffentliche Stellen des Freistaates Bayern übertragen, soweit dadurch seine Unabhängigkeit nicht beeinträchtigt wird. [2]Diesen Stellen dürfen personenbezogene Daten der beschäftigten Personen übermittelt werden, soweit deren Kenntnis zur Erfüllung der übertragenen Aufgaben erforderlich ist.

Abschnitt 3
Unabhängigkeit und Zusammenarbeit der Aufsichtsbehörden

Artikel 19 Unabhängigkeit und Rechtsstellung (zu Art. 52 bis 54 DSGVO)

(1) [1]Zum Leiter einer Aufsichtsbehörde kann ernannt werden, wer
1. bei der Ernennung das 35. Lebensjahr vollendet hat,
2. die Voraussetzungen für den Einstieg in die vierte Qualifikationsebene erfüllt und
3. durch einschlägige Berufserfahrung die erforderlichen Kenntnisse des Datenschutzrechts nachweisen kann.

[2]Die Wiederernennung ist zulässig.

(2) [1]Wird ein Beamter oder Richter auf Lebenszeit zum Leiter einer Aufsichtsbehörde ernannt, gilt er für die Dauer der Amtszeit als ohne Bezüge beurlaubt. [2]Für Disziplinarmaßnahmen gegen den Leiter einer Aufsichtsbehörde gilt Art. 6 des Rechnungshofgesetzes entsprechend.

(3) [1]Die Stellen der Aufsichtsbehörden sind auf Vorschlag des Leiters der jeweiligen Aufsichtsbehörde zu besetzen. [2]Die Bediensteten können, sofern die Aufsichtsbehörde nicht selbst für diese Anordnungen zuständig ist, nur mit dessen Einvernehmen versetzt, abgeordnet oder umgesetzt werden. [3]Der Leiter einer Aufsichtsbehörde ist Dienstvorgesetzter der Bediensteten. [4]Die Bediensteten sind in ihrer Tätigkeit nur an dessen Weisungen gebunden und unterstehen ausschließlich seiner Dienstaufsicht. [5]Die Aufsichtsbehörde ist oberste Dienstbehörde im Sinne des § 96 der Strafprozessordnung (StPO), des Art. 6 Abs. 3 Satz 3 des Bayerischen Beamtengesetzes und des Art. 18 Abs. 2 Satz 1 des Bayerischen Disziplinargesetzes. [6]Der Leiter einer Aufsichtsbehörde kann die Disziplinarbefugnisse im Einzelfall teilweise oder vollständig auf die Landesanwaltschaft Bayern übertragen.

(4) [1]Der Leiter einer Aufsichtsbehörde darf

1. kein Gewerbe, keinen Beruf und kein anderes bezahltes Amt ausüben,
2. weder der Leitung noch dem Aufsichts- oder Verwaltungsrat eines auf Erwerb ausgerichteten Unternehmens angehören,
3. keiner Regierung, keiner gesetzgebenden Körperschaft des Bundes oder eines Landes und keinem kommunalen Vertretungsorgan angehören,
4. nicht gegen Vergütung als Schiedsrichter tätig sein, außergerichtliche Gutachten abgeben oder Vorträge halten und
5. keinerlei sonstige Tätigkeiten ausüben, die mit dem Amt nicht zu vereinbaren sind oder die Unabhängigkeit beeinträchtigen können.

[2]Satz 1 Nr. 5 gilt auch für ehemalige Leiter bis zum Ablauf von zwei Jahren nach dem Ausscheiden aus dem Amt.

(5) [1]Der Leiter einer Aufsichtsbehörde sowie deren Bedienstete unterliegen unabhängig von der jeweiligen Ausgestaltung ihres persönlichen Dienstverhältnisses den für Beamte geltenden Verschwiegenheitspflichten. [2]Der Leiter einer Aufsichtsbehörde entscheidet nach pflichtgemäßem Ermessen, ob und inwieweit er sowie die Bediensteten der Aufsichtsbehörde über Angelegenheiten, die dieser Verschwiegenheitspflicht unterliegen, vor Gericht oder außergerichtlich aussagen oder Erklärungen abgeben; wenn er nicht mehr im Amt ist, ist die Genehmigung des amtierenden Leiters der Aufsichtsbehörde erforderlich.

(6) [1]Die Erhebung von Kosten für Amtshandlungen der Aufsichtsbehörden bestimmt sich nach dem Kostengesetz. [2]Unbeschadet des Art. 57 Abs. 4 DSGVO sind Amtshandlungen für die betroffene Person und für den Datenschutzbeauftragten kostenfrei. [3]Die Aufsichtsbehörden unterliegen der Rechnungsprüfung durch den Obersten Rechnungshof nur, soweit ihre Unabhängigkeit hierdurch nicht beeinträchtigt wird.

Artikel 20 Anrufung der Aufsichtsbehörden (zu Art. 77 DSGVO)

(1) [1]Jeder kann sich an die Aufsichtsbehörden mit dem Vorbringen wenden, bei der Verarbeitung seiner personenbezogenen Daten in seinen Rechten verletzt worden zu sein. [2]Durch die Anrufung der Aufsichtsbehörden dürfen der betroffenen Person keine Nachteile entstehen.

(2) Auskunfts- oder Einsichtsrechte hinsichtlich Akten und Dateien der Aufsichtsbehörden bestehen nicht.

Artikel 21 Zusammenarbeit (zu Art. 51 DSGVO)

(1) [1]Die bayerischen Aufsichtsbehörden tauschen regelmäßig die in Erfüllung ihrer Aufgaben gewonnenen Erfahrungen aus und unterstützen sich gegenseitig bei ihrer Aufgabenwahrnehmung. [2]Eine Aufsichtsbehörde ist berechtigt, zum Zwecke der Aufsicht personenbezogene Daten an andere Aufsichtsbehörden zu übermitteln.

(2) Soweit mehrere Aufsichtsbehörden für eine Angelegenheit des Europäischen Datenschutzausschusses zuständig sind, üben sie ihre Mitwirkungsrechte einvernehmlich aus.

Kapitel 6 Sanktionen

Artikel 22 Geldbußen (zu Art. 83 DSGVO)

Gegen öffentliche Stellen im Sinne des Art. 1 Abs. 1 und 2 dürfen Geldbußen nach Art. 83 DSGVO nur verhängt werden, soweit diese als Unternehmen am Wettbewerb teilnehmen.

Artikel 23 Ordnungswidrigkeiten, Strafvorschrift (zu Art. 84 DSGVO)

(1) Mit Geldbuße bis zu dreißigtausend Euro kann belegt werden, wer personenbezogene Daten, die durch eine öffentliche Stelle im Sinne des Art. 1 Abs. 1, 2 oder Abs. 4 verarbeitet werden und nicht offenkundig sind,

1. unbefugt
   a) speichert, verändert oder übermittelt,
   b) zum Abruf mittels automatisierten Verfahrens bereithält oder
   c) abruft oder sich oder einem anderen aus Dateien verschafft oder
2. durch unrichtige Angaben erschleicht.

(2) [1]Wer eine der in Abs. 1 bezeichneten Handlungen gegen Entgelt oder in der Absicht, sich oder einen anderen zu bereichern oder einen anderen zu schädigen, begeht, wird mit Freiheitsstrafe bis zu zwei Jahren oder mit Geldstrafe bestraft. [2]Die Tat wird nur auf Antrag verfolgt. [3]Antragsberechtigt sind die betroffene Person, der Verantwortliche, der Auftragsverarbeiter und die Aufsichtsbehörde.

(3) Gegen öffentliche Stellen im Sinne des Art. 1 Abs. 1 und 2 werden keine Geldbußen nach Abs. 1 verhängt.

(4) Eine Unterrichtung nach Art. 33 oder Art. 34 DSGVO darf in einem Straf- oder Ordnungswidrigkeitenverfahren gegen den Verantwortlichen oder einen seiner in § 52 Abs. 1 StPO bezeichneten Angehörigen nur mit seiner Zustimmung verwendet werden.

Kapitel 7
Besondere Verarbeitungssituationen

Artikel 24 Videoüberwachung (zu Art. 6 DSGVO)

(1) Die Verarbeitung personenbezogener Daten mit Hilfe von optisch-elektronischen Einrichtungen (Videoüberwachung) ist zulässig, wenn dies im Rahmen der Erfüllung öffentlicher Aufgaben oder in Ausübung des Hausrechts erforderlich ist,

1. um Leben, Gesundheit, Freiheit oder Eigentum von Personen, die sich im Bereich öffentlicher Einrichtungen, öffentlicher Verkehrsmittel, von Dienstgebäuden oder sonstigen baulichen Anlagen öffentlicher Stellen oder in deren unmittelbarer Nähe aufhalten, oder
2. um Kulturgüter, öffentliche Einrichtungen, öffentliche Verkehrsmittel, Dienstgebäude oder sonstige bauliche Anlagen öffentlicher Stellen sowie die dort oder in deren unmittelbarer Nähe befindlichen Sachen

zu schützen und keine Anhaltspunkte dafür bestehen, dass überwiegende schutzwürdige Interessen der betroffenen Personen beeinträchtigt werden.

(2) [1]Die Videoüberwachung ist durch geeignete Maßnahmen erkennbar zu machen. [2]Dabei ist der Verantwortliche anzugeben, soweit dieser nicht aus den Umständen hervorgeht.

(3) Die Daten dürfen für den Zweck verarbeitet werden, für den sie erhoben worden sind, für einen anderen Zweck nur, soweit dies zur Abwehr von Gefahren für die öffentliche Sicherheit und Ordnung oder zur Verfolgung von Ordnungswidrigkeiten von erheblicher Bedeutung oder von Straftaten erforderlich ist.

(4) Die nach Abs. 1 erhobenen und gespeicherten Daten sowie daraus gefertigte Unterlagen sind spätestens zwei Monate nach der Erhebung zu löschen, soweit sie nicht zur Abwehr von Gefahren für die öffentliche Sicherheit und Ordnung, zur Verfolgung von Ordnungswidrigkeiten von erheblicher Bedeutung oder von Straftaten oder zur Geltendmachung von Rechtsansprüchen benötigt werden.

(5) Öffentliche Stellen haben ihrem behördlichen Datenschutzbeauftragten unbeschadet des Art. 35 Abs. 2 DSGVO rechtzeitig vor dem Einsatz einer Videoüberwachung den Zweck, die räumliche Ausdehnung und die Dauer der Videoüberwachung, den betroffenen Personenkreis, die Maßnahmen nach Abs. 2 und die vorgesehenen Auswertungen mitzuteilen und ihm Gelegenheit zur Stellungnahme zu geben.

Artikel 25 Verarbeitung zu Forschungszwecken (zu Art. 89 DSGVO)

(1) Für Zwecke der wissenschaftlichen oder historischen Forschung erhobene oder gespeicherte personenbezogene Daten dürfen nur für diese Zwecke verarbeitet werden.

(2) [1]Die personenbezogenen Daten sind zu anonymisieren, sobald dies nach dem Forschungszweck möglich ist. [2]Bis dahin sind die Merkmale, mit denen Einzelangaben über persönliche oder sachliche Verhältnisse einer bestimmten oder bestimmbaren Person zugeordnet werden können, gesondert zu speichern. [3]Sie dürfen mit den Einzelangaben nur zusammengeführt werden, soweit der Forschungszweck dies erfordert.

(3) Die wissenschaftliche oder historische Forschung betreibenden Stellen dürfen personenbezogene Daten nur veröffentlichen, wenn die betroffene Person eingewilligt hat oder dies für die Darstellung von Forschungsergebnissen über Ereignisse der Zeitgeschichte unerlässlich ist.

(4) Die Art. 15, 16, 18 und 21 DSGVO sind nicht anzuwenden, soweit die Inanspruchnahme dieser Rechte voraussichtlich die Verwirklichung der wissenschaftlichen oder historischen Forschungszwe-

cke unmöglich macht oder ernsthaft beeinträchtigt und diese Beschränkung für die Erfüllung der Forschungszwecke notwendig ist.

Artikel 26 Verarbeitung zu Archivzwecken (zu Art. 89 DSGVO)

(1) Personenbezogene Daten dürfen zu im öffentlichen Interesse liegenden Archivzwecken verarbeitet werden, soweit geeignete Garantien für die Rechte und Freiheiten der betroffenen Personen vorgesehen werden.

(2) [1]Die Verarbeitung von Daten im Sinne des Art. 9 Abs. 1 DSGVO ist auch zulässig, soweit sie für im öffentlichen Interesse liegende Archivzwecke erforderlich ist. [2]Der Verantwortliche sieht angemessene und spezifische Maßnahmen zur Wahrung der Rechte der betroffenen Person gemäß Art. 8 Abs. 2 vor.

(3) Ein Recht auf Auskunft der betroffenen Person gemäß Art. 15 DSGVO besteht nicht, soweit das Archivgut nicht durch den Namen der Person erschlossen ist oder keine Angaben gemacht werden, die das Auffinden des betreffenden Archivguts ohne unverhältnismäßigen Aufwand ermöglichen.

(4) [1]Art. 16 DSGVO ist nicht anzuwenden. [2]Die betroffene Person kann verlangen, dass dem Archivgut, das sich auf ihre Person bezieht, eine Gegendarstellung beigefügt wird, wenn sie die Richtigkeit der sie betreffenden Informationen glaubhaft bestreitet. [3]Nach dem Tod der betroffenen Person kann die Beifügung einer Gegendarstellung von dem Ehegatten, dem Lebenspartner, den Kindern oder den Eltern verlangt werden, wenn sie ein berechtigtes Interesse daran glaubhaft machen können.

(5) Die Art. 18 Abs. 1 Buchst. a, b und d sowie Art. 20 und 21 DSGVO sind nicht anzuwenden, soweit diese Rechte voraussichtlich die Verwirklichung der im öffentlichen Interesse liegenden Archivzwecke unmöglich machen oder ernsthaft beeinträchtigen und diese Beschränkung für die Erfüllung der Archivzwecke notwendig ist.

(6) Soweit öffentliche Stellen verpflichtet sind, Unterlagen einem öffentlichen Archiv zur Übernahme anzubieten, ist eine Löschung erst zulässig, nachdem die Unterlagen dem öffentlichen Archiv angeboten worden und von diesem nicht als archivwürdig übernommen worden sind oder über die Übernahme nicht fristgerecht entschieden worden ist.

Artikel 27 Staatliche und kommunale Auszeichnungen und Ehrungen

(1) Zur Vorbereitung und Durchführung staatlicher oder kommunaler Auszeichnungen oder Ehrungen dürfen personenbezogene Daten, einschließlich der Daten nach Art. 9 Abs. 1 DSGVO, auch ohne Kenntnis der betroffenen Person verarbeitet werden.

(2) Andere öffentliche Stellen dürfen die zur Vorbereitung und Durchführung staatlicher oder kommunaler Auszeichnungen und Ehrungen erforderlichen personenbezogenen Daten, einschließlich der Daten nach Art. 9 Abs. 1 DSGVO, an die dafür zuständigen Stellen übermitteln.

(3) [1]Eine Verarbeitung der personenbezogenen Daten nach Abs. 1 für andere Zwecke ist nur mit Einwilligung der betroffenen Person zulässig. [2]Der Verantwortliche sieht angemessene und spezifische Maßnahmen zur Wahrung der Rechte der betroffenen Person gemäß Art. 8 Abs. 2 vor.

(4) Soweit eine Verarbeitung ausschließlich für die in Abs. 1 genannten Zwecke erfolgt, sind die Art. 13 bis 16, 19 und 20 DSGVO nicht anzuwenden.

(5) [1]Die nach Abs. 1 gespeicherten personenbezogenen Daten sind zu löschen, sobald sie für den dort genannten Zweck nicht mehr erforderlich sind. [2]Eine Löschung von Name, Vorname, Geburtsdatum, Anschrift und Kommunikationsdaten kann unterbleiben.

(6) Abweichend von Art. 58 Abs. 2 DSGVO steht dem Landesbeauftragten bei der Überwachung der Anwendung von den Abs. 1 bis 5 nur das Beanstandungsrecht nach Art. 16 Abs. 4 zu.

Kapitel 8
Verarbeitungen im Anwendungsbereich der Richtlinie (EU) 2016/680

Artikel 28 Anwendungsbereich dieses Kapitels

(1) [1]Die Vorschriften dieses Kapitels gelten, soweit nichts anderes bestimmt ist, für die Verarbeitung personenbezogener Daten durch

1. die Polizei,
2. die Gerichte in Strafsachen und die Staatsanwaltschaften,

3. die Strafvollstreckungs- und Justizvollzugsbehörden,
4. die Behörden des Maßregelvollzugs

zum Zwecke der Verhütung, Ermittlung, Aufdeckung, Verfolgung oder Ahndung von Straftaten oder Ordnungswidrigkeiten, einschließlich des Schutzes vor und der Abwehr von Gefahren für die öffentliche Sicherheit. [2]Die Vorschriften dieses Kapitels gelten auch für sonstige Behörden im Sinne des Art. 1 Abs. 1 Satz 1, soweit diese personenbezogene Daten verarbeiten, um Straftaten oder Ordnungswidrigkeiten zu verfolgen oder zu ahnden.

(2) [1]Unbeschadet anderer Rechtsvorschriften finden auf Verarbeitungen nach Abs. 1 abweichend von Art. 2 nur Anwendung:
1. aus dem Kapitel I DSGVO über allgemeine Bestimmungen Art. 4 DSGVO,
2. aus dem Kapitel II DSGVO über Grundsätze die Art. 5, 6 Abs. 1 Satz 1 Buchst. a und e, Art. 7 und 11 Abs. 1 DSGVO,
3. aus dem Kapitel IV DSGVO über Verantwortliche und Auftragsverarbeiter die Art. 24 Abs. 1 und 2, Art. 25 Abs. 1 und 2, Art. 28 Abs. 1 bis 4, 9 und 10, Art. 29, 31, 34, 36 Abs. 4, Art. 37 Abs. 1 und 3 bis 7, Art. 38 und 39 DSGVO,
4. aus dem Kapitel VI DSGVO über unabhängige Aufsichtsbehörden die Art. 51 bis 54, 55 Abs. 1 und 3 und Art. 59 DSGVO,
5. aus dem Kapitel VII DSGVO über Zusammenarbeit und Kohärenz Art. 61 Abs. 1 bis 7 und 9 DSGVO und
6. aus dem Kapitel VIII DSGVO über Rechtsbehelfe, Haftung und Sanktionen die Art. 77, 78 Abs. 1 bis 3 DSGVO.

[2]Im Übrigen finden aus dem Kapitel II DSGVO über Grundsätze Art. 9 Abs. 1 und 2, aus dem Kapitel IV DSGVO über Verantwortliche und Auftragsverarbeiter die Art. 26, 30, 32 und 33 DSGVO sowie aus dem Kapitel VI DSGVO über unabhängige Aufsichtsbehörden die Art. 57 und 58 DSGVO nach Maßgabe der nachfolgenden Vorschriften dieses Kapitels Anwendung.

(3) Unbeschadet anderer Rechtsvorschriften finden auf Verarbeitungen nach Abs. 1 keine Anwendung
1. aus Kapitel 2 über Grundsätze der Verarbeitung die Art. 6 Abs. 2 bis 4, Art. 7 und 8 Abs. 1,
2. das Kapitel 3 über Rechte der betroffenen Person,
3. aus Kapitel 4 über Verantwortliche und Auftragsverarbeiter Art. 14 Abs. 1 Nr. 1 und Abs. 2,
4. aus Kapitel 5 über unabhängige Aufsichtsbehörden Art. 18,
5. aus Kapitel 6 über Sanktionen Art. 22 und
6. aus Teil 3 über Meinungsäußerungs- und Informationsfreiheit Art. 38.

Artikel 29 Verarbeitung zu anderen Zwecken und besonderer Kategorien personenbezogener Daten, DNA-Untersuchungen

(1) [1]Eine Verarbeitung personenbezogener Daten zu einem anderen Zweck als zu demjenigen, zu dem sie erhoben wurden, ist zulässig, wenn es sich bei dem anderen Zweck um einen der in Art. 28 Abs. 1 genannten Zwecke handelt, der Verantwortliche befugt ist, Daten zu diesem Zweck zu verarbeiten, und die Verarbeitung zu diesem Zweck erforderlich und verhältnismäßig ist. [2]Die Verarbeitung personenbezogener Daten zu einem anderen, in Art. 28 Abs. 1 nicht genannten Zweck ist zulässig, wenn sie in einer Rechtsvorschrift vorgesehen ist.

(2) Die Verarbeitung besonderer Kategorien personenbezogener Daten im Sinne des Art. 9 Abs. 1 DSGVO ist nur zulässig, wenn sie zur Aufgabenerfüllung unbedingt erforderlich ist, die Voraussetzungen des Art. 9 Abs. 2 Buchst. c und e DSGVO vorliegen oder dies in einer Rechtsvorschrift vorgesehen ist.

(3) [1]Zur Vermeidung von DNA-Trugspuren können Personen, die regelmäßig Aufgaben im Rahmen polizeilicher oder strafprozessualer Ermittlungen wahrnehmen und dabei möglicherweise mit Spurenmaterial in Kontakt geraten, mit deren schriftlicher Zustimmung Körperzellen entnommen und molekulargenetisch untersucht werden, um hieraus gewonnene DNA-Identifizierungsmuster zu verarbeiten und mit Spurenmaterial automatisiert abzugleichen. [2]Die Entnahme der Körperzellen erfolgt mittels eines Mundschleimhautabstrichs oder eines hinsichtlich seiner Eingriffsintensität vergleichbaren Verfahrens. [3]Vor Erteilung der Zustimmung ist die betroffene Person über den Zweck der Verarbeitung sowie das Verfahren der Erkennung von DNA-Trugspuren zu belehren und darüber aufzuklären, dass sie die Zustimmung verweigern sowie jederzeit widerrufen kann. [4]Die Verwendung der

entnommenen Körperzellen ist nur zur Feststellung des DNA-Identifizierungsmusters nach Satz 1, die Verarbeitung des DNA-Identifizierungsmusters nur zu den in Satz 1 genannten Zwecken zulässig.

(4) [1]Die DNA-Identifizierungsmuster werden in einer hierfür eingerichteten polizeilichen Datei gespeichert. [2]Eine Datenschutzfolgenabschätzung ist nicht erforderlich.

(5) [1]Die DNA-Identifizierungsmuster sind zu pseudonymisieren. [2]Abgleiche mit diesen sind zu protokollieren. [3]Die Protokolldaten sind eigenständig zu speichern und dürfen nur zur Überprüfung der Rechtmäßigkeit der Datenverarbeitung verwendet werden. [4]Soweit die Protokolldaten hierfür nicht mehr benötigt werden, spätestens aber nach Ablauf des dritten Kalenderjahres, das dem Jahr der Protokollierung folgt, sind sie zu löschen.

(6) [1]Die nach Abs. 3 gewonnenen Körperzellen sind zu vernichten und die erhobenen Daten zu löschen, wenn sie für die genannten Zwecke nicht mehr erforderlich sind. [2]Die Vernichtung der Körperzellen und die Löschung der erhobenen Daten hat spätestens drei Jahre nach dem Zeitpunkt zu erfolgen, zu dem die betroffene Person letztmals mit Spurenmaterial in Kontakt treten konnte.

Artikel 30 Gemeinsam Verantwortliche

[1]Die Angabe der Anlaufstelle für die betroffenen Personen nach Art. 26 Abs. 1 Satz 3 DSGVO ist verpflichtend. [2]Art. 26 Abs. 2 DSGVO findet keine Anwendung.

Artikel 31 Verzeichnis von Verarbeitungstätigkeiten

[1]In dem Verzeichnis nach Art. 30 Abs. 1 DSGVO werden zusätzlich die Rechtsgrundlage der Verarbeitung sowie gegebenenfalls die Verwendung von Profiling aufgenommen. [2]Art. 30 Abs. 5 DSGVO findet keine Anwendung.

Artikel 32 Anforderungen an die Sicherheit der Verarbeitung

(1) Art. 32 Abs. 3 und 4 DSGVO findet keine Anwendung.

(2) Im Fall einer automatisierten Verarbeitung haben der Verantwortliche oder der Auftragsverarbeiter auf Grundlage einer Risikobewertung Maßnahmen zu ergreifen, die geeignet sind, um

1. Unbefugten den Zugang zu Datenverarbeitungsanlagen, mit denen personenbezogene Daten verarbeitet werden, zu verwehren (Zugangskontrolle),
2. die innerbehördliche oder innerbetriebliche Organisation so zu gestalten, dass sie den besonderen Anforderungen des Datenschutzes gerecht wird (Organisationskontrolle),
3. zu verhindern, dass
   a) Datenträger unbefugt gelesen, kopiert, verändert oder entfernt werden können (Datenträgerkontrolle),
   b) personenbezogene Daten unbefugt eingegeben werden sowie gespeicherte personenbezogene Daten unbefugt gelesen, verändert oder gelöscht werden (Speicherkontrolle),
   c) automatisierte Datenverarbeitungssysteme mit Hilfe von Einrichtungen zur Datenübertragung von Unbefugten genutzt werden können (Benutzerkontrolle),
   d) bei der Übermittlung personenbezogener Daten sowie beim Transport von Datenträgern die Daten unbefugt gelesen, kopiert, verändert oder gelöscht werden können (Transportkontrolle),
4. zu gewährleisten, dass
   a) die zur Benutzung eines automatisierten Datenverarbeitungssystems Berechtigten ausschließlich auf die ihrer Zugriffsberechtigung unterliegenden Daten zugreifen können (Zugriffskontrolle),
   b) überprüft und festgestellt werden kann, an welche Stellen personenbezogene Daten mit Hilfe von Einrichtungen zur Datenübertragung übermittelt oder zur Verfügung gestellt wurden oder werden können (Übertragungskontrolle),
   c) nachträglich überprüft und festgestellt werden kann, welche personenbezogenen Daten zu welcher Zeit von wem in automatisierte Datenverarbeitungssysteme eingegeben worden sind (Eingabekontrolle),
   d) eingesetzte Systeme im Störungsfall wiederhergestellt werden können (Wiederherstellung),
   e) alle Funktionen des Systems zur Verfügung stehen und auftretende Fehlfunktionen gemeldet werden (Zuverlässigkeit),
   f) gespeicherte personenbezogene Daten nicht durch Fehlfunktionen des Systems beschädigt werden können (Datenintegrität),

g) personenbezogene Daten, die im Auftrag verarbeitet werden, nur entsprechend den Weisungen des Verantwortlichen verarbeitet werden können (Auftragskontrolle).

Artikel 33 Meldung von Verletzungen des Schutzes personenbezogener Daten an die Aufsichtsbehörde

Wenn Daten von oder an den Verantwortlichen eines anderen Mitgliedstaates übermittelt wurden, sind die Informationen nach Art. 33 Abs. 3 DSGVO unverzüglich auch an diesen zu melden.

Artikel 34 Aufsicht durch den Landesbeauftragten für den Datenschutz

(1) [1]Art. 57 Abs. 1 Buchst. j bis s, u und v DSGVO sowie Art. 58 Abs. 1 Buchst. c, Abs. 2 Buchst. c bis j, Abs. 3 Buchst. c bis j DSGVO finden keine Anwendung. [2]Übt der Landesbeauftragte für die betroffene Person deren Rechte aus, hat er darüber hinaus die Rechtmäßigkeit der Verarbeitung zu überprüfen und die betroffene Person innerhalb einer angemessenen Frist über das Ergebnis dieser Überprüfung zu unterrichten oder ihr die Gründe mitzuteilen, aus denen die Überprüfung nicht vorgenommen werden kann. [3]Die Mitteilung an die betroffene Person darf keine Rückschlüsse auf den Erkenntnisstand des Verantwortlichen zulassen, sofern dieser nicht einer weitergehenden Auskunft zustimmt.

(2) [1]Die Aufsicht durch den Landesbeauftragten über die Erhebung personenbezogener Daten durch Strafverfolgungsbehörden bei der Ermittlung, Aufdeckung oder Verfolgung von Straftaten ist erst nach Abschluss des Strafverfahrens zulässig. [2]Sie erstreckt sich nicht auf eine Datenverarbeitung, die gerichtlich überprüft wurde. [3]Die Sätze 1 und 2 gelten für die Strafvollstreckung entsprechend.

(3) [1]Wird eine Beschwerde bei einer sachlich unzuständigen Aufsichtsbehörde eingereicht, gibt diese die Beschwerde unverzüglich an die sachlich zuständige Aufsichtsbehörde ab und unterrichtet die beschwerdeführende Person. [2]In diesem Fall hat die abgebende Stelle die betroffene Person über die Weiterleitung zu unterrichten und ihr auf Ersuchen weitere Unterstützung zu leisten.

Artikel 35 Automatisierte Einzelentscheidungen

(1) Entscheidungen, die für die betroffene Person mit einer nachteiligen Rechtsfolge verbunden sind oder sie erheblich beeinträchtigen, einschließlich Profiling, dürfen nicht ausschließlich auf eine automatisierte Verarbeitung gestützt werden, es sei denn, eine Rechtsvorschrift lässt dies ausdrücklich zu.

(2) Profiling, das zur Folge hat, dass betroffene Personen auf der Grundlage von besonderen Daten im Sinne des Art. 9 Abs. 1 DSGVO benachteiligt werden, ist verboten.

Artikel 36 Vertrauliche Meldung von Datenschutzverstößen

[1]Der Verantwortliche hat zu ermöglichen, dass ihm vertrauliche Meldungen über in seinem Verantwortungsbereich erfolgende Verstöße gegen Datenschutzvorschriften zugeleitet werden können. [2]Art. 12 Abs. 2 gilt für die zur Entgegennahme dieser Meldungen betraute Stelle entsprechend.

Artikel 37 Schadenersatz

(1) [1]Hat eine öffentliche Stelle einer betroffenen Person durch eine nach diesem Gesetz oder nach anderen Vorschriften über den Datenschutz rechtswidrige Verarbeitung ihrer personenbezogenen Daten einen Schaden zugefügt, ist ihr Rechtsträger der betroffenen Person zum Ersatz dieses Schadens verpflichtet. [2]Die Ersatzpflicht entfällt, soweit bei einer nicht automatisierten Verarbeitung der Schaden nicht auf ein Verschulden des Verantwortlichen zurückzuführen ist. [3]Sind bei einer Datei mehrere Stellen speicherungsberechtigt und sind Geschädigte nicht in der Lage, die speichernde Stelle festzustellen, so haftet jede dieser Stellen.

(2) Wegen eines Schadens, der nicht Vermögensschaden ist, kann die betroffene Person eine angemessene Entschädigung in Geld verlangen.

(3) Mehrere Ersatzpflichtige haften als Gesamtschuldner.

(4) [1]Hat bei der Entstehung des Schadens ein Verschulden der betroffenen Person mitgewirkt, ist § 254 des Bürgerlichen Gesetzbuchs entsprechend anzuwenden. [2]Auf die Verjährung finden die für unerlaubte Handlungen geltenden Verjährungsvorschriften des Bürgerlichen Gesetzbuchs entsprechende Anwendung.

(5) Vorschriften, nach denen Ersatzpflichtige in weiterem Umfang als nach dieser Vorschrift haften oder nach denen andere für den Schaden verantwortlich sind, bleiben unberührt.

(6) Der Rechtsweg vor den ordentlichen Gerichten steht offen.

Teil 3
Meinungsäußerungs- und Informationsfreiheit

Artikel 38 Verarbeitung zu journalistischen, künstlerischen oder literarischen Zwecken (zu Art. 85 DSGVO)

(1) [1]Werden personenbezogene Daten zu journalistischen, künstlerischen oder literarischen Zwecken verarbeitet, stehen den betroffenen Personen nur die in Abs. 2 genannten Rechte zu. [2]Im Übrigen gelten für Verarbeitungen im Sinne des Satzes 1 Kapitel I, Art. 5 Abs. 1 Buchst. f, Art. 24 und 32, Kapitel VIII, X und XI DSGVO. [3]Art. 82 DSGVO gilt mit der Maßgabe, dass nur für unzureichende Maßnahmen nach Art. 5 Abs. 1 Buchst. f, Art. 24 und 32 DSGVO gehaftet wird.

(2) Führt die journalistische, künstlerische oder literarische Verarbeitung personenbezogener Daten zur Verbreitung von Gegendarstellungen, zu Verpflichtungserklärungen, gerichtlichen Entscheidungen oder Widerrufen, sind diese zu den gespeicherten Daten zu nehmen, dort für dieselbe Zeitdauer aufzubewahren wie die Daten selbst und bei einer Übermittlung der Daten gemeinsam mit diesen zu übermitteln.

Artikel 39 Allgemeines Auskunftsrecht (zu Art. 86 DSGVO)

(1) [1]Jeder hat das Recht auf Auskunft über den Inhalt von Dateien und Akten öffentlicher Stellen, soweit ein berechtigtes, nicht auf eine entgeltliche Weiterverwendung gerichtetes Interesse glaubhaft dargelegt wird und

1. bei personenbezogenen Daten eine Übermittlung an nicht öffentliche Stellen zulässig ist und
2. Belange der öffentlichen Sicherheit und Ordnung nicht beeinträchtigt werden.

[2]Die Auskunft kann verweigert werden, soweit

1. Kontroll- und Aufsichtsaufgaben oder sonstige öffentliche oder private Interessen entgegenstehen,
2. sich das Auskunftsbegehren auf den Verlauf oder auf vertrauliche Inhalte laufender oder abgeschlossener behördeninterner Beratungen oder auf Inhalte aus nicht abgeschlossenen Unterlagen oder auf noch nicht aufbereitete Daten bezieht oder
3. ein unverhältnismäßiger Aufwand entsteht.

(2) Abs. 1 findet keine Anwendung auf Auskunftsbegehren, die Gegenstand einer Regelung in anderen Rechtsvorschriften sind.

(3) Ausgenommen von der Auskunft nach Abs. 1 sind

1. Verschlusssachen,
2. einem Berufs- oder besonderen Amtsgeheimnis unterliegende Datei- und Akteninhalte sowie
3. zum persönlichen Lebensbereich gehörende Geheimnisse oder Betriebs- und Geschäftsgeheimnisse, sofern die betroffene Person nicht eingewilligt hat.

(4) [1]Abs. 1 ist nicht anzuwenden auf

1. den Landtag, den Obersten Rechnungshof, die Staatlichen Rechnungsprüfungsämter, die Staatlichen Rechnungsprüfungsstellen der Landratsämter, den Kommunalen Prüfungsverband und die Aufsichtsbehörden im Sinne des Art. 51 DSGVO,
2. die obersten Landesbehörden in Angelegenheiten der Staatsleitung und der Rechtsetzung,
3. die Gerichte, Strafverfolgungs- und Strafvollstreckungsbehörden, Gerichtsvollzieher, Notare und die Landesanwaltschaft Bayern als Organe der Rechtspflege sowie die Justizvollzugsbehörden, die Disziplinarbehörden und die für Angelegenheiten der Berufsaufsicht zuständigen berufsständischen Kammern und Körperschaften des öffentlichen Rechts,
4. die Polizei und das Landesamt für Verfassungsschutz einschließlich der für ihre Aufsicht zuständigen Stellen,
5. Finanzbehörden in Verfahren nach der Abgabenordnung,
6. Universitätskliniken, Forschungseinrichtungen, Hochschulen, Schulen sowie sonstige öffentliche Stellen im Bereich von Forschung und Lehre, Leistungsbeurteilungen und Prüfungen,
7. die Landeskartellbehörde und die Regulierungskammer des Freistaates Bayern sowie die Industrie- und Handelskammern und die Handwerkskammern,
8. die kommunalen Spitzenverbände.

[2]Datei- und Aktenbestandteile der in Satz 1 genannten oder für Begnadigungsangelegenheiten zuständigen Stellen sind von der Auskunft nach Abs. 1 auch dann ausgenommen, wenn sie sich in Dateien oder Akten anderer öffentlicher Stellen befinden.

(5) Für die Auskunft werden Kosten nach Maßgabe des Kostengesetzes erhoben.

Teil 4

Schlussvorschriften

Artikel 39a Übergangsvorschrift

[1]Die zum Zeitpunkt des Inkrafttretens dieses Gesetzes laufende Amtszeit des Landesbeauftragten nach Art. 33a Abs. 4 der Verfassung und des Präsidenten des Landesamts nach Art. 15 Abs. 3 wird durch das Inkrafttreten dieses Gesetzes nicht berührt. [2]Die Amtszeit aller Mitglieder der Datenschutzkommission nach Art. 17 endet zu dem in Art. 33 Abs. 2 BayDSG in der am 24. Mai 2018 geltenden Fassung für die Mitglieder des Landtags bestimmten Frist.

Artikel 39b Änderung weiterer Rechtsvorschriften

(hier nicht wiedergegeben)

Artikel 40 Inkrafttreten, Außerkrafttreten

(1) Dieses Gesetz tritt am 25. Mai 2018 in Kraft.

(2) Mit Ablauf des 24. Mai 2018 treten außer Kraft:

1. das Bayerische Datenschutzgesetz (BayDSG) vom 23. Juli 1993 (GVBl. S. 498, BayRS 204-1-I), das zuletzt durch § 2 des Gesetzes vom 24. Juli 2017 (GVBl. S. 388) geändert worden ist,
2. die Verordnung zur Durchführung des Gesetzes über die Presse in der in der Bayerischen Rechtssammlung (BayRS 2250-1-1-I) veröffentlichten bereinigten Fassung, die zuletzt durch Verordnung vom 1. Juli 2005 (GVBl. S. 303) geändert worden ist,
3. § 3 Abs. 2 bis 4 des Gesetzes zur Änderung des Bayerischen Rundfunkgesetzes und des Bayerischen Mediengesetzes vom 25. Juli 2000 (GVBl. S. 488),
4. § 3 Abs. 3 des Gesetzes zur Änderung des Bayerischen Rundfunkgesetzes und des Bayerischen Mediengesetzes vom 10. Dezember 2007 (GVBl. S. 903),
5. § 3 Abs. 2 des Gesetzes zur Änderung des Bayerischen Rundfunkgesetzes und des Bayerischen Mediengesetzes vom 2. April 2009 (GVBl. S. 50),
6. § 3 Abs. 2 des Gesetzes zur Änderung des Bayerischen Rundfunkgesetzes und des Bayerischen Mediengesetzes vom 8. Dezember 2009 (GVBl. S. 609),
7. Art. 10 Abs. 2 des Dritten Verwaltungsreformgesetzes (3. VwReformG) vom 23. November 2001 (GVBl. S. 734),
8. Art. 9 Nr. 2, Art. 11 Nr. 8, Art. 14, 17, 19 des 2. Verwaltungsmodernisierungsgesetzes (2. VerwModG) vom 26. Juli 2005 (GVBl. S. 287),
9. § 2 Abs. 2 des Gesetzes zur Änderung des Bayerischen Datenschutzgesetzes vom 2. April 2009 (GVBl. S. 49).

Bayerisches Verwaltungszustellungs- und Vollstreckungsgesetz (VwZVG)

in der Fassung der Bekanntmachung vom 11. November 1970 (BayRS II S. 232)
(BayRS 2010-2-I)

zuletzt geändert durch § 4 G zur Änderung des Gesetzes zur Ausführung des Betreuungsgesetzes und weiterer Rechtsvorschriften vom 23. Dezember 2022 (GVBl. S. 718)

Nichtamtliche Inhaltsübersicht

Erster Hauptteil
Zustellungsverfahren

Erster Abschnitt
Geltungsbereich und Erfordernis der Zustellung

Artikel 1 [Geltungsbereich und Erfordernis der Zustellung]
(1) [1]Die Behörden des Freistaates Bayern und die Körperschaften, Anstalten und Stiftungen des öffentlichen Rechts, die unmittelbar oder mittelbar seiner Aufsicht unterstehen (Behörden), stellen nach den Vorschriften dieses Hauptteils zu. [2]Im Widerspruchsverfahren wird nach den Vorschriften des Verwaltungszustellungsgesetzes zugestellt.
(2) [1]Gerichte können bei der Erledigung von Verwaltungsangelegenheiten auch nach den Vorschriften zustellen, nach denen sie im Rahmen ihrer rechtsprechenden Tätigkeit zu verfahren haben. [2]Das gilt entsprechend für Staatsanwaltschaften.
(3) Die Landesfinanzbehörden stellen nach den Vorschriften des Verwaltungszustellungsgesetzes zu.
(4) Die Vorschriften dieses Hauptteils gelten nicht für Zustellungen nach dem Justizbeitreibungsgesetz.
(5) Zugestellt wird, wenn es durch Rechtsvorschrift oder behördliche Anordnung bestimmt ist.

Zweiter Abschnitt
Arten der Zustellung

Artikel 2 Allgemeines
(1) Zustellung ist die Bekanntgabe eines schriftlichen oder elektronischen Dokuments in der in diesem Gesetz bestimmten Form.
(2) [1]Die Zustellung wird durch einen Erbringer von Postdienstleistungen (Post), einen nach § 17 des De-Mail-Gesetzes akkreditierten Diensteanbieter oder durch die Behörde ausgeführt. [2]Daneben gelten die in den Art. 14, 15 und 17 geregelten Sonderarten der Zustellung.
(3) [1]Die Behörde hat die Wahl zwischen den einzelnen Zustellungsarten. [2]Art. 5 Abs. 5 Satz 1 Halbsatz 2 bleibt unberührt.

Artikel 3 Zustellung durch die Post mit Zustellungsurkunde
(1) Soll durch die Post mit Zustellungsurkunde zugestellt werden, übergibt die Behörde der Post den Zustellungsauftrag, das zuzustellende Dokument in einem verschlossenen Umschlag und einen vorbereiteten Vordruck einer Zustellungsurkunde.
(2) [1]Für die Ausführung der Zustellung gelten die §§ 177 bis 182 der Zivilprozessordnung entsprechend. [2]Im Fall des § 181 Abs. 1 der Zivilprozessordnung kann das zuzustellende Dokument bei einer von der Post dafür bestimmten Stelle am Ort der Zustellung oder am Ort des Amtsgerichts, in dessen Bezirk der Ort der Zustellung liegt, niedergelegt werden oder bei der Behörde, die den Zustellungsauftrag erteilt hat, wenn sie ihren Sitz an einem der vorbezeichneten Orte hat. [3]Für die Zustellungsurkunde, den Zustellungsauftrag, den verschlossenen Umschlag nach Abs. 1 und die schriftliche Mitteilung nach § 181 Abs. 1 Satz 3 der Zivilprozessordnung sind die Vordrucke nach der Zustellungsvordruckverordnung zu verwenden.

Artikel 4 Zustellung durch die Post mittels Einschreiben

(1) Ein Dokument kann durch die Post mittels Einschreiben durch Übergabe oder mittels Einschreiben mit Rückschein zugestellt werden.

(2) [1]Zum Nachweis der Zustellung genügt der Rückschein. [2]Im Übrigen gilt das Dokument am dritten Tag nach der Aufgabe zur Post als zugestellt, es sei denn, dass es nicht oder zu einem späteren Zeitpunkt zugegangen ist. [3]Im Zweifel hat die Behörde den Zugang und dessen Zeitpunkt nachzuweisen. [4]Der Tag der Aufgabe zur Post ist in den Akten zu vermerken. [5]An Stelle des Vermerks kann ein Vordruck mit der genauen Bezeichnung des zuzustellenden Dokuments – Betreff, Datum und Aktenzeichen – und dem eingedruckten, von der Post bestätigten Einlieferungsschein zu den Akten genommen werden.

Artikel 5 Zustellung durch die Behörde gegen Empfangsbekenntnis; elektronische Zustellung

(1) [1]Bei der Zustellung durch die Behörde händigt der zustellende Bedienstete das Dokument dem Empfänger in einem verschlossenen Umschlag aus. [2]Das Dokument kann auch offen ausgehändigt werden, wenn keine schutzwürdigen Interessen des Empfängers entgegenstehe. [3]Der Empfänger hat ein mit dem Datum der Aushändigung versehenes Empfangsbekenntnis zu unterschreiben. [4]Der Bedienstete vermerkt das Datum der Zustellung auf dem Umschlag des auszuhändigenden Dokuments oder bei offener Aushändigung auf dem Dokument selbst.

(2) [1]Die §§ 177 bis 181 der Zivilprozessordnung sind anzuwenden. [2]Zum Nachweis der Zustellung ist in den Akten zu vermerken:

1. im Fall der Ersatzzustellung in der Wohnung, in Geschäftsräumen und Einrichtungen nach § 178 der Zivilprozessordnung der Grund, der diese Art der Zustellung rechtfertigt,
2. im Fall der Zustellung bei verweigerter Annahme nach § 179 der Zivilprozessordnung, wer die Annahme verweigert hat und dass das Dokument am Ort der Zustellung zurückgelassen oder an den Absender zurückgesandt wurde sowie der Zeitpunkt und der Ort der verweigerten Annahme,
3. in den Fällen der Ersatzzustellung nach §§ 180 und 181 der Zivilprozessordnung der Grund der Ersatzzustellung sowie wann und wo das Dokument in einen Briefkasten eingelegt oder sonst niedergelegt und in welcher Weise die Niederlegung schriftlich mitgeteilt wurde.

[3]Im Fall des § 181 Abs. 1 der Zivilprozessordnung kann das zuzustellende Dokument bei der Behörde, die den Zustellungsauftrag erteilt hat, niedergelegt werden, wenn diese Behörde ihren Sitz am Ort der Zustellung oder am Ort des Amtsgerichts hat, in dessen Bezirk der Ort der Zustellung liegt.

(3) [1]Zur Nachtzeit, an Sonntagen und gesetzlichen Feiertagen darf nach Abs. 1 und 2 im Inland nur mit schriftlicher oder elektronischer Erlaubnis des Behördenleiters oder seines Stellvertreters oder eines Beamten mit der Befähigung für das Richteramt zugestellt werden. [2]Die Nachtzeit umfasst die Stunden von 21 bis 6 Uhr. [3]Die Erlaubnis ist bei der Zustellung in Kopie mitzuteilen. [4]Eine Zustellung, bei der diese Vorschriften nicht beachtet sind, ist wirksam, wenn die Annahme nicht verweigert wird.

(4) Das Dokument kann an Behörden, Körperschaften, Anstalten und Stiftungen des öffentlichen Rechts, an Rechtsanwälte, Patentanwälte, Notare, Steuerberater, Steuerbevollmächtigte, Wirtschaftsprüfer, vereidigte Buchprüfer, Steuerberatungsgesellschaften, Wirtschaftsprüfungsgesellschaften und Buchprüfungsgesellschaften auch auf andere Weise, auch elektronisch, gegen Empfangsbekenntnis zugestellt werden.

(5) [1]Ein elektronisches Dokument kann im Übrigen unbeschadet des Abs. 4 elektronisch zugestellt werden, soweit der Empfänger hierfür einen Zugang eröffnet; es ist elektronisch zuzustellen, wenn auf Grund einer Rechtsvorschrift ein Verfahren auf Verlangen des Empfängers in elektronischer Form abgewickelt wird. [2]Für die Übermittlung ist das Dokument mit einer qualifizierten elektronischen Signatur zu versehen und gegen unbefugte Kenntnisnahme Dritter zu schützen.

(6) [1]Bei der elektronischen Zustellung ist die Übermittlung mit dem Hinweis „Zustellung gegen Empfangsbekenntnis" einzuleiten. [2]Die Übermittlung muss die absendende Behörde, den Namen und die Anschrift des Zustellungsadressaten sowie den Namen des Bediensteten erkennen lassen, der das Dokument zur Übermittlung aufgegeben hat.

(7) [1]Zum Nachweis der Zustellung nach Abs. 4 und 5 genügt das mit Datum und Unterschrift versehene Empfangsbekenntnis, das an die Behörde durch die Post oder elektronisch zurückzusenden ist. [2]Ein elektronisches Dokument gilt in den Fällen des Abs. 5 Satz 1 Halbsatz 2 am dritten Tag nach der Absendung an den vom Empfänger hierfür eröffneten Zugang als zugestellt, wenn der Behörde nicht spätestens an diesem Tag ein Empfangsbekenntnis nach Satz 1 zugeht. [3]Satz 2 gilt nicht, wenn der Empfänger nachweist, dass das Dokument nicht oder zu einem späteren Zeitpunkt zugegangen ist.

[4]Der Empfänger ist in den Fällen des Abs. 5 Satz 1 Halbsatz 2 vor der Übermittlung über die Rechtsfolgen nach den Sätzen 2 und 3 zu belehren. [5]Zum Nachweis der Zustellung ist von der absendenden Behörde in den Akten zu vermerken, zu welchem Zeitpunkt und an welchen Zugang das Dokument gesendet wurde. [6]Der Empfänger ist über den Eintritt der Zustellungsfiktion nach Satz 2 zu benachrichtigen.

Artikel 6 Elektronische Zustellung gegen Abholbestätigung über De-Mail-Dienste

(1) [1]Die elektronische Zustellung kann unbeschadet von Art. 5 Abs. 4 und 5 Satz 1 durch Übermittlung der nach § 17 des De-Mail-Gesetzes akkreditierten Diensteanbieter gegen Abholbestätigung nach § 5 Abs. 9 des De-Mail-Gesetzes an das De-Mail-Postfach des Empfängers erfolgen. [2]Für die Zustellung nach Satz 1 sind Art. 5 Abs. 4 und 6 mit der Maßgabe anzuwenden, dass an die Stelle des Empfangsbekenntnisses die Abholbestätigung tritt.

(2) Die absendende Behörde hat vom nach § 17 des De-Mail-Gesetzes akkreditierten Diensteanbieter eine Versandbestätigung nach § 5 Abs. 7 des De-Mail-Gesetzes und eine Abholbestätigung nach § 5 Abs. 9 des De-Mail-Gesetzes zu verlangen.

(3) [1]Zum Nachweis der elektronischen Zustellung genügt die Abholbestätigung nach § 5 Abs. 9 des De-Mail-Gesetzes. [2]Für die Abholbestätigung gelten § 371 Abs. 1 Satz 2 und § 371a Abs. 2 der Zivilprozessordnung entsprechend.

(4) [1]Ein elektronisches Dokument gilt in den Fällen des Art. 5 Abs. 5 Satz 1 Halbsatz 2 am dritten Tag nach der Absendung an das De-Mail-Postfach des Empfängers als zugestellt, wenn er dieses Postfach als Zugang eröffnet hat und der Behörde nicht spätestens an diesem Tag eine elektronische Abholbestätigung nach § 5 Abs. 9 des De-Mail-Gesetzes zugeht. [2]Satz 1 gilt nicht, wenn der Empfänger nachweist, dass das Dokument nicht oder zu einem späteren Zeitpunkt zugegangen ist. [3]Der Empfänger ist in den Fällen des Art. 5 Abs. 5 Satz 1 Halbsatz 2 vor der Übermittlung über die Rechtsfolgen nach den Sätzen 1 und 2 zu belehren. [4]Als Nachweis der Zustellung nach Satz 1 dient die Versandbestätigung nach § 5 Abs. 7 des De-Mail-Gesetzes oder ein Vermerk der absendenden Behörde in den Akten, zu welchem Zeitpunkt und an welches De-Mail-Postfach das Dokument gesendet wurde. [5]Der Empfänger ist über den Eintritt der Zustellungsfiktion nach Satz 1 elektronisch zu benachrichtigen.

Dritter Abschnitt

Gemeinsame Vorschriften für alle Zustellungsarten

Artikel 7 Zustellung an gesetzliche Vertreter

(1) [1]Zustellungen für eine natürliche Person, die nicht handlungsfähig im Sinn des Art. 12 des Bayerischen Verwaltungsverfahrensgesetzes ist, sind an ihren gesetzlichen Vertreter zu richten. [2]Gleiches gilt bei Personen, für die ein Betreuer bestellt ist, soweit der Aufgabenkreis des Betreuers reicht. [3]Das zugestellte Dokument ist der betreuten Person nach Wahl der Behörde abschriftlich mitzuteilen oder elektronisch zu übermitteln.

(2) Bei Behörden wird an den Behördenleiter, bei juristischen Personen, nicht rechtsfähigen Personenvereinigungen und Zweckvermögen an ihre gesetzlichen Vertreter zugestellt.

(3) Bei mehreren gesetzlichen Vertretern oder Behördenleitern genügt die Zustellung an einen von ihnen.

(4) Der zustellende Bedienstete braucht nicht zu prüfen, ob die Anschrift den Abs. 1 bis 3 entspricht.

Artikel 8 Zustellung an Bevollmächtigte

(1) [1]Zustellungen können an den allgemein oder für bestimmte Angelegenheiten bestellten Bevollmächtigten gerichtet werden. [2]Sie sind an ihn zu richten, wenn er schriftliche Vollmacht vorgelegt hat. [3]Ist ein Bevollmächtigter für mehrere Beteiligte bestellt, so genügt die Zustellung eines Dokuments an ihn für alle Beteiligten.

(2) Einem Zustellungsbevollmächtigten mehrerer Beteiligter sind so viele Ausfertigungen oder Kopien zuzustellen, als Beteiligte vorhanden sind.

Artikel 8a Zustellung an Ehegatten und Lebenspartner

[1]Betrifft ein zusammengefaßter schriftlicher Bescheid Ehegatten oder Ehegatten mit ihren Kindern oder Alleinstehende mit ihren Kindern, so reicht es für die Zustellung an alle Beteiligten aus, wenn ihnen eine Ausfertigung unter ihrer gemeinsamen Anschrift zugestellt wird. [2]Der Bescheid ist den

Beteiligten einzeln zuzustellen, soweit sie dies beantragt haben. [3]Sätze 1 und 2 gelten entsprechend für Lebenspartner im Sinn des Lebenspartnerschaftsgesetzes.

Artikel 9 Heilung von Zustellungsmängeln

Lässt sich die formgerechte Zustellung eines Dokuments nicht nachweisen oder ist es unter Verletzung zwingender Zustellungsvorschriften zugegangen, gilt es als in dem Zeitpunkt zugestellt, in dem es dem Empfangsberechtigten tatsächlich zugegangen ist, im Fall des Art. 5 Abs. 5 in dem Zeitpunkt, in dem der Empfänger das Empfangsbekenntnis zurückgesendet hat.

Vierter Abschnitt

[aufgehoben]

Artikel 10–13 ***[aufgehoben]***

Fünfter Abschnitt

Sonderarten der Zustellung

Artikel 14 Zustellung im Ausland

(1) Eine Zustellung im Ausland erfolgt

1. durch Einschreiben mit Rückschein, soweit die Zustellung von Dokumenten unmittelbar durch die Post völkerrechtlich zulässig ist,
2. auf Ersuchen der Behörde durch die Behörden des fremden Staates oder durch die zuständige diplomatische oder konsularische Vertretung der Bundesrepublik Deutschland,
3. auf Ersuchen der Behörde durch das Auswärtige Amt an eine Person, die das Recht der Immunität genießt und zu einer Vertretung der Bundesrepublik Deutschland im Ausland gehört, sowie an Familienangehörige einer solchen Person, wenn diese das Recht der Immunität genießen, oder
4. durch Übermittlung elektronischer Dokumente, soweit dies völkerrechtlich zulässig ist.

(2) [1]Zum Nachweis der Zustellung nach Abs. 1 Nr. 1 genügt der Rückschein. [2]Die Zustellung nach Abs. 1 Nrn. 2 und 3 wird durch das Zeugnis der ersuchten Behörde nachgewiesen. [3]Der Nachweis der Zustellung gemäß Abs. 1 Nr. 4 richtet sich nach Art. 5 Abs. 7 Sätze 1 bis 3 und 5 sowie nach Art. 6 Abs. 3 und 4 Sätze 1, 2 und 4.

(3) [1]Die Behörde kann bei der Zustellung nach Abs. 1 Nrn. 2 und 3 anordnen, dass die Person, an die zugestellt werden soll, innerhalb einer angemessenen Frist einen Zustellungsbevollmächtigten benennt, der im Inland wohnt oder dort einen Geschäftsraum hat. [2]Wird kein Zustellungsbevollmächtigter benannt, können spätere Zustellungen bis zur nachträglichen Benennung dadurch bewirkt werden, dass das Dokument unter der Anschrift der Person, an die zugestellt werden soll, zur Post gegeben wird. [3]Das Dokument gilt am siebenten Tag nach Aufgabe zur Post als zugestellt, wenn nicht feststeht, dass es den Empfänger nicht oder zu einem späteren Zeitpunkt erreicht hat. [4]Die Behörde kann eine längere Frist bestimmen. [5]In der Anordnung nach Satz 1 ist auf diese Rechtsfolgen hinzuweisen. [6]Zum Nachweis der Zustellung ist in den Akten zu vermerken, zu welcher Zeit und unter welcher Anschrift das Dokument zur Post gegeben wurde.

Artikel 15 Öffentliche Zustellung

(1) [1]Die Zustellung kann durch öffentliche Bekanntmachung erfolgen, wenn

1. der Aufenthaltsort des Empfängers unbekannt ist und eine Zustellung an einen Vertreter oder Zustellungsbevollmächtigten nicht möglich ist,
2. bei juristischen Personen, die zur Anmeldung einer inländischen Geschäftsanschrift zum Handelsregister verpflichtet sind, eine Zustellung weder unter der eingetragenen Anschrift noch unter einer im Handelsregister eingetragenen Anschrift einer für Zustellungen empfangsberechtigten Person oder einer ohne Ermittlungen bekannten anderen inländischen Anschrift möglich ist,
3. der Inhaber der Wohnung, in der zugestellt werden müsste, der inländischen Gerichtsbarkeit nicht unterworfen und die Zustellung in der Wohnung deshalb nicht möglich ist, oder
4. sie im Fall des Art. 14 nicht möglich ist oder keinen Erfolg verspricht.

[2]Die Anordnung über die öffentliche Zustellung trifft ein zeichnungsberechtigter Bediensteter.

(2) [1]Die öffentliche Zustellung erfolgt durch Bekanntmachung einer Benachrichtigung an der Stelle, die von der Behörde hierfür allgemein bestimmt ist, oder durch Veröffentlichung einer Benachrichtigung im Bundesanzeiger oder im elektronischen Bundesanzeiger. [2]Die Benachrichtigung muss

1. die Behörde, für die zugestellt wird,
2. den Namen und die letzte bekannte Anschrift des Zustellungsadressaten,
3. das Datum und das Aktenzeichen des Dokuments sowie
4. die Stelle, wo das Dokument eingesehen werden kann,

erkennen lassen. [3]Die Benachrichtigung muss den Hinweis enthalten, dass das Dokument öffentlich zugestellt wird und Fristen in Gang gesetzt werden können, nach deren Ablauf Rechtsverluste drohen können. [4]Bei der Zustellung einer Ladung muss die Benachrichtigung den Hinweis enthalten, dass das Dokument eine Ladung zu einem Termin enthält, dessen Versäumung Rechtsnachteile zur Folge haben kann. [5]In den Akten ist zu vermerken, von wann bis wann und wie die Benachrichtigung bekannt gemacht wurde. [6]Das Dokument gilt als zugestellt, wenn seit dem Tag der Bekanntmachung der Benachrichtigung zwei Wochen vergangen sind.

Artikel 16 ***[aufgehoben]***

Artikel 17 Zustellungen im Besteuerungsverfahren und bei der Heranziehung zu sonstigen öffentlichen Abgaben und Umlagen

(1) Die Zustellung von schriftlichen Bescheiden, die im Besteuerungsverfahren und bei der Heranziehung zu sonstigen öffentlichen Abgaben und Umlagen ergehen, kann dadurch ersetzt werden, daß der Bescheid dem Empfänger durch einfachen Brief verschlossen zugesandt wird.

(2) [1]Bei Zusendung durch einfachen Brief gilt die Bekanntgabe mit dem dritten Tag nach der Aufgabe zur Post als bewirkt, es sei denn, daß das zuzusendende Schriftstück nicht oder zu einem späteren Zeitpunkt zugegangen ist. [2]Im Zweifel hat die Behörde den Zugang des Schriftstücks und den Zeitpunkt des Zugangs nachzuweisen.

(3) [1]Die Aufgabe geschieht durch Einwerfen in einen Postbriefkasten oder Einlieferung bei der Post. [2]Bei Einwurf in einen Straßenbriefkasten gilt der Tag der auf den Einwurf folgenden Leerung als Tag der Aufgabe zur Post.

(4) [1]Auf der bei den Akten verbleibenden Urschrift ist der Tag der Aufgabe zur Post zu vermerken; des Namenszeichens des damit beauftragten Bediensteten bedarf es nicht. [2]Bei der Zustellung maschinell erstellter Bescheide können an Stelle des Vermerks die Bescheide numeriert und die Absendung in einer Sammelliste eingetragen werden.

Zweiter Hauptteil
Vollstreckungsverfahren

Erster Abschnitt
Gemeinsame Vorschriften

Artikel 18 Geltungsbereich

(1) Verwaltungsakte, die zur Leistung von Geld oder zu einem sonstigen Handeln, einem Dulden oder einem Unterlassen verpflichten oder zu einer unmittelbar kraft einer Rechtsnorm bestehenden solchen Pflicht anhalten, werden nach diesem Gesetz vollstreckt, soweit die Vollstreckung nicht durch Bundesrecht unmittelbar geregelt ist oder bundesrechtliche Vollstreckungsvorschriften durch Landesrecht für anwendbar erklärt sind.

(2) Die Vorschriften des Polizeiaufgabengesetzes bleiben unberührt.

Artikel 19 Voraussetzungen der Vollstreckung

(1) Verwaltungsakte können vollstreckt werden,

1. wenn sie nicht mehr mit einem förmlichen Rechtsbehelf angefochten werden können oder
2. wenn der förmliche Rechtsbehelf keine aufschiebende Wirkung hat oder
3. wenn die sofortige Vollziehung angeordnet ist.

(2) Die Vollstreckung setzt voraus, daß der zur Zahlung von Geld oder zu einer sonstigen Handlung, einer Duldung oder einer Unterlassung Verpflichtete (Vollstreckungsschuldner) seine Verpflichtung nicht rechtzeitig erfüllt.

Artikel 20 Begriffsbestimmungen

Im Sinn dieses Gesetzes ist

1. Anordnungsbehörde die Behörde, die den zu vollstreckenden Verwaltungsakt erlassen hat,
2. Vollstreckungsbehörde die Behörde, die zur Vollstreckung eines Verwaltungsakts zuständig ist,
3. Vollstreckungsgericht das um die Vollstreckung ersuchte Amtsgericht.

Artikel 21 Einwendungen gegen den zu vollstreckenden Anspruch

[1]Über Einwendungen gegen die Vollstreckung, die den zu vollstreckenden Anspruch betreffen, entscheidet die Anordnungsbehörde. [2]Sie sind nur zulässig, soweit die geltend gemachten Gründe erst nach Erlaß des zu vollstreckenden Verwaltungsakts entstanden sind und mit förmlichen Rechtsbehelfen nicht mehr geltend gemacht werden können.

Artikel 21a Sofortige Vollziehbarkeit

[1]Rechtsbehelfe haben keine aufschiebende Wirkung, soweit sie sich gegen Maßnahmen richten, die in der Verwaltungsvollstreckung getroffen werden. [2]§ 80 Abs. 4, 5, 7 und 8 der Verwaltungsgerichtsordnung gelten entsprechend.

Artikel 22 Einstellung der Vollstreckung

Vollstreckungsmaßnahmen sind einzustellen, wenn und soweit

1. sie für unzulässig erklärt werden oder
2. der zu vollstreckende Verwaltungsakt rechtskräftig aufgehoben wird oder
3. die Verpflichtung offensichtlich erloschen ist oder
4. die Anordnungsbehörde aus sonstigen Gründen um die Einstellung ersucht.

Zweiter Abschnitt

Vollstreckung von Verwaltungsakten, mit denen eine Geldleistung gefordert wird

Artikel 23 Besondere Voraussetzungen der Vollstreckung

(1) Ein Verwaltungsakt, mit dem eine öffentlich-rechtliche Geldleistung gefordert wird (Leistungsbescheid), kann vollstreckt werden, wenn

1. er dem Leistungspflichtigen zugestellt ist,
2. die Forderung fällig ist und
3. der Leistungspflichtige von der Anordnungsbehörde oder von der für sie zuständigen Kasse oder Zahlstelle nach Eintritt der Fälligkeit durch verschlossenen Brief, durch Nachnahme oder durch ortsübliche öffentliche Bekanntmachung ergebnislos aufgefordert worden ist, innerhalb einer bestimmten Frist von mindestens einer Woche zu leisten (Mahnung).

(2) Bei Verwaltungsakten, die bei der Festsetzung und Erhebung von Realsteuern ergehen, genügt an Stelle der Zustellung die Zusendung gemäß Art. 17.

(3) Die Mahnung kann unterbleiben, wenn die sofortige Vollstreckung im überwiegenden öffentlichen Interesse liegt oder wenn die Mahnung den Vollstreckungserfolg gefährden würde.

Artikel 24 Vollstreckungsanordnung

(1) Die Anordnungsbehörde oder die für sie zuständige Kasse oder Zahlstelle ordnet die Vollstreckung dadurch an, daß sie

1. in den Fällen des Art. 25 das Finanzamt oder die nach dem Recht eines anderen Landes der Bundesrepublik Deutschland oder die nach einer völkerrechtlichen Vereinbarung zuständige Stelle um Beitreibung ersucht und auf das Beitreibungsersuchen die Erklärung setzt, daß der beizutreibende Anspruch vollstreckbar ist;
2. in den Fällen der Art. 26 und 27 auf eine Ausfertigung des Leistungsbescheids oder eines Ausstandsverzeichnisses die Klausel setzt: „Diese Ausfertigung ist vollstreckbar".

(2) Mit der Vollstreckungsanordnung übernimmt die Anordnungsbehörde oder die für sie zuständige Kasse oder Zahlstelle die Verantwortung dafür, daß die in den Art. 19 und 23 bezeichneten Voraussetzungen der Zwangsvollstreckung gegeben sind.

(3) Bei einer Vollstreckungsanordnung, die mit Hilfe automatischer Einrichtungen erlassen wird, können Unterschrift und Dienstsiegel fehlen.

Artikel 25 Vollstreckung von Geldforderungen des Staates

(1) Vollstreckungsbehörden für Leistungsbescheide des Staates sind die Finanzämter.

(2) [1]Für das Verfahren der Finanzämter und die Kosten der Vollstreckung gelten die Vorschriften der Abgabenordnung und der zu ihrer Durchführung erlassenen Rechtsvorschriften entsprechend. [2]Soweit nicht ein anderer Rechtsweg ausdrücklich gegeben ist, findet die Finanzgerichtsordnung Anwendung.

Artikel 26 Vollstreckung von Geldforderungen der Gemeinden, Landkreise, Bezirke und Zweckverbände

(1) Gemeinden, Landkreise, Bezirke und Zweckverbände sind berechtigt, zur Beitreibung von Geldforderungen, die sie durch einen Leistungsbescheid geltend machen, eine Vollstreckungsanordnung zu erteilen.

(2) [1]Für die Vollstreckung sind die ordentlichen Gerichte zuständig. [2]Die Gemeinden, Landkreise, Bezirke und Zweckverbände sind auch befugt, vom Schuldner die Abgabe einer Vermögensauskunft gegenüber dem Gerichtsvollzieher zu verlangen und die von den zentralen Vollstreckungsgerichten verwalteten Vermögensverzeichnisse abzurufen.

(2a) [1]Die Großen Kreisstädte, kreisfreien Städte, Landkreise und Bezirke können auch selbst vom Schuldner, der innerhalb ihres Gebiets seinen gewöhnlichen Aufenthalt oder Sitz hat, die Vermögensauskunft abnehmen, sie haben die erstellten Vermögensverzeichnisse bei dem zentralen Vollstreckungsgericht zu hinterlegen und können die Eintragung in das bei dem zentralen Vollstreckungsgericht geführte Schuldnerverzeichnis anordnen. [2]Zur Abnahme der Vermögensauskunft nach Pfändungsversuch (§ 807 der Zivilprozessordnung) sind sie nicht befugt. [3]Bleibt der Schuldner dem Termin zur Abgabe der Vermögensauskunft unentschuldigt fern oder verweigert er die Abgabe der Vermögensauskunft ohne Grund, kann zur Erzwingung der Abgabe ein Haftbefehl bei den ordentlichen Gerichten beantragt werden. [4]Die Verhaftung des Schuldners und eine Abnahme der Vermögensauskunft nach der Verhaftung bleiben dem Gerichtsvollzieher vorbehalten.

(3) Die Pfändung und Verwertung beweglicher Sachen können die Gemeinden, Landkreise, Bezirke und Zweckverbände durch Gerichtsvollzieher oder innerhalb ihres Gebiets durch eigene Vollstreckungsbedienstete bewirken lassen.

(4) [1]Schon vor der Pfändung einer Geldforderung können die Gemeinden, Landkreise, Bezirke und Zweckverbände dem Drittschuldner verbieten, vor der Entscheidung des Vollstreckungsgerichts an den Schuldner zu zahlen, und dem Schuldner gebieten, sich vor dieser Entscheidung jeder Verfügung über die Forderung zu enthalten. [2]Diese Anordnungen verlieren ihre Wirkung, wenn die Pfändung der Forderung nicht innerhalb von drei Wochen bewirkt wird. [3]Die Frist beginnt mit dem Tag, an dem das Zahlungsverbot dem Drittschuldner zugestellt wird.

(5) [1]Gemeinden, Landkreise, Bezirke und Zweckverbände können Geldforderungen und andere Vermögensrechte, die nicht Gegenstand der Zwangsvollstreckung in das unbewegliche Vermögen sind, selbst pfänden und einziehen, wenn Schuldner und der Drittschuldner ihren gewöhnlichen Aufenthalt oder Sitz in Bayern haben. [2]Dies gilt auch, wenn Schuldner oder der Drittschuldner oder beide ihren gewöhnlichen Aufenthalt oder Sitz in einem anderen Land haben, sofern das dort geltende Landesrecht dies zuläßt. [3]Kommunale Vollstreckungsbehörden, die ihren Sitz in einem anderen Land haben, können Geldforderungen und andere Vermögensrechte, die nicht Gegenstand der Zwangsvollstreckung in das unbewegliche Vermögen sind, auch dann selbst pfänden und einziehen, wenn der Schuldner oder der Drittschuldner oder beide ihren gewöhnlichen Aufenthalt oder Sitz in Bayern haben.

(6) Für die Bezirke üben die Regierungen die Befugnisse nach Abs. 2a, 3, 4 und 5 aus, soweit diese Aufgaben nach Art. 35b der Bezirksordnung auf den Freistaat Bayern übertragen sind.

(7) [1]Die Vorschriften des Achten Buchs der Zivilprozeßordnung über die Zwangsvollstreckung mit Ausnahme der §§ 883 bis 898 und 946 bis 959 sind entsprechend anzuwenden. [2]Nach der Zivilprozeßordnung regelt sich auch die Entscheidung über Rechtsbehelfe gegen Maßnahmen der Vollstreckungsgerichte und Gerichtsvollzieher. [3]Rechtsbehelfe gegen Vollstreckungsmaßnahmen der Gemeinden, Landkreise, Bezirke und Zweckverbände sowie der für die Bezirke handelnden Regierungen (Abs. 6) unterliegen der verwaltungsgerichtlichen Entscheidung.

Artikel 27 Vollstreckung von Geldforderungen sonstiger juristischer Personen des öffentlichen Rechts

(1) [1]Für die Vollstreckung von Geldforderungen sonstiger juristischer Personen des öffentlichen Rechts gilt Art. 26 entsprechend, soweit sie Verwaltungsakte erlassen können und zur Anbringung der Vollstreckungsklausel befugt sind. [2]Zur Abnahme der Vermögensauskunft, zur Hinterlegung der Ver-

mögensverzeichnisse und zur Anordnung der Eintragung in das Schuldnerverzeichnis sowie zur Pfändung und Einziehung von Geldforderungen sind diese juristischen Personen jedoch nicht befugt.

(2) [1]Soweit die juristische Person des öffentlichen Rechts ihre Geldforderungen durch Verwaltungsakt geltend machen darf, kann die Staatsregierung durch Rechtsverordnung die Befugnis zur Anbringung der Vollstreckungsklausel und abweichend von Abs. 1 Satz 2 auch die Befugnis zur Pfändung und Einziehung von Geldforderungen erteilen, wenn bei der juristischen Person des öffentlichen Rechts gewährleistet ist, daß die Vollstreckungsverfahren ordnungsgemäß durchgeführt werden. [2]Art. 91 Abs. 4 der Gemeindeordnung, Art. 79 Abs. 4 der Landkreisordnung und Art. 77 Abs. 4 der Bezirksordnung bleiben unberührt.

Artikel 28 Erstattungsanspruch

(1) [1]Ist zu Unrecht vollstreckt worden, weil kein vollstreckbarer Verwaltungsakt vorlag oder weil er ganz oder teilweise aufgehoben wurde oder weil die Geldforderung nach Erlaß des zu vollstreckenden Verwaltungsakts erloschen ist oder gestundet wurde oder das Zwangsverfahren gegen den nicht durchgeführt werden durfte, gegen den es gerichtet war, so ist der zu Unrecht gezahlte Betrag zu erstatten. [2]Weitergehende Ansprüche auf Schadensersatz bleiben unberührt.

(2) Über den Erstattungsanspruch entscheidet die Anordnungsbehörde.

Dritter Abschnitt

Vollstreckung von Verwaltungsakten, mit denen eine Handlung, Duldung oder Unterlassung gefordert wird

Artikel 29 Zulässigkeit des Verwaltungszwangs; Zwangsmittel

(1) Verwaltungsakte, mit denen die Herausgabe einer Sache, die Vornahme einer sonstigen Handlung oder eine Duldung oder eine Unterlassung gefordert wird, können nach den Vorschriften dieses Abschnitts mit Zwangsmitteln vollstreckt werden (Verwaltungszwang).

(2) Zwangsmittel sind

1. das Zwangsgeld (Art. 31),
2. die Ersatzvornahme (Art. 32),
3. die Ersatzzwangshaft (Art. 33),
4. der unmittelbare Zwang (Art. 34).

(3) [1]Das Zwangsmittel muß in angemessenem Verhältnis zu seinem Zweck stehen. [2]Dabei ist das Zwangsmittel möglichst so zu bestimmen, daß der Betroffene und die Allgemeinheit am wenigsten beeinträchtigt werden.

(4) Gegen Behörden und juristische Personen des öffentlichen Rechts ist Verwaltungszwang nur zulässig, soweit er durch Gesetz oder auf Grund eines Gesetzes besonders zugelassen ist.

Artikel 30 Zuständigkeit

(1) [1]Die Anordnungsbehörde vollstreckt ihre Verwaltungsakte innerhalb ihres Bereichs grundsätzlich selbst; sie vollstreckt auch die im Verwaltungsverfahren ergangenen Rechtsbehelfsentscheidungen. [2]Die Abschiebung von Ausländern obliegt der Polizei; hierfür gelten die Vorschriften des Polizeiaufgabengesetzes. [3]Abmeldungsbescheide der Zulassungsbehörden wegen nicht entrichteter Kraftfahrzeugsteuer vollstrecken die Finanzämter. [4]Für das Verfahren der Finanzämter und die Kosten der Vollstreckung gelten die Vorschriften der Abgabenordnung und der zu ihrer Durchführung erlassenen Rechtsvorschriften entsprechend. [5]Art. 35 bleibt unberührt.

(2) [1]Die Kreisverwaltungsbehörde, in deren Gebiet die Zwangsmittel angewendet werden müssen, ist auf Ersuchen einer anderen Anordnungsbehörde zur Durchführung des Verwaltungszwangs verpflichtet; sie ist dann Vollstreckungsbehörde. [2]Vollstreckt ein Landratsamt als ersuchte Kreisverwaltungsbehörde, so ist die Vollstreckung eine staatliche Aufgabe. [3]Ist die ersuchte Kreisverwaltungsbehörde eine kreisfreie Gemeinde, so ist die Durchführung des Ersuchens eine übertragene Aufgabe. [4]Ist die ersuchende Stelle die Rechtsaufsichtsbehörde der ersuchten Gemeinde oder ist sie hinsichtlich des zu vollstreckenden Verwaltungsakts ihre Fachaufsichtsbehörde, so ist sie zu Weisungen über die Wahl und die Anwendung des Zwangsmittels befugt, wenn dies zur Erreichung des mit der Vollstreckung angestrebten Erfolgs erforderlich ist.

(3) [1]Zweckverbände und Verwaltungsgemeinschaften vollstrecken ihre Verwaltungsakte selbst oder lassen sie durch die Kreisverwaltungsbehörde nach Absatz 2 vollstrecken. [2]Im übrigen können juris-

tische Personen des öffentlichen Rechts, die nicht Gebietskörperschaften sind, ihre Verwaltungsakte nur durch die Kreisverwaltungsbehörde nach Absatz 2 vollstrecken lassen, wenn sie nicht durch besonderes Gesetz oder auf Grund eines besonderen Gesetzes selbst zur Anwendung von Verwaltungszwang ermächtigt sind. [3]Zur Androhung von Zwangsmitteln sind sie jedoch stets befugt.

Artikel 31 Zwangsgeld

(1) Wird die Pflicht zu einer Handlung, einer Duldung oder einer Unterlassung nicht oder nicht vollständig oder nicht zur gehörigen Zeit erfüllt, so kann die Vollstreckungsbehörde den Pflichtigen durch ein Zwangsgeld zur Erfüllung anhalten.

(2) [1]Das Zwangsgeld beträgt mindestens fünfzehn und höchstens fünfzigtausend Euro. [2]Das Zwangsgeld soll das wirtschaftliche Interesse, das der Pflichtige an der Vornahme oder am Unterbleiben der Handlung hat, erreichen. [3]Reicht das gesetzliche Höchstmaß hierzu nicht aus, so kann es überschritten werden. [4]Das wirtschaftliche Interesse des Pflichtigen ist nach pflichtgemäßem Ermessen zu schätzen.

(3) [1]Das Zwangsgeld wird nach den Vorschriften des Zweiten Abschnitts beigetrieben. [2]Die Androhung des Zwangsgeldes (Art. 36) ist dabei ein Leistungsbescheid im Sinn des Art. 23 Abs. 1. [3]Wird die Pflicht nach Absatz 1 bis zum Ablauf der Frist des Art. 36 Abs. 1 Satz 2 nicht erfüllt, so wird die Zwangsgeldforderung fällig (Art. 23 Abs. 1 Nr. 2).

Artikel 32 Ersatzvornahme

[1]Wird die Pflicht zu einer Handlung, die auch ein anderer vornehmen kann (vertretbare Handlung), nicht oder nicht vollständig oder nicht zur gehörigen Zeit erfüllt, so kann die Vollstreckungsbehörde die Handlung auf Kosten des Pflichtigen vornehmen lassen. [2]Die Ersatzvornahme ist nur zulässig, wenn ein Zwangsgeld keinen Erfolg erwarten läßt.

Artikel 33 Ersatzzwangshaft

(1) Ist das Zwangsgeld uneinbringlich und verspricht auch unmittelbarer Zwang keinen Erfolg, so kann das Verwaltungsgericht nach Anhörung des Pflichtigen auf Antrag der Vollstreckungsbehörde durch Beschluß Ersatzzwangshaft anordnen, wenn der Pflichtige bei der Androhung des Zwangsgeldes auf diese Möglichkeit hingewiesen worden ist.

(2) Die Ersatzzwangshaft beträgt mindestens einen Tag und höchstens zwei Wochen.

(3) Die Ersatzzwangshaft ist auf Antrag der Vollstreckungsbehörde von der Justizverwaltung nach den § 802g Abs. 2, §§ 802h und 802j Abs. 2 der Zivilprozeßordnung zu vollstrecken.

Artikel 34 Unmittelbarer Zwang

[1]Führen die sonstigen zulässigen Zwangsmittel nicht zum Ziel oder würden sie dem Pflichtigen einen erheblich größeren Nachteil verursachen als unmittelbarer Zwang oder läßt ihre Anwendung keinen zweckentsprechenden und rechtzeitigen Erfolg erwarten, so kann die Vollstreckungsbehörde den Verwaltungsakt durch unmittelbaren Zwang vollziehen. [2]Die Vollstreckungsbehörde kann unmittelbaren Zwang auch dann anwenden, wenn gegen die Ersatzvornahme Widerstand geleistet wird.

Artikel 35 Zwangsmittel in unaufschiebbaren Fällen

Ersatzvornahme und unmittelbarer Zwang können innerhalb der Zuständigkeit der handelnden Behörde ohne vorausgehende Androhung angewendet werden, wenn es zur Verhütung oder Unterbindung einer mit Strafe bedrohten Handlung oder zur Abwehr einer drohenden Gefahr oder zur Durchführung der Abmeldung nicht versteuerter Kraftfahrzeuge von Amts wegen notwendig ist.

Artikel 36 Androhung der Zwangsmittel

(1) [1]Die Zwangsmittel müssen unbeschadet des Art. 34 Satz 2 und des Art. 35 schriftlich angedroht werden. [2]Hierbei ist für die Erfüllung der Verpflichtung eine Frist zu bestimmen, innerhalb welcher dem Pflichtigen der Vollzug billigerweise zugemutet werden kann.

(2) [1]Die Androhung kann mit dem Verwaltungsakt verbunden werden, durch den die Handlung, Duldung oder Unterlassung aufgegeben wird. [2]Sie soll mit ihm verbunden werden, wenn der sofortige Vollzug angeordnet ist oder wenn den Rechtsbehelfen keine aufschiebende Wirkung zukommt.

(3) [1]Es muß ein bestimmtes Zwangsmittel angedroht werden. [2]Es darf nicht angedroht werden, daß mehrere Zwangsmittel gleichzeitig angewendet werden.

(4) [1]Soll die Handlung durch Ersatzvornahme auf Kosten des Pflichtigen ausgeführt werden, so ist in der Androhung der Kostenbetrag vorläufig zu veranschlagen. [2]In der Androhung kann bestimmt wer-

den, daß dieser Betrag bereits vor der Durchführung der Ersatzvornahme fällig wird. [3]Das Recht auf Nachforderung bleibt unberührt, wenn die Ersatzvornahme einen höheren Kostenaufwand verursacht.

(5) Der Betrag des Zwangsgeldes ist in bestimmter Höhe anzudrohen.

(6) [1]Die Zwangsmittel können auch neben einer Strafe oder Geldbuße angedroht werden. [2]Eine neue Androhung ist erst dann zulässig, wenn die vorausgegangene Androhung des Zwangsmittels erfolglos geblieben ist.

(7) [1]Die Androhung ist zuzustellen. [2]Das gilt auch dann, wenn sie mit dem zugrundeliegenden Verwaltungsakt verbunden ist und für ihn keine Zustellung vorgesehen ist.

Artikel 37 Anwendung der Zwangsmittel

(1) [1]Wird die Verpflichtung nicht innerhalb der in der Androhung bestimmten Frist erfüllt, so kann die Vollstreckungsbehörde das angedrohte Zwangsmittel anwenden. [2]Zwangsmittel können so lange und so oft angewendet werden, bis die Verpflichtung erfüllt ist. [3]Die zur Durchsetzung eines bestimmten Verwaltungsakts insgesamt festgesetzte Ersatzzwangshaft darf jedoch die Höchstdauer von vier Wochen nicht übersteigen.

(2) Soweit zur Anwendung unmittelbaren Zwangs die Heranziehung von Polizeibeamten erforderlich ist, hat die örtlich zuständige Polizeidienststelle auf Ersuchen der Vollstreckungsbehörde Hilfe zu leisten.

(3) [1]Die mit der Durchführung des Verwaltungszwangs beauftragten Bediensteten der Vollstreckungsbehörde und Polizeibeamten sind, soweit es der Zweck der Vollstreckung erfordert, befugt, die Wohnung des Pflichtigen zu betreten und verschlossene Türen und Behältnisse zu öffnen. [2]Sie dürfen zur Nachtzeit (Art. 5 Abs. 3 Satz 2), an Sonntagen und an gesetzlichen Feiertagen ein Zwangsmittel nur mit schriftlicher Erlaubnis der Vollstreckungsbehörde anwenden.

(4) [1]Die Anwendung der Zwangsmittel ist einzustellen, sobald der Pflichtige seiner Verpflichtung nachkommt. [2]Ein angedrohtes Zwangsgeld ist jedoch beizutreiben, wenn der Duldungs- oder Unterlassungspflicht zuwidergehandelt worden ist, deren Erfüllung durch die Androhung des Zwangsgeldes erreicht werden sollte; sind weitere Zuwiderhandlungen nicht mehr zu befürchten, so kann die Vollstreckungsbehörde von der Beitreibung absehen, wenn diese eine besondere Härte darstellen würde.

Artikel 38 Rechtsbehelfe

(1) [1]Gegen die Androhung des Zwangsmittels sind die förmlichen Rechtsbehelfe gegeben, die gegen den Verwaltungsakt zulässig sind, dessen Durchsetzung erzwungen werden soll. [2]Ist die Androhung mit dem zugrundeliegenden Verwaltungsakt verbunden, so erstreckt sich der förmliche Rechtsbehelf zugleich auf den Verwaltungsakt, soweit er nicht bereits Gegenstand eines Rechtsbehelfs- oder gerichtlichen Verfahrens ist oder der Rechtsbehelf ausdrücklich auf die Androhung des Zwangsmittels beschränkt wird. [3]Ist die Androhung nicht mit dem zugrundeliegenden Verwaltungsakt verbunden und ist dieser unanfechtbar geworden, so kann die Androhung nur insoweit angefochten werden, als eine Rechtsverletzung durch die Androhung selbst behauptet wird.

(2) Wird ein Zwangsmittel nach Art. 35 ohne vorausgehende Androhung angewendet, so sind die förmlichen Rechtsbehelfe zulässig, die gegen Verwaltungsakte allgemein gegeben sind.

(3) Förmliche Rechtsbehelfe gegen Maßnahmen der Vollstreckungsbehörde bei der Anwendung eines Zwangsmittels sind insoweit zulässig, als geltend gemacht werden kann, daß diese Maßnahmen eine selbständige Rechtsverletzung darstellen.

Artikel 39 Anspruch auf Beseitigung von Vollstreckungsfolgen

[1]Ist Verwaltungszwang zur Vollstreckung eines Verwaltungsakts angewendet worden, weil die sofortige Vollziehung angeordnet war oder die Anfechtung mit einem förmlichen Rechtsbehelf keine aufschiebende Wirkung hatte (Art. 19 Abs. 1 Nrn. 2 und 3), so kann der Pflichtige die Beseitigung der Vollstreckungsfolgen insoweit verlangen, als der Verwaltungsakt nach der Vollstreckung rechtskräftig aufgehoben oder abgeändert wird. [2]Ein gleicher Anspruch besteht, wenn der Verwaltungszwang nach Art. 35 durchgeführt wurde und nachträglich rechtskräftig festgestellt wird, daß dem Pflichtigen hierdurch rechtswidrig ein Nachteil verursacht wurde. [3]Weitergehende Ansprüche auf Schadensersatz bleiben unberührt.

Vierter Abschnitt
Einschränkungen von Grundrechten

Artikel 40 Einschränkung von Grundrechten
Nach diesem Hauptteil können das Recht auf körperliche Unversehrtheit, das Recht auf Freiheit der Person, das Recht auf Unverletzlichkeit der Wohnung und das Recht auf Eigentum eingeschränkt werden (Art. 2 Abs. 2 Sätze 1 und 2, Art. 13 und 14 des Grundgesetzes, Art. 102 Abs. 1, Art. 106 Abs. 3 und Art. 103 der Verfassung).

Fünfter Abschnitt
Kosten

Artikel 41 Kostenschuldner; Kostenersatz; Forderungsübergang; Zwangsgelder
(1) [1]Für Amtshandlungen im Vollstreckungsverfahren werden Kosten nach dem Kostengesetz erhoben, soweit nicht bundesrechtliche Kostenvorschriften unmittelbar gelten oder landesrechtlich für anwendbar erklärt sind. [2]Kostenschuldner ist der Vollstreckungsschuldner; das gilt auch dann, wenn die Vollstreckungsbehörde auf Veranlassung der Anordnungsbehörde tätig wird.
(2) [1]Wenn Behörden Verwaltungsakte vollstrecken, die sie nicht selbst erlassen haben, so können sie von den juristischen Personen des öffentlichen Rechts, denen die Anordnungsbehörden angehören, Ersatz der Kosten verlangen, die beim Vollstreckungsschuldner nicht beigetrieben werden können, sofern diese im Einzelfall fünfundzwanzig Euro übersteigen. [2]Die Kostenforderung gegen den Vollstreckungsschuldner geht insoweit auf diese juristische Person über, als sie Ersatz leistet.
(3) Zwangsgelder fließen der Vollstreckungsbehörde zu.

Artikel 41a Kosten der Ersatzvornahme
[1]Der Kostenbetrag einer Ersatzvornahme ist ab Fälligkeit mit einem Zinssatz von sechs v.H. zu verzinsen. [2]Von der Erhebung geringfügiger Zinsen kann abgesehen werden.

Dritter Hauptteil
Übergangs- und Schlußbestimmungen

Artikel 42 Durchführungsvorschriften, Verordnungsermächtigung
[1]Die zur Durchführung dieses Gesetzes erforderlichen Rechtsvorschriften erläßt die Staatsregierung. [2]Die Zuständigkeit des Staatsministeriums der Finanzen und für Heimat in kostenrechtlichen Angelegenheiten bleibt unberührt.

Artikel 43 Vollstreckung öffentlich-rechtlicher Geldforderungen nach § 350b Abs. 5 des Lastenausgleichsgesetzes
(1) [1]Öffentlich-rechtliche Geldforderungen des Bundes nach § 350b des Lastenausgleichsgesetzes werden nach den Bestimmungen dieses Gesetzes über die Vollstreckung von Geldforderungen des Staates beigetrieben. [2]Dieses Gesetz tritt an die Stelle des Verwaltungs-Vollstreckungsgesetzes (VwVG).
(2) Anordnungsbehörden sind die Regierungen.

Artikel 44 Finanzämter als Vollstreckungsbehörden für bestimmte Fälle
Für Vollstreckungen nach § 66 Abs. 2 des Zehnten Buchs Sozialgesetzbuch und nach § 200 Abs. 2 des Sozialgerichtsgesetzes ist Vollstreckungsbehörde im Sinn des § 4 VwVG das nach Art. 25 zuständige Finanzamt.

Artikel 45 Inkrafttreten
Dieses Gesetz tritt am 1. Juli 1961 in Kraft[1)].

1) **Amtl. Anm.:** Betrifft die ursprüngliche Fassung vom 30. Mai 1961 (GVBl. S. 148)

Kostengesetz (KG)

Vom 20. Februar 1998 (GVBl. S. 43)
(BayRS 2013-1-1-F)
zuletzt geändert durch Art. 10 Haushaltsgesetz 2023 vom 21. April 2023 (GVBl. S. 128)

Der Landtag des Freistaates Bayern hat das folgende Gesetz beschlossen, das nach Anhörung des Senats hiermit bekanntgemacht wird:

Nichtamtliche Inhaltsübersicht

Erster Abschnitt
Kosten für Amtshandlungen

Artikel 1 Amtshandlungen, Kostengläubiger

(1) [1]Die Behörden des Staates erheben für Tätigkeiten, die sie in Ausübung hoheitlicher Gewalt vornehmen (Amtshandlungen), Kosten (Gebühren und Auslagen) nach den Vorschriften dieses Abschnitts. [2]Eine Amtshandlung im Sinn des Satzes 1 liegt auch vor, wenn ein Einverständnis der Behörde, insbesondere eine Zustimmung, Genehmigung, Erlaubnis, Bewilligung oder Gestattung, nach Ablauf einer bestimmten Frist auf Grund einer Rechtsvorschrift als erteilt gilt. [3]Die Sätze 1 und 2 gelten für andere Behörden und Stellen, die Amtshandlungen im staatlichen Auftrag vornehmen, entsprechend.
(2) [1]Die Kosten für Amtshandlungen der Behörden des Staates fließen dem Staat zu. [2]Die Kosten für Amtshandlungen, die andere Behörden und Stellen im staatlichen Auftrag vornehmen, fließen dem jeweiligen Rechtsträger zu.

Artikel 2 Kostenschuldner

(1) [1]Zur Zahlung der Kosten ist verpflichtet, wer die Amtshandlung veranlaßt, im übrigen diejenige Person, in deren Interesse die Amtshandlung vorgenommen wird. [2]In Rechtsbehelfsverfahren schuldet die Kosten diejenige Person, der die Kosten auferlegt werden. [3]In streitentscheidenden Verfahren ist neben dem Veranlasser Kostenschuldner auch diejenige Person, der die Kosten auferlegt werden.
(2) Kostenschuldner ist ferner, wer die Kosten einer Behörde gegenüber schriftlich übernommen hat oder für die Kostenschuld einer anderen Person kraft Gesetzes haftet.

(3) Auslagen im Sinn des Art. 10 Abs. 1, die durch unbegründete Einwendungen Beteiligter oder durch Verschulden Beteiligter oder Dritter entstanden sind, können diesen auferlegt werden.
(4) Mehrere Kostenschuldner haften als Gesamtschuldner.

Artikel 3 Sachliche Kostenfreiheit

(1) Kosten werden nicht erhoben für

1. Maßnahmen der Rechts- und Fachaufsicht gegenüber den unter der Aufsicht des Staates stehenden Körperschaften und Anstalten des öffentlichen Rechts;
2. Amtshandlungen, die überwiegend im öffentlichen Interesse von Amts wegen vorgenommen werden; sind sie von einem Beteiligten veranlaßt, so sind ihm dafür die Kosten aufzuerlegen, soweit dies der Billigkeit nicht widerspricht;
3. Auskünfte einfacher Art; dies gilt nicht für Auskünfte aus Registern und Dateien;
4. das Verfahren über die Stundung, den Erlaß oder die Erstattung öffentlicher Abgaben;
5. a) die Anforderung von Kosten, Kostenvorschüssen, Benutzungsgebühren und Beiträgen;
   b) die Anforderung von Zinsen oder Säumniszuschlägen;
   c) die Festsetzung von Entschädigungen im Sinn des Art. 22 und die Festsetzung der in einem Vorverfahren nach § 68 der Verwaltungsgerichtsordnung (VwGO) zur zweckentsprechenden Rechtsverfolgung oder Rechtsverteidigung notwendigen Aufwendungen;
6. das Verfahren über Anträge auf Unterstützung, Beihilfen, Zuschüsse, Stipendien, Freiplätze und ähnliche Vergünstigungen sowie auf Erteilung von Zeugnissen zur Festsetzung von Ruhe-, Witwen- und Waisengeld;
7. das Verfahren in Gnadensachen;
8. Amtshandlungen im Rahmen eines bestehenden oder früheren öffentlich-rechtlichen Dienst- oder Amtsverhältnisses einschließlich eines Widerspruchsverfahrens;
9. das Verfahren wegen Ablehnung eines Beamten;
10. Amtshandlungen, die von der Polizei zur Erfüllung ihrer Aufgaben nach Art. 2 des Polizeiaufgabengesetzes vorgenommen werden, soweit nichts anderes bestimmt ist. Abweichend davon gilt folgendes:
    a) Soweit Amtshandlungen beantragt oder sonst veranlaßt sind und nicht überwiegend im öffentlichen Interesse vorgenommen werden, sind die Amtshandlungen kostenpflichtig;
    b) Kosten werden auch erhoben für Einsätze der Polizei auf Grund des Alarms einer Überfall- und Einbruchmeldeanlage; derartige Einsätze bleiben aber kostenfrei, wenn der Betreiber der Anlage nachweist, daß kein Falschalarm vorlag;
    c) Kosten werden ferner erhoben für Einsätze der Polizei, die durch eine vorsätzliche oder grob fahrlässige Falschalarmierung oder eine vorgetäuschte Gefahr oder Straftat veranlasst wurden;
    d) Kosten werden zudem erhoben für Einsätze von Hubschraubern der Polizei zur Suche und Rettung von Personen, sofern die Gefahr von diesen vorsätzlich oder grob fahrlässig veranlasst wurde.

Von der Erhebung der Kosten kann abgesehen werden, wenn sie der Billigkeit widerspricht;

11. die Entscheidung über Gegenvorstellungen, Aufsichtsbeschwerden, Dienstaufsichtsbeschwerden und Petitionen;
12. Amtshandlungen bei der Durchführung von Wahlen und Abstimmungen;
13. a) Amtshandlungen der Hochschulen, der Studienkollegs bei den Universitäten und Fachhochschulen des Freistaates Bayern, von Schulen im Sinn des Bayerischen Gesetzes über das Erziehungs- und Unterrichtswesen und von Schulaufsichtsbehörden zur Begründung oder im Rahmen eines bestehenden Studien- oder Schulverhältnisses;
    b) Amtshandlungen anläßlich des Besuchs von Schulen und der Teilnahme an Lehrgängen, die der Aus- und Weiterbildung von Angehörigen des öffentlichen Dienstes und von im Vorbereitungsdienst hierzu befindlichen Personen dienen;
    c) Entscheidungen über Anträge auf Erhebungen in Schulen;
    d) Amtshandlungen in Prüfungsverfahren, wenn für die Abnahme der Prüfung eine Prüfungsgebühr nicht erhoben wird;
14. das Verfahren über die Anordnung der sofortigen Vollziehung und über die Aussetzung der Vollziehung nach §§ 80 und 80a VwGO.

(2) Von der Kostenfreiheit werden nicht erfasst
1. das Rechtsbehelfsverfahren, soweit in Abs. 1 oder in anderen Rechtsvorschriften nichts anderes bestimmt ist,
2. das Nachprüfungsverfahren nach der Ausbildungs- und Prüfungsordnung für Juristen sowie
3. die Entscheidung über die Überlassung von Kopien, beglaubigten Abschriften, Zweitschriften sowie von Ausfertigungen in fremder Sprache, soweit die Entscheidung durch einen Antrag Beteiligter veranlasst ist.

(3) Auch bei Kostenfreiheit nach Absatz 1 können Auslagen im Sinn des Art. 10 Abs. 1, die durch unbegründete Einwendungen Beteiligter oder durch Verschulden Beteiligter oder Dritter entstanden sind, diesen auferlegt werden.

Artikel 4 Persönliche Gebührenfreiheit

(1) [1]Von der Zahlung der Gebühren sind befreit
1. der Freistaat Bayern,
2. die bayerischen Gemeinden, Landkreise, Bezirke und Zweckverbände, die sonstigen bayerischen kommunalen Körperschaften des öffentlichen Rechts und nichtwirtschaftliche kommunale Unternehmen in der Rechtsform einer Anstalt des öffentlichen Rechts (Kommunalunternehmen),
3. die nach den Haushaltsplänen der in den Nrn. 1 und 2 bezeichneten Körperschaften für ihre Rechnung verwalteten juristischen Personen des öffentlichen Rechts,
4. die Hochschulen des Freistaates Bayern sowie
5. die Immobilien Freistaat Bayern (IMBY).

[2]Nicht befreit sind die Sondervermögen und die kaufmännisch eingerichteten Staatsbetriebe des Freistaates Bayern, die wirtschaftlichen kommunalen Unternehmen sowie die Unternehmen, die der Abfall- oder Abwasserentsorgung dienen.

(2) [1]Von der Zahlung der Gebühren befreit sind auch
1. die Bundesrepublik Deutschland und
2. die anderen deutschen Länder.

[2]Gebührenfreiheit nach Satz 1 besteht nicht für Sondervermögen und Bundesbetriebe im Sinn des Art. 110 Abs. 1 Satz 1 Halbsatz 2 des Grundgesetzes, für in § 8 Abs. 4 des Bundesgebührengesetzes genannte Bundesbehörden, Landesbetriebe und sonstige wirtschaftliche Unternehmen der anderen deutschen Länder.

Artikel 5 Kostenverzeichnis

(1) [1]Das Staatsministerium der Finanzen und für Heimat (Staatsministerium) erläßt im Benehmen mit den beteiligten Staatsministerien, der Staatskanzlei und den Mitgliedern der Staatsregierung, denen Sonderaufgaben nach Art. 50 der Verfassung übertragen worden sind, das Kostenverzeichnis als Rechtsverordnung. [2]Gebühren sind
1. durch feste Sätze (Festgebühren) oder
2. nach dem Wert des Gegenstands der Amtshandlung (Wertgebühren) oder
3. nach dem durch die Amtshandlung verursachten Zeitaufwand (Zeitgebühren) oder
4. innerhalb eines Rahmens (Rahmengebühren)

zu bestimmen.

(2) [1]Im Kostenverzeichnis ist die Höhe der Gebühr nach dem Verwaltungsaufwand aller an der Amtshandlung beteiligten Behörden und Stellen und nach der Bedeutung der Angelegenheit für die Beteiligten festzulegen. [2]Dabei können mehrere Amtshandlungen innerhalb eines Verfahrens mit einer Gebühr bewertet werden. [3]Die Gebühren und Auslagen für die Inanspruchnahme von staatlichen öffentlichen Einrichtungen, die mit einer Amtshandlung in engem Zusammenhang steht, können mit der Amtshandlungsgebühr abgegolten werden. [4]Ist für eine Amtshandlung ein digitales Verfahren eröffnet, kann für die Gebühr, die im Kostenverzeichnis festgelegt wird, eine Ermäßigung vorgesehen werden, wenn sich der Verwaltungsaufwand durch das digitale Verfahren verringert. [5]Die Ermäßigung darf 100 € nicht überschreiten.

(3) [1]Bei der Ermittlung des Verwaltungsaufwands hat das Staatsministerium Ergebnisse von Kosten-/Leistungsrechnungen zu berücksichtigen. [2]Die Gebührensätze sind regelmäßig daraufhin zu überprüfen, inwieweit sie noch den Ergebnissen der Kosten-/Leistungsrechnung entsprechen, und gegebenenfalls anzupassen.

(4) [1]Wertgebühren können für Amtshandlungen vorgesehen werden, bei denen der Verwaltungsaufwand oder die Bedeutung der Angelegenheit maßgeblich vom Wert des Gegenstands der Amtshandlung abhängen. [2]Dieser Wert kann durch einen Geldbetrag oder durch eine andere geeignete Bemessungsgrundlage bestimmt werden. [3]Die Höhe der Gebühr kann sich aus einem Prozent- oder Promillesatz des Gegenstandswerts oder aus einem festen, auf den Gegenstand bezogenen Betrag ergeben.

(5) [1]Sieht ein Bundesgesetz, eine darauf beruhende Rechtsvorschrift oder ein Rechtsakt der Europäischen Gemeinschaft neben der Erhebung von Kosten (Gebühren und Auslagen) im Sinn des Art. 1 Abs. 1 Satz 1 auch die Erhebung von Gebühren und Auslagen für Prüfungen, Untersuchungen oder eine andere Inanspruchnahme einer öffentlichen Einrichtung des Staates im Sinn des Art. 21 Abs. 1 Satz 1 vor, können diese Gebühren und Auslagen abweichend von Art. 21 Abs. 1 Satz 1 oder von entsprechenden Ermächtigungen nach anderen Rechtsvorschriften im Kostenverzeichnis festgelegt werden. [2]Enthält eine Rechtsnorm oder ein Rechtsakt im Sinn des Satzes 1 Vorgaben für die Bemessung von Gebühren und Auslagen, so sind die Gebühren und Auslagen nach Maßgabe dieser Vorschriften festzulegen.

(6) Im Kostenverzeichnis kann auch bestimmt werden, dass Kosten nicht erhoben werden, soweit ihre Erhebung unbillig wäre.

Artikel 6 Gebührenbemessung

(1) [1]Die Höhe der Gebühren bemißt sich nach dem Kostenverzeichnis. [2]Für Amtshandlungen, die nicht im Kostenverzeichnis enthalten sind, wird eine Gebühr erhoben, die nach im Kostenverzeichnis bewerteten vergleichbaren Amtshandlungen zu bemessen ist. [3]Fehlt eine vergleichbare Amtshandlung, beträgt die Gebühr fünf bis fünfundzwanzigtausend Euro.

(2) [1]Bei der Ermittlung der Gebühr innerhalb eines Rahmens sind der mit der Amtshandlung verbundene Verwaltungsaufwand aller beteiligten Behörden und Stellen und die Bedeutung der Angelegenheit für die Beteiligten zu berücksichtigen. [2]Soweit Behörden über eine Kosten-/Leistungsrechnung verfügen, sind deren Ergebnisse der Ermittlung des Verwaltungsaufwands zugrunde zu legen. [3]Art. 5 Abs. 5 gilt entsprechend.

Artikel 7 Mehrere Amtshandlungen

(1) Die Gebühr wird für jede Amtshandlung erhoben, auch wenn diese mit anderen zusammen vorgenommen wird; sie wird ohne Rücksicht auf die Zahl der beteiligten Personen nur einmal erhoben.

(2) Mehrere Amtshandlungen innerhalb eines Verfahrens können durch eine Gebühr abgegolten werden, wenn keine dieser Amtshandlungen im Kostenverzeichnis oder in einer anderen Vorschrift bewertet ist.

Artikel 8 Kosten bei Ablehnung, Zurücknahme oder Erledigung eines Antrags

(1) [1]Bei Ablehnung eines Antrags kann die für die beantragte Amtshandlung festzusetzende Gebühr bis auf ein Zehntel ermäßigt werden. [2]Erfordert die Ablehnung der Amtshandlung einen unverhältnismäßig hohen Verwaltungsaufwand, kann die Gebühr bis zum doppelten Betrag der für die beantragte Amtshandlung festzusetzenden Gebühr erhöht werden. [3]Wird ein Antrag wegen Unzuständigkeit abgelehnt, kann die Gebühr ermäßigt oder erlassen werden.

(2) [1]Wird ein Antrag zurückgenommen oder erledigt er sich auf andere Weise, bevor die Amtshandlung beendet ist, sind eine Gebühr von einem Zehntel bis zu drei Viertel der für die beantragte Amtshandlung festzusetzenden Gebühr je nach dem Fortgang der Sachbehandlung und die Auslagen zu erheben. [2]Die Mindestgebühr beträgt fünfzehn Euro, höchstens jedoch die für die Amtshandlung vorgesehene Gebühr.

(3) [1]Von der Festsetzung der Kosten ist in den Fällen des Absatzes 2 abzusehen, soweit durch die Zurücknahme des Antrags oder seine Erledigung auf andere Weise das Verfahren besonders rasch und mit geringem Verwaltungsaufwand abgeschlossen werden kann, wenn dies der Billigkeit nicht widerspricht. [2]Dies gilt auch im Fall der Zurückweisung eines Nachprüfungsantrags nach der Ausbildungs- und Prüfungsordnung für Juristen.

Artikel 9 Kosten im Rechtsbehelfsverfahren, Nachprüfungsverfahren

(1) [1]Die Gebühr beträgt im Rechtsbehelfsverfahren das Eineinhalbfache der vollen Amtshandlungsgebühr. [2]Ist die Amtshandlung nur teilweise angefochten, verringert sich die Gebühr entsprechend. [3]Art. 8 Abs. 1 findet entsprechende Anwendung. [4]Ist für die Amtshandlung eine Gebühr nicht angefallen oder hat ein Dritter Widerspruch eingelegt, ist eine Gebühr bis zu fünftausend Euro zu erheben.

[5]Die Mindestgebühr beträgt fünfundzwanzig Euro. [6]Bei einem Widerspruch, der sich allein gegen die Festsetzung öffentlicher Abgaben, insbesondere gegen eine Entscheidung über Kosten, Benutzungsgebühren oder Beiträge, richtet, beträgt die Gebühr bis zur Hälfte des angefochtenen Betrags, mindestens aber zehn Euro.

(2) [1]Wird ein Rechtsbehelf zurückgenommen oder erledigt er sich auf andere Weise, werden eine Gebühr von einem Zehntel bis zu drei Viertel der nach Absatz 1 festzusetzenden Gebühr je nach dem Fortgang des Verfahrens und die Auslagen erhoben. [2]Die Mindestgebühr beträgt fünfzehn Euro; im Fall eines Widerspruchs, der sich allein gegen die Festsetzung öffentlicher Abgaben, insbesondere gegen eine Entscheidung über Kosten, Benutzungsgebühren oder Beiträge, richtet, beträgt sie zehn Euro. [3]Art. 8 Abs. 3 gilt entsprechend.

(3) [1]Hat ein Rechtsbehelf Erfolg, so werden keine Kosten, hat er zum Teil Erfolg, werden entsprechend ermäßigte Kosten erhoben. [2]Unberührt bleibt jedoch die Erhebung der für eine Amtshandlung vorgeschriebenen Kosten, wenn diese auf einen Rechtsbehelf hin vorgenommen wird; dies gilt auch für die Ablehnung eines Antrags.

(4) Abs. 3 gilt für das Nachprüfungsverfahren nach der Ausbildungs- und Prüfungsordnung für Juristen entsprechend.

Artikel 10 Auslagen

(1) An Auslagen der an der Amtshandlung beteiligten Behörden und Stellen werden, soweit im Kostenverzeichnis nicht Ausnahmen vorgesehen sind, erhoben

1. die Zeugen und Sachverständigen zustehenden Entschädigungen;
2. Entgelte für Telekommunikationsdienstleistungen sowie Entgelte für Postzustellungsaufträge und Einschreibe- und Nachnahmeverfahren; wird durch Behördenangehörige förmlich oder unter Einhebung von Geldbeträgen außerhalb der Dienststelle zugestellt, so ist derjenige Betrag zu erheben, der bei der förmlichen Zustellung mit Postzustellungsauftrag durch die Post oder bei Erhebung im Nachnahmeverfahren entstanden wäre;
3. die durch Veröffentlichung von amtlichen Bekanntmachungen entstehenden Aufwendungen;
4. die Reisekosten im Sinn der Reisekostenvorschriften und sonstige Aufwendungen bei Ausführung von Dienstgeschäften außerhalb der Dienststelle;
5. die anderen Behörden oder anderen Personen für ihre Tätigkeit zustehenden Beträge.

(2) [1]Für die auf besonderen Antrag erteilten Ausfertigungen und Kopien werden Schreibauslagen erhoben. [2]Die Höhe der Schreibauslagen, die sich nach dem Verwaltungsaufwand bemißt, wird im Kostenverzeichnis bestimmt.

(3) Auslagen im Sinn des Absatzes 1 werden auch dann erhoben, wenn die kostenerhebende Behörde aus Gründen der Gegenseitigkeit, der Verwaltungsvereinfachung oder aus ähnlichen Gründen an die anderen Behörden, Einrichtungen oder Personen Zahlungen nicht zu leisten hat.

(4) Können nach besonderen Rechtsvorschriften Auslagen erhoben werden, die nicht besonders bezeichnet sind, gilt Absatz 1 ensprechend.

Artikel 10a Umsatzsteuer

Unterliegt die Amtshandlung der Umsatzsteuer, werden die Kosten (Gebühren und Auslagen) im Sinn des Art. 1 Abs. 1 Satz 1 zuzüglich der gesetzlichen Umsatzsteuer erhoben.

Artikel 11 Entstehung des Kostenanspruchs

[1]Der Kostenanspruch entsteht mit der Beendigung der kostenpflichtigen Amtshandlung, in den Fällen des Art. 5 Abs. 2 Satz 2 und des Art. 7 Abs. 2 mit der Beendigung der letzten gebührenpflichtigen Amtshandlung, in den Fällen des Art. 8 Abs. 2 und des Art. 9 Abs. 2 mit der Zurücknahme oder Erledigung des Antrags oder Rechtsbehelfs. [2]Bedarf die Amtshandlung einer Zustellung, Eröffnung oder sonstigen Bekanntgabe, so ist sie damit beendet.

Artikel 12 Kostenentscheidung, Rechtsbehelf

(1) Die Kostenentscheidung ist von Amts wegen nachzuholen, wenn sie bei der Vornahme der kostenpflichtigen Amtshandlung unterblieben ist.

(2) Fehlerhafte Kostenentscheidungen können von Amts wegen von der Kostenfestsetzungsbehörde, von den übergeordneten Behörden oder auf Weisung der Fachaufsichtsbehörden geändert werden.

(3) Die Kostenentscheidung kann zusammen mit dem Verwaltungsakt oder selbständig nach Maßgabe der Vorschriften über die Verwaltungsgerichtsbarkeit angefochten werden.

Artikel 13 Festsetzungsverjährung

[1]Eine Kostenentscheidung, ihre Aufhebung oder ihre Änderung sind nicht mehr zulässig, wenn die Festsetzungsfrist abgelaufen ist (Festsetzungsverjährung). [2]Die Festsetzungsfrist beträgt vier Jahre, sie beginnt mit Ablauf des Kalenderjahres, in dem der Kostenanspruch entstanden ist. [3]Die Festsetzungsfrist läuft nicht ab, solange

1. über einen vor Ablauf der Frist gestellten Antrag auf Aufhebung oder Änderung der Festsetzung nicht unanfechtbar entschieden ist;
2. der Anspruch wegen höherer Gewalt innerhalb der letzten sechs Monate der Verjährungsfrist nicht verfolgt werden kann.

Artikel 14 Kostenvorschuß, Zurückbehaltung, Zahlungsrückstände

(1) [1]Die Behörde kann eine Amtshandlung, die auf Antrag vorgenommen wird, von der Zahlung eines angemessenen Kostenvorschusses abhängig machen. [2]Dabei ist eine angemessene Frist zur Zahlung des Kostenvorschusses zu setzen. [3]Wird der Kostenvorschuß nicht binnen dieser Frist eingezahlt, so kann die Behörde den Antrag als zurückgenommen behandeln; darauf ist bei der Anforderung des Kostenvorschusses hinzuweisen. [4]Satz 3 gilt nicht in Widerspruchsverfahren.

(2) [1]Ein Kostenvorschuß ist nicht anzufordern, wenn der antragstellenden oder einer dritten Person dadurch ein wesentlicher Nachteil entstehen würde oder wenn es aus sonstigen Gründen der Billigkeit entspricht. [2]Bei Personen, die außerstande sind, ohne Beeinträchtigung des für sie und ihre Familien notwendigen Unterhalts die Kosten vorzuschießen, darf ein Kostenvorschuß nur gefordert werden, wenn der Antrag keine hinreichende Aussicht auf Erfolg bietet oder mutwillig erscheint.

(3) Urkunden oder sonstige Schriftstücke können bis zur Bezahlung der geschuldeten Kosten zurückbehalten oder unter Nachnahme übersandt werden.

(4) [1]Die Behörde kann außerdem eine Amtshandlung, die auf Antrag vorgenommen wird, von der Zahlung rückständiger Kosten aus vorausgegangenen Verwaltungsverfahren gleicher Art abhängig machen, soweit dies der Billigkeit nicht widerspricht. [2]Abs. 1 bis 3 gelten sinngemäß.

Artikel 15 Fälligkeit

Kosten werden mit der Bekanntgabe der Kostenentscheidung fällig, wenn nicht die Behörde einen späteren Zeitpunkt bestimmt.

Artikel 16 Billigkeitsmaßnahmen, Niederschlagung

(1) [1]Die Behörde kann die festgesetzten Kosten ganz oder teilweise stunden, wenn die Einziehung bei Fälligkeit eine erhebliche Härte für den Kostenschuldner bedeuten würde und der Anspruch durch die Stundung nicht gefährdet erscheint. [2]Die Stundung soll in der Regel nur auf Antrag und gegen Sicherheitsleistung gewährt werden.

(2) [1]Die Behörde kann von der Festsetzung der Kosten absehen, den Kostenanspruch erlassen oder bereits entrichtete Kosten erstatten, wenn die Einziehung der Beträge nach Lage des einzelnen Falles unbillig wäre. [2]Die Entscheidung kann auch auf Teile des Anspruchs oder der Kosten beschränkt werden.

(3) Die Behörde kann von der Festsetzung der Kosten absehen oder den Kostenanspruch niederschlagen, wenn feststeht, daß die Einziehung keinen Erfolg haben wird, oder wenn der mit der Einziehung verbundene Verwaltungsaufwand außer Verhältnis zu dem einzuziehenden Betrag steht.

(4) Ist eine Amtshandlung zurückgenommen oder widerrufen worden, ohne daß diejenige Person, an die sich die Amtshandlung gerichtet hat, dies zu vertreten hat, kann die Behörde die für die zurückgenommene oder widerrufene Amtshandlung festgesetzten Kosten ganz oder teilweise erlassen oder bereits entrichtete Kosten erstatten, wenn dies der Billigkeit entspricht.

(5) Kosten, die bei richtiger Sachbehandlung durch die Behörde nicht entstanden wären, sowie Auslagen, die durch eine von Amts wegen veranlaßte Verlegung eines Termins oder einer Verhandlung entstanden sind, werden nicht erhoben.

Artikel 17 Zinsen

(1) Für die Dauer einer gewährten Stundung werden Zinsen erhoben.

(2) Für den geschuldeten Betrag, hinsichtlich dessen nach den §§ 80 und 80a VwGO aufschiebende Wirkung besteht oder die Vollziehung ausgesetzt war, sind Zinsen für die Dauer der aufschiebenden Wirkung bzw. der Aussetzung festzusetzen, soweit ein förmlicher Widerspruch oder eine Anfechtungsklage gegen die Hauptsache bzw. die Kostenfestsetzung endgültig ohne Erfolg geblieben ist.

(3) [1]Die Zinsen betragen für jeden Monat einhalb v.H. [2]Sie sind von dem Tag an, an dem der Zinslauf beginnt, nur für volle Monate zu zahlen; angefangene Monate bleiben außer Ansatz. [3]Für die Berechnung der Zinsen wird der zu verzinsende Betrag auf volle fünf Euro abgerundet. [4]Zinsen werden nur festgesetzt, wenn sie mindestens zehn Euro betragen.
(4) Die Vorschriften über die Kostenbescheide gelten für Zinsbescheide entsprechend.

Artikel 18 Säumniszuschläge

(1) [1]Werden Kosten nicht bis zum Ablauf des Fälligkeitstages entrichtet, ist für jeden angefangenen Monat der Säumnis ein Säumniszuschlag von eins v.H. des rückständigen auf fünfzig Euro abgerundeten Kostenbetrags zu entrichten. [2]Die Kosten gelten als entrichtet
1. bei Übergabe oder Übersendung von Zahlungsmitteln am Tag des Eingangs bei der zuständigen Kasse,
2. bei Überweisung oder Einzahlung auf ein Konto der zuständigen Kasse an dem Tag, an dem der Betrag der Kasse gutgeschrieben wird,
3. bei Vorliegen einer Einzugsermächtigung am Fälligkeitstag.

[3]Ein Säumniszuschlag wird bei einer Säumnis bis zu fünf Tagen nicht erhoben.
(2) [1]In den Fällen der Gesamtschuld entstehen Säumniszuschläge gegenüber jedem säumigen Gesamtschuldner. [2]Insgesamt ist jedoch kein höherer Säumniszuschlag zu entrichten als verwirkt worden wäre, wenn die Säumnis nur bei einem Gesamtschuldner eingetreten wäre.
(3) Art. 16 gilt sinngemäß.

Artikel 19 Zahlungsverjährung

(1) [1]Ein festgesetzter Kostenanspruch erlischt durch Verjährung (Zahlungsverjährung). [2]Die Verjährungsfrist beträgt fünf Jahre; sie beginnt mit Ablauf des Kalenderjahres, in dem der Anspruch erstmals fällig geworden ist.
(2) Die Zahlungsverjährung ist gehemmt, solange der Anspruch wegen höherer Gewalt innerhalb der letzten sechs Monate der Verjährungsfrist nicht verfolgt werden kann.
(3) Die Zahlungsverjährung wird unterbrochen durch
1. schriftliche Geltendmachung des Anspruchs;
2. Stundung;
3. Sicherheitsleistung;
4. Aussetzung der Vollziehung;
5. eine Vollstreckungsmaßnahme;
6. Anmeldung im Insolvenzverfahren;
7. Ermittlungen der Behörde nach dem Wohnsitz oder dem Aufenthaltsort des Kostenschuldners.

(4) Die Unterbrechung gemäß Absatz 3 dauert fort, bis
1. bei schriftlicher Geltendmachung des Anspruchs der Leistungsbescheid bestandskräftig geworden ist;
2. bei Stundung oder Aussetzung der Vollziehung die Maßnahme abgelaufen ist;
3. bei Sicherheitsleistung, Pfändungspfandrecht, Zwangshypothek oder einem sonstigen Vorzugsrecht auf Befriedigung das entsprechende Recht erloschen ist;
4. das Insolvenzverfahren beendet ist.

(5) Mit Ablauf des Kalenderjahres, in dem die Unterbrechung geendet hat, beginnt die Frist nach Absatz 1 erneut.
(6) Die Frist nach Absatz 1 wird nur in Höhe des Betrags unterbrochen, auf den sich die Unterbrechungshandlung bezieht.
(7) Für Erstattungsansprüche gilt Absatz 1 entsprechend.

Artikel 20 Kostenerhebung durch kommunale Körperschaften des öffentlichen Rechts

(1) Die Gemeinden, Landkreise, Bezirke, Zweckverbände und sonstigen kommunalen Körperschaften und Anstalten des öffentlichen Rechts können für ihre Amtshandlungen im eigenen Wirkungskreis Kosten erheben, die in ihre Kassen fließen; die Erhebung der Kosten ist durch Kostensatzungen zu regeln.
(2) Das Staatsministerium des Innern, für Sport und Integration kann für kommunale Körperschaften Mustersatzungen erlassen.

(3) Die Art. 2, 3, 4 und 5 Abs. 2 bis 6 sowie die Art. 6 bis 19 und Art. 21 Abs. 3 Satz 2 finden entsprechende Anwendung.

Zweiter Abschnitt
Benutzungsgebühren, Entschädigungen und Beiträge

Artikel 21 Benutzungsgebühren

(1) [1]Soweit nicht besondere Vorschriften entgegenstehen, können die zuständigen Staatsministerien im Einvernehmen mit dem Staatsministerium Rechtsverordnungen erlassen über die Gebühren und Auslagen für die Inanspruchnahme öffentlicher Einrichtungen des Staates und anderer Stellen, die Aufgaben im staatlichen Auftrag wahrnehmen (Benutzungsgebühren). [2]Sind alle Staatsministerien zuständig, so wird die Rechtsverordnung durch die Staatsregierung erlassen.

(2) [1]Die Benutzungsgebühren schuldet, wer die Einrichtung in Anspruch nimmt; in den Rechtsverordnungen kann bestimmt werden, daß auch diejenige Person Schuldner ist, in deren Interesse die Inanspruchnahme erfolgt, und diejenige, die die Schuld gegenüber der Einrichtung schriftlich übernimmt. [2]Mehrere Schuldner haften als Gesamtschuldner.

(3) [1]Die Höhe der Gebühren ist nach dem Verwaltungsaufwand der in Anspruch genommenen Einrichtung und nach der Bedeutung der Leistung für die Benutzer zu bemessen; Art. 5 Abs. 2 Satz 4 und 5, Abs. 3, 5 und 6 gilt entsprechend. [2]Amtshandlungen, die mit der Inanspruchnahme von staatlichen öffentlichen Einrichtungen in engem Zusammenhang stehen, können mit der Benutzungsgebühr abgegolten werden.

(4) [1]In den Rechtsverordnungen kann bestimmt werden, daß Behörden des Freistaates Bayern von der Zahlung von Benutzungsgebühren befreit sind. [2]Ferner kann in den Rechtsverordnungen für bestimmte Arten von Fällen vorgesehen werden, daß Gebühren und Auslagen nach Absatz 1 nicht erhoben werden, soweit ihre Erhebung unbillig wäre. [3]Soweit in den Rechtsverordnungen nichts anderes bestimmt ist, gelten Art. 10 bis 19 entsprechend.

(5) Die Befugnis der juristischen Personen des öffentlichen Rechts, Gebührenordnungen zu erlassen, bleibt unberührt.

Artikel 22 Entschädigungen

[1]Soweit nicht besondere Vorschriften entgegenstehen, können die zuständigen Staatsministerien im Einvernehmen mit dem Staatsministerium Rechtsverordnungen erlassen über die angemessene Entschädigung der in Verwaltungssachen oder in sonstigen öffentlichen Angelegenheiten tätigen Sachverständigen, Prüfer und zu vernehmenden Zeugen. [2]Sind alle Staatsministerien zuständig, so wird die Rechtsverordnung durch die Staatsregierung erlassen.

Artikel 23 Gebühren- und Auslagenfreiheit

(1) [1]Gebühren und Auslagen im Sinn des Art. 21 Abs. 1 und Sachverständigenentschädigungen im Sinn des Art. 22 werden nicht erhoben, soweit bayerische Gemeinden, Landkreise, Bezirke, Zweckverbände oder sonstige bayerische kommunale Körperschaften des öffentlichen Rechts bei der Wahrnehmung von Aufgaben im übertragenen Wirkungskreis oder bayerische Landratsämter bei der Wahrnehmung von Staatsaufgaben staatliche öffentliche Einrichtungen in Anspruch nehmen und nicht berechtigt sind, die Gebühren und Auslagen oder die Sachverständigenentschädigung Dritten aufzuerlegen oder sie von Dritten nicht einziehen können. [2]Satz 1 gilt nicht, wenn die dort genannten Körperschaften bei der Wahrnehmung von Aufgaben im übertragenen Wirkungskreis staatliche Einrichtungen in Anspruch nehmen und zugleich selbst Antragsteller für Verfahren im eigenen Wirkungskreis sind.

(2) [1]Für den Besuch von staatlichen Schulen im Sinn des Bayerischen Gesetzes über das Erziehungs- und Unterrichtswesen sowie für den Besuch staatlicher Schulen und die Teilnahme an staatlichen Lehrgängen, die der Aus- und Weiterbildung von Angehörigen des öffentlichen Dienstes und von im Vorbereitungsdienst hierzu befindlichen Personen dienen, werden Gebühren und Auslagen im Sinn des Art. 21 Abs. 1 nicht erhoben. [2]Das gleiche gilt für die Abnahme staatlicher Prüfungen durch dieses Einrichtungen. [3]Die Erhebung von Gebühren und Auslagen im Sinn des Art. 21 Abs. 1 für Sonderleistungen dieser Einrichtungen bleibt unberührt.

(3) Für die Abnahme beamtenrechtlicher Prüfungen werden, soweit nicht bereits Absatz 2 einschlägig ist, Gebühren und Auslagen im Sinn des Art. 21 Abs. 1 nicht erhoben.

(4) Abweichend von Abs. 2 Satz 2 oder Abs. 3 können für die Wiederholung staatlicher oder beamtenrechtlicher Prüfungen zur Notenverbesserung Gebühren und Auslagen nach Maßgabe des Art. 21 erhoben werden.

Artikel 24 Kurtaxe

(1) [1]Für die Bereitstellung von Einrichtungen, die in den Staatsbädern zu Kurzwecken unterhalten werden, kann auf Grund einer Kurtaxordnung eine Kurtaxe zugunsten der Staatsbäder festgesetzt und erhoben werden. [2]Das Verfahren zur Festsetzung und Erhebung der Kurtaxe kann auf juristische Personen des Privatrechts übertragen werden. [3]Die Kurtaxen dürfen höchstens so bemessen sein, daß die einmaligen und laufenden Aufwendungen für die Einrichtungen gedeckt werden können. [4]Sind die Vorteile, die den Abgabeschuldnern aus den Einrichtungen erwachsen können, verschieden groß, so ist das durch entsprechende Abstufung der Abgabenhöhe zu berücksichtigen.

(2) [1]Schuldner der Kurtaxe ist, wer im Kurbezirk Unterkunft nimmt oder Kureinrichtungen oder -veranstaltungen der Staatsbäder in Anspruch nimmt, ohne dort seine Hauptwohnung im Sinn des Melderechts oder seinen ständigen Aufenthalt zu haben. [2]Er hat der Erhebungsberechtigten nach Abs. 1 Sätze 1 und 2 den Vor- und Familiennamen, das Geburtsdatum und die Anschrift mitzuteilen und sich auf Verlangen durch Personalausweis oder Pass auszuweisen. [3]Inhaber von Zweitwohnungen können verpflichtet werden, der Erhebungsberechtigten nach Abs. 1 Sätze 1 und 2 über die Benutzung der Zweitwohnung Auskunft zu geben. [4]Für die Inhaber von Zweitwohnungen kann in der Kurtaxordnung eine pauschale Abgeltung der Kurtaxe vorgeschrieben werden, die sich an der durchschnittlichen Aufenthaltsdauer der Zweitwohnungsinhaber im jeweiligen Staatsbad zu orientieren hat. [5]Die Pauschalierung entfällt, wenn der Zweitwohnungsinhaber nachweist, daß er sich im Abgeltungszeitraum nicht im Staatsbad aufgehalten hat.

(3) [1]Die Kurtaxordnungen für die einzelnen Staatsbäder erläßt das Staatsministerium als Rechtsverordnungen. [2]Die Kurtaxordnungen haben insbesondere die Festlegung der Kurbezirke, die Höhe der Kurtaxen, den Kreis der Abgabenpflichtigen und das Entstehen der Abgabeschuld zu bestimmen. [3]Sie können auch nähere Bestimmungen über völlige oder teilweise Befreiungen von der Abgabepflicht aus sozialen oder sonstigen wichtigen Gründen und über die Erhebung und Verwendung der Kurtaxen sowie Durchführungsvorschriften enthalten. [4]Es kann ferner bestimmt werden, dass

a) die Vermieter von Unterkünften, Reiseunternehmer von Gesellschaftsreisen und Inhaber von Kurmittelanstalten zur Meldung von Kurgästen und zur Vereinnahmung und Abführung der Kurtaxe verpflichtet sind und neben dem Schuldner als Gesamtschuldner für die Zahlung der Kurtaxe haften;
b) für Meldeformulare, die in Zusammenhang mit der Kurtaxerhebung ausgegeben und nicht zurückgegeben wurden, ein pauschaler Ersatz zu leisten ist, der den Zwei-Monats-Betrag des jeweils geltenden Kurtaxsatzes nicht überschreiten darf; die Erhebung des pauschalen Ersatzes unterbleibt, soweit sie der Billigkeit widerspricht;
c) die Kurtax-Anmeldung nach amtlich vorgeschriebenem Datensatz durch Datenfernübertragung zu übermitteln ist.

[5]Die Erhebungsberechtigte nach Abs. 1 Sätze 1 und 2 kann die übermittelten Daten bis zum Eintritt der Verjährung zum Vollzug der Art. 24 und 26 sowie der Kurtaxordnung verwenden. [6]Die Verordnung über die elektronische Übermittlung von für das Besteuerungsverfahren erforderlichen Daten (Steuerdaten-Übermittlungsverordnung – StDÜV) vom 28. Januar 2003 (BGBl I S. 139) gilt in der jeweils geltenden Fassung sinngemäß.

(4) [1]Zur Ermittlung der für die Heranziehung zur Kurtaxe maßgeblichen Verhältnisse ist eine Außenprüfung bei den Abgabepflichtigen sowie den in Abs. 3 Satz 4 Buchst. a genannten Personen zulässig. [2]Für Außenprüfungen sind die Erhebungsberechtigten nach Abs. 1 Sätze 1 und 2 zuständig.

(5) [1]Der Kurtaxpflichtige ist zur Zahlung eines erhöhten Kurtaxsatzes von fünfzig Euro verpflichtet, wenn er ohne gültige Gastkarte im Kurbezirk angetroffen wird, sofern nicht das Beschaffen der Gastkarte aus Gründen unterblieben ist, die weder der Kurgast noch der Vermieter zu vertreten hat. [2]Der erhöhte Kurtaxsatz wird zurückerstattet, wenn der Kurgast nachweist, dass er im Zeitpunkt der Kontrolle Inhaber einer gültigen Gastkarte war. [3]Abs. 3 Satz 4 Buchst. a gilt für den erhöhten Kurtaxsatz sinngemäß.

(6) [1]Art. 13 Abs. 1 bis 3 des Kommunalabgabengesetzes gelten in der jeweils geltenden Fassung sinngemäß mit der Maßgabe, dass an die Stelle der Körperschaft, der die Abgabe zusteht, die Erhebungs-

berechtigte nach Abs. 1 Sätze 1 und 2 tritt. [2]Ist die Erhebungsberechtigte eine juristische Person des Privatrechts nach Abs. 1 Satz 2, ist sie zum Erlass von Verwaltungsakten zur Festsetzung und Erhebung der Kurtaxe sowie zur Anordnung und Durchführung von Außenprüfungen im Sinn des Abs. 4 und zu sonstigen Maßnahmen beim Vollzug der Art. 24 und 26 sowie der Kurtaxordnung befugt.

Dritter Abschnitt

Sonstige Vorschriften

Artikel 25 Kostenverwaltung

(1) Die Kostenverwaltung steht unter der Leitung des Staatsministeriums.

(2) Das Staatsministerium erläßt im Einvernehmen mit den beteiligten Staatsministerien die näheren Bestimmungen zur Ausführung dieses Gesetzes, insbesondere die Kostenverwaltungsvorschriften.

Artikel 26 Ordnungswidrigkeiten

(1) [1]Ordnungswidrig handelt, wer vorsätzlich oder leichtfertig der Kostenfestsetzungsbehörde oder anderen Behörden über kostenrechtlich erhebliche Tatsachen unrichtige oder unvollständige Angaben macht oder sie pflichtwidrig über kostenrechtlich erhebliche Tatsachen in Unkenntnis läßt, und dadurch Kosten verkürzt oder für sich oder eine andere Person nicht gerechtfertigte Kostenvorteile erlangt. [2]Satz 1 gilt in den Fällen des Art. 21 Abs. 1 sowie der Art. 22 und 24 Abs. 1 entsprechend. [3]In den Fällen der Sätze 1 und 2 stellt auch der Versuch eine Ordnungswidrigkeit dar.

(2) Die Ordnungswidrigkeit kann im Fall der vorsätzlichen Begehung mit einer Geldbuße bis zu fünfundzwanzigtausend Euro, im Fall der leichtfertigen Begehung mit einer Geldbuße bis zu zwölftausendfünfhundert Euro geahndet werden.

(3) Eine Geldbuße wird nicht festgesetzt, soweit der Täter unrichtige oder unvollständige Angaben bei einer Behörde im Sinn des Absatzes 1 berichtigt oder ergänzt oder unterlassene Angaben nachholt, bevor ihm die Einleitung eines Bußgeldverfahrens wegen der Tat bekanntgegeben wurde.

(4) Die Geldbuße fließt in die Kasse der Körperschaft, der die Abgaben, auf die sich die Ordnungswidrigkeit bezieht, zustehen.

(5) Zuständige Verwaltungsbehörde zur Verfolgung und Ahndung der Ordnungswidrigkeiten ist im Fall des Art. 24 das Landesamt für Finanzen.

Artikel 27 Erhebung von Kosten in anderen Fällen

(1) Dieses Gesetz findet auf die Erhebung von Kosten nach anderen Vorschriften entsprechende Anwendung, soweit dort nichts Abweichendes bestimmt ist.

(2) Für den Bereich der Justizverwaltung findet der Erste Abschnitt dieses Gesetzes nur insoweit Anwendung, als dies in Gesetzen oder Rechtsverordnungen ausdrücklich bestimmt ist.

(3) In Fällen, in denen der Bund von seiner Ermächtigung zum Erlass einer Regelung von Gebühren und Auslagen keinen Gebrauch macht und in denen die Landesregierungen zum Erlass entsprechender Vorschriften ermächtigt sind, gilt Art. 5 entsprechend, soweit nichts Abweichendes bestimmt ist.

Artikel 28 Inkrafttreten, Außerkrafttreten

(1) [1]Dieses Gesetz tritt am 1. März 1998 in Kraft. [2]Es gilt für alle Kosten, die nach diesem Zeitpunkt entstehen.

(2) Gleichzeitig tritt das Kostengesetz in der Fassung der Bekanntmachung vom 25. Juni 1969 (BayRS 2013-1-1-F), zuletzt geändert durch Art. 9 des Gesetzes vom 26. Juli 1995 (GVBl S. 353), außer Kraft.

(3) Die Verordnung über das Zufließen und die Überlassung von Kosten (Gebühren und Auslagen) nach Art. 1 Abs. 2 Satz 2 des Kostengesetzes (ZuflÜV) vom 9. August 1996 (GVBl S. 388, ber. S. 477, BayRS 2013-1-15-F) wird aufgehoben.

Bayerisches Beamtengesetz (BayBG)[1)]

Vom 29. Juli 2008 (GVBl. S. 500)
(BayRS 2030-1-1-F)
zuletzt geändert durch V zur Änderung des Bayerischen Beamtengesetzes vom 4. Oktober 2023 (GVBl. S. 595)

Der Landtag des Freistaates Bayern hat das folgende Gesetz beschlossen, das hiermit bekannt gemacht wird:

Nichtamtliche Inhaltsübersicht

1) Inkrafttreten gem. Art. 147 Abs. 1 Satz 1 am 1.4.2009, wobei Art. 45 Abs. 12 Nr. 1 und Abs. 14 mWv 1.4.2007 in Kraft getreten sind.
Siehe bis 31.3.2009 das Bayerische Beamtengesetz v. 18.7.1960, zuletzt idF der Bek. v. 27.8.1998 (GVBl. S. 702).

Artikel 1 Geltungsbereich

(1) Dieses Gesetz gilt, soweit es nichts anderes bestimmt, für die Beamten und Beamtinnen des Staates, der Gemeinden, der Gemeindeverbände und der sonstigen unter der Aufsicht des Staates stehenden Körperschaften, Anstalten und Stiftungen des öffentlichen Rechts.

(2) Es gilt nicht für die Beamten und Beamtinnen der öffentlich-rechtlichen Religionsgesellschaften und ihrer Verbände.

Teil 1

Allgemeine Bestimmungen

Abschnitt 1

Begriffsbestimmungen und Zuständigkeiten

Artikel 2 Oberste Dienstbehörde

[1]Oberste Dienstbehörde ist die oberste Behörde des Dienstherrn in dem Dienstbereich, in dem der Beamte oder die Beamtin ein Amt bekleidet. [2]Als oberste Dienstbehörde von Ruhestandsbeamten, Ruhestandsbeamtinnen, sonstigen Versorgungsberechtigten oder früheren Beamten und Beamtinnen gilt die Behörde, die zuletzt oberste Dienstbehörde der Beamten und Beamtinnen war.

Artikel 3 Dienstvorgesetzte, Vorgesetzte

[1]Dienstvorgesetzte sind diejenigen, die für beamtenrechtliche Entscheidungen über die persönlichen Angelegenheiten der ihnen nachgeordneten Beamten und Beamtinnen zuständig sind. [2]Vorgesetzte sind diejenigen, die Beamten und Beamtinnen für ihre dienstliche Tätigkeit Anordnungen erteilen können.

Artikel 4 Angehörige

Angehörige im Sinn dieses Gesetzes sind die in Art. 20 Abs. 5 des Bayerischen Verwaltungsverfahrensgesetzes (BayVwVfG) aufgeführten Personen.

Artikel 5 Leistungen

(1) Leistungen des Dienstherrn sind Besoldung, Versorgung und sonstige Leistungen.

(2) Sonstige Leistungen sind Kostenerstattungen und Fürsorgeleistungen, soweit sie nicht zur Besoldung oder Versorgung gehören.

(3) [1]Dienstbezüge im Sinn dieses Gesetzes sowie der auf dieses Gesetz gestützten Verordnungen sind die Grundbezüge im Sinn des Art. 2 Abs. 1 und Abs. 2 Nr. 1 bis 5 des Bayerischen Besoldungsgesetzes (BayBesG). [2]Amtszulagen im Sinn des Art. 34 Abs. 1 BayBesG gelten als Bestandteil des Grundgehalts im Sinn dieses Gesetzes.

Artikel 6 Zuständigkeiten nach dem Beamtenstatusgesetz

(1) Ausnahmen von dem Erfordernis einer bestimmten Staatsangehörigkeit nach § 7 Abs. 3 des Beamtenstatusgesetzes (BeamtStG) lässt bei Beamten und Beamtinnen des Staates die oberste Dienstbehörde, im Übrigen die oberste Aufsichtsbehörde zu.

(2) Für Abordnungen und Versetzungen nach §§ 14 und 15 BeamtStG gelten Art. 49 Abs. 2 und 3 entsprechend.

(3) [1]Die Genehmigung gemäß § 37 Abs. 3 BeamtStG, vor Gericht oder außergerichtlich auszusagen oder Erklärungen abzugeben, erteilt der oder die Dienstvorgesetzte oder, wenn das Beamtenverhältnis beendet ist, der oder die letzte Dienstvorgesetzte. [2]Hat sich der Vorgang, den die Äußerung betrifft, bei einem früheren Dienstherrn ereignet, so darf die Genehmigung nur mit dessen Zustimmung erteilt werden. [3]Über die Versagung der Aussagegenehmigung nach § 37 Abs. 4 und 5 BeamtStG entscheidet die oberste Dienstbehörde; für die Beamten und Beamtinnen der Gemeinden, der Gemeindeverbände und der sonstigen unter der Aufsicht des Staates stehenden Körperschaften, Anstalten und Stiftungen des öffentlichen Rechts tritt an die Stelle der obersten Dienstbehörde die oberste Aufsichtsbehörde oder die von ihr durch Rechtsverordnung bestimmte Behörde. [4]Für Beamte und Beamtinnen der Polizei und des Landesamtes für Verfassungsschutz kann das Staatsministerium des Innern, für Sport und Integration die Ausübung der Befugnis nach Satz 3 durch Rechtsverordnung auf unmittelbar nachgeordnete Behörden übertragen. [5]Zuständig für die Entscheidung über die Herausgabe von Unterlagen nach § 37 Abs. 6 BeamtStG ist der oder die Dienstvorgesetzte oder der oder die letzte Dienstvorgesetzte.

(4) [1]Die oberste Dienstbehörde oder die von ihr bestimmte Behörde kann Beamten und Beamtinnen aus zwingenden dienstlichen Gründen die Führung der Dienstgeschäfte nach § 39 BeamtStG verbieten. [2]Der Beamte oder die Beamtin soll vor Erlass des Verbots gehört werden.

(5) [1]Ausnahmen von dem Verbot der Annahme von Belohnungen, Geschenken und sonstigen Vorteilen nach § 42 Abs. 1 Satz 2 BeamtStG bedürfen der Zustimmung der obersten oder der letzten obersten Dienstbehörde. [2]Die Befugnis zur Zustimmung kann auf andere Behörden übertragen werden.

(6) Übermittlungen bei Strafverfahren nach § 49 BeamtStG sind an die jeweils zuständigen Dienstvorgesetzten oder ihre Vertreter im Amt zu richten und als „Vertrauliche Personalsache" zu kennzeichnen.

Abschnitt 2
Beschwerdeweg und Rechtsschutz

Artikel 7 Antrags- und Beschwerderecht

(1) [1]Beamte und Beamtinnen können Anträge stellen und Beschwerden vorbringen; hierbei ist der Dienstweg einzuhalten. [2]Der Beschwerdeweg bis zur obersten Dienstbehörde steht offen.

(2) Richten sich Beschwerden gegen unmittelbare Vorgesetzte (Art. 3 Satz 2), so können sie bei den nächsthöheren Vorgesetzten unmittelbar eingereicht werden.

Artikel 8 Aufschiebende Wirkung

Widerspruch und Anfechtungsklage gegen Abordnung oder Versetzung haben keine aufschiebende Wirkung.

Artikel 9 Vertretung des Dienstherrn

(1) Soweit durch Gesetz, Rechtsverordnung oder Satzung nichts anderes bestimmt ist, wird der Dienstherr bei Klagen aus dem Beamtenverhältnis durch die oberste Dienstbehörde vertreten, welcher der Beamte oder die Beamtin untersteht oder bei Beendigung des Beamtenverhältnisses unterstanden hat.

(2) Besteht die oberste Dienstbehörde nicht mehr und ist eine andere Dienstbehörde nicht bestimmt, so tritt an ihre Stelle bei Beamten und Beamtinnen des Staates das Staatsministerium der Finanzen und für Heimat, im Übrigen die frühere oberste Aufsichtsbehörde.

(3) Die Staatsregierung kann für den staatlichen Bereich durch Rechtsverordnung die den obersten Dienstbehörden zustehende Vertretungsbefugnis anderen Behörden übertragen.

Artikel 10 Zustellung von Entscheidungen

[1]Verfügungen und Entscheidungen, die den Beamten und Beamtinnen oder den Versorgungsberechtigten nach den Vorschriften dieses Gesetzes bekanntzugeben sind, sind zuzustellen, wenn durch sie eine Frist in Lauf gesetzt wird oder Rechte der Beamten und Beamtinnen oder Versorgungsberechtigten berührt werden. [2]Soweit gesetzlich nichts anderes bestimmt ist, richtet sich die Zustellung nach den Vorschriften des Bayerischen Verwaltungszustellungs- und Vollstreckungsgesetzes.

Abschnitt 3
Leistungserfüllung

Artikel 11 Abtretung, Verpfändung, Aufrechnung

(1) Ist bundesgesetzlich nichts anderes bestimmt, können Ansprüche auf sonstige Leistungen (Art. 5 Abs. 2) nur insoweit abgetreten oder verpfändet werden, als sie der Pfändung unterliegen.

(2) Der Dienstherr kann ein Aufrechnungs- oder Zurückbehaltungsrecht gegenüber Ansprüchen auf sonstige Leistungen (Art. 5 Abs. 2) nur insoweit geltend machen, als sie pfändbar sind; diese Einschränkung gilt nicht, soweit gegen den Empfänger oder die Empfängerin ein Anspruch auf Schadensersatz wegen vorsätzlicher unerlaubter Handlung besteht.

Artikel 12 Verjährung

[1]Ansprüche aus dem Beamtenverhältnis verjähren in drei Jahren. [2]Im Übrigen sind die §§ 194 bis 218 des Bürgerlichen Gesetzbuches entsprechend anzuwenden, soweit in diesem Gesetz nichts anderes bestimmt ist. [3]Abweichende besoldungs-, versorgungs-, und beihilferechtliche Vorschriften zur Verjährung bleiben unberührt.

Artikel 13 Rückforderung

Für die Rückforderung von sonstigen Leistungen (Art. 5 Abs. 2) gilt Art. 15 BayBesG entsprechend.

Artikel 14 Übergang von Ansprüchen

[1]Werden Beamte, Beamtinnen oder Versorgungsberechtigte oder ihre Angehörigen körperlich verletzt oder getötet, so geht ein gesetzlicher Schadensersatzanspruch, der diesen Personen infolge der Körperverletzung oder der Tötung gegen Dritte zusteht, insoweit auf den Dienstherrn über, als dieser während einer auf der Körperverletzung beruhenden Aufhebung der Dienstfähigkeit oder infolge der Körperverletzung oder der Tötung zur Gewährung von Leistungen verpflichtet ist. [2]Ist eine Versorgungskasse zur Gewährung der Versorgung verpflichtet, so geht der Anspruch auf sie über. [3]Der Übergang des Anspruchs kann nicht zum Nachteil von Verletzten oder Hinterbliebenen geltend gemacht werden. [4]Steht Beihilfeberechtigten gegen einen Leistungserbringer oder eine Leistungserbringerin ein Anspruch auf Rückerstattung oder Schadensersatz auf Grund einer unrichtigen Abrechnung zu, kann der Dienstherr des oder der Beihilfeberechtigten durch schriftliche Anzeige gegenüber dem Leistungserbringer, der Leistungserbringerin oder dessen beziehungsweise deren Abrechnungsstelle bewirken, dass der Anspruch insoweit auf den Dienstherrn übergeht, als dieser auf Antrag des oder der Beihilfeberechtigten zu hohe Beihilfeleistungen an den Beihilfeberechtigten oder die Beihilfeberechtigte erbracht hat. [5]Für den Freistaat Bayern regelt die Zuständigkeit für die Überleitung nach Satz 4 das Staatsministerium der Finanzen und für Heimat durch Rechtsverordnung.

Abschnitt 4
Verfahren bei Erlass allgemeiner beamtenrechtlicher Regelungen

Artikel 15 Zuständigkeit zum Erlass von Verwaltungsvorschriften

Soweit dieses Gesetz nichts anderes bestimmt, erlässt die zu seiner Durchführung erforderlichen Verwaltungsvorschriften das Staatsministerium der Finanzen und für Heimat im Benehmen mit den jeweils beteiligten Staatsministerien; Verwaltungsvorschriften, die nur den Geschäftsbereich eines Staatsministeriums betreffen, erlässt dieses Staatsministerium im Einvernehmen mit dem Staatsministerium der Finanzen und für Heimat.

Artikel 16 Beteiligung der Spitzenorganisationen

(1) Bei der Vorbereitung allgemeiner Regelungen der beamtenrechtlichen Verhältnisse durch die obersten Landesbehörden wirken die Spitzenorganisationen der zuständigen Gewerkschaften und Berufsverbände nach Maßgabe der folgenden Absätze in einer laufenden, umfassenden und vertrauensvollen Zusammenarbeit mit.

(2) [1]Die Spitzenorganisationen der zuständigen Gewerkschaften und Berufsverbände und das Staatsministerium der Finanzen und für Heimat kommen regelmäßig, mindestens jedoch zweimal im Jahr, zu Gesprächen über allgemeine Regelungen beamtenrechtlicher Verhältnisse zusammen. [2]Darüber hinaus können beide Seiten aus besonderem Anlass innerhalb einer Frist von einem Monat ein Gespräch verlangen.

(3) [1]Die Entwürfe allgemeiner beamtenrechtlicher Regelungen werden den Spitzenorganisationen mit einer angemessenen Frist zur Stellungnahme zugeleitet. [2]Die Stellungnahmen sollen mit dem Ziel der Einigung erörtert werden. [3]Die Spitzenorganisationen können in den Erörterungen verlangen, dass ihre Vorschläge, die in Gesetzentwürfen keine Berücksichtigung finden, mit Begründung und einer Stellungnahme der Staatsregierung dem Landtag mitgeteilt werden.

Artikel 17 Beteiligung der kommunalen Spitzenverbände

Bei der Vorbereitung gesetzlicher Regelungen der beamtenrechtlichen Verhältnisse durch die obersten Landesbehörden sind die kommunalen Spitzenverbände zu beteiligen, wenn die Rechtsverhältnisse der Beamten und Beamtinnen im kommunalen Bereich berührt werden.

Teil 2
Beamtenverhältnis

Abschnitt 1
Ernennungen

Artikel 18 Ernennungszuständigkeit und Wirksamwerden von Ernennungen
(1) [1]Die Staatsregierung ernennt die Beamten und Beamtinnen der Staatskanzlei und der Staatsministerien von der Besoldungsgruppe A 16 an und die in der Besoldungsordnung B aufgeführten Vorstände der den Staatsministerien unmittelbar nachgeordneten Behörden. [2]Abweichend von Satz 1 ist in den Fällen der Art. 49 Abs. 2, Art. 56 Abs. 1 und 2 und Art. 71 Abs. 1 das jeweils zuständige Mitglied der Staatsregierung Ernennungsbehörde; dieses kann die Ausübung dieser Befugnisse innerhalb der obersten Dienstbehörde übertragen. [3]Das Staatsministerium der Finanzen und für Heimat ist zu unterrichten. [4]Die übrigen Beamten und Beamtinnen des Staates werden durch die jeweils zuständigen Mitglieder der Staatsregierung ernannt; diese können die Ausübung dieser Befugnisse innerhalb der obersten Dienstbehörde oder durch Rechtsverordnung auf andere Behörden übertragen.
(2) Die Beamten und Beamtinnen der Gemeinden, der Gemeindeverbände und der sonstigen unter der Aufsicht des Staates stehenden Körperschaften, Anstalten und Stiftungen des öffentlichen Rechts werden von den nach Gesetz, Rechtsverordnung oder Satzung hierfür zuständigen Stellen ernannt.
(3) Die Ernennung wird mit dem Tag der Aushändigung der Ernennungsurkunde wirksam, wenn nicht in der Urkunde ausdrücklich ein späterer Tag bestimmt ist.

Artikel 19 *[aufgehoben]*

Artikel 20 Stellenausschreibungen
(1) [1]Bewerber und Bewerberinnen sind durch Stellenausschreibung zu ermitteln, wenn es im besonderen dienstlichen Interesse liegt. [2]Ein besonderes dienstliches Interesse liegt insbesondere dann vor, wenn für die Besetzung freier Stellen geeignete Regelbewerber und Regelbewerberinnen (Art. 4 Abs. 1 des Gesetzes über die Leistungslaufbahn und die Fachlaufbahnen der bayerischen Beamten und Beamtinnen – Leistungslaufbahngesetz – LlbG) beim Dienstherrn nicht zur Verfügung stehen.
(2) [1]Die Stellenausschreibung muss für die Bewerbung eine Frist von mindestens zwei Wochen vorsehen. [2]Auf gesetzliche Vorschriften, nach denen bestimmte Personengruppen bevorzugt einzustellen sind, soll besonders hingewiesen werden.

Artikel 21 Verfahren und Rechtsfolgen bei nichtiger oder rücknehmbarer Ernennung
(1) [1]Ist eine Ernennung nichtig, hat der oder die Dienstvorgesetzte dem oder der Ernannten die weitere Führung der Dienstgeschäfte zu verbieten. [2]Das Verbot ist erst dann auszusprechen, wenn die sachlich zuständigen Stellen es abgelehnt haben, die Ernennung zu bestätigen oder eine Ausnahme nachträglich zuzulassen (§ 11 Abs. 2 BeamtStG).
(2) [1]Die Rücknahme einer Ernennung (§ 12 BeamtStG) wird von der obersten Dienstbehörde erklärt; die Erklärung ist dem Beamten, der Beamtin oder seinen oder ihren versorgungsberechtigten Hinterbliebenen zuzustellen. [2]Die Ernennung kann in den Fällen des § 12 Abs. 1 Nr. 1 bis 3 BeamtStG nur innerhalb einer Frist von sechs Monaten, in den Fällen des § 12 Abs. 1 Nr. 4 BeamtStG nur innerhalb einer Frist von einem Jahr zurückgenommen werden, nachdem die oberste Dienstbehörde, bei den Gemeinden, den Gemeindeverbänden und den sonstigen unter der Aufsicht des Staates stehenden Körperschaften, Anstalten und Stiftungen des öffentlichen Rechts die in beamtenrechtlichen Angelegenheiten zur Vertretung nach außen berechtigte Stelle von der Ernennung und dem Rücknahmegrund Kenntnis erlangt hat.
(3) Ist eine Ernennung nichtig oder ist sie zurückgenommen worden, so sind die bis zu dem Verbot nach Abs. 1 oder bis zu der Rücknahme nach Abs. 2 vorgenommenen Amtshandlungen des oder der Ernannten in gleicher Weise gültig, wie wenn sie ein Beamter oder eine Beamtin ausgeführt hätte.
(4) Die Leistungen des Dienstherrn können belassen werden.

Abschnitt 2
Begründung des Beamtenverhältnisses

Artikel 22 ***[aufgehoben]***

Artikel 23 Altersgrenze für die Berufung
(1) [1]In das Beamtenverhältnis darf nicht berufen werden, wer bereits das 45. Lebensjahr vollendet hat. [2]Ausnahmen kann die oberste Dienstbehörde zulassen; bei Beamten und Beamtinnen des Staates ist das Einvernehmen des Staatsministeriums der Finanzen und für Heimat, im Übrigen die Zustimmung des Landespersonalausschusses erforderlich.
(2) Abs. 1 gilt nicht für Beamte und Beamtinnen auf Zeit.

Artikel 24 Erlöschen des privatrechtlichen Arbeitsverhältnisses zum Dienstherrn
Mit der Begründung des Beamtenverhältnisses erlischt ein privatrechtliches Arbeitsverhältnis zum Dienstherrn.

Artikel 25 Berufung in ein Beamtenverhältnis auf Lebenszeit
[1]Ein Beamtenverhältnis auf Probe ist spätestens nach fünf Jahren in ein solches auf Lebenszeit umzuwandeln, wenn der Beamte oder die Beamtin die beamtenrechtlichen Voraussetzungen hierfür erfüllt. [2]Zeiten einer Beurlaubung ohne Dienstbezüge gelten nicht als Probezeit.

Abschnitt 3
[aufgehoben]

Artikel 26–44 ***[aufgehoben]***

Abschnitt 4
Führungspositionen auf Zeit und auf Probe

Artikel 45 Ämter mit leitender Funktion im Beamtenverhältnis auf Zeit
(1) [1]Die Ämter
1. der Amtschefs und Amtschefinnen, der Bereichsleiter und Bereichsleiterinnen sowie der Abteilungsleiter und Abteilungsleiterinnen in den obersten Landesbehörden,
2. der Leiter und Leiterinnen sowie der stellvertretenden Leiter und Leiterinnen von Behörden, soweit sie in der Besoldungsordnung B eingestuft sind, und
3. der Leiter und Leiterinnen von Organisationseinheiten von Behörden, soweit sie mindestens in der Besoldungsgruppe B 4 eingestuft sind,

werden zunächst im Beamtenverhältnis auf Zeit übertragen; Art. 46 findet keine Anwendung. [2]Die Dauer der Amtsperiode beträgt fünf Jahre. [3]Zeiten, in denen dem Beamten oder der Beamtin die leitende oder eine vergleichbare Funktion bereits übertragen worden ist, werden bei der Festlegung der Dauer der Amtsperiode angerechnet. [4]Zeiten in einer vergleichbar oder höher bewerteten Funktion, welche der Beamte oder die Beamtin unmittelbar vor der Übertragung eines Amtes in leitender Funktion wahrgenommen hat, werden auf die Dauer der Amtsperiode angerechnet. [5]Beamte und Beamtinnen können vor der Übertragung im Beamtenverhältnis auf Zeit auf die Anrechnung verzichten. [6]Mit Ablauf der Amtsperiode ist dem Beamten oder der Beamtin das Amt mit leitender Funktion auf Lebenszeit zu übertragen, wenn der Beamte oder die Beamtin im Rahmen der bisherigen Amtsführung den Anforderungen des Amtes in vollem Umfang gerecht geworden ist. [7]Eine weitere Übertragung des Amtes auf Zeit ist nicht zulässig.
(2) Abweichend von Abs. 1 wird das Amt sogleich im Beamtenverhältnis auf Lebenszeit übertragen, wenn der Beamte oder die Beamtin
1. bereits ein Amt mit mindestens demselben Endgrundgehalt im Beamten- oder Richterverhältnis auf Lebenszeit innehat oder innehatte oder
2. innerhalb von fünf Jahren nach der Übertragung des Amtes die gesetzliche Altersgrenze erreicht.

(3) Abs. 1 gilt nicht für die Ämter der Mitglieder des Obersten Rechnungshofs sowie für die Ämter, die auf Grund anderer gesetzlicher Vorschriften im Beamtenverhältnis auf Zeit übertragen werden.
(4) Die Gemeinden, Gemeindeverbände und sonstigen unter der Aufsicht des Staates stehenden Körperschaften, Anstalten und Stiftungen des öffentlichen Rechts können für ihre Beamten und Beam-

tinnen durch Satzung oder Beschluss des obersten Entscheidungsgremiums weitere Ämter der Besoldungsordnung B festlegen, die zunächst im Beamtenverhältnis auf Zeit vergeben werden.

(5) [1]In ein Amt mit leitender Funktion nach den Abs. 1 und 4 darf nur berufen werden, wer sich in einem Beamten- oder Richterverhältnis auf Lebenszeit befindet und in dieses Amt auch als Beamter oder Beamtin auf Lebenszeit berufen werden könnte. [2]Die Staatsregierung oder das Präsidium des Landtags können im Rahmen ihrer Ernennungskompetenz Ausnahmen von Satz 1 zulassen; die Zuständigkeit des Landespersonalausschusses ist dabei zu wahren. [3]Richter und Richterinnen dürfen in ein Amt nach Abs. 1 nur berufen werden, wenn sie zugleich zustimmen, bei Wiederaufleben des Richterverhältnisses auf Lebenszeit auch in einem anderen Richteramt desselben Gerichtszweigs mit mindestens demselben Endgrundgehalt verwendet zu werden.

(6) [1]Vom Tag der Ernennung an ruhen für die Dauer des Zeitbeamtenverhältnisses die Rechte und Pflichten aus dem Amt, das dem Beamten oder der Beamtin zuletzt im Beamten- oder Richterverhältnis auf Lebenszeit übertragen worden ist; das Beamtenverhältnis auf Lebenszeit oder das Richterverhältnis auf Lebenszeit besteht fort. [2]Dienstvergehen, die mit Bezug auf das Beamten- oder Richterverhältnis auf Lebenszeit oder das Beamtenverhältnis auf Zeit begangen worden sind, werden so verfolgt, als stünde der Beamte oder die Beamtin nur im Beamten- oder Richterverhältnis auf Lebenszeit.

(7) Wird der Beamte oder die Beamtin in ein anderes Amt mit leitender Funktion nach Abs. 1 Satz 1 versetzt oder umgesetzt, das in derselben oder einer niedrigeren Besoldungsgruppe eingestuft ist wie das ihm oder ihr zuletzt übertragene Amt mit leitender Funktion, so läuft die Amtszeit weiter.

(8) Vor der Übertragung eines anderen, einer höheren Besoldungsgruppe angehörenden Amtes mit leitender Funktion aus einem Beamtenverhältnis auf Zeit heraus ist dem Beamten oder der Beamtin das bisher auf Zeit übertragene Amt auf Lebenszeit zu übertragen.

(9) Der Beamte oder die Beamtin ist außer in den in diesem Gesetz oder im Beamtenstatusgesetz bestimmten Fällen

1. mit Ablauf der Amtszeit,
2. mit der Versetzung zu einem anderen Dienstherrn,
3. mit Verhängung einer Disziplinarmaßnahme, die über Verweis oder Geldbuße hinausgeht,
4. mit Beendigung des Beamten- oder Richterverhältnisses auf Lebenszeit

aus dem Beamtenverhältnis auf Zeit entlassen.

(10) [1]Mit der Entlassung aus dem Beamtenverhältnis auf Zeit endet der Anspruch auf Besoldung aus diesem Amt. [2]Weitergehende besoldungsrechtliche Ansprüche bestehen nicht. [3]Der Beamte oder die Beamtin darf während der Amtszeit nur die Amtsbezeichnung des übertragenen Amtes mit leitender Funktion führen; Art. 76 Abs. 4 Satz 2 findet keine entsprechende Anwendung.

(11) *[aufgehoben]*

(12) Dienstunfähige Beamte und Beamtinnen sind aus dem Beamtenverhältnis auf Zeit in den Ruhestand zu versetzen, wenn sie

1. eine Amtsperiode von mindestens zwei Jahren zurückgelegt haben und die Voraussetzungen des Art. 11 Abs. 1 des Bayerischen Beamtenversorgungsgesetzes (BayBeamtVG) erfüllen oder
2. infolge eines Dienstunfalls dienstunfähig geworden sind.

(13) Art. 17 Abs. 1 Satz 3 Nr. 2 LlbG findet keine Anwendung.

Artikel 46 Ämter mit leitender Funktion im Beamtenverhältnis auf Probe

(1) [1]Für die Beamten und Beamtinnen des Freistaates Bayern legt die Staatsregierung durch Rechtsverordnung die mindestens der Besoldungsgruppe A 15 angehörenden Ämter der Leiter und Leiterinnen von Behörden oder Teilen von Behörden fest, die zunächst im Beamtenverhältnis auf Probe vergeben werden. [2]Die Gemeinden, Gemeindeverbände und sonstigen unter der Aufsicht des Staates stehenden Körperschaften, Anstalten und Stiftungen des öffentlichen Rechts können für ihre Beamten und Beamtinnen durch Satzung oder Beschluss des obersten Entscheidungsgremiums die der Besoldungsordnung B angehörenden Ämter mit leitender Funktion sowie die Ämter der Leiter und Leiterinnen von Behörden oder Teilen von Behörden bestimmen, die zunächst auf Probe vergeben werden. [3]Die regelmäßige Probezeit beträgt zwei Jahre; Art. 25 Satz 2 gilt entsprechend. [4]Eine Verkürzung der Probezeit kann zugelassen werden; die Mindestprobezeit beträgt ein Jahr. [5]Zeiten, in denen dem Beamten oder der Beamtin die leitende oder eine vergleichbare Funktion nach den Sätzen 1 und 2 bereits übertragen worden ist, werden auf die Probezeit angerechnet. [6]Zeiten in einer vergleichbar oder höher

bewerteten Funktion, welche der Beamte oder die Beamtin unmittelbar vor der Übertragung eines Amtes in leitender Funktion wahrgenommen hat, werden auf die Dauer der Probezeit angerechnet. [7]Eine Verlängerung der Probezeit ist nicht zulässig. [8]Art. 46 findet keine Anwendung auf Ämter, die gemäß Art. 45 im Beamtenverhältnis auf Zeit übertragen werden.
(2) Art. 45 Abs. 5 Satz 1 und 2, Abs. 6 bis 8 und 13 gelten entsprechend.
(3) [1]Mit dem erfolgreichen Abschluss der Probezeit ist dem Beamten oder der Beamtin das Amt nach Abs. 1 im Beamtenverhältnis auf Lebenszeit zu übertragen; eine erneute Berufung des Beamten oder der Beamtin in ein Beamtenverhältnis auf Probe zur Übertragung dieses Amtes innerhalb eines Jahres ist nicht zulässig. [2]Art. 45 Abs. 10 gilt entsprechend.

Abschnitt 5
Abordnung und Versetzung innerhalb des Geltungsbereichs dieses Gesetzes

Artikel 47 Abordnung
(1) Beamte und Beamtinnen können, wenn ein dienstliches Bedürfnis besteht, vorübergehend ganz oder teilweise zu einer ihrem Amt entsprechenden Tätigkeit an eine andere Dienststelle abgeordnet werden.
(2) [1]Aus dienstlichen Gründen können Beamte und Beamtinnen vorübergehend ganz oder teilweise auch zu einer nicht ihrem Amt entsprechenden Tätigkeit abgeordnet werden, wenn ihnen die Wahrnehmung der neuen Tätigkeit auf Grund ihrer Vorbildung oder Berufsausbildung zuzumuten ist. [2]Dabei ist auch die Abordnung zu einer Tätigkeit, die nicht einem Amt mit demselben Endgrundgehalt entspricht, zulässig. [3]Die Abordnung nach den Sätzen 1 und 2 bedarf der Zustimmung des Beamten oder der Beamtin, wenn sie die Dauer von zwei Jahren übersteigt.
(3) Die Abordnung zu einem anderen Dienstherrn bedarf der Zustimmung des Beamten oder der Beamtin, wenn die neue Tätigkeit nicht einem Amt mit mindestens demselben Endgrundgehalt entspricht oder die Abordnung die Dauer von fünf Jahren übersteigt.
(4) Werden Beamte oder Beamtinnen zu einem anderen Dienstherrn abgeordnet, so sind auf sie für die Dauer der Abordnung die für den Bereich dieses Dienstherrn geltenden Vorschriften über die Pflichten und Rechte mit Ausnahme der Regelungen über Diensteid, Amtsbezeichnung, Besoldung und Versorgung entsprechend anzuwenden.
(5) Zur Zahlung der dem Beamten oder der Beamtin zustehenden Leistungen ist auch der Dienstherr verpflichtet, zu dem der Beamte oder die Beamtin abgeordnet ist.

Artikel 48 Versetzung
(1) [1]Beamte und Beamtinnen können in ein anderes Amt einer Fachlaufbahn, für die sie die Qualifikation besitzen, versetzt werden, wenn sie es beantragen oder ein dienstliches Bedürfnis besteht. [2]Eine Versetzung bedarf nicht ihrer Zustimmung, wenn das neue Amt zum Bereich desselben Dienstherrn gehört, derselben Fachlaufbahn und, soweit gebildet, demselben fachlichen Schwerpunkt angehört wie das bisherige Amt und mit mindestens demselben Endgrundgehalt verbunden ist; Stellenzulagen gelten hierbei nicht als Bestandteile des Grundgehalts.
(2) [1]Aus dienstlichen Gründen können Beamte und Beamtinnen ohne ihre Zustimmung in ein Amt mit demselben Endgrundgehalt auch einer anderen Fachlaufbahn, auch im Bereich eines anderen Dienstherrn, versetzt werden; Stellenzulagen gelten hierbei nicht als Bestandteile des Grundgehalts. [2]Bei der Auflösung oder einer wesentlichen Änderung des Aufbaus oder der Aufgaben einer Behörde oder der Verschmelzung von Behörden können Beamte und Beamtinnen, deren Aufgabengebiet davon berührt ist, auch ohne ihre Zustimmung in ein anderes Amt derselben Fachlaufbahn mit geringerem Endgrundgehalt im Bereich desselben Dienstherrn versetzt werden, wenn eine ihrem bisherigen Amt entsprechende Verwendung nicht möglich ist; das Endgrundgehalt muss mindestens dem des Amtes entsprechen, das die Beamten oder Beamtinnen vor dem bisherigen Amt innehatten.
(3) Besitzen Beamte und Beamtinnen nicht die Qualifikation für die andere Fachlaufbahn, haben sie an geeigneten Maßnahmen für den Erwerb der neuen Qualifikation teilzunehmen.
(4) Werden Beamte und Beamtinnen in ein Amt eines anderen Dienstherrn versetzt, wird das Beamtenverhältnis mit dem neuen Dienstherrn fortgesetzt.

Artikel 49 Zuständigkeit für Abordnung und Versetzung

(1) [1]Die Abordnung oder Versetzung ordnet die abgebende Stelle an, bei Abordnung oder Versetzung zu einer anderen obersten Dienstbehörde oder einem anderen Dienstherrn im Einvernehmen mit der aufnehmenden Stelle. [2]Das Einvernehmen ist in Textform zu erklären. [3]In der Verfügung ist auszudrücken, dass das Einvernehmen vorliegt.

(2) Abgebende oder aufnehmende Stelle ist die für die Ernennung zuständige Behörde.

(3) Die oberste Dienstbehörde kann die Befugnis zur Abordnung oder Versetzung auf Behörden übertragen, die nicht für die Ernennung zuständig sind.

Abschnitt 6

Rechtsstellung der Beamten, Beamtinnen, Versorgungsempfänger und Versorgungsempfängerinnen bei Auflösung oder Umbildung von Behörden oder Körperschaften

Artikel 50 Auflösung oder Umbildung von Behörden

Wird eine Behörde oder eine Organisationseinheit einer Behörde einer anderen Behörde angeschlossen oder gehen deren Aufgaben auf eine andere Behörde über, so werden im Zeitpunkt des Wirksamwerdens der Organisationsänderung die davon betroffenen Beamten und Beamtinnen, sofern sie nicht nach Art. 48 Abs. 2 Satz 2 versetzt oder nach Art. 68 in den einstweiligen Ruhestand versetzt werden, bei der aufnehmenden Behörde in ihrem bisherigen Amt übernommen; laufbahnrechtliche Bestimmungen bleiben unberührt.

Artikel 51 Auflösung oder Umbildung einer Körperschaft

(1) Beamte und Beamtinnen einer juristischen Person des öffentlichen Rechts mit Dienstherrnfähigkeit (Körperschaft), die vollständig in eine andere Körperschaft eingegliedert wird, treten mit der Umbildung kraft Gesetzes in den Dienst der aufnehmenden Körperschaft über.

(2) [1]Die Beamten und Beamtinnen einer Körperschaft, die vollständig in mehrere andere Körperschaften eingegliedert wird, sind anteilig in den Dienst der aufnehmenden Körperschaften zu übernehmen. [2]Die beteiligten Körperschaften haben innerhalb einer Frist von sechs Monaten nach dem Zeitpunkt, in dem die Umbildung vollzogen ist, im Einvernehmen miteinander zu bestimmen, von welchen Körperschaften die einzelnen Beamten und Beamtinnen zu übernehmen sind. [3]Solange ein Beamter oder eine Beamtin nicht übernommen ist, haften alle aufnehmenden Körperschaften für die ihm oder ihr zustehenden Bezüge als Gesamtschuldner.

(3) [1]Die Beamten und Beamtinnen einer Körperschaft, die teilweise in eine andere Körperschaft oder mehrere andere Körperschaften eingegliedert wird, sind zu einem verhältnismäßigen Teil, bei mehreren Körperschaften anteilig, in den Dienst der aufnehmenden Körperschaften zu übernehmen. [2]Abs. 2 Satz 2 ist entsprechend anzuwenden.

(4) Abs. 1 bis 3 gelten entsprechend, wenn eine Körperschaft mit einer anderen Körperschaft oder mehreren anderen Körperschaften zu einer neuen Körperschaft zusammengeschlossen wird, wenn Teile von Körperschaften zu einem neuen Teil oder mehreren neuen Teilen einer Körperschaft zusammengeschlossen werden, wenn aus einer Körperschaft oder aus Teilen einer Körperschaft eine neue Körperschaft gebildet wird oder mehrere neue Körperschaften gebildet werden, oder wenn Aufgaben einer Körperschaft vollständig oder teilweise auf eine andere Körperschaft oder mehrere andere Körperschaften übergehen.

Artikel 52 Rechtsfolgen der Umbildung

(1) Tritt ein Beamter oder eine Beamtin auf Grund des Art. 51 Abs. 1 kraft Gesetzes in den Dienst einer anderen Körperschaft über oder wird er oder sie auf Grund des Art. 51 Abs. 2 oder 3 von einer anderen Körperschaft übernommen, wird das Beamtenverhältnis mit dem neuen Dienstherrn fortgesetzt.

(2) Im Fall des Art. 51 Abs. 1 ist dem Beamten oder der Beamtin von der aufnehmenden oder neuen Körperschaft die Fortsetzung des Beamtenverhältnisses schriftlich zu bestätigen.

(3) [1]In den Fällen des Art. 51 Abs. 2 und 3 wird die Übernahme von der Körperschaft verfügt, in deren Dienst der Beamte oder die Beamtin treten soll. [2]Die Verfügung wird mit der Zustellung an den Beamten oder die Beamtin wirksam. [3]Der Beamte oder die Beamtin ist verpflichtet, der Übernahmeverfügung Folge zu leisten. [4]Wird diese Verpflichtung nicht erfüllt, so ist er oder sie zu entlassen.

(4) Die Abs. 1 bis 3 gelten entsprechend in den Fällen des Art. 51 Abs. 4.

Artikel 53 Rechtsstellung der Beamten und Beamtinnen

[1]Nach Art. 51 in den Dienst einer anderen Körperschaft kraft Gesetzes übergetretenen oder von ihr übernommenen Beamten und Beamtinnen soll ein ihrem bisherigen Amt nach Bedeutung und Inhalt ohne Rücksicht auf Dienststellung und Dienstalter gleichzubewertendes Amt übertragen werden. [2]Wenn eine dem bisherigen Amt entsprechende Verwendung nicht möglich ist, kann ihnen auch ein anderes Amt mit geringerem Endgrundgehalt übertragen werden. [3]Das Endgrundgehalt muss mindestens dem des Amtes entsprechen, das der Beamte oder die Beamtin vor dem bisherigen Amt innehatte. [4]In diesen Fällen darf der Beamte oder die Beamtin neben der neuen Amtsbezeichnung die des früheren Amtes mit dem Zusatz „außer Dienst" („a. D.") führen.

Artikel 54 Rechtsstellung der Versorgungsempfänger und Versorgungsempfängerinnen

(1) Die Vorschriften des Art. 51 Abs. 1 und 2 und des Art. 52 gelten entsprechend für die im Zeitpunkt der Umbildung bei der abgebenden Körperschaft vorhandenen Versorgungsempfänger und Versorgungsempfängerinnen.

(2) In den Fällen des Art. 51 Abs. 3 bleiben die Ansprüche der im Zeitpunkt der Umbildung vorhandenen Versorgungsempfänger und Versorgungsempfängerinnen gegenüber der abgebenden Körperschaft bestehen.

(3) Abs. 1 und 2 gelten entsprechend in den Fällen des Art. 51 Abs. 4.

Teil 3
Beendigung des Beamtenverhältnisses

Abschnitt 1
Entlassung

Artikel 55 ***[aufgehoben]***

Artikel 56 Zuständigkeiten und Verfahren

(1) [1]Die für die Ernennung zuständige Behörde entscheidet darüber, ob die Voraussetzungen für eine Entlassung kraft Gesetzes vorliegen; sie stellt den Tag der Beendigung des Beamtenverhältnisses fest. [2]Im Fall des § 22 Abs. 1 Nr. 1 BeamtStG tritt an die Stelle der für die Ernennung zuständigen Behörde die oberste Dienstbehörde, für die Beamten und Beamtinnen der Gemeinden, der Gemeindeverbände und der sonstigen unter der Aufsicht des Staates stehenden Körperschaften, Anstalten und Stiftungen des öffentlichen Rechts die oberste Aufsichtsbehörde.

(2) Im Fall einer Entlassung durch Verwaltungsakt (Entlassungsverfügung) wird die Entlassung von der Stelle verfügt, die für die Ernennung zuständig wäre, soweit gesetzlich nichts anderes bestimmt ist.

(3) Die Entlassungsverfügung ist unter Angabe des Grundes und des Zeitpunkts der Entlassung zuzustellen.

(4) [1]Die Entlassung wird wirksam
1. im Fall des § 23 Abs. 1 Nr. 1 BeamtStG mit der Zustellung der Entlassungsverfügung,
2. in den Fällen des § 23 Abs. 1 Nr. 2 bis 4, Abs. 3 und Abs. 4 Satz 1 BeamtStG mit dem in der Entlassungsverfügung bezeichneten Zeitpunkt,
3. im Übrigen mit dem Ende des Monats, der auf den Monat folgt, in dem die Entlassungsverfügung zugestellt worden ist.

[2]Die Entlassung von Beamten und Beamtinnen auf Zeit nach Art. 122 Abs. 3 Satz 2 wird mit Ablauf des letzten Tages der Amtszeit wirksam.

(5) [1]Bei Entlassungen nach § 23 Abs. 1 Nr. 3, Abs. 3 Nr. 2 und 3 sowie Abs. 4 BeamtStG sind folgende Fristen einzuhalten:

bei einer Beschäftigungszeit

bis zu drei Monaten	zwei Wochen zum Monatsschluss,
von mehr als drei Monaten	sechs Wochen zum Schluss eines Kalendervierteljahres.

[2]Als Beschäftigungszeit gilt die Zeit ununterbrochener Tätigkeit im Beamtenverhältnis.

Artikel 57 Entlassung auf eigenen Antrag

(1) [1]Beamte und Beamtinnen können jederzeit gegenüber ihren Dienstvorgesetzten ihre Entlassung verlangen. [2]Die Erklärung kann, solange die Entlassungsverfügung noch nicht zugegangen ist, innerhalb zweier Wochen nach Zugang bei dem oder der Dienstvorgesetzten schriftlich zurückgenommen werden, mit Zustimmung der Entlassungsbehörde auch nach Ablauf dieser Frist.

(2) [1]Die Entlassung ist zum beantragten Zeitpunkt auszusprechen. [2]Sie kann so lange hinausgeschoben werden, bis die Amtsgeschäfte des Beamten oder der Beamtin ordnungsgemäß erledigt sind, längstens jedoch drei Monate; bei Lehrkräften an öffentlichen Schulen kann sie bis zum Schluss des laufenden Schulhalbjahres hinausgeschoben werden.

Artikel 58 Rechtsfolgen der Entlassung

[1]Nach der Entlassung haben frühere Beamte und Beamtinnen keinen Anspruch auf Leistungen des Dienstherrn, soweit gesetzlich nichts anderes bestimmt ist. [2]Sie dürfen die Amtsbezeichnung und die im Zusammenhang mit dem Amt verliehenen Titel nur führen, wenn ihnen die Erlaubnis nach Art. 76 Abs. 5 erteilt ist.

Abschnitt 2

Verlust der Beamtenrechte

Artikel 59 Rechtsfolgen des Verlustes der Beamtenrechte

[1]Endet das Beamtenverhältnis nach § 24 Abs. 1 BeamtStG, so entstehen keine Ansprüche auf Leistungen des Dienstherrn, soweit gesetzlich nichts anderes bestimmt ist. [2]Beamte und Beamtinnen dürfen die Amtsbezeichnung und die im Zusammenhang mit dem Amt verliehenen Titel nicht führen.

Artikel 60 Wiederaufnahmeverfahren

(1) [1]Im Fall des § 24 Abs. 2 BeamtStG entsteht ein Anspruch auf Übertragung eines Amtes derselben Fachlaufbahn und mit mindestens demselben Endgrundgehalt wie das bisherige Amt, sofern die Altersgrenze noch nicht erreicht ist und noch Dienstfähigkeit besteht. [2]Bis zur Übertragung des neuen Amtes stehen die Leistungen des Dienstherrn zu, die aus dem bisherigen Amt zugestanden hätten.

(2) Wird auf Grund des im Wiederaufnahmeverfahren festgestellten Sachverhalts ein Disziplinarverfahren mit dem Ziel der Entfernung aus dem Beamtenverhältnis eingeleitet, so gehen die nach Abs. 1 zustehenden Ansprüche unter, wenn auf Entfernung aus dem Beamtenverhältnis erkannt wird; bis zum rechtskräftigen Abschluss des Disziplinarverfahrens können die Ansprüche nicht geltend gemacht werden.

(3) Rechtfertigt der im Wiederaufnahmeverfahren festgestellte Sachverhalt die Einleitung eines Disziplinarverfahrens mit dem Ziel der Entfernung aus dem Beamtenverhältnis nicht, wird aber auf Grund eines rechtskräftigen Strafurteils, das nach der früheren Entscheidung ergangen ist, ein Disziplinarverfahren mit dem Ziel der Entfernung aus dem Beamtenverhältnis eingeleitet, so gilt Abs. 2 entsprechend; es werden jedoch in diesem Fall die Leistungen des Dienstherrn nachgezahlt, die dem Beamten oder der Beamtin bis zur Rechtskraft des Strafurteils aus dem bisherigen Amt zugestanden hätten.

(4) Abs. 2 und 3 gelten entsprechend in Fällen der Entlassung von Beamten und Beamtinnen auf Probe oder auf Widerruf wegen eines Verhaltens der in § 23 Abs. 3 Satz 1 Nr. 1 BeamtStG bezeichneten Art.

(5) Auf die nach den Abs. 1 und 3 zustehenden Leistungen des Dienstherrn wird ein anderes Arbeitseinkommen oder ein Unterhaltsbeitrag angerechnet; Beamte und Beamtinnen sind zur Auskunft über dieses Einkommen verpflichtet.

Artikel 61 Gnadenerweis

(1) Dem Ministerpräsidenten steht hinsichtlich des Verlustes der Beamtenrechte das Gnadenrecht zu.

(2) Wird im Gnadenweg der Verlust der Beamtenrechte in vollem Umfang beseitigt, so gilt von diesem Zeitpunkt ab Art. 60 entsprechend.

(3) Auf Unterhaltsbeiträge, die im Gnadenweg bewilligt werden, finden Art. 74 Abs. 3 und 4 des Bayerischen Disziplinargesetzes (BayDG) entsprechende Anwendung, soweit die Gnadenentscheidung nichts anderes bestimmt.

Abschnitt 3
Ruhestand

Unterabschnitt 1
Ruhestandseintritt

Artikel 62 Altersgrenze für den gesetzlichen Ruhestandseintritt
[1]Altersgrenze für den gesetzlichen Ruhestandseintritt ist das Ende des Monats, in dem Beamte und Beamtinnen das 67. Lebensjahr vollenden. [2]Abweichend von Satz 1 ist Altersgrenze für Lehrkräfte an öffentlichen Schulen das Ende des Schulhalbjahres, in dem sie das 67. Lebensjahr vollenden; das Ende des jeweiligen Schulhalbjahres wird durch die Schulordnungen festgelegt. [3]Für einzelne Beamtengruppen kann gesetzlich eine andere Altersgrenze bestimmt werden, wenn die Eigenart der Amtsaufgaben es erfordert.

Artikel 63 Hinausschieben des Ruhestandseintritts
(1) [1]Wenn zwingende dienstliche Rücksichten im Einzelfall die Fortführung der Dienstgeschäfte durch einen bestimmten Beamten oder eine bestimmte Beamtin erfordern, kann der Eintritt in den Ruhestand über die gesetzlich festgesetzte Altersgrenze für eine bestimmte Frist, die jeweils ein Jahr nicht übersteigen darf, hinausgeschoben werden, höchstens jedoch um insgesamt drei Jahre. [2]Die Entscheidung trifft bei den Beamten und Beamtinnen der Staatskanzlei und der Staatsministerien von der Besoldungsgruppe A 16 an, den in der Besoldungsordnung B aufgeführten Vorständen der den Staatsministerien unmittelbar nachgeordneten Behörden sowie den Generalstaatsanwälten und Generalstaatsanwältinnen die Staatsregierung, bei den übrigen Beamten und Beamtinnen die oberste Dienstbehörde.
(2) [1]Wenn die Fortführung der Dienstgeschäfte im dienstlichen Interesse liegt, kann der Eintritt in den Ruhestand auf Antrag über die gesetzlich festgesetzte Altersgrenze für eine bestimmte Frist, die jeweils ein Jahr nicht übersteigen darf, hinausgeschoben werden, höchstens jedoch um drei Jahre oder bei sonst gesetzlich festgesetzten Altersgrenzen höchstens bis zur Vollendung des 65. Lebensjahres; der Antrag soll spätestens sechs Monate vor Erreichen der gesetzlich festgelegten Altersgrenze gestellt werden. [2]Die Entscheidung trifft die Behörde, die für die Ruhestandsversetzung zuständig ist.

Unterabschnitt 2
Ruhestandsversetzung

Artikel 64 Ruhestandsversetzung auf Antrag
Ein Beamter oder eine Beamtin auf Lebenszeit kann auf Antrag in den Ruhestand versetzt werden, wenn er oder sie
1. das 64. Lebensjahr vollendet hat oder
2. schwerbehindert im Sinn des § 2 Abs. 2 des Neunten Buches Sozialgesetzbuch (SGB IX) ist und mindestens das 60. Lebensjahr vollendet hat.

Artikel 65 Verfahren bei Ruhestandsversetzungen wegen Dienstunfähigkeit
(1) Als dienstunfähig nach § 26 Abs. 1 Satz 1 BeamtStG können Beamte und Beamtinnen auch dann angesehen werden, wenn sie infolge einer Erkrankung innerhalb von sechs Monaten mehr als drei Monate keinen Dienst geleistet haben und keine Aussicht besteht, dass sie innerhalb von weiteren sechs Monaten wieder voll dienstfähig werden.
(2) [1]Bestehen Zweifel über die Dienstunfähigkeit, so ist der Beamte oder die Beamtin verpflichtet, sich nach Weisung des oder der Dienstvorgesetzten ärztlich untersuchen und, falls ein Amtsarzt oder eine Amtsärztin dies für erforderlich hält, beobachten zu lassen. [2]Wer sich trotz wiederholter schriftlicher Aufforderung ohne hinreichenden Grund der Verpflichtung, sich nach Weisung des oder der Dienstvorgesetzten untersuchen oder beobachten zu lassen entzieht, kann so behandelt werden, wie wenn die Dienstunfähigkeit amtsärztlich festgestellt worden wäre.
(3) [1]Wird in den Fällen des § 26 Abs. 1 BeamtStG ein Antrag auf Versetzung in den Ruhestand gestellt, so wird die Dienstunfähigkeit dadurch festgestellt, dass der unmittelbare Dienstvorgesetzte oder die unmittelbare Dienstvorgesetzte auf Grund eines amtsärztlichen Gutachtens über den Gesundheitszustand erklärt, er oder sie halte den Beamten oder die Beamtin nach pflichtgemäßem Ermessen für dauernd unfähig, die Dienstpflichten zu erfüllen. [2]Die über die Versetzung in den Ruhestand entschei-

dende Behörde ist an die Erklärung des oder der unmittelbaren Dienstvorgesetzten nicht gebunden; sie kann andere Beweise erheben.

(4) Wird nach der Versetzung in den Ruhestand wegen Dienstunfähigkeit die Dienstfähigkeit wiederhergestellt und beantragt der Ruhestandsbeamte oder die Ruhestandsbeamtin vor Ablauf von fünf Jahren seit der Versetzung in den Ruhestand eine erneute Berufung in das Beamtenverhältnis, ist diesem Antrag zu entsprechen, falls nicht zwingende dienstliche Gründe entgegenstehen.

Artikel 66 Zwangspensionierungsverfahren

(1) Hält der oder die Dienstvorgesetzte den Beamten oder die Beamtin für dienstunfähig und beantragt dieser oder diese die Versetzung in den Ruhestand nicht, so teilt der oder die Dienstvorgesetzte dem Beamten, der Beamtin, dessen oder deren Vertreter oder Vertreterin schriftlich mit, dass die Versetzung in den Ruhestand beabsichtigt sei; dabei sind die Gründe für die Versetzung in den Ruhestand anzugeben.

(2) [1]Gegen die beabsichtigte Versetzung in den Ruhestand können innerhalb eines Monats Einwendungen erhoben werden. [2]Danach entscheidet die für die Versetzung in den Ruhestand zuständige Behörde. [3]Mit dem Ende des Monats, in dem die Entscheidung über die Versetzung in den Ruhestand zugestellt wird, ist bis zu deren Unanfechtbarkeit die das Ruhegehalt zuzüglich des Unterschiedsbetrags nach Art. 69 Abs. 2 Satz 1 BayBeamtVG übersteigende Besoldung mit Ausnahme der vermögenswirksamen Leistungen einzubehalten. [4]Wird die Versetzung in den Ruhestand unanfechtbar aufgehoben, sind die einbehaltenen Dienstbezüge nachzuzahlen.

Artikel 67 Mitteilung aus Untersuchungsbefunden

(1) Wird in den Fällen des Art. 65 eine amtsärztliche Untersuchung durchgeführt, teilt der Amtsarzt oder die Amtsärztin im Einzelfall auf Anforderung der Behörde die tragenden Feststellungen und Gründe des Gutachtens und die in Frage kommenden Maßnahmen zur Wiederherstellung der Dienstfähigkeit mit, soweit deren Kenntnis für die Behörde unter Beachtung des Grundsatzes der Verhältnismäßigkeit für die von ihr zu treffende Entscheidung erforderlich ist.

(2) [1]Die amtsärztliche Mitteilung über die Untersuchungsbefunde nach Abs. 1 ist in einem gesonderten, verschlossenen und versiegelten Umschlag zu übersenden. [2]Die an die Behörde übermittelten Daten dürfen nur für die nach § 26 BeamtStG zu treffende Entscheidung verarbeitet oder genutzt werden. [3]Die Mitteilung ist verschlossen zur Personalakte zu nehmen.

(3) [1]Die Behörde hat vor der Untersuchung auf den Zweck der Untersuchung und auf die amtsärztliche Befugnis zur Übermittlung der Untersuchungsbefunde nach Abs. 1 an die Behörde hinzuweisen. [2]Der Amtsarzt oder die Amtsärztin übermittelt dem Beamten oder der Beamtin oder, soweit dem amtsärztliche Gründe entgegenstehen, dem Vertreter oder der Vertreterin eine Ablichtung der auf Grund dieser Vorschrift an die Behörde erteilten Auskünfte.

Unterabschnitt 3

Einstweiliger Ruhestand

Artikel 68 Auflösung oder Umbildung von Behörden

[1]Bei der Auflösung einer Behörde oder bei einer auf Landesgesetz oder -verordnung beruhenden wesentlichen Änderung des Aufbaus oder Verschmelzung einer Behörde mit einer anderen Behörde kann ein Beamter oder eine Beamtin, dessen oder deren Aufgabengebiet von der Auflösung oder Umbildung berührt wird, in den einstweiligen Ruhestand versetzt werden, wenn eine Versetzung nach Art. 48 nicht möglich ist. [2]Die Versetzung in den einstweiligen Ruhestand ist nur dann zulässig, wenn aus Anlass der Auflösung oder Umbildung Planstellen eingespart werden. [3]Freie Planstellen im Bereich desselben Dienstherrn sollen den in den einstweiligen Ruhestand versetzten Beamten und Beamtinnen vorbehalten werden, die für diese Stellen geeignet sind.

Artikel 69 Auflösung oder Umbildung von Körperschaften

(1) [1]Bei der Auflösung oder Umbildung einer Körperschaft (Art. 51) kann die aufnehmende oder neue Körperschaft, wenn die Zahl der bei ihr nach der Umbildung vorhandenen Beamten oder Beamtinnen den tatsächlichen Bedarf übersteigt, innerhalb einer Frist von sechs Monaten Beamte oder Beamtinnen auf Lebenszeit oder auf Zeit, deren Aufgabengebiet von der Umbildung berührt wurde, in den einstweiligen Ruhestand versetzen. [2]Die Frist des Satzes 1 beginnt im Fall des Art. 51 Abs. 1 mit dem Übertritt, in den Fällen des Art. 51 Abs. 2 und 3 mit der Bestimmung derjenigen Beamten oder Be-

amtinnen, zu deren Übernahme die Körperschaft verpflichtet ist; Entsprechendes gilt in den Fällen des Art. 51 Abs. 4. [3]Art. 68 Satz 3 gilt entsprechend. [4]Bei Beamten oder Beamtinnen auf Zeit, die nach Satz 1 in den einstweiligen Ruhestand versetzt sind, endet der einstweilige Ruhestand mit Ablauf der Amtszeit; sie gelten in diesem Zeitpunkt als dauernd in den Ruhestand versetzt, wenn sie bei Verbleiben im Amt mit Ablauf der Amtszeit in den Ruhestand getreten wären.

(2) In den Fällen einer landesübergreifenden Körperschaftsumbildung nach § 18 Abs. 2 Satz 1 BeamtStG beträgt die Frist sechs Monate; Abs. 1 Satz 2 gilt in diesen Fällen entsprechend.

Artikel 70 Beginn des einstweiligen Ruhestands

[1]Der einstweilige Ruhestand beginnt, wenn nicht im Einzelfall ausdrücklich ein späterer Zeitpunkt festgesetzt wird, mit dem Zeitpunkt, in dem die Verfügung über die Versetzung in den einstweiligen Ruhestand zugestellt wird, spätestens jedoch mit dem Ende der drei Monate, die auf den Monat der Zustellung folgen. [2]Die Verfügung kann bis zum Beginn des einstweiligen Ruhestands zurückgenommen werden.

Unterabschnitt 4

Gemeinsame Vorschriften

Artikel 71 Zuständigkeit für Ruhestandsversetzung, Beginn des Ruhestands

(1) [1]Die Versetzung in den Ruhestand sowie die Entscheidung über das Vorliegen begrenzter Dienstfähigkeit im Sinn des § 27 Abs. 1 BeamtStG wird, soweit gesetzlich nichts anderes bestimmt ist, von der Behörde verfügt, die für die Ernennung zuständig wäre. [2]Die Verfügung ist zuzustellen; sie kann bis zum Beginn des Ruhestands zurückgenommen werden.

(2) Die Ruhestandsversetzung nach § 28 Abs. 2 BeamtStG bedarf der Zustimmung der obersten Dienstbehörde sowie bei Beamten und Beamtinnen des Staates der des Staatsministeriums der Finanzen und für Heimat.

(3) Der Ruhestand beginnt, abgesehen von den Fällen des § 30 Abs. 4 BeamtStG sowie der Art. 62, 64, 70 und 123 Abs. 2 Satz 3 Halbsatz 2 und Abs. 3 mit dem Ende des Monats, in dem die Verfügung über die Versetzung in den Ruhestand zugestellt worden ist, sofern nicht auf Antrag oder mit schriftlicher Zustimmung des Beamten oder der Beamtin ein früherer Zeitpunkt festgesetzt wird.

Abschnitt 4

Dienstzeugnis

Artikel 72 Dienstzeugnis

[1]Nach Beendigung des Beamtenverhältnisses wird auf Antrag von dem oder der letzten Dienstvorgesetzten ein Dienstzeugnis über Art und Dauer der bekleideten Ämter erteilt. [2]Das Dienstzeugnis muss auf Verlangen auch über die ausgeübte Tätigkeit, die Führung und die Leistungen Auskunft geben.

Teil 4

Rechtliche Stellung der Beamten und Beamtinnen

Abschnitt 1

Allgemeines

Artikel 73 Eid und Gelöbnis

(1) Der Diensteid nach § 38 BeamtStG hat folgenden Wortlaut:

„Ich schwöre Treue dem Grundgesetz für die Bundesrepublik Deutschland und der Verfassung des Freistaates Bayern, Gehorsam den Gesetzen und gewissenhafte Erfüllung meiner Amtspflichten, so wahr mir Gott helfe."

(2) [1]Der Eid kann auch ohne die Worte „so wahr mir Gott helfe" geleistet werden. [2]Erklärt ein Beamter oder eine Beamtin, dass aus Glaubens- oder Gewissensgründen kein Eid geleistet werden könne, so sind an Stelle der Worte „ich schwöre" die Worte „ich gelobe" zu sprechen oder es ist das Gelöbnis mit einer dem Bekenntnis der Religionsgemeinschaft oder der Überzeugung der Weltanschauungsgemeinschaft des Beamten oder der Beamtin entsprechenden, gleichwertigen Beteuerungsformel einzuleiten.

(3) [1]In den Fällen des § 38 Abs. 3 BeamtStG kann von einer Eidesleistung abgesehen werden. [2]An die Stelle des Eides tritt dann ein Gelöbnis mit folgendem Wortlaut:
„Ich gelobe, meine Amtspflichten gewissenhaft zu erfüllen."

Artikel 74 Residenzpflicht

(1) Der Beamte oder die Beamtin hat eine Wohnung so zu nehmen, dass die ordnungsmäßige Wahrnehmung der Dienstgeschäfte nicht beeinträchtigt wird.

(2) Der oder die Dienstvorgesetzte kann den Beamten oder die Beamtin anweisen, die Wohnung innerhalb einer bestimmten Entfernung von der Dienststelle zu nehmen oder eine Dienstwohnung zu beziehen, wenn die dienstlichen Verhältnisse es erfordern.

(3) Wenn besondere dienstliche Verhältnisse es dringend erfordern, kann der Beamte oder die Beamtin angewiesen werden, sich während der dienstfreien Zeit erreichbar in Nähe des Dienstorts aufzuhalten.

Artikel 75 Bekleidung, äußeres Erscheinungsbild

(1) Beamte und Beamtinnen dürfen bei Ausübung des Dienstes ihr Gesicht nicht verhüllen, es sei denn, dienstliche Gründe erfordern dies.

(2) [1]Soweit es das Amt erfordert, kann die oberste Dienstbehörde nähere Bestimmungen über das Tragen von Dienstkleidung und das während des Dienstes zu wahrende äußere Erscheinungsbild der Beamten und Beamtinnen treffen. [2]Dazu zählen auch Haar- und Barttracht sowie sonstige sichtbare und nicht sofort ablegbare Erscheinungsmerkmale.

Artikel 76 Amtsbezeichnung

(1) Eine Amtsbezeichnung, die herkömmlich für ein Amt verwendet wird, das eine bestimmte Befähigung voraussetzt und einen bestimmten Aufgabenkreis umfasst, darf nur Beamten und Beamtinnen verliehen werden, die ein solches Amt bekleiden.

(2) Die Staatsregierung setzt die Amtsbezeichnungen fest, soweit gesetzlich nichts anderes bestimmt ist oder sie die Ausübung dieses Rechts nicht anderen Stellen überträgt.

(3) [1]Beamte und Beamtinnen führen im Dienst die Amtsbezeichnung des ihnen übertragenen Amtes; sie dürfen sie auch außerhalb des Dienstes führen. [2]Nach dem Übertritt in ein anderes Amt darf die bisherige Amtsbezeichnung nicht mehr geführt werden; in den Fällen der Versetzung in ein Amt mit geringerem Endgrundgehalt gilt Abs. 4 Satz 2 und 3 entsprechend.

(4) [1]Ruhestandsbeamte und Ruhestandsbeamtinnen dürfen die ihnen bei der Versetzung in den Ruhestand zustehende Amtsbezeichnung mit dem Zusatz „außer Dienst (a. D.)" und die im Zusammenhang mit dem Amt verliehenen Titel weiterführen. [2]Wird ihnen ein neues Amt übertragen, so erhalten sie die Amtsbezeichnung des neuen Amtes; gehört dieses Amt nicht einer Besoldungsgruppe mit mindestens demselben Endgrundgehalt an wie das bisherige Amt, so darf neben der neuen Amtsbezeichnung die des früheren Amtes mit dem Zusatz „außer Dienst (a. D.)" geführt werden. [3]Ändert sich die Bezeichnung des früheren Amtes, so darf die geänderte Amtsbezeichnung geführt werden.

(5) [1]Entlassenen Beamten und Beamtinnen kann die oberste Dienstbehörde die Erlaubnis erteilen, die Amtsbezeichnung mit dem Zusatz „außer Dienst (a. D.)" sowie die im Zusammenhang mit dem Amt verliehenen Titel zu führen. [2]Die Erlaubnis kann zurückgenommen werden, wenn der frühere Beamte oder die frühere Beamtin sich ihrer als nicht würdig erweist.

Abschnitt 2

Folgen der Nichterfüllung von Pflichten

Artikel 77 Dienstvergehen von Ruhestandsbeamten und Ruhestandsbeamtinnen

Bei Ruhestandsbeamten und Ruhestandsbeamtinnen oder früheren Beamten und Beamtinnen mit Versorgungsbezügen gilt es über § 47 BeamtStG hinaus als Dienstvergehen, wenn sie

1. an Bestrebungen teilnehmen, die darauf abzielen, den Bestand oder die Sicherheit des Freistaates Bayern zu beeinträchtigen,
2. entgegen § 29 Abs. 2, § 30 Abs. 3 Satz 1 BeamtStG schuldhaft einer erneuten Berufung in das Beamtenverhältnis oder den Verpflichtungen nach § 29 Abs. 4 und 5 BeamtStG nicht nachkommen,

3. einer Untersagung nach § 41 Satz 2 BeamtStG zuwiderhandeln oder
4. im Zusammenhang mit dem Bezug von Leistungen des Dienstherrn falsche oder pflichtwidrig unvollständige Angaben machen.

Artikel 78 Verjährung der Schadensersatzpflicht und gesetzlicher Forderungsübergang

(1) [1]Ansprüche nach § 48 BeamtStG verjähren in drei Jahren von dem Zeitpunkt an, in dem der Dienstherr von dem Schaden und der Person des oder der Ersatzpflichtigen Kenntnis erlangt hat, ohne Rücksicht auf diese Kenntnis in zehn Jahren von der Begehung der Handlung an. [2]Hat der Dienstherr einem Dritten Schadensersatz geleistet, so tritt an die Stelle des Zeitpunkts, in dem der Dienstherr von dem Schaden Kenntnis erlangt, der Zeitpunkt, in dem der Ersatzanspruch des Dritten diesem gegenüber vom Dienstherrn anerkannt oder dem Dienstherrn gegenüber rechtskräftig festgestellt wird.

(2) Leistet der Beamte oder die Beamtin dem Dienstherrn Ersatz und hat dieser einen Ersatzanspruch gegen einen Dritten, so geht der Ersatzanspruch auf den Beamten oder die Beamtin über.

Abschnitt 3

Beschränkung der Vornahme von Amtshandlungen

Artikel 79 Befreiung von Amtshandlungen

(1) Beamte und Beamtinnen sind von Amtshandlungen zu befreien, die sich gegen sie selbst oder Angehörige richten würden.

(2) Gesetzliche Vorschriften, insbesondere Art. 20 BayVwVfG, nach denen Beamte und Beamtinnen von einzelnen Amtshandlungen ausgeschlossen sind, bleiben unberührt.

Abschnitt 4

Erteilung von Auskünften

Artikel 80 Auskünfte an die Medien

Auskünfte an die Medien erteilt die Leitung der Behörde oder die von ihr bestimmte Person.

Abschnitt 5

Nebentätigkeiten und Tätigkeiten von Ruhestandsbeamten und Ruhestandsbeamtinnen sowie früheren Beamten und Beamtinnen mit Versorgungsbezügen

Artikel 81 Nebentätigkeit auf Verlangen des Dienstherrn, Genehmigungspflicht

(1) Beamte und Beamtinnen sind verpflichtet, auf schriftliches Verlangen ihres Dienstherrn eine Nebentätigkeit (Nebenamt, Nebenbeschäftigung) im öffentlichen Dienst zu übernehmen, sofern diese Tätigkeit ihrer Vorbildung oder Berufsausbildung entspricht und sie nicht über Gebühr in Anspruch nimmt.

(2) [1]Beamte und Beamtinnen bedürfen zur Übernahme jeder anderen Nebentätigkeit der vorherigen Genehmigung, soweit die Nebentätigkeit nicht nach Art. 82 Abs. 1 genehmigungsfrei ist. [2]Als Nebentätigkeit gilt nicht die Wahrnehmung öffentlicher Ehrenämter sowie die unentgeltliche Führung der Vormundschaft, Betreuung oder Pflegschaft für Angehörige; ihre Übernahme ist vor Aufnahme dem oder der unmittelbaren Dienstvorgesetzten schriftlich anzuzeigen.

(3) [1]Die Genehmigung ist zu versagen, wenn zu besorgen ist, dass durch die Nebentätigkeit dienstliche Interessen beeinträchtigt werden. [2]Ein solcher Versagungsgrund liegt insbesondere vor, wenn die Nebentätigkeit

1. nach Art und Umfang die Arbeitskraft des Beamten oder der Beamtin so stark in Anspruch nimmt, dass die ordnungsgemäße Erfüllung der dienstlichen Pflichten behindert werden kann,
2. den Beamten oder die Beamtin in einen Widerstreit mit dienstlichen Pflichten bringen kann,
3. in einer Angelegenheit ausgeübt wird, in der die Behörde, der der Beamte oder die Beamtin angehört, tätig wird oder tätig werden kann,
4. die Unparteilichkeit oder Unbefangenheit des Beamten oder der Beamtin beeinflussen kann,
5. zu einer wesentlichen Einschränkung der künftigen dienstlichen Verwendbarkeit des Beamten oder der Beamtin führen kann,
6. dem Ansehen der öffentlichen Verwaltung abträglich sein kann.

[3]Die Voraussetzung des Satzes 2 Nr. 1 gilt in der Regel als erfüllt, wenn die zeitliche Beanspruchung durch eine oder mehrere Nebentätigkeiten in der Woche acht Stunden überschreitet. [4]Das Vorliegen eines Versagungsgrundes nach Satz 3 ist besonders zu prüfen, wenn abzusehen ist, dass die Entgelte und geldwerten Vorteile aus genehmigungspflichtigen Nebentätigkeiten im Kalenderjahr 30 v.H. der jährlichen Dienstbezüge des Beamten oder der Beamtin bei Vollzeitbeschäftigung überschreiten werden; das Ergebnis der Prüfung ist aktenkundig zu machen. [5]Die Genehmigung ist auf längstens fünf Jahre zu befristen; sie kann mit Auflagen und Bedingungen versehen werden. [6]Beamte und Beamtinnen können verpflichtet werden, nach Ablauf eines jeden Kalenderjahres ihren Dienstvorgesetzten eine Aufstellung über alle im Kalenderjahr ausgeübten genehmigungspflichtigen Nebentätigkeiten und die dafür erhaltenen Entgelte und geldwerten Vorteile vorzulegen. [7]Ergibt sich eine Beeinträchtigung dienstlicher Interessen nach Erteilung der Genehmigung, so ist diese zu widerrufen.

(4) [1]Nebentätigkeiten, die nicht auf Verlangen, Vorschlag oder Veranlassung des Dienstherrn übernommen wurden oder bei denen der oder die Dienstvorgesetzte ein dienstliches Interesse an der Übernahme der Nebentätigkeit nicht anerkannt hat, dürfen nur außerhalb der Arbeitszeit ausgeübt werden. [2]Ausnahmen dürfen nur in besonders begründeten Fällen, insbesondere im öffentlichen Interesse, zugelassen werden, wenn dienstliche Gründe nicht entgegenstehen und die versäumte Arbeitszeit nachgeleistet wird.

(5) [1]Beamte und Beamtinnen dürfen bei der Ausübung von Nebentätigkeiten Einrichtungen, Personal oder Material des Dienstherrn nur bei Vorliegen eines öffentlichen oder wissenschaftlichen Interesses mit vorheriger Genehmigung und gegen Entrichtung eines angemessenen Entgelts in Anspruch nehmen. [2]Das Entgelt hat sich nach den dem Dienstherrn entstehenden Kosten zu richten und muss den besonderen Vorteil berücksichtigen, der dem Beamten oder der Beamtin durch die Inanspruchnahme entsteht. [3]Der Beamte oder die Beamtin ist verpflichtet, soweit bei der Ausübung von Nebentätigkeiten Einrichtungen, Personal oder Material des Dienstherrn in Anspruch genommen werden, auf Verlangen über Art und Umfang der Nebentätigkeiten, die hierdurch erzielte Vergütung sowie über Art und Umfang der Inanspruchnahme Auskunft zu geben. [4]Die Vergütung sowie Art und Umfang der Inanspruchnahme können geschätzt werden, wenn hierüber keine Auskunft gegeben wird oder über entsprechende Angaben keine ausreichende Aufklärung gegeben werden kann oder Aufzeichnungen nicht vorgelegt werden, die nach beamtenrechtlichen Rechtsvorschriften zu führen sind.

(6) [1]Die Entscheidungen nach den Abs. 1 bis 5 trifft, soweit nichts anderes bestimmt ist, die oberste Dienstbehörde. [2]Sie kann ihre Befugnisse durch Rechtsverordnung auf andere Behörden übertragen.

(7) [1]Anträge auf Erteilung einer Genehmigung (Abs. 2) oder auf Zulassung einer Ausnahme (Abs. 4 Satz 2) und Entscheidungen über diese Anträge bedürfen der Textform. [2]Von den Beamten und Beamtinnen sind die für die Entscheidung erforderlichen Nachweise über Art und Umfang der Nebentätigkeit zu führen. [3]Das dienstliche Interesse (Abs. 4 Satz 1) ist aktenkundig zu machen.

Artikel 82 Genehmigungsfreie Nebentätigkeit

(1) [1]Nicht genehmigungspflichtig ist

1. eine Nebentätigkeit, die auf Vorschlag oder Veranlassung des Dienstherrn übernommen wird,
2. eine unentgeltliche Nebentätigkeit mit Ausnahme
   a) der Übernahme eines Nebenamtes, einer in Art. 81 Abs. 2 Satz 2 Halbsatz 1 nicht genannten Vormundschaft, Betreuung oder Pflegschaft sowie einer Testamentsvollstreckung,
   b) der Übernahme einer gewerblichen Tätigkeit, der Ausübung eines freien Berufs oder der Mitarbeit bei einer dieser Tätigkeiten,
   c) des Eintritts in ein Organ eines Unternehmens, sofern es sich bei dem Unternehmen nicht um eine Genossenschaft handelt, sowie der Übernahme einer Treuhänderschaft,
3. die Verwaltung eigenen oder der eigenen Nutznießung unterliegenden Vermögens,
4. eine schriftstellerische, wissenschaftliche, künstlerische Tätigkeit oder Vortragstätigkeit,
5. die mit Lehr- oder Forschungsaufgaben zusammenhängende selbstständige Gutachtertätigkeit von Professoren und Professorinnen an staatlichen Hochschulen sowie von Beamten und Beamtinnen an wissenschaftlichen Instituten und Anstalten,
6. die Tätigkeit zur Wahrung von Berufsinteressen in Gewerkschaften oder Berufsverbänden oder in Selbsthilfeeinrichtungen der Beamten und Beamtinnen.

[2]Die Unentgeltlichkeit einer Nebentätigkeit nach Satz 1 Nr. 2 wird durch die Gewährung einer angemessenen Aufwandsentschädigung oder einer Gegenleistung von geringem Wert nicht ausgeschlossen.

(2) [1]Liegen Anhaltspunkte für eine Verletzung von Dienstpflichten vor, können Dienstvorgesetzte verlangen, dass Beamte und Beamtinnen über Art und Umfang nicht genehmigungspflichtiger Nebentätigkeiten und die hieraus erzielten Vergütungen schriftlich Auskunft erteilen und die erforderlichen Nachweise führen. [2]Eine nicht genehmigungspflichtige Nebentätigkeit ist von den Dienstvorgesetzten ganz oder teilweise zu untersagen, wenn bei ihrer Ausübung dienstliche Pflichten verletzt werden.

(3) Art. 81 Abs. 4 und 5 gilt entsprechend.

Artikel 83 Rückgriffshaftung des Dienstherrn

[1]Werden Beamte und Beamtinnen aus ihrer Tätigkeit im Vorstand, Aufsichtsrat, Verwaltungsrat oder in einem sonstigen Organ einer Gesellschaft, Genossenschaft oder eines in einer anderen Rechtsform betriebenen Unternehmens, die sie auf schriftliches Verlangen, Vorschlag oder Veranlassung des Dienstherrn übernommen haben, haftbar gemacht, so besteht gegen den Dienstherrn Anspruch auf Ersatz des ihnen entstandenen Schadens. [2]Ist der Schaden vorsätzlich oder grob fahrlässig herbeigeführt worden, so ist der Dienstherr nur dann ersatzpflichtig, wenn der Beamte oder die Beamtin auf schriftliches Verlangen eines oder einer Vorgesetzten gehandelt hat.

Artikel 84 Beendigung der Nebentätigkeit im öffentlichen Dienst

Endet das Beamtenverhältnis, so enden, wenn im Einzelfall nichts anderes bestimmt wird, auch die Nebenämter und Nebenbeschäftigungen, die im Zusammenhang mit dem Hauptamt übertragen worden sind oder die auf schriftliches Verlangen, Vorschlag oder Veranlassung des Dienstherrn übernommen worden sind.

Artikel 85 Ausführungsverordnung

(1) [1]Die zur Ausführung der Art. 81 bis 84 notwendigen Vorschriften über die Nebentätigkeit erlässt die Staatsregierung durch Rechtsverordnung. [2]In ihr kann auch bestimmt werden,

1. welche Tätigkeiten als öffentlicher Dienst im Sinn dieser Vorschriften anzusehen sind oder ihm gleichstehen,
2. ob und inwieweit für eine im öffentlichen Dienst ausgeübte oder auf Verlangen, Vorschlag oder Veranlassung des Dienstherrn übernommene Nebentätigkeit eine Vergütung gezahlt wird oder eine erhaltene Vergütung abzuführen ist und diese Vergütung geschätzt werden kann, wenn hierüber keine Auskunft gegeben wird oder über entsprechende Angaben keine ausreichende Aufklärung gegeben werden kann oder Aufzeichnungen nicht vorgelegt werden, die nach beamtenrechtlichen Rechtsvorschriften zu führen sind,
3. inwieweit Auskunft über eine Vergütung aus einer genehmigungspflichtigen Nebentätigkeit zu erteilen ist,
4. unter welchen Voraussetzungen bei der Ausübung von Nebentätigkeiten Einrichtungen, Personal oder Material des Dienstherrn in Anspruch genommen werden dürfen und welches Entgelt hierfür zu entrichten ist,
5. das Nähere hinsichtlich der Auskunftspflicht nach Art. 81 Abs. 3 Satz 6 und Abs. 5 Satz 3, Art. 82 Abs. 2 und 3, der Schätzung nach Art. 81 Abs. 5 Satz 4, Art. 82 Abs. 3 sowie der Unentgeltlichkeit nach Art. 82 Abs. 1 Satz 1 Nr. 2 und Satz 2.

(2) [1]Im staatlichen Bereich kann das zuständige Staatsministerium in Ergänzung einer Rechtsverordnung nach Abs. 1 Satz 2 Nr. 2 die Höhe der Vergütung für eine Nebentätigkeit durch Verwaltungsvorschriften regeln. [2]Wird eine Verwaltungsvorschrift nicht erlassen, ist die Höhe der Vergütung vom zuständigen Staatsministerium durch Einzelentscheidung zu bestimmen. [3]Verwaltungsvorschriften und Einzelentscheidungen bedürfen der Zustimmung des Staatsministeriums der Finanzen und für Heimat.

Artikel 86 Beschäftigung oder Erwerbstätigkeit von Ruhestandsbeamten und Ruhestandsbeamtinnen sowie früheren Beamten und Beamtinnen mit Versorgungsbezügen

(1) [1]Der Zeitraum, in dem die Pflicht der Anzeige einer Erwerbstätigkeit oder sonstigen Beschäftigung außerhalb des öffentlichen Dienstes im Sinn des § 41 Satz 1 BeamtStG besteht, beträgt fünf Jahre vor Beendigung des Beamtenverhältnisses. [2]Die Tätigkeit gemäß § 41 Satz 1 BeamtStG ist der letzten obersten Dienstbehörde gegenüber anzuzeigen. [3]Die Anzeigepflicht endet nach

1. drei Jahren, wenn das Beamtenverhältnis mit dem Erreichen der in den Art. 62 und 143 genannten gesetzlichen Altersgrenze, oder zu einem späteren Zeitpunkt beendet worden ist,
2. fünf Jahren, spätestens jedoch drei Jahre nach dem in Nr. 1 bestimmten Zeitpunkt, wenn das Beamtenverhältnis zu einem früheren Zeitpunkt beendet worden ist.

(2) [1]Die Untersagung wird durch die letzte oberste Dienstbehörde ausgesprochen. [2]Sie endet mit Ablauf des Zeitraums, für den eine Anzeigepflicht nach Abs. 1 besteht, spätestens mit Ablauf des in § 41 Satz 3 BeamtStG genannten Zeitpunkts. [3]Die oberste Dienstbehörde kann ihre Befugnisse durch Rechtsverordnung auf andere Behörden übertragen.

Abschnitt 6
Arbeitszeit, Teilzeit und Beurlaubung

Artikel 87 Regelung der Arbeitszeit, Mehrarbeit

(1) Die Staatsregierung regelt die Arbeitszeit durch Rechtsverordnung.

(2) [1]Beamte und Beamtinnen sind verpflichtet, ohne Entschädigung über die regelmäßige wöchentliche Arbeitszeit hinaus Dienst zu tun, wenn zwingende dienstliche Verhältnisse dies erfordern und sich die Mehrarbeit auf Ausnahmefälle beschränkt. [2]Werden sie durch dienstlich angeordnete oder genehmigte Mehrarbeit mehr als fünf Stunden im Monat über die regelmäßige Arbeitszeit hinaus beansprucht, ist innerhalb eines Jahres für die über die regelmäßige Arbeitszeit hinaus geleistete Mehrarbeit entsprechende Dienstbefreiung zu gewähren. [3]Ist die Dienstbefreiung aus zwingenden dienstlichen Gründen nicht möglich, so können an ihrer Stelle Beamte und Beamtinnen in Besoldungsgruppen mit aufsteigenden Gehältern eine Vergütung erhalten.

(3) [1]Zur Bewältigung eines länger andauernden, aber vorübergehenden Personalbedarfs kann eine ungleichmäßige Verteilung der regelmäßigen Arbeitszeit festgelegt werden. [2]Hierbei soll die Arbeitszeit zehn Stunden am Tag und im Jahresdurchschnitt 48 Stunden in der Woche nicht überschreiten. [3]Die ungleichmäßige Verteilung der regelmäßigen Arbeitszeit soll einen Zeitraum von zehn Jahren nicht übersteigen. [4]Die Arbeitszeiterhöhung ist durch eine Minderung der Arbeitszeit vollständig auszugleichen; die Minderung der Arbeitszeit muss sich nicht unmittelbar an den Zeitraum der Arbeitszeiterhöhung anschließen. [5]Der Ausgleich kann auch durch eine volle Freistellung vom Dienst vorgenommen werden. [6]Für teilzeitbeschäftigte Beamte und Beamtinnen gilt Art. 88 Abs. 5 entsprechend.

(4) [1]Vollzeitbeschäftigten Beamten und Beamtinnen kann auf Antrag eine längerfristige ungleichmäßige Verteilung der regelmäßigen Arbeitszeit bewilligt werden, wenn zwingende dienstliche Belange nicht entgegenstehen. [2]Abs. 3 Satz 2 bis 5 gilt entsprechend.

(5) [1]Werden Lehrkräfte an öffentlichen Schulen durch eine dienstlich angeordnete oder genehmigte Mehrarbeit mehr als drei Unterrichtsstunden im Monat über die regelmäßige Arbeitszeit hinaus beansprucht, ist ihnen abweichend von Abs. 2 Satz 2 und 3 innerhalb von drei Monaten für die über die regelmäßige Arbeitszeit hinaus geleistete Mehrarbeit entsprechende Dienstbefreiung zu gewähren. [2]Ist die Dienstbefreiung nach Satz 1 aus zwingenden dienstlichen Gründen nicht möglich, so können an ihrer Stelle Lehrkräfte in Besoldungsgruppen mit aufsteigenden Gehältern eine Vergütung erhalten. [3]Ausgaben nach Satz 2 sind im Einzelplan gegen zu finanzieren durch gezielte Sperre freier und besetzbarer Stellen oder bei den übrigen Personalausgabemitteln.

Artikel 88 Antragsteilzeit

(1) Beamten und Beamtinnen mit Dienstbezügen soll auf Antrag die Arbeitszeit bis auf die Hälfte der regelmäßigen Arbeitszeit und bis zur jeweils beantragten Dauer ermäßigt werden, soweit dienstliche Belange nicht entgegenstehen.

(2) [1]Dem Antrag nach Abs. 1 darf nur entsprochen werden, wenn der Beamte oder die Beamtin sich verpflichtet, während des Bewilligungszeitraums außerhalb des Beamtenverhältnisses berufliche Verpflichtungen nur in dem Umfang einzugehen, in dem nach Art. 81 ff. den vollzeitbeschäftigten Beamten und Beamtinnen die Ausübung von Nebentätigkeiten gestattet ist. [2]Ausnahmen hiervon sind nur zulässig, soweit dies mit dem Beamtenverhältnis vereinbar ist. [3]Wird die Verpflichtung nach Satz 1 schuldhaft verletzt, soll die Bewilligung widerrufen werden.

(3) [1]Die zuständige Dienstbehörde kann auch nachträglich die Dauer der Teilzeitbeschäftigung beschränken oder den Umfang der zu leistenden Arbeitszeit erhöhen, soweit zwingende dienstliche Belange dies erfordern. [2]Sie soll eine Änderung des Umfangs der Teilzeitbeschäftigung oder den Über-

gang zur Vollzeitbeschäftigung zulassen, wenn die Teilzeitbeschäftigung im bisherigen Umfang nicht zumutbar ist und dienstliche Belange nicht entgegenstehen.

(4) [1]Wenn zwingende dienstliche Belange nicht entgegenstehen, soll die Bewilligung der Teilzeitbeschäftigung nach Abs. 1 in der Weise zugelassen werden, dass zunächst während eines Teils des Bewilligungszeitraums die Arbeitszeit bis zur regelmäßigen Arbeitszeit erhöht und diese Arbeitszeiterhöhung während des unmittelbar daran anschließenden Teils des Bewilligungszeitraums durch eine entsprechende Ermäßigung der Arbeitszeit oder durch eine ununterbrochene volle Freistellung vom Dienst ausgeglichen wird. [2]Der gesamte Bewilligungszeitraum darf höchstens zehn Jahre betragen.

(5) [1]Treten während des Bewilligungszeitraums einer Teilzeitbeschäftigung nach Abs. 4 Umstände ein, welche die vorgesehene Abwicklung der vollen oder teilweisen Freistellung unmöglich machen, ist ein Widerruf abweichend von Art. 49 BayVwVfG auch mit Wirkung für die Vergangenheit in folgenden Fällen zulässig:

1. bei Beendigung des Beamtenverhältnisses,
2. beim Dienstherrnwechsel,
3. bei Gewährung von Urlaub nach Art. 90 Abs. 1 Nr. 2 oder
4. in besonderen Härtefällen, wenn dem Beamten oder der Beamtin die Fortsetzung der Teilzeitbeschäftigung nicht mehr zuzumuten ist.

[2]Der Widerruf darf nur mit Wirkung für den gesamten Bewilligungszeitraum und nur in dem Umfang erfolgen, der der tatsächlichen Arbeitszeit entspricht.

(6) [1]Wird langfristig Urlaub nach einer anderen als der in Abs. 5 Satz 1 Nr. 3 genannten Vorschrift bewilligt, verlängert sich der Bewilligungszeitraum um die Dauer der Beurlaubung. [2]Auf Antrag oder aus dienstlichen Gründen kann die Bewilligung widerrufen werden.

Artikel 89 Familienpolitische Teilzeit und Beurlaubung

(1) Beamten und Beamtinnen mit Dienstbezügen ist auf Antrag, wenn zwingende dienstliche Belange nicht entgegenstehen,

1. zur tatsächlichen Betreuung oder Pflege von mindestens einem Kind unter 18 Jahren oder einem oder einer nach ärztlichem Gutachten pflegebedürftigen sonstigen Angehörigen Teilzeitbeschäftigung in einem Umfang von mindestens durchschnittlich wöchentlich acht Stunden oder Urlaub ohne Dienstbezüge,
2. während der Elternzeit Teilzeitbeschäftigung auch mit weniger als wöchentlich acht Stunden

zu gewähren.

(2) [1]Der Antrag auf Verlängerung einer Beurlaubung soll spätestens sechs Monate vor Ablauf der Genehmigung einer Beurlaubung gestellt werden. [2]Art. 88 Abs. 3 gilt entsprechend. [3]Die zuständige Dienstbehörde kann eine Rückkehr aus dem Urlaub zulassen, wenn die Fortsetzung des Urlaubs nicht zugemutet werden kann und dienstliche Belange nicht entgegenstehen.

(3) [1]Während einer Freistellung vom Dienst nach Abs. 1 dürfen nur solche Nebentätigkeiten genehmigt werden, die dem Zweck der Freistellung nicht zuwiderlaufen. [2]Die Vorschriften der Art. 81 bis 85 bleiben unberührt.

(4) [1]Während der Zeit der Beurlaubung ohne Dienstbezüge nach Abs. 1 besteht ein Anspruch auf Leistungen der Krankheitsfürsorge in entsprechender Anwendung der Beihilferegelungen für Beamte und Beamtinnen mit Dienstbezügen. [2]Dies gilt nicht, wenn Beamte oder Beamtinnen berücksichtigungsfähige Angehörige von Beihilfeberechtigten werden oder Anspruch auf Familienhilfe nach § 10 des Fünften Buches Sozialgesetzbuch (SGB V) haben.

(5) [1]Soweit die Zulassungs-, Ausbildungs- und Prüfungsordnungen dies vorsehen, kann Beamten und Beamtinnen auf Widerruf im Vorbereitungsdienst aus den in Abs. 1 genannten Gründen eine Teilzeitbeschäftigung mit mindestens der Hälfte der regelmäßigen Arbeitszeit bewilligt werden, wenn dienstliche Belange nicht entgegenstehen, die Struktur der Ausbildung dies zulässt und den unverzichtbaren Erfordernissen der Ausbildung Rechnung getragen wird. [2]Die Abs. 2 und 3 gelten entsprechend. [3]Die Sätze 1 und 2 gelten auch für die Beamten und Beamtinnen nach Art. 125.

Artikel 90 Arbeitsmarktpolitische Beurlaubung

(1) Beamten und Beamtinnen mit Dienstbezügen nach Ablauf der Probezeit kann in einer Arbeitsmarktsituation, in der ein außergewöhnlicher Bewerbungsüberhang besteht und deshalb ein dringendes öffentliches Interesse daran gegeben ist, verstärkt Personen im öffentlichen Dienst zu beschäftigen,

1. auf Antrag Urlaub ohne Dienstbezüge bis zur Dauer von insgesamt sechs Jahren, mindestens von einem Jahr,
2. unbeschadet Nr. 1 nach Vollendung des 50. Lebensjahres auf Antrag, der sich auf die Zeit bis zum Beginn des Ruhestands erstrecken muss, Urlaub ohne Dienstbezüge

bewilligt werden, wenn dienstliche Belange nicht entgegenstehen.

(2) [1]Dem Antrag nach Abs. 1 darf nur entsprochen werden, wenn der Beamte oder die Beamtin erklärt, während der Dauer des Bewilligungszeitraums auf die Ausübung entgeltlicher Nebentätigkeiten zu verzichten und entgeltliche Tätigkeiten nach Art. 82 Abs. 1 Nr. 4 bis 6 nur in dem Umfang auszuüben, wie sie bei Vollzeitbeschäftigung ohne Verletzung dienstlicher Pflichten ausgeübt werden könnten. [2]Wird diese Verpflichtung schuldhaft verletzt, soll die Bewilligung widerrufen werden. [3]Die zuständige Dienstbehörde darf trotz der Erklärung nach Satz 1 Nebentätigkeiten genehmigen, soweit sie dem Zweck der Bewilligung des Urlaubs nicht zuwiderlaufen. [4]Art. 89 Abs. 2 Satz 1 und 3 gilt entsprechend.

Artikel 91 Altersteilzeit

(1) [1]Beamten und Beamtinnen mit Dienstbezügen, die das 60. Lebensjahr vollendet haben, kann auf Antrag, der sich auf die Zeit bis zum Beginn des Ruhestands erstrecken muss, eine Teilzeitbeschäftigung mit 60 v.H. der in den letzten fünf Jahren vor Beginn der Altersteilzeit durchschnittlich geleisteten Arbeitszeit bewilligt werden, wenn dringende dienstliche Belange nicht entgegenstehen; bei schwerbehinderten Beamten und Beamtinnen im Sinn des § 2 Abs. 2 SGB IX tritt an die Stelle des 60. das 58. Lebensjahr. [2]Für Lehrkräfte an öffentlichen Schulen gilt als Altersgrenze der Beginn des Schuljahres, in dem diese das nach Satz 1 maßgebliche Lebensjahr vollenden. [3]Altersteilzeit nach Satz 1 muss einen Mindestbewilligungszeitraum von einem Jahr umfassen.

(2) [1]Entsprechend den dienstlichen Erfordernissen kann die während der Gesamtdauer der Altersteilzeit zu leistende Arbeit so eingebracht werden, dass sie

1. während des gesamten Bewilligungszeitraums durchgehend im nach Abs. 1 Satz 1 festgesetzten Umfang geleistet wird (Teilzeitmodell) oder
2. zunächst im Umfang der in den letzten fünf Jahren vor Beginn der Altersteilzeit durchschnittlich festgesetzten Arbeitszeit oder im Umfang der vor Beginn der Altersteilzeit zuletzt festgesetzten Arbeitszeit geleistet wird und der Beamte oder die Beamtin anschließend vollständig vom Dienst freigestellt wird (Blockmodell).

[2]Art. 88 Abs. 2 gilt entsprechend. [3]Treten während des Bewilligungszeitraums einer nach Satz 1 Nr. 2 im Blockmodell bewilligten Altersteilzeit Umstände ein, welche die vorgesehene Abwicklung der Freistellung vom Dienst unmöglich machen, so ist die gewährte Altersteilzeit abweichend von Art. 49 BayVwVfG mit Wirkung für die Vergangenheit in folgenden Fällen zu widerrufen:

1. bei Beendigung des Beamtenverhältnisses,
2. beim Dienstherrnwechsel,
3. bei Gewährung von Urlaub nach Art. 89 Abs. 1 Nr. 1 oder Art. 90 Abs. 1 Nr. 2 oder
4. in besonderen Härtefällen, wenn dem Beamten oder der Beamtin die Fortsetzung der Altersteilzeit nicht mehr zuzumuten ist.

[4]Ein Widerruf erfolgt nicht, soweit Zeiten aus der Ansparphase durch eine gewährte Freistellung bereits ausgeglichen wurden; dabei gelten die unmittelbar vor dem Eintritt in die Freistellungsphase liegenden Ansparzeiten als durch die Freistellung ausgeglichen. [5]Gleichzeitig mit dem Widerruf wird der Arbeitszeitstatus entsprechend des in der Ansparphase geleisteten und nicht durch Freistellung ausgeglichenen Arbeitszeitumfangs festgesetzt. [6]Soweit bei der Festsetzung der wöchentlichen Unterrichtsverpflichtung von Lehrkräften an öffentlichen Schulen Rundungen vorzunehmen sind, um eine in vollen Stunden bemessene Unterrichtsverpflichtung zu erreichen, sollen die entstandenen Rundungsdifferenzen im Lauf des Bewilligungszeitraums durch eine entsprechende Reduzierung oder Erhöhung der wöchentlichen Unterrichtsverpflichtung ausgeglichen werden.

(3) Abs. 1 und 2 gelten nicht für Amtschefs und Amtschefinnen, Abteilungsleiter und Abteilungsleiterinnen sowie vergleichbare Funktionsinhaber und Funktionsinhaberinnen bei staatlichen obersten Dienstbehörden sowie für die Leiter und Leiterinnen von staatlichen Behörden, deren Ämter nach Art. 45 im Beamtenverhältnis auf Zeit vergeben werden oder die mindestens in der Besoldungsgruppe R 3 eingestuft sind.

(4) [1]In Bereichen, in denen wegen grundlegender Verwaltungsreformmaßnahmen in wesentlichem Umfang Stellen abgebaut werden, gilt abweichend von Abs. 1 als Altersgrenze das vollendete 55. Lebensjahr, sofern die betroffene Planstelle oder eine Stelle einer um bis zu vier Besoldungs- oder Entgeltgruppen niedrigeren Besoldungs- oder Entgeltgruppe sukzessive, entsprechend ihres Freiwerdens, vollständig gesperrt und in den nachfolgenden Haushaltsplänen eingezogen wird. [2]Abs. 3 findet in diesen Verwaltungsbereichen keine Anwendung. [3]Die Staatsregierung wird für den staatlichen Bereich ermächtigt, die Bereiche im Sinn des Satzes 1 sowie nähere Bestimmungen zum Vollzug der Einsparungen durch Rechtsverordnung festzulegen. [4]Die Gemeinden, Gemeindeverbände und sonstigen unter der Aufsicht des Staates stehenden Körperschaften, Anstalten und Stiftungen des öffentlichen Rechts können innerhalb ihres Zuständigkeitsbereichs die Bereiche im Sinn des Satzes 1 sowie nähere Bestimmungen zum Vollzug der Einsparungen festlegen.

Artikel 92 Zeitliche Höchstgrenzen, Zuständigkeit, Hinweispflicht

(1) [1]Die Dauer von Beurlaubungen nach Art. 89 Abs. 1 Nr. 1, Art. 90 Abs. 1 dieses Gesetzes oder Art. 9 des Bayerischen Richter- und Staatsanwaltsgesetzes (BayRiStAG) darf insgesamt 15 Jahre nicht überschreiten. [2]Unbeschadet hiervon sind Zeiten einer Beurlaubung nach Art. 89 Abs. 1 Nr. 1 dieses Gesetzes oder Art. 9 Abs. 1 BayRiStAG in Verbindung mit Art. 8 Abs. 1 Satz 1 BayRiStAG im Umfang von bis zu zwei Jahren sowie derjenigen Zeit zu bewilligen, die der Freistellungsmöglichkeit für Arbeitnehmer nach dem Pflegezeitgesetz entspricht. [3]Bei Beamten und Beamtinnen im Schul- oder Hochschuldienst kann der Bewilligungszeitraum einer Beurlaubung nach Art. 89 Abs. 1 Nr. 1 oder Art. 90 Abs. 1 Nr. 1 auch beim Wegfall der tatbestandlichen Voraussetzungen bis zum Ende des laufenden Schulhalbjahres oder Semesters ausgedehnt werden. [4]In den Fällen des Art. 90 Abs. 1 Nr. 2 findet Satz 1 keine Anwendung, wenn eine Rückkehr zur Voll- oder Teilzeitbeschäftigung nicht zumutbar ist.

(2) Die Entscheidungen nach Art. 88 bis 91 trifft die oberste Dienstbehörde; sie kann ihre Befugnisse durch Rechtsverordnung auf andere Behörden übertragen.

(3) Bei der Beantragung einer Freistellung nach Art. 88 bis 91 ist durch die zuständige Dienststelle auf die rechtlichen Folgen der Freistellung hinzuweisen.

Artikel 93 Erholungs- und Sonderurlaub

(1) Die Staatsregierung regelt die Erteilung und Dauer des Erholungsurlaubs sowie Voraussetzungen und Umfang einer Abgeltung durch Rechtsverordnung.

(2) Die Staatsregierung regelt ferner die Bewilligung von Urlaub aus anderen Anlässen und bestimmt, ob und inwieweit die Leistungen des Dienstherrn während dieser Zeit zu belassen sind.

(3) Hinsichtlich der Wahl des Urlaubsorts (Abs. 1 und 2) können Beschränkungen auferlegt werden, wenn es die öffentliche Sicherheit zwingend erfordert.

(4) [1]Der zu einer Tätigkeit als Mitglied einer kommunalen Vertretung notwendige Urlaub ist zu gewähren, soweit es sich um die Teilnahme an Sitzungen handelt, in denen der Beamte oder die Beamtin Sitz und Stimme hat. [2]Die Leistungen des Dienstherrn werden während des Urlaubs belassen.

(5) Die Gewährung von Wahlvorbereitungsurlaub für Beamte und Beamtinnen, die sich um einen Sitz im Deutschen Bundestag, im Bayerischen Landtag oder in der gesetzgebenden Körperschaft eines anderen Landes bewerben, richtet sich nach Art. 41 des Bayerischen Abgeordnetengesetzes (BayAbgG).

Artikel 94 Rechtsfolgen der Wahl in das Parlament eines anderen Landes

(1) Für Beamte und Beamtinnen, die in gesetzgebende Körperschaften anderer Länder gewählt worden sind und deren Amt kraft Gesetzes mit dem Mandat unvereinbar ist, gelten die für die in den Bayerischen Landtag gewählten Beamten und Beamtinnen maßgebenden Vorschriften in den Art. 16 Abs. 3, Art. 43 bis 47, 48 Abs. 1 bis 3 BayAbgG entsprechend.

(2) [1]Beamten und Beamtinnen, die in gesetzgebende Körperschaften anderer Länder gewählt worden sind und deren Rechte und Pflichten aus dem Dienstverhältnis nicht nach Abs. 1 ruhen, ist zur Ausübung des Mandats auf Antrag

1. die Arbeitszeit bis auf 30 v.H. der regelmäßigen Arbeitszeit zu ermäßigen oder
2. ein Urlaub ohne Besoldung zu gewähren.

[2]Der Antrag soll jeweils für einen Zeitraum von mindestens sechs Monaten gestellt werden. [3]Art. 16 Abs. 3 BayAbgG ist sinngemäß anzuwenden. [4]Auf Beamte und Beamtinnen, denen nach Satz 1 Nr. 2 Urlaub ohne Besoldung gewährt wird, ist Art. 45 Abs. 1, 3 und 4 BayAbgG sinngemäß anzuwenden.

Artikel 95 Fernbleiben vom Dienst

(1) [1]Beamte und Beamtinnen dürfen dem Dienst nicht ohne Genehmigung ihrer Dienstvorgesetzten fernbleiben. [2]Dienstunfähigkeit wegen Krankheit ist auf Verlangen nachzuweisen.

(2) Verliert der Beamte oder die Beamtin wegen unentschuldigten Fernbleibens vom Dienst nach dem Bayerischen Besoldungsgesetz den Anspruch auf Bezüge, so wird dadurch eine disziplinarische Verfolgung nicht ausgeschlossen.

(3) [1]In allen übrigen Fällen, in denen der Beamte oder die Beamtin außer Dienst gestellt worden ist, können ein anderes Einkommen oder ein beamtenrechtlicher Unterhaltsbeitrag, die infolge der unterbliebenen Dienstleistung für diesen Zeitraum erzielt werden konnten, auf die Leistungen des Dienstherrn angerechnet werden, wenn die Nichtanrechnung zu einem ungerechtfertigten Vorteil führen würde. [2]Der Beamte oder die Beamtin ist zur Auskunft verpflichtet. [3]In den Fällen einer vorläufigen Dienstenthebung auf Grund eines Disziplinarverfahrens finden die besonderen Vorschriften des Disziplinarrechts Anwendung.

Abschnitt 7

Besondere Fürsorgepflichten

Artikel 96 Beihilfe in Krankheits-, Geburts-, Pflege- und sonstigen Fällen

(1) [1]Beamte und Beamtinnen, Ruhestandsbeamte und Ruhestandsbeamtinnen, deren versorgungsberechtigte Hinterbliebene, Dienstanfänger und Dienstanfängerinnen sowie frühere Beamte und Beamtinnen, die wegen Dienstunfähigkeit oder Erreichen der Altersgrenze entlassen sind, erhalten für sich, den Ehegatten oder den Lebenspartner (Lebenspartner und Lebenspartnerin im Sinn des § 1 des Lebenspartnerschaftsgesetzes), soweit dessen Gesamtbetrag der Einkünfte (§ 2 Abs. 3 des Einkommensteuergesetzes) im zweiten Kalenderjahr vor der Stellung des Beihilfeantrags 20 878 € nicht übersteigt, und die im Orts- und Familienzuschlag nach dem Bayerischen Besoldungsgesetz berücksichtigungsfähigen Kinder Beihilfen als Ergänzung der aus den laufenden Bezügen zu bestreitenden Eigenvorsorge, solange ihnen laufende Besoldung, Unterhaltsbeihilfe nach Art. 97 BayBesG oder Versorgungsbezüge mit Ausnahme von Halbwaisengeld (Art. 39, 40 BayBeamtVG) zustehen. [2]Das Staatsministerium der Finanzen und für Heimat wird ermächtigt, diesen Betrag mit Wirkung zum Anfang eines Kalenderjahres durch Rechtsverordnung so anzupassen, wie sich der Rentenwert West seit der letzten Anpassung entwickelt hat. [3]Die erste Anpassung kann mit Wirkung vom 1. Januar 2024 auf der Grundlage der seit dem 1. Januar 2023 eingetretenen Entwicklung des Rentenwerts West erfolgen. [4]Beihilfe erhalten auch Beamte und Beamtinnen, die während einer Elternzeit keine Bezüge erhalten. [5]Satz 1 gilt nicht für im Orts- und Familienzuschlag nach dem Bayerischen Besoldungsgesetz berücksichtigungsfähige Kinder, die einen eigenständigen Anspruch auf Beihilfe oder Heilfürsorge haben.

(2) [1]Beihilfeleistungen werden zu den nachgewiesenen medizinisch notwendigen und angemessenen Aufwendungen in Krankheits-, Geburts- und Pflegefällen und zur Gesundheitsvorsorge gewährt. [2]Beihilfen dürfen nur gewährt werden, soweit die Beihilfe und Leistungen Dritter aus demselben Anlass die dem Grunde nach beihilfefähigen Aufwendungen nicht überschreiten. [3]Sind die finanziellen Folgen von Krankheit, Geburt, Pflege und Gesundheitsvorsorge durch Leistungen aus anderen Sicherungssystemen dem Grunde nach abgesichert, erfolgt keine zusätzliche Gewährung von Beihilfeleistungen; Sachleistungen sind vorrangig in Anspruch zu nehmen. [4]Soweit nur Zuschüsse zustehen, sind diese anzurechnen. [5]Der Anspruch auf Beihilfeleistungen ist bei Mitgliedern der gesetzlichen Krankenversicherung beschränkt auf Leistungen für Zahnersatz, für Heilpraktiker und Heilpraktikerinnen und auf Wahlleistungen im Krankenhaus. [6]Aufwendungen für den Besuch schulischer oder vorschulischer Einrichtungen und berufsfördernde Maßnahmen sowie Aufwendungen für einen Schwangerschaftsabbruch, sofern nicht die Voraussetzungen des § 218a Abs. 2 oder 3 des Strafgesetzbuchs vorliegen, sind von der Beihilfefähigkeit ausgeschlossen. [7]Bei Inanspruchnahme von Wahlleistungen im Krankenhaus sind nach Anwendung der persönlichen Bemessungssätze folgende Eigenbeteiligungen abzuziehen:

1. wahlärztliche Leistungen:

25 € pro Aufenthaltstag im Krankenhaus,
2. Wahlleistung Zweibett-Zimmer:
7,50 € pro Aufenthaltstag im Krankenhaus, höchstens für 30 Tage im Kalenderjahr.

[8]Satz 7 gilt nicht für Aufwendungen für eine Spenderin oder einen Spender von Organen, Geweben, Blutstammzellen oder anderen Blutbestandteilen, wenn die Empfängerin oder der Empfänger der Spende selbst beihilfeberechtigt ist oder zum Kreis der berücksichtigungsfähigen Angehörigen zählt.

(3) [1]Beihilfen werden als Vomhundertsatz der beihilfefähigen Aufwendungen (Bemessungssatz) oder als Pauschalen gewährt. [2]Der Bemessungssatz beträgt

1. bei Beamten und Beamtinnen sowie Richtern und Richterinnen 50 v.H., während der Inanspruchnahme von Elternzeit 70 v.H.,
2. bei Ehegatten oder Lebenspartnern sowie bei Versorgungsempfängern und Versorgungsempfängerinnen 70 v.H.,
3. bei Kindern und eigenständig beihilfeberechtigten Waisen 80 v.H.

[3]Sind zwei oder mehr Kinder berücksichtigungsfähig im Sinn des Abs. 1, beträgt der Bemessungssatz eines oder einer Beihilfeberechtigten 70 v.H.; bei mehreren Beihilfeberechtigten beträgt der Bemessungssatz nur bei einem von ihnen 70 v.H. [4]In besonderen Ausnahmefällen kann eine Erhöhung der Bemessungssätze vorgesehen werden. [5]Die festgesetzte Beihilfe ist um 3 € je verordnetem Arzneimittel, Verbandmittel und Medizinprodukt, jedoch nicht mehr als die tatsächlich gewährte Beihilfe zu mindern (Eigenbeteiligung). [6]Die Eigenbeteiligung unterbleibt

1. bei Aufwendungen für Waisen, für Beamte und Beamtinnen auf Widerruf im Vorbereitungsdienst, und für berücksichtigungsfähige Kinder,
2. für Beihilfeberechtigte und berücksichtigungsfähige Angehörige, die Mitglied einer gesetzlichen Krankenversicherung sind,
3. bei Aufwendungen für Schwangere im Zusammenhang mit Schwangerschaftsbeschwerden oder der Entbindung,
4. bei Aufwendungen für Spenderinnen und Spender nach Abs. 2 Satz 8,
5. soweit sie für die Beihilfeberechtigten und ihre berücksichtigungsfähigen Ehegatten oder Lebenspartner zusammen die Belastungsgrenze überschreitet.

[7]Die Belastungsgrenze beträgt 2 v.H. der Jahresdienst- bzw. Jahresversorgungsbezüge nach beamtenrechtlichen Vorschriften oder Grundsätzen ohne die kinderbezogenen Anteile im Orts- und Familienzuschlag sowie der Jahresrenten aus der gesetzlichen Rentenversicherung und einer zusätzlichen Alters- und Hinterbliebenenversorgung. [8]Für chronisch Kranke im Sinn des Fünften Buches Sozialgesetzbuch beträgt die Belastungsgrenze 1 v.H., es sei denn, sie haben die wichtigsten evidenzbasierten Untersuchungen nicht regelmäßig in Anspruch genommen oder beteiligen sich nicht hinreichend an einer adäquaten Therapie.

(3a) Eine Beihilfe wird nur gewährt, wenn sie innerhalb von drei Jahren nach Entstehen der Aufwendungen oder der Ausstellung der Rechnung beantragt wird.

(4) [1]Die obersten Dienstbehörden setzen die Beihilfen fest und ordnen die Zahlung an. [2]Sie können diese Befugnisse auf andere Dienststellen übertragen. [3]Das Landesamt für Finanzen setzt mit seinen Dienststellen als zentrale Landesbehörde für den staatlichen Bereich, mit Ausnahme der bei der Bayerischen Versicherungskammer beschäftigten Beamten und Beamtinnen, die Beihilfe der Berechtigten fest und ordnet deren Zahlung an; die örtliche Zuständigkeit sowie gegebenenfalls eine andere sachliche Zuständigkeit kann die Staatsregierung durch Rechtsverordnung regeln. [4]Die sonstigen Befugnisse der obersten Dienstbehörden beim Vollzug der Beihilfevorschriften können auf das Staatsministerium der Finanzen und für Heimat übertragen werden. [5]Die Gemeinden, Gemeindeverbände und die sonstigen der Aufsicht des Staates unterstehenden Körperschaften, Anstalten und Stiftungen des öffentlichen Rechts können zur Erfüllung ihrer Verpflichtungen nach Abs. 1 eine Versicherung abschließen oder sich der Dienstleistungen von Versicherungsunternehmen oder sonstiger geeigneter Stellen bedienen und hierzu die erforderlichen Daten übermitteln; die Zuerkennung der Eignung setzt voraus, dass die mit der Beihilfebearbeitung betrauten Personen nach dem Verpflichtungsgesetz zur Wahrung der Daten verpflichtet werden. [6]Die mit der Beihilfebearbeitung beauftragte Stelle darf die Daten, die ihr im Rahmen der Beihilfebearbeitung bekannt werden, nur für diesen Zweck verarbeiten und nutzen. [7]§ 50 Satz 3 BeamtStG, Art. 105 Satz 4, Art. 107 und 110 gelten entsprechend.

(5) [1]Das Nähere hinsichtlich des Kreises der beihilfeberechtigten Personen und der berücksichtigungsfähigen Angehörigen, des Inhalts und Umfangs der Beihilfen sowie des Verfahrens der Beihilfengewährung und -rückforderung regelt das Staatsministerium der Finanzen und für Heimat durch Rechtsverordnung. [2]Insbesondere können Bestimmungen getroffen werden

1. hinsichtlich des Kreises der beihilfeberechtigten Personen und der berücksichtigungsfähigen Angehörigen über
   a) Konkurrenzregelungen für den Fall des Zusammentreffens mehrerer inhaltsgleicher Ansprüche auf Beihilfeleistungen in einer Person,
   b) die Gewährung von Beihilfeleistungen für Ehegatten oder Lebenspartner bei wechselnder Einkommenshöhe und bei individuell eingeschränkter Versicherbarkeit des Kostenrisikos,
   c) die Beschränkung oder den Ausschluss der Beihilfen für Ehrenbeamte und Ehrenbeamtinnen sowie Beamte und Beamtinnen, deren Dienstverhältnis auf weniger als ein Jahr befristet ist,
2. hinsichtlich des Inhalts und Umfangs der Beihilfen über
   a) die Einführung von Höchstgrenzen,
   b) die Beschränkung auf bestimmte Indikationen,
   c) die Beschränkung oder den Ausschluss für Untersuchungen und Behandlungen nach wissenschaftlich nicht allgemein anerkannten Methoden,
   d) den Ausschluss für Arznei-, Heil- und Hilfsmittel zur Behandlung der erektilen Dysfunktion, Rauchentwöhnung, Abmagerung und Zügelung des Appetits, Regulierung des Körpergewichts und Verbesserung des Haarwuchses,
   e) die Beschränkung oder den Ausschluss von Beihilfen zu Aufwendungen, die in Ländern außerhalb der Mitgliedstaaten der Europäischen Union erbracht werden,
3. hinsichtlich des Zeitpunkts des Beginns der Ausschlussfrist nach Abs. 3a bei Pauschalbeihilfen, Kuren sowie in Fällen, in denen ein Sozialhilfeträger vorgeleistet hat,
4. hinsichtlich des Verfahrens der Beihilfengewährung und -rückforderung über
   a) die Antragstellung mittels technischer Verfahren und die elektronische Erfassung und Speicherung von Anträgen und Belegen,
   b) die Verwendung einer elektronischen Gesundheitskarte entsprechend § 291a SGB V, wobei der Zugriff der Beihilfestellen auf Daten über die in Anspruch genommenen Leistungen und deren Kosten zu beschränken ist,
   c) die Beteiligung von Gutachtern und Gutachterinnen, Beratungsärzten und Beratungsärztinnen sowie sonstigen geeigneten Stellen zur Überprüfung der Notwendigkeit und Angemessenheit einzelner geltend gemachter Aufwendungen einschließlich der Übermittlung der erforderlichen Daten, wobei personenbezogene Daten nur mit Einwilligung des oder der Beihilfeberechtigten übermittelt werden dürfen; die Zuerkennung der Eignung setzt voraus, dass die mit der Bewertung betrauten Personen nach dem Verpflichtungsgesetz zur Wahrung der Daten verpflichtet werden,
   d) die Durchführung der Regelungen zur Belastungsgrenze (Abs. 3 Satz 7 und 8),
   e) die Durchführung von Regressverfahren einschließlich des erforderlichen Datenaustauschs mit Ermittlungsbehörden.

(6) Die Staatsregierung unterrichtet den Landtag fortlaufend über den Erlass und die geplanten Änderungen der Rechtsverordnung nach Abs. 5 Satz 1.

Artikel 97 Erfüllungsübernahme bei Schmerzensgeldansprüchen

(1) [1]Hat der Beamte oder die Beamtin wegen eines tätlichen rechtswidrigen Angriffs, den er oder sie in Ausübung des Dienstes oder außerhalb des Dienstes wegen der Eigenschaft als Beamter oder Beamtin erleidet, einen rechtskräftig festgestellten Anspruch auf Schmerzensgeld gegen einen Dritten, kann der Dienstherr auf Antrag die Erfüllung dieses Anspruchs bis zur Höhe des festgestellten Schmerzensgeldbetrags übernehmen, soweit dies zur Vermeidung einer unbilligen Härte notwendig ist. [2]Der rechtskräftigen Feststellung steht ein Vergleich nach § 794 Abs. 1 Nr. 1 ZPO gleich, sobald er unwiderruflich und der Höhe nach angemessen ist.

(2) [1]Eine unbillige Härte liegt insbesondere vor, wenn die Vollstreckung über einen Betrag von mindestens 500 € erfolglos geblieben ist. [2]Der Dienstherr kann die Erfüllungsübernahme verweigern, wenn auf Grund desselben Sachverhalts eine einmalige Unfallentschädigung (Art. 62 BayBeamtVG) oder Unfallausgleich (Art. 52 BayBeamtVG) gezahlt wird.

(3) [1]Die Übernahme der Erfüllung ist innerhalb einer Ausschlussfrist von zwei Jahren nach Rechtskraft des Urteils schriftlich unter Nachweis der Vollstreckungsversuche zu beantragen. [2]Die Entscheidung trifft die oberste Dienstbehörde, bei Staatsbeamten die Pensionsbehörde (Art. 9 Abs. 2 BayBeamtVG). [3]Soweit der Dienstherr die Erfüllung übernommen hat, gehen Ansprüche gegen Dritte auf ihn über. [4]Der Übergang der Ansprüche kann nicht zum Nachteil des oder der Geschädigten geltend gemacht werden.

Artikel 98 Schadensersatz bei Gewaltakten Dritter und Sachschadensersatz bei Unfällen

(1) [1]Werden durch Gewaltakte Dritter, die im Hinblick auf das pflichtgemäße dienstliche Verhalten von Beamten und Beamtinnen begangen werden, Gegenstände beschädigt oder zerstört, die den Beamten und Beamtinnen, ihren Familienangehörigen oder mit ihnen in häuslicher Gemeinschaft lebenden Personen gehören, oder den Beamten und Beamtinnen sonstige, nicht unerhebliche Vermögensschäden zugefügt, so kann der Dienstherr hierfür Ersatz leisten. [2]Gleiches gilt in den Fällen, in denen sich der Gewaltakt gegen den Dienstherrn als solchen gerichtet hat.

(2) Werden in Ausübung oder infolge des Dienstes Kleidungsstücke oder sonstige Gegenstände, die üblicherweise oder aus dienstlichem Grund im Dienst mitgeführt werden, durch einen Unfall beschädigt oder verloren, so kann der Dienstherr dafür Ersatz leisten, sofern der Beamte oder die Beamtin den Schaden nicht vorsätzlich oder grob fahrlässig verursacht hat.

(3) [1]Ansprüche auf Ersatzleistungen sind innerhalb von drei Monaten nach dem Eintritt des Schadens bei der Dienststelle oder der für die Entscheidung über die Ersatzleistung zuständigen Behörde schriftlich geltend zu machen. [2]Die Entscheidung trifft die oberste Dienstbehörde, bei Beamten und Beamtinnen des Staates die Pensionsbehörde (Art. 9 Abs. 2 BayBeamtVG).

(4) [1]Hat der Dienstherr Ersatz geleistet, so gehen insoweit Ansprüche gegen Dritte auf ihn über. [2]Der Übergang der Ansprüche kann nicht zum Nachteil des oder der Geschädigten geltend gemacht werden.

Artikel 99 Mutterschutz, Elternzeit, Schwerbehinderung, Arbeitsschutz, Gendiagnostik

(1) [1]Die Staatsregierung regelt durch Rechtsverordnung die der Eigenart des öffentlichen Dienstes entsprechende Anwendung

1. der Vorschriften des Mutterschutzgesetzes auf Beamtinnen,
2. der Vorschriften des Bundeselterngeld- und Elternzeitgesetzes über die Elternzeit auf Beamte und Beamtinnen,
3. der auf das Arbeitsschutzgesetz gestützten Rechtsverordnungen auf Beamte und Beamtinnen.

[2]Weitere Regelungen zur Ausgestaltung der Vorschriften des Neunten Buches Sozialgesetzbuch auf schwerbehinderte und gleichgestellte Beamte, Beamtinnen, Bewerber und Bewerberinnen im öffentlichen Dienst regelt das Staatsministerium der Finanzen und für Heimat durch Verwaltungsvorschriften.

(2) [1]Soweit öffentliche Belange es zwingend erfordern, insbesondere zur Aufrechterhaltung oder Wiederherstellung der öffentlichen Sicherheit, kann das zuständige Staatsministerium im Einvernehmen mit dem Staatsministerium der Finanzen und für Heimat für bestimmte Tätigkeiten durch Rechtsverordnung bestimmen, dass Vorschriften des Arbeitsschutzgesetzes oder hierzu erlassener Rechtsverordnungen des Bundes ganz oder zum Teil nicht anzuwenden sind. [2]In diesen Fällen ist sicherzustellen, dass die Sicherheit und der Gesundheitsschutz bei der Arbeit unter Berücksichtigung der Ziele des Arbeitsschutzgesetzes auf andere Weise gewährleistet werden.

(3) Die für Beschäftigte geltenden Vorschriften des Gendiagnostikgesetzes gelten für Beamte und Beamtinnen im Sinn dieses Gesetzes entsprechend.

Artikel 100 Jugendarbeitsschutz

(1) Soweit Beamte und Beamtinnen das 18. Lebensjahr noch nicht vollendet haben, besteht ein Anspruch auf Jugendarbeitsschutz nach Maßgabe der folgenden Absätze.

(2) [1]Bei der Festlegung der täglichen und wöchentlichen Arbeitszeit, der Freistellung an Berufsschultagen, der Regelung der Pausen, der Schichtzeit, der täglichen Freizeit, der Nachtruhe, der Fünf-Tage-Woche sowie der Samstags-, Sonntags- und Feiertagsruhe ist das besondere Schutzbedürfnis von Jugendlichen unter 18 Jahren zu berücksichtigen. [2]Die Dauer ihres Erholungsurlaubs ist unter Berücksichtigung ihres Alters und ihres besonderen Erholungsbedürfnisses zu bemessen. [3]Das Nähere regelt die Staatsregierung durch Rechtsverordnung.

(3) [1]Beamte und Beamtinnen dürfen vor Vollendung des 18. Lebensjahres nicht mit Dienstgeschäften betraut werden, bei denen Leben, Gesundheit oder die körperliche oder seelisch-geistige Entwicklung gefährdet werden. [2]Dies gilt nicht für die Beschäftigung nach Vollendung des 16. Lebensjahres, soweit dies zur Erreichung des Ausbildungsziels erforderlich ist und der Schutz der Jugendlichen durch die Aufsicht eines Fachkundigen sichergestellt ist. [3]Die zuständige Dienstbehörde hat bei der Errichtung und der Unterhaltung der Dienststellen einschließlich der Maschinen, Werkzeuge und Geräte und bei der Regelung der Beschäftigung die erforderlichen Vorkehrungen und Maßnahmen zum Schutz der Jugendlichen gegen Gefahren für Leben und Gesundheit sowie zur Vermeidung einer Beeinträchtigung der körperlichen oder seelisch-geistigen Entwicklung zu treffen.
(4) [1]Jugendliche unter 18 Jahren dürfen in ein Beamtenverhältnis nur berufen werden, nachdem sie ärztlich untersucht worden sind (Erstuntersuchung). [2]Nach Ablauf eines Jahres seit der Einstellung ist eine erneute ärztliche Untersuchung durchzuführen (Nachuntersuchung). [3]Die Erstuntersuchung hat sich auf den Gesundheits- und Entwicklungsstand sowie die körperliche Beschaffenheit, die Nachuntersuchung außerdem auf die Auswirkungen der Berufsarbeit auf Gesundheit und Entwicklung zu erstrecken. [4]Die Kosten der ärztlichen Untersuchungen trägt der Dienstherr.
(5) [1]Ausnahmen von Abs. 3 Satz 1 sind für jugendliche Polizeivollzugsbeamte zulässig zur Eigensicherung und auf Weisung des Staatsministeriums des Innern, für Sport und Integration für Einsätze bei Naturkatastrophen, besonders schweren Unglücksfällen oder in Fällen anderer Art, die die Kräfte der Polizei in außergewöhnlichem Maß in Anspruch nehmen, soweit erwachsene Polizeibedienstete nicht zur Verfügung stehen. [2]Auf die Leistungsfähigkeit der jugendlichen Polizeivollzugsbeamten ist besonders Rücksicht zu nehmen. [3]Die Einsatzzeit ist auf die unbedingt notwendige Dauer zu beschränken.

Artikel 101 Jubiläumszuwendung

[1]Den Beamten und Beamtinnen soll bei Dienstjubiläen eine Jubiläumszuwendung gewährt werden. [2]Das Nähere regelt die Staatsregierung durch Rechtsverordnung.

Abschnitt 8

Personalakten und Einsatz automatisierter Verfahren

Unterabschnitt 1

Verarbeitung personenbezogener Daten

Artikel 102 ***[aufgehoben]***

Artikel 103 Verarbeitung personenbezogener Daten

[1]Der Dienstherr darf personenbezogene Daten über Bewerber und Bewerberinnen sowie aktive und ehemalige Beamte und Beamtinnen verarbeiten, soweit dies

1. zur Durchführung organisatorischer, personeller und sozialer Maßnahmen, insbesondere zu Zwecken der Personalverwaltung oder Personalwirtschaft erforderlich ist,
2. zusätzlich bei der Verarbeitung besonderer Kategorien personenbezogener Daten Art. 8 Abs. 1 Nr. 2, 3 und 5 sowie Abs. 2 des Bayerischen Datenschutzgesetzes (BayDSG) erlaubt

und nachfolgend nichts anderes bestimmt ist. [2]Die Verarbeitung darf nur durch Beschäftigte erfolgen, die vom Dienstherrn mit der Bearbeitung von Personalangelegenheiten betraut sind. [3]Unbeschadet der Sätze 1 und 2 dürfen Daten nach Satz 1 auch zu Zwecken der Rechnungsprüfung verarbeitet werden.

Artikel 103a Verarbeitung personenbezogener Daten bei Aufgabenübertragung

[1]Haben außerhalb des staatlichen Bereichs die zuständige oberste Dienstbehörde oder der Arbeitgeber die Befugnisse zur Festsetzung, Anordnung und Abrechnung von Bezügen der Bediensteten oder der Versorgungsempfänger, von Beihilfen, Reisekosten, Trennungsgeld oder Umzugskostenvergütung oder sonstiger Nebenleistungen mit dessen Zustimmung auf das Landesamt für Finanzen übertragen, darf das Landesamt für Finanzen in diesem Rahmen personenbezogene Daten einschließlich besonderer Kategorien personenbezogener Daten verarbeiten, soweit dies zur Erfüllung der ihm übertragenen Aufgaben erforderlich ist. [2]Das Landesamt für Finanzen verarbeitet die personenbezogenen Daten unter Beachtung der geltenden Gesetze weisungsfrei. [3]Es ist insoweit bei der Verarbeitung sämtlicher personenbezogener Daten Verantwortlicher gemäß Art. 4 Nr. 7 der Verordnung (EU) 2016/679 (Datenschutz-Grundverordnung – DSGVO).

Unterabschnitt 2

Personalakten

Artikel 104 Führung der Personalakte

(1) [1]Die Personalakte kann nach sachlichen Gesichtspunkten in Grundakte und Teilakten gegliedert werden. [2]Teilakten können bei der für den betreffenden Aufgabenbereich zuständigen Behörde geführt werden. [3]Eine Beschäftigungsbehörde, die nicht zugleich personalverwaltende Behörde ist, oder weitere personalverwaltende Behörden dürfen eine weitere Personalakte (Nebenakte) aus Unterlagen führen, die sich auch in der Grundakte oder Teilakten befinden, soweit deren Kenntnis für die Erledigung ihrer Aufgaben erforderlich ist. [4]In der Grundakte ist ein vollständiges Verzeichnis aller Teil- und Nebenakten aufzunehmen.

(2) [1]Die Personalakte kann in Teilen (Hybridakte) oder vollständig elektronisch geführt werden. [2]Gehen elektronische Unterlagen auf die Erfassung papiergebundener Unterlagen zurück, darf auch die ursprüngliche Papierfassung gesondert zu Beweiszwecken aufbewahrt werden. [3]Im Übrigen gelten für die Papierfassung die personalaktenrechtlichen Vorschriften entsprechend. [4]Bei der Erfassung ist entsprechend dem Stand der Technik sicherzustellen, dass die elektronischen Dokumente mit den Papierdokumenten bildlich und inhaltlich übereinstimmen, wenn sie lesbar gemacht werden. [5]Bei Hybridakten ist im Verzeichnis nach Abs. 1 Satz 4 anzugeben, welche Aktenteile in welcher Form geführt werden.

(3) [1]Nicht Bestandteil der Personalakte sind Unterlagen, die besonderen, von der Person und dem Dienstverhältnis sachlich zu trennenden Zwecken dienen, insbesondere Prüfungs-, Sicherheits- und Kindergeldakten. [2]Kindergeldakten können mit Besoldungs- und Versorgungsakten verbunden geführt werden, wenn diese von der übrigen Personalakte getrennt sind und von einer von der Personalverwaltung getrennten Organisationseinheit bearbeitet werden; § 35 des Ersten Buches Sozialgesetzbuch und die §§ 67 bis 78 des Zehnten Buches Sozialgesetzbuch bleiben unberührt.

Artikel 105 Beihilfeunterlagen

(1) [1]Unterlagen über Beihilfen sind stets als Teilakte zu führen. [2]Diese ist von der übrigen Personalakte getrennt aufzubewahren. [3]Sie soll nur von Beschäftigten einer von der übrigen Personalverwaltung getrennten Organisationseinheit oder der zuständigen Rechnungsprüfung bearbeitet werden.

(2) [1]Die Beihilfeakte darf für andere als für Beihilfezwecke und Zwecke der Rechnungsprüfung nur verwendet oder weitergegeben werden, wenn und soweit

1. der oder die Beihilfeberechtigte und bei der Beihilfegewährung berücksichtigte Angehörige im Einzelfall einwilligen,
2. die Einleitung oder Durchführung eines im Zusammenhang mit einem Beihilfeantrag stehenden behördlichen oder gerichtlichen Verfahrens dies erfordert,
3. es zur Abwehr erheblicher Nachteile für das Gemeinwohl, einer sonst unmittelbar drohenden Gefahr für die öffentliche Sicherheit oder einer schwerwiegenden Beeinträchtigung der Rechte einer anderen Person erforderlich ist.

[2]Eine Weitergabe an personalverwaltende Stellen ist unzulässig.

(3) [1]Nach Abschluss der Bearbeitung des einzelnen Vorgangs ist ein Zugriff auf Beihilfebelege nur zulässig

1. bei Anfragen durch Beihilfeberechtigte,
2. zur Prüfung von Mehrfacherstattungen,
3. für Zwecke der Rechnungsprüfung,
4. zur Betrugsbekämpfung.

[2]Die Einhaltung der Zugriffsbeschränkung ist durch organisatorische oder technische Maßnahmen sicherzustellen. [3]Die Sätze 1 und 2 gelten nicht für Dauerbelege zum Nachweis von personenbezogenen medizinischen und sonstigen Grunddaten, deren Kenntnis bei der Bearbeitung von Folgevorgängen erforderlich ist.

(4) Die erforderlichen personenbezogenen Daten aus Arzneimittelverordnungen im Sinn des § 1 des Gesetzes über Rabatte für Arzneimittel dürfen an den Treuhänder ausschließlich zum Zweck der Prüfung gemäß § 3 des Gesetzes über Rabatte für Arzneimittel übermittelt werden.

(5) Abs. 1 bis 4 gelten entsprechend für Unterlagen über Heilfürsorge und Heilverfahren.

Artikel 106 Anhörung

[1]Beamte und Beamtinnen sind zu Beschwerden, Behauptungen und Bewertungen, die für sie ungünstig sind oder ihnen nachteilig werden können, vor deren Aufnahme in die Personalakte zu hören, soweit die Anhörung nicht nach anderen Rechtsvorschriften erfolgt. [2]Ihre Äußerungen sind zur Personalakte zu nehmen.

Artikel 107 Auskunft an Beamte und Beamtinnen

(1) [1]Während und nach Beendigung des Beamtenverhältnisses können Beamte und Beamtinnen Auskunft aus ihrer Personalakte und aus anderen Akten, die personenbezogene Daten über sie enthalten und für das Dienstverhältnis verarbeitet werden, in Form der Einsichtnahme verlangen. [2]Im Übrigen bestimmt die personalaktenführende Behörde, wie die Auskunft gewährt wird.

(2) Hinterbliebenen des Beamten oder der Beamtin kann Auskunft aus der Personalakte in Form der Einsichtnahme gewährt werden, soweit ein berechtigtes Interesse glaubhaft gemacht wird und dienstliche Gründe nicht entgegenstehen.

(3) Nicht der Auskunft unterliegen:

1. Feststellungen über den Gesundheitszustand, soweit zu befürchten ist, dass die betroffene Person bei Kenntnis des Befunds weiteren Schaden an der Gesundheit nimmt,
2. Sicherheitsakten,
3. in Form der Einsichtnahme Daten einer betroffenen Person, die mit Daten Dritter oder geheimhaltungsbedürftigen nicht personenbezogenen Daten derart verbunden sind, dass ihre Trennung nicht oder nur mit unverhältnismäßig großem Aufwand möglich ist.

(4) [1]Auf Verlangen wird eine vollständige oder teilweise Kopie zur Verfügung gestellt, sofern dies keinen unverhältnismäßigen zeitlichen oder personellen Aufwand verursacht. [2]Für die Erteilung einer zweiten und jeder weiteren Kopie werden Schreibauslagen nach Art. 10 Abs. 2 des Kostengesetzes erhoben.

Artikel 108 Übermittlung von Personalakten und Auskunft an nicht betroffene Personen

(1) Eine Übermittlung oder eine Auskunft aus der Personalakte an Behörden eines anderen Dienstherrn ist für die in Art. 103 Satz 1 genannten Zwecke nur mit Einwilligung des Beamten oder der Beamtin zulässig.

(2) Ohne Einwilligung des Beamten oder der Beamtin darf die Personalakte den zuständigen Behörden oder anderen Stellen übermittelt werden, soweit dies erforderlich ist

1. zur Erstellung ärztlicher Gutachten im Auftrag der personalverwaltenden Behörde oder der Pensionsbehörde,
2. für die Festsetzung, Berechnung und Rückforderung der Besoldung, der Versorgung, von Beihilfen, Reisekosten, Trennungsgeld oder Umzugskostenvergütung oder sonstiger Nebenleistungen oder für die Prüfung der Kindergeldberechtigung,
3. für die Prüfung und Durchführung der Buchung von Einzahlungen von den Betroffenen oder von Auszahlungen an die Betroffenen oder
4. für die Durchführung von Auswertungen für anonymisierte Statistik- und Berichtszwecke und deren Abruf.

(3) [1]Die Verarbeitung von Personalaktendaten im Auftrag der personalverwaltenden Behörde im Sinn des Art. 28 DSGVO ist nur zulässig, soweit sie als unterstützende Dienstleistung im Rahmen der überwiegend automatisierten Erledigung von Aufgaben der Behörde zur Vermeidung von Störungen im Geschäftsablauf des Dienstherrn oder zur Realisierung erheblich wirtschaftlicherer Arbeitsabläufe erforderlich ist. [2]Die Beauftragung einer nicht öffentlichen Stelle als Auftragsverarbeiter setzt voraus, dass die mit der Verarbeitung von Personalaktendaten befassten Beschäftigten nach dem Verpflichtungsgesetz zur Wahrung der Daten verpflichtet werden.

(4) [1]Auskünfte an Dritte dürfen nur mit Einwilligung des Beamten oder der Beamtin erteilt werden, es sei denn, dass die Abwehr einer erheblichen Beeinträchtigung des Gemeinwohls oder der Schutz berechtigter, höherrangiger Interessen des Dritten die Auskunftserteilung zwingend erfordert. [2]Inhalt und Empfänger der Auskunft sind dem Beamten oder der Beamtin schriftlich mitzuteilen.

(5) [1]Ohne Einwilligung des Beamten oder der Beamtin können den zuständigen Behörden Auskünfte aus der Personalakte erteilt werden, soweit dies im Einzelfall

1. zu den in Abs. 2 genannten Zwecken,
2. zur Entscheidung über die Verleihung von staatlichen Orden, Ehrenzeichen oder sonstigen staatlichen Ehrungen oder
3. im Rahmen der Art. 8a bis 8e BayVwVfG zwingend

erforderlich ist. [2]Soweit eine Auskunft für die in Abs. 2 genannten Zwecke ausreichend ist, unterbleibt eine Übermittlung.

(6) [1]Die meldepflichtigen Daten über Dienstunfälle von Beamtinnen und Beamten im Sinne der Verordnung (EU) Nr. 349/2011 können über die Kommunale Unfallversicherung Bayern weitergemeldet werden. [2]Einzelheiten zum Verfahren und zur Kostenerstattung können in einer Verwaltungsvereinbarung geregelt werden.

(7) [1]Übermittlung und Auskunft sind auf den jeweils erforderlichen Umfang zu beschränken. [2]Ein automatisierter Datenabruf durch andere Behörden ist unzulässig, soweit durch besondere Rechtsvorschrift nichts anderes bestimmt ist.

Artikel 109 Entfernung von Unterlagen aus Personalakten

(1) [1]Unterlagen über Beschwerden, Behauptungen und Bewertungen, auf die die Tilgungsvorschriften des Disziplinarrechts keine Anwendung finden, sind,

1. falls sie sich als unbegründet oder falsch erwiesen haben, mit Zustimmung des Beamten oder der Beamtin unverzüglich aus der Personalakte zu entfernen und zu vernichten,
2. falls sie für Beamte und Beamtinnen ungünstig sind oder ihnen nachteilig werden können, auf Antrag nach zwei Jahren zu entfernen und zu vernichten; dies gilt nicht für dienstliche Beurteilungen.

[2]Die Frist nach Satz 1 Nr. 2 beginnt bei neuen Sachverhalten im Sinn dieser Vorschrift oder bei Einleitung eines Straf- oder Disziplinarverfahrens erneut. [3]Satz 2 gilt nicht, wenn sich der neue Vorwurf als unbegründet oder falsch herausstellt.

(2) [1]Mitteilungen in Strafsachen, soweit sie nicht Bestandteil einer Disziplinarakte sind, sowie Auskünfte aus dem Bundeszentralregister sind mit Zustimmung des Beamten oder der Beamtin nach drei Jahren zu entfernen und zu vernichten. [2]Abs. 1 Satz 2 und 3 gilt entsprechend.

Artikel 110 Aufbewahrung und Vernichtung von Personalakten

(1) [1]Personalakten sind nach ihrem Abschluss von der personalaktenführenden Behörde fünf Jahre aufzubewahren. [2]Personalakten sind abgeschlossen,

1. wenn der Beamte oder die Beamtin ohne Versorgungsansprüche aus dem öffentlichen Dienst ausgeschieden ist, mit Erreichen der gesetzlichen Altersgrenze, in den Fällen des § 24 BeamtStG und des Art. 11 BayDG jedoch erst, wenn mögliche Versorgungsempfänger und Versorgungsempfängerinnen nicht mehr vorhanden sind,
2. wenn der Beamte oder die Beamtin verstorben ist, mit Ablauf des Todesjahres.

[3]Kann der nach Satz 2 Nr. 2 maßgebliche Zeitpunkt nicht festgestellt werden, ist Art. 10 Abs. 3 Satz 3 des Bayerischen Archivgesetzes entsprechend anzuwenden.

(2) [1]Unterlagen über Beihilfen, Heilfürsorge, Heilverfahren, Unterstützungen, Erholungsurlaub, Erkrankungen sowie Umzugs- und Reisekosten sind fünf Jahre nach Ablauf des Jahres, in dem die Bearbeitung des einzelnen Vorgangs abgeschlossen wurde, aufzubewahren. [2]Sofern aus Unterlagen über Unterstützungen, Erholungsurlaub, Erkrankungen sowie Umzugs- und Reisekosten die Art der Erkrankung ersichtlich ist, sind sie unverzüglich zurückzugeben oder zu vernichten, wenn sie für den Zweck, zu dem sie vorgelegt worden sind, nicht mehr benötigt werden. [3]Die Vernichtung von Arzneimittelverordnungen im Sinn des § 1 des Gesetzes über Rabatte für Arzneimittel erfolgt unverzüglich, sobald sie für die dort geregelten Zwecke nicht mehr benötigt werden, spätestens jedoch zehn Jahre nach Ablauf des Jahres, in dem die Arzneimittelverordnungen elektronisch erfasst wurden.

(3) Versorgungsakten sind zehn Jahre nach Ablauf des Jahres, in dem die letzte Versorgungszahlung geleistet worden ist, aufzubewahren; besteht die Möglichkeit eines Wiederauflebens des Anspruchs, sind die Akten 30 Jahre aufzubewahren.

(4) Personalakten werden nach Ablauf der Aufbewahrungsfrist vernichtet, sofern sie nicht vom zuständigen öffentlichen Archiv übernommen werden.

Unterabschnitt 3
Einsatz automatisierter Verfahren

Artikel 111 Einsatz automatisierter Verfahren

(1) [1]Für die in Art. 103 genannten Zwecke dürfen automatisierte Verfahren eingesetzt werden, in denen auch Personalaktendaten verarbeitet werden dürfen. [2]Werden Personalaktendaten verarbeitet, sind insoweit die Art. 103 sowie 108 bis 110 entsprechend anzuwenden. [3]Personalaktendaten im Sinn des Art. 105 dürfen zudem nur im Rahmen ihrer Zweckbestimmung und nur von den übrigen Personaldateien technisch und organisatorisch getrennt verarbeitet werden.

(2) [1]Eine beamtenrechtliche Entscheidung darf nur dann auf einer ausschließlich automatisierten Verarbeitung von personenbezogenen Daten beruhen, wenn einem vorausgegangenen Antrag des Beamten oder der Beamtin vollständig entsprochen wird. [2]Die Kürzung auf Grund der Regelung in Art. 96 Abs. 2 Satz 7 und Abs. 3 Satz 5 ist insofern unschädlich. [3]Dem Beamten oder der Beamtin sind die über ihn oder sie in einem automatisierten Verfahren nach Abs. 1 Satz 1 gespeicherten Daten auf Verlangen mitzuteilen. [4]Die Verarbeitungs- und Nutzungsformen automatisierter Personalverwaltungsverfahren sind zu dokumentieren und einschließlich des jeweiligen Verwendungszwecks sowie der regelmäßigen Empfänger und des Inhalts automatisierter Datenübermittlung allgemein bekanntzugeben.

Teil 5
Landespersonalausschuss

Artikel 112 Errichtung, Unabhängigkeit

[1]Zur einheitlichen Durchführung beamtenrechtlicher Vorschriften wird ein Landespersonalausschuss errichtet. [2]Er übt seine Tätigkeit innerhalb der gesetzlichen Schranken unabhängig und in eigener Verantwortung aus.

Artikel 113 Zusammensetzung

(1) [1]Der Landespersonalausschuss besteht aus sieben ordentlichen und sieben stellvertretenden Mitgliedern. [2]Sämtliche Mitglieder müssen sich in einem Beamtenverhältnis auf Lebenszeit oder auf Zeit befinden.

(2) [1]Nimmt der Landespersonalausschuss Aufgaben nach Art. 115 Abs. 1 Nr. 5 wahr, so wird die Zusammensetzung nach Abs. 1 um ein beratendes Mitglied ergänzt. [2]Das beratende Mitglied soll Erfahrung auf dem Gebiet der Personalentwicklung außerhalb öffentlich-rechtlicher Dienstherren haben.

(3) [1]Die Staatsregierung beruft die ordentlichen und die stellvertretenden Mitglieder sowie das beratende Mitglied auf die Dauer von fünf Jahren; erneute Berufung ist zulässig. [2]Drei ordentliche und drei stellvertretende Mitglieder sind aus einer staatlichen Verwaltung zu berufen, davon je ein ordentliches und ein stellvertretendes Mitglied aus dem Staatsministerium des Innern, für Sport und Integration und dem Staatsministerium der Finanzen und für Heimat. [3]Je zwei ordentliche und zwei stellvertretende Mitglieder werden auf Vorschlag der kommunalen Spitzenverbände und der Spitzenorganisationen der zuständigen Gewerkschaften und Berufsverbände berufen.

(4) Die Staatsregierung bestellt den Vorsitzenden oder die Vorsitzende und den stellvertretenden Vorsitzenden oder die stellvertretende Vorsitzende aus dem Kreis der aus einer staatlichen Verwaltung berufenen ordentlichen Mitglieder.

Artikel 114 Rechtsstellung der Mitglieder

(1) [1]Die Mitglieder des Landespersonalausschusses sind unabhängig und nur dem Gesetz unterworfen. [2]Sie scheiden aus ihrem Amt als Mitglied des Landespersonalausschusses durch Zeitablauf und durch Beendigung des Beamtenverhältnisses oder der Zugehörigkeit zu einer staatlichen Verwaltung (Art. 113 Abs. 3 Satz 2) aus; bei Mitgliedern, die aus dem Staatsministerium des Innern, für Sport und Integration oder dem Staatsministerium der Finanzen und für Heimat berufen werden, endet die Mitgliedschaft auch bei Wechsel der Behörde. [3]Im Übrigen scheiden sie aus ihrem Amt nur unter den gleichen Voraussetzungen aus, unter denen Mitglieder eines Disziplinargerichts wegen rechtskräftiger Verurteilung im Straf- oder Disziplinarverfahren ihr Amt verlieren. [4]§ 39 BeamtStG ist nicht anzuwenden.

(2) Die Mitglieder des Landespersonalausschusses dürfen wegen ihrer Tätigkeit dienstlich nicht gemaßregelt, nicht benachteiligt und nicht bevorzugt werden.

(3) Die Mitglieder des Landespersonalausschusses dürfen bei Entscheidungen, die sie selbst oder Angehörige betreffen, nicht mitwirken.

(4) Die Dienstaufsicht über die Mitglieder des Landespersonalausschusses führt der Staatsminister der Finanzen und für Heimat.

Artikel 115 Aufgaben

(1) Der Landespersonalausschuss hat außer den ihm in sonstigen Vorschriften dieses Gesetzes oder des Leistungslaufbahngesetzes eingeräumten Befugnissen die folgenden Aufgaben:

1. bei der Vorbereitung gesetzlicher Regelungen der beamtenrechtlichen Verhältnisse mitzuwirken,
2. bei der Vorbereitung beamtenrechtlicher Vorschriften über die Ausbildung, Prüfung und Fortbildung mitzuwirken,
3. die Aufsicht über die Prüfungen zu führen,
4. über den Antrag einer obersten Dienstbehörde auf Anerkennung einer Prüfung zu beschließen,
5. als Kompetenzzentrum dienstherrenübergreifende Konzepte für Personalentwicklungsmaßnahmen unter Einbindung der obersten Dienstbehörden zu erstellen,
6. Vorschläge zur Beseitigung von Mängeln in der Handhabung der beamtenrechtlichen Vorschriften zu machen,
7. die Dienstherren in laufbahnrechtlichen Angelegenheiten zu beraten.

(2) Die Staatsregierung kann dem Landespersonalausschuss zur einheitlichen Durchführung beamtenrechtlicher Vorschriften weitere Aufgaben durch Rechtsverordnung übertragen.

(3) Über die Durchführung seiner Aufgaben hat der Landespersonalausschuss die Staatsregierung alljährlich zu unterrichten.

Artikel 116 Geschäftsordnung

Der Landespersonalausschuss gibt sich eine Geschäftsordnung.

Artikel 117 Sitzungen, Beschlussfähigkeit

(1) [1]Die Sitzungen des Landespersonalausschusses sind nicht öffentlich. [2]Der Landespersonalausschuss kann Vertretern beteiligter Verwaltungen und anderen Personen die Anwesenheit bei der Verhandlung gestatten. [3]Vertreter beteiligter Verwaltungen sind auf Verlangen zu hören.

(2) Sind der oder die Vorsitzende und der oder die stellvertretende Vorsitzende verhindert, so leitet an ihrer Stelle das dienstälteste Mitglied die Verhandlungen.

(3) Zur Beschlussfähigkeit ist die Anwesenheit von mindestens fünf Mitgliedern im Sinn des Art. 113 Abs. 1 erforderlich.

Artikel 118 Beweiserhebungsrecht, Amts- und Rechtshilfe

(1) Der Landespersonalausschuss kann zur Durchführung seiner Aufgaben in entsprechender Anwendung der für die Verwaltungsgerichtsbarkeit geltenden Vorschriften Beweise erheben.

(2) Alle Dienststellen haben dem Landespersonalausschuss unentgeltlich Amts- und Rechtshilfe zu leisten.

Artikel 119 Bekanntmachung und Bindungswirkung der Beschlüsse

(1) Soweit eine Zuständigkeit des Landespersonalausschusses nach dem Leistungslaufbahngesetz oder nach diesem Gesetz begründet ist, kann dieser seine Beschlüsse in Einzelfällen oder in Gruppen von Fällen fassen.

(2) [1]Beschlüsse des Landespersonalausschusses sind, soweit sie allgemeine Bedeutung haben, bekanntzumachen. [2]Näheres regelt die Geschäftsordnung.

(3) Soweit dem Landespersonalausschuss eine Entscheidungsbefugnis eingeräumt ist, binden seine Beschlüsse die beteiligten Verwaltungen.

Artikel 120 Geschäftsstelle

(1) [1]Der Landespersonalausschuss bedient sich zur Vorbereitung der Verhandlungen und Durchführung seiner Beschlüsse einer Geschäftsstelle, die beim Staatsministerium der Finanzen und für Heimat eingerichtet wird. [2]Die Geschäftsstelle führt ferner nach Maßgabe der Prüfungsbestimmungen im Auftrag des Landespersonalausschusses die Prüfungen (Art. 22 LlbG) durch, sofern nicht der Landespersonalausschuss die Durchführung anderen Stellen überträgt.

(2) [1]Die Staatsregierung bestellt zur Leitung der Geschäftsstelle einen Generalsekretär oder eine Generalsekretärin. [2]Er oder sie nimmt an den Verhandlungen des Landespersonalausschusses beratend teil.

Teil 6
Besondere Beamtengruppen

Abschnitt 1
Beamte und Beamtinnen des Landtags

Artikel 121 Beamte und Beamtinnen des Landtags

(1) [1]Die Beamten und Beamtinnen des Landtags sind Beamte und Beamtinnen des Staates. [2]Sie werden von dem Präsidenten oder der Präsidentin des Landtags ernannt. [3]Zur Ernennung des Direktors oder der Direktorin und der Beamten und Beamtinnen von der Besoldungsgruppe A 16 an ist die Zustimmung des Präsidiums erforderlich.
(2) [1]Oberste Dienstbehörde der Beamten und Beamtinnen des Landtags ist der Präsident oder die Präsidentin des Landtags. [2]Er oder sie übt die Dienstaufsicht über die Beamten und Beamtinnen des Landtags aus.
(3) § 12 Abs. 1 Nr. 4 BeamtStG ist nicht anzuwenden.
(4) Abs. 1, 2 Satz 1 und Abs. 3 gelten auch für den Landesbeauftragten für den Datenschutz und die Beamten und Beamtinnen der Geschäftsstelle; Art. 19 BayDSG bleibt unberührt.

Abschnitt 2
Beamtenverhältnis auf Zeit

Artikel 122 Beamte und Beamtinnen auf Zeit

(1) Die Fälle und die Voraussetzungen der Berufung in das Beamtenverhältnis auf Zeit sind gesetzlich zu bestimmen.
(2) [1]Ein Beamter oder eine Beamtin auf Zeit ist mit Ablauf der Amtszeit aus dem Beamtenverhältnis auf Zeit entlassen, wenn er oder sie nicht erneut in dasselbe Amt für eine weitere Amtszeit berufen wird und nicht in den Ruhestand tritt. [2]Wird der Beamte oder die Beamtin auf Zeit im Anschluss an die Amtszeit erneut in dasselbe Amt für eine weitere Amtszeit berufen, so gilt das Beamtenverhältnis als nicht unterbrochen.
(3) [1]Soweit gesetzlich nichts anderes bestimmt ist, sind Beamte und Beamtinnen auf Zeit nach Ablauf der Amtszeit verpflichtet, das Amt weiterzuführen, wenn sie unter mindestens gleich günstigen Bedingungen für wenigstens die gleiche Zeit wieder ernannt werden sollen und das 62. Lebensjahr noch nicht vollendet haben. [2]Beamte und Beamtinnen sind zu entlassen, wenn sie als Beamte oder Beamtinnen auf Zeit ihrer Verpflichtung zur Weiterführung ihres Amtes nicht nachkommen.
(4) [1]Soweit gesetzlich nichts anderes bestimmt ist, sind Beamte oder Beamtinnen auf Zeit, die aus einem Beamtenverhältnis auf Lebenszeit in ein Beamtenverhältnis auf Zeit berufen worden sind und nach Ablauf der Amtszeit das Amt nicht weiterführen, auf ihren Antrag wieder in das frühere Dienstverhältnis zu übernehmen, wenn sie die beamtenrechtlichen Voraussetzungen noch erfüllen. [2]Das zu übertragende Amt muss derselben Fachlaufbahn angehören und mit mindestens demselben Endgrundgehalt verbunden sein wie das Amt, das sie im Zeitpunkt der Beendigung des Beamtenverhältnisses auf Lebenszeit innehatten. [3]Der Antrag auf Übernahme ist innerhalb von drei Monaten nach Ablauf der Amtszeit zu stellen.
(5) [1]Endet das Beamtenverhältnis auf Zeit nach Abs. 2 Satz 1, erhalten entlassene Beamte und Beamtinnen auf Zeit von dem Beginn des Monats an, in dem sie den Antrag nach Abs. 4 gestellt haben, bis zur Übertragung des neuen Amtes von dem früheren Dienstherrn Bezüge in Höhe des beim Ausscheiden aus dem Beamtenverhältnis auf Lebenszeit erdienten Ruhegehalts. [2]Die im Beamtenverhältnis auf Zeit verbrachte Dienstzeit gilt als Dienstzeit im Sinn des Besoldungs- und Versorgungsrechts. [3]Im Übrigen gelten die Vorschriften der Art. 5 bis 10, 69 bis 74, 80 und 83 bis 93 BayBeamtVG sinngemäß; Empfänger und Empfängerinnen der Bezüge gelten insoweit als Ruhestandsbeamte und Ruhestandsbeamtinnen, die Bezüge gelten als Ruhegehalt. [4]Neben einem Übergangsgeld, das aus dem Beamten-

verhältnis auf Zeit gewährt wird, gelten die Bezüge nach Satz 1 als Erwerbsersatzeinkommen im Sinn des Art. 83 Abs. 4 BayBeamtVG.

Artikel 123 Ruhestandseintritt

(1) [1]Beamte und Beamtinnen auf Zeit treten mit Ablauf der Zeit, für die sie ernannt sind, in den Ruhestand, wenn sie eine Dienstzeit von mindestens zehn Jahren in einem Beamtenverhältnis mit Dienstbezügen zurückgelegt haben und weder nach Art. 122 Abs. 3 Satz 2 entlassen noch erneut in dasselbe Amt für eine weitere Amtszeit berufen werden. [2]Mit dem Erreichen der Altersgrenze treten sie in den Ruhestand, wenn sie eine Dienstzeit von mindestens zehn Jahren in einem Beamtenverhältnis mit Dienstbezügen zurückgelegt haben oder aus einem Beamtenverhältnis auf Lebenszeit zu Beamten oder Beamtinnen auf Zeit ernannt worden waren.

(2) [1]Dienstunfähige Beamte und Beamtinnen auf Zeit sind in den Ruhestand zu versetzen, wenn sie

1. eine Dienstzeit von mindestens zehn Jahren in einem Beamtenverhältnis mit Dienstbezügen zurückgelegt haben oder
2. infolge Krankheit, Verwundung oder sonstiger Beschädigung, die sie sich ohne grobes Verschulden bei Ausübung oder aus Veranlassung des Dienstes zugezogen haben, dienstunfähig geworden sind oder
3. aus einem Beamtenverhältnis auf Lebenszeit zu Beamten oder Beamtinnen auf Zeit ernannt worden waren.

[2]Sind Beamte und Beamtinnen auf Zeit aus anderen als den in Satz 1 Nr. 2 genannten Gründen dienstunfähig geworden und haben sie eine Dienstzeit von weniger als zehn Jahren in einem Beamtenverhältnis mit Dienstbezügen zurückgelegt, so können sie in den Ruhestand versetzt werden; die Entscheidung trifft die oberste Dienstbehörde, bei Beamten und Beamtinnen des Staates im Einvernehmen mit dem Staatsministerium der Finanzen und für Heimat. [3]Art. 71 Abs. 3 gilt entsprechend; der Ruhestand beginnt jedoch spätestens mit dem Ablauf der Amtszeit.

(3) [1]Beamte und Beamtinnen auf Zeit, die in den einstweiligen Ruhestand versetzt worden sind, gelten mit Erreichen der gesetzlichen Altersgrenze als dauernd im Ruhestand befindlich, wenn sie bei Verbleiben im Amt mit Erreichen der Altersgrenze in den Ruhestand getreten wären. [2]Sie gelten mit dem früheren Ablauf der Amtszeit als dauernd im Ruhestand befindlich, wenn sie bei Verbleiben im Amt in diesem Zeitpunkt eine Dienstzeit von mindestens zehn Jahren im Beamtenverhältnis mit Dienstbezügen zurückgelegt hätten oder vor Ablauf der Amtszeit nach Abs. 2 Satz 1 Nr. 2 in den Ruhestand versetzt worden wären.

Abschnitt 3

Beamte und Beamtinnen der Polizei, der Justizvollzugsanstalten, der weiteren speziellen Hafteinrichtungen, des Landesamts für Verfassungsschutz, der Feuerwehren und Notariatsbeamte und Notariatsbeamtinnen

Artikel 124 Polizeivollzugsbeamte und Polizeivollzugsbeamtinnen

(1) Für Beamte und Beamtinnen im Vollzugsdienst der Polizei gelten die allgemeinen beamtenrechtlichen Vorschriften, soweit gesetzlich nichts anderes bestimmt ist.

(2) [1]Dem Polizeivollzugsdienst gehören alle Beamten und Beamtinnen der Polizei in der Fachlaufbahn Polizei und Verfassungsschutz an. [2]Dem Verwaltungsdienst der Polizei gehören alle übrigen Beamten und Beamtinnen an. [3]Für Angelegenheiten der Personalverwaltung sollen auch Beamte und Beamtinnen im Polizeivollzugsdienst verwendet werden.

Artikel 125 Status der Beamten und Beamtinnen im Polizeivollzugsdienst in Ausbildung

Die Polizeivollzugsbeamten und Polizeivollzugsbeamtinnen auf Widerruf im Vorbereitungsdienst können nach Maßgabe der Verordnung über die Fachlaufbahn Polizei und Verfassungsschutz frühestens nach Ablauf eines Jahres der Ausbildung in das Beamtenverhältnis auf Widerruf mit Dienstbezügen oder nach Beendigung einer Grundausbildung in das Beamtenverhältnis auf Probe berufen werden.

Artikel 126 ***[aufgehoben]***

Artikel 127 Gemeinschaftsunterkunft

[1]Polizeivollzugsbeamte und Polizeivollzugsbeamtinnen der Bereitschaftspolizei sind während der Ausbildung verpflichtet, in einer Gemeinschaftsunterkunft zu wohnen und an einer Gemeinschaftsverpflegung teilzunehmen. [2]Das Gleiche gilt für die übrigen Polizeivollzugsbeamten und Polizeivollzugsbeamtinnen während der Teilnahme an Lehrgängen, bei Bereitschaften sowie bei Übungen und Einsätzen im geschlossenen Verband. [3]Die oberste Dienstbehörde, die ihr unmittelbar nachgeordneten Dienststellen und die Einsatzleitung können Ausnahmen zulassen.

Artikel 128 Polizeidienstunfähigkeit

(1) [1]Polizeivollzugsbeamte und Polizeivollzugsbeamtinnen sind dienstunfähig, wenn sie den besonderen gesundheitlichen Anforderungen für den Polizeivollzugsdienst nicht mehr genügen und nicht zu erwarten ist, dass sie ihre volle Verwendungsfähigkeit innerhalb zweier Jahre wiedererlangen (Polizeidienstunfähigkeit), es sei denn, die auszuübende Funktion erfordert bei Beamten und Beamtinnen auf Lebenszeit diese besonderen gesundheitlichen Anforderungen auf Dauer nicht mehr uneingeschränkt. [2]Die Polizeidienstunfähigkeit und die Erfüllung der Anforderungen nach Satz 1 Halbsatz 2 werden auf Grund eines amtsärztlichen Gutachtens festgestellt. [3]Bestehen Zweifel über die Polizeidienstunfähigkeit, ist Art. 65 Abs. 2 entsprechend anzuwenden. [4]Art. 67 gilt entsprechend. [5]Für die amtsärztliche Untersuchung der Erfüllung der Anforderungen nach Satz 1 Halbsatz 2 gelten Sätze 3 und 4 entsprechend.

(2) [1]Wird amtsärztlich festgestellt, dass Polizeivollzugsbeamte oder Polizeivollzugsbeamtinnen den besonderen gesundheitlichen Anforderungen auf Dauer nicht mehr uneingeschränkt gerecht werden, so kann ihnen eine Funktion im Sinn des Abs. 1 Satz 1 Halbsatz 2 zugewiesen werden. [2]Kann eine Funktion im Sinn des Abs. 1 Satz 1 Halbsatz 2 nicht zugewiesen werden, gilt § 27 BeamtStG entsprechend. [3]Dabei kann Beamten oder Beamtinnen unter Beibehaltung ihres Amtes ohne ihre Zustimmung auch eine geringerwertige Tätigkeit im Bereich desselben Dienstherrn übertragen werden, wenn eine anderweitige Verwendung nicht möglich ist und die Wahrnehmung der neuen Aufgabe unter Berücksichtigung der bisherigen Tätigkeit zuzumuten ist; die neue Tätigkeit muss mindestens einem Amt ab ihrer Qualifikationsebene entsprechen. [4]Polizeivollzugsbeamte und Polizeivollzugsbeamtinnen, die den besonderen gesundheitlichen Anforderungen nicht mehr uneingeschränkt gerecht werden, müssen auf Weisung der zuständigen Behörde an geeigneten und zumutbaren Maßnahmen zur Wiederherstellung ihrer uneingeschränkten Polizeidienstfähigkeit teilnehmen. [5]Ist ein Vorgehen nach den Sätzen 1 bis 3 nicht möglich oder nicht erfolgversprechend, so ist nach Abs. 3 zu verfahren.

(3) Ist nach Abs. 1 von Polizeidienstunfähigkeit auszugehen, so finden § 26 Abs. 1 Satz 3, Abs. 2 und 3 BeamtStG entsprechende Anwendung.

Artikel 129 Altersgrenze

[1]Für Polizeivollzugsbeamte und Polizeivollzugsbeamtinnen auf Lebenszeit gilt als Altersgrenze das Ende des Monats, in dem sie das 62. Lebensjahr vollenden. [2]Beamte und Beamtinnen im Sinn des Satzes 1 können auf Antrag in den Ruhestand versetzt werden, wenn sie das 60. Lebensjahr vollendet haben.

Artikel 130 Beamte und Beamtinnen bei den Justizvollzugsanstalten und den weiteren speziellen Hafteinrichtungen

Für Beamte und Beamtinnen auf Lebenszeit im Strafvollzugsdienst (allgemeiner Vollzugs-, Werk- und Krankenpflegedienst) bei den Justizvollzugsanstalten sowie für Beamte und Beamtinnen im Vollzugsdienst bei den für den Vollzug von Zurückweisungshaft, Abschiebungshaft oder Ausreisegewahrsam errichteten weiteren speziellen Hafteinrichtungen gilt Art. 129 entsprechend.

Artikel 131 Beamte und Beamtinnen des Landesamts für Verfassungsschutz

Für Beamte und Beamtinnen des Landesamts für Verfassungsschutz in der Fachlaufbahn Polizei und Verfassungsschutz gilt Art. 129 entsprechend.

Artikel 132 Feuerwehrbeamte und Feuerwehrbeamtinnen

[1]Für die Beamten und Beamtinnen des feuerwehrtechnischen Dienstes im Einsatzdienst der Feuerwehren gilt Art. 129 entsprechend. [2]Dies gilt ebenso für die Beamten und Beamtinnen des feuerwehrtechnischen Dienstes, die in einer Integrierten Leitstelle tätig sind.

Artikel 133 Notariatsbeamte und Notariatsbeamtinnen

(1) Das Staatsministerium der Justiz kann die Rechtsverhältnisse der Notariatsbeamten und Notariatsbeamtinnen durch Rechtsverordnung näher regeln und hierbei die allgemeinen beamtenrechtlichen Vorschriften der besonderen Organisation des Notariatswesens anpassen.

(2) Die Rechtsverordnung kann Bestimmungen enthalten über
1. die Dienstvorgesetzten, die oberste Dienstbehörde und die Aufsichtsbehörden,
2. den Dienstherrn im Sinn des § 48 BeamtStG,
3. die Einleitung und Durchführung des Disziplinarverfahrens.

Abschnitt 4
Ehrenbeamte und Ehrenbeamtinnen

Artikel 134 Ehrenbeamte und Ehrenbeamtinnen

(1) Für Ehrenbeamte und Ehrenbeamtinnen gelten die Vorschriften dieses Gesetzes und des Beamtenstatusgesetzes mit den sich aus der Natur des Ehrenbeamtenverhältnisses ergebenden Maßgaben:
1. Nicht anzuwenden sind insbesondere Art. 5, 11, 13, 23, 24, 45 Abs. 12, Art. 48, 50, 62 bis 71, 74, 81 Abs. 2 bis 7, Art. 82, 85 bis 87 und 123 Abs. 2 und 3 sowie §§ 15, 22 Abs. 1 Nr. 2, § 23 Abs. 1 Nrn. 3 und 5, §§ 25 bis 30 und 41 BeamtStG.
2. Das Ehrenbeamtenverhältnis kann für beendet erklärt werden, wenn der Ehrenbeamte oder die Ehrenbeamtin das 65. Lebensjahr vollendet hat; es ist für beendet zu erklären, wenn die sonstigen Voraussetzungen für die Versetzung in den Ruhestand vorliegen.

(2) Die Unfallfürsorge für Ehrenbeamte, Ehrenbeamtinnen und ihre Hinterbliebenen richtet sich nach Art. 63 BayBeamtVG.

Teil 7
Besondere Vorschriften für die unter der Aufsicht des Staates stehenden Körperschaften, Anstalten und Stiftungen des öffentlichen Rechts

Artikel 135 Bestimmung von Dienstvorgesetzten oder Vorgesetzten

Haben Beamte und Beamtinnen keine Dienstvorgesetzten oder Vorgesetzten, so bestimmt die oberste Aufsichtsbehörde, wer die nach diesem Gesetz auf den oder die Dienstvorgesetzten oder Vorgesetzten übertragenen Zuständigkeiten wahrnimmt.

Artikel 136 Zuständigkeiten bei nichtstaatlichen Dienstherren

Zuständigkeiten, die nach diesem Gesetz oder dem Beamtenstatusgesetz einer Behörde des Dienstherrn übertragen sind, werden bei den Gemeinden, den Gemeindeverbänden oder den sonstigen unter der Aufsicht des Staates stehenden Körperschaften, Anstalten und Stiftungen des öffentlichen Rechts von den nach Gesetz, Rechtsverordnung oder Satzung zuständigen Organen oder Stellen wahrgenommen.

Artikel 137 Oberste Aufsichtsbehörde

Oberste Aufsichtsbehörde im Sinn dieses Gesetzes ist bei den Gemeinden und den Gemeindeverbänden das Staatsministerium des Innern, für Sport und Integration, bei den sonstigen unter der Aufsicht des Staates stehenden Körperschaften, Anstalten und Stiftungen des öffentlichen Rechts dasjenige Staatsministerium, in dessen Geschäftsbereich die Körperschaftsaufsicht (allgemeine Aufsicht) ausgeübt wird.

Teil 8
Dienstherrnwechsel

Artikel 138 Übernahme von Kirchenbeamten und Kirchenbeamtinnen in ein Beamtenverhältnis im Sinn des Bayerischen Beamtengesetzes

(1) [1]Ein Dienstherr (§ 2 BeamtStG) kann sich öffentlich-rechtlichen Religionsgesellschaften und ihren Verbänden gegenüber verpflichten, Kirchenbeamte und Kirchenbeamtinnen im kirchlichen Schuldienst in ein Beamtenverhältnis zu übernehmen, wenn und soweit der Betrieb von Schulen, an denen Personen dieser Religionsgesellschaften oder ihrer Verbände beschäftigt sind, eingeschränkt und aus diesem Grund das Lehrpersonal erheblich vermindert wird. [2]Die Übernahmeverpflichtungen eines Dienstherrn dürfen insgesamt zwölf v.H. der in der jeweiligen Lehramtslaufbahn freiwerdenden und

wieder besetzbaren Planstellen nicht übersteigen und müssen mit einer vertraglichen Regelung über die Verteilung der Versorgungslast gemäß Art. 145 verbunden sein. 3Übernommen werden dürfen nur Kirchenbeamte und Kirchenbeamtinnen, die im Zeitpunkt der Übernahme die allgemeinen Voraussetzungen zur Berufung in das Beamtenverhältnis nach § 7 Abs. 1 BeamtStG erfüllen und entweder die erforderliche Qualifikation für die Fachlaufbahn nach Inkrafttreten einer Übernahmeverpflichtung nach Satz 1 erworben oder als Lehrkraft bereits in einem Beamtenverhältnis auf Lebenszeit oder auf Probe zu einem Dienstherrn im Sinn des § 2 BeamtStG gestanden haben. 4Eine Übernahmeverpflichtung ist ferner nur für Kirchenbeamte und Kirchenbeamtinnen zulässig, die die wettbewerbsmäßigen Anforderungen ihres Prüfungsjahrgangs für den unmittelbaren Eintritt in den Staatsdienst als Beamter oder Beamtin auf Probe erfüllt haben; bei mehrjähriger Bewährung als hauptberufliche Lehrkraft kann eine Übernahmeverpflichtung auch dann eingegangen werden, wenn das Ergebnis der Qualifikationsprüfung geringfügig, höchstens um einen halben Notengrad, hinter den Anforderungen nach Halbsatz 1 zurückbleibt.

(2) Auf Ernennungen zur Übernahme nach Abs. 1 findet Art. 23 Abs. 1 Satz 1 keine Anwendung.

(3) 1Eine Übernahmeverpflichtung nach Abs. 1 muss mit Wirkung für die Zukunft kündbar sein. 2Bei Kündigung einer nach Abs. 1 eingegangenen Übernahmeverpflichtung bleiben die Übernahmeverpflichtungen für Kirchenbeamte und Kirchenbeamtinnen, die im Zeitpunkt der Wirksamkeit der Kündigung bereits ernannt sind, bestehen.

(4) 1Auf die Probezeit und die Dienstzeiten im Sinn des Leistungslaufbahngesetzes sind gleichwertige Zeiten des kirchlichen Schuldienstes anzurechnen. 2Die Einstellung in einem höheren Amt als dem Eingangsamt ist zulässig, soweit der Beamte oder die Beamtin in ein Amt übernommen wird, das der letzten Dienststellung im Kirchenbeamtenverhältnis gleichwertig ist.

Artikel 139 Ausbildungskostenerstattung

(1) 1Wechseln Beamte oder Beamtinnen, die in der zweiten oder dritten Qualifikationsebene einsteigen, in der Zeit vom Beginn ihres Vorbereitungsdienstes oder eines gleichwertigen Qualifikationserwerbs im Sinn von Art. 38 bis 40 LlbG bis zum Ablauf von sechs Jahren nach ihrer Berufung in das Beamtenverhältnis auf Probe in, soweit eingerichtet, denselben oder einen verwandten fachlichen Schwerpunkt derselben Fachlaufbahn bei einem Dienstherrn im Geltungsbereich dieses Gesetzes, so hat der neue Dienstherr dem bisherigen Dienstherrn die Ausbildungskosten der Beamten oder Beamtinnen nach Maßgabe der folgenden Absätze zu erstatten. 2Dies gilt auch, wenn der ehemalige Beamte oder die ehemalige Beamtin beim neuen Dienstherrn in einem Arbeitnehmerverhältnis mindestens gleichwertig beschäftigt wird. 3Der neue Dienstherr hat dem bisherigen Dienstherrn einen Dienstherrnwechsel im Sinn der Sätze 1 und 2 unverzüglich mitzuteilen. 4Satz 1 findet keine Anwendung, wenn der Ausbildungsdienstherr Beamte oder Beamtinnen nach der Ableistung des Vorbereitungsdienstes aus Gründen, die sie nicht zu vertreten haben, nicht in ein Beamtenverhältnis auf Probe übernimmt und sie deshalb zu einem anderen Dienstherrn wechseln.

(2) 1Abs. 1 gilt nicht für Beamte und Beamtinnen in Fällen, in denen der Vorbereitungsdienst allgemeine Ausbildungsstätte nach Art. 12 Abs. 1 Satz 1 des Grundgesetzes ist. 2Er findet auch keine Anwendung auf Fachlehrkräfte für gewerblich-technische Berufe, für Hauswirtschaft und für Schreibtechnik an beruflichen Schulen in Bayern und auf Polizeivollzugsbeamte, Polizeivollzugsbeamtinnen oder ehemalige Polizeivollzugsbeamte und Polizeivollzugsbeamtinnen, die nach Art. 128 Abs. 2 in ein Amt einer anderen Fachlaufbahn versetzt werden.

(3) 1Ein Dienstherrnwechsel im Sinn des Abs. 1 liegt nicht vor, wenn zwischen dem Ausscheiden aus dem bisherigen Dienstverhältnis und der Begründung eines neuen Dienstverhältnisses ein Zeitraum von mehr als zwei Jahren liegt. 2Ein mehrfacher Dienstherrnwechsel steht einer erneuten Anwendung des Abs. 1 nicht entgegen.

(4) 1Der Erstattungsbetrag setzt sich wie folgt zusammen:

1. aus einem Grundbetrag als Ausgleich für die angefallene Besoldung bei Beamten und Beamtinnen,
   - die in der zweiten Qualifikationsebene einsteigen oder eingestiegen sind, in Höhe des 30-fachen,
   - die in der dritten Qualifikationsebene einsteigen oder eingestiegen sind, in Höhe des 45-fachen

   des zur Zeit des Beginns des Vorbereitungsdienstes geltenden monatlichen Anwärtergrundbetrags, zuzüglich

2. eines Betrags als Ausgleich für die übrigen Ausbildungskosten in Höhe von
   – 15 v.H. des sich nach Nr. 1 ergebenden Betrags bei Beamten und Beamtinnen, die in der zweiten Qualifikationsebene einsteigen oder eingestiegen sind, bzw.
   – 30 v.H. des sich nach Nr. 1 ergebenden Betrags bei Beamten und Beamtinnen, die in der dritten Qualifikationsebene einsteigen oder eingestiegen sind.

[2]Bei Laufbahnen, in denen die in Art. 8 Abs. 2 Satz 1 Nr. 2 oder Nr. 3 LlbG festgelegte Dauer des Vorbereitungsdienstes unterschritten wird, ermäßigt sich der nach Satz 1 ermittelte Erstattungsbetrag entsprechend dem Verhältnis der in den jeweiligen Fachverordnungen festgelegten Dauer des Vorbereitungsdienstes zu der in Art. 8 Abs. 2 Satz 1 Nr. 2 oder Nr. 3 LlbG festgelegten Dauer des Vorbereitungsdienstes; dies gilt nicht für die Fachlaufbahn Naturwissenschaft und Technik, fachlicher Schwerpunkt feuerwehrtechnischer Dienst. [3]Hat der Beamte oder die Beamtin zum Zeitpunkt des Dienstherrnwechsels die Qualifikationsprüfung noch nicht abgelegt, so mindert sich der Erstattungsbetrag nach Satz 1 entsprechend dem Verhältnis der beim neuen Dienstherrn noch abzuleistenden Ausbildungszeit zur regelmäßigen Dauer des Vorbereitungsdienstes.

(5) [1]Der Erstattungsbetrag mindert sich für jedes volle Jahr, das der Beamte oder die Beamtin nach der Berufung in das Beamtenverhältnis auf Probe beim bisherigen Dienstherrn Dienst geleistet hat, um ein Sechstel. [2]Rückzahlungen von Anwärterbezügen auf Grund des Art. 75 Abs. 2 BayBesG sind auf den Erstattungsbetrag anzurechnen.

(6) [1]Bei einem Dienstherrnwechsel von Beamten und Beamtinnen des Freistaates Bayern zu Gemeinden und Verwaltungsgemeinschaften mit weniger als 10 000 Einwohnern ermäßigt sich der Erstattungsbetrag auf die Hälfte. [2]Maßgebend ist die amtliche Einwohnerzahl der Gemeinde oder Verwaltungsgemeinschaft, die vom Landesamt für Statistik vor dem Dienstherrnwechsel zuletzt festgestellt worden ist.

(7) Soweit bei einem Dienstherrnwechsel nach Abs. 6 die Übernahme eines Beamten oder einer Beamtin des Freistaates Bayern deshalb notwendig ist, weil von der Gemeinde oder der Verwaltungsgemeinschaft ausgebildete Anwärter oder Anwärterinnen die Qualifikationsprüfung endgültig nicht bestanden haben, beträgt die Ermäßigung zwei Drittel des Erstattungsbetrags.

(8) [1]Der Erstattungsbetrag wird vom bisherigen Dienstherrn festgesetzt und beim neuen Dienstherrn durch Bescheid in Textform zur Erstattung angefordert. [2]Die Berechnungsgrundlagen und die Berechnung des Erstattungsbetrags sind dem erstattungspflichtigen Dienstherrn mitzuteilen.

(9) Der Erstattungsbetrag wird einen Monat nach Bekanntgabe des Bescheids fällig, sofern kein späterer Termin festgesetzt wird.

(10) Im Bereich des Freistaates Bayern wird die Erstattung durch die für den Beamten oder die Beamtin zuletzt zuständige oberste Dienstbehörde oder die von ihr bestimmte Behörde geleistet.

Artikel 140 ***[aufgehoben]***

Teil 9
Übergangsregelungen und Schlussvorschriften

Artikel 141, 142 ***[aufgehoben]***

Artikel 142a Übergangsregelung zur Altersteilzeit

[1]Für Beamte und Beamtinnen, die Altersteilzeit vor dem 1. Januar 2010 angetreten haben, gilt Art. 91 in der am 31. Dezember 2009 geltenden Fassung. [2]Für Lehrkräfte an öffentlichen Schulen, die das nach Art. 91 Abs. 1 Satz 1 maßgebliche Lebensjahr in der zweiten Hälfte des Schuljahres 2009/2010 vollenden, gilt als Altersgrenze der Beginn des folgenden Schuljahres. [3]Für diese Lehrkräfte und für Lehrkräfte an öffentlichen Schulen, die die gesetzlichen Voraussetzungen des Art. 91 in der am 31. Dezember 2009 geltenden Fassung erfüllt haben, die aber aus schulorganisatorischen Gründen Altersteilzeit nicht vor dem 1. August 2010 antreten können, gilt hinsichtlich des Arbeitszeitumfangs Art. 91 Abs. 1 Satz 1 in der am 31. Dezember 2009 geltenden Fassung.

Artikel 143 Übergangsregelungen zur Anhebung der Altersgrenzen

(1) [1]Für Beamte und Beamtinnen, die vor dem 1. Januar 1947 geboren sind, sowie für Lehrkräfte an öffentlichen Schulen, die vor dem 2. August 1947 geboren sind, findet Art. 62 in der am 31. Dezem-

ber 2010 geltenden Fassung Anwendung. [2]Für Beamte und Beamtinnen, die nach dem 31. Dezember 1946 und vor dem 1. Januar 1964 geboren sind, gilt als Altersgrenze abweichend von Art. 62 Satz 1 und 2 das Ende des Monats bzw. das Ende des Schulhalbjahres, in dem das nach folgender Tabelle maßgebliche Lebensalter erreicht wird:

Beamte und Beamtinnen des Geburtsjahrgangs	Lebensalter
1947	65 Jahre und 1 Monat
1948	65 Jahre und 2 Monate
1949	65 Jahre und 3 Monate
1950	65 Jahre und 4 Monate
1951	65 Jahre und 5 Monate
1952	65 Jahre und 6 Monate
1953	65 Jahre und 7 Monate
1954	65 Jahre und 8 Monate
1955	65 Jahre und 9 Monate
1956	65 Jahre und 10 Monate
1957	65 Jahre und 11 Monate
1958	66 Jahre
1959	66 Jahre und 2 Monate
1960	66 Jahre und 4 Monate
1961	66 Jahre und 6 Monate
1962	66 Jahre und 8 Monate
1963	66 Jahre und 10 Monate

[3]Für

1. Beamte und Beamtinnen, die sich am 1. Januar 2011 in der Freistellungsphase der Altersteilzeit nach Art. 91 oder bei einer ungleichmäßigen Verteilung der Arbeitszeit auf Grund eines Arbeitszeitmodells nach Art. 87 Abs. 3 oder Art. 88 Abs. 4 bis zum Ruhestand befinden,
2. Beamte und Beamtinnen, die am 1. Januar 2011 nach Art. 89 oder 90 bis zum Beginn des Ruhestands beurlaubt sind,
3. Lehrkräfte an öffentlichen Schulen, die sich am 1. Januar 2011 in der Ansparphase der Altersteilzeit im Blockmodell (Art. 91 Abs. 2 Satz 1 Nr. 2) befinden,

findet Art. 62 in der am 31. Dezember 2010 geltenden Fassung Anwendung.

(2) [1]Für Beamte und Beamtinnen, die vor dem 1. Januar 1952 geboren sind, finden Art. 129 bis 132 in der am 31. Dezember 2010 geltenden Fassung Anwendung. [2]Für Beamte und Beamtinnen, die nach dem 31. Dezember 1951 und vor dem 1. Januar 1964 geboren sind, gilt als Altersgrenze abweichend von Art. 129 bis 132 das Ende des Monats, in dem das nach folgender Tabelle maßgebliche Lebensalter erreicht wird:

Beamte und Beamtinnen des Geburtsjahrgangs/-monats	Lebensalter
1952	
Januar – Juni	60 Jahre und 1 Monat
Juli – Dezember	60 Jahre und 2 Monate
1953	
Januar – Juni	60 Jahre und 3 Monate
Juli – Dezember	60 Jahre und 4 Monate
1954	
Januar – Juni	60 Jahre und 5 Monate
Juli – Dezember	60 Jahre und 6 Monate

Beamte und Beamtinnen des Geburtsjahrgangs/-monats	Lebensalter
1955	
Januar – Juni	60 Jahre und 7 Monate
Juli – Dezember	60 Jahre und 8 Monate
1956	
Januar – Juni	60 Jahre und 9 Monate
Juli – Dezember	60 Jahre und 10 Monate
1957	60 Jahre und 11 Monate
1958	61 Jahre
1959	61 Jahre und 2 Monate
1960	61 Jahre und 4 Monate
1961	61 Jahre und 6 Monate
1962	61 Jahre und 8 Monate
1963	61 Jahre und 10 Monate

[3]Für

1. Beamte und Beamtinnen, die sich am 1. Januar 2011 in der Freistellungsphase der Altersteilzeit nach Art. 91 oder bei einer ungleichmäßigen Verteilung der Arbeitszeit auf Grund eines Arbeitszeitmodells nach Art. 87 Abs. 3 oder Art. 88 Abs. 4 bis zum Ruhestand befinden,
2. Beamte und Beamtinnen, die am 1. Januar 2011 nach Art. 89 oder 90 bis zum Beginn des Ruhestands beurlaubt sind,

finden Art. 129 bis 132 in der am 31. Dezember 2010 geltenden Fassung Anwendung.

Artikel 144 Übergangsregelungen zur Beihilfe

(1) [1]Nur Arbeitnehmern im Dienst der in Art. 1 Abs. 1 genannten Körperschaften, Anstalten und Stiftungen, deren Arbeitnehmer- oder Ausbildungsverhältnis bereits vor dem 1. Januar 2001 begründet wurde, wird für die Fortdauer des Arbeitnehmerverhältnisses weiterhin Beihilfe nach Art. 20 Abs. 3 BayBesG in der bis zum 31. Dezember 2000 geltenden Fassung gewährt. [2]Hinsichtlich von Kindern eines Beamten oder einer Beamtin, eines Richters oder einer Richterin, die am 31. Dezember 2016 in einem Beamtenverhältnis tätig sind, wird Art. 96 Abs. 1 und 3 Satz 3 in der am 31. Dezember 2016 geltenden Fassung weiter angewendet, bis sie die Ausbildung beendet oder die kindergeldrechtliche Höchstaltersgrenze erreicht haben.

(2) Für Aufwendungen, die bis zum 1. Januar 2020 entstanden und in Rechnung gestellt worden sind, ist Art. 96 Abs. 3a in der bis zum Ablauf des 31. Dezember 2019 geltenden Fassung weiter anzuwenden.

Artikel 145 Vertraglich Beschäftigte im öffentlichen Dienst

(1) Für Personen, die auf Grund eines Vertrages im Dienst einer der in Art. 1 Abs. 1 genannten juristischen Personen des öffentlichen Rechts stehen, gelten vorbehaltlich einer Regelung durch Tarifvertrag die beamtenrechtlichen Vorschriften zum Verbot der Gesichtsverhüllung entsprechend.

(2) Für Personen, die auf Grund eines Vertrages im Dienst einer der in Art. 1 Abs. 1 genannten juristischen Personen des öffentlichen Rechts stehen, gelten vorbehaltlich einer Regelung durch Tarifvertrag § 50 BeamtStG und Art. 103 bis 111 entsprechend; Art. 110 gilt mit der Maßgabe entsprechend, dass nicht durch Gesetz oder Tarifvertrag längere Fristen vorgesehen sind.

Artikel 146 ***[aufgehoben]***

Artikel 147 Inkrafttreten

[1]Dieses Gesetz tritt am 1. April 2009 in Kraft. [2]Abweichend von Satz 1 treten Art. 45 Abs. 12 Nr. 1 und Abs. 14 mit Wirkung vom 1. April 2007 in Kraft.

Bayerisches Umweltinformationsgesetz (BayUIG)[1)]

Vom 8. Dezember 2006 (GVBl. S. 933)
(BayRS 2129-1-4-U)

zuletzt geändert durch Art. 9a Abs. 15 Bayerisches E-Government-Gesetz vom 22. Dezember 2015 (GVBl. S. 458)

Nichtamtliche Inhaltsübersicht

Der Landtag des Freistaates Bayern hat das folgende Gesetz beschlossen, das hiermit bekannt gemacht wird:

Erster Abschnitt
Allgemeine Vorschriften

Artikel 1 Zweck des Gesetzes, Anwendungsbereich

(1) Zweck dieses Gesetzes ist es, den rechtlichen Rahmen für den freien Zugang zu Umweltinformationen bei informationspflichtigen Stellen sowie für die Verbreitung dieser Umweltinformationen zu schaffen.

(2) Dieses Gesetz gilt für die in Art. 2 Abs. 1 genannten informationspflichtigen Stellen.

Artikel 2 Begriffsbestimmungen

(1) Informationspflichtige Stellen sind

1. die in Art. 1 des Bayerischen Verwaltungsverfahrensgesetzes bezeichneten Stellen, soweit sie Aufgaben der öffentlichen Verwaltung wahrnehmen. Öffentliche Gremien, die diese Stellen beraten, gelten als Teil der Stelle, die deren Mitglieder beruft.
2. natürliche oder juristische Personen des Privatrechts, soweit sie im Zusammenhang mit der Umwelt öffentliche Aufgaben wahrnehmen oder öffentliche Dienstleistungen erbringen, insbesondere solche der umweltbezogenen Daseinsvorsorge, und dabei der Kontrolle des Freistaates Bayern oder einer unter seiner Aufsicht stehenden juristischen Person des öffentlichen Rechts unterliegen.

(2) Umweltinformationen sind, unabhängig von der Art ihrer Speicherung, alle Daten über

1. den Zustand von Umweltbestandteilen wie Luft und Atmosphäre, Wasser, Boden, Landschaft und natürliche Lebensräume einschließlich Feuchtgebiete, Küsten- und Meeresgebiete, die Artenvielfalt und ihre Bestandteile, einschließlich gentechnisch veränderter Organismen, sowie die Wechselwirkungen zwischen diesen Bestandteilen,

---

1) **Amtl. Anm.:** Dieses Gesetz dient der Umsetzung der Richtlinie 2003/4/EG des Europäischen Parlaments und des Rates vom 28. Januar 2003 über den Zugang der Öffentlichkeit zu Umweltinformationen und zur Aufhebung der Richtlinie 90/313/EWG des Rates (ABl EU Nr. L 41 S. 26).

2. Faktoren, wie Stoffe, Energie, Lärm und Strahlung, Abfälle aller Art sowie Emissionen, Ableitungen und sonstige Freisetzungen von Stoffen in die Umwelt, die sich auf die Umweltbestandteile im Sinn der Nr. 1 auswirken oder wahrscheinlich auswirken,
3. Maßnahmen oder Tätigkeiten, die
   a) sich auf die Umweltbestandteile im Sinn der Nr. 1 oder auf Faktoren im Sinn der Nr. 2 auswirken oder wahrscheinlich auswirken oder
   b) den Schutz von Umweltbestandteilen im Sinn der Nr. 1 bezwecken;

   zu den Maßnahmen gehören auch beschlossene politische Konzepte, Rechtsvorschriften, Abkommen, Umweltvereinbarungen, Pläne und Programme,
4. Berichte über die Umsetzung des Umweltrechts,
5. Kosten-Nutzen-Analysen oder sonstige wirtschaftliche Analysen und Annahmen, die zur Vorbereitung oder Durchführung von Maßnahmen oder Tätigkeiten im Sinn der Nr. 3 verwendet werden, und
6. den Zustand der menschlichen Gesundheit und Sicherheit, die Lebensbedingungen des Menschen sowie Kulturstätten und Bauwerke, soweit sie jeweils vom Zustand der Umweltbestandteile im Sinn der Nr. 1 oder von Faktoren, Maßnahmen oder Tätigkeiten im Sinn der Nrn. 2 und 3 betroffen sind oder sein können; hierzu gehört auch die Kontamination der Lebensmittelkette.

(3) [1]Eine informationspflichtige Stelle verfügt über Umweltinformationen, wenn diese bei ihr vorhanden sind oder für sie bereitgehalten werden. [2]Ein Bereithalten liegt vor, wenn eine natürliche oder juristische Person, die selbst nicht informationspflichtige Stelle ist, Umweltinformationen für eine informationspflichtige Stelle im Sinn des Abs. 1 in deren Auftrag vorhält oder aufbewahrt.

Zweiter Abschnitt
Informationszugang auf Antrag

Artikel 3 Anspruch auf Zugang zu Umweltinformationen

(1) [1]Jede Person hat nach Maßgabe dieses Gesetzes Anspruch auf freien Zugang zu Umweltinformationen, über die eine informationspflichtige Stelle im Sinn des Art. 2 Abs. 1 verfügt, ohne ein rechtliches Interesse darlegen zu müssen. [2]Daneben bleiben andere Ansprüche auf Zugang zu Informationen unberührt.

(2) [1]Der Zugang kann durch Auskunftserteilung, Gewährung von Akteneinsicht oder in sonstiger Weise eröffnet werden. [2]Wird eine bestimmte Art des Informationszugangs beantragt, so entspricht die informationspflichtige Stelle diesem Antrag, es sei denn, es ist für sie angemessen, die Information auf andere Art zugänglich zu machen. [3]Soweit Umweltinformationen der antragstellenden Person bereits auf andere, leicht zugängliche Art, insbesondere durch Verbreitung nach Art. 10, zur Verfügung stehen, kann die informationspflichtige Stelle die Person auf diese Art des Informationszugangs verweisen.

(3) [1]Soweit ein Anspruch nach Abs. 1 besteht, sind die Umweltinformationen der antragstellenden Person unter Berücksichtigung etwaiger von ihr angegebener Zeitpunkte, spätestens jedoch mit Ablauf der Frist nach Satz 2 Nrn. 1 oder 2 zugänglich zu machen. [2]Die Frist beginnt mit Eingang des Antrags bei der informationspflichtigen Stelle, die über die Informationen verfügt, und endet
1. mit Ablauf eines Monats oder,
2. soweit Umweltinformationen derart umfangreich und komplex sind, dass die in Nr. 1 genannte Frist nicht eingehalten werden kann, mit Ablauf von zwei Monaten.

Artikel 4 Antrag und Verfahren

(1) Umweltinformationen werden von der informationspflichtigen Stelle auf Antrag zugänglich gemacht.

(2) [1]Der Antrag muss erkennen lassen, zu welchen Umweltinformationen der Zugang gewünscht wird. [2]Ist der Antrag zu unbestimmt, so ist der antragstellenden Person dies innerhalb eines Monats mitzuteilen und Gelegenheit zur Präzisierung des Antrags zu geben. [3]Kommt die antragstellende Person der Aufforderung zur Präzisierung nach, beginnt der Lauf der Frist zur Beantwortung von Anträgen erneut. [4]Die Informationssuchenden sind bei der Antragstellung und Präzisierung von Anträgen zu unterstützen.

(3) [1]Wird der Antrag bei einer informationspflichtigen Stelle gestellt, die nicht über die Umweltinformationen verfügt, leitet sie den Antrag an die über die begehrten Informationen verfügende Stelle weiter, wenn ihr diese bekannt ist, und unterrichtet die antragstellende Person hierüber. [2]Mit dem Zugang des weitergeleiteten Antrags bei der über die begehrten Informationen verfügenden Stelle gilt der Antrag als neu gestellt. [3]Anstelle der Weiterleitung des Antrags kann die informationspflichtige Stelle die antragstellende Person auch auf andere ihr bekannte informationspflichtige Stellen hinweisen, die über die Informationen verfügen.

(4) Wird eine andere als die beantragte Art des Informationszugangs im Sinn von Art. 3 Abs. 2 eröffnet, ist dies innerhalb der Frist nach Art. 3 Abs. 3 Satz 2 Nr. 1 unter Angabe der Gründe mitzuteilen.

(5) Über die Geltung der längeren Frist nach Art. 3 Abs. 3 Satz 2 Nr. 2 ist die antragstellende Person spätestens mit Ablauf der Frist nach Art. 3 Abs. 3 Satz 2 Nr. 1 unter Angabe der Gründe zu unterrichten.

Artikel 5 Unterstützung des Zugangs zu Umweltinformationen

(1) [1]Die informationspflichtigen Stellen bemühen sich in angemessener Weise darum, den Zugang zu den bei ihnen verfügbaren Umweltinformationen zu erleichtern. [2]Zu diesem Zweck wirken sie darauf hin, dass Umweltinformationen, über die sie verfügen, zunehmend in elektronischen Datenbanken oder in sonstigen Formaten gespeichert werden, die über Mittel der elektronischen Kommunikation abrufbar sind.

(2) Die informationspflichtigen Stellen tragen Sorge für die Erleichterung des Informationszugangs, beispielsweise durch

1. die Benennung von Auskunftspersonen oder Informationsstellen,
2. die Veröffentlichung von Verzeichnissen über verfügbare Umweltinformationen,
3. die Einrichtung öffentlich zugänglicher Informationsnetze und Datenbanken oder
4. die Veröffentlichung von Informationen über behördliche Zuständigkeiten.

(3) Soweit möglich, gewährleisten die informationspflichtigen Stellen, dass alle Umweltinformationen, die sie zusammengestellt haben oder für sich zusammenstellen haben lassen, auf dem gegenwärtigen Stand, exakt und vergleichbar sind.

Artikel 6 Ablehnung des Antrags

(1) [1]Wird der Antrag ganz oder teilweise nach Art. 7 oder 8 abgelehnt, ist dies der antragstellenden Person innerhalb der Fristen nach Art. 3 Abs. 3 Satz 2 bekannt zu geben. [2]Der antragstellenden Person sind die Gründe für die Ablehnung mitzuteilen; in den Fällen des Art. 7 Abs. 2 Nr. 4 sind darüber hinaus die Stelle, die das Material vorbereitet, sowie der voraussichtliche Zeitpunkt der Fertigstellung mitzuteilen.

(2) [1]Wenn der Antrag schriftlich gestellt wurde oder die antragstellende Person dies begehrt, erfolgt die Ablehnung in schriftlicher Form. [2]Sie ist auf Verlangen der antragstellenden Person in elektronischer Form mitzuteilen, wenn der Zugang hierfür eröffnet ist.

(3) Liegt ein Ablehnungsgrund nach Art. 7 oder 8 vor, sind die hiervon nicht betroffenen Informationen zugänglich zu machen, soweit es möglich ist, die betroffenen Informationen unkenntlich zu machen oder auszusondern.

(4) Die antragstellende Person ist im Fall der vollständigen oder teilweisen Ablehnung eines Antrags auch über die Rechtsschutzmöglichkeiten gegen die Entscheidung sowie darüber zu belehren, bei welcher Stelle und innerhalb welcher Frist um Rechtsschutz nachgesucht werden kann.

Artikel 7 Schutz öffentlicher Belange

(1) [1]Soweit das Bekanntgeben der Informationen nachteilige Auswirkungen hätte auf

1. die internationalen Beziehungen, die Verteidigung oder die öffentliche Sicherheit,
2. die Vertraulichkeit der Beratungen von informationspflichtigen Stellen im Sinn des Art. 2 Abs. 1,
3. die Durchführung eines laufenden Gerichtsverfahrens, den Anspruch einer Person auf ein faires Verfahren oder die Durchführung strafrechtlicher, ordnungswidrigkeitenrechtlicher oder disziplinarrechtlicher Ermittlungen oder
4. den Zustand der Umwelt und ihre Bestandteile im Sinn des Art. 2 Abs. 2 Nr. 1 oder auf Schutzgüter im Sinn des Art. 2 Abs. 2 Nr. 6,

ist der Antrag abzulehnen, es sei denn, das öffentliche Interesse an der Bekanntgabe überwiegt. [2]Der Zugang zu Umweltinformationen über Emissionen kann nicht unter Berufung auf die in Satz 1 Nrn. 2 und 4 genannten Gründe abgelehnt werden.

(2) Soweit ein Antrag
1. offensichtlich missbräuchlich gestellt wurde,
2. sich auf interne Mitteilungen der informationspflichtigen Stellen im Sinn des Art. 2 Abs. 1 bezieht,
3. bei einer Stelle, die nicht über die Umweltinformationen verfügt, gestellt wird, sofern er nicht nach Art. 4 Abs. 3 weitergeleitet werden kann,
4. sich auf das Zugänglichmachen von Material, das gerade vervollständigt wird, von noch nicht abgeschlossenen Schriftstücken oder noch nicht aufbereiteten Daten bezieht oder
5. zu unbestimmt ist und auf Aufforderung der informationspflichtigen Stelle nach Art. 4 Abs. 2 nicht innerhalb einer angemessenen Frist präzisiert wird,

ist er abzulehnen, es sei denn, das öffentliche Interesse an der Bekanntgabe überwiegt.

Artikel 8 Schutz sonstiger Belange

(1) [1]Soweit
1. durch das Bekanntgeben der Informationen personenbezogene Daten offenbart und dadurch schutzwürdige Interessen der Betroffenen beeinträchtigt würden,
2. Rechte am geistigen Eigentum, insbesondere Urheberrechte, durch das Zugänglichmachen von Umweltinformationen verletzt würden oder
3. durch das Bekanntgeben Betriebs- oder Geschäftsgeheimnisse zugänglich gemacht würden oder die Informationen dem Steuergeheimnis oder dem Statistikgeheimnis unterliegen,

ist der Antrag abzulehnen, es sei denn, die Betroffenen haben zugestimmt oder das öffentliche Interesse an der Bekanntgabe überwiegt. [2]Der Zugang zu Umweltinformationen über Emissionen kann nicht unter Berufung auf die in Nrn. 1 und 3 genannten Gründe abgelehnt werden. [3]Vor der Entscheidung über die Offenbarung der durch Satz 1 Nrn. 1 bis 3 geschützten Informationen sind die Betroffenen anzuhören. [4]Die informationspflichtige Stelle hat in der Regel von einer Betroffenheit im Sinn des Satzes 1 Nr. 3 auszugehen, soweit übermittelte Informationen als Betriebs- und Geschäftsgeheimnisse gekennzeichnet sind. [5]Soweit die informationspflichtige Stelle dies verlangt, haben mögliche Betroffene im Einzelnen darzulegen, dass ein Betriebs- oder Geschäftsgeheimnis vorliegt.

(2) [1]Umweltinformationen, die private Dritte einer informationspflichtigen Stelle übermittelt haben, ohne rechtlich dazu verpflichtet zu sein oder rechtlich dazu verpflichtet werden zu können, und deren Offenbarung nachteilige Auswirkungen auf die Interessen der Dritten hätte, dürfen ohne deren Einwilligung anderen nicht zugänglich gemacht werden, es sei denn, das öffentliche Interesse an der Bekanntgabe überwiegt. [2]Der Zugang zu Umweltinformationen über Emissionen kann nicht unter Berufung auf die in Satz 1 genannten Gründe abgelehnt werden.

Artikel 9 Rechtsschutz

(1) Für Streitigkeiten nach diesem Gesetz ist der Verwaltungsrechtsweg gegeben.

(2) [1]Ist die antragstellende Person der Auffassung, dass eine informationspflichtige Stelle im Sinn des Art. 2 Abs. 1 den Antrag nicht vollständig erfüllt hat, kann sie die Entscheidung der informationspflichtigen Stelle nach Abs. 3 überprüfen lassen. [2]Die Überprüfung ist nicht Voraussetzung für die Erhebung der Klage nach Abs. 1. [3]Eine Klage gegen die zuständige Stelle nach Art. 13 Abs. 1 ist ausgeschlossen.

(3) [1]Der Anspruch auf nochmalige Prüfung ist gegenüber der informationspflichtigen Stelle im Sinn des Art. 2 Abs. 1 innerhalb eines Monats geltend zu machen, nachdem diese Stelle mitgeteilt hat, dass der Anspruch auf Information nicht oder nicht vollständig erfüllt werden kann. [2]Die informationspflichtige Stelle hat der antragstellenden Person das Ergebnis ihrer nochmaligen Überprüfung innerhalb eines Monats zu übermitteln.

Dritter Abschnitt

Antragsunabhängige Verbreitung von Umweltinformationen

Artikel 10 Unterrichtung der Öffentlichkeit

(1) [1]Die informationspflichtigen Stellen unterrichten die Öffentlichkeit in angemessenem Umfang aktiv und systematisch über die Umwelt. [2]In diesem Rahmen verbreiten sie Umweltinformationen, die für ihre Aufgaben von Bedeutung sind und über die sie verfügen. [3]Mehrfachinformationen über den gleichen Inhalt durch verschiedene informationspflichtige Stellen sind zu vermeiden.

(2) [1]Zu den zu verbreitenden Umweltinformationen gehören zumindest:
1. der Wortlaut von völkerrechtlichen Verträgen, das von den Organen der Europäischen Union erlassene Gemeinschaftsrecht sowie Rechtsvorschriften von Bund, Ländern oder Kommunen über die Umwelt oder mit Bezug zur Umwelt,
2. beschlossene politische Konzepte sowie Pläne und Programme mit Bezug zur Umwelt,
3. Berichte über den Stand der Umsetzung von Rechtsvorschriften sowie Konzepten, Plänen und Programmen nach Nrn. 1 und 2, sofern solche Berichte von den jeweiligen informationspflichtigen Stellen in elektronischer Form ausgearbeitet worden sind oder bereitgehalten werden,
4. Daten oder Zusammenfassungen von Daten aus der Überwachung von Tätigkeiten, die sich auf die Umwelt auswirken oder wahrscheinlich auswirken,
5. Zulassungsentscheidungen, die erhebliche Auswirkungen auf die Umwelt haben, und Umweltvereinbarungen sowie
6. zusammenfassende Darstellungen und Bewertungen der Umweltauswirkungen im Sinn der §§ 11 und 12 des Gesetzes über die Umweltverträglichkeitsprüfung (UVPG) in der Fassung der Bekanntmachung vom 25. Juni 2005 (BGBl I S. 1757, 2797), zuletzt geändert durch Art. 66 der Verordnung vom 31. Oktober 2006 (BGBl I S. 2407), und Risikobewertungen im Hinblick auf Umweltbestandteile nach Art. 2 Abs. 2 Nr. 1.

[2]In den Fällen des Satzes 1 Nrn. 5 und 6 genügt zur Verbreitung die Angabe, wo solche Informationen zugänglich sind oder gefunden werden können.

(3) [1]Die Verbreitung von Umweltinformationen soll in für die Öffentlichkeit verständlicher Darstellung und leicht zugänglichen Formaten erfolgen. [2]Hierzu sollen, soweit vorhanden, elektronische Kommunikationsmittel verwendet werden. [3]Satz 2 gilt nicht für Umweltinformationen, die vor Inkrafttreten dieses Gesetzes angefallen sind, es sei denn, sie liegen bereits in elektronischer Form vor.

(4) Die Anforderungen an die Unterrichtung der Öffentlichkeit nach Abs. 1 und 2 können auch dadurch erfüllt werden, dass Verknüpfungen zu Internet-Seiten eingerichtet werden, auf denen die zu verbreitenden Umweltinformationen zu finden sind.

(5) [1]Im Fall einer unmittelbaren Bedrohung der menschlichen Gesundheit oder der Umwelt haben die informationspflichtigen Stellen sämtliche Informationen, über die sie verfügen und die es der eventuell betroffenen Öffentlichkeit ermöglichen könnten, Maßnahmen zur Abwendung oder Begrenzung von Schäden infolge dieser Bedrohung zu ergreifen, unmittelbar und unverzüglich zu verbreiten; dies gilt unabhängig davon, ob diese Folge menschlicher Tätigkeit oder einer natürlichen Ursache ist. [2]Verfügen mehrere informationspflichtige Stellen über solche Informationen, sollen sie sich bei deren Verbreitung abstimmen.

(6) Art. 5 Abs. 1 und 3 sowie Art. 7 und 8 finden entsprechende Anwendung.

(7) Die Wahrnehmung der Aufgaben nach Abs. 1 bis 6 kann auf bestimmte Stellen der öffentlichen Verwaltung oder auf private Stellen übertragen werden.

Artikel 11 Umweltzustandsbericht

[1]Das Staatsministerium für Umwelt und Verbraucherschutz veröffentlicht regelmäßig im Abstand von nicht mehr als vier Jahren einen Bericht über den Zustand der Umwelt im Freistaat Bayern. [2]Hierbei berücksichtigt es Art. 10 Abs. 1, 3 und 6. [3]Der Bericht enthält Informationen über die Umweltqualität und vorhandene Umweltbelastungen. [4]Der erste Bericht nach Inkrafttreten dieses Gesetzes ist spätestens am 31. Dezember 2007 zu veröffentlichen.

Vierter Abschnitt
Schlussvorschriften

Artikel 12 Kosten

(1) [1]Für die Übermittlung von Informationen auf Grund dieses Gesetzes werden Kosten (Gebühren und Auslagen) erhoben. [2]Die Erteilung mündlicher und einfacher schriftlicher Auskünfte, die Einsichtnahme in Umweltinformationen vor Ort, Maßnahmen und Vorkehrungen nach Art. 5 Abs. 1 und 2 sowie die Unterrichtung der Öffentlichkeit nach Art. 10 und 11 sind gebührenfrei. [3]Art. 6 Abs. 2 sowie Art. 8 des Kostengesetzes finden keine Anwendung.

(2) Die Gebühren sind auch unter Berücksichtigung des Verwaltungsaufwands so zu bemessen, dass der Informationsanspruch nach Art. 3 Abs. 1 wirksam wahrgenommen werden kann.

(3) [1]Private informationspflichtige Stellen nach Art. 2 Abs. 1 Nr. 2 können für die Übermittlung von Informationen nach diesem Gesetz von der antragstellenden Person Kostenerstattung entsprechend den Grundsätzen nach den Abs. 1 und 2 verlangen. [2]Die Höhe der erstattungsfähigen Kosten bemisst sich nach den Kostensätzen für Amtshandlungen von informationspflichtigen Stellen der öffentlichen Verwaltung.

Artikel 13 Überwachung der privaten informationspflichtigen Stellen

[1]Die Stellen der öffentlichen Verwaltung, die die Kontrolle im Sinn des Art. 2 Abs. 1 Nr. 2 für den Freistaat Bayern oder eine unter seiner Aufsicht stehende juristische Person des öffentlichen Rechts ausüben, überwachen die Einhaltung dieses Gesetzes durch private informationspflichtige Stellen im Sinn des Art. 2 Abs. 1 Nr. 2 und können hierzu die erforderlichen Maßnahmen ergreifen oder Anordnungen treffen. [2]Diese privaten informationspflichtigen Stellen haben den kontrollierenden Stellen auf Verlangen alle Informationen herauszugeben, die die kontrollierenden Stellen zur Wahrung ihrer Aufgaben nach Satz 1 benötigen.

Artikel 14 Inkrafttreten

Dieses Gesetz tritt am 1. Januar 2007 in Kraft.

Gemeindeordnung für den Freistaat Bayern (Gemeindeordnung – GO)

In der Fassung der Bekanntmachung vom 22. August 1998[1)] (GVBl. S. 796)
(BayRS 2020-1-1-I)
zuletzt geändert durch § 1 Abs. 6 V zur Anpassung des Landesrechts an die geltende Geschäftsverteilung vom 4. Juni 2024 (GVBl. S. 98)

Nichtamtliche Inhaltsübersicht

1) Neubekanntmachung der Gemeindeordnung idF der Bek. v. 6.1.1993 (GVBl. S. 65) in der vom 1.9.1998 an geltenden Fassung.

Erster Teil
Wesen und Aufgaben der Gemeinde

1. Abschnitt
Begriff, Benennung und Hoheitszeichen

Artikel 1 Begriff

[1]Die Gemeinden sind ursprüngliche Gebietskörperschaften mit dem Recht, die örtlichen Angelegenheiten im Rahmen der Gesetze zu ordnen und zu verwalten. [2]Sie bilden die Grundlagen des Staates und des demokratischen Lebens.

Artikel 2 Name

(1) Die Gemeinden haben ein Recht auf ihren geschichtlichen Namen.

(2) Die Rechtsaufsichtsbehörde kann nach Anhörung des Gemeinderats und der beteiligten Gemeindebürgerinnen und Gemeindebürger
1. wegen eines öffentlichen Bedürfnisses den Namen einer Gemeinde oder eines Gemeindeteils ändern oder den Namen eines Gemeindeteils aufheben;
2. einem bewohnten Gemeindeteil einen Namen geben.

(3) [1]Wird eine Gemeinde oder werden Gemeindeteile als Heilbad, Kneippheilbad oder Schrothheilbad nach Art. 7 Abs. 1 und 5 des Kommunalabgabengesetzes anerkannt, spricht die Anerkennungsbehörde auf Antrag der Gemeinde aus, daß die Bezeichnung Bad Bestandteil des Namens der Gemeinde oder eines Gemeindeteils wird. [2]Wird die Anerkennung aufgehoben, entfällt der Namensbestandteil Bad. [3]Wegen eines dringenden öffentlichen Bedürfnisses kann die Anerkennungsbehörde abweichend vom Antrag nach Satz 1 oder von Satz 2 entscheiden.

(4) Die Entscheidungen und die Änderungen nach den Absätzen 2 und 3 sind im Staatsanzeiger bekanntzumachen.

Artikel 3 Städte und Märkte

(1) Städte und Märkte heißen die Gemeinden, die diese Bezeichnung nach bisherigem Recht führen oder denen sie durch das Staatsministerium des Innern, für Sport und Integration neu verliehen wird.

(2) Die Bezeichnung Stadt oder Markt darf nur an Gemeinden verliehen werden, die nach Einwohnerzahl, Siedlungsform und wirtschaftlichen Verhältnissen der Bezeichnung entsprechen.

(3) Die Stadt München führt die Bezeichnung Landeshauptstadt.

Artikel 4 Wappen und Fahnen; Dienstsiegel

(1) [1]Die Gemeinden können ihre geschichtlichen Wappen und Fahnen führen. [2]Sie sind verpflichtet, sich bei der Änderung bestehender und der Annahme neuer Wappen und Fahnen von der Generaldirektion der Staatlichen Archive Bayerns beraten zu lassen und, soweit sie deren Stellungnahme nicht folgen wollen, den Entwurf der Rechtsaufsichtsbehörde vorzulegen.

(2) [1]Gemeinden mit eigenem Wappen führen dieses in ihrem Dienstsiegel. [2]Die übrigen Gemeinden führen in ihrem Dienstsiegel das kleine Staatswappen.

(3) Von Dritten dürfen Wappen und Fahnen der Gemeinde nur mit deren Genehmigung verwendet werden.

2. Abschnitt
Rechtsstellung und Wirkungskreis

Artikel 5 Kreisangehörigkeit und Kreisfreiheit

(1) Die Gemeinden sind kreisangehörig oder kreisfrei.

(2) Kreisfrei sind die Gemeinden, die diese Eigenschaft beim Inkrafttreten dieses Gesetzes besitzen.

(3) [1]Mit Zustimmung des Landtags können Gemeinden mit mehr als 50 000 Einwohnerinnen und Einwohnern bei entsprechender Bedeutung nach Anhörung des Kreistags durch Rechtsverordnung der Staatsregierung für kreisfrei erklärt werden. [2]Hierbei ist auf die Leistungsfähigkeit des Landkreises Rücksicht zu nehmen. [3]Die Rechtsverordnung kann finanzielle Verpflichtungen der ausscheidenden Gemeinde gegenüber dem Landkreis festlegen. [4]Im übrigen werden die vermögensrechtlichen Verhältnisse durch Übereinkunft zwischen dem Landkreis und der ausscheidenden Gemeinde geregelt. [5]Der Übereinkunft kommt mit dem in ihr bestimmten Zeitpunkt, frühestens jedoch mit Inkrafttreten der Rechtsverordnung, unmittelbar rechtsbegründende Wirkung zu. [6]Kommt eine Übereinkunft nicht zustande, so entscheiden das Verwaltungsgericht und in der Berufungsinstanz der Verwaltungsgerichtshof als Schiedsgerichte.

Artikel 5a Eingliederung in den Landkreis; Große Kreisstadt

(1) [1]Aus Gründen des öffentlichen Wohls können durch Rechtsverordnung der Staatsregierung mit Zustimmung des Landtags kreisfreie Gemeinden auf ihren Antrag oder von Amts wegen nach Anhörung der Gemeinde in einen Landkreis eingegliedert werden. [2]Der Landkreis ist vorher zu hören; den Gemeindebürgerinnen und Gemeindebürgern soll Gelegenheit gegeben werden, zu der Eingliederung in geheimer Abstimmung Stellung zu nehmen.

(2) [1]Der Landkreis ist auf Verlangen der eingegliederten Gemeinde verpflichtet, bisher von der Gemeinde betriebene Einrichtungen zu übernehmen, wenn deren Betrieb allgemein zu den Aufgaben eines Landkreises gehört. [2]Die Schulden aus Darlehen für diese Einrichtungen muß der Landkreis dann und insoweit nicht übernehmen, als die Übernahme nicht zumutbar ist, insbesondere, wenn für die Einrichtungen in unverhältnismäßig hohem überdurchschnittlichem Umfang Darlehen aufgenommen worden sind. [3]Die Sätze 1 und 2 gelten entsprechend für die Mitgliedschaft der eingegliederten Gemeinde in einem Zweckverband, dessen Aufgabe allgemein zu den Aufgaben eines Landkreises gehört. [4]Der Landkreis ist verpflichtet, gemeindliche Arbeitnehmerinnen und Arbeitnehmer, deren Aufgabenbereich auf den Landkreis übergeht, auf deren Verlangen oder auf Verlangen der eingegliederten Gemeinde in sinngemäßer Anwendung des Art. 51 des Bayerischen Beamtengesetzes (BayBG) zu übernehmen. [5]Art. 5 Abs. 3 Sätze 4 bis 6 gelten sinngemäß.

(3) [1]Mit dem Inkrafttreten der Rechtsverordnung (Absatz 1 Satz 1) wird die bisher kreisfreie Gemeinde Große Kreisstadt. [2]Eine Gemeinde kann auf die Rechte einer Großen Kreisstadt verzichten; das Staatsministerium des Innern, für Sport und Integration bestimmt nach Anhörung des Kreistags durch Rechtsverordnung den Zeitpunkt, zu dem der Verzicht wirksam wird.

(4) Gemeinden mit mehr als 30 000 Einwohnerinnen und Einwohnern können auf ihren Antrag nach Anhörung des Kreistags durch Rechtsverordnung des Staatsministeriums des Innern, für Sport und Integration zu Großen Kreisstädten erklärt werden, wenn ihre Leistungs- und Verwaltungskraft die Gewähr dafür bietet, daß sie die Aufgaben einer Großen Kreisstadt ordnungsgemäß erfüllen können.

Artikel 6 Allseitiger Wirkungskreis

(1) [1]Den Gemeinden steht in ihrem Gebiet die Erfüllung aller öffentlichen Aufgaben zu. [2]Ausnahmen bedürfen eines Gesetzes.

(2) Die Gemeindeaufgaben sind eigene oder übertragene Angelegenheiten.

Artikel 7 Eigene Angelegenheiten

(1) Der eigene Wirkungskreis der Gemeinden umfaßt alle Angelegenheiten der örtlichen Gemeinschaft (Art. 83 Abs. 1 der Verfassung).

(2) [1]In Angelegenheiten des eigenen Wirkungskreises handeln die Gemeinden nach eigenem Ermessen. [2]Sie sind nur an die gesetzlichen Vorschriften gebunden.

Artikel 8 Übertragene Angelegenheiten

(1) Der übertragene Wirkungskreis der Gemeinden umfaßt alle Angelegenheiten, die das Gesetz den Gemeinden zur Besorgung namens des Staates oder anderer Körperschaften des öffentlichen Rechts zuweist.

(2) Für die Erledigung übertragener Angelegenheiten können die zuständigen Staatsbehörden den Gemeinden Weisungen erteilen.

(3) [1]Den Gemeinden, insbesondere den kreisfreien Gemeinden, können Angelegenheiten auch zur selbständigen Besorgung übertragen werden. [2]Art. 7 Abs. 2 ist hierbei sinngemäß anzuwenden.

(4) Bei der Zuweisung von Angelegenheiten sind gleichzeitig die notwendigen Mittel zur Verfügung zu stellen.

Artikel 9 Weitere Aufgaben der kreisfreien Gemeinden und Großen Kreisstädte

(1) [1]Die kreisfreie Gemeinde erfüllt im übertragenen Wirkungskreis alle Aufgaben, die sonst vom Landratsamt als der unteren staatlichen Verwaltungsbehörde wahrzunehmen sind; sie ist insoweit Kreisverwaltungsbehörde. [2]Sie erfüllt ferner die den Landkreisen obliegenden Aufgaben des eigenen und des übertragenen Wirkungskreises.

(2) [1]Die Große Kreisstadt erfüllt im übertragenen Wirkungskreis Aufgaben, die sonst vom Landratsamt als der unteren staatlichen Verwaltungsbehörde wahrzunehmen sind in dem Umfang, der durch Rechtsverordnung der Staatsregierung allgemein bestimmt wird; sie ist insoweit Kreisverwaltungsbehörde. [2]In der Rechtsverordnung nach Art. 5a Abs. 1 oder in einer Rechtsverordnung des Staatsministeriums des Innern, für Sport und Integration können ihr weitere Aufgaben der unteren staatlichen Verwaltungsbehörde und auf Antrag mit Zustimmung des Kreistags auch einzelne Aufgaben des übertragenen Wirkungskreises der Landkreise übertragen werden.

3. Abschnitt

Gemeindegebiet und gemeindefreies Gebiet

Artikel 10 Gemeindegebiet und Bestandsgarantie

(1) [1]Jeder Teil des Staatsgebiets ist grundsätzlich einer Gemeinde zugewiesen. [2]Die Gesamtheit der zu einer Gemeinde gehörenden Grundstücke bildet das Gemeindegebiet.

(2) Die Gemeinden haben ein Recht auf Erhaltung ihres Bestands und ihres Gebiets unbeschadet der Vorschrift des Art. 11.

Artikel 10a Gemeindefreie Gebiete

(1) Die keiner Gemeinde zugewiesenen Teile des Staatsgebiets sind gemeindefreie (ausmärkische) Gebiete.

(2) [1]Die Aufgaben, die aus Gründen des öffentlichen Wohls erfüllt werden müssen und die in den kreisangehörigen Gemeinden zum eigenen Wirkungskreis gehören, nimmt im gemeindefreien Gebiet der Grundstückseigentümer auf seine Kosten wahr. [2]Gehören die Grundstücke verschiedenen Eigentümern, so erfüllen diese die Aufgaben gemeinsam und tragen die Kosten anteilig nach dem Verhältnis der Größe der Fläche ihrer im gemeindefreien Gebiet gelegenen Grundstücke; forstwirtschaftlich genutzte Flächen sind zu zwei Dritteln und minderwertige landwirtschaftliche Nutzflächen (insbesondere Hutungen, Streuwiesen und Ödländereien) zu einem Drittel anzurechnen. [3]Die Grundstückseigentümer können die Verteilung der Aufgaben und die Kostentragung mit Genehmigung der Aufsichtsbehörde in anderer Weise vereinbaren, wenn dadurch die Erfüllung der Aufgaben nicht gefährdet wird.

(3) [1]Wenn es zur ordnungsmäßigen Erfüllung der Aufgaben nach Absatz 2 erforderlich ist, kann die Aufsichtsbehörde den Eigentümer der größten anrechenbaren Grundstücksfläche verpflichten, die Aufgaben im ganzen gemeindefreien Gebiet zu erfüllen; die anderen Grundstückseigentümer haben sich an den notwendigen Kosten, die hieraus entstehen, nach dem Verhältnis der anrechenbaren Größe ihrer Grundstücksflächen zu beteiligen. [2]Werden die Kosten nicht innerhalb von drei Monaten erstattet, so setzt die Aufsichtsbehörde die auf die einzelnen Grundstückseigentümer entfallenden Erstattungsbeträge fest und zieht sie für den verpflichteten Grundstückseigentümer wie Verwaltungskosten ein.

(4) [1]Bewirkt die Kostenverteilung nach dem Verhältnis der anrechenbaren Größe der Grundstücksflächen (Absatz 2 Satz 2) für einzelne Eigentümer eine besondere Härte und kommt eine Vereinbarung nach Absatz 2 Satz 3 innerhalb einer auf Antrag eines Beteiligten von der Aufsichtsbehörde zu setzenden Frist von drei Monaten nicht zustande, so setzt die Aufsichtsbehörde die von den einzelnen Grundstückseigentümern zu tragenden Kostenanteile fest. [2]Absatz 3 Satz 2 gilt sinngemäß.

(5) [1]Die hoheitlichen Befugnisse, die im Gemeindegebiet den kreisangehörigen Gemeinden zustehen, übt im gemeindefreien Gebiet das Landratsamt als untere staatliche Verwaltungsbehörde aus. [2]Es erledigt ferner alle Aufgaben, die zum übertragenen Wirkungskreis einer Gemeinde gehören.

(6) Die Absätze 2 bis 5 gelten nicht, soweit die Erfüllung von Aufgaben des eigenen Wirkungskreises oder die Ausübung hoheitlicher Befugnisse und die Wahrnehmung von Aufgaben des übertragenen Wirkungskreises im gemeindefreien Gebiet durch besondere Rechtsvorschriften anders geregelt sind.

(7) [1]Aufsichtsbehörde über die gemeindefreien Gebiete für die Aufgaben nach den Absätzen 2 bis 4 ist das Landratsamt als untere staatliche Verwaltungsbehörde. [2]Für die Aufsicht gelten die Art. 108, 109 Abs. 1 und Art. 111 bis 113 entsprechend.

(8) Die gemeindefreien Gebiete oder Teile hiervon werden vom Landratsamt benannt.

Artikel 11 Änderungen

(1) [1]Gemeindefreie Gebiete oder Teile hiervon sind auf Antrag angrenzender Gemeinden in diese einzugliedern, wenn nicht dringende Gründe des öffentlichen Wohls entgegenstehen. [2]Beantragen mehrere Gemeinden die Eingliederung, so richtet sich die Entscheidung darüber, ob und in welchem Umfang den Anträgen stattgegeben wird, nach Gründen des öffentlichen Wohls. [3]Aus den gleichen Gründen können Entscheidungen nach den Sätzen 1 und 2 auch von Amts wegen getroffen werden; dabei können auch neue Gemeinden gebildet werden. [4]Falls dringende Gründe des öffentlichen Wohls vorliegen, können auf Antrag oder von Amts wegen unbewohntes Gemeindegebiet oder Teile hiervon einem gemeindefreien Gebiet angegliedert oder zu einem neuen gemeindefreien Gebiet erklärt werden. [5]Vor der Änderung sind die beteiligten Gemeinden und Landkreise sowie die Eigentümer der gemeindefreien Grundstücke im Änderungsgebiet zu hören. [6]Für die Kreisbürgerinnen und Kreisbürger, die seit mindestens sechs Monaten im Änderungsgebiet ihren Aufenthalt haben, kann eine geheime Abstimmung angeordnet werden.

(2) [1]Änderungen im Bestand oder Gebiet von Gemeinden können unbeschadet des Absatzes 1 vorgenommen werden,

1. wenn Gründe des öffentlichen Wohls vorliegen und die beteiligten Gemeinden einverstanden sind,
2. gegen den Willen beteiligter Gemeinden, wenn dringende Gründe des öffentlichen Wohls vorliegen.

[2]Vor Maßnahmen nach Satz 1 Nr. 2 sind die beteiligten Gemeinden zu hören.

(3) Eine Gemeinde kann durch Ausgliederung aus einer bestehenden Gemeinde gebildet werden, wenn

1. Gründe des öffentlichen Wohls vorliegen,
2. die zu bildende Gemeinde mindestens 2 000 Einwohnerinnen und Einwohner hat oder Mitgliedsgemeinde einer Verwaltungsgemeinschaft wird und
3. die bestehende Gemeinde mit einer Mehrheit von zwei Dritteln der Mitglieder des Gemeinderats zustimmt.

(4) Den Gemeindebürgerinnen und Gemeindebürgern, deren gemeindliche Zugehörigkeit wechselt, soll Gelegenheit gegeben werden, zu der Änderung, bei der Bildung einer Gemeinde auch zu deren Namen, in geheimer Abstimmung Stellung zu nehmen.

Artikel 12 Zuständige Behörde; Fortgeltung des Ortsrechts

(1) [1]Die in Art. 11 genannten Änderungen werden durch Gesetz vorgenommen, wenn dadurch eine Gemeinde im Bestand geändert oder neu gebildet wird. [2]Die übrigen in Art. 11 genannten Änderungen werden durch Rechtsverordnung vorgenommen; diese erläßt das Landratsamt, wenn nur Teile des Gemeindegebiets umgemeindet werden, die von nicht mehr als 50 Einwohnerinnen und Einwohnern bewohnt werden, sonst die Regierung. [3]Die Regierung kann in der Rechtsverordnung, für deren Erlaß sie zuständig ist, auch Teile von Gemeindegebieten, die von nicht mehr als 50 Einwohnerinnen und Einwohnern bewohnt werden, umgemeinden, wenn die Umgemeindung mit der anderen Änderung rechtlich oder sachlich zusammenhängt.

(2) [1]Wird eine Gemeinde durch Ausgliederung aus einer bestehenden Gemeinde gebildet, gilt das Ortsrecht in seinem bisherigen Geltungsbereich fort. [2]Bei Gebietsänderungen erstreckt sich das Ortsrecht der aufnehmenden Gemeinde auf das aufgenommene Gebiet, wenn nicht in der Vorschrift über die Gebietsänderung etwas Abweichendes bestimmt ist.

Artikel 13 Weitere Folgen der Änderungen

(1) [1]Unbeschadet des Art. 9 Abs. 2 Satz 3 der Bezirksordnung und des Art. 9 Abs. 2 Satz 3 der Landkreisordnung regelt im Fall des Art. 12 Abs. 1 Satz 1 die Regierung, im Übrigen die gemäß Art. 12 Abs. 1 Sätze 2 und 3 zuständige Behörde die mit der Änderung zusammenhängenden weiteren Rechts- und Verwaltungsfragen. [2]Sie kann insbesondere eine Neuwahl oder Ergänzung der gemeindlichen Vertretungsorgane für den Rest der Wahlzeit anordnen. [3]Art. 31 Abs. 2 Satz 4 findet insoweit keine Anwendung. [4]Beträgt der Rest der Wahlzeit weniger als zwei Jahre, so kann die zuständige Behörde bestimmen, daß die Wahlzeit der neu gewählten Vertretungsorgane erst mit Ablauf der folgenden Wahlzeit endet.

(2) [1]Die vermögensrechtlichen Verhältnisse werden durch Übereinkunft der beteiligten Gemeinden geregelt. [2]Der Übereinkunft kommt mit dem in ihr bestimmten Zeitpunkt, frühestens jedoch mit Rechtswirksamkeit der Änderung, unmittelbar rechtsbegründende Wirkung zu. [3]Kommt eine Übereinkunft nicht zustande, so entscheiden das Verwaltungsgericht und in der Berufungsinstanz der Verwaltungsgerichtshof als Schiedsgerichte.

(3) Soweit der Aufenthalt Voraussetzung für Rechte und Pflichten ist, gilt in den Fällen des Art. 11 der vor der Änderung liegende Aufenthalt im Änderungsgebiet als Aufenthalt in der neuen Gemeinde.

Artikel 13a ***[aufgehoben]***

Artikel 14 Bekanntmachung; Gebühren

(1) Rechtsverordnungen nach Art. 12 sind, soweit sie vom Landratsamt erlassen werden, gemäß Art. 51 Abs. 1 des Landesstraf- und Verordnungsgesetzes in Verbindung mit Art. 20 Abs. 2 der Landkreisordnung, soweit sie von der Regierung erlassen werden, im Amtsblatt der Regierung bekanntzumachen.

(2) [1]Für Änderungen nach Art. 11 und Rechtshandlungen, die aus Anlaß solcher Änderungen erforderlich sind, werden Abgaben nicht erhoben, soweit eine Befreiung landesrechtlich zulässig ist. [2]Auslagen werden nicht ersetzt.

4. Abschnitt

Rechte und Pflichten der Gemeindeangehörigen

Artikel 15 Einwohnerinnen und Einwohner; Bürgerinnen und Bürger

(1) [1]Gemeindeangehörige sind alle Gemeindeeinwohnerinnen und Gemeindeeinwohner. [2]Sie haben gegenüber der Gemeinde die gleichen Rechte und Pflichten. [3]Ausnahmen bedürfen eines besonderen Rechtstitels.

(2) Gemeindebürgerinnen und Gemeindebürger sind die Gemeindeangehörigen, die in ihrer Gemeinde das Recht, an den Gemeindewahlen teilzunehmen, besitzen.

Artikel 16 Ehrenbürgerwürde

(1) Die Gemeinden können Persönlichkeiten, die sich um sie besonders verdient gemacht haben, die Ehrenbürgerwürde verleihen.

(2) [1]Die Gemeinden können die Verleihung der Ehrenbürgerwürde wegen unwürdigen Verhaltens widerrufen. [2]Ein solcher Beschluss bedarf einer Mehrheit von zwei Dritteln der stimmberechtigten Mitglieder des Gemeinderats.

Artikel 17 Wahlrecht

Die Gemeindebürgerinnen und Gemeindebürger wählen den Gemeinderat und mit der Mehrheit der abgegebenen gültigen Stimmen die erste Bürgermeisterin oder den ersten Bürgermeister.

Artikel 18 Mitberatungsrecht (Bürgerversammlung)

(1) [1]In jeder Gemeinde hat die erste Bürgermeisterin oder der erste Bürgermeister mindestens einmal jährlich, auf Verlangen des Gemeinderats auch öfter, eine Bürgerversammlung zur Erörterung gemeindlicher Angelegenheiten einzuberufen. [2]In größeren Gemeinden sollen Bürgerversammlungen auf Teile des Gemeindegebiets beschränkt werden.

(2) [1]Eine Bürgerversammlung muß innerhalb von drei Monaten stattfinden, wenn das von mindestens 5 v.H., in den Gemeinden mit mehr als 10 000 Einwohnerinnen und Einwohnern von mindestens 2,5 v.H. der Gemeindebürgerinnen und Gemeindebürger unter Angabe der Tagesordnung schriftlich beantragt wird; die Bürgerversammlung kann eine Ergänzung der Tagesordnung beschließen, wenn es spätestens eine Woche vor der Bürgerversammlung bei der Gemeinde schriftlich beantragt wird. [2]Die Tagesordnung darf nur gemeindliche Angelegenheiten zum Gegenstand haben. [3]Die Sätze 1 und 2 gelten entsprechend für Gemeindeteile, die bei Inkrafttreten dieses Gesetzes noch selbständige Gemeinden waren, und in Städten mit mehr als 100 000 Einwohnerinnen und Einwohnern für Stadtbezirke; die Tagesordnungspunkte sollen sich vor allem auf den Gemeindeteil oder Stadtbezirk beziehen. [4]Die Einberufung einer Bürgerversammlung nach den Sätzen 1 und 3 kann nur einmal jährlich beantragt werden.

(3) [1]Das Wort können grundsätzlich nur Gemeindeangehörige erhalten. [2]Ausnahmen kann die Bürgerversammlung beschließen; die Vorsitzende oder der Vorsitzende soll einem Vertreter der Aufsichtsbehörde auf Verlangen das Wort erteilen. [3]Den Vorsitz in der Versammlung führt die erste Bürgermeisterin oder der erste Bürgermeister oder ein von ihnen bestellter Vertreter. [4]Stimmberechtigt sind ausschließlich Gemeindebürgerinnen und Gemeindebürger.

(4) [1]Die Bürgerversammlung findet in einem der Allgemeinheit zugänglichen Raum statt. [2]Ergänzend kann die Gemeinde durch Satzung oder durch Beschluss des Gemeinderats eine Echtzeitübertragung der Bürgerversammlung in Ton und Bild über das Internet zulassen. [3]Ein Redebeitrag einer teilnehmenden Person darf nur übertragen werden, wenn sie dafür eine Einwilligung erteilt hat. [4]Kameras sind so einzurichten, dass nur die Versammlungsleitung sowie die redenden Personen erfasst werden. [5]Die Gemeinde informiert bei der Einladung zur Bürgerversammlung sowie vor Beginn über eine Echtzeitübertragung nach Satz 2. [6]Die Gemeinden können durch Satzung zulassen, dass Personen nicht persönlich anwesend sein müssen, um sich nach Abs. 3 zu beteiligen, sondern sich dazu auch über das Internet zuschalten können. [7]In der Satzung ist das Nähere zu den Voraussetzungen und zur Ausübung des Äußerungs- und Stimmrechts durch die zugeschalteten Personen zu regeln.

(5) [1]Empfehlungen der Bürgerversammlungen müssen innerhalb einer Frist von drei Monaten vom Gemeinderat behandelt werden. [2]Diese Frist und die Frist nach Absatz 2 Satz 1 ruhen während der gemäß Art. 32 Abs. 4 Satz 1 bestimmten Ferienzeit.

Artikel 18a Bürgerbegehren und Bürgerentscheid

(1) Die Gemeindebürgerinnen und Gemeindebürger können über Angelegenheiten des eigenen Wirkungskreises der Gemeinde einen Bürgerentscheid beantragen (Bürgerbegehren).

(2) Der Gemeinderat kann beschließen, daß über eine Angelegenheit des eigenen Wirkungskreises der Gemeinde ein Bürgerentscheid stattfindet.

(3) Ein Bürgerentscheid findet nicht statt

1. über die Rechtsstellung der künftigen ersten Bürgermeisterinnen oder der künftigen ersten Bürgermeister,
2. über Angelegenheiten, die kraft Gesetzes der ersten Bürgermeisterin oder dem ersten Bürgermeister obliegen,
3. über Fragen der inneren Organisation der Gemeindeverwaltung,
4. über die Rechtsverhältnisse der Gemeinderatsmitglieder, der Bürgermeisterinnen und Bürgermeister und der Gemeindebediensteten sowie
5. über die Haushaltssatzung.

(4) [1]Das Bürgerbegehren muss bei der Gemeinde eingereicht werden und eine mit Ja oder Nein zu entscheidende Fragestellung und eine Begründung enthalten sowie bis zu drei Personen benennen, die berechtigt sind, die Unterzeichnenden zu vertreten. [2]Für den Fall ihrer Verhinderung oder ihres Ausscheidens können auf den Unterschriftenlisten zusätzlich stellvertretende Personen benannt werden.

(5) [1]Das Bürgerbegehren kann nur von Personen unterzeichnet werden, die am Tag der Einreichung des Bürgerbegehrens Gemeindebürgerinnen oder Gemeindebürger sind. [2]Für die Feststellung der Zahl der gültigen Unterschriften ist das von der Gemeinde zum Stand dieses Tages anzulegende Bürgerverzeichnis maßgebend.

(6) Ein Bürgerbegehren muss in Gemeinden

bis zu	10.000	Einwohnerinnen und Einwohnern von mindestens	10 v.H.,
bis zu	20.000	Einwohnerinnen und Einwohnern von mindestens	9 v.H.,
bis zu	30.000	Einwohnerinnen und Einwohnern von mindestens	8 v.H.,
bis zu	50.000	Einwohnerinnen und Einwohnern von mindestens	7 v.H.,
bis zu	100.000	Einwohnerinnen und Einwohnern von mindestens	6 v.H.,
bis zu	500.000	Einwohnerinnen und Einwohnern von mindestens	5 v.H.,
mit mehr als	500.000	Einwohnerinnen und Einwohnern von mindestens	3 v.H.

der Gemeindebürgerinnen und Gemeindebürger unterschrieben sein.

(7) *[aufgehoben]*

(8) [1]Über die Zulässigkeit des Bürgerbegehrens entscheidet der Gemeinderat unverzüglich, spätestens innerhalb eines Monats nach Einreichung des Bürgerbegehrens. [2]Gegen die Entscheidung können die vertretungsberechtigten Personen des Bürgerbegehrens ohne Vorverfahren Klage erheben.

(9) Ist die Zulässigkeit des Bürgerbegehrens festgestellt, darf bis zur Durchführung des Bürgerentscheids eine dem Begehren entgegenstehende Entscheidung der Gemeindeorgane nicht mehr getroffen oder mit dem Vollzug einer derartigen Entscheidung nicht mehr begonnen werden, es sei denn, zu diesem Zeitpunkt haben rechtliche Verpflichtungen der Gemeinde hierzu bestanden.

(10) [1]Der Bürgerentscheid ist an einem Sonntag innerhalb von drei Monaten nach der Feststellung der Zulässigkeit des Bürgerbegehrens durchzuführen; der Gemeinderat kann die Frist im Einvernehmen mit den vertretungsberechtigten Personen des Bürgerbegehrens um höchstens drei Monate verlängern. [2]Die Kosten des Bürgerentscheids trägt die Gemeinde. [3]Stimmberechtigt ist jede Gemeindebürgerin und jeder Gemeindebürger. [4]Die Möglichkeit der brieflichen Abstimmung ist zu gewährleisten. [5]Der Gemeinderat kann beschließen, dass die Abstimmungsscheine mit Briefabstimmungsunterlagen ohne vorherigen Antrag an alle abstimmungsberechtigten Personen versandt werden. [6]Dies gilt nicht für Bürgerentscheide, die am Tag der Gemeindewahl, Landkreiswahl, Bezirkswahl, Landtagswahl, Bundestagswahl, Europawahl oder eines Volksentscheids stattfinden.

(11) [1]Ist in einem Stadtbezirk ein Bezirksausschuß gebildet worden, so kann über Angelegenheiten, die diesem Bezirksausschuß zur Entscheidung übertragen sind, auch innerhalb des Stadtbezirks ein Bürgerentscheid stattfinden. [2]Stimmberechtigt sind alle im Stadtbezirk wohnhaften Gemeindebürgerinnen und Gemeindebürger. [3]Das Bürgerbegehren ist beim Bezirksausschuss zur Weiterleitung an den Stadtrat einzureichen. [4]Die Vorschriften der Absätze 2 bis 16 finden entsprechend Anwendung.

(12) [1]Bei einem Bürgerentscheid ist die gestellte Frage in dem Sinn entschieden, in dem sie von der Mehrheit der abgegebenen gültigen Stimmen beantwortet wurde, sofern diese Mehrheit in Gemeinden

bis zu	50.000	Einwohnerinnen und Einwohnern mindestens	20 v.H.,
bis zu	100.000	Einwohnerinnen und Einwohnern mindestens	15 v.H.,
mit mehr als	100.000	Einwohnerinnen und Einwohnern mindestens	10 v.H.

der Stimmberechtigten beträgt. [2]Bei Stimmengleichheit gilt die Frage als mit Nein beantwortet. [3]Sollen an einem Tag mehrere Bürgerentscheide stattfinden, hat der Gemeinderat eine Stichfrage für den Fall zu beschließen, dass die gleichzeitig zur Abstimmung gestellten Fragen in einer miteinander nicht zu vereinbarenden Weise beantwortet werden (Stichentscheid). [4]Es gilt dann diejenige Entscheidung, für die sich im Stichentscheid die Mehrheit der abgegebenen gültigen Stimmen ausspricht. [5]Bei Stimmengleichheit im Stichentscheid gilt der Bürgerentscheid, dessen Frage mit der höchsten Stimmenzahl mehrheitlich beantwortet worden ist.

(13) [1]Der Bürgerentscheid hat die Wirkung eines Beschlusses des Gemeinderats. [2]Der Bürgerentscheid kann innerhalb eines Jahres nur durch einen neuen Bürgerentscheid abgeändert werden, es sei denn, dass sich die dem Bürgerentscheid zugrunde liegende Sach- oder Rechtslage wesentlich geändert hat.

(14) [1]Der Bürgerentscheid entfällt, wenn der Gemeinderat die Durchführung der mit dem Bürgerbegehren verlangten Maßnahme beschließt. [2]Für einen Beschluss nach Satz 1 gilt die Bindungswirkung des Absatzes 13 Satz 2 entsprechend.

(15) [1]Die im Gemeinderat und die von den vertretungsberechtigten Personen des Bürgerbegehrens vertretenen Auffassungen zum Gegenstand des Bürgerentscheids dürfen in Veröffentlichungen und Veranstaltungen der Gemeinde nur in gleichem Umfang dargestellt werden. [2]Zur Information der

Bürgerinnen und Bürger werden von der Gemeinde den Beteiligten die gleichen Möglichkeiten wie bei Gemeinderatswahlen eröffnet.

(16) Das Ergebnis des Bürgerentscheids ist in der Gemeinde in der ortsüblichen Weise bekanntzumachen.

(17) [1]Die Gemeinden können das Nähere durch Satzung regeln. [2]Das Recht auf freies Unterschriftensammeln darf nicht eingeschränkt werden.

(18) Art. 3a des Bayerischen Verwaltungsverfahrensgesetzes (BayVwVfG) findet keine Anwendung.

Artikel 18b Bürgerantrag

(1) [1]Die Gemeindebürgerinnen und Gemeindebürger können beantragen, dass das zuständige Gemeindeorgan eine gemeindliche Angelegenheit behandelt (Bürgerantrag). [2]Ein Bürgerantrag darf nicht Angelegenheiten zum Gegenstand haben, für die innerhalb eines Jahres vor Antragseinreichung bereits ein Bürgerantrag gestellt worden ist.

(2) [1]Der Bürgerantrag muss bei der Gemeinde eingereicht werden, eine Begründung enthalten und bis zu drei Personen benennen, die berechtigt sind, die Unterzeichnenden zu vertreten. [2]Für den Fall ihrer Verhinderung oder ihres Ausscheidens können auf den Unterschriftenlisten zusätzlich stellvertretende Personen benannt werden.

(3) [1]Der Bürgerantrag muss von mindestens 1 v.H. der Gemeindeeinwohnerinnen und Gemeindeeinwohner unterschrieben sein. [2]Unterschriftsberechtigt sind die Gemeindebürgerinnen und Gemeindebürger.

(4) Über die Zulässigkeit eines Bürgerantrags entscheidet das für die Behandlung der Angelegenheit zuständige Gemeindeorgan innerhalb eines Monats seit der Einreichung des Bürgerantrags.

(5) Ist die Zulässigkeit des Bürgerantrags festgestellt, hat ihn das zuständige Gemeindeorgan innerhalb von drei Monaten zu behandeln.

(6) [1]In Gemeinden, in denen Bezirksausschüsse gebildet sind, können in Angelegenheiten, für die die Bezirksausschüsse zuständig sind, Bürgeranträge gestellt werden. [2]Hierfür gelten die Absätze 1 bis 5 entsprechend mit der Maßgabe, dass

1. unterschriftsberechtigt nur ist, wer im Zuständigkeitsbereich des Bezirksausschusses Gemeindebürgerin oder Gemeindebürger ist,
2. sich die erforderliche Unterschriftenzahl nach der Einwohnerzahl des Stadtbezirks berechnet,
3. der Bezirksausschuss über die Zulässigkeit des Bürgerantrags und über für zulässig erklärte Bürgeranträge entscheidet.

(7) Die Fristen nach den Absätzen 4 und 5 ruhen während der gemäß Art. 32 Abs. 4 Satz 1 bestimmten Ferienzeit.

(8) Art. 3a BayVwVfG findet keine Anwendung.

Artikel 19 Ehrenamtliche Tätigkeit

(1) [1]Die Gemeindebürgerinnen und Gemeindebürger sind zur Übernahme gemeindlicher Ehrenämter verpflichtet. [2]Sie können nur aus wichtigem Grund die Übernahme von Ehrenämtern ablehnen oder ein Ehrenamt niederlegen. [3]Als wichtiger Grund ist es insbesondere anzusehen, wenn die Verpflichteten die Tätigkeit nicht ordnungsgemäß ausüben können. [4]Wer ohne wichtigen Grund die Übernahme eines Ehrenamts ablehnt oder ein Ehrenamt niederlegt, kann mit Ordnungsgeld bis zu fünfhundert Euro belegt werden.

(2) [1]Ehrenamtlich tätige Personen können von der Stelle, die sie berufen hat, abberufen werden, wenn ein wichtiger Grund vorliegt. [2]Ein solcher liegt auch dann vor, wenn die ehrenamtlich tätige Person ihre Pflichten gröblich verletzt oder sich als unwürdig erwiesen hat.

(3) Die besonderen gesetzlichen Vorschriften bleiben unberührt.

Artikel 20 Sorgfalts- und Verschwiegenheitspflicht

(1) Ehrenamtlich tätige Personen sind verpflichtet, ihre Obliegenheiten gewissenhaft wahrzunehmen.

(2) [1]Sie haben über die ihnen bei ihrer ehrenamtlichen Tätigkeit bekanntgewordenen Angelegenheiten Verschwiegenheit zu bewahren; das gilt nicht für Mitteilungen im amtlichen Verkehr und über Tatsachen, die offenkundig sind oder ihrer Bedeutung nach keiner Geheimhaltung bedürfen. [2]Sie dürfen die Kenntnis der nach Satz 1 geheimzuhaltenden Angelegenheiten nicht unbefugt verwerten. [3]Sie haben auf Verlangen des Gemeinderats amtliche Schriftstücke, Zeichnungen, bildliche Darstellungen und Aufzeichnungen jeder Art über dienstliche Vorgänge herauszugeben, auch soweit es sich um

Wiedergaben handelt. [4]Diese Verpflichtungen bestehen auch nach Beendigung des Ehrenamts fort. [5]Die Herausgabepflicht trifft auch die Hinterbliebenen und Erben.

(3) [1]Ehrenamtlich tätige Personen dürfen ohne Genehmigung über Angelegenheiten, über die sie Verschwiegenheit zu bewahren haben, weder vor Gericht noch außergerichtlich aussagen oder Erklärungen abgeben. [2]Über die Genehmigung entscheidet die erste Bürgermeisterin oder der erste Bürgermeister; im Übrigen gelten Art. 84 Abs. 3 und 4 BayVwVfG.

(4) [1]Wer den Verpflichtungen der Absätze 1, 2 oder 3 Satz 1 schuldhaft zuwiderhandelt, kann im Einzelfall mit Ordnungsgeld bis zu zweihundertfünfzig Euro, bei unbefugter Offenbarung personenbezogener Daten bis zu fünfhundert Euro, belegt werden; die Verantwortlichkeit nach anderen gesetzlichen Vorschriften bleibt unberührt. [2]Die Haftung gegenüber der Gemeinde richtet sich nach den für die erste Bürgermeisterin und den ersten Bürgermeister geltenden Vorschriften. [3]Die Gemeinde stellt die Verantwortlichen von der Haftung frei, wenn sie von Dritten unmittelbar in Anspruch genommen werden und der Schaden weder vorsätzlich noch grob fahrlässig verursacht worden ist.

(5) Für die ehrenamtlichen Bürgermeisterinnen und Bürgermeister gelten die besonderen gesetzlichen Vorschriften.

Artikel 20a Entschädigung

(1) [1]Ehrenamtlich tätige Personen haben Anspruch auf angemessene Entschädigung. [2]Das Nähere wird durch Satzung bestimmt. [3]Auf die Entschädigung kann nicht verzichtet werden. [4]Der Anspruch ist nicht übertragbar.

(2) Ehrenamtlich tätige Personen erhalten ferner für die nach Maßgabe näherer Bestimmung in der Satzung zur Wahrnehmung des Ehrenamts notwendige Teilnahme an Sitzungen, Besprechungen oder anderen Veranstaltungen folgende Ersatzleistungen:

1. Arbeitnehmerinnen und Arbeitnehmern wird der ihnen entstandene nachgewiesene Verdienstausfall ersetzt.
2. [1]Selbständig Tätige können für die ihnen entstehende Zeitversäumnis eine Verdienstausfallentschädigung erhalten. [2]Die Entschädigung wird auf der Grundlage eines satzungsmäßig festgelegten Pauschalsatzes gewährt. [3]Wegezeiten können in angemessenem Umfang berücksichtigt werden.
3. [1]Personen, die keine Ersatzansprüche nach Nummern 1 und 2 haben, denen aber im beruflichen oder häuslichen Bereich ein Nachteil entsteht, der in der Regel nur durch das Nachholen versäumter Arbeit oder die Inanspruchnahme einer Hilfskraft ausgeglichen werden kann, können eine Entschädigung erhalten. [2]Die Entschädigung wird auf der Grundlage eines satzungsmäßig festgelegten Pauschalsatzes gewährt. [3]Der Pauschalsatz darf nicht höher sein als der Pauschalsatz nach Nummer 2. [4]Wegezeiten können in angemessenem Umfang berücksichtigt werden.
4. Nachgewiesene Kosten für eine notwendige Betreuung von im Haushalt der ehrenamtlich tätigen Person lebenden
   a) Kindern, die das zwölfte Lebensjahr noch nicht vollendet haben,
   b) Kindern mit Behinderung, die auf Hilfe angewiesen sind,
   c) Angehörigen im Sinne des Art. 20 Abs. 5 BayVwVfG mit festgestelltem Pflegegrad nach § 15 Abs. 1 Satz 1 des Elften Buches Sozialgesetzbuch

   können bis zu einem satzungsmäßig festgelegten Höchstbetrag ersetzt werden; für Personen, denen eine Entschädigung nach Nr. 3 zusteht, gilt Halbsatz 1 nur, soweit die erstattungsfähigen Betreuungskosten diese Entschädigung übersteigen.

(3) Abs. 1 und 2 gelten nicht für die erste Bürgermeisterin oder den ersten Bürgermeister und für die berufsmäßigen weiteren Bürgermeisterinnen und Bürgermeister.

(4) [1]Vergütungen für Tätigkeiten, die ehrenamtlich tätige Personen kraft Amts oder auf Vorschlag oder Veranlassung der Gemeinde in einem Aufsichtsrat, Vorstand oder sonstigen Organ oder Gremium eines privatrechtlich oder öffentlich-rechtlich organisierten Unternehmens wahrnehmen, sind an die Gemeinde abzuführen, soweit sie insgesamt einen Betrag von 6 400 Euro im Kalenderjahr übersteigen; mit einem Vomhundertsatz benannte Änderungen des Grundgehalts der Beamtinnen und Beamten mit einer Besoldung nach Besoldungsgruppe A 13 gelten ab dem auf das Inkrafttreten der Änderung folgenden Kalenderjahr mit dem gleichen Vomhundertsatz für den in Halbsatz 1 genannten Betrag. [2]Von der Gemeinde veranlasst sind auch Tätigkeiten, die von einem Unternehmen, an dem sie unmittelbar oder mittelbar ganz oder mehrheitlich beteiligt ist, einer ehrenamtlich tätigen Person übertragen wer-

den. [3]Der Betrag verdoppelt sich für Vorsitzende des Aufsichtsrats oder eines vergleichbaren Organs der in Satz 1 genannten Unternehmen und erhöht sich für deren Stellvertreter um 50 v.H. [4]Bei der Festsetzung des abzuführenden Betrags sind von den Vergütungen Aufwendungen abzusetzen, die im Zusammenhang mit der Tätigkeit nachweislich entstanden sind. [5]Die Ablieferungsregelungen nach dem beamtenrechtlichen Nebentätigkeitsrecht finden keine Anwendung.

Artikel 21 Benutzung öffentlicher Einrichtungen; Tragung der Gemeindelasten

(1) [1]Alle Gemeindeangehörigen sind nach den bestehenden allgemeinen Vorschriften berechtigt, die öffentlichen Einrichtungen der Gemeinde zu benutzen. [2]Sie sind verpflichtet, die Gemeindelasten zu tragen.

(2) [1]Mehrere technisch selbständige Anlagen der Gemeinde, die demselben Zweck dienen, können eine Einrichtung oder einzelne rechtlich selbständige Einrichtungen bilden. [2]Die Gemeinde entscheidet das durch Satzung; trifft sie keine Regelung, liegt nur eine Einrichtung vor.

(3) Auswärts wohnende Personen haben für ihren Grundbesitz oder ihre gewerblichen Niederlassungen im Gemeindegebiet gegenüber der Gemeinde die gleichen Rechte und Pflichten wie ortsansässige Grundbesitzer und Gewerbetreibende.

(4) Die Vorschriften in den Absätzen 1 und 3 finden auf juristische Personen und Personenvereinigungen entsprechende Anwendung.

(5) [1]Die Benutzung der öffentlichen, dem Gemeingebrauch dienenden Einrichtungen steht nach Maßgabe der bestehenden Vorschriften jedermann zu. [2]Die Zulassung kann von einer vorherigen Belehrung und dem ausdrücklichen Anerkenntnis der bestehenden Vorschriften abhängig gemacht werden.

5. Abschnitt
Gemeindehoheit

Artikel 22 Verwaltungs- und Finanzhoheit

(1) Die Hoheitsgewalt der Gemeinde umfaßt das Gemeindegebiet und seine gesamte Bevölkerung (Gemeindehoheit).

(2) [1]Die Gemeinden haben das Recht, ihr Finanzwesen im Rahmen der gesetzlichen Bestimmungen selbst zu regeln. [2]Sie sind insbesondere befugt, zur Deckung des für die Erfüllung ihrer Aufgaben notwendigen Finanzbedarfs Abgaben nach Maßgabe der Gesetze zu erheben, soweit ihre sonstigen Einnahmen nicht ausreichen. [3]Zu diesem Zweck ist ihnen das Recht zur Erhebung eigener Steuern und sonstiger Abgaben im ausreichenden Maß zu gewährleisten.

(3) Der Staat hat den Gemeinden zur Erfüllung ihrer Aufgaben weitere Mittel im Rahmen des Staatshaushalts zuzuweisen.

Artikel 23 Ortsrecht

[1]Die Gemeinden können zur Regelung ihrer Angelegenheiten Satzungen erlassen. [2]Satzungen zur Regelung übertragener Angelegenheiten, bewehrte Satzungen (Art. 24 Abs. 2) und Verordnungen sind nur in den gesetzlich bestimmten Fällen zulässig. [3]In solchen Satzungen und in Verordnungen soll ihre besondere Rechtsgrundlage angegeben werden.

Artikel 24 Inhalt der Satzungen

(1) In den Satzungen können die Gemeinden insbesondere

1. die Benutzung ihres Eigentums und ihrer öffentlichen Einrichtungen regeln,
2. aus Gründen des öffentlichen Wohls den Anschluß an die Wasserversorgung, die Abwasserbeseitigung, die Abfallentsorgung, die Straßenreinigung und ähnliche der Gesundheit dienende Einrichtungen vorschreiben und vorbehaltlich anderweitiger gesetzlicher Vorschriften die Benutzung dieser Einrichtungen sowie der Bestattungseinrichtungen und von Schlachthöfen zur Pflicht machen,
3. für Grundstücke, die einer neuen Bebauung zugeführt werden, und in Sanierungsgebieten den Anschluß an Einrichtungen zur Versorgung mit Fernwärme und deren Benutzung zur Pflicht machen, sofern der Anschluß aus besonderen städtebaulichen Gründen oder zum Schutz vor schädlichen Umwelteinwirkungen im Sinn des Bundes-Immissionsschutzgesetzes notwendig ist; ausgenommen sind Grundstücke mit emissionsfreien Heizeinrichtungen,

4. Gemeindedienste (Hand- und Spanndienste) zur Erfüllung gemeindlicher Aufgaben unter angemessener Berücksichtigung der persönlichen Verhältnisse der Pflichtigen anordnen.

(2) [1]In den Satzungen kann die Ersatzvornahme auf Kosten säumiger Verpflichteter für zulässig erklärt werden. [2]In den Fällen des Absatzes 1 Nrn. 1 bis 3 können in der Satzung Zuwiderhandlungen als Ordnungswidrigkeiten mit Geldbuße bis zu zweitausendfünfhundert Euro bedroht werden (bewehrte Satzung). [3]In Satzungen nach Absatz 1 Nrn. 2 und 3 kann vorgeschrieben werden, daß Eigentümer das Anbringen und Verlegen örtlicher Leitungen für die Wasserversorgung, die Abwasserbeseitigung und die Versorgung mit Fernwärme auf ihrem Grundstück zu dulden haben, wenn dieses an die Einrichtung angeschlossen oder anzuschließen ist, in wirtschaftlichem Zusammenhang mit der Einrichtung benutzt wird oder wenn die Möglichkeit der Inanspruchnahme der Einrichtung für das Grundstück sonst vorteilhaft ist; die Duldungspflicht entfällt, wenn die Inanspruchnahme des Grundstücks Eigentümer mehr als notwendig oder in unzumutbarer Weise belasten würde.

(3) In Satzungen nach Absatz 1 Nrn. 1 bis 3 und in Satzungen, die auf Grund anderer Gesetze, die auf diesen Artikel verweisen, erlassen werden, kann bestimmt werden, daß die von der Gemeinde mit dem Vollzug dieser Satzungen beauftragten Personen berechtigt sind, zur Überwachung der Pflichten, die sich nach diesen Satzungen und Gesetzen ergeben, zu angemessener Tageszeit Grundstücke, Gebäude, Anlagen, Einrichtungen, Wohnungen und Wohnräume im erforderlichen Umfang zu betreten.

(4) [1]Ist eine Gemeinde berechtigt, Wasserzähler mit elektronischer Schnittstelle mit oder ohne Einrichtung zur Fernauslesung einzusetzen und zu betreiben, dürfen Daten auch gespeichert und verarbeitet werden, um die Pflichtaufgabe der Wasserversorgung erfüllen und die Betriebssicherheit und Hygiene der Wasserversorgungseinrichtung gewährleisten zu können. [2]Die gespeicherten Daten dürfen ausgelesen und verwendet werden, soweit dies zur Abwehr von Gefahren für den ordnungsgemäßen Betrieb der Wasserversorgungseinrichtung und zur Aufklärung von Störungen im Wasserversorgungsnetz erforderlich ist.

(5) [1]Ein Benutzungszwang nach Absatz 1 Nr. 2 und Absatz 2 darf nicht zum Nachteil von Einrichtungen der Kirchen, anerkannter Religionsgemeinschaften oder solcher weltanschaulicher Gemeinschaften verfügt werden, deren Bestrebungen den allgemein geltenden Gesetzen nicht widersprechen. [2]Voraussetzung ist, daß diese Einrichtungen unmittelbar religiösen oder weltanschaulichen Zwecken dienen.

Artikel 25 (aufgehoben)

Artikel 26 Inkrafttreten; Ausfertigung und Bekanntmachung

(1) [1]Satzungen treten eine Woche nach ihrer Bekanntmachung in Kraft. [2]In der Satzung kann ein anderer Zeitpunkt bestimmt werden, in bewehrten Satzungen und anderen Satzungen, die nicht mit rückwirkender Kraft erlassen werden dürfen, jedoch frühestens der auf die Bekanntmachung folgende Tag.

(2) [1]Satzungen sind auszufertigen und im Amtsblatt der Gemeinde amtlich bekanntzumachen; das Amtsblatt der Verwaltungsgemeinschaft gilt als Amtsblatt der Gemeinde, wenn die Gemeinde, die einer Verwaltungsgemeinschaft angehört, kein eigenes Amtsblatt unterhält. [2]Hat die Gemeinde kein Amtsblatt im Sinn des Satzes 1, so sind die Satzungen im Amtsblatt des Landkreises oder des Landratsamts, sonst in regelmäßig erscheinenden Druckwerken amtlich bekanntzumachen; die amtliche Bekanntmachung kann auch dadurch bewirkt werden, daß die Satzung in der Verwaltung der Gemeinde niedergelegt und die Niederlegung digital über das Internet, durch Anschlag oder Anzeige an den für öffentliche Bekanntmachungen allgemein bestimmten Stellen (Gemeindetafeln), auf einer öffentlichen Internetseite der Gemeinde oder durch Mitteilung in einer Tageszeitung bekanntgegeben wird.

Artikel 27 Verwaltungsverfügungen; Zwangsmaßnahmen

(1) Die Gemeinden können im eigenen und im übertragenen Wirkungskreis die zur Durchführung von Gesetzen, Rechtsverordnungen und Satzungen notwendigen Verfügungen an bestimmte Personen erlassen und unter Anwendung der gesetzlichen Zwangsmittel vollziehen.

(2) [1]Verwaltungsakte, Ladungen oder sonstige Mitteilungen, die auf Grund von Rechtsvorschriften außerhalb dieses Gesetzes amtlich, öffentlich oder ortsüblich bekanntzumachen sind, hat die Gemeinde wie ihre Satzungen bekanntzumachen. [2]Sind Pläne, Karten oder sonstige Nachweise Bestandteil einer Mitteilung nach Satz 1, so kann die Bekanntmachung unbeschadet anderer Vorschriften auch dadurch bewirkt werden, daß die Mitteilung mit den Nachweisen auf die Dauer von zwei Wochen in der Ver-

waltung der Gemeinde ausgelegt wird; der Gegenstand der Mitteilung sowie Ort und Zeit der Auslegung sind mindestens eine Woche vorher nach Satz 1 bekanntzumachen.

Artikel 28 Geldbußen und Verwarnungsgelder

Geldbußen und Verwarnungsgelder, die auf Grund bewehrter Satzungen und Verordnungen festgesetzt werden, fließen in die Gemeindekasse.

Zweiter Teil

Verfassung und Verwaltung der Gemeinde

1. Abschnitt

Gemeindeorgane und ihre Hilfskräfte

Artikel 29 Hauptorgane

Die Gemeinde wird durch den Gemeinderat verwaltet, soweit nicht die erste Bürgermeisterin oder der erste Bürgermeister selbständig entscheidet (Art. 37).

a)

Der Gemeinderat und seine Ausschüsse

Artikel 30 Rechtsstellung; Aufgaben des Gemeinderats

(1) [1]Der Gemeinderat ist die Vertretung der Gemeindebürgerinnen und Gemeindebürger. [2]Er führt in Städten die Bezeichnung Stadtrat, in Märkten die Bezeichnung Marktgemeinderat.

(2) Der Gemeinderat entscheidet im Rahmen des Art. 29 über alle Angelegenheiten, für die nicht beschließende Ausschüsse (Art. 32) bestellt sind.

(3) Der Gemeinderat überwacht die gesamte Gemeindeverwaltung, insbesondere auch die Ausführung seiner Beschlüsse.

Artikel 31 Zusammensetzung des Gemeinderats

(1) Der Gemeinderat besteht aus der ersten Bürgermeisterin oder dem ersten Bürgermeister und den Gemeinderatsmitgliedern.

(2) [1]Die Gemeinderatsmitglieder werden in ehrenamtlicher Eigenschaft gewählt. [2]Ihre Zahl, einschließlich weiterer Bürgermeisterinnen und Bürgermeister, beträgt in Gemeinden

mit		bis zu	1 000	Einwohnerinnen und Einwohnern 8,
mit mehr als	1 000	bis zu	2 000	Einwohnerinnen und Einwohnern 12,
mit mehr als	2 000	bis zu	3 000	Einwohnerinnen und Einwohnern 14,
mit mehr als	3 000	bis zu	5 000	Einwohnerinnen und Einwohnern 16,
mit mehr als	5 000	bis zu	10 000	Einwohnerinnen und Einwohnern 20,
mit mehr als	10 000	bis zu	20 000	Einwohnerinnen und Einwohnern 24,
mit mehr als	20 000	bis zu	30 000	Einwohnerinnen und Einwohnern 30,
mit mehr als	30 000	bis zu	50 000	Einwohnerinnen und Einwohnern 40,
mit mehr als	50 000	bis zu	100 000	Einwohnerinnen und Einwohnern 44,
mit mehr als	100 000	bis zu	200 000	Einwohnerinnen und Einwohnern 50,
mit mehr als	200 000	bis zu	500 000	Einwohnerinnen und Einwohnern 60.

[3]Die Zahl der ehrenamtlichen Gemeinderatsmitglieder einschließlich weiterer Bürgermeisterinnen und Bürgermeister beträgt in der Stadt Nürnberg 70 und in der Landeshauptstadt München 80. [4]Sinkt die Einwohnerzahl in einer Gemeinde unter eine der in Satz 2 genannten Einwohnergrenzen, so ist die Zahl der ehrenamtlichen Gemeinderatsmitglieder erst in der übernächsten Wahlzeit auf die gesetzlich vorgeschriebene Zahl zu verringern.

(3) [1]Ehrenamtliche Gemeinderatsmitglieder können nicht sein:

1. Beamtinnen und Beamte sowie Arbeitnehmerinnen und Arbeitnehmer dieser Gemeinde,
2. Beamtinnen und Beamte sowie Arbeitnehmerinnen und Arbeitnehmer einer Verwaltungsgemeinschaft, der die Gemeinde angehört,

3. leitende Beamtinnen und Beamte sowie leitende Arbeitnehmerinnen und Arbeitnehmer von juristischen Personen oder sonstigen Organisationen des öffentlichen oder privaten Rechts, an denen die Gemeinde mit mehr als 50 % beteiligt ist; eine Beteiligung am Stimmrecht genügt,
4. Beamtinnen und Beamte sowie Arbeitnehmerinnen und Arbeitnehmer der Rechtsaufsichtsbehörde, die unmittelbar mit Fragen der Rechtsaufsicht befasst sind, ausgenommen die gewählte Stellvertretung der Landrätin oder des Landrats,
5. ehrenamtliche Gemeinderatsmitglieder einer anderen Gemeinde,
6. die erste Bürgermeisterin oder der erste Bürgermeister der eigenen oder einer anderen Gemeinde,
7. eine Landrätin oder ein Landrat in einer kreisfreien Gemeinde,
8. eine Kreisrätin oder ein Kreisrat in einer kreisfreien Gemeinde.

[2]Als Arbeitnehmerin oder Arbeitnehmer im Sinn des Satzes 1 gilt nicht, wer überwiegend körperliche Arbeit verrichtet. [3]Satz 1 ist nicht anzuwenden, wenn die Beamtin oder der Beamte während der Dauer des Ehrenamts ohne Dienstbezüge beurlaubt ist, im Rahmen von Altersteilzeit im Blockmodell vollständig vom Dienst freigestellt ist oder wenn die Rechte und Pflichten aus dem Dienstverhältnis wegen der Wahl in eine gesetzgebende Körperschaft ruhen; dies gilt für Arbeitnehmerinnen und Arbeitnehmer entsprechend.

(4) [1]Alle Gemeinderatsmitglieder sind in der ersten nach ihrer Berufung stattfindenden öffentlichen Sitzung in feierlicher Form zu vereidigen. [2]Die Eidesformel lautet:

„Ich schwöre Treue dem Grundgesetz für die Bundesrepublik Deutschland und der Verfassung des Freistaates Bayern. Ich schwöre, den Gesetzen gehorsam zu sein und meine Amtspflichten gewissenhaft zu erfüllen. Ich schwöre, die Rechte der Selbstverwaltung zu wahren und ihren Pflichten nachzukommen, so wahr mir Gott helfe."

[3]Der Eid kann auch ohne die Worte „so wahr mir Gott helfe" geleistet werden. [4]Erklärt ein Gemeinderatsmitglied, daß es aus Glaubens- oder Gewissensgründen keinen Eid leisten könne, so hat es an Stelle der Worte „ich schwöre" die Worte „ich gelobe" zu sprechen oder das Gelöbnis mit einer dem Bekenntnis seiner Religionsgemeinschaft oder der Überzeugung seiner Weltanschauungsgemeinschaft entsprechenden, gleichwertigen Beteuerungsformel einzuleiten. [5]Den Eid nimmt die erste Bürgermeisterin oder der erste Bürgermeister ab. [6]Die Eidesleistung entfällt für die Gemeinderatsmitglieder, die im Anschluß an ihre Amtszeit wieder zum Gemeinderatsmitglied der gleichen Gemeinde gewählt wurden.

Artikel 32 Aufgaben der Ausschüsse

(1) Der Gemeinderat kann vorberatende Ausschüsse bilden.

(2) [1]Der Gemeinderat kann die Verwaltung bestimmter Geschäftszweige oder die Erledigung einzelner Angelegenheiten beschließenden Ausschüssen (Gemeindesenaten) übertragen. [2]Auf beschließende Ausschüsse können nicht übertragen werden

1. die Beschlußfassung über Angelegenheiten, zu deren Erledigung die Gemeinde der Genehmigung bedarf,
2. der Erlaß von Satzungen und Verordnungen, ausgenommen alle Bebauungspläne und alle sonstige Satzungen nach den Vorschriften des Ersten Kapitels des Baugesetzbuchs sowie alle örtlichen Bauvorschriften im Sinn des Art. 81 BayBO, auch in den Fällen des Art. 81 Abs. 2 BayBO,
3. die Beschlußfassung über die allgemeine Regelung der Bezüge der Gemeindebediensteten und über beamten-, besoldungs-, versorgungs- und disziplinarrechtliche Angelegenheiten der Bürgermeisterinnen oder Bürgermeister und der berufsmäßigen Gemeinderatsmitglieder, soweit nicht das Kommunal-Wahlbeamten-Gesetz oder das Bayerische Disziplinargesetz etwas anderes bestimmen,
4. die Beschlußfassung über die Haushaltssatzung und über die Nachtragshaushaltssatzungen (Art. 65 und 68),
5. die Beschlußfassung über den Finanzplan (Art. 70),
6. die Feststellung der Jahresrechnung und der Jahresabschlüsse der Eigenbetriebe und der Krankenhäuser mit kaufmännischem Rechnungswesen sowie die Beschlußfassung über die Entlastung (Art. 102),
7. Entscheidungen über gemeindliche Unternehmen im Sinn von Art. 96,
8. die hinsichtlich der Eigenbetriebe dem Gemeinderat im übrigen vorbehaltenen Angelegenheiten (Art. 88),

9. die Bestellung und die Abberufung des Leiters des Rechnungsprüfungsamts sowie seines Stellvertreters,
10. die Beschlußfassung über Änderungen von bewohntem Gemeindegebiet.

(3) [1]Beschließende Ausschüsse erledigen die ihnen übertragenen Angelegenheiten an Stelle des Gemeinderats, wenn nicht die erste Bürgermeisterin oder der erste Bürgermeister oder ihre Stellvertretung im Ausschuß, ein Drittel der stimmberechtigten Ausschußmitglieder oder ein Viertel der Gemeinderatsmitglieder binnen einer Woche die Nachprüfung durch den Gemeinderat beantragt. [2]Soweit ein Beschluß eines Ausschusses die Rechte Dritter berührt, wird er erst nach Ablauf einer Frist von einer Woche wirksam.

(4) [1]Der Gemeinderat kann in der Geschäftsordnung eine Ferienzeit bis zu sechs Wochen bestimmen. [2]Für die Dauer der Ferienzeit ist ein Ferienausschuß nach den für beschließende Ausschüsse geltenden Vorschriften zu bilden, der alle Aufgaben erledigt, für die sonst der Gemeinderat oder ein beschließender Ausschuß zuständig ist; die Absätze 2 und 3 sind nicht anzuwenden. [3]Der Ferienausschuß kann jedoch keine Aufgaben erledigen, die dem Werkausschuß obliegen oder kraft Gesetzes von besonderen Ausschüssen wahrgenommen werden müssen oder nach der Geschäftsordnung nicht vom Ferienausschuß wahrgenommen werden dürfen.

(5) Der Gemeinderat kann Ausschüsse jederzeit auflösen.

Artikel 33 Zusammensetzung der Ausschüsse; Vorsitz

(1) [1]Die Zusammensetzung der Ausschüsse regelt der Gemeinderat in der Geschäftsordnung (Art. 45); die Mitglieder werden vom Gemeinderat für die Dauer der Wahlzeit aus seiner Mitte bestellt. [2]Hierbei hat der Gemeinderat dem Stärkeverhältnis der in ihm vertretenen Parteien und Wählergruppen Rechnung zu tragen. [3]Haben dabei mehrere Parteien oder Wählergruppen gleichen Anspruch auf einen Sitz, so ist statt eines Losentscheids auch der Rückgriff auf die Zahl der bei der Wahl auf diese Parteien oder Wählergruppen abgegebenen Stimmen zulässig. [4]Die Bestellung anderer als der von den Parteien oder Wählergruppen vorgeschlagenen Personen ist nicht zulässig. [5]Gemeinderatsmitglieder können sich zur Entsendung gemeinsamer Vertreter in die Ausschüsse zusammenschließen.

(2) [1]Den Vorsitz in den Ausschüssen führt die erste Bürgermeisterin oder der erste Bürgermeister, einer ihrer Stellvertretungen oder ein von der ersten Bürgermeisterin oder vom ersten Bürgermeister bestimmtes ehrenamtliches Gemeinderatsmitglied. [2]Ist dieses bereits Mitglied des Ausschusses, nimmt dessen Vertreter für die Dauer der Übertragung den Sitz im Ausschuss ein.

(3) [1]Während der Wahlzeit im Gemeinderat eintretende Änderungen des Stärkeverhältnisses der Parteien und Wählergruppen sind auszugleichen. [2]Scheidet ein Mitglied aus der von ihm vertretenen Partei oder Wählergruppe aus, so verliert es seinen Sitz im Ausschuss.

b)

Die ersten Bürgermeisterinnen und Bürgermeister sowie ihre Stellvertretung

Artikel 34 Rechtsstellung der ersten Bürgermeisterinnen und Bürgermeister

(1) [1]Die ersten Bürgermeisterinnen und Bürgermeister sind Beamtinnen und Beamte der jeweiligen Gemeinde. [2]In kreisfreien Gemeinden und in Großen Kreisstädten führen sie die Amtsbezeichnung Oberbürgermeisterin oder Oberbürgermeister.

(2) [1]In kreisfreien Gemeinden, in Großen Kreisstädten und in kreisangehörigen Gemeinden mit mehr als 5 000 Einwohnerinnen und Einwohnern sind die ersten Bürgermeisterinnen und Bürgermeister Beamtinnen oder Beamte auf Zeit (berufsmäßige Bürgermeisterinnen oder Bürgermeister). [2]In kreisangehörigen Gemeinden mit mehr als 2 500, höchstens aber 5 000 Einwohnerinnen und Einwohnern sind sie berufsmäßige Bürgermeisterinnen oder Bürgermeister, wenn nicht der Gemeinderat spätestens am 90. Tag vor der Bürgermeisterwahl durch Satzung bestimmt, dass sie Ehrenbeamtinnen oder Ehrenbeamte sein sollen (ehrenamtliche Bürgermeisterinnen oder Bürgermeister). [3]In Gemeinden mit bis zu 2 500 Einwohnerinnen und Einwohnern sind sie ehrenamtliche Bürgermeisterinnen oder Bürgermeister, wenn nicht der Gemeinderat spätestens am 90. Tag vor der Bürgermeisterwahl durch Satzung bestimmt, dass sie berufsmäßige Bürgermeisterinnen oder Bürgermeister sein sollen.

(3) Entscheidend ist die letzte fortgeschriebene Einwohnerzahl, die vom Landesamt für Statistik früher als sechs Monate vor der Bürgermeisterwahl veröffentlicht wurde.

(4) Satzungen nach Abs. 2 gelten auch für künftige Amtszeiten, wenn sie nicht der Gemeinderat spätestens am 90. Tag vor einer Bürgermeisterwahl aufhebt.

(5) Erste Bürgermeisterinnen oder erste Bürgermeister können nicht sein:
1. die in Art. 31 Abs. 3 Satz 1 Nr. 1 bis 5 genannten Personen und
2. die erste Bürgermeisterin oder der erste Bürgermeister einer anderen Gemeinde.

Artikel 35 Rechtsstellung der weiteren Bürgermeisterinnen und Bürgermeister

(1) [1]Der Gemeinderat wählt aus seiner Mitte für die Dauer seiner Wahlzeit eine, einen oder zwei weitere Bürgermeisterinnen oder Bürgermeister. [2]Weitere Bürgermeisterinnen oder Bürgermeister sind Ehrenbeamtinnen oder Ehrenbeamte der Gemeinde (ehrenamtliche weitere Bürgermeisterinnen oder Bürgermeister), wenn nicht der Gemeinderat durch Satzung bestimmt, daß sie Beamtinnen oder Beamte auf Zeit sein sollen (berufsmäßige weitere Bürgermeisterinnen oder Bürgermeister).

(2) Zur weiteren Bürgermeisterin oder zum weiteren Bürgermeister sind die ehrenamtlichen Gemeinderatsmitglieder wählbar, welche die Voraussetzungen für die Wahl zur ersten Bürgermeisterin oder zum ersten Bürgermeister erfüllen.

(3) Endet das Beamtenverhältnis einer weiteren Bürgermeisterin oder eines weiteren Bürgermeisters während der Wahlzeit des Gemeinderats, so findet für den Rest der Wahlzeit innerhalb von drei Monaten eine Neuwahl statt; dasselbe gilt, wenn das Ruhen der Rechte und Pflichten aus dem Beamtenverhältnis wegen der Wahl in eine gesetzgebende Körperschaft eintritt.

Artikel 36 Vollzug der Beschlüsse des Gemeinderats

[1]Die erste Bürgermeisterin oder der erste Bürgermeister führt den Vorsitz im Gemeinderat und vollzieht seine Beschlüsse. [2]Soweit sie persönlich beteiligt sind, handelt ihr Vertreter.

Artikel 37 Zuständigkeit der ersten Bürgermeisterinnen und Bürgermeister

(1) [1]Die erste Bürgermeisterin oder der erste Bürgermeister erledigt in eigener Zuständigkeit
1. die laufenden Angelegenheiten, die für die Gemeinde keine grundsätzliche Bedeutung haben und keine erheblichen Verpflichtungen erwarten lassen,
2. die den Gemeinden durch ein Bundesgesetz oder auf Grund eines Bundesgesetzes übertragenen hoheitlichen Aufgaben in Angelegenheiten der Verteidigung einschließlich des Wehrersatzwesens und des Schutzes der Zivilbevölkerung, soweit nicht für haushalts- oder personalrechtliche Entscheidungen der Gemeinderat zuständig ist,
3. die Angelegenheiten, die im Interesse der Sicherheit der Bundesrepublik oder eines ihrer Länder geheimzuhalten sind.

[2]Für die laufenden Angelegenheiten nach Satz 1 Nr. 1, die nicht unter Nummern 2 und 3 fallen, kann der Gemeinderat Richtlinien aufstellen.

(2) [1]Der Gemeinderat kann der ersten Bürgermeisterin oder dem ersten Bürgermeister durch die Geschäftsordnung weitere Angelegenheiten zur selbständigen Erledigung übertragen; das gilt nicht für den Erlaß von Satzungen und für Angelegenheiten, die nach Art. 32 Abs. 2 Satz 2 nicht auf beschließende Ausschüsse übertragen werden können. [2]Der Gemeinderat kann der ersten Bürgermeisterin oder dem ersten Bürgermeister übertragene Angelegenheiten im Einzelfall nicht wieder an sich ziehen; das Recht des Gemeinderats, die Übertragung allgemein zu widerrufen, bleibt unberührt.

(3) [1]Die erste Bürgermeisterin oder der erste Bürgermeister ist befugt, an Stelle des Gemeinderats oder eines Ausschusses dringliche Anordnungen zu treffen und unaufschiebbare Geschäfte zu besorgen. [2]Hiervon haben sie dem Gemeinderat oder dem Ausschuß in der nächsten Sitzung Kenntnis zu geben.

(4) Die erste Bürgermeisterin oder der erste Bürgermeister führt die Dienstaufsicht über die Beamtinnen und Beamten sowie Arbeitnehmerinnen und Arbeitnehmer der Gemeinde.

Artikel 38 Verpflichtungsgeschäfte; Vertretung der Gemeinde nach außen

(1) [1]Die erste Bürgermeisterin oder der erste Bürgermeister vertritt die Gemeinde nach außen. [2]Der Umfang der Vertretungsmacht ist auf ihre Befugnisse beschränkt.

(2) [1]Erklärungen, durch welche die Gemeinde verpflichtet werden soll, bedürfen der Schriftform; das gilt nicht für ständig wiederkehrende Geschäfte des täglichen Lebens, die finanziell von unerheblicher Bedeutung sind. [2]Die Erklärungen sind durch die erste Bürgermeisterin oder den ersten Bürgermeister oder ihre Stellvertretung unter Angabe der Amtsbezeichnung zu unterzeichnen. [3]Sie können auf Grund einer den vorstehenden Erfordernissen entsprechenden Vollmacht auch von Gemeindebediensteten

unterzeichnet werden. [4]Bei der Vergabe von öffentlichen Aufträgen und Konzessionen genügt die Textform, soweit eine andere Rechtsvorschrift nichts Abweichendes bestimmt.

Artikel 39 Stellvertretung; Übertragung von Befugnissen

(1) [1]Die weiteren Bürgermeisterinnen oder Bürgermeister vertreten die erste Bürgermeisterin oder den ersten Bürgermeister im Fall der Verhinderung in ihrer Reihenfolge. [2]Die weiteren Stellvertretungen bestimmt der Gemeinderat aus der Mitte der Gemeinderatsmitglieder, die Deutsche im Sinne des Art. 116 Abs. 1 des Grundgesetzes sind.

(2) Die erste Bürgermeisterin oder der erste Bürgermeister kann im Rahmen der Geschäftsverteilung (Art. 46) einzelne Befugnisse den weiteren Bürgermeisterinnen und Bürgermeistern, nach deren Anhörung auch einem Gemeinderatsmitglied und in Angelegenheiten der laufenden Verwaltung Gemeindebediensteten übertragen; eine darüber hinausgehende Übertragung auf Bedienstete bedarf zusätzlich der Zustimmung des Gemeinderats.

c)
Die berufsmäßigen Gemeinderatsmitglieder

Artikel 40 Berufung und Aufgaben

[1]In Gemeinden mit mehr als 10 000 Einwohnerinnen und Einwohnern kann der Gemeinderat berufsmäßige Gemeinderatsmitglieder wählen. [2]Sie haben in den Sitzungen des Gemeinderats und seiner Ausschüsse in Angelegenheiten ihres Aufgabengebiets beratende Stimme.

Artikel 41 Rechtsstellung

[1]Die berufsmäßigen Gemeinderatsmitglieder werden auf höchstens sechs Jahre gewählt und auf Grund dieser Wahl zu Beamtinnen oder Beamten auf Zeit ernannt. [2]Wiederwahl ist zulässig.

d)
Gemeindebedienstete

Artikel 42 Notwendigkeit bestimmter Fachkräfte

(1) Die Gemeinden müssen das fachlich geeignete Verwaltungspersonal anstellen, das erforderlich ist, um den ordnungsgemäßen Gang der Geschäfte zu gewährleisten.

(2) Unbeschadet der Verpflichtung nach Abs. 1 gilt:

1. Kreisfreie Gemeinden und Große Kreisstädte müssen mindestens eine Gemeindebeamtin oder einen Gemeindebeamten haben, die oder der in der Fachlaufbahn Verwaltung und Finanzen, fachlicher Schwerpunkt nichttechnischer Verwaltungsdienst, für ein Amt ab der Besoldungsgruppe A 14 qualifiziert ist, wenn nicht die Oberbürgermeisterin oder der Oberbürgermeister diese Qualifikation besitzt;
2. andere Gemeinden sollen mindestens eine Gemeindebeamtin oder einen Gemeindebeamten haben, die oder der in der Fachlaufbahn Verwaltung und Finanzen, fachlicher Schwerpunkt nichttechnischer Verwaltungsdienst, für ein Amt ab der Besoldungsgruppe A 10 qualifiziert ist, wenn nicht die erste Bürgermeisterin oder der erste Bürgermeister mindestens diese Qualifikation besitzt und berufsmäßig tätig ist oder die Gemeinde einer Verwaltungsgemeinschaft angehört.

Artikel 43 Anstellung und Arbeitsbedingungen

(1) [1]Der Gemeinderat ist zuständig,

1. die Beamtinnen und Beamten der Gemeinde ab Besoldungsgruppe A 9 zu ernennen, zu befördern, abzuordnen oder zu versetzen, an eine Einrichtung zuzuweisen, in den Ruhestand zu versetzen und zu entlassen,
2. die Arbeitnehmerinnen und Arbeitnehmer der Gemeinde ab Entgeltgruppe 9a des Tarifvertrags für den öffentlichen Dienst oder ab einem entsprechenden Entgelt einzustellen, höherzugruppieren, abzuordnen oder zu versetzen, einem Dritten zuzuweisen, mittels Personalgestellung zu beschäftigen und zu entlassen.

[2]Befugnisse nach Satz 1 kann der Gemeinderat einem beschließenden Ausschuss (Art. 32 Abs. 2 bis 5) übertragen. [3]In kreisfreien Gemeinden kann der Gemeinderat die Befugnisse nach Satz 1 für Beamtinnen und Beamte bis zur Besoldungsgruppe A 14 und für Arbeitnehmerinnen und Arbeitnehmer bis zur Entgeltgruppe 14 des Tarifvertrags für den öffentlichen Dienst oder mit einem entsprechenden

Entgelt der Oberbürgermeisterin oder dem Oberbürgermeister übertragen; Art. 39 Abs. 2 findet Anwendung. [4]Ein solcher Beschluss bedarf der Mehrheit der Mitglieder des Gemeinderats; falls der Beschluss nicht mit dieser Mehrheit wieder aufgehoben wird, gilt er bis zum Ende der Wahlzeit des Gemeinderats.

(2) [1]Für Beamtinnen und Beamte der Gemeinde bis zur Besoldungsgruppe A 8 und für Arbeitnehmerinnen und Arbeitnehmer der Gemeinde bis zur Entgeltgruppe 8 des Tarifvertrags für den öffentlichen Dienst oder bis zu einem entsprechenden Entgelt obliegen die in Abs. 1 genannten personalrechtlichen Befugnisse der ersten Bürgermeisterin oder dem ersten Bürgermeister. [2]Art. 39 Abs. 2 findet Anwendung.

(3) Dienstvorgesetzte oder Dienstvorgesetzter der Gemeindebeamtinnen und Gemeindebeamten ist die erste Bürgermeisterin oder der erste Bürgermeister.

(4) Die Arbeitsbedingungen und das Entgelt der Arbeitnehmerinnen und Arbeitnehmer müssen angemessen sein.

Artikel 44 Stellenplan

[1]Der Stellenplan (Art. 64 Abs. 2 Satz 2) ist einzuhalten. [2]Abweichungen sind nur im Rahmen des Art. 68 Abs. 3 Nr. 2 zulässig.

2. Abschnitt

Geschäftsgang

Artikel 45 Geschäftsordnung und Geschäftsgang der Ausschüsse

(1) Der Gemeinderat gibt sich eine Geschäftsordnung.

(2) [1]Die Geschäftsordnung muß Bestimmungen über die Frist und Form der Einladung zu den Sitzungen sowie über den Geschäftsgang des Gemeinderats und seiner Ausschüsse enthalten. [2]Auf den Geschäftsgang der beschließenden Ausschüsse finden die Vorschriften der Art. 46 bis 54 entsprechende Anwendung.

Artikel 46 Geschäftsleitung

(1) [1]Im Rahmen der Geschäftsordnung leitet und verteilt die erste Bürgermeisterin oder der erste Bürgermeister die Geschäfte. [2]Über die Verteilung der Geschäfte unter die Gemeinderatsmitglieder beschließt der Gemeinderat.

(2) [1]Die erste Bürgermeisterin oder der erste Bürgermeister bereitet die Beratungsgegenstände vor und beruft den Gemeinderat unter Angabe der Tagesordnung mit angemessener Frist ein, erstmals spätestens vier Wochen nach Beginn der Wahlzeit. [2]Der Gemeinderat ist auch einzuberufen, wenn es ein Viertel der ehrenamtlichen Gemeinderatsmitglieder schriftlich oder elektronisch unter Bezeichnung des Beratungsgegenstands verlangt. [3]In diesem Fall hat die Sitzung unverzüglich, spätestens jedoch am 14. Tag nach Eingang des Verlangens, stattzufinden.

Artikel 47 Sitzungszwang; Beschlußfähigkeit

(1) Der Gemeinderat beschließt in Sitzungen.

(2) Er ist beschlußfähig, wenn sämtliche Mitglieder ordnungsgemäß geladen sind und die Mehrheit der Mitglieder anwesend und stimmberechtigt ist.

(3) [1]Wird der Gemeinderat zum zweiten Mal zur Verhandlung über denselben Gegenstand zusammengerufen, so ist er ohne Rücksicht auf die Zahl der Erschienenen beschlußfähig. [2]Bei der zweiten Einladung muß auf diese Bestimmung hingewiesen werden.

Artikel 47a Sitzungsteilnahme durch Ton-Bild-Übertragung

(1) [1]Gemeinderatsmitglieder können an den Sitzungen des Gemeinderats mittels Ton-Bild-Übertragung teilnehmen, soweit der Gemeinderat dies in der Geschäftsordnung zugelassen hat. [2]Der Beschluss bedarf einer Zweidrittelmehrheit der abstimmenden Mitglieder des Gemeinderats. [3]Zugeschaltete Gemeinderatsmitglieder gelten in diesem Fall als anwesend im Sinn von Art. 47 Abs. 2. [4]Der Gemeinderat kann die Anzahl der in einer Sitzung zuschaltbaren Gemeinderatsmitglieder in der Geschäftsordnung zahlen- oder quotenmäßig begrenzen. [5]Er kann die Zuschaltmöglichkeit auch von weiteren Voraussetzungen abhängig machen, insbesondere von einer Verhinderung an der Teilnahme im Sitzungssaal. [6]Bei einer Zuschaltung mittels Ton-Bild-Übertragung ist eine Teilnahme an Wahlen nicht möglich.

(2) Die Möglichkeit einer Sitzungsteilnahme mittels Ton-Bild-Übertragung ist ausgeschlossen, soweit die Sitzung als solche oder Beratungsgegenstände nach Art. 56a Abs. 1 Satz 1 geheim zu halten sind oder nach den gemäß Art. 56a Abs. 2 zu beachtenden Verwaltungsvorschriften und Richtlinien der Geheimhaltung unterliegen.

(3) [1]Die erste Bürgermeisterin oder der erste Bürgermeister und die Gemeinderatsmitglieder müssen sich in der Sitzung gegenseitig optisch und akustisch wahrnehmen können. [2]In öffentlichen Sitzungen müssen per Ton-Bild-Übertragung teilnehmende Gemeinderatsmitglieder zudem für die im Sitzungssaal anwesende Öffentlichkeit entsprechend wahrnehmbar sein. [3]Für die Zwecke der Sätze 1 und 2 ist die Übertragung von Bild und Ton der an der Sitzung teilnehmenden Personen unabhängig davon zulässig, ob sie in die Übertragung einwilligen.

(4) [1]Die Gemeinde hat dafür Sorge zu tragen, dass in ihrem Verantwortungsbereich die technischen Voraussetzungen für eine Zuschaltung mittels Ton-Bild-Übertragung während der Sitzung durchgehend bestehen. [2]Ist dies nicht der Fall oder steht nicht fest, ob eine Nichtzuschaltung in den Verantwortungsbereich der Gemeindeverwaltung oder des Gemeinderatsmitglieds fällt, darf die Sitzung nicht beginnen oder ist sie unverzüglich zu unterbrechen. [3]Ein Verstoß ist unbeachtlich, falls die zunächst nicht zugeschalteten Gemeinderatsmitglieder rügelos an der Beschlussfassung teilnehmen. [4]Kommt eine Zuschaltung aus Gründen, die nicht im Verantwortungsbereich der Gemeinde liegen, nicht zu Stande oder wird sie unterbrochen, hat dies keine Auswirkung auf die Wirksamkeit eines ohne das betroffene Gemeinderatsmitglied gefassten Beschlusses. [5]Soweit sich eine Gemeinde darauf beschränkt, die Plattform zur audiovisuellen Zuschaltung zur Verfügung zu stellen, und entweder mindestens ein Gemeinderatsmitglied zugeschaltet ist oder ein Test bestätigt, dass eine Zuschaltmöglichkeit besteht, wird vermutet, dass der Grund für eine Nichtzuschaltung eines Gemeinderatsmitglieds nicht im Verantwortungsbereich der Gemeinde liegt. [6]Gleiches gilt, falls die Gemeinde einer insbesondere durch die Bereitstellung und Betreuung der technischen Mittel für die Gemeinderatsmitglieder erweiterten Verantwortung belegbar nachgekommen ist.

(5) [1]Lässt eine Gemeinde eine Zuschaltung mittels Ton-Bild-Übertragung bei nichtöffentlichen Sitzungen zu, haben die zugeschalteten Gemeinderatsmitglieder dafür Sorge zu tragen, dass die Übertragung in ihrem Verantwortungsbereich nur von ihnen wahrgenommen werden kann. [2]Art. 20 Abs. 4 Satz 1 gilt entsprechend.

Artikel 48 Teilnahmepflicht; Ordnungsgeld gegen Säumige

(1) [1]Die Gemeinderatsmitglieder sind verpflichtet, an den Sitzungen und Abstimmungen teilzunehmen und die ihnen zugewiesenen Geschäfte zu übernehmen. [2]Kein Mitglied darf sich der Stimme enthalten.

(2) Gegen Mitglieder, die sich diesen Verpflichtungen ohne genügende Entschuldigung entziehen, kann der Gemeinderat Ordnungsgeld bis zu zweihundertfünfzig Euro im Einzelfall verhängen.

(3) Entzieht sich ein ehrenamtliches Gemeinderatsmitglied nach zwei wegen Versäumnis erkannten Ordnungsgeldern innerhalb von sechs Monaten weiterhin seiner Pflicht, an den Gemeinderatssitzungen teilzunehmen, so kann der Gemeinderat den Verlust des Amts aussprechen.

Artikel 49 Ausschluß wegen persönlicher Beteiligung

(1) [1]Ein Mitglied kann an der Beratung und Abstimmung nicht teilnehmen, wenn der Beschluss ihm selbst, einem Angehörigen (Art. 20 Abs. 5 BayVwVfG) oder einer von ihm vertretenen natürlichen oder juristischen Person oder sonstigen Vereinigung einen unmittelbaren Vorteil oder Nachteil bringen kann. [2]Gleiches gilt, wenn ein Mitglied in anderer als öffentlicher Eigenschaft ein Gutachten abgegeben hat.

(2) Absatz 1 gilt nicht

1. für Wahlen,
2. für Beschlüsse, mit denen der Gemeinderat eine Person zum Mitglied eines Ausschusses bestellt oder sie zur Wahrnehmung von Interessen der Gemeinde in eine andere Einrichtung entsendet, dafür vorschlägt oder daraus abberuft.

(3) Ob die Voraussetzungen des Absatzes 1 vorliegen, entscheidet der Gemeinderat ohne Mitwirkung des persönlich Beteiligten.

(4) Die Mitwirkung eines wegen persönlicher Beteiligung ausgeschlossenen Mitglieds hat die Ungültigkeit des Beschlusses nur zur Folge, wenn sie für das Abstimmungsergebnis entscheidend war.

Artikel 50 Einschränkung des Vertretungsrechts

Gemeinderatsmitglieder dürfen Ansprüche Dritter gegen die Gemeinde nur als gesetzliche Vertreter geltend machen.

Artikel 51 Form der Beschlußfassung; Wahlen

(1) [1]Beschlüsse des Gemeinderats werden in offener Abstimmung mit Mehrheit der Abstimmenden gefaßt. [2]Bei Stimmengleichheit ist der Antrag abgelehnt.

(2) [1]Kein Mitglied des Gemeinderats darf zu irgendeiner Zeit wegen seiner Abstimmung gerichtlich oder dienstlich verfolgt oder sonst außerhalb des Gemeinderats zur Verantwortung gezogen werden. [2]Die Haftung gegenüber der Gemeinde ist nicht ausgeschlossen, wenn das Abstimmungsverhalten eine vorsätzliche Pflichtverletzung darstellt. [3]Die Verantwortlichkeit nach bundesrechtlichen Vorschriften bleibt unberührt.

(3) [1]Wahlen werden in geheimer Abstimmung vorgenommen. [2]Sie sind nur gültig, wenn sämtliche Mitglieder unter Angabe des Gegenstands geladen sind und die Mehrheit von ihnen anwesend und stimmberechtigt ist. [3]Gewählt ist, wer mehr als die Hälfte der abgegebenen gültigen Stimmen erhält. [4]Neinstimmen und leere Stimmzettel sind ungültig. [5]Ist mindestens die Hälfte der abgegebenen Stimmen ungültig, ist die Wahl zu wiederholen. [6]Ist die Mehrheit der abgegebenen Stimmen gültig und erhält weder eine Bewerberin noch ein Bewerber mehr als die Hälfte der abgegebenen gültigen Stimmen, so tritt Stichwahl unter den beiden Personen mit den höchsten Stimmenzahlen ein. [7]Bei Stimmengleichheit in der Stichwahl entscheidet das Los.

(4) Absatz 3 gilt für alle Entscheidungen des Gemeinderats, die in diesem Gesetz oder in anderen Rechtsvorschriften als Wahlen bezeichnet werden.

Artikel 52 Öffentlichkeit

(1) [1]Zeitpunkt und Ort der öffentlichen Sitzungen des Gemeinderats sind unter Angabe der Tagesordnung, spätestens am dritten Tag vor der Sitzung, ortsüblich bekanntzumachen. [2]Ausnahmen bedürfen der Genehmigung des Gemeinderats.

(2) [1]Die Sitzungen sind öffentlich, soweit nicht Rücksichten auf das Wohl der Allgemeinheit oder auf berechtigte Ansprüche einzelner entgegenstehen. [2]Über den Ausschluß der Öffentlichkeit wird in nichtöffentlicher Sitzung beraten und entschieden.

(3) Die in nichtöffentlicher Sitzung gefaßten Beschlüsse sind der Öffentlichkeit bekanntzugeben, sobald die Gründe für die Geheimhaltung weggefallen sind.

(4) [1]Die Sitzungen haben in einem der Allgemeinheit zugänglichen Raum stattzufinden. [2]Ergänzend kann die Gemeinde eine Echtzeitübertragung der öffentlichen Sitzungen des Gemeinderats in Ton und Bild über das Internet zulassen und die Aufzeichnungen in einer Sammlung audiovisueller Medien für die Dauer von sechs Wochen zum Abruf für jedermann bereitstellen. [3]Findet die nächste Sitzung nicht innerhalb von sechs Wochen statt, können die Aufzeichnungen bis zum Ende der nächsten Sitzung zum Abruf für jedermann bereitgestellt werden. [4]Danach sind die Aufzeichnungen jeweils zu löschen. [5]Die Beschlüsse nach Satz 2 bedürfen jeweils einer Zweidrittelmehrheit der abstimmenden Mitglieder des Gemeinderats. [6]Mit Ausnahme der oder des Vorsitzenden dürfen Ton und Bild von an der Sitzung teilnehmenden Personen nur mit deren Einwilligung übertragen, aufgezeichnet und gespeichert werden. [7]Eine Übertragung, Aufzeichnung und Speicherung des Bildes einer unbeteiligten Person ist nur im Rahmen von Übersichts- oder Hintergrundaufnahmen zulässig und dies auch nur, falls die räumlichen Verhältnisse Aufnahmen ohne unbeteiligte Personen nicht zulassen.

Artikel 53 Handhabung der Ordnung

(1) [1]Die oder der Vorsitzende handhabt die Ordnung und übt das Hausrecht aus. [2]Sie oder er ist berechtigt, Zuhörer, welche die Ordnung stören, entfernen zu lassen. [3]Sie oder er kann Mitglieder, welche die Ordnung fortgesetzt erheblich stören, mit Zustimmung des Gemeinderats von der Sitzung ausschließen.

(2) Wird durch ein bereits von einer früheren Sitzung ausgeschlossenes Mitglied die Ordnung innerhalb von zwei Monaten neuerdings erheblich gestört, so kann ihm der Gemeinderat für zwei weitere Sitzungen die Teilnahme untersagen.

Artikel 54 Niederschrift

(1) [1]Die Verhandlungen des Gemeinderats sind niederzuschreiben. [2]Die Niederschrift muß Tag und Ort der Sitzung, die anwesenden Gemeinderatsmitglieder, die behandelten Gegenstände, die Be-

schlüsse und das Abstimmungsergebnis ersehen lassen. [3]Jedes Mitglied kann verlangen, daß in der Niederschrift festgehalten wird, wie es abgestimmt hat.

(2) Die Niederschrift ist von der oder dem Vorsitzenden und von der Schriftführerin oder dem Schriftführer zu unterschreiben und vom Gemeinderat zu genehmigen.

(3) [1]Die Gemeinderatsmitglieder können jederzeit die Niederschriften der öffentlichen sowie der nichtöffentlichen Sitzungen des Gemeinderats einsehen und sich unentgeltlich Kopien der Niederschriften der öffentlichen Sitzungen erteilen lassen. [2]Die Gemeindebürgerinnen und Gemeindebürger können Einsicht in die Niederschriften der öffentlichen Sitzungen des Gemeinderats nehmen und sich Kopien erteilen lassen. [3]Für die Fertigung der Kopien nach Satz 2 können die Gemeinden Kosten nach Maßgabe des Kostengesetzes erheben. [4]Die Sätze 2 und 3 gelten für auswärts wohnende Personen hinsichtlich ihres Grundbesitzes oder ihrer gewerblichen Niederlassungen im Gemeindegebiet entsprechend.

Artikel 55 ***[aufgehoben]***

3. Abschnitt
Verwaltungsgrundsätze und Verwaltungsaufgaben

Artikel 56 Gesetzmäßigkeit; Geschäftsgang

(1) [1]Die gemeindliche Verwaltungstätigkeit muß mit der Verfassung und den Gesetzen im Einklang stehen. [2]Sie darf nur von sachlichen Gesichtspunkten geleitet sein.

(2) Die Gemeinden sind verpflichtet, für den ordnungsgemäßen Gang der Geschäfte zu sorgen und die dafür erforderlichen Einrichtungen zu schaffen.

(3) Jede Gemeindeeinwohnerin und jeder Gemeindeeinwohner kann sich mit Eingaben und Beschwerden an den Gemeinderat wenden.

(4) [1]Für Gemeinden gelten § 12 Abs. 1 Satz 1 und Abs. 4 sowie die §§ 13 bis 18 des Hinweisgeberschutzgesetzes (HinSchG) entsprechend. [2]Ausgenommen von Satz 1 sind Gemeinden mit weniger als 10 000 Einwohnerinnen und Einwohnern oder in der Regel weniger als 50 Beschäftigten. [3]Die Gemeinden können eine geeignete staatliche interne Meldestelle im Geschäftsbereich des Staatsministeriums des Innern, für Sport und Integration als Dritten im Sinne des § 14 Abs. 1 Satz 1 HinSchG mit den Aufgaben der internen Meldestelle betrauen.

Artikel 56a Geheimhaltung

(1) [1]Alle Angelegenheiten, die im Interesse der Sicherheit oder anderer wichtiger Belange der Bundesrepublik oder eines ihrer Länder Unbefugten nicht bekannt werden dürfen, sind von den Gemeinden geheimzuhalten. [2]Die in anderen Rechtsvorschriften geregelte Verpflichtung zur Verschwiegenheit bleibt unberührt.

(2) [1]Zur Geheimhaltung der in Absatz 1 Satz 1 bezeichneten Angelegenheiten haben die Gemeinden die notwendigen Vorkehrungen zu treffen. [2]Sie haben insoweit auch die für die Behörden des Freistaates Bayern geltenden Verwaltungsvorschriften zu beachten. [3]Das Staatsministerium des Innern, für Sport und Integration kann hierzu Richtlinien aufstellen und Weisungen erteilen, die nicht der Einschränkung nach Art. 109 Abs. 2 Satz 2 unterliegen.

(3) [1]Die erste Bürgermeisterin oder der erste Bürgermeister ist zu Beginn ihrer oder seiner Amtszeit durch die Rechtsaufsichtsbehörde schriftlich besonders zu verpflichten, die in Absatz 1 Satz 1 genannten Angelegenheiten geheimzuhalten und die hierfür geltenden Vorschriften zu beachten. [2]In gleicher Weise hat die erste Bürgermeisterin oder der erste Bürgermeister ihre oder seine Stellvertretung zu verpflichten. [3]Gemeinderatsmitglieder und Gemeindebedienstete sind zu verpflichten, bevor sie mit den in Absatz 1 Satz 1 genannten Angelegenheiten befaßt werden. [4]Art. 3a BayVwVfG findet keine Anwendung.

Artikel 57 Aufgaben des eigenen Wirkungskreises

(1) [1]Im eigenen Wirkungskreis sollen die Gemeinden in den Grenzen ihrer Leistungsfähigkeit die öffentlichen Einrichtungen schaffen und erhalten, die nach den örtlichen Verhältnissen für das wirtschaftliche, soziale und kulturelle Wohl und die Förderung des Gemeinschaftslebens ihrer Einwohnerinnen und Einwohner erforderlich sind, insbesondere Einrichtungen zur Aufrechterhaltung der öffentlichen Sicherheit und Ordnung, der Feuersicherheit, der öffentlichen Reinlichkeit, des öffentlichen

Verkehrs, der Gesundheit, der öffentlichen Wohlfahrtspflege einschließlich der Jugendhilfe, des öffentlichen Unterrichts und der Erwachsenenbildung, der Jugendertüchtigung, des Breitensports und der Kultur- und Archivpflege; hierbei sind die Belange des Natur- und Umweltschutzes zu berücksichtigen. [2]Die Verpflichtung, diese Aufgaben zu erfüllen, bestimmt sich nach den besonderen gesetzlichen Vorschriften.

(2) [1]Die Gemeinden sind unbeschadet bestehender Verbindlichkeiten Dritter in den Grenzen ihrer Leistungsfähigkeit verpflichtet, die aus Gründen des öffentlichen Wohls erforderlichen Einrichtungen zur Versorgung mit Trinkwasser herzustellen und zu unterhalten. [2]Sonstige gesetzlich festgelegte Verpflichtungen der Gemeinden bleiben unberührt.

(3) Übersteigt eine Pflichtaufgabe die Leistungsfähigkeit einer Gemeinde, so ist die Aufgabe in kommunaler Zusammenarbeit zu erfüllen.

Artikel 58 Aufgaben des übertragenen Wirkungskreises

(1) Im übertragenen Wirkungskreis obliegt den Gemeinden die Erfüllung der örtlichen Aufgaben der inneren Verwaltung, soweit hierfür nicht besondere Behörden bestellt sind, und die gesetzlich vorgesehene Mitwirkung in der sonstigen öffentlichen Verwaltung.

(2) Die Gemeinden sind in den Grenzen ihrer Verwaltungskraft den Gemeindeangehörigen bei der Einleitung von Verwaltungsverfahren behilflich, auch wenn für deren Durchführung eine andere Behörde zuständig ist.

(3) Vordrucke für Anträge, Anzeigen und Meldungen, die ihnen von anderen Behörden überlassen werden, haben die Gemeinden bereitzuhalten.

(4) [1]Soweit Anträge bei der Regierung, dem Bezirk oder dem Landratsamt einzureichen sind, haben auch die Gemeinden die Anträge entgegenzunehmen und unverzüglich an die betreffende Behörde weiterzuleiten. [2]Die Staatsregierung kann durch Rechtsverordnung Anträge, die bei anderen Behörden zu stellen sind, in diese Regelung einbeziehen. [3]Die Antragstellung bei der Gemeinde gilt als Antragstellung bei der zuständigen Behörde, soweit sich nicht aus Bundesrecht etwas anderes ergibt.

Artikel 59 Zuständigkeit für den Gesetzesvollzug

(1) Der Vollzug der gesetzlichen Vorschriften im eigenen und im übertragenen Wirkungskreis und die Durchführung der gesetzmäßigen Anordnungen und Weisungen der Staatsbehörden obliegen dem Gemeinderat, in den Fällen des Art. 37 der ersten Bürgermeisterin oder dem ersten Bürgermeister.

(2) Hält die erste Bürgermeisterin oder der erste Bürgermeister Entscheidungen des Gemeinderats oder seiner Ausschüsse für rechtswidrig, so hat sie oder er die Entscheidungen zu beanstanden, ihren Vollzug auszusetzen und, soweit erforderlich, die Entscheidung der Rechtsaufsichtsbehörde (Art. 110) herbeizuführen.

4. Abschnitt
Stadtbezirke und Gemeindeteile

Artikel 60 Einteilung in Stadtbezirke

(1) [1]Das Gebiet der Städte mit mehr als 100 000 Einwohnerinnen und Einwohnern ist in Stadtbezirke einzuteilen. [2]Dabei sind die geschichtlichen Zusammenhänge und Namen sowie die Besonderheiten der Bevölkerungs- und Wirtschaftsverhältnisse zu beachten.

(2) [1]In den Stadtbezirken können für bestimmte auf ihren Bereich entfallende Verwaltungsaufgaben vom Stadtrat Bezirksverwaltungsstellen und Bezirksausschüsse gebildet werden. [2]Der Stadtrat und in Angelegenheiten nach Art. 37 Abs. 1 Satz 1 Nr. 1 die erste Bürgermeisterin oder der erste Bürgermeister können dabei den Bezirksausschüssen die Vorberatung oder die Entscheidung unter Beachtung der Belange der gesamten Stadt übertragen. [3]In Städten mit mehr als einer Million Einwohnerinnen und Einwohnern sind Bezirksausschüsse zu bilden.

(3) [1]Werden Bezirksausschüsse gebildet, so hat deren Zusammensetzung entsprechend dem Wahlergebnis der Stadtratswahlen im jeweiligen Stadtbezirk zu erfolgen. [2]Sind den Bezirksausschüssen eigene Entscheidungsrechte übertragen, werden die Mitglieder der Bezirksausschüsse von den im Stadtbezirk wohnenden Gemeindebürgerinnen und Gemeindebürgern gleichzeitig mit den Stadtratsmitgliedern für die Wahlzeit des Stadtrats gewählt. [3]Geschieht die Übertragung eigener Entscheidungsrechte innerhalb der Wahlzeit des Stadtrats, erfolgt die Wahl der Mitglieder der Bezirksausschüsse zum Zeitpunkt der Übertragung der Entscheidungsrechte. [4]Für die Wahl gelten die Vorschriften über

die Wahl der Gemeinderatsmitglieder mit Ausnahme des Art. 31 Abs. 3 sinngemäß mit der Maßgabe, dass die Wahlorgane für die Wahl der Stadtratsmitglieder auch für die Wahl der Mitglieder der Bezirksausschüsse zuständig sind und dass das Ergebnis dieser Wahl erst nach der Feststellung des Ergebnisses der Stadtratswahl zu ermitteln und festzustellen ist.

(4) Empfehlungen und Anträge der Bezirksausschüsse, für die der Stadtrat zuständig ist, sind von diesem oder einem beschließenden Ausschuß innerhalb einer Frist von drei Monaten zu behandeln.

(5) [1]Das Nähere regelt eine Gemeindesatzung. [2]Den Bezirksverwaltungsstellen kann die erste Bürgermeisterin oder der erste Bürgermeister in Angelegenheiten der laufenden Verwaltung auch einzelne ihrer Befugnisse übertragen (Art. 39 Abs. 2 Halbsatz 1).

Artikel 60a Ortssprecherinnen und Ortssprecher

(1) [1]In Gemeindeteilen, die am 18. Januar 1952 noch selbständige Gemeinden waren und die im Gemeinderat nicht vertreten sind, hat auf Antrag eines Drittels der dort ansässigen Gemeindebürgerinnen und Gemeindebürger die erste Bürgermeisterin oder der erste Bürgermeister eine Ortsversammlung einzuberufen, die aus ihrer Mitte in geheimer Wahl eine Ortssprecherin oder einen Ortssprecher wählt. [2]Ein Antrag ist nicht erforderlich, falls der Gemeinderat die Wahl einer Ortssprecherin oder eines Ortssprechers beschließt oder durch Satzung bestimmt. [3]Art. 51 Abs. 3 Satz 3 bis 7 gilt entsprechend. [4]Die Amtszeit der Ortssprecherin oder des Ortssprechers endet mit der Wahlzeit des Gemeinderats. [5]Die Amtszeit endet nicht deshalb, weil der Gemeindeteil im Gemeinderat vertreten wird.

(2) [1]Abweichend von Abs. 1 Satz 1 kann die erste Bürgermeisterin oder der erste Bürgermeister entscheiden, die Ortssprecherwahl durch briefliche Abstimmung durchzuführen. [2]In diesem Fall hat die erste Bürgermeisterin oder der erste Bürgermeister bekannt zu machen, dass eine Ortssprecherwahl stattfindet. [3]In der Bekanntmachung ist darauf hinzuweisen, dass alle Wahlberechtigten die Briefwahlunterlagen von Amts wegen ohne Antrag erhalten, bis wann die wahlberechtigten Gemeindebürgerinnen und Gemeindebürger Wahlvorschläge bei der Gemeinde einreichen können und bis wann die Wahlbriefe spätestens bei der Gemeinde eingehen müssen. [4]Ferner sind Ort und Zeit der Auszählung bekanntzugeben. [5]Vor Versand der Briefwahlunterlagen hat die Gemeinde zu prüfen, ob die vorgeschlagenen Personen wählbar sind und sich zur Wahl stellen. [6]Die Wahl findet ohne Bindung an die Wahlvorschläge statt.

(3) [1]Ortssprecherinnen und Ortssprecher können an allen Sitzungen des Gemeinderats mit beratender Stimme teilnehmen und Anträge stellen. [2]Der Gemeinderat kann diese Rechte durch die Geschäftsordnung auf die Wahrnehmung örtlicher Angelegenheiten beschränken.

(4) Die Abs. 1 bis 3 sind nicht anzuwenden, wenn für den Gemeindeteil ein Bezirksausschuss nach Art. 60 Abs. 2 besteht.

Dritter Teil
Gemeindewirtschaft

1. Abschnitt
Haushaltswirtschaft

Artikel 61 Allgemeine Haushaltsgrundsätze

(1) [1]Die Gemeinde hat ihre Haushaltswirtschaft so zu planen und zu führen, daß die stetige Erfüllung ihrer Aufgaben gesichert ist. [2]Die dauernde Leistungsfähigkeit der Gemeinde ist sicherzustellen, eine Überschuldung ist zu vermeiden. [3]Dabei ist § 51 des Haushaltsgrundsätzegesetzes Rechnung zu tragen.

(2) [1]Die Haushaltswirtschaft ist sparsam und wirtschaftlich zu planen und zu führen. [2]Aufgaben sollen in geeigneten Fällen daraufhin untersucht werden, ob und in welchem Umfang sie durch nichtkommunale Stellen, insbesondere durch private Dritte oder unter Heranziehung Dritter, mindestens ebenso gut erledigt werden können.

(3) [1]Bei der Führung der Haushaltswirtschaft hat die Gemeinde finanzielle Risiken zu minimieren. [2]Ein erhöhtes Risiko liegt vor, wenn besondere Umstände, vor allem ein grobes Missverhältnis bei der Risikoverteilung zu Lasten der Gemeinde, die Gefahr eines erheblichen Vermögensschadens begründen.

(4) Die Haushaltswirtschaft ist nach den Grundsätzen der doppelten kommunalen Buchführung oder nach den Grundsätzen der Kameralistik zu führen.

Artikel 62 Grundsätze der Einnahmebeschaffung

(1) Die Gemeinde erhebt Abgaben nach den gesetzlichen Vorschriften.

(2) Sie hat die zur Erfüllung ihrer Aufgaben erforderlichen Einnahmen

1. soweit vertretbar und geboten aus besonderen Entgelten für die von ihr erbrachten Leistungen,
2. im übrigen aus Steuern

zu beschaffen, soweit die sonstigen Einnahmen nicht ausreichen.

(3) Die Gemeinde darf Kredite nur aufnehmen, wenn eine andere Finanzierung nicht möglich ist oder wirtschaftlich unzweckmäßig wäre.

Artikel 63 Haushaltssatzung

(1) [1]Die Gemeinde hat für jedes Haushaltsjahr eine Haushaltssatzung zu erlassen. [2]Die Haushaltssatzung kann Festsetzungen für zwei Haushaltsjahre, nach Jahren getrennt, enthalten.

(2) [1]Die Haushaltssatzung enthält die Festsetzung

1. des Haushaltsplans unter Angabe
   a) des Gesamtbetrags der Erträge und Aufwendungen des Haushaltsjahres sowie des sich daraus ergebenden Saldos des Ergebnishaushalts, des Gesamtbetrags der Einzahlungen und Auszahlungen aus laufender Verwaltungstätigkeit, aus der Investitionstätigkeit und aus der Finanzierungstätigkeit des Haushaltsjahres sowie des sich daraus ergebenden Saldos des Finanzhaushalts bei Haushaltswirtschaft nach den Grundsätzen der doppelten kommunalen Buchführung,
   b) des Gesamtbetrags der Einnahmen und Ausgaben des Haushaltsjahres bei Haushaltswirtschaft nach den Grundsätzen der Kameralistik,
2. des Gesamtbetrags der vorgesehenen Kreditaufnahmen für Investitionen und Investitionsförderungsmaßnahmen (Kreditermächtigungen),
3. des Gesamtbetrags der vorgesehenen Ermächtigungen zum Eingehen von Verpflichtungen, die künftige Haushaltsjahre mit Auszahlungen beziehungsweise Ausgaben für Investitionen und Investitionsförderungsmaßnahmen belasten (Verpflichtungsermächtigungen),
4. der Abgabesätze, die für jedes Haushaltsjahr neu festzusetzen sind,
5. des Höchstbetrags der Kassenkredite.

[2]Die Angaben nach Satz 1 Nrn. 2, 3 und 5 sind getrennt für das Haushaltswesen der Gemeinde und die Wirtschaftsführung von Eigenbetrieben zu machen. [3]Die Haushaltssatzung kann weitere Vorschriften enthalten, die sich auf die Erträge und Einzahlungen sowie Aufwendungen und Auszahlungen beziehungsweise auf die Einnahmen und Ausgaben und den Stellenplan des Haushaltsjahres beziehen.

(3) Die Haushaltssatzung tritt mit Beginn des Haushaltsjahres in Kraft und gilt für das Haushaltsjahr.

(4) Haushaltsjahr ist das Kalenderjahr, soweit für einzelne Bereiche durch Gesetz oder Rechtsverordnung nichts anderes bestimmt ist.

Artikel 64 Haushaltsplan

(1) [1]Der Haushaltsplan enthält alle im Haushaltsjahr für die Erfüllung der Aufgaben der Gemeinde voraussichtlich

1. anfallenden Erträge, eingehenden Einzahlungen, entstehenden Aufwendungen sowie zu leistenden Auszahlungen bei Haushaltswirtschaft nach den Grundsätzen der doppelten kommunalen Buchführung,
2. zu erwartenden Einnahmen und zu leistenden Ausgaben bei Haushaltswirtschaft nach den Grundsätzen der Kameralistik,
3. benötigten Verpflichtungsermächtigungen.

[2]Die Vorschriften über die Einzahlungen und Auszahlungen sowie Erträge und Aufwendungen beziehungsweise Einnahmen, Ausgaben und Verpflichtungsermächtigungen der Eigenbetriebe der Gemeinde bleiben unberührt.

(2) [1]Der Haushaltsplan ist bei Haushaltswirtschaft nach den Grundsätzen der doppelten kommunalen Buchführung in einen Ergebnishaushalt und einen Finanzhaushalt, bei Haushaltswirtschaft nach den Grundsätzen der Kameralistik in einen Verwaltungshaushalt und einen Vermögenshaushalt zu gliedern. [2]Der Stellenplan für die Beamtinnen und Beamten sowie Arbeitnehmerinnen und Arbeitnehmer der Gemeinde ist Teil des Haushaltsplans. [3]Die bei der Sparkasse beschäftigten Beamtinnen und Be-

amten sowie Arbeitnehmerinnen und Arbeitnehmer sind in diesem Stellenplan nicht auszuweisen, wenn und soweit nach Sparkassenrecht ein verbindlicher Stellenplan aufzustellen ist.

(3) [1]Der Haushaltsplan muß ausgeglichen sein. [2]Er ist Grundlage für die Haushaltswirtschaft der Gemeinde und nach Maßgabe dieses Gesetzes und der auf Grund dieses Gesetzes erlassenen Vorschriften für die Haushaltsführung verbindlich. [3]Ansprüche und Verbindlichkeiten Dritter werden durch ihn weder begründet noch aufgehoben.

Artikel 65 Erlaß der Haushaltssatzung

(1) Der Gemeinderat beschließt über die Haushaltssatzung samt ihren Anlagen in öffentlicher Sitzung.

(2) Die Haushaltssatzung ist mit ihren Anlagen spätestens einen Monat vor Beginn des Haushaltsjahres der Rechtsaufsichtsbehörde vorzulegen.

(3) [1]Haushaltssatzungen mit genehmigungspflichtigen Bestandteilen sind sogleich nach der Genehmigung amtlich bekanntzumachen. [2]Haushaltssatzungen ohne solche Bestandteile sind frühestens einen Monat nach der Vorlage an die Rechtsaufsichtsbehörde amtlich bekanntzumachen, sofern nicht die Rechtsaufsichtsbehörde die Satzung beanstandet. [3]Gleichzeitig ist die Haushaltssatzung samt ihren Anlagen bis zur nächsten amtlichen Bekanntmachung einer Haushaltssatzung öffentlich zugänglich zu machen; darauf ist in der amtlichen Bekanntmachung der Haushaltssatzung hinzuweisen.

Artikel 66 Planabweichungen

(1) [1]Überplanmäßige und außerplanmäßige Aufwendungen und Auszahlungen beziehungsweise Ausgaben sind nur zulässig, wenn sie unabweisbar sind und die Deckung gewährleistet ist. [2]Sind sie erheblich, sind sie vom Gemeinderat zu beschließen.

(2) Absatz 1 findet entsprechende Anwendung auf Maßnahmen, durch die im Haushaltsplan nicht vorgesehene Verpflichtungen zu Leistungen der Gemeinde entstehen können.

(3) Art. 68 Abs. 2 bleibt unberührt.

(4) [1]Für Investitionen, die im folgenden Jahr fortgesetzt werden, sind überplanmäßige Aufwendungen und Auszahlungen beziehungsweise Ausgaben in nicht erheblichem Umfang auch dann zulässig, wenn ihre Deckung im laufenden Jahr nur durch Erlaß einer Nachtragshaushaltssatzung möglich wäre, die Deckung aber im folgenden Jahr gewährleistet ist. [2]Hierüber entscheidet der Gemeinderat.

(5) Der Gemeinderat kann Richtlinien über die Abgrenzungen aufstellen.

Artikel 67 Verpflichtungsermächtigungen

(1) Verpflichtungen zur Leistung von Auszahlungen beziehungsweise Ausgaben für Investitionen und Investitionsförderungsmaßnahmen in künftigen Jahren dürfen unbeschadet des Abs. 5 nur eingegangen werden, wenn der Haushaltsplan hierzu ermächtigt.

(2) Die Verpflichtungsermächtigungen dürfen in der Regel zu Lasten der dem Haushaltsjahr folgenden drei Jahre vorgesehen werden, in Ausnahmefällen bis zum Abschluß einer Maßnahme; sie sind nur zulässig, wenn durch sie der Ausgleich künftiger Haushalte nicht gefährdet wird.

(3) Die Verpflichtungsermächtigungen gelten bis zum Ende des Haushaltsjahres und, wenn die Haushaltssatzung für das folgende Haushaltsjahr nicht rechtzeitig amtlich bekanntgemacht wird, bis zum Erlaß dieser Haushaltssatzung.

(4) Der Gesamtbetrag der Verpflichtungsermächtigungen bedarf im Rahmen der Haushaltssatzung der Genehmigung, wenn in den Jahren, zu deren Lasten sie vorgesehen sind, Kreditaufnahmen geplant sind.

(5) [1]Verpflichtungen im Sinn des Abs. 1 dürfen überplanmäßig oder außerplanmäßig eingegangen werden, wenn ein dringendes Bedürfnis besteht und der in der Haushaltssatzung festgesetzte Gesamtbetrag der Verpflichtungsermächtigungen nicht überschritten wird. [2]Art. 66 Abs. 1 Satz 2 gilt entsprechend.

Artikel 68 Nachtragshaushaltssatzungen

(1) [1]Die Haushaltssatzung kann nur bis zum Ablauf des Haushaltsjahres durch Nachtragshaushaltssatzung geändert werden. [2]Für die Nachtragshaushaltssatzung gelten die Vorschriften für die Haushaltssatzung entsprechend.

(2) Die Gemeinde hat unverzüglich eine Nachtragshaushaltssatzung zu erlassen, wenn

1. sich zeigt, daß trotz Ausnutzung jeder Sparmöglichkeit ein Fehlbetrag entstehen wird und der Haushaltsausgleich nur durch eine Änderung der Haushaltssatzung erreicht werden kann,

2. bisher nicht veranschlagte oder zusätzliche einzelne Aufwendungen und Auszahlungen beziehungsweise Ausgaben in einem im Verhältnis zu den Gesamtaufwendungen und -auszahlungen beziehungsweise Gesamtausgaben des Haushaltsplans erheblichen Umfang geleistet werden müssen,
3. Auszahlungen des Finanzhaushalts beziehungsweise Ausgaben des Vermögenshaushalts für bisher nicht veranschlagte Investitionen oder Investitionsförderungsmaßnahmen geleistet werden sollen,
4. Beamtinnen und Beamte oder Arbeitnehmerinnen und Arbeitnehmer eingestellt, befördert oder in eine höhere Entgeltgruppe eingestuft werden sollen und der Stellenplan die entsprechenden Stellen nicht enthält.

(3) Absatz 2 Nrn. 2 bis 4 finden keine Anwendung auf
1. Investitionen und Investitionsförderungsmaßnahmen, soweit die Auszahlungen beziehungsweise Ausgaben nicht erheblich und unabweisbar sind,
2. Abweichungen vom Stellenplan und die Leistung höherer Personalausgaben, die auf Grund des Beamten- oder Tarifrechts oder für die Erfüllung neuer Aufgaben notwendig werden.

Artikel 69 Vorläufige Haushaltsführung

(1) Ist die Haushaltssatzung bei Beginn des Haushaltsjahres noch nicht bekanntgemacht, so darf die Gemeinde
1. finanzielle Leistungen erbringen, zu denen sie rechtlich verpflichtet ist oder die für die Weiterführung notwendiger Aufgaben unaufschiebbar sind; sie darf insbesondere Bauten, Beschaffungen und sonstige Leistungen des Finanzhaushalts beziehungsweise des Vermögenshaushalts, für die im Haushaltsplan eines Vorjahres Beträge vorgesehen waren, fortsetzen,
2. die in der Haushaltssatzung jährlich festzusetzenden Abgaben nach den Sätzen des Vorjahres erheben,
3. Kredite umschulden,
4. Kassenkredite bis zu dem zuletzt in einer Haushaltssatzung festgesetzten Höchstbetrag oder, wenn besondere Umstände im Einzelfall eine Erhöhung rechtfertigen, auch darüber hinaus aufnehmen.

(2) [1]Reichen die Deckungsmittel für die Fortsetzung der Bauten, der Beschaffungen und der sonstigen Leistungen nach Abs. 1 Nr. 1 nicht aus, darf die Gemeinde Kredite für Investitionen und Investitionsförderungsmaßnahmen bis zu einem Viertel des durchschnittlichen Betrags der für die vier Vorjahre festgesetzten Kredite aufnehmen. [2]Eine angemessene Erhöhung dieser Kreditaufnahme ist zulässig, wenn besondere Umstände im Einzelfall die Erhöhung rechtfertigen.

(3) Der Stellenplan des Vorjahres gilt weiter, bis die Haushaltssatzung für das neue Jahr erlassen ist.

(4) [1]Maßnahmen nach Abs. 1 Nr. 4 Halbsatz 2 und Abs. 2 bedürfen der Genehmigung. [2]Die Gemeinde hat im Antrag darzulegen, wie und bis wann sie den Erlass einer Haushaltssatzung sicherstellen kann. [3]Die Genehmigung darf den Zielen der Wiederherstellung einer geordneten Haushaltswirtschaft und der dauernden Leistungsfähigkeit nicht widersprechen; sie kann unter Bedingungen und Auflagen erteilt werden.

Artikel 70 Mittelfristige Finanzplanung

(1) [1]Die Gemeinde hat ihrer Haushaltswirtschaft eine fünfjährige Finanzplanung zugrundezulegen. [2]Das erste Planungsjahr der Finanzplanung ist das laufende Haushaltsjahr.

(2) Als Unterlage für die Finanzplanung ist ein Investitionsprogramm aufzustellen.

(3) Im Finanzplan sind Umfang und Zusammensetzung der voraussichtlichen Aufwendungen und Auszahlungen beziehungsweise Ausgaben und die Deckungsmöglichkeiten darzustellen.

(4) Der Finanzplan ist dem Gemeinderat spätestens mit dem Entwurf der Haushaltssatzung vorzulegen.

(5) Der Finanzplan und das Investitionsprogramm sind jährlich der Entwicklung anzupassen und fortzuführen.

2. Abschnitt
Kreditwesen

Artikel 71 Kredite
(1) Kredite dürfen unter der Voraussetzung des Art. 62 Abs. 3 nur im Finanzhaushalt beziehungsweise im Vermögenshaushalt und nur für Investitionen, für Investitionsförderungsmaßnahmen und zur Umschuldung aufgenommen werden.
(2) [1]Der Gesamtbetrag der vorgesehenen Kreditaufnahmen für Investitionen und Investitionsförderungsmaßnahmen bedarf im Rahmen der Haushaltssatzung der Genehmigung (Gesamtgenehmigung). [2]Die Genehmigung soll unter dem Gesichtspunkt einer geordneten Haushaltswirtschaft erteilt oder versagt werden; sie kann unter Bedingungen und Auflagen erteilt werden. [3]Sie ist in der Regel zu versagen, wenn die Kreditverpflichtungen mit der dauernden Leistungsfähigkeit der Gemeinde nicht im Einklang stehen.
(3) Die Kreditermächtigung gilt bis zum Ende des bei ihrem Inkrafttreten laufenden Finanzplanungszeitraums gemäß Art. 70 Abs. 1 und, wenn die Haushaltssatzung für das erste Jahr nach Ende des Finanzplanungszeitraums nicht rechtzeitig amtlich bekannt gemacht wird, bis zum Erlass dieser Haushaltssatzung.
(4) [1]Die Aufnahme der einzelnen Kredite bedarf der Genehmigung (Einzelgenehmigung), sobald die Kreditaufnahmen für die Gemeinden nach § 19 des Gesetzes zur Förderung der Stabilität und des Wachstums der Wirtschaft beschränkt worden sind. [2]Die Einzelgenehmigung kann nach Maßgabe der Kreditbeschränkungen versagt werden.
(5) [1]Das Staatsministerium des Innern, für Sport und Integration kann im Einvernehmen mit dem Staatsministerium der Finanzen und für Heimat und dem Staatsministerium für Wirtschaft, Landesentwicklung und Energie durch Rechtsverordnung die Aufnahme von Krediten von der Genehmigung (Einzelgenehmigung) abhängig machen, wenn der Konjunkturrat für die öffentliche Hand nach § 18 Abs. 2 des Gesetzes zur Förderung der Stabilität und des Wachstums der Wirtschaft eine Beschränkung der Kreditaufnahme durch die Gemeinden und Gemeindeverbände empfohlen hat. [2]Die Genehmigung ist zu versagen, wenn dies zur Abwehr einer Störung des gesamtwirtschaftlichen Gleichgewichts geboten ist oder wenn die Kreditbedingungen wirtschaftlich nicht vertretbar sind. [3]Solche Rechtsverordnungen sind auf längstens ein Jahr zu befristen.
(6) [1]Die Gemeinde darf zur Sicherung des Kredits keine Sicherheiten bestellen. [2]Die Rechtsaufsichtsbehörde kann Ausnahmen zulassen, wenn die Bestellung von Sicherheiten der Verkehrsübung entspricht.

Artikel 72 Kreditähnliche Verpflichtungen; Sicherheiten
(1) Der Abschluß von Rechtsgeschäften, die der Kreditaufnahme wirtschaftlich gleichkommen, bedarf der Genehmigung.
(2) [1]Die Gemeinde darf Bürgschaften, Gewährverträge und Verpflichtungen aus verwandten Rechtsgeschäften, die ein Einstehen für fremde Schuld oder für den Eintritt oder Nichteintritt bestimmter Umstände zum Gegenstand haben, nur zur Erfüllung ihrer Aufgaben übernehmen. [2]Die Rechtsgeschäfte bedürfen der Genehmigung, wenn sie nicht im Rahmen der laufenden Verwaltung abgeschlossen werden.
(3) Die Gemeinde bedarf zur Bestellung von Sicherheiten zugunsten Dritter der Genehmigung.
(4) [1]Für die Genehmigung gelten Art. 71 Abs. 2 Sätze 2 und 3, im Fall der vorläufigen Haushaltsführung Art. 69 Abs. 4 Sätze 2 und 3 entsprechend. [2]Die Genehmigung ist zu versagen, wenn das Rechtsgeschäft nicht eine Investition zum Gegenstand hat, sondern auf die Erzielung wirtschaftlicher Vorteile dadurch gerichtet ist, dass die Gemeinde einem Dritten inländische steuerliche Vorteile verschafft.
(5) Das Staatsministerium des Innern, für Sport und Integration kann im Einvernehmen mit dem Staatsministerium der Finanzen und für Heimat durch Rechtsverordnung Rechtsgeschäfte von der Genehmigung freistellen,
1. die die Gemeinden zur Erfüllung bestimmter Aufgaben eingehen oder
2. die für die Gemeinden keine besondere Belastung bedeuten oder
3. die ihrer Natur nach regelmäßig wiederkehren.

Artikel 73 Kassenkredite

(1) Zur rechtzeitigen Leistung ihrer Auszahlungen beziehungsweise Ausgaben kann die Gemeinde Kassenkredite bis zu dem in der Haushaltssatzung festgesetzten Höchstbetrag aufnehmen, soweit für die Kasse keine anderen Mittel zur Verfügung stehen.

(2) Der in der Haushaltssatzung festgesetzte Höchstbetrag soll für die Haushaltswirtschaft ein Fünftel der im Finanzhaushalt veranschlagten Einzahlungen aus der laufenden Verwaltungstätigkeit beziehungsweise ein Sechstel der im Verwaltungshaushalt veranschlagten Einnahmen und für den Eigenbetrieb ein Sechstel der im Erfolgsplan vorgesehenen Erträge nicht übersteigen.

3. Abschnitt

Vermögenswirtschaft

a)

Allgemeines

Artikel 74 Erwerb und Verwaltung von Vermögen, Wertansätze

(1) Die Gemeinde soll Vermögensgegenstände nur erwerben, wenn das zur Erfüllung ihrer Aufgaben erforderlich ist.

(2) [1]Die Vermögensgegenstände sind pfleglich und wirtschaftlich zu verwalten und ordnungsgemäß nachzuweisen. [2]Bei Geldanlagen ist auf eine ausreichende Sicherheit zu achten; sie sollen einen angemessenen Ertrag bringen.

(3) Für die Bewirtschaftung eines Gemeindewaldes gelten neben den Vorschriften dieses Gesetzes die Vorschriften des Waldgesetzes für Bayern.

(4) [1]Vermögensgegenstände sind mit den Anschaffungs- oder Herstellungskosten, vermindert um Abschreibungen, anzusetzen. [2]Verbindlichkeiten sind zu ihrem Rückzahlungsbetrag und Rückstellungen nur in Höhe des Betrags anzusetzen, der nach sachgerechter Beurteilung notwendig ist.

Artikel 75 Veräußerung von Vermögen

(1) [1]Die Gemeinde darf Vermögensgegenstände, die sie zur Erfüllung ihrer Aufgaben nicht braucht, veräußern. [2]Vermögensgegenstände dürfen in der Regel nur zu ihrem vollen Wert veräußert werden.

(2) [1]Für die Überlassung der Nutzung eines Vermögensgegenstands gilt Absatz 1 entsprechend. [2]Ausnahmen sind insbesondere zulässig bei der Vermietung kommunaler Gebäude zur Sicherung preiswerten Wohnens und zur Sicherung der Existenz kleiner und ertragsschwacher Gewerbebetriebe.

(3) [1]Die Verschenkung und die unentgeltliche Überlassung von Gemeindevermögen sind unzulässig (Art. 12 Abs. 2 Satz 2 der Verfassung). [2]Die Veräußerung oder Überlassung von Gemeindevermögen in Erfüllung von Gemeindeaufgaben oder herkömmlicher Anstandspflichten fällt nicht unter dieses Verbot.

(4) Gemeindevermögen darf nur im Rahmen der Aufgabenerfüllung der Gemeinde und nur dann in Stiftungsvermögen eingebracht werden, wenn der mit der Stiftung verfolgte Zweck auf andere Weise nicht erreicht werden kann.

Artikel 76 Rücklagen, Rückstellungen

(1) [1]Bei Haushaltswirtschaft nach den Grundsätzen der doppelten kommunalen Buchführung hat die Gemeinde ihre stetige Zahlungsfähigkeit sicherzustellen. [2]Überschüsse der Ergebnisrechnung sind den Rücklagen zuzuführen, soweit nicht Fehlbeträge aus Vorjahren auszugleichen sind.

(2) Bei Haushaltswirtschaft nach den Grundsätzen der doppelten kommunalen Buchführung sind für ungewisse Verbindlichkeiten und unterlassene Aufwendungen für Instandhaltung Rückstellungen zu bilden.

(3) [1]Bei Haushaltswirtschaft nach den Grundsätzen der Kameralistik hat die Gemeinde für Zwecke des Vermögenshaushalts und zur Sicherung der Haushaltswirtschaft Rücklagen in angemessener Höhe zu bilden. [2]Rücklagen für andere Zwecke sind zulässig.

Artikel 77 Insolvenzverfahren

Über das Vermögen der Gemeinde findet ein Insolvenzverfahren nicht statt.

Artikel 78, 79 (aufgehoben)

b)

Öffentliche Nutzungsrechte

Artikel 80 Verbot der Neubegründung; Übertragungsbeschränkungen

(1) Öffentliche Rechte einzelner auf Nutzungen am Gemeindevermögen oder an ehemaligem Ortschaftsvermögen (Nutzungsrechte) können nicht neu begründet, erweitert oder in der Nutzungsart geändert oder aufgeteilt werden.

(2) [1]Nutzungsrechte sind nur begründet, wenn ein besonderer Rechtstitel vorhanden ist oder wenn das Recht mindestens seit dem 18. Januar 1922 ununterbrochen kraft Rechtsüberzeugung ausgeübt wird. [2]Unschädlich sind

1. Unterbrechungen, die die Berechtigten nicht zu vertreten haben,
2. Unterbrechungen bei der Ausübung eines ausschließlich landwirtschaftlichen Nutzungsrechts, die nicht länger als drei Jahre dauern und durch die Umstrukturierung des landwirtschaftlichen Betriebs verursacht sind.

[3]Nutzungsrechte, die nicht ausschließlich landwirtschaftlichen Zwecken dienen, erlöschen nicht durch die Einstellung des landwirtschaftlichen Betriebs.

(3) [1]Die Übertragung eines Nutzungsrechts, das auf einem Anwesen ruht, auf ein anderes Anwesen, die Häufung von mehr als einem vollen Nutzungsrecht auf ein Anwesen oder die Zerstückelung eines Nutzungsrechts sind nur aus wichtigem Grund, nur innerhalb derselben Gemeinde und nur dann zulässig, wenn das Anwesen, auf welches das Nutzungsrecht übertragen werden soll, das Haus- und Hofgrundstück eines ausübenden Land- oder Forstwirts ist. [2]Sie bedürfen der Genehmigung der Gemeinde. [3]Die Übertragung eines Nutzungsrechts auf eine juristische Person des privaten Rechts oder eine Gesellschaft des Handelsrechts ist unzulässig.

Artikel 81 Lasten und Ausgaben

(1) [1]Wer Nutzungen bezieht, hat die auf dem Gegenstand des Nutzungsrechts ruhenden Lasten zu tragen und die zur Gewinnung der Nutzungen und zur Erhaltung oder zur Erhöhung der Ertragsfähigkeit erforderlichen Ausgaben zu bestreiten. [2]Wird Gemeindevermögen teilweise von der Gemeinde, teilweise von Berechtigten genutzt, so sind diese Lasten und Ausgaben entsprechend zu teilen.

(2) [1]Die Berechtigten sind verpflichtet, für die Nutzungen Gegenleistungen an die Gemeinde zu entrichten, soweit dies bisher der Fall war. [2]Die Höhe der Gegenleistungen bemißt sich nach dem Wertverhältnis zwischen Nutzungen und Gegenleistungen am 1. Januar 1938.

Artikel 82 Ablösung und Aufhebung

(1) [1]Nutzungsrechte können durch Vereinbarung zwischen den Berechtigten und der Gemeinde abgelöst werden. [2]Mit Zustimmung der Mehrheit der Berechtigten können sämtliche Nutzungsrechte von der Gemeinde abgelöst werden; dabei richtet sich das Stimmrecht nach den Anteilen am Gesamtnutzungsrecht. [3]Werden einzelne Nutzungsrechte abgelöst, so gehen sie auf die Gemeinde über; sie kann die Rechte nicht auf Dritte übertragen. [4]Werden sämtliche Nutzungsrechte abgelöst, so gehen sie unter.

(2) Nutzungsrechte können auf Antrag der Gemeinde durch die Rechtsaufsichtsbehörde aufgehoben werden, wenn die Gemeinde belastete Grundstücke ganz oder teilweise aus Gründen des Gemeinwohls zur Erfüllung öffentlicher Aufgaben benötigt.

(3) Werden Nutzungsrechte von der Gemeinde abgelöst oder von der Rechtsaufsichtsbehörde aufgehoben, so sind die Berechtigten von der Gemeinde angemessen zu entschädigen.

Artikel 83 Art und Umfang der Entschädigung

(1) [1]Die Entschädigung ist in Geld durch Zahlung eines einmaligen Betrags zu leisten. [2]Die Berechtigten können verlangen, in Grundstücken entschädigt zu werden, wenn

1. sie zur Sicherung ihrer Berufs- und Erwerbstätigkeit darauf angewiesen sind,
2. das der Gemeinde zugemutet werden kann und
3. andere Vorschriften einer Entschädigung in Grundstücken nicht entgegenstehen.

[3]Ein Anspruch auf Zuteilung bestimmter Grundstücke besteht nicht.

(2) [1]Als Grundlage einer angemessenen Entschädigung gilt im allgemeinen der Wert des Fünfundzwanzigfachen des durchschnittlichen jährlichen Reinertrags der Nutzungen, die in den der Ablösung oder Aufhebung unmittelbar vorhergehenden 15 Jahren gezogen worden sind oder bei ungehinderter

rechtmäßiger Ausübung des Rechts hätten gezogen werden können. [2]Für die vereinbarte Ablösung gilt Entsprechendes.

(3) Über die Höhe der Entschädigung entscheiden im Streitfall die ordentlichen Gerichte.

(4) [1]Waldgenossenschaften, die im Zusammenhang mit der Ablösung oder Aufhebung von Nutzungsrechten als Körperschaften des öffentlichen Rechts gebildet wurden, können aufgelöst werden, wenn andere Vorschriften nicht entgegenstehen. [2]Die Rechtsverhältnisse bestehender Waldgenossenschaften, insbesondere ihre Aufgaben, die Rechte und Pflichten ihrer Mitglieder, ihre Auflösung und die Aufsicht werden durch Rechtsverordnung des Staatsministeriums des Innern, für Sport und Integration geregelt.

c)
Von der Gemeinde verwaltete nichtrechtsfähige (fiduziarische) Stiftungen

Artikel 84 Begriff; Verwaltung

(1) Vermögenswerte, die die Gemeinde von Dritten unter der Auflage entgegennimmt, sie zu einem bestimmten öffentlichen Zweck zu verwenden, ohne daß eine rechtsfähige Stiftung entsteht, sind ihrer Zweckbestimmung gemäß nach den für das Gemeindevermögen geltenden Vorschriften zu verwalten.

(2) [1]Die Vermögenswerte sind in ihrem Bestand ungeschmälert zu erhalten. [2]Sie sind vom übrigen Gemeindevermögen getrennt zu verwalten und so anzulegen, daß sie für ihren Verwendungszweck verfügbar sind.

(3) [1]Der Ertrag darf nur für den Stiftungszweck verwendet werden. [2]Ist eine Minderung eingetreten, so sollen die Vermögensgegenstände aus dem Ertrag wieder ergänzt werden.

Artikel 85 Änderung des Verwendungszwecks; Aufhebung der Zweckbestimmung

[1]Soweit eine Änderung des Verwendungszwecks oder die Aufhebung der Zweckbestimmung zulässig ist, beschließt hierüber der Gemeinderat. [2]Der Beschluß bedarf der Genehmigung.

4. Abschnitt
Gemeindliche Unternehmen

Artikel 86 Rechtsformen

Die Gemeinde kann Unternehmen außerhalb ihrer allgemeinen Verwaltung in folgenden Rechtsformen betreiben:

1. als Eigenbetrieb,
2. als selbständiges Kommunalunternehmen des öffentlichen Rechts,
3. in den Rechtsformen des Privatrechts.

Artikel 87 Allgemeine Zulässigkeit von Unternehmen und Beteiligungen

(1) [1]Die Gemeinde darf ein Unternehmen im Sinn von Art. 86 nur errichten, übernehmen oder wesentlich erweitern, wenn

1. ein öffentlicher Zweck das Unternehmen erfordert, insbesondere wenn die Gemeinde mit ihm gesetzliche Verpflichtungen oder ihre Aufgaben gemäß Art. 83 Abs. 1 der Verfassung und Art. 57 erfüllen will,
2. das Unternehmen nach Art und Umfang in einem angemessenen Verhältnis zur Leistungsfähigkeit der Gemeinde und zum voraussichtlichen Bedarf steht,
3. die dem Unternehmen zu übertragenden Aufgaben für die Wahrnehmung außerhalb der allgemeinen Verwaltung geeignet sind,
4. bei einem Tätigwerden außerhalb der kommunalen Daseinsvorsorge der Zweck nicht ebenso gut und wirtschaftlich durch einen anderen erfüllt wird oder erfüllt werden kann.

[2]Alle Tätigkeiten oder Tätigkeitsbereiche, mit denen die Gemeinde oder ihre Unternehmen an dem vom Wettbewerb beherrschten Wirtschaftsleben teilnehmen, um Gewinn zu erzielen, entsprechen keinem öffentlichen Zweck. [3]Soweit Unternehmen entgegen Satz 2 vor dem 1. September 1998 errichtet oder übernommen wurden, dürfen sie weitergeführt, jedoch nicht erweitert werden.

(2) [1]Die Gemeinde darf mit ihren Unternehmen außerhalb des Gemeindegebiets nur tätig werden, wenn dafür die Voraussetzungen des Abs. 1 oder des Abs. 3 Satz 1 bis 5 vorliegen und die berechtigten Interessen der betroffenen kommunalen Gebietskörperschaften gewahrt sind. [2]Bei der Versorgung mit

Strom, thermischer Energie und Gas gelten nur die Interessen als berechtigt, die nach den Vorschriften des Energiewirtschaftsgesetzes eine Einschränkung des Wettbewerbs zulassen.

(3) [1]Tätigkeiten eines Unternehmens zur Versorgung mit Strom, thermischer Energie und Gas dienen einem öffentlichen Zweck. [2]Sie sind zulässig, wenn sie nach Art und Umfang in einem angemessenen Verhältnis zur Leistungsfähigkeit der Gemeinde stehen. [3]Tätigkeiten, die im Wettbewerb üblicherweise zusammen mit der Versorgung mit Strom, thermischer Energie und Gas erbracht werden (verbundene Tätigkeiten), sind zulässig, wenn sie im Verhältnis zum Hauptzweck eine untergeordnete Bedeutung einnehmen und diesen fördern. [4]Verbundene Tätigkeiten fördern den Hauptzweck insbesondere, wenn die Leistungen erforderlich sind, um Anlagen zur Versorgung mit Strom, thermischer Energie und Gas einschließlich der Nutzung für Zwecke der Elektromobilität zu errichten, zu warten oder instand zu setzen. [5]Die Gemeinde stellt sicher, dass bei verbundenen Tätigkeiten die berechtigten Interessen kleinerer Unternehmen, insbesondere des Handwerks, berücksichtigt werden. [6]Die Sätze 3 bis 5 gelten für Tätigkeiten, die üblicherweise zusammen mit der Versorgung mit Trinkwasser erbracht werden, entsprechend.

(4) [1]Für die Beteiligung der Gemeinde an einem Unternehmen gilt Abs. 1 oder Abs. 3 entsprechend. [2]Absatz 2 gilt entsprechend, wenn sich die Gemeinde an einem auch außerhalb ihres Gebiets tätigen Unternehmen in einem Ausmaß beteiligt, das den auf das Gemeindegebiet entfallenden Anteil an den Leistungen des Unternehmens erheblich übersteigt.

(5) [1]Bankunternehmen darf die Gemeinde weder errichten noch sich an ihnen beteiligen. [2]Für das öffentliche Sparkassenwesen verbleibt es bei den besonderen Vorschriften. [3]Die Gemeinde kann einen einzelnen Geschäftsanteil an einer eingetragenen Kreditgenossenschaft erwerben, wenn eine Nachschußpflicht ausgeschlossen oder die Haftsumme auf einen bestimmten Betrag beschränkt ist.

Artikel 88 Eigenbetriebe

(1) Eigenbetriebe sind gemeindliche Unternehmen, die außerhalb der allgemeinen Verwaltung als Sondervermögen ohne eigene Rechtspersönlichkeit geführt werden.

(2) Für Eigenbetriebe bestellt der Gemeinderat eine Werkleitung und einen Werkausschuß.

(3) [1]Die Werkleitung führt die laufenden Geschäfte des Eigenbetriebs. [2]Sie ist insoweit zur Vertretung nach außen befugt; der Gemeinderat kann ihr mit Zustimmung der ersten Bürgermeisterin oder des ersten Bürgermeisters weitere Vertretungsbefugnisse übertragen. [3]Die Werkleitung ist Dienstvorgesetzter der Beamtinnen und Beamten im Eigenbetrieb und führt die Dienstaufsicht über sie und die im Eigenbetrieb tätigen Arbeitnehmerinnen und Arbeitnehmer. [4]Der Gemeinderat kann mit Zustimmung der ersten Bürgermeisterin oder des ersten Bürgermeisters der Werkleitung für Beamtinnen und Beamte sowie Arbeitnehmerinnen und Arbeitnehmer im Eigenbetrieb die personalrechtlichen Befugnisse in entsprechender Anwendung von Art. 43 Abs. 1 Satz 3 Halbsatz 1 und Abs. 2 Satz 1 übertragen.

(4) [1]Im übrigen beschließt über die Angelegenheiten des Eigenbetriebs der Werkausschuß, soweit nicht der Gemeinderat sich die Entscheidung allgemein vorbehält oder im Einzelfall an sich zieht. [2]Der Werkausschuß ist ein beschließender Ausschuß im Sinn der Art. 32 und 45 Abs. 2 Satz 2. [3]Im Fall des Art. 43 Abs. 1 Satz 2 sollen Befugnisse gegenüber Beamtinnen und Beamten sowie gegenüber Arbeitnehmerinnen und Arbeitnehmern im Eigenbetrieb auf den Werkausschuß übertragen werden.

(5) [1]Die Art. 61 Abs. 1 bis 3, Art. 62, 67, 69 bis 72, 73 Abs. 1, Art. 74 Abs. 1 bis 3, Art. 75, 77, 100 Abs. 4 und Art. 101 gelten entsprechend. [2]Im Rahmen der gesetzlichen Vorschriften werden die Angelegenheiten des Eigenbetriebs durch eine Betriebssatzung geregelt.

(6) [1]Die Gemeinde kann Einrichtungen innerhalb der allgemeinen Verwaltung (Regiebetriebe) ganz oder teilweise nach den Vorschriften über die Wirtschaftsführung der Eigenbetriebe führen, wenn die Abweichung von den allgemeinen kommunalwirtschaftlichen Vorschriften nach Art und Umfang der Einrichtung zweckmäßig ist. [2]Hierbei können auch Regelungen getroffen werden, die von einzelnen für Eigenbetriebe geltenden Vorschriften abweichen.

Artikel 89 Selbständige Kommunalunternehmen des öffentlichen Rechts

(1) [1]Die Gemeinde kann selbständige Unternehmen in der Rechtsform einer Anstalt des öffentlichen Rechts (Kommunalunternehmen) errichten oder bestehende Regie- und Eigenbetriebe im Weg der Gesamtrechtsnachfolge in Kommunalunternehmen umwandeln. [2]Das Kommunalunternehmen kann sich nach Maßgabe der Unternehmenssatzung und in entsprechender Anwendung der für die Gemeinde geltenden Vorschriften an anderen Unternehmen beteiligen, wenn das dem Unternehmenszweck dient.

(2) [1]Die Gemeinde kann dem Kommunalunternehmen einzelne oder alle mit einem bestimmten Zweck zusammenhängende Aufgaben ganz oder teilweise übertragen. [2]Sie kann nach Maßgabe des Art. 24 durch gesonderte Satzung einen Anschluß- und Benutzungszwang zugunsten des Kommunalunternehmens festlegen und das Unternehmen zur Durchsetzung entsprechend Art. 27 ermächtigen. [3]Sie kann ihm auch das Recht einräumen, an ihrer Stelle Satzungen und, soweit Landesrecht zu deren Erlaß ermächtigt, auch Verordnungen für das übertragene Aufgabengebiet zu erlassen; Art. 26 gilt sinngemäß.

(2a) [1]Ein Unternehmen in der Rechtsform einer Kapitalgesellschaft, an dem ausschließlich die Gemeinde beteiligt ist, kann durch Formwechsel in ein Kommunalunternehmen umgewandelt werden. [2]Die Umwandlung ist nur zulässig, wenn keine Sonderrechte im Sinn des § 23 des Umwandlungsgesetzes (UmwG) und keine Rechte Dritter an den Anteilen der Gemeinde bestehen. [3]Der Formwechsel setzt den Erlass der Unternehmenssatzung durch die Gemeinde und einen sich darauf beziehenden Umwandlungsbeschluss der formwechselnden Gesellschaft voraus. [4]Die §§ 193 bis 195, 197 bis 199, 200 Abs. 1 und § 201 UmwG sind entsprechend anzuwenden. [5]Die Anmeldung zum Handelsregister entsprechend § 198 UmwG erfolgt durch das vertretungsberechtigte Organ der Kapitalgesellschaft. [6]Abweichend von Abs. 3 Satz 4 wird die Umwandlung einer Kapitalgesellschaft in ein Kommunalunternehmen mit dessen Eintragung oder, wenn es nicht eingetragen wird, mit der Eintragung der Umwandlung in das Handelsregister wirksam; § 202 Abs. 1 und 3 UmwG ist entsprechend anzuwenden. [7]Ist bei der Kapitalgesellschaft ein Betriebsrat eingerichtet, bleibt dieser nach dem Wirksamwerden der Umwandlung als Personalrat des Kommunalunternehmens bis zu den nächsten regelmäßigen Personalratswahlen bestehen.

(3) [1]Die Gemeinde regelt die Rechtsverhältnisse des Kommunalunternehmens durch eine Unternehmenssatzung. [2]Die Unternehmenssatzung muß Bestimmungen über den Namen und die Aufgaben des Unternehmens, die Anzahl der Mitglieder des Vorstands und des Verwaltungsrats und die Höhe des Stammkapitals enthalten. [3]Die Gemeinde hat die Unternehmenssatzung und deren Änderungen gemäß Art. 26 Abs. 2 bekanntzumachen. [4]Das Kommunalunternehmen entsteht am Tag nach der Bekanntmachung, wenn nicht in der Unternehmenssatzung ein späterer Zeitpunkt bestimmt ist.

(4) Die Gemeinde haftet für die Verbindlichkeiten des Kommunalunternehmens unbeschränkt, soweit nicht Befriedigung aus dessen Vermögen zu erlangen ist (Gewährträgerschaft).

Artikel 90 Organe des Kommunalunternehmens; Personal

(1) [1]Das Kommunalunternehmen wird von einem Vorstand in eigener Verantwortung geleitet, soweit nicht gesetzlich oder durch die Unternehmenssatzung etwas anderes bestimmt ist. [2]Der Vorstand vertritt das Kommunalunternehmen nach außen. [3]Die Gemeinde hat darauf hinzuwirken, daß jedes Vorstandsmitglied vertraglich verpflichtet wird, die ihm im Geschäftsjahr jeweils gewährten Bezüge im Sinn von § 285 Nr. 9 Buchst. a des Handelsgesetzbuchs der Gemeinde jährlich zur Veröffentlichung mitzuteilen.

(2) [1]Die Geschäftsführung des Vorstands wird von einem Verwaltungsrat überwacht. [2]Der Verwaltungsrat bestellt den Vorstand auf höchstens fünf Jahre; eine erneute Bestellung ist zulässig. [3]Er entscheidet außerdem über

1. den Erlaß von Satzungen und Verordnungen gemäß Art. 89 Abs. 2 Satz 3,
2. die Feststellung des Wirtschaftsplans und des Jahresabschlusses,
3. die Festsetzung allgemein geltender Tarife und Entgelte für die Leistungsnehmer,
4. die Beteiligung des Kommunalunternehmens an anderen Unternehmen,
5. die Bestellung des Abschlußprüfers,
6. die Ergebnisverwendung.

[4]Im Fall des Satzes 3 Nr. 1 unterliegen die Mitglieder des Verwaltungsrats den Weisungen des Gemeinderats. [5]Die Unternehmenssatzung kann vorsehen, daß der Gemeinderat den Mitgliedern des Verwaltungsrats auch in bestimmten anderen Fällen Weisungen erteilen kann. [6]Die Abstimmung entgegen der Weisung berührt die Gültigkeit des Beschlusses des Verwaltungsrats nicht. [7]Für den Ausschluss wegen persönlicher Beteiligung gilt Art. 49 entsprechend.

(3) [1]Der Verwaltungsrat besteht aus dem vorsitzenden Mitglied und den übrigen Mitgliedern. [2]Den Vorsitz führt die erste Bürgermeisterin oder der erste Bürgermeister; mit ihrer oder seiner Zustimmung kann der Gemeinderat eine andere Person zum vorsitzenden Mitglied bestellen. [3]Das vorsitzende Mitglied nach Satz 2 Halbsatz 2 und die übrigen Mitglieder des Verwaltungsrats werden vom Gemeinderat

für sechs Jahre bestellt. [4]Die Amtszeit von Mitgliedern des Verwaltungsrats, die dem Gemeinderat angehören, endet mit dem Ende der Wahlzeit oder dem vorzeitigen Ausscheiden aus dem Gemeinderat oder bei berufsmäßigen Gemeinderatsmitgliedern mit dem Ausscheiden aus dem Beamtenverhältnis. [5]Die Mitglieder des Verwaltungsrats üben ihr Amt bis zum Amtsantritt der neuen Mitglieder weiter aus. [6]Mitglieder des Verwaltungsrats können nicht sein:

1. Beamtinnen und Beamte sowie Arbeitnehmerinnen und Arbeitnehmer des Kommunalunternehmens,
2. leitende Beamtinnen und Beamte sowie leitende Arbeitnehmerinnen und Arbeitnehmer von juristischen Personen oder sonstigen Organisationen des öffentlichen oder privaten Rechts, an denen das Kommunalunternehmen mit mehr als 50 % beteiligt ist; eine Beteiligung am Stimmrecht genügt,
3. Beamtinnen und Beamte sowie Arbeitnehmerinnen und Arbeitnehmer der Rechtsaufsichtsbehörde, die unmittelbar mit Aufgaben der Aufsicht über das Kommunalunternehmen befasst sind.

[7]Art. 31 Abs. 3 Sätze 2 und 3 gelten entsprechend.

(4) [1]Das Kommunalunternehmen hat das Recht, Dienstherr von Beamtinnen und Beamten zu sein, wenn es auf Grund einer Aufgabenübertragung nach Art. 89 Abs. 2 hoheitliche Befugnisse ausübt. [2]Wird es aufgelöst, hat die Gemeinde die Beamtinnen und Beamten sowie die Versorgungsempfängerinnen und Versorgungsempfänger zu übernehmen. [3]Wird das Unternehmensvermögen ganz oder teilweise auf andere juristische Personen des öffentlichen Rechts mit Dienstherrnfähigkeit übertragen, so gelten für die Übernahme und die Rechtsstellung der Beamtinnen und Beamten sowie der Versorgungsempfängerinnen und Versorgungsempfänger des Kommunalunternehmens Art. 51 bis 54 und 69 BayBG, bei länderübergreifendem Vermögensübergang §§ 16 bis 19 des Beamtenstatusgesetzes.

Artikel 91 Sonstige Vorschriften für Kommunalunternehmen

(1) Der Jahresabschluß und der Lagebericht von Kommunalunternehmen werden nach den für große Kapitalgesellschaften geltenden Vorschriften des Handelsgesetzbuchs aufgestellt und geprüft, sofern nicht weitergehende gesetzliche Vorschriften gelten oder andere gesetzliche Vorschriften entgegenstehen.

(2) Die Organe der Rechnungsprüfung der Gemeinde haben das Recht, sich zur Klärung von Fragen, die bei der Prüfung nach Art. 106 Abs. 4 Sätze 2 und 3 auftreten, unmittelbar zu unterrichten und zu diesem Zweck den Betrieb, die Bücher und Schriften des Kommunalunternehmens einzusehen.

(3) Die Art. 4 Abs. 2, Art. 61 Abs. 1 bis 3, Art. 62, 69, 70, 74 Abs. 1 bis 3, Art. 75, 77 und 101 und die Vorschriften des Vierten Teils über die staatliche Aufsicht und die Rechtsmittel sind auf das Kommunalunternehmen sinngemäß anzuwenden.

(4) Das Unternehmen ist zur Vollstreckung von Verwaltungsakten in demselben Umfang berechtigt wie die Gemeinde, wenn es auf Grund einer Aufgabenübertragung nach Art. 89 Abs. 2 hoheitliche Befugnisse ausübt und bei der Aufgabenübertragung nichts Abweichendes geregelt wird.

Artikel 92 Unternehmen in Privatrechtsform

(1) [1]Gemeindliche Unternehmen in Privatrechtsform und gemeindliche Beteiligungen an Unternehmen in Privatrechtsform sind nur zulässig, wenn

1. im Gesellschaftsvertrag oder in der Satzung sichergestellt ist, daß das Unternehmen den öffentlichen Zweck gemäß Art. 87 Abs. 1 Satz 1 Nr. 1 erfüllt,
2. die Gemeinde angemessenen Einfluß im Aufsichtsrat oder in einem entsprechenden Gremium erhält,
3. die Haftung der Gemeinde auf einen bestimmten, ihrer Leistungsfähigkeit angemessenen Betrag begrenzt wird; die Rechtsaufsichtsbehörde kann von der Haftungsbegrenzung befreien.

[2]Zur Sicherstellung des öffentlichen Zwecks von Gesellschaften mit beschränkter Haftung soll im Gesellschaftsvertrag oder in der Satzung bestimmt werden, daß die Gesellschafterversammlung auch über den Erwerb und die Veräußerung von Unternehmen und Beteiligungen und über den Abschluß und die Änderung von Unternehmensverträgen beschließt. [3]In der Satzung von Aktiengesellschaften soll bestimmt werden, daß zum Erwerb und zur Veräußerung von Unternehmen und Beteiligungen die Zustimmung des Aufsichtsrats notwendig ist.

(2) Die Gemeinde darf dem Erwerb von Unternehmen und Beteiligungen durch Unternehmen in Privatrechtsform, an denen sie unmittelbar oder mittelbar beteiligt ist, nur unter entsprechender Anwendung der für sie selbst geltenden Vorschriften zustimmen.

Artikel 93 Vertretung der Gemeinde in Unternehmen in Privatrechtsform

(1) [1]Die erste Bürgermeisterin oder der erste Bürgermeister vertritt die Gemeinde in der Gesellschafterversammlung oder einem entsprechenden Organ. [2]Mit Zustimmung der ersten Bürgermeisterin oder des ersten Bürgermeisters und der weiteren Bürgermeisterinnen oder Bürgermeister kann der Gemeinderat eine andere Person zur Vertretung widerruflich bestellen.

(2) [1]Die Gemeinde soll bei der Ausgestaltung des Gesellschaftsvertrags oder der Satzung darauf hinwirken, daß ihr das Recht eingeräumt wird, Mitglieder in einen Aufsichtsrat oder ein entsprechendes Gremium zu entsenden, soweit das zur Sicherung eines angemessenen Einflusses notwendig ist. [2]Vorbehaltlich entgegenstehender gesetzlicher Vorschriften haben Personen, die von der Gemeinde entsandt oder auf ihre Veranlassung gewählt wurden, die Gemeinde über alle wichtigen Angelegenheiten möglichst frühzeitig zu unterrichten und ihr auf Verlangen Auskunft zu erteilen. [3]Soweit zulässig, soll sich die Gemeinde ihnen gegenüber Weisungsrechte im Gesellschaftsvertrag oder der Satzung vorbehalten.

(3) [1]Wird die Person, die die Gemeinde vertritt oder werden die in Absatz 2 genannten Personen aus ihrer Tätigkeit haftbar gemacht, stellt die Gemeinde sie von der Haftung frei. [2]Bei Vorsatz oder grober Fahrlässigkeit kann die Gemeinde Rückgriff nehmen, es sei denn, das schädigende Verhalten beruhte auf ihrer Weisung. [3]Die Sätze 1 und 2 gelten entsprechend für Personen, die auf Veranlassung der Gemeinde als nebenamtliche Mitglieder des geschäftsführenden Unternehmensorgans bestellt sind.

Artikel 94 Sonstige Vorschriften für Unternehmen in Privatrechtsform

(1) [1]Gehören der Gemeinde Anteile an einem Unternehmen in dem in § 53 des Haushaltsgrundsätzegesetzes (HGrG) bezeichneten Umfang, so hat sie

1. darauf hinzuwirken, daß in sinngemäßer Anwendung der für Eigenbetriebe geltenden Vorschriften für jedes Wirtschaftsjahr ein Wirtschaftsplan aufgestellt und der Wirtschaftsführung eine fünfjährige Finanzplanung zugrundegelegt wird,
2. dafür Sorge zu tragen, daß der Jahresabschluß und der Lagebericht nach den für große Kapitalgesellschaften geltenden Vorschriften des Handelsgesetzbuchs aufgestellt und geprüft werden, sofern nicht weitergehende gesetzliche Vorschriften gelten oder andere gesetzliche Vorschriften entgegenstehen,
3. die Rechte nach § 53 Abs. 1 HGrG auszuüben,
4. darauf hinzuwirken, daß ihr und dem für sie zuständigen überörtlichen Prüfungsorgan die in § 54 HGrG vorgesehenen Befugnisse eingeräumt werden,
5. darauf hinzuwirken, daß jedes Mitglied des geschäftsführenden Unternehmensorgans vertraglich verpflichtet wird, die ihm im Geschäftsjahr jeweils gewährten Bezüge im Sinn von § 285 Nr. 9 Buchst. a des Handelsgesetzbuchs der Gemeinde jährlich zur Veröffentlichung entsprechend Absatz 3 Satz 2 mitzuteilen.

[2]Die Rechtsaufsichtsbehörde kann Ausnahmen zulassen.

(2) [1]Ist eine Beteiligung der Gemeinde an einem Unternehmen keine Mehrheitsbeteiligung im Sinn des § 53 HGrG, so soll die Gemeinde, soweit ihr Interesse das erfordert, darauf hinwirken, daß in der Satzung oder im Gesellschaftsvertrag der Gemeinde die Rechte nach § 53 Abs. 1 HGrG und der Gemeinde und dem für sie zuständigen überörtlichen Prüfungsorgan die Befugnisse nach § 54 HGrG eingeräumt werden. [2]Bei mittelbaren Beteiligungen gilt das nur, wenn die Beteiligung den vierten Teil der Anteile übersteigt und einer Gesellschaft zusteht, an der die Gemeinde allein oder zusammen mit anderen Gebietskörperschaften oder deren Zusammenschlüssen mit Mehrheit im Sinn des § 53 HGrG beteiligt ist.

(3) [1]Die Gemeinde hat jährlich einen Bericht über ihre Beteiligungen an Unternehmen in einer Rechtsform des Privatrechts zu erstellen, wenn ihr mindestens der zwanzigste Teil der Anteile eines Unternehmens gehört. [2]Der Beteiligungsbericht soll insbesondere Angaben über die Erfüllung des öffentlichen Zwecks, die Beteiligungsverhältnisse, die Zusammensetzung der Organe der Gesellschaft, die Bezüge der einzelnen Mitglieder des geschäftsführenden Unternehmensorgans gemäß Absatz 1 Nr. 5, die Ertragslage und die Kreditaufnahme enthalten. [3]Haben die Mitglieder des geschäftsführenden Un-

ternehmensorgans ihr Einverständnis mit der Veröffentlichung ihrer Einzelbezüge nicht erklärt, sind ihre Gesamtbezüge so zu veröffentlichen, wie sie von der Gesellschaft nach den Vorschriften des Handelsgesetzbuchs in den Anhang zum Jahresabschluß aufgenommen werden. [4]Der Bericht ist dem Gemeinderat vorzulegen. [5]Die Gemeinde weist ortsüblich darauf hin, daß jeder Einsicht in den Bericht nehmen kann.

(4) [1]Gehören der Gemeinde Anteile an einem Unternehmen der öffentlichen Versorgung mit Wasser (Wasserversorgungsunternehmen) in dem in § 53 HGrG bezeichneten Umfang oder bedient sie sich zur Durchführung der Wasserversorgung eines Dritten, so hat sie dafür Sorge zu tragen, dass Art. 24 Abs. 4 Satz 5 bis 7 zur entsprechenden Anwendung kommt. [2]Ist eine Beteiligung der Gemeinde an einem Wasserversorgungsunternehmen keine Mehrheitsbeteiligung im Sinn des § 53 HGrG, so soll sie darauf hinwirken, dass Art. 24 Abs. 4 Satz 5 bis 7 zur entsprechenden Anwendung kommt.

Artikel 95 Grundsätze für die Führung gemeindlicher Unternehmen

(1) [1]Eigenbetriebe und Kommunalunternehmen sind unter Beachtung betriebswirtschaftlicher Grundsätze und des Grundsatzes der Sparsamkeit und Wirtschaftlichkeit so zu führen, daß der öffentliche Zweck erfüllt wird. [2]Entsprechendes gilt für die Steuerung und Überwachung von Unternehmen in Privatrechtsform, an denen die Gemeinde mit mehr als 50 v.H. beteiligt ist; bei einer geringeren Beteiligung soll die Gemeinde darauf hinwirken.

(2) Gemeindliche Unternehmen dürfen keine wesentliche Schädigung und keine Aufsaugung selbständiger Betriebe in Landwirtschaft, Handwerk, Handel, Gewerbe und Industrie bewirken.

Artikel 96 Anzeigepflichten

(1) [1]Entscheidungen der Gemeinde über

1. die Errichtung, Übernahme und wesentliche Erweiterung sowie die Änderung der Rechtsform oder der Aufgaben gemeindlicher Unternehmen,
2. die unmittelbare oder mittelbare Beteiligung der Gemeinde an Unternehmen,
3. die gänzliche oder teilweise Veräußerung gemeindlicher Unternehmen oder Beteiligungen,
4. die Auflösung von Kommunalunternehmen

sind der Rechtsaufsichtsbehörde rechtzeitig, mindestens aber sechs Wochen vor ihrem Vollzug, vorzulegen. [2]In den Fällen des Satzes 1 Nrn. 2 und 3 besteht keine Anzeigepflicht, wenn die Entscheidung weniger als den zwanzigsten Teil der Anteile des Unternehmens betrifft. [3]Aus der Vorlage muß zu ersehen sein, ob die gesetzlichen Voraussetzungen erfüllt sind. [4]Die Unternehmenssatzung von Kommunalunternehmen ist der Rechtsaufsichtsbehörde stets vorzulegen.

(2) Abs. 1 Satz 1 Nrn. 1 bis 3 und die Sätze 2 und 3 gelten entsprechend für Entscheidungen des Verwaltungsrats eines Kommunalunternehmens.

Artikel 97 Pflicht zur Einrichtung interner Meldestellen

[1]Für Beschäftigungsgeber, die im Eigentum oder unter der Kontrolle einer Gemeinde stehen, gelten § 12 Abs. 1 Satz 1 und Abs. 4 sowie die §§ 13 bis 18 HinSchG entsprechend. [2]Ausgenommen von Satz 1 sind Beschäftigungsgeber mit in der Regel weniger als 50 Beschäftigten. [3]Art. 56 Abs. 4 Satz 3 gilt entsprechend.

Artikel 98, 99 (aufgehoben)

5. Abschnitt

Kassen- und Rechnungswesen

Artikel 100 Gemeindekasse

(1) Die Gemeindekasse erledigt alle Kassengeschäfte der Gemeinde.

(2) [1]Die Gemeinde hat einen Kassenverwalter und einen Stellvertreter zu bestellen. [2]Diese Verpflichtung entfällt, wenn sie ihre Kassengeschäfte ganz durch eine Stelle außerhalb der Gemeindeverwaltung besorgen läßt. [3]Die Anordnungsbefugten der Gemeindeverwaltung, der Leiter und die Prüfer des Rechnungsprüfungsamts und Bedienstete, denen örtliche Kassenprüfungen übertragen sind, können nicht gleichzeitig die Aufgaben eines Kassenverwalters oder seines Stellvertreters wahrnehmen.

(3) Der Kassenverwalter und sein Stellvertreter dürfen weder miteinander noch mit den Anordnungsbefugten der Gemeindeverwaltung, dem Leiter und den Prüfern des Rechnungsprüfungsamts und den

Bediensteten, denen örtliche Kassenprüfungen übertragen sind, durch ein Angehörigenverhältnis im Sinn des Art. 20 Abs. 5 BayVwVfG verbunden sein.

(4) [1]Sonderkassen sollen mit der Gemeindekasse verbunden werden. [2]Ist eine Sonderkasse nicht mit der Gemeindekasse verbunden, gelten für den Verwalter der Sonderkasse und dessen Stellvertreter die Absätze 2 und 3 entsprechend.

Artikel 101 Übertragung von Kassen- und Rechnungsgeschäften

Die Gemeinde kann das Ermitteln von Ansprüchen und von Zahlungsverpflichtungen, das Vorbereiten der entsprechenden Kassenanordnungen, die Kassengeschäfte und das Rechnungswesen ganz oder zum Teil von einer Stelle außerhalb der Gemeindeverwaltung besorgen lassen, wenn die ordnungsgemäße und sichere Erledigung und die Prüfung nach den für die Gemeinde geltenden Vorschriften gewährleistet sind.

Artikel 102 Rechnungslegung, Jahresabschluss

(1) [1]Im Jahresabschluss beziehungsweise in der Jahresrechnung ist das Ergebnis der Haushaltswirtschaft einschließlich des Stands des Vermögens und der Verbindlichkeiten zu Beginn und am Ende des Haushaltsjahres nachzuweisen. [2]Bei Haushaltswirtschaft nach den Grundsätzen der doppelten kommunalen Buchführung besteht der Jahresabschluss aus der Ergebnisrechnung, der Finanzrechnung, der Vermögensrechnung (Bilanz) und dem Anhang. [3]Bei Haushaltswirtschaft nach den Grundsätzen der Kameralistik besteht die Jahresrechnung aus dem kassenmäßigen Abschluss und der Haushaltsrechnung. [4]Der Jahresabschluss beziehungsweise die Jahresrechnung ist durch einen Rechenschaftsbericht zu erläutern.

(2) Der Jahresabschluss beziehungsweise die Jahresrechnung ist innerhalb von sechs Monaten, der konsolidierte Jahresabschluss (Art. 102a) innerhalb von zehn Monaten nach Abschluss des Haushaltsjahres aufzustellen und sodann dem Gemeinderat vorzulegen.

(3) [1]Nach Durchführung der örtlichen Prüfung der Jahresrechnung und der Jahresabschlüsse (Art. 103) und Aufklärung etwaiger Unstimmigkeiten stellt der Gemeinderat alsbald, jedoch in der Regel bis zum 30. Juni des auf das Haushaltsjahr folgenden übernächsten Jahres den Jahresabschluss beziehungsweise die Jahresrechnung in öffentlicher Sitzung fest und beschließt über die Entlastung. [2]Ist ein konsolidierter Jahresabschluss aufzustellen (Art. 102a), tritt an die Stelle des 30. Juni der 31. Dezember des auf das Haushaltsjahr folgenden übernächsten Jahres. [3]Verweigert der Gemeinderat die Entlastung oder spricht er sie mit Einschränkungen aus, hat er die dafür maßgebenden Gründe anzugeben.

(4) Die Gemeinderatsmitglieder können jederzeit die Berichte über die Prüfungen einsehen.

Artikel 102a Konsolidierter Jahresabschluss

(1) [1]Mit dem Jahresabschluss der Gemeinde sind die Jahresabschlüsse

1. der außerhalb der allgemeinen Verwaltung geführten Sondervermögen ohne eigene Rechtspersönlichkeit,
2. der rechtlich selbstständigen Organisationseinheiten und Vermögensmassen mit Nennkapital oder variablen Kapitalanteilen,
3. der Zweckverbände und Verwaltungsgemeinschaften mit kaufmännischer Rechnungslegung und der gemeinsamen Kommunalunternehmen und
4. der von der Gemeinde verwalteten kommunalen Stiftungen mit kaufmännischem Rechnungswesen

zu konsolidieren. [2]Das gilt nicht für die Jahresabschlüsse der Sparkassen.

(2) [1]Aufgabenträger nach Abs. 1 sind entsprechend den §§ 300 bis 309 des Handelsgesetzbuchs zu konsolidieren (Vollkonsolidierung), wenn bei der Gemeinde die dem § 290 Abs. 1 und 2 des Handelsgesetzbuchs entsprechenden Voraussetzungen vorliegen. [2]Andere Aufgabenträger als nach Satz 1 sind entsprechend den §§ 311 und 312 des Handelsgesetzbuchs zu konsolidieren, es sei denn, sie sind für die Vermittlung eines den tatsächlichen Verhältnissen entsprechenden Bildes der Vermögens-, Finanz- und Ertragslage von untergeordneter Bedeutung. [3]Aufgabenträger nach Abs. 1 Nr. 3 können auch entsprechend § 310 des Handelsgesetzbuchs anteilsmäßig konsolidiert werden. [4]Für den Anteil an einem Zweckverband oder einer Verwaltungsgemeinschaft ist der Umlageschlüssel maßgebend.

(3) Der konsolidierte Jahresabschluss ist durch eine Kapitalflussrechnung zu ergänzen und durch einen Konsolidierungsbericht zu erläutern.

(4) Die Gemeinde hat bei den in Abs. 1 Satz 1 genannten Aufgabenträgern, Organisationseinheiten und Vermögensmassen darauf hinzuwirken, dass ihr das Recht eingeräumt wird, von diesen alle Informationen und Unterlagen zu erhalten, die sie für die Konsolidierung der Jahresabschlüsse für erforderlich hält.

6. Abschnitt
Prüfungswesen

Artikel 103 Örtliche Prüfungen

(1) 1Der Jahresabschluss und der konsolidierte Jahresabschluss beziehungsweise die Jahresrechnung sowie die Jahresabschlüsse der Eigenbetriebe, der Krankenhäuser und der Pflegeeinrichtungen mit kaufmännischem Rechnungswesen werden entweder vom Gemeinderat oder von einem Rechnungsprüfungsausschuss geprüft (örtliche Rechnungsprüfung). 2Über die Beratungen sind Niederschriften aufzunehmen.

(2) In Gemeinden mit mehr als 5 000 Einwohnerinnen und Einwohnern bildet der Gemeinderat aus seiner Mitte einen Rechnungsprüfungsausschuß mit mindestens drei und höchstens sieben Mitgliedern und bestimmt ein Ausschußmitglied zur oder zum Vorsitzenden; Art. 33 Abs. 2 findet keine Anwendung.

(3) 1Zur Prüfung der Jahresabschlüsse und des konsolidierten Jahresabschlusses sowie der Jahresrechnung können Sachverständige zugezogen werden. 2In Gemeinden, in denen ein Rechnungsprüfungsamt eingerichtet ist (Art. 104), ist das Rechnungsprüfungsamt umfassend als Sachverständiger heranzuziehen.

(4) Die örtliche Prüfung der Jahresrechnung und der Jahresabschlüsse ist innerhalb von zwölf Monaten, die des konsolidierten Jahresabschlusses innerhalb von 18 Monaten nach Abschluß des Haushaltsjahres durchzuführen.

(5) 1Die örtliche Kassenprüfung obliegt der ersten Bürgermeisterin oder dem ersten Bürgermeister. 2Sie oder er bedient sich in Gemeinden, in denen ein Rechnungsprüfungsamt eingerichtet ist, dieses Amts.

Artikel 104 Rechnungsprüfungsamt

(1) 1Kreisfreie Gemeinden müssen ein Rechnungsprüfungsamt einrichten. 2Kreisangehörige Gemeinden können ein Rechnungsprüfungsamt einrichten, wenn ein Bedürfnis dafür besteht und die Kosten in angemessenem Verhältnis zum Umfang der Verwaltung stehen.

(2) 1Das Rechnungsprüfungsamt ist bei der örtlichen Rechnungsprüfung dem Gemeinderat und bei den örtlichen Kassenprüfungen der ersten Bürgermeisterin oder dem ersten Bürgermeister unmittelbar verantwortlich. 2Der Gemeinderat und die erste Bürgermeisterin oder der erste Bürgermeister können besondere Aufträge zur Prüfung der Verwaltung erteilen. 3Das Rechnungsprüfungsamt ist bei der Wahrnehmung seiner Aufgaben unabhängig und nur dem Gesetz unterworfen. 4Im übrigen bleiben die Befugnisse der ersten Bürgermeisterin oder des ersten Bürgermeisters unberührt, der oder dem das Rechnungsprüfungsamt unmittelbar untersteht.

(3) 1Der Gemeinderat bestellt den Leiter, seinen Stellvertreter und die Prüfer des Rechnungsprüfungsamts und beruft sie ab. 2Der Gemeinderat kann den Leiter des Rechnungsprüfungsamts und seinen Stellvertreter gegen ihren Willen nur mit einer Mehrheit von zwei Dritteln der gesetzlichen Zahl der Mitglieder des Gemeinderats abberufen, wenn sie ihre Aufgabe nicht ordnungsgemäß erfüllen. 3Die Abberufung von Prüfern des Rechnungsprüfungsamts gegen ihren Willen bedarf einer Mehrheit von zwei Dritteln der stimmberechtigten Gemeinderatsmitglieder.

(4) 1Der Leiter des Rechnungsprüfungsamts muß Beamtin oder Beamter auf Lebenszeit sein. 2Sie oder er muß in der Fachlaufbahn Verwaltung und Finanzen, fachlicher Schwerpunkt nichttechnischer Verwaltungsdienst, für ein Amt ab der Besoldungsgruppe A 10 qualifiziert sein sowie die für das Amt erforderliche Erfahrung und Eignung besitzen.

(5) 1Der Leiter, sein Stellvertreter und die Prüfer des Rechnungsprüfungsamts dürfen eine andere Stellung in der Gemeinde nur innehaben, wenn das mit ihren Prüfungsaufgaben vereinbar ist. 2Sie dürfen Zahlungen für die Gemeinde weder anordnen noch ausführen. 3Für den Leiter des Rechnungsprüfungsamts und seinen Stellvertreter gilt außerdem Art. 100 Abs. 3 entsprechend.

Artikel 105 Überörtliche Prüfungen

(1) Die überörtlichen Rechnungs- und Kassenprüfungen werden bei den Mitgliedern des Bayerischen Kommunalen Prüfungsverbands durch diesen Verband, bei den übrigen Gemeinden durch die staatlichen Rechnungsprüfungsstellen der Landratsämter durchgeführt (überörtliche Prüfungsorgane).

(2) Die überörtliche Rechnungsprüfung findet alsbald nach der Feststellung des Jahresabschlusses und des konsolidierten Jahresabschlusses beziehungsweise der Jahresrechnung sowie der Jahresabschlüsse der Eigenbetriebe, der Krankenhäuser und der Pflegeeinrichtungen mit kaufmännischem Rechnungswesen statt.

Artikel 106 Inhalt der Rechnungs- und Kassenprüfungen

(1) Die Rechnungsprüfung erstreckt sich auf die Einhaltung der für die Wirtschaftsführung geltenden Vorschriften und Grundsätze, insbesondere darauf, ob

1. die Haushaltssatzung und der Haushaltsplan eingehalten worden sind,
2. die Einzahlungen und Auszahlungen sowie Erträge und Aufwendungen beziehungsweise die Einnahmen und Ausgaben begründet und belegt sind sowie der Jahresabschluss und der konsolidierte Jahresabschluss beziehungsweise die Jahresrechnung sowie die Vermögensnachweise ordnungsgemäß aufgestellt sind,
3. wirtschaftlich und sparsam verfahren wird,
4. die Aufgaben mit geringerem Personal- oder Sachaufwand oder auf andere Weise wirksamer erfüllt werden können.

(2) [1]Die Wirtschaftsführung der Krankenhäuser und der Pflegeeinrichtungen einschließlich der Jahresabschlüsse unterliegen der Rechnungsprüfung. [2]Absatz 1 gilt entsprechend.

(3) [1]Die Rechnungsprüfung umfaßt auch die Wirtschaftsführung der Eigenbetriebe unter entsprechender Anwendung des Absatzes 1. [2]Dabei ist auf das Ergebnis der Abschlußprüfung (Art. 107) mit abzustellen.

(4) [1]Im Rahmen der Rechnungsprüfung wird die Betätigung der Gemeinde bei Unternehmen in einer Rechtsform des privaten Rechts, an denen die Gemeinde unmittelbar oder mittelbar beteiligt ist, unter Beachtung kaufmännischer Grundsätze mitgeprüft. [2]Entsprechendes gilt bei Erwerbs- und Wirtschaftsgenossenschaften, in denen die Gemeinde Mitglied ist, sowie bei Kommunalunternehmen. [3]Die Rechnungsprüfung umfaßt ferner die Buch-, Betriebs- und sonstigen Prüfungen, die sich die Gemeinde bei der Hingabe eines Darlehens oder sonst vorbehalten hat.

(5) Durch Kassenprüfungen werden die ordnungsmäßige Erledigung der Kassengeschäfte, die ordnungsmäßige Einrichtung der Kassen und das Zusammenwirken mit der Verwaltung geprüft.

(6) [1]Die Organe der Rechnungsprüfung der Gemeinde und das für sie zuständige überörtliche Prüfungsorgan können verlangen, dass ihnen oder ihren beauftragten Prüfern Unterlagen, die sie zur Erfüllung ihrer Aufgaben für erforderlich halten, vorgelegt oder ihnen innerhalb einer bestimmten Frist übersandt werden. [2]Auskünfte sind ihnen oder ihren beauftragten Prüfern zu erteilen. [3]Die Auskunftspflicht nach den Sätzen 1 und 2 besteht auch, soweit hierfür in anderen Bestimmungen eine besondere Rechtsvorschrift gefordert wird, und umfasst auch elektronisch gespeicherte Daten sowie deren automatisierten Abruf.

Artikel 107 Abschlussprüfung bei Eigenbetrieben und Kommunalunternehmen

(1) Der Jahresabschluß und der Lagebericht eines Eigenbetriebs und eines Kommunalunternehmens sollen spätestens innerhalb von neun Monaten nach Schluß des Wirtschaftsjahres durch einen sachverständigen Prüfer (Abschlußprüfer) geprüft sein.

(2) Die Abschlußprüfung wird vom Bayerischen Kommunalen Prüfungsverband oder von einem Wirtschaftsprüfer oder von einer Wirtschaftsprüfungsgesellschaft durchgeführt.

(3) [1]Die Abschlußprüfung erstreckt sich auf die Vollständigkeit und Ordnungsmäßigkeit des Jahresabschlusses unter Einbeziehung der Buchführung und des Lageberichts. [2]Dabei werden auch geprüft

1. die Ordnungsmäßigkeit der Geschäftsführung,
2. die Entwicklung der Vermögens- und Ertragslage sowie die Liquidität und Rentabilität,
3. die verlustbringenden Geschäfte und die Ursachen der Verluste, wenn diese Geschäfte und die Ursachen für die Vermögens- und Ertragslage von Bedeutung waren,
4. die Ursachen eines in der Gewinn- und Verlustrechnung ausgewiesenen Jahresfehlbetrags.

Vierter Teil
Staatliche Aufsicht und Rechtsmittel

1. Abschnitt
Rechtsaufsicht und Fachaufsicht

Artikel 108 Sinn der staatlichen Aufsicht
Die Aufsichtsbehörden sollen die Gemeinden bei der Erfüllung ihrer Aufgaben verständnisvoll beraten, fördern und schützen sowie die Entschlußkraft und die Selbstverantwortung der Gemeindeorgane stärken.

Artikel 109 Inhalt und Grenzen der Aufsicht
(1) In den Angelegenheiten des eigenen Wirkungskreises (Art. 7) beschränkt sich die staatliche Aufsicht darauf, die Erfüllung der gesetzlich festgelegten und übernommenen öffentlich-rechtlichen Aufgaben und Verpflichtungen der Gemeinden und die Gesetzmäßigkeit ihrer Verwaltungstätigkeit zu überwachen (Rechtsaufsicht).
(2) [1]In den Angelegenheiten des übertragenen Wirkungskreises (Art. 8) erstreckt sich die staatliche Aufsicht auch auf die Handhabung des gemeindlichen Verwaltungsermessens (Fachaufsicht). [2]Eingriffe in das Verwaltungsermessen sind auf die Fälle zu beschränken, in denen
1. das Gemeinwohl oder öffentlich-rechtliche Ansprüche einzelner eine Weisung oder Entscheidung erfordern oder
2. die Bundesregierung nach Art. 84 Abs. 5 oder Art. 85 Abs. 3 des Grundgesetzes eine Weisung erteilt.

Artikel 110 Rechtsaufsichtsbehörden
[1]Die Rechtsaufsicht über die kreisangehörigen Gemeinden obliegt dem Landratsamt als staatliche Verwaltungsaufgabe. [2]Die Rechtsaufsicht über die kreisfreien Gemeinden obliegt der Regierung. [3]Diese ist auch obere Rechtsaufsichtsbehörde für die kreisangehörigen Gemeinden. [4]Das Staatsministerium des Innern, für Sport und Integration ist obere Rechtsaufsichtsbehörde für die kreisfreien Gemeinden. [5]Soweit Große Kreisstädte Aufgaben wahrnehmen, die ihnen nach Art. 9 Abs. 2 übertragen sind, richtet sich die Rechtsaufsicht nach den für kreisfreie Gemeinden geltenden Vorschriften.

Artikel 111 Informationsrecht
[1]Die Rechtsaufsichtsbehörde ist befugt, sich über alle Angelegenheiten der Gemeinde zu unterrichten. [2]Sie kann insbesondere Anstalten und Einrichtungen der Gemeinde besichtigen, die Geschäfts- und Kassenführung prüfen sowie Berichte und Akten einfordern.

Artikel 112 Beanstandungsrecht
[1]Die Rechtsaufsichtsbehörde kann rechtswidrige Beschlüsse und Verfügungen der Gemeinde beanstanden und ihre Aufhebung oder Änderung verlangen. [2]Bei Nichterfüllung öffentlich-rechtlicher Aufgaben oder Verpflichtungen kann die Rechtsaufsichtsbehörde die Gemeinde zur Durchführung der notwendigen Maßnahmen auffordern.

Artikel 113 Recht der Ersatzvornahme
[1]Kommt die Gemeinde binnen einer ihr gesetzten angemessenen Frist den Anordnungen der Rechtsaufsichtsbehörde nicht nach, kann diese die notwendigen Maßnahmen an Stelle der Gemeinde verfügen und vollziehen. [2]Die Kosten trägt die Gemeinde.

Artikel 114 Bestellung eines Beauftragten
(1) Ist der geordnete Gang der Verwaltung durch Beschlußunfähigkeit des Gemeinderats oder durch seine Weigerung, gesetzmäßige Anordnungen der Rechtsaufsichtsbehörde auszuführen, ernstlich behindert, so kann die Rechtsaufsichtsbehörde die erste Bürgermeisterin oder den ersten Bürgermeister ermächtigen, bis zur Behebung des gesetzwidrigen Zustands für die Gemeinde zu handeln.
(2) [1]Weigert sich die erste Bürgermeisterin oder der erste Bürgermeister oder ist sie oder er aus tatsächlichen oder rechtlichen Gründen verhindert, die Aufgaben nach Absatz 1 wahrzunehmen, so beauftragt die Rechtsaufsichtsbehörde die weiteren Bürgermeisterinnen oder Bürgermeister in ihrer Reihenfolge, für die Gemeinde zu handeln, solange es erforderlich ist. [2]Sind keine weiteren Bürgermeisterinnen oder Bürgermeister vorhanden oder sind auch sie verhindert oder nicht handlungswillig, so handelt die Rechtsaufsichtsbehörde für die Gemeinde.

(3) Die Staatsregierung kann ferner, wenn sich der gesetzwidrige Zustand anders nicht beheben lässt, den Gemeinderat auflösen und dessen Neuwahl anordnen.

Artikel 115 Fachaufsichtsbehörden

(1) [1]Die Zuständigkeit zur Führung der Fachaufsicht auf den einzelnen Gebieten des übertragenen Wirkungskreises bestimmt sich nach den hierfür geltenden besonderen Vorschriften. [2]Soweit solche besonderen Vorschriften nicht bestehen, obliegt den Rechtsaufsichtsbehörden auch die Führung der Fachaufsicht.

(2) Soweit Große Kreisstädte Aufgaben wahrnehmen, die ihnen nach Art. 9 Abs. 2 übertragen sind, richtet sich die Fachaufsicht nach den für kreisfreie Gemeinden geltenden Vorschriften.

Artikel 116 Befugnisse der Fachaufsicht

(1) [1]Die Fachaufsichtsbehörden können sich über Angelegenheiten des übertragenen Wirkungskreises in gleicher Weise wie die Rechtsaufsichtsbehörden unterrichten (Art. 111). [2]Sie können ferner der Gemeinde für die Behandlung übertragener Angelegenheiten unter Beachtung des Art. 109 Abs. 2 Satz 2 Weisungen erteilen. [3]Zu weitergehenden Eingriffen in die Gemeindeverwaltung sind die Fachaufsichtsbehörden unbeschadet der Entscheidung über Widersprüche (Art. 118 Nr. 2) nicht befugt.

(2) [1]Die Rechtsaufsichtsbehörden sind verpflichtet, die Fachaufsichtsbehörden bei der Durchführung ihrer gesetzlichen Aufgaben nötigenfalls unter Anwendung der in den Art. 113 und 114 festgelegten Befugnisse zu unterstützen. [2]Bei der Ersatzvornahme tritt die Weisung der Fachaufsichtsbehörde an die Stelle der Anordnung der Rechtsaufsichtsbehörde.

Artikel 117 Genehmigungsbehörde

(1) Die in diesem Gesetz vorgeschriebenen Genehmigungen erteilt, soweit nichts anderes bestimmt ist, die Rechtsaufsichtsbehörde (Art. 110).

(2) Gemeindliche Beschlüsse sowie Geschäfte des bürgerlichen Rechts erlangen Rechtswirksamkeit erst mit der Erteilung der nach diesem Gesetz erforderlichen Genehmigung.

(3) Die Anträge auf Erteilung der Genehmigungen sind ohne schuldhafte Verzögerung zu verbescheiden.

Artikel 117a Ausnahmegenehmigungen

[1]Das Staatsministerium des Innern, für Sport und Integration kann im Interesse der Weiterentwicklung der kommunalen Selbstverwaltung zur Erprobung neuer Modelle der Steuerung und des Haushalts- und Rechnungswesens, der Verfahrensvereinfachung und der Verwaltungsführung auf Antrag im Einzelfall Ausnahmen von Regelungen dieses Gesetzes und der nach Art. 120 erlassenen Vorschriften genehmigen. [2]Die Genehmigung ist zu befristen. [3]Bedingungen und Auflagen sind insbesondere zulässig, um die Vergleichbarkeit des Kommunalrechtsvollzugs auch im Rahmen einer Erprobung möglichst zu wahren und die Ergebnisse der Erprobung für andere Gemeinden, für Landkreise und für Bezirke nutzbar zu machen.

2. Abschnitt
Rechtsmittel

Artikel 118 Erlaß des Widerspruchsbescheids (§ 73 der Verwaltungsgerichtsordnung – VwGO)

Den Widerspruchsbescheid erläßt

1. in Angelegenheiten des eigenen Wirkungskreises die Rechtsaufsichtsbehörde, die dabei auf die Prüfung der Rechtmäßigkeit beschränkt ist; zuvor hat die Selbstverwaltungsbehörde nach § 72 VwGO auch die Zweckmäßigkeit zu überprüfen,
2. in Angelegenheiten des übertragenen Wirkungskreises die Fachaufsichtsbehörde; ist Fachaufsichtsbehörde eine oberste Landesbehörde, so entscheidet die Behörde, die den Verwaltungsakt erlassen hat; Art. 109 Abs. 2 Satz 2 findet keine Anwendung.

Fünfter Teil

Übergangs- und Schlußvorschriften

Artikel 119 Einwohnerzahl

[1]Soweit nach diesem Gesetz oder einer auf Grund dieses Gesetzes erlassenen Rechtsverordnung die Einwohnerzahl von rechtlicher Bedeutung ist, ist die Einwohnerzahl maßgebend, die bei der letzten Wahl der Gemeinderatsmitglieder zugrundegelegt wurde. [2]Art. 34 Abs. 3 bleibt unberührt.

Artikel 120 Rechtsverordnungen

(1) [1]Das Staatsministerium des Innern, für Sport und Integration wird ermächtigt, durch Rechtsverordnung zu regeln:

1. das Nähere zu kommunalen Namen, Hoheitszeichen sowie Bestands- und Gebietsänderungen nach den Art. 2 bis 4 und 11,
2. das Nähere zu amtlichen Bekanntmachungen nach Art. 26 Abs. 2.

[2]Das Staatsministerium des Innern, für Sport und Integration wird weiter ermächtigt, im Einvernehmen mit dem Staatsministerium der Finanzen und für Heimat durch Rechtsverordnungen zu regeln:

1. den Inhalt und die Gestaltung des Haushaltsplans einschließlich des Stellenplans, der mittelfristigen Finanzplanung und des Investitionsprogramms sowie der Dokumentation der im Finanzplanungszeitraum gültigen Kreditermächtigungen aus den Vorjahren und deren Inanspruchnahmen, ferner die Veranschlagung von Einzahlungen, Auszahlungen, Erträgen und Aufwendungen beziehungsweise Einnahmen, Ausgaben und Verpflichtungsermächtigungen für einen vom Haushaltsjahr abweichenden Wirtschaftszeitraum,
2. die Ausführung des Haushaltsplans, die Anordnung von Zahlungen, die Haushaltsüberwachung, die Stundung, die Niederschlagung und den Erlaß von Ansprüchen und die Behandlung von Kleinbeträgen,
3. die Ausschreibung von Lieferungen und Leistungen und die Vergabe von Aufträgen,
4. die Bildung, vorübergehende Inanspruchnahme und Verwendung von Rücklagen und deren Mindesthöhe,
5. die Bildung und Auflösung von Rückstellungen,
6. die Geldanlagen und ihre Sicherung,
7. die Erfassung, den Nachweis, die Bewertung und die Abschreibung der Vermögensgegenstände; dabei kann die Bewertung und Abschreibung auf einzelne Bereiche beschränkt werden,
8. die Aufstellung der Eröffnungsbilanz auch unter Abweichung von Art. 74 Abs. 4 und der folgenden Bilanzen,
9. die Kassenanordnungen, die Aufgaben und die Organisation der Gemeindekasse und der Sonderkassen, den Zahlungsverkehr, die Verwaltung der Kassenmittel, der Wertgegenstände und anderer Gegenstände, die Buchführung sowie die Möglichkeit, daß die Buchführung und die Verwahrung von Wertgegenständen von den Kassengeschäften abgetrennt werden können,
10. den Inhalt und die Gestaltung der Jahresrechnung und die Abwicklung der Vorjahresergebnisse,
11. den Inhalt und die Gestaltung des Jahresabschlusses und des konsolidierten Jahresabschlusses; dabei können auch Ausnahmen von der und Übergangsfristen für die Konsolidierungspflicht vorgesehen werden,
12. den Inhalt und die Gestaltung des Rechenschaftsberichts zur Jahresrechnung beziehungsweise zum Jahresabschluss, des Anhangs zum Jahresabschluss sowie des Konsolidierungsberichts zum konsolidierten Jahresabschluss,
13. den Aufbau und die Verwaltung, die Wirtschaftsführung, das Rechnungswesen und die Prüfung der Eigenbetriebe,
14. die Prüfung der Jahresrechnungen, der Jahresabschlüsse und der konsolidierten Jahresabschlüsse, die Prüfung der Gemeindekasse und der Sonderkassen, die Abschlußprüfung und die Freistellung von der Abschlußprüfung, die Prüfung von Verfahren der automatisierten Datenverarbeitung im Bereich des Finanzwesens der Gemeinden, die Rechte und Pflichten der Prüfer, die über Prüfungen zu erstellenden Berichte und deren weitere Behandlung sowie die Organisation der staatlichen Rechnungsprüfungsstellen der Landratsämter,

15. das Verfahren bei der Errichtung der Kommunalunternehmen sowie bei der Umwandlung von Kapitalgesellschaften in Kommunalunternehmen und den Aufbau, die Verwaltung, die Wirtschaftsführung sowie das Rechnungs- und Prüfungswesen der Kommunalunternehmen.

[3]Das Staatsministerium des Innern, für Sport und Integration wird weiter ermächtigt, im Einvernehmen mit dem Staatsministerium für Gesundheit, Pflege und Prävention und mit dem Staatsministerium der Finanzen, für Landesentwicklung und für Heimat die Wirtschaftsführung der Krankenhäuser und der Pflegeeinrichtungen der Gemeinden durch Rechtsverordnung zu regeln.

(2) [1]Das Staatsministerium des Innern, Sport und Integration erläßt die erforderlichen Verwaltungsvorschriften und gibt Muster, insbesondere für

1. die Haushaltssatzung und die Nachtragshaushaltssatzung,
2. die Darstellung des Haushaltsplans und des mittelfristigen Finanzplans insbesondere
   a) die Konten und Produkte bei Haushaltswirtschaft nach den Grundsätzen der doppelten kommunalen Buchführung,
   b) die Gliederung und die Gruppierung bei Haushaltswirtschaft nach den Grundsätzen der Kameralistik,
3. die Form des Haushaltsplans und seiner Anlagen, des mittelfristigen Finanzplans und des Investitionsprogramms sowie der Dokumentation der im Finanzplanungszeitraum gültigen Kreditermächtigungen aus den Vorjahren und deren Inanspruchnahmen,
4. die Gliederung und die Form des Jahresabschlusses und des konsolidierten Jahresabschlusses,
5. die Darstellung und die Form der Vermögensnachweise,
6. die Kassenanordnungen, die Buchführung, die Jahresrechnung und ihre Anlagen,
7. die Gliederung und die Form des Wirtschaftsplans und seiner Anlagen, des mittelfristigen Finanzplans und des Investitionsprogramms, des Jahresabschlusses, der Anlagenachweise und der Erfolgsübersicht für Eigenbetriebe und für Krankenhäuser mit kaufmännischem Rechnungswesen,

im Bayerischen Ministerialblatt bekannt. [2]Es kann solche Muster für verbindlich erklären. [3]Die Zuordnung der einzelnen Geschäftsvorfälle zu den Darstellungen gemäß Satz 1 Nrn. 2 bis 5 kann durch Verwaltungsvorschrift in gleicher Weise verbindlich festgelegt werden. [4]Die Verwaltungsvorschriften zur Darstellung des Haushaltsplans und des mittelfristigen Finanzplans sind im Einvernehmen mit dem Staatsministerium der Finanzen, für Landesentwicklung und und für Heimat zu erlassen.

Artikel 120a Gemeindewirtschaftliche Erleichterungen anlässlich der Corona-Pandemie

[1]*[aufgehoben]* [2]*[aufgehoben]* [3]Die in den Haushaltsjahren 2020 und 2021 angelegten und betätigten Abweichungen von gemeindewirtschaftlichen Bestimmungen dürfen sich auf nachfolgende Haushaltsjahre auswirken, längstens jedoch auf das Haushaltsjahr 2032.

Artikel 120b Übergangsregelung

(1) [1]Die Rechtsstellung der vor dem 1. Januar 2024 gewählten ersten Bürgermeisterinnen und Bürgermeister bleibt bis zum Ende ihrer laufenden Amtszeit unberührt. [2]Für zwischen dem 1. Januar 2024 und dem 30. Juni 2024 gewählte erste Bürgermeisterinnen und Bürgermeister ist Art. 34 in der bis zum Ablauf des 31. Dezember 2023 geltenden Fassung anzuwenden.

(2) [1]Für vor dem 1. Januar 2024 gewählte erste Bürgermeisterinnen und Bürgermeister und für Gemeinderatsmitglieder, die ihr Amt am 31. Dezember 2023 ausüben, ist Art. 31 Abs. 3 bis zum Ende ihrer laufenden Amtszeit in seiner bis zum Ablauf des 31. Dezember 2023 geltenden Fassung anzuwenden. [2]Darüber hinaus ist für ehrenamtliche erste Bürgermeisterinnen und Bürgermeister, die ihr Amt am 31. Dezember 2023 ausüben, bei deren jeweils unmittelbar anschließender Wiederwahl Art. 31 Abs. 3 in seiner bis zum Ablauf des 31. Dezember 2023 geltenden Fassung bis zum Ende der letzten Amtszeit anwendbar.

(3) Für Mitglieder des Verwaltungsrats von Kommunalunternehmen, die ihr Amt am 31. Dezember 2023 ausüben, ist Art. 90 Abs. 3 Satz 6 bis zum Ende ihrer laufenden Amtszeit in seiner bis zum Ablauf des 31. Dezember 2023 geltenden Fassung anzuwenden.

Artikel 121 Einschränkung von Grundrechten

Auf Grund dieses Gesetzes können die Grundrechte auf Freiheit der Person (Art. 2 Abs. 2 des Grundgesetzes, Art. 102 der Verfassung) und der Unverletzlichkeit der Wohnung (Art. 13 des Grundgesetzes, Art. 106 Abs. 3 der Verfassung) eingeschränkt werden.

Artikel 122 Inkrafttreten, Außerkrafttreten

(1) [1]Dieses Gesetz ist dringlich. [2]Es tritt am 18. Januar 1952 in Kraft.[1)]

(2) Art. 120a Satz 3 tritt mit Ablauf des 31. Dezember 2032 außer Kraft.

1) **Amtl. Anm.:** Diese Vorschrift betrifft das Inkrafttreten des Gesetzes in der ursprünglichen Fassung vom 25. Januar 1952 (GVBl S. 19). Der Zeitpunkt des Inkrafttretens der späteren Änderungen ergibt sich aus den jeweiligen Änderungsgesetzen.

Verordnung über Aufgaben der Großen Kreisstädte (GrKrV)

In der Fassung der Bekanntmachung vom 25. März 1991[1)] (GVBl. S. 123)
(BayRS 2020-1-1-3-I)
zuletzt geändert durch § 2 V zur Änderung der Verordnung zur Ausführung energiewirtschaftlicher Vorschriften und weiterer Rechtsvorschriften vom 13. April 2021 (GVBl. S. 205)

Auf Grund des Art. 9 Abs. 2 Satz 1 der Gemeindeordnung und des § 36 Abs. 2 Satz 1 des Gesetzes über Ordnungswidrigkeiten erläßt die Bayerische Staatsregierung folgende Verordnung:

§ 1 [Aufgaben]

(1) Die Großen Kreisstädte erfüllen im übertragenen Wirkungskreis folgende Aufgaben, die sonst vom Landratsamt als der unteren staatlichen Verwaltungsbehörde wahrzunehmen sind:

1. Aufgaben der unteren Bauaufsichtsbehörde (Art. 53 Abs. 1 der Bayerischen Bauordnung),
2. Aufgaben der Kreisverwaltungsbehörde (§ 101 des Wasserhaushaltsgesetzes – WHG –, Art. 58, 61 und 63 des Bayerischen Wassergesetzes – BayWG –)
   a) in Verfahren über eine Erlaubnis nach § 10 WHG in Verbindung mit § 15 WHG, Art. 15 und 70 BayWG für das Einleiten von Abwasser aus Kleinkläranlagen mit einem Anfall häuslicher Abwässer bis zu 8 m^3 je Tag und von Niederschlagswasser, soweit die Einleitung nicht nach § 7 Abs. 1 in Verbindung mit § 10 Abs. 1 Nr. 4 des Abwasserabgabengesetzes abgabepflichtig ist, in Gewässer,
   b) nach §§ 62, 63 WHG und der darauf gestützten Verordnung über Anlagen zum Umgang mit wassergefährdenden Stoffen vom 31. März 2010 (BGBl I S. 377) sowie der Anlagenverordnung bei Heizölverbrauchertankanlagen,
   c) nach § 101 WHG, Art. 58 und 61 BayWG in den Fällen der Buchst. a und b,
   d) nach § 78 Abs. 3 WHG,
3. Aufgaben der unteren Straßenverkehrsbehörde (Art. 4 Abs. 1 des Gesetzes über Zuständigkeiten im Verkehrswesen),
4. Aufgaben der Kreisverwaltungsbehörde zum Vollzug des Gaststättengesetzes und der auf Grund des Gaststättengesetzes ergangenen Verordnung (§ 1 Abs. 1 der Gaststättenverordnung) sowie zum Vollzug des § 15 Abs. 2 Satz 1 der Gewerbeordnung, soweit sich diese Vorschrift auf Gewerbetreibende bezieht, die den Vorschriften des Gaststättengesetzes unterliegen,
5. Aufgaben der Kreisverwaltungsbehörde zum Vollzug der §§ 33a und 33i der Gewerbeordnung (GewO) sowie des § 15 Abs. 2 Satz 1 GewO, soweit sich diese Vorschrift auf Gewerbebetriebe bezieht, die den Vorschriften der §§ 33a und 33i GewO unterliegen (§ 1 Abs. 1 Nr. 1 der Verordnung zur Durchführung der Gewerbeordnung),
6. Aufgaben der Kreisverwaltungsbehörde zum Vollzug des Bestattungsgesetzes und der auf Grund des Bestattungsgesetzes ergangenen Verordnung (§ 31 der Bestattungsverordnung),
7. (aufgehoben)
8. Aufgaben der Kreisverwaltungsbehörde zum Vollzug des § 1 Abs. 2 der Verordnung zur Durchführung des Wohnraumförderungs- und Wohnungsbindungsrechts (DVWoR),
9. Aufgaben der Kreisverwaltungsbehörde zum Vollzug des Art. 19 Abs. 3 und 5 des Landesstraf- und Verordnungsgesetzes,
10. Aufgaben der Kreisverwaltungsbehörde zum Vollzug des Prostituiertenschutzgesetzes,
11. Aufgaben der Kreisverwaltungsbehörde zum Vollzug des § 11 der Zuständigkeitsverordnung im Bauwesen, wenn das Bauprodukt ausschließlich im bauaufsichtlichen Bereich oder in einem Bereich Verwendung findet, für den den Großen Kreisstädten nach den vorstehenden Nummern der Aufgabenvollzug übertragen worden ist.

---

1) Neubekanntmachung der GrKrV in der in der Bayerischen Rechtssammlung (2020-1-1-3-I) veröffentlichten bereinigten Fassung in der ab 1.9.1990 geltenden Fassung.

(2) Die Zuständigkeit der Großen Kreisstädte für die Verfolgung und Ahndung von Ordnungswidrigkeiten richtet sich nach der Verordnung über Zuständigkeiten im Ordnungswidrigkeitenrecht.

§ 2 [Inkrafttreten]

Diese Verordnung tritt am 1. Juli 1972 in Kraft.[1)]

1) **Amtl. Anm.:** Diese Vorschrift betrifft das Inkrafttreten der Verordnung in der ursprünglichen Fassung vom 15. Juni 1972 (GVBl S. 202). Der Zeitpunkt des Inkrafttretens der späteren Änderungen ergibt sich aus den jeweiligen Änderungsverordnungen.

Verwaltungsgemeinschaftsordnung für den Freistaat Bayern (Verwaltungsgemeinschaftsordnung – VGemO)

In der Fassung der Bekanntmachung vom 26. Oktober 1982 (BayRS II S. 350)
(BayRS 2020-2-1-I)

zuletzt geändert durch § 9 G zur Änderung des Gemeinde- und Landkreiswahlgesetzes und weiterer Rechtsvorschriften vom 24. Juli 2023 (GVBl. S. 385)

Erster Teil

Die Verwaltungsgemeinschaft

Artikel 1 Wesen und Rechtsform

(1) [1]Die Verwaltungsgemeinschaft ist ein Zusammenschluß benachbarter kreisangehöriger Gemeinden unter Aufrechterhaltung des Bestands der beteiligten Gemeinden. [2]Sie erfüllt öffentliche Aufgaben nach Maßgabe der folgenden Bestimmungen und dient der Stärkung der Leistungs- und Verwaltungskraft ihrer Mitglieder.

(2) [1]Die Verwaltungsgemeinschaft ist eine Körperschaft des öffentlichen Rechts. [2]Sie kann Dienstherr von Beamtinnen und Beamten sein.

Artikel 2 Bildung und Erweiterung von Verwaltungsgemeinschaften

(1) Verwaltungsgemeinschaften können gebildet werden,

1. wenn die beteiligten Gemeinden einverstanden sind,
2. gegen den Willen beteiligter Gemeinden, wenn Gründe des öffentlichen Wohls vorliegen; die beteiligten Gemeinden sind vorher zu hören.

(2) Eine Gemeinde kann in eine bestehende Verwaltungsgemeinschaft aufgenommen werden,

1. wenn die Gemeinde, die Verwaltungsgemeinschaft und deren Mitgliedsgemeinden einverstanden sind,
2. gegen den Willen der Gemeinde, der Verwaltungsgemeinschaft oder einer Mitgliedsgemeinde, wenn Gründe des öffentlichen Wohls vorliegen; die Gemeinde, die Verwaltungsgemeinschaft und deren Mitgliedsgemeinden sind vorher zu hören.

(3) Verwaltungsgemeinschaften werden durch Gesetz gebildet oder erweitert.

(4) Die mit der Bildung oder Erweiterung von Verwaltungsgemeinschaften zusammenhängenden Rechts- und Verwaltungsfragen regelt die Regierung.

(5) [1]Im Fall der Bildung einer Verwaltungsgemeinschaft dürfen bis zur Bekanntmachung ihrer ersten Haushaltssatzung ausgabenwirksame Maßnahmen nur getroffen werden, wenn und soweit sie für eine ordnungsgemäße Aufgabenerfüllung unerläßlich sind; insoweit dürfen Ausgaben geleistet werden. [2]Bis zum gleichen Zeitpunkt kann die Verwaltungsgemeinschaft nach Maßgabe des Art. 8 Abs. 1 Sätze 1 und 2 eine vorläufige Umlage erheben. [3]Sie kann ferner einen vorläufigen Höchstbetrag für Kassenkredite festsetzen. [4]Der Stellenplan gilt insoweit als festgesetzt, als Beamtinnen und Beamte sowie Arbeitnehmerinnen und Arbeitnehmer von Mitgliedsgemeinden übernommen werden.

Artikel 3 Bestimmung von Name und Sitz

(1) Name und Sitz einer neuen Verwaltungsgemeinschaft werden durch Rechtsverordnung der Regierung bestimmt, sofern das nach Art. 2 Abs. 3 erlassene Gesetz dazu nichts bestimmt.

(2) [1]Die Regierung kann durch Rechtsverordnung nach Anhörung der Verwaltungsgemeinschaft deren Namen und Sitz ändern. [2]Die Namensänderung setzt ein öffentliches Bedürfnis, die Sitzänderung ein dringendes öffentliches Bedürfnis voraus.

Artikel 4 Aufgaben

(1) [1]Die Verwaltungsgemeinschaft nimmt alle Angelegenheiten des übertragenen Wirkungskreises ihrer Mitgliedsgemeinden wahr, ausgenommen den Erlaß von Satzungen und Verordnungen. [2]Die Mitgliedsgemeinden sind über die sie betreffenden Vorgänge im übertragenen Wirkungskreis zu informieren. [3]Das Staatsministerium des Innern, für Sport und Integration kann durch Rechtsverordnung allgemein bestimmen, daß einzelne Aufgaben des übertragenen Wirkungskreises bei den Mitgliedsgemeinden verbleiben.

(2) [1]Die Mitgliedsgemeinden der Verwaltungsgemeinschaft erfüllen die Aufgaben des eigenen Wirkungskreises. [2]Die Verwaltungsgemeinschaft führt dabei die Aufgaben nach den folgenden Sätzen 3 und 4 als Behörde der jeweiligen Mitgliedsgemeinde nach deren Weisung aus; die erste Bürgermeisterin oder der erste Bürgermeister kann die Mitgliedsgemeinde auch insoweit vertreten. [3]Der Verwaltungsgemeinschaft obliegen die verwaltungsmäßige Vorbereitung und der verwaltungsmäßige Vollzug der Beschlüsse der Mitgliedsgemeinden sowie die Besorgung der laufenden Verwaltungsangelegenheiten, die für die Mitgliedsgemeinden keine grundsätzliche Bedeutung haben und keine erheblichen Verpflichtungen erwarten lassen. [4]Das gleiche gilt für die Aufgaben, die nach Absatz 1 bei den Mitgliedsgemeinden verbleiben.

(3) Die Mitgliedsgemeinden können durch Zweckvereinbarung einzelne Aufgaben und Befugnisse des eigenen Wirkungskreises auf die Verwaltungsgemeinschaft übertragen.

(4) [1]Mit dem Inkrafttreten des Gesetzes (Art. 2 Abs. 3) tritt die Verwaltungsgemeinschaft an die Stelle von Zweckverbänden, die aus denselben Mitgliedern wie die Verwaltungsgemeinschaft bestehen; solche Zweckverbände können nicht neu gebildet werden. [2]Andere Zweckverbände können ihre Verwaltungsaufgaben (Absatz 2) durch Zweckvereinbarung auf die Verwaltungsgemeinschaft übertragen. [3]Die Aufgaben und Befugnisse von Verbänden, die nicht auf Grund des Gesetzes über die kommunale Zusammenarbeit, sondern auf Grund anderer Rechtsvorschriften gebildet sind, können nach Maßgabe der für sie geltenden Vorschriften auf die Verwaltungsgemeinschaft übertragen werden.

(5) Die Verwaltungsgemeinschaft soll ihre Mitgliedsgemeinden bei der Erfüllung der übrigen gemeindlichen Aufgaben beraten.

Artikel 5 Mitwirkung der Gemeinden

Die Mitgliedsgemeinden sind verpflichtet, die Verwaltungsgemeinschaft bei der Durchführung ihrer Aufgaben zu unterstützen.

Artikel 6 Organe der Verwaltungsgemeinschaft

(1) Die Verwaltungsgemeinschaft wird durch die Gemeinschaftsversammlung verwaltet, soweit nicht die oder der Gemeinschaftsvorsitzende zuständig ist.

(2) [1]Die Gemeinschaftsversammlung besteht aus den Vertretern der Mitgliedsgemeinden. [2]Vertreter sind die ersten Bürgermeisterinnen und Bürgermeister und je ein Gemeinderatsmitglied; für jedes volle Tausend ihrer Einwohnerinnen und Einwohner entsenden die Mitgliedsgemeinden ein weiteres Gemeinderatsmitglied. [3]Die ersten Bürgermeisterinnen und Bürgermeister werden im Fall der Verhinderung durch ihre Stellvertretung vertreten. [4]Für jedes der übrigen Mitglieder der Gemeinschaftsversammlung ist für den Fall, daß es verhindert ist oder die erste Bürgermeisterin oder den ersten Bürgermeister nach Satz 3 vertritt, eine stellvertretende Person aus der Mitte des Gemeinderats zu bestellen. [5]Bei der Bestellung der übrigen Mitglieder und ihrer Stellvertretung gelten Art. 33 Abs. 1 Sätze 2 bis 5 der Gemeindeordnung (GO) entsprechend. [6]Jede Mitgliedsgemeinde hat so viele einzeln abzugebende Stimmen, als Vertreter von ihr anwesend sind.

(3) [1]Die Gemeinschaftsversammlung wählt aus ihrer Mitte eine Person aus dem Kreis der ersten Bürgermeisterinnen und ersten Bürgermeister zur oder zum Gemeinschaftsvorsitzenden sowie eine oder zwei Stellvertretungen, und zwar je auf die Dauer ihres gemeindlichen Amts. [2]Die Vertreter der Mitgliedsgemeinden sind insoweit an Weisungen nicht gebunden.

(4) [1]Für die Aufgaben und Befugnisse der oder des Gemeinschaftsvorsitzenden gelten die Vorschriften über die Zuständigkeit des Verbandsvorsitzenden eines Zweckverbands entsprechend. [2]Sie oder er führt die Dienstaufsicht über die Dienstkräfte der Verwaltungsgemeinschaft und ist Dienstvorgesetzte oder Dienstvorgesetzter ihrer Beamtinnen und Beamten.

Artikel 7 Bedienstete der Verwaltungsgemeinschaft

(1) [1]Die Verwaltungsgemeinschaft stellt das fachlich geeignete Verwaltungspersonal an, das erforderlich ist, um den ordnungsmäßigen Gang der Geschäfte zu gewährleisten. [2]Unbeschadet der Verpflichtung nach Satz 1 soll die Verwaltungsgemeinschaft mindestens eine Beamtin oder einen Beamten haben, die oder der in der Fachlaufbahn Verwaltung und Finanzen, fachlicher Schwerpunkt nichttechnischer Verwaltungsdienst, für ein Amt ab der Besoldungsgruppe A 10 qualifiziert ist.

(2) [1]Die oder der Gemeinschaftsvorsitzende kann dem Leiter der Geschäftsstelle laufende Angelegenheiten zur selbständigen Erledigung übertragen. [2]Der Leiter der Geschäftsstelle nimmt an den Sitzungen der Gemeinschaftsversammlung beratend teil.

Artikel 8 Deckung des Finanzbedarfs

(1) [1]Die Verwaltungsgemeinschaft erhebt von ihren Mitgliedsgemeinden eine Umlage, soweit ihre sonstigen Einnahmen nicht ausreichen, um ihren Finanzbedarf zu decken. [2]Die Umlage wird für die Aufgaben nach Art. 4 Abs. 1 und 2 nach dem Verhältnis der Einwohnerzahl der Mitgliedsgemeinden bemessen; maßgebend ist die auf der Grundlage der letzten Volkszählung fortgeschriebene Einwohnerzahl nach dem Stand vom 30. Juni des vorausgegangenen Jahres. [3]Durch einstimmigen Beschluß der Gemeinschaftsversammlung kann eine andere Regelung getroffen werden. [4]Die Regierung soll für die Bemessung der Umlage ein anderes Verhältnis festlegen oder die Umlage für eine oder mehrere Mitgliedsgemeinden abweichend von Satz 2 festsetzen, wenn das erforderlich ist, um eine unbillige Härte zu vermeiden. [5]Der Kostenersatz für die Wahrnehmung der Aufgaben nach Art. 4 Abs. 3 und 4 Satz 2 bleibt der besonderen Regelung in der Zweckvereinbarung vorbehalten. [6]In den Fällen des Art. 4 Abs. 4 Sätze 1 und 3 verbleibt es bei der bisherigen Kostenregelung, soweit sie nicht durch Beschluß der Gemeinschaftsversammlung mit den Stimmenzahlen der Mitglieder des früheren Verbands aufgehoben wird.

(2) [1]Die Verwaltungsgemeinschaft ist verpflichtet, eine Haushaltssatzung zu erlassen. [2]Die Höhe der Umlage ist für jedes Rechnungsjahr durch Beschluß der Gemeinschaftsversammlung in der Haushaltssatzung festzusetzen.

Artikel 9 Auflösung und Entlassung

(1) Aus Gründen des öffentlichen Wohls kann

1. eine Verwaltungsgemeinschaft aufgelöst werden,
2. eine Mitgliedsgemeinde aus einer Verwaltungsgemeinschaft entlassen werden.

(2) [1]Maßnahmen nach Absatz 1 werden durch Gesetz vorgenommen. [2]Die Verwaltungsgemeinschaft und die Mitgliedsgemeinden sind vorher zu hören.

(3) Die mit der Auflösung oder Entlassung zusammenhängenden Rechts- und Verwaltungsfragen regelt die Regierung.

(4) [1]Im Fall der Auflösung der Verwaltungsgemeinschaft bestimmt die Regierung eine Gemeinde oder eine neu entstehende Verwaltungsgemeinschaft zur Gesamtrechtsnachfolgerin, die im Bereich der bisherigen Verwaltungsgemeinschaft deren Geschäfte einschließlich der Rechnungslegung abwickelt. [2]Über das Ergebnis der Haushaltswirtschaft und das Vermögen setzen sich die bisherigen Mitgliedsgemeinden durch Übereinkunft auseinander. [3]Im Fall der Entlassung einer Mitgliedsgemeinde findet eine Auseinandersetzung zwischen der Verwaltungsgemeinschaft und der entlassenen Gemeinde statt. [4]Der Übereinkunft kommt mit dem in ihr bestimmten Zeitpunkt, frühestens jedoch mit Rechtswirksamkeit der Auflösung oder Entlassung, unmittelbar rechtsbegründende Wirkung zu. [5]Kommt eine Übereinkunft nicht zustande, so entscheiden das Verwaltungsgericht und in der Berufungsinstanz der Verwaltungsgerichtshof als Schiedsgerichte.

Artikel 10 Bekanntmachung; Anwendung des Gesetzes über die kommunale Zusammenarbeit

(1) [1]Rechtsvorschriften der Verwaltungsgemeinschaft sind im Amtsblatt der Verwaltungsgemeinschaft amtlich bekanntzumachen. [2]Unterhält die Verwaltungsgemeinschaft kein Amtsblatt, so sind die Rechtsvorschriften im Amtsblatt des Landkreises oder des Landratsamts, sonst in regelmäßig erscheinenden Druckwerken amtlich bekanntzumachen. [3]Die amtliche Bekanntmachung kann auch dadurch bewirkt werden, dass die Rechtsvorschrift in der Geschäftsstelle der Verwaltungsgemeinschaft niedergelegt und die Niederlegung digital über das Internet, durch Anschlag oder Anzeige an den für öffentliche Bekanntmachungen allgemein bestimmten Stellen, auf einer öffentlichen Internetseite der Verwaltungsgemeinschaft oder durch Mitteilung in einer Tageszeitung bekanntgegeben wird; diese Form der Bekanntmachung ist nur zulässig, wenn sämtliche Mitgliedsgemeinden dieselbe Art der Bekanntmachung gewählt haben. [4]Für die öffentliche Bekanntmachung von Verwaltungsakten, Ladungen und sonstigen Mitteilungen gilt Art. 27 Abs. 2 GO entsprechend.

(2) Soweit nichts anderes bestimmt ist, gelten für die Verwaltungsgemeinschaft die Bestimmungen des Gesetzes über die kommunale Zusammenarbeit entsprechend.

Zweiter Teil

Übergangs- und Schlußvorschriften

Artikel 11 Übergangsvorschriften

(1) [1]Für Rechtsgeschäfte, die aus Anlaß der Bildung, Erweiterung oder Auflösung einer Verwaltungsgemeinschaft oder der Entlassung von Mitgliedsgemeinden aus einer Verwaltungsgemeinschaft erforderlich werden, werden Abgaben nicht erhoben, soweit eine Befreiung landesrechtlich zulässig ist. [2]Auslagen werden nicht ersetzt.

(2) Die Behandlung der Verwaltungsgemeinschaften im Finanzausgleich bleibt besonderer gesetzlicher Regelung vorbehalten; die Bildung von Verwaltungsgemeinschaften ist dabei finanziell zu fördern.

Artikel 12 Inkrafttreten[1)]

(1) *Art. 4 dieses Gesetzes* tritt am 1. Januar 1976, *Art. 17* am 1. Januar 1970 in Kraft.

(2) Im übrigen tritt das Gesetz am 1. August 1971 in Kraft.

1) **Amtl. Anm.:** Betrifft die ursprüngliche Fassung – Erstes Gesetz zur Stärkung der kommunalen Selbstverwaltung – vom 27. Juli 1971 (GVBl. S. 247)

Verordnung über Aufgaben der Mitgliedsgemeinden von Verwaltungsgemeinschaften

Vom 30. April 1995 (GVBl. S. 259)
(BayRS 2020-2-1-1-I)
zuletzt geändert durch § 1 Abs. 7 V zur Anpassung des Landesrechts an die geltende Geschäftsverteilung vom 4. Juni 2024 (GVBl. S. 98)

Auf Grund des Art. 4 Abs. 1 Satz 3 der Verwaltungsgemeinschaftsordnung (BayRS 2020-2-1-I), geändert durch § 2 des Gesetzes vom 10. Juni 1994 (GVBl S. 426) erläßt das Bayerische Staatsministerium des Innern folgende Verordnung:

§ 1

Bei den Mitgliedsgemeinden von Verwaltungsgemeinschaften verbleiben folgende Aufgaben des übertragenen Wirkungskreises:

1. die Aufgaben der unteren Bauaufsichtsbehörden nach Art. 53 Abs. 2, die Erklärung nach Art. 58 Abs. 1 Nr. 5, Entscheidungen nach Art. 63 Abs. 3, die Stellungnahme nach Art. 64 Abs. 1 Satz 2, das Widersprechen nach Art. 73 Abs. 1 Satz 3 und die Äußerung bei der Anhörung nach Art. 73 Abs. 2 Satz 4 der Bayerischen Bauordnung,
2. die Wahrnehmung der Aufgaben der Katastrophenschutzbehörde bei fehlender Verbindung zur Kreisverwaltungsbehörde nach Art. 2 Abs. 1 Satz 2 des Bayerischen Katastrophenschutzgesetzes,
3. die Unterstützung benachbarter Gemeinden bei unaufschiebbaren Vorkehrungen zur Abwendung von Wasser- und Eisgefahr nach Art. 66 Abs. 1 des Bayerischen Wassergesetzes,
4. die Aufstellung der Vorschlagslisten für Schöffen nach § 36 des Gerichtsverfassungsgesetzes,
5. die Wahrnehmung der Aufgaben der örtlichen Straßenverkehrsbehörde nach Art. 2 Nr. 1, Art. 3 des Gesetzes über Zuständigkeiten im Verkehrswesen,
6. die Vornahme des Sühneversuchs in Privatklageverfahren nach Art. 49 des Gesetzes zur Ausführung des Gerichtsverfassungsgesetzes und von Verfahrensgesetzen des Bundes,
7. die Durchführung des Zertifizierungsverfahrens sowie des Kontrollverfahrens für Hopfen und Hopfenerzeugnisse, die nicht der Zertifizierung unterliegen, und die amtliche Aufsicht in den Zertifizierungsstellen außerhalb der gemeindlichen Siegelhallen nach § 5 Nr. 3 der Verordnung über Zuständigkeiten zur Ausführung von Verordnungen der Europäischen Gemeinschaften im Geschäftsbereich des Bayerischen Staatsministeriums für Ernährung, Landwirtschaft, Forsten und Tourismus,
8. der Vollzug von Satzungen und Verordnungen des übertragenen Wirkungskreises,
9. die Entscheidung über Gastschulverhältnisse nach Art. 43 Abs. 1 des Bayerischen Gesetzes über das Erziehungs- und Unterrichtswesen,
10. die Anordnung von Ausnahmen von der Sperrzeit für einzelne Betriebe nach § 11 der Gaststättenverordnung.

§ 2

[1]Diese Verordnung tritt am 1. Juni 1995 in Kraft. [2]Gleichzeitig tritt die Verordnung über Aufgaben der Mitgliedsgemeinden von Verwaltungsgemeinschaften vom 25. September 1979 (BayRS 2020-2-1-1-I), zuletzt geändert durch Verordnung vom 24. August 1993 (GVBl S. 641), außer Kraft.

Landkreisordnung für den Freistaat Bayern (Landkreisordnung – LKrO)

In der Fassung der Bekanntmachung vom 22. August 1998[1] (GVBl. S. 826) (BayRS 2020-3-1-I)

zuletzt geändert durch § 1 Abs. 8 V zur Anpassung des Landesrechts an die geltende Geschäftsverteilung vom 4. Juni 2024 (GVBl. S. 98)

Nichtamtliche Inhaltsübersicht

---

1) Neubekanntmachung der LandkreisO in der Fassung der Bekanntmachung vom 6.1.1993 (GVBl. S. 93) in der ab 1.9.1998 geltenden Fassung.

Erster Teil
Wesen und Aufgaben des Landkreises

1. Abschnitt
Begriff, Benennung und Hoheitszeichen

Artikel 1 Begriff

[1]Die Landkreise sind Gebietskörperschaften mit dem Recht, überörtliche Angelegenheiten, deren Bedeutung über das Kreisgebiet nicht hinausgeht, im Rahmen der Gesetze zu ordnen und zu verwalten. [2]Ihr Gebiet bildet zugleich den Bereich der unteren staatlichen Verwaltungsbehörde.

Artikel 2 Name; Sitz der Kreisverwaltung

[1]Der Sitz der Kreisverwaltung und der Name des Landkreises werden nach Anhörung des Kreistags mit Zustimmung des Landtags durch Rechtsverordnung der Staatsregierung bestimmt. [2]Namensänderungen, die nur die Schreibweise betreffen, bedürfen nicht der Zustimmung des Landtags.

Artikel 3 Wappen und Fahnen; Dienstsiegel

(1) [1]Die Landkreise können ihre geschichtlichen Wappen und Fahnen führen. [2]Sie sind verpflichtet, sich bei der Änderung bestehender und der Annahme neuer Wappen und Fahnen von der Generaldirektion der Staatlichen Archive Bayerns beraten zu lassen und, soweit sie deren Stellungnahme nicht folgen wollen, den Entwurf der Rechtsaufsichtsbehörde vorzulegen.
(2) [1]Landkreise mit eigenem Wappen führen dieses in ihrem Dienstsiegel. [2]Die übrigen Landkreise führen in ihrem Dienstsiegel das kleine Staatswappen.
(3) Von Dritten dürfen Wappen und Fahnen des Landkreises nur mit dessen Genehmigung verwendet werden.

2. Abschnitt
Wirkungskreis

Artikel 4 Wirkungskreis im allgemeinen

(1) Den Landkreisen steht die Erfüllung der auf das Kreisgebiet beschränkten öffentlichen Aufgaben zu, die über die Zuständigkeit oder das Leistungsvermögen der kreisangehörigen Gemeinden hinausgehen, soweit es sich nicht um Staatsaufgaben handelt.
(2) Die Aufgaben der Landkreise sind eigene oder übertragene Angelegenheiten.

Artikel 5 Eigene Angelegenheiten

(1) Der eigene Wirkungskreis der Landkreise umfaßt die Angelegenheiten der durch das Kreisgebiet begrenzten überörtlichen Gemeinschaft.
(2) [1]In Angelegenheiten des eigenen Wirkungskreises handeln die Landkreise nach eigenem Ermessen. [2]Sie sind nur an die gesetzlichen Vorschriften gebunden.

Artikel 6 Übertragene Angelegenheiten

(1) Der übertragene Wirkungskreis der Landkreise umfaßt die staatlichen Aufgaben, die das Gesetz den Landkreisen zur Besorgung im Auftrag des Staates zuweist.
(2) Für die Erledigung übertragener Angelegenheiten können die zuständigen Staatsbehörden den Landkreisen Weisungen erteilen.
(3) [1]Den Landkreisen können Angelegenheiten auch zur selbständigen Besorgung übertragen werden. [2]Art. 5 Abs. 2 ist hierbei sinngemäß anzuwenden.
(4) Bei der Zuweisung von Angelegenheiten sind gleichzeitig die notwendigen Mittel zur Verfügung zu stellen.

3. Abschnitt

Kreisgebiet

Artikel 7 Gebietsumfang

Die Gesamtfläche der dem Landkreis zugeteilten Gemeinden und gemeindefreien Gebiete bildet das Kreisgebiet.

Artikel 8 Änderungen und Zuständigkeit

(1) [1]Aus Gründen des öffentlichen Wohls können Landkreise in ihrem Bestand oder Gebiet geändert werden. [2]Änderungen im Gebiet müssen insbesondere auf die Leistungsfähigkeit der beteiligten Landkreise Rücksicht nehmen. [3]Art. 5 Abs. 3 und Art. 5a Abs. 1 der Gemeindeordnung (GO) bleiben unberührt.

(2) Änderungen im Bestand von Landkreisen werden mit Zustimmung des Landtags durch Rechtsverordnung der Staatsregierung vorgenommen.

(3) [1]Änderungen im Gebiet von Landkreisen werden mit Zustimmung des Landtags durch Rechtsverordnung der Staatsregierung vorgenommen, wenn mindestens eine ganze Gemeinde oder ein ganzes gemeindefreies Gebiet umgegliedert wird. [2]Sonstige Gebietsänderungen werden durch Rechtsverordnung der Regierung, wenn sie mit einer Änderung im Gebiet von Bezirken verbunden sind, durch Rechtsverordnung des Staatsministeriums des Innern, für Sport und Integration vorgenommen.

(4) Im Verfahren nach Absatz 2 oder 3 können Änderungen nach Art. 11 GO, die mit Änderungen im Bestand oder Gebiet von Landkreisen rechtlich oder sachlich zusammenhängen, miterledigt werden, soweit die Änderungen gemäß Art. 12 Abs. 1 Satz 2 GO durch Rechtsverordnung vorgenommen werden können.

(5) [1]Vor der Änderung sind die beteiligten Landkreise sowie die Gemeinden und die Eigentümer der gemeindefreien Grundstücke im Änderungsgebiet zu hören. [2]Den Kreisbürgerinnen und Kreisbürgern, deren Kreiszugehörigkeit wechselt, soll Gelegenheit gegeben werden, zu der Änderung in geheimer Abstimmung Stellung zu nehmen.

Artikel 9 Folgen der Änderungen

(1) [1]Bei Änderungen im Bestand von Landkreisen ist die Fortgeltung von Kreisrecht in der Rechtsverordnung gemäß Art. 8 Abs. 2 zu regeln. [2]Bei Gebietsänderungen erstreckt sich das Recht des aufnehmenden Landkreises auf das aufgenommene Gebiet, wenn nicht in der Vorschrift über die Gebietsänderung etwas Abweichendes bestimmt ist. [3]Satz 2 gilt entsprechend für das Recht der durch die Änderung betroffenen Gemeinden.

(2) [1]Soweit nicht das Staatsministerium des Innern, für Sport und Integration gemäß Art. 9 Abs. 2 der Bezirksordnung zuständig ist, regelt die Regierung die mit der Änderung zusammenhängenden weiteren Rechts- und Verwaltungsfragen. [2]Sie kann insbesondere eine Neuwahl oder Ergänzung des Kreistags für den Rest der Wahlzeit anordnen. [3]Art. 24 Abs. 2 Satz 2 findet insoweit keine Anwendung. [4]Die Regierung trifft auch entsprechende Regelungen für die durch die Änderung betroffenen Gemeinden oder kann damit für kreisangehörige Gemeinden die Landratsämter beauftragen.

(3) [1]Bei Änderungen im Gebiet werden die vermögensrechtlichen Verhältnisse durch Übereinkunft der beteiligten Landkreise und kreisfreien Gemeinden geregelt. [2]Der Übereinkunft kommt in dem in ihr bestimmten Zeitpunkt, frühestens jedoch mit Rechtswirksamkeit der Änderung, unmittelbar rechtsbegründende Wirkung zu. [3]Kommt eine Übereinkunft nicht zustande, so entscheiden das Verwaltungsgericht und in der Berufungsinstanz der Verwaltungsgerichtshof als Schiedsgerichte.

(4) [1]Bei Änderungen im Bestand wird in der Rechtsverordnung nach Art. 8 Abs. 2 ein Landkreis als Gesamtrechtsnachfolger bestimmt. [2]Die Bestimmung hat unmittelbar rechtsbegründende Wirkung. [3]Wird das Gebiet eines Landkreises auf mehrere Landkreise oder kreisfreie Gemeinden aufgeteilt, so findet zwischen dem Gesamtrechtsnachfolger und den anderen Landkreisen oder kreisfreien Gemeinden, denen Gebiet des aufgeteilten Landkreises zugeteilt wurde, eine Auseinandersetzung nach besonderen gesetzlichen Vorschriften statt.

(5) Soweit der Aufenthalt Voraussetzung für Rechte und Pflichten ist, gilt der vor der Änderung liegende Aufenthalt im Änderungsgebiet als Aufenthalt im neuen Landkreis.

Artikel 10 Bekanntmachung; Gebühren

(1) Rechtsverordnungen der Regierung nach Art. 8 Abs. 3 Satz 2 und nach Art. 9 Abs. 1 Satz 1 sind im Amtsblatt der Regierung bekanntzumachen.

(2) Für Änderungen nach Art. 8 und Rechtshandlungen, die aus Anlaß solcher Änderungen erforderlich sind, werden landesrechtlich geregelte Abgaben nicht erhoben.

4. Abschnitt

Kreisangehörige

Artikel 11 Kreiseinwohnerinnen und Kreiseinwohner; Kreisbürgerinnen und Kreisbürger

(1) [1]Kreisangehörige sind alle Kreiseinwohnerinnen und Kreiseinwohner. [2]Sie haben gegenüber dem Landkreis die gleichen Rechte und Pflichten. [3]Ausnahmen bedürfen eines besonderen Rechtstitels.

(2) Kreisbürgerinnen und Kreisbürger sind alle Kreisangehörigen, die das Wahlrecht für die Kreiswahlen besitzen.

Artikel 12 Wahlrecht

Die Kreisbürgerinnen und Kreisbürger wählen den Kreistag und die Landrätin oder den Landrat.

Artikel 12a Bürgerbegehren und Bürgerentscheid

(1) Die Kreisbürgerinnen und Kreisbürger können über Angelegenheiten des eigenen Wirkungskreises des Landkreises einen Bürgerentscheid beantragen (Bürgerbegehren).

(2) Der Kreistag kann beschließen, daß über eine Angelegenheit des eigenen Wirkungskreises des Landkreises ein Bürgerentscheid stattfindet.

(3) Ein Bürgerentscheid findet nicht statt über Angelegenheiten, die kraft Gesetz der Landrätin oder dem Landrat obliegen, über Fragen der inneren Organisation der Kreisverwaltung, über die Rechtsverhältnisse der Kreisrätinnen und Kreisräte, der Landrätin oder des Landrats und der Kreisbediensteten sowie über die Haushaltssatzung.

(4) [1]Das Bürgerbegehren muss beim Landkreis eingereicht werden und eine mit Ja oder Nein zu entscheidende Fragestellung und eine Begründung enthalten sowie bis zu drei Personen benennen, die berechtigt sind, die Unterzeichnenden zu vertreten. [2]Für den Fall ihrer Verhinderung oder ihres Ausscheidens können auf den Unterschriftenlisten zusätzlich stellvertretende Personen benannt werden.

(5) [1]Das Bürgerbegehren kann nur von Personen unterzeichnet werden, die am Tag der Einreichung des Bürgerbegehrens Kreisbürgerinnen oder Kreisbürger sind. [2]Für die Feststellung der Zahl der gültigen Unterschriften sind die von den Gemeinden vom Stand dieses Tages anzulegenden Bürgerverzeichnisse maßgebend. [3]Die Unterschriften für ein Bürgerbegehren müssen getrennt nach Gemeinden gesammelt werden. [4]Enthält eine Liste auch Unterschriften von Kreisbürgerinnen oder Kreisbürgern aus einer anderen Gemeinde, sind diese Unterschriften ungültig.

(6) Ein Bürgerbegehren muss in Landkreisen bis zu 100.000 Einwohnerinnen und Einwohnern von mindestens 6 v.H., im übrigen von mindestens 5 v.H. der Kreisbürgerinnen und Kreisbürger unterschrieben sein.

(7) [1]Ist eine kreisangehörige Gemeinde von einer Maßnahme des Landkreises besonders betroffen, so kann ein Bürgerentscheid über diese Maßnahme auch von den Bürgerinnen und Bürgern dieser Gemeinde beantragt werden. [2]Dieses Bürgerbegehren muß von mindestens 25 vom Hundert der Gemeindebürgerinnen und Gemeindebürger unterzeichnet sein. [3]Die Vorschriften der Absätze 1 bis 5 finden entsprechend Anwendung.

(8) [1]Über die Zulässigkeit des Bürgerbegehrens entscheidet der Kreistag unverzüglich, spätestens innerhalb eines Monats nach Einreichung des Bürgerbegehrens. [2]Gegen die Entscheidung können die vertretungsberechtigten Personen des Bürgerbegehrens ohne Vorverfahren Klage erheben.

(9) Ist die Zulässigkeit des Bürgerbegehrens festgestellt, darf bis zur Durchführung des Bürgerentscheids eine dem Begehren entgegenstehende Entscheidung der Kreisorgane nicht mehr getroffen oder mit dem Vollzug einer derartigen Entscheidung nicht mehr begonnen werden, es sei denn, zu diesem Zeitpunkt haben rechtliche Verpflichtungen des Landkreises hierzu bestanden.

(10) [1]Der Bürgerentscheid ist an einem Sonntag innerhalb von drei Monaten nach der Feststellung der Zulässigkeit des Bürgerbegehrens durchzuführen; der Kreistag kann die Frist im Einvernehmen mit den vertretungsberechtigten Personen des Bürgerbegehrens um höchstens drei Monate verlängern. [2]Die Kosten des Bürgerentscheids trägt der Landkreis. [3]Stimmberechtigt ist jede Kreisbürgerin und

jeder Kreisbürger. [4]Die Möglichkeit der brieflichen Abstimmung ist zu gewährleisten. [5]Der Kreistag kann beschließen, dass die Abstimmungsscheine mit Briefabstimmungsunterlagen ohne vorherigen Antrag an alle abstimmungsberechtigten Personen versandt werden. [6]Dies gilt nicht für Bürgerentscheide, die am Tag der Wahl einer der Landkreisgemeinden, der Landkreiswahl, Bezirkswahl, Landtagswahl, Bundestagswahl, Europawahl oder eines Volksentscheids stattfinden.

(11) [1]Bei einem Bürgerentscheid ist die gestellte Frage in dem Sinn entschieden, in dem sie von der Mehrheit der abgegebenen gültigen Stimmen beantwortet wurde, sofern diese Mehrheit in Landkreisen bis zu 100.000 Einwohnerinnen und Einwohnern mindestens 15 v.H., mit mehr als 100.000 Einwohnerinnen und Einwohnern mindestens 10 v.H. der Stimmberechtigten beträgt. [2]Bei Stimmengleichheit gilt die Frage als mit Nein beantwortet. [3]Sollen an einem Tag mehrere Bürgerentscheide stattfinden, hat der Kreistag eine Stichfrage für den Fall zu beschließen, dass die gleichzeitig zur Abstimmung gestellten Fragen in einer miteinander nicht zu vereinbarenden Weise beantwortet werden (Stichentscheid). [4]Es gilt dann diejenige Entscheidung, für die sich im Stichentscheid die Mehrheit der abgegebenen gültigen Stimmen ausspricht. [5]Bei Stimmengleichheit im Stichentscheid gilt der Bürgerentscheid, dessen Frage mit der höchsten Stimmenzahl mehrheitlich beantwortet worden ist.

(12) [1]Der Bürgerentscheid hat die Wirkung eines Beschlusses des Kreistags. [2]Der Bürgerentscheid kann innerhalb eines Jahres nur durch einen neuen Bürgerentscheid abgeändert werden, es sei denn, dass sich die dem Bürgerentscheid zugrunde liegende Sach- oder Rechtslage wesentlich geändert hat.

(13) [1]Der Bürgerentscheid entfällt, wenn der Kreistag die Durchführung der mit dem Bürgerbegehren verlangten Maßnahme beschließt. [2]Für einen Beschluss nach Satz 1 gilt die Bindungswirkung des Absatzes 12 Satz 2 entsprechend.

(14) [1]Die im Kreistag und die von den vertretungsberechtigten Personen des Bürgerbegehrens vertretenen Auffassungen zum Gegenstand des Bürgerentscheids dürfen in Veröffentlichungen und Veranstaltungen des Landkreises nur in gleichem Umfang dargestellt werden. [2]Zur Information der Bürgerinnen und Bürger werden vom Landkreis den Beteiligten die gleichen Möglichkeiten wie bei Kreistagswahlen eröffnet.

(15) Das Ergebnis des Bürgerentscheids ist im Landkreis in der ortsüblichen Weise bekanntzumachen.

(16) [1]Die Gemeinden wirken im erforderlichen Umfang bei der Überprüfung von Bürgerbegehren und bei der Durchführung von Bürgerentscheiden mit. [2]Der Landkreis erstattet den Gemeinden die dadurch entstehenden besonderen Aufwendungen.

(17) [1]Die Landkreise können das Nähere durch Satzung regeln. [2]Das Recht auf freies Unterschriftensammeln darf nicht eingeschränkt werden.

(18) Art. 3a des Bayerischen Verwaltungsverfahrensgesetzes (BayVwVfG) findet keine Anwendung.

Artikel 12b Bürgerantrag

(1) [1]Die Kreisbürgerinnen und Kreisbürger können beantragen, dass das zuständige Kreisorgan eine Kreisangelegenheit behandelt (Bürgerantrag). [2]Ein Bürgerantrag darf nicht Angelegenheiten zum Gegenstand haben, für die innerhalb eines Jahres vor Antragseinreichung bereits ein Bürgerantrag gestellt worden ist.

(2) [1]Der Bürgerantrag muss beim Landkreis eingereicht werden, eine Begründung enthalten und bis zu drei Personen benennen, die berechtigt sind, die Unterzeichnenden zu vertreten. [2]Für den Fall ihrer Verhinderung oder ihres Ausscheidens können auf den Unterschriftenlisten zusätzlich stellvertretende Personen benannt werden.

(3) [1]Der Bürgerantrag muss von mindestens 1 v.H. der Kreiseinwohnerinnen und Kreiseinwohner unterschrieben sein. [2]Unterschriftsberechtigt sind die Kreisbürgerinnen und Kreisbürger.

(4) Über die Zulässigkeit eines Bürgerantrags entscheidet das für die Behandlung der Angelegenheit zuständige Kreisorgan innerhalb eines Monats seit der Einreichung des Bürgerantrags.

(5) Ist die Zulässigkeit des Bürgerantrags festgestellt, hat ihn das zuständige Kreisorgan innerhalb von drei Monaten zu behandeln.

(6) Art. 3a BayVwVfG findet keine Anwendung.

Artikel 13 Ehrenamtliche Tätigkeit

(1) [1]Die Kreisbürgerinnen und Kreisbürger sind zur Übernahme von Ehrenämtern des Landkreises verpflichtet. [2]Sie können nur aus wichtigem Grund die Übernahme von Ehrenämtern ablehnen oder ein Ehrenamt niederlegen. [3]Als wichtiger Grund ist es insbesondere anzusehen, wenn die Verpflich-

teten die Tätigkeit nicht ordnungsgemäß ausüben können. [4]Wer ohne wichtigen Grund die Übernahme eines Ehrenamts ablehnt oder ein Ehrenamt niederlegt, kann mit Ordnungsgeld bis zu fünfhundert Euro belegt werden.

(2) [1]Ehrenamtlich tätige Personen können von der Stelle, die sie berufen hat, abberufen werden, wenn ein wichtiger Grund vorliegt. [2]Ein solcher liegt auch dann vor, wenn die ehrenamtlich tätige Person ihre Pflichten gröblich verletzt oder sich als unwürdig erwiesen hat.

(3) Die besonderen gesetzlichen Vorschriften bleiben unberührt.

Artikel 14 Sorgfalts- und Verschwiegenheitspflicht

(1) Ehrenamtlich tätige Personen sind verpflichtet, ihre Obliegenheiten gewissenhaft wahrzunehmen.

(2) [1]Sie haben über die ihnen bei ihrer ehrenamtlichen Tätigkeit bekanntgewordenen Angelegenheiten Verschwiegenheit zu bewahren; das gilt nicht für Mitteilungen im amtlichen Verkehr oder über Tatsachen, die offenkundig sind oder ihrer Bedeutung nach keiner Geheimhaltung bedürfen. [2]Sie dürfen die Kenntnis der nach Satz 1 geheimzuhaltenden Angelegenheiten nicht unbefugt verwerten. [3]Sie haben auf Verlangen des Kreistags amtliche Schriftstücke, Zeichnungen, bildliche Darstellungen und Aufzeichnungen jeder Art über dienstliche Vorgänge herauszugeben, auch soweit es sich um Wiedergaben handelt. [4]Diese Verpflichtungen bestehen auch nach Beendigung des Ehrenamts fort. [5]Die Herausgabepflicht trifft auch die Hinterbliebenen und Erben.

(3) [1]Ehrenamtlich tätige Personen dürfen ohne Genehmigung über Angelegenheiten, über die sie Verschwiegenheit zu bewahren haben, weder vor Gericht noch außergerichtlich aussagen oder Erklärungen abgeben. [2]Über die Genehmigung entscheidet die Landrätin oder der Landrat; im Übrigen gelten Art. 84 Abs. 3 und 4 BayVwVfG.

(4) [1]Wer den Verpflichtungen der Absätze 1, 2 oder 3 Satz 1 schuldhaft zuwiderhandelt, kann im Einzelfall mit Ordnungsgeld bis zu zweihundertfünfzig Euro, bei unbefugter Offenbarung personenbezogener Daten bis zu fünfhundert Euro, belegt werden; die Verantwortlichkeit nach anderen gesetzlichen Vorschriften bleibt unberührt. [2]Die Haftung gegenüber dem Landkreis richtet sich nach den für die Landrätin und den Landrat geltenden Vorschriften. [3]Der Landkreis stellt die Verantwortlichen von der Haftung frei, wenn sie von Dritten unmittelbar in Anspruch genommen werden und der Schaden weder vorsätzlich noch grob fahrlässig verursacht worden ist.

(5) Für die gewählte Stellvertretung der Landrätin oder des Landrats gelten die besonderen gesetzlichen Vorschriften.

Artikel 14a Entschädigung

(1) [1]Ehrenamtlich tätige Personen haben Anspruch auf angemessene Entschädigung. [2]Das Nähere wird durch Satzung bestimmt. [3]Auf die Entschädigung kann nicht verzichtet werden. [4]Der Anspruch ist nicht übertragbar.

(2) Ehrenamtlich tätige Personen erhalten ferner für die nach Maßgabe näherer Bestimmung in der Satzung zur Wahrnehmung des Ehrenamts notwendige Teilnahme an Sitzungen und Besprechungen oder anderen Veranstaltungen folgende Ersatzleistungen:

1. Arbeitnehmerinnen und Arbeitnehmern wird der ihnen entstandene nachgewiesene Verdienstausfall ersetzt.
2. Selbständig Tätige können für die ihnen entstehende Zeitversäumnis eine Verdienstausfallentschädigung erhalten. Die Entschädigung wird auf der Grundlage eines satzungsmäßig festgelegten Pauschalsatzes gewährt. Wegezeiten können in angemessenem Umfang berücksichtigt werden.
3. Personen, die keine Ersatzansprüche nach Nummern 1 und 2 haben, denen aber im beruflichen oder häuslichen Bereich ein Nachteil entsteht, der in der Regel nur durch das Nachholen versäumter Arbeit oder die Inanspruchnahme einer Hilfskraft ausgeglichen werden kann, können eine Entschädigung erhalten. Die Entschädigung wird auf der Grundlage eines satzungsmäßig festgelegten Pauschalsatzes gewährt. Der Pauschalsatz darf nicht höher sein als der Pauschalsatz nach Nummer 2. Wegezeiten können in angemessenem Umfang berücksichtigt werden.
4. Nachgewiesene Kosten für eine notwendige Betreuung von im Haushalt der ehrenamtlich tätigen Person lebenden
   a) Kindern, die das zwölfte Lebensjahr noch nicht vollendet haben,
   b) Kindern mit Behinderung, die auf Hilfe angewiesen sind,

c) Angehörigen im Sinne des Art. 20 Abs. 5 BayVwVfG mit festgestelltem Pflegegrad nach § 15 Abs. 1 Satz 1 des Elften Buches Sozialgesetzbuch

können bis zu einem satzungsmäßig festgelegten Höchstbetrag ersetzt werden; für Personen, denen eine Entschädigung nach Nr. 3 zusteht, gilt Halbsatz 1 nur, soweit die erstattungsfähigen Betreuungskosten diese Entschädigung übersteigen.

(3) [1]Vergütungen für Tätigkeiten, die ehrenamtlich tätige Personen kraft Amts oder auf Vorschlag oder Veranlassung des Landkreises in einem Aufsichtsrat, Vorstand oder sonstigen Organ oder Gremium eines privatrechtlich oder öffentlich-rechtlich organisierten Unternehmens wahrnehmen, sind an den Landkreis abzuführen, soweit sie insgesamt einen Betrag von 6 400 Euro im Kalenderjahr übersteigen; mit einem Vomhundertsatz benannte Änderungen des Grundgehalts der Beamtinnen und Beamten mit einer Besoldung nach Besoldungsgruppe A 13 gelten ab dem auf das Inkrafttreten der Änderung folgenden Kalenderjahr mit dem gleichen Vomhundertsatz für den in Halbsatz 1 genannten Betrag. [2]Vom Landkreis veranlasst sind auch Tätigkeiten, die von einem Unternehmen, an dem er unmittelbar oder mittelbar ganz oder mehrheitlich beteiligt ist, einer ehrenamtlich tätigen Person übertragen werden. [3]Der Betrag verdoppelt sich für Vorsitzende des Aufsichtsrats oder eines vergleichbaren Organs der in Satz 1 genannten Unternehmen und erhöht sich für deren Stellvertreter um 50 v.H. [4]Bei der Festsetzung des abzuführenden Betrags sind von den Vergütungen Aufwendungen abzusetzen, die im Zusammenhang mit der Tätigkeit nachweislich entstanden sind. [5]Die Ablieferungsregelungen nach dem beamtenrechtlichen Nebentätigkeitsrecht finden keine Anwendung.

Artikel 15 Benutzung öffentlicher Einrichtungen; Tragung der Kreislasten

(1) Alle Kreisangehörigen sind nach den bestehenden allgemeinen Vorschriften berechtigt, die öffentlichen Einrichtungen des Landkreises zu benutzen, und verpflichtet, die Kreislasten zu tragen.

(2) [1]Mehrere technisch selbständige Anlagen des Landkreises, die demselben Zweck dienen, können eine Einrichtung oder einzelne rechtlich selbständige Einrichtungen bilden. [2]Der Landkreis entscheidet das durch Satzung; trifft er keine Regelung, liegt nur eine Einrichtung vor.

(3) Auswärts wohnende Personen haben für ihren Grundbesitz oder ihre gewerblichen Niederlassungen im Kreisgebiet gegenüber dem Landkreis die gleichen Rechte und Pflichten wie im Landkreis wohnende Grundbesitzer und Gewerbetreibende.

(4) Die Vorschriften in den Absätzen 1 und 3 finden auf juristische Personen und auf Personenvereinigungen entsprechende Anwendung.

(5) [1]Die Benutzung der öffentlichen, dem Gemeingebrauch dienenden Einrichtungen steht nach Maßgabe der bestehenden Vorschriften jedermann zu. [2]Die Zulassung kann von einer vorherigen Belehrung und dem ausdrücklichen Anerkenntnis der bestehenden Vorschriften abhängig gemacht werden.

5. Abschnitt
Kreishoheit

Artikel 16 Umfang der Kreishoheit

(1) Die Hoheitsgewalt des Landkreises umfaßt das Kreisgebiet und seine gesamte Bevölkerung (Kreishoheit).

(2) [1]Die Landkreise haben das Recht, ihr Finanzwesen im Rahmen der gesetzlichen Bestimmungen selbst zu regeln. [2]Sie sind insbesondere befugt, zur Deckung des für die Erfüllung ihrer Aufgaben notwendigen Finanzbedarfs Abgaben nach Maßgabe der Gesetze zu erheben, soweit ihre sonstigen Einnahmen nicht ausreichen. [3]Zu diesem Zweck ist ihnen das Recht zur Erhebung eigener Steuern und sonstiger Abgaben in ausreichendem Maß zu gewährleisten.

(3) Der Staat hat den Landkreisen zur Erfüllung ihrer Aufgaben weitere Mittel im Rahmen des Staatshaushalts zuzuweisen.

Artikel 17 Kreisrecht

[1]Die Landkreise können zur Regelung ihrer Angelegenheiten Satzungen erlassen. [2]Satzungen zur Regelung übertragener Angelegenheiten, bewehrte Satzungen (Art. 18 Abs. 2) und Verordnungen sind nur in den gesetzlich bestimmten Fällen zulässig. [3]In solchen Satzungen und in Verordnungen soll ihre besondere Rechtsgrundlage angegeben werden.

Artikel 18 Inhalt der Satzungen

(1) In den Satzungen können die Landkreise insbesondere

1. die Benutzung ihres Eigentums und ihrer öffentlichen Einrichtungen regeln,
2. aus Gründen des öffentlichen Wohls, insbesondere zur Abwehr von Gefahren für die Sicherheit oder Gesundheit der Kreisangehörigen, den Anschluß- und Benutzungszwang für Einrichtungen des Landkreises anordnen,
3. bestimmen, daß bei öffentlichen Notständen, insbesondere wenn es die Sicherheit des Verkehrs erfordert, Hand- und Spanndienste unter angemessener Berücksichtigung der wirtschaftlichen Verhältnisse der Pflichtigen angeordnet werden können.

(2) [1]In den Satzungen kann die Ersatzvornahme auf Kosten säumiger Verpflichteter für zulässig erklärt werden. [2]In den Fällen des Absatzes 1 Nrn. 1 und 2 können in der Satzung Zuwiderhandlungen als Ordnungswidrigkeiten mit Geldbuße bis zu zweitausendfünfhundert Euro bedroht werden (bewehrte Satzung).

(3) In Satzungen nach Absatz 1 Nrn. 1 und 2 und in Satzungen, die auf Grund anderer Gesetze, die auf diesen Artikel verweisen, erlassen werden, kann bestimmt werden, daß die vom Landkreis mit dem Vollzug dieser Satzungen beauftragten Personen berechtigt sind, zur Überwachung der Pflichten, die sich nach diesen Satzungen und Gesetzen ergeben, zu angemessener Tageszeit Grundstücke, Gebäude, Anlagen, Einrichtungen, Wohnungen und Wohnräume im erforderlichen Umfang zu betreten.

Artikel 19 ***[aufgehoben]***

Artikel 20 Inkrafttreten; Ausfertigung und Bekanntmachung

(1) [1]Satzungen treten eine Woche nach ihrer Bekanntmachung in Kraft. [2]In der Satzung kann ein anderer Zeitpunkt bestimmt werden, in bewehrten Satzungen und anderen Satzungen, die nicht mit rückwirkender Kraft erlassen werden dürfen, jedoch frühestens der auf die Bekanntmachung folgende Tag.

(2) Satzungen sind auszufertigen und im Amtsblatt des Landkreises oder des Landratsamts, sonst im Amtsblatt der Regierung oder des Bezirks oder im Staatsanzeiger bekanntzumachen.

Artikel 21 Verwaltungsverfügungen; Zwangsmaßnahmen

(1) Die Landkreise können im eigenen und im übertragenen Wirkungskreis die zur Durchführung von Gesetzen, Rechtsverordnungen und Satzungen notwendigen Einzelverfügungen erlassen und unter Anwendung der gesetzlichen Zwangsmittel vollziehen.

(2) [1]Verwaltungsakte, Ladungen oder sonstige Mitteilungen, die auf Grund von Rechtsvorschriften außerhalb dieses Gesetzes amtlich, öffentlich oder ortsüblich bekanntzumachen sind, hat der Landkreis oder das Landratsamt wie Satzungen des Landkreises bekanntzumachen. [2]Sind Pläne, Karten oder sonstige Nachweise Bestandteil einer Mitteilung nach Satz 1, so kann die Bekanntmachung unbeschadet anderer Vorschriften auch dadurch bewirkt werden, daß die Mitteilung mit den Nachweisen auf die Dauer von zwei Wochen im Landratsamt ausgelegt wird; der Gegenstand der Mitteilung sowie Ort und Zeit der Auslegung sind mindestens eine Woche vorher nach Satz 1 bekanntzumachen.

(3) Geldbußen und Verwarnungsgelder, die auf Grund bewehrter Satzungen und Verordnungen festgesetzt werden, fließen in die Kreiskasse.

Zweiter Teil
Verfassung und Verwaltung des Landkreises

1. Abschnitt
Kreisorgane und ihre Hilfskräfte

Artikel 22 Hauptorgane

Der Landkreis wird durch den Kreistag verwaltet, soweit nicht vom Kreistag bestellte Ausschüsse (Art. 26 ff.) über Kreisangelegenheiten beschließen oder die Landrätin oder der Landrat selbständig entscheidet (Art. 34).

a)

Der Kreistag

Artikel 23 Rechtsstellung; Aufgaben des Kreistags

(1) [1]Der Kreistag ist die Vertretung der Kreisbürgerinnen und Kreisbürger. [2]Er entscheidet im Rahmen des Art. 22 über alle wichtigen Angelegenheiten der Kreisverwaltung.

(2) [1]Der Kreistag überwacht die gesamte Kreisverwaltung, insbesondere auch die Ausführung seiner Beschlüsse. [2]Jeder Kreisrätin und jedem Kreisrat muss durch das Landratsamt Auskunft erteilt werden.

Artikel 24 Zusammensetzung des Kreistags

(1) Der Kreistag besteht aus der Landrätin oder dem Landrat sowie den Kreisrätinnen und Kreisräten.

(2) [1]Die Zahl der Kreisrätinnen und Kreisräte beträgt in Landkreisen

mit bis zu 75 000 Einwohnerinnen und Einwohnern	50,
mit mehr als 75 000 bis 150 000 Einwohnerinnen und Einwohnern	60,
mit mehr als 150 000 Einwohnerinnen und Einwohnern	70.

[2]Sinkt die Einwohnerzahl in einem Landkreis unter eine der in Satz 1 genannten Einwohnergrenzen, so ist die Zahl der Kreisrätinnen und Kreisräte erst in der übernächsten Wahlzeit auf die gesetzlich vorgeschriebene Zahl zu verringern. [3]Die Kreisrätinnen und Kreisräte sind ehrenamtlich tätig.

(3) [1]Kreisrätinnen und Kreisräte können nicht sein:

1. Beamtinnen und Beamte sowie Arbeitnehmerinnen und Arbeitnehmer des Landkreises und des Landratsamts,
2. leitende Beamtinnen und Beamte sowie leitende Arbeitnehmerinnen und Arbeitnehmer von juristischen Personen oder sonstigen Organisationen des öffentlichen oder privaten Rechts, an denen der Landkreis mit mehr als 50 % beteiligt ist; eine Beteiligung am Stimmrecht genügt,
3. Beamtinnen und Beamte sowie Arbeitnehmerinnen und Arbeitnehmer der Rechtsaufsichtsbehörden, die unmittelbar mit Aufgaben der Rechtsaufsicht befasst sind,
4. die Landrätin oder der Landrat des eigenen oder eines anderen Landkreises,
5. die Oberbürgermeisterin oder der Oberbürgermeister einer kreisfreien Gemeinde,
6. Kreisrätinnen und Kreisräte eines anderen Landkreises,
7. ehrenamtliche Gemeinderatsmitglieder einer kreisfreien Gemeinde.

[2]Als Arbeitnehmerin oder Arbeitnehmer im Sinn des Satzes 1 gilt nicht, wer überwiegend körperliche Arbeit verrichtet. [3]Satz 1 ist nicht anzuwenden, wenn die Beamtin oder der Beamte während der Dauer des Ehrenamts ohne Dienstbezüge beurlaubt ist, im Rahmen von Altersteilzeit im Blockmodell vollständig vom Dienst freigestellt ist oder wenn die Rechte und Pflichten aus dem Dienstverhältnis wegen der Wahl in eine gesetzgebende Körperschaft ruhen; dies gilt für Arbeitnehmerinnen und Arbeitnehmer entsprechend.

(4) [1]Alle Kreisrätinnen und Kreisräte sind alsbald nach ihrer Berufung in feierlicher Form zu vereidigen. [2]Die Eidesformel lautet:„Ich schwöre Treue dem Grundgesetz für die Bundesrepublik Deutschland und der Verfassung des Freistaates Bayern. Ich schwöre, den Gesetzen gehorsam zu sein und meine Amtspflichten gewissenhaft zu erfüllen. Ich schwöre, die Rechte der Selbstverwaltung zu wahren und ihren Pflichten nachzukommen, so wahr mir Gott helfe.“ [3]Der Eid kann auch ohne die Worte „so wahr mir Gott helfe“ geleistet werden. [4]Erklärt eine Kreisrätin oder ein Kreisrat, aus Glaubens- oder Gewissensgründen keinen Eid leisten zu können, so sind an Stelle der Worte „ich schwöre“ die Worte „ich gelobe“ zu sprechen oder das Gelöbnis mit einer dem Bekenntnis seiner Religionsgemeinschaft oder der Überzeugung seiner Weltanschauungsgemeinschaft entsprechenden, gleichwertigen Beteuerungsformel einzuleiten. [5]Den Eid nimmt die Landrätin oder der Landrat ab. [6]Die Eidesleistung entfällt für die Kreisrätinnen und Kreisräte, die im Anschluß an ihre Amtszeit wieder zur Kreisrätin oder zum Kreisrat des gleichen Landkreises gewählt wurden.

Artikel 25 Einberufung des Kreistags

[1]Die Landrätin oder der Landrat bereitet die Beratungsgegenstände vor und beruft den Kreistag unter Angabe der Tagesordnung mit angemessener Frist ein, erstmals spätestens vier Wochen nach Beginn der Wahlzeit. [2]Der Kreistag ist auch einzuberufen, wenn es der Kreisausschuss oder ein Drittel der Kreisrätinnen und Kreisräte unter Bezeichnung des Beratungsgegenstands schriftlich oder elektronisch beantragt. [3]In diesem Fall hat die Sitzung unverzüglich, spätestens jedoch am 14. Tag nach Eingang des Verlangens, stattzufinden.

b)

Der Kreisausschuß und die weiteren Ausschüsse

Artikel 26 Aufgaben des Kreisausschusses

[1]Der Kreisausschuß ist ein vom Kreistag bestellter ständiger Ausschuß. [2]Er bereitet die Verhandlungen des Kreistags vor und erledigt an seiner Stelle die ihm vom Kreistag übertragenen Angelegenheiten. [3]In der Geschäftsordnung (Art. 40) kann bestimmt werden, dass der Kreistag Empfehlungen der Fachausschüsse auch ohne Vorbereitung durch den Kreisausschuss behandeln kann.

Artikel 27 Zusammensetzung

(1) [1]Der Kreisausschuß besteht aus der Landrätin oder dem Landrat sowie den Kreisrätinnen und Kreisräten. [2]Die Zahl der Kreisrätinnen und Kreisräte beträgt in Landkreisen
mit bis zu 75 000 Einwohnerinnen und Einwohnern 10,
mit mehr als 75 000 bis 150 000 Einwohnerinnen und Einwohnern 12,
mit mehr als 150 000 Einwohnerinnen und Einwohnern 14.
[3]Art. 24 Abs. 2 Satz 2 gilt entsprechend.

(2) [1]Die Mitglieder des Kreisausschusses werden vom Kreistag für die Dauer der Wahlzeit aus seiner Mitte bestellt. [2]Hierbei hat der Kreistag dem Stärkeverhältnis der in ihm vertretenen Parteien und Wählergruppen Rechnung zu tragen. [3]Haben dabei mehrere Parteien oder Wählergruppen gleichen Anspruch auf einen Sitz, so ist statt eines Losentscheids auch der Rückgriff auf die Zahl der bei der Wahl auf diese Parteien oder Wählergruppen abgegebenen Stimmen zulässig. [4]Die Bestellung anderer als der von den Parteien und Wählergruppen vorgeschlagenen Personen ist nicht zulässig. [5]Kreisrätinnen und Kreisräte können sich zur Entsendung gemeinsamer Vertreter in den Kreisausschuß zusammenschließen.

(3) [1]Während der Wahlzeit im Kreistag eintretende Änderungen des Stärkeverhältnisses der Parteien und Wählergruppen sind auszugleichen. [2]Scheidet ein Mitglied aus der von ihm vertretenen Partei oder Wählergruppe aus, so verliert es seinen Sitz im Kreisausschuß.

Artikel 28 Einberufung

[1]Der Kreisausschuß wird von der Landrätin oder vom Landrat nach Bedarf einberufen. [2]Er muß einberufen werden, wenn es die Hälfte der Mitglieder unter Angabe des Beratungsgegenstands schriftlich beantragt. [3]In diesem Fall hat die Sitzung unverzüglich, spätestens jedoch am 14. Tag nach Eingang des Verlangens, stattzufinden.

Artikel 29 Weitere Ausschüsse

(1) [1]Der Kreistag kann im Bedarfsfall weitere vorberatende und beschließende Ausschüsse bilden. [2]Die Zusammensetzung der Ausschüsse regelt der Kreistag in der Geschäftsordnung (Art. 40). [3]Art. 27 Abs. 2 und 3 und Art. 28 gelten entsprechend.

(2) [1]Der Kreistag kann in der Geschäftsordnung eine Ferienzeit bis zu sechs Wochen bestimmen. [2]Für die Dauer der Ferienzeit ist ein Ferienausschuss nach den für beschließende Ausschüsse geltenden Vorschriften zu bilden, der alle Aufgaben erledigt, für die sonst der Kreistag, der Kreisausschuss oder ein anderer beschließender Ausschuss zuständig ist; Art. 30 ist nicht anzuwenden. [3]Der Ferienausschuss kann jedoch keine Aufgaben erledigen, die dem Werkausschuss obliegen oder kraft Gesetzes von besonderen Ausschüssen wahrgenommen werden müssen oder nach der Geschäftsordnung nicht vom Ferienausschuss wahrgenommen werden dürfen.

(3) Ausschüsse nach Absatz 1 können vom Kreistag jederzeit aufgelöst werden.

Artikel 30 Dem Kreistag vorbehaltene Angelegenheiten

Der Kreistag kann dem Kreisausschuß und den weiteren beschließenden Ausschüssen folgende in diesem Gesetz geregelten Angelegenheiten nicht übertragen:

1. die Beschlußfassung über den Sitz der Kreisverwaltung und den Namen des Landkreises (Art. 2 Abs. 1),
2. die Annahme und Änderung von Wappen und Fahnen (Art. 3 Abs. 1),
3. die Beschlußfassung über Änderungen von bewohntem Kreisgebiet,
4. die Festsetzung der Entschädigung für ehrenamtlich tätige Personen (Art. 14a),
5. die Festsetzung öffentlicher Abgaben und Gebühren,

6. den Erlaß, die Änderung und die Aufhebung von Satzungen, bewehrten Satzungen und Verordnungen,
7. die Bestellung des Kreisausschusses und die Übertragung von Aufgaben auf den Kreisausschuß (Art. 26 und 27),
8. die Bildung, Besetzung und Auflösung weiterer Ausschüsse (Art. 29),
9. die Beschlußfassung in beamten-, besoldungs-, versorgungs- und disziplinarrechtlichen Angelegenheiten der Landrätin oder des Landrats und ihrer gewählten Stellvertretung, soweit nicht das Kommunal-Wahlbeamten-Gesetz oder das Bayerische Disziplinargesetz etwas anderes bestimmen,
10. die Aufstellung der Richtlinien über die laufenden Angelegenheiten (Art. 34 Abs. 1),
11. die Wahl der Stellvertretung der Landrätin oder des Landrats und die Regelung der weiteren Stellvertretung (Art. 32),
12. den Erlaß der Geschäftsordnung für den Kreistag (Art. 40),
13. die Übernahme von Selbstverwaltungsaufgaben kreisangehöriger Gemeinden (Art. 52 Abs. 2),
14. die Beschlußfassung über die Haushaltssatzung, über die Nachtragshaushaltssatzungen sowie die Beschlußfassung über die Aufnahme von zusätzlichen Krediten während der vorläufigen Haushaltsführung (Art. 59, 62 und 63 Abs. 2),
15. die Beschlußfassung über den Finanzplan (Art. 64),
16. die Feststellung der Jahresrechnung und der Jahresabschlüsse der Eigenbetriebe und der Krankenhäuser mit kaufmännischem Rechnungswesen sowie die Beschlußfassung über die Entlastung (Art. 88),
17. Entscheidungen über Unternehmen der Landkreise im Sinn von Art. 84,
18. die hinsichtlich der Eigenbetriebe dem Kreistag im übrigen vorbehaltenen Angelegenheiten (Art. 76),
19. die Bestellung und die Abberufung des Leiters des Rechnungsprüfungsamts sowie seines Stellvertreters.

c)
Die Landrätinnen und Landräte sowie ihre Stellvertretung

Artikel 31 Die Landrätinnen und Landräte

[1]Die Landrätinnen und Landräte sind Beamtinnen und Beamte des jeweiligen Landkreises. [2]Sie sind Beamtinnen und Beamte auf Zeit. [3]Landrätin oder Landrat kann nicht eine Landrätin oder ein Landrat eines anderen Landkreises sein.

Artikel 32 Stellvertretung der Landrätin oder des Landrats

(1) [1]Der Kreistag wählt aus seiner Mitte für die Dauer seiner Wahlzeit eine stellvertretende Landrätin oder einen stellvertretenden Landrat. [2]Sie oder er ist Ehrenbeamtin oder Ehrenbeamter des Landkreises.

(2) Zur stellvertretenden Landrätin oder zum stellvertretenden Landrat sind die Kreisrätinnen und Kreisräte wählbar, welche die Voraussetzungen für die Wahl zur Landrätin oder zum Landrat erfüllen.

(3) Endet das Beamtenverhältnis einer gewählten stellvertretenden Landrätin oder eines gewählten stellvertretenden Landrats während der Wahlzeit des Kreistags, so findet für den Rest der Wahlzeit innerhalb von drei Monaten eine Neuwahl statt.

(4) Die weitere Stellvertretung der Landrätin oder des Landrats regelt der Kreistag durch Beschluss; es können nur Deutsche im Sinn des Art. 116 Abs. 1 des Grundgesetzes bestellt werden.

Artikel 33 Vorsitz im Kreistag; Vollzug der Beschlüsse

[1]Die Landrätin oder der Landrat führt den Vorsitz im Kreistag, im Kreisausschuß und in den weiteren Ausschüssen. [2]Sie vollziehen die gefaßten Beschlüsse. [3]Ist die Landrätin oder der Landrat verhindert oder persönlich beteiligt, so handelt ihr Vertreter. [4]Ist dieser bereits Mitglied des jeweiligen Ausschusses, nimmt dessen Vertreter für die Dauer der Vertretung den Sitz im Ausschuss ein.

Artikel 34 Zuständigkeit der Landrätinnen und Landräte

(1) [1]Die Landrätin oder der Landrat erledigt in eigener Zuständigkeit

1. die laufenden Angelegenheiten, die für den Landkreis keine grundsätzliche Bedeutung haben und keine erheblichen Verpflichtungen erwarten lassen,

2. die Angelegenheiten des Landkreises, die im Interesse der Sicherheit der Bundesrepublik oder eines ihrer Länder geheimzuhalten sind.

[2]Für die laufenden Angelegenheiten nach Satz 1 Nr. 1, die nicht unter Nummer 2 fallen, kann der Kreistag Richtlinien aufstellen.

(2) [1]Der Kreistag kann der Landrätin oder dem Landrat durch die Geschäftsordnung weitere Angelegenheiten zur selbständigen Erledigung übertragen. [2]Das gilt nicht für Angelegenheiten, die nach Art. 30 Abs. 1 nicht auf beschließende Ausschüsse übertragen werden können. [3]Der Kreistag kann der Landrätin oder dem Landrat übertragene Angelegenheiten im Einzelfall nicht wieder an sich ziehen; das Recht des Kreistags, die Übertragung allgemein zu widerrufen, bleibt unberührt.

(3) [1]Die Landrätin oder der Landrat ist befugt, an Stelle des Kreistags, des Kreisausschusses und der weiteren Ausschüsse dringliche Anordnungen zu treffen und unaufschiebbare Geschäfte zu besorgen. [2]Hiervon haben sie dem Kreistag oder dem Ausschuß in der nächsten Sitzung Kenntnis zu geben.

Artikel 35 Vertretung des Landkreises nach außen; Verpflichtungsgeschäfte

(1) [1]Die Landrätin oder der Landrat vertritt den Landkreis nach außen. [2]Der Umfang der Vertretungsmacht ist auf ihre oder seine Befugnisse beschränkt.

(2) [1]Erklärungen, durch welche der Landkreis verpflichtet werden soll, bedürfen der Schriftform; das gilt nicht für ständig wiederkehrende Geschäfte des täglichen Lebens, die finanziell von unerheblicher Bedeutung sind. [2]Die Erklärungen sind durch die Landrätin oder den Landrat oder ihre Stellvertretung unter Angabe der Amtsbezeichnung zu unterzeichnen. [3]Sie können auf Grund einer diesen Erfordernissen entsprechenden Vollmacht auch von Bediensteten des Landratsamts unterzeichnet werden. [4]Bei der Vergabe von öffentlichen Aufträgen und Konzessionen genügt die Textform, soweit eine andere Rechtsvorschrift nichts Abweichendes bestimmt.

(3) [1]Verletzt die Landrätin oder der Landrat in Ausübung der ihnen anvertrauten öffentlichen Gewalt schuldhaft die ihnen einem anderen gegenüber obliegende Amtspflicht, so haftet für die Folgen der Staat, wenn es sich um reine Staatsangelegenheiten handelt. [2]Im übrigen haftet der Landkreis.

Artikel 36 ***[aufgehoben]***

d)

Das Landratsamt und die Kreisbediensteten

Artikel 37 Landratsamt

(1) [1]Das Landratsamt ist Kreisbehörde. [2]Soweit es rein staatliche Aufgaben, insbesondere die staatliche Aufsicht über die kreisangehörigen Gemeinden und über sonstige Körperschaften, Stiftungen und Anstalten des öffentlichen Rechts wahrnimmt, ist es Staatsbehörde.

(2) Geeignete staatliche Aufgaben sind mit Ausnahme der staatlichen Aufsicht durch Einzelgesetze auf die Kreisverwaltung zu übertragen.

(3) [1]Jedem Landratsamt wird mindestens eine Staatsbeamtin oder ein Staatsbeamter mit der Befähigung für das Richteramt zugeteilt. [2]Sie sollen als juristische Sachverständige zu den Sitzungen des Kreistags, des Kreisausschusses und der weiteren Ausschüsse zugezogen werden. [3]Nach Bedarf werden weitere Staatsbeamtinnen und Staatsbeamte zugewiesen. [4]Die Staatsbeamtinnen und Staatsbeamten unterstehen der Dienstaufsicht der Landrätin oder des Landrats.

(4) Die Landrätin oder der Landrat kann eigene Befugnisse in Angelegenheiten der laufenden Verwaltung teilweise den Staatsbediensteten oder den Kreisbediensteten übertragen und hierbei entsprechende Zeichnungsvollmacht erteilen; eine darüber hinausgehende Übertragung bedarf der Zustimmung des Kreistags.

(5) Für die Haftung der Staats- und Kreisbediensteten gegenüber Dritten gilt Art. 35 Abs. 3 entsprechend.

(6) Im Vollzug der Staatsaufgaben wird die Landrätin oder der Landrat als Organ des Staates tätig und untersteht lediglich den Weisungen der vorgesetzten Dienststellen.

Artikel 38 Kreisbedienstete

(1) [1]Der Kreistag ist zuständig,

1. die Beamtinnen und Beamten des Landkreises ab Besoldungsgruppe A 9 zu ernennen, zu befördern, abzuordnen oder zu versetzen, an eine Einrichtung zuzuweisen, in den Ruhestand zu versetzen und zu entlassen,
2. die Arbeitnehmerinnen und Arbeitnehmer des Landkreises ab Entgeltgruppe 9a des Tarifvertrags für den öffentlichen Dienst oder ab einem entsprechenden Entgelt einzustellen, höherzugruppieren, abzuordnen oder zu versetzen, einem Dritten zuzuweisen, mittels Personalgestellung zu beschäftigen und zu entlassen.

[2]Befugnisse nach Satz 1 kann der Kreistag dem Kreisausschuss oder einem weiteren beschließenden Ausschuss übertragen. [3]Der Kreistag kann die Befugnisse nach Satz 1 für Beamtinnen und Beamte bis zur Besoldungsgruppe A 14 sowie für Arbeitnehmerinnen und Arbeitnehmer bis zur Entgeltgruppe 14 des Tarifvertrags für den öffentlichen Dienst oder mit einem entsprechenden Entgelt der Landrätin oder dem Landrat übertragen; Art. 37 Abs. 4 findet Anwendung. [4]Ein solcher Beschluss bedarf der Mehrheit der stimmberechtigten Mitglieder des Kreistags; falls der Beschluss nicht mit dieser Mehrheit wieder aufgehoben wird, gilt er bis zum Ende der Wahlzeit des Kreistags.

(2) [1]Für Beamtinnen und Beamte des Landkreises bis zur Besoldungsgruppe A 8 sowie für Arbeitnehmerinnen und Arbeitnehmer des Landkreises bis zur Entgeltgruppe 8 des Tarifvertrags für den öffentlichen Dienst oder bis zu einem entsprechenden Entgelt obliegen die in Abs. 1 genannten personalrechtlichen Befugnisse der Landrätin oder dem Landrat. [2]Art. 37 Abs. 4 findet Anwendung.

(3) [1]Dienstvorgesetzte oder Dienstvorgesetzter der Kreisbeamtinnen und Kreisbeamten ist die Landrätin oder der Landrat. [2]Sie führen die Dienstaufsicht über die Kreisbediensteten.

(4) Die Arbeitsbedingungen und das Entgelt der Arbeitnehmerinnen und Arbeitnehmer müssen angemessen sein.

Artikel 39 Stellenplan

[1]Der Stellenplan (Art. 58 Abs. 2 Satz 2) ist einzuhalten. [2]Abweichungen sind nur im Rahmen des Art. 62 Abs. 3 Nr. 2 zulässig.

2. Abschnitt
Geschäftsgang

Artikel 40 Geschäftsordnung und Geschäftsgang der Ausschüsse

(1) Der Kreistag gibt sich eine Geschäftsordnung.

(2) [1]Die Geschäftsordnung muß Bestimmungen über die Frist und Form der Einladung zu den Sitzungen sowie über den Geschäftsgang des Kreistags, des Kreisausschusses und der weiteren Ausschüsse enthalten. [2]Auf den Geschäftsgang des Kreisausschusses und der weiteren beschließenden Ausschüsse finden die Vorschriften der Art. 25 Satz 1 und 2 und Art. 41 bis 48 entsprechende Anwendung.

(3) Im Rahmen der Geschäftsordnung leitet und verteilt die Landrätin oder der Landrat die Geschäfte.

Artikel 41 Sitzungszwang; Beschlußfähigkeit

(1) Der Kreistag beschließt in Sitzungen.

(2) Er ist beschlußfähig, wenn sämtliche Mitglieder ordnungsgemäß geladen sind und die Mehrheit der Mitglieder anwesend und stimmberechtigt ist.

(3) [1]Wird der Kreistag zum zweiten Mal zur Verhandlung über denselben Gegenstand zusammengerufen, so ist er ohne Rücksicht auf die Zahl der Erschienenen beschlußfähig. [2]Bei der zweiten Einladung muß auf diese Bestimmung hingewiesen werden.

Artikel 41a Sitzungsteilnahme durch Ton-Bild-Übertragung

(1) [1]Kreisrätinnen und Kreisräte können an den Sitzungen des Kreistags mittels Ton-Bild-Übertragung teilnehmen, soweit der Kreistag dies in der Geschäftsordnung zugelassen hat. [2]Der Beschluss bedarf einer Zweidrittelmehrheit der abstimmenden Mitglieder des Kreistags. [3]Zugeschaltete Kreisrätinnen und Kreisräte gelten in diesem Fall als anwesend im Sinn von Art. 41 Abs. 2. [4]Der Kreistag kann die Anzahl der in einer Sitzung zuschaltbaren Kreisrätinnen und Kreisräte in der Geschäftsordnung zahlen- oder quotenmäßig begrenzen. [5]Er kann die Zuschaltmöglichkeit auch von weiteren Voraussetzungen

abhängig machen, insbesondere von einer Verhinderung an der Teilnahme im Sitzungssaal. [6]Bei einer Zuschaltung mittels Ton-Bild-Übertragung ist eine Teilnahme an Wahlen nicht möglich.

(2) Die Möglichkeit einer Sitzungsteilnahme mittels Ton-Bild-Übertragung ist ausgeschlossen, soweit die Sitzung als solche oder Beratungsgegenstände nach Art. 50a Abs. 1 Satz 1 geheim zu halten sind oder nach den gemäß Art. 50a Abs. 2 zu beachtenden Verwaltungsvorschriften und Richtlinien der Geheimhaltung unterliegen.

(3) [1]Die Landrätin oder der Landrat sowie die Kreisrätinnen und Kreisräte müssen sich in der Sitzung gegenseitig optisch und akustisch wahrnehmen können. [2]In öffentlichen Sitzungen müssen per Ton-Bild-Übertragung teilnehmende Kreisrätinnen und Kreisräte zudem für die im Sitzungssaal anwesende Öffentlichkeit entsprechend wahrnehmbar sein. [3]Für die Zwecke der Sätze 1 und 2 ist die Übertragung von Bild und Ton der an der Sitzung teilnehmenden Personen unabhängig davon zulässig, ob sie in die Übertragung einwilligen.

(4) [1]Der Landkreis hat dafür Sorge zu tragen, dass in seinem Verantwortungsbereich die technischen Voraussetzungen für eine Zuschaltung mittels Ton-Bild-Übertragung während der Sitzung durchgehend bestehen. [2]Ist dies nicht der Fall oder steht nicht fest, ob eine Nichtzuschaltung in den Verantwortungsbereich des Landkreises oder einer Kreisrätin oder eines Kreisrates fällt, darf die Sitzung nicht beginnen oder ist sie unverzüglich zu unterbrechen. [3]Ein Verstoß ist unbeachtlich, falls die zunächst nicht zugeschalteten Kreisrätinnen und Kreisräte rügelos an der Beschlussfassung teilnehmen. [4]Kommt eine Zuschaltung aus Gründen, die nicht im Verantwortungsbereich des Landkreises liegen, nicht zu Stande oder wird sie unterbrochen, hat dies keine Auswirkung auf die Wirksamkeit eines ohne die betroffenen Kreisrätinnen und Kreisräte gefassten Beschlusses. [5]Soweit sich ein Landkreis darauf beschränkt, die Plattform zur audiovisuellen Zuschaltung zur Verfügung zu stellen, und entweder mindestens eine Kreisrätin oder ein Kreisrat zugeschaltet ist oder ein Test bestätigt, dass eine Zuschaltmöglichkeit besteht, wird vermutet, dass der Grund für eine Nichtzuschaltung einer Kreisrätin oder eines Kreisrates nicht im Verantwortungsbereich des Landkreises liegt. [6]Gleiches gilt, falls der Landkreis einer insbesondere durch die Bereitstellung und Betreuung der technischen Mittel für die Kreisrätinnen und Kreisräte erweiterten Verantwortung belegbar nachgekommen ist.

(5) [1]Lässt ein Kreistag eine Zuschaltung mittels Ton-Bild-Übertragung bei nichtöffentlichen Sitzungen zu, haben die zugeschalteten Kreisrätinnen und Kreisräte dafür Sorge zu tragen, dass die Übertragung in ihrem Verantwortungsbereich nur von ihnen wahrgenommen werden kann. [2]Art. 14 Abs. 4 Satz 1 gilt entsprechend.

Artikel 42 Teilnahme- und Abstimmungspflicht; Ordnungsgeld gegen Säumige

(1) [1]Die Kreisrätinnen und Kreisräte sind verpflichtet, an den Sitzungen und Abstimmungen teilzunehmen und die ihnen zugewiesenen Geschäfte zu übernehmen. [2]Im Kreistag darf sich niemand der Stimme enthalten.

(2) [1]Gegen Kreisrätinnen und Kreisräte, die sich diesen Verpflichtungen ohne genügende Entschuldigung entziehen, kann der Kreistag Ordnungsgeld bis zu zweihundertfünfzig Euro im Einzelfall verhängen. [2]Das Ordnungsgeld fließt in die Kreiskasse.

Artikel 43 Ausschluß wegen persönlicher Beteiligung

(1) [1]Ein Mitglied kann an der Beratung und Abstimmung nicht teilnehmen, wenn der Beschluss ihm selbst, einem Angehörigen (Art. 20 Abs. 5 BayVwVfG) oder einer von ihm vertretenen natürlichen oder juristischen Person oder sonstigen Vereinigung einen unmittelbaren Vorteil oder Nachteil bringen kann. [2]Gleiches gilt, wenn ein Mitglied des Kreistags in anderer als öffentlicher Eigenschaft ein Gutachten abgegeben hat.

(2) Absatz 1 gilt nicht

1. für Wahlen,
2. für Beschlüsse, mit denen der Kreistag eine Person zum Mitglied eines Ausschusses bestellt oder sie zur Wahrnehmung von Interessen des Landkreises in eine andere Einrichtung entsendet, dafür vorschlägt oder daraus abberuft.

(3) Ob die Voraussetzungen des Absatzes 1 vorliegen, entscheidet der Kreistag ohne Mitwirkung des persönlich Beteiligten.

(4) Die Mitwirkung eines wegen persönlicher Beteiligung ausgeschlossenen Mitglieds hat die Ungültigkeit des Beschlusses nur zur Folge, wenn sie für das Abstimmungsergebnis entscheidend war.

Artikel 44 Einschränkung des Vertretungsrechts

Mitglieder des Kreistags dürfen Ansprüche Dritter gegen den Landkreis nur als gesetzliche Vertreter geltend machen.

Artikel 45 Form der Beschlußfassung; Wahlen

(1) [1]Beschlüsse des Kreistags werden in offener Abstimmung mit Mehrheit der Abstimmenden gefaßt. [2]Bei Stimmengleichheit ist der Antrag abgelehnt.

(2) [1]Keine Kreisrätin oder kein Kreisrat darf zu irgendeiner Zeit wegen einer Abstimmung gerichtlich oder dienstlich verfolgt oder sonst außerhalb des Kreistags zur Verantwortung gezogen werden. [2]Die Haftung gegenüber dem Landkreis ist nicht ausgeschlossen, wenn das Abstimmungsverhalten eine vorsätzliche Pflichtverletzung darstellt. [3]Die Verantwortlichkeit nach bundesrechtlichen Vorschriften bleibt unberührt.

(3) [1]Wahlen werden in geheimer Abstimmung vorgenommen. [2]Sie sind nur gültig, wenn sämtliche Mitglieder unter Angabe des Gegenstands geladen sind und die Mehrheit von ihnen anwesend und stimmberechtigt ist. [3]Gewählt ist, wer mehr als die Hälfte der abgegebenen gültigen Stimmen erhält. [4]Neinstimmen und leere Stimmzettel sind ungültig. [5]Ist mindestens die Hälfte der abgegebenen Stimmen ungültig, ist die Wahl zu wiederholen. [6]Ist die Mehrheit der abgegebenen Stimmen gültig und erhält weder eine Bewerberin noch ein Bewerber mehr als die Hälfte der abgegebenen gültigen Stimmen, so tritt Stichwahl unter den beiden Personen mit den höchsten Stimmenzahlen ein. [7]Bei Stimmengleichheit in der Stichwahl entscheidet das Los.

(4) Absatz 3 gilt für alle Entscheidungen des Kreistags, die in diesem Gesetz oder in anderen Rechtsvorschriften als Wahlen bezeichnet werden.

Artikel 46 Öffentlichkeit

(1) Zeitpunkt und Ort der öffentlichen Sitzungen des Kreistags sind unter Angabe der Tagesordnung, spätestens am fünften Tag vor der Sitzung, öffentlich bekanntzumachen.

(2) [1]Die Sitzungen sind öffentlich, soweit nicht Rücksichten auf das Wohl der Allgemeinheit oder auf berechtigte Ansprüche einzelner entgegenstehen. [2]Über den Ausschluß der Öffentlichkeit wird in nichtöffentlicher Sitzung beraten und entschieden.

(3) Die in nichtöffentlicher Sitzung gefaßten Beschlüsse sind der Öffentlichkeit bekanntzugeben, sobald die Gründe für die Geheimhaltung weggefallen sind.

(4) [1]Die Sitzungen haben in einem der Allgemeinheit zugänglichen Raum stattzufinden. [2]Ergänzend kann der Landkreis eine Echtzeitübertragung der öffentlichen Sitzungen des Kreistags in Ton und Bild über das Internet zulassen und die Aufzeichnungen in einer Sammlung audiovisueller Medien für die Dauer von sechs Wochen zum Abruf für jedermann bereitstellen. [3]Findet die nächste Sitzung nicht innerhalb von sechs Wochen statt, können die Aufzeichnungen bis zum Ende der nächsten Sitzung zum Abruf für jedermann bereitgestellt werden. [4]Danach sind die Aufzeichnungen jeweils zu löschen. [5]Die Beschlüsse nach Satz 2 bedürfen jeweils einer Zweidrittelmehrheit der abstimmenden Mitglieder des Kreistags. [6]Mit Ausnahme der oder des Vorsitzenden dürfen Ton und Bild von an der Sitzung teilnehmenden Personen nur mit deren stets widerrufbarer Einwilligung übertragen, aufgezeichnet und gespeichert werden. [7]Eine Übertragung, Aufzeichnung und Speicherung des Bildes einer unbeteiligten Person ist nur im Rahmen von Übersichts- oder Hintergrundaufnahmen zulässig und dies auch nur, falls die räumlichen Verhältnisse Aufnahmen ohne unbeteiligte Personen nicht zulassen.

Artikel 47 Handhabung der Ordnung

(1) [1]Die oder der Vorsitzende handhabt die Ordnung und übt das Hausrecht aus. [2]Sie oder er ist berechtigt, Zuhörer, welche die Ordnung stören, entfernen zu lassen. [3]Sie oder er kann Kreisrätinnen und Kreisräte, welche die Ordnung fortgesetzt erheblich stören, mit Zustimmung des Kreistags von der Sitzung ausschließen.

(2) Wird durch ein bereits von einer früheren Sitzung ausgeschlossenes Mitglied die Ordnung innerhalb von zwei Monaten neuerdings erheblich gestört, so kann ihm der Kreistag für zwei weitere Sitzungen die Teilnahme untersagen.

Artikel 48 Niederschrift

(1) [1]Die Verhandlungen des Kreistags sind niederzuschreiben. [2]Die Niederschrift muß Tag und Ort der Sitzung, die anwesenden Kreisrätinnen und Kreisräte, die behandelten Gegenstände, die Beschlüsse

und das Abstimmungsergebnis ersehen lassen. [3]Jedes Mitglied kann verlangen, daß in der Niederschrift festgehalten wird, wie es abgestimmt hat.

(2) Die Niederschrift ist von der oder dem Vorsitzenden und von der Schriftführerin oder dem Schriftführer zu unterschreiben und vom Kreistag zu genehmigen.

(3) [1]Die Kreisrätinnen und Kreisräte können jederzeit die Niederschriften der öffentlichen sowie der nichtöffentlichen Sitzungen des Kreistags einsehen und sich unentgeltlich Kopien der Niederschriften der öffentlichen Sitzungen erteilen lassen. [2]Die Kreisbürgerinnen und Kreisbürger können Einsicht in die Niederschriften der öffentlichen Sitzungen des Kreistags nehmen und sich Kopien erteilen lassen. [3]Für die Fertigung der Kopien nach Satz 2 können die Landkreise Kosten nach Maßgabe des Kostengesetzes erheben.

Artikel 49 *[aufgehoben]*

3. Abschnitt
Verwaltungsgrundsätze und Verwaltungsaufgaben

Artikel 50 Gesetzmäßigkeit; Unparteilichkeit

(1) [1]Die Verwaltungstätigkeit des Landkreises muß mit der Verfassung und den Gesetzen im Einklang stehen. [2]Sie darf nur von sachlichen Gesichtspunkten geleitet sein.

(2) [1]Für Landkreise gelten § 12 Abs. 1 Satz 1 und Abs. 4 sowie die §§ 13 bis 18 des Hinweisgeberschutzgesetzes (HinSchG) entsprechend. [2]Dies gilt nicht bei in der Regel weniger als 50 Beschäftigten. [3]Art. 56 Abs. 4 Satz 3 GO gilt entsprechend.

Artikel 50a Geheimhaltung

(1) [1]Alle Angelegenheiten, die im Interesse der Sicherheit oder anderer wichtiger Belange der Bundesrepublik oder eines ihrer Länder Unbefugten nicht bekannt werden dürfen, sind von den Landkreisen geheimzuhalten. [2]Die in anderen Rechtsvorschriften geregelte Verpflichtung zur Verschwiegenheit bleibt unberührt.

(2) [1]Zur Geheimhaltung der in Absatz 1 Satz 1 bezeichneten Angelegenheiten haben die Landkreise die notwendigen Vorkehrungen zu treffen. [2]Sie haben insoweit auch die für die Behörden des Freistaates Bayern geltenden Verwaltungsvorschriften zu beachten. [3]Das Staatsministerium des Innern, für Sport und Integration kann hierzu Richtlinien aufstellen und Weisungen erteilen, die nicht der Einschränkung nach Art. 95 Abs. 2 Satz 2 unterliegen.

(3) [1]Die Landrätin oder der Landrat ist zu Beginn ihrer oder seiner Amtszeit durch die Rechtsaufsichtsbehörde schriftlich besonders zu verpflichten, die in Absatz 1 Satz 1 genannten Angelegenheiten geheimzuhalten und die hierfür geltenden Vorschriften zu beachten. [2]In gleicher Weise hat die Landrätin oder der Landrat ihre Stellvertretung zu verpflichten. [3]Kreisbedienstete hat sie oder er zu verpflichten, bevor sie mit den in Absatz 1 Satz 1 genannten Angelegenheiten befaßt werden. [4]Art. 3a BayVwVfG findet keine Anwendung.

Artikel 51 Aufgaben des eigenen Wirkungskreises

(1) Im eigenen Wirkungskreis sollen die Landkreise in den Grenzen ihrer Leistungsfähigkeit die öffentlichen Einrichtungen schaffen, die für das wirtschaftliche, soziale und kulturelle Wohl ihrer Einwohnerinnen und Einwohner nach den Verhältnissen des Kreisgebiets erforderlich sind; hierbei sind die Belange des Natur- und Umweltschutzes zu berücksichtigen.

(2) Im Rahmen des Absatzes 1 sind die Landkreise, unbeschadet bestehender Verbindlichkeiten Dritter, verpflichtet, nach Maßgabe der gesetzlichen Vorschriften die erforderlichen Maßnahmen auf den Gebieten der Straßenverwaltung, der Feuersicherheit, des Gesundheitswesens sowie der öffentlichen Fürsorge und Wohlfahrtspflege zu treffen oder die nötigen Leistungen für solche Maßnahmen aufzuwenden.

(3) [1]Die Landkreise sind, unbeschadet bestehender Verbindlichkeiten Dritter, in den Grenzen ihrer Leistungsfähigkeit verpflichtet,

1. die erforderlichen Krankenhäuser zu errichten und zu unterhalten und die Hebammenhilfe für die Bevölkerung sicherzustellen,
2. die aus Gründen des öffentlichen Wohls erforderlichen Einrichtungen zur Versorgung mit Trinkwasser herzustellen und zu unterhalten, soweit eine solche Aufgabe überörtlicher Natur ist und

daher aus tatsächlichen oder wirtschaftlichen Gründen die Errichtung einer zentralen Einrichtung für das gesamte oder überwiegende Kreisgebiet geboten ist,
3. Gartenkultur und Landespflege unbeschadet anderer gesetzlicher Vorschriften zu fördern.

2Sonstige gesetzlich festgelegte Verpflichtungen der Landkreise bleiben unberührt.

(4) Übersteigt eine Pflichtaufgabe die Leistungsfähigkeit eines Landkreises, so ist diese Aufgabe in kommunaler Zusammenarbeit zu erfüllen.

Artikel 52 Übernahme von Gemeindeaufgaben

(1) Auf Antrag kreisangehöriger Gemeinden können die Landkreise deren Aufgaben des eigenen Wirkungskreises (Art. 57 GO) übernehmen, wenn und solange diese das Leistungsvermögen der beteiligten Gemeinden übersteigen.

(2) Der Beschluß bedarf einer Mehrheit von zwei Dritteln der gesetzlichen Mitgliederzahl des Kreistags.

Artikel 53 Aufgaben des übertragenen Wirkungskreises

(1) 1Im übertragenen Wirkungskreis haben die Landkreise die staatlichen Verwaltungsaufgaben, die auf die Kreisverwaltung nach Art. 37 Abs. 2 durch Einzelgesetze übertragen werden, zu erfüllen. 2Unberührt bleibt die Zuständigkeit des Landratsamts als Staatsbehörde (Art. 37 Abs. 1 Satz 2) und die Zuständigkeit von Sonderbehörden.

(2) 1Zur Erledigung der staatlichen Aufgaben stellen die Landkreise die erforderlichen Einrichtungen zur Verfügung. 2Für Mehrbelastungen im Sinn des Art. 83 Abs. 3 der Verfassung ist ein entsprechender finanzieller Ausgleich nach dessen Grundsätzen zu leisten.

Artikel 54 Zuständigkeit für den Gesetzesvollzug

(1) Der Vollzug der gesetzlichen Vorschriften im eigenen und im übertragenen Wirkungskreis und die Durchführung der gesetzmäßigen Anordnungen und Weisungen der Staatsbehörden obliegen dem Kreistag oder dem Kreisausschuß, in den Fällen des Art. 34 der Landrätin oder dem Landrat.

(2) Hält die Landrätin oder der Landrat Entscheidungen des Kreistags oder seiner Ausschüsse für rechtswidrig, so hat sie oder er die Entscheidungen zu beanstanden, ihren Vollzug auszusetzen und, soweit erforderlich, die Entscheidung der Rechtsaufsichtsbehörde (Art. 96) herbeizuführen.

Dritter Teil
Landkreiswirtschaft

1. Abschnitt
Haushaltswirtschaft

Artikel 55 Allgemeine Haushaltsgrundsätze

(1) 1Der Landkreis hat seine Haushaltswirtschaft so zu planen und zu führen, daß die stetige Erfüllung seiner Aufgaben gesichert ist. 2Die dauernde Leistungsfähigkeit des Landkreises ist sicherzustellen, eine Überschuldung ist zu vermeiden. 3Dabei ist § 51 des Haushaltsgrundsätzegesetzes Rechnung zu tragen.

(2) 1Die Haushaltswirtschaft ist sparsam und wirtschaftlich zu planen und zu führen. 2Aufgaben sollen in geeigneten Fällen daraufhin untersucht werden, ob und in welchem Umfang sie durch nichtkommunale Stellen, insbesondere durch private Dritte oder unter Heranziehung Dritter, mindestens ebenso gut erledigt werden können.

(3) 1Bei der Führung der Haushaltswirtschaft hat der Landkreis finanzielle Risiken zu minimieren. 2Ein erhöhtes Risiko liegt vor, wenn besondere Umstände, vor allem ein grobes Missverhältnis bei der Risikoverteilung zu Lasten des Landkreises, die Gefahr eines erheblichen Vermögensschadens begründen.

(4) Die Haushaltswirtschaft ist nach den Grundsätzen der doppelten kommunalen Buchführung oder nach den Grundsätzen der Kameralistik zu führen.

Artikel 56 Grundsätze der Einnahmebeschaffung

(1) Der Landkreis erhebt Abgaben nach den gesetzlichen Vorschriften.

(2) Er hat die zur Erfüllung seiner Aufgaben erforderlichen Einnahmen
1. soweit vertretbar und geboten aus besonderen Entgelten für die von ihm erbrachten Leistungen,
2. im übrigen aus Steuern und durch die Kreisumlage zu beschaffen, soweit die sonstigen Einnahmen nicht ausreichen.

(3) Der Landkreis darf Kredite nur aufnehmen, wenn eine andere Finanzierung nicht möglich ist oder wirtschaftlich unzweckmäßig wäre.

Artikel 57 Haushaltssatzung

(1) [1]Der Landkreis hat für jedes Haushaltsjahr eine Haushaltssatzung zu erlassen. [2]Die Haushaltssatzung kann Festsetzungen für zwei Haushaltsjahre, nach Jahren getrennt, enthalten.

(2) [1]Die Haushaltssatzung enthält die Festsetzung
1. des Haushaltsplans unter Angabe
   a) des Gesamtbetrags der Erträge und Aufwendungen des Haushaltsjahres sowie des sich daraus ergebenden Saldos des Ergebnishaushalts, des Gesamtbetrags der Einzahlungen und Auszahlungen aus laufender Verwaltungstätigkeit, aus der Investitionstätigkeit und aus der Finanzierungstätigkeit des Haushaltsjahres sowie des sich daraus ergebenden Saldos des Finanzhaushalts bei Haushaltswirtschaft nach den Grundsätzen der doppelten kommunalen Buchführung,
   b) des Gesamtbetrags der Einnahmen und Ausgaben des Haushaltsjahres bei Haushaltswirtschaft nach den Grundsätzen der Kameralistik,
2. des Gesamtbetrags der vorgesehenen Kreditaufnahmen für Investitionen und Investitionsförderungsmaßnahmen (Kreditermächtigungen),
3. des Gesamtbetrags der vorgesehenen Ermächtigungen zum Eingehen von Verpflichtungen, die künftige Haushaltsjahre mit Auszahlungen beziehungsweise Ausgaben für Investitionen und Investitionsförderungsmaßnahmen belasten (Verpflichtungsermächtigungen),
4. der Kreisumlage (Umlagesoll und Umlagesätze) und der Abgabesätze, die für jedes Haushaltsjahr neu festzusetzen sind,
5. des Höchstbetrags der Kassenkredite.

[2]Die Angaben nach Satz 1 Nrn. 2, 3 und 5 sind getrennt für das Haushaltswesen des Landkreises und die Wirtschaftsführung von Eigenbetrieben zu machen. [3]Die Haushaltssatzung kann weitere Vorschriften enthalten, die sich auf die Erträge und Einzahlungen sowie Aufwendungen und Auszahlungen beziehungsweise auf die Einnahmen und Ausgaben und den Stellenplan des Haushaltsjahres beziehen.

(3) Die Haushaltssatzung tritt mit Beginn des Haushaltsjahres in Kraft und gilt für das Haushaltsjahr.

(4) Haushaltsjahr ist das Kalenderjahr, soweit für einzelne Bereiche durch Gesetz oder Rechtsverordnung nichts anderes bestimmt ist.

Artikel 58 Haushaltsplan

(1) [1]Der Haushaltsplan enthält alle im Haushaltsjahr für die Erfüllung der Aufgaben des Landkreises voraussichtlich
1. anfallenden Erträge, eingehenden Einzahlungen, entstehenden Aufwendungen sowie zu leistenden Auszahlungen bei Haushaltswirtschaft nach den Grundsätzen der doppelten kommunalen Buchführung,
2. zu erwartenden Einnahmen und zu leistenden Ausgaben bei Haushaltswirtschaft nach den Grundsätzen der Kameralistik,
3. benötigten Verpflichtungsermächtigungen.

[2]Die Vorschriften über die Einzahlungen und Auszahlungen sowie Erträge und Aufwendungen beziehungsweise Einnahmen, Ausgaben und Verpflichtungsermächtigungen der Eigenbetriebe des Landkreises bleiben unberührt.

(2) [1]Der Haushaltsplan ist bei Haushaltswirtschaft nach den Grundsätzen der doppelten kommunalen Buchführung in einen Ergebnishaushalt und einen Finanzhaushalt, bei Haushaltswirtschaft nach den Grundsätzen der Kameralistik in einen Verwaltungshaushalt und einen Vermögenshaushalt zu gliedern. [2]Der Stellenplan für die Beamtinnen und Beamten sowie Arbeitnehmerinnen und Arbeitnehmer des Landkreises ist Teil des Haushaltsplans. [3]Die bei der Sparkasse beschäftigten Beamtinnen und Beamten sowie Arbeitnehmerinnen und Arbeitnehmer sind in diesem Stellenplan nicht auszuweisen, wenn und soweit nach Sparkassenrecht ein verbindlicher Stellenplan aufzustellen ist.

(3) [1]Der Haushaltsplan muß ausgeglichen sein. [2]Er ist Grundlage für die Haushaltswirtschaft des Landkreises und nach Maßgabe dieses Gesetzes und der auf Grund dieses Gesetzes erlassenen Vorschriften für die Haushaltsführung verbindlich. [3]Ansprüche und Verbindlichkeiten Dritter werden durch ihn weder begründet noch aufgehoben.

Artikel 59 Erlaß der Haushaltssatzung

(1) Der Kreistag beschließt über die Haushaltssatzung samt ihren Anlagen in öffentlicher Sitzung.

(2) Die Haushaltssatzung ist mit ihren Anlagen spätestens einen Monat vor Beginn des Haushaltsjahres der Rechtsaufsichtsbehörde vorzulegen.

(3) [1]Haushaltssatzungen mit genehmigungspflichtigen Bestandteilen sind sogleich nach der Genehmigung amtlich bekanntzumachen. [2]Haushaltssatzungen ohne solche Bestandteile sind frühestens einen Monat nach der Vorlage an die Rechtsaufsichtsbehörde amtlich bekanntzumachen, sofern nicht die Rechtsaufsichtsbehörde die Satzung beanstandet. [3]Gleichzeitig ist die Haushaltssatzung samt ihren Anlagen bis zur nächsten amtlichen Bekanntmachung einer Haushaltssatzung öffentlich zugänglich zu machen; darauf ist in der amtlichen Bekanntmachung der Haushaltssatzung hinzuweisen.

Artikel 60 Planabweichungen

(1) [1]Überplanmäßige und außerplanmäßige Aufwendungen und Auszahlungen beziehungsweise Ausgaben sind nur zulässig, wenn sie unabweisbar sind und die Deckung gewährleistet ist. [2]Sind sie erheblich, sind sie vom Kreistag zu beschließen.

(2) Absatz 1 findet entsprechende Anwendung auf Maßnahmen, durch die im Haushaltsplan nicht vorgesehene Verpflichtungen zu Leistungen des Landkreises entstehen können.

(3) Art. 62 Abs. 2 bleibt unberührt.

(4) [1]Für Investitionen, die im folgenden Jahr fortgesetzt werden, sind überplanmäßige Aufwendungen und Auszahlungen beziehungsweise Ausgaben in nicht erheblichem Umfang auch dann zulässig, wenn ihre Deckung im laufenden Jahr nur durch Erlaß einer Nachtragshaushaltssatzung möglich wäre, die Deckung aber im folgenden Jahr gewährleistet ist. [2]Hierüber entscheidet der Kreistag.

(5) Der Kreistag kann Richtlinien über die Abgrenzungen aufstellen.

Artikel 61 Verpflichtungsermächtigungen

(1) Verpflichtungen zur Leistung von Auszahlungen beziehungsweise Ausgaben für Investitionen und Investitionsförderungsmaßnahmen in künftigen Jahren dürfen unbeschadet des Abs. 5 nur eingegangen werden, wenn der Haushaltsplan hierzu ermächtigt.

(2) Die Verpflichtungsermächtigungen dürfen in der Regel zu Lasten der dem Haushaltsjahr folgenden drei Jahre vorgesehen werden, in Ausnahmefällen bis zum Abschluß einer Maßnahme; sie sind nur zulässig, wenn durch sie der Ausgleich künftiger Haushalte nicht gefährdet wird.

(3) Die Verpflichtungsermächtigungen gelten bis zum Ende des Haushaltsjahres und, wenn die Haushaltssatzung für das folgende Haushaltsjahr nicht rechtzeitig amtlich bekanntgemacht wird, bis zum Erlaß dieser Haushaltssatzung.

(4) Der Gesamtbetrag der Verpflichtungsermächtigungen bedarf im Rahmen der Haushaltssatzung der Genehmigung, wenn in den Jahren, zu deren Lasten sie vorgesehen sind, Kreditaufnahmen geplant sind.

(5) [1]Verpflichtungen im Sinn des Abs. 1 dürfen überplanmäßig oder außerplanmäßig eingegangen werden, wenn ein dringendes Bedürfnis besteht und der in der Haushaltssatzung festgesetzte Gesamtbetrag der Verpflichtungsermächtigungen nicht überschritten wird. [2]Art. 60 Abs. 1 Satz 2 gilt entsprechend.

Artikel 62 Nachtragshaushaltssatzungen

(1) [1]Die Haushaltssatzung kann nur bis zum Ablauf des Haushaltsjahres durch Nachtragshaushaltssatzung geändert werden. [2]Für die Nachtragshaushaltssatzung gelten die Vorschriften für die Haushaltssatzung entsprechend.

(2) Der Landkreis hat unverzüglich eine Nachtragshaushaltssatzung zu erlassen, wenn

1. sich zeigt, daß trotz Ausnutzung jeder Sparmöglichkeit ein Fehlbetrag entstehen wird und der Haushaltsausgleich nur durch eine Änderung der Haushaltssatzung erreicht werden kann,
2. bisher nicht veranschlagte oder zusätzliche einzelne Aufwendungen und Auszahlungen beziehungsweise Ausgaben in einem im Verhältnis zu den Gesamtaufwendungen und -auszahlungen

beziehungsweise Gesamtausgaben des Haushaltsplans erheblichen Umfang geleistet werden müssen,

3. Auszahlungen des Finanzhaushalts beziehungsweise Ausgaben des Vermögenshaushalts für bisher nicht veranschlagte Investitionen oder Investitionsförderungsmaßnahmen geleistet werden sollen,
4. Beamtinnen und Beamte oder Arbeitnehmerinnen und Arbeitnehmer eingestellt, befördert oder in eine höhere Entgeltgruppe eingestuft werden sollen und der Stellenplan die entsprechenden Stellen nicht enthält.

(3) Absatz 2 Nrn. 2 bis 4 finden keine Anwendung auf

1. Investitionen und Investitionsförderungsmaßnahmen, soweit die Auszahlungen beziehungsweise Ausgaben nicht erheblich und unabweisbar sind,
2. Abweichungen vom Stellenplan und die Leistung höherer Personalausgaben, die auf Grund des Beamten- oder Tarifrechts oder für die Erfüllung neuer Aufgaben notwendig werden.

Artikel 63 Vorläufige Haushaltsführung

(1) Ist die Haushaltssatzung bei Beginn des Haushaltsjahres noch nicht bekanntgemacht, so darf der Landkreis

1. finanzielle Leistungen erbringen, zu denen er rechtlich verpflichtet ist oder die für die Weiterführung notwendiger Aufgaben unaufschiebbar sind; er darf insbesondere Bauten, Beschaffungen und sonstige Leistungen des Finanzhaushalts beziehungsweise des Vermögenshaushalts, für die im Haushaltsplan eines Vorjahres Beträge vorgesehen waren, fortsetzen,
2. die in der Haushaltssatzung jährlich festzusetzenden Abgaben nach den Sätzen des Vorjahres erheben,
3. Kredite umschulden,
4. Kassenkredite bis zu dem zuletzt in einer Haushaltssatzung festgesetzten Höchstbetrag oder, wenn besondere Umstände im Einzelfall eine Erhöhung rechtfertigen, auch darüber hinaus aufnehmen.

(2) [1]Reichen die Deckungsmittel für die Fortsetzung der Bauten, der Beschaffungen und der sonstigen Leistungen nach Abs. 1 Nr. 1 nicht aus, darf der Landkreis Kredite für Investitionen und Investitionsförderungsmaßnahmen bis zu einem Viertel des durchschnittlichen Betrags der für die vier Vorjahre festgesetzten Kredite aufnehmen. [2]Eine angemessene Erhöhung dieser Kreditaufnahme ist zulässig, wenn besondere Umstände im Einzelfall die Erhöhung rechtfertigen.

(3) Der Stellenplan des Vorjahres gilt weiter, bis die Haushaltssatzung für das neue Jahr erlassen ist.

(4) [1]Maßnahmen nach Abs. 1 Nr. 4 Halbsatz 2 und Abs. 2 bedürfen der Genehmigung. [2]Der Landkreis hat im Antrag darzulegen, wie und bis wann er den Erlass einer Haushaltssatzung sicherstellen kann. [3]Die Genehmigung darf den Zielen der Wiederherstellung einer geordneten Haushaltswirtschaft und der dauernden Leistungsfähigkeit nicht widersprechen; sie kann unter Bedingungen und Auflagen erteilt werden.

Artikel 64 Mittelfristige Finanzplanung

(1) [1]Der Landkreis hat seiner Haushaltswirtschaft eine fünfjährige Finanzplanung zugrunde zu legen. [2]Das erste Planungsjahr der Finanzplanung ist das laufende Haushaltsjahr.

(2) Als Unterlage für die Finanzplanung ist ein Investitionsprogramm aufzustellen.

(3) Im Finanzplan sind Umfang und Zusammensetzung der voraussichtlichen Aufwendungen und Auszahlungen beziehungsweise Ausgaben und die Deckungsmöglichkeiten darzustellen.

(4) Der Finanzplan ist dem Kreistag spätestens mit dem Entwurf der Haushaltssatzung vorzulegen.

(5) Der Finanzplan und das Investitionsprogramm sind jährlich der Entwicklung anzupassen und fortzuführen.

2. Abschnitt
Kreditwesen

Artikel 65 Kredite

(1) Kredite dürfen unter der Voraussetzung des Art. 56 Abs. 3 nur im Finanzhaushalt beziehungsweise im Vermögenshaushalt und nur für Investitionen, für Investitionsförderungsmaßnahmen und zur Umschuldung aufgenommen werden.

(2) [1]Der Gesamtbetrag der vorgesehenen Kreditaufnahmen für Investitionen und Investitionsförderungsmaßnahmen bedarf im Rahmen der Haushaltssatzung der Genehmigung (Gesamtgenehmigung). [2]Die Genehmigung soll unter dem Gesichtspunkt einer geordneten Haushaltswirtschaft erteilt oder versagt werden; sie kann unter Bedingungen und Auflagen erteilt werden. [3]Sie ist in der Regel zu versagen, wenn die Kreditverpflichtungen mit der dauernden Leistungsfähigkeit des Landkreises nicht im Einklang stehen.

(3) Die Kreditermächtigung gilt bis zum Ende des bei ihrem Inkrafttreten laufenden Finanzplanungszeitraums gemäß Art. 64 Abs. 1 und, wenn die Haushaltssatzung für das erste Jahr nach Ende des Finanzplanungszeitraums nicht rechtzeitig amtlich bekannt gemacht wird, bis zum Erlass dieser Haushaltssatzung.

(4) [1]Die Aufnahme der einzelnen Kredite bedarf der Genehmigung (Einzelgenehmigung), sobald die Kreditaufnahmen für die Landkreise nach § 19 des Gesetzes zur Förderung der Stabilität und des Wachstums der Wirtschaft beschränkt worden sind. [2]Die Einzelgenehmigung kann nach Maßgabe der Kreditbeschränkungen versagt werden.

(5) [1]Das Staatsministerium des Innern, für Sport und Integration kann im Einvernehmen mit dem Staatsministerium der Finanzen und für Heimat und dem Staatsministerium für Wirtschaft, Landesentwicklung und Energie durch Rechtsverordnung die Aufnahme von Krediten von der Genehmigung (Einzelgenehmigung) abhängig machen, wenn der Konjunkturrat für die öffentliche Hand nach § 18 Abs. 2 des Gesetzes zur Förderung der Stabilität und des Wachstums der Wirtschaft eine Beschränkung der Kreditaufnahme durch die Gemeinden und Gemeindeverbände empfohlen hat. [2]Die Genehmigung ist zu versagen, wenn dies zur Abwehr einer Störung des gesamtwirtschaftlichen Gleichgewichts geboten ist oder wenn die Kreditbedingungen wirtschaftlich nicht vertretbar sind. [3]Solche Rechtsverordnungen sind auf längstens ein Jahr zu befristen.

(6) [1]Der Landkreis darf zur Sicherung des Kredits keine Sicherheiten bestellen. [2]Die Rechtsaufsichtsbehörde kann Ausnahmen zulassen, wenn die Bestellung von Sicherheiten der Verkehrsübung entspricht.

Artikel 66 Kreditähnliche Verpflichtungen; Sicherheiten

(1) Der Abschluß von Rechtsgeschäften, die der Kreditaufnahme wirtschaftlich gleichkommen, bedarf der Genehmigung.

(2) [1]Der Landkreis darf Bürgschaften, Gewährverträge und Verpflichtungen aus verwandten Rechtsgeschäften, die ein Einstehen für fremde Schuld oder für den Eintritt oder Nichteintritt bestimmter Umstände zum Gegenstand haben, nur zur Erfüllung seiner Aufgaben übernehmen. [2]Die Rechtsgeschäfte bedürfen der Genehmigung, wenn sie nicht im Rahmen der laufenden Verwaltung abgeschlossen werden.

(3) Der Landkreis bedarf zur Bestellung von Sicherheiten zugunsten Dritter der Genehmigung.

(4) [1]Für die Genehmigung gelten Art. 65 Abs. 2 Sätze 2 und 3, im Fall der vorläufigen Haushaltsführung Art. 63 Abs. 4 Sätze 2 und 3 entsprechend. [2]Die Genehmigung ist zu versagen, wenn das Rechtsgeschäft nicht eine Investition zum Gegenstand hat, sondern auf die Erzielung wirtschaftlicher Vorteile dadurch gerichtet ist, dass der Landkreis einem Dritten inländische steuerliche Vorteile verschafft.

(5) Das Staatsministerium des Innern, für Sport und Integration kann im Einvernehmen mit dem Staatsministerium der Finanzen und für Heimat durch Rechtsverordnung Rechtsgeschäfte von der Genehmigung freistellen,

1. die die Landkreise zur Erfüllung bestimmter Aufgaben eingehen oder
2. die für die Landkreise keine besondere Belastung bedeuten oder
3. die ihrer Natur nach regelmäßig wiederkehren.

Artikel 67 Kassenkredite

(1) Zur rechtzeitigen Leistung seiner Auszahlungen beziehungsweise Ausgaben kann der Landkreis Kassenkredite bis zu dem in der Haushaltssatzung festgesetzten Höchstbetrag aufnehmen, soweit für die Kasse keine anderen Mittel zur Verfügung stehen.

(2) Der in der Haushaltssatzung festgesetzte Höchstbetrag soll für die Haushaltswirtschaft ein Fünftel der im Finanzhaushalt veranschlagten Einzahlungen aus der laufenden Verwaltungstätigkeit beziehungsweise ein Sechstel der im Verwaltungshaushalt veranschlagten Einnahmen und für den Eigenbetrieb ein Sechstel der im Erfolgsplan vorgesehenen Erträge nicht übersteigen.

3. Abschnitt
Vermögenswirtschaft

a)
Allgemeines

Artikel 68 Erwerb und Verwaltung von Vermögen, Wertansätze

(1) Der Landkreis soll Vermögensgegenstände nur erwerben, wenn das zur Erfüllung seiner Aufgaben erforderlich ist.

(2) [1]Die Vermögensgegenstände sind pfleglich und wirtschaftlich zu verwalten und ordnungsgemäß nachzuweisen. [2]Bei Geldanlagen ist auf eine ausreichende Sicherheit zu achten; sie sollen einen angemessenen Ertrag bringen.

(3) [1]Vermögensgegenstände sind mit den Anschaffungs- oder Herstellungskosten, vermindert um Abschreibungen, anzusetzen. [2]Verbindlichkeiten sind zu ihrem Rückzahlungsbetrag und Rückstellungen nur in Höhe des Betrags anzusetzen, der nach sachgerechter Beurteilung notwendig ist.

Artikel 69 Veräußerung von Vermögen

(1) [1]Der Landkreis darf Vermögensgegenstände, die er zur Erfüllung seiner Aufgaben nicht braucht, veräußern. [2]Vermögensgegenstände dürfen in der Regel nur zu ihrem vollen Wert veräußert werden.

(2) [1]Für die Überlassung der Nutzung eines Vermögensgegenstands gilt Absatz 1 entsprechend. [2]Ausnahmen sind insbesondere zulässig bei der Vermietung von Gebäuden zur Sicherung preiswerten Wohnens und zur Sicherung der Existenz kleiner und ertragsschwacher Gewerbebetriebe.

(3) [1]Die Verschenkung und die unentgeltliche Überlassung von Landkreisvermögen sind unzulässig (Art. 12 Abs. 2 Satz 2 der Verfassung). [2]Die Veräußerung oder Überlassung von Landkreisvermögen in Erfüllung von Kreisaufgaben oder herkömmlicher Anstandspflichten fällt nicht unter dieses Verbot.

(4) Landkreisvermögen darf nur im Rahmen der Aufgabenerfüllung des Landkreises und nur dann in Stiftungsvermögen eingebracht werden, wenn der mit der Stiftung verfolgte Zweck auf andere Weise nicht erreicht werden kann.

Artikel 70 Rücklagen, Rückstellungen

(1) [1]Bei Haushaltswirtschaft nach den Grundsätzen der doppelten kommunalen Buchführung hat der Landkreis seine stetige Zahlungsfähigkeit sicherzustellen. [2]Überschüsse der Ergebnisrechnung sind den Rücklagen zuzuführen, soweit nicht Fehlbeträge aus Vorjahren auszugleichen sind.

(2) Bei Haushaltswirtschaft nach den Grundsätzen der doppelten kommunalen Buchführung sind für ungewisse Verbindlichkeiten und unterlassene Aufwendungen für Instandhaltung Rückstellungen zu bilden.

(3) [1]Bei Haushaltswirtschaft nach den Grundsätzen der Kameralistik hat der Landkreis für Zwecke des Vermögenshaushalts und zur Sicherung der Haushaltswirtschaft Rücklagen in angemessener Höhe zu bilden. [2]Rücklagen für andere Zwecke sind zulässig.

Artikel 71 Insolvenzverfahren

Über das Vermögen des Landkreises findet ein Insolvenzverfahren nicht statt.

b)
Vom Landkreis verwaltete nichtrechtsfähige (fiduziarische) Stiftungen

Artikel 72 Begriff; Verwaltung

(1) Vermögenswerte, die der Landkreis von Dritten unter der Auflage entgegennimmt, sie zu einem bestimmten öffentlichen Zweck zu verwenden, ohne daß eine rechtsfähige Stiftung entsteht, sind ihrer Zweckbestimmung gemäß nach den für das Kreisvermögen geltenden Vorschriften zu verwalten.

(2) [1]Die Vermögenswerte sind in ihrem Bestand ungeschmälert zu erhalten. [2]Sie sind vom übrigen Kreisvermögen getrennt zu verwalten und so anzulegen, daß sie für ihren Verwendungszweck verfügbar sind.

(3) [1]Der Ertrag darf nur für den Stiftungszweck verwendet werden. [2]Ist eine Minderung eingetreten, so sollen die Vermögensgegenstände aus dem Ertrag wieder ergänzt werden.

Artikel 73 Änderung des Verwendungszwecks; Aufhebung der Zweckbestimmung

[1]Soweit eine Änderung des Verwendungszwecks oder die Aufhebung der Zweckbestimmung zulässig ist, beschließt hierüber der Kreistag. [2]Der Beschluß bedarf der Genehmigung.

4. Abschnitt

Unternehmen des Landkreises

Artikel 74 Rechtsformen

Der Landkreis kann Unternehmen außerhalb seiner allgemeinen Verwaltung in folgenden Rechtsformen betreiben:

1. als Eigenbetrieb,
2. als selbständiges Kommunalunternehmen des öffentlichen Rechts,
3. in den Rechtsformen des Privatrechts.

Artikel 75 Allgemeine Zulässigkeit von Unternehmen und Beteiligungen

(1) [1]Der Landkreis darf ein Unternehmen im Sinn von Art. 74 nur errichten, übernehmen oder wesentlich erweitern, wenn

1. ein öffentlicher Zweck das Unternehmen erfordert, insbesondere wenn der Landkreis mit ihm gesetzliche Verpflichtungen oder seine Aufgaben gemäß Art. 51 erfüllen will,
2. das Unternehmen nach Art und Umfang in einem angemessenen Verhältnis zur Leistungsfähigkeit des Landkreises und zum voraussichtlichen Bedarf steht,
3. die dem Unternehmen zu übertragenden Aufgaben für die Wahrnehmung außerhalb der allgemeinen Verwaltung geeignet sind,
4. bei einem Tätigwerden außerhalb der kommunalen Daseinsvorsorge der Zweck nicht ebenso gut und wirtschaftlich durch einen anderen erfüllt wird oder erfüllt werden kann.

[2]Alle Tätigkeiten oder Tätigkeitsbereiche, mit denen der Landkreis oder seine Unternehmen an dem vom Wettbewerb beherrschten Wirtschaftsleben teilnehmen, um Gewinn zu erzielen, entsprechen keinem öffentlichen Zweck. [3]Soweit Unternehmen entgegen Satz 2 vor dem 1. September 1998 errichtet oder übernommen wurden, dürfen sie weitergeführt, jedoch nicht erweitert werden.

(2) Der Landkreis darf mit seinen Unternehmen außerhalb des Kreisgebiets nur tätig werden, wenn dafür die Voraussetzungen des Absatzes 1 vorliegen und die berechtigten Interessen der betroffenen kommunalen Gebietskörperschaften gewahrt sind.

(3) [1]Für die Beteiligung des Landkreises an einem Unternehmen gilt Absatz 1 entsprechend. [2]Absatz 2 gilt entsprechend, wenn sich der Landkreis an einem auch außerhalb seines Gebiets tätigen Unternehmen in einem Ausmaß beteiligt, das den auf das Kreisgebiet entfallenden Anteil an den Leistungen des Unternehmens erheblich übersteigt.

(4) [1]Bankunternehmen darf der Landkreis weder errichten noch sich an ihnen beteiligen. [2]Für das öffentliche Sparkassenwesen verbleibt es bei den besonderen Vorschriften.

Artikel 76 Eigenbetriebe

(1) Eigenbetriebe sind Unternehmen des Landkreises, die außerhalb der allgemeinen Verwaltung als Sondervermögen ohne eigene Rechtspersönlichkeit geführt werden.

(2) Für Eigenbetriebe bestellt der Kreistag eine Werkleitung und einen Werkausschuß.

(3) [1]Die Werkleitung führt die laufenden Geschäfte des Eigenbetriebs. [2]Sie ist insoweit zur Vertretung nach außen befugt; der Kreistag kann ihr mit Zustimmung der Landrätin oder des Landrats weitere Vertretungsbefugnisse übertragen. [3]Die Werkleitung ist Dienstvorgesetzter der Beamtinnen und Beamten im Eigenbetrieb und führt die Dienstaufsicht über sie und die im Eigenbetrieb tätigen Arbeitnehmerinnen und Arbeitnehmer. [4]Der Kreistag kann mit Zustimmung der Landrätin oder des Landrats der Werkleitung für Beamtinnen und Beamte sowie Arbeitnehmerinnen und Arbeitnehmer im Eigenbetrieb die personalrechtlichen Befugnisse in entsprechender Anwendung von Art. 38 Abs. 1 Satz 3 Halbsatz 1 und Abs. 2 Satz 1 übertragen.

(4) [1]Im übrigen beschließt über die Angelegenheiten des Eigenbetriebs der Werkausschuß, soweit nicht der Kreistag sich die Entscheidung allgemein vorbehält oder im Einzelfall an sich zieht. [2]Der Werkausschuß ist ein beschließender Ausschuß im Sinn der Art. 29 und 40 Abs. 2 Satz 2. [3]Im Fall des Art. 38 Abs. 1 Satz 2 sollen Befugnisse gegenüber Beamtinnen und Beamten sowie Arbeitnehmerinnen und Arbeitnehmern im Eigenbetrieb auf den Werkausschuß übertragen werden.

(5) [1]Die Art. 55 Abs. 1 bis 3, Art. 56, 61, 63 bis 66, 67 Abs. 1, Art. 68 Abs. 1 und 2, Art. 69, 71, 86 Abs. 4 und Art. 87 gelten entsprechend. [2]Im Rahmen der gesetzlichen Vorschriften werden die Angelegenheiten des Eigenbetriebs durch eine Betriebssatzung geregelt.

(6) [1]Der Landkreis kann Einrichtungen innerhalb der allgemeinen Verwaltung (Regiebetriebe) ganz oder teilweise nach den Vorschriften über die Wirtschaftsführung der Eigenbetriebe führen, wenn die Abweichung von den allgemeinen kommunalwirtschaftlichen Vorschriften nach Art und Umfang der Einrichtung zweckmäßig ist. [2]Hierbei können auch Regelungen getroffen werden, die von einzelnen für Eigenbetriebe geltenden Vorschriften abweichen.

Artikel 77 Selbständige Kommunalunternehmen des öffentlichen Rechts

(1) [1]Der Landkreis kann selbständige Unternehmen in der Rechtsform einer Anstalt des öffentlichen Rechts (Kommunalunternehmen) errichten oder bestehende Regie- und Eigenbetriebe im Weg der Gesamtrechtsnachfolge in Kommunalunternehmen umwandeln. [2]Das Kommunalunternehmen kann sich nach Maßgabe der Unternehmenssatzung und in entsprechender Anwendung der für den Landkreis geltenden Vorschriften an anderen Unternehmen beteiligen, wenn das dem Unternehmenszweck dient.

(2) [1]Der Landkreis kann dem Kommunalunternehmen einzelne oder alle mit einem bestimmten Zweck zusammenhängende Aufgaben ganz oder teilweise übertragen. [2]Er kann nach Maßgabe des Art. 18 durch gesonderte Satzung einen Anschluß- und Benutzungszwang zugunsten des Kommunalunternehmens festlegen und das Unternehmen zur Durchsetzung entsprechend Art. 21 ermächtigen. [3]Er kann ihm auch das Recht einräumen, an seiner Stelle Satzungen und, soweit Landesrecht zu deren Erlaß ermächtigt, auch Verordnungen für das übertragene Aufgabengebiet zu erlassen; Art. 20 gilt sinngemäß.

(2a) [1]Ein Unternehmen in der Rechtsform einer Kapitalgesellschaft, an dem ausschließlich der Landkreis beteiligt ist, kann durch Formwechsel in ein Kommunalunternehmen umgewandelt werden. [2]Die Umwandlung ist nur zulässig, wenn keine Sonderrechte im Sinn des § 23 des Umwandlungsgesetzes (UmwG) und keine Rechte Dritter an den Anteilen des Landkreises bestehen. [3]Der Formwechsel setzt den Erlass der Unternehmenssatzung durch den Landkreis und einen sich darauf beziehenden Umwandlungsbeschluss der formwechselnden Gesellschaft voraus. [4]Die §§ 193 bis 195, 197 bis 199, 200 Abs. 1 und § 201 UmwG sind entsprechend anzuwenden. [5]Die Anmeldung zum Handelsregister entsprechend § 198 UmwG erfolgt durch das Vertretungsorgan der Kapitalgesellschaft. [6]Abweichend von Abs. 3 Satz 4 wird die Umwandlung einer Kapitalgesellschaft in ein Kommunalunternehmen mit dessen Eintragung oder, wenn es nicht eingetragen wird, mit der Eintragung der Umwandlung in das Handelsregister wirksam; § 202 Abs. 1 und Abs. 3 UmwG ist entsprechend anzuwenden. [7]Ist bei der Kapitalgesellschaft ein Betriebsrat eingerichtet, bleibt dieser nach dem Wirksamwerden der Umwandlung als Personalrat des Kommunalunternehmens bis zu den nächsten regelmäßigen Personalratswahlen bestehen.

(3) [1]Der Landkreis regelt die Rechtsverhältnisse des Kommunalunternehmens durch eine Unternehmenssatzung. [2]Die Unternehmenssatzung muß Bestimmungen über den Namen und die Aufgaben des Unternehmens, die Anzahl der Mitglieder des Vorstands und des Verwaltungsrats und die Höhe des Stammkapitals enthalten. [3]Der Landkreis hat die Unternehmenssatzung und deren Änderungen gemäß Art. 20 Abs. 2 bekanntzumachen. [4]Das Kommunalunternehmen entsteht am Tag nach der Bekanntmachung, wenn nicht in der Unternehmenssatzung ein späterer Zeitpunkt bestimmt ist.

(4) Der Landkreis haftet für die Verbindlichkeiten des Kommunalunternehmens unbeschränkt, soweit nicht Befriedigung aus dessen Vermögen zu erlangen ist (Gewährträgerschaft).

Artikel 78 Organe des Kommunalunternehmens; Personal

(1) [1]Das Kommunalunternehmen wird von einem Vorstand in eigener Verantwortung geleitet, soweit nicht gesetzlich oder durch die Unternehmenssatzung etwas anderes bestimmt ist. [2]Der Vorstand vertritt das Kommunalunternehmen nach außen. [3]Der Landkreis hat darauf hinzuwirken, daß jedes Vorstandsmitglied vertraglich verpflichtet wird, die ihm im Geschäftsjahr jeweils gewährten Bezüge im Sinn von § 285 Nr. 9 Buchst. a des Handelsgesetzbuchs dem Landkreis jährlich zur Veröffentlichung mitzuteilen.

(2) [1]Die Geschäftsführung des Vorstands wird von einem Verwaltungsrat überwacht. [2]Der Verwaltungsrat bestellt den Vorstand auf höchstens fünf Jahre; eine erneute Bestellung ist zulässig. [3]Er entscheidet außerdem über

1. den Erlaß von Satzungen und Verordnungen gemäß Art. 77 Abs. 2 Satz 3,
2. die Feststellung des Wirtschaftsplans und des Jahresabschlusses,
3. die Festsetzung allgemein geltender Tarife und Entgelte für die Leistungsnehmer,
4. die Beteiligung des Kommunalunternehmens an anderen Unternehmen,
5. die Bestellung des Abschlußprüfers,
6. die Ergebnisverwendung.

[4]Im Fall des Satzes 3 Nr. 1 unterliegen die Mitglieder des Verwaltungsrats den Weisungen des Kreistags. [5]Die Unternehmenssatzung kann vorsehen, daß der Kreistag den Mitgliedern des Verwaltungsrats auch in bestimmten anderen Fällen Weisungen erteilen kann. [6]Die Abstimmung entgegen der Weisung berührt die Gültigkeit des Beschlusses des Verwaltungsrats nicht. [7]Für den Ausschluss wegen persönlicher Beteiligung gilt Art. 43 entsprechend.

(3) [1]Der Verwaltungsrat besteht aus dem vorsitzenden Mitglied und den übrigen Mitgliedern. [2]Den Vorsitz führt die Landrätin oder der Landrat; mit ihrer oder seiner Zustimmung kann der Kreistag eine andere Person zum vorsitzenden Mitglied bestellen. [3]Das vorsitzende Mitglied nach Satz 2 Halbsatz 2 und die übrigen Mitglieder des Verwaltungsrats werden vom Kreistag für sechs Jahre bestellt. [4]Die Amtszeit von Mitgliedern des Verwaltungsrats, die dem Kreistag angehören, endet mit dem Ende der Wahlzeit oder dem vorzeitigen Ausscheiden aus dem Kreistag. [5]Die Mitglieder des Verwaltungsrats üben ihr Amt bis zum Amtsantritt der neuen Mitglieder weiter aus. [6]Mitglieder des Verwaltungsrats können nicht sein:

1. Beamtinnen und Beamte sowie Arbeitnehmerinnen und Arbeitnehmer des Kommunalunternehmens,
2. leitende Beamtinnen und Beamte sowie leitende Arbeitnehmerinnen und Arbeitnehmer von juristischen Personen oder sonstigen Organisationen des öffentlichen oder privaten Rechts, an denen das Kommunalunternehmen mit mehr als 50 % beteiligt ist; eine Beteiligung am Stimmrecht genügt,
3. Beamtinnen und Beamte sowie Arbeitnehmerinnen und Arbeitnehmer der Rechtsaufsichtsbehörde, die unmittelbar mit Aufgaben der Aufsicht über das Kommunalunternehmen befasst sind.

[7]Art. 24 Abs. 3 Sätze 2 und 3 gelten entsprechend.

(4) [1]Das Kommunalunternehmen hat das Recht, Dienstherr von Beamtinnen und Beamten zu sein, wenn es auf Grund einer Aufgabenübertragung nach Art. 77 Abs. 2 hoheitliche Befugnisse ausübt. [2]Wird es aufgelöst, hat der Landkreis die Beamtinnen und Beamten sowie Versorgungsempfängerinnen und Versorgungsempfänger zu übernehmen. [3]Wird das Unternehmensvermögen ganz oder teilweise auf andere juristische Personen des öffentlichen Rechts mit Dienstherrnfähigkeit übertragen, so gelten für die Übernahme und die Rechtsstellung der Beamtinnen und Beamten sowie Versorgungsempfängerinnen und Versorgungsempfänger des Kommunalunternehmens Art. 51 bis 54 und 69 des Bayerischen Beamtengesetzes, bei länderübergreifendem Vermögensübergang §§ 16 bis 19 des Beamtenstatusgesetzes.

Artikel 79 Sonstige Vorschriften für Kommunalunternehmen

(1) Der Jahresabschluß und der Lagebericht werden nach den für große Kapitalgesellschaften geltenden Vorschriften des Handelsgesetzbuchs aufgestellt und geprüft, sofern nicht weitergehende gesetzliche Vorschriften gelten oder andere gesetzliche Vorschriften entgegenstehen.

(2) Die Organe der Rechnungsprüfung der Landkreise haben das Recht, sich zur Klärung von Fragen, die bei der Prüfung nach Art. 92 Abs. 4 Sätze 2 und 3 auftreten, unmittelbar zu unterrichten und zu diesem Zweck den Betrieb, die Bücher und Schriften des Kommunalunternehmens einzusehen.

(3) Die Art. 3 Abs. 2, Art. 55 Abs. 1 bis 3, Art. 56, 63, 64, 68 Abs. 1 und 2, Art. 69, 71 und 87 und die Vorschriften des Vierten Teils über die staatliche Aufsicht und die Rechtsmittel sind sinngemäß anzuwenden.

(4) Das Unternehmen ist zur Vollstreckung von Verwaltungsakten in demselben Umfang berechtigt wie der Landkreis, wenn es auf Grund einer Aufgabenübertragung nach Art. 77 Abs. 2 hoheitliche Befugnisse ausübt und bei der Aufgabenübertragung nichts Abweichendes geregelt wird.

Artikel 80 Unternehmen in Privatrechtsform

(1) [1]Unternehmen des Landkreises in Privatrechtsform und Beteiligungen des Landkreises an Unternehmen in Privatrechtsform sind nur zulässig, wenn

1. im Gesellschaftsvertrag oder in der Satzung sichergestellt ist, daß das Unternehmen den öffentlichen Zweck gemäß Art. 75 Abs. 1 Satz 1 Nr. 1 erfüllt,
2. der Landkreis angemessenen Einfluß im Aufsichtsrat oder in einem entsprechenden Gremium erhält,
3. die Haftung des Landkreises auf einen bestimmten, seiner Leistungsfähigkeit angemessenen Betrag begrenzt wird; die Rechtsaufsichtsbehörde kann von der Haftungsbegrenzung befreien.

[2]Zur Sicherstellung des öffentlichen Zwecks von Gesellschaften mit beschränkter Haftung soll im Gesellschaftsvertrag oder in der Satzung bestimmt werden, daß die Gesellschafterversammlung auch über den Erwerb und die Veräußerung von Unternehmen und Beteiligungen und über den Abschluß und die Änderung von Unternehmensverträgen beschließt. [3]In der Satzung von Aktiengesellschaften soll bestimmt werden, daß zum Erwerb und zur Veräußerung von Unternehmen und Beteiligungen die Zustimmung des Aufsichtsrats notwendig ist.

(2) Der Landkreis darf dem Erwerb von Unternehmen und Beteiligungen durch Unternehmen in Privatrechtsform, an denen er unmittelbar oder mittelbar beteiligt ist, nur unter entsprechender Anwendung der für ihn selbst geltenden Vorschriften zustimmen.

Artikel 81 Vertretung des Landkreises in Unternehmen in Privatrechtsform

(1) [1]Die Landrätin oder der Landrat vertritt den Landkreis in der Gesellschafterversammlung oder einem entsprechenden Organ. [2]Mit Zustimmung der Landrätin oder des Landrats und ihrer gewählten Stellvertretung kann der Kreistag eine andere Person zur Vertretung widerruflich bestellen.

(2) [1]Der Landkreis soll bei der Ausgestaltung des Gesellschaftsvertrags oder der Satzung darauf hinwirken, daß ihm das Recht eingeräumt wird, Mitglieder in einen Aufsichtsrat oder ein entsprechendes Gremium zu entsenden, soweit das zur Sicherung eines angemessenen Einflusses notwendig ist. [2]Vorbehaltlich entgegenstehender gesetzlicher Vorschriften haben Personen, die vom Landkreis entsandt oder auf seine Veranlassung gewählt wurden, den Landkreis über alle wichtigen Angelegenheiten möglichst frühzeitig zu unterrichten und ihm auf Verlangen Auskunft zu erteilen. [3]Soweit zulässig, soll sich der Landkreis ihnen gegenüber Weisungsrechte im Gesellschaftsvertrag oder der Satzung vorbehalten.

(3) [1]Wird die Person, die den Landkreis vertritt oder werden die in Absatz 2 genannten Personen aus ihrer Tätigkeit haftbar gemacht, stellt der Landkreis sie von der Haftung frei. [2]Bei Vorsatz oder grober Fahrlässigkeit kann der Landkreis Rückgriff nehmen, es sei denn, das schädigende Verhalten beruhte auf seiner Weisung. [3]Die Sätze 1 und 2 gelten entsprechend für Personen, die auf Veranlassung des Landkreises als nebenamtliche Mitglieder des geschäftsführenden Unternehmensorgans bestellt sind.

Artikel 82 Sonstige Vorschriften für Unternehmen in Privatrechtsform

(1) [1]Gehören dem Landkreis Anteile an einem Unternehmen in dem in § 53 des Haushaltsgrundsätzegesetzes (HGrG) bezeichneten Umfang, so hat er

1. darauf hinzuwirken, daß in sinngemäßer Anwendung der für Eigenbetriebe geltenden Vorschriften für jedes Wirtschaftsjahr ein Wirtschaftsplan aufgestellt und der Wirtschaftsführung eine fünfjährige Finanzplanung zugrundegelegt wird,
2. dafür Sorge zu tragen, daß der Jahresabschluß und der Lagebericht nach den für große Kapitalgesellschaften geltenden Vorschriften des Handelsgesetzbuchs aufgestellt und geprüft werden, sofern nicht weitergehende gesetzliche Vorschriften gelten oder andere gesetzliche Vorschriften entgegenstehen,
3. die Rechte nach § 53 Abs. 1 HGrG auszuüben,
4. darauf hinzuwirken, daß ihm und dem Bayerischen Kommunalen Prüfungsverband die in § 54 HGrG vorgesehenen Befugnisse eingeräumt werden,
5. darauf hinzuwirken, daß jedes Mitglied des geschäftsführenden Unternehmensorgans vertraglich verpflichtet wird, die ihm im Geschäftsjahr jeweils gewährten Bezüge im Sinn von § 285 Nr. 9 Buchst. a des Handelsgesetzbuchs dem Landkreis jährlich zur Veröffentlichung entsprechend Absatz 3 Satz 2 mitzuteilen.

[2]Die Rechtsaufsichtsbehörde kann Ausnahmen zulassen.

(2) [1]Ist eine Beteiligung des Landkreises an einem Unternehmen keine Mehrheitsbeteiligung im Sinn des § 53 HGrG, so soll der Landkreis, soweit sein Interesse das erfordert, darauf hinwirken, daß in der Satzung oder im Gesellschaftsvertrag dem Landkreis die Rechte nach § 53 Abs. 1 HGrG und dem

Landkreis und dem Bayerischen Kommunalen Prüfungsverband die Befugnisse nach § 54 HGrG eingeräumt werden. 2Bei mittelbaren Beteiligungen gilt dies nur, wenn die Beteiligung den vierten Teil der Anteile übersteigt und einer Gesellschaft zusteht, an der der Landkreis allein oder zusammen mit anderen Gebietskörperschaften oder deren Zusammenschlüssen mit Mehrheit im Sinn des § 53 HGrG beteiligt ist.

(3) 1Der Landkreis hat jährlich einen Bericht über seine Beteiligungen an Unternehmen in einer Rechtsform des Privatrechts zu erstellen, wenn ihm mindestens der zwanzigste Teil der Anteile eines Unternehmens gehört. 2Der Beteiligungsbericht soll insbesondere Angaben über die Erfüllung des öffentlichen Zwecks, die Beteiligungsverhältnisse, die Zusammensetzung der Organe der Gesellschaft, die Bezüge der einzelnen Mitglieder des geschäftsführenden Unternehmensorgans gemäß Absatz 1 Nr. 5, die Ertragslage und die Kreditaufnahme enthalten. 3Haben die Mitglieder des geschäftsführenden Unternehmensorgans ihr Einverständnis mit der Veröffentlichung ihrer Einzelbezüge nicht erklärt, sind ihre Gesamtbezüge so zu veröffentlichen, wie sie von der Gesellschaft nach den Vorschriften des Handelsgesetzbuchs in den Anhang zum Jahresabschluß aufgenommen werden. 4Der Bericht ist dem Kreistag vorzulegen. 5Der Landkreis weist ortsüblich darauf hin, daß jeder Einsicht in den Bericht nehmen kann.

Artikel 83 Grundsätze für die Führung von Unternehmen des Landkreises

(1) 1Eigenbetriebe und Kommunalunternehmen sind unter Beachtung betriebswirtschaftlicher Grundsätze und des Grundsatzes der Sparsamkeit und Wirtschaftlichkeit so zu führen, daß der öffentliche Zweck erfüllt wird. 2Entsprechendes gilt für die Steuerung und Überwachung von Unternehmen in Privatrechtsform, an denen der Landkreis mit mehr als 50 v.H. beteiligt ist; bei einer geringeren Beteiligung soll der Landkreis darauf hinwirken.

(2) Unternehmen des Landkreises dürfen keine wesentliche Schädigung und keine Aufsaugung selbständiger Betriebe in Landwirtschaft, Handwerk, Handel, Gewerbe und Industrie bewirken.

Artikel 84 Anzeigepflichten

(1) 1Entscheidungen des Landkreises über

1. die Errichtung, Übernahme und wesentliche Erweiterung sowie die Änderung der Rechtsform oder der Aufgaben von Unternehmen des Landkreises,
2. die unmittelbare oder mittelbare Beteiligung des Landkreises an Unternehmen,
3. die gänzliche oder teilweise Veräußerung von Unternehmen oder Beteiligungen des Landkreises,
4. die Auflösung von Kommunalunternehmen

sind der Rechtsaufsichtsbehörde rechtzeitig, mindestens aber sechs Wochen vor ihrem Vollzug, vorzulegen. 2In den Fällen des Satzes 1 Nrn. 2 und 3 besteht keine Anzeigepflicht, wenn die Entscheidung weniger als den zwanzigsten Teil der Anteile des Unternehmens betrifft. 3Aus der Vorlage muß zu ersehen sein, ob die gesetzlichen Voraussetzungen erfüllt sind. 4Die Unternehmenssatzung von Kommunalunternehmen ist der Rechstaufsichtsbehörde stets vorzulegen.

(2) Abs. 1 Satz 1 Nrn. 1 bis 3 und die Sätze 2 und 3 gelten entsprechend für die Entscheidungen des Verwaltungsrats eines Kommunalunternehmens.

Artikel 85 Pflicht zur Einrichtung interner Meldestellen

1Für Beschäftigungsgeber, die im Eigentum oder unter der Kontrolle eines Landkreises stehen, gelten § 12 Abs. 1 Satz 1 und Abs. 4 sowie die §§ 13 bis 18 HinSchG entsprechend. 2Ausgenommen von Satz 1 sind Beschäftigungsgeber mit in der Regel weniger als 50 Beschäftigten. 3Art. 56 Abs. 4 Satz 3 GO gilt entsprechend.

5. Abschnitt

Kassen- und Rechnungswesen

Artikel 86 Kreiskasse

(1) Die Kreiskasse erledigt alle Kassengeschäfte des Landkreises.

(2) 1Der Landkreis hat einen Kassenverwalter und einen Stellvertreter zu bestellen. 2Diese Verpflichtung entfällt, wenn er seine Kassengeschäfte ganz durch eine Stelle außerhalb der Landkreisverwaltung besorgen läßt. 3Die Anordnungsbefugten der Landkreisverwaltung, der Leiter und die Prüfer des Rechnungsprüfungsamts können nicht gleichzeitig die Aufgaben eines Kassenverwalters oder seines Stellvertreters wahrnehmen.

(3) Der Kassenverwalter und sein Stellvertreter dürfen weder miteinander noch mit den Anordnungsbefugten der Landkreisverwaltung, dem Leiter und den Prüfern des Rechnungsprüfungsamts durch ein Angehörigenverhältnis im Sinn des Art. 20 Abs. 5 BayVwVfG verbunden sein.

(4) [1]Sonderkassen sollen mit der Kreiskasse verbunden werden. [2]Ist eine Sonderkasse nicht mit der Kreiskasse verbunden, gelten für den Verwalter der Sonderkasse und dessen Stellvertreter die Absätze 2 und 3 entsprechend.

Artikel 87 Übertragung von Kassen- und Rechnungsgeschäften

Der Landkreis kann das Ermitteln von Ansprüchen und von Zahlungsverpflichtungen, das Vorbereiten der entsprechenden Kassenanordnungen, die Kassengeschäfte und das Rechnungswesen ganz oder zum Teil von einer Stelle außerhalb der Landkreisverwaltung besorgen lassen, wenn die ordnungsgemäße und sichere Erledigung und die Prüfung nach den für den Landkreis geltenden Vorschriften gewährleistet sind.

Artikel 88 Rechnungslegung, Jahresabschluss

(1) [1]Im Jahresabschluss beziehungsweise in der Jahresrechnung ist das Ergebnis der Haushaltswirtschaft einschließlich des Stands des Vermögens und der Verbindlichkeiten zu Beginn und am Ende des Haushaltsjahres nachzuweisen. [2]Bei Haushaltswirtschaft nach den Grundsätzen der doppelten kommunalen Buchführung besteht der Jahresabschluss aus der Ergebnisrechnung, der Finanzrechnung, der Vermögensrechnung (Bilanz) und dem Anhang. [3]Bei Haushaltswirtschaft nach den Grundsätzen der Kameralistik besteht die Jahresrechnung aus dem kassenmäßigen Abschluss und der Haushaltsrechnung. [4]Der Jahresabschluss beziehungsweise die Jahresrechnung ist durch einen Rechenschaftsbericht zu erläutern.

(2) Der Jahresabschluss beziehungsweise die Jahresrechnung ist innerhalb von sechs Monaten, der konsolidierte Jahresabschluss (Art. 88a) innerhalb von zehn Monaten nach Abschluss des Haushaltsjahres aufzustellen und sodann dem Kreisausschuss vorzulegen.

(3) [1]Nach Durchführung der örtlichen Prüfung der Jahresrechnung und der Jahresabschlüsse (Art. 89) und Aufklärung etwaiger Unstimmigkeiten stellt der Kreistag alsbald, jedoch in der Regel bis zum 30. Juni des auf das Haushaltsjahr folgenden übernächsten Jahres den Jahresabschluss beziehungsweise die Jahresrechnung in öffentlicher Sitzung fest und beschließt über die Entlastung. [2]Ist ein konsolidierter Jahresabschluss aufzustellen (Art. 88a), tritt an die Stelle des 30. Juni der 31. Dezember des auf das Haushaltsjahr folgenden übernächsten Jahres. [3]Verweigert der Kreistag die Entlastung oder spricht er sie mit Einschränkungen aus, hat er die dafür maßgebenden Gründe anzugeben.

(4) Die Kreisrätinnen und Kreisräte können jederzeit die Berichte über die Prüfungen einsehen.

Artikel 88a Konsolidierter Jahresabschluss

(1) [1]Mit dem Jahresabschluss des Landkreises sind die Jahresabschlüsse

1. der außerhalb der allgemeinen Verwaltung geführten Sondervermögen ohne eigene Rechtspersönlichkeit,
2. der rechtlich selbstständigen Organisationseinheiten und Vermögensmassen mit Nennkapital oder variablen Kapitalanteilen,
3. der Zweckverbände mit kaufmännischer Rechnungslegung und der gemeinsamen Kommunalunternehmen und
4. der von dem Landkreis verwalteten kommunalen Stiftungen mit kaufmännischem Rechnungswesen

zu konsolidieren. [2]Das gilt nicht für die Jahresabschlüsse der Sparkassen.

(2) [1]Aufgabenträger nach Abs. 1 sind entsprechend den §§ 300 bis 309 des Handelsgesetzbuchs zu konsolidieren (Vollkonsolidierung), wenn bei dem Landkreis die dem § 290 Abs. 1 und 2 des Handelsgesetzbuchs entsprechenden Voraussetzungen vorliegen. [2]Andere Aufgabenträger als nach Satz 1 sind entsprechend den §§ 311 und 312 des Handelsgesetzbuchs zu konsolidieren, es sei denn, sie sind für die Vermittlung eines den tatsächlichen Verhältnissen entsprechenden Bildes der Vermögens-, Finanz- und Ertragslage von untergeordneter Bedeutung. [3]Aufgabenträger nach Abs. 1 Nr. 3 können auch entsprechend § 310 des Handelsgesetzbuchs anteilsmäßig konsolidiert werden. [4]Für den Anteil an einem Zweckverband ist der Umlageschlüssel maßgebend.

(3) Der konsolidierte Jahresabschluss ist durch eine Kapitalflussrechnung zu ergänzen und durch einen Konsolidierungsbericht zu erläutern.

(4) Der Landkreis hat bei den in Abs. 1 Satz 1 genannten Aufgabenträgern, Organisationseinheiten und Vermögensmassen darauf hinzuwirken, dass ihm das Recht eingeräumt wird, von diesen alle Informationen und Unterlagen zu erhalten, die er für die Konsolidierung der Jahresabschlüsse für erforderlich hält.

6. Abschnitt
Prüfungswesen

Artikel 89 Örtliche Prüfungen

(1) [1]Der Jahresabschluss und der konsolidierte Jahresabschluss beziehungsweise die Jahresrechnung sowie die Jahresabschlüsse der Eigenbetriebe, der Krankenhäuser und der Pflegeeinrichtungen mit kaufmännischem Rechnungswesen werden von einem Rechnungsprüfungsausschuss geprüft (örtliche Rechnungsprüfung). [2]Über die Beratungen sind Niederschriften aufzunehmen.

(2) Der Kreistag bildet aus seiner Mitte einen Rechnungsprüfungsausschuß mit mindestens drei und höchstens sieben Mitgliedern und bestimmt ein Ausschußmitglied zur oder zum Vorsitzenden; Art. 33 Satz 1 findet keine Anwendung.

(3) [1]Zur Prüfung der Jahresabschlüsse und des konsolidierten Jahresabschlusses sowie der Jahresrechnung können Sachverständige zugezogen werden. [2]Das Rechnungsprüfungsamt ist umfassend als Sachverständiger heranzuziehen.

(4) Die örtliche Prüfung der Jahresrechnung und der Jahresabschlüsse ist innerhalb von zwölf Monaten, die des konsolidierten Jahresabschlusses innerhalb von 18 Monaten nach Abschluß des Haushaltsjahres durchzuführen.

(5) [1]Die örtliche Kassenprüfung obliegt der Landrätin oder dem Landrat. [2]Sie oder er bedient sich des Rechnungsprüfungsamts.

Artikel 90 Rechnungsprüfungsamt

(1) Landkreise müssen ein Rechnungsprüfungsamt einrichten.

(2) [1]Das Rechnungsprüfungsamt ist bei der örtlichen Rechnungsprüfung dem Kreistag und bei den örtlichen Kassenprüfungen der Landrätin oder dem Landrat unmittelbar verantwortlich. [2]Der Kreistag und die Landrätin oder der Landrat können besondere Aufträge zur Prüfung der Verwaltung erteilen. [3]Das Rechnungsprüfungsamt ist bei der Wahrnehmung seiner Aufgaben unabhängig und nur dem Gesetz unterworfen. [4]Im übrigen bleiben die Befugnisse der Landrätin oder des Landrats unberührt, der oder dem das Rechnungsprüfungsamt unmittelbar untersteht.

(3) [1]Der Kreistag bestellt den Leiter, seinen Stellvertreter und die Prüfer des Rechnungsprüfungsamts und beruft sie ab. [2]Der Kreistag kann den Leiter des Rechnungsprüfungsamts und seinen Stellvertreter gegen ihren Willen nur mit einer Mehrheit von zwei Dritteln der gesetzlichen Zahl der Mitglieder des Kreistags abberufen, wenn sie ihre Aufgabe nicht ordnungsgemäß erfüllen. [3]Die Abberufung von Prüfern des Rechnungsprüfungsamts gegen ihren Willen bedarf einer Mehrheit von zwei Dritteln der stimmberechtigten Kreisrätinnen und Kreisräte.

(4) [1]Der Leiter des Rechnungsprüfungsamts muß Beamtin oder Beamter auf Lebenszeit sein. [2]Er muß in der Fachlaufbahn Verwaltung und Finanzen, fachlicher Schwerpunkt nichttechnischer Verwaltungsdienst, für ein Amt ab der Besoldungsgruppe A 10 qualifiziert sein sowie die für das Amt erforderliche Erfahrung und Eignung besitzen.

(5) [1]Der Leiter, sein Stellvertreter und die Prüfer des Rechnungsprüfungsamts dürfen eine andere Stellung in dem Landkreis nur innehaben, wenn das mit ihren Prüfungsaufgaben vereinbar ist. [2]Sie dürfen Zahlungen für den Landkreis weder anordnen noch ausführen. [3]Für den Leiter des Rechnungsprüfungsamts und seinen Stellvertreter gilt außerdem Art. 86 Abs. 3 entsprechend.

Artikel 91 Überörtliche Prüfungen

(1) Die überörtlichen Rechnungs- und Kassenprüfungen werden vom Bayerischen Kommunalen Prüfungsverband (überörtliches Prüfungsorgan) durchgeführt.

(2) Die überörtliche Rechnungsprüfung findet alsbald nach der Feststellung des Jahresabschlusses beziehungsweise der Jahresrechnung und des konsolidierten Jahresabschlusses sowie der Jahresabschlüsse der Eigenbetriebe, der Krankenhäuser und der Pflegeeinrichtungen mit kaufmännischem Rechnungswesen statt.

Artikel 92 Inhalt der Rechnungs- und Kassenprüfungen

(1) Die Rechnungsprüfung erstreckt sich auf die Einhaltung der für die Wirtschaftsführung geltenden Vorschriften und Grundsätze, insbesondere darauf, ob

1. die Haushaltssatzung und der Haushaltsplan eingehalten worden sind,
2. die Einzahlungen und Auszahlungen sowie Erträge und Aufwendungen beziehungsweise die Einnahmen und Ausgaben begründet und belegt sind sowie der Jahresabschluss und der konsolidierte Jahresabschluss beziehungsweise die Jahresrechnung sowie die Vermögensnachweise ordnungsgemäß aufgestellt sind,
3. wirtschaftlich und sparsam verfahren wird,
4. die Aufgaben mit geringerem Personal- oder Sachaufwand oder auf andere Weise wirksamer erfüllt werden können.

(2) [1]Die Wirtschaftsführung der Krankenhäuser und der Pflegeeinrichtungen einschließlich der Jahresabschlüsse unterliegen der Rechnungsprüfung. [2]Absatz 1 gilt entsprechend.

(3) [1]Die Rechnungsprüfung umfaßt auch die Wirtschaftsführung der Eigenbetriebe unter entsprechender Anwendung des Absatzes 1. [2]Dabei ist auf das Ergebnis der Abschlußprüfung (Art. 93) mit abzustellen.

(4) [1]Im Rahmen der Rechnungsprüfung wird die Betätigung des Landkreises bei Unternehmen in einer Rechtsform des privaten Rechts, an denen der Landkreis unmittelbar oder mittelbar beteiligt ist, unter Beachtung kaufmännischer Grundsätze mitgeprüft. [2]Entsprechendes gilt bei Erwerbs- und Wirtschaftsgenossenschaften, in denen der Landkreis Mitglied ist, sowie bei Kommunalunternehmen. [3]Die Rechnungsprüfung umfaßt ferner die Buch-, Betriebs- und sonstigen Prüfungen, die sich der Landkreis bei der Hingabe eines Darlehens oder sonst vorbehalten hat.

(5) Durch Kassenprüfungen werden die ordnungsmäßige Erledigung der Kassengeschäfte, die ordnungsmäßige Einrichtung der Kassen und das Zusammenwirken mit der Verwaltung geprüft.

(6) [1]Die Organe der Rechnungsprüfung des Landkreises und das überörtliche Prüfungsorgan können verlangen, dass ihnen oder ihren beauftragten Prüfern Unterlagen, die sie zur Erfüllung ihrer Aufgaben für erforderlich halten, vorgelegt oder innerhalb einer bestimmten Frist übersandt werden. [2]Auskünfte sind ihnen oder ihren beauftragten Prüfern zu erteilen. [3]Die Auskunftspflicht nach den Sätzen 1 und 2 besteht auch, soweit hierfür in anderen Bestimmungen eine besondere Rechtsvorschrift gefordert wird, und umfasst auch elektronisch gespeicherte Daten sowie deren automatisierten Abruf.

Artikel 93 Abschlussprüfung bei Eigenbetrieben und Kommunalunternehmen

(1) Der Jahresabschluß und der Lagebericht eines Eigenbetriebs und eines Kommunalunternehmens sollen spätestens innerhalb von neun Monaten nach Schluß des Wirtschaftsjahres durch einen sachverständigen Prüfer (Abschlußprüfer) geprüft sein.

(2) Die Abschlußprüfung wird vom Bayerischen Kommunalen Prüfungsverband oder von einem Wirtschaftsprüfer oder von einer Wirtschaftsprüfungsgesellschaft durchgeführt.

(3) [1]Die Abschlußprüfung erstreckt sich auf die Vollständigkeit und Ordnungsmäßigkeit des Jahresabschlusses unter Einbeziehung der Buchführung und des Lageberichts. [2]Dabei werden auch geprüft

1. die Ordnungsmäßigkeit der Geschäftsführung,
2. die Entwicklung der Vermögens- und Ertragslage sowie die Liquidität und Rentabilität,
3. die verlustbringenden Geschäfte und die Ursachen der Verluste, wenn diese Geschäfte und die Ursachen für die Vermögens- und Ertragslage von Bedeutung waren,
4. die Ursachen eines in der Gewinn- und Verlustrechnung ausgewiesenen Jahresfehlbetrags.

Vierter Teil
Staatliche Aufsicht und Rechtsmittel

1. Abschnitt
Rechtsaufsicht und Fachaufsicht

Artikel 94 Sinn der staatlichen Aufsicht

Die Aufsichtsbehörden sollen die Landkreise bei der Erfüllung ihrer Aufgaben verständnisvoll beraten, fördern und schützen sowie die Entschlußkraft und die Selbstverantwortung der Kreisorgane stärken.

Artikel 95 Inhalt und Grenzen der Aufsicht

(1) In den Angelegenheiten des eigenen Wirkungskreises (Art. 5) beschränkt sich die staatliche Aufsicht darauf, die Erfüllung der gesetzlich festgelegten und übernommenen öffentlich-rechtlichen Aufgaben und Verpflichtungen der Landkreise und die Gesetzmäßigkeit ihrer Verwaltungstätigkeit zu überwachen (Rechtsaufsicht).

(2) [1]In den Angelegenheiten des übertragenen Wirkungskreises (Art. 6) erstreckt sich die staatliche Aufsicht auch auf die Handhabung des Verwaltungsermessens der Landkreise (Fachaufsicht). [2]Eingriffe in das Verwaltungsermessen sind auf die Fälle zu beschränken, in denen

1. das Gemeinwohl oder öffentlich-rechtliche Ansprüche einzelner eine Weisung oder Entscheidung erfordern oder
2. die Bundesregierung nach Art. 84 Abs. 5 oder Art. 85 Abs. 3 des Grundgesetzes eine Weisung erteilt.

Artikel 96 Rechtsaufsichtsbehörden

[1]Die Rechtsaufsicht über die Landkreise obliegt der Regierung. [2]Das Staatsministerium des Innern, für Sport und Integration ist obere Rechtsaufsichtsbehörde der Landkreise.

Artikel 97 Informationsrecht

[1]Die Rechtsaufsichtsbehörde ist befugt, sich jederzeit über alle Angelegenheiten des Landkreises zu unterrichten. [2]Sie kann insbesondere Anstalten und Einrichtungen des Landkreises besichtigen, die Geschäfts- und Kassenführung prüfen sowie Berichte und Akten einfordern.

Artikel 98 Beanstandungsrecht

[1]Die Rechtsaufsichtsbehörde kann rechtswidrige Beschlüsse und Verfügungen des Landkreises beanstanden und ihre Aufhebung oder Änderung verlangen. [2]Bei Nichterfüllung öffentlich-rechtlicher Aufgaben oder Verpflichtungen kann die Rechtsaufsichtsbehörde den Landkreis zur Durchführung der notwendigen Maßnahmen auffordern.

Artikel 99 Recht der Ersatzvornahme

[1]Kommt der Landkreis binnen einer ihm gesetzten angemessenen Frist den Anordnungen der Rechtsaufsichtsbehörde nicht nach, so kann diese die notwendigen Maßnahmen an Stelle des Landkreises verfügen und vollziehen. [2]Die Kosten trägt der Landkreis.

Artikel 100 Bestellung eines Beauftragten

(1) Ist der geordnete Gang der Verwaltung durch Beschlußunfähigkeit des Kreistags oder durch seine Weigerung, gesetzmäßige Anordnungen der Rechtsaufsichtsbehörde auszuführen, ernstlich behindert, so kann die Rechtsaufsichtsbehörde die Landrätin oder den Landrat ermächtigen, bis zur Behebung des gesetzwidrigen Zustands für den Landkreis zu handeln.

(2) [1]Weigert sich die Landrätin oder der Landrat oder ist sie oder er aus tatsächlichen oder rechtlichen Gründen verhindert, die Aufgaben nach Absatz 1 wahrzunehmen, so beauftragt die Rechtsaufsichtsbehörde die gewählte stellvertretende Landrätin oder den gewählten stellvertretenden Landrat, für den Landkreis zu handeln, solange es erforderlich ist. [2]Ist keine gewählte stellvertretende Landrätin und kein gewählter stellvertretender Landrat vorhanden oder ist auch sie oder er verhindert oder nicht handlungswillig, so handelt die Rechtsaufsichtsbehörde für den Landkreis.

(3) Die Staatsregierung kann ferner, wenn sich der gesetzwidrige Zustand anders nicht beheben lässt, den Kreistag auflösen und dessen Neuwahl anordnen.

Artikel 101 Fachaufsichtsbehörden

[1]Die Zuständigkeit zur Führung der Fachaufsicht auf den einzelnen Gebieten des übertragenen Wirkungskreises bestimmt sich nach den hierfür geltenden besonderen Vorschriften. [2]Soweit solche besonderen Vorschriften nicht bestehen, obliegt den Rechtsaufsichtsbehörden auch die Führung der Fachaufsicht.

Artikel 102 Befugnisse der Fachaufsicht

(1) [1]Die Fachaufsichtsbehörden können sich über Angelegenheiten des übertragenen Wirkungskreises in gleicher Weise wie die Rechtsaufsichtsbehörden unterrichten (Art. 97). [2]Sie können ferner dem Landkreis für die Behandlung übertragener Angelegenheiten unter Beachtung des Art. 95 Abs. 2 Satz 2 Weisungen erteilen. [3]Zu weitergehenden Eingriffen in die Landkreisverwaltung sind die Fachaufsichtsbehörden unbeschadet der Entscheidung über Widersprüche (Art. 104 Nr. 2) nicht befugt.

(2) [1]Die Rechtsaufsichtsbehörden sind verpflichtet, die Fachaufsichtsbehörden bei der Durchführung ihrer gesetzlichen Aufgaben nötigenfalls unter Anwendung der in den Art. 99 und 100 festgelegten Befugnisse zu unterstützen. [2]Bei der Ersatzvornahme tritt die Weisung der Fachaufsichtsbehörde an die Stelle der Anordnung der Rechtsaufsichtsbehörde.

Artikel 103 Genehmigungsbehörde

(1) Die in diesem Gesetz vorgeschriebenen Genehmigungen erteilt, soweit nichts anderes bestimmt ist, die Rechtsaufsichtsbehörde (Art. 96).

(2) Beschlüsse sowie Geschäfte des bürgerlichen Rechts erlangen Rechtswirksamkeit erst mit der Erteilung der nach diesem Gesetz erforderlichen Genehmigung.

(3) Die Anträge auf Erteilung der Genehmigungen sind ohne schuldhafte Verzögerung zu verbescheiden.

Artikel 103a Ausnahmegenehmigungen

[1]Das Staatsministerium des Innern, für Sport und Integration kann im Interesse der Weiterentwicklung der kommunalen Selbstverwaltung zur Erprobung neuer Modelle der Steuerung und des Haushalts- und Rechnungswesens, der Verfahrensvereinfachung und der Verwaltungsführung auf Antrag im Einzelfall Ausnahmen von Regelungen dieses Gesetzes und der nach Art. 106 erlassenen Vorschriften genehmigen. [2]Die Genehmigung ist zu befristen. [3]Bedingungen und Auflagen sind insbesondere zulässig, um die Vergleichbarkeit des Kommunalrechtsvollzugs auch im Rahmen einer Erprobung möglichst zu wahren und die Ergebnisse der Erprobung für Gemeinden, für andere Landkreise und für Bezirke nutzbar zu machen.

2. Abschnitt
Rechtsmittel

Artikel 104 Erlaß des Widerspruchsbescheids (§ 73 der Verwaltungsgerichtsordnung – VwGO)

Den Widerspruchsbescheid erläßt

1. in Angelegenheiten des eigenen Wirkungskreises die Rechtsaufsichtsbehörde, die dabei auf die Prüfung der Rechtmäßigkeit beschränkt ist; zuvor hat die Selbstverwaltungsbehörde nach § 72 VwGO auch die Zweckmäßigkeit zu überprüfen,
2. in Angelegenheiten des übertragenen Wirkungskreises die Fachaufsichtsbehörde; ist Fachaufsichtsbehörde eine oberste Landesbehörde, so entscheidet die Behörde, die den Verwaltungsakt erlassen hat; Art. 95 Abs. 2 Satz 2 findet keine Anwendung.

Fünfter Teil
Übergangs- und Schlußvorschriften

Artikel 105 Einwohnerzahl

Soweit nach diesem Gesetz oder einer auf Grund dieses Gesetzes erlassenen Rechtsverordnung die Einwohnerzahl von rechtlicher Bedeutung ist, ist die Einwohnerzahl maßgebend, die bei der letzten Wahl der Kreisräte zugrunde gelegt wurde.

Artikel 106 Rechtsverordnungen

(1) [1]Das Staatsministerium des Innern, für Sport und Integration wird ermächtigt, durch Rechtsverordnung das Nähere zu kommunalen Namen, Hoheitszeichen sowie Bestands- und Gebietsänderungen nach den Art. 2, 3 und 8 zu regeln. [2]Es wird weiter ermächtigt, im Einvernehmen mit dem Staatsministerium der Finanzen und für Heimat durch Rechtsverordnungen zu regeln:

1. den Inhalt und die Gestaltung des Haushaltsplans einschließlich des Stellenplans, der mittelfristigen Finanzplanung und des Investitionsprogramms sowie der Dokumentation der im Finanzplanungszeitraum gültigen Kreditermächtigungen aus den Vorjahren und deren Inanspruchnahmen, ferner die Veranschlagung von Einzahlungen, Auszahlungen, Erträgen und Aufwendungen beziehungsweise Einnahmen, Ausgaben und Verpflichtungsermächtigungen für einen vom Haushaltsjahr abweichenden Wirtschaftszeitraum,
2. die Ausführung des Haushaltsplans, die Anordnung von Zahlungen, die Haushaltsüberwachung, die Stundung, die Niederschlagung und den Erlaß von Ansprüchen und die Behandlung von Kleinbeträgen,

3. die Ausschreibung von Lieferungen und Leistungen und die Vergabe von Aufträgen,
4. die Bildung, vorübergehende Inanspruchnahme und Verwendung von Rücklagen und deren Mindesthöhe,
5. die Bildung und Auflösung von Rückstellungen,
6. die Geldanlagen und ihre Sicherung,
7. die Erfassung, den Nachweis, die Bewertung und die Abschreibung der Vermögensgegenstände; dabei kann die Bewertung und Abschreibung auf einzelne Bereiche beschränkt werden,
8. die Aufstellung der Eröffnungsbilanz auch unter Abweichung von Art. 68 Abs. 3 und der folgenden Bilanzen,
9. die Kassenanordnungen, die Aufgaben und die Organisation der Kreiskasse und der Sonderkassen, den Zahlungsverkehr, die Verwaltung der Kassenmittel, der Wertgegenstände und anderer Gegenstände, die Buchführung sowie die Möglichkeit, daß die Buchführung und die Verwahrung von Wertgegenständen von den Kassengeschäften abgetrennt werden können,
10. den Inhalt und die Gestaltung der Jahresrechnung und die Abwicklung der Vorjahresergebnisse,
11. den Inhalt und die Gestaltung des Jahresabschlusses und des konsolidierten Jahresabschlusses; dabei können auch Ausnahmen von der und Übergangsfristen für die Konsolidierungspflicht vorgesehen werden,
12. den Inhalt und die Gestaltung des Rechenschaftsberichts zur Jahresrechnung beziehungsweise zum Jahresabschluss, des Anhangs zum Jahresabschluss sowie des Konsolidierungsberichts zum konsolidierten Jahresabschluss,
13. den Aufbau und die Verwaltung, die Wirtschaftsführung, das Rechnungswesen und die Prüfung der Eigenbetriebe,
14. die Prüfung der Jahresrechnungen, der Jahresabschlüsse und der konsolidierten Jahresabschlüsse, die Prüfung der Kreiskasse und der Sonderkassen, die Abschlußprüfung und die Freistellung von der Abschlußprüfung, die Prüfung von Verfahren der automatisierten Datenverarbeitung im Bereich des Finanzwesens der Landkreise, die Rechte und Pflichten der Prüfer, die über Prüfungen zu erstellenden Berichte und deren weitere Behandlung sowie die Organisation der staatlichen Rechnungsprüfungsstellen der Landratsämter,
15. das Verfahren bei der Errichtung der Kommunalunternehmen sowie der Umwandlung von Kapitalgesellschaften in Kommunalunternehmen und den Aufbau, die Verwaltung, die Wirtschaftsführung sowie das Rechnungs- und Prüfungswesen der Kommunalunternehmen.

[3]Das Staatsministerium des Innern, für Sport und Integration wird weiter ermächtigt, im Einvernehmen mit dem Staatsministerium für Gesundheit, Pflege und Prävention und mit dem Staatsministerium der Finanzen und für Heimat die Wirtschaftsführung der Krankenhäuser und der Pflegeeinrichtungen der Landkreise durch Rechtsverordnung zu regeln.

(2) [1]Das Staatsministerium des Innern, für Sport und Integration erläßt die erforderlichen Verwaltungsvorschriften und gibt Muster, insbesondere für

1. die Haushaltssatzung und die Nachtragshaushaltssatzung,
2. die Darstellung des Haushaltsplans und des mittelfristigen Finanzplans insbesondere
   a) die Konten und Produkte bei Haushaltswirtschaft nach den Grundsätzen der doppelten kommunalen Buchführung,
   b) die Gliederung und die Gruppierung bei Haushaltswirtschaft nach den Grundsätzen der Kameralistik,
3. die Form des Haushaltsplans und seiner Anlagen, des mittelfristigen Finanzplans und des Investitionsprogramms sowie der Dokumentation der im Finanzplanungszeitraum gültigen Kreditermächtigungen aus den Vorjahren und deren Inanspruchnahmen,
4. die Gliederung und die Form des Jahresabschlusses und des konsolidierten Jahresabschlusses,
5. die Darstellung und die Form der Vermögensnachweise,
6. die Kassenanordnungen, die Buchführung, die Jahresrechnung und ihre Anlagen,
7. die Gliederung und die Form des Wirtschaftsplans und seiner Anlagen, des mittelfristigen Finanzplans und des Investitionsprogramms, des Jahresabschlusses, der Anlagenachweise und der Erfolgsübersicht für Eigenbetriebe und für Krankenhäuser mit kaufmännischem Rechnungswesen,

im Bayerischen Ministerialblatt bekannt. [2]Es kann solche Muster für verbindlich erklären. [3]Die Zuordnung der einzelnen Geschäftsvorfälle zu den Darstellungen gemäß Satz 1 Nrn. 2 bis 5 kann durch Verwaltungsvorschrift in gleicher Weise verbindlich festgelegt werden. [4]Die Verwaltungsvorschriften zur Darstellung des Haushaltsplans und des mittelfristigen Finanzplans sind im Einvernehmen mit dem Staatsministerium der Finanzen und für Heimat zu erlassen.

Artikel 106a Landkreiswirtschaftliche Erleichterungen anlässlich der Corona-Pandemie

[1]*[aufgehoben]* [2]*[aufgehoben]* [3]Die in den Haushaltsjahren 2020 und 2021 angelegten und betätigten Abweichungen von landkreiswirtschaftlichen Bestimmungen dürfen sich auf nachfolgende Haushaltsjahre auswirken, längstens jedoch auf das Haushaltsjahr 2032.

Artikel 106b Übergangsregelung

(1) Für Kreisrätinnen und Kreisräte, die ihr Amt am 31. Dezember 2023 ausüben, ist Art. 24 Abs. 3 bis zum Ende ihrer laufenden Amtszeit in seiner bis zum Ablauf des 31. Dezember 2023 geltenden Fassung anzuwenden.

(2) Für Mitglieder des Verwaltungsrats von Kommunalunternehmen, die ihr Amt am 31. Dezember 2023 ausüben, ist Art. 78 Abs. 3 Satz 6 bis zum Ende ihrer laufenden Amtszeit in seiner bis zum Ablauf des 31. Dezember 2023 geltenden Fassung anzuwenden.

Artikel 107 Einschränkung von Grundrechten

Auf Grund dieses Gesetzes können die Grundrechte auf Freiheit der Person und der Unverletzlichkeit der Wohnung eingeschränkt werden (Art. 2 Abs. 2, Art. 13 des Grundgesetzes, Art. 102 und 106 Abs. 3 der Verfassung).

Artikel 108 Inkrafttreten, Außerkrafttreten

(1) [1]Dieses Gesetz ist dringlich. [2]Es tritt am 14. Februar 1952 in Kraft.[1)]

(2) Art. 106a Satz 3 tritt mit Ablauf des 31. Dezember 2032 außer Kraft.

1) **Amtl. Anm.:** Diese Vorschrift betrifft das Inkrafttreten des Gesetzes in der ursprünglichen Fassung vom 16.2.1952 (GVBl. S. 39). Der Zeitpunkt des Inkrafttretens der späteren Änderungen ergibt sich aus den jeweiligen Änderungsgesetzen.

Bezirksordnung für den Freistaat Bayern (Bezirksordnung – BezO)

In der Fassung der Bekanntmachung vom 22. August 1998 (GVBl. S. 850) (BayRS 2020-4-2-I)

zuletzt geändert durch § 1 Abs. 9 V zur Anpassung des Landesrechts an die geltende Geschäftsverteilung vom 4. Juni 2024 (GVBl. S. 98)

Nichtamtliche Inhaltsübersicht

Erster Teil
Wesen und Aufgaben des Bezirks

1. Abschnitt
Begriff, Benennung und Hoheitszeichen

Artikel 1 Begriff
Die Bezirke sind Gebietskörperschaften mit dem Recht, überörtliche Angelegenheiten, die über die Zuständigkeit oder das Leistungsvermögen der Landkreise und kreisfreien Gemeinden hinausgehen und deren Bedeutung über das Gebiet des Bezirks nicht hinausreicht, im Rahmen der Gesetze selbst zu ordnen und zu verwalten.

Artikel 2 Name; Sitz der Bezirksverwaltung
Der Name der Bezirke und der Sitz der Bezirksverwaltung werden durch Gesetz bestimmt.

Artikel 3 Wappen und Fahnen; Dienstsiegel
(1) [1]Die Bezirke können ihre geschichtlichen Wappen und Fahnen führen. [2]Sie sind verpflichtet, sich bei der Änderung bestehender und der Annahme neuer Wappen und Fahnen von der Generaldirektion der Staatlichen Archive Bayerns beraten zu lassen und, soweit sie deren Stellungnahme nicht folgen wollen, den Entwurf der Rechtsaufsichtsbehörde vorzulegen.
(2) [1]Bezirke mit eigenem Wappen führen dieses in ihrem Dienstsiegel. [2]Die übrigen Bezirke führen in ihrem Dienstsiegel das große Staatswappen.
(3) Von Dritten dürfen Wappen und Fahnen des Bezirks nur mit dessen Genehmigung verwendet werden.

2. Abschnitt
Wirkungskreis

Artikel 4 Wirkungskreis im allgemeinen
(1) Den Bezirken steht die Erfüllung öffentlicher Aufgaben zu, die sich auf das Gebiet des Bezirks beschränken und über die Zuständigkeit oder das Leistungsvermögen der Landkreise und kreisfreien Gemeinden hinausgehen.
(2) Die Aufgaben der Bezirke sind eigene oder übertragene Angelegenheiten.

Artikel 5 Eigene Angelegenheiten
(1) Der eigene Wirkungskreis der Bezirke umfaßt die Angelegenheiten der durch das Gebiet des Bezirks begrenzten überörtlichen Gemeinschaft.
(2) [1]In Angelegenheiten des eigenen Wirkungskreises handeln die Bezirke nach eigenem Ermessen. [2]Sie sind nur an die gesetzlichen Vorschriften gebunden.

Artikel 6 Übertragene Angelegenheiten
(1) Der übertragene Wirkungskreis der Bezirke umfaßt alle Angelegenheiten, die das Gesetz den Bezirken zur Besorgung im Auftrag des Staates zuweist.
(2) Für die Erledigung übertragener Angelegenheiten können die zuständigen Staatsbehörden den Bezirken Weisungen erteilen.
(3) [1]Den Bezirken können Angelegenheiten auch zur selbständigen Besorgung übertragen werden. [2]Art. 5 Abs. 2 ist hierbei sinngemäß anzuwenden.
(4) Bei der Zuweisung von Angelegenheiten sind gleichzeitig die notwendigen Mittel zur Verfügung zu stellen.

3. Abschnitt

Bezirksgebiet

Artikel 7 Gebietsumfang

Die Gesamtfläche der dem Bezirk zugeteilten Landkreise und kreisfreien Gemeinden bildet das Bezirksgebiet.

Artikel 8 Änderungen und Zuständigkeit

(1) Regierungsbezirke können nur aus Gründen des öffentlichen Wohls in ihrem Gebietsumfang geändert werden.

(2) [1]Wird mindestens ein ganzer Landkreis oder mindestens eine ganze kreisfreie Gemeinde umgegliedert, erfolgt die Änderung durch Gesetz. [2]Vor der Änderung sind außer den Landkreisen bzw. Gemeinden des Änderungsgebiets die beteiligten Bezirkstage zu hören. [3]Den Bezirksbürgerinnen und Bezirksbürgern, deren Bezirkszugehörigkeit wechselt, soll Gelegenheit gegeben werden, zu der Änderung in geheimer Abstimmung Stellung zu nehmen.

(3) Sonstige Änderungen werden im Verfahren nach Art. 8 Abs. 2 bis 4 der Landkreisordnung (LKrO) miterledigt, wobei zusätzlich die beteiligten Bezirke zu hören sind.

Artikel 9 Folgen der Änderungen

(1) [1]Das Recht des aufnehmenden Bezirks erstreckt sich auf das aufgenommene Gebiet, wenn nicht in der Vorschrift über die Gebietsänderung etwas Abweichendes bestimmt ist. [2]Entsprechendes gilt für das Recht der durch die Änderung betroffenen Landkreise und Gemeinden.

(2) [1]Das Staatsministerium des Innern, für Sport und Integration regelt die für den Bezirk mit der Änderung zusammenhängenden weiteren Rechts- und Verwaltungsfragen. [2]Es kann insbesondere eine Neuwahl oder Ergänzung des Bezirkstags für den Rest der Wahlzeit anordnen. [3]Das Staatsministerium des Innern, für Sport und Integration trifft auch entsprechende Regelungen für die durch die Änderung betroffenen Landkreise und Gemeinden oder beauftragt damit die Regierungen oder für kreisangehörige Gemeinden die Landratsämter.

(3) [1]Die vermögensrechtlichen Verhältnisse werden durch Übereinkunft der beteiligten Bezirke geregelt. [2]Der Übereinkunft kommt in dem in ihr bestimmten Zeitpunkt, frühestens jedoch mit Rechtswirksamkeit der Änderung, unmittelbar rechtsbegründende Wirkung zu. [3]Kommt eine Übereinkunft nicht zustande, so entscheiden das Verwaltungsgericht und in der Berufungsinstanz der Verwaltungsgerichtshof als Schiedsgerichte.

(4) Soweit der Aufenthalt Voraussetzung für Rechte und Pflichten ist, gilt der vor der Änderung liegende Aufenthalt in dem Änderungsgebiet als Aufenthalt im neuen Bezirk.

Artikel 10 Gebühren

Für Änderungen nach Art. 8 und Rechtshandlungen, die aus Anlaß solcher Änderungen erforderlich sind, werden landesrechtlich geregelte Abgaben nicht erhoben.

4. Abschnitt

Bezirksangehörige

Artikel 11 Bezirkseinwohnerinnen und Bezirkseinwohner; Bezirksbürgerinnen und Bezirksbürger

(1) [1]Bezirksangehörige sind alle Bezirkseinwohnerinnen und Bezirkseinwohner. [2]Sie haben gegenüber dem Bezirk die gleichen Rechte und Pflichten. [3]Ausnahmen bedürfen eines besonderen Rechtstitels.

(2) Bezirksbürgerinnen oder Bezirksbürger sind alle Bezirksangehörigen, die das Wahlrecht für die Bezirkswahlen besitzen.

Artikel 12 Wahlrecht

Die Bezirksbürgerinnen und Bezirksbürger wählen den Bezirkstag.

Artikel 13 Ehrenamtliche Tätigkeit

(1) [1]Die Bezirksbürgerinnen und Bezirksbürger sind zur Übernahme von Ehrenämtern des Bezirks verpflichtet. [2]Sie können nur aus wichtigem Grund die Übernahme von Ehrenämtern ablehnen oder ein Ehrenamt niederlegen. [3]Als wichtiger Grund ist es insbesondere anzusehen, wenn die Verpflichteten die Tätigkeit nicht ordnungsgemäß ausüben können. [4]Wer ohne wichtigen Grund die Übernahme

eines Ehrenamts ablehnt oder ein Ehrenamt niederlegt, kann mit Ordnungsgeld bis zu fünfhundert Euro belegt werden.

(2) [1]Ehrenamtlich tätige Personen können von der Stelle, die sie berufen hat, abberufen werden, wenn ein wichtiger Grund vorliegt. [2]Ein solcher liegt auch dann vor, wenn die ehrenamtlich tätige Person ihre Pflichten gröblich verletzt oder sich als unwürdig erwiesen hat.

(3) Die besonderen gesetzlichen Vorschriften bleiben unberührt.

Artikel 14 Sorgfalts- und Verschwiegenheitspflicht

(1) Ehrenamtlich tätige Personen sind verpflichtet, ihre Obliegenheiten gewissenhaft wahrzunehmen.

(2) [1]Sie haben über die ihnen bei ihrer ehrenamtlichen Tätigkeit bekanntgewordenen Angelegenheiten Verschwiegenheit zu bewahren; das gilt nicht für Mitteilungen im amtlichen Verkehr oder über Tatsachen, die offenkundig sind oder ihrer Bedeutung nach keiner Geheimhaltung bedürfen. [2]Sie dürfen die Kenntnis der nach Satz 1 geheimzuhaltenden Angelegenheiten nicht unbefugt verwerten. [3]Sie haben auf Verlangen des Bezirkstags amtliche Schriftstücke, Zeichnungen, bildliche Darstellungen und Aufzeichnungen jeder Art über dienstliche Vorgänge herauszugeben, auch soweit es sich um Wiedergaben handelt. [4]Diese Verpflichtungen bestehen auch nach Beendigung des Ehrenamts fort. [5]Die Herausgabepflicht trifft auch die Hinterbliebenen und Erben.

(3) [1]Ehrenamtlich tätige Personen dürfen ohne Genehmigung über Angelegenheiten, über die sie Verschwiegenheit zu bewahren haben, weder vor Gericht noch außergerichtlich aussagen oder Erklärungen abgeben. [2]Über die Genehmigung entscheidet die Bezirkstagspräsidentin oder der Bezirkstagspräsident; im Übrigen gelten Art. 84 Abs. 3 und 4 des Bayerischen Verwaltungsverfahrensgesetzes (BayVwVfG).

(4) [1]Wer den Verpflichtungen der Absätze 1, 2 oder 3 Satz 1 schuldhaft zuwiderhandelt, kann im Einzelfall mit Ordnungsgeld bis zu zweihundertfünfzig Euro, bei unbefugter Offenbarung personenbezogener Daten bis zu fünfhundert Euro, belegt werden; die Verantwortlichkeit nach anderen gesetzlichen Vorschriften bleibt unberührt. [2]Die Haftung gegenüber dem Bezirk richtet sich nach den für die Bezirkstagspräsidentin und den Bezirkstagspräsidenten geltenden Vorschriften. [3]Der Bezirk stellt die Verantwortlichen von der Haftung frei, wenn sie von Dritten unmittelbar in Anspruch genommen werden und der Schaden weder vorsätzlich noch grob fahrlässig verursacht worden ist.

Artikel 14a Entschädigung

(1) [1]Ehrenamtlich tätige Personen haben Anspruch auf angemessene Entschädigung. [2]Das Nähere wird durch Satzung bestimmt. [3]Auf die Entschädigung kann nicht verzichtet werden. [4]Der Anspruch ist nicht übertragbar.

(2) Ehrenamtlich tätige Personen erhalten ferner für die nach Maßgabe näherer Bestimmung in der Satzung zur Wahrnehmung des Ehrenamts notwendige Teilnahme an Sitzungen, Besprechungen oder anderen Veranstaltungen folgende Ersatzleistungen:

1. Arbeitnehmerinnen und Arbeitnehmern wird der ihnen entstandene nachgewiesene Verdienstausfall ersetzt.
2. [1]Selbständig Tätige können für die ihnen entstandene Zeitversäumnis eine Verdienstausfallentschädigung erhalten. [2]Die Entschädigung wird auf der Grundlage eines satzungsmäßig festgelegten Pauschalsatzes gewährt. [3]Wegezeiten können in angemessenem Umfang berücksichtigt werden.
3. [1]Personen, die keine Ersatzansprüche nach Nummern 1 und 2 haben, denen aber im beruflichen oder häuslichen Bereich ein Nachteil entsteht, der in der Regel nur durch das Nachholen versäumter Arbeit oder die Inanspruchnahme einer Hilfskraft ausgeglichen werden kann, können eine Entschädigung erhalten. [2]Die Entschädigung wird auf der Grundlage eines satzungsmäßig festgelegten Pauschalsatzes gewährt. [3]Der Pauschalsatz darf nicht höher sein als der Pauschalsatz nach Nummer 2. [4]Wegezeiten können in angemessenem Umfang berücksichtigt werden.
4. Nachgewiesene Kosten für eine notwendige Betreuung von im Haushalt der ehrenamtlich tätigen Person lebenden
   a) Kindern, die das zwölfte Lebensjahr noch nicht vollendet haben,
   b) Kindern mit Behinderung, die auf Hilfe angewiesen sind,
   c) Angehörigen im Sinne des Art. 20 Abs. 5 BayVwVfG mit festgestelltem Pflegegrad nach § 15 Abs. 1 Satz 1 des Elften Buches Sozialgesetzbuch

können bis zu einem satzungsmäßig festgelegten Höchstbetrag ersetzt werden; für Personen, denen eine Entschädigung nach Nr. 3 zusteht, gilt Halbsatz 1 nur, soweit die erstattungsfähigen Betreuungskosten diese Entschädigung übersteigen.

(3) Für die Bezirkstagspräsidentinnen und Bezirkstagspräsidenten sowie ihre gewählte Stellvertretung gelten die besonderen gesetzlichen Vorschriften.

(4) [1]Vergütungen für Tätigkeiten, die ehrenamtlich tätige Personen kraft Amts oder auf Vorschlag oder Veranlassung des Bezirks in einem Aufsichtsrat, Vorstand oder sonstigen Organ oder Gremium eines privatrechtlich oder öffentlich-rechtlich organisierten Unternehmens wahrnehmen, sind an den Bezirk abzuführen, soweit sie insgesamt einen Betrag von 6 400 Euro im Kalenderjahr übersteigen; mit einem Vomhundertsatz benannte Änderungen des Grundgehalts der Beamtinnen und Beamten mit einer Besoldung nach Besoldungsgruppe A 13 gelten ab dem auf das Inkrafttreten der Änderung folgenden Kalenderjahr mit dem gleichen Vomhundertsatz für den in Halbsatz 1 genannten Betrag. [2]Vom Bezirk veranlasst sind auch Tätigkeiten, die von einem Unternehmen, an dem er unmittelbar oder mittelbar ganz oder mehrheitlich beteiligt ist, einer ehrenamtlich tätigen Person übertragen werden. [3]Der Betrag verdoppelt sich für Vorsitzende des Aufsichtsrats oder eines vergleichbaren Organs der in Satz 1 genannten Unternehmen und erhöht sich für deren Stellvertreter um 50 v.H. [4]Bei der Festsetzung des abzuführenden Betrags sind von den Vergütungen Aufwendungen abzusetzen, die im Zusammenhang mit der Tätigkeit nachweislich entstanden sind. [5]Die Ablieferungsregelungen nach dem beamtenrechtlichen Nebentätigkeitsrecht finden keine Anwendung.

Artikel 15 Benutzung öffentlicher Einrichtungen; Tragung der Bezirkslasten

(1) Alle Bezirksangehörigen sind nach den bestehenden allgemeinen Vorschriften berechtigt, die öffentlichen Einrichtungen des Bezirks zu benutzen, und verpflichtet, die Bezirkslasten zu tragen.

(2) [1]Mehrere technisch selbständige Anlagen des Bezirks, die demselben Zweck dienen, können eine Einrichtung oder einzelne rechtlich selbständige Einrichtungen bilden. [2]Der Bezirk entscheidet das durch Satzung; trifft er keine Regelung, liegt nur eine Einrichtung vor.

(3) Auswärts wohnende Personen haben für ihren Grundbesitz oder ihre gewerblichen Niederlassungen im Bezirksgebiet gegenüber dem Bezirk die gleichen Rechte und Pflichten wie im Bezirk wohnende Grundbesitzer und Gewerbetreibende.

(4) Die Vorschriften in den Absätzen 1 und 3 finden auf juristische Personen und Personenvereinigungen mit Sitz oder Niederlassung im Bezirksgebiet entsprechende Anwendung.

(5) [1]Die Benutzung der öffentlichen, dem Gemeingebrauch dienenden Einrichtungen des Bezirks steht nach Maßgabe der bestehenden Vorschriften jedermann zu. [2]Die Zulassung kann von einer vorherigen Belehrung und dem ausdrücklichen Anerkenntnis der bestehenden Vorschriften abhängig gemacht werden.

5. Abschnitt
Bezirkshoheit

Artikel 16 Umfang der Bezirkshoheit

(1) Die Hoheitsgewalt des Bezirks umfaßt das Bezirksgebiet und seine gesamte Bevölkerung (Bezirkshoheit).

(2) Die Bezirke können zur Aufbringung der für ihre Aufgaben nötigen Mittel im Rahmen der Gesetze Abgaben erheben.

Artikel 17 Bezirksrecht

[1]Die Bezirke können zur Regelung ihrer Angelegenheiten Satzungen erlassen. [2]Satzungen zur Regelung übertragener Angelegenheiten, bewehrte Satzungen und Verordnungen sind nur in den gesetzlich bestimmten Fällen zulässig. [3]In solchen Satzungen und in Verordnungen soll ihre besondere Rechtsgrundlage angegeben werden.

Artikel 18 Inhalt von Satzungen

(1) [1]In den Satzungen können die Bezirke insbesondere die Benutzung ihres Eigentums und ihrer öffentlichen Einrichtungen regeln. [2]In diesen Satzungen können Zuwiderhandlungen als Ordnungswidrigkeit mit Geldbuße bis zu zweitausendfünfhundert Euro bedroht werden (bewehrte Satzungen).

(2) In Satzungen nach Absatz 1 und in Satzungen, die auf Grund anderer Gesetze, die auf diesen Artikel verweisen, erlassen werden, kann bestimmt werden, daß die von dem Bezirk mit dem Vollzug dieser Satzung beauftragten Personen berechtigt sind, zur Überwachung der Pflichten, die sich nach diesen Satzungen und Gesetzen ergeben, zu angemessener Tageszeit Grundstücke, Gebäude, Anlagen, Einrichtungen, Wohnungen und Wohnräume im erforderlichen Umfang zu betreten.

Artikel 19 Inkrafttreten; Ausfertigung und Bekanntmachung

(1) [1]Satzungen treten eine Woche nach ihrer Bekanntmachung in Kraft. [2]In der Satzung kann ein anderer Zeitpunkt bestimmt werden, in bewehrten Satzungen und anderen Satzungen, die nicht mit rückwirkender Kraft erlassen werden dürfen, jedoch frühestens der auf die Bekanntmachung folgende Tag.

(2) Satzungen sind auszufertigen und im Amtsblatt des Bezirks oder der Regierung, sonst im Staatsanzeiger bekanntzumachen.

Artikel 20 Verwaltungsverfügungen; Zwangsmaßnahmen

(1) Die Bezirke können im eigenen und im übertragenen Wirkungskreis die zur Durchführung von Gesetzen, Rechtsverordnungen und Satzungen notwendigen Einzelverfügungen erlassen und unter Anwendung der gesetzlichen Zwangsmittel vollziehen.

(2) [1]Verwaltungsakte, Ladungen oder sonstige Mitteilungen, die auf Grund von Rechtsvorschriften außerhalb dieses Gesetzes amtlich, öffentlich oder ortsüblich bekanntzumachen sind, hat der Bezirk wie seine Satzungen bekanntzumachen. [2]Sind Pläne, Karten oder sonstige Nachweise Bestandteil einer Mitteilung nach Satz 1, so kann die Bekanntmachung unbeschadet anderer Vorschriften auch dadurch bewirkt werden, daß die Mitteilung mit den Nachweisen auf die Dauer von zwei Wochen in der Verwaltung des Bezirks oder in der Regierung ausgelegt wird; der Gegenstand der Mitteilung sowie Ort und Zeit der Bekanntmachung sind mindestens eine Woche vorher nach Satz 1 bekanntzumachen.

(3) Geldbußen und Verwarnungsgelder, die auf Grund bewehrter Satzungen und Verordnungen festgesetzt werden, fließen dem Bezirk zu.

Zweiter Teil
Verfassung und Verwaltung des Bezirks

1. Abschnitt
Bezirksorgane und ihre Hilfskräfte

Artikel 21 Hauptorgane

Der Bezirk wird durch den Bezirkstag verwaltet, soweit nicht vom Bezirkstag bestellte Ausschüsse (Art. 25 und 28) über Bezirksangelegenheiten beschließen, die Bezirkstagspräsidentin oder der Bezirkstagspräsident selbständig entscheidet (Art. 33 Abs. 1 und 2) oder die Regierung gemäß Art. 35b tätig wird.

a)
Der Bezirkstag

Artikel 22 Rechtsstellung; Aufgaben des Bezirkstags

(1) [1]Der Bezirkstag ist die Vertretung der Bezirksbürgerinnen und Bezirksbürger. [2]Er entscheidet im Rahmen des Art. 21 über die Angelegenheiten der Bezirksverwaltung.

(2) [1]Der Bezirkstag überwacht die gesamte Bezirksverwaltung, insbesondere auch die Ausführung seiner Beschlüsse. [2]Er kann hierfür Richtlinien aufstellen.

Artikel 23 Zusammensetzung des Bezirkstags

(1) [1]Der Bezirkstag besteht aus den Bezirkstagsmitgliedern (Bezirksrätinnen und Bezirksräte). [2]Sie sind ehrenamtlich tätig.

(2) In den Bezirkstag sind so viele Bezirksrätinnen und Bezirksräte zu wählen, als Landtagsabgeordnete nach dem Landeswahlgesetz auf den Bezirk treffen.

(3) Das Nähere regelt das Bezirkswahlgesetz.

(4) [1]Bezirksrätinnen und Bezirksräte können nicht sein

1. Beamtinnen und Beamte sowie Arbeitnehmerinnen und Arbeitnehmer des Bezirks,
2. leitende Beamtinnen und Beamte sowie leitende Arbeitnehmerinnen und Arbeitnehmer von juristischen Personen oder sonstigen Organisationen des öffentlichen oder privaten Rechts, an denen der Bezirk mit mehr als 50 % beteiligt ist; eine Beteiligung am Stimmrecht genügt,
3. Beamtinnen und Beamte sowie Arbeitnehmerinnen und Arbeitnehmer der Regierung, die unmittelbar mit Aufgaben des Bezirks befasst sind (Art. 35a und 35b),
4. Beamtinnen und Beamte sowie Arbeitnehmerinnen und Arbeitnehmer der Rechtsaufsichtsbehörde, die unmittelbar mit Aufgaben der Rechtsaufsicht befasst sind,
5. Bezirksrätinnen und Bezirksräte eines anderen Bezirks.

[2]Als Arbeitnehmerin oder Arbeitnehmer im Sinn des Satzes 1 gilt nicht, wer überwiegend körperliche Arbeit verrichtet. [3]Satz 1 ist nicht anzuwenden, wenn die Beamtin oder der Beamte während der Dauer des Ehrenamts ohne Dienstbezüge beurlaubt ist, im Rahmen von Altersteilzeit im Blockmodell vollständig vom Dienst freigestellt ist oder wenn die Rechte und Pflichten aus dem Dienstverhältnis wegen der Wahl in eine gesetzgebende Körperschaft ruhen; dies gilt für Arbeitnehmerinnen und Arbeitnehmer entsprechend.

Artikel 24 Einberufung des Bezirkstags

(1) [1]Die Bezirkstagspräsidentin oder der Bezirkstagspräsident beruft den Bezirkstag mit angemessener Frist unter Angabe der Tagesordnung ein und bereitet die Beratungsgegenstände vor. [2]Er ist auch einzuberufen, wenn es der Bezirksausschuss oder ein Drittel der Bezirksrätinnen und Bezirksräte unter Bezeichnung des Verhandlungsgegenstands schriftlich oder elektronisch beantragt. [3]In diesem Fall hat die Sitzung unverzüglich, spätestens jedoch am 14. Tag nach Eingang des Verlangens, stattzufinden. [4]Die erste Sitzung des Bezirkstags nach seiner Neuwahl beruft abweichend von Satz 1 die Regierungspräsidentin oder der Regierungspräsident spätestens vier Wochen nach der Wahl ein.

(2) [1]Alle Bezirksrätinnen und Bezirksräte sind alsbald nach ihrer Berufung in feierlicher Form zu vereidigen. [2]Die Eidesformel lautet: „Ich schwöre Treue dem Grundgesetz für die Bundesrepublik Deutschland und der Verfassung des Freistaates Bayern. Ich schwöre, den Gesetzen gehorsam zu sein und meine Amtspflichten gewissenhaft zu erfüllen. Ich schwöre, die Rechte der Selbstverwaltung zu wahren und ihren Pflichten nachzukommen, so wahr mir Gott helfe." [3]Der Eid kann auch ohne die Worte „so wahr mir Gott helfe" geleistet werden. [4]Erklärt eine Bezirksrätin oder ein Bezirksrat, aus Glaubens- oder Gewissensgründen keinen Eid leisten zu können, so sind an Stelle der Worte „ich schwöre" die Worte „ich gelobe" zu sprechen oder das Gelöbnis mit einer dem Bekenntnis seiner Religionsgemeinschaft oder der Überzeugung seiner Weltanschauungsgemeinschaft entsprechenden, gleichwertigen Beteuerungsformel einzuleiten. [5]Den Eid nimmt die Bezirkstagspräsidentin oder der Bezirkstagspräsident ab. [6]Die Eidesleistung entfällt für die Bezirksrätinnen und Bezirksräte, die im Anschluß an ihre Amtszeit wieder zur Bezirksrätin oder zum Bezirksrat des gleichen Bezirks gewählt wurden.

b)
Der Bezirksausschuß und die weiteren Ausschüsse

Artikel 25 Aufgaben des Bezirksausschusses

[1]Der Bezirksausschuß ist ein vom Bezirkstag bestellter ständiger Ausschuß. [2]Er bereitet die Verhandlungen des Bezirkstags vor und beschließt über die ihm vom Bezirkstag übertragenen Angelegenheiten. [3]In der Geschäftsordnung (Art. 37) kann bestimmt werden, dass der Bezirkstag Empfehlungen der Fachausschüsse auch ohne Vorbereitung durch den Bezirksausschuss behandeln kann.

Artikel 26 Zusammensetzung

(1) [1]Der Bezirksausschuß besteht aus der Bezirkstagspräsidentin oder dem Bezirkstagspräsidenten und weiteren Bezirksrätinnen und Bezirksräten. [2]Die Zahl der weiteren Bezirksrätinnen und Bezirksräte beträgt in Bezirken

mit bis zu	2 Millionen Einwohnerinnen und Einwohnern	8,
mit mehr als	2 Millionen Einwohnerinnen und Einwohnern	12.

(2) [1]Die weiteren Bezirksrätinnen und Bezirksräte des Bezirksausschusses werden vom Bezirkstag für die Dauer der Wahlzeit aus seiner Mitte bestellt. [2]Hierbei hat der Bezirkstag dem Stärkeverhältnis der

in ihm vertretenen Parteien und Wählergruppen Rechnung zu tragen. [3]Haben dabei mehrere Parteien oder Wählergruppen gleichen Anspruch auf einen Sitz, so ist statt eines Losentscheids auch der Rückgriff auf die Zahl der bei der Wahl auf diese Parteien oder Wählergruppen abgegebenen Stimmen zulässig. [4]Die Bestellung anderer als der von den Parteien oder Wählergruppen vorgeschlagenen Personen ist nicht zulässig. [5]Bezirksrätinnen und Bezirksräte können sich zur Entsendung gemeinsamer Vertreter in den Bezirksausschuß zusammenschließen.

(3) [1]Während der Wahlzeit im Bezirkstag eintretende Änderungen des Stärkeverhältnisses der Parteien und Wählergruppen sind auszugleichen. [2]Scheidet ein Mitglied aus der von ihm vertretenen Partei oder Wählergruppe aus, so verliert es seinen Sitz im Bezirksausschuß.

Artikel 27 Einberufung

[1]Der Bezirksausschuß wird von der Bezirkstagspräsidentin oder vom Bezirkstagspräsidenten nach Bedarf einberufen. [2]Er muß einberufen werden, wenn es die Hälfte der Mitglieder unter Angabe des Beratungsgegenstands schriftlich beantragt. [3]In diesem Fall hat die Sitzung unverzüglich, spätestens jedoch am 14. Tag nach Eingang des Verlangens, stattzufinden.

Artikel 28 Weitere Ausschüsse

(1) [1]Der Bezirkstag kann im Bedarfsfall weitere vorberatende und beschließende Ausschüsse bilden. [2]Die Zusammensetzung der Ausschüsse regelt der Bezirkstag in der Geschäftsordnung (Art. 37). [3]Art. 26 Abs. 2 und 3 und Art. 27 gelten entsprechend.

(2) [1]Der Bezirkstag kann in der Geschäftsordnung eine Ferienzeit bis zu sechs Wochen bestimmen. [2]Für die Dauer der Ferienzeit ist ein Ferienausschuss nach den für beschließende Ausschüsse geltenden Vorschriften zu bilden, der alle Aufgaben erledigt, für die sonst der Bezirkstag, der Bezirksausschuss oder ein anderer beschließender Ausschuss zuständig ist; Art. 29 ist nicht anzuwenden. [3]Der Ferienausschuss kann jedoch keine Aufgaben erledigen, die dem Werkausschuss obliegen oder kraft Gesetzes von besonderen Ausschüssen wahrgenommen werden müssen oder nach der Geschäftsordnung nicht vom Ferienausschuss wahrgenommen werden dürfen.

(3) [1]Den Vorsitz in den weiteren Ausschüssen führt die Bezirkstagspräsidentin oder der Bezirkstagspräsident. [2]Mit ihrer oder seiner Zustimmung kann die gewählte stellvertretende Bezirkstagspräsidentin oder der gewählte stellvertretende Bezirkstagspräsident, mit deren zusätzlichen Zustimmung auch ein vom Bezirkstag bestimmtes Bezirkstagsmitglied, den Vorsitz führen. [3]Ist die oder der Vorsitzende verhindert oder persönlich beteiligt, so führt ihr oder sein Vertreter den Vorsitz. [4]Ist dieser bereits Mitglied des Ausschusses, nimmt dessen Vertreter für die Dauer der Vertretung den Sitz im Ausschuss ein.

(4) Weitere Ausschüsse können vom Bezirkstag jederzeit aufgelöst werden.

Artikel 29 Dem Bezirkstag vorbehaltene Angelegenheiten

Der Bezirkstag kann dem Bezirksausschuß und weiteren beschließenden Ausschüssen folgende Angelegenheiten nicht übertragen:

1. den Erlaß, die Änderung und die Aufhebung von Satzungen und Verordnungen des Bezirks,
2. die Festsetzung öffentlicher Abgaben und Gebühren,
3. die Festsetzung der Entschädigung für ehrenamtlich tätige Personen (Art. 14a),
4. die Beschlußfassung in beamtenrechtlichen Angelegenheiten der Bezirkstagspräsidentinnen und Bezirkstagspräsidenten sowie ihrer gewählten Stellvertretung, soweit nicht das Kommunal-Wahlbeamten-Gesetz etwas anderes bestimmt,
5. die Beschlußfassung über die Haushaltssatzung, über die Nachtragshaushaltssatzungen sowie die Beschlußfassung über die Aufnahme von zusätzlichen Krediten während der vorläufigen Haushaltsführung (Art. 57, 60 und 61 Abs. 2),
6. die Beschlußfassung über den Finanzplan (Art. 62),
7. die Feststellung der Jahresrechnung und der Jahresabschlüsse der Eigenbetriebe und der Krankenhäuser mit kaufmännischem Rechnungswesen sowie die Beschlußfassung über die Entlastung (Art. 84 Abs. 4),
8. Entscheidungen über Unternehmen des Bezirks im Sinn von Art. 81a,
9. die hinsichtlich der Eigenbetriebe dem Bezirkstag im übrigen vorbehaltenen Angelegenheiten (Art. 74),

10. die Bestellung und die Abberufung des Leiters des Rechnungsprüfungsamts sowie seines Stellvertreters,
11. die Beschlußfassung über Änderungen von bewohntem Bezirksgebiet.

c)
Die Bezirkstagspräsidentinnen und Bezirkstagspräsidenten sowie ihre Stellvertretung

Artikel 30 Wahl und Rechtsstellung der Bezirkstagspräsidentinnen und Bezirkstagspräsidenten sowie ihrer Stellvertretung

(1) [1]Die Bezirkstagspräsidentin und der Bezirkstagspräsident sowie die stellvertretende Bezirkstagspräsidentin oder der stellvertretende Bezirkstagspräsident werden vom Bezirkstag in seiner ersten Sitzung aus der Mitte des Bezirkstags gewählt. [2]Art. 39 Abs. 2 Satz 1 des Gemeinde- und Landkreiswahlgesetzes gilt entsprechend.

(2) Die Bezirkstagspräsidentin und der Bezirkstagspräsident sowie die gewählte stellvertretende Bezirkstagspräsidentin und der gewählte stellvertretende Bezirkstagspräsident sind Ehrenbeamtinnen oder Ehrenbeamte des Bezirks.

(3) [1]Endet das Beamtenverhältnis der Bezirkstagspräsidentin oder des Bezirkstagspräsidenten oder der gewählten stellvertretenden Bezirkstagspräsidentin oder des gewählten stellvertretenden Bezirkstagspräsidenten während der Wahlzeit des Bezirkstags, so findet innerhalb von drei Monaten eine Neuwahl für den Rest der Wahlzeit statt. [2]Beträgt der Rest der Wahlzeit weniger als sechs Monate, so findet eine Neuwahl nur statt, wenn der Bezirkstag eine Neuwahl beschließt oder das Beamtenverhältnis der Bezirkstagspräsidentin oder des Bezirkstagspräsidenten und das Beamtenverhältnis der gewählten stellvertretenden Bezirkstagspräsidentin oder des gewählten stellvertretenden Bezirkstagspräsidenten geendet hat.

Artikel 31 Weitere Stellvertretung; Übertragung von Befugnissen

(1) Die weitere Stellvertretung der Bezirkstagspräsidentin oder des Bezirkstagspräsidenten regelt der Bezirkstag durch Beschluß.

(2) [1]Die Bezirkstagspräsidentin oder der Bezirkstagspräsident kann im Rahmen der Geschäftsverteilung (Art. 37 Abs. 3) einzelne ihrer oder seiner Befugnisse der gewählten stellvertretenden Bezirkstagspräsidentin oder dem gewählten stellvertretenden Bezirkstagspräsidenten, nach deren Anhörung auch einer Bezirksrätin oder einem Bezirksrat und in Angelegenheiten der laufenden Verwaltung der leitenden Verwaltungsbeamtin oder dem leitenden Verwaltungsbeamten, der leitenden Beamtin oder dem leitenden Beamten der Sozialhilfeverwaltung oder anderen beim Bezirk tätigen Bediensteten übertragen. [2]Eine darüber hinausgehende Übertragung auf Bedienstete bedarf zusätzlich der Zustimmung des Bezirkstags.

Artikel 32 Vorsitz im Bezirkstag; Vollzug der Beschlüsse

[1]Die Bezirkstagspräsidentin oder der Bezirkstagspräsident führt den Vorsitz im Bezirkstag und im Bezirksausschuss. [2]Sie vollziehen die Beschlüsse des Bezirkstags und seiner Ausschüsse. [3]Ist die Bezirkstagspräsidentin oder der Bezirkstagspräsident verhindert oder persönlich beteiligt, so handelt ihr Vertreter. [4]Ist dieser bereits Mitglied des Bezirksausschusses, nimmt dessen Vertreter für die Dauer der Vertretung den Sitz im Ausschuss ein.

Artikel 33 Zuständigkeit der Bezirkstagspräsidentinnen und Bezirkstagspräsidenten

(1) [1]Die Bezirkstagspräsidentin oder der Bezirkstagspräsident erledigt in eigener Zuständigkeit
1. die laufenden Angelegenheiten, die für den Bezirk keine grundsätzliche Bedeutung haben und keine erheblichen Verpflichtungen erwarten lassen,
2. die Angelegenheiten des Bezirks, die im Interesse der Sicherheit der Bundesrepublik oder eines ihrer Länder geheimzuhalten sind.

[2]Für die laufenden Angelegenheiten nach Satz 1 Nr. 1, die nicht unter Nummer 2 fallen, kann der Bezirkstag Richtlinien aufstellen.

(2) [1]Der Bezirkstag kann der Bezirkstagspräsidentin oder dem Bezirkstagspräsidenten durch die Geschäftsordnung weitere Angelegenheiten zur selbständigen Erledigung übertragen. [2]Das gilt nicht für Angelegenheiten, die nach Art. 29 nicht auf beschließende Ausschüsse übertragen werden können. [3]Der Bezirkstag kann der Bezirkstagspräsidentin oder dem Bezirkstagspräsidenten übertragene An-

gelegenheiten im Einzelfall nicht wieder an sich ziehen; das Recht des Bezirkstags, die Übertragung allgemein zu widerrufen, bleibt unberührt.

(3) [1]Die Bezirkstagspräsidentin oder der Bezirkstagspräsident ist befugt, an Stelle des Bezirkstags oder seiner Ausschüsse dringliche Anordnungen zu treffen und unaufschiebbare Geschäfte zu besorgen. [2]Hiervon hat sie oder er dem Bezirkstag oder den Ausschüssen in der nächsten Sitzung Kenntnis zu geben.

(4) Die Bezirkstagspräsidentin oder der Bezirkstagspräsident kann den Bezirksbediensteten und den gemäß Art. 35a Abs. 1 dem Bezirk zur Verfügung gestellten staatlichen Bediensteten allgemein und im Einzelfall sachliche Weisungen erteilen.

Artikel 33a Vertretung des Bezirks nach außen; Verpflichtungsgeschäfte

(1) [1]Die Bezirkstagspräsidentin oder der Bezirkstagspräsident vertritt den Bezirk nach außen. [2]Der Umfang der Vertretungsmacht ist auf ihre oder seine Befugnisse beschränkt.

(2) [1]Erklärungen, durch welche der Bezirk verpflichtet werden soll, bedürfen der Schriftform; das gilt nicht für ständig wiederkehrende Geschäfte des täglichen Lebens, die finanziell von unerheblicher Bedeutung sind. [2]Die Erklärungen sind durch die Bezirkstagspräsidentin oder den Bezirkstagspräsidenten oder ihre Stellvertretung unter Angabe der Amtsbezeichnung zu unterzeichnen. [3]Sie können auf Grund einer den vorstehenden Erfordernissen entsprechenden Vollmacht auch durch Bedienstete, die beim Bezirk tätig sind, unterzeichnet werden. [4]Bei der Vergabe von öffentlichen Aufträgen und Konzessionen genügt die Textform, soweit eine andere Rechtsvorschrift nichts Abweichendes bestimmt.

d)
Bezirksbedienstete

Artikel 34 Bezirksbedienstete

(1) [1]Der Bezirkstag ist zuständig,

1. die Beamtinnen und Beamten des Bezirks ab Besoldungsgruppe A 9 zu ernennen, zu befördern, abzuordnen oder zu versetzen, an eine Einrichtung zuzuweisen, in den Ruhestand zu versetzen und zu entlassen,
2. die Arbeitnehmerinnen und Arbeitnehmer des Bezirks ab Entgeltgruppe 9a des Tarifvertrags für den öffentlichen Dienst oder ab einem entsprechenden Entgelt einzustellen, höherzugruppieren, abzuordnen oder zu versetzen, einem Dritten zuzuweisen, mittels Personalgestellung zu beschäftigen und zu entlassen.

[2]Befugnisse nach Satz 1 kann der Bezirkstag dem Bezirksausschuss oder einem weiteren beschließenden Ausschuss übertragen. [3]Der Bezirkstag kann die Befugnisse nach Satz 1 für Beamtinnen und Beamte bis zur Besoldungsgruppe A 14 sowie für Arbeitnehmerinnen und Arbeitnehmer bis zur Entgeltgruppe 14 des Tarifvertrags für den öffentlichen Dienst oder mit einem entsprechenden Entgelt der Bezirkstagspräsidentin oder dem Bezirkstagspräsidenten übertragen; Art. 31 Abs. 2 findet Anwendung. [4]Ein solcher Beschluss bedarf der Mehrheit der stimmberechtigten Mitglieder des Bezirkstags; falls der Beschluss nicht mit dieser Mehrheit wieder aufgehoben wird, gilt er bis zum Ende der Wahlzeit des Bezirkstags.

(2) [1]Für Beamtinnen und Beamte des Bezirks bis zur Besoldungsgruppe A 8 sowie für Arbeitnehmerinnen und Arbeitnehmer des Bezirks bis zur Entgeltgruppe 8 des Tarifvertrags für den öffentlichen Dienst oder bis zu einem entsprechenden Entgelt obliegen die in Abs. 1 genannten personalrechtlichen Befugnisse der Bezirkstagspräsidentin oder dem Bezirkstagspräsidenten. [2]Art. 31 Abs. 2 findet Anwendung.

(3) [1]Dienstvorgesetzte oder Dienstvorgesetzter der Bezirksbeamtinnen und Bezirksbeamten ist die Bezirkstagspräsidentin oder der Bezirkstagspräsident. [2]Sie führen die Dienstaufsicht über die Bezirksbediensteten.

(4) [1]Bezirksbedienstete müssen die für eine vergleichbare Tätigkeit im Staatsdienst erforderliche Vorbildung nachweisen. [2]Zu ärztlichen Direktorinnen und Direktoren der psychiatrischen Fachkrankenhäuser der Bezirke und zu deren Stellvertretung können nur Fachärztinnen und Fachärzte für Psychiatrie und Psychotherapie bestellt werden, die eine hauptberufliche Tätigkeit von mindestens drei Jahren

an einem psychiatrischen Fachkrankenhaus ausgeübt haben und besondere Kenntnisse für die Leitung eines psychiatrischen Fachkrankenhauses besitzen.

(5) Die Arbeitsbedingungen und das Entgelt der Arbeitnehmerinnen und Arbeitnehmer müssen angemessen sein.

(6) [1]Der Stellenplan (Art. 56 Abs. 2 Satz 2) ist einzuhalten. [2]Abweichungen sind nur im Rahmen des Art. 60 Abs. 3 Nr. 2 zulässig.

2. Abschnitt

Regierung und Bezirk

Artikel 35 Verwaltungsverbund

[1]Die Verwaltung des Bezirks wird im organisatorischen und nach Maßgabe der Art. 35a und 35b im personellen und sächlichen Verwaltungsverbund mit der Regierung geführt. [2]Die Einzelheiten werden durch ergänzende Vereinbarung zwischen Bezirk und Regierung geregelt.

Artikel 35a Bereitstellung von Bediensteten und Einrichtungen

(1) [1]Die Regierung stellt dem Bezirk die leitenden Verwaltungsbeamtinnen oder Verwaltungsbeamten der Hauptverwaltung und der Sozialhilfeverwaltung sowie für weitere zentrale Verwaltungsaufgaben staatliche Dienstkräfte nach Maßgabe des Staatshaushalts zur Verfügung. [2]Die leitende Verwaltungsbeamtin oder der leitende Verwaltungsbeamte sowie die leitende Beamtin oder der leitende Beamte der Sozialhilfeverwaltung werden im Einvernehmen mit der Bezirkstagspräsidentin oder dem Bezirkstagspräsidenten bestellt.

(2) Soweit der Bezirk seine Verwaltungsaufgaben nicht mit eigenen Verwaltungseinrichtungen erledigt, stellt ihm die Regierung ihre Einrichtungen nach Maßgabe des Staatshaushalts zur Verfügung.

(3) Der Bezirk und die Regierung leisten sich in Fachfragen zur Erfüllung ihrer Aufgaben gegenseitig gutachtliche Hilfe.

(4) [1]Für Amtspflichtverletzungen der für den Bezirk tätigen Staatsbediensteten haftet der Bezirk. [2]Für Amtspflichtverletzungen der für die Regierung tätigen Bezirksbediensteten haftet der Freistaat Bayern.

Artikel 35b Erledigung von Bezirksaufgaben durch die Regierung

(1) [1]Der Bezirkstag kann durch Beschluß im Benehmen mit der Regierung die Erfüllung von Verwaltungsaufgaben auf die Regierung übertragen. [2]Die Übertragung ist gemäß Art. 19 Abs. 2 bekanntzumachen.

(2) [1]Bei der Erfüllung dieser Verwaltungsaufgaben obliegt der Regierung die verwaltungsmäßige Vorbereitung und der verwaltungsmäßige Vollzug der Beschlüsse des Bezirkstags, seiner Ausschüsse und der Entscheidungen der Bezirkstagspräsidentin oder des Bezirkstagspräsidenten nach Art. 33 Abs. 2. [2]Die Regierung erledigt in diesem Bereich ferner die laufenden Verwaltungsangelegenheiten, die für den Bezirk keine grundsätzliche Bedeutung haben und keine erheblichen Verpflichtungen erwarten lassen. [3]Hierfür kann der Bezirkstag Richtlinien aufstellen.

(3) [1]Die Regierung vertritt insoweit den Bezirk nach außen, soweit sich nicht die Bezirkstagspräsidentin oder der Bezirkstagspräsident in Angelegenheiten, die nicht zu den laufenden Verwaltungsangelegenheiten nach Absatz 2 gehören, die Vertretung vorbehält. [2]Art. 33a Abs. 2 gilt entsprechend.

Artikel 36 Regierungspräsidentin und Regierungspräsident sowie Bezirkstag

(1) Die Regierungspräsidentin oder der Regierungspräsident wird im Benehmen mit dem Bezirkstag von der Staatsregierung ernannt.

(2) [1]Die Regierungspräsidentin oder der Regierungspräsident und ihre Stellvertretung haben zu allen Sitzungen des Bezirkstags und seiner Ausschüsse Zutritt. [2]Zu den Sitzungen der Ausschüsse können sie Beauftragte entsenden.

(3) Der Bezirkstag und seine Ausschüsse können das Erscheinen der Regierungspräsidentin oder des Regierungspräsidenten verlangen.

3. Abschnitt

Geschäftsgang

Artikel 37 Geschäftsordnung und Geschäftsgang der Ausschüsse

(1) Der Bezirkstag gibt sich eine Geschäftsordnung.

(2) [1]Die Geschäftsordnung muß Bestimmungen über die Frist und Form der Einladungen zu den Sitzungen sowie über den Geschäftsgang des Bezirkstags, des Bezirksausschusses und der weiteren Ausschüsse enthalten. [2]Auf den Geschäftsgang des Bezirksausschusses und der weiteren beschließenden Ausschüsse finden die Vorschriften der Art. 24 Abs. 1 Satz 1 und 2 und Art. 38 bis 45 entsprechende Anwendung

(3) Im Rahmen der Geschäftsordnung leitet und verteilt die Bezirkstagspräsidentin oder der Bezirkstagspräsident die Geschäfte.

(4) Die Regierungspräsidentin oder der Regierungspräsident muß zu allen Sitzungen des Bezirkstags und seiner Ausschüsse eingeladen werden.

Artikel 38 Sitzungszwang; Beschlußfähigkeit

(1) [1]Der Bezirkstag beschließt in Sitzungen. [2]Er ist beschlußfähig, wenn sämtliche Bezirksrätinnen und Bezirksräte ordnungsgemäß geladen sind und die Mehrheit der Bezirksrätinnen und Bezirksräte anwesend und stimmberechtigt ist.

(2) [1]Wird der Bezirkstag infolge vorausgegangener Beschlußunfähigkeit zum zweiten Mal zur Verhandlung über denselben Gegenstand zusammengerufen, so ist er ohne Rücksicht auf die Zahl der Erschienenen beschlußfähig. [2]Bei der zweiten Einladung muß auf diese Bestimmung hingewiesen werden.

Artikel 38a Sitzungsteilnahme durch Ton-Bild-Übertragung

(1) [1]Die Bezirksrätinnen und Bezirksräte mit Ausnahme der Bezirkstagspräsidentin oder des Bezirkstagspräsidenten können an den Sitzungen des Bezirkstags mittels Ton-Bild-Übertragung teilnehmen, soweit der Bezirkstag dies in der Geschäftsordnung zugelassen hat. [2]Der Beschluss bedarf einer Zweidrittelmehrheit der abstimmenden Bezirksrätinnen und Bezirksräte. [3]Zugeschaltete Bezirksrätinnen und Bezirksräte gelten in diesem Fall als anwesend im Sinn von Art. 38 Abs. 1 Satz 2. [4]Der Bezirkstag kann die Anzahl der in einer Sitzung zuschaltbaren Bezirksrätinnen und Bezirksräte in der Geschäftsordnung zahlen- oder quotenmäßig begrenzen. [5]Er kann die Zuschaltmöglichkeit auch von weiteren Voraussetzungen abhängig machen, insbesondere von einer Verhinderung an der Teilnahme im Sitzungssaal. [6]Bei einer Zuschaltung mittels Ton-Bild-Übertragung ist eine Teilnahme an Wahlen nicht möglich.

(2) Die Möglichkeit einer Sitzungsteilnahme mittels Ton-Bild-Übertragung ist ausgeschlossen, soweit die Sitzung als solche oder Beratungsgegenstände nach Art. 47a Abs. 1 Satz 1 geheim zu halten sind oder nach den gemäß Art. 47a Abs. 2 zu beachtenden Verwaltungsvorschriften und Richtlinien der Geheimhaltung unterliegen.

(3) [1]Die Bezirksrätinnen und Bezirksräte müssen sich in der Sitzung gegenseitig optisch und akustisch wahrnehmen können. [2]In öffentlichen Sitzungen müssen per Ton-Bild-Übertragung teilnehmende Bezirksrätinnen und Bezirksräte zudem für die im Sitzungssaal anwesende Öffentlichkeit entsprechend wahrnehmbar sein. [3]Für die Zwecke der Sätze 1 und 2 ist die Übertragung von Bild und Ton der an der Sitzung teilnehmenden Personen unabhängig davon zulässig, ob sie in die Übertragung einwilligen.

(4) [1]Der Bezirk hat dafür Sorge zu tragen, dass in seinem Verantwortungsbereich die technischen Voraussetzungen für eine Zuschaltung mittels Ton-Bild-Übertragung während der Sitzung durchgehend bestehen. [2]Ist dies nicht der Fall oder steht nicht fest, ob eine Nichtzuschaltung in den Verantwortungsbereich des Bezirks oder einer Bezirksrätin oder eines Bezirksrats fällt, darf die Sitzung nicht beginnen oder ist sie unverzüglich zu unterbrechen. [3]Ein Verstoß ist unbeachtlich, falls die zunächst nicht zugeschalteten Bezirksrätinnen und Bezirksräte rügelos an der Beschlussfassung teilnehmen. [4]Kommt eine Zuschaltung aus Gründen, die nicht im Verantwortungsbereich des Bezirks liegen, nicht zu Stande oder wird sie unterbrochen, hat dies keine Auswirkung auf die Wirksamkeit eines ohne die betroffenen Bezirksrätinnen und Bezirksräte gefassten Beschlusses. [5]Soweit sich ein Bezirk darauf beschränkt, die Plattform zur audiovisuellen Zuschaltung zur Verfügung zu stellen, und entweder mindestens eine Bezirksrätin oder ein Bezirksrat zugeschaltet ist oder ein Test bestätigt, dass eine Zuschaltmöglichkeit besteht, wird vermutet, dass der Grund für eine Nichtzuschaltung einer Bezirksrätin oder eines Bezirksrats nicht im Verantwortungsbereich des Bezirks liegt. [6]Gleiches gilt, falls der Bezirk einer insbesondere durch die Bereitstellung und Betreuung der technischen Mittel für die Bezirksrätinnen und Bezirksräte erweiterten Verantwortung belegbar nachgekommen ist.

(5) [1]Lässt ein Bezirkstag eine Zuschaltung mittels Ton-Bild-Übertragung bei nichtöffentlichen Sitzungen zu, haben die zugeschalteten Bezirksrätinnen und Bezirksräte dafür Sorge zu tragen, dass die Übertragung in ihrem Verantwortungsbereich nur von ihnen wahrgenommen werden kann. [2]Art. 14 Abs. 4 Satz 1 gilt entsprechend.

Artikel 39 Teilnahmepflicht; Ordnungsgeld gegen Säumige

(1) [1]Die Bezirksrätinnen und Bezirksräte sind verpflichtet, an den Sitzungen und Abstimmungen teilzunehmen und die ihnen zugewiesenen Geschäfte zu übernehmen. [2]Keine Bezirksrätin und kein Bezirksrat darf sich der Stimme enthalten.

(2) Gegen Bezirksrätinnen und Bezirksräte, die sich diesen Verpflichtungen ohne genügende Entschuldigung entziehen, kann der Bezirkstag Ordnungsgeld bis zu zweihundertfünfzig Euro im Einzelfall verhängen.

(3) Ordnungsgeld wird als Einnahme des Bezirks behandelt.

Artikel 40 Ausschluß wegen persönlicher Beteiligung

(1) [1]Ein Mitglied kann an der Beratung und Abstimmung nicht teilnehmen, wenn der Beschluss ihm selbst, einem Angehörigen (Art. 20 Abs. 5 BayVwVfG) oder einer von ihm vertretenen natürlichen oder juristischen Person oder sonstigen Vereinigung einen unmittelbaren Vorteil oder Nachteil bringen kann. [2]Gleiches gilt, wenn eine Bezirksrätin oder ein Bezirksrat in anderer als öffentlicher Eigenschaft ein Gutachten abgegeben hat.

(2) Absatz 1 gilt nicht

1. für Wahlen,
2. für Beschlüsse, mit denen der Bezirkstag eine Person zum Mitglied eines Ausschusses bestellt oder sie zur Wahrnehmung von Interessen des Bezirks in eine andere Einrichtung entsendet, dafür vorschlägt oder daraus abberuft.

(3) Ob die Voraussetzungen des Absatzes 1 vorliegen, entscheidet der Bezirkstag.

(4) Die Mitwirkung eines wegen persönlicher Beteiligung ausgeschlossenen Mitglieds des Bezirkstags hat die Ungültigkeit des Beschlusses nur zur Folge, wenn sie für das Abstimmungsergebnis entscheidend war.

Artikel 41 Einschränkung des Vertretungsrechts

Mitglieder des Bezirkstags dürfen Ansprüche Dritter gegen den Bezirk nur als gesetzliche Vertreter geltend machen.

Artikel 42 Form der Beschlußfassung; Wahlen

(1) [1]Beschlüsse des Bezirkstags werden in offener Abstimmung mit Mehrheit der Abstimmenden gefaßt. [2]Bei Stimmengleichheit ist der Antrag abgelehnt.

(2) [1]Keine Bezirksrätin oder kein Bezirksrat darf zu irgendeiner Zeit wegen einer Abstimmung gerichtlich oder dienstlich verfolgt oder sonst außerhalb des Bezirkstags zur Verantwortung gezogen werden. [2]Die Haftung gegenüber dem Bezirk ist nicht ausgeschlossen, wenn das Abstimmungsverhalten eine vorsätzliche Pflichtverletzung darstellt. [3]Die Verantwortlichkeit nach bundesrechtlichen Vorschriften bleibt unberührt.

(3) [1]Wahlen werden in geheimer Abstimmung vorgenommen. [2]Sie sind nur gültig, wenn sämtliche Bezirksrätinnen und Bezirksräte unter Angabe des Gegenstands geladen sind und die Mehrheit von ihnen anwesend und stimmberechtigt ist. [3]Gewählt ist, wer mehr als die Hälfte der abgegebenen gültigen Stimmen erhält. [4]Neinstimmen und leere Stimmzettel sind ungültig. [5]Ist mindestens die Hälfte der abgegebenen Stimmen ungültig, ist die Wahl zu wiederholen. [6]Ist die Mehrheit der abgegebenen Stimmen gültig und erhält keiner der Bewerberinnen oder der Bewerber mehr als die Hälfte der abgegebenen gültigen Stimmen, so tritt Stichwahl unter den beiden Personen mit den höchsten Stimmenzahlen ein. [7]Bei Stimmengleichheit in der Stichwahl entscheidet das Los.

(4) Absatz 3 gilt für alle Entscheidungen des Bezirkstags, die in diesem Gesetz oder in anderen Rechtsvorschriften als Wahlen bezeichnet werden.

Artikel 43 Öffentlichkeit

(1) Zeitpunkt und Ort der öffentlichen Sitzungen des Bezirkstags sind unter Angabe der Tagesordnung spätestens eine Woche vor der Sitzung öffentlich bekanntzumachen.

(2) [1]Die Sitzungen sind öffentlich, soweit nicht Rücksichten auf das Wohl der Allgemeinheit oder auf berechtigte Ansprüche einzelner entgegenstehen. [2]Über den Ausschluß der Öffentlichkeit wird in nichtöffentlicher Sitzung beraten und entschieden.

(3) Die in nichtöffentlicher Sitzung gefaßten Beschlüsse sind der Öffentlichkeit bekanntzugeben, sobald die Gründe für die Geheimhaltung weggefallen sind.

(4) [1]Die Sitzungen haben in einem der Allgemeinheit zugänglichen Raum stattzufinden. [2]Ergänzend kann der Bezirk eine Echtzeitübertragung der öffentlichen Sitzungen des Bezirkstags in Ton und Bild über das Internet zulassen und die Aufzeichnungen in einer Sammlung audiovisueller Medien für die Dauer von sechs Wochen zum Abruf für jedermann bereitstellen. [3]Findet die nächste Sitzung nicht innerhalb von sechs Wochen statt, können die Aufzeichnungen bis zum Ende der nächsten Sitzung zum Abruf für jedermann bereitgestellt werden. [4]Danach sind die Aufzeichnungen jeweils zu löschen. [5]Die Beschlüsse nach Satz 2 bedürfen jeweils einer Zweidrittelmehrheit der abstimmenden Mitglieder des Bezirkstags. [6]Mit Ausnahme des oder der Vorsitzenden dürfen Ton und Bild von an der Sitzung teilnehmenden Personen nur mit deren stets widerrufbarer Einwilligung übertragen, aufgezeichnet und gespeichert werden. [7]Eine Übertragung, Aufzeichnung und Speicherung des Bildes einer unbeteiligten Person ist nur im Rahmen von Übersichts- oder Hintergrundaufnahmen zulässig und dies auch nur, falls die räumlichen Verhältnisse Aufnahmen ohne unbeteiligte Personen nicht zulassen.

Artikel 44 Handhabung der Ordnung

(1) [1]Die oder der Vorsitzende handhabt die Ordnung und übt das Hausrecht aus. [2]Sie oder er ist berechtigt, Zuhörer, welche die Ordnung stören, entfernen zu lassen. [3]Sie oder er kann Bezirksrätinnen und Bezirksräte, welche die Ordnung fortgesetzt erheblich stören, mit Zustimmung des Bezirkstags von der Sitzung ausschließen.

(2) Wird durch ein bereits von einer früheren Sitzung ausgeschlossenes Mitglied die Ordnung innerhalb von zwei Monaten neuerdings erheblich gestört, so kann ihm der Bezirkstag für zwei weitere Sitzungen die Teilnahme untersagen.

Artikel 45 Niederschrift

(1) [1]Die Verhandlungen des Bezirkstags sind niederzuschreiben. [2]Die Niederschrift muß Tag und Ort der Sitzung, die anwesenden Bezirksrätinnen und Bezirksräte, die behandelten Gegenstände, die Beschlüsse und das Abstimmungsergebnis ersehen lassen. [3]Jedes Mitglied kann verlangen, daß in der Niederschrift festgehalten wird, wie es abgestimmt hat.

(2) Die Niederschrift ist von der oder dem Vorsitzenden und von der Schriftführerin oder dem Schriftführer zu unterschreiben und vom Bezirkstag zu genehmigen.

(3) [1]Die Bezirksrätinnen und Bezirksräte können jederzeit die Niederschriften der öffentlichen sowie der nichtöffentlichen Sitzungen des Bezirkstags einsehen und sich unentgeltlich Kopien der Niederschriften der öffentlichen Sitzungen erteilen lassen. [2]Die Bezirksbürgerinnen und Bezirksbürger können Einsicht in die Niederschriften der öffentlichen Sitzungen des Bezirkstags nehmen und sich Kopien erteilen lassen. [3]Für die Fertigung der Kopien nach Satz 2 können die Bezirke Kosten nach Maßgabe des Kostengesetzes erheben.

Artikel 46 *[aufgehoben]*

4. Abschnitt
Verwaltungsgrundsätze und Verwaltungsaufgaben

Artikel 47 Gesetzmäßigkeit; Unparteilichkeit

(1) [1]Die Verwaltungstätigkeit des Bezirks muß mit der Verfassung und den Gesetzen im Einklang stehen. [2]Sie darf nur von sachlichen Gesichtspunkten geleitet sein.

(2) [1]Für Bezirke gelten § 12 Abs. 1 Satz 1 und Abs. 4 sowie die §§ 13 bis 18 des Hinweisgeberschutzgesetzes (HinSchG) entsprechend. [2]Dies gilt nicht bei in der Regel weniger als 50 Beschäftigten. [3]Art. 56 Abs. 4 Satz 3 der Gemeindeordnung (GO) gilt entsprechend.

Artikel 47a Geheimhaltung

(1) [1]Alle Angelegenheiten, die im Interesse der Sicherheit oder anderer wichtiger Belange der Bundesrepublik oder eines ihrer Länder Unbefugten nicht bekannt werden dürfen, sind von den Bezirken

geheimzuhalten. [2]Die in anderen Rechtsvorschriften geregelte Verpflichtung zur Verschwiegenheit bleibt unberührt.

(2) [1]Zur Geheimhaltung der in Absatz 1 Satz 1 bezeichneten Angelegenheiten haben die Bezirke die notwendigen Vorkehrungen zu treffen. [2]Sie haben insoweit auch die für die Behörden des Freistaates Bayern geltenden Verwaltungsvorschriften zu beachten. [3]Das Staatsministerium des Innern, für Sport und Integration kann hierzu Richtlinien aufstellen und Weisungen erteilen, die nicht der Einschränkung nach Art. 91 Abs. 2 Satz 2 unterliegen.

(3) [1]Die Bezirkstagspräsidentin oder der Bezirkstagspräsident ist zu Beginn ihrer oder seiner Amtszeit durch die Rechtsaufsichtsbehörde schriftlich besonders zu verpflichten, die in Absatz 1 Satz 1 genannten Angelegenheiten geheimzuhalten und die hierfür geltenden Vorschriften zu beachten. [2]In gleicher Weise hat die Bezirkstagspräsidentin oder der Bezirkstagspräsident ihre Stellvertretung zu verpflichten. [3]Bezirksbedienstete sind zu verpflichten, bevor sie mit den in Absatz 1 Satz 1 genannten Angelegenheiten befaßt werden. [4]Art. 3a BayVwVfG findet keine Anwendung.

Artikel 48 Aufgaben des eigenen Wirkungskreises; Pflichtaufgaben

(1) Im eigenen Wirkungskreis sollen die Bezirke in den Grenzen ihrer Leistungsfähigkeit die öffentlichen Einrichtungen schaffen, die für das wirtschaftliche, soziale und kulturelle Wohl ihrer Einwohnerinnen und Einwohner nach den Verhältnissen des Bezirks erforderlich sind; hierbei sind die Belange des Natur- und Umweltschutzes zu berücksichtigen.

(2) Im Rahmen des Absatzes 1 sind die Bezirke unbeschadet bestehender Verbindlichkeiten Dritter verpflichtet, nach Maßgabe der gesetzlichen Vorschriften die erforderlichen Maßnahmen auf den Gebieten der Sozialhilfe, der Jugendhilfe, der Kriegsopferfürsorge, des Gesundheitswesens, des Sonderschulwesens, des Wasserbaus, der Denkmalpflege und der Heimatpflege zu treffen oder die nötigen Leistungen für solche Maßnahmen zu erbringen.

(3) Die Bezirke sind unbeschadet bestehender Verbindlichkeiten Dritter in den Grenzen ihrer Leistungsfähigkeit verpflichtet, die erforderlichen Einrichtungen oder Dienste

1. für Psychiatrie und Neurologie, für Menschen mit einer Suchterkrankung sowie für Menschen mit einer wesentlichen Seh-, Hör-, und Sprachbehinderung zu errichten, zu unterhalten und zu betreiben,
2. für die Eingliederung von Menschen mit Behinderung bereitzustellen, zu unterhalten oder zu fördern, soweit sie als zentrale Einrichtungen für das gesamte oder überwiegende Bezirksgebiet geboten sind und freie Träger hierfür nicht tätig werden.

Artikel 49 Übernahme von Kreisaufgaben

(1) Auf Antrag von Landkreisen und kreisfreien Gemeinden können die Bezirke deren Aufgaben des eigenen Wirkungskreises (Art. 52 LKrO, Art. 7 Abs. 1 GO) übernehmen, wenn und solange diese das Leistungsvermögen der beteiligten Landkreise und kreisfreien Gemeinden übersteigen.

(2) Der Beschluß bedarf einer Mehrheit von zwei Dritteln der gesetzlichen Mitgliederzahl des Bezirkstags.

Artikel 50 Aufgaben des übertragenen Wirkungskreises

Im übertragenen Wirkungskreis haben die Bezirke die staatlichen Verwaltungsaufgaben zu erfüllen, die ihnen durch Gesetz zugewiesen sind.

Artikel 51 ***[aufgehoben]***

Artikel 52 Zuständigkeit für den Gesetzesvollzug

(1) Der Vollzug der gesetzlichen Vorschriften im eigenen und im übertragenen Wirkungskreis und die Durchführung der gesetzmäßigen Anordnungen und Weisungen der Staatsbehörden obliegen dem Bezirkstag oder dem Bezirksausschuß, in den Fällen des Art. 33 Abs. 1, 2 und 3 der Bezirkstagspräsidentin oder dem Bezirkstagspräsidenten.

(2) [1]Hält die Bezirkstagspräsidentin oder der Bezirkstagspräsident Entscheidungen des Bezirkstags oder seiner Ausschüsse für rechtswidrig, so hat sie oder er die Entscheidungen zu beanstanden, ihren Vollzug auszusetzen und, soweit erforderlich, die Entscheidung der Rechtsaufsichtsbehörde herbeizuführen. [2]Diese Befugnisse stehen der Regierungspräsidentin oder dem Regierungspräsidenten zu, soweit die Regierung Verwaltungsaufgaben des Bezirks nach Art. 35b erledigt.

Dritter Teil
Bezirkswirtschaft

1. Abschnitt
Haushaltswirtschaft

Artikel 53 Allgemeine Haushaltsgrundsätze

(1) [1]Der Bezirk hat seine Haushaltswirtschaft so zu planen und zu führen, daß die stetige Erfüllung seiner Aufgaben gesichert ist. [2]Die dauernde Leistungsfähigkeit des Bezirks ist sicherzustellen, eine Überschuldung zu vermeiden. [3]Dabei ist § 51 des Haushaltsgrundsätzegesetzes Rechnung zu tragen.

(2) [1]Die Haushaltswirtschaft ist sparsam und wirtschaftlich zu planen und zu führen. [2]Aufgaben sollen in geeigneten Fällen daraufhin untersucht werden, ob und in welchem Umfang sie durch nichtkommunale Stellen, insbesondere durch private Dritte oder unter Heranziehung Dritter, mindestens ebenso gut erledigt werden können.

(3) [1]Bei der Führung der Haushaltswirtschaft hat der Bezirk finanzielle Risiken zu minimieren. [2]Ein erhöhtes Risiko liegt vor, wenn besondere Umstände, vor allem ein grobes Missverhältnis bei der Risikoverteilung zu Lasten des Bezirks, die Gefahr eines erheblichen Vermögensschadens begründen.

(4) Die Haushaltswirtschaft ist nach den Grundsätzen der doppelten kommunalen Buchführung oder nach den Grundsätzen der Kameralistik zu führen.

Artikel 54 Grundsätze der Einnahmebeschaffung

(1) Der Bezirk erhebt Abgaben nach den gesetzlichen Vorschriften.

(2) Er hat die zur Erfüllung seiner Aufgaben erforderlichen Einnahmen
1. soweit vertretbar und geboten aus besonderen Entgelten für die von ihm erbrachten Leistungen,
2. im übrigen durch die Bezirksumlage

zu beschaffen, soweit die sonstigen Einnahmen nicht ausreichen.

(3) Der Bezirk darf Kredite nur aufnehmen, wenn eine andere Finanzierung nicht möglich ist oder wirtschaftlich unzweckmäßig wäre.

Artikel 55 Haushaltssatzung

(1) [1]Der Bezirk hat für jedes Haushaltsjahr eine Haushaltssatzung zu erlassen. [2]Die Haushaltssatzung kann Festsetzungen für zwei Haushaltsjahre, nach Jahren getrennt, enthalten.

(2) [1]Die Haushaltssatzung enthält die Festsetzung
1. des Haushaltsplans unter Angabe
   a) des Gesamtbetrags der Erträge und Aufwendungen des Haushaltsjahres sowie des sich daraus ergebenden Saldos des Ergebnishaushalts, des Gesamtbetrags der Einzahlungen und Auszahlungen aus laufender Verwaltungstätigkeit, aus der Investitionstätigkeit und aus der Finanzierungstätigkeit des Haushaltsjahres sowie des sich daraus ergebenden Saldos des Finanzhaushalts bei Haushaltswirtschaft nach den Grundsätzen der doppelten kommunalen Buchführung,
   b) des Gesamtbetrags der Einnahmen und Ausgaben des Haushaltsjahres bei Haushaltswirtschaft nach den Grundsätzen der Kameralistik,
2. des Gesamtbetrags der vorgesehenen Kreditaufnahmen für Investitionen und Investitionsförderungsmaßnahmen (Kreditermächtigungen),
3. des Gesamtbetrags der vorgesehenen Ermächtigungen zum Eingehen von Verpflichtungen, die künftige Haushaltsjahre mit Auszahlungen beziehungsweise Ausgaben für Investitionen und Investitionsförderungsmaßnahmen belasten (Verpflichtungsermächtigungen),
4. der Bezirksumlage (Umlagesoll und Umlagesätze),
5. des Höchstbetrags der Kassenkredite.

[2]Die Angaben nach Satz 1 Nrn. 2, 3 und 5 sind getrennt für das Haushaltswesen des Bezirks und die Wirtschaftsführung von Eigenbetrieben zu machen. [3]Die Haushaltssatzung kann weitere Vorschriften enthalten, die sich auf die Erträge und Einzahlungen sowie Aufwendungen und Auszahlungen beziehungsweise auf die Einnahmen und Ausgaben und den Stellenplan des Haushaltsjahres beziehen.

(3) Die Haushaltssatzung tritt mit Beginn des Haushaltsjahres in Kraft und gilt für das Haushaltsjahr.

(4) Haushaltsjahr ist das Kalenderjahr, soweit für einzelne Bereiche durch Gesetz oder Rechtsverordnung nichts anderes bestimmt ist.

Artikel 56 Haushaltsplan

(1) [1]Der Haushaltsplan enthält alle im Haushaltsjahr für die Erfüllung der Aufgaben des Bezirks voraussichtlich

1. anfallenden Erträge, eingehenden Einzahlungen, entstehenden Aufwendungen sowie zu leistenden Auszahlungen bei Haushaltswirtschaft nach den Grundsätzen der doppelten kommunalen Buchführung,
2. zu erwartenden Einnahmen und zu leistenden Ausgaben bei Haushaltswirtschaft nach den Grundsätzen der Kameralistik,
3. benötigten Verpflichtungsermächtigungen.

[2]Die Vorschriften über die Einzahlungen und Auszahlungen sowie Erträge und Aufwendungen beziehungsweise Einnahmen, Ausgaben und Verpflichtungsermächtigungen der Eigenbetriebe des Bezirks bleiben unberührt.

(2) [1]Der Haushaltsplan ist bei Haushaltswirtschaft nach den Grundsätzen der doppelten kommunalen Buchführung in einen Ergebnishaushalt und einen Finanzhaushalt, bei Haushaltswirtschaft nach den Grundsätzen der Kameralistik in einen Verwaltungshaushalt und einen Vermögenshaushalt zu gliedern. [2]Der Stellenplan für die Beamtinnen und Beamten sowie für Arbeitnehmerinnen und Arbeitnehmer des Bezirks ist Teil des Haushaltsplans.

(3) [1]Der Haushaltsplan muß ausgeglichen sein. [2]Er ist Grundlage für die Haushaltswirtschaft des Bezirks und nach Maßgabe dieses Gesetzes und der auf Grund dieses Gesetzes erlassenen Vorschriften für die Haushaltsführung verbindlich. [3]Ansprüche und Verbindlichkeiten Dritter werden durch ihn weder begründet noch aufgehoben.

Artikel 57 Erlaß der Haushaltssatzung

(1) Der Bezirkstag beschließt über die Haushaltssatzung samt ihren Anlagen in öffentlicher Sitzung.

(2) Die Haushaltssatzung ist mit ihren Anlagen spätestens einen Monat vor Beginn des Haushaltsjahres der Rechtsaufsichtsbehörde vorzulegen.

(3) [1]Haushaltssatzungen mit genehmigungspflichtigen Bestandteilen sind sogleich nach der Genehmigung amtlich bekanntzumachen. [2]Haushaltssatzungen ohne solche Bestandteile sind frühestens einen Monat nach der Vorlage an die Rechtsaufsichtsbehörde amtlich bekanntzumachen, sofern nicht die Rechtsaufsichtsbehörde die Satzung beanstandet. [3]Gleichzeitig ist die Haushaltssatzung samt ihren Anlagen bis zur nächsten amtlichen Bekanntmachung einer Haushaltssatzung öffentlich zugänglich zu machen; darauf ist in der amtlichen Bekanntmachung der Haushaltssatzung hinzuweisen.

Artikel 58 Planabweichungen

(1) [1]Überplanmäßige und außerplanmäßige Aufwendungen und Auszahlungen beziehungsweise Ausgaben sind nur zulässig, wenn sie unabweisbar sind und die Deckung gewährleistet ist. [2]Sind sie erheblich, sind sie vom Bezirkstag zu beschließen.

(2) Absatz 1 findet entsprechende Anwendung auf Maßnahmen, durch die im Haushaltsplan nicht vorgesehene Verpflichtungen zu Leistungen des Bezirks entstehen können.

(3) Art. 60 Abs. 2 bleibt unberührt.

(4) [1]Für Investitionen, die im folgenden Jahr fortgesetzt werden, sind überplanmäßige Aufwendungen und Auszahlungen beziehungsweise Ausgaben in nicht erheblichem Umfang auch dann zulässig, wenn ihre Deckung im laufenden Jahr nur durch Erlaß einer Nachtragshaushaltssatzung möglich wäre, die Deckung aber im folgenden Jahr gewährleistet ist. [2]Hierüber entscheidet der Bezirkstag.

(5) Der Bezirkstag kann Richtlinien über die Abgrenzungen aufstellen.

Artikel 59 Verpflichtungsermächtigungen

(1) Verpflichtungen zur Leistung von Auszahlungen beziehungsweise Ausgaben für Investitionen und Investitionsförderungsmaßnahmen in künftigen Jahren dürfen unbeschadet des Abs. 5 nur eingegangen werden, wenn der Haushaltsplan hierzu ermächtigt.

(2) Die Verpflichtungsermächtigungen dürfen in der Regel zu Lasten der dem Haushaltsjahr folgenden drei Jahre vorgesehen werden, in Ausnahmefällen bis zum Abschluß einer Maßnahme; sie sind nur zulässig, wenn durch sie der Ausgleich künftiger Haushalte nicht gefährdet wird.

(3) Die Verpflichtungsermächtigungen gelten bis zum Ende des Haushaltsjahres und, wenn die Haushaltssatzung für das folgende Haushaltsjahr nicht rechtzeitig amtlich bekanntgemacht wird, bis zum Erlaß dieser Haushaltssatzung.

(4) Der Gesamtbetrag der Verpflichtungsermächtigungen bedarf im Rahmen der Haushaltssatzung der Genehmigung, wenn in den Jahren, zu deren Lasten sie vorgesehen sind, Kreditaufnahmen geplant sind.

(5) [1]Verpflichtungen im Sinn des Abs 1 dürfen überplanmäßig oder außerplanmäßig eingegangen werden, wenn ein dringendes Bedürfnis besteht und der in der Haushaltssatzung festgesetzte Gesamtbetrag der Verpflichtungsermächtigungen nicht überschritten wird. [2]Art. 58 Abs. 1 Satz 2 gilt entsprechend.

Artikel 60 Nachtragshaushaltssatzungen

(1) [1]Die Haushaltssatzung kann nur bis zum Ablauf des Haushaltsjahres durch Nachtragshaushaltssatzung geändert werden. [2]Für die Nachtragshaushaltssatzung gelten die Vorschriften für die Haushaltssatzung entsprechend.

(2) Der Bezirk hat unverzüglich eine Nachtragshaushaltssatzung zu erlassen, wenn
1. sich zeigt, daß trotz Ausnutzung jeder Sparmöglichkeit ein Fehlbetrag entstehen wird und der Haushaltsausgleich nur durch eine Änderung der Haushaltssatzung erreicht werden kann,
2. bisher nicht veranschlagte oder zusätzliche einzelne Aufwendungen und Auszahlungen beziehungsweise Ausgaben in einem im Verhältnis zu den Gesamtaufwendungen und -auszahlungen beziehungsweise Gesamtausgaben des Haushaltsplans erheblichen Umfang geleistet werden müssen,
3. Auszahlungen des Finanzhaushalts beziehungsweise Ausgaben des Vermögenshaushalts für bisher nicht veranschlagte Investitionen oder Investitionsförderungsmaßnahmen geleistet werden sollen,
4. Beamtinnen und Beamte oder Arbeitnehmerinnen und Arbeitnehmer eingestellt, befördert oder in eine höhere Entgeltgruppe eingestuft werden sollen und der Stellenplan die entsprechenden Stellen nicht enthält.

(3) Absatz 2 Nrn. 2 bis 4 finden keine Anwendung auf
1. Investitionen und Investitionsförderungsmaßnahmen, soweit die Auszahlungen beziehungsweise Ausgaben nicht erheblich und unabweisbar sind,
2. Abweichungen vom Stellenplan und die Leistung höherer Personalausgaben, die auf Grund des Beamten- oder Tarifrechts oder für die Erfüllung neuer Aufgaben notwendig werden.

Artikel 61 Vorläufige Haushaltsführung

(1) Ist die Haushaltssatzung bei Beginn des Haushaltsjahres noch nicht bekanntgemacht, so darf der Bezirk
1. finanzielle Leistungen erbringen, zu denen er rechtlich verpflichtet ist oder die für die Weiterführung notwendiger Aufgaben unaufschiebbar sind; er darf insbesondere Bauten, Beschaffungen und sonstige Leistungen des Finanzhaushalts beziehungsweise des Vermögenshaushalts, für die im Haushaltsplan eines Vorjahres Beträge vorgesehen waren, fortsetzen,
2. Kredite umschulden,
3. Kassenkredite bis zu dem zuletzt in einer Haushaltssatzung festgesetzten Höchstbetrag oder, wenn besondere Umstände im Einzelfall eine Erhöhung rechtfertigen, auch darüber hinaus aufnehmen.

(2) [1]Reichen die Deckungsmittel für die Fortsetzung der Bauten, der Beschaffungen und der sonstigen Leistungen nach Abs. 1 Nr. 1 nicht aus, darf der Bezirk Kredite für Investitionen und Investitionsförderungsmaßnahmen bis zu einem Viertel des durchschnittlichen Betrags der für die vier Vorjahre festgesetzten Kredite aufnehmen. [2]Eine angemessene Erhöhung dieser Kreditaufnahme ist zulässig, wenn besondere Umstände im Einzelfall die Erhöhung rechtfertigen.

(3) Der Stellenplan des Vorjahres gilt weiter, bis die Haushaltssatzung für das neue Jahr erlassen ist.

(4) [1]Maßnahmen nach Abs. 1 Nr. 3 Halbsatz 2 und Abs. 2 bedürfen der Genehmigung. [2]Der Bezirk hat im Antrag darzulegen, wie und bis wann er den Erlass einer Haushaltssatzung sicherstellen kann. [3]Die Genehmigung darf den Zielen der Wiederherstellung einer geordneten Haushaltswirtschaft und der dauernden Leistungsfähigkeit nicht widersprechen; sie kann unter Bedingungen und Auflagen erteilt werden.

Artikel 62 Mittelfristige Finanzplanung

(1) [1]Der Bezirk hat seiner Haushaltswirtschaft eine fünfjährige Finanzplanung zugrundezulegen. [2]Das erste Planungsjahr der Finanzplanung ist das laufende Haushaltsjahr.

(2) Als Unterlage für die Finanzplanung ist ein Investitionsprogramm aufzustellen.

(3) Im Finanzplan sind Umfang und Zusammensetzung der voraussichtlichen Aufwendungen und Auszahlungen beziehungsweise Ausgaben und die Deckungsmöglichkeiten darzustellen.

(4) Der Finanzplan ist dem Bezirkstag spätestens mit dem Entwurf der Haushaltssatzung vorzulegen.

(5) Der Finanzplan und das Investitionsprogramm sind jährlich der Entwicklung anzupassen und fortzuführen.

2. Abschnitt
Kreditwesen

Artikel 63 Kredite

(1) Kredite dürfen unter der Voraussetzung des Art. 54 Abs. 3 nur im Finanzhaushalt beziehungsweise im Vermögenshaushalt und nur für Investitionen, für Investitionsförderungsmaßnahmen und zur Umschuldung aufgenommen werden.

(2) [1]Der Gesamtbetrag der vorgesehenen Kreditaufnahmen für Investitionen und Investitionsförderungsmaßnahmen bedarf im Rahmen der Haushaltssatzung der Genehmigung (Gesamtgenehmigung). [2]Die Genehmigung soll unter dem Gesichtspunkt einer geordneten Haushaltswirtschaft erteilt oder versagt werden; sie kann unter Bedingungen und Auflagen erteilt werden. [3]Sie ist in der Regel zu versagen, wenn die Kreditverpflichtungen mit der dauernden Leistungsfähigkeit des Bezirks nicht im Einklang stehen.

(3) Die Kreditermächtigung gilt bis zum Ende des bei ihrem Inkrafttreten laufenden Finanzplanungszeitraums gemäß Art. 62 Abs. 1 und, wenn die Haushaltssatzung für das erste Jahr nach Ende des Finanzplanungszeitraums nicht rechtzeitig amtlich bekannt gemacht wird, bis zum Erlass dieser Haushaltssatzung.

(4) [1]Die Aufnahme der einzelnen Kredite bedarf der Genehmigung (Einzelgenehmigung), sobald die Kreditaufnahmen für die Bezirke nach § 19 des Gesetzes zur Förderung der Stabilität und des Wachstums der Wirtschaft beschränkt worden sind. [2]Die Einzelgenehmigung kann nach Maßgabe der Kreditbeschränkungen versagt werden.

(5) [1]Das Staatsministerium des Innern, für Sport und Integration kann im Einvernehmen mit dem Staatsministerium der Finanzen und für Heimat und dem Staatsministerium für Wirtschaft, Landesentwicklung und Energie durch Rechtsverordnung die Aufnahme von Krediten von der Genehmigung (Einzelgenehmigung) abhängig machen, wenn der Konjunkturrat für die öffentliche Hand nach § 18 Abs. 2 des Gesetzes zur Förderung der Stabilität und des Wachstums der Wirtschaft eine Beschränkung der Kreditaufnahme durch die Gemeinden und Gemeindeverbände empfohlen hat. [2]Die Genehmigung ist zu versagen, wenn dies zur Abwehr einer Störung des gesamtwirtschaftlichen Gleichgewichts geboten ist oder wenn die Kreditbedingungen wirtschaftlich nicht vertretbar sind. [3]Solche Rechtsverordnungen sind auf längstens ein Jahr zu befristen.

(6) [1]Der Bezirk darf zur Sicherung des Kredits keine Sicherheiten bestellen. [2]Die Rechtsaufsichtsbehörde kann Ausnahmen zulassen, wenn die Bestellung von Sicherheiten der Verkehrsübung entspricht.

Artikel 64 Kreditähnliche Verpflichtungen; Sicherheiten

(1) Der Abschluß von Rechtsgeschäften, die der Kreditaufnahme wirtschaftlich gleichkommen, bedarf der Genehmigung.

(2) [1]Der Bezirk darf Bürgschaften, Gewährverträge und Verpflichtungen aus verwandten Rechtsgeschäften, die ein Einstehen für fremde Schuld oder für den Eintritt oder Nichteintritt bestimmter Umstände zum Gegenstand haben, nur zur Erfüllung seiner Aufgaben übernehmen. [2]Die Rechtsgeschäfte bedürfen der Genehmigung, wenn sie nicht im Rahmen der laufenden Verwaltung abgeschlossen werden.

(3) Der Bezirk bedarf zur Bestellung von Sicherheiten zugunsten Dritter der Genehmigung.

(4) [1]Für die Genehmigung gelten Art. 63 Abs. 2 Sätze 2 und 3, im Fall der vorläufigen Haushaltsführung Art. 61 Abs. 4 Sätze 2 und 3 entsprechend. [2]Die Genehmigung ist zu versagen, wenn das Rechtsgeschäft nicht eine Investition zum Gegenstand hat, sondern auf die Erzielung wirtschaftlicher Vorteile dadurch gerichtet ist, dass der Bezirk einem Dritten inländische steuerliche Vorteile verschafft.

(5) Das Staatsministerium des Innern, für Sport und Integration kann im Einvernehmen mit dem Staatsministerium der Finanzen und für Heimat durch Rechtsverordnung Rechtsgeschäfte von der Genehmigung freistellen,
1. die die Bezirke zur Erfüllung bestimmter Aufgaben eingehen oder
2. die für die Bezirke keine besondere Belastung bedeuten oder
3. die ihrer Natur nach regelmäßig wiederkehren.

Artikel 65 Kassenkredite

(1) Zur rechtzeitigen Leistung seiner Auszahlungen beziehungsweise Ausgaben kann der Bezirk Kassenkredite bis zu dem in der Haushaltssatzung festgesetzten Höchstbetrag aufnehmen, soweit für die Kasse keine anderen Mittel zur Verfügung stehen.
(2) Der in der Haushaltssatzung festgesetzte Höchstbetrag soll für die Haushaltswirtschaft ein Fünftel der im Finanzhaushalt veranschlagten Einzahlungen aus der laufenden Verwaltungstätigkeit beziehungsweise ein Sechstel der im Verwaltungshaushalt veranschlagten Einnahmen und für den Eigenbetrieb ein Sechstel der im Erfolgsplan vorgesehenen Erträge nicht übersteigen.

3. Abschnitt

Vermögenswirtschaft

a)

Allgemeines

Artikel 66 Erwerb und Verwaltung von Vermögen, Wertansätze

(1) Der Bezirk soll Vermögensgegenstände nur erwerben, wenn das zur Erfüllung seiner Aufgaben erforderlich ist.
(2) [1]Die Vermögensgegenstände sind pfleglich und wirtschaftlich zu verwalten und ordnungsgemäß nachzuweisen. [2]Bei Geldanlagen ist auf eine ausreichende Sicherheit zu achten; sie sollen einen angemessenen Ertrag bringen.
(3) [1]Vermögensgegenstände sind mit den Anschaffungs- oder Herstellungskosten, vermindert um Abschreibungen, anzusetzen. [2]Verbindlichkeiten sind zu ihrem Rückzahlungsbetrag und Rückstellungen nur in Höhe des Betrags anzusetzen, der nach sachgerechter Beurteilung notwendig ist.

Artikel 67 Veräußerung von Vermögen

(1) [1]Der Bezirk darf Vermögensgegenstände, die er zur Erfüllung seiner Aufgaben nicht braucht, veräußern. [2]Vermögensgegenstände dürfen in der Regel nur zu ihrem vollen Wert veräußert werden.
(2) [1]Für die Überlassung der Nutzung eines Vermögensgegenstands gilt Absatz 1 entsprechend. [2]Ausnahmen sind insbesondere zulässig bei der Vermietung von Gebäuden zur Sicherung preiswerten Wohnens und zur Sicherung der Existenz kleiner und ertragsschwacher Gewerbebetriebe.
(3) [1]Die Verschenkung und die unentgeltliche Überlassung von Bezirksvermögen sind unzulässig (Art. 12 Abs. 2 Satz 2 der Verfassung). [2]Die Veräußerung oder Überlassung von Bezirksvermögen in Erfüllung von Bezirksaufgaben oder herkömmlicher Anstandspflichten fällt nicht unter dieses Verbot.
(4) Bezirksvermögen darf nur im Rahmen der Aufgabenerfüllung des Bezirks und nur dann in Stiftungsvermögen eingebracht werden, wenn der mit der Stiftung verfolgte Zweck auf andere Weise nicht erreicht werden kann.

Artikel 68 Rücklagen, Rückstellungen

(1) [1]Bei Haushaltswirtschaft nach den Grundsätzen der doppelten kommunalen Buchführung hat der Bezirk seine stetige Zahlungsfähigkeit sicherzustellen. [2]Überschüsse der Ergebnisrechnung sind den Rücklagen zuzuführen, soweit nicht Fehlbeträge aus Vorjahren auszugleichen sind.
(2) Bei Haushaltswirtschaft nach den Grundsätzen der doppelten kommunalen Buchführung sind für ungewisse Verbindlichkeiten und unterlassene Aufwendungen für Instandhaltung Rückstellungen zu bilden.
(3) [1]Bei Haushaltswirtschaft nach den Grundsätzen der Kameralistik hat der Bezirk für Zwecke des Vermögenshaushalts und zur Sicherung der Haushaltswirtschaft Rücklagen in angemessener Höhe zu bilden. [2]Rücklagen für andere Zwecke sind zulässig.

Artikel 69 Insolvenzverfahren

Über das Vermögen des Bezirks findet ein Insolvenzverfahren nicht statt.

b)

Vom Bezirk verwaltete nichtrechtsfähige (fiduziarische) Stiftungen

Artikel 70 Begriff; Verwaltung

(1) Vermögenswerte, die der Bezirk von Dritten unter der Auflage entgegennimmt, sie zu einem bestimmten öffentlichen Zweck zu verwenden, ohne daß eine rechtsfähige Stiftung entsteht, sind ihrer Zweckbestimmung gemäß nach den für das Bezirksvermögen geltenden Vorschriften zu verwalten.

(2) [1]Die Vermögenswerte sind in ihrem Bestand ungeschmälert zu erhalten. [2]Sie sind vom übrigen Bezirksvermögen getrennt zu verwalten und so anzulegen, daß sie für ihren Verwendungszweck verfügbar sind.

(3) [1]Der Ertrag darf nur für den Stiftungszweck verwendet werden. [2]Ist eine Minderung eingetreten, so sollen die Vermögensgegenstände aus dem Ertrag wieder ergänzt werden.

Artikel 71 Änderung des Verwendungszwecks; Aufhebung der Zweckbestimmung

[1]Soweit eine Änderung des Verwendungszwecks oder die Aufhebung der Zweckbestimmung zulässig ist, beschließt hierüber der Bezirkstag. [2]Der Beschluß bedarf der Genehmigung.

4. Abschnitt

Unternehmen des Bezirks

Artikel 72 Rechtsformen

Der Bezirk kann Unternehmen außerhalb seiner allgemeinen Verwaltung in folgenden Rechtsformen betreiben:

1. als Eigenbetrieb,
2. als selbständiges Kommunalunternehmen des öffentlichen Rechts,
3. in den Rechtsformen des Privatrechts.

Artikel 73 Allgemeine Zulässigkeit von Unternehmen und Beteiligungen

(1) [1]Der Bezirk darf ein Unternehmen im Sinn von Art. 72 nur errichten, übernehmen oder wesentlich erweitern, wenn

1. ein öffentlicher Zweck das Unternehmen erfordert, insbesondere wenn der Bezirk mit ihm gesetzliche Verpflichtungen oder seine Aufgaben gemäß Art. 48 erfüllen will,
2. das Unternehmen nach Art und Umfang in einem angemessenen Verhältnis zur Leistungsfähigkeit des Bezirks und zum voraussichtlichen Bedarf steht,
3. die dem Unternehmen zu übertragenden Aufgaben für die Wahrnehmung außerhalb der allgemeinen Verwaltung geeignet sind,
4. bei einem Tätigwerden außerhalb der kommunalen Daseinsvorsorge der Zweck nicht ebenso gut und wirtschaftlich durch einen anderen erfüllt wird oder erfüllt werden kann.

[2]Alle Tätigkeiten oder Tätigkeitsbereiche, mit denen der Bezirk oder seine Unternehmen an dem vom Wettbewerb beherrschten Wirtschaftsleben teilnehmen, um Gewinn zu erzielen, entsprechen keinem öffentlichen Zweck. [3]Soweit Unternehmen entgegen Satz 2 vor dem 1. September 1998 errichtet oder übernommen wurden, dürfen sie weitergeführt, jedoch nicht erweitert werden.

(2) Der Bezirk darf mit seinen Unternehmen außerhalb des Bezirksgebiets nur tätig werden, wenn dafür die Voraussetzungen des Absatzes 1 vorliegen und die berechtigten Interessen der betroffenen kommunalen Gebietskörperschaften gewahrt sind.

(3) [1]Für die Beteiligung des Bezirks an einem Unternehmen gilt Absatz 1 entsprechend. [2]Absatz 2 gilt entsprechend, wenn sich der Bezirk an einem auch außerhalb seines Gebiets tätigen Unternehmen in einem Ausmaß beteiligt, das den auf das Bezirksgebiet entfallenden Anteil an den Leistungen des Unternehmens erheblich übersteigt.

(4) Bankunternehmen darf der Bezirk weder errichten noch sich an ihnen beteiligen.

Artikel 74 Eigenbetriebe

(1) Eigenbetriebe sind Unternehmen des Bezirks, die außerhalb der allgemeinen Verwaltung als Sondervermögen ohne eigene Rechtspersönlichkeit geführt werden.

(2) Für Eigenbetriebe bestellt der Bezirkstag eine Werkleitung und einen Werkausschuß.

(3) [1]Die Werkleitung führt die laufenden Geschäfte des Eigenbetriebs. [2]Sie ist insoweit zur Vertretung nach außen befugt; der Bezirkstag kann ihr mit Zustimmung der Bezirkstagspräsidentin oder des Bezirkstagspräsidenten weitere Vertretungsbefugnisse übertragen. [3]Die Werkleitung ist Dienstvorgesetzter der Beamtinnen und Beamten im Eigenbetrieb und führt die Dienstaufsicht über sie und die im Eigenbetrieb tätigen Arbeitnehmerinnen und Arbeitnehmer. [4]Der Bezirkstag kann mit Zustimmung der Bezirkstagspräsidentin oder des Bezirkstagspräsidenten der Werkleitung für Beamtinnen und Beamte sowie Arbeitnehmerinnen und Arbeitnehmer im Eigenbetrieb die personalrechtlichen Befugnisse in entsprechender Anwendung von Art. 34 Abs. 1 Satz 3 Halbsatz 1 und Abs. 2 Satz 1 übertragen.

(4) [1]Im übrigen beschließt über die Angelegenheiten des Eigenbetriebs der Werkausschuß, soweit nicht der Bezirkstag sich die Entscheidung allgemein vorbehält oder im Einzelfall an sich zieht. [2]Der Werkausschuß ist ein beschließender Ausschuß im Sinn der Art. 28 und 37 Abs. 2 Satz 2. [3]Im Fall des Art. 34 Abs. 1 Satz 2 sollen Befugnisse gegenüber Beamtinnen und Beamten sowie Arbeitnehmerinnen und Arbeitnehmern im Eigenbetrieb auf den Werkausschuß übertragen werden.

(5) [1]Die Art. 53 Abs. 1 bis 3, Art. 54, 59, 61 bis 64, 65 Abs. 1, Art. 66 Abs. 1 und 2, Art. 67, 69, 82 Abs. 4 und Art. 83 gelten entsprechend. [2]Im Rahmen der gesetzlichen Vorschriften werden die Angelegenheiten des Eigenbetriebs durch eine Betriebssatzung geregelt.

(6) [1]Der Bezirk kann Einrichtungen innerhalb der allgemeinen Verwaltung (Regiebetriebe) ganz oder teilweise nach den Vorschriften über die Wirtschaftsführung der Eigenbetriebe führen, wenn die Abweichung von den allgemeinen kommunalwirtschaftlichen Vorschriften nach Art und Umfang der Einrichtung zweckmäßig ist. [2]Hierbei können auch Regelungen getroffen werden, die von einzelnen für Eigenbetriebe geltenden Vorschriften abweichen.

Artikel 75 Selbständige Kommunalunternehmen des öffentlichen Rechts

(1) [1]Der Bezirk kann selbständige Unternehmen in der Rechtsform einer Anstalt des öffentlichen Rechts (Kommunalunternehmen) errichten oder bestehende Regie- oder Eigenbetriebe im Weg der Gesamtrechtsnachfolge in Kommunalunternehmen umwandeln. [2]Das Kommunalunternehmen kann sich nach Maßgabe der Unternehmenssatzung und in entsprechender Anwendung der für den Bezirk geltenden Vorschriften an anderen Unternehmen beteiligen, wenn das dem Unternehmenszweck dient.

(2) [1]Der Bezirk kann dem Kommunalunternehmen einzelne oder alle mit einem bestimmten Zweck zusammenhängende Aufgaben ganz oder teilweise übertragen. [2]Er kann ihm auch das Recht einräumen, an seiner Stelle Satzungen und, soweit Landesrecht zu deren Erlaß ermächtigt, auch Verordnungen für das übertragene Aufgabengebiet zu erlassen; Art. 19 gilt sinngemäß.

(2a) [1]Ein Unternehmen in der Rechtsform einer Kapitalgesellschaft, an dem ausschließlich der Bezirk beteiligt ist, kann durch Formwechsel in ein Kommunalunternehmen umgewandelt werden. [2]Die Umwandlung ist nur zulässig, wenn keine Sonderrechte im Sinn des § 23 des Umwandlungsgesetzes (UmwG) und keine Rechte Dritter an den Anteilen des Bezirks bestehen. [3]Der Formwechsel setzt den Erlass der Unternehmenssatzung durch den Bezirk und einen sich darauf beziehenden Umwandlungsbeschluss der formwechselnden Gesellschaft voraus. [4]Die §§ 193 bis 195, 197 bis 199, 200 Abs. 1 und § 201 UmwG sind entsprechend anzuwenden. [5]Die Anmeldung zum Handelsregister entsprechend § 198 UmwG erfolgt durch das vertretungsberechtigte Organ der Kapitalgesellschaft. [6]Abweichend von Abs. 3 Satz 4 wird die Umwandlung einer Kapitalgesellschaft in ein Kommunalunternehmen mit dessen Eintragung oder, wenn es nicht eingetragen wird, mit der Eintragung der Umwandlung in das Handelsregister wirksam; § 202 Abs. 1 und Abs. 3 UmwG ist entsprechend anzuwenden. [7]Ist bei der Kapitalgesellschaft ein Betriebsrat eingerichtet, bleibt dieser nach dem Wirksamwerden der Umwandlung als Personalrat des Kommunalunternehmens bis zu den nächsten regelmäßigen Personalratswahlen bestehen.

(3) [1]Der Bezirk regelt die Rechtsverhältnisse des Kommunalunternehmens durch eine Unternehmenssatzung. [2]Die Unternehmenssatzung muß Bestimmungen über den Namen und die Aufgaben des Unternehmens, die Anzahl der Mitglieder des Vorstands und des Verwaltungsrats und die Höhe des Stammkapitals enthalten. [3]Der Bezirk hat die Unternehmenssatzung und deren Änderungen gemäß Art. 19 Abs. 2 bekanntzumachen. [4]Das Kommunalunternehmen entsteht am Tag nach der Bekanntmachung, wenn nicht in der Unternehmenssatzung ein späterer Zeitpunkt bestimmt ist.

(4) Der Bezirk haftet für die Verbindlichkeiten des Kommunalunternehmens unbeschränkt, soweit nicht Befriedigung aus dessen Vermögen zu erlangen ist (Gewährträgerschaft).

Artikel 76 Organe des Kommunalunternehmens; Personal

(1) [1]Das Kommunalunternehmen wird von einem Vorstand in eigener Verantwortung geleitet, soweit nicht gesetzlich oder durch die Unternehmenssatzung etwas anderes bestimmt ist. [2]Der Vorstand vertritt das Kommunalunternehmen nach außen. [3]Der Bezirk hat darauf hinzuwirken, daß jedes Vorstandsmitglied vertraglich verpflichtet wird, die ihm im Geschäftsjahr jeweils gewährten Bezüge im Sinn von § 285 Nr. 9 Buchst. a des Handelsgesetzbuchs dem Bezirk jährlich zur Veröffentlichung mitzuteilen.

(2) [1]Die Geschäftsführung des Vorstands wird von einem Verwaltungsrat überwacht. [2]Der Verwaltungsrat bestellt den Vorstand auf höchstens fünf Jahre; eine erneute Bestellung ist zulässig. [3]Er entscheidet außerdem über
1. den Erlaß von Satzungen und Verordnungen gemäß Art. 75 Abs. 2 Satz 2,
2. die Feststellung des Wirtschaftsplans und des Jahresabschlusses,
3. die Festsetzung allgemein geltender Tarife und Entgelte für die Leistungsnehmer,
4. die Beteiligung des Kommunalunternehmens an anderen Unternehmen,
5. die Bestellung des Abschlußprüfers,
6. die Ergebnisverwendung.

[4]Im Fall des Satzes 3 Nr. 1 unterliegen die Mitglieder des Verwaltungsrats den Weisungen des Bezirkstags. [5]Die Unternehmenssatzung kann vorsehen, daß der Bezirkstag den Mitgliedern des Verwaltungsrats auch in bestimmten anderen Fällen Weisungen erteilen kann. [6]Die Abstimmung entgegen der Weisung berührt die Gültigkeit des Beschlusses des Verwaltungsrats nicht. [7]Für den Ausschluss wegen persönlicher Beteiligung gilt Art. 40 entsprechend.

(3) [1]Der Verwaltungsrat besteht aus dem vorsitzenden Mitglied und den übrigen Mitgliedern. [2]Den Vorsitz führt die Bezirkstagspräsidentin oder der Bezirkstagspräsident; mit ihrer oder seiner Zustimmung kann der Bezirkstag eine andere Person zum vorsitzenden Mitglied bestellen. [3]Das vorsitzende Mitglied nach Satz 2 Halbsatz 2 und die übrigen Mitglieder des Verwaltungsrats werden vom Bezirkstag für fünf Jahre bestellt. [4]Die Amtszeit von Mitgliedern des Verwaltungsrats, die dem Bezirkstag angehören, endet mit dem Ende der Wahlzeit oder dem vorzeitigen Ausscheiden aus dem Bezirkstag. [5]Die Mitglieder des Verwaltungsrats üben ihr Amt bis zum Amtsantritt der neuen Mitglieder weiter aus. [6]Mitglieder des Verwaltungsrats können nicht sein:
1. Beamtinnen und Beamte sowie Arbeitnehmerinnen und Arbeitnehmer des Kommunalunternehmens,
2. leitende Beamtinnen und Beamte sowie leitende Arbeitnehmerinnen und Arbeitnehmer von juristischen Personen oder sonstigen Organisationen des öffentlichen oder privaten Rechts, an denen das Kommunalunternehmen mit mehr als 50 % beteiligt ist; eine Beteiligung am Stimmrecht genügt,
3. Beamtinnen und Beamte sowie Arbeitnehmerinnen und Arbeitnehmer der Rechtsaufsichtsbehörde, die unmittelbar mit Aufgaben der Aufsicht über das Kommunalunternehmen befasst sind.

[7]Art. 23 Abs. 4 Sätze 2 und 3 gelten entsprechend.

(4) [1]Das Kommunalunternehmen hat das Recht, Dienstherr von Beamtinnen und Beamten zu sein, wenn es auf Grund einer Aufgabenübertragung nach Art. 75 Abs. 2 hoheitliche Befugnisse ausübt. [2]Wird es aufgelöst, hat der Bezirk die Beamtinnen und Beamten sowie die Versorgungsempfängerinnen und Versorgungsempfänger zu übernehmen. [3]Wird das Unternehmensvermögen ganz oder teilweise auf andere juristische Personen des öffentlichen Rechts mit Dienstherrnfähigkeit übertragen, so gelten für die Übernahme und die Rechtsstellung der Beamtinnen und Beamten sowie die Versorgungsempfängerinnen und Versorgungsempfänger des Kommunalunternehmens Art. 51 bis 54 und 69 des Bayerischen Beamtengesetzes, bei länderübergreifendem Vermögensübergang §§ 16 bis 19 des Beamtenstatusgesetzes.

Artikel 77 Sonstige Vorschriften für Kommunalunternehmen

(1) Der Jahresabschluß und der Lagebericht werden nach den für große Kapitalgesellschaften geltenden Vorschriften des Handelsgesetzbuchs aufgestellt und geprüft, sofern nicht weitergehende gesetzliche Vorschriften gelten oder andere gesetzliche Vorschriften entgegenstehen.

(2) Die Organe der Rechnungsprüfung des Bezirks haben das Recht, sich zur Klärung von Fragen, die bei der Prüfung nach Art. 88 Abs. 4 Sätze 2 und 3 auftreten, unmittelbar zu unterrichten und zu diesem Zweck den Betrieb, die Bücher und Schriften des Kommunalunternehmens einzusehen.

(3) Die Art. 3 Abs. 2, Art. 53 Abs. 1 bis 3, Art. 54, 61, 62, 66 Abs. 1 und 2, Art. 67, 69 und 83 und die Vorschriften des Vierten Teils über die staatliche Aufsicht und die Rechtsmittel sind sinngemäß anzuwenden.

(4) Das Unternehmen ist zur Vollstreckung von Verwaltungsakten in demselben Umfang berechtigt wie der Bezirk, wenn es auf Grund einer Aufgabenübertragung nach Art. 75 Abs. 2 hoheitliche Befugnisse ausübt und bei der Aufgabenübertragung nichts Abweichendes geregelt wird.

Artikel 78 Unternehmen in Privatrechtsform

(1) [1]Unternehmen des Bezirks in Privatrechtsform und Beteiligungen des Bezirks an Unternehmen in Privatrechtsform sind nur zulässig, wenn

1. im Gesellschaftsvertrag oder in der Satzung sichergestellt ist, daß das Unternehmen den öffentlichen Zweck gemäß Art. 73 Abs. 1 Satz 1 Nr. 1 erfüllt,
2. der Bezirk angemessenen Einfluß im Aufsichtsrat oder in einem entsprechenden Gremium erhält,
3. die Haftung des Bezirks auf einen bestimmten, seiner Leistungsfähigkeit angemessenen Betrag begrenzt wird; die Rechtsaufsichtsbehörde kann von der Haftungsbegrenzung befreien.

[2]Zur Sicherstellung des öffentlichen Zwecks von Gesellschaften mit beschränkter Haftung soll im Gesellschaftsvertrag oder in der Satzung bestimmt werden, daß die Gesellschafterversammlung auch über den Erwerb und die Veräußerung von Unternehmen und Beteiligungen und über den Abschluß und die Änderung von Unternehmensverträgen beschließt. [3]In der Satzung von Aktiengesellschaften soll bestimmt werden, daß zum Erwerb und zur Veräußerung von Unternehmen und Beteiligungen die Zustimmung des Aufsichtsrats notwendig ist.

(2) Der Bezirk darf dem Erwerb von Unternehmen und Beteiligungen durch Unternehmen in Privatrechtsform, an denen er unmittelbar oder mittelbar beteiligt ist, nur unter entsprechender Anwendung der für ihn selbst geltenden Vorschriften zustimmen.

Artikel 79 Vertretung des Bezirks in Unternehmen in Privatrechtsform

(1) [1]Die Bezirkstagspräsidentin oder der Bezirkstagspräsident vertritt den Bezirk in der Gesellschafterversammlung oder einem entsprechenden Organ. [2]Mit Zustimmung der Bezirkstagspräsidentin oder des Bezirkstagspräsidenten und ihrer gewählten Stellvertretung kann der Bezirkstag eine andere Person zur Vertretung widerruflich bestellen.

(2) [1]Der Bezirk soll bei der Ausgestaltung des Gesellschaftsvertrags oder der Satzung darauf hinwirken, daß ihm das Recht eingeräumt wird, Mitglieder in einen Aufsichtsrat oder ein entsprechendes Gremium zu entsenden, soweit das zur Sicherung eines angemessenen Einflusses notwendig ist. [2]Vorbehaltlich entgegenstehender gesetzlicher Vorschriften haben Personen, die vom Bezirk entsandt oder auf seine Veranlassung gewählt worden sind, den Bezirk über alle wichtigen Angelegenheiten möglichst frühzeitig zu unterrichten und ihm auf Verlangen Auskunft zu erteilen. [3]Soweit zulässig, soll sich der Bezirk ihnen gegenüber Weisungsrechte im Gesellschaftsvertrag oder der Satzung vorbehalten.

(3) [1]Wird die Person, die den Bezirk vertritt oder werden die in Absatz 2 genannten Personen aus ihrer Tätigkeit haftbar gemacht, stellt der Bezirk sie von der Haftung frei. [2]Bei Vorsatz oder grober Fahrlässigkeit kann der Bezirk Rückgriff nehmen, es sei denn, das schädigende Verhalten beruhte auf seiner Weisung. [3]Die Sätze 1 und 2 gelten entsprechend für Personen, die auf Veranlassung des Bezirks als nebenamtliche Mitglieder des geschäftsführenden Unternehmensorgans bestellt sind.

Artikel 80 Sonstige Vorschriften für Unternehmen in Privatrechtsform

(1) [1]Gehören dem Bezirk Anteile an einem Unternehmen in dem in § 53 des Haushaltsgrundsätzegesetzes (HGrG) bezeichneten Umfang, so hat er

1. darauf hinzuwirken, daß in sinngemäßer Anwendung der für Eigenbetriebe geltenden Vorschriften für jedes Wirtschaftsjahr ein Wirtschaftsplan aufgestellt und der Wirtschaftsführung eine fünfjährige Finanzplanung zugrundegelegt wird,
2. dafür Sorge zu tragen, daß der Jahresabschluß und der Lagebericht nach den für große Kapitalgesellschaften geltenden Vorschriften des Handelsgesetzbuchs aufgestellt und geprüft werden, sofern nicht weitergehende gesetzliche Vorschriften gelten oder andere gesetzliche Vorschriften entgegenstehen,
3. die Rechte nach § 53 Abs. 1 HGrG auszuüben,
4. darauf hinzuwirken, daß ihm und dem Bayerischen Kommunalen Prüfungsverband die in § 54 HGrG vorgesehenen Befugnisse eingeräumt werden,

5. darauf hinzuwirken, daß jedes Mitglied des geschäftsführenden Unternehmensorgans vertraglich verpflichtet wird, die ihm im Geschäftsjahr jeweils gewährten Bezüge im Sinn von § 285 Nr. 9 Buchst. a des Handelsgesetzbuchs dem Bezirk jährlich zur Veröffentlichung entsprechend Absatz 3 Satz 2 mitzuteilen.

[2]Die Rechtsaufsichtsbehörde kann Ausnahmen zulassen.

(2) [1]Ist eine Beteiligung des Bezirks an einem Unternehmen keine Mehrheitsbeteiligung im Sinn des § 53 HGrG, so soll der Bezirk, soweit sein Interesse das erfordert, darauf hinwirken, daß in der Satzung oder im Gesellschaftsvertrag dem Bezirk die Rechte nach § 53 Abs. 1 HGrG und dem Bezirk und dem Bayerischen Kommunalen Prüfungsverband die Befugnisse nach § 54 HGrG eingeräumt werden. [2]Bei mittelbaren Beteiligungen gilt dies nur, wenn die Beteiligung den vierten Teil der Anteile übersteigt und einer Gesellschaft zusteht, an der der Bezirk allein oder zusammen mit anderen Gebietskörperschaften oder deren Zusammenschlüssen mit Mehrheit im Sinn des § 53 HGrG beteiligt ist.

(3) [1]Der Bezirk hat jährlich einen Bericht über seine Beteiligungen an Unternehmen in einer Rechtsform des Privatrechts zu erstellen, wenn ihm mindestens der zwanzigste Teil der Anteile eines Unternehmens gehört. [2]Der Beteiligungsbericht soll insbesondere Angaben über die Erfüllung des öffentlichen Zwecks, die Beteiligungsverhältnisse, die Zusammensetzung der Organe der Gesellschaft, die Bezüge der einzelnen Mitglieder des geschäftsführenden Unternehmensorgans gemäß Absatz 1 Nr. 5, die Ertragslage und die Kreditaufnahme enthalten. [3]Haben die Mitglieder des geschäftsführenden Unternehmensorgans ihr Einverständnis mit der Veröffentlichung ihrer Einzelbezüge nicht erklärt, sind ihre Gesamtbezüge so zu veröffentlichen, wie sie von der Gesellschaft nach den Vorschriften des Handelsgesetzbuchs in den Anhang zum Jahresabschluß aufgenommen werden. [4]Der Bericht ist dem Bezirkstag vorzulegen. [5]Der Bezirk weist ortsüblich darauf hin, daß jeder Einsicht in den Bericht nehmen kann.

Artikel 81 Grundsätze für die Führung von Unternehmen des Bezirks

(1) [1]Eigenbetriebe und Kommunalunternehmen sind unter Beachtung betriebswirtschaftlicher Grundsätze und des Grundsatzes der Sparsamkeit und Wirtschaftlichkeit so zu führen, daß der öffentliche Zweck erfüllt wird. [2]Entsprechendes gilt für die Steuerung und Überwachung von Unternehmen in Privatrechtsform, an denen der Bezirk mit mehr als 50 v.H. beteiligt ist; bei einer geringeren Beteiligung soll der Bezirk darauf hinwirken.

(2) Unternehmen des Bezirks dürfen keine wesentliche Schädigung und keine Aufsaugung selbständiger Betriebe in Landwirtschaft, Handwerk, Handel, Gewerbe und Industrie bewirken.

(3) [1]Für Beschäftigungsgeber, die im Eigentum oder unter der Kontrolle eines Bezirks stehen, gelten § 12 Abs. 1 Satz 1 und Abs. 4 sowie die §§ 13 bis 18 HinSchG entsprechend. [2]Ausgenommen von Satz 1 sind Beschäftigungsgeber mit in der Regel weniger als 50 Beschäftigten. [3]Art. 56 Abs. 4 Satz 3 GO gilt entsprechend.

Artikel 81a Anzeigepflichten

(1) [1]Entscheidungen des Bezirks über

1. die Errichtung, Übernahme und wesentliche Erweiterung sowie die Änderung der Rechtsform oder der Aufgaben von Unternehmen des Bezirks,
2. die unmittelbare oder mittelbare Beteiligung des Bezirks an Unternehmen,
3. die gänzliche oder teilweise Veräußerung von Unternehmen oder Beteiligungen des Bezirks,
4. die Auflösung von Kommunalunternehmen

sind der Rechtsaufsichtsbehörde rechtzeitig, mindestens aber sechs Wochen vor ihrem Vollzug, vorzulegen. [2]In den Fällen des Satzes 1 Nrn. 2 und 3 besteht keine Anzeigepflicht, wenn die Entscheidung weniger als den zwanzigsten Teil der Anteile des Unternehmens betrifft. [3]Aus der Vorlage muß zu ersehen sein, ob die gesetzlichen Voraussetzungen erfüllt sind. [4]Die Unternehmenssatzung von Kommunalunternehmen ist der Rechtsaufsichtsbehörde stets vorzulegen.

(2) Abs. 1 Satz 1 Nrn. 1 bis 3 und die Sätze 2 und 3 gelten entsprechend für Entscheidungen des Verwaltungsrats eines Kommunalunternehmens.

5. Abschnitt

Kassen- und Rechnungswesen

Artikel 82 Kassengeschäfte des Bezirks

(1) [1]Die Kassengeschäfte des Bezirks führt die Staatsoberkasse unentgeltlich nach den Weisungen des Bezirks, in den Fällen des Art. 35b nach den Weisungen der Regierung. [2]Die Staatsoberkasse unterliegt auch insoweit der staatlichen Kassenaufsicht. [3]Sonderkassen der Einrichtungen und rechtsfähigen Stiftungen sind zulässig. [4]Der Bezirk muß eine Sonderkasse errichten, wenn und soweit die Rechnung nach den Regeln der kaufmännischen doppelten Buchführung gelegt wird.

(2) [1]Abweichend von Absatz 1 kann der Bezirk Kassengeschäfte selbst erledigen und eine Bezirkskasse errichten. [2]Die Entscheidung, eine Bezirkskasse zu errichten, ist rechtzeitig der Staatsoberkasse mitzuteilen. [3]Der Bezirk und die Staatsoberkasse vereinbaren die Einzelheiten des Übergangs der Kassengeschäfte.

(3) Wird eine Bezirkskasse errichtet, so gilt folgendes:

1. [1]Die Bezirkskasse erledigt alle Kassengeschäfte des Bezirks. [2]Die Buchführung kann von den übrigen Kassengeschäften abgetrennt werden.
2. [1]Der Bezirk hat einen Kassenverwalter und einen Stellvertreter zu bestellen. [2]Diese Verpflichtung entfällt, wenn der Bezirk seine Kassengeschäfte durch eine Stelle außerhalb der Bezirksverwaltung besorgen läßt. [3]Die Anordnungsbefugten, der Leiter und die Prüfer des Rechnungsprüfungsamts können nicht gleichzeitig die Aufgaben eines Kassenverwalters oder seines Stellvertreters wahrnehmen.
3. Der Kassenverwalter und sein Stellvertreter dürfen weder miteinander noch mit den Anordnungsbefugten, dem Leiter und den Prüfern des Rechnungsprüfungsamts durch ein Angehörigenverhältnis im Sinn des Art. 20 Abs. 5 BayVwVfG verbunden sein.

(4) [1]Sonderkassen sollen mit der Bezirkskasse verbunden werden. [2]Ist eine Sonderkasse nicht mit der Bezirkskasse verbunden, gelten für den Verwalter der Sonderkasse und dessen Stellvertreter Absatz 3 Nrn. 2 und 3 entsprechend.

Artikel 83 Übertragung von Kassen- und Rechnungsgeschäften

Der Bezirk kann das Ermitteln von Ansprüchen und von Zahlungsverpflichtungen, das Vorbereiten der entsprechenden Kassenanordnungen, die Kassengeschäfte und das Rechnungswesen ganz oder zum Teil von einer Stelle außerhalb der Bezirksverwaltung besorgen lassen, wenn die ordnungsgemäße und sichere Erledigung und die Prüfung nach den für den Bezirk geltenden Vorschriften gewährleistet sind.

Artikel 84 Rechnungslegung, Jahresabschluss

(1) [1]Im Jahresabschluss beziehungsweise in der Jahresrechnung ist das Ergebnis der Haushaltswirtschaft einschließlich des Stands des Vermögens und der Verbindlichkeiten zu Beginn und am Ende des Haushaltsjahres nachzuweisen [2]Bei Haushaltswirtschaft nach den Grundsätzen der doppelten kommunalen Buchführung besteht der Jahresabschluss aus der Ergebnisrechnung, der Finanzrechnung, der Vermögensrechnung (Bilanz) und dem Anhang. [3]Bei Haushaltswirtschaft nach den Grundsätzen der Kameralistik besteht die Jahresrechnung aus dem kassenmäßigen Abschluss und der Haushaltsrechnung. [4]Der Jahresabschluss beziehungsweise die Jahresrechnung ist durch einen Rechenschaftsbericht zu erläutern.

(2) Der Jahresabschluss beziehungsweise die Jahresrechnung ist innerhalb von sechs Monaten, der konsolidierte Jahresabschluss (Art. 84a) innerhalb von zehn Monaten nach Abschluss des Haushaltsjahres aufzustellen und sodann dem Bezirksausschuss vorzulegen.

(3) [1]Nach Durchführung der örtlichen Prüfung der Jahresrechnung und der Jahresabschlüsse (Art. 85) und Aufklärung etwaiger Unstimmigkeiten stellt der Bezirkstag alsbald, jedoch in der Regel bis zum 30. Juni des auf das Haushaltsjahr folgenden übernächsten Jahres den Jahresabschluss beziehungsweise die Jahresrechnung in öffentlicher Sitzung fest und beschließt über die Entlastung. [2]Ist ein konsolidierter Jahresabschluss aufzustellen (Art. 84a), tritt an die Stelle des 30. Juni der 31. Dezember des auf das Haushaltsjahr folgenden übernächsten Jahres. [3]Verweigert der Bezirkstag die Entlastung oder spricht er sie mit Einschränkungen aus, hat er die dafür maßgebenden Gründe anzugeben.

(4) Die Bezirksrätinnen und Bezirksräte können jederzeit die Berichte über die Prüfungen einsehen.

Artikel 84a Konsolidierter Jahresabschluss

(1) Mit dem Jahresabschluss des Bezirks sind die Jahresabschlüsse

1. der außerhalb der allgemeinen Verwaltung geführten Sondervermögen ohne eigene Rechtspersönlichkeit,
2. der rechtlich selbstständigen Organisationseinheiten und Vermögensmassen mit Nennkapital oder variablen Kapitalanteilen,
3. der Zweckverbände mit kaufmännischer Rechnungslegung und der gemeinsamen Kommunalunternehmen und
4. der von dem Bezirk verwalteten kommunalen Stiftungen mit kaufmännischem Rechnungswesen

zu konsolidieren.

(2) [1]Aufgabenträger nach Abs. 1 sind entsprechend den §§ 300 bis 309 des Handelsgesetzbuchs zu konsolidieren (Vollkonsolidierung), wenn bei dem Bezirk die dem § 290 Abs. 1 und 2 des Handelsgesetzbuchs entsprechenden Voraussetzungen vorliegen. [2]Andere Aufgabenträger als nach Satz 1 sind entsprechend den §§ 311 und 312 des Handelsgesetzbuchs zu konsolidieren, es sei denn, sie sind für die Vermittlung eines den tatsächlichen Verhältnissen entsprechenden Bildes der Vermögens-, Finanz- und Ertragslage von untergeordneter Bedeutung. [3]Aufgabenträger nach Abs. 1 Nr. 3 können auch entsprechend § 310 des Handelsgesetzbuchs anteilsmäßig konsolidiert werden. [4]Für den Anteil an einem Zweckverband ist der Umlageschlüssel maßgebend.

(3) Der konsolidierte Jahresabschluss ist durch eine Kapitalflussrechnung zu ergänzen und durch einen Konsolidierungsbericht zu erläutern.

(4) Der Bezirk hat bei den in Abs. 1 genannten Aufgabenträgern, Organisationseinheiten und Vermögensmassen darauf hinzuwirken, dass ihm das Recht eingeräumt wird, von diesen alle Informationen und Unterlagen zu erhalten, die er für die Konsolidierung der Jahresabschlüsse für erforderlich hält.

6. Abschnitt

Prüfungswesen

Artikel 85 Örtliche Prüfungen

(1) [1]Der Jahresabschluss und der konsolidierte Jahresabschluss beziehungsweise die Jahresrechnung sowie die Jahresabschlüsse der Eigenbetriebe, der Krankenhäuser und der Pflegeeinrichtungen mit kaufmännischem Rechnungswesen werden von einem Rechnungsprüfungsausschuss geprüft (örtliche Rechnungsprüfung). [2]Über die Beratungen sind Niederschriften aufzunehmen.

(2) Der Bezirkstag bildet aus seiner Mitte einen Rechnungsprüfungsausschuß mit mindestens drei und höchstens sieben Mitgliedern und bestimmt ein Ausschußmitglied zur oder zum Vorsitzenden; Art. 28 Abs. 3 findet keine Anwendung.

(3) [1]Zur Prüfung der Jahresabschlüsse und des konsolidierten Jahresabschlusses sowie der Jahresrechnung können Sachverständige zugezogen werden. [2]Das Rechnungsprüfungsamt ist umfassend als Sachverständiger heranzuziehen.

(4) Die örtliche Prüfung der Jahresrechnung und der Jahresabschlüsse ist innerhalb von zwölf Monaten, die des konsolidierten Jahresabschlusses innerhalb von 18 Monaten nach Abschluß des Haushaltsjahres durchzuführen.

(5) [1]Die örtliche Kassenprüfung obliegt der Bezirkstagspräsidentin oder dem Bezirkstagspräsidenten. [2]Sie oder er bedient sich des Rechnungsprüfungsamts.

Artikel 86 Rechnungsprüfungsamt

(1) Bezirke müssen ein Rechnungsprüfungsamt einrichten.

(2) [1]Das Rechnungsprüfungsamt ist bei der örtlichen Rechnungsprüfung dem Bezirkstag und bei den örtlichen Kassenprüfungen der Bezirkstagspräsidentin oder dem Bezirkstagspräsidenten unmittelbar verantwortlich. [2]Der Bezirkstag und die Bezirkstagspräsidentin oder der Bezirkstagspräsident können besondere Aufträge zur Prüfung der Verwaltung erteilen. [3]Das Rechnungsprüfungsamt ist bei der Wahrnehmung seiner Aufgaben unabhängig und nur dem Gesetz unterworfen. [4]Im übrigen bleiben die Befugnisse der Bezirkstagspräsidentin oder des Bezirkstagspräsidenten unberührt, der oder dem das Rechnungsprüfungsamt unmittelbar untersteht.

(3) [1]Der Bezirkstag bestellt den Leiter, seinen Stellvertreter und die Prüfer des Rechnungsprüfungsamts und beruft sie ab. [2]Der Bezirkstag kann den Leiter des Rechnungsprüfungsamts und seinen Stellver-

treter gegen ihren Willen nur mit einer Mehrheit von zwei Dritteln der gesetzlichen Zahl der Mitglieder des Bezirkstags abberufen, wenn sie ihre Aufgabe nicht ordnungsgemäß erfüllen. 3Die Abberufung von Prüfern des Rechnungsprüfungsamts gegen ihren Willen bedarf einer Mehrheit von zwei Dritteln der stimmberechtigten Bezirksrätinnen und Bezirksräte.

(4) 1Der Leiter des Rechnungsprüfungsamts muß Beamtin oder Beamter auf Lebenszeit sein. 2Er muß in der Fachlaufbahn Verwaltung und Finanzen, fachlicher Schwerpunkt nichttechnischer Verwaltungsdienst, für ein Amt ab der Besoldungsgruppe A 10 qualifiziert sein sowie die für sein Amt erforderliche Erfahrung und Eignung besitzen.

(5) 1Der Leiter, sein Stellvertreter und die Prüfer des Rechnungsprüfungsamts dürfen eine andere Stellung in dem Bezirk nur innehaben, wenn das mit ihren Prüfungsaufgaben vereinbar ist. 2Sie dürfen Zahlungen für den Bezirk weder anordnen noch ausführen. 3Für den Leiter des Rechnungsprüfungsamts und seinen Stellvertreter gilt außerdem Art. 82 Abs. 3 Nr. 3 entsprechend.

Artikel 87 Überörtliche Prüfungen

(1) 1Die überörtlichen Rechnungs- und Kassenprüfungen werden vom Bayerischen Kommunalen Prüfungsverband (überörtliches Prüfungsorgan) durchgeführt. 2Die überörtlichen Kassenprüfungen erstrecken sich nicht auf die von der Staatsoberkasse zu erledigenden Kassengeschäfte.

(2) Die überörtliche Rechnungsprüfung findet alsbald nach der Feststellung des Jahresabschlusses und des konsolidierten Jahresabschlusses beziehungsweise der Jahresrechnung sowie der Jahresabschlüsse der Eigenbetriebe, der Krankenhäuser und der Pflegeeinrichtungen mit kaufmännischem Rechnungswesen statt.

Artikel 88 Inhalt der Rechnungs- und Kassenprüfung

(1) Die Rechnungsprüfung erstreckt sich auf die Einhaltung der für die Wirtschaftsführung geltenden Vorschriften und Grundsätze, insbesondere darauf, ob

1. die Haushaltssatzung und der Haushaltsplan eingehalten worden sind,
2. die Einzahlungen und Auszahlungen sowie Erträge und Aufwendungen beziehungsweise die Einnahmen und Ausgaben begründet und belegt sind sowie der Jahresabschluss und der konsolidierte Jahresabschluss beziehungsweise die Jahresrechnung sowie die Vermögensnachweise ordnungsgemäß aufgestellt sind,
3. wirtschaftlich und sparsam verfahren wird,
4. die Aufgaben mit geringerem Personal- oder Sachaufwand oder auf andere Weise wirksamer erfüllt werden können.

(2) 1Die Wirtschaftsführung der Krankenhäuser und der Pflegeeinrichtungen einschließlich der Jahresabschlüsse unterliegen der Rechnungsprüfung. 2Absatz 1 gilt entsprechend.

(3) 1Die Rechnungsprüfung umfaßt auch die Wirtschaftsführung der Eigenbetriebe unter entsprechender Anwendung des Absatzes 1. 2Dabei ist auf das Ergebnis der Abschlußprüfung (Art. 89) mit abzustellen.

(4) 1Im Rahmen der Rechnungsprüfung wird die Betätigung des Bezirks bei Unternehmen in einer Rechtsform des privaten Rechts, an denen der Bezirk unmittelbar oder mittelbar beteiligt ist, unter Beachtung kaufmännischer Grundsätze mitgeprüft. 2Entsprechendes gilt bei Erwerbs- und Wirtschaftsgenossenschaften, in denen der Bezirk Mitglied ist, sowie bei Kommunalunternehmen. 3Die Rechnungsprüfung umfaßt ferner die Buch-, Betriebs- und sonstigen Prüfungen, die sich der Bezirk bei der Hingabe eines Darlehens oder sonst vorbehalten hat.

(5) Durch Kassenprüfungen werden die ordnungsmäßige Erledigung der Kassengeschäfte, die ordnungsmäßige Einrichtung der Kassen und das Zusammenwirken mit der Verwaltung geprüft.

(6) 1Die Organe der Rechnungsprüfung des Bezirks und das überörtliche Prüfungsorgan können verlangen, dass ihnen oder ihren beauftragten Prüfern Unterlagen, die sie zur Erfüllung ihrer Aufgaben für erforderlich halten, vorgelegt oder innerhalb einer bestimmten Frist übersandt werden. 2Auskünfte sind ihnen oder ihren beauftragten Prüfern zu erteilen. 3Die Auskunftspflicht nach den Sätzen 1 und 2 besteht auch, soweit hierfür in anderen Bestimmungen eine besondere Rechtsvorschrift gefordert wird, und umfasst auch elektronisch gespeicherte Daten sowie deren automatisierten Abruf.

Artikel 89 Abschlussprüfung bei Eigenbetrieben und Kommunalunternehmen

(1) Der Jahresabschluß und der Lagebericht eines Eigenbetriebs und eines Kommunalunternehmens sollen spätestens innerhalb von neun Monaten nach Schluß des Wirtschaftsjahres durch einen sachverständigen Prüfer (Abschlußprüfer) geprüft sein.

(2) Die Abschlußprüfung wird vom Bayerischen Kommunalen Prüfungsverband oder von einem Wirtschaftsprüfer oder von einer Wirtschaftsprüfungsgesellschaft durchgeführt.

(3) [1]Die Abschlußprüfung erstreckt sich auf die Vollständigkeit und Ordnungsmäßigkeit des Jahresabschlusses unter Einbeziehung der Buchführung und des Lageberichts. [2]Dabei werden auch geprüft

1. die Ordnungsmäßigkeit der Geschäftsführung,
2. die Entwicklung der Vermögens- und Ertragslage sowie die Liquidität und Rentabilität,
3. die verlustbringenden Geschäfte und die Ursachen der Verluste, wenn diese Geschäfte und die Ursachen für die Vermögens- und Ertragslage von Bedeutung waren,
4. die Ursachen eines in der Gewinn- und Verlustrechnung ausgewiesenen Jahresfehlbetrags.

Vierter Teil
Staatliche Aufsicht und Rechtsmittel

1. Abschnitt
Rechtsaufsicht und Fachaufsicht

Artikel 90 Sinn der staatlichen Aufsicht

Die Aufsichtsbehörden sollen die Bezirke bei der Erfüllung ihrer Aufgaben verständnisvoll beraten, fördern und schützen sowie die Entschlußkraft und die Selbstverantwortung der Bezirksorgane stärken.

Artikel 91 Inhalt und Grenzen der Aufsicht

(1) In den Angelegenheiten des eigenen Wirkungskreises (Art. 5) beschränkt sich die staatliche Aufsicht darauf, die Erfüllung der gesetzlich festgelegten und übernommenen öffentlich-rechtlichen Aufgaben und Verpflichtungen der Bezirke und die Gesetzmäßigkeit ihrer Verwaltungstätigkeit zu überwachen (Rechtsaufsicht).

(2) [1]In den Angelegenheiten des übertragenen Wirkungskreises (Art. 6) erstreckt sich die staatliche Aufsicht auch auf die Handhabung des Verwaltungsermessens der Bezirke (Fachaufsicht). [2]Eingriffe in das Verwaltungsermessen sind auf die Fälle zu beschränken, in denen

1. das Gemeinwohl oder öffentlich-rechtliche Ansprüche einzelner eine Weisung oder Entscheidung erfordern oder
2. die Bundesregierung nach Art. 84 Abs. 5 oder Art. 85 Abs. 3 des Grundgesetzes eine Weisung erteilt.

Artikel 92 Rechtsaufsichtsbehörde

Die Rechtsaufsicht über die Bezirke obliegt dem Staatsministerium des Innern, Sport und Integration.

Artikel 93 Informationsrecht der Rechtsaufsichtsbehörde

[1]Die Rechtsaufsichtsbehörde ist befugt, sich jederzeit über alle Angelegenheiten des Bezirks zu unterrichten. [2]Sie kann insbesondere Anstalten und Einrichtungen des Bezirks besichtigen, die Geschäfts- und Kassenführung prüfen sowie Berichte und Akten einfordern.

Artikel 94 Beanstandungsrecht

[1]Die Rechtsaufsichtsbehörde kann rechtswidrige Beschlüsse und Verfügungen des Bezirks beanstanden und ihre Aufhebung oder Änderung verlangen. [2]Bei Nichterfüllung öffentlich-rechtlicher Aufgaben oder Verpflichtungen kann die Rechtsaufsichtsbehörde den Bezirk zur Durchführung der notwendigen Maßnahmen auffordern.

Artikel 95 Recht der Ersatzvornahme

[1]Kommt der Bezirk binnen einer ihm gesetzten angemessenen Frist den Anordnungen der Rechtsaufsichtsbehörde nicht nach, so kann diese die notwendigen Maßnahmen an Stelle des Bezirks verfügen und vollziehen. [2]Die Kosten trägt der Bezirk.

Artikel 96 Bestellung eines Beauftragten

(1) Ist der geordnete Gang der Verwaltung durch Beschlußunfähigkeit des Bezirkstags oder durch seine Weigerung, gesetzmäßige Anordnungen der Rechtsaufsichtsbehörde auszuführen, ernstlich behindert,

so kann die Rechtsaufsichtsbehörde die Bezirkstagspräsidentin oder den Bezirkstagspräsidenten ermächtigen, bis zur Behebung des gesetzwidrigen Zustands für den Bezirk zu handeln.

(2) [1]Weigert sich die Bezirkstagspräsidentin oder der Bezirkstagspräsident oder ist sie oder er aus tatsächlichen oder rechtlichen Gründen verhindert, die Aufgaben nach Absatz 1 wahrzunehmen, so beauftragt die Rechtsaufsichtsbehörde die gewählte stellvertretende Bezirkstagspräsidentin oder den gewählten stellvertretenden Bezirkstagspräsidenten, für den Bezirk zu handeln, solange es erforderlich ist. [2]Ist keine gewählte stellvertretende Bezirkstagspräsidentin und kein gewählter stellvertretender Bezirkstagspräsident vorhanden oder ist auch sie oder er verhindert oder nicht handlungswillig, so handelt die Rechtsaufsichtsbehörde für den Bezirk; sie kann die Regierung damit beauftragen.

(3) Die Staatsregierung kann ferner, wenn sich der gesetzwidrige Zustand anders nicht beheben lässt, den Bezirkstag auflösen und dessen Neuwahl anordnen.

Artikel 97 Fachaufsichtsbehörden

[1]Die Zuständigkeit zur Führung der Fachaufsicht auf den einzelnen Gebieten des übertragenen Wirkungskreises bestimmt sich nach den hierfür geltenden besonderen Vorschriften. [2]Soweit solche besonderen Vorschriften nicht bestehen, obliegt den Rechtsaufsichtsbehörden auch die Führung der Fachaufsicht.

Artikel 98 Befugnisse der Fachaufsicht

(1) [1]Die Fachaufsichtsbehörden können sich über Angelegenheiten des übertragenen Wirkungskreises in gleicher Weise wie die Rechtsaufsichtsbehörde unterrichten (Art. 93). [2]Sie können ferner dem Bezirk für die Behandlung übertragener Angelegenheiten unter Beachtung des Art. 91 Abs. 2 Satz 2 Weisungen erteilen. [3]Zu weitergehenden Eingriffen in die Bezirksverwaltung sind die Fachaufsichtsbehörden nicht befugt.

(2) [1]Die Rechtsaufsichtsbehörde ist verpflichtet, die Fachaufsichtsbehörden bei der Durchführung ihrer gesetzlichen Aufgaben nötigenfalls unter Anwendung der in den Art. 95 und 96 festgelegten Befugnisse zu unterstützen. [2]Bei der Ersatzvornahme tritt die Weisung der Fachaufsichtsbehörde an die Stelle der Anordnung der Rechtsaufsichtsbehörde.

Artikel 99 Genehmigungsbehörde

(1) Die in diesem Gesetz vorgeschriebenen Genehmigungen erteilt, soweit nichts anderes bestimmt ist, die Rechtsaufsichtsbehörde (Art. 92).

(2) Genehmigungspflichtige Beschlüsse sowie genehmigungspflichtige Geschäfte des bürgerlichen Rechts erlangen Rechtswirksamkeit erst mit der Erteilung der nach diesem Gesetz erforderlichen Genehmigung.

Artikel 99a Ausnahmegenehmigungen

[1]Das Staatsministerium des Innern, für Sport und Integration kann im Interesse der Weiterentwicklung der kommunalen Selbstverwaltung zur Erprobung neuer Modelle der Steuerung und des Haushalts- und Rechnungswesens, der Verfahrensvereinfachung und der Verwaltungsführung auf Antrag im Einzelfall Ausnahmen von Regelungen dieses Gesetzes und der nach Art. 101 erlassenen Vorschriften genehmigen. [2]Die Genehmigung ist zu befristen. [3]Bedingungen und Auflagen sind insbesondere zulässig, um die Vergleichbarkeit des Kommunalrechtsvollzugs auch im Rahmen einer Erprobung möglichst zu wahren und die Ergebnisse der Erprobung für Gemeinden, für Landkreise und für andere Bezirke nutzbar zu machen.

2. Abschnitt

Rechtsmittel

Artikel 100 Erlaß des Widerspruchsbescheids (§ 73 der Verwaltungsgerichtsordnung)

Den Widerspruchsbescheid erläßt in Angelegenheiten des eigenen und des übertragenen Wirkungskreises der Bezirk.

Fünfter Teil

Übergangs- und Schlußvorschriften

Artikel 101 Rechtsverordnungen

(1) [1]Das Staatsministerium des Innern, für Sport und Integration wird ermächtigt, durch Rechtsverordnung das Nähere zu kommunalen Namen, Hoheitszeichen sowie Gebietsänderungen nach den Art. 2, 3 und 8 zu regeln. [2]Es wird weiter ermächtigt, im Einvernehmen mit dem Staatsministerium für Finanzen und für Heimat durch Rechtsverordnungen zu regeln:

1. den Inhalt und die Gestaltung des Haushaltsplans einschließlich des Stellenplans, der mittelfristigen Finanzplanung und des Investitionsprogramms sowie der Dokumentation der im Finanzplanungszeitraum gültigen Kreditermächtigungen aus den Vorjahren und deren Inanspruchnahmen, ferner die Veranschlagung von Einzahlungen, Auszahlungen, Erträgen und Aufwendungen beziehungsweise Einnahmen, Ausgaben und Verpflichtungsermächtigungen für einen vom Haushaltsjahr abweichenden Wirtschaftszeitraum,
2. die Ausführung des Haushaltsplans, die Anordnung von Zahlungen, die Haushaltsüberwachung, die Stundung, die Niederschlagung und den Erlaß von Ansprüchen und die Behandlung von Kleinbeträgen,
3. die Ausschreibung von Lieferungen und Leistungen und die Vergabe von Aufträgen,
4. die Bildung, vorübergehende Inanspruchnahme und Verwendung von Rücklagen und deren Mindesthöhe,
5. die Bildung und Auflösung von Rückstellungen,
6. die Geldanlagen und ihre Sicherung,
7. die Erfassung, den Nachweis, die Bewertung und die Abschreibung der Vermögensgegenstände; dabei kann die Bewertung und Abschreibung auf einzelne Bereiche beschränkt werden,
8. die Aufstellung der Eröffnungsbilanz auch unter Abweichung von Art. 66 Abs. 3 und der folgenden Bilanzen,
9. die Kassenanordnungen, die Aufgaben und die Organisation der Kassen, die vom Bezirk eingerichtet sind, den Zahlungsverkehr, die Verwaltung der Kassenmittel, der Wertgegenstände und anderer Gegenstände, die Buchführung sowie die Möglichkeit, daß die Buchführung und die Verwahrung von Wertgegenständen von den Kassengeschäften abgetrennt werden können,
10. den Inhalt und die Gestaltung der Jahresrechnung und die Abwicklung der Vorjahresergebnisse,
11. den Inhalt und die Gestaltung des Jahresabschlusses und des konsolidierten Jahresabschlusses; dabei können auch Ausnahmen von der und Übergangsfristen für die Konsolidierungspflicht vorgesehen werden,
12. den Inhalt und die Gestaltung des Rechenschaftsberichts zur Jahresrechnung beziehungsweise zum Jahresabschluss, des Anhangs zum Jahresabschluss sowie des Konsolidierungsberichts zum konsolidierten Jahresabschluss,
13. den Aufbau und die Verwaltung, die Wirtschaftsführung, das Rechnungswesen und die Prüfung der Eigenbetriebe,
14. die Prüfung der Jahresrechnungen, der Jahresabschlüsse und der konsolidierten Jahresabschlüsse, die Prüfung der Kassen, die vom Bezirk eingerichtet sind, die Abschlußprüfung und die Freistellung von der Abschlußprüfung, die Prüfung von Verfahren der automatisierten Datenverarbeitung im Bereich des Finanzwesens der Bezirke, die Rechte und Pflichten der Prüfer, die über Prüfungen zu erstellenden Berichte und deren weitere Behandlung,
15. das Verfahren bei der Errichtung der Kommunalunternehmen sowie der Umwandlung von Kapitalgesellschaften in Kommunalunternehmen und den Aufbau, die Verwaltung, die Wirtschaftsführung sowie das Rechnungs- und Prüfungswesen der Kommunalunternehmen.

[3]Das Staatsministerium des Innern, für Sport und Integration wird weiter ermächtigt, im Einvernehmen mit dem Staatsministerium für Gesundheit, Pflege und Prävention und mit dem Staatsministerium der Finanzen und für Heimat die Wirtschaftsführung der Krankenhäuser und der Pflegeeinrichtungen der Bezirke durch Rechtsverordnung zu regeln.

(2) [1]Das Staatsministerium des Innern, für Sport und Integration erläßt die erforderlichen Verwaltungsvorschriften und gibt Muster, insbesondere für

1. die Haushaltssatzung und die Nachtragshaushaltssatzung,
2. die Darstellung des Haushaltsplans und des mittelfristigen Finanzplans insbesondere

   a) die Konten und Produkte bei Haushaltswirtschaft nach den Grundsätzen der doppelten kommunalen Buchführung,
   b) die Gliederung und die Gruppierung bei Haushaltswirtschaft nach den Grundsätzen der Kameralistik,
3. die Form des Haushaltsplans und seiner Anlagen, des mittelfristigen Finanzplans und des Investitionsprogramms sowie der Dokumentation der im Finanzplanungszeitraum gültigen Kreditermächtigungen aus den Vorjahren und deren Inanspruchnahmen,
4. die Gliederung und die Form des Jahresabschlusses und des konsolidierten Jahresabschlusses,
5. die Darstellung und die Form der Vermögensnachweise,
6. die Kassenanordnungen, die Buchführung, die Jahresrechnung und ihre Anlagen,
7. die Gliederung und die Form des Wirtschaftsplans und seiner Anlagen, des mittelfristigen Finanzplans und des Investitionsprogramms, des Jahresabschlusses, der Anlagenachweise und der Erfolgsübersicht für Eigenbetriebe und für Krankenhäuser mit kaufmännischem Rechnungswesen,

im Bayerischen Ministerialblatt bekannt. [2]Es kann solche Muster für verbindlich erklären. [3]Die Zuordnung der einzelnen Geschäftsvorfälle zu den Darstellungen gemäß Satz 1 Nrn. 2 bis 5 kann durch Verwaltungsvorschrift in gleicher Weise verbindlich festgelegt werden. [4]Die Verwaltungsvorschriften zur Darstellung des Haushaltsplans und des mittelfristigen Finanzplans sind im Einvernehmen mit dem Staatsministerium der Finanzen und für Heimat zu erlassen.

Artikel 101a Bezirkswirtschaftliche Erleichterungen anlässlich der Corona-Pandemie

[1]*[aufgehoben]* [2]*[aufgehoben]* [3]Die in den Haushaltsjahren 2020 und 2021 angelegten und betätigten Abweichungen von bezirkswirtschaftlichen Bestimmungen dürfen sich auf nachfolgende Haushaltsjahre auswirken, längstens jedoch auf das Haushaltsjahr 2032.

Artikel 101b Übergangsregelung

(1) Für Bezirksrätinnen und Bezirksräte, die ihr Amt am 14. Oktober 2023 ausüben, ist Art. 23 Abs. 4 bis zum Ende ihrer laufenden Amtszeit in seiner bis zum Ablauf des 14. Oktober 2023 geltenden Fassung anzuwenden.

(2) Für Mitglieder des Verwaltungsrats von Kommunalunternehmen, die ihr Amt am 14. Oktober 2023 ausüben, ist Art. 76 Abs. 3 Satz 6 bis zum Ende ihrer laufenden Amtszeit in seiner bis zum Ablauf des 14. Oktober 2023 geltenden Fassung anzuwenden.

Artikel 102 Einschränkung von Grundrechten

Auf Grund dieses Gesetzes können die Grundrechte auf Freiheit der Person und der Unverletzlichkeit der Wohnung eingeschränkt werden (Art. 2 Abs. 2, Art. 13 des Grundgesetzes, Art. 102 und 106 Abs. 3 der Verfassung).

Artikel 103 Inkrafttreten, Außerkrafttreten

(1) Art. 101 dieses Gesetzes tritt am 1. Juni 1953, die übrigen Bestimmungen treten am 1. Dezember 1954 in Kraft.[1)]

(2) Art. 101a Satz 3 tritt mit Ablauf des 31. Dezember 2032 außer Kraft.

1) **Amtl. Anm.:** Diese Vorschrift betrifft das Inkrafttreten des Gesetzes in der ursprünglichen Fassung vom 27.07.1953 (GVBl. S. 107). Der Zeitpunkt des Inkrafttretens der späteren Änderungen ergibt sich aus den jeweiligen Änderungsgesetzen.

Gesetz über die kommunale Zusammenarbeit (KommZG)

In der Fassung der Bekanntmachung vom 20. Juni 1994[1] (GVBl. S. 555; 1995 S. 98)
(BayRS 2020-6-1-I)

zuletzt geändert durch § 8 G zur Änderung des Gemeinde- und Landkreiswahlgesetzes und weiterer Rechtsvorschriften[2] vom 24. Juli 2023 (GVBl. S. 385, 586)

Nichtamtliche Inhaltsübersicht

---

1) Neubekanntmachung des KommZG in der in der Bayerischen Rechtssammlung (2020-6-1-I) veröffentlichten bereinigten Fassung in der vom 1. Juli 1994 an geltenden Fassung.

2) Dieses Gesetz dient der Umsetzung der Richtlinie (EU) 2019/1937 des Europäischen Parlaments und des Rates vom 23. Oktober 2019 zum Schutz von Personen, die Verstöße gegen das Unionsrecht melden (ABl. L 305 vom 26. November 2019, S. 17), die zuletzt durch Art. 147 der Verordnung (EU) 2023/1114 vom 31. Mai 2023 (ABl. L 150 vom 9. Juni 2023, S. 40) geändert worden ist.

Erster Teil
Allgemeine Vorschriften

Artikel 1 Anwendungsbereich

(1) [1]Dieses Gesetz regelt die kommunale Zusammenarbeit von Gemeinden, Landkreisen und Bezirken. [2]Verwaltungsgemeinschaften stehen für ihren Aufgabenbereich Gemeinden gleich; das gilt auch für die Eigentümer gemeindefreier Grundstücke, soweit sie öffentliche Aufgaben zu erfüllen haben, die im Gemeindegebiet der Gemeinde obliegen. [3]Andere Körperschaften, Anstalten und Stiftungen des öffentlichen Rechts, ferner natürliche Personen und juristische Personen des Privatrechts können sich nur nach den Vorschriften dieses Gesetzes an der Zusammenarbeit beteiligen.
(2) [1]Für die Beteiligung von Zweckverbänden an der kommunalen Zusammenarbeit gelten die gleichen Vorschriften wie für die ihnen angehörenden Gemeinden, Landkreise oder Bezirke. [2]Für die Beteiligung selbständiger Kommunalunternehmen des öffentlichen Rechts sind die für ihre Gewährträger geltenden Vorschriften maßgebend.
(3) [1]Vorschriften anderer Gesetze über die kommunale Zusammenarbeit oder die gemeinsame Wahrnehmung von Aufgaben in privatrechtlicher Form bleiben unberührt. [2]Auf Planungsverbände nach § 205 des Baugesetzbuchs sind unbeschadet des § 205 Abs. 2 bis 5 des Baugesetzbuchs die für die Zweckverbände geltenden Vorschriften dieses Gesetzes einschließlich des Art. 20 entsprechend anzuwenden.
(4) [1]Dieses Gesetz ist nicht anzuwenden, wenn es gesetzlich ausgeschlossen ist, Aufgaben oder Befugnisse gemeinsam wahrzunehmen. [2]Das Recht, Steuern zu erheben und eine eigene Polizei zu errichten, kann nicht übertragen werden.

Artikel 2 Rechtsformen der kommunalen Zusammenarbeit

(1) Für die kommunale Zusammenarbeit können kommunale Arbeitsgemeinschaften gegründet, Zweckvereinbarungen geschlossen und Zweckverbände sowie gemeinsame Kommunalunternehmen gebildet werden.
(2) Durch kommunale Arbeitsgemeinschaften und Zweckvereinbarungen entstehen keine neuen Rechtspersönlichkeiten.
(3) [1]Die Zweckverbände sind Körperschaften des öffentlichen Rechts. [2]Sie verwalten ihre Angelegenheiten im Rahmen der Gesetze unter eigener Verantwortung.
(4) Gemeinsame Kommunalunternehmen sind selbständige Unternehmen in der Rechtsform einer Anstalt des öffentlichen Rechts, die von mehreren kommunalen Gebietskörperschaften getragen werden.

Artikel 3 Voraussetzungen der kommunalen Zusammenarbeit

(1) [1]Gemeinden, Landkreise und Bezirke können nach den Vorschriften dieses Gesetzes zusammenarbeiten, um Aufgaben, zu deren Wahrnehmung sie berechtigt oder verpflichtet sind, gemeinsam zu erfüllen. [2]Das gilt nicht für Gemeinden, die der gleichen Verwaltungsgemeinschaft angehören, wenn die Verwaltungsgemeinschaft die Aufgabe ebenso wirkungsvoll und wirtschaftlich erfüllen kann.
(2) Sieht dieses Gesetz eine Verpflichtung zur Zusammenarbeit vor (Art. 16 und 28), so kann sie nur zwischen Gebietskörperschaften gleicher Art angeordnet werden, ferner zwischen kreisfreien und

kreisangehörigen Gemeinden und zwischen Landkreisen und kreisfreien Gemeinden, wenn diese Gebietskörperschaften gleiche Pflichtaufgaben zu erfüllen haben.

Zweiter Teil
Kommunale Arbeitsgemeinschaften

Artikel 4 Einfache Arbeitsgemeinschaften

(1) [1]Gemeinden, Landkreise und Bezirke können durch öffentlich-rechtlichen Vertrag eine Arbeitsgemeinschaft bilden. [2]An ihr können sich auch sonstige Körperschaften, Anstalten und Stiftungen des öffentlichen Rechts, ferner natürliche Personen und juristische Personen des Privatrechts beteiligen.
(2) [1]Die Arbeitsgemeinschaft befaßt sich mit Angelegenheiten, welche die an ihr Beteiligten gemeinsam berühren. [2]Sie dient insbesondere dazu, Planungen der einzelnen Beteiligten und das Tätigwerden von Einrichtungen aufeinander abzustimmen, gemeinsame Flächennutzungspläne vorzubereiten und die gemeinsame wirtschaftliche und zweckmäßige Erfüllung der Aufgaben in einem größeren nachbarlichen Gebiet sicherzustellen.
(3) Durch die Beteiligung an einer Arbeitsgemeinschaft werden die Rechte und Pflichten der Beteiligten als Träger von Aufgaben und Befugnissen gegenüber Dritten nicht berührt.
(4) [1]In dem öffentlich-rechtlichen Vertrag sind die Aufgaben der Arbeitsgemeinschaft und, soweit das erforderlich ist, die Geschäftsordnung und die Deckung des Finanzbedarfs zu regeln. [2]Der Vertrag wird wirksam, sobald er von allen Beteiligten beschlossen und unterschrieben ist. [3]In dem Vertrag kann ein anderer Zeitpunkt für sein Wirksamwerden bestimmt werden.

Artikel 5 Besondere Arbeitsgemeinschaften

(1) [1]Es kann vereinbart werden, daß die Beteiligten an Beschlüsse der Arbeitsgemeinschaft gebunden sind, wenn die zuständigen Organe aller Beteiligten diesen Beschlüssen zugestimmt haben. [2]Ferner kann vereinbart werden, daß die Beteiligten an Beschlüsse über Angelegenheiten der Geschäftsführung und des Finanzbedarfs, Verfahrensfragen und den Erlaß von Richtlinien für die Planung und Durchführung einzelner Aufgaben gebunden sind, wenn die Mehrheit der zuständigen Organe der beteiligten Gebietskörperschaften diesen Beschlüssen zugestimmt hat.
(2) Es kann vereinbart werden, daß die zuständigen Organe der Beteiligten verpflichtet sind, binnen drei Monaten über Anregungen der Arbeitsgemeinschaft zu beschließen; in der Vereinbarung kann eine andere Frist festgelegt werden.

Artikel 6 Aufhebung und Kündigung besonderer Arbeitsgemeinschaften

(1) [1]Wird eine besondere Arbeitsgemeinschaft aufgehoben, so hat eine Auseinandersetzung stattzufinden, soweit das erforderlich ist. [2]Der Vertrag soll hierüber das Nähere bestimmen.
(2) [1]Wird eine besondere Arbeitsgemeinschaft auf unbestimmte Zeit oder auf mehr als 20 Jahre gebildet, so ist in der Vereinbarung über ihre Bildung zu bestimmen, unter welchen Voraussetzungen, innerhalb welcher Frist und in welcher Form sie von den Beteiligten gekündigt werden kann (ordentliche Kündigung). [2]Eine besondere Arbeitsgemeinschaft kann auch aus wichtigem Grund gekündigt werden (außerordentliche Kündigung).

Dritter Teil
Zweckvereinbarungen

Artikel 7 Beteiligte und Aufgaben

(1) Gemeinden, Landkreise und Bezirke können durch öffentlich-rechtlichen Vertrag eine Zweckvereinbarung schließen.
(2) [1]Auf Grund einer Zweckvereinbarung können die beteiligten Gebietskörperschaften einer von ihnen einzelne oder alle mit einem bestimmten Zweck zusammenhängenden Aufgaben übertragen; eine Gebietskörperschaft kann dabei insbesondere gestatten, daß die übrigen eine von ihr betriebene Einrichtung mitbenutzen. [2]Der Umfang der übertragenen Aufgaben soll im Verhältnis zum Umfang der entsprechenden eigenen Aufgaben der übernehmenden Gebietskörperschaft nachrangig sein.
(3) Auf Grund einer Zweckvereinbarung können die beteiligten Gebietskörperschaften einzelne oder alle mit einem bestimmten Zweck zusammenhängenden Aufgaben gemeinschaftlich durchführen und hierzu gemeinschaftliche Einrichtungen schaffen oder betreiben.

(4) In einer Zweckvereinbarung kann auch geregelt werden, daß eine Gebietskörperschaft den beteiligten anderen Gebietskörperschaften Dienstkräfte zur Erfüllung ihrer Aufgaben zeitanteilig zur Verfügung stellt.

(5) [1]Ein Zweckverband kann eine Zweckvereinbarung abschließen, soweit das der Erfüllung der ihm von seinen Mitgliedern übertragenen Aufgaben dient. [2]Darüber hinaus kann er mit Zustimmung einer Mehrheit von zwei Dritteln der satzungsmäßigen Stimmenzahl in der Verbandsversammlung durch eine Zweckvereinbarung Aufgaben anderer Gebietskörperschaften übernehmen, wenn

1. diese Aufgaben seinen Aufgaben gleichartig sind,
2. der Umfang der Aufgaben im Verhältnis zum Umfang der dem Zweckverband von seinen Mitgliedern übertragenen Aufgaben nachrangig ist,
3. die anderen Gebietskörperschaften sich in der Zweckvereinbarung das Recht zur Steuerung der Aufgabenerfüllung vorbehalten,
4. in der Zweckvereinbarung ein angemessener Kostenersatz vereinbart wird und
5. die Übernahme der Aufgaben dem öffentlichen Wohl entspricht, z.B. der Verwaltungsvereinfachung oder Kostensenkung im Rahmen nachbarschaftlicher Zusammenarbeit dient.

Artikel 8 Übergang der Befugnisse

(1) Wird einer Gebietskörperschaft durch Zweckvereinbarung eine Aufgabe übertragen (Art. 7 Abs. 2), so gehen auch die zur Erfüllung dieser Aufgabe notwendigen Befugnisse auf sie über, es sei denn, daß in der Zweckvereinbarung ausdrücklich etwas anderes bestimmt wird.

(2) Die übrigen Beteiligten werden durch die Zweckvereinbarung von ihrer gesetzlichen Pflicht insoweit befreit, als gesetzliche Aufgaben auf eine andere Gebietskörperschaft übertragen werden oder Befugnisse auf sie übergehen.

(3) Im Fall des Art. 7 Abs. 3 verbleiben die Befugnisse bei den Beteiligten; sie können nicht gemeinschaftlich ausgeübt werden.

(4) Gebietskörperschaften, denen gemäß Art. 7 Abs. 4 Dienstkräfte zur Verfügung gestellt werden, können ihnen wie eigenen Bediensteten Befugnisse übertragen.

Artikel 9 (aufgehoben)

Artikel 10 Inhalt

(1) Die Zweckvereinbarung muß die Aufgaben aufführen, die einer der beteiligten Gebietskörperschaften übertragen oder die gemeinschaftlich durchgeführt werden sollen.

(2) Werden Aufgaben übertragen, so kann den übrigen Beteiligten durch die Zweckvereinbarung das Recht auf Anhörung oder Zustimmung in bestimmten Angelegenheiten eingeräumt werden.

(3) In der Zweckvereinbarung kann ein angemessener Kostenersatz für die Erfüllung der übertragenen Aufgaben vorgesehen werden; er darf höchstens so bemessen sein, daß der nach den Grundsätzen einer ordnungsgemäßen Wirtschaftsführung berechnete Aufwand gedeckt wird.

(4) Werden Aufgaben gemeinschaftlich durchgeführt, so muß die Zweckvereinbarung bestimmen, nach welchem Maßstab der Aufwand unter die Beteiligten verteilt wird.

Artikel 11 Satzungs- und Verordnungsrecht

(1) [1]Durch die Zweckvereinbarung kann der Gebietskörperschaft, auf die Aufgaben übergehen, das Recht übertragen werden, zur Erfüllung dieser Aufgaben Satzungen und Verordnungen auch für das Gebiet der übrigen Beteiligten zu erlassen. [2]Bereits geltende Satzungen und Verordnungen der Gebietskörperschaft können auch durch die Zweckvereinbarung auf dieses Gebiet erstreckt werden; sie sind in der Zweckvereinbarung unter Angabe ihrer Fundstelle genau zu bezeichnen. [3]Die übrigen Beteiligten haben in der für die Bekanntmachung ihrer Satzungen vorgesehenen Form auf die Veröffentlichung der Satzungen oder Verordnungen hinzuweisen.

(2) In den Fällen des Absatzes 1 kann in der Zweckvereinbarung bestimmt werden, daß die Gebietskörperschaft im Geltungsbereich der von ihr erlassenen Satzungen oder Verordnungen alle zu deren Durchführung erforderlichen Maßnahmen wie im eigenen Gebiet treffen kann.

Artikel 12 Anzeige und Genehmigung

(1) Eine Zweckvereinbarung, nach der nur Aufgaben übertragen oder gemeinschaftlich durchgeführt werden, ist der Aufsichtsbehörde anzuzeigen.

(2) [1]Eine Zweckvereinbarung, durch die eine beteiligte Gebietskörperschaft auch Befugnisse erhält, bedarf der Genehmigung der Aufsichtsbehörde. [2]Die Genehmigung kann nur versagt werden, wenn dem Abschluß der Zweckvereinbarung Gründe des öffentlichen Wohls entgegenstehen, der Abschluß der Vereinbarung nicht zulässig ist oder die Vereinbarung den gesetzlichen Vorschriften nicht entspricht. [3]Sollen durch die Zweckvereinbarung Angelegenheiten des übertragenen Wirkungskreises wahrgenommen werden, so entscheidet die Aufsichtsbehörde nach Anhörung der Fachaufsichtsbehörde über die Genehmigung nach pflichtgemäßem Ermessen. [4]Äußert sich die Fachaufsichtsbehörde nicht binnen eines Monats nach Eingang der Anfrage, kann die Aufsichtsbehörde davon ausgehen, dass die von der Fachaufsichtsbehörde zu vertretenden Belange von der Zweckvereinbarung nicht berührt werden.

(3) Ist für die Durchführung einer Angelegenheit, zu deren Erfüllung eine Zweckvereinbarung abgeschlossen werden soll, eine besondere Genehmigung erforderlich, so kann die Vereinbarung nicht genehmigt werden, wenn zu erwarten ist, daß die besondere Genehmigung versagt wird.

Artikel 13 Amtliche Bekanntmachung und Wirksamwerden

(1) [1]Die Aufsichtsbehörde hat eine genehmigungspflichtige Zweckvereinbarung und ihre Genehmigung in ihrem Amtsblatt amtlich bekanntzumachen. [2]Die Zweckvereinbarung wird am Tag nach der amtlichen Bekanntmachung wirksam.

(2) Teile einer genehmigungspflichtigen Zweckvereinbarung, die nur das Verhältnis der Beteiligten untereinander betreffen, ohne daß Rechte oder Pflichten Dritter berührt werden, brauchen nicht amtlich bekanntgemacht zu werden.

(3) Eine anzeigepflichtige Zweckvereinbarung wird ohne amtliche Bekanntmachung wirksam, sobald sie von allen Beteiligten beschlossen und unterschrieben ist.

(4) In der Zweckvereinbarung kann ein Zeitpunkt für ihr Wirksamwerden abweichend von Absatz 1 Satz 2 und Absatz 3 bestimmt werden.

Artikel 14 Änderung, Aufhebung und Kündigung

(1) War die Zweckvereinbarung anzeigepflichtig, so ist auch ihre Änderung oder Aufhebung der Aufsichtsbehörde anzuzeigen.

(2) [1]War die Zweckvereinbarung genehmigungspflichtig, so bedarf auch ihre Änderung oder Aufhebung der Genehmigung. [2]Die Vorschriften des Art. 12 über die Genehmigung einer Zweckvereinbarung gelten entsprechend. [3]Der Genehmigung zur Aufhebung oder zur Änderung auf Grund einer Kündigung können Gründe des öffentlichen Wohls nur entgegenstehen, wenn die Voraussetzungen für eine Pflichtvereinbarung vorliegen.

(3) [1]Ist die Zweckvereinbarung nicht befristet oder auf mehr als 20 Jahre geschlossen, so muß sie bestimmen, unter welchen Voraussetzungen, innerhalb welcher Frist und in welcher Form sie von einem Beteiligten gekündigt werden kann (ordentliche Kündigung). [2]Jede Zweckvereinbarung kann auch aus wichtigem Grund gekündigt werden (außerordentliche Kündigung).

(4) [1]Wird eine Zweckvereinbarung aufgehoben, so hat eine Auseinandersetzung stattzufinden, soweit das erforderlich ist. [2]Die Zweckvereinbarung soll hierüber das Nähere bestimmen.

(5) Wird die Zweckvereinbarung geändert oder aufgehoben, so gilt Art. 13 entsprechend.

Artikel 15 Wegfall von Beteiligten

(1) [1]Wird eine Gebietskörperschaft, die an einer Zweckvereinbarung beteiligt ist, in eine andere Gebietskörperschaft eingegliedert oder mit einer anderen zusammengeschlossen, so tritt die Gebietskörperschaft, in welche die an der Zweckvereinbarung beteiligte Körperschaft eingegliedert oder zu der sie zusammengeschlossen wird, an die Stelle der früheren. [2]Das gleiche gilt, wenn eine Gebietskörperschaft auf mehrere andere aufgeteilt wird oder wenn ihre Aufgaben oder Befugnisse, die Gegenstand der Zweckvereinbarung sind, auf eine oder mehrere andere Gebietskörperschaften übergehen.

(2) [1]Wenn Gründe des öffentlichen Wohls nicht entgegenstehen, kann jeder Beteiligte die Zweckvereinbarung bis zum Ablauf von drei Monaten nach dem Eintritt der neuen Körperschaft kündigen. [2]Die Art. 13 und 14 Abs. 1 und 2 gelten entsprechend.

Artikel 16 Pflichtvereinbarung

(1) Ist der Abschluß einer Zweckvereinbarung zur Erfüllung von Pflichtaufgaben einer Gebietskörperschaft aus zwingenden Gründen des öffentlichen Wohls geboten, so kann die Aufsichtsbehörde den beteiligten Gebietskörperschaften eine angemessene Frist setzen, die Zweckvereinbarung zu schließen.

(2) [1]Kommt innerhalb der Frist die Zweckvereinbarung nicht zustande, so trifft die Aufsichtsbehörde eine Regelung, die wie eine Vereinbarung zwischen den Beteiligten gilt (Pflichtvereinbarung). [2]Ehe die Aufsichtsbehörde hierüber entscheidet, muß sie den beteiligten Gebietskörperschaften Gelegenheit geben, ihre Auffassung darzulegen. [3]Die Erörterung kann in einer gemeinsamen Besprechung nach Art. 9 Abs. 2 Satz 2 stattfinden.

(3) [1]Die Art. 8, 10, 11 und 13 bis 15 gelten entsprechend. [2]Die Pflichtvereinbarung kann jedoch von den Beteiligten nur mit Genehmigung der Aufsichtsbehörde geändert werden. [3]Für die Genehmigung gelten Art. 12 Abs. 2 Sätze 2 und 3 und Abs. 3 entsprechend.

(4) [1]Die Beteiligten können eine Pflichtvereinbarung nicht von sich aus aufheben. [2]Sind die Gründe für eine Pflichtvereinbarung weggefallen, so hat die Aufsichtsbehörde das den Beteiligten mitzuteilen. [3]Die Pflichtvereinbarung gilt in diesem Fall als einfache Zweckvereinbarung weiter; sie kann von jedem Beteiligten innerhalb einer Frist von sechs Monaten seit dem Zugang der Mitteilung gekündigt werden.

Vierter Teil
Zweckverbände

1. Abschnitt
Bildung und grundsätzliche Bestimmungen

Artikel 17 Beteiligte und Aufgaben

(1) Gemeinden, Landkreise und Bezirke können sich zu einem Zweckverband (Freiverband) zusammenschließen und ihm einzelne Aufgaben oder alle mit einem bestimmten Zweck zusammenhängenden Aufgaben übertragen.

(2) [1]Neben einer der in Absatz 1 genannten Gebietskörperschaften können auch andere Körperschaften, Anstalten und Stiftungen des öffentlichen Rechts Mitglieder eines Zweckverbands sein, wenn nicht die für sie geltenden besonderen Vorschriften die Beteiligung ausschließen. [2]Ebenso können natürliche Personen und juristische Personen des Privatrechts Mitglieder eines Zweckverbands sein, wenn die Erfüllung der Verbandsaufgaben dadurch gefördert wird und Gründe des öffentlichen Wohls nicht entgegenstehen.

(3) [1]Die Mitgliedschaft einer Gemeinde oder eines Gemeindeverbands außerhalb des Freistaates Bayern oder einer sonstigen nicht der Aufsicht des Freistaates Bayern unterstehenden Körperschaft, Anstalt oder Stiftung des öffentlichen Rechts in einem Zweckverband, der innerhalb des Freistaates Bayern seinen Sitz hat, bedarf der Genehmigung des Staatsministeriums des Innern, für Sport und Integration. [2]Das gleiche gilt, wenn eine Gemeinde, ein Landkreis, ein Bezirk oder eine sonstige der Aufsicht des Freistaates Bayern unterstehende Körperschaft, Anstalt oder Stiftung des öffentlichen Rechts in einem Zweckverband Mitglied werden will, der seinen Sitz außerhalb des Freistaates Bayern hat.

Artikel 18 Bildung des Zweckverbands

Die Rechtsverhältnisse des Zweckverbands werden im Rahmen dieses Gesetzes durch eine von den Beteiligten zu vereinbarende Verbandssatzung geregelt.

Artikel 19 Inhalt der Verbandssatzung

(1) Die Verbandssatzung muß enthalten

1. den Namen und den Sitz des Zweckverbands,
2. die Verbandsmitglieder und den räumlichen Wirkungsbereich des Zweckverbands,
3. die Aufgaben des Zweckverbands,
4. die Sitz- und Stimmenverteilung in der Verbandsversammlung,
5. den Maßstab, nach dem die Verbandsmitglieder zur Deckung des Finanzbedarfs des Zweckverbands beizutragen haben (Umlegungsschlüssel).

(2) Die Verbandssatzung kann darüber hinaus weitere Vorschriften enthalten über

1. die Verfassung und Verwaltung,
2. die Verbandswirtschaft,
3. die Abwicklung im Fall der Auflösung des Zweckverbands,

4. die Schlichtung von Streitigkeiten durch ein besonderes Schiedsverfahren,
5. sonstige Rechtsverhältnisse des Zweckverbands,

soweit dieses Gesetz keine Vorschriften enthält oder die Regelung in der Verbandssatzung zuläßt.

Artikel 20 Genehmigung der Verbandssatzung

(1) [1]Die Verbandssatzung bedarf der Genehmigung der Aufsichtsbehörde. [2]Die Genehmigung kann nur versagt werden, wenn der Bildung des Zweckverbands Gründe des öffentlichen Wohls entgegenstehen, die Bildung des Verbands unzulässig ist oder die Satzung den gesetzlichen Vorschriften nicht entspricht. [3]Sollen durch den Zweckverband Aufgaben des übertragenen Wirkungskreises wahrgenommen werden, so entscheidet die Aufsichtsbehörde nach Anhörung der Fachaufsichtsbehörde über die Genehmigung nach pflichtgemäßem Ermessen. [4]Äußert sich die Fachaufsichtsbehörde nicht binnen eines Monats nach Eingang der Anfrage, kann die Aufsichtsbehörde davon ausgehen, dass die von der Fachaufsichtsbehörde zu vertretenden Belange von der Bildung des Zweckverbands nicht berührt werden.

(2) Ist für die Übernahme oder Durchführung einer Aufgabe, für die der Zweckverband gebildet werden soll, eine besondere Genehmigung erforderlich, so kann die Verbandssatzung nicht genehmigt werden, wenn zu erwarten ist, daß die besondere Genehmigung versagt wird.

Artikel 21 Amtliche Bekanntmachung der Verbandssatzung, Zeitpunkt des Entstehens des Zweckverbands

(1) [1]Die Aufsichtsbehörde hat die Verbandssatzung und ihre Genehmigung in ihrem Amtsblatt amtlich bekanntzumachen. [2]Der Zweckverband entsteht am Tag nach dieser Bekanntmachung, wenn nicht in der Verbandssatzung ein späterer Zeitpunkt bestimmt ist. [3]Nach der ordnungsgemäßen Bekanntmachung können Rechtsverstöße bei der Gründung des Zweckverbands nur mit Wirkung für die Zukunft geltend gemacht werden.

(2) Verbandsmitglieder, die Gebietskörperschaften sind, sollen in der für die Bekanntmachung ihrer Satzungen vorgesehenen Form auf die Veröffentlichung nach Absatz 1 Satz 1 hinweisen.

Artikel 22 Übergang von Aufgaben und Befugnissen, Satzungs- und Verordnungsrecht

(1) Das Recht und die Pflicht der Verbandsmitglieder, die dem Zweckverband übertragenen Aufgaben zu erfüllen und die dazu notwendigen Befugnisse auszuüben, gehen auf den Zweckverband über.

(2) Der Zweckverband kann an Stelle der Verbandsmitglieder Satzungen und Verordnungen für das übertragene Aufgabengebiet erlassen.

(3) Die Verbandssatzung kann den Übergang einzelner Befugnisse und das Recht, Satzungen und Verordnungen zu erlassen, ausschließen; das gilt nicht, wenn der Übergang nach der Natur der übertragenen Aufgaben zwingend erforderlich ist.

(4) Hat der Zweckverband nach den ihm in der Verbandssatzung übertragenen Aufgaben an Stelle der Verbandsmitglieder deren Beteiligung an Unternehmen oder deren Mitgliedschaft an Verbänden zu übernehmen, so sind die einzelnen Verbandsmitglieder zu den entsprechenden Rechtsgeschäften und Verwaltungsmaßnahmen verpflichtet.

Artikel 23 Dienstherrneigenschaft

(1) [1]Den Zweckverbänden steht das Recht zu, Dienstherr von Beamtinnen und Beamten zu sein, wenn ihnen nur Körperschaften, Anstalten und Stiftungen des öffentlichen Rechts angehören, die selbst Dienstherrneigenschaft besitzen. [2]Anderen Zweckverbänden kann das Recht, Dienstherr von Beamtinnen und Beamten zu sein, mit Genehmigung der Aufsichtsbehörde durch die Verbandssatzung verliehen werden.

(2) [1]Gehen Aufgaben eines Zweckverbands wegen Auflösung oder aus anderen Gründen ganz oder teilweise auf andere juristische Personen des öffentlichen Rechts mit Dienstherrnfähigkeit über, so gelten für die Übernahme und die Rechtsstellung der Beamtinnen und Beamten sowie Versorgungsempfängerinnen und Versorgungsempfänger des Zweckverbands Art. 51 bis 54 und 69 des Bayerischen Beamtengesetzes, bei länderübergreifendem Aufgabenübergang §§ 16 bis 19 des Beamtenstatusgesetzes. [2]Die Verbandssatzung eines Zweckverbands, der Dienstherr von Beamtinnen und Beamten werden soll, muß Bestimmungen darüber enthalten, wer die Beamtinnen und Beamten sowie Versorgungsempfängerinnen und Versorgungsempfänger zu übernehmen hat, wenn der Zweckverband aufgelöst wird, ohne daß seine bisherigen Aufgaben auf andere juristische Personen des öffentlichen Rechts mit Dienstherrnfähigkeit übergehen.

Artikel 24 Amtliche Bekanntmachung von Satzungen und Verordnungen des Zweckverbands

(1) [1]Der Zweckverband macht seine Satzungen und Verordnungen in seinem Amtsblatt amtlich bekannt. [2]Unterhält er kein eigenes Amtsblatt, werden die Satzungen und Verordnungen im Amtsblatt des Landratsamts oder des Landkreises oder den Amtsblättern aller Beteiligten, wenn sich der räumliche Wirkungskreis des Zweckverbands über den Landkreis hinaus erstreckt, im Amtsblatt der Aufsichtsbehörde oder den Amtsblättern aller Beteiligten bekannt gemacht.

(2) Verbandsmitglieder, die Gebietskörperschaften sind, sollen in der für die Bekanntmachung ihrer Satzungen vorgesehenen Form auf die Veröffentlichung nach Absatz 1 hinweisen.

Artikel 25 Wappenführung

[1]Der Zweckverband führt weder Fahne noch eigenes Wappen. [2]Mit Zustimmung eines Verbandsmitglieds kann er dessen Wappen führen. [3]Die Führung des kleinen Staatswappens regelt sich nach den hierfür geltenden besonderen Vorschriften.

Artikel 26 Anzuwendende Vorschriften

(1) [1]Soweit nicht dieses Gesetz oder in seinem Rahmen die Verbandssatzung besondere Vorschriften enthalten, sind auf den Zweckverband die für Gemeinden geltenden Vorschriften entsprechend anzuwenden. [2]Gehören einem Zweckverband als kommunale Gebietskörperschaft nur Landkreise oder nur Landkreise und Bezirke an, so sind die für Landkreise, gehören ihm nur Bezirke an, so sind die für Bezirke geltenden Vorschriften entsprechend anzuwenden. [3]Die Verbandssatzung kann mit Genehmigung der Aufsichtsbehörde vorschreiben, daß abweichend von den Sätzen 1 und 2 die Vorschriften entsprechend anzuwenden sind, die für andere dem Zweckverband angehörende Gebietskörperschaften gelten.

(2) In Satzungen des Zweckverbands können Zuwiderhandlungen als Ordnungswidrigkeiten mit Geldbuße bedroht werden, soweit das nach den Vorschriften, die gemäß Absatz 1 entsprechend anwendbar sind, zulässig ist (bewehrte Satzungen).

(3) Für die Voraussetzungen und das Verfahren zum Erlaß von Verordnungen, deren Übertretung mit Strafe oder als Ordnungswidrigkeit mit Geldbuße bedroht ist, gelten die Vorschriften des Landesstraf- und Verordnungsgesetzes entsprechend; Art. 24 bleibt unberührt.

(4) Verordnungen, zu deren Erlaß die Zweckverbände ermächtigt sind, werden von der Verbandsversammlung, dringliche Verordnungen vom Verbandsvorsitzenden, als Verbandsverordnung erlassen.

Artikel 27 Ausgleich

(1) [1]Neben der Verbandssatzung können die Beteiligten Abmachungen über den Ausgleich von Vorteilen und Nachteilen treffen, die sich aus der Bildung des Zweckverbands ergeben. [2]Entsprechendes gilt für den Ausgleich von Vor- und Nachteilen aus der Tätigkeit des Zweckverbands, wenn eine Regelung in der Verbandssatzung oder durch die Festsetzung der Verbandsumlage nicht möglich oder nicht zweckmäßig ist. [3]Die Abmachungen sind der Aufsichtsbehörde anzuzeigen.

(2) [1]Auf Antrag sämtlicher Beteiligter, für die ein Ausgleich in Betracht kommt, regelt die Aufsichtsbehörde diesen Ausgleich. [2]Für einen Pflichtverband kann die Aufsichtsbehörde den Ausgleich auch dann regeln, wenn sie einen solchen für erforderlich hält und die betroffenen Beteiligten sich nicht innerhalb einer von der Aufsichtsbehörde gesetzten angemessenen Frist einigen.

Artikel 28 Pflichtverband

(1) Ist die Bildung eines Zweckverbands zur Erfüllung von Pflichtaufgaben einer Gebietskörperschaft aus zwingenden Gründen des öffentlichen Wohls geboten, so kann die Aufsichtsbehörde den Beteiligten eine angemessene Frist setzen, den Zweckverband zu bilden.

(2) [1]Kommt innerhalb der Frist der Zweckverband nicht zustande, so bildet ihn die Aufsichtsbehörde dadurch, daß sie die Verbandssatzung erläßt (Pflichtverband). [2]Ehe die Aufsichtsbehörde hierüber entscheidet, muß sie den beteiligten Gebietskörperschaften Gelegenheit geben, ihre Auffassung zur Bildung des Zweckverbands und zur Verbandssatzung darzulegen; die Erörterung kann in einer gemeinsamen Besprechung nach Art. 18 Abs. 3 Satz 2 stattfinden. [3]Art. 21 gilt entsprechend.

(3) Die Absätze 1 und 2 gelten entsprechend, wenn aus den in Absatz 1 genannten Gründen eine weitere Gebietskörperschaft an einen bestehenden Zweckverband angeschlossen werden muß.

(4) [1]Die Vorschriften über den Inhalt der Verbandssatzung (Art. 19) gelten auch für Pflichtverbände. [2]Soweit erforderlich, muß die Verbandssatzung die Ausstattung des Zweckverbands mit Dienstkräften regeln.

2. Abschnitt
Verfassung und Verwaltung

Artikel 29 Organe
[1]Notwendige Organe des Zweckverbands sind die Verbandsversammlung und die Person, die den Verbandsvorsitz führt (Verbandvorsitzende[1)] oder Verbandsvorsitzender). [2]Die Verbandssatzung kann regeln, ob und wie ein Verbandsausschuß, weitere beschließende Ausschüsse und ein Ferienausschuss gebildet werden.

Artikel 30 Rechtsstellung der Verbandsvorsitzenden sowie der übrigen Verbandsrätinnen und Verbandsräte
(1) Die oder der Verbandsvorsitzende, ihre Stellvertretung und die übrigen Mitglieder der Verbandsversammlung (Verbandsrätinnen und Verbandsräte) sind ehrenamtlich tätig.
(2) [1]Der Zweckverband entschädigt die Verbandsrätinnen und Verbandsräte entsprechend den Vorschriften der Gemeindeordnung (GO) über die Entschädigung ehrenamtlich tätiger Gemeindebürgerinnen und Gemeindebürger. [2]Verbandsrätinnen und Verbandsräte gemäß Art. 31 Abs. 2 Satz 1 haben, soweit sie nicht Verbandsvorsitzende, Ausschußvorsitzende oder deren Stellvertreter sind, nur Anspruch auf Ersatz ihrer Auslagen. [3]Art. 20a Abs. 4 GO gilt entsprechend; er gilt nicht für Verbandsrätinnen und Verbandsräte kraft Amtes, die kommunale Wahlbeamtinnen oder kommunale Wahlbeamte auf Zeit sind; für sie gelten die Ablieferungsregelungen nach dem beamtenrechtlichen Nebentätigkeitsrecht.
(3) [1]Die wählbaren Bürgerinnen und Bürger jener Gemeinden, Landkreise und Bezirke, die Verbandsmitglieder sind, können die Übernahme oder die weitere Ausübung des Amts einer Verbandsrätin oder eines Verbandsrats nur aus wichtigen Gründen ablehnen. [2]Als wichtiger Grund ist es insbesondere anzusehen, wenn die Verpflichteten durch ihr Alter, ihre Berufs- oder Familienverhältnisse, ihren Gesundheitszustand oder sonstige in ihrer Person liegende Umstände an der Übernahme oder weiteren Ausübung des Amts verhindert sind. [3]Ob ein wichtiger Grund vorliegt, entscheidet die Gebietskörperschaft, die die Verbandsrätin oder den Verbandsrat bestellt.
(4) [1]Verbandsrätinnen und Verbandsräte können nicht sein:
1. Beamtinnen und Beamte sowie Arbeitnehmerinnen und Arbeitnehmer des Zweckverbands,
2. leitende Beamtinnen und Beamte sowie leitende Arbeitnehmerinnen und Arbeitnehmer von juristischen Personen oder sonstigen Organisationen des öffentlichen oder privaten Rechts, an denen der Zweckverband mit mehr als 50 % beteiligt ist; eine Beteiligung am Stimmrecht genügt,
3. Beamtinnen und Beamte sowie Arbeitnehmerinnen und Arbeitnehmer der Aufsichtsbehörde, die unmittelbar mit Aufgaben der Aufsicht über Zweckverbände befasst sind, ausgenommen die für die Stellvertretung der Landrätin oder des Landrats gewählte Person.

[2]Als Arbeitnehmerin oder Arbeitnehmer im Sinn des Satzes 1 gilt nicht, wer überwiegend körperliche Arbeit verrichtet. [3]Satz 1 ist nicht anzuwenden, wenn Beamtinnen oder Beamte während der Dauer des Ehrenamts ohne Dienstbezüge beurlaubt sind, im Rahmen von Altersteilzeit im Blockmodell vollständig vom Dienst freigestellt sind oder wenn ihre Rechte und Pflichten aus dem Dienstverhältnis wegen der Wahl in eine gesetzgebende Körperschaft ruhen; das gilt für Arbeitnehmerinnen und Arbeitnehmer entsprechend.

Artikel 31 Zusammensetzung der Verbandsversammlung
(1) [1]Die Verbandsversammlung besteht aus der oder dem Verbandsvorsitzenden sowie den übrigen Verbandsrätinnen und Verbandsräten. [2]Jedes Verbandsmitglied entsendet mindestens eine Verbandsrätin oder einen Verbandsrat in die Verbandsversammlung. [3]Die Verbandssatzung kann bestimmen, daß einzelne oder alle Verbandsmitglieder mehrere Vertreter in die Verbandsversammlung entsenden oder daß die Vertreter einzelner Verbandsmitglieder ein mehrfaches Stimmrecht haben; außerdem kann bestimmt werden, daß die Stimmen mehrerer Vertreter eines Verbandsmitglieds nur einheitlich abgegeben werden können. [4]Sind natürliche Personen oder juristische Personen des Privatrechts Verbandsmitglieder, so dürfen ihre Stimmen insgesamt zwei Fünftel der in der Verbandssatzung festgelegten Stimmenzahl nicht erreichen; dies gilt nicht für juristische Personen des Privatrechts, deren Kapital sich ganz oder überwiegend in öffentlicher Hand befindet. [5]Die Vertretung einer kommunalen

1) Wortlaut amtlich.

Gebietskörperschaft in der Verbandsversammlung soll in einem angemessenen Verhältnis zu ihrem Anteil an der gemeinsamen Erfüllung der Aufgaben stehen.

(2) [1]Eine Gemeinde wird in der Verbandsversammlung durch die erste Bürgermeisterin oder den ersten Bürgermeister, ein Landkreis durch die Landrätin oder den Landrat, ein Bezirk durch die Bezirkstagspräsidentin oder den Bezirkstagspräsidenten kraft Amtes vertreten. [2]Mit Zustimmung der in Satz 1 Genannten und ihrer gewählten Stellvertretung kann eine beteiligte Gebietskörperschaft andere Personen als ihre Vertreter bestellen. [3]Die weiteren Vertreter einer Gebietskörperschaft in der Verbandsversammlung werden durch die Beschlußorgane der Gebietskörperschaften bestellt.

(3) [1]Die Verbandsrätinnen und Verbandsräte kraft Amtes werden im Fall ihrer Verhinderung durch ihre Stellvertretungen vertreten; mit deren Zustimmung können die Gebietskörperschaften auch andere Vertreter bestellen. [2]Für die anderen Verbandsrätinnen und Verbandsräte bestellen die entsendenden Verbandsmitglieder jeweils Stellvertretungen. [3]Verbandsrätinnen und Verbandsräte können sich nicht untereinander vertreten.

(4) [1]Die Amtszeit der bestellten Verbandsrätinnen und Verbandsräte sowie Stellvertretungen dauert sechs Jahre. [2]Abweichend hiervon endet sie

1. bei Mitgliedern der Vertretungskörperschaft eines Verbandsmitglieds mit dem Ende der Wahlzeit oder dem vorzeitigen Ausscheiden aus der Vertretungskörperschaft,
2. bei berufsmäßigen Gemeinderatsmitgliedern mit der Beendigung des Beamtenverhältnisses.

[3]Die Verbandsrätinnen und Verbandsräte sowie ihre Stellvertretungen üben ihr Amt bis zum Amtsantritt der neuen Verbandsrätinnen und Verbandsräte weiter aus.

Artikel 32 Einberufung der Verbandsversammlung, Öffentlichkeit

(1) [1]Die Verbandsversammlung wird durch die Verbandsvorsitzende oder den Verbandsvorsitzenden schriftlich oder elektronisch einberufen. [2]Ist noch keine Verbandsvorsitzende oder kein Verbandsvorsitzender gewählt oder durch die Verbandssatzung bestimmt und enthält die Verbandssatzung keine Regelung über die Einberufung in diesem Fall, beruft die Aufsichtsbehörde die Verbandsversammlung schriftlich oder elektronisch ein. [3]Die Einladung muß Tagungszeit und -ort und die Beratungsgegenstände angeben und den Verbandsrätinnen und Verbandsräten spätestens eine Woche vor der Sitzung zugehen. [4]In dringenden Fällen kann die oder der Verbandsvorsitzende die Frist bis auf 24 Stunden abkürzen.

(2) [1]Die Verbandsversammlung ist jährlich mindestens einmal einzuberufen. [2]Sie muß außerdem einberufen werden, wenn es ein Drittel der Verbandsrätinnen und Verbandsräte unter Angabe der Beratungsgegenstände beantragt. [3]Die Verbandssatzung kann den Antrag einer anderen Zahl von Verbandsrätinnen und Verbandsräten oder weitere Antragsberechtigte vorsehen.

(3) [1]Die Vertreter der Aufsichtsbehörden haben das Recht, an der Verbandsversammlung teilzunehmen. [2]Auf Antrag ist ihnen das Wort zu erteilen.

(4) Die Vorschriften der Gemeindeordnung über die Öffentlichkeit gelten entsprechend, soweit nicht nach Maßgabe von Art. 26 Abs. 1 Sätze 2 und 3 die Vorschriften für die Landkreise oder die Bezirke anzuwenden sind.

Artikel 33 Beschlüsse und Wahlen in der Verbandsversammlung

(1) [1]Die Verbandsversammlung ist beschlußfähig, wenn sämtliche Verbandsrätinnen und Verbandsräte ordnungsgemäß geladen sind und die anwesenden stimmberechtigten Verbandsrätinnen und Verbandsräte die Mehrheit der von der Verbandssatzung vorgesehenen Stimmenzahl erreichen. [2]Dabei dürfen die Stimmen von Verbandsmitgliedern gemäß Art. 31 Abs. 1 Satz 4 nicht überwiegen. [3]Wird die Verbandsversammlung wegen Beschlußunfähigkeit, die nicht auf der persönlichen Beteiligung der Mehrheit der Verbandsrätinnen und Verbandsräte beruht, innerhalb von vier Wochen zum zweitenmal zur Verhandlung über denselben Gegenstand einberufen, so ist sie, unbeschadet des Satzes 2, ohne Rücksicht auf die Zahl der Erschienenen beschlußfähig; auf diese Folge ist in der zweiten Einladung ausdrücklich hinzuweisen.

(2) [1]Beschlüsse werden mit einfacher Stimmenmehrheit gefaßt, soweit das Gesetz oder die Verbandssatzung nicht etwas anderes vorschreibt. [2]Bei Stimmengleichheit ist der Antrag abgelehnt. [3]Es wird offen abgestimmt. [4]Die Verbandsmitglieder können ihre Verbandsrätinnen und Verbandsräte anweisen, wie sie in der Verbandsversammlung abzustimmen haben. [5]Die Abstimmung entgegen der Weisung berührt die Gültigkeit des Beschlusses der Verbandsversammlung nicht.

(3) [1]Für Wahlen gilt Absatz 1 entsprechend. [2]Es wird geheim abgestimmt. [3]Gewählt ist, wer mehr als die Hälfte der abgegebenen gültigen Stimmen erhält. [4]Wird die Mehrheit im ersten Wahlgang nicht erreicht, so findet Stichwahl unter den beiden Personen mit den höchsten Stimmenzahlen statt. [5]Bei Stimmengleichheit in der Stichwahl entscheidet das Los. [6]Haben im ersten Wahlgang drei oder mehr sich bewerbende Personen die gleiche Anzahl von Stimmen erhalten, so entscheidet das Los, welche Bewerberinnen oder Bewerber in die Stichwahl kommen. [7]Hat eine Bewerberin oder ein Bewerber die höchste, zwei oder mehr sich bewerbende Personen die gleiche nächsthöhere Stimmenzahl erhalten, so entscheidet das Los, wer von diesen in die Stichwahl mit der Person mit der höchsten Stimmenzahl kommt.

(4) [1]Die Vorschriften der Gemeindeordnung über den Ausschluß wegen persönlicher Beteiligung sind entsprechend anzuwenden. [2]Sie gelten nicht für die Teilnahme von Verbandsrätinnen und Verbandsräten an der Beratung und Abstimmung bei Beschlüssen, die einem Verbandsmitglied einen unmittelbaren Vor- oder Nachteil bringen können.

Artikel 33a Sitzungsteilnahme durch Ton-Bild-Übertragung

(1) [1]Verbandsrätinnen und Verbandsräte können an den Sitzungen der Verbandsversammlung mittels Ton-Bild-Übertragung teilnehmen, soweit dies in der Verbandssatzung zugelassen wird. [2]Der Beschluss bedarf einer Zweidrittelmehrheit der abgegebenen Stimmen. [3]Zugeschaltete Verbandsrätinnen und Verbandsräte gelten in diesem Fall als anwesend im Sinn von Art. 33 Abs. 1 Satz 1. [4]In der Verbandssatzung kann die Anzahl der in einer Sitzung zuschaltbaren Verbandsrätinnen und Verbandsräte zahlen- oder quotenmäßig begrenzt werden. [5]Sie kann die Zuschaltmöglichkeit auch von weiteren Voraussetzungen abhängig machen, insbesondere von einer Verhinderung der Teilnahme im Sitzungssaal. [6]Bei einer Zuschaltung mittels Ton-Bild-Übertragung ist eine Teilnahme an Wahlen nicht möglich.

(2) [1]Die Möglichkeit einer Sitzungsteilnahme mittels Ton-Bild-Übertragung ist ausgeschlossen, soweit die Sitzung als solche oder Beratungsgegenstände geheim zu halten sind oder nach den zu beachtenden Verwaltungsvorschriften und Richtlinien der Geheimhaltung unterliegen. [2]Art. 56a Abs. 1 Satz 1 und Abs. 2 GO gilt entsprechend.

(3) [1]Die oder der Verbandsvorsitzende und die Verbandsrätinnen und Verbandsräte müssen sich in der Sitzung gegenseitig optisch und akustisch wahrnehmen können. [2]In öffentlichen Sitzungen müssen per Ton-Bild-Übertragung teilnehmende Verbandsrätinnen und Verbandsräte zudem für die im Sitzungssaal anwesende Öffentlichkeit entsprechend wahrnehmbar sein. [3]Für die Zwecke der Sätze 1 und 2 ist die Übertragung von Bild und Ton der an der Sitzung teilnehmenden Personen unabhängig davon zulässig, ob sie in die Übertragung einwilligen.

(4) [1]Der Zweckverband hat dafür Sorge zu tragen, dass in seinem Verantwortungsbereich die technischen Voraussetzungen für eine Zuschaltung mittels Ton-Bild-Übertragung während der Sitzung durchgehend bestehen. [2]Ist dies nicht der Fall oder steht nicht fest, ob eine Nichtzuschaltung in den Verantwortungsbereich des Zweckverbands oder einer Verbandsrätin oder eines Verbandsrats fällt, darf die Sitzung nicht beginnen oder ist sie unverzüglich zu unterbrechen. [3]Ein Verstoß ist unbeachtlich, falls die zunächst nicht zugeschalteten Verbandsrätinnen und Verbandsräte rügelos an der Beschlussfassung teilnehmen. [4]Kommt eine Zuschaltung aus Gründen, die nicht im Verantwortungsbereich des Zweckverbands liegen, nicht zu Stande oder wird sie unterbrochen, hat dies keine Auswirkung auf die Wirksamkeit eines ohne die betroffenen Verbandsrätinnen und Verbandsräte gefassten Beschlusses. [5]Soweit sich ein Zweckverband darauf beschränkt, die Plattform zur audiovisuellen Zuschaltung zur Verfügung zu stellen, und entweder mindestens eine Verbandsrätin oder ein Verbandsrat zugeschaltet ist oder ein Test bestätigt, dass eine Zuschaltmöglichkeit besteht, wird vermutet, dass der Grund für eine Nichtzuschaltung einer Verbandsrätin oder eines Verbandsrats nicht im Verantwortungsbereich des Zweckverbands liegt. [6]Gleiches gilt, falls der Zweckverband einer insbesondere durch die Bereitstellung und Betreuung der technischen Mittel für die Verbandsrätinnen und Verbandsräte erweiterten Verantwortung belegbar nachgekommen ist.

(5) [1]Lässt die Zweckverbandssatzung eine Zuschaltung mittels Ton-Bild-Übertragung bei nichtöffentlichen Sitzungen zu, haben die zugeschalteten Verbandsrätinnen und Verbandsräte dafür Sorge zu tragen, dass die Übertragung in ihrem Verantwortungsbereich nur von ihnen wahrgenommen werden kann. [2]Art. 20 Abs. 4 Satz 1 GO gilt entsprechend.

Artikel 34 Zuständigkeit der Verbandsversammlung

(1) Die Aufgaben des Zweckverbands werden von der Verbandsversammlung wahrgenommen, soweit nicht nach diesem Gesetz, der Verbandssatzung oder besonderen Beschlüssen der Verbandsversammlung die oder der Verbandsvorsitzende, der Verbandsausschuß, ein anderer beschließender Ausschuß, ein Ferienausschuss oder ein Geschäftsleiter selbständig entscheidet.

(2) Folgende Angelegenheiten können nicht auf die Verbandsvorsitzende oder den Verbandsvorsitzenden, den Verbandsausschuß, einen anderen beschließenden Ausschuß oder einen Geschäftsleiter übertragen werden:

1. die Entscheidung über die Errichtung und die wesentliche Erweiterung der den Verbandsaufgaben dienenden Einrichtungen,
2. die Beschlußfassung über den Erlaß, die Änderung oder die Aufhebung von Satzungen und Verordnungen,
3. die Beschlußfassung über die Haushaltssatzung, die Nachtragshaushaltssatzungen und die Aufnahme von zusätzlichen Krediten während der vorläufigen Haushaltsführung,
4. die Beschlußfassung über den Finanzplan,
5. die Feststellung der Jahresrechnung oder des Jahresabschlusses und die Entlastung,
6. die Wahl der oder des Verbandsvorsitzenden und ihrer Stellvertretung, die Bestellung der Mitglieder des Verbandsausschusses und die Festsetzung von Entschädigungen,
7. die Bildung, Besetzung und Auflösung weiterer Ausschüsse,
8. der Erlaß, die Änderung oder die Aufhebung der Geschäftsordnung für die Verbandsversammlung,
9. der Erlaß, die Änderung oder die Aufhebung der Betriebssatzung für einen Eigenbetrieb oder der Unternehmenssatzung für ein Kommunalunternehmen des Zweckverbands,
10. die Entscheidung über die unmittelbare oder mittelbare Beteiligung sowie die Veräußerung einer solchen Beteiligung eines Zweckverbands an einem Unternehmen in Privatrechtsform,
11. die Beschlußfassung über die Änderung der Verbandssatzung, die Auflösung des Zweckverbands und die Bestellung von Abwicklern.

(3) [1]Soweit in der Verbandssatzung nichts anderes geregelt ist, gilt für die Bildung von Ferienausschüssen Art. 32 Abs. 4 GO entsprechend. [2]Art. 29 Satz 2 bleibt unberührt.

Artikel 34a ***[aufgehoben]***

Artikel 35 Wahl der Verbandsvorsitzenden

(1) [1]Die oder der Verbandsvorsitzende und ihre Stellvertretung werden von der Verbandsversammlung aus ihrer Mitte nach Art. 33 Abs. 3 gewählt; die Verbandsversammlung kann eine weitere Stellvertretung wählen. [2]Die oder der Verbandsvorsitzende soll gesetzlicher Vertreter einer Gemeinde oder eines Landkreises oder Bezirkstagspräsidentin oder Bezirkstagspräsident eines Bezirks sein, die dem Zweckverband angehören.

(2) [1]Die oder der Verbandsvorsitzende und ihre Stellvertretung werden auf die Dauer von sechs Jahren, sind sie Inhaber eines kommunalen Wahlamts eines Verbandsmitglieds, auf die Dauer dieses Amts gewählt. [2]Sie üben ihr Amt nach Ablauf der Zeit, für die sie gewählt sind, bis zum Amtsantritt der oder des neugewählten Verbandsvorsitzenden weiter aus.

(3) Die Verbandssatzung kann von den Vorschriften der Absätze 1 und 2 abweichen.

Artikel 36 Zuständigkeit der Verbandsvorsitzenden

(1) [1]Die oder der Verbandsvorsitzende vertritt den Zweckverband nach außen. [2]Der Umfang der Vertretungsmacht ist auf ihre Befugnisse beschränkt. [3]Sie oder er bereitet die Beratungsgegenstände der Verbandsversammlung vor und führt in ihr den Vorsitz.

(2) Die oder der Verbandsvorsitzende vollzieht ferner die Beschlüsse der Verbandsversammlung und erledigt in eigener Zuständigkeit alle Angelegenheiten, die nach der Gemeindeordnung kraft Gesetzes der ersten Bürgermeisterin oder dem ersten Bürgermeister zukommen.

(3) Durch besonderen Beschluß der Verbandsversammlung können der oder dem Verbandsvorsitzenden unbeschadet des Art. 34 Abs. 2 weitere Angelegenheiten zur selbständigen Erledigung übertragen werden.

(4) Die oder der Verbandsvorsitzende kann einzelne Befugnisse den Stellvertretungen und in Angelegenheiten der laufenden Verwaltung Dienstkräften des Zweckverbands oder mit Zustimmung des Verbandsmitglieds dessen vertretungsberechtigtem Organ oder dessen Dienstkräften übertragen.

Artikel 37 Form der Vertretung nach außen

[1]Erklärungen, durch welche der Zweckverband verpflichtet werden soll, bedürfen der Schriftform; das gilt nicht für ständig wiederkehrende Geschäfte des täglichen Lebens, die finanziell von unerheblicher Bedeutung sind. [2]Die Erklärungen sind durch die Verbandsvorsitzende oder den Verbandsvorsitzenden oder ihre Stellvertretung unter Angabe der Amtsbezeichnung zu unterzeichnen. [3]Sie können auf Grund einer den vorstehenden Erfordernissen entsprechenden Vollmacht auch von Bediensteten des Zweckverbands unterzeichnet werden. [4]Bei der Vergabe von öffentlichen Aufträgen und Konzessionen genügt die Textform, soweit eine andere Rechtsvorschrift nichts Abweichendes bestimmt.

Artikel 38 Dienstkräfte

(1) [1]Die Verbandsversammlung ist zuständig,
1. die Beamtinnen und Beamten des Zweckverbands ab Besoldungsgruppe A 9 zu ernennen, zu befördern, abzuordnen oder zu versetzen, an eine Einrichtung zuzuweisen, in den Ruhestand zu versetzen und zu entlassen,
2. die Arbeitnehmerinnen und Arbeitnehmer des Zweckverbands ab Entgeltgruppe 9a des Tarifvertrags für den öffentlichen Dienst oder ab einem entsprechenden Entgelt einzustellen, höherzugruppieren, abzuordnen oder zu versetzen, einem Dritten zuzuweisen, mittels Personalgestellung zu beschäftigen und zu entlassen.

[2]Befugnisse nach Satz 1 kann die Verbandsversammlung dem Verbandsausschuss oder einem anderen beschließenden Ausschuss übertragen. [3]In Zweckverbänden, bei denen der Stellenplan mehr als 400 Planstellen ausweist, kann die Verbandsversammlung die Befugnisse nach Satz 1 für Beamtinnen und Beamte bis zur Besoldungsgruppe A 14 sowie für Arbeitnehmerinnen und für Arbeitnehmer bis zur Entgeltgruppe 14 des Tarifvertrags für den öffentlichen Dienst oder mit einem entsprechenden Entgelt der oder dem Verbandsvorsitzenden übertragen; Art. 36 Abs. 4 findet Anwendung.

(2) [1]Für Beamtinnen und Beamte des Zweckverbands bis zur Besoldungsgruppe A 8 sowie für Arbeitnehmerinnen und für Arbeitnehmer des Zweckverbands bis zur Entgeltgruppe 8 des Tarifvertrags für den öffentlichen Dienst oder bis zu einem entsprechenden Entgelt obliegen die in Abs. 1 genannten personalrechtlichen Befugnisse der oder dem Verbandsvorsitzenden. [2]Art. 36 Abs. 4 findet Anwendung.

(3) [1]Die oder der Verbandsvorsitzende führt die Dienstaufsicht über die Dienstkräfte des Zweckverbands. [2]Sie oder er ist Dienstvorgesetzte oder Dienstvorgesetzter der Beamtinnen und Beamten.

Artikel 39 Geschäftsstelle und Geschäftsleiter

(1) [1]Der Zweckverband muß eine Geschäftsstelle unterhalten, wenn das für den ordnungsgemäßen Gang der Geschäfte erforderlich ist. [2]Die Geschäftsstelle unterstützt die Verbandsvorsitzende oder den Verbandsvorsitzenden nach ihren Weisungen bei den Angelegenheiten der laufenden Verwaltung.

(2) [1]Die Geschäftsstelle wird durch eine leitende Person geführt (Geschäftsleiter); wird kein Geschäftsleiter bestellt, durch die Verbandsvorsitzende oder den Verbandsvorsitzenden. [2]Die Verbandsversammlung kann dem Geschäftsleiter durch Beschluß mit Zustimmung der oder des Verbandsvorsitzenden
1. Zuständigkeiten der oder des Verbandsvorsitzenden nach Art. 36 Abs. 2,
2. weitere Angelegenheiten unbeschadet des Art. 34 Abs. 2

zur selbständigen Erledigung übertragen. [3]Soweit die Verbandsversammlung dem Geschäftsleiter Aufgaben übertragen hat, ist er zur Vertretung des Zweckverbands nach außen berechtigt. [4]Der Geschäftsleiter nimmt an den Sitzungen der Verbandsversammlung beratend teil.

(3) Unterhält der Zweckverband selbst keine Geschäftsstelle, können die Aufgaben der Geschäftsstelle nur auf eine juristische Person des öffentlichen Rechts übertragen werden.

3. Abschnitt

Verbandswirtschaft

Artikel 40 Anzuwendende Vorschriften

(1) [1]Soweit nicht dieses Gesetz etwas anderes vorschreibt, gelten für die Verbandswirtschaft die Vorschriften über die Gemeindewirtschaft oder nach Art. 26 Abs. 1 Satz 2 oder Satz 3 die Vorschriften über die Landkreiswirtschaft oder die Bezirkswirtschaft entsprechend. [2]Die Verbandssatzung kann vorschreiben, daß die Aufgaben eines Werkausschusses von der Verbandsversammlung und die Aufgaben einer Werkleitung von der oder dem Verbandsvorsitzenden oder vom Geschäftsleiter wahrgenommen werden.

(2) [1]Ist Hauptaufgabe des Zweckverbands der Betrieb eines Unternehmens, das nach den Vorschriften der Eigenbetriebsverordnung geführt wird, kann die Verbandssatzung vorschreiben, daß diese Vorschriften auch auf die Haushaltswirtschaft, die Vermögenswirtschaft sowie das Kassen- und Rechnungswesen des Zweckverbands selbst anzuwenden sind. [2]In diesem Fall ist durch die Haushaltssatzung der Wirtschaftsplan an Stelle des Haushaltsplans festzusetzen.

(3) [1]Ist Hauptaufgabe eines Zweckverbands der Betrieb eines Krankenhauses, das nach den Vorschriften der Krankenhaus-Buchführungsverordnung sowie der Verordnung über die Wirtschaftsführung der kommunalen Krankenhäuser zu führen ist, kann die Verbandssatzung vorschreiben, daß für die Verbandswirtschaft diese Vorschriften entsprechend gelten. [2]Absatz 2 Satz 2 findet Anwendung.

Artikel 41 Haushaltssatzung

(1) Die oder der Verbandsvorsitzende gibt den Entwurf der Haushaltssatzung rechtzeitig, jedoch mindestens einen Monat vor dem Beschluß über die Haushaltssatzung, den Verbandsmitgliedern bekannt.

(2) Die Verbandsversammlung kann beschließen, daß eine Finanzplanung nicht erstellt wird.

Artikel 42 Deckung des Finanzbedarfs

(1) [1]Der Zweckverband erhebt von den Verbandsmitgliedern eine Umlage, soweit seine Einnahmen aus besonderen Entgelten für die von ihm erbrachten Leistungen und seine sonstigen Einnahmen nicht ausreichen, um seinen Finanzbedarf zu decken. [2]Die Umlagepflicht einzelner Verbandsmitglieder kann durch die Verbandssatzung auf einen Höchstbetrag beschränkt oder ausgeschlossen werden.

(2) [1]Die Umlage soll nach dem Verhältnis des Nutzens bemessen werden, den die einzelnen Verbandsmitglieder aus der Erfüllung der Aufgaben des Zweckverbands haben und die Leistungskraft der einzelnen Verbandsmitglieder berücksichtigen. [2]Ein anderer Maßstab (z.B. Größe, Einwohnerzahl, Umlagegrundlagen, Aufwand für die einzelnen Verbandsmitglieder) kann zugrundegelegt werden, wenn das angemessen ist. [3]Wird die Umlage nach den Umlagegrundlagen bemessen, so gelten die Vorschriften über die Kreisumlage, für Zweckverbände, denen als Gebietskörperschaften nur Bezirke angehören, die Vorschriften über die Bezirksumlage entsprechend.

(3) [1]Die Höhe der Umlage ist in der Haushaltssatzung für jedes Haushaltsjahr festzusetzen. [2]Art. 19 des Gesetzes über den Finanzausgleich zwischen Staat, Gemeinden und Gemeindeverbänden ist entsprechend anzuwenden; im Umlagebescheid kann die Fälligkeit abweichend von dieser Vorschrift bestimmt werden.

(4) Auf die Erhebung von Kommunalabgaben sind die Vorschriften des Kommunalabgabenrechts entsprechend anzuwenden; Art. 1 Abs. 4 Satz 2 bleibt unberührt.

Artikel 43 Kassenverwaltung, Rechnungs- und Prüfungswesen

(1) Die Verbandssatzung kann vorschreiben, daß das Rechnungsprüfungsamt eines Verbandsmitglieds als Sachverständiger zur Prüfung der Jahresrechnung oder des Jahresabschlusses umfassend heranzuziehen ist.

(2) Überörtliche Rechnungs- und Kassenprüfungen werden bei den Mitgliedern des Bayerischen Kommunalen Prüfungsverbands durch diesen Verband, bei den übrigen Zweckverbänden durch die staatlichen Rechnungsprüfungsstellen der Landratsämter durchgeführt (überörtliche Prüfungsorgane).

4. Abschnitt

Änderung der Verbandssatzung und Auflösung

Artikel 44 Änderung der Verbandssatzung, Kündigung aus wichtigem Grund

(1) [1]Die Änderung der Verbandsaufgabe, der Austritt von Verbandsmitgliedern und deren Ausschluß bedürfen einer Mehrheit von zwei Dritteln, sonstige Änderungen der Verbandssatzung der einfachen Mehrheit der satzungsmäßigen Stimmenzahl in der Verbandsversammlung. [2]Die Verbandssatzung kann größere Mehrheiten oder die Notwendigkeit der Zustimmung bestimmter oder aller Verbandsmitglieder vorschreiben.

(2) [1]Der Beschluß über eine Übernahme weiterer Aufgaben oder über eine Änderung der Verbandssatzung im Fall des Art. 23 Abs. 2 Satz 2 setzt das Einverständnis der betroffenen Verbandsmitglieder voraus. [2]Der Beschluß über einen Beitritt oder Austritt setzt einen Antrag des Beteiligten voraus. [3]Ein Ausschluß ist nur aus wichtigem Grund zulässig.

(3) Ohne Rücksicht auf Absatz 1 kann jedes Verbandsmitglied seine Mitgliedschaft aus wichtigem Grund kündigen.

Artikel 45 Wegfall von Verbandsmitgliedern

(1) [1]Wird eine Körperschaft des öffentlichen Rechts, die Verbandsmitglied ist, in eine andere Körperschaft eingegliedert oder mit einer anderen zusammengeschlossen, so tritt die Körperschaft des öffentlichen Rechts, in die das Verbandsmitglied eingegliedert oder zu der es zusammengeschlossen wird, an die Stelle des früheren Verbandsmitglieds. [2]Das gleiche gilt, wenn eine Körperschaft auf mehrere andere Körperschaften aufgeteilt wird oder wenn ihre Aufgaben und Befugnisse auf eine oder mehrere andere Körperschaften übergehen.

(2) [1]Der Zweckverband kann bis zum Ablauf von drei Monaten nach dem Wirksamwerden der Änderung die neue Körperschaft mit einfacher Mehrheit der satzungsmäßigen Stimmenzahl ausschließen. [2]Im gleichen Zeitraum kann die Körperschaft ihren Austritt aus dem Zweckverband einseitig erklären.

(3) Die Absätze 1 und 2 gelten für andere Verbandsmitglieder entsprechend.

Artikel 46 Auflösung

(1) [1]Die Auflösung des Zweckverbands bedarf einer Mehrheit von zwei Dritteln der satzungsmäßigen Stimmenzahl in der Verbandsversammlung. [2]Art. 44 Abs. 1 Satz 2 gilt entsprechend.

(2) [1]Die Beteiligten können einen Pflichtverband nicht von sich aus auflösen. [2]Sind die Gründe für seine zwangsweise Bildung weggefallen, so hat das die Aufsichtsbehörde dem Pflichtverband mitzuteilen. [3]Der Fortbestand des Zweckverbands als Freiverband wird dadurch nicht berührt. [4]Der Zweckverband hat die Mitteilung den Verbandsmitgliedern in einer alsbald einzuberufenden Verbandsversammlung bekanntzugeben. [5]Innerhalb von sechs Monaten vom Zeitpunkt der Verbandsversammlung ab kann jedes Verbandsmitglied seinen Austritt erklären.

(3) [1]Der Zweckverband ist aufgelöst, wenn seine Aufgaben durch ein Gesetz oder auf Grund einer besonderen gesetzlichen Regelung vollständig auf andere juristische Personen des öffentlichen Rechts übergehen. [2]Er ist auch aufgelöst, wenn er nur noch aus einem Mitglied besteht; in diesem Fall tritt das Mitglied an die Stelle des Zweckverbands.

Artikel 47 Abwicklung

(1) [1]Wird der Zweckverband aufgelöst, so hat er seine Geschäfte abzuwickeln. [2]Das gilt auch, wenn er nach Art. 46 Abs. 3 Satz 1 aufgelöst ist, aber eine Gesamtrechtsnachfolge nicht eingetreten ist. [3]Der Zweckverband gilt bis zum Ende der Abwicklung als fortbestehend, soweit es der Zweck der Abwicklung erfordert.

(2) Abwickler ist die oder der Verbandsvorsitzende, wenn nicht die Verbandsversammlung etwas anderes beschließt.

(3) [1]Der Abwickler beendigt die laufenden Geschäfte und zieht die Forderungen ein. [2]Um schwebende Geschäfte zu beenden, kann er auch neue Geschäfte eingehen. [3]Er fordert die bekannten Gläubiger besonders, andere Gläubiger durch öffentliche Bekanntmachung auf, ihre Ansprüche anzumelden.

(4) [1]Der Abwickler befriedigt die Ansprüche der Gläubiger. [2]Im übrigen ist das Verbandsvermögen nach dem Umlegungsschlüssel im Zeitpunkt der Auflösung auf die Verbandsmitglieder zu verteilen.

(5) [1]Die Verbandssatzung kann für die Abwicklung etwas anderes vorschreiben. [2]Die Abwicklung eines Zweckverbands mit überwiegend wirtschaftlichen Aufgaben soll die Verbandssatzung dem Handelsrecht anpassen.

(6) [1]Scheidet ein Verbandsmitglied aus dem Zweckverband aus, so findet keine Abwicklung statt. [2]Die Verbandssatzung kann vorschreiben, daß mit dem ausscheidenden Verbandsmitglied eine Auseinandersetzung stattzufinden hat; die Verbandssatzung eines Pflichtverbands muß Bestimmungen über die Auseinandersetzung enthalten.

Artikel 48 Genehmigung, Anzeige und Bekanntmachung

(1) [1]Der Genehmigung der Aufsichtsbehörde bedürfen

1. die Änderung der Verbandsaufgabe, der Beitritt und der Ausschluß von Verbandsmitgliedern und deren Austritt in den Fällen der Art. 44 Abs. 1 und 45 Abs. 2 Satz 2,
2. die Kündigung aus wichtigem Grund,
3. die Auflösung des Zweckverbands gemäß Art. 46 Abs. 1,
4. jede Änderung der Satzung eines Pflichtverbands.

[2]Für die Genehmigung gilt Art. 20 entsprechend. [3]Der Genehmigung des Ausschlusses, des Austritts, der Kündigung aus wichtigem Grund und der Auflösung können Gründe des öffentlichen Wohls nur entgegenstehen, wenn die Voraussetzungen für einen Pflichtverband vorliegen.

(2) In Absatz 1 Satz 1 Nr. 1 nicht genannte Änderungen der Verbandssatzung und der Austritt im Fall des Art. 46 Abs. 2 Satz 5 sind der Aufsichtsbehörde anzuzeigen.

(3) [1]Die Aufsichtsbehörde hat die genehmigungs- und anzeigepflichtigen Maßnahmen einschließlich erforderlicher Genehmigungen in ihrem Amtsblatt amtlich bekanntzumachen. [2]Die Maßnahmen werden am Tag nach der Bekanntmachung wirksam, wenn nicht in der Verbandssatzung oder im Auflösungsbeschluß ein anderer Zeitpunkt bestimmt ist. [3]Bei einer Auflösung des Zweckverbands gemäß Art. 46 Abs. 3 hat die Aufsichtsbehörde in ihrem Amtsblatt auf die Auflösung und den Übergang der Aufgaben hinzuweisen. [4]Verbandsmitglieder, die Gebietskörperschaften sind, sollen in der für die Bekanntmachung ihrer Satzungen vorgesehenen Form auf die Veröffentlichungen der Aufsichtsbehörde hinweisen.

Fünfter Teil
Gemeinsame Kommunalunternehmen

Artikel 49 Entstehung

(1) [1]Gemeinden, Landkreise und Bezirke können ein gemeinsames Kommunalunternehmen durch Vereinbarung einer Unternehmenssatzung errichten. [2]Sie können auch einem bestehenden Kommunalunternehmen oder einem bestehenden gemeinsamen Kommunalunternehmen beitreten; der Beitritt erfolgt durch die zwischen den Beteiligten zu vereinbarende Änderung der Unternehmenssatzung. [3]Die Zulässigkeit der Errichtung oder des Beitritts richtet sich nach den allgemeinen Vorschriften des kommunalen Unternehmensrechts. [4]Die Beteiligten können bestehende Regie- und Eigenbetriebe auf das gemeinsame Kommunalunternehmen im Weg der Gesamtrechtsnachfolge ausgliedern. [5]Die Vereinbarung über die Ausgliederung ist in die Unternehmenssatzung aufzunehmen.

(2) Ein Kommunalunternehmen kann mit einem anderen durch Vereinbarung einer entsprechenden Änderung der Unternehmenssatzung des aufnehmenden Unternehmens im Weg der Gesamtrechtsnachfolge zu einem gemeinsamen Kommunalunternehmen verschmolzen werden.

(3) [1]Das Kommunalunternehmen eines Zweckverbands, dem nur kommunale Körperschaften angehören, kann als gemeinsames Kommunalunternehmen der Verbandsmitglieder fortgeführt werden, wenn diese die Verschmelzung des Zweckverbands mit dem Kommunalunternehmen im Weg der Gesamtrechtsnachfolge zu einem gemeinsamen Kommunalunternehmen und eine entsprechende Änderung der Unternehmenssatzung vereinbaren. [2]Ein Zweckverband im Sinn des Satzes 1, der Träger eines Eigenbetriebs oder Regiebetriebs ist, kann im Weg der Gesamtrechtsnachfolge in ein gemeinsames Kommunalunternehmen umgewandelt werden, wenn seine Mitglieder die Umwandlung und die Unternehmenssatzung vereinbaren. [3]Entscheidungen nach den Sätzen 1 und 2 sind der für den Zweckverband zuständigen Aufsichtsbehörde anzuzeigen; soweit sie Pflichtverbände betreffen, bedürfen sie der Genehmigung.

(4) [1]Ein Unternehmen in der Rechtsform einer Kapitalgesellschaft, an dem ausschließlich mehrere kommunale Körperschaften des öffentlichen Rechts beteiligt sind, kann durch Formwechsel in ein gemeinsames Kommunalunternehmen umgewandelt werden. [2]Die Umwandlung ist nur zulässig, wenn keine Sonderrechte im Sinn des § 23 des Umwandlungsgesetzes (UmwG) und keine Rechte Dritter an den Anteilen der formwechselnden Rechtsträger bestehen. [3]Der Formwechsel setzt voraus:

1. die Vereinbarung der Unternehmenssatzung des gemeinsamen Kommunalunternehmens durch die beteiligten kommunalen Körperschaften,
2. einen sich darauf beziehenden einstimmigen Umwandlungsbeschluss der Anteilsinhaber der formwechselnden Gesellschaft.

[4]Die §§ 193 bis 195, 197 bis 199, 200 Abs. 1 und § 201 UmwG sind entsprechend anzuwenden. [5]Die Anmeldung zum Handelsregister entsprechend § 198 UmwG erfolgt durch das vertretungsberechtigte Organ der Kapitalgesellschaft. [6]Ist bei der Kapitalgesellschaft ein Betriebsrat eingerichtet, bleibt dieser nach dem Wirksamwerden der Umwandlung als Personalrat des gemeinsamen Kommunalunternehmens bis zu den nächsten regelmäßigen Personalratswahlen bestehen.

(5) [1]Die in den Abs. 1 bis 3 genannten Entscheidungen werden am Tag nach der Bekanntmachung der Unternehmenssatzung oder ihrer Änderung wirksam, wenn nicht in der Unternehmenssatzung ein späterer Zeitpunkt bestimmt ist. [2]Art. 21 Abs. 1 Satz 3 gilt entsprechend. [3]Die Umwandlung einer Kapitalgesellschaft in ein gemeinsames Kommunalunternehmen wird mit dessen Eintragung oder, wenn es nicht eingetragen wird, mit der Eintragung der Umwandlung in das Handelsregister wirksam; § 202 Abs. 1 und Abs. 3 UmwG ist entsprechend anzuwenden.

Artikel 50 Vorschriften für gemeinsame Kommunalunternehmen

(1) Soweit nachstehend nichts Abweichendes geregelt ist, sind die für Kommunalunternehmen von Gemeinden, Landkreisen und Bezirken geltenden Vorschriften nach Maßgabe des Art. 26 Abs. 1 entsprechend anzuwenden.

(2) [1]Die Unternehmenssatzung eines gemeinsamen Kommunalunternehmens muss auch Angaben enthalten über

1. die Träger des Unternehmens (Beteiligte),
2. den Sitz des Unternehmens,
3. den Betrag der von jedem Beteiligten auf das Stammkapital zu leistenden Einlage (Stammeinlage),
4. den räumlichen Wirkungsbereich, wenn dem Unternehmen hoheitliche Befugnisse oder das Recht, Satzungen und Verordnungen zu erlassen, übertragen werden,
5. die Sitz- und Stimmenverteilung im Verwaltungsrat.

[2]Art. 23 Abs. 2 Satz 2 gilt für die Unternehmenssatzung eines gemeinsamen Kommunalunternehmens entsprechend. [3]Sollen Sacheinlagen geleistet werden, müssen der Gegenstand der Sacheinlage und der Betrag der Stammeinlage, auf die sich die Sacheinlage bezieht, in der Unternehmenssatzung festgesetzt werden.

(3) [1]Die Unternehmenssatzung ist im Amtsblatt der Aufsichtsbehörde amtlich bekannt zu machen. [2]Für die amtliche Bekanntmachung von Satzungen und Verordnungen des gemeinsamen Kommunalunternehmens gilt Art. 24 Abs. 1 entsprechend.

(4) [1]Für die Vertretung der Träger des gemeinsamen Kommunalunternehmens im Verwaltungsrat gelten Art. 31 Abs. 1 Sätze 2, 3 und 5 und Abs. 2 entsprechend. [2]Das vorsitzende Mitglied des Verwaltungsrats wird von diesem gewählt; Art. 35 Abs. 1 und Abs. 3 gilt entsprechend. [3]Für den Ausschluss wegen persönlicher Beteiligung gilt Art. 33 Abs. 4 entsprechend. [4]Für die Einberufung zur Verwaltungsratssitzung gelten Art. 32 Abs. 1 Sätze 1 und 2 entsprechend.

(5) [1]Soweit die Träger für die Verbindlichkeiten des gemeinsamen Kommunalunternehmens einzutreten haben, haften sie als Gesamtschuldner. [2]Der Ausgleich im Innenverhältnis richtet sich vorbehaltlich einer abweichenden Regelung in der Unternehmenssatzung nach dem Verhältnis der Stammeinlagen zueinander.

(6) [1]Über Änderungen der Unternehmenssatzung und die Auflösung des gemeinsamen Kommunalunternehmens beschließt der Verwaltungsrat. [2]Die Änderung der Unternehmensaufgabe, der Beitritt zur Trägerschaft und der Austritt, die Erhöhung des Stammkapitals, die Verschmelzung und die Auflösung bedürfen der Zustimmung aller Träger. [3]Art. 44 Abs. 2 Sätze 1 und 2, Abs. 3 und Art. 45 sind entsprechend anzuwenden. [4]Die Abwicklung des gemeinsamen Kommunalunternehmens besorgen die Vorstandsmitglieder als Abwickler; im Übrigen gilt Art. 47 entsprechend.

(7) Art. 25 gilt entsprechend.

(8) Das Staatsministerium des Innern, für Sport und Integration wird ermächtigt, durch Rechtsverordnung zu regeln

1. das Verfahren bei der Errichtung eines gemeinsamen Kommunalunternehmens und in den in Art. 49 Abs. 3 und 4 genannten Fällen,
2. den Aufbau und die Verwaltung des gemeinsamen Kommunalunternehmens.

Sechster Teil
Aufsicht und Rechtsbehelfe

1. Abschnitt
Aufsicht

Artikel 51 Grundsatz

(1) [1]Die Zweckverbände und die gemeinsamen Kommunalunternehmen unterstehen staatlicher Aufsicht. [2]Soweit sie Angelegenheiten des eigenen Wirkungskreises erfüllen, unterstehen sie der Rechtsaufsicht, soweit sie Angelegenheiten des übertragenen Wirkungskreises erfüllen, auch der Fachaufsicht. [3]Art. 26 Abs. 1 findet Anwendung; Vorschriften durch die Verbandssatzung oder die Unternehmenssatzung sind ausgeschlossen.

(2) [1]Die Aufsicht über Gebietskörperschaften erstreckt sich auch auf die ihnen durch Zweckvereinbarungen übertragenen Aufgaben und Befugnisse. [2]Absatz 1 Satz 2 gilt entsprechend.

Artikel 52 Aufsichtsbehörden

(1) [1]Aufsichtsbehörde ist

1. das Staatsministerium des Innern, für Sport und Integration,
   a) wenn ein Bezirk oder der Freistaat Bayern beteiligt ist,
   b) wenn ein anderes Land, eine Gemeinde oder ein Gemeindeverband eines anderen Landes oder der Bund beteiligt ist;
2. die Regierung, wenn ein Landkreis oder eine kreisfreie Gemeinde beteiligt ist;
3. im übrigen die Kreisverwaltungsbehörde.

[2]Gehören die Beteiligten im Fall der Nr. 2 mehreren Regierungsbezirken oder im Fall der Nr. 3 mehreren Landkreisen an, so ist die Aufsichtsbehörde zuständig, in deren Bereich der Zweckverband oder das gemeinsame Kommunalunternehmen seinen Sitz hat oder die Körperschaft liegt, der durch Zweckvereinbarung die Aufgabe übertragen ist.

(2) [1]Wenn eine Gemeinde, ein Landkreis, ein Bezirk oder eine sonstige der Aufsicht des Freistaates Bayern unterstehende Körperschaft, Anstalt oder Stiftung des öffentlichen Rechts in einem Zweckverband Mitglied wird, der seinen Sitz außerhalb des Freistaates Bayern hat, so kann das Staatsministerium des Innern, für Sport und Integration durch Vereinbarung mit der für den Sitz des Zweckverbands zuständigen obersten Aufsichtsbehörde die zuständige Aufsichtsbehörde bestimmen. [2]Für die Beteiligung einer Gemeinde, eines Landkreises oder eines Bezirks an einem gemeinsamen Kommunalunternehmen mit Sitz außerhalb des Freistaates Bayern gilt Entsprechendes.

(3) [1]Wenn das Staatsministerium des Innern, für Sport und Integration oder die Regierung Aufsichtsbehörden sind, können sie eine unmittelbar nachgeordnete Behörde zur Aufsichtsbehörde bestimmen. [2]Die Bestimmung kann sich auch auf einzelne aufsichtliche Maßnahmen beschränken. [3]Die Bestimmung einer anderen Behörde zur Aufsichtsbehörde und der Umfang der Bestimmung ist den Beteiligten mitzuteilen.

(4) Die Zuständigkeit der Fachaufsichtsbehörden bleibt unberührt.

2. Abschnitt
Schlichtung von Streitigkeiten, Rechtsbehelfe

Artikel 53 Schlichtung von Streitigkeiten

Bei Streitigkeiten

1. über Rechte und Pflichten der Beteiligten aus einer Zweckvereinbarung,
2. zwischen einem Zweckverband und seinen Verbandsmitgliedern, wenn sie sich gleichgeordnet gegenüberstehen,

3. der Mitglieder eines Zweckverbands untereinander aus dem Verbandsverhältnis,
4. der Träger eines gemeinsamen Kommunalunternehmens untereinander aus der Beteiligung an der Trägerschaft

soll die Aufsichtsbehörde zur Schlichtung angerufen werden, wenn nicht die Beteiligten in der Zweckvereinbarung oder in der Verbandssatzung oder in der Unternehmenssatzung ein besonderes Schiedsverfahren vorgesehen haben.

Artikel 54 Erlaß des Widerspruchsbescheids (§ 73 der Verwaltungsgerichtsordnung – VwGO)

Wird gegen den Verwaltungsakt eines Zweckverbands Widerspruch erhoben, so erläßt den Widerspruchsbescheid

1. in Angelegenheiten des eigenen Wirkungskreises die Aufsichtsbehörde, die dabei auf die Prüfung der Rechtmäßigkeit beschränkt ist; zuvor hat der Zweckverband nach § 72 VwGO auch die Zweckmäßigkeit zu überprüfen; ist die Aufsichtsbehörde das Staatsministerium des Innern, für Sport und Integration, so erläßt den Widerspruchsbescheid der Zweckverband;
2. in Angelegenheiten des übertragenen Wirkungskreises die Fachaufsichtsbehörde; ist Fachaufsichtsbehörde eine oberste Landesbehörde, so entscheidet der Zweckverband.

Siebter Teil

Übergangs- und Schlußvorschriften

Artikel 55 Inkrafttreten; Übergangsregelung

(1) [1]Dieses Gesetz ist dringlich. [2]Es tritt am 1. Juli 1966 in Kraft.[1)]

(2) Für Verbandsrätinnen und Verbandsräte, die ihr Amt am 31. Dezember 2023 ausüben, ist Art. 30 Abs. 4 Satz 1 bis zum Ende ihrer laufenden Amtszeit in seiner bis zum Ablauf des 31. Dezember 2023 geltenden Fassung anzuwenden.

1) **Amtl. Anm.:** Diese Vorschrift betrifft das Inkrafttreten des Gesetzes in der ursprünglichen Fassung vom 12. Juli 1966 (GVBl S. 218, ber. S. 314). Der Zeitpunkt des Inkrafttretens der späteren Änderungen ergibt sich aus den jeweiligen Änderungsgesetzen.

Gesetz über die Wahl der Gemeinderäte, der Bürgermeister, der Kreistage und der Landräte (Gemeinde- und Landkreiswahlgesetz – GLKrWG)

In der Fassung der Bekanntmachung vom 7. November 2006 (GVBl. S. 834)
(BayRS 2021-1/2-I)

zuletzt geändert durch § 1 G zur Änderung des Gemeinde- und Landkreiswahlgesetzes und weiterer Rechtsvorschriften[1)] vom 24. Juli 2023 (GVBl. S. 385)

Nichtamtliche Inhaltsübersicht

---

1) Dieses Gesetz dient der Umsetzung der Richtlinie (EU) 2019/1937 des Europäischen Parlaments und des Rates vom 23. Oktober 2019 zum Schutz von Personen, die Verstöße gegen das Unionsrecht melden (ABl. L 305 vom 26. November 2019, S. 17), die zuletzt durch Art. 147 der Verordnung (EU) 2023/1114 vom 31. Mai 2023 (ABl. L 150 vom 9. Juni 2023, S. 40) geändert worden ist.

Erster Teil
Allgemeine Bestimmungen

Abschnitt I
Wahlrecht, Stimmrecht

Artikel 1 Wahlrecht

(1) Wahlberechtigt bei Gemeinde- und Landkreiswahlen sind alle Personen, die am Wahltag
1. Unionsbürgerinnen oder Unionsbürger sind,
2. das 18. Lebensjahr vollendet haben,
3. sich seit mindestens zwei Monaten im Wahlkreis mit dem Schwerpunkt ihrer Lebensbeziehungen aufhalten,
4. nicht nach Art. 2 vom Wahlrecht ausgeschlossen sind.

(2) Unionsbürgerinnen und Unionsbürger sind alle Deutschen im Sinn des Art. 116 Abs. 1 des Grundgesetzes sowie die Staatsangehörigen der übrigen Mitgliedstaaten der Europäischen Union.

(3) [1]Der Aufenthalt mit dem Schwerpunkt der Lebensbeziehungen wird dort vermutet, wo die Person gemeldet ist. [2]Ist eine Person in mehreren Gemeinden gemeldet, wird dieser Aufenthalt dort vermutet, wo sie mit der Hauptwohnung gemeldet ist. [3]Bei der Berechnung der Frist nach Abs. 1 Nr. 3 wird der Tag der Aufenthaltsnahme in die Frist einbezogen.

(4) Wer das Wahlrecht in einer Gemeinde oder in einem Landkreis infolge Wegzugs verloren hat, jedoch innerhalb eines Jahres seit dem Wegzug in den Wahlkreis zurückkehrt, ist mit dem Zuzug wieder wahlberechtigt.

Artikel 2 Ausschluss vom Wahlrecht

Ausgeschlossen vom Wahlrecht ist, wer infolge deutschen Richterspruchs das Wahlrecht nicht besitzt.

Artikel 3 Stimmrecht

(1) Das Stimmrecht kann nur ausüben, wer in einem Wählerverzeichnis eingetragen ist oder einen Wahlschein hat.

(2) Wer im Wählerverzeichnis eingetragen ist, kann nur in dem Stimmbezirk abstimmen, in dessen Wählerverzeichnis er geführt wird.

(3) Wer einen Wahlschein besitzt, kann das Stimmrecht ausüben

1. bei Gemeindewahlen durch Stimmabgabe in jedem Stimmbezirk der Gemeinde, die den Wahlschein ausgestellt hat,
2. bei Landkreiswahlen durch Stimmabgabe in jedem Stimmbezirk innerhalb des Landkreises, zu dem die Gemeinde gehört, die den Wahlschein ausgestellt hat; gilt der Wahlschein zugleich für Gemeindewahlen, kann die Stimmabgabe nur in dieser Gemeinde erfolgen,
3. durch Briefwahl.

(4) [1]Jede stimmberechtigte Person kann ihr Stimmrecht nur einmal und nur persönlich ausüben. [2]Eine Ausübung des Wahlrechts durch einen Vertreter ist unzulässig.

(5) [1]Wahlberechtigte, die des Lesens unkundig oder wegen einer Behinderung an der Abgabe ihrer Stimme gehindert sind, können sich hierzu der Hilfe einer anderen Person bedienen. [2]Die Hilfeleistung ist auf technische Hilfe bei der Kundgabe einer von der wahlberechtigten Person selbst getroffenen und geäußerten Wahlentscheidung beschränkt. [3]Unzulässig ist eine Hilfeleistung, die unter missbräuchlicher Einflussnahme erfolgt, die selbstbestimmte Willensbildung oder Entscheidung der wahlberechtigten Person ersetzt oder verändert oder wenn ein Interessenkonflikt der Hilfsperson besteht.

Abschnitt II
Wahlorgane, Beschwerdeausschuss

Artikel 4 Wahlorgane

(1) [1]Die Wahlorgane sind Organe der Gemeinde oder des Landkreises. [2]Sie sind an Weisungen der übrigen Organe der Gebietskörperschaften nicht gebunden. [3]Die Bestimmungen über die Fachaufsicht bleiben unberührt. [4]Eine Ersatzvornahme nach Art. 113 GO und Art. 99 LKrO ist ohne vorhergehende Weisung und Androhung mit Fristsetzung zulässig. [5]Die Gemeinde oder der Landkreis ist vor der Ersatzvornahme anzuhören; dabei ist Gelegenheit zu geben, binnen einer angemessenen Frist rechtmäßig zu entscheiden.

(2) Wahlorgane sind

1. eine Wahlleiterin oder ein Wahlleiter und ein Wahlausschuss für die Gemeindewahlen sowie eine Wahlleiterin oder ein Wahlleiter und ein Wahlausschuss für die Landkreiswahlen,
2. eine Wahlvorsteherin oder ein Wahlvorsteher und ein Wahlvorstand für jeden Stimmbezirk,
3. Briefwahlvorsteherinnen oder Briefwahlvorsteher und Briefwahlvorstände.

(3) Niemand darf die Tätigkeit von mehreren Wahlorganen ausüben oder in mehr als einem Wahlorgan Mitglied oder stellvertretende Person sein.

(4) [1]Beschlüsse werden mit Stimmenmehrheit gefasst. [2]Bei Stimmengleichheit entscheidet die Stimme des vorsitzenden Mitglieds.

(5) [1]Die Amtszeit der Wahlorgane beginnt mit ihrer Berufung. [2]Sie endet mit dem Beginn der Wahlzeit des Gemeinderats oder des Kreistags; bei einer nicht mit der Gemeinderatswahl verbundenen Wahl der ersten Bürgermeisterin oder des ersten Bürgermeisters oder bei einer nicht mit der Kreistagswahl verbundenen Wahl der Landrätin oder des Landrats endet sie mit dem Beginn von deren Amtszeit.

Artikel 5 Wahlleiterinnen und Wahlleiter, Wahlausschuss

(1) [1]Der Gemeinderat beruft die erste Bürgermeisterin oder den ersten Bürgermeister, eine der weiteren Bürgermeisterinnen oder einen der weiteren Bürgermeister, eine der weiteren stellvertretenden Personen, ein sonstiges Gemeinderatsmitglied oder eine Person aus dem Kreis der Bediensteten der Gemeinde oder der Verwaltungsgemeinschaft oder aus dem Kreis der in der Gemeinde Wahlberechtigten zur Wahlleiterin oder zum Wahlleiter für die Gemeindewahlen. [2]Der Kreistag oder an seiner Stelle der Kreisausschuss beruft die Landrätin oder den Landrat, die stellvertretende Landrätin oder den stellvertretenden Landrat, eine der weiteren stellvertretenden Personen, eine sonstige Kreisrätin oder einen sonstigen Kreisrat oder eine Person aus dem Kreis der Bediensteten des Landratsamts oder aus dem Kreis der im Landkreis Wahlberechtigten zur Wahlleiterin oder zum Wahlleiter für die Landkreiswahlen. [3]Außerdem wird aus diesem Personenkreis zugleich eine stellvertretende Person berufen. [4]Zur Wahlleiterin oder zum Wahlleiter für die Gemeindewahlen oder zu deren Stellvertretung kann nicht berufen werden, wer bei der Wahl zur ersten Bürgermeisterin oder zum ersten Bürgermeister oder zum

Gemeinderat mit seinem Einverständnis als sich bewerbende Person aufgestellt worden ist, für diese Wahlen eine Aufstellungsversammlung geleitet hat oder bei diesen Wahlen beauftragte Person für den Wahlvorschlag oder deren Stellvertretung ist; entsprechendes gilt bei Landkreiswahlen. [5]Die Berufung ist der Rechtsaufsichtsbehörde unverzüglich anzuzeigen.

(2) [1]Mitglieder des Wahlausschusses sind die Wahlleiterin oder der Wahlleiter als vorsitzendes Mitglied und vier von der Wahlleiterin oder vom Wahlleiter berufene wahlberechtigte Personen als Beisitzer. [2]Für jeden Beisitzer beruft die Wahlleiterin oder der Wahlleiter eine stellvertretende Person. [3]Bei der Auswahl der Beisitzer sind nach Möglichkeit die Parteien und die Wählergruppen in der Reihenfolge der bei der letzten Gemeinderats- oder Kreistagswahl erhaltenen Stimmenzahlen zu berücksichtigen und die von ihnen rechtzeitig vorgeschlagenen Wahlberechtigten zu berufen. [4]Abs. 1 Satz 4 gilt entsprechend. [5]Keine Partei oder Wählergruppe darf durch mehrere Beisitzer vertreten sein.

(3) [1]Die Wahlleiterin oder der Wahlleiter bestellt eine Schriftführerin oder einen Schriftführer für den Wahlausschuss. [2]Diese sind nur stimmberechtigt, wenn sie zugleich Beisitzer sind.

Artikel 6 Wahlvorsteherinnen und Wahlvorsteher, Wahlvorstand, Briefwahlvorsteherinnen und Briefwahlvorsteher, Briefwahlvorstand

(1) Die Wahlvorsteherinnen und Wahlvorsteher, die Briefwahlvorsteherinnen und Briefwahlvorsteher und ihre Stellvertretung werden von der Gemeinde berufen.

(2) [1]Mitglieder der Wahlvorstände (Briefwahlvorstände) sind die Wahlvorsteherin oder der Wahlvorsteher (Briefwahlvorsteherin oder Briefwahlvorsteher) als vorsitzendes Mitglied, eine mit der Stellvertretung betraute Person sowie mindestens drei Beisitzer, die die Gemeinde entsprechend Art. 5 Abs. 2 Satz 3 aus dem Kreis der in der Gemeinde Wahlberechtigten oder der wahlberechtigten Gemeindebediensteten beruft. [2]Die Gemeinde bestellt aus dem Kreis der Beisitzer eine Schriftführerin oder einen Schriftführer und deren Stellvertretung.

(3) Bildet die Gemeinde nur einen Stimmbezirk, kann sie den Wahlvorstand mit der Übernahme der Geschäfte des Briefwahlvorstands beauftragen.

(4) [1]Die Gemeinden sind befugt, personenbezogene Daten von Wahlberechtigten zum Zweck ihrer Berufung zu Mitgliedern von Wahlvorständen und Briefwahlvorständen zu erheben, zu verarbeiten und zu nutzen. [2]Zu diesem Zweck dürfen personenbezogene Daten von Wahlberechtigten, die zur Tätigkeit in Wahlvorständen und Briefwahlvorständen geeignet sind, auch für künftige Abstimmungen verarbeitet und genutzt werden, sofern die betroffene Person der Verarbeitung oder Nutzung nicht widersprochen hat. [3]Die betroffene Person ist über das Widerspruchsrecht zu unterrichten. [4]Im Einzelnen dürfen folgende Daten erhoben, verarbeitet und genutzt werden: Familienname, Vorname, akademische Grade, Tag der Geburt, Anschriften, der Dienstherr oder öffentliche Arbeitgeber im Sinn des Abs. 5 Satz 1, Telefonnummern, Zahl der Berufungen zu einem Mitglied der Wahlvorstände und der Briefwahlvorstände und die dabei ausgeübte Funktion.

(5) [1]Auf Ersuchen der Gemeinde sind zur Sicherstellung der Durchführung der Wahl die Behörden des Freistaates Bayern, der Gemeinden, der Landkreise und der Bezirke sowie der sonstigen der Aufsicht des Freistaates Bayern unterstehenden juristischen Personen des öffentlichen Rechts verpflichtet, aus dem Kreis ihrer Bediensteten unter Angabe von Familienname, Vorname, akademischen Graden, Tag der Geburt, Anschriften und Telefonnummern zum Zweck der Berufung als Mitglieder der Wahlvorstände und der Briefwahlvorstände wahlberechtigte Personen zu benennen, die im Gebiet der ersuchenden Gemeinde wohnen. [2]Die ersuchte Stelle hat die Betroffenen über die übermittelten Daten und den Empfänger zu benachrichtigen.

Artikel 7 Wahlehrenamt

(1) Bei Wahlehrenämtern entscheidet die Gemeinde, beim Wahlausschuss für die Landkreiswahlen der Landkreis, ob ein wichtiger Grund nach Art. 19 GO oder Art. 13 LKrO vorliegt.

(2) [1]Die Wahlorgane, ihre Mitglieder, die Stellvertretungen und die Schriftführerinnen und Schriftführer sind zur unparteiischen Wahrnehmung ihrer Aufgaben verpflichtet. [2]Sie dürfen bei der Ausübung ihres Amts ihr Gesicht nicht verhüllen. [3]Im Übrigen gelten Art. 20 GO und Art. 14 LKrO.

(3) Die Gemeinde, beim Wahlausschuss für die Landkreiswahlen der Landkreis, kann eine angemessene Entschädigung gewähren.

Artikel 7a Gemeindefreie Gebiete

In gemeindefreien Gebieten werden bei Landkreiswahlen die Gemeindeaufgaben von derjenigen kreisangehörigen Gemeinde wahrgenommen, die für das gemeindefreie Gebiet als Meldebehörde zuständig ist.

Artikel 8 Beschwerdeausschuss

[1]Bei jeder Regierung wird ein Beschwerdeausschuss gebildet. [2]Dieser besteht aus

1. der Regierungspräsidentin oder dem Regierungspräsidenten oder einem von ihnen bestellten Mitglied mit der Befähigung für das Richteramt als vorsitzendem Mitglied,
2. einem von der Präsidentin oder vom Präsidenten des für den Regierungsbezirk zuständigen Verwaltungsgerichts benannten Mitglied aus dem Kreis der berufsmäßigen Richterinnen und Richter dieses Gerichts und
3. einem von der Präsidentin oder vom Präsidenten des für den Sitz der Regierung zuständigen Oberlandesgerichts benannten Mitglied aus dem Kreis der berufsmäßigen Richterinnen und Richter der ordentlichen Gerichtsbarkeit.

[3]Für die Mitglieder nach Nrn. 2 und 3 ist jeweils mindestens ein stellvertretendes Mitglied zu benennen. [4]Die Benennung gilt für die Dauer von sechs Jahren; sie kann aus wichtigem Grund geändert werden.

Abschnitt III
Vorbereitung und Durchführung der Wahl, Sicherung der Wahlfreiheit

Artikel 9 Wahltag

(1) Wahlen finden an einem Sonntag statt.

(2) [1]Die allgemeinen Gemeinde- und Landkreiswahlen finden jeweils an einem Sonntag im Monat März statt. [2]Die Staatsregierung setzt spätestens sechs Monate vor dem Wahltag den Tag für die Wahlen fest.

Artikel 10 Zusammentreffen mehrerer Wahlen und Abstimmungen

(1) [1]Am Tag einer Bezirkswahl, Landtagswahl, Bundestagswahl, Europawahl, einer Abstimmung über einen Volksentscheid oder während der Eintragungsfrist für ein Volksbegehren dürfen keine Gemeinde- oder Landkreiswahlen oder sonstige Abstimmungen stattfinden. [2]Am Tag einer Gemeinde- oder Landkreiswahl dürfen keine sonstigen Abstimmungen stattfinden.

(2) [1]Ausnahmen bedürfen der Zustimmung des Staatsministeriums des Innern, für Sport und Integration. [2]Sie können zugelassen werden, wenn gegen die Durchführbarkeit der Wahl oder der Abstimmung keine Bedenken bestehen und eine Beeinflussung der Wahl oder der Abstimmung nicht zu befürchten ist.

Artikel 11 Wahlkreis, Stimmbezirke

(1) Bei Gemeindewahlen bildet jede Gemeinde, bei Landkreiswahlen bildet jeder Landkreis einen Wahlkreis.

(2) [1]Wahlkreise können in Stimmbezirke eingeteilt werden. [2]Die Einteilung erfolgt jeweils durch die Gemeinde. [3]Gemeinden mit mehr als 2 500 Einwohnerinnen und Einwohnern sind in Stimmbezirke einzuteilen.

(3) [1]Kein Stimmbezirk darf mehr als 2 500 Wahlberechtigte umfassen. [2]Die Zahl der Wahlberechtigten eines Stimmbezirks darf nicht so gering sein, dass erkennbar wird, wie einzelne Personen gewählt haben.

Artikel 12 Wählerverzeichnisse

(1) Die Gemeinden legen für jeden allgemeinen Stimmbezirk ein neues Wählerverzeichnis an und tragen darin die Wahlberechtigten von Amts wegen oder auf Antrag ein.

(2) [1]Die Gemeinden halten die Wählerverzeichnisse an den Werktagen vom 20. bis zum 16. Tag vor dem Wahltag zur Einsicht bereit (Einsichtsfrist). [2]Einsicht nehmen darf zur Prüfung der Richtigkeit oder der Vollständigkeit des Wählerverzeichnisses jede wahlberechtigte Person

1. zu den zu ihrer Person eingetragenen Daten,
2. zu Daten von anderen im Wählerverzeichnis eingetragenen Personen, wenn sie Tatsachen glaubhaft macht, aus denen sich insoweit eine Unrichtigkeit oder eine Unvollständigkeit des Wähler-

verzeichnisses ergeben kann. Dieses Recht besteht nicht hinsichtlich der Daten von Wahlberechtigten, für die im Melderegister eine Auskunftssperre nach dem Bundesmeldegesetz eingetragen ist.

(3) [1]Beschwerden wegen der Richtigkeit oder der Vollständigkeit der Wählerverzeichnisse können innerhalb der Einsichtsfrist, gegen die Ablehnung von Anträgen auf Eintragung in das Wählerverzeichnis bis zum 13. Tag vor dem Wahltag schriftlich oder zur Niederschrift bei der Gemeinde eingelegt werden. [2]Falls diese nicht abhilft, hat sie die Beschwerde unverzüglich, jedoch spätestens bis zum zehnten Tag vor dem Wahltag, der Rechtsaufsichtsbehörde zur Entscheidung vorzulegen. [3]Die Rechtsaufsichtsbehörde hat spätestens am vierten Tag vor dem Wahltag über die Beschwerde zu entscheiden. [4]Gegen die Entscheidung der Rechtsaufsichtsbehörde ist der Verwaltungsrechtsweg nach der Verwaltungsgerichtsordnung (VwGO) gegeben. [5]Die Klage hat für die Durchführung des sonstigen Wahlverfahrens keine aufschiebende Wirkung.

Artikel 13 Erteilung von Wahlscheinen

(1) Eine wahlberechtigte Person, die in einem Wählerverzeichnis eingetragen ist oder die aus einem von ihr nicht zu vertretenden Grund in das Wählerverzeichnis nicht aufgenommen worden ist, erhält von der Gemeinde auf Antrag einen Wahlschein.

(2) [1]Gegen die Versagung eines Wahlscheins kann spätestens am sechsten Tag vor dem Wahltag Beschwerde an die Rechtsaufsichtsbehörde erhoben werden. [2]Diese hat spätestens am vierten Tag vor dem Wahltag über die Beschwerde zu entscheiden. [3]Art. 12 Abs. 3 Satz 4 und 5 gilt entsprechend.

Artikel 14 Briefwahl

(1) [1]Bei der Briefwahl hat die stimmberechtigte Person der Gemeinde im verschlossenen Wahlbriefumschlag

1. den Wahlschein und
2. die Stimmzettel im verschlossenen Stimmzettelumschlag

zu übersenden. [2]Der Wahlbrief muss bei der Gemeinde, die den Wahlschein ausgestellt hat, spätestens am Wahltag bis 18 Uhr eingehen. [3]Art. 15 Abs. 2 gilt entsprechend.

(2) Auf dem Wahlschein hat die wählende Person oder die Person ihres Vertrauens an Eides statt zu versichern, dass die Stimmzettel persönlich oder gemäß dem erklärten Willen der wählenden Person gekennzeichnet worden sind.

Artikel 15 Dauer der Abstimmung

(1) Die Abstimmung dauert von 8 Uhr bis 18 Uhr.

(2) Trifft eine Gemeinde- oder Landkreiswahl mit einer anderen Wahl zusammen, deren Abstimmung über 18 Uhr hinaus dauert, endet die Abstimmung mit der für die andere Wahl bestimmten Uhrzeit.

(3) In Gemeinden, die nur einen Stimmbezirk bilden, kann bei Gemeindewahlen die Abstimmung vorzeitig beendet werden, wenn alle Stimmberechtigten abgestimmt haben und nicht zugleich andere Wahlen oder Abstimmungen stattfinden.

Artikel 16 Stimmzettel, Wahlscheine, Briefwahlunterlagen

[1]Für die Gemeindewahlen und die Landkreiswahlen sind in ganz Bayern einheitliche amtliche Stimmzettel zu verwenden. [2]Die Stimmzettel für die Gemeindewahlen sind von der Gemeinde, die Stimmzettel für die Landkreiswahlen vom Landkreis zu beschaffen. [3]Für die Beschaffung der Wahlscheine und der Briefwahlunterlagen (Wahlbriefumschläge, Stimmzettelumschläge und Merkblätter) sorgen bei den Gemeindewahlen und bei den mit diesen verbundenen Landkreiswahlen die Gemeinden, bei den sonstigen Landkreiswahlen die Landkreise.

Artikel 17 Grundsatz der Öffentlichkeit

(1) Die Durchführung der Abstimmung ist öffentlich.

(2) [1]Die Wahlausschüsse, die Wahlvorstände und die Briefwahlvorstände verhandeln, beraten und entscheiden in öffentlicher Sitzung, soweit nicht Rücksichten auf das Wohl der Allgemeinheit oder auf berechtigte Ansprüche Einzelner entgegenstehen. [2]Über den Ausschluss der Öffentlichkeit wird in nichtöffentlicher Sitzung beraten und entschieden. [3]Die in nichtöffentlicher Sitzung gefassten Beschlüsse sind der Öffentlichkeit bekannt zu geben, sobald die Gründe für die Geheimhaltung weggefallen sind.

(3) [1]Der Wahlausschuss, der Wahlvorstand und der Briefwahlvorstand können Personen, die Ruhe und Ordnung stören, aus dem Sitzungsraum, dem Abstimmungsraum oder dem Auszählraum verweisen. [2]Stimmberechtigten im Abstimmungsraum ist zuvor Gelegenheit zur Stimmabgabe zu geben.

Artikel 18 Abstimmungsgeheimnis

(1) [1]Es sind Vorkehrungen zu treffen, dass die abstimmende Person die Stimmzettel unbeobachtet kennzeichnen kann. [2]Für die Aufnahme der Stimmzettel sind Wahlurnen zu verwenden, die die Wahrung des Abstimmungsgeheimnisses sicherstellen.

(2) [1]Die nach Art. 3 Abs. 5 zulässige Hilfe bei der Stimmabgabe bleibt unberührt. [2]Die Hilfsperson ist zur Geheimhaltung der Kenntnisse verpflichtet, die sie bei der Hilfeleistung von der Wahl einer anderen Person erlangt hat.

Artikel 19 Feststellung des Wahlergebnisses

(1) [1]Der Wahlvorstand leitet die Durchführung der Abstimmung, entscheidet über die Gültigkeit der abgegebenen Stimmen und stellt das Abstimmungsergebnis für den Stimmbezirk fest. [2]Wurden in einem Stimmbezirk weniger als 50 Abstimmende zur Urnenwahl zugelassen, entscheidet ein von der Gemeinde bestimmter Wahlvorstand über die Gültigkeit der dort abgegebenen Stimmen und der in einem von der Gemeinde bestimmten anderen Stimmbezirk abgegebenen Stimmen zusammen und stellt ein gemeinsames Ergebnis fest.

(2) [1]Der Briefwahlvorstand entscheidet über die Zulassung oder die Zurückweisung der Wahlbriefe. [2]Er entscheidet über die Gültigkeit der abgegebenen Stimmen und stellt das Ergebnis der Briefwahl für seinen Bereich fest. [3]Wurden weniger als 50 Wahlbriefe zugelassen, entscheidet ein von der Gemeinde bestimmter Wahlvorstand über die Gültigkeit der abgegebenen Stimmen aus der Briefwahl zusammen mit den im Abstimmungsraum abgegebenen Stimmen und stellt ein gemeinsames Ergebnis fest. [4]Die Stimmen einer wählenden Person, die an der Briefwahl teilgenommen hat, werden nicht dadurch ungültig, dass sie vor dem oder am Wahltag stirbt, aus dem Wahlkreis wegzieht oder sonst ihr Wahlrecht verliert.

(3) [1]Nach der Feststellung der Ergebnisse für alle Stimmbezirke verkündet die Wahlleiterin oder der Wahlleiter das vorläufige Wahlergebnis für den Wahlkreis. [2]Der Wahlausschuss stellt das abschließende Wahlergebnis für den Wahlkreis fest. [3]Er ist befugt, die Stimmergebnisse einschließlich der Auswertung der Stimmzettel und der Entscheidungen der Wahlvorstände und der Briefwahlvorstände sowie die Entscheidungen über die Wählbarkeit zu berichtigen. [4]Dies gilt nicht für Entscheidungen des Beschwerdeausschusses. [5]Die Wahlleiterin oder der Wahlleiter verkündet das abschließende Wahlergebnis.

Artikel 20 Unzulässige Beeinflussung, unzulässige Veröffentlichung von Befragungen, Wahlgeheimnis

(1) Während der Abstimmungszeit ist in und an dem Gebäude, in dem sich der Abstimmungsraum befindet, sowie unmittelbar vor dem Zugang zu dem Gebäude jede Beeinflussung der Abstimmenden durch Wort, Ton, Schrift, Bild oder auf andere Weise, insbesondere durch Umfragen oder durch Unterschriftensammlungen, sowie jede Behinderung oder erhebliche Belästigung der Abstimmenden verboten.

(2) Vor Ablauf der Abstimmungszeit dürfen Ergebnisse von Befragungen über den Inhalt der Stimmrechtsausübung, die nach der Stimmabgabe vorgenommen wurden, nicht veröffentlicht werden.

(3) Den mit der Durchführung der Wahl betrauten Behörden und den Wahlorganen ist es untersagt, den Inhalt der Stimmrechtsausübung in irgendeiner Weise zu beeinflussen oder das Wahlgeheimnis zu verletzen.

Zweiter Teil

Wahl der Gemeinderatsmitglieder, der Kreisrätinnen und Kreisräte

Abschnitt I

Grundsätze

Artikel 21 Wählbarkeit für das Amt eines Gemeinderatsmitglieds, einer Kreisrätin oder eines Kreisrats

(1) Für das Amt eines Gemeinderatsmitglieds, einer Kreisrätin oder eines Kreisrats ist jede Person wählbar, die am Wahltag

1. Unionsbürgerin oder Unionsbürger im Sinn von Art. 1 Abs. 2 ist,
2. das 18. Lebensjahr vollendet hat,
3. seit mindestens drei Monaten im Wahlkreis eine Wohnung hat, die nicht ihre Hauptwohnung sein muss, oder ohne eine Wohnung zu haben sich im Wahlkreis gewöhnlich aufhält; Art. 1 Abs. 3 Satz 3 und Abs. 4 gilt entsprechend.

(2) Nicht wählbar ist, wer am Wahltag

1. nach Art. 2 vom Wahlrecht ausgeschlossen ist,
2. infolge deutschen Richterspruchs die Wählbarkeit oder die Fähigkeit zur Bekleidung öffentlicher Ämter nicht besitzt oder
3. sich wegen einer vorsätzlichen Straftat in Strafhaft oder in Sicherungsverwahrung befindet.

Artikel 22 Wahlrechtsgrundsätze

(1) Die ehrenamtlichen Gemeinderatsmitglieder, die Kreisrätinnen und Kreisräte werden in allgemeiner, gleicher, unmittelbarer, geheimer und freier Wahl nach den Grundsätzen eines verbesserten Verhältniswahlrechts gewählt.

(2) Wird in einem Wahlkreis kein oder nur ein Wahlvorschlag zugelassen, findet Mehrheitswahl statt.

Artikel 23 Wahlzeit

(1) Die Wahlzeit der bei allgemeinen Gemeinde- und Landkreiswahlen neu gewählten Gemeinderäte und Kreistage beträgt sechs Jahre und beginnt jeweils an dem der Wahl folgenden 1. Mai.

(2) [1]Endet die Wahlzeit im Sinn des Abs. 1 durch bestandskräftige Entscheidung vorzeitig, wird für den Rest der Wahlzeit neu gewählt. [2]Liegt das vorzeitige Ende jedoch innerhalb der letzten zwei Jahre der Wahlzeit, wird der Gemeinderat oder der Kreistag bis zum Ablauf der Wahlzeit der nächsten allgemeinen Wahlen neu gewählt. [3]Die Wahlen sollen innerhalb von drei Monaten nach Bestandskraft der Entscheidung stattfinden; den Wahltermin setzt die Rechtsaufsichtsbehörde fest. [4]Wahlen, die zwischen dem einer allgemeinen Gemeinde- und Landkreiswahl vorausgehenden 1. Dezember und den allgemeinen Wahlen abzuhalten wären, finden zusammen mit diesen Wahlen statt. [5]Die Wahlzeit des neugewählten Gemeinderats oder des Kreistags beginnt in den Fällen der Sätze 1 bis 3 mit der Annahme der Wahl durch alle Mitglieder, spätestens am 29. Tag nach dem Wahltag.

(3) Bis zum Zusammentritt des neugewählten Gemeinderats führt die erste Bürgermeisterin oder der erste Bürgermeister die Geschäfte, bis zum Zusammentritt des neugewählten Kreistags die Landrätin oder der Landrat.

Abschnitt II

Wahlvorschläge

Artikel 24 Wahlvorschlagsrecht

(1) [1]Wahlvorschläge können von Parteien und von Wählergruppen eingereicht werden (Wahlvorschlagsträger). [2]Wählergruppen sind alle sonstigen Vereinigungen oder Gruppen natürlicher Personen, deren Ziel es ist, sich an Gemeinde- oder an Landkreiswahlen zu beteiligen. [3]Neue Wahlvorschlagsträger sind Parteien und Wählergruppen, die im Gemeinderat oder im Kreistag seit dessen letzter Wahl nicht auf Grund eines eigenen Wahlvorschlags ununterbrochen bis zum 90. Tag vor dem Wahltag vertreten waren.

(2) [1]Die Prüfung, ob eine Wählergruppe mit einer bereits im letzten Gemeinderat oder im letzten Kreistag auf Grund eines eigenen Wahlvorschlags vertretenen Wählergruppe übereinstimmt, richtet sich nach folgenden Gesichtspunkten:

1. War eine organisierte Wählergruppe bereits bei Einreichung des Wahlvorschlags zur vorhergehenden Wahl nach bürgerlichem Recht organisiert, gelten die Grundsätze des bürgerlichen Rechts.
2. In den übrigen Fällen ist die Übereinstimmung dann gegeben, wenn mindestens sechs Wahlberechtigte den jetzigen Wahlvorschlag unterzeichnet haben oder sich auf ihm bewerben, die auch den früheren Wahlvorschlag unterzeichnet oder sich auf ihm beworben haben. Erfüllen mehrere Wählergruppen diese Voraussetzungen, stimmt diejenige Wählergruppe mit der im letzten Gemeinderat oder im letzten Kreistag vertretenen Wählergruppe überein, die die größte Anzahl an übereinstimmenden unterzeichnenden oder sich bewerbenden Personen hat.

2Wird ein Nachweis über die Organisation bei der Einreichung des Wahlvorschlags nicht erbracht, gilt die Wählergruppe als nicht organisiert.

(3) 1Jeder Wahlvorschlagsträger darf nur einen Wahlvorschlag einreichen. 2Ein Mehrfachauftreten eines Wahlvorschlagsträgers liegt nur dann vor, wenn

1. ein Wahlvorschlagsträger mehrere Wahlvorschläge mit demselben Kennwort einreicht,
2. ein Wahlvorschlagsträger mehrere Wahlvorschläge für verschiedene Teile des Wahlkreises einreicht und die räumliche Trennung im Kennwort zum Ausdruck bringt,
3. mehrere Wahlvorschläge von derselben Versammlung aufgestellt worden sind,
4. ein Wahlvorschlagsträger durch seine Organe einen weiteren Wahlvorschlag sonst beherrschend betreibt.

3Das Handeln von Untergliederungen eines Wahlvorschlagsträgers ist diesem zuzurechnen. 4Eine Organisation, in der man Mitglied sein kann, ohne zugleich Mitglied des Wahlvorschlagträgers zu sein, stellt keine Untergliederung dar. 5Der Wahlvorschlagsträger hat nach Aufforderung der Wahlleiterin oder dem Wahlleiter mitzuteilen, für welchen Wahlvorschlag er sich entscheidet, falls ein Mehrfachauftreten festgestellt wird; unterlässt er diese Mitteilung oder widersprechen sich die Mitteilungen, sind die Wahlvorschläge für ungültig zu erklären.

(4) 1Auf Aufforderung hat der Wahlvorschlagsträger der Wahlleiterin oder dem Wahlleiter mitzuteilen, ob der Wahlvorschlag von einer Untergliederung einer Partei oder einer Wählergruppe eingereicht wurde. 2Die Wahlleiterin oder der Wahlleiter kann hierzu Unterlagen anfordern.

Artikel 25 Inhalt und Form der Wahlvorschläge

(1) 1Jeder Wahlvorschlag muss von zehn Wahlberechtigten unterschrieben sein, die am 48. Tag vor dem Wahltag wahlberechtigt und nicht sich bewerbende Personen oder Ersatzleute eines Wahlvorschlags sind. 2Jede Person darf nur einen Wahlvorschlag unterzeichnen; Art. 24 Abs. 3 Satz 5 gilt entsprechend.

(2) 1Jeder Wahlvorschlag darf höchstens so viele sich bewerbende Personen enthalten, wie ehrenamtliche Gemeinderatsmitglieder oder Kreisrätinnen und Kreisräte zu wählen sind. 2Bei Mehrheitswahl kann vom Wahlvorschlagsträger die Zahl der sich bewerbenden Personen im Wahlvorschlag bis auf das Doppelte der zu wählenden ehrenamtlichen Gemeinderatsmitglieder oder Kreisrätinnen und Kreisräte erhöht werden.

(3) 1Jede sich bewerbende Person darf bei Wahlen für ein gleichartiges Amt, die am selben Tag stattfinden, nur in einem Wahlkreis aufgestellt werden. 2Sie darf ferner bei einer Wahl nur in einem Wahlvorschlag benannt werden. 3Art. 24 Abs. 3 Satz 5 gilt entsprechend. 4Die sich bewerbende Person muss ihre Zustimmung zu der Bewerbung schriftlich erteilen. 5Die Zustimmung kann nach Ablauf der Einreichungsfrist nicht mehr zurückgenommen werden.

(4) 1Im Wahlvorschlag kann auch bestimmt werden, dass dieselbe sich bewerbende Person auf dem Stimmzettel zweimal oder dreimal aufgeführt wird. 2Auf dem Stimmzettel erscheinen die dreifach aufzuführenden sich bewerbenden Personen zuerst und die zweifach aufzuführenden vor den übrigen sich bewerbenden Personen.

(5) 1Jeder Wahlvorschlag muss den Namen des Wahlvorschlagsträgers als Kennwort tragen. 2Gemeinsame Wahlvorschläge müssen die Namen sämtlicher daran beteiligter Parteien oder Wählergruppen tragen. 3Dem Kennwort ist eine weitere Bezeichnung hinzuzufügen, wenn dies zur deutlichen Unterscheidung der Wahlvorschläge erforderlich ist; der Wahlausschuss hat dem Kennwort eine weitere Bezeichnung hinzuzufügen, wenn dies der Wahlvorschlagsträger trotz Aufforderung durch die Wahlleiterin oder den Wahlleiter unterlassen hat.

Artikel 26 ***[aufgehoben]***

Artikel 27 Unterstützung von Wahlvorschlägen

(1) [1]Wahlvorschläge von neuen Wahlvorschlagsträgern müssen über die nach Art. 25 Abs. 1 Satz 1 erforderlichen Unterschriften hinaus von weiteren Wahlberechtigten unterstützt werden. [2]Neue Wahlvorschlagsträger benötigen keine zusätzlichen Unterstützungsunterschriften, wenn sie bei der letzten Landtagswahl oder bei der letzten Europawahl mindestens fünf v.H. der im Land insgesamt abgegebenen gültigen Stimmen oder bei der letzten Bundestagswahl mindestens fünf v.H. der im Land abgegebenen gültigen Zweitstimmen erhalten haben. [3]Maßgeblich sind die vom Landeswahlleiter früher als drei Monate vor dem Wahltag bekannt gemachten Ergebnisse.

(2) Ein gemeinsamer Wahlvorschlag bedarf keiner zusätzlichen Unterstützungsunterschriften, wenn dessen Wahlvorschlagsträger in ihrer Gesamtheit im Gemeinderat oder im Kreistag seit dessen letzter Wahl auf Grund des gleichen gemeinsamen Wahlvorschlags bis zum 90. Tag vor dem Wahltag vertreten waren oder wenn mindestens einer der beteiligten Wahlvorschlagsträger keine zusätzlichen Unterstützungsunterschriften benötigt.

(3) Die Zahl der Wahlberechtigten, die den Vorschlag zusätzlich unterstützen müssen, beträgt bei Gemeinderatswahlen in Gemeinden sowie bei Kreistagswahlen in Landkreisen

a)	mit bis zu	
	1 000 Einwohnerinnen und Einwohnern	40,
	2 000 Einwohnerinnen und Einwohnern	50 ,
	3 000 Einwohnerinnen und Einwohnern	60 ,
	5 000 Einwohnerinnen und Einwohnern	80 ,
	10 000 Einwohnerinnen und Einwohnern	120 ,
	20 000 Einwohnerinnen und Einwohnern	180 ,
	30 000 Einwohnerinnen und Einwohnern	190 ,
	50 000 Einwohnerinnen und Einwohnern	215 ,
	100 000 Einwohnerinnen und Einwohnern	340 ,
	150 000 Einwohnerinnen und Einwohnern	385,
	200 000 Einwohnerinnen und Einwohnern	430,
	400 000 Einwohnerinnen und Einwohnern	470,
	600 000 Einwohnerinnen und Einwohnern	610,
	800 000 Einwohnerinnen und Einwohnern	750,
	1 000 000 Einwohnerinnen und Einwohnern	880;
b)	mit mehr als	
	1 000 000 Einwohnerinnen und Einwohnern	1 000.

Artikel 28 Eintragung in Unterstützungslisten, Eintragungsscheine

(1) [1]Soweit erforderlich, werden für jeden Wahlvorschlag von den Wahlleiterinnen oder Wahlleitern spätestens am Tag nach der Einreichung bis 12 Uhr des 48. Tags vor dem Wahltag bei Gemeindewahlen und bei Landkreiswahlen in den Gemeinden Unterstützungslisten aufgelegt. [2]Art. 20 gilt entsprechend.

(2) [1]Wahlberechtigte, die einen Wahlvorschlag unterstützen wollen, haben sich dazu in der Gemeinde, in der sie spätestens am letzten Tag der Eintragungsfrist wahlberechtigt sind, in Unterstützungslisten einzutragen; ausgeschlossen sind sich bewerbende Personen und Ersatzleute von Wahlvorschlägen sowie Wahlberechtigte, die sich in eine andere Unterstützungsliste eingetragen oder einen Wahlvorschlag unterzeichnet haben. [2]Art. 24 Abs. 3 Satz 5 gilt entsprechend. [3]Die Zurücknahme gültiger Unterschriften ist wirkungslos.

(3) [1]Die Unterschrift muss eigenhändig geleistet werden. [2]Wer glaubhaft macht, wegen Krankheit oder körperlicher Behinderung nicht oder nur unter unzumutbaren Schwierigkeiten in der Lage zu sein, einen Eintragungsraum aufzusuchen, erhält auf Antrag einen Eintragungsschein. [3]Die Eintragung kann in diesem Fall dadurch bewirkt werden, dass die wahlberechtigte Person auf dem Eintragungsschein ihre Unterstützung eines bestimmten Wahlvorschlags erklärt und eine Hilfsperson beauftragt, die Eintragung im Eintragungsraum für sie vorzunehmen. [4]Die wahlberechtigte Person hat auf dem Eintragungsschein außerdem an Eides statt zu versichern, dass die Voraussetzungen nach Satz 2 vorliegen.

(4) [1]Gegen die Versagung eines Eintragungsscheins kann spätestens am sechsten Tag vor Ablauf der Eintragungsfrist Beschwerde an die Rechtsaufsichtsbehörde erhoben werden. [2]Diese hat spätestens am vierten Tag vor dem letzten Tag der Eintragungsfrist über die Beschwerde zu entscheiden. [3]Gegen die Entscheidung der Rechtsaufsichtsbehörde ist der Verwaltungsrechtsweg nach der Verwaltungsgerichtsordnung (VwGO) gegeben. [4]Die Klage hat für die Durchführung des sonstigen Wahlverfahrens keine aufschiebende Wirkung.

Artikel 29 Aufstellung der sich bewerbenden Personen

(1) [1]Alle sich bewerbenden Personen werden von einer Partei oder einer Wählergruppe in einer Versammlung aufgestellt, die zu diesem Zweck für den gesamten Wahlkreis einzuberufen ist. [2]Diese Aufstellungsversammlung ist

1. eine Versammlung der Anhänger einer Partei oder Wählergruppe,
2. eine besondere Versammlung von Delegierten, die von Mitgliedern einer Partei oder Wählergruppe für die bevorstehende Aufstellung sich bewerbender Personen gewählt wurden, oder
3. eine allgemeine Delegiertenversammlung, die nach der Satzung einer Partei oder einer Wählergruppe allgemein für bevorstehende Wahlen bestellt wurde.

[3]Die Mehrheit der Mitglieder einer allgemeinen Delegiertenversammlung darf nicht früher als zwei Jahre vor dem Monat, in dem der Wahltag liegt, von den Mitgliedern einer Partei oder einer Wählergruppe gewählt worden sein, die im Zeitpunkt der Wahl der Delegierten im Wahlkreis wahlberechtigt waren.

(2) [1]Die Teilnehmerinnen und Teilnehmer der Aufstellungsversammlung müssen im Zeitpunkt ihres Zusammentritts im Wahlkreis wahlberechtigt sein. [2]Die Aufstellungsversammlung darf nicht früher als 15 Monate vor dem Monat stattfinden, in dem der Wahltag liegt.

(3) [1]Die sich bewerbenden Personen werden in geheimer Abstimmung, an der mindestens drei Abstimmungsberechtigte teilnehmen müssen, gewählt. [2]Jede an der Aufstellungsversammlung teilnahmeberechtigte und anwesende Person ist hierbei vorschlagsberechtigt. [3]Den sich für die Aufstellung bewerbenden Personen ist Gelegenheit zu geben, sich und ihr Programm der Versammlung in angemessener Zeit vorzustellen.

(4) Ersatzleute, die für den Fall des Ausscheidens einer sich bewerbenden Person in den Wahlvorschlag nachrücken, sind in gleicher Weise wie sich bewerbende Personen aufzustellen.

(5) [1]Über die Aufstellungsversammlung ist eine Niederschrift zu fertigen. [2]Die Niederschrift ist von der die Aufstellungsversammlung leitenden Person und zwei wahlberechtigten Personen, die an der Versammlung teilgenommen haben, zu unterschreiben. [3]Jede wahlberechtigte Person darf nur eine Niederschrift unterzeichnen; Art. 24 Abs. 3 Satz 5 gilt entsprechend. [4]Der Niederschrift muss eine Anwesenheitsliste beigefügt sein, in die sich diejenigen Wahlberechtigten mit Namen, Anschrift und Unterschrift eingetragen haben, die an der Versammlung teilgenommen haben.

Artikel 30 Beauftragte für die Wahlvorschläge

(1) [1]In jedem Wahlvorschlag soll eine beauftragte Person und ihre Stellvertretung bezeichnet werden; fehlt diese Bezeichnung, gilt die Person, die als erste unterzeichnet hat, als beauftragte Person, die zweite als Stellvertretung. [2]Die beauftragte und die stellvertretende Person müssen wahlberechtigt sein.

(2) [1]Soweit in diesem Gesetz nichts anderes bestimmt ist, sind nur die beauftragte Person oder ihre Stellvertretung berechtigt, verbindliche Erklärungen zum Wahlvorschlag abzugeben und entgegenzunehmen. [2]Im Zweifelsfall gilt die Erklärung der beauftragten Person.

(3) Die beauftragte Person und ihre Stellvertretung können durch schriftliche Erklärung der Mehrheit derjenigen, die den Wahlvorschlag unterzeichnet haben, gegenüber der Wahlleiterin oder dem Wahlleiter abberufen und durch andere ersetzt werden.

Artikel 31 Einreichung der Wahlvorschläge

[1]Die Wahlvorschläge sind spätestens bis 18 Uhr des 59. Tags vor dem Wahltag einzureichen; ihre Zurücknahme ist ab diesem Zeitpunkt nicht mehr zulässig. [2]Wurde bis zu diesem Zeitpunkt kein oder nur ein Wahlvorschlag eingereicht, können Wahlvorschläge noch bis 18 Uhr des 52. Tags vor dem Wahltag nachgereicht werden. [3]Wurde bis zum Ende dieser Nachfrist nur ein Wahlvorschlag eingereicht, kann dieser bis 18 Uhr des 48. Tags vor dem Wahltag auf doppelt so viele sich bewerbende Personen ergänzt werden, wie ehrenamtliche Gemeinderatsmitglieder oder Kreisrätinnen und Kreisräte zu wählen sind.

Artikel 32 Zulassung der Wahlvorschläge

(1) [1]Die Wahlleiterin oder der Wahlleiter hat die Wahlvorschläge nach Eingang unverzüglich auf Ordnungsmäßigkeit und Vollständigkeit zu prüfen. [2]Stellt sie oder er Mängel fest, benachrichtigt sie oder er unverzüglich die beauftragten Personen und fordert sie auf, diese, soweit möglich, bis 18 Uhr des 48. Tags vor dem Wahltag zu beseitigen. [3]Handelt es sich um Mängel, die nicht beseitigt werden können und die den ganzen Wahlvorschlag betreffen, kann innerhalb dieser Frist ein neuer Wahlvorschlag eingereicht werden. [4]Ergeben sich Zweifel an der Gültigkeit des Wahlvorschlags, hat die Wahlleiterin oder der Wahlleiter die beauftragte Person aufzufordern, Unterlagen oder Erklärungen innerhalb dieser Frist nachzureichen, die geeignet sind, die Bedenken gegen die Zulassung des Wahlvorschlags auszuräumen.

(2) [1]Der Wahlausschuss tritt am 47. Tag vor dem Wahltag zusammen und beschließt über die Gültigkeit der eingereichten Wahlvorschläge. [2]Die Entscheidung ist in der Sitzung bekannt zu geben.

(3) [1]Hat der Wahlausschuss einen Wahlvorschlag ganz oder teilweise für ungültig erklärt, hat er das der beauftragten Person für den Wahlvorschlag unverzüglich, möglichst noch am selben Tag mitzuteilen. [2]Gegen diese Entscheidung kann der betroffene Wahlvorschlagsträger Einwendungen bis 18 Uhr des 41. Tags vor dem Wahltag bei der Wahlleiterin oder beim Wahlleiter erheben. [3]Der Wahlausschuss muss auf diese Einwendungen hin und kann von Amts wegen bis 24 Uhr des 40. Tags vor dem Wahltag über die Gültigkeit von Wahlvorschlägen nochmals beschließen.

(4) [1]Hilft der Wahlausschuss Einwendungen nicht ab oder wird ein Beschluss, der die Gültigkeit eines Wahlvorschlags festgestellt hat, von Amts wegen geändert, entscheidet auf Antrag des betroffenen Wahlvorschlagsträgers der Beschwerdeausschuss. [2]Der Antrag ist bis 18 Uhr des 38. Tags vor dem Wahltag bei der Wahlleiterin oder beim Wahlleiter einzureichen. [3]Der Beschwerdeausschuss entscheidet bis 24 Uhr des 34. Tags vor dem Wahltag; der Wahlleiterin oder dem Wahlleiter ist Gelegenheit zur Äußerung zu geben. [4]Im Übrigen können Beschlüsse des Wahlausschusses nur bei der Überprüfung der Wahl nachgeprüft werden; Art. 19 Abs. 3 Satz 2 bleibt unberührt.

(5) Bis zur abschließenden Entscheidung des Wahlausschusses und bis zur Entscheidung des Beschwerdeausschusses können behebbare Mängel der eingereichten Wahlvorschläge beseitigt werden.

Artikel 33 Bekanntmachung und Reihenfolge der Wahlvorschläge

(1) Die Wahlleiterin oder der Wahlleiter hat die vom Wahlausschuss oder vom Beschwerdeausschuss zugelassenen Wahlvorschläge zusammengefasst spätestens am 33. Tag vor dem Wahltag bekannt zu machen.

(2) [1]Bei der Bekanntmachung werden die Wahlvorschläge in folgender Reihenfolge genannt:

1. Die Wahlvorschläge von Wahlvorschlagsträgern nach der Zahl der bei der letzten Landtagswahl auf sie entfallenen Sitze,
2. die Wahlvorschläge von Wahlvorschlagsträgern nach der Zahl der bei der letzten Gemeinderatswahl oder bei der letzten Kreistagswahl für sie abgegebenen Stimmen,
3. die übrigen Wahlvorschläge in alphabetischer Reihenfolge der Kennworte.

[2]Bei gleicher Sitzzahl richtet sich die Reihenfolge nach der Zahl der Stimmen. [3]Bei gemeinsamen Wahlvorschlägen richtet sich die Reihenfolge nach der Partei oder der Wählergruppe, die im Kennwort an erster Stelle steht.

Abschnitt III
Verhältniswahl

Artikel 34 Stimmenzahl und Vergabe der Stimmen

Liegen mehrere Wahlvorschläge vor, wird das Stimmrecht nach den Grundsätzen der Verhältniswahl unter Beachtung der nachstehenden Bestimmungen ausgeübt:

1. Die stimmberechtigte Person hat so viele Stimmen, wie ehrenamtliche Gemeinderatsmitglieder oder Kreisrätinnen und Kreisräte zu wählen sind.
2. Die stimmberechtigte Person kann ihre Stimmen nur sich bewerbenden Personen geben, deren Namen in einem zugelassenen Wahlvorschlag enthalten sind.
3. Die stimmberechtigte Person kann durch Kennzeichnung eines Wahlvorschlags diesen unverändert annehmen. Eine unveränderte Annahme liegt nicht vor, wenn die stimmberechtigte Person

außerdem in einem oder mehreren Wahlvorschlägen einzelnen sich bewerbenden Personen Stimmen gibt.

4. Die stimmberechtigte Person kann innerhalb der ihr zustehenden Stimmenzahl einer sich bewerbenden Person bis zu drei Stimmen geben.
5. Die stimmberechtigte Person kann innerhalb der ihr zustehenden Stimmenzahl ihre Stimmen sich bewerbenden Personen aus verschiedenen Wahlvorschlägen geben.

Artikel 35 Verteilung der Sitze auf die Wahlvorschläge

(1) [1]Die Sitze werden auf die Wahlvorschläge nach dem Verhältnis der Gesamtzahlen der gültigen Stimmen verteilt, welche für die in den Wahlvorschlägen aufgeführten sich bewerbenden Personen abgegeben worden sind. [2]Stimmen, die für eine nicht wählbare Person abgegeben worden sind, sind ungültig; hat die Person die Wählbarkeit erst nach Zulassung des Wahlvorschlags verloren, werden die Stimmen jedoch hinsichtlich der Sitzverteilung als gültig gewertet.

(2) [1]Bei der Verteilung der Sitze auf die Wahlvorschläge werden die Gesamtstimmenzahlen, die für die einzelnen Wahlvorschläge festgestellt worden sind, nacheinander so lange durch 1, 3, 5, 7, 9 und so weiter geteilt, bis so viele Teilungszahlen ermittelt sind, wie Sitze zu vergeben sind. [2]Jedem Wahlvorschlag wird dabei der Reihe nach so oft ein Sitz zugeteilt, wie er jeweils die höchste Teilungszahl aufweist. [3]Bei gleichem Anspruch mehrerer Wahlvorschläge auf einen Sitz fällt dieser dem Wahlvorschlag zu, dessen in Betracht kommende sich bewerbende Person die größere Stimmenzahl aufweist; sonst entscheidet das Los.

(3) Fallen einem Wahlvorschlag mehr Sitze zu, als er sich bewerbende Personen enthält, bleiben die übrigen Sitze unbesetzt.

Artikel 36 Verteilung der Sitze an die sich bewerbenden Personen

[1]Die einem Wahlvorschlag zugefallenen Sitze werden den darin enthaltenen sich bewerbenden wählbaren Personen in der Reihenfolge ihrer Stimmenzahlen zugewiesen. [2]Haben mehrere sich bewerbende Personen die gleiche Stimmenzahl erhalten, entscheidet das Los.

Artikel 37 Listennachfolge

(1) Die nicht gewählten sich bewerbenden Personen und die gewählten sich bewerbenden Personen, die nach Art. 31 Abs. 3 GO oder nach Art. 24 Abs. 3 LKrO das Amt nicht antreten können oder ausscheiden, sind in der Reihenfolge ihrer Stimmenzahlen Listennachfolger; bei Stimmengleichheit entscheidet das Los.

(2) [1]Über das Nachrücken eines Listennachfolgers ist in dem Zeitpunkt zu entscheiden, in dem der Listennachfolger zum Nachrücken berufen ist. [2]Kann er zu diesem Zeitpunkt das Amt nicht antreten oder müsste er ausscheiden, wird er auf der Liste der Listennachfolger gestrichen; das gilt nicht für Listennachfolger, die nach Art. 31 Abs. 3, Art. 34 Abs. 5 GO oder nach Art. 24 Abs. 3 LKrO das Amt nicht antreten können.

Abschnitt IV

Mehrheitswahl

Artikel 38 Mehrheitswahl

(1) [1]Wird kein oder nur ein Wahlvorschlag zugelassen, ist nach den Grundsätzen der Mehrheitswahl ohne Bindung an vorgeschlagene sich bewerbende Personen zu wählen. [2]Die stimmberechtigte Person hat so viele Stimmen, wie ehrenamtliche Gemeinderatsmitglieder oder Kreisrätinnen und Kreisräte zu wählen sind.

(2) [1]Gewählt sind höchstens so viele Personen, wie Sitze zu vergeben sind. [2]Die Reihenfolge der Gewählten richtet sich nach deren Stimmenzahlen; bei Stimmengleichheit entscheidet das Los. [3]Für Listennachfolger gilt Art. 37 entsprechend.

Dritter Teil

Wahl der ersten Bürgermeisterinnen und Bürgermeister, der Landrätinnen und Landräte

Abschnitt I

Grundsätze

Artikel 39 Wählbarkeit für das Amt der ersten Bürgermeisterin oder des ersten Bürgermeisters und der Landrätin oder des Landrats

(1) Für das Amt der ersten Bürgermeisterin oder des ersten Bürgermeisters und für das Amt der Landrätin oder des Landrats ist jede Person wählbar, die am Wahltag

1. Deutsche im Sinn des Art. 116 Abs. 1 des Grundgesetzes ist,
2. das 18. Lebensjahr vollendet hat,
3. im Fall der Bewerbung um das Amt der ehrenamtlichen ersten Bürgermeisterin oder des ehrenamtlichen ersten Bürgermeisters seit mindestens drei Monaten im Wahlkreis eine Wohnung hat, die nicht ihre Hauptwohnung sein muss, oder ohne eine Wohnung zu haben sich im Wahlkreis gewöhnlich aufhält; Art. 1 Abs. 3 Satz 3 und Abs. 4 gilt entsprechend.

(2) Nicht wählbar ist, wer am Wahltag

1. nach Art. 2 vom Wahlrecht ausgeschlossen ist,
2. infolge deutschen Richterspruchs die Wählbarkeit oder die Fähigkeit zur Bekleidung öffentlicher Ämter nicht besitzt,
3. sich wegen einer vorsätzlichen Straftat in Strafhaft oder in Sicherungsverwahrung befindet,
4. von einem deutschen Gericht im Disziplinarverfahren zur Entfernung aus dem Dienst oder zur Aberkennung des Ruhegehalts rechtskräftig verurteilt worden ist,
5. von einem deutschen Gericht rechtskräftig zu einer Freiheitsstrafe verurteilt worden ist, die den Verlust der Beamtenrechte zur Folge hatte,
6. von einem deutschen Gericht oder einem Gericht eines anderen Mitgliedstaats der Europäischen Union rechtskräftig zu einer Freiheitsstrafe verurteilt worden ist, die bei einer Beamtin oder einem Beamten den Verlust der Beamtenrechte zur Folge hätte, in den auf die Rechtskraft folgenden fünf Jahren,
7. nachweisbar nicht die Gewähr dafür bietet, jederzeit für die freiheitliche demokratische Grundordnung im Sinn des Grundgesetzes und der Verfassung einzutreten, oder
8. nachweisbar dienstunfähig ist.

(3) Können Nachweise nach den Abs. 1 und 2 zu sich bewerbenden Personen, die im Wahlkreis keine Wohnung haben, durch die Gemeinden und Landkreise nicht im Rahmen der Amtshilfe erlangt werden, haben die Personen gegenüber der Wahlleiterin oder dem Wahlleiter glaubhaft zu machen, dass die Anforderungen gemäß Abs. 1 Nr. 1 und 2 und Abs. 2 Nr. 1 bis 6 erfüllt sind.

Artikel 40 Wahlrechtsgrundsätze

(1) Die erste Bürgermeisterin oder der erste Bürgermeister und die Landrätin oder der Landrat werden in allgemeiner, gleicher, unmittelbarer, geheimer und freier Wahl von den Wahlberechtigten aus dem Kreis der vom Wahlausschuss zugelassenen sich bewerbenden Personen gewählt.

(2) Wird kein oder nur ein Wahlvorschlag zugelassen, wird die Wahl ohne Bindung an eine vorgeschlagene sich bewerbende Person durchgeführt.

(3) Jede stimmberechtigte Person hat nur eine Stimme.

Artikel 41 Amtszeit der ehrenamtlichen ersten Bürgermeisterinnen und Bürgermeister

(1) Die ehrenamtlichen ersten Bürgermeisterinnen und Bürgermeister werden zugleich mit dem Gemeinderat auf die Dauer von sechs Jahren gewählt.

(2) Endet das Beamtenverhältnis der bisherigen ersten Bürgermeisterin oder des bisherigen ersten Bürgermeisters während der Wahlzeit des Gemeinderats, findet eine Neuwahl vorbehaltlich Art. 43 Abs. 2 für den Rest der Wahlzeit des Gemeinderats statt.

Artikel 42 Amtszeit der berufsmäßigen ersten Bürgermeisterinnen und Bürgermeister, der Landrätinnen und Landräte

(1) [1]Die berufsmäßigen ersten Bürgermeisterinnen und Bürgermeister sowie die Landrätinnen und Landräte werden auf die Dauer von sechs Jahren gewählt. [2]Sie werden zugleich mit dem Gemeinderat

oder dem Kreistag gewählt, wenn der Beginn ihrer Amtszeit mit dem Beginn der Wahlzeit des Gemeinderats oder des Kreistags zusammenfällt.

(2) [1]Endet das Beamtenverhältnis der bisherigen ersten Bürgermeisterin oder des bisherigen ersten Bürgermeisters oder der bisherigen Landrätin oder des bisherigen Landrats während der Wahlzeit des Gemeinderats oder des Kreistags, findet eine Neuwahl vorbehaltlich Art. 43 Abs. 2 für den Rest der Wahlzeit des Gemeinderats oder des Kreistags statt, es sei denn, die Amtszeit würde weniger als vier Jahre betragen. [2]Dasselbe gilt, wenn das Ruhen der Rechte und Pflichten aus dem Beamtenverhältnis wegen der Wahl in eine gesetzgebende Körperschaft eintritt.

(3) [1]Ist eine berufsmäßige erste Bürgermeisterin oder ein berufsmäßiger erster Bürgermeister für eine über das Ende der Wahlzeit des Gemeinderats oder eine Landrätin oder ein Landrat für eine über das Ende der Wahlzeit des Kreistags hinaus reichende Amtszeit gewählt, kann der Gemeinderat auf Antrag der ersten Bürgermeisterin oder des ersten Bürgermeisters oder der Kreistag auf Antrag der Landrätin oder des Landrats bis zu dem der nächsten allgemeinen Gemeinde- und Landkreiswahl vorausgehenden 30. September beschließen, dass die Amtszeit vorzeitig mit dem Ablauf der Wahlzeit des Gemeinderats oder des Kreistags endet. [2]Der Beschluss ist amtlich bekannt zu machen.

Artikel 43 Beginn und Verlängerung der Amtszeit, Beauftragte

(1) Die Amtszeit einer ersten Bürgermeisterin oder eines ersten Bürgermeisters oder einer Landrätin oder eines Landrats beginnt am Tag nach der Feststellung des Wahlergebnisses, jedoch nicht vor Ablauf der Amtszeit der bisher das Amt innehabenden Person.

(2) Beginnt die Amtszeit innerhalb der letzten zwei Jahre der Wahlzeit des Gemeinderats oder des Kreistags, endet sie mit dem Ablauf der folgenden Wahlzeit des Gemeinderats oder des Kreistags.

(3) [1]Ist zu Beginn der Wahlzeit des Gemeinderats noch keine erste Bürgermeisterin oder kein erster Bürgermeister oder zu Beginn der Wahlzeit des Kreistags noch keine Landrätin oder kein Landrat im Amt, kann die Rechtsaufsichtsbehörde ein Gemeinderatsmitglied mit der Wahrnehmung der Geschäfte der ersten Bürgermeisterin oder des ersten Bürgermeisters oder eine Kreisrätin oder einen Kreisrat mit der Wahrnehmung der Geschäfte der Landrätin oder des Landrats beauftragen. [2]Die beauftragte Person hat sich auf laufende und auf unaufschiebbare Geschäfte zu beschränken.

Artikel 44 Festsetzung eines abweichenden Wahltermins

(1) [1]Endet die Amtszeit einer ersten Bürgermeisterin oder eines ersten Bürgermeisters nicht mit der Wahlzeit des Gemeinderats oder die Amtszeit einer Landrätin oder eines Landrats nicht mit der Wahlzeit des Kreistags, setzt die Rechtsaufsichtsbehörde den Wahltermin fest. [2]Steht schon vorher fest, wann die Amtszeit endet, soll die Wahl innerhalb der letzten drei Monate, beim Zusammentreffen mehrerer Wahlen oder Abstimmungen im Sinn von Art. 10 innerhalb der letzten sechs Monate dieser Amtszeit stattfinden. [3]Im Übrigen soll die Wahl innerhalb von drei Monaten nach Beendigung der Amtszeit abgehalten werden. [4]Endet die Amtszeit infolge einer gerichtlichen oder behördlichen Entscheidung, beginnt die Frist ab Rechtskraft oder Bestandskraft der Entscheidung.

(2) [1]Verliert eine sich bewerbende Person die Wählbarkeit nach der Zulassung des Wahlvorschlags, findet die Wahl nicht statt. [2]Ob die Voraussetzungen vorliegen, entscheidet der Wahlausschuss. [3]Die Wahl ist nachzuholen. [4]Die Nachholungswahl soll innerhalb von drei Monaten nach dem Tag der ausgefallenen Wahl stattfinden. [5]Den Wahltermin setzt die Rechtsaufsichtsbehörde fest. [6]Die Wahl ist auf der Grundlage des bisherigen Wahlverfahrens durchzuführen. [7]Die Wählerverzeichnisse sind jedoch auf den neuesten Stand zu bringen. [8]Neue Wahlvorschläge können eingereicht werden.

(3) Wahlen, die zwischen dem einer allgemeinen Gemeinde- und Landkreiswahl vorausgehenden 1. Dezember und den allgemeinen Wahlen abzuhalten wären, finden zusammen mit diesen Wahlen statt.

Abschnitt II

Wahlvorschläge, Wahlergebnis

Artikel 45 Wahlvorschläge

(1) [1]Für die Aufstellung, Einreichung, Zulassung, Bekanntmachung und Reihenfolge von Wahlvorschlägen für die ersten Bürgermeisterinnen und Bürgermeister sowie die Landrätinnen und Landräte gelten die Vorschriften des Zweiten Teils Abschnitt II entsprechend. [2]Bei der Anwendung des Art. 33 Abs. 2 Satz 1 Nr. 2 ist auch für die Wahl der ersten Bürgermeisterinnen und Bürgermeister auf die

Zahl der bei der letzten Gemeinderatswahl und für die Wahl der Landrätinnen und Landräte auf die Zahl der bei der letzten Kreistagswahl abgegebenen Stimmen abzustellen.

(2) Ein neuer Wahlvorschlagsträger bedarf unbeschadet des Art. 27 Abs. 1 Satz 2 und Abs. 2 auch dann keiner Unterstützungsunterschriften, wenn er im Gemeinderat oder im Kreistag seit dessen letzter Wahl auf Grund eines eigenen Wahlvorschlags ununterbrochen bis zum 90. Tag vor dem Wahltag vertreten war.

(3) Wird eine sich bewerbende Person von mehreren Wahlvorschlagsträgern aufgestellt, ist sie in geheimer Abstimmung entweder in einer gemeinsamen Versammlung oder in getrennten Versammlungen zu wählen.

Artikel 46 Wahlergebnis, Stichwahl, Wiederholungswahl

(1) [1]Gewählt ist, wer mehr als die Hälfte der abgegebenen gültigen Stimmen erhält. [2]Erhält niemand diese Mehrheit, findet am zweiten Sonntag nach dem Wahltag eine Stichwahl unter den zwei Personen statt, die bei der ersten Wahl die höchsten Stimmenzahlen erhalten haben. [3]Erhalten mehr als zwei Personen die höchste Stimmenzahl, ist die Wahl zu wiederholen. [4]Erhalten mehr als eine Person die zweithöchste Stimmenzahl, entscheidet das Los, wer von ihnen in die Stichwahl kommt.

(2) [1]Verliert eine an der Stichwahl teilnehmende Person vor der Stichwahl die Wählbarkeit, ist die Wahl zu wiederholen. [2]War bei der Wahl kein oder nur ein Wahlvorschlag zugelassen worden, können die nicht im Wahlvorschlag vorgeschlagenen Stichwahlteilnehmer vor der Stichwahl zurücktreten; auch in diesem Fall ist die Wahl zu wiederholen.

(3) [1]Stimmberechtigt für die Stichwahl ist, wer bereits für die erste Wahl stimmberechtigt war und in der Zwischenzeit das Stimmrecht nicht verloren hat. [2]Bei der Stichwahl ist gewählt, wer von den abgegebenen gültigen Stimmen die höchste Stimmenzahl erhält. [3]Bei gleicher Stimmenzahl entscheidet das Los.

(4) Ist die Mehrheit der abgegebenen Stimmen bei einer Wahl ungültig, ist die Wahl zu wiederholen.

(5) Für die Wiederholungswahl gelten Art. 44 Abs. 2 Sätze 4 bis 8 entsprechend.

Vierter Teil

Annahme der Wahl, Amtsverlust

Artikel 47 Annahme der Wahl

(1) [1]Die Wahl gilt als angenommen, wenn die gewählte Person sie nicht binnen einer Woche nach Verkündung des vorläufigen Wahlergebnisses schriftlich oder zur Niederschrift bei der Gemeindeverwaltung, bei Landkreiswahlen beim Landratsamt, abgelehnt hat. [2]Wird das Wahlergebnis nachträglich mit der Folge berichtigt, dass eine andere Person gewählt ist, wird die Änderung entsprechend Art. 19 Abs. 3 Satz 1 verkündet; die gewählte Person kann die Wahl binnen einer Woche nach dieser Verkündung ablehnen.

(2) [1]Abweichend von Abs. 1 hat die Wahlleiterin oder der Wahlleiter die nicht auf Grund eines Wahlvorschlags gewählten Personen unverzüglich schriftlich von ihrer Wahl zu verständigen und aufzufordern, binnen zwei Wochen, bei einer Stichwahl nach Art. 46 Abs. 1 Satz 2 binnen einer Woche, nach der Verkündung des vorläufigen Wahlergebnisses für den Wahlkreis nach Art. 19 Abs. 3 Satz 1 zu erklären, ob sie die Wahl annehmen. [2]Die Wahl gilt als abgelehnt, wenn sie nicht innerhalb der Frist nach Satz 1 schriftlich oder zur Niederschrift bei der Gemeindeverwaltung, bei Landkreiswahlen beim Landratsamt, angenommen wurde.

(3) [1]Die Art. 19 GO und Art. 13 LKrO finden keine Anwendung. [2]Die Wahl kann nur vorbehaltlos angenommen werden. [3]Der Annahmeerklärung beigefügte Vorbehalte oder Bedingungen sind unwirksam.

(4) [1]Über eine Ablehnung der Wahl einer zu einem Ehrenamt gewählten Person entscheidet der Wahlausschuss. [2]Bei einer wirksamen Ablehnung einer in den Gemeinderat oder in den Kreistag gewählten Person verständigt die Wahlleiterin oder der Wahlleiter unverzüglich den Listennachfolger entsprechend Abs. 2. [3]Wird die Wahl zur ersten Bürgermeisterin oder zum ersten Bürgermeister oder die Wahl zur Landrätin oder zum Landrat abgelehnt, findet eine Neuwahl statt. [4]Für diese gilt Art. 44 entsprechend mit der Maßgabe, dass der Wahltermin innerhalb von drei Monaten nach Ablehnung der Wahl liegen soll.

Artikel 48 Amtshindernisse, Amtsverlust, Nachrücken

(1) [1]Eine in den Gemeinderat oder in den Kreistag gewählte Person kann ihr Amt nicht antreten, ein ehrenamtliches Gemeinderatsmitglied, eine Kreisrätin oder ein Kreisrat verliert ihr oder sein Amt

1. bei Verlust der Wählbarkeit,
2. bei Verweigerung der Eidesleistung oder des Ablegens des Gelöbnisses,
3. in den Fällen des Art. 31 Abs. 3 GO oder des Art. 24 Abs. 3 LKrO; das gilt nicht bei der Wahl zur weiteren Bürgermeisterin oder zum weiteren Bürgermeister oder zur Stellvertretung der Landrätin oder des Landrats.

[2]Die gewählte Person kann die Übernahme des Amts ablehnen oder das Amt niederlegen; Art. 19 GO und Art. 13 LKrO finden keine Anwendung. [3]In den Fällen der Sätze 1 und 2 rückt ein Listennachfolger nach.

(2) [1]Eine zur ehrenamtlichen ersten Bürgermeisterin oder zum ehrenamtlichen ersten Bürgermeister gewählte Person kann in den Fällen des Art. 34 Abs. 5 GO ihr Amt nicht antreten. [2]In diesem Fall findet eine Neuwahl entsprechend Art. 44 statt.

(3) [1]Der Wahlausschuss stellt ein Amtshindernis oder die Ablehnung der Übernahme des Amts fest und entscheidet über das Nachrücken des Listennachfolgers. [2]Ist die Amtszeit des Wahlausschusses beendet, stellt der Gemeinderat oder der Kreistag ein Amtshindernis, einen Amtsverlust oder die Niederlegung des Amts fest und entscheidet über das Nachrücken des Listennachfolgers. [3]Für den Listennachfolger gilt Art. 47 Abs. 2 entsprechend.

Artikel 49 Amtsverlust bei Partei- oder Vereinsverbot

(1) [1]Erklärt das Bundesverfassungsgericht gemäß Art. 21 des Grundgesetzes eine Partei für verfassungswidrig, verlieren die ehrenamtlichen Gemeinderatsmitglieder, Kreisrätinnen und Kreisräte, die auf Grund eines Wahlvorschlags dieser Partei gewählt worden sind oder die der für verfassungswidrig erklärten Partei zur Zeit der Verkündung der Entscheidung angehören, mit der Verkündung der Entscheidung ihr Amt, soweit nicht in der Entscheidung ausdrücklich etwas anderes bestimmt ist. [2]Entsprechendes gilt beim Verbot einer Wählergruppe nach Vereinsrecht; an die Stelle der Verkündung der Entscheidung tritt deren Bestandskraft.

(2) [1]Soweit ehrenamtliche Gemeinderatsmitglieder, Kreisrätinnen und Kreisräte nach Abs. 1 ihr Amt verloren haben, bleiben die freigewordenen Sitze unbesetzt. [2]Dies gilt nicht, wenn die Ausgeschiedenen auf Grund eines Wahlvorschlags einer nicht für verfassungswidrig erklärten Partei oder einer nicht verbotenen Wählergruppe gewählt waren; in diesem Fall rücken die nächstfolgenden Listennachfolger dieses Wahlvorschlags nach, soweit nicht auch auf diese die Voraussetzungen des Abs. 1 zutreffen.

(3) [1]Im Fall des Abs. 2 Satz 1 verringert sich die gesetzliche Mitgliederzahl des Gemeinderats oder des Kreistags für den Rest der Wahlzeit entsprechend. [2]Eine Neuverteilung der verbleibenden Sitze findet nicht statt.

(4) Den Verlust des Amts stellt die Rechtsaufsichtsbehörde fest.

Fünfter Teil

Überprüfung der Wahl

Artikel 50 Wahlprüfung

(1) Die Rechtsaufsichtsbehörde prüft von Amts wegen die Vorbereitung und die Durchführung der Wahlen sowie das vom Wahlausschuss festgestellte Wahlergebnis.

(2) [1]Wurden Wahlvorschriften verletzt, hat die Rechtsaufsichtsbehörde das Wahlergebnis zu berichtigen, wenn

1. bei der Bürgermeisterwahl oder der Landratswahl eine andere Person das Amt erhalten hätte,
2. bei der Gemeinderatswahl oder der Kreistagswahl die Verteilung der Sitze auf die Wahlvorschläge anders wäre, andere Personen das Amt erhalten hätten, andere Personen Listennachfolger wären oder die Reihenfolge der Listennachfolger anders wäre; dies gilt auch im Fall des Art. 35 Abs. 1 Satz 2.

[2]Wären bei Einhaltung der Wahlvorschriften lediglich andere Stimmenzahlen festzustellen, kann sie das Wahlergebnis berichtigen. [3]Sie ist befugt, die Auswertung der Stimmzettel einschließlich der Entscheidungen der Wahlvorstände und der Briefwahlvorstände zu berichtigen.

(3) Wurden Wahlvorschriften verletzt und ist es möglich, dass es dadurch zu einer unrichtigen Sitzverteilung oder Ämterverteilung gekommen ist, die nicht berichtigt werden kann, hat die Rechtsaufsichtsbehörde die Wahl für ungültig zu erklären.

(4) [1]Bei Berichtigung und Ungültigerklärung bleibt die Verletzung von Wahlvorschriften außer Betracht, die dem Nachweis dienen, dass Vorschriften des materiellen Wahlrechts eingehalten werden, wenn der Nachweis auf andere Weise erbracht wird; die Rechtsaufsichtsbehörde ist berechtigt, hierüber Versicherungen an Eides statt zu verlangen und abzunehmen. [2]Ferner bleiben insoweit Verstöße der Wahlleiterinnen und Wahlleiter gegen Art. 32 Abs. 1 außer Betracht. [3]Bei Berichtigung und Ungültigerklärung einer Nachwahl bleiben Verletzungen von Wahlvorschriften außer Betracht, die bereits die für ungültig erklärte Wahl betrafen.

(5) [1]Berichtigung und Ungültigerklärung sowie deren Änderung oder Aufhebung sind nur innerhalb einer Frist von vier Monaten nach Verkündung des abschließenden Wahlergebnisses zulässig. [2]Ist auf Grund tatsächlicher Anhaltspunkte anzunehmen, dass die Wahl zu berichtigen oder für ungültig zu erklären ist, bedarf es aber noch einer weiteren Aufklärung des Sachverhalts, kann die Rechtsaufsichtsbehörde die Frist verlängern.

(6) Eine bestandskräftige oder sofort vollziehbare Berichtigung oder Ungültigerklärung berührt nicht die Wirksamkeit vorher gefasster Beschlüsse und vorgenommener Amtshandlungen.

(7) [1]Ist die Wahlzeit und die Amtszeit des Gemeinderats und der ersten Bürgermeisterin oder des ersten Bürgermeisters oder des Kreistags und der Landrätin oder des Landrats beendet, führt eine von der Rechtsaufsichtsbehörde eingesetzte beauftragte Person die Geschäfte bis zum Amtsantritt der neugewählten Amtsnachfolgerin oder des neugewählten Amtsnachfolgers oder einer Stellvertretung. [2]Die beauftragte Person hat sich auf laufende und auf unaufschiebbare Geschäfte zu beschränken.

Artikel 51 Wahlanfechtung

[1]Jede im Wahlkreis wahlberechtigte Person und jede in einem zugelassenen Wahlvorschlag aufgeführte sich bewerbende Person kann innerhalb von 14 Tagen nach Verkündung des abschließenden Wahlergebnisses die Wahl durch schriftliche Erklärung wegen der Verletzung wahlrechtlicher Vorschriften bei der Rechtsaufsichtsbehörde anfechten. [2]Für die Entscheidung der Rechtsaufsichtsbehörde gilt Art. 50 entsprechend. [3]Berichtigt die Rechtsaufsichtsbehörde ein Wahlergebnis von Amts wegen oder erklärt sie eine angefochtene Wahl von Amts wegen für ungültig, ist die Entscheidung auch auf die Wahlanfechtung zu erstrecken.

Artikel 51a Rechtsweg

Gegen die Entscheidung der Rechtsaufsichtsbehörde oder ihre Unterlassung kann der Verwaltungsrechtsweg beschritten werden von

1. einer Person, die geltend macht, hierdurch in ihren Rechten verletzt zu sein, oder
2. einer anderen Person, die die Wahl angefochten hat, wenn ihr mindestens fünf im Wahlkreis wahlberechtigte Personen beitreten.

Artikel 52 Nachwahl, Neuwahl

(1) [1]Ist die Ungültigerklärung einer Wahl bestandskräftig geworden, setzt die Rechtsaufsichtsbehörde unverzüglich einen neuen Wahltermin fest. [2]Dieser ist möglichst innerhalb eines Jahres seit dem Tag der für ungültig erklärten Wahl zu legen und soll spätestens drei Monate nach Bestandskraft der Ungültigerklärung der Wahl liegen. [3]Wenn zwischen dem Tag der für ungültig erklärten Wahl und dem neuen Wahltermin nicht mehr als ein Jahr liegt, findet eine Nachwahl statt. [4]Kann die Wahl nicht innerhalb eines Jahres seit dem Tag der für ungültig erklärten Wahl durchgeführt werden, findet eine Neuwahl statt.

(2) [1]Bei der Nachwahl ist das Wahlverfahren insoweit zu wiederholen, als Wahlrechtsverstöße zur Ungültigerklärung geführt haben; Verstöße der Wahlleiterinnen und Wahlleiter gegen Art. 32 Abs. 1 bleiben insoweit außer Betracht. [2]Die Rechtsaufsichtsbehörde kann die Nachwahl auf die Abstimmung in allen oder in einzelnen Stimmbezirken oder auf die Briefwahl oder einzelne Briefwahlvorstände beschränken, wenn die zur Ungültigerklärung führenden Wahlrechtsverstöße sich nur dort ausgewirkt haben können.

(3) Wahlberechtigt bei der Nachwahl ist, wer das Wahlrecht am Tag der Nachwahl besitzt; die Wählerverzeichnisse sind auf den neuesten Stand zu bringen.

(4) [1]Wurde die Nachwahl auf die Abstimmung in Stimmbezirken beschränkt, ist wahlberechtigt, wer in diesen Stimmbezirken wahlberechtigt ist und bei der für ungültig erklärten Wahl keinen Wahlschein erhalten hat. [2]Abweichend von Satz 1 ist auch wahlberechtigt, wer bei der für ungültig erklärten Wahl die Stimme im Abstimmungsraum eines dieser Stimmbezirke mit Wahlschein abgegeben und das Wahlrecht in der Zwischenzeit nicht verloren hat.

(5) Wurde die Nachwahl auf die Briefwahl oder einzelne Briefwahlvorstände beschränkt, ist nur wahlberechtigt, wer bei der für ungültig erklärten Wahl einen Wahlschein erhalten und die Stimme nicht mit dem Wahlschein in einem Abstimmungsraum abgegeben hat.

(6) [1]Bei der Nachwahl ist wählbar, wer die Wählbarkeit am Tag der Nachwahl noch besitzt. [2]Sich bewerbende Personen können innerhalb einer Woche nach Bestandskraft der Ungültigerklärung von der Bewerbung zurücktreten. [3]Die Erklärung muss schriftlich oder zur Niederschrift bei der Gemeindeverwaltung, bei Landkreiswahlen beim Landratsamt, gegeben werden. [4]Ob die sich bewerbenden Personen die Wählbarkeit noch besitzen, entscheidet der Wahlausschuss bis 24 Uhr des zweiten Tags nach Ablauf der Frist nach Satz 2. [5]Stehen keine sich bewerbenden Personen mehr zur Verfügung, findet eine Neuwahl statt.

(7) [1]Eine Nachwahl wird von denjenigen Wahlorganen durchgeführt, die bereits bei der für ungültig erklärten Wahl im Amt waren, wenn das Wahlverfahren nicht insgesamt zu wiederholen ist; eine fehlerhafte Besetzung ist zu bereinigen. [2]Das Gesamtergebnis der Wahl ist neu festzustellen.

Sechster Teil
Kosten, Wahlstatistik, Vollzugsvorschriften

Artikel 53 Freistellungs- und Erstattungsanspruch

(1) [1]Arbeitnehmerinnen und Arbeitnehmer, die zu einem Wahlehrenamt berufen werden, sind zur Arbeitsleistung nicht verpflichtet, soweit ihre Mitwirkung im Wahlverfahren erforderlich ist. [2]Ihre Abwesenheit haben sie unter Vorlage einer Bescheinigung der Gemeinde dem Arbeitgeber rechtzeitig mitzuteilen. [3]Dieser ist verpflichtet, ihnen für die in Satz 1 bestimmte Zeit das Arbeitsentgelt einschließlich aller Nebenleistungen und Zulagen fortzuzahlen, das sie ohne ihre Tätigkeit im Rahmen des Wahlehrenamts erzielt hätten. [4]Den Arbeitgebern sind auf Antrag die nach Satz 3 zu erbringenden Leistungen einschließlich der Beiträge zur Sozialversicherung und zur Bundesagentur für Arbeit von der Gemeinde zu erstatten. [5]Der Antrag ist innerhalb von drei Monaten nach dem Wahltag bei der Gemeinde zu stellen.

(2) Für Angehörige des öffentlichen Dienstes gilt Abs. 1 mit Ausnahme der Sätze 4 und 5.

(3) [1]Die Gemeinde kann Personen, die zu einem Wahlehrenamt berufen werden, auf Antrag eine pauschalierte Ersatzleistung für den Verdienstausfall oder sonstigen Nachteil gewähren, der ihnen während der in Abs. 1 Satz 1 bestimmten Zeit entstanden ist, wenn ihnen nicht ein Anspruch nach Abs. 1 oder 2 zusteht. [2]Im Übrigen gelten Art. 20a Abs. 2 Nrn. 2 und 3 GO.

Artikel 54 Kosten

(1) Die Kosten der Gemeindewahlen tragen die Gemeinden.

(2) [1]Die Kosten der Landkreiswahlen tragen die Landkreise. [2]Die Gemeinden tragen jedoch die Kosten für die Bereitstellung der Wahlräume und für die Beschaffung und die Herstellung der für die Wahl nötigen Gegenstände.

(3) Ist eine Landkreiswahl mit einer Gemeindewahl verbunden, gelten die Abs. 1 und 2 mit der Maßgabe, dass Aufwendungen, die nicht getrennt einer der beiden Wahlen zugeordnet werden können, Gemeinde und Landkreis je zur Hälfte tragen.

(4) Sind Gemeinden Mitglieder einer Verwaltungsgemeinschaft, trägt diese an Stelle der Gemeinden die Kosten.

(5) Soweit Kosten zu erstatten sind, können diese nach einem festen Betrag je stimmberechtigte Person abgegolten werden.

Artikel 55 Feststellung der Einwohnerzahl, Fristen und Termine

(1) [1]Soweit nach diesem Gesetz die Einwohnerzahl in Betracht kommt, ist der letzte fortgeschriebene Stand der Bevölkerung, der vom Landesamt für Statistik früher als sechs Monate vor dem Wahltag veröffentlicht wurde, zugrunde zu legen. [2]Das gilt auch für die Zahl der zu wählenden Gemeinderats-

mitglieder, Kreisrätinnen und Kreisräte; Art. 31 Abs. 2 Satz 4 GO und Art. 24 Abs. 2 Satz 2 LKrO bleiben unberührt.

(2) [1]Die in diesem Gesetz vorgesehenen Fristen und Termine ändern sich nicht dadurch, dass der letzte Tag der Frist oder ein Termin auf einen Samstag, Sonntag oder gesetzlichen oder staatlich geschützten Feiertag fällt. [2]Soweit in diesem Gesetz nichts anderes bestimmt ist, sind behördliche Änderungen von Fristen sowie eine Wiedereinsetzung in den vorigen Stand ausgeschlossen.

Artikel 56 Wahlstatistik

(1) [1]Die Ergebnisse der Wahlen sind vom Landesamt für Statistik statistisch zu bearbeiten. [2]Die Gemeinden und die Landkreise übermitteln dem Landesamt die dafür erforderlichen Angaben.

(2) [1]Gemeinden mit einer räumlich, organisatorisch und personell von anderen Verwaltungsstellen getrennten mit der Durchführung statistischer Aufgaben betrauten Stelle können durch diese Stelle für geeignete Stimmbezirke auch nach Geschlecht und nach Altersgruppen gegliederte Statistiken der stimmberechtigten und der wählenden Personen unter Berücksichtigung der Stimmabgabe für die einzelnen Wahlvorschläge erstellen. [2]Die Trennung der Abstimmung nach Geschlecht und Altersgruppe ist nur zulässig, wenn die Stimmabgabe der einzelnen wählenden Personen dadurch nicht erkennbar wird. [3]Auswertungen für einzelne Stimmbezirke dürfen nicht veröffentlicht werden.

Artikel 57 Ordnungswidrigkeiten

(1) Mit Geldbuße kann belegt werden, wer entgegen Art. 20 Abs. 1, auch in Verbindung mit Art. 28 Abs. 1 Satz 2, Abstimmende oder Unterzeichnende beeinflusst, behindert oder belästigt.

(2) Mit Geldbuße bis zu fünfzigtausend Euro kann belegt werden, wer entgegen Art. 20 Abs. 2 vor Ablauf der Abstimmungszeit Ergebnisse von Befragungen über den Inhalt der Stimmrechtsausübung, die nach der Stimmabgabe vorgenommen wurden, veröffentlicht.

Artikel 58 Verordnungsermächtigung

[1]Das Staatsministerium des Innern, für Sport und Integration erlässt durch Rechtsverordnung die zum Vollzug dieses Gesetzes erforderlichen Vorschriften. [2]Es kann darin insbesondere Bestimmungen treffen über

1. den Begriff des Aufenthalts im Sinn des Art. 1 Abs. 1 Nr. 3 und Abs. 3,
2. die Bildung der Wahlorgane und der Beschwerdeausschüsse,
3. die Einteilung der Stimmbezirke,
4. die Anlegung der Wählerverzeichnisse und die Eintragung der Wahlberechtigten,
5. die Erteilung von Wahlscheinen und Briefwahlunterlagen,
6. die Einrichtung der Wahlräume,
7. die Gestaltung der Stimmzettel, wobei auch Regelungen zur barrierefreien Teilnahme an Wahlen für blinde, erblindete und stark sehbehinderte Personen und zur Einbeziehung von Blindenvereinigungen in Herstellung und Verteilung von Stimmzettelschablonen samt Kostenerstattung getroffen werden können,
8. die Aufstellung, die Einreichung, die Unterstützung, den Inhalt und die Form der Wahlvorschläge mit den dazugehörigen Unterlagen, ihre Prüfung, die Beseitigung von Mängeln sowie ihre Zulassung oder ihre Zurückweisung,
9. die Vorbereitung und die Durchführung der Wahlhandlung,
10. die Durchführung der Briefwahl und die Zulassung oder die Zurückweisung von Wahlbriefen,
11. die Wahl in Krankenhäusern und Pflegeeinrichtungen, in Klöstern, in Justizvollzugsanstalten,
12. die möglichen Arten der Stimmvergabe und deren Gültigkeit oder Ungültigkeit,
13. die Feststellung, Verkündung und Bekanntmachung der Wahlergebnisse,
14. die Annahme der Wahl und den Amtsverlust,
15. die Wahlprüfung und die Wahlanfechtung,
16. die Neuwahl und die Nachwahl,
17. die Kosten der Wahl,
18. die Gestaltung von Vordrucken,
19. die Wahlstatistik und
20. den Einsatz von Datenverarbeitungsanlagen bei der Vorbereitung und der Durchführung der Wahl mit Ausnahme der Stimmabgabe, bei der Ermittlung und Feststellung des Wahlergebnisses und bei der Erstellung von Statistiken.

Siebter Teil
Schlussbestimmungen

Artikel 59 Schriftform

[1]Soweit in diesem Gesetz und in der hierzu erlassenen Wahlordnung nichts anderes bestimmt ist, müssen vorgeschriebene Erklärungen persönlich und handschriftlich unterzeichnet sein und bei dem zuständigen Wahlorgan oder der zuständigen Stelle der Wahlorganisation im Original vorliegen. [2]Durch die Wahlordnung kann von den Schriftformerfordernissen dieses Gesetzes abgewichen werden.

Artikel 60 Übergangsregelung

Für Wahlen, die vor den allgemeinen Gemeinde- und Landkreiswahlen 2026 stattfinden, sind Art. 25 Abs. 1 und 2, Art. 28 Abs. 1, Art. 31, Art. 32 Abs. 1 bis 4, Art. 33, Art. 34 und Art. 38 Abs. 1 in der bis zum Ablauf des 31. Dezember 2023 geltenden Fassung anzuwenden.

Artikel 61 Inkrafttreten

Dieses Gesetz tritt am 1. September 1994 in Kraft.[1)]

1) **Amtl. Anm.:** Diese Vorschrift betrifft das Inkrafttreten des Gesetzes in der ursprünglichen Fassung vom 10. August 1994 (GVBl S. 747). Der Zeitpunkt des Inkrafttretens der späteren Änderungsgesetze ergibt sich aus den jeweiligen Änderungsgesetzen.

Verordnung über das Haushalts-, Kassen- und Rechnungswesen der Gemeinden, der Landkreise und der Bezirke nach den Grundsätzen der Kameralistik (Kommunalhaushaltsverordnung – Kameralistik – KommHV-Kameralistik)

Vom 3. Dezember 1976 (BayRS Nr. II S. 443)
(BayRS 2023-1-I)

zuletzt geändert durch § 1 V zur Änderung der Kommunalhaushaltsverordnung-Kameralistik und der Kommunalhaushaltsverordnung-Doppik vom 4. Januar 2024 (GVBl. S. 21)

Auf Grund von Art. 123 Abs. 1 der Gemeindeordnung (GO), Art. 109 Abs. 1 der Landkreisordnung (LKrO) und Art. 103 Abs. 1 der Bezirksordnung (BezO) erläßt das Bayerische Staatsministerium des Innern im Einvernehmen mit dem Bayerischen Staatsministerium der Finanzen folgende Verordnung:

Nichtamtliche Inhaltsübersicht

Abschnitt 1
Haushaltsplan

§ 1 Inhalt des Haushaltsplans

(1) Der Vermögenshaushalt umfaßt auf der Einnahmenseite
1. die Zuführung vom Verwaltungshaushalt,
2. Einnahmen aus der Veränderung des Anlagevermögens,
3. Entnahmen aus Rücklagen,
4. Zuweisungen und Zuschüsse für Investitionen und für die Förderung von Investitionen Dritter, Beiträge für Investitionen und ähnliche Entgelte,
5. Einnahmen aus Krediten und inneren Darlehen,

auf der Ausgabenseite
6. die Tilgung von Krediten, die Rückzahlung innerer Darlehen, die Kreditbeschaffungskosten sowie die Ablösung von Dauerlasten,
7. Ausgaben für die Veränderung des Anlagevermögens, Zuweisungen und Zuschüsse für Investitionen Dritter sowie Verpflichtungsermächtigungen,
8. Zuführungen zu Rücklagen und die Deckung von Fehlbeträgen aus Vorjahren,
9. die Zuführung zum Verwaltungshaushalt.

(2) Der Verwaltungshaushalt umfaßt die nicht unter Absatz 1 fallenden Einnahmen und Ausgaben.

§ 2 Bestandteile des Haushaltsplans, Anlagen

(1) Der Haushaltsplan besteht aus
1. dem Gesamtplan,
2. den Einzelplänen des Verwaltungshaushalts und des Vermögenshaushalts,
3. den Sammelnachweisen,
4. dem Stellenplan für die Beamten und Arbeitnehmer.

(2) Dem Haushaltsplan sind beizufügen
1. der Vorbericht,
2. eine Übersicht über die aus Verpflichtungsermächtigungen in den einzelnen Jahren voraussichtlich fällig werdenden Ausgaben; werden Ausgaben in den Jahren fällig, auf die sich der Finanzplan noch nicht erstreckt, so ist die voraussichtliche Deckung des Ausgabenbedarfs dieser Jahre besonders darzustellen,
3. eine Übersicht über den voraussichtlichen Stand der Schulden – ohne Kassenkredite – und der Rücklagen zu Beginn des Haushaltsjahres,
4. die Wirtschaftspläne und neuesten Jahresabschlüsse der Sondervermögen, für die Sonderrechnungen geführt werden; das gleiche gilt für die Unternehmen mit einer über 50 v.H. liegenden eigenen Beteiligung; an die Stelle der Jahresabschlüsse und Wirtschaftspläne kann eine kurzgefaßte Übersicht über die Wirtschaftslage und die voraussichtliche Entwicklung der Betriebe treten,
5. der Finanzplan mit dem ihm zugrundeliegenden Investitionsprogramm sowie eine Übersicht über die im Finanzplanungszeitraum gültigen Kreditermächtigungen aus den Vorjahren und deren Inanspruchnahmen,
6. eine Übersicht über die Budgets mit einer Benennung der den einzelnen Budgets zugeordneten Abschnitte und Unterabschnitte.

§ 3 Vorbericht

[1]Der Vorbericht gibt einen Überblick über den Stand und die Entwicklung der Haushaltswirtschaft. [2]Insbesondere soll dargestellt werden
1. wie sich die wichtigsten Einnahme- und Ausgabearten, das Vermögen und die Schulden in den dem Haushaltsjahr vorangehenden beiden Haushaltsjahren entwickelt haben und im Haushaltsjahr entwickeln werden,
2. inwieweit die im Haushaltsplan vorgesehene Zuführung vom Verwaltungshaushalt § 22 Abs. 1 entspricht und wie sie sich voraussichtlich in den folgenden drei Jahren entwickeln wird,
3. welche Investitionen und Investitionsförderungsmaßnahmen im Haushaltsjahr geplant sind und welche finanziellen Auswirkungen hieraus sich für die folgenden Jahre ergeben,
4. wie sich die Rücklagen im Haushaltsjahr und in den folgenden drei Jahren entwickeln werden,
5. wie sich die Kassenlage im Vorjahr entwickelt hat und in welchem Umfang Kassenkredite in Anspruch genommen worden sind,
6. wie sich die Wirtschaftslage der Eigenbetriebe, der Kommunalunternehmen und der Unternehmen mit einer über 50 v. H. liegenden eigenen Beteiligung in den dem Haushaltsjahr vorangehenden beiden Haushaltsjahren entwickelt hat und im Haushaltsjahr voraussichtlich entwickeln wird; entsprechendes gilt hinsichtlich der Finanzlage der Krankenhäuser und Alten- und Pflegeheime mit kaufmännischem Rechnungswesen sowie der Regiebetriebe, die ganz oder teilweise nach den Vorschriften über die Wirtschaftsführung der Eigenbetriebe geführt werden (Art. 88 Abs. 6 der Gemeindeordnung – GO, Art. 76 Abs. 6 der Landkreisordnung – LKrO, Art. 74 Abs. 6 der Bezirksordnung – BezO).

§ 4 Gesamtplan

Der Gesamtplan enthält

1. eine Zusammenfassung der Einnahmen, Ausgaben und Verpflichtungsermächtigungen der Einzelpläne, getrennt nach Verwaltungshaushalt und Vermögenshaushalt,
2. eine Übersicht über die Einnahmen, Ausgaben und Verpflichtungsermächtigungen, geordnet nach Aufgabenbereichen und Arten (Haushaltsquerschnitt),
3. eine Übersicht über die Einnahmen und Ausgaben, geordnet nach Arten (Gruppierungsübersicht),
4. eine Übersicht zur Beurteilung der dauernden Leistungsfähigkeit.

§ 5 Einzelpläne

(1) [1]Der Verwaltungshaushalt und der Vermögenshaushalt sind nach Aufgabenbereichen in Einzelpläne, Abschnitte und Unterabschnitte zu gliedern. [2]Für jeden Einzelplan, Abschnitt oder Unterabschnitt ist ein Teilabschluß zu bilden.

(2) Innerhalb der Abschnitte und Unterabschnitte sind die Einnahmen und Ausgaben nach ihren Arten in Hauptgruppen, Gruppen und Untergruppen zu ordnen.

(3) Gliederung und Gruppierung richten sich nach dem vom Staatsministerium des Innern, für Sport und Integration im Einvernehmen mit dem Staatsministerium der Finanzen und für Heimat erlassenen Gliederungs- und Gruppierungsplan.

(4) Zu den Ansätzen für das Haushaltsjahr sind die Einnahme- und Ausgabeansätze für das Vorjahr und die Ergebnisse des diesem vorangehenden Jahres anzugeben, zu den einzelnen Investitionen und Investitionsförderungsmaßnahmen außerdem der gesamte Ausgabebedarf (§ 10 Abs. 1 Satz 1) und die bisher bereitgestellten Ausgabemittel.

§ 6 Stellenplan

(1) [1]Der Stellenplan hat die im Haushaltsjahr erforderlichen Stellen der Beamten und der nicht nur vorübergehend beschäftigten Arbeitnehmer nach Art und Besoldungs- und Entgeltgruppen auszuweisen. [2]Soweit erforderlich, sind in ihm die Amtsbezeichnungen für Beamte festzusetzen. [3]Stellen von Beamten und nicht nur vorübergehend beschäftigten Arbeitnehmern in Einrichtungen von Sondervermögen, für die Sonderrechnungen geführt werden, sind gesondert auszuweisen. [4]Die Aufteilung der Stellen auf Abschnitte und Unterabschnitte ist darzustellen.

(2) [1]Im Stellenplan ist ferner für jede Besoldungs- und Entgeltgruppe die Gesamtzahl der Stellen für das Vorjahr sowie der am 30. Juni des Vorjahres besetzten Stellen anzugeben. [2]Wesentliche Abweichungen vom Stellenplan des Vorjahres sind zu erläutern.

(3) [1]Im Stellenplan sind Stellen als künftig wegfallend (kw) zu bezeichnen, soweit sie in den folgenden Haushaltsjahren voraussichtlich nicht mehr benötigt werden. [2]Stellen sind als künftig umzuwandeln zu bezeichnen (ku), soweit sie in den folgenden Haushaltsjahren voraussichtlich in Stellen einer niedrigeren Besoldungs- oder Entgeltgruppe oder in Stellen anderer Art umgewandelt werden können.

(4) [1]Einem Beamten darf ein Amt nur zusammen mit der Einweisung in eine besetzbare Planstelle verliehen werden. [2]Planstellen dürfen nur mit Beamten gleicher oder niedrigerer Besoldungsgruppen und mit Arbeitnehmern vergleichbarer oder niedrigerer Entgeltgruppen besetzt werden; Planstellen im Eingangsamt entsprechend der jeweiligen Qualifikationsebene dürfen mit entsprechenden Beamten auf Widerruf im Vorbereitungsdienst besetzt werden. [3]Arbeitnehmerstellen dürfen nur mit Arbeitnehmern gleicher oder niedrigerer Entgeltgruppen besetzt werden.

(5) Beamtenstellen dürfen mit mehreren teilzeitbeschäftigten Beamten und Arbeitnehmerstellen mit mehreren teilzeitbeschäftigten Arbeitnehmern entsprechend dem Umfang ihrer Teilzeitbeschäftigung besetzt werden.

(6) Dem Stellenplan sind

1. eine Übersicht über die vorgesehene Aufteilung der Stellen auf die Abschnitte und Unterabschnitte, soweit diese nicht dort ausgewiesen sind, und
2. eine Übersicht über die vorgesehene Zahl der Beamten im Vorbereitungsdienst, der Auszubildenden und der Praktikanten

beizufügen.

Abschnitt 2

Grundsätze für die Veranschlagung

§ 7 Allgemeine Grundsätze

(1) Die Einnahmen und Ausgaben sind in Höhe der im Haushaltsjahr zu erwartenden oder voraussichtlich zu leistenden Beträge zu veranschlagen; sie sind sorgfältig zu schätzen, soweit sie nicht errechenbar sind.

(2) Die Einnahmen und Ausgaben sind in voller Höhe und getrennt voneinander zu veranschlagen, soweit in dieser Verordnung nichts anderes bestimmt ist.

(3) [1]Die Einnahmen sind einzeln nach ihrem Entstehungsgrund, die Ausgaben nach Einzelzwecken zu veranschlagen. [2]Die Zwecke müssen hinreichend bestimmt sein. [3]Im Verwaltungshaushalt dürfen geringfügige Beträge für verschiedene Zwecke als vermischte Einnahmen oder vermischte Ausgaben zusammengefaßt, Verfügungsmittel und Deckungsreserve ohne nähere Angabe des Verwendungszwecks veranschlagt werden. [4]Im Vermögenshaushalt sind die einzelnen Investitionen und Investitionsförderungsmaßnahmen getrennt zu veranschlagen.

(4) [1]Für denselben Zweck sollen Ausgaben nicht an verschiedenen Stellen im Haushaltsplan veranschlagt werden. [2]Wird ausnahmsweise anders verfahren, ist auf die Ansätze gegenseitig zu verweisen.

§ 8 Sammelnachweise

[1]Im Verwaltungshaushalt können Einnahmen und Ausgaben, die zu gleichen Gruppen gehören oder die sachlich eng zusammenhängen, in Sammelnachweisen veranschlagt werden; sie sind zusammengefaßt oder einzeln in die Abschnitte und Unterabschnitte zu übernehmen. [2]Die Aufteilung nach wirklichkeitsnahen Maßstäben ist zulässig. [3]§ 14 Abs. 4 Satz 3 bleibt unberührt.

§ 9 Verpflichtungsermächtigungen

(1) [1]Die Verpflichtungsermächtigungen sind bei den einzelnen Haushaltsstellen zu veranschlagen. [2]Dabei ist anzugeben, wie sich die Belastungen voraussichtlich auf die künftigen Jahre verteilen werden.

(2) [1]Es kann erklärt werden, dass innerhalb eines Abschnitts einzelne Verpflichtungsermächtigungen auch für andere Investitionen oder Investitionsförderungsmaßnahmen in Anspruch genommen werden können, wenn deren voraussichtliche Folgekosten (§ 10 Abs. 3 Nr. 3) nicht höher sind und der Haushaltsausgleich künftiger Jahre nicht gefährdet ist. [2]Der in der Haushaltssatzung festgesetzte Gesamtbetrag der Verpflichtungsermächtigungen darf nicht überschritten werden.

§ 10 Investitionen

(1) [1]Bei Investitionen und Investitionsförderungsmaßnahmen, die sich über mehrere Jahre erstrecken, sind neben dem veranschlagten Jahresbedarf die Ausgaben für die gesamte Maßnahme anzugeben. [2]Die in den folgenden Jahren noch erforderlichen Ausgaben sind bei der Finanzplanung zu berücksichtigen.

(2) Bevor Investitionen von erheblicher finanzieller Bedeutung beschlossen werden, soll unter mehreren in Betracht kommenden Möglichkeiten durch Vergleich der Anschaffungs- oder Herstellungskosten und der Folgekosten die wirtschaftlichste Lösung ermittelt werden.

(3) [1]Ausgaben und Verpflichtungsermächtigungen für Baumaßnahmen dürfen erst veranschlagt werden, wenn Bauunterlagen vorliegen, aus denen die Art der Ausführung, die Kosten der Maßnahme, des Grunderwerbs und der Einrichtung im einzelnen ersichtlich sind. [2]Den Unterlagen sind

1. Angaben über die Kostenbeteiligung Dritter,
2. ein Terminplan mit Angaben der voraussichtlichen Jahresraten und
3. eine Schätzung der nach Fertigstellung der Maßnahme entstehenden jährlichen Haushaltsbelastungen (Folgekosten)

beizufügen.

(4) [1]Ausnahmen von Absatz 3 sind zulässig, wenn es im Einzelfall nicht möglich ist, die in Absatz 3 geforderten Unterlagen rechtzeitig fertigzustellen, und aus einer späteren Veranschlagung ein Nachteil erwachsen würde. [2]Die Notwendigkeit einer Ausnahme ist in den Erläuterungen zu begründen. [3]Eine Kostenberechnung muss stets vorliegen. [4]Die in Absatz 3 geforderten Unterlagen sind spätestens vor Beginn der Baumaßnahme oder vor dem Eingehen der Verpflichtungen dem Gemeinderat, Kreistag oder Bezirkstag zur Beschlußfassung vorzulegen.

(5) [1]Ausnahmen von Absatz 3 sind ferner bei Baumaßnahmen von geringer finanzieller Bedeutung oder bei dringenden Instandsetzungen zulässig. [2]Die Notwendigkeit einer Ausnahme ist in den Erläuterungen zu begründen. [3]Eine Kostenberechnung muss stets vorliegen.

§ 11 Verfügungsmittel, Deckungsreserve

[1]Im Verwaltungshaushalt können in angemessener Höhe

1. Verfügungsmittel,
2. Mittel als Deckungsreserve

veranschlagt werden. [2]Die Ansätze dürfen nicht überschritten werden; die Mittel sind nicht übertragbar.

§ 11a Kosten- und Leistungsrechnung

[1]Zur Unterstützung der Verwaltungssteuerung und für die Beurteilung der Wirtschaftlichkeit und Leistungsfähigkeit bei der Aufgabenerfüllung für alle Verwaltungsbereiche soll eine Kosten- und Leistungsrechnung geführt werden. [2]Die Ausgestaltung ist nach den örtlichen Bedürfnissen durch Dienstanweisung zu regeln. [3]Die Kosten sind aus der Buchführung nachprüfbar herzuleiten.

§ 12 Kalkulatorische Kosten, kostenrechnende Einrichtungen

(1) [1]Für Einrichtungen, die in der Regel aus Entgelten finanziert werden (kostenrechnende Einrichtungen), sind im Verwaltungshaushalt auch

1. angemessene Abschreibungen,
2. eine angemessene Verzinsung des Anlagekapitals,
3. Zuführungen zu zulässig gebildeten Sonderrücklagen

zu veranschlagen. [2]Abschreibungen und Zinsen sind zugleich als Einnahmen zu veranschlagen. [3]Für Einrichtungen, die nur in geringem Umfang aus Entgelten finanziert werden, kann abweichend von Satz 1 auf die Veranschlagung verzichtet werden.

(2) Bei der Verzinsung des Anlagekapitals bleibt der aus Beiträgen und ähnlichen Entgelten sowie aus Zuweisungen und Zuschüssen aufgebrachte Kapitalanteil außer Betracht.

§ 13 Durchlaufende Gelder, fremde Mittel

Im Haushaltsplan werden nicht veranschlagt

1. durchlaufende Gelder,
2. Beträge, die auf Grund eines Gesetzes unmittelbar in den Haushalt eines anderen öffentlichen Aufgabenträgers zu buchen sind, einschließlich der zur Selbstbewirtschaftung zugewiesenen Mittel,
3. Beträge, die die Kasse des endgültigen Kostenträgers oder eine andere Kasse, die unmittelbar mit dem endgültigen Kostenträger abrechnet, vereinnahmt oder ausgibt.

§ 14 Weitere Vorschriften für einzelne Einnahmen und Ausgaben

(1) Einnahmen aus Krediten sind in Höhe der Rückzahlungsverpflichtung zu veranschlagen.

(2) Abgaben, abgabeähnliche Entgelte und allgemeine Zuweisungen, die zurückzuzahlen oder zu mindern sind, sind bei den Einnahmen abzusetzen, auch wenn sie sich auf Einnahmen der Vorjahre beziehen; diese Bestimmung gilt bei Rückzahlung geleisteter Ausgaben der vorgenannten Art sinngemäß.

(3) Die Erstattung von Verwaltungskosten und sonstigen Gemeinkosten zwischen Einzelplänen, Abschnitten und Unterabschnitten soll veranschlagt werden, soweit es für eine Kostenrechnung erforderlich ist.

(4) [1]Die Veranschlagung von Personalausgaben richtet sich nach den im Haushaltsjahr voraussichtlich besetzten Stellen. [2]Die für den ersten Monat des Haushaltsjahres vor dessen Beginn zu zahlenden Beträge sind in die Veranschlagung einzubeziehen. [3]Der Versorgungsaufwand ist auf die Einzelpläne, Abschnitte und Unterabschnitte grundsätzlich nach der Höhe der dort veranschlagten Dienstbezüge aufzuteilen.

§ 15 Erläuterungen

(1) Es sind zu erläutern

1. die größeren Einnahmen- und Ausgabenansätze des Verwaltungshaushalts, die von den bisherigen Ansätzen erheblich abweichen,
2. neue Maßnahmen des Vermögenshaushalts; erstrecken sie sich über mehrere Jahre, ist bei jeder folgenden Veranschlagung die bisherige Abwicklung darzulegen,
3. Notwendigkeit, Höhe und Deckungsfähigkeit der Verpflichtungsermächtigungen,

4. Ausgabenansätze zur Erfüllung von Verträgen, die über ein Jahr hinaus zu erheblichen Zahlungen verpflichten,
5. die von den Bediensteten aus Nebentätigkeiten abzuführenden Beträge,
6. besondere Bestimmungen im Haushaltsplan, z.B. Sperrvermerke, Zweckbindung von Einnahmen,
7. Ausnahmen nach § 10 Abs. 4 und 5.

(2) Die übrigen veranschlagten Einnahmen und Ausgaben sind, soweit erforderlich, zu erläutern.

(3) [1]Die Erläuterungen können auch in einem Beiheft zum Haushaltsplan zusammengestellt werden. [2]Im Haushaltsplan ist sodann bei den einzelnen Haushaltsstellen auf das Beiheft zu verweisen.

Abschnitt 3
Deckungsgrundsätze

§ 16 Grundsatz der Gesamtdeckung, Bildung von Budgets

(1) Soweit in dieser Verordnung nichts anderes bestimmt ist, dienen
1. die Einnahmen des Verwaltungshaushalts insgesamt zur Deckung der Ausgaben des Verwaltungshaushalts,
2. die Einnahmen des Vermögenshaushalts insgesamt zur Deckung der Ausgaben des Vermögenshaushalts.

(2) [1]Einnahmen und Ausgaben des Verwaltungshaushalts können entsprechend der Bewirtschaftung in Organisationseinheiten durch Haushaltsvermerk oder im Fall des Satzes 3 durch Plandarstellung zu Budgets verbunden werden. [2]Entsprechendes gilt für Einnahmen und Ausgaben des Vermögenshaushalts. [3]Werden alle Einnahmen und Ausgaben Budgets zugeordnet, kann die Gliederung und der Teilabschluss im Haushaltsplan abweichend von § 2 Abs. 1 Nr. 2 und Abs. 2 Nr. 6, § 4 Nr. 1 und § 5 Abs. 1 bis 3 nach Budgets dargestellt werden. [4]Die finanzstatistischen Meldungen sind entsprechend der kommunalen Haushaltssystematik nach den Vorschriften über die kommunale Haushaltssystematik nach den Grundsätzen der Kameralistik (VVKommHSyst-Kameralistik) abzugeben.

§ 17 Zweckbindung von Einnahmen

(1) [1]Einnahmen des Verwaltungshaushalts sind auf die Verwendung für bestimmte Ausgaben zu beschränken, wenn sich dies aus rechtlicher Verpflichtung ergibt. [2]Sie können auf die Verwendung für bestimmte Ausgaben beschränkt werden,
1. wenn die Beschränkung sich aus der Herkunft oder Natur der Einnahmen ergibt oder
2. wenn ein sachlicher Zusammenhang dies erfordert und durch die Zweckbindung die Bewirtschaftung der Mittel erleichtert wird.

[3]Zweckgebundene Mehreinnahmen dürfen für entsprechende Mehrausgaben verwendet werden.

(2) [1]Im Haushaltsplan kann bestimmt werden, dass bestimmte Mehreinnahmen des Verwaltungshaushalts bestimmte Ausgabenansätze erhöhen oder bestimmte Mindereinnahmen bestimmte Ausgabenansätze vermindern. [2]Ausgenommen hiervon sind Einnahmen aus Steuern, allgemeinen Zuweisungen und Umlagen.

(3) Mehrausgaben nach den Absätzen 1 und 2 gelten nicht als überplanmäßige Ausgaben.

(4) Absätze 1 und 3 gelten für den Vermögenshaushalt entsprechend.

§ 18 Deckungsfähigkeit

(1) [1]Wenn im Haushaltsplan nichts anderes bestimmt ist, sind die Ausgaben im Verwaltungshaushalt, die zu einem Budget gehören, gegenseitig deckungsfähig. [2]Entsprechendes gilt für die Personalausgaben und für Ausgaben in den einzelnen Sammelnachweisen, wenn sie nicht zu einem Budget gehören.

(2) Ausgaben im Verwaltungshaushalt, die nicht nach Absatz 1 deckungsfähig sind, können für gegenseitig oder einseitig deckungsfähig erklärt werden, wenn sie sachlich zusammenhängen.

(3) Verfügungsmittel und vermischte Ausgaben dürfen nicht für deckungsfähig erklärt werden.

(4) Absatz 1 Satz 1 und Absatz 2 gelten für Ausgaben im Vermögenshaushalt und Verpflichtungsermächtigungen entsprechend.

(5) Ausgaben eines Budgets im Verwaltungshaushalt können zugunsten von Ausgaben des Budgets im Vermögenshaushalt für einseitig deckungsfähig erklärt werden.

(6) Bei Deckungsfähigkeit können die deckungsberechtigten Ausgabenansätze zu Lasten der deckungspflichtigen Ansätze erhöht werden.

§ 19 Übertragbarkeit

(1) Die Ausgabenansätze im Vermögenshaushalt bleiben bis zur Fälligkeit der letzten Zahlung für ihren Zweck verfügbar, bei Baumaßnahmen und Beschaffungen längstens jedoch zwei Jahre nach Schluss des Haushaltsjahres, in dem der Gegenstand oder der Bau in seinen wesentlichen Teilen in Benutzung genommen werden kann.

(2) [1]Im Verwaltungshaushalt können Ausgabenansätze für übertragbar erklärt werden, wenn die Übertragbarkeit eine wirtschaftliche Aufgabenerfüllung fördert. [2]Die Ausgabenansätze bleiben bis zum Ende des folgenden Jahres verfügbar. [3]Ausgabenansätze eines Budgets können ganz oder teilweise für übertragbar erklärt werden.

Abschnitt 4

Rücklagen

§ 20 Allgemeine Rücklage und Sonderrücklagen

(1) Rücklagen sind die allgemeine Rücklage und die Sonderrücklagen.

(2) [1]Die allgemeine Rücklage soll die rechtzeitige Leistung von Ausgaben sichern (Betriebsmittel der Kasse). [2]Zu diesem Zweck muß ein Betrag vorhanden sein, der sich in der Regel auf mindestens eins v.H. der Ausgaben des Verwaltungshaushalts nach dem Durchschnitt der drei dem Haushaltsjahr vorangehenden Jahre beläuft.

(3) [1]In der allgemeinen Rücklage sollen ferner Mittel zur Deckung des Ausgabenbedarfs im Vermögenshaushalt künftiger Jahre angesammelt werden. [2]Der allgemeinen Rücklage sind rechtzeitig Mittel zuzuführen, wenn

1. die Tilgung von Krediten, die mit dem Gesamtbetrag fällig werden, die voraussichtliche Höhe der Zuführung des Verwaltungshaushalts an den Vermögenshaushalt übersteigt und nicht anders gedeckt werden kann,
2. die Inanspruchnahme aus Bürgschaften, Gewährverträgen und Verpflichtungen aus verwandten Rechtsgeschäften die laufende Aufgabenerfüllung erheblich beeinträchtigen würde,
3. sonst für die im Investitionsprogramm der künftigen Jahre vorgesehenen Investitionen und Investitionsförderungsmaßnahmen ein unvertretbar hoher Kreditbedarf entstehen würde.

[3]Im übrigen sollen Zuführungen und Entnahmen nach dem Finanzplan ausgerichtet werden.

(4) [1]Sonderrücklagen dürfen weder für die in den Absätzen 2 und 3 genannten Zwecke noch zum Haushaltsausgleich, noch für die Erneuerung von Vermögensgegenständen gebildet werden; Satz 4 bleibt unberührt.. [2]Soweit sich bei der Gebührenbemessung kostenrechnender Einrichtungen eine Kostenüberdeckung ergibt, sind die Mehreinnahmen jeweils einer Sonderrücklage zuzuführen und zur Deckung von Fehlbeträgen aus Gebührenmindereinnahmen der jeweiligen Einrichtung zu verwenden. [3]Einnahmen zur Rekultivierung und Nachsorge von Abfallbeseitigungsanlagen (Art. 7 Abs. 5 Nr. 2 BayAbfG) sind ebenfalls in eine eigene Sonderrücklage einzustellen. [4]Mehrerlöse, die sich aus einer Abschreibung von Wiederbeschaffungszeitwerten gegenüber einer Abschreibung von Anschaffungs- und Herstellungskosten oder dadurch ergeben, dass Zuwendungen nicht in Abzug gebracht werden, sind jeweils einer eigens für die kostenrechnende Einrichtung zu bildenden Sonderrücklage zuzuführen und dürfen nur zur Deckung von Ausgaben der jeweiligen Einrichtung verwendet werden; § 21 Abs. 1 Satz 4 bleibt unberührt. [5]Sonderrücklagen für nichtrechtsfähige, kommunal verwaltete Stiftungen sind möglich.

§ 21 Anlegung von Rücklagen

(1) [1]Die Mittel der Rücklagen müssen für ihren Zweck rechtzeitig verfügbar sein. [2]Sie sind, soweit sie nicht als Betriebsmittel der Kasse benötigt werden, sicher und ertragbringend anzulegen (Art. 74 Abs. 2 Satz 2 GO, Art. 68 Abs. 2 Satz 2 LKrO, Art. 66 Abs. 2 Satz 2 BezO); die Sicherheitsanforderungen, die Verwaltung der Geldanlagen und regelmäßige Berichtspflichten sind durch Dienstanweisung zu regeln. [3]Erträge aus Sonderrücklagen sind den jeweiligen Sonderrücklagen zuzuführen. [4]Solange Sonderrücklagen für ihren Zweck nicht benötigt werden, können sie als innere Darlehen im Vermögenshaushalt in Anspruch genommen werden.

(2) Sonderrücklagen sind aufzulösen, wenn und soweit ihr Verwendungszweck entfällt.

Abschnitt 5
Ausgleich des Haushalts

§ 22 Haushaltsausgleich

(1) [1]Die im Verwaltungshaushalt zur Deckung der Ausgaben nicht benötigten Einnahmen sind dem Vermögenshaushalt zuzuführen. [2]Die Zuführung zum Vermögenshaushalt muß mindestens so hoch sein, daß damit die ordentliche Tilgung von Krediten gedeckt werden kann, soweit dafür keine Einnahmen nach § 1 Abs. 1 Nrn. 2 bis 4 zur Verfügung stehen. [3]Die Zuführung soll ferner die Ansammlung von Rücklagen, soweit sie nach § 20 erforderlich ist, ermöglichen und insgesamt mindestens so hoch sein wie die aus speziellen Entgelten gedeckten Abschreibungen.

(2) Soweit Einnahmen des Vermögenshaushalts im Haushaltsjahr nicht für die in § 1 Abs. 1 Nrn. 6, 7 und 9 genannten Ausgaben, zur Ansammlung von Sonderrücklagen oder zur Deckung von Fehlbeträgen benötigt werden, sind sie der allgemeinen Rücklage zuzuführen.

(3) [1]Mittel der allgemeinen Rücklage dürfen zum Ausgleich des Verwaltungshaushalts verwendet werden, wenn

1. sonst der Ausgleich trotz Ausschöpfung aller Einnahmemöglichkeiten und Ausnutzung jeder Sparmöglichkeit nicht erreicht werden kann,
2. die Mittel nicht für die unabweisbare Fortführung bereits begonnener Maßnahmen benötigt werden und
3. die Kassenliquidität unter Berücksichtigung möglicher Kassenkredite nicht beeinträchtigt wird.

[2]Unter den in Satz 1 genannten Voraussetzungen können auch die in § 1 Abs. 1 Nr. 2 genannten Einnahmen zum Ausgleich des Verwaltungshaushalts verwendet werden; dabei dürfen die in § 20 Abs. 3 genannten Zwecke nicht gefährdet werden.

§ 23 Deckung von Fehlbeträgen

[1]Ein Fehlbetrag soll unverzüglich gedeckt werden; er ist spätestens im zweiten, im Falle einer Haushaltssatzung für zwei Jahre spätestens im dritten dem Haushaltsjahr folgenden Jahr zu veranschlagen. [2]Ein nach Art. 66 Abs. 4 GO, Art. 60 Abs. 4 LkrO[1)] oder Art. 58 Abs. 4 BezO entstandener Fehlbetrag ist im folgenden Jahr zu decken.

Abschnitt 6
Finanzplanung

§ 24 Finanzplanung und Investitionsprogramm

(1) [1]Der Finanzplan (Art. 70 GO, Art. 64 LKrO, Art. 62 BezO) besteht aus einer Übersicht über die Entwicklung der Einnahmen und Ausgaben des Verwaltungshaushalts sowie des Vermögenshaushalts. [2]Er ist nach der für die Gruppierungsübersicht (§ 4 Satz 1 Nr. 3) geltenden Ordnung und nach Jahren gegliedert aufzustellen; für Investitionen und Investitionsförderungsmaßnahmen ist eine Gliederung nach bestimmten Aufgabenbereichen vorzunehmen.

(2) [1]In das dem Finanzplan zugrundezulegende Investitionsprogramm sind die im Planungszeitraum vorgesehenen Investitionen und Investitionsförderungsmaßnahmen nach Jahresabschnitten aufzunehmen. [2]Jeder Jahresabschnitt soll die fortzuführenden und neuen Investitionen und Investitionsförderungsmaßnahmen mit den auf das betreffende Jahr entfallenden Teilbeträgen wiedergeben. [3]Unbedeutende Investitionen und Investitionsförderungsmaßnahmen können nach Abschnitten zusammengefaßt werden. [4]Ergeben sich bei der Aufstellung des Haushaltsplans wesentliche Änderungen für die folgenden Jahre, so ist das Programm entsprechend fortzuschreiben.

(3) Bei der Aufstellung und Fortschreibung des Finanzplans sollen die vom Staatsministerium des Innern, für Sport und Integration im Einvernehmen mit dem Staatsministerium der Finanzen und für Heimat auf der Grundlage der Empfehlungen des Finanzplanungsrats bekanntgegebenen Orientierungsdaten berücksichtigt werden.

(4) Der Finanzplan soll für die einzelnen Jahre in Einnahme und Ausgabe ausgeglichen sein.

---

1) Richtig wohl: „LKrO“.

Abschnitt 7

Besondere Vorschriften für die Haushaltswirtschaft

§ 25 Einziehung der Einnahmen

Die Einnahmen sind rechtzeitig und vollständig einzuziehen, ihr Eingang ist zu überwachen.

§ 26 Bewirtschaftung und Überwachung der Ausgaben

(1) Die Ausgabemittel sind so zu verwalten, daß sie zur Deckung aller Ausgaben im Haushaltsjahr ausreichen, die unter die einzelnen Zweckbestimmungen fallen; sie dürfen erst dann in Anspruch genommen werden, wenn die Aufgabenerfüllung es erfordert.

(2) [1]Die Inanspruchnahme der Ausgabemittel einschließlich der über- und außerplanmäßigen Ausgaben ist in Haushaltsüberwachungslisten oder auf andere geeignete Weise zu überwachen. [2]Die bei den einzelnen Haushaltsstellen noch zur Verfügung stehenden Ausgabemittel müssen ständig zu erkennen sein.

(3) Die Absätze 1 und 2 gelten für die Inanspruchnahme von Verpflichtungsermächtigungen entsprechend.

§ 27 Ausgaben des Vermögenshaushalts

(1) [1]Die Ausgabemittel des Vermögenshaushalts dürfen nur in Anspruch genommen werden, soweit Deckungsmittel rechtzeitig bereitgestellt werden können. [2]Dabei darf die Finanzierung anderer, bereits begonnener Maßnahmen nicht beeinträchtigt werden.

(2) [1]Vor Beginn einer Maßnahme nach § 10 Abs. 3 und 4 soll bei Hochbauten ein Kostenanschlag nach DIN 276 vorliegen. [2]Bei anderen Baumaßnahmen soll entsprechend verfahren werden.

(3) [1]Vor Beginn einer Baumaßnahme nach § 10 Abs. 5 müssen bei Hochbauten mindestens eine Kostenberechnung nach DIN 276 und ein Bauzeitplan vorliegen. [2]Bei anderen Baumaßnahmen ist entsprechend zu verfahren.

§ 28 Haushaltswirtschaftliche Sperre

Wenn die Entwicklung der Einnahmen oder Ausgaben es erfordert, ist die Inanspruchnahme von Ausgabemitteln und Verpflichtungsermächtigungen zu sperren.

§ 29 Berichtspflicht

Dem Gemeinderat, Kreistag oder Bezirkstag ist unverzüglich zu berichten, wenn

1. eine haushaltswirtschaftliche Sperre nach § 28 verfügt worden ist oder
2. sich abzeichnet, daß der Haushaltsausgleich gefährdet ist oder
3. erkennbar wird, daß sich die Gesamtausgaben einer Maßnahme des Vermögenshaushalts nicht nur geringfügig erhöhen werden.

§ 30 Vorschüsse, Verwahrgelder

(1) Eine Ausgabe, die sich auf den Haushalt bezieht, darf als Vorschuß nur behandelt werden, wenn die Verpflichtung zur Leistung feststeht und die Deckung gewährleistet ist, die Ausgabe aber noch nicht endgültig im Haushalt gebucht werden kann.

(2) Eine Einnahme, die sich auf den Haushalt bezieht, darf als Verwahrgeld nur behandelt werden, solange sie noch nicht endgültig im Haushalt gebucht werden kann.

§ 31 Vergabe von Aufträgen

(1) Der Vergabe von Aufträgen muss eine Öffentliche Ausschreibung oder eine Beschränkte Ausschreibung mit Teilnahmewettbewerb vorausgehen, sofern nicht die Natur des Geschäfts oder besondere Umstände eine Beschränkte Ausschreibung ohne Teilnahmewettbewerb oder eine Verhandlungsvergabe rechtfertigen.

(2) Bei der Vergabe von Aufträgen und dem Abschluß von Verträgen sind die Vergabegrundsätze anzuwenden, die das Staatsministerium des Innern, für Sport und Integration im Einvernehmen mit dem Staatsministerium der Finanzen und für Heimat bekanntgibt.

§ 32 Stundung, Niederschlagung und Erlaß

(1) Für die Stundung, die Erhebung von Stundungszinsen, die Niederschlagung und den Erlaß von Ansprüchen gelten die Bestimmungen der Abgabenordnung entsprechend.

(2) [1]Die zuständige Dienststelle soll, wenn die Vollstreckung eingeleitet ist (§ 52), eine Stundung nur im Benehmen mit der Kasse erteilen. [2]Im übrigen hat sie Stundungen der Kasse unverzüglich schriftlich mitzuteilen. [3]Die Kasse darf unbeschadet des § 42 Abs. 2 Stundungen nicht gewähren.

§ 33 Kleinbeträge

[1]Es kann darauf verzichtet werden, Ansprüche von weniger als zehn Euro geltend zu machen, wenn nicht die Einziehung aus grundsätzlichen Erwägungen geboten ist. [2]Durch Dienstanweisung kann für bestimmte Fälle Abweichendes bestimmt werden. [3]Wenn nicht die Einziehung des vollen Betrags aus grundsätzlichen Erwägungen geboten ist, können Ansprüche auf volle Euro abgerundet werden. [4]Mit juristischen Personen des öffentlichen Rechts kann im Fall der Gegenseitigkeit etwas anderes vereinbart werden.

§ 34 Nachtragshaushaltsplan

(1) [1]Der Nachtragshaushaltsplan muß alle erheblichen Änderungen der Einnahmen und Ausgaben, die im Zeitpunkt seiner Aufstellung übersehbar sind, enthalten. [2]Bereits bewilligte über- und außerplanmäßige Ausgaben brauchen nicht veranschlagt zu werden.

(2) Werden im Nachtragshaushaltsplan Mehreinnahmen veranschlagt oder Ausgabekürzungen vorgenommen, die zur Deckung über- oder außerplanmäßiger Ausgaben dienen, so sind diese Ausgaben abweichend von Absatz 1 Satz 2 mit in den Nachtragshaushaltsplan aufzunehmen; sie können in einer Summe veranschlagt werden, unerhebliche Beträge können unberücksichtigt bleiben.

(3) Enthält der Nachtragshaushaltsplan neue Verpflichtungsermächtigungen, sind deren Auswirkungen auf den Finanzplan anzugeben; die Übersicht nach § 2 Abs. 2 Nr. 2 ist zu ergänzen.

§ 35 Haushaltssatzung für zwei Jahre

(1) [1]Werden in der Haushaltssatzung Festsetzungen für zwei Haushaltsjahre getroffen, sind im Haushaltsplan die Einnahmen, Ausgaben und Verpflichtungsermächtigungen für jedes der beiden Haushaltsjahre getrennt zu veranschlagen. [2]Soweit es unumgänglich ist, kann hierbei von Vorschriften über die äußere Form des Haushaltsplans abgewichen werden.

(2) Die Fortschreibung der Finanzplanung im ersten Haushaltsjahr ist dem Gemeinderat, Kreistag oder Bezirkstag vor Beginn des zweiten Haushaltsjahres vorzulegen.

(3) Anlagen nach § 2 Abs. 2 Nr. 4, die nach der Verabschiedung eines Haushaltsplans nach Absatz 1 erstellt worden sind, müssen dem folgenden Haushaltsplan beigefügt werden.

§ 36 Abweichendes Wirtschaftsjahr

(1) Für kommunale Unternehmen, für die keine Sonderrechnungen geführt werden, und für öffentliche Einrichtungen, kann die Gemeinde ein vom Haushaltsjahr abweichendes Wirtschaftsjahr bestimmen, wenn die Eigenart des Betriebs es erfordert.

(2) [1]Im Fall des Absatzes 1 ist für die Wirtschaftsführung im Wirtschaftsjahr ein Bewirtschaftungsplan aufzustellen. [2]Für diesen gelten die Vorschriften über den Inhalt und die Gliederung des Haushaltsplans sinngemäß; er ist vom Gemeinderat, Kreistag oder Bezirkstag zu beschließen. [3]Die Einnahmen und Ausgaben des Bewirtschaftungsplans sind in den Haushaltsplan des Jahres zu übernehmen, in dem das Wirtschaftsjahr endet. [4]Die bei Aufstellung des Haushaltsplans übersehbaren Änderungen der Ansätze des Bewirtschaftungsplans sind hierbei zu berücksichtigen. [5]Der Bewirtschaftungsplan ist als Anlage dem Haushaltsplan anzuschließen.

(3) [1]Für land- und forstwirtschaftliche Betriebe kann von der Aufstellung von Bewirtschaftungsplänen nach Absatz 2 abgesehen werden. [2]Die Einnahmen und Ausgaben dieser Betriebe sind im Fall des Absatzes 1 im Haushaltsplan des Jahres zu veranschlagen, in dem das Wirtschaftsjahr endet.

(4) Vor Inkrafttreten der Haushaltssatzung können die zur Aufrechterhaltung des Betriebs erforderlichen Ausgaben geleistet werden.

Abschnitt 8

Elektronische Kommunikation, automatisierte Verfahren

§ 37 Elektronische Kommunikation, automatisierte Verfahren

(1) Werden automatisierte Verfahren für die Ermittlung von Ansprüchen und Zahlungsverpflichtungen, die Buchführung, die Abwicklung des Zahlungsverkehrs und die Aufbewahrung von Büchern und Belegen eingesetzt, muss sichergestellt werden, dass

1. geeignete, fachlich geprüfte Programme und von der durch Dienstanweisung bestimmten Stelle freigegebene Verfahren eingesetzt werden,
2. die Daten vollständig und richtig erfasst, eingegeben, verarbeitet und ausgegeben werden,
3. nachvollziehbar dokumentiert ist, wer wann welche Daten eingegeben oder verändert hat,
4. in das automatisierte Verfahren nicht unbefugt eingegriffen werden kann,
5. die gespeicherten Daten nicht verloren gehen und nicht unbefugt gelesen, genutzt oder verändert werden können,
6. die gespeicherten Daten bis zum Ablauf der Aufbewahrungsfristen jederzeit in angemessener Frist lesbar und maschinell auswertbar sind; § 82 Abs. 4 ist zu beachten,
7. die Unterlagen, die für den Nachweis der richtigen und vollständigen Ermittlung der Ansprüche oder Zahlungsverpflichtungen sowie für die ordnungsgemäße Abwicklung der Buchführung und des Zahlungsverkehrs erforderlich sind, einschließlich eines Verzeichnisses über den Aufbau der Datensätze, und die Dokumentation der eingesetzten Programme und Verfahren bis zum Ablauf der Aufbewahrungsfrist verfügbar bleiben,
8. Berichtigungen der Daten protokolliert, nachvollziehbar dokumentiert und die Protokolle wie Belege aufbewahrt werden,
9. elektronische Signaturen (§ 87 Nr. 12) mindestens während der Dauer der Aufbewahrungsfristen nachprüfbar sind,
10. die Aufgabenbereiche „Administration von Informationssystemen und automatisierten Verfahren“ und die Fach- und Kassenaufgaben gegeneinander abgegrenzt und die dafür Verantwortlichen bestimmt werden; die Aufgaben sollen nicht von demselben Beschäftigten wahrgenommen werden.

(2) Das Nähere über den Einsatz automatisierter Verfahren, deren Sicherung und Kontrolle wird durch Dienstanweisung geregelt.

Abschnitt 9

Kassenanordnungen

§ 38 Kassenanordnungen

(1) Schriftliche oder bei automatisierten Verfahren auf elektronischem Wege übermittelte Anordnungen (Kassenanordnungen) sind zu erteilen, wenn

1. Einzahlungen anzunehmen oder Auszahlungen zu leisten und die damit verbundenen Buchungen vorzunehmen sind (Zahlungsanordnung: Annahmeanordnung oder Auszahlungsanordnung),
2. Buchungen vorzunehmen sind, die das Ergebnis in den Büchern ändern und die sich nicht in Verbindung mit einer Zahlung ergeben (Buchungsanordnung),
3. Gegenstände zur Verwahrung anzunehmen oder verwahrte Gegenstände auszuliefern und die damit verbundenen Buchungen vorzunehmen sind (Einlieferungs- oder Auslieferungsanordnung).

(2) [1]Die Befugnis, Kassenanordnungen zu erteilen (Anordnungsbefugnis), wird durch Dienstanweisung geregelt; Form und Umfang der Befugnis ist dabei mitzubestimmen. [2]Die Namen und Unterschriften der Beschäftigten, die Anordnungen erteilen dürfen, Form und Umfang der Anordnungsbefugnis sowie deren Wegfall sind außerdem der Kasse schriftlich oder beim Einsatz elektronischer Verfahren in geeigneter Weise elektronisch mitzuteilen. [3]Wer nach § 41 die sachliche und rechnerische Feststellung trifft, soll nicht auch die Auszahlungsanordnung erteilen.

(3) Beschäftigte der Kasse dürfen keine Kassenanordnungen erteilen, ausgenommen bei den im § 42 Abs. 2 genannten Aufgaben.

§ 39 Zahlungsanordnung

(1) [1]Die Zahlungsanordnung muß enthalten

1. die Bezeichnung der Kasse, gegebenenfalls auch der Zahlstelle, die die Einzahlung annehmen oder die Auszahlung leisten soll,
2. den anzunehmenden oder auszuzahlenden Betrag in Ziffern und soweit die Zahlungsanordnung manuell erstellt wird bei Euro-Beträgen von fünfhundert Euro und mehr auch in Buchstaben,
3. den Grund der Zahlung,
4. den Zahlungspflichtigen oder Empfangsberechtigten,
5. den Fälligkeitstag,

6. die Buchungsstelle und das Haushaltsjahr,
7. die sachliche und rechnerische Feststellung nach § 41 Abs. 1,
8. das Datum der Anordnung,
9. die Unterschrift des Anordnungsberechtigten.

[2]Bei automatisierten Verfahren kann die Unterschrift des Anordnungsberechtigten durch eine elektronische Signatur (§ 87 Nr. 12) ersetzt werden.

(2) Ist die Feststellung nach Abs. 1 Satz 1 Nr. 7 nicht mit der Zahlungsanordnung verbunden, ist in der Zahlungsanordnung zu bestätigen, dass sie vorliegt.

(3) Zahlungsanordnungen sind unverzüglich zu erteilen, sobald die Verpflichtung zur Leistung, der Zahlungspflichtige oder Empfangsberechtigte, der Betrag und die Fälligkeit feststehen.

(4) [1]Auszahlungsanordnungen zu Lasten des Haushalts dürfen nur erteilt werden, wenn die haushaltsrechtlichen Voraussetzungen vorliegen. [2]Das ist in der Auszahlungsanordnung zu bestätigen.

§ 40 Allgemeine Zahlungsanordnung

(1) [1]Eine allgemeine Zahlungsanordnung kann sich auf die Angaben nach § 39 Abs. 1 Nrn. 3, 6, 8 und 9 beschränken. [2]Sie ist zulässig für

1. Einzahlungen, die dem Grunde nach häufig anfallen, auch wenn der Zahlungspflichtige oder der Betrag vorher nicht feststehen,
2. regelmäßig wiederkehrende Auszahlungen, für die der Zahlungsgrund und die Empfangsberechtigten, nicht aber der Betrag für die einzelnen Fälligkeitstermine feststehen,
3. geringfügige Auszahlungen, für die sofortige Barzahlung üblich ist,
4. Auszahlungen für Gebühren, Zinsen und ähnliche Kosten, die regelmäßig wiederkehrend bei der Erledigung der Aufgaben der Kasse anfallen.

(2) Durch Dienstanweisung kann für Einzahlungen und Auszahlungen, die nach Rechtsvorschriften oder allgemeinen Tarifen erhoben werden, eine allgemeine Zahlungsanordnung zugelassen werden, wenn gewährleistet ist, daß die Kasse rechtzeitig vor den Fälligkeitstagen die Unterlagen über die anzunehmenden oder auszuzahlenden Beträge erhält.

§ 41 Sachliche und rechnerische Feststellung von Kassenanordnungen

(1) [1]Jeder Anspruch und jede Zahlungsverpflichtung sind auf ihren Grund und ihre Höhe zu prüfen. [2]Die Richtigkeit ist schriftlich oder durch eine elektronische Signatur zu bescheinigen (sachliche und rechnerische Feststellung). [3]Die Feststellung nach Satz 2 kann bei der maschinellen Ermittlung von Ansprüchen und Zahlungsverpflichtungen mit Hilfe automatisierter Verfahren in begründeten Ausnahmefällen in Abstimmung mit dem örtlichen Prüfungsorgan durch geeignete organisatorische und technische Maßnahmen ersetzt werden; die Rechtsaufsichtsbehörde ist zu informieren. [4]In den Fällen des § 50 Abs. 2 Nrn. 1 und 2 und Abs. 3 entfällt eine sachliche und rechnerische Feststellung.

(2) [1]Bedarf es einer Annahmeanordnung oder Auszahlungsanordnung im Sinn des § 39, ist die sachliche und rechnerische Feststellung vor Erteilung der Anordnung zu treffen. [2]Sonst ist die Feststellung nach Eingang oder Leistung der Zahlung unverzüglich nachzuholen.

(3) [1]Die Befugnis für die sachliche und rechnerische Feststellung und deren Form wird durch Dienstanweisung geregelt. [2]§ 38 Abs. 2 Satz 2 und § 42 Abs. 4 gelten entsprechend. [3]Beschäftigten der Kasse darf die Befugnis, abgesehen von den Fällen des § 50 Abs. 2 und 3, nur erteilt werden, wenn und soweit der Sachverhalt nur von ihnen beurteilt werden kann; § 38 Abs. 2 Satz 2 und § 42 Abs. 4 gelten entsprechend.

Abschnitt 10

Aufgaben und Organisation der Kasse

§ 42 Aufgaben der Kasse

(1) Zu den Kassengeschäften gehören

1. die Annahme der Einzahlungen und die Leistung der Auszahlungen,
2. die Verwaltung der Kassenmittel,
3. die Verwahrung von Wertgegenständen,
4. die Buchführung einschließlich der Sammlung der Belege, soweit nicht eine andere Stelle damit beauftragt ist.

(2) Der Kasse obliegen außerdem die Mahnung, die Vollstreckung und die Festsetzung, Stundung, Niederschlagung und der Erlaß von Mahngebühren, Vollstreckungskosten und Nebenforderungen (Zinsen und Säumniszuschläge), soweit in anderen Vorschriften nichts anderes bestimmt oder nicht eine andere Stelle damit beauftragt ist.

(3) Der Kasse können weitere Aufgaben übertragen werden, soweit Vorschriften dieser Verordnung nicht entgegenstehen und die Erledigung der Aufgaben nach den Absätzen 1 und 2 nicht beeinträchtigt wird.

(4) Mit der Festsetzung, Stundung, Niederschlagung und dem Erlaß von Mahngebühren, Vollstreckungskosten und Nebenforderungen sollen nur Beschäftigte der Kasse beauftragt werden, die nicht selbst Einzahlungen annehmen oder Auszahlungen leisten.

§ 43 Einrichtung und Geschäftsgang der Kasse

(1) Die Kasse ist so einzurichten, daß

1. sie ihre Aufgaben ordnungsmäßig und wirtschaftlich erledigen kann,
2. für die Sicherheit der Beschäftigten gegen Überfälle angemessen gesorgt ist,
3. Datenverarbeitungseinrichtungen oder -systeme, Automaten für den Zahlungsverkehr und andere technische Hilfsmittel nicht unbefugt benutzt werden können und
4. die Zahlungsmittel, die zu verwahrenden Wertgegenstände, die Bücher und Belege sicher aufbewahrt werden können.

(2) Zahlungsverkehr und Buchführung sollen nicht von denselben Beschäftigten wahrgenommen werden.

(3) [1]Überweisungsaufträge, Abbuchungsaufträge, Einzugsermächtigungen und Schecks sind von zwei Beschäftigten zu unterzeichnen. [2]Beim Einsatz automatisierter Verfahren können die Unterschriften durch elektronische Signaturen (§ 87 Nr. 12) ersetzt werden.

(4) [1]Sendungen, die an die Kasse gerichtet sind, sind ihr ungeöffnet zuzuleiten. [2]Zahlungsmittel und Wertsendungen, die bei einer anderen Dienststelle eingehen, sind unverzüglich an die Kasse weiterzuleiten.

§ 44 Zahlstellen

[1]Zur Erledigung von Kassengeschäften können Zahlstellen als Teile der Kasse eingerichtet werden; ihnen können auch Aufgaben nach § 42 Abs. 2 und 3 übertragen werden. [2]§ 42 Abs. 4 gilt entsprechend. [3]Die Aufgaben der einzelnen Zahlstellen werden durch Dienstanweisung geregelt.

§ 45 Handvorschüsse, Einnahmekassen und Zahlungen mit Hilfe von Automaten

(1) [1]Zur Leistung geringfügiger Zahlungen oder als Wechselgeld können einzelnen Dienststellen oder einzelnen Beschäftigten Handvorschüsse in bar, mittels Geldkarte oder bargeldlos über ein Girokonto der Kommune gewährt werden. [2]Wenn kein kürzerer Zeitraum bestimmt wird, ist über die Handvorschüsse monatlich, spätestens zum Jahresabschluss abzurechnen. [3]Die erforderlichen Maßnahmen für die ordnungsmäßige Verwaltung der Handvorschüsse werden durch Dienstanweisung geregelt.

(2) [1]Für die Annahme von Zahlungen können Einnahmekassen (Geldannahmestellen) errichtet werden. [2]Für Einnahmekassen gelten die Regelungen für Handvorschüsse sinngemäß.

(3) [1]Wenn Zahlungen mit Hilfe von Automaten angenommen werden, ist wöchentlich abzurechnen. [2]Im Übrigen gelten Abs. 1 und 2 entsprechend.

§ 46 Weitere Kassengeschäfte

(1) Die Kasse soll die Aufgaben der Sonderkassen und der gesonderten Kassen miterledigen.

(2) [1]Die Kasse darf Aufgaben nach § 42 Abs. 1 und 2 für andere (fremde Kassengeschäfte) nur erledigen, wenn dies durch Gesetz oder auf Grund eines Gesetzes bestimmt oder durch Dienstanweisung angeordnet ist. [2]Eine solche Anordnung ist nur zulässig, wenn sie im Interesse der Gebietskörperschaft liegt und gewährleistet ist, daß die fremden Kassengeschäfte bei der Prüfung der Kasse mitgeprüft werden können.

(3) Die Vorschriften dieser Verordnung gelten für die Erledigung fremder Kassengeschäfte entsprechend, soweit nicht durch Gesetz oder auf Grund eines Gesetzes etwas anderes bestimmt ist.

Abschnitt 11

Zahlungsverkehr

§ 47 Allgemeines

(1) Der Zahlungsverkehr ist nach Möglichkeit unbar abzuwickeln.

(2) [1]Zahlungsmittel dürfen nur in den Räumen der Kasse und nur von den damit beauftragten Beschäftigten angenommen oder ausgehändigt werden. [2]Außerhalb dieser Räume dürfen Zahlungsmittel nur von dazu besonders ermächtigten Personen oder mit Hilfe von Automaten angenommen oder ausgehändigt werden. [3]Sie können mit einem Wechselgeldvorschuß ausgestattet werden.

(3) Die Kasse darf einem Beschäftigten der Gebietskörperschaft keine Zahlungsmittel zur Weitergabe an andere aushändigen, es sei denn, daß die Weitergabe der Zahlungsmittel zum Dienstauftrag des Bediensteten gehört oder er die Zahlungsmittel als gesetzlicher Vertreter oder als Bevollmächtigter in Empfang nehmen kann.

§ 48 Geldkarten, Debitkarten, Kreditkarten und Schecks

(1) Neben den gesetzlichen Zahlungsmitteln dürfen Einzahlungen mittels Geldkarten, Debitkarten, Kreditkarten oder Schecks entgegengenommen werden.

(2) [1]Die Entgegennahme von Schecks ist in geeigneter Weise zu überwachen. [2]Von der Führung eines Schecküberwachungsbuchs kann abgesehen werden, wenn die für die Nachverfolgung wesentlichen Angaben auf andere Weise festgehalten sind, die Verbindung mit der Buchführung hergestellt werden kann und die Abwicklung überwacht wird.

(3) Auszahlungen sollen nicht mittels Debit- oder Kreditkarten geleistet werden.

(4) Welche Einzahlungen und Auszahlungen mittels Geld-, Debit- oder Kreditkarten angenommen oder geleistet werden dürfen, wird durch Dienstanweisung geregelt.

§ 49 Erfordernis der Kassenanordnung

(1) Die Kasse darf, wenn in dieser Verordnung nichts anderes bestimmt ist, nur auf Grund einer schriftlichen oder bei automatisierten Verfahren auf elektronischem Weg übermittelten Anordnung (Kassenanordnung) die in § 38 Abs. 1 genannten Kassengeschäfte erledigen.

(2) Sie darf Kassenanordnungen, die in der Form nicht den Vorschriften entsprechen oder die sonst zu Bedenken Anlaß geben, erst ausführen, wenn die anordnende Stelle die Anordnung berichtigt hat oder sie aufrechterhält.

§ 50 Ausnahmen vom Erfordernis der Kassenanordnung

(1) [1]Ist für die Kasse zu erkennen, daß sie empfangsberechtigt ist, hat sie Einzahlungen auch ohne Annahmeanordnung anzunehmen und zu buchen. [2]Die Annahmeanordnung ist unverzüglich einzuholen.

(2) [1]Ohne Annahmeanordnung dürfen angenommen und gebucht werden

1. Kassenmittel, die die Kasse von einer anderen Stelle für Auszahlungen für Rechnung dieser Stelle erhält,
2. Einzahlungen, die irrtümlich bei der Kasse eingezahlt und nach Absatz 3 Nr. 2 zurückgezahlt oder weitergeleitet werden,
3. Einzahlungen, die die Kasse nach § 42 Abs. 2 selbst festsetzt.

[2]In den Fällen des § 41 Abs. 1 Satz 3 kann die Annahmeanordnung entfallen.

(3) Ohne Auszahlungsanordnung dürfen ausgezahlt und gebucht werden

1. die an eine andere Stelle abzuführenden Mittel, die für deren Rechnung angenommen wurden,
2. irrtümlich eingezahlte Beträge, die an den Einzahler zurückgezahlt oder an den Empfangsberechtigten weitergeleitet werden.

§ 51 Einzahlungsquittung

(1) [1]Die Kasse hat über jede Einzahlung, die durch Übergabe von Zahlungsmitteln entrichtet wird, dem Einzahler eine Quittung zu erteilen. [2]Davon ausgenommen sind Einzahlungen, die den Gegenwert für verkaufte Wertzeichen, Geldwerte, Drucksachen oder andere durch Dienstanweisung bestimmte geringwertige Waren oder Dienstleistungen darstellen. [3]Über sonstige Einzahlungen hat die Kasse nur auf Verlangen Quittungen zu erteilen; dabei ist der Zahlungsweg anzugeben.

(2) [1]Wird die Einzahlung durch Übergabe eines Schecks bewirkt, ist das in der Quittung anzugeben. [2]In diesem Fall hat die Quittung den Vermerk „Eingang vorbehalten“ zu enthalten.

(3) [1]Die Form der Quittung und die Befugnis zu ihrer Erteilung wird durch Dienstanweisung geregelt. [2]Die Regelung muß den Anforderungen an einen sicheren Zahlungsverkehr genügen.

§ 52 Verfahren bei zwangsweiser Einziehung

[1]Gehen Einnahmen nicht rechtzeitig ein und sind sie erfolglos angemahnt, so hat die Kasse unverzüglich die Vollstreckung einzuleiten oder zu veranlassen. [2]Sie kann hiervon zunächst absehen, wenn zu erkennen ist, daß

1. die Vollziehung des der Annahmeanordnung zugrunde liegenden Bescheids ausgesetzt wird,
2. eine Stundung, Niederschlagung oder ein Erlaß in Betracht kommt.

[3]In diesen Fällen hat sie unverzüglich die Entscheidung der zuständigen Dienststelle herbeizuführen.

§ 53 Auszahlungen

(1) [1]Die Kasse hat die Auszahlungen zu den Fälligkeitstagen zu leisten. [2]Sie soll Forderungen des Empfangsberechtigten gegen eigene Forderungen aufrechnen.

(2) Auszahlungen für Rechnung einer anderen Stelle sollen nur insoweit geleistet werden, als Kassenmittel aus Einzahlungen für diese Stelle oder aus deren Beständen zur Verfügung stehen.

§ 54 Dauerauftrags- und Lastschrifteinzugsverfahren

[1]Die Kasse kann angewiesen werden, ein Kreditinstitut zu beauftragen oder einen Empfangsberechtigten zu ermächtigen, Forderungen bestimmter Art vom Konto der Kasse abzubuchen (Dauerauftragsverfahren) oder abbuchen zu lassen (Lastschrifteinzugsverfahren). [2]Eine solche Anweisung darf der Kasse nur erteilt werden, wenn

1. zu erwarten ist, daß der Empfangsberechtigte ordnungsmäßig mit der Kasse abrechnet,
2. die Forderungen des Empfangsberechtigten zeitlich und der Höhe nach abzuschätzen sind und
3. gewährleistet ist, daß das Kreditinstitut den im Lastschrifteinzugsverfahren abgebuchten Betrag auf dem Konto der Kasse wieder gutschreibt, wenn die Kasse in angemessener Frist der Abbuchung widerspricht.

[3]Von der Voraussetzung nach Satz 2 Nr. 3 kann abgesehen werden, wenn der Empfangsberechtigte eine juristische Person des öffentlichen Rechts ist.

§ 55 Auszahlungsnachweise

(1) [1]Die Kasse darf nur gegen Quittung bar auszahlen. [2]Der Kassenverwalter kann einen anderen Nachweis zulassen, wenn dem Empfänger die Ausstellung einer Quittung nicht möglich ist oder nicht zugemutet werden kann. [3]In diesen Fällen ist die Auszahlung durch einen bei der Auszahlung anwesenden Zeugen zu bescheinigen.

(2) [1]Bei unbaren Auszahlungen ist auf der Auszahlungsanordnung oder auf einem besonderen Beleg zu bescheinigen oder innerhalb des automatisierten Verfahrens zu dokumentieren, an welchem Tag und auf welchem Weg die Zahlung geleistet worden ist. [2]Falls eine Auszahlungsanordnung nicht vorgeschrieben oder nach § 40 allgemein erteilt ist, kann die Bescheinigung auch auf der sachlichen und rechnerischen Feststellung nach § 41 Abs. 1 erfolgen. [3]Statt der Bescheinigung der Kasse kann auch eine Bescheinigung des Kreditinstituts über die Zahlung mit dem Beleg verbunden werden.

§ 56 Besorgung des Zahlungsverkehrs durch Stellen außerhalb der eigenen Verwaltung

(1) Wird der Zahlungsverkehr ganz oder zum Teil durch eine Stelle außerhalb der eigenen Verwaltung besorgt, muß insbesondere gewährleistet sein, daß

1. Zahlungsanordnungen vor Übersendung an die erledigende Stelle registriert werden, wenn nicht die Beträge vorher zum Soll gestellt wurden,
2. die Zahlungsanordnungen an die beauftragte Stelle nicht unbefugt geändert werden können,
3. die beauftragte Stelle
   a) mindestens monatlich mit der Kasse abrechnet, wenn nicht eine unmittelbare Abrechnung mit einer anderen Stelle angeordnet ist,
   b) die Auszahlungsnachweise für die einzelnen Auszahlungen der Kasse als Belege überläßt oder ihr schriftlich bestätigt, daß die Zahlungen auftragsgemäß geleistet worden sind; im letzteren Fall müssen die Auszahlungsnachweise von der beauftragten Stelle nach § 71 Abs. 2 und § 82 geordnet und aufbewahrt und für Prüfungen bereitgestellt werden,

c) Angelegenheiten, die ihr durch die Erledigung der Kassengeschäfte zur Kenntnis gelangen, nicht unbefugt verwertet oder weitergibt,

d) im Fall eines Verschuldens für Schäden eintritt,

4. den für die Kasse zuständigen Prüfungsorganen Gelegenheit gegeben wird, sich von der ordnungsmäßigen Abwicklung des Zahlungsverkehrs an Ort und Stelle zu vergewissern.

(2) [1]Die beauftragte Stelle muß ihre Nachweise über die Ein- und Auszahlungen wie Vorbücher zum Zeitbuch führen. [2]Die Kasse hat die von der beauftragten Stelle angenommenen Einzahlungen oder geleisteten Auszahlungen zusammengefaßt in ihre Zeitbücher zu übernehmen und am Tag zu buchen, an dem die beauftragte Stelle mit der Kasse abrechnet.

Abschnitt 12

Verwaltung der Kassenmittel, der Wertgegenstände und anderer Gegenstände

§ 57 Verwaltung der Kassenmittel

(1) [1]Die Kasse hat darauf zu achten, daß die für die Auszahlungen erforderlichen Kassenmittel rechtzeitig verfügbar sind. [2]Der Bestand an Bargeld und die Guthaben auf den für den Zahlungsverkehr bei Kreditinstituten errichteten Konten sind auf den für Zahlungen notwendigen Umfang zu beschränken. [3]Vorübergehend nicht benötigte Kassenmittel sind so anzulegen, daß sie bei Bedarf verfügbar sind. [4]Die Bewirtschaftung des Kassenbestands wird durch Dienstanweisung geregelt.

(2) Die anordnenden Stellen haben die Kasse unverzüglich zu unterrichten, wenn mit größeren Ein- oder Auszahlungen zu rechnen ist.

(3) [1]Der Kassenbestand wird erforderlichenfalls aus Mitteln der allgemeinen Rücklage oder durch Kassenkredite verstärkt. [2]Sobald eine Verstärkung des Kassenbestands erforderlich wird, hat der Kassenverwalter dem hierfür zuständigen Vorgesetzten so rechtzeitig Mitteilung zu machen, daß er für eine fristgemäße Bereitstellung der Mittel sorgen kann. [3]Der Kassenverwalter hat darauf hinzuwirken, daß die Verstärkung des Kassenbestands bald abgewickelt werden kann.

§ 58 Aufbewahrung und Beförderung von Zahlungsmitteln

(1) [1]Zahlungsmittel und Vordrucke für Schecks und Überweisungsaufträge sind sicher aufzubewahren. [2]Durch Dienstanweisung wird bestimmt, welche Sicherheitsvorkehrungen für die Aufbewahrung sowie für die Beförderung von Zahlungsmitteln zu treffen sind.

(2) Die Kasse darf Zahlungsmittel, die nicht zum Kassenbestand gehören und Gegenstände, die ihr nicht zur Verwahrung zugewiesen sind, nicht im Kassenbehälter aufbewahren.

§ 59 Verwahrung von Wertgegenständen

(1) [1]Urkunden, die Vermögensrechte verbriefen oder nachweisen, sind von der Kasse zu verwahren. [2]Das gleiche gilt für Kostenmarken, andere Wertzeichen mit Ausnahme von Postwertzeichen und für geldwerte Drucksachen, die nach § 51 Abs. 1 Satz 1 ohne Quittung abgegeben werden. [3]Wertpapiere sollen einem Kreditinstitut gegen Depotschein zur Verwahrung und Verwaltung übergeben werden.

(2) [1]Über die Annahme und Auslieferung der zu verwahrenden Wertgegenstände ist Buch zu führen. [2]Die Annahme und Auslieferung sind zu quittieren. [3]§ 47 Abs. 2 und 3, § 58 Abs. 1, §§ 61 und 62 gelten entsprechend.

(3) Verwahrt die Kasse Wertpapiere, hat sie die Auslosung und Kündigung sowie die Zinstermine zu überwachen und die sonstigen Aufgaben des Verwahrers nach dem Depotgesetz wahrzunehmen.

(4) Durch Dienstanweisung kann eine andere Dienststelle mit der Verwahrung und Buchführung beauftragt werden.

§ 60 Verwahrung von anderen Gegenständen

[1]Andere Gegenstände, die der Gebietskörperschaft gehören oder von ihr zu verwahren sind, können in geeigneten Fällen der Kasse zur Verwahrung zugewiesen werden. [2]§ 42 Abs. 3 und § 59 Abs. 2 gelten entsprechend.

Abschnitt 13
Buchführung

Erster Unterabschnitt
Allgemeines

§ 61 Grundsätze für die Buchführung

(1) Die Buchführung muß ordnungsmäßig, sicher und wirtschaftlich sein.

(2) Die Aufzeichnungen in den Büchern müssen vollständig, richtig, klar, übersichtlich und nachprüfbar sein; sie sind zeitnah vorzunehmen.

§ 62 Form und Sicherung der Bücher

(1) [1]Die Bücher können mit Hilfe automatisierter Verfahren oder in visuell lesbarer Form (gebunden, geheftet, in Loseblatt- oder Karteiform) geführt werden. [2]Durch Dienstanweisung wird die Form der Buchführung und die Sicherung des Buchungsverfahrens geregelt. [3]Die Bücher sind durch geeignete Maßnahmen gegen Verlust, Wegnahme und Veränderungen zu schützen.

(2) [1]Bei visuell lesbarer Buchführung sind die Eintragungen urkundenecht vorzunehmen. [2]Sie dürfen nur zur Berichtigung von Schreib- und Rechenfehlern und sonstigen offensichtlichen Unrichtigkeiten geändert werden. [3]Änderungen müssen so vorgenommen werden, dass die ursprüngliche Eintragung lesbar bleibt.

§ 63 Besorgung der Buchführung durch Stellen außerhalb der eigenen Verwaltung

[1]Wird die Buchung der Einzahlungen und Auszahlungen ganz oder zum Teil von Stellen außerhalb der eigenen Verwaltung besorgt, muß insbesondere gewährleistet sein, daß

1. die Belege vor der Übersendung an die beauftragte Stelle registriert werden,
2. die für die Kasse zuständigen Prüfungsorgane sich von der ordnungsmäßigen Erledigung der Buchungen vergewissern können,
3. der Kasse rechtzeitig die Tagesabschlüsse (§ 72), Zwischenabschlüsse (§ 73) und der Jahresabschluß (§ 74) übermittelt werden.

[2]Im übrigen gelten § 56 Abs. 1 Nrn. 2 und 3 Buchst. c bis e entsprechend.

Zweiter Unterabschnitt
Bücher für Einzahlungen und Auszahlungen

§ 64 Zeitliche und sachliche Buchung

Die Einzahlungen und Auszahlungen sind in zeitlicher Reihenfolge im Zeitbuch und in sachlicher Ordnung im Sachbuch zu buchen.

§ 65 Zeitbuch

(1) [1]Im Zeitbuch sind die Einzahlungen und Auszahlungen getrennt voneinander einzeln oder nach den Absätzen 2 und 3 in Summen zusammengefaßt zu buchen. [2]Die Buchung umfaßt mindestens

1. die laufende Nummer,
2. den Buchungstag,
3. einen Hinweis, der die Verbindung mit der sachlichen Buchung herstellt,
4. den Betrag.

[3]Gebuchte Beträge dürfen nach dem Tagesabschluß nicht mehr geändert werden.

(2) [1]Zum Zeitbuch können Vorbücher geführt werden, aus denen die Ergebnisse mindestens monatlich in das Zeitbuch übernommen werden. [2]Für die Vorbücher gelten Absatz 1 Sätze 2 bis 4 entsprechend.

(3) [1]Im Zeitbuch können mehrere Beträge auf Grund von Zusammenstellungen von Belegen zusammengefaßt gebucht werden. [2]Die Zusammenstellungen sind als Belege zur Zeitbuchung aufzubewahren.

§ 66 Buchungstag

(1) Einzahlungen sind zeitlich zu buchen bei

1. unbaren Zahlungen am Tag, an dem die Kasse von der Gutschrift Kenntnis erhält oder ein übersandter Scheck bei ihr eingeht,
2. Barzahlungen am Tag des Eingangs der Zahlungsmittel,

3. Aufrechnungen am Tag, an dem die Aufrechnungserklärung der Kasse bekannt wird,
4. den von Gelderhebern erhobenen Einzahlungen am Tag, an dem der Gelderheber mit der Kasse abrechnet.

(2) Auszahlungen sind zeitlich zu buchen bei
1. unbaren Zahlungen am Tag der Hingabe des Auftrags an das Kreditinstitut oder der Übersendung eines Schecks oder bei Abbuchungen im Lastschrifteinzugsverfahren am Tag, an dem die Kasse von der Abbuchung Kenntnis erhält,
2. Barzahlungen am Tag der Übergabe oder Übersendung von Bargeld oder der Übergabe von Schecks,
3. Aufrechnungen am Tag, an dem die Einzahlungsbuchung vorgenommen wird.

(3) [1]Wird im automatisierten Verfahren gebucht, können die Buchungen auch nach den in den Absätzen 1 und 2 genannten Tagen vorgenommen werden. [2]Sie sind unverzüglich und stets unter dem Datum vorzunehmen, das sich aus den Absätzen 1 und 2 ergibt.

§ 67 Sachbuch

(1) [1]Das Sachbuch ist so einzurichten, daß aus ihm der kassenmäßige Abschluß und die Haushaltsrechnung entwickelt werden können. [2]Es ist zu gliedern in
1. das Sachbuch für den Verwaltungshaushalt und das Sachbuch für den Vermögenshaushalt,
2. das Sachbuch für Vorschüsse (Vorschußbuch) und das Sachbuch für Verwahrgelder und andere haushaltsfremde Vorgänge (Verwahrbuch); das Vorschußbuch und das Verwahrbuch können zusammengefaßt werden.

(2) [1]Im Sachbuch für den Verwaltungshaushalt und den Vermögenshaushalt sind die Einzahlungen und die Auszahlungen nach der Ordnung des Haushaltsplans zu buchen. [2]Die Ordnung für die Buchung in den anderen Sachbuchteilen wird durch Dienstanweisung bestimmt, soweit das Staatsministerium des Innern, für Sport und Integration keine verbindlichen Muster bekanntgegeben hat.

(3) Die sachliche Buchung umfaßt mindestens
1. den Betrag,
2. die Einzahlung oder Auszahlung,
3. den Buchungstag der Einzahlung oder Auszahlung,
4. einen Hinweis, der die Verbindung mit der zeitlichen Buchung herstellt,
5. die Belegnummer.

(4) [1]Zum Sachbuch können Vorbücher geführt werden, deren Ergebnisse mindestens vierteljährlich in das Sachbuch zu übernehmen sind. [2]Für den Inhalt der Vorbücher gilt Absatz 3 entsprechend.

§ 68 Buchungen im Sachbuch

[1]Die Einzahlungen und Auszahlungen sind auf Grund der Kassenanordnung oder der sachlichen und rechnerischen Feststellung nach § 41 Abs. 1 zum Soll zu stellen. [2]Bei Auszahlungen kann die Sollstellung bis zur Zeitbuchung aufgeschoben werden. [3]Die Ist-Buchung im Sachbuch soll mit der Zeitbuchung vorgenommen werden.

§ 69 Weitere Bücher

(1) [1]Zum Nachweis des Bestands und der Veränderungen auf den für den Zahlungsverkehr bei Kreditinstituten errichteten Konten der Kasse ist für jedes Konto ein Kontogegenbuch zu führen. [2]Hiervon kann abgesehen werden, wenn durch das Zeitbuch oder auf andere Weise der Bestand und die Veränderungen der Konten überwacht werden können.

(2) Zum Nachweis der Tagesabschlüsse ist ein Tagesabschlußbuch zu führen.

(3) Die in den Absätzen 1 und 2 genannten Bücher können für mehrere Jahre geführt werden.

(4) Durch Dienstanweisung wird bestimmt, welche weiteren Bücher geführt werden.

§ 70 Absetzungen von Einzahlungen und Auszahlungen

(1) [1]Die Rückzahlung zuviel eingegangener Beträge ist von den Einzahlungen abzusetzen, wenn die Rückzahlung im selben Jahr vorgenommen wird, in dem der Betrag eingegangen ist oder wenn noch ein entsprechender Haushaltseinnahmerest besteht. [2]In den anderen Fällen sind Rückzahlungen als Auszahlungen zu behandeln.

(2) [1]Die Rückzahlung zuviel ausgezahlter Beträge ist von den Auszahlungen abzusetzen, wenn die Rückzahlung im selben Jahr vorgenommen wird, in dem der Betrag ausgezahlt worden ist oder wenn

noch ein entsprechender Haushaltsausgaberest besteht. [2]In den anderen Fällen sind die Rückzahlungen als Einzahlungen zu behandeln.

(3) Für Abgaben, abgabeähnliche Entgelte und allgemeine Zuweisungen ist § 14 Abs. 2 auch bei der Buchung anzuwenden.

(4) Zweckgebundene Einnahmen, die nicht im Haushaltsjahr verwendet werden, können in den Büchern für das Haushaltsjahr abgesetzt und in das folgende Jahr übertragen werden.

§ 71 Belege

(1) [1]Die Buchungen müssen durch Kassenanordnungen und Auszahlungsnachweise, ferner durch Unterlagen, aus denen sich der Zahlungsgrund ergibt (begründende Unterlagen), belegt sein. [2]In den Fällen der §§ 40, 50 Abs. 2 Nr. 3 und § 54 tritt an die Stelle der Zahlungsanordnung nach § 39 die Bestätigung, dass die sachliche und rechnerische Feststellung vorliegt (§ 41 Abs. 2 Satz 2).

(2) [1]Soweit Bücher mit Hilfe automatisierter Verfahren im Sinn von § 62 Abs. 1 geführt werden, können begründende Unterlagen entweder dauerhaft auf Bildträger übernommen werden oder in einer Weise gespeichert werden, dass die Unveränderbarkeit gewährleistet ist. [2]Die nicht mehr benötigten Unterlagen sollen nicht vor Abschluss der örtlichen Prüfung der Jahresrechnung vernichtet werden. [3]Der Zeitpunkt für die Vernichtung ist in Abstimmung mit dem örtlichen Rechnungsprüfungsorgan festzulegen.

(3) Die Kassenanordnungen und die Auszahlungsnachweise sind nach der sachlichen Buchung (§ 67) zu ordnen, soweit nicht auf andere Weise sichergestellt ist, dass zeitnah darauf zugegriffen werden kann.

(4) Bei der Übernahme oder Speicherung nach Abs. 2 Satz 1 muss sichergestellt werden, dass die Belege nach der zeitlichen und sachlichen Buchung ausgewertet werden können und die Wiedergabe und die Daten mit den empfangenen Unterlagen und Buchungsbelegen bildlich und mit den anderen Unterlagen inhaltlich übereinstimmen, wenn sie lesbar gemacht werden.

Dritter Unterabschnitt

Tagesabschluß, Zwischenabschlüsse und Jahresabschluß

§ 72 Tagesabschluss

(1) [1]Die Kasse hat

1. an jedem Tag, an dem Zahlungen bewirkt worden sind, die sich auf den Kassenbestand auswirken, am Schluss des Buchungstages (§ 66) oder vor Buchungsbeginn des folgenden Buchungstages den Kassenistbestand,
2. für jeden Buchungstag (§ 66) unmittelbar nach Abschluss der Zeitbuchung oder vor Buchungsbeginn des folgenden Buchungstages den Kassensollbestand zu ermitteln und jeweils sofort in das Tagesabschlussbuch zu übernehmen.

[2]Die Eintragungen sind von den an den Ermittlungen beteiligten Beschäftigten und vom Kassenverwalter oder einem von ihm Beauftragten zu unterschreiben; bei automatisierten Verfahren können die Unterschriften durch elektronische Signaturen (§ 87 Nr. 12) ersetzt werden. [3]Erfolgen die Kontogegenbuchführung und die zeitliche Buchung in einem automatisierten Verfahren, können anstelle des Tagesabschlusses nach Satz 1 der Barkassenbestand und der Bestand aus den Kontogegenbüchern ermittelt und dem Bestand an Zahlungsmitteln sowie dem Bestand auf den für den Zahlungsverkehr bei Kreditinstituten errichteten Konten gegenübergestellt werden. [4]Die Unveränderbarkeit der elektronisch signierten Tagesabschlüsse muss gewährleistet sein.

(2) Bei Kassen mit geringem Zahlungsverkehr kann durch Dienstanweisung zugelassen werden, dass wöchentlich nur ein Abschluss vorgenommen wird.

(3) [1]Unstimmigkeiten, die sich bei der Gegenüberstellung des Kassenistbestands und des Kassensollbestands ergeben, sind unverzüglich aufzuklären. [2]Der Kassenverwalter hat seinem Vorgesetzten in erheblichen Fällen von einem Kassenfehlbetrag unverzüglich Kenntnis zu geben. [3]Kassenfehlbeträge und -überschüsse sind auf besonderen Konten zu buchen. [4]Sind sie am Ende des Haushaltsjahres nicht aufgeklärt, sind die Überschüsse zu vereinnahmen und Fehlbeträge auszugleichen.

§ 73 ***[aufgehoben]***

§ 74 Jahresabschluß

(1) [1]Das Zeitbuch und das Sachbuch sind zum Ende des Haushaltsjahres abzuschließen. [2]Nach dem Abschlußtag dürfen nur noch Abschlußbuchungen vorgenommen werden.

(2) [1]Der buchmäßige Kassenbestand, die Kassenreste und die Haushaltsreste sowie ein Fehlbetrag sind nach der für die Zeit- und Sachbuchung vorgeschriebenen Ordnung in die Bücher des folgenden Haushaltsjahres zu übernehmen. [2]Unerledigte Vorschüsse und Verwahrgelder sind einzeln unter gegenseitiger Verweisung in die Bücher des neuen Haushaltsjahres zu übertragen.

Abschnitt 14

Nachweise über das Vermögen

§ 75 Bestandsverzeichnisse

(1) [1]Die Gemeinden, Landkreise und Bezirke haben über die Grundstücke, grundstücksgleichen Rechte, bewegliche Sachen und immateriellen Vermögensgegenstände, die ihr Eigentum sind oder ihnen zustehen, Bestandsverzeichnisse zu führen. [2]Aus den Verzeichnissen müssen Art und Menge sowie Lage oder Standort der Gegenstände ersichtlich sein.

(2) Verzeichnisse brauchen nicht geführt zu werden, soweit

1. sich der Bestand aus Anlagenachweisen ergibt,
2. es sich um bewegliche Sachen oder immaterielle Vermögensgegenstände handelt, deren Anschaffungs- oder Herstellungskosten im Einzelfall oder für die Sachgesamtheit wertmäßig die Abschreibungsgrenze für geringwertige Wirtschaftsgüter nicht überschreiten,
3. über den Bestand von Vorräten eine ausreichende Kontrolle gewährleistet ist oder die Vorräte zum alsbaldigen Verbrauch bestimmt sind.

§ 76 Nachweis von Anlagevermögen und Geldanlagen

(1) [1]Über Forderungen aus Geldanlagen und Darlehen sowie über Beteiligungen und Wertpapiere sind Nachweise zu führen. [2]Forderungen aus Geldanlagen und Darlehen müssen mit ihrem jeweiligen Stand, Beteiligungen und Wertpapiere in der Regel mit dem für sie aufgewendeten Betrag nachgewiesen werden.

(2) [1]Über Grundstücke, grundstücksgleiche Rechte, bewegliche Sachen und immaterielle Vermögensgegenstände, die kostenrechnenden Einrichtungen dienen, sind gesondert für jede Einrichtung Anlagenachweise zu führen. [2]In die Anlagenachweise sind die Anschaffungs- oder Herstellungskosten und die Abschreibungen aufzunehmen. [3]Gleichartige Gegenstände oder solche, die einem einheitlichen Zweck dienen, können zusammengefaßt nachgewiesen werden. [4]Wenn sich der Bestand von Gegenständen in seiner Größe und seinem Wert über längere Zeit nicht erheblich verändert, kann er mit Festwerten nachgewiesen werden; diese sind in angemessenen Zeitabständen zu überprüfen.

(3) Absatz 2 gilt nicht für geringwertige Wirtschaftsgüter im Sinn des Einkommensteuergesetzes.

(4) [1]Über Grundstücke, grundstücksgleiche Rechte, bewegliche Sachen und immaterielle Vermögensgegenstände, die nicht kostenrechnenden Einrichtungen dienen, sind Anlagenachweise zu führen, soweit das zur Führung einer Kosten- und Leistungsrechnung nach § 11a erforderlich ist. [2]Die Absätze 2 und 3 gelten sinngemäß.

Abschnitt 15

Jahresrechnung

§ 77 Bestandteile der Jahresrechnung

(1) Die Jahresrechnung umfaßt den kassenmäßigen Abschluß und die Haushaltsrechnung.

(2) Der Jahresrechnung sind beizufügen

1. eine Vermögensübersicht,
2. eine Übersicht über die Schulden und die Rücklagen,
3. ein Rechnungsquerschnitt und eine Gruppierungsübersicht,
4. ein Verzeichnis der beim Jahresabschluß unerledigten Vorschüsse und Verwahrgelder,
5. ein Rechenschaftsbericht.

(3) [1]Die Bestände und die Veränderungen des Vermögens sowie der Schulden und Rücklagen können in der Jahresrechnung nachgewiesen werden. [2]Absatz 2 Nrn. 1 und 2 finden in diesem Fall keine Anwendung.

§ 78 Kassenmäßiger Abschluß

Der kassenmäßige Abschluß enthält

1. die Soll-Einnahmen und die Soll-Ausgaben,
2. die Ist-Einnahmen und die Ist-Ausgaben bis zum Abschlußtag,
3. die Kasseneinnahme- und die Kassenausgabereste insgesamt und je gesondert für den Verwaltungshaushalt und den Vermögenshaushalt sowie für die Vorschüsse und Verwahrgelder. Als buchmäßiger Kassenbestand ist der Unterschied zwischen der Summe der Ist-Einnahmen und der Summe der Ist-Ausgaben auszuweisen.

§ 79 Haushaltsrechnung

(1) [1]In der Haushaltsrechnung sind die in § 78 Satz 1 Nrn. 1 bis 3 genannten Beträge für die einzelnen Haushaltsstellen nach der Ordnung des Haushaltsplans nachzuweisen. [2]Den Soll-Einnahmen und Soll-Ausgaben des Haushaltsjahres sind die entsprechenden Haushaltsansätze gegenüberzustellen. [3]Die über- und außerplanmäßig bewilligten Ausgaben sowie die nach § 17 gedeckten Mehrausgaben sind nachzuweisen.

(2) [1]In der Haushaltsrechnung ist ferner bei den einzelnen Haushaltsstellen festzustellen, welche übertragbaren Ausgabemittel noch verfügbar sind und in welcher Höhe sie als Haushaltsausgabereste in das folgende Jahr übertragen werden. [2]Haushaltseinnahmereste dürfen nur gebildet werden für Einnahmen

1. nach § 1 Abs. 1 Nr. 4, soweit der Eingang der Einnahmen im folgenden Jahr gesichert ist, oder
2. aus der Aufnahme von Krediten, soweit der Eingang der Einnahmen während der Gültigkeitsdauer der Kreditermächtigung gesichert ist.

(3) [1]Zur Feststellung des Ergebnisses der Haushaltsrechnung sind die Soll-Einnahmen des Haushaltsjahres den Soll-Ausgaben des Haushaltsjahres unter Berücksichtigung etwaiger Haushaltsreste gegenüberzustellen. [2]Ein Überschuß ist in der abzuschließenden Jahresrechnung der allgemeinen Rücklage zuzuführen.

§ 80 Rechnungsabgrenzung

(1) [1]Als Soll-Einnahmen und Soll-Ausgaben des Haushaltsjahres sind alle Beträge nachzuweisen, die bis zum Ende des Haushaltsjahres fällig geworden oder darüber hinaus gestundet worden sind. [2]Niedergeschlagene oder erlassene Beträge dürfen nicht als Soll-Einnahmen oder Soll-Ausgaben nachgewiesen werden.

(2) Beträge, die im Haushaltsjahr eingehen oder zu zahlen sind, jedoch erst im folgenden Jahr fällig werden, sowie die Personalausgaben nach § 14 Abs. 4 Satz 2 sind in der Haushaltsrechnung für das neue Haushaltsjahr nachzuweisen.

§ 81 Anlagen zur Jahresrechnung

(1) Aus der Vermögensübersicht muß der Stand des Vermögens nach § 76 Abs. 1 und 2 zu Beginn und am Ende des Haushaltsjahres gegliedert nach Arten, für das Vermögen nach § 76 Abs. 2 auch nach Aufgabenbereichen, ersichtlich sein.

(2) Aus der Übersicht über die Schulden und Rücklagen muß der Stand zu Beginn und zum Ende des Haushaltsjahres ersichtlich sein, bei den Schulden gegliedert nach Gläubigern.

(3) Für den Rechnungsquerschnitt und die Gruppierungsübersicht gelten § 4 Satz 1 Nrn. 2 und 3 sinngemäß.

(4) [1]Im Rechenschaftsbericht sind insbesondere die wichtigsten Ergebnisse der Jahresrechnung und erhebliche Abweichungen der Jahresergebnisse von den Haushaltsansätzen zu erläutern. [2]Der Rechenschaftsbericht soll außerdem einen Überblick über die Haushaltswirtschaft im abgelaufenen Jahr geben.

§ 82 Aufbewahrung der Jahresrechnung, der Bücher und Belege, Aufbewahrungsfristen

(1) [1]Die Bücher und Belege sind sicher und geordnet aufzubewahren. [2]Begründende Unterlagen sind dann zu den Belegen zu nehmen, wenn sie nicht bei den anordnenden Stellen aufbewahrt werden.

(2) [1]Die Jahresrechnung ist dauernd aufzubewahren, auch bei automatisierten Verfahren auch in ausgedruckter Form. [2]Die Bücher sind zehn Jahre, die Belege sechs Jahre aufzubewahren. [3]Die Fristen beginnen am 1. Januar des der Aufstellung der Jahresrechnung folgenden Haushaltsjahres und enden frühestens sechs Monate nach der Beschlußfassung über die Entlastung. [4]Ergeben sich Zahlungsgrund und Zahlungspflichtige oder Empfangsberechtigte nicht aus den Büchern, sind die Belege so lange wie die Bücher aufzubewahren. [5]Gutschriften und Lastschriften der Kreditinstitute sind wie Belege aufzubewahren.

(3) Werden Bücher in visuell lesbarer Form geführt, können diese und die Belege nach Abschluss der überörtlichen Prüfung auf elektronischen Speichermedien oder auf Bildträgern aufbewahrt werden.

(4) Werden automatisierte Verfahren, in denen Bücher und Belege gespeichert sind, geändert oder abgelöst, muss die maschinelle Auswertung der gespeicherten Daten innerhalb der Aufbewahrungsfristen auch mit den geänderten oder neuen Verfahren oder durch ein anderes System gewährleistet sein.

Abschnitt 16
Sonderkassen, gesonderte Kassen

§ 83 Allgemeines

[1]Wenn die Haushaltswirtschaft der Gemeinde, des Landkreises oder des Bezirks nach den Grundsätzen der Kameralistik geführt wird, gelten für Sondervermögen und Treuhandvermögen die Vorschriften dieser Verordnung entsprechend, soweit in gesetzlichen Vorschriften oder in Vorschriften aufgrund eines Gesetzes nichts anderes bestimmt ist. [2]Das gilt insbesondere für die Vorschriften der Abschnitte 8 bis 13 und 17, die für Sonderkassen und gesonderte Kassen entsprechend anzuwenden sind. [3]Sind Sonderkassen oder gesonderte Kassen mit einer Kasse verbunden, so kann ein gemeinsames Zeitbuch für die Kasse und die Sonderkassen bzw. gesonderten Kassen geführt werden. [4]§ 82 ist anzuwenden.

§ 84 Sonderregelung bei kaufmännischer Buchführung nach spezialgesetzlichen Regelungen

[1]Bei Anwendung der kaufmännischen Buchführung oder einer entsprechenden Verwaltungsbuchführung nach spezialgesetzlichen Regelungen gelten die §§ 67, 68, 70, 73 und 74 nicht. [2]Der unbare Zahlungsverkehr und die Buchführung können einer anderen Stelle des für das Rechnungswesen zuständigen Geschäftsbereichs übertragen werden. [3]Einzahlungen können ohne Zahlungsanordnung nach § 39 angenommen werden; bei Zahlungsanordnungen nach § 39 können die Buchungsstellen und das Haushaltsjahr (Wirtschaftsjahr) im Rahmen der Buchführung bezeichnet werden.

§ 85 Sonderregelung für kommunale Unternehmen

[1]Durch Dienstanweisung kann kommunalen Unternehmen mit Sonderrechnung gestattet werden, in Fällen, in denen es verkehrsüblich ist, Wechsel zahlungshalber entgegenzunehmen und diskontieren zu lassen oder zur Erfüllung von Forderungen Dritter Wechsel auszustellen oder zu akzeptieren. [2]Ansprüche dürfen dadurch nicht gefährdet werden. [3]Wechselverbindlichkeiten sind auf den Höchstbetrag der Kassenkredite für das Unternehmen anzurechnen.

Abschnitt 17
Begriffsbestimmungen, Übergangs- und Schlußvorschriften

§ 86 Schriftform

Allgemeine Regelungen (Dienstanweisungen) nach dieser Verordnung bedürfen der Schriftform.

§ 87 Begriffsbestimmungen

Bei der Anwendung dieser Verordnung sind die nachfolgenden Begriffe zugrunde zu legen:

1. Abschlußbuchungen
   die für den kassenmäßigen Abschluß und die Haushaltsrechnung des abgelaufenen Jahres noch erforderlichen Buchungen einschließlich der Übertragungen in das folgende Jahr, ausgenommen die Buchungen von Einzahlungen und Auszahlungen von Dritten oder an Dritte einschließlich der Sondervermögen mit Sonderrechnungen
2. Anlagekapital
   das für das Anlagevermögen von kostenrechnenden Einrichtungen gebundene Kapital (Anschaffungs- oder Herstellungskosten abzüglich der Abschreibungen)

3. Anlagevermögen
die Teile des Vermögens, die dauernd der Aufgabenerfüllung dienen;
im einzelnen:
3.1 Grundstücke
3.2 bewegliche Sachen mit Ausnahme der geringwertigen Wirtschaftsgüter im Sinn des Einkommensteuergesetzes
3.3 dingliche Rechte
3.4 Beteiligungen sowie Wertpapiere, die zum Zweck der Beteiligungen erworben wurden
3.5 Forderungen aus Darlehen, die aus Mitteln des Haushalts in Erfüllung einer Aufgabe gewährt wurden
3.6 Kapitaleinlagen in Zweckverbänden oder anderen kommunalen Zusammenschlüssen
3.7 das in Sondervermögen mit Sonderrechnung eingebrachte Eigenkapital
3.8 immaterielle Vermögensgegenstände mit Ausnahme solcher nach § 75 Abs. 2 Nr. 2

4. Außerplanmäßige Einnahmen und Ausgaben
Einnahmen, für die keine Zweckbestimmung im Haushaltsplan vorgesehen ist
Ausgaben, für deren Zweck im Haushaltsplan keine Mittel veranschlagt und keine Haushaltsausgabereste aus den Vorjahren verfügbar sind

5. Auszahlungen
die aus der Kasse oder Sonderkasse hinausgehenden Beträge einschließlich der Verrechnungen (Nummer 40.3)

6. Bargeld
Münzen und Banknoten, die als gesetzliche Zahlungsmittel anerkannt sind

7. Baumaßnahmen
Neu-, Erweiterungs- und Umbauten sowie die Instandsetzung von Bauten, soweit sie nicht der Unterhaltung baulicher Anlagen dient

8. Beschäftigte
im Sinne dieser Verordnung sind die bei der Kommune beschäftigten Beamten und Arbeitnehmer und Personen, denen von der Kommune Aufgaben übertragen sind

9. Deckungsreserve
Mittel zur Vermeidung über- und außerplanmäßiger Ausgaben des Verwaltungshaushalts

10. Durchlaufende Gelder
Beträge, die für einen Dritten lediglich vereinnahmt und verausgabt werden

11. Einzahlungen
die bei der Kasse oder Sonderkasse eingehenden Beträge einschließlich der Verrechnungen (Nummer 40.3)

12. Elektronische Signaturen
– qualifizierte elektronische Signaturen gemäß Art. 3 Nr. 12 der Verordnung (EU) Nr. 910/2014
– fortgeschrittene Signaturen gemäß Art. 3 Nr. 11 der Verordnung (EU) Nr. 910/2014, deren ergänzende Merkmale allgemein durch das Staatsministerium des Innern, für Sport und Integration festgelegt worden sind

13. Erlaß
Verzicht auf einen Anspruch

14. Fehlbetrag
der Betrag, um den unter Berücksichtigung der Haushaltsreste die Soll-Ausgaben in der Haushaltsrechnung höher sind als die Soll-Einnahmen

15. Fremde Mittel
die in § 13 Nrn. 2 und 3 genannten Beträge

16. Geldanlage
der Erwerb von Wertpapieren und Forderungen aus Mitteln des Kassenbestands oder aus den den Rücklagen zugewiesenen Mitteln

17. Haushaltsreste
Einnahme- und Ausgabeansätze und nicht verwendete zweckgebundene Mehreinnahmen (§ 17 Abs. 1 Satz 3), die in das folgende Jahr übertragen werden

18. Haushaltsvermerke
einschränkende oder erweiternde Bestimmungen zu Ansätzen des Haushaltsplans (z.B. Vermerke über Deckungsfähigkeit, Übertragbarkeit, Zweckbindung, Sperrvermerke)
19. Innere Darlehen
die vorübergehende Inanspruchnahme von Mitteln der Sonderrücklagen als Deckungsmittel im Vermögenshaushalt
20. Investitionen
Ausgaben für die Veränderung des Anlagevermögens
21. Investitionsförderungsmaßnahmen
Zuweisungen, Zuschüsse und Darlehen für Investitionen Dritter und für Investitionen von Sondervermögen mit Sonderrechnung
22. Ist-Ausgaben
die Ausgaben der Kasse
23. Ist-Einnahmen
die Einnahmen der Kasse
24. Kassenmittel
die Zahlungsmittel im Sinn der Nr. 39.1 und die dem unbaren Zahlungsverkehr dienenden Bestände
25. Kassenreste
die Beträge, um die die Soll-Einnahmen höher sind als die Ist-Einnahmen (Kasseneinnahmereste) oder um die die Soll-Ausgaben höher sind als die Ist-Ausgaben (Kassenausgabereste) und die in einem späteren Haushaltsjahr zu zahlen sind
26. Kredite
das unter der Verpflichtung zur Rückzahlung von Dritten oder von Sondervermögen mit Sonderrechnung aufgenommene Kapital mit Ausnahme der Kassenkredite
27. Niederschlagung
die befristete oder unbefristete Zurückstellung der Weiterverfolgung eines fälligen Anspruchs ohne Verzicht auf den Anspruch selbst
28. Schulden
Zahlungsverpflichtungen aus Kreditaufnahmen und ihnen wirtschaftlich gleichkommenden Vorgängen sowie aus der Aufnahme von Kassenkrediten
29. Soll-Ausgaben
die bis zum Abschlußtag zu leistenden und auf Grund von Auszahlungsanordnungen zum Soll des Haushaltsjahres gestellten Ausgaben
30. Soll-Einnahmen
die bis zum Abschlußtag fälligen oder über diesen Zeitpunkt hinaus gestundeten, auf Grund von Annahmeanordnungen zum Soll des Haushaltsjahres gestellten Einnahmen, ohne die niedergeschlagenen und erlassenen Beträge
31. Speichermedien
elektronische oder optische Medien (Speicherplatten, Mikrofiche), die zur Aufbewahrung der Bücher und Belege nur dann geeignet sind, wenn für die Dauer der Aufbewahrungsfristen die nicht veränderbare Speicherung und die erforderliche Lesbarkeit der Daten sichergestellt ist
32. Tilgung von Krediten
    32.1 Ordentliche Tilgung
    die Leistung des im Haushaltsjahr zurückzuzahlenden Betrags bis zu der in den Rückzahlungsbedingungen festgelegten Mindesthöhe
    32.2 Außerordentliche Tilgung
    die über die ordentliche Tilgung hinausgehende Rückzahlung einschließlich Umschuldung
33. Überplanmäßige Einnahmen und Ausgaben
Einnahmen, die die im Haushaltsplan vorgesehenen Beträge und die aus den Vorjahren übertragenen Haushaltseinnahmereste übersteigen,
Ausgaben, die die im Haushaltsplan veranschlagten Beträge und die aus den Vorjahren übertragenen Haushaltsausgabereste übersteigen

34. Überschuß
der Betrag, um den unter Berücksichtigung der Haushaltsreste die Soll-Einnahmen des Vermögenshaushalts in der Haushaltsrechnung die Soll-Ausgaben für die in § 22 Abs. 2 genannten Zwecke, für Zuführungen zum Verwaltungshaushalt und für die veranschlagte Zuführung zur allgemeinen Rücklage übersteigen

35. Umschuldung
die Ablösung von Krediten durch andere Kredite

36. Verfügungsmittel
Beträge, die den gesetzlichen Vertretern für dienstliche Zwecke, für die keine Ausgaben veranschlagt sind, zur Verfügung stehen

37. Vorjahr
das dem Haushaltsjahr vorangehende Jahr

38. Vorschüsse und Verwahrgelder
die in § 30 genannten Beträge und die durchlaufenden Gelder

39.1 Zahlungsmittel
Bargeld, Schecks, in den Fällen des § 85 Satz 1 auch Wechsel

39.2 Geldkarte
Kartensysteme, bei denen der Karteninhaber dem Kartenherausgeber im Voraus den Gegenwert der auf der Karte gespeicherten Werteinheiten bezahlt, in Form eines auf einer Karte der Banken oder Sparkassen installierten Mikrochips, der das Auf- und Abbuchen sowie die Speicherung von elektronischen Geldeinheiten als Guthaben ermöglicht

39.3 Debitkarte
Kartensysteme, die dem Kontoinhaber die Möglichkeit der bargeldlosen Zahlung eröffnen, wobei das Konto des Karteninhabers belastet wird, in Form eines auf einer Karte der Banken oder Sparkassen installierten Mikrochips oder Magnetstreifens

39.4 Kreditkarte
Kartensysteme der Kreditkartenunternehmen, die Zahlungen über das Kreditkartenunternehmen ermöglichen, bei denen der verfügte Wert erst verzögert mit einem individuell vereinbarten Zahlungsziel vom Konto des Karteninhabers eingezogen wird, in Form eines auf einer Karte des Kreditkartenunternehmens installierten Magnetstreifens

40. Zahlungsverkehr

40.1 Unbare Zahlungen
die auch mittels Geldkarten, Debitkarten oder Kreditkarten bewirkten Überweisungen oder Einzahlungen auf ein Konto der Kasse oder Sonderkasse bei einem Kreditinstitut und entsprechende Überweisungen oder Auszahlungen von einem solchen Konto sowie die Übersendung von Schecks sowie in den Fällen des § 85 Satz 1 auch von Wechseln

40.2 Barzahlungen
die Übergabe oder Übersendung von Bargeld; als Barzahlung gilt auch die Übergabe von Schecks sowie in den Fällen des § 85 Satz 1 auch von Wechseln

40.3 Verrechnungen
Zahlungen, die durch buchmäßigen Ausgleich zwischen Einzahlungen und Auszahlungen bewirkt werden, ohne daß die Höhe des Kassensollbestands verändert wird (Aufrechnung, Verrechnung zwischen verschiedenen Buchungsstellen).

§ 88 Übergangs- und Schlussbestimmungen

(1) Die Wertgrenze nach § 75 Abs. 2 Nr. 2 und die Führung von Bestandsverzeichnissen und Anlagenachweisen über immaterielle Vermögensgegenstände ist verpflichtend erstmalig bei der Planung, Ausführung und Rechnungslegung des Haushaltsjahres 2019 anzuwenden.

(2) Die im Zeitpunkt der erstmaligen Aufstellung der Anlagenachweise (§ 76) vorhandenen Vermögensgegenstände sind mit einem nach der Bewertungsrichtlinie ermittelten Wert anzusetzen.

(3) Auf Haushaltspläne, die der Rechtsaufsichtsbehörde bis zum Ablauf des 31. Januar 2024 vorgelegt werden, ist § 2 Abs. 2 Nr. 5 in der am 31. Januar 2024 geltenden Fassung anzuwenden.

§ 89 Inkrafttreten

Diese Verordnung tritt am 1. Januar 1977 in Kraft[1].

Anlage

(zu § 48)

Bestimmungen über die Entgegennahme von Schecks

1. Schecks sollen als Einzahlung nur angenommen werden, wenn sie innerhalb der Vorlagefrist dem bezogenen Kreditinstitut vorgelegt werden können.
2. [1]Der angenommene Scheck ist unverzüglich als Verrechnungsscheck zu kennzeichnen, wenn er diesen Vermerk nicht bereits trägt.[2]Die Nummer des Schecks, das bezogene Kreditinstitut, die Kontonummer des Ausstellers, der Betrag und ein Hinweis, durch den die Verbindung mit der Buchführung hergestellt werden kann, sind in ein Schecküberwachungsbuch einzutragen.[3]Von der Führung des Schecküberwachungsbuchs kann abgesehen werden, wenn in anderer Weise die Angaben festgehalten werden und die Einlösung der Schecks überwacht wird.
3. [1]Angenommene Schecks sind unverzüglich bei einem Kreditinstitut zur Gutschrift auf einem Konto der Kasse einzureichen.[2]Ihre Einlösung ist zu überwachen.
4. Bevor der Scheck eingelöst ist, dürfen Leistungen darauf nur erbracht werden, wenn der Scheck unter Vorlage einer Scheckkarte übergeben wurde und er den darin angegebenen Bedingungen des Kreditinstituts entspricht oder der Aussteller und das bezogene Kreditinstitut als vertrauenswürdig bekannt sind.
5. Auf Schecks dürfen Geldbeträge nicht bar ausgezahlt werden.

1) **Amtl. Anm.:** Betrifft die ursprüngliche Fassung vom 3. Dezember 1976 (GVBl. S. 499)

Gesetz über kommunale Wahlbeamte und Wahlbeamtinnen (Kommunal-Wahlbeamten-Gesetz – KWBG)[1)2)]

Vom 24. Juli 2012 (GVBl. S. 366; 2014 S. 20)
(BayRS 2022-1-I)
zuletzt geändert durch §§ 13 und 14 BezügeanpassungsG 2024/2025 vom 8. Juli 2024 (GVBl. S. 170)

Der Landtag des Freistaates Bayern hat das folgende Gesetz beschlossen, das hiermit bekannt gemacht wird:

Nichtamtliche Inhaltsübersicht

---

1) Siehe bis zum Inkrafttreten dieses G das Gesetz über kommunale Wahlbeamte v. 19.11.1970 (BayRS 2022-1-I).
2) Die Änderungen durch G v. 8.7.2024 (GVBl. S. 170) treten teilweise erst **mWv 1.1.2026** in Kraft und sind insoweit im Text noch nicht berücksichtigt.

Teil 1
Allgemeine Vorschriften

Artikel 1 Geltungsbereich

(1) Dieses Gesetz regelt die Rechtsverhältnisse der kommunalen Wahlbeamten und Wahlbeamtinnen.

(2) Kommunale Wahlbeamte und Wahlbeamtinnen nach diesem Gesetz sind

1. die ersten Bürgermeister und Bürgermeisterinnen und die weiteren Bürgermeister und Bürgermeisterinnen,
2. die Landräte und Landrätinnen und deren gewählte Stellvertreter,
3. die Bezirkstagspräsidenten und Bezirkstagspräsidentinnen und deren gewählte Stellvertreter,
4. die berufsmäßigen Gemeinderatsmitglieder.

(3) [1]Kommunale Wahlbeamte und Wahlbeamtinnen sind Beamte und Beamtinnen auf Zeit oder Ehrenbeamte und Ehrenbeamtinnen. [2]Die Art des Beamtenverhältnisses bestimmt sich nach den kommunalrechtlichen Vorschriften, soweit dieses Gesetz nichts anderes regelt.

Artikel 2 Zuständigkeiten

(1) Zuständigkeiten, die nach dem Beamtenstatusgesetz (BeamtStG) oder nach diesem Gesetz dem Dienstherrn übertragen sind, nimmt das nach den kommunalrechtlichen Vorschriften jeweils zuständige Organ des Dienstherrn wahr.

(2) Über die Versagung der Aussagegenehmigung nach § 37 Abs. 4 und 5 BeamtStG entscheidet die für den Dienstherrn zuständige Rechtsaufsichtsbehörde.

Artikel 3 Dienstvorgesetzte und Vorgesetzte der berufsmäßigen Gemeinderatsmitglieder

[1]Dienstvorgesetzter oder Dienstvorgesetzte der berufsmäßigen Gemeinderatsmitglieder ist der erste Bürgermeister oder die erste Bürgermeisterin. [2]Vorgesetzter oder Vorgesetzte der berufsmäßigen Gemeinderatsmitglieder ist, wer ihnen auf Grund der Gemeindeordnung (GO) für ihre dienstliche Tätigkeit Anordnungen erteilen kann.

Artikel 4 Zustellung von Entscheidungen

[1]Verfügungen und Entscheidungen, die den Beamten und Beamtinnen oder den Versorgungsberechtigten nach den Vorschriften des Beamtenstatusgesetzes oder dieses Gesetzes bekannt zu geben sind, sind zuzustellen, wenn durch sie eine Frist in Lauf gesetzt wird oder Rechte der Betroffenen berührt werden. [2]Soweit gesetzlich nichts anderes bestimmt ist, richtet sich die Zustellung nach den Vorschriften des Bayerischen Verwaltungszustellungs- und Vollstreckungsgesetzes.

Artikel 5 Abtretung, Verpfändung, Aufrechnung

(1) Soweit nichts anderes bestimmt ist, können Beamte und Beamtinnen auf Zeit Ansprüche auf die nach diesem Gesetz gewährten Leistungen, die nicht Besoldung oder Versorgung sind, nur insoweit abtreten oder verpfänden, als sie der Pfändung unterliegen.

(2) Der Dienstherr kann ein Aufrechnungs- oder Zurückbehaltungsrecht gegenüber Ansprüchen nach Abs. 1 nur insoweit geltend machen, als sie pfändbar sind; diese Einschränkung gilt nicht, soweit gegen den Empfänger oder die Empfängerin ein Anspruch auf Schadensersatz wegen vorsätzlicher unerlaubter Handlung besteht.

Artikel 6 Verjährung

[1]Ansprüche aus dem Beamtenverhältnis verjähren in drei Jahren. [2]Im Übrigen sind §§ 194 bis 218 des Bürgerlichen Gesetzbuches entsprechend anzuwenden, soweit in diesem Gesetz nichts anderes bestimmt ist. [3]Abweichende besoldungs-, versorgungs- und beihilferechtliche Vorschriften zur Verjährung bleiben unberührt.

Artikel 7 Rückforderung

Für die Rückforderung von nach diesem Gesetz gewährten Leistungen, die nicht Besoldung oder Versorgung sind, gilt Art. 15 des Bayerischen Besoldungsgesetzes (BayBesG) entsprechend.

Artikel 8 Übergang von Ansprüchen

[1]Werden Beamte oder Beamtinnen, Versorgungsberechtigte oder ihre Angehörigen (Art. 20 Abs. 5 des Bayerischen Verwaltungsverfahrensgesetzes – BayVwVfG) körperlich verletzt oder getötet, so geht ein gesetzlicher Schadensersatzanspruch, der diesen Personen infolge der Körperverletzung oder der Tötung gegen Dritte zusteht, insoweit auf den Dienstherrn über, als dieser während einer auf der Körperverletzung beruhenden Aufhebung der Dienstfähigkeit oder infolge der Körperverletzung oder der Tötung zur Gewährung von Leistungen verpflichtet ist. [2]Ist eine Versorgungskasse zur Gewährung der Versorgung verpflichtet, so geht der Anspruch auf sie über. [3]Der Übergang des Anspruchs kann nicht zum Nachteil von Verletzten oder Hinterbliebenen geltend gemacht werden. [4]Steht Beihilfeberechtigten gegen einen Leistungserbringer oder eine Leistungserbringerin ein Anspruch auf Rückerstattung oder Schadensersatz auf Grund einer unrichtigen Abrechnung zu, kann der Dienstherr des oder der Beihilfeberechtigten durch schriftliche Anzeige gegenüber dem Leistungserbringer, der Leistungserbringerin oder dessen beziehungsweise deren Abrechnungsstelle bewirken, dass der Anspruch insoweit auf den Dienstherrn übergeht, als dieser auf Antrag des oder der Beihilfeberechtigten zu hohe Beihilfeleistungen an den Beihilfeberechtigten oder die Beihilfeberechtigte erbracht hat.

Teil 2
Beamtenverhältnis

Abschnitt 1
Begründung des Beamtenverhältnisses

Unterabschnitt 1
Bürgermeister und Bürgermeisterinnen, Landräte und Landrätinnen und deren gewählte Stellvertreter, Bezirkstagspräsidenten und Bezirkstagspräsidentinnen und deren gewählte Stellvertreter

Artikel 9 Begründung des Beamtenverhältnisses

1Wer in ein kommunales Wahlbeamtenverhältnis nach Art. 1 Abs. 2 Nrn. 1 bis 3 gewählt ist und wessen Wahl entweder als angenommen gilt oder wirksam angenommen wurde, wird mit dem Beginn der Amtszeit kommunaler Wahlbeamter oder kommunale Wahlbeamtin; eine Annahme der Wahl in elektronischer Form ist nicht möglich. 2Eine Ernennung entfällt.

Artikel 10 Erlöschen eines Arbeitsverhältnisses beim bisherigen Dienstherrn, Doppeldienstverhältnis

(1) Mit dem Beginn der Amtszeit als Beamter oder als Beamtin auf Zeit erlischt ein privatrechtliches Arbeitsverhältnis zum selben Dienstherrn.

(2) Ein Beamter oder eine Beamtin auf Zeit kann nicht gleichzeitig Ehrenbeamter oder Ehrenbeamtin bei demselben Dienstherrn werden.

Artikel 11 Folgen von Wahlmängeln

(1) Ist die Wahl eines ersten Bürgermeisters oder einer ersten Bürgermeisterin bzw. eines Landrats oder einer Landrätin für ungültig erklärt, so ist kein Beamtenverhältnis begründet worden.

(2) 1Ist die Wahl eines Bezirkstagspräsidenten oder einer Bezirkstagspräsidentin, eines weiteren Bürgermeisters oder einer weiteren Bürgermeisterin bzw. eines gewählten Stellvertreters des Landrats oder der Landrätin bzw. des Bezirkstagspräsidenten oder der Bezirkstagspräsidentin als nichtig festgestellt oder aufgehoben, so ist kein Beamtenverhältnis begründet worden. 2Ist die Wahl aus Gründen fehlerhaft, die nicht in der Person des oder der Gewählten liegen, so kann die Wahl nur innerhalb von vier Monaten seit ihrer Vornahme rechtsaufsichtlich beanstandet oder vom Dienstherrn von Amts wegen aufgehoben werden. 3Die rechtsaufsichtliche Beanstandung ist auch noch nach Ablauf von vier Monaten möglich, wenn die Rechtsaufsichtsbehörde die Frist verlängert, weil tatsächliche Anhaltspunkte für eine fehlerhafte Wahl vorliegen und deshalb noch eine weitere Aufklärung des Sachverhalts erforderlich ist.

(3) 1Verliert ein kommunaler Wahlbeamter oder eine kommunale Wahlbeamtin im Sinn von Art. 1 Abs. 2 Nrn. 1 bis 3 nach der Wahl bis zum Beginn der Amtszeit die Wählbarkeit, so wird kein Beamtenverhältnis begründet. 2Der Dienstherr stellt den Verlust der Wählbarkeit fest.

(4) 1Ist ein Beamtenverhältnis aus einem der in Abs. 1 bis 3 genannten Gründe nicht zustande gekommen, so sind für das zwischen dem Dienstherrn und dem oder der Gewählten entstandene öffentlich-rechtliche Dienstverhältnis die Vorschriften dieses Gesetzes und die für kommunale Wahlbeamte und Wahlbeamtinnen geltenden Vorschriften des Bayerischen Disziplinargesetzes (BayDG) entsprechend anzuwenden, soweit nachfolgend nichts anderes bestimmt ist. 2Satz 1 gilt entsprechend, wenn der oder die Gewählte in den Ruhestand tritt.

(5) 1Das Dienstverhältnis oder der Ruhestand endet in den Fällen der Abs. 1 bis 3 mit dem Zeitpunkt, in dem unanfechtbar feststeht, dass ein Beamtenverhältnis nicht zustande gekommen ist. 2Die bis zum Ende des Dienstverhältnisses oder des Ruhestands gewährten Leistungen des Dienstherrn sind zu belassen. 3An Versorgungsbezügen erhält der oder die Gewählte Unfallfürsorge und, wenn die Gründe, die das Zustandekommen des Beamtenverhältnisses verhindert haben, nicht in der Person des oder der Gewählten liegen, auch Übergangsgeld; sonstige Versorgungsbezüge werden nicht gewährt.

(6) 1§ 22 Abs. 3 BeamtStG und Art. 10 Abs. 1 sind in den Fällen der Abs. 1 bis 3 nicht anzuwenden. 2Die Rechte und Pflichten aus dem fortbestehenden Beamten- oder Arbeitsverhältnis ruhen für die Dauer eines Dienstverhältnisses nach Abs. 4.

(7) Amtshandlungen, die bis zu dem in Abs. 5 genannten Zeitpunkt vorgenommen wurden, sind in gleicher Weise gültig, wie wenn sie ein Beamter oder eine Beamtin vorgenommen hätte.

Unterabschnitt 2

Berufsmäßige Gemeinderatsmitglieder

Artikel 12 Voraussetzungen für die Begründung des Beamtenverhältnisses

(1) Bewerber und Bewerberinnen für das Amt eines berufsmäßigen Gemeinderatsmitglieds sind durch Stellenausschreibung zu ermitteln, wenn es im besonderen dienstlichen Interesse liegt.

(2) In das Amt eines berufsmäßigen Gemeinderatsmitglieds kann nur berufen werden, wer zum berufsmäßigen ersten Bürgermeister oder zur berufsmäßigen ersten Bürgermeisterin wählbar ist und

1. die laufbahnrechtliche Qualifikation besitzt, die seinem künftigen Aufgabengebiet entspricht, oder
2. mindestens drei Jahre dem künftigen Aufgabengebiet entsprechend in verantwortlicher Stellung tätig gewesen ist.

Artikel 13 Begründung und Dauer des Beamtenverhältnisses

(1) Wer zum berufsmäßigen Gemeinderatsmitglied gewählt ist und die Wahl angenommen hat, ist zum Beamten auf Zeit oder zur Beamtin auf Zeit zu ernennen.

(2) [1]Die Ernennung wird mit dem Tag der Aushändigung der Ernennungsurkunde wirksam, wenn nicht in der Urkunde ausdrücklich ein späterer Tag bestimmt ist. [2]Art. 10 gilt entsprechend.

(3) Ist die Zeitdauer der Berufung nicht angegeben, so endet das Beamtenverhältnis sechs Jahre nach der Ernennung; das Gleiche gilt, wenn ein längerer Zeitraum als sechs Jahre angegeben ist.

Artikel 14 Nichtigkeit und Rücknahme der Ernennung

(1) Die Ernennung des berufsmäßigen Gemeinderatsmitglieds ist abweichend von § 11 Abs. 1 Nr. 3 BeamtStG nichtig,

1. wenn seine Wahl als nichtig festgestellt oder aufgehoben ist; Art. 11 Abs. 2 Sätze 2 und 3 gelten entsprechend, oder
2. wenn der oder die Gewählte bis zu dem Zeitpunkt, in dem nach Art. 13 Abs. 2 die Ernennung wirksam geworden wäre, die Wählbarkeit verloren hat; der Dienstherr stellt den Verlust der Wählbarkeit fest.

(2) [1]Ist die Ernennung des berufsmäßigen Gemeinderatsmitglieds nichtig und besteht keine Heilungsmöglichkeit nach § 11 Abs. 2 BeamtStG, so hat der Dienstvorgesetzte dem oder der Ernannten unverzüglich die weitere Führung der Dienstgeschäfte zu verbieten. [2]Soweit eine nichtige Ernennung geheilt werden kann, ist das Verbot erst dann auszusprechen, wenn die sachlich zuständigen Stellen es abgelehnt haben, die Ernennung zu bestätigen.

(3) [1]Ist die Ernennung nichtig, gelten Art. 11 Abs. 4 bis 6 entsprechend. [2]Die bis zum Verbot nach Abs. 2 vorgenommenen Amtshandlungen des oder der Ernannten sind in gleicher Weise gültig, wie wenn sie ein Beamter oder eine Beamtin ausgeführt hätte.

(4) [1]Die Ernennung kann in den Fällen der § 12 Abs. 1 Nrn. 1 und 2 BeamtStG nur innerhalb einer Frist von sechs Monaten, in den Fällen des § 12 Abs. 1 Nr. 4 BeamtStG nur innerhalb einer Frist von einem Jahr zurückgenommen werden, nachdem die in beamtenrechtlichen Angelegenheiten zur Vertretung nach außen berechtigte Stelle von der Ernennung und von dem Rücknahmegrund Kenntnis erlangt hat. [2]Die Rücknahme hat die Wirkung, dass die Ernennung von Anfang an unwirksam ist. [3]Die Rücknahme der Ernennung ist auch nach Beendigung des Beamtenverhältnisses zulässig. [4]Ist eine Ernennung zurückgenommen worden, so gilt für die bis zur Rücknahme vorgenommenen Amtshandlungen des oder der Ernannten Abs. 3 Satz 2 entsprechend. [5]Die Leistungen des Dienstherrn können belassen werden.

Abschnitt 2
Beendigung des Beamtenverhältnisses

Unterabschnitt 1
Entlassung

Artikel 15 Entlassung kraft Gesetzes

(1) [1]Der Beamte oder die Beamtin ist mit dem Ende der Amtszeit entlassen, wenn er oder sie dasselbe Amt nicht erneut antritt und nicht in den Ruhestand tritt. [2]Tritt der Beamte oder die Beamtin auf Zeit im Anschluss an die Amtszeit dasselbe Amt erneut an, so gilt das Beamtenverhältnis als nicht unterbrochen.

(2) [1]Der Beamte oder die Beamtin ist entlassen, wenn er oder sie auf Grund eines Wahlvorschlags einer Partei gewählt worden ist, die das Bundesverfassungsgericht gemäß Art. 21 des Grundgesetzes für verfassungswidrig erklärt, oder wenn er oder sie der für verfassungswidrig erklärten Partei zur Zeit der Verkündung der Entscheidung angehört, soweit nicht in der Entscheidung ausdrücklich etwas anderes bestimmt ist. [2]Das Beamtenverhältnis endet mit der Verkündung der Entscheidung, soweit nicht in dieser ausdrücklich etwas anderes bestimmt ist. [3]Der Dienstherr stellt fest, dass die Voraussetzung für die Entlassung gegeben ist und an welchem Tag das Beamtenverhältnis endet.

(3) [1]Soweit gesetzlich nichts anderes bestimmt ist, ist der Beamte oder die Beamtin entlassen, wenn er oder sie eine Wählbarkeitsvoraussetzung verliert. [2]Das gilt nicht,

1. wenn der Verlust der Wählbarkeit auf Art. 2 Nr. 2 des Gemeinde- und Landkreiswahlgesetzes (GLKrWG) beruht, oder
2. wenn der Beamte oder die Beamtin nicht mehr die Gewähr dafür bietet, jederzeit für die freiheitliche demokratische Grundordnung im Sinn des Grundgesetzes und der Verfassung einzutreten (Art. 39 Abs. 2 Satz 1 Nr. 5 GLKrWG).

[3]Ob ein Beamter oder eine Beamtin die Eigenschaft als Deutscher im Sinn des Art. 116 des Grundgesetzes verloren hat, entscheidet das Staatsministerium des Innern, für Sport und Integration; es stellt den Tag der Beendigung des Beamtenverhältnisses fest. [4]Im Übrigen stellt der Dienstherr den Verlust der Wählbarkeitsvoraussetzungen und den Tag fest, an dem das Beamtenverhältnis endet.

(4) [1]Ein ehrenamtlicher erster Bürgermeister oder eine ehrenamtliche erste Bürgermeisterin ist mit Ablauf des Tages entlassen, ab dem ein Amtshindernis im Sinn des Art. 34 Abs. 5 GO vorliegt. [2]Abs. 2 Satz 3 gilt entsprechend.

(5) Ein ehrenamtlicher Bürgermeister, der zum Landrat gewählt ist, oder eine ehrenamtliche Bürgermeisterin, die zur Landrätin gewählt ist, ist mit Beginn der Amtszeit als Landrat oder Landrätin aus dem Ehrenbeamtenverhältnis entlassen.

(6) Ein weiterer Bürgermeister oder eine weitere Bürgermeisterin ist bei einem Ausscheiden aus dem Gemeinderat entlassen, ein gewählter Stellvertreter des Landrats oder der Landrätin bei Ausscheiden aus dem Kreistag, ein Bezirkstagspräsident oder eine Bezirkstagspräsidentin oder deren gewählter Stellvertreter bei Ausscheiden aus dem Bezirkstag.

(7) [1]§ 22 Abs. 1 BeamtStG findet keine Anwendung. [2]Die Anordnung der Fortdauer eines Beamtenverhältnisses nach § 22 Abs. 2 Satz 1 Halbsatz 2 BeamtStG ist im Zusammenhang mit einem kommunalen Wahlbeamtenverhältnis ausgeschlossen.

Artikel 16 Entlassung durch Verwaltungsakt

(1) Die Entlassung wird wirksam

1. im Fall des § 23 Abs. 1 Satz 1 Nr. 1 BeamtStG mit der Zustellung der Entlassungsverfügung,
2. in den übrigen Fällen des § 23 Abs. 1 BeamtStG mit dem in der Entlassungsverfügung bezeichneten Zeitpunkt.

(2) [1]Bei der Entlassung von Ehrenbeamten und Ehrenbeamtinnen nach § 23 Abs. 1 Satz 1 Nr. 3 BeamtStG sind folgende Fristen einzuhalten:

1. bei einer Beschäftigungszeit von bis zu drei Monaten zwei Wochen zum Monatsschluss,
2. bei einer Beschäftigungszeit von mehr als drei Monaten ein Monat zum Monatsschluss,
3. bei einer Beschäftigungszeit von mindestens einem Jahr sechs Wochen zum Schluss eines Kalendervierteljahres.

[2]Als Beschäftigungszeit gilt die bei demselben Dienstherrn in demselben Amt verbrachte Zeit. [3]Art. 23 Abs. 2 bleibt unberührt.

(3) [1]Solange die Entlassungsverfügung nicht zugestellt ist, kann ein Antrag auf Entlassung innerhalb zweier Wochen nach Zugang bei dem Dienstherrn schriftlich zurückgenommen werden, mit dessen Zustimmung auch nach Ablauf dieser Frist. [2]Die Entlassung ist in den Fällen des § 23 Abs. 1 Satz 1 Nr. 4 BeamtStG zum beantragten Zeitpunkt auszusprechen. [3]Sie kann so lange hinausgeschoben werden, bis die Amtsgeschäfte des Beamten oder der Beamtin ordnungsgemäß erledigt sind, längstens jedoch drei Monate.

(4) § 23 Abs. 2 BeamtStG findet keine Anwendung.

Artikel 17 Rechtsfolgen der Entlassung, Wiederwahlverpflichtung für berufsmäßige Gemeinderatsmitglieder

(1) [1]Nach der Entlassung haben frühere Beamte oder Beamtinnen keinen Anspruch auf Leistungen des Dienstherrn, soweit gesetzlich nichts anderes bestimmt ist. [2]Sie dürfen die frühere Amtsbezeichnung oder die Ehrenbezeichnung nur führen, wenn ihnen die Erlaubnis nach Art. 29 Abs. 3 oder 4 erteilt ist.

(2) Soweit gesetzlich nichts anderes bestimmt ist, ist ein berufsmäßiges Gemeinderatsmitglied verpflichtet, nach dem Ende der Amtszeit das Amt erneut zu übernehmen, wenn das Gemeinderatsmitglied unter mindestens gleich günstigen Bedingungen für wenigstens die gleiche Zeit wieder ernannt werden soll und das 62. Lebensjahr noch nicht vollendet hat.

Unterabschnitt 2

Verlust der Beamtenrechte

Artikel 18 Rechtsfolgen des Verlusts der Beamtenrechte

[1]Endet das Beamtenverhältnis nach § 24 BeamtStG, so hat der frühere Beamte oder die frühere Beamtin keinen Anspruch auf Leistungen des Dienstherrn, soweit gesetzlich nichts anderes bestimmt ist. [2]Das Führen einer früheren Amtsbezeichnung nach Art. 29 Abs. 3 ist ausgeschlossen, die Ehrenbezeichnung nach Art. 29 Abs. 4 darf nicht geführt, ein Ehrensold darf nicht gezahlt werden.

Artikel 19 Wiederaufnahmeverfahren

(1) [1]Ist eine Entscheidung über den Verlust der Beamtenrechte im Wiederaufnahmeverfahren aufgehoben worden (§ 24 Abs. 2 BeamtStG), so kann der Beamte oder die Beamtin das Amt auch vor Ablauf der Amtszeit nicht mehr ausüben, wenn es inzwischen neu besetzt worden ist. [2]Einem Beamten oder einer Beamtin auf Zeit stehen in diesem Fall bis zum Ende der Amtszeit die Leistungen des Dienstherrn zu, die ohne das Verfahren nach § 24 BeamtStG zugestanden hätten; dies gilt nicht für die Dienstaufwandsentschädigung nach Art. 46. [3]Nach Entscheidung des Dienstherrn kann auf diese Leistungen ein anderes Arbeitseinkommen des Beamten oder der Beamtin angerechnet werden. [4]Der Beamte oder die Beamtin auf Zeit ist zur Auskunft über dieses Einkommen verpflichtet.

(2) Wird auf Grund des im Wiederaufnahmeverfahren festgestellten Sachverhalts ein Disziplinarverfahren mit dem Ziel der Entfernung aus dem Dienst eingeleitet, so gehen die einem Beamten oder einer Beamtin auf Zeit nach Abs. 1 zustehenden Ansprüche unter, wenn auf Entfernung aus dem Beamtenverhältnis erkannt wird; bis zum rechtskräftigen Abschluss des Disziplinarverfahrens können die Ansprüche nicht geltend gemacht werden.

(3) [1]Rechtfertigt der im Wiederaufnahmeverfahren festgestellte Sachverhalt die Einleitung eines Disziplinarverfahrens mit dem Ziel der Entfernung aus dem Beamtenverhältnis nicht, wird aber auf Grund eines rechtskräftigen Strafurteils, das nach der früheren Entscheidung über den Verlust der Beamtenrechte ergangen ist, ein Disziplinarverfahren mit dem Ziel der Entfernung aus dem Beamtenverhältnis eingeleitet, so gilt Abs. 2 entsprechend. [2]Einem Beamten oder einer Beamtin auf Zeit werden in diesem Fall die Leistungen des Dienstherrn nachgezahlt, die dem Beamten oder der Beamtin bis zur Rechtskraft des Strafurteils aus dem bisherigen Amt zugestanden hätten. [3]Abs. 1 Satz 2 Halbsatz 2 und Abs. 1 Sätze 3 und 4 gelten entsprechend.

Artikel 20 Gnadenerweis

(1) Dem Ministerpräsidenten steht hinsichtlich des Verlusts der Beamtenrechte das Gnadenrecht zu.

(2) Wird im Gnadenweg der Verlust der Beamtenrechte in vollem Umfang beseitigt, so gilt ab diesem Zeitpunkt Art. 19 entsprechend.

(3) Auf Unterhaltsbeiträge, die im Gnadenweg bewilligt werden, findet Art. 74 Abs. 3 BayDG entsprechende Anwendung, soweit die Gnadenentscheidung nichts anderes bestimmt.

Unterabschnitt 3

Ruhestand

Artikel 21 Eintritt in den Ruhestand

(1) [1]Der Beamte oder die Beamtin auf Zeit tritt mit dem Ablauf der Amtszeit in den Ruhestand, wenn er oder sie

1. für die folgende Amtszeit nicht wieder für das gleiche Amt gewählt wird oder die Wiederwahl nicht annimmt und
2. mindestens eine Amtszeit von zehn Jahren (Wartezeit) zurückgelegt hat.

[2]Satz 1 gilt nicht für ein berufsmäßiges Gemeinderatsmitglied, das der Pflicht zur erneuten Übernahme seines Amtes (Art. 17 Abs. 2) nicht nachkommt. [3]§ 25 BeamtStG findet keine Anwendung.

(2) [1]Auf die Wartezeit werden die Zeiten angerechnet,

1. in denen ein berufsmäßiger Bürgermeister oder eine berufsmäßige Bürgermeisterin oder ein Landrat oder eine Landrätin früher als ehrenamtlicher erster Bürgermeister oder ehrenamtliche erste Bürgermeisterin dem Amt die überwiegende Arbeitskraft gewidmet hat,
2. in denen der Beamte oder die Beamtin als gewählter Stellvertreter die Geschäfte des Landrats oder der Landrätin oder als ehrenamtlicher weiterer Bürgermeister oder ehrenamtliche weitere Bürgermeisterin die Geschäfte eines berufsmäßigen ersten Bürgermeisters oder einer berufsmäßigen ersten Bürgermeisterin ununterbrochen länger als sechs Monate geführt und die volle Arbeitskraft darauf verwendet hat,
3. die der Beamte oder die Beamtin während eines kommunalen Wahlbeamtenverhältnisses im einstweiligen Ruhestand nach Art. 26 Abs. 1 und 3 in Verbindung mit Art. 69 Abs. 1 des Bayerischen Beamtengesetzes (BayBG) zurückgelegt hat,
4. die der Beamte oder die Beamtin als Beamter oder Beamtin auf Zeit in einem anderen kommunalen Wahlbeamtenverhältnis zurückgelegt hat,
5. die der Beamte oder die Beamtin auf Zeit vor Beginn der Amtszeit als Mitglied des Bayerischen Landtags zurückgelegt hat, ohne daraus eine Anwartschaft oder einen Anspruch auf Altersentschädigung zu erwerben; dies gilt nicht, wenn der oder die Betroffene bis zur Beendigung des Beamtenverhältnisses eine Leistung nach Art. 16 Abs. 1 bis 3 des Bayerischen Abgeordnetengesetzes (BayAbgG) beantragt hat, und
6. die der Beamte oder die Beamtin auf Zeit vor Beginn der Amtszeit als Mitglied der Staatsregierung zurückgelegt hat, ohne daraus einen Anspruch auf Ruhegehalt zu erwerben, soweit dieselbe Zeit nicht bereits nach Nr. 5 angerechnet wird; dies gilt nicht, wenn der oder die Betroffene bis zur Beendigung des Beamtenverhältnisses eine Leistung nach Art. 15 Abs. 6 Satz 1 des Gesetzes über die Rechtsverhältnisse der Mitglieder der Staatsregierung beantragt hat.

[2]In den Fällen des Art. 42 Abs. 3 GLKrWG gilt die Wartezeit von zehn Jahren (Abs. 1 Nr. 2) auch dann als erfüllt, wenn das zehnte Jahr noch nicht vollendet ist, sondern erst begonnen hat.

(3) [1]Ist ein Beamter oder eine Beamtin auf Zeit nur auf Grund der Anrechnung von Zeiten nach Abs. 2 Satz 1 Nr. 5 oder 6 in den Ruhestand getreten, erstattet der Freistaat dem ehemaligen kommunalen Dienstherrn die Versorgungsbezüge anteilig in dem Umfang, der dem Verhältnis dieser Zeiten zur kommunalen Amtszeit entspricht. [2]Soweit aus Anlass des Wechsels in ein kommunales Wahlbeamtenverhältnis eine Abfindung gezahlt wurde, sind der Erstattung nach Satz 1 die Versorgungsbezüge im Verhältnis der ruhegehaltfähigen Dienstzeit ohne Zeiten, für die eine Abfindung gezahlt wurde, zur gesamten ruhegehaltfähigen Dienstzeit zu Grunde zu legen.

Artikel 22 Ruhestandsversetzung wegen Dienstunfähigkeit

(1) [1]Beamte und Beamtinnen auf Zeit sind in den Ruhestand zu versetzen, wenn der Dienstherr ihre Dienstunfähigkeit feststellt und sie

1. eine Dienstzeit von mindestens zehn Jahren in einem Beamten-, Richter- oder Soldatenverhältnis mit Dienstbezügen zurückgelegt haben,

2. wegen Krankheit, Verwundung oder sonstiger Beschädigung, die sie sich ohne grobes Verschulden bei der Ausübung oder aus Veranlassung des Dienstes zugezogen haben, dienstunfähig geworden sind (Dienstbeschädigung) oder
3. aus einem Beamten- oder Richterverhältnis auf Lebenszeit in das Beamtenverhältnis auf Zeit berufen worden sind.

[2]Als Dienstzeit nach Satz 1 Nr. 1 gelten auch die in Art. 21 Abs. 2 Satz 1 Nrn. 1 bis 3, 5 und 6 und Satz 2 genannten Zeiten.

(2) [1]Als dienstunfähig nach Art. 26 Abs. 1 Satz 1 BeamtStG kann auch angesehen werden, wer infolge Erkrankung innerhalb eines Zeitraums von sechs Monaten mehr als drei Monate keinen Dienst getan hat, wenn keine Aussicht besteht, dass er innerhalb weiterer sechs Monate wieder voll dienstfähig wird. [2]Bestehen Zweifel über die Dienstunfähigkeit, so ist der Beamte oder die Beamtin verpflichtet, sich nach Weisung des Dienstherrn ärztlich untersuchen und, falls ein Amtsarzt es für erforderlich hält, beobachten zu lassen. [3]Entzieht sich der Beamte oder die Beamtin trotz einmal wiederholter Aufforderung ohne hinreichenden Grund dieser Verpflichtung, kann so verfahren werden, wie wenn die Dienstunfähigkeit amtsärztlich festgestellt worden wäre.

(3) Erfüllt ein dienstunfähiger Beamter oder eine dienstunfähige Beamtin auf Zeit keine der Voraussetzungen des Abs. 1, so kann er oder sie in den Ruhestand versetzt werden, wenn die versorgungsrechtliche Wartezeit nach Art. 11 Abs. 1 Satz 1 Nr. 1 des Bayerischen Beamtenversorgungsgesetzes (BayBeamtVG) erfüllt ist.

(4) § 26 Abs. 1 Sätze 2 bis 4, Abs. 2 und 3 sowie §§ 27 und 29 BeamtStG finden keine Anwendung.

Artikel 23 Verfahren zur Feststellung der Dienstunfähigkeit

(1) [1]Beantragt der Beamte oder die Beamtin die Feststellung der Dienstunfähigkeit, so entscheidet der Dienstherr auf Grund eines amtsärztlichen Gutachtens, ob Dienstunfähigkeit gegeben ist. [2]Wird die Dienstunfähigkeit festgestellt, ist der Beamte oder die Beamtin auf Zeit mit dem Ende des dritten Monats, der auf den Monat folgt, in welchem dem Beamten oder der Beamtin die Entscheidung des Dienstherrn zugestellt worden ist, spätestens jedoch mit Ablauf der Amtszeit, in den Ruhestand zu versetzen oder zu entlassen. [3]Auf Antrag oder mit ausdrücklicher Zustimmung des Beamten oder der Beamtin kann der Dienstherr einen früheren Zeitpunkt festsetzen.

(2) [1]Hält der Dienstherr die Dienstunfähigkeit für gegeben und beantragt der Beamte oder die Beamtin nicht deren Feststellung, so teilt der Dienstherr dem Beamten oder der Beamtin schriftlich mit, dass die Feststellung der Dienstunfähigkeit beabsichtigt sei; die Gründe hierfür sind anzugeben. [2]Erhebt der Beamte oder die Beamtin innerhalb eines Monats keine Einwendungen gegen die Feststellung der Dienstunfähigkeit, so ist Abs. 1 entsprechend anzuwenden. [3]Werden Einwendungen erhoben, so entscheidet der Dienstherr, ob das Verfahren einzustellen oder fortzuführen ist. [4]Wird die Dienstunfähigkeit festgestellt, so ist der Beamte oder die Beamtin zum Ende des Monats, in dem die Entscheidung zugestellt wird, spätestens jedoch mit Ablauf der Amtszeit, in den Ruhestand zu versetzen (Art. 22 Abs. 1 oder 3) oder zu entlassen (§ 23 Abs. 1 Satz 1 Nr. 3 BeamtStG).

Artikel 24 Einstweiliger Ruhestand

[1]Kommunale Wahlbeamte und Wahlbeamtinnen können nicht nach § 30 BeamtStG in den einstweiligen Ruhestand versetzt werden. [2]Die Regelungen über den einstweiligen Ruhestand nach Art. 26 Abs. 1 in Verbindung mit Art. 69 Abs. 1 BayBG und nach Art. 26 Abs. 3 bleiben unberührt.

Unterabschnitt 4

Rückkehrrecht, Umbildung von Körperschaften

Artikel 25 Rückkehrrecht zum früheren Dienstherrn oder Arbeitgeber

(1) [1]Führt ein Beamter oder eine Beamtin auf Zeit im Sinn dieses Gesetzes nach Ablauf der Amtszeit das Amt nicht weiter und ist er oder sie aus einem Beamten- oder Richterverhältnis auf Lebenszeit oder auf Probe im Dienst eines öffentlich-rechtlichen Dienstherrn im Geltungsbereich des Bayerischen Beamtengesetzes oder des Bayerischen Richter- und Staatsanwaltsgesetzes Beamter oder Beamtin auf Zeit im Sinn dieses Gesetzes geworden, so ist er oder sie auf Antrag wieder in das frühere Dienstverhältnis zu übernehmen, wenn am Tag nach Ablauf der Amtszeit die dafür geltenden Voraussetzungen noch erfüllt sind; Vorschriften, die die Ernennung eines Beamten oder einer Beamtin oder eines Richters oder einer Richterin von einem bestimmten Lebensalter ab nicht mehr zulassen, sind nicht anzu-

wenden. [2]Der Antrag auf Übernahme ist innerhalb von drei Monaten nach Beendigung des Beamtenverhältnisses auf Zeit zu stellen. [3]Der Übernahmeanspruch erlischt, wenn die Frist nicht eingehalten wird. [4]Ist eine Übernahme in das frühere Dienstverhältnis nicht mehr möglich, weil die dafür maßgebliche gesetzliche Altersgrenze (Art. 62, 129 bis 132 BayBG in Verbindung mit Art. 143 BayBG) am Tag nach Ablauf der Amtszeit überschritten oder bis zum Ablauf der Amtszeit Dienstunfähigkeit eingetreten ist, so tritt er oder sie abweichend von Art. 21 mit Ablauf der Amtszeit in den Ruhestand. [5]Stirbt der entlassene Beamte oder die entlassene Beamtin auf Zeit vor Übernahme in das frühere Dienstverhältnis, kann den Hinterbliebenen von dem zur Rückübernahme verpflichteten früheren Dienstherrn in entsprechender Anwendung des Art. 42 BayBeamtVG ein Unterhaltsbeitrag bewilligt werden, wenn der Antrag innerhalb der Frist des Satzes 2 gestellt wurde.

(2) [1]Das zu übertragende Amt muss derselben Fachlaufbahn angehören und mit mindestens demselben Endgrundgehalt verbunden sein wie das Amt, das der Beamte oder die Beamtin im Zeitpunkt der Beendigung des früheren Beamten- oder Richterverhältnisses innehatte. [2]Die in der Zwischenzeit versäumten Beförderungen in der früheren Dienststellung sind zu berücksichtigen. [3]Bei Rückkehr in ein Amt der Besoldungsordnung A ist die Dauer des kommunalen Wahlbeamtenverhältnisses bei der Bemessung der Grundgehaltsstufe mit der Maßgabe einzubeziehen, dass die für den Stufenaufstieg erforderlichen Mindestanforderungen für die Dauer des kommunalen Wahlbeamtenverhältnisses nach Art. 30 Abs. 3 BayBesG als erfüllt gelten.

(3) [1]Wer einen Antrag nach Abs. 1 stellt, dem stehen ab Beginn des Antragsmonats, frühestens jedoch ab dem auf das Ende der Amtszeit folgenden Tag, bis zur Übertragung des neuen Amtes von dem zur Übernahme verpflichteten früheren Dienstherrn Bezüge in Höhe des bei der Entlassung aus dem früheren Beamten- oder Richterverhältnis erdienten Ruhegehalts zu; nach Ablauf von sechs Monaten stehen Bezüge in Höhe der vollen Besoldung zu, die dem oder der Betroffenen beim Ausscheiden aus dem früheren Beamten- oder Richterverhältnis zugestanden hat. [2]Die im kommunalen Wahlbeamtenverhältnis verbrachte Zeit gilt hierbei als ruhegehaltfähige Dienstzeit und ist bei Rückkehr in Ämter der Besoldungsordnung A bei der Bemessung der Grundgehaltsstufe einzubeziehen. [3]Neben einem Ruhegehalt, das aus dem kommunalen Wahlbeamtenverhältnis gewährt wird, gelten die Bezüge nach Satz 1 als frühere Versorgungsbezüge im Sinn des Art. 84 BayBeamtVG; ab dem Tag, ab dem ein Anspruch auf Bezüge nach Satz 1 zusteht, ist die Zahlung von Übergangsgeld nach Art. 67 BayBeamtVG ausgeschlossen. [4]Während der Bezügezahlung nach Satz 1 besteht gegen den zur Übernahme verpflichteten früheren Dienstherrn Anspruch auf Beihilfe in Krankheits-, Geburts-, Pflege- und sonstigen Fällen nach den für Beamte und Beamtinnen geltenden Vorschriften, soweit der oder die Berechtigte nicht aus anderen Gründen beihilfeberechtigt ist.

(4) [1]Ist eine Gebietskörperschaft, gegen die sich eine Rückübernahme richtet, aufgelöst worden, so ist die Gebietskörperschaft, in die ihr Gebiet eingegliedert oder einbezogen ist, verpflichtet, den Übernahmeanspruch zu erfüllen. [2]Ist ihr Gebiet in mehrere Gebietskörperschaften eingegliedert oder einbezogen worden, so kann der frühere Beamte oder die frühere Beamtin gegen jede von ihnen den Übernahmeanspruch geltend machen. [3]Sätze 1 und 2 gelten entsprechend, soweit Aufgaben einer Körperschaft ganz oder teilweise auf eine oder mehrere Körperschaften übergehen.

(5) [1]Ist ein früherer Dienstherr zur Übernahme nicht verpflichtet und nicht bereit, so kann der letzte kommunale Dienstherr den Beamten oder die Beamtin übernehmen. [2]Abs. 1 Satz 1 und Abs. 2 Satz 1 gelten entsprechend. [3]Die in der Zwischenzeit versäumten Beförderungen in der früheren Dienststellung sollen nach Möglichkeit berücksichtigt werden.

(6) [1]Für Beamte oder Beamtinnen auf Zeit im Sinn dieses Gesetzes, die unmittelbar vor Beginn des Beamtenverhältnisses in einem privatrechtlichen Arbeitsverhältnis zu einem öffentlich-rechtlichen Dienstherrn standen, gelten die Abs. 1 Satz 1 bis 3 und Abs. 2 bis 5 entsprechend. [2]Eine Wiedereinstellung in das frühere Arbeitsverhältnis nach Abs. 1 Satz 1 Halbsatz 1 und eine Einstellung beim letzten kommunalen Dienstherrn nach Abs. 5 sind nur möglich, wenn die dafür geltenden Voraussetzungen im Einstellungszeitpunkt noch erfüllt sind. [3]Soweit die Übergangsregelung des Art. 144 BayBG nicht anwendbar ist, richtet sich der Anspruch nach Abs. 3 Satz 4 gegen den letzten kommunalen Dienstherrn.

Artikel 26 Umbildung von Körperschaften

(1) [1]Werden Gemeinden oder Landkreise umgebildet, so gelten in den nicht von §§ 16 bis 19 BeamtStG erfassten Fällen für die Rechtsstellung der Beamten oder Beamtinnen und der Versorgungsempfänger

oder Versorgungsempfängerinnen Art. 51 bis 54 und Art. 69 BayBG entsprechend. [2]Ein Beamter oder eine Beamtin auf Zeit, der oder die in den einstweiligen Ruhestand versetzt worden ist und nicht entsprechend Art. 69 Abs. 1 Satz 4 BayBG als dauernd in den Ruhestand versetzt gilt, ist mit dem Ablauf der Amtszeit, für die er oder sie gewählt ist, entlassen.

(2) [1]Wird eine Gemeinde oder ein Landkreis vollständig in eine oder mehrere andere Gebietskörperschaften gleicher Art eingegliedert oder wird eine Gemeinde oder ein Landkreis unter völliger Einbeziehung einer bestehenden Gebietskörperschaft gleicher Art umgebildet, so sind die Ehrenbeamten oder Ehrenbeamtinnen mit dem Tag der Eingliederung oder Umbildung entlassen. [2]Wird eine Entscheidung über eine Eingliederung oder Umbildung angefochten, so tritt die Entlassung am Tag der Unanfechtbarkeit, frühestens jedoch mit dem für die Eingliederung oder Neubildung bestimmten Tag ein. [3]Für Bürgermeister oder Bürgermeisterinnen und deren Hinterbliebene, denen Überbrückungshilfe oder Ehrensold bewilligt worden ist, gilt Art. 54 Abs. 1 BayBG entsprechend; dabei tritt im Fall der Anfechtung an die Stelle des in Art. 51 Abs. 1 BayBG bestimmten Zeitpunkts der in Satz 2 genannte Zeitpunkt.

(3) [1]Wird bei einer nach Art. 13 Abs. 1 GO angeordneten Neuwahl der erste Bürgermeister oder die erste Bürgermeisterin einer von einer Gebietsänderung betroffenen fortbestehenden Gemeinde, der Beamter oder Beamtin auf Zeit ist, in dieser Funktion nicht wiedergewählt, tritt er oder sie mit Beginn der Amtszeit des neuen ersten Bürgermeisters oder der neuen ersten Bürgermeisterin für den Rest der Amtszeit in den einstweiligen Ruhestand. [2]Wird bei einer nach Art. 13 Abs. 1 GO angeordneten Neuwahl der ehrenamtliche erste Bürgermeister oder die ehrenamtliche erste Bürgermeisterin der fortbestehenden Gemeinde in dieser Funktion nicht wiedergewählt, ist er oder sie mit Beginn der Amtszeit des neuen ersten Bürgermeisters oder der neuen ersten Bürgermeisterin entlassen.

Teil 3

Rechtliche Stellung der Beamten und Beamtinnen

Abschnitt 1

Allgemeine Vorschriften

Artikel 27 Diensteid und Gelöbnis

(1) [1]Der Diensteid nach § 38 Abs. 1 BeamtStG ist spätestens zu Beginn der ersten Sitzung, die der Gemeinderat, der Kreistag oder der Bezirkstag nach Beginn der Amtszeit des Beamten oder der Beamtin abhält, zu leisten. [2]Er hat folgenden Wortlaut:
„Ich schwöre Treue dem Grundgesetz für die Bundesrepublik Deutschland und der Verfassung des Freistaates Bayern, Gehorsam den Gesetzen und gewissenhafte Erfüllung meiner Amtspflichten, so wahr mir Gott helfe."

(2) [1]Der Diensteid kann auch ohne die Worte „so wahr mir Gott helfe" geleistet werden. [2]Erklärt ein Beamter oder eine Beamtin, aus Glaubens- und Gewissensgründen keinen Eid leisten zu können, so sind anstelle der Worte „ich schwöre" die Worte „ich gelobe" zu sprechen oder es ist das Gelöbnis mit einer dem Bekenntnis der Religionsgemeinschaft oder der Überzeugung der Weltanschauungsgemeinschaft des Beamten oder der Beamtin entsprechenden, gleichwertigen Beteuerungsformel einzuleiten.

(3) Den Diensteid des ersten Bürgermeisters oder der ersten Bürgermeisterin (§ 38 BeamtStG) nimmt das älteste anwesende Gemeinderatsmitglied, den des Landrats oder der Landrätin der älteste anwesende Kreisrat und den des Bezirkstagspräsidenten oder der Bezirkstagspräsidentin der älteste anwesende Bezirksrat ab; in den übrigen Fällen nimmt den Eid ab, wer berechtigt ist, den Dienstherrn nach außen zu vertreten.

(4) Die Eidesleistung oder das Gelöbnis entfällt, wenn der Beamte oder die Beamtin im Anschluss an eine Amtszeit wieder in ein Amt bei demselben Dienstherrn gewählt wird.

Artikel 28 Residenzpflicht

(1) Der Beamte oder die Beamtin auf Zeit hat eine Wohnung so zu nehmen, dass die ordnungsgemäße Wahrnehmung der Dienstgeschäfte nicht beeinträchtigt wird.

(2) Der Dienstherr kann den Beamten oder die Beamtin auf Zeit anweisen, die Wohnung innerhalb einer bestimmten Entfernung von der Dienststelle zu nehmen oder eine Dienstwohnung zu beziehen, wenn die dienstlichen Verhältnisse es erfordern.

(3) Wenn besondere dienstliche Verhältnisse es dringend erfordern, kann der Beamte oder die Beamtin auf Zeit vom Dienstherrn, ein Landrat oder eine Landrätin und ein Oberbürgermeister oder eine Oberbürgermeisterin auch von der Regierung angewiesen werden, sich während der dienstfreien Zeit erreichbar in Nähe des Dienstorts aufzuhalten.

Artikel 29 Amtsbezeichnung

(1) [1]Beamte und Beamtinnen führen im Dienst die Amtsbezeichnung der ihnen übertragenen Ämter: „Erster Bürgermeister“ oder „Erste Bürgermeisterin“, „Oberbürgermeister“ oder „Oberbürgermeisterin“, „Landrat“ oder „Landrätin“, „Bezirkstagspräsident“ oder „Bezirkstagspräsidentin“; weitere Bürgermeister und Bürgermeisterinnen führen die Amtsbezeichnung „Bürgermeister“ oder „Bürgermeisterin“. [2]Diese Amtsbezeichnungen dürfen auch außerhalb des Dienstes geführt werden.

(2) Ruhestandsbeamte und Ruhestandsbeamtinnen dürfen die ihnen beim Eintritt oder bei der Versetzung in den Ruhestand zustehende Amtsbezeichnung mit dem Zusatz „außer Dienst (a.D.)“ weiterführen.

(3) [1]Entlassenen Beamten und Beamtinnen auf Zeit kann der Dienstherr die Erlaubnis erteilen, die Amtsbezeichnung mit dem Zusatz „außer Dienst (a.D.)“ zu führen. [2]Die Erlaubnis kann zurückgenommen werden, wenn der frühere Beamte oder die frühere Beamtin sich der Amtsbezeichnung nicht würdig erweist.

(4) [1]Früheren kommunalen Wahlbeamten und Wahlbeamtinnen können die ihrem früheren Amt entsprechenden Ehrenbezeichnungen „Altbürgermeister“ oder „Altbürgermeisterin“, „Altoberbürgermeister“ oder „Altoberbürgermeisterin“, „Altlandrat“ oder „Altlandrätin“, „Altbezirkstagspräsident“ oder „Altbezirkstagspräsidentin“ verliehen werden; für frühere Beamte und Beamtinnen auf Zeit tritt in diesen Fällen die Ehrenbezeichnung an die Stelle der in Abs. 2 und 3 vorgesehenen Bezeichnung. [2]Die Erlaubnis kann zurückgenommen werden, wenn der frühere Beamte oder die frühere Beamtin sich der Ehrenbezeichnung nicht würdig erweist.

Artikel 30 Nebentätigkeit

(1) [1]Für Nebentätigkeiten von Beamten und Beamtinnen auf Zeit gelten Art. 81 bis 84 BayBG entsprechend; dabei tritt an die Stelle der obersten Dienstbehörde und des Dienstvorgesetzten der Dienstherr. [2]Art. 81 Abs. 3 Satz 5 BayBG gilt mit der Maßgabe, dass die Genehmigung längstens auf die Dauer der laufenden Amtszeit zu befristen ist. [3]Die Anzeigepflicht nach § 41 Satz 1 BeamtStG bezieht sich auf die letzte Amtszeit und endet drei Jahre nach deren Ablauf.

(2) Die zur Ausführung des Abs. 1 notwendigen Vorschriften über die Nebentätigkeit der Beamten und der Beamtinnen auf Zeit erlässt das Staatsministerium des Innern, für Sport und Integration durch Rechtsverordnung nach Maßgabe des Art. 85 BayBG.

Artikel 31 Ausschluss der anderweitigen Verwendung

[1]Abordnungen, Versetzungen oder Zuweisungen von kommunalen Wahlbeamten und Wahlbeamtinnen nach §§ 14, 15 und 20 BeamtStG sind ausgeschlossen. [2]Abschnitt 8, mit Ausnahme von § 57 Sätze 1 und 2, und Abschnitt 9 BeamtStG finden keine Anwendung.

Artikel 32 Verantwortung für die Rechtmäßigkeit

[1]Hat der Landrat oder die Landrätin oder deren gewählter Stellvertreter Bedenken gegen die Rechtmäßigkeit dienstlicher Anordnungen, die beim Vollzug von Staatsaufgaben erteilt werden (Art. 37 Abs. 6 der Landkreisordnung), so gelten § 36 Abs. 2 und 3 BeamtStG mit der Maßgabe, dass Bedenken zunächst beim Leiter der anordnenden Behörde und dann beim Leiter der Behörde, die der anordnenden Behörde vorgesetzt ist, geltend zu machen sind. [2]Im Übrigen finden § 36 Abs. 2 und 3 BeamtStG auf erste Bürgermeister oder erste Bürgermeisterinnen, Landräte oder Landrätinnen und Bezirkstagspräsidenten oder Bezirkstagspräsidentinnen keine Anwendung.

Artikel 33 Dienstvergehen von Ruhestandsbeamten und Ruhestandsbeamtinnen

Bei Ruhestandsbeamten und Ruhestandsbeamtinnen oder früheren Beamten und Beamtinnen mit Versorgungsbezügen gilt es über § 47 Abs. 2 Satz 1 BeamtStG hinaus als Dienstvergehen, wenn sie

1. an Bestrebungen teilnehmen, die darauf abzielen, den Bestand oder die Sicherheit des Freistaates Bayern zu beinträchtigen,
2. einer Untersagung nach § 41 Satz 2 BeamtStG zuwiderhandeln oder
3. im Zusammenhang mit dem Bezug von Leistungen des Dienstherrn falsche oder pflichtwidrig unvollständige Angaben machen.

Artikel 34 Verjährung von Schadensersatzansprüchen und gesetzlicher Forderungsübergang

(1) [1]Ansprüche nach § 48 BeamtStG verjähren in drei Jahren von dem Zeitpunkt an, in dem der Dienstherr von dem Schaden und der Person des oder der Ersatzpflichtigen Kenntnis erlangt hat, ohne Rücksicht auf diese Kenntnis in zehn Jahren von der Begehung der Handlung an. [2]Hat der Dienstherr einem Dritten Schadenersatz geleistet, so tritt an die Stelle des Zeitpunkts, in dem der Dienstherr von dem Schaden Kenntnis erlangt, der Zeitpunkt, in dem der Ersatzanspruch des Dritten diesem gegenüber vom Dienstherrn anerkannt oder dem Dienstherrn gegenüber rechtskräftig festgestellt wird.

(2) Leistet der Beamte oder die Beamtin dem Dienstherrn Ersatz und hat dieser einen Ersatzanspruch gegen einen Dritten, so geht der Ersatzanspruch auf den Beamten oder die Beamtin über.

Artikel 35 Personalakten und Einsatz automatisierter Verfahren

Die Regelungen über Personalakten und den Einsatz automatisierter Verfahren nach Abschnitt 8 BayBG gelten entsprechend.

Artikel 36 Dienstzeugnis für berufsmäßige Gemeinderatsmitglieder

[1]Dem berufsmäßigen Gemeinderatsmitglied wird nach Beendigung des Beamtenverhältnisses auf Antrag von seinem oder seiner letzten Dienstvorgesetzten ein Dienstzeugnis über Art und Dauer des von ihm bekleideten Amtes erteilt. [2]Das Dienstzeugnis muss auf Verlangen auch über die ausgeübte Tätigkeit, die Führung und die Leistungen Auskunft geben.

Artikel 37 Jubiläumszuwendung

[1]Den Beamten und Beamtinnen soll bei Dienstjubiläen eine Jubiläumszuwendung gewährt werden. [2]Das Nähere regelt die Staatsregierung durch Rechtsverordnung.

Abschnitt 2

Beschränkung der Vornahme von Amtshandlungen

Artikel 38 Interessenkollision

(1) [1]Beamte oder Beamtinnen dürfen keine Amtshandlungen vornehmen, die ihnen selbst, einem Angehörigen (Art. 20 Abs. 5 BayVwVfG) oder einer von ihnen vertretenen natürlichen oder juristischen Person des Privatrechts einen unmittelbaren Vorteil oder Nachteil verschaffen würden. [2]Gesetzliche Vorschriften, nach denen Beamte oder Beamtinnen von einzelnen Amtshandlungen ausgeschlossen sind, bleiben unberührt.

(2) Ein Bürgermeister oder eine Bürgermeisterin einer kreisangehörigen Gemeinde, der oder die zugleich Stellvertreter des Landrats oder der Landrätin ist, darf den Landrat oder die Landrätin bei Amtshandlungen nicht vertreten, die der Gemeinde einen unmittelbaren Vorteil oder Nachteil bringen können.

Artikel 39 Entbindung von Angelegenheiten

(1) [1]Die Regierung kann Beamte oder Beamtinnen von der Behandlung von Angelegenheiten entbinden, die im Interesse der Bundesrepublik Deutschland oder eines Landes geheim zu halten sind, wenn die begründete Besorgnis besteht, dass sonst die notwendige Sicherheit nicht gewährleistet ist oder dass den Beamten oder Beamtinnen oder deren Angehörigen (Art. 20 Abs. 5 BayVwVfG) erhebliche Nachteile entstehen. [2]Die Maßnahme ist unverzüglich aufzuheben, sobald die Gründe dafür weggefallen sind. [3]Sie endet spätestens mit dem Ablauf von drei Monaten, es sei denn, dass bis dahin aus dem gleichen Anlass gegen den Beamten oder die Beamtin ein gerichtliches Disziplinarverfahren, ein Verfahren zur Prüfung der Wahl oder der Ernennung oder ein sonstiges auf Beendigung des Beamtenverhältnisses gerichtetes Verfahren eingeleitet worden ist.

(2) § 39 BeamtStG findet keine Anwendung.

Abschnitt 3
Mehrarbeit, Urlaub

Artikel 40 Mehrarbeit

(1) [1]Beamte und Beamtinnen auf Zeit sind verpflichtet, ohne Entschädigung über die regelmäßige Arbeitszeit hinaus Dienst zu tun, wenn zwingende dienstliche Verhältnisse es erfordern und sich die Mehrarbeit auf Ausnahmefälle beschränkt. [2]Ergibt sich daraus eine erheblich höhere Beanspruchung, so ist entsprechende Dienstbefreiung innerhalb eines Jahres zu gewähren.

(2) § 43 BeamtStG findet keine Anwendung.

Artikel 41 Urlaub

(1) [1]Für Erholungs- und Sonderurlaub der Beamten und Beamtinnen auf Zeit gelten Art. 93 BayBG und die auf dessen Grundlage erlassene Rechtsverordnung entsprechend. [2]Für Beamte und Beamtinnen, die keinen Dienstvorgesetzten haben, tritt an die Stelle des Dienstvorgesetzten der Dienstherr. [3]Ein zusammenhängender Sonderurlaub von mehr als drei Monaten während einer Amtszeit ist unzulässig.

(2) Beamte und Beamtinnen auf Zeit, die sich um das Amt eines berufsmäßigen ersten Bürgermeisters oder einer berufsmäßigen ersten Bürgermeisterin, eines Landrats oder einer Landrätin bewerben, erhalten in entsprechender Anwendung des Art. 41 BayAbgG Wahlvorbereitungsurlaub.

Artikel 42 Rechtsfolgen der Wahl in das Parlament eines anderen Landes

Für Beamte oder Beamtinnen auf Zeit, die in ein gesetzgebendes Organ eines anderen Landes gewählt worden sind und deren Amt kraft Gesetzes mit dem Mandat unvereinbar ist, gilt Art. 94 BayBG entsprechend.

Abschnitt 4
Besondere Fürsorgepflichten

Artikel 43 Schadensersatz bei Gewaltakten Dritter und Sachschadensersatz bei Unfällen

Beamten und Beamtinnen kann bei Beschädigung oder Zerstörung von Gegenständen oder Zufügung sonstiger, nicht unerheblicher Vermögensschäden durch Gewaltakte Dritter sowie bei Beschädigung oder Verlust von Gegenständen in Ausübung oder in Folge des Dienstes Ersatz in entsprechender Anwendung des Art. 98 BayBG gewährt werden; dabei tritt an die Stelle der obersten Dienstbehörde der Dienstherr.

Artikel 44 Mutterschutz, Elternzeit, Schwerbehinderung

(1) Die Staatsregierung regelt durch Rechtsverordnung die der Eigenart des öffentlichen Dienstes entsprechende Anwendung der Vorschriften

1. des Mutterschutzgesetzes auf Beamtinnen auf Zeit,
2. des Bundeselterngeld- und Elternzeitgesetzes über die Elternzeit auf Beamte und Beamtinnen auf Zeit.

(2) Während einer Elternzeit besteht Anspruch auf Leistungen der Krankheitsfürsorge in entsprechender Anwendung von Art. 99 Abs. 1 Sätze 2 und 3 BayBG.

Teil 4
Besoldung, sonstige Leistungen und Versorgung für Beamte und Beamtinnen auf Zeit

Abschnitt 1
Besoldung und sonstige Leistungen

Artikel 45 Anspruch auf Besoldung, Einstufung, Besoldungsbestandteile

(1) Beamte und Beamtinnen auf Zeit haben ab dem Tag des Amtsantritts bis zum Ende des Beamtenverhältnisses Anspruch auf Besoldung nach Maßgabe dieses Gesetzes.

(2) [1]Die Einstufung der Ämter der Beamten und Beamtinnen auf Zeit in die den Bayerischen Besoldungsordnungen A und B (Anlage 1 BayBesG) entsprechenden Besoldungsgruppen ergibt sich aus **Anlage 1**. [2]Bei weiteren Bürgermeistern und Bürgermeisterinnen richtet sich die Einstufung in eine der beiden in Anlage 1 ausgewiesenen Besoldungsgruppen nach sachgerechter Bewertung der mit dem Amt verbundenen Anforderungen. [3]Die Einstufung ist den Beamten und Beamtinnen mitzuteilen.

(3) [1]Soweit für die Einstufung in ein Amt die Einwohnerzahl der Gemeinde oder des Landkreises maßgebend ist, bestimmt sich diese nach der vom Landesamt für Statistik zum 30. Juni des Vorjahres fortgeschriebenen Einwohnerzahl. [2]Werden Gemeinden oder Landkreise umgebildet, so ist vom Inkrafttreten[1)] der Neugliederung an die Einwohnerzahl der umgebildeten oder neuen Körperschaft nach Satz 1 zu errechnen. [3]Zu der nach Satz 1 oder 2 ermittelten Einwohnerzahl können Familienangehörige der nicht meldepflichtigen Angehörigen der Stationierungsstreitkräfte und nicht kasernierte Mitglieder der Stationierungsstreitkräfte mit einem Anteil von bis zu 50 v.H. hinzugerechnet werden. [4]In Bade- und Kurorten mit weniger als 30 000 Einwohnern kann bei der Einstufung der Ämter des ersten Bürgermeisters oder der ersten Bürgermeisterin und des allgemeinen Vertreters der Einwohnerzahl die jahresdurchschnittliche Zahl der täglichen Fremdenübernachtungen hinzugerechnet werden, wenn sie mindestens 40 v.H. der nach Satz 1 maßgeblichen Einwohnerzahl der Gemeinde beträgt und dem ersten Bürgermeister oder der ersten Bürgermeisterin auch die Leitung des Kurbetriebs obliegt. [5]Verringert sich die jeweils maßgebende Einwohnerzahl während der Amtszeit und kommt die Gemeinde oder der Landkreis dadurch in eine Einwohnerklasse, die nur noch die Einstufung in ein niedrigeres Amt zulassen würde, ändert sich die Einstufung von im Amt befindlichen Beamten oder Beamtinnen auf Zeit bezogen auf ihre Person für die Dauer ihrer Amtszeit und im Fall ihrer Wiederwahl für unmittelbar folgende Amtszeiten nicht.

(4) [1]Die Besoldung setzt sich aus Grundbezügen und Nebenbezügen zusammen. [2]Grundbezüge sind Grundgehalt und Orts- und Familienzuschlag. [3]Nebenbezüge sind die jährliche Sonderzahlung und vermögenswirksame Leistungen. [4]Die Höhe des Grundgehalts bestimmt sich nach Anlage 3 BayBesG, in Ämtern der Besoldungsordnung A jeweils nach dem Grundgehaltssatz in der Endstufe. [5]Für die Gewährung des Orts- und Familienzuschlags, der jährlichen Sonderzahlung und der vermögenswirksamen Leistungen gelten die Regelungen des Bayerischen Besoldungsgesetzes entsprechend.

(5) Art. 3, 4 Abs. 2 bis 5, Art. 9 bis 18 und 109a BayBesG gelten entsprechend.

Artikel 46 Dienstaufwandsentschädigung

(1) [1]Der Beamte oder die Beamtin auf Zeit erhält für die durch das Amt bedingten Mehraufwendungen in der Lebensführung eine angemessene Dienstaufwandsentschädigung. [2]Sie muss sich innerhalb der in **Anlage 2** bestimmten Beträge halten. [3]Der anzuwendende Rahmensatz bestimmt sich nach der letzten vom Landesamt für Statistik fortgeschriebenen und früher als drei Monate vor der Wahl veröffentlichten Einwohnerzahl. [4]Die nach Art. 48 Abs. 1 zustehende Reisekostenvergütung für Reisen innerhalb des Gebiets des Dienstherrn ist mit der Dienstaufwandsentschädigung abgegolten; das gilt nicht für Fahrkostenerstattung und Wegstrecken- und Mitnahmeentschädigung.

(2) [1]Die Dienstaufwandsentschädigung wird zu Beginn jeder Amtszeit durch Beschluss festgesetzt. [2]Kommt innerhalb von zwei Monaten nach dem Beginn der Amtszeit des Beamten kein Beschluss zustande, setzt die Rechtsaufsichtsbehörde die Höhe der Dienstaufwandsentschädigung fest. [3]Die Dienstaufwandsentschädigung wird monatlich im Voraus gezahlt.

(3) [1]Für die Rahmensätze der Anlage 2 und für die nach Abs. 2 festgesetzten Dienstaufwandsentschädigungen gelten

1. bei Beamten und Beamtinnen auf Zeit mit einer Besoldung nach der Besoldungsordnung A mit einem einheitlichen Vomhundertsatz benannte Änderungen aller Grundgehälter der Besoldungsordnung A,
2. bei Beamten und Beamtinnen auf Zeit mit einer Besoldung nach der Besoldungsordnung B mit einem einheitlichen Vomhundertsatz benannte Änderungen aller Grundgehälter der Besoldungsordnung B

jeweils mit dem gleichen Vomhundertsatz und ab dem gleichen Zeitpunkt unmittelbar. [2]Werden die Grundgehälter innerhalb der Besoldungsordnung A oder B mit unterschiedlichen Vomhundertsätzen geändert, gilt für die Anpassungen nach Satz 1 der Vomhundertsatz, der sich innerhalb der Besoldungsordnung A oder B aus dem Durchschnitt der unterschiedlichen Vomhundertsätze ergibt. [3]Das Staatsministerium des Innern, für Sport und Integration macht bei einer Anpassung nach den Sätzen 1 und 2 die neuen Rahmensätze im Bayerischen Ministerialblatt bekannt.

(4) [1]Ist der Beamte auf Zeit oder die Beamtin auf Zeit verhindert, die Dienstgeschäfte wahrzunehmen, so wird die Dienstaufwandsentschädigung zwei Monate weitergezahlt. [2]Der Dienstherr kann durch

---

1) Dieses G tritt am 1. August 2012 in Kraft, vgl. Art. 66 Abs. 1.

Beschluss bestimmen, dass im Fall längerer Verhinderung die Entschädigung auch für einen über zwei Monate hinausgehenden Zeitraum ganz oder teilweise gewährt wird.

Artikel 47 Beihilfe in Krankheits-, Geburts-, Pflege- und sonstigen Fällen

Beamte und Beamtinnen auf Zeit, Ruhestandsbeamte und Ruhestandsbeamtinnen und deren versorgungsberechtigte Hinterbliebene haben Anspruch auf Beihilfe entsprechend Art. 96 BayBG und der dazu erlassenen Rechtsverordnung.

Artikel 48 Reise- und Umzugskosten, Trennungsgeld

(1) Beamten und Beamtinnen auf Zeit steht Reisekostenvergütung nach dem Bayerischen Reisekostengesetz (BayRKG) zu.

(2) Beamten und Beamtinnen im Sinn von Art. 1 Abs. 2 Nr. 1 bis 3 kann für die Strecke zwischen Wohnung und regelmäßiger Dienststelle ein Dienstwagen unentgeltlich überlassen werden.

(3) [1]Beamten und Beamtinnen auf Zeit ist auf Antrag Umzugskostenvergütung nach den Vorschriften des Bayerischen Umzugskostengesetzes (BayUKG) zu gewähren, wenn der Dienstort ein anderer als der bisherige Dienst- oder Arbeitsort ist und wenn die Wohnung des Beamten oder der Beamtin nicht am neuen Dienstort oder in dessen Einzugsgebiet liegt. [2]Im Übrigen ist Beamten und Beamtinnen auf Zeit auf Antrag Umzugskostenvergütung zu gewähren aus Anlass einer Anweisung nach Art. 28 Abs. 2 oder der Räumung einer Dienstwohnung aus dienstlichen Gründen. [3]In den Fällen des Art. 11 Abs. 1 Nr. 2 BayUKG kann ihnen Umzugskostenbeihilfe gewährt werden.

(4) [1]In den Fällen des Abs. 2 wird Trennungsgeld nach den Vorschriften der Bayerischen Trennungsgeldverordnung (BayTGV) gewährt. [2]§ 2 Abs. 2 BayTGV findet keine Anwendung.

Abschnitt 2

Versorgung

Artikel 49 Anspruch auf Versorgung

Für die Versorgung von Beamten und Beamtinnen auf Zeit gilt das Bayerische Beamtenversorgungsgesetz entsprechend, soweit dieses Gesetz nichts anderes bestimmt.

Artikel 50 Ruhegehaltfähige Dienstzeit

Als ruhegehaltfähige Dienstzeit ist auch die Zeit zu berücksichtigen,

1. in der der Beamte oder die Beamtin auf Zeit vor Antritt des Amtes, aus dem Anspruch auf Versorgung nach diesem Gesetz besteht,
   a) als gewählter Stellvertreter die Geschäfte des Landrats oder der Landrätin oder
   b) als ehrenamtlicher weiterer Bürgermeister oder als ehrenamtliche weitere Bürgermeisterin die Geschäfte eines berufsmäßigen ersten Bürgermeisters oder einer berufsmäßigen ersten Bürgermeisterin

   ununterbrochen länger als sechs Monate geführt und darauf die volle Arbeitskraft verwendet hat,
2. in der ein berufsmäßiger Bürgermeister oder eine berufsmäßige Bürgermeisterin oder ein Landrat oder eine Landrätin vor Antritt des Amtes, aus dem Anspruch auf Versorgung nach diesem Gesetz besteht, als ehrenamtlicher erster Bürgermeister oder als ehrenamtliche erste Bürgermeisterin tätig war, wenn diesem Amt die überwiegende Arbeitskraft gewidmet wurde.

Artikel 51 Ruhen der Versorgung

(1) [1]Der Dienstherr kann anordnen, dass der Anspruch auf die zustehenden Versorgungsbezüge bis längstens zur Vollendung des 62. Lebensjahres ruht, wenn sich der Beamte oder die Beamtin auf Zeit ohne wichtigen Grund nicht zur Wiederwahl für das Amt stellen ließ oder die Wahl nicht angenommen hat. [2]Satz 1 gilt nicht, wenn der Beamte oder die Beamtin das Amt durch Auflösung oder Umbildung einer Gebietskörperschaft verliert oder wenn Unfallfürsorge zu gewähren ist. [3]Eine Entscheidung nach Satz 1 darf frühestens drei Monate vor dem Ende der Amtszeit getroffen werden. [4]Der Beihilfeanspruch nach Art. 47 bleibt von einer Anordnung nach Satz 1 unberührt.

(2) Art. 11 Abs. 2 Satz 2 BayBeamtVG findet keine Anwendung.

Artikel 52 Sonstige Sonderregelungen gegenüber dem Bayerischen Beamtenversorgungsgesetz

(1) Entscheidungen über die Bewilligung von Versorgungsbezügen auf Grund von Kannvorschriften dürfen frühestens 3 Monate vor dem Ende der Amtszeit getroffen werden, wenn der Ablauf der Amtszeit mit dem Ende der Wahlzeit des Gemeinderats oder des Kreistags zusammenfällt.

(2) Eine Verminderung des Ruhegehalts tritt in den Fällen des Art. 26 Abs. 2 Satz 1 Nr. 3 BayBeamtVG nicht ein, wenn der Beamte oder die Beamtin auf Zeit nach Ablauf der Amtszeit das Amt weitergeführt hat, ohne dazu gesetzlich verpflichtet zu sein, und mit Ablauf der Amtszeit bereits eine Versorgungsanwartschaft erworben hatte; in diesem Fall gilt Art. 23 Abs. 1 Satz 1 BayBeamtVG mit der Maßgabe, dass nur ein Drittel der Zeit zwischen Versetzung in den Ruhestand und Vollendung des 60. Lebensjahres als Zurechnungszeit gilt.

(3) Versorgungsurheber im Sinn des Art. 34 BayBeamtVG sind verstorbene

1. Beamte und Beamtinnen auf Zeit, die die für die Versorgungsurheberschaft von Beamten und Beamtinnen auf Lebenszeit erforderlichen Voraussetzungen des Art. 11 Abs. 1 BayBeamtVG erfüllt haben, und
2. Ruhestandsbeamte und Ruhestandsbeamtinnen.

(4) Beziehen Ruhestandsbeamte oder Ruhestandsbeamtinnen neben den Versorgungsbezügen Erwerbs- oder Erwerbsersatzeinkommen nach Art. 83 Abs. 4 BayBeamtVG, das kein Verwendungseinkommen nach Art. 83 Abs. 5 BayBeamtVG ist, ruhen bis zum Ablauf des Monats, in dem das 65. Lebensjahr vollendet wird, die Versorgungsbezüge in Höhe von 50 v.H. des Betrags, um den die Summe aus Versorgungsbezügen und Einkommen die Höchstgrenze nach Art. 83 Abs. 2 BayBeamtVG übersteigt; nach diesem Zeitpunkt bleibt Erwerbs- oder Erwerbsersatzeinkommen, das kein Verwendungseinkommen ist, unberücksichtigt.

(5) Beziehen Versorgungsberechtigte neben den Versorgungsbezügen Verwendungseinkommen nach Art. 83 Abs. 5 BayBeamtVG, findet § 53 des Beamtenversorgungsgesetzes in der bis zum 31. Dezember 1998 geltenden Fassung Anwendung.

(6) Art. 85 Abs. 1 Satz 2 Nr. 3 BayBeamtVG findet keine Anwendung.

(7) Zeiten, während denen ein Beamter oder eine Beamtin auf Zeit durch eine hauptberufliche Tätigkeit oder eine Ausbildung außerhalb der allgemeinen Schulbildung Fachkenntnisse erworben hat, die für die Wahrnehmung des Amtes förderlich sind, können bis zu einer Gesamtzeit von vier Jahren als ruhegehaltfähig berücksichtigt werden, die Zeit einer Fachschul- oder Hochschulausbildung einschließlich der Prüfungszeit bis zu drei Jahren; diese Zeiten bleiben bei der Anwendung des Art. 103 Abs. 5 Satz 2 BayBeamtVG unberücksichtigt.

Teil 5

Entschädigung, sonstige Leistungen und Ehrensold an Ehrenbeamte und Ehrenbeamtinnen

Abschnitt 1

Entschädigung und sonstige Leistungen

Artikel 53 Anspruch auf Entschädigung

(1) [1]Ehrenbeamte und Ehrenbeamtinnen haben Anspruch auf eine angemessene Entschädigung. [2]Die Entschädigung wird monatlich im Voraus gezahlt.

(2) [1]Die Entschädigung für ehrenamtliche erste Bürgermeister und ehrenamtliche erste Bürgermeisterinnen muss sich innerhalb der in **Anlage 3** bestimmten Beträge halten; innerhalb dieses Rahmens sind Inhalt und Umfang des einzelnen Amtes sowie die Schwierigkeit der Verwaltungsverhältnisse in der Gemeinde zu berücksichtigen. [2]Der anzuwendende Rahmensatz bestimmt sich nach der letzten vom Landesamt für Statistik früher als drei Monate vor der Festsetzung veröffentlichten Einwohnerzahl. [3]Verringert sich die Einwohnerzahl während der Amtszeit so, dass die Entschädigung innerhalb des für eine niedrigere Einwohnerklasse geltenden Rahmens festgesetzt werden müsste, bleibt die bei der letzten Festsetzung zugrunde zu legende Einwohnerzahl für den Amtsinhaber oder die Amtsinhaberin für die laufende Amtszeit und für unmittelbar folgende Amtszeiten maßgeblich.

(3) [1]Für die Entschädigung der Bezirkstagspräsidenten und Bezirkstagspräsidentinnen gilt Abs. 2 entsprechend. [2]Die Entschädigung kann um bis zu ein Drittel der in Anlage 3 bestimmten Höchstbeträge erhöht werden, wenn neben dem Ehrenamt keine hauptberufliche Tätigkeit und kein Ehrenamt als erster Bürgermeister oder erste Bürgermeisterin wahrgenommen wird.

(4) [1]Ein ehrenamtlicher weiterer Bürgermeister oder eine ehrenamtliche weitere Bürgermeisterin, der gewählte Stellvertreter des Landrats oder der Landrätin und der gewählte Stellvertreter des Bezirkstagspräsidenten oder der Bezirkstagspräsidentin erhalten neben der als Gemeinderatsmitglied, als Mitglied des Kreistags oder des Bezirkstags gewährten Entschädigung eine weitere Entschädigung nach

dem Maß der besonderen Inanspruchnahme als kommunaler Wahlbeamter und kommunale Wahlbeamtin. [2]Die Entschädigungen dürfen zusammen nicht mehr betragen als die Entschädigung oder die Summe von Grundgehalt, Orts- und Familienzuschlag der Stufe V und Dienstaufwandsentschädigung des oder der Vertretenen.

(5) [1]Ist der Ehrenbeamte oder die Ehrenbeamtin ganz oder teilweise verhindert, die Dienstgeschäfte auszuüben, so wird die Entschädigung zwei Monate weitergezahlt. [2]Dauert die ganze oder teilweise Verhinderung länger, so kann der Dienstherr die Entschädigung für eine über zwei Monate hinausgehende Zeit ganz oder teilweise gewähren.

Artikel 54 Festsetzung und Anpassung der Entschädigung

(1) [1]Die Entschädigung wird zu Beginn jeder Amtszeit im Einvernehmen mit dem Beamten oder der Beamtin durch Beschluss festgesetzt. [2]Art. 46 Abs. 2 Satz 2 gilt entsprechend. [3]Die Berechtigten können auf die festgesetzte Entschädigung weder ganz noch teilweise verzichten. [4]Zusicherungen, Vereinbarungen und Vergleiche, die eine über dieses Gesetz hinausgehende Entschädigung verschaffen sollen, sind unwirksam. [5]Das Gleiche gilt für Versicherungsverträge, die zu diesem Zweck geschlossen werden.

(2) [1]Mit einem einheitlichen Vomhundertsatz benannte Änderungen aller Grundgehälter der Besoldungsordnung A gelten mit dem gleichen Vomhundertsatz und ab dem gleichen Zeitpunkt unmittelbar für die Rahmensätze der Anlage 3 und für die nach Abs. 1 festgesetzten Entschädigungen. [2]Werden die Grundgehälter der Besoldungsordnung A mit unterschiedlichen Vomhundertsätzen geändert, gilt für die Anpassungen nach Satz 1

1. in Gemeinden bis 1 000 Einwohner der für Besoldungsgruppe A 8,
2. in Gemeinden mit 1 001 bis 3 000 Einwohnern der für Besoldungsgruppe A 12,
3. in Gemeinden mit 3 001 bis 5 000 Einwohnern der für Besoldungsgruppe A 13 und
4. in Gemeinden über 5 000 Einwohner sowie in Landkreisen und Bezirken der für Besoldungsgruppe A 14

maßgebliche Vomhundertsatz. [3]Das Staatsministerium des Innern, für Sport und Integration macht bei einer Anpassung nach den Sätzen 1 und 2 die neuen Rahmensätze im Bayerischen Ministerialblatt bekannt.

(3) [1]Für ehrenamtliche erste Bürgermeister und ehrenamtliche erste Bürgermeisterinnen erhöhen sich zum 1. November 2024 die nach Abs. 1 festgesetzten Entschädigungen und die Rahmensätze der Anlage 3 Nr. 1 um 4,76 v.H. gegenüber dem vorherigen Stand. [2]Für Bezirkstagspräsidenten und Bezirkstagspräsidentinnen erhöhen sich zum 1. November 2024 die nach Abs. 1 festgesetzten Entschädigungen und die Höchstbeträge der Anlage 3 Nr. 2 um 200 €. [3]Abs. 2 Satz 3 gilt entsprechend. [4]Art. 109a BayBesG gilt für ehrenamtliche erste Bürgermeister und ehrenamtliche erste Bürgermeisterinnen entsprechend.

Artikel 55 Jährliche Sonderzahlung

(1) Ehrenbeamte und Ehrenbeamtinnen erhalten eine jährliche Sonderzahlung in entsprechender Anwendung des Teils 3 Abschnitt 6 BayBesG mit Ausnahme des Erhöhungsbetrags.

(2) [1]Dabei steht den Bezügen die Entschädigung nach Art. 53 Abs. 2 und 3 oder die weitere Entschädigung nach Art. 53 Abs. 4 gleich; dem für den Sonderbetrag für Kinder maßgeblichen Orts- und Familienzuschlag steht das im jeweiligen Monat des Kalenderjahres tatsächlich oder ohne Berücksichtigung des § 64 oder 65 des Einkommensteuergesetzes zustehende Kindergeld gleich. [2]Für den Grundbetrag der jährlichen Sonderzahlung gilt ein Vomhundertsatz von 70, wenn die nach Satz 1 Halbsatz 1 maßgebliche Entschädigung im Kalendermonat einen Betrag von 3 550 €[1)] nicht übersteigt; im Übrigen gilt ein Vomhundertsatz von 65.

(3) [1]Mit einem Vomhundertsatz benannte Änderungen des Grundgehalts in Besoldungsgruppe A 11 gelten mit dem gleichen Vomhundertsatz und ab dem gleichen Zeitpunkt unmittelbar für den in Abs. 2 Satz 2 Halbsatz 1 genannten Betrag. [2]Das Staatsministerium des Innern, für Sport und Integration macht den neuen Grenzbetrag im Bayerischen Ministerialblatt bekannt. [3]Die Sätze 1 und 2 gelten in Bezug auf Art. 54 Abs. 3 Satz 1 entsprechend.

---

1) Gem. Bek. v. 29.9.2022 (BayMBl. Nr. 567) gilt ab 1.12.2022 ein Grenzbetrag von 4 494,46€; ab 1.12.2023 gilt ein Grenzbetrag von 4 609,55€.

Artikel 56 Reisekosten

[1]Reisekosten werden nach dem Bayerischen Reisekostengesetz erstattet mit der Maßgabe, dass die Reisekostenvergütung nach den für Beamte und Beamtinnen der Besoldungsgruppe A 15 geltenden Bestimmungen zu bemessen ist. [2]Art. 48 Abs. 2 gilt entsprechend.

Artikel 57 Unfallfürsorge

Ehrenbeamte und Ehrenbeamtinnen erhalten Unfallfürsorge nach Art. 63 BayBeamtVG, soweit nicht ein Anspruch auf entsprechende Sachleistungen aus der gesetzlichen Unfallversicherung besteht.

Artikel 58 Überbrückungshilfe

(1) [1]Wird ein ehrenamtlicher erster Bürgermeister oder eine ehrenamtliche erste Bürgermeisterin oder ein Bezirkstagspräsident oder eine Bezirkstagspräsidentin auf Grund von Art. 15 Abs. 1, Art. 26 Abs. 2 oder 3 oder § 23 Abs. 1 Satz 1 Nr. 3 BeamtStG entlassen, so wird als Überbrückungshilfe die Hälfte der vorher zustehenden laufenden Entschädigung monatlich im Voraus so viele Monate lang weitergewährt, wie der oder die Berechtigte ohne Unterbrechung volle Jahre in diesem Amt zurückgelegt hat, mindestens jedoch drei und höchstens zwölf Monate. [2]Überbrückungshilfe wird nicht gewährt, wenn der oder die Berechtigte für die folgende Amtszeit wieder in das Amt gewählt wird. [3]Stirbt der oder die Berechtigte, so steht der noch nicht ausgezahlte Betrag, mindestens jedoch das Dreifache des Monatsbetrags nach Satz 1, dem Ehegatten oder der Ehegattin, dem Lebenspartner oder der Lebenspartnerin im Sinn des § 1 des Lebenspartnerschaftsgesetzes (LPartG) oder den minderjährigen leiblichen oder an Kindes statt angenommenen Kindern zu.

(2) Einkommen aus einer Verwendung im öffentlichen Dienst (Art. 83 Abs. 5 BayBeamtVG) wird auf die Überbrückungshilfe nach Abs. 1 Satz 1 angerechnet.

(3) [1]Scheidet ein ehrenamtlicher erster Bürgermeister oder eine ehrenamtliche erste Bürgermeisterin oder ein Bezirkstagspräsident oder eine Bezirkstagspräsidentin durch Tod aus dem Amt, so erhalten die Berechtigten nach Abs. 1 Satz 3 als Überbrückungshilfe das Sechsfache der vorher zustehenden laufenden Entschädigung in einer Summe. [2]Entsprechendes gilt für ehrenamtliche weitere Bürgermeister und ehrenamtliche weitere Bürgermeisterinnen, für den gewählten Stellvertreter des Landrats oder der Landrätin oder des Bezirkstagspräsidenten oder der Bezirkstagspräsidentin, wenn sie den Amtsinhaber oder die Amtsinhaberin im Zeitpunkt ihres Todes ohne Unterbrechung länger als sechs Monate vertreten haben.

Abschnitt 2
Ehrensold

Artikel 59 Pflichtehrensold und freiwilliger Ehrensold

(1) [1]Einem ersten Bürgermeister oder einer ersten Bürgermeisterin und einem Bezirkstagspräsidenten oder einer Bezirkstagspräsidentin ist für die Zeit nach dem Ausscheiden aus dem Amt Ehrensold (Pflichtehrensold) zu bewilligen, wenn er oder sie

1. aus dieser Tätigkeit außer einem Übergangsgeld keine Versorgung erhält,
2. entweder das sechzigste Lebensjahr vollendet hat oder dienstunfähig ist und
3. dieses Amt in derselben Gemeinde mindestens zwölf Jahre bekleidet hat oder aus diesem Amt nach mindestens zehn Jahren wegen Dienstunfähigkeit ausscheidet oder dieses Amt im selben Bezirk mindestens zehn Jahre bekleidet hat oder aus diesem Amt nach mindestens acht Jahren wegen Dienstunfähigkeit ausscheidet.

[2]Der Pflichtehrensold entfällt ab dem Zeitpunkt, ab dem aus einem anderen Amt Versorgung nach diesem Gesetz zusteht, wenn dabei Zeiten aus diesem Ehrenamt als ruhegehaltfähige Dienstzeit nach Art. 50 berücksichtigt werden. [3]Nach dem Tod eines oder einer nach Satz 1 Berechtigten ist dem Ehegatten oder der Ehegattin oder dem Lebenspartner oder der Lebenspartnerin im Sinn des § 1 LPartG Ehrensold zu gewähren; die Zahlung endet bei erneuter Eheschließung oder Begründung einer neuen Lebenspartnerschaft im Sinn des Lebenspartnerschaftsgesetzes.

(2) [1]Einem Bürgermeister oder einer Bürgermeisterin, einem gewählten Stellvertreter des Landrats oder der Landrätin und einem Bezirkstagspräsidenten oder einer Bezirkstagspräsidentin kann für die Zeit nach dem Ausscheiden aus dem Amt Ehrensold (freiwilliger Ehrensold) gewährt werden, wenn er oder sie

1. die Voraussetzungen nach Abs. 1 Satz 1 Nrn. 1 und 2 erfüllt und
2. dieses Amt in derselben Gemeinde oder im selben Landkreis mindestens zehn Jahre, in den Fällen des Art. 41 Abs. 2 GLKrWG mehr als acht Jahre, bekleidet hat oder dieses Amt im selben Bezirk mindestens acht Jahre bekleidet hat.

[2]Ist ein Beamter oder eine Beamtin innerhalb von drei Monaten nach dem Zusammentritt des neu gewählten Gemeinderats, Kreistags oder Bezirkstags in das Amt gewählt worden, so gilt als Beginn der Amtszeit der Beginn der Wahlzeit des Gemeinderats, Kreistags oder Bezirkstags. [3]Nach dem Tod eines Beamten oder einer Beamtin oder eines früheren Beamten oder einer früheren Beamtin, dem oder der freiwilliger Ehrensold gewährt worden ist oder hätte gewährt werden können, kann dem Ehegatten oder der Ehegattin oder dem Lebenspartner oder der Lebenspartnerin im Sinn des § 1 LPartG sowie den minderjährigen Kindern Ehrensold gewährt werden. [4]Abs. 1 Sätze 2 und 3 Halbsatz 2 gelten entsprechend.

(3) [1]Die Fristen nach Abs. 1 Satz 1 Nr. 3 und Abs. 2 Satz 1 Nr. 2 gelten als erfüllt, wenn weniger als sechs Monate Amtszeit fehlen. [2]Ist ein Bürgermeister oder eine Bürgermeisterin in einer Gemeinde wiedergewählt worden, die unter vollständiger oder teilweiser Einbeziehung der früheren Gemeinde neu gebildet oder mit der früheren Gemeinde zusammengelegt worden ist, so werden auch die in der früheren Gemeinde erbrachten Zeiten auf diese Fristen angerechnet; Entsprechendes gilt bei Wiederwahl eines Bezirkstagspräsidenten oder einer Bezirkstagspräsidentin nach Umbildung des Bezirks. [3]In den Fällen des Art. 26 gilt für diese Fristen die gesamte laufende Wahlzeit als zurückgelegte Amtszeit.

(4) Der Ehrensold wird monatlich im Voraus gezahlt.

(5) Die Bewilligung des Ehrensolds kann zurückgenommen werden, wenn sich der Empfänger oder die Empfängerin des Ehrensolds nicht würdig erweist.

Artikel 60 Höhe des Ehrensolds

(1) [1]Der Pflichtehrensold beträgt ein Drittel der zuletzt bezogenen Entschädigung. [2]Nach einer Amtszeit von achtzehn Jahren beträgt der Pflichtehrensold 37 v.H. der zuletzt bezogenen Entschädigung. [3]Nach jeder weiteren Amtszeit von sechs Jahren erhöht sich der Pflichtehrensold jeweils um 3 v.H. der zuletzt bezogenen Entschädigung bis zum Höchstsatz von 43 v.H. [4]Der Ehrensold für Hinterbliebene nach Art. 59 Abs. 1 Satz 3 beträgt 60 v.H. des Pflichtehrensolds. [5]Art. 59 Abs. 3 Satz 1 gilt entsprechend.

(2) Der freiwillige Ehrensold darf

1. bei Bürgermeistern oder Bürgermeisterinnen und bei den gewählten Stellvertretern des Landrats oder der Landrätin monatlich 970 €[1)], bei deren Hinterbliebenen (Art. 59 Abs. 2 Satz 3) monatlich 582 €[2)],
2. bei Bezirkstagspräsidenten oder Bezirkstagspräsidentinnen monatlich 2 042,47 €, bei deren Hinterbliebenen (Art. 59 Abs. 2 Satz 3) monatlich 1 225,48 €

nicht übersteigen.

(3) [1]Übergangsgeld oder Überbrückungshilfe werden auf den Ehrensold angerechnet. [2]Art. 54 Abs. 1 Sätze 4 und 5 gelten entsprechend.

(4) [1]Mit einem einheitlichen Vomhundertsatz benannte Änderungen aller Grundgehälter der Besoldungsordnung A gelten mit dem gleichen Vomhundertsatz und ab dem gleichen Zeitpunkt unmittelbar für den Ehrensold und für die Höchstgrenzen des Abs. 2. [2]Werden die Grundgehälter der Besoldungsordnung A mit unterschiedlichen Vomhundertsätzen geändert, gilt für die Anpassung nach Satz 1 der Vomhundertsatz, der sich aus dem Durchschnitt der unterschiedlichen Vomhundertsätze ergibt. [3]Das Staatsministerium des Innern, für Sport und Integration macht bei einer Anpassung nach den Sätzen 1 und 2 die neuen Höchstgrenzen des Abs. 2 im Bayerischen Ministerialblatt bekannt. [4]Wird der Pflichtehrensold nicht im unmittelbaren Anschluss an das Ausscheiden gezahlt, so ist bei der Berechnung nach Abs. 1 so zu verfahren, als hätte die zuletzt bezogene Entschädigung an den nachfolgenden allgemeinen Änderungen entsprechend Art. 54 Abs. 2 teilgenommen.

---

1) Gem. Bek. v. 29.9.2022 (BayMBl. Nr. 567) gilt ab 1.12.2022 ein Grenzbetrag von 1 259,51€.
2) Gem. Bek. v. 29.9.2022 (BayMBl. Nr. 567) gilt ab 1.12.2022 ein Grenzbetrag von 755,71€.

Artikel 61 Jährliche Sonderzahlung
[1]Neben dem Ehrensold wird eine jährliche Sonderzahlung in entsprechender Anwendung des Art. 55 gezahlt. [2]Dabei steht den Bezügen der Ehrensold gleich. [3]Für den Grundbetrag der jährlichen Sonderzahlung gilt ein Vomhundertsatz von 70.

Teil 6
Schlussbestimmungen

Artikel 62 Geltung für amtierende kommunale Wahlbeamte und Wahlbeamtinnen
Dieses Gesetz gilt auch für die bei seinem Inkrafttreten amtierenden kommunalen Wahlbeamten und Wahlbeamtinnen.

Artikel 63 Überleitungsbestimmungen für amtierende kommunale Wahlbeamte und Wahlbeamtinnen
(1) [1]Für Beamte und Beamtinnen auf Zeit gilt mit Inkrafttreten dieses Gesetzes die bisherige besoldungsrechtliche Einstufung weiter; soweit Beamte und Beamtinnen in Ämtern der Besoldungsordnung A die Endstufe noch nicht erreicht haben, gelten sie mit Inkrafttreten dieses Gesetzes als in die Endstufe ihres Amtes übergeleitet. [2]Berufsmäßige erste Bürgermeister und erste Bürgermeisterinnen, Oberbürgermeister und Oberbürgermeisterinnen, berufsmäßige Gemeinderatsmitglieder und Landräte und Landrätinnen, deren bisherige Einstufung einer niedrigeren Besoldungsgruppe entspricht als der nach Art. 45 Abs. 2 in Verbindung mit Anlage 1 maßgeblichen, gelten mit Inkrafttreten dieses Gesetzes als in die Endstufe des neuen Amtes übergeleitet. [3]Die Betroffenen sind über die ab Inkrafttreten dieses Gesetzes maßgebliche besoldungsrechtliche Einstufung vom Dienstherrn schriftlich zu informieren.
(2) Die sonstigen Übergangsregelungen nach Art. 108 Abs. 1, 2 und 7 BayBesG gelten für die Besoldung der Beamten und Beamtinnen auf Zeit entsprechend, wobei an die Stelle des dort genannten 1. Januar 2011 der Tag des Inkrafttretens[1)] dieses Gesetzes und an die Stelle des dort genannten 31. Dezember 2010 der Tag vor Inkrafttreten dieses Gesetzes tritt.
(3) An die Stelle von Dienstaufwandsentschädigungen, die in einer Höhe unterhalb der in Anlage 2 festgelegten Untergrenzen festgesetzt sind, tritt jeweils eine Dienstaufwandsentschädigung in Höhe der in Anlage 2 festgelegten Rahmenuntergrenze.
(4) Für Beamte und Beamtinnen auf Zeit, die am 31. Dezember 1991 im Amt waren und das Amt bis zum Inkrafttreten[1)] dieses Gesetzes fortgeführt haben, beträgt der Ruhegehaltssatz nach einer Amtszeit von acht Jahren abweichend von Art. 28 Satz 1 BayBeamtVG 42 v.H.
(5) An die Stelle von Entschädigungen für erste Bürgermeister und erste Bürgermeisterinnen, die in einer Höhe unterhalb der in Anlage 3 festgelegten Untergrenzen festgesetzt sind, tritt jeweils eine Entschädigung in Höhe der in Anlage 3 festgesetzten Rahmenuntergrenze.
(6) Beamte und Beamtinnen auf Zeit erhalten für die Zeit vom 1. Januar 2012 bis zum Inkrafttreten[1)] dieses Gesetzes
1. eine Bezügenachzahlung in Höhe von 1,9 v.H. der ihnen in diesem Zeitraum zustehenden monatlichen Grundgehaltssätze zuzüglich monatlich 17 € und
2. eine Nachzahlung in Höhe von 1,9 v.H. der ihnen in diesem Zeitraum zustehenden monatlichen Familienzuschläge.

(7) [1]Beamte und Beamtinnen auf Zeit erhalten für die Zeit vom 1. Januar 2012 bis zum Inkrafttreten[1)] dieses Gesetzes eine Nachzahlung in Höhe von 2,2 v.H. der ihnen in diesem Zeitraum zustehenden monatlichen Dienstaufwandsentschädigung. [2]Die bis zum Inkrafttreten dieses Gesetzes zustehenden Dienstaufwandsentschädigungen erhöhen sich ab Inkrafttreten dieses Gesetzes um 1,9 v.H.
(8) [1]Ehrenbeamte und Ehrenbeamtinnen erhalten für die Zeit vom 1. Januar 2012 bis zum Inkrafttreten[1)] dieses Gesetzes eine Nachzahlung in Höhe von 2,2 v.H. der ihnen in diesem Zeitraum zustehenden monatlichen Entschädigung. [2]Die bis zum Inkrafttreten dieses Gesetzes zustehenden Entschädigungen erhöhen sich ab Inkrafttreten dieses Gesetzes um 1,9 v.H.

Artikel 64 Geltung für frühere kommunale Wahlbeamte und Wahlbeamtinnen
(1) Für die Versorgung der bei Inkrafttreten dieses Gesetzes vorhandenen Ruhestandsbeamten und Ruhestandsbeamtinnen und ihrer Hinterbliebenen gelten Art. 100 bis 102 BayBeamtVG und die Son-

1) Dieses G tritt am 1. August 2012 in Kraft, vgl. Art. 66 Abs. 1.

derregelungen in Art. 52 Abs. 3 bis 6 entsprechend, wobei an die Stelle des in Art. 100 bis 102 BayBeamtVG genannten 1. Januar 2011 der Tag des Inkrafttretens dieses Gesetzes und an die Stelle des 31. Dezember 2010 der Tag vor Inkrafttreten dieses Gesetzes tritt.

(2) [1]Auf frühere kommunale Wahlbeamte und Wahlbeamtinnen sind die Ehrensoldregelungen nach Art. 59 bis 61 anwendbar. [2]Dies gilt nicht für Art. 59 Abs. 1 Satz 2, soweit der Ehrensold vor Inkrafttreten dieses Gesetzes bewilligt wurde.

(3) [1]Ruhestandsbeamte und Ruhestandsbeamtinnen und ihre Hinterbliebenen erhalten für die Zeit vom 1. Januar 2012 bis zum Inkrafttreten dieses Gesetzes eine Nachzahlung der ihnen in diesem Zeitraum zustehenden Versorgungsbezüge in entsprechender Anwendung der für Beamte und Beamtinnen im Sinn des Art. 1 Abs. 1 BayBeamtVG geltenden Vorschriften. [2]Satz 1 gilt als erste Anpassung im Sinn des Art. 107 Abs. 1 BayBeamtVG.

(4) [1]Ehemalige kommunale Wahlbeamte und Wahlbeamtinnen und deren Hinterbliebene erhalten für die Zeit vom 1. Januar 2012 bis zum Inkrafttreten dieses Gesetzes eine Nachzahlung des ihnen in diesem Zeitraum zustehenden Ehrensolds in Höhe von 2,2 v.H. [2]Die bis zum Inkrafttreten dieses Gesetzes zustehenden Ehrensoldleistungen erhöhen sich ab Inkrafttreten dieses Gesetzes[1)] um 1,9 v.H.

Artikel 65 Übergangsregelung

Art. 53 Abs. 3, Art. 60 Abs. 2 Nr. 2 und Anlage 3 in ihrer am 15. Oktober 2023 geltenden Fassung finden erstmals auf die nach dem Inkrafttreten der Änderungen gewählten Bezirkstagspräsidentinnen und Bezirkstagspräsidenten Anwendung.

Artikel 66 Inkrafttreten

Dieses Gesetz tritt am 1. August 2012 in Kraft.

1) Dieses G tritt am 1. August 2012 in Kraft, vgl. Art. 66 Abs. 1.

Anlage 1
(zu Art. 45 Abs. 2)

Einstufung der Beamten und Beamtinnen auf Zeit

1. Kreisangehörige Gemeinden				
Größenklasse	**Erste Bürgermeister und Bürgermeisterinnen**	**Weitere Bürgermeister und Bürgermeisterinnen**	**Berufsmäßige Gemeinderatsmitglieder**	
Einwohnerzahl			**Erste Amtszeit**	**Weitere Amtszeiten**
	BesGr			
bis 2 000	A 13	A 10/A 11	–	–
2 001 bis 3 000	A 14	A 11/A 12	–	–
3 001 bis 5 000	A 15	A 12/A 13	–	–
5 001 bis 10 000	A 16	A 13/A 14	–	–
10 001 bis 15 000	B 2	A 14/A 15	A 13	A 14
15 001 bis 30 000	B 3	A 15/A 16	A 14	A 15
über 30 000	B 4	A 16/B 2	A 14	A 15
2. Kreisfreie Gemeinden und Große Kreisstädte				
Größenklasse	**Oberbürgermeister und Oberbürgermeisterinnen**	**Weitere Bürgermeister und Bürgermeisterinnen**	**Berufsmäßige Gemeinderatsmitglieder**	
Einwohnerzahl/Stadt			**Erste Amtszeit**	**Weitere Amtszeiten**
	BesGr			
bis 30 000	B 4	A 16/B 2	A 14	A 15
30 001 bis 50 000	B 6	B 3/B 4	A 16	B 2
50 001 bis 100 000	B 7	B 4/B 5	B 2	B 3
Städte Erlangen, Fürth, Ingolstadt, Regensburg und Würzburg	B 8	B 5/B 6	B 3	B 4
Stadt Augsburg	B 9	B 6/B 7	B 4	B 5
Stadt Nürnberg	B 10	B 7/B 8	B 5	B 6
Landeshauptstadt München	B 11	B 8/B 9	B 6	B 7

3. Landkreise	
Größenklasse	**Landräte und Landrätinnen**
Einwohnerzahl	**BesGr**
bis 75 000	B5
75 001 bis 150 000	B6
über 150 000	B7

Anlage 2[1)]
(zu Art. 46 Abs. 1)

Monatliche Dienstaufwandsentschädigungen für die Beamten und Beamtinnen auf Zeit

					Rahmensätze		
A.	Erste Bürgermeister und Bürgermeisterinnen						
	1.	kreisangehöriger Gemeinden			195 €	bis	641 €
	2.	kreisfreier Gemeinden und Großer Kreisstädte					
		a)	bis	50 000 Einwohner	344 €	bis	937 €
		b)	von	50 001 bis 100 000 Einwohner	492 €	bis	1 086 €
		c)	über	100 000 Einwohner	641 €	bis	1 234 €
B.	Weitere Bürgermeister und Bürgermeisterinnen und berufsmäßige Gemeinderatsmitglieder						
	1.	kreisangehöriger Gemeinden			166 €	bis	522 €
	2.	kreisfreier Gemeinden und Großer Kreisstädte					
		a)	bis	50 000 Einwohner	284 €	bis	759 €
		b)	von	50 001 bis 100 000 Einwohner	403 €	bis	878 €
		c)	über	100 000 Einwohner	522 €	bis	997 €
C.	Landräte und Landrätinnen				789 €	bis	1 086 €

Anlage 3
(zu Art. 53 Abs. 2 und 3)

Monatliche Entschädigungen für die Ehrenbeamten und Ehrenbeamtinnen

1. Ehrenamtliche erste Bürgermeister und Bürgermeisterinnen

Einwohner der Gemeinde			Rahmensätze		
	bis	1 000	1 298,50 €	bis	3 376,01 €
1 001	bis	3 000	3 246,17 €	bis	4 869,27 €
3 001	bis	5 000	4 284,93 €	bis	5 778,16 €
	über	5 000	4 934,19 €	bis	6 232,64 €

1) Gem. Bek. v. 29.9.2022 (BayMBl. Nr. 567) gilt Anlage 2 zu Art. 46 Abs. 1 KWBG ab 1.12.2022 in folgender Fassung: (gültig ab 1. Dezember 2022)

					Rahmensätze		
A.	Erste Bürgermeister und Bürgermeisterinnen						
	1.	kreisangehöriger Gemeinden			253,21 €	bis	832,32 €
	2.	kreisfreier Gemeinden und Großer Kreisstädte					
		a)	bis 50 000 Einwohner		446,67 €	bis	1 216,67 €
		b)	von 50 001 bis 100 000 Einwohner		638,82 €	bis	1 410,13 €
		c)	über 100 000 Einwohner		832,32 €	bis	1 602,31 €
B.	Weitere Bürgermeister und Bürgermeisterinnen und berufsmäßige Gemeinderatsmitglieder						
	1.	kreisangehöriger Gemeinden			215,53 €	bis	677,80 €
	2.	kreisfreier Gemeinden und Großer Kreisstädte					
		a)	bis 50 000 Einwohner		368,76 €	bis	985,56 €
		b)	von 50 001 bis 100 000 Einwohner		523,29 €	bis	1 140,06 €
		c)	über 100 000 Einwohner		677,80 €	bis	1 294,58 €
C.	Landräte und Landrätinnen				1 024,49 €	bis	1 410,13 €

2. Bezirkstagspräsidenten und Bezirkstagspräsidentinnen

Einwohner des Bezirks			Höchstbetrag
	bis	1 500 000	7 790,80 €
1 500 001	bis	3 000 000	8 102,43 €
	über	3 000 000	8 414,06 €

Kommunalabgabengesetz (KAG)

In der Fassung der Bekanntmachung vom 4. April 1993[1)] (GVBl. S. 264)
(BayRS 2024-1-I)

zuletzt geändert durch § 1 Abs. 10 V zur Anpassung des Landesrechts an die geltende Geschäftsverteilung vom 4. Juni 2024 (GVBl. S. 98)

Nichtamtliche Inhaltsübersicht

I. Abschnitt
Abgaben nach diesem Gesetz

Artikel 1 Abgabenberechtigte
Die Gemeinden, Landkreise und Bezirke sind berechtigt, nach diesem Gesetz Abgaben zu erheben, soweit nicht Bundesrecht oder Landesrecht etwas anderes bestimmen.

Artikel 2 Abgabesatzung
(1) [1]Die Abgaben werden auf Grund einer besonderen Abgabesatzung erhoben. [2]Die Satzung muß die Schuldner, den die Abgabe begründenden Tatbestand, den Maßstab, den Satz der Abgabe sowie die Entstehung und die Fälligkeit der Abgabeschuld bestimmen. [3]In der Satzung können für die elektronische Übermittlung der für die Ermittlung und Festsetzung der Abgaben erforderlichen Daten Bestimmungen über diese Daten und zum Übermittlungsverfahren getroffen werden; § 87a Abs. 6 der Abgabenordnung (AO) gilt unabhängig von etwaigen Satzungsregelungen für das zur Verfügung gestellte Übermittlungsverfahren sinngemäß.
(2) Das Staatsministerium des Innern, für Sport und Integration kann Mustersatzungen erlassen, die im Bayerischen Ministerialblatt veröffentlicht werden.
(3) [1]Satzungen nach Art. 3 bedürfen der Genehmigung durch die Rechtsaufsichtsbehörde, wenn durch die Satzung erstmalig eine in Bayern bisher nicht erhobene kommunale Steuer eingeführt wird. [2]Die Genehmigung bedarf der Zustimmung des Staatsministeriums des Innern, für Sport und Integration. [3]Genehmigung und Zustimmung dürfen nur versagt werden, wenn die Satzung höherrangigem Recht widerspricht oder wenn die Steuer öffentliche Belange, insbesondere volkswirtschaftliche oder steuerliche Interessen des Staates, beeinträchtigt.

---
1) Neubekanntmachung des KAG in der in der Bayerischen Rechtssammlung (2024-1-I) veröffentlichten bereinigten Fassung in der vom 1.1.1993 an geltenden Fassung.

Artikel 3 Örtliche Verbrauch- und Aufwandsteuern

(1) Die Gemeinden können örtliche Verbrauch- und Aufwandsteuern erheben, solange und soweit diese nicht bundesrechtlich geregelten Steuern gleichartig sind.

(2) [1]Die Landkreise können örtliche Verbrauch- und Aufwandsteuern, die bundesrechtlich geregelten Steuern nicht gleichartig sind, dort erheben, wo die kreisangehörige Gemeinde diese Steuern nicht selbst erhebt. [2]Die kreisangehörigen Gemeinden dürfen Steuern, die der Landkreis erhebt, nur vom Beginn eines Jahres an selbst erheben.

(3) [1]Eine Getränkesteuer, eine Jagdsteuer, eine Speiseeissteuer, eine Übernachtungsteuer und eine Vergnügungssteuer dürfen nicht erhoben werden. [2]Eine Steuer auf das Innehaben einer Wohnung wird nicht erhoben, wenn die Summe der positiven Einkünfte des Steuerpflichtigen nach § 2 Abs. 1, 2 und 5a des Einkommensteuergesetzes (EStG) im vorletzten Jahr vor Entstehen der Steuerpflicht 29 000 € nicht überschritten hat. [3]Bei nicht dauernd getrennt lebenden Ehegatten und Lebenspartnern beträgt die Summe der positiven Einkünfte 37 000 €. [4]Bezieht der Steuerpflichtige Leistungen nach § 22 Nr. 1 Satz 3 Buchst. a oder Nr. 5 Satz 2 Buchst. a EStG, ist den positiven Einkünften der nicht steuerpflichtige Anteil der Leistungen hinzuzurechnen. [5]Ist die Summe der positiven Einkünfte im Steuerjahr voraussichtlich niedriger, so ist von den Einkommensverhältnissen dieses Jahres auszugehen. [6]Die Steuer wird nicht höher festgesetzt als ein Drittel des Betrags, um den die Summe der positiven Einkünfte 29 000 € bzw. 37 000 € übersteigt. [7]Entscheidungen nach den Sätzen 2 bis 6 setzen einen Antrag voraus, der bis zum Ende des Kalendermonats, der auf das Steuerjahr folgt, gestellt sein muss. [8]Sie stehen in den Fällen des Satzes 5 unter dem Vorbehalt der Nachforderung.

(4) [1]Vereinbarungen mit einem Steuerschuldner über die Abrechnung, Fälligkeit, Erhebung und Pauschalierung örtlicher Verbrauch- und Aufwandsteuern sind zulässig, soweit sie die Besteuerung vereinfachen und das steuerliche Ergebnis im Einzelfall voraussichtlich nicht wesentlich verändern. [2]Die Vereinbarungen sind jederzeit widerruflich.

Artikel 4 ***[aufgehoben]***

Artikel 5 Beiträge

(1) [1]Die Gemeinden und Landkreise können zur Deckung des Aufwands für die Herstellung, Anschaffung, Verbesserung oder Erneuerung ihrer öffentlichen Einrichtungen (Investitionsaufwand) Beiträge von den Grundstückseigentümern und Erbbauberechtigten erheben, denen die Möglichkeit der Inanspruchnahme dieser Einrichtungen besondere Vorteile bietet. [2]Der Investitionsaufwand umfaßt auch den Wert der von der Gebietskörperschaft aus ihrem Vermögen bereitgestellten Sachen und Rechte im Zeitpunkt der Bereitstellung sowie der vom Personal des Beitragsberechtigten erbrachten Werk- und Dienstleistungen für die technische Herstellung der Einrichtung; er ist beitragsfähig, soweit er erforderlich ist. [3]Für die Verbesserung oder Erneuerung von Ortsstraßen, beschränkt-öffentlichen Wegen, in der Baulast der Gemeinden stehenden Teilen von Ortsdurchfahrten und der Straßenbeleuchtung (Straßenausbaubeitragsmaßnahmen) werden keine Beiträge erhoben; Art. 5a bleibt unberührt. [4]Bei der Ermittlung von Beiträgen für die Herstellung und Anschaffung leitungsgebundener Einrichtungen kann der durchschnittliche Investitionsaufwand für die gesamte Einrichtung veranschlagt und zugrunde gelegt werden. [5]Bei leitungsgebundenen Einrichtungen kann der Aufwand, unbeschadet der Art. 21 Abs. 2 der Gemeindeordnung (GO), Art. 15 Abs. 2 der Landkreisordnung und Art. 15 Abs. 2 der Bezirksordnung nicht für bestimmte Abschnitte der Einrichtung ermittelt werden; bei nicht leitungsgebundenen Einrichtungen kann der Aufwand für mehrere Einrichtungen, die für die Erschließung der Grundstücke eine Einheit bilden, insgesamt ermittelt werden. [6]Der Beitrag kann für den Grunderwerb, die Freilegung und für Teile der nichtleitungsgebundenen Einrichtung selbständig erhoben werden (Kostenspaltung).

(1a) Die Gemeinden und Landkreise sollen die voraussichtlich Beitragspflichtigen möglichst frühzeitig über beabsichtigte beitragsfähige Vorhaben und das Verfahren der Beitragserhebung einschließlich in Betracht kommender Billigkeitsmaßnahmen informieren.

(2) [1]Sind die Vorteile der Beitragspflichtigen verschieden hoch, so sind die Beiträge entsprechend abzustufen. [2]Beitragsmaßstäbe sind insbesondere

1. die Art und das Maß der baulichen oder sonstigen Nutzung,
2. die Grundstücksflächen,

sowie Kombinationen hieraus. [3]In der Beitragssatzung kann bestimmt werden, daß Grundstücke bis zu ihrer Bebauung oder gewerblichen Nutzung nur mit dem auf die Grundstücksfläche entfallenden Beitrag herangezogen werden. [4]In der Beitragssatzung für leitungsgebundene Einrichtungen soll bestimmt werden, daß Gebäude oder selbständige Gebäudeteile, die nach der Art ihrer Nutzung keinen Bedarf nach Anschluß an die gemeindliche Einrichtung auslösen oder nicht angeschlossen werden dürfen, nicht zum Beitrag herangezogen werden; das gilt nicht für Gebäude oder Gebäudeteile, die tatsächlich angeschlossen sind. [5]Stellt der Beitragsmaßstab von Beitragssatzungen für leitungsgebundene Einrichtungen nicht auf die vorhandene Bebauung ab, soll bestimmt werden, dass der auf solche Gebäude oder Gebäudeteile entfallende Beitragsteil als Abzugsposten Berücksichtigung findet. [6]Für übergroße Grundstücke in unbeplanten Gebieten ist in der Beitragssatzung für leitungsgebundene Einrichtungen eine Begrenzung der beitragspflichtigen Grundstücksfläche vorzunehmen.

(2a) [1]Ändern sich die für die Beitragsbemessung maßgeblichen Umstände nachträglich und erhöht sich dadurch der Vorteil, so entsteht damit ein zusätzlicher Beitrag. [2]Die Beitragspflichtigen sind verpflichtet, dem Beitragsgläubiger für die Höhe des Beitrags maßgebliche Veränderungen unverzüglich zu melden und über den Umfang dieser Veränderungen, auf Verlangen auch unter Vorlage entsprechender Unterlagen, Auskunft zu erteilen.

(3) [1]Kommt die Einrichtung neben den Beitragspflichtigen nicht nur unbedeutend auch der Allgemeinheit zugute, so ist in der Abgabesatzung (Art. 2) eine Eigenbeteiligung vorzusehen. [2]Die Eigenbeteiligung muß die Vorteile für die Allgemeinheit angemessen berücksichtigen.

(4) Steht im Zeitpunkt des Satzungserlasses der Aufwand nach Absatz 1 noch nicht fest, so kann in Abweichung von Art. 2 Abs. 1 davon abgesehen werden, den Abgabesatz festzulegen; es müssen aber die wesentlichen Bestandteile der einzelnen Einrichtung in der Satzung nach Art und Umfang bezeichnet und der umzulegende Teil der Gesamtkosten bestimmt sein.

(5) [1]Für ein Grundstück, für das eine Beitragspflicht noch nicht oder nicht in vollem Umfang entstanden ist, können Vorauszahlungen auf den Beitrag verlangt werden, wenn mit der Herstellung, Anschaffung, Verbesserung oder Erneuerung der Einrichtung begonnen worden ist. [2]Die Vorauszahlung ist mit der endgültigen Beitragsschuld zu verrechnen, auch wenn der Vorauszahlende nicht beitragspflichtig ist. [3]Ist die Beitragspflicht sechs Jahre nach Erlaß des Vorauszahlungsbescheids noch nicht entstanden, kann die Vorauszahlung zurückverlangt werden, wenn die Einrichtung bis zu diesem Zeitpunkt noch nicht benutzbar ist. [4]Die Rückzahlungsschuld ist ab Erhebung der Vorauszahlung mit zwei Prozentpunkten über dem Basiszinssatz nach § 247 des Bürgerlichen Gesetzbuchs (BGB) jährlich zu verzinsen. [5]Ist eine Beitragspflicht bereits entstanden, können Vorschüsse auf den Beitrag erhoben werden, sofern die endgültige Beitragsschuld noch nicht berechnet werden kann.

(6) [1]Beitragspflichtig ist, wer im Zeitpunkt des Entstehens der Beitragsschuld Eigentümer des Grundstücks oder Erbbauberechtigter ist. [2]Mehrere Beitragspflichtige sind Gesamtschuldner; bei Wohnungs- und Teileigentum sind die einzelnen Wohnungs- und Teileigentümer nur entsprechend ihrem Miteigentumsanteil beitragspflichtig.

(7) [1]Der Beitrag ruht als öffentliche Last auf dem Grundstück oder dem Erbbaurecht, im Fall des Absatzes 6 Satz 2 auf dem Wohnungs- oder dem Teileigentum; die öffentliche Last erlischt nicht, solange die persönliche Schuld besteht. [2]Der Duldungsbescheid, mit dem die öffentliche Last geltend gemacht wird, ist wie ein Leistungsbescheid zu vollstrecken.

(8) Ein Beitrag kann auch für öffentliche Einrichtungen erhoben werden, die vor Inkrafttreten der Abgabesatzung hergestellt, angeschafft, verbessert oder erneuert wurden.

(9) [1]Der Beitragsberechtigte kann die Ablösung des Beitrags vor Entstehung der Beitragspflicht gegen eine angemessene Gegenleistung zulassen. [2]Das Nähere ist in der Beitragssatzung (Art. 2) zu bestimmen. [3]Die vertragliche Übernahme beitragsfähiger Aufwendungen ist auch im Rahmen städtebaulicher Verträge möglich; § 11 des Baugesetzbuches (BauGB) gilt entsprechend.

Artikel 5a Erschließungsbeitrag

(1) Die Gemeinden erheben zur Deckung ihres anderweitig nicht gedeckten Aufwands für Erschließungsanlagen einen Erschließungsbeitrag nach Maßgabe der folgenden Vorschriften.

(2) Mit Ausnahme der § 128 Abs. 2 und § 135 Abs. 6 BauGB gelten die §§ 127 Abs. 2 und 128 bis 135 sowie § 242 Abs. 2 bis 8 BauGB jeweils in der am 8. September 2015 geltenden Fassung entsprechend.

(3) Grünanlagen zur Erschließung der Baugebiete sind nicht notwendig im Sinn des § 127 Abs. 2 Nr. 4 BauGB,

1. wenn sie über die unmittelbare Bedeutung und den unmittelbaren Nutzen für das Baugebiet hinausgehen, in dem sie ausgewiesen werden sollen; dies ist insbesondere dann der Fall, wenn Grünflächen wegen der Schaffung stadt- bzw. ortsteilübergreifender Grünzüge oder der Vernetzung vorhandener Grün- und Freizeitflächen sowohl von ihrer Größe als auch von ihrem Ausbau her baugebietsübergreifende Bedeutung haben,
2. wenn sie in einer ausreichenden Größe vorhanden sind und in ihrer bisherigen Beschaffenheit den Ansprüchen der anwohnenden Bevölkerung genügt haben, oder
3. wenn wegen des vorhandenen innerörtlichen Grüns ein städtebauliches Bedürfnis nach weiterer Begrünung nicht zu erkennen ist.

(4) Die vertragliche Übernahme erschließungsbeitragsfähiger Aufwendungen ist auch im Rahmen städtebaulicher Verträge möglich; § 11 BauGB gilt entsprechend.

(5) Art. 5 Abs. 1 Satz 2 und 6 sowie Abs. 1a gilt entsprechend.

(6) [1]Das Recht, Abgaben für Anlagen zu erheben, die nicht Erschließungsanlagen sind, bleibt unberührt. [2]Dies gilt insbesondere für Anlagen zur Ableitung von Abwasser sowie zur Versorgung mit Elektrizität, Gas, Wärme und Wasser.

(7) [1]Für vorhandene Erschließungsanlagen, für die eine Beitragspflicht auf Grund der bis zum 29. Juni 1961 geltenden Vorschriften nicht entstehen konnte, kann auch nach diesem Gesetz kein Erschließungsbeitrag erhoben werden. [2]Dies gilt auch, sofern seit dem Beginn der erstmaligen technischen Herstellung einer Erschließungsanlage mindestens 25 Jahre vergangen sind. [3]Bezieht sich der Beginn der technischen Herstellung nur auf eine Teilstrecke der Erschließungsanlage, so gilt Satz 2 nur für diese Teilstrecke.

(8) Soweit für Erschließungsanlagen nach Abs. 7 oder Art. 13 Abs. 1 Nr. 4 Buchst. b Doppelbuchst. bb Spiegelstrich 1 kein Beitrag mehr erhoben werden kann, gelten diese Erschließungsanlagen als erstmalig hergestellt.

Artikel 5b ***[aufgehoben]***

Artikel 6 Fremdenverkehrsbeitrag

(1) Gemeinden, in denen die Zahl der Fremdenübernachtungen im Jahr in der Regel das Siebenfache der Einwohnerzahl übersteigt, können zur Deckung des gemeindlichen Aufwands für die Fremdenverkehrsförderung von den selbständig tätigen, natürlichen und den juristischen Personen, den offenen Handelsgesellschaften und den Kommanditgesellschaften, denen durch den Fremdenverkehr im Gemeindegebiet unmittelbar oder mittelbar wirtschaftliche Vorteile erwachsen, einen Fremdenverkehrsbeitrag erheben.

(2) [1]Die Satzung kann bestimmen, dass Daten verpflichtend elektronisch an den Abgabenberechtigten zu übermitteln sind. [2]Art. 2 Abs. 1 Satz 3 gilt entsprechend.

(3) Die Abgabe bemißt sich nach den besonderen wirtschaftlichen Vorteilen, die dem einzelnen Abgabepflichtigen aus dem Fremdenverkehr erwachsen.

(4) Die Gemeinden können auf die Beitragsschuld eines Kalenderjahres bereits während dieses Jahres Vorauszahlungen verlangen.

(5) Art. 3 Abs. 4 gilt entsprechend.

Artikel 7 Kurbeitrag

(1) [1]Gemeinden, die ganz oder teilweise als Heilbad, Kneippheilbad, Kneippkurort, Schrothheilbad, Schrothkurort, Waldheilbad, heilklimatischer Kurort, Ort mit Heilquellenkurbetrieb, Ort mit Heilstollenkurbetrieb, Ort mit Peloid-Kurbetrieb, Ort mit Waldkurbetrieb, Luftkurort oder Erholungsort anerkannt sind, können im Rahmen der Anerkennung zur Deckung ihres Aufwands für Einrichtungen und Veranstaltungen, die Kur- oder Erholungszwecken der Kurgäste dienen, einen Beitrag erheben. [2]Einrichtungen und Veranstaltungen außerhalb des Gemeindegebiets können einbezogen werden, sofern der regionale Bezug eine regelmäßige Inanspruchnahme durch die Kurgäste der Gemeinde zu Kur- oder Erholungszwecken erwarten lässt. [3]Zum Aufwand nach Satz 1 kann auch ein Finanzierungsanteil am öffentlichen Personennahverkehr zählen, der auf die Kurgäste entfällt.

(2) [1]Beitragspflichtig sind alle Personen, die sich in dem nach Absatz 1 anerkannten Gebiet zu Kur- oder Erholungszwecken aufhalten, ohne dort ihre Hauptwohnung im Sinn des Melderechts zu haben,

und denen die Möglichkeit zur Benutzung der Einrichtungen und zur Teilnahme an den Veranstaltungen geboten ist (Kurgäste). [2]Sind die Vorteile, die den Beitragspflichtigen aus den Einrichtungen und Veranstaltungen erwachsen können, verschieden groß, so ist das durch entsprechende Abstufung der Beitragshöhe zu berücksichtigen. [3]Die Beitragssatzung kann aus wichtigen Gründen vollständige oder teilweise Befreiung von der Beitragspflicht vorsehen. [4]In der Beitragssatzung können die in Satz 1 bezeichneten Personen verpflichtet werden, der Gemeinde unverzüglich die für die Feststellung der Beitragspflicht notwendigen Angaben zu machen; Inhaber von Zweitwohnungen können verpflichtet werden, über die Benutzung der Zweitwohnung der Gemeinde Auskunft zu geben. [5]Die Gemeinden können für Inhaber von Zweitwohnungen, für deren nicht dauernd von ihnen getrennt lebende Ehegatten oder Lebenspartner und für die im Haushalt des Inhabers der Zweitwohnung lebenden Kinder bis zur Vollendung des 16. Lebensjahres in der Abgabesatzung eine pauschale Abgeltung des Kurbeitrags vorschreiben, die sich jeweils an deren durchschnittlicher Aufenthaltsdauer in der Gemeinde zu orientieren hat. [6]Die Pauschalierung entfällt, wenn der Beitragspflichtige nachweist, daß er sich im Veranlagungszeitraum nicht in der Gemeinde aufgehalten hat.

(3) Art. 3 Abs. 4 gilt entsprechend.

(4) [1]Wer Personen beherbergt oder ihnen Wohnraum überläßt, kann in der Satzung verpflichtet werden, diese Personen der Gemeinde zu melden, ferner den Beitrag einzuheben und an die Gemeinde abzuführen. [2]Die Satzung kann bestimmen, dass Daten verpflichtend elektronisch an den Abgabenberechtigten zu übermitteln sind. [3]Art. 2 Abs. 1 Satz 3 gilt entsprechend. [4]Dieselben Verpflichtungen können den Inhabern von Campingplätzen auferlegt werden. [5]Die Satzung kann bestimmen, daß die in den Sätzen 1 und 4 Genannten neben den Beitragspflichtigen als Gesamtschuldner haften. [6]Die Sätze 1 und 5 gelten auch für die Inhaber von Kuranstalten, soweit der Kurbeitrag von Personen erhoben wird, welche die Kuranstalten benutzen, ohne in der Gemeinde zu übernachten. [7]Ist der Kurbeitrag im Preis für eine Gesellschaftsreise enthalten, so kann die Satzung die Reiseunternehmer verpflichten, den Beitrag an die Gemeinde abzuführen; Satz 5 gilt entsprechend.

(5) [1]Zuständig für die Anerkennung nach Absatz 1 ist das Staatsministerium des Innern, für Sport und Integration im Einvernehmen mit den Staatsministerien für Wirtschaft, Landesentwicklung und Energie und für Gesundheit, Pflege und Prävention. [2]Die Anerkennung kann erteilt werden, wenn natürliche und sonstige Gegebenheiten sowie zweckentsprechende Einrichtungen, die der Erholung, der Heilung und Linderung von Krankheiten, ihrer Nachbehandlung oder ihrer Vorbeugung dienen, vorhanden sind. [3]Die Anerkennung kann aufgehoben werden. [4]Vor der Entscheidung über die Anerkennung oder deren Aufhebung ist der Bayerische Fachausschuß für Kurorte, Erholungsorte und Heilbrunnen gutachtlich zu hören. [5]Das Staatsministerium des Innern, für Sport und Integration trifft im Einvernehmen mit den Staatsministerien für Wirtschaft, Landesentwicklung und Energie und für Gesundheit, Pflege und Prävention durch Rechtsverordnung Bestimmungen über die näheren Voraussetzungen für die Anerkennung, die Aufhebung der Anerkennung und das Verfahren, über die Verwendung der gemäß Absatz 1 verliehenen Prädikate und über den Bayerischen Fachausschuß für Kurorte, Erholungsorte und Heilbrunnen, insbesondere dessen Bildung und Zusammensetzung.

Artikel 8 Benutzungsgebühren

(1) [1]Gemeinden, Landkreise und Bezirke können für die Benutzung ihrer öffentlichen Einrichtungen und ihres Eigentums Benutzungsgebühren erheben. [2]Benutzungsgebühren sollen erhoben werden, wenn und soweit eine Einrichtung überwiegend dem Vorteil einzelner Personen oder Personengruppen dient, sofern nicht ein privatrechtliches Entgelt gefordert wird. [3]Das Nehmen eines Anschlusses ist keine Benutzung im Sinn dieses Gesetzes.

(2) [1]Das Gebührenaufkommen soll die nach betriebswirtschaftlichen Grundsätzen ansatzfähigen Kosten einschließlich der Kosten für die Ermittlung und Anforderung von einrichtungsbezogenen Abgaben decken. [2]Sind die Schuldner zur Benutzung verpflichtet, so soll das Aufkommen die Kosten nach Satz 1 nicht übersteigen. [3]Zur Deckung der verbrauchsunabhängigen Kosten (Vorhaltekosten) kann eine Grundgebühr erhoben werden, die – unter besonderer Beachtung des Absatzes 5 – so zu bemessen ist, daß neben ihr in der Mehrzahl der Fälle noch eine angemessene Abrechnung nach der tatsächlichen Benutzung stattfindet; die Erhebung einer Mindestgebühr ist bei der Wasserversorgung und der Abwasserbeseitigung unzulässig.

(3) [1]Zu den Kosten im Sinn des Absatzes 2 Satz 1 gehören insbesondere angemessene Abschreibungen und eine angemessene Verzinsung des Anlagekapitals. [2]Den Abschreibungen zugrunde zu legen sind

die Anschaffungs- und Herstellungskosten oder Wiederbeschaffungszeitwerte, die jeweils um Beiträge und ähnliche Entgelte zu kürzen sind und um Zuwendungen gekürzt werden können. 3Bei der Verzinsung des Anlagekapitals bleibt der durch Beiträge und ähnliche Entgelte sowie der aus Zuwendungen aufgebrachte Kapitalanteil außer Betracht; das gilt für Zuwendungen nur insoweit, als es Zweck der Zuwendung ist, die Gebührenschuldner zu entlasten. 4Mehrerlöse, die sich aus einer Abschreibung von Wiederbeschaffungszeitwerten gegenüber einer Abschreibung von Anschaffungs- und Herstellungskosten oder dadurch ergeben, dass Zuwendungen nicht in Abzug gebracht werden, sind der Einrichtung einschließlich einer angemessenen Verzinsung wieder zuzuführen. 5Zu den Kosten im Sinn des Abs. 2 Satz 1 gehören auch die Aufwendungen für einrichtungsbezogene Informationsmaßnahmen.

(4) Die Gebühren sind nach dem Ausmaß zu bemessen, in dem die Gebührenschuldner die öffentliche Einrichtung oder das kommunale Eigentum benutzen; sonstige Merkmale können zusätzlich berücksichtigt werden, wenn öffentliche Belange das rechtfertigen.

(5) 1Die Gebührenbemessung bei der Wasserversorgung und der Abwasserbeseitigung hat dem schonenden und sparsamen Umgang mit Wasser zu dienen. 2Sie erfolgt grundsätzlich linear. 3Wassergebühren und Abwassergebühren können für gewerbliche Betriebe degressiv bemessen werden, wenn der Betrieb Sparvorkehrungen trifft. 4Eine degressive Gebührenbemessung ist bei der Abwasserbeseitigung außerdem insoweit zulässig, als sie der Vermeidung einer unangemessenen Gebührenbelastung für die Niederschlagswasserbeseitigung dient.

(6) 1Bei der Gebührenbemessung können die Kosten für einen mehrjährigen Zeitraum berücksichtigt werden, der jedoch höchstens vier Jahre umfassen soll. 2Kostenüberdeckungen, die sich am Ende des Bemessungszeitraums ergeben, sind innerhalb des folgenden Bemessungszeitraums auszugleichen; Kostenunterdeckungen sollen in diesem Zeitraum ausgeglichen werden. 3Satz 2 findet bei Gebühren für die Inanspruchnahme gemeindlicher Bestattungseinrichtungen keine Anwendung.

(7) Auf die Gebührenschuld aus einem Dauerbenutzungsverhältnis können vom Beginn des Erhebungszeitraums an angemessene Vorauszahlungen verlangt werden.

(8) Für grundstücksbezogene Benutzungsgebühren gilt Art. 5 Abs. 7 entsprechend.

Artikel 9 Erstattung von Kosten für Grundstücksanschlüsse

(1) Die Gemeinden, Landkreise und Bezirke können bestimmen, daß ihnen der Aufwand für die Herstellung, Anschaffung, Verbesserung, Erneuerung, Veränderung und Beseitigung sowie für die Unterhaltung des Teils eines Grundstücksanschlusses an Versorgungs- und Entwässerungseinrichtungen, der sich nicht im öffentlichen Straßengrund befindet, in der tatsächlichen Höhe oder nach Einheitssätzen (§ 130 BauGB) erstattet wird.

(2) 1Zahlungspflichtig ist, wer im Zeitpunkt des Entstehens des Erstattungsanspruchs Eigentümer des Grundstücks oder Erbbauberechtigter ist. 2Mehrere Zahlungspflichtige sind Gesamtschuldner. 3Art. 5 Abs. 7 gilt entsprechend.

(3) Die Art der Ermittlung des Aufwands sowie die Höhe des Einheitssatzes sind in der Satzung festzulegen.

(4) 1Der Abgabeberechtigte kann die Ablösung des Erstattungsanspruchs vor dessen Entstehung gegen eine angemessene Gegenleistung zulassen. 2Das Nähere ist in der Abgabesatzung (Art. 2) zu bestimmen. 3Die vertragliche Übernahme erstattungsfähiger Aufwendungen ist auch im Rahmen städtebaulicher Verträge möglich; § 11 BauGB gilt entsprechend.

(5) Ortsrechtliche Regelungen auf Grund eines Anschluss- und Benutzungszwangs, wonach die Bewirtschaftung des Grundstücksanschlusses einschließlich der in Absatz 1 genannten Maßnahmen auch im öffentlichen Straßengrund vom Anlieger in eigener Regie und auf eigene Kosten vorzunehmen ist, werden durch dieses Gesetz nicht beschränkt.

II. Abschnitt

Allgemeine Vorschriften für Kommunalabgaben

Artikel 10 Geltungsbereich

Die Vorschriften dieses Abschnitts gelten

1. für Abgaben nach dem I. Abschnitt dieses Gesetzes,
2. für Abgaben und Umlagen der Gemeinden, Landkreise und Bezirke, die auf Grund anderer Gesetze erhoben werden, soweit gesetzlich nichts anderes bestimmt ist.

Artikel 11 Verpflichtung Dritter

Die Steuersatzung kann Dritte, die zwar nicht Steuerschuldner sind, aber in engen rechtlichen oder wirtschaftlichen Beziehungen zum Steuergegenstand oder zu einem Sachverhalt stehen, an den die Steuerpflicht oder der Steuergegenstand anknüpft, verpflichten, die Steuer einzuheben, abzuführen und Nachweise darüber zu führen, und ferner bestimmen, daß sie für die Steuer neben dem Steuerschuldner haften.

Artikel 12 Abgabebescheide

(1) [1]Die Gemeinden, Landkreise und Bezirke können in Bescheiden über Abgaben, die für einen Zeitabschnitt erhoben werden, bestimmen, daß diese Bescheide auch für die folgenden Zeitabschnitte gelten. [2]Dabei ist anzugeben, an welchen Tagen und mit welchen Beträgen die Abgaben jeweils fällig werden.

(2) Bescheide, die für mehrere Zeitabschnitte gelten, sind
1. von Amts wegen oder auf Antrag durch einen neuen Bescheid zu ersetzen, wenn sich die Berechnungsgrundlagen ändern,
2. auf Antrag des Schuldners für die nach der Antragstellung beginnenden neuen Zeitabschnitte zu ändern, wenn sie sachlich unrichtig sind.

Artikel 13 Anwendung von Vorschriften der Abgabenordnung; besondere Vorschriften

(1) Soweit gesetzlich nicht anders bestimmt, sind in ihrer jeweils geltenden Fassung vorbehaltlich des Abs. 7 folgende Bestimmungen der Abgabenordnung (AO) entsprechend anzuwenden:
1. aus dem Ersten Teil – Einleitende Vorschriften –
   a) über den Anwendungsbereich:
      § 1 Abs. 3 AO und § 2 AO,
   b) über die steuerlichen Begriffsbestimmungen:
      § 3 Abs. 1, Abs. 4 ohne die Nrn. 6 bis 9, Abs. 5 AO, §§ 4, 5, 7 bis 15 AO,
   c) über das Steuergeheimnis:
      § 30 AO mit folgenden Maßgaben:
      aa) die Vorschrift gilt nur für kommunale Steuern, die Feuerschutzabgabe und den Fremdenverkehrsbeitrag,
      bb) die Offenbarung nach Abs. 4 Nr. 1a ist zulässig, soweit sie einer Verarbeitung nach Maßgabe des Art. 6 Abs. 1 des Bayerischen Datenschutzgesetzes dient,
      cc) die Offenbarung nach Abs. 4 Nr. 2 kann auch durch Landesgesetz ausdrücklich zugelassen werden,
      dd) die Entscheidung nach Abs. 4 Nr. 5 Buchst. c trifft die Körperschaft, der die Abgabe zusteht,
      §§ 31a und 31b AO,
   d) über die Haftungsbeschränkung für Amtsträger:
      § 32 AO,
2. aus dem Zweiten Teil – Steuerschuldrecht –
   a) über die Steuerpflichtigen:
      §§ 33 bis 36 AO,
   b) über das Steuerschuldverhältnis:
      §§ 37 bis 50 AO,
   c) über die Haftung:
      §§ 69 bis 71, 72a Abs. 1 AO mit der Maßgabe, dass in Satz 1 die Wörter „steuerliche Vorteile" durch das Wort „Abgabevorteile" ersetzt werden, §§ 73 bis 75, 77 AO,
3. aus dem Dritten Teil – Allgemeine Verfahrensvorschriften –
   a) über die Verfahrensgrundsätze:
      aa) Beteiligung am Verfahren:
      §§ 78 bis 80 AO, § 81 AO,
      bb) Ausschließung und Ablehnung von Amtsträgern und anderen Personen:
      § 82 Abs. 1 und 2 AO, § 83 Abs. 1 AO mit der Maßgabe, dass in den Fällen des Satzes 2 beim Ersten Bürgermeister und bei den weiteren Bürgermeistern der Gemeinderat und beim Landrat und seinem gewählten Stellvertreter der Kreistag die Anordnung trifft,

cc) Besteuerungsgrundsätze, Beweismittel, Fristen, Termine:
   aaa) §§ 85 bis 87 AO,
   bbb) § 87a AO mit der Maßgabe,
   - dass die Schriftform auch durch sonstige sichere Verfahren ersetzt werden kann, die durch Rechtsverordnung der Staatsregierung gemäß Art. 3a Abs. 2 Satz 4 Nr. 4 des Bayerischen Verwaltungsverfahrensgesetzes festgelegt werden, und
   - dass in Abs. 8 an die Stelle der Finanzverwaltung die Körperschaft, der die Abgabe zusteht, tritt,

   ccc) § 87c Abs. 1, 2, 3 Satz 1, Abs. 6 AO, §§ 88, 88a, 89 bis 93, 96 Abs. 1 bis 7 Satz 2 AO, §§ 97, 98, 99 AO mit der Maßgabe, dass im Kurbeitragsrecht von einer vorhergehenden Verständigung des Betroffenen abgesehen werden kann, § 101 Abs. 1 AO, §§ 102 bis 108, 109 Abs. 1 und 3 AO,

dd) Rechts- und Amtshilfe:
§ 111 Abs. 1 bis 3 und 5 AO, §§ 112 bis 115, 117 Abs. 1, 2 und 4 AO,

b) über die Verwaltungsakte:
§§ 118 bis 133 AO mit der Maßgabe, dass in § 122 Abs. 1 Satz 4 AO die Wörter „nach amtlich vorgeschriebenem Datensatz elektronisch übermittelte Empfangsvollmacht" durch die Wörter „Empfangsvollmacht in schriftformersetzender elektronischer Form", in § 122 Abs. 5 Satz 2 AO das Wort „Verwaltungszustellungsgesetzes" durch die Wörter „Bayerischen Verwaltungszustellungs- und Vollstreckungsgesetzes", in § 122 Abs. 5 Satz 3 AO die Wörter „§ 7 Absatz 1 Satz 2 des Verwaltungszustellungsgesetzes" durch die Wörter „Art. 8 Abs. 1 Satz 2 des Bayerischen Verwaltungszustellungs- und Vollstreckungsgesetzes" und in § 132 Satz 1 und 2 AO jeweils das Wort „finanzgerichtlichen" durch das Wort „verwaltungsgerichtlichen" ersetzt werden,

4. aus dem Vierten Teil – Durchführung der Besteuerung –

a) über die Mitwirkungspflichten:
§ 140 AO ohne die Wörter „als den Steuergesetzen", §§ 145 bis 148, 149 Abs. 1 und 2 AO, § 150 Abs. 1 bis 5 AO, §§ 151, 152 Abs. 1, 4 bis 6 und 8 bis 12 AO mit der Maßgabe, dass die Höhe des Verspätungszuschlags abweichend von Abs. 5 im Ermessen des Abgabenberechtigten steht, 10 % der festgesetzten Steuer oder des festgesetzten Messbetrags nicht übersteigen und höchstens 25 000 € betragen darf; bei der Bemessung des Verspätungszuschlags sind neben seinem Zweck, den Steuerpflichtigen zur rechtzeitigen Abgabe der Steuererklärung anzuhalten, die Dauer der Fristüberschreitung, die Höhe des sich aus der Steuerfestsetzung ergebenden Zahlungsanspruchs, die aus der verspäteten Abgabe der Steuererklärung gezogenen Vorteile sowie das Verschulden und die wirtschaftliche Leistungsfähigkeit des Steuerpflichtigen zu berücksichtigen, § 153 AO,

b) über das Festsetzungs- und Feststellungsverfahren:
   aa) § 155 Abs. 1 bis 3 und 5 AO, § 156 Abs. 2 AO, §§ 157 bis 162 AO, § 163 Abs. 1 Satz 1, Abs. 2 bis 4 AO, § 165 Abs. 1 AO, §§ 166, 167 AO,
   bb) § 169 AO mit der Maßgabe,
   - dass über Abs. 1 Satz 1 hinaus die Festsetzung eines Beitrags ohne Rücksicht auf die Entstehung der Beitragsschuld spätestens 20 Jahre nach Ablauf des Jahres, in dem die Vorteilslage eintrat, nicht mehr zulässig ist; liegt ein Verstoß gegen die Mitwirkungspflicht nach Art. 5 Abs. 2a vor und kann der Beitrag deswegen nicht festgesetzt werden, beträgt die Frist 25 Jahre,
   - dass in Abs. 1 Satz 3 Nr. 2 die Wörter „§ 10 des Verwaltungszustellungsgesetzes" durch die Wörter „Art. 15 des Bayerischen Verwaltungszustellungs- und Vollstreckungsgesetzes" ersetzt werden und
   - dass die Festsetzungsfrist nach Abs. 2 Satz 1 einheitlich vier Jahre beträgt,

   cc) § 170 Abs. 1 AO mit der Maßgabe,
   - dass die Festsetzungsfrist dann, wenn die Forderung im Zeitpunkt des Entstehens aus tatsächlichen Gründen noch nicht berechnet werden kann, erst mit Ablauf des Kalenderjahres beginnt, in dem die Berechnung möglich ist, und

– dass im Fall der Ungültigkeit einer Beitragssatzung die Festsetzungsfrist erst mit Ablauf des Kalenderjahres zu laufen beginnt, in dem die gültige Beitragssatzung bekanntgemacht worden ist,

und § 170 Abs. 3 AO,

dd) § 171 AO mit der Maßgabe, dass in Abs. 3a Satz 3 die Bezugnahmen „§ 100 Abs. 1 Satz 1, Abs. 2 Satz 2, Abs. 3 Satz 1, § 101 der Finanzgerichtsordnung" durch die Bezugnahmen „§ 113 Abs. 1 Satz 1 und Abs. 5 der Verwaltungsgerichtsordnung" ersetzt werden,

ee) §§ 191 bis 194 AO, § 195 Satz 1 AO mit der Maßgabe, dass auch Organe der überörtlichen Rechnungsprüfung mit der Prüfung betraut werden können, §§ 196 bis 203 AO mit der Maßgabe, dass in § 196 AO die Angabe „nach § 356" entfällt,

5. aus dem Fünften Teil – Erhebungsverfahren –

a) über die Verwirklichung, die Fälligkeit und das Erlöschen von Ansprüchen aus dem Steuerschuldverhältnis:

§§ 218, 219, 221, 222 AO, § 224 Abs. 1 und 2 AO, §§ 225, 226, 227, 228 bis 232 AO,

b) über die Verzinsung und die Säumniszuschläge:

aa) § 233 AO, § 234 Abs. 1 und 2 AO, § 235 AO,

bb) § 236 AO mit der Maßgabe,

– dass in Abs. 1 Satz 1 nach den Wörtern „durch eine rechtskräftige gerichtliche Entscheidung" die Wörter „oder eine bestandskräftige Widerspruchsentscheidung", nach den Wörtern „vorbehaltlich des Absatzes 3 vom" die Wörter „Tag der Einlegung des Widerspruchs, oder wenn ein Widerspruchsverfahren nicht vorausgegangen ist, vom" einzufügen sind,

– dass in Abs. 1 Satz 2 nach den Wörtern „der zu erstattende Betrag erst" die Wörter „nach Einlegung des Widerspruchs, wenn ein Widerspruchsverfahren nicht vorausgegangen ist" einzufügen sind,

– dass in Abs. 2 Nr. 2 im Satzteil vor Buchst. a den Wörtern „eine rechtskräftige" die Wörter „eine bestandskräftige Widerspruchsentscheidung," voranzustellen sind und

– dass in Abs. 3 an die Stelle der Bezugnahme „§ 137 Satz 1 der Finanzgerichtsordnung" die Bezugnahme „§ 155 Abs. 4 der Verwaltungsgerichtsordnung" tritt,

cc) § 237 Abs. 1, 2 und 4 AO mit der Maßgabe,

– dass in Abs. 1 Satz 1 die Wörter „eine Einspruchsentscheidung" durch die Wörter „einen Widerspruchsbescheid"

– sowie in Abs. 4 die Wörter „und 3 gelten" durch das Wort „gilt" ersetzt werden,

dd) §§ 238 bis 240 AO mit der Maßgabe, dass die Höhe der Zinsen abweichend von § 238 Abs. 1 Satz 1 AO zwei Prozentpunkte über dem Basiszinssatz nach § 247 BGB jährlich beträgt,

c) über die Sicherheitsleistung:

§§ 241 bis 248 AO,

6. aus dem Sechsten Teil – Vollstreckung –

a) über die allgemeinen Vorschriften:

§ 251 Abs. 2 und 3 AO und § 254 Abs. 2 AO,

b) über die Niederschlagung:

§ 261 AO.

(2) Bei der Anwendung der in Abs. 1 bezeichneten Vorschriften tritt jeweils an die Stelle

a) der Finanzbehörde oder des Finanzamts die Körperschaft, der die Abgabe zusteht,

b) des Worts „Steuer(n)" – allein oder in Wortzusammensetzungen – das Wort „Abgabe(n)",

c) des Worts „Besteuerung" die Worte „Heranziehung zu Abgaben".

(3) [1]Eine erhebliche Härte im Sinn des § 222 AO (Stundung) kann bei Beitragsforderungen insbesondere für unbebaute beitragspflichtige Grundstücke sowie für Grundstücke, die nur mit landwirtschaftlich genutzten Gebäuden zur überdachten Pflanzenproduktion bebaut sind, vorliegen, wenn deren landwirtschaftliche Nutzung weiterhin notwendig ist oder deren Nichtbebauung im Interesse der Erhaltung der charakteristischen Siedlungsstruktur oder der Erhaltung des Ortsbildes liegt. [2]Das Gleiche gilt auch bei Beitragsforderungen zu leitungsgebundenen Einrichtungen für bebaute Grundstücke, de-

ren landwirtschaftliche Nutzung weiterhin notwendig ist, jedoch nicht hinsichtlich des auf das Wohnen entfallenden Beitragsteils. [3]Grundstücke im Sinn der Sätze 1 und 2 sind auch abgrenzbare, selbständig nutzbare Grundstücksteile. [4]In den Fällen des Satzes 1 soll, in den Fällen des Satzes 2 kann auf die Erhebung von Zinsen ganz oder teilweise verzichtet werden. [5]Die Regelung gilt auch für die Fälle der Nutzungsüberlassung und Betriebsübergabe an Familienangehörige im Sinn des § 15 AO.

(4) [1]Wenn eine Gemeinde von Art. 5 Abs. 2 Sätze 4 und 5 Gebrauch macht, kann hinsichtlich der bereits entstandenen Beiträge für Gebäude oder selbständige Gebäudeteile im Sinn dieser Regelung eine erhebliche Härte im Sinn des § 222 AO (Stundung) vorliegen. [2]In diesen Fällen soll auf die Erhebung von Zinsen verzichtet werden.

(5) [1]Die Gemeinde kann in der Erschließungsbeitragssatzung bestimmen, dass Erschließungsbeiträge bis zur Hälfte des nachzuerhebenden Betrags erlassen werden, wenn ein für diese Erschließungsmaßnahme ergangener endgültiger Straßenausbaubeitragsbescheid bestandskräftig geworden ist. [2]Ein weitergehender Erlass nach § 227 AO bleibt unberührt.

(6) [1]Die Gemeinde kann in der Erschließungsbeitragssatzung bestimmen, dass Erschließungsbeiträge bis zu einem Drittel des zu erhebenden oder bereits erhobenen Betrags erlassen werden, sofern seit dem Beginn der erstmaligen technischen Herstellung der Erschließungsanlagen mindestens 25 Jahre vergangen sind und die Beitragspflichten im Zeitraum vom 1. April 2012 bis 31. März 2021 entstanden sind oder entstehen. [2]Liegt der Zeitraum zwischen dem 1. Januar 2018 und dem 31. März 2021, so kann die Gemeinde in der Satzung auch einen höheren Anteil festlegen oder den Beitrag ganz erlassen. [3]Ein weitergehender Erlass nach § 227 AO bleibt unberührt.

(7) [1]Bei der Hundesteuer finden auf die Verarbeitung personenbezogener Daten die allgemeinen datenschutzrechtlichen Regelungen Anwendung. [2]In Schadensfällen darf Auskunft über Namen und Anschrift des Hundehalters an Behörden und Schadensbeteiligte gegeben werden. [3]Bei Kampfhunden im Sinn des Art. 37 Abs. 1 Satz 2 des Landesstraf- und Verordnungsgesetzes dürfen die Gemeinden Namen und Anschrift der Halter sowie die Hunderasse auch zum Vollzug der Vorschriften über Kampfhunde verarbeiten, insbesondere an andere zum Vollzug dieser Vorschriften zuständige Behörden übermitteln. [4]Weitergehende Befugnisse bleiben unberührt.

Artikel 14 Abgabehinterziehung

(1) [1]Mit Freiheitsstrafe bis zu zwei Jahren oder mit Geldstrafe wird bestraft, wer

1. der Körperschaft, der die Abgabe zusteht, oder einer anderen Behörde über abgabenrechtlich erhebliche Tatsachen unrichtige oder unvollständige Angaben macht oder
2. die Körperschaft, der die Abgabe zusteht, pflichtwidrig über abgaberechtlich erhebliche Tatsachen in Unkenntnis läßt

und dadurch Abgaben verkürzt oder für sich oder einen anderen nicht gerechtfertigte Abgabevorteile erlangt. [2]§ 370 Abs. 4, §§ 371 und 376 AO sind in ihrer jeweils geltenden Fassung entsprechend anzuwenden.

(2) Der Versuch ist strafbar.

Artikel 15 Leichtfertige Abgabeverkürzung

[1]Mit Geldbuße bis zu zehntausend Euro kann belegt werden, wer als Abgabepflichtiger oder bei Wahrnehmung der Angelegenheiten eines Abgabepflichtigen eine der in Art. 14 Abs. 1 Satz 1 bezeichneten Taten leichtfertig begeht. [2]§ 370 Abs. 4 und § 378 Abs. 3 AO sind in ihrer jeweils geltenden Fassung entsprechend anzuwenden.

Artikel 16 Abgabegefährdung

Mit Geldbuße bis zu fünftausend Euro kann, wenn die Handlung nicht nach Art. 15 geahndet werden kann, belegt werden, wer vorsätzlich oder leichtfertig

1. Belege ausstellt, die in tatsächlicher Hinsicht unrichtig sind, oder
2. den Vorschriften zur Sicherung oder Erleichterung der Abgabeerhebung, insbesondere zur Anmeldung und Anzeige von Tatsachen, zur Führung von Aufzeichnungen oder Nachweisen, zur Kennzeichnung oder Vorlegung von Gegenständen oder zur Erhebung und Abführung von Abgaben zuwiderhandelt,

und es dadurch ermöglicht, eine Abgabe zu verkürzen oder nicht gerechtfertigte Abgabevorteile zu erlangen.

Artikel 17 Geldbußen

Die Geldbuße fließt in die Kasse der Körperschaft, der die Abgabe, auf die sich die Ordnungswidrigkeit bezieht, zusteht.

III. Abschnitt

Verwaltung der kommunalen Steuern

Artikel 18 Zuständigkeit

Die Verwaltung der Realsteuern mit Ausnahme des Äquivalenzbetrags-, des Meßbetrags- und des Zerlegungsverfahrens und die Verwaltung der örtlichen Verbrauch- und Aufwandsteuern obliegen den steuerberechtigten Gemeinden und Landkreisen.

IV. Abschnitt

Übergangs- und Schlußvorschriften

Artikel 19 Übergangsvorschriften

(1) Soweit Fristen nach Art. 13 Abs. 1 Nr. 4 Buchst. b Doppelbuchst. bb Spiegelstrich 1 mit Ablauf des 31. Dezember 2014 oder des 31. Dezember 2015 enden würden, verlängern sie sich bis zum 31. März 2016.

(2) Für Beiträge, die vor dem 1. April 2014 durch nicht bestandskräftigen Bescheid festgesetzt sind, gilt Art. 13 Abs. 1 Nr. 4 Buchst. b Doppelbuchst. bb Spiegelstrich 1 mit der Maßgabe, dass die Frist einheitlich 30 Jahre beträgt.

(3) [1]Satzungsregelungen, die einen Erstattungsanspruch gemäß Art. 9 in der Fassung des Kommunalabgabengesetzes vom 4. Februar 1977 (GVBl. S. 82) beinhalten, entfalten nur noch insoweit Rechtswirkungen, als sie von Art. 9 in der Fassung dieses Gesetzes gedeckt sind. [2]Die Einbeziehung der Grundstücksanschlüsse im öffentlichen Straßengrund in eine öffentliche Einrichtung mit Anschluss- und Benutzungszwang und damit ihre Bewirtschaftung durch den Einrichtungsträger sind von den Eigentümern und sonst Berechtigten unentgeltlich zu dulden, wenn es in der Benutzungssatzung angeordnet wird.

(4) [1]Die Verpflichtungen des Art. 5 Abs. 2 Sätze 4 und 6 gelten nur für Satzungen, die nach dem 1. Januar 1994 erlassen oder hinsichtlich des Beitragsmaßstabs geändert werden. [2]Die Verpflichtung des Art. 5 Abs. 2 Satz 5 gilt nur für Satzungen, die nach dem 31. Juli 2002 erlassen oder hinsichtlich des Beitragsmaßstabs geändert werden. [3]Die Möglichkeit, entsprechende Regelungen auch in andere Satzungen zu übernehmen, bleibt hiervon unberührt.

(5) Die für Zuwendungen maßgeblichen Regelungen in Art. 8 Abs. 3 Sätze 2 und 4 gelten auch in Fällen, in denen Anlagenteile vor dem 1. Januar 2000 mit Zuwendungen finanziert worden sind.

(6) Art. 5 Abs. 5 Satz 3 ist in der ab 1. August 2002 geltenden Fassung anzuwenden, wenn der Vorauszahlungsbescheid nach diesem Zeitpunkt bekannt gegeben wird.

(7) [1]Für die Erhebung von Beiträgen für Straßenausbaubeitragsmaßnahmen sowie die Erhebung von wiederkehrenden Beiträgen für Verkehrsanlagen gilt das Kommunalabgabengesetz in der bis zum 31. Dezember 2017 geltenden Fassung, sofern die Beiträge jeweils spätestens am 31. Dezember 2017 durch Bescheid festgesetzt worden sind. [2]Bescheide, mit denen ab dem 1. Januar 2018 Beiträge festgesetzt wurden, sind aufzuheben. [3]Die auf Grund solcher Bescheide vereinnahmten Beiträge sind zu erstatten. [4]Eine Erstattung nach Satz 3 kann frühestens ab dem 1. Mai 2019 verlangt werden. [5]Die Sätze 1 bis 4 gelten für Vorauszahlungen entsprechend.

(8) [1]Hatte eine Gemeinde bis zum 31. Dezember 2017 Vorauszahlungen auf den Beitrag für Straßenausbaubeitragsmaßnahmen erhoben, den endgültigen Beitrag hingegen noch nicht festgesetzt, hebt sie diese Vorauszahlungsbescheide ab dem 1. Januar 2025 auf Antrag auf und erstattet die Vorauszahlungen frühestens ab dem 1. Mai 2025 zurück. [2]Dies gilt nicht, wenn bis 31. Dezember 2024 die Vorteilslage entstanden ist und die Gemeinde eine fiktive Abrechnung des endgültigen Beitrags vorgenommen hat. [3]Ergibt die fiktive Abrechnung, dass die Vorauszahlung den endgültigen Beitrag übersteigt, erstattet die Gemeinde auf Antrag den Unterschiedsbetrag. [4]Der Antrag nach Satz 1 ist spätestens bis 31. Dezember 2025 zu stellen. [5]Art. 5 Abs. 5 Satz 4 ist für Erstattungen nach Satz 1 nicht anzuwenden. [6]Unberührt bleiben Ansprüche auf Erstattung von Vorauszahlungen aus anderen Gründen.

(9) [1]Der Freistaat Bayern erstattet den Gemeinden auf Antrag diejenigen Beträge, die ihnen unmittelbar dadurch entgehen, dass sie infolge der Änderungen des Kommunalabgabengesetzes zum 1. Januar 2018 Beiträge für Straßenausbaubeitragsmaßnahmen sowie wiederkehrende Beiträge für Verkehrsanlagen nicht mehr erheben können. [2]Eine Erstattung nach Satz 1 kann frühestens ab dem 1. Januar 2019 und nach Abschluss des Jahres beantragt werden, in dem die sachlichen Beitragspflichten für die beitragsfähige Maßnahme oder die wiederkehrenden Beiträge entstanden sind oder nach dem Kommunalabgabengesetz in der bis zum 31. Dezember 2017 geltenden Fassung und der gemeindlichen Beitragssatzung entstanden wären. [3]Ein Erstattungsanspruch nach Satz 1 setzt voraus, dass die Gemeinde

1. spätestens bis zum 11. April 2018 eine Satzung nach Art. 5 Abs. 1 Satz 3 oder Art. 5b Abs. 1 jeweils in der bis zum 31. Dezember 2017 geltenden Fassung erlassen hatte,
2. für die demnach beitragsfähige Maßnahme in einem der Rechtsaufsichtsbehörde nach Art. 65 Abs. 2 GO spätestens am 11. April 2018 vorgelegten Haushaltsplan Ausgaben im Vermögenshaushalt, Auszahlungen aus Investitionstätigkeit oder Verpflichtungsermächtigungen veranschlagt hatte,
3. spätestens bis zum 11. April 2018 das Vergabeverfahren für die erste Bauleistung bereits eingeleitet hatte oder mit eigenem Personal mit der technischen Herstellung begonnen hatte und
4. den Antrag auf Erstattung spätestens am 30. April 2028 gestellt hat.

[4]Eine Erstattung nach Satz 1 ist ausgeschlossen, wenn am 11. April 2018 die sachlichen Beitragspflichten allein deshalb nicht entstanden waren oder entstanden gewesen wären, weil die Gemeinde als Straßenbaubehörde eine hierfür erforderliche straßenrechtliche Widmung nicht innerhalb eines Jahres nach ordnungsgemäßer Herstellung der Straße vorgenommen hatte. [5]Für Maßnahmen, für die am 11. April 2018 die sachlichen Beitragspflichten noch nicht entstanden waren oder gewesen wären, werden höchstens die Beiträge erstattet, die sich bei Ausführung der Maßnahme gemäß dem an diesem Tag bestehenden Bauprogramm ergeben hätten. [6]Der Freistaat Bayern erstattet den Gemeinden auf Antrag ihre vor dem 11. April 2018 getätigten Aufwendungen für Planung und Vorbereitung von Straßenausbaubeitragsmaßnahmen, sofern diese Aufwendungen nicht von einer Erstattung nach Satz 1 umfasst sind und die Voraussetzungen nach den Sätzen 3 und 5 mit Ausnahme von Satz 3 Nr. 3 vorliegen, es sei denn eine Erstattung ist nach Satz 4 ausgeschlossen; Aufwendungen für Grunderwerb oder die Übernahme von Anlagen werden nicht erstattet. [7]Eine Erstattung nach Satz 6 kann frühestens ab dem 1. Januar 2019 beantragt werden. [8]Die Erstattungsansprüche nach den Sätzen 1 und 6 werden nach Maßgabe der im Staatshaushalt für diesen Zweck bereitgestellten Mittel erfüllt. [9]Das Staatsministerium des Innern, für Sport und Integration wird ermächtigt, im Einvernehmen mit dem Staatsministerium der Finanzen und für Heimat durch Rechtsverordnung das Verfahren der Antragstellung, der Aufteilung der für die Erstattungsleistungen bereitgestellten Haushaltsmittel, der Auszahlung und der Fälligkeit der Erstattungsleistungen nach Maßgabe der im Staatshaushalt bereitgestellten Mittel sowie die zuständigen Verwaltungsbehörden näher zu regeln.

(10) [1]In den Fällen des Art. 5a Abs. 8 sind festgesetzte und erhobene Vorausleistungen nicht zu erstatten, wenn die Erschließungsanlage mit Ablauf einer der Fristen nach Art. 5a Abs. 8 benutzbar war und die Vorausleistungen bis spätestens 31. Dezember 2019 festgesetzt wurden. [2]Auf Antrag hat die Gemeinde eine fiktive Abrechnung des endgültigen Beitrags auf Grund der bis zum Ablauf einer der Fristen nach Art. 5a Abs. 8 entstandenen Kosten vorzunehmen und den Unterschiedsbetrag zu erstatten, wenn die fiktive Abrechnung ergibt, dass die Vorausleistung den fiktiven endgültigen Beitrag übersteigt. [3]Der Antrag kann ab Ablauf einer der Fristen nach Art. 5a Abs. 8 gestellt werden. [4]Art. 5 Abs. 5 Satz 4 ist für Erstattungen nach Satz 3 nicht anzuwenden. [5]Sofern die Frist nach Art. 13 Abs. 1 Nr. 4 Buchst. b Doppelbuchst. bb Spiegelstrich 1 zum 1. März 2021 bereits abgelaufen ist, findet das Kommunalabgabengesetz in der am 28. Februar 2021 geltenden Fassung weiterhin Anwendung.

Artikel 19a Härteausgleich Straßenausbaubeitrag

(1) [1]Zum anteiligen Ausgleich besonderer Härten durch Straßenausbaubeiträge, die nach den Bestimmungen dieses Gesetzes für den Zeitraum vom 1. Januar 2014 bis zum 31. Dezember 2017 erhoben wurden, errichtet der Freistaat Bayern einen Härtefallfonds. [2]Dieser wird einmalig mit 50 Mio. € ausgestattet.

(2) [1]Über Leistungen aus dem Härtefallfonds wird auf Antrag durch eine unabhängige und an fachliche Weisungen nicht gebundene Kommission durch Verwaltungsakt entschieden. [2]Der Kommission gehören folgende vom Staatsminister des Innern, für Sport und Integration berufene Mitglieder an:

1. ein vom Ministerrat benanntes Mitglied, das den Vorsitz führt,
2. zwei vom Staatsministerium des Innern, für Sport und Integration benannte Mitglieder,
3. zwei vom Staatsministerium für Wirtschaft, Landesentwicklung und Energie benannte Mitglieder.

[3]Für jedes Mitglied wird ein stellvertretendes Mitglied berufen. [4]Satz 2 gilt entsprechend. [5]Die Mitglieder sollen Bedienstete des Freistaates Bayern sein.

(3) Die Kommission entscheidet mit der Mehrheit ihrer Mitglieder.

(4) [1]Für die Kommission wird im Geschäftsbereich des Staatsministeriums des Innern, für Sport und Integration eine Geschäftsstelle eingerichtet. [2]Die Geschäftsstelle wird im Namen der Kommission tätig.

(5) [1]Anträge können nur vom 1. Juli 2019 bis zum Ablauf des 31. Dezember 2019 gestellt werden. [2]Ist der Bescheid oder die Vereinbarung, durch die eine Zahlungspflicht in Bezug auf eine Straßenausbaumaßnahme geschaffen wird, an mehrere Personen gemeinschaftlich gerichtet, können die Adressaten oder die Parteien einen Antrag nur gemeinschaftlich stellen.

(6) [1]Jeder Antragsteller hat bei der Ermittlung des Sachverhalts sowohl im Rahmen der Bewilligung als auch im Rahmen einer etwaigen späteren Überprüfung mitzuwirken und geforderte Unterlagen oder Nachweise beizubringen. [2]Die Kommission kann für die Mitwirkung jeweils angemessene Fristen setzen. [3]Ein Antrag wird ohne weitere Prüfung abgelehnt oder eine bereits erteilte Bewilligung widerrufen oder zurückgenommen, wenn der Antragsteller seiner Mitwirkungspflicht nach Satz 1 und 2 nicht fristgerecht nachkommt und auf Verlangen der Kommission nicht unverzüglich glaubhaft macht, dass die Verspätung nicht auf seinem Verschulden beruht; hierauf ist der Antragsteller bei der Fristsetzung hinzuweisen.

(7) [1]Antragsbefugt sind natürliche Personen, Personengesellschaften und juristische Personen des Privatrechts. [2]Ausgenommen sind Personengesellschaften und juristische Personen, bei denen ein überwiegender Einfluss des Staates insbesondere durch seine Mehrheit am Grundkapital oder durch sein Stimmrecht oder durch die rechtlichen oder organisatorischen Verhältnisse besteht. [3]Unter Staat sind der Freistaat Bayern, der Bund, ein ausländischer Staat, die Länder oder andere Gebietskörperschaften oder Einrichtungen der mittelbaren Staatsverwaltung alleine oder zusammen zu verstehen. [4]Antragsbefugt ist nur,

1. gegen wen nach den Bestimmungen dieses Gesetzes durch Bescheid, Vergleich oder Vereinbarung im Zeitraum vom 1. Januar 2014 bis zum Ablauf des 31. Dezember 2017 Straßenausbaubeiträge, entsprechende Vorauszahlungen oder eine entsprechende Ablöse in Höhe von mindestens 2 000 € festgesetzt wurden, soweit die Beiträge nicht erlassen oder anderweitig erstattet worden sind, und
2. wer bei Antragstellung Eigentümer oder beitragspflichtig dinglich Nutzungsberechtigter des Grundstücks ist, auf das die Belastung zurückgeht, und
3. wer im Jahr der Festsetzung der Belastung über ein zu versteuerndes Einkommen von nicht mehr als 100 000 €, bei Zusammenveranlagung von Ehegatten oder Lebenspartnern von nicht mehr als 200 000 € verfügte.

[5]Das zu versteuernde Einkommen richtet sich nach Wahl der Antragsteller entweder nach dem im Zeitpunkt der Antragstellung gültigen Steuerbescheid des Jahres des Bescheiderlasses oder der Vereinbarung oder nach dem Mittelwert der durch im Zeitpunkt der Antragstellung gültigen Steuerbescheide belegten Einkommen aus einem Dreijahreszeitraum, dessen letztes Jahr dem Jahr des Bescheiderlasses oder der Vereinbarung entspricht. [6]Sofern für den maßgeblichen Zeitraum eine Befreiung von der Abgabe einer Einkommensteuererklärung besteht, sind dem Antrag geeignete Unterlagen beizufügen, aus denen sich das zu versteuernde Einkommen ergibt. [7]Ist der Bescheid oder die Vereinbarung, durch die eine Zahlungspflicht in Bezug auf eine Straßenausbaumaßnahme geschaffen wird, an mehrere Personen gemeinschaftlich oder an eine Personengesellschaft gerichtet, so bestimmt sich die Einkommensgrenze aus der Summe der einzelnen Einkommensgrenzen und das relevante Einkommen aus der Summe der entsprechend Satz 5 und 6 ermittelten Einkommen der einzelnen Personen oder Gesellschafter.

(8) [1]Die Gewährung eines Härteausgleichs nach diesem Artikel ist eine freiwillige Leistung. [2]Auf sie besteht kein Rechtsanspruch.

(9) [1]Eine ausgleichsfähige Härte liegt nur vor, soweit die Belastung dem Betroffenen unter Berücksichtigung insbesondere systemischer Härten, der zeitlichen Nähe der Bekanntgabe des Beitragsbe-

scheids zum Stichtag des Art. 19 Abs. 7 Satz 1, der Einkommensverhältnisse und der Höhe des Beitrags nicht zugemutet werden kann. [2]Der Kommission kommt hinsichtlich des Vorliegens einer Härte sowie deren Gewichtung ein freier Beurteilungsspielraum zu. [3]Der Härteausgleich kann maximal in Höhe der geleisteten Beiträge abzüglich einer Eigenbelastung in Höhe von 2 000 € erfolgen. [4]Ein Härteausgleich unterbleibt, soweit er für den Betroffenen als unerlaubte Beihilfe nach europarechtlichen Vorschriften zu bewerten wäre.

(10) [1]Erstattungsansprüche des Leistungsempfängers bezüglich der den Härteausgleich begründenden Zahlung gegenüber der Gemeinde insbesondere nach Art. 5 Abs. 5 Satz 2 und 3 sowie Art. 19 Abs. 8 gehen mit der Leistungsgewährung aus dem Härtefallfonds in Höhe des Härteausgleichs auf den Freistaat Bayern über. [2]Der Leistungsempfänger ist verpflichtet, dem Freistaat Bayern die zur Geltendmachung der Forderung nötigen Auskünfte zu erteilen und ihm die zum Beweis der Forderung dienenden Urkunden, soweit sie sich in seinem Besitz befinden, vorzulegen. [3]Daneben ist er verpflichtet, den Forderungsschuldner von dem Forderungsübergang in Kenntnis zu setzen. [4]Leistungen aus dem Härtefallfonds sind an den Freistaat Bayern zurückzuzahlen, soweit der betroffene Beitrag endgültig erlassen oder erstattet oder der Bescheid endgültig aufgehoben wird; soweit dies der Fall ist, ist der Bewilligungsbescheid aufzuheben. [5]Satz 4 gilt nicht, wenn der Härteausgleich durch einen Forderungsübergang nach Satz 1 ausgeglichen wurde. [6]Abs. 5 findet Anwendung.

(11) [1]Das Staatsministerium des Innern, für Sport und Integration kann im Einvernehmen mit dem Staatsministerium für Wirtschaft, Landesentwicklung und Energie das Nähere

1. zur dienstlichen Stellung der Mitglieder der Kommission,
2. zur Organisation der Geschäftsstelle,
3. zum Verfahren der Kommission,
4. zum Nachweis der antragsbegründenden Tatsachen

durch Rechtsverordnung regeln.

Artikel 20 Einschränkung von Grundrechten

Auf Grund dieses Gesetzes können die Grundrechte auf Freiheit der Person und der Unverletzlichkeit der Wohnung eingeschränkt werden (Art. 2 Abs. 2, Art. 13 des Grundgesetzes, Art. 102 und 106 Abs. 3 der Verfassung).

Artikel 21 Inkrafttreten

(1) Dieses Gesetz tritt am 1. Juli 1974 in Kraft.[1)]

(2) Art. 19a tritt mit Ablauf des 31. Dezember 2027 außer Kraft.

Artikel 22 ***[nicht mehr belegt]***

---

1) **Amtl. Anm.:** Diese Vorschrift betrifft die ursprüngliche Fassung vom 26. März 1974 (GVBl S. 109). Der Zeitpunkt des Inkrafttretens der späteren Änderungen ergibt sich aus den jeweiligen Änderungsgesetzen.

Bayerisches Gesetz über den Finanzausgleich zwischen Staat, Gemeinden und Gemeindeverbänden (Bayerisches Finanzausgleichsgesetz – BayFAG)

In der Fassung der Bekanntmachung vom 16. April 2013[1)] (GVBl. S. 210)
(BayRS 605-1-F)
zuletzt geändert durch § 1 Finanzausgleichsänderungsgesetz 2024 vom 21. Juni 2024 (GVBl. S. 153)

Nichtamtliche Inhaltsübersicht

Artikel 1 Allgemeiner Steuerverbund

(1) [1]Der Staat gewährt den Gemeinden und Landkreisen im Rahmen des allgemeinen Steuerverbunds in jedem Haushaltsjahr 12,75 Prozent (Anteilmasse) des Istaufkommens der Landesanteile der Einkommensteuer, Körperschaftsteuer, Umsatzsteuer und der Gewerbesteuerumlage (Verbundmasse), die ihm im Zeitraum vom 1. Oktober des vorvorhergehenden Jahres bis zum 30. September des vorhergehenden Jahres (Verbundzeitraum) zugeflossen sind. [2]Die Verbundmasse erhöht oder vermindert sich um die Einnahmen oder Ausgaben des Staates im Länderfinanzausgleich im Verbundzeitraum. [3]Weiter ist die Verbundmasse zu vermindern um die erhöhten Landesanteile an der Umsatzsteuer nach § 1 des Finanzausgleichsgesetzes (FAG), soweit diese

1. den Gemeinden für den Verbundzeitraum als Zuweisungen nach Art. 1b überlassen werden,
2. den Gemeinden und Gemeindeverbänden im Verbundzeitraum als Zuweisungen für den Ausbau von Betreuungsplätzen für Kinder unter drei Jahren überlassen werden, maßgebend ist der im Staatshaushalt bei Kap. 10 07 Tit. 633 90 veranschlagte Betrag, der gleichmäßig auf ein Haushaltsjahr verteilt wird,
3. zum Ausgleich von Kosten für Asylbewerber, abgelehnte Asylbewerber, ausländische unbegleitete Minderjährige und bei der Kinderbetreuung sowie der Integration bestimmt sind, maßgebend ist der im Verbundzeitraum im Staatshaushalt bei Kap. 13 01 Tit. 015 03 vereinnahmte Betrag,

1) Neubekanntmachung des FAG idF der Bek. v. 3.6.2010 (GVBl. S. 258) in der ab 1. Januar 2013 geltenden Fassung.

4. zum Ausgleich für Belastungen aus dem Pakt für den öffentlichen Gesundheitsdienst bestimmt sind, maßgebend ist der im Verbundzeitraum im Staatshaushalt bei Kap. 13 01 Tit. 015 04 vereinnahmte Betrag,
5. zur Umsetzung des Aktionsprogramms „Aufholen nach Corona für Kinder und Jugendliche" bestimmt sind, maßgebend ist der im Verbundzeitraum im Staatshaushalt bei Kap. 13 19 Tit. 015 05 vereinnahmte Betrag,
6. zum Ausgleich von Kosten für die Unterstützung der Geflüchteten aus der Ukraine bestimmt sind, maßgebend ist der im Verbundzeitraum im Staatshaushalt bei Kap. 13 01 Tit. 015 06 vereinnahmte Betrag,
7. den Gemeinden und Gemeindeverbänden im Verbundzeitraum zur Erhöhung der Anteilmasse nach Abs. 2 Satz 1 überlassen werden; der Erhöhungsbetrag wird gleichmäßig auf ein Haushaltsjahr verteilt.

(2) [1]Die Anteilmasse erhöht sich um 155 000 000 €. [2]Der erhöhten Anteilmasse sind die Schlüsselmasse, die Mittel für die Verstärkungsbeträge für Zuwendungen nach Art. 10, für Bedarfszuweisungen nach Art. 11, für die Investitionspauschalen nach Art. 12 und für Leistungen nach Art. 15 (Verbundleistungen) zu entnehmen. [3]Für die Höhe der einzelnen Verbundleistungen ist die Bewilligung im Staatshaushalt maßgebend, soweit dieses Gesetz nichts anderes bestimmt.

(3) [1]Die Schlüsselmasse wird über die Schlüsselzuweisungen dergestalt an die Gemeinden und Landkreise verteilt, dass die Gemeinden 64 Prozent und die Landkreise 36 Prozent der Schlüsselmasse erhalten. [2]Der Schlüsselmasse werden vorweg die Beträge für Zuwendungen an das Bayerische Selbstverwaltungskolleg und den Bayerischen Kommunalen Prüfungsverband nach Maßgabe des Staatshaushalts entnommen. [3]Der Schlüsselmasse für die Gemeinden wird vorweg ein Verstärkungsbetrag in Höhe von 2 500 000 € für die Investitionspauschalen nach Art. 12 entnommen. [4]Die Schlüsselzuweisungen werden nach einem Schlüssel berechnet, der für jedes Haushaltsjahr aufgestellt wird; sie werden in vierteljährlichen Teilbeträgen verteilt.

Artikel 1a *[aufgehoben]*

Artikel 1b Einkommensteuerersatz

[1]Die Gemeinden erhalten als Einkommensteuerersatz 26,08 Prozent der auf den Ausgleich für
1. überproportionale Belastungen durch die Neuregelung des Familienleistungsausgleichs und
2. Belastungen durch Steuerrechtsänderungen im Einkommensteuergesetz

entfallenden Beträge des Landesanteils an der Umsatzsteuer, wenn die Gemeinden nicht einen eigenen Ausgleich dafür erhalten. [2]Für die Aufteilung des Einkommensteuerersatzes ist § 2 des Gemeindefinanzreformgesetzes in der jeweils geltenden Fassung entsprechend anzuwenden.

Artikel 2 Gemeindeschlüsselzuweisungen

(1) [1]Bei der Berechnung der Schlüsselzuweisung jeder Gemeinde wird von der durchschnittlichen Ausgabebelastung und der eigenen Steuerkraft ausgegangen. [2]Dabei ist Mehrbelastungen auf Grund Strukturschwäche sowie Bevölkerungsrückgang und für die Kinderbetreuung Rechnung zu tragen; bei kreisfreien Gemeinden werden zusätzlich ihre besondere Aufgabenstellung sowie ihre Soziallasten berücksichtigt.

(2) [1]Die Schlüsselzuweisung wird in der Weise gefunden, dass von einer in Euro ausgedrückten Messzahl, in der die in Abs. 1 genannten Tatsachen berücksichtigt werden (Ausgangsmesszahl), eine andere Messzahl abgezogen wird, die der eigenen Steuerkraft der Gemeinde Ausdruck gibt (Steuerkraftmesszahl). [2]Ist die Ausgangsmesszahl größer als die Steuerkraftmesszahl, so erhält die Gemeinde 55 Prozent des Unterschiedsbetrags als Schlüsselzuweisung.

(3) [1]Die Ausgangsmesszahl wird nach einem einheitlichen Grundbetrag berechnet. [2]Der Grundbetrag wird für jedes Haushaltsjahr so festgesetzt, dass der als Gemeindeschlüsselmasse (Art. 1) zur Verfügung stehende Betrag aufgebraucht wird.

Artikel 3 Ausgangsmesszahl, Sonderschlüsselzuweisungen

(1) Die Ausgangsmesszahl wird gefunden, indem die folgenden Ansätze zusammengerechnet und mit dem nach Art. 2 Abs. 3 festgesetzten Grundbetrag vervielfältigt werden; hierbei werden für die Ermittlung der Ansätze nach den Nrn. 1 bis 3 drei Viertel der Zahl der nicht kasernierten Mitglieder der Stationierungsstreitkräfte und deren Angehöriger in der Gemeinde der Einwohnerzahl der Gemeinde zugerechnet:

1. Ein Hauptansatz nach der Gemeindegröße [1]Der Hauptansatz beträgt für eine Gemeinde

mit nicht mehr als	5 000	Einwohnern 112 Prozent der Einwohnerzahl,
mit	10 000	Einwohnern 115 Prozent der Einwohnerzahl,
mit	25 000	Einwohnern 125 Prozent der Einwohnerzahl,
mit	50 000	Einwohnern 135 Prozent der Einwohnerzahl,
mit	100 000	Einwohnern 140 Prozent der Einwohnerzahl,
mit	250 000	Einwohnern 145 Prozent der Einwohnerzahl,
mit	500 000 und mehr	Einwohnern 150 Prozent der Einwohnerzahl.

[2]Für Gemeinden mit dazwischenliegenden Einwohnerzahlen gelten die entsprechenden dazwischenliegenden Beträge.

2. Ein Ansatz für kreisfreie Gemeinden
   Kreisfreie Gemeinden erhalten einen Ergänzungsansatz in Höhe von 10 Prozent des Hauptansatzes.
3. Ein Ansatz für Strukturschwäche [1]Gemeinden, die eine überdurchschnittliche Zahl an Arbeitslosen im Verhältnis zu ihrer Steuerkraft aufweisen, wird ein Ergänzungsansatz für Strukturschwäche gewährt. [2]Dabei wird die durchschnittliche Zahl der Arbeitslosen in das Verhältnis zu einem Tausendstel der Steuerkraft des laufenden Jahres gesetzt. [3]Der den Landesdurchschnitt übersteigende Teil des sich für eine Gemeinde ergebenden Prozentsatzes wird mit 1,7 multipliziert. [4]Soweit der sich so ergebende Wert 20 Prozentpunkte überschreitet, werden die darüber liegenden Prozentpunkte zur Hälfte angesetzt. [5]Insgesamt werden höchstens 35 Prozent berücksichtigt. [6]Der Ergänzungsansatz ist das Produkt aus Einwohnerzahl und dem nach den Sätzen 2 bis 5 berechneten Prozentsatz.
4. Ein Ansatz für Soziallasten [1]Kreisfreie Gemeinden erhalten einen Ergänzungsansatz für ihre Soziallasten. [2]Er beträgt das 3,1-Fache der durchschnittlichen Zahl der Personen in Bedarfsgemeinschaften nach § 7 Abs. 3 des Zweiten Buches Sozialgesetzbuch (SGB II).
5. Ansatz für Kinderbetreuung [1]Gemeinden erhalten einen Ergänzungsansatz für Belastungen durch Kinderbetreuung. [2]Als Ergänzungsansatz hinzugerechnet wird die Zahl der Kinder in Tageseinrichtungen.

(2) [1]Bei Gemeinden, deren durchschnittliche Einwohnerzahl der dem maßgeblichen Stichtag entsprechenden Stichtage der zehn vorangegangenen Jahre über der Einwohnerzahl am maßgeblichen Stichtag liegt, wird für die Ermittlung der Ansätze nach Abs. 1 Nr. 1 bis 3 die durchschnittliche Einwohnerzahl angesetzt. [2]Satz 1 gilt für die zu berücksichtigende Zahl der nicht kasernierten Mitglieder der Stationierungsstreitkräfte und deren Angehöriger entsprechend.

(3) Gemeinden, deren Steuerkraftmesszahl je Einwohner unter 75 Prozent des mit dem Prozentsatz ihres Hauptansatzes angesetzten Landesdurchschnitts bleibt, erhalten zur stärkeren Auffüllung ihrer unterdurchschnittlichen Steuerkraft 15 Prozent des Unterschieds als Sonderschlüsselzuweisung.

[Abs. 4 bis 31.12.2024:]

(4) [1]Bei der Ermittlung der Ansätze nach Abs. 1 Nr. 1 bis 3 werden die bei der Berechnung der Schlüsselzuweisungen 2014 berücksichtigten Zahlen der Personen mit Nebenwohnung mit einem Bruchteil berücksichtigt. [2]Der Bruchteil beträgt für die Schlüsselzuweisungen

1. 2016 achtzehn Fünfundzwanzigstel,
2. 2017 sechzehn Fünfundzwanzigstel,
3. 2018 vierzehn Fünfundzwanzigstel,
4. 2019 zwölf Fünfundzwanzigstel,

5. 2020 zehn Fünfundzwanzigstel,
6. 2021 acht Fünfundzwanzigstel,
7. 2022 sechs Fünfundzwanzigstel,
8. 2023 vier Fünfundzwanzigstel und
9. 2024 zwei Fünfundzwanzigstel.

[3]Überstieg bei der Berechnung der Schlüsselzuweisungen 2014 der Anteil der Personen mit Nebenwohnung an der Summe aus Einwohnerzahl und Zahl der Personen mit Nebenwohnung 10 Prozent, gelten abweichend von Satz 2 Nr. 2, 3, 5, 6, 8 und 9 folgende Bruchteile für die Schlüsselzuweisungen

1. 2017 und 2018 achtzehn Fünfundzwanzigstel,
2. 2020 und 2021 zwölf Fünfundzwanzigstel und
3. 2023 und 2024 sechs Fünfundzwanzigstel.

Artikel 4 Steuerkraftmesszahl

(1) Als Steuerkraftmesszahl (Art. 2 Abs. 2) gilt die Summe der Steuerkraftzahlen.

(2) [1]Als Steuerkraftzahlen werden angesetzt:

1. bei der Grundsteuer von den land- und forstwirtschaftlichen Betrieben (Grundsteuer A) die Grundbeträge mit 310 Prozent (Nivellierungshebesatz) zuzüglich des Zuschlags nach Satz 2,
2. bei der Grundsteuer von den Grundstücken (Grundsteuer B) die Grundbeträge mit 310 Prozent (Nivellierungshebesatz) zuzüglich des Zuschlags nach Satz 2,
3. bei der Gewerbesteuer die Grundbeträge mit 310 Prozent (Nivellierungshebesatz), abzüglich des jeweils geltenden Vervielfältigers der Gewerbesteuerumlage gemäß § 6 des Gemeindefinanzreformgesetzes und zuzüglich des Zuschlags nach Satz 2 sowie die Hälfte der Einnahmen aus der Spielbankabgabe,
4. bei dem um den Einkommensteuerersatz nach Art. 1b erhöhten Gemeindeanteil an der Einkommensteuer, soweit die Beteiligungsbeträge je Einwohner unter 50 Prozent des Landesdurchschnitts liegen, 65 Prozent, im Übrigen 100 Prozent,
5. der Gemeindeanteil am Umsatzsteueraufkommen mit 100 Prozent.

[2]Soweit die für das jeweilige Erhebungsjahr festgesetzten Hebesätze die Nivellierungshebesätze nach Satz 1 Nr. 1 bis 3 übersteigen, werden die Steuereinnahmen, die auf die übersteigenden Prozentpunkte entfallen, mit 10 Prozent in die Steuerkraftzahlen eingerechnet.

(3) Die Grundbeträge werden in der Weise ermittelt, dass das Istaufkommen einer Gemeinde durch den für das jeweilige Erhebungsjahr festgesetzten Hebesatz geteilt wird.

(4) [1]Werden in einem öffentlich-rechtlichen Vertrag nach Art. 7 KommZG oder in einer Verbandssatzung nach Art. 19 KommZG Bestimmungen über die Aufteilung des Grundsteueraufkommens oder des Gewerbesteueraufkommens zwischen bayerischen Gemeinden getroffen, so können diese auf gemeinsamen Antrag der beteiligten Gemeinden bei der Ermittlung der Steuerkraftmesszahl berücksichtigt werden. [2]Die Gemeinden sind an den Antrag auf die Dauer von fünf Jahren gebunden.

(5) [1]Bei der Steuerkraftzahl der Gewerbesteuer für das Jahr 2022 werden die Zuweisungen im Jahr 2020 zum Ausgleich von Gewerbesteuermindereinnahmen der Gemeinden infolge der COVID-19-Pandemie durch Bund und Länder wie folgt berücksichtigt:

1. Soweit die Zuweisungen auf den zuweisungsfähigen Betrag für die Gewerbesteuermindereinnahmen entfallen, werden sie entsprechend Abs. 2 Satz 1 Nr. 3 und Abs. 2 Satz 2 angesetzt; für die Ermittlung der Grundbeträge nach Abs. 3 und des Zuschlags nach Abs. 2 Satz 2 ist der für das Erhebungsjahr 2019 festgesetzte Hebesatz maßgeblich; Abs. 4 gilt entsprechend.
2. Soweit die Zuweisungen auf den zuweisungsfähigen Betrag für die Mindereinnahmen aus dem Gemeindeanteil an der Spielbankabgabe entfallen, gelten sie als Einnahmen aus der Spielbankabgabe.

[2]§ 4 Abs. 4 der Bayerischen Durchführungsverordnung Finanzausgleichsgesetz in der am 5. November 2020 geltenden Fassung gilt entsprechend.

(6) [1]Bei der Steuerkraftzahl der Gewerbesteuer für das Jahr 2023 werden die Zuweisungen zum Ausgleich von Gewerbesteuermindereinnahmen der Gemeinden infolge der COVID-19-Pandemie für das Jahr 2021 wie folgt berücksichtigt:

1. Soweit die Zuweisungen auf den zuweisungsfähigen Betrag für die Gewerbesteuermindereinnahmen oder auf den zuweisungsfähigen Betrag Härtefälle 2020 entfallen, werden sie entsprechend

Abs. 2 Satz 1 Nr. 3 und Abs. 2 Satz 2 angesetzt; für die Ermittlung der Grundbeträge nach Abs. 3 und des Zuschlags nach Abs. 2 Satz 2 ist der für das Erhebungsjahr 2019 festgesetzte Hebesatz maßgeblich; Abs. 4 gilt entsprechend.
2. Soweit die Zuweisungen auf den zuweisungsfähigen Betrag für die Mindereinnahmen aus dem Gemeindeanteil an der Spielbankabgabe entfallen, gelten sie als Einnahmen aus der Spielbankabgabe.

[2]Abs. 5 Satz 2 gilt entsprechend.

Artikel 5 Landkreisschlüsselzuweisungen

(1) [1]Bei der Berechnung der Schlüsselzuweisung jedes Landkreises wird eine Ausgangsmesszahl einer Umlagekraftmesszahl gegenübergestellt. [2]Dabei wird der Mehrbelastung des Landkreises Rechnung getragen, die sich aus der Zusammensetzung der Bevölkerung und aus seinen Soziallasten ergibt.

(2) Die Ausgangsmesszahl wird gefunden, indem die folgenden Ansätze zusammengerechnet und mit einem Grundbetrag vervielfältigt werden; bei der Ermittlung des Ansatzes nach Nr. 1 werden drei Viertel der Zahl der nicht kasernierten Mitglieder der Stationierungsstreitkräfte und deren Angehöriger im Landkreis der Einwohnerzahl des Landkreises zugerechnet:

1. Ein Hauptansatz nach der Zusammensetzung der Bevölkerung [1]Er beträgt bei Landkreisen, bei denen der Anteil an Einwohnern unter 18 Jahren nicht über dem Landesdurchschnitt liegt, 100 Prozent der Einwohnerzahl. [2]Bei einem Anteil an Einwohnern unter 18 Jahren über dem Landesdurchschnitt erhöht sich der Ansatz um das Eineinhalbfache der Prozentpunkte, um die der Anteil an Einwohnern unter 18 Jahren den Landesdurchschnitt übersteigt.
2. Ein Ansatz für Soziallasten
   Der Ergänzungsansatz beträgt das 3,1-Fache der durchschnittlichen Zahl der Personen in Bedarfsgemeinschaften nach § 7 Abs. 3 SGB II.

(3) Art. 3 Abs. 2 gilt entsprechend.

(4) Die Umlagekraftmesszahl beträgt 40 Prozent der Umlagegrundlagen (Art. 18 Abs. 3) zuzüglich 40 Prozent der Steuerkraftzahlen der gemeindefreien Gebiete.

(5) Jeder Landkreis erhält als Schlüsselzuweisung 50 Prozent des Betrags, um den die Umlagekraftmesszahl hinter der Ausgangsmesszahl zurückbleibt.

(6) Art. 2 Abs. 3 gilt entsprechend.

Artikel 6 Korrekturregelungen

[1]Stellen sich nach der Berechnung der Schlüsselzuweisungen erhebliche Unrichtigkeiten heraus, so wird der Ausgleich bei der Berechnung des Schlüssels für das nächste Haushaltsjahr vorgenommen. [2]In Fällen von schwerwiegender Bedeutung kann die Schlüsselzuweisung mit Genehmigung der Staatsministerien der Finanzen und für Heimat und des Innern, für Sport und Integration mit Wirkung für das laufende Haushaltsjahr berichtigt werden. [3]Stellen sich erhebliche Unrichtigkeiten der Grundlagen für die Berechnung der Ansätze nach den Art. 3 Abs. 1 Nr. 4 und Art. 5 Abs. 2 Nr. 2 in der jeweils bis 31. Dezember 2015 geltenden Fassung heraus, so wird bei der Berechnung der Schlüsselzuweisungen für das nächste Haushaltsjahr als Ergänzungsansatz ein Korrekturposten berücksichtigt, der sich aus der Veränderung des bisherigen Ansatzes, die nach der bis 31. Dezember 2015 geltenden Systematik und mit unverändertem landesdurchschnittlichen Belastungssatz ermittelt wird, und der für die Berechnung des Hauptansatzes maßgebenden Einwohnerzahl ergibt.

Artikel 7 Finanzzuweisungen

(1) Die Gemeinden, die Verwaltungsgemeinschaften und die Landkreise erhalten Finanzzuweisungen als Ersatz des Verwaltungsaufwands für die Aufgaben des jeweils übertragenen Wirkungskreises, die Landkreise auch als Ersatz des Verwaltungsaufwands für die Staatsbehörde Landratsamt (Art. 53 Abs. 2 der Landkreisordnung).

(2) Als Finanzzuweisungen werden gewährt:

1. den Landkreisen das volle Aufkommen der vom Landratsamt als Staatsbehörde festgesetzten Kosten (Gebühren und Auslagen) sowie die von den staatlichen Gesundheits- und Veterinärämtern festgesetzten Benutzungsgebühren für das Haushaltsjahr,
2. den Landkreisen ferner Zuweisungen in Höhe von 18,42 € je Einwohner und Haushaltsjahr,

3. den kreisangehörigen Gemeinden Zuweisungen in Höhe von 18,42 € je Einwohner und Haushaltsjahr. Bei Gemeinden, die einer Verwaltungsgemeinschaft angehören, werden die Zuweisungen unmittelbar an die Verwaltungsgemeinschaft ausbezahlt,
4. den kreisfreien Gemeinden Zuweisungen in Höhe von 36,84 € je Einwohner und Haushaltsjahr,
5. den kreisfreien Gemeinden eine ergänzende Zuweisung zu ihren staatlichen Aufgaben im übertragenen Wirkungskreis in Höhe von 2 € je Einwohner und Haushaltsjahr,
6. den Gemeinden, Verwaltungsgemeinschaften und Landkreisen das jeweilige örtliche Aufkommen der von ihnen, den Landkreisen auch das jeweilige örtliche Aufkommen der von den Landratsämtern als Staatsbehörden erhobenen Verwarnungsgelder und Geldbußen.

(3) Zum Ersatz der Leistungen nach Art. 48 Abs. 3 Satz 2 des Bayerischen Schulfinanzierungsgesetzes (BaySchFG) erhalten die Landkreise und kreisfreien Gemeinden als Finanzzuweisungen auch das volle Aufkommen der vom Staatlichen Schulamt festgesetzten Kosten für das Haushaltsjahr und Zuweisungen in Höhe von 0,16 € je Einwohner und Haushaltsjahr.

(4) [1]Landkreise und kreisfreie Gemeinden erhalten ergänzende Finanzzuweisungen, soweit sie die Kosten für die Amtsermittlung bei der Erkundung von Altlastverdachtsflächen oder für die Ersatzvornahme bei der sonstigen Erkundung oder bei der Sanierung von Altlasten zu tragen haben und nicht von dritter Seite, insbesondere von Seiten des Störers, Ersatz der Kosten erlangen können. [2]Erstattet werden die notwendigen Kosten, soweit sie den Betrag von 2,00 € je Einwohner und Jahr übersteigen. [3]Die Kostenerstattung durch das Staatsministerium für Umwelt und Verbraucherschutz setzt voraus, dass die Maßnahmen jeweils in eine vom Staatsministerium für Umwelt und Verbraucherschutz nach Maßgabe der zur Verfügung stehenden Haushaltsmittel jährlich aufzustellende Liste der fachlich vordringlichsten Vorhaben aufgenommen sind.

Artikel 8 Grunderwerbsteuerverbund

[1]Der Staat stellt den Gemeinden und Landkreisen acht Einundzwanzigstel des Aufkommens an Grunderwerbsteuer zur Verfügung (Kommunalanteil an der Grunderwerbsteuer). [2]Der Kommunalanteil an der Grunderwerbsteuer fließt nach Maßgabe des örtlichen Aufkommens den kreisfreien Gemeinden und Großen Kreisstädten in voller Höhe, im Übrigen den kreisangehörigen Gemeinden in Höhe von drei Siebteln und den Landkreisen in Höhe von vier Siebteln zu. [3]Für Grundstücke in gemeindefreien Gebieten fließt der Kommunalanteil an der Grunderwerbsteuer den Landkreisen in voller Höhe zu.

Artikel 9 Besondere Finanzzuweisungen

(1) [1]Die Landkreise erhalten zu dem Aufwand der Landratsämter als staatliche Gesundheitsämter jährlich eine Zuweisung in Höhe von 3,04 € je Einwohner. [2]Einwohner von kreisfreien Gemeinden und anderen Landkreisen, für deren Gebiet das Landratsamt die Aufgabe des staatlichen Gesundheitsamts wahrnimmt, werden bei der Berechnung der Zuweisungen der nach Satz 1 maßgeblichen Einwohnerzahl hinzugerechnet. [3]Einwohner kreisfreier Gemeinden, deren Gesundheitsamt nur die Aufgaben der Jugendgesundheitspflege wahrnimmt, werden mit 70 Prozent berücksichtigt.

(2) [1]Die kreisfreien Gemeinden, die Träger eines Gesundheitsamts sind, erhalten jährlich eine Zuweisung in Höhe von 8,36 € je Einwohner. [2]Kreisfreie Gemeinden, deren Gesundheitsamt nur die Aufgaben der Jugendgesundheitspflege wahrnimmt, erhalten jährlich eine Zuweisung in Höhe von 2,51 € je Einwohner. [3]Die kreisfreien Gemeinden erhalten für die Durchführung des Pflege- und Wohnqualitätsgesetzes (PfleWoqG) folgende jährliche Zuweisung:

1. Für jede neu hinzukommende Einrichtung nach Art. 2 Abs. 1, 3 und 4 PfleWoqG pauschal 1 700 €
2. Für je angefangene 100 neu hinzukommende Einrichtungsplätze der in Nr. 1 genannten Einrichtungen pauschal 1 700 €.

(3) [1]Die Landkreise und kreisfreien Gemeinden erhalten zu dem Aufwand für den Vollzug der Aufgaben der Veterinärämter und des Futtermittelrechts eine jährliche pauschale Zuweisung, die sich nach der Zahl der Tierärzte wie folgt bemisst:

Veterinärämter mit

1.	bis zu 2,5 Tierärzten	70 000 €
2.	mehr als 2,5 Tierärzten bis zu 4,5 Tierärzten	86 000 €

3. mehr als 4,5 Tierärzten
bis zu 6 Tierärzten 119 000 €.

[2]Für jeden weiteren vollzeitbeschäftigten Tierarzt erhöht sich die Zuweisung um 12 500 €. [3]Bei teilzeitbeschäftigten Tierärzten ist die Summe ihrer Beschäftigungszeiten maßgebend.

(4) [1]Die kreisfreien Gemeinden, denen durch Verordnung gemäß Art. 28 Abs. 2 Nr. 9 des Gesetzes über den gesundheitlichen Verbraucherschutz und das Veterinärwesen (GVVG) die Wahrnehmung von Veterinäraufgaben neu übertragen wird, erhalten zur Abgeltung der Personalkosten für jeden hierfür erforderlichen vollzeitbeschäftigten Tierarzt 73 368 € jährlich. [2]Den gleichen Ausgleich erhalten diejenigen kreisfreien Gemeinden, die diese Veterinäraufgaben bereits am 31. Dezember 2007 wahrgenommen haben. [3]Teilzeitbeschäftigte Tierärzte werden bei der Ermittlung der Zuweisungen anteilig berücksichtigt.

(5) [1]Die Landkreise erhalten zu dem Aufwand der Landratsämter als Lebensmittelüberwachungsbehörde jährlich eine Zuweisung in Höhe von 0,14 € je Einwohner. [2]Die kreisfreien Gemeinden erhalten für die Wahrnehmung dieser Aufgabe jährlich eine Zuweisung in Höhe von 0,28 € je Einwohner. [3]Darüber hinaus erhalten die Landkreise und kreisfreien Gemeinden für Mindereinnahmen aus der Begrenzung der Fleischhygienegebühren bei Betrieben gemäß Art. 16 Abs. 1 Satz 2 GVVG eine jährliche pauschale Zuweisung nach Maßgabe der Bewilligung im Staatshaushalt.

(6) [1]Die kreisfreien Gemeinden erhalten für die Wahrnehmung der ihnen als Kreisverwaltungsbehörde übertragenen Aufgaben der Wasserwirtschaftsämter jährlich eine Zuweisung in Höhe von 0,80 € je Einwohner, höchstens jedoch 115 000 €. [2]Daneben erhalten sie eine jährliche pauschale Zuweisung in folgender Höhe:

Kreisfreie Gemeinden mit

1.	bis zu 90 000 Einwohnern	25 000 €
2.	über 90 000 bis zu 300 000 Einwohnern	35 000 €
3.	über 300 000 bis zu 600 000 Einwohnern	50 000 €
4.	über 600 000 Einwohnern	100 000 €.

(7) Art. 7 bleibt unberührt.

Artikel 10 Kommunaler Hochbau

(1) Der Staat gewährt nach Maßgabe der Bewilligung im Staatshaushalt an Gemeinden und Gemeindeverbände Zuweisungen zum Bau von

1. Schulen einschließlich schulischer Sportanlagen,
2. Kindertageseinrichtungen,
3. sonstigen öffentlichen Einrichtungen.

(2) Eine anderweitige Verwendung der nach Abs. 1 geförderten Baumaßnahmen gilt nicht als zweckwidrige Verwendung nach Art. 49 Abs. 2a BayVwVfG, solange und soweit die geförderten Baumaßnahmen für andere förderfähige kommunale Zwecke oder zur Erfüllung anderer kommunaler Aufgaben des Zuweisungsempfängers verwendet werden; dies gilt nicht, wenn die anderweitige Verwendung zu entsprechenden Einnahmen führt.

Artikel 10a Schülerbeförderungskosten

(1) [1]Der Staat gewährt Gemeinden und Gemeindeverbänden pauschale Zuweisungen zu den Kosten der notwendigen Beförderung der Schülerinnen und Schüler an Grundschulen, Mittelschulen und Förderschulen auf dem Schulweg (Art. 5 Abs. 2 BaySchFG). [2]Zu den Kosten der notwendigen Beförderung gehören auch die notwendigen Kosten der Beaufsichtigung der Schüler im Schulbus und während der Wartezeiten in der Schulanlage außerhalb des stundenplanmäßigen Unterrichts.

(2) [1]Bei der Bemessung der pauschalen Zuweisungen nach dieser Vorschrift und nach Art. 4 des Schulwegkostenfreiheitsgesetzes (SchKfrG) sind die Belastungen der Aufgabenträger angemessen zu berücksichtigen. [2]Die pauschalen Zuweisungen werden so festgesetzt, dass ihre Gesamtsumme dem im Staatshaushalt hierfür bereitgestellten Betrag entspricht. [3]Von dem Betrag können vorweg Mittel für einen Härteausgleich entnommen werden.

Artikel 10b Krankenhausumlage

(1) [1]Die Landkreise und kreisfreien Gemeinden haben die Kosten des Bayerischen Krankenhausgesetzes, soweit sie nicht durch Finanzhilfen des Bundes gedeckt werden, insgesamt zur Hälfte zu tragen

(kommunaler Finanzierungsanteil). 2Satz 1 gilt auch für die Kofinanzierung des Landes zu den Kosten der Vorhaben zur Verbesserung von Versorgungsstrukturen, für die Fördermittel aus dem Strukturfonds gewährt werden, und in den Jahren 2019 bis 2028 für die Finanzierung der nach Überführung in ein Universitätsklinikum fortgeführten Generalsanierung des Klinikums Augsburg.

(2) 1Der kommunale Finanzierungsanteil wird in Form einer Krankenhausumlage erbracht. 2Die Umlage wird je zur Hälfte nach den Umlagegrundlagen (Art. 21 Abs. 3) und der Einwohnerzahl der Landkreise und kreisfreien Gemeinden erhoben. 3Wird sie nicht rechtzeitig entrichtet, können Zinsen in Höhe von 6 Prozent erhoben werden.

Artikel 10c Bau von Abfallentsorgungsanlagen

Der Staat gewährt Gemeinden, Gemeindeverbänden und anderen natürlichen oder juristischen Personen, auf die Gemeinden und Gemeindeverbände mittelbar oder unmittelbar einen beherrschenden Einfluss ausüben können, nach Maßgabe der Bewilligung im Staatshaushalt Zuwendungen zum Bau von Abfallentsorgungsanlagen im Sinn von Art. 23 des Bayerischen Abfallwirtschaftsgesetzes.

Artikel 11 Bedarfszuweisungen

(1) Der Staat gewährt den Gemeinden und Gemeindeverbänden Bedarfszuweisungen in Form von Zuweisungen und rückzahlbaren Überbrückungsbeihilfen nach Maßgabe der Bewilligung im Staatshaushalt.

(2) 1Die Mittel für die Bedarfszuweisungen sind dazu bestimmt, der außergewöhnlichen Lage und den besonderen Aufgaben von Gemeinden und Gemeindeverbänden im Einzelfall Rechnung zu tragen. 2Bedarfszuweisungen werden auch zum Ausgleich von Härten gewährt, die sich bei der Verteilung von Schlüsselzuweisungen oder im Zuge der Gebietsreform ergeben.

(3) 1Die Bedarfszuweisungen werden vom Staatsministerium der Finanzen und für Heimat im Einvernehmen mit dem Staatsministerium des Innern, für Sport und Integration bewilligt. 2Ein aus Vertretern der Gemeinden und Gemeindeverbände gebildeter Ausschuss ist vorher gutachtlich zu hören.

Artikel 12 Investitionspauschalen

(1) 1Die Gemeinden und Landkreise erhalten aus den nach Art. 1 Abs. 2 und 3 Satz 3 bereitgestellten Mitteln pauschale Zuweisungen, die für die Finanzierung von Investitions-, Instandsetzungs- und Modernisierungsmaßnahmen bestimmt sind (Investitionspauschalen). 2Von der für Investitionspauschalen zur Verfügung stehenden Finanzmasse nach Art. 1 Abs. 2 Satz 2 erhalten die kreisfreien Gemeinden 20 Prozent, die kreisangehörigen Gemeinden 45 Prozent und die Landkreise 35 Prozent; sie wird nach der Einwohnerzahl unter Berücksichtigung der Umlagekraft verteilt. 3Die Investitionspauschalen für kreisangehörige Gemeinden nach Satz 2 werden mit dem nach Art. 1 Abs. 3 Satz 3 zur Verfügung stehenden Verstärkungsbetrag auf einen nach der Umlagekraft gestaffelten Mindestbetrag nach Abs. 3 je Gemeinde erhöht; soweit der Verstärkungsbetrag nach Art. 1 Abs. 3 Satz 3 für die Anhebung auf den Mindestbetrag nicht ausreicht, werden die darüber hinaus benötigten Mittel vor der Aufteilung nach Satz 2 auf kreisfreie Gemeinden, kreisangehörige Gemeinden und Landkreise vorweg entnommen. 4Bei einem zu erwartenden erheblichen Bevölkerungsrückgang erhalten Gemeinden und Landkreise einen Zuschlag nach Abs. 4 auf die Investitionspauschale (Demografiezuschlag). 5Umlagekraft im Sinn der Sätze 2 und 3 ist für die kreisangehörigen Gemeinden die Summe der Umlagegrundlagen nach Art. 18 Abs. 3 Satz 2, für die kreisfreien Gemeinden die Summe der Umlagegrundlagen nach Art. 21 Abs. 3 Satz 2 des laufenden Jahres.

(2) 1Die Umlagekraft wird dadurch berücksichtigt, dass die Einwohnerzahl

1. bei kreisfreien Gemeinden mit einer Umlagekraft je Einwohner von
   a) bis unter 80 Prozent
      des Landesdurchschnitts mit 145 Prozent
   b) 80 Prozent bis unter 88 Prozent
      des Landesdurchschnitts mit 130 Prozent
   c) 88 Prozent bis unter 96 Prozent
      des Landesdurchschnitts mit 115 Prozent
   d) 96 Prozent bis unter 104 Prozent
      des Landesdurchschnitts mit 100 Prozent
   e) 104 Prozent bis unter 112 Prozent
      des Landesdurchschnitts mit 85 Prozent

f) 112 Prozent bis unter 120 Prozent
des Landesdurchschnitts mit 70 Prozent
g) 120 Prozent und mehr
des Landesdurchschnitts mit 55 Prozent
angesetzt wird; maßgebend ist der Landesdurchschnitt der kreisfreien Gemeinden;
2. bei kreisangehörigen Gemeinden mit einer Umlagekraft je Einwohner von
a) bis unter 50 Prozent
des Landesdurchschnitts mit 145 Prozent
b) 50 Prozent bis unter 70 Prozent
des Landesdurchschnitts mit 130 Prozent
c) 70 Prozent bis unter 90 Prozent
des Landesdurchschnitts mit 115 Prozent
d) 90 Prozent bis unter 110 Prozent
des Landesdurchschnitts mit 100 Prozent
e) 110 Prozent bis unter 130 Prozent
des Landesdurchschnitts mit 85 Prozent
f) 130 Prozent bis unter 150 Prozent
des Landesdurchschnitts mit 70 Prozent
g) 150 Prozent und mehr
des Landesdurchschnitts mit 55 Prozent
angesetzt wird; maßgebend ist der Landesdurchschnitt der kreisangehörigen Gemeinden.

[2]Gemeinden mit einer Umlagekraft von mehr als 200 Prozent des für sie nach Satz 1 maßgebenden Landesdurchschnitts erhalten keine Investitionspauschale. [3]Die auf die Landkreise entfallende Finanzmasse wird auf die Landkreise im Verhältnis der Summe der Investitionspauschalen ihrer kreisangehörigen Gemeinden nach Abs. 1 Satz 2 aufgeteilt.

(3) [1]Der Basisbetrag des nach der Umlagekraft gestaffelten Mindestbetrags beträgt 110 000 €. [2]Der Basisbetrag wird mit den in Abs. 2 Satz 1 Nr. 2 festgelegten Prozentsätzen angesetzt, soweit die Umlagekraft je Einwohner der kreisangehörigen Gemeinden innerhalb der jeweils zugehörigen Umlagekraftgrenzen liegt. [3]Abs. 2 Satz 2 bleibt unberührt.

(4) [1]Einen Demografiezuschlag erhalten Gemeinden und Landkreise, deren nach der Bevölkerungsvorausberechnung des Landesamts für Statistik zu erwartende Einwohnerzahl am 31. Dezember des zehnten auf den maßgebenden Stichtag folgenden Jahres die Einwohnerzahl um mindestens 3 Prozent unterschreitet. [2]Der Demografiezuschlag ergibt sich aus der Investitionspauschale nach Abs. 2 und 3, vervielfacht mit dem positiven Prozentwert des voraussichtlichen Bevölkerungsrückgangs der Gemeinde bzw. des Landkreises nach Satz 1. [3]Die Mittel für den Demografiezuschlag der kreisfreien Gemeinden, kreisangehörigen Gemeinden und Landkreise werden jeweils den auf diese entfallenden Finanzmassen nach Abs. 1 Satz 2 vorweg entnommen.

Artikel 13 Kraftfahrzeugsteuerersatzverbund

(1) Der Staat stellt den Gemeinden und Gemeindeverbänden 70 Prozent der auf Bayern entfallenden Zuweisungen des Bundes, die ihm im Verbundzeitraum zum Ausgleich der Übertragung der Ertragshoheit an der Kraftfahrzeugsteuer auf den Bund zugeflossen sind, zur Verfügung (Kommunalanteil am Kraftfahrzeugsteuerersatzverbund).

(2) [1]Der Kommunalanteil am Kraftfahrzeugsteuerersatzverbund wird für die in Art. 13a bis 13h genannten Zwecke verwendet. [2]Vorweg sind dem Kommunalanteil am Kraftfahrzeugsteuerersatzverbund 43 250 000 € als Verstärkungsbetrag für die Zuweisungen nach Art. 15 zu entnehmen. [3]Für die Höhe der Leistungen nach Satz 1 ist die Bewilligung im Staatshaushalt maßgebend, soweit dieses Gesetz nichts anderes bestimmt.

Artikel 13a Straßenbau und -unterhalt bei größeren Gemeinden

Gemeinden, die
1. Träger der Straßenbaulast für Ortsdurchfahrten im Zuge von Bundesstraßen sind,
2. Träger der Straßenbaulast für Ortsdurchfahrten im Zuge von Staatsstraßen sind oder
3. am 30. Juni 2009 mehr als 5 000 Einwohner hatten und bis 30. Juni 2011 keine Zuweisungen nach Art. 13b Abs. 2 Satz 1 in der bis 31. Dezember 2010 geltenden Fassung gewählt haben,

erhalten jährliche pauschale Zuweisungen zum Bau oder Ausbau und zur Unterhaltung der in ihrer Straßenbaulast stehenden Straßen auf Basis der ihnen im Jahr 2016 für das Jahr 2016 bewilligten Zuweisungen.

Artikel 13b Straßenbau und -unterhalt bei Landkreisen und kleineren Gemeinden

(1) Die Landkreise erhalten zum Bau oder Ausbau und zur Unterhaltung ihrer Kreisstraßen jährliche pauschale Zuweisungen auf Basis der ihnen im Jahr 2016 für das Jahr 2016 bewilligten Zuweisungen.

(2) Die kreisangehörigen Gemeinden, die nicht die Voraussetzungen des Art. 13a erfüllen, erhalten zum Bau oder Ausbau und zur Unterhaltung ihrer Gemeindestraßen jährliche pauschale Zuweisungen auf Basis der ihnen im Jahr 2016 für das Jahr 2016 bewilligten Zuweisungen.

Artikel 13c Kommunalstraßen, Infrastruktur des öffentlichen Personennahverkehrs

(1) [1]Vom Kommunalanteil am Kraftfahrzeugsteuerersatzverbund werden 133 400 000 € zugunsten einer Ausgleichsmasse bereitgestellt. [2]Diese Masse dient dem Ausgleich besonderer Belastungen und der Minderung von Härten im Zusammenhang mit dem Bau oder Ausbau und der Unterhaltung von Kreisstraßen und Gemeindestraßen sowie von Ortsdurchfahrten im Zuge von Bundesstraßen, Staatsstraßen und Kreisstraßen, soweit die Straßenbaulast für die Ortsdurchfahrten den Gemeinden obliegt.

(2) [1]Nicht mehr als 60 Prozent der Masse nach Abs. 1 Satz 1 dürfen für Maßnahmen, die dem öffentlichen Personennahverkehr dienen und zur Verbesserung der Verkehrsverhältnisse einer Gemeinde dringend erforderlich sind, verwendet werden. [2]Maßnahmen nach Satz 1 sind insbesondere der Bau oder Ausbau

1. der Verkehrswege von Eisenbahnen, Straßenbahnen, Hochbahnen, Untergrundbahnen und Bahnen besonderer Bauart, soweit sie überwiegend auf besonderem Bahnkörper oder auf Streckenabschnitten, die eine Bevorrechtigung der Bahnen durch geeignete Bauformen beziehungsweise Fahrleitsysteme sicherstellen, geführt werden, und
2. von Betriebshöfen, zentralen Werkstätten, zentralen Omnibusbahnhöfen, verkehrswichtigen Umsteigeanlagen.

[3]Soweit die Voraussetzungen des Satz 1 erfüllt sind, können auch nichtkommunale Träger Zuwendungen zu Maßnahmen nach Satz 2 und zu Kreuzungsmaßnahmen nichtbundeseigener Eisenbahnen nach dem Eisenbahnkreuzungsgesetz erhalten.

Artikel 13d ÖPNV-Zuweisungen

Vom Kommunalanteil am Kraftfahrzeugsteuerersatzverbund werden jährlich 94 300 000 € für Zuweisungen nach Art. 27 des Gesetzes über den öffentlichen Personennahverkehr in Bayern verwendet.

Artikel 13e Sanierung von Abwasserentsorgungsanlagen in Härtefällen

[1]Vom Kommunalanteil am Kraftfahrzeugsteuerersatzverbund können jährlich bis zu 165 000 000 € für den Bau von Abwasserentsorgungsanlagen verwendet werden. [2]Unter Berücksichtigung der Dringlichkeit können bis zu 40 Prozent der Mittel nach Satz 1 auch für Zuweisungen zum Bau von Wasserversorgungsanlagen verwendet werden. [3]Die Mittel nach den Sätzen 1 und 2 dienen zur Abfinanzierung der Förderung von Ersterschließungsmaßnahmen und können in Härtefällen auch für Sanierungsmaßnahmen eingesetzt werden.

Artikel 13f Kommunales Sonderbaulastprogramm

(1) [1]Vom Kommunalanteil am Kraftfahrzeugsteuerersatzverbund können jährlich bis zu 33 900 000 €für das kommunale Sonderbaulastprogramm, insbesondere

1. für den Bau von in gemeindlicher Sonderbaulast stehenden Ortsumfahrungen bzw. Entlastungsstraßen im Zuge von Staatsstraßen,
2. für die Änderung von bestehenden Kreuzungen zwischen Staats- und Gemeinde- oder Kreisstraßen sowie zwischen Staats- und Gemeinde- und Kreisstraßen, soweit die betroffenen Gemeinden und Landkreise die Änderungskosten übernehmen,
3. für den Bau von unselbstständigen Radwegen sowie unselbstständigen Geh- und Radwegen an Staatsstraßen, soweit die Gemeinde die Kosten übernimmt,
4. für den Bau oder Ausbau von Radschnellwegen und anderen Geh- und Radwegen im Sinn von Art. 53 Nr. 2 des Bayerischen Straßen- und Wegegesetzes (BayStrWG) sowie den Ausbau von öffentlichen Feld- und Waldwegen im Sinn von Art. 53 Nr. 1 BayStrWG, die für den überörtlichen

Radverkehr von Verkehrsbedeutung sind und bei denen die Gemeinden Träger der Baulast oder die Landkreise Träger der Sonderbaulast sind,

5. für bauliche Maßnahmen der Gemeinden und Landkreise zur Herstellung der Barrierefreiheit und Verbesserung der Zuwegung im Übergangsbereich vom Individual- zum öffentlichen Verkehr einschließlich der Ablösebeträge, die für den Mehraufwand bei der Erhaltung und Unterhaltung der erforderlichen Bauwerke zu erstatten sind,
6. für Planungen im Hinblick auf Maßnahmen zur Herstellung der Barrierefreiheit an Bahnstationen,

verwendet werden. [2]Für die Förderhöhe und das Förderverfahren gelten die für den kommunalen Straßenbau geltenden Bestimmungen entsprechend.

(2) Der Bau und Ausbau von Wegen nach Abs. 1 Satz 1 Nr. 3 und 4 ist in der Breite und Befestigung zuwendungsfähig, die für den zu erwartenden Verkehr notwendig sind.

(3) [1]Ausgaben für Planung und Bauleitung für Maßnahmen nach Abs. 1 Satz 1 Nr. 1 bis 4 sind pauschal in einer Höhe von 15 % der Bauausgaben zuwendungsfähig. [2]Satz 1 gilt in den Fällen des Abs. 1 Satz 1 Nr. 5 entsprechend mit der Maßgabe, dass 20 % der Bauausgaben zuwendungsfähig sind.

(4) Soweit die Fördernachfrage die verfügbaren Ausgabemittel übersteigt, sind die Fördertatbestände nach Abs. 1 Satz 1 Nr. 1 bis 4 auch im Hinblick auf die Fördersätze vorrangig gegenüber den Fördertatbeständen nach Abs. 1 Satz 1 Nr. 5 und 6 zu finanzieren.

(5) Die Antragsfrist für eine Förderung von Maßnahmen nach Abs. 1 Satz 1 Nr. 5 und 6 endet am 31. Dezember 2026.

Artikel 13g Förderungen nach dem Bayerischen Gemeindeverkehrsfinanzierungsgesetz

[1]Vom Kommunalanteil am Kraftfahrzeugsteuerersatzverbund können jährlich 236 135 000 € für Maßnahmen, die nach dem Bayerischen Gemeindeverkehrsfinanzierungsgesetz gefördert werden, sowie für die Kostenanteile des Landes für Eisenbahnkreuzungsmaßnahmen nach § 13 Abs. 2 des Eisenbahnkreuzungsgesetzes verwendet werden. [2]Die Aufteilung der Mittel auf Straßenbauvorhaben der Gemeinden und Gemeindeverbände sowie auf Vorhaben des öffentlichen Personennahverkehrs richtet sich nach der Veranschlagung im Staatshaushalt.

Artikel 13h Straßenausbaupauschalen

(1) [1]Die Gemeinden erhalten nach Maßgabe der Bewilligung im Staatshaushalt zu Straßenausbaubeitragsmaßnahmen im Sinn des Art. 5 Abs. 1 Satz 3 Halbsatz 1 des Kommunalabgabengesetzes (KAG) pauschale Zuweisungen (Straßenausbaupauschalen). [2]Gemeinden dürfen die Straßenausbaupauschalen auch für investive Maßnahmen an Erschließungsanlagen verwenden, bei denen am 1. April 2021 seit dem Beginn der erstmaligen technischen Herstellung mindestens 25 Jahre vergangen sind.

(2) Die für die Straßenausbaupauschalen zur Verfügung stehende Finanzmasse wird nach dem Verhältnis der Siedlungsflächen verteilt.

(3) Soweit die nach Abs. 2 berechneten Straßenausbaupauschalen einen Mindestbetrag von 10 000 € unterschreiten, werden sie auf diesen Mindestbetrag erhöht; die hierfür benötigten Mittel werden der für die Straßenausbaupauschalen zur Verfügung stehenden Finanzmasse vorweg entnommen.

Artikel 14 Kostenanteile nach § 13 des Eisenbahnkreuzungsgesetzes

(1) Die Kostenanteile, die nach § 13 des Eisenbahnkreuzungsgesetzes dem Land bei Kreuzungen mit Kreis- und Gemeindestraßen entstehen, werden aus dem Kommunalanteil am Kraftfahrzeugsteuerersatzverbund finanziert.

(2) [1]Bei Vereinbarungen nach § 5 Abs. 1 Satz 1 des Eisenbahnkreuzungsgesetzes, die vor dem 1. Januar 2022 zwischen den Beteiligten getroffen worden sind, werden zur Finanzierung des Kostenanteils des Landes nach § 13 Abs. 1 Satz 2 des Eisenbahnkreuzungsgesetzes grundsätzlich die jeweils nach Art. 13a oder 13b Abs. 1 zur Verfügung gestellten Mittel herangezogen. [2]Zuweisungen aus Mitteln des Art. 13c werden gewährt

1. in Härtefällen,
2. bei Kreuzungen mit Gemeindestraßen einer Gemeinde, die Leistungen nach Art. 13b Abs. 2 erhält.

(3) Der Kostenanteil des Landes nach § 13 Abs. 2 des Eisenbahnkreuzungsgesetzes wird aus Mitteln des Art. 13g finanziert.

Artikel 15 Zuweisungen an die Bezirke

(1) [1]Der Staat gewährt den Bezirken eine Zuweisung zu den Belastungen, die ihnen insbesondere als Trägern der Eingliederungshilfe und als überörtlichen Trägern der Sozialhilfe erwachsen. [2]Für die Höhe der Zuweisungsmasse ist die Bewilligung im Staatshaushalt maßgebend.

(2) Die Zuweisungsmasse wird nach folgendem Schlüssel verteilt:

1. [1]Bei der Berechnung der Zuweisung jedes Bezirks wird eine Ausgangsmesszahl einer Umlagekraftmesszahl gegenübergestellt. [2]Jeder Bezirk erhält als Zuweisung 75 Prozent des Betrags, um den die Umlagekraftmesszahl hinter der Ausgangsmesszahl zurückbleibt.
2. Die Umlagekraftmesszahl beträgt 17 Prozent der Umlagegrundlagen nach Art. 21 Abs. 3 Satz 2.
3. [1]Die Ausgangsmesszahl eines Bezirks wird gefunden, indem zunächst eine fiktive Einwohnerzahl des Bezirks errechnet wird. [2]Diese wird dann mit einem Grundbetrag vervielfältigt. [3]Der Grundbetrag wird so festgesetzt, dass der nach Maßgabe des Staatshaushalts zur Verfügung stehende Betrag aufgebraucht wird.
4. [1]Die fiktive Einwohnerzahl eines Bezirks errechnet sich, indem die Einwohnerzahl Bayerns mit einem für diesen Bezirk ermittelten Prozentsatz vervielfacht wird. [2]Dieser Prozentsatz setzt sich aus einer Bevölkerungskomponente und einer Ausgabenkomponente zusammen, die addiert werden. [3]Die Bevölkerungskomponente berücksichtigt als Aufgabenindikatoren sowohl den Anteil eines Bezirks an den Einwohnern Bayerns insgesamt als auch seinen Anteil an speziellen Einwohnergruppen mit höherer Eingliederungshilfe- oder Sozialhilfewahrscheinlichkeit. [4]Die Ausgabenkomponente berücksichtigt den Anteil eines Bezirks an den Nettoausgaben, die den Bezirken insgesamt als Trägern der Eingliederungshilfe und als überörtlichen Trägern der Sozialhilfe, abzüglich von Erstattungsleistungen nach Art. 87 Abs. 4 des Gesetzes zur Ausführung der Sozialgesetze, und der Kriegsopferfürsorge sowie nach dem Bayerischen Psychisch-Kranken-Hilfe-Gesetz erwachsen sind.
5. [1]Die Bevölkerungskomponente eines Bezirks ist der Prozentsatz, der sich ergibt, wenn man das arithmetische Mittel aus dem Prozentsatz seiner Einwohner an der gesamten Einwohnerzahl Bayerns und dem Prozentsatz der Summe seiner Einwohner, die das 85. Lebensjahr vollendet haben sowie seiner Einwohner mit schwerer Behinderung an der Gesamtzahl dieser speziellen Einwohnergruppen in Bayern bildet. [2]Die Bevölkerungskomponente wird mit 65 Prozent angesetzt.
6. [1]Die Ausgabenkomponente eines Bezirks ist der Prozentsatz, der sich ergibt, wenn man die unter Nr. 4 genannten Nettoausgaben eines Bezirks ins Verhältnis zu den entsprechenden Ausgaben aller Bezirke setzt. [2]Die Ausgabenkomponente wird mit 35 Prozent angesetzt.

Artikel 16, 17 ***[aufgehoben]***

Artikel 18 Kreisumlage

(1) Die Landkreise legen ihren durch die sonstigen Einnahmen nicht gedeckten Bedarf auf die kreisangehörigen Gemeinden um (Kreisumlage).

(2) Die Umlagebeschlüsse bedürfen der Genehmigung der Aufsichtsbehörde, wenn das Umlagesoll das des vorausgegangenen Haushaltsjahres um mehr als 20 Prozent übersteigt.

(3) [1]Die Kreisumlage wird in Prozentsätzen der Umlagegrundlagen bemessen. [2]Umlagegrundlagen für die Kreisumlage sind die für die kreisangehörigen Gemeinden geltenden Steuerkraftzahlen (Art. 4) sowie 80 Prozent der Schlüsselzuweisungen der kreisangehörigen Gemeinden des vorangegangenen Haushaltsjahres. [3]Werden die Prozentsätze, die der Landkreis von den Steuerkraftzahlen der einzelnen Steuern als Kreisumlage erhebt (Kreisumlagesätze), verschieden festgesetzt, so darf der höchste Kreisumlagesatz den niedrigsten um nicht mehr als ein Drittel übersteigen; bei stärkerer Abweichung bedarf der Umlagebeschluss der Genehmigung durch die Aufsichtsbehörde. [4]Der Kreisumlagesatz, der von den Schlüsselzuweisungen erhoben wird, darf nicht höher sein als der niedrigste Kreisumlagesatz der Steuerkraftzahlen.

Artikel 19 Festsetzung der Kreisumlage

(1) [1]Die Kreisumlage wird für jedes Haushaltsjahr neu festgesetzt. [2]Sie wird mit einem Zwölftel ihres Jahresbetrags am 25. eines jeden Monats fällig. [3]Werden die Kreisumlagen nicht rechtzeitig entrichtet, so können von den säumigen Gemeinden Zinsen in Höhe von 0,5 Prozent für jeden vollen Monat erhoben werden.

(2) [1]Die Kreisumlagesätze können im Lauf eines Haushaltsjahres einmal geändert werden. [2]Sofern dabei die Kreisumlagesätze erhöht werden, muss die Erhöhung vor dem 1. Juni beschlossen sein; das gilt auch für die erstmalige Festsetzung von gegenüber dem Vorjahr höheren Kreisumlagesätzen. [3]Die Änderung der Kreisumlagesätze muss den kreisangehörigen Gemeinden unverzüglich mitgeteilt werden. [4]Die Änderung der Kreisumlagesätze wirkt auf den Beginn des Haushaltsjahres zurück.

(3) [1]Ist die Kreisumlage bei Beginn des Haushaltsjahres noch nicht festgesetzt, so können die Landkreise bis zur Festsetzung vorläufige monatliche Teilbeträge in Höhe der im abgelaufenen Haushaltsjahr zuletzt erhobenen monatlichen Teilbeträge erheben. [2]Nach Festsetzung der Kreisumlage für das laufende Haushaltsjahr ist über diese vorläufigen Zahlungen zum nächsten Fälligkeitszeitpunkt (Abs. 1 Satz 2) abzurechnen.

Artikel 20 Erhöhte Kreisumlagesätze

Für einzelne kreisangehörige Gemeinden können je nach Teilnahme an den Vorteilen einer Einrichtung des Landkreises die Prozentsätze nach Art. 18 Abs. 3 mit Genehmigung der Aufsichtsbehörde erhöht werden.

Artikel 21 Bezirksumlage

(1) Die Bezirke legen ihren durch die sonstigen Einnahmen nicht gedeckten Bedarf auf die kreisfreien Gemeinden und Landkreise um (Bezirksumlage).

(2) Die Umlagebeschlüsse bedürfen der Genehmigung der Aufsichtsbehörde, wenn das Umlagesoll das des vorausgegangenen Haushaltsjahres um mehr als 20 Prozent übersteigt.

(3) [1]Die Bezirksumlage wird in Prozentsätzen der Umlagegrundlagen bemessen. [2]Umlagegrundlagen für die Bezirksumlage sind die für die Gemeinden und gemeindefreien Gebiete geltenden Steuerkraftzahlen (Art. 4) sowie 80 Prozent der Gemeindeschlüsselzuweisungen des vorangegangenen Haushaltsjahres. [3]Werden die Prozentsätze, die der Bezirk von den Steuerkraftzahlen der einzelnen Steuern als Bezirksumlage erhebt (Bezirksumlagesätze), verschieden festgesetzt, so darf der höchste Bezirksumlagesatz den niedrigsten um nicht mehr als ein Drittel übersteigen. [4]Bei stärkerer Abweichung bedarf der Umlagebeschluss der Genehmigung durch die Aufsichtsbehörde. [5]Der Bezirksumlagesatz, der von den Schlüsselzuweisungen erhoben wird, darf nicht höher sein als der niedrigste Bezirksumlagesatz der Steuerkraftzahlen.

Artikel 22 Festsetzung der Bezirksumlage

(1) [1]Die Bezirksumlage wird für jedes Haushaltsjahr neu festgesetzt. [2]Sie wird mit einem Zwölftel ihres Jahresbetrags bei den kreisfreien Gemeinden am 25., bei den Landkreisen am Letzten eines jeden Monats fällig. [3]Werden die Bezirksumlagen nicht rechtzeitig entrichtet, so können von den säumigen kreisfreien Gemeinden und Landkreisen Zinsen in Höhe von 0,5 Prozent für jeden vollen Monat erhoben werden.

(2) [1]Die Bezirksumlagesätze können im Lauf eines Haushaltsjahres einmal geändert werden. [2]Sofern dabei die Bezirksumlagesätze erhöht werden, muss die Erhöhung vor dem 1. Mai beschlossen sein; das gilt auch für die erstmalige Festsetzung von gegenüber dem Vorjahr höheren Bezirksumlagesätzen. [3]Die Änderung der Bezirksumlagesätze muss den kreisfreien Gemeinden und Landkreisen unverzüglich mitgeteilt werden. [4]Die Änderung der Bezirksumlagesätze wirkt auf den Beginn des Haushaltsjahres zurück.

(3) [1]Ist die Bezirksumlage bei Beginn des Haushaltsjahres noch nicht festgesetzt, so können die Bezirke bis zur Festsetzung vorläufige monatliche Teilbeträge in Höhe der im abgelaufenen Haushaltsjahr zuletzt erhobenen monatlichen Teilbeträge erheben. [2]Nach Festsetzung der Bezirksumlage für das laufende Haushaltsjahr ist über diese vorläufigen Zahlungen zum nächsten Fälligkeitszeitpunkt (Abs. 1 Satz 2) abzurechnen.

Artikel 23 Erörterung des Entwurfs des Finanzausgleichs, Entscheidungsgrundlagen

(1) [1]Vor Beschlussfassung der Staatsregierung über die Ausstattung des kommunalen Finanzausgleichs im Rahmen der Haushaltsaufstellung erörtert der Staatsminister der Finanzen und für Heimat im Beisein des Staatsministers des Innern, für Sport und Integration den Entwurf des kommunalen Finanzausgleichs mit den kommunalen Spitzenverbänden, um die kommunalen Belange für die Bemessung der den Gemeinden und Gemeindeverbänden zur Verfügung zu stellenden Gesamtmittel möglichst umfassend zu ermitteln, zu bewerten und unter Abwägung mit weiteren ausgaberelevanten Belangen in die Erarbeitung des endgültigen Entwurfs einzubeziehen. [2]Der Vorsitzende des Ausschusses für

Staatshaushalt und Finanzfragen des Bayerischen Landtags ist zur Teilnahme an diesem Gespräch berechtigt. [3]Zur Vorbereitung dieses Gesprächs übermittelt das Staatsministerium der Finanzen und für Heimat den kommunalen Spitzenverbänden rechtzeitig vorher den Entwurf des kommunalen Finanzausgleichs und bespricht ihn mit diesen.

(2) Dem Entwurf sind beizufügen:

1. eine Darstellung der Finanzentwicklung des Staates sowie der Gemeinden und Gemeindeverbände anhand nachvollziehbarer Vergleichsmaßstäbe,
2. eine auf Kennzahlen der Finanzstatistik beruhende Schätzung des den Gemeinden zur Erfüllung freiwilliger Aufgaben verbleibenden Gesamtbetrags und
3. ein Ausblick auf bedarfsprägende Umstände, die im zu planenden Haushaltsjahr für die vertikale Aufgabenverteilung zwischen Staat und Kommunen zu erwarten sind.

Artikel 24 Verordnungsermächtigungen

(1) [1]Das Staatsministerium der Finanzen und für Heimat wird ermächtigt, im Einvernehmen mit dem Staatsministerium des Innern, für Sport und Integration durch Rechtsverordnung näher zu regeln,

1. welche Einwohnerzahlen für die Leistungen nach Art. 2, 3, 5, 7, 9, 12 und 15 sowie für die Festsetzung der Krankenhausumlage nach Art. 10b Abs. 2 jeweils maßgebend sind und wie die durchschnittliche Einwohnerzahl zehn vorangegangener Jahre nach Art. 3 Abs. 2 Satz 1 und die zu berücksichtigende Zahl der nicht kasernierten Mitglieder der Stationierungsstreitkräfte und deren Angehöriger des entsprechenden Zeitraums nach Art. 3 Abs. 2 Satz 2 berechnet werden,

1a. wie der Einkommensteuerersatz nach Art. 1b aufgeteilt wird und wann er auszuzahlen ist,

2. wie der Ansatz für Strukturschwäche nach Art. 3 Abs. 1 Nr. 3, der Ansatz für Soziallasten nach den Art. 3 Abs. 1 Nr. 4 und Art. 5 Abs. 2 Nr. 2 und der Ansatz für Kinderbetreuung nach Art. 3 Abs. 1 Nr. 5 ermittelt werden,
3. wie die Steuerkraftmesszahlen nach Art. 4 ermittelt werden,
4. wie die Grunderwerbsteuer (Art. 8) aufgeteilt wird, wenn sich ein einheitlicher Erwerbsvorgang auf das Gebiet von mehreren Gemeinden oder von Gemeinden und gemeindefreien Gebieten erstreckt und bis zu welchem Grundstückswert in solchen Fällen eine Aufteilung unterbleibt,
5. wie die pauschalen Zuweisungen nach Art. 10a berechnet und die Belastungen durch Art. 3 Abs. 2 SchKfrG abgegolten werden,
6. wie der kommunale Finanzierungsanteil nach Art. 10b erhoben und abgerechnet wird,
7. für welche mit dem Straßenbau zusammenhängenden Aufwendungen die Zuweisungen nach Art. 13a, 13b und 13c noch verwendet werden dürfen,

7a. wie die pauschalen Zuweisungen nach Art. 13h berechnet werden und welche Berechnungsgrundlagen hierfür maßgebend sind,

8. welche Belastungen nach Art. 15 ausgleichsfähig sind und wie die Ausgleichsleistungen ermittelt werden,
9. nach welchem Verfahren die Umlagen erhoben werden und welchen Inhalt die Umlagebescheide aufweisen müssen,
10. wie die Leistungen nach Art. 2, 3, 5, 7 Abs. 1 bis 3, Art. 8, 9, 10a, 12, 13a, 13b, 13h und 15 festgesetzt werden und wann sie auszuzahlen sind und die Krankenhausumlage nach Art. 10b Abs. 2 fällig ist,
11. welche Staatsbehörden für die Festsetzung von Leistungen nach Art. 1b, 2, 3, 5, 7, 8, 9, 10, 10a, 12, 13a, 13b, 13h und 15 sowie für die Festsetzung der Umlagegrundlagen (Art. 18 Abs. 3 und Art. 21 Abs. 3) und des kommunalen Finanzierungsanteils nach Art. 10b zuständig sind.

[2]Die Rechtsverordnung nach Satz 1 Nr. 5 ergeht im Einvernehmen mit dem Staatsministerium für Unterricht und Kultus.

(2) Das Staatsministerium der Finanzen und für Heimat wird ermächtigt, im Einvernehmen mit dem Staatsministerium des Innern, für Sport und Integration durch Rechtsverordnung Inhalt, Methodik und Datenquellen der nach Art. 23 Abs. 2 beizufügenden Entscheidungsgrundlagen für die Bemessung des Finanzausgleichsvolumens und der Schätzung des den Kommunen zur Erfüllung freiwilliger Aufgaben verbleibenden Gesamtbetrags zu bestimmen.

(3) Das Staatsministerium für Umwelt und Verbraucherschutz wird ermächtigt, im Einvernehmen mit dem Staatsministerium der Finanzen und für Heimat durch Rechtsverordnung für die Bewilligung, Abrechnung und Auszahlung der ergänzenden Finanzzuweisungen nach Art. 7 Abs. 4

1. das Verfahren näher zu regeln und
2. die zuständigen Staatsbehörden zu bestimmen oder diese Aufgaben auf eine juristische Person des privaten Rechts, die die erforderliche Zuverlässigkeit und Sachkunde bei der verfahrensrechtlichen Behandlung von Altlastensanierungen besitzt, widerruflich zu übertragen.

Artikel 25 Inkrafttreten, Außerkrafttreten

(1) [1]Dieses Gesetz ist dringlich. [2]Es tritt mit Wirkung vom 1. April 1948 in Kraft.[1)]

(2) Art. 3 Abs. 4 tritt mit Ablauf des 31. Dezember 2024 außer Kraft.

---

1) **Amtl. Anm.:** Diese Vorschrift betrifft das Inkrafttreten des Gesetzes in seiner ursprünglichen Fassung vom 10. August 1948 (GVBl S. 138). Der Zeitpunkt des Inkrafttretens der späteren Änderungen ergibt sich aus den jeweiligen Änderungsgesetzen.

Gesetz
über das Landesstrafrecht und das Verordnungsrecht auf dem Gebiet der öffentlichen Sicherheit und Ordnung
(Landesstraf- und Verordnungsgesetz – LStVG)

In der Fassung der Bekanntmachung vom 13. Dezember 1982 (BayRS II S. 241)
(BayRS 2011-2-I)

zuletzt geändert durch § 2 Bayerisches Cannabisfolgenbegrenzungsgesetz vom 23. Juli 2024 (GVBl. S. 254)

Nichtamliche Inhaltsübersicht

Erster Teil
Allgemeine Vorschriften über Straftaten und Ordnungswidrigkeiten

Artikel 1 Einteilung der Tatbestände

(1) Die im Landesrecht mit Freiheitsstrafe oder mit Geldstrafe bedrohten Handlungen sind Straftaten.
(2) Die im Landesrecht mit Geldbuße bedrohten Handlungen sind Ordnungswidrigkeiten.

Artikel 2 Straftaten

Auf die Straftaten des Landesrechts sind die im Allgemeinen Teil des Strafgesetzbuchs enthaltenen Vorschriften sowie die Vorschriften des Jugendgerichtsgesetzes, der Strafprozeßordnung und des Gerichtsverfassungsgesetzes anzuwenden, soweit gesetzlich nichts anderes bestimmt ist.

Artikel 3 Ordnungswidrigkeiten

Für die Ordnungswidrigkeiten des Landesrechts gilt das Gesetz über Ordnungswidrigkeiten (OWiG), soweit gesetzlich nichts anderes bestimmt ist.

Artikel 4 Zuwiderhandlungen gegen Rechtsvorschriften oder Anordnungen für den Einzelfall

(1) Zuwiderhandlungen gegen Rechtsvorschriften im Rang unter dem Gesetz können auf Grund eines Landesgesetzes mit Strafe oder Geldbuße nur geahndet werden, wenn die Rechtsvorschrift für einen bestimmten Tatbestand auf die zugrundeliegende gesetzliche Straf- oder Bußgeldvorschrift verweist.
(2) Zuwiderhandlungen gegen Anordnungen der Verwaltungsbehörden für den Einzelfall können nach Landesrecht mit Strafe oder Geldbuße nur geahndet werden, wenn die Anordnung nicht mehr mit ordentlichen Rechtsbehelfen angefochten werden kann oder ihre Vollziehung angeordnet ist.

Artikel 5 Vollstreckung des Bußgeldbescheids

Der Bußgeldbescheid wird nach den Vorschriften des Bayerischen Verwaltungszustellungs- und Vollstreckungsgesetzes vollstreckt, soweit nicht das Gesetz über Ordnungswidrigkeiten etwas anderes bestimmt.

Zweiter Teil
Aufgaben und Befugnisse der Sicherheitsbehörden; Entschädigung

Artikel 6 Aufgaben der Sicherheitsbehörden

Die Gemeinden, Landratsämter, Regierungen und das Staatsministerium des Innern, für Sport und Integration haben als Sicherheitsbehörden die Aufgabe, die öffentliche Sicherheit und Ordnung durch Abwehr von Gefahren und durch Unterbindung und Beseitigung von Störungen aufrechtzuerhalten.

Artikel 7 Befugnisse der Sicherheitsbehörden

(1) Anordnungen und sonstige Maßnahmen, die in Rechte anderer eingreifen, dürfen nur getroffen werden, wenn die Sicherheitsbehörden durch Gesetz oder auf Grund eines Gesetzes dazu besonders ermächtigt sind.
(2) Soweit eine solche gesetzliche Ermächtigung nicht in Vorschriften dieses Gesetzes oder in anderen Rechtsvorschriften enthalten ist, können die Sicherheitsbehörden zur Erfüllung ihrer Aufgaben für den Einzelfall Anordnungen nur treffen, um

1. rechtswidrige Taten, die den Tatbestand eines Strafgesetzes oder einer Ordnungswidrigkeit verwirklichen, oder verfassungsfeindliche Handlungen zu verhüten oder zu unterbinden,
2. durch solche Handlungen verursachte Zustände zu beseitigen,

3. Gefahren abzuwehren oder Störungen zu beseitigen, die Leben, Gesundheit oder die Freiheit von Menschen oder Sachwerte, deren Erhaltung im öffentlichen Interesse geboten erscheint, bedrohen oder verletzen.

(3) Sind Anordnungen nach Absatz 2 nicht möglich, nicht zulässig oder versprechen sie keinen Erfolg, so können die Sicherheitsbehörden die Gefahr oder Störung selbst, durch die Polizei oder durch vertraglich Beauftragte abwehren oder beseitigen.

(4) Die Freiheit der Person und die Unverletzlichkeit der Wohnung (Art. 2 Abs. 2 Satz 2 und Art. 13 des Grundgesetzes, Art. 102 Abs. 1 und Art. 106 Abs. 3 der Verfassung) dürfen durch Maßnahmen auf Grund der Absätze 2 und 3 nicht eingeschränkt werden.

(5) Verfassungsfeindlich im Sinn dieses Gesetzes ist eine Handlung, die darauf gerichtet ist, die verfassungsmäßige Ordnung der Bundesrepublik Deutschland oder eines ihrer Länder auf verfassungswidrige Weise zu stören oder zu ändern, ohne den Tatbestand eines Strafgesetzes oder einer Ordnungswidrigkeit zu verwirklichen.

(6) Mit Geldbuße bis zu dreitausend Euro kann belegt werden, wer vorsätzlich oder fahrlässig einer auf Grund des Abs. 2 erlassenen vollziehbaren Anordnung einer Meldeauflage, eines Betretungsverbots oder eines Aufenthaltsverbots zuwiderhandelt.

Artikel 8 Grundsatz der Verhältnismäßigkeit

(1) Unter mehreren möglichen und geeigneten Maßnahmen ist diejenige zu treffen, die den einzelnen und die Allgemeinheit am wenigsten beeinträchtigt.

(2) Ein durch die Maßnahme zu erwartender Schaden darf nicht erkennbar außer Verhältnis zu dem beabsichtigten Erfolg stehen.

(3) Maßnahmen sind zu beenden, wenn ihr Zweck erreicht ist oder sich zeigt, daß er nicht erreicht werden kann.

Artikel 9 Richtung der Maßnahmen

(1) [1]Macht das Verhalten oder der Zustand einer Person Maßnahmen nach diesem Gesetz notwendig, so sind diese gegen die Person zu richten, die die Gefahr oder die Störung verursacht hat. [2]Hat ein strafunmündiges Kind oder eine Person, für die wegen einer psychischen Krankheit oder einer geistigen oder seelischen Behinderung zur Besorgung aller ihrer Angelegenheiten ein Betreuer bestellt ist, die Gefahr oder die Störung verursacht, so können die Sicherheitsbehörden ihre Maßnahmen auch gegen den richten, dem die Aufsicht über eine solche Person obliegt. [3]Dies gilt auch, wenn der Aufgabenkreis des Betreuers die in § 1815 Abs. 2 Nr. 5 und 6 sowie § 1817 Abs. 2 des Bürgerlichen Gesetzbuchs bezeichneten Angelegenheiten nicht erfaßt. [4]Hat eine Person, die zu einer Verrichtung bestellt ist, in Ausführung dieser Verrichtung die Gefahr oder die Störung verursacht, so kann die Maßnahme auch gegen den gerichtet werden, der die Person zu der Verrichtung bestellt hat.

(2) [1]Macht das Verhalten oder der Zustand eines Tieres oder der Zustand einer anderen Sache Maßnahmen nach diesem Gesetz notwendig, so sind diese gegen den Inhaber der tatsächlichen Gewalt zu richten. [2]Die Maßnahmen können auch gegen den Eigentümer oder den sonst dinglich Verfügungsberechtigten gerichtet werden; das gilt nicht, wenn der Inhaber der tatsächlichen Gewalt diese gegen den Willen des Eigentümers oder sonst dinglich Verfügungsberechtigten ausübt. [3]Soweit auf Grund besonderer Vorschriften eine andere Person verantwortlich ist, sind die Maßnahmen in erster Linie gegen diese zu richten.

(3) [1]Zur Abwehr einer unmittelbar bevorstehenden erheblichen Gefahr oder zur Beseitigung einer erheblichen Störung können Maßnahmen auch gegen eine Person gerichtet werden, die nicht nach Absatz 1 oder Absatz 2 verantwortlich ist; insbesondere kann sie zur Hilfeleistung angehalten werden, wenn und soweit weder Maßnahmen gegen die verantwortliche Person noch Maßnahmen nach Art. 7 Abs. 3 möglich, ausreichend oder zulässig sind. [2]Maßnahmen nach Satz 1 dürfen nicht getroffen werden, wenn die nicht verantwortliche Person dadurch selbst an Leben oder Gesundheit gefährdet oder an der Erfüllung überwiegender anderweitiger Pflichten gehindert würde.

Artikel 10 Sicherheitsbehörden und Polizei

[1]Maßnahmen der Sicherheitsbehörden nach diesem Gesetz schließen widersprechende Maßnahmen der Polizei aus. [2]Das Recht der Sicherheitsbehörden, der Polizei Weisungen zu erteilen, und die Vorschriften über die Strafverfolgung und die Verfolgung von Ordnungswidrigkeiten bleiben unberührt.

Artikel 11 Entschädigung

(1) [1]Soweit Maßnahmen auf Grund dieses Gesetzes getroffen werden, ist Art. 87 des Polizeiaufgabengesetzes sinngemäß anzuwenden. [2]Zur Entschädigung verpflichtet ist der Träger der Behörde, die die Maßnahme getroffen hat; hat das Landratsamt die Maßnahme getroffen, so ist der Landkreis verpflichtet, soweit nicht der Staat nach Art. 35 Abs. 3 oder Art. 37 Abs. 5 der Landkreisordnung haftet.

(2) Stellen Maßnahmen auf Grund dieses Gesetzes eine Enteignung dar, so ist nach den Vorschriften des Bayerischen Gesetzes über die entschädigungspflichtige Enteignung Entschädigung in Geld zu leisten.

Dritter Teil
Einzelne Ermächtigungen und Ordnungswidrigkeiten

1. Abschnitt
Schutz der Gesundheit und Reinlichkeit

Artikel 12–15 ***[aufgehoben]***

Artikel 16 Bekämpfung verwilderter Tauben

(1) [1]Zur Verhütung von Gefahren für das Eigentum und zum Schutz der öffentlichen Reinlichkeit können die Gemeinden Verordnungen über die Bekämpfung verwilderter Tauben erlassen. [2]In den Verordnungen kann insbesondere bestimmt werden, daß

1. das Füttern von verwilderten Tauben verboten ist,
2. die Eigentümer von Grundstücken, die Nutzungsberechtigten und ihre Vertreter Maßnahmen der Gemeinde oder deren Beauftragter zur Beseitigung der Nistplätze und Vergrämung verwilderter Tauben zu dulden haben.

(2) Mit Geldbuße kann belegt werden, wer vorsätzlich oder fahrlässig einer auf Grund des Absatzes 1 erlassenen Verordnung oder einer vollziehbaren Anordnung, die auf Grund einer solchen Verordnung getroffen wurde, zuwiderhandelt.

Artikel 17 ***[aufgehoben]***

Artikel 18 Halten von Hunden

(1) [1]Zur Verhütung von Gefahren für Leben, Gesundheit, Eigentum oder die öffentliche Reinlichkeit können die Gemeinden durch Verordnung das freie Umherlaufen von großen Hunden und Kampfhunden im Sinn des Art. 37 Abs. 1 Satz 2 in öffentlichen Anlagen sowie auf öffentlichen Wegen, Straßen oder Plätzen einschränken. [2]Der räumliche und zeitliche Geltungsbereich der Verordnung ist auf die örtlichen Verhältnisse abzustimmen, wobei auch dem Bewegungsbedürfnis der Hunde ausreichend Rechnung zu tragen ist.

(2) Zum Schutz der in Absatz 1 genannten Rechtsgüter können die Gemeinden Anordnungen für den Einzelfall zur Haltung von Hunden treffen.

(3) Mit Geldbuße kann belegt werden, wer vorsätzlich oder fahrlässig einer auf Grund des Absatzes 1 erlassenen Verordnung oder einer auf Grund des Absatzes 2 erlassenen vollziehbaren Anordnung zuwiderhandelt.

2. Abschnitt
Vergnügungen

Artikel 19 Veranstaltung von Vergnügungen

(1) [1]Wer eine öffentliche Vergnügung veranstalten will, hat das der Gemeinde unter Angabe der Art, des Orts und der Zeit der Veranstaltung und der Zahl der zuzulassenden Teilnehmer spätestens eine Woche vorher schriftlich anzuzeigen. [2]Für regelmäßig wiederkehrende, gleichartige öffentliche Vergnügungen genügt eine einmalige Anzeige.

(2) Absatz 1 gilt nicht für Vergnügungen, die vorwiegend religiösen, künstlerischen, kulturellen, wissenschaftlichen, belehrenden oder erzieherischen Zwecken oder der Wirtschaftswerbung dienen, sofern die Vergnügungen in Räumen stattfinden, die für Veranstaltungen der beabsichtigten Art bestimmt sind.

(3) [1]Die Veranstaltung öffentlicher Vergnügungen bedarf der Erlaubnis, wenn
1. die nach Absatz 1 erforderliche Anzeige nicht fristgemäß erstattet wird,
2. es sich um eine motorsportliche Veranstaltung handelt oder
3. zu einer Veranstaltung, die außerhalb dafür bestimmter Anlagen stattfinden soll, mehr als eintausend Besucher zugleich zugelassen werden sollen.

[2]Zuständig sind die Gemeinden, für motorsportliche Veranstaltungen die Kreisverwaltungsbehörden.

(4) [1]Die Erlaubnis nach Absatz 3 ist zu versagen, wenn es zur Verhütung von Gefahren für Leben, Gesundheit oder Sachgüter oder zum Schutz vor erheblichen Nachteilen oder erheblichen Belästigungen für die Allgemeinheit oder Nachbarschaft oder vor erheblichen Beeinträchtigungen der Natur oder Landschaft erforderlich erscheint. [2]Das gleiche gilt, sofern andere öffentlich-rechtliche Vorschriften entgegenstehen.

(5) [1]Die Gemeinden, für motorsportliche Veranstaltungen die Kreisverwaltungsbehörden, können zum Schutz der in Absatz 4 Satz 1 bezeichneten Rechtsgüter Anordnungen für den Einzelfall für die Veranstaltung öffentlicher Vergnügungen und sonstiger Vergnügungen treffen. [2]Reichen Anordnungen nach Satz 1 nicht aus oder stehen andere öffentlich-rechtliche Vorschriften entgegen, so kann die Veranstaltung untersagt werden.

(6) [1]Die Gemeinden können durch Verordnung
1. die Veranstaltung von Vergnügungen bestimmter Art von der Anzeigepflicht nach Absatz 1 oder von der Erlaubnispflicht nach Absatz 3 ausnehmen, soweit die Gemeinden nach Absatz 3 Satz 2 zuständig sind und diese Pflichten zum Schutz der in Absatz 4 Satz 1 bezeichneten Rechtsgüter nicht erforderlich erscheinen,
2. zum Schutz der in Absatz 4 Satz 1 bezeichneten Rechtsgüter die Anzeigepflicht nach Absatz 1 auf die Veranstaltung bestimmter Arten öffentlicher Vergnügungen im Sinn des Absatzes 2 erstrecken und Anforderungen an die Veranstaltung öffentlicher oder sonstiger Vergnügungen stellen,
3. zum Schutz der in Absatz 4 Satz 1 bezeichneten Rechtsgüter eine Sperrzeit für die Veranstaltung öffentlicher Vergnügungen oder bestimmter Arten öffentlicher Vergnügungen festsetzen; in der Verordnung kann bestimmt werden, daß die Sperrzeit bei Vorliegen eines öffentlichen Bedürfnisses oder besonderer örtlicher Verhältnisse für den Einzelfall verlängert, verkürzt oder aufgehoben werden kann.

[2]Das Staatsministerium des Innern, für Sport und Integration kann durch Rechtsverordnung gleiches für das gesamte Staatsgebiet bestimmen.

(7) Mit Geldbuße kann belegt werden, wer vorsätzlich oder fahrlässig
1. eine öffentliche Vergnügung ohne die erforderliche Anzeige oder Erlaubnis veranstaltet,
2. als Veranstalter einer Vergnügung die mit der Erlaubnis verbundenen vollziehbaren Auflagen nicht erfüllt oder einer vollziehbaren Anordnung nach Absatz 5 nicht Folge leistet oder
3. einer Verordnung nach Abs. 6 Satz 1 Nr. 2 oder 3 zuwiderhandelt.

3. Abschnitt
Weitere Vorschriften zum Schutz der öffentlichen Sicherheit und Ordnung

Artikel 20 Staatliche Parkanlagen

(1) [1]Zur Verhütung von Gefahren für Leben, Gesundheit, Sittlichkeit, Eigentum oder die öffentliche Reinlichkeit, zur Sicherung der Erholung in der freien Natur, zum Schutz der Natur und Landschaft sowie zum Schutz vor erheblichen Nachteilen oder erheblichen Belästigungen für die Allgemeinheit kann das Staatsministerium der Finanzen und für Heimat Verordnungen über die Benutzung der Grünanlagen und Grünflächen, die im Eigentum des Freistaates Bayern stehen und von der Verwaltung der staatlichen Schlösser, Gärten und Seen verwaltet werden (staatliche Parkanlagen), erlassen. [2]Die Regelungen sind auf die örtlichen Verhältnisse abzustimmen. [3]Das Staatsministerium der Finanzen und für Heimat kann die Ermächtigung nach Satz 1 durch Verordnung auf die Verwaltung der staatlichen Schlösser, Gärten und Seen übertragen; Verordnungen der Verwaltung der staatlichen Schlösser, Gärten und Seen sind im Bayerischen Ministerialblatt amtlich bekannt zu machen. [4]Der Vollzug der Anlagenverordnungen obliegt der Verwaltung der staatlichen Schlösser, Gärten und Seen.

(2) Zur Verhütung von Verstößen gegen auf Grund des Abs. 1 erlassene Verordnungen können das Staatsministerium der Finanzen und für Heimat und die Verwaltung der staatlichen Schlösser, Gärten und Seen Anordnungen für den Einzelfall treffen.

(3) Mit Geldbuße kann belegt werden, wer vorsätzlich oder fahrlässig

1. einer auf Grund des Abs. 1 erlassenen Verordnung oder
2. einer auf Grund des Abs. 2 erlassenen vollziehbaren Anordnung

zuwiderhandelt.

Artikel 21 Unerlaubter Verkehr mit Verwahrten

(1) Mit Geldbuße kann belegt werden, wer unbefugt

1. einem Verwahrten Sachen oder Nachrichten übermittelt oder sich von ihm übermitteln läßt,
2. sich mit einem Verwahrten, der sich innerhalb einer Anstalt befindet, von außen durch Worte oder Zeichen verständigt.

(2) Verwahrter im Sinn des Absatzes 1 ist, wer sich in behördlichem Gewahrsam befindet, ohne Gefangener im Sinn des § 115 OWiG zu sein.

(3) Der Versuch der Ordnungswidrigkeit kann mit Geldbuße belegt werden.

Artikel 22 Notzeichen

(1) Das Staatsministerium des Innern, für Sport und Integration kann, soweit bundesrechtliche Vorschriften nicht bestehen, durch Verordnung vorschreiben, daß bestimmte Schallzeichen, die der Warnung vor Gefahren, dem Rufen von Hilfsdiensten oder anderen öffentlichen Zwecken dienen (öffentliche Schallzeichen), nur durch bestimmte Stellen für diese Zwecke gegeben werden dürfen.

(2) Mit Geldbuße kann belegt werden, wer

1. entgegen einer nach Absatz 1 erlassenen Verordnung öffentliche Schallzeichen gibt,
2. öffentlich vernehmbar Schallzeichen gibt, die mit öffentlichen Schallzeichen verwechselt werden können,
3. ohne berechtigten Grund um Hilfe ruft oder ein anderes Notzeichen gibt.

Artikel 23 Menschenansammlungen

(1) [1]Zur Verhütung von Gefahren für Leben, Gesundheit, Sittlichkeit, ungestörte Religionsausübung, Eigentum oder Besitz können die Gemeinden für Ansammlungen einer größeren Anzahl von Menschen, insbesondere bei religiösen Feiern, Volksfesten und Sportveranstaltungen, Verordnungen und Anordnungen für den Einzelfall erlassen. [2]Dies gilt nicht für Versammlungen im Sinn des Bayerischen Versammlungsgesetzes; die Vorschriften des Straßenverkehrsrechts bleiben unberührt.

(2) Für Ansammlungen, die über das Gebiet einer Gemeinde hinausgehen, kann auch die gemeinsame höhere Behörde Anordnungen für den Einzelfall erlassen.

(3) Mit Geldbuße kann belegt werden, wer einer auf Grund der Absätze 1 oder 2 erlassenen Verordnung oder vollziehbaren Anordnung zuwiderhandelt.

Artikel 23a Uniform- und politisches Kennzeichenverbot

Mit Geldbuße bis zu dreitausend Euro kann belegt werden, wer außerhalb von Versammlungen öffentlich Uniformen, Uniformteile oder gleichartige Kleidungsstücke als Ausdruck einer politischen Gesinnung trägt, sofern damit eine einschüchternde Wirkung verbunden ist.

Artikel 23b Verbot der Gesichtsverhüllung

(1) [1]Die Gemeinden können bei Vergnügungen und Ansammlungen zur Verhütung rechtswidriger Taten und zur Abwehr von Gefahren für Leben, Gesundheit, Freiheit, Sittlichkeit oder Sachgüter durch Verordnung oder Anordnung für den Einzelfall das Verhüllen des Gesichts verbieten. [2]Satz 1 gilt für Kreisverwaltungsbehörden im Rahmen ihrer Zuständigkeit nach Art. 19 entsprechend. [3]Zur Verhütung von Straftaten und zur Abwehr erheblicher Gefahren für eines der in Satz 1 genannten Rechtsgüter können die Gemeinden und Kreisverwaltungsbehörden durch Anordnung für den Einzelfall an bestimmten öffentlichen Orten das Verhüllen des Gesichts auch außerhalb von Vergnügungen und Ansammlungen verbieten.

(2) Mit Geldbuße kann belegt werden, wer einer auf Grund von Abs. 1 erlassenen Verordnung oder vollziehbaren Anordnung zuwiderhandelt.

Artikel 24 Ski- und Skibobfahren, Rodeln

(1) Die Gemeinden können durch Verordnung ein Gelände außerhalb öffentlicher Wege und Plätze, das zum Skifahren, Skibobfahren oder Rodeln der Allgemeinheit zur Verfügung steht, zur Hauptabfahrt für solche Sportarten oder zum Hauptskiwanderweg erklären.

(2) [1]Die Gemeinden können durch Anordnung für den Einzelfall den Sportbetrieb auf einer Hauptabfahrt oder auf einer sonstigen Skiabfahrt, Rodelbahn oder einem Skiwanderweg vorübergehend untersagen oder beschränken, wenn es zur Verhütung von Gefahren oder sonst aus wichtigen Gründen erforderlich ist. [2]Sie können für den Einzelfall zulassen, daß Hauptabfahrten und Hauptskiwanderwege zur Zeit des Sportbetriebs zur Pistenpflege, zur Versorgung von Einrichtungen oder für land- und forstwirtschaftliche Zwecke benützt werden, soweit dadurch keine Gefahren für die Sicherheit der Sporttreibenden entstehen. [3]Eine Erlaubnis nach Satz 2 ist nicht erforderlich, soweit für den Betrieb motorisierter Schneefahrzeuge eine Ausnahme nach Art. 6 Abs. 2 des Bayerischen Immissionsschutzgesetzes (BayImSchG) zugelassen worden ist.

(3) Das Staatsministerium des Innern, für Sport und Integration kann durch Verordnung zur Verhütung von Gefahren für Leben oder Gesundheit oder zum Schutz vor erheblichen Nachteilen
1. das Verhalten beim Skifahren, Skibobfahren und Rodeln regeln,
2. bestimmen, wie
   a) Hauptabfahrten und sonstige Skiabfahrten, Rodelbahnen und Skiwanderwege,
   b) die Untersagung oder Beschränkung des Sportbetriebs auf solchem Gelände und
   c) Fahrzeuge, die sich auf Abfahrten befinden,

   gekennzeichnet sein müssen.

(4) [1]Die Kennzeichnung nach Absatz 3 Nr. 2 obliegt den Gemeinden, soweit es sich um Fahrzeuge handelt, dem Halter des Fahrzeugs. [2]Die Gemeinden können ihre Kosten der Kennzeichnung von demjenigen erstattet verlangen, der die Kosten für die Instandhaltung des Sportgeländes trägt.

(5) Mit Geldbuße kann belegt werden, wer auf einer Hauptabfahrt oder einem Hauptskiwanderweg, die in der vorgeschriebenen Weise gekennzeichnet sind,
1. sich zur Zeit des Sportbetriebs zu anderen Zwecken als der Ausübung der Sportart, für die die Abfahrt oder der Wanderweg bestimmt ist, ohne Erlaubnis nach Absatz 2 Satz 2 oder ohne Ausnahmegenehmigung nach Art. 12 Abs. 2 BayImSchG aufhält,
2. zur Zeit des Sportbetriebs ein Tier laufen läßt,
3. zur Zeit des Sportbetriebs mit einem Fahrzeug fährt, das nicht nach der auf Grund des Absatzes 3 Nr. 2 erlassenen Verordnung gekennzeichnet ist,
4. sonst ein Hindernis bereitet, ohne es der Gemeinde so rechtzeitig anzuzeigen, daß Gefahren für die Sicherheit der Skifahrer, Skibobfahrer oder Rodelfahrer verhütet werden können.

(6) Mit Geldbuße kann ferner belegt werden, wer als Skifahrer, Skibobfahrer oder Rodelfahrer
1. gegen eine auf Grund des Absatzes 2 Satz 1 erlassene vollziehbare Anordnung oder
2. gegen eine auf Grund des Absatzes 3 Nr. 1 erlassene Verordnung

verstößt,

3. grob rücksichtslos Leib oder Leben eines anderen gefährdet oder
4. sich als Beteiligter an einem Unfall vom Unfallort entfernt, bevor er
   a) zugunsten der anderen Unfallbeteiligten und der Geschädigten die Feststellung seiner Person und der Art seiner Beteiligung durch seine Anwesenheit und durch die Angabe, daß er an dem Unfall beteiligt ist, ermöglicht hat oder
   b) eine nach den Umständen angemessene Zeit gewartet hat, ohne daß jemand bereit war, die Feststellungen zu treffen.

Artikel 25 Zelten, Aufstellen von Wohnwagen

(1) Zur Sicherung der Erholung in der freien Natur, zum Schutz der Natur und Landschaft, zur Verhütung von Gefahren für Leben, Gesundheit, Eigentum oder Besitz, zum Schutz der Jagdausübung und zur Aufrechterhaltung der öffentlichen Ruhe können die Gemeinden, Landkreise und das Staatsministerium des Innern, für Sport und Integration durch Verordnung den Betrieb und die Benutzung von Plätzen, die zum Aufstellen und Bewohnen von mehr als drei Zelten oder Wohnwagen bestimmt sind (Campingplätze), regeln.

(2) [1]Wer einen Campingplatz errichten und betreiben will, bedarf der Erlaubnis der Gemeinde. [2]Die Erlaubnis darf nur erteilt werden, wenn Rechtsgüter im Sinn des Absatzes 1 nicht gefährdet werden. [3]Versagungsgründe, die sich aus anderen Rechtsvorschriften, insbesondere des Naturschutzrechts, ergeben, bleiben unberührt. [4]Die Sätze 1 bis 3 gelten nicht für Campingplätze, die einer Genehmigung nach der Bayerischen Bauordnung (BayBO) bedürfen.

(3) Mit Geldbuße kann belegt werden, wer

1. einer auf Grund des Absatzes 1 erlassenen Verordnung zuwiderhandelt oder
2. ohne die nach Absatz 2 erforderliche Erlaubnis einen Campingplatz errichtet oder betreibt oder einer mit einer solchen Erlaubnis verbundenen vollziehbaren Auflage zuwiderhandelt.

Artikel 26 Betreten und Befahren von Grundstücken

(1) [1]Zur Verhütung erheblicher Gefahren für Leben oder Gesundheit können die Gemeinden und die Landkreise durch Verordnung das Betreten und Befahren bewohnter oder unbewohnter Grundstücke oder bestimmter Gebiete auf die voraussichtliche Dauer der Gefahr verbieten. [2]Für öffentliche Wege, Straßen und Plätze gelten jedoch die Vorschriften des Straßen- und des Straßenverkehrsrechts.

(2) Absatz 1 gilt entsprechend für den Erlaß von Anordnungen für den Einzelfall durch die Gemeinden und die Landratsämter.

(3) Mit Geldbuße kann belegt werden, wer

1. einer auf Grund des Absatzes 1 erlassenen Verordnung,
2. einer auf Grund des Absatzes 2 erlassenen vollziehbaren Anordnung

zuwiderhandelt.

Artikel 27 Baden; Betreten und Befahren von Eisflächen

(1) Zur Verhütung von Gefahren für Leben oder Gesundheit können die Gemeinden durch Verordnung das Baden an bestimmten Orten sowie das Betreten und Befahren von Eisflächen verbieten.

(2) [1]Zur Aufrechterhaltung der Sittlichkeit oder zur Verhütung von Gefahren für Leben oder Gesundheit können die Gemeinden und das Staatsministerium des Innern, für Sport und Integration durch Verordnung Vorschriften über das Verhalten beim öffentlichen Baden und über Sicherheitsvorkehrungen in Badeanstalten erlassen. [2]In solchen Verordnungen kann auch bestimmt werden, daß der Badebetrieb in Badeanstalten durch geprüfte Schwimmeistergehilfen, Schwimmeister oder andere dafür ausgebildete Personen zu beaufsichtigen ist.

(3) Die Vorschriften des Bayerischen Wassergesetzes bleiben unberührt.

(4) Mit Geldbuße kann belegt werden, wer

1. einem durch Verordnung nach Absatz 1 angeordneten Verbot des Badens an bestimmten Orten oder des Betretens oder Befahrens von Eisflächen zuwiderhandelt,
2. einer Verordnung nach Absatz 2 über das Verhalten beim Baden zuwiderhandelt,
3. vorsätzlich oder fahrlässig als Inhaber oder Verantwortlicher einer Badeanstalt entgegen einer Verordnung nach Absatz 2 nicht für die erforderlichen Sicherheitsvorkehrungen sorgt oder den Badebetrieb nicht genügend beaufsichtigt.

Artikel 28 Öffentliche Anschläge

(1) [1]Zum Schutz des Orts- und Landschaftsbilds oder eines Natur-, Kunst- oder Kulturdenkmals können die Gemeinden durch Verordnung Anschläge, insbesondere Plakate, und Darstellungen durch Bildwerfer in der Öffentlichkeit auf bestimmte Flächen beschränken. [2]Dies gilt nicht für Werbeanlagen, die von der Bayerischen Bauordnung erfaßt werden.

(2) Wer vorsätzlich oder fahrlässig einer auf Grund des Absatzes 1 erlassenen Verordnung zuwiderhandelt, kann mit Geldbuße belegt werden.

(3) Die Gemeinde kann die Beseitigung von Anschlägen, insbesondere Plakaten, und von Darstellungen durch Bildwerfer in der Öffentlichkeit anordnen, wenn sie Rechtsgüter im Sinn des Absatzes 1 beeinträchtigen.

Artikel 29 Fliegende Verkaufsanlagen

(1) [1]Zum Schutz des Orts- und Landschaftsbilds, eines Natur-, Kunst- oder Kulturdenkmals sowie zur Aufrechterhaltung der öffentlichen Reinlichkeit können die Gemeinden durch Verordnung oder Anordnung für den Einzelfall das Aufstellen fliegender Verkaufsanlagen an bestimmten Orten außerhalb der öffentlichen Wege, Straßen und Plätze verbieten oder davon abhängig machen, daß Störungen

durch geeignete Vorkehrungen verhütet werden. ²Fliegende Verkaufsanlagen sind vorübergehend aufgestellte, dem Vertrieb von Waren dienende Stände oder ähnliche Verkaufsstellen. ³Art. 72 BayBO bleibt unberührt.

(2) Wer vorsätzlich oder fahrlässig einer auf Grund des Absatzes 1 erlassenen Verordnung oder vollziehbaren Anordnung zuwiderhandelt, kann mit Geldbuße belegt werden.

Artikel 30 Verzehr alkoholischer Getränke und Konsum von Cannabisprodukten auf öffentlichen Flächen

(1) ¹Die Gemeinden können durch Verordnung auf bestimmten öffentlichen Flächen – außerhalb von Gebäuden und genehmigten Freischankflächen – den Konsum alkoholischer Getränke und von Cannabisprodukten verbieten, wenn tatsächliche Anhaltspunkte die Annahme rechtfertigen, dass dort aufgrund übermäßigen Alkoholkonsums oder des Konsums von Cannabisprodukten regelmäßig Ordnungswidrigkeiten oder Straftaten begangen werden. ²Die Verordnungen nach Satz 1 sind längstens auf vier Jahre zu befristen. ³In ihnen können die Gemeinden auch das Mitführen alkoholischer Getränke und von Cannabisprodukten an den in der Verordnung bezeichneten Orten verbieten, wenn diese den Umständen nach zum dortigen Konsum bestimmt sind.

(2) Mit Geldbuße kann belegt werden, wer einer auf Grund des Abs. 1 erlassenen Verordnung zuwiderhandelt.

Artikel 31 Gifte, Giftwaren, Arzneien

(1) Zur Verhütung von Gefahren für Leben oder Gesundheit kann das Staatsministerium des Innern, für Sport und Integration, soweit nicht bundesrechtliche Vorschriften bestehen, Verordnungen erlassen über

1. die Erlaubnispflicht für das Zubereiten, Feilhalten, Verkaufen oder sonstige Überlassen von Giftwaren, insbesondere von Giften selbst,
2. das Aufbewahren und Befördern von Giftwaren,
3. die Erlaubnispflicht für das Zubereiten, Feilhalten, Verkaufen oder sonstige Überlassen von Arzneien sowie die Ausübung einer erteilten Erlaubnis zum Zubereiten oder Feilhalten von Arzneien.

(2) Mit Geldbuße kann belegt werden, wer

1. ohne die erforderliche Erlaubnis Gifte oder Giftwaren zubereitet, feilhält, verkauft oder sonst an andere überläßt oder
2. einer auf Grund des Absatzes 1 erlassenen Verordnung über das Aufbewahren oder Befördern von Giftwaren oder über die Ausübung der Erlaubnis zum Zubereiten oder Feilhalten von Arzneien zuwiderhandelt.

Artikel 32 Hochgiftige Stoffe

(1) Zur Verhütung von Gefahren für Leben oder Gesundheit kann das Staatsministerium des Innern, für Sport und Integration durch Verordnung Giftwaren, die bestimmungsgemäß zur Bekämpfung schädlicher Tiere und Pflanzen verwendet werden und durch deren Verwendung neben den daran Beteiligten auch andere Menschen oder Tiere in lebensbedrohender Weise gefährdet werden können, zu hochgiftigen Stoffen erklären und bestimmen, daß

1. hochgiftige Stoffe nur mit Erlaubnis angewendet werden dürfen oder ihre Anwendung vorher anzuzeigen ist,
2. hochgiftige Stoffe nur anwenden darf, wer eine bestimmte Ausbildung nachweist,
3. die Erlaubnis im Sinn der Nummer 1 mit Auflagen verbunden und auf Grund einer Anzeige im Sinn der Nummer 1 Anordnungen für den Einzelfall erlassen werden können,
4. hochgiftige Stoffe nur unter bestimmten Schutzvorkehrungen angewendet werden dürfen,
5. das Anwenden hochgiftiger Stoffe zu überwachen ist.

(2) Mit Geldbuße kann belegt werden, wer einer auf Grund des Absatzes 1 Nrn. 1 bis 4 erlassenen Verordnung oder einer vollziehbaren Anordnung oder Auflage, die auf einer solchen Verordnung beruht, zuwiderhandelt.

(3) Die Absätze 1 und 2 gelten nicht, soweit bundesrechtliche Vorschriften bestehen.

Artikel 33 Überwachung

(1) ¹Wer eine der in Art. 31 Abs. 1 oder Art. 32 Abs. 1 Nrn. 1 bis 4 genannten Tätigkeiten ausübt, hat den Beauftragten der kreisfreien Gemeinden, der Landratsämter, der Gesundheitsämter, der Regierungen und des Staatsministeriums des Innern, für Sport und Integration und den von diesen zugezo-

genen Sachverständigen die Betriebsstätten, in denen die Tätigkeiten ausgeübt werden, zugänglich zu machen, Auskünfte zu erteilen und Unterlagen vorzulegen, verschlossene Behälter zu öffnen, Untersuchungen und gegen angemessene Entschädigung die Entnahme von Proben zu gestatten, ferner Arbeitskräfte und Hilfsmittel bereitzustellen, wenn das erforderlich ist, um den Vollzug der nach Art. 31 Abs. 1 oder Art. 32 Abs. 1 erlassenen Verordnungen zu überwachen. 2Der zur Auskunft Verpflichtete kann die Auskunft auf solche Fragen verweigern, deren Beantwortung ihn selbst oder einen der in § 383 Abs. 1 Nrn. 1 bis 3 der Zivilprozeßordnung bezeichneten Angehörigen der Gefahr strafgerichtlicher Verfolgung oder eines Verfahrens nach dem Gesetz über Ordnungswidrigkeiten aussetzen würde.

(2) Wer einer Pflicht nach Absatz 1 zuwiderhandelt, kann mit Geldbuße belegt werden.

Art. 34 bis 36 (aufgehoben)

Artikel 37 Halten gefährlicher Tiere

(1) 1Wer ein gefährliches Tier einer wildlebenden Art oder einen Kampfhund halten will, bedarf der Erlaubnis der Gemeinde, soweit das Bundesrecht nichts anderes vorschreibt. 2Kampfhunde sind Hunde, bei denen auf Grund rassespezifischer Merkmale, Zucht oder Ausbildung von einer gesteigerten Aggressivität und Gefährlichkeit gegenüber Menschen oder Tieren auszugehen ist; das Staatsministerium des Innern, für Sport und Integration kann durch Verordnung Rassen, Kreuzungen und sonstige Gruppen von Hunden bestimmen, für welche die Eigenschaft als Kampfhunde vermutet wird.

(2) 1Die Erlaubnis darf nur erteilt werden, wenn der Antragsteller ein berechtigtes Interesse nachweist, gegen seine Zuverlässigkeit keine Bedenken bestehen und Gefahren für Leben, Gesundheit, Eigentum oder Besitz nicht entgegenstehen; ein berechtigtes Interesse zur Haltung von Hunden im Sinn des Absatzes 1 Satz 2 kann insbesondere vorliegen, wenn diese der Bewachung eines gefährdeten Besitztums dient. 2Die Erlaubnis kann vom Nachweis des Bestehens einer besonderen Haftpflichtversicherung abhängig gemacht werden. 3Versagungsgründe, die sich aus anderen Vorschriften ergeben, bleiben unberührt.

(3) Die Erlaubnispflicht nach Absatz 1 Satz 1 gilt nicht für die Haltung von Diensthunden der Polizei, des Strafvollzugs, des Bundesgrenzschutzes und der Zollverwaltung.

(4) Mit Geldbuße bis zu zehntausend Euro kann belegt werden, wer vorsätzlich oder fahrlässig

1. ein gefährliches Tier einer wildlebenden Art oder einen Kampfhund ohne die erforderliche Erlaubnis hält oder
2. die mit der Erlaubnis verbundenen vollziehbaren Auflagen nicht erfüllt.

Artikel 37a Zucht und Ausbildung von Kampfhunden

(1) Mit Geldbuße bis zu fünfzigtausend Euro kann belegt werden, wer Kampfhunde im Sinn des Art. 37 Abs. 1 Satz 2 züchtet oder kreuzt.

(2) 1Wer Hunde mit dem Ziel einer gesteigerten Aggressivität und Gefährlichkeit gegenüber Menschen oder Tieren ausbildet, bedarf der Erlaubnis der Kreisverwaltungsbehörde, soweit das Bundesrecht nichts anderes vorschreibt. 2Die Erlaubnis darf nur erteilt werden, wenn der Antragsteller die erforderliche Sachkunde besitzt, gegen seine Zuverlässigkeit keine Bedenken bestehen und die Ausbildung Schutzzwecken dient. 3Die Erlaubnis darf nicht erteilt werden für Hunde im Sinn des Art. 37 Abs. 1 Satz 2 Halbsatz 2. 4Art. 37 Abs. 3 gilt entsprechend.

(3) Mit Geldbuße bis zu fünfzigtausend Euro kann belegt werden, wer vorsätzlich oder fahrlässig

1. einen Hund ohne die erforderliche Erlaubnis ausbildet oder
2. die mit der Erlaubnis verbundenen vollziehbaren Auflagen nicht erfüllt.

Artikel 38 Verhütung von Bränden

(1) Zur Verhütung von Gefahren für Leben, Gesundheit, Eigentum oder Besitz durch Brand kann, soweit nicht bundesrechtliche oder besondere landesrechtliche Vorschriften bestehen, das Staatsministerium des Innern, für Sport und Integration Verordnungen erlassen über

1. die der Feuerbeschau unterliegenden Gebäude, Feuerungsanlagen und sonstigen Anlagen und Gegenstände, von denen Brandgefahren ausgehen können, die Ausübung der Feuerbeschau und die Beseitigung der bei der Feuerbeschau festgestellten Mängel; dabei kann bestimmt werden, dass die zuständige Behörde die Durchführung der Feuerbeschau auf Betriebe oder sonstige Einrichtungen, für die nach Art. 15 des Bayerischen Feuerwehrgesetzes Werkfeuerwehren bestehen, auf deren Kosten übertragen kann,

2. Lichtspielvorführungen und die Einrichtung von Lichtspieltheatern, insbesondere der Zuschauer- und Bildwerferräume, sowie die Ausbildungs- und Bedienungsvorschriften für Filmvorführer,
3. Theateraufführungen und sonstige Schaustellungen, die Einrichtung von Theatern und sonstigen Versammlungsstätten, insbesondere die Zuschauer- und Bühnenräume, ferner über die Ausbildung und Prüfung der technischen Bühnenvorstände,
4. die Errichtung, die Einrichtung und den Betrieb elektrischer Anlagen.

(2) In den Verordnungen nach Absatz 1 kann zugelassen werden, daß bestimmte Gemeinden abweichende Vorschriften erlassen.

(3) Zur Verhütung von Gefahren für Leben, Gesundheit, Eigentum oder Besitz durch Brand können ferner, soweit nicht bundesrechtliche oder besondere landesrechtliche Vorschriften bestehen, die Gemeinden und das Staatsministerium des Innern, für Sport und Integration Verordnungen erlassen über
1. die Verwendung von Feuer und offenem Licht in Gebäuden oder in der Nähe von Gebäuden oder brandgefährlichen Stoffen,
2. Herstellung, Abgabe, Lagerung und Verwendung von Brennstoffen und brandgefährlichen Stoffen,
3. Auflagen und Schutzmaßnahmen für die Errichtung, die Einrichtung und den Betrieb brandgefährlicher Anlagen, die nicht unter Absatz 1 fallen,
4. Blitzableiter, Feuerlöscheinrichtungen und andere Schutzmaßnahmen zur Verhütung oder Beseitigung feuergefährlicher Zustände sowie zur Bekämpfung von Bränden.

(4) Mit Geldbuße kann belegt werden, wer einer auf Grund der Absätze 1 bis 3 erlassenen Verordnung oder einer vollziehbaren Anordnung, die auf Grund einer solchen Verordnung getroffen wurde, vorsätzlich oder fahrlässig zuwiderhandelt.

(5) [1]Die Eigentümer und Besitzer von Gebäuden, Anlagen oder Gegenständen, auf die sich Verordnungen nach den Absätzen 1 bis 3 beziehen, haben gegenüber den Beauftragten der Gemeinden und Landratsämter die in Art. 33 Abs. 1 Satz 1 genannten Pflichten, wenn das zur Prüfung der Brandgefährlichkeit erforderlich ist. [2]Art. 33 Abs. 1 Satz 2 gilt entsprechend.

(6) Wer den Pflichten nach Absatz 5 zuwiderhandelt, kann mit Geldbuße belegt werden.

4. Abschnitt
Schutz von Feld und Flur

Artikel 39 Feld und Flur

(1) Feld und Flur im Sinn dieses Abschnitts sind
1. alle Grundstücke außerhalb eines Forstes, die der Gewinnung von Feldfrüchten, Gartenfrüchten, Bäumen, Sträuchern oder anderen Bodenerzeugnissen dienen, insbesondere Äcker, Wiesen, Weiden, Gärten, Obstanlagen, Baumschulen und Weinberge,
2. die Wege, Gräben und Böschungen, die mit den in Nummer 1 genannten Grundstücken räumlich zusammenhängen und ihrer Bewirtschaftung dienen,
3. die Ödflächen.

(2) Anpflanzungen in öffentlichen Anlagen und in Friedhöfen fallen nicht unter Absatz 1.

Artikel 40 Weidefrevel

Mit Geldbuße kann belegt werden, wer vorsätzlich oder fahrlässig in Feld und Flur Vieh oder Hausgeflügel unbefugt auf fremden Grundstücken weiden läßt, soweit die Tat nicht nach anderen Vorschriften mit Strafe bedroht ist.

Artikel 41 Feldgefährdung

(1) Mit Geldbuße kann belegt werden, wer das Eigentum anderer in Feld und Flur dadurch gefährdet, daß er
1. Vieh oder Hausgeflügel außerhalb genügend umschlossener Grundstücke ohne ausreichende Aufsicht oder Sicherung läßt,
2. Tauben, ausgenommen Brieftauben, zur Saat- oder Erntezeit nicht eingeschlossen hält,
3. vor beendeter Ernte über bestellte Grundstücke Vieh treibt,
4. fremde Grundstücke abgräbt oder abpflügt.

(2) Die Gemeinden und Landkreise können die Saat- und Erntezeit durch Verordnung näher bestimmen.

Vierter Teil

Verfahren beim Erlaß von Verordnungen

Artikel 42 Verordnungen der Gemeinden, Landkreise und Bezirke

(1) [1]Verordnungen, zu deren Erlaß die Gemeinden, die Landkreise oder die Bezirke durch dieses Gesetz oder durch andere Rechtsvorschriften ermächtigt sind, werden vom Gemeinderat, vom Kreistag, vom Bezirkstag erlassen. [2]Der Erlaß solcher Verordnungen ist Angelegenheit des übertragenen Wirkungskreises, soweit nicht durch Gesetz etwas anderes bestimmt ist.

(2) [1]Ist der Erlaß einer Verordnung dringlich und duldet er keinen Aufschub bis zum Zusammentritt des nach Absatz 1 zuständigen Vertretungskörpers, so erläßt an dessen Stelle der erste Bürgermeister, der Landrat oder der Bezirkstagspräsident die Verordnung (dringliche Verordnung). [2]Hiervon ist dem Vertretungskörper in der nächsten Sitzung Kenntnis zu geben.

Artikel 43 Vollzug der Verordnungen

Soweit nicht durch Rechtsvorschriften etwas anderes bestimmt ist, werden

1. Verordnungen der Gemeinde durch die Gemeinde,
2. Verordnungen der Landkreise durch den Landkreis oder, wenn die Verordnung das bestimmt, durch die Gemeinden oder diejenigen Gemeinden, denen die Aufgaben der unteren Bauaufsichtsbehörde übertragen sind,
3. Verordnungen der Bezirke durch den Bezirk oder, wenn die Verordnung das bestimmt, durch die Landratsämter und kreisfreien Gemeinden oder diejenigen Gemeinden, denen die Aufgaben der unteren Bauaufsichtsbehörde übertragen sind,
4. Verordnungen der Staatsministerien oder der Staatsregierung durch die Landratsämter und die kreisfreien Gemeinden oder, wenn die Verordnung das bestimmt, durch die Regierung oder die Gemeinden oder diejenigen Gemeinden, denen die Aufgaben der unteren Bauaufsichtsbehörde übertragen sind,

vollzogen.

Artikel 44 Zuständigkeit verschiedener Behörden oder Stellen

(1) [1]Sind verschiedene Behörden oder Stellen zum Erlaß von Verordnungen zuständig, so soll die höhere Behörde oder Stelle von ihrer Befugnis nur Gebrauch machen, wenn eine einheitliche Regelung für ihren Bereich oder einen Teilbereich erforderlich oder zweckmäßig ist. [2]Sie kann insoweit in der Verordnung entgegenstehende oder gleichlautende Vorschriften der unteren Behörde oder Stelle außer Kraft setzen.

(2) Ist eine Verordnung für den örtlichen Bereich mehrerer ermächtigter Behörden oder Stellen der gleichen Verwaltungsebene erforderlich, so kann die gemeinsame höhere Behörde die Verordnung erlassen.

Artikel 45 Rechtmäßigkeit und Angabe der Rechtsgrundlage

(1) Verordnungen dürfen dem geltenden Recht, insbesondere den Gesetzen sowie den Verordnungen einer höheren Behörde oder Stelle, nicht widersprechen.

(2) In jeder Verordnung soll ihre besondere Rechtsgrundlage angegeben werden.

Artikel 46 Pflicht zum Erlaß von Verordnungen

(1) Erläßt eine Gemeinde, ein Landkreis oder ein Bezirk eine Verordnung, zu der diese Gebietskörperschaft ermächtigt ist, nicht, obwohl es das Wohl der Allgemeinheit zwingend erfordert, so kann die Rechtsaufsichtsbehörde die Verordnung erlassen, wenn die Gebietskörperschaft der Aufforderung der Rechtsaufsichtsbehörde, die erforderliche Verordnung binnen angemessener Frist zu erlassen, nicht nachkommt.

(2) Eine nach Absatz 1 erlassene Verordnung kann nur von der Rechtsaufsichtsbehörde, die sie erlassen hat, oder mit deren Zustimmung aufgehoben werden.

Artikel 47 *[aufgehoben]*

Artikel 48 Änderung und Aufhebung von Verordnungen

[1]Die Vorschriften dieses Gesetzes über den Erlaß von Verordnungen gelten sinngemäß auch für die Änderung und – mit Ausnahme des Art. 50 Abs. 2 – für die Aufhebung solcher Verordnungen. [2]Besteht im geltenden Recht keine Ermächtigung mehr für den Erlaß einer Verordnung, so kann die Stelle, die

früher für den Erlaß der Verordnung zuständig war, die Verordnung aufheben. [3]Besteht die Stelle nicht mehr und ist die Aufgabe auch nicht einer anderen Stelle übertragen worden, so kann das fachlich zuständige Staatsministerium die Verordnung aufheben oder die dafür zuständigen Stellen durch Verordnung bestimmen.

Artikel 49 Allgemeine Aufsichtspflicht

(1) [1]Die Rechtsaufsichtsbehörden haben auch bereits bekanntgemachte Verordnungen, die mit dem geltenden Recht, insbesondere mit Gesetzen oder mit Verordnungen einer höheren Behörde, in Widerspruch stehen, zu beanstanden und ihre Aufhebung oder Änderung zu verlangen. [2]Das gleiche gilt, wenn die Verordnung nicht in der genehmigten Fassung bekanntgemacht worden ist.

(2) Kommt die Gemeinde, der Landkreis oder der Bezirk binnen einer von der Rechtsaufsichtsbehörde gesetzten angemessenen Frist dem Verlangen nicht nach, so hebt die Rechtsaufsichtsbehörde die beanstandete Verordnung auf.

Artikel 50 Geltungsdauer

(1) In jeder Verordnung muss der Zeitpunkt bestimmt werden, an dem sie in Kraft tritt.

(2) [1]Eine bewehrte Verordnung soll ihre Geltungsdauer festsetzen, jedoch in keinem Fall auf mehr als 20 Jahre. [2]Setzt sie keine oder eine längere Geltungsdauer fest, so gilt sie 20 Jahre, sofern sie nicht aus einem anderen Grund vorher außer Kraft tritt. [3]Die Vorschriften des Bürgerlichen Gesetzbuchs über die Berechnung von Fristen gelten entsprechend.

(3) Absatz 2 gilt nicht für Rechtsvorschriften, die auf Bundesrecht, dem Bayerischen Naturschutzgesetz oder dem Bayerischen Wassergesetz beruhen.

Artikel 51 Amtliche Bekanntmachung

(1) Für die amtliche Bekanntmachung von Verordnungen der Gemeinden, Landkreise, Landratsämter, Bezirke und Regierungen gelten die Vorschriften über die Bekanntmachung kommunaler Satzungen entsprechend.

(2) [1]Lassen sich die Grenzen des Geltungsbereichs einer Verordnung oder die Grenzen des Bereichs, in dem einzelne ihrer Vorschriften gelten, nicht hinreichend deutlich und anschaulich beschreiben oder durch Abdruck einer genauen Karte festlegen, so genügt es, wenn die Verordnung die Grenzen des Bereichs grob umschreibt und im übrigen auf Karten (Maßstab mindestens 1 : 25 000) oder Verzeichnisse Bezug nimmt. [2]Diese Unterlagen müssen von der in der Verordnung bezeichneten Behörde archivmäßig verwahrt werden und allgemein zugänglich sein.

(3) [1]Ist es zur Verhütung erheblicher Gefahren für Leben, Gesundheit oder zum Schutz von Sachgütern erforderlich, eine Verordnung sofort bekanntzumachen und ist eine Bekanntmachung andernfalls nicht rechtzeitig möglich, so kann die Verordnung auch im Internet, in Rundfunk oder Medien oder durch geeignete Kommunikationsmittel wirksam bekannt gemacht werden. [2]Der Wortlaut der Verordnung ist anschließend nachrichtlich im amtlichen Verkündungsorgan zu veröffentlichen, soweit er nicht bereits im Rahmen der Bekanntmachung nach Satz 1 öffentlich und dauerhaft gesichert nachlesbar ist.

Artikel 52 Hinweis auf die Bekanntmachung

Die Gemeinden haben auf die Bekanntmachung ihrer Verordnungen und von Verordnungen des Landkreises oder Landratsamts, die im Gemeindegebiet gelten, in ortsüblicher Art hinzuweisen, sofern die Verordnungen nicht in einem Amtsblatt amtlich bekanntgemacht werden.

Artikel 53 Mitteilungen

Verordnungen der Gemeinden, Landkreise und Landratsämter sind, wenn sie nicht in Amtsblättern amtlich bekanntgemacht werden, in amtlich beglaubigter Abschrift dem Amtsgericht, der Staatsanwaltschaft und der örtlichen Polizeidienststelle mitzuteilen, in deren Bezirk oder Dienstbereich die Verordnung gilt.

Fünfter Teil
Übergangs- und Schlußvorschriften

Artikel 54 ***[aufgehoben]***

Artikel 55 Verordnungsermächtigungen für besondere Zuständigkeiten

(1) [1]Das Staatsministerium für Wirtschaft, Landesentwicklung und Energie kann durch Verordnung im Einvernehmen mit dem Staatsministerium des Innern, für Sport und Integration abweichend von

Art. 6 die Sicherheitsbehörden bestimmen, die für die Abwehr von Gefahren aus bergbaulichen Anlagen zuständig sind, welche nicht mehr der Bergaufsicht unterliegen. [2]Zur Erfüllung dieser Aufgabe können die in der Verordnung bestimmten Behörden Anordnungen für den Einzelfall nach Art. 7 Abs. 2 oder Art. 26 Abs. 2 treffen oder Verordnungen nach Art. 26 Abs. 1 erlassen.

(2) Das Staatsministerium des Innern, für Sport und Integration kann durch Verordnung die zuständigen Behörden nach dem Schornsteinfeger-Handwerksgesetz bestimmen.

Artikel 56 Zuständigkeit für gemeindefreie Gebiete

(1) Für die im Kreisgebiet gelegenen gemeindefreien Gebiete können die Landkreise Verordnungen in den gleichen Fällen erlassen, in denen die Gemeinden zum Erlaß von Gemeindeverordnungen ermächtigt sind.

(2) [1]Soweit die Gemeinden zu einer Erlaubnis, zu Anordnungen für den Einzelfall oder zu sonstigen Maßnahmen ermächtigt oder verpflichtet sind, treten in gemeindefreien Gebieten die Landratsämter an die Stelle der Gemeinden. [2]Das gilt sinngemäß für Anzeigen, die an die Gemeinde zu richten sind.

Artikel 57 ***[aufgehoben]***

Artikel 58 Einschränkung von Grundrechten

[1]Auf Grund dieses Gesetzes können die Grundrechte der Freiheit der Person (Art. 2 Abs. 2 Satz 1 und 2 des Grundgesetzes und Art. 102 Abs. 1 der Verfassung), auf Versammlungsfreiheit (Art. 8 Abs. 1 des Grundgesetzes und Art. 113 der Verfassung), auf Freizügigkeit (Art. 11 des Grundgesetzes und Art. 109 der Verfassung), auf Unverletzlichkeit der Wohnung (Art. 13 des Grundgesetzes und Art. 106 Abs. 3 der Verfassung) und des Eigentums (Art. 14 des Grundgesetzes und Art. 103 der Verfassung) eingeschränkt werden. [2]Art. 7 Abs. 4 bleibt unberührt.

Artikel 59 Zuständigkeit zur Verfolgung und Ahndung von Ordnungswidrigkeiten nach § 112 des Gesetzes über Ordnungswidrigkeiten

Zuständige Verwaltungsbehörde für die Verfolgung und Ahndung von Ordnungswidrigkeiten nach § 112 OWiG ist bei Zuwiderhandlungen gegen Anordnungen des Landtags oder seines Präsidenten der Direktor des Landtagsamts.

Artikel 60 Fortbestand alten Verordnungsrechts

(1) [1]Die auf Grund des bisherigen Rechts erlassenen orts-, distrikts-, bezirks-, kreis- und oberpolizeilichen Vorschriften sowie die anderen auf gesetzlicher Ermächtigung beruhenden Vorschriften des Landesrechts, deren Übertretung mit Strafe oder als Ordnungswidrigkeit mit Geldbuße bedroht ist, treten ohne Rücksicht auf ihre Bezeichnung 20 Jahre nach dem Tag ihres Inkrafttretens, frühestens jedoch am 31. Dezember 1960, außer Kraft, wenn sie nicht aus einem anderen Grund ihre Geltung vorher verlieren. [2]Bis zu ihrem Außerkrafttreten gilt Art. 49.

(2) Absatz 1 gilt nicht

1. für Vorschriften, die auf einer fortgeltenden Ermächtigung des Bundesrechts beruhen,
2. für Satzungen der Gemeinden, Landkreise und Bezirke,
3. für Anordnungen durch amtliche Verkehrszeichen,
4. für Rechtsvorschriften, die auf dem Naturschutzrecht beruhen.

Artikel 61 Einstweilige Vorschriften über die Stillegung und Beseitigung von Anlagen und Geräten

(1) [1]Werden Anlagen oder Geräte unter Zuwiderhandlung gegen ein Gesetz, eine Verordnung oder eine Anordnung für den Einzelfall errichtet, aufgestellt, verändert, betrieben oder in einem ordnungswidrigen Zustand erhalten und verwirklicht die rechtswidrige Tat den Tatbestand eines Strafgesetzes oder einer Ordnungswidrigkeit, so können die kreisfreien Gemeinden und die Landratsämter die Vornahme notwendiger Sicherungs- oder Ausbesserungsarbeiten oder die Stillegung anordnen. [2]Sie können auch die teilweise oder gänzliche Beseitigung der Anlage oder des Geräts anordnen, wenn Gefahr im Verzug oder ein dringendes öffentliches Interesse an einem sofortigen Vollzug besteht oder ein Straf- oder Bußgeldverfahren nicht durchgeführt werden kann. [3]Liegen diese Voraussetzungen nicht vor, so kann die Beseitigung der Anlage oder des Geräts nur angeordnet werden, wenn die Zuwiderhandlung rechtskräftig festgestellt ist. [4]Im Fall einer Genehmigungspflicht für die Anlage oder das Gerät darf die Beseitigung nach Satz 2 oder Satz 3 nur angeordnet werden, wenn die nachträgliche Genehmigung nach den Vorschriften des geltenden Rechts nicht erteilt werden kann.

(2) Absatz 1 gilt nicht, soweit Rechtsvorschriften außerhalb dieses Gesetzes besondere Bestimmungen über die Stillegung und Beseitigung von Anlagen oder Geräten enthalten.

Artikel 62 Inkrafttreten

Dieses Gesetz tritt am 1. Januar 1957 in Kraft[1)].

1) **Amtl. Anm.:** Betrifft die ursprüngliche Fassung vom 17. November 1956 (Nr. 25 des Gesetz- und Verordnungsblattes vom 29. November 1956, S. 261).

Gesetz über die Aufgaben und Befugnisse der Bayerischen Polizei (Polizeiaufgabengesetz – PAG)

In der Fassung der Bekanntmachung vom 14. September 1990[1)] (GVBl. S. 397) (BayRS 2012-1-1-I)

zuletzt geändert durch § 1 G zur Änderung des Polizeiaufgabengesetzes und weiterer Rechtsvorschriften vom 23. Juli 2024 (GVBl. S. 247)

Nichtamtliche Inhaltsübersicht

---

1) Neubekanntmachung des Polizeiaufgabengesetzes in der in der Bayerischen Rechtssammlung (2012-1-1-I) veröffentlichten bereinigten Fassung in der ab 1.10.1990 geltenden Fassung.

I. Abschnitt

Allgemeine Vorschriften

Artikel 1 Begriff der Polizei

Polizei im Sinn dieses Gesetzes sind die im Vollzugsdienst tätigen Dienstkräfte der Polizei des Freistaates Bayern.

Artikel 2 Aufgaben der Polizei

(1) Die Polizei hat die Aufgabe, die allgemein oder im Einzelfall bestehenden Gefahren für die öffentliche Sicherheit oder Ordnung abzuwehren.

(2) Im Rahmen ihrer Aufgabe nach Abs. 1 obliegt der Polizei der Schutz privater Rechte nach diesem Gesetz nur dann, wenn gerichtlicher Schutz nicht rechtzeitig zu erlangen ist und wenn ohne polizeiliche Hilfe die Verwirklichung des Rechts vereitelt oder wesentlich erschwert werden würde.

(3) Die Polizei leistet anderen Behörden und den Gerichten Vollzugshilfe (Art. 67 bis 69).

(4) Die Polizei hat ferner die Aufgaben zu erfüllen, die ihr durch andere Rechtsvorschriften übertragen sind. 163 StPO

Artikel 3 Verhältnis zu anderen Behörden

Die Polizei wird tätig, soweit ihr die Abwehr der Gefahr durch eine andere Behörde nicht oder nicht rechtzeitig möglich erscheint.

Artikel 4 Grundsatz der Verhältnismäßigkeit

(1) Von mehreren möglichen und geeigneten Maßnahmen hat die Polizei diejenige zu treffen, die den einzelnen und die Allgemeinheit am wenigsten beeinträchtigt.

(2) Eine Maßnahme darf nicht zu einem Nachteil führen, der zu dem erstrebten Erfolg erkennbar außer Verhältnis steht.

(3) Eine Maßnahme ist nur so lange zulässig, bis ihr Zweck erreicht ist oder sich zeigt, daß er nicht erreicht werden kann.

Artikel 5 Ermessen, Wahl der Mittel

(1) Die Polizei trifft ihre Maßnahmen nach pflichtgemäßem Ermessen.

(2) [1]Kommen zur Abwehr einer Gefahr mehrere Mittel in Betracht, so genügt es, wenn eines davon bestimmt wird. [2]Dem Betroffenen ist auf Antrag zu gestatten, ein anderes ebenso wirksames Mittel anzuwenden, sofern die Allgemeinheit dadurch nicht stärker beeinträchtigt wird.

Artikel 6 Ausweispflicht des Polizeibeamten

[1]Auf Verlangen des von einer Maßnahme Betroffenen hat der Polizeibeamte sich auszuweisen, soweit der Zweck der Maßnahme dadurch nicht beeinträchtigt wird. [2]Das Nähere wird durch Dienstvorschrift geregelt.

Artikel 7 Verantwortlichkeit für das Verhalten von Personen

(1) Verursacht eine Person eine Gefahr, so sind die Maßnahmen gegen sie zu richten.

(2) [1]Ist die Person noch nicht 14 Jahre alt oder ist für sie wegen einer psychischen Krankheit oder einer geistigen oder seelischen Behinderung zur Besorgung aller ihrer Angelegenheiten ein Betreuer bestellt, können Maßnahmen auch gegen die Person gerichtet werden, die zur Aufsicht über sie verpflichtet ist. [2]Dies gilt auch, wenn der Aufgabenkreis des Betreuers die in § 1815 Abs. 2 Nr. 5 und 6 sowie § 1817 Abs. 2 des Bürgerlichen Gesetzbuchs (BGB) bezeichneten Angelegenheiten nicht erfaßt.

(3) Verursacht eine Person, die zu einer Verrichtung bestellt ist, die Gefahr in Ausführung der Verrichtung, so können Maßnahmen auch gegen die Person gerichtet werden, die die andere zu der Verrichtung bestellt hat.

(4) Die Abs. 1 bis 3 sind nicht anzuwenden, soweit andere Vorschriften dieses Gesetzes oder andere Rechtsvorschriften bestimmen, gegen wen eine Maßnahme zu richten ist.

Artikel 8 Verantwortlichkeit für den Zustand von Sachen

(1) Geht von einer Sache eine Gefahr aus, so sind die Maßnahmen gegen den Inhaber der tatsächlichen Gewalt zu richten.

(2) [1]Maßnahmen können auch gegen den Eigentümer oder einen anderen Berechtigten gerichtet werden. [2]Das gilt nicht, wenn der Inhaber der tatsächlichen Gewalt diese ohne den Willen des Eigentümers oder Berechtigten ausübt.

(3) Geht die Gefahr von einer herrenlosen Sache aus, so können die Maßnahmen gegen denjenigen gerichtet werden, der das Eigentum an der Sache aufgegeben hat.

(4) Art. 7 Abs. 4 gilt entsprechend.

Artikel 9 Unmittelbare Ausführung einer Maßnahme

(1) [1]Die Polizei kann eine Maßnahme selbst oder durch einen Beauftragten ausführen, wenn der Zweck der Maßnahme durch Inanspruchnahme der nach den Art. 7 oder 8 Verantwortlichen nicht oder nicht rechtzeitig erreicht werden kann. [2]Der von der Maßnahme Betroffene ist unverzüglich zu unterrichten.

(2) Für die unmittelbare Ausführung einer Maßnahme werden von den nach Art. 7 oder 8 Verantwortlichen Kosten erhoben.

Artikel 10 Inanspruchnahme nicht verantwortlicher Personen

(1) Die Polizei kann Maßnahmen gegen andere Personen als die nach den Art. 7 oder 8 Verantwortlichen richten, wenn

1. eine gegenwärtige erhebliche Gefahr abzuwehren ist,
2. Maßnahmen gegen die nach den Art. 7 oder 8 Verantwortlichen nicht oder nicht rechtzeitig möglich sind oder keinen Erfolg versprechen,
3. die Polizei die Gefahr nicht oder nicht rechtzeitig selbst oder durch Beauftragte abwehren kann und
4. die Personen ohne erhebliche eigene Gefährdung und ohne Verletzung höherwertiger Pflichten in Anspruch genommen werden können.

(2) Die Maßnahmen nach Abs. 1 dürfen nur aufrechterhalten werden, solange die Abwehr der Gefahr nicht auf andere Weise möglich ist.

(3) Art. 7 Abs. 4 gilt entsprechend.

II. Abschnitt
Befugnisse der Polizei

Artikel 11 Allgemeine Befugnisse

(1) [1]Die Polizei kann die notwendigen Maßnahmen treffen, um eine im einzelnen Fall bestehende Gefahr für die öffentliche Sicherheit oder Ordnung abzuwehren, soweit nicht die Art. 12 bis 65 die Befugnisse der Polizei besonders regeln. [2]Unter einer solchen konkreten Gefahr (Gefahr) ist eine Sachlage zu verstehen, die bei ungehindertem Ablauf des objektiv zu erwartenden Geschehens im Einzelfall mit hinreichender Wahrscheinlichkeit zu einer Verletzung von Schutzgütern der öffentlichen Sicherheit oder Ordnung führt.

(2) [1]Eine Maßnahme im Sinn des Abs. 1 kann die Polizei insbesondere dann treffen, wenn sie notwendig ist, um

1. Straftaten, Ordnungswidrigkeiten oder verfassungsfeindliche Handlungen zu verhüten oder zu unterbinden,
2. durch solche Handlungen verursachte Zustände zu beseitigen oder
3. Gefahren abzuwehren oder Zustände zu beseitigen, die Leben, Gesundheit oder die Freiheit der Person oder die Sachen, deren Erhaltung im öffentlichen Interesse geboten erscheint, bedrohen oder verletzen.

[2]Straftaten im Sinn dieses Gesetzes sind rechtswidrige Taten, die den Tatbestand eines Strafgesetzes verwirklichen. [3]Ordnungswidrigkeiten im Sinn dieses Gesetzes sind rechtswidrige Taten, die den Tatbestand einer Ordnungswidrigkeit verwirklichen. [4]Verfassungsfeindlich im Sinn des Satzes 1 Nr. 1 ist eine Handlung, die darauf gerichtet ist, die verfassungsmäßige Ordnung der Bundesrepublik Deutschland oder eines ihrer Länder auf verfassungswidrige Weise zu stören oder zu ändern, ohne eine Straftat oder Ordnungswidrigkeit zu verwirklichen.

(3) [1]Zur Erfüllung der Aufgaben, die der Polizei durch andere Rechtsvorschriften zugewiesen sind (Art. 2 Abs. 4), hat sie die dort vorgesehenen Befugnisse. [2]Soweit solche Rechtsvorschriften Befugnisse der Polizei nicht regeln, hat sie die Befugnisse, die ihr nach diesem Gesetz zustehen.

Artikel 11a Allgemeine Befugnisse bei drohender Gefahr

(1) Wenn die Voraussetzungen des Art. 11 Abs. 1 und 2 nicht vorliegen, kann die Polizei die notwendigen Maßnahmen treffen, um den Sachverhalt aufzuklären und die Entstehung einer Gefahr für ein bedeutendes Rechtsgut zu verhindern, wenn im Einzelfall

1. das individuelle Verhalten einer Person die konkrete Wahrscheinlichkeit begründet oder
2. Vorbereitungshandlungen für sich oder zusammen mit weiteren bestimmten Tatsachen den Schluss auf ein seiner Art nach konkretisiertes Geschehen zulassen,

wonach in absehbarer Zeit Angriffe von erheblicher Intensität oder Auswirkung zu erwarten sind (drohende Gefahr), soweit nicht die Art. 12 bis 65 die Befugnisse der Polizei besonders regeln.

(2) Bedeutende Rechtsgüter sind

1. der Bestand oder die Sicherheit des Bundes oder eines Landes,
2. Leben, Gesundheit oder Freiheit,
3. die sexuelle Selbstbestimmung, soweit sie durch Straftatbestände geschützt ist, die im Mindestmaß mit wenigstens drei Monaten Freiheitsstrafe bedroht sind, oder
4. Anlagen der kritischen Infrastruktur sowie Kulturgüter von mindestens überregionalem Rang.

Artikel 12 Auskunftspflicht

[1]Auf Befragen durch die Polizei ist eine Person verpflichtet, Name, Vorname, Tag und Ort der Geburt, Wohnanschrift und Staatsangehörigkeit anzugeben, wenn anzunehmen ist, daß sie sachdienliche Angaben machen kann, die zur Erfüllung einer bestimmten polizeilichen Aufgabe erforderlich sind. [2]Zu weiteren Auskünften gegenüber der Polizei ist die Person nur verpflichtet, soweit für sie gesetzliche Handlungspflichten bestehen. [3]Für die Dauer der Befragung kann die Person angehalten werden.

Artikel 13 Identitätsfeststellung und Prüfung von Berechtigungsscheinen

(1) Die Polizei kann die Identität einer Person feststellen

1. zur Abwehr
   a) einer Gefahr oder
   b) einer drohenden Gefahr für ein bedeutendes Rechtsgut,
2. wenn die Person sich an einem Ort aufhält,
   a) von dem auf Grund tatsächlicher Anhaltspunkte anzunehmen ist, daß dort
      aa) Personen Straftaten verabreden, vorbereiten oder verüben,
      bb) sich Personen ohne erforderliche Aufenthaltserlaubnis treffen, oder
      cc) sich Straftäter verbergen, oder
   b) an dem Personen der Prostitution nachgehen, oder
   c) der als Unterkunft oder dem sonstigen, auch vorübergehenden Aufenthalt von Asylbewerbern und unerlaubt Aufhältigen dient,
3. wenn sie sich in einer Verkehrs- oder Versorgungsanlage oder -einrichtung, einem öffentlichen Verkehrsmittel, Amtsgebäude oder einem anderen besonders gefährdeten Objekt oder in unmittelbarer Nähe hiervon aufhält und Tatsachen die Annahme rechtfertigen, daß in oder an Objekten dieser Art Straftaten begangen werden sollen, durch die in oder an diesen Objekten befindliche Personen oder diese Objekte selbst unmittelbar gefährdet sind,
4. an einer polizeilichen Kontrollstelle, die eingerichtet worden ist,
   a) um Straftaten nach § 100a der Strafprozessordnung (StPO) oder Art. 20 Abs. 1 Nr. 1 und 3, Abs. 2 Nr. 5 bis 7 des Bayerischen Versammlungsgesetzes (BayVersG) zu verhüten, die aufgrund tatsächlicher Anhaltspunkte zu erwarten sind,
   b) um gefahrenträchtige Großereignisse zu schützen, oder
   c) zum Zwecke spezifischer polizeilicher Ermittlungsstrategien der Gefahrenabwehr,
5. im Grenzgebiet bis zu einer Tiefe von 30 km sowie auf Durchgangsstraßen (Bundesautobahnen, Europastraßen und andere Straßen von erheblicher Bedeutung für den grenzüberschreitenden Verkehr) und in öffentlichen Einrichtungen des internationalen Verkehrs zur Verhütung oder Unterbindung des unerlaubten Aufenthalts und zur Bekämpfung der grenzüberschreitenden Kriminalität oder
6. zum Schutz privater Rechte (Art. 2 Abs. 2).

(2) [1]Die Polizei kann zur Feststellung der Identität die erforderlichen Maßnahmen treffen. [2]Sie kann den Betroffenen insbesondere anhalten, ihn nach seinen Personalien befragen und verlangen, daß er

mitgeführte Ausweispapiere zur Prüfung aushändigt und Kleidungsstücke sowie Gegenstände, die eine Identitätsfeststellung verhindern oder erschweren, abnimmt. [3]Der Betroffene kann festgehalten werden, wenn die Identität auf andere Weise nicht oder nur unter erheblichen Schwierigkeiten festgestellt werden kann. [4]Im Fall einer Freiheitsentziehung hat die Polizei unverzüglich eine richterliche Entscheidung nach Art. 97 herbeizuführen. [5]Unter den Voraussetzungen von Satz 3 können der Betroffene sowie die von ihm mitgeführten Sachen durchsucht werden.

(3) Die Polizei kann verlangen, daß ein Berechtigungsschein zur Prüfung ausgehändigt wird, wenn der Betroffene auf Grund einer Rechtsvorschrift verpflichtet ist, diesen Berechtigungsschein mitzuführen.

Artikel 14 Erkennungsdienstliche Maßnahmen

(1) Die Polizei kann erkennungsdienstliche Maßnahmen vornehmen, wenn

1. eine nach Art. 13 zulässige Identitätsfeststellung auf andere Weise nicht oder nur unter erheblichen Schwierigkeiten möglich ist,
2. trotz einer nach Art. 13 getroffenen Maßnahme der Identitätsfeststellung Zweifel über die Person oder die Staatsangehörigkeit bestehen,
3. dies zur vorbeugenden Bekämpfung von Straftaten erforderlich ist, weil der Betroffene verdächtig ist, eine Tat begangen zu haben, die mit Strafe bedroht ist und wegen der Art und Ausführung der Tat die Gefahr der Wiederholung besteht oder
4. dies zur Abwehr einer Gefahr oder einer drohenden Gefahr für ein bedeutendes Rechtsgut erforderlich ist.

(2) Erkennungsdienstliche Maßnahmen sind insbesondere

1. die Abnahme von Finger- und Handflächenabdrucken,
2. die Anfertigung von Lichtbildern,
3. die Feststellung äußerer körperlicher Merkmale,
4. Messungen.

(3) [1]Die Polizei kann dem Betroffenen zudem Körperzellen entnehmen und diese zur Feststellung des DNA-Identifizierungsmusters molekulargenetisch untersuchen, wenn dies zur Abwehr einer Gefahr für ein bedeutendes Rechtsgut erforderlich ist und andere erkennungsdienstliche Maßnahmen nicht hinreichend sind. [2]Die Entnahme von Körperzellen darf nur mit schriftlicher Einwilligung des Betroffenen oder auf Anordnung durch den Richter, die molekulargenetische Untersuchung nur auf Anordnung durch den Richter erfolgen. [3]Die einwilligende Person ist darüber zu belehren, für welchen Zweck die zu erhebenden Daten verwendet werden.

(4) [1]Die Polizei kann zur Feststellung der Identität einer hilflosen Person oder einer Leiche deren DNA-Identifizierungsmuster abgleichen, wenn die Feststellung der Identität auf andere Weise nicht oder nur unter erheblichen Schwierigkeiten möglich ist. [2]Zu diesem Zweck dürfen

1. der hilflosen Person oder Leiche Körperzellen entnommen,
2. Proben von Gegenständen mit Spurenmaterial einer relevanten Vergleichsperson genommen und
3. auf Anordnung durch den Richter die Proben nach den Nrn. 1 und 2 molekulargenetisch untersucht werden.

[3]Die DNA-Identifizierungsmuster können zum Zweck des Abgleichs in einer Datei gespeichert werden.

(5) [1]Ein körperlicher Eingriff darf nur von einem Arzt vorgenommen werden. [2]Die Körperzellen dürfen nur für die molekulargenetische Untersuchung nach Abs. 3 und Abs. 4 verwendet werden. [3]Die molekulargenetische Untersuchung darf sich allein auf das DNA-Identifizierungsmuster, im Falle des Abs. 4 soweit erforderlich auch auf das Geschlecht, erstrecken. [4]Anderweitige Untersuchungen oder anderweitige Feststellungen sind unzulässig. [5]Für die Durchführung der Untersuchungen gilt § 81f Abs. 2 StPO entsprechend.

(6) [1]Die Körperzellen sind unverzüglich, spätestens einen Monat nach der Untersuchung zu vernichten, es sei denn, sie dürfen nach anderen Rechtsvorschriften aufbewahrt werden oder werden benötigt

1. zur Verfolgung von Ordnungswidrigkeiten von erheblicher Bedeutung oder Straftaten,
2. zur Überprüfung der Rechtmäßigkeit der polizeilichen Maßnahme, wenn eine solche Überprüfung zu erwarten steht.

[2]Sind die Voraussetzungen nach den Abs. 1, 3 oder 4 entfallen, sind die erkennungsdienstlichen Unterlagen unverzüglich zu vernichten.

(7) [1]Der Betroffene kann festgehalten werden, wenn eine erkennungsdienstliche Maßnahme nach den Abs. 1 bis 4 auf andere Weise nicht oder nur unter erheblichen Schwierigkeiten durchgeführt werden kann. [2]Im Falle einer Freiheitsentziehung hat die Polizei unverzüglich eine richterliche Entscheidung nach Art. 97 herbeizuführen.

Artikel 15 Vorladung

(1) Die Polizei kann eine Person schriftlich oder mündlich vorladen, wenn

1. Tatsachen die Annahme rechtfertigen, daß die Person sachdienliche Angaben machen kann, die für die Erfüllung einer bestimmten polizeilichen Aufgabe erforderlich sind, oder
2. das zur Durchführung erkennungsdienstlicher Maßnahmen oder einer elektronischen Aufenthaltsüberwachung erforderlich ist.

(2) [1]Bei der Vorladung soll deren Grund angegeben werden. [2]Bei der Festsetzung des Zeitpunkts soll auf den Beruf und die sonstigen Lebensverhältnisse des Betroffenen Rücksicht genommen werden.

(3) [1]Leistet eine betroffene Person der Vorladung ohne hinreichenden Grund keine Folge, so kann sie zwangsweise durchgesetzt werden,

1. wenn die Angaben zur Abwehr einer Gefahr oder einer drohenden Gefahr für Leben, Gesundheit oder Freiheit einer Person erforderlich sind, oder
2. zur Durchführung der in Abs. 1 Nr. 2 genannten Maßnahmen.

[2]Im Fall einer Freiheitsentziehung hat die Polizei unverzüglich eine richterliche Entscheidung nach Art. 97 herbeizuführen.

(4) § 136a StPO gilt entsprechend.

Artikel 16 Platzverweis, Kontaktverbot, Aufenthalts- und Meldeanordnung

(1) [1]Die Polizei kann zur Abwehr

1. einer Gefahr oder
2. einer drohenden Gefahr für ein bedeutendes Rechtsgut

eine Person vorübergehend von einem Ort verweisen oder ihr vorübergehend das Betreten eines Orts verbieten. [2]Der Platzverweis kann ferner gegen Personen angeordnet werden, die den Einsatz der Polizei, der Feuerwehr oder von Hilfs- oder Rettungsdiensten behindern. [3]Unter den in Satz 1 genannten Voraussetzungen kann sie eine Person auch verpflichten, in bestimmten zeitlichen Abständen bei einer Polizeidienststelle persönlich zu erscheinen (Meldeanordnung). [4]Die Anordnung nach Satz 3 darf die Dauer von einem Monat nicht überschreiten und kann um jeweils längstens einen Monat verlängert werden.

(2) [1]Die Polizei kann zur Abwehr einer Gefahr oder einer drohenden Gefahr für ein bedeutendes Rechtsgut einer Person verbieten, ohne polizeiliche Erlaubnis

1. zu bestimmten Personen oder zu Personen einer bestimmten Gruppe Kontakt zu suchen oder aufzunehmen (Kontaktverbot) oder
2. wenn die Begehung von Straftaten droht,
   a) sich an bestimmte Orte oder in ein bestimmtes Gebiet zu begeben (Aufenthaltsverbot) oder
   b) ihren Wohn- oder Aufenthaltsort oder ein bestimmtes Gebiet zu verlassen (Aufenthaltsgebot).

[2]Die Anordnungen nach Satz 1 dürfen die Dauer von drei Monaten nicht überschreiten und können um jeweils längstens drei Monate verlängert werden. [3]Die Vorschriften des Versammlungsrechts bleiben unberührt.

Artikel 17 Gewahrsam

(1) Die Polizei kann eine Person in Gewahrsam nehmen, wenn

1. das zum Schutz der Person gegen eine Gefahr für Leib oder Leben erforderlich ist, insbesondere weil die Person sich erkennbar in einem die freie Willensbestimmung ausschließenden Zustand oder sonst in hilfloser Lage befindet,
2. das unerläßlich ist, um die unmittelbar bevorstehende Begehung oder Fortsetzung einer Ordnungswidrigkeit von erheblicher Bedeutung für die Allgemeinheit oder einer Straftat zu verhindern; die Annahme, daß eine Person eine solche Tat begehen oder zu ihrer Begehung beitragen wird, kann sich insbesondere darauf stützen, daß
   a) die Person die Begehung der Tat angekündigt oder dazu aufgefordert hat oder Transparente oder sonstige Gegenstände mit einer solchen Aufforderung mit sich führt; dies gilt auch für

Flugblätter solchen Inhalts, soweit sie in einer Menge mitgeführt werden, die zur Verteilung geeignet ist,

b) bei der Person Waffen, Werkzeuge oder sonstige Gegenstände aufgefunden werden, die ersichtlich zur Tatbegehung bestimmt sind oder erfahrungsgemäß bei derartigen Taten verwendet werden, oder ihre Begleitperson solche Gegenstände mit sich führt und sie den Umständen nach hiervon Kenntnis haben mußte, oder

c) die Person bereits in der Vergangenheit mehrfach aus vergleichbarem Anlaß bei der Begehung von Ordnungswidrigkeiten von erheblicher Bedeutung für die Allgemeinheit oder Straftaten als Störer betroffen worden ist und nach den Umständen eine Wiederholung dieser Verhaltensweise zu erwarten ist;

3. dies zur Abwehr einer Gefahr für ein bedeutendes Rechtsgut unerlässlich ist,
4. dies unerlässlich ist, um Maßnahmen nach Art. 16 durchzusetzen, oder
5. einer Anordnung nach Art. 34 Abs. 1 Satz 1 nicht Folge geleistet wird.

(2) Die Polizei kann Minderjährige, die sich der Obhut der Sorgeberechtigten entzogen haben oder sich an Orten aufhalten, an denen ihnen eine sittliche Gefahr oder Verwahrlosung droht, in Gewahrsam nehmen, um sie den Sorgeberechtigten oder dem Jugendamt zuzuführen.

(3) Die Polizei kann eine Person, die aus dem Vollzug von Untersuchungshaft, Freiheitsstrafen oder freiheitsentziehenden Maßregeln der Besserung und Sicherung entwichen ist oder sich sonst ohne Erlaubnis außerhalb der Vollzugsanstalt aufhält, in Gewahrsam nehmen und in die Anstalt zurückbringen.

Artikel 18 Richterliche Entscheidung

Wird einer Person aufgrund von Art. 17 die Freiheit entzogen, hat die Polizei unverzüglich eine richterliche Entscheidung nach Art. 97 herbeizuführen.

Artikel 19 Behandlung festgehaltener Personen

(1) [1]Wird eine Person auf Grund von Art. 13 Abs. 2 Satz 3, Art. 14 Abs. 7, Art. 15 Abs. 3 oder Art. 17 festgehalten, ist ihr unverzüglich der Grund bekanntzugeben; sie ist über die ihr zustehenden Rechtsmittel zu belehren. [2]Zu der Belehrung gehört der Hinweis, daß eine etwaige Aussage freiwillig erfolgt.

(2) [1]Der festgehaltenen Person ist unverzüglich Gelegenheit zu geben, einen Angehörigen oder eine Person ihres Vertrauens zu benachrichtigen, soweit dadurch der Zweck der Freiheitsentziehung nicht gefährdet wird. [2]Unberührt bleibt die Benachrichtigungspflicht bei einer richterlichen Freiheitsentziehung. [3]Die Polizei hat die Benachrichtigung zu übernehmen, wenn die festgehaltene Person nicht in der Lage ist, von dem Recht nach Satz 1 Gebrauch zu machen und die Benachrichtigung ihrem mutmaßlichen Willen nicht widerspricht. [4]Ist die festgehaltene Person minderjährig oder ist für sie ein Betreuer mit dem Aufgabenkreis der Personensorge oder der Aufenthaltsbestimmung bestellt, so ist in jedem Fall unverzüglich der Betreuer oder derjenige zu benachrichtigen, dem die Sorge für die Person obliegt.

(3) [1]Die festgehaltene Person soll gesondert, insbesondere ohne ihre Einwilligung nicht in demselben Raum mit Straf- oder Untersuchungsgefangenen untergebracht werden. [2]Männer und Frauen sollen getrennt untergebracht werden. [3]Der festgehaltenen Person dürfen nur solche Beschränkungen auferlegt werden, die der Zweck der Freiheitsentziehung oder die Ordnung im Gewahrsam erfordert. [4]Art. 96 Abs. 1 und 2 des Bayerischen Strafvollzugsgesetzes (BayStVollzG) und hinsichtlich der Verwendung technischer Mittel zudem Art. 33 Abs. 6 gelten entsprechend.

Artikel 20 Dauer der Freiheitsentziehung

(1) Die festgehaltene Person ist zu entlassen,

1. sobald der Grund für die Maßnahme der Polizei weggefallen ist,
2. wenn die Fortdauer der Freiheitsentziehung durch richterliche Entscheidung für unzulässig erklärt wird,
3. in jedem Fall spätestens bis zum Ende des Tages nach dem Ergreifen, wenn nicht vorher die Fortdauer der Freiheitsentziehung durch richterliche Entscheidung angeordnet ist.

(2) [1]In der richterlichen Entscheidung ist die höchstzulässige Dauer der Freiheitsentziehung zu bestimmen. [2]Sie darf jeweils nicht mehr als einen Monat betragen und kann insgesamt nur bis zu einer Gesamtdauer von zwei Monaten verlängert werden.

Artikel 21 Durchsuchung von Personen

(1) Die Polizei kann, außer in den Fällen des Art. 13 Abs. 2 Satz 5 eine Person durchsuchen, wenn

1. Tatsachen die Annahme rechtfertigen, daß sie Sachen mit sich führt, die sichergestellt werden dürfen,
2. sie sich erkennbar in einem die freie Willensbestimmung ausschließenden Zustand oder sonst in hilfloser Lage befindet,
3. eine drohende Gefahr für ein bedeutendes Rechtsgut vorliegt,
4. sie sich an einem der in Art. 13 Abs. 1 Nr. 2 oder 5 genannten Ort aufhält oder
5. sie sich in einem Objekt im Sinn des Art. 13 Abs. 1 Nr. 3 oder in dessen unmittelbarer Nähe aufhält und Tatsachen die Annahme rechtfertigen, daß in oder an Objekten dieser Art Straftaten begangen werden sollen.

(2) Die Polizei kann eine Person, deren Identität nach diesem Gesetz oder anderen Rechtsvorschriften festgestellt werden soll oder die nach diesem Gesetz oder anderen Rechtsvorschriften festgehalten werden kann, nach Waffen, anderen gefährlichen Werkzeugen und Explosionsmitteln durchsuchen, wenn dies nach den Umständen zum Schutz des Polizeibeamten oder eines Dritten gegen eine Gefahr für Leib oder Leben erforderlich ist.

(3) Personen dürfen nur von Personen gleichen Geschlechts oder Ärzten durchsucht werden; dies gilt nicht, wenn die sofortige Durchsuchung zum Schutz gegen eine Gefahr für Leib oder Leben erforderlich ist.

Artikel 22 Durchsuchung von Sachen

(1) Die Polizei kann außer in den Fällen des Art. 13 Abs. 2 Satz 5 eine Sache durchsuchen, wenn

1. sie von einer Person mitgeführt wird, die nach Art. 21 durchsucht werden darf,
2. Tatsachen die Annahme rechtfertigen, daß sich in ihr eine Person befindet, die
   a) in Gewahrsam genommen werden darf,
   b) widerrechtlich festgehalten wird oder
   c) hilflos ist,
3. Tatsachen die Annahme rechtfertigen, daß sich in ihr eine andere Sache befindet, die sichergestellt werden darf,
4. sie sich an einem der in Art. 13 Abs. 1 Nr. 2 oder 5 genannten Ort befindet oder
5. sie sich in einem Objekt im Sinn des Art. 13 Abs. 1 Nr. 3 oder in dessen unmittelbarer Nähe befindet und Tatsachen die Annahme rechtfertigen, daß Straftaten in oder an Objekten dieser Art begangen werden sollen,
6. es sich um eine bewegliche Sache handelt, die sich an einer Kontrollstelle nach Art. 13 Abs. 1 Nr. 4 befindet.

(2) [1]Betrifft die Durchsuchung ein elektronisches Speichermedium, können auch vom Durchsuchungsobjekt räumlich getrennte Speichermedien durchsucht werden, soweit von diesem aus auf sie zugegriffen werden kann. [2]Personenbezogene Daten dürfen darüber hinaus nur dann weiterverarbeitet werden, wenn dies gesetzlich zugelassen ist.

(3) [1]Bei der Durchsuchung vor Ort hat der Inhaber der tatsächlichen Gewalt das Recht, anwesend zu sein. [2]Ist er abwesend, so sollen sein Vertreter oder ein anderer Zeuge hinzugezogen werden.

(4) Dem Inhaber der tatsächlichen Gewalt ist auf Verlangen eine Bescheinigung über die Durchsuchung und ihren Grund zu erteilen.

Artikel 23 Betreten und Durchsuchen von Wohnungen

(1) [1]Die Polizei kann eine Wohnung ohne Einwilligung des Inhabers betreten und durchsuchen, wenn

1. Tatsachen die Annahme rechtfertigen, daß sich in ihr eine Person befindet, die nach Art. 15 Abs. 3 vorgeführt oder nach Art. 17 in Gewahrsam genommen werden darf,
2. Tatsachen die Annahme rechtfertigen, daß sich in ihr eine Sache befindet, die nach Art. 25 Abs. 1 Nr. 1 sichergestellt werden darf, oder
3. das zur Abwehr einer dringenden Gefahr für ein bedeutendes Rechtsgut erforderlich ist.

[2]Die Wohnung umfaßt die Wohn- und Nebenräume, Arbeits-, Betriebs- und Geschäftsräume sowie anderes befriedetes Besitztum.

(2) Während der Nachtzeit (§ 104 Abs. 3 StPO) ist das Betreten und Durchsuchen einer Wohnung in den Fällen des Abs. 1 nur zur Abwehr einer gegenwärtigen Gefahr für ein bedeutendes Rechtsgut zulässig.

(3) Wohnungen dürfen jedoch zur Abwehr dringender Gefahren jederzeit betreten werden, wenn
1. aufgrund tatsächlicher Anhaltspunkte anzunehmen ist, daß dort
   a) Personen Straftaten verabreden, vorbereiten oder verüben,
   b) sich Personen ohne erforderliche Aufenthaltserlaubnis treffen oder
   c) sich Straftäter verbergen, oder
2. sie der Prostitution dienen oder
3. sie als Unterkunft oder dem sonstigen, auch vorübergehenden Aufenthalt von Asylbewerbern und unerlaubt Aufhältigen dient.

(4) Arbeits-, Betriebs- und Geschäftsräume sowie andere Räume und Grundstücke, die der Öffentlichkeit zugänglich sind oder zugänglich waren und den Anwesenden zum weiteren Aufenthalt zur Verfügung stehen, dürfen zum Zweck der Gefahrenabwehr (Art. 2 Abs. 1) während der Arbeits-, Geschäfts- oder Aufenthaltszeit betreten werden.

Artikel 24 Verfahren bei der Durchsuchung von Wohnungen

(1) Durchsuchungen von Wohnungen dürfen, außer bei Gefahr im Verzug, nur durch den Richter angeordnet werden.

(2) [1]Bei der Durchsuchung einer Wohnung hat der Wohnungsinhaber das Recht, anwesend zu sein. [2]Ist er abwesend, so ist, wenn möglich, sein Vertreter, ein erwachsener Angehöriger oder ein nicht beteiligter Zeuge zuzuziehen.

(3) Dem Wohnungsinhaber oder seinem Vertreter ist der Grund der Durchsuchung unverzüglich bekanntzugeben, soweit dadurch der Zweck der Maßnahme nicht gefährdet wird.

(4) [1]Über die Durchsuchung ist eine Niederschrift zu fertigen. [2]Sie muß die verantwortliche Dienststelle, Grund, Zeit und Ort der Durchsuchung und ihr Ergebnis enthalten. [3]Die Niederschrift ist von einem durchsuchenden Beamten und dem Wohnungsinhaber oder der zugezogenen Person zu unterzeichnen. [4]Wird die Unterschrift verweigert, so ist hierüber ein Vermerk aufzunehmen. [5]Dem Wohnungsinhaber oder seinem Vertreter ist auf Verlangen eine Abschrift der Niederschrift auszuhändigen.

(5) Ist die Anfertigung der Niederschrift oder die Aushändigung einer Abschrift nach den besonderen Umständen des Falls nicht möglich oder würde sie den Zweck der Durchsuchung gefährden, so sind dem Betroffenen lediglich die Durchsuchung unter Angabe der verantwortlichen Dienststelle sowie Zeit und Ort der Durchsuchung schriftlich zu bestätigen.

Artikel 25 Sicherstellung

(1) Die Polizei kann eine Sache sicherstellen
1. zur Abwehr
   a) einer gegenwärtigen Gefahr oder
   b) einer Gefahr oder einer drohenden Gefahr für ein bedeutendes Rechtsgut,
2. um den Eigentümer oder den rechtmäßigen Inhaber der tatsächlichen Gewalt vor Verlust oder Beschädigung einer Sache zu schützen, oder
3. wenn sie von einer Person mitgeführt wird, die nach diesem Gesetz oder anderen Rechtsvorschriften festgehalten wird, und diese Person die Sache verwenden kann, um
   a) sich zu töten oder zu verletzen,
   b) Leben oder Gesundheit anderer zu schädigen,
   c) fremde Sachen zu beschädigen oder
   d) sich oder anderen die Flucht zu ermöglichen oder zu erleichtern.

(2) [1]Unter den Voraussetzungen des Abs. 1 kann die Polizei durch Pfändung auch eine Forderung sowie sonstige Vermögensrechte sicherstellen. [2]Die Vorschriften der Zivilprozessordnung (ZPO) über die Zwangsvollstreckung in Forderungen und andere Vermögensrechte sind sinngemäß anzuwenden.

(3) [1]Unter den Voraussetzungen des Abs. 1 kann die Polizei auch Daten sicherstellen und erforderlichenfalls den weiteren Zugriff auf diese ausschließen, wenn andernfalls die Abwehr der Gefahr, der Schutz vor Verlust oder die Verhinderung der Verwendung aussichtslos oder wesentlich erschwert wäre. [2]Art. 22 Abs. 2 Satz 1 sowie Art. 48 Abs. 5 bis 7 und Art. 49 Abs. 4 gelten entsprechend. [3]Daten, die nach diesen Vorschriften nicht weiterverarbeitet werden dürfen, sind zu löschen, soweit es sich

nicht um Daten handelt, die zusammen mit dem Datenträger sichergestellt wurden, auf dem sie gespeichert sind; Löschungen sind zu dokumentieren. 4Die Bestimmungen in den Art. 26, 27 Abs. 4 und Art. 28 Abs. 2 hinsichtlich Verwahrung, Benachrichtigung, Vernichtung und Herausgabe gelten unter Berücksichtigung der unkörperlichen Natur von Daten sinngemäß.

Artikel 26 Verwahrung sichergestellter Sachen

(1) 1Sichergestellte Sachen sind in Verwahrung zu nehmen. 2Läßt die Beschaffenheit der Sachen das nicht zu oder erscheint die Verwahrung bei der Polizei unzweckmäßig, sind die Sachen auf andere geeignete Weise aufzubewahren oder zu sichern. 3In diesem Fall kann die Verwahrung auch einem Dritten übertragen werden.

(2) 1Dem Betroffenen ist eine Bescheinigung auszustellen, die den Grund der Sicherstellung erkennen läßt und die sichergestellten Sachen bezeichnet. 2Kann nach den Umständen des Falls eine Bescheinigung nicht ausgestellt werden, so ist über die Sicherstellung eine Niederschrift aufzunehmen, die auch erkennen läßt, warum eine Bescheinigung nicht ausgestellt worden ist. 3Der Eigentümer oder der rechtmäßige Inhaber der tatsächlichen Gewalt ist unverzüglich zu unterrichten.

(3) 1Wird eine sichergestellte Sache verwahrt, so hat die Polizei nach Möglichkeit Wertminderungen vorzubeugen. 2Das gilt nicht, wenn die Sache durch den Dritten auf Verlangen eines Berechtigten verwahrt wird.

(4) Die verwahrten Sachen sind zu verzeichnen und so zu kennzeichnen, daß Verwechslungen vermieden werden.

Artikel 27 Verwertung und Vernichtung sichergestellter Sachen

(1) Die Verwertung einer sichergestellten Sache ist zulässig, wenn

1. ihr Verderb oder eine wesentliche Wertminderung droht,
2. ihre Verwahrung, Pflege oder Erhaltung mit unverhältnismäßig hohen Kosten oder Schwierigkeiten verbunden ist,
3. sie infolge ihrer Beschaffenheit nicht so verwahrt werden kann, daß weitere Gefahren für die öffentliche Sicherheit oder Ordnung ausgeschlossen sind,
4. sie nach einer Frist von einem Jahr nicht an einen Berechtigten herausgegeben werden kann, ohne daß die Voraussetzungen der Sicherstellung erneut eintreten würden, oder
5. der Berechtigte sie nicht innerhalb einer ausreichend bemessenen Frist abholt, obwohl ihm eine Mitteilung über die Frist mit dem Hinweis zugestellt worden ist, daß die Sache verwertet wird, wenn sie nicht innerhalb der Frist abgeholt wird.

(2) 1Der Betroffene, der Eigentümer und andere Personen, denen ein Recht an der Sache zusteht, sollen vor der Verwertung gehört werden. 2Die Anordnung sowie Zeit und Ort der Verwertung sind ihnen mitzuteilen, soweit die Umstände und der Zweck der Maßnahme es erlauben.

(3) 1Die Sache wird durch öffentliche Versteigerung verwertet; § 979 Abs. 1 bis 1b BGB gilt entsprechend. 2Bleibt die Versteigerung erfolglos, erscheint sie von vornherein aussichtslos oder würden die Kosten der Versteigerung voraussichtlich den zu erwartenden Erlös übersteigen, so kann die Sache freihändig verkauft werden. 3Der Erlös tritt an die Stelle der verwerteten Sache. 4Läßt sich innerhalb angemessener Frist kein Käufer finden, so kann die Sache einem gemeinnützigen Zweck zugeführt werden. 5Bei der Verwertung von Datenträgern ist sicherzustellen, dass zuvor personenbezogene Daten dem Stand der Technik entsprechend gelöscht wurden.

(4) 1Sichergestellte Sachen können unbrauchbar gemacht oder vernichtet werden, wenn

1. im Fall einer Verwertung die Gründe, die zu ihrer Sicherstellung berechtigten, fortbestehen oder Sicherstellungsgründe erneut entstehen würden, oder
2. die Verwertung aus anderen Gründen nicht möglich ist.

2Abs. 2 gilt sinngemäß.

Artikel 28 Beendigung der Sicherstellung, Kosten

(1) Die Sicherstellung ist zu beenden, sobald ihre Voraussetzungen entfallen sind.

(2) 1Sachen sind an denjenigen herauszugeben, bei dem sie sichergestellt wurden. 2Ist das nicht möglich, können sie an jeden herausgegeben werden, der eine Berechtigung an der Sache glaubhaft macht. 3Die Herausgabe ist ausgeschlossen, wenn dadurch erneut die Voraussetzungen für eine Sicherstellung eintreten würden.

(3) [1]Die Sicherstellung im Sinn des Art. 25 Abs. 2 darf nicht länger als ein Jahr aufrechterhalten werden. [2]Kann das Vermögensrecht nicht freigegeben werden, ohne dass die Voraussetzungen der Sicherstellung erneut eintreten, kann die Sicherstellung mit gerichtlicher Zustimmung um jeweils ein weiteres Jahr verlängert werden.
(4) [1]Sind sichergestellte Sachen verwertet worden, ist der Erlös herauszugeben. [2]Ist ein Berechtigter nicht vorhanden oder nicht zu ermitteln, ist der Erlös nach den Vorschriften des BGB zu hinterlegen. [3]Der Anspruch des Berechtigten auf Herausgabe des Erlöses erlischt drei Jahre nach Ablauf des Jahres, in dem die Sache verwertet worden ist.
(5) [1]Für die Sicherstellung, Verwertung und für Maßnahmen nach Art. 27 Abs. 4 werden Kosten erhoben. [2]Die Kosten und die Benutzungsgebühren für die Verwahrung haben die nach Art. 7 oder 8 Verantwortlichen zu tragen. [3]Die Herausgabe der Sache kann von der Zahlung der geschuldeten Beträge abhängig gemacht werden; ist eine Sache verwertet worden, so können die geschuldeten Beträge aus dem Erlös gedeckt werden. [4]Im übrigen gilt das Kostengesetz.
(6) § 983 BGB bleibt unberührt.

Artikel 29 Durchführung von Verkehrskontrollen auf oberirdischen Gewässern

[1]Die Polizei kann auf oberirdischen Gewässern mit Ausnahme des Bodensees und der Bundeswasserstraßen zur Durchführung von Verkehrskontrollen einschließlich der Kontrolle der Verkehrstüchtigkeit und zur Überwachung der Einhaltung der Vorschriften der Bayerischen Schifffahrtsverordnung (BaySchiffV) die in § 2 BaySchiffV genannten Fahrzeuge und Geräte anhalten. [2]Die Polizei kann die Fahrzeuge und Geräte sowie deren Bestandteile und ihre Betriebs- und Geschäftsräume betreten und Prüfungen der Einhaltung schifffahrtsrechtlicher Vorschriften vornehmen. [3]Die Befugnisse aus Satz 2 erstrecken sich auch auf die dem Betrieb, der Herstellung und der Wartung der Fahrzeuge und Geräte dienenden Anlagen und Einrichtungen. [4]Außerhalb der Betriebs- und Geschäftszeiten und hinsichtlich der Räume, die zugleich Wohnzwecken dienen, dürfen diese Befugnisse nur zur Verhütung dringender Gefahren für die öffentliche Sicherheit und Ordnung ausgeübt werden. [5]Die gemäß den Art. 23 und 24 im Zusammenhang mit Durchsuchungen bestehenden Befugnisse bleiben im Übrigen unberührt.

III. Abschnitt
Datenverarbeitung

1. Unterabschnitt
Datenerhebung

Artikel 30 Allgemeine Grundsätze

(1) Vorbehaltlich abweichender Regelung gelten die Vorschriften dieses Abschnitts für alle Datenverarbeitungen der Polizei nach diesem Gesetz, unabhängig davon, ob diese in Akten, Dateien oder anderer Form erfolgen.
(2) [1]Die Verarbeitung besonderer Kategorien personenbezogener Daten ist zulässig,
1. soweit andernfalls die Erfüllung polizeilicher Aufgaben, insbesondere die Verhütung oder Unterbindung von Straftaten, gefährdet oder wesentlich erschwert ist,
2. zur Abwehr von
   a) Gefahren oder
   b) drohenden Gefahren für ein bedeutendes Rechtsgut,
3. wenn der Betroffene der Datenverarbeitung schriftlich zugestimmt hat und die Daten nur für den Zweck verarbeitet werden, zu dem die Zustimmung erteilt wurde; vor Erteilung der Zustimmung ist der Betroffene über den Zweck der Verarbeitung sowie darüber aufzuklären, dass er die Zustimmung verweigern sowie jederzeit widerrufen kann,
4. wenn der Betroffene sie bereits offensichtlich öffentlich gemacht hat oder
5. wenn dies zu Zwecken der Eigensicherung erforderlich ist.

[2]Solche Daten sollen besonders gekennzeichnet und der Zugriff darauf besonders ausgestaltet werden, wenn und soweit dies der Schutz des Betroffenen erfordert.
(3) Soweit möglich soll erkennbar werden, ob Daten auf Tatsachen oder persönlichen Einschätzungen beruhen.

(4) Bei einer Datenverarbeitung im Zusammenhang mit einer begangenen oder drohenden Straftat soll nach Möglichkeit unterschieden werden, ob die Daten

1. Verdächtige,
2. Verurteilte,
3. Opfer oder
4. andere Personen

betreffen.

Artikel 31 Grundsätze der Datenerhebung

(1) Die Polizei darf personenbezogene Daten nur erheben, soweit dies durch Rechtsvorschrift zugelassen ist.

(2) [1]Personenbezogene Daten sind grundsätzlich bei dem Betroffenen zu erheben. [2]Sie können auch bei Behörden, sonstigen öffentlichen Stellen oder bei Dritten erhoben werden, wenn die Datenerhebung beim Betroffenen nicht oder nur mit unverhältnismäßig hohem Aufwand möglich ist oder die Erfüllung der polizeilichen Aufgaben gefährden würde.

(3) [1]Personenbezogene Daten sind von der Polizei grundsätzlich offen zu erheben. [2]Die Polizei informiert in allgemeiner und jedermann zugänglicher Form über

1. die Zwecke, zu denen personenbezogene Daten verarbeitet werden,
2. den Namen und die Kontaktdaten der erhebenden Stelle und des behördlichen Datenschutzbeauftragten,
3. das Recht, sich an den Landesbeauftragten für den Datenschutz (Landesbeauftragter) zu wenden sowie dessen Kontaktdaten und
4. die Rechte auf Auskunft, Berichtigung, Löschung und Einschränkung der Verarbeitung personenbezogener Daten.

[3]Die Polizei informiert auf Verlangen darüber hinaus in geeigneter Weise über die Rechtsgrundlage der Datenerhebung sowie eine im Einzelfall bestehende gesetzliche Auskunftspflicht oder die Freiwilligkeit der Auskunft.

(4) [1]Eine Datenerhebung, die nicht als polizeiliche Maßnahme erkennbar sein soll, ist zulässig, wenn

1. die Erfüllung polizeilicher Aufgaben auf andere Weise gefährdet oder wesentlich erschwert würde oder
2. anzunehmen ist, dass dies überwiegenden Interessen oder Belangen des Betroffenen oder Dritter dient.

[2]Die Information nach Abs. 3 Satz 3 kann in diesen Fällen zunächst unterbleiben. [3]Sind die Voraussetzungen für eine Datenerhebung im Sinn des Satzes 1 entfallen, ist der Betroffene zu benachrichtigen und sind unterbliebene Informationen unverzüglich zu erteilen. [4]Dies kann in den Fällen des Satzes 1 auch auf Dauer unterbleiben, wenn es sich nur um einen kurzfristigen Eingriff handelt, an den sich keine Folgemaßnahmen anschließen. [5]Die Benachrichtigung hat zumindest die Angaben nach Abs. 3 Satz 2, die Rechtsgrundlage der Datenerhebung und gegebenenfalls der weiteren Verarbeitung, Informationen über die mutmaßliche Dauer der Datenspeicherung oder, falls diese Angabe nicht möglich ist, Kriterien hierfür sowie gegebenenfalls über die Kategorien der Empfänger der Daten zu enthalten. [6]Bezieht sich die Benachrichtigung auf die Herkunft personenbezogener Daten von oder deren Übermittlung an Verfassungsschutzbehörden des Bundes oder der Länder, den Bundesnachrichtendienst oder den Militärischen Abschirmdienst, ist sie nur nach Zustimmung dieser Stellen zulässig.

(5) Die Vorschriften des 2. Unterabschnitts über besondere Befugnisse und Maßnahmen der Datenerhebung bleiben unberührt.

Artikel 32 Datenerhebung

(1) Die Polizei kann personenbezogene Daten über die in Art. 7, 8 und 10 genannten Personen und über andere Personen erheben, wenn dies erforderlich ist

1. zur Gefahrenabwehr (Art. 2 Abs. 1), insbesondere
   a) zur vorbeugenden Bekämpfung von Straftaten sowie
   b) zu Zwecken des Personenschutzes, soweit sich die diesbezügliche Gefahrenabwehr auf ein bedeutendes Rechtsgut bezieht,
2. zum Schutz privater Rechte (Art. 2 Abs. 2),

3. zur Vollzugshilfe (Art. 2 Abs. 3) oder
4. zur Erfüllung ihr durch andere Rechtsvorschriften übertragener Aufgaben (Art. 2 Abs. 4)

und die Art. 11 bis 65 die Befugnisse der Polizei nicht besonders regeln.

(2) Die Polizei kann ferner über

1. Verantwortliche für Anlagen oder Einrichtungen, von denen eine erhebliche Gefahr ausgehen kann,
2. Verantwortliche für gefährdete Anlagen oder Einrichtungen,
3. Verantwortliche für Veranstaltungen in der Öffentlichkeit,
4. Personen, deren besondere Kenntnisse und Fähigkeiten zur Gefahrenabwehr benötigt werden,

Namen, Vornamen, akademische Grade, Anschriften, Telefonnummern und andere Informationen über die Erreichbarkeit sowie nähere Angaben über die Zugehörigkeit zu einer der genannten Personengruppen erheben, soweit dies zur Vorbereitung für die Hilfeleistung in Gefahrenfällen erforderlich ist.

Artikel 32a Molekulargenetische Untersuchung bei Spurenmaterial unbekannter Herkunft

(1) [1]Die Polizei kann auf Anordnung durch den Richter personenbezogene Daten durch molekulargenetische Untersuchung aufgefundenen Spurenmaterials unbekannter Herkunft erheben, wenn dies zur Gefahrenabwehr (Art. 2 Abs. 1) erforderlich ist. [2]Die molekulargenetische Untersuchung darf nur zum Zwecke der Feststellung des DNA-Identifizierungsmusters, des Geschlechts, der Augen-, Haar- und Hautfarbe und des biologischen Alters des Spurenverursachers durchgeführt werden. [3]Andere Feststellungen als die in Satz 2 genannten dürfen nicht getroffen werden. [4]Hierauf gerichtete Untersuchungen sind unzulässig. [5]Für die Durchführung der Untersuchung gilt Art. 14 Abs. 5 Satz 5 entsprechend.

(2) [1]Die DNA-Identifizierungsmuster können in einer Datei gespeichert werden. [2]Die DNA-Identifizierungsmuster sind unverzüglich zu löschen, wenn der Zweck der Maßnahme nach Abs. 1 erreicht ist und soweit sie nicht nach anderen Rechtsvorschriften aufbewahrt werden dürfen. [3]Art. 63 Abs. 2 und 3 gilt entsprechend.

2. Unterabschnitt

Besondere Befugnisse und Maßnahmen der Datenerhebung

Artikel 33 Offener Einsatz technischer Mittel

(1) Die Polizei kann bei oder im Zusammenhang mit öffentlichen Veranstaltungen oder Ansammlungen personenbezogene Daten offen

1. auch durch den Einsatz technischer Mittel zur Anfertigung von Bild- und Tonaufnahmen oder -aufzeichnungen über die für eine Gefahr Verantwortlichen erheben, wenn tatsächliche Anhaltspunkte die Annahme rechtfertigen, dass dabei Ordnungswidrigkeiten von erheblicher Bedeutung oder Straftaten begangen werden, oder
2. mittels
   a) Bildaufnahmen oder Übersichtsaufnahmen oder
   b) Übersichtsaufzeichnungen

   erheben, wenn dies wegen der Größe oder Unübersichtlichkeit der Örtlichkeit erforderlich ist; die gezielte Feststellung der Identität einer auf der Übersichtsaufzeichnung abgebildeten Person ist nur unter den Voraussetzungen der Nr. 1 zulässig.

(2) Die Polizei kann

1. zur Abwehr
   a) einer Gefahr oder
   b) einer drohenden Gefahr für ein bedeutendes Rechtsgut,
2. an den in Art. 13 Abs. 1 Nr. 2 genannten Orten, wenn sie öffentlich zugänglich sind, oder
3. an Orten, bei denen tatsächliche Anhaltspunkte die Annahme rechtfertigen, dass dort Ordnungswidrigkeiten von erheblicher Bedeutung oder Straftaten begangen werden, wenn diese Orte öffentlich zugänglich sind,

offen Bild- und Tonaufnahmen oder -aufzeichnungen von Personen anfertigen.

(3) Die Polizei kann an oder in den in Art. 13 Abs. 1 Nr. 3 genannten Objekten offen Bild- und Tonaufnahmen oder -aufzeichnungen von Personen anfertigen, soweit tatsächliche Anhaltspunkte die An-

nahme rechtfertigen, daß an oder in Objekten dieser Art Straftaten begangen werden sollen, durch die Personen, diese Objekte oder andere darin befindliche Sachen gefährdet sind.

(4) [1]Die Polizei kann bei Maßnahmen der Gefahrenabwehr an öffentlich zugänglichen Orten Personen offen mittels automatisierter Bild- und Tonaufzeichnung, insbesondere auch mit körpernah getragenen Aufnahmegeräten, kurzfristig technisch erfassen, wenn dies zum Schutz von Polizeibeamten oder Dritten erforderlich ist. [2]Verarbeitungsfähige Aufzeichnungen dürfen gefertigt werden, wenn dies nach den Umständen zum Schutz von Polizeibeamten oder eines Dritten vor Gefahren für ein bedeutendes Rechtsgut erforderlich ist. [3]In Wohnungen dürfen Maßnahmen nach diesem Absatz nur zur Abwehr einer dringenden Gefahr für Leben, Gesundheit oder Freiheit einer Person erfolgen, sofern damit nicht die Überwachung der Wohnung verbunden ist. [4]Der Einsatz von körpernah getragenen Aufzeichnungsgeräten in Wohnungen soll gegenüber den Betroffenen in geeigneter Weise dokumentiert werden. [5]Eine Verwertung der nach Satz 3 erlangten Erkenntnisse ist zum Zweck der Gefahrenabwehr nur zulässig, wenn zuvor die Rechtmäßigkeit der Maßnahme richterlich festgestellt wurde. [6]In Wohnungen darf zudem keine kurzfristige technische Erfassung ohne unverzügliche Fertigung verarbeitungsfähiger Aufzeichnungen erfolgen. [7]Es ist sicherzustellen, dass im Falle einer kurzfristigen technischen Erfassung im Sinn von Satz 1, an die sich keine unverzügliche Fertigung verarbeitungsfähiger Aufzeichnungen anschließt, die betroffenen personenbezogenen Daten unverzüglich gelöscht werden.

(5) Bei Maßnahmen nach den Abs. 1 bis 3 dürfen Systeme zur automatischen Erkennung und Auswertung von Mustern bezogen auf Gegenstände einschließlich der automatischen Systemsteuerung zu diesem Zweck verwendet werden, soweit dies die jeweilige Gefahrenlage auf Grund entsprechender Erkenntnisse erfordert.

(6) [1]Die Polizei weist bei Maßnahmen nach den Abs. 1 bis 4 in geeigneter Weise auf die Bild- und Tonaufnahmen und -aufzeichnungen hin, soweit diese nicht offenkundig sind oder Gefahr im Verzug besteht. [2]Auf die Verwendung von Systemen im Sinn von Abs. 5 ist dabei gesondert hinzuweisen.

(7) Maßnahmen nach den Abs. 1 bis 5 dürfen auch dann durchgeführt werden, wenn Dritte unvermeidlich betroffen werden.

(8) [1]Bild- und Tonaufzeichnungen sowie daraus gefertigte Unterlagen sind spätestens zwei Monate nach der Datenerhebung zu löschen oder zu vernichten, soweit diese nicht benötigt werden

1. zur Verfolgung von Ordnungswidrigkeiten von erheblicher Bedeutung oder Straftaten, oder
2. zur Überprüfung der Rechtmäßigkeit der polizeilichen Maßnahme, wenn eine solche Überprüfung zu erwarten steht.

[2]Die Löschung ist zu dokumentieren.

(9) Für Bild- und Tonaufnahmen oder -aufzeichnungen durch die Polizei bei oder im Zusammenhang mit öffentlichen Versammlungen und Aufzügen gilt Art. 9 BayVersG.

(10) [1]Soweit die Polizei bei Vorliegen der in Abs. 1 oder Abs. 2 genannten Voraussetzungen befugt wäre, an oder in den in Art. 13 Abs. 1 Nr. 3 genannten Objekten eigene Bildaufnahmen und -aufzeichnungen offen anzufertigen, sind die Betreiber der dort installierten Bildaufnahme- und -aufzeichnungsgeräte verpflichtet, die gefertigten Bildaufnahmen und -aufzeichnungen auf Verlangen an die Polizei zu übermitteln, sofern eine Übermittlung nicht nach anderen Vorschriften zu unterbleiben hat. [2]Die Verpflichtung aus Satz 1 kann auch erfüllt werden, indem die Betreiber der Polizei auf deren Verlangen gestatten, die an diesen Örtlichkeiten installierten Bildaufnahme- und -aufzeichnungsgeräte zur offenen Anfertigung eigener Bildaufnahmen oder -aufzeichnungen zu nutzen. [3]Die Zulässigkeit von Datenübermittlungen aufgrund anderweitiger Rechtsgrundlagen wird hiervon nicht berührt. [4]Eine flächendeckende Überwachung im Gemeindegebiet ist unzulässig. [5]Eine bereits laufende polizeiliche Datenerhebung ist unverzüglich und solange erforderlich zu unterbrechen oder zu beenden, sofern die Voraussetzungen für eine Maßnahme nach den Sätzen 1 und 2 nicht mehr vorliegen. [6]Die Betreiber sollen vor der Inanspruchnahme über ihre Rechte und Pflichten aufgrund dieses Gesetzes und des Bayerischen Datenschutzgesetzes informiert werden. [7]Die Abs. 6 bis 8 gelten entsprechend, wobei sich die Fristen aus Abs. 8 nach dem Zeitpunkt der ursprünglichen Datenerhebung durch die Betreiber richten. [8]Art. 53 Abs. 3 gilt entsprechend für die durch die Betreiber gemäß Satz 1 übermittelten Bildaufzeichnungen. [9]Die Polizei erstattet den Betreibern auf Antrag die notwendigen Kosten für die Erfüllung der Verpflichtung nach den Sätzen 1 und 2.

Artikel 34 Elektronische Aufenthaltsüberwachung

(1) [1]Zur Abwehr einer Gefahr oder einer drohenden Gefahr für ein bedeutendes Rechtsgut kann durch den Richter gegenüber der dafür verantwortlichen Person angeordnet werden, die für eine elektronische Überwachung ihres Aufenthaltsorts erforderlichen technischen Mittel ständig in betriebsbereitem Zustand bei sich zu führen und deren Funktionsfähigkeit nicht zu beeinträchtigen. [2]Eine Anordnung kann insbesondere mit Maßnahmen nach Art. 16 Abs. 1 Satz 3 oder Art. 16 Abs. 2 verbunden werden. [3]Die Maßnahme ist zu beenden, sobald der Grund hierfür entfallen ist.

(2) [1]Die Polizei darf mit Hilfe der von der verantwortlichen Person mitgeführten technischen Mittel automatisiert Daten über deren Aufenthaltsort sowie über etwaige Beeinträchtigungen der Datenerhebung erheben und speichern. [2]Soweit es technisch möglich ist, ist sicherzustellen, dass innerhalb von Wohnungen keine über den Umstand der Anwesenheit der verantwortlichen Person hinausgehende Aufenthaltsdaten erhoben werden.

(3) Soweit dies zur Erfüllung des Überwachungszwecks erforderlich ist, dürfen die erhobenen Daten auf Anordnung durch den Richter zu einem Bewegungsbild verbunden werden.

(4) [1]In der schriftlichen Anordnung sind Adressat und Art sowie einzelfallabhängig Umfang und Dauer der Maßnahme zu bestimmen und die wesentlichen Gründe anzugeben. [2]Die Maßnahme ist auf höchstens drei Monate zu befristen und kann um jeweils längstens drei Monate verlängert werden.

(5) [1]Die nach Abs. 1 erhobenen Daten sind spätestens zwei Monate nach Beendigung der Maßnahme zu löschen, soweit sie nicht zulässigerweise für andere Zwecke verarbeitet werden. [2]Bei jedem Abruf sind der Zeitpunkt, die abgerufenen Daten, der Bearbeiter und der Grund des Abrufs samt Geschäftszeichen zu protokollieren.

Artikel 34a–34e ***[nicht mehr belegt]***

Artikel 35 Postsicherstellung

(1) [1]Die Polizei kann auf Anordnung durch den Richter ohne Wissen des Betroffenen Postsendungen sicherstellen, wenn sich diese im Gewahrsam von Personen oder Unternehmen befinden, die geschäftsmäßig Post- oder Telekommunikationsdienste erbringen oder daran mitwirken (Postdienstleister), und von einer Person versandt wurden oder an eine Person gerichtet sind,

1. die für eine Gefahr oder eine drohende Gefahr für ein in Art. 11a Abs. 2 Nr. 1, 2 oder Nr. 4 genanntes bedeutendes Rechtsgut verantwortlich ist, oder
2. bei der bestimmte Tatsachen die Annahme rechtfertigen, dass sie für eine Person nach Nr. 1 bestimmte oder von dieser herrührende Postsendungen entgegennimmt oder weitergibt und sie daher in Zusammenhang mit der Gefahrenlage steht, ohne diesbezüglich das Recht zur Verweigerung des Zeugnisses nach den §§ 53, 53a StPO zu haben,

sofern die Abwehr der Gefahr auf andere Weise aussichtslos oder wesentlich erschwert wäre. [2]Postdienstleister haben die Sicherstellung zu ermöglichen und unter den Voraussetzungen des Satzes 1 der Polizei auf Verlangen Auskünfte über derzeit oder ehemals in ihrem Gewahrsam befindliche oder angekündigte Postsendungen zu erteilen.

(2) [1]In der schriftlichen Anordnung sind einzelfallabhängig anzugeben:

1. der Adressat der Maßnahme, möglichst mit Namen und Anschrift,
2. die Dauer,
3. eine möglichst genaue Bezeichnung des Auskunftsverlangens und der der Sicherstellung unterliegenden Postsendungen sowie
4. die wesentlichen Gründe.

[2]Die Maßnahme ist auf höchstens drei Monate zu befristen und kann um jeweils längstens drei Monate verlängert werden.

(3) [1]Die Öffnung der ausgelieferten Postsendungen steht dem Gericht zu. [2]In Eilfällen kann es diese Befugnis auf die Polizei übertragen. [3]Bestehen Zweifel hinsichtlich der Verwertbarkeit der erlangten Erkenntnisse, hat die Entscheidung hierüber im Benehmen mit der in Art. 41 Abs. 5 Satz 1 genannten Stelle zu erfolgen.

(4) [1]Ist eine Übertragung nach Abs. 3 Satz 2 nicht erfolgt, legt die Polizei die ihr ausgelieferten Postsendungen unverzüglich ohne vorherige inhaltliche Kenntnisnahme und ungeöffnet dem Gericht vor. [2]Dieses entscheidet unverzüglich über die Öffnung.

(5) Postsendungen sind unverzüglich an den vorgesehenen Empfänger weiterzuleiten, soweit
1. ihre Öffnung nicht angeordnet wurde oder
2. nach der Öffnung die Zurückbehaltung zur Gefahrenabwehr nicht mehr erforderlich ist.

Artikel 36 Besondere Mittel der Datenerhebung

(1) Besondere Mittel der Datenerhebung sind
1. die planmäßig angelegte Beobachtung einer Person, die durchgehend länger als 24 Stunden oder an mehr als zwei Tagen durchgeführt werden soll (längerfristige Observation),
2. der verdeckte Einsatz technischer Mittel
   a) zum Abhören oder zur Aufzeichnung des außerhalb von Wohnungen nichtöffentlich gesprochenen Wortes,
   b) zur Feststellung des Standortes oder der Bewegungen einer Person oder einer beweglichen Sache, mit dem Ziel der Erstellung eines Bewegungsbildes,
   c) zur Feststellung des Standortes oder der Bewegung einer Person oder einer beweglichen Sache, ohne dass ein Bewegungsbild erstellt werden soll,
   d) zur Anfertigung von Bildaufzeichnungen außerhalb von Wohnungen, auch unter Verwendung von Systemen zur automatischen Erkennung und Auswertung von Mustern im Sinn von Art. 33 Abs. 5 und zum automatischen Datenabgleich,
   e) zur Anfertigung von Bildaufnahmen außerhalb von Wohnungen, auch unter Verwendung von Systemen zur automatischen Erkennung und Auswertung von Mustern im Sinn von Art. 33 Abs. 5 und zum automatischen Datenabgleich.

(2) [1]Die Polizei kann zur Abwehr einer Gefahr oder einer drohenden Gefahr für ein bedeutendes Rechtsgut personenbezogene Daten mit den besonderen Mitteln nach Abs. 1 erheben über
1. die hierfür Verantwortlichen,
2. Kontakt- und Begleitpersonen, wenn bestimmte Anhaltspunkte die Annahme rechtfertigen, dass sie mit der Gefahrenlage in Zusammenhang stehen oder
3. unter den Voraussetzungen des Art. 10 über die dort genannten Personen,

wenn andernfalls die Erfüllung polizeilicher Aufgaben gefährdet oder wesentlich erschwert würde. [2]Datenerhebungen dürfen auch durchgeführt werden, wenn Dritte unvermeidbar betroffen werden.

(3) Maßnahmen unter Einsatz besonderer Mittel der Datenerhebung nach Abs. 1 Nr. 1 und 2 Buchst. a und b dürfen nur durch den Richter angeordnet werden.

(4) [1]Abgesehen von der Anfertigung von einzelnen Lichtbildern dürfen Maßnahmen unter Einsatz besonderer Mittel der Datenerhebung nach Abs. 1 Nr. 2 Buchst. c und d nur durch den Leiter des Landeskriminalamtes oder eines Präsidiums der Landespolizei angeordnet werden. [2]Diese Anordnungsbefugnis kann auf Polizeivollzugsbeamte, die die Ausbildungsqualifizierung für die Ämter ab der vierten Qualifikationsebene absolviert haben, oder Beamte mit der Befähigung zum Richteramt, die in Ämter ab der vierten Qualifikationsebene, fachlicher Schwerpunkt Polizeivollzugsdienst gewechselt sind, übertragen werden.

(5) [1]Maßnahmen nach Abs. 1 Nr. 2 können auch zum Schutz der bei einem polizeilichen Einsatz tätigen Personen (Personenschutzmaßnahme) erfolgen. [2]Soweit sie ausschließlich zum Schutz der bei einem polizeilichen Einsatz tätigen Personen erfolgen, werden sie abweichend von den Abs. 3 und 4 durch den Leiter des Landeskriminalamtes oder eines Präsidiums der Landespolizei oder durch einen vom Leiter des Landeskriminalamtes oder eines Präsidiums der Landespolizei bestellten Beauftragten der Behörde oder den verantwortlichen Einsatzleiter angeordnet.

(6) [1]In den Fällen des Abs. 1 Nr. 2 Buchst. b und c gelten Art. 34 Abs. 2 Satz 2 sowie Art. 49 Abs. 3 entsprechend, soweit die Maßnahme nicht ausschließlich als Personenschutzmaßnahme erfolgt. [2]Im Fall des Abs. 1 Nr. 2 Buchst. b gilt Art. 34 Abs. 3 entsprechend.

(7) [1]In der schriftlichen Anordnung von Maßnahmen nach Abs. 3 bis 5 sind Adressat und Art sowie einzelfallabhängig Umfang und Dauer der Maßnahme zu bestimmen und die wesentlichen Gründe anzugeben. [2]Die jeweilige Maßnahme ist auf höchstens drei Monate zu befristen und kann um jeweils längstens drei Monate verlängert werden.

Artikel 37 Einsatz Verdeckter Ermittler

(1) [1]Die Polizei kann personenbezogene Daten unter den Voraussetzungen und nach Maßgabe des Art. 36 Abs. 2 Satz 1 durch den Einsatz von Polizeibeamten unter einer Legende (Verdeckte Ermittler) erheben. [2]Derartige Datenerhebungen dürfen auch erfolgen, wenn Dritte unvermeidbar betroffen sind.

(2) [1]Richtet sich der Einsatz eines Verdeckten Ermittlers gegen eine bestimmte Person oder soll eine nicht allgemein zugängliche Wohnung betreten werden, dürfen die Maßnahmen nur durch den Richter angeordnet werden. [2]Art. 36 Abs. 7 Satz 1 gilt entsprechend. [3]Die Anordnung ist auf höchstens sechs Monate zu befristen und kann um jeweils längstens sechs Monate verlängert werden.

(3) [1]In anderen als den in Abs. 2 Satz 1 genannten Fällen dürfen die Maßnahmen nur durch die in Art. 36 Abs. 4 Satz 1 und 2 genannten Personen angeordnet werden. [2]Art. 36 Abs. 7 Satz 1 gilt entsprechend. [3]Die Anordnung ist auf höchstens sechs Monate zu befristen und kann um jeweils längstens sechs Monate verlängert werden.

(4) [1]Soweit es für den Aufbau und die Aufrechterhaltung der Legende erforderlich ist, dürfen entsprechende Urkunden hergestellt, verändert oder gebraucht werden. [2]Ein Verdeckter Ermittler darf mit Einverständnis des Berechtigten unter der Legende dessen Wohnung betreten. [3]Er darf zur Erfüllung seines Auftrages unter der Legende am Rechtsverkehr teilnehmen. [4]Die Sätze 1 und 3 gelten entsprechend für

1. das Auftreten und Handlungen eines Verdeckten Ermittlers in elektronischen Medien und Kommunikationseinrichtungen sowie
2. die polizeilichen Führungspersonen eines Verdeckten Ermittlers, soweit dies zur Vorbereitung, Durchführung, Lenkung oder Absicherung von dessen Einsatz erforderlich ist.

[5]Im Übrigen richten sich die Befugnisse eines Verdeckten Ermittlers nach den sonstigen Bestimmungen dieses Gesetzes und der StPO.

Artikel 38 Einsatz von Vertrauenspersonen

(1) [1]Die Polizei kann personenbezogene Daten unter den Voraussetzungen und nach Maßgabe des Art. 36 Abs. 2 Satz 1 durch den Einsatz von Privatpersonen erheben, deren Zusammenarbeit mit der Polizei Dritten nicht bekannt ist (Vertrauenspersonen), wenn dies im Einzelfall zur Gefahrenabwehr erforderlich ist. [2]Ein solcher Einsatz liegt nicht vor, soweit sich eine, auch wiederkehrende, polizeiliche Datenerhebung auf die Erlangung von bei dieser Person bereits vorhandenen und von dieser angebotenen Daten beschränkt. [3]Datenerhebungen nach Satz 1 dürfen auch erfolgen, wenn Dritte unvermeidbar betroffen werden.

(2) [1]Richtet sich der Einsatz einer Vertrauensperson gegen eine bestimmte Person oder soll eine nicht allgemein zugängliche Wohnung betreten werden, dürfen die Maßnahmen nur durch den Richter angeordnet werden. [2]Die Art. 36 Abs. 7 Satz 1 und Art. 37 Abs. 2 Satz 3 gelten entsprechend. [3]Die Anordnung kann insbesondere auch nähere Maßgaben zur Führung der Vertrauensperson enthalten.

(3) [1]In anderen als den in Abs. 2 Satz 1 genannten Fällen dürfen die Maßnahmen nur durch die in Art. 36 Abs. 4 Satz 1 und 2 genannten Personen angeordnet werden. [2]Die Art. 36 Abs. 7 Satz 1 und Art. 37 Abs. 3 Satz 3 gelten entsprechend.

(4) Vertrauenspersonen dürfen insbesondere nicht eingesetzt werden, um

1. in einer Person, die nicht zur Begehung von Straftaten bereit ist, den Entschluss zu wecken, solche zu begehen,
2. eine Person zur Begehung einer über ihre erkennbare Bereitschaft hinausgehenden Straftat zu bestimmen oder
3. Daten mit Mitteln oder Methoden zu erheben, die die Polizei nicht einsetzen dürfte.

(5) Als Vertrauensperson darf nicht eingesetzt werden, wer

1. nicht voll geschäftsfähig, insbesondere minderjährig ist,
2. an einem Aussteigerprogramm teilnimmt,
3. Mitglied des Europäischen Parlaments, des Deutschen Bundestages, eines Landesparlaments oder diesbezüglicher Mitarbeiter eines solchen Mitglieds ist oder
4. im Bundeszentralregister mit einer Verurteilung als Täter eines Totschlags (§§ 212, 213 des Strafgesetzbuchs – StGB) oder einer allein mit lebenslanger Haft bedrohten Straftat eingetragen ist.

(6) [1]Eine Vertrauensperson ist fortlaufend auf ihre Zuverlässigkeit zu überprüfen. [2]Die von der Vertrauensperson bei einem Einsatz gewonnenen Informationen sind unverzüglich auf ihren Wahrheits-

gehalt zu prüfen. [3]Ergeben sich begründete Zweifel an der Zuverlässigkeit, ist der Einsatz nicht durchzuführen oder zu beenden. [4]Bei der Prüfung der Zuverlässigkeit ist insbesondere zu berücksichtigen, ob die einzusetzende Vertrauensperson

1. von den Geld- und Sachzuwendungen für die Tätigkeit auf Dauer als überwiegende Lebensgrundlage abhängen würde oder
2. im Bundeszentralregister mit einer Verurteilung wegen eines Verbrechens oder zu einer Freiheitsstrafe, deren Vollstreckung nicht zur Bewährung ausgesetzt wurde, eingetragen ist.

(7) Art. 37 Abs. 4 Satz 1 und 3 findet auf die polizeilichen Führungspersonen einer Vertrauensperson Anwendung, soweit dies zur Vorbereitung, Durchführung, Lenkung oder Absicherung ihres Einsatzes erforderlich ist.

Artikel 39 Automatisierte Kennzeichenerkennungssysteme

(1) [1]Die Polizei kann durch den verdeckten Einsatz automatisierter Kennzeichenerkennungssysteme bei Vorliegen entsprechender Lageerkenntnisse in den Fällen des Art. 13 Abs. 1 Nr. 1 bis 5 Kennzeichen von Kraftfahrzeugen sowie Ort, Datum, Uhrzeit und Fahrtrichtung erfassen. [2]Das gilt im Fall des Art. 13 Abs. 1 Nr. 1 Buchst. a jedoch nur bei einer Gefahr für ein bedeutendes Rechtsgut und im Fall des Art. 13 Abs. 1 Nr. 5 bei Durchgangsstraßen nur, soweit Europastraßen oder Bundesfernstraßen betroffen sind. [3]Zulässig ist der Abgleich der Kennzeichen mit polizeilichen Fahndungsbeständen, die erstellt wurden

1. über Kraftfahrzeuge oder Kennzeichen,
   a) die durch Straftaten oder sonst abhandengekommen sind oder
   b) hinsichtlich derer auf Grund tatsächlicher Anhaltspunkte anzunehmen ist, dass sie bei der Begehung von Straftaten benutzt werden,
2. über Personen, die ausgeschrieben sind
   a) zur polizeilichen Beobachtung, gezielten Kontrolle oder verdeckten Registrierung,
   b) aus Gründen der Strafverfolgung, Strafvollstreckung, Auslieferung oder Überstellung,
   c) zum Zweck der Durchführung ausländerrechtlicher Maßnahmen,
   d) wegen gegen sie veranlasster polizeilicher Maßnahmen der Gefahrenabwehr.

[4]Ein Abgleich mit polizeilichen Dateien, die zur Abwehr von im Einzelfall oder im Hinblick auf bestimmte Ereignisse allgemein bestehenden Gefahren errichtet wurden, ist nur zulässig, wenn dies zur Abwehr einer solchen Gefahr erforderlich ist und diese Gefahr Anlass für die Kennzeichenerfassung war. [5]Die Kennzeichenerfassung darf nicht flächendeckend eingesetzt werden.

(2) [1]Maßnahmen nach Abs. 1 dürfen nur von den in Art. 36 Abs. 4 Satz 1 und 2 genannten Personen angeordnet werden. [2]In der schriftlichen Anordnung sind Adressat und Art, einzelfallabhängig Umfang und Dauer der Maßnahme sowie die Auswahl der Fahndungsbestände oder Dateien zu bestimmen und die wesentlichen Gründe einschließlich der zugrundeliegenden Lageerkenntnisse anzugeben.

(3) [1]Die nach Abs. 1 erfassten Kennzeichen sind nach Durchführung des Datenabgleichs unverzüglich zu löschen, soweit nicht ein Kennzeichen in den abgeglichenen Fahndungsbeständen oder Dateien enthalten ist. [2]Außer in den Fällen des Abs. 1 Satz 3 Nr. 2 Buchst. a dürfen Einzelerfassungen nicht zu einem Bewegungsbild verbunden werden. [3]Abgleiche nach Abs. 1 dürfen nicht protokolliert werden.

Artikel 40 Ausschreibung zur polizeilichen Beobachtung

(1) Unbeschadet der Möglichkeiten zur Ausschreibung nach dem Recht der Europäischen Union kann die Polizei personenbezogene Daten, insbesondere die Personalien einer Person sowie Kennzeichen eines von ihr benutzten Fahrzeugs, zur polizeilichen Beobachtung oder gezielten Kontrolle ausschreiben, wenn

1. die Gesamtwürdigung der Person einschließlich ihrer bisher begangenen Straftaten erwarten lässt, dass von ihr auch künftig eine Gefahr für bedeutende Rechtsgüter ausgeht,
2. sie für eine drohende Gefahr für bedeutende Rechtsgüter verantwortlich ist oder
3. tatsächliche Anhaltspunkte die Annahme rechtfertigen, dass es sich um eine mutmaßlich mit der Gefahrenlage im Zusammenhang stehende Kontaktperson einer Person nach Nr. 1 oder Nr. 2 handelt.

(2) [1]Im Fall eines Antreffens der Personen im Sinn des Abs. 1 Nr. 1 bis 3 oder des Fahrzeugs können Erkenntnisse über das Antreffen sowie über mutmaßlich in Zusammenhang mit der Gefahrenlage stehende Begleitpersonen, Fahrzeugführer und mitgeführte Sachen an die ausschreibende Polizeidienst-

stelle übermittelt werden. [2]Ist die Ausschreibung zur gezielten Kontrolle erfolgt, gilt dies insbesondere auch für die aus Maßnahmen nach den Art. 13, 21 und 22 gewonnenen Erkenntnisse.

(3) [1]Die Ausschreibung zur polizeilichen Beobachtung oder gezielten Kontrolle darf nur durch die in Art. 36 Abs. 4 Satz 1 und 2 genannten Personen angeordnet werden. [2]Art. 36 Abs. 7 Satz 1 gilt entsprechend. [3]Die Maßnahme ist auf höchstens ein Jahr zu befristen und kann um jeweils längstens ein Jahr verlängert werden.

(4) Liegen die Voraussetzungen für die Anordnung nicht mehr vor, ist der Zweck der Maßnahme erreicht oder zeigt sich, dass er nicht erreicht werden kann, ist die Ausschreibung zur polizeilichen Beobachtung oder gezielten Kontrolle unverzüglich zu löschen.

Artikel 41 Einsatz technischer Mittel in Wohnungen

(1) [1]Die Polizei kann auf Anordnung durch den Richter durch den verdeckten Einsatz technischer Mittel in oder aus Wohnungen (Art. 23 Abs. 1 Satz 2) personenbezogene Daten über die für eine Gefahr Verantwortlichen erheben, wenn dies erforderlich ist zur Abwehr einer dringenden Gefahr für ein in Art. 11a Abs. 2 Nr. 1, 2 oder Nr. 4 genanntes bedeutendes Rechtsgut. [2]Eine Maßnahme nach Satz 1 ist nur zulässig, wenn und soweit die dort genannten Gefahren nicht anders abgewehrt werden können und

1. falls zu privaten Wohnzwecken genutzte Räumlichkeiten betroffen sind, in denen sich die Person, gegen die sich die Maßnahme richtet, allein oder ausschließlich mit engsten Familienangehörigen, mit in gleicher Weise Vertrauten oder mit Berufsgeheimnisträgern nach den §§ 53, 53a StPO aufhält,
   a) tatsächliche Anhaltspunkte die Annahme rechtfertigen, dass Gespräche geführt werden, die einen unmittelbaren Bezug zu den in Satz 1 genannten Gefahren haben, ohne dass über ihren Inhalt das Zeugnis nach den §§ 53, 53a StPO verweigert werden könnte, oder
   b) die Maßnahme sich auch gegen die Familienangehörigen, Vertrauten oder Berufsgeheimnisträger richtet, oder
2. falls sich die Maßnahme gegen einen Berufsgeheimnisträger nach den §§ 53, 53a StPO selbst richtet und die zu seiner Berufsausübung bestimmten Räumlichkeiten betroffen sind, die Voraussetzungen der Nr. 1 Buchst. a vorliegen.

[3]Die Daten können erhoben werden, indem das nichtöffentlich gesprochene Wort abgehört oder aufgezeichnet oder Bildaufnahmen oder -aufzeichnungen, auch unter Verwendung von Systemen zur automatischen Steuerung, angefertigt werden. [4]Wort- und bildbezogene Maßnahmen dürfen nur dann gemeinsam erfolgen, wenn die Abwehr der Gefahr auf andere Weise aussichtslos oder wesentlich erschwert wäre.

(2) [1]In den Fällen des Abs. 1 Satz 2 Nr. 1 und 2 ist eine nur automatische Aufzeichnung nicht zulässig. [2]Soweit begründete Zweifel bestehen, ob ein Fall des Art. 49 Abs. 2 Satz 1 vorliegt, oder wenn auf Grund tatsächlicher Anhaltspunkte anzunehmen ist, dass Gespräche geführt werden, die einen unmittelbaren Bezug zu den in Abs. 1 Satz 1 genannten Gefahren haben, darf eine Maßnahme nach Abs. 1 Satz 1 in Form einer ausschließlich automatischen Aufzeichnung fortgeführt werden.

(3) [1]Die Maßnahme darf nur in den Wohnungen des Adressaten durchgeführt werden. [2]In Wohnungen anderer Personen ist die Maßnahme zulässig, wenn es nicht Wohnungen von Berufsgeheimnisträgern nach §§ 53, 53a StPO sind und auf Grund bestimmter Tatsachen anzunehmen ist, dass

1. der in der Anordnung bezeichnete Adressat sich dort aufhält,
2. die Maßnahme in Wohnungen des Adressaten allein zur Abwehr der Gefahr oder der Straftat nicht möglich oder nicht ausreichend ist und
3. Informationen gewonnen werden können, die für die Abwehr der Gefahr von Bedeutung sind.

[3]Die Maßnahme darf auch durchgeführt werden, wenn Dritte unvermeidbar betroffen sind.

(4) [1]In der schriftlichen Anordnung nach Abs. 1 Satz 1 sind Adressat, Art, Umfang und Dauer der Maßnahme zu bestimmen und die wesentlichen Gründe anzugeben. [2]Unter den Voraussetzungen des Abs. 1 darf die Anordnung auch zum verdeckten Betreten und Durchsuchen der Wohnung des Betroffenen ermächtigen, soweit dies zur Durchführung einer Maßnahme nach Abs. 1 erforderlich ist. [3]Die Maßnahme ist einzelfallabhängig auf höchstens einen Monat zu befristen und kann um jeweils längstens einen Monat verlängert werden.

(5) [1]Personenbezogene Daten, die durch Maßnahmen nach Abs. 1 erlangt wurden, dürfen nur verarbeitet werden, soweit die hierfür eingerichtete unabhängige Stelle oder, soweit dieses angerufen wurde,

das zuständige Gericht sie freigegeben hat. 2Zur Herbeiführung ihrer Entscheidung sind der unabhängigen Stelle die erhobenen Daten vollständig vorzulegen, in den Fällen des Abs. 2 Satz 2 möglichst bereits ohne vorhergehende inhaltliche Kenntnisnahme. 3Die unabhängige Stelle gibt die Daten für die Weiterverarbeitung durch die Polizei frei, soweit sie nicht dem Kernbereich privater Lebensgestaltung zuzurechnen sind. 4Nicht freigegebene Daten löscht die unabhängige Stelle, sobald die Frist für einen Antrag auf gerichtliche Überprüfung der von ihr getroffenen Entscheidung abgelaufen ist, ohne dass ein entsprechender Antrag gestellt wurde, oder das zuständige Gericht die Löschung angeordnet hat. 5Löschungen sind zu dokumentieren. 6Bei Gefahr im Verzug kann die Entscheidung nach Satz 1 auch durch die in Art. 36 Abs. 4 Satz 1 und 2 genannten Personen getroffen werden. 7Für die nachträgliche Kontrolle der Entscheidung durch die unabhängige Stelle gilt Art. 95 Abs. 5 sinngemäß.

(6) 1Erfolgt die Anordnung eines verdeckten Einsatzes technischer Mittel in Wohnungen ausschließlich als Personenschutzmaßnahme, gilt Art. 36 Abs. 5 Satz 2 entsprechend. 2Außer in Fällen der Gefahr im Verzug ist eine anderweitige Verwendung der hierbei erlangten Erkenntnisse zu Zwecken der Gefahrenabwehr oder der Strafverfolgung erst zulässig, wenn zuvor die Rechtsmäßigkeit der Maßnahme richterlich festgestellt ist. 3Aufzeichnungen aus einem solchen Einsatz sind unverzüglich nach Beendigung des Einsatzes zu löschen, soweit sie nicht zur Strafverfolgung oder Gefahrenabwehr benötigt werden.

Artikel 42 Eingriffe in den Telekommunikationsbereich

(1) 1Die Polizei kann auf Anordnung durch den Richter durch die Überwachung und Aufzeichnung der Telekommunikation personenbezogene Daten erheben

1. über die für eine Gefahr oder eine drohende Gefahr Verantwortlichen, soweit dies zur Abwehr einer Gefahr oder einer drohenden Gefahr für ein in Art. 11a Abs. 2 Nr. 1, 2 oder Nr. 4 genanntes bedeutendes Rechtsgut erforderlich ist, oder
2. über Personen, soweit bestimmte Tatsachen die Annahme rechtfertigen, dass
   a) sie für Personen nach Nr. 1 bestimmte oder von diesen herrührende Mitteilungen entgegennehmen oder weitergeben, ohne insoweit das Recht zur Verweigerung des Zeugnisses nach den §§ 53, 53a StPO zu haben, oder
   b) die unter Nr. 1 genannten Personen deren Kommunikationssysteme benutzen werden und sie daher mutmaßlich in Zusammenhang mit der Gefahrenlage stehen.

2Die Maßnahme darf dabei auch auf Kommunikationssysteme erstreckt werden, die räumlich von den durch die Betroffenen genutzten Kommunikationssystemen getrennt sind, soweit sie im Rahmen des Telekommunikationsvorgangs verwendet werden. 3Datenerhebungen nach den Sätzen 1 und 2 dürfen nur durchgeführt werden, wenn die Erfüllung einer polizeilichen Aufgabe auf andere Weise aussichtslos oder wesentlich erschwert wäre.

(2) 1Die Überwachung und Aufzeichnung der Telekommunikation darf auf Anordnung durch den Richter unter den Voraussetzungen des Abs. 1 ohne Wissen der Betroffenen in der Weise erfolgen, dass mit technischen Mitteln verdeckt auf informationstechnische Systeme zugegriffen wird, wenn

1. durch technische Maßnahmen sichergestellt ist, dass ausschließlich laufende Telekommunikation überwacht und aufgezeichnet wird, und
2. der Zugriff auf das informationstechnische System notwendig ist, um die Überwachung und Aufzeichnung der Telekommunikation insbesondere auch in unverschlüsselter Form zu ermöglichen.

2Dabei dürfen, soweit zu Zwecken des Satzes 1 unerlässlich, auch visualisierte Darstellungen der Telekommunikation ausgeleitet und erhoben werden. 3Durch technische Maßnahmen ist sicherzustellen, dass

1. an dem informationstechnischen System nur Veränderungen vorgenommen werden, die für die Datenerhebung unerlässlich sind, und
2. die vorgenommenen Veränderungen bei Beendigung der Maßnahme soweit technisch möglich automatisiert rückgängig gemacht werden.

4Das eingesetzte Mittel ist nach dem Stand der Technik gegen unbefugte Nutzung zu schützen. 5Art. 45 bleibt unberührt.

(3) 1Die Polizei kann auf Anordnung durch den Richter unter den Voraussetzungen des Abs. 1 auch technische Mittel einsetzen, um

1. zur Vorbereitung einer Maßnahme nach Abs. 1 spezifische Kennungen, insbesondere die Geräte- und Kartennummer von Mobilfunkendgeräten, sowie
2. den Standort eines Mobilfunkendgerätes zu ermitteln.

[2]Personenbezogene Daten Dritter dürfen dabei nur erhoben werden, wenn dies aus technischen Gründen unvermeidbar ist. [3]Nach Beendigung der Maßnahme sind diese unverzüglich zu löschen. [4]Die Löschung ist zu dokumentieren.

(4) [1]Die Polizei kann auf Anordnung durch den Richter bei Gefahr oder drohender Gefahr für ein in Art. 11a Abs. 2 Nr. 2 genanntes bedeutendes Rechtsgut hinsichtlich des Betroffenen
1. durch die Überwachung und Aufzeichnung der Telekommunikation personenbezogene Daten erheben oder
2. technische Mittel einsetzen, um den Standort eines von ihm mitgeführten Mobilfunkendgerätes zu ermitteln.

[2]Soweit die Maßnahme nach Satz 1 ausschließlich dazu dient, den Aufenthaltsort einer dort genannten Person zu ermitteln, darf sie durch die in Art. 36 Abs. 5 Satz 2 genannten Personen angeordnet werden. [3]Weitergehende Maßnahmen nach Art. 43 Abs. 1 und 2 bleiben unberührt.

(5) [1]Die Polizei kann auf Anordnung durch den Richter zur Abwehr einer Gefahr für ein in Art. 11a Abs. 2 Nr. 1, 2 oder Nr. 4 genanntes bedeutendes Rechtsgut unter den übrigen Voraussetzungen des Abs. 1 Kommunikationsverbindungen durch den Einsatz technischer Mittel unterbrechen oder verhindern oder die Verfügungsgewalt darüber in anderer geeigneter Weise entziehen. [2]Kommunikationsverbindungen Dritter dürfen nur unterbrochen oder verhindert werden, wenn eine gegenwärtige Gefahr für Leib, Leben oder Freiheit einer Person durch andere Mittel nicht abgewehrt werden kann. [3]Unter den Voraussetzungen des Satzes 2 darf auf Anordnung durch den Richter auch der Zugang der in Abs. 1 genannten Personen zu Rundfunk und Fernsehen sowie zu vergleichbaren Medien vorübergehend unterbrochen werden, auch wenn Dritte hiervon unvermeidlich mitbetroffen werden.

(6) Für personenbezogene Daten, die durch Maßnahmen nach Abs. 1 im Wege einer automatischen Aufzeichnung ohne zeitgleiche Prüfung, ob der Kernbereich privater Lebensgestaltung berührt ist, erlangt wurden, gilt Art. 41 Abs. 5 entsprechend.

Artikel 43 Mitwirkungspflichten der Diensteanbieter

(1) Ist eine Datenerhebung nach Art. 42 Abs. 1, auch mit Mitteln des Art. 42 Abs. 2, oder Art. 42 Abs. 4 Satz 1 Nr. 1 angeordnet, hat jeder, der ganz oder teilweise geschäftsmäßig Telekommunikationsdienste erbringt oder daran mitwirkt (Telekommunikationsdiensteanbieter), nach Maßgabe der Regelungen des Telekommunikationsgesetzes (TKG), des Telekommunikation-Digitale-Dienste-Datenschutz-Gesetzes (TDDDG) und der darauf beruhenden Rechtsverordnungen zur technischen und organisatorischen Umsetzung von Überwachungsmaßnahmen in der jeweils geltenden Fassung der Polizei die Überwachung und Aufzeichnung der Telekommunikation zu ermöglichen.

(2) [1]Unter den Voraussetzungen des Art. 42 Abs. 1 Satz 1 oder Abs. 4 Satz 1 kann die Polizei auf Anordnung durch den Richter von Telekommunikationsdiensteanbietern verlangen,
1. ihr vorhandene Telekommunikationsverkehrsdaten der in Art. 42 Abs. 1 Satz 1 und Abs. 4 Satz 1 genannten Personen zu übermitteln,
2. Auskunft über deren zukünftige Telekommunikationsverkehrsdaten zu erteilen oder
3. ihr die für die Ermittlung des Standortes eines Mobilfunkendgerätes dieser Personen erforderlichen spezifischen Kennungen, insbesondere die Geräte und Kartennummer mitzuteilen.

[2]Art. 42 Abs. 4 Satz 2 gilt entsprechend. [3]Soweit es zur Abwehr einer dringenden Gefahr für den Bestand des Bundes oder eines Landes oder für Leib, Leben oder Freiheit einer Person erforderlich ist, kann die Polizei von Telekommunikationsdiensteanbietern auch die Übermittlung der nach § 176 TKG gespeicherten Daten zu den in Art. 42 Abs. 1 Satz 1 und Abs. 4 Satz 1 genannten Personen verlangen. [4]Die Übermittlung von Daten über Telekommunikationsverbindungen, die zu diesen Personen hergestellt worden sind, darf nur angeordnet werden, wenn die Erforschung des Sachverhalts oder die Ermittlung ihres Aufenthaltsorts auf andere Weise aussichtslos oder wesentlich erschwert wäre.

(3) Telekommunikationsverkehrsdaten sind nach Maßgabe des § 3 Nr. 70 TKG und des § 9 Abs. 1 TDDDG alle nicht inhaltsbezogenen Daten, die bei der Erbringung eines Telekommunikationsdienstes auch unabhängig von einer konkreten Telekommunikationsverbindung technisch verarbeitet werden, einschließlich der nach § 176 TKG gespeicherten Daten, insbesondere

1. Berechtigungskennung, Kartennummer, Standortkennung sowie Rufnummer oder Kennung des anrufenden und angerufenen Anschlusses oder der Endeinrichtung,
2. Beginn und Ende der Verbindung nach Datum und Uhrzeit,
3. vom Kunden in Anspruch genommene Telekommunikationsdienstleistung,
4. Endpunkte fest geschalteter Verbindungen, ihr Beginn und Ende nach Datum und Uhrzeit.

(4) [1]Die Polizei kann auf Anordnung durch den Richter von denjenigen, die geschäftsmäßig digitale Dienste nach § 1 Abs. 4 Nr. 1 des Digitale-Dienste-Gesetzes erbringen, daran mitwirken oder den Zugang zur Nutzung daran vermitteln (Anbieter von digitalen Diensten), gemäß § 24 TDDDG Auskunft über dort gespeicherte Nutzungsdaten im Sinn des § 2 Abs. 2 Nr. 3 TDDDG verlangen, soweit dies erforderlich ist

1. zur Abwehr einer Gefahr für die öffentliche Sicherheit, wobei die Auskunft auf Daten nach § 2 Abs. 2 Nr. 3 Buchst. a TDDDG beschränkt ist,
2. zur Abwehr einer Gefahr für
   a) Leib, Leben oder Freiheit einer Person,
   b) die sexuelle Selbstbestimmung, soweit sie durch Straftatbestände geschützt ist, die im Mindestmaß mit wenigstens drei Monaten Freiheitsstrafe bedroht sind,
   c) den Bestand oder die Sicherheit des Bundes oder eines Landes,
   d) Güter der Allgemeinheit, deren Bedrohung die Grundlagen der Existenz der Menschen berührt, oder
   e) Kulturgüter von mindestens überregionalem Rang,
3. zur Abwehr einer drohenden Gefahr
   a) im Sinn des Art. 11a Abs. 1 Nr. 1 für eines der in Nr. 2 Buchst. a bis d genannten Rechtsgüter,
   b) im Sinn des Art. 11a Abs. 1 Nr. 2 für eines der in Nr. 2 Buchst. a bis e genannten Rechtsgüter,
4. zur Verhütung einer Straftat von erheblicher Bedeutung, sofern Tatsachen die Annahme rechtfertigen, dass eine Person innerhalb eines übersehbaren Zeitraums auf eine ihrer Art nach konkretisierte Weise als Täter oder Teilnehmer an der Begehung einer Tat beteiligt ist, oder
5. zur Verhütung einer schweren Straftat nach § 100a Abs. 2 StPO, sofern das individuelle Verhalten einer Person die konkrete Wahrscheinlichkeit begründet, dass die Person innerhalb eines übersehbaren Zeitraums die Tat begehen wird.

[2]Das Auskunftsverlangen kann auch auf künftige Nutzungsdaten erstreckt werden. [3]Art. 42 Abs. 4 Satz 2 gilt entsprechend.

(5) [1]Die Polizei kann von Telekommunikationsdiensteanbietern oder Anbietern von digitalen Diensten (Diensteanbieter) verlangen, dass diese ihr gemäß § 174 Abs. 1 Satz 1 und 2 TKG oder § 22 Abs. 1 Satz 1 TDDDG Auskunft über als Bestandsdaten im Sinn von § 3 Nr. 6 TKG, § 172 TKG oder § 2 Abs. 2 Nr. 2 TDDDG erhobene Daten erteilen, soweit dies erforderlich ist

1. zur Abwehr einer Gefahr für die öffentliche Sicherheit,
2. zur Abwehr einer drohenden Gefahr im Sinn des Art. 11a Abs. 1 Nr. 1 für
   a) Leib, Leben oder Freiheit einer Person,
   b) die sexuelle Selbstbestimmung, soweit sie durch Straftatbestände geschützt ist, die im Mindestmaß mit wenigstens drei Monaten Freiheitsstrafe bedroht sind,
   c) den Bestand oder die Sicherheit des Bundes oder eines Landes oder
   d) Güter der Allgemeinheit, deren Bedrohung die Grundlagen der Existenz der Menschen berührt,
3. zur Abwehr einer drohenden Gefahr im Sinn des Art. 11a Abs. 1 Nr. 2 für eines der in Nr. 2 Buchst. a bis d genannten Rechtsgüter oder für Kulturgüter von mindestens überregionalem Rang,
4. zur Verhütung einer Straftat von erheblicher Bedeutung, sofern Tatsachen die Annahme rechtfertigen, dass eine Person innerhalb eines übersehbaren Zeitraums auf eine ihrer Art nach konkretisierte Weise als Täter oder Teilnehmer an der Begehung einer Tat beteiligt ist, oder
5. zur Verhütung einer schweren Straftat nach § 100a Abs. 2 StPO, sofern das individuelle Verhalten einer Person die konkrete Wahrscheinlichkeit begründet, dass die Person innerhalb eines übersehbaren Zeitraums die Tat begehen wird.

[2]Bezieht sich das Auskunftsverlangen nach Satz 1 auf Daten nach § 174 Abs. 1 Satz 2 TKG, darf die Auskunft nur verlangt werden, wenn im Einzelfall die gesetzlichen Voraussetzungen für die Nutzung der Daten vorliegen. [3]Das Vorliegen der Voraussetzungen nach Satz 2 ist aktenkundig zu machen.

[4]Bezieht sich das Auskunftsverlangen nach Satz 1 auf Daten gemäß § 23 Abs. 1 Satz 1 TDDDG, darf die Auskunft nur verlangt werden, soweit dies zur Abwehr einer Gefahr für eines der in Satz 1 Nr. 2 Buchst. a bis d genannten Rechtsgüter erforderlich ist und wenn im Einzelfall die gesetzlichen Voraussetzungen für die Nutzung der Daten vorliegen. [5]Im Fall des Satzes 2 oder 4 bedarf das Auskunftsverlangen der Anordnung durch den Richter. [6]Satz 5 gilt bei einem Auskunftsverlangen nach Satz 2 nicht, wenn der Betroffene von dem Auskunftsverlangen bereits Kenntnis hat, haben muss oder die Nutzung der Daten bereits durch eine gerichtliche Entscheidung gestattet wird. [7]Das Vorliegen der Voraussetzungen nach Satz 6 ist aktenkundig zu machen.

(6) [1]Die Auskunft nach Abs. 5 darf auch anhand einer zu einem bestimmten Zeitpunkt zugewiesenen Internetprotokoll-Adresse gemäß § 174 Abs. 1 Satz 3, § 177 Abs. 1 Nr. 3 TKG oder § 22 Abs. 1 Satz 3 TDDDG verlangt werden, soweit dies erforderlich ist

1. zur Abwehr einer Gefahr für
   a) Leib, Leben oder Freiheit einer Person,
   b) die sexuelle Selbstbestimmung, soweit sie durch Straftatbestände geschützt ist, die im Mindestmaß mit wenigstens drei Monaten Freiheitsstrafe bedroht sind,
   c) den Bestand oder die Sicherheit des Bundes oder eines Landes,
   d) Güter der Allgemeinheit, deren Bedrohung die Grundlagen der Existenz der Menschen berührt, oder
   e) Kulturgüter von mindestens überregionalem Rang,
2. zur Abwehr einer drohenden Gefahr für eines der in Nr. 1 Buchst. a bis d genannten Rechtsgüter,
3. zur Verhütung einer schweren Straftat nach § 100a Abs. 2 StPO, sofern Tatsachen die Annahme rechtfertigen, dass eine Person innerhalb eines übersehbaren Zeitraums auf eine ihrer Art nach konkretisierte Weise als Täter oder Teilnehmer an der Begehung einer Tat beteiligt ist, oder
4. zur Verhütung einer schweren Straftat nach § 100a Abs. 2 StPO, sofern das individuelle Verhalten einer Person die konkrete Wahrscheinlichkeit begründet, dass die Person innerhalb eines übersehbaren Zeitraums die Tat begehen wird.

[2]Diese Auskunft darf im Fall des § 22 Abs. 1 Satz 3 TDDDG darüber hinaus, soweit dies erforderlich ist, auch zur Abwehr einer drohenden Gefahr im Sinn von Art. 11a Abs. 1 Nr. 2 für Kulturgüter von mindestens überregionalem Rang verlangt werden. [3]Im Fall des § 22 Abs. 1 Satz 3 TDDDG darf die Auskunft jedoch nur verlangt werden, wenn tatsächliche Anhaltspunkte dafür vorliegen, dass die betroffene Person Nutzer des digitalen Dienstes ist, bei dem die Daten erhoben werden sollen. [4]Die Rechtsgrundlage und das Vorliegen der Voraussetzungen des Auskunftsverlangens sind aktenkundig zu machen.

(7) Die nach den Abs. 2 und 4 bis 6 verlangten Daten sind der Polizei unverzüglich und unter Berücksichtigung sämtlicher unternehmensinternen Datenquellen vollständig zu übermitteln.

(8) Für die Entschädigung der Diensteanbieter im Rahmen ihrer Verpflichtungen nach diesem Artikel ist § 23 des Justizvergütungs- und -entschädigungsgesetzes (JVEG) entsprechend anzuwenden, soweit nicht eine Entschädigung nach spezielleren Vorschriften zu gewähren ist.

Artikel 44 Besondere Verfahrensregelungen für Maßnahmen nach den Art. 42 und 43

(1) [1]Anordnungen nach den Art. 42 und 43 Abs. 2, 4 und 5 sind schriftlich zu erlassen. [2]Die Anordnung muss, soweit möglich, Namen und Anschrift des Betroffenen, gegen den sich die Maßnahme richtet, sowie die Rufnummer oder eine andere Kennung des Telekommunikationsanschlusses oder des Endgerätes, bei Maßnahmen mit Mitteln des Art. 42 Abs. 2 auch eine möglichst genaue Bezeichnung des informationstechnischen Systems, auf das zugegriffen werden soll, enthalten. [3]Es genügt eine räumlich und zeitlich hinreichende Bezeichnung der Telekommunikation, sofern andernfalls die Erreichung des Zwecks der Maßnahme aussichtslos oder wesentlich erschwert wäre. [4]In der Anordnung sind Art, Umfang und Dauer der Maßnahme zu bestimmen. [5]Unter den Voraussetzungen für eine Maßnahme nach Art. 42 darf die Anordnung auch zur nicht offenen Durchsuchung von Sachen sowie zum verdeckten Betreten und Durchsuchen der Wohnung des Betroffenen ermächtigen, soweit dies zur Durchführung der jeweiligen Maßnahme nach Art. 42 erforderlich ist.

(2) [1]Die Anordnung ist einzelfallabhängig wie folgt zu befristen:

1. im Fall des Art. 42 Abs. 5 Satz 1 auf höchstens zwei Wochen,
2. in den Fällen des Art. 42 Abs. 5 Satz 2 und 3 auf höchstens drei Tage,
3. in allen anderen Fällen auf höchstens drei Monate.

[2]In der Anordnung sind Adressat, Art, Umfang und Dauer der Maßnahme zu bestimmen und die wesentlichen Gründe anzugeben. [3]Eine Verlängerung um jeweils längstens den in Satz 1 genannten Zeitraum ist möglich, soweit die Voraussetzungen fortbestehen.

Artikel 45 Verdeckter Zugriff auf informationstechnische Systeme

(1) [1]Die Polizei kann auf Anordnung durch den Richter mit technischen Mitteln verdeckt auf informationstechnische Systeme zugreifen, um Zugangsdaten und gespeicherte Daten zu erheben,

1. von den für eine Gefahr oder drohende Gefahr Verantwortlichen, soweit dies erforderlich ist zur Abwehr einer Gefahr oder einer drohenden Gefahr für ein in Art. 11a Abs. 2 Nr. 1 oder Nr. 2 genanntes bedeutendes Rechtsgut oder für Güter der Allgemeinheit, deren Bedrohung die Grundlagen der Existenz der Menschen berührt, oder
2. von anderen Personen, soweit bestimmte Tatsachen die Annahme rechtfertigen, dass die unter Nr. 1 genannten Personen deren informationstechnischen Systeme benutzen oder benutzt haben und die Personen daher mutmaßlich in Zusammenhang mit der Gefahrenlage stehen.

[2]Auf informationstechnische Systeme und Speichermedien, die räumlich von dem von dem Betroffenen genutzten informationstechnischen System getrennt sind, darf die Maßnahme erstreckt werden, soweit von dem unmittelbar untersuchten informationstechnischen System aus auf sie zugegriffen werden kann oder diese für die Speicherung von Daten des Betroffenen genutzt werden. [3]Maßnahmen nach den Sätzen 1 und 2 dürfen nur durchgeführt werden, wenn die Erfüllung einer polizeilichen Aufgabe auf andere Weise aussichtslos oder wesentlich erschwert wäre. [4]Sie dürfen auch durchgeführt werden, wenn Dritte unvermeidbar betroffen werden. [5]Die eingesetzten Mittel sind entsprechend dem Stand der Technik gegen unbefugte Benutzung zu schützen. [6]Bei dringender Gefahr für ein in Satz 1 in Bezug genommenes Rechtsgut darf die Polizei Daten unter den übrigen Voraussetzungen des Satzes 1 löschen oder verändern, wenn die Gefahr nicht anders abgewehrt werden kann. [7]Im Übrigen dürfen Veränderungen am informationstechnischen System nur vorgenommen werden, wenn sie für die Datenerhebung unerlässlich sind. [8]Vorgenommene Veränderungen sind, soweit technisch möglich, automatisiert rückgängig zu machen, wenn die Maßnahme beendet wird.

(2) [1]Die Polizei kann auf Anordnung durch den Richter unter den Voraussetzungen des Abs. 1 Satz 1 bis 5 auch technische Mittel einsetzen, um

1. zur Vorbereitung einer Maßnahme nach Abs. 1 spezifische Kennungen sowie
2. den Standort eines informationstechnischen Systems zu ermitteln.

[2]Personenbezogene Daten Dritter dürfen dabei nur erhoben werden, wenn dies aus technischen Gründen unvermeidbar ist. [3]Nach Beendigung der Maßnahme sind diese unverzüglich zu löschen. [4]Die Löschung ist zu dokumentieren.

(3) [1]Die Anordnung der Maßnahmen ist schriftlich zu erlassen und zu begründen. [2]Die Anordnung muss, soweit möglich, Namen und Anschrift des Adressaten sowie die Bezeichnung des informationstechnischen Systems, auf das zugegriffen werden soll, enthalten. [3]In der Anordnung sind Art, Umfang und Dauer der Maßnahme zu bestimmen. [4]Unter den Voraussetzungen für eine Maßnahme nach Abs. 1 oder Abs. 2 darf die Anordnung auch zur nicht offenen Durchsuchung von Sachen sowie zum verdeckten Betreten und Durchsuchen der Wohnung des Betroffenen ermächtigen, soweit dies zur Durchführung der jeweiligen Maßnahmen nach Abs. 1 oder Abs. 2 erforderlich ist. [5]Die Anordnung ist einzelfallabhängig auf höchstens drei Monate zu befristen und kann um jeweils längstens drei Monate verlängert werden.

(4) Art. 41 Abs. 5 gilt für die durch Maßnahmen nach Abs. 1 erlangten personenbezogenen Daten entsprechend.

Artikel 46 Rasterfahndung

(1) [1]Öffentliche und nichtöffentliche Stellen können auf Anordnung durch den Richter verpflichtet werden, der Polizei personenbezogene Daten bestimmter Personengruppen aus Dateien zum Zwecke des Abgleichs mit anderen Datenbeständen zu übermitteln, soweit dies zur Abwehr einer Gefahr für ein in Art. 11a Abs. 2 Nr. 1, 2 oder Nr. 4 genanntes bedeutendes Rechtsgut erforderlich ist. [2]Eine Verpflichtung der Verfassungsschutzbehörden des Bundes oder der Länder, des Bundesnachrichtendienstes sowie des Militärischen Abschirmdienstes zur Übermittlung nach Satz 1 erfolgt nicht.

(2) [1]Das Ersuchen um Übermittlung ist auf Namen, Anschriften, Tag und Ort der Geburt und andere für den Einzelfall benötigte Daten zu beschränken. [2]Soweit die zu übermittelnden Daten von anderen

Daten nicht oder nur mit unverhältnismäßigem Aufwand getrennt werden können, sind auf Anordnung auch die anderen Daten zu übermitteln; die Nutzung dieser Daten ist nicht zulässig. [3]Berufsgeheimnisträger nach den §§ 53, 53a StPO sind nicht verpflichtet, personenbezogene Daten, die einem Berufs- oder besonderen Amtsgeheimnis unterliegen, zu übermitteln; hierauf ist im Ersuchen um Übermittlung hinzuweisen.

(3) [1]Die Anordnung nach Abs. 1 ist schriftlich zu erlassen und zu begründen. [2]Sie muss den zur Übermittlung Verpflichteten bezeichnen und ist auf die Daten und Prüfungsmerkmale zu beschränken, die für den Einzelfall benötigt werden. [3]Von der Maßnahme ist der Landesbeauftragte unverzüglich zu unterrichten.

(4) [1]Ist der Zweck der Maßnahme erreicht oder zeigt sich, dass er nicht erreicht werden kann, sind die übermittelten und im Zusammenhang mit der Maßnahme zusätzlich angefallenen Daten unverzüglich zu löschen und die Unterlagen, soweit sie nicht für eine nach Art. 48 Abs. 1 bis 3 zulässige Verarbeitung erforderlich sind, unverzüglich zu vernichten. [2]Die Löschung und Vernichtung ist zu dokumentieren.

Artikel 47 Einsatz von unbemannten Luftfahrtsystemen

(1) Bei den nachfolgenden Maßnahmen dürfen Daten unter den dort genannten Voraussetzungen auch durch den Einsatz unbemannter Luftfahrtsysteme erhoben werden:

1. offene Bild- und Tonaufnahmen oder -aufzeichnungen nach Art. 33 Abs. 1 bis 3,
2. Einsatz besonderer Mittel der Datenerhebung nach Art. 36 Abs. 1,
3. Einsatz technischer Mittel in Wohnungen nach Art. 41 Abs. 1,
4. Eingriffe in den Telekommunikationsbereich nach Art. 42 Abs. 1 bis 5 und
5. verdeckter Zugriff auf informationstechnische Systeme nach Art. 45 Abs. 1 und 2.

(2) [1]In den Fällen des Abs. 1 Nr. 1 dürfen unbemannte Luftfahrtsysteme nur dann eingesetzt werden, wenn die Offenheit der Maßnahme gewahrt bleibt. [2]In diesen Fällen soll auf die Verwendung unbemannter Luftfahrtsysteme durch die Polizei gesondert hingewiesen werden.

(3) Soweit in den Fällen des Abs. 1 eine richterliche Anordnung erforderlich ist, muss diese auch den Einsatz von unbemannten Luftfahrtsystemen umfassen.

(4) Diese unbemannten Luftfahrtsysteme dürfen nicht bewaffnet werden.

Artikel 47a Überwindung besonderer Sicherungen

(1) [1]Soweit Maßnahmen auf Grund besonderer Sicherungen an Sachen, durch die der Zutritt von Personen verhindert werden soll, nicht hinreichend durchgeführt werden können, kann die Polizei auf Anordnung durch den Richter diejenigen dritten Personen, welche die besondere Sicherung geschaffen oder deren Schaffung beauftragt haben, im Rahmen des Zumutbaren verpflichten, die Sicherung selbst zu überwinden oder der Polizei die zur Überwindung der Sicherung erforderlichen Daten oder Hilfsmittel zur Verfügung zu stellen, wenn dies zur Abwehr einer Gefahr für ein nach der jeweiligen Befugnisnorm zu schützendes Rechtsgut unerlässlich ist. [2]Die Verpflichtung nach Satz 1 ist auf den zur Überwindung der Sicherung unverzichtbaren Umfang zu beschränken. [3]Sie kann mit der Verpflichtung verbunden werden, im Rahmen des Zumutbaren dafür Sorge zu tragen, dass eine Maßnahme verdeckt vorbereitet oder durchgeführt werden kann.

(2) [1]Die Anordnung ist schriftlich zu erlassen und zu begründen. [2]Sie muss Namen und Anschrift des Adressaten und soweit möglich den konkreten Umfang der benötigten Mitwirkung enthalten. [3]Die Umstände, die die Verpflichtung unerlässlich machen, sind darzulegen.

(3) [1]Die Polizei darf die übermittelten Daten oder Hilfsmittel nur zur Überwindung der Sicherung im konkreten Einzelfall nutzen und verarbeiten. [2]Nach Beendigung der Maßnahme sind die übermittelten Daten unverzüglich zu löschen. [3]Von den Verpflichteten überlassene Hilfsmittel sind auf deren Verlangen zurückzugeben, zu vernichten oder unbrauchbar zu machen. [4]Maßnahmen nach den Sätzen 2 und 3 sind zu dokumentieren.

(4) Für die Entschädigung der Verpflichteten ist § 23 Abs. 2 JVEG entsprechend anzuwenden.

(5) Die Nutzung und Verarbeitung von Daten oder Hilfsmitteln zur Überwindung von besonderen Sicherungen, die der Polizei unabhängig von einer Verpflichtung nach Abs. 1 oder auf Grund des Einverständnisses der Verpflichteten zur Verfügung stehen, bleibt unberührt.

Artikel 48 Weiterverarbeitung von Daten, Datenübermittlung, Kennzeichnung und Sicherung

(1) Die Polizei darf die durch folgende Maßnahmen erhobenen personenbezogenen Daten für Zwecke der Gefahrenabwehr zum Schutz eines Rechtsguts, das in der jeweiligen Befugnisnorm enthalten ist, weiterverarbeiten:

1. elektronische Aufenthaltsüberwachung nach Art. 34 Abs. 1,
2. Postsicherstellung nach Art. 35 Abs. 1,
3. Einsatz besonderer Mittel der Datenerhebung nach Art. 36 Abs. 2,
4. Einsatz Verdeckter Ermittler nach Art. 37 Abs. 1,
5. Einsatz von Vertrauenspersonen nach Art. 38 Abs. 1,
6. Einsatz automatisierter Kennzeichenerkennungssysteme nach Art. 39 Abs. 1,
7. Eingriffe in den Telekommunikationsbereich nach Art. 42 Abs. 1 und 3 bis 4 oder Inanspruchnahme von Diensteanbietern nach Art. 43 Abs. 2 und 4 oder
8. Rasterfahndung nach Art. 46 Abs. 1;

ausreichend ist dabei auch ein Ansatz für weitere Sachverhaltsaufklärungen.

(2) Die Polizei darf die in Abs. 1 bezeichneten Daten an andere für die Gefahrenabwehr zuständige Behörden nur übermitteln, wenn dies zum Schutz eines Rechtsguts, das in der jeweiligen Befugnisnorm enthalten ist, erforderlich ist und die Daten insoweit einen konkreten Ermittlungsansatz erkennen lassen.

(3) Die Polizei darf personenbezogene Daten, die durch in Abs. 1 genannte Maßnahmen erhoben wurden, für Zwecke der Strafverfolgung weiterverarbeiten und an andere Strafverfolgungsbehörden übermitteln, wenn die Daten insoweit einen konkreten Ermittlungsansatz erkennen lassen und

1. wenn die Daten mittels elektronischer Aufenthaltsüberwachung nach Art. 34 Abs. 1 erhoben wurden,
   a) und die Voraussetzungen des § 68b Abs. 1 Satz 3 StGB vorliegen, zur
      aa) Feststellung des Verstoßes gegen eine Führungsaufsichtsweisung nach § 68b Abs. 1 Satz 1 Nr. 1 oder Nr. 2 StGB,
      bb) Ergreifung von Maßnahmen der Führungsaufsicht, die sich an einen Verstoß gegen eine Führungsaufsichtsweisung nach § 68b Abs. 1 Satz 1 Nr. 1 oder Nr. 2 StGB anschließen können, oder
      cc) Ahndung eines Verstoßes gegen eine Führungsaufsichtsweisung nach § 68b Abs. 1 Satz 1 Nr. 1 oder Nr. 2 StGB oder
   b) zur Verfolgung von Straftaten der in § 66 Abs. 3 Satz 1 StGB genannten Art, oder
2. wenn die Daten durch eine der in Abs. 1 Nr. 2 bis 8 genannten Maßnahmen erhoben wurden, zur Verfolgung von Straftaten, zu deren Aufklärung eine solche Maßnahme nach den entsprechenden strafprozessualen Befugnissen angeordnet werden dürfte.

(4) [1]Die Polizei darf die erhobenen Daten bei folgenden Maßnahmen in dem jeweiligen Verfahren verarbeiten:

1. Einsatz technischer Mittel in Wohnungen nach Art. 41 Abs. 1 Satz 1, auch wenn dieser nach Art. 41 Abs. 6 als Personenschutzmaßnahme erfolgt ist, und
2. verdeckter Zugriff auf informationstechnische Systeme nach Art. 45 Abs. 1 und 2.

[2]Wenn die Daten einen konkreten Ermittlungsansatz erkennen lassen, darf sie die Polizei

1. unter den in der jeweiligen Befugnisnorm genannten Erhebungsvoraussetzungen für Zwecke der Gefahrenabwehr auch in anderen Verfahren weiterverarbeiten und an andere für die Gefahrenabwehr zuständige Behörden übermitteln sowie
2. für Zwecke der Strafverfolgung weiterverarbeiten und an eine andere Strafverfolgungsbehörde übermitteln, sofern die Daten der Verfolgung von Straftaten dienen, zu deren Aufklärung eine solche Maßnahme nach den entsprechenden strafprozessualen Befugnissen angeordnet werden dürfte, in den Fällen des Satzes 1 Nr. 1 jedoch nur, soweit die Erhebung durch das ausschließlich akustische Abhören und Aufzeichnen des nichtöffentlich gesprochenen Wortes erfolgt ist.

(5) [1]Personenbezogene Daten, die durch die in den Abs. 1 und 4 bezeichneten Maßnahmen erhoben wurden, sind besonders zu kennzeichnen. [2]Bei Daten, die unter Inanspruchnahme von Diensteanbietern nach Art. 43 Abs. 2 erlangt wurden, ist dabei auch zwischen Daten nach § 3 Nr. 70 TKG und § 9 Abs. 1 TDDDG und Daten nach § 176 TKG zu unterscheiden. [3]Durch geeignete technische Maßnah-

men ist sicherzustellen, dass die Kennzeichnung auch nach einer Übermittlung an eine andere Stelle erhalten bleibt.

(6) Jede Zweckänderung ist festzustellen, zu kennzeichnen und zu dokumentieren.

(7) Personenbezogene Daten, die durch die in den Abs. 1 und 4 bezeichneten Maßnahmen erhoben wurden, sind entsprechend dem Stand der Technik gegen unbefugte Kenntnisnahme, Veränderung und Löschung besonders zu sichern.

Artikel 49 Schutz von Berufsgeheimnisträgern und des Kernbereichs privater Lebensgestaltung

(1) [1]Ist oder wird bei folgenden Maßnahmen erkennbar, dass in ein durch ein Berufsgeheimnis nach den §§ 53, 53a StPO geschütztes Vertrauensverhältnis eingegriffen wird, ist die Datenerhebung insoweit unzulässig, es sei denn, die Maßnahme richtet sich gegen den Berufsgeheimnisträger selbst:

1. offene Bild- und Tonaufnahmen oder -aufzeichnungen in Wohnungen nach Art. 33 Abs. 4 Satz 3,
2. Postsicherstellung nach Art. 35 Abs. 1,
3. längerfristige Observation, Anfertigung von Bildaufnahmen oder -aufzeichnungen oder Abhören oder Aufzeichnen des nichtöffentlich gesprochenen Wortes nach Art. 36 Abs. 1 Nr. 1 oder Nr. 2 Buchst. a, Buchst. d oder Buchst. e, Abs. 2,
4. Eingriffe in den Telekommunikationsbereich nach Art. 42 Abs. 1,
5. Abruf von Telekommunikationsverkehrsdaten nach Art. 43 Abs. 2 Satz 3 oder
6. verdeckter Zugriff auf informationstechnische Systeme nach Art. 45 Abs. 1.

[2]Eine bereits laufende Datenerhebung ist unverzüglich und solange erforderlich zu unterbrechen oder zu beenden. [3]Dennoch erlangte Erkenntnisse dürfen nicht weiter verarbeitet werden. [4]Art. 41 Abs. 1 Satz 2 Nr. 1 und 2, Abs. 2 Satz 1 und Abs. 3 Satz 2 sowie Art. 42 Abs. 1 Satz 1 Nr. 2 bleiben unberührt.

(2) [1]Ist oder wird bei folgenden Maßnahmen erkennbar, dass dem Kernbereich privater Lebensgestaltung zuzurechnende Daten (Kernbereichsdaten) betroffen sind und bestehen keine Anhaltspunkte dafür, dass diese Daten dazu dienen sollen, ein Erhebungsverbot herbeizuführen, ist die Datenerhebung unzulässig:

1. offene Bild- und Tonaufnahmen oder -aufzeichnungen in Wohnungen nach Art. 33 Abs. 4 Satz 3,
2. Postsicherstellung nach Art. 35 Abs. 1,
3. längerfristige Observation, Anfertigung von Bildaufnahmen oder -aufzeichnungen oder Abhören oder Aufzeichnen des nichtöffentlich gesprochenen Wortes nach Art. 36 Abs. 1 Nr. 1 oder Nr. 2 Buchst. a, Buchst. d oder Buchst. e, Abs. 2,
4. Einsatz Verdeckter Ermittler nach Art. 37 Abs. 1,
5. Einsatz von Vertrauenspersonen nach Art. 38 Abs. 1,
6. Einsatz technischer Mittel in Wohnungen nach Art. 41 Abs. 1,
7. Eingriffe in den Telekommunikationsbereich nach Art. 42 Abs. 1 oder
8. verdeckter Zugriff auf informationstechnische Systeme nach Art. 45 Abs. 1.

[2]Eine bereits laufende Datenerhebung ist

1. bei den in Satz 1 Nr. 4 und 5 genannten Maßnahmen sobald dies ohne Gefahr für Leib oder Leben oder konkrete Gefährdung einer weiteren Verwendung der eingesetzten Personen möglich ist,
2. bei den übrigen in Satz 1 genannten Maßnahmen unverzüglich

und solange erforderlich zu unterbrechen oder zu beenden. [3]Nach einer Unterbrechung darf die Datenerhebung nur fortgesetzt werden, wenn aufgrund geänderter Umstände davon ausgegangen werden kann, dass Gründe, die zur Unterbrechung führen, nicht mehr vorliegen. [4]Eine Fortsetzung, Unterbrechung oder Beendigung sowie ein Absehen von der Unterbrechung oder Beendigung sind samt den hierfür tragenden Gründen zu dokumentieren. [5]Dennoch erlangte Kernbereichsdaten dürfen nicht weiter verarbeitet werden. [6]Art. 41 Abs. 2 Satz 2 bleibt unberührt. [7]Vor Durchführung der in Satz 1 Nr. 4, 5 und 8 genannten Maßnahmen hat die Polizei unter Berücksichtigung der informations- und ermittlungstechnischen Möglichkeiten sicherzustellen, dass die Erhebung von Kernbereichsdaten unterbleibt, es sei denn, dass dies mit einem trotz des Gewichts des Eingriffs unverhältnismäßigem Aufwand verbunden wäre. [8]Können im Fall des Satzes 1 Nr. 8 Kernbereichsdaten vor oder bei der Datenerhebung nicht ausgesondert werden, darf auf das informationstechnische System auch dann zugegriffen werden, wenn hierbei eine Wahrscheinlichkeit besteht, dass dabei in untergeordnetem Umfang Kernbereichsdaten miterfasst werden.

(3) Werden bei Maßnahmen der elektronischen Aufenthaltsüberwachung nach Art. 34 Daten im Sinn von Art. 34 Abs. 2 Satz 2 erhoben, dürfen diese nicht verarbeitet werden.

(4) [1]Ergibt sich bei der Auswertung von Daten, die durch die nachfolgend benannten Maßnahmen erhoben wurden, dass sie Inhalte betreffen, über die das Zeugnis nach den §§ 53, 53a StPO verweigert werden könnte, dass sie einem Vertrauensverhältnis mit anderen Berufsgeheimnisträgern zuzuordnen sind oder dass es sich um Kernbereichsdaten handelt und die Daten keinen unmittelbaren Bezug zu den in der jeweiligen Befugnisnorm genannten Gefahren haben, dürfen diese nicht weiterverarbeitet werden:

1. Postsicherstellung nach Art. 35 Abs. 1,
2. Einsatz besonderer Mittel der Datenerhebung nach Art. 36 Abs. 2,
3. Einsatz Verdeckter Ermittler nach Art. 37 Abs. 1,
4. Einsatz von Vertrauenspersonen nach Art. 38 Abs. 1,
5. Einsatz technischer Mittel in Wohnungen nach Art. 41 Abs. 1 Satz 1, auch wenn dieser nach Art. 41 Abs. 6 als Personenschutzmaßnahme erfolgt ist,
6. Eingriffe in den Telekommunikationsbereich nach Art. 42 Abs. 1 und 3 oder Inanspruchnahme von Diensteanbietern nach Art. 43 Abs. 2 und 4 oder
7. verdeckter Zugriff auf informationstechnische Systeme nach Art. 45 Abs. 1 und 2.

[2]In den Fällen des Satzes 1 Nr. 3 und 4 sind die erlangten Erkenntnisse vor Weitergabe durch die eingesetzten Personen sowie deren polizeiliche Führungspersonen hinsichtlich Kernbereichsrelevanz zu überprüfen. [3]Bestehen Zweifel hinsichtlich der Verwertbarkeit der erlangten Erkenntnisse, trifft die Entscheidung hierüber die hierfür eingerichtete unabhängige Stelle.

(5) [1]Daten, die dem Kernbereich privater Lebensgestaltung zuzurechnen sind und nicht verarbeitet werden dürfen, sind unverzüglich zu löschen. [2]Im Übrigen ist die Verarbeitung personenbezogener Daten, die durch die in Abs. 4 genannten Maßnahmen erlangt wurden und

1. die für eine nach Art. 48 Abs. 1 bis 4 zulässige Verarbeitung nicht erforderlich sind oder
2. für die ein Verbot der Weiterverarbeitung besteht,

einzuschränken, wenn sie zum Zweck der Information der Betroffenen oder zur gerichtlichen Überprüfung der Erhebung oder Verwendung der Daten noch benötigt werden. [3]Andernfalls sind die Daten unverzüglich zu löschen.

(6) [1]Wurde der von einer Maßnahme Betroffene nach Art. 50 unterrichtet, sind Daten im Sinn des Abs. 5 Satz 2 zu löschen, wenn der Betroffene sich nicht innerhalb eines Monats nach Zugang der Benachrichtigung mit einem Rechtsbehelf gegen die Maßnahme gewendet hat. [2]Auf die Frist ist in der Benachrichtigung hinzuweisen. [3]Wurde ein Rechtsbehelf nach Satz 1 eingelegt, sind die Daten nach rechtskräftigem Abschluss des Rechtsbehelfsverfahrens zu löschen.

(7) Löschungen sind zu dokumentieren.

Artikel 50 Benachrichtigungspflichten

(1) [1]Bei folgenden Maßnahmen sind die dort jeweils benannten Personen unverzüglich zu benachrichtigen, sobald dies ohne Gefährdung des Zwecks der Maßnahme, der eingesetzten Polizeibeamten oder Vertrauenspersonen oder der in der jeweiligen Befugnisnorm genannten Rechtsgüter geschehen kann:

1. bei elektronischer Aufenthaltsüberwachung nach Art. 34 Abs. 1 die Adressaten der Maßnahme, wenn Bewegungsbilder nach Art. 34 Abs. 3 erstellt wurden, wobei die Benachrichtigung spätestens zwei Monate nach deren Beendigung zu erfolgen hat,
2. bei Postsicherstellung nach Art. 35 Abs. 1 der Absender und der Adressat der Postsendung,
3. bei Einsatz besonderer Mittel der Datenerhebung nach Art. 36 Abs. 2, Einsatz Verdeckter Ermittler nach Art. 37 Abs. 1 oder Einsatz von Vertrauenspersonen nach Art. 38 Abs. 1
   a) die Adressaten der Maßnahme,
   b) diejenigen, deren personenbezogene Daten erhoben und weiterverarbeitet wurden, und
   c) diejenigen, deren nicht allgemein zugängliche Wohnung betreten wurde,
4. bei Ausschreibung zur polizeilichen Beobachtung oder gezielten Kontrolle nach Art. 40
   a) die Adressaten der Maßnahme und
   b) diejenigen, deren personenbezogene Daten erhoben und weiterverarbeitet wurden,

5. bei Einsatz technischer Mittel in Wohnungen nach Art. 41 Abs. 1 Satz 1 die von der Maßnahme Betroffenen, auch wenn die Maßnahme nach Art. 41 Abs. 6 als Personenschutzmaßnahme erfolgt ist,
6. bei Eingriffen in den Telekommunikationsbereich nach Art. 42 Abs. 1, 3 und 5, Inanspruchnahme von Diensteanbietern nach Art. 43 Abs. 2, 4, 5 Satz 2 und 4 sowie Abs. 6 oder verdecktem Zugriff auf informationstechnische Systeme nach Art. 45 Abs. 1 und 2
   a) die Adressaten der Maßnahme und
   b) diejenigen, deren personenbezogene Daten im Rahmen einer solchen Maßnahme erhoben und weiterverarbeitet wurden, und
7. bei Rasterfahndung nach Art. 46 Abs. 1 die Personen, gegen die nach Auswertung der Daten weitere Maßnahmen durchgeführt wurden.

[2]In den Fällen des Satzes 1 Nr. 3 und, wenn die Maßnahme nach Art. 41 Abs. 6 als Personenschutzmaßnahme erfolgt ist, des Satzes 1 Nr. 5, ist auch eine Gefährdung der weiteren Verwendung von Vertrauenspersonen und Verdeckten Ermittlern als bedeutender Belang zu berücksichtigen. [3]Erfolgen Maßnahmen mit Mitteln des Art. 42 Abs. 2, sind die in Satz 1 Nr. 6 genannten Personen auch darüber zu unterrichten, dass mit technischen Mitteln verdeckt auf informationstechnische Systeme zugegriffen wurde. [4]Die Benachrichtigung unterbleibt, soweit überwiegende schutzwürdige Belange eines Betroffenen entgegenstehen. [5]Zudem kann die Benachrichtigung einer in Satz 1 Nr. 2 bis 4 und 6 bezeichneten Person, gegen die sich die Maßnahme nicht gerichtet hat, unterbleiben, wenn diese von der Maßnahme nur unerheblich betroffen wurde. [6]Nachforschungen zur Feststellung der Identität oder des Aufenthaltsortes einer in Satz 1 bezeichneten Person sind nur vorzunehmen, wenn dies unter Berücksichtigung der Eingriffsintensität der Maßnahme gegenüber dieser Person, des Aufwands für die Feststellung sowie der daraus für diese oder andere Personen folgenden Beeinträchtigungen geboten ist.

(2) Art. 31 Abs. 4 Satz 5 und 6 gilt entsprechend.

(3) Ist wegen desselben Sachverhalts ein strafrechtliches Ermittlungsverfahren gegen den Betroffenen eingeleitet worden, ist die Unterrichtung im Sinn des Abs. 1 in Abstimmung mit der Staatsanwaltschaft nachzuholen, sobald dies der Stand des Ermittlungsverfahrens zulässt.

(4) [1]Die weitere Zurückstellung der Benachrichtigung im Sinn des Abs. 1 bedarf der richterlichen Zustimmung, wenn sie nicht innerhalb des folgenden Zeitraums erfolgt:
1. sechs Monate nach Beendigung des Einsatzes technischer Mittel in Wohnungen nach Art. 41 Abs. 1 Satz 1 oder des verdeckten Zugriffs auf informationstechnische Systeme nach Art. 45 Abs. 1 oder Abs. 2 oder
2. ein Jahr nach Beendigung der übrigen in Abs. 1 Satz 1 Nr. 2 bis 7 bezeichneten Maßnahmen.

[2]Sind mehrere Maßnahmen in einem engen zeitlichen Zusammenhang durchgeführt worden, so beginnt die in Satz 1 genannte Frist mit der Beendigung der letzten Maßnahme. [3]Die richterliche Entscheidung ist vorbehaltlich einer anderen richterlichen Anordnung jeweils nach einem Jahr erneut einzuholen. [4]Eine Unterrichtung kann mit richterlicher Zustimmung frühestens nach dem Ablauf von fünf Jahren auf Dauer unterbleiben, wenn
1. überwiegende Interessen eines Betroffenen entgegenstehen oder
2. die Voraussetzungen für eine Benachrichtigung mit an Sicherheit grenzender Wahrscheinlichkeit auch in Zukunft nicht eintreten werden

und eine Verwendung der Daten gegen den Betroffenen ausgeschlossen ist. [5]In diesem Fall sind die Daten zu löschen und ist die Löschung zu dokumentieren. [6]Im Fall des Abs. 3 richten sich die gerichtliche Zuständigkeit und das Verfahren nach den Regelungen der StPO.

(5) Die Gründe für die Zurückstellung oder das Unterbleiben der Benachrichtigung sind zu dokumentieren.

Artikel 51 Protokollierung, Kontrolle durch den Landesbeauftragten für den Datenschutz

(1) [1]Die nach den Art. 34 bis 46 durchgeführten Maßnahmen sind zu protokollieren, soweit dies ohne Gefährdung der jeweiligen Maßnahme möglich ist. [2]Aus den Protokollen müssen ersichtlich sein:
1. der für die Maßnahmen und Datenerhebungen Verantwortliche,
2. Ort, Zeitpunkt und Dauer der Maßnahme,
3. Zweck und Art der Ausführung,
4. Angaben über die Weiterverarbeitung der erhobenen Daten,

5. Angaben zu den nach Art. 50 Abs. 1 Satz 1 zu unterrichtenden Personen, wobei Art. 50 Abs. 1 Satz 6 entsprechend gilt, und
6. das wesentliche Ergebnis der Maßnahme.

[3]Die Protokolldaten dürfen nur zur Erfüllung der Benachrichtigungspflichten nach Art. 50 Abs. 1 und der Unterrichtungspflichten nach Art. 52 sowie zu den in Art. 63 Abs. 3 Satz 1 genannten Zwecken verwendet werden; Art. 63 Abs. 3 Satz 4 gilt entsprechend.

(2) [1]Der Landesbeauftragte führt im Bereich der Maßnahmen nach den Art. 34 bis 46 im Abstand von längstens zwei Jahren eine Kontrolle durch. [2]Zu diesem Zweck sind ihm die Protokolle nach Abs. 1 sowie die Dokumentationen von Datenlöschungen und Vernichtungen von Unterlagen in auswertbarer Weise zur Verfügung zu stellen. [3]Sobald sie hierfür oder für die weiteren in Abs. 1 Satz 3 genannten Zwecke nicht mehr benötigt werden, sind sie zu löschen.

Artikel 52 Parlamentarische Kontrolle, Unterrichtung der Öffentlichkeit

(1) [1]Das Staatsministerium des Innern, für Sport und Integration (Staatsministerium) unterrichtet das Parlamentarische Kontrollgremium nach dem Parlamentarischen Kontrollgremium-Gesetz (PKGG) jährlich über folgende durchgeführte Maßnahmen:
1. Postsicherstellung nach Art. 35 Abs. 1,
2. Einsatz besonderer Mittel der Datenerhebung nach Art. 36 Abs. 2,
3. Einsatz Verdeckter Ermittler nach Art. 37 Abs. 1,
4. Einsatz von Vertrauenspersonen nach Art. 38 Abs. 1,
5. Einsatz technischer Mittel in Wohnungen nach Art. 41 Abs. 1 Satz 1, auch wenn dieser nach Art. 41 Abs. 6 als Personenschutzmaßnahme erfolgt ist,
6. Eingriffe in den Telekommunikationsbereich nach Art. 42 Abs. 1 und 5 oder Inanspruchnahme von Diensteanbietern nach Art. 43 Abs. 2 und nach Art. 43 Abs. 4, soweit sie dort zur Umsetzung einer Maßnahme nach Art. 42 Abs. 1 erfolgt,
7. verdeckter Zugriff auf informationstechnische Systeme nach Art. 45 Abs. 1 und
8. Rasterfahndung nach Art. 46 Abs. 1,

in den Fällen der Nrn. 5 bis 7 einschließlich etwaiger Betretungen und Durchsuchungen. [2]In den Berichten ist darzustellen, in welchem Umfang von den Befugnissen aus Anlass welcher Art von Gefahrenlagen Gebrauch gemacht wurde und Betroffene informiert wurden. [3]Das Parlamentarische Kontrollgremium erstattet dem Landtag jährlich einen Bericht auf der Grundlage der Unterrichtung nach den Sätzen 1 und 2. [4]Die Grundsätze des Art. 9 Abs. 1 PKGG sind zu beachten.

(2) Das Staatsministerium unterrichtet in geeigneter Weise jährlich die Öffentlichkeit über die Anzahl der in Abs. 1 Satz 1 genannten Maßnahmen.

3. Unterabschnitt

Datenspeicherung, -übermittlung und sonstige Datenverarbeitung

Artikel 53 Allgemeine Regeln der Datenspeicherung und sonstigen Datenverarbeitung

(1) Die Polizei kann personenbezogene Daten in Akten oder Dateien speichern und anderweitig verarbeiten, soweit dies durch Rechtsvorschrift zugelassen ist.

(2) [1]Die Speicherung und anderweitige Verarbeitung darf nur zu dem Zweck erfolgen, zu dem diese Daten erhoben worden sind. [2]Die Verarbeitung einschließlich einer erneuten Speicherung und einer Veränderung sowie die Übermittlung zu einem anderen polizeilichen Zweck ist zulässig, soweit die Polizei die Daten zu diesem Zweck erheben dürfte oder dies anderweitig besonders gestattet ist.

(3) [1]Daten, die erhoben wurden, ohne dass die Voraussetzungen für ihre Erhebung vorgelegen haben, dürfen nur dann weiterverarbeitet werden, wenn
1. dies zur Abwehr einer gegenwärtigen Gefahr für ein in Art. 11a Abs. 2 Nr. 1 oder Nr. 2 genanntes bedeutendes Rechtsgut oder für Güter der Allgemeinheit, deren Bedrohung die Grundlagen der Existenz der Menschen berührt, erforderlich ist und
2. die hierfür eingerichtete unabhängige Stelle oder das zuständige Gericht sie freigegeben hat, weil nach deren Prüfung

a) keine Inhalte betroffen sind, über die das Zeugnis nach den §§ 53, 53a StPO verweigert werden könnte, und
b) die Daten nicht dem Kernbereich privater Lebensgestaltung oder einem Vertrauensverhältnis mit anderen Berufsgeheimnisträgern zuzuordnen sind.

2Hinsichtlich der Entscheidung nach Satz 1 Nr. 2 gilt Art. 41 Abs. 5 Satz 4 bis 7 entsprechend.

(4) Die Polizei darf folgende Grunddaten einer Person stets verarbeiten, um die Identität der Person festzustellen:
1. Familiennamen,
2. Vornamen,
3. Geburtsnamen,
4. sonstige Namen wie Spitznamen und andere Namensschreibweisen,
5. Geschlecht,
6. Geburtsdatum,
7. Geburtsort,
8. Geburtsstaat,
9. derzeitige Staatsangehörigkeit und frühere Staatsangehörigkeiten,
10. gegenwärtiger Aufenthaltsort und frühere Aufenthaltsorte,
11. Wohnanschrift,
12. Sterbedatum sowie
13. abweichende Angaben zu den Nrn. 1 bis 12.

(5) 1Die Dauer der Speicherung ist auf das erforderliche Maß zu beschränken. 2Für automatisierte Dateien sind Termine festzulegen, an denen spätestens überprüft wird, ob die Speicherung von Daten weiterhin erforderlich ist (Prüfungstermine). 3Für nichtautomatisierte Dateien und Akten sind Prüfungstermine oder Aufbewahrungsfristen festzulegen. 4Dabei ist Folgendes zu berücksichtigen:
1. der Umstand, dass es sich um Daten handelt, die besonderen Kategorien im Sinn des Art. 30 Abs. 2 zugehören,
2. der Umstand, ob es sich um tatsachen- oder einschätzungsbasierte Daten im Sinn des Art. 30 Abs. 3 handelt,
3. die verschiedenen Kategorien betroffener Personen im Sinn des Art. 30 Abs. 4,
4. der Speicherungszweck und
5. Art und Bedeutung des Anlasses der Speicherung.

5Es ist ein Verfahren festzulegen, das die Einhaltung der Fristen sicherstellt.

Artikel 54 Speicherung, Veränderung und Nutzung von Daten

(1) Die Polizei kann personenbezogene Daten in Akten oder Dateien speichern und anderweitig verarbeiten, soweit dies zur Erfüllung ihrer Aufgaben, zu einer zeitlich befristeten Dokumentation oder zur Vorgangsverwaltung erforderlich ist.

(2) 1Die Polizei kann insbesondere personenbezogene Daten, die sie im Rahmen strafrechtlicher Ermittlungsverfahren oder von Personen gewonnen hat, die verdächtig sind, eine Straftat begangen zu haben, speichern und anderweitig verarbeiten, soweit dies zur Gefahrenabwehr, insbesondere zur vorbeugenden Bekämpfung von Straftaten erforderlich ist. 2Entfällt der der Speicherung zugrunde liegende Verdacht, sind die Daten unverzüglich zu löschen. 3Die nach Art. 53 Abs. 5 festzulegenden Prüfungstermine oder Aufbewahrungsfristen betragen in der Regel bei Erwachsenen zehn Jahre, bei Jugendlichen fünf Jahre und bei Kindern zwei Jahre. 4In Fällen von geringerer Bedeutung sind kürzere Fristen festzusetzen. 5Die Frist beginnt regelmäßig mit dem Ende des Jahres, in dem das letzte Ereignis erfaßt worden ist, das zur Speicherung der Daten geführt hat, jedoch nicht vor Entlassung des Betroffenen aus einer Justizvollzugsanstalt oder der Beendigung einer mit Freiheitsentziehung verbundenen Maßregel der Besserung und Sicherung. 6Werden innerhalb der Frist der Sätze 3 bis 5 weitere personenbezogene Daten über dieselbe Person gespeichert, so gilt für alle Speicherungen gemeinsam der Prüfungstermin, der als letzter eintritt, oder die Aufbewahrungsfrist, die als letzte endet.

(3) 1In den Fällen des Art. 40 Abs. 1 kann abweichend von Abs. 2 eine längere Frist festgelegt werden. 2Wird nach Fristablauf die Aufbewahrung fortgesetzt, ist nach spätestens drei Jahren die Aussonderung erneut zu prüfen.

(4) 1Die Polizei kann personenbezogene Daten auch zur Aus- und Fortbildung oder zu statistischen Zwecken weiterverarbeiten. 2Die Anonymisierung kann unterbleiben, wenn diese nicht mit vertretba-

rem Aufwand möglich ist oder dem Aus- und Fortbildungszweck entgegensteht und jeweils die berechtigten Interessen des Betroffenen an der Geheimhaltung der Daten nicht überwiegen. [3]Zu wissenschaftlichen Zwecken können personenbezogene Daten durch die Polizei weiterverarbeitet werden, soweit eine Verwendung anonymisierter oder pseudonymisierter Daten nicht möglich ist und das öffentliche Interesse das schutzwürdige Interesse des Betroffenen erheblich überwiegt. [4]Ausgenommen sind personenbezogene Daten, die mittels Maßnahmen nach Art. 41 Abs. 1 Satz 1 und Abs. 6 Satz 1 sowie Art. 45 Abs. 1 und 2 erhoben wurden.

(5) Die Polizei soll angemessene Maßnahmen ergreifen, dass gespeicherte personenbezogene Daten sachlich richtig, vollständig und erforderlichenfalls auf dem neusten Stand sind, und zu diesem Zweck die Qualität der Daten überprüfen.

Artikel 55 Allgemeine Regelungen der Datenübermittlung

(1) [1]Die übermittelnde Stelle prüft die Zulässigkeit der Datenübermittlung. [2]Erfolgt die Datenübermittlung auf Grund eines Ersuchens des Empfängers, hat dieser die zur Prüfung erforderlichen Angaben zu machen. [3]Bei Ersuchen von Polizeidienststellen und sonstigen öffentlichen Stellen prüft die übermittelnde Stelle nur, ob das Ersuchen im Rahmen der Aufgaben des Empfängers liegt. [4]Erfolgt die Datenübermittlung durch automatisierten Abruf, trägt der Empfänger die Verantwortung für die Rechtmäßigkeit des Abrufs.

(2) [1]Die übermittelnde Stelle unterlässt die Übermittlung personenbezogener Daten, die erkennbar unrichtig, unvollständig oder nicht mehr auf dem gegenwärtigen Stand sind. [2]Soweit möglich unterzieht sie die Daten vor Übermittlung einer diesbezüglichen Überprüfung. [3]Die empfangende Stelle beurteilt die Richtigkeit, Vollständigkeit, die Zuverlässigkeit und Aktualität der Daten in eigener Zuständigkeit. [4]Die übermittelnde Stelle fügt nach Möglichkeit die zur Prüfung erforderlichen Informationen bei.

(3) [1]Die empfangende Stelle darf die übermittelten personenbezogenen Daten, soweit nichts anderes bestimmt ist, nur zu dem Zweck verarbeiten, zu dem sie ihr übermittelt worden sind. [2]Bestehen für die Verarbeitung besondere Bedingungen, ist die empfangende Stelle darauf hinzuweisen, soweit dieses Gesetz dies nicht besonders regelt. [3]Behörden und sonstige Stellen außerhalb des Geltungsbereichs des Grundgesetzes, über- und zwischenstaatliche Stellen sowie Personen und Stellen außerhalb des öffentlichen Bereichs sind bei der Datenübermittlung auf die Sätze 1 und 2 hinzuweisen. [4]Erweist sich die Übermittlung der Daten als unrechtmäßig, ist dies der empfangenden Stelle unverzüglich mitzuteilen. [5]Die Daten dürfen von dieser nicht mehr verarbeitet werden und sind unverzüglich in der Verarbeitung einzuschränken, wenn sie zu Zwecken der Dokumentation noch benötigt werden, andernfalls sind sie von dieser unverzüglich zu löschen.

(4) [1]Unterliegen personenbezogene Daten einem Berufs- oder besonderen Amtsgeheimnis und sind sie der Polizei von der zur Verschwiegenheit verpflichteten Person in Ausübung ihrer Berufs- oder Amtspflicht übermittelt worden, ist die Datenübermittlung durch die Polizei nur zulässig, wenn der Empfänger die Daten zur Erfüllung des gleichen Zwecks benötigt, zu dem die Polizei sie erlangt hat. [2]In die Übermittlung an Personen und Stellen außerhalb des öffentlichen Bereichs muß, außer bei Gefahr im Verzug, der Betroffene, oder soweit dies im Einzelfall nicht sachdienlich ist, die zur Verschwiegenheit verpflichtete Stelle einwilligen.

(5) Andere Rechtsvorschriften über die Datenübermittlung bleiben unberührt.

Artikel 56 Übermittlung an öffentliche Stellen im Inland

(1) Die Polizei kann personenbezogene Daten übermitteln

1. von sich aus oder auf Ersuchen an andere Polizeidienststellen, soweit dies zur Erfüllung polizeilicher Aufgaben erforderlich ist,
2. von sich aus an Behörden oder sonstige öffentliche Stellen, soweit dies der Erfüllung polizeilicher Aufgaben oder der Gefahrenabwehr durch die empfangende Stelle dient,
3. auf Ersuchen an Behörden oder sonstige öffentliche Stellen, soweit dies der
   a) Wahrnehmung von Aufgaben der Gefahrenabwehr durch die empfangende Stelle,
   b) Verhütung oder Beseitigung erheblicher Nachteile für das Gemeinwohl oder
   c) Wahrung sonstiger schutzwürdiger Interessen

   dient, oder

4. von sich aus oder auf Ersuchen an Verfassungsschutzbehörden des Bundes oder der Länder, den Bundesnachrichtendienst und den Militärischen Abschirmdienst, wenn die Daten zugleich konkrete Erkenntnisse zu einer Gefährdung der jeweiligen Rechtsgüter erkennen lassen, die für die Lagebeurteilung nach Maßgabe der Aufgaben der genannten Behörden bedeutsam sind.

(2) 1Art. 48 Abs. 1 bis 4 bleibt unberührt. 2Die in Abs. 1 Nr. 4 genannten Behörden sind andere für die Gefahrenabwehr zuständige Behörden im Sinn des Art. 48.

Artikel 57 Übermittlung an öffentliche Stellen der Mitgliedstaaten und an Organisationen der Europäischen Union

Die Polizei kann personenbezogene Daten unter den gleichen Voraussetzungen wie im Inland an Behörden und sonstige öffentliche Stellen

1. eines Mitgliedstaats oder einer Organisation der Europäischen Union oder
2. eines Staats, der die Bestimmungen des Schengen-Besitzstandes auf Grund eines Assoziierungsübereinkommens mit der Europäischen Union über die Umsetzung, Anwendung und Entwicklung des Schengen-Besitzstandes anwendet (Schengenassoziierter Staat)

übermitteln.

Artikel 58 Übermittlung an öffentliche Stellen in Drittstaaten und an internationale Organisationen

(1) 1Die Polizei kann personenbezogene Daten an Behörden und sonstige öffentliche Stellen anderer als der in Art. 57 genannten Staaten (Drittstaaten) sowie an internationale Organisationen übermitteln, wenn dies auf Grund eines konkreten Ermittlungsansatzes zur Verhütung, Unterbindung oder Verfolgung von Straftaten oder zur Abwehr von sonstigen Gefahren für die öffentliche Sicherheit erforderlich ist, die empfangende Stelle für diese Zwecke zuständig ist und

1. die Europäische Kommission einen Beschluss gefasst hat, wonach der Drittstaat oder die internationale Organisation ein angemessenes Datenschutzniveau bietet,
2. auf Grund völkerrechtlicher Vereinbarungen oder anderer geeigneter Garantien der Schutz personenbezogener Daten sichergestellt ist oder,
3. soweit die Voraussetzungen der Nr. 1 oder Nr. 2 nicht vorliegen, die Übermittlung erforderlich ist
   a) zur Abwehr von Gefahren für Leben, Gesundheit oder Freiheit einer Person oder für Güter der Allgemeinheit, deren Bedrohung die Grundlagen der Existenz der Menschen berührt,
   b) zur Wahrung schutzwürdiger Interessen oder Belange des Betroffenen, sofern Rechte oder Interessen Dritter nicht überwiegen, oder
   c) zur Abwehr einer gegenwärtigen Gefahr für die öffentliche Sicherheit eines Mitgliedstaats der Europäischen Union oder eines Drittstaats.

2Art. 48 Abs. 1 bis 4 bleibt unberührt. 3Eine Übermittlung unterbleibt, soweit im konkreten Einzelfall

1. begründete Zweifel an der Angemessenheit des Datenschutzniveaus im Empfängerstaat bestehen,
2. schutzwürdige Interessen oder Belange des Betroffenen das öffentliche Interesse an der Übermittlung überwiegen oder
3. begründete Zweifel bestehen, ob die Weiterverarbeitung nach Übermittlung der Daten im Einklang mit der Charta der Grundrechte der Europäischen Union oder der Konvention zum Schutz der Menschrechte[1)] und Grundfreiheiten steht.

4Die Polizei berücksichtigt die in der Aufstellung nach § 28 Abs. 3 des Bundeskriminalamtgesetzes aufgeführten Erkenntnisse.

(2) 1Für Übermittlungen nach Abs. 1 gilt Art. 63 Abs. 2 Satz 1 Nr. 4 und Satz 2 entsprechend. 2Informationen über die Art der übermittelten personenbezogenen Daten sind in die Protokolle aufzunehmen. 3Die Protokollinhalte können angemessen kategorisiert werden. 4Für die Verwendung der Protokolldaten gilt Art. 63 Abs. 3 Satz 1 und 4, für die Kontrolle durch den Landesbeauftragten gilt Art. 51 Abs. 2 entsprechend.

(3) 1In Fällen, in denen personenbezogene Daten aus einem anderen Mitgliedstaat der Europäischen Union übermittelt wurden, muss dieser der Übermittlung durch die Polizei zuvor nach seinem Recht zugestimmt haben. 2Ohne Zustimmung ist eine Übermittlung durch die Polizei nur dann zulässig, wenn diese erforderlich ist, um eine gegenwärtige Gefahr für

1) Wortlaut amtlich.

1. die öffentliche Sicherheit eines Mitgliedstaats der Europäischen Union oder eines Drittstaats oder
2. die wesentlichen Interessen des Bundes, eines Landes oder eines anderen Mitgliedstaats der Europäischen Union

abzuwehren und die Zustimmung nicht rechtzeitig eingeholt werden kann. [3]Die Behörde oder Stelle des anderen Mitgliedstaats der Europäischen Union, die für die Erteilung der Zustimmung zuständig ist, wird im Fall des Satzes 2 unverzüglich unterrichtet. [4]Die Polizei stellt in geeigneter Weise sicher, dass ein empfangender Drittstaat oder eine empfangende internationale Organisation personenbezogene Daten nur dann an einen anderen Drittstaat oder eine andere internationale Organisation weiterleitet, wenn hierfür eine Zustimmung der übermittelnden Stelle vorliegt.

(4) [1]Die Polizei kann personenbezogene Daten im Einzelfall unmittelbar an andere als in Abs. 1 Satz 1 genannte öffentliche Stellen in Drittstaaten übermitteln, wenn

1. dies zur Erfüllung polizeilicher Aufgaben erforderlich ist,
2. eine Übermittlung an eine in Abs. 1 Satz 1 genannte Behörde oder sonstige öffentliche Stelle wirkungslos, nicht rechtzeitig möglich oder zur Gefahrenabwehr ungeeignet wäre,
3. Grundrechte des Betroffenen das öffentliche Interesse an der Übermittlung nicht überwiegen und
4. die übrigen für die Übermittlung von Daten in Drittstaaten geltenden Voraussetzungen vorliegen.

[2]Die Polizei teilt dem Empfänger die festgelegten Zwecke mit, zu denen die Verarbeitung der Daten erfolgen darf. [3]Soweit vorhanden, soll die Polizei unverzüglich die an sich nach Abs. 1 Satz 1 zuständige Behörde oder öffentliche Stelle des Drittstaats über die Übermittlung unterrichten. [4]Abs. 2 gilt entsprechend.

(5) Die Abs. 1, 2 und 4 sind auch anzuwenden, wenn ein Ersuchen der Polizei an die dort genannten Behörden, Stellen und Organisationen die Übermittlung personenbezogener Daten erforderlich macht.

(6) [1]Das Staatsministerium unterrichtet das Parlamentarische Kontrollgremium jährlich über erfolgte Übermittlungen nach den Abs. 1 und 4. [2]Art. 52 Abs. 1 Satz 2 bis 4 gilt entsprechend. [3]Für die Unterrichtung der Öffentlichkeit gilt Art. 52 Abs. 2 entsprechend.

Artikel 59 Übermittlung an nichtöffentliche Stellen

(1) Die Polizei kann von sich aus personenbezogene Daten an nichtöffentliche Stellen im Inland übermitteln, soweit dies erforderlich ist

1. zur Erfüllung polizeilicher Aufgaben,
2. zur Verhütung oder Beseitigung erheblicher Nachteile für das Gemeinwohl oder
3. zur Wahrung schutzwürdiger Interessen oder Belange Einzelner, wenn kein Grund zu der Annahme besteht, dass schutzwürdige Interessen oder Belange des Betroffenen an dem Ausschluss der Übermittlung überwiegen.

(2) Die Polizei kann nichtöffentlichen Stellen im Inland auf Antrag personenbezogene Daten übermitteln, soweit diese Stellen

1. ein rechtliches Interesse an der Kenntnis der zu übermittelnden Daten glaubhaft machen und kein Grund zu der Annahme besteht, dass schutzwürdige Interessen oder Belange des Betroffenen an dem Ausschluss der Übermittlung überwiegen oder
2. ein berechtigtes Interesse geltend machen, offensichtlich ist, daß die Datenübermittlung im Interesse des Betroffenen liegt, und kein Grund zu der Annahme besteht, daß er in Kenntnis der Sachlage seine Einwilligung verweigern würde.

(3) [1]Daten, die durch eine der in Art. 48 Abs. 1 genannten Maßnahmen erhoben wurden, dürfen an nichtöffentliche Stellen nur übermittelt werden, wenn dies zum Schutz eines in der jeweiligen Befugnisnorm genannten Rechtsguts erforderlich ist. [2]Daten die durch eine der in Art. 48 Abs. 4 Satz 1 genannten Maßnahmen erhoben wurden, dürfen darüber hinaus nur dann übermittelt werden, wenn der in der jeweiligen Befugnisnorm enthaltende Gefahrengrad erreicht wird und die Übermittlung erforderlich macht.

(4) Für die Übermittlung personenbezogener Daten an nichtöffentliche Stellen eines Mitgliedstaats der Europäischen Union oder eines Schengenassoziierten Staats gelten die Abs. 1 bis 3 entsprechend.

(5) [1]Die Polizei kann personenbezogene Daten unter den Voraussetzungen des Art. 58 Abs. 4 an nichtöffentliche Stellen in Drittstaaten übermitteln. [2]Art. 58 Abs. 2 und 6 gilt entsprechend.

Artikel 60 Datenempfang durch die Polizei

(1) Öffentliche Stellen können, soweit gesetzlich nichts anderes bestimmt ist, von sich aus personenbezogene Daten an die Polizei übermitteln, wenn anzunehmen ist, daß die Übermittlung zur Erfüllung der Aufgaben der Polizei erforderlich sein kann.

(2) [1]Die Polizei kann an öffentliche Stellen Ersuchen um Übermittlung personenbezogener Daten stellen, soweit diese zur Erfüllung ihrer Aufgaben erforderlich sind. [2]Die Polizei hat die zur Prüfung des Ersuchens erforderlichen Angaben zu machen. [3]Die ersuchte öffentliche Stelle hat die Daten an die Polizei zu übermitteln, soweit gesetzlich nichts anderes bestimmt ist.

(3) [1]Die Polizei kann die Verfassungsschutzbehörden des Bundes oder der Länder, den Bundesnachrichtendienst und den Militärischen Abschirmdienst um Übermittlung mit nachrichtendienstlichen Mitteln erhobener personenbezogener Daten nur ersuchen,

1. zur Abwehr einer im Einzelfall bestehenden Gefahr oder einer drohenden Gefahr für ein bedeutendes Rechtsgut oder
2. wenn die Informationen auch mit eigenen Befugnissen in gleicher Weise hätten erhoben werden können.

[2]Für Daten aus dem Einsatz technischer Mittel zur Überwachung von Wohnungen gilt dies nur bei Vorliegen einer dringenden Gefahr.

Artikel 60a Zuverlässigkeitsüberprüfung

(1) [1]Bei Anlässen, die mit erheblichen Sicherheitsrisiken verbunden sind, kann die Polizei personenbezogene Daten einer Person mit deren schriftlicher oder elektronischer Zustimmung bei öffentlichen und nichtöffentlichen Stellen erheben, übermitteln und anderweitig verarbeiten (Zuverlässigkeitsüberprüfung), soweit dies im Hinblick auf den Anlass und die Tätigkeit der betroffenen Person erforderlich und angemessen ist. [2]Die Erforderlichkeit und der Umfang der Verarbeitung sind anhand einer Gefährdungsanalyse festzulegen, wobei sich die Datenerhebung nach dem Zweck der Zuverlässigkeitsüberprüfung richtet. [3]Zuverlässigkeitsüberprüfungen können insbesondere erfolgen

1. zur Regelung der besonderen Zugangsberechtigung zu Veranstaltungen und Veranstaltungsreihen, die besonders gefährdet sind,
2. für den privilegierten Zutritt zu einem Amtsgebäude oder einem anderen gefährdeten Objekt oder Bereich,
3. für die Erbringung von Dienstleistungen zur Unterstützung behördlicher Aufgaben,
4. bei Personen, die Zugang zu Unterlagen oder ähnlichen Inhalten haben sollen, aus denen sich sicherheitsrelevante Erkenntnisse für die Tätigkeit von Polizei und Sicherheitsbehörden ergeben oder
5. zu Zwecken des Personen- und Objektschutzes.

[4]Die Polizei kann hierzu die Identität der Person feststellen, deren Zuverlässigkeit überprüft werden soll, und zu diesem Zweck auch von ihr vorgelegte Ausweisdokumente kopieren oder Kopien von Ausweisdokumenten anfordern.

(2) [1]Die Polizei ist befugt, das Ergebnis ihrer Zuverlässigkeitsüberprüfung an eine andere Stelle zu übermitteln, wenn die Beurteilung der Zuverlässigkeit der anderen Stelle obliegt. [2]Hat die Polizei dabei Zuverlässigkeitsbedenken, ist die betroffene Person vor der Datenübermittlung an die andere Stelle über die Bedenken der Polizei zu informieren, wenn die betroffene Person dies schriftlich oder in elektronischer Form gegenüber der Polizei zuvor erklärt hat. [3]In den Fällen des Satzes 2 gibt die Polizei der betroffenen Person Gelegenheit, Einwände gegen die Sicherheitsbedenken schriftlich oder in elektronischer Form vorzubringen, welche vor der Übermittlung nach Satz 1 zu prüfen sind. [4]Die betroffene Person ist von der anderen Stelle auf die Möglichkeiten nach den Sätzen 2 und 3 und über Ablauf und Inhalt des polizeilichen Überprüfungsverfahrens spätestens vor der erstmaligen Datenübermittlung an die Polizei hinzuweisen. [5]Hat die Polizei Zweifel daran, dass die andere Stelle ihrer Verpflichtung nach Satz 4 nachgekommen ist, ist die betroffene Person durch die Polizei vor der Übermittlung nach Satz 1 über das Bestehen von Sicherheitsbedenken zu informieren. [6]Von der Information des Betroffenen nach den Sätzen 2 und 5 kann unter den Voraussetzungen des Art. 65 Abs. 2 und 3 abgesehen werden. [7]Erfolgt die Mitteilung an eine nichtöffentliche Stelle, beschränkt sich die Mitteilung nach Satz 1 darauf, dass Zuverlässigkeitsbedenken bestehen.

(3) Die Polizei kann die andere Stelle dazu verpflichten, ihr mitzuteilen, wenn sie eine Person trotz bekannter Zuverlässigkeitsbedenken der Polizei gleichwohl für den Anlass verwendet, für den die Zuverlässigkeitsüberprüfung durchgeführt wurde.

(4) Art. 54 Abs. 2 Satz 6 findet keine Anwendung.

(5) 1Die Polizei kann ferner Personen, die eine Tätigkeit in einer Behörde der Polizei oder des Verfassungsschutzes anstreben, mit deren schriftlicher oder elektronischer Zustimmung einer Zuverlässigkeitsüberprüfung nach Abs. 1 unterziehen. 2In diesen Fällen findet Arbeits- und Beamtenrecht Anwendung.

Artikel 61 Datenabgleich innerhalb der Polizei

(1) 1Die Polizei kann personenbezogene Daten der in Art. 7 und 8 genannten Personen mit dem Inhalt polizeilicher Dateien abgleichen. 2Personenbezogene Daten anderer Personen kann die Polizei nur abgleichen, wenn Tatsachen die Annahme rechtfertigen, daß dies zur Erfüllung einer bestimmten polizeilichen Aufgabe erforderlich ist. 3Die Polizei kann ferner im Rahmen ihrer Aufgabenerfüllung erlangte personenbezogene Daten mit dem Fahndungsbestand abgleichen. 4Der Betroffene kann außer in den Fällen des Art. 12 für die Dauer des Datenabgleichs angehalten werden. 5Art. 13 bleibt unberührt.

(2) Maßnahmen im Sinn des Abs. 1 können auch unter Verwendung bildverarbeitender Systeme und durch Auswertung biometrischer Daten erfolgen, wenn andernfalls die Erfüllung polizeilicher Aufgaben gefährdet oder wesentlich erschwert würde.

(3) Rechtsvorschriften über den Datenabgleich in anderen Fällen bleiben unberührt.

Artikel 61a Besondere technische Mittel zur anlassbezogenen Zusammenführung von Daten

(1) 1Die Polizei kann zur Gewinnung neuer Erkenntnisse personenbezogene Daten aus verschiedenen eigenen automatisierten Verfahren, mit denen personenbezogene Daten verarbeitet werden, automatisiert zusammenführen und darauf bezogen weitere nach diesem Gesetz oder besonderen Rechtsvorschriften erhobene personenbezogene Daten verarbeiten, soweit dies erforderlich ist zur Abwehr einer Gefahr oder einer drohenden Gefahr für

1. Leib, Leben oder Freiheit einer Person,
2. den Bestand oder die Sicherheit des Bundes oder eines Landes oder
3. Anlagen der kritischen Infrastruktur oder sonstige Anlagen mit unmittelbarer Bedeutung für das Gemeinwesen.

2Soweit personenbezogene Daten verarbeitet werden sollen, die durch den Einsatz technischer Mittel in Wohnungen erhoben wurden, ist dies nur zur Abwehr einer dringenden Gefahr zulässig. 3Die Vorschriften des Art. 48 Abs. 1, 3 und 4, des Art. 53 Abs. 2 sowie des Art. 54 Abs. 2 Satz 1 bleiben unberührt.

(2) 1Eine Maßnahme nach Abs. 1 Satz 1 kann die Polizei auch treffen, soweit dies erforderlich ist

1. zur Verhütung oder Unterbindung von in § 100b Abs. 2 StPO genannten Straftaten, wenn aufgrund tatsächlicher Anhaltspunkte innerhalb eines übersehbaren Zeitraums mit weiteren gleichgelagerten Straftaten zu rechnen ist, oder
2. zur Abwehr einer Gefahr oder einer drohenden Gefahr für
   a) die Gesundheit einer Person, soweit nicht zugleich eine Gefahr im Sinn des Abs. 1 Satz 1 Nr. 1 vorliegt,
   b) die sexuelle Selbstbestimmung, soweit sie durch Straftatbestände geschützt ist, die im Mindestmaß mit wenigstens drei Monaten Freiheitsstrafe bedroht sind,
   c) Eigentums- oder Vermögenswerte, wenn tatsächliche Anhaltspunkte für eine drohende gewerbsmäßige oder bandenmäßige Schädigung dieser Rechtsgüter vorliegen, die geeignet ist, den Rechtsfrieden in erheblicher Weise zu stören, oder
   d) Kulturgüter von mindestens überregionalem Rang.

2Die Vorschriften des Art. 48 Abs. 1 und 3, des Art. 53 Abs. 2 sowie des Art. 54 Abs. 2 Satz 1 bleiben unberührt. 3Die automatisierte Verarbeitung von DNA-Identifizierungsmustern, Finger- und Handflächenabdrücken oder personenbezogenen Daten, die durch den Einsatz technischer Mittel in Wohnungen oder durch verdeckten Zugriff auf informationstechnische Systeme erhoben wurden, ist unzulässig. 4Satz 3 gilt entsprechend für eine automatisierte Verarbeitung von Audio- und Videodateien. 5Maßnahmen nach den Sätzen 1 bis 4 dürfen nur durch die in Art. 36 Abs. 4 genannten Personen angeordnet werden.

(3) Bei Maßnahmen nach Abs. 2 darf die Polizei automatisiert nur auf personenbezogene Daten folgender eigener automatisierter Verfahren zugreifen:
1. Vorgangsverwaltungs- und Fallbearbeitungssysteme,
2. Informations- und Fahndungssysteme,
3. Kommunikationssysteme und
4. Einsatzleit- und Einsatzdokumentationssysteme.

(4) [1]Das für die Durchführung der Maßnahmen nach den Abs. 1 und 2 eingesetzte Personal ist besonders auszuwählen und zu schulen. [2]Durch technische und organisatorische Maßnahmen sind die Zugriffsmöglichkeiten des eingesetzten Personals auf die gemäß den Abs. 1 und 2 zur Verfügung stehenden personenbezogenen Daten auf das erforderliche Maß zu beschränken. [3]Die Anzeige der Ergebnisse ist auf mit den Suchparametern übereinstimmende Treffer zu beschränken. [4]Das Vorliegen der Voraussetzungen nach den Abs. 1 und 2 ist zu dokumentieren. [5]Das Vorgehen bei Maßnahmen nach den Abs. 1 und 2 ist zu protokollieren.

(5) Bei Anwendung von Maßnahmen nach den Abs. 1 und 2 sind nicht zulässig:
1. eine automatisierte Entscheidungsfindung im Sinn von Art. 11 der Richtlinie (EU) 2016/680,
2. eine Verwendung selbstlernender Systeme oder
3. der unmittelbare automatisierte Abgleich von personenbezogenen Daten aus der Allgemeinheit offenstehenden Netzwerken.

Artikel 62 Berichtigung, Löschung und Verarbeitungseinschränkung von Daten

(1) [1]Personenbezogene Daten sind zu berichtigen, wenn sie unrichtig sind. [2]Die Berichtigung kann auch eine Ergänzung der Daten erforderlich machen, wenn eine mangelnde Vollständigkeit die Unrichtigkeit der Daten für den Verarbeitungszweck zur Folge hat. [3]Wurden die Daten zuvor an die Polizei übermittelt, ist der übermittelnden Stelle die Berichtigung mitzuteilen, soweit dies möglich und zumutbar ist. [4]Erweisen sich personenbezogene Daten nach ihrer Übermittlung durch die Polizei als unrichtig, sind sie unverzüglich gegenüber der empfangenden Stelle zu berichtigen, wenn dies zur Wahrung schutzwürdiger Interessen des Betroffenen erforderlich ist. [5]Ist die Berichtigung nicht möglich oder nicht hinreichend, ist eine weitere Verarbeitung der Daten unzulässig. [6]Die Daten sind durch die empfangende Stelle unverzüglich zu löschen oder, wenn dies nicht möglich ist, unverzüglich in der Verarbeitung einzuschränken.

(2) [1]In Dateien gespeicherte personenbezogene Daten sind unverzüglich zu löschen und die zu dem Betroffenen geführten Akten zu vernichten, wenn
1. ihre Erhebung oder weitere Verarbeitung unzulässig war,
2. sie zur Erfüllung einer rechtlichen Verpflichtung gelöscht werden müssen oder
3. bei der zu bestimmten Fristen oder Terminen vorzunehmenden Überprüfung oder aus Anlaß einer Einzelfallbearbeitung festgestellt wird, daß ihre Kenntnis für die speichernde Stelle zur Erfüllung der ihr obliegenden Aufgaben nicht mehr erforderlich ist. Art. 54 Abs. 2 Satz 3 bis 5 gilt entsprechend.

[2]Wurden die Daten übermittelt, ist dem Empfänger die Löschung unverzüglich mitzuteilen.

(3) [1]Löschung und Vernichtung unterbleiben, soweit und solange
1. Grund zu der Annahme besteht, daß schutzwürdige Interessen des Betroffenen beeinträchtigt würden,
2. die Daten für Beweiszwecke einer weiteren Aufbewahrung bedürfen,
3. dies im Einzelfall nicht oder nur mit unverhältnismäßig hohem Aufwand möglich ist oder
4. ein Fall des Art. 53 Abs. 3 oder Art. 54 Abs. 4 vorliegt.

[2]In diesen Fällen sind die Daten in der Verarbeitung einzuschränken. [3]Sie dürfen nur zu den in Satz 1 Nr. 2 und 4 genannten Zwecken oder mit Einwilligung des Betroffenen genutzt werden. [4]Wurden die Daten übermittelt, ist dem Empfänger die Verarbeitungseinschränkung unverzüglich mitzuteilen.

(4) [1]Der Betroffene kann nach Maßgabe der Abs. 1 bis 3 die unverzügliche Berichtigung oder Löschung verlangen. [2]Im Fall von Aussagen, Beurteilungen oder anderweitigen Wertungen betrifft die Frage der Richtigkeit nicht deren Inhalt, sondern die Tatsache, ob die Aussage, Beurteilung oder anderweitige Wertung so erfolgt ist. [3]Kann die Richtigkeit der Daten nicht erwiesen werden, werden die Daten in der Verarbeitung eingeschränkt. [4]In diesem Fall wird der Betroffene unterrichtet, bevor die Verarbeitungseinschränkung aufgehoben wird. [5]Bestehen begründete Zweifel an der Identität der antragstel-

lenden Person, kann die Bearbeitung ihres Anliegens von der Erbringung geeigneter Nachweise abhängig gemacht werden.

(5) [1]Der Betroffene wird unverzüglich darüber in Kenntnis gesetzt, wie mit dem Antrag nach Abs. 4 verfahren wird, falls über ihn nicht unverzüglich entschieden wird. [2]Soweit ein Antrag abgelehnt wird, ist der Betroffene hierüber schriftlich und unter Mitteilung der Gründe zu unterrichten. [3]Der Betroffene ist darauf hinzuweisen, dass er Beschwerde bei dem Landesbeauftragten einlegen, seine Rechte auch über diesen ausüben oder gerichtlichen Rechtsschutz in Anspruch nehmen kann. [4]Unterrichtungen können unterbleiben, soweit und solange hierdurch

1. die Erfüllung polizeilicher Aufgaben gefährdet oder wesentlich erschwert würde,
2. die öffentliche Sicherheit oder Ordnung gefährdet würde oder
3. überwiegende Rechte Dritter gefährdet würden.

(6) Bei offensichtlich unbegründeten oder in ungebührlichem Umfang gestellten Anträgen können angemessene Kosten erhoben werden, soweit nicht ausnahmsweise schon von der Bearbeitung abgesehen werden kann.

Artikel 63 Automatisiertes Abrufverfahren

(1) [1]Die Einrichtung eines automatisierten Verfahrens, das die Verarbeitung, insbesondere die Übermittlung personenbezogener Daten durch Abruf ermöglicht, ist zulässig, soweit dieses Verfahren unter Berücksichtigung der schutzwürdigen Interessen der Betroffenen und der Erfüllung polizeilicher Aufgaben angemessen ist. [2]Der Abruf durch andere als Polizeidienststellen ist nur auf Grund besonderer Rechtsvorschriften zulässig.

(2) [1]Folgende Verarbeitungsvorgänge nach Abs. 1 müssen protokolliert werden:

1. Erhebung,
2. Veränderung,
3. Abruf,
4. Offenlegung einschließlich Übermittlung,
5. Verknüpfung und
6. Löschung.

[2]Die Protokolle über Abrufe und Offenlegungen müssen die dafür maßgeblichen Gründe nennen sowie Datum und Uhrzeit dieser Vorgänge enthalten und, soweit möglich, die Feststellung der Identität der abrufenden oder offenlegenden Person sowie des Empfängers ermöglichen.

(3) [1]Die nach Abs. 2 erstellten Protokolle dürfen nur verwendet werden zur

1. Überprüfung der Rechtmäßigkeit der Datenverarbeitung, einschließlich der Eigenüberwachung,
2. Gewährleistung der Integrität und Sicherheit der personenbezogenen Daten,
3. Verhütung oder Verfolgung von Straftaten und Ordnungswidrigkeiten und
4. Kontrolle durch den Landesbeauftragten.

[2]Sie sind dem Landesbeauftragten auf Anforderung in auswertbarer Weise zur Verfügung zu stellen. [3]Soweit sie für Zwecke des Satzes 1 nicht mehr benötigt werden, sind sie zu löschen. [4]Die Auswertung für Zwecke des Satzes 1 Nr. 3 bedarf der Anordnung einer der in Art. 36 Abs. 4 Satz 1 oder Satz 2 genannten Personen.

(4) Das Staatsministerium kann mit anderen Ländern und dem Bund einen Datenverbund vereinbaren, der eine automatisierte Datenübermittlung ermöglicht.

Artikel 64 Errichtungsanordnung für Dateien, Datenschutz-Folgenabschätzung

(1) [1]Für den erstmaligen Einsatz von automatisierten Verfahren, mit denen personenbezogene Daten verarbeitet werden, ist in einer Errichtungsanordnung, die der Zustimmung des Staatsministeriums bedarf, festzulegen:

1. speichernde Stelle,
2. Bezeichnung der Datei,
3. Zweck der Datei,
4. betroffener Personenkreis,
5. Art der zu speichernden Daten,
6. Eingabeberechtigung,
7. Zugangsberechtigung,
8. regelmäßige Datenübermittlungen,

9. Überprüfungsfristen, Speicherungsdauer,
10. Protokollierung von Verarbeitungsvorgängen nach Art. 63 Abs. 2,
11. besondere Regelungen über die Verarbeitung von Daten, die nach dem 2. Unterabschnitt erhoben wurden, insbesondere zum Verhältnis von Speicherinhalt und Abrufberechtigung, und
12. Angaben nach Abs. 2 Satz 4 Halbsatz 2.

[2]Nach der Zustimmung gemäß Satz 1 ist die Errichtungsanordnung dem Landesbeauftragten mitzuteilen. [3]Das gleiche gilt für wesentliche Änderungen des Verfahrens.

(2) [1]Birgt eine Datenverarbeitung oder deren Änderung auf Grund ihrer Art, ihres Umfangs, ihres Zwecks, des Einsatzes neuer Technologien oder sonstiger Umstände voraussichtlich ein hohes Risiko für die Rechte natürlicher Personen, führt die Polizei vor ihrer erstmaligen Anwendung eine Abschätzung der Folgen für den Schutz personenbezogener Daten durch. [2]In den Fällen des Art. 61 Abs. 2 gilt dies insbesondere dann, wenn durch den Abgleich Bild- oder anderweitige Aufzeichnungen automatisch gesteuert werden können. [3]Der Landesbeauftragte kann zudem festlegen, welche Verarbeitungsvorgänge vor ihrer erstmaligen Anwendung einer Folgenabschätzung bedürfen. [4]Die Folgenabschätzung muss den Rechten und schutzwürdigen Interessen betroffener Personen Rechnung tragen und eine allgemeine Beschreibung der vorgesehenen Verarbeitungsvorgänge und -zwecke, eine Bewertung der Risiken im Hinblick auf die Rechte der betroffenen Personen sowie eine Darstellung der vorgesehenen Abhilfe- und Schutzmaßnahmen enthalten. [5]Ist zugleich eine Errichtungsanordnung nach Abs. 1 erforderlich, so ist vor deren Erstellung eine entsprechende Folgenabschätzung vorzunehmen; die Angaben nach Satz 4 sind in die Errichtungsanordnung aufzunehmen. [6]Abs. 1 Satz 2 findet mit der Maßgabe Anwendung, dass dem Landesbeauftragten vor der erstmaligen Anwendung vorgesehener Verarbeitungsvorgänge Gelegenheit zur Stellungnahme binnen sechs Wochen zu geben ist, wobei diese Frist auf dessen Ersuchen hin auf zehn Wochen verlängert werden kann. [7]Bei Gefahr im Verzug findet Satz 6 keine Anwendung; die Mitteilung an den Landesbeauftragten ist in diesen Fällen unverzüglich nachzuholen. [8]Ihm sind auf Anforderung alle für seine Kontrolle erforderlichen und für die Polizei verfügbaren Informationen zu übermitteln.

(3) [1]Die speichernde Stelle hat in angemessenem Abstand die Notwendigkeit der Weiterführung oder Änderung ihrer Dateien zu prüfen. [2]Dabei berücksichtigt sie auch die Kategorien personenbezogener Daten nach Art. 30 Abs. 2 bis 4.

Artikel 65 Auskunftsrecht

(1) [1]Die Polizei teilt einer Person auf Antrag mit, ob sie betreffende personenbezogene Daten, einschließlich Bild- und Tonaufzeichnungen, verarbeitet werden. [2]Ist dies der Fall, erhält die Person ihrem Antrag entsprechend Auskunft über sie betreffende personenbezogene Daten und über

1. die Rechtsgrundlage und die Zwecke der Verarbeitung,
2. verfügbare Informationen zur Herkunft der Daten oder, falls dies im Einzelfall nicht möglich ist, zu den Kategorien personenbezogener Daten, die verarbeitet werden,
3. die Empfänger, gegenüber denen die personenbezogenen Daten offengelegt wurden,
4. die für deren Speicherung vorgesehene Dauer oder, falls dies im Einzelfall nicht möglich ist, die Kriterien für deren Festlegung,
5. die bestehenden Rechte auf Berichtigung, Löschung oder Verarbeitungseinschränkung und
6. die Kontaktdaten des Landesbeauftragten und die Möglichkeit, bei ihm Beschwerde einzulegen.

[3]Bestehen begründete Zweifel an der Identität der antragstellenden Person, kann die Erteilung der Auskunft von der Erbringung geeigneter Nachweise abhängig gemacht werden. [4]Auskunft zur Herkunft personenbezogener Daten von oder zu deren Übermittlung an Verfassungsschutzbehörden des Bundes oder der Länder, den Bundesnachrichtendienst oder den Militärischen Abschirmdienst, wird nur mit Zustimmung dieser Stellen erteilt.

(2) [1]Die Auskunft kann unterbleiben, soweit und solange andernfalls

1. die Erfüllung polizeilicher Aufgaben gefährdet oder wesentlich erschwert würde,
2. die öffentliche Sicherheit oder Ordnung gefährdet würde oder
3. die im Einzelfall, insbesondere wegen der überwiegenden berechtigten Interessen eines Dritten, erforderliche Geheimhaltung verarbeiteter Daten gefährdet würde und das Interesse der antragstellenden Person an der Auskunftserteilung nicht überwiegt.

[2]Art. 50 bleibt unberührt.

(3) [1]Art. 62 Abs. 5 gilt entsprechend. [2]Die Gründe für die Ablehnung eines Antrags sind von der Polizei zu dokumentieren. [3]Sie sind dem Landesbeauftragten für dessen Kontrolle in auswertbarer Weise zur Verfügung zu stellen, soweit nicht das Staatsministerium im Einzelfall feststellt, dass dadurch die Sicherheit des Bundes oder eines Landes gefährdet würde. [4]Eine Mitteilung des Landesbeauftragten an den Betroffenen im Beschwerdeverfahren darf keine Rückschlüsse auf den Erkenntnisstand der Polizei zulassen, sofern diese nicht einer weitergehenden Auskunft zustimmt.
(4) Art. 62 Abs. 6 gilt entsprechend.

4. Unterabschnitt
Anwendung des Bayerischen Datenschutzgesetzes

Artikel 66 Anwendung des Bayerischen Datenschutzgesetzes
[1]Das Bayerische Datenschutzgesetz (BayDSG) findet für den Bereich der Polizei ergänzend Anwendung, soweit in diesem Gesetz nichts Besonderes geregelt ist. [2]Art. 24 BayDSG gilt ausschließlich in Ausübung des Hausrechts.

IV. Abschnitt
Vollzugshilfe

Artikel 67 Vollzugshilfe
(1) Die Polizei leistet anderen Behörden auf Ersuchen Vollzugshilfe, wenn unmittelbarer Zwang anzuwenden ist und die anderen Behörden nicht über die hierzu erforderlichen Dienstkräfte verfügen oder ihre Maßnahmen nicht auf andere Weise selbst durchsetzen können.
(2) Soweit Dienstkräfte der Justizverwaltung nicht oder nicht ausreichend zur Verfügung stehen, führt die Polizei Personen dem Gericht oder der Staatsanwaltschaft vor und unterstützt die Gerichtsvorsitzenden bei der Aufrechterhaltung der Ordnung in der Sitzung.
(3) Die Grundsätze der Amtshilfe gelten entsprechend.
(4) Die Verpflichtung zur Amtshilfe bleibt unberührt.

Artikel 68 Verfahren
(1) [1]Vollzugshilfeersuchen sind schriftlich zu stellen. [2]Sie haben den Grund und die Rechtsgrundlage der Maßnahme anzugeben.
(2) [1]In Eilfällen kann das Ersuchen formlos gestellt werden. [2]Es ist jedoch auf Verlangen unverzüglich schriftlich zu bestätigen.
(3) [1]Vollzugshilfeersuchen sollen an die unterste Polizeidienststelle gerichtet werden, deren Dienstbereich für den Vollzug des Ersuchens ausreicht. [2]Weisungen der Sicherheitsbehörden gehen dem Ersuchen anderer Verwaltungsbehörden vor.
(4) Die ersuchende Behörde ist von der Ausführung des Ersuchens zu verständigen.

Artikel 69 Vollzugshilfe bei Freiheitsentziehung
(1) Hat das Vollzugshilfeersuchen eine Freiheitsentziehung zum Inhalt, ist auch die richterliche Entscheidung über die Zulässigkeit der Freiheitsentziehung vorzulegen oder in dem Ersuchen zu bezeichnen.
(2) Ist eine vorherige richterliche Entscheidung nicht ergangen, hat die Polizei die festgehaltene Person zu entlassen, wenn die ersuchende Behörde diese nicht übernimmt oder die richterliche Entscheidung nicht unverzüglich nachträglich beantragt.
(3) Die Art. 19 und 20 gelten entsprechend.

V. Abschnitt
Zwang

1. Unterabschnitt
Erzwingung von Handlungen, Duldungen und Unterlassungen

Artikel 70 Zulässigkeit des Verwaltungszwangs
(1) Der Verwaltungsakt der Polizei, der auf die Vornahme einer Handlung oder auf Duldung oder Unterlassung gerichtet ist, kann mit Zwangsmitteln durchgesetzt werden, wenn er unanfechtbar ist oder wenn ein Rechtsmittel keine aufschiebende Wirkung hat.
(2) Der Verwaltungszwang kann ohne vorausgehenden Verwaltungsakt angewendet werden, wenn das zur Abwehr einer Gefahr notwendig ist, insbesondere weil Maßnahmen gegen Personen nach den Art. 7 bis 10 nicht oder nicht rechtzeitig möglich sind oder keinen Erfolg versprechen, und die Polizei hierbei innerhalb ihrer Befugnisse handelt.

Artikel 71 Zwangsmittel
(1) Zwangsmittel sind:
1. Ersatzvornahme (Art. 72),
2. Zwangsgeld (Art. 73),
3. unmittelbarer Zwang (Art. 75).

(2) Sie sind nach Maßgabe der Art. 76 und 81 anzudrohen.
(3) Die Zwangsmittel können auch neben einer Strafe oder Geldbuße angewandt und so lange wiederholt und gewechselt werden, bis der Verwaltungsakt befolgt worden ist oder sich auf andere Weise erledigt hat.

Artikel 72 Ersatzvornahme
(1) [1]Wird die Verpflichtung, eine Handlung vorzunehmen, deren Vornahme durch einen anderen möglich ist, nicht erfüllt, so kann die Polizei die Handlung selbst ausführen oder einen anderen mit der Ausführung beauftragen. [2]Für die Ausführung der Ersatzvornahme werden vom Betroffenen Kosten erhoben. [3]Im übrigen gilt das Kostengesetz.
(2) [1]Es kann bestimmt werden, daß der Betroffene die voraussichtlichen Kosten der Ersatzvornahme im voraus zu bezahlen hat. [2]Zahlt der Betroffene die Kosten der Ersatzvornahme oder die voraussichtlich entstehenden Kosten der Ersatzvornahme nicht fristgerecht, so können die Kosten im Verwaltungszwangsverfahren beigetrieben werden. [3]Die Beitreibung der voraussichtlichen Kosten unterbleibt, sobald der Betroffene die gebotene Handlung ausführt.

Artikel 73 Zwangsgeld
(1) Das Zwangsgeld wird auf mindestens fünfzehn und höchstens fünftausend Euro schriftlich festgesetzt.
(2) Mit der Festsetzung des Zwangsgeldes ist dem Betroffenen eine angemessene Frist zur Zahlung einzuräumen.
(3) [1]Zahlt der Betroffene das Zwangsgeld nicht fristgerecht, so wird es im Verwaltungszwangsverfahren beigetrieben. [2]Die Beitreibung unterbleibt, sobald der Betroffene die gebotene Handlung ausführt oder die zu duldende Maßnahme gestattet.
(4) [1]Für die Festsetzung des Zwangsgeldes werden vom Betroffenen Kosten erhoben. [2]Im übrigen gilt das Kostengesetz.

Artikel 74 Ersatzzwangshaft
(1) [1]Ist das Zwangsgeld uneinbringlich, so kann das Verwaltungsgericht auf Antrag der Polizei die Ersatzzwangshaft anordnen, wenn bei Androhung des Zwangsgeldes hierauf hingewiesen worden ist. [2]Die Ersatzzwangshaft beträgt mindestens einen Tag, höchstens zwei Wochen.
(2) Die Ersatzzwangshaft ist auf Antrag der Polizei von der Justizverwaltung nach den Bestimmungen der § 802g Abs. 2 und § 802h der ZPO zu vollstrecken.

Artikel 75 Unmittelbarer Zwang
(1) [1]Die Polizei kann unmittelbaren Zwang anwenden, wenn andere Zwangsmittel nicht in Betracht kommen oder keinen Erfolg versprechen oder unzweckmäßig sind. [2]Für die Art und Weise der Anwendung unmittelbaren Zwangs gilt der 2. Unterabschnitt.

(2) Unmittelbarer Zwang zur Abgabe einer Erklärung ist ausgeschlossen.

(3) [1]Für die Anwendung unmittelbaren Zwangs werden Kosten erhoben. [2]Im übrigen gilt das Kostengesetz.

Artikel 76 Androhung der Zwangsmittel

(1) [1]Zwangsmittel sind möglichst schriftlich anzudrohen. [2]Dem Betroffenen ist in der Androhung zur Erfüllung der Verpflichtung eine angemessene Frist zu bestimmen; eine Frist braucht nicht bestimmt zu werden, wenn eine Duldung oder Unterlassung erzwungen werden soll. [3]Von der Androhung kann abgesehen werden, wenn die Umstände sie nicht zulassen, insbesondere wenn die sofortige Anwendung des Zwangsmittels zur Abwehr einer Gefahr notwendig ist.

(2) [1]Die Androhung kann mit dem Verwaltungsakt verbunden werden, durch den die Handlung, Duldung oder Unterlassung aufgegeben wird. [2]Sie soll mit ihm verbunden werden, wenn ein Rechtsmittel keine aufschiebende Wirkung hat.

(3) [1]Die Androhung muß sich auf bestimmte Zwangsmittel beziehen. [2]Werden mehrere Zwangsmittel angedroht, ist anzugeben, in welcher Reihenfolge sie angewandt werden sollen.

(4) Wird die Ersatzvornahme angedroht, so sollen in der Androhung die voraussichtlichen Kosten angegeben werden.

(5) Das Zwangsgeld ist in bestimmter Höhe anzudrohen.

(6) [1]Die Androhung ist zuzustellen. [2]Das gilt auch dann, wenn sie mit dem zugrunde liegenden Verwaltungsakt verbunden ist und für ihn keine Zustellung vorgeschrieben ist.

(7) [1]Für die Androhung werden Kosten erhoben. [2]Dies gilt nicht, wenn nach Abs. 2 Satz 1 verfahren wird und der Verwaltungsakt, durch den die Handlung, Duldung oder Unterlassung aufgegeben wird, kostenfrei ist. [3]Im übrigen gilt das Kostengesetz.

2. Unterabschnitt

Anwendung unmittelbaren Zwangs

Artikel 77 Rechtliche Grundlagen

(1) Ist die Polizei nach diesem Gesetz oder anderen Rechtsvorschriften zur Anwendung unmittelbaren Zwangs befugt, gelten für die Art und Weise der Anwendung die Art. 78 bis 86 und, soweit sich aus diesen nichts Abweichendes ergibt, die übrigen Vorschriften dieses Gesetzes.

(2) Die zivil- und strafrechtlichen Wirkungen nach den Vorschriften über Notwehr und Notstand bleiben unberührt.

Artikel 78 Begriffsbestimmung

(1) Unmittelbarer Zwang ist die Einwirkung auf Personen oder Sachen durch körperliche Gewalt, ihre Hilfsmittel, Waffen und Explosivmittel.

(2) Körperliche Gewalt ist jede unmittelbare körperliche Einwirkung auf Personen oder Sachen.

(3) Hilfsmittel der körperlichen Gewalt sind insbesondere Fesseln, Wasserwerfer, technische Sperren, Diensthunde, Dienstpferde, Dienstfahrzeuge, Luftfahrzeuge, Reiz- und Betäubungsstoffe sowie zum Sprengen bestimmte explosionsfähige Stoffe (Sprengmittel).

(4) [1]Als Waffen sind Schlagstock, Elektroimpulsgerät und vergleichbare Waffen, Pistole, Revolver, Gewehr, Maschinenpistole und Maschinengewehr zugelassen. [2]Waffen können auf Anordnung des Staatsministeriums zeitlich befristet als Einsatzmittel erprobt werden.

(5) [1]Explosivmittel sind besondere Sprengmittel, namentlich Handgranaten, Sprenggeschosse, die aus Schusswaffen verschossen werden können und sonstige explosionsfähige Stoffe, die vor Umsetzung von einem festen Mantel umgeben sind. [2]Abs. 4 Satz 2 gilt entsprechend.

Artikel 79 Handeln auf Anordnung

(1) [1]Die Polizeibeamten sind verpflichtet, unmittelbaren Zwang anzuwenden, der von einem Weisungsberechtigten angeordnet wird. [2]Dies gilt nicht, wenn die Anordnung die Menschenwürde verletzt oder nicht zu dienstlichen Zwecken erteilt worden ist.

(2) [1]Eine Anordnung darf nicht befolgt werden, wenn dadurch eine Straftat begangen würde. [2]Befolgt der Polizeibeamte die Anordnung trotzdem, so trifft ihn eine Schuld nur, wenn er erkennt oder wenn es nach den ihm bekannten Umständen offensichtlich ist, daß dadurch eine Straftat begangen wird.

(3) Bedenken gegen die Rechtmäßigkeit der Anordnung hat der Polizeibeamte dem Anordnenden gegenüber vorzubringen, soweit das nach den Umständen möglich ist.
(4) § 36 Abs. 2 und 3 des Beamtenstatusgesetzes sind nicht anzuwenden.

Artikel 80 Hilfeleistung für Verletzte

Wird unmittelbarer Zwang angewendet, ist Verletzten, soweit es nötig ist und die Lage es zuläßt, Beistand zu leisten und ärztliche Hilfe zu verschaffen.

Artikel 81 Androhung unmittelbaren Zwangs

(1) [1]Unmittelbarer Zwang ist vor seiner Anwendung anzudrohen. [2]Von der Androhung kann abgesehen werden, wenn die Umstände sie nicht zulassen, insbesondere wenn die sofortige Anwendung des Zwangsmittels zur Abwehr einer Gefahr notwendig ist. [3]Als Androhung des Schußwaffengebrauchs gilt auch die Abgabe eines Warnschusses.
(2) Schußwaffen und Explosivmittel dürfen nur dann ohne Androhung gebraucht werden, wenn das zur Abwehr einer gegenwärtigen Gefahr für Leib oder Leben erforderlich ist.
(3) [1]Gegenüber einer Menschenmenge ist die Anwendung unmittelbaren Zwangs möglichst so rechtzeitig anzudrohen, daß sich Unbeteiligte noch entfernen können. [2]Der Gebrauch von Schußwaffen gegen Personen in einer Menschenmenge ist stets anzudrohen; die Androhung ist vor dem Gebrauch durch Warnschuß zu wiederholen. [3]Beim Gebrauch von technischen Sperren und Dienstpferden kann von einer Androhung abgesehen werden.

Artikel 82 Fesselung von Personen

Eine Person, die nach diesem Gesetz oder anderen Rechtsvorschriften festgehalten wird, darf gefesselt werden, wenn Tatsachen die Annahme rechtfertigen, daß sie
1. Polizeibeamte oder Dritte angreifen, Widerstand leisten oder Sachen beschädigen wird,
2. fliehen wird oder befreit werden soll oder
3. sich töten oder verletzen wird.

Artikel 83 Allgemeine Vorschriften für den Schußwaffengebrauch

(1) [1]Schußwaffen dürfen nur gebraucht werden, wenn andere Maßnahmen des unmittelbaren Zwangs erfolglos angewendet sind oder offensichtlich keinen Erfolg versprechen. [2]Gegen Personen ist ihr Gebrauch nur zulässig, wenn der Zweck nicht durch Schußwaffengebrauch gegen Sachen erreicht werden kann.
(2) [1]Schußwaffen dürfen gegen Personen nur gebraucht werden, um angriffs- oder fluchtunfähig zu machen. [2]Ein Schuß, der mit an Sicherheit grenzender Wahrscheinlichkeit tödlich wirken wird, ist nur zulässig, wenn er das einzige Mittel zur Abwehr einer gegenwärtigen Gefahr für Leib oder Leben einer Person ist.
(3) [1]Gegen Personen, die dem äußeren Eindruck nach noch nicht 14 Jahre alt sind, dürfen Schußwaffen nicht gebraucht werden. [2]Das gilt nicht, wenn der Schußwaffengebrauch das einzige Mittel zur Abwehr einer gegenwärtigen Gefahr für Leib oder Leben ist.
(4) [1]Der Schußwaffengebrauch ist unzulässig, wenn für den Polizeibeamten erkennbar Unbeteiligte mit hoher Wahrscheinlichkeit gefährdet werden. [2]Das gilt nicht, wenn der Schußwaffengebrauch das einzige Mittel zur Abwehr einer gegenwärtigen Gefahr für das Leben einer Person ist.

Artikel 84 Schußwaffengebrauch gegen Personen

(1) Schußwaffen dürfen gegen Personen nur gebraucht werden,
1. um eine gegenwärtige Gefahr für Leib oder Leben abzuwehren,
2. um die unmittelbar bevorstehende Begehung oder Fortsetzung eines Verbrechens oder eines Vergehens unter Anwendung oder Mitführung von Schußwaffen oder Sprengmitteln zu verhindern,
3. um eine Person anzuhalten, die sich der Festnahme oder Identitätsfeststellung durch Flucht zu entziehen versucht, wenn sie
   a) eines Verbrechens dringend verdächtig ist oder
   b) eines Vergehens dringend verdächtig ist und Tatsachen die Annahme rechtfertigen, daß sie Schußwaffen oder Sprengmittel mit sich führt,
4. zur Vereitelung der Flucht oder zur Ergreifung einer Person, die in amtlichem Gewahrsam zu halten oder ihm zuzuführen ist

a) auf Grund richterlicher Entscheidung wegen eines Verbrechens oder auf Grund des dringenden Verdachts eines Verbrechens oder
b) auf Grund richterlicher Entscheidung wegen eines Vergehens oder auf Grund des dringenden Verdachts eines Vergehens, sofern Tatsachen die Annahme rechtfertigen, daß sie Schußwaffen oder Sprengmittel mit sich führt,

5. um die gewaltsame Befreiung einer Person aus amtlichem Gewahrsam zu verhindern oder in sonstigen Fällen des Art. 107 BayStVollzG.

(2) Schußwaffen dürfen nach Abs. 1 Nr. 4 nicht gebraucht werden, wenn es sich um den Vollzug eines Jugendarrestes oder eines Strafarrestes handelt oder wenn die Flucht aus einer offenen Anstalt verhindert werden soll.

Artikel 85 Schußwaffengebrauch gegen Personen in einer Menschenmenge

(1) Schußwaffen dürfen gegen Personen in einer Menschenmenge nur gebraucht werden, wenn von ihr oder aus ihr heraus schwerwiegende Gewalttaten begangen werden oder unmittelbar bevorstehen und andere Maßnahmen keinen Erfolg versprechen.

(2) Wer sich aus einer solchen Menschenmenge nach wiederholter Androhung des Schußwaffengebrauchs nicht entfernt, obwohl ihm das möglich ist, ist nicht als Unbeteiligter anzusehen.

Artikel 86 Besondere Waffen, Sprengmittel

(1) [1]Maschinengewehre dürfen gegen Personen nur in den Fällen des Art. 84 Abs. 1 Nr. 1, 2 und 5 angewendet werden, wenn

1. diese Personen von Schusswaffen oder Sprengmitteln Gebrauch gemacht haben und
2. der vorherige Gebrauch anderer Waffen erfolglos geblieben ist.

[2]Der Einsatz von Explosivmitteln gegen Personen ist bereits dann zulässig, wenn diese selbst erkennbar den unmittelbaren Gebrauch von Schusswaffen, Sprengmitteln oder anderer, im Einzelfall vergleichbar gefährlicher Mittel beabsichtigen und der vorherige Gebrauch anderer Waffen durch die Polizei ersichtlich aussichtlos oder unzureichend ist.

(2) [1]Einsätze nach Abs. 1 bedürfen der Zustimmung des Landespolizeipräsidenten als Leiter der zuständigen Abteilung im Staatsministerium oder eines von ihm hierfür besonders Beauftragten. [2]Explosivmittel dürfen bei Gefahr im Verzug auch ohne vorhergehende Zustimmung eingesetzt werden; das Staatsministerium ist unverzüglich zu unterrichten.

(3) [1]Maschinengewehre und Explosivmittel dürfen nicht gebraucht werden,

1. um fluchtunfähig zu machen oder
2. gegen Personen in einer Menschenmenge.

[2]Andere Sprengmittel dürfen nicht gegen Personen angewendet werden.

(4) Im übrigen sind die Vorschriften über den Schußwaffengebrauch entsprechend anzuwenden.

VI. Abschnitt
Entschädigungs-, Erstattungs- und Ersatzansprüche

Artikel 87 Entschädigungsanspruch

(1) Erleidet jemand, gegen den Maßnahmen nach Art. 10 getroffen worden sind, einen Schaden, so ist dem Geschädigten dafür Entschädigung zu leisten, soweit der Schaden durch die polizeiliche Maßnahme entstanden ist und der Geschädigte nicht von einem anderen Ersatz zu erlangen vermag.

(2) [1]Das gleiche gilt, wenn jemand, der nicht nach den Art. 7 oder 8 verantwortlich ist und gegen den nicht Maßnahmen nach Art. 10 gerichtet worden sind, durch eine polizeiliche Maßnahme getötet oder verletzt wird oder einen nicht zumutbaren sonstigen Schaden erleidet. [2]Die Entschädigung ist auch zu leisten, soweit die Maßnahme auf einer richterlichen Anordnung beruht.

(3) Im Fall der Tötung ist dem Unterhaltsberechtigten in entsprechender Anwendung von § 844 Abs. 2 BGB Entschädigung zu leisten.

(4) Ein Entschädigungsanspruch nach den Abs. 1 bis 3 besteht nicht, soweit die Maßnahme auch unmittelbar dem Schutz der Person oder des Vermögens des Geschädigten gedient hat.

(5) Ist die Entschädigungspflicht aus Anlaß von Maßnahmen der Polizei in besonderen gesetzlichen Vorschriften geregelt, so gelten diese Vorschriften.

(6) Entschädigungspflichtig ist der Träger der Polizei, welche die zur Entschädigung verpflichtende Maßnahme getroffen hat.

(7) [1]Entschädigung nach den Abs. 1 bis 3 wird für Vermögensschäden gewährt; dabei sind Vermögensvorteile, die dem Berechtigten aus der zur Entschädigung verpflichtenden Maßnahme entstehen, zu berücksichtigen. [2]Bei Freiheitsentziehungen wird Entschädigung auch für Nichtvermögensschäden entsprechend § 7 Abs. 3 des Gesetzes über die Entschädigung für Strafverfolgungsmaßnahmen (StrEG) gewährt. [3]Ein mitwirkendes Verschulden des Berechtigten ist zu berücksichtigen. [4]Die Entschädigung wird in Geld gewährt.

Artikel 88 Erstattungsanspruch

(1) Ist die Polizei auf Weisung oder Ersuchen einer nichtstaatlichen Behörde tätig geworden, so ist die Körperschaft, der die Behörde angehört, dem nach Art. 87 Abs. 6 Entschädigungspflichtigen erstattungspflichtig, soweit nicht der Schaden durch ein Verschulden der Polizei bei Durchführung der Maßnahme entstanden ist.

(2) Die erstattungspflichtige Körperschaft hat dem entschädigungspflichtigen Polizeiträger die auf Grund des Art. 87 geleisteten notwendigen Aufwendungen zu erstatten.

Artikel 89 Ersatzanspruch

(1) Hat der nach Art. 87 Abs. 6 entschädigungspflichtige Polizeiträger keinen Erstattungsanspruch nach Art. 88, so kann er von der nach Art. 7 oder 8 verantwortlichen Person Ersatz der notwendigen Aufwendungen verlangen.

(2) Hat die nach Art. 88 erstattungspflichtige Körperschaft ihre Verpflichtung erfüllt, so kann sie von dem nach Art. 7 oder 8 Verantwortlichen Ersatz der notwendigen Aufwendungen verlangen.

Artikel 90 Rechtsweg

(1) Über die Entschädigungsansprüche nach Art. 87 entscheiden im Streitfall die ordentlichen Gerichte nach den Vorschriften der ZPO.

(2) Über die Erstattungsansprüche nach Art. 88 und die Ersatzansprüche nach Art. 89 entscheiden im Streitfall die Verwaltungsgerichte nach den Vorschriften der Verwaltungsgerichtsordnung.

VII. Abschnitt Opferschutz

Artikel 91 Opferschutzmaßnahmen

(1) [1]Für eine Person, die Opfer einer Straftat wurde oder bei der davon auszugehen ist, dass sie in absehbarer Zeit Opfer einer Straftat werden kann, dürfen auf Anordnung der in Art. 36 Abs. 4 Satz 1 und 2 genannten Personen Urkunden und sonstige Dokumente zum Aufbau und zur Aufrechterhaltung einer vorübergehend geänderten Identität hergestellt, vorübergehend verändert und die entsprechend geänderten Daten verarbeitet werden, wenn

1. dies zu ihrem Schutz vor einer Gefahr für ein in Art. 11a Abs. 2 Nr. 2 oder Nr. 3 genanntes bedeutendes Rechtsgut erforderlich ist und
2. die Person für diese Schutzmaßnahme geeignet ist.

[2]Die zu schützende Person darf unter der vorübergehend geänderten Identität am Rechtsverkehr teilnehmen.

(2) Soweit erforderlich, können Maßnahmen nach Abs. 1 auch auf Angehörige einer in Abs. 1 genannten Person oder ihr sonst nahe stehende Personen erstreckt werden.

(3) Art. 37 Abs. 4 Satz 1 und 3 findet auf die mit dem Schutz betrauten Polizeibeamten Anwendung, soweit dies zur Vorbereitung, Durchführung, Lenkung oder Absicherung der Schutzmaßnahmen erforderlich ist.

Artikel 92 Verwendung personenbezogener Daten bei Opferschutz

(1) Die Polizei kann Auskünfte über personenbezogene Daten einer zu schützenden Person verweigern, soweit dies für den Opferschutz erforderlich ist.

(2) [1]Öffentliche Stellen sind berechtigt, auf Ersuchen der Polizei personenbezogene Daten einer zu schützenden Person zu sperren oder nicht zu übermitteln. [2]Sie sollen dem Ersuchen entsprechen, soweit entgegenstehende öffentliche Interessen oder schutzwürdige Interessen Dritter nicht überwiegen. [3]Die Beurteilung der Erforderlichkeit der Maßnahme durch die Polizei ist für die ersuchte Stelle bindend.

(3) Die Polizei kann von nicht öffentlichen Stellen verlangen, personenbezogene Daten einer zu schützenden Person zu sperren oder nicht zu übermitteln.

(4) Bei der Datenverarbeitung innerhalb der öffentlichen und nichtöffentlichen Stellen ist sicherzustellen, dass der Opferschutz nicht beeinträchtigt wird.

(5) Die öffentlichen und nichtöffentlichen Stellen teilen der Polizei jedes Ersuchen um Bekanntgabe von gesperrten oder sonst von ihr bestimmten Daten unverzüglich mit.

VIII. Abschnitt
Kostenwesen

Artikel 93 Verhältnis zum Kostengesetz, Verordnungsermächtigung

[1]Art. 3 des Kostengesetzes ist nicht anzuwenden, soweit dieses Gesetz die Erhebung von Kosten bestimmt. [2]In diesen Fällen können Kosten auch dann erhoben werden, wenn auf Grund desselben Lebenssachverhalts neben Maßnahmen nach diesem Gesetz auch Maßnahmen nach der StPO oder dem Gesetz über Ordnungswidrigkeiten (OWiG) getroffen werden, wobei etwaige für die zuletzt genannten Maßnahmen erhobene Kosten in Abzug zu bringen sind. [3]Die Gebühren sind abweichend von den Art. 6 und 8 des Kostengesetzes nach dem Verwaltungsaufwand und der Bedeutung der Amtshandlung zu bemessen. [4]Das Staatsministerium wird ermächtigt, im Einvernehmen mit dem Staatsministerium der Finanzen und für Heimat durch Rechtsverordnung die Gebühren zu bestimmen und die pauschale Abgeltung der Auslagen zu regeln. [5]Von der Erhebung der Kosten kann abgesehen werden, soweit sie der Billigkeit widerspricht. Art. 3 I 1 Nr. 10 lit. c KG Art. 3 III KG

IX. Abschnitt
Richtervorbehalte; gerichtliches Verfahren

Artikel 94 Richtervorbehalte

Vorbehaltlich anderer gesetzlicher Regelungen bedürfen folgende polizeiliche Maßnahmen einer gerichtlichen Entscheidung:

1. Entnahme von Körperzellen und molekulargenetische Untersuchung zur Feststellung von DNA-Identifizierungs-Mustern (Art. 14 Abs. 3),
2. molekulargenetische Untersuchung von Proben nach Art. 14 Abs. 4 Satz 2 Nr. 1 und 2 zur Feststellung der Identität einer hilflosen Person oder einer Leiche (Art. 14 Abs. 4 Satz 2 Nr. 3),
3. Durchsuchung von Wohnungen (Art. 24 Abs. 1),
4. Verlängerung der Sicherstellung (Art. 28 Abs. 3 Satz 2),
5. molekulargenetische Untersuchung aufgefundenen Spurenmaterials unbekannter Herkunft (Art. 32a Abs. 1 Satz 1),
6. Verwertung von automatisierten Bild- und Tonaufzeichnungen körpernah getragener Aufzeichnungsgeräte in Wohnungen (Art. 33 Abs. 4 Satz 5),
7. elektronische Aufenthaltsüberwachung und Erstellung eines Bewegungsprofils (Art. 34 Abs. 1 Satz 1 und Abs. 3),
8. Postsicherstellung (Art. 35 Abs. 1 Satz 1), Öffnung ausgelieferter Postsendungen (Art. 35 Abs. 3 Satz 1 und Abs. 4 Satz 2) sowie Übertragung der Befugnis der Öffnung auf die Polizei (Art. 35 Abs. 3 Satz 2),
9. längerfristige Observationen (Art. 36 Abs. 3),
10. verdeckter Einsatz technischer Mittel zum Abhören oder zur Aufzeichnung des außerhalb von Wohnungen nichtöffentlich gesprochenen Wortes (Art. 36 Abs. 3),
11. verdeckter Einsatz technischer Mittel zur Feststellung des Standortes oder der Bewegungen einer Person oder einer beweglichen Sache mit dem Ziel der Erstellung eines Bewegungsbildes (Art. 36 Abs. 3),
12. Einsatz verdeckter Ermittler gegen eine bestimmte Person oder in der Absicht, eine nicht allgemein zugängliche Wohnung zu betreten (Art. 37 Abs. 2 Satz 1),
13. Einsatz von Vertrauenspersonen gegen eine bestimmte Person oder in der Absicht, eine nicht allgemein zugängliche Wohnung zu betreten (Art. 38 Abs. 2 Satz 1),
14. Einsatz technischer Mittel in Wohnungen (Art. 41 Abs. 1 Satz 1), sowie Freigabe oder Löschung von hieraus erlangten Daten (Art. 41 Abs. 5 Satz 1 und 4),

15. Feststellung der Rechtmäßigkeit der Anordnung eines verdeckten Einsatzes technischer Mittel in Wohnungen im Fall einer beabsichtigten anderweitigen Verwendung der hierbei erlangten Erkenntnisse (Art. 41 Abs. 6 Satz 2),
16. Eingriffe in den Telekommunikationsbereich nach Art. 42 Abs. 1 Satz 1, Abs. 2 Satz 1, Abs. 3 Satz 1, Abs. 4 Satz 1 und Abs. 5 Satz 1 und 3, sowie Freigabe oder Löschung von nach Art. 42 Abs. 1 erlangten personenbezogenen Daten (Art. 42 Abs. 6 in Verbindung mit Art. 41 Abs. 5),
17. Verpflichtung von Diensteanbietern zur Übermittlung von Daten und zur Auskunft (Art. 43 Abs. 2 Satz 1, Abs. 4 Satz 1, Abs. 5 Satz 5),
18. verdeckter Zugriff auf informationstechnische Systeme (Art. 45 Abs. 1 Satz 1 und Abs. 2 Satz 1) sowie Freigabe oder Löschung von hieraus erlangten Daten (Art. 45 Abs. 4 in Verbindung mit Art. 41 Abs. 5),
19. Rasterfahndung (Art. 46 Abs. 1 Satz 1),
20. Einsatz von unbemannten Luftfahrtsystemen, soweit eine damit verbundene Maßnahme der Datenerhebung einer Anordnung durch den Richter bedarf (Art. 47 Abs. 3),
21. Verpflichtung Dritter zur Überwindung besonderer Sicherungen oder zur Mitwirkung hieran (Art. 47a Abs. 1 Satz 1),
22. weitergehende Zurückstellung oder Unterbleiben der Benachrichtigung von Personen nach erfolgter Datenerhebung (Art. 50 Abs. 4 Satz 1 und 4),
23. Freigabe von erhobenen Daten, ohne dass die Voraussetzungen für ihre Erhebung vorgelegen haben (Art. 53 Abs. 3 Satz 1 Nr. 2),
24. Bestätigung der Maßnahme, die bei Gefahr im Verzug durch Polizeivollzugsbeamte angeordnet wurde (Art. 95 Abs. 5 Satz 1),
25. Zulässigkeit und Fortdauer der Freiheitsentziehung (Art. 97 Abs. 1 und Abs. 2 Satz 4).

Artikel 95 Gefahr im Verzug

(1) [1]Bei Gefahr im Verzug können Maßnahmen, die eine Anordnung durch einen Richter voraussetzen, auch durch den Leiter des Landeskriminalamtes oder eines Präsidiums der Landespolizei angeordnet werden. [2]Satz 1 gilt nicht für die Anordnung von Maßnahmen der molekulargenetischen Untersuchung nach Art. 14 Abs. 3 Satz 2 Alternative 2 und freiheitsentziehende Maßnahmen nach Art. 97.

(2) [1]Die Anordnungsbefugnis kann auf Polizeivollzugsbeamte, die die Ausbildungsqualifizierung für die Ämter ab der vierten Qualifikationsebene absolviert haben, oder Beamte mit der Befähigung zum Richteramt, die in Ämter ab der vierten Qualifikationsebene, fachlicher Schwerpunkt Polizeivollzugsdienst, gewechselt sind, übertragen werden. [2]Satz 1 gilt nicht für folgende Maßnahmen:

1. elektronische Aufenthaltsüberwachung nach Art. 34,
2. Postsicherstellung nach Art. 35,
3. verdeckter Einsatz technischer Mittel nach Art. 36 Abs. 1 Nr. 2 Buchst. b, sofern ein Bewegungsbild einer Person erstellt werden soll,
4. Einsatz technischer Mittel in Wohnungen nach Art. 41,
5. verdeckter Zugriff auf informationstechnische Systeme nach Art. 45,
6. Rasterfahndung nach Art. 46.

(3) Im Fall des Art. 24 können die Maßnahmen bei Gefahr im Verzug abweichend von Abs. 1 und 2 durch jeden Polizeivollzugsbeamten angeordnet werden.

(4) Maßnahmen nach Art. 47a können bei Gefahr im Verzug durch diejenigen Personen angeordnet werden, die die Maßnahme nach dem 2. Unterabschnitt des III. Abschnitts, zu deren Durchführung eine Verpflichtung nach Art. 47a erforderlich geworden ist, anordnen dürfen.

(5) [1]Wurde bei Gefahr im Verzug mit einer Maßnahme begonnen, ohne eine vorherige richterliche Anordnung einzuholen, ist unverzüglich eine richterliche Bestätigung der Maßnahme nachzuholen. [2]Satz 1 gilt außer in Fällen des Art. 41 Abs. 1 nicht, wenn die Maßnahme bereits vorher erledigt ist. [3]Die Maßnahme tritt außer Kraft, soweit sie nicht binnen drei Werktagen richterlich bestätigt wird.

Artikel 96 Verfahren für gerichtliche Entscheidungen; Wegfall der Anordnungsvoraussetzungen

(1) Soweit Vorschriften dieses Gesetzes eine gerichtliche Entscheidung vorsehen, gelten vorbehaltlich abweichender Regelung die Vorschriften des Buches 1 und für Freiheitsentziehungsverfahren zusätz-

lich des Buches 7 des Gesetzes über das Verfahren in Familiensachen und in den Angelegenheiten der freiwilligen Gerichtsbarkeit (FamFG) entsprechend.

(2) [1]Maßnahmen, die eine richterliche Anordnung oder Bestätigung erfordern, sind unverzüglich zu beenden, sobald die Anordnungsvoraussetzungen entfallen. [2]Besondere Regelungen dieses Gesetzes bleiben unberührt. [3]Die Beendigung einer in Art. 33 bis 52 geregelten Maßnahme, die richterlicher Anordnung bedarf, und das Ergebnis der Maßnahme sind dem anordnenden Gericht mitzuteilen.

Artikel 97 Richterliche Entscheidung bei Freiheitsentziehung; anwaltlicher Vertreter

(1) Wird eine Person auf Grund von Art. 13 Abs. 2 Satz 3, Art. 14 Abs. 7 Satz 1, Art. 15 Abs. 3 Satz 1 oder Art. 17 festgehalten, hat die Polizei unverzüglich eine richterliche Entscheidung über Zulässigkeit und Fortdauer der Freiheitsentziehung herbeizuführen.

(2) [1]Die richterliche Entscheidung kann ohne persönliche Anhörung der in Gewahrsam genommenen Person ergehen, wenn diese rauschbedingt nicht in der Lage ist, den Gegenstand der persönlichen Anhörung durch das Gericht ausreichend zu erfassen und in der Anhörung zur Feststellung der entscheidungserheblichen Tatsachen beizutragen. [2]In diesen Fällen wird die richterliche Entscheidung mit Erlass wirksam und bedarf hierzu nicht der Bekanntgabe an die in Gewahrsam genommene Person. [3]Dauert die Freiheitsentziehung nicht länger als bis zum Ende des Tages nach dem Ergreifen, findet § 419 Abs. 1 Satz 2 FamFG bei Vorliegen der Voraussetzungen des Satzes 1 keine Anwendung. [4]Dauert die Freiheitsentziehung länger als bis zum Ende des Tages nach dem Ergreifen, ist in den Fällen des Satzes 1 unverzüglich eine erneute richterliche Entscheidung herbeizuführen. [5]Ist eine Anhörung hierbei nicht möglich, hat sich das Gericht einen persönlichen Eindruck von der in Gewahrsam genommenen Person zu verschaffen.

(3) Der Herbeiführung einer richterlichen Entscheidung bedarf es nicht, wenn anzunehmen ist, dass die Entscheidung des Richters erst nach Freilassung der in Gewahrsam genommenen Person ergehen würde.

(4) Zur richterlichen Entscheidung über die Fortdauer der Freiheitsentziehung über das Ende des Tages nach dem Ergreifen hinaus bestellt das Gericht der in Gewahrsam genommenen Person, die noch keinen anwaltlichen Vertreter hat, von Amts wegen für die Dauer des Vollzugs einen anwaltlichen Vertreter als Bevollmächtigten.

(5) [1]Ist die Freiheitsentziehung vor Erlass einer gerichtlichen Entscheidung beendet, kann die festgehaltene Person, bei Minderjährigkeit auch ihr gesetzlicher Vertreter, innerhalb eines Monats nach Beendigung der Freiheitsentziehung die Feststellung beantragen, dass die Freiheitsentziehung rechtswidrig gewesen ist, wenn hierfür ein berechtigtes Interesse besteht. [2]Der Antrag kann bei dem zuständigen Gericht schriftlich oder durch Erklärung zu Protokoll der Geschäftsstelle dieses Gerichts gestellt werden.

(6) [1]Für Gerichtskosten gelten die Vorschriften des Gerichts- und Notarkostengesetzes entsprechend, soweit durch Rechtsvorschrift nichts anderes bestimmt ist. [2]Für den Vergütungsanspruch eines nach Abs. 4 bestellten Rechtsanwalts gelten die Vorschriften des Rechtsanwaltsvergütungsgesetzes entsprechend.

Artikel 98 Zuständigkeit für gerichtliche Entscheidungen

(1) Für die gerichtliche Entscheidung ist vorbehaltlich abweichender Regelung das Amtsgericht am Sitz des Landgerichts zuständig, in dessen Bezirk die beantragende Polizeidienststelle ihren Sitz hat.

(2) Abweichend von Abs. 1 ist zuständig

1. für die Entscheidung nach Art. 97 Abs. 1 und 2 Satz 4 das Amtsgericht, in dessen Bezirk die Freiheitsentziehung vollzogen wird, und
2. für die Entscheidung nach Art. 97 Abs. 5 das Amtsgericht, in dessen Bezirk die Person von der Polizei in Gewahrsam genommen wurde.

Artikel 99 Beschwerde, Rechtsbeschwerde

(1) [1]Gegen die im ersten Rechtszug ergangenen Entscheidungen der Amtsgerichte in Angelegenheiten nach diesem Gesetz findet die Beschwerde nach Maßgabe der §§ 58 bis 69 FamFG statt. [2]Über die Beschwerde gegen Entscheidungen der Amtsgerichte entscheiden die Landgerichte.

(2) [1]Gegen die im zweiten Rechtszug in der Hauptsache ergangenen Entscheidungen der Landgerichte in Angelegenheiten nach diesem Gesetz findet die Rechtsbeschwerde nach Maßgabe der §§ 70 bis 74a FamFG statt. [2]Gegen die im ersten Rechtszug ergangenen Entscheidungen der Amtsgerichte in An-

gelegenheiten nach diesem Gesetz, die ohne Zulassung der Beschwerde unterliegen, findet auf Antrag unter Übergehung der Beschwerdeinstanz unmittelbar die Rechtsbeschwerde (Sprungrechtsbeschwerde) nach Maßgabe des § 75 FamFG statt. [3]§ 62 FamFG gilt entsprechend. [4]Über die Rechtsbeschwerde entscheidet das Bayerische Oberste Landesgericht. [5]Vor dem Bayerischen Obersten Landesgericht müssen sich die Beteiligten außer im Verfahren über die Ausschließung und Ablehnung von Gerichtspersonen und im Verfahren über die Verfahrenskostenhilfe durch einen Rechtsanwalt vertreten lassen. [6]§ 10 Abs. 4 Satz 2 FamFG gilt entsprechend.

X. Abschnitt
Schlussbestimmungen

Artikel 100 Einschränkung von Grundrechten
Auf Grund dieses Gesetzes können die Grundrechte auf Leben und körperliche Unversehrtheit, Freiheit der Person (Art. 2 Abs. 2 Satz 1 und 2 des Grundgesetzes und Art. 102 Abs. 1 der Verfassung), auf Versammlungsfreiheit (Art. 8 Abs. 1 des Grundgesetzes und Art. 113 der Verfassung), des Brief-, Post- und Fernmeldegeheimnisses (Art. 10 des Grundgesetzes und Art. 112 Abs. 1 der Verfassung) sowie auf Freizügigkeit (Art. 11 des Grundgesetzes und Art. 109 der Verfassung) und auf Unverletzlichkeit der Wohnung (Art. 13 des Grundgesetzes und Art. 106 Abs. 3 der Verfassung) eingeschränkt werden.

Artikel 101 Übergangsbestimmungen
Abweichend von Art. 30 Abs. 2 Satz 2 sowie Art. 48 Abs. 5 dürfen personenbezogene Daten auch ohne eine dort vorgesehene Kennzeichnung nach den am 24. Mai 2018 für die betreffenden Dateien und automatisierten Verfahren geltenden Errichtungsanordnungen weiterverarbeitet, insbesondere übermittelt werden.

Artikel 102[1)] Inkrafttreten, Außerkrafttreten
(1) Dieses Gesetz tritt am 1. Oktober 1978 in Kraft.
(2) Art. 101 tritt mit Ablauf des 25. Mai 2028 außer Kraft.

1) **Amtl. Anm.:** Diese Vorschrift betrifft das Inkrafttreten des Gesetzes in der ursprünglichen Fassung vom 24. August 1978 (GVBl S. 561). Der Zeitpunkt des Inkrafttretens der späteren Änderungen ergibt sich aus den jeweiligen Änderungsgesetzen.

Polizeikostenverordnung (PolKV)

Vom 13. November 2000 (GVBl. S. 785)
(BayRS 2012-1-1-2-I)

zuletzt geändert durch V zur Änderung der Polizeikostenverordnung vom 17. Januar 2020 (GVBl. S. 28)

Auf Grund des Art. 76 Satz 3 des Polizeiaufgabengesetzes in der Fassung der Bekanntmachung vom 14. September 1990 (GVBl S. 397, BayRS 2012-1-1-I), zuletzt geändert durch § 2 des Gesetzes vom 25. Oktober 2000 (GVBl S. 752), erlässt das Bayerische Staatsministerium des Innern im Einvernehmen mit dem Bayerischen Staatsministerium der Finanzen folgende Verordnung:

§ 1 Gebühren

Die Gebühr beträgt für die

1. unmittelbare Ausführung einer Maßnahme (Art. 9 des Polizeiaufgabengesetzes (PAG)) — 36 bis 6 500 €,
2. Sicherstellung (Art. 25, 28 PAG) — 36 bis 1 500 €,
3. Verwertung, Unbrauchbarmachung oder Vernichtung (Art. 27, 28 PAG) — 36 bis 300 €,
4. offensichtlich unbegründeten oder in ungebührlichem Umfang gestellten Anträge auf Berichtigung oder Löschung personenbezogener Daten (Art. 62 PAG) — 36 bis 250 €,
5. offensichtlich unbegründeten oder in ungebührlichem Umfang gestellten Anträge auf Auskunft über die Verarbeitung personenbezogener Daten (Art. 65 PAG) — 36 bis 250 €,
6. Ausführung der Ersatzvornahme (Art. 72 PAG) — 36 bis 1 500 €,
7. Festsetzung des Zwangsgeldes (Art. 73 PAG) — 36 bis 100 €,
8. Anwendung unmittelbaren Zwangs (Art. 75 PAG) — 36 bis 1 500 €,
9. Androhung der Zwangsmittel, soweit sie nicht mit dem Verwaltungsakt verbunden ist, durch den die Handlung, Duldung oder Unterlassung aufgegeben wird, und der Verwaltungsakt nicht kostenfrei ist (Art. 76 PAG) — 36 bis 80 €.

§ 2 Auslagen

Mit den Gebühren nach § 1 sind die Auslagen im Sinn des Art. 10 Abs. 1 Nrn. 2, 3 und 4 des Kostengesetzes abgegolten.

§ 3 In-Kraft-Treten

Diese Verordnung tritt am 1. Januar 2001 in Kraft.

Gesetz über die Organisation der Bayerischen Polizei (Polizeiorganisationsgesetz – POG)

Vom 10. August 1976 (BayRS II S. 263)
(BayRS 2012-2-1-I)

zuletzt geändert durch § 2 G zur Änderung des Polizeiaufgabengesetzes und weiterer Rechtsvorschriften vom 23. Juli 2024 (GVBl. S. 247)

Nichtamtliche Inhaltsübersicht

Artikel 1 Begriff, Träger und Gliederung der Polizei

(1) Polizei im Sinn dieses Gesetzes ist die gesamte Polizei des Freistaates Bayern.

(2) Träger der Polizei ist der Freistaat Bayern.

(3) [1]Die Polizei ist nach den Art. 4 bis 8 gegliedert. [2]Oberste Dienstbehörde und Führungsstelle der Polizei ist das Staatsministerium des Innern, für Sport und Integration (Staatsministerium).

Artikel 2 Dienstkräfte der Polizei

(1) Als Dienstkräfte des polizeilichen Vollzugsdienstes dürfen nur Beamte verwendet werden.

(2) Zur Überwachung von Ordnungswidrigkeiten nach § 24 des Straßenverkehrsgesetzes, die im ruhenden Verkehr festgestellt werden, sowie zur Bedienung von Geschwindigkeits- und Abstandsmessgeräten können auch Angestellte ermächtigt werden.

(3) [1]Dienstkräfte der Polizei dürfen sich während des Dienstes, in Dienst- oder Unterkunftsräumen oder in Dienstkleidung parteipolitisch nicht betätigen. [2]In Dienstkleidung dürfen die Dienstkräfte politische Veranstaltungen nur dienstlich besuchen. [3]Politische Abzeichen dürfen während des Dienstes und an der Dienstkleidung nicht getragen werden.

Artikel 3 Zuständigkeit, Dienstbereiche

(1) Jeder im Vollzugsdienst tätige Beamte der Polizei ist zur Wahrnehmung der Aufgaben der Polizei im gesamten Staatsgebiet befugt.

(2) [1]Die Beamten der Polizei werden unbeschadet des Abs. 1 nach Maßgabe dieses Gesetzes in bestimmten örtlichen und sachlichen Dienstbereichen eingesetzt. [2]Beamte der Polizei werden jedoch im Einzelfall auch in Dienstbereichen, in denen sie nicht eingesetzt sind, tätig, wenn

1. die dort eingesetzte Polizei nicht oder nicht rechtzeitig ausreichend zur Verfügung steht;
2. das wegen des Zusammenhangs von Dienstverrichtungen im eigenen und in einem anderen Dienstbereich zweckmäßig ist;
3. die für beide Dienstbereiche zuständige vorgesetzte Stelle sie dazu anweist oder
4. das Gericht oder die Staatsanwaltschaft nach Feststellung schwerwiegender Gründe die Dienststelle der Beamten ersucht, in einem anderen örtlichen Dienstbereich an Stelle der dort eingesetzten Polizei strafverfolgend tätig zu werden.

Artikel 4 Landespolizei, Verordnungsermächtigung

(1) Die Bayerische Landespolizei wird im gesamten Staatsgebiet für alle der Polizei obliegenden Aufgaben eingesetzt, soweit nicht besondere örtliche und sachliche Dienstbereiche anderen Teilen der Polizei zugewiesen sind.

(2) [1]Die Landespolizei gliedert sich in

1. Präsidien, die dem Staatsministerium unmittelbar nachgeordnet sind,
2. Inspektionen und Kriminalfachdezernate, die den Präsidien unmittelbar nachgeordnet sind, und
3. soweit erforderlich, den Inspektionen unmittelbar nachgeordnete Stationen.

[2]Für bestimmte sachliche Dienstbereiche können besondere Inspektionen und Stationen der Landespolizei errichtet werden.

(3) Das Staatsministerium errichtet durch Rechtsverordnung die einzelnen Dienststellen der Landespolizei und bestimmt dabei insbesondere Bezeichnung, Sitz und Nachordnung.

Artikel 5 Grenzpolizei; Verordnungsermächtigung

(1) [1]Die Bayerische Grenzpolizei ist Teil der Landespolizei. [2]Sie wird insbesondere für grenzpolizeiliche Aufgaben und die Aufgaben des grenzpolizeilichen Fahndungsdienstes im Sinn des Art. 13 Abs. 1 Nr. 5 des Polizeiaufgabengesetzes eingesetzt. [3]Die Zuständigkeit der übrigen Dienststellen der Landespolizei zur Wahrnehmung der in Satz 2 genannten Aufgaben bleibt unberührt.

(2) Die grenzpolizeilichen Aufgaben umfassen:

1. die polizeiliche Überwachung der Grenzen;
2. die polizeiliche Kontrolle des grenzüberschreitenden Verkehrs einschließlich
   a) der Überprüfung der Grenzübertrittspapiere und der Berechtigung zum Grenzübertritt sowie der beim Grenzübertritt mitgeführten Gegenstände und Transportmittel,
   b) der Grenzfahndung,
   c) der Beseitigung von Störungen und der Abwehr von Gefahren, die ihren Ursprung außerhalb des Bundesgebietes haben,
3. im Grenzgebiet bis zu einer Tiefe von 30 Kilometern die Beseitigung von Störungen und die Abwehr von Gefahren, die die Sicherheit der Grenzen beeinträchtigen.

(3) [1]Die Grenzpolizei gliedert sich in

1. die Direktion der Bayerischen Grenzpolizei, angegliedert an ein Präsidium, als Führungsstelle Grenze,
2. Grenzpolizeiinspektionen,
3. Grenzpolizeistationen.

[2]Zudem können bei Dienststellen der Landespolizei Grenzpolizeigruppen eingerichtet werden. [3]Für Fragen der grenzüberschreitenden Zusammenarbeit können durch das Staatsministerium Koordinatoren bestellt und Gemeinsame Zentren eingerichtet werden.

(4) Art. 4 Abs. 3 gilt entsprechend.

Artikel 6 Bereitschaftspolizei, Verordnungsermächtigung

(1) [1]Die Bayerische Bereitschaftspolizei ist ein Polizeiverband, der insbesondere in geschlossenen Einheiten

1. aus besonderem Anlaß zum Schutz oberster Staatsorgane und Behörden sowie lebenswichtiger Einrichtungen und Anlagen,
2. zur Unterstützung anderer Teile der Polizei,
3. zur Katastrophenhilfe

eingesetzt wird. [2]Für diese Einsätze bedarf es der Weisung des Staatsministeriums.

(2) Der Bereitschaftspolizei obliegt es ferner, Polizeivollzugsbeamte für den Einstieg in der zweiten Qualifikationsebene auszubilden und unbeschadet der Fortbildungsveranstaltungen anderer Teile der Polizei Dienstkräfte der Polizei fortzubilden.

(3) Bei der Bereitschaftspolizei besteht eine Hubschrauberstaffel, die nach Weisung des Staatsministeriums eingesetzt wird.

(4) Die Bereitschaftspolizei gliedert sich in das Präsidium, das dem Staatsministerium unmittelbar nachgeordnet ist, und in Abteilungen, Ausbildungs- und Fortbildungseinrichtungen sowie zentrale Einrichtungen zur Unterstützung anderer Teile der Polizei.

(5) Das Staatsministerium errichtet durch Rechtsverordnung das Präsidium, die einzelnen Abteilungen sowie die in den Abs. 3 und 4 bezeichneten Einrichtungen und bestimmt deren Bezeichnung und Sitz.

Artikel 7 Landeskriminalamt

(1) [1]Das Bayerische Landeskriminalamt ist die zentrale Dienststelle für kriminalpolizeiliche Aufgaben. [2]Es ist dem Staatsministerium unmittelbar nachgeordnet. [3]Das Landeskriminalamt ist weiterhin zu-

gleich zentrale Dienststelle der Kriminalpolizei im Sinn des Bundeskriminalamtgesetzes (BKAG), Zentralstelle für die polizeiliche Datenverarbeitung einschließlich Datenübermittlung, Fernmeldeleitstelle für die polizeiliche Nachrichtenübermittlung sowie zentrale Stelle für den Digitalfunk der Behörden und Organisationen mit Sicherheitsaufgaben in Bayern (Autorisierte Stelle).

(2) Dem Landeskriminalamt obliegt es insbesondere

1. Nachrichten und Unterlagen für die Verhütung und polizeiliche Verfolgung von Straftaten zu sammeln und auszuwerten und über die Aufbewahrung solcher Unterlagen bei der Polizei für den Einzelfall zu entscheiden, soweit das Staatsministerium die Entscheidung nicht Dienststellen der Landespolizei übertragen hat;
2. kriminalistische Methoden weiter zu entwickeln;
3. andere Teile der Polizei über Maßnahmen zur Verhütung und polizeilichen Verfolgung von Straftaten zu beraten und die Beratung Dritter durch andere Teile der Polizei zu lenken, zu unterstützen sowie in besonderen Fällen selbst durchzuführen;
4. Einrichtungen für erkennungsdienstliche, kriminaltechnische und kriminologische Untersuchungen und Forschungen zu unterhalten;
5. auf Anforderung anderer Teile der Polizei, der Staatsanwaltschaft oder auf Anordnung des Staatsministeriums oder des Gerichts erkennungsdienstliche und kriminaltechnische Untersuchungen durchzuführen sowie Gutachten zu erstatten und andere Teile der Polizei, soweit sie solche Aufgaben erfüllt, zu beraten und fachlich zu überwachen;
6. mit Zustimmung des Staatsministeriums Richtlinien für die Durchführung kriminalpolizeilicher Aufgaben zu erlassen;
7. als Zentralstelle Fahndungsmaßnahmen aufeinander abzustimmen sowie auf Weisung des Staatsministeriums zu lenken;
8. die Aufgaben nach dem Fluggastdatengesetz sowie einer sich daraus ergebenden polizeilichen Datenverarbeitung wahrzunehmen.

(3) [1]Dem Landeskriminalamt obliegt die polizeiliche Verfolgung

1. der Kernenergie-, Sprengstoff- und Strahlungsstraftaten in den Fällen der §§ 307, 308 Abs. 1 bis 4, §§ 309 bis 312, 326 Abs. 1 Nr. 3 dritte Alternative, auch in Verbindung mit Abs. 2, 4 und 5, § 326 Abs. 3, § 327 Abs. 1 und 3 Nr. 1, §§ 328, 330 des Strafgesetzbuchs (StGB) und der Straftaten nach § 40 des Sprengstoffgesetzes und nach §§ 19, 20, 22a des Gesetzes über die Kontrolle von Kriegswaffen;
2. des unbefugten Handels mit Betäubungsmitteln oder neuen psychoaktiven Stoffen in Fällen von präsidialübergreifender, landesweiter, bundesweiter oder internationaler Bedeutung;
3. der Geld- und Wertzeichenfälschung (Achter Abschnitt StGB);
4. des unbefugten Handels mit Schußwaffen und Munition;
5. der Gründung politisch motivierter krimineller und terroristischer Vereinigungen und der Tätigkeit für solche Vereinigungen (§§ 129, 129a, 129b StGB);
6. des Friedensverrats, Hochverrats, Landesverrats und der Gefährdung der äußeren Sicherheit (§§ 80, 80a, 81 bis 83, 93 bis 101a StGB, § 1 des NATO-Truppen-Schutzgesetzes);
7. der Straftaten, deren polizeiliche Verfolgung wegen der besonderen Gefährlichkeit, der räumlichen Ausdehnung oder wegen der besonderen Umstände der Begehung durch das Staatsministerium allgemein oder für den Einzelfall, im Bereich der Wirtschaftskriminalität und des Umweltschutzes auch durch das Gericht oder die Staatsanwaltschaft für den Einzelfall, dem Landeskriminalamt zugewiesen wird;
8. der im Zusammenhang mit Straftaten in den Fällen der Nrn. 1 bis 7 stehenden anderen Straftaten und Ordnungswidrigkeiten.

[2]In den Fällen des Satzes 1 obliegt dem Landeskriminalamt neben den Dienststellen der Landespolizei auch die Verhütung der jeweiligen Straftaten und Ordnungswidrigkeiten.

(4) [1]Das Staatsministerium kann in den Fällen des Abs. 3 Satz 1 Nr. 1 bis 6 die Verhütung und polizeiliche Verfolgung für bestimmte Fallgruppen den Dienststellen der Landespolizei zuweisen. [2]Das Landeskriminalamt kann in den Fällen des Abs. 3 Satz 1 Nr. 1 bis 6 und 8 Dienststellen der Landespolizei je nach deren Dienstbereichen mit einzelnen Ermittlungshandlungen oder in den Fällen des Abs. 3 Satz 1 Nr. 1 bis 6 mit der Verhütung und polizeilichen Verfolgung von Straftaten insgesamt beauftragen. [3]Es kann der Landespolizei fachliche Weisungen erteilen, soweit es sich um die polizei-

liche Verfolgung von Straftaten im Sinn des Abs. 3 Satz 1 Nr. 1 bis 6 und 8 oder sonstiger Straftaten gegen die freiheitliche demokratische Grundordnung, den Bestand oder die Sicherheit des Bundes oder eines Landes handelt.

Artikel 8 Polizeiverwaltungsamt

[1]Das Bayerische Polizeiverwaltungsamt nimmt zentrale Verwaltungsaufgaben der Polizei wahr. [2]Es ist eine dem Staatsministerium unmittelbar nachgeordnete Dienststelle.

Artikel 9 Zusammenarbeit

(1) Die Dienststellen der Polizei haben miteinander und mit anderen Stellen, denen die Abwehr von Gefahren für die öffentliche Sicherheit und Ordnung obliegt, zusammenzuarbeiten und die Sicherheitsbehörden über den Sicherheitszustand zu unterrichten.

(2) Unbeschadet anderer Rechtsvorschriften, insbesondere des Gerichtsverfassungsgesetzes, der Strafprozeßordnung (StPO) und des Gesetzes über Ordnungswidrigkeiten, können die Sicherheitsbehörden Dienststellen der Landespolizei Weisungen im polizeilichen Aufgabenbereich erteilen.

(3) [1]Weisungen nach Abs. 2 sollen an die unterste Polizeidienststelle gerichtet werden, deren Dienstbereich für den Vollzug der Weisung ausreicht. [2]Satz 1 gilt nicht für Weisungen des Staatsministeriums und der Regierungen.

Artikel 10 Besondere Zuständigkeiten, Verordnungsermächtigung

(1) Im Rahmen des Staatshaushaltsplans kann das Staatsministerium durch Rechtsverordnung einzelne Aufgaben der ihm unmittelbar nachgeordneten Dienststellen der Polizei einer dieser Dienststellen allein übertragen.

(2) Die Polizei darf im Zuständigkeitsbereich eines anderen Landes der Bundesrepublik Deutschland oder des Bundes nur in den Art. 11 Abs. 3 entsprechenden Fällen und nach Art. 91 Abs. 2 des Grundgesetzes und nur dann tätig werden, wenn das jeweilige Landes- oder das Bundesrecht es vorsieht.

(3) [1]Einer Anforderung von Polizei durch ein anderes Land oder den Bund ist zu entsprechen, soweit nicht die Verwendung der Polizei in Bayern dringender ist als die Unterstützung der Polizei des anderen Landes oder des Bundes. [2]Die Anforderung soll alle für die Entscheidung wesentlichen Merkmale des Einsatzauftrags enthalten.

Artikel 11 Dienstkräfte anderer Länder sowie des Bundes oder anderer Staaten

(1) Die Anforderung polizeilicher Dienstkräfte anderer Länder und des Bundes zur Abwehr einer drohenden Gefahr für den Bestand oder die freiheitliche demokratische Grundordnung des Bundes oder des Freistaates Bayern (Art. 91 Abs. 1 des Grundgesetzes) ist dem Bayerischen Ministerpräsidenten vorbehalten.

(2) Zuständige Landesbehörde im Sinn von § 4 Abs. 2 Satz 1 Nr. 1 und § 35 Abs. 1 Satz 1 BKAG für Ersuchen an das Bundeskriminalamt,

1. polizeiliche Aufgaben auf dem Gebiet der Strafverfolgung in Einzelfällen wahrzunehmen, sind das Staatsministerium und die Generalstaatsanwälte bei den Oberlandesgerichten;
2. Dienstkräfte zur Unterstützung polizeilicher Strafverfolgungsmaßnahmen zu Dienststellen der Polizei zu entsenden, ist das Staatsministerium.

(3) [1]Polizeivollzugsbeamte eines anderen Landes der Bundesrepublik Deutschland können im Zuständigkeitsbereich des Freistaates Bayern Amtshandlungen vornehmen

1. auf Anforderung oder mit Zustimmung des Staatsministeriums,
2. in den Fällen des Art. 35 Abs. 2 und 3 und Art. 91 Abs. 1 des Grundgesetzes,
3. zur Abwehr einer gegenwärtigen erheblichen Gefahr, zur Verfolgung von Straftaten auf frischer Tat sowie zur Verfolgung und Wiederergreifung Entwichener, wenn die zuständige Polizei die erforderlichen Maßnahmen nicht rechtzeitig treffen kann,
4. zur Erfüllung polizeilicher Aufgaben bei Gefangenentransporten oder
5. zur Erfüllung ihrer Aufgaben in den durch Verwaltungsabkommen des Staatsministeriums mit anderen Ländern geregelten Fällen.

[2]In den Fällen der Nrn. 3 und 5 ist die zuständige Polizeidienststelle unverzüglich zu unterrichten.

(4) [1]Werden Polizeivollzugsbeamte eines anderen Landes nach Abs. 3 tätig, haben sie die gleichen Befugnisse wie die Bayerische Polizei. [2]Ihre Maßnahmen gelten als Maßnahmen derjenigen Polizeidienststelle, in deren örtlichem und sachlichem Dienstbereich sie tätig geworden sind; sie unterliegen insoweit deren Weisungen.

(5) [1]Die Abs. 3 und 4 gelten für Polizeivollzugsbeamte des Bundes und Zollbedienstete, denen der Gebrauch von Schusswaffen bei Anwendung des unmittelbaren Zwanges nach dem Gesetz über den unmittelbaren Zwang bei Ausübung öffentlicher Gewalt durch Vollzugsbeamte des Bundes gestattet ist, entsprechend. [2]Das gleiche gilt für Bedienstete ausländischer Polizeibehörden und -dienststellen, soweit völkerrechtliche Verträge dies vorsehen oder das Staatsministerium Amtshandlungen dieser Polizeibehörden oder -dienststellen allgemein oder im Einzelfall zustimmt; in Bezug auf Maßnahmen der Strafverfolgung gelten die Abs. 3 und 4 entsprechend, soweit die auf Grund einer zwischenstaatlichen Vereinbarung oder sonst nach dem Recht der internationalen Rechtshilfe zuständige Behörde zustimmt oder eine derartige Zustimmung nach den genannten Vorschriften entbehrlich ist.

Artikel 12 Rechtsbehelfe

(1) Für Rechtsbehelfe gegen Maßnahmen der Polizei gelten die Vorschriften der Verwaltungsgerichtsordnung, soweit eine Zuständigkeit nach § 23 des Einführungsgesetzes zum Gerichtsverfassungsgesetz nicht gegeben ist.

(2) Über Aufsichtsbeschwerden gegen Maßnahmen, deren Ablehnung oder Unterlassung oder gegen das sonstige Verhalten der Polizei entscheidet

1. das Staatsministerium, wenn es die Beschwerde an sich zieht;
2. im Übrigen die dem Staatsministerium unmittelbar nachgeordnete Polizeidienststelle, wenn die Maßnahme von einem Beamten getroffen worden ist, der dieser oder einer ihr nachgeordneten Dienststelle angehört; hat eine andere Polizeidienststelle die Einsatzleitung übernommen oder zu der Maßnahme angewiesen, so ist die Maßnahme dieser Stelle zuzurechnen.

(3) [1]Abweichend von Abs. 2 entscheidet die Staatsanwaltschaft, wenn

1. der Beschwerdeführer geltend macht, durch eine strafprozessuale Maßnahme, ihre Ablehnung oder Unterlassung in seinen Rechten verletzt zu sein, oder
2. die Beschwerde sich gegen eine Maßnahme richtet, die auf einer Anordnung der Staatsanwaltschaft beruht.

[2]Die Polizei kann der Beschwerde abhelfen, wenn die Maßnahme nicht auf einer Anordnung der Staatsanwaltschaft beruht. [3]Im übrigen hat die Polizei die Staatsanwaltschaft von Aufsichtsbeschwerden in Angelegenheiten der Strafverfolgung, die sich nicht lediglich gegen das Verhalten der Polizei richten, vor der Entscheidung zu unterrichten.

Artikel 13 Zentrale Datenprüfstelle

(1) [1]Die Zentrale Datenprüfstelle nimmt die Aufgaben wahr, die nach dem Polizeiaufgabengesetz der Entscheidung einer hierfür eingerichteten unabhängigen Stelle bedürfen. [2]Sie übt ihre Tätigkeit im Rahmen der Gesetze unabhängig und in eigener Verantwortung aus und gilt als oberste Dienstbehörde im Sinn des § 96 Satz 1 StPO und des Art. 6 Abs. 3 Satz 3 des Bayerischen Beamtengesetzes.

(2) [1]Die Zentrale Datenprüfstelle wird von einem Beamten mit der Befähigung zum Richteramt geleitet, der durch das Staatsministerium für die Dauer von fünf Jahren bestellt wird. [2]Die Wiederbestellung ist zulässig. [3]Die Bestellung kann ohne die schriftliche Zustimmung des Beamten nur widerrufen werden, wenn eine entsprechende Anwendung der Vorschriften des Deutschen Richtergesetzes über die Versetzung oder die Amtsenthebung von Richtern auf Lebenszeit dies zulässt. [4]Der Leiter der Zentralen Datenprüfstelle untersteht der Dienstaufsicht durch das Staatsministerium; Abs. 1 Satz 2 bleibt unberührt.

(3) [1]Die Stellen der Bediensteten sind im Einvernehmen mit dem Leiter der Zentralen Datenprüfstelle zu besetzen. [2]Die Bediensteten können gegen ihren Willen nur im Einvernehmen mit dem Leiter versetzt, abgeordnet oder umgesetzt werden. [3]Sie sind in ihrer Tätigkeit im Sinn des Abs. 1 nur an die Weisungen des Leiters gebunden. [4]Der Leiter und die Bediensteten nehmen im Rahmen ihrer Tätigkeit für die Zentrale Datenprüfstelle keine darüber hinausgehenden Aufgaben wahr. [5]Art. 19 Abs. 5 des Bayerischen Datenschutzgesetzes (BayDSG) gilt entsprechend.

(4) [1]Die Zentrale Datenprüfstelle kann sich zur Aufgabenerfüllung der Unterstützung von Polizeidienststellen bedienen. [2]Die inhaltliche Prüfung und Entscheidungsverantwortung obliegt allein der Zentralen Datenprüfstelle. [3]Die nach Satz 1 eingesetzten Dienstkräfte sind hinsichtlich der ihnen bekannt gewordenen Umstände auch ihren Dienststellen gegenüber zur Verschwiegenheit verpflichtet. [4]Art. 19 Abs. 5 Satz 2 BayDSG gilt entsprechend.

(5) Die Zentrale Datenprüfstelle wird an das Polizeiverwaltungsamt organisatorisch angegliedert.

Artikel 14 Verfahren der Zentralen Datenprüfstelle

(1) [1]Die Zentrale Datenprüfstelle entscheidet über die Freigabe der ihr nach den Vorschriften des Polizeiaufgabengesetzes vorgelegten Daten. [2]Soweit die Zentrale Datenprüfstelle Daten nicht für die Verarbeitung durch die Polizei freigibt, begründet sie ihre Entscheidung schriftlich. [3]Der für die Maßnahme zuständigen Polizeidienststelle gibt sie eine Ausfertigung der Entscheidung ohne Gründe bekannt.

(2) [1]Auf Antrag der zuständigen Polizeidienststelle legt die Zentrale Datenprüfstelle die Entscheidung zusammen mit den Daten, auf die sie sich bezieht, dem Amtsgericht vor, in dessen Bezirk die Zentrale Datenprüfstelle ihren Sitz hat. [2]Dieses entscheidet in entsprechender Anwendung der Vorschriften des Gesetzes über das Verfahren in Familiensachen und in den Angelegenheiten der freiwilligen Gerichtsbarkeit. [3]Eine Beteiligung des durch die polizeiliche Maßnahme Betroffenen unterbleibt, es sei denn der Zweck der polizeilichen Maßnahme wird hierdurch nicht gefährdet. [4]Der Antrag nach Satz 1 ist binnen einer Woche ab der Bekanntgabe der Entscheidung der Zentralen Datenprüfstelle beim Amtsgericht zu stellen. [5]Zu seiner Begründung soll die für die Maßnahme zuständige Polizeidienststelle darlegen, warum sie der Kenntnis des Inhalts der Daten bedarf.

(3) [1]Die Entscheidung des Amtsgerichts ist unanfechtbar. [2]Gibt das Amtsgericht die Daten nicht für die Verarbeitung durch die Polizei frei, soll die Entscheidung den Inhalt der Daten nur offenlegen, soweit dies für die Abgrenzung der vorzunehmenden Löschung erforderlich ist.

Artikel 15 Unterstützungspflichten

(1) Die Betreiber von öffentlichen Verkehrsmitteln und der ihnen dienenden Anlagen oder Einrichtungen sowie die Betreiber einer dem Luftverkehr dienenden Anlage oder Einrichtung eines Verkehrsflughafens, auf deren Betriebsgelände oder in deren Verkehrsmitteln die Polizei Aufgaben nach dem Polizeiaufgabengesetz wahrnimmt, sind, soweit dies für die Aufgabenwahrnehmung erforderlich ist, verpflichtet,

1. den mit der Wahrnehmung dieser Aufgaben betrauten Beamten
   a) den Zutritt zu ihren Einrichtungen, Anlagen und Verkehrsmitteln jederzeit unentgeltlich zu gestatten,
   b) bei der Wahrnehmung dieser Aufgaben mit den zur Verfügung stehenden öffentlichen Verkehrsmitteln unentgeltlich zu befördern

   und
2. auf Verlangen der Polizei die für die Wahrnehmung der Aufgaben der Polizei erforderlichen Einrichtungen, Dienst- und Lagerräume gemäß den polizeilichen Anforderungen sowie Parkplätze für die Dienstkraftfahrzeuge der Bediensteten der Polizei zur Verfügung zu stellen, die Einrichtungen in einem guten Zustand zu überlassen und während der gesamten Nutzung durch die Polizei in diesem Zustand zu erhalten, und die überlassenen Einrichtungen mit kommunikationstechnischen Anlagen nach dem Stand der Technik auszustatten und zu versorgen.

(2) [1]Wenn die Betreiber im Sinne des Abs. 1 die für die Wahrnehmung der Aufgaben der Polizei erforderlichen Betriebsflächen nach dem 1. August 2024 veräußern, tritt der Erwerber in die Verpflichtung des Betreibers nach Abs. 1 ein. [2]Der Umfang der Verpflichtung beschränkt sich auf die zum Zeitpunkt der Veräußerung bereitgestellten Flächen, wenn nicht veränderte Sicherheitslagen oder geänderte polizeiliche Anforderungen einen anderen Flächenbedarf begründen.

(3) Die Polizei kann von den in Abs. 1 genannten Betreibern oder den in Abs. 2 genannten Erwerbern weitere Einrichtungen und Leistungen verlangen, die mit der Wahrnehmung von Aufgaben der Polizei zusammenhängen und die ihnen nach den Umständen zugemutet werden können, soweit dies für die Aufgabenwahrnehmung erforderlich ist.

(4) [1]Die Polizei erstattet den in Abs. 1 genannten Betreibern oder den in Abs. 2 genannten Erwerbern auf Antrag die notwendigen Selbstkosten für die Erfüllung der Verpflichtungen nach Abs. 1 Nr. 2 und Abs. 3. [2]Die Erstattung der Selbstkosten erfolgt nur, soweit die Betreiber oder Erwerber die Einrichtungen nicht ohnehin selbst benötigen. [3]Soweit ein Aufwand über das Maß hinausgeht, das für Einrichtungen der Polizei üblich ist, wird er nicht vergütet. [4]Polizeispezifische Ein- und Umbauten nach Abs. 1 Nr. 2 und Abs. 3 hat die Polizei auf eigene Kosten und in Absprache mit den Betreibern oder Erwerbern zu veranlassen.

(5) Verkehrsverwaltungen des Bundes, des Landes oder der Gemeinden und Landkreise gelten als Betreiber im Sinn der vorstehenden Absätze.

Artikel 16 Inkrafttreten

(1) Dieses Gesetz tritt am 1. Oktober 1976 in Kraft[1)].

(2) Abweichend von Abs. 1 treten Art. 4 Abs. 3, Art. 5 Abs. 2 und 4, Art. 6 Abs. 5 und Art. 10 Abs. 1 am 1. September 1976 in Kraft.

1) **Amtl. Anm.:** Betrifft die ursprüngliche Fassung vom 10. August 1976 (GVBl. S. 303).

Verordnung über die Ermittlungspersonen der Staatsanwaltschaft (Ermittlungspersonen-Verordnung Staatsanwaltschaft – StAErmPV)

Vom 21. Dezember 1995 (GVBl. 1996 S. 4)
(BayRS 300-1-2-J)
zuletzt geändert durch § 2 V zur Änderung der Verordnung über die staatliche Gesundheitsverwaltung und den öffentlichen Gesundheitsschutz und der Ermittlungspersonen-Verordnung Staatsanwaltschaft vom 4. Juni 2024 (GVBl. S. 155)

Auf Grund des § 152 Abs. 2 Sätze 1 und 3 des Gerichtsverfassungsgesetzes in der Fassung der Bekanntmachung vom 9. Mai 1975 (BGBl I S. 1077), zuletzt geändert durch Art. 2 des Gesetzes vom 16. Juni 1995 (BGBl I S. 818) in Verbindung mit § 1 Abs. 1 Nr. 8 der Zuständigkeitsübertragungsverordnung Justiz vom 17. Februar 1987 (GVBl S. 33, BayRS 300-1-3-J), zuletzt geändert durch Verordnung vom 20. Juni 1995 (GVBl S. 304), erläßt das Bayerische Staatsministerium der Justiz folgende Verordnung:

§ 1 Ermittlungspersonen der Staatsanwaltschaft

[1]Die – männlichen und weiblichen – Angehörigen folgender Beamten- und Tarifgruppenbeschäftigten sind Ermittlungspersonen der Staatsanwaltschaft:

1. bei der Bundesfinanzverwaltung
   a) Prüfungsdienst

      Oberregierungsräte[1)]
      Regierungsoberräte[1)]
      Regierungsräte[1)]
      Zolloberamtsräte[1)]
      Zollamtsräte[1)]
      Zollamtmänner
      Zolloberinspektoren
      Zollinspektoren[2)]
      Zollbetriebsinspektoren
      Zollhauptsekretäre
      Zollobersekretäre[3)]
      Zollsekretäre[3)],

   b) Kontrolleinheiten der Hauptzollämter

      Regierungsdirektoren[1)]
      Oberregierungsräte[1)]
      Regierungsoberräte[1)]
      Regierungsräte[1)]
      Zolloberamtsräte[1)]
      Regierungsoberamtsräte[1)]
      Zollamtsräte[1)]
      Regierungsamtsräte[1)]
      Zollamtmänner
      Regierungsamtmänner
      Zolloberinspektoren
      Regierungsoberinspektoren
      Zollinspektoren[2)]

---

1) **Amtl. Anm.:** Sofern sie nicht eine selbständige Dienststelle leiten.

2) **Amtl. Anm.:** Sofern sie ihre Laufbahnprüfung abgelegt haben und mindestens zwei Jahre in einer in dieser Verordnung bezeichneten Beamtengruppe tätig gewesen sind.

3) **Amtl. Anm.:** Sofern sie mindestens vier Jahre in dem der Beamtengruppe entsprechenden Dienst oder im Polizeidienst des Bundes oder eines Landes tätig sind und das 21. Lebensjahr vollendet haben.

Regierungsinspektoren[1]
Zollbetriebsinspektoren
Zollschiffsbetriebsinspektoren
Zollamtsinspektoren
Regierungsamtsinspektoren
Zollschiffsamtsinspektoren
Zollhauptsekretäre
Regierungshauptsekretäre
Zollschiffshauptsekretäre
Zollobersekretäre[2]
Regierungsobersekretäre[2]
Zollschiffsobersekretäre[2]
Zollsekretäre[2]
Regierungssekretäre[2]
Zollschiffssekretäre[2],

c) Grenzabfertigungsdienst

Regierungsdirektoren[3]
Oberregierungsräte[3]
Regierungsoberräte[3]
Regierungsräte[3]
Zolloberamtsräte[3]
Zollamtsräte[3]
Zollamtmänner
Zolloberinspektoren
Zollinspektoren[1]
Zollbetriebsinspektoren
Zollamtsinspektoren
Zollhauptsekretäre
Zollobersekretäre[2]
Zollsekretäre[2],

2. bei der Forst- und Jagdverwaltung des Bundes (Bundesanstalt für Immobilienaufgaben – Sparte Bundesforst –)

Forstoberamtsräte
Forstamtsräte
Forstamtmänner
Forstoberinspektoren
Forstinspektoren
Forstamtsinspektoren
Forsthauptsekretäre
Forstobersekretäre[2]
Forstsekretäre[2]
Forstassistenten[2]

– als Forstbetriebsbedienstete im Außendienst

1) **Amtl. Anm.:** Sofern sie ihre Laufbahnprüfung abgelegt haben und mindestens zwei Jahre in einer in dieser Verordnung bezeichneten Beamtengruppe tätig gewesen sind.
2) **Amtl. Anm.:** Sofern sie mindestens vier Jahre in dem der Beamtengruppe entsprechenden Dienst oder im Polizeidienst des Bundes oder eines Landes tätig sind und das 21. Lebensjahr vollendet haben.
3) **Amtl. Anm.:** Sofern sie nicht eine selbständige Dienststelle leiten.

– sowie andere Bedienstete der Bundesanstalt für Immobilienaufgaben – Sparte Bundesforst – die, ohne Beamte zu sein, über eine qualifizierte forstfachliche Ausbildung verfügen und die Aufgaben einer der vorgenannten Beamtengruppen wahrnehmen[1)],

3. bei bayerischen Behörden
   a) bei der Polizei
      aa) Kriminalpolizei

      Leitende Kriminaldirektoren[2)]
      Kriminaldirektoren[2)]
      Kriminaloberräte[2)]
      Kriminalräte[2)]
      Erste Kriminalhauptkommissare
      Kriminalhauptkommissare
      Kriminaloberkommissare
      Kriminalkommissare
      Kriminalhauptmeister
      Kriminalobermeister
      Kriminalmeister,

      bb) Uniformierte Polizei

      Leitende Polizeidirektoren[2)]
      Polizeidirektoren[2)]
      Polizeioberräte[2)]
      Polizeiräte[2)]
      Erste Polizeihauptkommissare
      Polizeihauptkommissare
      Polizeioberkommissare
      Polizeikommissare
      Polizeihauptmeister
      Polizeiobermeister
      Polizeimeister,

   b) bei den Forst-, Jagd- und Fischereiverwaltungen des Freistaates Bayern, der Gemeinden und der Körperschaften des öffentlichen Rechts
      aa) Forst- und Jagdverwaltung

      Forsträte[3)]
      Forstamtsräte
      Forstamtmänner
      Forstoberinspektoren
      Forstinspektoren
      Forsthauptsekretäre
      Forstobersekretäre[4)]
      Forstsekretäre[4)]
      als Forstvollzugsbeamte im Außendienst,

      bb) Fischereiverwaltung

      Regierungsdirektoren
      Landwirtschaftsdirektoren

---

1) **Amtl. Anm.:** Sofern sie ihre Laufbahnprüfung abgelegt haben und mindestens zwei Jahre in der entsprechenden Angestelltengruppe tätig gewesen sind oder das 21. Lebensjahr vollendet haben und ohne abgeschlossene Laufbahnprüfung mindestens vier Jahre in der entsprechenden Angestelltengruppe tätig gewesen sind.

2) **Amtl. Anm.:** Sofern sie nicht eine selbständige Dienststelle leiten.

3) **Amtl. Anm.:** Sofern sie nicht in der vierten Qualifikationsebene eingestiegen sind.

4) **Amtl. Anm.:** Sofern sie mindestens vier Jahre in dem der Beamtengruppe entsprechenden Dienst oder im Polizeidienst des Bundes oder eines Landes tätig sind und das 21. Lebensjahr vollendet haben.

Oberregierungsräte
Landwirtschaftsoberräte
Regierungsräte
Landwirtschaftsräte
Regierungsamtsräte
Landwirtschaftsamtsräte
Regierungsamtmänner
Landwirtschaftsamtmänner
Regierungsoberinspektoren
Landwirtschaftsoberinspektoren
Regierungsinspektoren
Landwirtschaftsinspektoren
als Fischereivollzugsbeamte im Außendienst,

c) bei den Bergämtern der Regierungen

Leitende Bergdirektoren
Bergdirektoren
Bergoberräte
Bergräte
Technische Amtsräte
Technische Amtmänner
Technische Oberinspektoren.

[2]Ermittlungspersonen der Staatsanwaltschaft sind auch die in einem anderen Land als Ermittlungspersonen der Staatsanwaltschaft bezeichneten Beamten oder Tarifbeschäftigten, soweit diese berechtigt sind, im Freistaat Bayern polizeiliche Aufgaben wahrzunehmen.

§ 2 Beamte auf Probe

Beamte auf Probe stehen den Beamten auf Lebenszeit gleich, Beamte auf Probe mit Einstieg in der dritten Qualifikationsebene jedoch nur, sofern sie ihre Qualifikationsprüfung abgelegt haben oder mindestens zwei Jahre in einer der in der Verordnung bezeichneten Beamtengruppen tätig gewesen sind.

§ 3 Lebensmittelüberwachung und Überwachung von Anbauvereinigungen

[1]Ermittlungspersonen der Staatsanwaltschaft sind ferner die Verwaltungsangehörigen, die mit der Lebensmittelüberwachung im Außendienst beschäftigt sind, sofern sie mindestens zwei Jahre im Dienst dieser Verwaltung tätig sind. [2]Ermittlungspersonen der Staatsanwaltschaft sind auch die Verwaltungsangehörigen des Landesamtes für Gesundheit und Lebensmittelsicherheit, sofern sie im Außendienst bei Lebensmittelkontrollen oder bei der Überwachung von Anbauvereinigungen im Sinne des Konsumcannabisgesetzes eingesetzt werden und mindestens zwei Jahre im Dienst der Verwaltung im Bereich gesundheitlicher Verbraucherschutz und Veterinärwesen tätig sind. [3]Soweit nach den Sätzen 1 und 2 Angestellte tätig werden sollen, müssen diese im öffentlichen Dienst stehen und das 21. Lebensjahr vollendet haben.

§ 4 Inkrafttreten

Diese Verordnung tritt mit Wirkung vom 1. Januar 1996 in Kraft.

Gesetz
zum Schutz der Gesundheit
(Gesundheitsschutzgesetz – GSG)

Vom 23. Juli 2010 (GVBl. S. 314)
(BayRS 2126-3-G)

zuletzt geändert durch § 1 Bayerisches Cannabisfolgenbegrenzungsgesetz vom 23. Juli 2024 (GVBl. S. 254)

Das Volk des Freistaates Bayern hat das folgende Gesetz beschlossen, das hiermit bekannt gemacht wird:

Artikel 1 Ziel

Ziel dieses Gesetzes ist der Schutz der Bevölkerung vor gesundheitlichen Gefahren durch Passivrauchen.

Artikel 2 Anwendungsbereich

Dieses Gesetz findet Anwendung auf:

1. öffentliche Gebäude:
   a) Gebäude des Bayerischen Landtags, auch soweit diese von den Fraktionen und Abgeordneten genutzt werden,
   b) Gebäude der Behörden des Freistaates Bayern, der Gemeinden und der Gemeindeverbände,
   c) Gebäude der sonstigen der Aufsicht des Freistaates Bayern unterstehenden juristischen Personen des öffentlichen Rechts,
   d) Gebäude der Gerichte des Freistaates Bayern,
2. Einrichtungen für Kinder und Jugendliche:
   a) Schulen und schulische Einrichtungen,
   b) Schullandheime,
   c) Kinderspielplätze,
   d) Kindertageseinrichtungen,
   e) sonstige Einrichtungen und Räume, in denen Kinder ganztägig oder für einen Teil des Tages betreut werden, insbesondere Mütterzentren, Tagespflege, Krabbelstuben, Einkaufszentren mit Kinderbetreuungsangebot,
   f) Jugendherbergen,
   g) Kultur- und Freizeiteinrichtungen nach Nr. 6, die zumindest überwiegend von Kindern und Jugendlichen genutzt werden und
   h) sonstige Einrichtungen der Kinder- und Jugendhilfe nach dem Achten Buch Sozialgesetzbuch (SGB VIII),
3. Bildungseinrichtungen für Erwachsene,
4. Einrichtungen des Gesundheitswesens,
5. Heime und Studierendenwohnheime,
6. Kultur- und Freizeiteinrichtungen,
7. Sportstätten,
8. Gaststätten,
9. Verkehrsflughäfen.

Artikel 3 Rauchverbot

(1) [1]Das Rauchen von Tabakwaren und Cannabisprodukten, einschließlich jeglicher mit synthetischen Cannabinoiden versetzter Stoffe, ist in Innenräumen der in Art. 2 bezeichneten Gebäude, Einrichtungen, Heime, Sportstätten, Gaststätten und Verkehrsflughäfen verboten. [2]In Einrichtungen für Kinder und Jugendliche ist das Rauchen auch auf dem Gelände der Einrichtungen verboten. [3]Im Außenbereich von Gaststätten nach Art. 2 Nr. 8 ist das Rauchen von Cannabisprodukten verboten. [4]Unbeschadet weiterreichender Rauchverbote nach Satz 1 gilt Satz 3 entsprechend auf Volksfestgeländen mit Ausnahme der privaten Aufenthaltsbereiche dort beruflich Beschäftigter. [5]Das Erhitzen und Verdampfen von Cannabisprodukten einschließlich einer Nutzung von zu diesem Zweck verwendeten E-Zigaretten,

Vaporisatoren oder vergleichbaren Produkten steht dem Rauchen von Cannabisprodukten im Sinn dieses Gesetzes gleich.

(2) Auf dem Gelände des Maximilianeums als Sitz des Bayerischen Landtags einschließlich der äußeren Umfriedung gilt Abs. 1 Satz 3 und 5 entsprechend.

(3) Rauchverbote in anderen Vorschriften oder auf Grund von Befugnissen, die mit dem Eigentum oder dem Besitzrecht verbunden sind, bleiben unberührt.

Artikel 4 Hinwirkungspflicht

Der Freistaat Bayern und die Gemeinden und Gemeindeverbände sowie die sonstigen der Aufsicht des Freistaates Bayern unterstehenden juristischen Personen des öffentlichen Rechts haben in Unternehmen in Privatrechtsform, an denen sie beteiligt sind, auf Rauchverbote hinzuwirken.

Artikel 5 Ausnahmen

Das Rauchverbot nach Art. 3 Abs. 1 und 2 gilt nicht:

1. in Räumen, die privaten Wohnzwecken dienen und den Bewohnerinnen und Bewohnern und ihren Familien zur alleinigen Nutzung überlassen sind,
2. für das Rauchen von Tabakwaren in ausgewiesenen Räumen der Polizeibehörden und der Staatsanwaltschaften, soweit dort Vernehmungen durchgeführt werden und der vernommenen Person das Rauchen von der Leiterin oder dem Leiter der Vernehmung im Einzelfall gestattet wird; Entsprechendes gilt in ausgewiesenen Räumen der Gerichte für Vernehmungen durch die Ermittlungsrichterin oder den Ermittlungsrichter,
3. bei künstlerischen Darbietungen, bei denen das Rauchen als Teil der Darbietung Ausdruck der Kunstfreiheit ist,
4. in Räumen von Hospiz- und Palliativeinrichtungen, die einzelnen Personen zur gesonderten Unterbringung zugewiesen sind,
5. für das Rauchen von Cannabis zu medizinischen Zwecken in dafür bestimmten Räumen von Einrichtungen des Gesundheitswesens.

Artikel 6 Raucherräume, Raucherbereich

(1) [1]Für das Rauchen von Tabakwaren, nicht aber von Cannabisprodukten, einschließlich jeglicher mit synthetischen Cannabinoiden versetzter Stoffe, können abgegrenzte und gekennzeichnete Raucherräume eingerichtet werden. [2]Dies gilt nicht für Einrichtungen nach Art. 2 Nr. 2 – mit Ausnahme von Einrichtungen der ambulanten und stationären Suchttherapie sowie der Erziehungs- und Eingliederungshilfe für Jugendliche und junge Volljährige – sowie für Einrichtungen nach Art. 2 Nr. 6 bis 8.

(2) [1]Als Raucherraum darf jeweils nur ein Nebenraum ausgewiesen werden, der baulich von den übrigen Räumen so getrennt ist, dass ein ständiger Luftaustausch nicht besteht. [2]In Einrichtungen nach Art. 2 Nr. 9, psychiatrischen Einrichtungen oder Stationen, Justizvollzugsanstalten, Einrichtungen des Maßregelvollzugs sowie Gebäuden, in denen mehr als 500 Personen beschäftigt sind, dürfen mehrere Raucherräume eingerichtet werden. [3]In Justizvollzugsanstalten und Einrichtungen des Maßregelvollzugs kann die Anstaltsleitung das Rauchen auch in Gemeinschaftsräumen gestatten.

(3) [1]Abweichend von Art. 3 Abs. 1 Satz 2 kann für Einrichtungen der ambulanten und stationären Suchttherapie sowie der Erziehungs- und Eingliederungshilfe für Jugendliche und junge Volljährige das Rauchen von Tabakwaren, nicht aber von Cannabisprodukten, einschließlich jeglicher mit synthetischen Cannabinoiden versetzter Stoffe, in einem ausgewiesenen untergeordneten Bereich des Außengeländes gestattet werden. [2]Der Bereich ist als Raucherbereich zu kennzeichnen.

Artikel 7 Verantwortlichkeit

[1]Verantwortlich für die Einhaltung des Rauchverbots nach Art. 3 Abs. 1 und 2 sowie für die Erfüllung der Kennzeichnungspflichten von Raucherräumen und Raucherbereichen nach Art. 6 sind:

1. die Präsidentin oder der Präsident des Bayerischen Landtags,
2. die Leiterin oder der Leiter der Behörde, des Gerichts, der Einrichtung oder des Heims,
3. die Betreiberin oder der Betreiber der Gaststätte,
4. die Betreiberin oder der Betreiber des Verkehrsflughafens.

[2]Bei einem Verstoß gegen das Rauchverbot haben die oder der Verantwortliche die erforderlichen Maßnahmen zu ergreifen, um eine Fortsetzung des Verstoßes oder einen neuen Verstoß zu verhindern.

Artikel 8 Verordnungsermächtigung

Die Gemeinden können zur Wahrung des Gesundheitsschutzes von Nichtrauchern durch Verordnung das Rauchen, Erhitzen und Verdampfen von Cannabisprodukten, einschließlich jeglicher mit synthetischen Cannabinoiden versetzter Stoffe, sowie die Nutzung von zu diesem Zweck verwendeten E-Zigaretten, Vaporisatoren oder vergleichbaren Produkten auf bestimmten öffentlichen Flächen verbieten, auf denen sich eine Vielzahl von Menschen gleichzeitig auf engem Raum aufhält.

Artikel 9 Zuständigkeit

Für den Vollzug dieses Gesetzes sind zuständig

1. bezüglich der Gebäude des Bayerischen Landtags und des Geländes des Maximilianeums die Präsidentin oder der Präsident des Bayerischen Landtags,
2. im Übrigen die Kreisverwaltungsbehörden.

Artikel 10 Ordnungswidrigkeiten

(1) [1]Mit Geldbuße kann belegt werden, wer vorsätzlich oder fahrlässig

1. einem Rauchverbot nach Art. 3 Abs. 1 oder Art. 3 Abs. 2 zuwiderhandelt,
2. als Verantwortlicher nach Art. 7 nicht unverzüglich die erforderlichen Maßnahmen ergreift, um die Fortsetzung eines Verstoßes oder einen neuen Verstoß gegen ein Rauchverbot nach Art. 3 Abs. 1 oder Art. 3 Abs. 2 zu verhindern.

[2]Im Wiederholungsfall kann eine Geldbuße von bis zu fünftausend Euro festgesetzt werden.

(2) Mit Geldbuße von bis zu eintausendfünfhundert Euro, im Wiederholungsfall bis zu fünftausend Euro kann belegt werden, wer vorsätzlich oder fahrlässig entgegen Art. 3 Abs. 1 oder Art. 3 Abs. 2 Cannabisprodukte raucht, erhitzt oder verdampft.

Artikel 11 Inkrafttreten

(1) Dieses Gesetz tritt am 1. August 2010 in Kraft.

Bayerisches Versammlungsgesetz (BayVersG)

Vom 22. Juli 2008 (GVBl S. 421)
(BayRS 2180-4-I)
zuletzt geändert durch § 4 G zur Änderung des Polizeiaufgabengesetzes und weiterer Rechtsvorschriften vom 23. Juli 2021 (GVBl. S. 418)

Der Landtag des Freistaates Bayern hat das folgende Gesetz beschlossen, das hiermit bekannt gemacht wird:

Nichtamtliche Inhaltsübersicht

Erster Teil
Allgemeine Bestimmungen

Artikel 1 Grundsatz

(1) Jedermann hat das Recht, sich friedlich und ohne Waffen öffentlich mit anderen zu versammeln.

(2) Dieses Recht hat nicht,

1. wer das Grundrecht der Versammlungsfreiheit gemäß Art. 18 des Grundgesetzes verwirkt hat,
2. wer mit der Durchführung oder Teilnahme an einer Versammlung die Ziele einer nach Art. 21 Abs. 2 des Grundgesetzes für verfassungswidrig erklärten Partei oder Teil- oder Ersatzorganisation einer Partei fördern will,
3. eine Partei, die nach Art. 21 Abs. 2 des Grundgesetzes für verfassungswidrig erklärt worden ist, oder
4. eine Vereinigung, die nach Art. 9 Abs. 2 des Grundgesetzes oder nach dem Vereinsgesetz verboten ist.

Artikel 2 Begriffsbestimmungen, Anwendungsbereich

(1) Eine Versammlung ist eine Zusammenkunft von mindestens zwei Personen zur gemeinschaftlichen, überwiegend auf die Teilhabe an der öffentlichen Meinungsbildung gerichteten Erörterung oder Kundgebung.

(2) Eine Versammlung ist öffentlich, wenn die Teilnahme nicht auf einen individuell feststehenden Personenkreis beschränkt ist.

(3) Soweit nichts anderes bestimmt ist, gilt dieses Gesetz nur für öffentliche Versammlungen.

Artikel 3 Versammlungsleitung

(1) [1]Der Veranstalter leitet die Versammlung. [2]Er kann die Leitung einer natürlichen Person übertragen.

(2) Veranstaltet eine Vereinigung die Versammlung, ist Leiter die Person, die den Vorsitz der Vereinigung führt, es sei denn, der Veranstalter hat die Leitung nach Abs. 1 Satz 2 auf eine andere natürliche Person übertragen.

(3) Abs. 1 und 2 gelten nicht für Spontanversammlungen nach Art. 13 Abs. 4.

Artikel 4 Leitungsrechte und -pflichten

(1) Der Leiter
1. bestimmt den Ablauf der Versammlung, insbesondere durch Erteilung und Entziehung des Worts,
2. hat während der Versammlung für Ordnung zu sorgen,
3. kann die Versammlung jederzeit schließen und
4. muss während der Versammlung anwesend sein.

(2) [1]Der Leiter kann sich zur Erfüllung seiner Aufgaben der Hilfe einer angemessenen Anzahl volljähriger Ordner bedienen. [2]Die Ordner müssen weiße Armbinden mit der Aufschrift „Ordner" oder „Ordnerin" tragen; zusätzliche Kennzeichnungen sind nicht zulässig. [3]Der Leiter darf keine Ordner einsetzen, die Waffen oder sonstige Gegenstände mit sich führen, die ihrer Art nach geeignet und den Umständen nach dazu bestimmt sind, Personen zu verletzen oder Sachen zu beschädigen.

(3) [1]Polizeibeamte haben das Recht auf Zugang und auf einen angemessenen Platz
1. bei Versammlungen unter freiem Himmel, wenn dies zur polizeilichen Aufgabenerfüllung erforderlich ist,
2. bei Versammlungen in geschlossenen Räumen, wenn tatsächliche Anhaltspunkte für die Begehung von Straftaten vorliegen oder eine erhebliche Gefahr für die öffentliche Sicherheit zu besorgen ist.

[2]Polizeibeamte haben sich dem Leiter zu erkennen zu geben; bei Versammlungen unter freiem Himmel genügt es, wenn dies die polizeiliche Einsatzleitung tut.

Artikel 5 Pflichten der teilnehmenden Personen

(1) Personen, die an der Versammlung teilnehmen, haben die zur Aufrechterhaltung der Ordnung getroffenen Anweisungen des Leiters oder der Ordner zu befolgen.

(2) Wer aus der Versammlung ausgeschlossen wird, hat sie unverzüglich zu verlassen.

(3) Wird eine Versammlung aufgelöst, haben sich alle teilnehmenden Personen unverzüglich zu entfernen.

Artikel 6 Waffenverbot

Es ist verboten, Waffen oder sonstige Gegenstände, die ihrer Art nach zur Verletzung von Personen oder zur Beschädigung von Sachen geeignet und den Umständen nach dazu bestimmt sind, ohne Erlaubnis der zuständigen Behörde
1. bei Versammlungen mit sich zu führen oder
2. auf dem Weg zu Versammlungen mit sich zu führen, zu Versammlungen hinzuschaffen oder sie zur Verwendung bei Versammlungen bereitzuhalten oder zu verteilen.

Artikel 7 Uniformierungs- und Militanzverbot

Es ist verboten,
1. in einer öffentlichen oder nichtöffentlichen Versammlung Uniformen, Uniformteile oder gleichartige Kleidungsstücke als Ausdruck einer gemeinsamen politischen Gesinnung zu tragen oder
2. an einer öffentlichen oder nichtöffentlichen Versammlung in einer Art und Weise teilzunehmen, die dazu beiträgt, dass die Versammlung oder ein Teil hiervon nach dem äußeren Erscheinungsbild paramilitärisch geprägt wird,

sofern dadurch eine einschüchternde Wirkung entsteht.

Artikel 8 Störungsverbot, Aufrufverbot

(1) Störungen, die bezwecken, die ordnungsgemäße Durchführung öffentlicher oder nichtöffentlicher Versammlungen zu verhindern, sind verboten.

(2) Es ist insbesondere verboten,

1. in der Absicht, nicht verbotene öffentliche oder nichtöffentliche Versammlungen zu verhindern oder zu sprengen oder sonst ihre Durchführung zu vereiteln, Gewalttätigkeiten vorzunehmen oder anzudrohen oder erhebliche Störungen zu verursachen oder
2. bei einer öffentlichen Versammlung dem Leiter oder den Ordnern in der rechtmäßigen Erfüllung ihrer Ordnungsaufgaben mit Gewalt oder Drohung mit Gewalt Widerstand zu leisten oder sie während der Ausübung ihrer Ordnungsaufgaben tätlich anzugreifen.

(3) Es ist verboten, öffentlich, in einer öffentlichen oder nichtöffentlichen Versammlung oder durch Verbreiten eines Inhalts nach § 11 Abs. 3 des Strafgesetzbuchs (StGB) zur Teilnahme an einer Versammlung aufzufordern, deren Durchführung durch ein vollziehbares Verbot untersagt oder deren vollziehbare Auflösung angeordnet worden ist.

Artikel 9 Bild- und Tonaufnahmen oder -aufzeichnungen

(1) [1]Die Polizei darf bei oder im Zusammenhang mit Versammlungen Bild- und Tonaufnahmen oder -aufzeichnungen von Teilnehmern nur offen und nur dann anfertigen, wenn tatsächliche Anhaltspunkte die Annahme rechtfertigen, dass von ihnen erhebliche Gefahren für die öffentliche Sicherheit oder Ordnung ausgehen. [2]Die Maßnahmen dürfen auch durchgeführt werden, wenn Dritte unvermeidbar betroffen werden.

(2) [1]Die Polizei darf Übersichtsaufnahmen von Versammlungen unter freiem Himmel und ihrem Umfeld zur Lenkung und Leitung des Polizeieinsatzes nur offen und nur dann anfertigen, wenn dies wegen der Größe oder Unübersichtlichkeit der Versammlung im Einzelfall erforderlich ist. [2]Übersichtsaufnahmen dürfen aufgezeichnet werden, soweit Tatsachen die Annahme rechtfertigen, dass von Versammlungen, von Teilen hiervon oder ihrem Umfeld erhebliche Gefahren für die öffentliche Sicherheit oder Ordnung ausgehen. [3]Die Identifizierung einer auf den Übersichtsaufnahmen oder -aufzeichnungen abgebildeten Person ist nur zulässig, soweit die Voraussetzungen nach Abs. 1 vorliegen.

(3) [1]Die nach Abs. 1 oder 2 angefertigten Bild-, Ton- und Übersichtsaufzeichnungen sind nach Beendigung der Versammlung unverzüglich auszuwerten und spätestens innerhalb von zwei Monaten zu löschen, soweit sie nicht benötigt werden

1. zur Verfolgung von Straftaten bei oder im Zusammenhang mit der Versammlung oder
2. im Einzelfall zur Gefahrenabwehr, weil die betroffene Person verdächtig ist, Straftaten bei oder im Zusammenhang mit der Versammlung vorbereitet oder begangen zu haben, und deshalb zu besorgen ist, dass von dieser Person erhebliche Gefahren für künftige Versammlungen ausgehen.

[2]Soweit die Identifizierung von Personen auf Bild-, Ton- und Übersichtsaufzeichnungen für Zwecke nach Satz 1 Nr. 2 nicht erforderlich ist, ist sie technisch unumkehrbar auszuschließen. [3]Bild-, Ton- und Übersichtsaufzeichnungen, die aus den in Satz 1 Nr. 2 genannten Gründen nicht gelöscht wurden, sind spätestens nach Ablauf von sechs Monaten seit ihrer Entstehung zu löschen, es sei denn, sie werden inzwischen zur Verfolgung von Straftaten nach Satz 1 Nr. 1 benötigt.

(4) [1]Soweit Übersichtsaufzeichnungen nach Abs. 2 Satz 2 zur polizeilichen Aus- und Fortbildung benötigt werden, ist hierzu eine eigene Fassung herzustellen, die eine Identifizierung der darauf abgebildeten Personen unumkehrbar ausschließt. [2]Sie darf nicht für andere Zwecke genutzt werden. [3]Die Herstellung einer eigenen Fassung für Zwecke der polizeilichen Aus- und Fortbildung ist nur zulässig, solange die Aufzeichnung nicht nach Abs. 3 zu löschen ist.

(5) [1]Die Gründe für die Anfertigung von Bild-, Ton- und Übersichtsaufzeichnungen nach Abs. 1 und 2 und für ihre Verwendung nach Abs. 3 Satz 1 Nrn. 1 und 2 sind zu dokumentieren. [2]Werden von Übersichtsaufzeichnungen eigene Fassungen nach Abs. 4 Satz 1 hergestellt, sind die Notwendigkeit für die polizeiliche Aus- und Fortbildung, die Anzahl der hergestellten Fassungen sowie der Ort der Aufbewahrung zu dokumentieren.

(6) Die Befugnisse zur Erhebung personenbezogener Daten nach Maßgabe der Strafprozessordnung und des Gesetzes über Ordnungswidrigkeiten bleiben unberührt.

Zweiter Teil

Versammlungen in geschlossenen Räumen

Artikel 10 Veranstalterrechte und -pflichten

(1) Bestimmte Personen oder Personenkreise können in der Einladung von der Teilnahme an der Versammlung ausgeschlossen werden.

(2) [1]Pressevertreter können nicht ausgeschlossen werden. [2]Sie haben sich gegenüber dem Leiter oder gegenüber den Ordnern als Pressevertreter auszuweisen.

(3) [1]Der Veranstalter hat der zuständigen Behörde auf Anforderung Familiennamen, Vornamen, Geburtsnamen und Anschrift (persönliche Daten) des Leiters mitzuteilen, wenn Tatsachen die Annahme rechtfertigen, dass dieser die Friedlichkeit der Versammlung gefährdet. [2]Die zuständige Behörde kann den Leiter ablehnen, wenn die Voraussetzungen nach Satz 1 vorliegen.

(4) [1]Der Veranstalter hat der zuständigen Behörde auf Anforderung die persönlichen Daten eines Ordners im Sinn des Abs. 3 Satz 1 mitzuteilen, wenn Tatsachen die Annahme rechtfertigen, dass dieser die Friedlichkeit der Versammlung gefährdet. [2]Die zuständige Behörde kann den Ordner ablehnen, wenn die Voraussetzungen nach Satz 1 vorliegen.

(5) Die zuständige Behörde kann dem Veranstalter aufgeben, die Anzahl der Ordner zu erhöhen, wenn ohne die Erhöhung eine Gefahr für die öffentliche Sicherheit zu besorgen ist.

Artikel 11 Ausschluss von Störern, Hausrecht

(1) Der Leiter kann teilnehmende Personen, die die Ordnung erheblich stören, von der Versammlung ausschließen.

(2) Der Leiter übt das Hausrecht aus.

Artikel 12 Beschränkungen, Verbote, Auflösung

(1) Die zuständige Behörde kann die Durchführung einer Versammlung in geschlossenen Räumen beschränken oder verbieten, wenn

1. der Veranstalter eine der Voraussetzungen des Art. 1 Abs. 2 erfüllt,
2. Tatsachen festgestellt sind, aus denen sich ergibt, dass der Veranstalter oder der Leiter Personen Zutritt gewähren wird, die Waffen oder sonstige Gegenstände im Sinn des Art. 6 mit sich führen,
3. Tatsachen festgestellt sind, aus denen sich ergibt, dass der Veranstalter oder sein Anhang einen gewalttätigen Verlauf der Versammlung anstrebt, oder
4. Tatsachen festgestellt sind, aus denen sich ergibt, dass der Veranstalter oder sein Anhang Ansichten vertreten oder Äußerungen dulden wird, die ein Verbrechen oder ein von Amts wegen zu verfolgendes Vergehen zum Gegenstand haben.

(2) [1]Nach Versammlungsbeginn kann die zuständige Behörde die Versammlung unter Angabe des Grundes beschränken oder auflösen, wenn

1. der Veranstalter eine der Voraussetzungen des Art. 1 Abs. 2 erfüllt,
2. die Versammlung einen gewalttätigen Verlauf nimmt oder eine unmittelbare Gefahr für Leben oder Gesundheit der teilnehmenden Personen besteht,
3. der Leiter Personen, die Waffen oder sonstige Gegenstände im Sinn des Art. 6 mit sich führen, nicht sofort ausschließt und nicht für die Durchführung des Ausschlusses sorgt, oder
4. durch den Verlauf der Versammlung gegen Strafgesetze verstoßen wird, die ein Verbrechen oder ein von Amts wegen zu verfolgendes Vergehen zum Gegenstand haben, oder wenn in der Versammlung zu solchen Straftaten aufgefordert oder angereizt wird und der Leiter dies nicht unverzüglich unterbindet.

[2]In den Fällen von Satz 1 Nrn. 2 bis 4 ist die Auflösung nur zulässig, wenn andere Maßnahmen der zuständigen Behörde, insbesondere eine Unterbrechung, nicht ausreichen.

Dritter Teil

Versammlungen unter freiem Himmel

Artikel 13 Anzeige- und Mitteilungspflicht

(1) [1]Wer eine Versammlung unter freiem Himmel veranstalten will, hat dies der zuständigen Behörde spätestens 48 Stunden vor ihrer Bekanntgabe fernmündlich, schriftlich, elektronisch oder zur Niederschrift anzuzeigen. [2]Bei der Berechnung der Frist bleiben Samstage, Sonn- und Feiertage außer Be-

tracht. [3]Bei einer fernmündlichen Anzeige kann die zuständige Behörde verlangen, die Anzeige schriftlich, elektronisch oder zur Niederschrift unverzüglich nachzuholen. [4]Eine Anzeige ist frühestens zwei Jahre vor dem beabsichtigten Versammlungsbeginn möglich. [5]Bekanntgabe einer Versammlung ist die Mitteilung des Veranstalters von Ort, Zeit und Thema der Versammlung an einen bestimmten oder unbestimmten Personenkreis.

(2) [1]In der Anzeige sind anzugeben

1. der Ort der Versammlung,
2. der Zeitpunkt des beabsichtigten Beginns und des beabsichtigten Endes der Versammlung,
3. das Versammlungsthema,
4. der Veranstalter und der Leiter mit ihren persönlichen Daten im Sinn des Art. 10 Abs. 3 Satz 1 sowie
5. bei sich fortbewegenden Versammlungen der beabsichtigte Streckenverlauf.

[2]Der Veranstalter hat wesentliche Änderungen der Angaben nach Satz 1 der zuständigen Behörde unverzüglich mitzuteilen.

(3) Entsteht der Anlass für eine geplante Versammlung kurzfristig (Eilversammlung), ist die Versammlung spätestens mit der Bekanntgabe fernmündlich, schriftlich, elektronisch oder zur Niederschrift bei der zuständigen Behörde oder bei der Polizei anzuzeigen.

(4) Die Anzeigepflicht entfällt, wenn sich die Versammlung aus einem unmittelbaren Anlass ungeplant und ohne Veranstalter entwickelt (Spontanversammlung).

(5) Die zuständige Behörde kann den Leiter ablehnen, wenn Tatsachen die Annahme rechtfertigen, dass dieser die Friedlichkeit der Versammlung gefährdet.

(6) [1]Der Veranstalter hat der zuständigen Behörde auf Anforderung die persönlichen Daten eines Ordners im Sinn des Art. 10 Abs. 3 Satz 1 mitzuteilen, wenn Tatsachen die Annahme rechtfertigen, dass dieser die Friedlichkeit der Versammlung gefährdet. [2]Die zuständige Behörde kann den Ordner ablehnen, wenn die Voraussetzungen nach Satz 1 vorliegen.

(7) Die zuständige Behörde kann dem Veranstalter aufgeben, die Anzahl der Ordner zu erhöhen, wenn ohne die Erhöhung eine Gefahr für die öffentliche Sicherheit zu besorgen ist.

Artikel 14 Zusammenarbeit

(1) [1]Die zuständige Behörde soll dem Veranstalter Gelegenheit geben, mit ihr die Einzelheiten der Durchführung der Versammlung zu erörtern. [2]Der Veranstalter ist zur Mitwirkung nicht verpflichtet.

(2) Die zuständige Behörde kann bei Maßnahmen nach Art. 15 berücksichtigen, inwieweit der Veranstalter oder der Leiter nach Abs. 1 mit ihr zusammenarbeiten.

Artikel 15 Beschränkungen, Verbote, Auflösung

(1) Die zuständige Behörde kann eine Versammlung beschränken oder verbieten, wenn nach den zur Zeit des Erlasses der Verfügung erkennbaren Umständen die öffentliche Sicherheit oder Ordnung bei Durchführung der Versammlung unmittelbar gefährdet ist oder ein Fall des Art. 12 Abs. 1 vorliegt.

(2) Die zuständige Behörde kann eine Versammlung insbesondere dann beschränken oder verbieten, wenn nach den zur Zeit des Erlasses der Verfügung erkennbaren Umständen

1. die Versammlung an einem Tag oder Ort stattfinden soll, dem ein an die nationalsozialistische Gewalt- und Willkürherrschaft erinnernder Sinngehalt mit gewichtiger Symbolkraft zukommt, und durch sie
   a) eine Beeinträchtigung der Würde der Opfer zu besorgen ist, oder
   b) die unmittelbare Gefahr einer erheblichen Verletzung grundlegender sozialer oder ethischer Anschauungen besteht oder
2. durch die Versammlung die nationalsozialistische Gewalt- und Willkürherrschaft gebilligt, verherrlicht, gerechtfertigt oder verharmlost wird, auch durch das Gedenken an führende Repräsentanten des Nationalsozialismus, und dadurch die unmittelbare Gefahr einer Beeinträchtigung der Würde der Opfer besteht.

(3) Maßnahmen nach Abs. 1 oder 2 sind rechtzeitig vor Versammlungsbeginn zu treffen.

(4) Nach Versammlungsbeginn kann die zuständige Behörde eine Versammlung beschränken oder auflösen, wenn die Voraussetzungen für eine Beschränkung oder ein Verbot nach Abs. 1 oder 2 vorliegen oder gerichtlichen Beschränkungen zuwidergehandelt wird.

(5) Die zuständige Behörde kann teilnehmende Personen, die die Ordnung erheblich stören, von der Versammlung ausschließen.

(6) Eine verbotene Versammlung ist aufzulösen.

Artikel 16 Schutzwaffen- und Vermummungsverbot

(1) Es ist verboten, bei Versammlungen oder sonstigen öffentlichen Veranstaltungen unter freiem Himmel oder auf dem Weg dorthin Schutzwaffen oder Gegenstände mit sich zu führen, die als Schutzwaffen geeignet und den Umständen nach dazu bestimmt sind, Vollstreckungsmaßnahmen eines Trägers von Hoheitsbefugnissen abzuwehren.

(2) Es ist auch verboten,

1. an derartigen Veranstaltungen in einer Aufmachung teilzunehmen, die geeignet und den Umständen nach darauf gerichtet ist, die Feststellung der Identität zu verhindern, oder den Weg zu derartigen Veranstaltungen in einer solchen Aufmachung zurückzulegen,
2. bei derartigen Veranstaltungen oder auf dem Weg dorthin Gegenstände mit sich zu führen, die geeignet und den Umständen nach dazu bestimmt sind, die Feststellung der Identität zu verhindern, oder
3. sich im Anschluss an oder sonst im Zusammenhang mit derartigen Veranstaltungen mit anderen zu einem gemeinschaftlichen friedensstörenden Handeln zusammenzuschließen und dabei
   a) Waffen oder sonstige Gegenstände, die ihrer Art nach zur Verletzung von Personen oder Beschädigung von Sachen geeignet und den Umständen nach dazu bestimmt sind, mit sich zu führen,
   b) Schutzwaffen oder sonstige in Nr. 2 bezeichnete Gegenstände mit sich zu führen oder
   c) in einer in Nr. 1 bezeichneten Aufmachung aufzutreten.

(3) Die zuständige Behörde kann Ausnahmen von den Verboten nach Abs. 1 und 2 zulassen, wenn eine Gefährdung der öffentlichen Sicherheit oder Ordnung nicht zu besorgen ist.

(4) Abs. 1 und 2 gelten nicht für Gottesdienste unter freiem Himmel, kirchliche Prozessionen, Bittgänge und Wallfahrten, gewöhnliche Leichenbegängnisse, Züge von Hochzeitsgesellschaften und hergebrachte Volksfeste.

(5) Die zuständige Behörde kann Personen, die den Verboten nach Abs. 1 und 2 zuwiderhandeln, von der Versammlung ausschließen.

Vierter Teil
Befriedeter Bezirk

Artikel 17 Befriedeter Bezirk

[1]Für den Landtag des Freistaates Bayern wird ein befriedeter Bezirk gebildet. [2]Der befriedete Bezirk um das Landtagsgebäude umfasst das nachfolgend umgrenzte Gebiet der Landeshauptstadt München: Max-Weber-Platz, Innere Wiener Straße, Wiener Platz, Innere Wiener Straße, Am Gasteig, Ludwigsbrücke, Westufer der Isar, Prinzregentenbrücke, südliches Rondell am Friedensengel, Prinzregentenstraße, Ismaninger Straße, Max-Weber-Platz. [3]Die angeführten Straßen und Plätze sind nicht Teil des befriedeten Bezirks.

Artikel 18 Schutz des Landtags

[1]Versammlungen unter freiem Himmel sind innerhalb des befriedeten Bezirks verboten. [2]Ebenso ist es verboten, zu Versammlungen nach Satz 1 aufzufordern.

Artikel 19 Zulassung von Versammlungen

(1) Nicht verbotene Versammlungen unter freiem Himmel können innerhalb des befriedeten Bezirks zugelassen werden.

(2) [1]Anträge auf Zulassung von Versammlungen nach Abs. 1 sind spätestens sieben Tage vor der Bekanntgabe schriftlich, elektronisch oder zur Niederschrift beim Staatsministerium des Innern, für Sport und Integration einzureichen. [2]Art. 13 Abs. 2 und 3 gelten entsprechend.

(3) Über Anträge auf Zulassung entscheidet das Staatsministerium des Innern, für Sport und Integration im Einvernehmen mit dem Präsidenten des Landtags.

(4) Durch die Zulassung werden die übrigen Vorschriften dieses Gesetzes, insbesondere Art. 13 bis 15, nicht berührt.

Fünfter Teil
Straf- und Bußgeldvorschriften

Artikel 20 Strafvorschriften

(1) Mit Freiheitsstrafe bis zu zwei Jahren oder mit Geldstrafe wird bestraft, wer
1. entgegen Art. 6 eine Waffe oder einen sonstigen Gegenstand der dort bezeichneten Art mit sich führt, zu einer Versammlung hinschafft, bereithält oder verteilt,
2. entgegen Art. 8 Abs. 2 Nr. 1 Gewalttätigkeiten vornimmt oder androht oder eine erhebliche Störung verursacht oder
3. entgegen Art. 16 Abs. 2 Nr. 3 Buchst. a sich mit anderen zu einem gemeinschaftlichen friedensstörenden Handeln zusammenschließt und dabei Waffen oder sonstige Gegenstände der dort bezeichneten Art mit sich führt.

(2) Mit Freiheitsstrafe bis zu einem Jahr oder mit Geldstrafe wird bestraft, wer
1. entgegen Art. 4 Abs. 2 Satz 3 Ordner verwendet,
2. entgegen Art. 8 Abs. 2 Nr. 2 einer dort genannten Person Widerstand leistet oder sie tätlich angreift,
3. entgegen Art. 8 Abs. 3 oder Art. 18 Satz 2 zur Teilnahme an einer Versammlung auffordert,
4. als Veranstalter oder als Leiter einer vollziehbaren Anordnung nach Art. 12 Abs. 1 oder 2 Satz 1, Art. 15 Abs. 1, 2 oder 4 oder einer gerichtlichen Beschränkung zuwiderhandelt,
5. entgegen Art. 16 Abs. 1 eine Schutzwaffe oder einen einschlägigen Gegenstand mit sich führt,
6. entgegen Art. 16 Abs. 2 Nr. 1 an einer derartigen Veranstaltung teilnimmt oder den Weg dorthin zurücklegt oder
7. entgegen Art. 16 Abs. 2 Nr. 3 sich mit anderen zu einem gemeinschaftlichen friedensstörenden Handeln zusammenschließt und dabei den in Art. 16 Abs. 2 Nr. 3 Buchst. b oder c bezeichneten Verboten zuwiderhandelt.

Artikel 21 Bußgeldvorschriften

(1) Mit Geldbuße bis zu dreitausend Euro kann belegt werden, wer
1. als Leiter entgegen Art. 4 Abs. 3 Satz 1 Polizeibeamten keinen Zugang oder keinen angemessenen Platz einräumt,
2. entgegen Art. 7 Nr. 1 eine Uniform, ein Uniformteil oder ein gleichartiges Kleidungsstück trägt,
3. entgegen Art. 10 Abs. 2 Satz 1 Pressevertreter ausschließt,
4. als Veranstalter Personen als Leiter der Versammlung einsetzt, die von der zuständigen Behörde nach Art. 10 Abs. 3 Satz 2 oder Art. 13 Abs. 5 abgelehnt wurden,
5. als Veranstalter Ordner einsetzt, die von der zuständigen Behörde nach Art. 10 Abs. 4 Satz 2 oder nach Art. 13 Abs. 6 Satz 2 abgelehnt wurden,
6. einer vollziehbaren Anordnung nach Art. 12 Abs. 1 oder 2 Satz 1, Art. 15 Abs. 1, 2 oder 4 oder einer gerichtlichen Beschränkung zuwiderhandelt,
7. als Veranstalter oder als Leiter eine Versammlung unter freiem Himmel ohne Anzeige nach Art. 13 Abs. 1 Satz 1 oder Abs. 3 durchführt, ohne dass die Voraussetzungen nach Art. 13 Abs. 4 vorliegen,
8. entgegen Art. 16 Abs. 2 Nr. 2 einen einschlägigen Gegenstand mit sich führt, oder
9. entgegen Art. 18 Satz 1 an einer dort genannten Versammlung teilnimmt.

(2) Mit Geldbuße bis zu fünfhundert Euro kann belegt werden, wer
1. als Leiter Ordner einsetzt, die anders gekennzeichnet sind, als es nach Art. 4 Abs. 2 Satz 2 zulässig ist,
2. entgegen Art. 5 Abs. 2 die Versammlung nicht unverzüglich verlässt,
3. entgegen Art. 5 Abs. 3 sich nicht unverzüglich entfernt,
4. trotz wiederholter Zurechtweisung durch den Leiter oder einen Ordner fortfährt, entgegen Art. 8 Abs. 1 eine Versammlung zu stören,
5. als Veranstalter entgegen Art. 10 Abs. 3 Satz 1 persönliche Daten nicht oder nicht richtig mitteilt oder
6. entgegen Art. 13 Abs. 2 Satz 2 eine Mitteilung nicht macht.

Artikel 22 Einziehung

[1]Gegenstände, auf die sich eine Straftat nach Art. 20 oder eine Ordnungswidrigkeit nach Art. 21 Abs. 1 Nrn. 6, 8 oder 9 oder Abs. 2 Nr. 4 bezieht, können eingezogen werden. [2]§ 74a StGB und § 23 des Gesetzes über Ordnungswidrigkeiten sind anzuwenden.

Sechster Teil

Schlussbestimmungen

Artikel 23 Einschränkung von Grundrechten

Die Grundrechte der Versammlungsfreiheit (Art. 8 Abs. 1 des Grundgesetzes, Art. 113 der Verfassung) und der Meinungsfreiheit (Art. 5 Abs. 1 Satz 1 des Grundgesetzes, Art. 110 Abs. 1 Satz 1 der Verfassung) werden nach Maßgabe dieses Gesetzes eingeschränkt.

Artikel 24 Zuständigkeiten

(1) Polizei im Sinn dieses Gesetzes ist die Polizei im Sinn des Art. 1 PAG.

(2) [1]Zuständige Behörden im Sinne dieses Gesetzes sind die Kreisverwaltungsbehörden. [2]Ab Beginn der Versammlung und in unaufschiebbaren Fällen kann auch die Polizei Maßnahmen treffen.

(3) [1]Bei Versammlungen unter freiem Himmel, die über das Gebiet einer Kreisverwaltungsbehörde hinaus gehen (überörtliche Versammlungen), genügt der Veranstalter seiner Anzeigepflicht, wenn er die Versammlung gegenüber einer zuständigen Kreisverwaltungsbehörde anzeigt. [2]Dies gilt nicht bei Eilversammlungen nach Art. 13 Abs. 3. [3]Die Kreisverwaltungsbehörde unterrichtet unverzüglich die übrigen betroffenen Kreisverwaltungsbehörden und die Regierung; berührt die Versammlung mehrere Regierungsbezirke, unterrichtet sie das Staatsministerium des Innern, für Sport und Integration.

(4) [1]Bei überörtlichen Versammlungen kann die Regierung bestimmen, dass eine der nach Abs. 2 Satz 1 zuständigen Kreisverwaltungsbehörden im Benehmen mit den übrigen über Verfügungen nach Art. 6, 13 Abs. 1 Satz 3, Abs. 5 bis 7, Art. 15 und 16 Abs. 3 entscheidet. [2]Bei überörtlichen Versammlungen, die mehrere Regierungsbezirke berühren, kann das Staatsministerium des Innern, für Sport und Integration diese Bestimmung treffen.

Artikel 25 Keine aufschiebende Wirkung der Klage

Klagen gegen Entscheidungen nach diesem Gesetz haben keine aufschiebende Wirkung.

Artikel 26 Kosten

Mit Ausnahme von Entscheidungen über Erlaubnisse nach Art. 6 sind Amtshandlungen nach diesem Gesetz kostenfrei.

Artikel 27 ***[aufgehoben]***

Artikel 28 Inkrafttreten, Außerkrafttreten, Übergangsregelung

[1]Dieses Gesetz tritt am 1. Oktober 2008 in Kraft. [2]Es ersetzt nach Art. 125a Abs. 1 Satz 2 des Grundgesetzes das Gesetz über Versammlungen und Aufzüge (Versammlungsgesetz) in der Fassung der Bekanntmachung vom 15. November 1978 (BGBl I S. 1789), zuletzt geändert durch Art. 1 des Gesetzes vom 24. März 2005 (BGBl. I S. 969).

Bayerisches Integrationsgesetz (BayIntG)[1)]

Vom 13. Dezember 2016 (GVBl. S. 335)
(BayRS 26-6-I)

zuletzt geändert durch § 1 Abs. 277 V zur Anpassung des Landesrechts an die geltende Geschäftsverteilung vom 26. März 2019 (GVBl. S. 98)

Nichtamtliche Inhaltsübersicht

Der Landtag des Freistaates Bayern hat das folgende Gesetz beschlossen, das hiermit bekannt gemacht wird:

Präambel

[1]Bayern ist Teil der deutschen Nation mit gemeinsamer Sprache und Kultur. [2]Es ist tief eingewurzelt in Werte und Traditionen des gemeinsamen christlichen Abendlandes und weiß zugleich um den jüdischen Beitrag zu seiner Identität. [3]Die Würde des Menschen, die Freiheit der Person, die Gleichheit und Gleichberechtigung aller Menschen, das Recht jedes Einzelnen auf ein selbstbestimmtes, aber auch selbstverantwortliches Leben und die Unterscheidung von Staat und Religion sind als Frucht der Aufklärung tragende Grundlage unserer Rechts- und Gesellschaftsordnung. [4]Die nationalsozialistische Willkürherrschaft, die Verbrechen des Dritten Reichs und die Schrecken des Zweiten Weltkrieges haben gelehrt, dass allein eine grundrechtlich ausgerichtete Herrschaft des Rechts vor Terror, Diktatur und Spaltung bewahrt und Voraussetzung für Frieden und Freiheit ist. [5]Jeder Einzelne ist daher zur Wahrung des Rechts und zur Loyalität gegenüber Volk und Verfassung, Staat und Gesetzen verpflichtet. [6]Die demokratische Verfasstheit des Gemeinwesens bindet umgekehrt alle Staatsgewalt an die Stimme des Volkes. [7]Die Solidarität mit den Schwächeren und Hilfsbedürftigen ist Gebot der Gemeinschaft wie jedes Einzelnen, setzt aber zugleich voraus, dass in erster Linie jeder zunächst selbst verpflichtet ist, Verantwortung für sich und die Seinen zu übernehmen und sein Möglichstes dazu beizutragen. [8]Die Gemeinschaft kann nur leisten, was gemeinsam von allen erwirtschaftet wird, und darf daher von jedem seinen Beitrag erwarten. [9]Ganz Bayern ist geformt von gewachsenem Brauchtum, von Sitten und Traditionen. [10]Die freiheitliche Lebensweise in einer offenen und pluralen Gesellschaft erfordert gleichermaßen gegenseitige Toleranz und Achtung der kulturellen Prägung unseres Landes. [11]In den zurückliegenden Jahrzehnten ist es so zur neuen Heimat für Viele geworden, die sich hier eingebracht und eingelebt haben. [12]Das lange geschichtliche Ringen unserer Nation und unseres ganzen Kontinents um Einheit, Recht, Frieden und Freiheit verpflichtet auf das errungene gesamteuropäische Erbe und das Ziel eines gemeinsamen europäischen Weges. [13]Dieser identitätsbildende Grundkonsens wird täglich in unserem Land gelebt und bildet die kulturelle Grundordnung der Gesellschaft (Leitkultur). [14]Diese zu wahren, den gesellschaftlichen Zusammenhalt zu sichern und Migrantinnen und Migranten zu einem Leben in unserer Gesellschaft zu befähigen, ist Zweck dieses Gesetzes.

---

1) Inkrafttreten überwiegend am 1.1.2017; zum abweichenden Inkrafttreten einzelner Teile siehe Art. 18 Abs. 1 Satz 2 Nr. 1 und 2.

Artikel 1 Integrationsziele

[1]Bayern bekennt sich zu seiner Verantwortung gegenüber allen, die aus anderen Staaten kommen und hier nach Maßgabe der Gesetze Aufnahme gefunden haben oder Schutz vor Krieg und Verfolgung suchen. [2]Es ist Ziel dieses Gesetzes, diesen Menschen für die Zeit ihres Aufenthalts Hilfe und Unterstützung anzubieten, um ihnen das Leben in dem ihnen zunächst fremden und unbekannten Land zu erleichtern (Integrationsförderung), sie aber zugleich auf die im Rahmen ihres Gast- und Aufenthaltsstatus unabdingbare Achtung der Leitkultur zu verpflichten und dazu eigene Integrationsanstrengungen abzuverlangen (Integrationspflicht). [3]Das soll zugleich einer Überforderung der gesellschaftlich-integrativen und der wirtschaftlichen Leistungsfähigkeit des Landes und seiner kommunalen Ebenen entgegenwirken.

Artikel 2 Begriffsbestimmungen

(1) [1]Migrantinnen und Migranten im Sinne dieses Gesetzes sind alle Ausländerinnen und Ausländer, die sich dauerhaft berechtigt in Bayern aufhalten. [2]Gleichgestellt sind Ausländerinnen und Ausländer, die eine Aufenthaltsgestattung besitzen und bei denen ein rechtmäßiger und dauerhafter Aufenthalt zu erwarten ist. [3]Nicht erfasst sind Personen, die nach Regelungen im Sinne des § 1 Abs. 1 Satz 5 des Aufenthaltsgesetzes (AufenthG) oder nach § 1 Abs. 2 Nr. 2 und 3 AufenthG vom Erfordernis eines Aufenthaltstitels befreit sind.

(2) Ausländerinnen und Ausländer

1. nach § 1 Abs. 2 Nr. 1 AufenthG und nach § 28 der Aufenthaltsverordnung (AufenthV),
2. die einen Aufenthaltstitel nach § 18 AufenthG besitzen, wenn der Ausübung der Beschäftigung nach § 2 Abs. 3, § 4 oder § 10 der Beschäftigungsverordnung (BeschV) zugestimmt wurde oder sie nach § 2 Abs. 1 Nr. 3, § 3 oder § 5 BeschV ohne Zustimmung zulässig ist,
3. die einen Aufenthaltstitel nach den §§ 18b bis 21 AufenthG besitzen,
4. für die § 41 AufenthV gilt oder
5. die als Angehörige der in den Nrn. 1 bis 4 genannten Personen einen Aufenthaltstitel zum Familiennachzug besitzen oder
6. die Ehegatten oder Lebenspartner eines Deutschen sind,

sind Migrantinnen und Migranten nur in Bezug auf die Regelungen dieses Gesetzes über die Integrationsförderung.

(3) [1]Die Regelungen dieses Gesetzes über die Integrationsförderung gelten entsprechend für Deutsche, die in besonderer Weise integrationsbedürftig sind und

1. außerhalb der heutigen Grenzen der Bundesrepublik Deutschland geboren und nach 1955 in das heutige Gebiet der Bundesrepublik Deutschland zugewandert sind oder
2. zumindest einen Eltern- oder Großelternteil haben, der die Bedingungen der Nr. 1 erfüllt.

[2]In besonderer Weise integrationsbedürftig ist insbesondere, wer die deutsche Sprache nicht mindestens auf dem Niveau A2 des Gemeinsamen Europäischen Referenzrahmens für Sprachen beherrscht.

Artikel 3 Allgemeine Integrationsförderung

(1) [1]Bildung ist ein zentraler Schlüssel zur Integration. [2]Der Staat unterstützt sowohl minderjährige als auch erwachsene Migrantinnen und Migranten darin, spezifische Bildungslücken auszugleichen, die ihren Grund nicht in ihren persönlichen Anlagen und Bildungsanstrengungen haben, sondern auf strukturellen Bildungsdefiziten ihres Herkunftsstaats beruhen oder migrationsbedingt sind. [3]Die Zugangsvoraussetzungen zu den einzelnen schulischen Bildungswegen und -einrichtungen einschließlich begründeter Ausnahmen für Schülerinnen und Schüler nichtdeutscher Muttersprache regeln die Schulordnungen auf Basis der einschlägigen gesetzlichen Ermächtigungen.

(2) Der Staat unterstützt Migrantinnen und Migranten durch geeignete Angebote in dem ihnen abverlangten Bemühen, sich mit den in der heimischen Bevölkerung vorherrschenden Umgangsformen, Sitten und Gebräuchen vertraut zu machen, soweit sich diese von denjenigen in den Herkunftsstaaten unterscheiden.

(3) [1]Eltern leisten durch Erziehung und Wertevermittlung einen wesentlichen Beitrag zu einer gelingenden Integration. [2]Der Staat unterstützt Migrantinnen und Migranten durch geeignete Angebote darin, die tatsächliche Durchsetzung der Gleichberechtigung von Frauen und Männern in Deutschland anzunehmen, einzuüben und auch selbstbewusst zu vertreten.

(4) [1]Gelingende Integration bedarf der gegenseitigen Rücksichtnahme und Toleranz sowie des Respekts vor der Einzigartigkeit, der Lebensgeschichte und den Prägungen des jeweils anderen. [2]Der Staat fördert an der Leitkultur ausgerichtete Angebote, die Migrantinnen und Migranten in politischer Bildung, deutscher Geschichte einschließlich der Lehren aus den Verbrechen des Dritten Reiches und in der Rechtskunde unterweisen und ihnen die heimische Kultur, Wirtschafts- und Gesellschaftsordnung näherbringen. [3]Er fördert zugleich die interkulturelle Sensibilität von Bevölkerung und Verwaltung und unterstützt integrativ wirkende Projekte.

(5) Der Staat unterstützt Angebote der Migrationsberatung, um den Migrantinnen und Migranten im Bedarfsfall einzelfallgerechte Hilfe und Unterstützung in den eigenen Integrationsbemühungen zu gewähren.

(6) [1]Das an den Integrationszielen dieses Gesetzes ausgerichtete bürgerschaftliche Engagement von und für Migrantinnen und Migranten soll in allen Bereichen der Gesellschaft gestärkt werden. [2]Migrantinnen und Migranten werden ermutigt, durch bürgerschaftliches Engagement einen Beitrag zum Gemeinwohl zu leisten und sich auf diese Weise zu unserem Land und seinen Werten zu bekennen. [3]Der Staat erkennt den wichtigen Beitrag an, den Verbände und Vereine leisten, wenn sie über Angebote informieren, für Teilnahme werben und sich aktiv in den politischen Prozess einbringen. [4]Er unterstützt die ehrenamtliche Arbeit vor Ort durch geeignete Angebote, insbesondere zur Information und Koordinierung.

(7) Der Staat unterstützt Angebote der Rückkehrberatung, um ausreisepflichtigen oder rückkehrwilligen Ausländerinnen und Ausländern bedarfsgerechte Hilfe und Unterstützung für die Rückkehr in ihre Herkunftsstaaten zu gewähren.

(8) [1]Migrationsbedingte Erwägungen können im Rahmen von Ermessensentscheidungen berücksichtigt werden, soweit dies den in Art. 1 genannten Integrationszielen in geeigneter Weise dienen kann. [2]Alle staatlichen Behörden verwirklichen im Rahmen ihrer Zuständigkeiten und der geltenden Gesetze die Integrationsziele dieses Gesetzes.

(9) [1]Förderungen nach diesem Artikel erfolgen nach Maßgabe gesonderter Förderrichtlinien. [2]Diese sind jeweils gemäß den haushaltsrechtlichen Bestimmungen zu befristen und mit einem Haushaltsvorbehalt zu versehen.

Artikel 4 Deutsche Sprache

(1) [1]Nur wer deutsch spricht, kann sich vollumfänglich in das öffentliche Leben und Arbeiten einfügen. [2]Eigenes Engagement beim Spracherwerb liegt daher im wohlverstandenen Eigeninteresse der Migrantinnen und Migranten.

(2) Wer volljährig ist und sich in den vorangegangenen sechs Jahren mindestens drei Jahre in Deutschland ständig aufgehalten hat, soll sich mit jedermann in deutscher Sprache angemessen verständigen können.

(3) [1]Der Staat unterstützt Migrantinnen und Migranten in den ersten sechs Jahren nach ihrer Einreise nach Deutschland in ihren Bemühungen, die deutsche Sprache in Wort und Schrift zu erlernen. [2]Art. 3 Abs. 9 gilt entsprechend. [3]Wer aus selbst zu vertretenden Gründen das im Rahmen einer gewährten Förderung mindestens erwartbare Sprachniveau nicht erreicht, kann vorbehaltlich anderweitiger Bestimmungen nach Maßgabe einschlägiger Förderrichtlinien zur angemessenen Erstattung von Förderkosten verpflichtet werden.

(4) [1]Die notwendigen Kosten für die Heranziehung eines Dolmetschers oder Übersetzers durch Behörden können Personen im Sinne des Abs. 2 auch dann auferlegt werden, wenn eine Kostenauferlegung nicht nach anderen Vorschriften vorgesehen ist. [2]Haftungsansprüche wegen fehlerhafter Übersetzung gegen die Körperschaft, deren Behörde den Dolmetscher oder Übersetzer herangezogen hat, sind ausgeschlossen.

Artikel 5 Vorschulische Sprachförderung

(1) [1]Die Träger von Kindertageseinrichtungen fördern die sprachliche Entwicklung der Kinder von Anfang an und tragen hierbei den besonderen Anforderungen von Kindern aus Migrantenfamilien und Kindern mit sonstigem Sprachförderbedarf Rechnung. [2]Kinder sollen lernen, sich entwicklungsangemessen in der deutschen Sprache sowie durch die allgemein übliche Mimik und Körpersprache auszudrücken, längeren Darstellungen oder Erzählungen zu folgen und selbst Geschichten zusammenhängend zu erzählen. [3]Sie sollen Wortschatz, Begriffs- und Lautbildung, Satzbau und sprachliche

Abstraktion in der deutschen Sprache entsprechend ihrem Entwicklungsstand erweitern und verfeinern. [4]Die Verwendung der lokalen Dialekte wird unterstützt und gepflegt. [5]Das pädagogische Personal muss über die erforderlichen deutschen Sprachkenntnisse verfügen und soll die notwendigen interkulturellen Kompetenzen im erforderlichen Umfang fortentwickeln.

(2) [1]Ab der ersten Hälfte des vorletzten Kindergartenjahres (Art. 26 Abs. 1 Satz 5 des Bayerischen Kinderbildungs- und -betreuungsgesetzes – BayKiBiG) vor Eintritt der Vollzeitschulpflicht wird bei allen Kindern zur frühzeitigen Feststellung und Förderung einer entsprechenden Entwicklung für die spätere Leistungsfähigkeit in der Schule der Sprachstand erhoben. [2]Zuständig ist die Kindertageseinrichtung, die das Kind besucht. [3]Besucht das Kind keine Kindertageseinrichtung, führt die Sprachstandserhebung die Grundschule durch, in der die Schulpflicht voraussichtlich zu erfüllen ist. [4]In den Fällen des Satzes 3 müssen die Erziehungsberechtigten dafür sorgen, dass ihr Kind an der Sprachstandserhebung teilnimmt.

(3) [1]Ein Kind, bei dem das Ergebnis der Sprachstandserhebung nach Abs. 2 erwarten lässt, dass seine Deutschkenntnisse für eine erfolgreiche Teilnahme am Unterricht der Grundschule nicht ausreichen werden, soll in der Zeit bis zur Einschulung einen Vorkurs zur Förderung der deutschen Sprachkenntnisse besuchen. [2]Die Erziehungsberechtigten des Kindes können durch die nach Abs. 2 Satz 2 oder 3 zuständige Stelle über mögliche weitere Fördermaßnahmen, eine gegebenenfalls bestehende finanzielle Unterstützung und die Vorzüge eines regelmäßigen Kindergartenbesuchs informiert werden. [3]Wird ein solches Gespräch in den Fällen des Abs. 2 Satz 3 angeboten, sind sie zur Teilnahme verpflichtet.

(4) Erfüllt ein Träger einer Kindertageseinrichtung die sich aus Abs. 1 und 2 oder Art. 6 ergebenden Verpflichtungen nicht, richten sich Widerruf und Rücknahme der Erlaubnis für den Betrieb der Einrichtung nach § 45 Abs. 2 Nr. 2, Abs. 7 des Achten Buches Sozialgesetzbuch.

(5) Das Nähere zu den Abs. 1 bis 4 kann das Staatsministerium für Familie, Arbeit und Soziales im Einvernehmen mit dem Staatsministerium für Unterricht und Kultus durch Rechtsverordnung regeln.

(6) Mit Geldbuße kann von der Kreisverwaltungsbehörde belegt werden, wer den Pflichten nach Abs. 2 Satz 4 oder Abs. 3 Satz 3 zuwiderhandelt.

Artikel 6 Frühkindliche Bildung

[1]Alle Kinder in Kindertageseinrichtungen sollen zentrale Elemente der christlich-abendländischen Kultur erfahren. [2]Der Träger einer Kindertageseinrichtung hat dafür Sorge zu tragen, dass sie lernen, sinn- und werteorientiert und in Achtung vor religiösen Überzeugungen zu leben sowie eine eigene von Nächstenliebe getragene religiöse oder weltanschauliche Identität zu entwickeln. [3]Zur Bildung der gesamten Persönlichkeit der Kinder unterstützt und stärkt das pädagogische Personal die Entwicklung von freiheitlich-demokratischen, religiösen, sittlichen und sozialen Werthaltungen. [4]Die Kindertageseinrichtungen sollen dazu beitragen, die Integrationsbereitschaft der Familien von Migrantinnen und Migranten zu fördern.

Artikel 7 Schulen

(1) [1]Die Schulen fördern im Rahmen ihres Bildungs- und Erziehungsauftrags nach Art. 131 der Verfassung die in Art. 1 genannten Integrationsziele. [2]Hierzu unterstützen sie die Integrationsbemühungen von Migrantinnen und Migranten und die interkulturelle Kompetenz aller Schülerinnen und Schüler und vermitteln in diesem Zusammenhang auch die grundlegende Rechts- und Werteordnung der Verfassung. [3]Sie sollen darauf hinwirken, dass die Schülerinnen und Schüler Menschen in ihrer Unterschiedlichkeit offen und unbefangen annehmen.

(2) Auf die interkulturelle und integrative Kompetenz soll im erforderlichen Umfang in der Aus- und Fortbildung der Lehrkräfte besonderer Wert gelegt werden.

(3) [1]Für Schülerinnen und Schüler nichtdeutscher Muttersprache können insbesondere in Pflichtschulen gesonderte Klassen und sonstige Fördermaßnahmen zur Sprachförderung und schulischen Integration eingerichtet werden. [2]Ziel ist eine frühestmögliche Aufnahme in den Unterricht der Regelklassen.

(4) [1]Die Teilnahme am Unterricht ist Grundvoraussetzung schulischer Integration. [2]Befreiungen vom Unterricht aus religiösen Gründen, die sich nicht lediglich auf einzelne Tage beschränken, sind auf die verfassungsrechtlich zwingenden Fälle zu beschränken. [3]Vorrangig sind organisatorische oder prozedurale Maßnahmen auszuschöpfen.

Artikel 8 Hochschulen

[1]Hochschulen können für studieninteressierte, nicht immatrikulierte Migrantinnen und Migranten besondere Förderangebote einrichten, insbesondere um ihnen den Erwerb der deutschen Sprache zu erleichtern, sie über Bildungs- und Ausbildungswege zu informieren und einzelne spezifische Bildungslücken auszugleichen, die ihren Grund nicht in ihren persönlichen Anlagen und Bildungsanstrengungen haben, sondern auf strukturellen Bildungsdefiziten ihres Herkunftsstaats beruhen oder migrationsbedingt sind. [2]Die Hochschulen sind nicht befugt, Prüfungen abzunehmen, die zu einem allgemeinen Bildungsabschluss führen. [3]Entsprechende Angebote können jeweils längstens zwei Jahre an einer Hochschule in Anspruch genommen werden. [4]Die Hochschulen regeln die Einzelheiten durch Satzung, insbesondere zum Status der Migrantinnen und Migranten, den Zugangs- und Zulassungsvoraussetzungen zu den Angeboten, möglichen Prüfungen und zur Datenerhebung und Datennutzung. [5]Die Bestimmungen über den Hochschulzugang und die Hochschulzulassung bleiben unberührt.

Artikel 9 Kommunen

[1]Die örtliche Gemeinschaft leistet einen unverzichtbaren Beitrag, die Integration von Migrantinnen und Migranten zu fördern, sie bei der Erfüllung ihrer Integrationspflichten zu unterstützen und das wechselseitige kulturelle Verständnis zu erleichtern. [2]Die Gemeinden, Landkreise und Bezirke tragen dabei im Rahmen der kommunalen Selbstverwaltung, ihrer jeweiligen finanziellen Leistungsfähigkeit und nach Maßgabe der Gesetze besondere Mitverantwortung für die in Art. 1 genannten Integrationsziele.

Artikel 10 Verantwortung der Wirtschaft

(1) [1]Die bayerische Wirtschaft trägt im Rahmen des Art. 151 der Verfassung Mitverantwortung für die in Art. 1 genannten Integrationsziele. [2]Die staatlichen Förderprogramme insbesondere nach dem Mittelstandsförderungsgesetz können die Bemühungen einzelner Unternehmen positiv berücksichtigen, Migrantinnen und Migranten, die zur Ausübung einer Erwerbstätigkeit berechtigt sind, auf Unternehmenskosten die deutsche Sprache und die Leitkultur zu vermitteln und die in Art. 1 genannten Integrationsziele zu fördern.

(2) [1]Qualifizierte Migrantinnen und Migranten sollen im Rahmen der geltenden Gesetze den heimischen Arbeitsmarkt bereichern. [2]Das Potenzial der dualen Berufsausbildung und der schulisch strukturierten Aus- und Weiterbildung soll für die Qualifizierung der Migrantinnen und Migranten nutzbar gemacht werden.

Artikel 11 Rundfunk und Medien[1)]

[1]Der Bayerische Rundfunk und die nach dem Bayerischen Mediengesetz an der Veranstaltung von Rundfunk Beteiligten unterstützen im Rahmen ihres Programmauftrags die Integration. [2]Die Angebote in Rundfunk und Telemedien sollen einen Beitrag zur Vermittlung der deutschen Sprache und der Leitkultur leisten.

Artikel 12 Landesleistungen

(1) [1]Landesrechtliche Leistungen und Angebote dürfen Ausländerinnen und Ausländern über 16 Jahren, die nicht zu den Personen nach Art. 2 Abs. 2 zählen, nur bewilligt oder ausgezahlt werden, wenn deren Identität durch

1. einen gültigen Pass oder amtlichen Lichtbildausweis ihres Herkunftsstaats,
2. einen gültigen Aufenthaltstitel,
3. eine gültige Bescheinigung über die Aufenthaltsgestattung nach § 63 des Asylgesetzes (AsylG),
4. einen gültigen Ankunftsnachweis nach § 63a AsylG oder
5. einen Abgleich mit den im Ausländerzentralregister gespeicherten Daten

zuverlässig bestätigt ist. [2]Die Behörden können bei verbleibenden Identitätszweifeln verlangen, dass die Identität durch Abgleich von Fingerabdrücken mit den im Ausländerzentralregister gespeicherten Daten bestätigt wird. [3]Solange die Person im Ausländerzentralregister nicht erfasst ist, kann die Bewilligung und Auszahlung verweigert werden.

---

1) Art. 11 verstößt gem. Entsch. des BayVerfGH – 2019 Vf. 6-VIII-17; Vf. 7-VIII-17 – v. 3.12.2019 (GVBl. S. 764) gegen Art. 111a BV (Freiheit des Rundfunks) sowie gegen Art. 110 BV (Recht der freien Meinungsäußerung) und ist nichtig. Davon ausgenommen ist die in Art. 11 Satz 2 BayIntG normierte Verpflichtung, in den Angeboten des Rundfunks einen Beitrag zur Vermittlung der deutschen Sprache zu leisten.

(2) [1]Wer
1. sich als nicht freizügigkeitsberechtigter Ausländer vor, bei oder nach Einreise nach Deutschland seines Passes, Lichtbildausweises oder eines anderen Identitätsnachweises seines Herkunftsstaats entledigt hat, um den Nachweis seiner Identität oder Herkunft zu erschweren, oder
2. eine landesrechtliche Leistung durch Vorlage von gefälschten Ausweisdokumenten oder durch unrichtige Angaben zu Identität oder Herkunft erlangt oder zu erlangen versucht hat,

verwirkt den Anspruch auf die landesrechtliche Leistung oder das Angebot für den Zeitraum von fünf Jahren ab Einreise (Nr. 1) oder Tathandlung (Nr. 2), soweit auf sie kein unbedingter grundrechtlich verbürgter Anspruch besteht. [2]Bereits erteilte Bewilligungen werden ohne Rücksicht auf Vertrauensschutz auch mit Wirkung für die Vergangenheit für die gesamte Zeit der nach Satz 1 bestehenden Verwirkung zurückgenommen. [3]Im Übrigen gilt Art. 48 des Bayerischen Verwaltungsverfahrensgesetzes in allen Fällen des Satzes 1 entsprechend. [4]Die zuständigen Behörden können die Identität desjenigen, von dem auf Grund tatsächlicher Anhaltspunkte anzunehmen ist, dass er einen Sachverhalt nach Satz 1 verwirklicht hat, auch unter Abnahme von Finger- und Handflächenabdrücken feststellen, mit dem Ausländerzentralregister abgleichen, speichern, nutzen und zusammen mit Angaben zur verwirklichten Tat öffentlichen oder nicht-öffentlichen Stellen nach näherer Maßgabe des Bayerischen Datenschutzgesetzes übermitteln.

(3)[1)] [1]Landesrechtliche Leistungen und Angebote können in den Fällen des Art. 13 Abs. 3 oder Art. 14 Abs. 2 in angemessenem Umfang gekürzt bzw. ganz oder teilweise versagt werden. [2]Abs. 2 Satz 3 und 4 gilt entsprechend.

Artikel 13 Achtung der Rechts- und Werteordnung[2)]

(1) [1]Wer durch demonstrative Regelverstöße, Verunglimpfen oder sonst durch nach außen gerichtetes Verhalten beharrlich zum Ausdruck bringt, dass er die freiheitliche demokratische Grundordnung, insbesondere die Achtung vor den im Grundgesetz konkretisierten Menschenrechten, vor allem das Recht der Persönlichkeit auf Leben und freie Entfaltung und die Gleichberechtigung von Mann und Frau ablehnt, kann durch die Sicherheitsbehörden verpflichtet werden, sich einem Grundkurs über die Werte der freiheitlichen demokratischen Grundordnung zu unterziehen. [2]Satz 1 gilt entsprechend bei Ablehnung des staatlichen Gewaltmonopols, des Verhältnisses von Religion und Staat, der gewaltlosen Erziehung von Kindern und des Schutzes von Minderjährigen oder der Beachtung des deutschen Straf-, Ehe- und Familienrechts. [3]Die strafrechtliche Verantwortlichkeit bleibt unberührt.

(2) Abs. 1 gilt entsprechend für denjenigen, der durch wiederholte schwerwiegende Regelverstöße oder sonst durch ein offenkundig rechtswidriges Verhalten erkennen lässt, dass ihm die Rechts- und Werteordnung in ihren Grundsätzen unbekannt oder gleichgültig ist.

(3) Mit Geldbuße kann belegt werden, wer entgegen einer vollziehbaren Anordnung nach Abs. 1 Satz 1 oder Abs. 2 nicht an dem Grundkurs Rechts- und Werteordnung teilnimmt oder dessen Durchführung behindert.

Artikel 14 Unterlaufen der verfassungsmäßigen Ordnung

(1) Es ist verboten
1. öffentlich, in einer Versammlung oder durch Verbreiten von Schriften dazu aufzufordern, die geltende verfassungsmäßige Ordnung zu missachten und stattdessen einer mit ihren Grundsätzen nicht zu vereinbarenden anderen Rechtsordnung zu folgen,
2. es zu unternehmen, andere Personen einer solchen Ordnung zu unterwerfen oder
3. es zu unternehmen, eine solche Ordnung oder aus ihr abgeleitete Einzelakte zu vollziehen oder zu vollstrecken.

(2)[3)] [1]Wer gegen das Verbot nach Abs. 1 verstößt, kann mit Geldbuße bis zu fünfzigtausend Euro belegt werden. [2]Die Verfolgung verjährt in fünf Jahren, und zwar auch dann, wenn die Tat durch Verbreitung von Druckwerken begangen wird.

---

1) Art. 12 Abs. 3 verstößt gem. Entsch. des BayVerfGH – 2019 Vf. 6-VIII-17; Vf. 7-VIII-17 – v. 3.12.2019 (GVBl. S. 764) entsprechend Art. 13 und 14 Abs. 2 BayIntG gegen die BV. Art. 12 Abs. 3 verstößt gem. Entsch. des BayVerfGH – 2019 Vf. 6-VIII-17; Vf. 7-VIII-17 – v. 3.12.2019 (GVBl. S. 764) entsprechend Art. 13 und 14 Abs. 2 BayIntG gegen die BV.

2) Art. 13 verstößt gem. Entsch. des BayVerfGH – 2019 Vf. 6-VIII-17; Vf. 7-VIII-17 – v. 3.12.2019 (GVBl. S. 764) gegen Art. 110 BV (Recht der freien Meinungsäußerung) und ist nichtig.

3) Art. 14 Abs. 2 verstößt gem. Entsch. des BayVerfGH – 2019 Vf. 6-VIII-17; Vf. 7-VIII-17 – v. 3.12.2019 (GVBl. S. 764) gegen Art. 3 Abs. 1 Satz 1 BV (Rechtsstaatsprinzip) und ist nichtig.

Artikel 15 Bayerischer Integrationsbeauftragter, Bayerischer Integrationsrat

(1) Die Staatsregierung beruft im Rahmen des Bayerischen Beauftragtengesetzes eine Persönlichkeit zu ihrer Beratung und Unterstützung in Fragen der Integrations-, Asyl- und Migrationspolitik (Bayerischer Integrationsbeauftragter).

(2) Der Integrationsbeauftragte kann zu seiner Beratung Vertreter von Verbänden, die die Integration von Migrantinnen und Migranten fördern wollen, heranziehen (Bayerischer Integrationsrat).

Artikel 16 Ausschluss der Klagbarkeit

[1]Subjektive Rechte und klagbare Rechtspositionen werden durch die in diesem Gesetz begründeten Förderungen, Angebote oder Begünstigungen nicht begründet. [2]Sämtliche finanzwirksamen Maßnahmen erfolgen nach Maßgabe des Staatshaushalts.

Artikel 17 Einschränkung von Grundrechten

Auf Grund dieses Gesetzes können die Grundrechte auf Freiheit der Person, Versammlungsfreiheit, Unverletzlichkeit der Wohnung und Eigentum (Art. 2 Abs. 2 Satz 2, Art. 8 Abs. 1, Art. 13 und 14 des Grundgesetzes, Art. 101, 102 Abs. 1, Art. 103, 106 Abs. 3 und Art. 113 der Verfassung) eingeschränkt werden.

Artikel 17a (aufgehoben)

Artikel 18 Inkrafttreten, Außerkrafttreten

(1) [1]Dieses Gesetz tritt am 1. Januar 2017 in Kraft. [2]Abweichend von Satz 1 treten in Kraft:

1. Art. 8 mit Wirkung vom 15. März 2016,
2. Art. 5 Abs. 2, 3, 6 und Art. 17a Abs. 5 am 1. August 2017.

(2) [1]Art. 8 tritt mit Ablauf des 30. September 2021 außer Kraft. [2]Entsprechende Angebote der Hochschulen laufen zu dem in Satz 1 genannten Datum aus.

Gesetz
zur Vermeidung, Verwertung und sonstigen Bewirtschaftung von Abfällen in Bayern
(Bayerisches Abfallwirtschaftsgesetz – BayAbfG)

In der Fassung der Bekanntmachung vom 9. August 1996[1)] (GVBl. S. 396, 449)
(BayRS 2129-2-1-U)
zuletzt geändert durch § 2 G zur Änderung des Bayerischen Immissionsschutzgesetzes und weiterer Rechtsvorschriften vom 25. Mai 2021 (GVBl. S. 286)

Nichtamtliche Inhaltsübersicht

Erster Teil
Ziele der Abfallbewirtschaftung, Pflichten der öffentlichen Hand

Artikel 1 Ziele der Abfallbewirtschaftung

(1) [1]Ziele der Abfallbewirtschaftung sind,
1. den Anfall von Abfällen so gering wie möglich zu halten (Abfallvermeidung),
2. angefallene Abfälle zur Wiederverwendung vorzubereiten (Vorbereitung zur Wiederverwendung),

---

1) Neubekanntmachung des Bayerischen Abfallwirtschaftsgesetzes vom 27. Februar 1991 (GVBl. S. 64) in der vom 7. Oktober 1996 an geltenden Fassung mit neuer Artikelfolge und unter Beseitigung von Unstimmigkeiten des Wortlauts gem. § 3 G v. 24.7.1996 (GVBl. S. 290)

3. angefallene Abfälle, insbesondere Glas, Papier, Metall, Kunststoff und Bauschutt, durch Verfahren gemäß § 3 Abs. 25 des Kreislaufwirtschaftsgesetzes (KrWG) in den Stoffkreislauf zurückzuführen (Recycling),
4. nicht durch Recycling verwertbare Abfälle auf sonstige Weise, insbesondere durch Verfüllung und energetische Verwertung, zu verwerten (sonstige Verwertung),
5. nicht verwertbare Abfälle umweltverträglich zu beseitigen (Beseitigung).

[2]Die Rangfolge der Ziele ergibt sich aus der Reihenfolge der Nennung in Satz 1. [3]Die Ziele sind nach Maßgabe des Kreislaufwirtschaftsgesetzes, insbesondere der §§ 6, 7 und 8 KrWG, so zu verwirklichen, daß das Wohl der Allgemeinheit nicht beeinträchtigt wird, insbesondere nicht durch eine Gefährdung der menschlichen Gesundheit, der Umwelt und des Klimas.

(2) Jede einzelne Person soll durch ihr Verhalten dazu beitragen, daß die Ziele der Abfallbewirtschaftung erreicht werden.

(3) Zur Erreichung der Ziele der Abfallbewirtschaftung wirkt der Freistaat Bayern im Rahmen seiner Zuständigkeit insbesondere hin auf
1. das abfallarme und die Verwertung begünstigende Herstellen, Be- und Verarbeiten und Inverkehrbringen von Erzeugnissen,
2. die Erhöhung der Gebrauchsdauer und Haltbarkeit von Erzeugnissen,
3. die Steigerung der Wiederverwendung von Erzeugnissen,
4. die Entwicklung und Anwendung von Verfahren zur Verwertung von Abfällen,
5. die Verminderung des Schadstoffgehalts von Abfällen.

Artikel 2 Pflichten der öffentlichen Hand

(1) [1]Staat, Gemeinden, Landkreise, Bezirke und die sonstigen juristischen Personen des öffentlichen Rechts haben vorbildhaft dazu beizutragen, daß die Ziele des Art. 1 Abs. 1 erreicht werden. [2]Dazu sind finanzielle Mehrbelastungen und Minderungen der Gebrauchstauglichkeit in angemessenem Umfang hinzunehmen.

(2) Die in Absatz 1 genannten juristischen Personen sind insbesondere verpflichtet,
1. bei der Gestaltung von Arbeitsabläufen und bei ihrem sonstigen Handeln, vor allem im Beschaffungs- und Auftragswesen und bei Bauvorhaben, möglichst Erzeugnisse zu berücksichtigen, die sich durch Langlebigkeit, Reparaturfreundlichkeit und Wiederverwendbarkeit oder Verwertbarkeit auszeichnen, im Vergleich zu anderen Erzeugnissen zu weniger oder zu entsorgungsfreundlicheren Abfällen führen und aus Abfällen hergestellt worden sind,
2. Dritte zu einer Handhabung entsprechend Nummer 1 zu verpflichten, wenn sie diesen ihre Einrichtungen oder Grundstücke zur Verfügung stellen oder Zuwendungen bewilligen.

(3) Die in Absatz 1 genannten juristischen Personen wirken im Rahmen ihrer Möglichkeiten darauf hin, daß Gesellschaften des privaten Rechts, an denen sie beteiligt sind, die Verpflichtungen des Absatz 2 beachten.

Zweiter Teil
Träger der Abfallentsorgung

Artikel 3 Entsorgungspflichtige Körperschaften

(1) [1]Die Landkreise und die kreisfreien Gemeinden sind für die in ihrem Gebiet anfallenden Abfälle öffentlich-rechtliche Entsorgungsträger im Sinn des Kreislaufwirtschaftsgesetzes (entsorgungspflichtige Körperschaften). [2]Sie erfüllen die sich aus dem Kreislaufwirtschaftsgesetz und aus diesem Gesetz ergebenden Aufgaben als Pflichtaufgaben im eigenen Wirkungskreis.

(2) [1]Die entsorgungspflichtigen Körperschaften können mit Zustimmung der zuständigen Behörde durch Satzung oder Anordnung für den Einzelfall Abfälle ganz oder teilweise von der Entsorgung ausschließen, soweit diese der Rücknahmepflicht aufgrund einer nach § 25 KrWG erlassenen Rechtsverordnung unterliegen und entsprechende Rücknahmeeinrichtungen tatsächlich zur Verfügung stehen. [2]Satz 1 gilt auch für Abfälle zur Beseitigung aus anderen Herkunftsbereichen als privaten Haushaltungen, soweit diese nach Art, Menge oder Beschaffenheit nicht mit den in Haushaltungen anfallenden Abfällen entsorgt werden können.

(3) [1]Die entsorgungspflichtigen Körperschaften haben Abfälle aus Haushaltungen, die wegen ihres Schadstoffgehalts zur Wahrung des Wohls der Allgemeinheit einer getrennten Entsorgung bedürfen,

getrennt von den sonstigen Abfällen einzusammeln, zu befördern und umweltverträglich zu entsorgen. [2]Dies gilt auch für haushaltsübliche Kleinmengen vergleichbarer Abfälle aus Gewerbe- und Dienstleistungsbetrieben, soweit sie mit den in Satz 1 genannten Abfällen entsorgt werden können.

(4) [1]Die entsorgungspflichtigen Körperschaften wirken in ihrem Zuständigkeitsbereich darauf hin, daß möglichst wenig Abfall entsteht. [2]Insbesondere beraten sie die Abfallbesitzer über die Möglichkeiten zur Vermeidung und Verwertung von Abfällen. [3]Sie bestellen Fachkräfte zur Beratung der Abfallbesitzer.

(5) [1]Die entsorgungspflichtigen Körperschaften sind zur Entsorgung nach Maßgabe der Anforderungen aus § 11 Abs. 1 und § 14 Abs. 1 KrWG sowie unter Berücksichtigung der Verwertungsquoten nach § 14 Abs. 2 und 3 KrWG verpflichtet. [2]Soweit dies technisch möglich, wirtschaftlich zumutbar und ökologisch effizient ist, sollen höhere Verwertungsquoten als nach § 14 Abs. 2 und 3 KrWG angestrebt werden.

(6) Die entsorgungspflichtigen Körperschaften haben Anlagen zur Verwertung und zur Beseitigung von Abfällen nach dem Stand der Technik zu errichten, zu betreiben und entsprechend zu überwachen.

Artikel 4 Mindestausstattung mit Entsorgungseinrichtungen und -anlagen

(1) [1]Die entsorgungspflichtigen Körperschaften haben Erfassungssysteme zur stofflichen Verwertung vorzuhalten, die mindestens Wertstoffhöfe oder, soweit nicht gesonderte Holsysteme eingeführt sind oder werden, sonstige Bringsysteme wenigstens für Glas-, Papier-, Metall- und Kunststoffabfälle sowie, soweit dies technisch möglich und wirtschaftlich zumutbar ist, für Bioabfälle umfassen. [2]Die Verpflichtung besteht nicht, soweit entsprechende privatwirtschaftliche Erfassungssysteme tatsächlich eingerichtet sind.

(2) Die entsorgungspflichtigen Körperschaften haben Anlagen zu errichten und zu betreiben, in denen die nach Ausschöpfung der Möglichkeiten nach Art. 1 Abs. 1 Satz 1 Nrn. 1 bis 4 verbleibenden Abfälle so behandelt werden, dass sie umweltverträglich beseitigt werden können.

(3) Die entsorgungspflichtigen Körperschaften haben mindestens eine Deponie der Klasse II nach § 2 Nr. 8 der Deponieverordnung mit einer ausreichenden Nutzungsdauer verfügbar zu halten.

Artikel 5 Mitwirkung kreisangehöriger Gemeinden

(1) [1]Die Landkreise können durch Rechtsverordnung einzelne Aufgaben der Abfallentsorgung den kreisangehörigen Gemeinden oder deren Zusammenschlüssen für deren Gebiet mit deren Zustimmung übertragen, wenn eine ordnungsgemäße Abfallentsorgung gewährleistet ist und die Festlegungen des Abfallwirtschaftsplans nicht entgegenstehen. [2]Das Einsammeln, Befördern und Entsorgen von Bioabfällen kann der Landkreis im Benehmen mit den kreisangehörigen Gemeinden oder ihren Zusammenschlüssen übertragen; auf Antrag kreisangehöriger Gemeinden oder ihrer Zusammenschlüsse soll der Landkreis diese Aufgaben übertragen. [3]In den Fällen der Sätze 1 und 2 nehmen die kreisangehörigen Gemeinden die Rechte und Pflichten der entsorgungspflichtigen Körperschaften wahr.

(2) [1]Die kreisangehörigen Gemeinden unterstützen den Landkreis bei der Durchführung von Verwertungsmaßnahmen auf ihrem Gebiet. [2]Sie stellen insbesondere Grundstücke, Einrichtungen und Personal zur Erfassung von stofflich verwertbaren Abfällen bereit. [3]Vor der Festlegung solcher Maßnahmen hat der Landkreis den kreisangehörigen Gemeinden Gelegenheit zur Stellungnahme zu geben. [4]Die Kosten für die Leistungen der kreisangehörigen Gemeinden nach den Sätzen 1 und 2 trägt der Landkreis.

Artikel 6 ***[aufgehoben]***

Artikel 7 Satzungen zur Regelung der kommunalen Abfallentsorgung

(1) [1]Die entsorgungspflichtigen Körperschaften regeln durch Satzung den Anschlußzwang (Art. 18 der Landkreisordnung, Art. 24 der Gemeindeordnung) und die Überlassungspflicht (§ 17 KrWG). [2]Sie können insbesondere bestimmen, in welcher Art, in welcher Weise, an welchem Ort und zu welcher Zeit ihnen die Abfälle zu überlassen sind. [3]Die Besitzer von Abfällen sind zur getrennten Überlassung zu verpflichten, soweit die Pflicht der entsorgungspflichtigen Körperschaften zur stofflichen Verwertung reicht, die getrennte Erfassung der Abfälle der Nutzung von Verwertungsmöglichkeiten oder der ordnungsgemäßen Entsorgung sonst förderlich ist oder in einem Gesetz zur Regelung der abfallrechtlichen Produktverantwortung oder in einer Rechtsverordnung nach § 25 KrWG vorgeschrieben ist. [4]In den Fällen des Satzes 3 kann auch verlangt werden, Abfälle an zentralen Sammelstellen zu überlassen,

soweit das Einsammeln am Anfallort nur mit erheblichem Aufwand möglich und das Verbringen zur Sammelstelle den Besitzern zumutbar ist.

(2) [1]Die Landkreise und die kreisfreien Gemeinden erheben für die Entsorgung der Abfälle Gebühren. [2]In den Fällen des Art. 5 Abs. 1 Sätze 1 und 2 werden die Gebühren von den kreisangehörigen Gemeinden oder ihren Zusammenschlüssen erhoben, soweit Abfälle ihnen überlassen oder von ihnen ohne Überlassung eingesammelt werden. [3]Soweit für bestimmte Abfälle nur einzelne Maßnahmen der Entsorgung übertragen werden, bemißt die für das Einsammeln zuständige Körperschaft die Gebühren so, daß hierin auch die Entgelte eingeschlossen sind, die der anderen Körperschaft für die Durchführung der ihr obliegenden Maßnahmen zustehen.

(3) Zur Deckung des Investitionsaufwands für ihre öffentlichen Entsorgungseinrichtungen können die entsorgungspflichtigen Körperschaften auch Beiträge erheben.

(4) [1]Soweit die Entsorgung der Abfälle einzelner Besitzer besondere Anlagen, Einrichtungen oder sonstige Aufwendungen erfordert, können wegen der daraus entstehenden Mehrkosten von den Besitzern besondere Gebühren und Beiträge erhoben werden. [2]Für diese Gebühren und Beiträge kann eine angemessene Sicherheitsleistung verlangt werden.

(5) Für die Gebühren- und Beitragserhebung gelten Art. 2 Abs. 1 und 2, Art. 5, 8 und 12 bis 17 des Kommunalabgabengesetzes mit der Maßgabe entsprechend, daß

1. Beiträge auch von Gewerbetreibenden erhoben werden können,

1a. durch die erhobenen Gebühren und Beiträge alle Kosten für die Abfallablagerung abgedeckt werden müssen, d.h. die Kosten für die Errichtung und den Betrieb einer Deponie oder einer immissionsschutzrechtlich genehmigungsbedürftigen Anlage zum Lagern von Abfällen im Sinn des § 44 Abs. 4 KrWG einschließlich der Kosten einer zu leistenden Sicherheit oder eines zu erbringenden gleichwertigen Sicherungsmittels sowie die geschätzten Kosten für die Stilllegung und die Nachsorge für einen Zeitraum von mindestens 30 Jahren,

2. zu den ansatzfähigen Kosten auch die durch Rückstellungen nicht gedeckten Aufwendungen für notwendige Vorkehrungen an den nach dem 10. Juni 1972 stillgelegten Abfallbeseitigungsanlagen sowie die Aufwendungen für Maßnahmen nach Art. 3 Abs. 4, Art. 5 Abs. 2 und Art. 24 gehören,

3. zu den ansatzfähigen Kosten auch die in ordnungsgemäßer Wahrnehmung der Pflichtaufgabe nach Art. 3 Abs. 1 entstandenen Aufwendungen für Planung und Entwicklung nicht verwirklichter Vorhaben gehören,

4. zu den ansatzfähigen Kosten auch die in ordnungsgemäßer Wahrnehmung der Pflichtaufgabe nach Art. 3 Abs. 1 entstandenen Aufwendungen für Maßnahmen zur Beseitigung unerlaubter Abfallablagerungen gehören, soweit ein Pflichtiger nicht in Anspruch genommen werden kann,

5. im Rahmen des Äquivalenz- und des Kostendeckungsprinzips entsprechend den Abfallmengen progressiv gestaffelte Gebühren erhoben werden können, um Anreize zur Vermeidung von Abfällen zu schaffen,

6. auf Grund einer entsprechenden Bestimmung in der Satzung der entsorgungspflichtigen Körperschaft die Ermittlung der Berechnungsgrundlagen, die Gebühren- oder Beitragsabrechnung, die Ausfertigung und Versendung der Bescheide sowie die Entgegennahme der zu entrichtenden Gebühren oder Beiträge von einem damit beauftragten zuverlässigen Dritten wahrgenommen werden können.

Artikel 8 Zusammenschlüsse

(1) [1]Die entsorgungspflichtigen Körperschaften können zur Erfüllung ihrer Aufgaben, auch mit sonst nach dem Kreislaufwirtschaftsgesetz oder diesem Gesetz zur Abfallentsorgung Verpflichteten, nach Maßgabe des Gesetzes über die kommunale Zusammenarbeit zusammenwirken, insbesondere sich zu Zweckverbänden zusammenschließen. [2]Entsorgungspflichtige Körperschaften können auch zu Zweckverbänden zusammengeschlossen werden, sofern dies aus zwingenden Gründen des öffentlichen Wohls geboten ist, insbesondere wenn dadurch

1. die Erfüllung der Entsorgungspflicht durch die Verpflichteten erst möglich wird,
2. die Entsorgung insgesamt wesentlich wirtschaftlicher gestaltet werden kann.

(2) [1]Entsorgungspflichtige Körperschaften können sich zur Erfüllung ihrer Verpflichtungen auch an Gesellschaften des privaten Rechts beteiligen. [2]Art. 92 der Gemeindeordnung, Art. 80 der Landkreisordnung und Art. 40 des Gesetzes über die kommunale Zusammenarbeit bleiben unberührt.

Artikel 9 Besondere Einrichtungen

(1) Der Freistaat Bayern kann unter Heranziehung der Entsorgungspflichtigen besondere Einrichtungen zur Beseitigung von Abfällen, die wegen ihrer Art, Menge oder Beschaffenheit nicht mit den in Haushaltungen anfallenden Abfällen beseitigt werden können, schaffen, übernehmen oder sich an derartigen Einrichtungen selbst beteiligen.

(2) Entsprechendes gilt für Einrichtungen, die die Verwertung, insbesondere die Vermarktung der gewonnenen Produkte betreiben oder unterstützen.

Artikel 10 Entsorgung von Sonderabfällen

(1) [1]Unter Beachtung der Zielhierarchie des Art. 1 Abs. 1 sind gefährliche Abfälle im Sinn von § 3 Abs. 5 und § 48 Satz 2 KrWG vorrangig zu verwerten. [2]Die Besitzer nicht aus privaten Haushaltungen stammender gefährlicher Abfälle zur Beseitigung im Sinn von § 3 Abs. 5 und § 48 Satz 2 KrWG, die gemäß Art. 3 Abs. 2 von der Entsorgung ausgeschlossen sind (Sonderabfälle), haben sich zur Erfüllung ihrer Entsorgungspflicht der GSB Sonderabfall-Entsorgung Bayern GmbH zu bedienen. [3]Der Umfang der Überlassungspflicht nach Satz 2 sowie die Art und Weise ihrer Erfüllung bestimmen sich nach dem Abfallwirtschaftsplan.

(2) [1]Als Trägerin der Sonderabfallentsorgung hat die GSB Sonderabfall-Entsorgung Bayern GmbH die Pflicht zur Entsorgung der ihr nach Abs. 1 zu überlassenden Abfälle. [2]Der Umfang dieser Entsorgungspflicht sowie die Art und Weise ihrer Erfüllung bestimmen sich nach dem Abfallwirtschaftsplan. [3]Die GSB Sonderabfall-Entsorgung Bayern GmbH hat regionale Sammelstellen zur dezentralen Erfassung von Sonderabfall verfügbar zu halten.

Dritter Teil

Abfallwirtschaftsplan, Abfallbilanz und Abfallwirtschaftskonzept

Artikel 11 Abfallwirtschaftsplan

(1) [1]Die Staatsregierung stellt nach Anhörung der entsorgungspflichtigen Körperschaften, der sonstigen Entsorgungsträger oder ihrer Verbände und der berührten Träger öffentlicher Belange sowie der nach § 3 des Umwelt-Rechtsbehelfsgesetzes hinsichtlich des satzungsgemäßen Aufgabenbereichs der Abfallentsorgung anerkannten Vereinigungen mit einem satzungsgemäßen Tätigkeitsbereich in Bayern einen Abfallwirtschaftsplan als Rechtsverordnung auf. [2]Die Staatsregierung kann die Ermächtigung nach Satz 1 durch Rechtsverordnung auf das zuständige Staatsministerium übertragen. [3]Der Abfallwirtschaftsplan hat die Festlegungen nach § 30 KrWG zu enthalten und ist nach Maßgabe der §§ 31 und 32 KrWG aufzustellen. [4]Der Abfallwirtschaftsplan soll eine Verteilung der Abfallbeseitigungsanlagen entsprechend den anfallenden Abfallmengen vorgeben, die eine angemessene arbeitsteilige Mitwirkung aller entsorgungspflichtigen Körperschaften sicherstellt. [5]Die Möglichkeiten der kommunalen Zusammenarbeit sollen insbesondere im Interesse der Umweltverträglichkeit berücksichtigt werden. [6]Der Abfallwirtschaftsplan kann in sachlichen und räumlichen Teilabschnitten aufgestellt werden.

(2) [1]Das Staatsministerium für Umwelt und Verbraucherschutz (Staatsministerium) kann auf Antrag einer entsorgungspflichtigen Körperschaft oder eines sonstigen Entsorgungsträgers Ausnahmen von den Festlegungen des Abfallwirtschaftsplans zulassen, wenn die Ziele des Kreislaufwirtschaftsgesetzes, dieses Gesetzes und des Abfallwirtschaftsplans nicht beeinträchtigt werden und sonstige Belange des Gemeinwohls nicht entgegenstehen. [2]Werden die Belange anderer entsorgungspflichtiger Körperschaften oder anderer sonstiger Entsorgungsträger berührt, sind diese vor der Entscheidung zu hören.

Artikel 12 Abfallbilanz

(1) [1]Die entsorgungspflichtigen Körperschaften erstellen bis zum 31. März jeweils für das abgelaufene Jahr eine Bilanz über Art, Herkunft und Menge der angefallenen Abfälle sowie deren Verwertung, insbesondere durch Vorbereitung zur Wiederverwendung und Recycling, und deren Beseitigung. [2]Soweit Abfälle nicht verwertet wurden, ist dies zu begründen. [3]Mit der Bilanz nach Satz 1 erstellen die entsorgungspflichtigen Körperschaften eine Übersicht über die Kosten für die Abfallablagerung nach Art. 7 Abs. 5 Nr. 1 a und die dafür erhobenen Gebühren und Beiträge.

(2) Die Abfallbilanz und die Übersicht nach Abs. 1 Satz 3 sind der zuständigen Behörde vorzulegen.

Artikel 13 Abfallwirtschaftskonzept der entsorgungspflichtigen Körperschaft

(1) [1]Die entsorgungspflichtigen Körperschaften stellen in einem Abfallwirtschaftskonzept die beabsichtigten Maßnahmen zur Vermeidung, zur Verwertung, insbesondere zur Vorbereitung zur Wiederverwendung und zum Recycling, und zur Beseitigung der in ihrem Bereich anfallenden und ihnen zu überlassenden Abfälle jeweils für einen Zeitraum von sieben Jahren im voraus dar. [2]Die Betroffenen und berührte Verbände sind vor der erstmaligen Erstellung und bei Fortschreibungen mit wesentlichen Änderungen zu hören. [3]Die Vorschriften des Gesetzes über die Umweltverträglichkeitsprüfung zu Notwendigkeit und Durchführung einer Strategischen Umweltprüfung für Pläne und Programme bleiben unberührt.

(2) [1]Das Abfallwirtschaftskonzept ist erstmals bis zum 31. Dezember 1997 zu erstellen. [2]Es ist alle sieben Jahre oder bei wesentlichen Änderungen fortzuschreiben und der zuständigen Behörde vorzulegen.

Vierter Teil

Abfallbeseitigungsanlagen

Abschnitt I

Planfeststellungs- und Genehmigungsverfahren

Artikel 14 Veränderungssperre

(1) [1]Vom Beginn der Auslegung der Pläne im Planfeststellungsverfahren oder vom Beginn der Auslegung im immissionsschutzrechtlichen Genehmigungsverfahren an dürfen bis zum Abschluß des Verfahrens auf den vom Vorhaben betroffenen Flächen wesentlich wertsteigernde oder die Errichtung der geplanten Abfallbeseitigungsanlage erheblich erschwerende Veränderungen nicht vorgenommen werden. [2]Veränderungen, die auf rechtlich zulässige Weise vorher begonnen wurden, Unterhaltungsarbeiten und die Fortführung einer bisher rechtmäßig ausgeübten Nutzung werden hiervon nicht berührt.

(2) [1]Dauert die Veränderungssperre länger als vier Jahre, so können die Eigentümer und die sonst zur Nutzung Berechtigten für danach entstehende Vermögensnachteile vom Träger der Abfallbeseitigungsanlage nach den Vorschriften des Bayerischen Gesetzes über die entschädigungspflichtige Enteignung Entschädigung in Geld verlangen. [2]Der Eigentümer einer vom Vorhaben betroffenen Fläche kann vom Träger der Abfallbeseitigungsanlage ferner verlangen, daß dieser die Fläche zu Eigentum übernimmt, wenn es dem Eigentümer wegen der Veränderungssperre wirtschaftlich nicht mehr zuzumuten ist, die Fläche in der bisherigen oder einer anderen zulässigen Art zu nutzen. [3]Kommt eine Einigung über die Übernahme nicht zustande, kann der Eigentümer das Enteignungsverfahren beantragen; im übrigen gelten die Vorschriften des Bayerischen Gesetzes über die entschädigungspflichtige Enteignung sinngemäß.

(3) [1]Zur Sicherung der Planung neuer oder der geplanten Erweiterung bestehender Abfallbeseitigungsanlagen kann die zuständige Behörde Planungsgebiete festlegen. [2]Für diese gilt Absatz 1 entsprechend. [3]Die Festlegung ist auf höchstens zwei Jahre zu befristen. [4]Sie tritt mit Beginn der Auslegung der Pläne im Planfeststellungsverfahren oder der Auslegung im immissionsschutzrechtlichen Genehmigungsverfahren außer Kraft. [5]Ihre Dauer ist auf die Vierjahresfrist nach Absatz 2 anzurechnen.

(4) [1]Die Festlegung eines Planungsgebiets ist in den Gemeinden, deren Gebiet betroffen wird, auf ortsübliche Weise bekanntzumachen. [2]Mit der Bekanntmachung tritt die Festlegung in Kraft. [3]Planungsgebiete sind in Karten einzutragen, die in den Gemeinden während der Geltungsdauer der Festlegung zur Einsicht auszulegen sind.

(5) Die zuständige Behörde kann im Einzelfall Ausnahmen von der Veränderungssperre nach den Absätzen 1 und 3 zulassen, wenn keine überwiegenden öffentlichen Belange entgegenstehen und die Einhaltung der Veränderungssperre zu einer offenbar nicht beabsichtigten Härte führen würde.

Artikel 15–19 (aufgehoben)

Abschnitt II

Beseitigung und Stillegung von Deponien

Artikel 20 Baueinstellung, Beseitigungsanordnung, Betriebsuntersagung

[1]Wird eine Deponie ohne den erforderlichen Planfeststellungsbeschluß, ohne die erforderliche Genehmigung oder entgegen den darin enthaltenen Festsetzungen errichtet, betrieben oder geändert, so kann die zuständige Behörde die Einstellung der Bauarbeiten oder die teilweise oder vollständige Beseitigung anordnen oder den Betrieb untersagen. [2]Eine Beseitigungsanordnung darf nur erlassen werden, wenn nicht auf andere Weise ein rechtmäßiger Zustand hergestellt werden kann. [3]Anordnungen nach Satz 1 gelten auch gegenüber den Rechtsnachfolgern. [4]Die zuständige Behörde kann verlangen, daß ein Antrag auf Durchführung eines Planfeststellungs- oder Genehmigungsverfahrens gestellt wird.

Artikel 21 Pflichten des Inhabers untersagter Deponien

(1) Wird der Betrieb einer Deponie nach § 39 Abs. 1 KrWG oder nach Art. 20 Satz 1 untersagt, so ist deren Inhaber verpflichtet, die erforderlichen Vorkehrungen zu treffen, um eine Beeinträchtigung des Wohls der Allgemeinheit zu verhüten oder zu unterbinden, insbesondere um die mit der Deponie verbundenen Eingriffe in Natur und Landschaft auszugleichen.

(2) Um die Erfüllung dieser Verpflichtung sicherzustellen, trifft die zuständige Behörde die erforderlichen Anordnungen.

Artikel 22 Stillgelegte Deponien

(1) [1]Die ehemaligen Betreiber von Deponien, die vor dem 11. Juni 1972 stillgelegt worden sind, haben das Gelände, das für die Abfallentsorgung verwendet worden ist, auf ihre Kosten zu rekultivieren. [2]Die zuständige Behörde trifft die erforderlichen Anordnungen. [3]Sind Anordnungen gegen den ehemaligen Betreiber nicht möglich oder nicht erfolgversprechend, sollen sie gegen den Grundeigentümer gerichtet werden.

(2) Die Grundeigentümer oder sonstigen Berechtigten haben die Durchführung der nach Absatz 1 erforderlichen Maßnahmen zu dulden.

Fünfter Teil

Finanzielle Förderung abfallwirtschaftlicher Maßnahmen

Artikel 23 Gewährung von Finanzierungshilfen

(1) Zur Erfüllung der Aufgaben nach dem Kreislaufwirtschaftsgesetz und nach diesem Gesetz können Finanzierungshilfen nach Maßgabe der Absätze 2 bis 4 gewährt werden.

(2) [1]Vorhaben, die den Zielen des Art. 1 Abs. 1 Satz 1 Nrn. 1 bis 5 entsprechen, dürfen nur als Mustervorhaben gefördert werden. [2]In Ausnahmefällen können auch Maßnahmen gefördert werden, die der Erforschung oder Erprobung neuer Technologien für die Behandlung oder Ablagerung von Abfällen dienen.

(3) Die Finanzierungshilfen werden im Rahmen der zur Verfügung stehenden Haushaltsmittel und nach Maßgabe der Dringlichkeit des Vorhabens gewährt.

(4) Das Staatsministerium erläßt im Einvernehmen mit dem Staatsministerium des Innern, für Sport und Integration die zur Durchführung der Finanzierung erforderlichen Verwaltungsvorschriften.

Artikel 24 Finanzielle Förderung durch die Kommunen

Die entsorgungspflichtigen Körperschaften sollen im Rahmen der zur Verfügung stehenden Haushaltsmittel private Maßnahmen zur Abfallvermeidung, Schadstoffminimierung und Abfallverwertung unterstützen.

Sechster Teil

Sachliche Zuständigkeit, Anordnungen für den Einzelfall, Aufsicht

Artikel 25 Sachliche Zuständigkeit

(1) [1]Zuständige Behörde im Sinn der Verordnungen der Europäischen Union im Bereich der Abfallwirtschaft, im Sinn des Abfallverbringungsgesetzes, des Kreislaufwirtschaftsgesetzes, des Elektro- und Elektronikgerätegesetzes, des Batteriegesetzes, des Verpackungsgesetzes dieses Gesetzes und der

auf Grund der genannten Vorschriften erlassenen Rechtsverordnungen sowie Anhörungsbehörde im Sinn des § 73 des Verwaltungsverfahrensgesetzes ist die Regierung, soweit nichts anderes bestimmt ist. [2]Die Kreisverwaltungsbehörde ist zuständig für Anordnungen und Maßnahmen im Zusammenhang mit der sicheren Lagerung, Verwertung oder Beseitigung unzulässig behandelter, gelagerter oder abgelagerter Abfälle aus einer illegalen Verbringung nach Art. 2 Nr. 35 der Verordnung (EG) Nr. 1013/2006.

(2) Das Staatsministerium wird ermächtigt, durch Rechtsverordnung Zuständigkeiten abweichend von Absatz 1 festzulegen.

Artikel 26 Anordnungen für den Einzelfall, Kosten

(1) Die zuständige Behörde kann zur Verhütung oder Unterbindung von Verstößen gegen Verordnungen der Europäischen Union im Bereich der Abfallwirtschaft, das Abfallverbringungsgesetz, das Kreislaufwirtschaftsgesetz, das Elektro- und Elektronikgerätegesetz, das Batteriegesetz, das Verpackungsgesetz, dieses Gesetz oder die auf Grund der genannten Vorschriften erlassenen Rechtsvorschriften Anordnungen für den Einzelfall treffen, soweit eine solche Befugnis nicht in anderen abfallrechtlichen Vorschriften enthalten ist.

(2) [1]Die Kosten von Überwachungsmaßnahmen, die bei der Überwachung von Deponien, sonstigen Abfallbeseitigungsanlagen und Abfallverwertungsanlagen sowie von Anlagen, in denen Abfälle mitbeseitigt oder mitverwertet werden, entstehen, trägt der Anlagenbetreiber. [2]Kosten, die bei der Entnahme von Stichproben und deren Untersuchung entstehen, trägt die nach § 47 Abs. 3 KrWG zur Auskunft verpflichtete Person. [3]In den sonstigen Fällen trägt die überwachte Person die Kosten der Überwachung, wenn die Ermittlungen ergeben, dass abfallrechtliche Vorschriften oder auferlegte Verpflichtungen nicht erfüllt worden sind.

(3) [1]Grundstücksbezogene Kosten der Ersatzvornahme ruhen als öffentliche Last auf dem Grundstück oder dem Erbbaurecht. [2]Die öffentliche Last ist im Grundbuch zu vermerken.

Artikel 27 Beseitigung verbotener Ablagerungen

(1) Wer in unzulässiger Weise Abfälle behandelt, lagert oder ablagert, ist zur Beseitigung des rechtswidrigen Zustands verpflichtet.

(2) [1]Die zuständige Behörde kann die erforderlichen Anordnungen erlassen. [2]Sind solche Anordnungen nicht oder nur unter unverhältnismäßigem Aufwand möglich oder nicht erfolgversprechend, so hat die zuständige Behörde den rechtswidrigen Zustand auf Kosten des Pflichtigen zu beseitigen oder beseitigen zu lassen.

Artikel 28 Aufsicht und Überwachung

(1) [1]Oberste Aufsichtsbehörde über den Vollzug der Verordnungen der Europäischen Union im Bereich der Abfallwirtschaft, des Abfallverbringungsgesetzes, des Kreislaufwirtschaftsgesetzes, des Elektro- und Elektronikgerätegesetzes, des Batteriegesetzes, des Verpackungsgesetzes, dieses Gesetzes und der auf Grund der genannten Vorschriften erlassenen Rechtsverordnungen ist das Staatsministerium. [2]Das Staatsministerium ist auch zuständig für die sonstigen in den in Satz 1 genannten Rechtsvorschriften den obersten Landesbehörden übertragenen Aufgaben. [3]Die Vorschriften über die Kommunalaufsicht und das Bergwesen bleiben unberührt.

(2) [1]Das Staatsministerium hat die bei der Überwachung von Abfallbeseitigungsanlagen erfaßten Umwelteinwirkungen zu bewerten und die Öffentlichkeit über die Ergebnisse zu unterrichten. [2]Das Staatsministerium kann sich zur Durchführung der Aufgaben nach Satz 1 anderer Behörden und sonstiger Dritter bedienen.

Siebter Teil
Ordnungswidrigkeiten

Artikel 29 Ordnungswidrigkeiten

Mit Geldbuße bis zu fünfzigtausend Euro kann belegt werden, soweit die Tat nicht nach anderen Vorschriften mit Geldbuße mit mindestens gleicher Höhe bedroht ist, wer vorsätzlich oder fahrlässig

1. sich entgegen Art. 10 Abs. 1 nicht der GSB Sonderabfall-Entsorgung Bayern GmbH bedient,
2. entgegen den Verboten des Art. 14 Abs. 1 oder 3 Veränderungen vornimmt oder
3. einer vollziehbaren Anordnung nach Art. 20 Satz 1, Art. 21 Abs. 2, Art. 22 Abs. 1 Satz 2 oder 3 oder Art. 31 Abs. 2 zuwiderhandelt.

Achter Teil
Inkrafttreten

Artikel 30[1] Inkrafttreten
Dieses Gesetz tritt am 1. März 1991 in Kraft.

1) **Amtl. Anm.:** Diese Vorschrift betrifft das Inkrafttreten des Gesetzes in der ursprünglichen Fassung vom 27. Februar 1991 (GVBl S. 64). Der Zeitpunkt des Inkrafttretens der späteren Änderungen ergibt sich aus dem Änderungsgesetz.

Bayerisches Wassergesetz (BayWG)[1)2)]

Vom 25. Februar 2010 (GVBl. S. 66, 130)
(BayRS 753-1-U)

zuletzt geändert durch § 1 G zur Änderung des Bayerischen Wassergesetzes und des Bayerischen Immissionsschutzgesetzes vom 9. November 2021 (GVBl. S. 608)

Der Landtag des Freistaates Bayern hat das folgende Gesetz beschlossen, das hiermit bekannt gemacht wird:

Nichtamtliche Inhaltsübersicht

1) Siehe bis zum Inkrafttreten dieses Gesetzes das Bayerische Wassergesetz v. 26.7.1962, zuletzt idF v. 19.7.1994 (GVBl. S. 822).

2) Das Gesetz weicht in einzelnen Punkten vom Wasserhaushaltsgesetz ab, vgl. Hinweis v. 24.10.2012 (BGBl. I S. 2176) und Hinweis v. 19.2.2015 (BGBl. I S. 153).

Teil 1
Allgemeine Bestimmungen

Artikel 1 Anwendungsbereich (Abweichend von § 2 Abs. 2 des Wasserhaushaltsgesetzes – WHG)

(1) Dieses Gesetz gilt für die in § 2 Abs. 1 des Wasserhaushaltsgesetzes (WHG) bezeichneten Gewässer, für als Heilquellen anerkannte Wasser- und Gasvorkommen und für das nicht aus Quellen wild abfließende Wasser.

(2) [1]Das Wasserhaushaltsgesetz und dieses Gesetz sind nicht anzuwenden auf
1. Be- und Entwässerungsgräben,
2. kleine Teiche und Weiher, wenn sie mit einem anderen Gewässer nicht oder nur durch künstliche Vorrichtungen verbunden sind,

soweit sie von wasserwirtschaftlich untergeordneter Bedeutung sind. [2]§§ 3 bis 7, 25, 32, 37, 50 bis 61, 89, 90, 100 bis 106 WHG und Art. 4 bis 14, 18, 19, 31 bis 34, 55, 58, 59, 60, 62, 63, 74 dieses Gesetzes, ferner die Vorschriften über das Einleiten und Einbringen von Stoffen in ein Gewässer bleiben unberührt.

Artikel 2 Einteilung der oberirdischen Gewässer

(1) Die oberirdischen Gewässer mit Ausnahme des aus Quellen wild abfließenden Wassers werden nach ihrer wasserwirtschaftlichen Bedeutung eingeteilt in:
1. Gewässer erster Ordnung:
   die Bundeswasserstraßen und die in dem anliegenden Verzeichnis **(Anlage 1)** aufgeführten Gewässer,
2. Gewässer zweiter Ordnung:
   Gewässer, die in das nach Art. 3 aufzustellende Verzeichnis eingetragen sind,
3. Gewässer dritter Ordnung:
   alle anderen Gewässer.

(2) Altarme, die mit dem Gewässer bei Mittelwasserstand verbunden sind, Nebenarme, Flutmulden, Hafengewässer und ähnliche Verzweigungen eines Gewässers (ausgenommen Seitenkanäle) gehören zu der Ordnung des Gewässers an der Stelle, an der das Seitengewässer vom Hauptgewässer abzweigt, soweit in Anlage 1 zu diesem Gesetz oder im Verzeichnis der Gewässer zweiter Ordnung (Art. 3) nichts anderes bestimmt ist.

(3) [1]Soll ein Gewässer oder eine Gewässerstrecke mit nur örtlicher Bedeutung die Eigenschaft einer Bundeswasserstraße erhalten oder verlieren, so kann das Staatsministerium für Umwelt und Verbraucherschutz (Staatsministerium) die hierfür nach § 2 Abs. 1 Satz 1 des Bundeswasserstraßengesetzes erforderliche Vereinbarung mit dem Bund abschließen. [2]Das Staatsministerium wird ermächtigt, in diesem Fall durch Rechtsverordnung die Ordnung des Gewässers zu bestimmen.

Artikel 3 Gewässerverzeichnisse

(1) [1]Das Staatsministerium erlässt die Verzeichnisse über die Gewässer zweiter Ordnung und die Wildbäche durch Allgemeinverfügung. [2]In das Verzeichnis der Gewässer zweiter Ordnung sind die nicht zur ersten Ordnung gehörenden Gewässer aufzunehmen, die wasserwirtschaftlich, insbesondere wegen ihrer Wasser-, Geschiebe-, Schwebstoff- oder Eisführung, wegen ihrer ökologischen Funktionen oder wegen ihrer Nutzbarkeit von größerer Bedeutung sind. [3]In das Verzeichnis der Wildbäche sind die Gewässer dritter Ordnung einzutragen, die zumindest streckenweise wildbachtypische Eigenschaften aufweisen. [4]Die Aufnahme in ein Gewässerverzeichnis nach Sätzen 1 bis 3 kann auf einzelne Gewässerabschnitte beschränkt werden.

(2) [1]Das Staatsministerium gibt ein Verzeichnis aller Wasserkörper bekannt. [2]Es umfasst Oberflächenwasserkörper und Grundwasserkörper und ordnet sie Planungseinheiten zu.

Artikel 4 Duldungspflicht (Zu § 4 Abs. 5 WHG)

[1]Durch Inhalts- und Nebenbestimmungen sind Art, Maß und Dauer der Duldungspflicht, insbesondere die Folgen der Beendigung der Benutzung zu regeln. [2]Die zur Duldung Verpflichteten können für Gewässerbenutzungen, für die eine behördliche Zulassung erteilt worden ist, von den die Gewässerbenutzung ausübenden Personen ein Entgelt verlangen. [3]Ist der Freistaat Bayern zur Duldung verpflichtet, kann das Entgelt als Nutzungsgebühr erhoben werden. [4]Die Gebührenpflicht, die Höhe der Gebühr, das Festsetzungs- und Erhebungsverfahren werden durch Rechtsverordnung des Staatsministeriums geregelt.

Artikel 5 Eigentum an den Gewässern erster oder zweiter Ordnung (Zu § 4 Abs. 5 WHG)

Soweit das Eigentum an einem Gewässer erster oder zweiter Ordnung einem anderen als dem Bund oder dem Freistaat Bayern zusteht, kann der Freistaat Bayern das Eigentum nach den Vorschriften des Bayerischen Gesetzes über die entschädigungspflichtige Enteignung in Anspruch nehmen.

Artikel 6 Eigentum an Gewässern, die kein selbstständiges Grundstück bilden (Zu § 4 Abs. 5 WHG)

(1) Bildet ein fließendes Gewässer kein selbstständiges Grundstück, so ist es Bestandteil der Ufergrundstücke.

(2) Gehören die Ufer verschiedenen Eigentümern, so ist vorbehaltlich abweichender privatrechtlicher Regelung Eigentumsgrenze:

1. für gegenüberliegende Ufergrundstücke eine durch die Mitte des Gewässers bei Mittelwasserstand zu ziehende Linie,
2. für nebeneinander liegende Ufergrundstücke eine von dem Endpunkt der Landgrenze rechtwinklig zu der in Nr. 1 bezeichneten Mittellinie zu ziehende Linie.

Artikel 7 Überflutungen (Zu § 4 Abs. 5 WHG)

(1) [1]Werden an Gewässern, die ein selbstständiges Grundstück bilden, Grundstücke bei Mittelwasserstand dauernd überflutet, so wächst das Eigentum an den überfluteten Flächen den Gewässereigentümern zu. [2]Die neue Grenze zwischen dem Gewässer und dem Ufergrundstück ist die Uferlinie.

(2) Ist die Überflutung künstlich herbeigeführt, so hat derjenige, der sie verursacht hat, die bisherigen Eigentümer zu entschädigen.

(3) [1]Werden an Gewässern, die kein selbstständiges Grundstück bilden, Grundstücke dauernd überflutet, so ist Art. 6 anzuwenden. [2]Für künstliche Überflutungen gilt Abs. 2.

Artikel 8 Natürliche Verlandungen (Zu § 4 Abs. 5 WHG)

(1) Eine durch allmähliches Anlanden oder durch Zurücktreten des Wassers entstandene Verlandung an fließenden Gewässern wächst den Eigentümern der Ufergrundstücke zu, wenn die Verlandung mit dem bisherigen Ufer bei Mittelwasserstand zusammenhängt und sich darauf Pflanzenwuchs gebildet hat.

(2) [1]An stehenden Gewässern, die nicht Eigentum der Anlieger sind, gehören Verlandungen innerhalb der bisherigen Eigentumsgrenze den Gewässereigentümern. [2]Die früheren Anlieger haben Zutritt zum Gewässer, soweit es erforderlich ist, um den Gemeingebrauch in der bisherigen Weise auszuüben.

(3) [1]Verlandet ein Gewässer an einer Stelle, an der mehrere Ufergrundstücke aneinandergrenzen, so verläuft die Grundstücksgrenze auf der Verlandung in Verlängerung der bisherigen Grundstücksgrenze auf dem Land. [2]Schneiden sich hierbei die Grundstücksgrenzen, so verläuft die Grundstücksgrenze vom Schnittpunkt aus in der Winkelhalbierenden der sich schneidenden Grenzen.

Artikel 9 Künstliche Verlandungen (Zu § 4 Abs. 5 WHG)

Verlandungen, die durch künstliche Einwirkungen entstanden sind, stehen im Eigentum der Gewässereigentümer.

Artikel 10 Wiederherstellung eines Gewässers (Zu § 4 Abs. 5 WHG)

(1) Hat ein Gewässer durch natürliche Ereignisse sein bisheriges Bett verlassen, so sind die davon Betroffenen insgesamt oder einzeln berechtigt, den früheren Zustand auf ihre Kosten wieder herzustellen.

(2) [1]Das Recht zur Wiederherstellung erlischt, wenn die Wiederherstellung nicht binnen fünf Jahren, gerechnet vom Schluss des Jahres, in dem sich das Gewässer verändert hat, ausgeführt ist. [2]Die Kreis-

verwaltungsbehörde kann die Frist zur Wiederherstellung des Gewässers im Einzelfall angemessen verlängern, wenn mit der Wiederherstellung fristgerecht begonnen wurde.

Artikel 11 Uferabriss (Zu § 4 Abs. 5 WHG)

(1) Wird ein Stück Land durch Naturgewalt von dem Ufer abgerissen und mit einem anderen Ufergrundstück vereinigt, so wird es dessen Bestandteil, wenn es von diesem Grundstück in der Natur nicht mehr unterschieden werden kann oder wenn die Vereinigung drei Jahre bestanden hat, ohne dass Eigentümer oder sonst berechtigte Personen das abgerissene Stück wieder weggenommen haben.

(2) Unter den gleichen Voraussetzungen wird ein abgerissenes Stück Land, das sich ohne Zusammenhang mit einem Ufer im Gewässer festgesetzt hat, Bestandteil des Gewässereigentums.

Artikel 12 Uferlinie (Zu § 4 Abs. 5 WHG)

(1) Die Grenze zwischen dem Gewässer und den Ufergrundstücken wird durch die Linie des Mittelwasserstands unter besonderer Berücksichtigung der Grenze des Pflanzenwuchses (Uferlinie) bestimmt.

(2) Die Uferlinie wird, falls erforderlich, durch die Kreisverwaltungsbehörde festgestellt und auf Kosten desjenigen, der die Kosten der Uferlinienfeststellung zu tragen hat, kenntlich gemacht.

Artikel 13 Verlassenes Gewässerbett, Inseln (Zu § 4 Abs. 5 WHG)

(1) Wird ein Gewässerbett vom Wasser verlassen oder tritt in einem Gewässer eine Insel hervor, die den Mittelwasserstand überragt, so bleibt das Eigentum an den hierdurch zutage getretenen Landflächen unverändert.

(2) Art. 11 und 12 gelten für Inseln entsprechend.

Teil 2

Bewirtschaftung von Gewässern

Abschnitt 1

Gemeinsame Bestimmungen

Artikel 14 Bewirtschaftung in Flussgebietseinheiten

[1]Die auf den Freistaat Bayern entfallenden Anteile der Flussgebietseinheiten der Donau, des Rheins, der Elbe und der Weser werden in Planungseinheiten bewirtschaftet. [2]Die Zuordnung der Wasserkörper zu den Planungseinheiten richtet sich nach Art. 3 Abs. 2.

Artikel 15 Beschränkte Erlaubnis (Abweichend von § 10 Abs. 1 und § 15 WHG)

(1) Eine Erlaubnis im Sinn des § 10 Abs. 1 WHG (beschränkte Erlaubnis) kann erteilt werden, wenn die Voraussetzungen des § 15 Abs. 1 WHG nicht vorliegen oder nur eine beschränkte Erlaubnis beantragt wird.

(2) [1]Nur eine beschränkte Erlaubnis ist zu erteilen, wenn ein Gewässer zu vorübergehenden Zwecken und für einen Zeitraum von nicht mehr als einem Jahr benutzt werden soll. [2]Die beschränkte Erlaubnis ist dann dem Zweck des Unternehmens entsprechend zu befristen. [3]Die beschränkte Erlaubnis ist als solche zu bezeichnen.

(3) Art. 70 bleibt unberührt.

Artikel 16 Vorkehrungen bei Erlöschen einer Erlaubnis oder Bewilligung, eines alten Rechts oder einer alten Befugnis

(1) Ist eine Erlaubnis oder Bewilligung ganz oder teilweise erloschen, so können die Inhaber der bisherigen Zulassung aus Gründen des Wohls der Allgemeinheit verpflichtet werden,

1. die Anlagen für die Benutzung des Gewässers ganz oder teilweise
   a) bestehen zu lassen,
   b) auf ihre Kosten zu beseitigen und den früheren Zustand wieder herzustellen,
2. auf ihre Kosten andere Vorkehrungen zu treffen, die geeignet sind, nachteilige Folgen des Erlöschens der Erlaubnis oder Bewilligung zu verhüten.

(2) [1]Im Fall des Abs. 1 Nr. 1 Buchst. a sind diejenigen, in deren Interesse der Fortbestand der Anlage liegt, verpflichtet, für die künftige Unterhaltung und, soweit erforderlich, für den Betrieb der Anlage zu sorgen. [2]Art. 26 Abs. 2 Satz 2 gilt sinngemäß.

(3) [1]Kann die Verpflichtung nach Abs. 1 oder 2 wegen Mittellosigkeit nicht erfüllt werden, so haben die in Art. 24 Abs. 2 bezeichneten Körperschaften nach Maßgabe ihrer Leistungsfähigkeit einzutreten. [2]Diejenigen, die von der Erfüllung der Verpflichtung einen Vorteil haben, können zu den Kosten herangezogen werden. [3]Art. 26 Abs. 2 Satz 2 und Art. 27 gelten entsprechend.

(4) Ist ein altes Recht oder eine alte Befugnis ganz oder teilweise erloschen, so gelten Abs. 1 bis 3 sinngemäß.

(5) Bei Wasserkraftanlagen, die mehr als drei Jahre nicht betrieben worden sind, kann eine Wiederaufnahme des Betriebs nur dann erfolgen, wenn sie den Anforderungen der §§ 33 bis 35 WHG entsprechen.

Artikel 17 Rechtsverordnungen zum WHG (Zu den §§ 23 und 24 WHG, abweichend von § 23 Abs. 1 und 2 und § 24 Abs. 1 WHG)

(1) Die Ermächtigungen nach § 23 Abs. 3 Satz 1, § 24 Abs. 3 Satz 1 WHG werden auf das Staatsministerium übertragen.

(2) § 23 Abs. 2 WHG findet keine Anwendung.

(3) [1]Das Staatsministerium wird ermächtigt, an Stelle der Bundesregierung im Rahmen des Art. 72 Abs. 3 Nr. 5 des Grundgesetzes Rechtsverordnungen nach § 23 Abs. 1 Nr. 4 und 7, § 23 Abs. 1 Nr. 8 – auch in Verbindung mit § 50 Abs. 5, § 23 Abs. 1 Nr. 10 bis 13 und § 24 WHG zu erlassen. [2]Rechtsverordnungen der Bundesregierung nach diesen Vorschriften finden nur Anwendung, solange und soweit das Staatsministerium von der Ermächtigung zum Erlass einer Rechtsverordnung nach Satz 1 keinen Gebrauch gemacht hat.

Abschnitt 2

Bewirtschaftung oberirdischer Gewässer

Artikel 18 Gemeingebrauch (Zu § 25 Satz 1 und 3 WHG)

(1) [1]Jede Person darf unter den Voraussetzungen des § 25 WHG und soweit es ohne rechtswidrige Benutzung fremder Grundstücke geschehen kann und, soweit eine erhebliche Beeinträchtigung des Gewässers und seiner Ufer sowie der Tier- und Pflanzenwelt nicht zu erwarten ist, außerhalb von Schilf- und Röhrichtbeständen oberirdische Gewässer zum Baden, Waschen, Tränken, Schwemmen, Schöpfen mit Handgefäßen, Betrieb von Modellbooten ohne Verbrennungsmotoren, Eissport und Befahren mit kleinen Fahrzeugen ohne eigene Triebkraft benutzen. [2]Der Betrieb von Modellbooten mit Elektroantrieb ist nicht zulässig in Gebieten von gemeinschaftlicher Bedeutung, Europäischen Vogelschutzgebieten und Naturschutzgebieten; weitergehende naturschutzrechtliche Bestimmungen bleiben unberührt. [3]Zum Gemeingebrauch gehören auch

1. das Einleiten von Grundwasser und Quellwasser,
2. das schadlose Einleiten von gesammeltem Niederschlagswasser, das nicht mit anderem Abwasser oder wassergefährdenden Stoffen vermischt ist, entsprechend den vom Staatsministerium bekannt gemachten Regeln der Technik; dies gilt nicht für Niederschlagswassereinleitungen von Flächen in Anlagen zum Umgang mit wassergefährdenden Stoffen, von Bundesfern- und Staatsstraßen, sowie von Straßen mit mehr als zwei Fahrstreifen,
3. das Entnehmen von Wasser in geringen Mengen für
   a) das Tränken von Vieh,
   b) den häuslichen Bedarf der Landwirtschaft.

[4]Die Kreisverwaltungsbehörden können bestimmen, an welchen Gewässern oder Gewässerteilen weitere Tätigkeiten der Sportausübung und Freizeitgestaltung, insbesondere das Tauchen mit Atemgerät oder das Betreiben von Modellbooten mit Verbrennungsmotor als Gemeingebrauch zulässig sind.

(2) Abs. 1 ist nicht anzuwenden auf Gewässer in Hofräumen, Gärten, Park- und Betriebsanlagen, wenn sie den Eigentümern dieser Grundstücke oder Anlagen gehören, sowie auf ablassbare, ausschließlich der Fischzucht dienende Teiche.

(3) Die Kreisverwaltungsbehörde kann durch Rechtsverordnung, Allgemeinverfügung oder Anordnung im Einzelfall Gewässer oder Gewässerteile nach Abs. 1 Satz 4 bestimmen sowie die Ausübung des Gemeingebrauchs regeln, beschränken oder verbieten, um Gefahren für Leben, Gesundheit, Eigentum, eigentumsgleiche Rechte oder Besitz zu verhüten, die Sicherheit und Leichtigkeit des Verkehrs zu erhalten, die Natur, insbesondere die Tier- und Pflanzenwelt oder das Gewässer und seine

Ufer zu schützen, den Erholungsverkehr zu regeln oder die Benutzung eines Gewässers auf Grund von Erlaubnissen, Bewilligungen, alten Rechten und alten Befugnissen oder den Eigentümer- und Anliegergebrauch sicherzustellen.

Artikel 19 Benutzung zu Zwecken der Fischerei (Abweichend von § 25 Satz 3 Nr. 2 WHG)

Das Einbringen von Stoffen in oberirdische Gewässer zu Zwecken der Fischerei bedarf keiner Erlaubnis, wenn dadurch keine signifikanten nachteiligen Auswirkungen auf den Gewässerzustand zu erwarten sind.

Artikel 20 Genehmigung von Anlagen (Zu § 36 WHG)

(1) [1]Anlagen im Sinn des § 36 WHG, die nicht der Benutzung, der Unterhaltung oder dem Ausbau dienen, dürfen an Gewässern erster oder zweiter Ordnung nur mit Genehmigung der Kreisverwaltungsbehörde errichtet, wesentlich geändert oder stillgelegt werden. [2]Genehmigungspflichtig sind Anlagen, die weniger als sechzig Meter von der Uferlinie entfernt sind oder die die Unterhaltung oder den Ausbau beeinträchtigen können.

(2) Die Regierungen können durch Rechtsverordnung die Genehmigungspflicht auch für Anlagen im Sinn des § 36 WHG an Gewässern dritter Ordnung oder Teilen davon begründen, wenn und soweit das aus Gründen des Wohls der Allgemeinheit geboten ist, insbesondere um schädliche Gewässerveränderungen zu verhindern oder die Gewässerunterhaltung nicht zu erschweren.

(3) Hat die Kreisverwaltungsbehörde nicht innerhalb der nach Art. 42a Abs. 2 des Bayerischen Verwaltungsverfahrensgesetzes (BayVwVfG) festgelegten Frist entschieden, gilt die Genehmigung als erteilt.

(4) [1]Die Genehmigung kann befristet werden. [2]Sie darf nur versagt, an Bedingungen und Auflagen geknüpft oder widerrufen werden, soweit das Wohl der Allgemeinheit, insbesondere die in Abs. 2 aufgezählten Gründe, es erfordern. [3]Bei der Entscheidung ist auch das öffentliche Interesse an der Errichtung oder am Fortbestand der Anlagen zu berücksichtigen.

(5) [1]Ist eine Baugenehmigung, eine bauaufsichtliche Zustimmung oder eine Entscheidung nach § 78 Abs. 5 Satz 1 oder § 78a Abs. 2 Satz 1 WHG zu erteilen, entfällt die Genehmigung nach diesem Artikel. [2]Im Verfahren nach § 78 Abs. 5 Satz 1 oder § 78a Abs. 2 Satz 1 WHG sind insoweit auch die Voraussetzungen des Abs. 4 zu beachten.

(6) Für Anlagen nach Abs. 1 oder 2, die in den Anwendungsbereich der Richtlinie (EU) 2018/2001 fallen, finden ergänzend die Regelungen in § 11a Abs. 2 bis 4 WHG entsprechende Anwendung.

Artikel 21 Gewässerrandstreifen (Zu § 38 WHG, abweichend von § 38 Abs. 3 bis 5 WHG)

(1) [1]Der Gewässerrandstreifen ist an Gewässern erster und zweiter Ordnung auf Grundstücken des Freistaates Bayern 10 Meter breit. [2]Auf Gewässerrandstreifen nach Satz 1 sind

1. die ackerbauliche und gartenbauliche Nutzung sowie der Einsatz und die Lagerung von Dünge- und Pflanzenschutzmitteln, ausgenommen Wundverschlussmittel zur Baumpflege und Wildbissschutzmittel, verboten und
2. Bäume und Sträucher zu erhalten, soweit die Beseitigung nicht für den Ausbau oder die Unterhaltung der Gewässer, zur Pflege des Bestandes, aus besonderen Artenschutzgründen oder zur Gefahrenabwehr erforderlich ist oder im Rahmen ordnungsgemäßer Forstwirtschaft erfolgt.

[3]§ 38 Abs. 5 WHG gilt entsprechend. [4]Art. 16 Abs. 1 Satz 1 Nr. 3 des Bayerischen Naturschutzgesetzes bleibt unberührt.

(2) Über Abs. 1 hinaus können im Rahmen der zur Verfügung stehenden Haushaltsmittel die Zwecke des Gewässerrandstreifens an allen Gewässern durch Einbeziehung der Grundstücke oder der Flächen in eine Fördermaßnahme erreicht werden, die auch dem Schutz des jeweiligen Gewässers dient.

(3) Für die mit Art. 16 Abs. 1 Satz 1 Nr. 3 des Bayerischen Naturschutzgesetzes einhergehenden Einschränkungen bisher zulässiger und tatsächlich ausgeübter Nutzungen wird nach Maßgabe der verfügbaren Haushaltsmittel ein angemessener Geldausgleich gewährt.

Artikel 22 Unterhaltungslast (Zu § 40 Abs. 1 Satz 1 WHG)

(1) Es obliegt die Unterhaltung

1. der Gewässer erster Ordnung dem Freistaat Bayern unbeschadet der Aufgaben des Bundes als Eigentümer von Bundeswasserstraßen,
2. der Gewässer zweiter Ordnung dem Freistaat Bayern,

3. der Gewässer dritter Ordnung den Gemeinden als eigene Aufgabe, soweit nicht Wasser- und Bodenverbände dafür bestehen, in gemeindefreien Gebieten den Eigentümern.

(2) Anstelle des Trägers der Unterhaltungslast nach Abs. 1 Nr. 3 obliegen dem Freistaat Bayern

1. die Unterhaltung der Gewässer, die zugleich die Grenze der Bundesrepublik Deutschland bilden,
2. die Unterhaltung und der Betrieb von Wasserspeichern mit überwiegend übergebietlicher wasserwirtschaftlicher Bedeutung, die der öffentlichen Wasserversorgung, dem Gewässerschutz, dem Hochwasserschutz und der Niedrigwasseraufhöhung dienen,
3. die Unterhaltung der ausgebauten und als solche im Wildbachverzeichnis eingetragenen Wildbachstrecken.

(3) Den Unternehmern von Wasserbenutzungsanlagen oder sonstigen Anlagen in oder an Gewässern obliegt die Unterhaltung des Gewässers insoweit, als sie durch diese Anlagen bedingt ist.

(4) Den Baulastträgern öffentlicher Verkehrsanlagen obliegt die Unterhaltung des Gewässers insoweit, als sie zum Schutz dieser Anlagen erforderlich ist.

(5) Die Unterhaltung von Hafengewässern obliegt dem Träger des Hafens.

Artikel 23 Übertragung und Aufteilung der Unterhaltungslast (Abweichend von § 40 Abs. 2 WHG)

(1) [1]Durch öffentlich-rechtlichen Vertrag, der für Gewässer dritter Ordnung der Zustimmung der Kreisverwaltungsbehörde bedarf, können Dritte die Unterhaltungslast übernehmen. [2]Die Zustimmung kann widerrufen werden, wenn die übernommenen Verpflichtungen nicht ordnungsgemäß erfüllt werden.

(2) Bürgerlich-rechtliche Verpflichtungen Dritter zur Unterhaltung von Gewässern lassen die Unterhaltungslast als solche unberührt.

(3) Die Kreisverwaltungsbehörde kann die Unterhaltungslast ganz oder teilweise auf Dritte übertragen, wenn und soweit die Unterhaltung deren Interessen dient oder der Aufwand für die Unterhaltung durch sie verursacht wird.

(4) Haben mehrere Unterhaltungspflichtige dieselbe Gewässerstrecke teilweise zu unterhalten, so kann die Kreisverwaltungsbehörde entweder den Unterhaltungspflichtigen eine angemessene Strecke des Gewässers zur vollständigen Unterhaltung zuweisen oder die Unterhaltungsarbeiten zwischen den Unterhaltungspflichtigen angemessen aufteilen oder bestimmen, dass einzelne unterhaltungspflichtige Personen anstelle der Unterhaltung einen Kostenbeitrag an den oder die verbleibenden Unterhaltungspflichtigen leisten.

Artikel 24 Ausführung, Ersatzvornahme und Sicherung der Unterhaltung (Zu § 40 Abs. 4 WHG)

(1) Obliegt die Unterhaltung der Gewässer dem Freistaat Bayern, so wird sie von den Wasserwirtschaftsämtern ausgeführt.

(2) [1]Sind andere als Körperschaften des öffentlichen Rechts (Art. 22 und 23) Träger der Unterhaltungslast und kommen sie ihren Verpflichtungen nicht ordnungsgemäß nach, so sind

1. für Gewässer erster und zweiter Ordnung, Wildbäche und Gewässer, die zugleich die Grenze der Bundesrepublik Deutschland bilden, der Staat,
2. für die übrigen Gewässer die Gemeinden, in gemeindefreien Gebieten die Landkreise,

verpflichtet, innerhalb ihres Gebiets die erforderlichen Unterhaltungsarbeiten auszuführen. [2]Die pflichtigen Personen haben die Kosten zu ersetzen; von ihnen können angemessene Vorschüsse verlangt werden.

(3) [1]Die Kreisverwaltungsbehörde kann zur Sicherung der Durchführung der Unterhaltung von Gewässern dritter Ordnung Rechtsverordnungen erlassen. [2]In der Rechtsverordnung kann den Trägern der Unterhaltungslast insbesondere vorgeschrieben werden, in welchem Umfang und zu welchem Zeitpunkt die Unterhaltung durchzuführen ist.

Artikel 25 Besondere Pflichten im Interesse der Unterhaltung (Zu § 41 Abs. 1 Satz 3 und abweichend von § 41 Abs. 4 WHG)

(1) [1]Die Eigentümer des Gewässers und die Anlieger haben die zur Unterhaltung erforderlichen Arbeiten und Maßnahmen am Gewässer und auf den Ufergrundstücken zu dulden. [2]Sie haben alles zu unterlassen, was die Sicherheit und den Schutz der Ufer gefährdet oder die Unterhaltung unmöglich macht oder wesentlich erschweren würde.

(2) Die Eigentümer des Gewässers und die Anlieger haben insbesondere zu dulden, dass Festpunkte eingebaut, Flusseinteilungszeichen, Höhenmaße, Warn- und Hinweisschilder aufgestellt werden.

(3) Die Anlieger und Hinterlieger haben auch zu dulden, dass auf ihren Grundstücken der Aushub vorübergehend gelagert und, soweit es nicht die bisherige Nutzung dauernd beeinträchtigt, eingeebnet wird.

(4) [1]Der Träger der Unterhaltungslast hat den Duldungspflichtigen alle nach § 41 WHG und nach dieser Vorschrift beabsichtigten Maßnahmen rechtzeitig vorher anzukündigen. [2]§ 41 Abs. 4 WHG gilt entsprechend, auch für Fischereiberechtigte. [3]Auf die Interessen der Duldungspflichtigen ist Rücksicht zu nehmen.

Artikel 26 Kosten der Unterhaltung, Kostenbeiträge (Zu § 40 Abs. 1 Satz 3 WHG)

(1) Die Kosten der Unterhaltung treffen den Träger der Unterhaltungslast.

(2) [1]Körperschaften, die nach Art. 22 die Unterhaltungslast tragen, können nach § 40 Abs. 1 Satz 2 und 3 WHG zu den Kosten der Unterhaltung folgende Beiträge verlangen:

1. für Gewässer erster Ordnung bis zu 10 v.H. der Unterhaltungskosten,
2. für Gewässer zweiter Ordnung bis zu 25 v.H. der Unterhaltungskosten,
3. für Gewässer dritter Ordnung die vollen Unterhaltungskosten, wenn der Träger der Unterhaltungslast eine Gemeinde ist; sind an Gewässern dritter Ordnung Wasser- und Bodenverbände Träger der Unterhaltungslast, so gilt das Wasserverbandsgesetz.

[2]Die Kosten der Unterhaltung oder der Kostenbeitrag verteilen sich auf die Beitragspflichtigen nach Satz 1 je nach ihrem Vorteil (Nutzenmehrung, Schadensabwehr) oder nach dem Einfluss, den eine Anlage in oder an einem Gewässer auf dessen Unterhaltung ausübt. [3]Die Träger der Unterhaltungslast können von den Beitragspflichtigen angemessene Vorschüsse verlangen.

(3) Die Baulastträger öffentlicher Verkehrsanlagen und Eigentümer sonstiger Anlagen haben die Mehrkosten der Unterhaltung der Gewässer zu tragen, die durch die Anlagen verursacht werden, soweit sie nicht nach Art. 22 Abs. 3 und 4 die Unterhaltung selbst ausführen.

Artikel 27 Festsetzung der Kostenbeiträge, des Kostenersatzes und der Kostenvorschüsse (Abweichend von § 42 Abs. 2 WHG)

(1) [1]Wird über die Kostenbeiträge, den Kostenersatz oder über die Kostenvorschüsse der Beteiligten keine Einigung erzielt, so werden sie von der Kreisverwaltungsbehörde festgesetzt. [2]Wenn nichts anderes bestimmt ist, so richtet sich die Höhe des Kostenbeitrags und der Kostenvorschüsse nach Art. 26 Abs. 2.

(2) [1]Bleiben wiederkehrende Unterhaltungsmaßnahmen im Wesentlichen gleich, so kann die Kreisverwaltungsbehörde das Verhältnis der Kostenbeiträge der Pflichtigen auch für die Zukunft festsetzen. [2]Das Gleiche gilt, wenn vor Durchführung einer Unterhaltungsmaßnahme Träger der Unterhaltungslast oder Pflichtige nach Art. 26 Abs. 2 die Festsetzung beantragen.

(3) [1]Die Kreisverwaltungsbehörde erteilt der unterhaltungspflichtigen Person, der ein Kostenbeitrag, Kostenersatz oder Kostenvorschuss zuerkannt wurde, auf Antrag eine vollstreckbare Ausfertigung des Festsetzungsbescheids, wenn die Voraussetzungen der Art. 19 und 23 des Bayerischen Verwaltungszustellungs- und Vollstreckungsgesetzes (VwZVG) gegeben sind. [2]Für die Vollstreckung der Forderung gelten die Vorschriften des Achten Buchs der Zivilprozessordnung über die Zwangsvollstreckung mit Ausnahme der §§ 883 bis 898, soweit Art. 25 bis 28 VwZVG nichts anderes bestimmen.

Abschnitt 3
Schiff- und Floßfahrt

Artikel 28 Schiffbare Gewässer, Schifffahrts- und Floßordnung

(1) [1]Jede Person darf schiffbare Gewässer zur Schiff- und Floßfahrt benutzen. [2]Welche Gewässer schiffbar sind, bestimmt das Staatsministerium (Zulassung).

(2) Aus Gründen des Wohls der Allgemeinheit oder wenn das Gewässer seine Bedeutung für die Schiff- und Floßfahrt verloren hat, kann das Staatsministerium die Zulassung aufheben.

(3) Die Zulassung zur Schiff- und Floßfahrt und die Aufhebung sind öffentlich bekannt zu machen.

(4) [1]An Gewässern, die nicht allgemein zur Schiff- und Floßfahrt zugelassen sind (Abs. 1), darf die Schiff- und Floßfahrt nur mit Genehmigung der Kreisverwaltungsbehörde ausgeübt werden. [2]Die Genehmigung kann versagt, an Bedingungen und Auflagen geknüpft oder widerrufen werden, soweit das

Wohl der Allgemeinheit, die Sicherheit und Leichtigkeit des Verkehrs, die öffentliche Ruhe, der Schutz des Eigentums oder der Fischerei oder die Reinhaltung oder Unterhaltung des Gewässers es erfordern.
(5) Der Genehmigungspflicht nach Abs. 4 unterliegt auch das Bereithalten von Wasserfahrzeugen an oder in Gewässern für die Ausübung des Gemeingebrauchs durch Dritte.
(6) [1]Für alle oberirdischen Gewässer kann durch Rechtsverordnung der Kreisverwaltungsbehörde aus den in Abs. 4 Satz 2 genannten Gründen die Ausübung der Schiff- und Floßfahrt geregelt oder beschränkt werden. [2]Wenn eine einheitliche Regelung oder Beschränkung über den Bereich eines Regierungsbezirks hinaus erforderlich ist, so erlässt das Staatsministerium für Wohnen, Bau und Verkehr auch im Hinblick auf Art. 18 Abs. 3 die Rechtsverordnung.
(7) Zwischenstaatliche Vereinbarungen bleiben unberührt.

Abschnitt 4
Bewirtschaftung des Grundwassers

Artikel 29 Beschränkung und Erweiterung der erlaubnisfreien Benutzungen (Zu § 46 Abs. 3 WHG)

(1) Eine Erlaubnis oder eine Bewilligung ist außer in den Fällen des § 46 Abs. 1 WHG nicht erforderlich für das Entnehmen, Zutagefördern, Zutageleiten oder Ableiten von Grundwasser in geringen Mengen für Zwecke der Land- und Forstwirtschaft und des Gartenbaus zur Erhaltung der Bodenfruchtbarkeit.
(2) Das Staatsministerium kann durch Rechtsverordnung für einzelne Gebiete die erlaubnisfreien Benutzungen nach Abs. 1 einschränken und die in § 46 Abs. 3 WHG vorgesehenen Bestimmungen treffen, wenn es der Grundwasservorrat nach Menge und Güte erfordert oder zulässt.

Artikel 30 Erdaufschlüsse (Abweichend von § 49 WHG)

(1) [1]Der Anzeige nach § 49 Abs. 1 Satz 1 WHG sind die zur Beurteilung erforderlichen Unterlagen beizufügen. [2]Werden Dritte mit der Durchführung der Arbeiten beauftragt, so obliegt diesen die Anzeige. [3]Bei erlaubnispflichtigen Gewässerbenutzungen, gestattungsbedürftigen Anlagen nach dem Bayerischen Abgrabungsgesetz oder nach der Bayerischen Bauordnung (BayBO) gilt der Antrag auf Genehmigung als Anzeige; in diesen Fällen kommt Abs. 2 nicht zur Anwendung. [4]Im Vollzug des § 49 Abs. 1 Satz 3 WHG ist zuständige Behörde die Kreisverwaltungsbehörde in Abstimmung mit dem Wasserwirtschaftsamt.
(2) Ist seit der Anzeige ein Monat vergangen, ohne dass eine Einstellungs- oder Beseitigungsanordnung nach § 49 Abs. 3 WHG ergangen ist, können die Arbeiten begonnen und so lange durchgeführt werden, bis auf das Grundwasser eingewirkt wird.
(3) [1]Ergibt sich, dass auf das Grundwasser eingewirkt wird, so sind die Arbeiten einzustellen, bis die Gewässerbenutzung oder der Gewässerausbau vorzeitig zugelassen oder die erforderliche Erlaubnis oder Bewilligung erteilt oder der Plan festgestellt oder genehmigt ist; dies gilt nicht für erlaubnisfreie Grundwasserbenutzungen. [2]Ist eine baurechtliche Genehmigung oder Zustimmung zu erteilen, so entfällt die wasserrechtliche Erlaubnis für das Einbringen von Stoffen in das Grundwasser.
(4) Abs. 1 und 2 gelten nicht für Arbeiten, die von Staatsbaubehörden oder unter deren Aufsicht ausgeführt werden oder die der bergbehördlichen Aufsicht unterliegen.
(5) Wird durch Arbeiten, die der bergbehördlichen Aufsicht unterliegen, unbefugt oder unbeabsichtigt Grundwasser erschlossen, so ist die Bergbehörde für die zum Schutz des Grundwassers erforderlichen Anordnungen zuständig.

Teil 3

Besondere wasserwirtschaftliche Bestimmungen

Abschnitt 1

Öffentliche Wasserversorgung, Wasserschutzgebiete, Heilquellenschutz

Artikel 31 Öffentliche Wasserversorgung, Wasser- und Heilquellenschutzgebiete (Zu § 50 Abs. 5, abweichend von § 51 Abs. 1 Satz 1 Nr. 1 und zu § 51 Abs. 1 Satz 3, § 53 Abs. 4 WHG)

(1) In einer Rechtsverordnung nach § 50 Abs. 5 WHG kann bestimmt werden, dass § 101 Abs. 1 WHG für die Eigenüberwachung in Wasserschutzgebieten und Heilquellenschutzgebieten durch öffentlich-rechtliche Körperschaften oder von ihnen entsprechend beliehene Dritte Anwendung findet.

(2) Innerhalb der im Zusammenhang bebauten Ortsteile soll die Ausweisung von Wasserschutzgebieten für neue Wassergewinnungsanlagen nicht erfolgen.

(3) Soweit es dem öffentlichen Interesse entspricht, können auf Antrag Wasserschutzgebiete auch für Gewässer, die der privaten Wassergewinnung dienen, ausgewiesen werden; § 51 Abs. 2 und § 52 WHG sowie Art. 32 gelten entsprechend.

Artikel 32 Ausgleich für schutzgebietsbedingte Belastungen (Abweichend von § 52 Abs. 5 WHG)

[1]Setzt eine Anordnung nach § 52 Abs. 1 Satz 1 Nr. 1 oder 2 WHG, auch in Verbindung mit § 52 Abs. 2 und 3 WHG, erhöhte Anforderungen fest, die

1. die ordnungsgemäße land- oder forstwirtschaftliche Nutzung einschränken oder
2. Mehraufwendungen für den Bau und Betrieb land- und forstwirtschaftlicher Betriebsanlagen
   a) an bestehenden Betriebsstandorten oder
   b) an neuen Betriebsstandorten, soweit keine anderen Möglichkeiten der räumlichen Betriebsentwicklung bestehen oder geschaffen werden können,

   zur Folge haben,

so ist für die dadurch verursachten wirtschaftlichen Nachteile ein angemessener Ausgleich zu leisten, soweit nicht eine Entschädigungspflicht nach § 52 Abs. 4 WHG besteht. [2]Als Anordnungen nach Satz 1 Nr. 1 gelten auch für Wasserschutzgebiete erlassene Verbote oder Beschränkungen für die Anwendung von Pflanzenschutzmitteln. [3]Satz 1 Nr. 2 gilt auch, wenn die Mehraufwendungen durch eine wasserschutzgebietsbezogene Anordnung in einer Rechtsverordnung nach § 62 Abs. 4 WHG verursacht werden.

Artikel 33 Staatliche Anerkennung von Heilquellen

[1]Für die Anerkennung und den Widerruf sind die Regierungen zuständig. [2]Das Anerkennungsverfahren regelt das Staatsministerium durch Rechtsverordnung.

Abschnitt 2

Abwasserbeseitigung

Artikel 34 Zur Abwasserbeseitigung verpflichtete Personen (Zu § 56 WHG)

(1) [1]Zur Abwasserbeseitigung sind die Gemeinden verpflichtet, soweit sich nach Abs. 3 und 5 nichts anderes ergibt. [2]Sie wird von den Gemeinden im eigenen Wirkungskreis wahrgenommen.

(2) [1]Durch Satzung können Gemeinden oder Zweckverbände bestimmen, dass die Übernahme des Abwassers abgelehnt werden darf,

1. wenn das Abwasser wegen seiner Art oder Menge besser von demjenigen behandelt wird, bei dem es anfällt,
2. wenn eine gesonderte Behandlung des Abwassers wegen der Siedlungsstruktur das Wohl der Allgemeinheit nicht beeinträchtigt oder
3. solange eine Übernahme des Abwassers technisch oder wegen des unverhältnismäßig hohen Aufwands nicht möglich ist.

[2]In den Fällen des Satzes 1 Nr. 2 und 3 ist ein Abwasserbeseitigungskonzept aufzustellen und fortzuschreiben. [3]Liegt eine der in Satz 1 Nr. 1 bis 3 genannten Voraussetzungen vor, so können die Kreis-

verwaltungsbehörden andere zur Abwasserbeseitigung verpflichtete Personen von der Übernahme von Abwasser widerruflich befreien.

(3) Den Trägern öffentlicher Verkehrsanlagen obliegt die Abwasserbeseitigung anstelle der Gemeinden, soweit sie nach anderen Vorschriften zur Entwässerung verpflichtet sind und es sich nicht um die Abwasserbeseitigung von bebauten Grundstücken handelt.

(4) Ist das Einleiten von Abwasser in ein Gewässer Dritten erlaubt oder besteht hierfür ein altes Recht oder eine alte Befugnis, so bedarf es insoweit keiner Regelung nach Abs. 2; der kommunale Anschluss- und Benutzungszwang bleibt unberührt.

(5) [1]Hat eine Gemeinde oder ein Zweckverband die Übernahme des Abwassers nach Abs. 2 Satz 1 abgelehnt oder ist eine andere zur Abwasserbeseitigung verpflichtete Person nach Abs. 2 Satz 3 oder Abs. 4 von der Pflicht zur Abwasserbeseitigung entbunden, so hat derjenige diese Pflicht zu erfüllen, der befugt ist, das Abwasser in ein Gewässer einzuleiten, oder bei dem das Abwasser anfällt. [2]Die Verpflichtung der zur Einleitung befugten Person geht der Verpflichtung derjenigen vor, bei der das Abwasser anfällt, soweit in einem wasserrechtlichen Bescheid keine andere Regelung getroffen ist.

(6) Verpflichtete nach Abs. 1, 3 und 5 können sich zur gemeinsamen Erfüllung der Pflicht zur Abwasserbeseitigung zusammenschließen.

(7) Abwasser ist von demjenigen, bei dem es anfällt, der zur Beseitigung verpflichteten Person nach Abs. 1, 3 und 5 zu überlassen.

Abschnitt 3
Wasserwirtschaftliche Anlagen

Artikel 35 Beschneiungsanlagen

(1) [1]Anlagen oder Einrichtungen, die der Herstellung und Verteilung von künstlichem Schnee dienen, um eine Schneedecke zu erzeugen, dürfen nur mit Genehmigung der Kreisverwaltungsbehörde errichtet, aufgestellt oder betrieben werden. [2]Dies gilt auch für Erweiterungen und sonstige wesentliche Änderungen.

(2) Ist mit der Errichtung oder wesentlichen Änderung einer Anlage oder Einrichtung nach Abs. 1 eine Gewässerbenutzung oder der Ausbau eines Gewässers verbunden, so ist die Genehmigung nach Abs. 1 zusammen mit der dafür erforderlichen Gestattung zu erteilen.

(3) [1]§ 13 Abs. 1 und 2 WHG und Art. 20 Abs. 4 Satz 2 und Abs. 5 gelten entsprechend. [2]Bedingungen und Auflagen sowie Versagung und Widerruf der Genehmigung sind insbesondere zulässig, um Auswirkungen zu verhüten, die den Naturhaushalt oder das Landschaftsbild beeinträchtigen können. [3]Zur Beschneiung darf nur Wasser ohne Zusätze verwendet werden.

(4) [1]Eine Umweltverträglichkeitsprüfung nach Maßgabe des Gesetzes über die Umweltverträglichkeitsprüfung ist durchzuführen, wenn

1. der mit der Anlage oder Einrichtung nach Abs. 1 künstlich erzeugte Schnee auf einer Fläche aufgebracht und verteilt werden soll, die mehr als 15 ha beträgt, oder
2. sich die zum Betrieb einer Anlage oder Einrichtung nach Abs. 1 notwendigen technischen Einrichtungen ganz oder zu wesentlichen Teilen auf einer Höhe von mehr als 1 800 m üNN befinden.

[2]Bei der Ermittlung der Fläche im Sinn des Satzes 1 Nr. 1 sind einzelne Flächen innerhalb eines Skigebiets zusammenzurechnen, wenn sie sich auf einer Skiabfahrt befinden, deren Anfangs- und Endpunkt durch dieselbe Aufstiegshilfe verbunden sind, oder wenn gemeinsame technische Einrichtungen zur Versorgung mit Wasser oder Energie benutzt werden. [3]Befindet sich die Anlage oder Einrichtung in einem Gebiet von gemeinschaftlicher Bedeutung, in einem Europäischen Vogelschutzgebiet, in einem Nationalpark, einem Naturschutzgebiet oder einem Wasserschutzgebiet oder werden gesetzlich geschützte Biotope nach Naturschutzrecht betroffen, so gilt Satz 1 Nr. 1 bei einer Fläche, die mehr als 7,5 ha beträgt. [4]Bei Änderung oder Erweiterung einer bestehenden Beschneiungsanlage ist eine Umweltverträglichkeitsprüfung durchzuführen, wenn

1. der durch die Erweiterung hinzukommende Teil für sich betrachtet oder
2. die durch die Änderung oder Erweiterung entstehende Beschneiungsanlage bei einheitlicher Betrachtung erstmals

die Schwellenwerte nach Satz 1 oder 3 erfüllt. [5]Im Fall des Satzes 4 Nr. 2 ist der geänderten oder erweiterten Beschneiungsanlage derjenige Teil des Bestands nicht mehr zuzurechnen, der früher als zwei Jahre vor dem Antrag auf Zulassung des Änderungs- oder Erweiterungsvorhabens in Betrieb genommen worden ist. [6]In den Fällen des Abs. 2 sind nach wasserrechtlichen Vorschriften notwendige Umweltverträglichkeitsprüfungen mit denen, die nach den Sätzen 1, 3 oder Satz 4 erforderlich sind, in einem Verfahren zusammenzufassen.

Artikel 36 Hafen- und Ländeordnungen

[1]Zum Wohl der Allgemeinheit, insbesondere um Gefahren für Leben, Gesundheit, Eigentum, eigentumsgleiche Rechte oder Besitz zu verhüten, die Sicherheit und Leichtigkeit des Verkehrs zu erhalten und die Reinhaltung, den Ausbau und die Unterhaltung des Gewässers nicht zu beeinträchtigen, kann die Kreisverwaltungsbehörde Rechtsverordnungen über die Benutzung von Hafen- und Ländeanlagen und über das Verhalten im Hafen- und Ländebereich (Hafen- und Ländeordnungen) erlassen. [2]Dabei ist vorzuschreiben, wem jeweils der Vollzug der Hafen- und Ländeordnung obliegt. [3]Abweichend von Art. 58 Abs. 1 können als Vollzugsbehörden auch bestimmt werden:

1. Behörden des Freistaates Bayern oder seiner Aufsicht unterstehende Gemeinden und Gemeindeverbände oder
2. Gesellschaften oder juristische Personen des Privatrechts (Beleihung).

[4]Eine Beleihung ist nur zulässig, wenn sie im öffentlichen Interesse liegt und die beliehene Person die Gewähr für eine ordnungsgemäße Erfüllung der Aufgaben bietet. [5]Sie unterliegt der Rechts- und Fachaufsicht der Kreisverwaltungsbehörde. [6]Die Bestimmungen der Gemeindeordnung über die Rechts- und Fachaufsicht gelten entsprechend.

Artikel 37 Unterhaltung von wasserwirtschaftlichen Anlagen

[1]Die Unternehmer haben wasserwirtschaftliche Anlagen in dem bewilligten, erlaubten, genehmigten, planfestgestellten oder plangenehmigten Zustand zu erhalten. [2]Sonstige Anlagen sind so zu unterhalten, dass schädliche Gewässerveränderungen vermieden werden.

Abschnitt 4
Gewässerschutzbeauftragte

Artikel 38 Gewässerschutzbeauftragte bei Körperschaften (Abweichend von § 64 Abs. 1 WHG)

Gewässerschutzbeauftragte für Abwassereinleitungen von Gebietskörperschaften, aus Gebietskörperschaften gebildeten Zusammenschlüssen oder öffentlich-rechtlichen Wasserverbänden sind die für die Abwasseranlagen zuständigen Betriebsleiter oder sonstige Beauftragte.

Abschnitt 5
Gewässerausbau

Artikel 39 Ausbaupflicht

(1) Soweit es das Wohl der Allgemeinheit erfordert und die Finanzierung, insbesondere auch durch gemeindliche Vorschüsse nach Art. 42 Abs. 2 Satz 2, gesichert ist, sind

1. die Träger der Unterhaltungslast nach Art. 22 Abs. 1 zum Ausbau eines Gewässers gemäß § 67 Abs. 2 WHG,
2. abweichend von Nr. 1 der Freistaat Bayern für Gewässer erster Ordnung zum Ausbau gemäß § 67 Abs. 2 Satz 3 WHG,
3. der Freistaat Bayern für Wildbäche sowie für Gewässer dritter Ordnung als Träger der Unterhaltungslast nach Art. 22 Abs. 2 Nr. 1 und 2 zum Ausbau gemäß § 67 Abs. 2 WHG

verpflichtet.

(2) Die Aufgabe nach Abs. 1 ist eine öffentlich-rechtliche Verpflichtung.

Artikel 40 Ausführung des Ausbaus

Ist der Freistaat Bayern zum Ausbau verpflichtet, so wird der Ausbau von den Wasserwirtschaftsämtern ausgeführt.

Artikel 41 Besondere Pflichten im Interesse des Ausbaus, Schutzvorschriften

(1) [1]Soweit es zur Vorbereitung oder Durchführung des Ausbaus erforderlich ist, haben die Anlieger und die Hinterlieger zu dulden, dass die Personen, die den Ausbau veranlassen (Unternehmer) oder deren Beauftragte die Grundstücke betreten oder vorübergehend benutzen. [2]Die Gewässereigentümer haben den Ausbau eines Gewässers, der dem Wohl der Allgemeinheit dient, zu dulden.

(2) § 41 WHG und Art. 25 gelten entsprechend.

Artikel 42 Kosten des Ausbaus, Vorteilsausgleich, Anwendung anderer Vorschriften

(1) Die Kosten des Ausbaus tragen die Unternehmer.

(2) [1]Sind die Unternehmer zum Ausbau verpflichtet, so können sie von denen, die von dem Ausbau Vorteile haben, je nach ihrem Vorteil (Nutzenmehrung, Schadensabwehr), Beiträge und Vorschüsse verlangen. [2]Die örtlich zuständigen Gemeinden können diese Beiträge und Vorschüsse übernehmen. [3]Der den Gemeinden erwachsende Aufwand kann auf die nach Satz 1 verpflichteten Personen umgelegt werden.

(3) [1]Erlangt eine Person durch einen Ausbau, der in einem anderen Land durchgeführt wird, einen Vorteil, so ist sie verpflichtet, auf Verlangen der zuständigen Behörde des Landes, in dem der Ausbau durchgeführt wird, nach den Bestimmungen des dortigen Rechts Kostenbeiträge zu leisten. [2]Das gilt nur, soweit Gegenseitigkeit besteht.

(4) [1]Gemeinden setzen die Beiträge oder Vorschüsse nach Abs. 2 Satz 1 oder ihren Aufwand nach Abs. 2 Satz 3 selbst fest. [2]Sie können dazu durch Satzung das Nähere, insbesondere den Beitragsmaßstab und die Grundsätze der Beitragserhebung, regeln. [3]Für andere Ausbaupflichtige gilt Art. 27 Abs. 1 Satz 1 und Abs. 3 sinngemäß.

Abschnitt 6

Schutz vor Hochwasser und Dürre, Wasser- und Eisgefahr

Artikel 43 Besondere Regelungen für bauliche Hochwasserschutzmaßnahmen

(1) Flächen, die sich zur Hochwasserrückhaltung und -entlastung eignen, sollen vorrangig für diese Zwecke genutzt werden.

(2) Die Regierung ist Anhörungs- und Planfeststellungsbehörde nach § 68 Abs. 1 WHG für gesteuerte Flutpolder mit einem Rückhaltevolumen von mehr als einer Million Kubikmeter.

Artikel 44 Grundsätze für den Schutz vor Hochwasser und Dürre

(1) [1]Zur Minderung von Hochwasser- und Dürregefahren sollen Staat und Gemeinden im Rahmen ihrer Aufgaben auf

1. Erhalt oder Wiederherstellung der Versickerungsfähigkeit der Böden,
2. dezentrale Versickerung von Niederschlagswasser,
3. Maßnahmen zur natürlichen Wasserrückhaltung und zur Wasserspeicherung

hinwirken. [2]Wasserspeicher sind so zu bewirtschaften, dass Hochwasser- und Dürregefahren gemindert werden.

(2) Bei der Planung von Hochwasserschutzeinrichtungen sind die Auswirkungen der Klimaänderung angemessen zu berücksichtigen.

Artikel 45 Risikobewertung, Gefahrenkarten, Risikokarten, Risikomanagementpläne

[1]Zuständig für die Bewertung der Hochwasserrisiken nach § 73 Abs. 1 WHG, für die Zuordnung nach § 73 Abs. 3 Satz 2 WHG und für die Erstellung von Gefahren- und Risikokarten nach § 74 WHG ist das Staatsministerium. [2]Risikomanagementpläne nach § 75 WHG sind als Fachpläne vom Staatsministerium im Einvernehmen mit den für Inneres, für Wirtschaft und für Landwirtschaft zuständigen Staatsministerien aufzustellen; Gemeinden, für deren Gebiet Maßnahmen aufgenommen werden, sind zu hören. [3]Art. 51 Abs. 1 Satz 6 gilt entsprechend. [4]Das Landesamt für Umwelt (LfU) und die Wasserwirtschaftsämter leisten fachliche Zuarbeit. [5]Die Kreisverwaltungsbehörden können mit einer Zuarbeit im Rahmen ihrer Aufgaben beauftragt werden. [6]Das Staatsministerium ist auch für den Vollzug des § 79 Abs. 1 WHG zuständig. [7]Die in den Sätzen 1, 2, 4 und 5 genannten Behörden unterrichten im Rahmen ihrer Aufgaben die Öffentlichkeit gemäß § 79 Abs. 2 WHG.

Artikel 46 Überschwemmungsgebiete an oberirdischen Gewässern (Zu § 76, abweichend von § 78 Abs. 5 Satz 1 Nr. 1 Buchst. a und § 78a Abs. 1 Satz 1 Nr. 7 WHG)

(1) [1]Überschwemmungsgebiete im Sinn des § 76 Abs. 1 WHG sind von den wasserwirtschaftlichen Fachbehörden zu ermitteln und fortzuschreiben, auf Karten darzustellen und in den jeweiligen Gebieten von den Kreisverwaltungsbehörden zur Information der Öffentlichkeit ortsüblich bekannt zu machen; Art. 47 bleibt unberührt. [2]Gleiches gilt für Wildbachgefährdungsbereiche. [3]An Gewässern dritter Ordnung können auch die Gemeinden im Benehmen mit dem Wasserwirtschaftsamt die Überschwem-

mungsgebiete ermitteln, fortschreiben, auf Karten darstellen und den Kreisverwaltungsbehörden zum Zwecke der Information der Öffentlichkeit, der vorläufigen Sicherung oder der Festsetzung übermitteln. [4]Die Wasserwirtschaftsämter stellen den Gemeinden hierzu geeignete, bei ihnen vorhandene Daten zur Verfügung.

(2) [1]Für die Ermittlung ist ein Hochwasserereignis zugrunde zu legen, das statistisch einmal in 100 Jahren zu erwarten ist (Bemessungshochwasser); für die Ermittlung des vom Bemessungshochwasser betroffenen Überschwemmungsgebiets kann, soweit eine genauere Ermittlung nicht oder nur mit unverhältnismäßigem Aufwand möglich wäre, der Flächenumgriff auch auf Grund geeigneter Höhenangaben und früherer Hochwasserereignisse geschätzt werden. [2]Für Wildbachgefährdungsbereiche ist das Bemessungshochwasser unter Berücksichtigung der wildbachtypischen Eigenschaften auf den Bereich mit signifikantem Hochwasserrisiko zu beziehen. [3]Abweichend von Satz 1 gilt für Gewässer und Gewässerabschnitte im Wirkungsbereich von Stauanlagen, die den Hochwasserabfluss maßgeblich beeinflussen können, für die Ermittlung von Überschwemmungsgebieten jeweils ein gesondertes Bemessungshochwasser, das im Einzelfall auf der Grundlage der allgemein anerkannten Regeln der Technik von den wasserwirtschaftlichen Fachbehörden festgelegt wird.

(3) [1]Überschwemmungsgebiete im Sinn des § 76 Abs. 2 WHG und Wildbachgefährdungsbereiche müssen, die sonstigen Überschwemmungsgebiete können durch Rechtsverordnung festgesetzt werden. [2]Nach früherem Recht festgesetzte Überschwemmungsgebiete gelten fort und sind gemäß Abs. 2 zu aktualisieren.

(4) In der Rechtsverordnung kann für die Umwandlung von Dauergrünland in Ackerland ein Genehmigungsvorbehalt angeordnet werden, soweit dies zum Schutz vor Hochwassergefahren erforderlich ist; § 78a Abs. 1 Satz 1 Nr. 7 WHG ist nicht anzuwenden.

(5) Zur Vermeidung von Hochwassergefahren können von der Kreisverwaltungsbehörde durch Anordnungen für den Einzelfall gegenüber den Eigentümern und Nutzungsberechtigten der Grundstücke Verbote, Beschränkungen, Duldungspflichten und Handlungspflichten erlassen werden, wenn ein Überschwemmungsgebiet festgesetzt oder vorläufig gesichert ist.

(6) Um einen schadlosen Hochwasserabfluss sicherzustellen, kann die Kreisverwaltungsbehörde in einem Überschwemmungsgebiet nach § 76 Abs. 1 WHG gegenüber den Eigentümern oder Nutzungsberechtigten der Grundstücke anordnen, Hindernisse zu beseitigen, Eintiefungen aufzufüllen, Maßnahmen zur Verhütung von Auflandungen zu treffen und die Grundstücke so zu bewirtschaften, dass ein Aufstau und eine Bodenabschwemmung möglichst vermieden werden.

(7) Ist im Einzelfall bei baulichen Anlagen eine Erfüllung der Ausgleichspflicht für verlorengehenden Rückhalteraum nach § 78 Abs. 5 Satz 1 Nr. 1 Buchst. a WHG nicht möglich, so können die Ausgleichsverpflichteten diese durch Beteiligung an der Maßnahme einer öffentlich-rechtlichen Gebietskörperschaft zur Hochwasserrückhaltung im Gemeindegebiet erfüllen, soweit die öffentlich-rechtliche Gebietskörperschaft zustimmt; § 13 Abs. 2 Nr. 4 WHG gilt entsprechend.

Artikel 47 Vorläufige Sicherung

(1) Für Wildbachgefährdungsbereiche gilt § 76 Abs. 3 WHG entsprechend.

(2) [1]Überschwemmungsgebiete im Sinn des § 76 Abs. 2 WHG und Wildbachgefährdungsbereiche, die von den wasserwirtschaftlichen Fachbehörden oder von den Gemeinden ermittelt und kartiert wurden und noch nicht als Überschwemmungsgebiete festgesetzt sind, gelten als vorläufig gesicherte Überschwemmungsgebiete, wenn sie als solche ortsüblich bekannt gemacht sind. [2]Satz 1 gilt für vor dem Inkrafttreten dieses Gesetzes bekannt gemachte Überschwemmungsgebiete entsprechend. [3]Die vorläufige Sicherung nach Satz 1 entfällt, soweit ein Überschwemmungsgebiet bereits in einem für verbindlich erklärten Regionalplan als Vorranggebiet für den Hochwasserschutz ausgewiesen ist; § 78 Abs. 5 und § 78a Abs. 2 WHG gelten im Vorranggebiet entsprechend. [4]Sonstige Überschwemmungsgebiete im Sinn des Art. 46 Abs. 3 können vorläufig gesichert werden; Satz 1 gilt entsprechend.

(3) [1]Die Kreisverwaltungsbehörde hat die Bekanntmachung im Sinn des Abs. 2 innerhalb von drei Monaten nach Übermittlung der vollständigen Karten zu bewirken; liegt zu diesem Zeitpunkt eine Bewertung des Hochwasserrisikos nach Art. 45 nicht vor, ist die vorläufige Sicherung mindestens auf die im ermittelten Gebiet gelegenen im Zusammenhang bebauten Ortsteile im Sinn des § 34 des Baugesetzbuchs und auf Grundstücke zu erstrecken, für die nach § 1 Abs. 1 bis 3 der Baunutzungsverordnung eine Baufläche oder ein Baugebiet im Flächennutzungsplan dargestellt oder in einem Bebauungsplan festgesetzt ist. [2]Für die Bekanntmachung gilt Art. 73 Abs. 1 Satz 2 und 3 entsprechend; in

der Bekanntmachung sind Ort und Zeit der möglichen Einsichtnahme in das Kartenwerk zu bestimmen und dessen Fundstelle im Internet anzugeben.

(4) [1]Die vorläufige Sicherung endet, sobald die Rechtsverordnung zur Festsetzung des Überschwemmungsgebiets in Kraft tritt oder das Festsetzungsverfahren eingestellt wird. [2]Sie endet spätestens nach Ablauf von fünf Jahren. [3]Im begründeten Einzelfall kann die Frist von der Kreisverwaltungsbehörde höchstens um zwei weitere Jahre verlängert werden.

Artikel 48 Hochwassernachrichtendienst (Zu § 79 Abs. 2 WHG)

[1]Zur Abwehr von Wasser- und Eisgefahr kann das Staatsministerium durch Rechtsverordnung einen vom LfU geleiteten Hochwasserbeobachtungs-, Melde- und Vorhersagedienst (Hochwassernachrichtendienst) einrichten. [2]Die Rechtsverordnung kann vorsehen, dass Körperschaften und Anstalten des öffentlichen Rechts, Unternehmen von Wasserbenutzungsanlagen oder sonstigen Anlagen in oder an Gewässern oder Dritte für den Hochwassernachrichtendienst ihre dafür geeigneten Sachmittel zur Verfügung zu stellen oder Dienst zu leisten haben.

Artikel 49 Verpflichtungen der Anlieger und der Unternehmer von Wasserbenutzungsanlagen

(1) [1]Die Anlieger haben, soweit es zur Bekämpfung von Wasser-, Eis- und Murgefahr erforderlich ist, einen Uferstreifen von allen Hindernissen freizuhalten, die das Begehen und, an Gewässern erster und zweiter Ordnung sowie an Wildbächen, auch das Befahren der Anliegergrundstücke wesentlich erschweren oder unmöglich machen. [2]Die Kreisverwaltungsbehörde kann verlangen, dass die Anlieger solche Hindernisse beseitigen. [3]Eingriffe, die das Landschaftsbild verunstalten oder gefährden würden, dürfen nur angeordnet werden, soweit es die Abwehr von Wasser-, Eis- und Murgefahr zwingend erfordert.

(2) [1]Soweit es die Abwehr von Wassergefahr erfordert, sind die Unternehmer von Wasserbenutzungsanlagen verpflichtet, ihre Anlagen einschließlich der Nachrichtenmittel für eine Hochwasserrückhaltung oder eine Niedrigwasseraufhöhung einzusetzen. [2]Die Anordnungen über Beginn, Ausmaß und Durchführung der Maßnahmen und über den Nachrichtendienst erlässt das Staatsministerium.

Artikel 50 Verpflichtungen der Gemeinden

(1) [1]Werden zur Abwendung von Wasser-, Eis- und Murgefahr unaufschiebbare Vorkehrungen notwendig, so sind die benachbarten Gemeinden nach ihren Möglichkeiten und auf ihre Kosten zur Unterstützung der bedrohten Gemeinde verpflichtet. [2]Sie haben insbesondere nach Bedarf Hilfskräfte, Materialien, Werkzeuge, Geräte und Fahrzeuge zur Verfügung zu stellen.

(2) Gemeinden, die erfahrungsgemäß von Überschwemmungen oder Muren bedroht sind, haben dafür zu sorgen, dass ein Wach- und Hilfsdienst für Wassergefahr (Wasserwehr, Dammwehr, Murenabwehr) eingerichtet wird; sie haben die dafür erforderlichen Hilfsmittel (Abs. 1 Satz 2) bereitzuhalten.

Abschnitt 7

Wasserwirtschaftliche Planung und Dokumentation

Artikel 51 Maßnahmenprogramme und Bewirtschaftungspläne

(1) [1]Für die Teilbereiche einer Flussgebietseinheit, die sich im Freistaat Bayern befinden, werden Beiträge zu den Bewirtschaftungsplänen und Maßnahmenprogrammen für die Flussgebietseinheit erstellt und diese mit den übrigen an der Flussgebietseinheit beteiligten Ländern koordiniert. [2]Bei Flussgebietseinheiten, die auch im Hoheitsgebiet anderer Mitgliedstaaten der Europäischen Union liegen, werden die Bewirtschaftungspläne und die Maßnahmenprogramme mit den zuständigen Behörden dieser Staaten koordiniert. [3]Bei Flussgebietseinheiten, die auch in Staaten liegen, die nicht Mitglied der Europäischen Union sind, koordiniert das Staatsministerium Bewirtschaftungspläne und Maßnahmenprogramme mit den Behörden dieser Staaten. [4]Die Koordinierung erfolgt im Benehmen und, soweit auch Verwaltungskompetenzen des Bundes berührt sind, im Einvernehmen mit den zuständigen Bundesbehörden. [5]In den Fällen der Sätze 2 und 3 ist das Einvernehmen der zuständigen Bundesbehörden auch erforderlich, soweit die Pflege der Beziehungen zu auswärtigen Staaten nach Art. 32 des Grundgesetzes berührt ist. [6]Das Staatsministerium wird ermächtigt, durch Verwaltungsabkommen mit den nach den Sätzen 1 bis 5 Beteiligten Einzelheiten der Koordinierung zu regeln.

(2) [1]Die Bewirtschaftungspläne oder deren Teile, die sich auf die im Freistaat Bayern liegenden Gebiete einer Flussgebietseinheit beziehen, sowie die entsprechenden Maßnahmenprogramme werden vom

Staatsministerium im Bayerischen Ministerialblatt veröffentlicht. [2]Sie sind mit der Veröffentlichung für alle staatlichen Behörden verbindlich.

(3) Zuständige Behörde im Vollzug des § 83 Abs. 4 WHG ist die Regierung.

(4) Zuständige Behörde im Vollzug des § 85 WHG ist das Staatsministerium unter Mitwirkung der Regierungen als höhere Wasserbehörde sowie der nachgeordneten Fachbehörden.

Artikel 52 ***[aufgehoben]***

Artikel 53 Wasserbuch

(1) [1]Die Kreisverwaltungsbehörde führt für die nach § 87 WHG einzutragenden Rechtsakte von Amts wegen das Wasserbuch als Sammlung der Bescheide und Verordnungen mit deren Anlagen und den zugehörigen Planbeilagen. [2]Bei rechtzeitig angemeldeten behaupteten alten Rechten und Befugnissen tritt an die Stelle des Bescheids die Anmeldung.

(2) Entstehung, Abänderung und Untergang eintragungsfähiger Rechtsverhältnisse bleiben durch die Eintragung in das Wasserbuch unberührt.

Artikel 54 Abwasserkataster

[1]Die Betreiber von öffentlichen Abwasserbehandlungsanlagen haben ein Abwasserkataster zu führen, in dem die Informationen über die Einleiter in die Abwasseranlagen in jeweils aktualisierter Form enthalten sind. [2]Sind die Betreiber der Abwasserbehandlungsanlage nicht Träger der Kanalisation, kann die Kreisverwaltungsbehörde zulassen, dass das Abwasserkataster vom Träger der Kanalisation geführt wird. [3]Das Abwasserkataster besteht mindestens aus dem

1. Kanalkataster, in dem
   a) der Kanalbestand,
   b) die Sonderbauwerke,
   c) die maschinellen Einrichtungen,
   d) die Messeinrichtungen,
   e) die wesentlichen Einleitungen in die Kanalisation, das sind die nach § 58 WHG genehmigungspflichtigen Einleitungen und die nach den Einleitungsbedingungen vorbehandlungspflichtigen oder besonders überwachungspflichtigen Einleitungen, und
   f) die Einleitungsstellen in die Gewässer sowie
   g) der Zustand der Anlagen

   zu beschreiben und in Übersichtsplänen darzustellen sind;
2. Einleiterkataster, in dem die wesentlichen Einleitungen namentlich und in einer den Kennzeichnungen im Kanalkataster zugeordneten Weise zu erfassen sind.

Abschnitt 8

Haftung für Gewässerveränderungen

Artikel 55 Sanierung von Gewässerverunreinigungen (Zu § 90 Abs. 3 WHG)

(1) [1]Die für Gewässerverunreinigungen Verantwortlichen haben die erforderlichen Maßnahmen zur Ermittlung, Eingrenzung und Beseitigung von Verunreinigungen durchzuführen, soweit diese nicht bereits durch Vorschriften des Bundes-Bodenschutzgesetzes (BBodSchG) und des Bayerischen Bodenschutzgesetzes gefordert sind. [2]Verantwortlich sind die Verursacher, deren Gesamtrechtsnachfolger, die Grundstückseigentümer und die Inhaber der tatsächlichen Gewalt über die Grundstücke. [3]Im Übrigen gilt Art. 9 des Landesstraf- und Verordnungsgesetzes sinngemäß. [4]Die allgemein anerkannten Regeln der Technik sind zu beachten.

(2) [1]Die Kreisverwaltungsbehörden können bei Gewässerverunreinigungen Anordnungen für den Einzelfall erlassen, insbesondere

1. Untersuchungsmaßnahmen anordnen,
2. die Begrenzung, Verminderung oder Beseitigung durch geeignete Maßnahmen fordern, um eine nachhaltige oder nicht unerhebliche Beeinträchtigung des Wohls der Allgemeinheit, insbesondere eine Gefährdung der öffentlichen Wasserversorgung zu verhüten, auszugleichen oder zu beseitigen,
3. Sicherungs- und Überwachungsmaßnahmen anordnen.

[2]Die Kreisverwaltungsbehörden können verlangen, dass ein Sanierungsplan, der die zu ergreifenden Maßnahmen nach Satz 1 Nr. 2 oder 3 enthält, zur Genehmigung vorgelegt wird. [3]Die Genehmigung schließt die nach Bau- und Wasserrecht erforderlichen Verwaltungsakte mit Ausnahme einer wasserrechtlichen Erlaubnis und Bewilligung mit ein. [4]Erstreckt sich eine Gewässerverunreinigung auf mehrere Grundstücke, kann die Kreisverwaltungsbehörde für den Sanierungsplan nach Satz 2 ein Planfeststellungsverfahren durchführen, wenn ein Verantwortlicher oder die Gesellschaft zur Altlastensanierung in Bayern mbH (GABmbH) als Vorhabensträger auftritt; § 52 Abs. 4 und 5 WHG und Art. 32 gelten entsprechend.

(3) [1]Die Kosten der Maßnahmen nach Abs. 2 trägt der Verantwortliche. [2]Mehrere Verantwortliche haften als Gesamtschuldner.

(4) Soweit durch den Einsatz öffentlicher Mittel der Verkehrswert eines Grundstücks nicht nur unwesentlich erhöht wird und die Eigentümer die Kosten hierfür nicht oder nicht vollständig getragen haben, haben diese einen Wertausgleich zu leisten; § 25 BBodSchG gilt entsprechend.

Teil 4
Enteignung, Entschädigung, Vorkaufsrecht

Artikel 56 Enteignung

[1]Im Interesse einer geordneten Wasserwirtschaft, der Unterhaltung und des Ausbaus der Gewässer, der Schiff- und Floßfahrt, zur Förderung der Fischerei, zur Ermöglichung und Erleichterung der Gewässerbenutzung, der Aussiedlung aus Überschwemmungs- und Wasserschutzgebieten, zur Errichtung, zum Betrieb und zur Unterhaltung von Anlagen für Häfen, für die Gewässerbenutzung, die Wasserversorgung, die Abwasserbeseitigung und die Be- und Entwässerung und zur Mitbenutzung solcher Anlagen durch Dritte kann enteignet werden. [2]§§ 96 bis 98 WHG gelten entsprechend. [3]Im Übrigen ist das Bayerische Gesetz über die entschädigungspflichtige Enteignung anzuwenden.

Artikel 57 Entschädigung, Ausgleich, Vollstreckung

[1]Für Entschädigungen nach diesem Gesetz, die außerhalb eines Enteignungsverfahrens zu leisten sind, gelten §§ 96 bis 98 WHG entsprechend; für Ausgleichsleistungen gelten § 96 Abs. 1 und 5, §§ 97 und 98 Abs. 2 WHG entsprechend. [2]Der Ausgleich ist, sofern nichts anderes vereinbart wird, durch einen jährlich zum 10. Januar für das vorhergehende Kalenderjahr fällig werdenden Betrag in Geld zu leisten. [3]Ein Ausgleich wird nicht geleistet, soweit die wirtschaftlichen Nachteile

1. durch betriebliche Maßnahmen ausgeglichen werden können oder
2. durch andere Leistungen aus öffentlichen Haushalten oder von dritten Personen ausgeglichen werden.

[4]Für nach diesem Gesetz oder nach dem Wasserhaushaltsgesetz festgesetzte Entschädigungs- und Ausgleichsleistungen gelten die Vorschriften des Achten Buchs der Zivilprozessordnung über die Zwangsvollstreckung mit Ausnahme der §§ 883 bis 898, soweit Art. 25 bis 28 VwZVG nichts anderes bestimmen; Art. 56 bleibt unberührt.

Artikel 57a Vorkaufsrecht (Zu § 99a WHG)

(1) [1]Das LfU führt ein Verzeichnis über die Grundstücke, für die dem Freistaat Bayern ein Vorkaufsrecht nach § 99a WHG zusteht. [2]Die Einsicht des Verzeichnisses ist jedem gestattet, der ein berechtigtes Interesse darlegt. [3]Notare dürfen das Verzeichnis elektronisch einsehen und bedürfen hierfür nicht der Darlegung eines berechtigten Interesses.

(2) [1]Die Ausübung des Vorkaufsrechts nach § 99a WHG erfolgt durch den Freistaat Bayern, vertreten durch das Wasserwirtschaftsamt. [2]Die Mitteilung gemäß § 469 des Bürgerlichen Gesetzbuchs (BGB) über den Verkauf eines Grundstücks im Sinn des § 99a Abs. 1 WHG ist gegenüber dem Wasserwirtschaftsamt abzugeben.

(3) [1]Abweichend von § 464 Abs. 2 BGB kann der Vorkaufsberechtigte den zu zahlenden Betrag nach dem Verkehrswert des Grundstücks im Zeitpunkt des Kaufs bestimmen, wenn der vereinbarte Kaufpreis den Verkehrswert deutlich überschreitet. [2]In diesem Fall ist der Verpflichtete berechtigt, bis zum Ablauf eines Monats nach Unanfechtbarkeit des Verwaltungsakts über die Ausübung des Vorkaufsrechts vom Vertrag zurückzutreten. [3]Auf das Rücktrittsrecht sind die §§ 346 bis 349 und 351 BGB entsprechend anzuwenden.

(4) Das Vorkaufsrecht beschränkt sich auf Maßnahmen des technischen Hochwasserschutzes und des natürlichen Rückhalts.

Teil 5

Gewässeraufsicht

Artikel 58 Zuständigkeit und Befugnisse (Zu § 100 WHG)

(1) [1]Die Gewässeraufsicht obliegt den Kreisverwaltungsbehörden. [2]Sie ordnen nach pflichtgemäßem Ermessen die Maßnahmen an, die im Einzelfall notwendig sind, um Beeinträchtigungen des Wasserhaushalts zu vermeiden oder zu beseitigen oder die Erfüllung von Verpflichtungen nach § 100 Abs. 1 Satz 1 WHG sicherzustellen [3]Die technische Gewässeraufsicht obliegt den dem Staatsministerium nachgeordneten Fachbehörden, soweit nicht Fachaufgaben den Kreisverwaltungsbehörden übertragen sind. [4]Die technische Gewässeraufsicht

1. ermittelt die für die Wasserwirtschaft notwendigen Daten und Grundlagen (gewässerkundliches Messwesen),
2. überwacht die Gewässer sowie die sie beeinflussenden Anlagen und Nutzungen stichprobenartig, objektbezogen und nach pflichtgemäßem Ermessen (Gewässer- und Anlagenüberwachung),
3. errichtet und betreibt die dazu dienenden Mess- und Untersuchungseinrichtungen,
4. untersucht den natürlichen Wasserkreislauf, auch soweit er außerhalb von Gewässern stattfindet, im Hinblick auf Klimaauswirkungen.

[5]Die für die technische Gewässeraufsicht zuständigen Behörden können private Sachverständige nach Art. 65 oder Prüflaboratorien nach Art. 66 mit Kontrollen, Messungen und Untersuchungen beauftragen; die Beauftragten handeln im Namen und auf Weisung der Behörde. [6]In den Bergbaubetrieben obliegt die gesamte Gewässeraufsicht den Bergbehörden; sie sind insoweit zu Anordnungen nach Satz 2 befugt.

(2) § 102 WHG bleibt von den Vorschriften des Teil 5 unberührt.

Artikel 59 Kosten der technischen Gewässeraufsicht bei Abwasseranlagen

[1]Die Betreiber von Abwasseranlagen, aus denen erlaubnispflichtig in Gewässer oder genehmigungspflichtig in öffentliche Abwasseranlagen eingeleitet wird, ausgenommen Kleinkläranlagen, die einer Bescheinigungspflicht nach Art. 60 unterliegen, tragen die Kosten der behördlichen Überwachung nach Art. 58, soweit diese die Festlegungen der **Anlage 2** nicht überschreitet; die Kosten werden von der für die technische Gewässeraufsicht zuständigen Behörde erhoben. [2]Zu den Kosten gehören auch die Kosten von Untersuchungen, die außerhalb des Betriebs und der Grundstücke des Benutzers, insbesondere in den benutzten und in gefährdeten Gewässern erforderlich sind. [3]Die Kosten können als Pauschalbeträge erhoben werden. [4]Im Übrigen bleibt das Kostengesetz unberührt.

Artikel 60 Technische Gewässeraufsicht bei Kleinkläranlagen

(1) [1]Bei Kleineinleitungen im Sinn des § 8 in Verbindung mit § 9 Abs. 2 Satz 2 des Abwasserabgabengesetzes haben die Betreiber von Kleinkläranlagen deren Funktionstüchtigkeit einschließlich der Zu- und Ableitungen, die ordnungsgemäße Kontrolle durch den Betreiber, die fachgerecht durchgeführte Wartung sowie die ordnungsgemäße Beseitigung der festgestellten Mängel alle zwei Jahre durch entsprechend anerkannte private Sachverständige in der Wasserwirtschaft (Art. 65) prüfen und bescheinigen zu lassen. [2]Die privaten Sachverständigen legen die Bescheinigung bei Kleinkläranlagen, aus denen unmittelbar in ein Gewässer eingeleitet wird, unverzüglich der Kreisverwaltungsbehörde und bei Kleinkläranlagen, aus denen in eine Abwasseranlage Dritter eingeleitet wird, zusätzlich auch der diese Abwasseranlage betreibenden Person vor. [3]Wurde nach dem 9. Juni 2006 eine Bescheinigung mit der Gesamtbewertung „ohne Mängel“ ausgestellt, verlängert sich die Frist nach Satz 1 für die folgende Prüfung auf vier Jahre; dies gilt nicht für Bescheinigungen im Rahmen der Bauabnahme.

(2) [1]Die Betreiber haben die bei Prüfungen festgestellten Mängel unverzüglich zu beseitigen oder beseitigen zu lassen. [2]Bei erheblichen Mängeln ist innerhalb von zwei Monaten nach Ausstellung der Bescheinigung eine Nachprüfung durchzuführen; Abs. 1 Sätze 1 und 2 gelten entsprechend.

(3) Hinsichtlich Kleinkläranlagen, aus denen in eine öffentliche Abwasseranlage eingeleitet wird, kann der Träger der öffentlichen Abwasseranlage durch Satzung bestimmen, dass die Prüfung und Bescheinigung nach Abs. 1 und 2 durch geeignete Bedienstete des Trägers der öffentlichen Abwasseranlage vorgenommen wird.

(4) Für bei Inkrafttreten dieses Gesetzes bereits bestehende Kleinkläranlagen beginnt die Frist nach Abs. 1 Satz 1 mit dem Tag der Vorlage einer Bescheinigung nach Anhang 2 Vierter Teil der Eigenüberwachungsverordnung in der bis zum Ablauf des 28. Februar 2010 geltenden Fassung bei der Kreisverwaltungsbehörde, im Übrigen mit dem Inkrafttreten dieses Gesetzes.

Artikel 60a Abwassersammelgruben (zu § 60 Abs. 7 WHG)

(1) [1]Die Betreiber von geschlossenen Behältern zum Sammeln von Abwasser im Sinne des § 54 Abs. 1 Satz 1 Nr. 1 WHG (Abwassersammelgruben) haben die Dichtheit der gesamten Anlage, einschließlich deren Zu- und Ableitungen und von etwaigen Anlagen zur Vorreinigung, sowie die fachgerecht durchgeführte Abfuhr des Abwassers alle zehn Jahre durch entsprechend anerkannte private Sachverständige in der Wasserwirtschaft (Art. 65) prüfen und bescheinigen zu lassen. [2]Bei Anlagen, die

1. nach dem 17. November 2021 errichtet werden, beginnt die Frist mit Inbetriebnahme der Abwassersammelgrube,
2. am 17. November 2021 bereits errichtet sind (bestehende Anlagen), ist die Bescheinigung innerhalb von fünf Jahren nach dem 17. November 2021 erstmalig vorzulegen.

[3]Art. 60 Abs. 1 Satz 2 und Abs. 2 gilt entsprechend.

(2) Abwassersammelgruben, die nach dem 5. Januar 2022 errichtet werden, sind gegenüber der zuständigen Behörde mindestens sechs Wochen im Voraus schriftlich anzuzeigen.

Artikel 61 Bauabnahme

(1) [1]Nach Fertigstellung von Baumaßnahmen, die einer Erlaubnis, Bewilligung, Genehmigung oder Planfeststellung nach dem Wasserhaushaltsgesetz oder nach diesem Gesetz bedürfen, hat der Bauherr der Kreisverwaltungsbehörde die Bestätigung eines privaten Sachverständigen nach Art. 65 vorzulegen, aus der sich ergibt, dass die Baumaßnahmen entsprechend dem Bescheid ausgeführt oder welche Abweichungen von der zugelassenen Bauausführung vorgenommen worden sind. [2]Kann durch eine Bauabnahme nach Fertigstellung der Baumaßnahmen die bescheidsgemäße Ausführung oder eine Abweichung von der zugelassenen Ausführung nicht mehr festgestellt werden, ist eine baubegleitende Bauabnahme zu fordern. [3]Die Kreisverwaltungsbehörde kann Abweichungen von der zugelassenen Ausführung ohne Änderung der wasserrechtlichen Gestattung im Sinn des Satzes 1 genehmigen, sofern die Abweichung eine schädliche Gewässerveränderung nicht erwarten lässt. [4]Die Genehmigung kann unter Auflagen erteilt werden, soweit der zugrundeliegende Bescheid mit Auflagen verbunden werden kann. [5]Werden durch die Abweichungen Ansprüche Dritter berührt, über die im vorausgegangenen Verfahren zu entscheiden war, so können nach Anhörung der Dritten auch Ausgleichsmaßnahmen oder Entschädigungen festgesetzt werden.

(2) [1]Die Kreisverwaltungsbehörde kann im Einzelfall auf die Bauabnahme verzichten, wenn nach Größe und Art der baulichen Anlage nicht zu erwarten ist, dass durch sie erhebliche Gefahren oder Nachteile herbeigeführt werden können, oder eine Bauabnahme nach anderen Vorschriften durchgeführt wird; dies gilt nicht für Anlagen nach Art. 70 Abs. 1 Nr. 2. [2]Bauliche Anlagen des Bundes, der Länder und der Kommunen bedürfen keiner Bauabnahme nach Abs. 1, wenn der öffentliche Bauherr die Bauabnahme Beamten des höheren bautechnischen Verwaltungsdienstes übertragen hat.

Artikel 62 Besondere Pflichten im Interesse der technischen Gewässeraufsicht (Abweichend von § 91 Satz 1 WHG)

(1) Soweit es das Wohl der Allgemeinheit erfordert, sind die Eigentümer oder Nutzungsberechtigten von Grundstücken, Wasserbenutzungsanlagen oder sonstigen Anlagen in oder an einem Gewässer verpflichtet, die Errichtung, den Betrieb, die Unterhaltung oder die Mitbenutzung von Messeinrichtungen für wasserwirtschaftliche Daten einschließlich der Zufahrten und der Anlagen zu ihrer Ver- und Entsorgung, die Durchführung von Probebohrungen und Pumpversuchen sowie die Entnahme von Boden-, Biota- und Wasserproben auf ihren Grundstücken oder Anlagen zu dulden.

(2) Handlungen, die geeignet sind, den Bestand, den Betrieb oder die Unterhaltung von Messeinrichtungen für wasserwirtschaftliche Daten einschließlich der Zufahrten und der Anlagen zu ihrer Ver- und Entsorgung, die Durchführung von Probebohrungen und Pumpversuchen sowie die Entnahme von Boden-, Biota- und Wasserproben zu beeinträchtigen, können von der Kreisverwaltungsbehörde untersagt werden.

(3) Entstehen wegen der Verpflichtungen nach Abs. 1 den Eigentümern oder Nutzungsberechtigten von Grundstücken Schäden, gilt § 91 Satz 2 und 3 WHG.
(4) Das Einbringen von Einrichtungen oder Geräten und das Einleiten oder Einbringen von Stoffen in Gewässer zum Zweck der Durchführung von Messungen und Untersuchungen im Rahmen der technischen Gewässeraufsicht bedürfen keiner Erlaubnis oder Genehmigung, soweit die Maßnahmen nicht geeignet sind, dauernd oder in einem nicht nur unerheblichen Ausmaß schädliche Veränderungen der physikalischen, chemischen oder biologischen Beschaffenheit des Wassers im Sinn des § 9 Abs. 2 Nr. 2 WHG herbeizuführen.

Teil 6
Zuständigkeit, Verfahren

Artikel 63 Sachliche und örtliche Zuständigkeit

(1) [1]Der Vollzug des Wasserhaushaltsgesetzes, dieses Gesetzes und der auf Grund dieser Gesetze erlassenen Rechtsverordnungen ist grundsätzlich Aufgabe des Staates. [2]Der Vollzug obliegt, soweit nichts anderes bestimmt ist, den Kreisverwaltungsbehörden. [3]Werden einer kreisangehörigen Gemeinde nach Art. 53 Abs. 2 BayBO Aufgaben der unteren Bauaufsichtsbehörde übertragen, ist sie im Umfang der Übertragung Kreisverwaltungsbehörde nach Satz 1, soweit für den Vollzug eine Große Kreisstadt zuständig wäre.
(2) [1]Das Staatsministerium ist unter Mitwirkung der nachgeordneten Fachbehörden für die Aufstellung, Überprüfung und Aktualisierung der Bewirtschaftungspläne und Maßnahmenprogramme sowie der Hochwasserrisikomanagementpläne in den Teilbereichen der Flussgebietseinheiten, die sich im Freistaat Bayern befinden, und für die Koordinierung und Steuerung der Maßnahmen und Verfahren zur Erreichung der Bewirtschaftungsziele zuständig. [2]Soweit dabei die Bewirtschaftung und Nutzung land- und forstwirtschaftlich oder fischereilich genutzter Flächen betroffen ist, sind die jeweils zuständigen Fachbehörden zu beteiligen. [3]Bewilligungsbehörden für den Geldausgleich nach Art. 21 Abs. 3 sind die Ämter für Ernährung, Landwirtschaft und Forsten.
(3) [1]Das LfU und die Wasserwirtschaftsämter sind wasserwirtschaftliche Fachbehörden. [2]Sie wirken beim Vollzug des Wasserhaushaltsgesetzes und dieses Gesetzes mit, soweit nicht wasserwirtschaftliche Fachaufgaben den Kreisverwaltungsbehörden übertragen sind. [3]Sie haben außerdem, unbeschadet der Zuständigkeit sonstiger Behörden, die fachlichen Belange der Wasserwirtschaft in anderen Verfahren zu vertreten.
(4) [1]Für den Vollzug der §§ 52 bis 63 der Verordnung über Anlagen zum Umgang mit wassergefährdenden Stoffen ist das LfU zuständig. [2]Sachverständigenorganisationen sowie Güte und Überwachungsgemeinschaften mit Sitz in Bayern werden vom LfU anerkannt. [3]Sie unterliegen der Aufsicht durch das LfU.
(5) [1]Ist eine Rechtsverordnung, zu deren Erlass die Kreisverwaltungsbehörden aufgrund wasserrechtlicher Vorschriften zuständig sind, für das Gebiet mehrerer Kreisverwaltungsbehörden aufgrund wasserrechtlicher Vorschriften erforderlich, handelt die Kreisverwaltungsbehörde, in deren Gebiet der überwiegende Teil des Geltungsbereichs liegt. [2]Die Rechtsverordnung ergeht im Einvernehmen mit den anderen betroffenen Kreisverwaltungsbehörden und ist auch in deren Amtsbezirken amtlich bekannt zu machen. [3]Bestehen Zweifel über die örtliche Zuständigkeit, kann die gemeinsame nächsthöhere Behörde die zuständige Behörde durch Rechtsverordnung bestimmen. [4]Ist auch eine Behörde eines anderen Landes zuständig, so kann das Staatsministerium mit der zuständigen Behörde des anderen Landes eine gemeinsame zuständige Behörde vereinbaren.
(6) Einheitliche Stelle im Sinne des § 11a Abs. 2 WHG sind die für den wasserrechtlichen Vollzug zuständigen Behörden nach Abs. 1.

Artikel 64 Besondere Zuständigkeit bei integrierten Verfahren (Abweichend von § 19 Abs. 2 WHG)

(1) [1]Sieht ein bergrechtlicher Betriebsplan die Benutzung von Gewässern vor, so entscheiden die Bergbehörden im Einvernehmen mit den Kreisverwaltungsbehörden über die Erlaubnis und über die Bewilligung. [2]Sie entscheiden auch über die Benutzung von Grubenwässern für andere als bergbauliche Zwecke.

(2) [1]Wird für ein Vorhaben, mit dem die Benutzung eines Gewässers verbunden ist, ein immissionsschutzrechtliches Genehmigungsverfahren durchgeführt, so entscheidet die für die Erteilung der immissionsschutzrechtlichen Genehmigung zuständige Behörde auch über die Erteilung der Erlaubnis oder Bewilligung. [2]Für die Erteilung der Erlaubnis und der Bewilligung gilt § 10 Abs. 5 des Bundes-Immissionsschutzgesetzes entsprechend. [3]Im Rahmen der Antragsberatung ist auf eine einheitliche Antragstellung für die durchzuführenden Verfahren hinzuwirken. [4]Die Erlaubnis oder Bewilligung kann mit der Genehmigung nach dem Bundes-Immissionsschutzgesetz in einem Bescheid zusammengefasst werden.

Artikel 65 Private Sachverständige

[1]Das Staatsministerium wird ermächtigt, durch Rechtsverordnung die Aufgaben und die Anerkennung von privaten Sachverständigen in der Wasserwirtschaft zu regeln. [2]In der Rechtsverordnung können insbesondere geregelt werden

1. die Übertragung von fachlichen Aufgaben im Vollzug des Wasserhaushaltsgesetzes, dieses Gesetzes, der auf Grund dieser Gesetze erlassenen Rechtsverordnungen sowie der für wasserwirtschaftliche Zwecke erlassenen Zuwendungsrichtlinien auf private Sachverständige,
2. die Anerkennungsvoraussetzungen und das Anerkennungsverfahren,
3. Erlöschen, Rücknahme und Widerruf der Anerkennung,
4. die Aufgabenerledigung und
5. die Entgelte für die Leistungen der privaten Sachverständigen.

Artikel 66 Prüflaboratorien

[1]Das Staatsministerium wird ermächtigt, durch Rechtsverordnung Anforderungen an die Zulassung von privaten Prüflaboratorien und an das Laborpersonal zu stellen, die Probenahmen und analytische Untersuchungen im Vollzug des Wasserhaushaltsgesetzes, dieses Gesetzes oder im Rahmen der nach diesen Gesetzen bestehenden öffentlich-rechtlichen Verpflichtungen durchführen. [2]In der Rechtsverordnung können insbesondere

1. die Teilnahme an Laboraudits und Ringversuchen, die Kompetenz hinsichtlich bestimmter Analyseverfahren und andere Maßnahmen des analytischen Qualitätsmanagements,
2. die bei der Tätigkeit einzuhaltenden Verpflichtungen wie Weiterbildungs-, Aufzeichnungs- und Mitteilungspflichten,
3. die Anforderungen an die fachliche Qualifikation, die Zuverlässigkeit und die Unabhängigkeit der Person, die das Labor leitet und des Laborpersonals sowie an die Zahl des einzusetzenden Personals und dessen Ausbildung,
4. die Anforderungen an die betriebliche Ausstattung,
5. das Zulassungsverfahren,
6. das Erlöschen und der Widerruf der Zulassung,
7. die Bekanntgabe der zugelassenen Prüflaboratorien und
8. die Entgelte für die Laborleistungen

geregelt werden.

Artikel 67 Antragstellung, Pläne

(1) Werden Benutzungen ohne die erforderliche Erlaubnis oder Bewilligung ausgeübt, Gewässer oder Anlagen ohne die erforderliche Planfeststellung, Genehmigung, Eignungsfeststellung oder Bauartzulassung ausgebaut, errichtet, eingebaut, verwendet oder geändert, so kann die Verwaltungsbehörde verlangen, dass ein entsprechender Antrag gestellt wird.

(2) [1]Die für die Entscheidung oder Regelung der Verwaltungsbehörde erforderlichen Pläne mit Beilagen hat der vorzulegen, der die Entscheidung beantragt oder in dessen Interesse, insbesondere zum Schutz der öffentlichen Trinkwasserversorgung und von Heilquellen, sie ergehen soll. [2]Art und Zahl der in den einzelnen Verfahren erforderlichen Pläne und Beilagen bestimmt das Staatsministerium durch Rechtsverordnung.

Artikel 68 Zusammentreffen mehrerer Erlaubnis- oder Bewilligungsanträge

[1]Treffen mehrere Erlaubnis- oder Bewilligungsanträge zusammen, die sich gegenseitig ausschließen, so entscheidet zunächst die Bedeutung der beabsichtigten Benutzung für das Wohl der Allgemeinheit unter besonderer Berücksichtigung der wasserwirtschaftlichen Auswirkungen. [2]Stehen mehrere beabsichtigte Benutzungen hiernach einander gleich, so gebührt zunächst dem Antrag der das Gewäss-

ereigentum innehabenden Person, sodann demjenigen Antrag der Vorzug, der zuerst gestellt wurde. 3Soweit durch Vertrag oder förmlichen Bescheid eine Erlaubnis oder Bewilligung in Aussicht gestellt ist, darf sie Dritten nicht erteilt werden, es sei denn, dass die durch die Inaussichtstellung begünstigte Person zustimmt. 4Nach Einleitung des Anhörungsverfahrens werden neue Erlaubnis- oder Bewilligungsanträge in demselben Verfahren nicht mehr berücksichtigt.

Artikel 69 Verfahrensbestimmungen
(Abweichend von § 18 Abs. 2, § 21 Abs. 1, § 70 Abs. 1 WHG)

1Soweit das Wasserhaushaltsgesetz auf Bestimmungen des Verwaltungsverfahrensgesetzes verweist, finden die entsprechenden Regelungen des Bayerischen Verwaltungsverfahrensgesetzes Anwendung. 2Für das Bewilligungsverfahren, das Verfahren für eine Erlaubnis nach § 15 WHG und das Verfahren für eine Genehmigung nach Art. 35 gelten Art. 72 bis 78 BayVwVfG entsprechend. 3Besteht eine Verpflichtung zur Durchführung einer Umweltverträglichkeitsprüfung, muss das Verfahren den Anforderungen des Gesetzes über die Umweltverträglichkeitsprüfung entsprechen. 4Sind Privatrechte streitig, kann den Beteiligten aufgegeben werden, eine Entscheidung des ordentlichen Gerichts herbeizuführen.

Artikel 70 Erlaubnis mit Zulassungsfiktion

(1) 1Für die folgenden Benutzungen außerhalb von Wasser- und Heilquellenschutzgebieten sowie im Altlastenkataster eingetragener Flächen ist die beschränkte Erlaubnis nach Art. 15 im Verfahren nach Art. 42a Abs. 1 BayVwVfG durchzuführen:

1. Entnehmen, Zutageleiten, Zutagefördern oder Ableiten von oberflächennahem, nicht gespannten Grundwasser für thermische Nutzungen bis einschließlich 50 kJ/s (bis zu etwa drei Wohneinheiten) und Wiedereinleiten des abgekühlten oder erwärmten und in seiner Beschaffenheit nicht weiter veränderten Wassers in das oberflächennahe Grundwasser; Einbringen von Stoffen in das oberflächennahe, nicht gespannte Grundwasser für thermische Nutzungen bis einschließlich 50 kJ/s;
2. Einleiten von in Kleinkläranlagen behandeltem Hausabwasser oder ähnlichem Schmutzwasser bis acht Kubikmeter je Tag in ein Gewässer, wenn das Bauvorhaben in einem von der Kreisverwaltungsbehörde im Einvernehmen mit dem Wasserwirtschaftsamt und nach Anhörung des Trägers der Abwasserentsorgung bezeichneten Gebiet liegt und dabei bekannt gegebene Anforderungen an die Abwasserbeseitigung erfüllt werden; die Vorschriften über die Bekanntmachung kommunaler Satzungen gelten für die Bezeichnung entsprechend;
3. Entnehmen, Zutageleiten, Zutagefördern oder Ableiten, Aufstauen, Absenken und Umleiten von oberflächennahem Grundwasser für einen vorübergehenden Zweck und Wiedereinleiten ohne nachteilige Veränderung seiner Eigenschaften in das oberflächennahe Grundwasser oder, wenn das Wiedereinleiten nicht oder nur unter unzumutbarem Aufwand möglich ist, in ein oberirdisches Gewässer;
4. Einleiten von Regenerationsmitteln in das Grundwasser zur ordnungsgemäßen Brunnenregeneration;
5. Zutagefördern von Grundwasser für die Durchführung von Pumpversuchen für die öffentliche Wasserversorgung und Wiedereinleiten ohne nachteilige Veränderung seiner Eigenschaften in das Grundwasser oder, wenn das nicht möglich oder nur unter unzumutbarem Aufwand möglich ist, in ein oberirdisches Gewässer;
6. Entnehmen, Zutageleiten, Zutagefördern oder Ableiten von oberflächennahem oder freigelegtem Grundwasser zum Zweck der Kies- oder Sandwäsche im Rahmen eines im gleichen Gebiet zugelassenen Kies- oder Sandabbaus und Wiedereinleiten des Waschwassers ohne weitere nachteilige Veränderung seiner Eigenschaften in das Grundwasser oder, wenn das nicht möglich oder nur unter unzumutbarem Aufwand möglich ist, in ein oberirdisches Gewässer.

2Entscheidet die zuständige Behörde nicht innerhalb der Frist nach Art. 42a Abs. 2 BayVwVfG, gilt die Erlaubnis als erteilt.

(2) 1Die Frist nach Art. 42a Abs. 2 Satz 2 BayVwVfG beginnt, wenn der Antrag

1. den genauen Ort der Benutzungen durch einen Übersichts- und Lageplan nach Maßgabe der Rechtsverordnung nach Art. 67 Abs. 2 Satz 2,
2. die benutzten Gewässer,
3. den Beginn und das Ende der Benutzungen bezeichnet und

4. eine Kurzbeschreibung der verwendeten Anlagen und der Einrichtungen mit Angaben der damit maximal entnehmbaren oder einleitbaren Mengen und gegebenenfalls des Absenktrichters, bei Erdaufschlüssen zusätzlich mit Angabe der Eindringtiefe und der Art der Abdichtung, gegebenenfalls mit Angabe der verwendeten Wärmeträgerflüssigkeiten,
5. in den Fällen des Abs. 1 Nr. 1 und 2 ein Gutachten eines privaten Sachverständigen nach Art. 65

enthält. [2]Im Gutachten ist durch den privaten Sachverständigen zu bescheinigen, dass

1. sich im Fall des Abs. 1 Nr. 1 erste Alternative die Benutzung auf oberflächennahes, nicht gespanntes Grundwasser beschränkt und die allgemein anerkannten Regeln der Technik für die Errichtung und den Betrieb der Anlage erfüllt sind,
2. im Fall des Abs. 1 Nr. 1 zweite Alternative zusätzlich bei Errichtung und Betrieb der zur Grundwasserbenutzung verwendeten Anlagen keine Verunreinigung des Grundwassers zu besorgen ist,
3. im Fall des Abs. 1 Nr. 2 die Planung der einzelnen Kleinkläranlage den bekanntgegebenen Anforderungen an die Abwasserbeseitigung, dem Abwasserbeseitigungskonzept der Gemeinde und im Übrigen den Anforderungen nach § 60 WHG entspricht.

[3]Art. 63 Abs. 3 bleibt im Übrigen unberührt.

(3) Die nach Abs. 1 erteilte Erlaubnis ergeht unbeschadet Rechte Dritter.

Artikel 71 Vorläufige Anordnung, Beweissicherung

(1) [1]Aus Gründen des Wohls der Allgemeinheit kann die Verwaltungsbehörde im Vollzug des Wasserhaushaltsgesetzes und dieses Gesetzes die dem augenblicklichen Erfordernis entsprechenden vorläufigen Anordnungen treffen. [2]Diese sind zu befristen.

(2) Zur Feststellung von Tatsachen, die für eine nach dem Wasserhaushaltsgesetz oder diesem Gesetz zu treffende Entscheidung von Bedeutung sein können, kann die Verwaltungsbehörde das Erforderliche anordnen, wenn sonst die Feststellung unmöglich oder wesentlich erschwert würde.

Artikel 72 Sicherheitsleistung

(1) [1]Zur Erfüllung von Bedingungen, Auflagen und sonstigen Verpflichtungen kann die Verwaltungsbehörde Sicherheitsleistung oder den Nachweis einer Haftpflichtversicherung verlangen, soweit eine solche erforderlich ist. [2]Die §§ 232, 234 bis 240 BGB sind entsprechend anzuwenden.

(2) Art und Ausmaß der Sicherheitsleistung und die Hinterlegungsstelle werden von der Verwaltungsbehörde bestimmt.

(3) Ist der Grund für die Sicherheitsleistung weggefallen, so hat die Verwaltungsbehörde die Rückgabe der Sicherheit anzuordnen.

Artikel 73 Erlass von Rechtsverordnungen, Aufstellung von Plänen

(1) [1]Rechtsverordnungen nach dem Wasserhaushaltsgesetz oder diesem Gesetz werden nach den Vorschriften des Landesstraf- und Verordnungsgesetzes erlassen. [2]Für das Verfahren können auch Karten in unveränderlicher digitaler Form verwendet werden. [3]Eine ausreichende Möglichkeit zur Einsichtnahme muss gewährleistet sein.

(2) Die Grenzen des Geltungsbereichs einer Rechtsverordnung nach §§ 51, 53, 76 WHG, Art. 18 und 31 Abs. 3 sind, soweit erforderlich, durch den, in dessen Interesse die Rechtsverordnung erlassen wurde, sonst durch die erlassende Behörde in der Natur in geeigneter Weise kenntlich zu machen.

(3) [1]Vor dem Erlass einer Rechtsverordnung nach §§ 51, 53, 76 WHG und Art. 31 Abs. 3 führt die zuständige Behörde ein Anhörungsverfahren entsprechend Art. 73 Abs. 2 bis 8 BayVwVfG durch. [2]Wer Bedenken oder Anregungen vorgebracht hat, die beim Erlass der Rechtsverordnung nicht berücksichtigt wurden, ist über die Gründe zu unterrichten.

Teil 7
Bußgeldbestimmung

Artikel 74 Ordnungswidrigkeiten

(1) Mit Geldbuße bis zu fünftausend Euro kann belegt werden, wer vorsätzlich oder fahrlässig

1. zur Bestimmung der Uferlinie angebrachte Zeichen (Art. 12 Abs. 2), ferner eingebaute Festpunkte, aufgestellte Flusseinteilungszeichen und andere Messeinrichtungen (Art. 62 Abs. 1) entfernt, abändert oder beschädigt,

2. entgegen Art. 28 Abs. 4 die Schiff- und Floßfahrt ausübt oder entgegen Art. 28 Abs. 5 Wasserfahrzeuge an oder in Gewässern für die Ausübung des Gemeingebrauchs durch Dritte bereithält,
3. entgegen Art. 20 Abs. 1, auch in Verbindung mit einer Rechtsverordnung nach Art. 20 Abs. 2, Anlagen errichtet, wesentlich verändert oder stilllegt,
4. entgegen Art. 35 Abs. 1 Anlagen oder Einrichtungen aufstellt, betreibt, erweitert oder wesentlich ändert,
5. einer Rechtsverordnung
   a) zur Regelung des Gemeingebrauchs (Art. 18 Abs. 3),
   b) zur Sicherung der Unterhaltung der Gewässer Dritter Ordnung (Art. 24 Abs. 3),
   c) über die Ausübung der Schiff- und Floßfahrt (Art. 28 Abs. 6),
   d) über die Benutzung von Hafen- und Ländeanlagen und das Verhalten im Hafen und Ländebereich (Art. 36),
   e) zur Festsetzung eines Überschwemmungsgebiets (Art. 46 Abs. 3 in Verbindung mit § 78a Abs. 5 WHG),
   f) über den Hochwassernachrichtendienst (Art. 48)

   zuwiderhandelt, wenn die Rechtsverordnung für einen bestimmten Tatbestand auf diese Bußgeldvorschrift verweist,
6. entgegen Art. 30 Abs. 1 Satz 1, 2 und 3 eine Anzeige nicht, nicht richtig oder nicht vollständig erstattet,
7. einer vollziehbaren Anordnung auf Grund einer Rechtsverordnung nach Art. 48 zuwiderhandelt, soweit die Rechtsverordnung für einen bestimmten Tatbestand auf diese Bußgeldvorschrift verweist,
8. einer vollziehbaren Anordnung
   a) über die Hochwasserrückhaltung oder Niedrigwasseraufhöhung (Art. 49 Abs. 2 Satz 2),
   b) zur vorläufigen Regelung eines Zustands (Art. 71 Abs. 1 Satz 1) oder zur Beweissicherung (Art. 71 Abs. 2)

   zuwiderhandelt,
9. entgegen Art. 60 Abs. 1 Satz 1 oder Art. 60a Abs. 1 Satz 1 private Sachverständige nicht beauftragt oder entgegen Art. 60 Abs. 2 oder Art. 60a Abs. 1 Satz 3 in Verbindung mit Art. 60 Abs. 2 Mängel nicht beseitigt.

(2) Mit Geldbuße bis zu fünfzigtausend Euro kann belegt werden, wer vorsätzlich oder fahrlässig
1. einer Rechtsverordnung nach § 50 Abs. 5 WHG, § 51 Abs. 1 WHG, § 53 Abs. 4 WHG oder einer vollziehbaren Anordnung auf Grund einer solchen Rechtsverordnung zuwiderhandelt, soweit die Rechtsverordnung für einen bestimmten Tatbestand auf diese Bußgeldvorschrift verweist,
2. einer vollziehbaren Anordnung
   a) zur Regelung des Gemeingebrauchs (Art. 18 Abs. 3),
   b) zum Hochwasserschutz (Art. 46 Abs. 5 und 6),
   c) zur Sanierung von Gewässerverunreinigungen (Art. 55 Abs. 2 Satz 1 und 2),
   d) zur Gewässeraufsicht (Art. 58 Abs. 1 Satz 2

   zuwiderhandelt.

Teil 8
Schlussbestimmungen

Artikel 75 Alte Rechte und alte Befugnisse (Zu § 20 WHG)

(1) [1]In den Fällen des § 20 Abs. 1 ist eine Erlaubnis oder Bewilligung nicht erforderlich, wenn bis spätestens 1. März 1965 rechtmäßige Anlagen für die Wasserbenutzung vorhanden waren. [2]Als Recht im Sinn dieses Gesetzes gilt auch die Rechtsstellung nach Art. 207 des Wassergesetzes vom 23. März 1907.

(2) Außer in den Fällen des § 20 Abs. 1 und 2 WHG bedürfen keiner Erlaubnis oder Bewilligung Gewässerbenutzungen im Sinn des § 9 WHG, die auf Grund eines förmlichen Verfahrens nach den bisher geltenden Vorschriften, insbesondere nach Maßgabe der Art. 19, 37 bis 39, 42 und 45 bis 47 des Wassergesetzes vom 23. März 1907 zugelassen worden sind.

Artikel 76 Einschränkung von Grundrechten
Dieses Gesetz schränkt die Grundrechte der Unverletzlichkeit der Wohnung und des Eigentums ein (Art. 13 und 14 des Grundgesetzes, Art. 103 und 106 der Verfassung).

Artikel 77 Inkrafttreten
Dieses Gesetz tritt am 1. März 2010 in Kraft.

Artikel 78–81 ***[aufgehoben]***

Anlagen (hier nicht abgedruckt)

Gesetz
über den Schutz der Natur, die Pflege der Landschaft und die Erholung in der freien Natur
(Bayerisches Naturschutzgesetz – BayNatSchG)[1)]

Vom 23. Februar 2011 (GVBl. S. 82)
(BayRS 791-1-U)

zuletzt geändert durch § 1 Abs. 87 V zur Anpassung des Landesrechts an die geltende Geschäftsverteilung vom 4. Juni 2024 (GVBl. S. 98)

Der Landtag des Freistaates Bayern hat das folgende Gesetz beschlossen, das hiermit bekannt gemacht wird:

Nichtamtliche Inhaltsübersicht

---

1) Das Gesetz weicht in einzelnen Punkten vom Bundesnaturschutzgesetz ab, vgl. Hinweis v. 11.3.2011 (BGBl. I S. 365), Hinweis v. 19.2.2015 (BGBl. I S. 152), Hinweis v. 5.3.2020 (BGBl. I S. 319), Hinweis v. 6.3.2020 (BGBl. I S. 423) und Hinweis v. 19.7.2021 (BGBl. I S. 2870).

Teil 1
Allgemeine Vorschriften

Artikel 1 Allgemeine Verpflichtung zum Schutz der Natur (abweichend von § 2 Abs. 4 Bundesnaturschutzgesetz – BNatSchG)

[1]Naturschutz ist verpflichtende Aufgabe für Staat und Gesellschaft sowie für jeden einzelnen Bürger und für jede einzelne Bürgerin. [2]Staat, Gemeinden, Landkreise, Bezirke und sonstige juristische Personen des öffentlichen Rechts sind verpflichtet, ihre Grundstücke im Sinn der Ziele und Grundsätze des Naturschutzes und der Landschaftspflege zu bewirtschaften. [3]Die jeweilige Zweckbestimmung eines Grundstücks bleibt unberührt. [4]Ökologisch besonders wertvolle Grundstücke im Eigentum von Staat, Gemeinden, Landkreisen, Bezirken und sonstigen juristischen Personen des öffentlichen Rechts dienen vorrangig den Zielen des Naturschutzes und der Landschaftspflege. [5]Bei Überlassung von ökologisch besonders wertvollen Grundstücken an Dritte ist die Beachtung der Verpflichtung nach Satz 4 sicherzustellen.

Artikel 1a Artenvielfalt

[1]Über § 1 Abs. 2 BNatSchG hinaus verpflichtet sich der Freistaat Bayern, zur dauerhaften Sicherung und Entwicklung der Artenvielfalt in Flora und Fauna darauf hinzuwirken, deren Lebensräume zu erhalten und zu verbessern, um einen weiteren Verlust von Biodiversität zu verhindern. [2]Ziel ist, die landwirtschaftlich genutzten Flächen des Landes nach und nach, bis 2025 mindestens 20 % und bis 2030 mindestens 30 %, gemäß den Grundsätzen des ökologischen Landbaus gemäß der Verordnung (EG) Nr. 834/2007 und des Gesetzes zur Durchführung der Rechtsakte der Europäischen Gemeinschaft oder der Europäischen Union auf dem Gebiet des ökologischen Landbaus (Öko-Landbaugesetz – ÖLG) in der jeweils geltenden Fassung zu bewirtschaften. [3]Staatliche Flächen sind bereits ab 2020 gemäß diesen Vorgaben zu bewirtschaften.

Artikel 1b Naturschutz als Aufgabe für Erziehung (zu § 2 Abs. 6 BNatSchG)

[1]Die Ziele und Aufgaben des Naturschutzes und der Landschaftspflege werden bei der pädagogischen Aus- und Fortbildung, in den Lehr- und Bildungsplänen und bei den Lehr- und Lernmitteln berücksichtigt. [2]Insbesondere sind die Folgen des Stickstoffeintrages, die Auswirkungen von Schlaggrößen, die Bedeutung der Fruchtfolge-Entscheidungen und die Auswirkungen des Pestizideinsatzes und weiterer produktionsintegrierter Maßnahmen auf den Artenreichtum und das Bodenleben darzustellen. [3]Im Sinne eines umfassenden Bildungsauftrags werden die Aufgaben und die Leistungen der Landwirtschaft für die Kulturlandschaft und die Gemeinwohlleistungen für die Vielfalt in der Natur vermittelt. [4]Das ist zu integrieren in einen allgemeinen Bildungsauftrag, in dem Zusammenhänge und Wechselwirkungen in der Natur und die Bedeutung der Biodiversität vermittelt werden.

Artikel 2 Alpenschutz (abweichend von § 1 Abs. 2 bis 6 BNatSchG)

[1]Die bayerischen Alpen sind mit ihrer natürlichen Vielfalt an wild lebenden Tier- und Pflanzenarten einschließlich ihrer Lebensräume als Landschaft von einzigartiger Schönheit in ihren Naturräumen von herausragender Bedeutung zu erhalten. [2]Der Freistaat Bayern kommt dieser Verpflichtung auch durch den Vollzug verbindlicher internationaler Vereinbarungen, insbesondere der Alpenkonvention, nach.

Artikel 3 Land-, Forst- und Fischereiwirtschaft (abweichend von § 5 BNatSchG)

(1) Bei Maßnahmen des Naturschutzes und der Landschaftspflege ist die besondere Bedeutung einer natur- und landschaftsverträglichen Land-, Forst- und Fischereiwirtschaft für die Erhaltung der Kultur- und Erholungslandschaft zu berücksichtigen.

(2) [1]Die Land- und Fischereiwirtschaft hat im Rahmen der guten fachlichen Praxis die Anforderungen der für sie geltenden Vorschriften, des § 17 Abs. 2 des Bundes-Bodenschutzgesetzes (BBodSchG), der sonstigen Vorschriften des Bundesnaturschutzgesetzes und dieses Gesetzes zu beachten. [2]Die Forstwirtschaft hat die Vorschriften des Waldgesetzes für Bayern und die sonstigen für sie geltenden Regelungen zu beachten, wobei im Staatswald das vorrangige Ziel zu verfolgen ist, die biologische Vielfalt des Waldes zu erhalten oder zu erreichen. [3]Dabei sollen die Nutz-, Schutz- und Erholungsfunktionen der Wälder erhalten bleiben.

(3) [1]Auf erosionsgefährdeten Hängen, in Überschwemmungsgebieten, auf Standorten mit hohem Grundwasserstand sowie auf Moorstandorten soll Grünland erhalten bleiben. [2]Dazu sollen vorrangig vertragliche Vereinbarungen und Förderprogramme genutzt werden. [3]§ 17 Abs. 8 BNatSchG gilt entsprechend.

(4) [1]Bei der landwirtschaftlichen Nutzung ist es verboten

1. Dauergrünland und Dauergrünlandbrachen umzuwandeln; davon unberührt bleibt die Umwandlung von Dauergrünland oder Dauergrünlandbrachen, die ab dem 1. Januar 2021 im Sinn des § 6 Satz 1 des GAP-Konditionalitäten-Gesetzes neu entstanden sind,
2. den Grundwasserstand in Nass- und Feuchtgrünland sowie -brachen und auf Moor- und Anmoorstandorten abzusenken, davon unberührt bleiben bestehende Absenkungs- und Drainagemaßnahmen,
3. Feldgehölze, Hecken, Säume, Baumreihen, Lesesteinhaufen, Natursteinmauern, natürliche Totholzansammlungen, Feldraine und Kleingewässer als naturbetonte Strukturelemente der Feldflur zu beeinträchtigen; eine solche Beeinträchtigung ist jede Schädigung oder Minderung der Substanz dieser Elemente, insbesondere das Unterpflügen oder Verfüllen; unberührt von diesem Verbot bleiben gewerbliche Anpflanzungen im Rahmen des Gartenbaus,

4. Dauergrünlandpflegemaßnahmen durch umbrechende Verfahren wie Pflügen oder umbruchlose Verfahren wie Drill-, Schlitzoder Übersaat auf landwirtschaftlich genutzten Flächen, die als gesetzliche Biotope nach § 30 Abs. 2 Nr. 2 BNatSchG sowie nach Art. 23 Abs. 1 eingestuft sind, durchzuführen,
5. bei der Mahd auf Grünlandflächen ab 1 Hektar von außen nach innen zu mähen, davon unberührt bleibt stark hängiges Gelände,
6. ab dem Jahr 2020 auf 10 % der Grünlandflächen der Landesfläche Bayerns die erste Mahd vor dem 15. Juni durchzuführen,
7. ab dem Jahr 2020 Grünlandflächen nach dem 15. März zu walzen und
8. ab dem 1. Januar 2022 auf Dauergrünlandflächen flächenhaft Pflanzenschutzmittel einzusetzen.

[2]Dauergrünland im Sinne dieses Gesetzes sind alle auf natürliche Weise entstandenen Grünlandflächen sowie angelegte und dauerhaft als Wiese, Mähweide oder Weide genutzte Grünlandflächen und deren Brachen. [3]Nicht auf Dauer angelegte Ackerfutterflächen sind kein Dauergrünland im Sinne dieses Gesetzes. [4]Das in Satz 1 Nr. 6 für den Grünlandanteil der Landesfläche Bayerns insgesamt geregelte Schutzziel soll nach Maßgabe der verfügbaren Haushaltsmittel im Rahmen von vertraglichen Vereinbarungen oder der Teilnahme an Förderprogrammen auf Flächen einzelner Betriebe in allen Landesteilen umgesetzt werden.

(5) [1]Von dem Verbot des Abs. 4 Nr. 1 sind auf Antrag Ausnahmen zuzulassen, wenn die Beeinträchtigungen ausgeglichen werden. [2] Von den Verboten des Abs. 4 Nrn. 2 bis 4 können auf Antrag Ausnahmen zugelassen werden, wenn die Beeinträchtigungen ausgeglichen oder ersetzt werden. [3]Für die punktuelle Beseitigung giftiger, invasiver oder bei vermehrtem Auftreten für die Grünlandnutzung problematischen Pflanzenarten können von dem Verbot des Abs. 4 Nr. 8 auf Antrag Ausnahmen zugelassen werden.

(6) [1]Soweit auf Grund der örtlichen Witterungsverhältnisse voraussichtlich in einer erheblichen Zahl von Fällen die Voraussetzungen für die Erteilung einer Befreiung nach § 67 Abs. 1 Satz 1 BNatSchG gegeben wären, kann die Staatsregierung durch Rechtsverordnung gebietsbezogen gestatten, durch Allgemeinverfügung einen späteren als den in Abs. 4 Satz 1 Nr. 7 genannten Zeitpunkt zu bestimmen, ab dem Grünflächen nicht mehr gewalzt werden dürfen. [2]Zuständig für den Erlass der Allgemeinverfügung sind die Regierungen. [3]Hinsichtlich des Prüfungsmaßstabs gilt Satz 1 entsprechend.

(7) Die Beseitigung von Unwetter-, Wild- und Weideschäden bleibt von den Verboten des Abs. 4 Satz 1 Nr. 4 und 7 unberührt.

Artikel 3a Bericht zur Lage der Natur (zu § 6 BNatSchG)

[1]Die oberste Naturschutzbehörde ist verpflichtet, dem Landtag und der Öffentlichkeit in jeder Legislaturperiode auf der Basis ausgewählter Indikatoren über den Status und die Entwicklung der biologischen Vielfalt in Bayern zu berichten (Bericht zur Lage der Natur). [2]Einmal jährlich ist dem Landtag und der Öffentlichkeit ein Statusbericht zu den ökologisch genutzten Landwirtschaftsflächen im Sinne des Art. 1a vorzulegen.

Teil 2

Landschaftsplanung, Landschaftspflege und allgemeiner Schutz von Natur und Landschaft

Artikel 4 Landschaftsplanung (Art. 4 Abs. 2 Satz 2 abweichend von § 11 Abs. 2 Satz 2 BNatSchG)

(1) Die überörtlichen raumbedeutsamen Erfordernisse und Maßnahmen zur Verwirklichung der Ziele des Naturschutzes und der Landschaftspflege werden

1. im Landschaftsprogramm als Teil des Landesentwicklungsprogramms,
2. in Landschaftsrahmenplänen als Teile der Regionalpläne dargestellt.

(2) [1]Landschaftspläne sind Bestandteile der Flächennutzungspläne und Grünordnungspläne Bestandteile der Bebauungspläne. [2]Grünordnungspläne sind von der Gemeinde aufzustellen, sobald und soweit dies aus Gründen des Naturschutzes und der Landschaftspflege erforderlich ist; sie können dabei auf Teile des Bebauungsplans beschränkt werden.

(3) [1]Ist ein Bauleitplan nicht erforderlich, gelten für das Verfahren zur Aufstellung von Landschafts- und Grünordnungsplänen sowie für die Genehmigung die Vorschriften für Bauleitpläne entsprechend.

[2]Der Landschaftsplan hat in diesem Fall die Rechtswirkung eines Flächennutzungsplans, der Grünordnungsplan die eines Bebauungsplans.

Artikel 5 Durchführung der Landschaftspflege; Beratung (Art. 5 Abs. 2 abweichend von § 3 Abs. 4 BNatSchG)

(1) [1]Zur Verwirklichung der Ziele des Naturschutzes und der Landschaftspflege, insbesondere zum Erhalt der biologischen Vielfalt, können die unteren und höheren Naturschutzbehörden auf der Grundlage des Bayerischen Landschaftspflegekonzepts, des Arten- und Biotopschutzprogramms sowie der Bayerischen Biodiversitätsstrategie landschaftspflegerische und -gestalterische Maßnahmen durchführen. [2]Zur Umsetzung der Maßnahmen sollen die Formen der kooperativen Zusammenarbeit, insbesondere Vertragsnaturschutz- und Landschaftspflegeprogramme der obersten Naturschutzbehörde, genutzt werden. [3]Auch andere Behörden und öffentliche Stellen können durch vertragliche Vereinbarungen und Förderprogramme zur Verwirklichung der Ziele des Naturschutzes und der Landschaftspflege beitragen.

(2) [1]Mit der Ausführung der Maßnahmen nach Abs. 1 sollen nach Möglichkeit land- und forstwirtschaftliche Betriebe, Zusammenschlüsse solcher Betriebe, die sich zum Zweck der gemeinschaftlichen Bodenbewirtschaftung bilden, und Selbsthilfeeinrichtungen der Land- und Forstwirtschaft beauftragt werden. [2]Die Naturschutzbehörden können ferner öffentlich-rechtliche Körperschaften, Träger von Naturparken sowie Vereine und Verbände, die sich satzungsgemäß dem Naturschutz, der Landschaftspflege oder den Angelegenheiten der Erholung in der freien Natur widmen, beauftragen. [3]Die Beauftragung erfolgt nur mit Einverständnis der Beauftragten. [4]Hoheitliche Befugnisse können dadurch nicht übertragen werden.

(3) [1]Die Vorbereitung, Betreuung und Ausführung der Maßnahmen nach Abs. 1 kann auch Vereinen übertragen werden, in denen möglichst flächendeckend kommunale Gebietskörperschaften, Landwirte und anerkannte Naturschutzverbände sich gleichberechtigt und für den Naturschutz und die Landschaftspflege einsetzen (Landschaftspflegeverbände). [2]Der Staat unterstützt die Träger von Naturparken und die Landschaftspflegeverbände im Rahmen der verfügbaren Haushaltsmittel in ihren Tätigkeiten und gegenseitigen Abstimmung. [3]Abs. 2 Satz 3 und 4 gilt entsprechend.

(4) [1]Zu den Aufgaben der staatlichen Behörden gehört im Rahmen ihrer Zuständigkeit die Beratung über die Ziele und Grundsätze des Naturschutzes und der Landschaftspflege. [2]Die Beratung soll dazu beitragen, dass die Ziele des Naturschutzes und der Landschaftspflege auch ohne hoheitliche Maßnahmen verwirklicht werden können.

Artikel 5a Landschaftspflegeprogramm

Zugunsten von Naturschutz und Landschaftspflege können im Rahmen der verfügbaren Haushaltsmittel insbesondere folgende Maßnahmen gefördert werden:

1. Erhaltung, Pflege, Entwicklung und Neuschaffung ökologisch wertvoller Lebensräume,
2. Erhaltung der Artenvielfalt einschließlich kommunaler Maßnahmen,
3. Naturschutzprojekte sowie Projekte zur Renaturierung von Mooren,
4. Umsetzung der Landschaftspläne,
5. Aufbau und Pflege des Biotopverbunds gemäß Art. 19 Abs. 1 und
6. naturschutzbezogene Information und Beratung.

Artikel 5b Bayerisches Vertragsnaturschutzprogramm

Zur kooperativen Umsetzung natur- und artenschutzfachlicher Ziele kann im Rahmen der verfügbaren Haushaltsmittel die natur- und artenschutzverträgliche Bewirtschaftung und Pflege von

1. Natura 2000-Gebieten, Naturschutzgebieten, Nationalparken, Biosphärenreservaten, gesetzlich geschützten Biotopen, Streuobstbeständen und Wiesenbrütergebieten,
2. nationalen Naturmonumenten, Naturdenkmälern und geschützten Landschaftsbestandteilen,
3. Flächen mit Vorkommen geschützter oder gefährdeter Arten,
4. Flächen zum Aufbau des Biotopverbunds nach Art. 19 Abs. 1 und
5. Gewässerrandstreifen,

oder eine besonders naturverträgliche Weidetierhaltung gefördert werden.

Artikel 5c Bayerisches Vertragsnaturschutzprogramm Wald

Zur kooperativen Umsetzung natur- und artenschutzschutzfachlicher Ziele im Privat- und Körperschaftswald können im Rahmen der verfügbaren Haushaltsmittel insbesondere in den in Art. 5b genannten Teilen der Natur und Landschaft ökologisch besonders wertvolle Nutzungsformen des Waldes und der Erhalt ökologisch besonders wertvoller Strukturen und Standorte gefördert werden.

Artikel 5d Biodiversitätsberatung

[1]An den unteren Naturschutzbehörden werden im Rahmen der zur Verfügung stehenden Stellen Biodiversitätsberater eingesetzt. [2]Sie sollen helfen, in Zusammenarbeit mit den Eigentümern und Landbewirtschaftern, Kommunen, Erholungssuchenden, Verbänden und sonstigen Betroffenen in ökologisch wertvollen Teilen der Natur und Landschaft gemäß Art. 5b die natur- und artenschutzfachlichen Ziele und Maßnahmen umzusetzen, und den Aufbau des Biotopverbunds nach Art. 19 Abs. 1 begleiten.

Artikel 6 Wegebau im Alpengebiet; genehmigungsfreie Eingriffe; Land-, Forst- und Fischereiwirtschaft (Art. 6 Abs. 1 bis 3 abweichend von § 17 Abs. 3 BNatSchG; Art. 6 Abs. 4 abweichend von § 14 Abs. 2 BNatSchG; Art. 6 Abs. 5 abweichend von § 14 Abs. 3 BNatSchG)

(1) [1]Im Alpengebiet im Sinn der Verordnung über das Landesentwicklungsprogramm Bayern ist die Errichtung oder wesentliche Änderung von Straßen und befahrbaren Wegen, die keiner öffentlich-rechtlichen Gestattung bedarf, mindestens drei Monate vorher der unteren Naturschutzbehörde anzuzeigen. [2]Anordnungen nach § 15 BNatSchG sind nur innerhalb von drei Monaten nach der Anzeige zulässig.

(2) [1]Ein Eingriff, der nicht von einer Behörde durchgeführt wird und der keiner behördlichen Zulassung oder Anzeige nach anderen Rechtsvorschriften bedarf, kann untersagt werden, wenn erhebliche Beeinträchtigungen von Natur und Landschaft vermeidbar oder unvermeidbare erhebliche Beeinträchtigungen nicht im erforderlichen Maß auszugleichen oder zu ersetzen sind und die Belange des Naturschutzes und der Landschaftspflege bei Abwägung aller Anforderungen an Natur und Landschaft im Rang vorgehen. [2]Die Durchführung des Eingriffs kann vorläufig eingestellt werden, wenn erhebliche Beeinträchtigungen zu erwarten sind. [3]Es können die Wiederherstellung des ursprünglichen Zustands oder, soweit diese nur mit unverhältnismäßigem Aufwand möglich ist, Maßnahmen nach § 15 BNatSchG angeordnet werden.

(3) Auf Antrag des Verursachers eines Eingriffs wird ein Genehmigungsverfahren nach § 17 Abs. 3 BNatSchG durchgeführt.

(4) [1]Die land-, forst- und fischereiwirtschaftliche Bodennutzung ist ordnungsgemäß und nicht als Eingriff anzusehen, soweit dabei die Ziele des Naturschutzes und der Landschaftspflege berücksichtigt werden. [2]Die den in Art. 3 Abs. 2 genannten Anforderungen sowie den Regeln der guten fachlichen Praxis, die sich aus dem Recht der Land-, Forst- und Fischereiwirtschaft und § 17 Abs. 2 BBodSchG ergeben, entsprechende land-, forst- und fischereiwirtschaftliche Bodennutzung widerspricht in der Regel nicht den in Satz 1 genannten Zielen. [3]Als ordnungsgemäß gilt die nach dem Waldgesetz für Bayern zulässige und vorgeschriebene Waldbewirtschaftung.

(5) Nicht als Eingriff gilt die Wiederaufnahme einer land-, forst- und fischereiwirtschaftlichen Bodennutzung, wenn sie zeitweise eingeschränkt oder unterbrochen war

1. auf Grund vertraglicher Vereinbarungen oder auf Grund der Teilnahme an öffentlichen Programmen zur Bewirtschaftungsbeschränkung und wenn die Wiederaufnahme innerhalb von fünfzehn Jahren nach Auslaufen der Einschränkung oder Unterbrechung erfolgt,
2. auf Grund der Durchführung von vorgezogenen Kompensationsmaßnahmen, die vorgezogene Maßnahme aber nicht für eine Kompensation in Anspruch genommen wird.

Artikel 7 Ausgleichsmaßnahmen, Ersatzzahlungen

[1]Ausgleichsmaßnahmen im Sinne des § 15 BNatSchG sollen im Sinne der Artenvielfalt festgelegt werden, wobei insbesondere auch auf die Förderung alter Kultursorten geachtet werden soll. [2]Ersatzzahlungen im Sinn des § 15 Abs. 6 BNatSchG sind an den Bayerischen Naturschutzfonds zu entrichten und von diesem im Bereich der vom Eingriff räumlich betroffenen unteren Naturschutzbehörde nach deren näherer Bestimmung für Maßnahmen des Naturschutzes und der Landschaftspflege zu verwenden. [3]Eine Verwendung in anderen Bereichen ist möglich, wenn die betroffenen unteren Naturschutzbehörden ihr Einvernehmen erteilt haben oder nach Bestimmung der obersten Naturschutzbehörde, sofern Mittel nach zwei Jahren nicht für konkrete Maßnahmen verwendet worden sind.

Artikel 8 Kompensationsmaßnahmen (Art. 8 Abs. 1 Satz 2 abweichend von § 14 Abs. 3 BNatSchG; Art. 8 Abs. 3 abweichend von § 15 Abs. 7 und 8 BNatSchG)

(1) [1]Die untere Naturschutzbehörde bestätigt im Benehmen mit der betroffenen Fachbehörde die grundsätzliche Eignung der Fläche und der vorgesehenen vorgezogenen Ausgleichs- und Ersatzmaßnahmen nach § 16 Abs. 1 Nr. 1 BNatSchG. [2]Die Wiederherstellung des Ausgangszustands bleibt bis zur Entscheidung durch die nach § 17 Abs. 1 BNatSchG zuständige Behörde möglich.

(2) Die Staatsregierung wird ermächtigt, Regelungen zur Bevorratung von vorgezogenen Ausgleichs- und Ersatzmaßnahmen, insbesondere die Erfassung, Bewertung oder Buchung vorgezogener Ausgleichs- und Ersatzmaßnahmen, deren Genehmigungsbedürftigkeit und Handelbarkeit sowie den Übergang der Verantwortung nach § 15 Abs. 4 BNatSchG auf Dritte, die vorgezogene Ausgleichs- und Ersatzmaßnahmen durchführen, durch Rechtsverordnung zu treffen.

(3) [1]Die Staatsregierung wird ermächtigt, das Nähere zur Kompensation von Eingriffen durch Rechtsverordnung zu regeln, insbesondere

1. zu Inhalt, Art und Umfang von Ausgleichs- und Ersatzmaßnahmen einschließlich Maßnahmen zur Entsiegelung, zur Wiedervernetzung von Lebensräumen und zur Bewirtschaftung und Pflege sowie zur Festlegung diesbezüglicher Standards, insbesondere für vergleichbare Eingriffsarten,
2. die Höhe der Ersatzzahlung und das Verfahren zu ihrer Erhebung.

[2]§ 15 Abs. 7 und 8 BNatSchG und darauf gestützte Verordnungen des Bundes finden keine Anwendung. [3]Abweichend vom Bundesrecht gelten die Regelungen nach Abs. 2 und Abs. 3 Satz 1 sowie die auf dieser Grundlage erlassene Bayerische Kompensationsverordnung auch im Anwendungsbereich des § 15 Abs. 8 BNatSchG und der darauf gestützten Bundeskompensationsverordnung.

Artikel 9 Kompensationsverzeichnis (Art. 9 Satz 4 abweichend von § 17 Abs. 6 BNatSchG)

[1]Die für Ausgleichs- und Ersatzmaßnahmen festgesetzten Flächen sowie Flächen im Sinn des § 16 Abs. 1 BNatSchG werden im Kompensationsverzeichnis als Teil des Ökoflächenkatasters erfasst. [2]Hierzu übermitteln die nach § 17 Abs. 1 BNatSchG zuständigen Behörden dem Landesamt für Umwelt rechtzeitig die für die Erfassung und Kontrolle der Flächen erforderlichen Angaben in aufbereitbarer Form. [3]Die unteren Naturschutzbehörden übermitteln in den Fällen des Art. 7 und des § 16 Abs. 1 BNatSchG die erforderlichen Angaben. [4]Die Gemeinden übermitteln die erforderlichen Angaben, wenn Flächen oder Maßnahmen zum Ausgleich im Sinn des § 1a Abs. 3 des Baugesetzbuchs in einem gesonderten Bebauungsplan festgesetzt sind oder Maßnahmen auf von der Gemeinde bereitgestellten Flächen durchgeführt werden.

Artikel 10 Pisten

(1) [1]Das erstmalige dauerhafte Herrichten eines durch eine mechanische Aufstiegshilfe erschlossenen Geländes zum Zweck des Abfahrens mit Ski, Skibobs oder Rodeln (Skipiste) oder mit anderen Sportgeräten und seine wesentliche Änderung oder Erweiterung bedürfen der Erlaubnis. [2]Die Erlaubnispflicht für Skipisten tritt ab den in Abs. 2 genannten Schwellenwerten ein. [3]In der Erlaubnis ist über die Zulässigkeit von zugehörigen Einrichtungen mit zu entscheiden. [4]Die Entscheidung über die Erlaubnis ersetzt die Entscheidung über eine nach anderen Vorschriften erforderliche behördliche Gestattung; die Entscheidung wird im Einvernehmen mit der für die andere Gestattung zuständigen Behörde getroffen. [5]Die Erlaubnis darf nur erteilt werden, wenn dem Vorhaben keine Belange des Allgemeinwohls entgegenstehen und die Anforderungen des § 15 BNatSchG erfüllt sind; ersetzt die Erlaubnis eine andere behördliche Gestattung, darf sie unbeschadet des Halbsatzes 1 nur erteilt werden, wenn das Vorhaben den in dem anderen behördlichen Gestattungsverfahren zu prüfenden öffentlich-rechtlichen Vorschriften nicht widerspricht. [6]Die Erlaubnis kann mit Bedingungen und Auflagen versehen sowie befristet werden.

(2) [1]Betrifft das Vorhaben eine Skipiste von mehr als 10 ha, in Gebieten von gemeinschaftlicher Bedeutung oder in Europäischen Vogelschutzgebieten, in Nationalparken, Naturschutzgebieten oder Biotopen im Sinn des § 30 Abs. 2 BNatSchG von mehr als 5 ha Fläche oder soll es ganz oder zu wesentlichen Teilen in einer Höhe von über 1 800 m üNN verwirklicht werden, ist eine Umweltverträglichkeitsprüfung nach Maßgabe des Fünften Teils Abschnitt III des Bayerischen Verwaltungsverfahrensgesetzes (BayVwVfG) durchzuführen. [2]Bei einer Änderung oder Erweiterung von Skipisten ist eine Umweltverträglichkeitsprüfung durchzuführen, wenn

1. der durch die Erweiterung hinzukommende Teil für sich betrachtet oder
2. das durch die Änderung oder Erweiterung entstehende Vorhaben bei einheitlicher Betrachtung erstmals die in Satz 1 genannten Schwellenwerte erfüllt.

[3]Im Fall des Satzes 2 Nr. 2 ist dem geänderten oder erweiterten Vorhaben derjenige Teil des Bestands nicht mehr zuzurechnen, der früher als zwei Jahre vor Eingang des Antrags auf Zulassung des Änderungs- oder Erweiterungsvorhabens bei der zuständigen Behörde in Betrieb genommen worden ist.

Artikel 11 Zuständigkeit für die Eingriffsregelung

(1) Die nach § 17 Abs. 1 BNatSchG für Naturschutz und Landschaftspflege zuständige Behörde ist die Naturschutzbehörde der vergleichbaren Verwaltungsstufe.

(2) Die Beurteilung einer land-, forst- oder fischereiwirtschaftlichen Bodennutzung als Eingriff in Natur und Landschaft bedarf des Einvernehmens mit der jeweiligen Fachbehörde der vergleichbaren Verwaltungsstufe.

Artikel 11a Himmelstrahler und Beleuchtungsanlagen

[1]Eingriffe in die Insektenfauna durch künstliche Beleuchtung im Außenbereich sind zu vermeiden. [2]Himmelstrahler und Einrichtungen mit ähnlicher Wirkung sind unzulässig. [3]Beim Aufstellen von Beleuchtungsanlagen im Außenbereich müssen die Auswirkungen auf die Insektenfauna, insbesondere deren Beeinträchtigung und Schädigung, überprüft und die Ziele des Artenschutzes berücksichtigt werden. [4]Beleuchtungen in unmittelbarer Nähe von geschützten Landschaftsbestandteilen und Biotopen sind nur in Ausnahmefällen von der zuständigen Behörde oder mit deren Einvernehmen zu genehmigen.

Artikel 11b Gentechnikanbauverbot

Der Anbau gentechnisch veränderter Pflanzen ist in Bayern verboten.

Artikel 11c ***[aufgehoben]***

Teil 3
Schutz von Flächen und einzelnen Bestandteilen der Natur

Artikel 12 Form der Schutzerklärung

(1) [1]Die Unterschutzstellung von Teilen von Natur und Landschaft nach § 20 Abs. 2 Nrn. 1, 2, 4, 6 und 7 BNatSchG erfolgt durch Rechtsverordnung, sofern in diesem Gesetz nichts anderes bestimmt ist. [2]Die Unterschutzstellung eines Gebiets als Nationalpark nach § 24 Abs. 1 BNatSchG bedarf hinsichtlich der Erklärung, des Gebietsumfangs und des Schutzzwecks der Zustimmung des Landtags.

(2) Die Erklärung zum Biosphärenreservat und zum Naturpark erfolgt durch Allgemeinverfügung.

(3) Auch ohne Erlass einer Rechtsverordnung kann durch Einzelanordnung verboten werden, Gegenstände, die die Voraussetzungen des § 28 Abs. 1 BNatSchG oder des § 29 Abs. 1 BNatSchG erfüllen, zu beseitigen, zu zerstören, zu beschädigen oder zu verändern.

Artikel 13 Nationalparke

Nationalparke sollen ergänzend zu § 24 Abs. 1 Nr. 1 BNatSchG eine Mindestfläche von 10 000 ha haben.

Artikel 14 Biosphärenreservate (abweichend von § 25 BNatSchG)

(1) [1]Die oberste Naturschutzbehörde kann großflächige, repräsentative Ausschnitte von Kulturlandschaften nach Anerkennung durch die Organisation der Vereinten Nationen für Erziehung, Wissenschaft und Kultur zu Biosphärenreservaten erklären. [2]Biosphärenreservate dienen in beispielhafter Weise insbesondere

1. dem Schutz, der Pflege und der Entwicklung von Kulturlandschaften und deren Biotop- und Artenvielfalt,
2. der Entwicklung einer nachhaltigen Wirtschaftsweise, die den Ansprüchen von Mensch und Natur gleichermaßen gerecht wird,
3. der Bildung für nachhaltige Entwicklung, der naturkundlichen Bildung und dem Naturerlebnis, der Beobachtung von Natur und Landschaft sowie der Forschung.

(2) Biosphärenreservate sollen entsprechend dem Einfluss menschlicher Tätigkeit in Kern-, Pflege- und Entwicklungszonen gegliedert werden.

(3) Biosphärenreservate können auch als Biosphärengebiete oder Biosphärenregionen bezeichnet werden.

Artikel 15 Naturparke (abweichend von § 27 BNatSchG)

(1) Großräumige, der naturräumlichen Gliederung entsprechende Gebiete von in der Regel mindestens 20 000 ha Fläche, die

1. überwiegend als Landschaftsschutzgebiete oder Naturschutzgebiete festgesetzt sind,
2. sich wegen ihrer landschaftlichen Voraussetzungen für umweltverträgliche Erholungsformen besonders eignen,
3. der Erhaltung, Entwicklung oder Wiederherstellung einer durch vielfältige Nutzungsformen geprägten Landschaft und ihrer Arten- und Biotopvielfalt dienen und in denen zu diesem Zweck eine dauerhaft umweltgerechte Landnutzung angestrebt wird,
4. besonders dazu geeignet sind, eine nachhaltige Regionalentwicklung zu fördern und
5. durch einen Träger entsprechend ihrem Naturschutz- und Erholungszweck entwickelt und gepflegt werden,

können von der obersten Naturschutzbehörde zu Naturparken erklärt werden.

(2) Naturparkverordnungen der obersten Naturschutzbehörde gelten hinsichtlich der Festsetzung von Schutzzonen mit Verboten als Rechtsverordnungen über Landschaftsschutzgebiete weiter.

Artikel 16 Schutz bestimmter Landschaftsbestandteile

(1) [1]Es ist verboten, in der freien Natur

1. Hecken, lebende Zäune, Feldgehölze oder -gebüsche einschließlich Ufergehölze oder -gebüsche zu roden, abzuschneiden, zu fällen oder auf sonstige Weise erheblich zu beeinträchtigen,
2. Höhlen, ökologisch oder geomorphologisch bedeutsame Dolinen, Toteislöcher, aufgelassene künstliche unterirdische Hohlräume, Trockenmauern, Lesesteinwälle sowie Tümpel und Kleingewässer zu beseitigen oder erheblich zu beeinträchtigen,
3. entlang natürlicher oder naturnaher Bereiche fließender oder stehender Gewässer, ausgenommen künstliche Gewässer im Sinne von § 3 Nr. 4 des Wasserhaushaltsgesetzes und Be- und Entwässerungsgräben im Sinne von Art. 1 des Bayerischen Wassergesetzes, in einer Breite von mindestens 5 m von der Uferlinie diese garten- oder ackerbaulich zu nutzen (Gewässerrandstreifen),
4. Bodensenken im Außenbereich im Sinne des § 35 des Baugesetzbuches zu verfüllen,
5. Alleen an öffentlichen oder privaten Verkehrsflächen und Wirtschaftswegen zu beseitigen, beschädigen oder auf sonstige Weise erheblich zu beeinträchtigen.

[2]Das Verbot nach Satz 1 Nr. 1 gilt nicht für

1. die ordnungsgemäße Nutzung und Pflege im Zeitraum vom 1. Oktober bis 28. Februar, die den Bestand erhält,
2. schonende Form- und Pflegeschnitte zur Beseitigung des Zuwachses,
3. Maßnahmen, die zur Gewährleistung der Verkehrssicherheit öffentlicher Verkehrswege oder der öffentlich-rechtlichen Verpflichtung zur Unterhaltung der Gewässer erforderlich sind.

(2) § 17 Abs. 8 BNatSchG sowie Art. 23 Abs. 3 gelten entsprechend.

Artikel 17 Schutz von Kennzeichnungen; Registrierung

(1) Die Schutzbegriffe „Naturschutzgebiet", „Nationalpark", „Nationale Naturmonumente", „Naturdenkmal", „geschützter Landschaftsbestandteil", „Landschaftsschutzgebiet", „Naturpark", „Biosphärenreservat", „Biosphärengebiet" und „Biosphärenregion" dürfen nur für die nach den Bestimmungen dieses Teils ausgewiesenen bzw. erklärten Gebiete und Gegenstände verwendet werden.

(2) [1]Die nach diesem Teil geschützten Flächen und einzelnen Bestandteile der Natur sind in Verzeichnisse einzutragen; dies gilt nicht für den Schutz bestimmter Landschaftsbestandteile nach Art. 16. [2]Die Verzeichnisse für Naturschutzgebiete, Nationalparke, Nationale Naturmonumente, Landschaftsschutzgebiete, Naturparke, Biosphärenreservate, Biosphärengebiete und Biosphärenregionen werden beim Landesamt für Umwelt, die sonstigen Verzeichnisse bei den unteren Naturschutzbehörden geführt.

Artikel 18 Vollzug von Schutzverordnungen

(1) Eine auf Grund einer Schutzverordnung erforderliche behördliche Gestattung wird durch eine nach anderen Vorschriften erforderliche behördliche Gestattung ersetzt; diese Gestattung darf nur erteilt

werden, wenn die Voraussetzungen für die Erteilung der nach der Schutzverordnung erforderlichen Gestattung vorliegen und die nach Naturschutzrecht zuständige Behörde ihr Einvernehmen erklärt.

(2) Werden Veränderungen oder Störungen von geschützten oder von einstweilig sichergestellten Gebieten oder Gegenständen oder von geplanten Naturschutzgebieten im Sinn des Art. 54 Abs. 3 im Widerspruch zu öffentlich-rechtlichen Vorschriften begonnen oder durchgeführt, sind die Vorschriften des § 17 Abs. 8 BNatSchG entsprechend anzuwenden.

Artikel 19 Biotopverbund, Biotopvernetzung, Arten- und Biotopschutzprogramm

(1) [1]Der Freistaat Bayern schafft ein Netz räumlich oder funktional verbundener Biotope (Biotopverbund), das bis zum Jahr 2023 mindestens 10 % Offenland und bis zum Jahr 2027 mindestens 13 % Offenland der Landesfläche umfasst. [2]Ziel ist, dass der Biotopverbund bis zum Jahr 2030 mindestens 15 % Offenland der Landesfläche umfasst.

(2) [1]Fachliche Grundlage für die Auswahl der Bestandteile des Biotopverbunds nach § 21 Abs. 3 BNatSchG ist insbesondere das Arten- und Biotopschutzprogramm. [2]Es enthält

1. die Darstellung und Bewertung der unter dem Gesichtspunkt des Arten- und Biotopschutzes bedeutsamen Populationen, Lebensgemeinschaften und Biotope wild lebender Tier- und Pflanzenarten, insbesondere der in ihrem Bestand gefährdeten Arten und Lebensräume,
2. die zu deren Schutz, Pflege und Entwicklung erforderlichen Ziele und Maßnahmen sowie Wege zu ihrer Verwirklichung.

[3]Für die Auswahl von Flächen hat der funktionale Zusammenhang innerhalb des Biotopverbunds besonderes Gewicht. [4]Zur Umsetzung sollen unter anderem entlang von Gewässern, Waldrändern und Verkehrswegen Vernetzungskorridore geschaffen werden. [5]Die Umsetzung erfolgt im Wege kooperativer Maßnahmen. [6]Das Arten- und Biotopschutzprogramm unterliegt als Fachkonzept der ständigen Fortentwicklung. [7]Die Verwirklichung der Ziele und Maßnahmen des Arten- und Biotopschutzprogramms erfolgt insbesondere in Biotopverbundprojekten.

(3) Die oberste Naturschutzbehörde soll dem Landtag und der Öffentlichkeit jährlich einen Statusbericht über den Biotopverbund vorlegen.

(4) Zur Renaturierung von Mooren sowie für eine moorverträgliche land- und forstwirtschaftliche Nutzung erstellt die oberste Naturschutzbehörde im Einvernehmen mit dem Staatsministerium für Ernährung, Landwirtschaft, Forsten und Tourismus einen Fachplan Moore und schreibt diesen bei Bedarf fort.

Teil 4

Schutz des Europäischen ökologischen Netzes „Natura 2000“, gesetzlicher Schutz von Biotopen

Artikel 20 Auswahl und Festlegung von Natura 2000-Gebieten; besonderer Schutz der Gebiete (Art. 20 Abs. 2 abweichend von § 32 Abs. 4 BNatSchG)

(1) [1]Die Staatsregierung wählt die Natura 2000-Gebiete unter Beteiligung der Betroffenen aus. [2]Die oberste Naturschutzbehörde wird ermächtigt, die Natura 2000-Gebiete sowie die Gebietsbegrenzungen und die Erhaltungsziele dieser Gebiete durch Rechtsverordnung festzulegen; die Rechtsverordnung ergeht im Einvernehmen mit den Staatsministerien für Wohnen, Bau und Verkehr sowie für Ernährung, Landwirtschaft, Forsten und Tourismus.

(2) Die Unterschutzstellung nach § 32 Abs. 4 BNatSchG kann auch dann unterbleiben, wenn Maßnahmen auf Grund von Förderprogrammen einen gleichwertigen Schutz gewährleisten.

Artikel 21 Gentechnisch veränderte Organismen (abweichend von § 32 BNatSchG)

Auf

1. Freisetzungen gentechnisch veränderter Organismen im Sinn des § 3 Nr. 5 des Gentechnikgesetzes und
2. die land-, forst- und fischereiwirtschaftliche Nutzung von rechtmäßig in Verkehr gebrachten Produkten, die gentechnisch veränderte Organismen enthalten oder aus solchen bestehen, sowie den sonstigen, insbesondere auch nicht erwerbswirtschaftlichen, Umgang mit solchen Produkten, der in seinen Auswirkungen den vorgenannten Handlungen vergleichbar ist, innerhalb eines Natura 2000-Gebiets und eines Umgriffs von 1 000 m um das Gebiet

sind § 34 Abs. 1 und 2 BNatSchG entsprechend anzuwenden; im Fall der Nr. 2 gilt § 34 Abs. 6 BNatSchG entsprechend mit der Maßgabe, dass § 34 Abs. 3 bis 5 BNatSchG nicht anzuwenden sind.

Artikel 22 Zuständigkeiten für Natura 2000-Verfahren

(1) [1]Zuständig für Entscheidungen und Maßnahmen nach § 33 Abs. 1 Satz 2 und § 34 Abs. 3 bis 5 BNatSchG ist die nach Art. 56 Satz 1 zuständige Behörde; sind danach für ein Vorhaben neben der höheren Naturschutzbehörde weitere Naturschutzbehörden zuständig, entscheidet die höhere Naturschutzbehörde über das gesamte Vorhaben. [2]Die Entscheidung wird durch eine nach anderen Vorschriften erforderliche behördliche Gestattung ersetzt, soweit für diese nicht ihrerseits eine Ersetzung geregelt ist; die Entscheidung ersetzt auch eine nach Art. 56 gleichzeitig erforderliche Befreiung. [3]Die behördliche Gestattung darf nur ergehen, wenn die Voraussetzungen für die Entscheidung vorliegen und die nach Satz 1 zuständige Naturschutzbehörde ihr Einvernehmen erteilt hat.

(2) [1]Zuständige Behörde nach § 34 Abs. 6 BNatSchG ist die untere Naturschutzbehörde. [2]Ist das Projekt teilweise gestattungspflichtig, ist die nach Abs. 1 zuständige Behörde für das gesamte Projekt zuständig.

(3) [1]Eine Behörde, die ein Projekt durchführt, das weder einer Gestattung nach anderen Rechtsvorschriften noch einer Anzeige an eine andere Behörde bedarf, führt das Projekt unter den Voraussetzungen des § 34 Abs. 1 bis 5 BNatSchG im Einvernehmen mit der Naturschutzbehörde der vergleichbaren Verwaltungsstufe durch. [2]Das Einvernehmen entfällt in Gebieten, für die Bewirtschaftungspläne im Sinn des § 32 Abs. 5 BNatSchG vorliegen oder für die die zuständigen Wasserwirtschaftsbehörden Gewässerentwicklungskonzepte aufgestellt haben, die den Anforderungen an Bewirtschaftungspläne im Sinn des § 32 Abs. 5 BNatSchG entsprechen.

(4) Die Verträglichkeitsprüfung erfolgt durch die verfahrensführende Behörde im Benehmen mit der Naturschutzbehörde der vergleichbaren Verwaltungsstufe.

(5) Zuständige Behörde nach § 34 Abs. 4 Satz 2 und Abs. 5 Satz 2 BNatSchG ist die oberste Naturschutzbehörde.

Artikel 23 Gesetzlich geschützte Biotope (Art. 23 Abs. 2 abweichend von § 30 Abs. 2, 3 und 5 BNatSchG, Art. 23 Abs. 3 abweichend von §§ 30 Abs. 3, 67 Abs. 1 BNatSchG, Art. 23 Abs. 4 abweichend von §§ 30 Abs. 3, 67 Abs. 1 BNatSchG)

(1) [1]Gesetzlich geschützte Biotope im Sinn des § 30 Abs. 2 Satz 2 BNatSchG sind auch
1. Landröhrichte, Pfeifengraswiesen,
2. Moorwälder,
3. wärmeliebende Säume,
4. Magerrasen, Felsheiden,
5. alpine Hochstaudenfluren,
6. extensiv genutzte Obstbaumwiesen oder -weiden aus hochstämmigen Obstbäumen mit einer Fläche ab 2.500 Quadratmetern (Streuobstbestände) mit Ausnahme von Bäumen, die weniger als 50 Meter vom nächstgelegenen Wohngebäude oder Hofgebäude entfernt sind und
7. arten- und strukturreiches Dauergrünland.

[2]Die Staatsregierung wird ermächtigt, durch Rechtsverordnung Einzelheiten zur fachlichen Abgrenzung der in Satz 1 Nr. 6 und 7 genannten Biotope zu bestimmen.

(2) [1]Die Verbote nach § 30 Abs. 2 BNatSchG gelten nicht bei gesetzlich geschützten Biotopen, die
1. nach Inkrafttreten eines Bebauungsplans entstanden sind, wenn eine nach diesem Plan zulässige Nutzung in seinem Geltungsbereich verwirklicht wird,
2. während der Laufzeit einer vertraglichen Vereinbarung oder der Teilnahme an öffentlichen Programmen zur Bewirtschaftungsbeschränkung entstanden sind, soweit diese innerhalb einer Frist von fünfzehn Jahren nach Beendigung der vertraglichen Vereinbarung oder der Teilnahme an den öffentlichen Programmen wieder einer land-, forst- oder fischereiwirtschaftlichen Nutzung zugeführt werden.

[2]Die Verbote nach § 30 Abs. 2 BNatSchG gelten außerdem nicht für regelmäßig erforderliche Maßnahmen zur Unterhaltung
1. der künstlichen, zum Zweck der Fischereiwirtschaft angelegten geschlossenen Gewässer im Sinne des § 30 Abs. 2 Satz 1 Nr. 1 BNatSchG oder
2. der Obstbaumwiesen oder -weiden im Sinn des Abs. 1 Nr. 6.

(3) [1]Für eine Maßnahme kann auf Antrag eine Ausnahme zugelassen werden, wenn die Beeinträchtigungen ausgeglichen werden können oder wenn die Maßnahme aus Gründen des überwiegenden öf-

fentlichen Interesses notwendig ist. [2]Die Entscheidung über die Ausnahme wird durch eine nach anderen Vorschriften erforderliche behördliche Gestattung ersetzt; diese Entscheidung wird im Benehmen mit der zuständigen Naturschutzbehörde getroffen.

(4) [1]Abweichend von § 30 Abs. 3 und § 67 Abs. 1 BNatSchG bedürfen Maßnahmen auf Grund der öffentlich-rechtlichen Verpflichtung zur Unterhaltung der Gewässer keiner behördlichen Ausnahme- oder Befreiungsentscheidung vom Verbot des § 30 Abs. 2 Satz 1 BNatSchG. [2]Sie dürfen nur unter den Voraussetzungen des § 23 Abs. 3 Satz 1 oder des § 67 Abs. 1 BNatSchG durchgeführt werden.

(5) Die Sicherung von Brut-, Nahrungs- und Aufzuchtsbiotopen des Großen Brachvogels, der Uferschnepfe, des Rotschenkels, der Bekassine, des Weißstorchs, des Kiebitzes, des Braunkehlchens oder des Wachtelkönigs in feuchten Wirtschaftswiesen und -weiden (Wiesenbrütergebiete) soll in geeigneter Weise, insbesondere durch privatrechtliche Vereinbarungen, angestrebt werden.

(6) [1]Für Handlungen nach § 30 Abs. 2 BNatSchG, die der Verwendung der Biotope zu intensiver landwirtschaftlicher Nutzung dienen, ist eine Umweltverträglichkeitsprüfung nach Maßgabe des Fünften Teils Abschnitt III BayVwVfG durchzuführen, wenn die Gesamtfläche der betroffenen Biotope 1 ha oder mehr beträgt. [2]Bei Änderung oder Erweiterung der intensiven landwirtschaftlichen Nutzung der Biotope ist eine Umweltverträglichkeitsprüfung durchzuführen, wenn

1. der durch die Erweiterung hinzukommende Teil für sich betrachtet oder
2. das durch die Änderung oder Erweiterung entstehende Vorhaben bei einheitlicher Betrachtung erstmals

den in Satz 1 genannten Schwellenwert erfüllt. [3]Im Fall des Satzes 2 Nr. 2 ist dem geänderten oder erweiterten Vorhaben derjenige Teil des Bestands nicht mehr zuzurechnen, der früher als zwei Jahre vor dem Eingang des Antrags auf Zulassung des Änderungs- oder Erweiterungsvorhabens bei der zuständigen Behörde in Betrieb genommen worden ist.

Artikel 23a Verbot von Pestiziden

[1]Die Anwendung von Pestiziden (Pflanzenschutzmittel und Biozide) gemäß Art. 3 Nr. 10 der Richtlinie 2009/128/EG des Europäischen Parlaments und des Rates vom 21. Oktober 2009 über einen Aktionsrahmen der Gemeinschaft für die nachhaltige Verwendung von Pestiziden (ABl. L 309 vom 24. November 2009, S. 71) in der jeweils geltenden Fassung ist in Naturschutzgebieten, in gesetzlich geschützten Landschaftsbestandteilen und in gesetzlich geschützten Biotopen außerhalb von intensiv genutzten land- und fischereiwirtschaftlichen Flächen verboten. [2]Die Naturschutzbehörde kann die Verwendung dieser Mittel zulassen, soweit eine Gefährdung des Schutzzwecks der in Satz 1 genannten Schutzgebiete oder geschützten Gegenstände nicht zu befürchten ist. [3]Weitergehende Vorschriften bleiben unberührt.

Teil 5
Zoos und Tiergehege

Artikel 24 Zoos

[1]Die Genehmigung zur Errichtung, Erweiterung, wesentlichen Änderung und zum Betrieb eines Zoos nach § 42 Abs. 2 BNatSchG schließt die Erlaubnis nach § 11 Abs. 1 Satz 1 Nrn. 2a und 3 Buchst. d des Tierschutzgesetzes mit ein. [2]Sie setzt voraus, dass die für die Erlaubnis erforderlichen Voraussetzungen vorliegen. [3]Die Zoogenehmigung wird zusammen mit der tierschutzrechtlichen Erlaubnis durch eine nach anderen Vorschriften außerhalb des Naturschutzrechts erforderliche behördliche Gestattung ersetzt; die behördliche Gestattung darf nur erteilt werden, wenn die für die Genehmigung und die Erlaubnis erforderlichen Voraussetzungen vorliegen und die hierfür zuständigen Stellen ihr Einvernehmen erklärt haben.

Artikel 25 Tiergehege

(1) Anträge auf Erteilung der jagdrechtlichen Genehmigung oder der Zoogenehmigung gelten als Anzeige im Sinn von § 43 Abs. 3 Satz 1 BNatSchG; dies gilt auch für die tierschutzrechtliche Anzeige.

(2) Ist bereits nach anderen Vorschriften eine Gestattung für die Errichtung, die Erweiterung, wesentliche Änderung oder den Betrieb eines Tiergeheges erforderlich, trifft die für die anderweitige Gestattung zuständige Behörde die Entscheidungen nach § 43 Abs. 3 Sätze 2 bis 4 BNatSchG im Benehmen mit der unteren Naturschutzbehörde.

(3) Eine Anzeigepflicht nach § 43 Abs. 3 Satz 1 BNatSchG besteht nicht für Gehege,
1. die unter staatlicher Aufsicht stehen,
2. die nur für kurze Zeit aufgestellt werden oder eine geringe Fläche beanspruchen oder
3. in denen nur eine geringe Anzahl von Tieren oder Tiere mit geringen Anforderungen an ihre Haltung gehalten werden.

Teil 6
Erholung in der freien Natur

Artikel 26 Recht auf Naturgenuss und Erholung (Art. 26 Abs. 1 Satz 2 abweichend von § 59 Abs. 2 Satz 1 BNatSchG)

(1) [1]Jedermann hat das Recht auf den Genuss der Naturschönheiten und auf die Erholung in der freien Natur. [2]Dieses Recht wird nach Maßgabe des Art. 141 Abs. 3 der Verfassung und der folgenden Bestimmungen dieses Teils gewährleistet; weitergehende Rechte auf Grund anderer Vorschriften bleiben unberührt.

(2) [1]Bei der Ausübung des Rechts nach Abs. 1 ist jedermann verpflichtet, mit Natur und Landschaft pfleglich umzugehen. [2]Dabei ist auf die Belange der Grundstückseigentümer und Nutzungsberechtigten Rücksicht zu nehmen. [3]Die Rechtsausübung anderer darf nicht verhindert oder mehr als nach den Umständen unvermeidbar beeinträchtigt werden (Gemeinverträglichkeit).

Artikel 27 Betretungsrecht; Gemeingebrauch an Gewässern

(1) Alle Teile der freien Natur, insbesondere Wald, Bergweide, Fels, Ödungen, Brachflächen, Auen, Uferstreifen und landwirtschaftlich genutzte Flächen, können von jedermann unentgeltlich betreten werden.

(2) [1]Das Betretungsrecht umfasst auch die Befugnisse nach Art. 28 und 29. [2]Es ist beschränkt durch die allgemeinen Gesetze sowie durch Art. 30 bis 32 dieses Gesetzes.

(3) [1]Das Betretungsrecht kann von Grundeigentümern oder sonstigen Berechtigten nur unter den Voraussetzungen des Art. 33 verweigert werden. [2]Das Betretungsrecht kann nicht ausgeübt werden, soweit Grundeigentümer oder sonstige Berechtigte das Betreten ihres Grundstücks durch für die Allgemeinheit geltende, deutlich sichtbare Sperren, insbesondere durch Einfriedungen, andere tatsächliche Hindernisse oder Beschilderungen untersagt haben. [3]Beschilderungen sind jedoch nur wirksam, wenn sie auf einen gesetzlichen Grund hinweisen, der eine Beschränkung des Betretungsrechts rechtfertigt.

(4) [1]Der Gemeingebrauch an Gewässern bestimmt sich nach § 25 des Wasserhaushaltsgesetzes und Art. 18 des Bayerischen Wassergesetzes. [2]Der Gemeingebrauch an öffentlichen Straßen bestimmt sich nach Art. 14 des Bayerischen Straßen- und Wegegesetzes sowie § 7 des Bundesfernstraßengesetzes.

Artikel 28 Benutzung von Wegen; Markierungen

(1) [1]Jedermann darf auf Privatwegen in der freien Natur wandern und, soweit sich die Wege dafür eignen, reiten und mit Fahrzeugen ohne Motorkraft sowie Krankenfahrstühlen fahren. [2]Den Fußgängern gebührt der Vorrang.

(2) [1]Markierungen und Wegetafeln müssen ohne Beeinträchtigung des Landschaftsbilds deutlich, aussagekräftig und unter Beachtung örtlicher und überörtlicher Wanderwegenetze einheitlich gestaltet sein. [2]Genügen Markierungen und Wegetafeln diesen Anforderungen nicht, kann ihre Beseitigung angeordnet werden.

(3) [1]Eigentümer oder sonstige Berechtigte haben Markierungen und Wegetafeln zu dulden, die Gemeinden oder Organisationen, die sich satzungsgemäß vorwiegend der Förderung des Naturschutzes und der Landschaftspflege widmen, mit Genehmigung der unteren Naturschutzbehörde anbringen. [2]Auf die Grundstücksnutzung ist Rücksicht zu nehmen. [3]Eigentümer oder sonstige Berechtigte sind vor der Anbringung zu benachrichtigen.

(4) Die Vorschriften des Straßen- und Wegerechts und des Straßenverkehrsrechts bleiben unberührt.

Artikel 29 Sportliche Betätigung

Zum Betreten im Sinn dieses Teils gehören auch das Skifahren, das Schlittenfahren, das Reiten, das Ballspielen und ähnliche sportliche Betätigungen in der freien Natur.

Artikel 30 Land- und forstwirtschaftlich genutzte Flächen

(1) [1]Landwirtschaftlich genutzte Flächen (einschließlich Sonderkulturen) und gärtnerisch genutzte Flächen dürfen während der Nutzzeit nur auf vorhandenen Wegen betreten werden. [2]Als Nutzzeit gilt die Zeit zwischen Saat oder Bestellung und Ernte, bei Grünland die Zeit des Aufwuchses.

(2) [1]Das Radfahren, das Fahren mit Krankenfahrstühlen und das Reiten ist im Wald nur auf Straßen und geeigneten Wegen zulässig. [2]Die Vorschriften des Straßen- und Wegerechts und des Straßenverkehrsrechts bleiben unberührt.

Artikel 31 Beschränkungen der Erholung in der freien Natur

(1) Die untere oder höhere Naturschutzbehörde kann durch Rechtsverordnung oder Einzelanordnung die Erholung in Teilen der freien Natur im erforderlichen Umfang aus Gründen des Naturschutzes, zur Durchführung von landschaftspflegerischen Vorhaben, zur Regelung des Erholungsverkehrs oder aus anderen zwingenden Gründen des Gemeinwohls untersagen oder beschränken.

(2) Inhalt von Beschränkungen für das Reiten kann insbesondere sein,

1. das Reiten nur auf den durch die Behörde besonders dafür ausgewiesenen Wegen oder Flächen zu erlauben,
2. das Reiten nur zu bestimmten Zeiten zu gestatten,
3. für die Benutzung von Wegen und Flächen durch Reiter eine behördliche Genehmigung vorzusehen.

(3) Die untere oder höhere Naturschutzbehörde kann zum Schutz des Erholungsverkehrs und des Eigentums durch Rechtsverordnung eine Kennzeichnung der Reitpferde vorschreiben.

Artikel 32 Durchführung von Veranstaltungen

Teilnehmern einer organisierten Veranstaltung steht das Betretungsrecht nur zu, wenn nach Art und Umfang der Veranstaltung und nach den örtlichen Gegebenheiten eine Beeinträchtigung der betroffenen Grundstücke nicht zu erwarten ist.

Artikel 33 Zulässigkeit von Sperren

Grundeigentümer oder sonstige Berechtigte dürfen der Allgemeinheit das Betreten von Grundstücken in der freien Natur durch Sperren im Sinn des Art. 27 Abs. 3 Satz 2 nur unter folgenden Voraussetzungen verwehren:

1. Sperren können errichtet werden, wenn andernfalls die zulässige Nutzung des Grundstücks nicht unerheblich behindert oder eingeschränkt würde. Das gilt insbesondere, wenn die Beschädigung von Forstkulturen, Sonderkulturen oder sonstigen Nutzpflanzen zu erwarten ist, oder wenn das Grundstück regelmäßig von einer Vielzahl von Personen betreten und dadurch in seinem Ertrag erheblich gemindert oder in unzumutbarer Weise beschädigt oder verunreinigt wird.
2. Bei Wohngrundstücken ist eine Beschränkung nur für den Wohnbereich zulässig, der sich nach den berechtigten Wohnbedürfnissen und nach den örtlichen Gegebenheiten bestimmt.
3. Flächen können aus Gründen des Naturschutzes, zur Durchführung von landschaftspflegerischen Vorhaben oder forstwirtschaftlichen Maßnahmen, von Jagden, ferner zur Vorbereitung und Durchführung sportlicher Wettkämpfe in der freien Natur sowie aus anderen zwingenden Gründen des Gemeinwohls kurzzeitig gesperrt werden.

Artikel 34 Verfahren

(1) [1]Bedarf die Errichtung einer Sperre im Sinn des Art. 27 Abs. 3 Satz 2 einer behördlichen Gestattung nach anderen Vorschriften, ist darüber unter Beachtung der Voraussetzungen des Abs. 2 Satz 1 im Benehmen mit der unteren Naturschutzbehörde zu entscheiden. [2]Ist eine Gestattung nach anderen Vorschriften nicht erforderlich, so darf eine Sperre in der freien Natur nur errichtet werden, wenn dies der unteren Naturschutzbehörde mindestens einen Monat vorher angezeigt wurde. [3]Sperren von Forstpflanzgärten, Forstkulturen und Sonderkulturen mit einer Fläche bis zu 5 ha bedürfen keiner Anzeige. [4]Für kurzzeitige Sperrungen genügt eine unverzügliche Anzeige an die untere Naturschutzbehörde.

(2) [1]Die Errichtung der Sperre ist zu untersagen, wenn dies im gegenwärtigen oder absehbaren zukünftigen Interesse der erholungsuchenden Bevölkerung erforderlich ist und die Sperre den Voraussetzungen des Art. 33 widerspricht. [2]Die Untersagung ist nur innerhalb von einem Monat nach der Anzeige zulässig.

(3) Unbeschadet sonstiger Vorschriften über die Rücknahme und den Widerruf der Gestattung oder über eine Beseitigungsanordnung kann die untere Naturschutzbehörde die Beseitigung einer bereits

bestehenden Sperre anordnen, wenn die Voraussetzungen vorliegen, unter denen nach Abs. 2 die Errichtung der Sperre untersagt werden müsste.

Artikel 35 Durchgänge

[1]Grundeigentümer oder sonstige Berechtigte müssen auf einem Grundstück, das nach vorstehenden Vorschriften nicht frei betreten werden kann, für die Allgemeinheit einen Durchgang offenhalten, wenn andere Teile der freien Natur, insbesondere Erholungsflächen, Naturschönheiten, Wald oder Gewässer, in anderer zumutbarer Weise nicht zu erreichen sind, und wenn sie dadurch in sinngemäßer Anwendung der Grundsätze des Art. 33 nicht übermäßig in ihren Rechten beeinträchtigt werden. [2]Die untere Naturschutzbehörde kann die entsprechenden Anordnungen treffen.

Artikel 36 Eigentumsbindung und Enteignung

(1) Grundeigentümer oder sonstige Berechtigte haben Beeinträchtigungen, die sich aus vorstehenden Vorschriften und unter Beachtung der Grundsätze des Art. 33 aus behördlichen Maßnahmen nach Art. 34 und 35 ergeben, als Eigentumsbindung im Sinn von Art. 14 Abs. 1 Satz 2 und Abs. 2 des Grundgesetzes und von Art. 103 Abs. 2 und Art. 158 Satz 1 der Verfassung entschädigungslos zu dulden.

(2) [1]Darüber hinaus können im Einzelfall die Errichtung von Sperren untersagt und Anordnungen nach Art. 34 Abs. 3 und Art. 35 Satz 2 getroffen werden, wenn die Absperrung eines Grundstücks nicht gegen Art. 33 verstößt, wenn aber die unbeschränkte oder beschränkte Zugänglichkeit im überwiegenden Interesse einer Vielzahl Erholungsuchender geboten ist. [2]Grundeigentümern oder sonstigen Berechtigten ist eine Entschädigung zu gewähren; § 68 Abs. 1 und 2 BNatSchG in Verbindung mit Art. 41 Abs. 1 sind anzuwenden.

(3) Die Beseitigung rechtmäßig errichteter baulicher Anlagen ist nach den Vorschriften dieses Teils nur gegen Entschädigung zulässig; § 68 Abs. 1 und 2 BNatSchG in Verbindung mit Art. 41 Abs. 1 sind anzuwenden.

(4) [1]Die Entschädigungspflicht nach Abs. 2 und 3 trifft den durch die Maßnahme Begünstigten. [2]Bei Maßnahmen von überwiegend örtlicher Bedeutung sind die betroffenen Gebietskörperschaften, bei Maßnahmen von überwiegend überörtlicher Bedeutung ist der Freistaat Bayern begünstigt.

(5) [1]Soweit über die Entschädigung nach Abs. 2 und 3 keine Einigung zustande kommt, wird darüber auf Antrag eines Beteiligten durch die Behörde entschieden, auf deren Maßnahme die Entschädigungspflicht beruht. [2]Die Beteiligten sind vor der Entscheidung zu hören. [3]Im Übrigen gelten für das Verfahren Art. 30 Abs. 4, Art. 44 Abs. 1 und Art. 45 des Bayerischen Gesetzes über die entschädigungspflichtige Enteignung (BayEG) sinngemäß. [4]Ergeht in angemessener Frist keine Entscheidung, so ist die Klage spätestens innerhalb eines Jahres nach Eingang des Antrags bei der Behörde zu erheben. [5]Aus einer nicht mehr anfechtbaren behördlichen Entscheidung findet wegen der darin festgesetzten Entschädigung die Zwangsvollstreckung nach den Vorschriften der Zivilprozessordnung über die Vollstreckung von Urteilen in bürgerlichen Rechtsstreitigkeiten statt; Art. 38 Abs. 2 BayEG gilt sinngemäß.

Artikel 37 Pflichten des Freistaates Bayern und der Gebietskörperschaften (abweichend von § 62 BNatSchG)

(1) Der Freistaat Bayern, die Bezirke, die Landkreise und die Gemeinden haben die Ausübung des Rechts nach Art. 26 zu gewährleisten und Voraussetzungen für die Rechtsausübung zu schaffen.

(2) [1]In Erfüllung dieser Pflichten haben sie der Allgemeinheit die Zugänge zu landschaftlichen Schönheiten und Erholungsflächen freizuhalten und, soweit erforderlich, durch Einschränkungen des Eigentumsrechts freizumachen sowie Uferwege, Wanderwege, Erholungsparke und Spielflächen anzulegen. [2]Sie stellen in ihrem Eigentum oder Besitz stehende geeignete Grundstücke in angemessenem Umfang für die Erholung zur Verfügung. [3]Außerdem sollen geeignete Wege und Flächen für den Reitsport bereitgestellt werden. [4]Grundsätzlich sollen dabei Gemeinden örtliche, Landkreise, Bezirke und der Freistaat Bayern überörtliche Maßnahmen durchführen.

(3) [1]Zum Zweck der Erfüllung ihrer Pflichten stellen die Verpflichtungsträger im Rahmen ihrer Leistungsfähigkeit öffentliche Mittel in ihren Haushalten bereit. [2]Der Freistaat Bayern gewährt Gemeinden, Landkreisen und Bezirken sowie kommunalen Einrichtungen, die sich die Sicherung und Bereitstellung von Erholungsflächen zur Aufgabe gemacht haben, Zuschüsse im Rahmen des Haushalts, wenn und soweit diese Träger überörtliche Aufgaben der Erholungsvorsorge wahrnehmen.

Artikel 38 Sauberhaltung der freien Natur

(1) [1]Bei der Ausübung des Rechts nach Art. 26 dürfen bewegliche Sachen in der freien Natur außerhalb der dafür vorgesehenen Einrichtungen nicht zurückgelassen werden. [2]Werden Sachen entgegen Satz 1 zurückgelassen, kann die zuständige Naturschutzbehörde Anordnungen gegen den Verursacher treffen. [3]Sie kann zurückgelassene Sachen in Verwahrung nehmen und verwerten. [4]Für die Verwahrung, Verwertung und Herausgabe der verwahrten Sachen sowie für die Herausgabe des Erlöses finden Art. 26 bis 28 Abs. 2, 3 Satz 3 und Abs. 4 des Polizeiaufgabengesetzes sinngemäß Anwendung. [5]Die abfallrechtlichen Vorschriften bleiben unberührt.

(2) [1]Soweit Verursacher nicht herangezogen werden können, soll die Gemeinde unbeschadet anderer Vorschriften im Rahmen ihrer Leistungsfähigkeit Beschädigungen oder Verunreinigungen, die bei Ausübung des Rechts nach Art. 26 vorgenommen wurden, oder Sachen, die entgegen der Vorschrift in Abs. 1 zurückgelassen wurden, beseitigen. [2]Abs. 1 Sätze 3 und 4 finden entsprechende Anwendung.

(3) [1]Grundstückseigentümer oder sonstige Berechtigte haben Maßnahmen im Sinn der Abs. 1 und 2 durch die untere Naturschutzbehörde, die Gemeinde oder deren Beauftragte zu dulden. [2]Auf die Grundstücksnutzung ist Rücksicht zu nehmen.

Teil 7
Vorkaufsrecht, Enteignung und Erschwernisausgleich

Artikel 39 Vorkaufsrecht

(1) [1]Dem Freistaat Bayern sowie den Bezirken, Landkreisen, Gemeinden und kommunalen Zweckverbänden stehen Vorkaufsrechte zu beim Verkauf von Grundstücken,

1. auf denen sich oberirdische Gewässer einschließlich von Verlandungsflächen, ausgenommen Be- und Entwässerungsgräben, befinden oder die daran angrenzen,
2. die ganz oder teilweise in Naturschutzgebieten, Nationalparken, als solchen einstweilig sichergestellten Gebieten oder in geplanten Naturschutzgebieten ab Eintritt der Veränderungsverbote nach Art. 54 Abs. 3 liegen,
3. auf denen sich Naturdenkmäler, geschützte Landschaftsbestandteile oder als solche einstweilig sichergestellte Schutzgegenstände befinden.

[2]Dies gilt auch bei Vertragsgestaltungen, die in ihrer Gesamtheit einem Kaufvertrag nahezu gleichkommen. [3]Liegen die Merkmale der Nrn. 1 bis 3 nur bei einem Teil des Grundstücks vor, so erstreckt sich das Vorkaufsrecht nur auf diese Teilfläche. [4]Ist die Restfläche für den Eigentümer nicht mehr in angemessenem Umfang baulich oder wirtschaftlich verwertbar, so kann er verlangen, dass der Vorkauf auf das gesamte Grundstück erstreckt wird.

(2) Das Vorkaufsrecht darf nur ausgeübt werden, wenn dies gegenwärtig oder zukünftig die Belange des Naturschutzes oder der Landschaftspflege oder das Bedürfnis der Allgemeinheit nach Naturgenuss und Erholung in der freien Natur rechtfertigen.

(3) [1]Die Ausübung des Vorkaufsrechts erfolgt durch den Freistaat Bayern, vertreten durch die Kreisverwaltungsbehörde. [2]Soweit der Freistaat Bayern das Vorkaufsrecht in den Fällen des Abs. 1 Satz 1 Nr. 1 wegen des Bedürfnisses der Allgemeinheit nach Naturgenuss und Erholung in der freien Natur für sich ausübt, vertritt ihn die Bayerische Verwaltung der staatlichen Schlösser, Gärten und Seen an den von ihr verwalteten oberirdischen Gewässern. [3]Die Mitteilung gemäß § 469 des Bürgerlichen Gesetzbuchs (BGB) über die in Abs. 1 Sätze 1 und 2 genannten Verträge ist in allen Fällen gegenüber der Kreisverwaltungsbehörde abzugeben. [4]Der Freistaat Bayern hat jedoch das Vorkaufsrecht zugunsten eines anderen Vorkaufsberechtigten nach Abs. 1 auszuüben, wenn dieser es verlangt. [5]Wollen mehrere Vorkaufsberechtigte nach Abs. 1 von ihrem Recht Gebrauch machen, so geht das Vorkaufsrecht des Freistaates Bayern den übrigen Vorkaufsrechten vor. [6]Innerhalb der Gebietskörperschaften einschließlich der kommunalen Zweckverbände bestimmt sich das Vorkaufsrecht nach den geplanten Maßnahmen, wobei überörtliche den örtlichen Vorhaben vorgehen. [7]In Zweifelsfällen entscheidet das Staatsministerium der Finanzen und für Heimat im Einvernehmen mit der obersten Naturschutzbehörde.

(4) [1]Die Vorkaufsrechte gehen unbeschadet bundesrechtlicher Regelungen allen anderen Vorkaufsrechten im Rang vor, rechtsgeschäftlichen Vorkaufsrechten jedoch nur, wenn diese nach dem 1. August 1973 bestellt worden sind oder bestellt werden. [2]Sie bedürfen nicht der Eintragung in das Grund-

buch. [3]Bei einem Eigentumserwerb auf Grund der Ausübung des Vorkaufsrechts erlöschen rechtsgeschäftliche Vorkaufsrechte.

(5) [1]Die Vorkaufsrechte können auch zugunsten eines überörtlichen gemeinnützigen Erholungsflächenvereins oder zugunsten von gemeinnützigen Naturschutz-, Fremdenverkehrs- und Wandervereinen, in den Fällen des Abs. 1 Satz 1 Nrn. 2 und 3 auch zugunsten des Bayerischen Naturschutzfonds ausgeübt werden, wenn diese einverstanden sind. [2]Wird das Vorkaufsrecht zugunsten der in Satz 1 genannten Vereine ausgeübt, ist das Einvernehmen der Immobilien Freistaat Bayern erforderlich. [3]Äußert sich dieses nicht innerhalb eines Monats, ist davon auszugehen, dass gegen die Ausübung des Vorkaufsrechts keine Bedenken bestehen.

(6) [1]In den Fällen der Abs. 3 und 5 kommt der Kauf zwischen dem Begünstigten und dem Verpflichteten zustande. [2]Im Fall des Abs. 5 haftet der ausübende Vorkaufsberechtigte für die Verpflichtungen aus dem Kauf neben dem Begünstigten als Gesamtschuldner.

(7) §§ 463 bis 468, 469, 471, 1098 Abs. 2, §§ 1099 bis 1102 BGB sind anzuwenden.

(8) [1]Abweichend von § 464 Abs. 2 BGB kann der Vorkaufsberechtigte den zu zahlenden Betrag nach dem Verkehrswert des Grundstücks im Zeitpunkt des Kaufs bestimmen, wenn der vereinbarte Kaufpreis den Verkehrswert deutlich überschreitet. [2]In diesem Fall ist der Verpflichtete berechtigt, bis zum Ablauf eines Monats nach Unanfechtbarkeit des Verwaltungsakts über die Ausübung des Vorkaufsrechts vom Vertrag zurückzutreten. [3]Auf das Rücktrittsrecht sind die §§ 346 bis 349 und 351 BGB entsprechend anzuwenden.

(9) Das Vorkaufsrecht ist ausgeschlossen, wenn der Eigentümer das Grundstück an seinen Ehegatten, eingetragenen Lebenspartner oder an eine Person veräußert, die mit ihm in gerader Linie verwandt ist.

Artikel 40 Enteignung

Zugunsten des Freistaates Bayern, der Bezirke, Landkreise, Gemeinden und der kommunalen Zweckverbände, die sich den Belangen des Naturschutzes, der Landschaftspflege und der öffentlichen Erholung widmen, kann enteignet werden

1. zur Schaffung oder Änderung freier Zugänge zu Bergen, Gewässern und sonstigen landschaftlichen Schönheiten, von Wanderwegen, Erholungsparken, Ski- und Rodelabfahrten, Rad- und Reitwegen, Skiwanderwegen und Loipen, zur Bereitstellung von Gewässer- und Hinterliegergrundstücken für öffentliche Badeanlagen oder Uferwege, zur Anlage von Schutzhütten, Naturlehrpfaden, Spiel-, Park-, Rast- und Aussichtsplätzen, sanitären Einrichtungen oder
2. wenn Gründe des Naturschutzes und der Landschaftspflege es zwingend erfordern.

Artikel 41 Beschränkungen des Eigentums; Grundbesitz der öffentlichen Hand

(1) [1]Bei Beschränkungen des Eigentums im Sinn des § 68 Abs. 1 BNatSchG bestimmt sich das Nähere für die nach § 68 Abs. 2 BNatSchG zu leistende Entschädigung in Geld nach den Vorschriften des Bayerischen Gesetzes über die entschädigungspflichtige Enteignung. [2]Kommt im Fall des § 68 Abs. 2 Satz 3 BNatSchG eine Einigung über die Übernahme des Grundstücks nicht zustande, kann der Eigentümer das Enteignungsverfahren beantragen. [3]Im Übrigen gelten die Vorschriften des Bayerischen Gesetzes über die entschädigungspflichtige Enteignung sinngemäß.

(2) Staat, Gemeinden, Landkreise, Bezirke und sonstige juristische Personen des öffentlichen Rechts sollen in ihrem Eigentum befindliche geeignete Grundstücke im Tauschweg zur Verfügung stellen, wenn Beschränkungen der Nutzung privater Grundstücke aus Gründen des Naturschutzes und der Landschaftspflege für den privaten Eigentümer eine unzumutbare Belastung darstellen; dies gilt nicht für Grundstücke, die in absehbarer Zeit zur Erfüllung von Aufgaben des Staates, der Gemeinde, des Landkreises, des Bezirks oder sonstiger juristischer Personen des öffentlichen Rechts benötigt werden.

Artikel 42 Erschwernisausgleich; Ausgleich von Nutzungsbeschränkungen in der Land-, Forst- und Fischereiwirtschaft

(1) [1]Wird Eigentümern oder Nutzungsberechtigten durch eine Versagung der Ausnahme nach Art. 23 Abs. 3 oder der Befreiung nach § 67 Abs. 1 BNatSchG die bestehende land-, forst- oder fischereiwirtschaftliche Bewirtschaftung eines nach § 30 Abs. 2 Satz 1 BNatSchG oder nach Art. 23 Abs. 1 gesetzlich geschützten Biotops wesentlich erschwert, wird ihnen dafür nach Maßgabe der verfügbaren Haushaltsmittel ein angemessener Geldausgleich gewährt. [2]Dieser Geldausgleich wird auch im Rahmen von vertraglichen Vereinbarungen oder der Teilnahme an Förderprogrammen gewährt, soweit Eigentümer oder Nutzungsberechtigte durch naturschonende Bewirtschaftung den ökologischen Wert

des gesetzlich geschützten Biotops erhalten. [3]Eigentümer oder Nutzungsberechtigte erhalten im Rahmen der verfügbaren Haushaltsmittel eine Förderung, soweit sie durch naturschonende Bewirtschaftung den ökologischen Wert von Streuobstwiesen bewahren.

(2) [1]Werden in Schutzgebietsverordnungen, die nach dem 19. Juli 1995 in Kraft getreten sind, oder werden in nach diesem Zeitpunkt erlassenen Anordnungen zum Schutz von Naturdenkmälern und geschützten Landschaftsbestandteilen und Grünbeständen erhöhte Anforderungen festgesetzt, die die ausgeübte, im Sinn des Art. 6 Abs. 4 ordnungsgemäße land-, forst- oder fischereiwirtschaftliche Bodennutzung eines Grundstücks beschränken, so ist für die dadurch verursachten wirtschaftlichen Nachteile ein angemessener Geldausgleich zu gewähren, soweit nicht eine Entschädigungspflicht nach § 68 Abs. 1 und 2 BNatSchG in Verbindung mit Art. 41 Abs. 1 besteht. [2]Bei Beschränkungen durch Anordnungen in Natura 2000-Gebieten kann unter den Voraussetzungen von Satz 1 ein Geldausgleich gewährt werden. [3]Das Nähere regelt die Staatsregierung durch Rechtsverordnung.

Teil 8
Organisation, Zuständigkeit und Verfahren

Artikel 43 Behörden

(1) Die Durchführung des Bundesnaturschutzgesetzes, dieses Gesetzes und der auf Grund dieser Gesetze erlassenen Rechtsvorschriften ist grundsätzlich Aufgabe des Staates.

(2) Behörden für den Schutz der Natur, die Pflege der Landschaft und die Erholung in der freien Natur (Naturschutzbehörden) sind

1. das Staatsministerium für Umwelt und Verbraucherschutz als oberste Naturschutzbehörde,
2. die Regierungen als höhere Naturschutzbehörden,
3. die Kreisverwaltungsbehörden als untere Naturschutzbehörden.

(3) Die unteren und höheren Naturschutzbehörden werden mit hauptamtlichen Fachkräften ausgestattet, die von nebenamtlichen und ehrenamtlichen Mitarbeitern und Mitarbeiterinnen unterstützt werden können.

Artikel 44 Zuständigkeiten; Ersetzung

(1) [1]Die oberste Naturschutzbehörde wird ermächtigt, durch Rechtsverordnung die Behörden zu bestimmen, die zum Vollzug von Vorschriften der Europäischen Union oder des Bundes im Bereich des Naturschutzes und der Landschaftspflege zuständig sind. [2]Die Rechtsverordnung ergeht im Einvernehmen mit dem Staatsministerium, dessen Geschäftsbereich berührt wird.

(2) [1]Der Vollzug des Bundesnaturschutzgesetzes und dieses Gesetzes sowie der Vollzug der auf Grund dieser Gesetze erlassenen Rechtsverordnungen obliegt, soweit nichts anderes bestimmt ist, den unteren Naturschutzbehörden. [2]Abweichend von Satz 1 sind zuständig für den Vollzug

1. des Art. 3 Abs. 2 Satz 2 die unteren Forstbehörden,
2. des Art. 11a die Immissionsschutzbehörden,
3. des Art. 11b die Behörden, die für den Vollzug des Gentechnikgesetzes zuständig sind,
4. des Art. 16 Abs. 1 Satz 1 Nr. 3 die Wasserbehörden nach Art. 63 Abs. 1 des Bayerischen Wassergesetzes,
5. der nach Art. 51 Abs. 1 Nr. 5 erlassenen Gemeindeverordnungen die Gemeinden.

(3) Zuständig für die Beobachtung von Natur und Landschaft nach § 6 BNatSchG sind die Naturschutzbehörden und das Landesamt für Umwelt.

(4) Genehmigungen nach § 40 Abs. 1 BNatSchG erteilt die höhere Naturschutzbehörde.

(5) Wird eine Entscheidung nach diesem Gesetz durch eine nach Vorschriften außerhalb dieses Gesetzes erforderliche behördliche Gestattung ersetzt, soll in der behördlichen Gestattung auf die Ersetzungswirkung hingewiesen werden.

Artikel 45 Mitwirkung von anerkannten Naturschutzvereinigungen

[1]Sind keine oder nur geringfügige Auswirkungen auf Natur und Landschaft zu erwarten, kann von einer Mitwirkung anerkannter Naturschutzvereinigungen nach § 63 Abs. 2 BNatSchG abgesehen werden. [2]Wird von einer Mitwirkung abgesehen, ist dies zu begründen.

Artikel 46 Bayerisches Landesamt für Umwelt

Unbeschadet sonstiger Vorschriften hat das Landesamt für Umwelt die Aufgabe,

1. die Naturschutzbehörden fachlich zu beraten,
2. bei der Durchführung von Schutz-, Pflege- und Gestaltungsmaßnahmen mitzuwirken,
3. den Vogelschutz als staatliche Vogelschutzwarte wahrzunehmen,
4. erhaltenswerte Biotope sowie Arten und deren Lebensräume zu erfassen und zu bewerten sowie die geeigneten Biotopverbundbestandteile zu ermitteln, Untersuchungen ökologisch bedeutsamer Flächen durchzuführen, Schutz- und Entwicklungskonzepte des Naturschutzes und der Landschaftspflege auf Grund von Bestandserfassungen wild lebender Tier- und Pflanzenarten eines bestimmten Gebiets zu erarbeiten und fortzuschreiben,
5. Verzeichnisse der Schutzgebiete nach Art. 17 Abs. 2 Satz 2 Halbsatz 1 sowie der ökologisch bedeutsamen Flächen (Ökoflächenkataster), die laufend fortzuschreiben sind, zu führen,
6. die Unterrichtung der Öffentlichkeit über die Aufgaben des Naturschutzes zu fördern,
7. die Grundlagen und Daten für die Beobachtung von Natur und Landschaft zusammenzuführen,
8. die Verbindung mit Naturschutzorganisationen und Institutionen des In- und Auslands zu pflegen,
9. in Zusammenarbeit mit der Bayerischen Akademie für Naturschutz und Landschaftspflege die Forschung auf dem Gebiet des Naturschutzes und der Landschaftspflege zu fördern,
10. bei der Aufstellung von Programmen und Plänen nach dem Bayerischen Landesplanungsgesetz, die der Verwirklichung der Zielsetzungen dieses Gesetzes dienen, mitzuwirken,
11. Artenhilfsprogramme zu entwickeln,
12. das Arten- und Biotopschutzprogramm nach Art. 19 aufzustellen und nach Bedarf fortzuentwickeln,
13. in geeigneten Zeitabständen den Stand der wissenschaftlichen Erkenntnisse über ausgestorbene oder gefährdete heimische Tier- und Pflanzenarten (Rote Listen) darzustellen.

Artikel 47 Bayerische Akademie für Naturschutz und Landschaftspflege

(1) Es besteht eine Bayerische Akademie für Naturschutz und Landschaftspflege.

(2) Die Akademie hat die Aufgabe, in Zusammenarbeit mit den Hochschulen, dem Landesamt für Umwelt und anderen geeigneten Einrichtungen

1. die Durchführung von Forschungsaufgaben bei den dazu geeigneten wissenschaftlichen Einrichtungen anzuregen und zu unterstützen,
2. durch Lehrgänge, Fortbildungskurse und Öffentlichkeitsarbeit den neuesten Stand der wissenschaftlichen Erkenntnisse im Bereich Naturschutz und Landschaftspflege zu vermitteln,
3. den Austausch von Erkenntnissen und Erfahrungen zu betreiben,
4. anwendungsorientierte ökologische Forschung zu betreiben.

(3) [1]Die Akademie untersteht der Aufsicht des Staatsministeriums für Umwelt und Verbraucherschutz. [2]Das Nähere, insbesondere Rechtsform und Organisation, wird durch Rechtsverordnung der Staatsregierung geregelt.

Artikel 48 Naturschutzbeiräte

(1) [1]Zur wissenschaftlichen und fachlichen Beratung sind bei den Naturschutzbehörden Beiräte aus sachverständigen Personen zu bilden. [2]Das Nähere, insbesondere Zusammensetzung, Stellung, Aufgabe und Entschädigung der Beiräte, regelt das Staatsministerium für Umwelt und Verbraucherschutz durch Rechtsverordnung im Einvernehmen mit den Staatsministerien der Finanzen und für Heimat, für Wohnen, Bau und Verkehr sowie für Ernährung, Landwirtschaft, Forsten und Tourismus.

(2) Will eine Naturschutzbehörde abweichend von einem Beschluss des bei ihr gebildeten Naturschutzbeirats entscheiden, so hat sie die Zustimmung der nächsthöheren Naturschutzbehörde einzuholen.

Artikel 49 Naturschutzwacht

(1) [1]Zur Unterstützung der Naturschutzbehörden und der Polizei können bei der unteren Naturschutzbehörde Hilfskräfte eingesetzt werden. [2]Sie sind während der Ausübung ihres Dienstes Angehörige der unteren Naturschutzbehörde im Außendienst und dürfen Amtshandlungen nur in deren Gebiet vornehmen.

(2) Die in Abs. 1 genannten Hilfskräfte haben die Aufgabe, Zuwiderhandlungen gegen Rechtsvorschriften, die den Schutz der Natur, die Pflege der Landschaft und die Erholung in der freien Natur regeln und deren Übertretung mit Strafe oder Geldbuße bedroht ist, festzustellen, zu verhüten, zu unterbinden sowie bei der Verfolgung solcher Zuwiderhandlungen mitzuwirken.

(3) Die in Abs. 1 genannten Hilfskräfte können zur Erfüllung ihrer Aufgaben

1. eine Person zur Feststellung ihrer Personalien anhalten,
2. die angehaltene Person zu einer Polizeidienststelle bringen, wenn die Feststellung der Personalien an Ort und Stelle nicht vorgenommen werden kann oder wenn der Verdacht besteht, dass die Angaben unrichtig sind,
3. eine Person vorübergehend von einem Ort verweisen oder ihr vorübergehend das Betreten eines Orts verbieten (Platzverweis),
4. das unberechtigt entnommene Gut und Gegenstände sicherstellen, die bei Zuwiderhandlungen nach Abs. 2 verwendet wurden oder verwendet werden sollen.

(4) [1]Die in Abs. 1 genannten Hilfskräfte müssen bei Ausübung ihrer Tätigkeit ein Dienstabzeichen tragen und einen Dienstausweis mit sich führen, der bei Vornahme einer Amtshandlung auf Verlangen vorzuzeigen ist. [2]Dies gilt nicht, wenn die Ausweisung aus Sicherheitsgründen nicht zugemutet werden kann.

(5) Das Staatsministerium für Umwelt und Verbraucherschutz kann im Einvernehmen mit den Staatsministerien des Innern, für Sport und Integration, der Finanzen und für Heimat sowie der Justiz durch Rechtsverordnung die Begründung, die Ausgestaltung und den Umfang des Dienstverhältnisses regeln sowie Vorschriften über den Dienstausweis und die Dienstabzeichen erlassen.

Artikel 50 Bayerischer Naturschutzfonds

(1) Unter dem Namen „Bayerischer Naturschutzfonds" besteht seit dem 1. September 1982 eine rechtsfähige Stiftung des öffentlichen Rechts mit dem Sitz in München.

(2) [1]Die Stiftung fördert die Bestrebungen für die Erhaltung der natürlichen Umwelt und der natürlichen Lebensgrundlagen und trägt zur Aufbringung der benötigten Mittel bei. [2]Sie hat insbesondere nachstehende Aufgaben:

1. Förderung von Maßnahmen zum Schutz, zur Pflege und zur Entwicklung von Natur und Landschaft,
2. Förderung von Maßnahmen zum Aufbau eines landesweiten Biotopverbundsystems einschließlich der erforderlichen Vorbereitung und Abwicklung,
3. Förderung von Maßnahmen des Naturschutzes und der Landschaftspflege im Rahmen der Umsetzung der gemeindlichen Landschaftsplanung,
4. Förderung der Pacht, des Erwerbs und der sonstigen zivilrechtlichen Sicherung von Grundstücken zu Zwecken des Naturschutzes und der Landschaftspflege durch Gebietskörperschaften und Organisationen, die sich satzungsgemäß überwiegend der Förderung des Naturschutzes und der Landschaftspflege widmen,
5. Pacht, Erwerb und sonstige zivilrechtliche Sicherung von Grundstücken zu Zwecken des Naturschutzes und der Landschaftspflege,
6. Verwendung der Ersatzzahlungen nach § 15 Abs. 6 BNatSchG,
7. Mitwirkung bei der Umsetzung von Kompensationsmaßnahmen und deren Bevorratung.

[3]Die Stiftung soll sich vorrangig bestehender Einrichtungen, Stellen oder Behörden bedienen. [4]Aufgaben des Freistaates Bayern, der Bezirke, der Landkreise und der Gemeinden werden durch die Stiftung nicht berührt.

(3) Die Stiftung erfüllt ihre Aufgaben aus

1. dem Ertrag des Stiftungsvermögens,
2. Zuwendungen,
3. Erträgnissen von Ausspielungen, Ausstellungen, Veranstaltungen und Sammlungen,
4. Ersatzzahlungen nach § 15 Abs. 6 BNatSchG,
5. Aufwendungsersatz für Leistungen nach Abs. 2 Nr. 7.

(4) Der Freistaat Bayern bringt in das Vermögen der Stiftung eine Grundausstattung ein.

(5) [1]Organe der Stiftung sind der Stiftungsrat und der Vorstand. [2]Der Stiftungsrat besteht aus

1. dem Staatsminister für Umwelt und Verbraucherschutz oder dessen Beauftragten als Vorsitzenden,
2. dem Vorsitzenden des Ausschusses für Umwelt und Gesundheit des Landtags,
3. je einem Vertreter der Staatsministerien für Wohnen, Bau und Verkehr, der Finanzen und für Heimat sowie für Ernährung, Landwirtschaft, Forsten und Tourismus,
4. einem Vertreter der kommunalen Spitzenverbände,
5. einem Vertreter der bayerischen Landschaftspflegeverbände,
6. drei vom Naturschutzbeirat beim Staatsministerium für Umwelt und Verbraucherschutz aus seiner Mitte zu wählenden Vertretern.

[3]Die Berufung der Mitglieder des Stiftungsrats nach Satz 2 Nrn. 4 und 5 erfolgt auf Vorschlag des jeweiligen Bereichs durch den Staatsminister für Umwelt und Verbraucherschutz. [4]Stellvertreter können benannt werden. [5]Bei Stimmengleichheit entscheidet die Stimme des Vorsitzenden. [6]Der Vorstand wird vom Staatsministerium für Umwelt und Verbraucherschutz im Benehmen mit dem Stiftungsrat bestellt.

(6) Das Nähere regelt das Staatsministerium für Umwelt und Verbraucherschutz durch Satzung, bezüglich der Grundausstattung im Einvernehmen mit dem Staatsministerium der Finanzen und für Heimat.

(7) Die Stiftung untersteht unmittelbar der Aufsicht des Staatsministeriums für Umwelt und Verbraucherschutz.

Artikel 51 Zuständigkeit für den Erlass von Rechtsverordnungen

(1) Zuständig sind

1. die Staatsregierung für den Erlass von Rechtsverordnungen über Nationalparke nach § 24 Abs. 1 und Nationale Naturmonumente nach § 24 Abs. 4 BNatSchG,
2. die höheren Naturschutzbehörden für den Erlass von Rechtsverordnungen über Naturschutzgebiete nach § 23 BNatSchG,
3. die Landkreise und kreisfreien Gemeinden für den Erlass von Rechtsverordnungen über Landschaftsschutzgebiete nach § 26 BNatSchG,
4. die unteren Naturschutzbehörden für den Erlass von Rechtsverordnungen über Naturdenkmäler nach § 28 BNatSchG,
5. für den Erlass von Rechtsverordnungen über geschützte Landschaftsbestandteile
   a) die Gemeinden zum Schutz des Bestands von Bäumen und Sträuchern ganz oder teilweise innerhalb der im Zusammenhang bebauten Ortsteile, soweit nicht die untere oder höhere Naturschutzbehörde von ihrem Verordnungsrecht nach Buchst. b oder c Gebrauch macht,
   b) die untere Naturschutzbehörde bei Schutzobjekten bis einschließlich 10 ha,
   c) im Übrigen die höhere Naturschutzbehörde.

(2) [1]Die Rechtsverordnungen erlassen die Gemeinden, Landkreise und Naturschutzbehörden, in deren Bereich der Schutzgegenstand liegt. [2]Erstreckt sich ein Schutzgegenstand im Fall des Abs. 1 Nr. 2 über den Bereich mehrerer höherer Naturschutzbehörden, im Fall des Abs. 1 Nr. 4 über den Bereich mehrerer unterer Naturschutzbehörden, so wird die Rechtsverordnung von derjenigen Naturschutzbehörde erlassen, in deren Gebiet die größte Teilfläche des Schutzgegenstands liegt; die Rechtsverordnung ergeht im Einvernehmen mit den anderen betroffenen Naturschutzbehörden und ist auch von diesen amtlich bekannt zu machen. [3]Im Fall des Abs. 1 Nr. 3 erlässt der Bezirk die Rechtsverordnung, wenn sich der Schutzgegenstand über den Bereich mehrerer Landkreise oder kreisfreier Gemeinden erstreckt; für Änderungen von Verordnungen, die sich ausschließlich auf das Gebiet eines Landkreises oder einer kreisfreien Gemeinde beziehen, ist der betroffene Landkreis oder die betroffene kreisfreie Gemeinde allein zuständig; die Änderungen sind auch vom Bezirk amtlich bekannt zu machen.

Artikel 52 Verfahren zur Inschutznahme

(1) Die Entwürfe der Rechtsverordnungen nach Teil 3 sind mit Karten, aus denen sich die Grenzen des Schutzgegenstands ergeben, den beteiligten Stellen, Gemeinden und Landkreisen zur Stellungnahme zuzuleiten.

(2) [1]Die Entwürfe der Rechtsverordnungen sind mit den Karten auf die Dauer eines Monats öffentlich in den davon betroffenen Gemeinden und Landkreisen auszulegen. [2]Ort und Dauer der Auslegung sind

mindestens eine Woche vorher ortsüblich bekannt zu machen mit dem Hinweis, dass Bedenken und Anregungen während der Auslegungsfrist vorgebracht werden können.

(3) [1]Vor dem Erlass von Rechtsverordnungen zum Schutz von Naturdenkmälern (§ 28 BNatSchG) und Landschaftsbestandteilen (§ 29 BNatSchG) sind die betroffenen Grundeigentümer und sonstigen Berechtigten zu hören. [2]Im Übrigen kann das Verfahren nach Abs. 1 und 2 durch Anhörung der Gemeinde und der betroffenen Fachbehörden und -stellen ersetzt werden. [3]Sätze 1 und 2 gelten nicht für Verordnungen nach § 29 Abs. 1 Satz 2 BNatSchG zum Schutz von Bäumen und Sträuchern.

(4) Die für den Erlass der Rechtsverordnung zuständige Naturschutzbehörde oder Körperschaft prüft die fristgemäß vorgebrachten Bedenken und Anregungen und teilt das Ergebnis den Betroffenen mit.

(5) [1]Wird eine Rechtsverordnung oder nach dem Verfahren nach Abs. 1 bis 3 der Entwurf einer Rechtsverordnung erheblich geändert, so ist das Verfahren nach Abs. 1 bis 4 zu wiederholen. [2]Bei unerheblichen Änderungen kann von dem Verfahren nach Abs. 1 bis 3 abgesehen werden, wenn die Belange anderer nicht berührt werden oder wenn die betroffenen Berechtigten und Stellen angehört wurden.

(6) [1]Für das Verfahren zur Inschutznahme können auch Karten und Texte in unveränderlicher digitaler Form verwendet werden. [2]Eine ausreichende Möglichkeit zur Einsichtnahme muss gewährleistet sein.

(7) [1]Eine Verletzung der Vorschriften der Abs. 1 bis 6 ist unbeachtlich, wenn sie nicht innerhalb eines Jahres nach der Bekanntmachung der Rechtsverordnung schriftlich unter Angabe der Tatsachen, die die Verletzung begründen sollen, bei der für den Erlass zuständigen Behörde geltend gemacht wird. [2]Bei der Bekanntmachung der Verordnung ist auf die Rechtsfolge nach Satz 1 hinzuweisen.

Artikel 53 Kennzeichnung der Schutzgegenstände

(1) [1]Die Schutzgegenstände sollen durch die unteren Naturschutzbehörden in der Natur in geeigneter Weise kenntlich gemacht werden. [2]Neben der Anbringung des von der obersten Naturschutzbehörde bestimmten amtlichen Schilds soll nach Möglichkeit auf die Bedeutung des Schutzgegenstands und auf die wichtigsten Bestimmungen der Rechtsverordnung hingewiesen werden. [3]Grundeigentümer oder sonstige Berechtigte haben die Aufstellung von Schildern zu dulden. [4]Bei der Aufstellung ist auf die Grundstücksnutzung Rücksicht zu nehmen.

(2) Für Rechtsverordnungen nach Art. 31 gelten Abs. 1 Sätze 1, 3 und 4 sinngemäß.

Artikel 54 Zutrittsrecht; einstweilige Sicherstellung; Veränderungssperre (Art. 54 Abs. 3 abweichend von § 22 BNatSchG)

(1) [1]Den Bediensteten und Beauftragten der für den Vollzug des Naturschutzrechts zuständigen Behörden und Gemeinden sowie des Landesamts für Umwelt ist der Zutritt zu einem Grundstück zum Zweck von Erhebungen, die zur Erfüllung ihrer Aufgaben erforderlich sind, gestattet; dies gilt auch für die Mitglieder der Naturschutzbeiräte bei der Vorbereitung und Durchführung von Sitzungen. [2]Dies gilt insbesondere zur Vorbereitung und Durchführung der zu treffenden Maßnahmen sowie zur Ausführung von Vermessungen, Bodenuntersuchungen und ähnlichen Vorhaben. [3]Das Grundrecht nach Art. 13 des Grundgesetzes wird hierdurch eingeschränkt. [4]Die Eigentümer und Besitzer der betroffenen Grundstücke sollen vor dem Betreten in geeigneter Weise benachrichtigt werden. [5]Die Ergebnisse der Biotopkartierung sind den Eigentümern bekanntzugeben.

(2) [1]Der Erlass von einstweiligen Sicherstellungen von Schutzgebieten und Schutzgegenständen erfolgt durch die nach Art. 51 Abs. 1 zuständigen Naturschutzbehörden oder Körperschaften durch Rechtsverordnung oder Einzelanordnung. [2]Die Maßnahme darf nicht ergehen, wenn die zuständige Naturschutzbehörde oder Körperschaft nicht gleichzeitig oder unmittelbar darauf das Verfahren für die endgültige Inschutznahme betreibt.

(3) [1]Ergänzend zu § 22 Abs. 3 BNatSchG sind in geplanten Naturschutzgebieten ab der Bekanntmachung der Auslegung (Art. 52 Abs. 2 Satz 2) bis zum Inkrafttreten der Schutzverordnung, längstens ein Jahr lang, alle Veränderungen verboten, soweit nicht in Rechtsverordnungen oder Einzelanordnungen nach Abs. 2 abweichende Regelungen getroffen werden. [2]Die im Zeitpunkt der Bekanntmachung ausgeübte rechtmäßige Bodennutzung bleibt unberührt. [3]In der Bekanntmachung ist auf diese Wirkung hinzuweisen.

Artikel 55 Datenschutz

(1) Die Naturschutzbehörden, das Landesamt für Umwelt und der Naturschutzfonds dürfen personenbezogene Daten erheben, soweit dies zur Erfüllung ihrer Aufgaben nach diesem Gesetz oder nach anderen Rechtsvorschriften erforderlich ist.

(2) Die Information nach Art. 14 der Verordnung (EU) 2016/679 (Datenschutz-Grundverordnung) kann durch ortsübliche Bekanntmachung in der Gemeinde erfolgen.

(3) Bewirtschaftungspläne nach § 32 Abs. 5 BNatSchG werden flurstücksbezogen oder nach Koordinaten in geeigneter Weise veröffentlicht.

Artikel 56 Befreiungen

[1]Befreiungen nach § 67 Abs. 1 und 2 BNatSchG werden von der in der Rechtsverordnung bestimmten Naturschutzbehörde erteilt; fehlt eine Bestimmung, wird sie von der Naturschutzbehörde, die die Rechtsverordnung erlassen hat, bei Rechtsverordnungen über Naturschutzgebiete von der Regierung, bei Rechtsverordnungen über Landschaftsschutzgebiete von der unteren Naturschutzbehörde erteilt; bei Gemeindeverordnungen wird sie von der Gemeinde erteilt; bei Vorhaben der Landesverteidigung und des Zivilschutzes entscheidet über die Befreiung die oberste Naturschutzbehörde; im Übrigen wird die Befreiung von der höheren Naturschutzbehörde erteilt, soweit nicht in einer Rechtsverordnung nach Art. 44 Abs. 1 etwas anderes bestimmt ist. [2]Befreiungen von den Verboten des Art. 3 Abs. 4 Satz 1 Nr. 1, des Art. 16 Abs. 1, des § 30 Abs. 2 und § 61 Abs. 1 BNatSchG erteilt die untere Naturschutzbehörde. [3]Die Befreiung wird durch eine nach anderen Vorschriften gleichzeitig erforderliche behördliche Gestattung ersetzt, soweit diese Gestattung nicht ihrerseits ersetzt wird; die behördliche Gestattung darf nur erteilt werden, wenn die Gründe für eine Befreiung vorliegen und die nach Satz 1 sonst zuständige Behörde ihr Einvernehmen erklärt.

Teil 9
Ordnungswidrigkeiten

Artikel 57 Ordnungswidrigkeiten

(1) Mit Geldbuße bis zu fünfzigtausend Euro kann belegt werden, wer vorsätzlich oder fahrlässig
1. einer vollziehbaren Einstellungsanordnung nach Art. 6 Abs. 2 Satz 2 zuwiderhandelt,
1a. entgegen Art. 11b eine gentechnisch veränderte Pflanze anbaut,
2. den Vorschriften einer nach Art. 12 Abs. 1 in Verbindung mit §§ 23, 24, 26, 28 oder § 29 BNatSchG oder einer nach Art. 54 Abs. 2 erlassenen Rechtsverordnung, soweit sie für einen bestimmten Tatbestand auf diese Bußgeldvorschrift verweist, zuwiderhandelt,
3. einer vollziehbaren Einzelanordnung nach Art. 12 Abs. 3 in Verbindung mit § 28 Abs. 1 BNatSchG oder § 29 Abs. 1 BNatSchG, nach Art. 54 Abs. 2 oder einer vollziehbaren Untersagungsanordnung nach Art. 18 Abs. 2 zuwiderhandelt,
4. den Vorschriften einer nach § 3 Abs. 2 BNatSchG vollziehbaren Anordnung zuwiderhandelt,
5. entgegen § 30 Abs. 2 BNatSchG ein in Art. 23 Abs. 1 Nrn. 1 bis 5 aufgeführtes Biotop zerstört oder erheblich beeinträchtigt,
6. entgegen Art. 54 Abs. 3 Veränderungen in einem geplanten Naturschutzgebiet vornimmt oder
7. einer vollziehbaren Nebenbestimmung in Form der Auflage zu einer Gestattung, wenn die Auflage auf dem Bundesnaturschutzgesetz, diesem Gesetz oder einer auf Grund dieser Gesetze erlassenen Rechtsverordnung beruht, nicht nachkommt.

(2) Mit Geldbuße bis zu fünfundzwanzigtausend Euro kann belegt werden, wer
1. den Vorschriften des Art. 16 Abs. 1 zuwiderhandelt,
2. bei Ausübung des Rechts nach Art. 26
   a) Grundstücke verunreinigt oder beschädigt oder
   b) entgegen Art. 38 Abs. 1 Sachen zurücklässt,
3. den Vorschriften einer auf Grund des Art. 31 erlassenen Rechtsverordnung, die für einen bestimmten Tatbestand auf diese Bußgeldvorschrift verweist, zuwiderhandelt,
4. einer vollziehbaren Einzelanordnung nach Art. 31 zuwiderhandelt,
5. die Errichtung von Sperren im Sinn des Art. 27 Abs. 3 Satz 2 entgegen Art. 34 Abs. 1 Satz 2 oder 4 nicht oder nicht rechtzeitig anzeigt oder durch sonstige Maßnahmen die Ausübung des Betretungsrechts nach Art. 26 Abs. 1 und 2 beeinträchtigt.

(3) Mit Geldbuße bis zu zehntausend Euro kann belegt werden, wer in den Fällen des Abs. 2 Nrn. 1, 2 Buchst. a und Nr. 3 fahrlässig handelt.

(4) Mit Geldbuße kann belegt werden, wer

1. entgegen Art. 30 Abs. 2 unbefugt im Wald außerhalb von Straßen und Wegen reitet,
2. auf Privatwegen in der freien Natur, die nicht für den öffentlichen Verkehr freigegeben sind, unbefugt mit Fahrzeugen mit Motorkraft, ausgenommen Krankenfahrstühle, fährt oder parkt oder, soweit die Wege dafür ungeeignet sind, unbefugt reitet oder mit Fahrzeugen ohne Motorkraft, ausgenommen Krankenfahrstühle, fährt,
3. auf Flächen in der freien Natur, die nicht für den öffentlichen Verkehr freigegeben sind, mit Fahrzeugen mit Motorkraft, ausgenommen Krankenfahrstühle, ohne Notwendigkeit fährt oder parkt oder mit Fahrzeugen ohne Motorkraft, ausgenommen Krankenfahrstühle, unbefugt fährt,
4. gesperrte Forstkulturen oder Forstpflanzgärten betritt.

(5) Kann in einem Bußgeldverfahren wegen eines Parkverstoßes nach Abs. 1 Nr. 2, Abs. 4 Nr. 2 oder 3 der Führer des Kraftfahrzeugs, der den Parkverstoß begangen hat, nicht ermittelt werden, findet § 25a des Straßenverkehrsgesetzes entsprechende Anwendung; dies gilt auch im Fall des Abs. 8.

(6) Soweit Rechtsverordnungen und Anordnungen für einen bestimmten Tatbestand auf Bußgeldvorschriften des Art. 52 des Bayerischen Naturschutzgesetzes in der bis zum 31. August 1982 geltenden Fassung verweisen, treten die entsprechenden Bußgeldvorschriften der Abs. 1 bis 4 an deren Stelle; dies gilt auch im Fall des Abs. 8.

(7) Vorsätzliche oder fahrlässige Zuwiderhandlungen gegen Art. 7 Abs. 2, Art. 9 Abs. 4 und Art. 12 Abs. 3 in Verbindung mit Art. 9 Abs. 4 des Bayerischen Naturschutzgesetzes in der bis zum 28. Februar 2011 geltenden Fassung können mit Geldbuße bis zu fünfzigtausend Euro belegt werden, auch wenn in Rechtsverordnungen oder Anordnungen über Naturschutzgebiete, Naturdenkmäler, Landschaftsbestandteile und Grünbestände, die bis zum 31. August 1982 erlassen worden sind, eine Verweisung auf eine dem Art. 52 Abs. 1 Nr. 3 des Bayerischen Naturschutzgesetzes in der bis zum 28. Februar 2011 geltenden Fassung entsprechende frühere Bußgeldvorschrift fehlt; Art. 60 Abs. 2 gilt entsprechend.

(8) [1]Für Zuwiderhandlungen gegen Vorschriften einer nach Art. 7, 8 Abs. 1 und 4, Art. 9 Abs. 1 bis 4, Art. 10 Abs. 2, Art. 11 Abs. 2, Art. 12 oder 48 Abs. 2 des Bayerischen Naturschutzgesetzes in einer nicht mehr geltenden Fassung erlassenen Rechtsverordnung gilt Art. 52 Abs. 1 Nr. 3 des Bayerischen Naturschutzgesetzes in der bis zum 28. Februar 2011 geltenden Fassung fort. [2]Für Zuwiderhandlungen gegen Vorschriften einer nach Art. 26 des Bayerischen Naturschutzgesetzes in einer nicht mehr geltenden Fassung erlassenen Rechtsverordnung gilt Art. 52 Abs. 2 Nr. 6 des Bayerischen Naturschutzgesetzes in der bis zum 28. Februar 2011 geltenden Fassung fort.

Artikel 58 Einziehung

[1]Die durch eine Ordnungswidrigkeit nach Art. 57 gewonnenen oder erlangten oder die zu ihrer Begehung gebrauchten oder dazu bestimmten Gegenstände einschließlich der bei der Ordnungswidrigkeit verwendeten Verpackungs- und Beförderungsmittel können eingezogen werden. [2]Es können auch Gegenstände eingezogen werden, auf die sich die Ordnungswidrigkeit bezieht. [3]§ 23 des Gesetzes über Ordnungswidrigkeiten ist anzuwenden.

Teil 10
Übergangs- und Schlussvorschriften

Artikel 59 ***[aufgehoben]***

Artikel 60 Überleitungsvorschriften

(1) [1]Die auf Grund des Naturschutzgesetzes vom 26. Juni 1935 in der Fassung vom 1. August 1968 (BayBS ErgB S. 1), zuletzt geändert durch Gesetz vom 31. Juli 1970 (GVBl S. 345), und die auf Grund des Bayerischen Naturschutzgesetzes in einer nicht mehr geltenden Fassung erlassenen Verordnungen und Anordnungen über den Schutz von Flächen und einzelnen Bestandteilen der Natur bleiben bis zu ihrer ausdrücklichen Aufhebung oder bis zum Ablauf ihrer Geltungsdauer in Kraft. [2]Für die Aufhebung und Änderung gelten die Zuständigkeits- und Verfahrensvorschriften des Teils 8 entsprechend.

(2) [1]Für Zuwiderhandlungen gegen auf Grund des Naturschutzgesetzes vom 26. Juni 1935 in der Fassung vom 1. August 1968 (BayBS ErgB S. 1), zuletzt geändert durch Gesetz vom 31. Juli 1970 (GVBl

S. 345), erlassene Verordnungen und Anordnungen gilt Art. 55 Abs. 1 Satz 3 des Bayerischen Naturschutzgesetzes in der bis zum 28. Februar 2011 geltenden Fassung fort. [2]Art. 58 ist anzuwenden.

Artikel 61 Inkrafttreten

Dieses Gesetz tritt am 1. März 2011 in Kraft.

Verordnung über die Kompensation von Eingriffen in Natur und Landschaft (Bayerische Kompensationsverordnung – BayKompV)[1)2)]

Vom 7. August 2013 (GVBl. S. 517)
(BayRS 791-1-4-U)

zuletzt geändert durch § 2 G zur Änderung des Bayerischen Naturschutzgesetzes und der Bayerischen Kompensationsverordnung vom 23. Juni 2021 (GVBl. S. 352)

Auf Grund von Art. 55 Nr. 2 der Verfassung des Freistaates Bayern in der Fassung der Bekanntmachung vom 15. Dezember 1998 (GVBl S. 991, BayRS 100-1-I), zuletzt geändert durch Gesetze vom 10. November 2003 (GVBl S. 816, 817), Art. 8 Abs. 2 und 3 Nrn. 1 und 2 des Gesetzes über den Schutz der Natur, die Pflege der Landschaft und die Erholung in der freien Natur (Bayerisches Naturschutzgesetz – BayNatSchG) vom 23. Februar 2011 (GVBl S. 82, BayRS 791-1-UG), geändert durch § 2 Abs. 19 des Gesetzes vom 8. April 2013 (GVBl S. 174), und § 17 Abs. 11 Satz 1 des Gesetzes über Naturschutz und Landschaftspflege (Bundesnaturschutzgesetz – BNatSchG) vom 29. Juli 2009 (BGBl. I S. 2542), zuletzt geändert durch Art. 2 Abs. 24 des Gesetzes vom 6. Juni 2013 (BGBl. I S. 1482), erlässt die Bayerische Staatsregierung folgende Verordnung:

Nichtamtliche Inhaltsübersicht

Teil 1
Allgemeine Vorschriften

§ 1 Anwendungsbereich

(1) [1]Diese Verordnung findet Anwendung auf alle in Bayern erfolgenden Eingriffe im Sinn von § 14 Abs. 1, § 17 Abs. 1 des Bundesnaturschutzgesetzes (BNatSchG) und Art. 6 Abs. 1 des Bayerischen Naturschutzgesetzes (BayNatSchG). [2]Auf Eingriffe nach Art. 6 Abs. 2 BayNatSchG findet sie Anwendung, wenn ein Genehmigungsverfahren nach § 17 Abs. 3 BNatSchG durchgeführt wird oder die Eingriffe in ihren Auswirkungen den in Satz 1 genannten Eingriffen entsprechen. [3]Sie gilt auch für die

1) Die V tritt **mWv 1.10.2014** in Kraft; vgl. hierzu § 24 Satz 2.
2) Das Gesetz weicht in einzelnen Punkten vom Bundesnaturschutzgesetz ab, vgl. Hinweis v. 19.7.2021 (BGBl. I S. 2870).

Kompensation von Eingriffen im Anwendungsbereich des § 15 Abs. 8 BNatSchG und der darauf gestützten Bundeskompensationsverordnung.

(2) Die Verordnung findet keine Anwendung auf

1. Bauleitpläne und Satzungen im Sinn von § 18 Abs. 1 BNatSchG,
2. Vorhaben im Sinn von § 18 Abs. 2 Satz 1 BNatSchG,
3. immissionsschutzrechtlich genehmigungsbedürftige Windkraftanlagen,
4. den Waldwegebau,
5. die Festlegung von Ausgleichsmaßnahmen
   a) zur Sicherung des Zusammenhangs des Netzes „Natura 2000" nach § 34 Abs. 5 BNatSchG,
   b) nach § 44 Abs. 5 Satz 3 und § 45 Abs. 7 BNatSchG,
   c) nach dem Waldgesetz für Bayern.

§ 2 Grundsätze der Kompensation

(1) [1]Ausgleichs- und Ersatzmaßnahmen im Sinn des § 15 Abs. 2 BNatSchG sowie Maßnahmen nach den Teilen 4 und 5 setzen voraus, dass sie

1. eine Aufwertung für Naturhaushalt und Landschaftsbild bewirken,
2. nach Maßgabe des § 10 zur Verfügung stehen, solange der Eingriff wirkt,
3. ohne anderweitige rechtliche Verpflichtung durchgeführt werden,
4. ohne Inanspruchnahme öffentlicher Fördermittel durchgeführt werden und
5. Programmen und Plänen nach §§ 10 und 11 BNatSchG nicht widersprechen.

[2]Eine rechtliche Verpflichtung im Sinn von Satz 1 Nr. 3 besteht auch dann, wenn die Maßnahme im Rahmen der guten fachlichen Praxis nach Art. 6 Abs. 4 BayNatSchG oder auf Grund der öffentlich-rechtlichen Verpflichtung zur Unterhaltung der Gewässer erforderlich ist. [3]Eine Ausgleichs- und Ersatzmaßnahme kann anerkannt werden, wenn das Gesamtvorhaben als solches teilweise oder vollständig durch die öffentliche Hand gefördert wird und die Förderung die Vornahme der naturschutzrechtlichen Maßnahme lediglich mitumfasst.

(2) Festlegungen von

1. Entwicklungs- und Wiederherstellungsmaßnahmen für Gebiete im Sinn von § 20 Abs. 2 Nrn. 1 bis 4 und 7 BNatSchG und in Bewirtschaftungsplänen nach § 32 Abs. 5 BNatSchG,
2. Maßnahmen zur Sicherung des Zusammenhangs des Netzes „Natura 2000" nach § 34 Abs. 5 BNatSchG,
3. artenschutzrechtlichen Maßnahmen nach § 44 Abs. 5 Satz 3 und § 45 Abs. 7 BNatSchG,
4. Maßnahmen in Maßnahmeprogrammen im Sinn des § 82 des Wasserhaushaltsgesetzes (WHG)

stehen der Anerkennung solcher Maßnahmen als Ausgleichs-, Ersatz- oder Ökokontomaßnahmen nicht entgegen.

Teil 2

Eingriffsermittlung

§ 3 Wirkraum

[1]Die Auswirkungen des Eingriffs werden im Wirkraum erfasst. [2]Der Wirkraum umfasst den durch den Eingriff betroffenen Raum, in dem sich anlage-, bau- und betriebsbedingte Wirkungen im Sinn des § 14 Abs. 1 BNatSchG ergeben können.

§ 4 Erfassung und Bewertung des Ausgangszustands

(1) Im Wirkraum ist der tatsächliche Ausgangszustand von Natur und Landschaft

1. mit den Schutzgütern des Naturhaushalts
   a) Tiere und Pflanzen einschließlich ihrer Lebensräume (Arten und Lebensräume),
   b) Boden,
   c) Wasser,
   d) Klima und Luft,

   sowie dem Wirkungsgefüge zwischen ihnen und
2. dem Schutzgut Landschaftsbild

unter Berücksichtigung der durch das Vorhaben zu erwartenden erheblichen Beeinträchtigungen zu erfassen und hinsichtlich ihrer Leistungs- und Funktionsfähigkeit zu bewerten.

(2) Bei der Erfassung des jeweiligen Schutzguts sind insbesondere die in **Anlage 1** aufgeführten Funktionen und Erfassungskriterien heranzuziehen.

(3) [1]Das Schutzgut Arten und Lebensräume wird nach seiner Leistungs- und Funktionsfähigkeit für Natur und Landschaft wie folgt bewertet:

1. Flächenbezogen bewertbare Merkmale und Ausprägungen sind zunächst nach **Anlage 2.1** in die vier Kategorien „hoch", „mittel", „gering" oder „keine naturschutzfachliche Bedeutung" einzustufen und innerhalb der jeweils gefundenen Kategorie nach **Anlage 3.1** Spalte 2 mit Wertpunkten zu versehen.
2. Nicht flächenbezogen bewertbare Merkmale und Ausprägungen sind verbal argumentativ nach Anlage 2.1 Spalte 3 zu bewerten.

[2]Das Schutzgut Landschaftsbild und die weiteren Schutzgüter werden verbal argumentativ anhand der **Anlagen 2.2 und 2.3** bewertet.

§ 5 Ermittlung und Bewertung der Auswirkungen von Eingriffen

(1) Zur Ermittlung der Auswirkungen des Eingriffs sind die zu erwartenden erheblichen Beeinträchtigungen der Leistungs- und Funktionsfähigkeit des Naturhaushalts und des Landschaftsbilds durch den Eingriff zu ermitteln und zu bewerten.

(2) [1]Die Erheblichkeit der Beeinträchtigungen ergibt sich aus den Funktionsausprägungen der Schutzgüter gemäß § 4 sowie der Stärke, Dauer und Reichweite (Intensität) der bau-, anlage- und betriebsbedingten Wirkungen des Vorhabens. [2]Eingriffe sind nicht erheblich, wenn zu erwarten ist, dass sich die beeinträchtigten Funktionen der Schutzgüter innerhalb einer Frist von drei Jahren nach Inanspruchnahme auf der betroffenen Fläche selbstständig wiederherstellen und nach Ablauf dieser Frist keine nachhaltigen negativen Auswirkungen auf die Funktionen der Schutzgüter verbleiben.

(3) [1]Die Intensität vorhabensbezogener Wirkungen wird für das Schutzgut Arten und Lebensräume wie folgt bewertet:

1. Die Beeinträchtigung flächenbezogen bewertbarer Merkmale und Ausprägungen ist nach **Anlage 3.1** Spalte 3 einzustufen.
2. Die Beeinträchtigung nicht flächenbezogen bewertbarer Merkmale und Ausprägungen ist verbal argumentativ zu bewerten.

[2]Die Beeinträchtigung aller weiteren Schutzgüter wird verbal argumentativ bewertet.

§ 6 Vermeidung erheblicher Beeinträchtigungen

(1) Vorrangig sind erhebliche bau-, anlagen- und betriebsbedingte Beeinträchtigungen von Natur und Landschaft gemäß § 15 Abs. 1 BNatSchG zu vermeiden.

(2) Maßnahmen zur Vermeidung von Beeinträchtigungen von Naturhaushalt und Landschaftsbild sind alle zumutbaren Maßnahmen, die das Eintreten erheblicher Beeinträchtigungen ganz oder teilweise verhindern (Vermeidungsmaßnahmen).

§ 7 Kompensationsbedarf

(1) Der Bedarf an Ausgleichs- und Ersatzmaßnahmen (Kompensationsbedarf) ergibt sich unter Berücksichtigung der zu treffenden Vermeidungsmaßnahmen aus einem wertenden Vergleich der Natur und Landschaft vor und nach dem Eingriff.

(2) [1]Der Kompensationsbedarf für flächenbezogen bewertbare Merkmale und Ausprägungen des Schutzguts Arten und Lebensräume wird rechnerisch gemäß Anlage 3.1 ermittelt. [2]Der ergänzende Kompensationsbedarf für nicht flächenbezogen bewertbare Merkmale und Ausprägungen des Schutzguts Arten und Lebensräume wird verbal argumentativ bestimmt.

(3) [1]Im Regelfall werden die Funktionen der Schutzgüter Boden, Wasser, Klima und Luft durch die Kompensationsmaßnahmen für das Schutzgut Arten und Lebensräume abgedeckt. [2]Dies ist zu begründen. [3]Andernfalls wird der ergänzende Kompensationsbedarf verbal argumentativ ermittelt.

(4) Der Kompensationsbedarf für das Schutzgut Landschaftsbild wird verbal argumentativ ermittelt.

(5) [1]Konkrete Auswirkungen eines Eingriffs, die eine Aufwertung von Schutzgütern bewirken, werden entsprechend Abs. 1 bis 3 berücksichtigt und reduzieren den Kompensationsbedarf. [2]Dies gilt insbesondere auch für ökologisch aufwertende, natürliche oder naturnahe Maßnahmen des Hochwasserschutzes.

Teil 3

Realkompensation

§ 8 Umfang und Auswahl von Ausgleichs- und Ersatzmaßnahmen

(1) [1]Der Kompensationsumfang für flächenbezogen bewertbare Merkmale und Ausprägungen des Schutzguts Arten und Lebensräume wird gemäß **Anlage 3.2** ermittelt. [2]Der in Wertpunkten ermittelte Kompensationsumfang dieses Schutzguts muss dem in Wertpunkten ermittelten Kompensationsbedarf entsprechen.

(2) [1]Der ergänzend erforderliche Kompensationsumfang für nicht flächenbezogen bewertbare Merkmale und Ausprägungen des Schutzguts Arten und Lebensräume sowie für die weiteren Schutzgüter wird verbal argumentativ bestimmt. [2]Er ist bei der Bemessung des gesamten Kompensationsumfangs zu berücksichtigen und im Hinblick auf die jeweiligen Funktionen darzulegen.

(3) [1]Entsprechend dem ermittelten Kompensationsumfang sind gemäß § 15 Abs. 2 Sätze 2 und 3 BNatSchG geeignete Ausgleichs- und Ersatzmaßnahmen festzulegen. [2]Ist bei Ersatzmaßnahmen eine funktionale Kompensation nicht möglich, können die erheblichen Beeinträchtigungen durch gleichwertige andere Funktionen möglichst mit Wechselwirkungen zu den beeinträchtigten Funktionen ersetzt werden. [3]Können erhebliche Beeinträchtigungen von Schutzgütern nicht oder nicht vollständig ausgeglichen oder ersetzt werden, ist dies zu begründen und zur Festlegung erforderlicher Ersatzzahlungen gemäß Teil 5 zu dokumentieren. [4]Geeignete Ausgleichs- und Ersatzmaßnahmen sind insbesondere die in den **Anlagen 4.1 und 4.2** aufgeführten Maßnahmen.

(4) [1]Eine Ausgleichs- und Ersatzmaßnahme kann geeignet sein, sowohl erhebliche Beeinträchtigungen flächenbezogen und nicht flächenbezogen bewertbarer Merkmale und Ausprägungen des Schutzguts Arten und Lebensräume als auch erhebliche Beeinträchtigungen mehrerer Schutzgüter zu kompensieren. [2]Erhebliche Beeinträchtigungen mehrerer Schutzgüter sollen möglichst durch eine oder mehrere kombinierte Ausgleichs- und Ersatzmaßnahmen auf einer Fläche kompensiert werden. [3]Darüber hinaus sollen zusammenhängende Gebiete für Ausgleichs- und Ersatzmaßnahmen angestrebt werden. [4]Geeignete Ökokontoflächen sind möglichst zu verwenden. [5]Beim Aufsuchen und bei der Gewinnung von Bodenschätzen sowie bei Abgrabungen und Aufschüttungen erfolgt die Kompensation insbesondere durch die in § 1 Abs. 5 Satz 4 BNatSchG genannten Maßnahmen möglichst innerhalb der durch das Vorhaben in Anspruch genommenen Fläche. [6]Ökologisch positive Wirkungen einer Hochwasserschutzmaßnahme gemäß § 7 Abs. 5 Satz 2, die den Kompensationsbedarf dieser Maßnahme übersteigen, können auf weitere Eingriffe durch Hochwasserschutzvorhaben im selben Naturraum und in derselben Fließgewässerlandschaft kompensationsmindernd angerechnet werden. [7]Bei der Errichtung von Deichen auf land- und forstwirtschaftlich genutzten Flächen sind Ausgleichs- und Ersatzmaßnahmen regelmäßig nicht erforderlich, wenn die Deichflächen naturnah gestaltet und gepflegt werden. [8]Sollten ausnahmsweise Kompensationsmaßnahmen erforderlich sein, sind die dazu notwendigen Konzepte im Benehmen mit den land- und forstwirtschaftlichen Fachbehörden zu erstellen. [9]Falls bei der Errichtung von Deichen anstelle einer Realkompensation ein Ersatzgeld in Betracht gezogen wird, ist dieses vorrangig für PIK-Maßnahmen im Sinn von § 9 Abs. 3 Satz 2 zu verwenden.

(5) Die Flächeninanspruchnahme landwirtschaftlich genutzter Flächen für Ausgleichs- oder Ersatzmaßnahmen soll nicht größer sein als die Eingriffsfläche.

(6) Ausgleichserfordernisse nach anderen Rechtsvorschriften sind als Ausgleichs- oder Ersatzmaßnahmen im Sinn des § 15 Abs. 2 BNatSchG anzuerkennen, soweit sie die Anforderungen dieser Verordnung erfüllen.

(7) Ausgleichs- oder Ersatzmaßnahmen sind vorrangig auf geeigneten, einvernehmlich zur Verfügung gestellten Grundstücksflächen und bei Vorhaben der öffentlichen Hand auf Grundstücken, die im Eigentum des jeweiligen Vorhabensträgers stehen, zu verwirklichen.

§ 9 Berücksichtigung agrarstruktureller Belange

(1) [1]Agrarstrukturelle Belange im Sinn von § 15 Abs. 3 Satz 1 BNatSchG sind betroffen, wenn die Gesamtheit der Ausstattung, Verfügbarkeit und Qualität von Arbeit, Boden und Kapital (Produktionsfaktoren) sowie der Produktions- und Arbeitsbedingungen und damit der Produktionskapazität und Produktivität in einem Agrarraum erheblich beeinflusst oder verändert werden. [2]Davon ist stets auszugehen, wenn die Kompensation eines Eingriffs mehr als drei Hektar land- oder forstwirtschaftliche Fläche in Anspruch nimmt. [3]In diesem Fall ist das zuständige Amt für Ernährung, Landwirtschaft und

Forsten frühzeitig bei der Vorbereitung der Entscheidungen und Maßnahmen zur Durchführung des § 15 BNatSchG zu beteiligen und das Benehmen herzustellen. [4]Äußert sich das zuständige Amt für Ernährung, Landwirtschaft und Forsten nicht binnen zwei Monaten nach Eingang des Beteiligungsersuchens, gilt das Benehmen als hergestellt.

(2) [1]Für die landwirtschaftliche Nutzung besonders geeignete Böden im Sinn von § 15 Abs. 3 Satz 1 BNatSchG sind im regionalen Vergleich überdurchschnittlich ertragreiche Böden, die nicht nach Abs. 3 Satz 1 Nrn. 1 und 2 vorrangig für Kompensationsmaßnahmen herangezogen werden sollen. [2]Maßgeblich ist das Gebiet des durch die Kompensationsmaßnahmen räumlich betroffenen Landkreises, bei landkreisübergreifenden Maßnahmen das Gesamtgebiet der betroffenen Landkreise. [3]Die Ertragskraft bestimmt sich nach dem jeweiligen Durchschnittswert der Acker- und Grünlandzahlen eines Landkreises gemäß dem Bodenschätzungsgesetz.

(3) [1]Um möglichst zu vermeiden, dass land- oder forstwirtschaftlich genutzte Flächen im Sinn von § 15 Abs. 3 BNatSchG aus der Nutzung genommen werden, ist unter Beachtung des Funktionsbezugs bei der Auswahl von Ausgleichs- und Ersatzmaßnahmen vorrangig zu prüfen, ob folgende Maßnahmen oder die Verwirklichung auf folgenden Gebietskulissen möglich sind:

1. die Inanspruchnahme von Ökokontoflächen,
2. Aufwertungsmaßnahmen in für den Naturschutz bevorzugten Gebietskulissen, die den jeweiligen Pflege- und Entwicklungszielen entsprechen, insbesondere
   a) in Natura 2000-Gebieten nach § 32 BNatSchG, in Naturschutzgebieten nach § 20 Abs. 2 Nr. 1 BNatSchG und in Biosphärenreservaten nach § 20 Abs. 2 Nr. 3 BNatSchG, soweit sie über verpflichtende Erhaltungsmaßnahmen des Gebietsmanagements hinausgehen,
   b) auf Flächen im Sinn von § 9 Abs. 3 Satz 1 Nr. 4 Buchst. c BNatSchG,
   c) auf Flächen für anerkannte naturschutzfachliche Projekte im Rahmen des Arten- und Biotopschutzprogramms gemäß Art. 19 BayNatSchG,
   d) entlang oberirdischer Gewässer im Sinn des § 21 Abs. 5 BNatSchG und in strukturarmen Landschaftsräumen im Sinn des § 21 Abs. 6 BNatSchG, die der Biotopvernetzung dienen, sowie
   e) in Wasserschutzgebieten nach § 51 Abs. 1 Satz 1 WHG und Überschwemmungsgebieten nach § 76 Abs. 1 WHG, soweit Dritte nicht beeinträchtigt werden,
3. Entsiegelungsmaßnahmen und sonstige Rückbaumaßnahmen oder
4. Maßnahmen zur Wiedervernetzung von Lebensräumen oder Bewirtschaftungs- und Pflegemaßnahmen zur dauerhaften Aufwertung von Natur und Landschaft.

[2]Vorrangig zu prüfende Bewirtschaftungs- und Pflegemaßnahmen im Sinn von § 15 Abs. 3 Satz 2 BNatSchG, die in die land- oder forstwirtschaftliche Produktion integriert sind und Natur oder Landschaft dauerhaft aufwerten (PIK), sowie Entsiegelungs- und Wiedervernetzungsmaßnahmen sind insbesondere den Anlagen 4.1 und 4.2 zu entnehmen.

(4) [1]PIK sind als Ausgleichs- und Ersatzmaßnahmen geeignet, wenn sie der dauerhaften Aufwertung des Naturhaushalts oder des Landschaftsbilds dienen. [2]PIK kommen in Betracht, wenn durch den Eingriff land- oder forstwirtschaftlich genutzte Flächen in Anspruch genommen werden, wenn es zu einer Funktionsbeeinträchtigung der Schutzgüter auf diesen Flächen kommt und die Bereitstellung der erforderlichen Flächen für den jeweiligen Unterhaltungszeitraum nach § 10 gewährleistet ist. [3]PIK können auch auf wechselnden Flächen durchgeführt werden. [4]Für die Ermittlung des Kompensationsumfangs in Wertpunkten gemäß § 8 Abs. 1 Satz 1 wird die Flächengröße zugrunde gelegt, die mit dauerhaft aufwertenden Maßnahmen belegt ist. [5]PIK führen zu keiner Inanspruchnahme landwirtschaftlicher Flächen im Sinn von § 15 Abs. 3 BNatSchG.

(5) [1]Zur Durchführung von im Zulassungsbescheid als Kompensation festgesetzten PIK, die auf wechselnden Flächen durchgeführt werden, kann der Verursacher durch eine schuldrechtliche Vereinbarung Einrichtungen wie insbesondere Stiftungen, Landgesellschaften, Landschaftspflegeverbände, anerkannte Naturschutzverbände und Flächenagenturen beauftragen, wenn diese hinsichtlich Leistungsfähigkeit, fachlicher Qualifikation und Zuverlässigkeit ausreichend Gewähr für die Planung und Durchführung der Maßnahmen bieten. [2]In der Vereinbarung ist Inhalt, Art, Umfang und Dauer der Bewirtschaftungs- oder Pflegemaßnahmen festzulegen. [3]Der zuständigen Gestattungsbehörde ist jährlich eine nachvollziehbare Dokumentation der Bereitstellung der erforderlichen Flächen und der durchgeführten Maßnahmen vorzulegen. [4]Der Verursacher des Eingriffs oder sein Rechtsnachfolger

bleiben bis zur vollständigen Erfüllung der Kompensationsverpflichtung für die Durchführung der Maßnahmen verantwortlich.

§ 10 Unterhaltungszeitraum

(1) [1]Ausgleichs- und Ersatzmaßnahmen sind in dem jeweils erforderlichen Zeitraum zu unterhalten. [2]Der Unterhaltungszeitraum ist im Gestattungsbescheid festzusetzen. [3]Es sind, gegebenenfalls unter Bezugnahme auf den landschaftspflegerischen Begleitplan, folgende Festlegungen zu treffen:

1. Zeitraum der Maßnahmen zur Herstellung und Erreichung des Entwicklungsziels (Herstellungs- und Entwicklungspflege);
2. soweit erforderlich Zeitraum zur Aufrechterhaltung des Entwicklungsziels (Unterhaltungspflege).

[4]Die Verpflichtung zur Durchführung der notwendigen Pflegemaßnahmen darf in der Regel 25 Jahre nicht überschreiten. [5]Die für die Ausgleichs- und Ersatzmaßnahmen erforderlichen Flächen müssen zur Verfügung stehen, solange der Eingriff wirkt. [6]Der Abschluss der Herstellung der Maßnahme und das Erreichen des Entwicklungsziels ist der Gestattungsbehörde anzuzeigen.

(2) [1]Erfolgt die Kompensation nach § 9 Abs. 4 und 5 produktionsintegriert auf wechselnden Flächen nach Maßgabe der Anlage 4.1 Spalte 5, ist hierfür in der Gestattung ein Unterhaltungszeitraum von in der Regel höchstens 25 Jahren festzusetzen. [2]Abs. 1 Sätze 5 und 6 finden keine Anwendung. [3]Zur Kompensation länger wirkender oder dauerhafter Eingriffe kann im Einvernehmen mit dem Verursacher ein längerer Zeitraum festgesetzt werden.

(3) Die zeitliche Begrenzung in Abs. 1 und 2 gilt nicht für staatliche Träger als Eingriffsverursacher.

§ 11 Rechtliche Sicherung

(1) [1]Ausgleichs- und Ersatzmaßnahmen sind in dem jeweils erforderlichen Zeitraum rechtlich zu sichern. [2]Die zuständige Gestattungsbehörde entscheidet über Art und Weise der Sicherung nach pflichtgemäßem Ermessen im Rahmen der Verhältnismäßigkeit.

(2) [1]Soll die Ausgleichs- oder Ersatzmaßnahme auf dem Grundstück eines Dritten durchgeführt werden, der nicht Verpflichteter des Gestattungsbescheids ist, ist die Maßnahme in geeigneter Weise nach Maßgabe des Zivilrechts dinglich zu sichern. [2]Dies gilt nicht, wenn es sich bei dem Dritten um einen staatlichen oder kommunalen Träger handelt oder Verpflichtungen über eine Vereinbarung nach § 9 Abs. 5 gesichert werden.

(3) [1]Die Eintragung im Grundbuch erfolgt zugunsten des Rechtsträgers der zuständigen Gestattungsbehörde. [2]Bei staatlichen, kommunalen oder enteignungsbegünstigten Vorhabensträgern erfolgt sie zu deren Gunsten.

§ 12 Landschaftspflegerischer Begleitplan

(1) [1]Bei Vorliegen der Voraussetzungen des § 17 Abs. 4 Satz 3 BNatSchG ist ein landschaftspflegerischer Begleitplan in Text und Karte vorzulegen. [2]Gutachten im Sinn des § 17 Abs. 4 Satz 2 BNatSchG müssen die Anforderungen an einen landschaftspflegerischen Begleitplan dann erfüllen, wenn die Auswirkungen eines Eingriffs denen eines nach öffentlichem Recht vorgesehenen Fachplans entsprechen.

(2) Der landschaftspflegerische Begleitplan muss mindestens folgende Aussagen enthalten:

1. Erfassung und Bewertung des Ausgangszustands gemäß § 4 im jeweiligen Wirkraum des Eingriffs gemäß § 3,
2. Ermittlung und Bewertung der Auswirkungen des Eingriffs gemäß § 5,
3. Maßnahmen zur Eingriffsvermeidung gemäß § 6,
4. Ermittlung des Kompensationsbedarfs gemäß § 7,
5. die Maßnahmen zum Ausgleich und Ersatz einschließlich
   a) der Gründe für ihre Auswahl und ihren Umfang gemäß § 8,
   b) der vorgesehenen Entwicklungsziele, der zur Erreichung der Entwicklungsziele erforderlichen Herstellungs- und Entwicklungsmaßnahmen sowie des zur Erreichung der Entwicklungsziele voraussichtlich erforderlichen Zeitraums,
   c) Angaben zu den zur Sicherung des Zusammenhangs des Netzes „Natura 2000“ notwendigen Maßnahmen nach § 34 Abs. 5 BNatSchG und zu den vorgezogenen Ausgleichsmaßnahmen nach § 44 Abs. 5 BNatSchG, sofern diese Vorschriften für den Eingriff von Belang sind, unter besonderer Berücksichtigung der Lebensraumtypen und Zielarten eines Bewirtschaftungsplans im Sinn von § 32 Abs. 5 BNatSchG,

d) Angaben zu erforderlichen Unterhaltungsmaßnahmen,
e) Angaben zu betroffenen Grundflächen und zu deren Sicherung,
f) notwendige Festlegungen zur Funktionskontrolle im Sinn des § 17 Abs. 7 BNatSchG,
6. soweit erforderlich Aussagen zu Ersatzzahlungen gemäß §§ 19 und 20,
7. soweit erforderlich Aussagen zur Berücksichtigung agrarstruktureller Belange gemäß § 9.

(3) Die Vorschriften der Honorarordnung für Architekten und Ingenieure zum Leistungsbild des landschaftspflegerischen Begleitplans bleiben unberührt.

Teil 4
Ökokonto

§ 13 Ökokonto und Anerkennung

(1) Ein Ökokonto nach § 16 Abs. 1 BNatSchG kann beinhalten
1. umgesetzte vorgezogene Ausgleichs- und Ersatzmaßnahmen (Maßnahmenpool) oder
2. hierfür geeignete Flächen (Flächenpool).

(2) [1]Für ein Ökokonto nach Abs. 1 gelten die Grundsätze in §§ 2, 8 Abs. 3 und 4 und § 9 Abs. 3 entsprechend. [2]Ökokonten sollen vorzugsweise in der nach § 9 Abs. 3 Satz 1 Nr. 2 festgelegten Gebietskulisse entstehen.

(3) [1]Wer Ökokonten gewerblich betreiben will, bedarf der staatlichen Anerkennung durch das Landesamt für Umwelt. [2]Die Anerkennung wird erteilt, wenn der Bewerber hinreichende Gewähr für die Leistungsfähigkeit, die fachliche Qualifikation und die Zuverlässigkeit bietet.

§ 14 Ökokontomaßnahmen

(1) Als Ökokontomaßnahmen kommen insbesondere dauerhafte Maßnahmen gemäß Anlage 4.1 Spalte 6 und Anlage 4.2 Spalte 5 in Betracht.

(2) Die Ökokontomaßnahme muss eine Aufwertung von mindestens 15 000 Wertpunkten erbringen oder die Ökokontofläche mindestens 2 000 m^2 umfassen, bei besonderer ökologischer Bedeutung der Maßnahmen, insbesondere bei hoher Wertigkeit des Ausgangszustands, in begründeten Fällen auch weniger.

§ 15 Aufnahme in das Ökoflächenkataster

(1) [1]Eine Fläche wird in das Ökoflächenkataster eingetragen, wenn eine Bestätigung nach Art. 8 Abs. 1 BayNatSchG vorliegt und sowohl der Maßnahmenträger als auch der Eigentümer der Fläche schriftlich zugestimmt haben. [2]Werden zusätzlich aufwertende Maßnahmen durchgeführt, bestätigt die untere Naturschutzbehörde den Abschluss der durchgeführten Maßnahme.

(2) Im Ökoflächenkataster – Teil Ökokonto – werden folgende Angaben eingetragen:
1. bei Flächen ohne Aufwertung: Datum der Einstellung, Name und Anschrift des Maßnahmenträgers, flächenscharfe Abgrenzung, Gemarkung, Flurstücknummer, Naturraum, Beschreibung des Ausgangszustands und Verfügbarkeit,
2. bei Flächen mit Aufwertung: die Angaben nach Nr. 1, eine flächenscharfe Abgrenzung der Maßnahme und der Zielzustand.

(3) [1]Die untere Naturschutzbehörde bestätigt den Ausgangszustand der Fläche und die Wertpunkte gemäß Anlage 3.1 Spalten 1 und 2 auf der Grundlage eines vom Maßnahmenträger vorzulegenden Bewertungsvorschlags. [2]Sind zusätzlich wertbestimmende Merkmale und Ausprägungen der weiteren Schutzgüter gemäß der Anlagen 2.2 und 2.3 oder flächenbezogen nicht bewertbare Merkmale und Ausprägungen des Schutzguts Arten und Lebensräume auf der Fläche vorhanden, so ist dieses Aufwertungspotenzial verbal argumentativ zu berücksichtigen.

(4) Solange eine Ökokontofläche noch nicht abgebucht worden ist, kann sie jederzeit aus dem Ökoflächenkataster – Teil Ökokonto – herausgenommen und ihr Ausgangszustand wiederhergestellt werden.

(5) [1]Maßnahmen, die nach dem 1. August 2005 durchgeführt wurden, können nachträglich bis einschließlich 1. Juli 2015 an die untere Naturschutzbehörde gemeldet werden. [2]Ergänzend zu § 15 Abs. 2 sind geeignete Unterlagen vorzulegen, aus denen sich der ursprüngliche Ausgangszustand ergibt.

§ 16 Abbuchung aus dem Ökokonto

(1) [1]Für die verbindliche Verwendung als Ausgleichs- und Ersatzmaßnahme (Abbuchung) bestätigt die untere Naturschutzbehörde auf der Grundlage eines vom Maßnahmenträger vorzulegenden Bewertungsvorschlags, in welchem Umfang Natur und Landschaft seit der Einstellung der Fläche ins Ökokonto aufgewertet wurden. [2]Hierzu bestätigt sie die entsprechenden Wertpunkte gemäß Anlage 3.1. [3]Eine Aufwertung wertbestimmender Merkmale und Ausprägungen der anderen Schutzgüter gemäß der Anlagen 2.2 und 2.3 oder flächenbezogen nicht bewertbarer Merkmale und Ausprägungen des Schutzguts Arten und Lebensräume ist verbal argumentativ zu berücksichtigen.

(2) §§ 8, 10 und 11 finden entsprechende Anwendung.

(3) [1]Für jedes Kalenderjahr der vorgezogenen zeitlichen Realisierung erfolgt ein Zuschlag an Wertpunkten nach Abs. 1 in Höhe von drei v.H. der nach Abs. 1 festgestellten Aufwertung ohne Zinseszins über einen Zeitraum von höchstens zehn Jahren. [2]Die Verzinsung beginnt in dem Kalenderjahr der Herstellung der Maßnahme, die durch die untere Naturschutzbehörde nach § 15 Abs. 1 Satz 2 bestätigt wurde. [3]Das Kalenderjahr der Herstellung der Maßnahme und das Kalenderjahr der Abbuchung der Ökokontomaßnahme werden vollständig berücksichtigt.

(4) Die nach Art. 9 Sätze 2 und 4 BayNatSchG zuständige Behörde veranlasst nach bestandskräftiger Zuordnung der Ökokontofläche zu einer Ausgleichs- und Ersatzmaßnahme, dass die Fläche aus dem Ökokonto in das Ökoflächenkataster – Teil Kompensationsmaßnahmen – überführt wird.

§ 17 Handelbarkeit

(1) Wird eine ins Ökokonto eingestellte Fläche veräußert, ist der Eigentumsübergang der unteren Naturschutzbehörde anzuzeigen.

(2) [1]Sollen nicht das Eigentum, sondern nur die Wertpunkte auf einen Dritten übertragen werden, so setzt das voraus, dass die Ausgleichs- und Ersatzmaßnahme ab dem Zeitpunkt ihrer Abbuchung gemäß § 11 Abs. 2 rechtlich gesichert ist. [2]Abs. 1 gilt entsprechend.

(3) [1]Das Ökoflächenkataster nach Art. 9 BayNatSchG ist so auszugestalten, dass die Ökokontoflächen und -maßnahmen öffentlich einsehbar sind. [2]Ausgenommen sind Angaben zu personenbezogenen Daten nach § 15 Abs. 2, deren öffentlichen Einsehbarkeit der Grundstückseigentümer oder Maßnahmenträger bei der Aufnahme ins Ökoflächenkataster widersprochen hat.

Teil 5

Ersatzzahlungen

§ 18 Erhebung von Ersatzzahlungen

[1]Können die durch den Eingriff verursachten erheblichen Beeinträchtigungen nicht ausgeglichen oder ersetzt werden und wird das Vorhaben dennoch zugelassen, sind Ersatzzahlungen unter den Voraussetzungen des § 15 Abs. 6 BNatSchG zu leisten. [2]Soweit die erheblichen Beeinträchtigungen nur teilweise ausgeglichen oder ersetzt werden können, sind ergänzend Ersatzzahlungen zu leisten.

§ 19 Bemessungsgrundsätze

(1) Die Ersatzzahlung bemisst sich nach den durchschnittlichen Kosten der nicht durchführbaren Ausgleichs- oder Ersatzmaßnahme, in die insbesondere folgende Komponenten einzurechnen sind:

1. Herstellungs-, Pflege- und Unterhaltungskosten im Bemessungszeitraum für regelmäßig anfallende Maßnahmen gemäß § 10,
2. Kosten für die Planung, die sonstige Verwaltung und das Personal, für die 20 v.H. der Herstellungs-, Pflege- und Unterhaltungskosten anzusetzen sind,
3. Kosten des Flächenerwerbs entsprechend den Bodenrichtwerten gemäß den Ermittlungen des Gutachterausschusses nach dem Baugesetzbuch zuzüglich Nebenkosten.

(2) [1]Sind diese Kosten nicht feststellbar, bemisst sich die Ersatzzahlung nach Dauer und Schwere des Eingriffs unter Berücksichtigung der dem Verursacher daraus erwachsenden Vorteile. [2]Die Kosten sind nicht feststellbar, wenn entsprechende Ausgleichs- oder Ersatzmaßnahmen objektiv nicht möglich sind. [3]Nicht ausgleichbar oder ersetzbar sind in der Regel Beeinträchtigungen des Landschaftsbilds durch Mast- oder Turmbauten, die höher als 20 Meter sind.

§ 20 Bemessung nach Dauer und Schwere des Eingriffs

(1) [1]Bei flächenbezogenen erheblichen Beeinträchtigungen wird die Ersatzzahlung nach der dauerhaft beeinträchtigten Fläche bemessen. [2]Hierfür gilt ein Rahmensatz von 1 bis 5 Euro/m². [3]Dabei darf die Ersatzzahlung neun v.H. der Rohbaukosten für Gebäude bzw. der Herstellungskosten ohne Kosten für die nicht baukonstruktiv bedingte technische Ausstattung für sonstige bauliche Anlagen nicht überschreiten.

(2) [1]Findet eine Entnahme von Bodenbestandteilen statt, wird der Ersatzzahlung die Menge des entnommenen Materials zugrunde gelegt, die für die nicht ausgleichbaren erheblichen Beeinträchtigungen ursächlich ist. [2]Bei der Festsetzung der Ersatzzahlung nach der Entnahmemenge gilt ein Rahmensatz von 0,3 bis 0,8 Euro/m³.

(3) [1]Bei sonstigen erheblichen Beeinträchtigungen, die nicht durch Abs. 1 oder Abs. 2 erfasst werden, bemisst sich die Ersatzzahlung bei Gebäuden nach der Höhe der Rohbaukosten und bei sonstigen baulichen Anlagen nach den Herstellungskosten ohne Kosten für die nicht baukonstruktiv bedingte technische Ausstattung. [2]Bei der Festsetzung der Ersatzzahlung nach der Höhe dieser Kosten gilt ein Rahmensatz von ein bis neun v.H. [3]Bei der Bemessung der Ersatzzahlung für Beeinträchtigungen des Landschaftsbilds ist die Matrix der **Anlage 5** heranzuziehen; dabei bleiben Kosten für Anlagenteile unterhalb der Erdoberfläche außer Betracht.

(4) Der errechnete Betrag ist nach kaufmännischen Grundsätzen auf ganze Euro zu runden.

(5) [1]Bei der Anwendung der Rahmensätze nach Abs. 1, 2 oder Abs. 3 ist insbesondere zu berücksichtigen:

1. der Zeitraum der erheblichen Beeinträchtigung der Leistungsfähigkeit des Naturhaushalts oder des Landschaftsbilds,
2. die naturschutzfachliche Wertigkeit der betroffenen Schutzgüter vor dem Eingriff, deren erhebliche Beeinträchtigung nicht oder nicht vollständig kompensierbar ist,
3. der Grad der erheblichen Beeinträchtigung der betroffenen Schutzgüter,
4. die sonstigen Auswirkungen des Eingriffs auf Naturhaushalt und Landschaftsbild, bezogen auf die Ausdehnung des Eingriffs und die einzelnen Schutzgüter.

[2]Bei Erweiterungen und Bündelungen von Vorhaben sind nur die neu hinzukommenden erheblichen Beeinträchtigungen zu berücksichtigen.

(6) [1]Dient ein Eingriff überwiegend und konkret einem öffentlichen Interesse, kann die Ersatzzahlung angemessen vermindert werden. [2]Sie darf jedoch die Hälfte der unteren Grenze der Rahmensätze nach Abs. 1 bis 3 nicht unterschreiten.

§ 21 Erhebung und Fälligkeit

(1) [1]Die Ersatzzahlung ist im Zulassungsbescheid oder, wenn der Eingriff von einer Behörde durchgeführt wird, vor der Durchführung des Eingriffs festzusetzen. [2]Die Zahlung ist vor der Durchführung des Eingriffs zu leisten.

(2) [1]Bei Eingriffen, die nach Abschnitten vorgenommen werden, kann die Ersatzzahlung für den einzelnen Abschnitt festgesetzt werden. [2]Abs. 1 Satz 2 gilt entsprechend. [3]Der Beginn des Eingriffs im jeweiligen Abschnitt ist der festsetzenden Behörde anzuzeigen.

(3) [1]Es kann ein anderer Zeitpunkt für die Zahlung festgelegt werden. [2]In diesem Fall soll eine angemessene Sicherheitsleistung verlangt werden.

§ 22 Verwendung

(1) [1]Die Ersatzzahlungen sind nach der Maßgabe von § 2 und Art. 7 BayNatSchG zweckgebunden für Maßnahmen des Naturschutzes und der Landschaftspflege möglichst in dem betroffenen Naturraum zu verwenden. [2]Ersatzzahlungen können insbesondere für folgende Maßnahmen verwendet werden:

1. Maßnahmen nach Anlage 4.1 Nrn. 1 bis 6,
2. Grunderwerb einschließlich Nebenkosten und
3. projektbezogene Kosten, insbesondere für Erfassungen, Planungen sowie begleitende Öffentlichkeitsarbeit.

(2) § 9 Abs. 3 Satz 1 Nrn. 2 bis 4 gelten entsprechend.

(3) Die Zwei-Jahres-Frist nach Art. 7 Satz 2 BayNatSchG zur Durchführung einer Maßnahme beginnt mit Eingang der Zahlung auf dem Konto des Bayerischen Naturschutzfonds und endet mit dem tatsächlichen Beginn der Maßnahme.

(4) [1]Die untere Naturschutzbehörde ruft die Ersatzzahlungen beim Bayerischen Naturschutzfonds unter Angabe der Art der Verwendung der Ersatzzahlungen und des Empfängers ab. [2]Sie bestätigt und dokumentiert nach Durchführung der Maßnahme die ordnungsgemäße Verwendung der Ersatzzahlungen gegenüber dem Bayerischen Naturschutzfonds. [3]Sie übermittelt die erforderlichen Angaben zu Flächen, die mit Ersatzzahlungen angekauft werden, gemäß Art. 9 Satz 3 BayNatSchG an das Ökoflächenkataster des Landesamts für Umwelt.

Teil 6

Schlussbestimmungen

§ 23 Übergangsregelung

(1) Auf Verfahren, die vor Inkrafttreten der Verordnung beantragt oder entsprechend einer gesetzlichen Anzeigepflicht angezeigt wurden, sind die Regelungen der Verordnung nicht anzuwenden, soweit nicht der Vorhabensträger die Anwendung beantragt.

(2) Ökokontomaßnahmen, die vor Inkrafttreten der Verordnung durchgeführt wurden, werden berücksichtigt, wenn sie ins Ökoflächenkataster eingetragen sind oder nachweislich von der zuständigen unteren Naturschutzbehörde entsprechend den jeweils geltenden gesetzlichen Regelungen anerkannt wurden.

§ 24 Inkrafttreten

[1]Diese Verordnung tritt am 1. September 2014 in Kraft. [2]Abweichend von Satz 1 treten § 8 Abs. 4 Sätze 6 bis 9 am 1. September 2013 in Kraft.

Anlagen (hier nicht abgedruckt)

Bayerisches Waldgesetz (BayWaldG)

In der Fassung der Bekanntmachung vom 22. Juli 2005[1)] (GVBl S. 313)
(BayRS 7902-1-L)
zuletzt geändert durch § 1 Abs. 79 V zur Anpassung des Landesrechts an die geltende Geschäftsverteilung vom 4. Juni 2024 (GVBl. S. 98)

Nichtamtliche Inhaltsübersicht

1) Neubekanntmachung des WaldG in der in der Bayerischen Rechtssammlung (7902-1-L) veröffentlichten bereinigten Fassung in der ab 1.7.2005 geltenden Fassung.

Erster Teil
Gesetzeszweck, Begriffsbestimmungen

Artikel 1 Gesetzeszweck

(1) [1]Der Wald hat besondere Bedeutung für den Schutz von Klima, Wasser, Luft und Boden, Tieren und Pflanzen, für die Landschaft und den Naturhaushalt. [2]Er ist wesentlicher Teil der natürlichen Lebensgrundlage und hat landeskulturelle, wirtschaftliche, soziale sowie gesundheitliche Aufgaben zu erfüllen. [3]Der Wald ist deshalb nachhaltig zu bewirtschaften, um diese Leistungen für das Wohl der Allgemeinheit dauerhaft erbringen zu können.

(2) Dieses Gesetz soll insbesondere dazu dienen:
1. die Waldfläche zu erhalten und erforderlichenfalls zu vermehren,
2. einen standortgemäßen und möglichst naturnahen Zustand des Waldes unter Berücksichtigung des Grundsatzes „Wald vor Wild“ zu bewahren oder herzustellen,
3. die Schutzfähigkeit, Gesundheit und Leistungsfähigkeit des Waldes dauerhaft zu sichern und zu stärken,
4. die Erzeugung von Holz und anderen Naturgütern durch eine nachhaltige Bewirtschaftung des Waldes zu sichern und zu erhöhen,
5. die Erholung der Bevölkerung im Wald zu ermöglichen und die Erholungsmöglichkeit zu verbessern,
6. die biologische Vielfalt des Waldes zu erhalten und erforderlichenfalls zu erhöhen,
7. die Waldbesitzer und ihre Selbsthilfeeinrichtungen in der Verfolgung dieser Ziele zu unterstützen und zu fördern,
8. einen Ausgleich zwischen den Belangen der Allgemeinheit und der Waldbesitzer herbeizuführen.

Artikel 2 Wald

(1) Wald (Forst) im Sinn dieses Gesetzes ist jede mit Waldbäumen bestockte oder nach den Vorschriften dieses Gesetzes wiederaufzuforstende Fläche.

(2) Bei Anwendung dieses Gesetzes stehen dem Wald gleich
1. Waldwege, Waldeinteilungs- und Waldsicherungsstreifen, Waldblößen und Waldlichtungen,
2. mit dem Wald räumlich zusammenhängende Pflanzgärten, Holzlagerplätze, Wildäsungsflächen und sonstige ihm dienende Flächen.

(3) Bei Anwendung der Art. 17, 32 bis 36, 45 und 46 dieses Gesetzes stehen dem Wald außerdem gleich Alpenlichtungen, Gewässer, Moore, Heide- und Ödflächen, die mit dem Wald in einem natürlichen Zusammenhang stehen.

(4) [1]In Feld und Flur gelegene Christbaum- und Schmuckreisigkulturen, Kurzumtriebskulturen, Baumschulen und Flächen, die mit Baumgruppen, Baumreihen oder Hecken bestockt sind, sowie mit Waldbäumen bestockte Flächen in Friedhöfen sind nicht Wald im Sinn dieses Gesetzes. [2]Dies gilt auch für im bebauten Gebiet gelegene, kleinere Flächen, die mit Waldbäumen bestockt sind.

Artikel 3 Waldeigentümer, Waldbesitzer

(1) Im Sinn dieses Gesetzes ist
1. Staatswald derjenige Wald, der im Alleineigentum oder Miteigentum ausschließlich des Freistaates Bayern, einer vom Freistaat Bayern verwalteten Stiftung, eines anderen Landes der Bundesrepublik Deutschland oder des Bundes steht,
2. Körperschaftswald derjenige Wald, der im Alleineigentum oder Miteigentum ausschließlich von kommunalen Gebietskörperschaften und von ihnen verwalteten öffentlichen Stiftungen steht, soweit sie der Aufsicht des Freistaates Bayern unterstehen,
3. Privatwald derjenige Wald, der weder Staatswald noch Körperschaftswald ist.

(2) Waldbesitzer im Sinn dieses Gesetzes sind der Waldeigentümer und der Nutzungsberechtigte, sofern sie unmittelbare Besitzer des Waldes sind.

Artikel 4 Weitere Begriffsbestimmungen

Im Sinn dieses Gesetzes sind

1. sachgemäße Waldbewirtschaftung:
   Eine Bewirtschaftung, die nachhaltig die wirtschaftlichen, ökologischen und sozialen Funktionen des Waldes gewährleistet,
2. standortgemäße Baumarten:
   Baumarten, deren ökologische Ansprüche mit den erfassten Standorteigenschaften (Umweltbedingungen) übereinstimmen, die vital und bei angemessener Pflege ausreichend stabil sind und die keine negativen Einflüsse auf den Standort haben,
3. standortheimische Baumarten:
   Baumarten, die der natürlichen Waldgesellschaft des jeweiligen Standortes angehören,
4. Kahlhiebe:
   Flächige Nutzungen ohne ausreichende und gesicherte Verjüngung, die auf der Fläche Freilandklima schaffen; als Kahlhieb gilt auch eine Maßnahme, durch welche der Waldbestand selbst gefährdet wird, im Schutzwald auch eine Hiebsmaßnahme, durch welche die Schutzfunktion gefährdet wird,
5. Waldverjüngungsflächen:
   Naturverjüngungen, Forstkulturen, Unterbauflächen und in Verjüngung stehende Altholzbestände,
6. Walderzeugnisse:
   Forstpflanzen, Bäume und Sträucher oder Teile davon sowie Samen von Bäumen, Nadelholzzapfen, Harz, Streu, Moos, Gras, Schilf, Farn- und Heilkräuter,
7. Kurzumtriebskulturen:
   Anpflanzungen mit schnellwachsenden Baumarten insbesondere zur Erzeugung von Holz zur Energiegewinnung, mit einer Umtriebszeit von höchstens 10 Jahren,
8. Hochwald:
   Wald, der nur aus Naturverjüngung, Saat oder Pflanzung (Kernwüchsen) entstanden ist.

Zweiter Teil

Schutz des Waldes

Abschnitt I

Sicherung der Waldfunktionen

Artikel 5 Grundsätze der forstlichen Fachplanung

(1) Unter Beachtung der Ziele der Raumordnung und unter Berücksichtigung der Grundsätze und sonstigen Erfordernisse der Raumordnung können Waldfunktionspläne als forstliche Fachplanung aufgestellt werden.

(2) [1]Der Wald hat Schutz-, Nutz- und Erholungsfunktionen sowie Bedeutung für die biologische Vielfalt. [2]Er ist deshalb nach Fläche, räumlicher Verteilung, Zusammensetzung und Struktur so zu erhalten, zu mehren und zu gestalten, dass er seine jeweiligen Funktionen – insbesondere die Schutzfunktionen im Bergwald – und seine Bedeutung für die biologische Vielfalt bestmöglich und nachhaltig erfüllen kann.

Artikel 6 Waldfunktionspläne

(1) Waldfunktionspläne enthalten

1. die Darstellung und Bewertung der Nutz-, Schutz- und Erholungsfunktionen der Wälder sowie ihre Bedeutung für die biologische Vielfalt,
2. die zur Erfüllung der Funktionen und zum Erhalt der biologischen Vielfalt erforderlichen Ziele und Maßnahmen sowie Wege zu ihrer Verwirklichung.

(2) Die Waldfunktionspläne unterliegen der ständigen Fortentwicklung.

Artikel 7 Sicherung der Funktionen des Waldes

[1]Die staatlichen Behörden und kommunalen Gebietskörperschaften haben bei allen Planungen, Vorhaben und Entscheidungen, die Wald betreffen, den in Art. 1 genannten Gesetzeszweck, insbesondere die Funktionen des Waldes und seine Bedeutung für die biologische Vielfalt zu berücksichtigen. [2]Sie

haben bei Maßnahmen, die eine Beeinträchtigung des Waldes erwarten lassen, die zuständigen Forstbehörden rechtzeitig zu unterrichten und anzuhören, soweit nicht nach diesem Gesetz oder sonstigen Vorschriften eine weitergehende Form der Beteiligung vorgesehen ist.

Artikel 8 Waldverzeichnis, Waldinventur

(1) Zur Erfüllung der Aufgaben dieses Gesetzes sind

1. ein Verzeichnis sämtlicher Wälder (Waldverzeichnis) aufzustellen,
2. Waldinventuren durchzuführen. Sie dienen der Erfassung und Beobachtung des Waldzustands. Die Waldinventuren dürfen sich nicht auf Einzelbetriebe beziehen.

(2) [1]Das Waldverzeichnis ist den tatsächlichen Veränderungen anzupassen. [2]Die Waldinventuren sind bei Bedarf zu wiederholen.

(3) [1]Die Staatsregierung erlässt durch Rechtsverordnung Vorschriften über Aufstellung, Inhalt und Führung des Waldverzeichnisses sowie über die Einsichtnahme in dieses Verzeichnis. [2]Das Staatsministerium für Ernährung, Landwirtschaft, Forsten und Tourismus wird ermächtigt, durch Rechtsverordnung die Durchführung von Waldinventuren einschließlich der hierzu erforderlichen Befugnisse sowie der Auskunftspflicht der Waldbesitzer zu regeln.

Abschnitt II

Erhaltung und Bewirtschaftung des Waldes

Artikel 9 Erhaltung des Waldes

(1) [1]Jede Handlung, durch welche die Produktionskraft des Waldbodens vernichtet oder wesentlich geschwächt oder durch welche der Waldboden beseitigt wird (Waldzerstörung), ist verboten. [2]Satz 1 gilt nicht, wenn die Erlaubnis zur Rodung erteilt ist.

(2) [1]Die Beseitigung von Wald zugunsten einer anderen Bodennutzungsart (Rodung) bedarf der Erlaubnis. [2]Im Schutzwald (Art. 10) gilt als Rodung auch die Überführung von Wald im Sinn des Art. 2 Abs. 1 in Flächen im Sinn des Art. 2 Abs. 2. [3]Die Beseitigung von Wald, der auf natürliche Weise auf bisher anderweitig genutzten Flächen entstanden ist, gilt nicht als Rodung, solang und soweit der Bestand sich noch nicht geschlossen hat.

(2a) Art. 39a bestimmt, für welche Rodungsvorhaben eine Umweltverträglichkeitsprüfung durchzuführen ist.

(3) Die Erlaubnis ist zu erteilen, sofern sich aus den Abs. 4 bis 7 nichts anderes ergibt.

(4) Die Erlaubnis ist zu versagen, wenn

1. es sich um Schutz-, Bann- oder Erholungswald (Art. 10, 11, 12) oder ein Naturwaldreservat (Art. 12a) handelt, unbeschadet des Abs. 6,
2. der Rodung Rechtsvorschriften außerhalb dieses Gesetzes entgegenstehen.

(5) Die Erlaubnis soll versagt werden, wenn

1. die Rodung Plänen im Sinn des Art. 6 widersprechen oder deren Ziele gefährden würde,
2. die Erhaltung des Waldes aus anderen Gründen im öffentlichen Interesse liegt und dieses vor den Belangen des Antragstellers den Vorrang verdient.

(6) [1]Die Erlaubnis ist zu erteilen

1. im Schutzwald, sofern Nachteile für die Schutzfunktion des Waldes nicht zu befürchten sind,
2. im Erholungswald, wenn die Erholungsfunktion des Waldes nicht geschmälert wird.

[2]Im Bannwald kann die Erlaubnis erteilt werden, wenn sichergestellt ist, dass angrenzend an den vorhandenen Bannwald ein Wald neu begründet wird, der hinsichtlich seiner Ausdehnung und seiner Funktionen dem zu rodenden Wald annähernd gleichwertig ist oder gleichwertig werden kann.

(7) Wenn zwingende Gründe des öffentlichen Wohls es erfordern, kann die Erlaubnis auch erteilt werden, wenn die in Abs. 6 genannten Voraussetzungen nicht vorliegen oder nicht geschaffen werden können oder es sich um ein Naturwaldreservat handelt.

(8) [1]Soweit in Satzungen, Planfeststellungsbeschlüssen, Genehmigungen und sonstigen behördlichen Gestattungen auf Grund anderer Gesetze die Änderung der Nutzung festgelegt oder zugelassen ist, bedarf es keiner Erlaubnis nach Abs. 2. [2]In den Verfahren nach diesen Gesetzen sind die Abs. 4 bis 7 sinngemäß zu beachten.

Artikel 10 Schutzwald

(1) Schutzwald ist Wald

1. in den Hoch- und Kammlagen der Alpen und der Mittelgebirge,
2. auf Standorten, die zur Verkarstung neigen oder stark erosionsgefährdet sind,
3. der dazu dient, Lawinen, Felsstürzen, Steinschlägen, Erdabrutschungen, Hochwassern, Überflutungen, Bodenverwehungen oder ähnlichen Gefahren vorzubeugen oder die Flussufer zu erhalten.

(2) Schutzwald ist ferner Wald, der benachbarte Waldbestände vor Sturmschäden schützt.

(3) [1]Für Schutzwald nach Abs. 1 werden innerhalb einer Frist von zehn Jahren nach Inkrafttreten dieses Gesetzes von Amts wegen Schutzwaldverzeichnisse angelegt. [2]Vor Anlegung des Schutzwaldverzeichnisses ist auf Antrag die Schutzwaldeigenschaft eines Waldes festzustellen. [3]Antragsberechtigt sind außer dem Waldbesitzer auch Dritte, die ein berechtigtes Interesse nachzuweisen vermögen.

(4) [1]Bestehen im Fall des Abs. 2 Zweifel daran, ob ein Wald Schutzwald ist, ist dies auf Antrag oder von Amts wegen festzustellen. [2]Abs. 3 Satz 3 gilt entsprechend.

(5) Die Staatsregierung erlässt durch Rechtsverordnung Vorschriften über Anlegung, Inhalt und Führung der Schutzwaldverzeichnisse sowie über die Einsichtnahme in diese Verzeichnisse.

Artikel 11 Bannwald

(1) Wald, der auf Grund seiner Lage und seiner flächenmäßigen Ausdehnung vor allem in Verdichtungsräumen und waldarmen Bereichen unersetzlich ist und deshalb in seiner Flächensubstanz erhalten werden muss und welchem eine außergewöhnliche Bedeutung für das Klima, den Wasserhaushalt oder für die Luftreinigung zukommt, soll durch Rechtsverordnung zu Bannwald erklärt werden.

(2) Zu Bannwald kann durch Rechtsverordnung ferner Wald erklärt werden, der in besonderem Maß dem Schutz vor Immissionen dient.

Artikel 12 Erholungswald

(1) Wald, dem eine außergewöhnliche Bedeutung für die Erholung der Bevölkerung zukommt, kann durch Rechtsverordnung zum Erholungswald erklärt werden.

(2) [1]Zu Erholungswald ist vornehmlich Wald der Gebietskörperschaften zu erklären. [2]Privatwald soll zum Erholungswald nur erklärt werden, wenn hierfür ein besonderes Bedürfnis vorliegt und ein geeigneter Wald im Eigentum von Gebietskörperschaften nicht zur Verfügung steht oder wenn es die Gemengelage mit solchem Wald erfordert.

(3) Dem Waldbesitzer kann unter angemessener Beachtung seiner wirtschaftlichen Belange auferlegt werden, die Errichtung und Unterhaltung von Erholungseinrichtungen oder die Beseitigung von störenden Anlagen und Einrichtungen durch einen Maßnahmenträger zu dulden.

Artikel 12a Naturwaldreservate und Naturwaldflächen

(1) [1]Natürliche oder weitgehend naturnahe Waldflächen können auf Antrag des Waldbesitzers als Naturwaldreservate eingerichtet werden. [2]Sie sollen die natürlichen Waldgesellschaften landesweit repräsentieren und der Erhaltung und Erforschung solcher Wälder sowie der Sicherung der biologischen Vielfalt dienen. [3]Abgesehen von notwendigen Maßnahmen des Waldschutzes und der Verkehrssicherung finden in Naturwaldreservaten keine Bewirtschaftung und keine Holzentnahme statt.

(2) [1]Bis zum Jahr 2023 wird im Staatswald ein grünes Netzwerk eingerichtet, das 10 Prozent des Staatswaldes umfasst und aus naturnahen Wäldern mit besonderer Bedeutung für die Biodiversität besteht (Naturwaldflächen). [2]Abs. 1 Satz 3 gilt entsprechend.

Artikel 13 Betreten des Waldes

(1) [1]Das Betreten des Waldes zum Zweck des Genusses der Naturschönheiten und zur Erholung ist jedermann unentgeltlich gestattet. [2]Die Ausübung dieses Rechts wird nach Maßgabe der Vorschriften des V. Abschnittes des Bayerischen Naturschutzgesetzes (BayNatSchG) gewährleistet. [3]Weitergehende Rechte auf Grund anderer Rechtsvorschriften bleiben unberührt.

(2) [1]Die Ausübung des Rechts nach Abs. 1 erfolgt grundsätzlich auf eigene Gefahr. [2]Vorbehaltlich anderer Rechtsvorschriften werden dadurch besondere Sorgfalts- oder Verkehrssicherungspflichten der betroffenen Grundeigentümer oder sonstiger Berechtigter nicht begründet.

(3) [1]Das Radfahren, das Fahren mit Krankenfahrstühlen und das Reiten ist im Wald nur auf Straßen und geeigneten Wegen zulässig. [2]Die Vorschriften des Straßen- und Wegerechts und des Straßenverkehrsrechts bleiben unberührt.

Artikel 14 Bewirtschaftung des Waldes

(1) [1]Der Wald ist im Rahmen der Zweckbestimmung dieses Gesetzes sachgemäß zu bewirtschaften und vor Schäden zu bewahren. [2]Hierzu sind insbesondere

1. bei der Waldverjüngung standortgemäße Baumarten auszuwählen und standortheimische Baumarten angemessen zu beteiligen sowie die Möglichkeiten der Naturverjüngung zu nutzen,
2. die Wälder bedarfsgerecht und naturschonend zu erschließen,
3. der Waldboden und die Waldbestände bei der Waldbewirtschaftung pfleglich zu behandeln,
4. auf die Anwendung von Düngemitteln zum Zweck der Ertragssteigerung zu verzichten und der Einsatz von chemischen Pflanzenschutzmitteln möglichst zu vermeiden,
5. die biologische Vielfalt zu erhalten,
6. im Hochwald Kahlhiebe zu vermeiden; Abs. 3 bleibt unberührt.

(2) [1]In Schutzwäldern nach Art. 10 Abs. 1 sowie in Erholungswäldern können zur Sicherung der Schutz- und Erholungsfunktion Handlungen, welche diese Funktionen des Waldes beeinträchtigen oder gefährden würden, untersagt werden. [2]Die Eigentümer solcher Wälder und die Nutzungsberechtigten haben ferner die zur Sicherstellung der Schutz- und Erholungsfunktionen notwendigen Maßnahmen zu dulden. [3]In Schutzwäldern nach Art. 10 Abs. 1 und in denjenigen Erholungswäldern, die sich im Eigentum von Gebietskörperschaften befinden, können ferner zur Sicherung der Schutz- und Erholungsfunktion bestimmte forstliche Wirtschaftsmaßnahmen vorgeschrieben werden. [4]In Bannwäldern dürfen Maßnahmen im Sinn der Sätze 1 bis 3 nicht angeordnet oder vorgeschrieben werden. [5]Sind jedoch zum Schutz der Bevölkerung vor Immissionen bestimmte Wirtschaftsmaßnahmen erforderlich, so können diese demjenigen auferlegt werden, der die Immission verursacht. [6]Der Waldbesitzer hat in diesem Fall solche Maßnahmen zu dulden.

(3) [1]Der Kahlhieb im Schutzwald bedarf der Erlaubnis. [2]Sie ist zu erteilen, sofern sich aus Abs. 4 nichts anderes ergibt.

(4) Die Erlaubnis nach Abs. 3 ist zu versagen, wenn und soweit

1. in den Fällen des Art. 10 Abs. 1 die Schutzfunktion des Waldes wesentlich beeinträchtigt oder gefährdet würde,
2. im Fall des Art. 10 Abs. 2 ein unverhältnismäßiger Nachteil für benachbarte Waldbestände zu befürchten ist,
3. dem Kahlhieb Rechtsvorschriften außerhalb dieses Gesetzes entgegenstehen.

Artikel 15 Wiederaufforstung

(1) [1]Kahlgeschlagene oder infolge Schadenseintritts unbestockte Waldflächen sind innerhalb von drei Jahren wieder aufzuforsten. [2]Auf Waldflächen, auf denen die Verjüngung unvollständig bleibt, ist diese innerhalb von fünf Jahren nach der Räumung ausreichend zu ergänzen. [3]Die Fristen nach den Sätzen 1 und 2 können in besonderen Fällen auf Antrag verlängert werden.

(2) Abs. 1 gilt entsprechend für Grundstücke, die der in der Rodungserlaubnis festgelegten Benutzung nicht oder nicht fristgemäß zugeführt worden sind.

(3) Soweit die Wiederaufforstung von Flächen nach den Abs. 1 und 2 wegen des benachbarten Bestands zunächst keinen Erfolg verspricht, beginnt die Frist des Abs. 1 Satz 1 mit dem Wegfall des Hinderungsgrundes.

Artikel 16 Erstaufforstung

(1) [1]Die Aufforstung nicht forstlich genutzter Grundstücke mit Waldbäumen durch Saat oder Pflanzung bedarf der Erlaubnis. [2]Dies gilt auch für die Anlage von Kulturen zur Gewinnung von Christbäumen und Schmuckreisig sowie Kurzumtriebskulturen.

(2) Die Erlaubnis darf nur versagt oder durch Auflagen eingeschränkt werden, wenn die Aufforstung Landschaftsplanungen im Sinn des Art. 4 des BayNatSchG widerspricht, wenn wesentliche Belange der Landeskultur oder des Naturschutzes und der Landschaftspflege gefährdet werden, der Erholungswert der Landschaft beeinträchtigt wird, oder erhebliche Nachteile für die umliegenden Grundstücke zu erwarten sind.

(3) Der bei der Erstaufforstung einzuhaltende Grenzabstand kann im Rahmen einer Auflage größer als in den Vorschriften des Gesetzes zur Ausführung des Bürgerlichen Gesetzbuchs festgelegt werden.

(4) [1]Soweit in auf Gesetz beruhenden Plänen Flächen zur Aufforstung vorgesehen sind, bedarf die Erstaufforstung keiner Erlaubnis. [2]In solchen Fällen ist der Abschluss der Aufforstung der unteren Forstbehörde anzuzeigen.

(5) In Fällen, in denen aus zwingenden Gründen des öffentlichen Wohls die Aufforstung geboten ist, haben die Eigentümer und Nutzungsberechtigten die Aufforstung zu dulden.

(6) [1]Auf die Erstaufforstung von Flächen im Sinn des Abs. 4 ist im Rahmen der Förderung der Forstwirtschaft hinzuwirken. [2]Die Erstaufforstung solcher Flächen ist durch Zusammenlegung im Flurbereinigungsverfahren zu erleichtern. [3]Soweit sich für Erstaufforstungen im Sinn des Abs. 4 keine Träger finden, sollen der Freistaat Bayern oder sonstige Gebietskörperschaften die Flächen erwerben und aufforsten.

(7) Sind Grundstücke nach Abs. 1 ohne Erlaubnis oder einer Auflage zuwider aufgeforstet worden, kann die Beseitigung der Aufforstung angeordnet werden, wenn und soweit die Erlaubnis hätte versagt werden dürfen.

Artikel 16a Geltungsdauer der Erlaubnisse

(1) Sind in den Erlaubnissen nach Art. 9 Abs. 2, Art. 14 Abs. 3 und Art. 16 Abs. 1 keine anderen Fristen bestimmt, so erlöschen diese Erlaubnisse, wenn innerhalb von fünf Jahren nach Erteilung der Erlaubnis mit der Ausführung des Vorhabens nicht begonnen wurde oder diese fünf Jahre unterbrochen worden ist; die Einlegung eines Rechtsbehelfs hemmt den Lauf der Frist bis zur Unanfechtbarkeit der Erlaubnis.

(2) Die Frist nach Abs. 1 kann jeweils bis zu drei Jahren verlängert werden, wenn der Antrag hierzu vor Ablauf der Erlaubnis der nach Art. 39 zuständigen Behörde zugegangen ist.

Artikel 17 Feuergefahr

(1) [1]Wer in einem Wald oder in einer Entfernung von weniger als 100 m davon
1. eine offene Feuerstätte errichten oder betreiben,
2. ein unverwahrtes Feuer anzünden oder betreiben,
3. einen Kohlenmeiler errichten oder betreiben,
4. Bodendecken abbrennen oder
5. Pflanzen oder Pflanzenreste flächenweise absengen

will, bedarf der Erlaubnis. [2]Diese darf nur erteilt werden, wenn das Vorhaben den Belangen der Sicherheit, der Landeskultur, des Naturschutzes und der Erholung nicht zuwiderläuft und Belästigungen möglichst ausgeschlossen sind.

(2) In einem Wald oder in einer Entfernung von weniger als 100 m davon dürfen nicht
1. offenes Licht angezündet oder verwendet werden,
2. brennende oder glimmende Sachen weggeworfen oder sonst unvorsichtig gehandhabt werden,
3. ein nach Abs. 1 Nr. 2 angezündetes Feuer unbeaufsichtigt oder ohne ausreichende Sicherungsmaßnahmen gelassen werden.

(3) Im Wald darf in der Zeit vom 1. März bis 31. Oktober nicht geraucht werden.

(4) Abs. 1 Nrn. 1 und 2 und Abs. 3 gelten nicht
1. für den Waldbesitzer und für Personen, die er in seinem Wald beschäftigt,
2. für Personen, die behördlich angeordnete oder genehmigte Arbeiten durchführen,
3. für die zur Jagdausübung Berechtigten und
4. für die Holznutzungsberechtigten bei der Ausübung des Rechts.

(5) Abs. 2 Nr. 1 gilt nicht bei Maßnahmen zur Rettung von Menschen oder von bedeutsamen Sachwerten aus Gemeingefahr oder bei Rettungsübungen.

Abschnitt III

Ergänzende Vorschriften über die Bewirtschaftung des Staats- und Körperschaftswaldes

Artikel 18 Staatswald

(1) [1]Der Staatswald dient dem allgemeinen Wohl in besonderem Maß und ist daher vorbildlich zu bewirtschaften. [2]Er ist zudem auf Dauer in alleiniger öffentlich rechtlicher Verantwortung zu bewirtschaften. [3]Die mit der Bewirtschaftung und Verwaltung betrauten Stellen haben insbesondere standortgemäße, naturnahe, gesunde, leistungsfähige und stabile Wälder zu erhalten oder zu schaffen. [4]Hierzu soll die natürliche Verjüngung der standortgemäßen Baumarten durch eine auf einen arten-

reichen und gesunden Wildbestand ausgerichtete Bejagung im Wesentlichen ohne Schutzmaßnahmen ermöglicht werden. [5]Die mit der Bewirtschaftung und Verwaltung betrauten Stellen haben ferner

1. die Schutz- und Erholungsfunktion des Waldes und seine biologische Vielfalt zu sichern und zu verbessern, bei allen Maßnahmen die Belange des Naturschutzes, der Landschaftspflege, des Klimaschutzes und der Wasserwirtschaft zu berücksichtigen,
2. die Holzerzeugung möglichst zu steigern, die hierzu erforderlichen Holzvorräte zu halten, die Walderzeugnisse nach wirtschaftlichen Grundsätzen zu verwerten,
3. den Wald vor Schäden zu bewahren,
4. besondere Gemeinwohlleistungen zu erbringen und
5. besondere Belange der Jagd, wie die Reduktion von Schwarzwild und die Bestandssicherung ganzjährig geschonter Wildarten, zu berücksichtigen.

(2) [1]Die Bewirtschaftung des Staatswaldes zielt auf eine Optimierung des Gesamtnutzens aller Waldfunktionen ab und muss auf Forstwirtschaftspläne gestützt sein. [2]Dabei kann entsprechend den örtlichen Bedürfnissen sowie den Zielen und Maßnahmen der Waldfunktionspläne nach Art. 6 in dem jeweils erforderlichen Ausmaß eine der in Abs. 1 genannten Aufgaben bevorzugt erfüllt werden. [3]Die vom Freistaat Bayern verwalteten Stiftungen können bei der Bewirtschaftung ihrer Wälder die sich aus dem Stiftungszweck ergebenden Bedürfnisse angemessen berücksichtigen.

(3) [1]Die ordnungsgemäße forstfachliche Betriebsführung (Betriebsleitung und Betriebsausführung) des Staatswaldes ist geeigneten Fachkräften zu übertragen. [2]Solche sind:

1. für die Betriebsausführung Personen, welche mindestens die Ausbildung für den Einstieg in der dritten Qualifikationsebene in der Fachlaufbahn Naturwissenschaft und Technik, fachlicher Schwerpunkt Forstdienst, oder eine vergleichbare forstliche Ausbildung erfolgreich abgeschlossen haben,
2. als Betriebsleiter Personen, welche die Ausbildung für den Einstieg in der vierten Qualifikationsebene in der Fachlaufbahn Naturwissenschaft und Technik, fachlicher Schwerpunkt Forstdienst, oder eine vergleichbare forstliche Ausbildung erfolgreich abgeschlossen haben.

[3]Die der Betriebsführung zugeordnete Waldfläche darf jeweils nur so groß sein, dass die Erfüllung der Aufgaben im Sinn des Abs. 1 gewährleistet ist.

(4) [1]Abs. 3 gilt nicht, soweit Staatswald von Fachverwaltungen des Freistaates Bayern verwaltet und bewirtschaftet wird; in diesem Fall haben die Fachverwaltungen die Forstbehörden zu beteiligen. [2]Führt der Freistaat Bayern auf von ihm verwalteten und bewirtschafteten Flächen Maßnahmen nach Art. 14 Abs. 3 und Art. 16 Abs. 1 durch, sind die Eigentümer und Nutzungsberechtigten der benachbarten Grundstücke anzuhören.

(5) [1]Das Forstvermögen als Teil des Grundstockvermögens soll in seinem wirtschaftlichen Wert und in seiner Befähigung, die Aufgaben nach Abs. 1 zu erfüllen, ungeschmälert erhalten bleiben. [2]Der Erlös aus der Veräußerung und aus sonstigen Veränderungen von Forstvermögen ist dem Forstgrundstock zuzuführen und soll bevorzugt für den Ankauf von Wald und anderen der Bewirtschaftung des Staatswaldes dienenden Flächen und für die Ablösung von Forstrechten verwendet werden. [3]Der Flächenumfang des Forstvermögens soll grundsätzlich erhalten bleiben.

Artikel 19 Körperschaftswald

(1) [1]Bei der Bewirtschaftung des Körperschaftswaldes sind über die für alle Waldbesitzer geltenden Vorschriften hinaus die Grundsätze des Art. 18 Abs. 1 Sätze 1, 3 und 4 sowie Satz 5 Nrn. 1 bis 3 und 5 zu beachten. [2]Besondere Bedürfnisse sind angemessen zu berücksichtigen.

(2) [1]Die Bewirtschaftung des Körperschaftswaldes muss auf Forstwirtschaftspläne, bei kleineren Wäldern auf Forstbetriebsgutachten gestützt sein; bei Wäldern unter 5 ha Größe entfällt diese Verpflichtung. [2]Art. 18 Abs. 2 Satz 2 gilt sinngemäß. [3]Die Forstwirtschaftspläne und Forstbetriebsgutachten werden im Einvernehmen mit den Körperschaften (Art. 3 Abs. 1 Nr. 2) von freiberuflich tätigen Sachverständigen im Auftrag der Forstbehörden oder von diesen selbst erstellt. [4]Die Körperschaften entrichten für die Erstellung von Forstwirtschaftsplänen und Forstbetriebsgutachten einen Beitrag von 50 v.H. der dem Staat entstehenden Kosten. [5]Die Körperschaften stellen das erforderliche Hilfspersonal für die Waldaufnahme.

(3) Die unteren Forstbehörden können die forstfachliche Betriebsleitung des Körperschaftswaldes und in Verbindung damit die Betriebsausführung vertraglich und abgesehen von in der Verordnung nach Abs. 6 zu regelnden Ausnahmen gegen Entgelt übernehmen.

(4) Nehmen die Körperschaften die Betriebsleitung und die Betriebsausführung selbst wahr, so haben sie damit entsprechend forstfachlich qualifiziertes Personal zu beauftragen.

(5) [1]Die Körperschaften nach Art. 3 Abs. 1 Nr. 2 sind verpflichtet, in ihren Wäldern für den Forstschutz (Art. 32 bis 36) zu sorgen. [2]Sie veranlassen, dass die mit dem Forstschutz beauftragten Personen, soweit diese nicht Polizeivollzugsbeamte oder Forstschutzbeauftragte kraft Amts sind, nach Art. 36 bestätigt werden. [3]Die unteren Forstbehörden unterstützen die Körperschaften beim Vollzug des Forstschutzes, wenn ihnen die Betriebsausführung übertragen wurde.

(6) Das Staatsministerium für Ernährung, Landwirtschaft, Forsten und Tourismus wird ermächtigt, im Einvernehmen mit den Staatsministerien des Innern, für Sport und Integration sowie der Finanzen und für Heimat Rechtsverordnungen über die Bewirtschaftung und Beaufsichtigung des Körperschaftswaldes zu erlassen, namentlich über

1. Aufstellung, Inhalt und Vollzug der Forstwirtschaftspläne und Forstbetriebsgutachten,
2. Aufgaben der Betriebsleitung und -ausführung und deren Übertragung,
3. vertragliche Übernahme der Betriebsleitung und Betriebsausführung durch die Forstbehörden,
4. Bemessung des Entgelts im Fall der vertraglichen Übernahme der Betriebsleitung und -ausführung durch die unteren Forstbehörden,
5. Aufsicht über die Bewirtschaftung des Körperschaftswaldes,
6. sachliche und örtliche Zuständigkeit der Forstbehörden.

Dritter Teil

Förderung und Entschädigung

Artikel 20 Förderung

[1]Die Waldwirtschaft wird besonders nach diesem Gesetz und nach dem Bayerischen Agrarwirtschaftsgesetz gefördert; dies umfasst auch die Aus- und Fortbildung der privaten Waldbesitzer an der Bayerischen Waldbauernschule. [2]Die Förderung nach anderen Vorschriften und Programmen bleibt unberührt.

Artikel 21 Beihilfen für Waldbrandschäden

(1) [1]Bei Waldbrandschäden soll Waldbesitzern, soweit diese von einem Dritten, insbesondere vom Schädiger, keinen Ersatz erlangen, eine Beihilfe gewährt werden. [2]Sie soll 75 v.H. des entstandenen Schadens betragen.

(2) Die Beihilfe kann versagt oder gekürzt werden, wenn der Berechtigte den Schaden verursacht oder es unterlassen hat, den Schaden abzuwenden oder zu mindern.

(3) [1]Die Beihilfe kann unter Auflagen und Bedingungen insbesondere für die rechtzeitige Wiederaufforstung und für die Verfolgung von Ansprüchen gegen Dritte gewährt werden. [2]Die Gewährung der Beihilfe kann davon abhängig gemacht werden, dass der Berechtigte seine Ersatzansprüche gegen Dritte an den Staat abtritt. [3]Die Abtretung der Ersatzansprüche kann nur bis zur Höhe der Beihilfe gefordert werden.

Artikel 22 Sonstige Beihilfen

(1) Der Freistaat Bayern gewährt den privaten und körperschaftlichen Waldbesitzern Beihilfen zur Bewirtschaftung von Schutzwäldern nach Art. 10 Abs. 1, sofern sie in die Schutzwaldverzeichnisse nach Art. 10 Abs. 3 Satz 1 aufgenommen sind oder die Schutzwaldeigenschaft nach Art. 10 Abs. 3 Satz 2 festgestellt ist sowie zur Bewirtschaftung von Erholungswäldern.

(2) Für Maßnahmen, die mit den Grundsätzen und Zielen dieses Gesetzes im Einklang stehen, insbesondere zur Aufrechterhaltung einer sachgemäßen Waldbewirtschaftung (Art. 14 Abs. 1) und Sicherstellung der Waldfunktionen sowie zum Erhalt der biologischen Vielfalt notwendig sind und für die eine Förderung im Rahmen der Gemeinschaftsaufgabe „Verbesserung der Agrarstruktur und des Küstenschutzes“ nicht vorgesehen ist oder nicht erfolgt, können darüber hinaus Beihilfen nach Maßgabe der verfügbaren Haushaltsmittel gewährt werden.

(3) [1]Die beihilfewürdigen Maßnahmen werden in einem forstlichen Landesförderungsprogramm festgelegt. [2]In das Programm sollen insbesondere aufgenommen werden:

1. Beihilfen zur Schädlingsbekämpfung,
2. Beihilfen zur Behebung von Katastrophenschäden,
3. Beihilfen zu nicht kostendeckenden Pflegemaßnahmen in besonderen Fällen,

4. Beihilfen zur Meliorierung von Waldbeständen auf dafür geeigneten Standorten,
5. Beihilfen zum Aufbau standortgemäßer und möglichst naturnaher Wälder,
6. Beihilfen für Naturwaldreservate und
7. Beihilfen für forstwirtschaftliche Selbsthilfeeinrichtungen.

(4) [1]Für die Erbringung besonderer Gemeinwohlleistungen im Staatswald, die über die Anforderungen des Art. 18 Abs. 1 Sätze 1, 3 und 4 sowie Satz 5 Nrn. 1 bis 3 und 5 hinausgehen, sind Zuwendungen nach Maßgabe der verfügbaren Haushaltsmittel bereit zu stellen. [2]Solche Gemeinwohlleistungen sind insbesondere Schutzwaldsanierung, Schutzwaldpflege, Moorrenaturierung, die Bereitstellung von gesondert ausgewiesenen Rad- und Wanderwegen sowie Biotopverbundprojekte im Wald.

Artikel 23 Ausgleichszahlungen

(1) [1]Erwachsen dem Waldbesitzer durch bestimmte forstliche Wirtschaftsmaßnahmen im Sinn des Art. 14 Abs. 2 Satz 3 Erlösminderungen oder zusätzliche Aufwendungen, die bei normaler Bewirtschaftung nicht eintreten würden, so ist für diese Nachteile Ausgleich in Geld zu leisten, auch wenn diese Maßnahmen keine Enteignung darstellen oder einer solchen nicht gleichkommen. [2]Satz 1 gilt nicht für Gebietskörperschaften.

(2) Ausgleichspflichtig ist der Freistaat Bayern.

(3) Auf die Ausgleichszahlungen sind Beihilfen nach Art. 22 anzurechnen, wenn mit der Beihilfe der gleiche Zweck verfolgt wird, dem bestimmte forstliche Wirtschaftsmaßnahmen im Sinn des Art. 14 Abs. 2 Satz 3 dienen.

Artikel 24 Entschädigungen

(1) Hat eine Behörde auf Grund dieses Gesetzes eine Maßnahme getroffen, die eine Enteignung darstellt oder einer solchen gleichkommt, so ist dem Eigentümer oder dem sonstigen Berechtigten nach den Vorschriften des Bayerischen Gesetzes über die entschädigungspflichtige Enteignung (BayEG) Entschädigung in Geld zu leisten.

(2) [1]Entschädigungspflichtig sind bei Maßnahmen von überwiegend örtlicher Bedeutung die betreffenden Gebietskörperschaften, von überwiegend überörtlicher Bedeutung der Freistaat Bayern. [2]Im Fall des Art. 14 Abs. 2 Satz 6 ist derjenige entschädigungspflichtig, der die Immissionen verursacht.

(3) [1]Soweit über die Entschädigung nach Abs. 1 keine Einigung zustande kommt, wird darüber auf Antrag eines Beteiligten durch die Behörde entschieden, auf deren Maßnahme die Entschädigungspflicht beruht. [2]Die Beteiligten sind vor der Entscheidung zu hören. [3]Im Übrigen gelten für das Verfahren die Art. 30 Abs. 4, Art. 44 Abs. 1 und Art. 45 BayEG sinngemäß. [4]Ergeht in angemessener Frist keine Entscheidung, so ist die Klage spätestens innerhalb eines Jahres nach Eingang des Antrags bei der Behörde zu erheben. [5]Aus einer nicht mehr anfechtbaren behördlichen Entscheidung findet wegen der darin festgesetzten Entschädigung die Zwangsvollstreckung nach den Vorschriften der Zivilprozessordnung über die Vollstreckung von Urteilen in bürgerlichen Rechtsstreitigkeiten statt; Art. 38 Abs. 2 BayEG gilt sinngemäß.

(4) [1]Der Grundstückseigentümer kann verlangen, dass der Entschädigungspflichtige das Grundstück übernimmt, soweit es ihm infolge der enteignenden Maßnahme wirtschaftlich nicht mehr zumutbar ist, das Grundstück zu behalten oder es in der bisherigen oder in einer anderen zulässigen Art zu nutzen. [2]Kommt eine Einigung über die Übernahme des Grundstücks nicht zustande, kann der Eigentümer das Enteignungsverfahren beantragen; im Übrigen gelten die Vorschriften des Bayerischen Gesetzes über die entschädigungspflichtige Enteignung sinngemäß.

Artikel 25 Bericht der Staatsregierung

Die Staatsregierung berichtet im Rahmen des Agrarberichts dem Landtag über die Lage und Entwicklung der Forstwirtschaft im Freistaat Bayern sowie über die zur Förderung der Forstwirtschaft erforderlichen Maßnahmen.

Vierter Teil

Aufsicht, Organisation, Forstschutz

Abschnitt I

Aufsicht, Organisation

Artikel 26 Forstaufsicht

(1) Forstaufsicht ist die hoheitliche Tätigkeit, die der Freistaat Bayern ausübt, um den Wald zu erhalten, vor Schäden zu bewahren und seine sachgemäße Bewirtschaftung zu sichern.

(2) Die mit der Forstaufsicht befassten Behörden haben zu diesem Zweck

1. darüber zu wachen, dass die Vorschriften dieses Gesetzes und andere der Erhaltung des Waldbestands und der Sicherung der Forstwirtschaft dienende Rechtsvorschriften beachtet werden,
2. Zuwiderhandlungen gegen diese Rechtsvorschriften zu verhüten, zu unterbinden, sowie zu verfolgen oder bei deren Verfolgung mitzuwirken,
3. die in diesen Rechtsvorschriften vorgesehenen aufsichtlichen Maßnahmen zu treffen.

(3) [1]Die Angehörigen der mit der Forstaufsicht befassten Behörden dürfen bei Ausübung forstaufsichtlicher Tätigkeit den Wald betreten. [2]Der Waldbesitzer ist verpflichtet, den mit der Forstaufsicht befassten Behörden alle zum Vollzug dieses Gesetzes erforderlichen Auskünfte zu erteilen.

Artikel 27 Forstbehörden

(1) Forstbehörden im Sinn dieses Gesetzes sind:

1. das Staatsministerium für Ernährung, Landwirtschaft, Forsten und Tourismus als oberste Forstbehörde,
2. die Ämter für Ernährung, Landwirtschaft und Forsten als untere Forstbehörden.

(2) Für die forstfachliche Leitung der unteren Forstbehörden ist die Große Forstliche Staatsprüfung notwendig.

Artikel 28 Aufgaben der Forstbehörden

(1) Den Forstbehörden obliegen im Vollzug dieses Gesetzes

1. die forstliche Fachplanung (Art. 5 und 6),
2. die Einrichtung von Naturwaldreservaten (Art. 12a),
3. die Durchführung von Aufforstungen aus Gründen des öffentlichen Wohls (Art. 16 Abs. 5),
4. die durch Vertrag übernommene Betriebsleitung und Betriebsausführung im Körperschaftswald (Art. 19),
5. die Erstellung der Forstwirtschaftspläne und Forstbetriebsgutachten im Körperschaftswald (Art. 19),
6. die Förderung der Forstwirtschaft und ihrer Selbsthilfeeinrichtungen (Art. 19 bis 22),
7. die Forstaufsicht (Art. 26), soweit nicht andere Behörden zuständig sind,
8. Waldpädagogik als Bildungsauftrag,
9. die Sanierung der Schutzwälder nach Art. 10 Abs. 1,
10. Erhebungen zur Situation der Waldverjüngung und des Waldzustandes in regelmäßigen Abständen.

(2) Die Forstbehörden werden bei der Erfüllung der Aufgaben von der Landesanstalt für Wald und Forstwirtschaft unterstützt.

Artikel 29 Durchführung der Forstaufsicht

(1) [1]Die zu Ermittlungspersonen der Staatsanwaltschaft erklärten Beamten der unteren Forstbehörden haben bei Ausübung forstaufsichtlicher Tätigkeit innerhalb des Amtsbezirks die Rechte und Pflichten von Polizeibeamten. [2]Sie sollen hierbei eine Dienstkleidung nach der jeweils geltenden Regelung und ein Dienstabzeichen tragen und müssen einen Dienstausweis mit sich führen, der bei Vornahme einer Amtshandlung auf Verlangen vorzuzeigen ist.

(2) Die Aufgaben und Befugnisse der Polizei bleiben unberührt.

Artikel 30, 31 (aufgehoben)

Abschnitt II
Forstschutz

Artikel 32 Zuständigkeit für den Forstschutz

(1) Der Forstschutz obliegt

1. den im Vollzugsdienst tätigen Dienstkräften der Polizei (Art. 1 des Polizeiaufgabengesetzes),
2. den Forstschutzbeauftragten.

(2) Forstschutzbeauftragte sind

1. die zu Ermittlungspersonen der Staatsanwaltschaft erklärten Beamten der unteren Forstbehörden sowie der Gemeinden und anderer Körperschaften des öffentlichen Rechts (Forstschutzbeauftragte kraft Amts) und
2. der Waldbesitzer oder von ihm beauftragte Personen, wenn eine Bestätigung nach Art. 36 erteilt ist (Forstschutzbeauftragte kraft Bestätigung).

Artikel 33 Inhalt des Forstschutzes

[1]Die in Art. 32 genannten Personengruppen haben die Aufgabe, Zuwiderhandlungen gegen Rechtsvorschriften, die den Schutz des Waldes oder der dem Forstbetrieb dienenden Anlagen gegen rechtswidrige Handlungen Dritter zum Gegenstand haben, zu verhüten und zu unterbinden sowie bei der Verfolgung solcher Zuwiderhandlungen mitzuwirken. [2]Die Forstschutzbeauftragten des Staates, der Gemeinden und anderer Körperschaften des öffentlichen Rechts haben ferner die Aufgabe, Zuwiderhandlungen gegen Vorschriften, die den Schutz der Natur, die Pflege der Landschaft und die Erholung in der freien Natur regeln und deren Übertretung mit Strafe oder Geldbuße bedroht ist, zu verhüten, zu unterbinden und bei ihrer Verfolgung mitzuwirken.

Artikel 34 Zuständigkeit der Forstschutzbeauftragten

(1) Die Forstschutzbeauftragten der unteren Forstbehörden üben den Forstschutz in allen Wäldern des Amtsbezirks aus.

(2) Die sonstigen Forstschutzbeauftragten üben den Forstschutz in den Wäldern ihres Dienstherrn oder des auftraggebenden Waldbesitzers aus.

Artikel 35 Rechte und Pflichten der Forstschutzbeauftragten

(1) Die Forstschutzbeauftragten haben bei der Ausübung des Forstschutzes die Rechte und Pflichten von Polizeibeamten.

(2) Bei der Ausübung des Forstschutzes müssen die Forstschutzbeauftragten ein Dienstabzeichen tragen und einen Dienstausweis mit sich führen, der bei Vornahme einer Amtshandlung auf Verlangen vorzuzeigen ist.

Artikel 36 Bestätigung der Forstschutzbeauftragten

(1) Die Bestätigung der Forstschutzbeauftragten obliegt der für den gewöhnlichen Aufenthalt des Bewerbers zuständigen Kreisverwaltungsbehörde.

(2) [1]Die Bestätigung setzt einen schriftlichen Antrag des Waldbesitzers voraus; sie darf nur volljährigen, zuverlässigen und geeigneten Personen erteilt werden. [2]Die Bestätigung ist zu versagen, wenn Bedenken gegen die Zuverlässigkeit oder die Eignung zum Forstschutz bestehen.

(3) [1]Vor der Bestätigung ist die zuständige untere Forstbehörde zu hören. [2]Das gleiche gilt, wenn die Bestätigung widerrufen werden soll.

Fünfter Teil
Verfahrensvorschriften, Ordnungswidrigkeiten

Abschnitt I
Verfahrensvorschriften

Artikel 37 Zuständigkeit zum Erlass von Rechtsverordnungen

(1) Die Kreisverwaltungsbehörden sind zuständig zum Erlass von Rechtsverordnungen über die

1. Erklärung zu Bannwald nach Art. 11,
2. Erklärung zu Erholungswald nach Art. 12 Abs. 1 und die Anordnung von Maßnahmen im Erholungswald nach Art. 12 Abs. 3.

(2) Die Rechtsverordnung wird von der Kreisverwaltungsbehörde im Benehmen mit der örtlich zuständigen unteren Forstbehörde erlassen.

(3) [1]Zuständig nach Abs. 1 ist die Kreisverwaltungsbehörde, in deren Gebiet der betroffene Wald liegt. [2]Wären hiernach mehrere Kreisverwaltungsbehörden zuständig, handelt die Kreisverwaltungsbehörde, in deren Gebiet der überwiegende Teil des Waldes liegt. [3]Bestehen Zweifel über die örtliche Zuständigkeit, entscheidet hierüber die gemeinsame nächsthöhere Behörde.

Artikel 38 Verfahren zur Erklärung von Wald zu Bannwald oder Erholungswald

(1) [1]Die Entwürfe der Rechtsverordnungen einschließlich der Pläne, auf die zur Festlegung der Grenzen des Bannwaldes oder des Erholungswaldes nach Art. 51 Abs. 2 des Landesstraf- und Verordnungsgesetzes Bezug genommen wird, sind den betroffenen Gemeinden zur Stellungnahme zuzuleiten. [2]Außerdem sollen die Behörden und Stellen, die Träger öffentlicher Belange sind und deren Aufgabenbereich berührt wird, sowie die berufsständischen Vertretungen der Waldbesitzer gehört werden.

(2) [1]Die Entwürfe der Rechtsverordnungen sind außerdem mit den Plänen auf die Dauer eines Monats öffentlich bei der Kreisverwaltungsbehörde oder bei einer von ihr bestimmten Stelle auszulegen. [2]Ort und Dauer der Auslegung sind mindestens eine Woche vorher ortsüblich bekannt zu machen mit dem Hinweis, dass Bedenken und Anregungen während der Auslegungsfrist vorgebracht werden können.

(3) Die für den Erlass der Rechtsverordnung zuständige Kreisverwaltungsbehörde prüft die fristgemäß vorgebrachten Bedenken und Anregungen und teilt das Ergebnis den Betroffenen mit.

(4) Wird der räumliche oder sachliche Geltungsbereich einer Rechtsverordnung erheblich verändert, so ist das Verfahren nach den Abs. 1 bis 3 zu wiederholen.

Artikel 39 Zuständigkeit zum Erlass von Verwaltungsakten

(1) Verwaltungsakte nach diesem Gesetz erlässt die untere Forstbehörde; Art. 36 Abs. 1 bleibt unberührt.

(2) [1]Die untere Forstbehörde entscheidet in den Fällen der Art. 9 Abs. 2, Art. 14 Abs. 2, Art. 16 Abs. 1 sowie Art. 17 Abs. 1 im Einvernehmen mit den Kreisverwaltungsbehörden, im Übrigen im Benehmen mit den Kreisverwaltungsbehörden. [2]Genehmigungen oder sonstige behördliche Gestattungen (Art. 9 Abs. 8 Satz 1), die eine Rodungserlaubnis ersetzen, dürfen insoweit nur im Einvernehmen mit der unteren Forstbehörde erteilt werden.

(3) [1]Über die Erlaubnisse nach Art. 15 Abs. 1 Satz 3, Art. 16 Abs. 1, Art. 16a Abs. 2 und Art. 17 Abs. 1 ist binnen drei Monaten nach Eingang des Antrags bei der unteren Forstbehörde zu entscheiden, sofern der Antrag im Fall des Art. 16 Abs. 1 die Zustimmung der nach Art. 43 Abs. 1 Satz 1 Beteiligten enthält. [2]Kann aufgrund besonderer Umstände im Einzelfall über den Antrag innerhalb dieser Frist nicht entschieden werden, ist die Frist vor ihrem Ablauf in einem dem Antragsteller mitzuteilenden Zwischenbescheid um höchstens drei Monate zu verlängern. [3]Die Erlaubnis gilt als erteilt, wenn sie nicht innerhalb der Frist versagt wird. [4]Auf Antrag hat die Behörde hierüber eine Bestätigung auszustellen; diese steht der Erlaubnis gleich.

(3a) Abs. 3 gilt nicht, wenn eine Umweltverträglichkeitsprüfung nach Art. 39a durchzuführen ist.

(4) Sieht ein bergrechtlicher Betriebsplan die Rodung von Wald vor, so entscheidet das Bergamt im Einvernehmen mit der unteren Forstbehörde.

Artikel 39a Umweltverträglichkeitsprüfung

(1) Betrifft das Vorhaben die Rodung von Wald, ist eine Umweltverträglichkeitsprüfung nach den Vorschriften des Bayerischen Verwaltungsverfahrensgesetzes (BayVwVfG) durchzuführen, wenn es

1. 10 ha oder mehr umfasst oder
2. zu mindestens 5 ha innerhalb eines Schutzwaldes nach Art. 10 Abs. 1, eines Bann- oder Erholungswaldes, eines Naturschutzgebietes, eines Nationalparks, eines gemäß der Richtlinie 92/43/EWG[1)] oder der Richtlinie 79/409/EWG[2)] ausgewiesenen Schutzgebietes liegt oder
3. zu mindestens 1 ha in einem gesetzlich geschützten Biotop (Art. 13d Abs. 1 BayNatSchG) liegt.

(2) Betrifft das Vorhaben die Erstaufforstung von Wald, ist eine Umweltverträglichkeitsprüfung nach den Vorschriften des BayVwVfG durchzuführen, wenn es

---

1) **Amtl. Anm.:** Richtlinie des Rates vom 21. Mai 1992 zur Erhaltung der natürlichen Lebensräume sowie der wildlebenden Tiere und Pflanzen (ABl EG Nr. L 206/7 vom 22. Juli 92)

2) **Amtl. Anm.:** Richtlinie des Rates vom 2. April 1979 über die Erhaltung der wildlebenden Vogelarten (ABl EG Nr. L 103/1 vom 25. April 79)

1. 50 ha oder mehr umfasst oder
2. zu mindestens 10 ha innerhalb eines Naturschutzgebietes, eines Nationalparks, eines gemäß der Richtlinie 92/43/EWG[1)] oder der Richtlinie 79/409/EWG[2)] ausgewiesenen Schutzgebietes liegt oder
3. zu mindestens 1 ha in einem gesetzlich geschützten Biotop (Art. 13d Abs. 1 BayNatSchG) liegt.

(3) [1]Die Abs. 1 und 2 gelten auch für Erweiterungen von Rodungen und Erstaufforstungen. [2]Liegt eine Erlaubnis nicht länger als zehn Jahre zurück, so gelten die Abs. 1 und 2 auch dann, wenn
1. das durch die Erweiterung entstehende Vorhaben bei einheitlicher Betrachtung erstmals oder
2. bereits das ursprüngliche Vorhaben einer Umweltverträglichkeitsprüfung bedurfte und die Erweiterung mindestens zu 50 v.H.

einen der in den Abs. 1 und 2 genannten Schwellenwerte erreicht oder überschreitet.

Artikel 40 Zuständigkeiten im Rechtsbereich der forstwirtschaftlichen Zusammenschlüsse

(1) Das Staatsministerium für Ernährung, Landwirtschaft, Forsten und Tourismus ist zuständig für
1. den Vollzug des § 18 Abs. 1, §§ 19, 20, 22 Abs. 2 Nr. 4, § 23 Abs. 1 und 2, § 31 Abs. 2, § 32 Abs. 2, § 34 Abs. 1, § 36 Abs. 2, §§ 38, 39 Abs. 2 und 3 des Bundeswaldgesetzes (BWaldG),
2. die Förderung der forstwirtschaftlichen Zusammenschlüsse auf Grund des § 41 BWaldG.

(2) Das Staatsministerium für Ernährung, Landwirtschaft, Forsten und Tourismus wird ermächtigt, Zuständigkeiten nach Abs. 1 Nr. 1 durch Rechtsverordnung auf nachgeordnete Behörden zu übertragen.

Artikel 41 Durchführung von Maßnahmen

(1) [1]Kommt der Waldbesitzer den ihm nach diesem Gesetz obliegenden Verpflichtungen nicht nach, so kann die untere Forstbehörde die erforderlichen Maßnahmen unter Androhung der Vollstreckung anordnen. [2]Bewirtschaftungs- und Schutzmaßnahmen nach Art. 14 Abs. 1 dürfen dem Waldbesitzer nur auferlegt werden, soweit sie von ihm unter wirtschaftlich vertretbaren und zumutbaren Bedingungen durchgeführt werden können. [3]Andernfalls kann die untere Forstbehörde die erforderlichen Maßnahmen selbst durchführen. [4]Der Waldbesitzer hat die Durchführung zu dulden.

(2) [1]Ordnet die untere Forstbehörde eine Ersatzvornahme an, so beauftragt sie geeignete Dritte, insbesondere land- und forstwirtschaftliche Betriebe oder deren Zusammenschlüsse mit der Durchführung. [2]Art. 4 BayNatSchG bleibt unberührt.

(3) Abs. 2 gilt sinngemäß für die Durchführung von zu duldenden Maßnahmen.

Artikel 42 Antragstellung

(1) Die nach diesem Gesetz bei den unteren Forstbehörden einzureichenden Anträge sind schriftlich oder zur Niederschrift abzugeben und sollen die für die Beurteilung erforderlichen Angaben und Unterlagen enthalten; Art. 36 bleibt unberührt.

(2) Zu Anträgen nach Art. 9, 16 und 17 holt die untere Forstbehörde eine fachgutachtliche Stellungnahme der Kreisverwaltungsbehörde ein.

(3) Antragsberechtigt ist, soweit dieses Gesetz nichts anderes bestimmt, der Waldbesitzer oder der Eigentümer der Aufforstungsfläche.

Artikel 43 Verfahrensbeteiligung in besonderen Fällen

(1) [1]Als Beteiligte sind auf ihren Antrag zu den Verfahren hinzuzuziehen
1. bei Feststellung der Schutzwaldeigenschaft nach Art. 10 Abs. 4 und bei Erteilung der Kahlhiebserlaubnis nach Art. 14 Abs. 3 in einem solchen Schutzwald der Besitzer des vor Sturmschäden zu schützenden Waldes,
2. bei Erstaufforstungen die Eigentümer und Nutzungsberechtigten der dem aufzuforstenden Grundstück (Art. 16) benachbarten Grundstücke.

[2]Sie sind, soweit ihr Aufenthalt bekannt ist, von der Einleitung des Verfahrens zu benachrichtigen. [3]Im Übrigen bleibt Art. 13 BayVwVfG unberührt.

(2) Entscheidungen sind dem Antragsteller und den übrigen Verfahrensbeteiligten, die Einwendungen erhoben und diese aufrechterhalten haben, zuzustellen.

---

1) **Amtl. Anm.:** Richtlinie des Rates vom 21. Mai 1992 zur Erhaltung der natürlichen Lebensräume sowie der wildlebenden Tiere und Pflanzen (ABl EG Nr. L 206/7 vom 22. Juli 92)

2) **Amtl. Anm.:** Richtlinie des Rates vom 2. April 1979 über die Erhaltung der wildlebenden Vogelarten (ABl EG Nr. L 103/1 vom 25. April 79)

Artikel 44 Kostenfreiheit
Für die Verfahren nach Art. 10 Abs. 3 Satz 2 und Abs. 4 sowie nach Art. 16 Abs. 1 Satz 1 werden Kosten nicht erhoben.

Artikel 45 Verfahrensvorschriften für Forstordnungswidrigkeiten
(1) [1]Bei Forstordnungswidrigkeiten nach Art. 46 stehen der unteren Forstbehörde die Befugnisse des § 56 des Gesetzes über Ordnungswidrigkeiten (OWiG) zu. [2]Nimmt die untere Forstbehörde diese Befugnisse nicht wahr, gibt sie eine Stellungnahme auch zur Schadenshöhe ab. [3]Die Verwarnung durch die untere Forstbehörde ist unzulässig, wenn die nach § 36 OWiG zuständige Stelle tätig geworden ist.
(2) [1]Die untere Forstbehörde ist befugt, die Akten des Gerichts, der Staatsanwaltschaft und der Verwaltungsbehörde einzusehen. [2]Vor Abschluss der Ermittlungen ist unter Übersendung der Akten die untere Forstbehörde zu hören. [3]Die Verwaltungsbehörde teilt der unteren Forstbehörde ihre abschließende Entscheidung mit und übersendet ihr die Mitteilung nach § 76 Abs. 4 OWiG.

Abschnitt II
Ordnungswidrigkeiten

Artikel 46 Ordnungswidrigkeiten
(1) Mit Geldbuße bis zu fünfundzwanzigtausend Euro kann belegt werden, wer vorsätzlich oder fahrlässig
1. entgegen Art. 9 Abs. 1 Wald zerstört,
2. ohne Erlaubnis nach Art. 9 Abs. 2 Wald rodet,
3. ohne Erlaubnis nach Art. 14 Abs. 3 im Schutzwald einen Kahlhieb vornimmt.

(2) Mit Geldbuße bis zu zehntausend Euro kann belegt werden, wer vorsätzlich oder fahrlässig
1. entgegen einer vollziehbaren Anordnung nach Art. 14 Abs. 2 bestimmte forstliche Wirtschaftsmaßnahmen nicht ausführt oder untersagte Handlungen vornimmt,
2. ohne Erlaubnis nach Art. 16 Abs. 1 aufforstet,
3. einer vollziehbaren Auflage zuwiderhandelt, die bei der Erteilung der Erlaubnis zu einer Rodung nach Art. 9, zu einem Kahlhieb nach Art. 14 oder zu einer Erstaufforstung nach Art. 16 festgesetzt worden ist,
4. ohne Erlaubnis eine der in Art. 17 Abs. 1 bezeichneten Handlungen vornimmt,
5. Art. 17 Abs. 2 zuwiderhandelt.

(3) [1]Mit Geldbuße bis zweitausendfünfhundert Euro kann belegt werden, wer
1. vorsätzlich oder fahrlässig in einem fremden Wald unbefugt Vieh weiden lässt,
2. in einem Wald ohne Aufsicht eines Hirten oder in Waldverjüngungsflächen, soweit es nicht durch bestehende Rechtsverhältnisse, Alpen- oder Weideordnungen zugelassen ist, oder entgegen den Beschränkungen seines Weiderechts durch bestehende Rechtsverhältnisse, Alpen- oder Weideordnungen Vieh weiden lässt,
3. vorsätzlich oder fahrlässig in einem fremden Wald Vieh außerhalb genügend umschlossener Grundstücke ohne ausreichende Aufsicht oder Sicherung lässt oder außerhalb von Wegen unbefugt Vieh treibt.

[2]Hausgeflügel gilt nicht als Vieh im Sinn des Satzes 1.
(4) Mit Geldbuße kann belegt werden, wer vorsätzlich oder fahrlässig in einem Wald unbefugt
1. Holz schleift oder stürzt,
2. Vorrichtungen, die zum Sperren von Wegen oder dem Schutz von Waldverjüngungsflächen dienen, öffnet und offen stehen lässt, entfernt oder in anderer Weise unwirksam macht,
3. Zelte oder Wohnwagen aufstellt,
4. entgegen Art. 17 Abs. 3 in der Zeit vom 1. März bis 31. Oktober raucht.

Sechster Teil
Übergangs- und Schlussvorschriften

Artikel 47 Nationalparke und Naturschutzgebiete
[1]Die Vorschriften dieses Gesetzes finden auf Nationalparke Anwendung, soweit die Nationalparkverordnungen nicht entgegenstehen. [2]Satz 1 gilt entsprechend für Naturschutzgebiete.

Artikel 48 Belange der Landesverteidigung

[1]Auf Flächen, die ausschließlich oder überwiegend für Zwecke der Landesverteidigung bestimmt sind, sind die Vorschriften dieses Gesetzes nur insoweit anzuwenden, als dadurch ihre bestimmungsgemäße Nutzung nicht beeinträchtigt wird. [2]Anzuhörende Stelle im Sinn von § 45 Abs. 2 Satz 1 BWaldG sind die unteren Forstbehörden.

Artikel 49 Verweisung auf aufgehobene Vorschriften

Soweit in anderen Gesetzen und Verordnungen auf durch dieses Gesetz aufgehobene oder geänderte Vorschriften verwiesen wird, treten die entsprechenden Vorschriften dieses Gesetzes an ihre Stelle.

Artikel 50, 51 (aufgehoben)

Artikel 52 In-Kraft-Treten

Dieses Gesetz tritt am 1. Januar 1975 in Kraft.[1)]

1) **Amtl. Anm.:** Diese Vorschrift betrifft das In-Kraft-Treten des Gesetzes in der ursprünglichen Fassung vom 22. Oktober 1974 (GVBl S. 551). Der Zeitpunkt des In-Kraft-Tretens der späteren Änderungen ergibt sich aus den jeweiligen Änderungsgesetzen. Die aus dem Forststrafgesetz (FoStG) in der Fassung der Bekanntmachung vom 14. September 1970 (GVBl. S. 460), zuletzt geändert durch Art. 44 Abs. 1 BayWaldG vom 22. Oktober 1974 (GVBl S. 551), übernommenen Vorschriften traten am 1. Januar 1966 in Kraft, soweit sich auf Grund der ergangenen Änderungen kein späterer Zeitpunkt ergibt. Art 35 Abs. 2 Satz 2 BayWaldG in der Fassung der Bekanntmachung vom 25. August 1982 (GVBl S. 824) trat in seiner ursprünglichen Fassung (Art. 29 Abs. 2 Satz 2 FoStG vom 9. Juli 1965 [GVBl. S. 117]) am 1. Mai 1965 in Kraft.

Bayerisches Gesetz zur Ausführung des Bundes-Bodenschutzgesetzes (Bayerisches Bodenschutzgesetz – BayBodSchG)

Vom 23. Februar 1999 (GVBl S. 36)
(BayRS 2129-4-1-U)
zuletzt geändert durch ÄndG vom 9. Dezember 2020 (GVBl. S. 640)

Nichtamtliche Inhaltsübersicht

Erster Teil

Erfassung von schädlichen Bodenveränderungen und Altlasten, Überwachung und Gefahrenabwehr

Artikel 1 Mitteilungs- und Auskunftspflichten

[1]Die in § 4 Abs. 3 und 6 des Bundes-Bodenschutzgesetzes genannten Personen sind verpflichtet, konkrete Anhaltspunkte dafür, dass eine schädliche Bodenveränderung oder Altlast vorliegt, unverzüglich der zuständigen Behörde mitzuteilen. [2]Sie haben der zuständigen Behörde auf Verlangen die zur Erfüllung der Aufgaben nach dem Bundes-Bodenschutzgesetz und diesem Gesetz erforderlichen Auskünfte zu erteilen und Unterlagen vorzulegen. [3]Die Verpflichtungen nach den Sätzen 1 und 2 bestehen nicht, soweit sich die verpflichtete Person durch die Mitteilung oder Auskunft selbst oder einen der in § 383 Abs. 1 Nrn. 1 bis 3 der Zivilprozessordnung bezeichneten Angehörigen der Gefahr strafgerichtlicher Verfolgung oder eines Verfahrens nach dem Gesetz über Ordnungswidrigkeiten aussetzen würde.

Artikel 2 Erstbewertung

[1]Die zuständige Behörde soll Flächen, bei denen auf Grund von Mitteilungen nach Art. 1 Satz 1, Art. 12 Abs. 2 oder sonstiger Erkenntnisse Anhaltspunkte dafür bestehen, dass eine schädliche Bodenveränderung oder Altlast vorliegt, einer ersten Gefährdungsabschätzung (Erstbewertung) unterziehen. [2]Sie unterrichtet das Landesamt für Umwelt und die betroffene Gemeinde über das Ergebnis der Erstbewertung, wenn der Verdacht besteht oder feststeht, dass eine schädliche Bodenveränderung,

von der auf Grund von Art, Ausbreitung oder Menge der Schadstoffe in besonderem Maße Gefahren, erhebliche Nachteile oder erhebliche Belästigungen für den Einzelnen oder die Allgemeinheit ausgehen, oder eine Altlast vorliegt.

Artikel 3 Katastermäßige Erfassung

(1) [1]Das Landesamt für Umwelt führt ein Kataster, in dem die von der zuständigen Behörde nach Art. 2 Satz 2 gemeldeten Flächen erfasst werden. [2]Die Meldung wird dadurch bewirkt, dass die zuständige Behörde die Eintragungen im Kataster vornimmt.

(2) Die zuständige Behörde unterrichtet das Landesamt für Umwelt über die Durchführung und das Ergebnis sämtlicher Maßnahmen, die zur Untersuchung, Überwachung oder Sanierung der im Kataster erfassten Flächen vorgenommen werden und nimmt die entsprechenden Eintragungen im Kataster vor.

Artikel 4 Duldungspflichten, Entschädigung

(1) [1]Der Grundstückseigentümer, der Inhaber der tatsächlichen Gewalt über ein Grundstück und die Betroffenen nach § 12 des Bundes-Bodenschutzgesetzes sind verpflichtet, der zuständigen Behörde und deren Beauftragten zur Wahrnehmung der Aufgaben nach dem Bundes-Bodenschutzgesetz und diesem Gesetz das Betreten der Grundstücke, Geschäfts- und Betriebsräume sowie die Vornahme von Ermittlungen und die Einrichtung von Messstellen zu gestatten. [2]Zur Verhütung dringender Gefahren für die öffentliche Sicherheit und Ordnung ist auch der Zutritt zu Wohnräumen und die Vornahme von Ermittlungen in diesen zu gestatten. [3]Das Grundrecht der Unverletzlichkeit der Wohnung (Art. 13 des Grundgesetzes, Art. 106 Abs. 3 der Verfassung) wird insoweit eingeschränkt.

(2) [1]Bei Ausübung der Befugnisse nach Absatz 1 ist auf die berechtigten Belange der Betroffenen nach § 12 des Bundes-Bodenschutzgesetzes Rücksicht zu nehmen. [2]Für Schäden, die den Betroffenen bei Ausübung der Befugnisse nach Absatz 1 entstehen, gilt Art. 11 Abs. 1 des Landesstraf- und Verordnungsgesetzes in Verbindung mit Art. 70 Abs. 1 des Polizeiaufgabengesetzes entsprechend.

Artikel 5 Ergänzende Vorschriften für schädliche Bodenveränderungen und Verdachtsflächen

(1) Schädliche Bodenveränderungen und Verdachtsflächen unterliegen, soweit erforderlich und nicht abweichend oder inhaltsgleich in anderen Rechtsvorschriften geregelt, der Überwachung durch die zuständige Behörde.

(2) [1]Bei schädlichen Bodenveränderungen, von denen auf Grund von Art, Ausbreitung oder Menge der Schadstoffe in besonderem Maße Gefahren, erhebliche Nachteile oder erhebliche Belästigungen für den Einzelnen oder die Allgemeinheit ausgehen, kann die zuständige Behörde Sanierungsuntersuchungen, die Erstellung eines Sanierungsplans und die Durchführung von Eigenkontrollmaßnahmen verlangen. [2]Die §§ 13, 14, 15 Abs. 2 und 3 sowie § 24 des Bundes-Bodenschutzgesetzes gelten entsprechend.

Artikel 6 Sachverständige und Untersuchungsstellen

(1) [1]Das Staatsministerium für Umwelt und Verbraucherschutz wird ermächtigt, durch Rechtsverordnung die Anforderungen an die Sachkunde, Zuverlässigkeit und gerätetechnische Ausstattung der Sachverständigen und Untersuchungsstellen, die Aufgaben nach dem Bundes-Bodenschutzgesetz oder nach diesem Gesetz wahrnehmen, sowie Art und Umfang ihrer Aufgaben und die Vorlage der Ergebnisse ihrer Tätigkeit zu regeln. [2]In der Rechtsverordnung können auch die von Sachverständigen oder den Leitern von Untersuchungsstellen zu erfüllenden persönlichen Voraussetzungen und die bei Ausübung ihrer Tätigkeit einzuhaltenden Verpflichtungen geregelt werden.

(2) [1]Sachverständige und Untersuchungsstellen, die nachweisen, dass sie den in der Rechtsverordnung nach Absatz 1 festgelegten Anforderungen genügen, werden auf Antrag durch das Landesamt für Umwelt zugelassen. [2]Die Zulassung kann befristet und auf bestimmte Aufgabenbereiche beschränkt werden. [3]Wird über den Antrag auf Erteilung einer Zulassung nach Satz 1 nicht innerhalb einer Frist von sechs Monaten entschieden, gilt die Zulassung als erteilt. [4]Das Zulassungsverfahren kann nach den Vorschriften des Bayerischen Verwaltungsverfahrensgesetzes über eine einheitliche Stelle abgewickelt werden. [5]Weitere Einzelheiten des Zulassungsverfahrens, die Bekanntgabe der zugelassenen Sachverständigen und Untersuchungsstellen sowie die Voraussetzungen für den Widerruf der Zulassung können in der Rechtsverordnung nach Abs. 1 geregelt werden.

(3) [1]Zulassungen anderer Länder der Bundesrepublik Deutschland gelten auch im Freistaat Bayern. [2]Gleichwertige Zulassungen anderer Mitgliedstaaten der Europäischen Union oder anderer Vertragsstaaten des Abkommens über den Europäischen Wirtschaftsraum stehen Zulassungen nach Abs. 2

gleich. [3]Sie sind der Zulassungsstelle vor Aufnahme der Tätigkeit im Original oder in Kopie vorzulegen. [4]Eine Beglaubigung der Kopie kann verlangt werden. [5]Nachweise aus einem anderen Mitgliedstaat der Europäischen Union oder einem anderen Vertragsstaat des Abkommens über den Europäischen Wirtschaftsraum stehen inländischen Nachweisen gleich, wenn sie mit diesen gleichwertig sind oder wenn aus ihnen hervorgeht, dass die betreffenden Zulassungsvoraussetzungen erfüllt sind.

Zweiter Teil
Bodeninformationssystem

Artikel 7 Zweck des Bodeninformationssystems

Um die geowissenschaftlichen Grundlagen für eine nachhaltige Sicherung der Funktionen des Bodens bereitzustellen, wird beim Landesamt für Umwelt ein Bodeninformationssystem geführt.

Artikel 8 Inhalt des Bodeninformationssystems

Das Bodeninformationssystem umfasst von staatlichen oder sonstigen öffentlichen Stellen erhobene Daten aus Untersuchungen über die physikalische, chemische und biologische Beschaffenheit des Bodens, die Daten der landesweit eingerichteten Bodendauerbeobachtungsflächen und der beim Landesamt für Umwelt eingerichteten Bodenprobenbank sowie deren Auswertung und sonstige geowissenschaftliche Daten und Erkenntnisse.

Artikel 9 Mitwirkungspflichten, Entschädigung

[1]Der Grundstückseigentümer und der Inhaber der tatsächlichen Gewalt über ein Grundstück haben den zuständigen Fachbehörden und deren Beauftragten auf Verlangen die zur Erfüllung der Aufgaben nach Art. 8 erforderlichen Auskünfte zu erteilen. [2]Sie sind auch verpflichtet, den zuständigen Fachbehörden und deren Beauftragten das Betreten des Grundstücks sowie die Vornahme von Ermittlungen zu gestatten. [3]Art. 4 Abs. 2 gilt entsprechend.

Dritter Teil
Aufgaben und Zuständigkeit, Anordnungen, Pflichten der Behörden und sonstiger öffentlicher Stellen

Artikel 10 Aufgaben und Zuständigkeit

(1) Die zuständige Behörde hat darüber zu wachen, dass die Bestimmungen des Bundes-Bodenschutzgesetzes, dieses Gesetzes und der auf Grund dieser Gesetze erlassenen Rechtsverordnungen eingehalten und auferlegte Verpflichtungen erfüllt werden; sie wird hierbei von den dem Staatsministerium für Umwelt und Verbraucherschutz nachgeordneten Fachbehörden unterstützt.

(2) [1]Zuständige Behörde im Sinn des Bundes-Bodenschutzgesetzes, dieses Gesetzes und der auf Grund dieser Gesetze erlassenen Rechtsverordnungen ist die Kreisverwaltungsbehörde. [2]Sie beteiligt, soweit nichts anderes bestimmt ist, bei Fragen fachlicher Art die wasserwirtschaftliche Fachbehörde; diese kann insoweit von den der zuständigen Behörde nach Art. 1 Satz 2 und Art. 4 zustehenden Rechten und Befugnissen Gebrauch machen.

(3) [1]Die Vermittlung der Grundsätze der guten fachlichen Praxis der landwirtschaftlichen Bodennutzung nach § 17 Abs. 1 Satz 2 des Bundes-Bodenschutzgesetzes obliegt den Landwirtschaftsbehörden. [2]Das Amt für Ernährung, Landwirtschaft und Forsten stellt fest, ob die sich aus den Grundsätzen der guten fachlichen Praxis ergebenden Anforderungen an die Gefahrenabwehr im Sinn von § 17 Abs. 3 des Bundes-Bodenschutzgesetzes eingehalten sind.

(4) Bei Fragen, die die landwirtschaftliche oder forstwirtschaftliche Bodennutzung betreffen, entscheidet die zuständige Behörde im Einvernehmen mit dem Amt für Ernährung, Landwirtschaft und Forsten; die den Forstbehörden obliegende Aufsicht über die Erfüllung der Vorsorgepflicht bei der forstwirtschaftlichen Bodennutzung und die sachgemäße Waldbewirtschaftung bleibt unberührt.

(5) Das Nähere über das Zusammenwirken der in den Absätzen 1 bis 4 genannten Behörden regelt das Staatsministerium für Umwelt und Verbraucherschutz, soweit andere Staatsministerien betroffen sind, im Einvernehmen mit diesen, durch Verwaltungsvorschrift.

(6) Bei stillgelegten Deponien gelten bis zum Ende der Nachsorgephase die Zuständigkeiten nach Abfallrecht.

Artikel 11 Anordnungen

Die zuständige Behörde kann Anordnungen treffen, soweit dies zur Erfüllung der sich aus diesem Gesetz oder den auf Grund dieses Gesetzes erlassenen Rechtsverordnungen ergebenden Pflichten erforderlich ist.

Artikel 12 Pflichten der Behörde und sonstiger öffentlicher Stellen

(1) Staat, Gemeinden, Landkreise, Bezirke und sonstige juristische Personen des öffentlichen Rechts haben vorbildhaft dazu beizutragen, dass die Zielsetzungen und Grundsätze des § 1 des Bundes-Bodenschutzgesetzes erreicht werden.

(2) Die in Absatz 1 genannten öffentlichen Stellen teilen ihre Erkenntnisse über die Besorgnis einer schädlichen Bodenveränderung sowie Anhaltspunkte dafür, dass eine schädliche Bodenveränderung oder Altlast vorliegt, unverzüglich der zuständigen Behörde mit.

Vierter Teil

Ausgleichsleistungen, Finanzierung

Artikel 13 Ausgleichsleistungen bei Beschränkung der land- und forstwirtschaftlichen Bodennutzung

(1) Über die Gewährung eines Ausgleichs nach § 10 Abs. 2 des Bundes-Bodenschutzgesetzes entscheidet die zuständige Behörde im Einvernehmen mit dem Amt für Ernährung, Landwirtschaft und Forsten.

(2) Die Staatsregierung wird ermächtigt, die Einzelheiten der Ausgleichsgewährung, insbesondere das Verfahren sowie Art und Umgang des Ausgleichsanspruchs, durch Rechtsverordnung zu regeln.

Artikel 13a Erkundung und Sanierung gemeindeeigener Hausmülldeponien

(1) [1]Die Kosten für die Erkundung und Sanierung stillgelegter gemeindeeigener Hausmülldeponien tragen der Freistaat Bayern und die kreisangehörigen Gemeinden gemäß den nachfolgenden Bestimmungen gemeinsam. [2]Gemeindeeigene Hausmülldeponie ist eine Deponie, die von einer kreisangehörigen Gemeinde in Erfüllung ihrer gesetzlichen Aufgabe der Abfallentsorgung betrieben worden ist, sofern nicht ein Landkreis oder eine kreisfreie Gemeinde als entsorgungspflichtige Körperschaft im Sinn des Art. 3 Abs. 1 des Bayerischen Abfallwirtschaftsgesetzes die Inhaberstellung übernommen hat oder sofern die Deponie nicht ausschließlich für die Ablagerung mineralischer Abfälle genehmigt worden ist. [3]Eine gemeindeeigene Hausmülldeponie ist stillgelegt, wenn auf ihr nach dem 30. April 2006 keine Abfälle mehr abgelagert werden.

(2) [1]Das Staatsministerium für Umwelt und Verbraucherschutz errichtet und verwaltet mit Wirkung zum 1. Januar 2006 einen Unterstützungsfonds als staatliches Sondervermögen ohne eigene Rechtspersönlichkeit. [2]Die jährlichen Beiträge an den Unterstützungsfonds werden vom Freistaat Bayern und von den kreisangehörigen Gemeinden je zur Hälfte aufgebracht. [3]Die Beiträge betragen in der Regel je fünf Millionen Euro pro Jahr.

(3) Die Beiträge der einzelnen Gemeinden zu dem von ihnen insgesamt gemäß Abs. 2 zum Unterstützungsfonds zu leistenden Anteil bestimmen sich nach dem Verhältnis ihrer für das laufende Rechnungsjahr maßgebenden Umlagegrundlagen (Art. 18 Abs. 3 des Finanzausgleichsgesetzes – FAG).

(4) [1]Aus dem Unterstützungsfonds erhalten die Gemeinden im Rahmen der verfügbaren Mittel Zuschüsse, soweit sie nach anderen Rechtsvorschriften die Kosten für die Erkundung und die Sanierung stillgelegter gemeindeeigener Hausmülldeponien zu tragen haben. [2]Zuschussfähig sind die notwendigen Kosten für Erkundungs- oder Sanierungsmaßnahmen, soweit diese einen angemessenen Eigenanteil übersteigen. [3]Der Eigenanteil der betroffenen Gemeinde gemäß Satz 2 beträgt je Hausmülldeponie 1,5 v.H. der Umlagegrundlagen (Art. 18 Abs. 3 FAG), höchstens 200 000 Euro. [4]Maßgeblich für die Ermittlung der Umlagegrundlagen ist der Durchschnittswert der letzten drei Rechnungsjahre, die dem Jahr der Erstattungsantragstellung vorangehen. [5]Die Kosten für die Erkundung und die Sanierung gemeindeeigener Hausmülldeponien bis zu einer Höhe von 20 000 Euro trägt allein die betroffene Gemeinde. [6]Die Zuschussgewährung setzt voraus, dass die Erkundungs- oder Sanierungsmaßnahmen jeweils in eine nach Maßgabe der zur Verfügung stehenden Fondsmittel halbjährlich aufzustellende Prioritätenliste aufgenommen sind.

(5) [1]Das Staatsministerium für Umwelt und Verbraucherschutz wird ermächtigt, im Einvernehmen mit den Staatsministerien des Innern, für Sport und Integration und der Finanzen und für Heimat durch

Rechtsverordnung die weiteren Einzelheiten, insbesondere des Berechnungs- und Erhebungsverfahrens, zu regeln. [2]Es kann vorgesehen werden, dass das Landesamt für Statistik die Beiträge ermittelt und festsetzt und dass die Erhebung bei den kreisangehörigen Gemeinden im Weg der Verrechnung erfolgt. [3]Ferner kann vorgesehen werden, dass bei Vorliegen einer besonderen Härte, insbesondere wenn ausgeschlossen ist, dass eine Gemeinde den Unterstützungsfonds in Anspruch nehmen kann, weil sie ihre Hausmülldeponien bereits vollständig saniert hat, der Beitrag einer Gemeinde reduziert werden kann. [4]Die Verwaltung des Sondervermögens kann auf Dritte übertragen werden, sofern diese die erforderliche Zuverlässigkeit und Sachkunde bei der verfahrensrechtlichen Behandlung von Altlastensanierungen besitzen; die Übertragung ist stets widerruflich.

Fünfter Teil
Schlussvorschriften

Artikel 14 Ordnungswidrigkeiten

Mit Geldbuße bis zu zehntausend Euro kann belegt werden, wer vorsätzlich oder fahrlässig

1. entgegen Art. 1 Satz 2 oder Art. 9 Satz 1 verlangte Auskünfte nicht, nicht richtig, nicht vollständig oder nicht rechtzeitig erteilt oder Unterlagen nicht vorgelegt,
2. entgegen Art. 4 Abs. 1 oder Art. 9 Satz 2 das Betreten eines Grundstücks, eines Wohn-, Geschäfts- oder Betriebsraumes oder die Vornahme von Ermittlungen nicht gestattet oder
3. einer vollziehbaren Anordnung nach Art. 5 Abs. 2 in Verbindung mit § 13 Abs. 1 oder § 15 Abs. 2 Sätze 1, 3 oder 4 des Bundes-Bodenschutzgesetzes zuwiderhandelt,
4. entgegen Art. 5 Abs. 2 in Verbindung mit § 15 Abs. 3 Satz 1 des Bundes-Bodenschutzgesetzes eine Mitteilung nicht, nicht richtig, nicht vollständig oder nicht rechtzeitig macht.

Artikel 15 Außerkrafttreten

Art. 13a tritt mit Ablauf des 31. Dezember 2025 außer Kraft.

Bayerisches Immissionsschutzgesetz (BayImSchG)[1)]

Vom 10. Dezember 2019 (GVBl. S. 686)
(BayRS 2129-1-1-U)
zuletzt geändert durch § 2 G zur Änderung des Bayerischen Wassergesetzes und des Bayerischen Immissionsschutzgesetzes vom 9. November 2021 (GVBl. S. 608)

Nichtamtliche Inhaltsübersicht

Der Landtag des Freistaates Bayern hat das folgende Gesetz beschlossen, das hiermit bekannt gemacht wird:

Teil 1
Ausführung des Bundes-Immissionsschutzgesetzes

Artikel 1 Allgemeine Zuständigkeiten

(1) [1]Genehmigungsbehörde im Sinne des § 10 Abs. 5 Satz 1 des Bundes-Immissionsschutzgesetzes (BImSchG) ist

1. die Regierung
   a) für Anlagen der öffentlichen Versorgung
      aa) zur Erzeugung von Strom, Dampf, Warmwasser, Prozesswärme oder erhitztem Abgas durch den Einsatz von Brennstoffen in einer Verbrennungseinrichtung, ausgenommen Anlagen zum Einsatz von Biogas und von naturbelassenem Holz mit einer Feuerungswärmeleistung von weniger als 10 MW,
      bb) zur Elektroumspannung mit einer Oberspannung von 220 kV oder mehr einschließlich der Schaltfelder,
   b) für Anlagen der öffentlichen Entsorgung zur thermischen Behandlung von Abfällen und zur Lagerung oder Behandlung gefährlicher Abfälle zur Beseitigung,
   c) für Tierköperbeseitigungsanstalten und Sammelstellen,
2. das Bergamt für Anlagen, die der Aufsicht der Bergbehörde unterliegen,
3. im Übrigen die Kreisverwaltungsbehörde.

[2]Satz 1 gilt entsprechend für die Genehmigungsbehörde nach § 23b Abs. 3 Satz 1 BImSchG. [3]Die Genehmigungsbehörde nimmt die Aufgaben der einheitlichen Stelle im Sinne des § 10 Abs. 5a BImSchG und § 23b Abs. 3a BImSchG wahr.

(2) Die Genehmigungsbehörde ist vorbehaltlich Art. 2 auch zuständig für den Vollzug

1. der weiteren anlagenbezogenen Vorschriften des Bundes-Immissionsschutzgesetzes und der auf dieses Gesetz gestützten Rechtsverordnungen (Immissionsschutzbehörde),
2. des § 19 Abs. 1 Satz 2 und Abs. 4 des Umwelthaftungsgesetzes.

---

1) Inkrafttreten gem. Art. 12 Abs. 1 Satz 1 dieses G am 1.1.2020.

(3) Bei nicht genehmigungsbedürftigen Anlagen ist vorbehaltlich Art. 2 Immissionsschutzbehörde
1. das Bergamt für Anlagen, die der Aufsicht der Bergbehörde unterliegen,
2. die Regierung für Anlagen, die
   a) Betriebsbereich nach § 3 Abs. 5a BImSchG oder Bestandteil eines Betriebsbereichs sind,
   b) nicht gewerblichen Zwecken dienen und
   c) nicht im Rahmen wirtschaftlicher Unternehmungen Verwendung finden,
3. im Übrigen die Kreisverwaltungsbehörde.

(4) [1]Für Maßnahmen, die einen Betriebsbereich nach § 3 Abs. 5a BImSchG betreffen, ist die Behörde zuständig, die für die Anlagen im Betriebsbereich zuständig ist. [2]Wenn nach Satz 1 mehr als eine Behörde zuständig wäre, ist die Regierung oder eine von ihr bestimmte Behörde nach Satz 1 zuständig. [3]Die nach Satz 2 zuständige Behörde holt vorab das Einvernehmen der weiteren betroffenen Behörden ein, es sei denn, dies ist nach den Umständen des Einzelfalls nicht geboten.

(5) Soweit Aufgaben und Befugnisse nach diesem Gesetz, dem Bundes-Immissionsschutzgesetz und den auf diese Gesetze gestützten Verordnungen keiner anderen Behörde zugewiesen sind, ist die Regierung zuständig.

Artikel 2 Besondere Zuständigkeiten

(1) [1]Das Landesamt für Umwelt (Landesamt) ist zuständig für
1. den Vollzug
   a) der Verordnung über die Beschaffenheit und die Auszeichnung der Qualitäten von Kraft- und Brennstoffen (10. BImSchV) hinsichtlich der darin gestellten Anforderungen an Stoffe und Erzeugnisse,
   b) des § 27 BImSchG und der Verordnung über Emissionserklärungen (11. BImSchV),
   c) des § 25 der Verordnung über Großfeuerungs-, Gasturbinen- und Verbrennungsmotoranlagen (13. BImSchV),
   d) des § 22 der Verordnung über die Verbrennung und die Mitverbrennung von Abfällen (17. BImSchV),
   e) der Bekanntgabeverordnung (41. BImSchV),
2. Feststellungen und Untersuchungen nach § 44 Abs. 1 BImSchG,
3. die Ausarbeitung von Lärmkarten nach § 47c BImSchG,
4. die staatliche Anerkennung von Fachstellen und Lehrgängen nach dem Bundes-Immissionsschutzgesetz und den auf dieses Gesetz gestützten Rechtsverordnungen.

[2]Das Landesamt
1. überwacht
   a) Tierkörperbeseitigungsanstalten und Sammelstellen,
   b) Anlagen zur thermischen Behandlung von Abfällen zur Beseitigung, Anlagen zur thermischen Behandlung von Siedlungsabfällen sowie Verbrennungsanlagen für Klärschlämme nach § 2 Abs. 2 der Klärschlammverordnung und
   c) Anlagen der Träger der Sonderabfallbeseitigung,
2. ist Immissionsschutzbehörde im Sinne des § 40 Abs. 2 Satz 1 BImSchG.

(2) Die Regierung ist
1. Immissionsschutzbehörde für Anlagen, die einer Genehmigung nach § 7 des Atomgesetzes bedürfen,
2. zuständig für
   a) die Einrichtung des Überwachungssystems einschließlich der Koordinierung der Überwachung nach den §§ 16 und 17 der Störfall-Verordnung (12. BImSchV) mit Ausnahme der Betriebsbereiche, die der Aufsicht der Bergbehörde unterliegen,
   b) die Aufstellung von Luftreinhalteplänen nach § 47 BImSchG.

(3) [1]Die Regierung von Oberfranken ist zuständig für die Aufstellung eines zentralen Lärmaktionsplans nach § 47d BImSchG für Hauptverkehrsstraßen außerhalb von Ballungsräumen, Bundesautobahnen in Ballungsräumen und Haupteisenbahnstrecken. [2]Ferner ist sie zuständige Behörde für die Mitteilungen nach § 47d Abs. 7 BImSchG. [3]Auf Antrag einer Gemeinde kann die Regierung von Oberfranken ihr durch Rechtsverordnung die Zuständigkeit nach Satz 1 für nicht gemeindeübergreifende Fälle übertragen.

(4) Zuständige Regierung für die Aufstellung eines Lärmaktionsplans nach § 47d BImSchG für einen Großflughafen ist diejenige Regierung, der die luftrechtlichen Aufgaben für diesen übertragen sind.

(5) Die Regierung von Niederbayern ist zuständige Behörde für die Marktüberwachung nach § 10 Abs. 1 Nr. 2 der Verordnung über Emissionsgrenzwerte für Verbrennungsmotoren (28. BImSchV) und der Verordnung (EU) 2016/1628.

(6) Die Kreisverwaltungsbehörde setzt die Entschädigung nach § 42 Abs. 3 BImSchG fest.

(7) Die Gemeinde ist zuständig für den Vollzug des § 7 Abs. 2 der Geräte- und Maschinenlärmschutzverordnung (32. BImSchV).

(8) Abweichend von Abs. 2 Nr. 2 Buchst. b sind kreisfreie Gemeinden zuständig, wenn deren Einwohnerzahl 100 000 übersteigt.

Artikel 3 Luftqualität

(1) [1]Das Staatsministerium für Umwelt und Verbraucherschutz kann zur Feststellung von Luftverunreinigungen die Zusammensetzung der Luft durch Messungen zeitweilig oder dauernd beobachten lassen. [2]Die mit Untersuchungen zur Überwachung der Luftqualität beauftragten Personen sind berechtigt, in Ausübung ihres Amtes Grundstücke zu betreten. [3]Das Grundrecht der Unverletzlichkeit der Wohnung (Art. 13 Abs. 1 des Grundgesetzes, Art. 106 Abs. 3 der Verfassung) wird insoweit eingeschränkt. [4]Auf die berechtigten Belange der Eigentümer und Besitzer ist Rücksicht zu nehmen.

(2) [1]Für Untersuchungsgebiete nach § 44 Abs. 2 BImSchG und besonders gefährdete oder schutzbedürftige Gebiete wird vom Landesamt ein Emissionskataster nach § 46 BImSchG aufgestellt. [2]Das Staatsministerium für Umwelt und Verbraucherschutz gibt die besonders gefährdeten oder schutzbedürftigen Gebiete bekannt.

Artikel 4 Lärmaktionspläne

[1]Benachbarte Lärmaktionspläne sind aufeinander abzustimmen. [2]Lärmaktionspläne der Gemeinde bedürfen des Einvernehmens der Regierung. [3]Lärmaktionspläne der Regierung werden im Benehmen mit den betroffenen Gemeinden erstellt. [4]Die Umsetzung der vorgesehenen Maßnahmen richtet sich nach den hierfür verfügbaren Haushaltsmitteln und nach Maßgabe der festgestellten Prioritäten.

Artikel 5 Finanzhilfen

[1]Zur Erfüllung von Verpflichtungen nach dem Bundes-Immissionsschutzgesetz können den Betreibern bestehender Anlagen Zuwendungen gewährt werden. [2]Die Zuwendungen werden nach Maßgabe der haushaltsrechtlichen Bestimmungen und der im Haushalt ausgewiesenen Mittel gewährt.

Teil 2
Landesrechtlicher Immissionsschutz

Artikel 6 Schutz vor Einwirkungen durch Motoren

(1) Es ist verboten,

1. lärm- oder abgaserzeugende Motoren unnötig laufen zu lassen,
2. motorisierte Schneefahrzeuge, insbesondere Motorschlitten, zu betreiben.

(2) Wenn ein Bedürfnis hierfür auch unter Berücksichtigung der öffentlichen Sicherheit und Ordnung sowie des Schutzes der Allgemeinheit oder Nachbarschaft vor Lärm anzuerkennen ist, kann die Kreisverwaltungsbehörde Ausnahmen von dem Verbot nach Abs. 1 Nr. 2 zulassen.

Artikel 7 Rechtsverordnungen der Gemeinden

(1) [1]Die Gemeinden werden ermächtigt, durch Rechtsverordnung zum Schutz vor schädlichen Einwirkungen durch Luftverunreinigungen oder Geräusche

1. die Errichtung und den Betrieb von Anlagen und die Verwendung bestimmter Brennstoffe zu verbieten, zeitlich zu beschränken oder von Vorkehrungen abhängig zu machen,
2. das Halten von Haustieren, die Benutzung von Musikinstrumenten, Tonübertragungsgeräten und Tonwiedergabegeräten und die zeitliche Beschränkung ruhestörender Hausarbeiten oder Gartenarbeiten zu regeln.

[2]Der Vollzug der Verordnung obliegt der Gemeinde.

(2) [1]Die Gemeinden können von Verboten auf Grund von Abs. 1 Satz 1 Nr. 1 Ausnahmen für den Einzelfall zulassen, wenn schädliche Einwirkungen nicht zu befürchten sind. [2]Sie müssen Ausnahmen zulassen, wenn überwiegende öffentliche Belange dies erfordern.

Artikel 8[1)] Nicht gewerbliche und nicht wirtschaftliche Betriebsbereiche

[1]Für Anlagen, die Betriebsbereich oder Bestandteil eines Betriebsbereichs sind, die nicht gewerblichen Zwecken dienen und nicht im Rahmen wirtschaftlicher Unternehmungen Verwendung finden, gelten § 20 Abs. 1a, §§ 22, 23a, 23b Abs. 1 bis 4, §§ 24 bis 25a, § 31 Abs. 2a und § 52 BImSchG sowie die auf das Bundes-Immissionsschutzgesetz gestützten Rechtsverordnungen mit Ausnahme der §§ 20 und 21 12. BImSchV entsprechend. [2]Hinsichtlich der Kostenverteilung bei der Überwachung gilt die Regelung in § 52 Abs. 4 BImSchG für genehmigungsbedürftige Anlagen.

Artikel 9 Vermeidbare Lichtemissionen

(1) Nach 23 Uhr und bis zur Morgendämmerung ist es verboten, die Fassaden baulicher Anlagen der öffentlichen Hand zu beleuchten, soweit das nicht aus Gründen der öffentlichen Sicherheit erforderlich oder durch oder auf Grund Rechtsvorschrift vorgeschrieben ist.

(2) [1]Im Außenbereich nach § 35 des Baugesetzbuchs sind beleuchtete oder lichtemittierende Werbeanlagen verboten. [2]Die Gemeinde kann bis längstens 23 Uhr Ausnahmen von Satz 1 zulassen für

1. Gaststätten und
2. zulässigerweise errichtete Gewerbebetriebe an der Stätte der Leistung, soweit dafür in Abwägung mit dem Gebot der Emissionsvermeidung ein erhebliches Bedürfnis besteht.

Teil 3

Gemeinsame und Schlussvorschriften

Artikel 10 Oberste Landesbehörde

[1]Das Staatsministerium für Umwelt und Verbraucherschutz ist oberste Landesbehörde für den Vollzug dieses Gesetzes, des Bundes-Immissionsschutzgesetzes sowie der auf diese Gesetze gestützten Rechtsvorschriften. [2]Es ist insoweit oberste Aufsichtsbehörde.

Artikel 11 Ordnungswidrigkeiten

(1) Mit Geldbuße bis zu fünfzigtausend Euro kann belegt werden, wer vorsätzlich oder fahrlässig

1. ohne Genehmigung nach Art. 8 Satz 1 in Verbindung mit § 23b Abs. 1 Satz 1 BImSchG eine dort genannte Anlage störfallrelevant errichtet oder ändert,
2. einer vollziehbaren Anordnung nach Art. 8 Satz 1 in Verbindung mit § 24 Satz 1 BImSchG nicht, nicht richtig, nicht vollständig oder nicht rechtzeitig nachkommt,
3. eine Anlage entgegen einer vollziehbaren Untersagung nach Art. 8 Satz 1 in Verbindung mit § 25 Abs. 1 BImSchG betreibt,
4. in Bezug auf eine Anlage im Sinne des Art. 8 Satz 1 eine der in
   a) § 62 Abs. 1 Nr. 2 BImSchG in Verbindung mit § 21 Abs. 1 12. BImSchV oder
   b) § 62 Abs. 1 Nr. 7 BImSchG in Verbindung mit § 21 Abs. 2 12. BImSchV bezeichneten Handlungen begeht

   oder
5. den Verboten nach Art. 9 Abs. 1 und Abs. 2 Satz 1 zuwiderhandelt.

(2) Mit Geldbuße bis zu zwanzigtausend Euro kann belegt werden, wer vorsätzlich oder fahrlässig

1. entgegen Art. 8 Satz 1 in Verbindung mit § 23a Abs. 1 Satz 1 BImSchG eine Anzeige nicht, nicht richtig oder nicht vollständig macht,
2. einer Vorschrift des Art. 8 Satz 1 in Verbindung mit § 52 BImSchG über die Mitwirkung im Rahmen der Überwachung zuwiderhandelt oder
3. einer Verordnung nach Art. 7 Abs. 1 Satz 1 Nr. 1 zuwiderhandelt, wenn die Verordnung für einen bestimmten Tatbestand auf diese Bußgeldvorschrift verweist.

(3) Mit Geldbuße bis zu fünftausend Euro kann belegt werden, wer vorsätzlich oder fahrlässig

1. entgegen Art. 6 Abs. 1 Nr. 1 Motoren laufen lässt,
2. entgegen Art. 6 Abs. 1 Nr. 2 motorisierte Schneefahrzeuge betreibt,
3. einer mit einer Erlaubnis nach Art. 6 Abs. 2 verbundenen vollziehbaren Auflage zuwiderhandelt,
4. einer Rechtsverordnung nach Art. 7 Abs. 1 Satz 1 Nr. 2 zuwiderhandelt, wenn die Verordnung für einen bestimmten Tatbestand auf diese Bußgeldvorschrift verweist, oder

---

1) **Amtl. Anm.:** Art. 8 dieses Gesetzes dient der Umsetzung der Richtlinie 2012/18/EU

5. einer Rechtsverordnung nach § 47 Abs. 7 BImSchG oder einer auf Grund einer solchen Rechtsverordnung erlassenen vollziehbaren Anordnung zuwiderhandelt, wenn die Verordnung für einen bestimmten Tatbestand auf diese Bußgeldvorschrift verweist.

Artikel 11a[1)] Änderung weiterer Vorschriften

(1) Art. 2 des Bayerischen Immissionsschutzgesetzes vom 10. Dezember 2019 (GVBl. S. 686, BayRS 2129-1-1-U) wird wie folgt geändert:

1. Abs. 2 Nr. 2 wird wie folgt geändert:
   a) In Buchst. b wird das Wort „und" durch einen Punkt ersetzt.
   b) Buchst. c wird aufgehoben.
2. Nach Abs. 2 werden die folgenden Abs. 3 und 4 eingefügt:

(3) [1]Die Regierung von Oberfranken ist zuständig für die Aufstellung eines zentralen Lärmaktionsplans nach § 47d BImSchG für Hauptverkehrsstraßen außerhalb von Ballungsräumen, Bundesautobahnen in Ballungsräumen und Haupteisenbahnstrecken. [2]Ferner ist sie zuständige Behörde für die Mitteilungen nach § 47d Abs. 7 BImSchG. [3]Auf Antrag einer Gemeinde kann die Regierung von Oberfranken ihr durch Rechtsverordnung die Zuständigkeit nach Satz 1 für nicht gemeindeübergreifende Fälle übertragen.

(4) Zuständige Regierung für die Aufstellung eines Lärmaktionsplans nach § 47d BImSchG für einen Großflughafen ist diejenige Regierung, der die luftrechtlichen Aufgaben für diesen übertragen sind.

3. Die bisherigen Abs. 3 bis 5 werden die Abs. 5 bis 7.

(2) In Art. 24 Abs. 2 Satz 3 des Landesstraf- und Verordnungsgesetzes (LStVG) in der in der Bayerischen Rechtssammlung (BayRS 2011-2-I) veröffentlichten und bereinigten Fassung, das zuletzt durch § 1 Abs. 27 der Verordnung vom 26. März 2019 (GVBl. S. 98) geändert worden ist, wird die Angabe „Art. 12 Abs. 2" durch die Angabe „Art. 6 Abs. 2" ersetzt.

(3) In § 3 der Bayerischen Luftreinhalteverordnung (BayLuftV) vom 20. Dezember 2016 (GVBl. S. 438, BayRS 2129-1-10-U) wird die Angabe „Art. 18 Abs. 2 Nr. 4" durch die Angabe „Art. 11 Abs. 3 Nr. 5" und wird das Wort „zweitausendfünfhundert" durch das Wort „fünftausend" ersetzt.

(4) Das Bayerische Naturschutzgesetz (BayNatSchG) vom 23. Februar 2011 (GVBl. S. 82, BayRS 791-1-U), das zuletzt durch Gesetz vom 24. Juli 2019 (GVBl. S. 405) und durch § 1 des Gesetzes vom 24. Juli 2019 (GVBl. S. 408) geändert worden ist, wird wie folgt geändert:

1. In Art. 20 Abs. 1 Satz 2 Halbsatz 2 werden die Wörter „des Innern, für Sport und Integration" gestrichen.
2. In Art. 44 Abs. 4 wird die Angabe „§ 40 Abs. 4 BNatSchG" durch die Angabe „§ 40 Abs. 1 BNatSchG" ersetzt.

(5) In Art. 23 Abs. 4 des Bayerischen Abfallwirtschaftsgesetzes (BayAbfG) in der Fassung der Bekanntmachung vom 9. August 1996 (GVBl. S. 396, 449, BayRS 2129-2-1-U), das zuletzt durch § 1 Abs. 151 der Verordnung vom 26. März 2019 (GVBl. S. 98) geändert worden ist, werden die Wörter „den Staatsministerien der Finanzen und für Heimat sowie" durch die Wörter „dem Staatsministerium" ersetzt.

Artikel 12 Inkrafttreten, Außerkrafttreten

(1) [1]Dieses Gesetz tritt am 1. Januar 2020 in Kraft. [2]Abweichend von Satz 1 tritt Art. 11a Abs. 1 am 1. Januar 2021 in Kraft.

(2) Das Bayerische Immissionsschutzgesetz (BayImSchG) in der in der Bayerischen Rechtssammlung (BayRS 2129-1-1-U) veröffentlichten bereinigten Fassung, das zuletzt durch § 2 des Gesetzes vom 24. Juli 2019 (GVBl. S. 408) geändert worden ist, tritt mit Ablauf des 31. Dezember 2019 außer Kraft.

1) Art. 11a Abs. 1 ist **mWv 1.1.2021** in Kraft getreten, vgl. Art. 12 Abs. 1 Satz 2.

Bayerische Bauordnung (BayBO)

In der Fassung der Bekanntmachung vom 14. August 2007[1)] (GVBl. S. 588)
(BayRS 2132-1-B)
zuletzt geändert durch § 5 G zur Förderung der Bundeswehr in Bayern vom 23. Juli 2024 (GVBl. S. 257)

Nichtamtliche Inhaltsübersicht

1) Neubekanntmachung der Bayerischen Bauordnung in der Fassung der Bekanntmachung vom 4. August 1997 (GVBl. S. 433; 1998 S. 270) in der vom 1. Januar 2008 an geltenden Fassung mit neuer Artikel-, Absatz- und Nummernfolge gem. § 4 Abs. 3 G v. 24.7.2007 (GVBl. S. 499).

Erster Teil
Allgemeine Vorschriften

Artikel 1 Anwendungsbereich

(1) [1]Dieses Gesetz gilt für alle baulichen Anlagen und Bauprodukte. [2]Es gilt auch für Grundstücke sowie für andere Anlagen und Einrichtungen, an die nach diesem Gesetz oder in Vorschriften auf Grund dieses Gesetzes Anforderungen gestellt werden.

(2) Dieses Gesetz gilt nicht für

1. Anlagen des öffentlichen Verkehrs sowie ihre Nebenanlagen und Nebenbetriebe, ausgenommen Gebäude an Flugplätzen,
2. Anlagen, die der Bergaufsicht unterliegen,
3. Rohrleitungsanlagen sowie Leitungen aller Art, ausgenommen in Gebäuden,
4. Kräne und Krananlagen,
5. Gerüste,

6. Feuerstätten, die nicht der Raumheizung oder der Brauchwassererwärmung dienen, ausgenommen Gas-Haushalts-Kochgeräte,
7. Einrichtungsgegenstände, insbesondere Regale und Messestände.

Artikel 2 Begriffe

(1) [1]Bauliche Anlagen sind mit dem Erdboden verbundene, aus Bauprodukten hergestellte Anlagen. [2]Ortsfeste Anlagen der Wirtschaftswerbung (Werbeanlagen) einschließlich Automaten sind bauliche Anlagen. [3]Als bauliche Anlagen gelten Anlagen, die nach ihrem Verwendungszweck dazu bestimmt sind, überwiegend ortsfest benutzt zu werden, sowie
1. Aufschüttungen, soweit sie nicht unmittelbare Folge von Abgrabungen sind,
2. Lagerplätze, Abstellplätze und Ausstellungsplätze,
3. Campingplätze und Wochenendplätze,
4. Freizeit- und Vergnügungsparks,
5. Stellplätze für Kraftfahrzeuge.

[4]Anlagen sind bauliche Anlagen sowie andere Anlagen und Einrichtungen im Sinn des Art. 1 Abs. 1 Satz 2.

(2) Gebäude sind selbständig benutzbare, überdeckte bauliche Anlagen, die von Menschen betreten werden können.

(3) [1]Gebäude werden in folgende Gebäudeklassen eingeteilt:
1. Gebäudeklasse 1:
   a) freistehende Gebäude mit einer Höhe bis zu 7 m und nicht mehr als zwei Nutzungseinheiten von insgesamt nicht mehr als 400 m^2 und
   b) land- oder forstwirtschaftlich genutzte Gebäude,
2. Gebäudeklasse 2:
   Gebäude mit einer Höhe bis zu 7 m und nicht mehr als zwei Nutzungseinheiten von insgesamt nicht mehr als 400 m^2,
3. Gebäudeklasse 3:
   sonstige Gebäude mit einer Höhe bis zu 7 m,
4. Gebäudeklasse 4:
   Gebäude mit einer Höhe bis zu 13 m und Nutzungseinheiten mit jeweils nicht mehr als 400 m^2,
5. Gebäudeklasse 5:
   sonstige Gebäude einschließlich unterirdischer Gebäude.

[2]Höhe im Sinn des Satzes 1 ist das Maß der Fußbodenoberkante des höchstgelegenen Geschosses, in dem ein Aufenthaltsraum möglich ist, über der Geländeoberfläche im Mittel. [3]Bei der Berechnung der Flächen nach Satz 1 bleiben die Flächen im Kellergeschoss außer Betracht.

(4) Sonderbauten sind Anlagen und Räume besonderer Art oder Nutzung, die einen der nachfolgenden Tatbestände erfüllen:
1. Hochhäuser (Gebäude mit einer Höhe nach Abs. 3 Satz 2 von mehr als 22 m),
2. bauliche Anlagen mit einer Höhe von mehr als 30 m,
3. Gebäude mit mehr als 1 600 m^2 Fläche des Geschosses mit der größten Ausdehnung, ausgenommen Wohngebäude und Garagen,
4. Verkaufsstätten, deren Verkaufsräume und Ladenstraßen eine Fläche von insgesamt mehr als 800 m^2 haben,
5. Gebäude mit Räumen, die einer Büro- oder Verwaltungsnutzung dienen und einzeln mehr als 400 m^2 haben,
6. Gebäude mit Räumen, die einzeln für eine Nutzung durch mehr als 100 Personen bestimmt sind,
7. Versammlungsstätten
   a) mit Versammlungsräumen, die insgesamt mehr als 200 Besucher fassen, wenn diese Versammlungsräume gemeinsame Rettungswege haben,
   b) im Freien mit Szenenflächen sowie Freisportanlagen jeweils mit Tribünen, die keine fliegenden Bauten sind und insgesamt mehr als 1 000 Besucher fassen,
8. Gaststätten mit mehr als 40 Gastplätzen in Gebäuden oder mehr als 1 000 Gastplätzen im Freien, Beherbergungsstätten mit mehr als zwölf Betten und Spielhallen mit mehr als 150 m^2,

9. Gebäude mit Nutzungseinheiten zum Zweck der Pflege oder Betreuung von Personen mit Pflegebedürftigkeit oder Behinderung, deren Selbstrettungsfähigkeit eingeschränkt ist, wenn die Nutzungseinheiten
   a) einzeln für mehr als sechs Personen bestimmt sind,
   b) für Personen mit Intensivpflegebedarf bestimmt sind oder
   c) einen gemeinsamen Rettungsweg haben und für insgesamt mehr als zwölf Personen bestimmt sind,
10. Krankenhäuser,
11. sonstige Einrichtungen zur Unterbringung von Personen sowie Wohnheime,
12. Tageseinrichtungen für Kinder, Menschen mit Behinderung und alte Menschen, in denen mehr als zehn Personen betreut werden,
13. Schulen, Hochschulen und ähnliche Einrichtungen,
14. Justizvollzugsanstalten und bauliche Anlagen für den Maßregelvollzug,
15. Camping- und Wochenendplätze,
16. Freizeit- und Vergnügungsparks,
17. fliegende Bauten, soweit sie einer Ausführungsgenehmigung bedürfen, sowie Fahrgeschäfte, die keine fliegenden Bauten und nicht verfahrensfrei sind,
18. Regale mit einer Oberkante Lagerguthöhe von mehr als 7,50 m,
19. bauliche Anlagen, deren Nutzung durch Umgang mit oder Lagerung von Stoffen mit Explosions- oder erhöhter Brandgefahr verbunden ist,
20. Anlagen und Räume, die in den Nrn. 1 bis 19 nicht aufgeführt und deren Art oder Nutzung mit vergleichbaren Gefahren verbunden sind, ausgenommen Wohngebäude, die keine Hochhäuser sind.

(5) Aufenthaltsräume sind Räume, die zum nicht nur vorübergehenden Aufenthalt von Menschen bestimmt oder geeignet sind.

(6) Flächen von Gebäuden, Geschossen, Nutzungseinheiten und Räumen sind als Brutto-Grundfläche zu ermitteln, soweit nichts anderes geregelt ist.

(7) [1]Geschosse sind oberirdische Geschosse, wenn ihre Deckenoberkanten im Mittel mehr als 1,40 m über die Geländeoberfläche hinausragen; im Übrigen sind sie Kellergeschosse. [2]Hohlräume zwischen der obersten Decke und der Bedachung, in denen Aufenthaltsräume nicht möglich sind, sind keine Geschosse.

(8) [1]Stellplätze sind Flächen, die dem Abstellen von Kraftfahrzeugen außerhalb der öffentlichen Verkehrsfläche dienen. [2]Garagen sind Gebäude oder Gebäudeteile zum Abstellen von Kraftfahrzeugen. [3]Ausstellungs-, Verkaufs-, Werk- und Lagerräume für Kraftfahrzeuge sind keine Stellplätze oder Garagen.

(9) Feuerstätten sind in oder an Gebäuden ortsfest benutzte Anlagen, die dazu bestimmt sind, durch Verbrennung Wärme zu erzeugen.

(10) Barrierefrei sind bauliche Anlagen, soweit sie für Menschen mit Behinderung in der allgemein üblichen Weise, ohne besondere Erschwernis und grundsätzlich ohne fremde Hilfe zugänglich und nutzbar sind.

(11) Bauprodukte sind
1. Produkte, Baustoffe, Bauteile, Anlagen und Bausätze gemäß Art. 2 Nr. 2 der Verordnung (EU) Nr. 305/2011, die hergestellt werden, um dauerhaft in bauliche Anlagen eingebaut zu werden,
2. aus ihnen vorgefertigte Anlagen, die hergestellt werden, um mit dem Erdboden verbunden zu werden,

wenn sich deren Verwendung auf die Anforderungen nach Art. 3 Satz 1 auswirken kann.

(12) Bauart ist das Zusammenfügen von Bauprodukten zu baulichen Anlagen oder Teilen von baulichen Anlagen.

Artikel 3 Allgemeine Anforderungen

[1]Bei der Anordnung, Errichtung, Änderung, Nutzungsänderung, Instandhaltung und Beseitigung von Anlagen sind die Belange der Baukultur, insbesondere die anerkannten Regeln der Baukunst, so zu berücksichtigen, dass die öffentliche Sicherheit und Ordnung, insbesondere Leben und Gesundheit, und die natürlichen Lebensgrundlagen nicht gefährdet werden. [2]Anlagen müssen bei ordnungsgemäßer

Instandhaltung die Anforderungen des Satzes 1 während einer dem Zweck entsprechenden angemessenen Zeitdauer erfüllen und ohne Missstände benutzbar sein.

Zweiter Teil
Das Grundstück und seine Bebauung

Artikel 4 Bebauung der Grundstücke mit Gebäuden

(1) Gebäude dürfen nur unter folgenden Voraussetzungen errichtet werden:

1. Das Grundstück muss nach Lage, Form, Größe und Beschaffenheit für die beabsichtigte Bebauung geeignet sein;
2. das Grundstück muss in einer angemessenen Breite an einer befahrbaren öffentlichen Verkehrsfläche liegen.

(2) Abweichend von Abs. 1 Nr. 2 sind im Geltungsbereich eines Bebauungsplans im Sinn der §§ 12 und 30 Abs. 1 des Baugesetzbuchs (BauGB) und innerhalb eines im Zusammenhang bebauten Ortsteils (§ 34 BauGB) nicht erforderlich

1. die Befahrbarkeit von Wohnwegen begrenzter Länge, wenn keine Bedenken wegen des Brandschutzes oder des Rettungsdienstes bestehen,
2. die Widmung von Wohnwegen begrenzter Länge, wenn von dem Wohnweg nur Wohngebäude der Gebäudeklassen 1 bis 3 erschlossen werden und gegenüber dem Rechtsträger der Bauaufsichtsbehörde rechtlich gesichert ist, dass der Wohnweg sachgerecht unterhalten wird und allgemein benutzt werden kann.

(3) Im Außenbereich genügt eine befahrbare, gegenüber dem Rechtsträger der Bauaufsichtsbehörde rechtlich gesicherte Zufahrt zu einem befahrbaren öffentlichen Weg.

Artikel 5 Zugänge und Zufahrten auf den Grundstücken

(1) [1]Von öffentlichen Verkehrsflächen ist insbesondere für die Feuerwehr ein geradliniger Zu- oder Durchgang zu rückwärtigen Gebäuden zu schaffen; zu anderen Gebäuden ist er zu schaffen, wenn der zweite Rettungsweg dieser Gebäude über Rettungsgeräte der Feuerwehr führt. [2]Zu Gebäuden, bei denen die Oberkante der Brüstung von zum Anleitern bestimmten Fenstern oder Stellen mehr als 8 m über dem Gelände liegt, ist in den Fällen des Satzes 1 an Stelle eines Zu- oder Durchgangs eine Zu- oder Durchfahrt zu schaffen. [3]Ist für die Personenrettung der Einsatz von Hubrettungsfahrzeugen erforderlich, sind die dafür erforderlichen Aufstell- und Bewegungsflächen vorzusehen. [4]Bei Gebäuden, die ganz oder mit Teilen mehr als 50 m von einer öffentlichen Verkehrsfläche entfernt sind, sind Zufahrten oder Durchfahrten nach Satz 2 zu den vor und hinter den Gebäuden gelegenen Grundstücksteilen und Bewegungsflächen herzustellen, wenn sie aus Gründen des Feuerwehreinsatzes erforderlich sind.

(2) [1]Zu- und Durchfahrten, Aufstellflächen und Bewegungsflächen müssen für Feuerwehreinsatzfahrzeuge ausreichend befestigt und tragfähig sein; sie sind als solche zu kennzeichnen und ständig frei zu halten; die Kennzeichnung von Zufahrten muss von der öffentlichen Verkehrsfläche aus sichtbar sein. [2]Fahrzeuge dürfen auf den Flächen nach Satz 1 nicht abgestellt werden.

Artikel 6 Abstandsflächen, Abstände

(1) [1]Vor den Außenwänden von Gebäuden sind Abstandsflächen von oberirdischen Gebäuden freizuhalten. [2]Satz 1 gilt entsprechend für andere Anlagen, von denen Wirkungen wie von Gebäuden ausgehen, gegenüber Gebäuden und Grundstücksgrenzen. [3]Eine Abstandsfläche ist nicht erforderlich vor Außenwänden, die an Grundstücksgrenzen errichtet werden, wenn nach planungsrechtlichen Vorschriften an die Grenze gebaut werden muss oder gebaut werden darf. [4]Art. 63 bleibt unberührt.

(2) [1]Abstandsflächen sowie Abstände nach Art. 28 Abs. 2 Nr. 1 und Art. 30 Abs. 2 müssen auf dem Grundstück selbst liegen. [2]Sie dürfen auch auf öffentlichen Verkehrs-, Grün- und Wasserflächen liegen, jedoch nur bis zu deren Mitte. [3]Abstandsflächen sowie Abstände im Sinn des Satzes 1 dürfen sich ganz oder teilweise auf andere Grundstücke erstrecken, wenn rechtlich oder tatsächlich gesichert ist, dass sie nicht überbaut werden, oder wenn der Nachbar gegenüber der Bauaufsichtsbehörde schriftlich zustimmt; die Zustimmung des Nachbarn gilt auch für und gegen seinen Rechtsnachfolger. [4]Abstandsflächen dürfen auf die auf diesen Grundstücken erforderlichen Abstandsflächen nicht angerechnet werden.

(3) Die Abstandsflächen dürfen sich nicht überdecken; das gilt nicht für
1. Außenwände, die in einem Winkel von mehr als 75 Grad zueinander stehen,
2. Außenwände zu einem fremder Sicht entzogenen Gartenhof bei Wohngebäuden der Gebäudeklassen 1 und 2,
3. Gebäude und andere bauliche Anlagen, die in den Abstandsflächen zulässig sind.

(4) [1]Die Tiefe der Abstandsfläche bemisst sich nach der Wandhöhe; sie wird senkrecht zur Wand gemessen. [2]Wandhöhe ist das Maß von der Geländeoberfläche bis zum Schnittpunkt der Wand mit der Dachhaut oder bis zum oberen Abschluss der Wand. [3]Die Höhe von Dächern mit einer Neigung von bis einschließlich 70 Grad wird zu einem Drittel der Wandhöhe, von Dächern mit einer Neigung von mehr als 70 Grad voll der Wandhöhe hinzugerechnet. [4]Die Sätze 1 bis 3 gelten für Dachaufbauten entsprechend. [5]Das sich ergebende Maß ist H.

(5) [1]Die Tiefe der Abstandsflächen beträgt 0,4 H, in Gewerbe- und Industriegebieten 0,2 H, jeweils aber mindestens 3 m. [2]Durch städtebauliche Satzung oder eine Satzung nach Art. 81 kann ein abweichendes Maß der Tiefe der Abstandsfläche zugelassen oder vorgeschrieben werden. [3]Für solche Regelungen in Bebauungsplänen gilt § 33 BauGB entsprechend.

(5a) [1]Abweichend von Abs. 5 Satz 1 beträgt die Abstandsfläche in Gemeinden mit mehr als 250 000 Einwohnern außerhalb von Gewerbe-, Kern- und Industriegebieten sowie festgesetzten urbanen Gebieten 1 H, mindestens jedoch 3 m. [2]Vor bis zu zwei Außenwänden von nicht mehr als 16 m Länge genügen in diesen Fällen 0,5 H, mindestens jedoch 3 m, wenn das Gebäude an mindestens zwei Außenwänden Satz 1 beachtet. [3]Abweichend von Abs. 4 Satz 3 wird die Höhe von Dächern mit einer Neigung von mehr als 45 Grad zu einem Drittel, mit einer Neigung von mehr als 70 Grad voll der Wandhöhe hinzugerechnet. [4]Die Höhe der Giebelflächen im Bereich des Dachs wird abweichend von Satz 3 und von Abs. 4 Satz 3 bei Dachneigung von mehr als 70 Grad voll, im Übrigen zu einem Drittel angerechnet. [5]Dabei bleiben auch untergeordnete Dachgauben bei der Bemessung der Abstandsfläche außer Betracht, wenn
1. sie insgesamt nicht mehr als ein Drittel der Breite der Außenwand des jeweiligen Gebäudes, höchstens jeweils 5 m in Anspruch nehmen und
2. ihre Ansichtsfläche jeweils nicht mehr als 4 m^2 beträgt und eine Höhe von nicht mehr als 2,5 m aufweist.

(6) [1]Bei der Bemessung der Abstandsflächen bleiben außer Betracht
1. vor die Außenwand vortretende Bauteile wie Gesimse und Dachüberstände,
2. untergeordnete Vorbauten wie Balkone und eingeschossige Erker, wenn sie
   a) insgesamt nicht mehr als ein Drittel der Breite der Außenwand des jeweiligen Gebäudes, höchstens jeweils 5 m, in Anspruch nehmen,
   b) nicht mehr als 1,50 m vor diese Außenwand vortreten und
   c) mindestens 2 m von der gegenüberliegenden Nachbargrenze entfernt bleiben,
3. bei Gebäuden an der Grundstücksgrenze die Seitenwände von Vorbauten und Dachaufbauten, auch wenn sie nicht an der Grundstücksgrenze errichtet werden,
4. Maßnahmen zum Zwecke der Energieeinsparung an bestehenden Gebäuden, wenn sie
   a) eine Stärke von nicht mehr als 0,30 m aufweisen und
   b) mindestens 2,50 m von der Grundstücksgrenze zurückbleiben.

[2]Abs. 5a Satz 5 bleibt unberührt.

(7) [1]In den Abstandsflächen sowie ohne eigene Abstandsflächen sind, auch wenn sie nicht an der Grundstücksgrenze errichtet werden, zulässig
1. Garagen einschließlich ihrer Nebenräume, überdachte Tiefgaragenzufahrten, Aufzüge zu Tiefgaragen und Gebäude ohne Aufenthaltsräume und Feuerstätten mit einer mittleren Wandhöhe bis zu 3 m und einer Gesamtlänge je Grundstücksgrenze von 9 m, wobei die Höhe von Dächern mit einer Neigung von mehr als 45 Grad zu einem Drittel, mit einer Neigung von mehr als 70 Grad voll der Wandhöhe hinzugerechnet wird; Giebelflächen bleiben bei einer Dachneigung bis zu 45 Grad unberücksichtigt,
2. gebäudeunabhängige Solaranlagen mit einer Höhe bis zu 3 m und einer Gesamtlänge je Grundstücksgrenze von 9 m,
3. Stützmauern und geschlossene Einfriedungen in Gewerbe- und Industriegebieten, außerhalb dieser Baugebiete mit einer Höhe bis zu 2 m,

4. Antennen und Antennen tragende Masten für den Mobilfunk und den Digitalfunk der Behörden und Organisationen mit Sicherheitsaufgaben (BOS) im Außenbereich.

[2]Die Länge der die Abstandsflächentiefe gegenüber den Grundstücksgrenzen nicht einhaltenden Bebauung nach den Nrn. 1 und 2 darf auf einem Grundstück insgesamt 15 m nicht überschreiten.

Artikel 7 Begrünung, Kinderspielplätze

(1) [1]Die nicht mit Gebäuden oder vergleichbaren baulichen Anlagen überbauten Flächen der bebauten Grundstücke sind

1. wasseraufnahmefähig zu belassen oder herzustellen und
2. zu begrünen oder zu bepflanzen,

soweit dem nicht die Erfordernisse einer anderen zulässigen Verwendung der Flächen entgegenstehen. [2]Satz 1 findet keine Anwendung, soweit Bebauungspläne oder andere Satzungen Festsetzungen zu den nicht überbauten Flächen treffen.

(2) [1]Im Eigentum des Freistaates Bayern stehende Gebäude und ihre zugehörigen Freiflächen sollen über Abs. 1 hinaus vorbehaltlich der bestehenden baurechtlichen, satzungsrechtlichen, denkmalschützenden oder sonstigen rechtlichen Festlegungen angemessen begrünt oder bepflanzt werden. [2]Den kommunalen Gebietskörperschaften wird empfohlen, hinsichtlich ihrer Gebäude und zugehörigen Freiflächen entsprechend Satz 1 zu verfahren.

(3) [1]Bei der Errichtung von Gebäuden mit mehr als drei Wohnungen ist ein ausreichend großer Kinderspielplatz anzulegen. [2]Art. 47 Abs. 3 gilt entsprechend. [3]Die Gemeinde hat den Geldbetrag für die Ablösung von Kinderspielplätzen für die Herstellung oder Unterhaltung einer örtlichen Kinder- oder Jugendfreizeiteinrichtung zu verwenden.

Dritter Teil
Bauliche Anlagen

Abschnitt I
Baugestaltung

Artikel 8 Baugestaltung

[1]Bauliche Anlagen müssen nach Form, Maßstab, Verhältnis der Baumassen und Bauteile zueinander, Werkstoff und Farbe so gestaltet sein, dass sie nicht verunstaltet wirken. [2]Bauliche Anlagen dürfen das Straßen-, Orts- und Landschaftsbild nicht verunstalten. [3]Die störende Häufung von Werbeanlagen ist unzulässig.

Abschnitt II
Allgemeine Anforderungen an die Bauausführung

Artikel 9 Baustelle

(1) Baustellen sind so einzurichten, dass bauliche Anlagen ordnungsgemäß errichtet, geändert, beseitigt oder instand gehalten werden können und dass keine Gefahren, vermeidbaren Nachteile oder vermeidbaren Belästigungen entstehen.

(2) Öffentliche Verkehrsflächen, Versorgungs-, Abwasserbeseitigungs- und Meldeanlagen, Grundwassermessstellen, Vermessungszeichen, Abmarkungszeichen und Grenzzeichen sind für die Dauer der Bauausführung zu schützen und, soweit erforderlich, unter den notwendigen Sicherheitsvorkehrungen zugänglich zu halten.

(3) Bei der Ausführung nicht verfahrensfreier Bauvorhaben hat der Bauherr an der Baustelle ein Schild, das die Bezeichnung des Bauvorhabens sowie die Namen und Anschriften des Bauherrn und des Entwurfsverfassers enthalten muss, dauerhaft und von der öffentlichen Verkehrsfläche aus sichtbar anzubringen.

Artikel 10 Standsicherheit

[1]Jede bauliche Anlage muss im Ganzen, in ihren einzelnen Teilen und für sich allein standsicher sein. [2]Die Standsicherheit muss auch während der Errichtung und bei der Änderung und der Beseitigung gewährleistet sein. [3]Die Standsicherheit anderer baulicher Anlagen und die Tragfähigkeit des Baugrunds des Nachbargrundstücks dürfen nicht gefährdet werden.

Artikel 11 Schutz gegen Einwirkungen

Bauliche Anlagen sind so anzuordnen, zu errichten, zu ändern und instand zu halten, dass durch Wasser, Feuchtigkeit, pflanzliche und tierische Schädlinge sowie andere chemische, physikalische oder biologische Einflüsse Gefahren oder unzumutbare Belästigungen nicht entstehen.

Artikel 12 Brandschutz

Bauliche Anlagen sind so anzuordnen, zu errichten, zu ändern und instand zu halten, dass der Entstehung eines Brandes und der Ausbreitung von Feuer und Rauch (Brandausbreitung) vorgebeugt wird und bei einem Brand die Rettung von Menschen und Tieren sowie wirksame Löscharbeiten möglich sind.

Artikel 13 Wärme-, Schall- und Erschütterungsschutz

(1) Gebäude müssen einen ihrer Nutzung und den klimatischen Verhältnissen entsprechenden Wärmeschutz haben.

(2) [1]Gebäude müssen einen ihrer Nutzung entsprechenden Schallschutz haben. [2]Geräusche, die von ortsfesten Einrichtungen in baulichen Anlagen oder auf Baugrundstücken ausgehen, sind so zu dämmen, dass Gefahren oder unzumutbare Belästigungen nicht entstehen.

(3) Erschütterungen oder Schwingungen, die von ortsfesten Einrichtungen in baulichen Anlagen oder auf Baugrundstücken ausgehen, sind so zu dämmen, dass Gefahren oder unzumutbare Belästigungen nicht entstehen.

Artikel 14 Verkehrssicherheit

(1) Bauliche Anlagen und die dem Verkehr dienenden nicht überbauten Flächen bebauter Grundstücke müssen verkehrssicher sein.

(2) Die Sicherheit und Leichtigkeit des öffentlichen Verkehrs darf durch bauliche Anlagen und deren Nutzung nicht gefährdet werden.

Abschnitt III

Bauarten und Bauprodukte

Artikel 15 Bauarten

(1) Bauarten dürfen nur angewendet werden, wenn sie für ihren Anwendungszweck tauglich sind und bei ihrer Anwendung die baulichen Anlagen bei ordnungsgemäßer Instandhaltung während einer dem Zweck entsprechenden angemessenen Zeitdauer die Anforderungen dieses Gesetzes oder auf Grund dieses Gesetzes erfüllen.

(2) [1]Bauarten, die von Technischen Baubestimmungen in Bezug auf die Planung, Bemessung und Ausführung baulicher Anlagen und ihrer Teile wesentlich abweichen, oder für die es keine allgemein anerkannten Regeln der Technik gibt, dürfen nur angewendet werden, wenn für sie

1. eine allgemeine Bauartgenehmigung oder
2. eine vorhabenbezogene Bauartgenehmigung

erteilt worden ist. [2]Art. 18 gilt entsprechend.

(3) [1]Anstelle einer allgemeinen Bauartgenehmigung genügt ein allgemeines bauaufsichtliches Prüfzeugnis, wenn die Bauart nach allgemein anerkannten Prüfverfahren beurteilt werden kann. [2]Art. 18 gilt entsprechend.

(4) Sind Gefahren für die öffentliche Sicherheit und Ordnung, insbesondere Leben und Gesundheit, und die natürlichen Lebensgrundlagen nicht zu erwarten, kann die oberste Bauaufsichtsbehörde festlegen, dass eine Bauartgenehmigung nicht erforderlich ist.

(5) [1]Für jede Bauart muss bestätigt werden, dass sie mit den Technischen Baubestimmungen, den allgemeinen Bauartgenehmigungen, den allgemeinen bauaufsichtlichen Prüfzeugnissen für Bauarten oder den vorhabenbezogenen Bauartgenehmigungen übereinstimmt. [2]Unwesentliche Abweichungen bleiben außer Betracht. [3]Art. 21 Abs. 3 gilt für den Anwender der Bauart entsprechend.

(6) Hängt die Anwendung einer Bauart in außergewöhnlichem Maß von der Sachkunde und Erfahrung der damit betrauten Personen oder von einer Ausstattung mit besonderen Vorrichtungen ab oder bedarf die Bauart einer außergewöhnlichen Sorgfalt bei Ausführung oder Instandhaltung, gilt Art. 22 entsprechend.

Artikel 16 Verwendung von Bauprodukten

(1) [1]CE-gekennzeichnete Bauprodukte dürfen verwendet werden, wenn die erklärten Leistungen den in diesem Gesetz oder auf Grund dieses Gesetzes festgelegten Anforderungen für diese Verwendung entsprechen. [2]Auf Bauprodukte, die die CE-Kennzeichnung auf Grund der Verordnung (EU) Nr. 305/2011 tragen, finden die Art. 17 bis 22 Nr. 1 und Art. 23 keine Anwendung.

(2) [1]Im Übrigen dürfen Bauprodukte nur verwendet werden, wenn sie gebrauchstauglich sind und bei ihrer Verwendung die baulichen Anlagen bei ordnungsgemäßer Instandhaltung während einer dem Zweck entsprechenden angemessenen Zeitdauer die Anforderungen dieses Gesetzes oder auf Grund dieses Gesetzes erfüllen. [2]Dies gilt auch für Bauprodukte, die technischen Anforderungen entsprechen, wie sie in den Vorschriften anderer Vertragsstaaten des Abkommens vom 2. Mai 1992 über den Europäischen Wirtschaftsraum enthalten sind.

Artikel 17 Verwendbarkeitsnachweise

Die in Art. 16 Abs. 2 Satz 1 genannten Anforderungen sind für Bauprodukte, die für die Erfüllung der Anforderungen dieses Gesetzes oder auf Grund dieses Gesetzes nicht nur eine untergeordnete Bedeutung haben, durch eine allgemeine bauaufsichtliche Zulassung, ein allgemeines bauaufsichtliches Prüfzeugnis oder eine Zustimmung im Einzelfall (Verwendbarkeitsnachweise) nachzuweisen, wenn

1. es keine Technische Baubestimmung oder allgemein anerkannte Regel der Technik gibt,
2. das Bauprodukt von einer Technischen Baubestimmung in Bezug auf die Leistung von Bauprodukten wesentlich abweicht oder
3. eine Rechtsverordnung nach Art. 80 Abs. 5 Nr. 5 es vorsieht.

Artikel 18 Allgemeine bauaufsichtliche Zulassung

(1) Eine allgemeine bauaufsichtliche Zulassung wird auf Antrag erteilt und nach Gegenstand und wesentlichem Inhalt öffentlich bekannt gemacht.

(2) [1]Der Antrag ist zu begründen. [2]Soweit erforderlich, sind Probestücke vom Antragsteller zur Verfügung zu stellen, durch sachverständige Stellen zu entnehmen oder Probeausführungen unter Aufsicht dieser sachverständigen Stellen vorzunehmen. [3]Art. 65 Abs. 2 gilt entsprechend.

(3) [1]Die allgemeine bauaufsichtliche Zulassung wird widerruflich und befristet erteilt. [2]Die Frist beträgt in der Regel fünf Jahre. [3]Die Zulassung kann auf Antrag verlängert werden. [4]Art. 69 Abs. 2 Satz 2 gilt entsprechend.

(4) Die Zulassung wird unbeschadet der Rechte Dritter erteilt.

(5) Allgemeine bauaufsichtliche Zulassungen nach dem Recht anderer Länder gelten auch im Freistaat Bayern.

Artikel 19 Allgemeines bauaufsichtliches Prüfzeugnis

[1]Anstelle einer allgemeinen bauaufsichtlichen Zulassung bedarf es nur eines allgemeinen bauaufsichtlichen Prüfzeugnisses, wenn allgemein anerkannte Prüfverfahren bestehen. [2]Art. 18 gilt entsprechend.

Artikel 20 Zustimmung im Einzelfall

[1]Ein Bauprodukt darf auch verwendet werden, wenn die Verwendbarkeit durch Zustimmung im Einzelfall nachgewiesen ist. [2]Die Zustimmung kann außer in den Fällen des Art. 16 Abs. 2 Satz 1 auch erteilt werden, wenn Gefahren für die öffentliche Sicherheit und Ordnung, insbesondere Leben und Gesundheit, und die natürlichen Lebensgrundlagen nicht zu erwarten sind.

Artikel 21 Übereinstimmungserklärung, Zertifizierung

(1) [1]Bauprodukte bedürfen einer Bestätigung ihrer Übereinstimmung mit den Technischen Baubestimmungen oder den Verwendbarkeitsnachweisen. [2]Unwesentliche Abweichungen bleiben außer Betracht.

(2) [1]Der Hersteller erklärt die Übereinstimmung, die er durch werkseigene Produktionskontrolle sicherzustellen hat, durch Kennzeichnung der Bauprodukte mit dem Übereinstimmungszeichen (Ü-Zeichen) unter Hinweis auf den Verwendungszweck. [2]Das Ü-Zeichen ist auf dem Bauprodukt, auf einem Beipackzettel oder auf seiner Verpackung oder, wenn dies Schwierigkeiten bereitet, auf dem Lieferschein oder auf einer Anlage zum Lieferschein anzubringen. [3]Ü-Zeichen aus anderen Ländern und aus anderen Staaten gelten auch im Freistaat Bayern.

(3) [1]Soweit in den Technischen Baubestimmungen nichts Näheres geregelt ist, kann in den Verwendbarkeitsnachweisen eine Regelung zur Prüfung der Bauprodukte vor Abgabe der Übereinstimmungs-

erklärung oder deren Zertifizierung vorgeschrieben werden, wenn dies zur Sicherung oder zum Nachweis einer ordnungsgemäßen Herstellung erforderlich ist. [2]Im Übrigen bedürfen Bauprodukte, die nicht in Serie hergestellt werden, nur der Übereinstimmungserklärung des Herstellers nach Abs. 2.

(4) [1]Dem Hersteller ist das Zertifikat für Bauprodukte zu erteilen, wenn sie den Technischen Baubestimmungen oder den Verwendbarkeitsnachweisen entsprechen und die Übereinstimmung durch werkseigene Produktionskontrolle und regelmäßige Fremdüberwachung sichergestellt ist. [2]Im Einzelfall kann die Verwendung von Bauprodukten ohne Zertifizierung gestattet werden.

Artikel 22 Besondere Sachkunde- und Sorgfaltsanforderungen

In der allgemeinen bauaufsichtlichen Zulassung oder in der Zustimmung im Einzelfall kann vorgeschrieben werden, dass

1. der Hersteller von Bauprodukten, deren Herstellung in außergewöhnlichem Maß von der Sachkunde und Erfahrung der damit betrauten Personen oder von einer Ausstattung mit besonderen Vorrichtungen abhängt, über solche Fachkräfte und Vorrichtungen verfügen muss und den Nachweis hierüber gegenüber einer Prüfstelle zu erbringen hat,
2. der Einbau, der Transport, die Instandhaltung oder die Reinigung von Bauprodukten, die wegen ihrer besonderen Eigenschaften oder ihres besonderen Verwendungszwecks einer außergewöhnlichen Sorgfalt bedürfen, durch eine Überwachungsstelle zu überwachen sind, soweit diese Tätigkeiten nicht bereits durch die Verordnung (EU) Nr. 305/2011 erfasst sind.

Artikel 23 Zuständigkeiten

(1) [1]Das Deutsche Institut für Bautechnik erteilt die allgemeine Bauartgenehmigung nach Art. 15 Abs. 2 Satz 1 Nr. 1 und die allgemeine bauaufsichtliche Zulassung nach Art. 18 Abs. 1. [2]Es kann vorschreiben, wann welche sachverständige Stelle die Prüfung durchzuführen oder nach Art. 18 Abs. 2 Satz 2 eine Probeausführung vorzunehmen oder Probestücke zu entnehmen hat.

(2) [1]Die oberste Bauaufsichtsbehörde erteilt die vorhabenbezogene Bauartgenehmigung nach Art. 15 Abs. 2 Satz 1 Nr. 2 sowie die Zustimmung im Einzelfall nach Art. 20. [2]Art. 6 Abs. 3 des Bayerischen Denkmalschutzgesetzes bleibt unberührt. [3]Die oberste Bauaufsichtsbehörde kann die Verwendung von Bauprodukten ohne Zertifizierung nach Art. 21 Abs. 4 Satz 2 gestatten.

(3) [1]Es obliegen die Aufgaben

1. der Prüfung nach Art. 15 Abs. 3 und 6, Art. 19, Art. 21 Abs. 3 Satz 1, Art. 22 Nr. 1 den anerkannten Prüfstellen,
2. der Überwachung nach Art. 15 Abs. 6, Art. 21 Abs. 4 Satz 1, Art. 22 Nr. 2 den anerkannten Überwachungsstellen und
3. der Zertifizierung nach Art. 21 Abs. 3 Satz 1 den anerkannten Zertifizierungsstellen.

[2]Die Anerkennung der in Satz 1 genannten Stellen erteilt die oberste Bauaufsichtsbehörde oder nach Art. 80 Abs. 5 Nr. 2 das Deutsche Institut für Bautechnik an private Träger, wenn die privaten Träger oder die bei ihr Beschäftigten nach ihrer Ausbildung, Fachkenntnis, persönlichen Zuverlässigkeit, ihrer Unparteilichkeit und ihren Leistungen die Gewähr dafür bieten, dass diese Aufgaben den öffentlich-rechtlichen Vorschriften entsprechend wahrgenommen werden, und wenn die privaten Träger über die erforderlichen Vorrichtungen verfügen. [3]Soweit und solange solche Stellen von privaten Trägern nicht zur Verfügung stehen, kann eine Behörde die Aufgaben nach Satz 1 wahrnehmen. [4]Die Anerkennung von Prüf-, Zertifizierungs- und Überwachungsstellen anderer Länder gilt auch im Freistaat Bayern.

(4) Die Anerkennungsbehörde nach Abs. 3 Satz 2 kann allgemeine bauaufsichtliche Prüfzeugnisse nach Art. 15 Abs. 3, Art. 19 zurücknehmen oder widerrufen.

Abschnitt IV

Brandverhalten von Baustoffen und Bauteilen; Wände, Decken, Dächer

Artikel 24 Allgemeine Anforderungen an das Brandverhalten von Baustoffen und Bauteilen

(1) [1]Baustoffe werden nach den Anforderungen an ihr Brandverhalten unterschieden in

1. nichtbrennbare,
2. schwerentflammbare,
3. normalentflammbare.

[2]Baustoffe, die nicht mindestens normalentflammbar sind (leichtentflammbare Baustoffe), dürfen nicht verwendet werden; das gilt nicht, wenn sie in Verbindung mit anderen Baustoffen nicht leichtentflammbar sind.

(2) [1]Bauteile werden nach den Anforderungen an ihre Feuerwiderstandsfähigkeit unterschieden in
1. feuerbeständige,
2. hochfeuerhemmende,
3. feuerhemmende;

die Feuerwiderstandsfähigkeit bezieht sich bei tragenden und aussteifenden Bauteilen auf deren Standsicherheit im Brandfall, bei raumabschließenden Bauteilen auf deren Widerstand gegen die Brandausbreitung. [2]Bauteile werden zusätzlich nach dem Brandverhalten ihrer Baustoffe unterschieden in
1. Bauteile aus nichtbrennbaren Baustoffen,
2. Bauteile, deren tragende und aussteifende Teile aus nichtbrennbaren Baustoffen bestehen und die bei raumabschließenden Bauteilen zusätzlich eine in Bauteilebene durchgehende Schicht aus nichtbrennbaren Baustoffen haben,
3. Bauteile, deren tragende und aussteifende Teile aus brennbaren Baustoffen bestehen und die allseitig eine brandschutztechnisch wirksame Bekleidung aus nichtbrennbaren Baustoffen (Brandschutzbekleidung) und Dämmstoffe aus nichtbrennbaren Baustoffen haben,
4. Bauteile aus brennbaren Baustoffen.

[3]Soweit in diesem Gesetz oder in Vorschriften auf Grund dieses Gesetzes nichts anderes bestimmt ist, müssen
1. Bauteile, die feuerbeständig sein müssen, mindestens den Anforderungen des Satzes 2 Nr. 2,
2. Bauteile, die hochfeuerhemmend sein müssen, mindestens den Anforderungen des Satzes 2 Nr. 3

entsprechen; das gilt nicht für feuerwiderstandsfähige Abschlüsse von Öffnungen. [4]Abweichend von Satz 3 sind Bauteile, die feuerbeständig oder hochfeuerhemmend sein müssen, aus brennbaren Baustoffen zulässig, sofern sie den Technischen Baubestimmungen nach Art. 81a entsprechen. [5]Satz 4 gilt nicht für Brandwände nach Art. 28 Abs. 3 Satz 1 und Wände notwendiger Treppenräume nach Art. 33 Abs. 4 Satz 1 Nr. 1.

Artikel 25 Tragende Wände, Stützen

(1) [1]Tragende und aussteifende Wände und Stützen müssen im Brandfall ausreichend lang standsicher sein. [2]Sie müssen
1. in Gebäuden der Gebäudeklasse 5 feuerbeständig,
2. in Gebäuden der Gebäudeklasse 4 hochfeuerhemmend,
3. in Gebäuden der Gebäudeklassen 2 und 3 feuerhemmend

sein. [3]Satz 2 gilt
1. für Geschosse im Dachraum nur, wenn darüber noch Aufenthaltsräume möglich sind; Art. 27 Abs. 4 bleibt unberührt,
2. nicht für Balkone, ausgenommen offene Gänge, die als notwendige Flure dienen.

(2) Im Kellergeschoss müssen tragende und aussteifende Wände und Stützen
1. in Gebäuden der Gebäudeklassen 3 bis 5 feuerbeständig,
2. in Gebäuden der Gebäudeklassen 1 und 2 feuerhemmend

sein.

Artikel 26 Außenwände

(1) Außenwände und Außenwandteile wie Brüstungen und Schürzen sind so auszubilden, dass eine Brandausbreitung auf und in diesen Bauteilen ausreichend lang begrenzt ist.

(2) [1]Nichttragende Außenwände und nichttragende Teile tragender Außenwände müssen aus nichtbrennbaren Baustoffen bestehen; sie sind aus brennbaren Baustoffen zulässig, wenn sie als raumabschließende Bauteile feuerhemmend sind. [2]Satz 1 gilt nicht für
1. Fenster und Türen,
2. Fugendichtungen und
3. brennbare Dämmstoffe in nichtbrennbaren geschlossenen Profilen der Außenwandkonstruktion.

(3) [1]Oberflächen von Außenwänden sowie Außenwandbekleidungen müssen einschließlich der Dämmstoffe und Unterkonstruktionen schwerentflammbar sein; Unterkonstruktionen aus normalentflammbaren Baustoffen sind zulässig, wenn die Anforderungen nach Abs. 1 erfüllt sind. [2]Balkonbe-

kleidungen, die über die erforderliche Umwehrungshöhe hinaus hochgeführt werden, und mehr als zwei Geschosse überbrückende Solaranlagen an Außenwänden müssen schwerentflammbar sein. [3]Baustoffe, die schwerentflammbar sein müssen, in Bauteilen nach Satz 1 Halbsatz 1 und Satz 2 dürfen nicht brennend abfallen oder abtropfen.

(4) Bei Außenwandkonstruktionen mit geschossübergreifenden Hohl- oder Lufträumen wie Doppelfassaden sind gegen die Brandausbreitung besondere Vorkehrungen zu treffen; das gilt für hinterlüftete Außenwandbekleidungen entsprechend.

(5) [1]Die Abs. 2, 3 und 4 Halbsatz 2 gelten nicht für Gebäude der Gebäudeklassen 1 bis 3, Abs. 4 Halbsatz 1 nicht für Gebäude der Gebäudeklassen 1 und 2. [2]Abweichend von Abs. 3 sind Außenwandbekleidungen, die den Technischen Baubestimmungen nach Art. 81a entsprechen, mit Ausnahme der Dämmstoffe, aus normalentflammbaren Baustoffen zulässig.

Artikel 27 Trennwände

(1) Trennwände nach Abs. 2 müssen als raumabschließende Bauteile von Räumen oder Nutzungseinheiten innerhalb von Geschossen ausreichend lang widerstandsfähig gegen die Brandausbreitung sein.

(2) Trennwände sind erforderlich

1. zwischen Nutzungseinheiten sowie zwischen Nutzungseinheiten und anders genutzten Räumen, ausgenommen notwendigen Fluren,
2. zum Abschluss von Räumen mit Explosions- oder erhöhter Brandgefahr,
3. zwischen Aufenthaltsräumen und anders genutzten Räumen im Kellergeschoss.

(3) [1]Trennwände nach Abs. 2 Nr. 1 und 3 müssen die Feuerwiderstandsfähigkeit der tragenden und aussteifenden Bauteile des Geschosses haben, jedoch mindestens feuerhemmend sein. [2]Trennwände nach Abs. 2 Nr. 2 müssen feuerbeständig sein.

(4) Die Trennwände nach Abs. 2 sind bis zur Rohdecke, im Dachraum bis unter die Dachhaut zu führen; werden in Dachräumen Trennwände nur bis zur Rohdecke geführt, ist diese Decke als raumabschließendes Bauteil einschließlich der sie tragenden und aussteifenden Bauteile feuerhemmend herzustellen.

(5) Öffnungen in Trennwänden nach Abs. 2 sind nur zulässig, wenn sie auf die für die Nutzung erforderliche Zahl und Größe beschränkt sind; sie müssen feuerhemmende, dicht- und selbstschließende Abschlüsse haben.

(6) Die Abs. 1 bis 5 gelten nicht innerhalb von Wohngebäuden der Gebäudeklassen 1 und 2.

Artikel 28 Brandwände

(1) Brandwände müssen als raumabschließende Bauteile zum Abschluss von Gebäuden (Gebäudeabschlusswand) oder zur Unterteilung von Gebäuden in Brandabschnitte (innere Brandwand) ausreichend lang die Brandausbreitung auf andere Gebäude oder Brandabschnitte verhindern.

(2) [1]Brandwände sind erforderlich

1. als Gebäudeabschlusswand, ausgenommen von Gebäuden ohne Aufenthaltsräume und ohne Feuerstätten mit nicht mehr als 50 m^3 Brutto-Rauminhalt, wenn diese Abschlusswände an oder mit einem Abstand von weniger als 2,50 m gegenüber der Grundstücksgrenze errichtet werden, es sei denn, dass ein Abstand von mindestens 5 m zu bestehenden oder nach den baurechtlichen Vorschriften zulässigen künftigen Gebäuden gesichert ist,
2. als innere Brandwand zur Unterteilung ausgedehnter Gebäude in Abständen von nicht mehr als 40 m,
3. als innere Brandwand zur Unterteilung land- oder forstwirtschaftlich genutzter Gebäude in Brandabschnitte von nicht mehr als 10 000 m^3 Brutto-Rauminhalt,
4. als Gebäudeabschlusswand zwischen Wohngebäuden und angebauten land- oder forstwirtschaftlich genutzten Gebäuden sowie als innere Brandwand zwischen dem Wohnteil und dem land- oder forstwirtschaftlich genutzten Teil eines Gebäudes.

[2]Satz 1 Nr. 1 gilt nicht für Gebäude der Gebäudeklassen 1 und 2; in diesen Fällen findet Art. 27 entsprechend Anwendung.

(3) [1]Brandwände müssen auch unter zusätzlicher mechanischer Beanspruchung feuerbeständig sein und aus nichtbrennbaren Baustoffen bestehen. [2]An Stelle von Brandwänden sind in den Fällen von Abs. 2 Nr. 1 bis 3 zulässig

1. für Gebäude der Gebäudeklasse 4 Wände, die auch unter zusätzlicher mechanischer Beanspruchung hochfeuerhemmend sind,
2. für Gebäude der Gebäudeklassen 1 bis 3 hochfeuerhemmende Wände,
3. für Gebäude der Gebäudeklassen 1 bis 3 Gebäudeabschlusswände, die jeweils von innen nach außen die Feuerwiderstandsfähigkeit der tragenden und aussteifenden Teile des Gebäudes, mindestens jedoch feuerhemmende Bauteile, und von außen nach innen die Feuerwiderstandsfähigkeit feuerbeständiger Bauteile haben.

[3]In den Fällen des Abs. 2 Nr. 4 sind an Stelle von Brandwänden feuerbeständige Wände zulässig, wenn der Brutto-Rauminhalt des land- oder forstwirtschaftlich genutzten Gebäudes oder Gebäudeteils nicht größer als 2 000 m^3 ist.

(4) [1]Brandwände müssen durchgehend und in allen Geschossen und dem Dachraum übereinander angeordnet sein. [2]Abweichend davon dürfen an Stelle innerer Brandwände Wände geschossweise versetzt angeordnet werden, wenn

1. die Wände im Übrigen Abs. 3 Satz 1 entsprechen,
2. die Decken, soweit sie in Verbindung mit diesen Wänden stehen, feuerbeständig sind, aus nichtbrennbaren Baustoffen bestehen und keine Öffnungen haben,
3. die Bauteile, die diese Wände und Decken unterstützen, feuerbeständig sind und aus nichtbrennbaren Baustoffen bestehen,
4. die Außenwände in der Breite des Versatzes in dem Geschoss oberhalb oder unterhalb des Versatzes feuerbeständig sind und
5. Öffnungen in den Außenwänden im Bereich des Versatzes so angeordnet oder andere Vorkehrungen so getroffen sind, dass eine Brandausbreitung in andere Brandabschnitte nicht zu befürchten ist.

(5) [1]Brandwände sind 0,30 m über die Bedachung zu führen oder in Höhe der Dachhaut mit einer beiderseits 0,50 m auskragenden feuerbeständigen Platte aus nichtbrennbaren Baustoffen abzuschließen; darüber dürfen brennbare Teile des Dachs nicht hinweggeführt werden. [2]Bei Gebäuden der Gebäudeklassen 1 bis 3 sind Brandwände mindestens bis unter die Dachhaut zu führen. [3]Verbleibende Hohlräume sind vollständig mit nichtbrennbaren Baustoffen auszufüllen.

(6) Müssen Gebäude oder Gebäudeteile, die über Eck zusammenstoßen, durch eine Brandwand getrennt werden, so muss der Abstand dieser Wand von der inneren Ecke mindestens 5 m betragen; das gilt nicht, wenn der Winkel der inneren Ecke mehr als 120 Grad beträgt oder mindestens eine Außenwand auf 5 m Länge als öffnungslose feuerbeständige Wand aus nichtbrennbaren Baustoffen, bei Gebäuden der Gebäudeklassen 1 bis 4 als öffnungslose hochfeuerhemmende Wand ausgebildet ist.

(7) [1]Bauteile mit brennbaren Baustoffen dürfen über Brandwände nicht hinweggeführt werden. [2]Bei Außenwandkonstruktionen, die eine seitliche Brandausbreitung begünstigen können, wie hinterlüfteten Außenwandbekleidungen oder Doppelfassaden, sind gegen die Brandausbreitung im Bereich der Brandwände besondere Vorkehrungen zu treffen. [3]Außenwandbekleidungen von Gebäudeabschlusswänden müssen einschließlich der Dämmstoffe und Unterkonstruktionen nichtbrennbar sein. [4]Bauteile dürfen in Brandwände nur so weit eingreifen, dass deren Feuerwiderstandsfähigkeit nicht beeinträchtigt wird; für Leitungen, Leitungsschlitze und Kamine gilt dies entsprechend.

(8) [1]Öffnungen in Brandwänden sind unzulässig. [2]Sie sind in inneren Brandwänden nur zulässig, wenn sie auf die für die Nutzung erforderliche Zahl und Größe beschränkt sind; die Öffnungen müssen feuerbeständige, dicht- und selbstschließende Abschlüsse haben.

(9) In inneren Brandwänden sind feuerbeständige Verglasungen nur zulässig, wenn sie auf die für die Nutzung erforderliche Zahl und Größe beschränkt sind.

(10) Abs. 2 Nr. 1 gilt nicht für seitliche Wände von Vorbauten im Sinn des Art. 6 Abs. 6, wenn sie von dem Nachbargebäude oder der Nachbargrenze einen Abstand einhalten, der ihrer eigenen Ausladung entspricht, mindestens jedoch 1 m beträgt.

(11) Die Abs. 4 bis 10 gelten entsprechend auch für Wände, die an Stelle von Brandwänden zulässig sind.

Artikel 29 Decken

(1) [1]Decken müssen als tragende und raumabschließende Bauteile zwischen Geschossen im Brandfall ausreichend lang standsicher und widerstandsfähig gegen die Brandausbreitung sein. [2]Sie müssen

1. in Gebäuden der Gebäudeklasse 5 feuerbeständig,
2. in Gebäuden der Gebäudeklasse 4 hochfeuerhemmend,
3. in Gebäuden der Gebäudeklassen 2 und 3 feuerhemmend

sein. [3]Satz 2 gilt

1. für Geschosse im Dachraum nur, wenn darüber Aufenthaltsräume möglich sind; Art. 27 Abs. 4 bleibt unberührt,
2. nicht für Balkone, ausgenommen offene Gänge, die als notwendige Flure dienen.

(2) [1]Im Kellergeschoss müssen Decken

1. in Gebäuden der Gebäudeklassen 3 bis 5 feuerbeständig,
2. in Gebäuden der Gebäudeklassen 1 und 2 feuerhemmend

sein. [2]Decken müssen feuerbeständig sein

1. unter und über Räumen mit Explosions- oder erhöhter Brandgefahr, ausgenommen in Wohngebäuden der Gebäudeklassen 1 und 2,
2. zwischen dem land- oder forstwirtschaftlich genutzten Teil und dem Wohnteil eines Gebäudes.

(3) Der Anschluss der Decken an die Außenwand ist so herzustellen, dass er den Anforderungen aus Abs. 1 Satz 1 genügt.

(4) Öffnungen in Decken, für die eine Feuerwiderstandsfähigkeit vorgeschrieben ist, sind nur zulässig

1. in Gebäuden der Gebäudeklassen 1 und 2,
2. innerhalb derselben Nutzungseinheit mit insgesamt nicht mehr als 400 m^2 in nicht mehr als zwei Geschossen,
3. im Übrigen, wenn sie auf die für die Nutzung erforderliche Zahl und Größe beschränkt sind und Abschlüsse mit der Feuerwiderstandsfähigkeit der Decke haben.

Artikel 30 Dächer

(1) Bedachungen müssen gegen eine Brandbeanspruchung von außen durch Flugfeuer und strahlende Wärme ausreichend lang widerstandsfähig sein (harte Bedachung).

(2) [1]Bedachungen, die die Anforderungen nach Abs. 1 nicht erfüllen, sind zulässig bei Gebäuden der Gebäudeklassen 1 bis 3, wenn die Gebäude

1. einen Abstand von der Grundstücksgrenze von mindestens 12 m,
2. von Gebäuden auf demselben Grundstück mit harter Bedachung einen Abstand von mindestens 12 m,
3. von Gebäuden auf demselben Grundstück mit Bedachungen, die die Anforderungen nach Abs. 1 nicht erfüllen, einen Abstand von mindestens 24 m,
4. von Gebäuden auf demselben Grundstück ohne Aufenthaltsräume und ohne Feuerstätten mit nicht mehr als 50 m^3 Brutto-Rauminhalt einen Abstand von mindestens 5 m

einhalten. [2]Soweit Gebäude nach Satz 1 Abstand halten müssen, genügt bei Wohngebäuden der Gebäudeklassen 1 und 2 in den Fällen

1. der Nrn. 1 und 2 ein Abstand von mindestens 9 m,
2. der Nr. 3 ein Abstand von mindestens 12 m.

(3) Die Abs. 1 und 2 gelten nicht für

1. Gebäude ohne Aufenthaltsräume und ohne Feuerstätten mit nicht mehr als 50 m^3 Brutto-Rauminhalt,
2. lichtdurchlässige Bedachungen aus nichtbrennbaren Baustoffen; brennbare Fugendichtungen und brennbare Dämmstoffe in nichtbrennbaren Profilen sind zulässig,
3. Dachflächenfenster, Lichtkuppeln und Oberlichte von Wohngebäuden,
4. Eingangsüberdachungen und Vordächer aus nichtbrennbaren Baustoffen,
5. Eingangsüberdachungen aus brennbaren Baustoffen, wenn die Eingänge nur zu Wohnungen führen.

(4) Abweichend von den Abs. 1 und 2 sind

1. lichtdurchlässige Teilflächen aus brennbaren Baustoffen in Bedachungen nach Abs. 1 und
2. begrünte Bedachungen

zulässig, wenn eine Brandentstehung bei einer Brandbeanspruchung von außen durch Flugfeuer und strahlende Wärme nicht zu befürchten ist oder Vorkehrungen hiergegen getroffen werden.

(5) [1]Dachüberstände, Dachgesimse und Dachaufbauten, lichtdurchlässige Bedachungen, Dachflächenfenster, Lichtkuppeln, Oberlichte und Solaranlagen sind so anzuordnen und herzustellen, dass Feuer nicht auf andere Gebäudeteile und Nachbargrundstücke übertragen werden kann. [2]Von Brandwänden und von Wänden, die an Stelle von Brandwänden zulässig sind, müssen
1. mindestens 1,25 m entfernt sein
   a) Dachflächenfenster, Oberlichte, Lichtkuppeln und Öffnungen in der Bedachung, wenn diese Wände nicht mindestens 0,30 m über die Bedachung geführt sind, und
   b) nicht dachparallel installierte Solaranlagen, Dachgauben und ähnliche Dachaufbauten aus brennbaren Baustoffen, wenn sie nicht durch diese Wände gegen Brandübertragung geschützt sind, und
2. mindestens 0,50 m entfernt sein dachparallel installierte Solaranlagen, wenn sie nicht durch diese Wände gegen Brandübertragung geschützt sind.

(6) [1]Dächer von traufseitig aneinandergebauten Gebäuden müssen als raumabschließende Bauteile für eine Brandbeanspruchung von innen nach außen einschließlich der sie tragenden und aussteifenden Bauteile feuerhemmend sein. [2]Öffnungen in diesen Dachflächen müssen waagerecht gemessen mindestens 1,25 m von der Brandwand oder der Wand, die an Stelle der Brandwand zulässig ist, entfernt sein.

(7) [1]Dächer von Anbauten, die an Außenwände mit Öffnungen oder ohne Feuerwiderstandsfähigkeit anschließen, müssen innerhalb eines Abstands von 5 m von diesen Wänden als raumabschließende Bauteile für eine Brandbeanspruchung von innen nach außen einschließlich der sie tragenden und aussteifenden Bauteile die Feuerwiderstandsfähigkeit der Decken des Gebäudeteils haben, an den sie angebaut werden. [2]Das gilt nicht für Anbauten an Wohngebäude der Gebäudeklassen 1 bis 3.

(8) Für vom Dach aus vorzunehmende Arbeiten sind sicher benutzbare Vorrichtungen anzubringen.

Abschnitt V
Rettungswege, Öffnungen, Umwehrungen

Artikel 31 Rettungswege

(1) [1]Für Nutzungseinheiten mit mindestens einem Aufenthaltsraum wie Wohnungen, Praxen, selbstständige Betriebsstätten müssen in jedem Geschoss mindestens zwei voneinander unabhängige Rettungswege ins Freie vorhanden sein; beide Rettungswege dürfen jedoch innerhalb des Geschosses über denselben notwendigen Flur führen. [2]Abweichend von Satz 1 genügt ein Rettungsweg
1. aus Geschossen ohne Aufenthaltsräume,
2. bei zu ebener Erde liegenden Geschossen bis 400 m², wenn dieser aus der Nutzungseinheit unmittelbar ins Freie führt; Art. 34 Abs. 3 Satz 4 gilt entsprechend.

(2) [1]Für Nutzungseinheiten nach Abs. 1, die nicht zu ebener Erde liegen, muss der erste Rettungsweg über eine notwendige Treppe führen. [2]Der zweite Rettungsweg kann eine weitere notwendige Treppe oder eine mit Rettungsgeräten der Feuerwehr erreichbare Stelle der Nutzungseinheit sein. [3]Ein zweiter Rettungsweg ist nicht erforderlich, wenn die Rettung über einen sicher erreichbaren Treppenraum möglich ist, in den Feuer und Rauch nicht eindringen können (Sicherheitstreppenraum).

(3) [1]Gebäude, deren zweiter Rettungsweg über Rettungsgeräte der Feuerwehr führt und bei denen die Oberkante der Brüstung von zum Anleitern bestimmten Fenstern oder Stellen mehr als 8 m über der Geländeoberfläche liegt, dürfen nur errichtet werden, wenn die Feuerwehr über die erforderlichen Rettungsgeräte wie Hubrettungsfahrzeuge verfügt. [2]Bei Sonderbauten ist der zweite Rettungsweg über Rettungsgeräte der Feuerwehr nur zulässig, wenn keine Bedenken wegen der Personenrettung bestehen.

Artikel 32 Treppen

(1) [1]Jedes nicht zu ebener Erde liegende Geschoss und der benutzbare Dachraum eines Gebäudes müssen über mindestens eine Treppe zugänglich sein (notwendige Treppe). [2]Statt notwendiger Treppen sind Rampen mit flacher Neigung zulässig.

(2) [1]Einschiebbare Treppen und Rolltreppen sind als notwendige Treppen unzulässig. [2]In Gebäuden der Gebäudeklassen 1 und 2 sind einschiebbare Treppen und Leitern als Zugang zu einem Dachraum ohne Aufenthaltsraum zulässig.

(3) [1]Notwendige Treppen sind in einem Zuge zu allen angeschlossenen Geschossen zu führen; sie müssen mit den Treppen zum Dachraum unmittelbar verbunden sein. [2]Das gilt nicht für Treppen
1. in Gebäuden der Gebäudeklassen 1 bis 3,
2. nach Art. 33 Abs. 1 Satz 3 Nr. 2.

(4) [1]Die tragenden Teile notwendiger Treppen müssen
1. in Gebäuden der Gebäudeklasse 5 feuerhemmend und aus nichtbrennbaren Baustoffen,
2. in Gebäuden der Gebäudeklasse 4 aus nichtbrennbaren Baustoffen,
3. in Gebäuden der Gebäudeklasse 3 aus nichtbrennbaren Baustoffen oder feuerhemmend

sein. [2]Tragende Teile von Außentreppen nach Art. 33 Abs. 1 Satz 3 Nr. 3 für Gebäude der Gebäudeklassen 3 bis 5 müssen aus nichtbrennbaren Baustoffen bestehen.

(5) Die nutzbare Breite der Treppenläufe und Treppenabsätze notwendiger Treppen muss für den größten zu erwartenden Verkehr ausreichen.

(6) [1]Treppen müssen einen festen und griffsicheren Handlauf haben. [2]Für Treppen sind Handläufe auf beiden Seiten und bei großer nutzbarer Breite auch Zwischenhandläufe vorzusehen,
1. in Gebäuden mit mehr als zwei nicht stufenlos erreichbaren Wohnungen,
2. im Übrigen, soweit es die Verkehrssicherheit erfordert.

Artikel 33 Notwendige Treppenräume, Ausgänge

(1) [1]Jede notwendige Treppe muss zur Sicherung der Rettungswege aus den Geschossen ins Freie in einem eigenen, durchgehenden Treppenraum liegen (notwendiger Treppenraum). [2]Notwendige Treppenräume müssen so angeordnet und ausgebildet sein, dass die Nutzung der notwendigen Treppen im Brandfall ausreichend lang möglich ist. [3]Notwendige Treppen sind ohne eigenen Treppenraum zulässig
1. in Gebäuden der Gebäudeklassen 1 und 2,
2. für die Verbindung von höchstens zwei Geschossen innerhalb derselben Nutzungseinheit von insgesamt nicht mehr als 200 m^2, wenn in jedem Geschoss ein anderer Rettungsweg erreicht werden kann,
3. als Außentreppe, wenn ihre Nutzung ausreichend sicher ist und im Brandfall nicht gefährdet werden kann.

(2) [1]Von jeder Stelle eines Aufenthaltsraums sowie eines Kellergeschosses muss mindestens ein Ausgang in einen notwendigen Treppenraum oder ins Freie in höchstens 35 m Entfernung erreichbar sein; das gilt nicht für land- oder forstwirtschaftlich genutzte Gebäude. [2]Übereinanderliegende Kellergeschosse müssen jeweils mindestens zwei Ausgänge in notwendige Treppenräume oder ins Freie haben. [3]Sind mehrere notwendige Treppenräume erforderlich, müssen sie so verteilt sein, dass sie möglichst entgegengesetzt liegen und dass die Rettungswege möglichst kurz sind.

(3) [1]Jeder notwendige Treppenraum muss einen unmittelbaren Ausgang ins Freie haben. [2]Sofern der Ausgang eines notwendigen Treppenraums nicht unmittelbar ins Freie führt, muss der Raum zwischen dem notwendigen Treppenraum und dem Ausgang ins Freie
1. mindestens so breit sein wie die dazugehörigen Treppenläufe,
2. Wände haben, die die Anforderungen an die Wände des Treppenraums erfüllen,
3. rauchdichte und selbstschließende Abschlüsse zu notwendigen Fluren haben und
4. ohne Öffnungen zu anderen Räumen, ausgenommen zu notwendigen Fluren, sein.

(4) [1]Die Wände notwendiger Treppenräume müssen als raumabschließende Bauteile
1. in Gebäuden der Gebäudeklasse 5 die Bauart von Brandwänden haben,
2. in Gebäuden der Gebäudeklasse 4 auch unter zusätzlicher mechanischer Beanspruchung hochfeuerhemmend und
3. in Gebäuden der Gebäudeklasse 3 feuerhemmend

sein. [2]Dies ist nicht erforderlich für Außenwände von Treppenräumen, die aus nichtbrennbaren Baustoffen bestehen und durch andere an diese Außenwände anschließende Gebäudeteile im Brandfall nicht gefährdet werden können. [3]Der obere Abschluss notwendiger Treppenräume muss als raumabschließendes Bauteil die Feuerwiderstandsfähigkeit der Decken des Gebäudes haben; das gilt nicht, wenn der obere Abschluss das Dach ist und die Treppenraumwände bis unter die Dachhaut reichen.

(5) In notwendigen Treppenräumen und in Räumen nach Abs. 3 Satz 2 müssen
1. Bekleidungen, Putze, Dämmstoffe, Unterdecken und Einbauten aus nichtbrennbaren Baustoffen bestehen,
2. Wände und Decken aus brennbaren Baustoffen eine Bekleidung aus nichtbrennbaren Baustoffen in ausreichender Dicke haben,
3. Bodenbeläge, ausgenommen Gleitschutzprofile, aus mindestens schwerentflammbaren Baustoffen bestehen.

(6) [1]In notwendigen Treppenräumen müssen Öffnungen
1. zu Kellergeschossen, zu nicht ausgebauten Dachräumen, Werkstätten, Läden, Lager- und ähnlichen Räumen sowie zu sonstigen Räumen und Nutzungseinheiten mit mehr als 200 m², ausgenommen Wohnungen, mindestens feuerhemmende, rauchdichte und selbstschließende Abschlüsse,
2. zu notwendigen Fluren rauchdichte und selbstschließende Abschlüsse,
3. zu sonstigen Räumen und Nutzungseinheiten mindestens vollwandige, dicht- und selbstschließende Abschlüsse

haben. [2]Die Feuerschutz- und Rauchschutzabschlüsse dürfen lichtdurchlässige Seitenteile und Oberlichte enthalten, wenn der Abschluss insgesamt nicht breiter als 2,50 m ist.

(7) [1]Notwendige Treppenräume müssen zu beleuchten sein. [2]Notwendige Treppenräume ohne Fenster müssen in Gebäuden mit einer Höhe nach Art. 2 Abs. 3 Satz 2 von mehr als 13 m eine Sicherheitsbeleuchtung haben.

(8) [1]Notwendige Treppenräume müssen belüftet und zur Unterstützung wirksamer Löscharbeiten entraucht werden können. [2]Die Treppenräume müssen
1. in jedem oberirdischen Geschoss unmittelbar ins Freie führende Fenster mit einem freien Querschnitt von mindestens 0,50 m² haben, die geöffnet werden können, oder
2. an der obersten Stelle eine Öffnung zur Rauchableitung haben.

[3]Im Fall des Satzes 2 Nr. 1 ist in Gebäuden mit einer Höhe nach Art. 2 Abs. 3 Satz 2 von mehr als 13 m an der obersten Stelle eine Öffnung zur Rauchableitung erforderlich. [4]Öffnungen zur Rauchableitung nach Sätzen 2 und 3 müssen in jedem Treppenraum einen freien Querschnitt von mindestens 1 m² und Vorrichtungen zum Öffnen ihrer Abschlüsse haben, die vom Erdgeschoss sowie vom obersten Treppenabsatz aus bedient werden können.

Artikel 34 Notwendige Flure, offene Gänge

(1) [1]Flure, über die Rettungswege aus Aufenthaltsräumen oder aus Nutzungseinheiten mit Aufenthaltsräumen zu Ausgängen in notwendige Treppenräume oder ins Freie führen (notwendige Flure), müssen so angeordnet und ausgebildet sein, dass die Nutzung im Brandfall ausreichend lang möglich ist. [2]Notwendige Flure sind nicht erforderlich
1. in Wohngebäuden der Gebäudeklassen 1 und 2,
2. in sonstigen Gebäuden der Gebäudeklassen 1 und 2, ausgenommen in Kellergeschossen,
3. innerhalb von Nutzungseinheiten mit nicht mehr als 200 m² und innerhalb von Wohnungen,
4. innerhalb von Nutzungseinheiten, die einer Büro- oder Verwaltungsnutzung dienen, mit nicht mehr als 400 m²; das gilt auch für Teile größerer Nutzungseinheiten, wenn diese Teile nicht größer als 400 m² sind, Trennwände nach Art. 27 Abs. 2 Nr. 1 haben und jeder Teil unabhängig von anderen Teilen Rettungswege nach Art. 31 Abs. 1 hat.

(2) [1]Notwendige Flure müssen so breit sein, dass sie für den größten zu erwartenden Verkehr ausreichen. [2]In den Fluren ist eine Folge von weniger als drei Stufen unzulässig.

(3) [1]Notwendige Flure sind durch nichtabschließbare, rauchdichte und selbstschließende Abschlüsse in Rauchabschnitte zu unterteilen. [2]Die Rauchabschnitte sollen nicht länger als 30 m sein. [3]Die Abschlüsse sind bis an die Rohdecke zu führen; sie dürfen bis an die Unterdecke der Flure geführt werden, wenn die Unterdecke feuerhemmend ist. [4]Notwendige Flure mit nur einer Fluchtrichtung, die zu einem Sicherheitstreppenraum führen, dürfen nicht länger als 15 m sein. [5]Die Sätze 1 bis 4 gelten nicht für notwendige Flure, die als offene Gänge vor den Außenwänden angeordnet sind.

(4) [1]Die Wände notwendiger Flure müssen als raumabschließende Bauteile feuerhemmend, in Kellergeschossen, deren tragende und aussteifende Bauteile feuerbeständig sein müssen, feuerbeständig sein. [2]Die Wände sind bis an die Rohdecke zu führen. [3]Sie dürfen bis an die Unterdecke der Flure

geführt werden, wenn die Unterdecke feuerhemmend und ein demjenigen nach Satz 1 vergleichbarer Raumabschluss sichergestellt ist. [4]Türen in diesen Wänden müssen dicht schließen; Öffnungen zu Lagerbereichen im Kellergeschoss müssen feuerhemmende, dicht- und selbstschließende Abschlüsse haben.

(5) [1]Für Wände und Brüstungen notwendiger Flure mit nur einer Fluchtrichtung, die als offene Gänge vor den Außenwänden angeordnet sind, gilt Abs. 4 entsprechend. [2]Fenster sind in diesen Außenwänden ab einer Brüstungshöhe von 0,90 m zulässig.

(6) In notwendigen Fluren sowie in offenen Gängen nach Abs. 5 müssen

1. Bekleidungen, Putze, Unterdecken und Dämmstoffe aus nichtbrennbaren Baustoffen bestehen,
2. Wände und Decken aus brennbaren Baustoffen eine Bekleidung aus nichtbrennbaren Baustoffen in ausreichender Dicke haben.

Artikel 35 Fenster, Türen, sonstige Öffnungen

(1) [1]Glastüren und andere Glasflächen, die bis zum Fußboden allgemein zugänglicher Verkehrsflächen herabreichen, sind so zu kennzeichnen, dass sie leicht erkannt werden können. [2]Weitere Schutzmaßnahmen sind für größere Glasflächen vorzusehen, wenn dies die Verkehrssicherheit erfordert.

(2) Eingangstüren von Wohnungen, die über Aufzüge erreichbar sein müssen, müssen eine lichte Durchgangsbreite von mindestens 0,90 m haben.

(3) [1]Jedes Kellergeschoss ohne Fenster muss mindestens eine Öffnung ins Freie haben, um eine Rauchableitung zu ermöglichen. [2]Gemeinsame Kellerlichtschächte für übereinander liegende Kellergeschosse sind unzulässig.

(4) [1]Fenster, die als Rettungswege nach Art. 31 Abs. 2 Satz 2 dienen, müssen in der Breite mindestens 0,60 m, in der Höhe mindestens 1 m groß, von innen zu öffnen und nicht höher als 1,20 m über der Fußbodenoberkante angeordnet sein. [2]Liegen diese Fenster in Dachschrägen oder Dachaufbauten, so darf ihre Unterkante oder ein davor liegender Austritt von der Traufkante horizontal gemessen nicht mehr als 1 m entfernt sein.

Artikel 36 Umwehrungen

(1) In, an und auf baulichen Anlagen sind zu umwehren

1. Flächen, die im Allgemeinen zum Begehen bestimmt sind und unmittelbar an mehr als 0,50 m tiefer liegende Flächen angrenzen; das gilt nicht, wenn die Umwehrung dem Zweck der Flächen widerspricht,
2. Dächer, die zum Aufenthalt von Menschen bestimmt sind, sowie Öffnungen und nicht begehbare Flächen in diesen Dächern und in begehbaren Decken, soweit sie nicht sicher abgedeckt oder gegen Betreten gesichert sind,
3. die freien Seiten von Treppenläufen, Treppenabsätzen und Treppenöffnungen (Treppenaugen); Fenster, die unmittelbar an Treppen und deren Brüstungen unter der notwendigen Umwehrungshöhe liegen, sind zu sichern.

(2) [1]Die Umwehrungen müssen ausreichend hoch und fest sein. [2]Ist mit der Anwesenheit unbeaufsichtigter Kleinkinder auf der zu sichernden Fläche üblicherweise zu rechnen, müssen Umwehrungen so ausgebildet werden, dass sie Kleinkindern das Über- oder Durchklettern nicht erleichtern; das gilt nicht innerhalb von Wohngebäuden der Gebäudeklassen 1 und 2 und innerhalb von Wohnungen.

Abschnitt VI

Technische Gebäudeausrüstung

Artikel 37 Aufzüge

(1) [1]Aufzüge im Innern von Gebäuden müssen eigene Fahrschächte haben, um eine Brandausbreitung in andere Geschosse ausreichend lang zu verhindern. [2]In einem Fahrschacht dürfen bis zu drei Aufzüge liegen. [3]Aufzüge ohne eigene Fahrschächte sind zulässig

1. innerhalb eines notwendigen Treppenraums, ausgenommen in Hochhäusern,
2. innerhalb von Räumen, die Geschosse überbrücken,
3. zur Verbindung von Geschossen, die offen miteinander in Verbindung stehen dürfen,
4. in Gebäuden der Gebäudeklassen 1 und 2;

sie müssen sicher umkleidet sein.

(2) [1]Die Fahrschachtwände müssen als raumabschließende Bauteile

1. in Gebäuden der Gebäudeklasse 5 feuerbeständig und aus nichtbrennbaren Baustoffen,
2. in Gebäuden der Gebäudeklasse 4 hochfeuerhemmend,
3. in Gebäuden der Gebäudeklasse 3 feuerhemmend

sein; Fahrschachtwände aus brennbaren Baustoffen müssen schachtseitig eine Bekleidung aus nichtbrennbaren Baustoffen in ausreichender Dicke haben. [2]Fahrschachttüren und andere Öffnungen in Fahrschachtwänden mit erforderlicher Feuerwiderstandsfähigkeit sind so herzustellen, dass die Anforderungen nach Abs. 1 Satz 1 nicht beeinträchtigt werden.

(3) [1]Fahrschächte müssen zu lüften sein und eine Öffnung zur Rauchableitung mit einem freien Querschnitt von mindestens 2,5 v. H. der Fahrschachtgrundfläche, mindestens jedoch 0,10 m^2 haben. [2]Diese Öffnung darf einen Abschluss haben, der im Brandfall selbsttätig öffnet und von mindestens einer geeigneten Stelle aus bedient werden kann. [3]Die Lage der Rauchaustrittsöffnungen muss so gewählt werden, dass der Rauchaustritt durch Windeinfluss nicht beeinträchtigt wird.

(4) [1]Gebäude mit einer Höhe nach Art. 2 Abs. 3 Satz 2 von mehr als 13 m müssen Aufzüge in ausreichender Zahl haben. [2]Von diesen Aufzügen muss mindestens ein Aufzug Kinderwagen, Rollstühle, Krankentragen und Lasten aufnehmen können und Haltestellen in allen Geschossen haben. [3]Dieser Aufzug muss von allen Wohnungen in dem Gebäude und von der öffentlichen Verkehrsfläche aus stufenlos erreichbar sein. [4]Haltestellen im obersten Geschoss, im Erdgeschoss und in den Kellergeschossen sind nicht erforderlich, wenn sie nur unter besonderen Schwierigkeiten hergestellt werden können. [5]Die Sätze 1 bis 4 gelten nicht bei der Schaffung von Wohnraum durch Aufstockung, wenn die Anforderungen nur mit einem unverhältnismäßigen Aufwand erfüllt werden können.

(5) [1]Fahrkörbe zur Aufnahme einer Krankentrage müssen eine nutzbare Grundfläche von mindestens 1,10 m x 2,10 m, zur Aufnahme eines Rollstuhls von mindestens 1,10 m x 1,40 m haben; Türen müssen eine lichte Durchgangsbreite von mindestens 0,90 m haben. [2]In einem Aufzug für Rollstühle und Krankentragen darf der für Rollstühle nicht erforderliche Teil der Fahrkorbgrundfläche durch eine verschließbare Tür abgesperrt werden. [3]Vor den Aufzügen muss eine ausreichende Bewegungsfläche vorhanden sein.

Artikel 38 Leitungsanlagen, Installationsschächte und -kanäle

(1) Leitungen dürfen durch raumabschließende Bauteile, für die eine Feuerwiderstandsfähigkeit vorgeschrieben ist, nur hindurchgeführt werden, wenn eine Brandausbreitung ausreichend lang nicht zu befürchten ist oder Vorkehrungen hiergegen getroffen sind; das gilt nicht

1. innerhalb von Gebäuden der Gebäudeklassen 1 und 2,
2. innerhalb von Wohnungen,
3. innerhalb derselben Nutzungseinheit mit insgesamt nicht mehr als 400 m^2 in nicht mehr als zwei Geschossen.

(2) In notwendigen Treppenräumen, in Räumen nach Art. 33 Abs. 3 Satz 2 und in notwendigen Fluren sind Leitungsanlagen nur zulässig, wenn eine Nutzung als Rettungsweg im Brandfall ausreichend lang möglich ist.

(3) Für Installationsschächte und -kanäle gelten Abs. 1 sowie Art. 39 Abs. 2 Satz 1 und Abs. 3 entsprechend.

Artikel 39 Lüftungsanlagen

(1) Lüftungsanlagen müssen betriebssicher und brandsicher sein; sie dürfen den ordnungsgemäßen Betrieb von Feuerungsanlagen nicht beeinträchtigen.

(2) [1]Lüftungsleitungen sowie deren Bekleidungen und Dämmstoffe müssen aus nichtbrennbaren Baustoffen bestehen; brennbare Baustoffe sind zulässig, wenn ein Beitrag der Lüftungsleitung zur Brandentstehung und Brandweiterleitung nicht zu befürchten ist. [2]Lüftungsleitungen dürfen raumabschließende Bauteile, für die eine Feuerwiderstandsfähigkeit vorgeschrieben ist, nur überbrücken, wenn eine Brandausbreitung ausreichend lang nicht zu befürchten ist oder wenn Vorkehrungen hiergegen getroffen sind.

(3) Lüftungsanlagen sind so herzustellen, dass sie Gerüche und Staub nicht in andere Räume übertragen.

(4) [1]Lüftungsanlagen dürfen nicht in Abgasanlagen eingeführt werden; die gemeinsame Nutzung von Lüftungsleitungen zur Lüftung und zur Ableitung der Abgase von Feuerstätten ist zulässig, wenn keine

Bedenken wegen der Betriebssicherheit und des Brandschutzes bestehen. [2]Die Abluft ist ins Freie zu führen. [3]Nicht zur Lüftungsanlage gehörende Einrichtungen sind in Lüftungsleitungen unzulässig.

(5) Die Abs. 2 und 3 gelten nicht
1. innerhalb von Gebäuden der Gebäudeklassen 1 und 2,
2. innerhalb von Wohnungen,
3. innerhalb derselben Nutzungseinheit mit insgesamt nicht mehr als 400 m^2 in nicht mehr als zwei Geschossen.

(6) Für raumlufttechnische Anlagen und Warmluftheizungen gelten die Abs. 1 bis 5 entsprechend.

Artikel 40 Feuerungsanlagen, sonstige Anlagen zur Wärmeerzeugung, Brennstoffversorgung

(1) Feuerstätten und Abgasanlagen (Feuerungsanlagen) müssen betriebssicher und brandsicher sein.

(2) Feuerstätten dürfen in Räumen nur aufgestellt werden, wenn nach der Art der Feuerstätte und nach Lage, Größe, baulicher Beschaffenheit und Nutzung der Räume Gefahren nicht entstehen.

(3) [1]Abgase von Feuerstätten sind durch Abgasleitungen, Kamine und Verbindungsstücke (Abgasanlagen) so abzuführen, dass keine Gefahren oder unzumutbaren Belästigungen entstehen. [2]Abgasanlagen sind in solcher Zahl und Lage und so herzustellen, dass die Feuerstätten des Gebäudes ordnungsgemäß angeschlossen werden können. [3]Sie müssen leicht gereinigt werden können.

(4) [1]Behälter und Rohrleitungen für brennbare Gase und Flüssigkeiten müssen betriebssicher und brandsicher sein. [2]Diese Behälter sowie feste Brennstoffe sind so aufzustellen oder zu lagern, dass keine Gefahren oder unzumutbaren Belästigungen entstehen.

(5) Für die Aufstellung von ortsfesten Verbrennungsmotoren, Blockheizkraftwerken, Brennstoffzellen und Verdichtern sowie die Ableitung ihrer Verbrennungsgase gelten die Abs. 1 bis 3 entsprechend.

Artikel 41 Nicht durch Sammelkanalisation erschlossene Anwesen

(1) Die einwandfreie Beseitigung des Abwassers einschließlich des Fäkalschlamms innerhalb und außerhalb des Grundstücks muss gesichert sein.

(2) Hausabwässer aus abgelegenen landwirtschaftlichen Anwesen oder abgelegenen Anwesen, die früher einem landwirtschaftlichen Betrieb dienten und deren Hausabwässer bereits in Gruben eingeleitet worden sind, dürfen in Gruben eingeleitet werden, wenn
1. das Abwasser in einer Mehrkammerausfaulgrube vorbehandelt wird und
2. die ordnungsgemäße Entsorgung oder Verwertung des geklärten Abwassers und des Fäkalschlamms gesichert ist.

(3) [1]Für die Einleitung von Hausabwässern aus abgelegenen landwirtschaftlichen Anwesen in Biogasanlagen gilt Abs. 2 entsprechend. [2]Die Vorbehandlung in einer Mehrkammerausfaulgrube ist nicht erforderlich, wenn durch den Betrieb der Biogasanlage eine gleichwertige Hygienisierung sichergestellt ist.

Artikel 42 Sanitäre Anlagen

Fensterlose Bäder und Toiletten sind nur zulässig, wenn eine wirksame Lüftung gewährleistet ist.

Artikel 43 Aufbewahrung fester Abfallstoffe

Feste Abfallstoffe dürfen innerhalb von Gebäuden vorübergehend aufbewahrt werden, in Gebäuden der Gebäudeklassen 3 bis 5 jedoch nur, wenn die dafür bestimmten Räume
1. Trennwände und Decken als raumabschließende Bauteile mit der Feuerwiderstandsfähigkeit der tragenden Wände und
2. Öffnungen vom Gebäudeinnern zum Aufstellraum mit feuerhemmenden, dicht- und selbstschließenden Abschlüssen haben,
3. unmittelbar vom Freien entleert werden können und
4. eine ständig wirksame Lüftung haben.

Artikel 44 Blitzschutzanlagen

Bauliche Anlagen, bei denen nach Lage, Bauart oder Nutzung Blitzschlag leicht eintreten oder zu schweren Folgen führen kann, sind mit dauernd wirksamen Blitzschutzanlagen zu versehen.

Artikel 44a Solaranlagen

(1) [1]Auf geeigneten Dachflächen von im Eigentum des Freistaates Bayern stehenden Gebäuden sind im Rahmen verfügbarer Haushaltsmittel in angemessener Auslegung Anlagen zur Erzeugung von Strom aus solarer Strahlungsenergie zu errichten und betreiben. [2]Eine angemessene Auslegung nach

Satz 1 liegt vor, wenn die Modulfläche mindestens einem Drittel der geeigneten Dachfläche entspricht. [3]Dachflächen sind insbesondere nicht geeignet, soweit sie der Belichtung oder Be- und Entlüftung dienen. [4]Bei geneigten Dachflächen müssen die Module dachparallel errichtet werden oder in die Dachfläche integriert sein.

(2) [1]Die Eigentümer von Nichtwohngebäuden, deren Antrag auf Baugenehmigung oder deren vollständige Bauvorlagen

1. ab dem 1. März 2023 für Gebäude, die ausschließlich gewerblicher oder industrieller Nutzung zu dienen bestimmt sind, oder
2. ab dem 1. Juli 2023 für sonstige Nichtwohngebäude

eingehen, haben sicherzustellen, dass Anlagen in angemessener Auslegung zur Erzeugung von Strom aus solarer Strahlungsenergie auf den hierfür geeigneten Dachflächen errichtet und betrieben werden. [2]Die Pflichten nach Satz 1 gelten auch bei vollständiger Erneuerung der Dachhaut eines Gebäudes, die ab dem 1. Januar 2025 begonnen wird. [3]Abs. 1 Satz 2 bis 4 gilt entsprechend.

(3) Die Abs. 1 und 2 sind nicht anzuwenden auf

1. Gebäude mit einer Dachfläche bis zu 50 m^2,
2. Wohngebäuden dienende Gebäude oder Gebäudeteile wie Garagen, Carports oder Schuppen,
3. unterirdische Bauten,
4. Gewächshäuser,
5. Traglufthallen und Zelte,
6. vorübergehend aufgestellte oder benutzbare Gebäude.

(4) [1]Die Eigentümer von Wohngebäuden, deren Antrag auf Baugenehmigung oder deren vollständige Bauvorlagen ab dem 1. Januar 2025 eingehen, sollen sicherstellen, dass Anlagen in angemessener Auslegung zur Erzeugung von Strom aus solarer Strahlungsenergie auf den hierfür geeigneten Dachflächen errichtet und betrieben werden. [2]Dies gilt auch bei vollständiger Erneuerung der Dachhaut eines Gebäudes, die ab dem 1. Januar 2025 begonnen wird. [3]Abs. 1 Satz 2 bis 4 gilt entsprechend. [4]Die Abs. 5 und 6 gelten entsprechend.

(5) [1][1)]Die Pflichten nach Abs. 1 und 2 entfallen, soweit ihre Erfüllung

1. anderen öffentlich-rechtlichen Pflichten, insbesondere solchen aus einer städtebaulichen Satzung oder einer Satzung nach Art. 81, widerspricht, oder
2. im Einzelfall
   a) technisch unmöglich ist oder
   b) wegen besonderer Umstände, durch einen unangemessenen Aufwand oder in sonstiger Weise zu einer unbilligen Härte führen würde, insbesondere wenn glaubhaft gemacht wird, dass die erforderlichen Aufwendungen innerhalb der üblichen Nutzungsdauer nicht erwirtschaftet werden können.

(6) Die Pflichten nach den Abs. 1 und 2 gelten für Gebäude, die der Nutzungspflicht erneuerbarer Energien nach § 10 Abs. 2 Nr. 3 des Gebäudeenergiegesetzes (GEG) oder § 52 Abs. 1 GEG unterfallen, als erfüllt, wenn solarthermische Anlagen nach § 35 GEG oder Anlagen für Strom aus erneuerbaren Energien nach § 36 GEG errichtet und betrieben werden.

Abschnitt VII
Nutzungsbedingte Anforderungen

Artikel 45 Aufenthaltsräume

(1) [1]Aufenthaltsräume müssen eine lichte Raumhöhe von mindestens 2,40 m, im Dachgeschoss über der Hälfte ihrer Nutzfläche 2,20 m haben, wobei Raumteile mit einer lichten Höhe unter 1,50 m außer Betracht bleiben. [2]Das gilt nicht für Aufenthaltsräume in Wohngebäuden der Gebäudeklassen 1 und 2.

(2) [1]Aufenthaltsräume müssen ausreichend belüftet und mit Tageslicht belichtet werden können. [2]Sie müssen Fenster mit einem Rohbaumaß der Fensteröffnungen von mindestens einem Achtel der Netto-Grundfläche des Raums einschließlich der Netto-Grundfläche verglaster Vorbauten und Loggien haben.

---

1) Satzzähler amtlich.

(3) Aufenthaltsräume, deren Nutzung eine Belichtung mit Tageslicht verbietet, sowie Verkaufsräume, Schank- und Speisegaststätten, ärztliche Behandlungs-, Sport-, Spiel-, Werk- und ähnliche Räume sind ohne Fenster zulässig.

Artikel 46 Wohnungen

(1) [1]Jede Wohnung muss eine Küche oder Kochnische haben. [2]Fensterlose Küchen oder Kochnischen sind zulässig, wenn eine wirksame Lüftung gewährleistet ist.

(2) Für Gebäude der Gebäudeklassen 3 bis 5 sind für jede Wohnung ein ausreichend großer Abstellraum und, soweit die Wohnungen nicht nur zu ebener Erde liegen, leicht erreichbare und gut zugängliche Abstellräume für Kinderwagen, Fahrräder und Mobilitätshilfen erforderlich.

(3) Jede Wohnung muss ein Bad mit Badewanne oder Dusche und eine Toilette haben.

(4) [1]In Wohnungen müssen Schlafräume und Kinderzimmer sowie Flure, die zu Aufenthaltsräumen führen, jeweils mindestens einen Rauchwarnmelder haben. [2]Die Rauchwarnmelder müssen so eingebaut oder angebracht und betrieben werden, dass Brandrauch frühzeitig erkannt und gemeldet wird. [3]Die Eigentümer vorhandener Wohnungen sind verpflichtet, jede Wohnung bis zum 31. Dezember 2017 entsprechend auszustatten. [4]Die Sicherstellung der Betriebsbereitschaft obliegt den unmittelbaren Besitzern, es sei denn, der Eigentümer übernimmt diese Verpflichtung selbst.

(5) Sollen Nutzungseinheiten mit Aufenthaltsräumen in bestandsgeschützten Gebäuden in Wohnraum umgewandelt werden, sind auf bestehende Bauteile Art. 6, 25, 26, 28, 29 und 30 nicht anzuwenden.

Artikel 47 Stellplätze, Verordnungsermächtigung

(1) [1]Werden Anlagen errichtet, bei denen ein Zu- oder Abfahrtsverkehr zu erwarten ist, sind Stellplätze in ausreichender Zahl und Größe und in geeigneter Beschaffenheit herzustellen. [2]Bei Änderungen oder Nutzungsänderungen von Anlagen sind Stellplätze in solcher Zahl und Größe herzustellen, dass die Stellplätze die durch die Änderung zusätzlich zu erwartenden Kraftfahrzeuge aufnehmen können. [3]Das gilt nicht, wenn sonst die Schaffung oder Erneuerung von Wohnraum auch unter Berücksichtigung der Möglichkeit einer Ablösung nach Abs. 3 Nr. 3 erheblich erschwert oder verhindert würde.

(2) [1]Die Zahl der notwendigen Stellplätze nach Abs. 1 Satz 1 legt das Staatsministerium für Wohnen, Bau und Verkehr durch Rechtsverordnung fest. [2]Wird die Zahl der notwendigen Stellplätze durch eine örtliche Bauvorschrift oder eine städtebauliche Satzung festgelegt, ist diese Zahl maßgeblich.

(3) Die Stellplatzpflicht kann erfüllt werden durch

1. Herstellung der notwendigen Stellplätze auf dem Baugrundstück,
2. Herstellung der notwendigen Stellplätze auf einem geeigneten Grundstück in der Nähe des Baugrundstücks, wenn dessen Benutzung für diesen Zweck gegenüber dem Rechtsträger der Bauaufsichtsbehörde rechtlich gesichert ist, oder
3. Übernahme der Kosten für die Herstellung der notwendigen Stellplätze durch den Bauherrn gegenüber der Gemeinde (Ablösungsvertrag).

(4) Die Gemeinde hat den Geldbetrag für die Ablösung notwendiger Stellplätze zu verwenden für

1. die Herstellung zusätzlicher oder die Instandhaltung, die Instandsetzung oder die Modernisierung bestehender Parkeinrichtungen einschließlich der Ausstattung mit Elektroladestationen,
2. den Bau und die Einrichtung von innerörtlichen Radverkehrsanlagen, die Schaffung von öffentlichen Fahrradabstellplätzen und gemeindlichen Mietfahrradanlagen einschließlich der Ausstattung mit Elektroladestationen,
3. sonstige Maßnahmen zur Entlastung der Straßen vom ruhenden Verkehr einschließlich investiver Maßnahmen des öffentlichen Personennahverkehrs.

Artikel 48 Barrierefreies Bauen

(1) [1]In Gebäuden mit mehr als zwei Wohnungen müssen die Wohnungen eines Geschosses barrierefrei erreichbar sein; diese Verpflichtung kann auch durch barrierefrei erreichbare Wohnungen in mehreren Geschossen erfüllt werden. [2]In Gebäuden mit mehr als zwei Wohnungen und mit nach Art. 37 Abs. 4 Satz 1 erforderlichen Aufzügen muss ein Drittel der Wohnungen barrierefrei erreichbar sein. [3]In den Wohnungen nach den Sätzen 1 und 2 müssen die Wohn- und Schlafräume, eine Toilette, ein Bad, die Küche oder Kochnische sowie der Raum mit Anschlussmöglichkeit für eine Waschmaschine barrierefrei sein. [4]Art. 32 Abs. 6 Satz 2, Art. 35 Abs. 2 und Art. 37 Abs. 4 und 5 bleiben unberührt.

(2) [1]Bauliche Anlagen, die öffentlich zugänglich sind, müssen in den dem allgemeinen Besucher- und Benutzerverkehr dienenden Teilen barrierefrei sein. [2]Dies gilt insbesondere für

1. Einrichtungen der Kultur und des Bildungswesens,
2. Tageseinrichtungen für Kinder,
3. Sport- und Freizeitstätten,
4. Einrichtungen des Gesundheitswesens,
5. Büro-, Verwaltungs- und Gerichtsgebäude,
6. Verkaufsstätten,
7. Gaststätten, die keiner gaststättenrechtlichen Erlaubnis bedürfen,
8. Beherbergungsstätten,
9. Stellplätze, Garagen und Toilettenanlagen.

3Für die der zweckentsprechenden Nutzung dienenden Räume und Anlagen genügt es, wenn sie in dem erforderlichen Umfang barrierefrei sind. 4Toilettenräume und notwendige Stellplätze für Besucher und Benutzer müssen in der erforderlichen Anzahl barrierefrei sein. 5Diese Anforderungen gelten nicht bei Nutzungsänderungen, wenn die Anforderungen nur mit unverhältnismäßigem Aufwand erfüllt werden können. 6Die Anforderungen an Gaststätten, die einer gaststättenrechtlichen Erlaubnis bedürfen, sind im Rahmen des gaststättenrechtlichen Erlaubnisverfahrens zu beachten.

(3) Bauliche Anlagen und Einrichtungen, die überwiegend oder ausschließlich von Menschen mit Behinderung, alten Menschen und Personen mit Kleinkindern genutzt werden, wie

1. Tagesstätten, Werkstätten und stationäre Einrichtungen für Menschen mit Behinderung,
2. stationäre Einrichtungen für pflegebedürftige und alte Menschen

müssen in allen der zweckentsprechenden Nutzung dienenden Teilen barrierefrei sein.

(4) 1Die Abs. 1 bis 3 gelten nicht, soweit die Anforderungen wegen schwieriger Geländeverhältnisse, wegen ungünstiger vorhandener Bebauung oder im Hinblick auf die Sicherheit der Menschen mit Behinderung oder alten Menschen oder bei Anlagen nach Abs. 1 auch wegen des Einbaus eines sonst nicht erforderlichen Aufzugs nur mit einem unverhältnismäßigen Mehraufwand erfüllt werden können. 2Bei bestehenden baulichen Anlagen im Sinn der Abs. 2 und 3 soll die Bauaufsichtsbehörde verlangen, dass ein gleichwertiger Zustand hergestellt wird, wenn das technisch möglich und dem Eigentümer wirtschaftlich zumutbar ist.

Vierter Teil
Die am Bau Beteiligten

Artikel 49 Grundpflichten

Bei der Errichtung, Änderung, Nutzungsänderung und der Beseitigung von Anlagen sind der Bauherr und im Rahmen ihres Wirkungskreises die anderen am Bau Beteiligten dafür verantwortlich, dass die öffentlich-rechtlichen Vorschriften eingehalten werden.

Artikel 50 Bauherr

(1) 1Der Bauherr hat zur Vorbereitung, Überwachung und Ausführung eines nicht verfahrensfreien Bauvorhabens sowie der Beseitigung von Anlagen geeignete Beteiligte nach Maßgabe der Art. 51 und 52 zu bestellen, soweit er nicht selbst zur Erfüllung der Verpflichtungen nach diesen Vorschriften geeignet ist. 2Dem Bauherrn obliegen außerdem die nach den öffentlich-rechtlichen Vorschriften erforderlichen Anträge und Anzeigen. 3Erforderliche Nachweise und Unterlagen hat er bereitzuhalten. 4Werden Bauprodukte verwendet, die die CE-Kennzeichnung nach der Verordnung (EU) Nr. 305/2011 tragen, ist die Leistungserklärung bereitzuhalten. 5Wechselt der Bauherr, hat der neue Bauherr dies der Bauaufsichtsbehörde unverzüglich in Textform mitzuteilen.

(2) 1Treten bei einem Bauvorhaben mehrere Personen als Bauherr auf, so kann die Bauaufsichtsbehörde verlangen, dass ihr gegenüber ein Vertreter bestellt wird, der die dem Bauherrn nach den öffentlich-rechtlichen Vorschriften obliegenden Verpflichtungen zu erfüllen hat. 2Im Übrigen findet Art. 18 Abs. 1 Satz 2 und 3 sowie Abs. 2 des Bayerischen Verwaltungsverfahrensgesetzes (BayVwVfG) mit der Maßgabe entsprechende Anwendung, dass eine Erklärung in Textform ausreichend ist.

Artikel 51 Entwurfsverfasser

(1) 1Der Entwurfsverfasser muss nach Sachkunde und Erfahrung zur Vorbereitung des jeweiligen Bauvorhabens geeignet sein. 2Er ist für die Vollständigkeit und Brauchbarkeit seines Entwurfs verantwortlich. 3Der Entwurfsverfasser hat dafür zu sorgen, dass die für die Ausführung notwendigen

Einzelzeichnungen, Einzelberechnungen und Anweisungen den öffentlich-rechtlichen Vorschriften entsprechen.

(2) [1]Hat der Entwurfsverfasser auf einzelnen Fachgebieten nicht die erforderliche Sachkunde und Erfahrung, so hat er den Bauherrn zu veranlassen, geeignete Fachplaner heranzuziehen. [2]Diese sind für die von ihnen gefertigten Unterlagen, die sie zu unterzeichnen haben, verantwortlich. [3]Für das ordnungsgemäße Ineinandergreifen aller Fachplanungen bleibt der Entwurfsverfasser verantwortlich.

Artikel 52 Unternehmer

(1) [1]Jeder Unternehmer ist für die mit den öffentlich-rechtlichen Anforderungen übereinstimmende Ausführung der von ihm übernommenen Arbeiten und insoweit für die ordnungsgemäße Einrichtung und den sicheren Betrieb der Baustelle verantwortlich. [2]Erforderliche Nachweise und Unterlagen hat er zu erbringen und auf der Baustelle bereitzuhalten. [3]Werden Bauprodukte verwendet, die die CE-Kennzeichnung nach der Verordnung (EU) Nr. 305/2011 tragen, ist die Leistungserklärung bereitzuhalten.

(2) Jeder Unternehmer hat auf Verlangen der Bauaufsichtsbehörde für Arbeiten, bei denen die Sicherheit der Anlage in außergewöhnlichem Maße von der besonderen Sachkenntnis und Erfahrung des Unternehmers oder von einer Ausstattung des Unternehmens mit besonderen Vorrichtungen abhängt, nachzuweisen, dass er für diese Arbeiten geeignet ist und über die erforderlichen Vorrichtungen verfügt.

Fünfter Teil

Bauaufsichtsbehörden, Verfahren

Abschnitt I

Bauaufsichtsbehörden

Artikel 53 Aufbau und Zuständigkeit der Bauaufsichtsbehörden, Verordnungsermächtigung

(1) [1]Untere Bauaufsichtsbehörden sind die Kreisverwaltungsbehörden, höhere Bauaufsichtsbehörden sind die Regierungen, oberste Bauaufsichtsbehörde ist das Staatsministerium für Wohnen, Bau und Verkehr. [2]Für den Vollzug dieses Gesetzes sowie anderer öffentlich-rechtlicher Vorschriften für die Errichtung, Änderung, Nutzungsänderung und Beseitigung sowie die Nutzung und Instandhaltung von Anlagen ist die untere Bauaufsichtsbehörde zuständig, soweit nichts anderes bestimmt ist. [3]Satz 2 gilt nicht für bauliche Anlagen inländischer öffentlicher Stellen auf dauerhaft militärisch genutzten Grundstücken, die im Eigentum des Bundes stehen oder deren militärische Nutzung dinglich gesichert ist (Militärgelände).

(2) [1]Das Staatsministerium für Wohnen, Bau und Verkehr überträgt leistungsfähigen kreisangehörigen Gemeinden auf Antrag durch Rechtsverordnung

1. alle Aufgaben der unteren Bauaufsichtsbehörde oder
2. Aufgaben der unteren Bauaufsichtsbehörde für
   a) Wohngebäude der Gebäudeklassen 1 bis 3,
   b) Gebäude der Gebäudeklassen 1 bis 3, die neben einer Wohnnutzung teilweise oder ausschließlich freiberuflich oder gewerblich im Sinn des § 13 der Baunutzungsverordnung (BauNVO) genutzt werden,

   einschließlich ihrer jeweiligen Nebengebäude und Nebenanlagen im Geltungsbereich von Bebauungsplänen im Sinn der §§ 12, 30 Abs. 1 und 2 BauGB.

[2]Das Staatsministerium für Wohnen, Bau und Verkehr kann die Rechtsverordnung nach Satz 1 auf Antrag der Gemeinde aufheben. [3]Die Rechtsverordnung ist aufzuheben, wenn die Voraussetzungen für ihren Erlass nach Satz 1 und Abs. 3 Satz 1 bis 4 nicht vorgelegen haben oder nicht mehr vorliegen. [4]Werden Aufgaben der unteren Bauaufsichtsbehörde nach Satz 1 übertragen, ist für die Entscheidung über Anträge nach Art. 63 Abs. 2 Satz 2, Art. 64 Abs. 1 Satz 1, Art. 70 Satz 1 und Art. 71 Satz 1 als untere Bauaufsichtsbehörde diejenige Behörde zuständig, die zum Zeitpunkt des Eingangs des Antrags bei der Gemeinde zuständig war; das gilt entsprechend bei der Erhebung einer Gemeinde zur Großen Kreisstadt. [5]Die Aufhebung eines Verwaltungsakts der unteren Bauaufsichtsbehörde kann nicht allein deshalb beansprucht werden, weil er unter Verletzung von Vorschriften über die sachliche Zuständigkeit zustande gekommen ist, wenn diese Verletzung darauf beruht, dass eine sachliche Zuständigkeit

nach Satz 1 Nr. 2 wegen Unwirksamkeit des zugrunde liegenden Bebauungsplans nicht begründet war; das gilt nicht, wenn zum Zeitpunkt der Entscheidung der unteren Bauaufsichtsbehörde die Unwirksamkeit des Bebauungsplans gemäß § 47 Abs. 5 Satz 2 der Verwaltungsgerichtsordnung (VwGO) rechtskräftig festgestellt war. [6]Art. 46 BayVwVfG bleibt unberührt.

(3) [1]Die Bauaufsichtsbehörden sind für ihre Aufgaben ausreichend mit geeigneten Fachkräften zu besetzen. [2]Den unteren Bauaufsichtsbehörden müssen

1. Beamte in der Fachlaufbahn Verwaltung und Finanzen, fachlicher Schwerpunkt nichttechnischer Verwaltungsdienst,
2. Beamte in der Fachlaufbahn Naturwissenschaft und Technik, fachlicher Schwerpunkt bautechnischer und umweltfachlicher Verwaltungsdienst, mit besonderen Kenntnissen im Hochbau oder Städtebau

angehören, die jeweils mindestens ein Amt der Besoldungsgruppe A 13 innehaben und für ein Amt ab der Besoldungsgruppe A 14 qualifiziert sind. [3]An Stelle von Beamten im Sinn des Satzes 2 Nr. 2 können auch Beamte, die mindestens ein Amt der Besoldungsgruppe A 9 in der Fachlaufbahn Naturwissenschaft und Technik, fachlicher Schwerpunkt bautechnischer und umweltfachlicher Verwaltungsdienst, innehaben und für ein Amt ab der Besoldungsgruppe A 10 qualifiziert sind, beschäftigt werden, wenn sie über eine langjährige Berufserfahrung im Aufgabenbereich des leitenden bautechnischen Mitarbeiters der unteren Bauaufsichtsbehörde verfügen und sich in diesem Aufgabenbereich bewährt haben; in begründeten Ausnahmefällen, insbesondere wenn geeignete Beamte des bautechnischen Verwaltungsdienstes nicht gewonnen werden können, dürfen an Stelle von Beamten auch vergleichbar qualifizierte Arbeitnehmer beschäftigt werden. [4]In Gemeinden, denen nach Abs. 2 Satz 1 Nr. 2 Aufgaben der unteren Bauaufsichtsbehörde übertragen worden sind, genügt es, dass an Stelle von Beamten im Sinn des Satzes 2 Nr. 1 Beamte, die mindestens ein Amt der Besoldungsgruppe A 9 in der Fachlaufbahn Verwaltung und Finanzen, fachlicher Schwerpunkt nichttechnischer Verwaltungsdienst, innehaben und für ein Amt ab der Besoldungsgruppe A 10 qualifiziert sind, an Stelle von Beamten im Sinn des Satzes 2 Nr. 2 auch sonstige Bedienstete, beschäftigt werden, die mindestens einen Fachhochschulabschluss der Fachrichtung Hochbau, Städtebau oder konstruktiver Ingenieurbau erworben haben. [5]Das bautechnische Personal und die notwendigen Hilfskräfte bei den Landratsämtern sind von den Landkreisen anzustellen.

Artikel 54 Aufgaben und Befugnisse der Bauaufsichtsbehörden

(1) Die Aufgaben der Bauaufsichtsbehörden sind Staatsaufgaben; für die Gemeinden sind sie übertragene Aufgaben.

(2) [1]Die Bauaufsichtsbehörden haben bei der Errichtung, Änderung, Nutzungsänderung und Beseitigung sowie bei der Nutzung und Instandhaltung von Anlagen darüber zu wachen, dass die öffentlich-rechtlichen Vorschriften und die auf Grund dieser Vorschriften erlassenen Anordnungen eingehalten werden, soweit nicht andere Behörden zuständig sind. [2]Sie können in Wahrnehmung dieser Aufgaben die erforderlichen Maßnahmen treffen; sie sind berechtigt, die Vorlage von Bescheinigungen von Prüfsachverständigen zu verlangen. [3]Bauaufsichtliche Genehmigungen, Vorbescheide und sonstige Maßnahmen gelten auch für und gegen die Rechtsnachfolger; das gilt auch für Personen, die ein Besitzrecht nach Erteilung einer bauaufsichtlichen Genehmigung, eines Vorbescheids oder nach Erlass einer bauaufsichtlichen Maßnahme erlangt haben. [4]Die mit dem Vollzug dieses Gesetzes beauftragten Personen sind berechtigt, in Ausübung ihres Amtes Grundstücke und Anlagen einschließlich der Wohnungen zu betreten; das Grundrecht der Unverletzlichkeit der Wohnung (Art. 13 des Grundgesetzes, Art. 106 Abs. 3 der Verfassung) wird insoweit eingeschränkt.

(3) [1]Soweit die Vorschriften des Zweiten und des Dritten Teils mit Ausnahme der Art. 8 und 9 und die auf Grund dieses Gesetzes erlassenen Vorschriften nicht ausreichen, um die Anforderungen nach Art. 3 zu erfüllen, können die Bauaufsichtsbehörden im Einzelfall weitergehende Anforderungen stellen, um erhebliche Gefahren abzuwehren, bei Sonderbauten auch zur Abwehr von Nachteilen; dies gilt nicht für Sonderbauten, soweit für sie eine Rechtsverordnung nach Art. 80 Abs. 1 Nr. 4 erlassen worden ist. [2]Die Anforderungen des Satzes 1 Halbsatz 1 gelten nicht für Sonderbauten, wenn ihre Erfüllung wegen der besonderen Art oder Nutzung oder wegen anderer besonderer Anforderungen nicht erforderlich ist.

(4) Bei bestandsgeschützten baulichen Anlagen können Anforderungen gestellt werden, wenn das zur Abwehr von erheblichen Gefahren für Leben und Gesundheit notwendig ist.

(5) Werden bestehende bauliche Anlagen wesentlich geändert, so kann angeordnet werden, dass auch die von der Änderung nicht berührten Teile dieser baulichen Anlagen mit diesem Gesetz oder den auf Grund dieses Gesetzes erlassenen Vorschriften in Einklang gebracht werden, wenn das aus Gründen des Art. 3 Satz 1 erforderlich und dem Bauherrn wirtschaftlich zumutbar ist und diese Teile mit den Teilen, die geändert werden sollen, in einem konstruktiven Zusammenhang stehen oder mit ihnen unmittelbar verbunden sind.

(6) Bei Modernisierungsvorhaben soll von der Anwendung des Abs. 5 abgesehen werden, wenn sonst die Modernisierung erheblich erschwert würde.

Abschnitt II
Genehmigungspflicht, Genehmigungsfreiheit

Artikel 55 Grundsatz

(1) Die Errichtung, Änderung und Nutzungsänderung von Anlagen bedürfen der Baugenehmigung, soweit in Art. 56 bis 58, 72 und 73 nichts anderes bestimmt ist.

(2) Die Genehmigungsfreiheit nach Art. 56 bis 58, 72 und 73 Abs. 1 Satz 3, die Beschränkung der bauaufsichtlichen Prüfung nach Art. 59, 60, 62a Abs. 2, Art. 62b Abs. 2, Art. 73 Abs. 2 und Art. 73a sowie die Genehmigungsfiktion nach Art. 68 Abs. 2 entbinden nicht von der Verpflichtung zur Einhaltung der Anforderungen, die durch öffentlich-rechtliche Vorschriften an Anlagen gestellt werden, und lassen die bauaufsichtlichen Eingriffsbefugnisse unberührt.

Artikel 56 Vorrang anderer Gestattungsverfahren

[1]Keiner Baugenehmigung, Abweichung, Genehmigungsfreistellung, Zustimmung und Bauüberwachung nach diesem Gesetz bedürfen

1. nach anderen Rechtsvorschriften zulassungsbedürftige Anlagen in oder an oberirdischen Gewässern und Anlagen, die dem Ausbau, der Unterhaltung oder der Benutzung eines Gewässers dienen oder als solche gelten, ausgenommen Gebäude, Überbrückungen, Lager-, Camping- und Wochenendplätze,
2. Anlagen, die einer Genehmigung nach dem Bayerischen Abgrabungsgesetz bedürfen,
3. nach anderen Rechtsvorschriften zulassungsbedürftige Anlagen für die öffentliche Versorgung mit Elektrizität, Gas, Wärme, Wasser und für die öffentliche Verwertung oder Entsorgung von Abwässern, ausgenommen oberirdische Anlagen mit einem Brutto-Rauminhalt von mehr als 100 m^3, Gebäude und Überbrückungen,
4. nichtöffentliche Eisenbahnen, nichtöffentliche Seilbahnen und sonstige Bahnen besonderer Bauart, auf die die Vorschriften über fliegende Bauten keine Anwendung finden, im Sinn des Bayerischen Eisenbahn- und Seilbahngesetzes (BayESG),
5. Werbeanlagen, soweit sie einer Ausnahmegenehmigung nach Straßenverkehrsrecht bedürfen,
6. Anlagen, die nach dem Kreislaufwirtschaftsgesetz einer Genehmigung bedürfen,
7. Beschneiungsanlagen nach Art. 35 des Bayerischen Wassergesetzes (BayWG),
8. Anlagen, die einer Erlaubnis nach der Betriebssicherheitsverordnung bedürfen,
9. Anlagen, die einer Errichtungsgenehmigung nach dem Atomgesetz bedürfen,
10. Friedhöfe, die einer Genehmigung nach dem Bestattungsgesetz (BestG) bedürfen.

[2]Für Anlagen, bei denen ein anderes Gestattungsverfahren die Baugenehmigung, die Abweichung oder die Zustimmung einschließt oder die nach Satz 1 keiner Baugenehmigung, Abweichung oder Zustimmung bedürfen, nimmt die für den Vollzug der entsprechenden Rechtsvorschriften zuständige Behörde die Aufgaben und Befugnisse der Bauaufsichtsbehörde wahr. [3]Sie kann Prüfingenieure, Prüfämter und Prüfsachverständige in entsprechender Anwendung der Art. 62a Abs. 2, Art. 62b Abs. 2 und Art. 77 Abs. 2 sowie der auf Grund des Art. 80 Abs. 2 erlassenen Rechtsverordnung heranziehen; Art. 59 Satz 1, Art. 60 Satz 1, Art. 62, 62a Abs. 1 und 2 Satz 3 Nr. 2, Art. 62b Abs. 1, Art. 63 Abs. 1 Satz 3 und Art. 77 Abs. 2 Satz 3 gelten entsprechend.

Artikel 57 Verfahrensfreie Bauvorhaben, Beseitigung von Anlagen

(1) Verfahrensfrei sind

1. folgende Gebäude:

a) Gebäude mit einem Brutto-Rauminhalt bis zu 75 m^3, außer im Außenbereich,
b) Garagen einschließlich überdachter Stellplätze im Sinn des Art. 6 Abs. 7 Satz 1 Nr. 1 mit einer Fläche bis zu 50 m^2, außer im Außenbereich,
c) freistehende Gebäude ohne Feuerungsanlagen, die einem land- oder forstwirtschaftlichen Betrieb oder einem Betrieb der gartenbaulichen Erzeugung im Sinn der § 35 Abs. 1 Nr. 1 und 2, § 201 BauGB dienen, nur eingeschossig und nicht unterkellert sind, höchstens 100 m^2 Brutto-Grundfläche und höchstens 140 m^2 überdachte Fläche haben und nur zur Unterbringung von Sachen oder zum vorübergehenden Schutz von Tieren bestimmt sind,
d) Gewächshäuser mit einer Firsthöhe bis zu 5 m und nicht mehr als 1 600 m^2 Fläche, die einem land- oder forstwirtschaftlichen Betrieb oder einem Betrieb der gartenbaulichen Erzeugung im Sinn der § 35 Abs. 1 Nr. 1 und 2, § 201 BauGB dienen,
e) Fahrgastunterstände, die dem öffentlichen Personenverkehr oder der Schülerbeförderung dienen,
f) Schutzhütten für Wanderer, die jedermann zugänglich sind und keine Aufenthaltsräume haben,
g) Terrassenüberdachungen mit einer Fläche bis zu 30 m^2 und einer Tiefe bis zu 3 m,
h) Gartenlauben in Kleingartenanlagen im Sinn des § 1 Abs. 1 des Bundeskleingartengesetzes (BKleingG) vom 28. Februar 1983 (BGBl I S. 210), zuletzt geändert durch Art. 11 des Gesetzes vom 19. September 2006 (BGBl I S. 2146),

2. folgende Anlagen der technischen Gebäudeausrüstung:
a) Abgasanlagen in, auf und an Gebäuden sowie freistehende Abgasanlagen mit einer freien Höhe bis zu 10 m,
b) sonstige Anlagen der technischen Gebäudeausrüstung,

3. folgende Energiegewinnungsanlagen:
a) Solarenergieanlagen und Sonnenkollektoren
aa) in, auf und an Dach- und Außenwandflächen sowie, soweit sie in, auf oder an einer bestehenden baulichen Anlage errichtet werden, die damit verbundene Änderung der Nutzung oder der äußeren Gestalt der Anlage,
bb) gebäudeunabhängig mit einer Höhe bis zu 3 m und einer Gesamtlänge bis zu 9 m,
b) Kleinwindkraftanlagen mit einer freien Höhe bis zu 10 m,
c) Blockheizkraftwerke,

4. folgende Anlagen der Versorgung:
a) Brunnen,
b) Anlagen, die der Telekommunikation, der öffentlichen Versorgung mit Elektrizität einschließlich Trafostationen, Gas, Öl oder Wärme dienen, mit einer Höhe bis zu 5 m und einer Fläche bis zu 10 m^2,

5. folgende Masten, Antennen und ähnliche Anlagen:
a) aa) Antennen und Antennen tragende Masten mit einer freien Höhe bis zu 15 m, im Außenbereich bis zu 20 m,
bb) zugehörige Versorgungseinheiten mit einem Brutto-Rauminhalt bis zu 10 m^3
sowie die mit solchen Vorhaben verbundene Änderung der Nutzung oder der äußeren Gestalt einer bestehenden baulichen Anlage,
b) Masten und Unterstützungen für Fernsprechleitungen, für Leitungen zur Versorgung mit Elektrizität, für Sirenen und für Fahnen,
c) Masten, die aus Gründen des Brauchtums errichtet werden,
d) Signalhochbauten für die Landesvermessung,
e) Flutlichtmasten mit einer freien Höhe bis zu 10 m,

6. folgende Behälter:
a) ortsfeste Behälter für Flüssiggas mit einem Fassungsvermögen von weniger als 3 t, für nicht verflüssigte Gase mit einem Rauminhalt bis zu 6 m^3,
b) ortsfeste Behälter für brennbare oder wassergefährdende Flüssigkeiten mit einem Rauminhalt bis zu 10 m^3,
c) ortsfeste Behälter sonstiger Art mit einem Rauminhalt bis zu 50 m^3,

d) Gülle- und Jauchebehälter und -gruben mit einem Rauminhalt bis zu 50 m^3 und einer Höhe bis zu 3 m,
e) Gärfutterbehälter mit einer Höhe bis zu 6 m und Schnitzelgruben,
f) Dungstätten, Fahrsilos, Kompost- und ähnliche Anlagen, ausgenommen Biomasselager für den Betrieb von Biogasanlagen,
g) Wasserbecken mit einem Beckeninhalt bis zu 100 m^3,

7. folgende Mauern und Einfriedungen:
a) Mauern einschließlich Stützmauern und Einfriedungen, Sichtschutzzäunen und Terrassentrennwänden mit einer Höhe bis zu 2 m, außer im Außenbereich,
b) offene, sockellose Einfriedungen im Außenbereich, soweit sie der Hoffläche eines landwirtschaftlichen Betriebs, der Weidewirtschaft einschließlich der Haltung geeigneter Schalenwildarten für Zwecke der Landwirtschaft, dem Erwerbsgartenbau oder dem Schutz von Forstkulturen und Wildgehegen zu Jagdzwecken oder dem Schutz landwirtschaftlicher Kulturen vor Schalenwild sowie der berufsmäßigen Binnenfischerei dienen,

8. private Verkehrsanlagen einschließlich Brücken und Durchlässen mit einer lichten Weite bis zu 5 m und Untertunnelungen mit einem Durchmesser bis zu 3 m,

9. Aufschüttungen mit einer Höhe bis zu 2 m und einer Fläche bis zu 500 m^2,

10. folgende Anlagen in Gärten und zur Freizeitgestaltung:
a) Schwimmbecken mit einem Beckeninhalt bis zu 100 m^3 einschließlich dazugehöriger temporärer luftgetragener Überdachungen, außer im Außenbereich,
b) Sprungschanzen, Sprungtürme und Rutschbahnen mit einer Höhe bis zu 10 m,
c) Anlagen, die der zweckentsprechenden Einrichtung von Spiel-, Abenteuerspiel-, Bolz- und Sportplätzen, Reit- und Wanderwegen, Trimm- und Lehrpfaden dienen, ausgenommen Gebäude und Tribünen,
d) Wohnwagen, Zelte und bauliche Anlagen, die keine Gebäude sind, auf Camping-, Zelt- und Wochenendplätzen,
e) Anlagen, die der Gartennutzung, der Gartengestaltung oder der zweckentsprechenden Einrichtung von Gärten dienen, ausgenommen Gebäude und Einfriedungen,

11. folgende tragende und nichttragende Bauteile:
a) nichttragende und nichtaussteifende Bauteile in baulichen Anlagen,
b) die Änderung tragender oder aussteifender Bauteile innerhalb von Wohngebäuden,
c) zur Errichtung einzelner Aufenthaltsräume, die zu Wohnzwecken genutzt werden, im Dachgeschoss überwiegend zu Wohnzwecken genutzter Gebäude, wenn die Dachkonstruktion und die äußere Gestalt des Gebäudes nicht in genehmigungspflichtiger Weise verändert werden,
d) Fenster und Türen sowie die dafür bestimmten Öffnungen,
e) Außenwandbekleidungen einschließlich Maßnahmen der Wärmedämmung, ausgenommen bei Hochhäusern, Verblendungen und Verputz baulicher Anlagen,
f) Bedachungen einschließlich Maßnahmen der Wärmedämmung ausgenommen bei Hochhäusern,

auch vor Fertigstellung der Anlage,

12. folgende Werbeanlagen:
a) Werbeanlagen in Auslagen oder an Schaufenstern, im Übrigen mit einer Ansichtsfläche bis zu 1 m^2,
b) Warenautomaten,
c) Werbeanlagen, die nicht vom öffentlichen Verkehrsraum aus sichtbar sind,
d) Werbeanlagen, die nach ihrem erkennbaren Zweck nur vorübergehend für höchstens zwei Monate angebracht werden, im Außenbereich nur, soweit sie einem Vorhaben im Sinn des § 35 Abs. 1 BauGB dienen,
e) Zeichen, die auf abseits oder versteckt gelegene Stätten hinweisen (Hinweiszeichen), außer im Außenbereich,
f) Schilder, die Inhaber und Art gewerblicher Betriebe kennzeichnen (Hinweisschilder), wenn sie vor Ortsdurchfahrten auf einer einzigen Tafel zusammengefasst sind,

g) Werbeanlagen in durch Bebauungsplan festgesetzten Gewerbe-, Industrie- und vergleichbaren Sondergebieten an der Stätte der Leistung, an und auf Flugplätzen, Sportanlagen, auf abgegrenzten Versammlungsstätten, Ausstellungs- und Messegeländen, soweit sie nicht in die freie Landschaft wirken, mit einer freien Höhe bis zu 10 m, sowie, soweit sie in, auf oder an einer bestehenden baulichen Anlage errichtet werden, die damit verbundene Änderung der Nutzung oder der äußeren Gestalt der Anlage,

13. folgende vorübergehend aufgestellte oder benutzbare Anlagen:
    a) Baustelleneinrichtungen einschließlich der Lagerhallen, Schutzhallen und Unterkünfte,
    b) Toilettenwagen,
    c) Behelfsbauten, die der Landesverteidigung, dem Katastrophenschutz oder der Unfallhilfe dienen,
    d) bauliche Anlagen, die für höchstens drei Monate auf genehmigtem Messe- und Ausstellungsgelände errichtet werden, ausgenommen fliegende Bauten,
    e) Verkaufsstände und andere bauliche Anlagen auf Straßenfesten, Volksfesten und Märkten, ausgenommen fliegende Bauten,
    f) Zeltlager, die nach ihrem erkennbaren Zweck gelegentlich, höchstens für zwei Monate errichtet werden,
14. Fahrgeschäfte mit einer Höhe bis zu 5 m, die für Kinder betrieben werden und eine Geschwindigkeit von höchstens 1 m/s haben,
15. folgende Plätze:
    a) Lager-, Abstell- und Ausstellungsplätze, die einem land- oder forstwirtschaftlichen Betrieb oder einem Betrieb der gartenbaulichen Erzeugung im Sinn der § 35 Abs. 1 Nr. 1 und 2, § 201 BauGB dienen,
    b) nicht überdachte Stellplätze und sonstige Lager- und Abstellplätze mit einer Fläche bis zu 300 m^2 und deren Zufahrten, außer im Außenbereich,
    c) Kinderspielplätze im Sinn des Art. 7 Abs. 3 Satz 1,
    d) Freischankflächen bis zu 40 m^2 einschließlich einer damit verbundenen Nutzungsänderung einer Gaststätte oder einer Verkaufsstelle des Lebensmittelhandwerks,
16. folgende sonstige Anlagen:
    a) Fahrradabstellanlagen mit einer Fläche bis zu 50 m^2,
    b) Ladestationen für Elektrofahrzeuge mit einer Höhe bis zu 2,5 m, einer Breite bis zu 1 m und einer Tiefe bis zu 1 m,
    c) Zapfsäulen und Tankautomaten genehmigter Tankstellen,
    d) Regale mit einer Höhe bis zu 7,50 m Oberkante Lagergut,
    e) Grabdenkmale auf Friedhöfen, Feldkreuze, Denkmäler und sonstige Kunstwerke jeweils mit einer Höhe bis zu 4 m,
    f) transparente Wetterschutzeinrichtungen, die auf Masten mit einer Höhe bis zu 10 m befestigt werden und einem Betrieb der gartenbaulichen Erzeugung im Sinn von § 35 Abs. 1 Nr. 2 BauGB dienen,
    g) andere unbedeutende Anlagen oder unbedeutende Teile von Anlagen wie Hauseingangsüberdachungen, Markisen, Rollläden, Terrassen, Maschinenfundamente, Straßenfahrzeugwaagen, Pergolen, Jägerstände, Wildfütterungen, Bienenfreistände, Taubenhäuser, Hofeinfahrten und Teppichstangen,
17. alle baulichen Anlagen inländischer öffentlicher Stellen auf Militärgelände.

(2) Unbeschadet des Abs. 1 sind verfahrensfrei

1. Garagen mit einer Nutzfläche bis zu 100 m^2 sowie überdachte Stellplätze,
2. Wochenendhäuser sowie Anlagen, die keine Gebäude sind, in durch Bebauungsplan festgesetzten Wochenendhausgebieten,
3. Anlagen in Dauerkleingärten im Sinn des § 1 Abs. 3 BKleingG,
4. Dachgauben und vergleichbare Dachaufbauten,
5. Mauern und Einfriedungen,
6. Werbeanlagen mit einer freien Höhe bis zu 10 m, sowie, soweit sie in, auf oder an einer bestehenden baulichen Anlage errichtet werden, die damit verbundene Änderung der Nutzung oder der äußeren Gestalt der Anlage,

7. Kinderspiel-, Bolz- und Abenteuerspielplätze,
8. Friedhöfe,
9. Solarenergieanlagen und Sonnenkollektoren sowie, soweit sie in, auf oder an einer bestehenden baulichen Anlage errichtet werden, die damit verbundene Änderung der Nutzung oder der äußeren Gestalt der Anlage

im Geltungsbereich einer städtebaulichen oder einer Satzung nach Art. 81, die Regelungen über die Zulässigkeit, den Standort und die Größe der Anlage enthält, wenn sie den Festsetzungen der Satzung entspricht.

(3) [1]Verfahrensfrei sind
1. luftrechtlich zugelassenen Flugplätzen dienende Anlagen, ausgenommen Gebäude, die Sonderbauten sind,
2. Antennen und Antennen tragende Masten für den Mobilfunk und die zugehörigen Versorgungseinheiten mit einem Brutto-Rauminhalt bis zu 10 m^3, die zur Schließung von Versorgungslücken für längstens 24 Monate aufgestellt werden.

[2]Für nach Satz 1 Nr. 1 verfahrensfreie Anlagen gelten die Art. 61 bis 62b entsprechend. [3]Für nach Satz 1 Nr. 2 verfahrensfreie Anlagen gelten die Art. 61, 62, 62a Abs. 1, 2 Satz 1, 3 und 4 sowie Art. 62b Abs. 1 entsprechend. [4]Der Bauherr hat die Aufstellung verfahrensfreier Anlagen nach Satz 1 Nr. 2 mindestens zwei Wochen vorher der Bauaufsichtsbehörde anzuzeigen.

(4) Verfahrensfrei ist die Änderung der Nutzung von Anlagen, wenn
1. für die neue Nutzung keine anderen öffentlich-rechtlichen Anforderungen nach Art. 60 Satz 1 und Art. 62 bis 62b als für die bisherige Nutzung in Betracht kommen oder
2. die Errichtung oder Änderung der Anlagen nach Abs. 1 und 2 verfahrensfrei wäre.

(5) [1]Verfahrensfrei ist die Beseitigung von
1. Anlagen nach Abs. 1 bis 3,
2. freistehenden Gebäuden der Gebäudeklassen 1 und 3,
3. sonstigen Anlagen, die keine Gebäude sind, mit einer Höhe bis zu 10 m.

[2]Im Übrigen ist die beabsichtigte Beseitigung von Anlagen mindestens einen Monat zuvor der Gemeinde und der Bauaufsichtsbehörde anzuzeigen. [3]Bei nicht freistehenden Gebäuden muss durch einen qualifizierten Tragwerksplaner im Sinn des Art. 62a Abs. 1 beurteilt und im erforderlichen Umfang nachgewiesen werden, dass das Gebäude oder die Gebäude, an die das zu beseitigende Gebäude angebaut ist, während und nach der Beseitigung standsicher sind; die Beseitigung ist, soweit notwendig, durch den qualifizierten Tragwerksplaner zu überwachen. [4]Satz 3 gilt nicht, soweit an verfahrensfreie Gebäude angebaut ist. [5]Art. 68 Abs. 6 Nr. 3 und Abs. 8 gilt entsprechend.

(6) Verfahrensfrei sind Instandhaltungsarbeiten.

Artikel 58 Genehmigungsfreistellung

(1) [1]Die Errichtung, Änderung und Nutzungsänderung einer baulichen Anlage, die kein Sonderbau ist, ist genehmigungsfrei gestellt, wenn
1. sie im Geltungsbereich eines Bebauungsplans im Sinn des § 30 Abs. 1 oder der §§ 12, 30 Abs. 2 BauGB liegt,
2. sie den Festsetzungen des Bebauungsplans und den Regelungen örtlicher Bauvorschriften im Sinn des Art. 81 Abs. 1 nicht widerspricht,
3. die Erschließung im Sinn des Baugesetzbuchs gesichert ist,
4. sie nicht die Errichtung, Änderung oder Nutzungsänderung baulicher Anlagen betrifft,
   a) durch die dem Wohnen dienende Nutzungseinheiten mit einer Größe von insgesamt mehr als 5 000 m^2 Bruttogrundfläche geschaffen werden oder
   b) die öffentlich zugänglich sind und der gleichzeitigen Nutzung durch mehr als 100 Personen dienen

   und die Vorhaben den angemessenen Sicherheitsabstand im Sinn des Art. 13 Abs. 2 Buchst. a der Richtlinie 2012/18/EU zu einem Betriebsbereich nicht einhalten und
5. die Gemeinde nicht innerhalb der Frist nach Abs. 3 Satz 5 erklärt, dass das vereinfachte Baugenehmigungsverfahren durchgeführt werden soll, oder eine vorläufige Untersagung nach § 15 Abs. 1 Satz 2 BauGB beantragt.

[2]Die Gemeinde kann durch örtliche Bauvorschrift im Sinn des Art. 81 Abs. 2 die Anwendung dieser Vorschrift auf bestimmte handwerkliche und gewerbliche Bauvorhaben ausschließen.

(2) [1]Genehmigungsfrei gestellt ist die Änderung und Nutzungsänderung von Dachgeschossen zu Wohnzwecken einschließlich der Errichtung von Dachgauben im Anwendungsbereich des § 34 Abs. 1 Satz 1 BauGB sowie die Errichtung und Änderung von Anlagen zur Nutzung solarer Strahlungsenergie im Anwendungsbereich des § 35 Abs. 1 Nr. 8 Buchst. b BauGB. [2]Abs. 1 Satz 1 Nr. 3 und 5 gilt entsprechend.

(3) [1]Der Bauherr hat die erforderlichen Unterlagen bei der Gemeinde einzureichen; die Gemeinde legt, soweit sie nicht selbst Bauaufsichtsbehörde ist, eine Fertigung der Unterlagen unverzüglich der unteren Bauaufsichtsbehörde vor. [2]Spätestens mit der Vorlage bei der Gemeinde benachrichtigt der Bauherr die Eigentümer der benachbarten Grundstücke von dem Bauvorhaben. [3]Ist ein zu benachrichtigender Eigentümer nur unter Schwierigkeiten zu ermitteln oder zu benachrichtigen, so genügt die Benachrichtigung des unmittelbaren Besitzers. [4]Art. 66 Abs. 1 Satz 1 und 2 und Abs. 3 gilt entsprechend. [5]Mit dem Bauvorhaben darf einen Monat nach Vorlage der erforderlichen Unterlagen bei der Gemeinde begonnen werden. [6]Teilt die Gemeinde dem Bauherrn vor Ablauf der Frist schriftlich mit, dass kein Genehmigungsverfahren durchgeführt werden soll und sie eine Untersagung nach § 15 Abs. 1 Satz 2 BauGB nicht beantragen wird, darf der Bauherr mit der Ausführung des Bauvorhabens beginnen; von der Mitteilung nach Halbsatz 1 hat die Gemeinde die Bauaufsichtsbehörde zu unterrichten. [7]Will der Bauherr mit der Ausführung des Bauvorhabens mehr als vier Jahre, nachdem die Bauausführung nach den Sätzen 5 und 6 zulässig geworden ist, beginnen, gelten die Sätze 1 bis 6 entsprechend.

(4) [1]Die Erklärung der Gemeinde nach Abs. 1 Satz 1 Nr. 5 Alternative 1 kann insbesondere deshalb erfolgen, weil sie eine Überprüfung der sonstigen Voraussetzungen des Abs. 1 oder des Bauvorhabens aus anderen Gründen für erforderlich hält. [2]Darauf, dass die Gemeinde von ihrer Erklärungsmöglichkeit keinen Gebrauch macht, besteht kein Rechtsanspruch. [3]Hat der Bauherr bei der Vorlage der Unterlagen bestimmt, dass seine Vorlage im Fall der Erklärung nach Abs. 1 Nr. 5 als Bauantrag zu behandeln ist, leitet sie die Unterlagen gleichzeitig mit der Erklärung an die Bauaufsichtsbehörde weiter.

(5) [1]Die Art. 62 bis 62b bleiben unberührt. [2]Art. 64 Abs. 2 Satz 1, Abs. 4 Satz 1 und 2, Art. 68 Abs. 6 Nr. 2 und 3, Abs. 7 und 8 sind entsprechend anzuwenden.

Abschnitt III
Genehmigungsverfahren

Artikel 59 Vereinfachtes Baugenehmigungsverfahren

[1]Außer bei Sonderbauten prüft die Bauaufsichtsbehörde

1. die Übereinstimmung mit
   a) den Vorschriften über die Zulässigkeit der baulichen Anlagen nach den §§ 29 bis 38 BauGB,
   b) den Vorschriften über Abstandsflächen nach Art. 6,
   c) den Regelungen örtlicher Bauvorschriften im Sinn des Art. 81 Abs. 1,
2. beantragte Abweichungen im Sinn des Art. 63 Abs. 1 und Abs. 2 Satz 2 sowie
3. andere öffentlich-rechtliche Anforderungen, soweit wegen der Baugenehmigung eine Entscheidung nach anderen öffentlich-rechtlichen Vorschriften entfällt, ersetzt oder eingeschlossen wird.

[2]Die Art. 62 bis 62b bleiben unberührt.

Artikel 60 Baugenehmigungsverfahren

[1]Bei Sonderbauten prüft die Bauaufsichtsbehörde

1. die Übereinstimmung mit den Vorschriften über die Zulässigkeit der baulichen Anlagen nach den §§ 29 bis 38 BauGB,
2. Anforderungen nach den Vorschriften dieses Gesetzes und auf Grund dieses Gesetzes,
3. andere öffentlich-rechtliche Anforderungen, soweit wegen der Baugenehmigung eine Entscheidung nach anderen öffentlich-rechtlichen Vorschriften entfällt, ersetzt oder eingeschlossen wird.

[2]Die Art. 62 bis 62b bleiben unberührt.

Artikel 61 Bauvorlageberechtigung

(1) Bauvorlagen für die nicht verfahrensfreie Errichtung und Änderung von Gebäuden müssen von einem Entwurfsverfasser erstellt sein, der bauvorlageberechtigt ist.

(2) Bauvorlageberechtigt ist, wer
1. die Berufsbezeichnung „Architektin“ oder „Architekt“ führen darf,
2. in die von der Bayerischen Ingenieurekammer-Bau geführte Liste der bauvorlageberechtigten Ingenieure eingetragen ist; vergleichbare Eintragungen anderer Länder gelten auch im Freistaat Bayern.

(3) [1]Bauvorlageberechtigt sind ferner die Angehörigen der Fachrichtungen Architektur, Hochbau oder Bauingenieurwesen, die Absolventen einer Ausbildung sind, die dazu berechtigt, die Berufsbezeichnung „Ingenieurin“ oder „Ingenieur“ führen zu dürfen, sowie die staatlich geprüften Techniker der Fachrichtung Bautechnik und die Handwerksmeister des Maurer- und Betonbauer- sowie des Zimmererfachs für
1. freistehende oder nur einseitig angebaute oder anbaubare Wohngebäude der Gebäudeklassen 1 bis 3 mit nicht mehr als drei Wohnungen,
2. eingeschossige gewerblich genutzte Gebäude mit freien Stützweiten von nicht mehr als 12 m und nicht mehr als 250 m^2,
3. land- oder forstwirtschaftlich genutzte Gebäude,
4. Kleingaragen im Sinn der Rechtsverordnung nach Art. 80 Abs. 1 Satz 1 Nr. 3,
5. einfache Änderungen von sonstigen Gebäuden.

[2]Staatsangehörige eines anderen Mitgliedstaates der Europäischen Union oder eines durch Abkommen gleichgestellten Staates sind im Sinn des Satzes 1 bauvorlageberechtigt, wenn sie eine vergleichbare Berechtigung besitzen und dafür den staatlich geprüften Technikern der Fachrichtung Bautechnik oder den Handwerksmeistern des Maurer- und Betonbauer- sowie des Zimmererfachs vergleichbare Anforderungen erfüllen mussten.

(4) Bauvorlageberechtigt ist ferner, wer
1. unter Beschränkung auf sein Fachgebiet Bauvorlagen aufstellt, die üblicherweise von Fachkräften mit einer anderen Ausbildung als sie die in Abs. 2 genannten Personen haben, aufgestellt werden,
2. für ein Amt ab der Besoldungsgruppe A 10 in der Fachlaufbahn Naturwissenschaft und Technik, fachlicher Schwerpunkt bautechnischer und umweltfachlicher Verwaltungsdienst, qualifiziert ist, für seine Tätigkeit für seinen Dienstherrn,
3. einen berufsqualifizierenden Hochschulabschluss eines Studiums der Fachrichtung Architektur, Hochbau (Art. 49 Abs. 1 der Richtlinie 2005/36/EG) oder Bauingenieurwesen nachweist, danach mindestens zwei Jahre auf dem Gebiet der Entwurfsplanung von Gebäuden praktisch tätig gewesen ist und Bedienstete oder Bediensteter einer juristischen Person des öffentlichen Rechts ist, für die dienstliche Tätigkeit,
4. die Berufsbezeichnung „Innenarchitektin“ oder „Innenarchitekt“ führen darf, für die mit der Berufsaufgabe verbundenen baulichen Änderungen von Gebäuden,
5. Ingenieurin oder Ingenieur der Fachrichtung Innenausbau ist und eine praktische Tätigkeit in dieser Fachrichtung von mindestens zwei Jahren ausgeübt hat, für die Planung von Innenräumen und die damit verbundenen baulichen Änderungen von Gebäuden; Abs. 3 Satz 2 gilt entsprechend,
6. einen Studiengang der Fachrichtung Holzbau und Ausbau, den das Staatsministerium für Wohnen, Bau und Verkehr als gleichwertig mit einer Ausbildung nach Abs. 3 einschließlich der Anforderungen auf Grund der Rechtsverordnung nach Art. 80 Abs. 3 anerkannt hat, erfolgreich abgeschlossen hat, für die Bauvorhaben nach Abs. 3, sofern sie in Holzbauweise errichtet werden; Abs. 3 Satz 2 gilt entsprechend.

(5) [1]In die Liste der bauvorlageberechtigten Ingenieure nach Abs. 2 Nr. 2 ist auf Antrag von der Bayerischen Ingenieurekammer-Bau einzutragen, wer
1. auf Grund eines Studiums des Bauingenieurwesens die Voraussetzungen zur Führung der Berufsbezeichnung „Ingenieur“ oder „Ingenieurin“ nach dem Gesetz zum Schutze der Berufsbezeichnung „Ingenieur“ und „Ingenieurin“ – Ingenieurgesetz – IngG – (BayRS 702-2-W) in der jeweils geltenden Fassung, erfüllt oder einen berufsqualifizierenden Hochschulabschluss eines Studiums der Fachrichtung Hochbau (Art. 49 Abs. 1 der Richtlinie 2005/36/EG) nachweist und
2. danach mindestens zwei Jahre auf dem Gebiet der Entwurfsplanung von Gebäuden praktisch tätig gewesen ist.

[2]Art. 7 des Baukammerngesetzes (BauKaG) gilt entsprechend. [3]Dem Antrag sind die zur Beurteilung erforderlichen Unterlagen beizufügen. [4]Art. 42a BayVwVfG gilt entsprechend mit der Maßgabe, dass

die Frist nur einmalig um bis zu einen Monat verlängert werden kann. [5]Einer Eintragung bedarf es nicht, wenn der Antragsteller aufgrund der Regelung eines anderen Landes bauvorlageberechtigt ist.

(6) [1]Unternehmen dürfen Bauvorlagen als Entwurfsverfasser erstellen, wenn dies unter der Leitung eines Bauvorlageberechtigten nach den Abs. 2 bis 4, Art. 61a Abs. 1 und 2 oder Art. 61b Abs. 1 erfolgt. [2]Auf den Bauvorlagen ist der Name des Bauvorlageberechtigten anzugeben.

(7) Für Bauvorlageberechtigte, die weder Mitglied der Bayerischen Architektenkammer noch der Bayerischen Ingenieurekammer-Bau sind, gilt Art. 24 Abs. 1 Satz 2 Nr. 4 BauKaG entsprechend.

Artikel 61a Bauvorlageberechtigung Staatsangehöriger anderer Mitgliedstaaten

(1) [1]Auf Antrag ist in die Liste nach Art. 61 Abs. 5 einzutragen, wer über einen auswärtigen Hochschulabschluss verfügt, der den in Art. 61 Abs. 5 Satz 1 Nr. 1 genannten Anforderungen gleichwertig ist, und die Anforderungen des Art. 61 Abs. 5 Satz 1 Nr. 2 erfüllt. [2]Art. 61 Abs. 5 Satz 4 und 5 findet entsprechende Anwendung.

(2) [1]Ein Antragsteller wird in die Liste nach Art. 61 Abs. 5 auch eingetragen, wenn

1. er in Bezug auf die Studienanforderungen einen Ausbildungsnachweis nach Art. 11 der Richtlinie 2005/36/EG besitzt, soweit dieser in einem Mitgliedstaat der Europäischen Union oder einem durch Abkommen gleichgestellten Staat erforderlich ist, um in dessen Hoheitsgebiet die Erlaubnis zur Aufnahme und Ausübung dieses Berufes zu erhalten,
2. der Ausbildungsnachweis den Anforderungen nach Art. 13 Abs. 2 UnterAbs. 2 der Richtlinie 2005/36/EG genügt und
3. die berufspraktische Tätigkeit mit den Anforderungen nach Art. 61 Abs. 5 Satz 1 Nr. 2 vergleichbar ist.

[2]Satz 1 gilt auch für einen Antragsteller, der nachweist, dass er

1. diesen Beruf ein Jahr lang vollzeitbeschäftigt oder während einer entsprechenden Gesamtdauer in Teilzeit während der vorhergehenden zehn Jahre in Mitgliedstaaten der Europäischen Union oder einem gleichgestellten Staat ausgeübt hat, sofern der Beruf im Niederlassungsmitgliedstaat nicht reglementiert ist,
2. im Besitz eines Befähigungs- oder Ausbildungsnachweises ist, der den Anforderungen nach Art. 13 Abs. 2 UnterAbs. 2 der Richtlinie 2005/36/EG genügt und
3. keine wesentlichen Unterschiede gemäß Art. 61 Abs. 5 Satz 1 Nr. 1 bestehen.

[3]Kann eine Eintragung in die Liste nicht erfolgen, weil der Antragsteller die Voraussetzungen der Sätze 1 oder 2 nicht erfüllt, ist dies durch Bescheid gemäß Art. 10 des Bayerischen Berufsqualifikationsfeststellungsgesetzes (BayBQFG) festzustellen.

(3) [1]Antragsteller haben zum Nachweis der Voraussetzungen des Abs. 2 Unterlagen nach Art. 50 Abs. 1 der Richtlinie 2005/36/EG in Verbindung mit deren Anhang VII Nr. 1 Buchst. a und b Satz 1 sowie auf Anforderung nach Anhang VII Nr. 1 Buchst. b UnterAbs. 2 dieser Richtlinie vorzulegen. [2]Gibt der Antragsteller an, hierzu nicht in der Lage zu sein, wendet sich die Bayerische Ingenieurekammer-Bau zur Beschaffung der erforderlichen Unterlagen an das Beratungszentrum nach Art. 57b der Richtlinie 2005/36/EG, die zuständige Behörde oder eine Ausbildungsstelle des Herkunftsmitgliedstaates. [3]Bei Ausbildungsnachweisen gemäß Art. 50 Abs. 3 der Richtlinie 2005/36/EG kann die Bayerische Ingenieurekammer-Bau bei berechtigten Zweifeln von der zuständigen Stelle des Ausstellungsstaates die Überprüfung der Kriterien gemäß Art. 50 Abs. 3 Buchst. a bis c der Richtlinie 2005/36/EG verlangen. [4]War der Antragsteller bereits in einem anderen Mitgliedstaat der Europäischen Union oder einem gleichgestellten Staat tätig, kann die Bayerische Ingenieurekammer-Bau im Fall berechtigter Zweifel von der im Herkunftsstaat zuständigen Behörde eine Bestätigung der Tatsache verlangen, dass die Ausübung dieses Berufes durch den Antragsteller nicht aufgrund schwerwiegenden standeswidrigen Verhaltens oder einer Verurteilung wegen strafbarer Handlungen untersagt worden ist. [5]Im Übrigen finden die Vorschriften des Art. 50 Abs. 1 der Richtlinie 2005/36/EG in Verbindung mit deren Anhang VII Nr. 1 Buchst. d bis g Anwendung. [6]Die auf Verlangen übermittelten Unterlagen und Bescheinigungen dürfen bei ihrer Vorlage nicht älter als drei Monate sein. [7]Der Informationsaustausch erfolgt über das Binnenmarkt-Informationssystem (IMI). [8]Im Übrigen gelten die Art. 12 und 13 BayBQFG entsprechend.

(4) [1]Über die Eintragung nach den Abs. 1 und 2 in die Liste ist eine Bescheinigung auszustellen. [2]Die Liste enthält folgende Angaben:

1. Zeitpunkt der Eintragung,
2. Familienname, Geburtsname und Vornamen,
3. Geburtsdatum, Geburtsort und Geschlecht,
4. akademische Grade und Titel,
5. ladungsfähige Adresse,
6. Staatsangehörigkeit des Antragstellers,
7. Staat, in dem die Berufsqualifikation erworben wurde.

[3]Wesentliche Änderungen gegenüber der nach Satz 2 bescheinigten Situation hat der Antragsteller der Bayerischen Ingenieurekammer-Bau unverzüglich mitzuteilen. [4]Art. 7 BauKaG gilt entsprechend.

(5) [1]Antragsteller, die nicht nach Abs. 2 in die Liste eingetragen werden können, weil sie aufgrund von wesentlichen Unterschieden nicht über eine gleichwertige Berufsqualifikation verfügen und die über einen Ausbildungsnachweis im Sinne des Abs. 2 verfügen, der dem Berufsqualifikationsniveau nach Art. 11 Buchst. b, c, d oder e der Richtlinie 2005/36/EG entspricht, können einen höchstens dreijährigen Anpassungslehrgang absolvieren oder eine Eignungsprüfung (Ausgleichsmaßnahmen) ablegen. [2]Beantragt ein Inhaber einer Berufsqualifikation gemäß Art. 11 Buchst. a der Richtlinie 2005/36/EG die Anerkennung seiner Berufsqualifikationen und ist die erforderliche Berufsqualifikation unter Art. 11 Buchst. d der Richtlinie 2005/36/EG eingestuft, so kann die Bayerische Ingenieurekammer-Bau sowohl einen Anpassungslehrgang als auch eine Eignungsprüfung vorschreiben. [3]Art. 11 Abs. 3 Satz 2 BayBQFG gilt entsprechend.

(6) [1]Die Einzelheiten zur Durchführung von Ausgleichsmaßnahmen werden durch Satzung der Bayerischen Ingenieurekammer-Bau festgelegt. [2]Die nach Maßgabe der Rechtsverordnung gemäß Art. 18 Abs. 4 Satz 2 BauKaG erlassene Satzung bedarf der Genehmigung der nach Art. 12 Abs. 6 BauKaG zuständigen Aufsichtsbehörde.

(7) [1]Die Bayerische Ingenieurekammer-Bau kann mit anderen zuständigen Stellen innerhalb der Bundesrepublik Deutschland landesübergreifende Vereinbarungen zur Durchführung von Ausgleichsmaßnahmen schließen. [2]Die Vereinbarung bedarf der Genehmigung des Staatsministeriums für Wohnen, Bau und Verkehr.

(8) [1]Art. 61 Abs. 7 gilt entsprechend. [2]Art. 16 BayBQFG gilt entsprechend.

Artikel 61b Bauvorlageberechtigung auswärtiger Dienstleister

(1) Personen, die in einem anderen Mitgliedstaat der Europäischen Union oder einem durch Abkommen gleichgestellten Staat rechtmäßig als Bauvorlageberechtigte niedergelassen sind und sich zu einer vorübergehenden und gelegentlichen Dienstleistungserbringung in den Freistaat Bayern begeben (auswärtige Dienstleister) sind bauvorlageberechtigt und haben sich in ein entsprechendes Verzeichnis bei der Bayerischen Ingenieurekammer-Bau einzutragen.

(2) [1]Ein auswärtiger Dienstleister nach Abs. 1 hat das erstmalige Erbringen von Dienstleistungen zuvor der Bayerischen Ingenieurekammer-Bau in Textform anzuzeigen. [2]Einer Anzeige bedarf es nicht, wenn der auswärtige Dienstleister bereits aufgrund einer Regelung eines anderen Landes zur Dienstleistungserbringung berechtigt ist. [3]Mit der Anzeige sind vorzulegen:

1. ein Identitätsnachweis,
2. eine Bescheinigung, dass er in einem Mitgliedstaat der Europäischen Union oder einem durch Abkommen gleichgestellten Staat rechtmäßig zur Ausübung der betreffenden Tätigkeit niedergelassen ist und ihm die Ausübung dieser Tätigkeit zum Zeitpunkt der Vorlage der Bescheinigung nicht, auch nicht vorübergehend, untersagt ist,
3. ein Berufsqualifikationsnachweis,
4. in den in Art. 61a Abs. 2 Satz 2 genannten Fällen ein Nachweis in beliebiger Form darüber, dass der auswärtige Dienstleister die betreffende Tätigkeit mindestens ein Jahr während der vorhergehenden zehn Jahre ausgeübt hat, sofern der Beruf im Niederlassungsmitgliedstaat nicht reglementiert ist,
5. ein Nachweis über den ausreichenden Versicherungsschutz.

[4]Im Übrigen gelten die Art. 12 und 13 BayBQFG entsprechend.

(3) [1]Die Vorlage der Meldung nach Abs. 2 berechtigt den auswärtigen Dienstleister zur Erstellung von Bauvorlagen. [2]Die Bayerische Ingenieurekammer-Bau kann die Unterlagen nach Abs. 2 Satz 3 nachprüfen. [3]Die Erstellung von Bauvorlagen ist dem auswärtigen Dienstleister nur zu untersagen, wenn der auswärtige Dienstleister nicht zur Ausübung desselben Berufs rechtmäßig in einem Mitgliedstaat

niedergelassen ist, ihm die Ausübung dieser Tätigkeit in einem Mitgliedstaat nach der Anzeige untersagt wird oder er die Voraussetzungen des Art. 61a Abs. 2 Satz 2 nicht erfüllt. [4]In diesem Fall ist dem auswärtigen Dienstleister entsprechend Art. 11 BayBQFG die Möglichkeit einzuräumen, fehlende Kenntnisse, Fähigkeiten und Kompetenzen durch einen Anpassungslehrgang zu erwerben oder eine Eignungsprüfung abzulegen. [5]Ist der auswärtige Dienstleister zur Ausübung desselben Berufs rechtmäßig in einem Mitgliedstaat niedergelassen oder erfüllt er die Voraussetzungen des Art. 61a Abs. 2 Satz 2, so darf ihm die Erstellung von Bauvorlagen nicht aufgrund seiner Berufsqualifikation beschränkt werden.

(4) [1]Das Recht zur Führung der Berufsbezeichnung des Niederlassungsstaates nach Art. 7 Abs. 3 der Richtlinie 2005/36/EG bleibt unberührt. [2]Die Berufsbezeichnung ist dann so zu führen, dass keine Verwechslung mit einer inländischen Berufsbezeichnung möglich ist.

(5) [1]Auswärtige bauvorlageberechtigte Ingenieure haben die Berufspflichten zu beachten. [2]Die Bayerische Ingenieurekammer-Bau stellt über die Eintragung in das Verzeichnis nach Abs. 1 eine auf fünf Jahre befristete Bescheinigung aus, die auf Antrag verlängert werden kann.

(6) [1]Art. 61 Abs. 7 gilt entsprechend. [2]Art. 16 BayBQFG gilt entsprechend.

Artikel 62 Bautechnische Nachweise

(1) [1]Die Einhaltung der Anforderungen an die Standsicherheit, den Brand-, Schall- und Erschütterungsschutz ist nach Maßgabe der Rechtsverordnung auf Grund des Art. 80 Abs. 4 nachzuweisen (bautechnische Nachweise). [2]Bautechnische Nachweise sind nicht erforderlich für verfahrensfreie Bauvorhaben. [3]Art. 57 Abs. 5 Satz 2 bis 5 und Regelungen auf Grund des Art. 80 Abs. 4 bleiben unberührt. [4]Werden bautechnische Nachweise durch einen Prüfsachverständigen bescheinigt, gelten die entsprechenden Anforderungen auch in den Fällen des Art. 63 als eingehalten.

(2) Die Bauvorlageberechtigung nach Art. 61 Abs. 2, 3 und 4 Nr. 2 bis 6 berechtigt zur Erstellung bautechnischer Nachweise, soweit die Art. 62a und 62b nichts Abweichendes bestimmen.

(3) [1]Tragwerksplaner nach Art. 62a Abs. 1 Nr. 1 und Brandschutzplaner nach Art. 62b Abs. 1 Nr. 3 sind in eine von der Bayerischen Architektenkammer oder der Bayerischen Ingenieurekammer-Bau zu führende Liste einzutragen. [2]Vergleichbare Berechtigungen anderer Länder gelten auch im Freistaat Bayern. [3]Für Personen, die in einem anderen Mitgliedstaat der Europäischen Union oder einem durch Abkommen gleichgestellten Staat zur Erstellung von Standsicherheits- oder Brandschutznachweisen niedergelassen sind, gilt Art. 61b mit der Maßgabe entsprechend, dass die Anzeige oder der Antrag auf Erteilung einer Bescheinigung bei der zuständigen Bayerischen Architektenkammer oder der Bayerischen Ingenieurekammer-Bau einzureichen ist. [4]Art. 61 Abs. 5 Satz 2 bis 4 und Abs. 7 gilt entsprechend.

Artikel 62a Standsicherheitsnachweis

(1) Bei Gebäuden der Gebäudeklassen 1 bis 3 und bei sonstigen baulichen Anlagen, die keine Gebäude sind, muss der Standsicherheitsnachweis erstellt sein

1. von Personen mit einem berufsqualifizierenden Hochschulabschluss eines Studiums der Fachrichtung Architektur, Hochbau (Art. 49 Abs. 1 der Richtlinie 2005/36/EG) oder des Bauingenieurwesens mit einer mindestens dreijährigen Berufserfahrung in der Tragwerksplanung oder
2. im Rahmen ihrer Bauvorlageberechtigung von
   a) staatlich geprüften Technikern der Fachrichtung Bautechnik und Handwerksmeistern des Maurer- und Betonbauer- sowie des Zimmererfachs (Art. 61 Abs. 3), wenn sie mindestens drei Jahre zusammenhängende Berufserfahrung nachweisen und die durch Rechtsverordnung gemäß Art. 80 Abs. 3 näher bestimmte Zusatzqualifikation besitzen oder
   b) Bauvorlageberechtigten nach Art. 61 Abs. 4 Nr. 6.

(2) [1]Der Standsicherheitsnachweis muss durch einen Prüfsachverständigen bescheinigt sein bei

1. Gebäuden der Gebäudeklassen 4 und 5 sowie
2. Gebäuden der Gebäudeklassen 1 bis 3, bei Behältern, Brücken, Stützmauern, Tribünen und bei sonstigen baulichen Anlagen mit einer freien Höhe von mehr als 10 m, die keine Gebäude sind, wenn dies nach Maßgabe eines in der Rechtsverordnung nach Art. 80 Abs. 4 geregelten Kriterienkatalogs erforderlich ist.

[2]Bei baulichen Anlagen nach Satz 1, die Sonderbauten sind, muss der Standsicherheitsnachweis durch die Bauaufsichtsbehörde, einen Prüfingenieur oder ein Prüfamt geprüft sein. [3]Einer Bescheinigung oder Prüfung bedarf es nicht

1. für Wohngebäude der Gebäudeklassen 1 und 2 sowie für oberirdische eingeschossige Gebäude mit freien Stützweiten von nicht mehr als 12 m und nicht mehr als 1 600 m², die nicht oder nur zum vorübergehenden Aufenthalt einzelner Personen bestimmt sind, sowie
2. für Bauvorhaben oder deren Teile, für die Standsicherheitsnachweise vorliegen, die von einem Prüfamt oder der zuständigen Stelle eines anderen Landes allgemein geprüft sind (Typenprüfung).

[4]Im Übrigen wird der Standsicherheitsnachweis nicht geprüft.

Artikel 62b Brandschutznachweis

(1) Der Brandschutznachweis muss erstellt sein von Personen, die

1. für das Bauvorhaben bauvorlageberechtigt sind,
2. zur Bescheinigung von Brandschutznachweisen befugt sind oder
3. nach Abschluss der Ausbildung mindestens zwei Jahre auf dem Gebiet der brandschutztechnischen Planung und Ausführung von Gebäuden oder deren Prüfung praktisch tätig gewesen sind und die erforderlichen Kenntnisse des Brandschutzes nachgewiesen haben
   a) als Angehöriger eines Studiengangs der Fachrichtung Architektur, Hochbau (Art. 49 Abs. 1 der Richtlinie 2005/36/EG), Bauingenieurwesen oder eines Studiengangs mit Schwerpunkt Brandschutz, der ein Studium an einer deutschen Hochschule oder ein gleichwertiges Studium an einer ausländischen Hochschule abgeschlossen hat, oder
   b) als Absolvent einer Ausbildung für Ämter mit Einstieg in der dritten und vierten Qualifikationsebene in der Fachlaufbahn Naturwissenschaft und Technik, Schwerpunkt feuerwehrtechnischer Dienst.

(2) [1]Der Brandschutznachweis muss durch einen Prüfsachverständigen für Brandschutz bescheinigt sein oder wird bauaufsichtlich geprüft bei

1. Sonderbauten,
2. Mittel- und Großgaragen im Sinn der Rechtsverordnung nach Art. 80 Abs. 1 Satz 1 Nr. 3,
3. Gebäuden der Gebäudeklasse 5.

[2]Im Übrigen wird der Brandschutznachweis nicht geprüft.

Artikel 63 Abweichungen

(1) [1]Die Bauaufsichtsbehörde soll Abweichungen von Anforderungen dieses Gesetzes und auf Grund dieses Gesetzes erlassener Vorschriften zulassen, wenn sie unter Berücksichtigung des Zwecks der jeweiligen Anforderung und unter Würdigung der öffentlich-rechtlich geschützten nachbarlichen Belange mit den öffentlichen Belangen, insbesondere den Anforderungen des Art. 3 Satz 1 vereinbar sind. [2]Dies gilt insbesondere für

1. Vorhaben, die der Weiternutzung bestehender Gebäude dienen,
2. Abweichungen von den Anforderungen des Art. 6, wenn ein rechtmäßig errichtetes Gebäude durch ein Gebäude höchstens gleicher Abmessung und Gestalt ersetzt wird,
3. Vorhaben zur Energieeinsparung und Nutzung erneuerbarer Energien,
4. Vorhaben zur Erprobung neuer Bau- und Wohnformen.

[3]Der Zulassung einer Abweichung bedarf es nicht, wenn bautechnische Nachweise durch einen Prüfsachverständigen bescheinigt werden oder in den Fällen des Abs. 2 Satz 2 Halbsatz 1 das Vorliegen der Voraussetzung für eine Abweichung durch ihn bescheinigt wird. [4]Art. 81a Abs. 1 Satz 2 bleibt unberührt.

(2) [1]Die Zulassung von Abweichungen nach Abs. 1 Satz 1, von Ausnahmen und Befreiungen von den Festsetzungen eines Bebauungsplans, einer sonstigen städtebaulichen Satzung oder von Regelungen der Baunutzungsverordnung ist gesondert schriftlich zu beantragen; der Antrag ist zu begründen. [2]Für Anlagen, die keiner Genehmigung bedürfen, sowie für Abweichungen von Vorschriften, die im Genehmigungsverfahren nicht geprüft werden, gilt Satz 1 entsprechend; bei Bauvorhaben, die einer Genehmigung bedürfen, ist der Abweichungsantrag mit dem Bauantrag zu stellen.

(3) [1]Über Abweichungen nach Abs. 1 Satz 1 von örtlichen Bauvorschriften sowie über Ausnahmen und Befreiungen nach Abs. 2 Satz 1 entscheidet bei verfahrensfreien Bauvorhaben die Gemeinde nach

Maßgabe der Abs. 1 und 2. [2]Im Übrigen lässt die Bauaufsichtsbehörde Abweichungen von örtlichen Bauvorschriften im Einvernehmen mit der Gemeinde zu; § 36 Abs. 2 Satz 2 BauGB gilt entsprechend.

Artikel 64 Bauantrag, Bauvorlagen

(1) [1]Der Bauantrag ist schriftlich bei der Gemeinde einzureichen. [2]Diese legt ihn, sofern sie nicht selbst zur Entscheidung zuständig ist, mit ihrer Stellungnahme unverzüglich bei der Bauaufsichtsbehörde vor. [3]Die Gemeinden können die Ergänzung oder Berichtigung unvollständiger oder unrichtiger Bauanträge verlangen.

(2) [1]Mit dem Bauantrag sind alle für die Beurteilung des Bauvorhabens und die Bearbeitung des Bauantrags erforderlichen Unterlagen (Bauvorlagen) einzureichen. [2]Es kann gestattet werden, dass einzelne Bauvorlagen nachgereicht werden.

(3) In besonderen Fällen kann zur Beurteilung der Einwirkung des Bauvorhabens auf die Umgebung verlangt werden, dass es in geeigneter Weise auf dem Baugrundstück dargestellt wird.

(4) [1]Der Bauherr und der Entwurfsverfasser haben den Bauantrag und die Bauvorlagen zu unterschreiben. [2]Soweit der Eigentümer oder der Erbbauberechtigte dem Bauvorhaben zugestimmt hat, ist er verpflichtet, bauaufsichtliche Maßnahmen zu dulden, die aus Nebenbestimmungen der Baugenehmigung herrühren.

Artikel 65 Behandlung des Bauantrags

(1) [1]Die Bauaufsichtsbehörde hört zum Bauantrag diejenigen Stellen,

1. deren Beteiligung oder Anhörung für die Entscheidung über den Bauantrag durch Rechtsvorschrift vorgeschrieben ist, oder
2. ohne deren Stellungnahme die Genehmigungsfähigkeit des Bauantrags nicht beurteilt werden kann;

die Beteiligung oder Anhörung entfällt, wenn die jeweilige Stelle dem Bauantrag bereits vor Einleitung des Baugenehmigungsverfahrens in Textform zugestimmt hat. [2]Bedarf die Erteilung der Baugenehmigung der Zustimmung oder des Einvernehmens einer anderen Körperschaft, Behörde oder sonstigen Stelle, so gilt diese als erteilt, wenn sie nicht einen Monat nach Eingang des Ersuchens verweigert wird; von der Frist nach Halbsatz 1 abweichende Regelungen durch Rechtsvorschrift bleiben unberührt. [3]Stellungnahmen bleiben unberücksichtigt, wenn sie nicht innerhalb eines Monats nach Aufforderung zur Stellungnahme bei der Bauaufsichtsbehörde eingehen, es sei denn, die verspätete Stellungnahme ist für die Rechtmäßigkeit der Entscheidung über den Bauantrag von Bedeutung.

(2) [1]Ist der Bauantrag unvollständig oder weist er sonstige erhebliche Mängel auf, fordert die Bauaufsichtsbehörde den Bauherrn zur Behebung der Mängel innerhalb einer angemessenen Frist auf. [2]Werden die Mängel innerhalb der Frist nicht behoben, gilt der Antrag als zurückgenommen, wenn der Antragsteller auf diese Rechtsfolge hingewiesen worden ist.

(3) Betrifft der Bauantrag eine Anlage, die in den Anwendungsbereich der Richtlinie (EU) 2018/2001 fällt, gilt:

1. Auf Antrag des Bauherrn werden die erforderlichen Zulassungsverfahren über eine einheitliche Stelle im Sinne des Art. 71a Abs. 1 BayVwVfG abgewickelt.
2. Einheitliche Stelle nach Nr. 1 sind die unteren Bauaufsichtsbehörden, soweit sich nicht aus Art. 1 Abs. 1 Satz 3 des Bayerischen Immissionsschutzgesetzes oder Art. 63 Abs. 6 BayWG Abweichendes ergibt.
3. Die einheitliche Stelle stellt ein Verfahrenshandbuch für Bauherren bereit und macht diese Informationen auch im Internet zugänglich, wobei sie auch gesondert auf kleinere Vorhaben und Vorhaben zur Eigenversorgung mit Elektrizität eingeht und darauf hinweist, für welche Anlagen sie zuständig ist und welche anderen einheitlichen Stellen für Anlagen im Anwendungsbereich der Richtlinie (EU) 2018/2001 zuständig sind.
4. Nach Eingang der vollständigen Antragsunterlagen stellt die untere Bauaufsichtsbehörde dem Bauherrn unverzüglich einen Zeitplan für das weitere Verfahren zur Verfügung.
5. Das Baugenehmigungsverfahren darf nach Eingang des vollständigen Bauantrags
   a) für eine Anlage mit einer Stromerzeugungskapazität unter 150 kW oder im Fall des Repowering einer bestehenden Anlage im Sinne des Art. 2 Nr. 10 der Richtlinie (EU) 2018/2001 nicht länger als ein Jahr und

b) im Übrigen nicht länger als zwei Jahre dauern; die Frist kann in durch außergewöhnliche Umstände hinreichend begründeten Fällen um bis zu einem Jahr verlängert werden.

Artikel 66 Beteiligung des Nachbarn

(1) [1]Den Eigentümern der benachbarten Grundstücke sind vom Bauherrn oder seinem Beauftragten der Lageplan und die Bauzeichnungen zur Zustimmung vorzulegen. [2]Die Zustimmung bedarf der Schriftform. [3]Im Bauantrag ist anzugeben, ob zugestimmt wurde. [4]Hat ein Nachbar nicht zugestimmt oder wird seinen Einwendungen nicht entsprochen, so ist ihm eine Ausfertigung der Baugenehmigung zuzustellen.

(2) [1]Der Nachbar ist Beteiligter im Sinn des Art. 13 Abs. 1 Nr. 1 BayVwVfG. [2]Art. 28 BayVwVfG findet keine Anwendung. [3]Sind an einem Baugenehmigungsverfahren mindestens zehn Nachbarn im gleichen Interesse beteiligt, ohne vertreten zu sein, so kann die Bauaufsichtsbehörde sie auffordern, innerhalb einer angemessenen Frist einen Vertreter zu bestellen; Art. 18 Abs. 1 Satz 2 und 3, Abs. 2 BayVwVfG findet Anwendung. [4]Bei mehr als 20 Beteiligten im Sinn des Satzes 3 kann die Zustellung nach Abs. 1 Satz 4 durch öffentliche Bekanntmachung ersetzt werden; die Bekanntmachung hat den verfügenden Teil der Baugenehmigung, die Rechtsbehelfsbelehrung sowie einen Hinweis darauf zu enthalten, wo die Akten des Baugenehmigungsverfahrens eingesehen werden können. [5]Sie ist im amtlichen Veröffentlichungsblatt der zuständigen Bauaufsichtsbehörde bekannt zu machen. [6]Die Zustellung gilt mit dem Tag der Bekanntmachung als bewirkt.

(3) [1]Ein Erbbauberechtigter tritt an die Stelle des Eigentümers. [2]Ist Eigentümer des Nachbargrundstücks eine Eigentümergemeinschaft nach dem Wohnungseigentumsgesetz, so genügt die Vorlage nach Abs. 1 Satz 1 an den Verwalter; seine Zustimmung gilt jedoch nicht als Zustimmung der einzelnen Wohnungseigentümer. [3]Der Eigentümer des Nachbargrundstücks nimmt auch die Rechte des Mieters oder Pächters wahr, die aus deren Eigentumsgrundrecht folgen.

Artikel 66a Beteiligung der Öffentlichkeit

(1) [1]Bei baulichen Anlagen, die auf Grund ihrer Beschaffenheit oder ihres Betriebs geeignet sind, die Allgemeinheit oder die Nachbarschaft zu gefährden, zu benachteiligen oder zu belästigen, kann die Bauaufsichtsbehörde auf Antrag des Bauherrn das Bauvorhaben in ihrem amtlichen Veröffentlichungsblatt und außerdem in örtlichen Tageszeitungen, die im Bereich des Standorts der Anlage verbreitet sind, öffentlich bekannt machen; verfährt die Bauaufsichtsbehörde nach Halbsatz 1, findet Art. 66 Abs. 1 und 3 keine Anwendung. [2]Mit Ablauf einer Frist von einem Monat nach der Bekanntmachung des Bauvorhabens sind alle öffentlich-rechtlichen Einwendungen gegen das Bauvorhaben ausgeschlossen. [3]Die Zustellung der Baugenehmigung nach Art. 66 Abs. 1 Satz 4 kann durch öffentliche Bekanntmachung ersetzt werden; Satz 1 und Art. 66 Abs. 2 Satz 6 gelten entsprechend. [4]In der Bekanntmachung nach Satz 1 ist darauf hinzuweisen,

1. wo und wann Beteiligte nach Art. 29 BayVwVfG die Akten des Verfahrens einsehen können,
2. wo und wann Beteiligte Einwendungen gegen das Bauvorhaben vorbringen können,
3. welche Rechtsfolgen mit Ablauf der Frist des Satzes 2 eintreten und
4. dass die Zustellung der Baugenehmigung durch öffentliche Bekanntmachung ersetzt werden kann.

(2) [1]Bei der Errichtung, Änderung oder Nutzungsänderung

1. von Vorhaben nach Art. 58 Abs. 1 Nr. 4 sowie
2. baulicher Anlagen, die nach Durchführung des Bauvorhabens Sonderbauten nach Art. 2 Abs. 4 Nr. 9 bis 13, 15 und 16 sind,

ist eine Öffentlichkeitsbeteiligung nach Abs. 1 durchzuführen, wenn sie den angemessenen Sicherheitsabstand im Sinn des Art. 13 Abs. 2 Buchst. a der Richtlinie 2012/18/EU zu einem Betriebsbereich nicht einhalten. [2]In die öffentliche Bekanntmachung nach Abs. 1 Satz 4 sind zusätzlich folgende Angaben aufzunehmen:

1. ob für das Vorhaben eine Umweltverträglichkeitsprüfung durchzuführen ist (§§ 3a, 8 und 9 des Gesetzes über die Umweltverträglichkeitsprüfung),
2. wo und wann die betroffene Öffentlichkeit im Sinn des Art. 3 Nr. 18 der Richtlinie 2012/18/EU Einwendungen gegen das Bauvorhaben vorbringen kann und
3. die grundsätzlichen Entscheidungsmöglichkeiten der Behörde oder, soweit vorhanden, der Entscheidungsentwurf.

[3]Die Baugenehmigung ist nach Art. 41 Abs. 4 BayVwVfG öffentlich bekannt zu geben und, soweit Einwendungen vorgebracht wurden, zu begründen. [4]In der Begründung sind die wesentlichen tatsächlichen und rechtlichen Gründe, die Behandlung der Einwendungen sowie Angaben über das Verfahren zur Beteiligung der Öffentlichkeit aufzunehmen.

Artikel 67 Ersetzung des gemeindlichen Einvernehmens

(1) [1]Hat eine Gemeinde ihr nach § 14 Abs. 2 Satz 2, § 22 Abs. 5 Satz 1, § 145 Abs. 1 Satz 2, § 173 Abs. 1 Satz 2 Halbsatz 1 BauGB oder nach Art. 63 Abs. 3 Satz 2 Halbsatz 1 erforderliches Einvernehmen rechtswidrig versagt und besteht ein Rechtsanspruch auf Erteilung der Genehmigung, kann das fehlende Einvernehmen nach Maßgabe der Abs. 2 bis 4 ersetzt werden; in den Fällen des § 36 Abs. 1 Satz 1 und 2 BauGB ist das fehlende Einvernehmen nach Maßgabe von Abs. 2 bis 4 zu ersetzen. [2]Außer in den Fällen des § 36 Abs. 2 Satz 3 BauGB besteht kein Rechtsanspruch auf Ersetzung des gemeindlichen Einvernehmens.

(2) Art. 112 der Gemeindeordnung (GO) findet keine Anwendung.

(3) [1]Die Genehmigung gilt zugleich als Ersatzvornahme im Sinn des Art. 113 GO; sie ist insoweit zu begründen. [2]Entfällt die aufschiebende Wirkung der Anfechtungsklage gegen die Genehmigung nach § 80 Abs. 2 Satz 1 Nr. 3 oder 4 VwGO, hat die Anfechtungsklage auch insoweit keine aufschiebende Wirkung, als die Genehmigung als Ersatzvornahme gilt.

(4) [1]Die Gemeinde ist vor Erlass der Genehmigung anzuhören. [2]Dabei ist ihr Gelegenheit zu geben, binnen angemessener Frist erneut über das gemeindliche Einvernehmen zu entscheiden.

Artikel 68 Baugenehmigung, Genehmigungsfiktion und Baubeginn

(1) [1]Die Baugenehmigung ist zu erteilen, wenn dem Bauvorhaben keine öffentlich-rechtlichen Vorschriften entgegenstehen, die im bauaufsichtlichen Genehmigungsverfahren zu prüfen sind; die Bauaufsichtsbehörde darf den Bauantrag auch ablehnen, wenn das Bauvorhaben gegen sonstige öffentlich-rechtliche Vorschriften verstößt. [2]Die durch eine Umweltverträglichkeitsprüfung ermittelten, beschriebenen und bewerteten Umweltauswirkungen sind nach Maßgabe der hierfür geltenden Vorschriften zu berücksichtigen.

(2) [1]Betrifft ein Bauantrag die Errichtung oder Änderung eines Gebäudes, das ausschließlich oder überwiegend dem Wohnen dient, oder eine Nutzungsänderung, durch die Wohnraum geschaffen werden soll, und ist über diesen Bauantrag im vereinfachten Genehmigungsverfahren nach Art. 59 zu entscheiden, gilt Art. 42a BayVwVfG mit folgenden Maßgaben entsprechend:

1. Die Frist für die Entscheidung beginnt
   a) drei Wochen nach Zugang des Bauantrags oder
   b) drei Wochen nach Zugang der verlangten Unterlagen, wenn die Bauaufsichtsbehörde vor Fristbeginn eine Aufforderung nach Art. 65 Abs. 2 versandt hat.
2. Die Bescheinigung nach Art. 42a Abs. 3 BayVwVfG ist unverlangt und unverzüglich auszustellen; sie hat den Inhalt der Genehmigung wiederzugeben, eine Rechtsbehelfsbelehrung nach § 58 VwGO zu enthalten und ist dem Antragsteller, der Gemeinde sowie jedem Nachbarn zuzustellen, der dem Bauantrag nicht zugestimmt hat.

[2]Betrifft ein Bauantrag die Errichtung oder Änderung einer Mobilfunkanlage, gilt Satz 1 mit der weiteren Maßgabe, dass die Frist nach Art. 42a Abs. 2 Satz 1 BayVwVfG sechs Monate beträgt. [3]Die Sätze 1 und 2 finden keine Anwendung, wenn der Antragsteller vor Ablauf der Entscheidungsfrist gegenüber der Bauaufsichtsbehörde in Textform auf den Eintritt der Genehmigungsfiktion verzichtet hat. [4]In den Fällen der Sätze 1 und 2 finden die Abs. 3 und 4 keine Anwendung.

(3) [1]Die Baugenehmigung bedarf der Schriftform. [2]Sie ist nur insoweit zu begründen, als ohne Zustimmung des Nachbarn von nachbarschützenden Vorschriften abgewichen wird oder der Nachbar gegen das Bauvorhaben in Textform Einwendungen erhoben hat; Art. 39 Abs. 2 Nr. 2 BayVwVfG und Art. 66a Abs. 2 Satz 3 bleiben unberührt. [3]Sie ist mit einer Ausfertigung der mit einem Genehmigungsvermerk zu versehenden Bauvorlagen dem Antragsteller zuzustellen. [4]Die Gemeinde erhält die Baugenehmigung und die Bauvorlagen; hat sie dem Bauvorhaben nicht zugestimmt, ist die Baugenehmigung zuzustellen.

(4) Wird die Baugenehmigung unter Auflagen oder Bedingungen erteilt, kann eine Sicherheitsleistung verlangt werden.

(5) Die Baugenehmigung wird unbeschadet der privaten Rechte Dritter erteilt.

(6) Mit der Bauausführung oder mit der Ausführung des jeweiligen Bauabschnitts darf erst begonnen werden, wenn
1. die Baugenehmigung oder eine Bescheinigung gemäß Art. 42a Abs. 3 BayVwVfG dem Bauherrn zugegangen ist sowie
2. die Bescheinigungen nach Art. 62a Abs. 2 und Art. 62b Abs. 2 und
3. die Baubeginnsanzeige

der Bauaufsichtsbehörde vorliegen.

(7) [1]Vor Baubeginn müssen die Grundfläche der baulichen Anlage abgesteckt und ihre Höhenlage festgelegt sein. [2]Die Bauaufsichtsbehörde kann verlangen, dass Absteckung und Höhenlage von ihr abgenommen oder die Einhaltung der festgelegten Grundfläche und Höhenlage nachgewiesen wird. [3]Baugenehmigungen, Bauvorlagen, bautechnische Nachweise, soweit es sich nicht um Bauvorlagen handelt, sowie Bescheinigungen von Prüfsachverständigen müssen an der Baustelle von Baubeginn an vorliegen.

(8) Der Bauherr hat den Ausführungsbeginn genehmigungspflichtiger Bauvorhaben und die Wiederaufnahme der Bauarbeiten nach einer Unterbrechung von mehr als sechs Monaten mindestens eine Woche vorher der Bauaufsichtsbehörde schriftlich mitzuteilen (Baubeginnsanzeige).

Artikel 69 Geltungsdauer der Baugenehmigung und der Teilbaugenehmigung

(1) Sind in ihnen keine anderen Fristen bestimmt, erlöschen die Baugenehmigung und die Teilbaugenehmigung, wenn innerhalb von vier Jahren nach ihrer Erteilung mit der Ausführung des Bauvorhabens nicht begonnen oder die Bauausführung vier Jahre unterbrochen worden ist; die Einlegung eines Rechtsbehelfs hemmt den Lauf der Frist bis zur Unanfechtbarkeit der Genehmigung.

(2) [1]Die Frist nach Abs. 1 kann auf schriftlichen Antrag jeweils bis zu zwei Jahre verlängert werden. [2]Sie kann auch rückwirkend verlängert werden, wenn der Antrag vor Fristablauf bei der Bauaufsichtsbehörde eingegangen ist.

Artikel 70 Teilbaugenehmigung

[1]Ist ein Bauantrag eingereicht, kann der Beginn der Bauarbeiten für die Baugrube und für einzelne Bauteile oder Bauabschnitte auf schriftlichen Antrag schon vor Erteilung der Baugenehmigung gestattet werden (Teilbaugenehmigung); eine Teilbaugenehmigung kann auch für die Errichtung einer baulichen Anlage unter Vorbehalt der künftigen Nutzung erteilt werden, wenn und soweit die Genehmigungsfähigkeit der baulichen Anlage nicht von deren künftiger Nutzung abhängt. [2]Art. 67 und 68 Abs. 1 und Abs. 3 bis 8 gelten entsprechend.

Artikel 71 Vorbescheid

[1]Vor Einreichung des Bauantrags ist auf Antrag des Bauherrn zu einzelnen Fragen des Bauvorhabens ein Vorbescheid zu erteilen. [2]Der Vorbescheid gilt drei Jahre, soweit in ihm keine andere Frist bestimmt ist. [3]Die Frist kann auf schriftlichen Antrag jeweils bis zu zwei Jahre verlängert werden. [4]Art. 64 bis 67, Art. 68 Abs. 1 und Abs. 3 bis 5 sowie Art. 69 Abs. 2 Satz 2 gelten entsprechend; die Bauaufsichtsbehörde kann von der Anwendung des Art. 66 absehen, wenn der Bauherr dies beantragt.

Artikel 72 Genehmigung fliegender Bauten

(1) [1]Fliegende Bauten sind bauliche Anlagen, die geeignet und bestimmt sind, wiederholt an wechselnden Orten aufgestellt und zerlegt zu werden. [2]Baustelleneinrichtungen gelten nicht als fliegende Bauten.

(2) [1]Fliegende Bauten dürfen nur aufgestellt und in Gebrauch genommen werden, wenn vor ihrer erstmaligen Aufstellung oder Ingebrauchnahme eine Ausführungsgenehmigung erteilt worden ist. [2]Die Ausführungsgenehmigung wird für eine bestimmte Frist erteilt, die höchstens fünf Jahre betragen soll; sie kann auf schriftlichen Antrag von der für die Ausführungsgenehmigung zuständigen Behörde oder der nach Art. 80 Abs. 5 Nr. 7 bestimmten Stelle jeweils um bis zu fünf Jahre verlängert werden, wenn das der Inhaber vor Ablauf der Frist schriftlich beantragt. [3]Die Ausführungsgenehmigung kann vorschreiben, dass der fliegende Bau vor jeder Inbetriebnahme oder in bestimmten zeitlichen Abständen jeweils vor einer Inbetriebnahme von einem Sachverständigen abgenommen wird. [4]Ausführungsgenehmigungen anderer Länder der Bundesrepublik Deutschland gelten auch im Freistaat Bayern.

(3) Keiner Ausführungsgenehmigung bedürfen
1. fliegende Bauten bis zu 5 m Höhe, die nicht dazu bestimmt sind, von Besuchern betreten zu werden,
2. fliegende Bauten mit einer Höhe bis zu 5 m, die für Kinder betrieben werden und eine Geschwindigkeit von höchstens 1 m/s haben,
3. Bühnen, die fliegende Bauten sind, einschließlich Überdachungen und sonstigen Aufbauten mit einer Höhe bis zu 5 m, einer Grundfläche bis zu 100 m^2 und einer Fußbodenhöhe bis zu 1,50 m,
4. erdgeschossige Zelte und betretbare Verkaufsstände, die fliegende Bauten sind, jeweils mit einer Grundfläche bis zu 75 m^2,
5. aufblasbare Spielgeräte mit einer Höhe des betretbaren Bereichs von bis zu 5 m oder mit überdachten Bereichen, bei denen die Entfernung zum Ausgang nicht mehr als 3 m, oder, sofern ein Absinken der Überdachung konstruktiv verhindert wird, nicht mehr als 10 m, beträgt,
6. Toilettenwagen.

(4) [1]Für jeden genehmigungspflichtigen fliegenden Bau ist ein Prüfbuch anzulegen. [2]Wird die Aufstellung oder der Gebrauch des fliegenden Baus wegen Mängeln untersagt, die eine Versagung der Ausführungsgenehmigung rechtfertigen würden, ist das Prüfbuch einzuziehen und der für die Ausführungsgenehmigung zuständigen Behörde oder Stelle zuzuleiten. [3]In das Prüfbuch sind einzutragen
1. die Erteilung der Ausführungsgenehmigung und deren Verlängerungen unter Beifügung einer mit einem Genehmigungsvermerk versehenen Ausfertigung der Bauvorlagen,
2. die Übertragung des fliegenden Baus an Dritte,
3. die Änderung der für die Ausführungsgenehmigung zuständigen Behörde oder Stelle,
4. Durchführung und Ergebnisse bauaufsichtlicher Überprüfungen und Abnahmen,
5. die Einziehung des Prüfbuchs nach Satz 2.

[4]Umstände, die zu Eintragungen nach Nrn. 2 und 3 führen, hat der Inhaber der Ausführungsgenehmigung der dafür zuletzt zuständigen Behörde oder Stelle unverzüglich anzuzeigen.

(5) [1]Die beabsichtigte Aufstellung genehmigungspflichtiger fliegender Bauten ist der Bauaufsichtsbehörde mindestens eine Woche zuvor unter Vorlage des Prüfbuchs anzuzeigen, es sei denn, dass dies nach der Ausführungsgenehmigung nicht erforderlich ist. [2]Genehmigungsbedürftige fliegende Bauten dürfen nur in Betrieb genommen werden, wenn
1. sie von der Bauaufsichtsbehörde abgenommen worden sind (Gebrauchsabnahme), es sei denn, dass dies nach der Ausführungsgenehmigung nicht erforderlich ist oder die Bauaufsichtsbehörde im Einzelfall darauf verzichtet, und
2. in der Ausführungsgenehmigung vorgeschriebene Abnahmen durch Sachverständige nach Abs. 2 Satz 3 vorgenommen worden sind.

(6) [1]Auf fliegende Bauten, die der Landesverteidigung oder dem Katastrophenschutz dienen, finden die Abs. 1 bis 5 und Art. 73 keine Anwendung. [2]Sie bedürfen auch keiner Baugenehmigung.

Artikel 73 Bauaufsichtliche Zustimmung

(1) [1]Nicht verfahrensfreie Bauvorhaben bedürfen keiner Baugenehmigung, Genehmigungsfreistellung, Anzeige und Bauüberwachung (Art. 57 Abs. 5, Art. 58, 68, 77 und 78), wenn
1. die Leitung der Entwurfsarbeiten und die Bauüberwachung einer Baudienststelle des Bundes, eines Landes oder eines Bezirks übertragen sind und
2. die Baudienststelle mindestens mit einem Bediensteten, der für ein Amt ab der Besoldungsgruppe A 14 in der Fachlaufbahn Naturwissenschaft und Technik, fachlicher Schwerpunkt bautechnischer und umweltfachlicher Verwaltungsdienst, qualifiziert ist, und mit sonstigen geeigneten Fachkräften ausreichend besetzt

ist. [2]Solche Bauvorhaben bedürfen der Zustimmung der Regierung (Zustimmungsverfahren). [3]Die Zustimmung der Regierung entfällt, wenn
1. die Gemeinde nicht widerspricht,
2. die Nachbarn dem Bauvorhaben zustimmen und
3. keine Öffentlichkeitsbeteiligung nach Art. 66a Abs. 2 vorgeschrieben ist.

[4]Keiner Baugenehmigung, Genehmigungsfreistellung oder Zustimmung bedürfen unter den Voraussetzungen des Satzes 1 Baumaßnahmen in oder an bestehenden Gebäuden, soweit sie nicht zur Erweiterung des Bauvolumens oder zu einer der Genehmigungspflicht unterliegenden Nutzungsänderung führen.

(2) [1]Der Antrag auf Zustimmung ist bei der Regierung einzureichen. [2]Die Regierung prüft

1. die Übereinstimmung des Bauvorhabens mit den Vorschriften über die Zulässigkeit der baulichen Anlagen nach den §§ 29 bis 38 BauGB und den Regelungen örtlicher Bauvorschriften im Sinn des Art. 81 Abs. 1 sowie
2. andere öffentlich-rechtliche Anforderungen, soweit wegen der Zustimmung eine Entscheidung nach anderen öffentlich-rechtlichen Vorschriften entfällt, ersetzt oder eingeschlossen wird.

[3]Sie führt eine Öffentlichkeitsbeteiligung nach Art. 66a Abs. 2 durch. [4]Die Regierung entscheidet über Abweichungen von den nach Satz 2 zu prüfenden sowie sonstigen Vorschriften, soweit sie drittschützend sind; darüber hinaus bedarf die Zulässigkeit von Ausnahmen, Befreiungen und Abweichungen keiner bauaufsichtlichen Entscheidung. [5]Die Gemeinde ist vor Erteilung der Zustimmung zu hören; § 36 Abs. 2 Satz 2 Halbsatz 1 BauGB gilt entsprechend. [6]Im Übrigen sind die Vorschriften über das Genehmigungsverfahren entsprechend anzuwenden.

(3) [1]Die Baudienststelle trägt die Verantwortung dafür, dass die Errichtung, die Änderung, die Nutzungsänderung und die Beseitigung baulicher Anlagen den öffentlich-rechtlichen Vorschriften entsprechen; die Verantwortung für die Unterhaltung baulicher Anlagen trägt die Baudienststelle nur, wenn und solang sie der für die Anlage Verantwortliche ausschließlich ihr überträgt. [2]Die Baudienststelle kann Sachverständige in entsprechender Anwendung der Art. 62a Abs. 2, Art. 62b Abs. 2 und Art. 77 Abs. 2 sowie der auf Grund des Art. 80 Abs. 2 erlassenen Rechtsverordnung heranziehen. [3]Die Verantwortung des Unternehmers (Art. 52) bleibt unberührt.

(4) [1]Bauvorhaben, die der Landesverteidigung, dienstlichen Zwecken der Bundespolizei oder dem zivilen Bevölkerungsschutz dienen, sind vor Baubeginn mit Bauvorlagen in dem erforderlichen Umfang der Regierung zur Kenntnis zu bringen; Abs. 1 Satz 3 gilt entsprechend. [2]Im Übrigen wirken die Bauaufsichtsbehörden nicht mit.

(5) [1]Für nicht verfahrensfreie Bauvorhaben der Landkreise und Gemeinden gelten die Abs. 1 Satz 2 bis 4 sowie die Abs. 2 und 3 entsprechend, soweit der Landkreis oder die Gemeinde mindestens mit einem Bediensteten, der für ein Amt ab der Besoldungsgruppe A 14 in der Fachlaufbahn Naturwissenschaft und Technik, fachlicher Schwerpunkt bautechnischer und umweltfachlicher Verwaltungsdienst, qualifiziert ist, und mit sonstigen geeigneten Fachkräften ausreichend besetzt ist und diesen Bediensteten die Leitung der Entwurfsarbeiten und die Bauüberwachung übertragen sind. [2]An Stelle der Regierung ist die untere Bauaufsichtsbehörde zuständig.

Artikel 73a Typengenehmigung

(1) [1]Für bauliche Anlagen, die mehrfach in derselben Ausführung errichtet werden sollen, erteilt die oberste Bauaufsichtsbehörde eine allgemeine bautechnische Genehmigung (Typengenehmigung), wenn diese den Anforderungen dieses Gesetzes entsprechen. [2]Für bauliche Anlagen, die in unterschiedlicher Ausführung, aber nach einem bestimmten System aus Bauteilen errichtet werden sollen, gilt Satz 1 mit der Maßgabe entsprechend, dass die Zulässigkeit der Veränderbarkeit festgelegt wird.

(2) [1]Regelt die Typengenehmigung Anforderungen an die Standsicherheit, den Brand-, Schall- und Erschütterungsschutz und stellt sie fest, welche dieser Anforderungen eingehalten sind, gilt sie insoweit als bautechnischer Nachweis im Sinn von Art. 62 bis 62b. [2]Art. 81a Abs. 1 Satz 2 gilt mit der Maßgabe entsprechend, dass Art. 15 Abs. 2 und Art. 17 keine Anwendung finden. [3]Art. 63 gilt entsprechend.

(3) [1]Der Antrag ist schriftlich bei der obersten Bauaufsichtsbehörde einzureichen. [2]Die Typengenehmigung bedarf der Schriftform. [3]Sie wird befristet für die Dauer von fünf Jahren erteilt. [4]Die Frist kann auf schriftlichen Antrag jeweils bis zu fünf Jahre verlängert werden.

(4) Vergleichbare Typengenehmigungen anderer Länder gelten auch im Freistaat Bayern.

(5) Eine Typengenehmigung entbindet nicht von der Verfahrenspflicht nach Art. 58 bis 60.

Abschnitt IV

Bauaufsichtliche Maßnahmen

Artikel 74 Verbot unrechtmäßig gekennzeichneter Bauprodukte

Sind Bauprodukte entgegen Art. 21 mit dem Ü-Zeichen gekennzeichnet, kann die Bauaufsichtsbehörde die Verwendung dieser Bauprodukte untersagen und deren Kennzeichnung entwerten oder beseitigen lassen.

Artikel 75 Einstellung von Arbeiten

(1) [1]Werden Anlagen im Widerspruch zu öffentlich-rechtlichen Vorschriften errichtet, geändert oder beseitigt, kann die Bauaufsichtsbehörde die Einstellung der Arbeiten anordnen. [2]Das gilt auch dann, wenn

1. die Ausführung eines Bauvorhabens entgegen den Vorschriften des Art. 68 Abs. 6 begonnen wurde oder
2. bei der Ausführung
   a) eines genehmigungsbedürftigen Bauvorhabens von den genehmigten Bauvorlagen,
   b) eines genehmigungsfreigestellten Bauvorhabens von den eingereichten Unterlagen

   abgewichen wird,
3. Bauprodukte verwendet werden, die entgegen der Verordnung (EU) Nr. 305/2011 keine CE-Kennzeichnung oder entgegen Art. 21 kein Ü-Zeichen tragen,
4. Bauprodukte verwendet werden, die unberechtigt mit der CE-Kennzeichnung oder entgegen Art. 21 Abs. 2 Satz 2 dem Ü-Zeichen gekennzeichnet sind.

(2) Werden unzulässige Arbeiten trotz einer verfügten Einstellung fortgesetzt, kann die Bauaufsichtsbehörde die Baustelle versiegeln oder die an der Baustelle vorhandenen Bauprodukte, Geräte, Maschinen und Bauhilfsmittel in amtlichen Gewahrsam bringen.

Artikel 76 Beseitigung von Anlagen, Nutzungsuntersagung

[1]Werden Anlagen im Widerspruch zu öffentlich-rechtlichen Vorschriften errichtet oder geändert, so kann die Bauaufsichtsbehörde die teilweise oder vollständige Beseitigung der Anlagen anordnen, wenn nicht auf andere Weise rechtmäßige Zustände hergestellt werden können. [2]Werden Anlagen im Widerspruch zu öffentlich-rechtlichen Vorschriften genutzt, so kann diese Nutzung untersagt werden. [3]Die Bauaufsichtsbehörde kann verlangen, dass ein Bauantrag gestellt wird.

Abschnitt V

Bauüberwachung

Artikel 77 Bauüberwachung

(1) Die Bauaufsichtsbehörde kann die Einhaltung der öffentlich-rechtlichen Vorschriften und Anforderungen und die ordnungsgemäße Erfüllung der Pflichten der am Bau Beteiligten überprüfen.

(2) [1]Die Bauaufsichtsbehörde sowie nach Maßgabe der Rechtsverordnung gemäß Art. 80 Abs. 2 der Prüfingenieur, das Prüfamt oder der Prüfsachverständige überwachen die Bauausführung bei baulichen Anlagen

1. nach Art. 62a Abs. 2 hinsichtlich des von ihr oder ihm geprüften oder bescheinigten Standsicherheitsnachweises,
2. nach Art. 62b Abs. 2 hinsichtlich des von ihr oder ihm geprüften oder bescheinigten Brandschutznachweises.

[2]Bei Gebäuden der Gebäudeklasse 4, ausgenommen Sonderbauten sowie Mittel- und Großgaragen im Sinn der Rechtsverordnung nach Art. 80 Abs. 1 Satz 1 Nr. 3, ist die mit dem Brandschutznachweis übereinstimmende Bauausführung vom Nachweisersteller oder einem anderen Nachweisberechtigten im Sinn des Art. 62b Abs. 1 zu bestätigen. [3]Wird die Bauausführung durch einen Prüfsachverständigen bescheinigt oder nach Satz 2 bestätigt, gelten insoweit die jeweiligen bauaufsichtlichen Anforderungen als eingehalten.

(3) [1]Bei nicht oder nur zum vorübergehenden Aufenthalt einzelner Personen bestimmten oberirdischen eingeschossigen Gebäuden im Sinn des Art. 62a Abs. 2 Satz 3 Nr. 1 ist der Ersteller des Standsicherheitsnachweises nach Art. 62a Abs. 1 auch für die Einhaltung der bauaufsichtlichen Anforderungen an die Standsicherheit bei der Bauausführung verantwortlich; benennt der Bauherr der Bauaufsichtsbehörde einen anderen Tragwerksplaner im Sinn des Art. 62a Abs. 1, ist dieser verantwortlich. [2]Ein verantwortlicher Tragwerksplaner im Sinn des Satzes 1 ist nicht erforderlich bei land- oder forstwirtschaftlichen Betriebsgebäuden und gewerblichen Lagergebäuden mit freien Stützweiten von nicht mehr als 12 m und

1. nicht mehr als 500 m^2 oder
2. nicht mehr als 1600 m^2, wenn sie statisch einfach sind.

(4) Im Rahmen der Bauüberwachung können Proben von Bauprodukten, soweit erforderlich, auch aus fertigen Bauteilen zu Prüfzwecken entnommen werden.

(5) Im Rahmen der Bauüberwachung ist jederzeit Einblick in die Genehmigungen, Zulassungen, Prüfzeugnisse, Übereinstimmungszertifikate, Zeugnisse und Aufzeichnungen über die Prüfungen von Bauprodukten, in die CE-Kennzeichnungen und Leistungserklärungen nach der Verordnung (EU) Nr. 305/2011, in die Bautagebücher und andere vorgeschriebene Aufzeichnungen zu gewähren.

(6) Rechtsverstöße gegen die Verordnung (EU) Nr. 305/2011 sollen die Bauaufsichtsbehörde oder der Prüfsachverständige der für die Marktüberwachung zuständigen Stelle mitteilen.

Artikel 78 Bauzustandsanzeigen, Aufnahme der Nutzung

(1) [1]Die Bauaufsichtsbehörde, der Prüfingenieur, das Prüfamt oder der Prüfsachverständige kann verlangen, dass ihm Beginn und Beendigung bestimmter Bauarbeiten angezeigt werden. [2]Die Bauarbeiten dürfen erst fortgesetzt werden, wenn die Bauaufsichtsbehörde, der Prüfingenieur, das Prüfamt oder der Prüfsachverständige der Fortführung der Bauarbeiten zugestimmt hat.

(2) [1]Der Bauherr hat die beabsichtigte Aufnahme der Nutzung einer nicht verfahrensfreien baulichen Anlage mindestens zwei Wochen vorher der Bauaufsichtsbehörde anzuzeigen. [2]Mit der Anzeige nach Satz 1 sind vorzulegen

1. bei Bauvorhaben nach Art. 62a Abs. 2 Satz 1 eine Bescheinigung des Prüfsachverständigen über die ordnungsgemäße Bauausführung hinsichtlich der Standsicherheit,
2. bei Bauvorhaben nach Art. 62b Abs. 2 Satz 1 eine Bescheinigung des Prüfsachverständigen über die ordnungsgemäße Bauausführung hinsichtlich des Brandschutzes (Art. 77 Abs. 2 Satz 1), soweit kein Fall des Art. 62b Abs. 2 Satz 1 Alternative 2 vorliegt,
3. in den Fällen des Art. 77 Abs. 2 Satz 2 die jeweilige Bestätigung.

[3]Eine bauliche Anlage darf erst benutzt werden, wenn sie selbst, Zufahrtswege, Wasserversorgungs- und Abwasserentsorgungs- sowie Gemeinschaftsanlagen in dem erforderlichen Umfang sicher benutzbar sind, nicht jedoch vor dem in Satz 1 bezeichneten Zeitpunkt.

(3) Feuerstätten dürfen erst in Betrieb genommen werden, wenn der bevollmächtigte Bezirksschornsteinfeger die Tauglichkeit und die sichere Benutzbarkeit der Abgasanlagen bescheinigt hat; ortsfeste Verbrennungsmotoren und Blockheizkraftwerke dürfen erst dann in Betrieb genommen werden, wenn er die Tauglichkeit und sichere Benutzbarkeit der Leitungen zur Abführung von Verbrennungsgasen bescheinigt hat.

Sechster Teil

Ordnungswidrigkeiten, Rechtsvorschriften

Artikel 79 Ordnungswidrigkeiten

(1) [1]Mit Geldbuße bis zu fünfhunderttausend Euro kann belegt werden, wer vorsätzlich oder fahrlässig

1. einem Gebot oder Verbot einer Rechtsverordnung nach Art. 80 Abs. 1 bis 4 oder Art. 80a oder einer Satzung nach Art. 81 Abs. 1 oder einer vollziehbaren Anordnung der Bauaufsichtsbehörde auf Grund einer solchen Rechtsverordnung oder Satzung zuwiderhandelt, sofern die Rechtsverordnung oder die Satzung für einen bestimmten Tatbestand auf diese Bußgeldvorschrift verweist,
2. einer vollziehbaren schriftlichen Anordnung der Bauaufsichtsbehörde auf Grund dieses Gesetzes zuwiderhandelt,
3. entgegen Art. 9 Abs. 1 eine Baustelle nicht ordnungsgemäß einrichtet, entgegen Art. 9 Abs. 2 Verkehrsflächen, Versorgungs-, Abwasserbeseitigungs- oder Meldeanlagen, Grundwassermessstellen, Vermessungszeichen, Abmarkungszeichen oder Grenzzeichen nicht schützt oder zugänglich hält oder entgegen Art. 9 Abs. 3 ein Schild nicht oder nicht ordnungsgemäß anbringt,
4. Bauprodukte entgegen Art. 21 Abs. 2 Satz 1 ohne Ü-Zeichen verwendet,
5. Bauarten entgegen Art. 15 Abs. 2 Satz 1 ohne Bauartgenehmigung oder entgegen Art. 15 Abs. 3 Satz 1 ohne allgemeines bauaufsichtliches Prüfzeugnis für Bauarten anwendet,
6. entgegen Art. 21 Abs. 2 Satz 2 ein Ü-Zeichen nicht oder nicht ordnungsgemäß anbringt,
7. als Verfügungsberechtigter entgegen Art. 5 Abs. 2 Satz 1 Halbsatz 2 Zu- oder Durchfahrten, Aufstellflächen oder Bewegungsflächen nicht frei hält,

8. entgegen Art. 55 Abs. 1, Art. 63 Abs. 1 Satz 1 oder Art. 70 bauliche Anlagen errichtet, ändert oder benutzt oder entgegen Art. 57 Abs. 5 Satz 2 eine Beseitigung nicht oder nicht rechtzeitig anzeigt,
9. entgegen Art. 58 Abs. 3 Satz 5 und 6, auch in Verbindung mit Satz 7, mit der Ausführung eines Bauvorhabens beginnt,
10. entgegen Art. 72 Abs. 2 Satz 1 fliegende Bauten aufstellt oder einer nach Art. 72 Abs. 2 Satz 3 mit einer Ausführungsgenehmigung verbundenen vollziehbaren Auflage zuwiderhandelt oder entgegen Art. 72 Abs. 5 Satz 1 die Aufstellung eines fliegenden Baus nicht oder nicht rechtzeitig anzeigt oder entgegen Art. 72 Abs. 5 Satz 2 einen fliegenden Bau in Gebrauch nimmt,
11. entgegen Art. 68 Abs. 6, auch in Verbindung mit Art. 57 Abs. 5 Satz 5, mit der Bauausführung, der Ausführung eines Bauabschnitts oder der Beseitigung einer Anlage beginnt, entgegen Art. 78 Abs. 1 Bauarbeiten fortsetzt, entgegen Art. 78 Abs. 2 Satz 1 in Verbindung mit Satz 2 die Aufnahme der Nutzung nicht, nicht rechtzeitig oder nicht richtig anzeigt oder entgegen Art. 78 Abs. 3 Feuerstätten, Verbrennungsmotoren oder Blockheizkraftwerke in Betrieb nimmt,
12. entgegen Art. 68 Abs. 8 den Ausführungsbeginn oder die Wiederaufnahme der Bauarbeiten nicht oder nicht rechtzeitig mitteilt,
13. entgegen Art. 50 Abs. 1 Satz 1 keine geeigneten Beteiligten bestellt oder entgegen Art. 50 Abs. 1 Satz 5 eine Mitteilung nicht oder nicht rechtzeitig erstattet oder entgegen Art. 50 Abs. 1 Satz 4 oder entgegen Art. 52 Abs. 1 Satz 2 und 3 die erforderlichen Nachweise und Unterlagen nicht bereithält.

[2]Ist eine Ordnungswidrigkeit nach Satz 1 Nr. 9 bis 11 begangen worden, können Gegenstände, auf die sich die Ordnungswidrigkeit bezieht, eingezogen werden; § 23 des Gesetzes über Ordnungswidrigkeiten (OWiG) ist anzuwenden.

(2) Mit einer Geldbuße bis zu fünfhunderttausend Euro belegt werden kann ferner, wer
1. vorsätzlich oder fahrlässig unrichtige Angaben macht oder unrichtige Pläne oder Unterlagen vorlegt, um einen nach diesem Gesetz vorgesehenen Verwaltungsakt zu erwirken oder zu verhindern,
2. vorsätzlich oder fahrlässig unrichtige Angaben in dem Kriterienkatalog nach Art. 62a Abs. 2 Satz 1 macht,
3. ohne dazu berechtigt zu sein, bautechnische Nachweise im Sinn des Art. 57 Abs. 5 Satz 3, des Art. 62 Abs. 1 Satz 1 oder des Art. 78 Abs. 2 Satz 2 erstellt, bescheinigt oder bestätigt,
4. als Prüfsachverständiger unrichtige Bescheinigungen über die Einhaltung bauordnungsrechtlicher Anforderungen ausstellt.

Artikel 80 Rechtsverordnungen

(1) [1]Zur Verwirklichung der in Art. 3 Satz 1, Art. 15 Abs. 1 und Art. 16 Abs. 2 Satz 1 bezeichneten Anforderungen wird das Staatsministerium für Wohnen, Bau und Verkehr ermächtigt, durch Rechtsverordnung Vorschriften zu erlassen über
1. die nähere Bestimmung allgemeiner Anforderungen der Art. 4 bis 46,
2. Anforderungen an Feuerungsanlagen (Art. 40),
3. Anforderungen an Garagen (Art. 2 Abs. 8),
4. besondere Anforderungen oder Erleichterungen, die sich aus der besonderen Art oder Nutzung der baulichen Anlagen für Errichtung, Änderung, Unterhaltung, Betrieb und Nutzung ergeben (Art. 2 Abs. 4), sowie über die Anwendung solcher Anforderungen auf bestehende bauliche Anlagen dieser Art,
5. Erst-, Wiederholungs- und Nachprüfung von Anlagen, die zur Verhütung erheblicher Gefahren oder Nachteile ständig ordnungsgemäß unterhalten werden müssen, und die Erstreckung dieser Nachprüfungspflicht auf bestehende Anlagen,
6. die Anwesenheit fachkundiger Personen beim Betrieb technisch schwieriger baulicher Anlagen und Einrichtungen wie Bühnenbetriebe und technisch schwierige fliegende Bauten einschließlich des Nachweises der Befähigung dieser Personen.

[2]In diesen Rechtsverordnungen kann wegen der technischen Anforderungen auf Bekanntmachungen besonders sachverständiger Stellen mit Angabe der Fundstelle verwiesen werden.

(2) [1]Das Staatsministerium für Wohnen, Bau und Verkehr wird ermächtigt, durch Rechtsverordnung Vorschriften zu erlassen über

1. Prüfingenieure und Prüfämter, denen bauaufsichtliche Prüfaufgaben einschließlich der Bauüberwachung und der Bauzustandsbesichtigung übertragen werden, sowie
2. Prüfsachverständige, die im Auftrag des Bauherrn oder des sonstigen nach Bauordnungsrecht Verantwortlichen die Einhaltung bauordnungsrechtlicher Anforderungen prüfen und bescheinigen.

[2]Die Rechtsverordnungen nach Satz 1 regeln, soweit erforderlich,
1. die Fachbereiche und die Fachrichtungen, in denen Prüfingenieure, Prüfämter und Prüfsachverständige tätig werden,
2. die Anerkennungsvoraussetzungen und das Anerkennungsverfahren,
3. Erlöschen, Rücknahme und Widerruf der Anerkennung einschließlich der Festlegung einer Altersgrenze,
4. die Aufgabenerledigung,
5. die Vergütung.

[3]Das Staatsministerium für Wohnen, Bau und Verkehr kann durch Rechtsverordnung ferner
1. den Leitern und stellvertretenden Leitern von Prüfämtern die Stellung eines Prüfsachverständigen nach Satz 1 Nr. 2 zuweisen,
2. soweit für bestimmte Fachbereiche und Fachrichtungen Prüfsachverständige nach Satz 1 Nr. 2 noch nicht in ausreichendem Umfang anerkannt sind, anordnen, dass die von solchen Prüfsachverständigen zu prüfenden und zu bescheinigenden bauordnungsrechtlichen Anforderungen bauaufsichtlich geprüft werden können,
3. soweit Tragwerksplaner oder Brandschutzplaner nach Art. 62 Abs. 3 noch nicht in ausreichendem Umfang eingetragen sind, anordnen, dass die Standsicherheits- oder Brandschutznachweise bauaufsichtlich geprüft werden und die Bauausführung bauaufsichtlich überwacht wird.

(3) [1]Das Staatsministerium für Wohnen, Bau und Verkehr wird ermächtigt, durch Rechtsverordnung Vorschriften für eine Zusatzqualifikation im Sinn des Art. 62a Abs. 1 zu erlassen, die bezogen auf die Bauvorhaben nach Art. 61 Abs. 3 Satz 1 ausreichende Kenntnisse und Fertigkeiten hinsichtlich Standsicherheit, Schall-, Wärme- und baulichen Brandschutz sicherstellen. [2]Dabei können insbesondere geregelt werden
1. die Notwendigkeit einer staatlichen Anerkennung, die die erfolgreiche Ablegung der Prüfung voraussetzt,
2. die Voraussetzungen, die Inhalte und das Verfahren für diese Prüfung,
3. das Verfahren sowie die Voraussetzungen der Anerkennung, ihren Widerruf, ihre Rücknahme und ihr Erlöschen,
4. Weiter- und Fortbildungserfordernisse sowie
5. die Maßnahmen bei Pflichtverletzungen.

(4) [1]Das Staatsministerium für Wohnen, Bau und Verkehr wird ermächtigt, durch Rechtsverordnung Vorschriften zu erlassen über
1. Umfang, Inhalt und Zahl der erforderlichen Unterlagen einschließlich der Vorlagen bei der Anzeige der beabsichtigten Beseitigung von Anlagen nach Art. 57 Abs. 5 Satz 2 und bei der Genehmigungsfreistellung nach Art. 58,
2. die erforderlichen Anträge, Anzeigen, Nachweise, Bescheinigungen und Bestätigungen, auch bei verfahrensfreien Bauvorhaben,
3. das Verfahren im Einzelnen.

[2]Es kann dabei für verschiedene Arten von Bauvorhaben unterschiedliche Anforderungen und Verfahren festlegen.

(5) Das Staatsministerium für Wohnen, Bau und Verkehr wird ermächtigt, durch Rechtsverordnung
1. die Zuständigkeit für die vorhabenbezogene Bauartgenehmigung nach Art. 15 Abs. 2 Satz 1 Nr. 2 und den Verzicht darauf nach Art. 15 Abs. 4 sowie die Zustimmung im Einzelfall nach Art. 20 auf ihm unmittelbar nachgeordnete Behörden zu übertragen,
2. die Zuständigkeit für die Anerkennung von Prüf-, Zertifizierungs- und Überwachungsstellen nach Art. 23 Abs. 3 auf das Deutsche Institut für Bautechnik zu übertragen,
3. das Ü-Zeichen festzulegen und zu diesem Zeichen zusätzliche Angaben zu verlangen,

4. das Anerkennungsverfahren nach Art. 23 Abs. 3, die Voraussetzungen für die Anerkennung, ihre Rücknahme, ihren Widerruf und ihr Erlöschen zu regeln, insbesondere auch Altersgrenzen festzulegen, sowie eine ausreichende Haftpflichtversicherung zu fordern,
5. die Anwendbarkeit der Art. 15 Abs. 2, Art. 17 bis 23 für bestimmte Bauprodukte und Bauarten, auch soweit sie Anforderungen nach anderen Rechtsvorschriften unterliegen, hinsichtlich dieser Anforderungen ganz oder teilweise vorzuschreiben, wenn die anderen Rechtsvorschriften dies verlangen oder zulassen,
6. besondere Sachkunde- und Sorgfaltsanforderungen nach Art. 22 und 15 Abs. 6 in Verbindung mit Art. 22, insbesondere auch Mindestanforderungen an die Ausbildung, die durch Prüfung nachzuweisende Befähigung und die Ausbildungsstätten einschließlich der Anerkennungsvoraussetzungen zu stellen,
7. zu bestimmen, dass Ausführungsgenehmigungen für fliegende Bauten nur durch bestimmte Bauaufsichtsbehörden oder durch von ihm bestimmte Stellen erteilt werden, und die Vergütung dieser Stellen zu regeln.

(6) [1]Das Staatsministerium für Wohnen, Bau und Verkehr wird ermächtigt, durch Rechtsverordnung zu bestimmen, dass die Anforderungen der auf Grund des § 34 des Produktsicherheitsgesetzes (ProdSG) und des § 49 Abs. 4 des Energiewirtschaftsgesetzes erlassenen Rechtsverordnungen entsprechend für Anlagen gelten, die weder gewerblichen noch wirtschaftlichen Zwecken dienen und in deren Gefahrenbereich auch keine Arbeitnehmer beschäftigt werden. [2]Es kann auch die Verfahrensvorschriften dieser Rechtsverordnungen für anwendbar erklären oder selbst das Verfahren bestimmen sowie Zuständigkeiten und Gebühren regeln. [3]Dabei kann es auch vorschreiben, dass danach zu erteilende Erlaubnisse die Baugenehmigung einschließlich der zugehörigen Abweichungen einschließen und dass § 35 Abs. 2 ProdSG insoweit Anwendung findet.

(7) [1]Das Staatsministerium für Wohnen, Bau und Verkehr wird ermächtigt, durch Rechtsverordnung die zuständigen Behörden zur Durchführung
1. des Baugesetzbuchs,
2. des § 6b Abs. 9 des Einkommensteuergesetzes,
3. der Verordnung (EU) Nr. 305/2011, der Verordnung (EU) 2019/1020 und des Bauproduktengesetzes

in den jeweils geltenden Fassungen zu bestimmen, soweit nicht durch Bundesgesetz oder Landesgesetz etwas anderes vorgeschrieben ist. [2]Die Zuständigkeiten nach Satz 1 Nr. 3 können auch auf das Deutsche Institut für Bautechnik übertragen werden.

Artikel 80a Digitale Baugenehmigung, digitale Verfahren

[1]Die Staatsregierung wird ermächtigt, zur Digitalisierung der Baugenehmigung oder anderer bauaufsichtlicher Verfahren durch Rechtsverordnung räumlich bestimmte Abweichungen von den durch oder aufgrund dieses Gesetzes bestehenden Zuständigkeits-, Verfahrens- und Formvorschriften vorzusehen. [2]Abweichungen nach Satz 1 für Zuständigkeits- und Verfahrensvorschriften können sich auch auf die Einreichung in Papierform erstrecken. [3]Soweit die Festlegung des örtlichen Anwendungsbereichs einer Rechtsverordnung nach Satz 1 und 2 betroffen ist, kann die Staatsregierung die Ermächtigung nach Satz 1 und 2 durch Rechtsverordnung auf das Staatsministerium für Wohnen, Bau und Verkehr übertragen.

Artikel 81 Örtliche Bauvorschriften

(1) Die Gemeinden können durch Satzung im eigenen Wirkungskreis örtliche Bauvorschriften erlassen
1. über besondere Anforderungen an die äußere Gestaltung von baulichen Anlagen zur Erhaltung und Gestaltung des Ortsbildes, insbesondere zur Begrünung von Gebäuden,
2. über das Verbot der Errichtung von Werbeanlagen aus ortsgestalterischen Gründen,
3. über die Lage, Größe, Beschaffenheit, Ausstattung und Unterhaltung von Spielplätzen, die Art der Erfüllung sowie über die Ablöse der Pflicht (Art. 7 Abs. 3),
4. über Zahl, Größe und Beschaffenheit der Stellplätze für Kraftfahrzeuge und der Abstellplätze für Fahrräder, einschließlich der Ausstattung mit Elektroladestationen, des Mehrbedarfs bei Änderungen und Nutzungsänderungen der Anlagen, der Berücksichtigung örtlicher Verkehrsinfrastruktur, der Anrechnung von Fahrradstellplätzen auf die Zahl notwendiger Stellplätze sowie die

Ablösung der Herstellungspflicht und die Höhe der Ablösungsbeträge, die nach Art der Nutzung und Lage der Anlage unterschiedlich geregelt werden kann,

5. über die Gestaltung der Plätze für bewegliche Abfallbehälter, die Gestaltung und Bepflanzung der unbebauten Flächen der bebauten Grundstücke sowie über die Notwendigkeit, Art, Gestaltung und Höhe von Einfriedungen; dabei kann bestimmt werden, dass Vorgärten nicht als Arbeitsflächen oder Lagerflächen benutzt werden dürfen,
6. über von Art. 6 abweichende Maße der Abstandsflächentiefe,
   a) eine Erhöhung auf bis zu 1,0 H, mindestens 3 m, insbesondere, wenn dies die Erhaltung des Ortsbildes im Gemeindegebiet oder in Teilen des Gemeindegebiets bezweckt oder der Verbesserung oder Erhaltung der Wohnqualität dient,
   b) eine Verkürzung auf bis zu 0,4 H, mindestens 3 m, in Gemeinden mit mehr als 250 000 Einwohnern, wenn eine ausreichende Belichtung und Belüftung sowie der Brandschutz gewährleistet sind,
7. in Gebieten, in denen es für das Straßen- und Ortsbild oder für den Lärmschutz oder die Luftreinhaltung bedeutsam oder erforderlich ist, darüber, dass auf den nicht überbaubaren Flächen der bebauten Grundstücke Bäume nicht beseitigt oder beschädigt werden dürfen, und dass die Flächen nicht unterbaut werden dürfen.

(2) [1]Örtliche Bauvorschriften können auch durch Bebauungsplan oder, soweit das Baugesetzbuch dies vorsieht, durch andere Satzungen nach den Vorschriften des Baugesetzbuchs erlassen werden. [2]In diesen Fällen sind, soweit das Baugesetzbuch kein abweichendes Verfahren regelt, die Vorschriften des Ersten und des Dritten Abschnitts des Ersten Teils, des Ersten Abschnitts des Zweiten Teils des Ersten Kapitels, die §§ 13, 13a, 13b, 30, 31, 33, 36, 214 und 215 BauGB entsprechend anzuwenden.

(3) [1]Anforderungen nach den Abs. 1 und 2 können in der Satzung auch zeichnerisch gestellt werden. [2]Die zeichnerischen Darstellungen können auch dadurch bekannt gemacht werden, dass sie bei der erlassenden Behörde zur Einsicht ausgelegt werden. [3]Hierauf ist in der Satzung hinzuweisen.

(4) Satzungen nach den Abs. 1 bis 3 finden keine Anwendung auf bauliche Anlagen öffentlicher Stellen auf Militärgelände.

Artikel 81a Technische Baubestimmungen

(1) [1]Die vom Staatsministerium für Wohnen, Bau und Verkehr öffentlich bekanntgemachten Technischen Baubestimmungen sind zu beachten. [2]Von den Technischen Baubestimmungen kann abgewichen werden, wenn mit einer anderen Lösung in gleichem Maße die allgemeinen Anforderungen des Art. 3 Satz 1 erfüllt werden und in der Technischen Baubestimmung eine Abweichung nicht ausgeschlossen ist; Art. 15 Abs. 2 und Art. 17 bleiben unberührt. [3]Werden die allgemein anerkannten Regeln der Baukunst und Technik beachtet, gelten die entsprechenden bauaufsichtlichen Anforderungen dieses Gesetzes und der auf Grund dieses Gesetzes erlassenen Vorschriften als eingehalten.

(2) Zur Sicherstellung der Anforderungen nach Art. 3 Satz 1, Art. 15 Abs. 1 und Art. 16 Abs. 2 Satz 1 können im Rahmen der Technischen Baubestimmungen im erforderlichen Umfang Regelungen getroffen werden in Bezug auf

1. bestimmte bauliche Anlagen oder ihre Teile,
2. die Planung, Bemessung und Ausführung baulicher Anlagen und ihrer Teile,
3. die Leistung von Bauprodukten in bestimmten baulichen Anlagen oder ihren Teilen, insbesondere
   a) Planung, Bemessung und Ausführung baulicher Anlagen bei Einbau eines Bauprodukts,
   b) Merkmale von Bauprodukten, die sich für einen Verwendungszweck auf die Erfüllung der Anforderungen nach Art. 3 Satz 1 auswirken,
   c) Verfahren für die Feststellung der Leistung eines Bauproduktes im Hinblick auf Merkmale, die sich für einen Verwendungszweck auf die Erfüllung der Anforderungen nach Art. 3 Satz 1 auswirken,
   d) zulässige oder unzulässige besondere Verwendungszwecke,
   e) die Festlegung von Klassen und Stufen in Bezug auf bestimmte Verwendungszwecke,
   f) die für einen bestimmten Verwendungszweck anzugebende oder erforderliche und anzugebende Leistung in Bezug auf ein Merkmal, das sich für einen Verwendungszweck auf die Erfüllung der Anforderungen nach Art. 3 Satz 1 auswirkt, soweit vorgesehen in Klassen und Stufen,
4. die Bauprodukte, die keines Verwendbarkeitsnachweises nach Art. 17 bedürfen,

5. die Bauarten und die Bauprodukte, die nur eines allgemeinen bauaufsichtlichen Prüfzeugnisses nach allgemein anerkannten Prüfverfahren nach Art. 15 Abs. 3 oder Art. 19 bedürfen,
6. Voraussetzungen zur Abgabe der Übereinstimmungserklärung für ein Bauprodukt nach Art. 21,
7. die Art, den Inhalt und die Form technischer Dokumentation.

Siebter Teil

Ausführungsbestimmungen zum Baugesetzbuch

Artikel 82 Windenergie und Nutzungsänderung ehemaliger landwirtschaftlicher Gebäude

(1) § 35 Abs. 1 Nr. 5 BauGB findet auf Vorhaben, die der Erforschung, Entwicklung oder Nutzung der Windenergie dienen, nur Anwendung, wenn diese Vorhaben einen Mindestabstand vom 10-fachen ihrer Höhe zu Wohngebäuden in Gebieten mit Bebauungsplänen (§ 30 BauGB), innerhalb im Zusammenhang bebauter Ortsteile (§ 34 BauGB) – sofern in diesen Gebieten Wohngebäude nicht nur ausnahmsweise zulässig sind – und im Geltungsbereich von Satzungen nach § 35 Abs. 6 BauGB einhalten.

(2) [1]Höhe im Sinn des Abs. 1 ist die Nabenhöhe zuzüglich Radius des Rotors. [2]Der Abstand bemisst sich von der Mitte des Mastfußes bis zum nächstgelegenen Wohngebäude, das im jeweiligen Gebiet im Sinn des Abs. 1 zulässigerweise errichtet wurde bzw. errichtet werden kann.

(3) Soll auf einem gemeindefreien Gebiet ein Vorhaben nach Abs. 1, das nicht unter Abs. 5 fällt, errichtet werden und würde der in Abs. 1 beschriebene Mindestabstand auch entsprechende Wohngebäude auf dem Gebiet einer Nachbargemeinde einschließen, gilt hinsichtlich dieser Gebäude der Schutz der Abs. 1 und 2, solange und soweit die Gemeinde nichts anderes in einem ortsüblich bekannt gemachten Beschluss feststellt.

(4) Abs. 1 und 2 finden keine Anwendung,
1. wenn in einem Flächennutzungsplan für Vorhaben der in Abs. 1 beschriebenen Art vor dem 21. November 2014 eine Darstellung für die Zwecke des § 35 Abs. 3 Satz 3 BauGB erfolgt ist,
2. soweit und sobald die Gemeinde der Fortgeltung der Darstellung nicht bis einschließlich 21. Mai 2015 in einem ortsüblich bekannt gemachten Beschluss widerspricht und
3. soweit und sobald auch eine betroffene Nachbargemeinde der Fortgeltung der Darstellung nicht bis einschließlich 21. Mai 2015 in einem ortsüblich bekannt gemachten Beschluss widerspricht; als betroffen gilt dabei eine Nachbargemeinde, deren Wohngebäude in Gebieten im Sinn des Abs. 1 in einem geringeren Abstand als dem 10-fachen der Höhe der Windkraftanlagen, sofern der Flächennutzungsplan jedoch keine Regelung enthält, maximal in einem Abstand von 2 000 m, stehen.

(5) Die Abs. 1 und 2 finden ferner keine Anwendung auf Vorhaben, die der Erforschung, Entwicklung oder Nutzung der Windenergie dienen, welche
1. in Vorrang- und Vorbehaltsgebieten für Windkraft im Sinn des Art. 14 Abs. 2 Satz 1 Nr. 1 und 2 des Bayerischen Landesplanungsgesetzes oder auf Sonderbauflächen oder in Sondergebieten für Windkraft, die durch Flächennutzungsplan festgesetzt sind, errichtet werden,
2. in einem Abstand von höchstens 2 000 m zu einem Gewerbe- oder Industriegebiet errichtet werden und bei denen der erzeugte Strom überwiegend zur Versorgung der in dem Gewerbe- oder Industriegebiet liegenden Gewerbe- und Industriebetriebe bestimmt ist,
3. längs von Haupteisenbahnstrecken im Sinn des § 47b Nr. 4 des Bundes-Immissionsschutzgesetzes (BImSchG), Bundesautobahnen oder vier- oder mehrstreifigen Bundesstraßen in einer Entfernung von bis zu 500 m errichtet werden; die in § 9 des Bundesfernstraßengesetzes geregelten Anbauverbots- und Anbaubeschränkungszonen, sich aus anderen öffentlich-rechtlichen Vorschriften ergebende gesetzliche Mindestabstände sowie im Einzelfall darüber hinaus erforderliche Sicherheitsabstände sind hinzuzurechnen,
4. die Voraussetzungen des § 16b Abs. 1 und 2 BImSchG in der am 31. August 2021 geltenden Fassung erfüllen,
5. auf militärischem Übungsgelände errichtet werden oder
6. im Wald im Sinn des Art. 2 Abs. 1 und 2 des Bayerischen Waldgesetzes errichtet werden, wenn von der Mitte des Mastfußes zum Waldrand mindestens ein Abstand in Höhe des Radius des Rotors eingehalten wird; Voraussetzung ist, dass der Wald bereits am 16. November 2022 bestanden hat.

(6) Die Frist nach § 35 Abs. 4 Satz 1 Nr. 1 Buchst. c BauGB ist nicht anzuwenden.

Artikel 82a Feste Abstandsvorschriften für Windenergieanlagen

[1]§ 35 Abs. 1 Nr. 5 BauGB findet auf Vorhaben, die der Erforschung, Entwicklung oder Nutzung der Windenergie dienen, in den in Art. 82 Abs. 5 Nr. 1 bis 6 genannten Fällen nur Anwendung, wenn diese Vorhaben einen Mindestabstand von 1 000 m zu Wohngebäuden in Gebieten mit Bebauungsplänen (§ 30 BauGB), innerhalb im Zusammenhang bebauter Ortsteile (§ 34 BauGB) – sofern in diesen Gebieten Wohngebäude nicht nur ausnahmsweise zulässig sind – und im Geltungsbereich von Satzungen nach § 35 Abs. 6 BauGB einhalten. [2]Art. 82 Abs. 2 Satz 2 gilt entsprechend. [3]Im Fall des Art. 82 Abs. 4 findet Satz 1 keine Anwendung.

Artikel 82b Windenergiegebiete

Die Mindestabstände nach Art. 82 und 82a finden keine Anwendung auf Flächen in Windenenergiegebieten gemäß § 2 Nr. 1 des Windenergieflächenbedarfsgesetzes.

Achter Teil

Übergangs- und Schlussvorschriften

Artikel 83 Übergangsvorschriften

(1) Art. 82 Abs. 1 und 2 findet keine Anwendung auf Anlagen zur Erforschung, Entwicklung oder Nutzung der Windenergie, soweit

1. vor Ablauf des 4. Februar 2014 bei der zuständigen Behörde ein vollständiger Antrag auf Genehmigung eingegangen ist, oder
2. die Anlage am selben Standort mit gleicher, geringfügig höherer oder niedrigerer Höhe statt einer anderen Anlage errichtet wurde, die mit Ablauf des 20. November 2014 zwar noch nicht errichtet aber entweder bereits genehmigt oder nach Nr. 1 genehmigungsfähig war.

(2) Bis zum Ablauf des 31. August 2018 für Bauarten erteilte allgemeine bauaufsichtliche Zulassungen oder Zustimmungen im Einzelfall gelten als Bauartgenehmigung fort.

(3) Als Tragwerksplaner im Sinn des Art. 62a Abs. 1 gelten die im Sinn des Art. 68 Abs. 7 Satz 2 in der bis zum 31. Dezember 2007 geltenden Fassung Nachweisberechtigten.

(4) Als Brandschutzplaner im Sinn des Art. 62b Abs. 1 gelten die im Sinn des Art. 68 Abs. 7 Satz 3 in der bis zum 31. Dezember 2007 geltenden Fassung Nachweisberechtigten sowie die auf der Grundlage der Rechtsverordnung nach Art. 90 Abs. 9 in der bis zum 31. Dezember 2007 geltenden Fassung anerkannten verantwortlichen Sachverständigen für vorbeugenden Brandschutz.

(5) Art. 53 Abs. 1 Satz 2 in der bis zum 31. Dezember 2007 geltenden Fassung findet keine Anwendung im Geltungsbereich von Satzungen, die auf Grund von Art. 91 Abs. 2 Nr. 4 in der bis zum 31. Dezember 2007 geltenden Fassung erlassen worden sind.

(6) Soweit § 20 Abs. 1 BauNVO zur Begriffsbestimmung des Vollgeschosses auf Landesrecht verweist, gilt insoweit Art. 2 Abs. 5 in der bis zum 31. Dezember 2007 geltenden Fassung fort.

(7) [1]Die Vorschrift zur Genehmigungsfiktion gemäß Art. 68 Abs. 2 Satz 1 gilt für ab dem 1. Mai 2021 eingereichte Bauanträge [2]Die Vorschrift zur Genehmigungsfiktion gemäß Art. 68 Abs. 2 Satz 2 gilt für ab dem 1. Oktober 2023 eingereichte Bauanträge.

(8) Art. 65 Abs. 3 findet keine Anwendung auf Bauanträge, die vor dem 1. März 2023 eingereicht worden sind.

Artikel 84 Inkrafttreten[1)]

[1]Dieses Gesetz tritt am 1. Oktober 1962 in Kraft. [2]Die Vorschriften über die Ermächtigung zum Erlass von Rechtsverordnungen und von örtlichen Bauvorschriften treten jedoch bereits am 1. August 1962 in Kraft.

1) **Amtl. Anm.:** Diese Vorschrift betrifft das Inkrafttreten des Gesetzes in der ursprünglichen Fassung vom 1. August 1962 (GVBl S. 179, ber. S. 250). Der Zeitpunkt des Inkrafttretens der späteren Änderungen ergibt sich aus den jeweiligen Änderungsgesetzen.

Verordnung über die digitale Einreichung bauaufsichtlicher Anträge und Anzeigen (Digitale Bauantragsverordnung – DBauV)

Vom 2. Februar 2021 (GVBl. S. 26)
(BayRS 2132-1-24-B)

zuletzt geändert durch V zur Änderung der Digitalen Bauantragsverordnung vom 2. August 2024 (GVBl. S. 405)

Auf Grund
- des Art. 80a der Bayerischen Bauordnung (BayBO) in der Fassung der Bekanntmachung vom 14. August 2007 (GVBl. S. 588, BayRS 2132-1-B), die zuletzt durch § 1 des Gesetzes vom 23. Dezember 2020 (GVBl. S. 663) geändert worden ist, und
- des Art. 7 Abs. 3 des Bayerischen Abgrabungsgesetzes (BayAbgrG) vom 27. Dezember 1999 (GVBl. S. 535, BayRS 2132-2-B), das zuletzt durch § 2 des Gesetzes vom 23. Dezember 2020 (GVBl. S. 663) geändert worden ist,

verordnet die Bayerische Staatsregierung:

Teil 1
Allgemeines

§ 1 Anwendungsbereich

(1) [1]Diese Verordnung findet Anwendung auf Anträge, Anzeigen, Unterlagen und Bauvorlagen, die digital eingereicht werden. [2]Digital eingereicht ist, was unter Verwendung der zu diesem Zweck vom Staatsministerium für Wohnen, Bau und Verkehr vorgegebenen digitalen Formulare (Online-Assistenten) eingereicht wird. [3]§ 8 Satz 1 bis 3, §§ 9, 10 und 13 finden auch bei Einreichung in Papierform Anwendung.

(2) [1]Diese Verordnung gilt für den Zuständigkeitsbereich folgender unterer Bauaufsichts- und Abgrabungsbehörden:

1. Landratsamt Aichach-Friedberg,
2. Landratsamt Altötting,
3. Landratsamt Amberg-Sulzbach,
4. Landratsamt Ansbach,
5. Landratsamt Aschaffenburg,
6. Landratsamt Augsburg,
7. Landratsamt Bad Kissingen,
8. Landratsamt Bad Tölz-Wolfratshausen,
9. Landratsamt Bamberg,
10. Landratsamt Berchtesgadener Land,
11. Landratsamt Cham,
12. Landratsamt Dachau,
13. Landratsamt Deggendorf,
14. Landratsamt Donau-Ries,
15. Landratsamt Ebersberg,
16. Landratsamt Eichstätt,
17. Landratsamt Erding,
18. Landratsamt Freising,
19. Landratsamt Freyung-Grafenau,
20. Landratsamt Fürstenfeldbruck,
21. Landratsamt Fürth,
22. Landratsamt Garmisch-Partenkirchen,
23. Landratsamt Günzburg,
24. Landratsamt Hof,
25. Landratsamt Kelheim,

26. Landratsamt Kitzingen,
27. Landratsamt Kronach,
28. Landratsamt Kulmbach,
29. Landratsamt Landsberg am Lech,
30. Landratsamt Landshut,
31. Landratsamt Lindau (Bodensee),
32. Landratsamt Main-Spessart,
33. Landratsamt Mühldorf a.Inn,
34. Landratsamt München,
35. Landratsamt Neumarkt i.d.Opf.,
36. Landratsamt Neustadt a.d.Aisch-Bad Windsheim,
37. Landratsamt Neustadt a.d.Waldnaab,
38. Landratsamt Nürnberger Land,
39. Landratsamt Oberallgäu,
40. Landratsamt Ostallgäu,
41. Landratsamt Passau,
42. Landratsamt Pfaffenhofen a.d.Ilm,
43. Landratsamt Regen,
44. Landratsamt Regensburg,
45. Landratsamt Rosenheim,
46. Landratsamt Roth,
47. Landratsamt Rottal-Inn,
48. Landratsamt Schwandorf,
49. Landratsamt Straubing-Bogen,
50. Landratsamt Tirschenreuth,
51. Landratsamt Traunstein,
52. Landratsamt Unterallgäu,
53. Landratsamt Weilheim-Schongau,
54. Landratsamt Weißenburg-Gunzenhausen,
55. Landratsamt Wunsiedel i.Fichtelgebirge und
56. Landratsamt Würzburg.

[2]Sie gilt ferner für den Zuständigkeitsbereich folgender Gemeinden, soweit diese Aufgaben als untere Bauaufsichts- und Abgrabungsbehörden wahrnehmen:

1. Stadt Aschaffenburg,
2. Stadt Augsburg,
3. Stadt Bamberg,
4. Stadt Erlangen,
5. Stadt Fürth,
6. Stadt Ingolstadt,
7. Stadt Kempten (Allgäu),
8. Stadt Landshut,
9. Stadt München,
10. Stadt Nürnberg,
11. Stadt Passau,
12. Stadt Regensburg,
13. Stadt Schwabach,
14. Stadt Schweinfurt,
15. Stadt Straubing,
16. Stadt Weiden i.d.OPf. und
17. Stadt Würzburg.

(3) Sie gilt ferner für den Zuständigkeitsbereich folgender Gemeinden, soweit diese Aufgaben als untere Bauaufsichtsbehörden wahrnehmen:

1. Stadt Alzenau,
2. Stadt Bad Kissingen,

3. Stadt Bad Reichenhall,
4. Stadt Eichstätt,
5. Stadt Erding,
6. Stadt Freising,
7. Stadt Friedberg,
8. Stadt Fürstenfeldbruck,
9. Stadt Kitzingen,
10. Stadt Neumarkt i.d.Opf.,
11. Stadt Nördlingen,
12. Stadt Rothenburg ob der Tauber,
13. Stadt Schwandorf,
14. Stadt Sulzbach-Rosenberg,
15. Stadt Traunstein und
16. Stadt Waldkraiburg.

§ 2 Digitale Einreichung, Authentifizierung

(1) [1]Es können digital eingereicht werden:

1. Bauanträge (Art. 64 Bayerische Bauordnung – BayBO),
2. Vorlagen im Genehmigungsfreistellungsverfahren (Art. 58 BayBO),
3. Anträge auf Teilbaugenehmigung (Art. 70 BayBO),
4. Anträge auf Vorbescheid (Art. 71 BayBO),
5. Anträge auf Zulassung von Abweichungen von Anforderungen der Bayerischen Bauordnung und auf Grund der Bayerischen Bauordnung erlassenen Vorschriften, von Ausnahmen und Befreiungen von den Festsetzungen eines Bebauungsplans, einer sonstigen städtebaulichen Satzung oder von Regelungen der Baunutzungsverordnung (Art. 63 BayBO),
6. Anträge auf Verlängerung der Geltungsdauer der Baugenehmigung und der Teilbaugenehmigung (Art. 69 Abs. 2 BayBO),
7. Anträge auf Verlängerung der Geltungsdauer des Vorbescheids (Art. 71 Satz 3 BayBO),
8. Baubeginnsanzeigen (Art. 68 Abs. 8 BayBO),
9. Anzeigen der Nutzungsaufnahme (Art. 78 Abs. 2 Satz 1 und 2 BayBO),
10. Anzeigen der Beseitigung (Art. 57 Abs. 5 Satz 2 BayBO),
11. Erklärungen des Tragwerksplaners nach Maßgabe des Kriterienkatalogs (Art. 62a Abs. 2 Satz 1 Nr. 2 BayBO in Verbindung mit Anlage 2 Bauvorlagenverordnung – BauVorlV),
12. Abgrabungsanträge (Art. 7 Bayerisches Abgrabungsgesetz – BayAbgrG),
13. erforderliche Unterlagen für genehmigungsfreie Abgrabungen im Geltungsbereich eines Bebauungsplans (Art. 6 Abs. 2 Satz 1 Nr. 3 BayAbgrG),
14. Anträge auf Teilabgrabungsgenehmigung (Art. 9 Abs. 1 Satz 5 BayAbgrG),
15. Anträge auf Vorbescheid (Art. 9 Abs. 1 Satz 4 BayAbgrG) sowie
16. Beginnsanzeigen (Art. 9 Abs. 4 Satz 2 BayAbgrG).

[2]Die digitale Einreichung der in Satz 1 Nr. 11 genannten Bauvorlagen ist nur begleitend zu ebenfalls digital eingereichten Anträgen oder Anzeigen nach Satz 1 Nr. 1 oder Nr. 8 möglich.

(2) [1]Bei der digitalen Einreichung hat sich die dafür vom Online-Assistenten vorgesehene Person zu authentifizieren. [2]Dies erfolgt über die Authentifizierung mit einem am Nutzerkonto zugelassenen Verfahren. [3]Die Authentifizierung ersetzt etwaige Schriftformerfordernisse, die die Bayerische Bauordnung und das Bayerische Abgrabungsgesetz für die Einreichung anordnen. [4]Sich authentifizierende Entwurfsverfasser, Tragwerksplaner und Vertreter müssen vom Bauherrn oder Antragsteller beauftragt und bevollmächtigt sein, die Anträge, Anzeigen, Unterlagen oder Bauvorlagen digital einzureichen. [5]Dies gilt bei Anträgen, bei denen mehrere Personen als Bauherr oder Antragsteller auftreten, auch für den sich authentifizierenden Bauherrn oder Antragsteller.

Teil 2

Bauaufsichtliches Verfahren

§ 3 Abstandsflächen, Abstände

[1]Abweichend von Art. 6 Abs. 2 Satz 3 BayBO kann die Zustimmung des Nachbarn gegenüber der Bauaufsichtsbehörde als elektronisches Abbild des unterschriebenen Originals abgegeben werden. [2]Die Bauaufsichtsbehörde kann die Vorlage des unterschriebenen Originals verlangen.

§ 4 Entwurfsverfasser und Fachplaner

[1]Abweichend von Art. 51 Abs. 2 Satz 2 BayBO müssen Fachplaner die von ihnen gefertigten Unterlagen nicht unterzeichnen, soweit nachfolgend nichts Anderes bestimmt ist. [2]Die Unterlagen müssen die Person des Fachplaners erkennen lassen. [3]Der Entwurfsverfasser ist für die korrekte Angabe der Person des Fachplaners verantwortlich.

§ 5 Anzeige der Beseitigung

[1]Abweichend von Art. 57 Abs. 5 Satz 2 BayBO genügt die Anzeige bei der Bauaufsichtsbehörde. [2]Die Bauaufsichtsbehörde leitet, soweit sie nicht Gemeinde ist, die Anzeige unter Mitteilung des Tages der Einreichung unverzüglich an die Gemeinde weiter.

§ 6 Genehmigungsfreistellung

[1]Abweichend von Art. 58 Abs. 3 Satz 1 Halbsatz 1 BayBO sind die Unterlagen bei der Bauaufsichtsbehörde einzureichen. [2]Ist die Bauaufsichtsbehörde nicht selbst Gemeinde, leitet sie die Unterlagen unverzüglich an die zuständige Gemeinde weiter. [3]Art. 58 Abs. 3 Satz 1 Halbsatz 2 BayBO kommt nicht zur Anwendung. [4]Die Bauaufsichtsbehörde teilt der Gemeinde mit, an welchem Tag die Unterlagen digital eingereicht wurden. [5]Art. 58 Abs. 3 Satz 2 und 5 findet mit der Maßgabe Anwendung, dass statt auf den Zeitpunkt der Vorlage der erforderlichen Unterlagen bei der Gemeinde auf den Zeitpunkt der digitalen Einreichung abzustellen ist. [6]Abweichend von Art. 58 Abs. 4 Satz 3 BayBO genügt die Weiterleitung der Erklärung nach Art. 58 Abs. 1 Satz 1 Nr. 5 BayBO an die Bauaufsichtsbehörde.

§ 7 Abweichungen, Ausnahmen, Befreiungen

[1]Der Antrag nach Art. 63 Abs. 3 Satz 1 BayBO ist bei der Bauaufsichtsbehörde einzureichen. [2]Ist die Bauaufsichtsbehörde nicht selbst Gemeinde, leitet sie den Antrag unverzüglich an die zuständige Gemeinde weiter. [3]Ist der Antrag gemäß Art. 63 Abs. 2 Satz 2 Halbsatz 2 BayBO mit dem Bauantrag zu stellen, erfolgt die digitale Einreichung mit der digitalen Einreichung des Bauantrags.

§ 8 Bauantrag, Bauvorlagen

[1]Abweichend von Art. 64 Abs. 1 Satz 1 BayBO ist der Bauantrag bei der Bauaufsichtsbehörde einzureichen. [2]Soweit die Gemeinde nicht Bauaufsichtsbehörde ist, ist sie von dieser unverzüglich nach Eingang des Bauantrags zu beteiligen. [3]Art. 64 Abs. 1 Satz 2 und 3 BayBO findet keine Anwendung. [4]Abweichend von Art. 64 Abs. 4 Satz 1 BayBO müssen der Bauantrag und die Bauvorlagen nicht unterschrieben werden.

§ 9 Genehmigungsfiktion, Baugenehmigung

(1) Art. 68 Abs. 2 Satz 1 Nr. 1 BayBO gilt mit der Maßgabe, dass die Frist für die Entscheidung frühestens drei Wochen nach Zugang der Entscheidung der Gemeinde über ihr Einvernehmen nach § 36 des Baugesetzbuchs bei der Bauaufsichtsbehörde beginnt.

(2) [1]Abweichend von Art. 68 Abs. 3 Satz 3 BayBO genügt die Zustellung einer angemessen maßstäblich verkleinerten, mit einem Genehmigungsvermerk versehenen Fassung der Bauvorlagen, wenn der Antragsteller die Bauvorlagen zusätzlich in digitaler Form erhält. [2]Auf der Papierfassung ist in geeigneter Weise kenntlich zu machen, dass sie abgesehen von der Verkleinerung mit der Urschrift übereinstimmt.

§ 10 Vorbescheid

Abweichend von Art. 71 Satz 4 BayBO gilt für den Antrag auf Vorbescheid Art. 64 BayBO in Verbindung mit § 8 entsprechend.

§ 11 Bauvorlagen

(1) [1]Werden Anträge, Anzeigen oder Unterlagen digital eingereicht, sind Bauvorlagen und Anlagen unter Verwendung der entsprechenden Funktion der Online-Assistenten in elektronischer Form bei-

zufügen, soweit sie nicht ihrerseits unter Verwendung eines entsprechenden Online-Assistenten digital eingereicht werden. [2]Die Nachreichung von Bauvorlagen muss auf dem dafür von der Bauaufsichtsbehörde eröffneten elektronischen Weg oder in einem Online-Assistenten erfolgen. [3]Die Bauaufsichtsbehörde kann ausnahmsweise Papierform zulassen.

(2) [1]Dateien müssen als Einzeldateien in einem Portable Document Format vorliegen. [2]Dateianlagen innerhalb der Dateien sind unzulässig. [3]Die Dateien dürfen keine Sicherheitseinstellungen und keinen Schreibschutz enthalten. [4]Lageplan und Bauzeichnungen müssen neben der numerischen Angabe des Maßstabes auch eine grafische, mit den tatsächlichen Distanzen zu beschriftende Maßstabsleiste enthalten, sofern nicht vorhandene Maßketten eine Kalibrierung ermöglichen. [5]§ 1 Abs. 2 Satz 1 BauVorlV findet keine Anwendung.

(3) [1]§ 1 Abs. 3 BauVorlV findet nur Anwendung, soweit die öffentlich bekanntgemachten Vordrucke nicht durch entsprechende Online-Assistenten ersetzt werden. [2]§ 2 BauVorlV findet keine Anwendung. [3]Gemäß Abs. 1 Satz 3 in Papierform eingereichte Bauvorlagen sind einfach einzureichen.

(4) [1]Die Nachweise der Standsicherheit, des Brandschutzes und die Bestätigung nach Art. 78 Abs. 2 Satz 2 Nr. 3 BayBO werden als elektronisches Abbild des vom Ersteller unterschriebenen Originals abgegeben. [2]Sind nach § 1 Abs. 3 BauVorlV in Verbindung mit Abs. 3 Satz 1 öffentlich bekannt gemachte Vordrucke zu verwenden, erfolgt die Abgabe als elektronisches Abbild des unterschriebenen Originals. [3]Im Übrigen müssen Bauvorlagen die Person des Entwurfsverfassers erkennen lassen. [4]In den Fällen des Satzes 1 und 2 kann die Bauaufsichtsbehörde die Vorlage des unterschriebenen Originals verlangen. [5]Art. 3a Abs. 2 des Bayerischen Verwaltungsverfahrensgesetzes bleibt unberührt. [6]§ 7 Abs. 2 Satz 4 BauVorlV findet keine Anwendung.

(5) Die Erklärungen nach § 15 Abs. 1 BauVorlV werden durch Erklärungen des sich authentifizierenden Bauherrn oder Vertreter des Bauherrn darüber ersetzt, dass der jeweils angegebene Nachweisersteller den bautechnischen Nachweis erstellt hat.

Teil 3
Abgrabungsaufsichtliches Verfahren

§ 12 Genehmigungsfreie Abgrabung im Geltungsbereich eines Bebauungsplans

[1]Unterlagen nach Art. 6 Abs. 2 Satz 1 Nr. 3 Buchst. e BayAbgrG sind bei der Abgrabungsbehörde einzureichen. [2]Ist die Abgrabungsbehörde nicht selbst Gemeinde, leitet sie die Unterlagen unverzüglich an die zuständige Gemeinde weiter. [3]Die Abgrabungsbehörde teilt der Gemeinde mit, an welchem Tag die Unterlagen digital eingereicht wurden. [4]Art. 6 Abs. 2 Satz 1 Nr. 3 Buchst. e BayAbgrG findet mit der Maßgabe Anwendung, dass statt auf den Zeitpunkt der Vorlage der erforderlichen Unterlagen bei der Gemeinde auf den Zeitpunkt der digitalen Einreichung abzustellen ist.

§ 13 Genehmigungsverfahren

[1]Abweichend von Art. 7 Abs. 1 Satz 1 BayAbgrG ist der Abgrabungsantrag mit den erforderlichen Unterlagen bei der Abgrabungsbehörde einzureichen. [2]Soweit die Gemeinde nicht Abgrabungsbehörde ist, ist sie von dieser unverzüglich nach Eingang des Abgrabungsantrags zu beteiligen. [3]Art. 7 Abs. 1 Satz 2 BayAbgrG findet keine Anwendung.

§ 14 Abgrabungsplan

Abweichend von § 14 Satz 1 BauVorlV gelten für den Abgrabungsplan nach Art. 7 Abs. 1 Satz 1 BayAbgrG die Vorschriften des Ersten bis Dritten Teils der Bauvorlagenverordnung in Verbindung mit § 11 Abs. 1 bis 4 entsprechend.

Teil 4
Schlussvorschriften

§ 14a *[außer Kraft]*[1)]

§ 15 Inkrafttreten, Außerkrafttreten

[1]Diese Verordnung tritt am 1. März 2021 in Kraft. [2]§ 14a tritt mit Ablauf des 31. August 2021 außer Kraft.

---

1) § 14a ist mit Ablauf des 31.8.2021 außer Kraft getreten, vgl. § 15 Satz 2.

Verordnung über Bauvorlagen und bauaufsichtliche Anzeigen (Bauvorlagenverordnung – BauVorlV)

Vom 10. November 2007 (GVBl. S. 792)
(BayRS 2132-1-2-I)
zuletzt geändert § 5 G zur Vereinfachung baurechtlicher Regelungen und zur Beschleunigung sowie Förderung des Wohnungsbaus vom 23. Dezember 2020 (GVBl. S. 663)

Auf Grund von Art. 80 Abs. 4 der Bayerischen Bauordnung (BayBO) in der Fassung der Bekanntmachung vom 14. August 2007 (GVBl S. 588, BayRS 2132-1-I) und Art. 7 Abs. 2 des Bayerischen Abgrabungsgesetzes (BayAbgrG) vom 27. Dezember 1999 (GVBl S. 532, 535, BayRS 2132-2-I) erlässt das Bayerische Staatsministerium des Innern folgende Verordnung:

Inhaltsübersicht

Erster Teil
Allgemeines

§ 1 Begriff, Beschaffenheit

(1) [1]Bauvorlagen sind die einzureichenden Unterlagen, die für die Beurteilung des Bauvorhabens und die Bearbeitung des Bauantrags (Art. 64 Abs. 2 Satz 1 BayBO), für die Anzeige der beabsichtigten Beseitigung (Art. 57 Abs. 5 Satz 2 BayBO) oder für die Genehmigungsfreistellung (Art. 58 Abs. 3 Satz 1 Halbsatz 1 BayBO) erforderlich sind. [2]Bautechnische Nachweise gelten auch dann als Bauvorlagen im Sinn dieser Verordnung, wenn sie der Bauaufsichtsbehörde nicht vorzulegen sind.
(2) [1]Bauvorlagen müssen aus alterungsbeständigem Papier oder gleichwertigem Material lichtbeständig hergestellt sein und dem Format DIN A 4 entsprechen oder auf diese Größe gefaltet sein. [2]Art. 3a des Bayerischen Verwaltungsverfahrensgesetzes (BayVwVfG) bleibt unberührt.
(3) Hat das Staatsministerium des Innern, für Sport und Integration Vordrucke öffentlich bekannt gemacht, sind diese zu verwenden.
(4) Die Bauaufsichtsbehörde darf ein Modell oder weitere Nachweise verlangen, wenn dies zur Beurteilung des Bauvorhabens erforderlich ist.
(5) Die Bauaufsichtsbehörde soll auf Bauvorlagen nach dem Zweiten Teil und einzelne Angaben in den Bauvorlagen sowie auf bautechnische Nachweise einschließlich deren Prüfung und deren Bescheinigung durch Prüfsachverständige verzichten, soweit diese zur Beurteilung der Genehmigungsfähigkeit des Bauvorhabens nicht erforderlich sind.

§ 2 Anzahl

[1]Bauvorlagen sind dreifach, ist die Gemeinde zugleich Bauaufsichtsbehörde, zweifach einzureichen. [2]Die Bauaufsichtsbehörde kann Mehrfertigungen verlangen, soweit dies zur Beteiligung von Stellen nach Art. 65 Abs. 1 Satz 1 Halbsatz 1 BayBO (Sternverfahren) erforderlich ist; die Mehrfertigungen müssen nicht nach Art. 51 Abs. 2 Satz 2, Art. 64 Abs. 4 Sätze 1 und 2 BayBO unterschrieben sein. [3]Im Fall der Errichtung, Änderung oder Nutzungsänderung einer baulichen Anlage mit Arbeitsstätten mit einem höheren Gefährdungspotential ist eine weitere Ausfertigung vorzulegen, die die Bauaufsichtsbehörde an das Gewerbeaufsichtsamt der zuständigen Regierung weiterleitet; ein höheres Gefährdungspotential liegt in der Regel nicht vor bei

1. Schulen, Hochschulen und ähnlichen Einrichtungen,
2. Gesundheitseinrichtungen, ausgenommen Krankenhäuser,
3. Heimen und sonstigen Einrichtungen zur Unterbringung oder Pflege von Personen sowie Tageseinrichtungen für Kinder, behinderte und alte Menschen, ausgenommen Werkstätten für Menschen mit Behinderung,
4. Gast- und Beherbergungsstätten und Lagereinrichtungen mit voraussichtlich weniger als 20 Beschäftigten,
5. Büro- und Verwaltungsgebäuden,
6. Anlagen des Dienstleistungs- sowie des Verlags- und Mediengewerbes, ausgenommen Anlagen des Druckgewerbes,
7. Anlagen des Bau- und Elektroinstallationsgewerbes,
8. Verkaufsstätten mit einer Fläche von weniger als 2000 m^2,
9. Anlagen der Land- und Forstwirtschaft sowie der Fischerei,
10. Anlagen von Verkehrsbetrieben, ausgenommen Anlagen zum Güterumschlag,
11. Anlagen von Versorgungsbetrieben, ausgenommen Anlagen zum Güterumschlag.

Zweiter Teil

Vorzulegende Bauvorlagen

§ 3 Bauliche Anlagen

Vorzulegen sind:

1. ein aktueller Auszug aus dem Katasterwerk und, soweit es sich nicht um Änderungen baulicher Anlagen handelt, bei denen Außenwände und Dächer sowie die Nutzung nicht verändert werden, der Lageplan (§ 7),
2. die Bauzeichnungen (§ 8),
3. die Baubeschreibung (§ 9),
4. bei Sonderbauten der Nachweis der Standsicherheit (§ 10), soweit er bauaufsichtlich geprüft wird, andernfalls die Erklärung des Tragwerksplaners nach Maßgabe des Kriterienkatalogs der **Anlage 2**,
5. der Nachweis des Brandschutzes (§ 11), soweit er bauaufsichtlich geprüft wird und nicht bereits in den übrigen Bauvorlagen enthalten ist,
6. die erforderlichen Angaben über die gesicherte Erschließung hinsichtlich der Versorgung mit Wasser und Energie sowie der Entsorgung von Abwasser und der verkehrsmäßigen Erschließung, soweit das Bauvorhaben nicht an eine öffentliche Wasser- oder Energieversorgung oder eine öffentliche Abwasserentsorgungsanlage angeschlossen werden kann oder nicht in ausreichender Breite an einer öffentlichen Verkehrsfläche liegt,
7. bei Bauvorhaben im Geltungsbereich eines Bebauungsplans, der Festsetzungen darüber enthält, eine Berechnung des zulässigen, des vorhandenen und des geplanten Maßes der baulichen Nutzung,
8. soweit erforderlich, die Erklärung der Übernahme einer Abstandsfläche nach Art. 6 Abs. 2 Satz 3 Halbsatz 1 BayBO,
9. erforderliche Abweichungsanträge (Art. 63 BayBO).

§ 4 Werbeanlagen

(1) Vorzulegen sind:

1. ein aktueller Auszug aus dem Katasterwerk mit Einzeichnung des Standorts,
2. eine Zeichnung (Abs. 2) und Beschreibung (Abs. 3) oder eine andere geeignete Darstellung der Werbeanlage, wie ein farbiges Lichtbild oder eine farbige Lichtbildmontage,
3. bei Sonderbauten der Nachweis der Standsicherheit (§ 10), soweit er bauaufsichtlich geprüft wird, andernfalls die Erklärung des Tragwerkplaners nach Maßgabe des Kriterienkatalogs der Anlage 2.

(2) Die Zeichnung muss die Darstellung der Werbeanlage und ihre Maße, auch bezogen auf den Standort und auf Anlagen, an denen die Werbeanlage angebracht oder in deren Nähe sie aufgestellt werden soll, sowie Angaben über die Farbgestaltung enthalten.

(3) In der Beschreibung sind die Art und die Beschaffenheit der Werbeanlage, sowie, soweit erforderlich, die Abstände zu öffentlichen Verkehrsflächen sowie zu benachbarten Signalanlagen und Verkehrszeichen anzugeben.

§ 5 Vorbescheid

Vorzulegen sind diejenigen Bauvorlagen, die zur Beurteilung der durch den Vorbescheid zu entscheidenden Fragen des Bauvorhabens erforderlich sind.

§ 6 Beseitigung von Anlagen

Vorzulegen sind:

1. ein Lageplan, der die Lage der zu beseitigenden Anlagen unter Bezeichnung des Grundstücks nach Katasterwerk sowie nach Straße und Hausnummer darstellt (§ 7),
2. in den Fällen des Art. 57 Abs. 5 Satz 3 Halbsatz 1 BayBO die Erklärung des Tragwerksplaners über die Standsicherheit angebauter Gebäude.

Dritter Teil
Inhalt der Bauvorlagen

§ 7 Auszug aus dem Katasterwerk, Lageplan

(1) [1]Der Auszug aus dem Katasterwerk (Ausschnitt aus der Flurkarte) muss das Baugrundstück und die benachbarten Grundstücke im Umkreis von mindestens 50 m darstellen. [2]Das Baugrundstück ist zu kennzeichnen. [3]Der Auszug ist mit dem Namen des Bauherrn, der Bezeichnung des Bauvorhabens und dem Datum des dazugehörigen Bauantrags oder der Unterlagen nach Art. 58 Abs. 3 Satz 1 Halbsatz 2 BayBO zu beschriften.

(2) [1]Der Lageplan ist auf der Grundlage des Auszugs aus dem Katasterwerk zu erstellen. [2]Dabei ist ein Maßstab nicht kleiner als 1 : 1000 zu verwenden. [3]Ein größerer Maßstab ist zu wählen, wenn es für die Beurteilung des Bauvorhabens erforderlich ist. [4]Der Auszug muss jeweils von der katasterführenden Behörde (Art. 12 Abs. 4 des Vermessungs- und Katastergesetzes – VermKatG) beglaubigt oder durch ein automatisiertes Abrufverfahren gemäß Art. 11 Abs. 2 VermKatG zum Zweck der Bauvorlage abgerufen worden sein.

(3) Der Lageplan muss, soweit dies zur Beurteilung des Bauvorhabens erforderlich ist, enthalten:

1. den Maßstab und die Nordrichtung,
2. die katastermäßigen Flächen, Flurstücksnummern und die Flurstücksgrenzen des Baugrundstücks und der benachbarten Grundstücke,
3. die im Grundbuch geführte Bezeichnung des Baugrundstücks und der benachbarten Grundstücke mit den jeweiligen Eigentümerangaben,
4. die vorhandenen baulichen Anlagen auf dem Baugrundstück und den benachbarten Grundstücken mit Angabe ihrer Nutzung, First- und Außenwandhöhe, Dachform und der Art der Außenwände und der Bedachung,
5. Baudenkmäler einschließlich Ensembles sowie geschützte Teile von Natur und Landschaft auf dem Baugrundstück und auf den Nachbargrundstücken,
6. Leitungen, die der öffentlichen Versorgung mit Wasser, Gas, Elektrizität, Wärme, der öffentlichen Abwasserentsorgung oder der Telekommunikation und Rohrleitungen, die dem Ferntransport von Stoffen dienen, sowie deren Abstände zu der geplanten baulichen Anlage,

7. die angrenzenden öffentlichen Verkehrsflächen mit Angabe der Breite, der Straßenklasse und der Höhenlage mit Bezug auf das Höhenbezugssystem,
8. Hydranten und andere Wasserentnahmestellen für die Feuerwehr,
9. die Festsetzungen eines Bebauungsplans für das Baugrundstück über die überbaubaren und die nicht überbaubaren Grundstücksflächen,
10. die geplante bauliche Anlage unter Angabe der Außenmaße, der Dachform und der Höhenlage des Erdgeschossfußbodens zur Straße,
11. die Höhenlage der Eckpunkte des Baugrundstücks und der Eckpunkte der geplanten baulichen Anlage mit Bezug auf das Höhenbezugssystem,
12. die Aufteilung der nicht überbauten Flächen unter Angabe der Lage und Breite der Zu- und Abfahrten, der Anzahl, Lage und Größe der Kinderspielplätze, der Stellplätze und der Flächen für die Feuerwehr,
13. die Abstände der geplanten baulichen Anlage zu anderen baulichen Anlagen auf dem Baugrundstück und auf den benachbarten Grundstücken, zu den Nachbargrenzen sowie die Abstandsflächen der geplanten baulichen Anlagen und der bestehenden Anlagen auf dem Baugrundstück und den Nachbargrundstücken,
14. die Abstände der geplanten baulichen Anlage zu oberirdischen Gewässern,
15. geschützten Baumbestand.

(4) Der Inhalt des Lageplans nach Abs. 3 ist auf besonderen Blättern in geeignetem Maßstab darzustellen, wenn der Lageplan sonst unübersichtlich würde.

(5) [1]Im Lageplan sind die Zeichen oder Farben der Anlage 1 zu verwenden; im Übrigen ist die Planzeichenverordnung 1990 (PlanzV 90) vom 18. Dezember 1990 (BGBl 1991 I S. 58) entsprechend anzuwenden. [2]Sonstige Darstellungen sind zu erläutern.

§ 8 Bauzeichnungen

(1) [1]Für die Bauzeichnungen ist ein Maßstab von 1 : 100 zu verwenden. [2]Ein größerer Maßstab ist zu wählen, wenn er zur Darstellung der erforderlichen Eintragung notwendig ist; ein kleinerer Maßstab kann gewählt werden, wenn er dafür ausreicht.

(2) In den Bauzeichnungen sind darzustellen:

1. die Grundrisse aller Geschosse mit Angabe der vorgesehenen Nutzung der Räume und mit Einzeichnung der
   a) Treppen,
   b) lichten Durchgangsmaße der Türen sowie deren Art, Anordnung und Aufschlagrichtung an und in Rettungswegen,
   c) Abgasanlagen,
   d) Räume für die Aufstellung von Feuerstätten unter Angabe der Nennleistung sowie der Räume für die Brennstofflagerung unter Angabe der vorgesehenen Art und Menge des Brennstoffes,
   e) Aufzugsschächte, Aufzüge und der nutzbaren Grundflächen der Fahrkörbe von Personenaufzügen,
   f) Installationsschächte, -kanäle und Lüftungsleitungen, soweit sie raumabschließende Bauteile durchdringen,
   g) Räume für die Aufstellung von Lüftungsanlagen.[1)]
2. die Schnitte, aus denen folgende Punkte ersichtlich sind:
   a) die Gründung der geplanten baulichen Anlage und, soweit erforderlich, die Gründungen anderer baulicher Anlagen,
   b) der Anschnitt der vorhandenen und der geplanten Geländeoberfläche,
   c) die Höhenlage des Erdgeschossfußbodens mit Bezug auf das Höhenbezugssystem,
   d) die Höhe der Fußbodenoberkante des höchstgelegenen Geschosses, in dem ein Aufenthaltsraum möglich ist, über der geplanten Geländeoberfläche,
   e) die lichten Raumhöhen,
   f) der Verlauf der Treppen und Rampen mit ihrem Steigungsverhältnis,
   g) die Wandhöhe im Sinn des Art. 6 Abs. 4 BayBO,
   h) die Dachhöhen und Dachneigungen,

1) Zeichensetzung amtlich.

3. die Ansichten der geplanten baulichen Anlage mit dem Anschluss an Nachbargebäude unter Angabe von Baustoffen und Farben, der vorhandenen und geplanten Geländeoberfläche sowie des Straßengefälles.

(3) In den Bauzeichnungen sind anzugeben:
1. der Maßstab und die Maße,
2. die wesentlichen Bauprodukte und Bauarten,
3. die Rohbaumaße der Fensteröffnungen in Aufenthaltsräumen,
4. bei Änderung baulicher Anlagen die zu beseitigenden und die geplanten Bauteile.

(4) In den Bauzeichnungen sind die Zeichen oder Farben der **Anlage 1** zu verwenden.

§ 9 Baubeschreibung

[1]In der Baubeschreibung sind das Bauvorhaben und seine Nutzung zu erläutern, soweit dies zur Beurteilung erforderlich ist und die notwendigen Angaben nicht im Lageplan und den Bauzeichnungen enthalten sind. [2]Die Gebäudeklasse und die Höhe im Sinn des Art. 2 Abs. 3 Satz 2 BayBO sind anzugeben. [3]Die Baukosten der baulichen Anlagen einschließlich der dazugehörenden Wasserversorgungsanlagen auf dem Baugrundstück sind anzugeben.

§ 10 Standsicherheitsnachweis

(1) Für den Nachweis der Standsicherheit tragender Bauteile einschließlich ihrer Feuerwiderstandsfähigkeit nach § 11 Abs. 1 Satz 1 Nr. 1 sind eine Darstellung des gesamten statischen Systems sowie die erforderlichen Konstruktionszeichnungen, Berechnungen und Beschreibungen vorzulegen.

(2) [1]Die statischen Berechnungen müssen die Standsicherheit der baulichen Anlagen und ihrer Teile nachweisen. [2]Die Beschaffenheit des Baugrunds und seine Tragfähigkeit sind anzugeben. [3]Soweit erforderlich, ist nachzuweisen, dass die Standsicherheit anderer baulicher Anlagen und die Tragfähigkeit des Baugrunds der Nachbargrundstücke nicht gefährdet werden.

(3) Die Standsicherheit kann auf andere Weise als durch statische Berechnungen nachgewiesen werden, wenn hierdurch die Anforderungen an einen Standsicherheitsnachweis in gleichem Maße erfüllt werden.

§ 11 Brandschutznachweis

(1) Für den Nachweis des Brandschutzes sind im Lageplan, in den Bauzeichnungen und in der Baubeschreibung, soweit erforderlich, anzugeben:
1. das Brandverhalten der Baustoffe (Baustoffklasse) und die Feuerwiderstandsfähigkeit der Bauteile (Feuerwiderstandsklasse) entsprechend den Benennungen nach Art. 24 BayBO oder entsprechend den Klassifizierungen nach den Anlagen zur Bauregelliste A Teil 1,
2. die Bauteile, Einrichtungen und Vorkehrungen, an die Anforderungen hinsichtlich des Brandschutzes gestellt werden, wie Brandwände und Decken, Trennwände, Unterdecken, Installationsschächte und -kanäle, Lüftungsanlagen, Feuerschutzabschlüsse und Rauchschutztüren, Öffnungen zur Rauchableitung, einschließlich der Fenster nach Art. 33 Abs. 8 Satz 2 BayBO,
3. die Nutzungseinheiten, die Brand- und Rauchabschnitte,
4. die aus Gründen des Brandschutzes erforderlichen Abstände innerhalb und außerhalb des Gebäudes,
5. der erste und zweite Rettungsweg nach Art. 31 BayBO, insbesondere notwendige Treppenräume, Ausgänge, notwendige Flure, mit Rettungsgeräten der Feuerwehr erreichbare Stellen einschließlich der Fenster, die als Rettungswege nach Art. 31 Abs. 2 Satz 2 BayBO dienen, unter Angabe der lichten Maße und Brüstungshöhen,
6. die Flächen für die Feuerwehr, Zu- und Durchgänge, Zu- und Durchfahrten, Bewegungsflächen und die Aufstellflächen für Hubrettungsfahrzeuge,
7. die Löschwasserversorgung.

(2) [1]Bei Sonderbauten, Mittel- und Großgaragen müssen, soweit es für die Beurteilung erforderlich ist, zusätzlich Angaben gemacht werden, insbesondere über:
1. brandschutzrelevante Einzelheiten der Nutzung, insbesondere auch die Anzahl und Art der die bauliche Anlage nutzenden Personen sowie Explosions- oder erhöhte Brandgefahren, Brandlasten, Gefahrstoffe und Risikoanalysen,
2. Rettungswegbreiten und -längen, Einzelheiten der Rettungswegführung und -ausbildung einschließlich Sicherheitsbeleuchtung und -kennzeichnung,

3. technische Anlagen und Einrichtungen zum Brandschutz, wie Branderkennung, Brandmeldung, Alarmierung, Brandbekämpfung, Rauchableitung, Rauchfreihaltung,
4. die Sicherheitsstromversorgung,
5. die Bemessung der Löschwasserversorgung, Einrichtungen zur Löschwasserentnahme sowie die Löschwasserrückhaltung,
6. betriebliche und organisatorische Maßnahmen zur Brandverhütung, Brandbekämpfung und Rettung von Menschen und Tieren wie Feuerwehrplan, Brandschutzordnung, Werkfeuerwehr, Bestellung von Brandschutzbeauftragten und Selbsthilfekräften.

[2]Anzugeben ist auch, weshalb es der Einhaltung von Vorschriften wegen der besonderen Art oder Nutzung baulicher Anlagen oder Räume oder wegen besonderer Anforderungen nicht bedarf (Art. 54 Abs. 3 Satz 2 BayBO). [3]Der Brandschutznachweis kann auch gesondert in Form eines objektbezogenen Brandschutzkonzepts dargestellt werden.

§ 12 Nachweise für Schall- und Erschütterungsschutz

Die Berechnungen müssen den nach bauordnungsrechtlichen Vorschriften geforderten Schall- und Erschütterungsschutz nachweisen.

§ 13 Übereinstimmungsgebot

Die Bauzeichnungen, Baubeschreibungen, Berechnungen und Konstruktionszeichnungen sowie sonstige Zeichnungen und Beschreibungen, die den bautechnischen Nachweisen zugrunde liegen, müssen miteinander übereinstimmen und gleiche Positionsangaben haben.

Vierter Teil

Abgrabungsplan

§ 14 Abgrabungsplan

[1]Für den Abgrabungsplan (Art. 7 Abs. 1 Satz 1 BayAbgrG) gelten die Vorschriften des Ersten bis Dritten Teils entsprechend. [2]In den Fällen des Art. 8 BayAbgrG bleiben weitergehende Anforderungen nach Abschnitt III des Fünften Teils BayVwVfG unberührt.

Fünfter Teil

Bauzustandsanzeigen

§ 15 Baubeginnsanzeige

(1) [1]Soweit bautechnische Nachweise nicht bauaufsichtlich geprüft und nicht durch einen Prüfsachverständigen bescheinigt werden, ist eine Erklärung des jeweiligen Nachweiserstellers nach den Art. 62 Abs. 1 Satz 2 und 3, Art. 62a Abs. 1 und Art. 62b Abs. 1 BayBO über die Erstellung des bautechnischen Nachweises spätestens mit der Baubeginnsanzeige (Art. 68 Abs. 7, Art. 58 Abs. 5 Satz 2 BayBO) vorzulegen. [2]Wird das Bauvorhaben abschnittsweise ausgeführt, muss die Erklärung spätestens bei Beginn der Ausführung des jeweiligen Bauabschnitts vorliegen.
(2) Für die nach Art. 68 Abs. 5 Nr. 2 BayBO vorzulegenden Bescheinigungen nach den Art. 62a Abs. 2, Art. 62b Abs. 2 BayBO gilt Abs. 1 Satz 2 entsprechend.
(3) [1]Muss der Standsicherheitsnachweis bei Bauvorhaben nach Art. 62 Abs. 3 Satz 1 Nr. 2 BayBO nicht bauaufsichtlich geprüft und nicht durch einen Prüfsachverständigen bescheinigt werden, ist spätestens mit der Baubeginnsanzeige eine Erklärung des Tragwerksplaners hierüber nach Maßgabe des Kriterienkatalogs der Anlage 2 vorzulegen. [2]Dies gilt nicht für Bauvorhaben nach Art. 62 Abs. 3 Satz 2 BayBO.

§ 16 Anzeige der beabsichtigten Nutzungsaufnahme

Sind bei einem Bauvorhaben wiederkehrende bauaufsichtliche Prüfungen durch Rechtsverordnung nach Art. 80 Abs. 1 Satz 1 Nr. 4 oder 5 BayBO oder im Einzelfall vorgeschrieben, ist mit der Anzeige nach Art. 78 Abs. 2 Satz 1 BayBO über die in Art. 78 Abs. 2 Satz 2 BayBO genannten Bescheinigungen und Bestätigungen hinaus der Brandschutznachweis (§ 11) vorzulegen, soweit er nicht bauaufsichtlich geprüft ist.

Sechster Teil
Inkrafttreten, Außerkrafttreten

§ 17 Inkrafttreten, Außerkrafttreten

[1]Diese Verordnung tritt am 1. Januar 2008 in Kraft. [2]Mit Ablauf des 31. Dezember 2007 tritt die Bauvorlagenverordnung (BauVorlV) vom 8. Dezember 1997 (GVBl S. 822, ber. 1998 S. 271, BayRS 2132-1-2-I), zuletzt geändert durch Verordnung vom 22. Januar 2007 (GVBl S. 58), außer Kraft.

Anlage 1

Zeichen und Farben für Bauvorlagen (zu § 7 Abs. 5 und § 8 Abs. 4)

		Zeichen:	Farbe:
1.	Grenzen des Grundstücks		Violett
2.	vorhandene bauliche Anlagen oder Bauteile	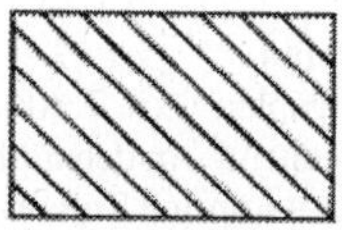	Grau
3.	geplante bauliche Anlagen oder Bauteile	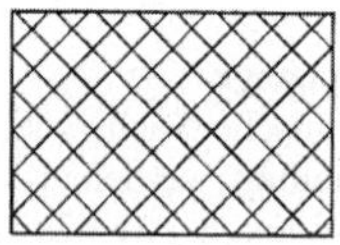	Rot
4.	zu beseitigende bauliche Anlagen oder Bauteile	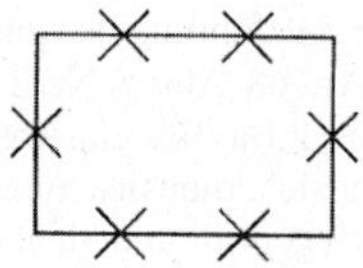	Gelb
5.	Flächen, auf denen Abstandsflächen nach Art. 6 Abs. 2 Satz 3 BayBO übernommen sind		Braun

Anlage 2

Kriterienkatalog nach § 15 Abs. 3

Sind die nachfolgenden Kriterien ausnahmslos erfüllt, ist eine Prüfung des Standsicherheitsnachweises nicht erforderlich:

1. Die Baugrundverhältnisse sind eindeutig und erlauben eine übliche Flachgründung entsprechend DIN 1054. Ausgenommen sind Gründungen auf setzungsempfindlichem Baugrund.
2. Bei erddruckbelasteten Gebäuden beträgt die Höhendifferenz zwischen Gründungssohle und Erdoberfläche maximal 4 m. Einwirkungen aus Wasserdruck müssen rechnerisch nicht berücksichtigt werden.
3. Angrenzende bauliche Anlagen oder öffentliche Verkehrsflächen werden nicht beeinträchtigt. Nachzuweisende Unterfangungen oder Baugrubensicherungen sind nicht erforderlich.
4. Die tragenden und aussteifenden Bauteile gehen im Wesentlichen bis zu den Fundamenten unversetzt durch. Ein rechnerischer Nachweis der Gebäudeaussteifung, auch für Teilbereiche, ist nicht erforderlich.
5. Die Geschossdecken sind linienförmig gelagert und dürfen für gleichmäßig verteilte Lasten (kN/m^2) und Linienlasten aus nichttragenden Wänden (kN/m) bemessen werden. Geschossdecken ohne ausreichende Querverteilung erhalten keine Einzellasten.
6. Die Bauteile der baulichen Anlage oder die bauliche Anlage selbst können mit einfachen Verfahren der Baustatik berechnet oder konstruktiv festgelegt werden. Räumliche Tragstrukturen müssen rechnerisch nicht nachgewiesen werden. Besondere Stabilitäts-, Verformungs- und Schwingungsuntersuchungen sind nicht erforderlich.
7. Außergewöhnliche sowie dynamische Einwirkungen sind nicht vorhanden. Beanspruchungen aus Erdbeben müssen rechnerisch nicht verfolgt werden.
8. Besondere Bauarten wie Spannbetonbau, Verbundbau, Leimholzbau und geschweißte Aluminiumkonstruktionen werden nicht angewendet.

Bayerisches Abgrabungsgesetz (BayAbgrG)[1)]

Vom 27. Dezember 1999 (GVBl. S. 532, 535)
(BayRS 2132-2-B)
zuletzt geändert durch § 2 G zur Vereinfachung baurechtlicher Regelungen und zur Beschleunigung sowie Förderung des Wohnungsbaus vom 23. Dezember 2020 (GVBl. S. 663)

Artikel 1 Anwendungsbereich
Dieses Gesetz gilt für Abgrabungen zur Gewinnung von nicht dem Bergrecht unterliegenden Bodenschätzen und sonstige Abgrabungen einschließlich der Aufschüttungen, die unmittelbare Folge von Abgrabungen sind, sowie der dem Abgrabungsbetrieb dienenden Gebäude und Nebenanlagen.

Artikel 2 Allgemeine Anforderungen
[1]Abgrabungen sind so auszuführen, dass die öffentliche Sicherheit und Ordnung, insbesondere Leben oder Gesundheit, und die natürlichen Lebensgrundlagen nicht gefährdet werden. [2]Im Vollzug dieses Gesetzes ist ein bestmöglicher Ausgleich zwischen dem öffentlichen Interesse an der Gewinnung heimischer Bodenschätze zur Sicherung der Rohstoffversorgung und den Belangen des Naturschutzes und der Landschaftspflege anzustreben.

Artikel 3 Abgrabungsbehörden
[1]Untere Abgrabungsbehörden sind die Kreisverwaltungsbehörden. [2]Höhere Abgrabungsbehörden sind die Regierungen. [3]Oberste Abgrabungsbehörde ist das Staatsministerium des Innern, für Sport und Integration.

Artikel 4 Aufgaben und Befugnisse der Abgrabungsbehörden
(1) [1]Die Aufgaben der Abgrabungsbehörden sind Staatsaufgaben. [2]Für die Gemeinden sind sie übertragene Aufgaben.
(2) [1]Die Abgrabungsbehörden wachen darüber, dass die öffentlich-rechtlichen Vorschriften, die für die Anlagen nach Art. 1 gelten, sowie die auf Grund dieser Vorschriften erlassenen Anordnungen eingehalten werden. [2]Sie können in Wahrnehmung dieser Aufgaben die erforderlichen Maßnahmen treffen. [3]Abgrabungsaufsichtliche Genehmigungen und Maßnahmen gelten auch für und gegen die Rechtsnachfolger; das Gleiche gilt auch für Personen, die ein Besitzrecht nach Erteilung einer abgrabungsaufsichtlichen Genehmigung oder nach Erlass einer abgrabungsaufsichtlichen Maßnahme erlangt haben. [4]Die mit dem Vollzug dieses Gesetzes Beauftragten sind berechtigt, in Ausübung ihres Amts Grundstücke und Anlagen nach Art. 1 auch gegen den Willen der Betroffenen zu betreten; das Grundrecht der Unverletzlichkeit der Wohnung (Art. 13 des Grundgesetzes, Art. 106 der Verfassung) wird insoweit eingeschränkt.

Artikel 5 Sachliche Zuständigkeit
[1]Sachlich zuständig ist die untere Abgrabungsbehörde, soweit nichts anderes bestimmt ist. [2]Für Anlagen nach Art. 1 ist unter den Voraussetzungen des Art. 73 Abs. 1 Satz 1 der Bayerischen Bauordnung (BayBO) die höhere Abgrabungsbehörde sachlich zuständig.

Artikel 6 Genehmigungspflicht
(1) Die Ausführung einer Abgrabung bedarf der Genehmigung, soweit nichts anderes bestimmt ist.
(2) [1]Keiner Genehmigung nach Absatz 1 bedürfen
1. Abgrabungen mit einer Grundfläche bis zu 500 m^2 und einer Tiefe bis zu 2 m,
2. Abgrabungen, die einer anderen öffentlich-rechtlichen Zulassung bedürfen,
3. Abgrabungen im Geltungsbereich eines Bebauungsplans im Sinn des § 30 des Baugesetzbuchs (BauGB), wenn
   a) der Bebauungsplan Regelungen über die Zulässigkeit, den Standort und die Größe der Abgrabung enthält,
   b) für die Abgrabung im Verfahren zur Aufstellung des Bebauungsplans eine nach Art. 8 erforderliche Umweltverträglichkeitsprüfung durchgeführt worden ist,

---
1) Verkündet als § 2 Bayerisches UVP-UmsetzungsG v. 27.12.1999 (GVBl. S. 532); Inkrafttreten gem. § 10 dieses G am 14.3.1999 (Art. 10 am 1.1.2002).

c) die Abgrabung den Festsetzungen des Bebauungsplans und örtlichen Bauvorschriften nach Art. 81 Abs. 1 BayBO nicht widerspricht,
d) die Erschließung gesichert ist und
e) die Gemeinde nicht innerhalb eines Monats nach Vorlage der erforderlichen Unterlagen eine vorläufige Untersagung nach § 15 Abs. 1 Satz 2 BauGB beantragt,

4. Abgrabungen, für die keine Umweltverträglichkeitsprüfung nach Art. 8 durchzuführen ist, unter den Voraussetzungen des Art. 73 Abs. 1 Satz 3 BayBO,
5. Grabungen im Sinn des Art. 7 Abs. 3 des Denkmalschutzgesetzes (DSchG), für die keine Umweltverträglichkeitsprüfung nach Art. 8 durchzuführen ist,
6. bauliche Anlagen nach Art. 1, wenn sie nach Art. 57 oder 58 BayBO keiner Genehmigung bedürfen.

[2]In den Fällen des Satzes 1 Nr. 3 darf mit der Ausführung der Abgrabung auch begonnen werden, wenn die Gemeinde vor Ablauf der Frist nach Satz 1 Nr. 3 Buchst. e erklärt, dass sie eine vorläufige Untersagung der Ausführung der Abgrabung nicht beantragen wird.

(3) [1]Die Genehmigungsfreiheit nach Absatz 2 entbindet nicht von der Verpflichtung zur Einhaltung der Anforderungen, die durch öffentlich-rechtliche Vorschriften an die Anlagen nach Art. 1 gestellt werden. [2]Die abgrabungsaufsichtlichen Eingriffsbefugnisse und die Verpflichtung, andere öffentlich-rechtliche Gestattungen für die Ausführung oder Verfüllung der Abgrabung oder für die Errichtung, Änderung oder Nutzungsänderung baulicher Anlagen nach Art. 1 einzuholen, werden durch die Genehmigungsfreiheit nicht berührt.

Artikel 7 Genehmigungsverfahren

(1) [1]Der Abgrabungsantrag ist mit den erforderlichen Unterlagen (Abgrabungsplan) bei der Gemeinde einzureichen. [2]Diese legt ihn, sofern sie nicht selbst zuständig ist, mit ihrer Stellungnahme unverzüglich der Abgrabungsbehörde vor.

(2) Das Staatsministerium des Innern, für Sport und Integration wird ermächtigt, zum abgrabungsaufsichtlichen Genehmigungsverfahren durch Rechtsverordnung Vorschriften über Umfang und Inhalt des Abgrabungsplans, die Zahl der einzureichenden Fertigungen sowie die erforderlichen Nachweise zu erlassen.

(3) [1]Die Staatsregierung wird ermächtigt, zur Digitalisierung des abgrabungsaufsichtlichen Genehmigungsverfahrens durch Rechtsverordnung räumlich bestimmte Abweichungen von den durch oder aufgrund dieses Gesetzes bestehenden Zuständigkeits-, Verfahrens- und Formvorschriften vorzusehen. [2]Abweichungen nach Satz 1 für Zuständigkeits- und Verfahrensvorschriften können sich auch auf die Einreichung in Papierform erstrecken. [3]Soweit die Festlegung des örtlichen Anwendungsbereichs einer Rechtsverordnung nach Satz 1 und 2 betroffen ist, kann die Staatsregierung die Ermächtigung nach Satz 1 und 2 durch Rechtsverordnung auf das Staatsministerium für Wohnen, Bau und Verkehr übertragen.

Artikel 8 Umweltverträglichkeitsprüfung

(1) [1]Für nach Art. 6 genehmigungsbedürftige Abgrabungen ist die Umweltverträglichkeitsprüfung nach dem Fünften Teil Abschnitt III des Bayerischen Verwaltungsverfahrensgesetzes durchzuführen, wenn eine Abbaufläche von mehr als 10 ha beantragt wird. [2]Bei Abgrabungen in einem gemäß der Richtlinie 92/43/EWG oder der Richtlinie 2009/147/EG ausgewiesenen Schutzgebiet oder in Nationalparken (§ 24 Abs. 1 bis 3 des Bundesnaturschutzgesetzes – BNatSchG) oder Naturschutzgebieten (§ 23 BNatSchG) ist die Umweltverträglichkeitsprüfung durchzuführen, wenn eine Abbaufläche von mehr als 1 ha beantragt wird. [3]Eine Umweltverträglichkeitsprüfung ist auch dann durchzuführen, wenn die Abbaufläche zu mehr als 1 ha in einem Biotop im Sinn des § 30 Abs. 2 BNatSchG in Verbindung mit Art. 23 Abs. 1 des Bayerischen Naturschutzgesetzes (BayNatSchG) liegt.

(2) Absatz 1 gilt auch für Erweiterungen von Abgrabungen,

1. für die eine Umweltverträglichkeitsprüfung durchgeführt worden ist, wenn die Erweiterungsfläche mindestens 50 v.H. der Schwellenwerte nach Absatz 1 Satz 1 oder 2 aufweist oder zu mehr als 1 ha in einem Biotop im Sinn des § 30 Abs. 2 BNatSchG in Verbindung mit Art. 23 Abs. 1 BayNatSchG liegt,
2. die nach dem 13. März 1999 ohne Durchführung einer Umweltverträglichkeitsprüfung genehmigt worden sind, wenn die Erweiterungsfläche zusammen mit der bei Abgrabungsbeginn noch nicht

rekultivierten oder renaturierten Fläche 10 ha, in den Fällen des Absatzes 1 Satz 2 1 ha überschreitet oder zu mehr als 1 ha in einem Biotop im Sinn des § 30 Abs. 2 BNatSchG in Verbindung mit Art. 23 Abs. 1 BayNatSchG liegt.

Artikel 9 Genehmigung

(1) [1]Die Genehmigung ist zu erteilen, wenn Anlagen nach Art. 1 den öffentlich-rechtlichen Vorschriften, die im abgrabungsaufsichtlichen Genehmigungsverfahren zu prüfen sind, nicht widersprechen; für dem abgrabungsaufsichtlichen Genehmigungsverfahren unterliegende bauliche Anlagen gelten Art. 59, 60, 62a Abs. 2 Satz 4 und 62b Abs. 2 Satz 2 BayBO entsprechend. [2]Die abgrabungsaufsichtliche Erlaubnis erlischt, wenn innerhalb von vier Jahren nach Erteilung mit der Ausführung der Abgrabung nicht begonnen oder die Ausführung vier Jahre unterbrochen worden ist. [3]Art. 62 Abs. 1 Satz 4 und Art. 77 Abs. 2 Satz 3 BayBO gelten entsprechend. [4]Vor Einreichung des Abgrabungsantrags kann auf schriftlichen Antrag zu einzelnen in der Abgrabungsgenehmigung zu entscheidenden Fragen vorweg ein schriftlicher Bescheid (Vorbescheid) erteilt werden. [5]Ist ein Abgrabungsantrag eingereicht, so kann die Ausführung von Teilen des Vorhabens auf schriftlichen Antrag schon vor Erteilung der Abgrabungsgenehmigung durch schriftlichen Bescheid (Teilabgrabungsgenehmigung) gestattet werden. [6]Für Vorbescheid und Teilabgrabungsgenehmigung gelten die Vorschriften über die Abgrabungsgenehmigung sinngemäß.

(2) [1]Art. 66 BayBO gilt entsprechend, soweit nicht für die Fälle des Art. 8 Abweichendes geregelt ist. [2]Die Anfechtungsklage eines Dritten gegen die Genehmigung nach Abs. 1 Satz 1 Halbsatz 1 hat keine aufschiebende Wirkung.

(3) Die Genehmigung wird unbeschadet der privaten Rechte Dritter erteilt.

(4) [1]Vor Bekanntgabe der Genehmigung darf mit der Ausführung der Abgrabung nicht begonnen werden. [2]Der Beginn, bei einer Unterbrechung von mehr als sechs Monaten auch die Fortsetzung der Ausführung, ist der Abgrabungsbehörde mindestens eine Woche zuvor schriftlich mitzuteilen.

Artikel 10 Ordnungswidrigkeiten

(1) Mit Geldbuße bis zu fünfhunderttausend Euro kann belegt werden, wer vorsätzlich oder fahrlässig

1. eine Abgrabung ohne die nach Art. 6 Abs. 1 erforderliche Genehmigung oder entgegen Art. 9 Abs. 4 Satz 1 ausführt, einer mit der Genehmigung verbundenen vollziehbaren Auflage zuwiderhandelt oder den Beginn der Ausführung der Abgrabung oder der Wiederaufnahme der Abgrabung entgegen Art. 9 Abs. 4 Satz 2 nicht oder nicht rechtzeitig anzeigt,
2. eine Abgrabung vor Ablauf der Frist nach Art. 6 Abs. 2 Satz 1 Nr. 3 Buchst. e und ohne dass die Gemeinde die Erklärung nach Art. 6 Abs. 3 Satz 2 abgegeben hat, ausführt,
3. eine Abgrabung ausführt, bevor die erforderlichen Nachweise oder die Bescheinigungen verantwortlicher Sachverständiger erstellt sind,
4. eine Abgrabung entgegen einer vollziehbaren Anordnung nach Art. 4 Abs. 2 Satz 2 ausführt.

(2) Mit Geldbuße bis zu fünftausend Euro kann belegt werden, wer vorsätzlich oder leichtfertig unrichtige Angaben macht oder unrichtige Pläne oder Unterlagen vorlegt, um einen Verwaltungsakt nach diesem Gesetz zu erwirken oder zu verhindern.

(3) [1]Ist eine vorsätzliche Ordnungswidrigkeit nach Absätzen 1 und 2 begangen worden, so können

1. Gegenstände, auf die sich die Ordnungswidrigkeit bezieht, und
2. Gegenstände, die zu ihrer Begehung oder Vorbereitung gebraucht worden oder bestimmt gewesen sind,

eingezogen werden. [2]§ 23 des Gesetzes über Ordnungswidrigkeiten (OWiG) ist anzuwenden.

Zuständigkeitsverordnung im Bauwesen (ZustVBau)

Vom 5. Juli 1994 (GVBl. S. 573)
(BayRS 2130-3-B)
zuletzt geändert durch V zur Änderung der Zuständigkeitsverordnung im Bauwesen und der Delegationsverordnung vom 3. September 2024 (GVBl. S. 419)

Es erlassen auf Grund
1. von § 19 Abs. 5 und § 203 Abs. 1 und 3 des Baugesetzbuchs (BauGB) in der Fassung der Bekanntmachung vom 27. August 1997 (BGBl I S. 2141),
   die Bayerische Staatsregierung
2. von § 11 Abs. 1, 2, 3 und 7, § 13 Abs. 1 und 2 sowie § 16 Abs. 4 des Bauproduktengesetzes (BauPG) vom 10. August 1992 (BGBl I S. 1495), zuletzt geändert durch § 16 des Gesetzes vom 22. April 1997 (BGBl I S. 934),
   Art. 59 Abs. 2 und 3, Art. 90 Abs. 7 und 8 und Art. 92 der Bayerischen Bauordnung (BayBO) in der Fassung der Bekanntmachung vom 4. August 1997 (GVBl.S. 433, BayRS 2132-1-I)
   das Bayerische Staatsministerium des Innern

folgende Verordnung:

Nichtamtliche Inhaltsübersicht

§ 1 Zuständigkeiten der Regierungen

(1) Die Regierung ist zuständige Behörde für die Zustimmung zur Beschränkung der Kosten- und Finanzierungsübersicht nach § 149 Abs. 4 Satz 1 des Baugesetzbuchs (BauGB).

(2) Die Regierung ist zuständige Behörde zum Erlaß von Rechtsverordnungen nach § 203 Abs. 1 BauGB; soweit Gemeinden aus verschiedenen Regierungsbezirken betroffen sind, ist das Staatsministerium für Wohnen, Bau und Verkehr zuständige Behörde.

§ 2 Zuständigkeiten der Landratsämter

(1) Die Genehmigung von Flächennutzungsplänen (§ 6 BauGB) und von Bebauungsplänen (§ 10 Abs. 2 Satz 1 BauGB) kreisangehöriger Gemeinden erteilen die Landratsämter.

(2) Abs. 1 gilt nicht für Flächennutzungspläne und Bebauungspläne der Großen Kreisstädte.

(3) Das Verlangen, daß bestimmte Verfahrensabschnitte wiederholt werden (§ 204 Abs. 3 Satz 3 BauGB), obliegt für kreisangehörige Gemeinden mit Ausnahme der in Abs. 2 genannten Gemeinden den Landratsämtern.

(4) Schließen sich Gemeinden, die demselben Landkreis angehören, zur Wahrnehmung von Aufgaben nach dem BauGB zusammen (gemäß §§ 204, 205 BauGB oder im Sinn von § 205 Abs. 6 BauGB), so obliegen die in Abs. 1 und 3 genannten Befugnisse ebenfalls den Landratsämtern, sofern diese jeweils gemäß Abs. 1 bis 3 im Fall jeder der beteiligten Gemeinden zuständig wären.

(5) [1]Die Landratsämter sind zuständige Behörden für die Erteilung der Abweichungen nach § 246 Abs. 14 BauGB. [2]Satz 1 gilt nicht für Vorhaben im Zuständigkeitsbereich Großer Kreisstädte und kreisfreier Gemeinden sowie für bauaufsichtliche Zustimmungen der Regierungen nach Art. 73 Abs. 1 der Bayerischen Bauordnung (BayBO).

§ 3 Zuständigkeit für Enteignungen und vergleichbare Verfahren

(1) Enteignungen nach dem Baugesetzbuch und Verfahren, in denen die Enteignungsbehörde in entsprechender Anwendung der Vorschriften des Fünften Teils des Ersten Kapitels des Baugesetzbuchs zu entscheiden hat, führen die Kreisverwaltungsbehörden durch (Enteignungsbehörden).

(2) Ist in von Abs. 1 nicht erfaßten Fällen eine Entschädigung in Geld, durch Übernahme eines Grundstücks oder Begründung eines Rechts zu leisten, werden die Aufgaben der höheren Verwaltungsbehörde, die darüber mangels Einigung des Entschädigungsberechtigten und des Entschädigungsverpflichteten zu entscheiden hat, den Kreisverwaltungsbehörden übertragen (§ 18 Abs. 2 Satz 4, § 28 Abs. 6 Satz 3, § 43 Abs. 2 Satz 1, § 126 Abs. 2 Satz 2, § 150 Abs. 2, § 185 Abs. 2 Satz 2 und Abs. 3 Satz 3, § 209 Abs. 2 Satz 1 Halbsatz 2 BauGB).

(3) Die Zustimmung zum Antrag auf Durchführung einer Unternehmensflurbereinigung (§ 190 Abs. 1 Satz 1 BauGB) erteilt die Kreisverwaltungsbehörde.

§ 4 Zuständigkeit für Bescheinigungen

Die unteren Bauaufsichtsbehörden sind zuständige Behörden für die Bescheinigungen nach § 6b Abs. 9 des Einkommensteuergesetzes und nach § 7 Abs. 4 Satz 1 Nr. 2 und § 32 Abs. 2 Satz 2 Nr. 2 des Wohnungseigentumsgesetzes.

§ 5 Übertragung nach Art. 53 Abs. 2 BayBO

(1) Die Aufgaben der unteren Bauaufsichtsbehörde im Sinn von Art. 53 Abs. 2 Satz 1 Nr. 1 BayBO werden den Städten Burghausen, Feuchtwangen, Friedberg, Sulzbach-Rosenberg, Waldkraiburg und Alzenau i. UFr. sowie dem Markt Garmisch-Partenkirchen und der Gemeinde Vaterstetten übertragen.

(2) Die Aufgaben der unteren Bauaufsichtsbehörde im Sinn von Art. 53 Abs. 2 Satz 1 Nr. 2 BayBO werden den Städten Neustadt a.d. Aisch, Pfaffenhofen a.d. Ilm, Waldsassen, Bad Wörishofen und Wunsiedel übertragen.

§ 6 Zuständigkeit für fliegende Bauten

Zur Entscheidung über die Ausführungsgenehmigung für fliegende Bauten nach Art. 72 Abs. 2 BayBO sind

- die TÜV SÜD Industrie Service GmbH, München, für die Regierungsbezirke Oberbayern, Niederbayern, Oberpfalz und Schwaben und
- die LGA (Landesgewerbeanstalt Bayern), Nürnberg, für die Regierungsbezirke Oberfranken, Mittelfranken und Unterfranken zuständig.

§ 7 Vergütung

(1) [1]Der TÜV SÜD Industrie Service GmbH, München und der LGA (Landesgewerbeanstalt Bayern) steht für Amtshandlungen im Vollzug von Art. 72 BayBO eine Vergütung zu. [2]Die Vergütung besteht aus Gebühren und Auslagen.

(2) [1]Die Höhe der Gebühren bemisst sich nach dem dieser Verordnung als Anlage beigefügten Verzeichnis. [2]Soweit sich die Gebühr nach dem Zeitaufwand bestimmt, ist die Zeit anzusetzen, die unter regelmäßigen Verhältnissen von einer entsprechend ausgebildeten Fachkraft benötigt wird. [3]Für jede Arbeitsstunde wird ein Betrag von 1,552 % des Monatsgrundgehalts eines Staatsbeamten in der Endstufe der Besoldungsgruppe A 15 zuzüglich der gesetzlichen Umsatzsteuer berechnet; angefangene Arbeitsstunden werden zeitanteilig verrechnet. [4]Der Betrag ist auf volle Euro aufzurunden. [5]Bei der Abnahme von fliegenden Bauten im Rahmen der Erteilung der Ausführungsgenehmigung kann bei dringlichen vom Benutzer veranlassten Arbeiten an Samstagen oder an Sonn- und Feiertagen ein Zuschlag bis zu 70 % und bei Nachtarbeit ein Zuschlag bis zu 40 % erhoben werden.

(3) Als Auslagen werden die Reisekosten nach den für Landesbeamte geltenden Vorschriften und die anderen Behörden oder anderen Personen für ihre Tätigkeit zustehenden Beträge erhoben.

(4) Im übrigen findet der Erste Abschnitt des Kostengesetzes entsprechende Anwendung.

§ 8 Rechts- und Fachaufsicht

Beim Vollzug von Art. 72 BayBO führt die Regierung von Oberbayern die Aufsicht über die TÜV SÜD Industrie Service GmbH, München die Regierung von Mittelfranken die Aufsicht über die LGA (Landesgewerbeanstalt Bayern).

§ 9 Anerkennung von Prüf-, Überwachungs- und Zertifizierungsstellen

Das Deutsche Institut für Bautechnik in Berlin ist zuständige Behörde für die Anerkennung von Prüf-, Überwachungs- und Zertifizierungsstellen nach § 7 Abs. 1 der Verordnung über das Inverkehrbringen von Heizkesseln und Geräten nach dem Bauproduktengesetz und nach Art. 23 Abs. 3 BayBO.

§ 10 Marktüberwachung

(1) Marktüberwachungsbehörden sind
1. die Landesbaudirektion Bayern (Marktüberwachungsbehörde),
2. das Staatsministerium für Wohnen, Bau und Verkehr (obere Marktüberwachungsbehörde),
3. das Deutsche Institut für Bautechnik (gemeinsame Marktüberwachungsbehörde).

(2) [1]Die Marktüberwachungsbehörden nehmen die Aufgaben und Befugnisse wahr nach
1. der Verordnung (EU) 2019/1020 bezüglich Bauprodukten im Sinn des Art. 16 Abs. 1 Satz 2 BayBO,
2. dem Marktüberwachungsgesetz, soweit es auf Produkte im Sinn der Verordnung (EU) 2019/1020 Anwendung findet,
3. der Verordnung (EU) Nr. 305/2011 und
4. dem Bauproduktengesetz.

[2]Die Aufsicht über die gemeinsame Marktüberwachungsbehörde richtet sich nach Art. 5 des DIBt-Abkommens.

(3) [1]Zuständig ist die Marktüberwachungsbehörde nach Abs. 1 Nr. 1, soweit nachfolgend nichts Abweichendes bestimmt ist. [2]Die Befugnisse der Marktüberwachungsbehörde nach Abs. 1 Nr. 1 stehen bei Gefahr im Verzug auch der oberen Marktüberwachungsbehörde zu.

(4) Die gemeinsame Marktüberwachungsbehörde ist zuständig
1. für die einheitliche Prüfung und Bewertung von Bauprodukten in technischer Hinsicht,
2. in Fällen, in denen Bauprodukte nach den Anforderungen der Verordnung (EU) Nr. 305/2011 die in Bezug auf die Wesentlichen Merkmale erklärte Leistung nicht erbringen oder eine Gefahr im Sinn des Art. 58 der Verordnung (EU) Nr. 305/2011 darstellen, die den Marktüberwachungsbehörden zustehenden Maßnahmen nach der Verordnung (EU) 2019/1020, dem Marktüberwachungsgesetz und der Verordnung (EU) Nr. 305/2011 zu ergreifen.

(5) [1]Stellt eine Marktüberwachungsbehörde nach Abs. 1 Nr. 1 oder Nr. 2 fest, dass Maßnahmen nach Abs. 4 in Betracht kommen, gibt sie die Sachbehandlung für das Bauprodukt an die gemeinsame Marktüberwachungsbehörde ab. [2]Die ausschließliche Zuständigkeit der gemeinsamen Marktüberwachungsbehörde für das Bauprodukt beginnt mit dem Zugang der Abgabeerklärung; das gilt auch für eine Zuständigkeit der gemeinsamen Marktüberwachungsbehörde für ein Bauprodukt, die durch eine Abgabeerklärung eines anderen Landes begründet worden ist. [3]Die Zuständigkeit der Marktüberwachungsbehörden bei Gefahr im Verzug bleibt unberührt.

(6) Verwaltungsakte der gemeinsamen Marktüberwachungsbehörde gelten auch im Freistaat Bayern.

(7) Die Marktüberwachungsbehörde nach Abs. 1 Nr. 1 ist zuständig für die Vollstreckung von Verwaltungsakten der Marktüberwachungsbehörden.

§ 11 Inkrafttreten, Außerkrafttreten

[1]Diese Verordnung tritt am 1. September 1994 in Kraft. [2]§ 2 Abs. 5 tritt mit Ablauf des 31. Dezember 2027 außer Kraft.

§ 12 ***[aufgehoben]***

Anlage

Die Gebühr für Amtshandlungen beim Vollzug von Art. 72 BayBO beträgt:

1. Für die Erteilung der Ausführungsgenehmigung (Art. 72 Abs. 2 Satz 1 BayBO) 5 v.T. der Herstellungskosten (Anschaffungs- und Aufstellungskosten) zuzüglich einer gemäß § 7 Abs. 2 Sätze 2 und 3 nach dem Zeitaufwand bemessenen Gebühr für die technische Prüfung,
2. für die Verlängerung der Ausführungsgenehmigung (Art. 72 Abs. 2 Satz 2 Halbsatz 2 BayBO) 15 bis 1250 € zuzüglich einer gemäß § 7 Abs. 2 Sätze 2 und 3 nach dem Zeitaufwand bemessenen Gebühr für die technische Prüfung,
3. für die Eintragung der Änderung der für die Ausführungsgenehmigung zuständigen Behörde oder Stelle (Art. 72 Abs. 4 Satz 3 Nr. 3 BayBO) 5 bis 50 €,
4. für die Eintragung der Übertragung von fliegenden Bauten an Dritte in das Prüfbuch (Art. 72 Abs. 4 Satz 3 Nr. 2 BayBO) 1/10 bis 1/3 der Gebühr nach Nummer 1, mindestens 13 €, zuzüglich einer gemäß § 7 Abs. 2 Sätze 2 und 3 nach dem Zeitaufwand bemessenen Gebühr für die technische Prüfung.

Bayerisches Gesetz über die entschädigungspflichtige Enteignung (BayEG)

In der Fassung der Bekanntmachung vom 25. Juli 1978 (BayRS III S. 601)
(BayRS 2141-1-I)

zuletzt geändert durch Art. 1 Abs. 163 V zur Anpassung des Landesrechts an die geltende Geschäftsverteilung vom 23. März 2019 (GVBl. S. 98)

Inhaltsübersicht

Teil I
Allgemeine Vorschriften

Artikel 1 Enteignungszweck

(1) [1]Nach diesem Gesetz kann enteignet werden, um Vorhaben zu verwirklichen, die dem Wohl der Allgemeinheit dienen. [2]Unter dieser Voraussetzung kann insbesondere enteignet werden, um

1. Einrichtungen zu schaffen oder zu ändern, die der Gesundheits- oder Wohlfahrtspflege oder der Körperertüchtigung dienen,
2. Einrichtungen zu schaffen oder zu ändern, die Schulen, Hochschulen oder anderen Zwecken der Kultur, Wissenschaft oder Forschung dienen,
3. Einrichtungen zu schaffen oder zu ändern, die der öffentlichen Ver- oder Entsorgung dienen,
4. Transportleitungen zu schaffen oder zu ändern,
5. Einrichtungen zur Aufrechterhaltung der öffentlichen Sicherheit zu schaffen oder zu ändern,
6. Pflichtaufgaben der Bezirke, Landkreise und Gemeinden oder gesetzlich festgelegte Aufgaben von Bund, Land oder sonstigen juristischen Personen des öffentlichen Rechts zu erfüllen.

(2) Nach diesem Gesetz kann ferner enteignet werden, um

1. Vorhaben zu verwirklichen, für die andere Gesetze die Enteignung ausdrücklich zulassen,
2. Grundstücke für eine Entschädigung in Land zu beschaffen oder
3. durch Enteignung entzogene Rechte durch neue Rechte zu ersetzen.

(3) Vorschriften, die Inhalt und Schranken des Eigentums bestimmen, werden durch dieses Gesetz nicht berührt.

Artikel 2 Gegenstand der Enteignung

(1) Durch Enteignung können

1. das Eigentum an Grundstücken entzogen oder belastet werden,
2. andere Rechte an Grundstücken entzogen, geändert oder belastet werden (dingliche Rechte),
3. Rechte entzogen werden, die zum Erwerb, zum Besitz oder zur Nutzung von Grundstücken berechtigen oder die den Verpflichteten in der Nutzung von Grundstücken beschränken (persönliche Rechte),
4. soweit es in diesem Gesetz vorgesehen ist, Rechtsverhältnisse begründet werden, die persönliche Rechte gewähren,
5. die Änderung oder Beseitigung vorhandener baulicher Anlagen und Einfriedungen angeordnet werden.

(2) Auf das Zubehör eines Grundstücks und auf Sachen, die nur zu einem vorübergehenden Zweck mit dem Grundstück verbunden oder in ein Gebäude eingefügt sind, darf die Enteignung nur nach Maßgabe des Art. 6 Abs. 4 ausgedehnt werden.

(3) Zur vorübergehenden Benutzung von Grundstücken können Rechtsverhältnisse begründet werden, die persönliche Rechte gewähren.

(4) Die für Grundstücke geltenden Vorschriften dieses Gesetzes sind sinngemäß für Grundstücksteile anzuwenden.

(5) Die für das Eigentum an Grundstücken geltenden Vorschriften sind, soweit dieses Gesetz nichts anderes vorschreibt, sinngemäß für grundstücksgleiche Rechte und Rechte nach dem Wohnungseigentumsgesetz[1)] anzuwenden.

(6) Die für die Entziehung oder Belastung des Eigentums an Grundstücken geltenden Vorschriften sind auf die Entziehung, Belastung, Änderung oder Begründung der in Absatz 1 Nrn. 2 bis 4 bezeichneten Rechte sinngemäß anzuwenden.

---

1) **Amtl. Anm.:** BGBl. FN 403-1

Artikel 3 Zulässigkeit der Enteignung

(1) Die Enteignung ist im einzelnen Fall nur zulässig, wenn das Wohl der Allgemeinheit sie erfordert und der Enteignungszweck auf andere zumutbare Weise, insbesondere aus Grundbesitz des Antragstellers, nicht erreicht werden kann.

(2) Die Enteignung zu den in Art. 1 Abs. 1 und Abs. 2 Nr. 1 bezeichneten Zwecken setzt voraus, daß der Antragsteller

1. sich nachweislich ernsthaft bemüht hat, das Grundstück zu angemessenen Bedingungen freihändig zu erwerben, und
2. glaubhaft macht, das Grundstück werde innerhalb angemessener Frist zu dem vorgesehenen Zweck verwendet werden.

Artikel 4 Zulässigkeit der Ersatzlandenteignung

(1) Die Enteignung von Grundstücken zur Entschädigung in Land (Ersatzland) ist nur zulässig, wenn

1. die Entschädigung eines Eigentümers gemäß Art. 14 in Land festzusetzen ist und
2. es dem Enteignungsbegünstigten nicht möglich oder zumutbar ist, geeignetes Ersatzland aus eigenem Grundbesitz bereitzustellen oder freihändig zu angemessenen Bedingungen zu erwerben.

(2) Grundstücke unterliegen nicht der Ersatzlandenteignung, wenn und soweit

1. der Eigentümer oder bei land- oder forstwirtschaftlich oder gewerblich genutzten Grundstücken auch der sonstige Nutzungsberechtigte auf sie mit seiner Berufs- oder Erwerbstätigkeit angewiesen und ihm im Interesse der Erhaltung der Wirtschaftlichkeit seines Betriebs die Abgabe nicht zuzumuten ist,
2. die Grundstücke oder ihre Erträge unmittelbar öffentlichen oder sonstigen in Art. 1 Abs. 1 und Abs. 2 Nr. 1 aufgeführten Zwecken dienen oder zu dienen bestimmt sind oder
3. die Grundstücke mit einem eigengenutzten Eigenheim oder einer eigengenutzten Kleinsiedlung bebaut sind.

(3) Im Außenbereich unterliegen Grundstücke der Ersatzlandenteignung nur, wenn sie land- oder forstwirtschaftlich genutzt werden sollen oder einem nach § 35 Abs. 1 des Baugesetzbuchs zulässigen Vorhaben dienen sollen.

(4) Die Enteignung zum Zweck der Entschädigung eines Eigentümers, dessen Grundstück zur Beschaffung von Ersatzland enteignet wird, ist unzulässig.

Artikel 5 Zulässigkeit der Enteignung für den Ersatz entzogener Rechte

[1]Die Enteignung zu dem Zweck, durch Enteignung entzogene Rechte durch neue Rechte zu ersetzen, ist nur zulässig, soweit der Ersatz in Teil II vorgesehen ist. [2]Sollen nach Art. 12 Abs. 2 Satz 3 Grundstücke in Anspruch genommen werden, die nicht dem Enteignungsbegünstigten gehören, so gelten Art. 4 Abs. 1 und 2 sinngemäß.

Artikel 6 Umfang, Beschränkung und Ausdehnung der Enteignung

(1) [1]Ein Grundstück darf nur in dem Umfang enteignet werden, in dem dies zur Verwirklichung des Enteignungszwecks erforderlich ist. [2]Reicht die Belastung eines Grundstücks mit einem Recht zur Verwirklichung des Enteignungszwecks aus, so ist die Enteignung hierauf zu beschränken.

(2) [1]Soll ein Grundstück mit einem Erbbaurecht belastet werden, so kann der Eigentümer an Stelle der Belastung die Entziehung des Eigentums verlangen. [2]Soll ein Grundstück mit einem anderen Recht belastet werden, so kann der Eigentümer die Entziehung des Eigentums verlangen, wenn durch die Belastung mit dem dinglichen Recht das Grundstück nicht mehr in angemessenem Umfang in der bisherigen oder einer anderen zulässigen Art genutzt werden kann.

(3) Soll ein Grundstück oder ein räumlich oder wirtschaftlich zusammenhängender Grundbesitz nur zu einem Teil enteignet werden, so kann der Eigentümer die Ausdehnung der Enteignung auf das Restgrundstück oder den Restbesitz insoweit verlangen, als diese nicht mehr in angemessenem Umfang in der bisherigen oder einer anderen zulässigen Art genutzt werden können.

(4) Der Eigentümer kann verlangen, daß die Enteignung auf die in Art. 2 Abs. 2 genannten Gegenstände ausgedehnt wird, wenn und soweit er sie infolge der Enteignung nicht mehr wirtschaftlich nutzen oder in anderer Weise angemessen verwerten kann.

(5) [1]Ist zur vorübergehenden Benutzung eines Grundstücks ein Rechtsverhältnis begründet worden (Art. 2 Abs. 3), so kann der Eigentümer die Übernahme des Grundstücks verlangen, wenn die Wiederherstellung zu der bisherigen oder einer anderen zumutbaren zulässigen Nutzung unterbleiben muß,

weil der Aufwand dafür wirtschaftlich in keinem vertretbaren Verhältnis zum Wert des Grundstücks stehen würde. 2Im übrigen gelten die Vorschriften dieses Gesetzes sinngemäß.

(6) 1Ein Verlangen nach den Absätzen 2 bis 4 ist schriftlich oder zur Niederschrift bei der Enteignungsbehörde bis zum Schluß der mündlichen Verhandlung oder, wenn die mündliche Verhandlung auf Grund eines Verzichts der Beteiligten entfällt, zugleich mit der Verzichtserklärung geltend zu machen. 2Ein Verlangen nach Absatz 5 ist schriftlich oder zur Niederschrift der Enteignungsbehörde innerhalb von drei Monaten geltend zu machen, nachdem der Enteignungsbegünstigte dem Eigentümer den Abschluß der Benutzung schriftlich angezeigt hat.

Artikel 7 Vorarbeiten auf Grundstücken

(1) 1Die Beauftragten der Enteignungsbehörde sind befugt, schon vor Einreichung des Enteignungsantrags Grundstücke zu betreten, zu vermessen und auf ihnen andere Vorarbeiten vorzunehmen, die notwendig sind, um die Eignung der Grundstücke für Vorhaben, für die enteignet werden kann, beurteilen zu können. 2Die gleiche Befugnis steht mit Ermächtigung der Enteignungsbehörde dem Träger des Vorhabens und seinen Beauftragten zu. 3Die Ermächtigung ist zu befristen, sie kann mit Auflagen und Bedingungen versehen und von der Leistung einer Sicherheit in Höhe der nach Absatz 3 zu erwartenden Entschädigung abhängig gemacht werden. 4Eigentümer und Besitzer haben die in Satz 1 und 2 vorgesehenen Maßnahmen zu dulden. 5Wohnungen dürfen nur mit Einwilligung des Wohnungsinhabers betreten werden. 6Satz 5 gilt nicht für Arbeits-, Betriebs- oder Geschäftsräume während der jeweiligen Arbeits-, Geschäfts- oder Aufenthaltszeiten.

(2) 1Eigentümer und Besitzer sind rechtzeitig vor dem Betreten der Grundstücke schriftlich zu benachrichtigen. 2Die Benachrichtigung kann auch durch öffentliche Bekanntmachung in ortsüblicher Weise geschehen, wenn die Eigentümer oder Besitzer unbekannt sind oder ihre Ermittlung auf Schwierigkeiten stößt, im Fall des Absatzes 1 Satz 2 jedoch nur mit Zustimmung der Enteignungsbehörde.

(3) 1Entstehen durch eine Maßnahme nach Absatz 1 dem Eigentümer oder Besitzer unmittelbare Vermögensnachteile, so ist dafür von dem Träger des Vorhabens eine Entschädigung in Geld zu leisten; Art. 8 bis 13 gelten sinngemäß. 2Kommt eine Einigung über die Entschädigung nicht zustande, so setzt die Enteignungsbehörde die Entschädigung fest; vor der Entscheidung sind die Beteiligten zu hören.

Teil II
Entschädigung, Rückenteignung und Härteausgleich

Abschnitt 1
Entschädigung

Artikel 8 Entschädigungsgrundsätze

(1) Für die Enteignung ist Entschädigung zu leisten.

(2) Die Entschädigung wird gewährt

1. für den durch die Enteignung eintretenden Rechtsverlust,
2. für andere durch die Enteignung eintretende Vermögensnachteile.

(3) 1Vermögensvorteile, die dem Entschädigungsberechtigten (Art. 9) infolge der Enteignung entstehen, sind bei der Festsetzung der Entschädigung mindernd zu berücksichtigen. 2Hat bei der Entstehung eines Vermögensnachteils ein Verschulden des Entschädigungsberechtigten mitgewirkt, so gilt § 254 des Bürgerlichen Gesetzbuchs[1)] sinngemäß.

(4) 1Für die Bemessung der Entschädigung ist der Zustand des Grundstücks in dem Zeitpunkt maßgebend, in dem die Enteignungsbehörde über den Enteignungsantrag entscheidet. 2In den Fällen der vorzeitigen Besitzeinweisung oder vorzeitigen Besitzüberlassung ist der Zustand in dem Zeitpunkt maßgebend, in dem diese wirksam wird.

Artikel 9 Entschädigungsberechtigter und Entschädigungsverpflichteter

(1) Entschädigung kann verlangen, wer in seinem Recht durch die Enteignung beeinträchtigt wird und dadurch einen Vermögensnachteil erleidet.

(2) 1Zur Leistung der Entschädigung ist der Enteignungsbegünstigte verpflichtet. 2Wird Ersatzland enteignet, so ist zur Entschädigung derjenige verpflichtet, der Ersatzland für das zu enteignende

1) **Amtl. Anm.:** BGBl. FN 400-2

Grundstück nach Art. 14 Abs. 1 Nrn. 1 oder 2 bereitstellen müßte, wenn die Voraussetzungen dieser Vorschriften erfüllt wären.

Artikel 10 Entschädigung für den Rechtsverlust

(1) [1]Die Entschädigung für den durch die Enteignung eintretenden Rechtsverlust bemißt sich nach dem Verkehrswert des Grundstücks oder sonstigen Gegenstands der Enteignung. [2]Der Verkehrswert wird durch den Preis bestimmt, der in dem Zeitpunkt, auf den sich die Ermittlung bezieht, im gewöhnlichen Geschäftsverkehr nach den Eigenschaften, der sonstigen Beschaffenheit und der Lage des Grundstücks ohne Rücksicht auf ungewöhnliche oder persönliche Verhältnisse zu erzielen wäre.

(2) [1]Maßgebend ist der Verkehrswert in dem Zeitpunkt, in dem die Enteignungsbehörde über die Entschädigung entscheidet. [2]Wenn und soweit eine Entschädigung vor diesem Zeitpunkt geleistet wird, ist der Zeitpunkt der Leistung maßgebend.

(3) Bei der Festsetzung der Entschädigung bleiben unberücksichtigt

1. Wertänderungen, die infolge der bevorstehenden Enteignung eingetreten sind,
2. Werterhöhungen eines Grundstücks, die in der Aussicht auf eine Änderung der zulässigen Nutzung eingetreten sind, wenn die Änderung nicht in absehbarer Zeit zu erwarten ist,
3. Werterhöhungen, die nach dem Zeitpunkt eingetreten sind, in dem der Eigentümer zur Vermeidung der Enteignung ein Kauf- oder Tauschangebot des Antragstellers mit angemessenen Bedingungen (Art. 3 Abs. 2 Nr. 1) hätte annehmen können, es sei denn, daß der Eigentümer Kapital oder Arbeit für sie aufgewendet hat,
4. wertsteigernde Veränderungen, die während einer Veränderungssperre ohne behördliche Anordnung oder ohne Genehmigung der zuständigen Behörde vorgenommen worden sind,
5. Vereinbarungen, wenn sie von üblichen Vereinbarungen auffällig abweichen und Tatsachen die Annahme rechtfertigen, daß sie getroffen worden sind, um eine höhere Entschädigungsleistung zu erlangen.

(4) Es bemißt sich die Entschädigung insbesondere

1. für ein Recht, das zum Besitz oder zur Nutzung von Grundstücken oder zu wiederkehrenden Leistungen aus Grundstücken berechtigt oder das den Verpflichteten in der Nutzung von Grundstücken beschränkt, vorbehaltlich der Nummer 3 nach dem Wert, den das Rechtsverhältnis bis zur rechtlich zulässigen Beendigung für den Berechtigten hatte,
2. für ein Vorkaufsrecht, das infolge der Enteignung nicht ausgeübt werden kann, nach dem Wert, den das Recht für den Berechtigten hatte,
3. für ein mit einem Grundstück verbundenes Recht nach dem Minderwert, den das Grundstück des Berechtigten infolge des Wegfalls oder der Beschränkung des Rechts hat,
4. für die Belastung eines Grundstücks oder Rechts an einem Grundstück mit einem dinglichen Recht nach dem Minderwert, den das Grundstück oder Recht des Entschädigungsberechtigten infolge der Belastung hat; das gleiche gilt für die Begründung eines Rechtsverhältnisses der in Art. 2 Abs. 1 Nr. 4 bezeichneten Art.

(5) Wird der Wert des Eigentums an dem Grundstück durch Rechte Dritter gemindert, die an dem Grundstück aufrechterhalten, an einem anderen Grundstück neu begründet oder gesondert entschädigt werden, so ist das bei der Festsetzung der Entschädigung für den Rechtsverlust zu berücksichtigen.

(6) [1]Für bauliche Anlagen, deren Abbruch jederzeit auf Grund öffentlich-rechtlicher Vorschriften entschädigungslos gefordert werden kann, ist eine Entschädigung nur zu gewähren, wenn es aus Gründen der Billigkeit geboten ist. [2]Kann der Abbruch entschädigungslos erst nach Ablauf einer Frist gefordert werden, so ist die Entschädigung nach dem Verhältnis der restlichen zu der gesamten Frist zu bemessen.

Artikel 11 Entschädigung für andere Vermögensnachteile

(1) [1]Wegen anderer durch die Enteignung eintretender Vermögensnachteile ist eine Entschädigung nur zu gewähren, wenn und soweit diese Vermögensnachteile nicht bei der Bemessung der Entschädigung für den Rechtsverlust berücksichtigt sind. [2]Die Entschädigung ist unter gerechter Abwägung der Interessen der Allgemeinheit und der Beteiligten festzusetzen, insbesondere für

1. den vorübergehenden oder dauernden Verlust, den der bisherige Eigentümer in seiner Berufstätigkeit, seiner Erwerbstätigkeit oder in Erfüllung der ihm wesensgemäß obliegenden Aufgaben erleidet, jedoch nur bis zu dem Betrag des Aufwands, der erforderlich ist, um ein anderes Grundstück in der gleichen Weise wie das zu enteignende Grundstück zu nutzen,

2. die Wertminderung, die durch die Enteignung eines Grundstücksteils oder eines Teils eines räumlich oder wirtschaftlich zusammenhängenden Grundbesitzes bei dem anderen Teil oder durch Enteignung des Rechts an einem Grundstück bei einem anderen Grundstück entsteht, soweit die Wertminderung nicht schon bei der Festsetzung der Entschädigung nach Nummer 1 berücksichtigt ist,
3. die notwendigen Aufwendungen für einen durch die Enteignung erforderlich werdenden Umzug.

(2) Im Fall des Absatzes 1 Satz 2 Nr. 2 ist Art. 10 Abs. 3 Nr. 3 anzuwenden.

Artikel 12 Rechte der Nebenberechtigten

(1) Dingliche und persönliche Rechte, die zum Besitz oder zur Nutzung des Grundstücks berechtigen oder den Verpflichteten in der Benutzung des Grundstücks beschränken, können aufrechterhalten werden, soweit das mit dem Enteignungszweck vereinbar ist.

(2) [1]Als Ersatz für ein in Absatz 1 bezeichnetes dingliches Recht, das nicht aufrechterhalten wird, kann auf Antrag des Rechtsinhabers das Ersatzland oder ein anderes Grundstück des Enteignungsbegünstigten mit einem gleichen Recht belastet werden. [2]Als Ersatz für ein in Absatz 1 bezeichnetes persönliches Recht, das nicht aufrechterhalten wird, kann auf Antrag des Rechtsinhabers ein Rechtsverhältnis begründet werden, das ein Recht gleicher Art in bezug auf das Ersatzland oder auf ein anderes Grundstück des Enteignungsbegünstigten gewährt. [3]Als Ersatz für dingliche oder persönliche Rechte eines öffentlichen Verkehrsunternehmens, eines Trägers der öffentlichen Versorgung mit Elektrizität, Gas, Wärme oder Wasser oder eines Trägers der öffentlichen Verwertung oder Beseitigung von Abwässern, die auf die Rechte zur Erfüllung ihrer wesensgemäßen Aufgaben angewiesen sind, sind auf ihren Antrag Rechte gleicher Art zu begründen; soweit dazu Grundstücke des Enteignungsbegünstigten nicht geeignet sind, können zu diesem Zweck auch andere Grundstücke in Anspruch genommen werden. [4]Anträge müssen vor Beginn der mündlichen Verhandlung schriftlich oder zur Niederschrift der Enteignungsbehörde oder, wenn die mündliche Verhandlung auf Grund eines Verzichts der Beteiligten entfällt, zugleich mit der Verzichtserklärung gestellt werden.

(3) Soweit Rechte nicht aufrechterhalten oder nicht durch neue Rechte ersetzt werden, sind bei der Enteignung eines Grundstücks gesondert zu entschädigen

1. Erbbauberechtigte, Altenteilsberechtigte und Inhaber von Dienstbarkeiten und Erwerbsrechten an dem Grundstück,
2. Inhaber von persönlichen Rechten, die zum Besitz oder zur Nutzung des Grundstücks berechtigen, wenn der Berechtigte im Besitz des Grundstücks ist,
3. Inhaber von persönlichen Rechten, die zum Erwerb des Grundstücks berechtigen oder den Verpflichteten in der Nutzung des Grundstücks beschränken.

(4) [1]Berechtigte, deren Rechte nicht aufrechterhalten, nicht durch neue Rechte ersetzt und nicht gesondert entschädigt werden, haben bei der Enteignung eines Grundstücks Anspruch auf Ersatz des Werts ihres Rechts aus der Geldentschädigung für das Eigentum an dem Grundstück, soweit sich ihr Recht auf dieses erstreckt. [2]Das gilt entsprechend für die Geldentschädigungen, die für den durch die Enteignung eintretenden Rechtsverlust in anderen Fällen oder nach Art. 11 Abs. 1 Satz 2 Nr. 2 festgesetzt werden.

Artikel 13 Entschädigung in Geld

(1) Die Entschädigung ist in einem einmaligen Betrag zu leisten, soweit dieses Gesetz nichts anderes bestimmt.

(2) Einmalige Entschädigungsbeträge sind bis zur Auszahlung mit zwei v.H. über dem Basiszinssatz nach § 247 des Bürgerlichen Gesetzbuchs jährlich von dem Zeitpunkt an zu verzinsen, in dem die Nutzungsmöglichkeit dem von der Enteignung Betroffenen entzogen oder er in ihr beschränkt wird.

(3) Für die Belastung eines Grundstücks mit einem Erbbaurecht ist die Entschädigung in einem Erbbauzins zu leisten.

(4) Auf Antrag des Eigentümers ist die Entschädigung in wiederkehrenden Leistungen festzusetzen, wenn das den übrigen Beteiligten zuzumuten ist und die Entschädigung in einem einmaligen Geldbetrag für den Eigentümer eine unzumutbare Härte darstellen würde.

Artikel 14 Entschädigung in Land

(1) Die Entschädigung ist auf Antrag des Eigentümers in geeignetem Ersatzland festzusetzen, wenn dieser zur Sicherung seiner Berufstätigkeit, seiner Erwerbstätigkeit oder zur Erfüllung seiner ihm wesensgemäß obliegenden Aufgaben auf Ersatzland angewiesen ist und

1. der Enteignungsbegünstigte über geeignetes Ersatzland verfügt, auf das er nicht mit seiner Berufstätigkeit, seiner Erwerbstätigkeit oder zur Erfüllung der ihm wesensgemäß obliegenden Aufgaben angewiesen ist, oder
2. der Enteignungsbegünstigte geeignetes Ersatzland nach pflichtgemäßem Ermessen der Enteignungsbehörde freihändig zu angemessenen Bedingungen beschaffen kann oder
3. geeignetes Ersatzland durch Enteignung nach Art. 4 beschafft werden kann.

(2) [1]Unter den Voraussetzungen der Nummern 1 bis 3 des Absatzes 1 ist die Entschädigung auf Antrag des Eigentümers auch dann in geeignetem Ersatzland festzusetzen, wenn ein Grundstück enteignet werden soll, das mit einem eigengenutzten Eigenheim oder einer eigengenutzten Kleinsiedlung bebaut ist. [2]Das gilt nicht, wenn nach öffentlich-rechtlichen Vorschriften der Abbruch des Gebäudes jederzeit entschädigungslos gefordert werden kann.

(3) Die Entschädigung kann auf Antrag des Eigentümers oder des Enteignungsbegünstigten ganz oder teilweise in Ersatzland festgesetzt werden, wenn diese Art der Entschädigung nach pflichtgemäßem Ermessen der Enteignungsbehörde unter gerechter Abwägung der Interessen der Allgemeinheit und der Beteiligten billig ist und bei dem Enteignungsbegünstigten die in Absatz 1 Nrn. 1 oder 2 genannten Voraussetzungen vorliegen.

(4) [1]Für die Bewertung des Ersatzlandes gilt Art. 10 entsprechend. [2]Hierbei ist eine Werterhöhung zu berücksichtigen, die das übrige Grundvermögen des von der Enteignung Betroffenen durch den Erwerb des Ersatzlandes über dessen Wert nach Satz 1 hinaus erfährt. [3]Hat das Ersatzland einen geringeren Wert als das zu enteignende Grundstück, so ist eine dem Wertunterschied entsprechende zusätzliche Geldentschädigung festzusetzen. [4]Hat das Ersatzland einen höheren Wert als das zu enteignende Grundstück, so ist festzusetzen, daß der Entschädigungsberechtigte an den durch die Enteignung Begünstigten eine dem Wertunterschied entsprechende Ausgleichszahlung zu leisten hat. [5]Die Ausgleichszahlung wird mit dem nach Art. 34 Abs. 6 Satz 1 in der Ausführungsanordnung festgesetzten Tag fällig.

(5) [1]Wird die Entschädigung in Land festgesetzt, so sollen dingliche oder persönliche Rechte, soweit sie nicht an dem zu enteignenden Grundstück aufrechterhalten werden, auf Antrag des Rechtsinhabers ganz oder teilweise nach Maßgabe des Art. 12 Abs. 2 ersetzt werden. [2]Soweit das nicht möglich ist oder nicht ausreicht, sind die Inhaber der Rechte gesondert in Geld zu entschädigen; das gilt für die in Art. 12 Abs. 4 bezeichneten Berechtigten nur, soweit ihre Rechte nicht durch eine dem Eigentümer gemäß Absatz 4 zu gewährende zusätzliche Geldentschädigung gedeckt werden.

(6) Statt in Ersatzland kann die Entschädigung in grundstücksgleichen Rechten oder Rechten nach dem Wohnungseigentumsgesetz[1)] festgesetzt werden, soweit diese Rechte in gleichem Maß die Berufs- oder Erwerbstätigkeit des Berechtigten oder die Erfüllung der ihm wesensgemäß obliegenden Aufgaben ermöglichen; wer die Entschädigung in solchen Rechten ablehnt, ist mit Geld abzufinden; Art. 15 bleibt unberührt.

(7) Anträge nach den Absätzen 1, 2, 3 und 5 sind schriftlich oder zur Niederschrift der Enteignungsbehörde zu stellen, und zwar in den Fällen der Absätze 1 bis 3 nur vor Beginn und im Fall des Absatzes 5 nur bis zum Schluß der mündlichen Verhandlung oder, wenn die mündliche Verhandlung auf Grund eines Verzichts der Beteiligten entfällt, zugleich mit der Verzichtserklärung.

(8) [1]Hat der Eigentümer nach Absatz 1 oder 2 einen Anspruch auf Entschädigung in Ersatzland und beschafft er sich mit Zustimmung des Enteignungsbegünstigten außerhalb des Enteignungsverfahrens Ersatzland oder die in Absatz 6 bezeichneten Rechte, so hat er gegen den Enteignungsbegünstigten einen Anspruch auf Erstattung der erforderlichen Aufwendungen. [2]Der Enteignungsbegünstigte ist nur insoweit zur Erstattung verpflichtet, als er selbst Aufwendungen erspart. [3]Kommt eine Einigung über die Erstattung nicht zustande, so entscheidet die Enteignungsbehörde auf Antrag des Eigentümers im Enteignungsbeschluß oder in einem gesonderten Beschluß.

1) **Amtl. Anm.:** BGBl. FN 403-1

Artikel 15 Entschädigung durch Gewährung anderer Rechte

(1) [1]Soweit es unter Abwägung der Belange der Beteiligten billig ist, kann die Entschädigung auf Antrag des Eigentümers ganz oder teilweise in Miteigentum, grundstücksgleichen Rechten, Rechten nach dem Wohnungseigentumsgesetz[1)] oder sonstigen dinglichen Rechten an diesem oder einem anderen Grundstück des Enteignungsbegünstigten festgesetzt werden. [2]Bei Wertunterschieden zwischen den Rechten nach Satz 1 und dem zu enteignenden Grundstück gilt Art. 14 Abs. 4 entsprechend.

(2) Der Antrag nach Absatz 1 ist bis zum Schluß der mündlichen Verhandlung schriftlich oder zur Niederschrift der Enteignungsbehörde oder, wenn die mündliche Verhandlung auf Grund eines Verzichts der Beteiligten entfällt, zugleich mit der Verzichtserklärung zu stellen.

Abschnitt 2

Rückenteignung

Artikel 16 Rückenteignung

(1) Der enteignete frühere Eigentümer kann verlangen, daß das enteignete Grundstück zu seinen Gunsten wieder enteignet wird (Rückenteignung), wenn und soweit der Enteignungsbegünstigte oder sein Rechtsnachfolger das Grundstück nicht innerhalb der festgesetzten Fristen (Art. 31 Abs. 1 Nr. 3, Art. 32) zu dem Enteignungszweck verwendet oder den Enteignungszweck vor Ablauf der Frist aufgegeben hat.

(2) Die Rückenteignung kann nicht verlangt werden, wenn

1. der Enteignete selbst das Grundstück im Weg der Enteignung erworben hatte,
2. ein Verfahren zur Enteignung des Grundstücks zugunsten eines anderen eingeleitet worden ist und der enteignete frühere Eigentümer nicht glaubhaft macht, daß er das Grundstück binnen angemessener Frist zu dem vorgesehenen Zweck verwenden wird,
3. mit der zweckgerechten Verwendung begonnen worden ist oder
4. seit Unanfechtbarkeit des Enteignungsbeschlusses 20 Jahre verstrichen sind.

(3) [1]Der Antrag auf Rückenteignung ist spätestens zwei Jahre nach Ablauf der Verwendungsfrist bei der Enteignungsbehörde einzureichen. [2]§§ 206 und 209 des Bürgerlichen Gesetzbuchs[2)] gelten entsprechend.

(4) Die Enteignungsbehörde kann die Rückenteignung ablehnen, wenn das Grundstück erheblich verändert oder ganz oder überwiegend Entschädigung in Land gewährt worden ist.

(5) [1]Der frühere Inhaber eines Rechts, das durch Enteignung nach den Vorschriften dieses Gesetzes aufgehoben ist, kann unter den Voraussetzungen des Absatzes 1 verlangen, daß ein gleiches Recht an dem früher belasteten Grundstück zu seinen Gunsten durch Enteignung wieder begründet wird. [2]Ist durch Enteignung das Eigentum an einem Grundstück oder ein Recht an einem Grundstück belastet oder ein Rechtsverhältnis nach Art. 2 Abs. 1 Nr. 4 begründet worden, so kann unter den Voraussetzungen des Absatzes 1 der Eigentümer des Grundstücks oder Inhaber des Rechts oder der aus dem Rechtsverhältnis Verpflichtete die Aufhebung der Belastung oder des Rechtsverhältnisses verlangen. [3]Die Vorschriften über die Rückenteignung gelten sinngemäß.

(6) Für das Verfahren gelten die Vorschriften des Dritten Teils sinngemäß.

Artikel 17 Entschädigung für die Rückenteignung

[1]Wird dem Antrag auf Rückenteignung stattgegeben, so hat der Antragsteller dem von der Rückenteignung Betroffenen Entschädigung für den Rechtsverlust zu leisten. [2]Art. 8 Abs. 2 Nr. 2 ist nicht anzuwenden. [3]Die dem Eigentümer zu gewährende Entschädigung darf den bei der ersten Enteignung zugrundegelegten Verkehrswert des Grundstücks nicht übersteigen, jedoch sind Aufwendungen zu berücksichtigen, die zu einer Werterhöhung des Grundstücks geführt haben. [4]Ist dem Antragsteller bei der ersten Enteignung eine Entschädigung für andere Vermögensnachteile gewährt worden, so hat er diese Entschädigung insoweit zurückzugewähren, als die Nachteile auf Grund der Rückenteignung entfallen. [5]Im übrigen gelten die Vorschriften dieses Gesetzes über die Entschädigung sinngemäß.

---

1) **Amtl. Anm.:** BGBl. FN 403-1
2) **Amtl. Anm.:** BGBl. FN 400-2

Abschnitt 3
Härteausgleich

Artikel 18 Härteausgleich

(1) [1]Entstehen einem Mieter, Pächter oder sonstigen Nutzungsberechtigten, dessen Vertragsverhältnis oder Nutzungsverhältnis durch eine Enteignung auf Grund dieses Gesetzes oder auf Veranlassung des Trägers des Vorhabens durch Kündigung oder Vereinbarung beendet wird, wirtschaftliche Nachteile, die für ihn in seinen persönlichen Lebensumständen, im wirtschaftlichen oder sozialen Bereich eine besondere Härte bedeuten und für die eine Entschädigung nach diesem Gesetz nicht zu leisten ist und die auch nicht durch sonstige Maßnahmen ausgeglichen werden, kann die Enteignungsbehörde auf Antrag einen Geldausgleich festsetzen, soweit es der Billigkeit entspricht (Härteausgleich). [2]Zur Leistung des Härteausgleichs ist der Träger des Vorhabens verpflichtet. [3]Als Härteausgleich kommt auch die Gewährung eines zinsgünstigen Darlehens oder einer Zinsverbilligung für ein Darlehen in Betracht.

(2) Ein Härteausgleich wird nicht gewährt, soweit der Antragsteller es unterlassen hat oder unterläßt, den wirtschaftlichen Nachteil durch zumutbare Maßnahmen, insbesondere unter Einsatz eigener oder fremder Mittel abzuwenden.

(3) Der Antrag auf Härteausgleich ist innerhalb eines Jahres nach Beendigung des Vertragsverhältnisses zu stellen.

Teil III
Verfahren

Abschnitt 1
Enteignungsverfahren

Artikel 19 Enteignungsbehörde

(1) Die Enteignung wird von der Kreisverwaltungsbehörde durchgeführt (Enteignungsbehörde).

(2) Sind mehrere Kreisverwaltungsbehörden für ein Vorhaben zuständig und ist es zweckmäßig, das Verfahren einheitlich durchzuführen, so bestimmt die gemeinsame nächsthöhere Stelle die zuständige Kreisverwaltungsbehörde.

(3) Die Staatsregierung wird ermächtigt, durch Rechtsverordnung die zuständigen Behörden für die Festsetzung der Entschädigung für Beeinträchtigungen des Außenwohnbereichs (§ 9 Abs. 5 bis 7 des Gesetzes zum Schutz gegen Fluglärm) zu bestimmen.

Artikel 20 Enteignungsantrag

(1) Der Enteignungsantrag ist bei der Enteignungsbehörde zu stellen.

(2) [1]Der Antragsteller hat mit dem Enteignungsantrag die für die Beurteilung des Vorhabens und die Bearbeitung des Enteignungsantrags erforderlichen Unterlagen einzureichen. [2]Er muß insbesondere die zu enteignenden Gegenstände, soweit erforderlich unter Vorlage von Grundbuch- oder Katasterauszügen und Lageplänen, bezeichnen und er soll die Beteiligten nach Namen und Anschrift angeben.

Artikel 21 Nachweise

(1) Die Enteignungsbehörde kann jederzeit die Durchführung des Verfahrens davon abhängig machen, daß

1. die Mittel für die Verwirklichung des Vorhabens nachgewiesen werden,
2. Sicherheit bis zur Höhe der voraussichtlichen Enteignungsentschädigung geleistet wird,
3. ein für das Vorhaben erforderlicher Planfeststellungsbeschluß oder sonst erforderliche Genehmigungen, Bewilligungen, Erlaubnisse oder Zustimmungen beigebracht werden.

(2) Von juristischen Personen des öffentlichen Rechts kann Sicherheitsleistung nur verlangt werden, wenn begründete Zweifel an ihrer Leistungsfähigkeit bestehen.

Artikel 22 Beteiligte

(1) In dem Enteignungsverfahren sind Beteiligte

1. der Enteignungsbegünstigte,
2. der Eigentümer und diejenigen, für welche ein Recht an dem von der Enteignung betroffenen Grundstück oder an einem das Grundstück belastenden Recht im Grundbuch eingetragen oder

durch Eintragung gesichert ist oder für welche ein Wasserrecht oder eine wasserrechtliche Befugnis im Wasserbuch eingetragen ist,
3. Inhaber eines nicht im Grundbuch oder Wasserbuch eingetragenen Rechts an dem Grundstück oder an einem das Grundstück belastenden Recht, eines Anspruchs mit dem Recht auf Befriedigung aus dem Grundstück oder eines persönlichen Rechts, das zum Erwerb, zum Besitz oder zur Nutzung des Grundstücks berechtigt oder die Benutzung des Grundstücks beschränkt,
4. wenn Ersatzland im Weg der Enteignung bereitgestellt werden soll, der Eigentümer und die Inhaber der in den Nummern 2 und 3 genannten Rechte hinsichtlich des Ersatzlandes,
5. die Eigentümer der Grundstücke, die durch eine Enteignung nach Art. 5 betroffen werden.

(2) [1]Die in Absatz 1 Nr. 3 bezeichneten Personen werden in dem Zeitpunkt Beteiligte, in dem die Anmeldung ihres Rechts der Enteignungsbehörde zugeht. [2]Die Anmeldung kann spätestens in der letzten mündlichen Verhandlung mit den Beteiligten erfolgen.

(3) [1]Bestehen Zweifel an einem angemeldeten Recht, so hat die Enteignungsbehörde dem Anmeldenden unverzüglich eine Frist zur Glaubhaftmachung seines Rechts zu setzen. [2]Nach fruchtlosem Ablauf der Frist ist er bis zur Glaubhaftmachung seines Rechts nicht mehr zu beteiligen.

(4) Der im Grundbuch eingetragene Gläubiger einer Hypothek, Grundschuld oder Rentenschuld, für die ein Brief erteilt ist, und jeder seiner Rechtsnachfolger hat auf Verlangen der Enteignungsbehörde eine Erklärung darüber abzugeben, ob ein anderer die Hypothek, Grundschuld oder Rentenschuld oder ein Recht daran erworben hat; die Person eines Erwerbers hat er dabei zu bezeichnen.

Artikel 23 Förmliches Verwaltungsverfahren

[1]Das Enteignungsverfahren wird als förmliches Verwaltungsverfahren nach dem Bayerischen Verwaltungsverfahrensgesetz (BayVwVfG)[1)] durchgeführt, soweit sich aus diesem Gesetz nichts Abweichendes ergibt. [2]Im Enteignungsverfahren und soweit in diesem Gesetz Schriftform angeordnet ist, findet Art. 3a des Bayerischen Verwaltungsverfahrensgesetzes keine Anwendung.

Artikel 24 Erforschung des Sachverhalts

(1) Die Enteignungsbehörde kann im Rahmen der Ermittlung des Sachverhalts anordnen, daß
1. Beteiligte persönlich erscheinen oder einen Vertreter entsenden, der zur Abgabe der erforderlichen Erklärungen ermächtigt ist,
2. Beteiligte Urkunden und sonstige Unterlagen vorlegen, die sich in ihrem Besitz befinden,
3. Hypotheken-, Grundschuld- und Rentenschuldgläubiger die in ihrem Besitz befindlichen Hypotheken-, Grundschuld- und Rentenschuldbriefe vorlegen.

(2) [1]Die Enteignungsbehörde kann den Zustand des Grundstücks im Rahmen der Vorarbeiten oder vor dem Wirksamwerden der vorzeitigen Besitzeinweisung oder sonstiger mit dem Vorhaben zusammenhängender Maßnahmen in einer Niederschrift feststellen lassen, soweit er für die zu leistende Entschädigung von Bedeutung ist. [2]Die Enteignungsbehörde soll den Zustand des Grundstücks nach Satz 1 feststellen lassen, wenn es der Eigentümer verlangt. [3]Die Niederschrift ist dem Träger des Vorhabens und dem Eigentümer zuzusenden; die Beteiligten können die Niederschrift jederzeit einsehen.

Artikel 25 Wiedereinsetzung in den vorigen Stand

[1]Die Behörde kann nach Wiedereinsetzung in den vorigen Stand an Stelle einer Entscheidung, die den durch das bisherige Verfahren herbeigeführten neuen Rechtszustand ändern würde, eine Entschädigung festsetzen. [2]Art. 8 bis 13 gelten sinngemäß.

Artikel 26 Vorbereitung der mündlichen Verhandlung; Entscheidung ohne mündliche Verhandlung

(1) [1]Das Enteignungsverfahren soll beschleunigt durchgeführt werden. [2]Die Enteignungsbehörde soll schon vor der mündlichen Verhandlung alle Anordnungen treffen, die erforderlich sind, um das Verfahren möglichst in einem Verhandlungstermin zu erledigen. [3]Sie soll den Beteiligten und den Behörden und Stellen, die Träger öffentlicher Belange sind und deren Aufgabenbereich berührt wird, Gelegenheit zur Äußerung geben.

(2) [1]Enteignungsverfahren können miteinander verbunden werden. [2]Verbundene Enteignungsverfahren können wieder getrennt werden.

1) **Amtl. Anm.:** BayRS 2010-1-I

(3) [1]Die Enteignungsbehörde entscheidet nach mündlicher Verhandlung mit den Beteiligten. [2]Zur mündlichen Verhandlung lädt sie die ihr bekannten Beteiligten; die Gemeinde, in deren Gebiet sich der Enteignungsgegenstand befindet, kann geladen werden. [3]Die Ladung ist zuzustellen. [4]Die Ladungsfrist beträgt zwei Wochen. [5]Die Sachverständigen, die Gutachten für die Enteignungsbehörde erstattet haben, sollen beigezogen werden. [6]Art. 67 Abs. 1 Sätze 4 bis 6 BayVwVfG[1)] bleiben unberührt.

(4) Die Enteignungsbehörde kann neben den Fällen des Art. 67 Abs. 2 BayVwVfG ohne mündliche Verhandlung entscheiden, wenn die Enteignung offensichtlich unzulässig ist.

(5) [1]Die Ladung muß enthalten

1. die Bezeichnung des Antragstellers und des Enteignungsgegenstands,
2. den wesentlichen Inhalt des Enteignungsantrags mit dem Hinweis, daß der Antrag mit den ihm beigefügten Unterlagen bei der Enteignungsbehörde oder einer von ihr bestimmten Stelle eingesehen werden kann,
3. die Aufforderung, etwaige Einwendungen gegen den Enteignungsantrag möglichst vor der mündlichen Verhandlung bei der Enteignungsbehörde schriftlich einzureichen oder zur Niederschrift zu erklären und etwaige Rechte spätestens in der mündlichen Verhandlung wahrzunehmen, und
4. den Hinweis, daß auch bei Nichterscheinen über den Enteignungsantrag und andere im Verfahren zu erledigende Anträge entschieden werden kann.

[2]Sie soll einen Hinweis auf die Verfügungs- und Veränderungssperre (Art. 27) und ein etwaiges Planfeststellungsverfahren enthalten.

(6) Die Ladung von Personen, deren Beteiligung auf einem Antrag auf Entschädigung in Land beruht, muß außer dem in Absatz 5 vorgeschriebenen Inhalt auch die Bezeichnung des Eigentümers, dessen Entschädigung in Land beantragt ist, und des Grundstücks, für das die Entschädigung in Land gewährt werden soll, enthalten.

(7) [1]Das Enteignungsverfahren ist mindestens zwei Wochen vor dem ersten Termin der mündlichen Verhandlung in ortsüblicher Weise in der Gemeinde, in deren Gebiet sich der Enteignungsgegenstand befindet, öffentlich bekanntzumachen; das gilt nicht im Fall des Absatzes 4. [2]Für den Inhalt der Bekanntmachung gilt Absatz 5 sinngemäß; der erste Termin der mündlichen Verhandlung ist anzugeben.

(8) Soweit in anderen Gesetzen eine gesonderte Entscheidung über die Zulässigkeit der Enteignung durch eine andere Stelle als die Enteignungsbehörde vorgeschrieben ist, darf erst geladen und öffentlich bekanntgemacht werden, wenn diese Entscheidung getroffen ist.

(9) Ist im Grundbuch die Anordnung der Zwangsversteigerung oder Zwangsverwaltung eingetragen, so gibt die Enteignungsbehörde dem Vollstreckungsgericht von der Bekanntmachung über das Enteignungsverfahren Kenntnis, soweit dieses das Grundstück betrifft, das Gegenstand des Vollstreckungsverfahrens ist.

Artikel 27 Verfügungs- und Veränderungssperre

(1) Von der Bekanntmachung über das Enteignungsverfahren (Art. 26 Abs. 7) an oder vom Beginn der Auslegung der Pläne im Planfeststellungsverfahren nach Art. 40, 41 an dürfen nur mit schriftlicher Genehmigung der Enteignungsbehörde

1. Verfügungen über ein Grundstück und über Rechte an einem Grundstück getroffen oder Vereinbarungen abgeschlossen werden, durch die einem anderen ein Recht zur Nutzung oder Bebauung eines Grundstücks oder Grundstücksteils eingeräumt wird,
2. erhebliche Veränderungen der Erdoberfläche oder wesentlich wertsteigernde sonstige Veränderungen des Grundstücks vorgenommen werden,
3. nicht genehmigungspflichtige, aber wertsteigernde bauliche Anlagen errichtet oder wertsteigernde Änderungen solcher Anlagen vorgenommen werden,
4. genehmigungspflichtige bauliche Anlagen errichtet oder geändert werden.

(2) [1]Sind Verfügungen oder Änderungen der in Absatz 1 bezeichneten Art vor der Bekanntmachung zu befürchten, so kann die Enteignungsbehörde die Sperre nach Absatz 1 bereits ab dem Eingang des Enteignungsantrags (Art. 20 Abs. 1) anordnen. [2]Die Anordnung ist in ortsüblicher Weise in der Gemeinde, in deren Gebiet sich der Enteignungsgegenstand befindet, öffentlich bekanntzumachen.

1) **Amtl. Anm.:** BayRS 2010-1-I

(3) Veränderungen, die in rechtlich zulässiger Weise vorher begonnen worden sind, Unterhaltungsarbeiten und die Fortführung einer bisher ausgeübten Nutzung werden hiervon nicht berührt.

(4) [1]Die Enteignungsbehörde ersucht das Grundbuchamt, die Verfügungs- und Veränderungssperre im Grundbuch einzutragen. [2]Das Grundbuchamt benachrichtigt die Enteignungsbehörde von allen Eintragungen, die nach dem Wirksamwerden der Sperre vorgenommen werden.

(5) [1]Vor Entscheidung über die Genehmigung ist der Antragsteller zu hören. [2]Die Genehmigung darf nur versagt werden, wenn Grund zu der Annahme besteht, daß das Vorhaben die Enteignung unmöglich machen oder wesentlich erschweren oder den Enteignungszweck gefährden würde. [3]Die Enteignung wird auch dann wesentlich erschwert, wenn bei der Veräußerung eines Grundstücks und bei der Bestellung oder Veräußerung eines Erbbaurechts der vereinbarte Gegenwert für das Grundstück oder das Recht über dem Wert liegt, der sich in Anwendung der Entschädigungsgrundsätze dieses Gesetzes ergibt.

(6) [1]Wird dem Enteignungsantrag stattgegeben, so kann der Enteignungsbegünstigte verlangen, daß für ihn nachteilige, nicht nach Absatz 1 genehmigte Veränderungen beseitigt oder in Geld ausgeglichen werden. [2]Die Entscheidung trifft die Enteignungsbehörde.

(7) [1]Dauert die Sperre länger als vier Jahre, so ist den Betroffenen für danach entstandene Vermögensnachteile auf Grund der Sperre eine angemessene Entschädigung in Geld zu leisten. [2]Art. 8 bis 13 gelten sinngemäß. [3]Die Enteignungsbehörde setzt die Entschädigung auf Antrag des Betroffenen im Enteignungsbeschluß oder in einem gesonderten Beschluß fest.

Artikel 28 Bindungswirkung

[1]Ist in einem Planfeststellungsverfahren oder in einem anderen förmlichen Verfahren eine für die Beteiligten verbindliche Entscheidung über die Zulässigkeit und die Art der Verwirklichung des Vorhabens getroffen worden, so ist die unanfechtbare oder für sofort vollziehbar erklärte Entscheidung dem Enteignungsverfahren zugrundezulegen und für die Enteignungsbehörde bindend. [2]Gegen Enteignungsmaßnahmen können keine Einwendungen erhoben werden, über die in diesem Verfahren der Sache nach entschieden worden ist oder die in diesem Verfahren nicht mehr erhoben werden können.

Artikel 29 Einigung

(1) Die Enteignungsbehörde hat auf eine Einigung zwischen den Beteiligten hinzuwirken.

(2) [1]Einigen sich die Beteiligten außerhalb des Enteignungsverfahrens über den Übergang oder die Belastung des Enteignungsgegenstands, jedoch nicht über die Höhe der Entschädigung, so wird auf Antrag eines Beteiligten das Enteignungsverfahren zur Festsetzung der Entschädigung durchgeführt. [2]Für das Verfahren gelten die Vorschriften dieses Abschnitts mit Ausnahme der Vorschriften, die sich auf den Übergang oder die Belastung des Enteignungsgegenstands beziehen. [3]Die Enteignungsbehörde kann von der öffentlichen Bekanntmachung (Art. 26 Abs. 7) absehen.

(3) [1]Einigen sich die Beteiligten im Enteignungsverfahren, so hat die Enteignungsbehörde eine Niederschrift über die Einigung aufzunehmen. [2]Die Niederschrift muß den Erfordernissen des Art. 31 Abs. 1 entsprechen. [3]Sie ist von den Beteiligten zu unterschreiben. [4]Ein Bevollmächtigter eines Beteiligten bedarf einer öffentlich oder amtlich beglaubigten Vollmacht; für einen Rechtsanwalt genügt eine schriftliche Vollmacht. [5]Die beurkundete Einigung steht einem nicht mehr anfechtbaren Enteignungsbeschluß gleich. [6]Art. 31 Abs. 3 ist entsprechend anzuwenden.

(4) [1]Einigen sich die Beteiligten im Enteignungsverfahren nur über den Übergang oder die Belastung des Enteignungsgegenstands, jedoch nicht über die Höhe der Entschädigung, so ist Absatz 3 entsprechend anzuwenden. [2]Die Enteignungsbehörde hat anzuordnen, daß dem Berechtigten eine Vorauszahlung in Höhe der zu erwartenden Entschädigung zu leisten ist, soweit sich aus der Einigung nichts anderes ergibt. [3]Im übrigen wird das Enteignungsverfahren fortgesetzt; Absatz 2 ist entsprechend anzuwenden.

Artikel 30 Entscheidung der Enteignungsbehörde

(1) Soweit eine Einigung nicht zustandekommt, entscheidet die Enteignungsbehörde durch Beschluß über den Enteignungsantrag und die übrigen Anträge.

(2) [1]Auf Antrag hat die Enteignungsbehörde vorab über den Übergang oder die Belastung des Enteignungsgegenstands oder über sonstige durch die Enteignung zu bewirkende Rechtsänderungen zu entscheiden. [2]In diesem Fall hat die Enteignungsbehörde anzuordnen, daß dem Berechtigten eine Vorauszahlung in Höhe der zu erwartenden Entschädigung zu leisten ist.

(3) Gibt die Enteignungsbehörde dem Enteignungsantrag statt, so entscheidet sie zugleich
1. darüber, welche Rechte der in Art. 12 bezeichneten Berechtigten an dem Gegenstand der Enteignung aufrechterhalten bleiben,
2. darüber, mit welchen Rechten der Gegenstand der Enteignung, das Ersatzland oder ein anderes Grundstück belastet wird,
3. darüber, welche Rechtsverhältnisse begründet werden, die persönliche Rechte gewähren,
4. im Fall der Entschädigung in Ersatzland über den Eigentumsübergang oder die Enteignung des Ersatzlandes.

(4) Dem Beschluß der Enteignungsbehörde ist eine Belehrung über die Rechtsbehelfe, über die Gerichte, bei denen sie einzureichen sind, und über die Frist beizufügen.

Artikel 31 Enteignungsbeschluß

(1) Gibt die Enteignungsbehörde dem Enteignungsantrag statt, so muß der Beschluß (Enteignungsbeschluß) bezeichnen
1. die von der Enteignung Betroffenen und den Enteignungsbegünstigten,
2. die sonstigen Beteiligten,
3. den Enteignungszweck und die Frist, innerhalb deren der Enteignungsgegenstand zu dem vorgesehenen Zweck zu verwenden ist,
4. die Sach- und Rechtsänderungen, die durch die Enteignung eintreten, und zwar
   a) wenn das Eigentum an einem Grundstück Gegenstand der Enteignung ist: das Grundstück nach Größe, grundbuchmäßiger, katastermäßiger oder sonst üblicher Bezeichnung; im Fall der Enteignung eines Grundstücksteils ist zu seiner Bezeichnung auf die für die Abschreibung eines Grundstücksteils nach der Grundbuchordnung[1)] erforderlichen Unterlagen Bezug zu nehmen,
   b) wenn ein anderes Recht an einem Grundstück Gegenstand einer selbständigen Enteignung ist: dieses Recht nach Inhalt und grundbuchmäßiger Bezeichnung,
   c) wenn ein persönliches Recht Gegenstand einer selbständigen Enteignung ist: dieses Recht nach seinem Inhalt und dem Grund seines Bestehens,
   d) wenn die Enteignung auf die in Art. 2 Abs. 2 bezeichneten Gegenstände ausgedehnt wird: diese Gegenstände,
   e) wenn ein Grundstück mit einem Recht belastet wird: die Art, den Inhalt, soweit er durch Vertrag bestimmt werden kann, und den Rang des Rechts, den Berechtigten und das Grundstück,
   f) wenn ein persönliches Recht begründet wird: den Inhalt des Rechtsverhältnisses und die daran Beteiligten,
   g) im Fall des Art. 2 Abs. 1 Nr. 5 die baulichen Anlagen und Einfriedungen,
5. die Art und Höhe der Entschädigungen und die Höhe der Ausgleichszahlungen nach Art. 14 Abs. 4 Satz 4 und Art. 15 Abs. 1 Satz 2 mit der Angabe, von wem und an wen sie zu leisten sind; Geldentschädigungen, aus denen andere von der Enteignung Betroffene nach Art. 12 Abs. 4 zu entschädigen sind, müssen von den sonstigen Geldentschädigungen getrennt ausgewiesen werden,
6. bei der Entschädigung in Land das Grundstück in der in Nummer 4 Buchst. a bezeichneten Weise.

(2) [1]Kann ein Grundstücksteil nicht entsprechend Absatz 1 Nr. 4 Buchst. a bezeichnet werden, so kann der Enteignungsbeschluß ihn auf Grund fester Merkmale in der Natur oder durch Bezugnahme auf die Eintragung in einem Lageplan bezeichnen. [2]Wenn das Ergebnis der Vermessung vorliegt, ist der Enteignungsbeschluß durch einen Nachtragsbeschluß anzupassen.

(3) Ist im Grundbuch die Anordnung der Zwangsversteigerung oder der Zwangsverwaltung eingetragen, so gibt die Enteignungsbehörde dem Vollstreckungsgericht von dem Enteignungsbeschluß Kenntnis.

Artikel 32 Lauf der Verwendungsfrist

(1) Die Frist, innerhalb deren der Enteignungsgegenstand zu dem vorgesehenen Zweck nach Art. 31 Abs. 1 Nr. 3 zu verwenden ist, beginnt mit dem Eintritt der Rechtsänderung.

---

1) **Amtl. Anm.:** BGBl. FN 315-11

(2) [1]Die Enteignungsbehörde kann diese Frist vor ihrem Ablauf auf Antrag verlängern, wenn
1. der Enteignungsbegünstigte nachweist, daß er den Enteignungsgegenstand ohne Verschulden innerhalb der festgesetzten Frist nicht zu dem vorgesehenen Zweck verwenden kann, oder
2. vor Ablauf der Frist eine Gesamtrechtsnachfolge eintritt und der Rechtsnachfolger nachweist, daß er den Enteignungsgegenstand innerhalb der gesetzten Frist nicht zu dem vorgesehenen Zweck verwenden kann.

[2]Der enteignete frühere Eigentümer ist vor der Entscheidung über die Verlängerung zu hören. [3]Die Entscheidung ist den Beteiligten des vorangegangenen Enteignungsverfahrens zuzustellen.

Artikel 33 Verfahren bei der Entschädigung durch Gewährung anderer Rechte

(1) Soll die Entschädigung des Eigentümers eines zu enteignenden Grundstücks gemäß Art. 15 festgesetzt werden und ist die Bestellung, Übertragung oder die Bewertung eines der dort bezeichneten Rechte im Zeitpunkt des Erlasses des Enteignungsbeschlusses noch nicht möglich, so kann die Enteignungsbehörde, wenn es der Eigentümer unter Bezeichnung eines Rechts beantragt, im Enteignungsbeschluß neben der Festsetzung der Entschädigung in Geld dem Enteignungsbegünstigten aufgeben, binnen einer bestimmten Frist dem von der Enteignung Betroffenen ein Recht der bezeichneten Art zu angemessenen Bedingungen anzubieten.

(2) [1]Bietet der Enteignungsbegünstigte binnen der bestimmten Frist ein Recht der bezeichneten Art nicht an oder einigt er sich mit dem von der Enteignung Betroffenen nicht, so wird ihm ein solches Recht auf Antrag zugunsten des von der Enteignung Betroffenen durch Enteignung entzogen. [2]Die Enteignungsbehörde setzt den Inhalt des Rechts fest, soweit dessen Inhalt durch Vereinbarung bestimmt werden kann. [3]Die Vorschriften dieses Gesetzes über das Verfahren und die Entschädigung sind sinngemäß anzuwenden.

(3) Der Antrag nach Absatz 2 kann nur innerhalb von drei Monaten nach Ablauf der bestimmten Frist gestellt werden.

Artikel 34 Ausführungsanordnung

(1) Ist der Enteignungsbeschluß nicht mehr anfechtbar, so ordnet auf Antrag eines Beteiligten die Enteignungsbehörde seine Ausführung an (Ausführungsanordnung), wenn der Entschädigungsverpflichtete die Geldentschädigung gezahlt oder zulässigerweise unter Verzicht auf das Recht der Rücknahme hinterlegt hat.

(2) [1]Im Fall des Art. 29 Abs. 4 ist auf Antrag eines Beteiligten die Ausführungsanordnung zu erlassen, wenn der Entschädigungsverpflichtete die festgesetzte Vorauszahlung gezahlt oder in zulässiger Weise unter Verzicht auf das Recht der Rücknahme hinterlegt hat. [2]Die Enteignungsbehörde kann die Ausführungsanordnung davon abhängig machen, daß der Entschädigungsverpflichtete im übrigen für einen angemessenen Betrag Sicherheit leistet.

(3) Ist die Entscheidung nach Art. 30 Abs. 2 Satz 1 unanfechtbar, so gilt Absatz 2 sinngemäß.

(4) [1]Im Fall des Art. 31 Abs. 2 ist auf Antrag eines Beteiligten die Ausführungsanordnung zu erlassen, wenn der Entschädigungsverpflichtete die im Enteignungsbeschluß in Verbindung mit dem Nachtragsbeschluß festgesetzte Geldentschädigung gezahlt oder zulässigerweise unter Verzicht auf das Recht der Rücknahme hinterlegt hat. [2]Der Nachtragsbeschluß braucht nicht unanfechtbar zu sein.

(5) [1]Die Ausführungsanordnung ist allen Beteiligten zuzustellen, deren Rechtsstellung durch den Enteignungsbeschluß betroffen wird. [2]Art. 31 Abs. 3 gilt sinngemäß.

(6) [1]Mit dem in der Ausführungsanordnung festzusetzenden Tag wird der bisherige Rechtszustand durch den im Enteignungsbeschluß geregelten neuen Rechtszustand ersetzt. [2]Gleichzeitig entstehen die nach Art. 31 Abs. 1 Nr. 4 Buchst. f begründeten Rechtsverhältnisse; sie gelten von diesem Zeitpunkt an als zwischen den an dem Rechtsverhältnis Beteiligten vereinbart. [3]Die Ausführungsanordnung schließt die Einweisung in den Besitz des enteigneten Grundstücks und des Ersatzlandes zu dem festgesetzten Tag ein.

(7) Die Enteignungsbehörde übersendet dem Grundbuchamt eine beglaubigte Abschrift des Enteignungsbeschlusses und der Ausführungsanordnung und ersucht es, das Grundbuch entsprechend den Rechtsänderungen zu berichtigen.

Artikel 35 Hinterlegung

(1) [1]Geldentschädigungen sind unter Verzicht auf das Recht der Rücknahme zu hinterlegen, soweit mehrere Personen als Entschädigungsberechtigte in Betracht kommen und eine Einigung über die

Auszahlung dem Entschädigungsverpflichteten nicht nachgewiesen ist. [2]Zu hinterlegen ist bei dem Amtsgericht, in dessen Bezirk das von der Enteignung betroffene Grundstück liegt; § 2 des Gesetzes über die Zwangsversteigerung und die Zwangsverwaltung[1] gilt sinngemäß.

(2) Andere Vorschriften, nach denen die Hinterlegung geboten oder statthaft ist, bleiben unberührt.

Artikel 36 Verteilungsverfahren

(1) Nach dem Eintritt des neuen Rechtszustands kann jeder Beteiligte sein Recht an der hinterlegten Summe gegen einen Mitbeteiligten, der dieses Recht bestreitet, vor den ordentlichen Gerichten geltend machen oder die Einleitung eines gerichtlichen Verteilungsverfahrens beantragen.

(2) Für das Verteilungsverfahren ist das Amtsgericht zuständig, in dessen Bezirk das von der Enteignung betroffene Grundstück liegt; § 2 des Gesetzes über die Zwangsversteigerung und die Zwangsverwaltung[1] gilt sinngemäß.

(3) Auf das Verteilungsverfahren sind die Vorschriften über die Verteilung des Erlöses im Fall der Zwangsversteigerung mit folgenden Abweichungen sinngemäß anzuwenden:

1. Das Verteilungsverfahren ist durch Beschluß zu eröffnen,
2. die Zustellung des Eröffnungsbeschlusses an den Antragsteller gilt als Beschlagnahme im Sinn des § 13 des Gesetzes über die Zwangsversteigerung und die Zwangsverwaltung; ist das Grundstück schon in einem Zwangsversteigerungs- oder Zwangsverwaltungsverfahren beschlagnahmt, so hat es hierbei sein Bewenden,
3. das Verteilungsgericht hat bei Eröffnung des Verfahrens von Amts wegen das Grundbuchamt um die in § 19 Abs. 2 des Gesetzes über die Zwangsversteigerung und die Zwangsverwaltung bezeichneten Mitteilungen zu ersuchen; in die beglaubigte Abschrift des Grundbuchblatts sind die zur Zeit der Zustellung des Enteignungsbeschlusses an den Enteigneten vorhandenen Eintragungen und die später eingetragenen Veränderungen und Löschungen aufzunehmen,
4. bei dem Verfahren sind die nach Art. 12 Abs. 4 bezeichneten Entschädigungsberechtigten nach Maßgabe des § 10 des Gesetzes über die Zwangsversteigerung und die Zwangsverwaltung zu berücksichtigen, wegen der Ansprüche auf wiederkehrende Leistungen jedoch nur für die Zeit bis zur Hinterlegung.

Artikel 37 Aufhebung des Enteignungsbeschlusses

(1) [1]Ist die Ausführungsanordnung noch nicht ergangen und hat der Enteignungsbegünstigte die ihm durch den Enteignungsbeschluß auferlegten Zahlungen nicht innerhalb eines Monats nach dem Zeitpunkt geleistet, in dem der Beschluß unanfechtbar geworden ist, so kann die Aufhebung des Enteignungsbeschlusses beantragt werden. [2]Der Antrag ist dem Enteignungsbegünstigten bekanntzugeben. [3]Dem Antrag ist stattzugeben, wenn der Enteignungsbegünstigte die Zahlungen nicht innerhalb eines Monats nach Bekanntgabe des Antrags leistet.

(2) Antragsberechtigt ist jeder Beteiligte, dem eine nicht gezahlte Entschädigung zusteht oder der nach Art. 12 Abs. 4 aus ihr zu befriedigen ist.

(3) Der Aufhebungsbeschluß ist allen Beteiligten zuzustellen und dem Grundbuchamt abschriftlich mitzuteilen.

(4) [1]Der Enteignungsbegünstigte hat für alle durch den Enteignungsbeschluß entstandenen besonderen Nachteile Entschädigung zu leisten. [2]Die Enteignungsbehörde setzt Art und Höhe der Entschädigung auf Antrag des Betroffenen durch Beschluß fest.

Artikel 38 Vollstreckbarer Titel

(1) [1]Die Zwangsvollstreckung nach den Vorschriften der Zivilprozeßordnung[2] über die Vollstreckung von Urteilen in bürgerlichen Rechtsstreitigkeiten findet statt

1. aus der Niederschrift über eine Einigung wegen der in ihr bezeichneten Leistungen,
2. aus einem nicht mehr anfechtbaren Enteignungsbeschluß wegen der Geldentschädigung oder einer Ausgleichszahlung,
3. aus einem Beschluß nach Art. 7 Abs. 3, Art. 14 Abs. 8, Art. 18, 25, 27 Abs. 7 und Art. 37 Abs. 4, Art. 40 in Verbindung mit Art. 74 Abs. 2 Satz 3 und Art. 75 Abs. 2 Satz 4 BayVwVfG[3].

---

1) **Amtl. Anm.:** BGBl. FN 310-14
2) **Amtl. Anm.:** BGBl. FN 310-4
3) **Amtl. Anm.:** BayRS 2010-1-I

[2]Die Zahlungsvollstreckung wegen einer Ausgleichszahlung ist erst zulässig, wenn die Ausführungsanordnung wirksam und unanfechtbar geworden ist.

(2) [1]Die vollstreckbare Ausfertigung wird von dem Urkundsbeamten der Geschäftsstelle des Amtsgerichts erteilt, in dessen Bezirk die Enteignungsbehörde ihren Sitz hat und, wenn das Verfahren bei einem Gericht anhängig ist, von dem Urkundsbeamten der Geschäftsstelle dieses Gerichts. [2]In den Fällen der §§ 731, 767 bis 770, 785, 786 und 791 der Zivilprozeßordnung tritt das Amtsgericht, in dessen Bezirk die Enteignungsbehörde ihren Sitz hat, an die Stelle des Prozeßgerichts.

(3) Die Vollstreckung nach dem Bayerischen Verwaltungszustellungs- und Vollstreckungsgesetz[1)] bleibt im übrigen unberührt.

Abschnitt 2

Vorzeitige Besitzeinweisung

Artikel 39 Vorzeitige Besitzeinweisung

(1) [1]Ist die sofortige Ausführung der beabsichtigten Maßnahme aus Gründen des Wohls der Allgemeinheit dringend geboten, so kann die Enteignungsbehörde den Träger des Vorhabens, für das enteignet werden kann, auf Antrag durch Beschluß nach mündlicher Verhandlung in den Besitz des Grundstücks einweisen. [2]Für die Besitzeinweisung gilt Art. 3 sinngemäß. [3]Der Beschluß ist dem Antragsteller, dem Eigentümer und dem unmittelbaren Besitzer zuzustellen. [4]Die Besitzeinweisung wird in dem von der Enteignungsbehörde bezeichneten Zeitpunkt wirksam. [5]Auf Antrag des unmittelbaren Besitzers ist dieser Zeitpunkt auf mindestens zwei Wochen nach Zustellung des Besitzeinweisungsbeschlusses an ihn festzusetzen, wenn das nach Abwägung der beiderseitigen Interessen gerechtfertigt ist.

(2) Die Enteignungsbehörde kann den Besitzeinweisungsbeschluß mit Auflagen, Bedingungen und Befristungen versehen und von der Leistung einer Sicherheit in Höhe der voraussichtlichen Enteignungsentschädigung abhängig machen.

(3) [1]Durch die Besitzeinweisung wird dem Besitzer der Besitz entzogen und der Eingewiesene Besitzer. [2]Der Eingewiesene darf auf dem Grundstück das Vorhaben, für das die Enteignung zulässig ist, ausführen und die dafür erforderlichen Maßnahmen treffen.

(4) [1]Der Eingewiesene hat für die durch die vorzeitige Besitzeinweisung entstehenden Vermögensnachteile Entschädigung zu leisten, soweit die Nachteile nicht durch die Verzinsung der Geldentschädigung (Art. 13 Abs. 2) ausgeglichen werden. [2]Art und Höhe der Entschädigung werden durch die Enteignungsbehörde im Enteignungsbeschluß oder in einem gesonderten Beschluß, für den Absatz 1 Satz 3 sinngemäß gilt, festgesetzt. [3]Die Entschädigung für die Besitzeinweisung ist im Zeitpunkt ihres Wirksamwerdens fällig.

(5) [1]Wird die vorzeitige Besitzeinweisung aufgehoben, so ist der vorherige unmittelbare Besitzer wieder in den Besitz einzuweisen. [2]Die vorzeitige Besitzeinweisung ist auch dann aufzuheben, wenn der Träger des Vorhabens trotz eines Verlangens des Eigentümers oder des unmittelbaren Besitzers binnen angemessener Frist, jedoch spätestens nach sechs Monaten, keinen Enteignungsantrag stellt oder der Enteignungsantrag abgewiesen oder der Enteignungsbeschluß aufgehoben wird. [3]Der Eingewiesene hat für alle durch die vorzeitige Besitzeinweisung entstandenen besonderen Nachteile Entschädigung zu leisten. [4]Absatz 4 Satz 2 gilt entsprechend.

(6) [1]Der Beschluß über die vorzeitige Besitzeinweisung, ihre Änderung oder ihre Aufhebung ist wegen der darin festgesetzten Leistungen ein vollstreckbarer Titel im Sinn des Art. 38. [2]Das gilt auch für einen gesonderten Beschluß über die Besitzeinweisungsentschädigung.

(7) Art. 19, 20, 21, 24, 25, 26 Abs. 2, 4 und 8, Art. 28 und 29 Abs. 1 gelten sinngemäß.

Abschnitt 3

Planfeststellung

Artikel 40 Planfeststellungsverfahren

(1) Erstreckt sich ein Vorhaben auf mehrere Grundstücke, so kann die nach Art. 41 zuständige Behörde vor der Bekanntmachung über das Enteignungsverfahren (Art. 26 Abs. 7) ein Planfeststellungsverfah-

1) **Amtl. Anm.:** BayRS 2010-2-I

ren durchführen, wenn sie es für sachdienlich hält und nicht ein Planfeststellungsverfahren oder ein anderes förmliches Verfahren in anderen Gesetzen vorgesehen ist.

(2) Soweit in anderen Gesetzen eine gesonderte Entscheidung über die Zulässigkeit der Enteignung durch eine andere Stelle als die Kreisverwaltungsbehörde vorgeschrieben ist, darf der Plan nach Art. 73 Abs. 3 BayVwVfG[1)] erst ausgelegt werden, wenn diese Entscheidung getroffen ist.

Artikel 41 Zuständigkeit

(1) Anhörungs- und Planfeststellungsbehörde ist die Kreisverwaltungsbehörde.

(2) [1]Fällt ein Planfeststellungsverfahren unter die Zuständigkeit mehrerer Kreisverwaltungsbehörden, so kann die Regierung die zuständige Kreisverwaltungsbehörde bestimmen oder das Verfahren selbst durchführen. [2]Fällt ein Planfeststellungsverfahren unter die Zuständigkeit mehrerer Regierungen, kann das Staatsministerium des Innern, für Sport und Integration die zuständige Regierung bestimmen.

Abschnitt 4
Kosten und Aufwendungen der Beteiligten

Artikel 42 Kosten

(1) Für Amtshandlungen nach diesem Gesetz werden Kosten (Gebühren und Auslagen) nach dem Kostengesetz (KG)[2)] erhoben.

(2) [1]Für das Enteignungsverfahren und das Rückenteignungsverfahren nach Teil III Abschnitt 1 wird jeweils eine Gebühr (Verfahrensgebühr) erhoben. [2]Wird einem Antrag stattgegeben, so ist zur Zahlung der Kosten der Entschädigungsverpflichtete (Art. 9 Abs. 2), sonst der Antragsteller verpflichtet. [3]Wird einem Antrag auf Rückenteignung stattgegeben, so ist der von der Rückenteignung Betroffene zur Zahlung der Kosten verpflichtet. [4]Art. 2 Abs. 2 bis 4 KG bleiben unberührt.

(3) [1]Für das Verfahren über einen Antrag auf Aufhebung eines Enteignungsbeschlusses wird neben der Verfahrensgebühr nach Absatz 2 Satz 1 eine eigene Gebühr erhoben. [2]Wird dem Antrag stattgegeben, so ist zur Zahlung der Kosten der Enteignungsbegünstigte, sonst der Antragsteller verpflichtet. [3]Art. 2 Abs. 2 bis 4 KG bleiben unberührt.

(4) [1]Für Amtshandlungen nach Art. 7 ist der Träger des Vorhabens zur Zahlung der Kosten verpflichtet. [2]Art. 2 Abs. 2 bis 4 KG bleiben unberührt.

(5) Das Verfahren über einen Antrag nach Art. 18 ist kostenfrei.

Artikel 43 Aufwendungen der Beteiligten

(1) Die Aufwendungen der Beteiligten im Enteignungs- und Besitzeinweisungsverfahren, die zur zweckentsprechenden Rechtsverfolgung oder Rechtsverteidigung notwendig sind, sind vom Schuldner der Kosten des Enteignungsverfahrens oder, wenn nur ein Besitzeinweisungsverfahren durchgeführt wird, vom Schuldner der Kosten des Besitzeinweisungsverfahrens zu erstatten.

(2) [1]Die Enteignungsbehörde setzt den Betrag der den Beteiligten zu erstattenden Aufwendungen in dem Beschluß, in dem über die Entschädigung entschieden wird, oder, wenn das beantragt und ein berechtigtes Interesse daran geltend gemacht wird, in einem gesonderten Beschluß fest. [2]Ist der gesonderte Beschluß unanfechtbar, so findet aus ihm die Zwangsvollstreckung nach den Vorschriften der Zivilprozeßordnung[3)] über die Vollstreckung von Kostenfestsetzungsbeschlüssen statt; Art. 38 Abs. 2 gilt sinngemäß.

(3) Aufwendungen eines Beteiligten für Sachverständige sind nur bis zu der Höhe erstattungsfähig, die sich aus der entsprechenden Anwendung der Vorschriften ergibt, die für die Entschädigung von Sachverständigen durch die Enteignungsbehörde maßgebend sind.

(4) [1]Wird der Enteignungsantrag abgelehnt oder zurückgenommen oder erledigt er sich auf andere Weise, so bestimmt sich der Gegenstandswert der zu erstattenden Gebühren nach der Entschädigung, die nach dem Antrag voraussichtlich festgesetzt worden wäre. [2]Eine Beweiserhebung nur zum Zweck der Ermittlung des Gegenstandswerts findet nicht statt. [3]Die Sätze 1 und 2 gelten entsprechend, wenn nur ein Besitzeinweisungsverfahren durchgeführt wird.

---

1) **Amtl. Anm.:** BayRS 2010-1-I
2) **Amtl. Anm.:** BayRS 2013-1-1-F
3) **Amtl. Anm.:** BGBl. FN 310-4

Abschnitt 5
Rechtsbehelfe

Artikel 44 Rechtsbehelfe
(1) Für Klagen wegen der Entschädigung, wegen Ausgleichszahlungen mit Ausnahme des Härteausgleichs nach Art. 18 und wegen der Erstattung von Aufwendungen der Beteiligten ist der Rechtsweg zu den ordentlichen Gerichten gegeben.
(2) [1]Im übrigen ist, soweit nichts anderes bestimmt ist, der Verwaltungsrechtsweg gegeben. [2]Neben den Fällen der Art. 70 und 74 Abs. 1 Satz 2 BayVwVfG[1)] findet ein Vorverfahren (§ 68 der Verwaltungsgerichtsordnung[2)]) auch bei Entscheidungen nach Art. 34 und 39 nicht statt.
(3) Förmliche Rechtsbehelfe gegen die Ausführungsanordnung sind insoweit zulässig, als geltend gemacht werden kann, daß sie eine selbständige Rechtsverletzung darstellt.

Artikel 45 Verfahren vor den ordentlichen Gerichten
(1) [1]Für die Klage sind die Landgerichte ohne Rücksicht auf den Wert des Streitgegenstands ausschließlich zuständig. [2]Örtlich ist das Landgericht ausschließlich zuständig, in dessen Bezirk der in Anspruch genommene Gegenstand liegt.
(2) [1]Die Klage ist innerhalb eines Monats nach Zustellung des Enteignungsbeschlusses zu erheben. [2]Bildet ein gesonderter Beschluß den Gegenstand der Klage, so ist die Klage innerhalb eines Monats nach Zustellung dieses Beschlusses zu erheben. [3]Die Frist ist eine Notfrist im Sinn der Zivilprozeßordnung[3)].
(3) [1]Der Rechtsstreit vor dem ordentlichen Gericht ist zwischen dem Entschädigungsberechtigten und dem Entschädigungsverpflichteten zu führen. [2]Das gilt sinngemäß, wenn der Rechtsstreit eine Ausgleichszahlung oder die Erstattung von Aufwendungen der Beteiligten betrifft.
(4) Das Gericht kann auch von Amts wegen die Aufnahme von Beweisen anordnen und nach Anhörung der Beteiligten auch solche Tatsachen berücksichtigen, die von ihnen nicht vorgebracht worden sind.
(5) [1]Erscheint der Kläger in einem Termin zur mündlichen Verhandlung, so kann auch dann mündlich verhandelt werden, wenn einer der anderen Beteiligten nicht erscheint. [2]Über einen Antrag, den ein nicht erschienener Beteiligter in einer früheren mündlichen Verhandlung gestellt hat, kann nach Lage der Akten entschieden werden. [3]Erscheint der Kläger in einem Termin zur mündlichen Verhandlung nicht, so kann jeder andere Beteiligte eine Entscheidung nach Lage der Akten beantragen. [4]Die Vorschriften der §§ 332 bis 335, 336 Abs. 2 und § 337 der Zivilprozeßordnung gelten sinngemäß. [5]Im übrigen sind die Vorschriften über Versäumnisurteile nicht anzuwenden.
(6) Das Gericht übersendet der Enteignungsbehörde eine Ausfertigung der Entscheidung oder des Vergleichs.

Artikel 46 Gerichtlicher Vergleich
Im Fall eines gerichtlichen Vergleichs sind Art. 29 Abs. 3, 4 und Art. 34 Abs. 2 sinngemäß anzuwenden.

Teil IV
Schlußvorschriften

Artikel 47 Grundrechtseinschränkung
Das Grundrecht der Unverletzlichkeit der Wohnung (Art. 13 des Grundgesetzes[4)], Art. 106 Abs. 3 der Verfassung[5)]) wird durch dieses Gesetz eingeschränkt.

Artikel 48 Enteignung beweglicher Sachen
[1]Ist in einem anderen Gesetz die Enteignung beweglicher Sachen nach diesem Gesetz vorgesehen, so gelten die Art. 3, 6, 8 bis 13, 16, 17, 19 bis 26, 29 bis 39 und 42 bis 47 sinngemäß, soweit sie auf einen beweglichen Enteignungsgegenstand angewendet werden können. [2]Abweichend von Art. 45 Abs. 1

1) **Amtl. Anm.:** BayRS 2010-1-I
2) **Amtl. Anm.:** BGBl. FN 340-1
3) **Amtl. Anm.:** BGBl. FN 310-4
4) **Amtl. Anm.:** BGBl. FN 100-1
5) **Amtl. Anm.:** BayRS 100-1-S

Satz 2 ist örtlich das Landgericht ausschließlich zuständig, in dessen Bezirk der Verwaltungsakt erlassen wurde.

Artikel 49 Entschädigungsvorschriften in anderen Gesetzen

[1]Wird in einem anderen Gesetz auf die Vorschriften dieses Gesetzes über die Entschädigung verwiesen, so sind die Art. 8 bis 13 sinngemäß anzuwenden. [2]Für das Verfahren vor den ordentlichen Gerichten gilt Art. 45.

Artikel 50 Ordnungswidrigkeiten

Mit Geldbuße kann belegt werden, wer Pfähle, Pflöcke oder sonstige Markierungen, die Vorarbeiten nach Art. 7 dienen, wegnimmt, verändert, unkenntlich macht oder versetzt.

Artikel 51 Abwicklung eingeleiteter Verfahren

[1]Enteignungsverfahren, für die der Enteignungsantrag beim Inkrafttreten dieses Gesetzes bereits eingereicht ist, sind nach den bisher geltenden Vorschriften weiterzuführen. [2]Hat die Enteignungsbehörde die Entschädigung noch nicht festgesetzt, so sind die Vorschriften dieses Gesetzes über die Entschädigung und den Härteausgleich anzuwenden.

Artikel 52 (Änderungsbestimmung)

Artikel 53 (gegenstandslos)

Artikel 54 Inkrafttreten

(1) [1]Dieses Gesetz tritt am 1. März 1975 in Kraft[1)]. [2]*(gegenstandslos)*

(2) und (3) *(gegenstandslos)*

1) **Amtl. Anm.:** Betrifft die ursprüngliche Fassung vom 11. November 1974 (GVBl. S. 610, ber. S. 814)

Bayerisches Landesplanungsgesetz (BayLplG)[1)2)]

Vom 25. Juni 2012 (GVBl. S. 254)
(BayRS 230-1-W)
zuletzt geändert durch § 4 G zur Förderung der Bundeswehr in Bayern vom 23. Juli 2024 (GVBl. S. 257)

Der Landtag des Freistaates Bayern hat das folgende Gesetz beschlossen, das hiermit bekannt gemacht wird:

Nichtamtliche Inhaltsübersicht

1) **Amtl. Anm.:** Art. 15 bis 18 und Art. 31 dieses Gesetzes dienen der Umsetzung der Richtlinie 2001/42/EG des Europäischen Parlaments und des Rates vom 27. Juni 2001 über die Prüfung der Umweltauswirkungen bestimmter Pläne und Programme (ABl. L 197 S. 30).

2) Inkrafttreten am 1.7.2012 gemäß Art. 35 Abs. 1; siehe bis zum 30.6.2012 das Bayerische Landesplanungsgesetz (BayLplG) vom 27. Dezember 2004 (GVBl S. 521).

Teil 1
Allgemeine Vorschriften

Artikel 1 Aufgabe und Instrumente der Landesplanung

(1) [1]Aufgabe der Landesplanung ist es, den Gesamtraum des Freistaates Bayern und seine Teilräume auf Grund einer fachübergreifenden Koordinierung unter den Gesichtspunkten der Raumordnung zu entwickeln, zu ordnen und zu sichern. [2]Dabei sind

1. unterschiedliche Anforderungen an den Raum aufeinander abzustimmen und die auf der jeweiligen Planungsebene auftretenden Konflikte auszugleichen sowie
2. Vorsorge für einzelne Nutzungen und Funktionen des Raums zu treffen.

(2) Zur Erfüllung dieser Aufgabe

1. sind Raumordnungspläne aufzustellen und bei Bedarf fortzuschreiben,
2. sind raumbedeutsame Planungen und Maßnahmen unter raumordnerischen Gesichtspunkten abzustimmen und
3. ist die raumordnerische Zusammenarbeit zu unterstützen.

(3) Die Entwicklung, Ordnung und Sicherung der Teilräume ist in die Gegebenheiten und Erfordernisse des Gesamtraums einzufügen; die Entwicklung, Ordnung und Sicherung des Gesamtraums hat die Gegebenheiten und Erfordernisse seiner Teilräume zu berücksichtigen.

(4) Landesplanung ist Aufgabe des Staates; Regionalplanung ist Teil der Landesplanung.

Artikel 2 Begriffsbestimmungen

Im Sinn dieses Gesetzes sind

1. Erfordernisse der Raumordnung:
   Ziele der Raumordnung, Grundsätze der Raumordnung und sonstige Erfordernisse der Raumordnung;
2. Ziele der Raumordnung:
   verbindliche Vorgaben in Form von räumlich und sachlich bestimmten oder bestimmbaren, vom Träger der Raumordnung abschließend abgewogenen (Art. 17 Satz 1 Halbsatz 2) textlichen oder zeichnerischen Festlegungen in Raumordnungsplänen zur Entwicklung, Ordnung und Sicherung des Raums;
3. Grundsätze der Raumordnung:
   Aussagen zur Entwicklung, Ordnung und Sicherung des Raums als Vorgaben für nachfolgende Abwägungs- oder Ermessensentscheidungen; Grundsätze der Raumordnung können durch Gesetz oder als Festlegungen in einem Raumordnungsplan aufgestellt werden;
4. sonstige Erfordernisse der Raumordnung:
   in Aufstellung befindliche Ziele der Raumordnung, Ergebnisse förmlicher landesplanerischer Verfahren wie des Raumordnungsverfahrens und landesplanerische Stellungnahmen;
5. öffentliche Stellen:
   Behörden des Bundes und des Freistaates Bayern, kommunale Gebietskörperschaften, bundesunmittelbare und die der Aufsicht eines Landes unterstehenden Körperschaften, Anstalten und Stiftungen des öffentlichen Rechts;
6. raumbedeutsame Planungen und Maßnahmen:
   Planungen einschließlich der Raumordnungspläne, Vorhaben und sonstige Maßnahmen, durch die Raum in Anspruch genommen oder die räumliche Entwicklung oder Funktion eines Gebietes beeinflusst wird, einschließlich des Einsatzes der hierfür vorgesehenen öffentlichen Finanzmittel;
7. Raumordnungspläne:
   zusammenfassende, überörtliche und fachübergreifende Pläne gemäß Art. 19 und 21;
8. Festlegungen:
   Ziele und Grundsätze der Raumordnung in Raumordnungsplänen.

Artikel 3 Bindungswirkungen der Erfordernisse der Raumordnung

(1) [1]Bei

1. raumbedeutsamen Planungen und Maßnahmen öffentlicher Stellen,
2. Entscheidungen öffentlicher Stellen über die Zulässigkeit raumbedeutsamer Planungen und Maßnahmen anderer öffentlicher Stellen und

3. Entscheidungen öffentlicher Stellen über die Zulässigkeit raumbedeutsamer Planungen und Maßnahmen von Personen des Privatrechts, die der Planfeststellung oder der Genehmigung mit der Rechtswirkung der Planfeststellung bedürfen,

sind Ziele der Raumordnung zu beachten sowie Grundsätze und sonstige Erfordernisse der Raumordnung in Abwägungs- oder Ermessensentscheidungen zu berücksichtigen. [2]Satz 1 Nrn. 1 und 2 gelten entsprechend bei raumbedeutsamen Planungen und Maßnahmen, die Personen des Privatrechts in Wahrnehmung öffentlicher Aufgaben durchführen, wenn öffentliche Stellen an den Personen mehrheitlich beteiligt sind oder die Planungen und Maßnahmen überwiegend mit öffentlichen Mitteln finanziert werden. [3]Weitergehende Bindungswirkungen von Erfordernissen der Raumordnung nach Maßgabe der für diese Entscheidungen geltenden Vorschriften bleiben unberührt.

(2) Bei sonstigen Entscheidungen öffentlicher Stellen über die Zulässigkeit raumbedeutsamer Planungen und Maßnahmen von Personen des Privatrechts sind die Erfordernisse der Raumordnung nach den für diese Entscheidungen geltenden Vorschriften zu berücksichtigen.

(3) § 5 des Raumordnungsgesetzes (ROG) bleibt unberührt.

Artikel 4 Zielabweichungsverfahren

(1) [1]Die oberste Landesplanungsbehörde kann im Einzelfall in einem besonderen Verfahren die Abweichung von einem Ziel der Raumordnung zulassen, wenn die Abweichung unter raumordnerischen Gesichtspunkten vertretbar ist und die Grundzüge der Planung nicht berührt werden. [2]Die Zulassung erfolgt im Einvernehmen mit den fachlich berührten Staatsministerien und im Benehmen mit den betroffenen Gemeinden, bei Abweichungen von einem Ziel in einem Regionalplan auch im Benehmen mit dem Regionalen Planungsverband. [3]Die Zulassung der Abweichung ausschließlich von einem in einem Regionalplan festgelegten Ziel der Raumordnung obliegt der für die Verbindlicherklärung nach Art. 22 Abs. 1 Satz 2 zuständigen höheren Landesplanungsbehörde im Einvernehmen mit den berührten Fachbehörden der entsprechenden Verwaltungsstufe oder, sofern diese nicht vorhanden sind, der nächsthöheren Verwaltungsstufe sowie im Einvernehmen mit dem Regionalen Planungsverband und im Benehmen mit den betroffenen Gemeinden; Satz 1 gilt entsprechend.

(2) Antragsbefugt sind öffentliche Stellen und Personen des Privatrechts nach Art. 3 Abs. 1 Satz 2, die das Ziel der Raumordnung zu beachten haben.

Teil 2

Materielle Planungsvorgaben

Artikel 5 Leitziel und Leitmaßstab der Landesplanung

(1) Leitziel der Landesplanung ist es, gleichwertige Lebens- und Arbeitsbedingungen in allen Teilräumen zu schaffen und zu erhalten.

(2) Leitmaßstab der Landesplanung ist eine nachhaltige Raumentwicklung, die die wirtschaftlichen, ökologischen und sozialen Belange des Raums in Einklang bringt und zu einer dauerhaften, großräumig ausgewogenen Ordnung führt.

Artikel 6 Grundsätze der Raumordnung

(1) Die Grundsätze der Raumordnung sind im Sinn des Leitziels nach Art. 5 Abs. 1 und des Leitmaßstabs nach Art. 5 Abs. 2 anzuwenden und durch Festlegungen in Raumordnungsplänen zu konkretisieren, soweit dies erforderlich ist.

(2) Grundsätze der Raumordnung sind:

1. Nachhaltige Raumentwicklung:
   Im gesamten Staatsgebiet und in seinen Teilräumen sollen ausgeglichene infrastrukturelle, wirtschaftliche, ökologische, soziale und kulturelle Verhältnisse angestrebt werden. Dabei sollen in allen Teilräumen die nachhaltige Daseinsvorsorge gesichert, nachhaltiges Wirtschaftswachstum und Innovation unterstützt, Entwicklungspotenziale und eine raumtypische Biodiversität gesichert, Gestaltungsmöglichkeiten mittel- und langfristig offengehalten und Ressourcen geschützt werden. Demographischen, wirtschaftlichen, sozialen und anderen raumstrukturverändernden Herausforderungen soll Rechnung getragen werden. Auf einen Ausgleich raumstruktureller Ungleichgewichte zwischen den einzelnen Teilräumen soll hingewirkt werden.

2. Raumstruktur:
Die prägende Vielfalt des gesamten Landesgebiets und seiner Teilräume soll gesichert werden. Auf Kooperationen innerhalb von Teilräumen und von Teilräumen miteinander soll mit dem Ziel der Stärkung und Entwicklung des Gesamtraums und seiner Teilräume hingewirkt werden. Es soll dafür Sorge getragen werden, dass Verdichtungsräume und ländliche Räume auch künftig ihre vielfältigen Aufgaben für die Gesellschaft erfüllen können. Ländliche Teilräume sollen unter Berücksichtigung ihrer unterschiedlichen wirtschaftlichen und naturspezifischen Entwicklungspotenziale als Lebens- und Wirtschaftsräume mit eigenständiger Bedeutung erhalten und entwickelt werden. Gebiete, zwischen denen intensive Lebens- und Wirtschaftsbeziehungen bestehen oder entwickelt werden sollen, sollen zu Regionen zusammengefasst werden. Gemeinden, die sich als Mittelpunkt der Daseinsvorsorge eines in der Regel überörtlichen Verflechtungsbereichs eignen, können in den Raumordnungsplänen als Zentrale Orte festgelegt werden. Die Zentralen Orte sollen so über das ganze Staatsgebiet verteilt werden, dass für alle Bürger die Versorgung mit Gütern, Dienstleistungen und Infrastruktureinrichtungen des wirtschaftlichen, sozialen und kulturellen Bedarfs in zumutbarer Erreichbarkeit gesichert ist; dies gilt auch in dünn besiedelten Teilräumen.

3. Vermeidung von Zersiedelung; Flächensparen: [1]Eine Zersiedelung der Landschaft soll vermieden werden. [2]Die Siedlungstätigkeit soll räumlich konzentriert und vorrangig auf vorhandene Siedlungen mit ausreichender Infrastruktur ausgerichtet werden. [3]Der Freiraum soll erhalten werden; es soll ein großräumig übergreifendes, ökologisch wirksames Freiraumverbundsystem geschaffen werden. [4]Die weitere Zerschneidung der offenen Landschaft und von Waldflächen soll so weit wie möglich vermieden werden. [5]Bei der erstmaligen planerischen Inanspruchnahme von Freiflächen im Außenbereich für Siedlungs- und Verkehrszwecke soll angestrebt werden, dass eine Begrenzung auf eine Richtgröße von 5 ha pro Tag landesweit bis spätestens zum Jahr 2030 erreicht wird. [6]Auch kommt dem Umstand, wofür und wie die betroffenen Flächen genutzt werden sollen, maßgeblich Bedeutung zu. [7]Dabei ist zu berücksichtigen, in welchem Ausmaß es bei der Inanspruchnahme der Flächen zu einer Bodenversiegelung kommt und welche Maßnahmen für den Umwelt-, Klima- und Artenschutz getroffen werden. [8]Insbesondere sollen die Potenziale für die Wiedernutzbarmachung von Flächen, für die Nachverdichtung und für andere Maßnahmen zur Innenentwicklung der Städte und Gemeinden sowie zur Entwicklung vorhandener Verkehrsflächen ausgeschöpft werden. [9]Geeignete Maßnahmen zur Verminderung der Flächeninanspruchnahme sollen unterstützt werden.

4. Versorgungs- und Infrastrukturausstattung:
Der Erhalt und die bedarfsgerechte Weiterentwicklung der notwendigen Infrastruktureinrichtungen sind in allen Teilräumen von besonderer Bedeutung. Überörtliche Einrichtungen der kommunalen Vorsorge sowie der Bildung und Kultur, des Sozialwesens, der medizinischen Versorgung und des Sports, ferner der Verwaltung und der Rechtspflege sollen bevorzugt in den Zentralen Orten gebündelt werden. Geeignete räumliche Voraussetzungen für die Erhaltung der Innenstädte und örtlichen Zentren für die wohnortnahe Versorgung der Bevölkerung sind von besonderer Bedeutung. Dem Schutz kritischer Infrastrukturen soll Rechnung getragen werden. Es sollen die räumlichen Voraussetzungen für nachhaltige Mobilität einschließlich eines integrierten Verkehrssystems geschaffen werden. Die Anbindung an überregionale Verkehrswege und eine gute und verkehrssichere Erreichbarkeit der Teilräume untereinander durch schnellen und reibungslosen Personen- und Güterverkehr sind von besonderer Bedeutung. Die Voraussetzungen für die Verlagerung von Verkehr auf umweltverträglichere Verkehrsträger wie Schiene und Wasserstraße sollen verbessert werden. Raumstrukturen sollen so gestaltet werden, dass die Verkehrsbelastung verringert und zusätzlicher Verkehr vermieden wird. Eine gute Erreichbarkeit der Zentralen Orte, insbesondere mit öffentlichen Verkehrsmitteln, soll gewährleistet werden. Ein barrierefreier Zugang, insbesondere zu Infrastruktureinrichtungen, soll ermöglicht werden.

5. Energieversorgung:
Den räumlichen Erfordernissen für eine kostengünstige, sichere und umweltverträgliche Energieversorgung einschließlich des Ausbaus von Energienetzen soll Rechnung getragen werden. Dabei sollen die räumlichen Voraussetzungen für den Ausbau der erneuerbaren Energien, für eine Steigerung der Energieeffizienz und für eine sparsame Energienutzung geschaffen werden.

6. Wettbewerbsfähige Wirtschaftsstrukturen:
Die räumlichen Voraussetzungen für eine langfristig wettbewerbsfähige und räumlich ausgewogene Wirtschaftsstruktur und wirtschaftsnahe Infrastruktur sowie für ein ausreichendes und vielfältiges Angebot an Arbeits- und Ausbildungsplätzen sollen erhalten und entwickelt werden. Geeignete räumliche Rahmenbedingungen für eine möglichst ausgewogene Branchenstruktur der gewerblichen Wirtschaft, für eine ausgewogene Versorgung mit Handwerks- und sonstigen Dienstleistungsbetrieben sowie für die Sicherung des Bestands und der Weiterentwicklung und die Neuansiedlung von leistungsfähigen kleinen und mittelständischen Unternehmen sowie der Freien Berufe sollen gewährleistet werden. Insbesondere in Räumen, in denen die Lebensverhältnisse in ihrer Gesamtheit im Verhältnis zum Landesdurchschnitt wesentlich zurückgeblieben sind oder ein solches Zurückbleiben zu befürchten ist, sollen die Entwicklungsvoraussetzungen gestärkt werden. Die räumlichen Voraussetzungen für die vorsorgende Sicherung sowie für die geordnete Aufsuchung und Gewinnung von standortgebundenen Rohstoffen sollen geschaffen werden. Die räumlichen Voraussetzungen für eine nachhaltige Wasserwirtschaft und die vorsorgende Sicherung der Versorgung von Bevölkerung und Wirtschaft mit Wasser in ausreichender Menge und Güte sollen geschaffen werden. Die räumlichen Voraussetzungen für die Land- und Forstwirtschaft in ihrer Bedeutung für die Nahrungs- und Rohstoffproduktion sollen erhalten und entwickelt werden. Die Wettbewerbsfähigkeit der Tourismuswirtschaft soll gestärkt werden.

7. Landschaftsbild:
Das Landschaftsbild Bayerns soll in seiner Vielfalt, Eigenart und Schönheit bewahrt werden. Kultur- und Naturlandschaften sollen erhalten und entwickelt werden. Historisch geprägte und gewachsene Kulturlandschaften sollen in ihren prägenden kulturellen und ökologischen Merkmalen und mit ihren Kultur- und Naturdenkmälern erhalten bleiben. Es sollen die räumlichen Voraussetzungen dafür geschaffen werden, dass die Land- und Forstwirtschaft und der Naturschutz ihren Beitrag dazu leisten können, das Landschaftsbild und die natürlichen Lebensgrundlagen zu schützen.

8. Ökologische Funktionen des Raums:
Der Raum soll in seiner Bedeutung für die Funktionsfähigkeit der Böden, des Wasserhaushalts, des Klimas, der Erholung sowie als Lebensraum der Tier- und Pflanzenwelt einschließlich der jeweiligen Wechselwirkungen entwickelt, gesichert oder, soweit erforderlich, möglich und angemessen, wiederhergestellt werden. Wirtschaftliche und soziale Nutzungen des Raums sollen unter Berücksichtigung seiner ökologischen Funktionen gestaltet werden. Naturgüter sollen sparsam und schonend in Anspruch genommen werden. Das Gleichgewicht des Naturhaushalts soll nicht nachteilig verändert werden. Grundwasservorkommen sollen geschützt, die Reinhaltung der Gewässer soll sichergestellt werden. Wälder sollen in ihrer Funktion für Klima, Natur- und Wasserhaushalt sowie für die Erholung erhalten und soweit erforderlich verbessert werden. Den Erfordernissen des Biotopverbunds soll Rechnung getragen werden. Für den vorbeugenden Hochwasserschutz soll vor allem durch Sicherung oder Rückgewinnung von Auen, Rückhalteflächen und Entlastungsflächen Sorge getragen werden. Der Schutz der Allgemeinheit vor Lärm und die Reinhaltung der Luft soll sichergestellt werden. Den räumlichen Erfordernissen des Klimaschutzes soll Rechnung getragen werden, sowohl durch Maßnahmen, die dem Klimawandel entgegenwirken, als auch durch solche, die der Anpassung an den Klimawandel dienen. Insbesondere in den Berggebieten soll dem Schutz vor Naturgefahren besondere Bedeutung beigemessen werden. Die Funktionsfähigkeit der Schutzwälder im Alpenraum soll erhalten und soweit erforderlich verbessert werden.

9. Verteidigung und Zivilschutz:
Die räumlichen Erfordernisse der Verteidigung und des Zivilschutzes liegen im überragenden öffentlichen Interesse. Soweit nicht der Ausbau erneuerbarer Energien betroffen ist, soll ihnen stets in besonderem Maße Rechnung getragen werden.

10. Integration im Bundesgebiet und im europäischen Raum:
Die räumlichen Voraussetzungen für den Zusammenhalt im Bundesgebiet und im europäischen Raum sollen gewährleistet werden. Die Zusammenarbeit im europäischen Raum, mit dem Bund und den Ländern sowie die grenzüberschreitende Zusammenarbeit der Teilräume und Regionen sollen unterstützt werden.

Teil 3
Organisation der Landesplanung

Artikel 7 Landesplanungsbehörden
Landesplanungsbehörden sind das Staatsministerium für Wirtschaft, Landesentwicklung und Energie als oberste Landesplanungsbehörde und die Regierungen als höhere Landesplanungsbehörden.

Artikel 8 Regionale Planungsverbände
(1) [1]Träger der Regionalplanung sind die Regionalen Planungsverbände. [2]Sie erfüllen diese Aufgabe im übertragenen Wirkungskreis. [3]Darüber hinaus können sie Aufgaben ihrer Mitglieder in der Regionalentwicklung wahrnehmen.
(2) Die Regionalen Planungsverbände können keine regionalen Flächennutzungspläne im Sinn des § 13 Abs. 4 ROG aufstellen.
(3) [1]Die Regionalen Planungsverbände sind Zusammenschlüsse der Gemeinden und Landkreise einer Region. [2]Sie entstehen in allen Regionen mit dem Inkrafttreten der Einteilung des Staatsgebiets in Regionen gemäß Art. 19 Abs. 2 Nr. 1. [3]Mitglieder eines Regionalen Planungsverbands sind ausschließlich die Gemeinden, deren Gebiet in der Region liegt, und die Landkreise, deren Gebiet ganz oder teilweise zur Region gehört.
(4) Die Regionalen Planungsverbände bedienen sich zur Ausarbeitung des Regionalplans und zur Erstellung der regionalplanerischen Arbeitsunterlagen für die Verbandsorgane der jeweils für ihren Sitz zuständigen höheren Landesplanungsbehörde, die hierfür die erforderlichen Mittel zur Verfügung stellt.
(5) [1]Unbeschadet der besonderen Bestimmungen dieses Gesetzes sind auf die Regionalen Planungsverbände die für Zweckverbände geltenden Vorschriften anzuwenden. [2]Soweit darin auf die für Gemeinden, Landkreise oder Bezirke geltenden Regelungen verwiesen wird, sind die für Landkreise vorgesehenen Bestimmungen anzuwenden. [3]Die in den anzuwendenden Vorschriften begründeten Zuständigkeiten staatlicher Behörden werden durch die Landesplanungsbehörden der entsprechenden Verwaltungsstufe wahrgenommen.

Artikel 9 Verbandssatzung
(1) [1]Die Verbandssatzung muss die angemessene Vertretung unterschiedlicher Interessen der Verbandsmitglieder sicherstellen. [2]Eine Regelung nach Art. 8 Abs. 1 Satz 3 bedarf der Mehrheit von zwei Dritteln der Mitglieder der Verbandsversammlung, wenn die Aufgabenwahrnehmung umlagenrelevant ist.
(2) [1]Der Erlass der Verbandssatzung und deren Änderungen sind der zuständigen höheren Landesplanungsbehörde anzuzeigen. [2]Sie dürfen nur in Kraft gesetzt werden, wenn die zuständige höhere Landesplanungsbehörde nicht innerhalb einer Frist von sechs Wochen nach Eingang der Anzeige die Verletzung von Rechtsvorschriften geltend macht oder erklärt, dass keine Verletzung von Rechtsvorschriften geltend gemacht wird.
(3) [1]Die Verbandssatzung wird von der zuständigen höheren Landesplanungsbehörde erlassen, wenn aus rechtlichen Gründen von der höheren Landesplanungsbehörde geforderte Satzungsänderungen innerhalb einer angemessenen Frist nicht beschlossen werden. [2]Den Verbandsmitgliedern ist vorher Gelegenheit zur Stellungnahme zu geben.

Artikel 10 Organe der Regionalen Planungsverbände
(1) [1]Organe der Regionalen Planungsverbände sind die Verbandsversammlung, der Planungsausschuss und der Verbandsvorsitzende. [2]Die Verbandssatzung kann außerdem einen Regionalen Planungsbeirat vorsehen.
(2) [1]In der Verbandsversammlung sind nur die von den Verbandsmitgliedern entsandten Verbandsräte oder deren Stellvertreter stimmberechtigt. [2]Jedes Verbandsmitglied entsendet einen Verbandsrat. [3]Abstimmungen erfolgen nach der Einwohnerzahl der zur Region gehörenden Gebiete der Verbandsmitglieder mit der Maßgabe, dass jeder Verbandsrat für je angefangene 1 000 Einwohner eine Stimme erhält. [4]Dabei ist der zum Jahresschluss fortgeschriebene Bevölkerungsstand mit Wirkung zum 1. Januar des übernächsten Jahres für die Dauer von zwei Jahren zugrunde zu legen. [5]Die Einwohner kreisangehöriger Gemeinden werden der Gemeinde und dem Landkreis jeweils einmal zugerechnet. [6]Die Einwohner kreisfreier Gemeinden und gemeindefreier Gebiete zählen doppelt. [7]Kein Verbands-

mitglied erhält mehr als 40 v.H. der Stimmen. [8]Die Verbandssatzung kann vorsehen, dass kein Verbandsmitglied mehr als 40 v.H. der anwesenden Stimmen geltend machen kann; eine entsprechende Regelung bedarf der Mehrheit von zwei Dritteln der gesetzlichen Stimmenzahl. [9]In der Verbandsversammlung ist für Beschlüsse und bei Wahlen neben der jeweils notwendigen Stimmenmehrheit die Zustimmung von mindestens einem Viertel der anwesenden Verbandsräte erforderlich. [10]Für die Fälle einer umlagenrelevanten Aufgabenwahrnehmung gemäß Art. 8 Abs. 1 Satz 3 kann die Verbandssatzung besondere Regelungen des Stimmrechts treffen. [11]Art. 32 Abs. 2 Satz 1 des Gesetzes über die kommunale Zusammenarbeit (KommZG) ist nicht anzuwenden.

(3) [1]Die Verbandsversammlung ist ausschließlich zuständig für

1. die Wahl des Verbandsvorsitzenden und der Stellvertreter,
2. die Verbandssatzung,
3. Gesamtfortschreibungen des Regionalplans und
4. die Angelegenheiten nach Art. 34 Abs. 2 Nrn. 3 bis 5 KommZG, sofern die Verbandssatzung nicht die Zuständigkeit des Planungsausschusses bestimmt.

[2]Die Verbandsversammlung kann die Beschlussfassung über Teilfortschreibungen des Regionalplans bis zur abschließenden Beschlussfassung des Planungsausschusses (Abs. 5 Nr. 2) an sich ziehen.

(4) [1]Dem Planungsausschuss gehören außer dem Verbandsvorsitzenden mindestens zehn, höchstens 30 Vertreter der Verbandsmitglieder an. [2]Der Planungsausschuss setzt sich aus Vertretern der kreisangehörigen Gemeinden, der kreisfreien Gemeinden und der Landkreise entsprechend den Stimmanteilen dieser Gruppen in der Verbandsversammlung zusammen. [3]Die Vertreter der jeweiligen Gruppen werden durch die von diesen Gruppen entsandten Verbandsräte bestellt.

(5) Der Planungsausschuss ist zuständig für

1. die Verfahrensschritte zur Ausarbeitung des Regionalplans,
2. Teilfortschreibungen des Regionalplans; Abs. 3 Satz 2 bleibt unberührt und
3. Stellungnahmen im Rahmen von Verfahren, an denen der Regionale Planungsverband beteiligt wird.

Artikel 11 Aufsicht über die Regionalen Planungsverbände

(1) Die Regionalen Planungsverbände unterliegen der Aufsicht der für ihren Sitz zuständigen höheren Landesplanungsbehörde.

(2) Die oberste und höhere Landesplanungsbehörde können unbeschadet weitergehender Befugnisse die Einladung zu Sitzungen der Organe der Regionalen Planungsverbände verlangen; ihre Vertreter können an den Sitzungen beratend teilnehmen.

Artikel 12 Kostenerstattung an die Regionalen Planungsverbände

[1]Der Freistaat Bayern ersetzt den Regionalen Planungsverbänden den notwendigen Aufwand für die Aufgaben nach Art. 8 Abs. 1 Satz 1. [2]Das Nähere wird durch Rechtsverordnung der Staatsregierung bestimmt.

Artikel 13 Landesplanungsbeirat

(1) [1]Bei der obersten Landesplanungsbehörde besteht ein Landesplanungsbeirat; den Vorsitz führt die oberste Landesplanungsbehörde. [2]Die oberste Landesplanungsbehörde beruft die Mitglieder auf Vorschlag von Organisationen des gesellschaftlichen Lebens, insbesondere aus den Bereichen der Ökologie, der Ökonomie, des Sozialwesens, der Kultur und der Kirchen, deren Aufgaben durch raumbedeutsame Planungen und Maßnahmen berührt werden, sowie auf Vorschlag der kommunalen Spitzenverbände Bayerns. [3]Sie kann Sachverständige als weitere Mitglieder in den Landesplanungsbeirat berufen.

(2) [1]Der Landesplanungsbeirat soll die oberste Landesplanungsbehörde durch Gutachten, Anregungen und Empfehlungen unterstützen. [2]Er ist von der obersten Landesplanungsbehörde nach Maßgabe dieses Gesetzes an der Ausarbeitung und Aufstellung des Landesentwicklungsprogramms zu beteiligen und zu grundlegenden Fragen der Raumordnung und Landesplanung zu hören.

(3) Das Nähere, insbesondere die Bestimmung der vorschlagsberechtigten Organisationen nach Abs. 1 Satz 2, die Rechtsstellung der Mitglieder und die Entschädigung der Sachverständigen, regelt das Staatsministerium für Wirtschaft, Landesentwicklung und Energie durch Rechtsverordnung.

Teil 4
Raumordnungspläne

Artikel 14 Grundlagen

(1) [1]Raumordnungspläne sind für einen regelmäßig mittelfristigen Zeitraum aufzustellen. [2]Sie enthalten Festlegungen.

(2) [1]Festlegungen in Raumordnungsplänen können auch Gebiete bezeichnen,

1. die für bestimmte raumbedeutsame Funktionen oder Nutzungen vorgesehen sind und andere raumbedeutsame Nutzungen in diesem Gebiet ausschließen, soweit diese mit den vorrangigen Funktionen oder Nutzungen nicht vereinbar sind (Vorranggebiete),
2. in denen bestimmten raumbedeutsamen Funktionen oder Nutzungen bei der Abwägung mit konkurrierenden raumbedeutsamen Nutzungen besonderes Gewicht beizumessen ist (Vorbehaltsgebiete) oder
3. in denen bestimmte raumbedeutsame Funktionen oder Nutzungen ausgeschlossen sind (Ausschlussgebiete).

[2]Eignungsgebiete (§ 7 Abs. 3 Satz 2 Nr. 3 ROG) und Vorranggebiete mit der Wirkung von Eignungsgebieten (§ 7 Abs. 3 Satz 3 ROG) können nicht festgelegt werden. [3]Die Belange, für die in Regionalplänen Vorrang- oder Vorbehaltsgebiete festgelegt werden können, werden im Landesentwicklungsprogramm bestimmt.

(3) In den Raumordnungsplänen sind Ziele und Grundsätze der Raumordnung als solche zu kennzeichnen.

(4) Die Festlegungen in den Raumordnungsplänen sind zu begründen.

(5) Raumordnungspläne können in räumlichen und sachlichen Teilabschnitten ausgearbeitet und aufgestellt werden.

(6) [1]Raumordnungspläne sind bei Bedarf fortzuschreiben. [2]Für Fortschreibungen gelten die Vorschriften für Raumordnungspläne entsprechend.

Artikel 15 Umweltbericht

(1) Als gesonderter Bestandteil des Begründungsentwurfs ist frühzeitig ein Umweltbericht zu erstellen.

(2) [1]Im Umweltbericht werden die voraussichtlichen erheblichen Auswirkungen, die die Verwirklichung des Raumordnungsplans auf

1. Menschen, einschließlich der menschlichen Gesundheit, Tiere, Pflanzen und die biologische Vielfalt,
2. Fläche, Boden, Wasser, Luft, Klima und Landschaft,
3. Kulturgüter und sonstige Sachgüter sowie
4. die Wechselwirkung zwischen den vorgenannten Schutzgütern

hat, entsprechend dem Planungsstand ermittelt, beschrieben und bewertet. [2]Im Einzelnen umfasst der Umweltbericht die in der **Anlage 1** genannten Angaben, soweit sie angemessenerweise gefordert werden können und unter Berücksichtigung des gegenwärtigen Wissensstandes und der allgemein anerkannten Prüfmethoden auf der jeweiligen Planungsebene erkennbar und von Bedeutung sind.

(3) [1]Die für die Ausarbeitung des Raumordnungsplans zuständige Stelle

1. legt unter Beteiligung der Behörden, deren umwelt- und gesundheitsbezogener Aufgabenbereich von den Umweltauswirkungen des Raumordnungsplans berührt werden kann, den Untersuchungsrahmen der Umweltprüfung einschließlich des erforderlichen Umfangs und Detaillierungsgrads des Umweltberichts fest und
2. erstellt den Umweltbericht auf der Grundlage der Stellungnahmen der in Nr. 1 genannten Behörden.

[2]Behörden nach Satz 1 sind beim Landesentwicklungsprogramm die jeweiligen obersten Landesbehörden, bei den Regionalplänen die jeweiligen höheren oder, sofern diese nicht vorhanden sind, obersten Landesbehörden.

(4) [1]Von der Erstellung des Umweltberichts kann bei geringfügigen Änderungen von Raumordnungsplänen abgesehen werden, wenn durch eine überschlägige Prüfung unter Berücksichtigung der in **Anlage 2** genannten Kriterien festgestellt worden ist, dass die Änderungen voraussichtlich keine erheblichen Umweltauswirkungen haben werden. [2]Diese Feststellung ist unter Beteiligung der in

Abs. 3 genannten Behörden zu treffen. [3]Die zu dieser Feststellung führenden Erwägungen sind in den Begründungsentwurf aufzunehmen.

(5) Der Umweltbericht kann bei Regionalplänen auf zusätzliche oder andere erhebliche Umweltauswirkungen beschränkt werden, wenn für das Landesentwicklungsprogramm, aus dem der Regionalplan entwickelt ist, bereits eine Umweltprüfung durchgeführt worden ist.

Artikel 16 Beteiligungsverfahren

(1) [1]Bei der Aufstellung von Raumordnungsplänen sind zu beteiligen:

1. die öffentlichen Stellen und in Art. 3 Abs. 1 Satz 2 genannten Personen des Privatrechts, für die eine Beachtenspflicht begründet werden soll,
2. die in Art. 15 Abs. 3 genannten Behörden,
3. die nach Naturschutzrecht im Freistaat Bayern anerkannten Vereine, soweit sie in ihrem satzungsgemäßen Aufgabenbereich berührt sind,
4. die betroffenen Wirtschafts- (mit Land- und Forstwirtschafts-) und Sozialverbände und
5. die Öffentlichkeit.

[2]Zum Entwurf des Landesentwicklungsprogramms sind zusätzlich auch die kommunalen Spitzenverbände im Freistaat Bayern zu beteiligen. [3]Rechtsansprüche werden durch die Beteiligung nicht begründet.

(2) [1]Im Rahmen der Beteiligung zum Landesentwicklungsprogramm wird der Entwurf mindestens einen Monat lang von der obersten Landesplanungsbehörde zur Einsicht ausgelegt und in das Internet eingestellt. [2]Ort und Zeit der Auslegung sowie die einschlägige Internetadresse sind vorher bekannt zu machen; die nach Abs. 1 Satz 1 Nr. 1 bis 4 und Satz 2 zu Beteiligenden erhalten eine gesonderte Mitteilung. [3]In der Bekanntmachung, im Internet sowie in der gesonderten Mitteilung ist jeweils darauf hinzuweisen, dass sowie gegenüber welcher Stelle und innerhalb welcher Frist Gelegenheit zur schriftlichen oder elektronischen Äußerung besteht. [4]Mit Ablauf der Frist nach Satz 3 sind alle Äußerungen ausgeschlossen, die nicht auf besonderen privatrechtlichen Titeln beruhen. [5]Eine entsprechende Information ist in die Hinweise nach Satz 3 aufzunehmen.

(3) [1]Im Rahmen der Beteiligung zu Regionalplänen wird der Entwurf mindestens einen Monat lang

1. von den regional betroffenen höheren Landesplanungsbehörden, Landratsämtern und kreisfreien Gemeinden zur Einsicht ausgelegt und
2. vom zuständigen Regionalen Planungsverband und den höheren Landesplanungsbehörden nach Nr. 1 in das Internet eingestellt.

[2]Ort und Zeit der Auslegung sowie die einschlägige Internetadresse sind von den in Satz 1 Nr. 1 genannten Stellen vorher ortsüblich bekannt zu machen; die nach Abs. 1 Satz 1 Nr. 1 bis 4 zu Beteiligenden erhalten vom zuständigen Regionalen Planungsverband eine gesonderte Mitteilung. [3]Abs. 2 Satz 3 bis 5 gilt entsprechend.

(4) [1]Raumordnungspläne benachbarter Planungsräume innerhalb des Bundesgebiets sind aufeinander abzustimmen. [2]Wird ein Raumordnungsplan außerhalb des Geltungsbereiches dieses Gesetzes mit der obersten Landesplanungsbehörde oder einem Regionalen Planungsverband (beteiligte Stellen) abgestimmt, ist zur Beteiligung der Öffentlichkeit der Entwurf des Raumordnungsplans mit der Begründung sowie den übermittelten, im Rahmen der Umweltprüfung erstellten Unterlagen unverzüglich bei den höheren Landesplanungsbehörden, in deren Zuständigkeitsbereich Auswirkungen des Raumordnungsplans zu erwarten sind, auszulegen und von der beteiligten Stelle in das Internet einzustellen. [3]Für die Dauer der Auslegung gilt Abs. 2 Satz 1 entsprechend, soweit Vorgaben der beteiligenden Stelle nicht entgegenstehen; Abs. 1 Satz 3, Abs. 2 Satz 2 Halbsatz 1 und Satz 3 gelten entsprechend mit der Maßgabe, dass die vorgebrachten Äußerungen der beteiligten Stelle zuzuleiten sind. [4]Sofern im Rahmen der Umweltprüfung erstellte Unterlagen übermittelt worden sind, ist den in Art. 15 Abs. 3 genannten Behörden innerhalb einer angemessenen Frist Gelegenheit zur Stellungnahme zu geben.

(5) [1]Soweit die Durchführung eines Raumordnungsplans erhebliche Umweltauswirkungen auf einen anderen Staat haben kann, ist dieser nach §§ 60 und 61 des Gesetzes über die Umweltverträglichkeitsprüfung (UVPG) zu beteiligen. [2]Wird die Durchführung eines Raumordnungsplans voraussichtlich erhebliche sonstige Auswirkungen auf das Gebiet eines anderen Staates haben, ist dieser nach den Grundsätzen der Gegenseitigkeit und Gleichwertigkeit zu beteiligen.

(6) [1]Wird der Entwurf des Raumordnungsplans nach Durchführung der Verfahren nach Abs. 1 bis 5 geändert, sind diese Verfahren erneut durchzuführen. [2]Werden durch die Änderungen die Grundzüge der Planung nicht berührt, kann

1. die Beteiligung nach Abs. 1 Satz 1 Nr. 1 bis 4 und Satz 2 auf die von der Änderung Betroffenen beschränkt werden,
2. die Abstimmung nach Abs. 4 entfallen, wenn die Änderung keine erheblichen Auswirkungen auf die benachbarten Planungsräume hat und
3. die Beteiligung nach Abs. 5 entfallen, wenn die Änderung keine erheblichen Umweltauswirkungen auf einen anderen Staat haben kann oder voraussichtlich keine erheblichen sonstigen Auswirkungen auf das Gebiet eines anderen Staates hat.

[3]Stellungnahmen können nur zu den Änderungen abgegeben werden. [4]Die Frist nach Abs. 2 Satz 1 oder Abs. 3 Satz 1 kann angemessen verkürzt werden. [5]Werden durch die Änderungen keine neuen Beachtenspflichten eingeführt oder bestehende verstärkt, kann von der erneuten Durchführung der Verfahren nach den Abs. 1 bis 6 abgesehen werden.

Artikel 17 Abwägung

[1]Bei der Aufstellung der Festlegungen in Raumordnungsplänen sind die öffentlichen und privaten Belange, soweit die Belange auf der jeweiligen Planungsebene erkennbar und von Bedeutung sind, abzuwägen; bei der Festlegung von Zielen der Raumordnung sind die Belange abschließend abzuwägen. [2]In der Abwägung sind auch-

1. die im Rahmen des Art. 20 Abs. 1 oder Art. 22 Abs. 1 Satz 1 eingeholten Beiträge,
2. der nach Art. 15 erstellte Umweltbericht,
3. die Ergebnisse der nach Art. 16 durchgeführten Beteiligungsverfahren und
4. bei Regionalplänen sowie bei flächenhaften Festlegungen im Landesentwicklungsprogramm die Flächennutzungspläne und die Ergebnisse der von Gemeinden beschlossenen sonstigen städtebaulichen Planungen

zu berücksichtigen.

Artikel 18 Bekanntgabe

[1]Ab dem Tag des Inkrafttretens ist das Landesentwicklungsprogramm von der obersten Landesplanungsbehörde, der Regionalplan von den regional betroffenen höheren Landesplanungsbehörden auszulegen und in das Internet einzustellen; hierauf ist im jeweiligen Veröffentlichungsblatt hinzuweisen. [2]Die Begründung des Raumordnungsplans enthält auch

1. eine zusammenfassende Erklärung,
   a) wie Umwelterwägungen in den Raumordnungsplan einbezogen wurden,
   b) wie der nach Art. 15 erstellte Umweltbericht, die Ergebnisse der Beteiligungsverfahren nach Art. 16, beim Landesentwicklungsprogramm auch des Verfahrensschritts nach Art. 20 Abs. 1 Satz 2, sowie die geprüften Alternativen in der Abwägung berücksichtigt wurden,
2. eine Zusammenstellung der Maßnahmen, die für eine Überwachung erheblicher Umweltauswirkungen bei der Verwirklichung des Raumordnungsplans gemäß Art. 31 durchgeführt werden sollen.

Artikel 19 Inhalt des Landesentwicklungsprogramms

(1) [1]Das Landesentwicklungsprogramm legt die Grundzüge der anzustrebenden räumlichen Ordnung und Entwicklung des Staatsgebiets fest. [2]Insoweit können auch für überregionale Teilräume besondere Festlegungen getroffen werden. [3]Festlegungen zu einzelnen Planungen und Maßnahmen können in das Landesentwicklungsprogramm aufgenommen werden, wenn die Planungen und Maßnahmen für das ganze Staatsgebiet oder größere Teile desselben raumbedeutsam sind.

(2) Das Landesentwicklungsprogramm enthält

1. die Einteilung des Staatsgebiets in Regionen; eine Region soll sich regelmäßig auf das zusammenhängende Gebiet mehrerer Landkreise unter Einbeziehung kreisfreier Gemeinden erstrecken, wobei das Gebiet einzelner Gemeinden nicht geteilt werden darf,
2. die Festlegung der Zentralen Orte, Vorgaben für deren Sicherung und, soweit erforderlich, deren weiterer Entwicklung hinsichtlich ihrer zentralörtlichen Aufgaben sowie Vorgaben für die Bestimmung der Zentralen Orte der Grundversorgung; Art. 21 Abs. 2 Nr. 1 bleibt unberührt,

3. die Gebiete, die hinsichtlich ihrer Problemlage, ihres Ordnungsbedarfs und ihrer angestrebten Entwicklung einheitlich zu behandeln sind (Gebietskategorien), sowie die entsprechend ihrer jeweiligen Eigenart erforderlichen übergeordneten Festlegungen und
4. landesweit raumbedeutsame Festlegungen, insbesondere zur Siedlungsstruktur, zum Verkehr, zur Wirtschaft (mit Land- und Forstwirtschaft), zur Energieversorgung, zum Sozialwesen, zur Gesundheit, Bildung, Kultur sowie zur Freiraumsicherung, sofern nicht die jeweiligen Belange fachrechtlich hinreichend gesichert sind.

Artikel 20 Ausarbeitung und Aufstellung des Landesentwicklungsprogramms

(1) [1]Das Landesentwicklungsprogramm wird von der obersten Landesplanungsbehörde im Benehmen mit den übrigen Staatsministerien ausgearbeitet. [2]Der Landesplanungsbeirat ist anzuhören.

(2) Die im Landesentwicklungsprogramm enthaltenen Festlegungen werden von der Staatsregierung mit Zustimmung des Landtags als Rechtsverordnung beschlossen.

Artikel 21 Inhalt der Regionalpläne

(1) [1]Regionalpläne sind aus dem Landesentwicklungsprogramm zu entwickeln. [2]Sie legen unter Beachtung der im Landesentwicklungsprogramm festgelegten Ziele der Raumordnung die anzustrebende räumliche Ordnung und Entwicklung einer Region fest.

(2) Regionalpläne enthalten

1. die Festlegung der Zentralen Orte der Grundversorgung sowie Vorgaben für deren Sicherung und, soweit erforderlich, deren weiterer Entwicklung hinsichtlich ihrer zentralörtlichen Aufgaben,
2. Festlegungen zu den Gebietskategorien und
3. regionsweit raumbedeutsame Festlegungen, insbesondere zur Siedlungsstruktur, zum Verkehr, zur Wirtschaft (mit Land- und Forstwirtschaft), zur Energieversorgung, zum Sozialwesen, zur Gesundheit, Bildung, Kultur sowie zur Freiraumsicherung, sofern nicht die jeweiligen Belange fachrechtlich hinreichend gesichert sind.

Artikel 22 Ausarbeitung und Aufstellung der Regionalpläne

(1) [1]Regionalpläne werden von den zuständigen Regionalen Planungsverbänden im Benehmen mit den öffentlichen Stellen, deren Aufgaben berührt werden, ausgearbeitet und von den Regionalen Planungsverbänden beschlossen. [2]Die in den Regionalplänen enthaltenen Festlegungen werden als Rechtsverordnung beschlossen und auf Antrag des Regionalen Planungsverbands durch die zuständige höhere Landesplanungsbehörde für verbindlich erklärt. [3]Die Veröffentlichung der Rechtsverordnung erfolgt durch Auslegung bei der zuständigen höheren Landesplanungsbehörde; hierauf ist in deren Amtsblatt hinzuweisen. [4]Erstreckt sich die Region auch auf andere Regierungsbezirke, erfolgen die Auslegung und der Hinweis im Amtsblatt auch bei den dortigen höheren Landesplanungsbehörden.

(2) [1]Bei der Verbindlicherklärung stimmt sich die höhere Landesplanungsbehörde mit den berührten Fachbehörden der entsprechenden Verwaltungsstufe oder, sofern diese nicht vorhanden ist, der nächsthöheren Verwaltungsstufe ab. [2]Art. 95 Abs. 2 der Landkreisordnung gilt entsprechend. [3]Von der Verbindlicherklärung können einzelne in einem beschlossenen Regionalplan enthaltene Festlegungen ausgenommen werden, soweit die Voraussetzungen für die Ablehnung eines nach Abs. 1 Satz 2 gestellten Antrags vorliegen und die ausgenommenen Festlegungen die angestrebte räumliche Ordnung und Entwicklung der Region im Übrigen nicht oder nur unwesentlich berühren. [4]Die höhere Landesplanungsbehörde kann geringfügige oder dringende Änderungen der Festlegungen selbst vornehmen, soweit die Voraussetzungen für die Ablehnung eines nach Abs. 1 Satz 2 gestellten Antrags vorliegen; Art. 14 bis 18 gelten entsprechend.

(3) [1]Über den Antrag nach Abs. 1 Satz 2 ist grundsätzlich innerhalb einer Frist von drei Monaten, bei umfangreichen Fortschreibungen innerhalb von sechs Monaten zu entscheiden. [2]Die Frist beginnt mit der Einreichung der erforderlichen Unterlagen.

Artikel 23 Planerhaltung

(1) Eine Verletzung von Verfahrens- oder Formvorschriften dieses Gesetzes ist für die Rechtswirksamkeit eines Raumordnungsplans nur beachtlich, wenn

1. die Vorschriften des Art. 16 über das Beteiligungsverfahren verletzt worden sind; dabei ist unbeachtlich, wenn einzelne Personen oder öffentliche Stellen nicht beteiligt worden sind oder eine grenzüberschreitende Beteiligung fehlerhaft erfolgt ist, die entsprechenden Belange jedoch unerheblich waren oder in der Entscheidung berücksichtigt worden sind;

2. die Vorschriften des Art. 14 Abs. 4 über die Begründung des Raumordnungsplans sowie seiner Entwürfe verletzt worden sind; dabei ist unbeachtlich, wenn die Begründung unvollständig ist; oder
3. der mit der Veröffentlichung verfolgte Hinweiszweck nicht erreicht wurde.

(2) Für die Rechtswirksamkeit der Regionalpläne ist unbeachtlich, wenn
1. Art. 21 Abs. 1 Satz 1 hinsichtlich des Entwickelns des Regionalplans aus dem Landesentwicklungsprogramm verletzt worden ist, ohne dass hierbei die sich aus dem Landesentwicklungsprogramm ergebende geordnete räumliche Entwicklung beeinträchtigt worden ist, oder
2. diese aus Festlegungen im Landesentwicklungsprogramm entwickelt worden sind, die wegen Verletzung von Verfahrens- oder Formvorschriften nach Veröffentlichung des Regionalplans für unwirksam erklärt werden.

(3) [1]Für die Abwägung nach Art. 17 ist die Sach- und Rechtslage im Zeitpunkt der Beschlussfassung über den Raumordnungsplan maßgebend. [2]Mängel im Abwägungsvorgang sind nur erheblich, wenn sie offensichtlich gewesen sind und das Ergebnis der Abwägung beeinflusst haben.

(4) Bei Anwendung des Art. 15 gilt ergänzend zu Abs. 1 bis 3:
1. Ein für die Rechtmäßigkeit des Raumordnungsplans beachtlicher Mangel des Umweltberichts (Art. 15) besteht, wenn der Umweltbericht in wesentlichen Punkten unvollständig ist und diese Punkte nicht Bestandteil der zusammenfassenden Erklärung nach Art. 18 Satz 3 Nr. 1 sind.
2. Unterbleibt nach Art. 15 Abs. 4 die Erstellung des Umweltberichts, gilt die Vorprüfung des Einzelfalls als ordnungsgemäß durchgeführt, wenn die Vorprüfung entsprechend den Vorgaben des Art. 15 Abs. 4 durchgeführt worden ist und ihr Ergebnis nachvollziehbar ist. Dabei ist unbeachtlich, wenn einzelne öffentliche Stellen nicht beteiligt worden sind; andernfalls besteht ein für die Rechtswirksamkeit des Raumordnungsplans beachtlicher Mangel.

(5) [1]Wenn folgende Mängel nicht innerhalb eines Jahres seit Veröffentlichung des Raumordnungsplans unter Darlegung des die Verletzung begründenden Sachverhalts schriftlich oder elektronisch geltend gemacht worden sind, werden sie unbeachtlich:
1. eine nach Abs. 1 Nrn. 1 und 2 beachtliche Verletzung der dort bezeichneten Verfahrens- und Formvorschriften,
2. eine unter Berücksichtigung von Abs. 2 Nr. 1 beachtliche Verletzung des Art. 21 Abs. 1 Satz 1,
3. nach Abs. 3 beachtliche Mängel des Abwägungsvorgangs oder
4. eine nach Abs. 4 beachtliche Verletzung der Vorschriften über die Umweltprüfung.

[2]Die Mängel sind beim Landesentwicklungsprogramm gegenüber der obersten Landesplanungsbehörde, bei Regionalplänen gegenüber dem Regionalen Planungsverband geltend zu machen. [3]In der Veröffentlichung des Raumordnungsplans ist auf die Voraussetzungen für die Geltendmachung der Verletzung von Vorschriften sowie auf die Rechtsfolgen hinzuweisen.

(6) Der Raumordnungsplan kann durch ein ergänzendes Verfahren zur Behebung von Fehlern auch rückwirkend in Kraft gesetzt werden.

(7) Die Verpflichtung der zuständigen höheren Landesplanungsbehörde, im Rahmen der Verbindlicherklärung gemäß Art. 22 Abs. 1 Satz 2 die Einhaltung auch der Vorschriften, deren Verletzung sich nach Abs. 1 bis 6 nicht auswirkt, zu überprüfen, sowie Art. 11 Abs. 1 bleiben unberührt.

Teil 5
Sicherungsinstrumente der Landesplanung

Artikel 24 Gegenstand, Zweck und Erforderlichkeit von Raumordnungsverfahren

(1) Gegenstand von Raumordnungsverfahren sind Vorhaben von erheblicher überörtlicher Raumbedeutsamkeit.

(2) [1]Vorhaben nach Abs. 1 sind vor der Entscheidung über die Zulässigkeit in einem Raumordnungsverfahren auf ihre Raumverträglichkeit zu überprüfen. [2]Hierbei sind die raumbedeutsamen Auswirkungen des Vorhabens unter überörtlichen Gesichtspunkten, einschließlich der überörtlich raumbedeutsamen Belange des Umweltschutzes, zu prüfen; insbesondere werden die Übereinstimmung mit den Erfordernissen der Raumordnung und die Abstimmung mit anderen raumbedeutsamen Planungen und Maßnahmen geprüft. [3]§ 49 Abs. 1 UVPG findet keine Anwendung. [4]Gegenstand der Prüfung nach Satz 2 sind auch die vom Träger des Vorhabens eingeführten Alternativen. [5]Die nach Art. 25 Abs. 1

Sätze 1 und 2 zuständige Landesplanungsbehörde kann beim Träger des Vorhabens darauf hinwirken, dass ernsthaft in Betracht kommende Alternativen eingeführt werden. [6]Raumordnungsverfahren werden ausschließlich im öffentlichen Interesse durchgeführt.

(3) Von einem Raumordnungsverfahren kann abgesehen werden, wenn das Vorhaben

1. Zielen der Raumordnung offensichtlich entspricht oder widerspricht oder
2. den Festsetzungen eines den Zielen der Raumordnung angepassten Bebauungsplans nach § 30 Abs. 1 oder § 12 des Baugesetzbuchs (BauGB) entspricht oder widerspricht und sich die Zulässigkeit des Vorhabens nicht nach einem Planfeststellungsverfahren oder einem sonstigen Verfahren mit den Rechtswirkungen der Planfeststellung bestimmt.

Artikel 25 Einleitung, Durchführung und Abschluss von Raumordnungsverfahren

(1) [1]Für die Entscheidung über die Einleitung sowie für die Durchführung des Raumordnungsverfahrens sind die höheren Landesplanungsbehörden zuständig. [2]Die oberste Landesplanungsbehörde kann bei Vorhaben, von denen mehrere höhere Landesplanungsbehörden betroffen werden, eine von ihnen für zuständig erklären; diese entscheidet im Benehmen mit den übrigen betroffenen höheren Landesplanungsbehörden. [3]Bei Vorhaben von öffentlichen Stellen des Bundes, von anderen öffentlichen Stellen, die im Auftrag des Bundes tätig sind, sowie von Personen des Privatrechts nach § 5 Abs. 1 ROG entscheidet die höhere Landesplanungsbehörde im Benehmen mit der zuständigen Stelle oder Person über die Einleitung des Raumordnungsverfahrens.

(2) Über die Notwendigkeit, ein Raumordnungsverfahren durchzuführen, ist innerhalb einer Frist von vier Wochen nach Einreichung der hierfür erforderlichen Unterlagen zu entscheiden.

(3) [1]Die Verfahrensunterlagen haben sich auf die Angaben zu beschränken, die notwendig sind, um die Bewertung der unter überörtlichen Gesichtspunkten raumbedeutsamen Auswirkungen des Vorhabens zu ermöglichen. [2]Notwendig sind in der Regel folgende Angaben:

1. die Beschreibung des Vorhabens nach Art und Umfang, Bedarf an Grund und Boden sowie vorgesehenen Folgefunktionen, einschließlich der vom Träger des Vorhabens eingeführten Alternativen unter Angabe der wesentlichen Auswahlgründe, und
2. die Beschreibung der entsprechend dem Planungsstand zu erwartenden erheblichen Auswirkungen des Vorhabens, insbesondere auf die Wirtschafts-, Siedlungs- und Infrastruktur sowie auf die Umwelt, und der Maßnahmen zur Vermeidung, Verminderung oder zum Ausgleich erheblicher Umweltbeeinträchtigungen sowie der Ersatzmaßnahmen bei nicht ausgleichbaren Eingriffen in Natur und Landschaft.

[3]Bei Vorhaben der Verteidigung entscheidet das hierfür zuständige Bundesministerium oder die von ihm bestimmte Stelle, bei Vorhaben des Zivilschutzes die zuständige Stelle über Art und Umfang der Angaben für das Vorhaben.

(4) [1]Im Raumordnungsverfahren sind zu beteiligen:

1. die öffentlichen Stellen und sonstigen Planungsträger, die von dem Vorhaben berührt sind,
2. die nach Naturschutzrecht im Freistaat Bayern anerkannten Vereine, soweit sie in ihrem satzungsgemäßen Aufgabenbereich berührt sind,
3. die betroffenen Wirtschafts- (mit Land- und Forstwirtschafts-) und Sozialverbände,
4. die benachbarten Länder, soweit sich das Vorhaben im dortigen Gebiet auswirken kann,
5. die Nachbarstaaten nach den Grundsätzen der Gegenseitigkeit und Gleichwertigkeit, sofern das Vorhaben erhebliche Auswirkungen auf sie haben kann, und
6. die Öffentlichkeit.

[2]Rechtsansprüche werden durch die Beteiligung nicht begründet. [3]Bei Vorhaben der Verteidigung oder des Zivilschutzes können die in Abs. 3 Satz 3 genannten Stellen die Beteiligung der Öffentlichkeit nach Satz 1 Nr. 6 einschränken oder ausschließen.

(5) [1]Im Rahmen der Beteiligung werden die Verfahrensunterlagen für einen angemessenen Zeitraum von höchstens einem Monat

1. von den Gemeinden, in denen sich das Vorhaben voraussichtlich auswirkt, zwei Wochen nach Zugang zur Einsicht ausgelegt und
2. von der höheren Landesplanungsbehörde in das Internet eingestellt.

[2]Ort und Zeit der Auslegung sowie die einschlägige Internetadresse sind von den Gemeinden vorher ortsüblich bekannt zu machen; die nach Abs. 4 Satz 1 Nr. 1 bis 5 zu Beteiligenden erhalten von der

höheren Landesplanungsbehörde eine gesonderte Mitteilung. [3]In der Bekanntmachung, im Internet sowie in der gesonderten Mitteilung ist jeweils darauf hinzuweisen, dass sowie gegenüber welcher Stelle und innerhalb welcher Frist Gelegenheit zur schriftlichen oder elektronischen Äußerung besteht. [4]Die Gemeinden leiten die bei ihnen vorgebrachten Äußerungen nach Ablauf der Äußerungsfrist unverzüglich der höheren Landesplanungsbehörde zu; sie können dazu eine eigene Stellungnahme abgeben.

(6) [1]Das Raumordnungsverfahren ist nach Vorliegen der vollständigen Verfahrensunterlagen innerhalb einer Frist von höchstens sechs Monaten mit einer landesplanerischen Beurteilung abzuschließen. [2]Die Öffentlichkeit ist von der landesplanerischen Beurteilung durch ortsübliche Bekanntmachung und durch Einstellung in das Internet zu unterrichten.

Artikel 26 Vereinfachtes Raumordnungsverfahren

[1]Vorhaben nach Art. 24 Abs. 1 können in einem vereinfachten Raumordnungsverfahren auf ihre Raumverträglichkeit überprüft werden, wenn bereits ein Bauleitplan- oder Zulassungsverfahren für das Vorhaben eingeleitet ist. [2]Die Beteiligung nach Art. 25 Abs. 4 erfolgt, indem die für das Raumordnungsverfahren erheblichen Stellungnahmen sowie Äußerungen der Öffentlichkeit, die in dem Bauleitplan- oder Zulassungsverfahren abgegeben werden, herangezogen werden.

Artikel 27 Landesplanerische Stellungnahme

Wird kein Raumordnungsverfahren durchgeführt, werden in Bauleitplan- und Zulassungsverfahren landesplanerische Stellungnahmen von der höheren Landesplanungsbehörde abgegeben.

Artikel 28 Untersagung raumordnungswidriger Planungen und Maßnahmen

(1) Die oberste Landesplanungsbehörde kann raumbedeutsame Planungen und Maßnahmen sowie die Entscheidung über deren Zulässigkeit gegenüber den in Art. 3 genannten öffentlichen Stellen unbefristet untersagen, wenn Ziele der Raumordnung entgegenstehen.

(2) Die oberste Landesplanungsbehörde kann raumbedeutsame Planungen und Maßnahmen sowie die Entscheidung über deren Zulässigkeit gegenüber den in Art. 3 genannten öffentlichen Stellen befristet untersagen, wenn sich ein oder mehrere Ziele der Raumordnung in Aufstellung befinden und wenn zu befürchten ist, dass die Planung oder Maßnahme die Verwirklichung der vorgesehenen Ziele der Raumordnung unmöglich machen oder wesentlich erschweren würde.

(3) [1]Die Untersagung erfolgt im Einvernehmen mit den beteiligten Staatsministerien. [2]Äußert sich ein beteiligtes Staatsministerium nicht innerhalb eines Monats nach Zugang des Bescheidentwurfs, gilt das Einvernehmen als erteilt.

(4) Die Untersagung erfolgt von Amts wegen oder auf Antrag eines Planungsträgers, dessen Aufgaben durch die zu untersagende Planung oder Maßnahme berührt werden.

(5) Der Träger der zu untersagenden Planung oder Maßnahme ist zu hören.

(6) [1]Die Dauer der Untersagung nach Abs. 2 beträgt bis zu zwei Jahre. [2]Die Untersagung kann um ein weiteres Jahr verlängert werden.

(7) Anfechtungsklagen gegen eine Untersagung haben keine aufschiebende Wirkung.

(8) [1]Muss der Träger der untersagten Planung oder Maßnahme auf Grund der Untersagung einen Dritten entschädigen, so ersetzt ihm der Freistaat Bayern die hierdurch entstehenden notwendigen Aufwendungen. [2]Die Ersatzleistung ist ausgeschlossen, wenn die Untersagung von dem Planungsträger verschuldet ist oder aus Anlass der Untersagung aus anderen Rechtsgründen Entschädigungsansprüche bestehen.

Artikel 29 Raumordnerische Zusammenarbeit

[1]Zur Entwicklung, Ordnung und Sicherung des Raums sollen die Träger der Landes- und Regionalplanung mit den maßgeblichen öffentlichen Stellen und Personen des Privatrechts zusammenarbeiten oder auf die Zusammenarbeit dieser Stellen und Personen hinwirken. [2]Die Zusammenarbeit nach Satz 1 kann innerhalb eines Teilraums, zwischen Teilräumen sowie grenzüberschreitend erfolgen. [3]Formen der Zusammenarbeit können insbesondere sein:

1. Vertragliche Vereinbarungen und
2. Maßnahmen zur eigenständigen Entwicklung von Teilräumen wie regionale Entwicklungskonzepte sowie regionale und interkommunale Netzwerke und Kooperationsstrukturen.

Teil 6
Sonstige Vorschriften

Artikel 30 Mitteilungs- und Auskunftspflicht
(1) [1]Die Staatsministerien teilen die von ihnen beabsichtigten oder im Rahmen ihrer Zuständigkeit zu ihrer Kenntnis gelangenden raumbedeutsamen Planungen und Maßnahmen unverzüglich der obersten Landesplanungsbehörde mit. [2]Die sonstigen öffentlichen Stellen des Freistaates Bayern und die Personen des Privatrechts nach Art. 3 Abs. 1 Satz 2 sind zu entsprechender unverzüglicher Mitteilung gegenüber den höheren Landesplanungsbehörden verpflichtet.
(2) Die sonstigen privaten Planungsträger sind verpflichtet, den Landesplanungsbehörden auf Verlangen Auskunft über raumbedeutsame Planungen und Maßnahmen zu erteilen.
(3) [1]Die Landesplanungsbehörden unterrichten die öffentlichen Stellen und privaten Planungsträger über die sie betreffenden Erfordernisse der Raumordnung. [2]Die höheren Landesplanungsbehörden teilen den Regionalen Planungsverbänden die raumbedeutsamen Planungen und Maßnahmen in der Region mit.

Artikel 31 Raumbeobachtung
Die Landesplanungsbehörden erfassen, verwerten und überwachen fortlaufend die raumbedeutsamen Tatbestände und Entwicklungen.

Artikel 32 Unterrichtung des Landtags
Die Staatsregierung berichtet dem Landtag jeweils zur Mitte der Wahlperiode über wesentliche raumbedeutsame Entwicklungen im Freistaat Bayern.

Artikel 33 Anpassungsgebot, Ersatzleistung an die Gemeinden
(1) Die oberste Landesplanungsbehörde kann im Einvernehmen mit den beteiligten Staatsministerien verlangen, dass die Gemeinden ihre rechtswirksamen Bauleitpläne den Zielen der Raumordnung anpassen.
(2) Muss eine Gemeinde einen Dritten gemäß §§ 39 bis 44 BauGB entschädigen, weil sie einen rechtsverbindlichen Bebauungsplan auf Grund der Ziele der Raumordnung geändert oder aufgehoben hat, so ist ihr vom Freistaat Bayern Ersatz zu leisten.
(3) Ein Anspruch auf Ersatzleistung ist ausgeschlossen, wenn die Gemeinde die höhere Landesplanungsbehörde nicht rechtzeitig von dem Entwurf des angepassten Bebauungsplans unterrichtet hat oder soweit die Gemeinde von einem durch die Maßnahme Begünstigten Ersatz verlangen kann.

Artikel 34 Verwaltungskosten
[1]Für Amtshandlungen auf Grund dieses Gesetzes werden keine Verwaltungskosten erhoben. [2]Abweichend von Satz 1 erhebt die oberste Landesplanungsbehörde bei Zielabweichungsverfahren (Art. 4) vom Antragsteller die notwendigen Kosten für Gutachten als Auslagen.

Teil 7
Schlussbestimmungen

Artikel 35 Unanwendbarkeit des Raumordnungsgesetzes
Das Raumordnungsgesetz findet im sachlichen Anwendungsbereich dieses Gesetzes keine Anwendung.

Artikel 36 Übergangsbestimmungen
[1]Art. 23 Abs. 1 bis 4 sind auf Raumordnungspläne entsprechend anzuwenden, die auf der Grundlage des vor dem in Art. 37 genannten Zeitpunkt geltenden Rechts aufgestellt worden sind. [2]Unbeschadet des Satzes 1 sind Fehler, die auf der Grundlage des Art. 20 des Bayerischen Landesplanungsgesetzes in der am 30. Juni 2012 geltenden Fassung unbeachtlich sind oder durch Fristablauf unbeachtlich geworden sind, auch weiterhin für die Rechtswirksamkeit dieser Raumordnungspläne unbeachtlich. [3]In der 18. Wahlperiode ist der Bericht abweichend von Art. 32 im Jahr 2019 nach Maßgabe der zu Beginn dieser Wahlperiode geltenden Fassung dieses Gesetzes vorzulegen.

Artikel 37 Inkrafttreten,
Dieses Gesetz tritt am 1. Juli 2012 in Kraft.

Anlage 1
(zu Art. 15 Abs. 2 Satz 2)

Der Umweltbericht nach Art. 15 besteht aus
1. einer Einleitung mit folgenden Angaben:
   a) Kurzdarstellung des Inhalts und der wichtigsten Ziele des Raumordnungsplans,
   b) Darstellung der in den einschlägigen Gesetzen und Plänen festgelegten Ziele des Umweltschutzes, die für den Raumordnungsplan von Bedeutung sind, und der Art, wie diese Ziele und die Umweltbelange bei der Aufstellung berücksichtigt wurden;
2. einer Beschreibung und Bewertung der Umweltauswirkungen, die nach Art. 15 Abs. 2 ermittelt wurden, mit Angaben der
   a) Bestandsaufnahme der einschlägigen Aspekte des derzeitigen Umweltzustands, einschließlich der Umweltmerkmale der Gebiete, die voraussichtlich erheblich beeinflusst werden, einschließlich der Gebiete von gemeinschaftlicher Bedeutung und der Europäischen Vogelschutzgebiete im Sinn des Bundesnaturschutzgesetzes (BNatSchG),
   b) Prognose über die Entwicklung des Umweltzustands bei Durchführung der Planung und bei Nichtdurchführung der Planung,
   c) geplanten Maßnahmen zur Vermeidung, Verringerung und zum Ausgleich der nachteiligen Auswirkungen und
   d) anderweitigen Planungsmöglichkeiten, wobei die Ziele und der räumliche Geltungsbereich des Raumordnungsplans zu berücksichtigen sind;
3. folgenden zusätzlichen Angaben:
   a) Beschreibung der wichtigsten Merkmale der verwendeten technischen Verfahren bei der Umweltprüfung sowie Hinweise auf Schwierigkeiten, die bei der Zusammenstellung der Angaben aufgetreten sind, zum Beispiel technische Lücken oder fehlende Kenntnisse,
   b) Beschreibung der geplanten Maßnahmen zur Überwachung der erheblichen Auswirkungen der Durchführung des Raumordnungsplans auf die Umwelt und
   c) allgemein verständliche Zusammenfassung der erforderlichen Angaben nach dieser Anlage.

Anlage 2
(zu Art. 15 Abs. 4 Satz 1)

Nachstehende Kriterien sind anzuwenden, soweit auf Anlage 2 Bezug genommen wird:
1. Merkmale des Raumordnungsplans, insbesondere in Bezug auf
   a) das Ausmaß, in dem der Raumordnungsplan einen Rahmen im Sinn des § 35 Abs. 3 UVPG setzt;
   b) das Ausmaß, in dem der Raumordnungsplan andere Pläne und Programme beeinflusst;
   c) die Bedeutung des Raumordnungsplans für die Einbeziehung umweltbezogener, einschließlich gesundheitsbezogener Erwägungen, insbesondere im Hinblick auf die Förderung der nachhaltigen Entwicklung;
   d) die für den Raumordnungsplan relevanten umweltbezogenen, einschließlich gesundheitsbezogener Probleme;
   e) die Bedeutung des Raumordnungsplans für die Durchführung nationaler und europäischer Umweltvorschriften.
2. Merkmale der möglichen Auswirkungen und der voraussichtlich betroffenen Gebiete, insbesondere in Bezug auf
   a) die Wahrscheinlichkeit, Dauer, Häufigkeit und Umkehrbarkeit der Auswirkungen;
   b) den kumulativen und grenzüberschreitenden Charakter der Auswirkungen;
   c) die Risiken für die Umwelt, einschließlich der menschlichen Gesundheit (z.B. bei Unfällen);
   d) den Umfang und die räumliche Ausdehnung der Auswirkungen;
   e) die Bedeutung und die Sensibilität des voraussichtlich betroffenen Gebiets auf Grund der besonderen natürlichen Merkmale, des kulturellen Erbes, der Intensität der Bodennutzung des Gebiets jeweils unter Berücksichtigung der Überschreitung von Umweltqualitätsnormen und Grenzwerten;
   f) folgende Gebiete:
      aa) Natura 2000-Gebiete nach § 7 Abs. 1 Nr. 8 BNatSchG,
      bb) Naturschutzgebiete gemäß § 23 BNatSchG, soweit nicht bereits von Doppelbuchst. aa erfasst,
      cc) Nationalparke gemäß § 24 BNatSchG, soweit nicht bereits von Doppelbuchst. aa erfasst,
      dd) Biosphärenreservate und Landschaftsschutzgebiete gemäß §§ 25 und 26 BNatSchG,

ee) gesetzlich geschützte Biotope gemäß § 30 BNatSchG und Art. 23 Abs. 1 des Bayerischen Naturschutzgesetzes,

ff) Wasserschutzgebiete gemäß § 51 des Wasserhaushaltsgesetzes (WHG), Heilquellenschutzgebiete gemäß § 53 Abs. 4 WHG sowie Überschwemmungsgebiete gemäß § 76 WHG und vorläufig gesicherte Überschwemmungsgebiete nach Art. 47 des Bayerischen Wassergesetzes,

gg) Bannwald gemäß Art. 11 Abs. 1 des Waldgesetzes für Bayern (BayWaldG),

hh) Naturwaldreservate gemäß Art. 12a BayWaldG,

ii) Gebiete, in denen die in den Gemeinschaftsvorschriften festgelegten Umweltqualitätsnormen bereits überschritten sind,

kk) Gebiete mit hoher Bevölkerungsdichte, insbesondere Zentrale Orte im Sinn des Art. 6 Abs. 2 Nr. 2 Satz 6,

ll) in amtlichen Listen oder Karten verzeichnete Denkmäler, Ensembles, Bodendenkmäler oder Gebiete, die von der durch die Länder bestimmten Denkmalschutzbehörde als archäologisch bedeutende Landschaften eingestuft worden sind,

mm) von der UNESCO erfasstes Weltkultur- und -naturerbe.

Gesetz zum Schutz und zur Pflege der Denkmäler (Bayerisches Denkmalschutzgesetz – BayDSchG)

Vom 25. Juni 1973 (BayRS IV S. 354)
(BayRS 2242-1-WK)

zuletzt geändert durch § 3 G zur Förderung der Bundeswehr in Bayern vom 23. Juli 2024 (GVBl. S. 257)

Nichtamtliche Inhaltsübersicht

Teil 1
Allgemeine Bestimmungen

Artikel 1 Begriffsbestimmungen

(1) Denkmäler sind von Menschen geschaffene Sachen oder Teile davon aus vergangener Zeit, deren Erhaltung wegen ihrer geschichtlichen, künstlerischen, städtebaulichen, wissenschaftlichen oder volkskundlichen Bedeutung im Interesse der Allgemeinheit liegt.

(2) [1]Baudenkmäler sind bauliche Anlagen oder Teile davon aus vergangener Zeit, soweit sie nicht unter Abs. 4 fallen, einschließlich dafür bestimmter historischer Ausstattungsstücke und mit der in Abs. 1 bezeichneten Bedeutung. [2]Auch bewegliche Sachen können historische Ausstattungsstücke sein, wenn sie integrale Bestandteile einer historischen Raumkonzeption oder einer ihr gleichzusetzenden historisch abgeschlossenen Neuausstattung oder Umgestaltung sind. [3]Gartenanlagen, die die Voraussetzungen des Abs. 1 erfüllen, gelten als Baudenkmäler.

(3) Zu den Baudenkmälern kann auch eine Mehrheit von baulichen Anlagen (Ensemble) gehören, und zwar auch dann, wenn keine oder nur einzelne dazugehörige bauliche Anlagen die Voraussetzungen des Abs. 1 erfüllen, das Orts-, Platz- oder Straßenbild aber insgesamt erhaltenswürdig ist.

(4) Bodendenkmäler sind bewegliche und unbewegliche Denkmäler, die sich im Boden befinden oder befanden und in der Regel aus vor- oder frühgeschichtlicher Zeit stammen.

Artikel 2 Denkmalliste

(1) [1]Die Baudenkmäler und die Bodendenkmäler sollen nachrichtlich in ein Verzeichnis (Denkmalliste) aufgenommen werden. [2]Die Eintragung erfolgt durch das Landesamt für Denkmalpflege von Amts wegen im Benehmen mit der Gemeinde. [3]Der Berechtigte und der zuständige Heimatpfleger können die Eintragung anregen. [4]Die Eintragung ist im Bebauungsplan kenntlich zu machen. [5]Die Liste kann von jedermann eingesehen werden.

(2) Auf Antrag des Berechtigten und in besonders wichtigen Fällen können bewegliche Denkmäler, soweit sie nicht nach Abs. 1 eingetragen sind, in das Verzeichnis eingetragen werden.

Artikel 3 Gemeindliche Rücksichtnahme

Die Gemeinden nehmen bei ihrer Tätigkeit, vor allem im Rahmen der Bauleitplanung, auf die Belange des Denkmalschutzes und der Denkmalpflege, insbesondere auf die Erhaltung von Ensembles, angemessen Rücksicht.

Teil 2
Baudenkmäler

Artikel 4 Erhaltung von Baudenkmälern

(1) [1]Die Eigentümer und die sonst dinglich Verfügungsberechtigten von Baudenkmälern haben ihre Baudenkmäler instandzuhalten, instandzusetzen, sachgemäß zu behandeln und vor Gefährdung zu schützen, soweit ihnen das zuzumuten ist. [2]Ist der Eigentümer oder der sonst dinglich Verfügungsberechtigte nicht der unmittelbare Besitzer, so gilt Satz 1 auch für den unmittelbaren Besitzer, soweit dieser die Möglichkeit hat, entsprechend zu verfahren.

(2) [1]Die in Abs. 1 genannten Personen können verpflichtet werden, bestimmte Erhaltungsmaßnahmen ganz oder zum Teil durchzuführen, soweit ihnen das insbesondere unter Berücksichtigung ihrer sonstigen Aufgaben und Verpflichtungen zumutbar ist; soweit sie die Maßnahmen nicht selbst durchzuführen haben, können sie zur Duldung der Maßnahmen verpflichtet werden. [2]Entscheidungen, durch die der Bund oder die Länder verpflichtet werden sollen, bedürfen der vorherigen Zustimmung der Obersten Denkmalschutzbehörde.

(3) [1]Macht der Zustand eines Baudenkmals Maßnahmen zu seiner Instandhaltung, Instandsetzung oder zu seinem Schutz erforderlich, ohne daß eine vollstreckbare Entscheidung nach Abs. 2 vorliegt, so kann die zuständige Denkmalschutzbehörde die Maßnahmen durchführen oder durchführen lassen. [2]Die dinglich und obligatorisch Berechtigten können zur Duldung der Maßnahmen verpflichtet werden. [3]Die Kosten der Maßnahmen tragen die in Abs. 1 genannten Personen, soweit sie nach Abs. 2 zur Durchführung der Maßnahmen verpflichtet wurden oder hätten verpflichtet werden können, im übrigen der Entschädigungsfonds.

(4) Handlungen, die ein Baudenkmal schädigen oder gefährden, können untersagt werden.

Artikel 5 Nutzung von Baudenkmälern

[1]Baudenkmäler sollen möglichst entsprechend ihrer ursprünglichen Zweckbestimmung genutzt werden. [2]Werden Baudenkmäler nicht mehr entsprechend ihrer ursprünglichen Zweckbestimmung genutzt, so sollen die Eigentümer und die sonst dinglich oder obligatorisch zur Nutzung Berechtigten eine der ursprünglichen gleiche oder gleichwertige Nutzung anstreben. [3]Soweit dies nicht möglich ist, soll eine Nutzung gewählt werden, die eine möglichst weitgehende Erhaltung der Substanz auf die Dauer gewährleistet. [4]Sind verschiedene Nutzungen möglich, so soll diejenige Nutzung gewählt werden, die das Baudenkmal und sein Zubehör am wenigsten beeinträchtigt. [5]Staat, Gemeinden und sonstige Körperschaften des öffentlichen Rechts sollen Eigentümer und Besitzer unterstützen. [6]Die Eigentümer und die sonst dinglich oder obligatorisch zur Nutzung Berechtigten können bei Vorliegen der Voraussetzungen des Art. 4 Abs. 2 verpflichtet werden, eine bestimmte Nutzungsart durchzuführen; soweit sie nicht zur Durchführung verpflichtet werden, können sie zur Duldung einer bestimmten Nutzungsart verpflichtet werden.

Artikel 6 Maßnahmen an Baudenkmälern

(1) [1]Wer

1. Baudenkmäler beseitigen, verändern oder an einen anderen Ort verbringen oder
2. geschützte Ausstattungsstücke beseitigen, verändern, an einen anderen Ort verbringen oder aus einem Baudenkmal entfernen

will, bedarf der Erlaubnis. [2]Der Erlaubnis bedarf auch, wer in der Nähe von Baudenkmälern Anlagen errichten, verändern oder beseitigen will, wenn sich dies auf Bestand oder Erscheinungsbild eines der Baudenkmäler auswirken kann. [3]Wer ein Ensemble verändern will, bedarf der Erlaubnis nur, wenn die Veränderung eine bauliche Anlage betrifft, die für sich genommen ein Baudenkmal ist, oder wenn sie sich auf das Erscheinungsbild des Ensembles auswirken kann.

(2) [1]Die Erlaubnis kann im Fall des Abs. 1 Satz 1 Nr. 1 und 2 versagt werden, soweit gewichtige Gründe des Denkmalschutzes für die unveränderte Beibehaltung des bisherigen Zustands sprechen. [2]Im Fall des Abs. 1 Satz 2 kann die Erlaubnis versagt werden, soweit das Vorhaben zu einer Beeinträchtigung des Wesens, des überlieferten Erscheinungsbilds oder der künstlerischen Wirkung eines Baudenkmals führen würde und gewichtige Gründe des Denkmalschutzes für die unveränderte Beibehaltung des bisherigen Zustands sprechen. [3]Dient die Maßnahme der Gewinnung erneuerbarer Energien überwiegend für den Energiebedarf im Baudenkmal oder zu seiner energetischen Verbesserung, kann die Erlaubnis in den Fällen des Satzes 1 oder 2 nur versagt werden, soweit überwiegende Gründe des Denkmalschutzes entgegenstehen und diesen nicht durch Nebenbestimmungen zur Art der Umsetzung Rechnung getragen werden kann.

(3) [1]Ist eine Baugenehmigung oder an ihrer Stelle eine bauaufsichtliche Zustimmung oder abgrabungsaufsichtliche Genehmigung erforderlich, entfällt die Erlaubnis. [2]Unbeschadet des Satzes 1 entfällt die Erlaubnis bei Bauvorhaben, die die Voraussetzungen des Art. 73 Abs. 1 Satz 1 der Bayerischen Bauordnung (BayBO) erfüllen und bei verfahrensfreien Bauvorhaben, die im Übrigen die Voraussetzungen des Art. 73 Abs. 1 Satz 1 BayBO erfüllen, wenn das Landesamt für Denkmalpflege dem Bauvorhaben auf Ersuchen der Baudienststelle zugestimmt hat. [3]Für denkmaltypische Bauprodukte, die in Baudenkmälern verwendet werden sollen, erteilt die untere Bauaufsichtsbehörde die Zustimmung im Einzelfall nach Art. 20 BayBO. [4]Werden denkmaltypische Bauprodukte bei Bauvorhaben verwendet, die die Voraussetzungen des Art. 73 Abs. 1 Satz 1 BayBO erfüllen, oder in verfahrensfreien Bauvorhaben, die im Übrigen die Voraussetzungen des Art. 73 Abs. 1 Satz 1 BayBO erfüllen, entscheidet die höhere Bauaufsichtsbehörde.

(4) Bei Entscheidungen nach den Abs. 1 bis 3 sind auch die Belange von Menschen mit Behinderung und von Menschen mit sonstigen Mobilitätsbeeinträchtigungen zu berücksichtigen.

(5) [1]Abweichend von Abs. 1 Satz 2 bedarf die Errichtung, Veränderung oder Beseitigung von Windenergieanlagen nur in der Nähe von besonders landschaftsprägenden Baudenkmälern der Erlaubnis. [2]Die Erlaubnis ist zu versagen, soweit das Vorhaben zu einer Beeinträchtigung des Wesens, des überlieferten Erscheinungsbilds oder der künstlerischen Wirkung des besonders landschaftsprägenden Baudenkmals führen würde und gewichtige Gründe des Denkmalschutzes für die unveränderte Beibehaltung des bisherigen Zustands sprechen.

Teil 3

Bodendenkmäler

Artikel 7 Ausgraben von Bodendenkmälern, Verordnungsermächtigung

(1) [1]Wer auf einem Grundstück nach Bodendenkmälern graben oder zu einem anderen Zweck Erdarbeiten auf einem Grundstück vornehmen will, obwohl er weiß oder vermutet oder den Umständen nach annehmen muß, daß sich dort Bodendenkmäler befinden, bedarf der Erlaubnis. [2]Er hat die Kosten für die vorherige wissenschaftliche Untersuchung, die Bergung von Funden und die Dokumentation der Befunde zu tragen, soweit ihm das zuzumuten ist. [3]Die Erlaubnis kann versagt werden, soweit dies zum Schutz eines Bodendenkmals erforderlich ist.

(2) [1]Die Bezirke können durch Rechtsverordnung bestimmte Grundstücke, in oder auf denen Bodendenkmäler zu vermuten sind, zu Grabungsschutzgebieten erklären. [2]In einem Grabungsschutzgebiet bedürfen alle Arbeiten, die Bodendenkmäler gefährden können, der Erlaubnis. [3]Abs. 1 Satz 2 und

Art. 6 Abs. 2 Satz 2 sowie Art. 6 Abs. 3 gelten entsprechend. [4]Grabungsschutzgebiete sind im Flächennutzungsplan kenntlich zu machen.

(3) Abs. 1 und Abs. 2 Satz 2 gelten nicht für Grabungen, die vom Landesamt für Denkmalpflege oder unter seiner Mitwirkung vorgenommen oder veranlaßt werden.

(4) [1]Wer in der Nähe von Bodendenkmälern, die ganz oder zum Teil über der Erdoberfläche erkennbar sind, Anlagen errichten, verändern oder beseitigen will, bedarf der Erlaubnis, wenn sich dies auf Bestand oder Erscheinungsbild eines dieser Bodendenkmäler auswirken kann. [2]Abs. 1 Satz 2 und Art. 6 Abs. 2 Satz 2 sowie Art. 6 Abs. 3 gelten entsprechend. [3]Abweichend von Satz 1 bedarf die Errichtung, Veränderung oder Beseitigung von Windenergieanlagen der Erlaubnis

1. in der Nähe von besonders landschaftsprägenden Bodendenkmälern oder
2. wenn sie sich auf den Bestand eines Bodendenkmals auswirken kann.

[4]In den Fällen des Satzes 3 Nr. 1 gilt Art. 6 Abs. 5 Satz 2 entsprechend.

(5) [1]Soll eine Grabung auf einem fremden Grundstück erfolgen, so kann der Eigentümer verpflichtet werden, die Grabung zuzulassen, wenn das Landesamt für Denkmalpflege festgestellt hat, daß ein besonderes öffentliches Interesse an der Grabung besteht. [2]Der Inhaber der Grabungsgenehmigung hat den dem Eigentümer entstehenden Schaden zu ersetzen.

(6) [1]Auf in der Denkmalliste nach Art. 2 Abs. 1 verzeichneten Bodendenkmälern ist der Einsatz technischer Ortungsgeräte, die geeignet sind, Denkmäler im Erdreich aufzufinden, verboten. [2]Eine Erlaubnis kann nur für berechtigte berufliche Zwecke erteilt werden. [3]Abs. 1 Satz 3 und Abs. 3 gelten entsprechend.

Artikel 8 Auffinden von Bodendenkmälern

(1) [1]Wer Bodendenkmäler auffindet, ist verpflichtet, dies unverzüglich der Unteren Denkmalschutzbehörde oder dem Landesamt für Denkmalpflege anzuzeigen. [2]Zur Anzeige verpflichtet sind auch der Eigentümer und der Besitzer des Grundstücks sowie der Unternehmer und der Leiter der Arbeiten, die zu dem Fund geführt haben. [3]Die Anzeige eines der Verpflichteten befreit die übrigen. [4]Nimmt der Finder an den Arbeiten, die zu dem Fund geführt haben, auf Grund eines Arbeitsverhältnisses teil, so wird er durch Anzeige an den Unternehmer oder den Leiter der Arbeiten befreit.

(2) Die aufgefundenen Gegenstände und der Fundort sind bis zum Ablauf von einer Woche nach der Anzeige unverändert zu belassen, wenn nicht die Untere Denkmalschutzbehörde die Gegenstände vorher freigibt oder die Fortsetzung der Arbeiten gestattet.

(3) Die Abs. 1 und 2 gelten nicht bei Arbeiten, die vom Landesamt für Denkmalpflege oder unter seiner Mitwirkung vorgenommen oder veranlaßt werden.

(4) Eigentümer, dinglich Verfügungsberechtigte und unmittelbare Besitzer eines Grundstücks, auf dem Bodendenkmäler gefunden werden, können verpflichtet werden, die notwendigen Maßnahmen zur sachgemäßen Bergung des Fundgegenstands sowie zur Klärung der Fundumstände und zur Sicherung weiterer auf dem Grundstück vorhandener Bodendenkmäler zu dulden.

Artikel 9 Schatzregal

(1) [1]Bewegliche Bodendenkmäler oder Teile davon, die herrenlos oder so lange verborgen gewesen sind, dass ihr Eigentümer nicht mehr zu ermitteln ist, werden unabhängig von einer Eintragung nach Art. 2 Abs. 1 mit der Entdeckung Eigentum des Freistaates Bayern. [2]Sie sind unverzüglich dem Landesamt für Denkmalpflege zu übergeben.

(2) [1]Der Eigentümer des Grundstücks, auf dem das Bodendenkmal entdeckt wurde, hat gegen den Freistaat Bayern einen Anspruch auf Ausgleich. [2]Für Funde auf der Grundstücksgrenze gilt § 432 des Bürgerlichen Gesetzbuches (BGB). [3]Die Sätze 1 und 2 gelten nicht für Objekte, deren

1. Verkehrswert weniger als 1000 € beträgt oder
2. deren Fund oder Bergung unter Verstoß gegen gesetzliche Bestimmungen erfolgte.

[4]Die Höhe des Ausgleichs bemisst sich nach dem Verkehrswert des restaurierten Objekts abzüglich des Aufwands für eine fachgerechte Restaurierung und Konservierung. [5]Die Belohnung nach Abs. 3 ist zum Abzug zu bringen.

(3) [1]Der Entdecker, der nicht zugleich Grundstückseigentümer ist, hat gegen den Freistaat Bayern einen Anspruch auf Belohnung nach § 971 BGB. [2]Abs. 2 Satz 3 gilt entsprechend. [3]Für die Wertberechnung im Rahmen des § 971 Abs. 1 Satz 2 BGB gilt Abs. 2 Satz 4.

(4) [1]Der Anspruch auf Ausgleich oder Belohnung entsteht 24 Monate nach der Übergabe an das Landesamt für Denkmalpflege. [2]Er entfällt, wenn das Objekt an die nach § 984 BGB Berechtigten zurückgegeben und diesen je zur Hälfte das Eigentum an dem Objekt übertragen wird.
(5) [1]Das Eigentum soll vom Freistaat Bayern auf Antrag der Gemeinde des Fundorts übertragen werden, wenn die fachgerechte Archivierung und Lagerung der gesamten Funde einer Grabung durch eine fachlich besetzte Einrichtung gewährleistet wird. [2]In diesem Fall bestehen keine Ansprüche der Gemeinde nach den Abs. 2 und 3.
(6) Für Entdeckungen vor dem 1. Juli 2023 sind die Vorschriften des Bayerischen Denkmalschutzgesetzes in der am 30. Juni 2023 geltenden Fassung anzuwenden.

Teil 4
Eingetragene bewegliche Denkmäler

Artikel 10 Erlaubnispflicht

(1) [1]Wer ein eingetragenes bewegliches Denkmal beseitigen, verändern oder an einen anderen Ort verbringen will, bedarf der Erlaubnis. [2]Die Erlaubnis kann versagt werden, soweit dies zum Schutz des Denkmals erforderlich ist.
(2) [1]Die Veräußerung eines eingetragenen beweglichen Denkmals ist dem Landesamt für Denkmalpflege unverzüglich anzuzeigen. [2]Zur Anzeige sind der Veräußerer und der Erwerber verpflichtet.

Teil 5
Verfahrensbestimmungen

Artikel 11 Denkmalschutzbehörden

(1) [1]Untere Denkmalschutzbehörden sind die Kreisverwaltungsbehörden. [2]Soweit kreisangehörigen Gemeinden die Aufgaben der Unteren Bauaufsichtsbehörden übertragen sind oder übertragen werden, gilt diese Übertragung auch für die Aufgaben der Unteren Denkmalschutzbehörden. [3]Art. 115 Abs. 2 der Gemeindeordnung gilt entsprechend.
(2) Höhere Denkmalschutzbehörden sind die Regierungen.
(3) Oberste Denkmalschutzbehörde ist das Staatsministerium für Wissenschaft und Kunst (Staatsministerium).
(4) [1]Soweit nichts anderes bestimmt ist, sind die Unteren Denkmalschutzbehörden für den Vollzug dieses Gesetzes zuständig. [2]Bei Bauvorhaben, die die Voraussetzungen des Art. 73 Abs. 1 Satz 1 BayBO erfüllen und bei verfahrensfreien Bauvorhaben, die im Übrigen die Voraussetzungen des Art. 73 Abs. 1 Satz 1 BayBO erfüllen, treten die Höheren an die Stelle der Unteren Denkmalschutzbehörden. [3]Satz 2 gilt auch für Entscheidungen nach Art. 7.
(5) Die Aufgaben der Denkmalschutzbehörden sind Staatsaufgaben; für die Gemeinden sind sie übertragene Aufgaben.

Artikel 12 Landesamt für Denkmalpflege

(1) [1]Das Landesamt für Denkmalpflege ist die staatliche Fachbehörde für alle Fragen des Denkmalschutzes und der Denkmalpflege. [2]Es ist dem Staatsministerium unmittelbar nachgeordnet.
(2) [1]Dem Landesamt für Denkmalpflege obliegen die Denkmalpflege und die Mitwirkung beim Denkmalschutz. [2]Die Denkmalpflege umfasst auch die Erforschung der Denkmäler, soweit solche Vorhaben mit den sonstigen Aufgaben des Landesamts für Denkmalpflege in unmittelbarem Zusammenhang stehen und mit diesen vereinbar sind. [3]Insbesondere hat es folgende Aufgaben:

1. Mitwirkung beim Vollzug dieses Gesetzes und anderer einschlägiger Vorschriften nach Maßgabe der hierzu ergangenen und ergehenden Bestimmungen;
2. Herausgabe von Richtlinien zur Pflege der Denkmäler unter Beteiligung der kommunalen Spitzenverbände;
3. Erstellung und Fortführung der Inventare und der Denkmalliste;
4. Konservierung und Restaurierung von Denkmälern, soweit die Konservierung und die Restaurierung nicht von anderen dafür zuständigen staatlichen Stellen durchgeführt werden;
5. fachliche Beratung und Erstattung von Gutachten in allen Angelegenheiten des Denkmalschutzes und der Denkmalpflege;

6. Überwachung der Ausgrabungen sowie die Überwachung und Erfassung der anfallenden beweglichen Bodendenkmäler;
7. Fürsorge für Heimatmuseen und ähnliche Sammlungen, soweit diese nicht vom Staat verwaltet werden.

4Das Staatsministerium kann dem Landesamt für Denkmalpflege weitere einschlägige Aufgaben zuweisen.

(3) Die bisherigen Aufgaben der Bayerischen Verwaltung der staatlichen Schlösser, Gärten und Seen bleiben unberührt.

Artikel 13 Heimatpfleger

(1) 1Die Heimatpfleger beraten und unterstützen die Denkmalschutzbehörden und das Landesamt für Denkmalpflege in den Fragen der Denkmalpflege und des Denkmalschutzes. 2Ihnen ist durch die Denkmalschutzbehörden in den ihren Aufgabenbereich betreffenden Fällen rechtzeitig Gelegenheit zur Äußerung zu geben.

(2) Die Denkmalschutzbehörden und das Landesamt für Denkmalpflege sollen sich in geeigneten Fällen der Unterstützung kommunaler Stellen sowie privater Initiativen bedienen.

Artikel 14 Landesdenkmalrat

(1) 1Der Landesdenkmalrat berät die Staatsregierung in allen wichtigen Fragen der Denkmalpflege. 2Er wirkt an der Festlegung von Ensembles mit.

(2) 1In den Landesdenkmalrat werden folgende Mitglieder jeweils für die Dauer der Legislaturperiode entsandt:

1. sechs von den Fraktionen des Bayerischen Landtags gemäß ihren Besetzungsrechten nach dem Verfahren Sainte-Laguë/Schepers,
2. je zwei von der Katholischen Kirche und der Evangelisch-Lutherischen Landeskirche,
3. je eines
   a) von den israelitischen Kultusgemeinden in Bayern,
   b) vom Verein zur Erhaltung privater Baudenkmäler und sonstiger Kulturgüter in Bayern e.V.,
   c) von der Deutschen Burgenvereinigung, Landesgruppe Bayern,
   d) vom Landesverband der Bayerischen Haus- und Grundbesitzer e.V.,
   e) vom Familienbetriebe Land und Forst Bayern e.V.,
   f) von der Bayerischen Akademie der Schönen Künste,
   g) von der Bayerischen Architektenkammer,
   h) von der Deutschen Akademie für Städtebau und Landesplanung, Landesgruppe Bayern,
   i) vom Bayerischen Landesverein für Heimatpflege,
   j) vom Bayerischen Bauernverband,
   k) von der Arbeitsgemeinschaft der Bayerischen Handwerkskammern,
   l) vom Bayerischen Gemeindetag,
   m) vom Bayerischen Städtetag,
   n) vom Bayerischen Landkreistag,
   o) vom Bayerischen Bezirketag,
   p) von der Bayerischen Ingenieurekammer-Bau,
4. bis zu sechs vom Staatsministerium.

2Es wird entsprechend Satz 1 jeweils ein Stellvertreter bestimmt. 3Die Mitglieder und ihre Stellvertreter werden vom Landtag bestellt, in den Fällen des Satzes 1 Nr. 2 bis 4 auf Vorschlag der jeweiligen entsendenden Stelle.

(3) 1Die Mitglieder sind ehrenamtlich tätig. 2Sie erhalten Reisekosten nach den Vorschriften des Bayerischen Reisekostengesetzes wie ein Ehrenbeamter.

(4) 1Der Landesdenkmalrat wählt aus seiner Mitte mit einfacher Mehrheit der anwesenden Mitglieder ein vorsitzendes Mitglied und einen Stellvertreter. 2Der Landesdenkmalrat gibt sich im Übrigen eine Geschäftsordnung. 3Das Staatsministerium führt seine Geschäfte.

(5) Ohne Stimmrecht nehmen an den Beratungen des Landesdenkmalrats bei Bedarf Sachverständige nach Einladung des Landesdenkmalrats teil.

Artikel 15 Erlaubnisverfahren und Wiederherstellung

(1) [1]Der Antrag auf Erteilung einer Erlaubnis nach den Art. 6, 7 und 10 Abs. 1 und auf Verpflichtung des Eigentümers nach Art. 7 Abs. 5 ist schriftlich bei der zuständigen Denkmalschutzbehörde einzureichen, die ihn unverzüglich der Gemeinde zur Stellungnahme übermittelt. [2]Art. 75 und 76 BayBO gelten in den Fällen der Art. 6, 7 und 8 Abs. 2 entsprechend.

(2) [1]Die zuständige Denkmalschutzbehörde soll vor einer Entscheidung nach den Teilen 2 bis 4 das Landesamt für Denkmalpflege hören. [2]Art. 65 Abs. 1 Satz 3 BayBO gilt entsprechend.

(3) Für eine Erlaubnis nach den Teilen 2 bis 4 gilt Art. 69 BayBO entsprechend.

(4) Werden Handlungen nach Art. 6, 7, 8 Abs. 2 oder Art. 10 Abs. 1 ohne die erforderliche Erlaubnis, Baugenehmigung oder abgrabungsaufsichtliche Genehmigung durchgeführt, so kann die Untere Denkmalschutzbehörde verlangen, daß der ursprüngliche Zustand wieder hergestellt wird, soweit dies noch möglich ist, oder daß Bau- und Bodendenkmäler und eingetragene bewegliche Denkmäler auf andere Weise wieder instandgesetzt werden.

(5) Wer widerrechtlich Bau- oder Bodendenkmäler oder eingetragene bewegliche Denkmäler vorsätzlich oder grob fahrlässig zerstört oder beschädigt, ist unabhängig von der Verhängung einer Geldbuße zur Wiedergutmachung des von ihm angerichteten Schadens bis zu dessen vollem Umfang verpflichtet.

(6) Die zuständige Behörde kann die Entscheidung über einen Antrag auf Erlaubnis, Baugenehmigung, baurechtliche Zustimmung oder abgrabungsaufsichtliche Genehmigung auf höchstens zwei Jahre aussetzen, soweit dies zur Klärung der Belange des Denkmalschutzes, insbesondere für Untersuchungen des Baudenkmals und seiner Umgebung, erforderlich ist.

(7) Art. 4 Abs. 1 Satz 1 der Verordnung (EU) 2022/2577 findet aus Gründen des Schutzes kulturellen Erbes keine Anwendung.

Artikel 16 Betretungs- und Auskunftsrecht

(1) Die Denkmalschutzbehörden und das Landesamt für Denkmalpflege sind berechtigt, im Vollzug dieses Gesetzes Grundstücke auch gegen den Willen der Betroffenen zu betreten, soweit das zur Erhaltung eines Bau- oder Bodendenkmals oder eines eingetragenen beweglichen Denkmals dringend erforderlich erscheint.

(2) Eigentümer und Besitzer von Bau- und Bodendenkmälern und von eingetragenen beweglichen Denkmälern und sonstige Berechtigte sind verpflichtet, den Denkmalschutzbehörden und dem Landesamt für Denkmalpflege alle zum Vollzug dieses Gesetzes erforderlichen Auskünfte zu erteilen.

Artikel 17 Kostenfreiheit

[1]Für Amtshandlungen nach diesem Gesetz werden Kosten nicht erhoben. [2]Schließt die Erlaubnis gemäß Art. 6 Abs. 3 Satz 3 die Zustimmung im Einzelfall nach Art. 20 BayBO oder die Abweichung nach Art. 63 Abs. 1 Satz 1 BayBO ein, werden für die Zustimmung oder die Abweichung Kosten nach dem Kostengesetz erhoben.

Teil 6
Enteignung

Artikel 18 Zulässigkeit der Enteignung

[1]Kann eine Gefahr für den Bestand oder die Gestalt eines Bau- oder Bodendenkmals oder eines eingetragenen beweglichen Denkmals auf andere Weise nicht nachhaltig abgewehrt werden, so ist die Enteignung zugunsten des Staates oder einer anderen juristischen Person des öffentlichen Rechts zulässig. [2]Zugunsten einer juristischen Person des Privatrechts ist die Enteignung dann zulässig, wenn die dauernde Erhaltung des Bau- oder Bodendenkmals oder des eingetragenen beweglichen Denkmals zu den satzungsmäßigen Aufgaben der juristischen Person gehört und bei Berücksichtigung aller Umstände gesichert erscheint.

(3) bis (5)[1)] *[aufgehoben]*

Artikel 19 Entschädigungsfonds

(1) [1]Für Entschädigungen bei Enteignung nach Art. 18, Ausgleich unzumutbarer Kostenbelastungen nach Art. 4 Abs. 3 sowie bei Instandsetzungsmaßnahmen nach Art. 4 Abs. 1 wird ein Entschädigungs-

1) Zählung amtlich.

fonds vorgehalten, der von der Obersten Denkmalschutzbehörde als staatliches Sondervermögen unterhalten wird. [2]Steuervorteile, die auf die Denkmaleigenschaft zurückzuführen sind, sind bei Zahlungen an den Betroffenen in angemessenem Umfang anzurechnen.
(2) [1]Der Freistaat Bayern und die Gemeinden haben die Entschädigung grundsätzlich gemeinsam zu tragen. [2]Die Ansprüche des Berechtigten sind gegen den Freistaat Bayern zu richten. [3]Der Entschädigungsfonds erstattet dem Freistaat Bayern auf Antrag der örtlich zuständigen Regierung die dem Betroffenen gewährten Entschädigungsleistungen.
(3) [1]Der Freistaat Bayern und die Gemeinden tragen den Fonds durch Beiträge von je 16 Millionen Euro jährlich. [2]Die staatlichen Beiträge sind in zwei gleichen Teilbeträgen im Januar und im Juli zahlbar. [3]Die von den Gemeinden zu tragenden Einzelbeiträge errechnen sich nach dem Verhältnis der jeweiligen gemeindlichen Umlagegrundlagen für die Kreisumlage oder die Bezirksumlage. [4]Sie werden jährlich vom Landesamt für Statistik berechnet und sollen entsprechend bis 31. März des jeweiligen Beitragsjahres gegenüber den Gemeinden durch Beitragsbescheid festgesetzt werden. [5]Die Beiträge werden mit der Auszahlung der Schlüsselzuweisungen für das dritte Vierteljahr fällig, staatlicherseits einbehalten und an den Fonds abgeführt. [6]Soweit Gemeinden keine Schlüsselzuweisungen erhalten, zahlen sie die Beiträge bis zum 15. September an die Staatsoberkasse.
(4) Erfolgt eine Enteignung zugunsten einer juristischen Person des öffentlichen Rechts, die nicht Gebietskörperschaft ist, oder zugunsten einer juristischen Person des Privatrechts, so hat diese die Entschädigung zu tragen.

Teil 7
Finanzierung

Artikel 20 Leistungen

(1) [1]Der Freistaat Bayern beteiligt sich unbeschadet bestehender Verpflichtungen in Höhe der jeweils im Staatshaushalt ausgewiesenen Mittel an den Kosten des Denkmalschutzes und der Denkmalpflege, insbesondere an den Kosten der Instandsetzung, Erhaltung, Sicherung und Freilegung von Denkmälern. [2]Die Höhe der Beteiligung richtet sich nach der Bedeutung und der Dringlichkeit des Falls und nach der Leistungsfähigkeit des Eigentümers.
(2) Die kommunalen Gebietskörperschaften beteiligen sich im Rahmen ihrer Leistungsfähigkeit in angemessenem Umfang an den Kosten der in Abs. 1 genannten Maßnahmen.

Teil 8
Ordnungswidrigkeiten

Artikel 21 Ordnungswidrigkeiten

(1) Mit Geldbuße bis zu fünf Millionen Euro kann belegt werden, wer vorsätzlich oder fahrlässig
1. Handlungen nach Art. 4 Abs. 4 vornimmt, obwohl ihm dies durch vollziehbare Anordnung untersagt wurde,
2. ohne die nach Art. 6 Abs. 1, Art. 7 Abs. 4 Satz 1 oder Art. 10 Abs. 1 erforderliche Erlaubnis oder die an ihre Stelle tretende baurechtliche oder abgrabungsaufsichtliche Genehmigung Maßnahmen an einem Denkmal durchführt,
3. ohne die nach Art. 7 Abs. 1 erforderliche Erlaubnis nach Bodendenkmälern gräbt oder zu einem anderen Zweck Erdarbeiten auf einem Grundstück vornimmt oder wer ohne die nach Art. 7 Abs. 2 erforderliche Erlaubnis Arbeiten in einem Grabungsschutzgebiet durchführt, die Bodendenkmäler gefährden können,
4. die gemäß Art. 8 Abs. 1 oder Art. 10 Abs. 2 erforderliche Anzeige nicht unverzüglich erstattet,
5. die aufgefundenen Gegenstände und den Fundort nicht gemäß Art. 8 Abs. 2 unverändert läßt,
6. seiner Übergabepflicht gemäß Art. 8 Abs. 5 nicht unverzüglich nachkommt,
7. entgegen Art. 7 Abs. 6 ohne Erlaubnis technische Ortungsgeräte einsetzt.

(2) Die Verfolgung der Ordnungswidrigkeiten verjährt in fünf Jahren.

Teil 9

Allgemeine Bestimmungen und Schlussbestimmungen

Artikel 22 Grundrechtseinschränkung

Die Grundrechte der Unverletzlichkeit der Wohnung (Art. 13 des Grundgesetzes, Art. 106 Abs. 3 der Verfassung), der freien Entfaltung der Persönlichkeit (Art. 2 Abs. 1 des Grundgesetzes, Art. 101 der Verfassung) und des Eigentums (Art. 14 des Grundgesetzes, Art. 103 der Verfassung) werden durch dieses Gesetz eingeschränkt.

Artikel 23 Erteilung von Bescheinigungen für steuerliche Zwecke

Bescheinigungen für die Erlangung von Steuervergünstigungen werden vorbehaltlich anderweitiger Bestimmungen vom Landesamt für Denkmalpflege erteilt.

Artikel 24 Kirchliche Denkmäler

(1) Art. 10 §§ 3 und 4 des Konkordats mit dem Heiligen Stuhl vom 29. März 1924 und Art. 18 und 19 des Vertrags zwischen dem Freistaat Bayern und der Evangelisch-Lutherischen Kirche in Bayern rechts des Rheins vom 15. November 1924 bleiben unberührt.

(2) [1]Sollen Entscheidungen über Bau- oder Bodendenkmäler oder über eingetragene bewegliche Denkmäler getroffen werden, die unmittelbar gottesdienstlichen Zwecken der Katholischen Kirche oder der Evangelisch-Lutherischen Kirche dienen, so haben die Denkmalschutzbehörden die von den zuständigen kirchlichen Oberbehörden festgestellten kirchlichen Belange zu berücksichtigen. [2]Die Kirchen sind am Verfahren zu beteiligen. [3]Die zuständige kirchliche Oberbehörde entscheidet im Benehmen mit der Obersten Denkmalschutzbehörde, falls die Untere und Höhere Denkmalschutzbehörde die geltend gemachten kirchlichen Belange nicht anerkennen. [4]Gegenüber anderen Religionsgemeinschaften, die Körperschaften des öffentlichen Rechts sind, gelten die Sätze 1 bis 3 sinngemäß.

Artikel 25 Militärgelände

[1]Auf dauerhaft militärisch genutzten Grundstücken, die im Eigentum des Bundes stehen oder deren militärische Nutzung dinglich gesichert ist (Militärgelände), liegen die der Landes- und Bündnisverteidigung dienenden Vorhaben und eine den jeweils aktuellen militärischen Anforderungen entsprechende Nutzung vorhandener Baudenkmäler im überragenden öffentlichen Interesse. [2]Abweichend von Art. 4 Abs. 2 und 3, Art. 5 und 6 ist das Landesamt für Denkmalpflege vor entsprechenden Maßnahmen zu beteiligen und seine Stellungnahme maßgeblich zu berücksichtigen.

Artikel 26 Inkrafttreten, Außerkrafttreten

(1) Dieses Gesetz tritt am 1. Oktober 1973 in Kraft[1)].

(2) Art. 6 Abs. 5 sowie Art. 7 Abs. 4 Satz 3 Nr. 1 und Satz 4 treten mit Ablauf des 31. Dezember 2035 außer Kraft.

1) **Amtl. Anm.:** Betrifft die ursprüngliche Fassung vom 25. Juni 1973 (GVBl S. 328).

Gesetz über das Verbot der Zweckentfremdung von Wohnraum (Zweckentfremdungsgesetz – ZwEWG)

Vom 10. Dezember 2007 (GVBl. S. 864)
(BayRS 2330-11-I)

zuletzt geändert durch G zur Änderung des Gesetzes über das Verbot der Zweckentfremdung von Wohnraum vom 19. Juni 2017 (GVBl. S. 182)

Der Landtag des Freistaates Bayern hat das folgende Gesetz beschlossen, das hiermit bekannt gemacht wird:

Artikel 1 Zweckentfremdungssatzung

[1]Gemeinden können für Gebiete, in denen die ausreichende Versorgung der Bevölkerung mit Mietwohnungen zu angemessenen Bedingungen besonders gefährdet ist, durch Satzung mit einer Geltungsdauer von höchstens fünf Jahren bestimmen, dass Wohnraum nur mit ihrer Genehmigung überwiegend anderen als Wohnzwecken zugeführt werden darf, wenn sie dem Wohnraummangel nicht auf andere Weise mit zumutbaren Mitteln und in angemessener Zeit abhelfen können. [2]Eine Zweckentfremdung liegt insbesondere vor, wenn der Wohnraum

1. zu mehr als 50 % der Gesamtfläche für gewerbliche oder berufliche Zwecke verwendet oder überlassen wird,
2. baulich derart verändert oder in einer Weise genutzt wird, dass er für Wohnzwecke nicht mehr geeignet ist,
3. mehr als insgesamt acht Wochen im Kalenderjahr für Zwecke der Fremdenbeherbergung genutzt wird,
4. länger als drei Monate leer steht oder
5. beseitigt wird.

Artikel 2 Genehmigung

(1) [1]Die Genehmigung

1. ist zu erteilen, wenn vorrangige öffentliche Interessen oder schutzwürdige private Interessen das Interesse an der Erhaltung des Wohnraums überwiegen,
2. kann im Übrigen erteilt werden, wenn dem Interesse an der Erhaltung des Wohnraums durch Ausgleichsmaßnahmen in verlässlicher und angemessener Weise Rechnung getragen wird; dies kann durch Bereitstellung von Ersatzwohnraum oder durch eine Ausgleichszahlung geschehen.

[2]Die Genehmigung wirkt für und gegen den Rechtsnachfolger; das Gleiche gilt auch für Personen, die den Besitz nach Erteilung der Genehmigung erlangt haben.

(2) [1]Über den Antrag auf Erteilung einer Genehmigung nach Abs. 1 entscheidet die Gemeinde innerhalb einer Frist von drei Monaten; abweichende Entscheidungsfristen kann die Gemeinde in einer vorab öffentlich bekannt zu machenden Fristenregelung (behördlicher Fristenplan) festsetzen. [2]Nach Ablauf der Frist gilt die Genehmigung als erteilt. [3]Das Verfahren nach Abs. 1 kann über eine einheitliche Stelle abgewickelt werden.

Artikel 3 Anordnungen und Sofortvollzug

(1) [1]Die dinglich Verfügungsberechtigten, Besitzer, Verwalter und Vermittler haben der Gemeinde die Auskünfte zu geben und die Unterlagen vorzulegen, die erforderlich sind, um die Einhaltung der Vorschriften dieses Gesetzes zu überwachen. [2]Sie haben dazu auch den von der Gemeinde beauftragten Personen zu ermöglichen, zu angemessener Tageszeit Grundstücke, Gebäude, Wohnungen und Wohnräume zu betreten. [3]Die Auskunftspflichtigen haben auch Tatsachen zu offenbaren, die geeignet sind, eine Verfolgung wegen einer Straftat oder einer Ordnungswidrigkeit herbeizuführen. [4]Jedoch darf eine Auskunft, die ein Auskunftspflichtiger gemäß seiner Verpflichtung nach Satz 1 erteilt, in einem Strafverfahren oder einem Verfahren nach dem Gesetz über Ordnungswidrigkeiten gegen den Auskunftspflichtigen oder einen in § 52 Abs. 1 der Strafprozessordnung bezeichneten Angehörigen nur mit Zustimmung des Auskunftspflichtigen verwendet werden. [5]Satz 1 gilt auch für Diensteanbieter im Sinne des Telemediengesetzes.

(2) Die Gemeinde kann anordnen, dass eine nicht genehmigungsfähige Zweckentfremdung beendet und der Wohnraum wieder Wohnzwecken zugeführt wird.

(3) Klagen gegen Verwaltungsakte zum Vollzug dieses Gesetzes haben keine aufschiebende Wirkung.

Artikel 4 Ordnungswidrigkeiten

[1]Mit Geldbuße bis zu fünfhunderttausend Euro kann belegt werden, wer ohne die erforderliche Genehmigung Wohnraum für andere als Wohnzwecke verwendet oder überlässt. [2]Mit Geldbuße bis zu fünfzigtausend Euro kann belegt werden, wer entgegen Art. 3 Abs. 1 Auskünfte nicht, nicht richtig oder nicht vollständig erteilt oder Unterlagen nicht oder nicht vollständig vorlegt.

Artikel 5 Einschränkung von Grundrechten

Auf der Grundlage dieses Gesetzes und der nach Art. 1 ergangenen Satzungen wird das Grundrecht der Unverletzlichkeit der Wohnung eingeschränkt (Art. 13 des Grundgesetzes, Art. 106 Abs. 3 der Verfassung).

Artikel 6 Inkrafttreten

Dieses Gesetz tritt am 1. Januar 2009 in Kraft.

Verordnung über die Umlegungsausschüsse und das Vorverfahren in Umlegungsangelegenheiten (Umlegungsausschussverordnung – UmlegAusschV)

Vom 18. Januar 1961 (BayRS III S. 483)
(BayRS 2130-1-I)
zuletzt geändert durch § 2 ÄndV vom 30. September 2014 (GVBl. S. 411)

Auf Grund von §§ 46 Abs. 2 und 155 des Bundesbaugesetzes (BBauG)[1)] und *Art. 25 Abs. 1 Nr. 3 des Kostengesetzes*[2)] erläßt die Bayerische Staatsregierung folgende Verordnung:

§ 1 Bildung des Umlegungsausschusses

(1) [1]Ordnet die Gemeinde eine Umlegung an, so hat sie einen Umlegungsausschuß zu bilden, sofern nicht die Befugnis der Gemeinde zur Durchführung der Umlegung auf eine andere geeignete Behörde übertragen wird. [2]Dem Umlegungsausschuss kann auch die Durchführung vereinfachter Umlegungen übertragen werden, sofern nicht die Befugnis der Gemeinde auf eine andere geeignete Behörde übertragen wird.

(2) [1]Der Umlegungsausschuß führt die Umlegung durch. [2]Zu den Aufgaben des Umlegungsausschusses gehören nicht Zustellungen, Bekanntmachungen, die Auslegung von Karten und Verzeichnissen und ähnliche Geschäfte.

§ 2 Zusammensetzung des Umlegungsausschusses

(1) [1]Der Umlegungsaussschuß[3)] besteht aus dem Vorsitzenden und vier weiteren Mitgliedern. [2]Von den weiteren Mitgliedern muß

1. eines dem Gemeinderat angehören,
2. eines ein Beamter oder eine Beamtin sein oder gewesen sein, der oder die die Qualifikation für die Fachlaufbahn Naturwissenschaft und Technik, fachlicher Schwerpunkt Vermessung und Geoinformation, besitzt und grundsätzlich mindestens ein Amt der Besoldungsgruppe A 14 inne hat oder hatte,
3. eines ein Beamter oder eine Beamtin mit der Befähigung zum Richteramt sein oder gewesen sein,
4. eines ein Sachverständiger in der Bewertung von Grundstücken sein oder ein Bausachverständiger, der auf dem Gebiete des Baurechts, insbesondere der Bauleitplanung erfahren ist.

(2) [1]Der Gemeinderat kann abweichend von Absatz 1 beschließen, daß der Umlegungsausschuß aus dem Vorsitzenden und sechs weiteren Mitgliedern besteht. [2]Von den weiteren Mitgliedern müssen dann

1. zwei dem Gemeinderat angehören,
2. eines ein Beamter oder eine Beamtin sein oder gewesen sein, der oder die die Qualifikation für die Fachlaufbahn Naturwissenschaft und Technik, fachlicher Schwerpunkt Vermessung und Geoinformation, besitzt und grundsätzlich mindestens ein Amt der Besoldungsgruppe A 14 inne hat oder hatte,
3. eines ein Beamter oder eine Beamtin mit der Befähigung zum Richteramt sein oder gewesen sein,
4. eines Sachverständiger in der Bewertung von Grundstücken sein,
5. eines Bausachverständiger sein, der auf dem Gebiet des Baurechts, insbesondere der Bauleitplanung erfahren ist.

(3) [1]Den Vorsitz führt der erste Bürgermeister oder, wenn er verhindert ist, sein Stellvertreter. [2]Mit Einverständnis des ersten und der weiteren Bürgermeister kann durch Beschluß des Gemeinderats auch ein weiterer Bürgermeister oder ein anderes Gemeinderatsmitglied zum Vorsitzenden bestimmt werden. [3]In diesem Fall hat der Gemeinderat aus seiner Mitte auch einen oder mehrere Stellvertreter zu bestimmen.

---

1) **Amtl. Anm.:** BGBl. FN 213-1
2) **Amtl. Anm.:** Nunmehr Art. 25 Abs. 1 Satz 1 Nr. 2 des Kostengesetzes, BayRS 2013-1-1-F
3) Richtig wohl: „Umlegungsausschuß".

(4) [1]Die weiteren Mitglieder des Umlegungsausschusses bestimmt der Gemeinderat durch Beschluß. [2]Er hat für jedes Mitglied einen oder mehrere Vertreter zu bestimmen, die die gleichen Voraussetzungen erfüllen müssen, wie das Mitglied, zu dessen Vertretung sie bestimmt sind.

§ 3 Amtszeit der Mitglieder des Umlegungsausschusses

[1]Führt der erste Bürgermeister den Vorsitz, so gehört er für die Dauer seiner Amtszeit dem Umlegungsausschuß an. [2]Gemeinderatsmitglieder, die dem Umlegungsausschuß als Vorsitzender, als weiteres Mitglied oder als deren Stellvertreter angehören, bleiben im Amt, bis der neugewählte Gemeinderat ihre Nachfolger bestimmt hat. [3]Die Amtsdauer der übrigen Mitglieder beträgt drei Jahre.

§ 4[1)] Grundsätze für die Tätigkeit des Umlegungsausschusses

(1) [1]Der Umlegungsausschuß entscheidet nach seiner freien, aus den gesamten Verhandlungen und Ermittlungen gewonnenen Überzeugung. [2]Er ist an Weisungen nicht gebunden.

(2) [1]Der Umlegungsausschuß berät und beschließt in nichtöffentlicher Sitzung. [2]Zu den Sitzungen können weitere Personen mit beratender Stimme zugezogen werden. [3]Im übrigen gilt Art. 55 Abs. 2 der Gemeindeordnung[2)] entsprechend.

(3) Der Umlegungsausschuß kann die Entscheidung über Vorgänge nach § 51 des Baugesetzbuchs (BauGB)[3)] von geringer Bedeutung einer Stelle übertragen, die seine Entscheidungen vorbereitet.

§ 5 Auflösung des Umlegungsausschusses

Der Gemeinderat kann die Auflösung des Umlegungsausschusses beschließen, wenn die Umlegung durchgeführt ist oder nach Ansicht des Umlegungsausschusses nicht durchgeführt werden kann und mit der Anordnung einer weiteren Umlegung in absehbarer Zeit nicht zu rechnen ist.

§ 6 Vorverfahren

(1) Ein nach dem Vierten Teil des Ersten Kapitels des Baugesetzbuchs[3)] erlassener Verwaltungsakt kann durch Antrag auf gerichtliche Entscheidung nach § 217 BauGB erst angefochten werden, nachdem seine Rechtmäßigkeit und Zweckmäßigkeit in einem Vorverfahren (Widerspruchsverfahren) von der Stelle nachgeprüft worden ist, die ihn erlassen hat.

(2) § 68 Abs. 1 Nr. 2 und Abs. 2, §§ 69 bis 73, 75 und 80 der Verwaltungsgerichtsordnung[4)] gelten entsprechend.

§ 7 Inkrafttreten

Diese Verordnung tritt mit Wirkung vom 1. Januar 1961 in Kraft[5)].

---

1) **Amtl. Anm.:** § 4 Abs. 3 angefügt mit Wirkung vom 1. Januar 1983 durch Verordnung vom 11. Januar 1983 (GVBl. S. 3)
2) **Amtl. Anm.:** BayRS 2020-1-1-I
3) **Amtl. Anm.:** BGBl. FN 213-1
4) **Amtl. Anm.:** BGBl. FN 340-1
5) **Amtl. Anm.:** Betrifft die ursprüngliche Fassung vom 18. Januar 1961 (GVBl. S. 27)

Verordnung
über den Bau und Betrieb von Garagen sowie über die Zahl der notwendigen Stellplätze
(Garagen- und Stellplatzverordnung – GaStellV)

Vom 30. November 1993 (GVBl. S. 910)
(BayRS 2132-1-4-B)
zuletzt geändert durch V zur Änderung der Garagen- und Stellplatzverordnung
vom 29. November 2023 (GVBl. S. 639)

Auf Grund von Art. 90 Abs. 1 Nrn. 1 und 3 der Bayerischen Bauordnung (BayBO) in der Fassung der Bekanntmachung vom 4. August 1997 (GVBl. S. 433, BayRS 2132–1–I) und Art. 38 Abs. 3 des Landesstraf- und Verordnungsgesetzes erläßt das Bayerische Staatsministerium des Innern folgende Verordnung:

Nichtamtliche Inhaltsübersicht

Teil I
Allgemeine Vorschriften

§ 1 Begriffe und allgemeine Anforderungen

(1) [1]Offene Garagen sind Garagen, die unmittelbar ins Freie führende unverschließbare Öffnungen in einer Größe von insgesamt mindestens einem Drittel der Gesamtfläche der Umfassungswände haben. [2]Offene Mittel- und Großgaragen haben diese Öffnungen mindestens in gegenüberliegenden Umfassungswänden, die nicht mehr als 70 m voneinander entfernt sind. [3]Stellplätze mit Schutzdächern (Carports) gelten als offene Garagen.

(2) Geschlossene Garagen sind Garagen, die die Voraussetzungen nach Abs. 1 nicht erfüllen.

(3) [1]Oberirdische Garagen sind Garagen, deren Fußboden im Mittel nicht mehr als 1,50 m unter oder mindestens an einer Seite in Höhe oder über der Geländeoberfläche liegt. [2]Unterirdische Garagen sind Garagen, die die Voraussetzungen des Satzes 1 nicht erfüllen.

(4) Automatische Garagen sind Garagen ohne Personen- und Fahrverkehr, in denen die Kraftfahrzeuge mit mechanischen Förderanlagen von der Garagenzufahrt zu den Einstellplätzen und zum Abholen an die Garagenausfahrt befördert werden.

(5) Ein Einstellplatz ist die Fläche, die dem Abstellen eines Kraftfahrzeuges in einer Garage dient.

(6) [1]Die Nutzfläche einer Garage ist die Summe aller Flächen der Einstellplätze und der Verkehrsflächen. [2]Einstellplätze auf Dächern (Dacheinstellplätze) und die dazugehörigen Verkehrsflächen werden der Nutzfläche nicht zugerechnet, soweit nichts anderes bestimmt ist.

(7) [1]Garagen sind mit einer Nutzfläche

1. bis 100 m^2 Kleingaragen,
2. über 100 m^2 und bis 1000 m^2 Mittelgaragen,
3. über 1000 m^2 Großgaragen.

[2]Automatische Garagen mit mehr als 50 Einstellplätzen gelten als Großgaragen.

(8) Soweit in dieser Verordnung nichts Abweichendes geregelt ist, sind auf tragende, aussteifende und raumabschließende Bauteile von Garagen die Anforderungen der Bayerischen Bauordnung an diese Bauteile in Gebäuden der Gebäudeklasse 5 anzuwenden; Art. 28 Abs. 3 Satz 2, Art. 29 Abs. 4 Nrn. 1 und 2, Art. 32 Abs. 3 Satz 2 Nr. 1, Art. 33 Abs. 1 Satz 3 Nr. 1, Art. 34 Abs. 1 Satz 2 Nr. 2, Art. 37 Abs. 1 Satz 3 Nr. 4, Art. 38 Abs. 1 Nrn. 1 und 3 sowie Art. 39 Abs. 5 Nrn. 1 und 3 BayBO sind nicht anzuwenden.

Teil II

Bauvorschriften

§ 2 Zu- und Abfahrten

(1) [1]Zwischen Garagen und öffentlichen Verkehrsflächen müssen Zu- und Abfahrten von mindestens 3 m Länge vorhanden sein. [2]Abweichungen können gestattet werden, wenn wegen der Sicht auf die öffentliche Verkehrsfläche keine Bedenken bestehen.

(2) Vor den die freie Zufahrt zur Garage zeitweilig hindernden Anlagen, wie Schranken oder Tore, ist ein Stauraum für wartende Kraftfahrzeuge vorzusehen, wenn dies wegen der Sicherheit und Leichtigkeit des Verkehrs erforderlich ist.

(3) [1]Die Fahrbahnen von Zu- und Abfahrten vor Mittel- und Großgaragen müssen mindestens 2,75 m breit sein; der Halbmesser des inneren Fahrbahnrandes muß mindestens 5 m betragen. [2]Für Fahrbahnen im Bereich von Zu- und Abfahrtssperren genügt eine Breite von 2,30 m. [3]Breitere Fahrbahnen sind in Kurven mit Innenhalbmessern von weniger als 10 m vorzusehen, wenn dies wegen der Verkehrssicherheit erforderlich ist.

(4) Großgaragen müssen getrennte Fahrbahnen für Zu- und Abfahrten haben.

(5) [1]Vor Großgaragen ist neben den Fahrbahnen der Zu- und Abfahrten ein mindestens 0,80 m breiter Gehweg erforderlich, soweit nicht für Fußgänger besondere Fußwege vorhanden sind. [2]Der Gehweg muß gegenüber der Fahrbahn erhöht oder verkehrssicher abgegrenzt werden.

(6) In den Fällen der Absätze 3 bis 5 sind die Dacheinstellplätze und die dazugehörigen Verkehrsflächen der Nutzfläche zuzurechnen.

§ 3 Rampen

(1) [1]Rampen von Mittel- und Großgaragen dürfen nicht mehr als 15 v.H., bei gewendelten Rampenteilen bezogen auf den inneren Fahrbahnrand, geneigt sein. [2]Die Breite der Fahrbahnen auf diesen Rampen muß mindestens 2,75 m, in gewendelten Rampenbereichen mindestens 3,50 m betragen. [3]Gewendelte Rampenteile müssen eine ausreichende Querneigung haben. [4]Der Halbmesser des inneren Fahrbahnrandes muß mindestens 5 m betragen.

(2) Zwischen öffentlicher Verkehrsfläche und einer Rampe mit mehr als 10 v.H. Neigung muß eine geringer geneigte Fläche mit weniger als 5 v.H. Neigung und von mindestens 3 m Länge liegen.

(3) [1]In Großgaragen müssen Rampen, die auch zum Begehen bestimmt sind, einen mindestens 0,80 m breiten Gehweg haben, der gegenüber der Fahrbahn erhöht oder verkehrssicher abgegrenzt ist. [2]An Rampen, die von Personen nicht begangen werden dürfen, ist auf das Verbot hinzuweisen.

§ 4 Einstellplätze und Fahrgassen

(1) [1]Ein notwendiger Einstellplatz muß mindestens 5 m lang sein. [2]Die lichte Breite eines Einstellplatzes muß mindestens betragen

1. 2,30 m, wenn keine Längsseite,
2. 2,40 m, wenn eine Längsseite,

3. 2,50 m, wenn jede Längsseite des Einstellplatzes durch Wände, Stützen, andere Bauteile oder Einrichtungen begrenzt ist,
4. 3,50 m, wenn der Einstellplatz für Behinderte bestimmt ist.

(2) Fahrgassen müssen, soweit sie unmittelbar der Zu- oder Abfahrt von Einstellplätzen dienen, hinsichtlich ihrer Breite mindestens die Anforderungen der folgenden Tabelle erfüllen; Zwischenwerte sind geradlinig einzuschalten:

Anordnung der Einstellplätze zur Fahrgasse	Erforderliche Fahrgassenbreite (in m) bei einer Einstellplatzbreite von		
	2,30 m	2,40 m	2,50 m
90°	6,50	6,25	6,00
60°	4,50	4,25	4,00
45°	3,50	3,25	3,00

(3) Fahrgassen in Mittel- und Großgaragen müssen, soweit sie nicht unmittelbar der Zu- oder Abfahrt von Einstellplätzen dienen, mindestens 3 m, bei Gegenverkehr mindestens 5 m breit sein.

(4) [1]Einstellplätze auf kraftbetriebenen Hebebühnen brauchen abweichend von Absatz 1 Nrn. 1 bis 3 nur 2,30 m breit zu sein; die Fahrgassen müssen mindestens 8 m breit sein, wenn die Hebebühnen Fahrspuren haben oder beim Absenken in die Fahrgasse hineinragen. [2]Einstellplätze auf geneigten kraftbetriebenen Hebebühnen sind in allgemein zugänglichen Garagen nicht zulässig.

(5) [1]Einstellplätze auf horizontal verschiebbaren Plattformen sind in Fahrgassen zulässig, wenn
1. eine Breite der Fahrgasse von mindestens 2,75 m erhalten bleibt,
2. die Plattformen nicht vor kraftbetriebenen Hebebühnen angeordnet werden und
3. in Fahrgassen mit Gegenverkehr kein Durchgangsverkehr stattfindet.

[2]Absatz 1 Sätze 1 und 2 gelten nicht für diese Plattformen.

(6) [1]Die einzelnen Einstellplätze und die Fahrgassen sind mindestens durch Markierungen am Boden leicht erkennbar und dauerhaft gegeneinander abzugrenzen. [2]Dies gilt nicht für
1. Kleingaragen ohne Fahrgassen,
2. Einstellplätze auf kraftbetriebenen Hebebühnen,
3. Einstellplätze auf horizontal verschiebbaren Plattformen.

[3]Mittel- und Großgaragen müssen in jedem Geschoß leicht erkennbare und dauerhafte Hinweise auf Fahrtrichtungen und Ausfahrten haben.

(7) Abschlüsse zwischen Fahrgasse und Einstellplätzen sind in Mittel- und Großgaragen nur zulässig, wenn wirksame Löscharbeiten möglich bleiben.

(8) Die Absätze 1 bis 6 gelten nicht für automatische Garagen.

§ 5 Lichte Höhe

[1]Garagen müssen in zum Begehen bestimmten Bereichen, auch unter Unterzügen, Lüftungsleitungen und sonstigen Bauteilen eine lichte Höhe von mindestens 2 m haben. [2]Dies gilt nicht für kraftbetriebene Hebebühnen.

§ 6 Tragende Wände, Decken, Dächer

(1) In Mittel- und Großgaragen müssen tragende Wände sowie Decken über und unter den Garagengeschossen feuerbeständig sein.

(2) Liegen Einstellplätze nicht mehr als 22 m über der Geländeoberfläche, so brauchen tragende Wände und Decken
1. von oberirdischen Mittel- und Großgaragen nur feuerhemmend zu sein und aus nichtbrennbaren Baustoffen zu bestehen, soweit nicht bei Garagen in sonst anders genutzten Gebäuden nach Art. 25 und 29 BayBO weitergehende Anforderungen an das Gebäude gestellt werden,
2. von eingeschossigen oberirdischen Mittel- und Großgaragen, auch mit Dacheinstellplätzen, nur feuerhemmend zu sein oder aus nichtbrennbaren Baustoffen zu bestehen, wenn das Gebäude allein der Garagennutzung dient,
3. von offenen Mittel- und Großgaragen nur aus nichtbrennbaren Baustoffen zu bestehen, wenn das Gebäude allein der Garagennutzung dient.

(3) [1]In Kleingaragen müssen tragende Wände sowie Decken feuerhemmend sein oder aus nichtbrennbaren Baustoffen bestehen. [2]Das gilt nicht, wenn

1. das Gebäude allein der Garagennutzung dient; Abstellräume bis 20 m^2 Grundfläche bleiben dabei unberücksichtigt,
2. die Garagen offene Kleingaragen sind,
3. die Kleingaragen in sonst anders genutzten Gebäuden liegen, an deren tragende und aussteifende Wände und Decken nach Art. 25 und 29 BayBO keine Anforderungen gestellt werden.

(4) Für befahrbare Dächer von Garagen gelten die Anforderungen an Decken.

(5) Tragende Wände und Decken brauchen bei automatischen Garagen nur aus nichtbrennbaren Baustoffen zu bestehen, wenn das Gebäude allein als automatische Garage genutzt wird.

(6) Bekleidungen und Dämmschichten unter Decken und Dächern müssen
1. in Großgaragen aus nichtbrennbaren,
2. in Mittelgaragen aus mindestens schwerentflammbaren

Baustoffen bestehen.

(7) Für Pfeiler, Stützen und Rampen gelten die Absätze 1 bis 6 sinngemäß.

(8) In Mittel- und Großgaragen müssen sonstige Wände, Tore und Einbauten, insbesondere Einrichtungen für mechanische Parksysteme, aus nichtbrennbaren Baustoffen bestehen.

§ 7 Außenwände

[1]Nichttragende Außenwände und nichttragende Teile von Außenwänden von Mittel- und Großgaragen müssen aus nichtbrennbaren Baustoffen bestehen. [2]Das gilt nicht für Außenwände von eingeschossigen oberirdischen Mittel- und Großgaragen, wenn das Gebäude allein der Garagennutzung dient.

§ 8 Trennwände

(1) [1]Zwischen Garagen und anders genutzten Gebäuden sind feuerbeständige Trennwände erforderlich. [2]Für geschlossene Kleingaragen einschließlich Abstellräumen mit nicht mehr als 20 m^2 Grundfläche genügen Wände, die feuerhemmend sind oder aus nichtbrennbaren Baustoffen bestehen. [3]Satz 1 gilt nicht für offene Kleingaragen.

(2) Für Wände zwischen Garagen und nicht zur Garage gehörenden Räumen, sofern sie keine Trennwände nach Abs. 1 sind, gilt Art. 27 Abs. 3 Satz 1 BayBO entsprechend.

(3) Absatz 2 gilt nicht für Trennwände
1. zwischen Kleingaragen und Räumen, die nur Abstellzwecken dienen und nicht mehr als 20 m^2 Grundfläche haben,
2. zwischen offenen Kleingaragen und anders genutzten Räumen.

§ 9 Brandwände als Gebäudeabschlusswand

(1) An Stelle von Brandwänden nach Art. 28 Abs. 2 Nr. 1 BayBO genügen
1. bei eingeschossigen oberirdischen Mittel- und Großgaragen feuerbeständige Wände ohne Öffnungen, wenn das Gebäude allein der Garagennutzung dient,
2. bei geschlossenen Kleingaragen einschließlich Abstellräumen mit nicht mehr als 20 m^2 Grundfläche mindestens feuerhemmende oder aus nichtbrennbaren Baustoffen bestehende Wände ohne Öffnungen.

(2) Art. 28 Abs. 2 Nr. 1 BayBO gilt nicht für offene Kleingaragen.

§ 10 Rauchabschnitte, Brandabschnitte

(1) [1]Geschlossene Großgaragen müssen durch mindestens feuerhemmende und aus nichtbrennbaren Baustoffen bestehende Wände in Rauchabschnitte unterteilt sein. [2]Die Nutzfläche eines Rauchabschnitts darf
1. in oberirdischen geschlossenen Garagen höchstens 5000 m^2,
2. in sonstigen geschlossenen Garagen höchstens 2500 m^2

betragen; sie darf doppelt so groß sein, wenn die Garagen automatische Löschanlagen haben. [3]Ein Rauchabschnitt darf sich auch über mehrere Geschosse erstrecken.

(2) [1]Öffnungen in den Wänden nach Absatz 1 müssen mit selbstschließenden und mindestens dichtschließenden Abschlüssen aus nichtbrennbaren Baustoffen versehen sein. [2]Die Abschlüsse dürfen Feststellanlagen haben, die bei Raucheinwirkung ein selbsttätiges Schließen bewirken; sie müssen auch von Hand geschlossen werden können. [3]Öffnungen in Decken zwischen Rauchabschnitten sind unzulässig.

(3) Automatische Garagen müssen durch innere Brandwände in Brandabschnitte von höchstens 6000 m^3 Brutto-Rauminhalt unterteilt sein; Absatz 1 gilt nicht für automatische Garagen.
(4) Art. 28 Abs. 2 Nr. 2 BayBO gilt nicht für Garagen.

§ 11 Verbindung zu anderen Räumen und zwischen Garagengeschossen

(1) Flure, Treppenräume und Aufzugsvorräume, die nicht nur der Benutzung der Garagen dienen, dürfen verbunden sein

1. mit geschlossenen Mittel- und Großgaragen nur durch Räume mit feuerbeständigen Wänden und Decken sowie mindestens feuerhemmenden, rauchdichten und selbstschließenden, in Fluchtrichtung aufschlagenden Türen (Sicherheitsschleusen); zwischen Sicherheitsschleusen und Fluren oder Treppenräumen sowie Aufzugsvorräumen genügen selbstschließende und rauchdichte Türen,
2. mit anderen Garagen unmittelbar nur durch Öffnungen mit feuerhemmenden, dicht- und selbstschließenden Türen.

(2) Garagen dürfen mit sonstigen nicht zur Garage gehörenden Räumen unmittelbar nur durch Öffnungen mit feuerhemmenden, dicht- und selbstschließenden Türen verbunden sein.
(3) Automatische Garagen dürfen mit nicht zur Garage gehörenden Räumen sowie mit anderen Gebäuden nicht verbunden sein.
(4) Die Absätze 1 und 2 gelten nicht für Verbindungen

1. zu offenen Kleingaragen,
2. zwischen Kleingaragen und Räumen oder Gebäuden, die nur Abstellzwecken dienen und nicht mehr als 20 m^2 Grundfläche haben.

(5) Türen zu Treppenräumen, die Garagengeschosse miteinander verbinden, müssen feuerhemmend, rauchdicht und selbstschließend sein.

§ 12 Rettungswege

(1) [1]Jede Mittel- und Großgarage muß in jedem Geschoß mindestens zwei möglichst entgegengesetzt liegende Ausgänge haben, die unmittelbar ins Freie oder in Treppenräume notwendiger Treppen führen. [2]Von zwei Rettungswegen darf einer auch über eine Rampe führen. [3]Bei oberirdischen Mittel- und Großgaragen, deren Einstellplätze im Mittel nicht mehr als 3 m über der Geländeoberfläche liegen, sind Treppenräume für notwendige Treppen nicht erforderlich. [4]Die Rettungswege müssen auch dann erreicht werden können, wenn Tore zwischen Rauchabschnitten geschlossen sind.
(2) Die nutzbare Breite der Rettungswege muß an jeder Stelle 80 cm betragen, Treppen müssen eine nutzbare Laufbreite von 1 m haben.
(3) [1]Von jeder Stelle einer Mittel- und Großgarage muß in demselben Geschoß mindestens ein Treppenraum einer notwendigen Treppe oder, wenn Treppenräume nicht erforderlich sind, mindestens eine notwendige Treppe oder ein Ausgang ins Freie

1. bei offenen Mittel- und Großgaragen in einer Entfernung von höchstens 50 m,
2. bei geschlossenen Mittel- und Großgaragen in einer Entfernung von höchstens 30 m

über Fahrgassen und Gänge erreichbar sein. [2]Die Entfernung ist in der Lauflinie zu messen.
(4) [1]In Mittel- und Großgaragen müssen leicht erkennbare und dauerhaft beleuchtete Hinweise auf die Ausgänge vorhanden sein. [2]In Großgaragen müssen die zu den notwendigen Treppen oder zu den Ausgängen ins Freie führenden Wege auf dem Fußboden durch dauerhafte und leicht erkennbare Markierungen sowie an den Wänden durch beleuchtete Hinweise gekennzeichnet sein.
(5) Für Dacheinstellplätze gelten die Absätze 1 bis 4 sinngemäß.
(6) Die Absätze 1 bis 4 gelten nicht für automatische Garagen.

§ 13 Beleuchtung

(1) [1]In Mittel- und Großgaragen muß eine allgemeine elektrische Beleuchtung vorhanden sein. [2]Sie muß so beschaffen und mindestens in zwei Stufen derartig schaltbar sein, daß an allen Stellen der Nutzflächen und Rettungswege gemäß § 17 Abs. 2 in der ersten Stufe eine Beleuchtungsstärke von mindestens 1 Lux und in der zweiten Stufe an allen Stellen der Rettungswege und Stellen, die barrierefrei sein müssen, von mindestens 20 Lux, im Übrigen von mindestens 15 Lux erreicht werden.
(2) In geschlossenen Großgaragen und in mehrgeschossigen unterirdischen Mittelgaragen muß zur Beleuchtung der Rettungswege eine Sicherheitsbeleuchtung vorhanden sein; das gilt nicht für eingeschossige Garagen mit festem Benutzerkreis.

(3) Die Absätze 1 und 2 gelten nicht für automatische Garagen.

§ 14 Lüftung

(1) [1]Geschlossene Mittel- und Großgaragen müssen maschinelle Abluftanlagen und so große und so verteilte Zuluftöffnungen haben, daß alle Teile der Garage ausreichend gelüftet werden. [2]Bei nicht ausreichenden Zuluftöffnungen muß eine maschinelle Zuluftanlage vorhanden sein. [3]Es kann verlangt werden, daß die Abluftöffnungen so hoch gelegt werden, daß die Abluft in den freien Windstrom geführt wird.

(2) [1]Für geschlossene oberirdische und eingeschossige unterirdische Mittel- und Großgaragen mit geringem Zu- und Abgangsverkehr, wie Wohnhausgaragen, genügt eine natürliche Lüftung durch Lüftungsöffnungen oder über Lüftungsschächte, wenn

1. die Lüftungsöffnungen oder die Lüftungsschächte einen freien Gesamtquerschnitt von mindestens 1 500 cm^2 je Einstellplatz haben,
2. die Lüftungsöffnungen in den Außenwänden oberhalb der Geländeoberfläche in einer Entfernung von höchstens 35 m einander gegenüberliegen,
3. die Lüftungsschächte untereinander einen Abstand von höchstens 20 m haben und
4. Lüftungsöffnungen und Lüftungsschächte unverschließbar und so angeordnet sind, daß eine ausreichende Durchlüftung der Garage ständig gesichert ist.

[2]Die Mündungen der Lüftungsschächte müssen zu Fenstern von Aufenthaltsräumen einen ausreichenden Abstand einhalten. [3]Bei Lüftungsschächten mit mehr als 2 m Höhe ist der Querschnitt nach Nummer 1 zu verdoppeln.

(3) Für geschlossene Mittel- und Großgaragen genügt abweichend von den Absätzen 1 und 2 eine natürliche Lüftung, wenn im Einzelfall auf Grund einer Bescheinigung eines Prüfsachverständigen zu erwarten ist, daß der Mittelwert des Volumengehalts an Kohlenmonoxid in der Luft, gemessen über jeweils eine halbe Stunde und in einer Höhe von 1,50 m über dem Fußboden (CO-Halbstundenmittelwert), auch während der regelmäßigen Verkehrsspitzen im Mittel nicht mehr als 100 ppm (= 100 cm^3/m^3) betragen wird und wenn dies auf der Grundlage von ununterbrochenen Messungen, die nach Inbetriebnahme der Garage über einen Zeitraum von mindestens einem Monat durchzuführen sind, von einem Prüfsachverständigen bescheinigt wird.

(4) [1]Die maschinellen Abluftanlagen sind so zu bemessen, daß der CO-Halbstundenmittelwert unter Berücksichtigung der regelmäßig zu erwartenden Verkehrsspitzen nicht mehr als 100 ppm beträgt. [2]Diese Anforderungen gelten als erfüllt, wenn die Abluftanlage in Garagen mit geringem Zu- und Abgangsverkehr mindestens 6 m^3, bei anderen Garagen mindestens 12 m^3 Abluft in der Stunde je m^2 Garagennutzfläche abführen kann; für Garagen mit regelmäßig besonders hohen Verkehrsspitzen kann im Einzelfall verlangt werden, daß die nach Satz 1 erforderliche Leistung der Abluftanlage durch einen Prüfsachverständigen bescheinigt wird.

(5) [1]Maschinelle Abluftanlagen müssen in jedem Lüftungssystem mindestens zwei gleich große Ventilatoren haben, die bei gleichzeitigem Betrieb zusammen den erforderlichen Gesamtvolumenstrom erbringen. [2]Jeder End- und Hilfsstromkreis einer maschinellen Zu- oder Abluftanlage ist so auszuführen, daß ein elektrischer Fehler nicht zum Ausfall der gesamten Lüftungsanlage führt. [3]Andere elektrische Anlagen dürfen nicht an die Stromkreise für die Lüftungsanlage angeschlossen werden. [4]Soll das Lüftungssystem zeitweise nur mit einem Ventilator betrieben werden, müssen die Ventilatoren so geschaltet sein, daß sich bei Ausfall eines Ventilators der andere selbständig einschaltet.

(6) [1]Geschlossene Großgaragen mit nicht nur geringem Zu- und Abgangsverkehr müssen CO-Anlagen zur Messung und Warnung (CO-Warnanlagen) haben. [2]Die CO-Warnanlagen müssen so beschaffen sein, daß bei einem CO-Gehalt der Luft von mehr als 250 ppm über ein akustisches Signal und durch Blinkzeichen dazu aufgefordert wird, die Motoren abzustellen und die Garage zügig zu verlassen. [3]Während dieses Zeitraums müssen die Garagenausfahrten ständig offen gehalten werden. [4]Die CO-Warnanlagen müssen an eine Ersatzstromquelle angeschlossen sein.

(7) Die Absätze 1 bis 6 gelten nicht für automatische Garagen.

§ 15 Feuerlöschanlagen, Rauch- und Wärmeabzug

(1) [1]Nichtselbständige Feuerlöschanlagen müssen vorhanden sein

1. in geschlossenen Garagen mit mehr als 20 Einstellplätzen auf kraftbetriebenen Hebebühnen, wenn jeweils mehr als zwei Kraftfahrzeuge übereinander angeordnet werden können,
2. in automatischen Garagen mit nicht mehr als 20 Einstellplätzen.

[2]Automatische Löschanlagen müssen vorhanden sein

1. in Geschossen von Großgaragen, die unter dem ersten unterirdischen Geschoß liegen, wenn das Gebäude nicht allein der Garagennutzung dient,
2. in automatischen Garagen mit mehr als 20 Einstellplätzen.

[3]Die Art der Feuerlöschanlage ist im Einzelfall im Benehmen mit der für den abwehrenden Brandschutz zuständigen Dienststelle festzulegen.

(2) Geschlossene Großgaragen müssen für den Rauch- und Wärmeabzug

1. Öffnungen ins Freie haben, die insgesamt mindestens 1000 cm^2 je Einstellplatz groß, von keinem Einstellplatz mehr als 20 m entfernt und im Decken- oder oberen Wandbereich angeordnet sind, oder
2. maschinelle Rauch- und Wärmeabzugsanlagen haben, die sich bei Raucheinwirkung selbsttätig einschalten, mindestens für eine Stunde einer Temperatur von 300°C standhalten, deren elektrische Leitungsanlagen bei äußerer Brandeinwirkung für mindestens die gleiche Zeit funktionsfähig bleiben und die in der Stunde einen mindestens zehnfachen Luftwechsel gewährleisten.

(3) Absatz 2 gilt nicht für Garagen, die

1. Lüftungsöffnungen oder Lüftungsschächte nach § 14 Abs. 2 oder 3 haben,
2. automatische Löschanlagen und eine maschinelle Abluftanlage nach § 14 Abs. 4 haben, die mindestens 12 m^3 Abluft in der Stunde je m^2 Garagennutzfläche abführen kann.

§ 16 Brandmeldeanlagen

[1]Geschlossene Großgaragen müssen Brandmeldeanlagen haben. [2]Geschlossene Mittelgaragen müssen Brandmeldeanlagen haben, wenn sie in Verbindung stehen mit baulichen Anlagen oder Räumen, für die Brandmeldeanlagen erforderlich sind. [3]Jedes Auslösen automatischer Feuerlöschanlagen ist über eine Brandmeldeanlage anzuzeigen.

Teil III

Betriebsvorschriften

§ 17 Betriebsvorschriften für Garagen

(1) Die Zu- und Abfahrten und die Rettungswege sind bis zur öffentlichen Verkehrsfläche verkehrssicher und frei zu halten; das gilt auch bei Eis- und Schneeglätte.

(2) In Mittel- und Großgaragen muss die allgemeine elektrische Beleuchtung nach § 13 Abs. 1

1. während der Benutzungszeit an allen Stellen der Rettungswege und Stellen, die barrierefrei sein müssen, mit einer Beleuchtungsstärke von mindestens 20 Lux, im Übrigen von mindestens 15 Lux,
2. während der Betriebszeit ständig mit einer Beleuchtungsstärke von mindestens einem Lux,

eingeschaltet sein, soweit nicht Tageslicht mit einer entsprechenden Beleuchtungsstärke vorhanden ist.

(3) [1]Lüftungsöffnungen und -schächte dürfen nicht verschlossen oder zugestellt werden. [2]Maschinelle Lüftungsanlagen und CO-Warnanlagen müssen so gewartet werden, daß sie ständig betriebsbereit sind. [3]CO-Warnanlagen müssen ständig eingeschaltet sein. [4]Maschinelle Abluftanlagen müssen so betrieben werden, daß der CO-Halbstundenmittelwert nicht mehr als 100 ppm beträgt (§ 14 Abs. 4).

(4) [1]In Mittel- und Großgaragen dürfen brennbare Stoffe außerhalb von Kraftfahrzeugen nur in unerheblichen Mengen aufbewahrt werden. [2]In Kleingaragen dürfen bis zu 200 l Dieselkraftstoff und bis zu 20 l Benzin in dicht verschlossenen, bruchsicheren Behältern aufbewahrt werden.

§ 18 Abstellen von Kraftfahrzeugen in anderen Räumen als Garagen

(1) Kraftfahrzeuge dürfen in Treppenräumen, Fluren und Kellergängen nicht abgestellt werden.

(2) Kraftfahrzeuge dürfen in sonstigen Räumen, die keine Garagen sind, nur abgestellt werden, wenn
1. das Gesamtfassungsvermögen der Kraftstoffbehälter aller abgestellten Kraftfahrzeuge nicht mehr als 12 l beträgt,
2. Kraftstoff außer dem Inhalt der Kraftstoffbehälter abgestellter Kraftfahrzeuge in diesen Räumen nicht aufbewahrt wird und
3. diese Räume keine Zündquellen oder leicht entzündlichen Stoffe enthalten.

(3) Abs. 2 gilt nicht für Kraftfahrzeuge,
1. die Arbeitsmaschinen oder landwirtschaftliche Zugmaschinen sind,
2. deren Batterie ausgebaut ist oder
3. die in Ausstellungs-, Verkaufs-, Werk- oder Lagerräumen für Kraftfahrzeuge stehen.

Teil IV
Bauvorlagen, Prüfungen

§ 19 Zusätzliche Bauvorlagen
Die Bauvorlagen müssen zusätzliche Angaben enthalten über:
1. die Zahl, Abmessung und Kennzeichnung der Einstellplätze und Fahrgassen sowie über die Rettungswege,
2. die Brandmelde- und Feuerlöschanlagen,
3. den Rauch- und Wärmeabzug,
4. die CO-Warnanlagen,
5. die natürliche Lüftung oder die maschinellen Lüftungsanlagen,
6. die Sicherheitsbeleuchtung.

Teil V
Notwendige Stellplätze

§ 20 Notwendige Stellplätze
[1]Die Zahl der notwendigen Stellplätze im Sinn des Art. 47 Abs. 1 Satz 1, Abs. 2 Satz 1 BayBO bemisst sich nach der **Anlage**. [2]Ist eine Nutzung nicht in der Anlage aufgeführt, ist die Zahl der notwendigen Stellplätze in Anlehnung an eine oder mehrere vergleichbare Nutzungen zu ermitteln.

Teil VI
Schlußvorschriften

§ 21 Weitergehende Anforderungen
(1) Soweit eine Garage für Kraftfahrzeuge bestimmt ist, deren Länge mehr als 5 m und deren Breite mehr als 2 m beträgt, können weitergehende Anforderungen als nach dieser Verordnung zur Erfüllung des Art. 3 BayBO im Einzelfall gestellt werden.

(2) Für geschlossene Großgaragen können im Einzelfall von den Brandschutzdienststellen Feuerwehrpläne gefordert werden.

§ 22 Ordnungswidrigkeiten
Nach Art. 79 Abs. 1 Satz 1 Nr. 1 BayBO kann mit Geldbuße bis zu fünfhunderttausend Euro belegt werden, wer vorsätzlich oder fahrlässig
1. entgegen § 17 Abs. 1 die Zu- oder Abfahrten oder die Rettungswege nicht verkehrssicher oder frei hält,
2. entgegen § 17 Abs. 2 Mittel- und Großgaragen nicht ständig beleuchtet,
3. entgegen § 17 Abs. 3 Satz 1 Lüftungsöffnungen oder -schächte verschließt oder zustellt,
4. entgegen § 17 Abs. 3 Satz 3 CO-Warnanlagen nicht ständig eingeschaltet läßt,
5. entgegen § 17 Abs. 3 Satz 4 maschinelle Lüftungsanlagen so betreibt, daß der genannte Wert des CO-Gehaltes der Luft überschritten wird.

§ 23 Übergangsvorschriften

Auf die zum Zeitpunkt des Inkrafttretens dieser Verordnung[1)] bestehenden Garagen sind die Betriebsvorschriften (§ 17) sowie die Vorschriften über Prüfung sicherheitsrelevanter technischer Anlagen und Einrichtungen (§ 20) entsprechend anzuwenden.

§ 24 Inkrafttreten, Außerkrafttreten

Diese Verordnung tritt am 1. Januar 1994 in Kraft; sie tritt mit Ablauf des 31. Dezember 2028 außer Kraft.

Anlage

Nr.	Verkehrsquelle	Zahl der Stellplätze	hiervon in Vomhundertsätzen für Besucher
1.	**Wohngebäude**		
1.1	Einfamilienhäuser	1 Stellplatz je Wohnung	–
1.2	Mehrfamilienhäuser und sonstige Gebäude mit Wohnungen	1 Stellplatz je Wohnung	10
1.3	Gebäude mit Altenwohnungen	0,2 Stellplätze je Wohnung	20
1.4	Wochenend- und Ferienhäuser	1 Stellplatz je Wohnung	–
1.5	Kinder-, Schüler- und Jugendwohnheime	1 Stellplatz je 20 Betten, mindestens 2 Stellplätze	75
1.6	Studentenwohnheime	1 Stellplatz je 5 Betten	10
1.7	Schwestern-/ Pflegerwohnheime	1 Stellplatz je 2 Betten, mindestens 3 Stellplätze	10
1.8	Arbeitnehmerwohnheime	1 Stellplatz je 4 Betten, mindestens 3 Stellplätze	20
1.9	Altenwohnheime	1 Stellplatz je 15 Betten, mindestens 3 Stellplätze	50
1.10	Altenheime, Langzeit- und Kurzzeitpflegeheime	1 Stellplatz je 12 Betten bzw. Pflegeplätze, mindestens 3 Stellplätze	50
1.11	Tagespflegeeinrichtungen	1 Stellplatz je 12 Pflegeplätze, mindestens 3 Stellplätze	50
1.12	Obdachlosenheime, Gemeinschaftsunterkünfte für Leistungsberechtigte nach dem Asylbewerberleistungsgesetz	1 Stellplatz je 30 Betten, mindestens 3 Stellplätze	10
2.	**Gebäude mit Büro-, Verwaltungs- und Praxisräumen**		
2.1	Büro- und Verwaltungsräume allgemein	1 Stellplatz je 40 m^2 NF[2)]	20
2.2	Räume mit erheblichem Besucherverkehr (Schalter-, Abfertigungs oder Beratungsräume, Arztpraxen und dergl.)	1 Stellplatz, je 30 m^2 NF[2)], mindestens 3 Stellplätze	75
3.	**Verkaufsstätten**		
3.1	Läden	1 Stellplatz je 40 m^2 NF (V)[3)], mindestens 2 Stellplätze je Laden	75
3.2	Waren- und Geschäftshäuser (einschließlich Einkaufszentren, großflächigen Einzelhandelsbetrieben)	1 Stellplatz je 40 m^2 NF (V)[3)]	75
4.	**Versammlungsstätten (außer Sportstätten), Kirchen**		
4.1	Versammlungsstätten von überörtlicher Bedeutung (z.B. Theater, Konzerthäuser, Mehrzweckhallen)	1 Stellplatz je 5 Sitzplätze	90

1) Diese V tritt am 1.1.1994 in Kraft, vgl. § 24.
2) **Amtl. Anm.:** NF = Nutzfläche nach DIN 277 Teil 2
3) **Amtl. Anm.:** NF (V) = Verkaufsnutzfläche

Nr.	Verkehrsquelle	Zahl der Stellplätze	hiervon in Vomhundertsätzen für Besucher
4.2	Sonstige Versammlungsstätten (z.B. Lichtspieltheater, Schulaulen, Vortragssäle)	1 Stellplatz je 10 Sitzplätze	90
4.3	Gemeindekirchen	1 Stellplatz je 30 Sitzplätze	90
4.4	Kirchen von überörtlicher Bedeutung	1 Stellplatz je 20 Sitzplätze	90
5.	**Sportstätten**		
5.1	Sportplätze ohne Besucherplätze (z.B. Trainingsplätze)	1 Stellplatz je 300 m^2 Sportfläche	–
5.2	Sportplätze und Sportstadien mit Besucherplätzen	1 Stellplatz je 300 m^2 Sportfläche, zusätzlich 1 Stellplatz je 15 Besucherplätze	–
5.3	Turn- und Sporthallen ohne Besucherplätze	1 Stellplatz je 50 m^2 Hallenflächen	–
5.4	Turn- und Sporthallen mit Besucherplätzen	1 Stellplatz je 50 m^2 Hallenfläche; zusätzlich 1 Stellplatz je 15 Besucherplätze	–
5.5	Freibäder und Freiluftbäder	1 Stellplatz je 300 m^2 Grundstücksfläche	–
5.6	Hallenbäder ohne Besucherplätze	1 Stellplatz je 10 Kleiderablagen	–
5.7	Hallenbäder mit Besucherplätzen	1 Stellplatz je 10 Kleiderablagen, zusätzlich 1 Stellplatz je 15 Besucherplätze	–
5.8	Tennisplätze ohne Besucherplätze	2 Stellplätze je Spielfeld	–
5.9	Tennisplätze mit Besucherplätzen	2 Stellplätze je Spielfeld, zusätzlich 1 Stellplatz je 15 Besucherplätze	–
5.10	Squashanlagen	2 Stellplätze je Court	–
5.11	Minigolfplätze	6 Stellplätze je Minigolfanlage	–
5.12	Kegel-, Bowlingbahnen	4 Stellplätze je Bahn	–
5.13	Bootshäuser und Bootsliegeplätze	1 Stellplatz je 5 Boote	–
5.14	Fitnesscenter	1 Stellplatz je 40 m^2 Sportfläche	–
6.	**Gaststätten und Beherbergungsbetriebe**		
6.1	Gaststätten	1 Stellplatz je 10 m^2 Gastfläche	75
6.2	Spiel- und Automatenhallen, Billard-Salons, sonst. Vergnügungsstätten	1 Stellplatz je 20 m^2 NF[1)], mind. 3 Stellplätze	90
6.3	Hotels, Pensionen, Kurheime und andere Beherbergungsbetriebe	1 Stellplatz je 6 Betten, bei Restaurationsbetrieb Zuschlag nach 6.1 oder 6.2	75
6.4	Jugendherbergen	1 Stellplatz je 15 Betten	75
7.	**Krankenanstalten**		
7.1	Krankenanstalten von überörtlicher Bedeutung	1 Stellplatz je 4 Betten	60
7.2	Krankenanstalten von örtlicher Bedeutung	1 Stellplatz je 6 Betten	60

1) **Amtl. Anm.:** NF = Nutzfläche nach DIN 277 Teil 2

Nr.	Verkehrsquelle	Zahl der Stellplätze	hiervon in Vomhundertsätzen für Besucher
7.3	Sanatorien, Kuranstalten, Anstalten für langfristig Kranke	1 Stellplatz je 4 Betten	25
7.4	Ambulanzen	1 Stellplatz je 30 m² NF[1], mindestens 3 Stellplätze	75
8.	**Schulen, Einrichtungen der Jugendförderung**		
8.1	Grundschulen, Schulen für Lernbehinderte	1 Stellplatz je Klasse	–
8.2	Hauptschulen, sonstige allgemeinbildende Schulen, Berufsschulen, Berufsfachschulen	1 Stellplatz je Klasse, zusätzlich 1 Stellplatz je 10 Schüler über 18 Jahre	10
8.3	Sonderschulen für Behinderte	1 Stellplatz je 15 Schüler	–
8.4	Hochschulen	1 Stellplatz je 10 Studierende	–
8.5	Tageseinrichtungen für Kinder	1 Stellplatz je 30 Kinder, mindestens 2 Stellplätze	–
8.6	Jugendfreizeitheime und dergl.	1 Stellplatz je 15 Besucherplätze	–
8.7	Berufsbildungswerke, Ausbildungswerkstätten und dergl.	1 Stellplatz je 10 Auszubildende	–
9.	**Gewerbliche Anlagen**		
9.1	Handwerks- und Industriebetriebe	1 Stellplatz je 70 m² NF[1] oder je 3 Beschäftigte	10
9.2	Lagerräume, -plätze, Ausstellungs-, Verkaufsplätze	1 Stellplatz je 100 m² NF[1] oder je 3 Beschäftigte	–
9.3	Kraftfahrzeugwerkstätten	6 Stellplätze je Wartungs- oder Reparaturstand	–
9.4	Tankstellen	Bei Einkaufsmöglichkeit über Tankstellenbedarf hinaus: Zuschlag nach 3.1 (ohne Besucheranteil)	–
9.5	Automatische Kfz-Waschanlagen	5 Stellplätze je Waschanlage[2]	–
10.	**Verschiedenes**		
10.1	Kleingartenanlagen	1 Stellplatz je 3 Kleingärten	–
10.2	Friedhöfe	1 Stellplatz je 1500 m² Grundstücksfläche, jedoch mindestens 10 Stellplätze	–

1) **Amtl. Anm.:** NF = Nutzfläche nach DIN 277 Teil 2

2) **Amtl. Anm.:** Zusätzlich muss ein Stauraum für mindestens 10 Kraftfahrzeuge vorhanden sein.

Bayerisches Gesetz zur obligatorischen außergerichtlichen Streitschlichtung in Zivilsachen (Bayerisches Schlichtungsgesetz – BaySchlG)

Vom 25. April 2000 (GVBl. S. 268)
(BayRS 300-1-5-J)
zuletzt geändert durch § 2 Abs. 15 LandesrechtbereinigungsG vom 8. April 2013 (GVBl. S. 174)

Nichtamtliche Inhaltsübersicht

Der Landtag des Freistaates Bayern hat das folgende Gesetz beschlossen, das hiermit bekannt gemacht wird:

Abschnitt I

Obligatorische Schlichtung als Prozessvoraussetzung

Artikel 1 Sachlicher Umfang der obligatorischen Schlichtung

Vor den Amtsgerichten kann in folgenden bürgerlichrechtlichen Streitigkeiten mit Ausnahme der in § 15a Abs. 2 EGZPO genannten Streitigkeiten eine Klage erst erhoben werden, wenn die Parteien einen Versuch unternommen haben, die Streitigkeit vor einer in Art. 3 genannten Schlichtungs- oder Gütestelle gütlich beizulegen:

1. in Streitigkeiten über Ansprüche wegen
   a) der in § 906 BGB geregelten Einwirkungen auf das Nachbargrundstück, sofern es sich nicht um Einwirkungen von einem gewerblichen Betrieb handelt,
   b) Überwuchses nach § 910 BGB,
   c) Hinüberfalls nach § 911 BGB,
   d) eines Grenzbaums nach § 923 BGB,
   e) der in den Art. 43 bis 54 AGBGB geregelten Nachbarrechte, sofern es sich nicht um Einwirkungen von einem gewerblichen Betrieb handelt,

2. in Streitigkeiten über Ansprüche wegen der Verletzung der persönlichen Ehre, die nicht in Presse oder Rundfunk begangen worden ist,
3. in Streitigkeiten über Ansprüche nach Abschnitt 3 des Allgemeinen Gleichbehandlungsgesetzes.

Artikel 2 Örtlicher Umfang der obligatorischen Schlichtung

[1]Ein Schlichtungsversuch nach Art. 1 vor Erhebung der Klage ist nur erforderlich, wenn die Parteien ihren Wohnsitz, ihren Sitz oder ihre Niederlassung im selben Landgerichtsbezirk haben. [2]Die Bezirke der Landgerichte München I und München II gelten insoweit als ein Landgerichtsbezirk.

Artikel 3 Schlichtungsstellen

(1) [1]Die Parteien können sich für einen Schlichtungsversuch einvernehmlich an jeden Rechtsanwalt, der nicht Parteivertreter ist, an jeden Notar oder an dauerhaft eingerichtete Schlichtungsstellen der Kammern, Innungen, Berufsverbände oder ähnliche Institutionen im Sinn von § 15a Abs. 3 EGZPO wenden. [2]Das Einvernehmen nach Satz 1 wird unwiderleglich vermutet, wenn der Verbraucher eine branchengebundene Schlichtungsstelle, eine Schlichtungsstelle der Industrie- und Handelskammer, der Handwerkskammer oder der Innung angerufen hat. [3]Fehlt es am Einvernehmen nach den Sätzen 1 und 2, ist der Schlichtungsversuch vor einem örtlich zuständigen Schlichter der Gütestellen nach Art. 5 durchzuführen.

(2) Ein Schlichter ist von der Schlichtung ausgeschlossen, wenn die Voraussetzungen des § 41 ZPO vorliegen.

Artikel 4 Bescheinigung über erfolglosen Schlichtungsversuch

(1) [1]Bleibt der Schlichtungsversuch erfolglos, so ist dem Antragsteller darüber ein Zeugnis auszustellen, das dem Gericht bei Klageerhebung vorzulegen ist. [2]Das Zeugnis wird auf Antrag auch erteilt, wenn binnen einer Frist von drei Monaten das beantragte Schlichtungsverfahren nicht durchgeführt worden ist. [3]Die Frist beginnt nicht vor Einzahlung des Vorschusses gemäß Art. 14.

(2) Das Zeugnis ist außerdem auszustellen, wenn der Schlichter den sachlichen Anwendungsbereich nach Art. 1 oder, soweit dies zwischen den Parteien strittig ist, den örtlichen Anwendungsbereich nach Art. 2 für nicht eröffnet oder die Angelegenheit für eine Schlichtung aus rechtlichen oder tatsächlichen Gründen von vorneherein für ungeeignet erachtet.

(3) [1]Das Zeugnis hat auch die Namen und die Anschriften des Antragstellers und des Antragsgegners, eine kurze Darstellung des Streitgegenstands, Angaben zum Streitwert sowie den Zeitpunkt, zu dem das Verfahren beendet ist, zu enthalten. [2]Wird das Zeugnis ausgestellt, weil der Schlichter die Angelegenheit für eine Schlichtung für ungeeignet erachtet, sind die Gründe dafür im Zeugnis anzugeben.

Abschnitt II

Gütestellen nach § 15a Abs. 1 EGZPO

Artikel 5 Einrichtung der Gütestellen

(1) Jeder Notar ist als Träger eines öffentlichen Amtes Gütestelle.

(2) [1]Jeder Rechtsanwalt, der sich gegenüber der Rechtsanwaltskammer dazu verpflichtet hat, Schlichtung als dauerhafte Aufgabe zu betreiben, ist durch die Rechtsanwaltskammer als Gütestelle zuzulassen. [2]Die Zulassung kann widerrufen werden, wenn die Pflichten nach Art. 8 gröblich vernachlässigt werden.

(3) [1]Die Gütestellen nach den Absätzen 1 und 2 sind landesrechtlich anerkannte Gütestellen nach § 15a Abs. 6 EGZPO. [2]Der Präsident des Oberlandesgerichts München kann weitere Gütestellen nach § 794 Abs. 1 Nr. 1 ZPO unter den Voraussetzungen des Art. 22 AGGVG einrichten und anerkennen.

Artikel 6 Auswahl unter den Gütestellen

[1]Unter mehreren Gütestellen des Landgerichtsbezirks hat die antragstellende Partei die Auswahl. [2]Bestehen in dem Amtsgerichtsbezirk, in dem der Antragsgegner seinen Wohnsitz, seinen Sitz oder seine Niederlassung hat, Gütestellen, so kann die antragstellende Partei nur unter diesen auswählen. [3]Die zuerst angerufene Gütestelle ist auch für einen Gegenantrag zuständig.

Artikel 7 Aufnahme des Schlichtungsantrags durch die Gütestelle

[1]Die Gütestelle nimmt den schriftlichen Schlichtungsantrag während der üblichen Geschäftszeiten entgegen und registriert ihn. [2]Der Schlichtungsantrag kann auch zu Protokoll der Gütestelle erklärt werden.

Artikel 8 Schlichter, Pflichten aus dem Schlichteramt

(1) [1]Schlichter der Gütestellen nach Art. 5 Abs. 1 und 2 sind Personen, die den Beruf des Notars oder des Rechtsanwalts ausüben. [2]Sie beachten bei Ausübung des Schlichteramts ihre allgemeinen Berufspflichten. [3]Sie üben ihr Amt unparteiisch und unabhängig aus. [4]Sie tragen für eine zügige Erledigung der Schlichtungsverfahren Sorge.

(2) [1]Den Schlichtern steht hinsichtlich der Tatsachen, die Gegenstand des Schlichtungsverfahrens sind, ein Zeugnisverweigerungsrecht zu. [2]Wer als Schlichter tätig war, kann in derselben Sache keine der Parteien im gerichtlichen Verfahren vertreten.

(3) [1]Die Aufsicht über die Notare als Schlichter führt die Landesnotarkammer, die Aufsicht über die Rechtsanwälte als Schlichter die jeweils zuständige Rechtsanwaltskammer. [2]Die Aufsichtsbehörde kann die hierfür erforderlichen Verwaltungsanordnungen treffen. [3]Sie hat darauf zu achten, dass die Schlichter den ihnen nach diesem Gesetz obliegenden Verpflichtungen nachkommen. [4]Sie kann jederzeit Auskunft über alle die Geschäftsführung betreffenden Angelegenheiten verlangen.

Abschnitt III

Durchführung des Schlichtungsverfahrens vor dem Schlichter der Gütestelle nach Abschnitt II

Artikel 9 Verfahrenseinleitung

[1]Das Schlichtungsverfahren wird auf Antrag eingeleitet. [2]Der Antrag muss Namen und ladungsfähige Anschrift der Parteien, eine kurze Darstellung der Streitsache und den Gegenstand des Begehrens enthalten. [3]Ihm sollen die für die förmliche Mitteilung erforderlichen Abschriften beigefügt werden.

Artikel 10 Gang des Schlichtungsverfahrens

(1) [1]Sobald dem Schlichter der Antrag vorliegt und der Vorschuss (Art. 14) eingezahlt worden ist, bestimmt er einen Schlichtungstermin, zu dem er die Parteien persönlich lädt. [2]Er erörtert mit den Parteien mündlich die Streitsache und die Konfliktlösungsvorschläge der Parteien. [3]Zur Aufklärung der Interessenlage kann er mit den Parteien in deren Einvernehmen auch Einzelgespräche führen. [4]Auf der Grundlage der Schlichtungsverhandlung kann er den Parteien einen Vorschlag zur Konfliktbeilegung unterbreiten. [5]In geeigneten Fällen sieht der Schlichter von einem Termin ab und verfährt schriftlich.

(2) Die Schlichtungsverhandlung ist nicht öffentlich.

(3) [1]Der Schlichter lädt keine Zeugen und Sachverständigen. [2]Zeugen und Sachverständige, die von den Parteien auf deren Kosten herbeigeschafft werden, können angehört, und ein Augenschein kann eingenommen werden, wenn dadurch der Abschluss des Schlichtungsverfahrens nicht unverhältnismäßig verzögert wird.

(4) Im Übrigen bestimmt der Schlichter das zur zügigen Erledigung der Streitsache zweckmäßige Verfahren nach seinem Ermessen.

Artikel 11 Persönliches Erscheinen der Parteien

(1) Die Parteien haben im Schlichtungstermin persönlich zu erscheinen.

(2) Dies gilt nicht, wenn eine Partei zu dem Termin eine Vertretung entsendet, die zur Aufklärung des Sachverhalts in der Lage und zu einem unbedingten Vergleichsabschluss schriftlich ermächtigt ist, und der Schlichter dem Fernbleiben der Partei zustimmt.

(3) Jede Partei kann sich im Termin eines Beistands oder eines Rechtsanwalts bedienen.

(4) [1]Erscheint der Antragsteller unentschuldigt nicht zum Schlichtungstermin, gilt der Antrag als zurückgenommen; bei hinreichender Entschuldigung binnen 14 Tagen ist vom Schlichter ein neuer Schlichtungstermin zu bestimmen. [2]Der Antrag gilt auch als zurückgenommen, wenn der Vorschuss nach Art. 14 nicht in der vom Schlichter gesetzten Frist einbezahlt wurde. [3]Fehlt die Gegenpartei unentschuldigt, so ist dem Antragsteller frühestens nach 14 Tagen ein Zeugnis nach Art. 4 auszustellen. [4]In der Ladung sind die Parteien auf die Folgen ihres Ausbleibens hinzuweisen.

Artikel 12 Protokollierung der Konfliktbeilegung

[1]Wird vor dem Schlichter eine Vereinbarung zur Konfliktbeilegung geschlossen, so ist diese unter Angabe des Tages ihres Zustandekommens schriftlich niederzulegen und von den Parteien zu unterschreiben. [2]Der Schlichter bestätigt den Abschluss der Vereinbarung mit seiner Unterschrift. [3]Die Konfliktregelung muss auch eine Einigung der Parteien über die Kosten des Schlichtungsverfahrens

enthalten. [4]Die Kosten des Schlichtungsverfahrens sind der Höhe nach auszuweisen. [5]Die Parteien erhalten vom Schlichter auf Antrag eine Abschrift der Vereinbarung.

Abschnitt IV

Vergütung für das Güteverfahren der Gütestellen nach Abschnitt II und deren Vollstreckung

Artikel 13 Vergütung

(1) [1]Die Schlichter nach Art. 5 Abs. 1 und 2 erheben für ihre Tätigkeit eine Vergütung (Gebühren und Auslagen) nur nach diesem Gesetz. [2]Sie erhalten Ersatz der auf die Vergütung entfallenden Umsatzsteuer, sofern diese nicht nach § 19 Abs. 1 des Umsatzsteuergesetzes unerhoben bleibt.

(2) Die Gebühr für das Schlichtungsverfahren beträgt

1. 50 Euro, wenn das Verfahren ohne Schlichtungsgespräch endet,
2. 100 Euro, wenn ein Schlichtungsgespräch durchgeführt wurde.

(3) Werden Schlichter im Rahmen des Vollzugs der Vereinbarung zur Konfliktbewältigung im Auftrag beider Parteien tätig, entsteht eine weitere Gebühr in Höhe von 50 Euro.

(4) [1]Mit der Gebühr werden die allgemeinen Geschäftsunkosten der Schlichter abgegolten. [2]Für Post- und Telekommunikationsdienstleistungen sowie Schreibauslagen können die Schlichter einen Pauschsatz von 20 Euro fordern.

Artikel 14 Vorschuss für die Vergütung

(1) Der Schlichter fordert vom Antragsteller vor Durchführung des Schlichtungsverfahrens einen Vorschuss in Höhe der Gebühr nach Art. 13 Abs. 2 Nr. 2 zuzüglich der Auslagen nach Art. 13 Abs. 4.

(2) Nach Abschluss des Schlichtungsverfahrens rechnet der Schlichter gegenüber dem Antragsteller über den Vorschuss ab.

Artikel 15 Vergütungsfreiheit

(1) Eine Partei, die die Voraussetzungen für die Gewährung von Beratungshilfe nach den Vorschriften des Beratungshilfegesetzes erfüllt, ist von der Verpflichtung zur Zahlung der Vergütung befreit.

(2) § 4 Abs. 1, Abs. 2 Sätze 1 bis 3, §§ 5 und 6 des Beratungshilfegesetzes finden entsprechende Anwendung.

(3) [1]Ist die Partei nach Absatz 1 von der Verpflichtung zur Zahlung der Vergütung befreit, erstattet die Staatskasse dem Schlichter die ihm zustehende Vergütung. [2]Die Erstattung der Schlichtervergütung durch die Staatskasse ist in der Bescheinigung nach Art. 4 zu vermerken.

Artikel 16 Beitreibung der Vergütung durch die Staatskasse

(1) Ist dem Schlichter die Vergütung nach Art. 15 Abs. 3 erstattet worden, so geht der Anspruch auf Kostenerstattung, der sich aus der Verurteilung des Gegners in die Prozesskosten im nachfolgenden Gerichtsverfahren ergibt, insoweit auf die Staatskasse über.

(2) [1]Der Vergütungsanspruch nach Absatz 1 ist von der Staatskasse nach den Vorschriften über die Einziehung der Kosten des gerichtlichen Verfahrens geltend zu machen. [2]Die Ansprüche werden bei dem Amtsgericht angesetzt, bei dem der nachfolgende Rechtsstreit geführt wurde. [3]Für die Entscheidung über eine gegen den Ansatz gerichtete Erinnerung und über die Beschwerde gilt § 5 Gerichtskostengesetz entsprechend.

Artikel 17 Aufwendungen der Beteiligten

[1]Jede Partei trägt ihre eigenen Kosten. [2]Kosten werden, vorbehaltlich einer anderen Regelung in der Vereinbarung zur Konfliktbeilegung, nicht erstattet.

Abschnitt V

Vollstreckung aus dem Vergleich der Gütestellen und Klauselerteilung

Artikel 18 Vollstreckung aus einem Vergleich

Aus einem vor dem Schlichter der Gütestelle geschlossenen Vergleich findet die Zwangsvollstreckung nach § 794 Abs. 1 Nr. 1 ZPO statt.

Artikel 19 Erteilung der Vollstreckungsklausel

(1) Die Vollstreckungsklausel auf einem Vergleich einer Gütestelle nach Art. 5 Abs. 1 erteilt der Notar.

(2) Die Vollstreckungsklausel auf einem Vergleich einer Gütestelle nach Art. 5 Abs. 2 und Abs. 3 Satz 2 erteilt der Rechtspfleger des Amtsgerichts, in dessen Bezirk die Gütestelle eingerichtet ist.

Abschnitt VI

Änderung des AGGVG, In-Kraft-Treten, Außer-Kraft-Treten und Übergangsvorschriften

Artikel 20 (aufgehoben)

Artikel 21 In-Kraft-Treten, Außer-Kraft-Treten

Dieses Gesetz tritt am 1. Mai 2000 in Kraft.

Artikel 22 (aufgehoben)

Gesetz zur Ausführung der Verwaltungsgerichtsordnung (AGVwGO)

In der Fassung der Bekanntmachung vom 20. Juni 1992 (GVBl. S. 162)
(BayRS 34-1-I)

zuletzt geändert durc G zur Änderung des Gesetzes zur Ausführung der Verwaltungsgerichtsordnung vom 22. April 2022 (GVBl. S. 148)

Artikel 1 Bayerische Verwaltungsgerichtsbarkeit

(1) [1]Das Oberverwaltungsgericht für den Freistaat Bayern führt die Bezeichnung „Bayerischer Verwaltungsgerichtshof". [2]Der Verwaltungsgerichtshof hat seinen Sitz und die Mehrzahl seiner Senate in München. [3]In Ansbach werden mindestens sechs auswärtige Senate des Verwaltungsgerichtshofs errichtet.

(2) Die bayerischen Verwaltungsgerichte haben ihren Sitz

1. in München für den Regierungsbezirk Oberbayern,
2. in Regensburg für die Regierungsbezirke Niederbayern und Oberpfalz,
3. in Bayreuth für den Regierungsbezirk Oberfranken,
4. in Ansbach für den Regierungsbezirk Mittelfranken,
5. in Würzburg für den Regierungsbezirk Unterfranken,
6. in Augsburg für den Regierungsbezirk Schwaben.

Artikel 2 Personalvertretungs- und Disziplinarangelegenheiten

(1) [1]Für Personalvertretungsangelegenheiten nach Bundes- und nach Landesrecht werden gebildet:

1. im ersten Rechtszug je eine Fachkammer am Verwaltungsgericht München mit Zuständigkeit für Oberbayern, Niederbayern und Schwaben sowie je eine Fachkammer am Verwaltungsgericht Ansbach mit Zuständigkeit für die Oberpfalz, Oberfranken, Mittelfranken und Unterfranken,
2. im zweiten Rechtszug je ein Fachsenat am Verwaltungsgerichtshof.

[2]Für die Besetzung und das Verfahren der Gerichte der Verwaltungsgerichtsbarkeit in Personalvertretungsangelegenheiten nach dem Bayerischen Personalvertretungsgesetz gelten dessen Vorschriften.

(2) [1]Die Vorschriften des Bayerischen Disziplinargesetzes über die Bildung von Spruchkörpern für Disziplinarsachen bleiben unberührt. [2]Für die Besetzung und das Verfahren der Gerichte der Verwaltungsgerichtsbarkeit in Disziplinarsachen gelten die Vorschriften des Bayerischen Disziplinargesetzes.

Artikel 3 Dienstaufsicht

Der Staatsminister des Innern, für Sport und Integration übt die Dienstaufsicht über den Präsidenten des Verwaltungsgerichtshofs aus.

Artikel 4 Zuständigkeit für Normenkontrollverfahren

[1]Der Verwaltungsgerichtshof entscheidet im Rahmen seiner Gerichtsbarkeit auf Antrag über die Gültigkeit von Rechtsvorschriften, die im Rang unter dem Landesgesetz stehen. [2]Über Satzungen nach Art. 81 Abs. 1 der Bayerischen Bauordnung entscheidet der Verwaltungsgerichtshof nur, wenn

1. der Antrag von einer Behörde gestellt wird und
2. die Rechtssache grundsätzliche Bedeutung hat.

Artikel 5 Zuständigkeit des Verwaltungsgerichtshofs für Streitigkeiten über Besitzeinweisungen

Der Verwaltungsgerichtshof entscheidet im ersten Rechtszug über Streitigkeiten, die Besitzeinweisungen in den Fällen des § 48 Abs. 1 Satz 1 VwGO betreffen.

Artikel 6 Großer Senat

[1]Der Große Senat beim Verwaltungsgerichtshof besteht aus dem Präsidenten und sechs Richtern. [2]Bei einer Verhinderung des Präsidenten tritt sein Stellvertreter an seine Stelle. [3]Ruft der erkennende Senat den Großen Senat an, weil er in einer Rechtsfrage von der Entscheidung eines anderen Senats oder des Großen Senats abweichen will, so entsendet jeder beteiligte Senat einen abstimmungsberechtigten Richter zu den Sitzungen des Großen Senats. [4]Wird der Große Senat zur Klärung einer grundsätzlichen

Rechtsfrage angerufen, so entsendet der erkennende Senat einen abstimmungsberechtigten Richter zu den Sitzungen des Großen Senats.

Artikel 7 Geschäftsordnung; Gewährung von Zulagen

(1) [1]Der Verwaltungsgerichtshof gibt sich eine Geschäftsordnung, die das Präsidium beschließt. [2]Sie bedarf der Genehmigung des Staatsministers des Innern, für Sport und Integration.

(2) [1]Der Präsident des Verwaltungsgerichtshofs erläßt für jedes Verwaltungsgericht eine Geschäftsordnung. [2]Das Präsidium des Verwaltungsgerichts ist vorher gutachtlich zu hören.

(3) Die Präsidenten der Verwaltungsgerichte und des Verwaltungsgerichtshofs können nach Maßgabe des Art. 56 Abs. 2 des Bayerischen Besoldungsgesetzes besondere Zulagen nach gerichtsinterner Ausschreibung im Benehmen mit dem Präsidium und dem Richterrat jeweils für die Dauer eines Geschäftsjahres gewähren.

Artikel 8 Urkundsbeamte

(1) Urkundsbeamte der Geschäftsstelle sind Beamte beim Verwaltungsgerichtshof und bei den Verwaltungsgerichten, die für ein Amt ab der Besoldungsgruppe A 7 qualifiziert sind.

(2) Als stellvertretende Urkundsbeamte können bei Bedarf bestellt werden:

1. Beamte auf Widerruf für den Einstieg in der zweiten oder dritten Qualifikationsebene,
2. nichtbeamtete Kräfte und
3. in Ausnahmefällen, insbesondere während ihrer Ausbildung im Rahmen der Ausbildungsqualifizierung für Ämter ab der zweiten Qualifikationsebene, Beamte beim Verwaltungsgerichtshof und den Verwaltungsgerichten, die in der ersten Qualifikationsebene eingestiegen sind.

(3) [1]Die stellvertretenden Urkundsbeamten werden vom Präsidenten des Gerichts bestellt. [2]Die Bestellung ist schriftlich vorzunehmen; sie kann auf einzelne Arten von Geschäften oder zeitlich beschränkt werden. [3]Sie ist jederzeit widerruflich und gilt nur für die Dauer der Verwendung bei dem Gericht, dessen Präsident die Bestellung verfügt hat.

Artikel 9 Vertrauensleute des Ausschusses zur Wahl der ehrenamtlichen Richter

(1) [1]Die Vertrauensleute und ihre Vertreter werden vom Bezirkstag, mit seiner Ermächtigung vom Bezirksausschuß gewählt. [2]Art. 42 Abs. 3 der Bezirksordnung ist anzuwenden.

(2) Für den beim Verwaltungsgericht Regensburg zu bestellenden Ausschuß zur Wahl der ehrenamtlichen Verwaltungsrichter wählt der Bezirkstag Niederbayern je vier, der Bezirkstag Oberpfalz je drei Vertrauensleute und Vertreter.

(3) [1]Die Vertrauensleute und ihre Vertreter werden auf vier Jahre gewählt. [2]Die §§ 23 und 24 Abs. 1 und 2 VwGO gelten entsprechend; über die Befreiung von der Übernahme oder der weiteren Ausübung des Amts und über die Entbindung von diesem Amt entscheidet der Bezirkstag, mit seiner Ermächtigung der Bezirksausschuß.

Artikel 10 Zuständigkeit als Schiedsgerichte

(1) Die Gerichte der Verwaltungsgerichtsbarkeit sind als Schiedsgerichte zuständig für Vermögensauseinandersetzungen öffentlich-rechtlicher Verbände, soweit das in besonderen Gesetzen bestimmt ist.

(2) [1]Für die Besetzung der Schiedsgerichte und für das Verfahren gelten die Bestimmungen der Verwaltungsgerichtsordnung, für das Verfahren jedoch nur, soweit in besonderen Gesetzen nicht anderes bestimmt ist. [2]Die Schiedsgerichte entscheiden unter Würdigung der Rechts- und Sachlage nach billigem Ermessen.

Artikel 11 Rechtsbehelfe

(1) Soweit nicht anderes bestimmt wird, tritt der Widerspruch an die Stelle aller förmlichen Rechtsbehelfe, die das Landesrecht für das Verwaltungsverfahren einräumt.

(2) Unberührt bleiben die Rechtsbehelfe nach dem Bayerischen Disziplinargesetz.

(3) Unberührt bleiben die Rechtsbehelfe nach dem Landeswahlgesetz, dem Bezirkswahlgesetz und dem Gemeinde- und Landkreiswahlgesetz, soweit sie nicht Voraussetzung der verwaltungsgerichtlichen Klage sind.

Artikel 12 Widerspruchsverfahren

(1) [1]Gegen einen nur an ihn gerichteten Verwaltungsakt kann der Betroffene
1. im Bereich des Kommunalabgabenrechts,
2. im Bereich des Landwirtschaftsrechts einschließlich des Rechts landwirtschaftlicher Subventionen sowie im Bereich des Rechts forstlicher Subventionen und jagdrechtlicher Abschussplanverfahren,
3. im Bereich des Schulrechts einschließlich des Rechts der Schulfinanzierung und Schülerbeförderung,
4. in den Bereichen des Ausbildungs- und Studienförderungsrechts, des Heimrechts, des Kinder- und Jugendhilferechts, der Kinder-, Jugend- und Familienförderung, des Kriegsopferfürsorgerechts, des Schwerbehindertenrechts, des Unterhaltsvorschussrechts, des Wohngeldrechts, des Rundfunkabgabenrechts und im Rahmen der Förderungen nach dem Europäischen Sozialfonds (ESF-Förderung), soweit jeweils der Verwaltungsrechtsweg eröffnet ist,
5. in Angelegenheiten der Beamten mit Ausnahme des Disziplinarrechts,
6. bei personenbezogenen Prüfungsentscheidungen

entweder Widerspruch einlegen oder unmittelbar Klage erheben; in den Angelegenheiten der Nr. 5 gilt Entsprechendes für Leistungs- und Feststellungsklagen. [2]Richtet sich der Verwaltungsakt in diesen Bereichen an mehrere Betroffene, kann jeder von ihnen unmittelbar Klage erheben, wenn alle Betroffenen zustimmen. [3]Wird unmittelbar Klage erhoben, bedarf es keiner Durchführung eines Vorverfahrens nach § 68 VwGO.

(2) Soweit in Abs. 1 nichts Abweichendes geregelt ist, entfällt das Vorverfahren nach § 68 VwGO.

(3) [1]Die Abs. 1 und 2 gelten nur für Verfahren der Behörden des Freistaates Bayern, der Gemeinden und Gemeindeverbände und der sonstigen der Aufsicht des Freistaates Bayern unterstehenden juristischen Personen des öffentlichen Rechts. [2]§ 68 Abs. 1 Satz 2 Nrn. 1 und 2 VwGO sowie sonstige abweichende Regelungen in anderen Gesetzen und Rechtsverordnungen bleiben unberührt.

Artikel 13 Vertretungsbehörden

[1]Vertretungsbehörde des Freistaates Bayern vor den Gerichten der Verwaltungsgerichtsbarkeit ist in den Fällen des § 45 VwGO die Ausgangsbehörde und in den übrigen Fällen die Landesanwaltschaft Bayern, soweit die Vertretung nicht auf eine andere Behörde oder Stelle übertragen ist. [2]Das Nähere regelt die Staatsregierung durch Rechtsverordnung. [3]Die Regelungen der Vertretungsverordnung bleiben unberührt.

Artikel 14 Inkrafttreten

[1]Dieses Gesetz ist dringlich. [2]Es tritt am 1. Dezember 1960 in Kraft. [3]Die Art. 1, 5 bis 8, 10 und 11 des Gesetzes treten am 1. April 1960 in Kraft.[1)]

1) **Amtl. Anm.:** Diese Vorschrift betrifft das Inkrafttreten des Gesetzes in der ursprünglichen Fassung vom 28. November 1960 (GVBl S. 266). Der Zeitpunkt des Inkrafttretens der späteren Änderungen ergibt sich aus den jeweiligen Änderungsgesetzen.

Verordnung über die Landesanwaltschaft Bayern (LABV)

Vom 29. Juli 2008 (GVBl S. 554)
(BayRS 34-3-I)

zuletzt geändert durch Art. 1 Abs. 296 V zur Anpassung des Landesrechts an die geltende Geschäftsverteilung vom 26. März 2019 (GVBl. S. 98)

Auf Grund von

1. § 36 Abs. 1 der Verwaltungsgerichtsordnung (VwGO) in der Fassung der Bekanntmachung vom 19. März 1991 (BGBl. I S. 686), zuletzt geändert durch § 62 Abs. 11 des Gesetzes vom 17. Juni 2008 (BGBl. I S. 1010),
2. Art. 16 Satz 2 des Gesetzes zur Ausführung der Verwaltungsgerichtsordnung (AGVwGO) in der Fassung der Bekanntmachung vom 20. Juni 1992 (GVBl S. 162, BayRS 34-1-I), zuletzt geändert durch § 2 des Gesetzes vom 20. Dezember 2007 (GVBl S. 958), und
3. Art. 43 Abs. 1 und Art. 55 Nr. 2 der Verfassung des Freistaates Bayern in der Fassung der Bekanntmachung vom 15. Dezember 1998 (GVBl S. 991, BayRS 100-1-I), geändert durch Gesetze vom 10. November 2003 (GVBl S. 816, 817),

erlässt die Bayerische Staatsregierung folgende Verordnung:

§ 1 Landesanwaltschaft Bayern, Generallandesanwalt

(1) [1]Die Landesanwaltschaft Bayern ist eine dem Staatsministerium des Innern, für Sport und Integration unmittelbar nachgeordnete Behörde am Sitz des Verwaltungsgerichtshofs und dessen auswärtiger Senate. [2]Sie wird vom Generallandesanwalt geleitet.

(2) Der Landesanwaltschaft Bayern obliegt die Vertretung des Freistaates Bayern als Kläger, Beklagter oder Beigeladener (§ 63 Nrn. 1 bis 3 VwGO) und die Vertretung des öffentlichen Interesses (§§ 36, 63 Nr. 4 VwGO) in Verfahren vor den Gerichten der Verwaltungsgerichtsbarkeit nach Maßgabe dieser Verordnung sowie die Wahrnehmung der Aufgabe als Disziplinarbehörde oder Dienstvorgesetzter nach Maßgabe der auf Grund des Bayerischen Disziplinargesetzes (BayDG) erlassenen Rechtsverordnungen.

(3) Der Generallandesanwalt sorgt für die Einheitlichkeit der Gesetzesauslegung und der Rechtsanwendung.

§ 2 Ernennung der Landesanwälte, Dienstaufsicht, Amtstracht

(1) Die Beamten der Landesanwaltschaft Bayern werden nach Art. 55 Nr. 4 der Verfassung sowie den Vorschriften des Beamtenstatusgesetzes und des Bayerischen Beamtengesetzes ernannt.

(2) Die Landesanwälte müssen die Befähigung zum Richteramt besitzen oder die Voraussetzungen des § 174 VwGO erfüllen.

(3) [1]Die Dienstaufsicht über den Generallandesanwalt übt der Staatsminister des Innern, für Sport und Integration aus. [2]Der Generallandesanwalt ist Dienstvorgesetzter der Beamten der Landesanwaltschaft Bayern. [3]Aufsichtsbehörde in den Fällen, in denen die Befugnisse als Disziplinarbehörde nach § 2 Nr. 2 oder § 5 der Verordnung über die Zuständigkeiten zur Durchführung des Bayerischen Disziplinargesetzes und zur Vertretung des Freistaates Bayern in Disziplinarsachen (ZustV-BayDG) auf die Landesanwaltschaft Bayern übertragen wurden, ist – vorbehaltlich des Satzes 1 – die jeweils zuständige oberste Dienstbehörde. [4]Aufsichtsbehörde in den Fällen, in denen die Disziplinarbefugnisse gemäß § 4 Abs. 2 Satz 1 oder § 5 Satz 1 der Verordnung zur Durchführung des Bayerischen Disziplinargesetzes und zur Vertretung des Freistaates Bayern in Disziplinarsachen für den kommunalen Bereich (DVKommBayDG) auf die Landesanwaltschaft Bayern übertragen wurden, ist das Staatsministerium des Innern, für Sport und Integration. [5]Aufsichtsbehörde in den Fällen, in denen die Disziplinarbefugnisse nach einer weiteren auf Grund des Art. 18 Abs. 5 BayDG erlassenen Rechtsverordnung auf die Landesanwaltschaft Bayern übertragen wurden, ist – vorbehaltlich des Satzes 1 – das jeweils für die Rechtsaufsicht zuständige Staatsministerium.

(4) Die Bestimmungen der Geschäftsordnung des Verwaltungsgerichtshofs über die Amtstracht gelten für die Landesanwälte der Landesanwaltschaft Bayern entsprechend.

§ 3 Vertretung des Freistaates Bayern

(1) [1]Die Vertretung des Freistaates Bayern in verwaltungsgerichtlichen Verfahren bestimmt sich nach den folgenden Absätzen, wenn

1. die Klage oder ein sonstiger Antrag gegen den Freistaat Bayern gerichtet ist,
2. die Klage gegen den Freistaat Bayern gerichtet ist und der Freistaat Bayern Widerklage nach § 89 VwGO erhebt,
3. der Freistaat Bayern als Hoheitsträger beigeladen wird,
4. der Freistaat Bayern vor dem Bundesverwaltungsgericht Klage nach § 50 Abs. 1 Nr. 1 VwGO erhebt.

[2]Für die Vertretung in Disziplinarsachen nach dem Bayerischen Disziplinargesetz gelten § 6 ZustV-BayDG, § 6 DVKommBayDG sowie die Regelungen der weiteren auf Grund des Art. 18 Abs. 5 BayDG erlassenen Rechtsverordnungen.

(2) [1]In Verfahren vor den Verwaltungsgerichten obliegt die Vertretung der Ausgangsbehörde. [2]Ist eine Ausgangsbehörde nicht zu ermitteln oder fehlt eine solche, ist die Regierung am Sitz des Gerichts Vertretungsbehörde. [3]Die Ausgangsbehörde kann die Vertretung in Verfahren, die ihr von herausgehobener Bedeutung oder prozessrechtlich schwierig erscheinen, auf die Widerspruchsbehörde, eine andere oder höhere Behörde desselben Geschäftsbereichs mit Ausnahme der obersten Landesbehörde oder die für die Vertretung des öffentlichen Interesses zuständige Regierung mit deren Einverständnis übertragen. [4]Die Übernahme der Vertretung ist dem Gericht durch die übernehmende Behörde mitzuteilen. [5]Ab Eingang der Mitteilung bei Gericht ist die Zuständigkeit übergegangen. [6]Ist die Ausgangsbehörde einem Präsidium der Bayerischen Landespolizei oder dem Präsidium der Bayerischen Bereitschaftspolizei nachgeordnet, obliegt die Vertretung dem jeweiligen Präsidium.

(3) [1]In Verfahren vor dem Verwaltungsgerichtshof und dem Bundesverwaltungsgericht wird der Freistaat Bayern durch die Landesanwaltschaft Bayern vertreten. [2]Die Landesanwaltschaft Bayern kann die Vertretung im Einzelfall auf die Ausgangsbehörde oder in den Fällen des Abs. 2 Satz 6 auf die Vertretungsbehörde mit deren Einverständnis übertragen. [3]Ist das Landesjustizprüfungsamt oder ein Amt für Ländliche Entwicklung Ausgangsbehörde, so obliegt diesem die Vertretung, es sei denn, es überträgt sie im Einzelfall auf die Landesanwaltschaft Bayern. [4]Für die Übertragung gelten jeweils Abs. 2 Sätze 4 und 5 entsprechend.

(4) Die Vertretung umfasst auch die Befugnis zur Einlegung eines Rechtsmittels oder die Stellung eines Antrags auf Zulassung eines Rechtsmittels; die Landesanwaltschaft Bayern kann bereits bei den Verwaltungsgerichten Rechtsmittel einlegen oder deren Zulassung beantragen.

(5) Sofern nicht im Einzelfall die Staatskanzlei oder das Staatsministerium, dessen Geschäftsbereich berührt ist, die Vertretung des Freistaates Bayern übernimmt oder die Vertretung abweichend regelt, vertritt die Landesanwaltschaft Bayern diesen in Zwischen- und Folgeverfahren zu Verfahren nach Abs. 1 vor dem Bundesverfassungsgericht und dem Europäischen Gerichtshof.

(6) Die Vertretungsbehörden können Vertreter anderer Staatsbehörden zur mündlichen Verhandlung und zum Beweistermin zuziehen.

(7) [1]Behörden, denen die Vertretung übertragen wurde oder gemäß Abs. 2 Satz 6 obliegt, sowie die Landesanwaltschaft Bayern nehmen ihre Aufgaben im Benehmen mit den beteiligten Verwaltungsbehörden wahr. [2]Sie haben grundsätzlich den ihnen im Einzelfall von den beteiligten Behörden gegebenen Instruktionen zu entsprechen. [3]Satz 2 gilt nicht, soweit der Vertretungsbehörde als Widerspruchsbehörde die Vertretung übertragen wurde oder ihr die Vertretung gemäß Abs. 2 Satz 6 obliegt. [4]Lassen sich Meinungsverschiedenheiten zwischen Staatsministerien und der Landesanwaltschaft Bayern nicht ausgleichen, entscheidet die Staatsregierung.

§ 4 Vertretung der Staatskasse

Vor den Gerichten der Verwaltungsgerichtsbarkeit wird die Staatskasse in Verfahren kostenrechtlicher Art, wenn sie an einem Verfahren zur Wert-, Kosten- oder Entschädigungs-(Vergütungs-)festsetzung oder anderen Verfahren kostenrechtlicher Art beteiligt ist, durch die Landesanwaltschaft Bayern vertreten.

§ 5 Vertretung des öffentlichen Interesses

(1) [1]Die Vertretung des öffentlichen Interesses gemäß § 36 VwGO in Verfahren vor den Gerichten der Verwaltungsgerichtsbarkeit, auch soweit sie als Schiedsgerichte entscheiden, nehmen

1. vor den Verwaltungsgerichten die örtlich zuständigen Regierungen,
2 vor dem Verwaltungsgerichtshof und vor dem Bundesverwaltungsgericht die Landesanwaltschaft Bayern wahr.

[2]§ 3 Abs. 4 gilt entsprechend.

(2) [1]Die Vertretung des öffentlichen Interesses hat daran mitzuwirken, dass das Recht sich durchsetzt und das Gemeinwohl keinen Schäden leidet. [2]Sie ist hierbei nur an Weisungen der Staatsregierung gebunden.

(3) Unbeschadet des Weisungsrechts der Staatsregierung beschränkt sich die Beteiligung nach Abs. 1 auf Rechtsgebiete und Verfahren, die von besonderem öffentlichen Interesse sind.

(4) In Verfahren vor den Kammern für Disziplinarsachen und vor den Disziplinarsenaten wirkt die Vertretung des öffentlichen Interesses nicht mit.

§ 6 Erlass von Verwaltungsvorschriften

Das Staatsministerium des Innern, für Sport und Integration erlässt die zum Vollzug dieser Verordnung erforderlichen Verwaltungsvorschriften.

§ 7 Inkrafttreten, Außerkrafttreten

(1) Diese Verordnung tritt am 1. September 2008 in Kraft.

(2) Mit Ablauf des 31. August 2008 tritt die Verordnung über die Landesanwaltschaft Bayern (LABV) vom 4. November 1975 (BayRS 34-3-I), zuletzt geändert durch § 16 der Verordnung vom 25. November 2003 (GVBl S. 880), außer Kraft.

Gesetz zur Ausführung des Bürgerlichen Gesetzbuchs (AGBGB)

Vom 20. September 1982 (BayRS IV S. 571)
(BayRS 400-1-J)

zuletzt geändert durch § 14 G zur Änderung des Gesetzes zur Ausführung des Betreuungsgesetzes und weiterer Rechtsvorschriften vom 23. Dezember 2022 (GVBl. S. 718)

Nichtamtliche Inhaltsübersicht

Erster Teil
Ausführung des Bürgerlichen Gesetzbuchs

Erster Abschnitt
Vereine

Artikel 1 ***[aufgehoben]***

Artikel 2 Vereine, deren Rechtsfähigkeit auf Verleihung beruht

(1) Für die Verleihung der Rechtsfähigkeit nach § 22 des Bürgerlichen Gesetzbuchs an einen Verein, dessen Zweck auf einen wirtschaftlichen Geschäftsbetrieb gerichtet ist, ist die Regierung von Schwaben zuständig, soweit nichts anderes bestimmt ist.

(2) [1]Die Genehmigung der Änderung der Satzung nach § 33 Abs. 2 des Bürgerlichen Gesetzbuchs erteilt bei Vereinen nach Absatz 1 die für die Verleihung der Rechtsfähigkeit zuständige Behörde. [2]Bei Schützengesellschaften, der königlich privilegierten Künstlergemeinschaft von 1868, dem Künstlerunterstützungsverein München und dem Heilstättenverein Lenzheim erteilt sie die Regierung von Schwaben. [3]Im Übrigen erteilt sie das für den Tätigkeitsbereich des Vereins zuständige Staatsministerium; es kann die Verwaltungszuständigkeit durch Rechtsverordnung auf die Regierung von Schwaben übertragen.

(3) Für die Entziehung der Rechtsfähigkeit nach § 43 des Bürgerlichen Gesetzbuchs ist die Kreisverwaltungsbehörde zuständig.

Artikel 3 Altrechtlich anerkannte Vereine

Vereinen, denen bei Inkrafttreten des Bürgerlichen Gesetzbuchs die Rechte eines anerkannten Vereins zustanden, gelten von diesem Zeitpunkt an als eingetragene Vereine.

Artikel 4 Sonstige altrechtliche Vereinigungen

(1) Eine privatrechtliche Vereinigung, der vor dem Inkrafttreten des Bürgerlichen Gesetzbuchs Rechtsfähigkeit verliehen worden ist und deren Zweck nicht auf einen wirtschaftlichen Geschäftsbetrieb gerichtet ist, wird auf Antrag in das Vereinsregister eingetragen, wenn sie mindestens drei Mitglieder hat und ihre Satzung den Vorschriften des Bürgerlichen Gesetzbuchs über eingetragene Vereine entspricht.

(2) Eine Eintragung nach Absatz 1 ist auch zulässig, wenn nicht mehr aufgeklärt werden kann, ob und wodurch die Vereinigung vor dem Inkrafttreten des Bürgerlichen Gesetzbuchs die Rechtsfähigkeit erlangt hat, sofern sie seither im Rechtsverkehr als rechtsfähige Vereinigung aufgetreten ist.

(3) [1]Mit der Eintragung wird die Vereinigung ein eingetragener Verein im Sinn des Bürgerlichen Gesetzbuchs. [2]Sie ist berechtigt, ihre frühere Bezeichnung einschließlich eines Hinweises auf eine frühere staatliche Privilegierung mit dem Zusatz „e.V." fortzuführen.

(4) [1]Eine öffentlich-rechtliche Vereinigung, der vor Inkrafttreten des Bürgerlichen Gesetzbuchs Rechtsfähigkeit verliehen worden ist und deren Zweck nicht auf einen wirtschaftlichen Geschäftsbetrieb gerichtet ist, wird auf Antrag als Verein des bürgerlichen Rechts in das Vereinsregister eingetragen. [2]Absätze 1 bis 3 gelten entsprechend. [3]Die Eintragung bedarf der Zustimmung der Kreisverwaltungsbehörde. [4]Die Zustimmung kann versagt werden, wenn öffentliche Interessen gefährdet würden.

Zweiter Abschnitt
Bierlieferungsvertrag

Artikel 5 Vertragsinhalt

(1) [1]Wird zwischen einem Brauer und einem Wirt ein Vertrag über die Lieferung von Bier ohne Bestimmung der Menge des zu liefernden Biers geschlossen, so gilt, soweit nichts anderes vereinbart wird, als Gegenstand des Vertrags der gesamte Bedarf an Bier, der sich in dem Gewerbebetrieb des Wirts während der Dauer des Vertragsverhältnisses ergibt. [2]Der Wirt ist verpflichtet, den Bedarf ausschließlich von dem Brauer zu beziehen, der Brauer hat dem Wirt die jeweils verlangten Mengen zu liefern. [3]Ist die Dauer des Vertragsverhältnisses nicht bestimmt, so kann es von jedem Teil unter Einhaltung einer Frist von drei Monaten zum 30. September jeden Jahres gekündigt werden.

(2) Geht das Geschäft des einen oder des anderen Teils durch Rechtsgeschäft unter Lebenden auf einen Dritten über, so hat der bisherige Inhaber dafür einzustehen, daß der neue Inhaber in den Vertrag eintritt.

Artikel 6 Bestellung einer Sicherungshypothek

(1) Ist bei dem Bestehen eines Vertragsverhältnisses der in Art. 5 Abs. 1 bezeichneten Art der Wirt Eigentümer des Grundstücks, auf dem er sein Geschäft betreibt, so kann der Brauer verlangen, daß ihm für den gestundeten oder rückständigen Kaufpreis des gelieferten Biers eine Sicherungshypothek an dem Grundstück bestellt wird.

(2) [1]Hat der Wirt noch andere Grundstücke, die mit dem seinem Geschäftsbetrieb dienenden Grundstück gemeinschaftlich bewirtschaftet werden, so kann der Brauer die Erstreckung der Sicherungshypothek auf diese Grundstücke verlangen, soweit sie erforderlich ist, damit der Betrag des Kaufpreises durch den Wert der Grundstücke doppelt gedeckt wird. [2]Der Wert wird unter Abzug der Belastungen berechnet, die der Sicherungshypothek im Rang vorgehen.

Dritter Abschnitt
Leibgedingsvertrag

Artikel 7 Anzuwendende Vorschriften

Steht mit der Überlassung eines Grundstücks ein Leibgedingsvertrag (Leibzuchts-, Altenteils- oder Auszugsvertrag) in Verbindung, so gelten für das sich aus dem Vertrag ergebende Schuldverhältnis, soweit nicht besondere Vereinbarungen getroffen sind, neben den Vorschriften des Bürgerlichen Gesetzbuchs über die Leibrente die besonderen Vorschriften der Art. 8 bis 23.

Artikel 8 Ort der Leistung

[1]Die dem Berechtigten zustehenden Leistungen sind auf dem überlassenen Grundstück zu bewirken. [2]Ist dem Berechtigten auf dem Grundstück eine abgesonderte Wohnung zu gewähren, so ist die Leistung in der Wohnung zu erbringen.

Artikel 9 Art der Leistung

Hat der Verpflichtete dem Berechtigten Erzeugnisse der Art zu liefern, wie sie auf dem Grundstück gewonnen werden, so kann der Berechtigte nur Erzeugnisse verlangen, die der mittleren Art und Güte der auf dem Grundstück bei ordnungsmäßiger Bewirtschaftung gewonnenen Erzeugnisse entsprechen.

Artikel 10 Zeit der Leistung

Hat der Verpflichtete dem Berechtigten Erzeugnisse der landwirtschaftlichen Bodennutzung als Jahresvorrat zu liefern, so ist zu der Zeit zu liefern, zu der die Erzeugnisse nach den Regeln einer ordnungsmäßigen Wirtschaft gewonnen und, soweit der Lieferung eine Bearbeitung voranzugehen hat, bearbeitet sind.

Artikel 11 Grundstückslasten

Darf der Berechtigte einen Teil des Grundstücks, insbesondere ein darauf befindliches Gebäude, benutzen, so hat der Verpflichtete die auf diesen Teil des Grundstücks treffenden Lasten zu tragen.

Artikel 12 Wohnungsrecht

(1) Ist dem Berechtigten auf dem Grundstück eine abgesonderte Wohnung zu gewähren, so hat der Verpflichtete die Wohnung dem Berechtigten in einem zu dem vertragsmäßigen Gebrauch geeigneten Zustand zu überlassen und sie während der Dauer seiner Verpflichtung in diesem Zustand zu erhalten.

(2) [1]Wird das Gebäude durch Zufall zerstört, so hat der Verpflichtete die Wohnung wiederherzustellen. [2]Hat der Zufall eine so wesentliche Verschlechterung der Vermögensverhältnisse des Verpflichteten zur Folge, daß ihm die Wiederherstellung nicht zugemutet werden kann, so hat er dem Berechtigten Wohnung zu gewähren, wie es den Umständen nach der Billigkeit entspricht. [3]Das gleiche gilt, wenn das Gebäude wiederherzustellen ist, für die zur Wiederherstellung erforderliche Zeit.

(3) Der Verpflichtete hat auf Verlangen des Berechtigten das Gebäude gegen Brandschaden zu versichern.

Artikel 13 Aufnahme anderer Personen

(1) Ist dem Berechtigten eine abgesonderte Wohnung zu gewähren, so ist er befugt, seine Familie sowie die zur angemessenen Bedienung und zur Pflege erforderlichen Personen in die Wohnung aufzunehmen.

(2) Hat der Verpflichtete dem Berechtigten die Mitbenutzung seiner Wohnung zu gestatten, so erstreckt sich die Befugnis des Berechtigten zur Aufnahme seiner Familie nicht auf Personen, die durch eine erst nach Abschluß des Leibgedingsvertrags eingegangene Ehe oder durch eine nach diesem Zeitpunkt ausgesprochene Ehelicherklärung oder Annahme als Kind Familienangehörige geworden sind, und nicht auf Kinder, die aus dem Hausstand des Berechtigten ausgeschieden waren.

Artikel 14 Verpflegung

Ist die Verpflegung des Berechtigten ohne nähere Bestimmung vereinbart, so hat der Verpflichtete dem Berechtigten den gesamten Lebensbedarf in angemessener und ortsüblicher Weise zu gewähren; die Kosten der ärztlichen Behandlung und der Heilmittel hat der Berechtigte zu tragen.

Artikel 15 Beerdigungskosten

Im Fall des Todes des Berechtigten hat der Verpflichtete die Kosten der angemessenen Beerdigung zu tragen, soweit die Bezahlung nicht von dem Erben zu erlangen ist.

Artikel 16 Dingliche Sicherung

[1]Der Berechtigte kann die Bestellung einer seinen Rechten aus dem Vertrag entsprechenden persönlichen Dienstbarkeit oder Reallast an dem Grundstück verlangen. [2]Die Rechte sind mit dem Rang unmittelbar hinter den zur Zeit der Überlassung des Grundstücks bestehenden Belastungen zu bestellen.

Artikel 17 Leistungsstörungen

Erbringt der Verpflichtete eine fällige Leistung nicht oder nicht vertragsgemäß, verletzt er eine Pflicht nach § 241 Abs. 2 des Bürgerlichen Gesetzbuchs oder braucht er nach § 275 Abs. 1 bis 3 des Bürgerlichen Gesetzbuchs nicht zu leisten, so steht dem Berechtigten nicht das Recht zu, nach §§ 323, 324, 326 Abs. 5 des Bürgerlichen Gesetzbuchs von dem Vertrag zurückzutreten oder nach § 527 des Bürgerlichen Gesetzbuchs die Herausgabe des Grundstücks zu fordern.

Artikel 18 Geldrente

[1]Muß der Berechtigte aus besonderen Gründen das Grundstück auf Dauer verlassen, so hat der Verpflichtete ihm für die Befreiung von der Pflicht zur Gewährung der Wohnung und zu Dienstleistungen eine Geldrente zu zahlen, die dem Wert der Befreiung nach billigem Ermessen entspricht. [2]Für andere Leistungen, die für den Berechtigten wegen seiner Abwesenheit von dem Grundstück ohne Interesse

sind, hat der Verpflichtete den Wert zu vergüten, den sie für den Berechtigten auf dem Grundstück haben.

Artikel 19 Störung der Beziehungen durch den Berechtigten

[1]Veranlaßt der Berechtigte durch sein Verhalten eine solche Störung der persönlichen Beziehungen zu dem Verpflichteten, daß diesem nicht mehr zugemutet werden kann, ihm das Wohnen auf dem Grundstück zu gestatten, so kann der Verpflichtete ihm die Wohnung unter Gewährung einer angemessenen Räumungsfrist kündigen. [2]Macht er von dieser Befugnis Gebrauch, so gilt Art. 18 entsprechend.

Artikel 20 Störung der Beziehungen durch den Verpflichteten

[1]Veranlaßt der Verpflichtete durch sein Verhalten eine solche Störung der persönlichen Beziehungen zu dem Berechtigten, daß diesem nicht zugemutet werden kann, die Wohnung auf dem Grundstück zu behalten, so hat er dem Berechtigten, falls dieser die Wohnung auf dem Grundstück aufgibt, den für die Beschaffung einer anderen angemessenen Wohnung erforderlichen Aufwand zu ersetzen. [2]Ferner hat er dem Berechtigten den Schaden zu ersetzen, der daraus entsteht, daß dieser andere ihm zustehende Leistungen nicht auf dem Grundstück in Empfang nehmen kann.

Artikel 21 Veräußerung des Grundstücks

(1) [1]Wird das Grundstück veräußert, so stehen dem Berechtigten die in Art. 20 bestimmten Rechte zu. [2]Er verliert diese Rechte, wenn er das Grundstück nicht binnen eines Jahres räumt, nachdem er von dem Übergang des Eigentums Kenntnis erlangt. [3]Sie stehen ihm nicht zu, wenn das Grundstück mit Rücksicht auf ein künftiges Erbrecht an einen gesetzlichen Erben des Verpflichteten veräußert wird.

(2) Die nach den Art. 19 und 20 sich aus einer Störung der persönlichen Beziehungen zwischen dem Berechtigten und dem Verpflichteten ergebenden Rechte treten im Fall der Veräußerung des Grundstücks ein, wenn die persönlichen Beziehungen zwischen dem Berechtigten und dem Erwerber von dem einen oder dem anderen in der dort angegebenen Weise gestört werden.

Artikel 22 Mehrere Berechtigte

(1) Ist ein Leibgeding für Ehegatten vereinbart, so kann, wenn der eine Ehegatte stirbt, der andere Ehegatte das volle Leibgeding mit Ausnahme der Leistungen verlangen, die unmittelbar für den besonderen Bedarf des verstorbenen Ehegatten bestimmt waren.

(2) In anderen Fällen eines für mehrere Berechtigte vereinbarten Leibgedings wird der Verpflichtete durch den Tod eines der Berechtigten zu dem Kopfteil des Verstorbenen von seiner Verpflichtung frei, soweit die geschuldeten Leistungen zum Zweck des Gebrauchs oder Verbrauchs unter den Berechtigten geteilt werden mußten.

Artikel 23 Ersatz von Verwendungen

[1]Bei der Beendigung des Rechtsverhältnisses hat der Verpflichtete, wenn er dem Berechtigten die Benutzung eines Teils des Grundstücks zu gewähren hatte, die Kosten, die der Berechtigte auf die noch nicht getrennten, jedoch nach den Regeln einer ordnungsmäßigen Wirtschaft vor dem Ende des Nutzungsjahres zu trennenden Früchte verwendet hat, zu ersetzen, soweit sie einer ordnungsmäßigen Wirtschaft entsprechen und den Wert dieser Früchte nicht übersteigen. [2]Hatte der Verpflichtete den Teil des Grundstücks für den Berechtigten zu bestellen, so bleiben die von ihm geleisteten Bestellungsarbeiten außer Ansatz.

Vierter Abschnitt

Schuldverschreibungen des Freistaates Bayern und anderer ihm angehörender juristischer Personen des öffentlichen Rechts

Artikel 24 Antragsberechtigung

(1) Zu der Stellung von Anträgen, die eine Verfügung über eine auf den Namen des Gläubigers umgeschriebene Schuldverschreibung des Freistaates Bayern sowie der ihm angehörenden Körperschaften, Stiftungen und Anstalten des öffentlichen Rechts enthalten, sowie zum Empfang der in einer solchen Schuldverschreibung versprochenen Zahlung sind nur der Gläubiger, auf dessen Namen die Schuldverschreibung umgeschrieben ist, seine gesetzlichen Vertreter und Bevollmächtigten, der Insolvenz- oder Konkursverwalter und der Testamentsvollstrecker sowie diejenigen Personen berechtigt, welche die Schuldverschreibung von Todes wegen oder im Weg der Auseinandersetzung eines Nachlasses oder des Gesamtguts einer Gütergemeinschaft erworben haben.

(2) Ist die Schuldverschreibung zum Zweck der Zwangsvollstreckung gepfändet, so kann der Gläubiger, zu dessen Gunsten die Pfändung erwirkt ist, die Löschung der Umschreibung beantragen.

Artikel 25 Antragsvoraussetzungen

(1) Der Antragsteller muß sich im Besitz der Schuldverschreibung befinden.

(2) [1]Der Antrag muß öffentlich beurkundet oder öffentlich beglaubigt sein. [2]Anträge einer öffentlichen Behörde bedürfen einer besonderen Beglaubigung nicht.

(3) [1]Für eine Vollmacht oder eine sonstige Vertretungs- oder Verwaltungsbefugnis ist derselbe Nachweis erforderlich wie bei der Bewilligung einer Eintragung in das Grundbuch. [2]Zum Nachweis des Erwerbs von Todes wegen ist ein Zeugnis des Nachlaßgerichts erforderlich. [3]Bei dem Erwerb im Weg der Auseinandersetzung genügt ein Zeugnis des zuständigen Gerichts oder Notars.

(4) Ist seit der Umschreibung eine Änderung in der Person des Gläubigers (Änderung des Namens oder des Wohnorts) eingetreten, so kann verlangt werden, daß die Identität durch eine öffentliche Urkunde nachgewiesen wird.

(5) Diese Vorschriften gelten auch für die Quittung über den Empfang der Zahlung.

Artikel 26 Legitimationswirkung

Ist das Verfügungsrecht des Antragstellers oder des Empfängers der Zahlung in der in Art. 25 bestimmten Weise nachgewiesen, so ist der Aussteller ohne weitere Prüfung zu der Annahme berechtigt, daß der Antragsteller oder der Empfänger der Zahlung über die Schuldverschreibung rechtswirksam verfügen kann.

Artikel 27 Wirksamkeit der Übertragung

Die Übertragung einer Schuldverschreibung der in Art. 24 Abs. 1 bezeichneten Art wird dem Aussteller gegenüber erst mit der Umschreibung wirksam.

Artikel 28 Entsprechende Anwendung von Vorschriften, Aufgebot

(1) Die Vorschriften der §§ 798 bis 803, 805 des Bürgerlichen Gesetzbuchs gelten auch für Schuldverschreibungen der in Art. 24 Abs. 1 bezeichneten Art.

(2) Auf das Aufgebotsverfahren zum Zweck der Kraftloserklärung einer solchen Schuldverschreibung sind die Vorschriften der §§ 471 bis 475 des Gesetzes über das Verfahren in Familiensachen und in den Angelegenheiten der freiwilligen Gerichtsbarkeit (FamFG) nicht anzuwenden.

Fünfter Abschnitt

Inhaberpapiere

Artikel 29 Bekanntmachung des Verlustes

(1) [1]Die Kreisverwaltungsbehörden haben auf Antrag desjenigen, dem ein Inhaberpapier gestohlen worden, verlorengegangen oder sonst abhanden gekommen ist, den Verlust im Bundesanzeiger bekanntzumachen, wenn der Verlust glaubhaft gemacht wird. [2]Der Antragsteller hat die Kosten vorzuschießen.

(2) Bei dem Verlust von Banknoten und anderen auf Sicht zahlbaren unverzinslichen Inhaberpapieren kann die Bekanntmachung nicht verlangt werden; für abhanden gekommene Zins-, Renten- oder Gewinnanteilscheine kann sie nur verlangt werden, wenn die Scheine später als in dem nächsten auf die Bekanntmachung folgenden Einlösungstermin fällig werden.

Artikel 30 ***[aufgehoben]***

Sechster Abschnitt

Öffentliche Sparkassen

Artikel 31 Spareinlagen

Bei einer öffentlichen Sparkasse können Minderjährige und andere in der Geschäftsfähigkeit beschränkte Personen ohne Einwilligung des gesetzlichen Vertreters Spareinlagen machen.

Artikel 32 Legitimationswirkung der Sparurkunde

Ist eine öffentliche Sparkasse nach ihrer Satzung bei der Zahlung eines Guthabens an den Inhaber der Sparurkunde nicht verpflichtet, die Berechtigung des Inhabers zu prüfen, so ist sie, sofern nicht in der

Urkunde eine abweichende Bestimmung getroffen ist, ohne weitere Prüfung zu der Annahme berechtigt, daß der Inhaber das Guthaben rechtswirksam kündigen und einziehen kann.

Artikel 33 Kraftloserklärung einer Sparurkunde

[1]Die Kraftloserklärung einer abhanden gekommenen oder vernichteten Sparurkunde einer öffentlichen Sparkasse kann auch bei der Sparkasse beantragt werden. [2]Für das bei der Kraftloserklärung zu beachtende Verfahren gelten die Vorschriften der Art. 34 bis 42.

Artikel 34 Inhalt des Antrags, Glaubhaftmachung

[1]Der Antragsteller hat den Verlust der Urkunde und die Tatsachen, von denen seine Berechtigung abhängt, glaubhaft zu machen. [2]Über die Wahrheit seiner Angaben kann ihm eine Versicherung an Eides Statt abgenommen werden.

Artikel 35 Anordnung des Aufgebots

Die Sparkasse erläßt ein Aufgebot und ordnet, wenn die Urkunde abhanden gekommen ist, die Sperre des Guthabens an.

Artikel 36 Inhalt des Aufgebots, Anmeldungsfrist

(1) Das Aufgebot hat zu enthalten:

1. die Bezeichnung des Antragstellers und der Urkunde;
2. die Aufforderung an den Inhaber der Urkunde, binnen drei Monaten seine Rechte unter Vorlegung der Urkunde anzumelden, widrigenfalls die Urkunde für kraftlos erklärt werde.

(2) Die Bezeichnung der Urkunde soll die Angabe enthalten, für wen die Urkunde bei der ersten Einzahlung ausgestellt worden ist.

Artikel 37 Bekanntmachung des Aufgebots

(1) Das Aufgebot ist durch Aushang bei der Sparkasse und durch einmalige Einrückung eines Auszugs in das für die Bekanntmachungen der Sparkasse bestimmte Blatt zu veröffentlichen.

(2) Die Sparkasse kann die einmalige Einrückung in ein weiteres Blatt oder die einmalige Wiederholung der Einrückung in das in Absatz 1 bestimmte Blatt anordnen.

Artikel 38 Anmeldung der Rechte

(1) [1]Meldet der Inhaber der Urkunde seine Rechte unter Vorlegung der Urkunde an, so hat die Sparkasse den Antragsteller hiervon zu benachrichtigen und ihm die Einsicht der Urkunde innerhalb einer zu bestimmenden Frist zu gestatten. [2]Auf Antrag des Inhabers der Urkunde ist zu deren Vorlegung ein Termin zu bestimmen.

(2) Die Sperre des Guthabens darf erst aufgehoben werden, nachdem dem Antragsteller die Einsicht nach Maßgabe des Absatzes 1 gestattet worden ist.

Artikel 39 Kraftloserklärung

(1) [1]Wird die Urkunde nicht vorgelegt, so ist sie durch die Sparkasse für kraftlos zu erklären. [2]Vor der Kraftloserklärung kann dem Antragsteller über die Wahrheit einer von ihm aufgestellten Behauptung eine Versicherung an Eides Statt abgenommen werden.

(2) Die Kraftloserklärung ist durch Aushang bei der Sparkasse und durch einmalige Einrückung des wesentlichen Inhalts in das in Art. 37 Abs. 1 bezeichnete Blatt zu veröffentlichen.

Artikel 40 Ausstellung einer neuen Urkunde

An Stelle der für kraftlos erklärten Urkunde erhält der Antragsteller eine neue Urkunde.

Artikel 41 Rechtsbehelfe

(1) [1]Die Kraftloserklärung kann nur durch Beschwerde nach Maßgabe des § 439 FamFG angefochten werden. [2]Zuständig ist das Landgericht, in dessen Bezirk die Sparkasse ihren Sitz hat.

(2) Der auf die Beschwerde ergangene Beschluss ist, soweit er die Kraftloserklärung aufhebt, nach Eintritt der Rechtskraft in der in Art. 39 Abs. 2 für die Kraftloserklärung vorgeschriebenen Weise zu veröffentlichen.

Artikel 42 Kosten

[1]Das Aufgebotsverfahren ist gebührenfrei. [2]Die Auslagen hat der Antragsteller zu tragen.

Siebter Abschnitt
Nachbarrecht

Artikel 43 Fensterrecht

(1) [1]Sind Fenster weniger als 0,60 m von der Grenze eines Nachbargrundstücks entfernt, auf dem Gebäude errichtet sind oder das als Hofraum oder Hausgarten dient, so müssen sie auf Verlangen des Eigentümers dieses Grundstücks so eingerichtet werden, daß bis zur Höhe von 1,80 m über dem hinter ihnen befindlichen Boden weder das Öffnen noch das Durchblicken möglich ist. [2]Die Entfernung wird von dem Fuß der Wand, in der sich das Fenster befindet, unterhalb der zunächst an der Grenze befindlichen Außenkante der Fensteröffnung ab gemessen.

(2) Den Fenstern stehen Lichtöffnungen jeder Art gleich.

Artikel 44 Balkone und ähnliche Anlagen

[1]Balkone, Erker, Galerien und ähnliche Anlagen, die weniger als 0,60 m von der Grenze eines Nachbargrundstücks abstehen, auf dem Gebäude errichtet sind oder das als Hofraum oder Hausgarten dient, müssen auf der dem Nachbargrundstück zugekehrten Seite auf Verlangen des Nachbarn mit einem der Vorschrift des Art. 43 entsprechenden Abschluß versehen werden. [2]Der Abstand wird bei vorspringenden Anlagen von dem zunächst an der Grenze befindlichen Vorsprung ab, bei anderen Anlagen nach Art. 43 Abs. 1 Satz 2 gemessen.

Artikel 45 Besondere Vorschriften für Fenster, Balkone und ähnliche Anlagen

(1) [1]Art. 43 und 44 gelten auch zugunsten von Grundstücken, die einer öffentlichen Eisenbahnanlage dienen. [2]Die Fenster und andere Lichtöffnungen sowie der Abschluß der in Art. 44 bezeichneten Anlagen dürfen jedoch so eingerichtet werden, daß sie das Durchblicken gestatten.

(2) Für die zur Zeit des Inkrafttretens dieses Gesetzes bestehenden, begonnenen oder baurechtlich genehmigten Anlagen der in Art. 43 und 44 bezeichneten Art sind die vor diesem Zeitpunkt geltenden Vorschriften weiterhin anzuwenden, soweit sie eine geringere Beschränkung festgelegt haben als die Art. 43 und 44 sowie Absatz 1.

Artikel 46 Erhöhung einer Kommunmauer

(1) Werden zwei Grundstücke durch eine Mauer geschieden, zu deren Benutzung die Eigentümer der Grundstücke gemeinschaftlich berechtigt sind, so kann der Eigentümer des einen Grundstücks dem Eigentümer des anderen Grundstücks nicht verbieten, die Mauer ihrer ganzen Dicke nach zu erhöhen, wenn ihm nachgewiesen wird, daß durch die Erhöhung die Mauer nicht gefährdet wird.

(2) [1]Der Eigentümer des Grundstücks, von dem aus die Erhöhung erfolgt ist, kann dem Eigentümer des anderen Grundstücks die Benutzung des Aufbaus verbieten, bis ihm für die Hälfte oder, wenn nur ein Teil des Aufbaus benutzt werden soll, für den entsprechenden Teil der Baukosten Ersatz geleistet wird. [2]Ist der Bauwert geringer als der Betrag der Baukosten, so bestimmt sich der zu ersetzende Betrag nach dem Bauwert. [3]Die Ersatzleistung kann auch durch Hinterlegung oder durch Aufrechnung erfolgen. [4]Solange die Befugnis nach Satz 1 besteht, hat der Berechtigte den Mehraufwand zu tragen, den die Unterhaltung der Mauer infolge der Erhöhung verursacht.

(3) [1]Wird die Mauer zum Zweck der Erhöhung verstärkt, so ist die Verstärkung auf dem Grundstück anzubringen, dessen Eigentümer die Erhöhung unternimmt. [2]Der nach Absatz 2 von dem Eigentümer des anderen Grundstücks zu ersetzende Betrag erhöht sich um den entsprechenden Teil des Werts der zu der Verstärkung verwendeten Grundfläche. [3]Verlangt der Eigentümer des Grundstücks, auf dem die Verstärkung angebracht worden ist, die Ersatzleistung, so ist er verpflichtet, dem Eigentümer des anderen Grundstücks das Eigentum an der zu der Mauer verwendeten Grundfläche seines Grundstücks soweit zu übertragen, daß die neue Grenzlinie durch die Mitte der verstärkten Mauer geht; die Vorschriften über den Kauf sind anzuwenden.

(4) [1]Die Befugnis nach Absatz 2 Satz 1 erlischt durch Verzicht des Berechtigten. [2]Der Verzicht ist gegenüber dem Eigentümer des Nachbargrundstücks zu erklären. [3]Ist das Grundstück des Berechtigten mit dem Recht eines Dritten belastet, so gilt § 876 des Bürgerlichen Gesetzbuchs entsprechend. [4]Im Fall der Belastung mit einer Reallast, einer Hypothek, einer Grundschuld oder einer Rentenschuld ist der Verzicht dem Dritten gegenüber wirksam, wenn er erklärt wurde, bevor das Grundstück zugunsten des Dritten in Beschlag genommen worden ist.

Artikel 46a Überbau durch Wärmedämmung

(1) [1]Der Eigentümer und der Nutzungsberechtigte eines Grundstücks haben zu dulden, dass die auf einer vorhandenen Grenzmauer oder Kommunmauer nachträglich aufgebrachte Wärmedämmung und sonstige mit ihr in Zusammenhang stehende untergeordnete Bauteile auf das Grundstück übergreifen, soweit und solange

1. diese die Benutzung des Grundstücks nicht oder nur geringfügig beeinträchtigen und eine zulässige beabsichtigte Nutzung des Grundstücks nicht behindern,
2. die übergreifenden Bauteile öffentlich-rechtlichen Vorschriften nicht widersprechen und
3. eine vergleichbare Wärmedämmung auf andere Weise als durch eine Außendämmung mit vertretbarem Aufwand nicht vorgenommen werden kann.

[2]§ 912 Abs. 2 und §§ 913, 914 des Bürgerlichen Gesetzbuchs gelten entsprechend.

(2) Der Eigentümer und jeder Nutzungsberechtigte des überbauten Grundstücks können verlangen, dass der Eigentümer des durch den Wärmeschutzüberbau begünstigten Grundstücks die Wärmedämmung in einem ordnungsgemäßen Zustand erhält.

(3) Schaden, der dem Eigentümer oder Nutzungsberechtigten des Grundstücks durch einen Überbau nach Abs. 1 entsteht, ist von dem Veranlasser des Überbaus ohne Rücksicht auf Verschulden zu ersetzen.

Artikel 46b Hammerschlags- und Leiterrecht

(1) [1]Der Eigentümer und der Nutzungsberechtigte eines Grundstücks müssen dulden, dass das Grundstück von dem Eigentümer oder dem Nutzungsberechtigten des Nachbargrundstücks und von diesem beauftragten Personen zwecks Errichtung, Veränderung, Instandhaltung oder Beseitigung einer baulichen Anlage betreten wird und dass auf dem Grundstück Gerüste und Geräte aufgestellt werden oder auf dieses übergreifen sowie die zu den Arbeiten erforderlichen Baustoffe über das Grundstück gebracht oder dort niedergelegt werden, wenn und soweit

1. das Vorhaben anders nicht oder nur mit unverhältnismäßig hohen Kosten durchgeführt werden kann,
2. die mit der Duldung verbundenen Nachteile oder Belästigungen nicht außer Verhältnis zu dem von dem Berechtigten erstrebten Vorteil stehen und
3. das Vorhaben öffentlich-rechtlichen Vorschriften nicht widerspricht.

[2]Das Recht ist so schonend wie möglich auszuüben. [3]Es darf nicht zur Unzeit geltend gemacht werden.

(2) Abs. 1 findet auf den Eigentümer öffentlicher Verkehrsflächen keine Anwendung.

(3) [1]Die Absicht, das Recht nach Abs. 1 auszuüben, sowie Art und Dauer der Arbeiten sind mindestens einen Monat vor deren Beginn dem Eigentümer und Nutzungsberechtigten des betroffenen Grundstücks von dem die Arbeiten veranlassenden Eigentümer oder Nutzungsberechtigten anzuzeigen. [2]Ist ein Betroffener, dem Anzeige zu machen ist, unbekannten Aufenthalts oder nicht alsbald erreichbar und hat er auch keinen Vertreter bestellt, so genügt statt der Anzeige an diesen Betroffenen die Anzeige an den unmittelbaren Besitzer.

(4) [1]Schaden, der bei der Ausübung der Rechte nach Abs. 1 dem Eigentümer oder Nutzungsberechtigten des betroffenen Grundstücks entsteht, ist ohne Rücksicht auf Verschulden von dem Eigentümer oder Nutzungsberechtigten, der die Arbeiten veranlasst hat, zu ersetzen. [2]Auf Verlangen ist Sicherheit in Höhe des voraussichtlichen Schadensbetrags zu leisten; in einem solchen Fall darf das Recht erst nach Leistung der Sicherheit ausgeübt werden.

(5) Ist die Ausübung des Rechts nach Abs. 1 zur Abwendung einer gegenwärtigen erheblichen Gefahr erforderlich, entfällt die Verpflichtung zur Anzeige und zur Sicherheitsleistung.

(6) [1]Der Eigentümer oder Nutzungsberechtigte, der ein Nachbargrundstück länger als eine Woche nach Abs. 1 benutzt, hat demjenigen, dessen dingliches Recht auf Nutzung des Grundstücks beeinträchtigt ist, für die gesamte Zeit der Benutzung eine Entschädigung in Höhe der ortsüblichen Miete für einen dem benutzten Grundstücksteil vergleichbaren gewerblichen Lagerplatz zu zahlen. [2]Eine Nutzungsentschädigung kann nicht verlangt werden, soweit nach Abs. 4 Ersatz für entgangene anderweitige Nutzung gefordert wird.

Artikel 47 Grenzabstand von Pflanzen

(1) Der Eigentümer eines Grundstücks kann verlangen, daß auf einem Nachbargrundstück nicht Bäume, Sträucher oder Hecken, Weinstöcke oder Hopfenstöcke in einer geringeren Entfernung als

0,50 m oder, falls sie über 2 m hoch sind, in einer geringeren Entfernung als 2 m von der Grenze seines Grundstücks gehalten werden.

(2) [1]Zugunsten eines Waldgrundstücks kann nur die Einhaltung eines Abstands von 0,50 m verlangt werden. [2]Das gleiche gilt, wenn Wein oder Hopfen auf einem Grundstück angebaut wird, in dessen Lage dieser Anbau nach den örtlichen Verhältnissen üblich ist.

Artikel 48 Grenzabstand bei landwirtschaftlichen Grundstücken

(1) Gegenüber einem landwirtschaftlich genutzten Grundstück, dessen wirtschaftliche Bestimmung durch Schmälerung des Sonnenlichts erheblich beeinträchtigt werden würde, ist mit Bäumen von mehr als 2 m Höhe ein Abstand von 4 m einzuhalten.

(2) Die Einhaltung des in Absatz 1 bestimmten Abstands kann nur verlangt werden, wenn das Grundstück die bezeichnete wirtschaftliche Bestimmung schon zu der Zeit gehabt hat, zu der die Bäume die Höhe von 2 m überschritten haben.

Artikel 49 Messung des Grenzabstands

Der Abstand nach Art. 47 und 48 wird von der Mitte des Stammes an der Stelle, an der dieser aus dem Boden hervortritt, bei Sträuchern und Hecken von der Mitte der zunächst an der Grenze befindlichen Triebe, bei Hopfenstöcken von der Hopfenstange oder dem Steigdraht ab gemessen.

Artikel 50 Ausnahmen vom Grenzabstand

(1) [1]Art. 47 und 48 sind nicht auf Gewächse anzuwenden, die sich hinter einer Mauer oder einer sonstigen dichten Einfriedung befinden und diese nicht oder nicht erheblich überragen. [2]Sie gelten ferner nicht für Bepflanzungen, die längs einer öffentlichen Straße oder auf einem öffentlichen Platz gehalten werden, sowie für Bepflanzungen, die zum Uferschutz, zum Schutz von Abhängen oder Böschungen oder zum Schutz einer Eisenbahn dienen.

(2) Art. 48 Abs. 1 gilt auch nicht für Stein- und Kernobstbäume sowie Bäume, die sich in einem Hofraum oder einem Hausgarten befinden.

(3) [1]Im Fall einer Aufforstung kann die Einhaltung des in Art. 48 Abs. 1 bestimmten Abstands nicht verlangt werden, wenn die Aufforstung nach der Lage des aufzuforstenden Grundstücks der wirtschaftlichen Zweckmäßigkeit entspricht. [2]Im übrigen bleiben die besonderen Vorschriften über den Grenzabstand bei der Erstaufforstung unberührt.

Artikel 51 Ältere Gewächse und Waldungen

(1) Für die bereits zur Zeit des Inkrafttretens des Bürgerlichen Gesetzbuchs vorhandenen Bäume, Sträucher und Hecken sind die vor diesem Zeitpunkt geltenden Vorschriften weiterhin anzuwenden, soweit sie das Halten der Gewächse in einer geringeren als der nach Art. 47 bis 50 einzuhaltenden Entfernung von der Grenze des Nachbargrundstücks gestatten.

(2) [1]Bei einem Grundstück, das bereits zur Zeit des Inkrafttretens des Bürgerlichen Gesetzbuchs mit Wald bestanden war, gilt bis zur ersten Verjüngung des Waldes nach Inkrafttreten des Bürgerlichen Gesetzbuchs das gleiche auch für neue Bäume und Sträucher. [2]Auch nach der Verjüngung ist Art. 48 nicht anzuwenden.

(3) Der Eigentümer eines Waldgrundstücks ist verpflichtet, die Wurzeln eines Baums oder Strauchs, die von einem Nachbargrundstück eingedrungen sind, das bereits zur Zeit des Inkrafttretens des Bürgerlichen Gesetzbuchs mit Wald bestanden war, sowie die von einem solchen Grundstück herüberragenden Zweige bis zur ersten Verjüngung des Waldes auf dem Nachbargrundstück nach Inkrafttreten des Bürgerlichen Gesetzbuchs zu dulden.

(4) [1]Dem Eigentümer eines anderen Grundstücks obliegt die Duldungspflicht nach Absatz 3 nur gegenüber den herüberragenden Zweigen, soweit diese mindestens 5 m vom Boden entfernt sind; die Entfernung wird bis zu den unteren Spitzen der Zweige gemessen. [2]Herüberragende Zweige, die weniger als 5 m vom Boden entfernt sind, müssen auf der westlichen, nordwestlichen, südwestlichen und südlichen Seite des mit Wald bestandenen Grundstücks geduldet werden, wenn durch ihre Beseitigung der Fortbestand eines zum Schutz des Waldes erforderlichen Baums oder Strauchs gefährdet oder die Ertragsfähigkeit des Waldbodens infolge des Eindringens von Wind und Sonne beeinträchtigt werden würde.

Artikel 52 Verjährung der nachbarrechtlichen Ansprüche

(1) [1]Die sich aus Art. 43 bis 45 und 46 Abs. 1 ergebenden Ansprüche unterliegen nicht der Verjährung. [2]Der Anspruch auf Beseitigung eines die Art. 47 bis 50 und 51 Abs. 1 und 2 verletzenden Zustands verjährt in fünf Jahren. [3]Die Verjährung beginnt mit dem Schluss des Jahres, in dem

1. der Anspruch entstanden ist, und
2. der Eigentümer des Grundstücks von den den Anspruch begründenden Umständen Kenntnis erlangt oder ohne grobe Fahrlässigkeit erlangen müsste.

(2) Sind Ansprüche nach Absatz 1 Sätze 2 und 3 verjährt und werden die Gewächse durch neue ersetzt, so kann hinsichtlich der neuen Gewächse die Einhaltung des in Art. 47 bis 50 und 51 Abs. 1 und 2 vorgeschriebenen Abstands verlangt werden.

Artikel 53 Erlöschen von Anwenderechten

(1) Eine im Zeitpunkt des Inkrafttretens des Bürgerlichen Gesetzbuchs nach örtlichem Herkommen bestehende Befugnis, bei der Bestellung landwirtschaftlicher Grundstücke die Grenze eines Nachbargrundstücks zu überschreiten (Anwenderecht), erlischt mit dem Ablauf von zehn Jahren nach der letzten Ausübung oder durch Verzicht.

(2) [1]Die für die Verjährung geltenden Vorschriften der §§ 203, 204 Abs. 1 Nrn. 1, 4, 6, 7 bis 9, 11 bis 14, Abs. 2 und 3, §§ 205 bis 207, 209 bis 213 des Bürgerlichen Gesetzbuchs sind entsprechend anzuwenden. [2]Ein Verzicht muß in öffentlich beglaubigter Form abgegeben werden; im übrigen gelten Art. 46 Abs. 4 Sätze 2 und 3 entsprechend.

Artikel 54 Ausschluß von privatrechtlichen Ansprüchen bei Verkehrsunternehmen

§ 14 des Bundes-Immissionsschutzgesetzes gilt für Eisenbahn-, Dampfschiffahrts- und ähnliche Unternehmen, die dem öffentlichen Verkehr dienen, entsprechend.

Achter Abschnitt

Buchungsfreie Grundstücke und altrechtliche Grunddienstbarkeiten

Artikel 55 Übertragung des Eigentums an buchungsfreien Grundstücken

(1) Zur Übertragung des Eigentums an einem Grundstück, das im Grundbuch nicht eingetragen ist und nach den Vorschriften der Grundbuchordnung auch nach der Übertragung nicht eingetragen zu werden braucht, ist die Einigung des Veräußerers und des Erwerbers darüber, daß das Eigentum übergehen soll, und die öffentliche Beurkundung der Erklärungen der beiden Teile erforderlich.

(2) Die Übertragung des Eigentums unter einer Bedingung oder einer Zeitbestimmung ist unwirksam.

Artikel 56 Dienstbarkeiten an buchungsfreien Grundstücken

(1) [1]Zur Begründung einer Dienstbarkeit an einem Grundstück, das im Grundbuch nicht eingetragen ist und nach den Vorschriften der Grundbuchordnung nicht eingetragen zu werden braucht, ist die Einigung des Bestellers und des Erwerbers darüber, daß das Grundstück mit der Dienstbarkeit belastet werden soll, erforderlich. [2]Die Erklärung des Bestellers muß in öffentlich beglaubigter Form abgegeben werden.

(2) [1]Zur Aufhebung einer Dienstbarkeit an einem Grundstück der in Absatz 1 bezeichneten Art ist die Erklärung des Berechtigten gegenüber dem Eigentümer erforderlich, daß er die Dienstbarkeit aufgebe; die Erklärung muß in öffentlich beglaubigter Form abgegeben werden. [2]§ 876 des Bürgerlichen Gesetzbuchs gilt entsprechend.

(3) [1]Eine Dienstbarkeit an einem Grundstück der in Absatz 1 bezeichneten Art erlischt mit dem Ablauf von zehn Jahren nach der letzten Ausübung. [2]Hat eine Ausübung nicht stattgefunden, so beginnt die zehnjährige Frist mit dem Zeitpunkt, von dem an die Ausübung zulässig war. [3]Die für die Verjährung geltenden Vorschriften der §§ 203, 204 Abs. 1 Nrn. 1, 4, 6, 7 bis 9, 11 bis 14, Abs. 2 und 3, §§ 205 bis 207, 209 bis 213 des Bürgerlichen Gesetzbuchs sind entsprechend anzuwenden. [4]Der Ablauf der Frist wird nicht dadurch gehemmt, daß die Dienstbarkeit nur zeitweise ausgeübt werden kann. [5]Die Frist endet jedoch in diesem Fall nicht, bevor die Zeit, zu der die Ausübung zulässig war, zum zweiten Mal eingetreten und seit dem zweiten Eintritt ein Jahr verstrichen ist.

Artikel 57 Aufhebung und Erlöschen altrechtlicher Grunddienstbarkeiten

(1) Für die Aufhebung und das Erlöschen von Grunddienstbarkeiten, die nach den vor Inkrafttreten des Bürgerlichen Gesetzbuchs geltenden Vorschriften entstanden und nicht im Grundbuch eingetragen sind, gelten Art. 56 Abs. 2 und 3 entsprechend.

(2) Die Grunddienstbarkeit erlischt auch, wenn sie sich mit dem Eigentum an dem belasteten Grundstück vereinigt.

Artikel 58 Ausschluß des Berechtigten bei altrechtlichen Grunddienstbarkeiten

(1) Ist der Eigentümer über das Bestehen einer Grunddienstbarkeit im Ungewissen, so kann der Berechtigte mit seinem Recht im Weg des Aufgebotsverfahrens ausgeschlossen werden.

(2) Das Aufgebot erstreckt sich nicht auf Grunddienstbarkeiten, mit denen das Halten einer dauernden Anlage verbunden ist, solange die Anlage besteht.

Artikel 59 Aufgebotsverfahren

(1) Für das Aufgebotsverfahren gelten die nachfolgenden besonderen Bestimmungen.

(2) [1]Zuständig ist das Gericht, in dessen Bezirk das belastete Grundstück liegt. [2]Antragsberechtigt ist der Eigentümer des belasteten Grundstücks.

(3) Der Antragsteller hat die ihm bekannten Grunddienstbarkeiten anzugeben und einen beglaubigten Plan seines Grundstücks vorzulegen, aus dem die angrenzenden Grundstücke ersichtlich sind.

(4) [1]Das Aufgebot wird öffentlich bekanntgemacht durch Anheften an die Gerichtstafel, durch einmalige Einrückung in das für die Bekanntmachungen des Gerichts bestimmte Blatt sowie durch Anheften an die für amtliche Bekanntmachungen bestimmte Stelle der Gemeinde, in deren Bezirk das belastete Grundstück liegt. [2]Das Aufgebot soll denjenigen, die im Grundbuch als Eigentümer der angrenzenden Grundstücke eingetragen sind, und den Erben eines eingetragenen Eigentümers, sofern sie dem Gericht bekannt sind, von Amts wegen zugestellt werden. [3]Die Zustellung kann durch Aufgabe zur Post erfolgen.

(5) [1]Die Aufgebotsfrist muß mindestens drei Monate betragen; sie beginnt mit der Einrückung in das in Absatz 4 bezeichnete Blatt. [2]In dem Aufgebot ist den Berechtigten, die sich nicht melden, als Rechtsnachteil anzudrohen, daß ihre Grunddienstbarkeiten erlöschen, sofern diese nicht dem Antragsteller bekannt sind.

(6) Eine öffentliche Bekanntmachung des wesentlichen Inhalts des Ausschließungsbeschlusses findet nicht statt.

Artikel 60 Erneutes Aufgebotsverfahren

Wird hinsichtlich eines Grundstücks, für das ein Ausschlussurteil oder ein Ausschließungsbeschluss ergangen ist, von einem anderen Antragsberechtigten neuerdings das Aufgebot beantragt, so gelten die in dem früheren Verfahren von dem Antragsteller angegebenen oder von dem Berechtigten angemeldeten Grunddienstbarkeiten als dem Antragsteller bekannt.

Neunter Abschnitt
Sonstige sachenrechtliche Vorschriften

Artikel 61 Fundbehörden und fundrechtliches Verfahren

Das Staatsministerium des Innern, für Sport und Integration wird ermächtigt, im Einvernehmen mit dem Staatsministerium der Justiz durch Rechtsverordnung die zuständigen Behörden im Sinn von § 965 Abs. 2 Satz 1, § 966 Abs. 2 Satz 2, §§ 967, 973 Abs. 1 Satz 1, Abs. 2 Satz 3, § 974 Satz 1, §§ 975, 976 des Bürgerlichen Gesetzbuchs zu bestimmen und das Verfahren der Fundbehörden bei der Behandlung der Fundsachen näher zu regeln.

Artikel 62 Stockwerkseigentum

[1]Das zur Zeit des Inkrafttretens des Bürgerlichen Gesetzbuchs bestehende Stockwerkseigentum gilt als Miteigentum an dem Grundstück mit der Maßgabe, daß jedem Miteigentümer die ausschließliche und dauernde Benutzung der Teile des Gebäudes zusteht, die ihm oder seinem Rechtsvorgänger zum Zeitpunkt des Inkrafttretens des Bürgerlichen Gesetzbuchs gehörten, und daß er die Kosten für ihre Unterhaltung zu tragen hat. [2]Der Anspruch auf Aufhebung der Gemeinschaft ist ausgeschlossen. [3]Für die Benutzungsrechte der Miteigentümer gilt § 1010 Abs. 1 des Bürgerlichen Gesetzbuchs entsprechend.

Artikel 63 Ablösung einer Reallast

[1]Ist vereinbart, daß der Eigentümer eine Reallast durch Zahlung eines bestimmten Betrags ablösen kann, gilt § 1202 des Bürgerlichen Gesetzbuchs entsprechend. [2]Haftet der Eigentümer für die während der Dauer seines Eigentums fällig werdenden Leistungen auch persönlich, so erstreckt sich im Fall der Kündigung die persönliche Haftung auf die Ablösungssumme.

Artikel 64 Ablösungssumme bei subjektiv-dinglichen Rechten

Bei der Ablösung eines Rechts, das dem jeweiligen Eigentümer eines Grundstücks zusteht, sind, wenn das Grundstück des Berechtigten mit Rechten Dritter belastet ist, auf die Ablösungssumme, soweit nicht besondere Vorschriften bestehen, die im Fall der Enteignung für die Entschädigung geltenden Vorschriften entsprechend anzuwenden.

Artikel 65 Bekanntmachung der Satzung einer Kreditanstalt

Für die Bekanntmachung der Satzung einer Kreditanstalt nach § 1115 Abs. 2 des Bürgerlichen Gesetzbuchs ist das Staatsministerium für Wirtschaft, Landesentwicklung und Energie zuständig.

Artikel 66 Lösungsanspruch der öffentlichen Pfandleihanstalten

[1]Erwirbt eine öffentliche Pfandleihanstalt nach § 935 Abs. 1, § 1207 des Bürgerlichen Gesetzbuchs kein Pfandrecht, so kann sie die Herausgabe der Sache an den Berechtigten bis zur Bezahlung des auf die Sache gewährten Darlehens samt Zinsen verweigern. [2]Gleiches gilt, wenn sie ein Pfandrecht nach § 935 Abs. 1, § 1208 des Bürgerlichen Gesetzbuchs nur im Rang nach dem Recht eines Dritten, mit dem die Sache belastet ist, erwirbt. [3]§ 1003 des Bürgerlichen Gesetzbuchs gilt entsprechend.

Zehnter Abschnitt

Familien- und erbrechtliche Vorschriften, Vollziehung von Auflagen

Artikel 67 ***[aufgehoben]***

Artikel 68 Festsetzung des Ertragswerts eines Landguts

[1]Soweit in Fällen der Erbfolge oder der Aufhebung einer fortgesetzten Gütergemeinschaft der Ertragswert eines Landguts festzusetzen ist, gilt als solcher, vorbehaltlich der Berücksichtigung besonderer Umstände, der achtzehnfache Betrag des jährlichen Reinertrags. [2]Dieser ist nach betriebswirtschaftlichen Grundsätzen zu ermitteln.

Artikel 69 Vollziehung von Auflagen

[1]In den Fällen des § 525 Abs. 2 und des § 2194 Satz 2 des Bürgerlichen Gesetzbuchs ist für die Geltendmachung des Anspruchs auf die im öffentlichen Interesse liegende Vollziehung einer Auflage die Behörde zuständig, zu deren Wirkungskreis die Wahrung des Interesses gehört. [2]Bezweckt die Auflage die Förderung von Interessen, die zum Wirkungskreis einer Körperschaft, Stiftung oder Anstalt des öffentlichen Rechts gehören, so ist diese zuständig.

Elfter Abschnitt

Öffentlich-rechtliche Ansprüche

Artikel 70 Haftung des Grundstücks

(1) Für öffentliche Lasten eines Grundstücks haftet das Grundstück.

(2) [1]Die Haftung des Grundstücks für fällige wiederkehrende Leistungen erlischt mit dem Ablauf von zwei, für fällige einmalige Leistungen mit dem Ablauf von vier Jahren nach dem Eintritt des Zeitpunkts, von dem an die Leistung gefordert werden kann, sofern das Grundstück nicht vorher beschlagnahmt worden ist. [2]Das Grundstück haftet jedoch nicht über den Zeitpunkt hinaus, in dem die persönliche Schuld erlischt.

Artikel 71 Erlöschen

(1) [1]Die auf eine Geldzahlung gerichteten öffentlich-rechtlichen Ansprüche

1. des Freistaates Bayern, einer bayerischen Gemeinde oder eines bayerischen Gemeindeverbands,
2. gegen den Freistaat Bayern, eine bayerische Gemeinde oder einen bayerischen Gemeindeverband

erlöschen, soweit nicht anderes bestimmt ist, in drei Jahren. [2]Die Frist beginnt mit dem Schluss des Jahres, in dem der Berechtigte von den den Anspruch begründenden Umständen und der Person des Verpflichteten Kenntnis erlangt oder ohne grobe Fahrlässigkeit erlangen müsste, jedoch nicht vor dem

Schluss des Jahres, in dem der Anspruch entstanden ist. [3]Soweit der Freistaat Bayern, eine bayerische Gemeinde oder ein bayerischer Gemeindeverband berechtigt ist, ist die Kenntnis der zuständigen Behörde erforderlich. [4]Ohne Rücksicht auf die Kenntnis erlischt der Anspruch in 10 Jahren von seiner Entstehung an.

(2) Die Vorschriften des Bürgerlichen Gesetzbuchs über die Hemmung, die Ablaufhemmung sowie über die Geltendmachung von Sicherheiten sind entsprechend anzuwenden; Art. 53 des Bayerischen Verwaltungsverfahrensgesetzes bleibt unberührt.

(3) [1]Das zur Befriedigung eines erloschenen Anspruchs Geleistete kann nicht zurückgefordert werden, auch wenn die Leistung in Unkenntnis des Erlöschens bewirkt worden ist. [2]Das gleiche gilt von einem vertragsmäßigen Anerkenntnis sowie einer Sicherheitsleistung des Verpflichteten.

(4) Das Erlöschen schließt die Aufrechnung nicht aus, wenn der erloschene Anspruch zu der Zeit, zu der er gegen einen anderen Anspruch aufgerechnet werden konnte, noch nicht erloschen war.

Zwölfter Abschnitt

Unschädlichkeitszeugnis

Artikel 72 Unschädlichkeitszeugnis

(1) [1]Das Eigentum an einem Grundstücksteil kann ohne Zustimmung der Berechtigten frei von Belastungen rechtsgeschäftlich übertragen werden, wenn festgestellt ist, dass die Rechtsänderung für die Berechtigten unschädlich ist. [2]Unter der gleichen Voraussetzung kann ein Recht, das zugunsten des jeweiligen Eigentümers eines anderen Grundstücks besteht, ohne Zustimmung derjenigen aufgehoben werden, zu deren Gunsten dieses andere Grundstück belastet ist (Drittbelastung).

(2) Abs. 1 gilt entsprechend

1. für die Übertragung eines von mehreren gesamtbelasteten Grundstücken, von Wohnungs- oder Teileigentum sowie von Sondernutzungs- und grundstücksgleichen Rechten und
2. für die Einräumung von Sondernutzungsrechten.

(3) Die Rechtsänderung ist unschädlich, wenn

1. der Umfang und der Wert des belasteten Grundstücks (Abs. 1 Satz 1) oder
2. der Wert der Drittbelastung (Abs. 1 Satz 2)

nur geringfügig geschmälert wird.

(4) [1]Die Feststellung der Unschädlichkeit erfolgt durch Beschluss (Unschädlichkeitszeugnis). [2]Sie ersetzt die zur Rechtsaufhebung nötigen Bewilligungen nach § 19 der Grundbuchordnung und etwa nötige sonstige Mitwirkungshandlungen der Berechtigten. [3]Auf eine Eintragung, die auf Grund des Unschädlichkeitszeugnisses bei einer Hypothek, einer Grundschuld oder einer Rentenschuld zu bewirken ist, sind die Vorschriften der §§ 41 bis 43 der Grundbuchordnung nicht anzuwenden. [4]Wird der Hypotheken-, Grundschuld- oder Rentenschuldbrief nachträglich vorgelegt, so hat das Grundbuchamt die Eintragung auf dem Brief zu vermerken.

Artikel 73 Verfahren

(1) [1]Das Unschädlichkeitszeugnis wird auf Antrag erteilt. [2]Antragsberechtigt ist jeder, der an der Feststellung der Unschädlichkeit ein rechtliches Interesse hat. [3]Der Antragsteller hat

1. das Grundstück zu bezeichnen und einen von der katasterführenden Behörde angefertigten Plan, in welchem das Grundstücksteil ersichtlich gemacht ist, sowie den amtlichen Nachweis der Größe des Grundstücks und des Grundstücksteils vorzulegen;
2. den Betrag der durch die rechtsgeschäftliche Übertragung des Grundstücksteils entstehenden Wertminderung unter Vorlage der vorhandenen Belege anzugeben;
3. die aktuellen Anschriften der Beteiligten anzugeben oder darzulegen, wieso sie nicht mit zumutbarem Aufwand ermittelt werden konnten;
4. darzulegen, warum die Bewilligung nur unter erheblichen Schwierigkeiten zu erlangen ist, und
5. weitere Angaben zu machen und Unterlagen vorzulegen nach Anforderung durch das Gericht.

(2) [1]Zuständig ist das Amtsgericht, in dessen Bezirk das Grundstück liegt. [2]Für das Beschwerdeverfahren ist das Landgericht zuständig; seine Entscheidung ist unanfechtbar.

(3) Soweit sich aus den Vorschriften dieses Gesetzes nichts anderes ergibt, gelten die Vorschriften des Buches 1 FamFG.

(4) [1]Vor Erteilung des Unschädlichkeitszeugnisses sind die Beteiligten zu hören. [2]Beteiligte sind:
1. der Antragsteller,
2. der Eigentümer,
3. die Berechtigten, bei denen eine Beeinträchtigung ihrer wirtschaftlichen Interessen insbesondere im Hinblick auf den Sicherungszweck nicht von vorneherein ausgeschlossen werden kann.

[3]Die Beteiligung kann in den Fällen des Satzes 2 Nr. 3 unterbleiben, wenn sie zu einer unverhältnismäßigen Verzögerung des Verfahrens führen oder einen unverhältnismäßigen Aufwand erfordern würde.

(5) [1]Wird ein Grundstücksteil übertragen, an dem Wohnungs-, Teil- oder sonstiges Miteigentum nach Bruchteilen besteht, wird die Unschädlichkeit für sämtliche betroffenen Berechtigten in einem einzigen Verfahren festgestellt. [2]Dasselbe gilt für Veränderungen innerhalb der rechtlichen Verhältnisse einer Wohnungs- oder Teileigentumsgemeinschaft oder einer sonstigen Bruchteilsgemeinschaft.

Artikel 74 Kosten

(1) [1]Im ersten Rechtszug wird eine doppelte Gebühr, mindestens aber 126 Euro erhoben. [2]Wird der Antrag zurückgenommen, bevor eine Endentscheidung getroffen wurde, wird eine halbe Gebühr erhoben, mindestens aber 31,50 Euro. [3]Für die Gebührenbemessung ist maßgeblich der Wert
1. der betroffenen Belastung oder, sofern geringer, des Grundstückteils (Art. 72 Abs. 1 Satz 1) oder
2. der Drittbelastung oder, sofern geringer, des aufgehobenen Rechts (Art. 72 Abs. 1 Satz 2).

(2) Das Verfahren ist abweichend von Abs. 1 gebührenfrei, wenn die Übertragung (Art. 72 Abs. 1 Satz 1) oder die Aufhebung (Art. 72 Abs. 1 Satz 2) unentgeltlich zu einem öffentlichen Zweck erfolgt.

(3) Für den zweiten Rechtszug gelten die Abs. 1 und 2 entsprechend.

(4) [1]Im Übrigen sind die für Gerichte geltenden Bestimmungen des Kapitels 1 Abschnitt 1 bis 4, Abschnitt 5 Unterabschnitt 1 und 3, Abschnitt 6 und 7 sowie §§ 55, 57, 59 und 77 bis 84 des Gerichts- und Notarkostengesetzes (GNotKG) entsprechend anzuwenden. [2]Die Höhe der Gebühr bestimmt sich nach Anlage 2 Tabelle B GNotKG.

Zweiter Teil

Schlussvorschriften

Artikel 75 Verweisungen in anderen Vorschriften

Soweit in anderen Vorschriften des Landesrechts auf Vorschriften verwiesen wird, die durch dieses Gesetz geändert oder ersetzt werden, treten an deren Stelle die geänderten oder ersetzenden Vorschriften.

Artikel 76 Sonstige Übergangsvorschriften

(1) Rechtssätze aus der Zeit vor Erlaß der Verfassungsurkunde vom 26. Mai 1818 bleiben nur insoweit in Geltung, als sie in Art. 74, 80 Abs. 2, Art. 132 und 133 des Einführungsgesetzes zum Bürgerlichen Gesetzbuch vorbehalten sind.

(2) Eine zu der Zeit, zu der das Grundbuch als angelegt anzusehen ist, bestehende Hypothek, die zur Sicherung künftiger Ansprüche auf Zinsen, Kosten und andere Nebenleistungen neben der Hypothek für die Hauptforderung bestellt worden ist, erlischt, wenn sie sich mit dem Eigentum in einer Person vereinigt.

(3) *[aufgehoben]*

(4) [1]Für Güterstände und fortgesetzte Gütergemeinschaften, die auf das vor dem 1. Januar 1900 geltende Recht zurückgehen, bleiben die bisherigen Gesetze maßgebend. [2]Dies gilt auch, soweit diese Gesetze für einen Güterstand oder eine fortgesetzte Gütergemeinschaft besondere erbrechtliche Regelungen vorsehen.

(5) [1]Eine Geldanlage, die nach dem in den vormals coburgischen Landesteilen geltenden Recht als mündelsicher anzusehen war, ist auch nach dem Inkrafttreten dieses Gesetzes bis zu einer Änderung der Anlage als mündelsicher anzusehen. [2]Die teilweise Rückzahlung eines Darlehens gilt nicht als Änderung der Anlage im Sinn dieser Bestimmung.

(6) Wenn die Satzungen einer öffentlichen Anstalt vorsehen, daß dieser beim Eintritt des Erbfalls das Recht an den eingebrachten Sachen von Personen zufällt, die bis zu ihrem Tod unentgeltlich in der Anstalt verpflegt worden sind, sind die *Art. 101 und 102 des Ausführungsgesetzes zum Bürgerlichen*

Gesetzbuch vom 9. Juni 1899 noch insoweit anzuwenden, als die Personen vor dem Inkrafttreten dieses Gesetzes von der Anstalt aufgenommen worden sind.

Artikel 77 Übergangsvorschrift zum Gesetz zur Änderung des Gesetzes zur Ausführung des Bürgerlichen Gesetzbuchs und anderer Gesetze sowie zur Änderung weiterer landesrechtlicher Vorschriften vom 24. Dezember 2002

Art. 229 § 6 des Einführungsgesetzes zum Bürgerlichen Gesetzbuch ist mit der Maßgabe entsprechend anzuwenden, dass an die Stelle des 1. Januar 2002 der 1. Januar 2003 und an die Stelle des 31. Dezember 2001 der 31. Dezember 2002 tritt.

Artikel 77a ***[nicht mehr belegt]***

Artikel 78 Aufrechterhaltung eingetretener Rechtswirkungen

Die Aufhebung oder Änderung von Rechtsvorschriften durch dieses Gesetz läßt die eingetretenen Rechtswirkungen unberührt.

Artikel 79 Inkrafttreten

[1]Art. 79 dieses Gesetzes tritt am 1. September 1982 in Kraft. [2]Im übrigen tritt dieses Gesetz am 1. Januar 1983 in Kraft[1)].

Artikel 80 ***[nicht mehr belegt]***

1) **Amtl. Anm.:** Betrifft die ursprüngliche Fassung vom 20. September 1982 (GVBl. S. 803)

Ausbildungs- und Prüfungsordnung für Juristen (JAPO)

Vom 13. Oktober 2003 (GVBl. S. 758)
(BayRS 2038-3-3-11-J)
zuletzt geändert durch § 1 V zur Änderung der Ausbildungs- und Prüfungsordnung für Juristen vom 3. Mai 2024 (GVBl. S. 89)

Es erlassen auf Grund von

– Art. 19 Abs. 2 und Art. 115 Abs. 2 Satz 2 Halbsatz 2 des Bayerischen Beamtengesetzes (BayBG) in der Fassung der Bekanntmachung vom 27. August 1998 (GVBl S. 702, BayRS 2030-1-1-F), zuletzt geändert durch § 3 des Gesetzes vom 7. August 2003 (GVBl S. 503),
die Bayerischen Staatsministerien der Justiz, des Innern, für Wissenschaft, Forschung und Kunst, der Finanzen und für Arbeit und Sozialordnung, Familie und Frauen im Einvernehmen mit dem Landespersonalausschuss sowie
– Art. 2 Abs. 3 des Gesetzes zur Sicherung des juristischen Vorbereitungsdienstes (SiGjurVD) vom 27. Dezember 1999 (GVBl S. 529, BayRS 302-1-J), geändert durch § 21 des Gesetzes vom 24. Dezember 2002 (GVBl S. 962),
das Bayerische Staatsministerium der Justiz im Einvernehmen mit dem Bayerischen Staatsministerium der Finanzen

folgende Verordnung:

Nichtamtliche Inhaltsübersicht

Erster Teil
Allgemeine Vorschriften

§ 1 Einheitliche Ausbildung, Bezeichnungen der Prüfungen

[1]Für Bewerber um die Befähigung zum Richteramt und die Qualifikation für die Fachlaufbahnen Justiz sowie Verwaltung und Finanzen mit Einstieg in der vierten Qualifikationsebene werden eine das rechtswissenschaftliche Studium abschließende Erste Juristische Prüfung sowie eine Zweite Juristische Staatsprüfung abgehalten, der ein gemeinsamer Vorbereitungsdienst vorausgeht. [2]Die Erste Juristische Prüfung besteht aus der staatlichen Pflichtfachprüfung (Erste Juristische Staatsprüfung) und der universitären Schwerpunktbereichsprüfung (Juristische Universitätsprüfung). [3]Die Staatsprüfungen werden einheitlich abgehalten.

§ 2 Inhalte der Prüfungen

[1]Die Prüfungen berücksichtigen die rechtsprechende, verwaltende und rechtsberatende Praxis einschließlich der hierfür erforderlichen Schlüsselqualifikationen wie Verhandlungsmanagement, Gesprächsführung, Rhetorik, Streitschlichtung, Mediation, Vernehmungslehre und Kommunikationsfähigkeit. [2]Auch Fremdsprachenkompetenz kann berücksichtigt werden.

§ 3 Unabhängigkeit der Prüfer

[1]Die Prüfer der Juristischen Universitätsprüfung und der Staatsprüfungen sind bei Prüfungsentscheidungen nicht an Weisungen gebunden. [2]Im Übrigen unterstehen sie in ihrer Eigenschaft als Prüfer der Aufsicht des Landespersonalausschusses.

§ 4 Einzelnoten, Gesamtnoten und Prüfungsgesamtnoten

(1) Die Bewertung aller einzelnen Prüfungsleistungen (Einzelnoten) richtet sich nach § 1 der Verordnung des Bundesministers der Justiz über eine Noten- und Punkteskala für die erste und zweite juristische Prüfung.

(2) [1]Die Notenbezeichnungen der Ergebnisse der einzelnen Prüfungsteile (Gesamtnoten) und der Prüfungen (Prüfungsgesamtnoten) richten sich nach § 2 Abs. 2 der in Abs. 1 genannten Verordnung. [2]Die

Gesamtnoten und Prüfungsgesamtnoten sind auf zwei Dezimalstellen zu errechnen. [3]Dabei wird eine sich ergebende dritte Dezimalstelle nicht berücksichtigt.

Zweiter Teil

Allgemeine Vorschriften für die Staatsprüfungen

§ 5 Allgemeines

(1) Die Staatsprüfungen bestehen aus einem schriftlichen und aus einem mündlichen Teil, soweit die Bewerber zum mündlichen Teil zugelassen sind.

(2) [1]Die schriftlichen Prüfungsaufgaben werden einheitlich gestellt. [2]Sie sind an allen Prüfungsorten zur selben Zeit zu bearbeiten.

(3) [1]Die Prüfungsteilnehmer dürfen nur die vom Prüfungsausschuss zugelassenen Hilfsmittel benutzen. [2]Sie haben die Hilfsmittel selbst zu beschaffen.

§ 6 Landesjustizprüfungsamt

(1) Die Durchführung der Staatsprüfungen obliegt dem beim Staatsministerium der Justiz errichteten Landesjustizprüfungsamt.

(2) [1]Der Leiter des Landesjustizprüfungsamts und seine Stellvertreter werden auf die Dauer von fünf Jahren vom Staatsministerium der Justiz im Einvernehmen mit den Staatsministerien des Innern, für Sport und Integration und der Finanzen und für Heimat bestellt. [2]Für sie findet § 3 entsprechende Anwendung.

§ 7 Prüfungsausschüsse

(1) [1]Für die Staatsprüfungen wird je ein Prüfungsausschuss bestellt. [2]Den Vorsitz führt jeweis der Leiter des Landesjustizprüfungsamtes. [3]Die übrigen Mitglieder und die stellvertretenden Mitglieder der Prüfungsausschüsse werden auf die Dauer von fünf Jahren bestellt, und zwar mit Ausnahme der Professoren (§ 19 Satz 1 Nr. 2) durch das Staatsministerium der Justiz im Einvernehmen mit den Staatsministerien des Innern, für Sport und Integration und der Finanzen und für Heimat. [4]Die Mitgliedschaft im Prüfungsausschuss endet außer durch Ablauf der fünfjährigen Amtsdauer

1. bei Professoren (§ 19 Satz 1 Nr. 2) mit dem Ausscheiden aus der juristischen Fakultät, von der sie bestellt wurden; der Eintritt in den Ruhestand gilt nicht als Ausscheiden,
2. im Übrigen mit der Vollendung des 70. Lebensjahres.

[5]An einem zum Zeitpunkt des Ausscheidens aus dem Prüfungsausschuss noch nicht abgeschlossenen Prüfungstermin kann das ausscheidende Mitglied noch als Prüfer mitwirken. [6]Auf die Mitglieder und stellvertretenden Mitglieder der Prüfungsausschüsse findet § 3 entsprechende Anwendung.

(2) Die Prüfungsausschüsse haben folgende Aufgaben:

1. Sie wählen die Prüfungsaufgaben aus,
2. sie konkretisieren im Einzelfall den Prüfungsstoff für die schriftliche und mündliche Prüfung,
3. sie entscheiden über die Zulassung von Hilfsmitteln,
4. sie entscheiden in den Fällen der §§ 11 und 12,
5. sie entscheiden über den Erlass der Nachfertigung von Prüfungsaufgaben und besondere Anordnungen für die Nachholung der mündlichen Prüfung.

(3) [1]Entscheidungen des Prüfungsausschusses gibt das vorsitzende Mitglied bekannt. [2]Dieses entscheidet auch über die Anordnung der sofortigen Vollziehung von Entscheidungen des Prüfungsausschusses.

(4) [1]Das vorsitzende Mitglied hat für die Durchführung der Staatsprüfungen zu sorgen und kann die für ihren ordnungsgemäßen Ablauf erforderlichen Anordnungen treffen. [2]Es entscheidet, soweit nicht andere Organe zuständig sind.

(5) [1]Der Prüfungsausschuss entscheidet mit Stimmenmehrheit. [2]Bei Stimmengleichheit entscheidet die Stimme des vorsitzenden Mitglieds. [3]Das vorsitzende Mitglied ist befugt, an Stelle des Prüfungsausschusses unaufschiebbare Entscheidungen allein zu treffen. [4]Hiervon hat es dem Prüfungsausschuss bei der nächsten Sitzung Kenntnis zu geben.

§ 8 Ausschluss von der Teilnahme

(1) Zugelassene Prüfungsteilnehmer sind insoweit von den Staatsprüfungen ausgeschlossen, als ihnen zur Zeit des Prüfungsverfahrens die Freiheit entzogen ist.

(2) Von der Teilnahme an einer Staatsprüfung können zugelassene Prüfungsteilnehmer ganz oder teilweise ausgeschlossen werden, wenn sie:
1. den ordnungsgemäßen Ablauf der Prüfung stören oder zu stören versuchen,
2. an einer Krankheit leiden, die die Gesundheit anderer erheblich gefährden oder den ordnungsgemäßen Ablauf der Prüfung erheblich beeinträchtigen würde.

(3) Die Entscheidung trifft das vorsitzende Mitglied des Prüfungsausschusses, in dringenden Fällen in dessen Auftrag die Örtlichen Prüfungsleiter.

(4) [1]§ 9 gilt entsprechend. [2]In den Fällen des Abs. 1 und des Abs. 2 Nr. 2 gilt zudem § 10 entsprechend.

§ 9 Rücktritt und Versäumnis

(1) Treten Prüfungsteilnehmer nach Zulassung und vor Beginn einer Staatsprüfung zurück, so gilt die Prüfung für sie als abgelegt und mit der Note „ungenügend" (0 Punkte) nicht bestanden.

(2) Abs. 1 gilt entsprechend, wenn Prüfungsteilnehmer den schriftlichen Teil versäumen.

(3) Erscheinen Prüfungsteilnehmer zur Bearbeitung einer einzelnen schriftlichen Aufgabe nicht, so wird die Aufgabe mit der Note „ungenügend" (0 Punkte) bewertet.

(4) [1]Abs. 3 gilt entsprechend, wenn ein Prüfungsteilnehmer eine schriftliche Arbeit nicht oder nicht rechtzeitig abgibt. [2]In minder schweren Fällen kann bei Vorliegen besonderer Umstände von einer Ahndung abgesehen werden.

(5) Abs. 1 gilt entsprechend, wenn Prüfungsteilnehmer den mündlichen Teil einer Staatsprüfung ganz oder teilweise versäumen.

§ 10 Verhinderung, Unzumutbarkeit

(1) Die in § 9 bestimmten Rechtsfolgen) treten nicht ein, wenn Prüfungsteilnehmer aus Gründen, die sie nicht zu vertreten haben, den schriftlichen oder den mündlichen Teil einer Staatsprüfung nicht oder nicht vollständig ablegen, die Voraussetzungen nach Abs. 2 erfüllt sind und keine Ausschlussgründe nach Abs. 3 vorliegen (Verhinderung).

(2) [1]Eine Verhinderung ist unverzüglich beim Landesjustizprüfungsamt geltend zu machen und nachzuweisen. [2]Der Nachweis ist im Fall einer Krankheit grundsätzlich durch ein Zeugnis eines gerichtsärztlichen Dienstes oder eines Gesundheitsamts zu erbringen, das in der Regel nicht später als am Prüfungstag ausgestellt sein darf. [3]In offensichtlichen Fällen kann auf die Vorlage eines Zeugnisses verzichtet werden. [4]Die Geltendmachung darf keine Bedingungen enthalten und kann nicht zurückgenommen werden.

(3) [1]Die Geltendmachung einer Verhinderung beim schriftlichen Teil der Prüfung ist auf jeden Fall ausgeschlossen, wenn nach Abschluss des bereits abgelegten Teils der Prüfung ein Monat verstrichen ist. [2]Bei einer Verhinderung in der mündlichen Prüfung ist die Geltendmachung nach Bekanntgabe des Ergebnisses der mündlichen Prüfung ausgeschlossen.

(4) Die Rechtsfolgen der Verhinderung bestimmen sich nach den §§ 29 und 63.

(5) [1]Für Prüfungsteilnehmer, die eine Leistung in einem nicht zu vertretenden Zustand der Prüfungsunfähigkeit abgelegt haben, gelten die Abs. 2 bis 4 entsprechend. [2]Die Geltendmachung hat im Fall der Abgabe einer schriftlichen Arbeit in der Regel nicht später als am Prüfungstag zu erfolgen.

(6) [1]Ist Prüfungsteilnehmern aus einem wichtigen Grund die ganze oder teilweise Ablegung des schriftlichen oder des mündlichen Teils einer Staatsprüfung nicht zuzumuten (Unzumutbarkeit), so kann auf Antrag das Fernbleiben genehmigt werden. [2]Die Abs. 2 bis 4 gelten entsprechend.

§ 11 Unterschleif, Verlassen des beaufsichtigten Prüfungsbereichs, Täuschungs- und Beeinflussungsversuch

(1) [1]Wer versucht, das Ergebnis einer Prüfungsarbeit durch Unterschleif, Täuschung oder Benutzung nicht zugelassener Hilfsmittel zu eigenem oder fremdem Vorteil zu beeinflussen, dessen Arbeit ist mit der Note „ungenügend" (0 Punkte) zu bewerten. [2]In schweren Fällen erfolgt ein Ausschluss von der Prüfung; diese ist mit der Note „ungenügend" (0 Punkte) nicht bestanden. [3]Auch der Besitz nicht zugelassener Hilfsmittel nach Ausgabe der Prüfungsaufgaben stellt einen Unterschleif mit den Rechtsfolgen der Sätze 1 und 2 dar, sofern die betroffenen Prüfungsteilnehmer nicht nachweisen, dass der Besitz weder auf Vorsatz noch auf Fahrlässigkeit beruht.

(2) Abs. 1 gilt entsprechend für die mündliche Prüfung.

(3) [1]Besteht der Verdacht des Besitzes nicht zugelassener Hilfsmittel, so sind die Aufsichtführenden in der schriftlichen Prüfung, die vorsitzenden Mitglieder der Prüfungskommissionen für die mündliche

Prüfung sowie die vom vorsitzenden Mitglied des Prüfungsausschusses beauftragten Personen befugt, diese sicherzustellen. 2Betroffene Prüfungsteilnehmer sind verpflichtet, an der Aufklärung mitzuwirken und die Hilfsmittel herauszugeben. 3Hilfsmittel, die wegen einer Veränderung beanstandet werden, sind den Prüfungsteilnehmern bis zur Ablieferung der betreffenden Prüfungsarbeit, spätestens bis zum Ende der dafür vorgesehenen Arbeitszeit, zu belassen. 4Einen Unterschleif mit den Rechtsfolgen des Abs. 1 begeht auch, wer eine Sicherstellung verhindert, die Mitwirkung an der Aufklärung oder die Herausgabe der Hilfsmittel verweigert oder nach einer Beanstandung die Hilfsmittel verändert.

(4) Wer nach Ausgabe der Prüfungsaufgaben unerlaubt den beaufsichtigten Prüfungsbereich verlässt, dessen Arbeit ist mit der Note „ungenügend“ (0 Punkte) zu bewerten.

(5) Wer versucht, Prüfer oder mit der Feststellung des Prüfungsergebnisses beauftragte Personen zu seinem Vorteil zu beeinflussen oder zu täuschen oder sich durch Vorspiegelung falscher Tatsachen einen Nachteilsausgleich zu erschleichen, hat die Prüfung mit der Note „ungenügend“ (0 Punkte) nicht bestanden.

(6) In minder schweren Fällen kann bei Vorliegen besonderer Umstände von einer Ahndung abgesehen werden.

(7) 1Die Entscheidung über die Rechtsfolgen nach Abs. 1 bis 6 wird durch schriftlichen Verwaltungsakt bekannt gegeben. 2Ist die Prüfung bereits durch Bekanntgabe des Prüfungsergebnisses beendet, so ist sie nachträglich für nicht bestanden zu erklären oder die Prüfungsgesamtnote entsprechend zu berichtigen. 3Das Prüfungszeugnis ist einzuziehen.

(8) In den Fällen der Abs. 1 bis 5 ist die Anerkennung einer Verhinderung oder einer Unzumutbarkeit (§ 10) ausgeschlossen.

§ 12 Mängel im Prüfungsverfahren

(1) 1Erweist sich, dass das Prüfungsverfahren mit Mängeln behaftet war, die die Chancengleichheit erheblich verletzt haben, so kann der Prüfungsausschuss auf Antrag von Prüfungsteilnehmern oder von Amts wegen anordnen, dass von bestimmten oder von allen Prüfungsteilnehmern die Staatsprüfung oder einzelne Teile derselben zu wiederholen sind. 2Wird die Wiederholung einer oder mehrerer schriftlicher Aufgaben angeordnet, erfolgt die Nachfertigung in der Regel im nächsten Prüfungstermin. 3In Fällen besonderer Härte kann die Wiederholung der Staatsprüfung oder einzelner Teile erlassen werden. 4Bei einer Anordnung nach Satz 3 wird auch bestimmt, ob und gegebenenfalls welche Prüfungsleistungen unberücksichtigt bleiben.

(2) 1Ein Antrag nach Abs. 1 ist unverzüglich nach Kenntnis der Mängel schriftlich beim Landesjustizprüfungsamt zu stellen. 2Er darf keine Bedingungen enthalten und kann nicht zurückgenommen werden. 3Der Antrag ist ausgeschlossen, wenn seit dem Abschluss des Teils des Prüfungsverfahrens, der mit den Mängeln behaftet war, ein Monat verstrichen ist.

(3) Sechs Monate nach Abschluss der Prüfung darf der Prüfungsausschuss von Amts wegen Anordnungen nach Abs. 1 nicht mehr treffen.

§ 13 Nachteilsausgleich

(1) 1Wer wegen einer nachgewiesenen Behinderung bei der Fertigung der Prüfungsarbeiten oder der Ablegung der mündlichen Prüfung erheblich beeinträchtigt ist, erhält auf Antrag einen angemessenen Nachteilsausgleich, soweit die Beeinträchtigung nicht das abgeprüfte Leistungsbild betrifft und der Nachteilsausgleich den Wettbewerb nicht beeinträchtigt. 2Für die Fertigung der Prüfungsarbeiten können hierbei insbesondere eine Verlängerung der Arbeitszeit sowie nicht auf die Arbeitszeit anzurechnende Pausen von insgesamt bis zu einem Viertel der normalen Arbeitszeit, in Fällen einer besonders weitgehenden Beeinträchtigung von insgesamt bis zur Hälfte der normalen Arbeitszeit bewilligt werden.

(2) 1Ein Antrag auf Nachteilsausgleich ist spätestens sechs Wochen vor Beginn des jeweiligen Prüfungsteils beim Landesjustizprüfungsamt einzureichen. 2Tritt eine Prüfungsbehinderung später auf, ist der Antrag unverzüglich nach deren Auftreten einzureichen. 3Der Nachweis der Prüfungsbehinderung sowie im Fall von Satz 2 der Unverzüglichkeit der Antragstellung ist durch ein Zeugnis eines gerichtsärztlichen Dienstes oder eines Gesundheitsamts zu führen.

§ 14 Nachprüfungsverfahren

(1) Prüfungsteilnehmer können schriftlich Einwendungen gegen die Bewertung ihrer Prüfungsleistungen in einer Staatsprüfung erheben.

(2) [1]Ist die schriftliche Prüfung bestanden, so sind die Einwendungen gegen die Bewertung der schriftlichen Prüfungsarbeiten spätestens binnen eines Monats nach Bekanntgabe der Prüfungsgesamtnote, die Einwendungen gegen die Bewertung der mündlichen Prüfungsleistungen unverzüglich nach Bekanntgabe der Prüfungsgesamtnote beim Landesjustizprüfungsamt geltend zu machen. [2]Die Einwendungen gegen die Bewertung der schriftlichen Prüfungsarbeiten sind spätestens binnen zwei Monaten nach Bekanntgabe der Prüfungsgesamtnote, die Einwendungen gegen die Bewertung der mündlichen Prüfungsleistungen sind spätestens binnen eines Monats nach Bekanntgabe der Prüfungsgesamtnote konkret und nachvollziehbar schriftlich zu begründen.

(3) Ist die schriftliche Prüfung nicht bestanden, so sind die Einwendungen gegen die Bewertung der schriftlichen Prüfungsarbeiten binnen eines Monats nach Bekanntgabe der Gesamtnote der schriftlichen Prüfung beim Landesjustizprüfungsamt geltend zu machen und binnen zwei Monaten nach deren Bekanntgabe konkret und nachvollziehbar schriftlich zu begründen.

(4) [1]Entsprechen die Einwendungen nicht den Abs. 1 bis 3, so werden sie vom Landesjustizprüfungsamt zurückgewiesen. [2]Im Übrigen werden die Einwendungen den jeweiligen Prüfern zur Überprüfung ihrer Bewertung zugeleitet.

(5) § 74 Abs. 1 Satz 2, Abs. 2 der Verwaltungsgerichtsordnung bleibt unberührt.

§ 15 Wiederholung der Prüfung zur Notenverbesserung

(1) [1]Prüfungsteilnehmer, die eine Staatsprüfung bei erstmaliger Ablegung in Bayern bestanden haben, können die Prüfung zur Verbesserung der Prüfungsgesamtnote einmal wiederholen. [2]Die Möglichkeit der Wiederholung besteht nur bei dem nach Abschluss des laufenden Prüfungstermins beginnenden nächsten oder übernächsten Prüfungstermin. [3]Der Antrag auf Zulassung ist beim Landesjustizprüfungsamt innerhalb folgender Fristen zu stellen:

1. zur Ersten Juristischen Staatsprüfung innerhalb der Meldefrist des § 26 Abs. 1 Satz 3 oder unverzüglich nach Ablegen der mündlichen Prüfung,
2. zur Zweiten Juristischen Staatsprüfung spätestens vier Monate vor Prüfungsbeginn.

[4]§ 26 Abs. 1 Satz 2 und Abs. 2 gilt entsprechend.

(2) Die Prüfung ist im gesamten Umfang zu wiederholen.

(3) [1]Die Prüfung muss am selben Prüfungsort wiederholt werden. [2]In Härtefällen können Ausnahmen bewilligt werden. [3]Sofern in der Zweiten Juristischen Staatsprüfung an einem Prüfungsort die voraussichtliche Zahl der Prüfungsteilnehmer, die die elektronische Fertigung der Prüfungsarbeiten gewählt haben, die Zahl der hier zur Verfügung stehenden elektronischen Prüfungsarbeitsplätze übersteigt, kann Prüfungsteilnehmern, die die Prüfung zur Verbesserung der Prüfungsgesamtnote wiederholen, ein anderer Prüfungsort zugewiesen werden.

(4) [1]Wer zur Verbesserung der Note zur Staatsprüfung zugelassen ist, kann bis zum Beginn der mündlichen Prüfung auf die Fortsetzung des Prüfungsverfahrens verzichten. [2]Die Prüfung gilt dann als nicht abgelegt; sie kann nicht wiederholt werden. [3]Als Verzicht gilt, wenn Prüfungsteilnehmer ohne genügende Entschuldigung (§ 10) zur schriftlichen Prüfung oder zur Bearbeitung einer oder mehrerer schriftlicher Aufgaben oder zur mündlichen Prüfung nicht erscheinen; dies gilt nicht, wenn sie binnen zehn Tagen nach Abschluss des betreffenden Prüfungsteils schriftlich gegenüber dem Landesjustizprüfungsamt widersprechen.

(5) [1]Die Prüfungsteilnehmer entscheiden, welches Prüfungsergebnis sie gelten lassen wollen. [2]Wird das Ergebnis der Wiederholungsprüfung gewählt, so bleiben die Rechtsfolgen aus der erstmals abgelegten Prüfung unberührt. [3]Wird binnen einer Woche nach dem Tag der mündlichen Prüfung keine Wahl getroffen, so gilt das bessere, bei gleichen das frühere Prüfungsergebnis als gewählt.

Dritter Teil
Erste Juristische Prüfung

§ 16 Inhalt, Zweck und Bedeutung der Prüfung

(1) [1]Die Erste Juristische Prüfung ist Hochschulabschlussprüfung und Einstellungsprüfung im Sinn des Leistungslaufbahngesetzes. [2]Sie hat Wettbewerbscharakter und soll feststellen, ob die Bewerber das Ziel des rechtswissenschaftlichen Studiums erreicht haben und für den Vorbereitungsdienst als Rechtsreferendare fachlich geeignet sind. [3]Die Bewerber sollen in der Prüfung zeigen, dass sie das

Recht mit Verständnis erfassen und anwenden können und über die hierzu erforderlichen Kenntnisse in den Prüfungsfächern verfügen.

(2) [1]Themenwahl und Schwierigkeitsgrad der Ersten Juristischen Prüfung sollen einer Studiendauer von neun Semestern entsprechen. [2]Überblick über das Recht, juristisches Verständnis und Fähigkeit zu methodischem Arbeiten sollen im Vordergrund von Aufgabenstellung und Leistungsbewertung stehen.

§ 17 Prüfungsgesamtnote, Abschlusszeugnis und Bezeichnung

(1) [1]Die Erste Juristische Prüfung ist bestanden, wenn die Erste Juristische Staatsprüfung und die Juristische Universitätsprüfung bestanden worden sind. [2]Das Abschlusszeugnis über die Erste Juristische Prüfung weist die Prüfungsgesamtnoten der Ersten Juristischen Staatsprüfung und der Juristischen Universitätsprüfung sowie zusätzlich eine Prüfungsgesamtnote der Ersten Juristischen Prüfung aus, in die die Prüfungsgesamtnote der Ersten Juristischen Staatsprüfung mit 70 % und die Prüfungsgesamtnote der Juristischen Universitätsprüfung mit 30 % einfließen. [3]Das Zeugnis weist zudem die Bezeichnung des Schwerpunktbereichs aus. [4]Es wird vom Landesjustizprüfungsamt erteilt, soweit die Erste Juristische Staatsprüfung in Bayern bestanden wurde. [5]Die Erteilung des Zeugnisses in elektronischer Form ist ausgeschlossen.

(2) Wer die Erste Juristische Prüfung bestanden hat, ist berechtigt, die Bezeichnung „Jurist (Univ.)"/ „Juristin (Univ.)" zu führen, soweit hierfür nicht von der Universität ein akademischer Grad verliehen wird oder die Bezeichnung nach § 68 Abs. 2 geführt werden kann.

1. Abschnitt
Erste Juristische Staatsprüfung

§ 18 Prüfungsgebiete

(1) [1]Die Erste Juristische Staatsprüfung erstreckt sich auf die Pflichtfächer mit ihren geschichtlichen, gesellschaftlichen, wirtschaftlichen, politischen, rechtsphilosophischen, ethischen und europarechtlichen Grundlagen. [2]Andere Rechtsgebiete dürfen im Zusammenhang mit den Prüfungsfächern zum Gegenstand der Prüfung gemacht werden, soweit lediglich Verständnis und Arbeitsmethode festgestellt werden sollen und Einzelwissen nicht vorausgesetzt wird. [3]Die Grundzüge eines Rechtsgebiets umfassen seine Systematik, seine wesentlichen Normen und Rechtsinstitute sowie deren Regelungsgehalt, Sinn und Zweck, Struktur und Bedeutung im Gesamtzusammenhang.

(2) Pflichtfächer sind:

1. aus dem Bürgerlichen Recht:
   a) der Allgemeine Teil des Bürgerlichen Gesetzbuchs (ohne Abschnitt 1 Titel 2 Untertitel 2);
   b) das Schuldrecht (ohne Draufgabe und ohne Abschnitt 8 Titel 2, Titel 3 Untertitel 2 bis 4, Titel 5 Untertitel 5, Titel 7, Titel 8 Untertitel 2, Titel 9 Untertitel 1 Kapitel 2 und 3, Untertitel 2 bis 4, Titel 11, Titel 12 Untertitel 3, Titel 15, 18, 19 und 25) sowie die Grundzüge des Rechts der Gefährdungshaftung aus dem Straßenverkehrsgesetz und dem Produkthaftungsgesetz;
   c) das Sachenrecht (ohne Abschnitte 5 und 6, Abschnitt 7 Titel 2 Untertitel 2 und Abschnitt 8 Titel 2);
   d) das Familienrecht in Grundzügen: nur Wirkungen der Ehe im Allgemeinen (ohne die Vorschriften zum Getrenntleben), gesetzliches Güterrecht und allgemeine Vorschriften zur Gütertrennung und zur Gütergemeinschaft, allgemeine Vorschriften über Verwandtschaft sowie aus Abschnitt 2 Titel 5 die Vertretung des Kindes und die Beschränkung der elterlichen Haftung;
   e) das Erbrecht in Grundzügen: nur gesetzliche Erbfolge, rechtliche Stellung des Erben (ohne Abschnitt 2 Titel 2 Untertitel 2 bis 5 und ohne §§ 2061 bis 2063 BGB), gewillkürte Erbfolge (ohne Testamentsvollstreckung), Pflichtteilsrecht sowie Wirkungen des Erbscheins;
2. aus dem Handels- und Gesellschaftsrecht in Grundzügen:
   a) das Handelsrecht: nur Kaufleute, Publizität des Handelsregisters, Handelsfirma (ohne Eintragungsverfahren), Prokura, Handlungsvollmacht, allgemeine Vorschriften über Handelsgeschäfte (ohne Kontokorrent und kaufmännische Orderpapiere), Handelskauf;

b) das Recht der Personengesellschaften (ohne die Vorschriften über die Handelsbücher und ohne die stille Gesellschaft);
c) das Recht der Gesellschaft mit beschränkter Haftung: nur Errichtung, Vertretung und Geschäftsführung;

3. aus dem Arbeitsrecht:
das Recht des Arbeitsverhältnisses: nur Begründung, Inhalt und Beendigung des Arbeitsverhältnisses, Leistungsstörungen und Haftung im Arbeitsverhältnis, jeweils mit den Bezügen zum Tarifvertragsrecht;
4. aus dem Strafrecht:
a) der Allgemeine Teil des Strafgesetzbuchs (ohne Nebenfolgen, Strafbemessung, Strafaussetzung zur Bewährung, Verwarnung mit Strafvorbehalt, Absehen von Strafe, Einziehung, Vollstreckungsverjährung; aus Abschnitt 3 Titel 6 nur Entziehung der Fahrerlaubnis);
b) der Besondere Teil des Strafgesetzbuchs (ohne Abschnitte 1 bis 5, 8, 11 bis 13, 15, 24 bis 26 und 29);
5. aus dem Öffentlichen Recht:
a) das deutsche und bayerische Staats- und Verfassungsrecht mit den Bezügen zum Völkerrecht (ohne die Bestimmungen des Grundgesetzes zum Verteidigungsfall, zum Notstand und zum Finanzwesen);
b) das Allgemeine Verwaltungsrecht einschließlich des Verwaltungsverfahrens- und Verwaltungszustellungsrechts (ohne Widerspruchsverfahren, Umweltverträglichkeitsprüfung und besondere Verwaltungsverfahren) sowie Grundzüge des Rechts der öffentlichen Ersatzleistungen und des Verwaltungsvollstreckungsrechts;
c) das Kommunalrecht einschließlich des Rechts der kommunalen Zusammenarbeit (ohne Kommunalabgabenrecht, Kommunalwahlrecht und ohne den jeweiligen Teil 3 der Gemeindeordnung, der Landkreisordnung und der Bezirksordnung);
d) das allgemeine Sicherheits- und Polizeirecht (ohne Abschnitt 3 des Polizeiaufgabengesetzes) sowie Grundzüge des Versammlungsrechts;
e) Grundzüge des Bauordnungsrechts (ohne Teil 3 Abschnitte 1 bis 6 und ohne die Art. 45 und 46 der Bayerischen Bauordnung) sowie des Bauplanungsrechts (nur Bauleitplanung, Veränderungssperre und Zurückstellung von Baugesuchen, bauplanungsrechtliche Zulässigkeit von Vorhaben sowie Planerhaltung);
6. aus dem Recht der Europäischen Union in Grundzügen:
Entwicklung, Kompetenzen, Organe, Rechtsquellen des Unionsrechts, Rechtsetzungsverfahren, Verhältnis des Unionsrechts zum nationalen Recht, Umsetzung des Unionsrechts in den Mitgliedstaaten, Grundfreiheiten, Grundrechte und rechtsstaatliche Verfahrensgarantien, aus dem Rechtsschutzsystem des Unionsrechts: Vertragsverletzungsverfahren, Nichtigkeitsklage und Vorabentscheidungsverfahren;
7. aus dem Prozessrecht in Grundzügen:
a) Rechtswege, Zuständigkeiten im Zivil-, Straf-, Verfassungs- und Verwaltungsprozess;
b) aus dem Zivilprozessrecht:
Verfahrensgrundsätze, Klagearten, allgemeine Verfahrensvorschriften und Verfahren im ersten Rechtszug ohne Beweiswürdigung, Wirkungen gerichtlicher Entscheidungen, gütliche Streitbeilegung, Arten und Voraussetzungen der Rechtsbehelfe, Zwangsvollstreckung der Zivilprozessordnung (nur allgemeine Vollstreckungsvoraussetzungen, Arten der Zwangsvollstreckung, Rechtsbehelfe) und vorläufiger Rechtsschutz;
c) aus dem Strafprozessrecht:
Verfahrensgrundsätze, Ermittlungsverfahren (von den Zwangsmaßnahmen nur Untersuchungshaft und vorläufige Festnahme, körperliche Untersuchung, Sicherstellung, Beschlagnahme und Durchsuchung), Verfahren im ersten Rechtszug ohne Beweiswürdigung, Wirkungen gerichtlicher Entscheidungen, Arten und Voraussetzungen der Rechtsbehelfe;
d) aus dem deutschen und bayerischen Verfassungsprozessrecht:
Verfassungsbeschwerde, Popularklage, Abstrakte und Konkrete Normenkontrolle, Organstreitverfahren, Bund-Länder-Streit sowie einstweiliger Rechtsschutz;

e) aus dem Verwaltungsprozessrecht:
Verfahrensgrundsätze, Klage- und Antragsarten einschließlich ihrer Sachentscheidungsvoraussetzungen, Verfahren im ersten Rechtszug ohne Beweiswürdigung, Wirkungen gerichtlicher Entscheidungen, Arten und Voraussetzungen der Rechtsbehelfe sowie vorläufiger Rechtsschutz.

§ 19 Prüfungsausschuss

[1]Der Prüfungsausschuss für die Erste Juristische Staatsprüfung besteht aus sechs Mitgliedern, und zwar:

1. dem vorsitzenden Mitglied (§ 7 Abs. 1 Satz 2);
2. drei Professoren der Rechtswissenschaft (Lehrstuhlinhaber) der juristischen Fakultäten der Universitäten des Freistaates Bayern. Sie werden von den juristischen Fakultäten bestellt. Jede Fakultät bestellt aus ihrer Mitte eine Person als Stellvertreter. Die Fakultäten bestimmen die Reihenfolge der Stellvertreter. Können sich die Fakultäten nicht innerhalb einer vom Landesjustizprüfungsamt bestimmten angemessenen Frist einigen, entscheidet das Staatsministerium für Wissenschaft und Kunst;
3. einem Prüfer aus dem Bereich der rechtsberatenden Berufe,
4. einem Prüfer aus dem Bereich der Verwaltung oder der Verwaltungsgerichtsbarkeit.

[2]Für die Mitglieder nach Satz 1 Nr. 3 und 4 wird jeweils aus dem gleichen Bereich mindestens ein Stellvertreter bestellt.

§ 20 Prüfungsorte und Örtliche Prüfungsleiter

(1) Die Erste Juristische Staatsprüfung wird jeweils im Einzugsgebiet der Universitätsstandorte Augsburg, Bayreuth, Erlangen-Nürnberg, München, Passau, Regensburg und Würzburg abgehalten.

(2) Für die einzelnen Prüfungsorte können Örtliche Prüfungsleiter und deren Stellvertreter bestellt werden.

(3) Die Örtlichen Prüfungsleiter haben im Auftrag des vorsitzenden Mitglieds des Prüfungsausschusses für ihren Prüfungsort folgende Aufgaben wahrzunehmen:

1. für die ordnungsgemäße Durchführung der schriftlichen Prüfung zu sorgen, insbesondere die Bereitstellung der notwendigen Aufsichtspersonen zu veranlassen,
2. die Prüfer für die Bewertung der schriftlichen Prüfungsarbeiten und für den Stichentscheid zu bestimmen,
3. die Namen der Verfasser der Prüfungsarbeiten festzustellen,
4. die Termine der mündlichen Prüfung zu bestimmen und die Prüfungskommissionen für die mündliche Prüfung zu bilden,
5. den Prüfungsteilnehmern die Einzelnoten und die Gesamtnote der schriftlichen Prüfung bekannt zu geben und sie zur mündlichen Prüfung zu laden,
6. den Prüfungsteilnehmern, die die Prüfung nach § 31 Abs. 2 Satz 3 oder § 34 Abs. 3 nicht bestanden haben, dieses schriftlich bekannt zu geben.

§ 21 Prüfer

(1) Die Prüfer haben folgende Aufgaben:

1. persönliche Bewertung der schriftlichen Prüfungsarbeiten,
2. Abnahme der mündlichen Prüfungen,
3. Entwerfen von Prüfungsaufgaben.

(2) Als Prüfer können nur bestellt werden:

1. aus dem Bereich der Universitäten:
   a) Professoren und Juniorprofessoren der Rechtswissenschaft,
   b) Honorarprofessoren, außerplanmäßige Professoren und Privatdozenten,
   c) Lehrbeauftragte und wissenschaftliche Assistenten mit jeweils mindestens einjähriger Unterrichtstätigkeit an einer juristischen Fakultät;
2. aus dem Bereich der Praxis:
   a) Richter sowie Staatsanwälte und andere Beamte mit der Befähigung zum Richteramt,
   b) Rechtsanwälte und Notare,
   c) Juristen aus dem Wirtschafts- und dem Arbeitsleben.

(3) Prüfer sind ohne besondere Bestellung die Mitglieder des Prüfungsausschusses, die Örtlichen Prüfungsleiter und die Stellvertreter.

(4) [1]Alle Prüfer mit Ausnahme der Prüfer nach Abs. 2 Nr. 1 Buchst. a müssen die Befähigung zum Richteramt nach dem Deutschen Richtergesetz (DRiG) haben. [2]Sie werden im Benehmen mit ihrer Dienstbehörde, dem Dekan ihrer Fakultät oder der zuständigen Berufsvertretung auf die Dauer von zehn Jahren bestellt. [3]Das Prüferamt endet außer durch Ablauf der zehnjährigen Amtsdauer

1. bei Prüfern aus dem Bereich der Universitäten mit einer Ernennung an einer Universität außerhalb des Freistaates Bayern,
2. im Übrigen mit der Vollendung des 70. Lebensjahres, soweit nicht im Einzelfall eine Verlängerung der Bestellung über diesen Zeitpunkt hinaus erfolgt.

[4]Ist zu diesem Zeitpunkt ein Prüfungstermin noch nicht abgeschlossen, endet das Prüferamt erst mit Abschluss dieses Termins.

§ 22 Universitätsstudium

(1) [1]Die Bewerber müssen ein ordnungsgemäßes Universitätsstudium der Rechtswissenschaft von wenigstens viereinhalb Jahren nachweisen. [2]Diese Zeit kann unterschritten werden, sofern die für die Zulassung zu den Prüfungen erforderlichen Leistungen nachgewiesen sind. [3]Die zwei der Ersten Juristischen Staatsprüfung unmittelbar vorausgehenden Semester, in denen eine Immatrikulation bestand, ohne dass eine Beurlaubung vorlag, sind an der Universität des Prüfungsortes abzuleisten. [4]Semester, in denen eine Immatrikulation als Gaststudierender bestand, werden nicht anerkannt. [5]Ein Studium der Rechtswissenschaft an einer ausländischen Universität oder ein wissenschaftliches Studium in einem anderen Studiengang mit einer angemessenen Zahl von Lehrveranstaltungen juristischen Inhalts wird durch die bayerischen juristischen Fakultäten auf Antrag bis zu drei Semestern angerechnet.

(2) [1]Eine erfolgreich abgeschlossene Ausbildung für den Einstieg in der dritten Qualifikationsebene der Fachlaufbahnen Justiz oder Verwaltung und Finanzen kann auf Antrag in einem Umfang von bis zu zwei Semestern auf das Universitätsstudium angerechnet werden. [2]Über den Antrag entscheidet das Landesjustizprüfungsamt. [3]Mit der Anrechnung ist zu bestimmen, ob die praktischen Studienzeiten (§ 25) ganz oder teilweise erlassen werden.

§ 23 Ordnungsgemäßes Studium

(1) [1]Die Bewerber haben in jedem Semester eine angemessene Zahl von Lehrveranstaltungen über die Pflichtfächer oder sonstige juristische Fächer zu besuchen. [2]Weiter haben sie an vorlesungsbegleitenden Arbeitsgemeinschaften und aufeinander abgestimmten Wiederholungs- und Vertiefungsveranstaltungen zur Examensvorbereitung in den Kerngebieten des Rechts teilzunehmen.

(2) [1]Das Studium berücksichtigt die Prüfungsinhalte nach § 2 Satz 1 sowie die Bedeutung der ethischen und sozialen Grundlagen des Rechts für die berufliche Praxis. [2]Es berücksichtigt auch die zunehmende Bedeutung der Digitalisierung.

§ 24 Leistungsnachweise

(1) [1]Die Bewerber müssen nach Erfüllung der hierfür bestimmten Voraussetzungen an je einer Übung für Fortgeschrittene im Zivilrecht, im Strafrecht und im Öffentlichen Recht oder von den bayerischen juristischen Fakultäten bestimmten gleichwertigen Veranstaltungen erfolgreich teilnehmen und hierüber jeweils einen Leistungsnachweis erbringen. [2]Die bayerischen juristischen Fakultäten erkennen gleichwertige Leistungsnachweise einer inländischen Universität über ausländisches oder internationales Recht oder Leistungsnachweise einer ausländischen Universität unter Berücksichtigung der Anforderungen an ein ordnungsgemäßes Studium auf Antrag als einem der drei Leistungsnachweise nach Satz 1 entsprechend an. [3]Sofern im Ausland ein mindestens dreijähriges rechtswissenschaftliches Studium erfolgreich abgeschlossen worden ist, erstreckt sich die Anerkennungsmöglichkeit nach Satz 2 auf zwei der drei Leistungsnachweise. [4]Anerkannt werden können nur Leistungsnachweise, die nicht bereits gemäß § 43 im Rahmen der Juristischen Universitätsprüfung berücksichtigt worden sind.

(2) [1]Außerdem müssen die Bewerber an einer fremdsprachigen rechtswissenschaftlichen Veranstaltung oder einem rechtswissenschaftlich ausgerichteten Sprachkurs teilnehmen und darüber einen Leistungsnachweis erbringen. [2]Die bayerischen juristischen Fakultäten erkennen gleichwertige Nachweise oder Vorkenntnisse auf Antrag an.

§ 25 Praktische Studienzeiten

(1) [1]Die Studenten haben in der vorlesungsfreien Zeit frühestens nach Vorlesungsschluss des zweiten Semesters insgesamt drei Monate an praktischen Studienzeiten teilzunehmen. [2]Die praktischen Studienzeiten sollen den Studenten eine Anschauung von praktischer Rechtsanwendung vermitteln und müssen unter Betreuung eines Juristen erfolgen. [3]Sie haben sich auf mindestens zwei der Bereiche Zivilrecht, Strafrecht und Öffentliches Recht zu beziehen und können in bis zu drei Abschnitte von je mindestens einem Monat Dauer bei einer oder mehreren Stellen aufgeteilt werden.

(2) [1]Die praktischen Studienzeiten können im In- und Ausland bei einem Gericht, einer Staatsanwaltschaft, einer Verwaltungsbehörde, einer Rechtsanwaltskanzlei, einem Notariat, einem Wirtschaftsunternehmen oder bei jeder anderen Stelle, die geeignet ist, eine Anschauung von praktischer Rechtsanwendung zu vermitteln und bei der eine Betreuung durch einen Juristen erfolgt, abgeleistet werden. [2]Soweit im Rahmen der praktischen Studienzeiten begleitende Kurse angeboten werden, haben die Studenten auch diese zu besuchen.

(3) Die Studenten sind zur Verschwiegenheit verpflichtet und sollen, soweit erforderlich, nach dem Verpflichtungsgesetz verpflichtet werden.

(4) Die Ausbildungsstelle erteilt den Studenten eine Teilnahmebestätigung, die den Zeitraum der Ausbildung und das gewählte Rechtsgebiet ausweist.

§ 26 Zeitpunkt der Prüfung; Meldefrist

(1) [1]Die Studenten haben sich unmittelbar im Anschluss an das Studium der Ersten Juristischen Staatsprüfung zu unterziehen. [2]Eine Meldung ist jeweils nur für den nächsten Prüfungstermin möglich. [3]Die Meldefrist endet jeweils zehn Wochen vor Beginn der Prüfung.

(2) [1]Die Zulassung zur Ersten Juristischen Staatsprüfung ist in elektronischer Form unter Verwendung des vom Landesjustizprüfungsamt zur Verfügung gestellten elektronischen Formulars zu beantragen. [2]Die dem Antrag elektronisch beizufügenden sowie die unverzüglich nach Antragsübermittlung schriftlich nachzureichenden Unterlagen werden vom Landesjustizprüfungsamt bestimmt.

(3) Das Studium ist bis zur Zulassung fortzusetzen.

§ 27 Zulassung zum schriftlichen Teil der Prüfung

(1) Die Zulassung zur Ersten Juristischen Staatsprüfung ist Bewerbern zu versagen,

1. die eine der in §§ 22 bis 26 zwingend vorgeschriebenen Voraussetzungen nicht erfüllen; in besonderen Härtefällen können Ausnahmen von den Bestimmungen des § 22 Abs. 1 Satz 3 und 4 und der §§ 23, 25 sowie 26 Abs. 1 und 3 bewilligt werden;
2. die die Juristische Universitätsprüfung endgültig nicht bestanden haben;
3. denen zur Zeit des Prüfungsverfahrens voraussichtlich die Freiheit entzogen sein wird;
4. die infolge Richterspruchs die Fähigkeit zur Bekleidung öffentlicher Ämter nicht besitzen.

(2) Die Zulassung zur Ersten Juristischen Staatsprüfung kann Bewerbern versagt werden,

1. gegen die ein strafrechtliches Ermittlungsverfahren oder ein gerichtliches Strafverfahren läuft, das zu einer Entscheidung nach Abs. 1 Nr. 4 führen kann;
2. die an einer Krankheit leiden, die die Gesundheit anderer erheblich gefährden oder den ordnungsgemäßen Ablauf der Prüfung erheblich beeinträchtigen würde;
3. für die ein Betreuer bestellt ist.

(3) Die Entscheidung über die Zulassung ist den Bewerbern bei Einwilligung in eine elektronische Mitteilung elektronisch, ansonsten schriftlich mitzuteilen.

(4) [1]Die Entscheidung umfasst nur die Zulassung zum schriftlichen Teil der Prüfung. [2]Für die Zulassung zum mündlichen Teil gilt § 31 Abs. 2.

§ 28 Schriftliche Prüfung

(1) [1]In der schriftlichen Prüfung ist an sechs Tagen je eine schriftliche Arbeit unter Aufsicht zu fertigen. [2]Die Arbeitszeit beträgt jeweils fünf Stunden.

(2) [1]Es sind zu bearbeiten:

1. drei Aufgaben mit dem Schwerpunkt aus dem Bürgerlichen Recht einschließlich des Zivilverfahrensrechts, des Handels- und Gesellschaftsrechts und des Arbeitsrechts (§ 18 Abs. 2 Nr. 1 bis 3 und 7 Buchst. a und b),
2. eine Aufgabe mit dem Schwerpunkt aus dem Strafrecht einschließlich des Strafverfahrensrechts (§ 18 Abs. 2 Nr. 4 und 7 Buchst. a und c),

3. zwei Aufgaben mit dem Schwerpunkt aus dem Öffentlichen Recht einschließlich des Verfassungs- und Verwaltungsprozessrechts (§ 18 Abs. 2 Nr. 5 und 7 Buchst. a, d und e).

[2]Der Schwerpunkt einzelner Aufgaben kann auch im Europarecht (§ 18 Abs. 2 Nr. 6) liegen. [3]Die Aufgaben können ganz oder teilweise die Behandlung theoretischer Themen zum Gegenstand haben. [4]Mindestens eine der Aufgaben soll auch rechtsgestaltende oder rechtsberatende Fragen zum Gegenstand haben.

§ 29 Rechtsfolgen der Verhinderung

(1) Bei einer Verhinderung (§ 10 Abs. 1 und 5) oder einer Unzumutbarkeit (§ 10 Abs. 6) gilt Folgendes:
1. Wurden weniger als vier schriftliche Aufgaben bearbeitet, so gilt die Prüfung als nicht abgelegt;
2. wurden mindestens vier schriftliche Aufgaben bearbeitet, so sind an Stelle der nicht bearbeiteten schriftlichen Aufgaben innerhalb einer vom vorsitzenden Mitglied des Prüfungsausschusses zu bestimmenden Zeit, in der Regel im nächsten Prüfungstermin, entsprechende Ersatzarbeiten nachzufertigen; die Anordnung der Nachfertigung ist gegenstandslos, wenn die Prüfung nicht bestanden ist, weil in mehr als drei der bereits gefertigten Prüfungsarbeiten eine geringere Punktzahl als 4,0 erzielt wurde (§ 31 Abs. 2);
3. eine nicht oder nicht vollständig abgelegte mündliche Prüfung ist in vollem Umfang an einem vom vorsitzenden Mitglied des Prüfungsausschusses zu bestimmenden Termin nachzuholen.

(2) In Fällen besonderer Härte kann der Prüfungsausschuss auf Antrag die Nachfertigung von bis zu zwei schriftlichen Arbeiten erlassen oder besondere Anordnungen für die Nachholung der mündlichen Prüfung treffen.

(3) In den Fällen des Abs. 1 Nr. 1 sind die Prüfungsteilnehmer verpflichtet, das Rechtsstudium bis zur erneuten Zulassung fortzusetzen.

§ 30 Bewertung der Prüfungsarbeiten

(1) [1]Die schriftlichen Prüfungsarbeiten werden je von zwei Prüfern selbständig mit einer Einzelnote bewertet. [2]Im Regelfall soll einer der Prüfer aus dem Bereich der Universität und einer aus dem Bereich der Praxis kommen. [3]Weichen die Bewertungen der beiden Prüfer um nicht mehr als drei Punkte voneinander ab, so errechnet sich die Note aus der durchschnittlichen Punktzahl. [4]Bei größeren Abweichungen wird die Arbeit in dem durch die bisherigen Bewertungen gegebenen Rahmen durch Stichentscheid bewertet, wenn sich die Prüfer nicht einigen oder bis auf drei Punkte annähern können.

(2) [1]Für jeden Prüfungsort müssen die Bearbeitungen einer Aufgabe von denselben Prüfern bewertet werden. [2]Wenn an einem Prüfungsort mehr als 100 Prüfungsteilnehmer an der Prüfung teilnehmen, können mehr als zwei Prüfer zur Bewertung bestimmt werden.

(3) Die mit der Prüfungsaufsicht beauftragten Personen dürfen nicht zur Bewertung der Prüfungsarbeiten herangezogen werden, bei deren Anfertigung sie Aufsicht geführt haben.

(4) [1]Für die Bewertung von Prüfungsarbeiten bestimmte Prüfer, die aus wichtigem Grund, insbesondere wegen schwerer Krankheit, nicht mehr in der Lage sind, die Bewertung der ihnen zugeteilten Prüfungsarbeiten durchzuführen, werden durch andere Prüfer ersetzt. [2]Sofern ausgeschiedene Prüfer bereits ein Drittel der ihnen zur Erstbewertung zugeteilten Prüfungsarbeiten bewertet haben, bleiben die von ihnen vorgenommenen Bewertungen in Kraft und brauchen nicht wiederholt zu werden.

(5) [1]Das vorsitzende Mitglied des Prüfungsausschusses sowie die Örtlichen Prüfungsleiter können von den Regelungen des Abs. 1 Satz 2 und des Abs. 2 abweichende Bestimmungen treffen. [2]Mit Zustimmung des vorsitzenden Mitglieds des Prüfungsausschusses können Prüfer auch an einem anderen Prüfungsort als an dem, für den sie bestellt sind, zur Bewertung der schriftlichen Arbeiten eingeteilt werden.

§ 31 Ergebnis der schriftlichen Prüfung; Zulassung zum mündlichen Teil der Prüfung

(1) [1]Die Gesamtnote der schriftlichen Prüfung errechnet sich aus der Summe der Punktzahlen der schriftlichen Arbeiten, geteilt durch sechs. [2]Bei Erlass einzelner Arbeiten verringert sich die Teilungszahl sechs entsprechend.

(2) [1]Wer im schriftlichen Teil der Prüfung einen Gesamtdurchschnitt von mindestens 3,80 Punkten erreicht und nicht in mehr als drei Prüfungsarbeiten eine geringere Punktzahl als 4,0 erhalten hat, ist zur mündlichen Prüfung zugelassen. [2]Die Zahl drei vermindert sich bei Erlass von zwei Arbeiten auf zwei. [3]Wer nicht nach Satz 1 und 2 zur mündlichen Prüfung zugelassen ist, hat die Prüfung nicht bestanden.

(3) ¹Die Einzelnoten, die Gesamtnote der schriftlichen Prüfung sowie die sich nach Abs. 2 ergebende Rechtsfolge werden den Prüfungsteilnehmern schriftlich bekannt gegeben. ²Im Fall der Zulassung zur mündlichen Prüfung erfolgt die Bekanntgabe spätestens mit der Ladung zur mündlichen Prüfung.

§ 32 Mündliche Prüfung

(1) ¹Die mündliche Prüfung erstreckt sich auf die Prüfungsgebiete (§ 18). ²Die Prüfung ist vorwiegend Verständnisprüfung. ³Das geltende Recht hat im Vordergrund zu stehen.

(2) ¹Die Prüfungskommissionen für die mündliche Prüfung bestehen jeweils aus drei Prüfern, und zwar in der Regel aus

1. einem Prüfer aus dem Bereich der Universitäten (§ 21 Abs. 2 Nr. 1) und
2. zwei Prüfern aus dem Bereich der Praxis (§ 21 Abs. 2 Nr. 2).

²Jeder Prüfer vertritt je einen der Bereiche nach § 28 Abs. 2 Satz 1 Nr. 1 bis 3. ³Einer der Prüfer führt den Vorsitz. ⁴Die Prüfer müssen während der mündlichen Prüfung ständig anwesend sein.

(3) ¹Für jeden Prüfungsteilnehmer ist eine Gesamtprüfungsdauer von etwa 35 Minuten vorzusehen. ²Mehr als fünf Prüfungsteilnehmer dürfen nicht gemeinsam geprüft werden.

(4) ¹Die vorsitzenden Mitglieder der Prüfungskommissionen leiten die mündlichen Prüfungen. ²Sie sorgen für die Einhaltung der Prüfungsbestimmungen und für die Aufrechterhaltung der Ordnung. ³Sie können Studenten der Rechtswissenschaft und in Ausnahmefällen auch sonstige Personen als Zuhörer zulassen. ⁴Zuhörer, die ihren Anordnungen keine Folge leisten, können sie aus dem Prüfungsraum verweisen. ⁶Das Prüfungsergebnis wird den Prüfungsteilnehmern unter Ausschluss der Zuhörer bekannt gegeben.

§ 33 Bewertung der mündlichen Prüfung

(1) ¹In der mündlichen Prüfung ist für jeden der in § 28 Abs. 2 Satz 1 Nr. 1 bis 3 genannten Bereiche je eine Einzelnote zu erteilen. ²Die Gesamtnote der mündlichen Prüfung errechnet sich aus der Summe der Einzelnoten, geteilt durch drei.

(2) Über die Prüfungsleistungen in der mündlichen Prüfung und über die Prüfungsgesamtnote der Ersten Juristischen Staatsprüfung wird in gemeinsamer Beratung aller Prüfer mit Stimmenmehrheit entschieden.

§ 34 Prüfungsgesamtnote

(1) ¹Nach der mündlichen Prüfung stellen die Prüfungskommissionen die Prüfungsgesamtnote der Ersten Juristischen Staatsprüfung fest. ²Sie setzt sich zu 70 % aus der Gesamtnote der schriftlichen Prüfung und zu 30 % aus der Gesamtnote der mündlichen Prüfung zusammen.

(2) ¹Die vorsitzenden Mitglieder der Prüfungskommissionen geben die Einzelnoten und Punktzahlen und die Gesamtnote der mündlichen Prüfung sowie die Prüfungsgesamtnote und deren Punktwert am Schluss der mündlichen Prüfung bekannt. ²Damit ist die Prüfung abgelegt.

(3) Die Prüfung ist nicht bestanden, wenn die Prüfungsgesamtnote schlechter ist als „ausreichend“ (4,00 Punkte).

§ 35 Prüfungsbescheinigung

¹Wer die Erste Juristische Staatsprüfung bestanden hat, erhält eine Bescheinigung, aus der die Prüfungsgesamtnote nach Notenstufe und Punktwert ersichtlich ist. ²Den Prüfungsteilnehmern, die die Prüfung nicht bestanden haben, wird dies schriftlich bekannt gegeben.

§ 36 Wiederholung der Prüfung

(1) ¹Prüfungsteilnehmer, die die Erste Juristische Staatsprüfung nicht bestanden haben, können die Prüfung einmal wiederholen, falls sie nicht zwischenzeitlich die Juristische Universitätsprüfung endgültig nicht bestanden haben. ²Eine weitere Wiederholung ist auch nach einem erneuten Studium nicht möglich.

(2) ¹Die erneute Zulassung ist beim Landesjustizprüfungsamt zu beantragen. ²§ 26 Abs. 1 Satz 2 und 3 sowie Abs. 2 gilt entsprechend. ³Ist die Meldefrist bei Erhalt des Bescheids über das Nichtbestehen der Prüfung bereits verstrichen, ist eine Meldung noch unverzüglich möglich.

(3) § 15 Abs. 2 und 3 Satz 1 und 2 gilt entsprechend.

(4) Das vorsitzende Mitglied der Prüfungskommission für die mündliche Prüfung muss bei der Wiederholungsprüfung ein anderes sein als im Termin der nicht bestandenen Prüfung.

(5) Wer die Prüfung in einem anderen Land im Geltungsbereich des Deutschen Richtergesetzes einmal nicht bestanden hat, kann zur Wiederholung in Bayern nur zugelassen werden, wenn die Ablegung der Prüfung in dem anderen Land eine unzumutbare Härte bedeuten würde und wenn die Prüfungsbehörde des anderen Landes dem Wechsel des Prüfungsorts zustimmt.

§ 37 Freiversuch

(1) [1]Wer die Erste Juristische Staatsprüfung nach ununterbrochenem Studium spätestens in dem auf den Vorlesungsschluss des achten Semesters unmittelbar folgenden Prüfungstermin erstmals vollständig ablegt und die Prüfung nicht besteht, dessen Prüfung gilt als nicht abgelegt. [2]Dies gilt auch im Falle des § 29 Abs. 1 Nr. 2 Halbsatz 2. [3]Für den Antrag auf erneute Zulassung gilt § 36 Abs. 2 entsprechend.

(2) [1]Auf die Studienzeit nach Abs. 1 Satz 1 werden folgende Zeiten nicht angerechnet:

1. Zeiten einer Beurlaubung nach Art. 93 Abs. 2 und 3 des Bayerischen Hochschulinnovationsgesetzes (BayHIG)
   a) wegen Mutterschutz, Elternzeit oder eines auf Grund der Wehrpflicht zu leistenden Wehrdienstes oder Zivildienstes;
   b) bis zu zwei Semestern, während derer
      aa) wegen einer Erkrankung, die durch ein ärztliches Zeugnis mit Angaben zu deren Art und Dauer nachzuweisen ist, oder aus einem anderen nicht anders abwendbaren wichtigen Grund ein Studium nicht möglich war oder
      bb) an einer Universität im Ausland in einem rechtswissenschaftlichen Studiengang ausländisches oder internationales Recht studiert wurde, sofern hierüber für jedes Semester ein Leistungsnachweis oder, falls der Erwerb eines Leistungsnachweises nicht möglich war, eine Anerkennung des Auslandsstudiums als ordnungsgemäß durch eine bayerische juristische Fakultät vorgelegt wird;
2. bis zu zwei Semester als Ausgleich für unvermeidbare und erhebliche Verzögerungen im Studienfortschritt von mindestens einem Semester aufgrund einer als Schwerbehinderung (§ 2 Abs. 2 des Neunten Buches Sozialgesetzbuch – SGB IX) anerkannten schweren körperlichen Behinderung; die Schwerbehinderteneigenschaft ist grundsätzlich durch den Ausweis nach § 152 Abs. 5 SGB IX, Art und Umfang der körperlichen Behinderung sowie der dadurch verursachten Verzögerung im Studienfortschritt sind durch ein Zeugnis eines gerichtsärztlichen Dienstes oder eines Gesundheitsamts nachzuweisen;
3. ein Semester, sofern studienbegleitend
   a) eine sich über mindestens sechzehn Semesterwochenstunden erstreckende, vom Landesjustizprüfungsamt anerkannte wissenschaftliche Zusatzausbildung oder zusätzliche fachspezifische Fremdsprachenausbildung oder fremdsprachige rechtswissenschaftliche Ausbildung an einer inländischen Universität erfolgreich abgeschlossen wurde, was durch eine Bestätigung der Universität, an der die Ausbildung abgeschlossen wurde, nachzuweisen ist, oder
   b) an einer sich über mindestens sechzehn Semesterwochenstunden erstreckenden, vom Landesjustizprüfungsamt anerkannten von einer inländischen Universität betreuten Verfahrenssimulation oder praxisorientierten Ausbildung für eine ehrenamtliche Rechtsberatung aktiv teilgenommen wurde, was durch eine Bestätigung der betreuenden Universität nachzuweisen ist;
4. ein Semester als Ausgleich für eine Tätigkeit als Mitglied in einem gesetzlich oder satzungsmäßig vorgesehenen Organ oder Gremium einer Universität von mindestens einem Jahr.

[2]Die in Satz 1 Nr. 1 Buchst. a und Buchst. b Doppelbuchst. aa genannten Zeiten der Beurlaubung werden auch dann nicht angerechnet, wenn sie nach dem Vorlesungsschluss des achten Semesters liegen und aus den dort genannten Gründen keine Möglichkeit bestand, sich zu diesem Zeitpunkt erstmals zur Prüfung zu melden oder die Prüfung vollständig abzulegen. [3]Konnte die fristgerechte Meldung zur Prüfung aus nicht zu vertretenden Gründen nicht erfolgen, sind diese unverzüglich geltend zu machen. [4]§ 10 Abs. 2 gilt entsprechend. [5]Mit Ausnahme der in Satz 1 Nr. 1 Buchst. a und Buchst. b Doppelbuchst. aa genannten Zeiten können insgesamt nicht mehr als vier Semester unberücksichtigt bleiben.

(3) [1]Wer zum Freiversuch zugelassen ist, kann bis zum Beginn der mündlichen Prüfung auf die Fortsetzung des Prüfungsverfahrens verzichten; § 15 Abs. 4 Satz 3 gilt entsprechend. [2]Die Prüfung gilt dann als nicht abgelegt; eine erneute Anmeldung zum Freiversuch ist nicht möglich.

(4) Im Fall des § 29 Abs. 1 Nr. 2 Halbsatz 1 kann, sofern die Voraussetzungen nach Abs. 2 Satz 2 nicht vorliegen, binnen einer Frist von einem Monat nach Abschluss des bereits abgelegten Teils der Prüfung schriftlich gegenüber dem Landesjustizprüfungsamt erklärt werden, dass auf die Fortsetzung des Prüfungsverfahrens mit der Folge des Abs. 3 Satz 2 verzichtet wird.
(5) Die in Abs. 1, 3 und 4 geregelten Rechtsfolgen treten nicht ein, wenn die Prüfung nach § 11 Abs. 1 Satz 2, Abs. 2, 5 oder 7 Satz 2 nicht bestanden ist.
(6) Das Sommersemester 2020, das Wintersemester 2020/2021, das Sommersemester 2021 und das Wintersemester 2021/2022 werden bei der nach Abs. 1 Satz 1 maßgeblichen Semesterzahl nicht berücksichtigt.

2. Abschnitt
Juristische Universitätsprüfung

§ 38 Allgemeine Vorschriften
[1]Die Universitäten führen die Juristische Universitätsprüfung selbständig und in eigener Verantwortung durch. [2]Sie regeln die Ausbildung in den Schwerpunktbereichen und die Juristische Universitätsprüfung im Rahmen der nachfolgenden Vorschriften durch Studienordnungen gemäß Art. 80 BayHIG und durch Hochschulprüfungsordnungen gemäß Art. 84 BayHIG.

§ 39 Schwerpunktbereiche
(1) Die Schwerpunktbereiche dienen der Ergänzung des Studiums, der Vertiefung der mit ihnen zusammenhängenden Pflichtfächer und, soweit sie interdisziplinäre und internationale Bezüge aufweisen, deren Vermittlung.
(2) [1]Das Schwerpunktbereichsstudium umfasst mindestens 12 und höchstens 14 Semesterwochenstunden. [2]Es darf höchstens zu 50 % Lehrveranstaltungen enthalten, die Pflichtfächer (§ 18 Abs. 2) vertiefen.

§ 40 Prüfungsleistungen; Wiederholung
(1) [1]Die Prüfung in dem von den Bewerbern gewählten Schwerpunktbereich besteht aus zwei bis drei Prüfungsleistungen, davon mindestens aus
1. einer studienbegleitenden wissenschaftlichen Arbeit von vier bis sechs Wochen Bearbeitungszeit sowie
2. einer schriftlichen Aufsichtsarbeit mit einer Arbeitszeit von fünf Stunden oder einer mündlichen Prüfung als studienabschließende Leistung.

[2]Die in den Hochschulprüfungsordnungen der Universitäten vorgesehenen Prüfungsleistungen müssen in ihrer Gesamtheit alle Rechtsgebiete des Schwerpunktbereichs abdecken. [3]Satz 1 und 2 gelten nicht für Schwerpunktbereiche in einer ausländischen Rechtsordnung, die an einer ausländischen Partnerhochschule absolviert werden.
(2) [1]Prüfungsleistungen der Juristischen Universitätsprüfung, die schlechter als mit „ausreichend" (4,0 Punkte) bewertet wurden, können jeweils einmal wiederholt werden. [2]Eine weitere Wiederholung ist auch nach einem erneuten Studium nicht möglich.
(3) Die Universität kann vorsehen, dass die studienabschließende Leistung im unmittelbaren Anschluss an den entsprechenden Teil der Ersten Juristischen Staatsprüfung abzulegen ist.
(4) Die Juristische Universitätsprüfung ist nicht bestanden, wenn die Prüfungsgesamtnote schlechter als mit „ausreichend" (4,00 Punkte).

§ 41 Freiversuch und Notenverbesserung
Wer spätestens sechs Monate nach vollständiger Ablegung des schriftlichen Teils der Ersten Juristischen Staatsprüfung, an der er gemäß § 37 im Freiversuch zugelassen war, alle vorgesehenen Prüfungsleistungen der Juristischen Universitätsprüfung mindestens einmal vollständig abgelegt hat, kann eine schlechter als mit „ausreichend" (4,0 Punkte) bewertete studienabschließende Leistung abweichend von § 40 Abs. 2 ein weiteres Mal wiederholen oder eine besser als mit „ausreichend" (4,0 Punkte) bewertete studienabschließende Leistung zur Verbesserung der Note einmal wiederholen.

§ 42 Prüfungsbescheinigung
[1]Wer die Juristische Universitätsprüfung bestanden hat, erhält von der Universität eine Bescheinigung, aus der die Bezeichnung des Schwerpunktbereichs, die Prüfungsgesamtnote nach Notenstufe und

Punktwert sowie die einzelnen Prüfungsleistungen, die in diesen erzielten Einzelnoten sowie das Gewicht, mit dem die Einzelnoten in die Prüfungsgesamtnote eingeflossen sind, ersichtlich sind. 2Den Prüfungsteilnehmern, die die Prüfung nicht bestanden haben, wird dies von der Universität schriftlich bekannt gegeben.

§ 43 Anerkennung ausländischer Prüfungen

1Die Anerkennung von im Ausland erbrachten Prüfungsleistungen, die entsprechend § 4 bewertet wurden oder umgerechnet werden können, richtet sich nach Art. 86 BayHIG. 2Die Universität erteilt hierüber eine Bescheinigung nach § 42.

Vierter Teil
Vorbereitungsdienst

§ 44 Ziel des Vorbereitungsdienstes

(1) 1Der Vorbereitungsdienst hat das Ziel, die Rechtsreferendare mit den Aufgaben der Rechtspflege und der Verwaltung vertraut zu machen und dadurch in die Verwirklichung des Rechts einzuführen. 2Die Ausbildung berücksichtigt auch die zunehmende Bedeutung der Digitalisierung. 3Am Ende der Ausbildung sollen die Rechtsreferendare in der Lage sein, in der Rechtspraxis, so weit erforderlich nach einer Einarbeitung, eigenverantwortlich tätig zu sein und den vielseitigen und wechselnden Anforderungen der Gesellschaft gerecht zu werden.

(2) 1Die Rechtsreferendare sollen, so weit wie möglich, eigenverantwortlich tätig sein. 2Der Ausbildungszweck bestimmt Art und Umfang der ihnen zu übertragenden Arbeiten.

§ 45 Leitung des Vorbereitungsdienstes

(1) 1Die Präsidenten der Oberlandesgerichte leiten die Gesamtausbildung der Rechtsreferendare ihres Bezirks, soweit nicht nach Abs. 2 die jeweilige Regierung zuständig ist. 2Für die Genehmigung einer Nebentätigkeit sind die Präsidenten der Oberlandesgerichte während der gesamten Dauer des Vorbereitungsdienstes zuständig.

(2) Die Regierungen leiten die Gesamtausbildung der Rechtsreferendare ihres Bezirks während der Ausbildung nach § 48 Abs. 2 Satz 1 Nr. 2 sowie nach § 48 Abs. 2 Satz 1 Nr. 4 und Abs. 3, soweit das Pflichtwahlpraktikum in den Berufsfeldern 2, 4, 5 oder 7 (§ 49 Abs. 1 Nr. 2, 4, 5 und 7) abgeleistet wird.

§ 46 Aufnahme in den Vorbereitungsdienst

(1) Wer die Erste Juristische Prüfung im Geltungsbereich des Deutschen Richtergesetzes bestanden hat, wird auf Antrag nach Maßgabe der folgenden Bestimmungen in den Vorbereitungsdienst aufgenommen.

(2) 1Die Bewerber werden mit der Aufnahme in den Vorbereitungsdienst durch Aushändigung einer Bestellungsurkunde in ein öffentlich-rechtliches Ausbildungsverhältnis berufen. 2Die Begründung des öffentlich-rechtlichen Ausbildungsverhältnisses in elektronischer Form ist ausgeschlossen. 3Die bestellten Bewerber führen die Bezeichnung „Rechtsreferendar“ oder „Rechtsreferendarin“. 4Die Berufung setzt voraus, dass sich die Bewerber schriftlich, aber nicht in elektronischer Form, zur Verschwiegenheit über die bei der Ausbildung bekannt werdenden Angelegenheiten verpflichten.

(3) 1Die Aufnahme in den Vorbereitungsdienst erfolgt jeweils Anfang April und Anfang Oktober eines jeden Jahres. 2Die Aufnahme ist in elektronischer Form unter Verwendung des von den Präsidenten der Oberlandesgerichte zur Verfügung gestellten elektronischen Formulars zu beantragen. 3Die näheren Einzelheiten, insbesondere die bis zu dreimonatige Bewerbungsfrist und die dem Antrag elektronisch beizufügenden sowie die unverzüglich nach Antragsübermittlung schriftlich nachzureichenden Unterlagen, werden von den Präsidenten der Oberlandesgerichte bestimmt.

(4) 1Über die Aufnahme in den Vorbereitungsdienst entscheidet der Präsident des Oberlandesgerichts, in dessen Bezirk die Aufnahme beantragt wurde, im Einvernehmen mit der Regierung von Oberbayern. 2Diese bestimmt zugleich den Regierungsbezirk, in dem die Ausbildung erfolgt. 3Ein Rechtsanspruch auf Aufnahme in den Vorbereitungsdienst in einem bestimmten Oberlandesgerichtsbezirk oder Regierungsbezirk besteht nicht. 4Im Rahmen der verfügbaren Ausbildungsplätze soll jedoch die Aufnahme unter Berücksichtigung der Ausbildungserfordernisse in dem Oberlandesgerichtsbezirk und Regierungsbezirk ermöglicht werden, mit dem die Bewerber durch längeren Familienwohnsitz oder sonstige engere Beziehungen verbunden sind.

(5) [1]Die Aufnahme in den Vorbereitungsdienst ist Bewerbern zu versagen,

1. die wegen einer vorsätzlich begangenen Tat zu einer Freiheitsstrafe von mindestens einem Jahr rechtskräftig verurteilt worden sind und deren Verurteilung noch in das Führungszeugnis für Behörden aufzunehmen ist,
2. denen während des Vorbereitungsdienstes voraussichtlich die Freiheit entzogen sein wird,
3. bei denen nicht gewährleistet ist, dass sie sich dem Vorbereitungsdienst als Haupttätigkeit mit voller Arbeitskraft widmen.

[2]Sie soll Bewerbern versagt werden, die aus einem früher begonnenen Vorbereitungsdienst vorzeitig entlassen wurden oder die eine Übernahme aus dem Vorbereitungsdienst eines anderen Landes im Geltungsbereich des Deutschen Richtergesetzes beantragen, sofern hierfür ein wichtiger Grund nicht vorliegt.

(6) Die Aufnahme in den Vorbereitungsdienst kann Bewerbern versagt werden,

1. gegen die ein strafrechtliches Ermittlungsverfahren oder ein gerichtliches Strafverfahren wegen des Verdachts einer vorsätzlich begangenen Tat anhängig ist, das zu einer Entscheidung nach Abs. 5 Satz 1 Nr. 1 führen kann,
2. wenn Tatsachen vorliegen, die die Bewerber für den Vorbereitungsdienst als ungeeignet erscheinen lassen, insbesondere wenn
   a) Tatsachen in der Person der Bewerber die Gefahr einer erheblichen Störung des Dienstbetriebs begründen,
   b) Tatsachen in der Person der Bewerber die Gefahr begründen, dass durch die Aufnahme der Bewerber wichtige öffentliche Belange erheblich beeinträchtigt würden,
   c) sie an einer Krankheit leiden, die die Gesundheit anderer erheblich gefährden oder die ordnungsgemäße Ausbildung erheblich beeinträchtigen würde,
3. für die ein Betreuer bestellt ist,
4. deren Antrag nicht innerhalb der festgesetzten Bewerbungsfrist mit den vollständigen Unterlagen eingegangen ist.

§ 47 Rechte und Pflichten der Rechtsreferendare

Die Rechte und Pflichten der Rechtsreferendare richten sich, soweit sie nicht in dieser Verordnung geregelt sind, nach den Bestimmungen des Gesetzes zur Sicherung des juristischen Vorbereitungsdienstes (SiGjurVD).

§ 48 Dauer und Einteilung des Vorbereitungsdienstes

(1) [1]Der Vorbereitungsdienst dauert zwei Jahre. [2]Eine erfolgreich abgeschlossene Ausbildung für den Einstieg in der dritten Qualifikationsebene der Fachlaufbahnen Justiz oder Verwaltung und Finanzen kann auf Antrag bis zu sechs Monaten angerechnet werden. [3]Über die Anrechnung entscheidet der jeweilige Präsident des Oberlandesgerichts im Einvernehmen mit der jeweiligen Regierung. [4]Mit der Anrechnung ist zu bestimmen, welche Stationen (Abs. 2), Arbeitsgemeinschaften und Lehrgänge (§ 50) wegfallen oder gekürzt werden.

(2) [1]Die Rechtsreferendare werden ausgebildet:

1. bei der Justiz
   a) fünf Monate bei einem Zivilgericht,
   b) drei Monate bei einem Strafgericht oder einer Staatsanwaltschaft,
2. bei der öffentlichen Verwaltung
   vier Monate bei einem Landratsamt, einer Gemeinde, die mindestens einen Beamten mit der Befähigung zum Richteramt beschäftigt, einer Regierung , einem Bezirk oder einem Landesamt des Geschäftsbereichs des Staatsministeriums des Innern, für Sport und Integration,
3. neun Monate bei einer Rechtsanwaltskanzlei,
4. drei Monate nach ihrer Wahl bei einer der nach § 49 zugelassenen Stellen (Pflichtwahlpraktikum).

[2]Der Ausbildungsabschnitt nach Satz 1 Nr. 3 kann auch bei zwei verschiedenen Rechtsanwaltskanzleien abgeleistet werden, der Ausbildungsabschnitt nach Satz 1 Nr. 4 in Ausnahmefällen auch bei zwei der dort genannten Stellen. [3]Falls Belange der Ausbildung dies erfordern, kann der jeweilige Präsident des Oberlandesgerichts die Reihenfolge der Ausbildungsabschnitte nach Satz 1 Nr. 1 bis 3 ändern oder die Ausbildungsabschnitte nach Satz 1 Nr. 1 Buchst. a und Nr. 2 zugunsten eines anderen Ausbildungsabschnitts bis auf drei Monate verkürzen, wenn das Ausbildungsziel auch in der gekürzten Zeit

erreicht werden kann. [4]Soweit der Ausbildungsabschnitt nach Satz 1 Nr. 2 betroffen ist, ergeht die Entscheidung im Einvernehmen mit der jeweiligen Regierung.

(3) [1]Nach Beendigung der Ausbildung nach Abs. 2 setzen die Rechtsreferendare bis zu ihrem Ausscheiden (§ 56) ihre Ausbildung bei der Stelle fort, bei der sie die Ausbildung nach Abs. 2 Satz 1 Nr. 4 abgeleistet haben. [2]Sie können auch einer anderen Ausbildungsstelle nach Abs. 2 zugewiesen werden.

(4) [1]Sofern Belange der Ausbildung nicht entgegen stehen, kann den Rechtsreferendaren auf Antrag genehmigt werden,

1. die Ausbildung nach Abs. 2 Satz 1 Nr. 1 Buchst. a bis zu zwei Monaten bei einem Gericht in Familiensachen, in Angelegenheiten der Freiwilligen Gerichtsbarkeit oder für Arbeitssachen,
2. die Ausbildung nach Abs. 2 Satz 1 Nr. 2 bis zu zwei Monaten bei einem Verwaltungsgericht, einem Sozialgericht oder einem Finanzgericht und
3. die Ausbildung nach Abs. 2 Satz 1 Nr. 3 teilweise bei einer der folgenden Stellen abzuleisten:
   a) bei einem Notariat, einem Unternehmen, einem Verband oder bei einer sonstigen Ausbildungsstelle, bei der eine sachgerechte rechtsberatende Ausbildung gewährleistet ist, bis zu drei Monaten,
   b) bei einer überstaatlichen, zwischenstaatlichen oder ausländischen Ausbildungsstelle bis zu drei Monaten,
   c) durch Anrechnung einer Ausbildung an einer juristischen Fakultät bis zu drei Monaten, sofern mit dem Antrag ein Ausbildungsplan vorgelegt wird, der eine sinnvolle Förderung der Ausbildung erwarten lässt und aus dem ersichtlich ist, welchen Leistungsnachweis die Rechtsreferendare erbringen werden,
   d) durch Anrechnung einer Ausbildung an der Deutschen Universität für Verwaltungswissenschaften Speyer bis zu drei Monaten oder
   e) als Praktikum bei Organen der Europäischen Union bis zu fünf Monaten.

[2]Die Wahrnehmung der in Satz 1 Nr. 3 Buchst. b, c und e vorgesehenen Ausbildungsmöglichkeiten kann bereits im letzten Monat des Ausbildungsabschnitts nach Abs. 2 Satz 1 Nr. 2 beginnen. [3]Darüber hinaus kann eine Ausbildung an der Deutschen Universität für Verwaltungswissenschaften Speyer bis zu weiteren drei Monaten anstelle auf den letzten Monat des Ausbildungsabschnitts nach Abs. 2 Satz 1 Nr. 1 Buchst. b sowie auf den Ausbildungsabschnitt nach Abs. 2 Satz 1 Nr. 2 angerechnet werden.

(5) [1]Die Entscheidung nach Abs. 4 trifft im Fall von Abs. 4 Satz 1 Nr. 2 sowie im Fall der Anrechnung einer Ausbildung an der Deutschen Universität für Verwaltungswissenschaften Speyer die jeweilige Regierung, im Fall von Abs. 4 Satz 3 im Einvernehmen mit dem jeweiligen Präsidenten des Oberlandesgerichts. [2]Im Übrigen ist der jeweilige Präsident des Oberlandesgerichts zur Entscheidung zuständig. [3]Im Fall von Abs. 4 Satz 2 und, sofern die Ausbildung bei einer Verwaltungsbehörde erfolgen soll, auch im Fall von Abs. 4 Satz 1 Nr. 3 Buchst. a ergeht diese Entscheidung im Einvernehmen mit der jeweiligen Regierung.

(6) [1]Die Wahl des Berufsfelds für das Pflichtwahlpraktikum hat spätestens sieben Monate vor Beginn des Pflichtwahlpraktikums, die Wahl der Ausbildungsstellen für die Ausbildungsabschnitte nach Abs. 2 Satz 1 Nr. 3 und 4 hat spätestens vier Monate vor Beginn des jeweiligen Ausbildungsabschnitts durch schriftliche Erklärung der Rechtsreferendare gegenüber dem jeweiligen Präsidenten des Oberlandesgerichts zu erfolgen. [2]Die Wahl kann jeweils nur bis zum Beginn des jeweiligen Ausbildungsabschnitts und nur aus wichtigem Grund geändert werden. [3]Einer Ausbildungsstelle außerhalb des öffentlichen Dienstes sollen Rechtsreferendare nicht zugewiesen werden, wenn deren Träger

1. sich nicht innerhalb der Frist für die Wahl der Ausbildungsstelle nach Satz 1 schriftlich verpflichtet, im Fall der Gewährung einer Vergütung zusätzlich zur Unterhaltsbeihilfe gemäß Art. 3 Abs. 1 SiGjurVD dem Freistaat Bayern vor Beginn des jeweiligen Ausbildungsabschnitts die Kosten für die auf die Vergütung entfallenden Sozialversicherungsbeiträge und Lohnsteuer einschließlich einer pauschalierten Entschädigungszahlung zur Abgeltung der Kosten einer etwaigen späteren Nachversicherung in der gesetzlichen Rentenversicherung zu erstatten, oder
2. in der Vergangenheit einer nach Nr. 1 übernommenen Verpflichtung nicht oder nicht vollständig nachgekommen ist.

[4]Wird keine Erklärung nach Satz 1 abgegeben oder wird die Zuweisung an eine Ausbildungsstelle außerhalb des öffentlichen Dienstes nach Satz 3 abgelehnt, so bestimmt der jeweilige Präsident des

Oberlandesgerichts, für den Ausbildungsabschnitt nach Abs. 2 Satz 1 Nr. 4 im Einvernehmen mit der jeweiligen Regierung, die Ausbildungsstelle für den jeweiligen Ausbildungsabschnitt und erforderlichenfalls auch das Berufsfeld.

§ 49 Pflichtwahlpraktikum

(1) Im Pflichtwahlpraktikum werden den Rechtsreferendaren acht Berufsfelder zur Wahl angeboten:
1. Justiz,
2. Verwaltung,
3. Anwaltschaft,
4. Wirtschaft,
5. Arbeits- und Sozialrecht,
6. Internationales Recht und Europarecht
7. Steuerrecht,
8. Informationstechnologierecht und Legal Tech.

(2) [1]Für das Pflichtwahlpraktikum können geeignete Ausbildungsstellen durch gemeinsame Bekanntmachung der Staatsministerien der Justiz und des Innern, für Sport und Integration allgemein zugelassen werden. [2]Weitere – auch ausländische – Stellen können allgemein oder für den Einzelfall zur Ableistung des Pflichtwahlpraktikums zugelassen werden, wenn
1. ein geeigneter Arbeitsplatz,
2. eine geeignete Person als Ausbilder,
3. ein geeigneter Ausbildungsplan
   vorhanden sind und
4. eine sachgerechte Ausbildung gewährleistet ist.

[3]Die Entscheidung trifft bei einer allgemeinen Zulassung der Präsident des Oberlandesgerichts München, für die Berufsfelder 2, 4, 5 und 7 im Einvernehmen mit der Regierung von Oberbayern. [4]Über die Zulassung im Einzelfall entscheiden für die Berufsfelder 1, 3, 6 und 8 der zuständige Präsident des Oberlandesgerichts und für die Berufsfelder 2, 4, 5 und 7 die zuständige Regierung. [5]Mit der Zulassung ist zu bestimmen, welchem Berufsfeld die Stelle zuzuordnen ist.

(3) [1]Eine Ausbildung an einer juristischen Fakultät – auch im Ausland – oder an der Deutschen Universität für Verwaltungswissenschaften Speyer kann auf die Ausbildung im Pflichtwahlpraktikum angerechnet werden. [2]Die Anrechnung einer Ausbildung an einer juristischen Fakultät ist nur möglich, wenn die Rechtsreferendare zusammen mit der nach Abs. 4 Satz 1 vorgeschriebenen Erklärung einen Ausbildungsplan nach Maßgabe von § 48 § 48 Abs. 6 Satz 1 Nr. 3 Buchst. c vorlegen.

§ 50 Arbeitsgemeinschaften, Einführungslehrgänge und sonstige Lehrgänge

(1) [1]Die Rechtsreferendare haben zu Beginn der Ausbildungsabschnitte nach § 48 Abs. 2 Satz 1 Nr. 1 bis 3 je an einem Einführungslehrgang teilzunehmen, der auf den jeweiligen Ausbildungsabschnitt angerechnet wird. [2]Der Einführungslehrgang bei der Justiz kann auch geteilt werden. [3]Darüber hinaus haben die Rechtsreferendare während der Ausbildung an Lehrgängen über Arbeitsrecht, Steuerrecht und Rechtsgestaltung teilzunehmen und, soweit weitere Lehrgänge eingerichtet werden, auch an diesen.

(2) [1]Die Rechtsreferendare haben während des Vorbereitungsdienstes (§ 48 Abs. 1 Satz 1) an den Arbeitsgemeinschaften teilzunehmen und die von den Arbeitsgemeinschaftsleitern oder von den Ausbildungsleitern der Regierungen vorgeschriebenen Aufsichtsarbeiten anzufertigen und abzuliefern. [2]Während des Pflichtwahlpraktikums werden nach Möglichkeit besondere, auf das jeweilige Berufsfeld bezogene Arbeitsgemeinschaften errichtet. [3]An diesen haben die Rechtsreferendare auch über den Zeitraum nach § 48 Abs. 1 Satz 1 hinaus bis zur mündlichen Prüfung teilzunehmen, soweit sie am Ort ihrer Ausbildungsstelle abgehalten werden oder die Teilnahme angeordnet wird. [4]Legen Rechtsreferendare die schriftliche Prüfung in dem in § 61 Abs. 1 vorgesehenen Termin nicht oder nicht vollständig ab, so können sie auf Antrag in Härtefällen bis zur mündlichen Prüfung nochmals einer Arbeitsgemeinschaft nach Satz 2 zugewiesen werden.

(3) In den Arbeitsgemeinschaften und Lehrgängen können auch Inhalte behandelt werden, die nicht zu dem betreffenden Ausbildungsabschnitt gehören.

§ 51 Gastreferendare

(1) Auf Antrag können die Rechtsreferendare, sofern die erforderlichen Ausbildungsplätze zur Verfügung stehen, mit Genehmigung der beteiligten Präsidenten der Oberlandesgerichte/Regierungen für einzelne Ausbildungsabschnitte den Vorbereitungsdienst in einem anderen Oberlandesgerichtsbezirk/ Regierungsbezirk im Geltungsbereich des Deutschen Richtergesetzes als Gast ableisten.

(2) [1]Wer in einem anderen Land im Geltungsbereich des Deutschen Richtergesetzes zum Vorbereitungsdienst zugelassen ist, kann auf Antrag mit Zustimmung der zuständigen Behörde des anderen Landes einzelne Ausbildungsabschnitte als Gastreferendar in Bayern ableisten, sofern die erforderlichen Ausbildungsplätze zur Verfügung stehen. [2]Über die Zulassung als Gastreferendar entscheidet der Präsident des Oberlandesgerichts/die Regierung.

§ 52 Dienstvorgesetzte, Vorgesetzte

(1) [1]Dienstvorgesetzte der Rechtsreferendare sind die Präsidenten der Oberlandesgerichte. [2]Während der Ausbildung beim Landgericht, beim Amtsgericht, bei der Staatsanwaltschaft oder beim Rechtsanwalt sind auch die Präsidenten der Landgerichte Dienstvorgesetzte. [3]An ihre Stelle treten die Präsidenten der Amtsgerichte während der Ausbildung bei ihrem Gericht. [4]Soweit die Regierungen die Ausbildung leiten (§ 45 Abs. 2), sind die Regierungspräsidenten Dienstvorgesetzte.

(2) Vorgesetzte der Rechtsreferendare sind die jeweiligen Leiter der Ausbildungsstellen, die Ausbilder und die Arbeitsgemeinschaftsleiter, denen die Rechtsreferendare zur Ausbildung zugewiesen sind, für die Dauer der Ausbildung bei einem Kollegialgericht auch die Vorsitzenden der Senate oder der Kammern.

§ 53 Urlaub; Anrechnung von Urlaubs- und Krankheitszeiten auf den Vorbereitungsdienst

(1) [1]Die Rechtsreferendare erhalten Urlaub nach den Bestimmungen für Beamte auf Widerruf im Vorbereitungsdienst. [2]Die Dauer des Urlaubs in jedem Ausbildungsabschnitt darf in der Regel ein Drittel des Abschnitts nicht überschreiten.

(2) [1]Erholungsurlaub und Urlaub aus anderen Anlässen (ausgenommen Sonderurlaub nach Abs. 4) werden auf den Vorbereitungsdienst angerechnet. [2]Krankheitszeiten, die drei Monate je Ausbildungsjahr nicht übersteigen, werden in der Regel auf den Vorbereitungsdienst angerechnet. [3]Mutterschutz- und Elternzeiten werden in der Regel nicht auf den Vorbereitungsdienst angerechnet.

(3) Erholungsurlaub und Urlaub aus anderen Anlässen (ausgenommen Sonderurlaub nach Abs. 4) werden während der Ausbildung bei der Justiz und im Pflichtwahlpraktikum in den Berufsfeldern 1, 6 und 8 von dem jeweiligen Präsidenten des Oberlandesgerichts oder von den durch diesen bestimmten Stellen, während der Ausbildung bei der öffentlichen Verwaltung und im Pflichtwahlpraktikum in den Berufsfeldern 2, 4, 5 und 7 von der jeweiligen Regierung und während der Ausbildung beim Rechtsanwalt und im Pflichtwahlpraktikum im Berufsfeld 3 von dem jeweiligen Präsidenten des Landgerichts erteilt.

(4) [1]In Ausnahmefällen kann den Rechtsreferendaren bis zum Beginn der Ausbildung bei einer Rechtsanwaltskanzlei (§ 48 Abs. 2 Satz 1 Nr. 3) Sonderurlaub unter Fortfall des Anspruchs auf Leistungen des Dienstherrn gewährt werden, wenn Belange der Ausbildung nicht entgegen stehen. [2]Die Dauer des Sonderurlaubs beträgt in der Regel bis zu sechs Monaten, insgesamt jedoch höchstens bis zu einem Jahr. [3]Über die Erteilung entscheidet der jeweilige Präsident des Oberlandesgerichts, während der Ausbildung nach § 48 Abs. 2 Satz 1 Nr. 2 die jeweilige Regierung. [4]Die Dauer ist in der Regel so zu bemessen, dass die Rechtsreferendare in den nächstfolgenden Ausbildungsjahrgang lückenlos eingeordnet werden können.

§ 53a Ableistung des Vorbereitungsdienstes in Teilzeit

(1) Der Vorbereitungsdienst kann auf Antrag in Teilzeit abgeleistet werden (Teilzeitausbildung) im Falle der tatsächlichen Betreuung oder Pflege

1. mindestens eines Kindes unter 18 Jahren oder
2. eines laut ärztlichen Gutachtens pflegebedürftigen Ehegatten, Lebenspartners oder in gerader Linie Verwandten.

(2) [1]Während der Teilzeitausbildung wird der regelmäßige Dienst um ein Fünftel reduziert. [2]Die Verpflichtung zur Teilnahme an sämtlichen Arbeitsgemeinschaften, Einführungslehrgängen und sonstigen Lehrgängen sowie zur Anfertigung der vorgeschriebenen Aufsichtsarbeiten (§ 50) bleibt hiervon unberührt.

(3) [1]Die Dauer des Vorbereitungsdienstes in Teilzeit beträgt zweieinhalb Jahre. [2]Zum Ausgleich der Reduzierung des regelmäßigen Dienstes nach Abs. 2 Satz 1 erfolgt im Anschluss an den Ausbildungsabschnitt nach § 48 Abs. 2 Satz 1 Nr. 3 eine zusätzliche sechsmonatige Ausbildung bei einer oder zwei Ausbildungsstellen, die von dem jeweiligen Präsidenten des Oberlandesgerichts im Einvernehmen mit der jeweiligen Regierung entsprechend den Belangen der Ausbildung bestimmt werden. [3]Die Gesamtleitung der Ausbildung nach Satz 2 obliegt dem jeweiligen Präsidenten des Oberlandesgerichts, im Falle der Ausbildung bei einer der in § 48 Abs. 2 Satz 1 Nr. 2 genannten Stellen der jeweiligen Regierung.

(4) [1]Der Antrag auf Ableistung des Vorbereitungsdienstes in Teilzeit ist zusammen mit dem Bewerbungsgesuch innerhalb der nach § 46 Abs. 3 Satz 3 bestimmten Bewerbungsfrist bei dem jeweiligen Präsidenten des Oberlandesgerichts zu stellen. [2]Entsteht der zur Teilzeitausbildung berechtigende Grund erst zu einem späteren Zeitpunkt, ist ein Wechsel in die Teilzeitausbildung bis zum Beginn des Ausbildungsabschnitts nach § 48 Abs. 2 Satz 1 Nr. 3 möglich. [3]Der Antrag ist in diesem Fall spätestens drei Monate vor dem beabsichtigten Beginn der Teilzeitausbildung zu stellen. [4]Die Teilzeitausbildung kann nur für die gesamte Dauer des Vorbereitungsdienstes bewilligt werden, im Fall des Satzes 2 nur für die gesamte verbleibende Dauer bis zum Ende des Vorbereitungsdienstes. [5]Eine Rückkehr zur Vollzeitausbildung ist auch bei einem Wegfall des Grundes ausgeschlossen.

§ 54 Ausbildungszeugnisse

(1) [1]Über jeden Ausbildungsabschnitt ist ein zusammenfassendes Zeugnis zu erstellen. [2]Getrennte Ausbildungszeugnisse sind zu erstellen, wenn Rechtsreferendare während eines Ausbildungsabschnitts mehreren Ausbildungsstellen zugewiesen waren.

(2) [1]Die Zeugnisse werden von den Ausbildern erstellt. [2]Wurden Rechtsreferendare während eines Ausbildungsabschnitts bei einer Ausbildungsstelle von mehreren Ausbildern ausgebildet, so erstellt das Zeugnis der letzte Ausbilde. [3]Die früheren Ausbilder fertigen hierzu Beiträge.

(3) [1]Die Zeugnisse sollen ein Bild von der Eignung, den Fähigkeiten, den praktischen Leistungen, dem Fleiß, dem Stand der Ausbildung und der Führung geben. [2]Sie haben Zahl und Art der erbrachten Leistungen aufzuführen. [3]In den Zeugnissen ist festzustellen, ob die Rechtsreferendare das Ziel des Ausbildungsabschnitts erreicht haben.

(4) [1]Auch die Arbeitsgemeinschaftsleiter haben für die ihnen zugewiesenen Rechtsreferendare jeweils Zeugnisse gemäß Abs. 3 zu erstellen. [2]In der nach Ablegung der schriftlichen Prüfung stattfindenden Arbeitsgemeinschaft sind an Stelle der Zeugnisse Bescheinigungen über die Teilnahme an der Arbeitsgemeinschaft auszustellen, in denen vermerkt ist, an welchen Veranstaltungen die Rechtsreferendare nicht teilgenommen haben.

(5) In den Zeugnissen ist die Gesamtleistung der Rechtsreferendare mit einer der in § 4 Abs. 1 festgesetzten Noten und Punktzahlen zu bewerten.

(6) [1]Soweit eine Ausbildung an einer juristischen Fakultät erfolgte, ist an Stelle eines Zeugnisses ein Leistungsnachweis (§ 48 Abs. 4 Satz 1 Nr. 3 Buchst. c) vorzulegen. [2]Erfolgt diese Ausbildung im Pflichtwahlpraktikum, ist für die weitere Ausbildung nach § 48 Abs. 3 ein Zeugnis nicht erforderlich.

§ 55 Entlassung

(1) Aus dem Vorbereitungsdienst ist zu entlassen, wer die Entlassung beantragt.

(2) [1]Rechtsreferendare können entlassen werden, wenn ein wichtiger Grund vorliegt. [2]Ein wichtiger Grund liegt insbesondere vor, wenn

1. während des Vorbereitungsdienstes ein Umstand eintritt oder nachträglich bekannt wird, der die Versagung der Aufnahme in den Vorbereitungsdienst rechtfertigen würde,
2. die Rechtsreferendare in ihrer Ausbildung nicht hinreichend fortschreiten, insbesondere, wenn sie in zwei Ausbildungsabschnitten keine ausreichenden Leistungen erzielt haben,
3. die Rechtsreferendare länger als sechs Monate dienstunfähig sind, nicht zu erwarten ist, dass sie binnen drei Monaten wieder dienstfähig werden und sie deshalb nicht mehr ordnungsgemäß ausgebildet werden können.

(3) Die beamtenrechtlichen Vorschriften über die Beendigung des Beamtenverhältnisses gelten entsprechend.

(4) Die Entlassung, auch die in entsprechender Anwendung der beamtenrechtlichen Vorschriften, wird von dem Präsidenten des jeweiligen Oberlandesgerichts im Einvernehmen mit der jeweiligen Regierung verfügt.

§ 56 Ausscheiden aus dem Vorbereitungsdienst

Die Rechtsreferendare scheiden aus dem Vorbereitungsdienst und aus dem öffentlich-rechtlichen Ausbildungsverhältnis aus

1. mit der Bekanntgabe der Prüfungsgesamtnote der Zweiten Juristischen Staatsprüfung,
2. mit der Zustellung der schriftlichen Mitteilung, dass die Prüfung nicht bestanden ist,
3. mit Ablauf des letzten Tages des schriftlichen Teils der Zweiten Juristischen Staatsprüfung im zweiten Termin nach Beendigung des Vorbereitungsdienstes (§ 48 Abs. 1 Satz 1) oder des Ergänzungsvorbereitungsdienstes (§ 70 Abs. 1 Satz 2), wenn die Prüfung noch nicht oder nicht vollständig abgelegt ist, wobei Termine der schriftlichen Prüfung, die in Mutterschutzzeiten und Elternzeiten fallen, bei der Berechnung außer Betracht bleiben; Rechtsreferendare, die die Zweite Juristische Staatsprüfung in dem unmittelbar nach Beendigung des Ergänzungsvorbereitungsdienstes folgenden Prüfungstermin wiederholen, scheiden im Fall der Zulassung zur mündlichen Prüfung nicht vor dem planmäßigen Tag ihrer mündlichen Prüfung aus.

Fünfter Teil

Zweite Juristische Staatsprüfung

§ 57 Zweck und Bedeutung der Prüfung

(1) Die Zweite Juristische Staatsprüfung ist Abschlussprüfung und Qualifikationsprüfung im Sinn des Leistungslaufbahngesetzes.

(2) Die Zweite Juristische Staatsprüfung hat Wettbewerbscharakter (Art. 94 Abs. 2 Satz 1 der Verfassung) und soll feststellen, ob die Rechtsreferendare das Ziel der Ausbildung (§ 44 Abs. 1) erreicht haben und ihnen deshalb nach ihren Kenntnissen, ihrem praktischen Geschick und dem Gesamtbild ihrer Persönlichkeit die Befähigung zum Richteramt (§ 5 Abs. 1 DRiG) und die Qualifikation für den Einstieg in der vierten Qualifikationsebene der Fachlaufbahnen Justiz sowie Verwaltung und Finanzen zuzusprechen sind.

§ 58 Prüfungsgebiete

(1) [1]Die Zweite Juristische Staatsprüfung erstreckt sich auf die Pflichtfächer und das von den Bewerbern zu bestimmenden Berufsfeld mit den jeweiligen gesellschaftlichen, wirtschaftlichen, politischen und europarechtlichen Grundlagen. [2]Im Rahmen von Rechtsgebieten, die zum Prüfungsstoff gehören, können auch Fragen aus anderen Gebieten geprüft werden, soweit sie in der Praxis typischerweise in diesem Zusammenhang auftreten. [3]Die Prüfung kann sich auch auf andere Rechtsgebiete erstrecken, soweit lediglich Verständnis und Arbeitsmethode festgestellt werden sollen, Einzelwissen nicht vorausgesetzt wird und die Aufgabe mit den zugelassenen Hilfsmitteln in der Bearbeitungszeit zu bewältigen ist. [4]§ 18 Abs. 1 Satz 3 gilt entsprechend.

(2) Pflichtfächer sind:

1. der Prüfungsstoff der Ersten Juristischen Staatsprüfung (§ 18 Abs. 2) unter Berücksichtigung der in der praktischen Ausbildung angestrebten Ergänzung und Vertiefung;
2. aus dem Gebiet des Zivilrechts und Arbeitsrechts (einschließlich Verfahren):
   a) Zivilprozessrecht (ohne Bücher 10 und 11 der Zivilprozessordnung) und Zwangsvollstreckungsrecht der Zivilprozessordnung;
   b) arbeitsgerichtliches Verfahren (nur Urteilsverfahren) in Grundzügen;
3. aus dem Gebiet des Strafrechts (einschließlich Verfahren):
   Allgemeiner Teil des Strafgesetzbuchs, Strafverfahrensrecht (ohne Bücher 4, 7 und 8 der Strafprozessordnung);
4. aus dem Gebiet des Öffentlichen Rechts (einschließlich Verfahren):
   a) aus dem besonderen Verwaltungsrecht:
   Bauordnungsrecht (ohne Teil 3 Abschnitte 1 bis 6 und ohne die Art. 45 und 46 der Bayerischen Bauordnung) sowie Bauplanungsrecht (nur Bauleitplanung, Veränderungssperre und Zurückstellung von Baugesuchen, bauplanungsrechtliche Zulässigkeit von Vorhaben sowie Planerhaltung),

Grundzüge des Immissionsschutzrechts;
b) verwaltungsgerichtliches Verfahren und Verwaltungsvollstreckungsrecht;
c) aus dem Steuerrecht:
Recht der Abgabenordnung (ohne steuerbegünstigte Zwecke, Vollstreckung und Steuerstrafverfahren),
Einkommensteuerrecht (hinsichtlich Steuererhebung durch Abzug von Lohnsteuer und Kapitalertragsteuer nur in Grundzügen).

(3) Berufsfelder sind:

1. Justiz
Zusätzlicher Prüfungsstoff sind in Grundzügen:
a) Familienrecht (ohne Versorgungsausgleich, Annahme als Kind, Vormundschaft, Rechtliche Betreuung und Pflegschaft) und Verfahren in Familiensachen;
b) Jugendstrafrecht einschließlich Verfahrensrecht;
2. Verwaltung
Zusätzlicher Prüfungsstoff sind:
a) Beamtenrecht;
b) Grundzüge des Wirtschaftsverwaltungsrechts;
c) Straßen- und Wegerecht einschließlich Planfeststellungsverfahren;
3. Anwaltschaft
Zusätzlicher Prüfungsstoff sind:
a) anwaltliches Berufsrecht und Marketing;
b) anwaltliches Gebührenrecht;
c) Anwaltstaktik und Haftung des Rechtsanwalts einschließlich strafrechtlicher Risiken anwaltlicher Tätigkeit;
d) vorsorgende Rechtsberatung aus anwaltlicher Sicht;
4. Wirtschaft
Zusätzlicher Prüfungsstoff sind in Grundzügen:
a) Recht der Kapitalgesellschaften (ohne die Vorschriften über die Handelsbücher);
b) Recht des unlauteren Wettbewerbs, Kartellrecht, Recht des gewerblichen Rechtsschutzes und Urheberrecht;
5. Arbeits- und Sozialrecht
Zusätzlicher Prüfungsstoff sind:
a) Betriebsverfassungsrecht und Grund- züge des Tarifvertragsrechts;
b) Grundzüge des arbeitsgerichtlichen Beschlussverfahrens;
c) Grundzüge des Sozialrechts (nur Erstes, Drittes bis Siebtes und Zehntes Buch Sozialgesetzbuch) und des sozialgerichtlichen Verfahrens;
6. Internationales Recht und Europarecht
Zusätzlicher Prüfungsstoff sind:
a) Internationales Privatrecht (Internationales Familien- und Erbrecht nur in Grundzügen; ohne Internationales Transportrecht), Internationales Zivilprozessrecht;
b) aus dem Recht der Europäischen Union die in § 18 Abs. 2 Nr. 6 genannten Rechtsgebiete ohne Beschränkung auf die Grundzüge sowie die Wirtschafts- und Währungsunion in Grundzügen;
7. Steuerrecht
Zusätzlicher Prüfungsstoff sind:
a) Umsatzsteuerrecht;
b) Grundzüge ordnungsgemäßer Buchführung, Grundzüge des Bilanzrechts und des Bilanzsteuerrechts;
c) Grundzüge des finanzgerichtlichen Verfahrens;
8. Informationstechnologierecht und Legal Tech
Zusätzlicher Prüfungsstoff sind:
a) Informationstechnologierecht (nur Software- und IT-Vertragsrecht, Domainrecht, Immaterialgüterrecht und ergänzender wettbewerblicher Leistungsschutz, Regulierung digitaler Plattformen);

b) Recht der Legal Tech-Anwendungen (nur Rechtsdienstleistungsgesetz, anwaltliches Berufsrecht und Vergütungsrecht, haftungs- und wettbewerbsrechtliche Fragen).

§ 59 Prüfungsausschuss

[1]Der Prüfungsausschuss besteht aus sechs Mitgliedern, und zwar

1. dem vorsitzenden Mitglied (§ 7 Abs. 1 Satz 2),
2. einem Mitglied aus dem Bereich der Justiz,
3. zwei Mitgliedern aus dem Bereich der rechtsberatenden Berufe,
4. zwei Mitgliedern aus dem Bereich der Verwaltung, der Finanzverwaltung, der Verwaltungs- oder der Finanzgerichtsbarkeit.

[2]Für jedes Mitglied nach Satz 1 Nr. 2, 3 und 4 ist mindestens eine Person als Stellvertreter zu bestellen.

§ 60 Prüfer

(1) Prüfer sind ohne besondere Bestellung die Mitglieder des Prüfungsausschusses und die Stellvertreter.

(2) Als Prüfer können nur bestellt werden:

1. Richter sowie Staatsanwälte und andere Beamte mit der Befähigung zum Richteramt,
2. Rechtsanwälte und Notare,
3. Juristen aus dem Wirtschafts- und dem Arbeitsleben.

(3) § 21 Abs. 1 und 4 gilt für die Prüfer der Zweiten Juristischen Staatsprüfung entsprechend.

§ 61 Zulassung zum schriftlichen Teil der Prüfung

(1) [1]Die Rechtsreferendare haben an der gegen Ende des Ausbildungsabschnitts nach § 48 Abs. 2 Satz 1 Nr. 3 beginnenden Zweiten Juristischen Staatsprüfung teilzunehmen, im Falle der vollständigen oder teilweisen Ableistung des Vorbereitungsdienstes in Teilzeit an der gegen Ende des Ausbildungsabschnitts nach § 53a Abs. 3 Satz 2 beginnenden Zweiten Juristischen Staatsprüfung. [2]Wer aus von ihm zu vertretenden Gründen nicht an dieser Prüfung teilnimmt, für den gilt sie als abgelegt und nicht bestanden.

(2) [1]Die Zulassung zum schriftlichen Teil der Prüfung erfolgt durch den jeweiligen Präsidenten des Oberlandesgerichts. [2]Für die Entscheidung über die Zulassung gilt § 46 Abs. 5 Satz 1 Nr. 1 und 2 und Abs. 6 Nr. 1, Nr. 2 Buchst. c und Nr. 3 entsprechend [3]Die Entscheidung über die Zulassung ist den Rechtsreferendaren schriftlich mitzuteilen. [4]Für die Zulassung zum mündlichen Teil der Prüfung gilt § 64 Abs. 3.

(3) Die Erklärung oder die Bestimmung des Berufsfelds gemäß § 48 Abs. 6 gilt als unwiderrufliche Wahl des Berufsfelds für die Prüfung einschließlich etwaiger Wiederholungen.

(4) [1]Die Pflicht zur Teilnahme an der Prüfung in dem in Abs. 1 Satz 1 bestimmten Prüfungstermin wird auch durch eine Entlassung oder ein sonstiges Ausscheiden aus dem Vorbereitungsdienst nach Beginn des Ausbildungsabschnitts nach § 48 Abs. 2 Satz 1 Nr. 3 nicht aufgehoben. [2]In diesem Fall ist der Antrag auf Zulassung spätestens vier Monate vor Beginn der Prüfung beim Landesjustizprüfungsamt zu stellen, sofern noch keine Zulassung durch den jeweiligen Präsidenten des Oberlandesgerichts erfolgt ist. [3]Über die Zulassung entscheidet das vorsitzende Mitglied des Prüfungsausschusses. [4]Abs. 2 Satz 2 und 4, Abs. 3, § 26 Abs. 2 und § 27 Abs. 3 gelten entsprechend. [5]Wer aus Gründen, die er nicht zu vertreten hat, die Zulassung nicht beantragt und an der Prüfung nicht teilnimmt, hat diese Gründe beim Landesjustizprüfungsamt unverzüglich geltend zu machen und nachzuweisen. [6]Im Fall einer Krankheit ist der Nachweis durch ein Zeugnis eines gerichtsärztlichen Dienstes oder eines Gesundheitsamts zu erbringen. [7]Die Geltendmachung ist ausgeschlossen, wenn nach Abschluss des schriftlichen Teils des in Abs. 1 Satz 1 bestimmten Prüfungstermins ein Monat verstrichen ist.

§ 62 Schriftliche Prüfung

(1) [1]In der schriftlichen Prüfung ist an neun Tagen je eine schriftliche Arbeit unter Aufsicht zu fertigen. [2]Die Arbeitszeit beträgt jeweils fünf Stunden.

(2) Die Aufgaben sollen vor allem praktische Fälle aus dem Rechtsleben zum Inhalt haben.

(3) [1]Es sind zu bearbeiten:

1. vier Aufgaben mit dem Schwerpunkt aus dem Zivilrecht einschließlich Handels- und Gesellschaftsrecht, Arbeitsrecht und Verfahrensrecht (§ 58 Abs. 2 Nr. 1 und 2); eine davon hat Arbeitsrecht zu enthalten,

2. zwei Aufgaben mit dem Schwerpunkt aus dem Strafrecht einschließlich Strafverfahrensrecht (§ 58 Abs. 2 Nr. 1 und 3),
3. drei Aufgaben mit dem Schwerpunkt aus dem Öffentlichen Recht einschließlich Verfahrensrecht und Steuerrecht (§ 58 Abs. 2 Nr. 1 und 4); eine davon hat Steuerrecht zu enthalten.

[2]Der Schwerpunkt einzelner Aufgaben kann auch im Europarecht liegen (§ 58 Abs. 2 Nr. 1, § 18 Abs. 2 Nr. 6). [3]Mindestens drei Aufgaben sollen Leistungen aus dem Bereich der rechtsberatenden und rechtsgestaltenden Berufe zum Gegenstand haben.

(4) [1]Die Prüfungsteilnehmer können wählen, ob sie die schriftlichen Arbeiten handschriftlich oder elektronisch fertigen. [2]Das Wahlrecht ist auszuüben:

1. von Rechtsreferendaren im Vorbereitungsdienst zusammen mit der Erklärung über die Wahl des Berufsfeldes nach § 48 Abs. 6 Satz 1 innerhalb der dort bestimmten Frist,
2. von Bewerbern um die Aufnahme in den Ergänzungsvorbereitungsdienst zusammen mit dem Bewerbungsgesuch innerhalb der in § 70 Abs. 2 Satz 2 und 3 bestimmten Bewerbungsfrist,
3. im Übrigen mit dem beim Landesjustizprüfungsamt zu stellenden Antrag auf Zulassung zur Zweiten Juristischen Staatsprüfung innerhalb der hierfür bestimmten Frist.

[3]Die Ausübung des Wahlrechts gilt einheitlich für alle schriftlichen Arbeiten des Prüfungstermins und kann nicht widerrufen werden. [4]Wer innerhalb der jeweiligen Frist keine Erklärung abgibt, hat die Arbeiten handschriftlich zu fertigen.

(5) [1]Für die einzelnen Prüfungsorte, die vom vorsitzenden Mitglied des Prüfungsausschusses bestimmt werden, können Örtliche Prüfungsleiter und deren Stellvertreter bestellt werden. [2]Sie haben im Auftrag des vorsitzenden Mitglieds des Prüfungsausschusses für die ordnungsgemäße Durchführung der schriftlichen und der mündlichen Prüfung zu sorgen, insbesondere die Bereitstellung der notwendigen Aufsichtspersonen zu veranlassen.

§ 63 Rechtsfolgen der Verhinderung

(1) Bei einer Verhinderung (§ 10 Abs. 1 und 5) oder einer Unzumutbarkeit (§ 10 Abs. 6) gilt Folgendes:

1. Wurden weniger als sieben schriftliche Aufgaben bearbeitet, bleiben auch die bearbeiteten Arbeiten unberücksichtigt; es sind alle neun schriftlichen Aufgaben nachzufertigen.
2. Falls mindestens sieben schriftliche Aufgaben bearbeitet wurden, gilt Folgendes:
   a) Wurden eine oder mehrere Aufgaben im ersten Teil – Aufgaben 1 bis 5 – nicht bearbeitet, so bleiben die in diesem Teil gefertigten Arbeiten unberücksichtigt; es sind für die Aufgaben 1 bis 5 entsprechende Ersatzarbeiten nachzufertigen.
   b) Wurden eine oder mehrere Aufgaben im zweiten Teil – Aufgaben 6 bis 9 – nicht bearbeitet, so bleiben die in diesem Teil gefertigten Arbeiten unberücksichtigt; es sind für die Aufgaben 6 bis 9 entsprechende Ersatzarbeiten nachzufertigen.
   c) Wurden Aufgaben im ersten und zweiten Teil nicht bearbeitet, so bleiben sämtliche Arbeiten unberücksichtigt; es sind alle neun Arbeiten nachzufertigen.

(2) [1]Das vorsitzende Mitglied des Prüfungsausschusses bestimmt den Zeitpunkt der Nachfertigung (in der Regel der nächste Prüfungstermin). [2]Die Anordnung der Nachfertigung ist gegenstandslos, wenn die Prüfung nicht bestanden ist, weil in mehr als fünf der bereits gefertigten Prüfungsarbeiten eine geringere Punktzahl als 4,0 erzielt wurde (§ 64 Abs. 3). [3]In den Fällen des Abs. 1 Nr. 1 und Nr. 2 Buchst. c kann eine Bearbeitung aller übrigen Aufgaben, in den Fällen des Abs. 1 Nr. 2 Buchst. a und b kann eine Bearbeitung der übrigen Aufgaben des betreffenden Teils unterbleiben, auch wenn die Verhinderung oder Unzumutbarkeit nicht mehr besteht. [4]In Härtefällen kann der Prüfungsausschuss abweichend von der Vorschrift des Abs. 1 die Nachfertigung der bereits gefertigten Arbeiten ganz oder zum Teil erlassen. [5]In Fällen besonderer Härte kann der Prüfungsausschuss auch die Nachfertigung von bis zu zwei nicht gefertigten Arbeiten erlassen. [6]In den Fällen der Sätze 4 und 5 werden die bereits gefertigten Arbeiten berücksichtigt.

(3) [1]Eine nicht oder nicht vollständig abgelegte mündliche Prüfung ist in vollem Umfang an einem vom vorsitzenden Mitglied des Prüfungsausschusses zu bestimmenden Termin nachzuholen. [2]In Fällen besonderer Härte kann der Prüfungsausschuss auf Antrag besondere Anordnungen für die Nachholung der mündlichen Prüfung treffen.

§ 64 Bewertung der Prüfungsarbeiten; Zulassung zum mündlichen Teil der Prüfung

(1) [1]Die schriftlichen Prüfungsarbeiten werden je von zwei Prüfern selbständig mit einer Einzelnote bewertet. [2]Bei mehr als 150 Prüfungsteilnehmern können für die Bewertung der Prüfungsarbeiten mehr als zwei Prüfer bestimmt werden. [3]§ 30 Abs. 1 Satz 3 und 4 sowie Abs. 3 und 4 gilt entsprechend.

(2) [1]Die Gesamtnote der schriftlichen Prüfung errechnet sich aus der Summe der Punktzahlen der schriftlichen Arbeiten, geteilt durch neun. [2]Bei Erlass einzelner Arbeiten verringert sich die Teilungszahl neun entsprechend.

(3) [1]Wer im schriftlichen Teil der Prüfung einen Gesamtdurchschnitt von mindestens 3,72 Punkten erreicht und nicht in mehr als fünf Prüfungsarbeiten eine geringere Punktzahl als 4,0 erhalten hat, ist zur mündlichen Prüfung zugelassen. [2]Die Zahl fünf vermindert sich bei Erlass von ein oder zwei Arbeiten auf vier. [3]Wer nicht nach Satz 1 und 2 zur mündlichen Prüfung zugelassen ist, hat die Prüfung nicht bestanden.

(4) [1]Die Einzelnoten, die Gesamtnote der schriftlichen Prüfung sowie die sich nach Abs. 3 ergebende Rechtsfolge werden den Prüfungsteilnehmern schriftlich bekannt gegeben. [2]Im Fall der Zulassung zur mündlichen Prüfung erfolgt die Bekanntgabe spätestens mit der Ladung zur mündlichen Prüfung.

§ 65 Mündliche Prüfung

(1) [1]Die mündliche Prüfung erstreckt sich auf die Prüfungsgebiete gemäß § 58. [2]Sie wird in der Regel in München und Nürnberg abgenommen.

(2) [1]Die Prüfungskommissionen für die mündliche Prüfung bestehen jeweils aus vier Prüfern, von denen je einer Zivil- und Arbeitsrecht, Strafrecht, Öffentliches Recht und das gewählte Berufsfeld vertritt. [2]Einer der Prüfer führt den Vorsitz. [3]Die Prüfer müssen während der mündlichen Prüfung ständig anwesend sein.

(3) [1]Für jeden Prüfungsteilnehmer ist eine Gesamtprüfungsdauer von etwa 50 Minuten vorzusehen, davon etwa 15 Minuten für die Prüfung im Berufsfeld. [2]Mehr als fünf Prüfungsteilnehmer dürfen nicht gemeinsam geprüft werden.

(4) [1]Die vorsitzenden Mitglieder der Prüfungskommissionen können Rechtsreferendare und in Ausnahmefällen auch sonstige Personen als Zuhörer zulassen. [2]§ 32 Abs. 4 Satz 1, 2, 4 und 5 gilt entsprechend.

§ 66 Bewertung der mündlichen Prüfung

(1) [1]In der mündlichen Prüfung sind vier Einzelnoten zu erteilen, und zwar

1. eine Note aus dem Zivil- und Arbeitsrecht (§ 58 Abs. 2 Nr. 1 und 2),
2. eine Note aus dem Strafrecht (§ 58 Abs. 2 Nr. 1 und 3),
3. eine Note aus dem Öffentlichen Recht (§ 58 Abs. 2 Nr. 1 und 4),
4. eine Note aus dem gewählten Berufsfeld (§ 58 Abs. 3), die bei der Berechnung der Gesamtnote nach Satz 2 zweifach gezählt wird.

[2]Die Gesamtnote der mündlichen Prüfung errechnet sich aus der Summe der Einzelnoten, geteilt durch fünf.

(2) [1]Über die Prüfungsleistungen in der mündlichen Prüfung und über die Prüfungsgesamtnote wird in gemeinsamer Beratung aller Prüfer mit Stimmenmehrheit entschieden. [2]Bei Stimmengleichheit entscheidet die Stimme des vorsitzenden Mitglieds.

§ 67 Prüfungsgesamtnote

Für die Berechnung und die Bekanntgabe der Prüfungsgesamtnote sowie für das Bestehen der Prüfung gilt § 34 entsprechend.

§ 68 Prüfungszeugnis

(1) [1]Wer die Prüfung bestanden hat, erhält ein Zeugnis, aus dem die Prüfungsgesamtnote nach Notenstufe und Punktwert sowie das gewählte Berufsfeld ersichtlich sind. [2]Die Erteilung des Zeugnisses in elektronischer Form ist ausgeschlossen. [3]Den Prüfungsteilnehmern, die die Prüfung nicht bestanden haben, wird dies schriftlich bekannt gegeben.

(2) Wer die Prüfung bestanden hat, ist berechtigt, die Bezeichnung „Rechtsassessor“ / „Rechtsassessorin“ (Ass. jur.) zu führen.

§ 69 Festsetzung der Platznummern

(1) [1]Für jeden Prüfungsteilnehmer, der die Prüfung bestanden hat, ist auf Grund seiner Prüfungsgesamtnote eine Platznummer festzusetzen. [2]Bei gleicher Prüfungsgesamtnote erhält das bessere Ergebnis in der schriftlichen Prüfung die niedrigere Platznummer, bei gleichen Gesamtergebnissen der schriftlichen und mündlichen Prüfung wird die gleiche Platznummer erteilt. [3]In diesem Fall wird die Platznummer als nächste erteilt, die sich ergibt, wenn die mehreren gleichen Platznummern fortlaufend weitergezählt werden.

(2) Die Prüfungsteilnehmer erhalten eine Bescheinigung über die Platznummer.

(3) [1]In der Bescheinigung über die erteilte Platznummer ist anzugeben, wie viele Prüfungsteilnehmer ein Ergebnis erzielt und wie viele die Prüfung bestanden haben. [2]Wird die gleiche Platznummer an mehrere Prüfungsteilnehmer erteilt, so ist auch deren Zahl anzugeben.

§ 70 Wiederholung der Prüfung; Ergänzungsvorbereitungsdienst

(1) [1]Prüfungsteilnehmer, die die Zweite Juristische Staatsprüfung nicht bestanden haben, können die Prüfung einmal wiederholen. [2]Sie haben hierzu grundsätzlich einen weiteren Vorbereitungsdienst von sechs Monaten (Ergänzungsvorbereitungsdienst) abzuleisten.

(2) [1]Die Aufnahme in den Ergänzungsvorbereitungsdienst ist nur in dem Einstellungstermin möglich, der unmittelbar auf den schriftlichen Teil des Prüfungstermins folgt, in dem die Prüfung erstmals nicht bestanden wurde. [2]Der Antrag auf Aufnahme ist bei dem Präsidenten des Oberlandesgerichts, in dessen Bezirk bisher der Vorbereitungsdienst abgeleistet wurde, binnen eines Monats nach Zustellung der Mitteilung über das Nichtbestehen der Prüfung zu stellen. [3]Soweit zwischen der Zustellung der Mitteilung über das Nichtbestehen der Prüfung und dem Beginn des in Satz 1 bestimmten Ergänzungsvorbereitungsdienstes ein kürzerer Zeitraum verbleibt, ist der Antrag unverzüglich nach Zustellung der Mitteilung zu stellen.

(3) [1]Der Ergänzungsvorbereitungsdienst kann auf Antrag durch den Präsidenten des Oberlandesgerichts ganz oder teilweise erlassen werden. [2]Eine Aufnahme in den Ergänzungsvorbereitungsdienst ist Bewerbern zu versagen, die die Zweite Juristische Staatsprüfung nach § 9 Abs. 1, 2 oder Abs. 5, § 11 Abs. 1 Satz 2, Abs. 2, 5 oder Abs. 7 Satz 2 oder § 61 Abs. 1 Satz 2 nicht bestanden haben. [3]Die Möglichkeit zur Wiederholung der Prüfung bleibt in den Fällen der Sätze 1 und 2 unberührt.

(4) [1]Die §§ 44 bis 53, 54 bis 56 gelten sinngemäß. [2]Die Präsidenten der Oberlandesgerichte teilen den Vorbereitungsdienst im Einvernehmen mit der jeweiligen Regierung ein. [3]Die Gesamtleitung der Ausbildung obliegt den Präsidenten der Oberlandesgerichte, soweit die Rechtsreferendare bei einer der in § 48 Abs. 2 Satz 1 Nr. 2 genannten Stellen ausgebildet werden, den Regierungen.

(5) [1]Die Wiederholung der Prüfung hat in dem unmittelbar nach Beendigung des Ergänzungsvorbereitungsdienstes folgenden Prüfungstermin der Zweiten Juristischen Staatsprüfung zu erfolgen. [2]Sie ist auch in den Fällen des Abs. 3 sowie im Fall einer Entlassung oder eines sonstigen Ausscheidens aus dem Ergänzungsvorbereitungsdienst nur in diesem Prüfungstermin möglich. [3]§ 15 Abs. 2 und 3 Satz 1 und 2, § 36 Abs. 4 und 5 sowie § 61 Abs. 1 Satz 2 und Abs. 2 gelten entsprechend. [4]In den Fällen des Abs. 3 sowie im Fall einer Entlassung oder eines sonstigen Ausscheidens aus dem Ergänzungsvorbereitungsdienst gilt § 61 Abs. 4 entsprechend.

(6) Prüfungsteilnehmer, die die Prüfung auch bei Wiederholung nicht bestanden haben, werden nicht mehr in den Vorbereitungsdienst und in das öffentlich-rechtliche Ausbildungsverhältnis aufgenommen, auch wenn sie die Voraussetzungen für eine zweite Wiederholung der Prüfung erfüllen.

§ 71 Zweite Wiederholung der Prüfung; Wiederholung zur Notenverbesserung

(1) [1]Prüfungsteilnehmer, die die Prüfung bei Wiederholung nach § 70 nicht bestanden haben, können die Prüfung ein zweites Mal wiederholen, wenn sie in einem der beiden Prüfungsversuche einen Punktwert von mindestens 3,00 erzielt haben. [2]Sie haben sich der zweiten Wiederholung der Prüfung spätestens im dritten Termin nach dem Termin zu unterziehen, in dem sie die Prüfung das zweite Mal nicht bestanden haben. [3]Überschreiten sie diese Frist aus von ihnen zu vertretenden Gründen, gilt § 61 Abs. 1 Satz 2 entsprechend. [4]Der Antrag auf Zulassung zur zweiten Wiederholung der Prüfung ist spätestens vier Monate vor Beginn der Prüfung beim Landesjustizprüfungsamt zu stellen. [5]Soweit zwischen der Zustellung der Mitteilung über das Ergebnis der ersten Wiederholungsprüfung und dem nächsten Termin nur ein kürzerer Zeitraum verbleibt, ist der Antrag unverzüglich nach Zustellung dieser Mitteilung zu stellen. [6]§ 61 Abs. 4 Satz 3 bis 7 gilt entsprechend.

(2) [1]§ 15 Abs. 2 und 3 Satz 1 und 2 sowie § 36 Abs. 4 und 5 gelten entsprechend. [2]Das vorsitzende Mitglied des Prüfungsausschusses trifft die erforderlichen Anordnungen, wenn der Punktwert von 3,00 nach Abs. 1 Satz 1 nicht vorliegt, weil die Prüfungsteilnehmer einen oder beide Prüfungsversuche nach § 63 Abs. 2 Satz 2 und § 64 Abs. 3 nicht bestanden haben.

(3) Eine weitere Wiederholung ist auch nach Ableistung eines erneuten Vorbereitungsdienstes nicht möglich.

(4) Über die Zulassung zum schriftlichen Teil der Wiederholung zur Notenverbesserung (§ 15) entscheidet das vorsitzende Mitglied des Prüfungsausschusses.

Sechster Teil

Übergangs- und Schlussbestimmungen

§ 72 Übergangsregelungen

(1) [1]Zum Führen der in § 17 Abs. 2 genannten Bezeichnung ist auch berechtigt, wer die Erste Juristische Staatsprüfung als Hochschulabschlussprüfung im Geltungsbereich des Deutschen Richtergesetzes bestanden hat. [2]Wer die Zweite Juristische Staatsprüfung vor dem Prüfungstermin 2007/1 bestanden hat, kann auch weiterhin die Bezeichnung „Assessor"/„Assessorin" führen.

(2) [1]Für Studierende, die ihr Schwerpunktbereichsstudium vor dem Sommersemester 2022 aufgenommen haben, gelten die §§ 39 bis 42 in der am 30. Oktober 2020 geltenden Fassung. [2]Die Universitäten können Studierenden, die ihr Schwerpunktbereichsstudium vor dem Sommersemester 2022 aufgenommen, die studienabschließende Leistung (§ 40 Abs. 1 Satz 1 Nr. 2) aber noch nicht erstmalig abgelegt haben, in ihren Hochschulprüfungsordnungen ein Wahlrecht einräumen, das Schwerpunktbereichsstudium nach den Vorschriften der §§ 39 bis 42 in der am 15. Februar 2022 geltenden Fassung abzuschließen.

(3) Für Prüfungsteilnehmer der Zweiten Juristischen Staatsprüfung, die aufgrund einer Verhinderung oder einer Unzumutbarkeit in einem früheren Prüfungstermin schriftliche Prüfungsaufgaben ab dem Prüfungstermin 2022/1 nachzufertigen haben, gilt Folgendes:

1. Wurden weniger als acht schriftliche Aufgaben bearbeitet, bleiben auch die bearbeiteten Arbeiten unberücksichtigt; als Nachfertigung sind alle neun schriftliche Aufgaben nach § 62 Abs. 1 und 3 JAPO in der am 1. März 2022 geltenden Fassung zu bearbeiten.
2. Wurden mindestens acht schriftliche Aufgaben bearbeitet, gilt Folgendes:
   a) [1]Wurden eine oder mehrere Aufgaben im ersten Teil – Aufgaben 1 bis 6 – nicht bearbeitet, so bleiben die in diesem Teil gefertigten Arbeiten unberücksichtigt. [2]Es sind für diese Aufgaben als Ersatzarbeiten die Aufgaben 1 bis 5 nach § 63 Abs. 1 Nr. 2 Buchst. a JAPO in der am 1. März 2022 geltenden Fassung nachzufertigen. [3]Die Gesamtnote der schriftlichen Prüfung errechnet sich aus der Summe der Punktzahlen der schriftlichen Arbeiten, geteilt durch zehn; bei Erlass einzelner Arbeiten verringert sich die Zahl zehn entsprechend.
   b) [1]Wurden eine oder mehrere Aufgaben im zweiten Teil – Aufgaben 7 bis 11 – nicht bearbeitet, so bleiben die in diesem Teil gefertigten Arbeiten unberücksichtigt. [2]Es sind für diese Aufgaben als Ersatzarbeiten die Aufgaben 6 bis 9 nach § 63 Abs. 1 Nr. 2 Buchst. b JAPO in der am 1. März 2022 geltenden Fassung nachzufertigen. [3]Die Gesamtnote der schriftlichen Prüfung errechnet sich aus der Summe der Punktzahlen der schriftlichen Arbeiten, geteilt durch zehn; bei Erlass einzelner Arbeiten verringert sich die Zahl zehn entsprechend.
   c) Wurden Aufgaben im ersten und zweiten Teil nicht bearbeitet, bleiben sämtliche Arbeiten unberücksichtigt; als Nachfertigung sind alle neun schriftliche Aufgaben nach § 62 Abs. 1 und 3 JAPO in der am 1. März 2022 geltenden Fassung zu bearbeiten.
3. Die Anordnung der Nachfertigung ist gegenstandslos, wenn die Prüfung nicht bestanden ist, weil in mehr als sechs der bereits gefertigten Prüfungsarbeiten eine geringere Punktzahl als 4,0 erzielt wurde.

(4) Für Prüfungsteilnehmer, die die Zweite Juristische Staatsprüfung bis zum Prüfungstermin 2024/1 ablegen, gelten § 15 Abs. 3 und § 62 in der am 31. Mai 2024 geltenden Fassung.

(5) Rechtsreferendare, die die Zweite Juristische Staatsprüfung im Prüfungstermin 2024/2 erstmals ablegen, haben die Wahl des Berufsfelds für das Pflichtwahlpraktikum sowie die Ausübung des Wahl-

rechts zwischen der handschriftlichen und der elektronischen Anfertigung der schriftlichen Prüfungsarbeiten spätestens bis 1. Juli 2024 vorzunehmen.

(6) [1]Für die Bewertung von Prüfungsarbeiten der Ersten und Zweiten Juristischen Staatsprüfung bis zum jeweiligen Prüfungstermin 2024/1 gilt § 30 Abs. 1 in der am 31. Mai 2024 geltenden Fassung. [2]Dies gilt auch dann, wenn ein Stichentscheid durch eine nachträgliche Änderung einer Bewertung erforderlich wird.

(7) § 53a gilt erstmals für Rechtsreferendare, die ihren Vorbereitungsdienst nach dem 1. Januar 2023 beginnen.

§ 73 Inkrafttreten

Diese Verordnung tritt mit Wirkung vom 1. Juli 2003 in Kraft.

Gesetz zur Sicherung des juristischen Vorbereitungsdienstes (SiGjurVD)[1)]

Vom 27. Dezember 1999 (GVBl. S. 529)
(BayRS 302-1-J)
zuletzt geändert durch § 11, § 12 BezügeanpassungsG 2024/2025 vom 8. Juli 2024 (GVBl. S. 170)

Der Landtag des Freistaates Bayern hat das folgende Gesetz beschlossen, das nach Anhörung des Senats hiermit bekannt gemacht wird:

Artikel 1 Juristischer Vorbereitungsdienst

Der juristische Vorbereitungsdienst nach § 5b des Deutschen Richtergesetzes wird in einem öffentlich-rechtlichen Ausbildungsverhältnis nach Maßgabe der Ausbildungs- und Prüfungsordnung für Juristen abgeleistet.

Artikel 2 Öffentlich-rechtliches Ausbildungsverhältnis

(1) [1]Über die Aufnahme in den Vorbereitungsdienst entscheidet der Präsident des Oberlandesgerichts im Einvernehmen mit der Regierung von Oberbayern. [2]Die Bewerber werden mit der Aufnahme in den Vorbereitungsdienst durch Aushändigung einer Bestellungsurkunde in ein öffentlich-rechtliches Ausbildungsverhältnis berufen. [3]Die Begründung des öffentlich-rechtlichen Ausbildungsverhältnisses in elektronischer Form ist ausgeschlossen. [4]Sie führen die Bezeichnung „Rechtsreferendar" oder „Rechtsreferendarin". [5]Die Berufung setzt voraus, daß sich die Bewerber schriftlich, aber nicht in elektronischer Form zur Verschwiegenheit über die bei der Ausbildung bekannt werdenden Angelegenheiten verpflichten.

(2) [1]Für die Rechte und Pflichten der Rechtsreferendare sowie für die Beendigung des öffentlich-rechtlichen Ausbildungsverhältnisses sind die für Beamte auf Widerruf geltenden Bestimmungen mit Ausnahme des § 38 des Beamtenstatusgesetzes und der Art. 5, 96 und 105 des Bayerischen Beamtengesetzes entsprechend anzuwenden. [2]Die Rechtsreferendare haben die Pflicht, sich mit voller Arbeitskraft der Ausbildung zu widmen. [3]Die Bestimmungen des Bayerischen Disziplinargesetzes finden entsprechende Anwendung. [4]Hinsichtlich der Personalvertretung nach dem Bayerischen Personalvertretungsgesetz stehen die Rechtsreferendare den Beamten auf Widerruf im Vorbereitungsdienst gleich.

(3) Das Staatsministerium der Justiz wird ermächtigt, im Einvernehmen mit dem Staatsministerium der Finanzen und für Heimat durch Rechtsverordnung Näheres zum öffentlich-rechtlichen Ausbildungsverhältnis zu regeln.

Artikel 3 Unterhaltsbeihilfe

(1) [1]Die Rechtsreferendare erhalten eine monatliche Unterhaltsbeihilfe. [2]Sie besteht aus

1. einem Grundbetrag in Höhe von ***[bis 31.10.2024:** 1502,08 **€][ab 1.11.2024:** *1 602,08 €***]**, der in Betrag und Zeitpunkt an den Einmalzahlungen und linearen Bezügeanpassungen der Beamten auf Widerruf im Vorbereitungsdienst für ein Amt der Besoldungsgruppe A 13 mit Strukturzulage gemäß Art. 33 Satz 1 des Bayerischen Besoldungsgesetzes teilnimmt, sowie
2. einem Orts- und Familienzuschlag und vermögenswirksamen Leistungen in entsprechender Anwendung der Vorschriften, die für die in Nr. 1 genannten Beamten gelten.

(2) Haben Rechtsreferendare einen arbeitsrechtlichen Anspruch auf ein Entgelt für eine in den Ausbildungsrichtlinien vorgeschriebene Tätigkeit außerhalb des öffentlichen Dienstes, so wird das Entgelt auf die Unterhaltsbeihilfe angerechnet, soweit die Summe von Entgelt, Unterhaltsbeihilfe und Orts- und Familienzuschlag die Summe von Grundgehalt und Orts- und Familienzuschlag übersteigt, die einem Beamten mit gleichem Familienstand in der Besoldungsgruppe A 13 in der Anfangsstufe zusteht.

(3) [1]Erhalten Rechtsreferendare eine Vergütung für eine Nebentätigkeit innerhalb des öffentlichen Dienstes oder ein Entgelt für eine genehmigungspflichtige Nebentätigkeit außerhalb des öffentlichen Dienstes, so wird die Vergütung oder das Entgelt auf den Grundbetrag der Unterhaltsbeihilfe ange-

---

1) Die Änderungen durch G v. 8. Juli 2024 (GVBl. S. 170) treten teilweise erst **mWv 1.11.2024** und sind insoweit im Text entsprechend gekennzeichnet. Die Änderungen, die erst **mWv 1.2.2025** in Kraft treten, sind im Text noch nicht berücksichtigt.

rechnet, soweit sie oder es diesen übersteigt. [2]Als Grundbetrag der Unterhaltsbeihilfe werden jedoch mindestens 45 v.H. des Grundbetrags gemäß Abs. 1 Satz 2 Nr. 1 gewährt.

(4) [1]Der Präsident des Oberlandesgerichts kann den Grundbetrag der Unterhaltsbeihilfe um bis zu 55 v.H. herabsetzen, wenn der Rechtsreferendar die Zweite Juristische Staatsprüfung nicht bestanden hat oder sich die Ausbildung aus einem anderen von dem Referendar zu vertretenden Grund verzögert. [2]Bei einer Verlängerung des Vorbereitungsdienstes infolge genehmigten Fernbleibens von der Prüfung sowie in besonderen Härtefällen ist von der Kürzung abzusehen.

(5) [1]Die Unterhaltsbeihilfe wird am letzten Tag eines jeden Monats für den laufenden Monat gezahlt. [2]Im Übrigen sind auf die Unterhaltsbeihilfe die besoldungsrechtlichen Vorschriften entsprechend anzuwenden. [3]Das Staatsministerium der Finanzen und für Heimat gibt die jeweils geltende Höhe des Grundbetrags bekannt.

Artikel 4 Versicherungsfreiheit

Rechtsreferendaren wird entsprechend den beamtenrechtlichen Vorschriften eine Anwartschaft auf Versorgung bei verminderter Erwerbsfähigkeit und im Alter sowie auf Hinterbliebenenversorgung gewährleistet.

Artikel 5 In-Kraft-Treten

Dieses Gesetz tritt am 1. Januar 2000 in Kraft.

Verordnung zur Erprobung elektronischer Fernprüfungen an den Hochschulen in Bayern (Bayerische Fernprüfungserprobungsverordnung – BayFEV)[1)]

Vom 16. September 2020 (GVBl. S. 570)
(BayRS 2210-1-1-15-WK)
zuletzt geändert durch V zur Änderung der Bayerischen Fernprüfungserprobungsverordnung vom 23. Juli 2024 (GVBl. S. 390)

Auf Grund des Art. 61 Abs. 10 Satz 1 des Bayerischen Hochschulgesetzes (BayHSchG) vom 23. Mai 2006 (GVBl. S. 245, BayRS 2210-1-1-K), das zuletzt durch § 1 des Gesetzes vom 24. Juli 2020 (GVBl. S. 382) geändert worden ist, verordnet das Bayerische Staatsministerium für Wissenschaft und Kunst:

§ 1 Anwendungsbereich

(1) [1]Diese Verordnung gilt für elektronische Fernprüfungen an staatlichen und staatlich anerkannten Hochschulen in Bayern. [2]Dies sind Prüfungen, die ihrer Natur nach dafür geeignet sind, in elektronischer Form und ohne die Verpflichtung, persönlich in einem vorgegebenen Prüfungsraum anwesend sein zu müssen, durchgeführt werden.

(2) [1]Die elektronische Fernprüfung soll als zeitgemäße Prüfungsform erprobt werden. [2]Sie kann auch als Alternative zu einer Präsenzprüfung angeboten werden, wenn und soweit diese als Folge von Einschränkungen und Hindernissen aufgrund einer Pandemie, Epidemie oder eines anderen erheblichen Infektionsgeschehens nicht oder nicht für alle Studierenden durchgeführt werden kann.

§ 2 Prüfungsformen

(1) Elektronische Fernprüfungen können in Form schriftlicher Aufsichtsarbeiten (Fernklausur) oder als mündliche oder praktische Fernprüfung angeboten werden.

(2) Fernklausuren werden in einem vorgegebenen Zeitfenster unter Verwendung elektronischer Kommunikationseinrichtungen mit Videoaufsicht nach § 6 Abs. 1 Satz 1 angefertigt.

(3) Mündliche und praktische Fernprüfungen werden als Videokonferenz nach § 7 Abs. 1 durchgeführt.

§ 3 Prüfungsmodalitäten

(1) [1]Wird eine elektronische Fernprüfung angeboten, ist dies grundsätzlich zu Veranstaltungsbeginn festzulegen. [2]Falls dies nicht möglich ist, erfolgt die Festlegung in einem angemessenen Zeitraum vor der Prüfung.

(2) Gleichzeitig werden die Studierenden informiert über
1. die Verarbeitung ihrer personenbezogenen Daten nach § 4,
2. die technischen Anforderungen an die einzusetzenden Kommunikationseinrichtungen, die für eine ordnungsgemäße Durchführung der Prüfung erfüllt sein müssen, insbesondere das Bestehen einer geeigneten Bild- und Tonübertragung zur Videoaufsicht nach § 6 Abs. 1 Satz 1 oder Videokonferenz nach § 7 sowie eine qualitativ ausreichende Internetverbindung und
3. die organisatorischen Bedingungen an eine ordnungsgemäße Prüfung.

(3) Es soll für die Studierenden die Möglichkeit bestehen, die Prüfungssituation in Bezug auf die Technik, die Ausstattung und die räumliche Umgebung im Vorfeld der Prüfung zu erproben.

§ 4 Datenverarbeitung

(1) [1]Im Rahmen elektronischer Fernprüfungen dürfen personenbezogene Daten verarbeitet werden, soweit dies zur ordnungsgemäßen Durchführung der Prüfung zwingend erforderlich ist. [2]Dies gilt insbesondere für Zwecke der Authentifizierung nach § 5 und der Videoaufsicht nach § 6.

(2) [1]Die Hochschulen stellen sicher, dass die bei der Durchführung einer elektronischen Fernprüfung anfallenden personenbezogenen Daten im Einklang mit den datenschutzrechtlichen Anforderungen, insbesondere mit der Verordnung (EU) 2016/679 (Datenschutz-Grundverordnung – DSGVO), verarbeitet werden. [2]Soll eine Übertragung personenbezogener Daten in ein Land außerhalb der Europäi-

1) Die Verordnung **tritt am 31.12.2024 außer Kraft**, vgl. § 12 Abs. 2.

schen Union erfolgen, sind insbesondere die weiteren Anforderungen der Art. 44 bis 50 DSGVO zu beachten.

(3) [1]Die Studierenden sind in präziser, transparenter, verständlicher und leicht zugänglicher Form insbesondere darüber zu informieren, zu welchem Zweck personenbezogene Daten verarbeitet werden und wann diese wieder gelöscht werden. [2]Auf die Betrofffenenrechte nach den Art. 12 bis 21 DSGVO ist ausdrücklich hinzuweisen.

(4) Bei elektronischen Fernprüfungen sind Lernmanagementsysteme, Prüfungsplattformen, Videokonferenzsysteme und andere technische Hilfsmittel so zu verwenden, dass notwendige Installationen auf den elektronischen Kommunikationseinrichtungen der Studierenden nur unter den folgenden Voraussetzungen erfolgen:

1. Die Funktionsfähigkeit der elektronischen Kommunikationseinrichtung wird außerhalb der Prüfung nicht und währenddessen nur in dem zur Sicherstellung der Authentifizierung sowie der Unterbindung von Täuschungshandlungen notwendigen Maße beeinträchtigt,
2. die Informationssicherheit der elektronischen Kommunikationseinrichtung wird zu keinem Zeitpunkt beeinträchtigt,
3. die Vertraulichkeit der auf der elektronischen Kommunikationseinrichtung befindlichen Informationen wird zu keinem Zeitpunkt beeinträchtigt und
4. eine vollständige Deinstallation ist nach der Fernprüfung möglich.

§ 5 Authentifizierung

(1) [1]Vor Beginn einer elektronischen Fernprüfung erfolgt die Authentifizierung mit Hilfe eines gültigen Lichtbildausweises, der nach Aufforderung vorzuzeigen ist. [2]Die Hochschulen können weitere, gleich geeignete Authentifizierungsverfahren durch Satzung festlegen, die sie neben der Authentifizierung nach Satz 1 zusätzlich anbieten.

(2) [1]Eine Speicherung der im Zusammenhang mit der Authentifizierung verarbeiteten Daten über eine technisch notwendige Zwischenspeicherung hinaus ist unzulässig. [2]Personenbezogene Daten aus der Zwischenspeicherung sind unverzüglich zu löschen.

§ 6 Videoaufsicht bei Fernklausuren

(1) [1]Zur Unterbindung von Täuschungshandlungen während einer Fernklausur sind die Studierenden verpflichtet, die Kamera- und Mikrofonfunktion der zur Prüfung eingesetzten Kommunikationseinrichtungen zu aktivieren (Videoaufsicht). [2]Eine darüberhinausgehende Raumüberwachung findet nicht statt. [3]Die Videoaufsicht ist im Übrigen so einzurichten, dass der Persönlichkeitsschutz und die Privatsphäre der Betroffenen nicht mehr als zu den berechtigten Kontrollzwecken erforderlich eingeschränkt werden.

(2) [1]Die Videoaufsicht erfolgt durch Aufsichtspersonal der Hochschulen. [2]Eine automatisierte Auswertung von Bild- oder Tondaten der Videoaufsicht ist unzulässig.

(3) [1]Eine Aufzeichnung der Prüfung oder anderweitige Speicherung der Bild- oder Tondaten ist nicht zulässig. [2]§ 5 Abs. 2 Satz 2 gilt entsprechend.

(4) [1]Abweichend von den Abs. 2 und 3 kann die Videoaufsicht auch automatisiert erfolgen, wenn die elektronische Fernprüfung als Alternative zu einer Präsenzprüfung nach § 1 Abs. 2 Satz 2 angeboten werden soll, kein ausreichendes Aufsichtspersonal für die Durchführung der Videoaufsicht nach Abs. 2 Satz 1 zur Verfügung steht (Kapazitätsüberlastung) und die Studierenden ihre ausdrückliche Einwilligung erklärt haben. [2]Die Studierenden sind vor Erteilung der Einwilligung nach Art. 9 Abs. 2 Buchst. a DSGVO über die Wirkungsweise einer automatisierten Videoaufsicht und die bestehenden Möglichkeiten zur Ablegung einer Präsenzprüfung zu unterrichten. [3]Die Kapazitätsüberlastung ist zu dokumentieren. [4]Personenbezogene Daten, die bei einer automatisierten Videoaufsicht verarbeitet werden, dürfen nicht länger gespeichert werden, als dies zu Kontrollzwecken unbedingt erforderlich ist. [5]Die Erstellung von Persönlichkeitsprofilen ist unzulässig.

§ 7 Mündliche und praktische Fernprüfungen

(1) Für die zur Durchführung der mündlichen oder praktischen Fernprüfung notwendige Übertragung von Bild und Ton (Videokonferenz) über die Kommunikationseinrichtung der Studierenden gilt § 6 Abs. 1 und 2 entsprechend.

(2) [1]Eine Aufzeichnung der Prüfung oder anderweitige Speicherung der Bild- oder Tondaten ist nicht zulässig. [2]§ 5 Abs. 2 Satz 2 gilt entsprechend. [3]Die wesentlichen Inhalte der mündlichen Fernprüfung werden von einem Prüfer oder Beisitzer protokolliert.

§ 8 Wahlrecht

(1) [1]Die Teilnahme an elektronischen Fernprüfungen erfolgt auf freiwilliger Basis. [2]Die Freiwilligkeit der Teilnahme ist grundsätzlich auch dadurch sicherzustellen, dass eine termingleiche Präsenzprüfung als Alternative angeboten wird. [3]Termingleich sind Prüfungen, die innerhalb desselben Prüfungszeitraums unter strenger Beachtung der Grundsätze der Chancengleichheit stattfinden.

(2) [1]Soll die elektronische Fernprüfung nach § 1 Abs. 2 Satz 2 angeboten werden, stellen die Hochschulen fest, ob und für wie viele Studierende eine Präsenzprüfung unter Beachtung der jeweils geltenden infektionsschutzrechtlichen Vorgaben und Empfehlungen angeboten werden kann. [2]Kann eine Präsenzprüfung nicht durchgeführt werden oder melden sich zu viele Studierende für die Alternative der Präsenzprüfung an, können die Hochschulen Studierende auf den voraussichtlich nächstmöglichen Präsenzprüfungstermin verweisen. [3]Prüfungsrechtliche Nachteile dürfen dadurch nicht entstehen. [4]Hierzu legen die Hochschulen Kriterien fest, wobei die Auswahl vorrangig nach dem Studienfortschritt erfolgen soll. [5]Den betroffenen Studierenden muss ein Wechsel zur elektronischen Fernprüfung ermöglicht werden.

§ 9 Technische Störungen

(1) [1]Ist die Übermittlung der Prüfungsaufgabe, die Bearbeitung der Prüfungsaufgabe, die Übermittlung der Prüfungsleistung oder die Videoaufsicht zum Zeitpunkt der Prüfung bei einer Fernklausur technisch nicht durchführbar, wird die Prüfung im jeweiligen Stadium beendet und die Prüfungsleistung nicht gewertet. [2]Der Prüfungsversuch gilt als nicht vorgenommen. [3]Dies gilt nicht, wenn den Studierenden nachgewiesen werden kann, dass sie die Störung zu verantworten haben. [4]Das Wahlrecht nach § 8 bleibt unberührt.

(2) [1]Ist die Bild- oder Tonübertragung bei einer mündlichen Fernprüfung vorübergehend gestört, wird die Prüfung nach Behebung der Störung fortgesetzt. [2]Dauert die technische Störung an, so dass die mündliche Prüfung nicht ordnungsmäßig fortgeführt werden kann, wird die Prüfung zu einem späteren Zeitpunkt wiederholt. [3]Abs. 1 Satz 2 bis 4 gilt entsprechend. [4]Tritt die technische Störung auf, nachdem bereits ein wesentlicher Teil der Prüfungsleistung erbracht wurde, kann die Prüfung fernmündlich ohne Verwendung eines Videokonferenzsystems fortgesetzt und beendet werden. [5]Bei praktischen Prüfungen gelten die Sätze 1 bis 4 entsprechend.

§ 10 Übungsklausuren

[1]Die Hochschulen können Verfahren der Videoaufsicht durch automatisierte Auswertung von Bild- oder Tondaten erproben, wenn diese auf Übungsklausuren beschränkt bleiben. [2]§ 8 Abs. 1 Satz 2 gilt entsprechend. [3]Die Studierenden müssen auf der Grundlage von Informationen nach § 3 Abs. 2 ausdrücklich in die mit dieser Prüfungsform verbundene Datenverarbeitung eingewilligt haben.

§ 11 Hochschulen

(1) Das Satzungsrecht der Hochschulen nach Art. 13 Abs. 1 Satz 2 in Verbindung mit Art. 61 Abs. 2 Satz 1 und Abs. 3 Satz 1 Nr. 8 des Bayerischen Hochschulgesetzes (BayHSchG) bleibt im Übrigen unberührt.

(2) Hochschulen, die elektronische Fernprüfungen durchführen, sind verpflichtet, an der Evaluierung nach Art. 61 Abs. 10 Satz 4 BayHSchG mitzuwirken.

§ 12 Inkrafttreten, Außerkrafttreten

(1) Diese Verordnung tritt mit Wirkung vom 20. April 2020 in Kraft.

(2) Diese Verordnung tritt am 31. Dezember 2024 außer Kraft.

Bayerisches Pressegesetz (BayPrG)

In der Fassung der Bekanntmachung vom 19. April 2000 (GVBl. S. 340)
(BayRS 2250-1-I)

zuletzt geändert durch Art. 1 Abs. 256 V zur Anpassung des Landesrechts an die geltende Geschäftsverteilung vom 26. März 2019 (GVBl. S. 98)

Nichtamtliche Inhaltsübersicht

Artikel 1 Recht der freien Meinungsäußerung und Pressefreiheit

(1) Das Recht der freien Meinungsäußerung und die Pressefreiheit werden durch die Art. 110, 111 und 112 der Verfassung gewährleistet.

(2) Sondermaßnahmen jeder Art, die die Pressefreiheit beeinträchtigen, sind unstatthaft.

(3) Berufsorganisationen der Presse mit Zwangsmitgliedschaft und staatlichen Machtbefugnissen sowie eine Standesgerichtsbarkeit der Presse sind nicht zulässig.

Artikel 2 Errichtung von Verlagen und Pressebetrieben

(1) Die Errichtung eines Verlagsunternehmens oder eines sonstigen Betriebs des Pressegewerbes bedarf keiner gewerberechtlichen Zulassung.

(2) Die für alle Gewerbebetriebe geltenden Vorschriften bleiben unberührt.

Artikel 3 Aufgaben der Presse

(1) Die Presse dient dem demokratischen Gedanken.

(2) Sie hat in Erfüllung dieser Aufgabe die Pflicht zu wahrheitsgemäßer Berichterstattung und das Recht, ungehindert Nachrichten und Informationen einzuholen, zu berichten und Kritik zu üben.

(3) Im Rahmen dieser Rechte und Pflichten nimmt sie in Angelegenheiten des öffentlichen Lebens berechtigte Interessen im Sinn des § 193 des Strafgesetzbuchs (StGB) wahr.

Artikel 4 Auskunftsrecht

(1) [1]Die Presse hat gegenüber Behörden ein Recht auf Auskunft. [2]Sie kann es nur durch Redakteure oder andere von ihnen genügend ausgewiesene Mitarbeiter von Zeitungen oder Zeitschriften ausüben.

(2) [1]Das Recht auf Auskunft kann nur gegenüber dem Behördenleiter und den von ihm Beauftragten geltend gemacht werden. [2]Die Auskunft darf nur verweigert werden, soweit auf Grund beamtenrechtlicher oder sonstiger gesetzlicher Vorschriften eine Verschwiegenheitspflicht besteht.

Artikel 5 Verantwortlicher Redakteur

(1) Bei jeder Zeitung muss mindestens ein verantwortlicher Redakteur bestellt werden.

(2) Als verantwortlicher Redakteur darf nicht tätig sein und beschäftigt werden, wer

1. seinen gewöhnlichen Aufenthalt nicht in einem Mitgliedstaat der Europäischen Union oder in einem anderen Vertragsstaat des Abkommens über den Europäischen Wirtschaftsraum hat,

2. infolge Richterspruchs die Fähigkeit zur Bekleidung öffentlicher Ämter, die Fähigkeit, Rechte aus öffentlichen Wahlen zu erlangen, oder das Recht, in öffentlichen Angelegenheiten zu wählen oder zu stimmen, nicht besitzt,
3. nicht unbeschränkt geschäftsfähig ist.

(3) Wer nur mit besonderer Zustimmung oder Genehmigung strafrechtlich verfolgt werden kann, darf nicht verantwortlicher Redakteur für den politischen Teil einer Zeitung oder Zeitschrift sein.

(4) Absatz 2 Nr. 3 gilt nicht für Druckwerke, die von Jugendlichen für Jugendliche herausgegeben werden.

Artikel 6 Druckwerke; Zeitungen und Zeitschriften

(1) Druckwerke im Sinn dieses Gesetzes sind alle mittels der Buchdruckerpresse oder eines sonstigen Vervielfältigungsverfahrens hergestellten und zur Verbreitung in der Öffentlichkeit bestimmten Schriften, bildlichen Darstellungen mit und ohne Schrift und Musikalien mit Text oder Erläuterungen.

(2) Periodische Druckwerke sind Druckwerke, die in Zwischenräumen von höchstens sechs Monaten erscheinen.

(3) [1]Zeitungen und Zeitschriften im Sinn dieses Gesetzes sind periodische Druckwerke, deren Auflage 500 Stück übersteigt. [2]Periodische Druckwerke, deren Auflage 500 Stück nicht übersteigt, gelten als Zeitungen und Zeitschriften nur dann, wenn ihr Bezug nicht an einen bestimmten Personenkreis gebunden ist.

Artikel 7 Impressum bei Druckwerken

(1) [1]Auf jedem in Bayern erscheinenden Druckwerk muss der Drucker und Verleger, beim Selbstverlag der Verfasser oder Herausgeber genannt sein. [2]Anzugeben sind Name oder Firma und Anschrift.

(2) Ausgenommen sind Druckwerke, die ausschließlich Zwecken des Gewerbes oder Verkehrs oder des häuslichen oder geselligen Lebens dienen, wie Formblätter, Preislisten, Gebrauchsanweisungen, Fahrkarten, Familienanzeigen und dergleichen.

(3) Ausgenommen sind weiter Stimmzettel für Wahlen, sofern sie lediglich Zweck, Zeit und Ort der Wahl und die Namen der Parteien und Wahlbewerber enthalten.

Artikel 8 Impressum bei Zeitungen und Zeitschriften

(1) [1]Zeitungen und Zeitschriften müssen auf jeder Nummer außerdem den Namen und die Anschrift des oder der verantwortlichen Redakteure enthalten. [2]Das gilt nicht für Amtsblätter öffentlicher Behörden.

(2) [1]Sind mehrere verantwortliche Redakteure bestellt, so muss ersichtlich sein, für welches Sachgebiet ein jeder verantwortlich ist. [2]Auch für den Anzeigenteil muss eine verantwortliche Person benannt werden.

(3) [1]Die Inhaber- und Beteiligungsverhältnisse eines Verlags, der eine Zeitung oder eine Zeitschrift herausgibt, sind wie folgt bekannt zu geben:
1. bei Herausgabe einer Zeitung oder einer wöchentlich erscheinenden Zeitschrift in dem Impressum der ersten Ausgabe jedes Kalenderhalbjahres,
2. bei Herausgabe einer anderen Zeitschrift in dem Impressum der ersten Ausgabe jedes Kalenderjahres.

[2]Außerdem sind Änderungen der Inhaber- und Beteiligungsverhältnisse unverzüglich im Impressum zu veröffentlichen. [3]Die Bekanntgabe der Inhaber- und Beteiligungsverhältnisse hat mindestens Vornamen, Namen, Beruf und Wohnort zu enthalten
1. des Einzelkaufmanns,
2. aller persönlich haftenden Gesellschafter,
3. von Aktionären, die mehr als 25 % des Kapitals halten,
4. von Gesellschaftern einer Gesellschaft mit beschränkter Haftung mit einer Stammeinlage von mehr als 5 % des Stammkapitals,
5. der Mitglieder
   a) des Aufsichtsrats einer Aktiengesellschaft unter Nennung des vorsitzenden Mitglieds und
   b) des Vorstands einer Genossenschaft.

[4]Außerdem sind alle stillen Beteiligungen aufzuführen unter genauer Bezeichnung der stillen Gesellschafter sowie alle Treuhandverhältnisse unter genauer Bezeichnung von Treuhänder und Treugeber. [5]Ist an einer Verlagsgesellschaft eine andere Gesellschaft zu mehr als einem Viertel beteiligt, so sind

über diese Gesellschaft die gleichen Angaben zu machen wie sie in den Sätzen 3 und 4 für den Verlag selbst vorgeschrieben sind. [6]Werden Beteiligungen von politischen Parteien oder Wählergruppen gehalten, ist darauf unter bruchteilsmäßiger Angabe der Höhe der Beteiligung hinzuweisen. [7]Die Bezeichnung des Berufs muss bei Bestehen eines Dienstverhältnisses den Dienstgeber erkennen lassen; bei Personen, die Inhaber oder Mitinhaber anderer wirtschaftlicher Unternehmen sind, müssen diese Unternehmen mit den Angaben über den Beruf genannt werden.

(4) Zeitungen und Anschlusszeitungen, die regelmäßig wesentliche Teile fertig übernehmen, haben im Impressum auch den für den übernommenen Teil verantwortlichen Redakteur und den Verleger des anderen Druckwerks zu benennen.

Artikel 9 Anzeige und Reklametexte

Bei Zeitungen und Zeitschriften müssen Teile, insbesondere Anzeigen- und Reklametexte, deren Abdruck gegen Entgelt erfolgt, kenntlich gemacht werden.

Artikel 10 Gegendarstellung

(1) [1]Der verantwortliche Redakteur und der Verleger einer Zeitung oder Zeitschrift sind verpflichtet, zu Tatsachen, die darin mitgeteilt wurden, auf Verlangen einer unmittelbar betroffenen Person oder Behörde deren Gegendarstellung abzudrucken. [2]Sie muss die beanstandeten Stellen bezeichnen, sich auf tatsächliche Angaben beschränken und vom Einsender unterzeichnet sein. [3]Ergeben sich begründete Zweifel an der Echtheit der Unterschrift einer Gegendarstellung, so kann die Beglaubigung der Unterschrift verlangt werden.

(2) [1]Der Abdruck muss unverzüglich, und zwar in demselben Teil des Druckwerks und mit derselben Schrift wie der Abdruck des beanstandeten Textes ohne Einschaltungen und Weglassungen erfolgen. [2]Der Abdruck darf nur mit der Begründung verweigert werden, dass die Gegendarstellung einen strafbaren Inhalt habe. [3]Die Gegendarstellung soll den Umfang des beanstandeten Textes nicht wesentlich überschreiten. [4]Die Aufnahme erfolgt insoweit kostenfrei.

(3) Der Anspruch auf Aufnahme der Gegendarstellung kann auch im Zivilrechtsweg verfolgt werden.

Artikel 11 Datenschutz

(1) [1]Soweit Unternehmen der Presse personenbezogene Daten zu journalistischen Zwecken verarbeiten, ist es den hiermit befassten Personen untersagt, diese Daten zu anderen Zwecken zu verarbeiten (Datengeheimnis). [2]Diese Personen sind bei Aufnahme ihrer Tätigkeit auf das Datengeheimnis zu verpflichten. [3]Das Datengeheimnis besteht nach Beendigung ihrer Tätigkeit fort.

(2) Die Prüfung von Beschwerden nach Art. 77 der Verordnung (EU) 2016/679 (Datenschutz-Grundverordnung) obliegt den Einrichtungen der freiwilligen Selbstkontrolle.

Artikel 12 Strafrechtliche Verantwortlichkeit

(1) Die Verantwortlichkeit für strafbare Handlungen, die mittels eines Druckwerks begangen werden, bestimmt sich nach den allgemeinen Strafgesetzen.

(2) [1]Wer als verantwortlicher Redakteur, Verleger, Drucker oder Verbreiter am Erscheinen eines Druckwerks strafbaren Inhalts mitgewirkt hat, wird, wenn er nicht schon nach Absatz 1 als Täter oder Teilnehmer zu bestrafen ist, wegen fahrlässiger Veröffentlichung mit Freiheitsstrafe bis zu einem Jahr oder mit Geldstrafe bestraft, sofern er nicht die pflichtgemäße Sorgfalt angewandt hat. [2]Die Bestrafung des Vormanns schließt die des Nachmanns aus.

Artikel 13 Ordnungswidrigkeiten

(1) Mit Geldbuße kann belegt werden, soweit die Tat nicht nach anderen Vorschriften mit Strafe bedroht ist:

1. wer den in den Art. 7, 8 und 9 enthaltenen Vorschriften zuwiderhandelt;
2. wer als Unternehmer Druckwerke vertreibt, in denen die in Art. 7 vorgeschriebenen Angaben fehlen;
3. wer als verantwortlicher Redakteur oder Verleger einer Zeitung oder Zeitschrift den Abdruck einer Gegendarstellung (Art. 10) verweigert. Die Verfolgung tritt nur auf Antrag der betroffenen Person oder Behörde ein. Die Zurücknahme des Antrags ist zulässig. Bei der Ahndung ist der Abdruck der Gegendarstellung anzuordnen, wenn dies von dem Antragsberechtigten verlangt wird;

4. wer wider besseres Wissen den Abdruck einer in wesentlichen Punkten unwahren Darstellung oder Gegendarstellung erwirkt. Die Verfolgung tritt nur auf Antrag des Betroffenen, des Redakteurs oder des Verlegers ein. Die Zurücknahme des Antrags ist zulässig;
5. wer einer gerichtlichen Anordnung zum Abdruck der Gegendarstellung nicht unverzüglich nachkommt.

(2) [1]In den Fällen des Absatzes 1 Nrn. 1 und 2 kann auf Einziehung der Druckwerke und des zu ihrer Herstellung verwendeten Materials erkannt werden. [2]§ 23 des Gesetzes über Ordnungswidrigkeiten ist anzuwenden.

Artikel 14 Strafvorschriften

Mit Freiheitsstrafe bis zu einem Jahr oder mit Geldstrafe wird bestraft,

1. wer als Verleger eine Person zum verantwortlichen Redakteur bestellt, die nicht den Bestimmungen des Art. 5 Abs. 2 entspricht;
2. wer als verantwortlicher Redakteur zeichnet, obwohl ihm das nach Art. 5 Abs. 2 und 3 untersagt ist;
3. wer ein beschlagnahmtes Druckwerk in Kenntnis der Beschlagnahme verbreitet;
4. wer in Kenntnis des strafbaren Inhalts einer Druckschrift den Vorschriften der Art. 7 und 8 zuwiderhandelt;
5. wer über die Inhaber- und Beteiligungsverhältnisse (Art. 8 Abs. 3) wissentlich falsche Angaben macht.

Artikel 15 Verjährung bei Straftaten und Ordnungswidrigkeiten

(1) [1]Die Verfolgung der in diesem Gesetz mit Strafe bedrohten Handlungen und derjenigen Taten, welche durch Verbreitung von Druckwerken strafbaren Inhalts begangen werden, verjährt in sechs Monaten. [2]Dies gilt nicht für Taten

1. nach §§ 130, 131, §§ 184a und 184b StGB,
2. nach §§ 86, 86a, § 129a Abs. 5 StGB und § 20 des Vereinsgesetzes, die mittels eines nichtperiodischen Druckwerks begangen werden und
3. nach § 264a StGB, § 38 des Wertpapierhandelsgesetzes und § 399 des Aktiengesetzes.

(2) Die Verfolgung der in Art. 13 genannten Ordnungswidrigkeiten verjährt in drei Monaten.

(3) [1]Der Lauf der Frist beginnt mit dem Erscheinen des Druckwerks. [2]Mit dem Erscheinen einer neuen Auflage des Druckwerks beginnt die Frist von neuem.

Artikel 16 Beschlagnahme

(1) Die Anordnung der Beschlagnahme von Druckwerken steht abweichend von § 98 der Strafprozessordnung nur dem Richter zu.

(2) [1]Die Polizei ist berechtigt, gegen Art. 7 verstoßende Druckwerke und Druckwerke strafbaren Inhalts mit Ausnahme von Zeitungen und Zeitschriften dem Verbreiter vorläufig wegzunehmen. [2]Sie hat dieselben unverzüglich dem Richter vorzulegen, der innerhalb von 24 Stunden eine Entscheidung zu treffen hat.

Artikel 17 Umfang der Beschlagnahme

(1) Die Beschlagnahme eines Druckwerks umfasst alle Stücke, die sich im Besitz des Verlegers, Herausgebers, Redakteurs, Verfassers, Druckers oder Händlers befinden sowie die öffentlich ausgelegten oder öffentlich angebotenen Stücke.

(2) Die Beschlagnahme eines Druckwerks kann auf das zu seiner Herstellung verwandte Material wie etwa Drucksatz, Druckform, Platten oder Klischees erstreckt werden.

(3) Trennbare Teile des Druckwerks, welche nichts Strafbares enthalten, sind von der Beschlagnahme auszuschließen.

Artikel 18 Nachrichtenagenturen, Pressebüros

Die Bestimmungen dieses Gesetzes gelten sinngemäß auch für Nachrichtenagenturen, Pressebüros und ähnliche Unternehmen.

Artikel 19 Durchführungsbestimmungen; Inkrafttreten

(1) Verwaltungsvorschriften, die nur den Geschäftsbereich eines Staatsministeriums betreffen, werden von diesem im Einvernehmen mit dem Staatsministerium des Innern, für Sport und Integration erlassen.

(2) [1]Dieses Gesetz ist dringlich. [2]Es tritt am 1. Juli 1949 in Kraft[1)].

1) **Amtl. Anm.:** Diese Vorschrift betrifft das In-Kraft-Treten des Gesetzes in der ursprünglichen Fassung vom 3. Oktober 1949 (GVBl S. 243). Der Zeitpunkt des In-Kraft-Tretens der späteren Änderungen ergibt sich aus den jeweiligen Änderungsgesetzen.

Gesetz über die Entwicklung, Förderung und Veranstaltung privater Rundfunkangebote und anderer Telemedien in Bayern (Bayerisches Mediengesetz – BayMG)

In der Fassung der Bekanntmachung vom 22. Oktober 2003[1] (GVBl. S. 799)
(BayRS 2251-4-S)

zuletzt geändert durch § 1 G zur Änderung des Bayerischen Mediengesetzes und weiterer Rechtsvorschriften vom 24. März 2022 (GVBl. S. 70)

Nichtamtliche Inhaltsübersicht

---

1) Neubekanntmachung des Bayerischen Mediengesetzes v. 14. März. 2002 (GVBl. S. 154) in der ab 1.8.2003 geltenden Fassung mit neuer Artikelfolge und Beseitigung von Unstimmigkeiten des Wortlauts.

Erster Abschnitt

Allgemeine Vorschriften

Artikel 1 Anwendungsbereich, Begriffsbestimmungen

(1) Dieses Gesetz ist Grundlage für die Entwicklung, Förderung und Veranstaltung von Rundfunk, die Durchführung von Pilotprojekten und Betriebsversuchen nach dem Vierten Abschnitt sowie für die Weiterverbreitung von Rundfunkprogrammen und Telemedien in Kabelanlagen in Bayern.

(2) [1]Es gelten die Begriffsbestimmungen des § 2 des Medienstaatsvertrags (MStV). [2]Nicht unter den Rundfunkbegriff im Sinn des Medienstaatsvertrags fallen Angebote, die sich auf ein Gebäude oder einen zusammengehörenden Gebäudekomplex beschränken und in einem funktionellen Zusammenhang mit den dort zu erfüllenden Aufgaben stehen.

(3) Für den Bayerischen Rundfunk, das Zweite Deutsche Fernsehen und andere öffentlich-rechtliche Rundfunkanstalten findet dieses Gesetz nur Anwendung, soweit dies ausdrücklich bestimmt ist.

Artikel 2 Öffentlich-rechtliche Trägerschaft, Organisation

(1) Rundfunk im Rahmen dieses Gesetzes wird in öffentlicher Verantwortung und in öffentlich-rechtlicher Trägerschaft der Bayerischen Landeszentrale für neue Medien (Landeszentrale) betrieben.

(2) [1]Im Rahmen dieses Gesetzes organisiert die Landeszentrale Rundfunkprogramme aus von Rundfunkanbietern (Anbieter) gestalteten Beiträgen. [2]Dabei ist auf eine qualitätvolle Programmgestaltung hinzuwirken und die Unabhängigkeit der Redaktionen sicherzustellen.

(3) Bei der Organisation lokaler, regionaler und landesweiter Rundfunkangebote achtet die Landeszentrale auf Programmvielfalt und auf tragfähige wirtschaftliche Rahmenbedingungen.

(4) Für Anbietergesellschaften und -gemeinschaften gelten die Vorschriften dieses Gesetzes über Anbieter entsprechend.

Artikel 3 Programme

(1) Die der Landeszentrale zugeordneten drahtlosen Fernsehfrequenzen werden zur Verbreitung bundesweiter, landesweiter und regionaler oder lokaler Programme genutzt.

(2) [1]Die der Landeszentrale zugeordneten drahtlosen UKW-Hörfunkfrequenzen werden für eine landesweite Hörfunksenderkette und für lokale oder regionale Hörfunkprogramme genutzt. [2]Darüber hinaus kann die Landeszentrale drahtlose UKW-Hörfunkfrequenzen für die Verbreitung von Hörfunkprogrammen vorsehen, die zur landesweiten oder bundesweiten Verbreitung über Satellit oder in Breitbandkabelnetzen bestimmt sind. [3]Die der Landeszentrale zugeordneten drahtlosen DAB+-Frequenzen, die primär für die landesweite DAB+-Versorgung ausgelegt sind, werden bis zu 50 % für die Angebote der für die landesweite UKW-Hörfunksenderkette genehmigten Anbieter genutzt. [4]Zusammenschaltungen von regionalen DAB+-Versorgungen zu einer landesweiten Bedeckung sind davon ausgenommen.

(3) [1]In den beiden bundesweit verbreiteten reichweitenstärksten Fernsehvollprogrammen sind unabhängig von der Art ihrer Verbreitung im Rahmen der technischen Möglichkeiten landesweite und regionale oder lokale Fensterprogramme zu schalten, deren Finanzierung durch Leistungsbescheid gegenüber den Anbietern oder Veranstaltern der bundesweiten Programme sicherzustellen ist. [2]Es gilt § 59 Abs. 4 MStV.

(4) [1]Rundfunkprogramme können auch Zulieferungen von Programmteilen (Zulieferungsprogramme) enthalten, die in der medienrechtlichen Verantwortung der Anbieter eingebracht werden. [2]Zulieferungsprogramme, deren Inhalte einen Bezug zu Bayern haben, sind vorrangig zu berücksichtigen.

(5) [1]Die Befugnisse der Landeszentrale, die Nutzung verfügbarer Sende- und Übertragungskapazitäten für weitere Voll- oder Spartenprogramme unter Berücksichtigung der wirtschaftlichen Tragfähigkeit vorzusehen, bleiben unberührt. [2]Die Nutzung verfügbarer Sende- und Übertragungskapazitäten kann auch für Zwecke der Aus- und Fortbildung genehmigt werden.

Artikel 4 Ausgewogenheit des Gesamtangebots, Meinungsvielfalt, Informationsvielfalt

(1) [1]Die nach diesem Gesetz in Bayern verbreiteten Rundfunkprogramme in ihrer Gesamtheit tragen zur Unterrichtung, Bildung, Kultur und Unterhaltung bei und müssen die bedeutsamen politischen, weltanschaulichen und gesellschaftlichen Gruppen angemessen zu Wort kommen lassen. [2]Nachrichten- und Informationsangeboten kommt im demokratischen Informationsgefüge ein besonderer ge-

samtgesellschaftlicher Stellenwert zu. [3]Die Gesamtheit der Rundfunkprogramme eines Versorgungsgebiets darf nicht einseitig eine Partei, eine Interessengruppe oder eine Weltanschauung begünstigen.

(2) [1]Niemand darf durch seine Beteiligung an Rundfunkprogrammen einen in hohem Maße ungleichgewichtigen Einfluss auf die Bildung der öffentlichen Meinung im Versorgungsgebiet (vorherrschende Meinungsmacht) erhalten. [2]Die vorherrschende Meinungsmacht wird vermutet, wenn neben den Rundfunkprogrammen, an denen ein Anbieter beteiligt ist, nicht mindestens ein weiteres, vergleichbar meinungsrelevantes Rundfunkprogramm eines anderen Anbieters im überwiegenden Teil des Versorgungsgebiets zu empfangen ist.

(3) Zur Verhinderung vorherrschender Meinungsmacht und zur Sicherung von Meinungs- und Informationsvielfalt kommen einzeln oder in Kombination insbesondere folgende Vorkehrungen in Betracht:

1. eine gesellschaftsrechtliche Zusammensetzung des Anbieters, die keinem Gesellschafter einen maßgeblichen Einfluss in den Organen der Gesellschaft ermöglicht,
2. Stimmrechtsbeschränkungen in Programmfragen,
3. ein verbindliches Programmschema,
4. die Einrichtung eines Programmbeirats entsprechend den Grundsätzen des § 66 MStV.

(4) Wer zu einem Anbieter im Verhältnis eines verbundenen Unternehmens entsprechend § 15 des Aktiengesetzes steht oder in anderer Weise auf das Angebot des Anbieters maßgeblichen Einfluss nehmen kann, steht bezüglich der Anwendung der Abs. 2 und 3 dem Anbieter gleich.

Artikel 5 Programmgrundsätze, Meinungsumfragen, Drittsenderechte

(1) [1]Die nach diesem Gesetz an der Veranstaltung von Rundfunk Beteiligten sind an die verfassungsmäßige Ordnung gebunden. [2]Die Sendungen haben die Würde des Menschen, die sittlichen, religiösen und weltanschaulichen Überzeugungen anderer sowie Ehe und Familie zu achten. [3]Sie dürfen sich nicht gegen die Völkerverständigung richten. [4]Die allgemeinen Gesetze und die gesetzlichen Bestimmungen zum Schutz der persönlichen Ehre sind einzuhalten.

(2) [1]Berichterstattung und Informationssendungen haben den anerkannten journalistischen Grundsätzen, auch beim Einsatz virtueller Elemente, zu entsprechen. [2]Sie müssen unabhängig und sachlich sein. [3]Alle Nachrichten und Berichte sind vor ihrer Verbreitung mit der nach den Umständen gebotenen Sorgfalt auf Wahrheit und Herkunft zu prüfen. [4]Entstellungen durch Verzerrung der Sachverhalte sind zu unterlassen. [5]Kommentare sind von der Berichterstattung deutlich zu trennen und unter Nennung des Verfassers als solche zu kennzeichnen.

(3) Für Meinungsumfragen, die von Anbietern durchgeführt werden, gilt § 6 Abs. 2 MStV.

(4) [1]Politische Parteien und Wählergruppen können Wahlwerbung nach Maßgabe des § 5 Abs. 1 bis 3 des Parteiengesetzes einbringen. [2]Bei Wahlen zum Bayerischen Landtag, zum Deutschen Bundestag und zum Europäischen Parlament kann in Programme, die nicht zur bundesweiten Verbreitung bestimmt sind, nur Wahlwerbung solcher Parteien und Wählergruppen eingebracht werden, die in Bayern mit einem Wahlvorschlag zugelassen sind. [3]Bei Wahlen auf Gemeinde-, Kreis- oder Bezirksebene kann nur Wahlwerbung solcher Parteien und Wählergruppen im lokalen/regionalen Rundfunk eingebracht werden, die mit einem Wahlvorschlag zu der entsprechenden Wahl in dem jeweiligen Sendegebiet zugelassen sind. [4]Räumt ein Anbieter einer politischen Partei oder Wählergruppe Sendezeit zur Vorbereitung einer Wahl ein, muss er allen anderen Parteien und Wählergruppen, welche die Voraussetzungen für die Einbringung von Wahlwerbung für den jeweiligen Wahlanlass erfüllen, auf Wunsch angemessene, nach der Bedeutung der Partei oder Wählergruppe abgestufte Sendezeit zur Verfügung stellen. [5]Einzelheiten über die Wahlwerbung, insbesondere über Dauer und Aufteilung der Sendezeiten sowie die Kostenerstattung, regelt die Landeszentrale durch Satzung.

(5) [1]In landesweit, regional und lokal verbreiteten Rundfunkprogrammen kann Werbung aus Anlass eines zugelassenen Volksbegehrens und eines Volksentscheids eingebracht werden. [2]Räumt ein Anbieter Sendezeit für die Werbung aus Anlass eines zugelassenen Volksbegehrens und eines Volksentscheids ein, muss er auch Vertretern einer anderen Auffassung zu dem zugelassenen Volksbegehren und zu dem Volksentscheid auf Wunsch Sendezeit in einem angemessenen Verhältnis zur Verfügung stellen. [3]Einzelheiten, insbesondere die Werbeberechtigung, die Dauer der Werbung und die Kostenerstattung, regelt die Landeszentrale durch Satzung.

(6) [1]Die Mitglieder der Staatsregierung und die von ihnen Beauftragten haben das Recht, amtliche Verlautbarungen und andere wichtige, im öffentlichen Interesse gelegene Mitteilungen über den

Rundfunk bekannt zu geben oder bekannt geben zu lassen. [2]Darüber hinaus haben die Anbieter in Katastrophenfällen oder bei anderen Gefahren für die öffentliche Sicherheit den zuständigen Behörden und Stellen unverzüglich die erforderliche Sendezeit für amtliche Durchsagen einzuräumen. [3]Für Inhalt und Gestaltung der Sendezeit ist derjenige verantwortlich, dem die Sendezeit zu Verfügung gestellt worden ist.

Artikel 6 Unzulässige Sendungen, Jugendschutz

[1]Die für Rundfunk geltenden Bestimmungen des Jugendmedienschutz-Staatsvertrags finden Anwendung. [2]§ 19 des Jugendmedienschutz-Staatsvertrags gilt für lokale, regionale und landesweite Rundfunkangebote entsprechend.

Artikel 7 Kurzberichterstattung, Übertragung von Großereignissen

[1]Das Recht auf unentgeltliche Kurzberichterstattung im Fernsehen über Veranstaltungen und Ereignisse, die öffentlich zugänglich und von allgemeinem Informationsinteresse sind, richtet sich nach § 14 MStV. [2]Für die Übertragung von Großereignissen gilt § 13 MStV.

Artikel 8 Werbung, Teleshopping

(1) [1]Für Werbung und Teleshopping gelten § 1 Abs. 6 und §§ 8, 9 MStV und § 6 des Jugendmedienschutz-Staatsvertrags. [2]Die §§ 70 und 71 MStV gelten entsprechend.

(2) [1]Für lokale und regionale Fernsehprogramme gilt Abs. 1 mit der Maßgabe, dass § 8 Abs. 4 Satz 2, § 9 Abs. 3 und § 70 Abs. 1 MStV keine Anwendung finden. [2]Einzelheiten, insbesondere zur Anwendung von Satz 1 bei Fensterprogrammen nach Art. 3 Abs. 3, regelt die Landeszentrale durch Satzung.

Artikel 9 Sponsoring, Gewinnspiele

[1]Die Zulässigkeit von Sponsoring richtet sich nach § 10 MStV. [2]Für Gewinnspiele gilt § 11 MStV.

Zweiter Abschnitt
Bayerische Landeszentrale für neue Medien

Artikel 10 Rechtsform, Organe

(1) [1]Die Bayerische Landeszentrale für neue Medien ist eine rechtsfähige Anstalt des öffentlichen Rechts mit dem Sitz in München. [2]Sie hat das Recht der Selbstverwaltung. [3]Sie ist auch Landesmedienanstalt im Sinn des Medienstaatsvertrags und des Jugendmedienschutz-Staatsvertrags.

(2) Organe der Landeszentrale sind unbeschadet § 104 Abs. 2 MStV und § 14 Abs. 2 Satz 1 und 2 des Jugendmedienschutz-Staatsvertrags

1. der Medienrat,
2. der Verwaltungsrat,
3. der Präsident.

(3) [1]Medienrat und Verwaltungsrat geben sich je eine Geschäftsordnung. [2]Diese müssen Bestimmungen über die Frist und Form der Einladungen zu den Sitzungen sowie über den Geschäftsgang enthalten. [3]Sie können vorsehen, dass aus wichtigen Gründen vom Erfordernis der persönlichen Anwesenheit in Sitzungen abgesehen werden kann, wenn keine überwiegenden Interessen entgegenstehen.

(4) [1]Dem Medienrat und dem Verwaltungsrat dürfen nicht angehören:

1. Mitglieder des Europäischen Parlaments, des Deutschen Bundestags oder eines Landesparlaments,
2. Mitglieder der Europäischen Kommission, der Bundesregierung oder der Regierung eines Landes,
3. hauptamtliche kommunale Wahlbeamte und Vertreter der kommunalen Spitzenverbände auf Leitungsebene,
4. Mitglieder im Vorstand einer politischen Partei auf Bundes- oder Landesebene,
5. Angestellte oder ständige Mitarbeiter der Landeszentrale,
6. Mitglieder eines Organs eines öffentlich-rechtlichen Rundfunkveranstalters.

[2]Der in Satz 1 Nr. 1 bis 5 genannte Personenkreis kann frühestens 18 Monate nach dem Ausscheiden aus der dort genannten Funktion als Mitglied in den Medienrat entsandt oder in den Verwaltungsrat gewählt werden. [3]Satz 1 Nr. 1 bis 4 gilt nicht in den Fällen der Art. 13 Abs. 1 Satz 1 Nr. 1, 2 und 5 sowie Art. 14 Abs. 2 Satz 1 Nr. 1.

(5) [1]Die Mitglieder des Medienrats und des Verwaltungsrats sind ehrenamtlich tätig und erhalten für jegliche Art von Mitarbeit bei der Landeszentrale kein Honorar. [2]Die Aufwandsentschädigung regelt

die Landeszentrale durch Satzung. [3]Sie dürfen keine Sonderinteressen vertreten, die geeignet sind, die Erfüllung ihrer Aufgaben zu gefährden; sie sind an Aufträge nicht gebunden.

(6) [1]Veröffentlicht werden

1. die Zusammensetzung des Medienrats und seiner Ausschüsse sowie des Verwaltungsrats,
2. die Tagesordnungen sowie Zusammenfassungen von Gegenstand und Ergebnissen ihrer Sitzungen.

[2]Die Veröffentlichungen erfolgen in elektronischer Form im Internetauftritt der Landeszentrale und wahren

1. Betriebs- und Geschäftsgeheimnisse der Landeszentrale,
2. die berechtigten Interessen ihrer Beschäftigten am Schutz ihrer personenbezogenen Daten und
3. die berechtigten Geheimhaltungsinteressen Dritter.

[3]Das Nähere regelt das jeweilige Gremium in der Geschäftsordnung.

(7) [1]Ein Mitglied kann dem Medienrat und dem Verwaltungsrat zusammen insgesamt während höchstens drei Amtsperioden angehören. [2]Eine Mitgliedschaft im Medienrat oder im Verwaltungsrat vor dem 1. Mai 2017 gilt als erste Amtszeit im Sinn von Satz 1.

(8) [1]Die Mitglieder des Verwaltungsrats dürfen nicht gleichzeitig dem Medienrat angehören. [2]Mitglieder des Medienrats scheiden mit ihrer Berufung in den Verwaltungsrat aus dem Medienrat aus.

Artikel 11 Aufgaben

(1) [1]Ein Aufgabenschwerpunkt der Landeszentrale ist die Organisation, Förderung, Verbreitung und Beaufsichtigung von Rundfunkprogrammen entsprechend den gesetzlichen Vorgaben. [2]Dazu gehören vor allem folgende Tätigkeiten:

1. Sie sorgt für die Einhaltung der gesetzlichen Bestimmungen einschließlich der Bestimmungen des Medienstaatsvertrags und des Jugendmedienschutz-Staatsvertrags,
2. sie entwickelt unter Beachtung der Vorschriften des Art. 3 Konzepte für Programme privater Anbieter in Bayern und stellt eine ausgewogene landesweite Rundfunkstruktur sicher,
3. sie wirkt darauf hin, dass der Meinungsvielfalt Rechnung getragen wird und dass die Rundfunkprogramme einen angemessenen Anteil von Beiträgen mit kulturellen, kirchlichen, sozialen und wirtschaftlichen Inhalten aufweisen,
4. sie fördert insbesondere die Herstellung und Verbreitung hochwertiger lokaler und regionaler Fernsehprogramme unter Berücksichtigung der Möglichkeiten der Anbieter, die Angebote mit selbst erwirtschafteten Mitteln zu finanzieren,
5. sie fördert die Herstellung, Verbreitung und Digitalisierung von weiteren Rundfunkprogrammen zur Erhöhung von Vielfalt und Qualität dieser Angebote; gemeinnützige Anbieter und Zulieferer sind dabei besonders zu berücksichtigen,
6. sie entwickelt ein technisches Konzept für eine landesweite, regionale und lokale Rundfunkstruktur in Bayern, legt die Versorgungsgebiete unter Berücksichtigung der verfügbaren Übertragungskapazitäten, der vorhandenen Wirtschafts-, Kultur- und Kommunikationsräume sowie der wirtschaftlichen Tragfähigkeit für die Veranstaltung von Rundfunk fest und setzt die in Nr. 2 genannten Konzepte technisch um,
7. sie schließt mit Netzbetreibern, Betreibern von Kabelanlagen, dem Bayerischen Rundfunk und anderen Stellen Vereinbarungen über die Bereitstellung von technischen Einrichtungen, Dienstleistungen, Frequenzen und Kanälen sowie deren Nutzungsmerkmale; sie entscheidet über die Zuweisung technischer Übertragungskapazitäten und nimmt die hierfür notwendigen Maßnahmen vor,
8. sie arbeitet mit den zuständigen Stellen der Länder und des Bundes bei der Nutzung der für die unmittelbare Verteilung und die Heranführung von Rundfunksendungen bestimmten Satelliten nach den Maßgaben der Staatsregierung zusammen,
9. sie stellt im Zusammenwirken mit den Landesmedienanstalten der anderen Länder sicher, dass in Bayern verbreitete bundesweite Rundfunkprogramme dem Medienstaatsvertrag und dem Jugendmedienschutz-Staatsvertrag entsprechen und wirkt darauf hin, dass die in Bayern organisierten bundesweiten Rundfunkprogramme bei der Vergabe von Übertragungsmöglichkeiten in anderen Ländern angemessen berücksichtigt werden,
10. sie wirkt nach den Maßgaben der Staatsregierung und unter Berücksichtigung der örtlichen Belange auf eine den Erfordernissen der Raumordnungs- und Strukturpolitik entsprechende Ver-

sorgung Bayerns mit Frequenzen, Kabelanlagen und den für die Zuführung und Verbreitung von Rundfunksendungen notwendigen technischen Einrichtungen hin, insbesondere auf eine angemessene Versorgung des ländlichen Raums, strukturschwacher Gebiete und des Grenzlandes.

(2) Darüber hinaus hat die Landeszentrale insbesondere folgende Aufgaben:

1. sie fördert unter Beachtung der Vorgaben von Abs. 1 Satz 2 Nr. 3 und in Abstimmung mit den Maßnahmen im Rahmen der Richtlinien für die bayerische Film- und Fernsehförderung freie mittelständische Film- und Fernsehproduktionen,
2. sie führt Untersuchungen und Erhebungen zu Fragen der Programminhalte, insbesondere der Qualität, der Wirtschaftlichkeit und der Akzeptanz von Rundfunkprogrammen durch,
3. sie wirkt auf die Archivierung von Programmen privater Anbieter hin,
4. sie leistet einen Beitrag zur
   a) Aus- und Fortbildung von Fachkräften für den Medienbereich,
   b) Vermittlung eines verantwortungsbewussten Gebrauchs der Medien, insbesondere zur Medienerziehung und Medienpädagogik,
   c) Vernetzung von Medienunternehmen und Förderung von Gründern im Medienbereich zur Sicherung und Weiterentwicklung der digitalen Medien in Bayern,
   d) Stärkung der nationalen und internationalen Sichtbarkeit des Medienstandorts Bayern.

Artikel 12 Medienrat

(1) Die Aufgaben der Landeszentrale werden durch den Medienrat wahrgenommen, soweit nicht ein anderes Organ selbstständig entscheidet.

(2) [1]Der Medienrat wahrt die Interessen der Allgemeinheit, sorgt für Ausgewogenheit und Meinungsvielfalt und überwacht die Einhaltung der Programmgrundsätze. [2]Er entscheidet im Rahmen dieses Gesetzes vor allem über

1. die Angelegenheiten von grundsätzlicher Bedeutung,
2. die Wahl der Mitglieder des Verwaltungsrats,
3. die Wahl des Präsidenten nach Anhörung des Verwaltungsrats,
4. die Zustimmung zum Haushalts- und zum Finanzplan sowie zum Jahresabschluss,
5. den Erlass von Satzungen nach Maßgabe dieses Gesetzes, soweit nicht der Verwaltungsrat zuständig ist, nach Maßgabe des § 88 MStV und nach Maßgabe der §§ 9 Abs. 2, 14 Abs. 8 und 15 Abs. 2 des Jugendmedienschutz-Staatsvertrags,
6. die Genehmigung von Angeboten und die Bestätigung der Genehmigungsfreiheit und des Nichtvorliegens von Untersagungsgründen nach Art. 26 Abs. 1 Satz 7,

6a. die Untersagung der Verbreitung und Zugänglichmachung von Angeboten,

7. den Erlass von Satzungen oder die Aufstellung von Richtlinien nach Maßgabe der §§ 67 und 72 MStV und nach Maßgabe des § 15 des Jugendmedienschutz-Staatsvertrags,
8. die Zustimmung zu dem vom Präsidenten bestimmten Geschäftsführer (Art. 15 Abs. 4 Satz 2),
9. die Fördermaßnahmen nach Art. 11 Abs. 1 Satz 2 Nr. 4 und 5 einschließlich der Aufstellung von Förderrichtlinien und die Maßnahmen nach Art. 11 Abs. 2 Nr. 4,
10. die Zustimmung zu den Satzungen nach Art. 22 Abs. 2, Art. 23 Abs. 12, nach § 104 Abs. 10 und 11 MStV und nach Art. 5 Abs. 1 des Ausführungsgesetzes Medienstaatsverträge (AGM).

(3) [1]Der Medienrat kann mit der Mehrheit von zwei Dritteln der gesetzlichen Mitglieder seine Befugnisse mit Ausnahme derjenigen nach Abs. 2 Satz 2 Nr. 2 bis 5 sowie 7, 8 und 10 beschließenden Ausschüssen oder dem Präsidenten übertragen. [2]Diese Beschlüsse können von der Mehrheit der gesetzlichen Mitglieder des Medienrats widerrufen werden. [3]Von den auf Grund übertragener Befugnisse getroffenen Entscheidungen sind die Mitglieder des Medienrats zu unterrichten.

(4) [1]Zur Vorbereitung seiner Beratungen soll der Medienrat beratende Ausschüsse bilden. [2]Die Ausschüsse und der Medienrat können die vom jeweiligen Verhandlungsgegenstand betroffenen Anbieter anhören.

(5) [1]Die Sitzungen des Medienrats sind öffentlich. [2]Personalangelegenheiten, die aus Gründen des Persönlichkeitsschutzes vertraulich sind, und Angelegenheiten, in denen die Offenlegung von Betriebs- und Geschäftsgeheimnissen Dritter unvermeidlich ist, werden unter Ausschluss der Öffentlichkeit behandelt. [3]Im Übrigen kann der Medienrat im Einzelfall mit der Mehrheit der Stimmen der Anwesenden den Ausschluss der Öffentlichkeit beschließen. [4]Die Sitzungen der Ausschüsse finden grundsätzlich nicht-öffentlich statt.

Artikel 13 Mitglieder des Medienrats, Verordnungsermächtigung

(1) [1]Der Medienrat setzt sich zusammen aus

1. zwölf Vertretern des Landtags, die dieser entsprechend dem Stärkeverhältnis der in ihm vertretenen Parteien und sonstigen organisierten Wählergruppen nach dem Verfahren Sainte-Laguë/Schepers bestimmt; jede Partei und sonstige organisierte Wählergruppe stellt mindestens einen Vertreter,
2. einem Vertreter der Staatsregierung,
3. je zwei Vertretern der katholischen und evangelischen Kirche, wobei jeweils die kirchlichen Frauenorganisationen zu berücksichtigen sind, sowie einem Vertreter der Israelitischen Kultusgemeinden,
4. je zwei Vertretern der Gewerkschaften und des Bayerischen Bauernverbands sowie je einem Vertreter der Industrie- und Handelskammern und der Handwerkskammern,
5. je einem Vertreter des Bayerischen Städtetags, des Bayerischen Landkreistags und des Bayerischen Gemeindetags,
6. einem Vertreter des Bundes der Vertriebenen Landesverband Bayern,
7. einem Verbandsvertreter aus dem Bereich Freizeit, Tourismus, Gastronomie und Hotel,
8. einem Vertreter des Bayerischen Jugendrings,
9. zwei Vertretern des Bayerischen Landessportverbands,
10. je einem Vertreter der Schriftsteller-, der Komponisten- und der Musikorganisationen,
11. einem Vertreter der Intendanzen (Direktionen) der Bayerischen Staatstheater und einem Vertreter der Leiter der Bayerischen Schauspielbühnen,
12. je einem Vertreter des Bayerischen Journalistenverbands und des Bayerischen Zeitungsverlegerverbands,
13. einem Vertreter der bayerischen Hochschulen,
14. je einem Vertreter der Lehrerverbände, der Elternvereinigungen und der Organisationen der Erwachsenenbildung,
15. einem Vertreter des Bayerischen Heimattags,
16. einem Vertreter der Familienverbände,
17. einem Vertreter der Vereinigung der Bayerischen Wirtschaft,
18. einem Vertreter des Bundes Naturschutz in Bayern,
19. einem Vertreter des Verbands der freien Berufe,
20. einem Vertreter der Landesarbeitsgemeinschaft Selbsthilfe von Menschen mit Behinderung und chronischer Erkrankung und ihrer Angehörigen in Bayern,
21. einem Vertreter der Arbeitsgemeinschaft der Ausländer-, Migranten- und Integrationsbeiräte Bayerns.

[2]Sofern eine Organisation oder Stelle mehrere Vertreter entsendet, sollen zu gleichen Teilen Frauen und Männer entsandt werden. [3]Im Übrigen soll, sofern ein neuer Vertreter entsandt wird, einem männlichen Vertreter eine Frau und einem weiblichen Vertreter ein Mann nachfolgen. [4]Ist dies auf Grund der Zusammensetzung der entsendungsberechtigten Organisation oder Stelle nicht möglich oder aus sonstigen Gründen nicht sachdienlich, ist gegenüber dem Vorsitzenden des Medienrats bei der Benennung des Mitglieds eine schriftliche Begründung abzugeben. [5]Die Begründung ist dem Medienrat bekannt zu geben und auf der Internetseite der Landeszentrale zu veröffentlichen, solange eine Abweichung von der Gleichstellungsregel gegeben ist.

(2) [1]Die Mitglieder des Medienrats werden jeweils für fünf Jahre entsandt. [2]Die Staatsregierung kann durch Rechtsverordnung das Auswahl- und Entsendungsverfahren in den Fällen regeln, in denen die Entsendung eines Mitglieds des Medienrats mehreren Organisationen oder Stellen obliegt. [3]Die Amtszeit beginnt am 1. Mai. [4]Die entsendende Organisation oder Stelle kann das von ihr benannte Mitglied bei seinem Ausscheiden aus dieser Organisation oder Stelle abberufen. [5]Scheidet ein Mitglied während der Amtszeit aus, so wird der Nachfolger für den Rest der Amtszeit entsandt.

(3) [1]Die Amtszeit der vom Landtag entsandten Mitglieder beginnt mit dem Zeitpunkt der Entsendung; sie endet mit der Entsendung der neuen Vertreter zu Beginn der nächsten Legislaturperiode. [2]Der Landtag kann ein von ihm entsandtes Mitglied des Medienrats auf Vorschlag der Vertreter der Partei im Landtag, welche das Mitglied nominiert hat, abberufen, wenn das Mitglied nicht mehr dieser Partei angehört, und einen neuen Vertreter entsenden.

(4) [1]Die Mitglieder des Medienrats dürfen keine wirtschaftlichen oder sonstigen Interessen haben, die geeignet sind, die Erfüllung der Aufgaben als Mitglieder des Medienrats zu gefährden (Interessenkollision). [2]Sonstige Interessen liegen vor, wenn das Mitglied des Medienrats selbst oder ein Angehöriger wesentlichen Einfluss auf Geschäfts- oder Vertragspartner der Landeszentrale ausübt. [3]Tatsachen, die eine solche Interessenkollision begründen können, sind durch das Mitglied unverzüglich dem Vorsitzenden des Medienrats anzuzeigen. [4]Über das Vorliegen der Interessenkollision entscheidet der Medienrat ohne Mitwirkung des betroffenen Mitglieds bei Beratung und Beschlussfassung. [5]Mit der Feststellung der Interessenkollision endet die Mitgliedschaft im Medienrat. [6]Abs. 2 Satz 5 gilt entsprechend.

(5) Die Staatsregierung überprüft die Regelungen zur Zusammensetzung des Medienrats und berichtet dem Landtag über das Ergebnis jeweils nach Ablauf von zehn Jahren, erstmals zum Ende des Jahres 2024.

(6) Der Anteil der vom Landtag, von der Staatsregierung und von den kommunalen Spitzenverbänden entsandten Vertreter darf in den Ausschüssen jeweils insgesamt ein Drittel der Mitglieder nicht übersteigen.

Artikel 14 Verwaltungsrat

(1) [1]Der Verwaltungsrat ist für die wirtschaftlichen Angelegenheiten der Anstalt zuständig. [2]Ihm obliegt vor allem

1. die Beschlussfassung über den Haushalts- und den Finanzplan sowie über den Jahresabschluss,
2. der Erlass der Satzungen nach Art. 22 Abs. 2, Art. 23 Abs. 12, nach § 104 Abs. 10 und 11 MStV und nach Art. 5 Abs. 1 AGM.
3. die Zustimmung zu der Satzung nach Art. 10 Abs. 5 Satz 2, soweit sie den Medienrat betrifft,
4. der Abschluss der Dienstverträge mit dem Präsidenten,
5. die Aufstellung einer Geschäftsanweisung nach Anhörung des Medienrats.

[3]Die Sitzungen des Verwaltungsrats finden grundsätzlich nichtöffentlich statt.

(2) [1]Der Verwaltungsrat setzt sich zusammen aus

1. zwei Mitgliedern, die Vertreter der Gemeinden und Gemeindeverbände sind,
2. zwei Mitgliedern, die als Anbieter tätig sind, einem Organ eines Anbieters angehören oder in einem Beschäftigungsverhältnis zu einem Anbieter stehen,
3. fünf weiteren Mitgliedern, die nicht den in den Nrn. 1 und 2 genannten Personenkreisen angehören.

[2]Die Mitglieder des Verwaltungsrats werden vom Medienrat in geheimer Einzelabstimmung gewählt. [3]Wählbar sind auch Mitglieder des Medienrats. [4]Die Geschlechter sollen ausgewogen vertreten sein. [5]In den Fällen des Satz 1 Nr. 1 können der Bayerische Städtetag, der Bayerische Gemeindetag und der Bayerische Landkreistag, in den Fällen des Satz 1 Nr. 2 die Anbieter Wahlvorschläge einreichen. [6]Maßgeblich für die Auswahl der Mitglieder nach Satz 1 Nr. 3 soll die Sachkunde sein. [7]Von ihnen soll jeweils mindestens eines über ein Wirtschaftsprüferexamen, über einen Abschluss oder über Kenntnisse und berufliche Erfahrungen auf dem Gebiet der Medienwirtschaft und über die Befähigung zum Richteramt verfügen.

(3) [1]Die Mitglieder des Verwaltungsrats werden jeweils für fünf Jahre gewählt. [2]Mitglieder des Verwaltungsrats können nur aus wichtigem Grund abberufen werden. [3]Die Einzelheiten des Vorschlags, der Wahl und der Abberufung der Mitglieder des Verwaltungsrats regelt die Landeszentrale durch Satzung.

Artikel 15 Präsident

(1) [1]Der Präsident trägt die Verantwortung für die Geschäftsführung und vertritt die Landeszentrale gerichtlich und außergerichtlich. [2]Er wird auf die Dauer von fünf Jahren vom Medienrat nach Anhörung des Verwaltungsrats gewählt und darf nicht gleichzeitig Mitglied des Verwaltungsrats, des Medienrats oder eines Organs einer öffentlich-rechtlichen Rundfunkanstalt sein.

(2) [1]Der Präsident hat das Recht, im Medienrat und im Verwaltungsrat Anträge zu stellen. [2]Er erledigt in eigener Zuständigkeit

1. die laufenden Angelegenheiten, die keine grundsätzliche Bedeutung haben und keine erheblichen Verpflichtungen erwarten lassen,

2. den Vollzug der Beschlüsse des Medienrats und des Verwaltungsrats und die ihm nach Art. 12 Abs. 3 Satz 1 übertragenen Aufgaben,
3. den Erlass dringlicher Anordnungen und die Besorgung unaufschiebbarer Geschäfte an Stelle der anderen Organe der Landeszentrale,
4. Personalangelegenheiten nach Maßgabe der Geschäftsanweisung.

[3]Von dringlichen Anordnungen und von der Besorgung unaufschiebbarer Geschäfte im Fall des Satzes 2 Nr. 3 unterrichtet der Präsident das zuständige Organ der Landeszentrale.

(3) Der Präsident kann aus wichtigem Grund vom Medienrat mit der Mehrheit von zwei Dritteln der gesetzlichen Mitglieder abberufen werden.

(4) [1]Die Vertretung des Präsidenten erfolgt durch den Geschäftsführer. [2]Der Präsident bestimmt den Geschäftsführer mit Zustimmung des Medienrats. [3]Legt der Präsident sein Amt nieder, wird er abberufen oder scheidet er aus sonstigen Gründen vor Ablauf der regulären Amtszeit aus dem Amt, kann der Medienrat bis zur Wahl eines neuen Präsidenten abweichend von Satz 1 eine andere Person mit der Wahrnehmung der Aufgaben des Präsidenten beauftragen.

(5) Die Landeszentrale veröffentlicht sämtliche erbrachten und zugesagten geldwerten Leistungen an den Präsidenten und den Geschäftsführer sowie die Tarifstrukturen und außertariflichen Vereinbarungen, die vom Verwaltungsrat beschlossen wurden.

Artikel 16 Anordnungen

(1) [1]Die Landeszentrale kann gegenüber Anbietern, Betreibern von Kabelanlagen, Netzbetreibern und sonstigen technischen Dienstleistern zur Einhaltung der Vorschriften des Medienstaatsvertrags, des Jugendmedienschutz-Staatsvertrags, dieses Gesetzes und der nach diesem Gesetz erlassenen Satzungsbestimmungen, Richtlinien und Bescheide die erforderlichen Anordnungen treffen. [2]Sie kann verlangen, dass ihr Anbieter Beiträge vor der Sendung vorlegen.

(2) [1]Tritt die Landeszentrale an einen landesweiten, regionalen oder lokalen Rundfunkanbieter mit dem Vorwurf heran, er habe gegen Bestimmungen des Jugendmedienschutz-Staatsvertrags verstoßen, und weist der Anbieter nach, dass er die Sendung vor ihrer Ausstrahlung einer anerkannten Einrichtung der Freiwilligen Selbstkontrolle im Sinn des Jugendmedienschutz-Staatsvertrags vorgelegt und deren Vorgaben beachtet hat, so sind Maßnahmen durch die Landeszentrale im Hinblick auf die Einhaltung der Bestimmungen zum Jugendschutz durch den Anbieter nur dann zulässig, wenn die Entscheidung oder die Unterlassung einer Entscheidung der anerkannten Einrichtung der Freiwilligen Selbstkontrolle die rechtlichen Grenzen des Beurteilungsspielraums überschreitet. [2]Bei nichtvorlagefähigen Sendungen ist vor Maßnahmen bei behaupteten Verstößen gegen den Jugendschutz, mit Ausnahme von Verstößen gegen § 4 Abs. 1 des Jugendmedienschutz-Staatsvertrags, durch die Landeszentrale die anerkannte Einrichtung der Freiwilligen Selbstkontrolle, der der Anbieter angeschlossen ist, zu befassen; Satz 1 gilt entsprechend. [3]Für Entscheidungen nach den §§ 8 und 9 Jugendmedienschutz-Staatsvertrag gilt Satz 1 entsprechend.

(3) Hat ein Anbieter in einer bereits verbreiteten Rundfunksendung gegen die Grundsätze des Art. 5 oder gegen Art. 6 verstoßen, kann die Landeszentrale auch anordnen, dass zu Lasten der Sendezeit dieses Anbieters auf dessen Kosten ein Beitrag verbreitet wird, der geeignet ist, den Verstoß auszugleichen.

Artikel 17 Beschwerderecht

Jeder hat das Recht, sich mit einer Beschwerde an die Landeszentrale zu wenden.

Artikel 18 Gegendarstellung

(1) [1]Die Gegendarstellung einer Person oder Stelle, die durch eine in einer Rundfunksendung aufgestellte Tatsachenbehauptung betroffen ist, ist vom Anbieter dieser Sendung auf seine Kosten zu verbreiten. [2]Die Gegendarstellung muss die beanstandete Sendung bezeichnen, sich auf tatsächliche Angaben beschränken, vom Betroffenen unterzeichnet sein und dem Anbieter oder der Landeszentrale unverzüglich, spätestens innerhalb von zwei Monaten zugehen. [3]Der Anbieter muss die Gegendarstellung unverzüglich mit einer Stellungnahme an die Landeszentrale weiterleiten, die über die Verbreitung umgehend entscheidet. [4]Wurde die Gegendarstellung unmittelbar der Landeszentrale zugeleitet, holt diese vor der Entscheidung über die Verbreitung eine Stellungnahme des Anbieters ein. [5]Eine ablehnende Entscheidung der Landeszentrale ist unter Angabe der Gründe unverzüglich schriftlich zu verbescheiden und dem Anbieter und dem Antragsteller zuzustellen. [6]Ein zweites Verlangen

ist zulässig, wenn es den Gründen der Ablehnung Rechnung trägt und dem Anbieter oder der Landeszentrale spätestens innerhalb eines Monats nach Zustellung der ablehnenden Entscheidung zugeht.

(2) [1]Die Gegendarstellung muss unverzüglich zu einer gleichwertigen Sendezeit und in der gleichen Angebotsform wie die beanstandete Sendung, auch bei jeder Wiederholung der Sendung, ohne Einschaltungen und Weglassungen verbreitet werden. [2]Eine Erwiderung auf die Gegendarstellung muss sich auf tatsächliche Angaben beschränken.

(3) Eine Verpflichtung zur Verbreitung der Gegendarstellung besteht nicht, wenn

1. Betroffene kein berechtigtes Interesse an der Gegendarstellung haben,
2. ihr Umfang unangemessen über den der beanstandeten Sendung hinausgeht oder
3. die Gegendarstellung einen strafbaren Inhalt hat.

(4) [1]Der Anspruch auf Verbreitung der Gegendarstellung kann auch im Zivilrechtsweg, jedoch nur gegenüber der Landeszentrale und dem betroffenen Anbieter gemeinsam verfolgt werden. [2]Auf dieses Verfahren sind die Vorschriften der Zivilprozessordnung über das Verfahren auf Erlass einer einstweiligen Verfügung entsprechend anzuwenden. [3]Eine Gefährdung des Anspruchs braucht nicht glaubhaft gemacht zu werden. [4]Ein Hauptsacheverfahren findet nicht statt.

(5) [1]Art. 29 Abs. 2 gilt für die Gegendarstellung entsprechend. [2]Führt die journalistisch-redaktionelle Verwendung personenbezogener Daten durch einen Anbieter zur Veröffentlichung von Gegendarstellungen des Betroffenen, so sind diese Gegendarstellungen zu den gespeicherten Daten zu nehmen und für dieselbe Zeitdauer aufzubewahren wie die Daten selbst.

Artikel 19 Rechtsaufsicht

[1]Die Landeszentrale unterliegt der Rechtsaufsicht des Staatsministeriums für Wissenschaft und Kunst. [2]Rechtsaufsichtliche Maßnahmen sind erst zulässig, wenn die zuständigen Organe der Landeszentrale die ihnen obliegenden Pflichten in angemessener Frist nicht oder nicht hinreichend erfüllen. [3]Das Staatsministerium für Wissenschaft und Kunst ist berechtigt, der Landeszentrale im Einzelfall eine angemessene Frist zur Wahrnehmung ihrer Pflichten zu setzen.

Artikel 20 Datenschutz

(1) [1]Es besteht ein Medienbeauftragter für den Datenschutz (Mediendatenbeauftragter). [2]Er ist zuständige Aufsichtsbehörde im Sinn des Art. 51 der Verordnung (EU) 2016/679 (Datenschutz-Grundverordnung – DSGVO) für

1. die Landeszentrale,
2. die Unternehmen, an denen die Landeszentrale zu mindestens 50 % beteiligt ist und deren Geschäftszweck im Aufgabenbereich der Landeszentrale nach Art. 11 liegt und
3. die Anbieter.

[3]Die Ernennung des Mediendatenbeauftragten erfolgt durch den Medienrat mit Zustimmung des Verwaltungsrats für die Dauer von vier Jahren. [4]Eine dreimalige Wiederernennung ist zulässig. [5]Der Mediendatenbeauftragte muss über die für die Erfüllung seiner Aufgaben und Ausübung seiner Befugnisse erforderliche Qualifikation, nachgewiesen durch ein abgeschlossenes Hochschulstudium, sowie über Erfahrung und Sachkunde im Bereich des Schutzes personenbezogener Daten verfügen. [6]Das Amt des Mediendatenbeauftragten kann nicht neben anderen Aufgaben innerhalb der Stellen nach Satz 2 ausgeübt werden.

(2) [1]Das Amt des Mediendatenbeauftragten endet mit Ablauf der Amtszeit, mit Rücktritt oder Enthebung vom Amt oder mit Erreichen des gesetzlichen Renteneintrittsalters. [2]Tarifvertragliche Regelungen bleiben unberührt. [3]Der Mediendatenbeauftragte kann seines Amtes nur enthoben werden, wenn er eine schwere Verfehlung begangen hat oder die Voraussetzungen für die Wahrnehmung seiner Aufgaben nicht mehr erfüllt. [4]Dies geschieht durch Beschluss des Medienrats auf Vorschlag des Verwaltungsrats. [5]Der Mediendatenbeauftragte ist vor der Entscheidung zu hören.

(3) [1]Dem Mediendatenbeauftragten ist die für die Erfüllung seiner Aufgaben und Befugnisse notwendige Personal-, Finanz- und Sachausstattung zur Verfügung zu stellen. [2]Die erforderlichen Mittel sind jährlich, öffentlich und gesondert im Haushaltsplan der Landeszentrale auszuweisen und dem Mediendatenbeauftragten im Haushaltsvollzug zuzuweisen. [3]Der Mediendatenbeauftragte ist in der Wahl seiner Mitarbeiter frei. [4]Sie unterstehen allein seiner Leitung.

(4) [1]Der Mediendatenbeauftragte ist in Ausübung seines Amtes unabhängig und nur dem Gesetz unterworfen. [2]Er unterliegt keiner Rechts- oder Fachaufsicht. [3]Der Dienstaufsicht des Verwaltungsrats

sowie einer Finanzkontrolle untersteht er nur insoweit, als seine Unabhängigkeit bei der Ausübung seines Amtes dadurch nicht beeinträchtigt wird.

(5) Das Nähere, insbesondere die Grundsätze der Vergütung, beschließt der Medienrat mit Zustimmung des Verwaltungsrats durch Satzung.

(6) [1]Der Mediendatenbeauftragte hat die Aufgaben und Befugnisse entsprechend den Art. 57, 58 Abs. 1 bis 5 DSGVO. [2]Bei der Zusammenarbeit mit anderen Aufsichtsbehörden hat er den Informantenschutz zu wahren, soweit die Datenverarbeitung zu journalistischen Zwecken betroffen ist. [3]Der Mediendatenbeauftragte verhängt keine Geldbußen gegenüber der Landeszentrale.

(7) [1]Stellt der Mediendatenbeauftragte Verstöße gegen Vorschriften über den Datenschutz oder sonstige Mängel bei der Verarbeitung personenbezogener Daten fest, so beanstandet er dies gegenüber dem Präsidenten und fordert ihn zur Stellungnahme innerhalb einer angemessenen Frist auf. [2]Gleichzeitig unterrichtet er den Verwaltungsrat. [3]Von einer Beanstandung und Unterrichtung kann abgesehen werden, wenn es sich um unerhebliche Mängel handelt oder wenn ihre unverzügliche Behebung sichergestellt ist.

(8) [1]Die vom Präsidenten nach Abs. 7 Satz 1 abzugebende Stellungnahme soll auch eine Darstellung der Maßnahmen enthalten, die auf Grund der Beanstandung des Mediendatenbeauftragten getroffen worden sind. [2]Der Präsident leitet dem Verwaltungsrat gleichzeitig eine Abschrift der Stellungnahme gegenüber dem Mediendatenbeauftragten zu.

(9) [1]Der Mediendatenbeauftragte erstattet den Bericht über seine Tätigkeit im Sinn des Art. 59 DSGVO auch den Organen der Landeszentrale nach Art. 10 Abs. 2 Nr. 1 bis 3. [2]Der Bericht wird unter Wahrung von Betriebs- und Geschäftsgeheimnissen sowie personenbezogener Daten der Beschäftigten der Stellen nach Abs. 1 Satz 2 veröffentlicht, wobei eine Veröffentlichung auf der Internetseite der Landeszentrale ausreichend ist.

(10) Der Datenschutzbeauftragte der Landeszentrale nach Art. 37 DSGVO wird vom Präsidenten mit Zustimmung des Verwaltungsrats benannt.

Artikel 21 Finanzierung, Haushaltsführung, Rechnungsprüfung

(1) Die Landeszentrale finanziert ihre Aufgaben nach Art. 11 aus

1. Entgelten,
2. dem Anteil an dem Rundfunkbeitrag nach § 112 in Verbindung mit § 122 MStV, §§ 10 und 11 des Rundfunkfinanzierungsstaatsvertrags,
3. sonstigen Einnahmen.

(2) [1]Die Haushaltsführung, Rechnungslegung, Prüfung und Entlastung richten sich nach Art. 105 Abs. 1 der Bayerischen Haushaltsordnung; Art. 108 und 109 Abs. 2 Satz 2 und Abs. 3 der Bayerischen Haushaltsordnung finden keine Anwendung. [2]Der Oberste Rechnungshof prüft gemäß Art. 111 Abs. 1 der Bayerischen Haushaltsordnung die Haushalts- und Wirtschaftsführung. [3]Er unterrichtet die Rechtsaufsichtsbehörde, den Bayerischen Landtag und den Verwaltungsrat der Landeszentrale über die wesentlichen Ergebnisse seiner Prüfung und die finanzielle Entwicklung der Landeszentrale.

(3) Der Jahresabschluss und der Lagebericht sind entsprechend den handels- und aktienrechtlichen Bilanzierungsvorschriften für große Aktiengesellschaften aufzustellen und unter Einbeziehung der Buchführung durch einen unabhängigen Abschlussprüfer zu prüfen.

(4) [1]Der Oberste Rechnungshof prüft entsprechend Art. 111 Abs. 1 der Bayerischen Haushaltsordnung die Haushalts- und Wirtschaftsführung bei solchen Unternehmen des privaten Rechts, an denen die Landeszentrale unmittelbar, mittelbar oder zusammen mit anderen Anstalten oder Körperschaften des öffentlichen Rechts mit der Mehrheit beteiligt ist und deren Gesellschaftsvertrag oder Satzung diese Prüfungen durch den Obersten Rechnungshof vorsieht. [2]Die Landeszentrale ist verpflichtet, für die Aufnahme der erforderlichen Regelungen in den Gesellschaftsvertrag oder die Satzung der Unternehmen zu sorgen.

(5) Bei der Unterrichtung über die Ergebnisse von Prüfungen nach Abs. 4 achtet der Oberste Rechnungshof darauf, dass die Wettbewerbsfähigkeit der geprüften Unternehmen nicht beeinträchtigt wird und insbesondere Betriebs- oder Geschäftsgeheimnisse gewahrt werden.

Artikel 22 Kosten

(1) [1]Für Amtshandlungen im Vollzug dieses Gesetzes, des Jugendmedienschutz-Staatsvertrags und des Medienstaatsvertrags erhebt die Landeszentrale unbeschadet des § 104 Abs. 11 MStV Gebühren

und Auslagen (Kosten) nach Maßgabe einer Gebührensatzung. [2]Die Kosten fließen der Landeszentrale zu.

(2) [1]Die Landeszentrale wird ermächtigt, die gebührenpflichtigen Tatbestände und die Höhe der Gebühren durch Satzung zu bestimmen. [2]Die Höhe der Gebühr bemisst sich nach dem Verwaltungsaufwand und der Bedeutung der Angelegenheit, insbesondere dem wirtschaftlichen oder sonstigen Interesse des Gebührenschuldners. [3]Die Mindestgebühr beträgt 50 €, die Höchstgebühr 100.000 €.

(3) [1]Für Amtshandlungen, die nicht in der Satzung bewertet sind, gilt Abs. 2 Satz 2 und 3 entsprechend. [2]Art. 2 und 7 bis 19 des Kostengesetzes finden entsprechende Anwendung.

(4) [1]Die Kosten werden durch Leistungsbescheid geltend gemacht. [2]Die Landeszentrale ist zur Anbringung der Vollstreckungsklausel befugt.

Dritter Abschnitt

Förderung von lokalen und regionalen Fernsehangeboten, Organisation und Zulässigkeit von Rundfunkprogrammen

Artikel 23 Förderung von lokalen und regionalen Fernsehangeboten

(1) [1]Die in Erfüllung der öffentlichen Aufgabe nach den Abs. 2 bis 4 hergestellten und verbreiteten lokalen und regionalen Fernsehangebote werden nach Maßgabe der Abs. 6 bis 12 gefördert. [2]Damit soll sichergestellt werden, dass die Bevölkerung Bayerns flächendeckend und gleichwertig mit hochwertigen lokalen und regionalen Fernsehangeboten neben bestehenden lokalen und regionalen Hörfunkangeboten, sonstigen elektronischen Medien und Druckwerken versorgt wird.

(2) [1]Die Landeszentrale kann zulässige, lokale und regionale Fernsehanbieter, die nach Art. 27 zugewiesene Übertragungskapazitäten nutzen, mit der öffentlichen Aufgabe, die bestehende Vielfalt der Meinungen im jeweiligen Versorgungsgebiet durch qualitätvolle Fernsehprogramme in gleichgewichtiger Weise zum Ausdruck zu bringen, betrauen. [2]Weitere Voraussetzung für die Betrauung ist eine plurale gesellschaftsrechtliche Zusammensetzung des Anbieters, die keinem Gesellschafter einen beherrschenden Einfluss in den Organen der Gesellschaft ermöglicht, oder die Einrichtung eines Programmausschusses. [3]Der Programmausschuss wird vom Medienrat aus seiner Mitte bestellt. [4]Unbeschadet der Trägerschaftsbefugnisse der Landeszentrale hat der Programmausschuss alle Rechte eines Programmbeirats im Sinn des § 66 MStV; das Nähere regelt die Landeszentrale durch Satzung. [5]Mit der Betrauung sind die Anbieter unbeschadet der Vorgaben dieses Gesetzes für Rundfunkangebote verpflichtet

1. zur Herstellung und Verbreitung jeweils eines aktuellen und authentischen Nachrichten- und Informationsprogramms von Montag bis Freitag mit einem täglichen zeitlichen Produktionsumfang von 20 Minuten ohne Hinzurechnung der Sendezeit für Werbung. Das Programm setzt sich zusammen aus Beiträgen zum örtlichen Geschehen, insbesondere aus den Bereichen Politik, Kultur, Kirche, Wirtschaft und Soziales und dient den Kommunikationsinteressen aller Fernsehzuschauer in dem lokalen oder regionalen Versorgungsgebiet. In dem Programm wird über die in dem jeweiligen Versorgungsgebiet relevanten gesellschaftlichen und politischen Kräfte mit der gebotenen journalistischen Sorgfalt berichtet. Diese Kräfte sollen auch in angemessenem Umfang in dem Programm zu Wort kommen,
2. zur Herstellung und Verbreitung eines zusätzlichen authentischen lokalen oder regionalen Programms bis zu einem gesamten zeitlichen Produktionsumfang von 100 Minuten in der Woche ohne Hinzurechnung der Sendezeit für Werbung. Das Programm setzt sich zusammen aus Beiträgen zu besonderen lokalen oder regionalen Ereignissen und aus Beiträgen aus den Bereichen Bildung, Heimatgeschichte, Kunst, Brauchtum, Information, Beratung, Sport und Unterhaltung, jeweils mit engem lokalen oder regionalen Bezug. Die Verpflichtung kann auch durch die Aufnahme eines lokalen oder regionalen Spartenprogramms erfüllt werden,
3. zur mehrfach wiederholten Ausstrahlung der in den Nrn. 1 und 2 genannten Programme entsprechend den Informationsinteressen und Sehgewohnheiten der Zuschauer.

(3) [1]Die Landeszentrale kann den in Abs. 2 Satz 5 Nr. 2 genannten zeitlichen Produktionsumfang erweitern oder verringern. [2]Die Landeszentrale kann insbesondere bei Anbietern in kleineren Versorgungsgebieten von der Verpflichtung nach Abs. 2 Satz 5 Nr. 2 absehen.

(4) Ein Anbieter kann auch mit der Herstellung und Verbreitung eines lokalen oder regionalen Spartenprogramms betraut werden, wenn dieses Programm einen in Abs. 2 Satz 5 Nr. 1 und 2 genannten Bereich betrifft, einen lokalen und regionalen Bezug hat und zusätzlich zur Meinungsvielfalt im Versorgungsgebiet beiträgt.

(5) [1]Die Betrauung ist befristet auszusprechen. [2]Sie kann mit einer Kapazitätszuweisung verbunden werden. [3]Rechtsansprüche auf finanzielle oder sonstige Fördermaßnahmen werden mit der Betrauung nicht begründet.

(6) [1]Die Landeszentrale sorgt dafür, dass die lokalen und regionalen Fernsehangebote nach den Abs. 2 bis 4 im Rahmen der technischen und finanziellen Möglichkeiten insgesamt flächendeckend über die für Fernsehen allgemein üblichen technischen Wege verbreitet werden. [2]Dabei ist die fortschreitende Digitalisierung, insbesondere die Möglichkeit der Verbreitung über Medienplattformen, die Eignung des jeweiligen Verbreitungswegs für lokales und regionales Fernsehen und das Verhältnis der möglichen Reichweite zu den Kosten zu berücksichtigen.

(7) [1]Die Förderung lokaler und regionaler Fernsehangebote nach den Abs. 2 bis 4 erfolgt aus staatlichen Mitteln nach Maßgabe des Staatshaushalts und der allgemeinen haushaltsrechtlichen Bestimmungen. [2]Im Rahmen der Förderung erhält die Landeszentrale als Erstempfänger eine Zuwendung. [3]Die Landeszentrale leitet die Mittel an die Zuwendungsberechtigten weiter und gewährt darüber hinaus einen weiteren Zuschussbetrag aus eigenen Mitteln. [4]Die Förderung aus Eigenmitteln der Landeszentrale nach Art. 11 Abs. 1 Satz 2 Nr. 4 erfolgt im Rahmen der Abs. 1 bis 12. [5]Dabei entscheidet sie in eigener Verantwortung über das Vorliegen der Zuwendungsvoraussetzungen. [6]Die Landeszentrale fördert die lokalen und regionalen Fernsehangebote auf Antrag in Form von Zuwendungsbescheiden. [7]Dabei ist sicherzustellen, dass die Ziele dieses Gesetzes jeweils mit dem geringsten Aufwand erreicht werden. [8]Rechtsansprüche auf finanzielle oder sonstige Fördermaßnahmen werden nicht begründet.

(8) Bei der Festlegung der Höhe der Förderung berücksichtigt die Landeszentrale insbesondere die Größe des jeweiligen Versorgungsgebiets, den Aufwand zur technischen Verbreitung des Programms sowie die Möglichkeit des Anbieters, das Programm selbst zu finanzieren.

(9) Die Förderung darf nicht über das hinausgehen, was erforderlich ist, um die durch die Erfüllung der Aufgaben nach den Abs. 2 bis 4 und 6 verursachten Ausgaben unter Berücksichtigung der dabei erzielten Einnahmen und sonstiger Förderungen abzudecken.

(10) Wenn die Erfüllung der Aufgaben nach den Abs. 2 bis 4 nur einen Teil der Tätigkeiten eines Anbieters ausmacht, müssen die Einnahmen und Ausgaben im Zusammenhang mit der Erfüllung der Aufgabe und der Ausführung von anderweitigen Leistungen in den Büchern getrennt ausgewiesen werden.

(11) Die Anbieter und die Landeszentrale halten sämtliche Unterlagen, anhand derer sich feststellen lässt, ob eine Förderung nach den Abs. 2 bis 10 ordnungsgemäß durchgeführt wurde, mindestens für einen Zeitraum von zehn Jahren vor.

(12) Weitere Einzelheiten der Förderung nach dieser Vorschrift regelt die Landeszentrale durch Satzung.

Artikel 24 Anbieter

(1) Nach diesem Gesetz können Rundfunkprogramme und -sendungen anbieten

1. natürliche Personen,
2. auf Dauer angelegte nicht rechtsfähige Personenvereinigungen des Privatrechts,
3. juristische Personen des Privatrechts,
4. juristische Personen des öffentlichen Rechts, soweit sie nicht einer Fachaufsicht oder sonstigem staatlichen oder kommunalen Einfluss unterliegen oder wenn sie bei der Wahrnehmung ihrer Aufgaben im privatwirtschaftlichen Wettbewerb stehen,
5. öffentlich-rechtliche Religions- oder Weltanschauungsgemeinschaften.

(2) [1]Staatliche Stellen können nur Aufführungen ihrer Theater und Orchester anbieten. [2]Kommunale Gebietskörperschaften und ihre Zusammenschlüsse sowie sonstige juristische Personen des öffentlichen Rechts können darüber hinaus auch andere kulturelle Veranstaltungen ihrer Einrichtungen anbieten.

(3) [1]Politische Parteien und Wählergruppen sowie Unternehmen und Vereinigungen, an denen politische Parteien und Wählergruppen unmittelbar oder mehr als nur geringfügig mittelbar beteiligt sind, dürfen keine Rundfunkprogramme und -sendungen anbieten und keinen bestimmenden Einfluss auf

sie ausüben. 2Ein bestimmender Einfluss ist insbesondere anzunehmen, wenn die politische Partei oder Wählergruppe unmittelbar oder mittelbar aufgrund vertraglicher Vereinbarungen, satzungsrechtlicher Bestimmungen oder in sonstiger Weise Einfluss auf Programmgestaltung oder Programminhalte nehmen kann. 3Die Sätze 1 und 2 gelten für ausländische Beteiligte entsprechend. 4Die Verpflichtungen aus Art. 29 Abs. 1 Satz 2 bis 9 gelten insofern auch für Anteilseigner und Angehörige der Anteilseigner. 5Die Landeszentrale veröffentlicht alle wirtschaftlichen, persönlichen und sonstigen Verflechtungen zwischen Rundfunkanbietern und Parteien oder Rundfunkanbietern und Wählergruppen.

Artikel 25 Genehmigungspflichtige Rundfunkangebote

(1) 1Die Verbreitung von Rundfunkangeboten bedarf der Genehmigung der Landeszentrale, soweit sie nicht genehmigungsfrei nach Art. 26 ist. 2Der Antrag auf Genehmigung ist bei der Landeszentrale einzureichen. 3Er ist mit einer Programmbeschreibung, einem Programmschema, einem Finanzplan und einer Aufstellung der personellen und technischen Ausstattung zu verbinden. 4Der Antragsteller hat die Inhaber- und Beteiligungsverhältnisse gemäß Art. 29 Abs. 1 Satz 2 und 3 mitzuteilen. 5Die Landeszentrale kann weitere Auskünfte verlangen, die zur Organisation der Programme erforderlich sind.

(2) Die Landeszentrale genehmigt die Verbreitung des Angebots nur, wenn

1. der Anbieter seinen Sitz oder Wohnsitz in Deutschland, einem sonstigen Mitgliedstaat der Europäischen Union oder einem anderen Vertragsstaat des Abkommens über den Europäischen Wirtschaftsraum hat und der Anbieter oder die zu seiner Vertretung berechtigten Personen gerichtlich unbeschränkt zur Verantwortung gezogen werden können,
2. der Anbieter erwarten lässt, dass er die rechtlichen Bestimmungen sowie die Auflagen der Landeszentrale einhalten wird,
3. zu erwarten ist, dass die Gesamtheit der im jeweiligen Versorgungsgebiet empfangbaren Rundfunkprogramme bei Einbeziehung der erwarteten Beiträge des Anbieters den Erfordernissen der Ausgewogenheit, Meinungsvielfalt und Informationsvielfalt nach Art. 4 genügen wird und
4. aufgrund der Beteiligungsverhältnisse nicht zu besorgen ist, dass der Anbieter einem mit dem Gebot der Staatsferne des Rundfunks nicht zu vereinbarenden staatlichen oder kommunalen Einfluss unterliegt.

(3) 1Die Genehmigung wird unbefristet erteilt. 2Genehmigungen, die vor dem 1. September 2016 befristet erteilt wurden, gelten als unbefristet erteilt. 3Die Genehmigung kann – in Fällen des Satzes 2 auch nachträglich für die Zeit nach Ablauf der ursprünglichen Befristungsdauer – nach pflichtgemäßem Ermessen mit Auflagen und Nebenbestimmungen versehen werden.

(4) 1Die Genehmigung muss widerrufen oder eingeschränkt werden, wenn und soweit nachträglich die Voraussetzungen für die Genehmigungsfähigkeit entfallen sind und auch durch Anordnungen nach Art. 16 nicht sichergestellt werden können. 2Die Genehmigung kann auch widerrufen werden, wenn sich die Inhaber- und Beteiligungsverhältnisse eines Anbieters seit Erteilung der Genehmigung maßgeblich verändert haben und nachteilige Auswirkungen auf die Ausgewogenheit und Meinungsvielfalt zu besorgen sind. 3Die Genehmigung von analog terrestrisch verbreiteten Hörfunkprogrammen kann auch widerrufen werden, wenn diese nicht auch digital verbreitet werden.

(5) 1Änderungen des Programmschemas und Abweichungen vom festgelegten programminhaltlichen Schwerpunkt sind der Landeszentrale vor ihrer Umsetzung anzuzeigen. 2Bei kurzfristigen Abweichungen vom Programmschema aus Gründen der Dringlichkeit, insbesondere bei Unglücks- und Katastrophenfällen, ist eine nachträgliche Anzeige ausreichend. 3Die Landeszentrale kann Änderungen des Programmschemas oder des Programmnamens und Abweichungen von einem programminhaltlichen Schwerpunkt aus wichtigem Grund widersprechen.

Artikel 26 Genehmigungsfreiheit

(1) 1Keiner Genehmigung bedarf die Verbreitung von

1. Programmen mit lokaler Ausrichtung,
2. Programmen mit regionaler Ausrichtung und
3. Programmen mit landesweiter Ausrichtung, soweit sie ausschließlich über das Internet erfolgt oder soweit sie im Durchschnitt von sechs Monaten weniger als 20 000 gleichzeitige Nutzer erreichen oder in ihrer prognostizierten Entwicklung erreichen werden.

[2]Die Verbreitung von Rundfunkangeboten nach Satz 1 (genehmigungsfreie Rundfunkangebote) sowie Änderungen des Programmschemas und Abweichungen vom festgelegten programminhaltlichen Schwerpunkt sind der Landeszentrale vor Beginn anzuzeigen. [3]Die Anzeige ist mit einer Programmbeschreibung und einem Programmschema zu verbinden. [4]Bei der Anzeige der Verbreitung sind die Inhaber- und Beteiligungsverhältnisse gemäß Art. 29 Abs. 1 Satz 2 und 3 mitzuteilen. [5]Die Landeszentrale kann weitere Auskünfte, die zur Beurteilung des Programmvorhabens oder zur Organisation der Programme erforderlich sind, insbesondere einen Finanzplan und eine Aufstellung der personellen und technischen Ausstattung verlangen. [6]Mit der Verbreitung von genehmigungsfreien Rundfunkangeboten kann ab dem Zeitpunkt des vollständigen Zugangs der Anzeige begonnen werden. [7]Auf Antrag bestätigt die Landeszentrale die Genehmigungsfreiheit der Verbreitung des Rundfunkangebots und das Nichtvorliegen von Untersagungsgründen nach Abs. 2.

(2) [1]Die Landeszentrale untersagt die Verbreitung genehmigungsfreier Rundfunkangebote, wenn die Voraussetzungen des Art. 25 Abs. 2 Nr. 1 bis 5 nicht vorliegen. [2]Sie kann die Verbreitung untersagen, wenn Anordnungen nach Abs. 3 oder Art. 16 nicht Folge geleistet wird.

(3) [1]Art. 25 Abs. 5 Satz 2 gilt entsprechend. [2]Art. 25 Abs. 5 Satz 3 gilt mit der Maßgabe entsprechend, dass ein wichtiger Grund insbesondere dann vorliegt, wenn die Anzeige nach Abs. 1 Satz 2 irreführend oder unvollständig ist.

(4) Genehmigungsfreie Angebote nach Art. 26 gelten hinsichtlich der anwendbaren Regelungen des Medienstaatsvertrags als zugelassen

Artikel 27 Zuweisung von Übertragungskapazitäten

(1) [1]Die Landeszentrale weist den Anbietern nach Maßgabe von Art. 3 auf Antrag eine oder mehrere Übertragungskapazitäten befristet zu. [2]Eine Zuweisung von UKW-Frequenzen, die nicht lediglich die Verlängerung einer bereits bestehenden Zuweisung darstellt, kommt nur in Betracht, wenn dies aufgrund regionaler oder lokaler Besonderheiten im Versorgungsgebiet erforderlich ist, um eine ausreichende Angebots- und Meinungsvielfalt sicherzustellen.

(2) [1]Eine Auswahl zwischen mehreren Bewerbern erfolgt nach pflichtgemäßem Ermessen. [2]Hierbei berücksichtigt die Landeszentrale insbesondere den örtlichen Bezug der Angebote zum Versorgungsgebiet, deren Beiträge zur Meinungsvielfalt und die Erbringung von kulturellen, kirchlichen, sozialen und wirtschaftlichen Inhalten.

(3) [1]Eine Übertragungskapazität für ein Programm mehrerer Anbieter soll nur dann zugewiesen werden, wenn die wirtschaftliche Tragfähigkeit, die programmliche, technische, organisatorische und finanzielle Zusammenarbeit der Anbieter und ein zusätzlicher Beitrag zur Meinungsvielfalt zu erwarten sind. [2]Für eine Übertragungskapazität kann eine Anbietergesellschaft oder -gemeinschaft gebildet werden.

(4) Die Zuweisung ist zu widerrufen, wenn der Widerruf einer Genehmigung nach Art. 25 Abs. 4 oder eine Untersagungsverfügung nach Art. 26 ergangen ist.

(5) [1]Die Zusammenarbeit benachbarter Sendestandorte und an Standorten mit mehreren Übertragungskapazitäten kann die Landeszentrale nur aus wichtigem Grund untersagen. [2]Die Landeszentrale bescheinigt auf Antrag eines beteiligten Anbieters, wenn sie unter den derzeitigen Gegebenheiten keine Veranlassung sieht, die Zusammenarbeit nach Satz 1 zu untersagen.

Artikel 28 Satzungsbefugnis

Die Landeszentrale kann Einzelheiten des Genehmigungs-, Anzeige- und Zuweisungsverfahrens nach den Art. 25 bis 27, Fragen der Programmorganisation und der einzubringenden Angebote sowie das Nähere zur Konkretisierung der Genehmigungsfreiheit nach Art. 26 durch Satzung regeln.

Artikel 29 Auskunftspflicht, Aufzeichnungspflicht, Archivierung

(1) [1]Unbeschadet der Informationspflicht nach § 4 Abs. 1 MStV hat jeder Anbieter von Rundfunksendungen einmal am Tag Namen und Anschrift des Anbieters und den verantwortlichen Redakteur zu benennen; der verantwortliche Redakteur muss seinen Wohnsitz in der Bundesrepublik Deutschland haben und gerichtlich unbeschränkt zur Verantwortung gezogen werden können. [2]Unbeschadet der Informationspflicht nach § 16 Abs. 1 MStV sind die unmittelbaren und mittelbaren Inhaber- und Beteiligungsverhältnisse des Anbieters der Landeszentrale mitzuteilen und von dieser bei berechtigtem Interesse auf schriftliches Verlangen bekannt zu geben; dies gilt auch für die Beteiligung stiller Gesellschafter und bestehende Treuhandverträge. [3]Mitzuteilen ist auch, wenn

1. ein Anbieter mit einem anderen Unternehmen im Sinn von § 15 des Aktiengesetzes verbunden ist,
2. eine dritte natürliche oder juristische Person auf das Angebot des Anbieters maßgeblichen Einfluss nehmen kann oder
3. eine Zusammenarbeit der in Art. 27 Abs. 5 genannten Art vereinbart werden soll.

[4]Jede beabsichtigte Änderung der nach den Sätzen 2 und 3 genannten Verhältnisse ist der Landeszentrale unaufgefordert mitzuteilen. [5]Zur Mitteilung nach den Sätzen 2 bis 4 sind der Anbieter und die jeweils Beteiligten verpflichtet. [6]Die Landeszentrale prüft bei geplanten Änderungen der Beteiligungsverhältnisse von Amts wegen, ob sich durch die zu ändernden Verhältnisse das Informationsgefüge in Bayern wesentlich verändert. [7]Werden die Verpflichtungen aus den Sätzen 2 bis 4 nicht erfüllt, kann die Landeszentrale unbeschadet der Möglichkeiten der Art. 25 Abs. 4 und Art. 26 Abs. 2 die Einstellung des Sendebetriebs anordnen. [8]Zum Nachweis der Angaben nach den Sätzen 2 und 3 kann die Landeszentrale im Rahmen des Erforderlichen die Vorlage von Unterlagen verlangen. [9]Auf Verlangen sind die Angaben nach den Sätzen 2 und 3 der Landeszentrale gegenüber eidesstattlich zu versichern.

(2) Jeder Anbieter hat seine Beiträge in Ton und Bild vollständig aufzuzeichnen und aufzubewahren; sie sind der Landeszentrale auf Verlangen kostenfrei zur Verfügung zu stellen.

(3) [1]Der Anbieter kann Aufzeichnungen nach Ablauf von zwei Monaten seit dem Tag der letzten Verbreitung löschen, wenn ihm keine Beanstandung oder Beschwerde gegen den Beitrag bekannt geworden ist. [2]Die Landeszentrale kann Abweichungen vorsehen.

(4) Wer schriftlich glaubhaft macht, in seinem Recht berührt zu sein, kann beim Anbieter Einsicht in die Aufzeichnungen verlangen und auf eigene Kosten Mehrfertigungen herstellen.

(5) Auf Verlangen sind der Landeszentrale die Aufzeichnungen zum Zweck der Archivierung gegen Erstattung der Material- und Arbeitskosten zu überlassen.

Vierter Abschnitt
Pilotprojekte, Betriebsversuche

Artikel 30 Pilotprojekte, Betriebsversuche

[1]Die Durchführung zeitlich befristeter Pilotprojekte und Betriebsversuche mit neuen Techniken, Programmen und Telemedien ist zulässig. [2]Die Landeszentrale kann hierfür Übertragungskapazitäten zur Nutzung zuweisen. [3]Sie kann zur Durchführung des Pilotprojekts oder des Betriebsversuchs mit der durchführenden Stelle des Pilotprojekts oder des Betriebsversuchs oder mit den Anbietern von Programmen, rundfunkähnlichen Diensten und anderen Telemedien Vereinbarungen abschließen. [4]Im Rahmen von Pilotprojekten oder Betriebsversuchen gelten für Rundfunkprogramme die Art. 4 Satz 2, Art. 5 Abs. 1 bis 3, Art. 6 bis 9, 16 bis 18, 20, 24 Abs. 1 und 29 Abs. 1 Satz 1, Abs. 2 und 3 dieses Gesetzes, für Telemedien die Bestimmungen des Medienstaatsvertrags und des Telemediengesetzes entsprechend.

Fünfter Abschnitt
Zuordnung technischer Übertragungskapazitäten

Artikel 31 Genutzte Übertragungskapazitäten

[1]Der Landeszentrale stehen die technischen Übertragungskapazitäten, die ihr bei Inkrafttreten dieses Gesetzes zur Ausstrahlung von Rundfunkprogrammen zugestanden haben, auch weiterhin zur Nutzung zu. [2]Sie kann mit anderen Rundfunkveranstaltern Vereinbarungen über die Übertragung der Nutzungsrechte schließen.

Artikel 32 Zuordnung neuer Übertragungskapazitäten

(1) Über die Zuordnung von dem Freistaat Bayern zustehenden neuen Übertragungskapazitäten, deren Zuordnung bei Inkrafttreten dieses Gesetzes nicht geregelt war, einigt sich die Landeszentrale mit dem Bayerischen Rundfunk und dem ZDF sowie dem Deutschlandradio.

(2) [1]Kommt eine Einigung nach Abs. 1 Satz 1 nicht zustande, entscheidet die Staatsregierung über die Zuordnung. [2]Maßgebende Gesichtspunkte für diese Entscheidung sind

1. die Sicherung der Grundversorgung durch die Fernsehhauptprogramme der ARD und des ZDF sowie durch das Fernsehprogramm und durch Hörfunkprogramme des Bayerischen Rundfunks,

2. die flächendeckende Versorgung im jeweiligen Versorgungsgebiet mit den landesweiten und lokalen oder regionalen Rundfunkprogrammen unter Trägerschaft der Landeszentrale,
3. die Vielfalt des Programmangebots, insbesondere die Förderung von Meinungsvielfalt und publizistischem Wettbewerb sowie die Berücksichtigung der Interessen von Minderheiten, deren Informationsmöglichkeiten auf Grund von Behinderungen oder sprachlichen Umständen eingeschränkt sind, durch das jeweilige Programm.

Sechster Abschnitt
Kabelanlagen

Artikel 33 Betrieb von Kabelanlagen

(1) Betreiber einer Kabelanlage ist, wer berechtigt ist, über die Kabelanlage, insbesondere über die Signalaufbereitungsanlage, zu verfügen.
(2) Der Betreiber einer Kabelanlage, die der Verbreitung oder Weiterverbreitung von Rundfunk oder Telemedien in 10 oder mehr Wohneinheiten dient, hat der Landeszentrale den Betrieb einen Monat vor Betriebsbeginn anzuzeigen.

Artikel 34 Vielfaltssicherung in Kabelanlagen

Zur Sicherung eines ausgewogenen und vielfältigen Programmangebots werden ab dem 1. Januar 2019 Rundfunkprogramme und Telemedien in Kabelanlagen ausschließlich in digitaler Technik verbreitet.

Artikel 35 Weiterverbreitung

(1) Unbeschadet der Regelungen in § 103 MStV ist die zeitgleiche und unveränderte Weiterverbreitung von Rundfunkprogrammen in Kabelanlagen zulässig bei
1. terrestrisch verbreiteten Rundfunkprogrammen, soweit sie im gesamten Bereich einer Kabelanlage oder im gesamten Bereich eines technisch abgrenzbaren Teils einer Kabelanlage mit durchschnittlichem Antennenaufwand allgemein empfangen werden können,
2. bundesweit herangeführten inländischen Rundfunkprogrammen, die rechtmäßig veranstaltet werden,
3. ausländischen Programmen, die nicht der Umgehung der Grundsätze dieses Gesetzes dienen und die Ausgewogenheit der inländischen Programme nicht erheblich stören sowie den Betroffenen eine ausreichende Gegendarstellungsmöglichkeit oder ein ähnliches Recht eingeräumt ist und sachgerechte, umfassende und wahrheitsgemäße Information gewährleistet ist.

(2) Eine Weiterverbreitung nach Abs. 1 ist nur dann zulässig, wenn der Veranstalter oder Anbieter des Programms oder der Betreiber der Kabelanlage glaubhaft macht, dass der Weiterverbreitung Urheberrechte Dritter nicht entgegenstehen und die Landeszentrale von Urheberansprüchen Dritter freistellt.
(3) Der Betreiber der Kabelanlage hat die Weiterverbreitung vor Beginn der Landeszentrale anzuzeigen.
(4) Die Landeszentrale kann die zeitversetzte oder unvollständige Weiterverbreitung eines Programms untersagen, wenn die Voraussetzungen der Abs. 1 und 2 nicht erfüllt sind.

Siebter Abschnitt
Übergangs- und Schlussbestimmungen

Artikel 36 Strafbestimmung, Ordnungswidrigkeiten

(1) [1]Für Anbieter bundesweit verbreiteter Programme findet § 115 MStV Anwendung. [2]Mit Geldbuße bis zu fünfhunderttausend Euro kann belegt werden,
1. wer als Anbieter landesweit, regional oder lokal verbreiteter Programme vorsätzlich oder fahrlässig einen der in § 115 Abs. 1 Satz 1 Nr. 1 bis 12, 14 bis 16 und 23 MStV in Verbindung mit Art. 7, 8, 20 und 29 bezeichneten Verstöße begeht,
2. wer in einem landesweit, regional oder lokal verbreiteten Programm einen in § 115 Abs. 1 Satz 2 Nr. 10 MStV in Verbindung mit Art. 9 bezeichneten Verstoß begeht und
3. wer als Anbieter landesweit verbreiteter Fernsehprogramme vorsätzlich oder fahrlässig einen der in § 115 Abs. 1 Satz 1 Nr. 13 und 22 MStV bezeichneten Verstöße begeht.

[3]Die §§ 23 und 24 des Jugendmedienschutz-Staatsvertrags finden Anwendung.

(2) Mit Geldbuße bis zu fünfzigtausend Euro kann belegt werden, wer vorsätzlich oder fahrlässig

1. ohne nach Art. 25 Abs. 1 erforderliche Genehmigung der Landeszentrale Rundfunkprogramme veranstaltet oder verbreitet,
2. entgegen Art. 26 oder entgegen Art. 29 Abs. 1 Satz 7 untersagte Rundfunkprogramme veranstaltet oder verbreitet,
3. entgegen Art. 25 Abs. 5, Art. 26 Abs. 1 Satz 2 oder Art. 29 Abs. 1 Satz 2 und 3 oder entgegen Art. 29 Abs. 1 Satz 4 in Verbindung mit Art. 29 Abs. 1 Satz 2 und 3 Anzeigen oder Mitteilungen nicht, nicht richtig oder nicht vollständig macht,
4. entgegen Art. 29 Abs. 2 seine Beiträge nicht vollständig in Ton und Bild aufzeichnet oder Aufzeichnungen entgegen Art. 29 Abs. 3 löscht,
5. entgegen Art. 33 Abs. 2 den Betrieb einer Kabelanlage nicht oder nicht rechtzeitig der Landeszentrale anzeigt oder
6. entgegen Art. 35 Abs. 3 die Weiterverbreitung nicht oder nicht rechtzeitig der Landeszentrale anzeigt.

(3) Geldbußen, die nach den Abs. 1 und 2 festgesetzt werden, stehen der Landeszentrale für ihre Aufgaben nach Art. 11 Abs. 1 Satz 2 Nr. 4 und 5 und Abs. 2 Nr. 1 und 4 zu.

Artikel 37 Verjährung

[1]Für die Verjährung der Verfolgung von Taten, die durch Sendungen strafbaren Inhalts im Rundfunk begangen werden, gelten Art. 15 Abs. 1 Satz 1 und 2 Nr. 1 und 3 des Bayerischen Pressegesetzes sinngemäß. [2]Die Verfolgung der in Art. 37 Abs. 1 und 2 genannten Ordnungswidrigkeiten verjährt in sechs Monaten.

Artikel 38 Keine aufschiebende Wirkung

Anfechtungsklagen gegen den Erlass dringlicher Anordnungen des Präsidenten nach Art. 15 Abs. 2 Satz 2 Nr. 3, gegen Entscheidungen über die Zuweisung von Übertragungskapazitäten nach Art. 27 und gegen Leistungsbescheide zur Einforderung des Finanzierungsbeitrags nach Art. 3 Abs. 3 haben keine aufschiebende Wirkung.

Artikel 39 Inkrafttreten, Außerkrafttreten

(1) Dieses Gesetz tritt am 1. Dezember 1992 in Kraft.[1)]

(2) Außer Kraft treten:

1. Art. 23 mit Ablauf des 31. Dezember 2024 und
2. Art. 10 Abs. 7 Satz 2 mit Ablauf des 30. April 2032.

---

1) **Amtl. Anm.:** Diese Vorschrift betrifft das In-Kraft-Treten des Gesetzes in der ursprünglichen Fassung vom 24. November 1992 (GVBl S. 584). Der Zeitpunkt des In-Kraft-Tretens der späteren Änderungen ergibt sich aus den jeweiligen Änderungsgesetzen.

Bayerische Verordnung zur Ausführung des Gaststättengesetzes (Bayerische Gaststättenverordnung – BayGastV)

Vom 23. Februar 2016 (GVBl. S. 39)
(BayRS 7130-1-W)
zuletzt geändert durch Art. 1 Abs. 318 V zur Anpassung des Landesrechts an die geltende Geschäftsverteilung vom 26. März 2019 (GVBl. S. 98)

Auf Grund
- des § 14 Satz 1 und 2, des § 18 Abs. 1, des § 21 Abs. 2 Satz 1, des § 26 Abs. 1 Satz 2 und des § 30 des Gaststättengesetzes in der Fassung der Bekanntmachung vom 20. November 1998 (BGBl. I S. 3418), das zuletzt durch Art. 286 der Verordnung vom 31. August 2015 (BGBl. I S. 1474) geändert worden ist, und
- des § 155 Abs. 2 der Gewerbeordnung in der Fassung der Bekanntmachung vom 22. Februar 1999 (BGBl. I S. 202), die zuletzt durch Art. 2 des Gesetzes vom 22. Dezember 2015 (BGBl. I S. 2572) geändert worden ist,

verordnet die Bayerische Staatsregierung:

Abschnitt 1 Allgemeine Zuständigkeit und Verfahren

§ 1 Vollzugszuständigkeit

(1) [1]Für den Vollzug gaststättenrechtlicher Vorschriften sind vorbehaltlich anderweitiger Regelung die Kreisverwaltungsbehörden zuständig. [2]Soweit einer kreisangehörigen Gemeinde durch Rechtsverordnung nach Art. 53 Abs. 2 Satz 1 Nr. 1 der Bayerischen Bauordnung die Aufgaben der unteren Bauaufsichtsbehörde übertragen wurden, tritt an die Stelle der Kreisverwaltungsbehörde die jeweilige kreisangehörige Gemeinde.

(2) Die Gemeinden sind abweichend von Abs. 1 zuständig für die Ausführung von § 12 des Gaststättengesetzes (GastG).

(3) Soweit die Zuständigkeit der Gemeinden eröffnet ist, sind diese auch zuständige Behörde im Sinn des § 15 Abs. 2 der Gewerbeordnung.

(4) Zur Auskunft und Nachschau nach § 22 GastG ist hinsichtlich der Sperrzeit unbeschadet der Zuständigkeit anderer Stellen auch die Polizei zuständig.

§ 2 Verfahren

(1) [1]Der Antrag auf Erteilung einer Erlaubnis, einer Stellvertretungserlaubnis, einer vorläufigen Erlaubnis, einer vorläufigen Stellvertretungserlaubnis oder einer Gestattung im Sinn der §§ 2, 9, 11 und 12 GastG ist schriftlich einzureichen. [2]Antragsteller haben die Unterlagen beizubringen, die für die Bearbeitung und Beurteilung des Antrags von Bedeutung sein können.

(2) [1]Die Entscheidung über einen Antrag im Sinn des Abs. 1 bedarf der Schriftform. [2]Die Entscheidung über die Verkürzung oder Aufhebung der Sperrzeit nach § 8 soll in Schriftform ergehen.

(3) Verfahren nach dem Gaststättengesetz und nach § 5 können über eine einheitliche Stelle abgewickelt werden.

§ 3 Anzeigepflichten

(1) [1]Soweit dies zur Aufrechterhaltung der Sittlichkeit oder zum Schutz der Gäste erforderlich ist, können die Gewerbetreibenden verpflichtet werden, über die in ihrem Betrieb beschäftigten Personen innerhalb einer Woche nach Beginn der Beschäftigung Anzeige zu erstatten. [2]In der Anzeige sind für die beschäftigten Personen anzugeben:

1. Vorname und Familienname,
2. Geburtsname, sofern dieser vom Familiennamen abweicht,
3. Geburtsdatum und Geburtsort,
4. Geburtsname der Mutter,
5. Staatsangehörigkeit,

6. letzter Aufenthaltsort und vorhergehende Beschäftigungsstelle,
7. Beginn der Beschäftigung.

(2) Unter den Voraussetzungen des Abs. 1 Satz 1 kann die Beschäftigung von Personen für einzelne Betriebe von einer Erlaubnis abhängig gemacht werden.

§ 3a Anzeigepflicht für Reisegewerbekarteninhaber

[1]Wer aus besonderem Anlass ein erlaubnisbedürftiges Gaststättengewerbe betreiben will, nach § 55 der Gewerbeordnung im Besitz einer entsprechenden Reisegewerbekarte ist, beides mindestens vier Wochen vor Beginn des Betriebs bei der zuständigen Gemeinde anzeigt und dabei

1. Namen mit ladungsfähiger Anschrift,
2. Ort und Zeitraum der Ausübung des Gaststättengewerbes,
3. die zur Verabreichung vorgesehenen Speisen und Getränke und
4. die voraussichtlich zu erwartende Besucherzahl

angibt, bedarf keiner Erlaubnis nach § 2 GastG. [2]Die Gemeinde kann den Betrieb unter den in § 4 Abs. 1 GastG genannten Voraussetzungen untersagen oder Auflagen entsprechend § 5 GastG erteilen. [3]Wird gegen die Untersagung oder gegen eine Auflage verstoßen, entfällt die Erlaubnisfreiheit nach Satz 1.

Abschnitt 2

Straußwirtschaften und altrechtlich erlaubnisfreier Ausschank

§ 4 Erlaubnisfreiheit

(1) Der Ausschank selbsterzeugten Weins oder Apfelweins bedarf keiner Erlaubnis (Straußwirtschaft), wenn

1. der Ausschank in jedem Kalenderjahr die Dauer von vier zusammenhängenden Monaten oder von höchstens zwei Zeitabschnitten von zusammen vier Monaten nicht überschreitet,
2. nur Wein oder Apfelwein aus Früchten ausgeschenkt wird, die selbst erzeugt wurden,
3. der Ausschank in Räumen erfolgt,
   a) die in der Gemeinde des Erzeugerbetriebes gelegen sind,
   b) die nicht eigens zu diesem Zweck angemietet sind; die zuständige Gemeinde kann in besonderen Härtefällen hiervon Ausnahmen zulassen,
4. die Straußwirtschaft nicht mit einer anderen Schank- oder Speisewirtschaft verbunden ist und
5. in der Straußwirtschaft nicht mehr als 40 Sitzplätze vorhanden sind.

(2) [1]In einer Straußwirtschaft dürfen nur kalte oder einfach zubereitete warme Speisen verabreicht werden. [2]§ 7 Abs. 2 Nr. 2 GastG findet keine Anwendung.

§ 5 Anzeigepflicht, Untersagung

(1) Wer eine Straußwirtschaft betreiben will, hat dies mindestens zwei Wochen vor Beginn des Betriebs bei der zuständigen Gemeinde anzuzeigen und dabei mitzuteilen

1. den Zeitraum, während dessen der Ausschank stattfinden soll,
2. den Ort, an dem die für den Wein oder Apfelwein verwendeten Früchte gekeltert sowie der Wein ausgebaut wurde, und
3. die zum Betrieb der Straußwirtschaft bestimmten Räume.

(2) Der Betrieb einer Straußwirtschaft kann untersagt und seine Fortsetzung verhindert werden, wenn die Voraussetzungen des § 4 Abs. 1 Nr. 2 oder Nr. 3 GastG vorliegen.

§ 6 Altrechtlich erlaubnisfreier Ausschank

(1) Soweit der Ausschank selbsterzeugter Getränke nach § 26 Abs. 1 Satz 1 GastG in Verbindung mit Art. 2 des Gesetzes über Realgewerbeberechtigungen und den Ausschank eigener Erzeugnisse keiner Erlaubnis bedarf, können der Betrieb untersagt und seine Fortsetzung verhindert werden, wenn die Voraussetzungen des § 4 Abs. 1 Nr. 2 oder Nr. 3 GastG vorliegen.

(2) [1]Soweit sich die Erlaubnisfreiheit nach Abs. 1 auf den Ausschank selbsterzeugten Weins bezieht, gelten die §§ 4 und 5 dieser Verordnung entsprechend. [2]Auf Antrag können Befreiungen von den Verpflichtungen nach § 4 Abs. 2 erteilt werden, wenn dies dem örtlichen Herkommen entspricht und die Einhaltung der Vorschrift im Einzelfall zu einer unbilligen Härte führen würde.

Abschnitt 3
Sperrzeit

§ 7 Allgemeine Sperrzeit
(1) Die Sperrzeit für Schank- und Speisewirtschaften sowie für öffentliche Vergnügungsstätten beginnt um 5 Uhr und endet um 6 Uhr.
(2) Abs. 1 gilt nicht
1. in der Nacht zum 1. Januar,
2. auf Schiffen und Kraftfahrzeugen, wenn sich der Betrieb auf die Fahrgäste beschränkt,
3. auf Autohöfen, die auf Autobahnen mit Zeichen 448.1 der Straßenverkehrsordnung angekündigt wurden; § 8 Abs. 2 bleibt unberührt.

§ 8 Ausnahmen von der Sperrzeit
(1) Die Ermächtigung nach dem Gaststättengesetz, bei Vorliegen eines öffentlichen Bedürfnisses oder besonderer örtlicher Verhältnisse die Sperrzeit allgemein zu verlängern, zu verkürzen oder aufzuheben, wird übertragen auf das Staatsministerium des Innern, für Sport und Integration und die Gemeinden.
(2) Unter den Voraussetzungen des Abs. 1 können die Gemeinden für einzelne Betriebe durch Verwaltungsakt den Beginn der Sperrzeit bis höchstens 19 Uhr vorverlegen und das Ende der Sperrzeit bis 8 Uhr hinausschieben oder die Sperrzeit befristet und widerruflich aufheben.

Abschnitt 4
Ordnungswidrigkeiten, Schlussvorschriften

§ 9 Ordnungswidrigkeiten
Nach § 28 Abs. 1 Nr. 12 und Abs. 3 GastG handelt ordnungswidrig, wer vorsätzlich oder fahrlässig
1. entgegen § 5 oder einer auf Grund des § 3 begründeten Verpflichtung die Anzeige nicht, nicht richtig, nicht vollständig oder nicht rechtzeitig erstattet,
2. den Vorschriften des § 4 Abs. 2 zuwiderhandelt,
3. den Vorschriften des § 6 in Verbindung mit §§ 4 und 5 zuwiderhandelt,
4. Personen ohne die auf Grund einer Verpflichtung nach § 3 Abs. 2 erforderliche Erlaubnis beschäftigt.

§ 10 Inkrafttreten, Außerkrafttreten
(1) Diese Verordnung tritt am 1. April 2016 in Kraft.
(2) § 3a tritt mit Ablauf des 31. Oktober 2021 außer Kraft.

Ladenschlussverordnung (LSchlV)

Vom 21. Mai 2003 (GVBl S. 340)
(BayRS 8050-20-1-A)
zuletzt geändert durch § 1 Vierte ÄndVO vom 14. September 2011 (GVBl S. 442)

Auf Grund von § 9 Abs. 3 und § 10 Abs. 1 und 2 des Gesetzes über den Ladenschluss vom 28. November 1956 (BGBl. I S. 875), zuletzt geändert durch Gesetz vom 15. Mai 2003 (BGBl. I S. 658), erlässt die Bayerische Staatsregierung folgende Verordnung:

§ 1 [Öffungszeiten]

In den in der Anlage aufgeführten Gemeinden oder Gemeindeteilen dürfen Badegegenstände, Devotionalien, frische Früchte, alkoholfreie Getränke, Milch und Milcherzeugnisse im Sinn des § 4 Abs. 2 des Milch- und Fettgesetzes, Süßwaren, Tabakwaren, Blumen und Zeitungen sowie Waren, die für diese Orte kennzeichnend sind, abweichend von der Vorschrift des § 3 Abs. 1 Nr. 1 des Gesetzes über den Ladenschluss an jährlich höchstens 40 Sonn- und Feiertagen bis zur Dauer von acht Stunden verkauft werden.

§ 2 [Festsetzung der Öffnungszeiten]

[1]Die Öffnungszeiten werden von den Gemeinden durch Rechtsverordnung festgesetzt; dabei ist auf die Zeit des Hauptgottesdienstes Rücksicht zu nehmen. [2]Die Gemeinden bestimmen auch, an welchen Sonn- und Feiertagen im Rahmen von § 1 offengehalten werden darf.

§ 3 [Beschränkung der Öffnungszeiten auf bestimmte Verkaufsstellen]

Die Offenhaltung ist auf diejenigen Verkaufsstellen beschränkt, in denen eine oder mehrere der genannten Waren im Verhältnis zum Gesamtumsatz in erheblichem Umfang geführt werden.

§ 4 [Regelung auf den Flughäfen München und Nürnberg]

(1) Auf den Flughäfen München und Nürnberg dürfen in den Verkaufsstellen Waren des täglichen Ge- und Verbrauchs sowie Geschenkartikel während der allgemeinen Ladenschlusszeiten (§ 3 des Gesetzes über den Ladenschluss) auch an andere Personen als an Reisende abgegeben werden.

(2) [1]Die Verkaufsfläche darf auf dem Flughafen München insgesamt 10.000 m^2 nicht übersteigen. [2]Auf dem Flughafen Nürnberg darf die Verkaufsfläche insgesamt 2.000 m^2 nicht übersteigen. [3]Die Verkaufsfläche einer einzelnen Verkaufsstelle soll in der Regel nicht mehr als 100 m^2 betragen, sofern nicht bauliche oder bedarfsbedingte Besonderheiten Abweichungen erfordern. [4]Die Errichtung von Großverkaufsstellen ist nicht zulässig.

§ 4a (aufgehoben)

§ 5 [Inkrafttreten; Außerkrafttreten]

(1) [1]Diese Verordnung tritt am 1. Juni 2003 in Kraft. [2]Abweichend von Satz 1 tritt § 4 Abs. 2 Satz 2 am 1. Januar 2005 in Kraft.

(2) [1]Mit Ablauf des 31. Mai 2003 tritt die Ladenschlussverordnung vom 29. Juli 1997 (GVBl S. 386, ber. S. 486, BayRS 8050–20–1–A) außer Kraft. [2]Abweichend von Satz 1 tritt § 4 Abs. 2 Satz 1 der Ladenschlussverordnung vom 29. Juli 1997 mit Ablauf des 31. Dezember 2004 außer Kraft, soweit darin die Verkaufsfläche auf dem Flughafen Nürnberg auf höchstens 600 m^2 festgesetzt wird.

(3) Mit Ablauf des 31. Juli 2006 tritt § 4a außer Kraft.

Anlage

Regierungsbezirk, Landkreis, kreisfreie Gemeinde	Gemeinde bzw. Gemeindeteil
Oberbayern	
Lkr. Altötting	Stadt Altötting Stadt Burghausen (nur Altstadt, bestehend aus den Nummern 1 bis 285 der Burg und der Curastraße) Markt Marktl (nur Marktplatz, Pfarrstraße, Schulstraße bis Einmündung Lederergasse, Bahnhofstraße bis Einmündung Kapellenweg)
Lkr. Bad Tölz-Wolfratshausen	Gemeinde Bad Heilbrunn Stadt Bad Tölz Gemeinde Benediktbeuern Gemeinde Bichl Gemeinde Dietramszell (nur Gemeindeteile Dietramszell und Schönegg) Gemeinde Gaißach Stadt Geretsried Gemeinde Jachenau Gemeinde Kochel a. See (nur Gemeindeteile Altjoch, Kochel a. See, Ried, Urfeld und Walchensee) Gemeinde Königsdorf Gemeinde Lenggries Gemeinde Münsing Gemeinde Sachsenkam Gemeinde Schlehdorf Gemeinde Wackersberg Stadt Wolfratshausen
Lkr. Berchtesgadener Land	Gemeinde Ainring Gemeinde Anger Große Kreisstadt Bad Reichenhall Gemeinde Bayerisch Gmain Markt Berchtesgaden Gemeinde Bischofswiesen Stadt Laufen Markt Marktschellenberg Gemeinde Piding Gemeinde Ramsau b. Berchtesgaden Gemeinde Saaldorf Gemeinde Schneizlreuth Gemeinde Schönau a. Königssee Markt Teisendorf
Lkr. Dachau	Große Kreisstadt Dachau (nur Altstadt und Dachau Ost, jeweils begrenzt durch folgende Straßenzüge: Altstadt innerhalb der Mittermayerstraße, Ludwig-Thoma-Straße, Martin-Huber-Straße, Frühlingstraße, Bahnhofsplatz, Münchner Straße, Rotkreuzplatz, Schlossstraße, Augsburger Straße, Dachau Ost innerhalb der Schleißheimer Straße, Theodor-Heuss-Straße, Sudetenlandstraße, Straße der KZ-Opfer, Pater-Roth-Straße, Alte-Römer-Straße) Markt Altomünster (nur Marktplatz und St.-Altohof)
Lkr. Ebersberg	Stadt Ebersberg Markt Glonn
Lkr. Eichstätt	Markt Altmannstein Stadt Beilngries Markt Dollnstein Große Kreisstadt Eichstätt Markt Kinding Markt Kipfenberg Markt Kösching (nur Gemeindeteil Bettbrunn) Markt Mörnsheim

Regierungsbezirk, Landkreis, kreisfreie Gemeinde	Gemeinde bzw. Gemeindeteil
	Markt Pförring Markt Wellheim
Lkr. Erding	Gemeinde Fraunberg (nur Gemeindeteil Thalheim) Markt Wartenberg
Lkr. Fürstenfeldbruck	Stadt Fürstenfeldbruck (nur Klosterbereich Fürstenfeld)
Lkr. Garmisch-Partenkirchen	Gemeinde Bad Kohlgrub Gemeinde Bayersoien Gemeinde Eschenlohe Gemeinde Ettal Gemeinde Farchant Markt Garmisch-Partenkirchen Gemeinde Grainau Gemeinde Großweil Gemeinde Krün Markt Mittenwald Markt Murnau a. Staffelsee Gemeinde Oberammergau Gemeinde Oberau Gemeinde Ohlstadt Gemeinde Riegsee Gemeinde Saulgrub Gemeinde Seehausen a. Staffelsee Gemeinde Spatzenhausen Gemeinde Uffing a. Staffelsee Gemeinde Unterammergau Gemeinde Wallgau
Lkr. Landsberg am Lech	Markt Dießen a. Ammersee (ausgenommen Dettenhofen, Dettenschwang und Obermühlhausen) Gemeinde Eresing (nur Gemeindeteil Sankt Ottilien) Große Kreisstadt Landsberg am Lech Gemeinde Schondorf a. Ammersee Gemeinde Utting a. Ammersee
Lkr. Miesbach	Gemeinde Bad Wiessee Gemeinde Bayrischzell Gemeinde Fischbachau Gemeinde Gmund a. Tegernsee Gemeinde Kreuth Gemeinde Rottach-Egern Markt Schliersee Stadt Tegernsee Gemeinde Waakirchen Gemeinde Weyarn (nur Gemeindeteile Großseeham, Holzolling und Weyarn)
Landeshauptstadt München	Stadt München (nur Olympiapark und Fußballstadion Fröttmaning)
Lkr. München	Gemeinde Grünwald Gemeinde Planegg (nur Gemeindeteil Maria Eich) Gemeinde Ismaning Gemeinde Schäftlarn (nur Gemeindeteile Ebenhausen und Kloster Schäftlarn)
Lkr. Pfaffenhofen a.d. Ilm	Gemeinde Scheyern
Lkr. Rosenheim	Gemeinde Amerang Gemeinde Aschau i. Chiemgau Stadt Bad Aibling (nur Stadtteile Aibling, Harthausen, Thürham und Zell) Gemeinde Bad Feilnbach Gemeinde Bernau a. Chiemsee Gemeinde Brannenburg

Regierungsbezirk, Landkreis, kreisfreie Gemeinde	Gemeinde bzw. Gemeindeteil
	Gemeinde Breitbrunn a. Chiemsee Markt Bruckmühl (nur Klosterbereich) Gemeinde Chiemsee Gemeinde Eggstätt Markt Bad Endorf i. OB Gemeinde Flintsbach a. Inn Gemeinde Frasdorf Gemeinde Gstadt a. Chiemsee Gemeinde Höslwang Gemeinde Kiefersfelden Markt Neubeuern Gemeinde Nussdorf a. Inn Gemeinde Oberaudorf Markt Prien a. Chiemsee Gemeinde Riedering (nur Gemeindeteile Neukirchen a. Simssee, Pietzing und Riedering) Gemeinde Rimsting Gemeinde Rott a. Inn (nur Bereich Kaiserhof) Gemeinde Samerberg Gemeinde Stephanskirchen (nur Gemeindeteil Baierbach) Gemeinde Tuntenhausen (nur Gemeindeteil Tuntenhausen) Stadt Wasserburg a. Inn (nur Stadtteil Wasserburg a. Inn)
Lkr. Starnberg	Gemeinde Andechs (nur Gemeindeteil Erling) Gemeinde Berg Gemeinde Feldafing Gemeinde Herrsching a. Ammersee Gemeinde Inning a. Ammersee Gemeinde Seefeld Gemeinde Pöcking Stadt Starnberg Gemeinde Tutzing Gemeinde Weßling Gemeinde Wörthsee
Lkr. Traunstein	Gemeinde Bergen (ohne die Gemeindeteile Holzhausen, Leiten und Irlach) Gemeinde Chieming Gemeinde Grabenstätt Markt Grassau Gemeinde Inzell Gemeinde Marquartstein Gemeinde Reit i. Winkl Gemeinde Ruhpolding Gemeinde Schleching Gemeinde Seeon-Seebruck Gemeinde Siegsdorf Gemeinde Übersee Gemeinde Unterwössen Markt Waging a. See
Lkr. Weilheim-Schongau	Gemeinde Bernried Gemeinde Hohenpeißenberg Gemeinde Iffeldorf Gemeinde Rottenbuch Gemeinde Seeshaupt Gemeinde Steingaden Gemeinde Wessobrunn

Regierungsbezirk, Landkreis, kreisfreie Gemeinde	Gemeinde bzw. Gemeindeteil
Niederbayern	
Lkr. Deggendorf	Gemeinde Bernried Große Kreisstadt Deggendorf (nur Stadtteile Greising und Halbmeile) Gemeinde Grattersdorf (nur Gemeindeteil Kerschbaum) Gemeinde Iggensbach (nur Gemeindeteil Handlab) Gemeinde Lalling Gemeinde Niederalteich Gemeinde Stephansposching (nur Gemeindeteil Loh)
Lkr. Freyung-Grafenau	Stadt Freyung Stadt Grafenau Gemeinde Haidmühle Gemeinde Hohenau Gemeinde Mauth Gemeinde Neureichenau Gemeinde Neuschönau Markt Perlesreuth (nur Gebiet des ehemaligen Marktes Perlesreuth ohne die eingegliederten Gebiete der ehemaligen Gemeinden Haus i. Wald und Kumreut) Gemeinde Philippsreut (nur Gemeindeteile Mitterfirmiansreut und Philippsreut) Markt Röhrnbach Gemeinde Sankt Oswald-Riedlhütte (nur Gemeindeteile Sankt Oswald-Riedlhütte und Reichenberg) Markt Schönberg Gemeinde Spiegelau Gemeinde Thurmansbang (nur Gemeindeteil Thurmansbang) Stadt Waldkrichen[1)]
Lkr. Kelheim	Markt Bad Abbach (nur Gemeindeteil Bad Abbach) Markt Essing (nur Gemeindeteil Schulerloch) Stadt Kelheim (nur die Stadtteile Gronsdorf, Hohenpfahl, Kelheim, Klösterl, Michelsberg – Befreiungshalle – Stausacker, Weltenburg) Stadt Neustadt a.d. Donau (nur Stadtteil Bad Gögging) Stadt Riedenburg (nur Stadtteile Prunn und Riedenburg) Markt Rohr i. NB (nur Bereich um die Asamkirche)
Stadt Passau	Stadt Passau (nur Bereich der Altstadt vom Paulusbogen bis Ortsspitze, vom Ilzstadtbereich nur Oberhausseite und Oberhaus sowie der östlich des Inns gelegene Teil des Bereichs Innstadt)
Lkr. Passau	Markt Aidenbach (nur Gemeindeteil Aidenbach) Gemeinde Aldersbach Markt Eging a. See Gemeinde Bad Füssing (nur Gemeindeteile Aigen a. Inn, Bad Füssing, Egglfing a. Inn, Riedenburg, Safferstetten, Würding) Stadt Griesbach i. Rottal (nur Stadtteile Griesbach i. Rottal, Karpfham, Bad Griesbach, Singham, Schwaim und Parzham) Gemeinde Haarbach (nur Gemeindeteil Haarbach mit den Orten Oberuttlau, Unteruttlau, Brunnwies und Holzhäuser) Stadt Hauzenberg Gemeinde Kirchham Markt Obernzell (nur Gemeindeteil Obernzell) Markt Ortenburg (nur Gemeindeteil Ortenburg) Markt Tittling Markt Untergriesbach (nur Gemeindeteile der ehemaligen Gemeinden Untergriesbach, Gottsdorf und Schwaibing) Stadt Vilshofen Markt Wegscheid (nur Gemeindeteil Wegscheid)

1) Richtig wohl: Stadt Waldkirchen.

	Markt Windorf (ohne Ortsteil Besensandbach)
Lkr. Regen	Gemeinde Achslach Gemeinde Arnbruck Gemeinde Bayerisch Eisenstein Gemeinde Bischofsmais Markt Bodenmais Gemeinde Böbrach Gemeinde Drachselsried Gemeinde Frauenau Gemeinde Geiersthal Gemeinde Kirchberg Gemeinde Kollnburg (nur Gemeindeteil Kollnburg) Gemeinde Langdorf Gemeinde Lindberg (nur Gemeindeteil Ludwigsthal) Stadt Regen Gemeinde Rinchnach Markt Ruhmannsfelden Markt Teisnach Stadt Viechtach (nur Stadtteile Viechtach, Höllenstein, Pirka, Schnitzmühle, Waldfrieden) Stadt Zwiesel
Lkr. Rottal-Inn	Markt Bad Birnbach (nur Teil Bad Birnbach)
Lkr. Straubing-Bogen	Stadt Bogen Gemeinde Falkenfels Gemeinde Haibach Gemeinde Haselbach Gemeinde Hunderdorf Gemeinde Konzell Markt Mitterfels Gemeinde Neukirchen Gemeinde Perasdorf Gemeinde Rattenberg Gemeinde Rattiszell Gemeinde Sankt Englmar Markt Schwarzach Gemeinde Wiesenfelden Gemeinde Windberg
Oberpfalz	
Stadt Amberg	Stadt Amberg
Lkr. Amberg-Sulzbach	Stadt Schnaittenbach (nur Naturbach am Forst)
Lkr. Cham	Gemeinde Blaibach (nur Gemeindeteil Blaibach) Stadt Cham (nur Stadtteile Cham und Windischbergerdorf) Markt Falkenstein (nur Gemeindeteil Falkenstein) Stadt Furth i. Wald (nur Stadtteil Furth i. Wald) Gemeinde Gleißenberg Gemeinde Grafenwiesen (nur Gemeindeteil Grafenwiesen) Gemeinde Hohenwarth (nur Gemeindeteil Hohenwarth) Stadt Kötzting (nur Stadtteile Kötzting und Wettzell) Markt Lam (nur Gemeindeteil Lam) Gemeinde Lohberg Markt Neukirchen b. Hl. Blut (nur Gemeindeteil Neukirchen b. Hl. Blut) Gemeinde Reichenbach Gemeinde Rimbach (nur Gemeindeteil Rimbach) Stadt Roding (nur Stadtteile Roding und Neubäu) Stadt Rötz (nur Stadtteil Rötz) Markt Stamsried (nur Gemeindeteil Stamsried) Gemeinde Tiefenbach (nur Gemeindeteil Tiefenbach) Stadt Waldmünchen (nur Stadtteil Waldmünchen)

Lkr. Neumarkt i.d. Oberpfalz	Stadt Berching (nur Stadtteile Berching und Plankstetten) Markt Breitenbrunn (nur Gemeindeteil Breitenbrunn) Stadt Freystadt (nur Stadtteil Freystadt) Stadt Velburg (nur Stadtteile Velburg und Habsberg)
Lkr. Neustadt a.d. Waldnaab	Stadt Eschenbach i.d. OPf. (nur Stadtteil Eschenbach i.d. OPf.) Markt Eslarn (nur Gemeindeteil Eslarn) Gemeinde Flossenbürg (nur nordöstlicher Teil mit Burgruine und Geißweiher) Markt Leuchtenberg (nur Gemeindeteil Leuchtenberg) Markt Moosbach (nur Gemeindeteil Moosbach) Stadt Neustadt a. Kulm (nur Stadtteil Neustadt a. Kulm) Stadt Pleystein (nur Stadtteil Pleystein) Markt Tännesberg (nur Gemeindeteil Tännesberg) Stadt Vohenstrauß (nur Stadtteile Vohenstrauß und Böhmischbruck) Markt Waidhaus (nur Gemeindeteil Waidhaus) Markt Waldthurn (nur Gemeindeteil Waldthurn)
Stadt Regensburg	Stadt Regensburg (nur Altstadt südlich der Donau innerhalb des Grüngürtels, Stadtamhof, Oberer und Unterer Wöhrd)
Stadt Regensburg Lkr. Regensburg	Gemeinde Brennberg (nur Ortsteil Brennberg-Spital) Markt Donaustauf (nur Gemeindeteil Donaustauf) Markt Kallmünz (nur Gemeindeteil Kallmünz) Gemeinde Wolfsegg
Lkr. Schwandorf	Gemeinde Bodenwöhr (nur Gemeindeteil Bodenwöhr) Stadt Nabburg Stadt Oberviechtach (nur Stadtteil Oberviechtach)
Lkr. Tirschenreuth	Markt Neualbenreuth (nur Gemeindeteil Neualbenreuth) Markt Plößberg (nur Gemeindeteil Plößberg) Stadt Waldsassen (nur Stadtteil Waldsassen)
Oberfranken	
Stadt Bamberg	Stadt Bamberg (nur Domplatz, Karolinenstraße vom Domplatz bis zum Alten Rathaus, Untere Brückenstraße links des linken Regnitzarms, Dominikanerstraße, Am Leinritt – von der Kasernstraße bis zur Markusbrücke –, Balthasargässchen, Elisabethenstraße, Geyerswörthplatz, Grünhundsbrunnen, Herrenstraße, Judenstraße, Kasernstraße, Katzenberg, Lugbank, Obere Sandstraße, Pfahlplätzchen, Ringsleingasse, Sandbad, Schranne, Untere Sandstraße – Kreuzung Elisabethenstraße bis zur Höhe Markusbrücke – Straßen Obstmarkt und Michelsbrücke)
Lkr. Bamberg	Markt Ebrach Markt Heiligenstadt i. OFr. Markt Hirschaid (nur Ortskern östlich durch Bahnlinie, westlich durch Rhein-Main-Donau-Kanal, südlich und nördlich durch Ortsende begrenzt) Gemeinde Pommersfelden Stadt Schlüsselfeld (nur Stadtteile Aschbach und Schlüsselfeld)
Stadt Bayreuth	Stadt Bayreuth (nur Innenstadt im Bereich der Fußgängerzone und der weiteren Bereiche der Ludwigstraße, Opernstraße und Richard-Wagner-Straße sowie der Friedrichstraße bis zur Einmündung der Jean-Paul-Straße, An der Bürgerreuth und Siegfried-Wagner-Allee im Anliegerbereich des Festspielhauses Bahnhofstraße, Stadtteil St. Johannis im Anliegerbereich der Eremitage)
Lkr. Bayreuth	Gemeinde Aufseß Stadt Bad Berneck i. Fichtelgebirge Stadt Betzenstein Gemeinde Bischofsgrün Gemeinde Fichtelberg Stadt Goldkronach Stadt Hollfeld Gemeinde Mehlmeisel Stadt Pegnitz Markt Plech Stadt Pottenstein

	Stadt Waischenfeld Gemeinde Warmensteinach Markt Weidenberg
Stadt Coburg	Stadt Coburg (nur Marktplatz, Schlossplatz und Veste)
Lkr. Coburg	Stadt Bad Rodach Stadt Seßlach (nur Altstadt innerhalb der Stadtmauern)
Lkr. Forchheim	Stadt Ebermannstadt Markt Egloffstein Markt Gößweinstein Stadt Gräfenberg Gemeinde Heroldsbach Gemeinde Obertrubach Markt Pretzfeld Gemeinde Unterleinleiter Markt Wiesenttal (nur Gemeindeteile Muggendorf und Streitberg)
Lkr. Hof	Markt Bad Steben Stadt Lichtenberg Stadt Naila (nur Stadtteil Hölle) Stadt Schwarzenbach a. Wald Markt Zell
Lkr. Kronach	Stadt Kronach Markt Küps (nur Gemeindeteil Oberlangenstadt) Stadt Ludwigsstadt (nur Stadtteil Lauenstein) Markt Marktrodach Markt Mitwitz Markt Nordhalben Gemeinde Steinbach a. Wald Markt Steinwiesen Markt Tettau Stadt Wallenfels
Lkr. Kulmbach	Markt Kasendorf Stadt Kulmbach (nur Innenstadt und Plassenburg) Markt Marktleugast (nur Gemeindeteil Marienweiher) Markt Marktschorgast Stadt Stadtsteinach Markt Thurnau Markt Wirsberg Markt Wonsees
Lkr. Lichtenfels	Stadt Bad Staffelstein Stadt Weismain
Lkr. Wunsiedel i. Fichtelgebirge	Gemeinde Bad Alexandersbad Stadt Hohenberg a.d. Eger Gemeinde Nagel Stadt Selb (nur Innenstadt im Bereich der Ludwigstraße, Schillerstraße, Vielitzer Straße, Wittelsbacherstraße und am Christian-Höfer-Ring) Gemeinde Tröstau Stadt Weißenstadt Stadt Wunsiedel
Mittelfranken	
Lkr. Ansbach	Gemeinde Aurach Markt Dietenhofen (nur Gemeindeteile Dietenhofen und Kleinhaslach) Stadt Dinkelsbühl (nur Stadtteil Dinkelsbühl) Stadt Feuchtwangen (nur Stadtteil Feuchtwangen) Stadt Leutershausen (nur Stadtteil Leutershausen) Große Kreisstadt Rothenburg ob der Tauber (nur Stadtteile Rothenburg ob der Tauber und Detwang) Stadt Schillingsfürst (nur Stadtteil Schillingsfürst) Gemeinde Schnelldorf (nur Gemeindeteile Schnelldorf und Wildenholz)

	Gemeinde Unterschwaningen (nur Ortsteil Dennenlohe) Stadt Wolframs-Eschenbach (nur Stadtteil Wolframs-Eschenbach)
Stadt Erlangen	Stadt Erlangen (nur Stadtteil Dechsendorf)
Lkr. Erlangen-Höchstädt	Markt Eckental (nur Gebiet des früheren Marktes Eschenau) Markt Heroldsberg Gemeinde Kalchreuth
Lkr. Fürth	Markt Cadolzburg (nur Gemeindeteil Cadolzburg)
Lkr. Neustadt a.d. Aisch-Bad Windsheim	Stadt Bad Windsheim (nur Stadtteil Bad Windsheim) Stadt Burgbernheim (nur Stadtteile Burgbernheim und Wildbad) Gemeinde Münchsteinach (nur Gemeindeteil Münchsteinach)
Stadt Nürnberg	Stadt Nürnberg (nur Burg und Umgebung, begrenzt durch folgende Straßenzüge einschließlich der durch diese Straßenzüge unmittelbar erschlossenen Grundstücke: Burg, Obere Söldnergasse, Panierplatz, Schildgasse, Burgstraße, Obere Krämergasse, Untere Schmiedgasse, Albrecht-Dürer-Platz, Bergstraße einschließlich des Altstadthofes (Fl.Nr. 431, 434 und 435 der Gemarkung Seeteich), Tiergärtnertor, Burg, Winklerstraße – nördlicher Teil, Augustinerstraße – südliche Straßenseite, Waaggasse, Rathausplatz, Burgstraße, Hauptmarkt (nur umschließende Gebäude ohne Marktfläche) einschließlich Verlängerung bis Bischof-Meiser-Straße, Plobenhofstraße, Bischof-Meister-Straße[1)], zwischen Plobenhofstraße und Spitalgasse – südliche Straßenseite bis einschließlich Heilig-Geist-Spital)
Lkr. Nürnberger Land	Gemeinde Alfeld (nur Gemeindeteil Regelsmühle) Stadt Altdorf b. Nürnberg (nur Stadtteil Altdorf b. Nürnberg) Gemeinde Happurg Gemeinde Hartenstein Gemeinde Kirchensittenbach (nur Gemeindeteil Algersdorf) Markt Neuhaus a.d. Pegnitz (nur Gemeindeteil Neuhaus a.d. Pegnitz) Gemeinde Pommelsbrunn Gemeinde Schwarzenbruck (nur Gemeindeteil Gsteinach) Stadt Velden Gemeinde Vorra
Lkr. Roth	Stadt Abendberg (nur Stadtteil Abendberg) Stadt Spalt (nur Stadtteile Spalt, Enderndorf, Großweingarten und Wernfels) Markt Allersberg (nur Gemeindeteile Allersberg, Appelhof, Fischhof, Polsdorf, Grashof, Kronmühle und Göggelsbuch)
Lkr. Weißenburg-Gunzenhausen	Markt Absberg Stadt Ellingen Stadt Gunzenhausen Gemeinde Haundorf Markt Heidenheim (nur Gemeindeteil Hechtlingen am See) Gemeinde Muhr am See Stadt Pappenheim (nur Stadtteil Pappenheim) Gemeinde Pfofeld (nur Gemeindeteil Langlau) Markt Pleinfeld Gemeinde Solnhofen Stadt Treuchtlingen
Unterfranken	
Lkr. Aschaffenburg	Stadt Alzenau i. UFr. (nur Gebiet der früheren Gemeinde Kälberau) Gemeinde Dammbach Gemeinde Heigenbrücken Gemeinde Heimbuchenthal Markt Hösbach (nur Gemeindeteil Schmerlenbach) Gemeinde Johannesberg (ohne Gemeindeteil Steinbach) Gemeinde Mespelbrunn Gemeinde Rothenbuch Gemeinde Waldaschaff

1) Richtig wohl: Bischof-Meiser-Straße.

	Gemeinde Weibersbrunn
Lkr. Bad Kissingen	Markt Bad Bocklet (ohne Gemeindeteil Steinach a.d. Saale) Stadt Bad Brückenau Große Kreisstadt Bad Kissingen Markt Geroda Gemeinde Motten (nur Gemeindeteil Kothen)
Lkr. Hassberge	Stadt Eltmann (nur Stadtteile Eltmann und Limbach) Stadt Hofheim i. UFr. (nur Stadtteil Hofheim) Stadt Königsberg i. Bay. Markt Maroldsweisach (nur Gemeindeteile Maroldsweisach, Pfaffendorf und Altenstein) Stadt Zeil a. Main (nur Stadtteil Zeil a. Main und Platz um die Wallfahrtskirche „Käppele")
Lkr. Kitzingen	Stadt Dettelbach (nur Stadtteil Dettelbach) Markt Geiselwind (nur Stadtteil Geiselwind) Stadt Iphofen (nur Stadtteile Dornheim, Iphofen, Mönchsondheim und Nenzenhofen) Große Kreisstadt Kitzingen Stadt Marktbreit (nur Stadtgebiet Marktbreit ohne Stadtteil Gnodstadt) Stadt Prichsenstadt (nur Stadtteil Prichsenstadt) Markt Schwarzach a. Main (nur Gemeindeteil Münsterschwarzach) Stadt Volkach (ohne die Stadtteile Dimbach, Fahr, Gaibach, Krautheim, Obervolkach, Rimbach)
Lkr. Main-Spessart	Markt Frammersbach Stadt Gemünden a. Main (ohne die Stadtteile Langenprozelten und Wernfeld) Gemeinde Gräfendorf (ohne die Gemeindeteile Michelau a.d. Saale, Schonderfeld, Weickersgrüben – jedoch nicht Gebietsteil Rossmühle Wolfsmünster) Stadt Karlstadt (nur Altstadt innerhalb der Stadtmauer im Ortsteil Karlstadt) Stadt Lohr a. Main (nur Wallfahrtsort Maria Buchen) Stadt Rieneck Stadt Rothenfels Markt Triefenstein (nur Kiosk am Campingplatz) Markt Zellingen (nur Gebiet des früheren Marktes Retzbach)
Lkr. Miltenberg	Stadt Amorbach (ohne Stadtteil Reichartshausen) Markt Großheubach Stadt Klingenberg a. Main Stadt Miltenberg (ohne die Stadtteile Mainbullau, Schippach, Wenschdorf) Markt Mönchberg Stadt Stadtprozelten
Lkr. Rhön-Grabfeld	Stadt Bad Königshofen i. Grabfeld (ohne die Stadtteile Aub und Merkershausen) Stadt Bad Neustadt a.d. Saale (ohne Stadtteil Brendlorenzen) Stadt Bischofsheim a.d. Rhön (nur Altstadt innerhalb des Stadtmauerrings und Weiler Kreuzberg) Stadt Fladungen Gemeinde Hausen Markt Oberelsbach Stadt Ostheim v.d. Rhön (nur Stadtteile Ostheim v.d. Rhön, Johannismühle, Kupfermühle, Lichtenburg, Lohmühle, Scheermühle, Walkmühle) Gemeinde Sulzdorf a.d. Lederhecke (nur die Gemeindeteile Sternberg i. Grabfeld und Zimmerau) Gemeinde Sulzfeld (ohne Gemeindeteil Kleinbardorf)
Lkr. Schweinfurt	Stadt Gerolzhofen (nur Stadtteil Gerolzhofen) Markt Stadtlauringen
Stadt Würzburg	Stadt Würzburg (nur Stadtteile Festung Marienberg und „Käppele", Platz um die Kirche)
Lkr. Würzburg	Gemeinde Hausen b. Würzburg (nur Gemeindeteil Fährbrück) Markt Sommerhausen

	Gemeinde Veitshöchheim (ohne Gemeindeteil Gadheim)
Schwaben	
Lkr. Donau-Ries	Stadt Harburg (Schwaben) Gemeinde Mönchsdeggingen Große Kreisstadt Nördlingen Stadt Oettingen i. Bayern Stadt Rain Stadt Wemding
Lkr. Günzburg	Große Kreisstadt Günzburg (nur das für zahlende Besucher zugängliche Gelände des Freizeitparks „Legoland Deutschland" und Altstadtbereich begrenzt durch folgende Straßenzüge: Augsburger Straße (teilweise) – Schützenstraße (teilweise) – Frauenplatz – Institutsstraße – Postgasse – Webergasse – Hockergasse – Wagnergasse – Stadtberg (teilweise) – Ichenhauser Straße (teilweise) – Am Stadtgraben – Kapuzinerpassage – Lannionplatz – Jahnstraße (teilweise) – Bürgermeister-Landmann-Platz – Wilhelm-Lorenz-Weg) Markt Ziemetshausen (nur Gemeindeteil Maria Vesperbild)
Stadt Kaufbeuren	Stadt Kaufbeuren (nur Altstadtbereich begrenzt durch folgende Straßenzüge: Schraderstraße – Am Graben – Josef-Landes-Straße – Kemptener Tor bis zur Einmündung Schießstattweg – Unter dem Berg – Am Breiten Bach – Innere Buchleuthenstraße bis zur Einmündung Schraderstraße)
Lkr. Lindau (Bodensee)	Gemeinde Gestratz Gemeinde Grünenbach Große Kreisstadt Lindau (Bodensee) Stadt Lindenberg i. Allgäu Gemeinde Maierhöfen Gemeinde Nonnenhorn Gemeinde Oberreute Gemeinde Opfenbach (nur Gemeindeteil Wigratzbad) Gemeinde Röthenbach (Allgäu) Markt Scheidegg Gemeinde Stiefenhofen Gemeinde Wasserburg (Bodensee) Markt Weiler-Simmerberg
Lkr. Neu-Ulm	Gemeinde Roggenburg
Lkr. Oberallgäu	Gemeinde Balderschwang Gemeinde Blaichach (nur Gemeindeteil Gunzesried) Gemeinde Bolsterlang Markt Buchenberg Gemeinde Burgberg i. Allgäu (ohne den Gemeindeteil Häuser) Gemeinde Fischen i. Allgäu Markt Bad Hindelang Stadt Immenstadt i. Allgäu Gemeinde Missen-Wilhams Gemeinde Obermaiselstein Gemeinde Oy-Mittelberg (nur Gemeindeteil Mittelberg) Markt Oberstaufen Markt Oberstdorf Gemeinde Ofterschwang Gemeinde Rettenberg Stadt Sonthofen Gemeinde Waltenhofen Markt Weitnau Markt Wertach
Lkr. Ostallgäu	Gemeinde Eisenberg Stadt Füssen Gemeinde Görisried Gemeinde Halblech Gemeinde Hopferau

	Gemeinde Lechbruck Markt Nesselwang Gemeinde Pfronten Gemeinde Rieden am Forggensee Gemeinde Roßhaupten Gemeinde Rückholz Gemeinde Schwangau Gemeinde Seeg
Lkr. Unterallgäu	Stadt Bad Wörishofen Markt Grönenbach Markt Ottobeuren

Bayerisches Straßen- und Wegegesetz (BayStrWG)

In der Fassung der Bekanntmachung vom 5. Oktober 1981 (BayRS V S. 731)
(BayRS 91-1-B)

zuletzt geändert durch § 1 Abs. 101 V zur Anpassung des Landesrechts an die geltende Geschäftsverteilung vom 4. Juni 2024 (GVBl. S. 98)

Nichtamtliche Inhaltsübersicht

Erster Teil
Allgemeine Vorschriften

Abschnitt 1
Grundsatzvorschriften

Artikel 1 Geltungsbereich

[1]Dieses Gesetz regelt die Rechtsverhältnisse an den dem öffentlichen Verkehr gewidmeten Straßen, Wegen und Plätzen (öffentliche Straßen) mit Ausnahme der Bundesfernstraßen. [2]Für diese gilt das Gesetz nur, soweit das ausdrücklich bestimmt ist.

Artikel 2 Bestandteile der Straßen

Zu den Straßen gehören

1. der Straßenkörper;
   das sind insbesondere
   a) der Straßengrund, der Straßenunterbau, die Fahrbahndecke, die Brücken, Tunnels, Durchlässe, Dämme, Gräben, Entwässerungsanlagen, Böschungen, Stützmauern und Lärmschutzanlagen,
   b) die Fahrbahnen (Richtungsfahrbahnen), die Trenn-, Seiten-, Rand- und Sicherheitsstreifen und die Omnibushaltebuchten, ferner die Gehwege und Radwege, soweit sie mit einer Fahrbahn in Zusammenhang stehen und mit dieser gleichlaufen (unselbständige Gehwege und Radwege),
2. der Luftraum über dem Straßenkörper,
3. das Zubehör;
   das sind die Verkehrszeichen, die Verkehrseinrichtungen und die Verkehrsanlagen aller Art, die der Sicherheit oder Leichtigkeit des Straßenverkehrs oder dem Schutz der Anlieger dienen, und die Bepflanzung,

4. die Nebenanlagen;
   das sind solche Anlagen, die überwiegend den Aufgaben der Straßenbauverwaltung dienen, z.B. Straßenmeistereien, Gerätehöfe, Lager, Lagerplätze, Ablagerungs- und Entnahmestellen, Hilfsbetriebe und -einrichtungen.

Artikel 3 Einteilung der Straßen, Verordnungsermächtigung

(1) Die Straßen werden nach ihrer Verkehrsbedeutung in folgende Klassen eingeteilt:

1. Staatsstraßen;
   das sind Straßen, die innerhalb des Staatsgebiets zusammen mit den Bundesfernstraßen ein Verkehrsnetz bilden und dem Durchgangsverkehr zu dienen bestimmt sind.
2. Kreisstraßen;
   das sind Straßen, die dem überörtlichen Verkehr innerhalb eines Landkreises, dem Verkehr zwischen benachbarten Landkreisen und kreisfreien Gemeinden oder dem erforderlichen Anschluß von Gemeinden an das überörtliche Verkehrsnetz dienen oder zu dienen bestimmt sind; sie sollen mindestens an einem Ende an eine Bundesfernstraße, Staatsstraße oder andere Kreisstraße anschließen.
3. Gemeindeverbindungsstraßen, Ortsstraßen (Gemeindestraßen nach Art. 46).
4. Öffentliche Feld- und Waldwege, beschränkt-öffentliche Wege, Eigentümerwege (sonstige öffentliche Straßen nach Art. 53).

(2) [1]Für die Staatsstraßen und die Kreisstraßen werden Straßenverzeichnisse, für die Gemeindestraßen und die sonstigen öffentlichen Straßen Bestandsverzeichnisse geführt. [2]In die Verzeichnisse sind alle Straßen gemäß ihrer Straßenklasse aufzunehmen. [3]Die Straßenverzeichnisse werden von der obersten Straßenbaubehörde, die Bestandsverzeichnisse von den Straßenbaubehörden geführt. [4]Das Nähere über den Inhalt und die Führung der Verzeichnisse wird durch Rechtsverordnung des Staatsministeriums für Wohnen, Bau und Verkehr (Staatsministerium) geregelt.

Artikel 4 Ortsdurchfahrten

(1) [1]Eine Ortsdurchfahrt ist der Teil einer Staatsstraße oder Kreisstraße, der innerhalb der geschlossenen Ortslage liegt und auch zur Erschließung der anliegenden Grundstücke bestimmt ist oder der mehrfachen Verknüpfung des Ortsstraßennetzes dient. [2]Geschlossene Ortslage ist der Teil des Gemeindegebiets, der in geschlossener oder offener Bauweise zusammenhängend bebaut ist. [3]Einzelne unbebaute Grundstücke, zur Bebauung ungeeignetes oder ihr entzogenes Gelände oder einseitige Bebauung unterbrechen den Zusammenhang nicht.

(2) [1]Die Regierung setzt nach Anhörung der Gemeinde und des Trägers der Straßenbaulast die Grenzen der Ortsdurchfahrt fest. [2]Sie kann dabei zugunsten der Gemeinde von den Vorschriften des Abs. 1 abweichen, wenn die Länge der Ortsdurchfahrt wegen der Art der Bebauung in einem offensichtlichen Mißverhältnis zur Einwohnerzahl der Gemeinde steht.

Artikel 5 *[aufgehoben]*

Artikel 6 Widmung

(1) Widmung ist die Verfügung, durch die eine Straße die Eigenschaft einer öffentlichen Straße erhält.

(2) [1]Die Widmung wird von der Straßenbaubehörde, für Staatsstraßen von der obersten Straßenbaubehörde verfügt; ist die Straßenbaulast geteilt, so widmet die für die Fahrbahn zuständige Straßenbaubehörde. [2]Ist die widmende Straßenbaubehörde nicht Organ des Trägers der Straßenbaulast, so ist zur Widmung dessen Zustimmung erforderlich. [3]Beschränkungen der Widmung auf bestimmte Benutzungsarten sind in der Verfügung festzulegen und vom Träger der Straßenbaulast kenntlich zu machen.

(3) Die Widmung setzt voraus, daß der Träger der Straßenbaulast das dingliche Recht hat, über das der Straße dienende Grundstück zu verfügen, oder daß der Eigentümer und ein sonst zur Nutzung dinglich Berechtigter der Widmung zugestimmt haben, oder daß der Träger der Straßenbaulast den Besitz des der Straße dienenden Grundstücks durch Vertrag, durch Einweisung oder in einem sonstigen gesetzlich geregelten Verfahren erlangt hat.

(4) Die Widmung von Kreisstraßen ist der das Straßenverzeichnis führenden Behörde mitzuteilen.

(5) Durch bürgerlich-rechtliche Verfügungen oder durch Verfügungen im Weg der Zwangsvollstreckung oder der Enteignung über die der Straße dienenden Grundstücke oder Rechte an ihnen wird die Widmung nicht berührt.

(6) [1]Bei Straßen, deren Bau in einem Planfeststellungsverfahren geregelt wird, kann die Widmung in diesem Verfahren mit der Maßgabe verfügt werden, daß sie mit der Verkehrsübergabe wirksam wird, wenn die Voraussetzungen des Abs. 3 in diesem Zeitpunkt vorliegen. [2]Der Träger der Straßenbaulast hat den Zeitpunkt der Verkehrsübergabe sowie Beschränkungen der Widmung öffentlich bekanntzumachen und bei Kreisstraßen der das Straßenverzeichnis führenden Behörde mitzuteilen. [3]Eine Bekanntmachung ist entbehrlich, wenn die zur Widmung vorgesehenen Straßen in den im Planfeststellungsverfahren ausgelegten Plänen als solche kenntlich gemacht worden sind.
(7) [1]Bei Straßen, deren Bau in einem Bebauungsplan geregelt wird und für die die Gemeinde Träger der Straßenbaulast ist, kann die Widmung in diesem Verfahren mit der Maßgabe verfügt werden, dass sie mit der Verkehrsübergabe wirksam wird, wenn die Voraussetzungen des Abs. 3 in diesem Zeitpunkt vorliegen. [2]Abs. 6 Satz 2 und 3 gilt entsprechend.
(8) Wird eine Straße verbreitert, begradigt, unerheblich verlegt oder ergänzt, so gilt der neue Straßenteil durch die Verkehrsübergabe als gewidmet, sofern die Voraussetzungen des Abs. 3 vorliegen.

Artikel 7 Umstufung

(1) [1]Hat sich die Verkehrsbedeutung einer Straße geändert, so ist sie in die entsprechende Straßenklasse (Art. 3) umzustufen (Aufstufung, Abstufung). [2]Das gleiche gilt, wenn eine Straße nicht in die ihrer Verkehrsbedeutung entsprechende Straßenklasse eingeordnet ist oder überwiegende Gründe des öffentlichen Wohls für die Umstufung vorliegen.
(2) [1]Die Aufstufung zur Staatsstraße und die Abstufung einer Staatsstraße verfügt die oberste Straßenbaubehörde. [2]Sind sich bei anderen Straßen die beteiligten Träger der Straßenbaulast über die Umstufung einer Straße einig und erhebt die für die künftige Straßenklasse zuständige Straßenaufsichtsbehörde binnen zwei Monaten nach Anzeige keine Erinnerung, so verfügt die für die künftige Straßenklasse zuständige Straßenbaubehörde die Umstufung. [3]Ist die Straßenbaulast geteilt, so stuft die für die Fahrbahn künftig zuständige Straßenbaubehörde um. [4]Kommt keine Einigung zustande, so entscheidet über die Umstufung die für die beteiligte höhere Straßenklasse zuständige Straßenaufsichtsbehörde.
(3) Die Umstufung von Kreisstraßen ist der das Straßenverzeichnis führenden Behörde mitzuteilen.
(4) Die Umstufung soll nur zum Ende eines Haushaltsjahres ausgesprochen und drei Monate vorher angekündigt werden.
(5) [1]Art. 6 Abs. 6 und 7 gilt entsprechend. [2]Die Umstufung wird mit der Ingebrauchnahme für den neuen Verkehrszweck wirksam.
(6) Wird im Zusammenhang mit einer Maßnahme nach Art. 6 Abs. 8 ein Teil der Straße oder ein Teil einer anderen Straße in diese einbezogen, so gilt diese mit dem Zeitpunkt der Inbetriebnahme für den neuen Verkehrszweck als umgestuft.

Artikel 8 Einziehung

(1) [1]Hat eine Straße jede Verkehrsbedeutung verloren oder liegen überwiegende Gründe des öffentlichen Wohls vor, so ist sie durch Verfügung der Straßenbaubehörde, eine Staatsstraße durch Verfügung der obersten Straßenbaubehörde, einzuziehen; ist die Straßenbaulast geteilt, so zieht die für die Fahrbahn zuständige Straßenbaubehörde nach Anhörung der Gemeinde ein. [2]Die Teileinziehung einer Straße kann angeordnet werden, wenn überwiegende Gründe des öffentlichen Wohls für eine nachträgliche Beschränkung der Widmung auf bestimmte Benutzungsarten, -zwecke und -zeiten vorliegen.
(2) [1]Die Absicht der Einziehung ist drei Monate vorher in den Gemeinden, die von der Straße berührt werden, ortsüblich bekanntzumachen. [2]Die Bekanntmachung kann unterbleiben, wenn Teile einer Straße im Zusammenhang mit unwesentlichen Änderungen eingezogen werden sollen.
(3) Die Einziehung von Kreisstraßen ist der das Straßenverzeichnis führenden Behörde mitzuteilen.
(4) Mit der Einziehung einer Straße entfallen Gemeingebrauch (Art. 14) und widerrufliche Sondernutzungen (Art. 18ff.).
(5) [1]Art. 6 Abs. 6 und 7 gilt entsprechend. [2]Die Einziehung wird mit der Sperrung wirksam.
(6) [1]Wird eine Straße begradigt, unerheblich verlegt oder in sonstiger Weise den verkehrlichen Bedürfnissen angepaßt und wird damit ein Teil der Straße dem Verkehr auf Dauer entzogen, so gilt dieser Teil mit der Sperrung als eingezogen. [2]Einer Ankündigung bedarf es nicht.

Artikel 9 Straßenbaulast

(1) [1]Die Straßenbaulast umfaßt alle mit dem Bau und der Unterhaltung der Straße zusammenhängenden Aufgaben. [2]Die Träger der Straßenbaulast haben nach ihrer Leistungsfähigkeit die Straßen in einem dem gewöhnlichen Verkehrsbedürfnis und den Erfordernissen der öffentlichen Sicherheit und Ordnung genügenden Zustand zu bauen und zu unterhalten. [3]Soweit sie hierzu unter Berücksichtigung ihrer Leistungsfähigkeit außerstande sind, haben sie auf den nicht verkehrssicheren Zustand vorbehaltlich anderweitiger Maßnahmen der Straßenverkehrsbehörden durch Verkehrszeichen hinzuweisen. [4]Beim Bau und bei der Unterhaltung der Straßen sind die Belange der älteren Menschen und Kinder zu berücksichtigen. [5]Die Belange von Menschen mit Behinderung und von Menschen mit sonstigen Mobilitätsbeeinträchtigungen werden berücksichtigt mit dem Ziel, Barrierefreiheit ohne besondere Erschwernis zu ermöglichen, soweit nicht andere überwiegende öffentliche Belange, insbesondere solche der Verkehrssicherheit, entgegenstehen.

(2) [1]Beim Bau und der Unterhaltung der Straßen sind die allgemein anerkannten Regeln der Baukunst und Technik zu beachten. [2]Dabei ist mit Grund und Boden sparsam umzugehen und die Flächeninanspruchnahme in Abwägung insbesondere mit den Notwendigkeiten der Sicherheit und Leichtigkeit des Verkehrs sowie der Schonung von Naturhaushalt und Landschaftsbild so weit wie möglich zu begrenzen.

(3) [1]Zu den Aufgaben nach Abs. 1 gehören nicht das Schneeräumen, das Streuen bei Schnee- oder Eisglätte, die Reinigung und die Beleuchtung. [2]Die Träger der Straßenbaulast sollen jedoch unbeschadet der Verkehrssicherungspflicht oder der Verpflichtung Dritter die Straßen bei Schnee und Eisglätte räumen und streuen.

(4) [1]Wechselt die Straßenbaulast, so hat der bisherige Träger der Straßenbaulast dafür einzustehen, daß er ihr in dem durch die bisherige Straßenklasse gebotenen Umfang genügt, insbesondere den notwendigen Grunderwerb durchgeführt hat. [2]Ist eine abzustufende Straße nicht ordnungsgemäß ausgebaut, so hat er dafür nur insoweit einzustehen, als der Ausbauzustand hinter den Anforderungen der künftigen Straßenklasse zurückbleibt.

(5) Die aus dem Bau und der Unterhaltung der öffentlichen Straßen einschließlich der Bundesfernstraßen und die aus der Überwachung der Verkehrssicherheit dieser Straßen sich ergebenden Aufgaben werden von den Bediensteten der damit befassten Körperschaften in Ausübung eines öffentlichen Amts wahrgenommen.

Artikel 10 Sicherheitsvorschriften

(1) Die Straßenbaubehörde trägt die Verantwortung dafür, daß die öffentlich-rechtlichen Vorschriften und die allgemein anerkannten Regeln der Technik eingehalten werden.

(2) [1]Die Straßenbaubehörde kann Prüfingenieure, Prüfämter und Prüfsachverständige in entsprechender Anwendung der auf Grund des Art. 80 Abs. 2 der Bayerischen Bauordnung (BayBO) erlassenen Rechtsverordnungen heranziehen. [2]Art. 62 Abs. 1 Satz 4 BayBO gilt entsprechend.

(3) Abs. 2 gilt auch für Bundesstraßen.

Abschnitt 2

Eigentum

Artikel 11 Eigentumsübergang

(1) [1]Mit Inkrafttreten dieses Gesetzes geht das Eigentum an der Straße mit Ausnahme der Nebenanlagen mit den jeweiligen dinglichen Belastungen entschädigungslos auf den Träger der Straßenbaulast über, soweit es bisher bereits Gebietskörperschaften zustand. [2]Das gilt auch für die zugehörigen Verkehrszeichen und Verkehrseinrichtungen. [3]Eine nach Art. 18 Abs. 1 erteilte Erlaubnis zur Sondernutzung bleibt unberührt.

(2) [1]Hat der bisherige Eigentümer die Straße berechtigterweise über den Gemeingebrauch hinaus benutzt (Sondernutzung), so ist der neue Eigentümer verpflichtet, etwaige Anlagen in dem bisherigen Umfang weiterhin zu dulden. [2]Art. 18 Abs. 3 gilt entsprechend.

(3) Verbindlichkeiten, die zur Durchführung früherer Bau- und Unterhaltungsmaßnahmen von dem bisherigen Träger der Straßenbaulast eingegangen wurden, sind vom Übergang ausgeschlossen.

(4) [1]Wechselt der Träger der Straßenbaulast, so gehen mit der Straßenbaulast das Eigentum des bisherigen Trägers der Straßenbaulast an den Straßenbestandteilen (Art. 2 Nr. 1 bis 3), den ausschließlich

zur Straße gehörenden Nebenanlagen (Art. 2 Nr. 4) und alle Rechte und Pflichten, die mit der Straße im Zusammenhang stehen, ohne Entschädigung auf den neuen Träger der Straßenbaulast über, soweit das Eigentum einer Gebietskörperschaft zustand. 2Abs. 3 gilt entsprechend.

(5) 1Bei Einziehung einer Straße kann der frühere Eigentümer innerhalb eines Jahres verlangen, daß ihm das Eigentum an Straßengrundstücken mit den in Abs. 1 genannten Belastungen ohne Entschädigung übertragen wird, wenn es vorher nach Abs. 1 oder 4 übergegangen war. 2Die Abs. 2 und 3 gelten entsprechend.

Artikel 12 Grundbuchberichtigung und Vermessung

(1) 1Beim Übergang des Eigentums an Straßen nach Art. 11 Abs. 1 und 4 ist der Antrag auf Berichtigung des Grundbuchs von dem neuen Eigentümer zu stellen. 2Das Eigentum wird gegenüber dem Grundbuchamt durch eine mit dem Amtssiegel oder Amtsstempel versehene Bestätigung nachgewiesen, die bei Staats- und Kreisstraßen, soweit sie in die Baulast des Freistaates Bayern, eines Landkreises oder einer kreisfreien Gemeinde fallen, von der Straßenbaubehörde, bei den übrigen Straßen von der Straßenaufsichtsbehörde des neuen Eigentümers erteilt wird.

(2) Der bisherige Träger der Straßenbaulast ist nicht verpflichtet, das übergehende Grundstück vorschriftsmäßig vermessen und vermarken zu lassen.

Artikel 13 Ausübung des Eigentums am Straßengrund und Erwerbspflicht

(1) Ist der Träger der Straßenbaulast für eine Straße nicht Eigentümer der Grundstücke, die für die Straße in Anspruch genommen sind, so steht ihm einschließlich der Befugnisse aus Art. 22 (Sondernutzungen nach bürgerlichem Recht) die Ausübung der Rechte und Pflichten des Eigentümers in dem Umfang zu, wie es die Aufrechterhaltung des Gemeingebrauchs erfordert.

(2) 1Der Träger der Straßenbaulast hat auf Antrag des Eigentümers oder eines sonst dinglich Berechtigten die für die Straße in Anspruch genommenen Grundstücke oder ein dingliches Recht daran binnen einer Frist von fünf Jahren seit Inbesitznahme zu erwerben. 2Kommt eine Einigung nicht zustande oder kann ein dingliches Recht an dem Grundstück durch Rechtsgeschäft nicht übertragen werden, so kann der Eigentümer oder der sonst dinglich Berechtigte die Durchführung des Enteignungsverfahrens beantragen. 3Im übrigen gelten die Vorschriften des Bayerischen Gesetzes über die entschädigungspflichtige Enteignung (BayEG) sinngemäß.

(3) 1Die Frist nach Abs. 2 ist gehemmt, solang der Berechtigte den Antrag nach Abs. 2 Satz 1 nicht gestellt hat oder die Abwicklung des Grunderwerbs aus anderen Gründen verzögert wird, die der Träger der Straßenbaulast nicht zu vertreten hat. 2Waren bei Inkrafttreten dieses Gesetzes bereits Grundstücke für eine Straße in Anspruch genommen, so beginnt die Frist mit Inkrafttreten dieses Gesetzes zu laufen.

(4) 1Soweit ein dinglich Berechtigter in dem Verfahren nach Art. 6 Abs. 3 nicht beteiligt ist, hat der Träger der Straßenbaulast das dingliche Recht auf Antrag abzulösen, sobald der dinglich Berechtigte die Befriedigung aus dem Grundstück beanspruchen kann. 2Abs. 2 Satz 1 und Abs. 3 Satz 1 gelten entsprechend.

(5) Die Abs. 2 und 3 gelten nicht, wenn und solang dem Träger der Straßenbaulast durch eine Dienstbarkeit oder ein sonstiges dingliches Recht die Verfügungsbefugnis nach Art. 6 Abs. 3 bei Inkrafttreten dieses Gesetzes eingeräumt war oder wenn er diese Verfügungsbefugnis nach Art. 67 Abs. 3 und 4 erlangt hat.

Abschnitt 3
Gemeingebrauch und Sondernutzung

Artikel 14 Gemeingebrauch

(1) 1Die Benutzung der Straßen im Rahmen ihrer Widmung für den Verkehr (Gemeingebrauch) ist jedermann gestattet. 2Es ist kein Gemeingebrauch, wenn jemand die Straße nicht vorwiegend zum Verkehr, sondern zu anderen Zwecken benutzt.

(2) Der Gemeingebrauch ist unentgeltlich und gebührenfrei, soweit nicht durch Gesetz Ausnahmen zugelassen sind.

(3) Auf die Aufrechterhaltung des Gemeingebrauchs besteht kein Rechtsanspruch.

(4) 1Muß eine Straße wegen der Art des Gebrauchs durch einen anderen aufwendiger hergestellt oder ausgebaut werden, als es dem regelmäßigen Verkehrsbedürfnis entspricht, so hat der andere dem Träger der Straßenbaulast die Mehrkosten für den Bau und die Unterhaltung zu vergüten. 2Das gilt nicht für

Haltestellenbuchten für den Linienverkehr. [3]Der Träger der Straßenbaulast kann angemessene Vorschüsse oder Sicherheiten verlangen.

Artikel 15 Beschränkungen des Gemeingebrauchs

[1]Für Straßenbauarbeiten und zur Verhütung außerordentlicher Schäden an der Straße, die durch deren baulichen Zustand bedingt sind, kann die Straßenbaubehörde den Gemeingebrauch vorübergehend beschränken. [2]Die Straßenverkehrsbehörde ist hiervon rechtzeitig zu unterrichten. [3]Der Träger der Straßenbaulast hat die Beschränkungen kenntlich zu machen.

Artikel 16 Verunreinigung

Wer eine Straße über das übliche Maß hinaus verunreinigt, hat die Verunreinigung ohne Aufforderung unverzüglich zu beseitigen; andernfalls kann der Träger der Straßenbaulast die Verunreinigung auf Kosten des Verursachers beseitigen.

Artikel 17 Straßenanlieger

(1) Den Eigentümern oder Besitzern von Grundstücken, die an einer Straße liegen (Straßenanlieger), steht kein Anspruch darauf zu, daß die Straße nicht geändert oder eingezogen wird.

(2) [1]Werden auf Dauer Zufahrten oder Zugänge durch die Änderung oder die Einziehung von Straßen unterbrochen oder wird ihre Benutzung erheblich erschwert, so hat der Träger der Straßenbaulast einen angemessenen Ersatz zu schaffen oder, soweit dies nicht zumutbar ist, nach den Vorschriften des Bayerischen Gesetzes über die entschädigungspflichtige Enteignung Entschädigung in Geld zu leisten. [2]Mehrere Anliegergrundstücke können durch eine gemeinsame Zufahrt angeschlossen werden, deren Unterhaltung (Art. 19 Abs. 5) den Anliegern gemeinsam obliegt. [3]Die Verpflichtung nach Satz 1 entsteht nicht, wenn die Grundstücke eine anderweitige ausreichende Verbindung zu dem öffentlichen Wegenetz besitzen oder wenn die Zufahrten auf einer widerruflichen Erlaubnis beruhen.

(3) [1]Werden für längere Zeit Zufahrten oder Zugänge durch Straßenarbeiten unterbrochen oder wird ihre Benutzung erheblich erschwert, ohne daß von Behelfsmaßnahmen eine wesentliche Entlastung ausgeht, und wird dadurch die wirtschaftliche Existenz eines anliegenden Betriebs gefährdet, so kann dessen Inhaber eine Entschädigung in der Höhe des Betrags beanspruchen, der erforderlich ist, um das Fortbestehen des Betriebs bei Anspannung der eigenen Kräfte und unter Berücksichtigung der gegebenen Anpassungsmöglichkeiten zu sichern. [2]Der Anspruch richtet sich gegen den, zu dessen Gunsten die Arbeiten im Straßenbereich erfolgen. [3]Abs. 2 Satz 3 gilt entsprechend.

(4) Wird durch den Bau oder die Änderung einer Straße der Zutritt von Licht oder Luft zu einem Grundstück auf Dauer entzogen oder erheblich beeinträchtigt, so hat der Träger der Straßenbaulast für dadurch entstehende Vermögensnachteile nach den Vorschriften des Bayerischen Gesetzes über die entschädigungspflichtige Enteignung Entschädigung in Geld zu gewähren.

(5) [1]Soweit es die Sicherheit oder Leichtigkeit des Verkehrs erfordert, kann die Straßenbaubehörde anordnen, daß Zugänge oder Zufahrten geändert oder verlegt oder, wenn das Grundstück eine anderweitige ausreichende Verbindung zu dem öffentlichen Wegenetz besitzt, geschlossen werden. [2]Die Befugnis zum Widerruf einer Erlaubnis nach Art. 18 Abs. 2 bleibt unberührt. [3]Abs. 2 gilt entsprechend.

Artikel 18 Sondernutzung nach öffentlichem Recht, Verordnungsermächtigung

(1) [1]Die Benutzung der Straßen über den Gemeingebrauch hinaus (Sondernutzung) bedarf der Erlaubnis der Straßenbaubehörde, in Ortsdurchfahrten der Erlaubnis der Gemeinde, wenn durch die Benutzung der Gemeingebrauch beeinträchtigt werden kann. [2]Die besondere Gefährdung des Geh- und Radverkehrs im Straßenverkehr ist bei der Entscheidung zu berücksichtigen, soweit nicht andere überwiegende Belange entgegenstehen. [3]Soweit die Gemeinde nicht Träger der Straßenbaulast ist, darf sie die Erlaubnis nur mit Zustimmung der Straßenbaubehörde erteilen.

(2) [1]Die Erlaubnis darf nur auf Zeit oder auf Widerruf erteilt werden. [2]Soweit die Gemeinde nicht Träger der Straßenbaulast ist, hat sie eine widerruflich erteilte Erlaubnis zu widerrufen, wenn die Straßenbaubehörde dies aus Gründen des Straßenbaus oder der Sicherheit oder Leichtigkeit des Verkehrs verlangt.

(2a) [1]Für Sondernutzungen können Sondernutzungsgebühren erhoben werden. [2]Sie stehen in Ortsdurchfahrten den Gemeinden, im übrigen dem Träger der Straßenbaulast zu. [3]Das Staatsministerium regelt die Erhebung und Höhe der Sondernutzungsgebühren durch Rechtsverordnung, soweit sie dem Freistaat Bayern als Träger der Straßenbaulast zustehen. [4]Die Landkreise und Gemeinden können dies durch Satzung regeln, soweit ihnen die Sondernutzungsgebühren zustehen. [5]Für die Bemessung der

Sondernutzungsgebühren sind Art und Ausmaß der Einwirkung auf die Straße und den Gemeingebrauch sowie das wirtschaftliche Interesse des Gebührenschuldners zu berücksichtigen.

(3) [1]Der Erlaubnisnehmer hat dem Träger der Straßenbaulast alle Kosten zu ersetzen, die diesem durch die Sondernutzung zusätzlich entstehen. [2]Hierfür kann der Träger der Straßenbaulast angemessene Vorschüsse und Sicherheiten verlangen.

(4) Der Erlaubnisnehmer ist verpflichtet, die Sondernutzungsanlagen nach den bestehenden gesetzlichen Vorschriften und allgemein anerkannten Regeln der Technik zu errichten und zu unterhalten.

(5) Wechselt der Träger der Straßenbaulast, so bleibt eine nach Abs. 1 erteilte Erlaubnis bestehen.

(6) Der Erlaubnisnehmer hat bei Sperrung, Änderung, Umstufung oder Einziehung der Straße keinen Ersatzanspruch gegen den Träger der Straßenbaulast.

Artikel 18a Sondernutzung für stationsbasiertes Carsharing

(1) [1]Unbeschadet der sonstigen straßenrechtlichen Bestimmungen zur Sondernutzung kann die Gemeinde Flächen auf öffentlichen Straßen für stationsbasiertes Carsharing bestimmen und im Wege eines diskriminierungsfreien und transparenten Auswahlverfahrens einem Carsharinganbieter für einen Zeitraum von längstens acht Jahren zur Verfügung stellen. [2]Das Auswahlverfahren ist öffentlich bekanntzumachen und kann auch durch ein von der Gemeinde damit beliehenes kommunales Unternehmen erfolgen. [3]Die §§ 2, 5 Abs. 1 Satz 3, Abs. 2 Satz 3 und 4, Abs. 6 Satz 5 des Carsharinggesetzes gelten mit der Maßgabe entsprechend, dass sich Verweise auf das Bayerische Verwaltungsverfahrensgesetz (BayVwVfG) beziehen. [4]Art. 18 gilt mit der Maßgabe entsprechend, dass die Sondernutzungserlaubnis nicht auf Widerruf erteilt werden darf.

(2) Die Erteilung der Sondernutzungserlaubnis kann auch davon abhängig gemacht werden, dass der Erlaubnisnehmer umweltbezogene oder solche Kriterien erfüllt, die einer Verringerung des motorisierten Individualverkehrs besonders dienlich sind.

Artikel 18b Unerlaubte Sondernutzung

(1) [1]Werden Autowracks, Zweiradwracks oder andere Fahrzeuge verbotswidrig abgestellt oder wird sonst eine Straße ohne die erforderliche Erlaubnis nach Art. 18 oder Art. 18a benutzt oder kommt der Erlaubnisnehmer seinen Pflichten nicht nach, so kann die Straßenbaubehörde die erforderlichen Anordnungen erlassen. [2]Sind solche Anordnungen nicht oder nur unter unverhältnismäßigem Aufwand möglich oder nicht erfolgversprechend, so kann sie den rechtswidrigen Zustand auf Kosten des Pflichtigen beseitigen oder beseitigen lassen.

(2) Die Straßenbaubehörde kann von der Straße entfernte Gegenstände bis zur Erstattung ihrer Aufwendungen zurückbehalten.

(3) [1]Ist der Eigentümer oder Halter der von der Straße entfernten Gegenstände innerhalb angemessener Frist nicht zu ermitteln oder kommt er seinen Zahlungspflichten innerhalb von zwei Monaten nach Zahlungsaufforderung nicht nach oder holt er die Gegenstände innerhalb einer ihm schriftlich gestellten angemessenen Frist nicht ab, so sind die Gegenstände auf Antrag der Straßenbaubehörde von der Kreisverwaltungsbehörde zu verwerten. [2]In der Aufforderung zur Zahlung oder Abholung ist auf die Möglichkeit der Verwertung hinzuweisen. [3]Im übrigen sind die Vorschriften des Polizeirechts über die Verwertung sichergestellter Gegenstände entsprechend anzuwenden.

(4) Die Abs. 2 und 3 gelten auch für die Bundesfernstraßen mit der Maßgabe, daß die Befugnis zur Zurückbehaltung nach Abs. 2 der für die Erteilung der Sondernutzungserlaubnis zuständigen Behörde zusteht.

(5) Zu Maßnahmen nach den Abs. 1, 2 und 4 ist auch die Kreisverwaltungsbehörde befugt.

(6) Die Befugnisse nach anderen Rechtsvorschriften bleiben unberührt.

Artikel 19 Zufahrten

(1) [1]Zufahrten zu Staats- und Kreisstraßen außerhalb der zur Erschließung bestimmten Teile der Ortsdurchfahrten sowie zu Gemeindeverbindungsstraßen (Art. 46 Nr. 1) gelten als Sondernutzungen im Sinn des Art. 18. [2]Art. 18 Abs. 2a ist nicht anwendbar.

(2) Art. 18 Abs. 4 findet mit der Maßgabe Anwendung, daß die Straßenbaubehörde von dem Erlaubnisnehmer alle Maßnahmen hinsichtlich der örtlichen Lage, der Art und der Ausgestaltung der Zufahrt verlangen kann, die aus Gründen der Sicherheit oder Leichtigkeit des Verkehrs erforderlich sind.

(3) Eine Erlaubnis nach Art. 18 ist auch einzuholen, bevor eine erlaubnisbedürftige Zufahrt geändert wird oder bevor sich der Verkehr auf der Zufahrt nach Art oder Dichte wesentlich vergrößert.

(4) Der Erlaubnis nach Art. 18 Abs. 1 bedarf es nicht, wenn Zufahrten

1. zu baulichen Anlagen geschaffen oder geändert werden, die dem Verfahren nach Art. 23 oder 24 unterliegen,
2. in einem Flurbereinigungsverfahren mit Zustimmung der Straßenbaubehörde neu geschaffen oder geändert werden.

(5) Für die Unterhaltung von Zufahrten, die keiner Erlaubnis nach Art. 18 Abs. 1 bedürfen, sowie von Zugängen gilt Art. 18 Abs. 4 entsprechend.

Artikel 20 ***[aufgehoben]***

Artikel 21 Vorrang anderer Genehmigungsverfahren

[1]Ist nach den Vorschriften des Straßenverkehrsrechts eine Erlaubnis für eine übermäßige Straßenbenutzung oder eine Ausnahmegenehmigung erforderlich oder ist nach den Vorschriften des Baurechts eine Baugenehmigung erforderlich, bedarf es keiner Erlaubnis nach Art. 18 Abs. 1. [2]Vor ihrer Entscheidung hat die hierfür zuständige Behörde das Einvernehmen mit der sonst für die Sondernutzungserlaubnis zuständigen Behörde herzustellen. [3]Die von dieser geforderten Bedingungen, Auflagen und Sondernutzungsgebühren sind dem Antragsteller in der Erlaubnis, Ausnahmegenehmigung oder Baugenehmigung aufzuerlegen.

Artikel 22 Sondernutzung nach bürgerlichem Recht

(1) Die Einräumung von Rechten zur Benutzung der Straßen über den Gemeingebrauch hinaus richtet sich nach bürgerlichem Recht, wenn durch die Benutzung der Gemeingebrauch nicht beeinträchtigt werden kann.

(2) Die Benutzung der Straßen für Zwecke der öffentlichen Versorgung regelt sich stets nach bürgerlichem Recht, es sei denn, daß der Gemeingebrauch nicht nur für kurze Dauer beeinträchtigt wird.

Artikel 22a Abweichende Regelungen

[1]Die Landkreise und Gemeinden können die Sondernutzungen an Straßen oder Teilen davon in ihrer Baulast auch abweichend von den Art. 18, 18a, 19 und 22 Abs. 1 durch Satzung regeln und an Stelle eines privaten Entgelts Gebühren erheben. [2]Art. 18 Abs. 2a Satz 4 und 5 gilt entsprechend. [3]Art. 22 Abs. 2 bleibt unberührt.

Abschnitt 4
Anbau an Straßen und Schutzmaßnahmen

Artikel 23 Errichtung baulicher Anlagen

(1) [1]Außerhalb der zur Erschließung der anliegenden Grundstücke bestimmten Teile der Ortsdurchfahrten dürfen bauliche Anlagen

1. an Staatsstraßen in einer Entfernung bis zu 20 m,
2. an Kreisstraßen in einer Entfernung bis zu 15 m,

jeweils gemessen vom äußeren Rand der Fahrbahndecke, nicht errichtet werden. [2]Dies gilt nicht für Aufschüttungen und Abgrabungen geringeren Umfangs und für technische Einrichtungen, die für das Erbringen von der öffentlichen Versorgung dienenden Telekommunikationsdiensten erforderlich sind. [3]Sind besondere Fahrbahnen, wie Radwege, getrennt von der Hauptfahrbahn angelegt, dann werden die Entfernungen vom Rand der Decke der Hauptfahrbahn ab gerechnet.

(2) [1]Ausnahmen von den Anbauverboten nach Abs. 1 können zugelassen werden, wenn dies die Sicherheit und Leichtigkeit des Verkehrs, besonders wegen der Sichtverhältnisse, Verkehrsgefährdung, Bebauungsabsichten und Straßenbaugestaltung gestattet. [2]Die Entscheidung wird im Baugenehmigungsverfahren durch die untere Bauaufsichtsbehörde im Einvernehmen mit der Straßenbaubehörde oder, wenn kein Baugenehmigungsverfahren durchgeführt wird, in einem eigenen Verfahren durch die Straßenbaubehörde getroffen. [3]Soweit nach Art. 73 Abs. 1 BayBO die Regierung zuständig ist, trifft diese die Entscheidung.

(3) Abs. 1 gilt nicht, wenn das Bauvorhaben den Festsetzungen eines Bebauungsplans im Sinn des Baugesetzbuchs entspricht, der mindestens die Begrenzung der Verkehrsflächen und die an diesen gelegenen überbaubaren Grundstücksflächen enthält und unter Mitwirkung der Straßenbaubehörde zustande gekommen ist.

(4) [1]Die Gemeinden können durch Satzung vorschreiben, daß bestimmte Gemeindeverbindungsstraßen vom Anbau nach Abs. 1 freizuhalten sind, soweit dies für die Sicherheit oder Leichtigkeit des Verkehrs, besonders im Hinblick auf Sichtverhältnisse, Verkehrsgefährdung, Bebauungsabsichten und Straßenbaugestaltung erforderlich ist. [2]Das Anbauverbot darf sich nur auf eine Entfernung bis zu 10 m, gemessen vom Rand der Fahrbahndecke, erstrecken.

Artikel 24 Errichtung oder Änderung baulicher Anlagen

(1) [1]Unbeschadet der Vorschrift des Art. 23 dürfen baurechtliche oder nach anderen Vorschriften erforderliche Genehmigungen nur im Einvernehmen mit der Straßenbaubehörde erteilt werden, wenn bauliche Anlagen längs

1. von Staatsstraßen in einer Entfernung bis zu 40 m und
2. von Kreisstraßen in einer Entfernung bis zu 30 m,

jeweils gemessen vom äußeren Rand der Fahrbahndecke, errichtet, erheblich geändert oder so anders genutzt werden sollen, daß Auswirkungen auf die Sicherheit und Leichtigkeit des Verkehrs zu erwarten sind. [2]Das Einvernehmen darf nur verweigert oder von Nebenbestimmungen abhängig gemacht werden, soweit dies für die Sicherheit oder Leichtigkeit des Verkehrs, besonders wegen der Sichtverhältnisse, Verkehrsgefährdung, Bebauungsabsichten und Straßenbaugestaltung erforderlich ist.

(2) Das Einvernehmen ist auch erforderlich, wenn infolge der Errichtung, Änderung oder anderen Nutzung von baulichen Anlagen außerhalb der zur Erschließung der anliegenden Grundstücke bestimmten Teile der Ortsdurchfahrten

1. Grundstücke eine Zufahrt (Art. 19 Abs. 1) zu einer Staatsstraße oder Kreisstraße erhalten sollen oder
2. die Änderung einer bestehenden Zufahrt zu einer Staats- oder Kreisstraße erforderlich würde.

(3) [1]Die Entscheidung trifft in den Fällen der Abs. 1 und 2 die untere Bauaufsichtsbehörde oder die nach anderen Vorschriften zuständige Genehmigungsbehörde. [2]Ist eine baurechtliche oder anderweitige Genehmigung nicht erforderlich, so entscheidet die Straßenbaubehörde. [3]Art. 23 Abs. 2 Satz 3 gilt entsprechend.

(4) Art. 23 Abs. 3 gilt entsprechend.

Artikel 25 ***[aufgehoben]***

Artikel 26 Freihaltung von Sichtdreiecken

[1]Bauliche Anlagen dürfen nicht errichtet oder geändert werden, wenn die Sichtverhältnisse bei höhengleichen Kreuzungen von Straßen mit dem öffentlichen Verkehr dienenden Eisenbahnen dadurch beeinträchtigt werden. [2]Das gleiche gilt für höhengleiche Kreuzungen und Einmündungen von Straßen außerhalb der geschlossenen Ortslage.

Artikel 27 Baubeschränkungen für geplante Straßen

[1]Für geplante Straßen gelten die Beschränkungen der Art. 23 bis 26 vom Beginn der Auslegung der Pläne im Planfeststellungsverfahren an. [2]Wird auf die Auslegung verzichtet, so gelten sie von dem Zeitpunkt an, zu dem den Betroffenen Gelegenheit gegeben wird, den Plan einzusehen.

Artikel 27a Entschädigung wegen Baubeschränkungen

(1) [1]Wird nach den Art. 23 bis 26 die bauliche Nutzung eines Grundstücks, auf deren Zulassung bisher ein Rechtsanspruch bestand, ganz oder teilweise aufgehoben, so kann der Eigentümer und ein sonst zur Nutzung Berechtigter insoweit nach den Vorschriften des Bayerischen Gesetzes über die entschädigungspflichtige Enteignung Entschädigung in Geld verlangen, als seine Vorbereitungen zur baulichen Nutzung des Grundstücks in dem bisher zulässigen Umfang für ihn an Wert verlieren oder eine wesentliche Wertminderung des Grundstücks eintritt. [2]Zur Entschädigung ist der Träger der Straßenbaulast verpflichtet, im Fall des Art. 26 Satz 1 unbeschadet seiner Ausgleichsansprüche nach dem Eisenbahnkreuzungsgesetz.

(2) Im Fall des Art. 27 entsteht der Anspruch nach Abs. 1 erst, wenn der Plan unanfechtbar festgestellt oder mit der Ausführung begonnen worden ist, spätestens jedoch vier Jahre nach Auslegung der Pläne.

Artikel 27b Veränderungssperre

(1) [1]Vom Beginn der Auslegung der Pläne im Planfeststellungsverfahren oder von dem Zeitpunkt an, zu dem den Betroffenen Gelegenheit gegeben wird, den Plan einzusehen, dürfen auf den vom Plan betroffenen Flächen bis zu ihrer Übernahme durch den Träger der Straßenbaulast wesentlich wert-

steigernde oder das Straßenbauvorhaben erheblich erschwerende Veränderungen nicht vorgenommen werden. [2]Veränderungen, die in rechtlich zulässiger Weise vorher begonnen worden sind, Unterhaltungsarbeiten und die Fortführung einer bisher ausgeübten Nutzung sind hiervon ausgenommen.

(2) [1]Dauern diese Beschränkungen länger als vier Jahre, so können die Eigentümer und die sonst zur Nutzung Berechtigten für danach eintretende Vermögensnachteile vom Träger der Straßenbaulast nach den Vorschriften des Bayerischen Gesetzes über die entschädigungspflichtige Enteignung Entschädigung in Geld verlangen. [2]Der Eigentümer einer vom Plan betroffenen Fläche kann vom Träger der Straßenbaulast ferner verlangen, daß er die Fläche zu Eigentum übernimmt, wenn es dem Eigentümer wegen dieser Beschränkungen wirtschaftlich nicht mehr zuzumuten ist, die Fläche in der bisherigen oder einer anderen zulässigen Art zu nutzen. [3]Kommt eine Einigung über die Übernahme nicht zustande, kann der Eigentümer das Enteignungsverfahren beantragen; im übrigen gelten die Vorschriften des Bayerischen Gesetzes über die entschädigungspflichtige Enteignung sinngemäß.

(3) [1]Zur Sicherung der Planung neuer Staatsstraßen und Kreisstraßen können die Regierungen nach Anhörung der Gemeinden, deren Gebiet betroffen wird, Planungsgebiete festlegen. [2]Für diese gilt Abs. 1 entsprechend. [3]Die Festlegung ist auf höchstens zwei Jahre zu befristen. [4]Die Frist kann, wenn besondere Umstände es erfordern, auf höchstens vier Jahre verlängert werden. [5]Sie tritt mit Beginn der Auslegung der Pläne im Planfeststellungsverfahren oder von dem Zeitpunkt an, zu dem den Betroffenen Gelegenheit gegeben wird, den Plan einzusehen, außer Kraft. [6]Ihre Dauer ist auf die Vierjahresfrist nach Abs. 2 anzurechnen.

(4) [1]Die Festlegung eines Planungsgebiets ist in den Gemeinden, deren Gebiet betroffen wird, auf ortsübliche Weise bekanntzumachen. [2]Planungsgebiete sind außerdem in Karten einzutragen, die in den Gemeinden während der Geltungsdauer der Festlegung zur Einsicht auszulegen sind.

(5) Die Regierungen können im Einzelfall Ausnahmen von den Abs. 1 und 3 zulassen, wenn keine überwiegenden öffentlichen Belange entgegenstehen.

Artikel 28 ***[aufgehoben]***

Artikel 29 Schutzmaßnahmen

(1) [1]Zum Schutz der Straßen vor nachteiligen Einwirkungen der Natur, insbesondere Schneeverwehungen, Steinschlag, Vermurungen, Überschwemmungen, haben die Eigentümer und Besitzer von benachbarten Grundstücken (Anlieger, Hinterlieger) die notwendigen Einrichtungen zu dulden. [2]Soweit der Träger der Straßenbaulast Maßnahmen, die nach Satz 1 zu dulden sind, zum Schutz einer Staatsstraße durchführt, trägt er die Kosten.

(2) [1]Anpflanzungen aller Art und Zäune sowie Stapel, Haufen und ähnliche mit dem Grundstück nicht festverbundene Gegenstände dürfen nicht angelegt werden, soweit sie die Sicherheit und Leichtigkeit des Verkehrs beeinträchtigen können. [2]Soweit sie bereits vorhanden sind, haben die Eigentümer und Besitzer ihre Beseitigung zu dulden. [3]Die Straßenbaubehörde kann die Verantwortlichen nach Satz 1 verpflichten, verbotene Anpflanzungen und Gegenstände im Sinne von Satz 1 innerhalb einer angemessenen Frist zu beseitigen. [4]Die Befugnisse der Sicherheitsbehörde bleiben unberührt.

(3) [1]Im Falle des Abs. 2 Satz 3 haben die Betroffenen die Kosten zu tragen, die durch die Beseitigung entstehen. [2]Das gilt nicht, wenn die Anlage aus Gründen, die der Träger der Straßenbaulast zu vertreten hat, beseitigt werden muss.

(4) [1]Die Straßenbaubehörde hat den Betroffenen die Anlage von Einrichtungen nach Abs. 1 oder die Beseitigung von Anlagen nach Abs. 2 Satz 2 mindestens 14 Tage vorher schriftlich anzukündigen, es sei denn, daß Gefahr im Verzug ist. [2]Die Betroffenen können diese Maßnahmen im Benehmen mit der Straßenbaubehörde selbst durchführen.

(5) Der Träger der Straßenbaulast hat den Eigentümern und Besitzern die durch Maßnahmen nach den Abs. 1 und 2 Satz 2 verursachten Aufwendungen und Schäden angemessen zu vergüten, soweit diese nicht Folge von Veränderungen auf benachbarten Grundstücken sind, die die Betroffenen zu vertreten haben.

Artikel 30 Bepflanzungen, Straßenbegleitflächen

(1) [1]Zur Bepflanzung des Straßenkörpers ist nur der Träger der Straßenbaulast befugt. [2]Dem Natur- und Landschaftsschutz ist Rechnung zu tragen.

(2) [1]Begrünte Teile der Trenn-, Seiten-, Rand- und Sicherheitsstreifen, Böschungen und sonstige straßenbegleitende Grundstücksteile (Straßenbegleitflächen) sind bei Staatsstraßen mit dem Ziel zu

bewirtschaften, die Luftreinhaltung, die Artenvielfalt und den Biotopverbund zu fördern. [2]Im Rahmen der Wirtschaftlichkeit und vorbehaltlich der Verkehrssicherheit sollen bei Staatsstraßen die Straßenbegleitflächen als Magergrünland bewirtschaftet und Lärmschutzanlagen begrünt werden. [3]Den Landkreisen und Gemeinden wird empfohlen, bei Kreis- und Gemeindestraßen entsprechend zu verfahren.

Abschnitt 5

Kreuzungen und Umleitungen

Artikel 31 Kreuzungen und Einmündungen öffentlicher Straßen

(1) [1]Zu den Kreuzungen öffentlicher Straßen gehören höhengleiche Kreuzungen, Überführungen und Unterführungen. [2]Einmündungen öffentlicher Straßen stehen den Kreuzungen gleich. [3]Münden mehrere Straßen an einer Stelle in eine andere Straße ein, so gelten diese Einmündungen als Kreuzung aller beteiligten Straßen.

(2) [1]Über den Bau neuer sowie über die wesentliche Änderung bestehender Kreuzungen zwischen Straßen verschiedener Baulastträger wird durch die Planfeststellung entschieden, wenn eine solche durchgeführt wird. [2]Dabei ist zugleich die Aufteilung der Kosten zu regeln, soweit die beteiligten Baulastträger keine Vereinbarung geschlossen haben.

(3) [1]Der Bau oder die Änderung einer Kreuzung soll durch Vereinbarung einem der beteiligten Träger der Straßenbaulast übertragen werden. [2]Kommt keine Einigung zustande, so entscheidet, falls nicht ein Plan festgestellt wird, die für die beteiligte höhere Straßenklasse zuständige Straßenaufsichtsbehörde; in Zweifelsfällen wird die zuständige Straßenaufsichtsbehörde durch die oberste Straßenaufsichtsbehörde bestimmt.

(4) Ergänzungen an Kreuzungsanlagen sind wie Änderungen zu behandeln.

Artikel 32 Kosten für Kreuzungen öffentlicher Straßen, Verordnungsermächtigung

(1) [1]Beim Bau einer neuen Kreuzung hat der Träger der Straßenbaulast für die neu hinzukommende Straße die Kosten der Kreuzung zu tragen. [2]Zu ihnen gehören auch die Kosten der Änderung, die durch die neue Kreuzung an den anderen öffentlichen Straßen unter Berücksichtigung der übersehbaren Verkehrsentwicklung notwendig sind. [3]Die Änderung einer bestehenden Kreuzung ist als neue Kreuzung zu behandeln, wenn eine Straße, die nach der Beschaffenheit ihrer Fahrbahn nicht geeignet und nicht dazu bestimmt war, einen allgemeinen Kraftfahrzeugverkehr aufzunehmen, zu einer diesem Verkehr dienenden Straße ausgebaut wird.

(2) [1]Werden mehrere sich kreuzende Straßen gleichzeitig neu angelegt oder werden an bestehenden Kreuzungen neue Anschlußstellen geschaffen, so haben die Träger der Straßenbaulast die Kosten der Kreuzung in dem Verhältnis der Fahrbahnbreiten der an der Kreuzung beteiligten Straßenäste zu tragen. [2]Bei der Berechnung der Fahrbahnbreiten sind die Gehwege und Radwege, die Trennstreifen und die befestigten Seitenstreifen einzubeziehen.

(3) Wird eine höhenungleiche Kreuzung geändert, so fallen die dadurch entstehenden Kosten

1. demjenigen Träger der Straßenbaulast zur Last, der die Änderung verlangt,
2. den beteiligten Trägern der Straßenbaulast zur Last, die die Änderung verlangen, und zwar im Verhältnis der Fahrbahnbreiten der an der Kreuzung beteiligten Straßenäste nach der Änderung.

(4) [1]Wird eine höhengleiche Kreuzung geändert, so gilt für die dadurch entstehenden Kosten der Änderung Abs. 2. [2]Beträgt der durchschnittliche tägliche Verkehr mit Kraftfahrzeugen auf einem der an der Kreuzung beteiligten Straßenäste nicht mehr als 20 v.H. des Verkehrs auf anderen beteiligten Straßenästen, so haben die Träger der Straßenbaulast der verkehrsstärkeren Straßenäste im Verhältnis der Fahrbahnbreiten den Anteil der Änderungskosten mitzutragen, der auf den Träger der Straßenbaulast des verkehrsschwächeren Straßenastes entfallen würde.

(5) Zugunsten leistungsschwacher Träger der Straßenbaulast können Ausnahmen von der Kostenregelung der Abs. 1 bis 4 vereinbart werden.

(6) Das Staatsministerium kann durch Rechtsverordnung näher regeln, welche Aufwendungen zu den in den Abs. 1 bis 4 genannten Kosten gehören und für den mit solchen Baumaßnahmen verbundenen Verwaltungsaufwand Pauschalbeträge festsetzen.

Artikel 32a Kreuzungen mit Gewässern

(1) [1]Werden Straßen neu angelegt oder ausgebaut und müssen dazu Kreuzungen mit Gewässern (Brücken oder Unterführungen) hergestellt oder bestehende Kreuzungen geändert werden, so hat der Träger

der Straßenbaulast die dadurch entstehenden Kosten zu tragen. [2]Die Kreuzungsanlagen sind so auszuführen, daß unter Berücksichtigung der übersehbaren Entwicklung der wasserwirtschaftlichen Verhältnisse der Wasserabfluß nicht nachteilig beeinflußt wird.

(2) [1]Werden Gewässer ausgebaut (§ 67 des Wasserhaushaltsgesetzes) und werden dazu Kreuzungen mit Straßen hergestellt oder bestehende Kreuzungen geändert, so hat der Träger des Ausbauvorhabens die dadurch entstehenden Kosten zu tragen. [2]Wird eine neue Kreuzung erforderlich, weil ein Gewässer hergestellt wird, so ist die übersehbare Verkehrsentwicklung auf der Straße zu berücksichtigen. [3]Wird die Herstellung oder Änderung einer Kreuzung erforderlich, weil das Gewässer wesentlich umgestaltet wird, so sind die gegenwärtigen Verkehrsbedürfnisse zu berücksichtigen. [4]Verlangt der Träger der Straßenbaulast weitergehende Änderungen, so hat er die Mehrkosten hierfür zu tragen.

(3) [1]Wird eine Straße neu angelegt und wird gleichzeitig ein Gewässer aus anderen als straßenbaulichen Gründen hergestellt oder wesentlich umgestaltet, so daß eine neue Kreuzung entsteht, so haben der Träger der Straßenbaulast und der Unternehmer des Gewässerausbaus die Kosten der Kreuzung je zur Hälfte zu tragen. [2]Die Leistungsfähigkeit der Beteiligten ist bei der Kostenverteilung zu berücksichtigen.

(4) [1]Werden eine Straße und ein Gewässer aus anderen als straßenbaulichen Gründen gleichzeitig ausgebaut und wird infolgedessen eine bestehende Kreuzungsanlage geändert oder durch einen Neubau ersetzt, so haben der Träger des Gewässerausbaus und der Träger der Straßenbaulast die dadurch entstehenden Kosten für die Kreuzungsanlage in dem Verhältnis zu tragen, in dem die Kosten bei getrennter Durchführung der Maßnahme zueinander stehen würden. [2]Gleichzeitigkeit im Sinn des Satzes 1 liegt vor, wenn baureife Pläne vorhanden sind, die eine gleichzeitige Baudurchführung ermöglichen.

(5) Kommt über die Kreuzungsmaßnahme oder ihre Kosten eine Einigung nicht zustande, so ist darüber durch Planfeststellung zu entscheiden.

Artikel 33 Unterhaltung der Straßenkreuzungen, Verordnungsermächtigung

(1) Bei höhengleichen Kreuzungen obliegt dem Träger der Straßenbaulast für die Straße der höheren Straßenklasse die Unterhaltung der Kreuzung in der Fahrbahnbreite seiner Straße und der kreuzungsbedingten Verkehrszeichen, -einrichtungen und -anlagen; im übrigen hat der Träger der Straßenbaulast für die kreuzende Straße die Kreuzung zu unterhalten.

(2) Bei Über- oder Unterführungen unterhält der Träger der Straßenbaulast für die Straße der höheren Straßenklasse das Kreuzungsbauwerk; die übrigen Teile der Kreuzung unterhält der Träger der Straßenbaulast für die Straße, zu der sie gehören.

(3) [1]In den Fällen des Art. 32 Abs. 1 hat der Träger der Straßenbaulast für die neu hinzukommende Straße dem Träger der Straßenbaulast für die vorhandene Straße die Mehrkosten der Unterhaltung zu erstatten, die ihm nach den Vorschriften der Abs. 1 und 2 entstehen. [2]Die Mehrkosten sind auf Verlangen eines Beteiligten abzulösen, wenn das dem anderen Beteiligten zumutbar ist.

(4) [1]Nach einer Änderung einer bestehenden Kreuzung haben die Träger der Straßenbaulast ihre veränderten Unterhaltungskosten ohne Ausgleich zu tragen. [2]Zu den Unterhaltungskosten gehören auch die Aufwendungen für spätere Erneuerungen und für die Wiederherstellung, wenn die Kreuzung durch höhere Gewalt zerstört wird.

(5) Bisherige Regelungen werden in dem Zeitpunkt hinfällig, in dem nach Inkrafttreten dieses Gesetzes eine Änderung der Kreuzung durchgeführt worden ist.

(6) Die Vorschriften über die Unterhaltung von Kreuzungsbauwerken und über die Tragung der Kosten gelten nicht, soweit hierüber anderes vereinbart wird.

(7) Das Staatsministerium kann durch Rechtsverordnung allgemein bestimmen,

1. welcher Teil einer Kreuzungsanlage zu welcher Straße und welche Teile zum Kreuzungsbauwerk gehören,
2. wie Ablösungsbeträge zu berechnen und zu entrichten sind.

Artikel 33a Unterhaltung der Kreuzungen mit Gewässern

(1) [1]Der Träger der Straßenbaulast hat die Kreuzungsanlage auf seine Kosten zu unterhalten, soweit nichts anderes vereinbart oder durch Planfeststellung bestimmt wird. [2]Die Unterhaltungspflicht des Trägers der Straßenbaulast erstreckt sich nicht auf Leitwerke, Leitpfähle, Dalben, Absetzpfähle oder ähnliche Einrichtungen zur Sicherung der Durchfahrt unter Brücken im Zug von Straßen für die Schif-

fahrt sowie auf Schiffahrtszeichen. [3]Soweit diese Einrichtungen auf Kosten des Trägers der Straßenbaulast herzustellen waren, hat dieser dem Unterhaltungspflichtigen die Unterhaltungskosten und die Kosten des Betriebs dieser Einrichtungen zu ersetzen oder auf Verlangen, soweit ihm dies zumutbar ist, abzulösen. [4]Art. 33 Abs. 7 gilt entsprechend.

(2) [1]Wird im Fall des Art. 32a Abs. 2 eine neue Kreuzung hergestellt, hat der Träger des Ausbauvorhabens die Mehrkosten für die Unterhaltung und den Betrieb der Kreuzungsanlage zu erstatten oder auf Verlangen, soweit ihm dies zumutbar ist, abzulösen. [2]Ersparte Unterhaltungskosten für den Fortfall vorhandener Kreuzungsanlagen sind anzurechnen. [3]Art. 33 Abs. 7 gilt entsprechend.

(3) Die Abs. 1 und 2 gelten nicht, wenn bei dem Inkrafttreten dieses Gesetzes die Kostentragung auf Grund eines bestehenden Rechts anders geregelt ist.

Artikel 34 Umleitungen

(1) Bei vorübergehenden Verkehrsbeschränkungen nach Maßgabe des Art. 15 sind die Träger der Straßenbaulast für andere öffentliche Straßen verpflichtet, eine Umleitung des Verkehrs auf ihre Straßen zu dulden.

(2) Soweit eine Umleitung des Verkehrs möglich und zumutbar ist, sind die Träger der Straßenbaulast für die Umleitungsstrecke vor Anordnung der Verkehrsbeschränkung zu unterrichten; der zuständigen Straßenverkehrsbehörde ist diese Umleitungsstrecke vorzuschlagen.

(3) [1]Die Straßenbaubehörde hat ferner im Benehmen mit dem Träger der Straßenbaulast für die Umleitungsstrecke festzustellen, welche Maßnahmen notwendig sind, um die Umleitungsstrecke für die Aufnahme des zusätzlichen Verkehrs verkehrssicher zu machen. [2]Die hierfür nötigen Mehraufwendungen sind dem Träger der Straßenbaulast für die Umleitungsstrecke zu erstatten. [3]Dies gilt auch für Aufwendungen, die der Träger der Straßenbaulast für die Umleitungsstrecke zur Beseitigung der durch die Umleitung verursachten Schäden machen muß.

(4) [1]Muß die Umleitung ganz oder zum Teil über private Straßen und Wege geleitet werden, die dem öffentlichen Verkehr dienen, so ist der Eigentümer zur Duldung der Umleitung auf Anforderung durch die Straßenbaubehörde verpflichtet. [2]Abs. 3 Satz 1 und 2 gilt entsprechend. [3]Der Träger der Straßenbaulast der umgeleiteten Strecke hat die Umleitungsstrecke auf Antrag des Eigentümers in einen verkehrssicheren Zustand zu versetzen, während der Umleitung zu unterhalten und nach Aufhebung der Umleitung auf Antrag des Eigentümers den früheren Zustand wieder herzustellen.

(5) Die Abs. 1 bis 4 gelten entsprechend, wenn neue Staats- oder Kreisstraßen vorübergehend über andere öffentliche Straßen oder Wege an das Straßennetz angeschlossen werden müssen.

Abschnitt 6
Planfeststellung und Enteignung

Artikel 35 Planungen

(1) [1]Bei örtlichen und überörtlichen Planungen, welche die Änderung bestehender oder den Bau neuer Staatsstraßen und Kreisstraßen zur Folge haben können, hat die Planungsbehörde das Einvernehmen mit der Straßenaufsichtsbehörde unbeschadet weitergehender gesetzlicher Vorschriften rechtzeitig herzustellen. [2]Bei den übrigen Straßen ist die Straßenbaubehörde rechtzeitig zu beteiligen.

(2) Bei Planungen, welche den Bau neuer oder die wesentliche Änderung bestehender Straßen von übergeordneter Bedeutung betreffen, sind die Erfordernisse der Raumordnung und Landesplanung zu beachten.

(3) Die Landkreise und die Gemeinden haben beabsichtigte Neubauten oder wesentliche Änderungen ihrer Straßen der Regierung mitzuteilen.

Artikel 36 Planfeststellung, vorläufige Anordnung

(1) [1]Neue Staatsstraßen dürfen nur gebaut werden, wenn vorher der Plan festgestellt ist. [2]Bei Kreisstraßen und Gemeindeverbindungsstraßen ist die Planfeststellung durchzuführen, wenn es sich um Straßen von besonderer Bedeutung, insbesondere um Zubringerstraßen zu Bundesfernstraßen, handelt.

(2) [1]Eine Planfeststellung ist auch bei einer wesentlichen Änderung der in Abs. 1 genannten Straßen durchzuführen. [2]Eine wesentliche Änderung liegt vor, wenn eine solche Straße

1. um einen oder mehrere durchgehende Fahrstreifen für den Kraftfahrzeugverkehr baulich erweitert oder
2. in sonstiger Weise erheblich baulich umgestaltet wird.

[3]Eine wesentliche Änderung im Sinne von Satz 2 liegt insbesondere nicht vor, wenn die Maßnahme im Zuge des Wiederaufbaus nach einer Naturkatastrophe erforderlich ist, um die Straße vor Naturereignissen zu schützen und in einem räumlich begrenzten Korridor entlang des Trassenverlaufs erfolgt.

(3) Unbeschadet der Regelungen der Abs. 1 und 2 ist bei Staats-, Kreis-, Gemeindeverbindungs- und Ortsstraßen, für die Art. 37 eine Umweltverträglichkeitsprüfung vorschreibt, die Planfeststellung durchzuführen.

(4) [1]Unbeschadet der Abs. 1 bis 3 ist bei Staats-, Kreis-, Gemeindeverbindungs- und Ortsstraßen die Planfeststellung durchzuführen, wenn die geplante Maßnahme

1. den angemessenen Sicherheitsabstand im Sinn des Art. 13 Abs. 2 Buchst. a der Richtlinie 2012/18/EU zu einem Betriebsbereich nicht einhält und
2. Ursache von schweren Unfällen im Sinn des Art. 3 Nr. 13 der Richtlinie 2012/18/EU sein kann oder wenn durch sie das Risiko oder die Folgen eines solchen Unfalls vergrößert werden können.

[2]Der Träger der Straßenbaulast gibt öffentlich bekannt, dass eine Planfeststellung nach dieser Vorschrift unterbleibt, wenn seine Prüfung ergibt, dass die Voraussetzungen nach Satz 1 Nr. 1, nicht aber nach Satz 1 Nr. 2 gegeben sind.

(5) Auf Antrag des Trägers der Straßenbaulast können der Bau und die wesentliche Änderung von Kreisstraßen und Gemeindeverbindungsstraßen, die nicht unter Abs. 2 fallen, sowie von selbstständigen Radwegen, einschließlich begleitender Gehwege, außerhalb der geschlossenen Ortslage durch Planfeststellung zugelassen werden.

(6) Wird es notwendig, von einer in einem Bebauungsplan aufgenommenen Planung für eine Staats- oder Kreisstraße abzuweichen oder diese Planung zu ergänzen, so ist insoweit ein Planfeststellungsverfahren durchzuführen.

(7) Ist nach diesem Gesetz oder nach dem Bundesfernstraßengesetz (FStrG) ein Plan festzustellen, so kann in den Plan auch der Bau oder die Änderung anderer öffentlicher Straßen einbezogen werden, soweit solche Baumaßnahmen zwischen den Trägern der Straßenbaulast vereinbart sind oder straßenaufsichtlich gefordert werden könnten.

(8) [1]Ist das Planfeststellungsverfahren eingeleitet, kann die Planfeststellungsbehörde auf Antrag des Trägers des Vorhabens eine vorläufige Anordnung erlassen, in der vorbereitende Maßnahmen oder Teilmaßnahmen zum Bau oder zur Änderung festgesetzt werden, soweit

1. es sich um reversible, kompensierbare oder für Betroffene oder für Natur und Landschaft in der gebotenen Gesamtschau vorteilhafte Maßnahmen handelt,
2. an dem vorzeitigen Beginn ein öffentliches Interesse besteht,
3. mit einer Entscheidung zugunsten des Trägers des Vorhabens gerechnet werden kann,
4. die nach Art. 74 Abs. 2 BayVwVfG zu berücksichtigenden Interessen gewahrt werden und
5. dingliche oder persönliche Rechte anderer an Grundstücken nicht beeinträchtigt werden oder die Betroffenen sich mit der Inanspruchnahme ihres Eigentums oder eines anderen Rechts schriftlich einverstanden erklärt haben.

[2]In der vorläufigen Anordnung sind die Auflagen zur Sicherung der Interessen nach Satz 1 Nr. 4 und der Umfang der vorläufig zulässigen Maßnahmen festzulegen. [3]Die vorläufige Anordnung ist dem Träger des Vorhabens sowie den Beteiligten zuzustellen und ortsüblich bekannt zu machen.

(9) [1]Die vorläufige Anordnung ersetzt nicht die Planfeststellung. [2]Art. 36a bleibt unberührt. [3]Soweit die vorbereitenden Maßnahmen oder Teilmaßnahmen zum Bau und zur Änderung durch die Planfeststellung für unzulässig erklärt sind, ordnet die Planfeststellungsbehörde gegenüber dem Träger des Vorhabens an, den früheren Zustand wiederherzustellen, soweit das nach Abs. 8 Satz 1 Nr. 1 erforderlich ist. [4]Das gilt auch, wenn der Antrag auf Planfeststellung zurückgenommen wurde. [5]Der Betroffene ist durch den Träger der Straßenbaulast zu entschädigen, soweit die Maßnahme nicht vorteilhaft für ihn ist, die Wiederherstellung des früheren Zustands nicht möglich oder mit unverhältnismäßigem Aufwand verbunden oder ein Schaden eingetreten ist, der durch die Wiederherstellung des früheren Zustands nicht ausgeglichen wird.

(10) Rechtsbehelfe gegen die vorläufige Anordnung haben keine aufschiebende Wirkung.

Artikel 36a Duldungspflichten

(1) [1]Eigentümer und sonstige Nutzungsberechtigte haben zur Vorbereitung der Planung und der Baudurchführung notwendige Vermessungen, Boden- und Gewässeruntersuchungen einschließlich der

vorübergehenden Anbringung von Markierungszeichen und sonstige Vorarbeiten durch die Straßenbaubehörde oder von ihr Beauftragte zu dulden. [2]Wohnungen dürfen nur mit Einwilligung des Wohnungsinhabers betreten werden. [3]Satz 2 gilt nicht für Arbeits-, Betriebs- und Geschäftsräume während der jeweiligen Arbeits-, Geschäfts- oder Aufenthaltszeiten.

(2) [1]Die Absicht, solche Arbeiten auszuführen, ist dem Eigentümer und sonstigen Nutzungsberechtigten mindestens zwei Wochen vorher bekannt zu geben. [2]Sind Eigentümer oder sonstige Nutzungsberechtigte nicht bekannt oder ist deren Aufenthalt unbekannt und lassen sie sich in angemessener Zeit nicht ermitteln, kann eine Benachrichtigung durch ortsübliche Bekanntmachung in den Gemeinden, in deren Bereich die Vorarbeiten durchzuführen sind, erfolgen.

(3) [1]Entstehen durch eine Maßnahme nach Abs. 1 dem Eigentümer oder sonstigen Nutzungsberechtigten unmittelbare Vermögensnachteile, so hat der Träger der Straßenbaulast eine angemessene Entschädigung zu leisten. [2]Kommt eine Einigung über die Geldentschädigung nicht zustande, so setzt die nach Art. 19 BayEG zuständige Behörde die Entschädigung fest. [3]Vor der Entscheidung sind die Beteiligten anzuhören.

(4) [1]Die Abs. 1 bis 3 finden auf Vermessungen nach Abschluss der Straßenbauarbeiten sowie auf Maßnahmen, die zur Unterhaltung der Straße erforderlich sind, entsprechend Anwendung. [2]Dies gilt insbesondere für Anlieger und Hinterlieger der Straße sowie Inhaber einer Sondernutzungserlaubnis oder andere Nutzungsberechtigte am Straßengrundstück, auf deren Interesse Rücksicht zu nehmen ist. [3]Abweichend von den Sätzen 1 und 2 haben Inhaber einer Sondernutzungserlaubnis ohne Anspruch auf Entschädigung zu dulden, dass die Ausübung ihres Rechts durch Arbeiten zur Unterhaltung vorübergehend behindert oder unterbrochen wird. [4]Bei anderen Nutzungsberechtigten am Straßengrundstück sind die zugrunde liegenden Rechtsverhältnisse maßgebend.

Artikel 37 Umweltverträglichkeitsprüfung

Bei Staats-, Kreis-, Gemeindeverbindungs- und Ortsstraßen ist eine Umweltverträglichkeitsprüfung durchzuführen, wenn

1. Schnellstraßen im Sinn der Begriffsbestimmung des Europäischen Übereinkommens über die Hauptstraßen des internationalen Verkehrs vom 15. November 1975 (BGBl. 1983 II S. 246) gebaut werden,
2. vier- oder mehrstreifige Straßen gebaut oder bestehende Straßen zu vier- oder mehrstreifigen Straßen ausgebaut oder verlegt werden, soweit der neu gebaute, ausgebaute oder verlegte Straßenabschnitt
   a) eine durchgehende Länge von mindestens 10 km aufweist oder
   b) eine durchgehende Länge von mindestens 5 km aufweist und auf einer Länge von mehr als 5 v.H. gesetzlich geschützte Biotope mit einer Fläche von mehr als 1 ha, Natura 2000-Gebiete, Nationalparke oder Naturschutzgebiete durchschneidet,
3. ein-, zwei-, oder dreistreifige Straßen gebaut werden, soweit der neu gebaute Straßenabschnitt eine durchgehende Länge von mindestens 10 km aufweist und auf einer Länge von mehr als 5 v.H. Gebiete oder Biotope nach Nr. 2 Buchst. b durchschneidet oder
4. soweit nicht bereits von Nr. 2 erfasst, wenn Straßen durch Anbau mindestens eines weiteren Fahrstreifens auf einer durchgehenden Länge von mindestens 10 km geändert werden und der zu ändernde Straßenabschnitt auf einer Länge von mehr als 5 v.H. Gebiete oder Biotope nach Nr. 2 Buchst. b durchschneidet.

Artikel 38 Verwaltungsverfahren

(1) [1]Planfeststellung und Plangenehmigung entfallen, soweit für das von der Baumaßnahme berührte Gebiet ein Bebauungsplan besteht, der den Anforderungen des Art. 23 Abs. 3 entspricht. [2]Art. 74 Abs. 7 BayVwVfG bleibt unberührt.

(2) Die Auslegung des Planfeststellungsbeschlusses kann unterbleiben, wenn der Kreis der Betroffenen bekannt ist und nicht die Voraussetzungen von Art. 36 Abs. 4 oder Art. 37 vorliegen.

(3) Bei allen Vorhaben im Sinn des Art. 36 Abs. 4

1. sind Art. 73 Abs. 3 Satz 2, Art. 74 Abs. 6 und 7 sowie Art. 76 Abs. 2 und 3 BayVwVfG nicht anwendbar,
2. muss die Bekanntmachung der Auslegung zusätzlich die Angaben nach Art. 15 Abs. 2 der Richtlinie 2012/18/EU enthalten und
3. muss der ausgelegte Plan zusätzlich die Angaben nach Art. 15 Abs. 3 der Richtlinie 2012/18/ EU enthalten.

(4) [1]Die Anhörungsbehörde kann auf eine Erörterung im Sinne des Art. 73 Abs. 6 BayVwVfG verzichten. [2]Soll ein ausgelegter Plan geändert werden, so kann im Regelfall von einer Erörterung im Sinne des Art. 73 Abs. 6 BayVwVfG abgesehen werden.

(5) [1]Die Anhörungsbehörde kann einen Dritten als Projektmanager mit der Vorbereitung und Durchführung von Verfahrensschritten, insbesondere

1. der Erstellung von Verfahrensleitplänen unter Bestimmung von Verfahrensabschnitten und Zwischenterminen,
2. der Fristenkontrolle,
3. der Koordinierung von erforderlichen Sachverständigengutachten,
4. dem Entwurf eines Anhörungsberichtes,
5. der ersten Auswertung der eingereichten Stellungnahmen und Einwendungen,
6. der organisatorischen Vorbereitung eines Erörterungstermins,
7. der Leitung eines Erörterungstermins,

auf Vorschlag oder mit Zustimmung des Trägers des Vorhabens beauftragen. [2]Die Entscheidung über den Planfeststellungantrag verbleibt bei der zuständigen Behörde.

(6) [1]Die ortsübliche Bekanntmachung nach Art. 73 Abs. 5 Satz 1, Abs. 6 Satz 2 und Art. 74 Abs. 4 Satz 2 BayVwVfG soll durch eine Veröffentlichung des Inhalts der Bekanntmachung im Internet ersetzt werden. [2]Die ortsübliche Bekanntmachung hat in diesem Fall zusätzlich zu erfolgen.

(7) [1]Die Auslegung nach Art. 73 Abs. 3 und Art. 74 Abs. 4 Satz 2 BayVwVfG soll durch eine Veröffentlichung im Internet ersetzt werden. [2]Die Auslegung in den Gemeinden hat daneben als zusätzliches Informationsangebot zu erfolgen.

(8) Die Anhörungsbehörde kann von dem Träger des Vorhabens verlangen, dass die erforderlichen Unterlagen in einem verkehrsüblichen elektronischen Format eingereicht werden.

(9) [1]Die Anhörungsbehörde kann die Abgabe von Erklärungen zur Niederschrift ausschließen, wenn sie feststellt, dass innerhalb der Erklärungsfrist eine Entgegennahme zur Niederschrift nicht oder nur mit unverhältnismäßigem Aufwand möglich sein würde. [2]In diesen Fällen hat die Anhörungsbehörde einen Zugang für die Abgabe von elektronischen Erklärungen bereitzuhalten. [3]In der Bekanntmachung ist auf die Möglichkeit der Abgabe elektronischer Erklärungen und den Ausschluss der Abgabe von Erklärungen zur Niederschrift hinzuweisen.

Artikel 39 Zuständigkeiten im Planfeststellungsverfahren

(1) Die Regierung führt das Anhörungsverfahren (Art. 73 BayVwVfG) durch und stellt den Plan fest (Art. 74 BayVwVfG).

(2) Die Regierung ist Anhörungs- und Planfeststellungsbehörde im Planfeststellungsverfahren nach dem Bundesfernstraßengesetz.

Artikel 39a Planergänzung und ergänzendes Verfahren

Wird eine Planergänzung oder ein ergänzendes Verfahren nach Art. 75 Abs. 1a Satz 2 BayVwVfG erforderlich und wird diese Planergänzung oder dieses ergänzende Verfahren unverzüglich betrieben, so bleibt die Durchführung des Vorhabens zulässig, soweit es von der Planergänzung oder dem Ergebnis des ergänzenden Verfahrens offensichtlich nicht berührt ist.

Artikel 40 Enteignung

(1) Zur Erfüllung der Aufgaben aus der Straßenbaulast kann nach den Vorschriften des Bayerischen Gesetzes über die entschädigungspflichtige Enteignung enteignet werden.

(2) Der nach Art. 38 festgestellte oder genehmigte Plan ist dem Enteignungsverfahren zugrunde zu legen und für die Enteignungsbehörde bindend.

(3) Bei Inkrafttreten dieses Gesetzes am 1. September 1958 bestehende unwiderrufliche Nutzungsrechte an öffentlichen Straßen können zur Beseitigung von Beeinträchtigungen des Gemeingebrauchs durch Enteignung aufgehoben werden.

Zweiter Teil
Träger der Straßenbaulast für Staatsstraßen und Kreisstraßen

Artikel 41 Träger der Straßenbaulast

[1]Träger der Straßenbaulast sind:

1. für die Staatsstraßen der Freistaat Bayern,
2. für die Kreisstraßen die Landkreise und kreisfreien Gemeinden.

[2]Dies gilt auch für die Ortsdurchfahrten, soweit nicht die Straßenbaulast für diese den Gemeinden obliegt (Art. 42).

Artikel 42 Träger der Straßenbaulast für Ortsdurchfahrten, Verordnungsermächtigung

(1) [1]Die Gemeinden mit mehr als 25 000 Einwohnern sind Träger der Straßenbaulast für die Ortsdurchfahrten im Zug von Staats- und Kreisstraßen. [2]Maßgebend ist die durch die jeweils letzte Volkszählung festgestellte Einwohnerzahl. [3]Das Ergebnis einer Volkszählung wird mit Beginn des dritten Haushaltsjahres nach dem Jahr verbindlich, in dem die Volkszählung stattgefunden hat. [4]Werden Gemeindegrenzen geändert oder neue Gemeinden gebildet, ist die bei der Volkszählung festgestellte Einwohnerzahl des neuen Gemeindegebiets maßgebend. [5]In diesen Fällen wechselt die Straßenbaulast für die Ortsdurchfahrten mit Beginn des dritten Haushaltsjahres nach dem Jahr der Gebietsänderung, wenn sie bisher dem Freistaat Bayern oder einem Landkreis oblag, sonst mit der Gebietsänderung. [6]Die Gemeinde bleibt abweichend von den Sätzen 1 bis 5 Träger der Straßenbaulast für die Ortsdurchfahrten im Zug der Staats- und Kreisstraßen, wenn sie es mit Zustimmung der Rechtsaufsichtsbehörde gegenüber dem Träger der Straßenbaulast erklärt. [7]Für die Gehwege dieser Ortsdurchfahrten und der Ortsdurchfahrten von Kreisstraßen in kreisfreien Gemeinden gilt Art. 47 Abs. 3 entsprechend.

(2) Soweit die Gemeinden Träger der Straßenbaulast für Ortsdurchfahrten sind, bedürfen alle Straßenbauvorhaben, die die Planungen, insbesondere die Ausbauabsichten des Trägers der Straßenbaulast für die anschließenden freien Strecken berühren, der vorherigen Zustimmung der Straßenaufsichtsbehörde.

(3) [1]Wenn dem Freistaat Bayern oder einem Landkreis die Straßenbaulast für eine Ortsdurchfahrt obliegt, erstreckt sie sich nicht auf Gehwege und Parkplätze. [2]Auf Radwege erstreckt sich die Straßenbaulast des Freistaates Bayern oder eines Landkreises nur, wenn solche auch auf den anschließenden freien Strecken vorhanden oder vorgesehen sind. [3]Führt die Ortsdurchfahrt über Straßen und Plätze, die erheblich breiter angelegt sind, als die Staatsstraße oder Kreisstraße es erfordert, so hat die Straßenbaubehörde die seitliche Begrenzung der Ortsdurchfahrt mit der Gemeinde besonders zu vereinbaren. [4]Kommt keine Vereinbarung zustande, so entscheidet die Regierung.

(4) [1]Das Staatsministerium kann im Einvernehmen mit dem Staatsministerium der Finanzen und für und Heimat und nach Anhörung der kommunalen Spitzenverbände durch Rechtsverordnung bestimmen, wie bei gemeinsamen Maßnahmen die Kosten des Baues und der Unterhaltung unter den Trägern der Straßenbaulast aufzuteilen sind. [2]Hierbei ist zu berücksichtigen, inwieweit derartige Maßnahmen den Aufgaben des einen oder des anderen Trägers der Straßenbaulast zu dienen bestimmt sind. [3]Die Rechtsverordnung soll hiervon abweichende Vereinbarungen zwischen den beteiligten Trägern der Straßenbaulast zulassen.

Artikel 43 *[aufgehoben]*

Artikel 44 Straßenbaulast Dritter

(1) Die Art. 41 und 42 gelten nicht, soweit die Straßenbaulast auf Grund anderer gesetzlicher Vorschriften oder auf Grund öffentlich-rechtlicher Verpflichtungen anderen Trägern obliegt oder übertragen wird.

(2) [1]Bürgerlich-rechtliche Verpflichtungen Dritter über die Erfüllung der Aufgaben aus der Straßenbaulast lassen die Straßenbaulast als solche unberührt. [2]Soweit die Landkreise nach Art. 52 der Landkreisordnung (LKrO) Aufgaben aus der Straßenbaulast kreisangehöriger Gemeinden oder die Bezirke nach Art. 49 der Bezirksordnung solche Aufgaben der Landkreise und kreisfreien Gemeinden übernehmen, sind sie Dritte im Sinne des Abs. 1 und Straßenbaubehörde.

Artikel 45 Unterhaltung von Straßenteilen bei fremder Straßenbaulast

[1]Obliegt nach Art. 44 Abs. 1 die Baulast für Straßenteile, die im Zug einer Staatsstraße oder Kreisstraße liegen, wie Brücken und Durchlässe, einem anderen als dem Träger der Straßenbaulast nach Art. 41 und 42, so ist dieser zum Zweck der Behebung eines Notstands berechtigt und verpflichtet, auf Kosten des anderen alle Maßnahmen zu ergreifen, die zur Erhaltung der Verkehrssicherheit erforderlich sind. [2]Der nach Art. 44 Abs. 1 verpflichtete Träger der Straßenbaulast ist vorher tunlichst zu verständigen.

Dritter Teil
Gemeindestraßen und sonstige öffentliche Straßen

Abschnitt 1
Gemeindestraßen

Artikel 46 Einteilung der Gemeindestraßen

Gemeindestraßen sind:

1. Gemeindeverbindungsstraßen;
   das sind Straßen, die den nachbarlichen Verkehr der Gemeinden oder der Gemeindeteile untereinander oder deren Verbindung mit anderen Verkehrswegen vermitteln.
2. Ortsstraßen;
   das sind Straßen, die dem Verkehr innerhalb der geschlossenen Ortslage oder innerhalb des räumlichen Geltungsbereichs eines Bebauungsplans im Sinn des Baugesetzbuchs dienen, mit Ausnahme der Ortsdurchfahrten von Bundesstraßen, Staatsstraßen und Kreisstraßen.

Artikel 47 Straßenbaulast für Gemeindestraßen

(1) Die Gemeinden sind Träger der Straßenbaulast für die erforderlichen Gemeindestraßen innerhalb des Gemeindegebiets.

(2) Ist eine Gemeindestraße ordnungsgemäß hergestellt, so hat die Straßenbaubehörde sie unverzüglich zu widmen.

(3) Die Gemeinden können durch Satzung die Eigentümer solcher Grundstücke, die über Ortsstraßen erschlossen werden, und die sonst zur Nutzung dinglich Berechtigten zur Unterhaltung der Gehwege verpflichten oder zu den Kosten nach dem Maß dieser Verpflichtung heranziehen, soweit der Gehweg überwiegend dem Grundstückseigentümer oder dem sonst zur Nutzung dinglich Berechtigten dient.

(4) Die Art. 44 und 45 gelten entsprechend.

Artikel 48 Gemeindeaufgaben für Ortsdurchfahrten mit geteilter Straßenbaulast

(1) Die Gemeinden sind Träger der Straßenbaulast für Gehwege, Radwege und Parkplätze, die nicht nach Art. 42 Abs. 3 in der Straßenbaulast des Freistaates Bayern oder eines Landkreises stehen.

(2) Für diese Bestandteile der Ortsdurchfahrten gelten die Art. 44 und 45, für die Gehwege auch Art. 47 Abs. 3 entsprechend.

(3) Art. 47 Abs. 3 gilt für die Gehwege aller Ortsdurchfahrten von Bundesstraßen entsprechend.

Artikel 49 Kostenausgleich bei Gemeindeverbindungsstraßen

Wenn eine Gemeindeverbindungsstraße ausschließlich oder überwiegend dem Verkehrsbedürfnis anderer Gemeinden dient, sind diese verpflichtet, nach Maßgabe ihres Nutzens der Gemeinde, durch deren Gebiet die Straße verläuft, die im Rahmen der Straßenbaulast erforderlichen Aufwendungen zu erstatten.

Artikel 50 ***[aufgehoben]***

Artikel 51 Gemeindliche Beleuchtungs-, Reinigungs-, Räum- und Streupflicht, Verordnungsermächtigung

(1) [1]Zur Aufrechterhaltung der öffentlichen Sicherheit und Ordnung haben die Gemeinden innerhalb der geschlossenen Ortslage nach ihrer Leistungsfähigkeit die öffentlichen Straßen zu beleuchten, zu reinigen, von Schnee zu räumen und alle gefährlichen Fahrbahnstellen, die Fußgängerüberwege und die Gehbahnen bei Glätte zu streuen, wenn das dringend erforderlich ist und nicht andere auf Grund sonstiger Rechtsvorschriften (insbesondere der Verkehrssicherungspflicht) hierzu verpflichtet sind. [2]Dabei sollen vorrangig umweltfreundliche Streumittel verwendet werden. [3]Die Verwendung von

Streusalz und umweltschädlichen anderen Stoffen ist dabei auf das aus Gründen der Verkehrssicherheit notwendige Maß zu beschränken.

(2) [1]Die Gemeinden sind verpflichtet, das Streuen an gefährlichen Fahrbahnstellen und Fußgängerüberwegen bei Glätte allgemein als eigene Aufgabe zu übernehmen, wenn ihnen dies zumutbar ist. [2]Im Zweifelsfall entscheidet hierüber die Aufsichtsbehörde.

(3) Den Gemeinden werden die Kosten für das Schneeräumen und für das Streuen der gefährlichen Fahrbahnstellen und der Fußgängerüberwege von demjenigen ersetzt, der im allgemeinen für diese Straßenteile verkehrssicherungspflichtig wäre.

(4) Zur Aufrechterhaltung der öffentlichen Reinlichkeit können die Gemeinden über die Reinhaltung und Reinigung der öffentlichen Straßen Rechtsverordnungen erlassen und darin die Eigentümer von Grundstücken, die innerhalb der geschlossenen Ortslage an öffentliche Straßen angrenzen oder über sie erschlossen werden, und die zur Nutzung dinglich Berechtigten auch zu Leistungen auf eigene Kosten verpflichten.

(5) [1]Zur Verhütung von Gefahren für Leben, Gesundheit, Eigentum oder Besitz können die Gemeinden die in Abs. 4 genannten Personen durch Rechtsverordnung verpflichten,

a) die Gehwege sowie die gemeinsamen Geh- und Radwege der an ihr Grundstück angrenzenden oder ihr Grundstück erschließenden öffentlichen Straßen und,
b) soweit kein Weg im Sinne von Buchst. a besteht, die an ihr Grundstück angrenzenden oder ihr Grundstück erschließenden öffentlichen Straßen in der für den Fußgängerverkehr erforderlichen Breite

bei Schnee oder Glatteis auf eigene Kosten während der üblichen Verkehrszeiten in sicherem Zustand zu erhalten. [2]In solchen Rechtsverordnungen sind Beginn und Ende der üblichen Verkehrszeit zu bestimmen; der Beginn darf nicht vor 6 Uhr, das Ende nicht nach 22 Uhr liegen.

(6) Straßen im Sinn dieser Vorschrift sind auch die Bundesstraßen.

Artikel 52 Straßennamen und Hausnummern

(1) Die Gemeinden können den öffentlichen Straßen Namen geben und Namensschilder anbringen.

(2) Die Hausnumerierung und die Verpflichtung der Grundstückseigentümer, die Kosten hierfür zu tragen, regeln die Gemeinden durch Satzung nach Art. 23 der Gemeindeordnung, soweit nicht bundesrechtliche Vorschriften bestehen.

Abschnitt 2

Sonstige öffentliche Straßen

Artikel 53 Einteilung der sonstigen öffentlichen Straßen

Sonstige öffentliche Straßen sind:

1. die öffentlichen Feld- und Waldwege;
   das sind Straßen, die der Bewirtschaftung von Feld- und Waldgrundstücken dienen;
2. die beschränkt-öffentlichen Wege;
   das sind Straßen, die einem beschränkt-öffentlichen Verkehr dienen und eine besondere Zweckbestimmung haben können. Hierzu zählen die Friedhof-, Kirchen- und Schulwege, die Wanderwege (Art. 141 Abs. 3 Satz 2 der Verfassung), die Geh- und Radwege, soweit diese nicht Bestandteile anderer Straßen sind (selbständige Geh- und Radwege), sowie die Fußgängerbereiche;
3. die Eigentümerwege;
   das sind Straßen, die von den Grundstückseigentümern in unwiderruflicher Weise einem beschränkten oder unbeschränkten öffentlichen Verkehr zur Verfügung gestellt werden und keiner anderen Straßenklasse angehören.

Artikel 54 Straßenbaulast und Eigentum an öffentlichen Feld- und Waldwegen, Verordnungsermächtigung

(1) [1]Träger der Straßenbaulast für ausgebaute öffentliche Feld- und Waldwege sind die Gemeinden. [2]Träger der Straßenbaulast für nicht ausgebaute öffentliche Feld- und Waldwege sind diejenigen, deren Grundstücke über den Weg bewirtschaftet werden (Beteiligte). [3]Die Gemeinde kann durch Satzung auch nicht ausgebaute öffentliche Feld- und Waldwege in ihre Baulast überführen.

(2) [1]Werden bisher nicht ausgebaute öffentliche Feld- und Waldwege ausgebaut, so geht die Baulast auf die Gemeinde über,

1. wenn der Ausbau im Rahmen der Flurbereinigung erfolgt, mit der Beendigung des Ausbaus,
2. in den übrigen Fällen mit dem Beginn des Ausbaus durch die Gemeinde.

[2]Werden öffentliche Feld- und Waldwege neu gebaut, so wird die Gemeinde Träger der Baulast,
1. wenn der Neubau im Rahmen der Flurbereinigung erfolgt, mit der Verkehrsübergabe,
2. in den übrigen Fällen mit dem Beginn des Baus durch die Gemeinde.

(3) [1]Obliegt die Baulast an öffentlichen Feld- und Waldwegen den Gemeinden, so können sie bis zu 75 v.H. ihrer nicht anderweitig gedeckten sächlichen Aufwendungen aus der Baulast auf die Beteiligten umlegen, und zwar im Verhältnis der Größen der in Abs. 1 Satz 2 genannten Grundstücke; forstwirtschaftlich genutzte Flächen sind zu zwei Dritteln, minderwertige landwirtschaftliche Nutzflächen (insbesondere Hutungen, Streuwiesen und Ödländereien) zu einem Drittel anzurechnen. [2]Die Gemeinden können durch Satzung bestimmen, daß auch noch die durch die Bewirtschaftung bedingte Art und Häufigkeit der Wegebenutzung zu berücksichtigen ist. [3]Sie können angemessene Vorschüsse verlangen. [4]Die Umlegung von Aufwendungen für den Ausbau und Neubau außerhalb eines Flurbereinigungsverfahrens ist nur zulässig, wenn eine nach den Grundstücksgrößen gemäß Satz 1 zu ermittelnde Mehrheit der Beteiligten der Baumaßnahme zugestimmt hat.

(4) [1]Obliegt die Baulast den Beteiligten, so haben diese eine Einigung über die Art und den Umfang ihrer Verpflichtungen anzustreben. [2]Kommt keine Einigung zustande, so entscheidet die Gemeinde und, wenn sie selbst beteiligt ist, die Straßenaufsichtsbehörde unter Beachtung des Abs. 3 Satz 1.

(5) Für öffentliche Feld- und Waldwege in der Baulast von Gemeinden gilt Art. 49 und für die hiernach erstattungspflichtigen Gemeinden auch Abs. 4 entsprechend.

(6) Das Staatsministerium kann im Einvernehmen mit dem Staatsministerium für Ernährung, Landwirtschaft, Forsten und Tourismus durch Rechtsverordnung regeln, durch welche Merkmale ein ausgebauter öffentlicher Feld- und Waldweg (Abs. 1 Satz 1) bestimmt ist.

(7) [1]Für öffentliche Feld- und Waldwege in der Baulast der Beteiligten ist Art. 13 nicht anzuwenden. [2]Die Gemeinde hat auf Kosten der Beteiligten das Eigentum an den Grundstücken zu erwerben, die einem solchen Feld- und Waldweg dienen, wenn das ein nach Abs. 1 Satz 2 nicht beteiligter Eigentümer der Wegfläche verlangt. [3]Die Befugnisse nach Art. 40 kann auch in diesem Fall nur die Gemeinde wahrnehmen.

Artikel 54a Straßenbaulast an beschränkt-öffentlichen Wegen

(1) Träger der Straßenbaulast für die beschränkt-öffentlichen Wege sind die Gemeinden.

(2) Art. 49 gilt entsprechend.

Artikel 55 Straßenbaulast für Eigentümerwege

(1) [1]Träger der Straßenbaulast für Eigentümerwege sind die Grundstückseigentümer. [2]Die Straßenbaulast beschränkt sich auf die Unterhaltung dieser Wege in dem Umfang, in dem sie bei Inkrafttreten dieses Gesetzes oder bei ihrer Errichtung für den Verkehr bestimmt waren, sofern nicht weitergehende öffentlich-rechtliche Verpflichtungen bestehen. [3]Die Grundstückseigentümer sind berechtigt, die Benutzung eines Eigentümerwegs von einem Entgelt abhängig zu machen. [4]Die Höhe des Entgelts bedarf der Genehmigung der Straßenaufsichtsbehörde. [5]Das Entgelt darf nicht höher angesetzt werden, als zur Deckung der Unterhaltskosten erforderlich ist.

(2) Kreuzungen von Eigentümerwegen mit Staatsstraßen, Kreisstraßen oder Gemeindestraßen gelten als Sondernutzungen nach Art. 19 an diesen Straßen; Einmündungen stehen den Kreuzungen gleich.

Artikel 56 Gemeinsame Vorschriften für sonstige öffentliche Straßen

(1) Die Sondernutzung an sonstigen öffentlichen Straßen richtet sich ausschließlich nach bürgerlichem Recht.

(2) Die Art. 44 und 45 sind entsprechend anzuwenden; dasselbe gilt für Art. 22a, soweit eine Gemeinde Träger der Straßenbaulast ist.

Abschnitt 3

Straßen in gemeindefreien Gebieten

Artikel 57 Straßenbaulast in gemeindefreien Gebieten

(1) In gemeindefreien Gebieten sind Träger der Straßenbaulast für solche Straßen, die innerhalb des Gemeindegebiets in der Straßenbaulast der Gemeinden stünden, die Eigentümer der gemeindefreien Grundstücke.

(2) Die Art. 44, 45 und 49 gelten entsprechend.

Vierter Teil

Aufsicht und Zuständigkeiten

Artikel 58 Straßenbaubehörden, Verordnungsermächtigung

(1) Oberste Straßenbaubehörde ist das Staatsministerium.

(2) Straßenbaubehörden sind, soweit nicht in den folgenden Absätzen etwas anderes bestimmt ist,

1. für Staatsstraßen mit Ausnahme der Ortsdurchfahrten, die in der Straßenbaulast der Gemeinden stehen:
   die Staatlichen Bauämter,
2. für Kreisstraßen mit Ausnahme der Ortsdurchfahrten, die in der Straßenbaulast der Gemeinden stehen:
   die Landkreise und die kreisfreien Gemeinden,
3. für alle innerhalb des Gemeindegebiets gelegenen Gemeindestraßen, öffentlichen Feld- und Waldwege und beschränkt-öffentlichen Wege und für Ortsdurchfahrten von Staatsstraßen und Kreisstraßen, die in der Straßenbaulast der Gemeinden stehen, und für Gehwege, Radwege und Parkplätze im Sinn des Art. 48:
   die Gemeinden,
4. für die im gemeindefreien Gebiet gelegenen Gemeindestraßen, öffentlichen Feld- und Waldwege und beschränkt-öffentlichen Wege, die in der alleinigen Straßenbaulast des Freistaates Bayern oder einer kommunalen Gebietskörperschaft stehen:
   diese Körperschaften, im übrigen die Kreisverwaltungsbehörden,
5. für Eigentümerwege, die in der alleinigen Straßenbaulast des Freistaates Bayern, einer kommunalen Gebietskörperschaft oder eines Zweckverbands stehen:
   diese Körperschaften, im übrigen die Gemeinden.

(3) Werden die Kreisstraßen nach Art. 59 von den Staatlichen Bauämtern verwaltet, so nehmen diese die den Straßenbaubehörden nach Art. 15, 18 und 19 obliegenden Aufgaben und Befugnisse wahr.

(4) [1]Die Straßenbaubehörden können für die Ortsdurchfahrten von Staatsstraßen in Gemeinden, die bei der nach Art. 42 Abs. 1 maßgeblichen Volkszählung mehr als 9000, aber nicht mehr als 25 000 Einwohner hatten, ihre Befugnisse durch Vereinbarung ganz oder teilweise auf die Gemeinden übertragen. [2]Die Vereinbarung ist nach den für Gemeindesatzungen geltenden Vorschriften bekanntzumachen.

(5) [1]Ist in den Fällen des Abs. 2 Nr. 4 und 5 der Freistaat Bayern alleiniger Träger der Straßenbaulast, so ist Straßenbaubehörde die Behörde, welche das für die Straße in Anspruch genommene Grundstück verwaltet. [2]Das Staatsministerium kann in solchen Fällen im Einvernehmen mit den beteiligten anderen Staatsministerien die Befugnisse der Straßenbaubehörde ganz oder teilweise durch Rechtsverordnung auf eine andere staatliche Behörde übertragen.

Artikel 59 Verwaltung der Kreisstraßen, Verordnungsermächtigung

(1) [1]Die Landkreise können die Verwaltung ihrer Kreisstraßen mit Ausnahme der Ortsdurchfahrten in Gemeinden mit mehr als 25 000 Einwohnern den örtlich zuständigen Staatlichen Bauämtern übertragen. [2]Die Übertragung erfolgt durch Vereinbarung zwischen dem Staatlichen Bauamt und dem Landkreis. [3]Diese ist vom Kreistag zu beschließen, bedarf der Form des Art. 35 Abs. 2 LKrO und ist vom Vorstand des Staatlichen Bauamts zu unterzeichnen.

(2) [1]Das Staatliche Bauamt handelt bei der Verwaltung der Kreisstraßen im Auftrag des Landkreises; es wird gegenüber dem Landkreis von seinem Vorstand vertreten. [2]Das Staatliche Bauamt verwaltet die Kreisstraßen nach den in der Vereinbarung festgelegten Richtlinien. [3]Sein Vorstand vertritt inso-

weit den Landkreis nach außen; Art. 35 Abs. 2 LKrO gilt entsprechend. [4]Bei der Verwaltung der Kreisstraßen untersteht das Staatliche Bauamt den technischen Weisungen der staatlichen Straßenbauverwaltung.

(3) [1]Für die Verwaltung der Kreisstraßen haben die Landkreise eine angemessene Vergütung an den Freistaat Bayern zu entrichten. [2]Das Staatsministerium setzt im Einvernehmen mit dem Staatsministerium der Finanzen und für Heimat nach Anhörung des Bayerischen Landkreistags durch Rechtsverordnung die Höhe der Vergütung fest. [3]Diese Festsetzung darf nur zu Beginn eines neuen Haushaltsjahres in Kraft gesetzt werden und ist jeweils sechs Monate vorher bekanntzugeben.

(4) [1]Vereinbarungen nach Abs. 1 können nur für den Zeitraum von mindestens acht Haushaltsjahren abgeschlossen werden. [2]Wenn eine Vereinbarung nicht spätestens zwei Jahre vor ihrem Ablauf gekündigt wird, so verlängert sie sich jeweils um weitere vier Haushaltsjahre. [3]Eine vorzeitige Auflösung der Vereinbarung ist in gegenseitigem Einvernehmen möglich. [4]Bei einer Änderung des Vergütungssatzes für die Verwaltung der Kreisstraßen nach Abs. 3 Satz 2 können die Landkreise die Vereinbarungen unverzüglich nach der Bekanntmachung nach Abs. 3 Satz 3 mit Wirkung für den Beginn des folgenden Haushaltsjahres kündigen.

Artikel 60 Fachtechnische Bedienstete

(1) Die Träger der Straßenbaulast haben sich bei der Erfüllung ihrer Aufgaben (Art. 9) der erforderlichen fachkundigen Personen zu bedienen.

(2) [1]Die Landkreise und die kreisfreien Gemeinden sind verpflichtet, für die ihnen obliegende Verwaltung von Straßen die notwendigen fachlich vorgebildeten und geeigneten Bediensteten einzustellen. [2]Hierzu gehört mindestens eine Fachkraft mit einem erfolgreichen Studienabschluss im Bauingenieurwesen.

(3) Abs. 2 Satz 1 gilt auch für kreisangehörige Gemeinden oder Verwaltungsgemeinschaften.

Artikel 61 Straßenaufsichtsbehörden

(1) Oberste Straßenaufsichtsbehörde ist das Staatsministerium.

(2) Obere Straßenaufsichtsbehörden sind die Regierungen, soweit sie nicht Straßenaufsichtsbehörden sind.

(3) Straßenaufsichtsbehörden sind

1. für Staatsstraßen und Kreisstraßen und für Gemeindestraßen kreisfreier Gemeinden die Regierungen,
2. im übrigen die Kreisverwaltungsbehörden.

Artikel 62 Straßenaufsicht

(1) Die Straßenaufsicht überwacht die Erfüllung der Aufgaben, die den Trägern der Straßenbaulast und den Straßenbaubehörden obliegen.

(2) [1]Die Straßenaufsicht über die Gemeinden, Landkreise, Bezirke und Zweckverbände ist Rechtsaufsicht; sie beschränkt sich darauf, die Erfüllung der gesetzlich festgelegten und der übernommenen Pflichten aus der Straßenbaulast und die Gesetzmäßigkeit der Verwaltungstätigkeit zu überwachen. [2]Im übrigen gelten unbeschadet des Art. 61 die für die Rechtsaufsicht über die genannten Körperschaften maßgeblichen allgemeinen Vorschriften.

(3) [1]Die Straßenaufsicht über andere Träger der Straßenbaulast erstreckt sich auch auf das Ermessen. [2]Die Straßenaufsichtsbehörden können in diesen Fällen uneingeschränkt Weisungen erteilen und alle nach Abs. 2 Satz 2 zulässigen Maßnahmen ergreifen.

Artikel 62a Behörden nach dem Bundesfernstraßengesetz, Verordnungsermächtigung

(1) [1]Oberste Landesstraßenbaubehörde ist das Staatsministerium. [2]Straßenbaubehörden sind für die Bundesstraßen

a) die Staatlichen Bauämter,
b) die Gemeinden, soweit sie Träger der Straßenbaulast sind.

(2) [1]Oberste Straßenaufsichtsbehörde für die Bundesstraßen ist das Staatsministerium. [2]Straßenaufsichtsbehörden für die Bundesstraßen sind die Regierungen.

(3) Höhere Verwaltungsbehörden sind die Regierungen.

(4) Den Antrag nach § 6 Abs. 3 FStrG stellt die für die neue Straßenklasse zuständige Straßenbaubehörde.

(5) [1]Das Staatsministerium kann durch Rechtsverordnung die nach dem Bundesfernstraßengesetz der obersten Landesstraßenbaubehörde zustehenden Befugnisse ganz oder teilweise auf nachgeordnete Behörden übertragen. [2]In der Rechtsverordnung können auch die weiteren nach dem Bundesfernstraßengesetz für den Vollzug zuständigen Landesbehörden bestimmt werden. [3]In der Rechtsverordnung kann auch bestimmt werden, daß Entscheidungen nach dem Bundesfernstraßengesetz in einem auf Grund sonstiger Rechtsvorschriften durchzuführenden Verfahren zu treffen sind. [4]Ferner kann die entscheidende Behörde an das Einvernehmen mit einer anderen Behörde gebunden werden.

Artikel 63 Straßenstatistik

Die Träger der Straßenbaulast sind auf Verlangen der obersten Straßenaufsichtsbehörde oder der von ihr ermächtigten Behörde zu statistischen Angaben über ihre Straßen verpflichtet.

Artikel 64 Technische Vorschriften, Verordnungsermächtigung

Das Staatsministerium kann durch Rechtsverordnung für jede Straßenklasse allgemeine technische Vorschriften über den Bau und über die Unterhaltung erlassen.

Fünfter Teil
Ordnungswidrigkeiten

Artikel 65 ***[aufgehoben]***

Artikel 66 Bußgeldvorschriften

Mit Geldbuße kann belegt werden, wer vorsätzlich oder fahrlässig

1. eine Straße über das übliche Maß hinaus verunreinigt (Art. 16) und diese Verunreinigung nicht unverzüglich beseitigt,
2. eine Straße unbefugt zu Sondernutzungen gebraucht oder die mit der Erlaubnis verbundenen vollziehbaren Auflagen nicht erfüllt oder der Unterhaltungspflicht nach Art. 18 Abs. 4, auch in Verbindung mit Art. 18a Abs. 1 Satz 4, zuwiderhandelt,
3. entgegen Art. 23 Abs. 1, Art. 24 Abs. 1 bauliche Anlagen errichtet, ändert oder anders nutzt oder vollziehbaren Auflagen nicht nachkommt, unter denen die Straßenbaubehörde eine Ausnahme zugelassen oder eine Genehmigung erteilt hat,
4. dem Art. 29 Abs. 2 Satz 1 zuwiderhandelt,
5. einer auf Grund des Art. 51 Abs. 4 oder 5 erlassenen Rechtsverordnung zuwiderhandelt, soweit sie für einen bestimmten Tatbestand auf diese Bußgeldvorschrift verweist.

Sechster Teil
Übergangs- und Schlußvorschriften

Artikel 67 Straßen- und Bestandsverzeichnis (Übergangsvorschrift zu Art. 3)

(1) Die Straßen, die bisher als Landstraßen I. und II. Ordnung im Straßenverzeichnis eingetragen sind, werden Staatsstraßen und Kreisstraßen.

(2) Straßen im Sinn der *Art. 28 und 29 der Bayerischen Gemeindeordnung vom 17. Oktober 1927 (GVBl. S. 293)* bleiben nach Maßgabe und in dem Umfang der bisherigen Vorschriften bis zur unanfechtbaren Entscheidung über ihre Aufnahme in das Bestandsverzeichnis öffentliche gemeindliche Straßen.

(3) [1]Die Bestandsverzeichnisse sind von den Straßenbaubehörden innerhalb von drei Jahren seit Inkrafttreten dieses Gesetzes anzulegen. [2]Sie sind nach Anlegung sechs Monate lang in den Gemeinden, für gemeindefreie Gebiete bei der Kreisverwaltungsbehörde, zur öffentlichen Einsicht aufzulegen. [3]Die Straßenbaubehörden haben den Lauf dieser Frist vorher öffentlich bekanntzumachen. [4]Soweit die Beteiligten bekannt sind, sind sie gegen Zustellungsnachweis zu unterrichten. [5]Die Verwaltungsgerichte entscheiden auch über die bürgerlich-rechtlichen Fragen unter Ausschluß des Rechtswegs vor den ordentlichen Gerichten.

(4) Wird eine Eintragung nach Abs. 3 im Bestandsverzeichnis unanfechtbar, so gilt eine nach Art. 6 Abs. 3 erforderliche Zustimmung als erteilt und die Widmung als verfügt.

(5) [1]Ist eine Straße nicht im Straßenverzeichnis nach Abs. 1 eingetragen oder nach Abs. 3 nicht im Bestandsverzeichnis aufgenommen worden, so gilt sie nicht als öffentliche Straße. [2]Abs. 2 bleibt unberührt.

Artikel 68 Übergangsregelung

Die Vorschrift des Art. 36 Abs. 2 Satz 2 und 3 gilt nicht für vor dem 1. März 2023 eingeleitete Planfeststellungsverfahren.

Artikel 69 Inkrafttreten

Das Gesetz ist dringlich; es tritt am 1. September 1958 in Kraft[1)].

Artikel 70, 71 ***[aufgehoben]***

1) **Amtl. Anm.:** Betrifft die ursprüngliche Fassung vom 11. Juli 1958 (GVBl. S. 147)

Gesetz über den Vollzug der Freiheitsstrafe und der Jugendstrafe (Bayerisches Strafvollzugsgesetz – BayStVollzG)

Vom 10. Dezember 2007 (GVBl. S. 866)
(BayRS 312-2-1-J)
zuletzt geändert durch § 10 G zur Änderung des Gesetzes zur Ausführung des Betreuungsgesetzes und weiterer Rechtsvorschriften vom 23. Dezember 2022 (GVBl. S. 718)

Der Landtag des Freistaates Bayern hat das folgende Gesetz beschlossen, das hiermit bekannt gemacht wird:

Nichtamtliche Inhaltsübersicht

Teil 1
Anwendungsbereich

Artikel 1 Anwendungsbereich
Dieses Gesetz regelt den Vollzug der Freiheitsstrafe, der Jugendstrafe und des Strafarrests in Justizvollzugsanstalten.

Teil 2
Vollzug der Freiheitsstrafe

Abschnitt 1
Grundsätze

Artikel 2 Aufgaben des Vollzugs
[1]Der Vollzug der Freiheitsstrafe dient dem Schutz der Allgemeinheit vor weiteren Straftaten. [2]Er soll die Gefangenen befähigen, künftig in sozialer Verantwortung ein Leben ohne Straftaten zu führen (Behandlungsauftrag).

Artikel 3 Behandlung im Vollzug
[1]Die Behandlung umfasst alle Maßnahmen, die geeignet sind, auf eine künftige deliktfreie Lebensführung hinzuwirken. [2]Sie dient der Verhütung weiterer Straftaten und dem Opferschutz. [3]Die Behandlung beinhaltet insbesondere schulische und berufliche Bildung, Arbeit, psychologische und sozialpädagogische Maßnahmen, seelsorgerische Betreuung und Freizeitgestaltung. [4]Art und Umfang der Behandlung orientieren sich an den für die Tat ursächlichen Defiziten der Gefangenen.

Artikel 4 Schutz der Allgemeinheit
Der Schutz der Allgemeinheit vor weiteren Straftaten wird durch eine sichere Unterbringung und sorgfältige Beaufsichtigung der Gefangenen, eine gründliche Prüfung vollzugsöffnender Maßnahmen sowie geeignete Behandlungsmaßnahmen gewährleistet.

Artikel 5 Gestaltung des Vollzugs
(1) Das Leben im Vollzug soll den allgemeinen Lebensverhältnissen soweit als möglich angeglichen werden.
(2) Schädlichen Folgen des Freiheitsentzugs ist entgegenzuwirken.
(3) Der Vollzug ist darauf auszurichten, dass er den Gefangenen hilft, sich in das Leben in Freiheit einzugliedern.

Artikel 5a Opferbezogene Vollzugsgestaltung
(1) [1]Die Belange der Opfer sind bei der Gestaltung des Vollzugs, insbesondere bei vollzugsöffnenden Maßnahmen sowie bei der Eingliederung und Entlassung der Gefangenen, zu berücksichtigen. [2]Dem Schutzinteresse gefährdeter Dritter ist Rechnung zu tragen.

(2) [1]Die Einsicht der Gefangenen in ihre Verantwortung für die Tat, insbesondere für die beim Opfer verschuldeten Tatfolgen, soll geweckt werden. [2]Die Gefangenen sind anzuhalten, den durch die Straftat verursachten Schaden wiedergutzumachen. [3]Die Durchführung eines Täter-Opfer-Ausgleichs ist in geeigneten Fällen anzustreben.

Artikel 6 Stellung der Gefangenen

(1) [1]Die Gefangenen sollen an der Gestaltung ihrer Behandlung und an der Erfüllung des Behandlungsauftrags mitwirken. [2]Ihre Bereitschaft hierzu ist zu wecken und zu fördern.

(2) [1]Die Gefangenen unterliegen den in diesem Gesetz vorgesehenen Beschränkungen ihrer Freiheit. [2]Soweit das Gesetz eine besondere Regelung nicht enthält, dürfen ihnen nur Beschränkungen auferlegt werden, die zur Aufrechterhaltung der Sicherheit oder zur Abwendung einer schwerwiegenden Störung der Ordnung der Anstalt unerlässlich sind.

Abschnitt 2

Planung des Vollzugs

Artikel 7 Aufnahmeverfahren

(1) Beim Aufnahmeverfahren ist das Persönlichkeitsrecht der Gefangenen in besonderem Maße zu wahren.

(2) [1]Die Gefangenen werden über ihre Rechte und Pflichten unterrichtet. [2]Mit den Gefangenen wird ein Zugangsgespräch geführt.

(3) Nach der Aufnahme werden die Gefangenen alsbald ärztlich untersucht.

Artikel 8 Behandlungsuntersuchung

(1) [1]Nach dem Aufnahmeverfahren wird damit begonnen, die Persönlichkeit und die Lebensverhältnisse der Gefangenen zu erforschen. [2]Hiervon kann abgesehen werden, wenn dies mit Rücksicht auf die Vollzugsdauer nicht geboten erscheint.

(2) [1]Die Behandlungsuntersuchung erstreckt sich auf die Umstände, deren Kenntnis für eine planvolle Behandlung der Gefangenen im Vollzug und für die Eingliederung nach ihrer Entlassung notwendig ist. [2]Es ist zu prüfen, ob eine Verlegung in eine sozialtherapeutische Einrichtung nach Art. 11 Abs. 1 oder 2 oder andere therapeutische Maßnahmen angezeigt sind.

Artikel 9 Vollzugsplan, Beteiligung der Gefangenen

(1) [1]Auf Grund der Behandlungsuntersuchung gemäß Art. 8 wird ein Vollzugsplan erstellt. [2]Er enthält insbesondere Angaben über vollzugliche, pädagogische und sozialpädagogische sowie therapeutische Maßnahmen. [3]Das Nähere regelt das Staatsministerium der Justiz durch Verwaltungsvorschrift.

(2) Der Vollzugsplan ist jeweils nach Ablauf eines Jahres an die Entwicklung der Gefangenen und die weiteren Ergebnisse der Persönlichkeitserforschung anzupassen.

(3) Über eine Verlegung in eine sozialtherapeutische Einrichtung gemäß Art. 11 Abs. 1 oder 2 ist jeweils nach Ablauf von sechs Monaten neu zu entscheiden.

(4) Die Planung der Behandlung wird mit den Gefangenen erörtert.

Artikel 10 Verlegung, Überstellung, Ausantwortung

(1) Gefangene können abweichend vom Vollstreckungsplan in eine andere für den Vollzug der Freiheitsstrafe zuständige Anstalt verlegt werden, wenn

1. die Behandlung der Gefangenen oder ihre Eingliederung nach der Entlassung hierdurch gefördert wird oder
2. dies aus Gründen der Vollzugsorganisation oder aus anderen wichtigen Gründen erforderlich ist.

(2) Gefangene dürfen aus wichtigem Grund in eine andere Anstalt überstellt werden.

(3) Gefangene dürfen befristet dem Gewahrsam einer Polizei-, Zoll- oder Finanzbehörde überlassen werden.

Artikel 11 Verlegung in eine sozialtherapeutische Einrichtung

(1) Gefangene sind in eine sozialtherapeutische Einrichtung zu verlegen, wenn sie wegen einer Straftat nach den §§ 174 bis 180 oder § 182 des Strafgesetzbuchs (StGB) zu Freiheitsstrafe von mehr als zwei Jahren verurteilt worden sind und die Behandlung in einer sozialtherapeutischen Einrichtung angezeigt ist.

(2) Andere Gefangene, von denen schwerwiegende Straftaten gegen Leib oder Leben oder gegen die sexuelle Selbstbestimmung zu erwarten sind, sollen in eine sozialtherapeutische Einrichtung verlegt werden, wenn deren besondere therapeutische Mittel und soziale Hilfen zu ihrer Resozialisierung angezeigt sind.

(3) Vor einer Verlegung nach Abs. 1 oder 2 ist die Bereitschaft der Gefangenen zur Teilnahme an therapeutischen Maßnahmen zu wecken und zu fördern.

(4) Wenn der Zweck der Behandlung aus Gründen, die in der Person der Gefangenen liegen, nicht erreicht werden kann, unterbleibt die Verlegung nach Abs. 1 oder 2; nach einer bereits erfolgten Verlegung sind sie zurückzuverlegen.

(5) Art. 10 und 92 bleiben unberührt.

Artikel 12 Geschlossener und offener Vollzug

(1) Gefangene sind im geschlossenen Vollzug unterzubringen.

(2) Gefangene sollen mit ihrer Zustimmung in einer Einrichtung des offenen Vollzugs untergebracht werden, wenn sie den besonderen Anforderungen des offenen Vollzugs genügen und insbesondere nicht zu befürchten ist, dass sie sich dem Vollzug der Freiheitsstrafe entziehen oder die Möglichkeiten des offenen Vollzugs zu Straftaten missbrauchen werden.

(3) Gefangene sollen in den geschlossenen Vollzug zurückverlegt werden, wenn dies zu ihrer Behandlung notwendig ist; sie sind zurückzuverlegen, wenn sie den Anforderungen nach Abs. 2 nicht entsprechen.

Artikel 13 Lockerungen des Vollzugs

(1) Als Lockerung des Vollzugs kann insbesondere angeordnet werden, dass Gefangene

1. außerhalb der Anstalt regelmäßig einer Beschäftigung unter Aufsicht (Außenbeschäftigung) oder ohne Aufsicht Vollzugsbediensteter (Freigang) nachgehen dürfen oder
2. für eine bestimmte Tageszeit die Anstalt unter Aufsicht (Ausführung) oder ohne Aufsicht Vollzugsbediensteter (Ausgang) verlassen dürfen.

(2) Diese Lockerungen dürfen mit Zustimmung der Gefangenen angeordnet werden, wenn nicht zu befürchten ist, dass die Gefangenen sich dem Vollzug der Freiheitsstrafe entziehen oder die Lockerungen des Vollzugs zu Straftaten missbrauchen werden.

Artikel 14 Urlaub aus der Haft

(1) [1]Den Gefangenen kann Urlaub aus der Haft bis zu 21 Kalendertagen im Vollstreckungsjahr gewährt werden. [2]Art. 13 Abs. 2 gilt entsprechend.

(2) Der Urlaub soll in der Regel erst gewährt werden, wenn die Gefangenen sich mindestens sechs Monate im Strafvollzug befunden haben.

(3) Zu lebenslanger Freiheitsstrafe verurteilte Gefangene können beurlaubt werden, wenn sie sich einschließlich einer vorhergehenden Untersuchungshaft oder einer anderen Freiheitsentziehung zwölf Jahre im Vollzug befunden haben oder wenn sie in den offenen Vollzug überwiesen oder hierfür geeignet sind.

(4) [1]Gefangenen, die zum Freigang (Art. 13 Abs. 1 Nr. 1) zugelassen oder hierfür geeignet sind, kann innerhalb von neun Monaten vor der Entlassung weiterer Urlaub bis zu sechs Tagen im Monat gewährt werden. [2]Art. 17 Abs. 3 Satz 1 findet keine Anwendung.

(5) Durch den Urlaub wird die Strafvollstreckung nicht unterbrochen.

Artikel 15 Besondere Vorschriften für Gewalt- und Sexualstraftäter

[1]Bei Gefangenen, gegen die während des laufenden Freiheitsentzugs eine Strafe wegen einer schwerwiegenden Straftat gegen Leib oder Leben oder gegen die sexuelle Selbstbestimmung mit Ausnahme der §§ 180a und 181a StGB vollzogen wurde oder zu vollziehen ist, ist eine Unterbringung im offenen Vollzug, eine Lockerung des Vollzugs oder eine Gewährung von Urlaub aus dem Vollzug besonders gründlich zu prüfen. [2]Bei der Entscheidung sind auch die Feststellungen im Urteil und die im Ermittlungs- oder Strafverfahren erstatteten Gutachten zu berücksichtigen.

Artikel 16 Weisungen, Aufhebung von Lockerungen und Urlaub

(1) Der Anstaltsleiter oder die Anstaltsleiterin kann den Gefangenen für Lockerungen und Urlaub Weisungen erteilen.

(2) [1]Er oder sie kann Lockerungen und Urlaub widerrufen, wenn

1. er oder sie auf Grund nachträglich eingetretener Umstände berechtigt wäre, die Maßnahmen zu versagen,
2. die Gefangenen die Maßnahmen missbrauchen oder
3. die Gefangenen einer Weisung nicht nachkommen.

[2]Er oder sie kann Lockerungen und Urlaub mit Wirkung für die Zukunft zurücknehmen, wenn die Voraussetzungen für ihre Bewilligung nicht vorgelegen haben.

Artikel 17 Entlassungsvorbereitung

(1) Um die Entlassung vorzubereiten, soll der Vollzug gelockert werden (Art. 13).

(2) Gefangene können in eine Einrichtung des offenen Vollzugs (Art. 12 Abs. 2) verlegt werden, wenn dies der Vorbereitung der Entlassung dient.

(3) [1]Innerhalb von drei Monaten vor der Entlassung kann zu deren Vorbereitung Sonderurlaub bis zu einer Woche gewährt werden. [2]Art. 13 Abs. 2, Art. 14 Abs. 5, Art. 15 und 16 gelten entsprechend.

Artikel 18 Entlassungszeitpunkt

(1) Die Gefangenen sollen am letzten Tag der Strafzeit möglichst frühzeitig, jedenfalls noch am Vormittag entlassen werden.

(2) Fällt das Strafende auf einen Samstag oder Sonntag, einen gesetzlichen Feiertag, den ersten Werktag nach Ostern oder Pfingsten oder in die Zeit vom 22. Dezember bis zum 6. Januar, so können die Gefangenen an dem diesem Tag oder Zeitraum vorhergehenden Werktag entlassen werden, wenn dies nach der Länge der Strafzeit vertretbar ist und fürsorgerische Gründe nicht entgegenstehen.

(3) Der Entlassungszeitpunkt kann bis zu zwei Tage vorverlegt werden, wenn dringende Gründe dafür vorliegen, dass die Gefangenen zu ihrer Eingliederung hierauf angewiesen sind.

Abschnitt 3
Unterbringung und Ernährung der Gefangenen

Artikel 19 Unterbringung während der Arbeit und Freizeit

(1) [1]Die Gefangenen arbeiten gemeinsam. [2]Dasselbe gilt für Berufsausbildung, berufliche Weiterbildung sowie arbeitstherapeutische und sonstige Beschäftigung während der Arbeitszeit.

(2) [1]Während der Freizeit können sich die Gefangenen in der Gemeinschaft mit anderen aufhalten. [2]Für die Teilnahme an gemeinschaftlichen Veranstaltungen kann der Anstaltsleiter oder die Anstaltsleiterin mit Rücksicht auf die räumlichen, personellen und organisatorischen Verhältnisse der Anstalt besondere Regelungen treffen.

(3) Die gemeinschaftliche Unterbringung während der Arbeitszeit und Freizeit kann eingeschränkt werden, wenn

1. ein schädlicher Einfluss auf andere Gefangene zu befürchten ist,
2. die Gefangenen nach Art. 8 untersucht werden, aber nicht länger als zwei Monate,
3. es die Sicherheit oder Ordnung der Anstalt erfordert oder
4. die Gefangenen zustimmen.

Artikel 20 Unterbringung während der Ruhezeit

(1) [1]Gefangene sollen während der Ruhezeit allein in ihren Hafträumen untergebracht werden. [2]Mit ihrer Zustimmung können Gefangene auch während der Ruhezeit gemeinsam untergebracht werden, wenn eine schädliche Beeinflussung nicht zu befürchten ist.

(2) Auch ohne ihre Zustimmung ist eine gemeinsame Unterbringung zulässig, sofern ein Gefangener oder eine Gefangene hilfsbedürftig ist oder eine Gefahr für Leben oder Gesundheit eines oder einer Gefangenen besteht oder die räumlichen Verhältnisse der Anstalt dies erfordern.

(3) Eine gemeinschaftliche Unterbringung von mehr als acht Gefangenen ist nicht zulässig.

Artikel 21 Ausstattung des Haftraums und persönlicher Besitz

(1) [1]Gefangene dürfen ihren Haftraum in angemessenem Umfang mit eigenen Sachen ausstatten. [2]Lichtbilder nahestehender Personen und Erinnerungsstücke von persönlichem Wert werden ihnen belassen.

(2) Vorkehrungen und Gegenstände, die die Übersichtlichkeit des Haftraums behindern oder in anderer Weise Sicherheit oder Ordnung der Anstalt gefährden, können ausgeschlossen werden.

Artikel 22 Kleidung

(1) Gefangene tragen Anstaltskleidung.

(2) [1]Der Anstaltsleiter oder die Anstaltsleiterin gestattet den Gefangenen, bei einer Ausführung eigene Kleidung zu tragen, wenn zu erwarten ist, dass sie nicht entweichen werden. [2]Er oder sie kann dies auch sonst gestatten, sofern die Gefangenen für Reinigung, Instandsetzung und regelmäßigen Wechsel auf eigene Kosten sorgen.

Artikel 23 Anstaltsverpflegung

[1]Zusammensetzung und Nährwert der Anstaltsverpflegung werden ärztlich überwacht. [2]Auf ärztliche Anordnung wird besondere Verpflegung gewährt. [3]Den Gefangenen ist zu ermöglichen, Speisevorschriften ihrer Religionsgemeinschaft zu befolgen.

Artikel 24 Einkauf

(1) [1]Die Gefangenen können sich vom Hausgeld (Art. 50) oder Taschengeld (Art. 54) aus einem von der Anstalt vermittelten Angebot Nahrungs- und Genussmittel sowie Mittel zur Körperpflege kaufen. [2]Die Anstalt soll für ein Angebot sorgen, das auf Wünsche und Bedürfnisse der Gefangenen Rücksicht nimmt.

(2) [1]Gegenstände, die die Sicherheit oder Ordnung der Anstalt gefährden, können vom Einkauf ausgeschlossen werden. [2]Auf ärztliche Anordnung kann den Gefangenen der Einkauf einzelner Nahrungs- und Genussmittel ganz oder teilweise untersagt werden, wenn zu befürchten ist, dass sie ihre Gesundheit ernsthaft gefährden. [3]In Krankenhäusern und Krankenabteilungen kann der Einkauf einzelner Nahrungs- und Genussmittel auf ärztliche Anordnung allgemein untersagt oder eingeschränkt werden.

(3) Verfügen die Gefangenen ohne eigenes Verschulden nicht über Haus- oder Taschengeld, wird ihnen gestattet, in angemessenem Umfang vom Eigengeld einzukaufen.

Artikel 25 Sondereinkauf

(1) Sondereinkauf aus einem durch die Anstalt vermittelten Angebot von Nahrungs- und Genussmitteln ist zugelassen zu Weihnachten, Ostern und einem von den Gefangenen zu wählenden weiteren Zeitpunkt.

(2) Gefangenen, die nicht einer christlichen Religionsgemeinschaft angehören, kann anstelle des Weihnachts- und des Ostereinkaufs je ein Sondereinkauf zu einem anderen Zeitpunkt gestattet werden.

(3) Für den Sondereinkauf können die Gefangenen in angemessenem Umfang das zu diesem Zweck nach Art. 53 eingezahlte Sondergeld oder ihr Eigengeld (Art. 52) verwenden.

(4) Art. 24 bleibt unberührt.

Abschnitt 4

Besuch, Schriftwechsel, Urlaub, Ausgang und Ausführung aus wichtigem Anlass

Artikel 26 Grundsatz

[1]Gefangene haben das Recht, mit Personen außerhalb der Anstalt im Rahmen der Vorschriften dieses Gesetzes zu verkehren. [2]Der Verkehr mit Personen außerhalb der Anstalt ist zu fördern.

Artikel 27 Recht auf Besuch

(1) [1]Gefangene dürfen regelmäßig Besuch empfangen. [2]Die Gesamtdauer beträgt mindestens eine Stunde im Monat. [3]Das Weitere regelt die Hausordnung.

(2) Besuche sollen darüber hinaus zugelassen werden, wenn sie die Behandlung oder Eingliederung der Gefangenen fördern oder persönlichen, rechtlichen oder geschäftlichen Angelegenheiten dienen, die nicht von den Gefangenen schriftlich erledigt, durch Dritte wahrgenommen oder bis zur Entlassung aufgeschoben werden können.

(3) Aus Gründen der Sicherheit oder Ordnung der Anstalt kann ein Besuch davon abhängig gemacht werden, dass sich die Besucher durchsuchen oder mit technischen Mitteln oder sonstigen Hilfsmitteln auf verbotene Gegenstände absuchen lassen.

Artikel 28 Besuchsverbot

Der Anstaltsleiter oder die Anstaltsleiterin kann Besuche untersagen,

1. wenn die Sicherheit oder Ordnung der Anstalt gefährdet würde,
2. bei Besuchern, die nicht Angehörige des oder der Gefangenen im Sinn des Strafgesetzbuchs sind, wenn zu befürchten ist, dass sie einen schädlichen Einfluss auf den Gefangenen oder die Gefangene haben oder deren Eingliederung behindern würden.

Artikel 29 Besuche bestimmter Personen

[1]Besuche von Verteidigern, Angehörigen der Gerichtshilfe, der Bewährungshilfe und der Aufsichtsstellen für die Führungsaufsicht sowie von Rechtsanwälten oder Notaren in einer den Gefangenen oder die Gefangene betreffenden Rechtssache sind zu gestatten. [2]Art. 27 Abs. 3 gilt entsprechend. [3]Eine inhaltliche Überprüfung der vom Verteidiger oder der Verteidigerin mitgeführten Schriftstücke und sonstigen Unterlagen ist nicht zulässig. [4]Art. 32 Abs. 1 Satz 2 und 3 bleibt unberührt.

Artikel 30 Überwachung der Besuche

(1) [1]Die Besuche dürfen aus Gründen der Behandlung oder der Sicherheit oder Ordnung der Anstalt überwacht werden, es sei denn, es liegen im Einzelfall Erkenntnisse dafür vor, dass es der Überwachung nicht bedarf. [2]Die Überwachung und Aufzeichnung mit technischen Mitteln ist zulässig, wenn die Besucher und die Gefangenen vor dem Besuch darauf hingewiesen werden. [3]Die Aufzeichnungen sind spätestens mit Ablauf eines Monats zu löschen.

(2) [1]Die Unterhaltung darf nur überwacht werden, soweit dies im Einzelfall aus den in Abs. 1 genannten Gründen erforderlich ist. [2]Abs. 1 Satz 2 und 3 ist nicht anwendbar.

(3) Zur Verhinderung der Übergabe von unerlaubten Gegenständen kann im Einzelfall angeordnet werden, dass der Besuch unter Verwendung einer Trennvorrichtung abzuwickeln ist.

(4) [1]Ein Besuch darf abgebrochen werden, wenn Besucher oder Gefangene gegen die Vorschriften dieses Gesetzes oder die auf Grund dieses Gesetzes getroffenen Anordnungen trotz Abmahnung verstoßen. [2]Die Abmahnung unterbleibt, wenn es unerlässlich ist, den Besuch sofort abzubrechen.

(5) Besuche von Verteidigern werden nicht überwacht.

(6) [1]Gegenstände dürfen beim Besuch nur mit Erlaubnis übergeben werden. [2]Dies gilt nicht für die bei dem Besuch von Verteidigern übergebenen Schriftstücke und sonstigen Unterlagen sowie für die bei dem Besuch von Rechtsanwälten oder Notaren zur Erledigung einer den Gefangenen oder die Gefangene betreffenden Rechtssache übergebenen Schriftstücke und sonstigen Unterlagen; bei dem Besuch von Rechtsanwälten oder Notaren kann die Übergabe aus Gründen der Sicherheit oder Ordnung der Anstalt von der Erlaubnis abhängig gemacht werden. [3]Art. 32 Abs. 1 Satz 2 und 3 bleibt unberührt.

Artikel 31 Recht auf Schriftwechsel

(1) Gefangene haben das Recht, unbeschränkt Schreiben abzusenden und zu empfangen.

(2) Der Anstaltsleiter oder die Anstaltsleiterin kann den Schriftwechsel mit bestimmten Personen untersagen,

1. wenn die Sicherheit oder Ordnung der Anstalt gefährdet würde,
2. bei Personen, die nicht Angehörige des oder der Gefangenen im Sinn des Strafgesetzbuchs sind, wenn zu befürchten ist, dass der Schriftwechsel einen schädlichen Einfluss auf den Gefangenen oder die Gefangene hat oder deren Eingliederung behindern würde.

(3) [1]Die Kosten des Schriftverkehrs tragen die Gefangenen. [2]Sind sie dazu nicht in der Lage, kann die Anstalt die Kosten in begründeten Fällen in angemessenem Umfang übernehmen.

Artikel 32 Überwachung des Schriftwechsels

(1) [1]Der Schriftwechsel der Gefangenen mit ihren Verteidigern wird nicht überwacht. [2]Liegt dem Vollzug der Freiheitsstrafe eine Straftat nach § 129a StGB, auch in Verbindung mit § 129b Abs. 1 StGB, zugrunde, gelten § 148 Abs. 2, § 148a der Strafprozessordnung (StPO) entsprechend; dies gilt nicht, wenn die Gefangenen sich in einer Einrichtung des offenen Vollzugs befinden oder wenn ihnen Lockerungen des Vollzugs gemäß Art. 13 Abs. 1 Nr. 1 oder 2 zweite Alternative oder Urlaub gemäß Art. 14 oder Art. 17 Abs. 3 gewährt worden sind und ein Grund, der den Anstaltsleiter oder die Anstaltsleiterin nach Art. 16 Abs. 2 zum Widerruf oder zur Rücknahme von Lockerungen und Urlaub ermächtigt, nicht vorliegt. [3]Satz 2 gilt auch, wenn gegen Strafgefangene im Anschluss an die dem Vollzug der Freiheitsstrafe zugrunde liegende Verurteilung eine Freiheitsstrafe wegen einer Straftat nach § 129a StGB, auch in Verbindung mit § 129b Abs. 1 StGB, zu vollstrecken ist.

(2) [1]Nicht überwacht werden Schreiben der Gefangenen an

1. Volksvertretungen des Bundes und der Länder und ihre Mitglieder,
2. die Aufsichtsbehörden des Bundes und der Länder im Sinne des Bundesdatenschutzgesetzes,
3. das Europäische Parlament und seine Mitglieder,
4. den Europäischen Gerichtshof,
5. den Europäischen Datenschutzbeauftragten,
6. den Europäischen Bürgerbeauftragten,
7. die Agentur der Europäischen Union für Grundrechte,
8. die Parlamentarische Versammlung des Europarates,
9. den Europäischen Gerichtshof für Menschenrechte,
10. den Europäischen Ausschuss zur Verhütung von Folter und unmenschlicher oder erniedrigender Behandlung oder Strafe,
11. die Europäische Kommission gegen Rassismus und Intoleranz,
12. den Menschenrechtsausschuss der Vereinten Nationen,
13. die Ausschüsse der Vereinten Nationen für die Beseitigung der Rassendiskriminierung und für die Beseitigung der Diskriminierung der Frau,
14. den Ausschuss der Vereinten Nationen gegen Folter und den zugehörigen Unterausschuss zur Verhütung der Folter und
15. die Nationale Stelle zur Verhütung von Folter,

soweit die Schreiben an die Anschrift der jeweiligen Stelle gerichtet sind und den Absender zutreffend angeben. [2]Eingehende Schreiben, die an Gefangene gerichtet sind, werden nur dann nicht überwacht, sofern zweifelsfrei eine der in Satz 1 genannten Stellen Absender ist.

(3) Der übrige Schriftwechsel darf ohne Anwesenheit der Gefangenen überwacht werden, soweit es aus Gründen der Behandlung oder der Sicherheit oder Ordnung der Anstalt erforderlich ist.

Artikel 33 Weiterleitung von Schreiben, Aufbewahrung

(1) Gefangene haben Absendung und Empfang ihrer Schreiben durch die Anstalt vermitteln zu lassen, soweit nichts anderes gestattet ist.

(2) Eingehende und ausgehende Schreiben sind unverzüglich weiterzuleiten.

(3) Gefangene haben eingehende Schreiben unverschlossen zu verwahren, sofern nichts anderes gestattet wird; sie können sie verschlossen zur Habe geben.

Artikel 34 Anhalten von Schreiben

(1) Der Anstaltsleiter oder die Anstaltsleiterin kann Schreiben anhalten, wenn

1. die Erfüllung des Behandlungsauftrags oder die Sicherheit oder Ordnung der Anstalt gefährdet würde,
2. die Weitergabe in Kenntnis ihres Inhalts einen Straf- oder Bußgeldtatbestand verwirklichen würde,
3. sie grob unrichtige oder erheblich entstellende Darstellungen von Anstaltsverhältnissen enthalten,
4. sie grobe Beleidigungen enthalten,
5. sie die Eingliederung anderer Gefangener gefährden können oder
6. sie in Geheimschrift, unlesbar, unverständlich oder ohne zwingenden Grund in einer fremden Sprache abgefasst sind; ein zwingender Grund zur Abfassung eines Schreibens in einer fremden Sprache liegt in der Regel nicht vor bei einem Schriftwechsel zwischen deutschen Gefangenen und Dritten, die die deutsche Staatsangehörigkeit oder ihren Lebensmittelpunkt im Geltungsbereich des Grundgesetzes haben.

(2) Ausgehenden Schreiben, die unrichtige Darstellungen enthalten, kann ein Begleitschreiben beigefügt werden, wenn der oder die Gefangene auf der Absendung besteht.

(3) [1]Die Anhaltung der Schreiben wird den Gefangenen mitgeteilt. [2]Angehaltene Schreiben werden behördlich verwahrt oder an den Absender zurückgegeben.

(4) Schreiben, deren Überwachung nach Art. 32 Abs. 1 und 2 ausgeschlossen ist, dürfen nicht angehalten werden.

Artikel 35 Telekommunikation

(1) [1]Gefangenen kann nach pflichtgemäßem Ermessen, insbesondere unter Berücksichtigung der Sicherheit und Ordnung, der räumlichen, personellen und organisatorischen Verhältnisse der Anstalt sowie der Belange des Opferschutzes, gestattet werden, Telefongespräche zu führen. [2]Die Vorschriften

über den Besuch gelten entsprechend. [3]Ist die Überwachung der Telefongespräche erforderlich, ist die beabsichtigte Überwachung den Gesprächspartnern der Gefangenen unmittelbar nach Herstellung der Verbindung durch die Anstalt oder die Gefangenen mitzuteilen. [4]Die Gefangenen sind rechtzeitig vor Beginn der Telefongespräche über die beabsichtigte Überwachung und die Mitteilungspflicht nach Satz 3 zu unterrichten.

(2) [1]Die Aufsichtsbehörde kann andere Formen der Telekommunikation zulassen, soweit die Sicherheit und Ordnung dem nicht entgegenstehen. [2]In der Zulassung legt die Aufsichtsbehörde zugleich fest, inwieweit die Bestimmungen über den Schriftwechsel, den Besuch und über Telefongespräche entsprechende Anwendung finden. [3]Nach Zulassung anderer Formen der Telekommunikation kann der Anstaltsleiter oder die Anstaltsleiterin den Gefangenen insbesondere unter Berücksichtigung der in Abs. 1 Satz 1 genannten Gesichtspunkte gestatten, diese Formen auf ihre Kosten zu nutzen.

(3) [1]Die Kosten der Telekommunikation tragen die Gefangenen. [2]Sind sie dazu nicht in der Lage, kann die Anstalt die Kosten in begründeten Fällen in angemessenem Umfang übernehmen.

(4) [1]Die Anstalt darf technische Geräte zur Störung von Frequenzen betreiben, die der Herstellung unerlaubter Mobilfunkverbindungen auf dem Anstaltsgelände dienen. [2]Sie hat hierbei die von der Bundesnetzagentur gemäß § 91 Abs. 1 Satz 4 des Telekommunikationsgesetzes festgelegten Rahmenbedingungen zu beachten. [3]Der Mobilfunkverkehr außerhalb des Geländes der Anstalt darf nicht beeinträchtigt werden.

Artikel 36 Pakete

(1) [1]Der Empfang von Paketen bedarf der vorherigen Erlaubnis der Anstalt. [2]Für den Ausschluss von Gegenständen gilt Art. 24 Abs. 2 Satz 1 entsprechend. [3]Pakete mit Nahrungs- und Genussmitteln sind ausgeschlossen.

(2) [1]Pakete sind in Gegenwart des oder der Gefangenen zu öffnen. [2]Ausgeschlossene Gegenstände können zur Habe genommen oder dem Absender zurückgesandt werden. [3]Nicht ausgehändigte Gegenstände, durch die bei der Versendung oder Aufbewahrung Personen verletzt oder Sachschäden verursacht werden können, dürfen vernichtet werden. [4]Die hiernach getroffenen Maßnahmen werden dem oder der Gefangenen eröffnet.

(3) [1]Gefangenen kann gestattet werden, Pakete zu versenden. [2]Der Inhalt kann aus Gründen der Sicherheit oder Ordnung der Anstalt überprüft werden.

(4) [1]Die Kosten des Paketverkehrs nach Abs. 2 und 3 tragen die Gefangenen. [2]Sind sie dazu nicht in der Lage, kann die Anstalt die Kosten in begründeten Fällen in angemessenem Umfang übernehmen.

Artikel 37 Ausgang, Urlaub und Ausführung aus wichtigem Anlass

(1) [1]Aus wichtigem Anlass kann der Anstaltsleiter oder die Anstaltsleiterin Gefangenen Ausgang gewähren oder sie bis zu sieben Tagen beurlauben; der Urlaub aus anderem wichtigen Anlass als wegen einer lebensgefährlichen Erkrankung oder wegen des Todes Angehöriger darf sieben Tage im Jahr nicht übersteigen. [2]Art. 13 Abs. 2, Art. 14 Abs. 5, Art. 15 und 16 gelten entsprechend.

(2) Der Urlaub nach Abs. 1 wird nicht auf den regelmäßigen Urlaub gemäß Art. 14 Abs. 1 angerechnet.

(3) [1]Kann Ausgang oder Urlaub aus den in Art. 13 Abs. 2 genannten Gründen nicht gewährt werden, kann der Anstaltsleiter oder die Anstaltsleiterin Gefangene ausführen lassen. [2]Die Kosten tragen die Gefangenen. [3]Der Anspruch ist nicht geltend zu machen, wenn dies die Behandlung oder die Eingliederung behindern würde.

(4) Gefangene dürfen auch ohne ihre Zustimmung ausgeführt werden, wenn dies aus besonderen Gründen notwendig ist.

Artikel 38 Gerichtliche Termine

(1) [1]Der Anstaltsleiter oder die Anstaltsleiterin kann Gefangenen zur Teilnahme an einem gerichtlichen Termin Ausgang oder Urlaub erteilen, wenn anzunehmen ist, dass sie der Ladung folgen und keine Entweichungs- oder Missbrauchsgefahr (Art. 13 Abs. 2) besteht. [2]Art. 14 Abs. 5, Art. 15 und 16 gelten entsprechend.

(2) [1]Wenn Gefangene zu einem gerichtlichen Termin geladen sind und Ausgang oder Urlaub nicht gewährt wird, lässt der Anstaltsleiter oder die Anstaltsleiterin sie mit ihrer Zustimmung zu dem Termin ausführen, sofern wegen Entweichungs- oder Missbrauchsgefahr (Art. 13 Abs. 2) keine überwiegenden Gründe entgegenstehen. [2]Sind die Gefangenen als Partei oder Beteiligte geladen, ist ihre Ausführung nur zu ermöglichen, wenn ihr persönliches Erscheinen durch das Gericht oder von Gesetzes wegen

angeordnet ist. [3]Die Kosten tragen die Gefangenen. [4]Sind sie dazu nicht in der Lage, kann die Anstalt die Kosten in begründeten Fällen in angemessenem Umfang übernehmen.

(3) Auf Ersuchen eines Gerichts lässt der Anstaltsleiter oder die Anstaltsleiterin Gefangene vorführen, sofern ein Vorführungsbefehl vorliegt.

(4) Die Anstalt unterrichtet das Gericht über das Veranlasste.

Abschnitt 5

Arbeit, Ausbildung, Weiterbildung

Artikel 39 Beschäftigung

(1) Arbeit, arbeitstherapeutische Beschäftigung, Ausbildung und Weiterbildung dienen insbesondere dem Ziel, Fähigkeiten für eine Erwerbstätigkeit nach der Entlassung zu vermitteln, zu erhalten oder zu fördern.

(2) [1]Die Anstalt soll den Gefangenen wirtschaftlich ergiebige Arbeit zuweisen und dabei ihre Fähigkeiten, Fertigkeiten und Neigungen berücksichtigen. [2]Sie soll auch im Zusammenwirken mit den Vereinigungen und Stellen des Arbeits- und Wirtschaftslebens dazu beitragen, dass die Gefangenen beruflich gefördert, beraten und vermittelt werden. [3]Die Arbeitsschutz- und Unfallverhütungsvorschriften sind zu beachten.

(3) Sind Gefangene zu wirtschaftlich ergiebiger Arbeit nicht fähig, sollen sie arbeitstherapeutisch beschäftigt werden.

(4) [1]Geeigneten Gefangenen soll Gelegenheit zur Berufsausbildung, beruflichen Weiterbildung oder Teilnahme an anderen ausbildenden oder weiterbildenden Maßnahmen gegeben werden. [2]Die Teilnahme an einer dieser Maßnahmen bedarf der Zustimmung des oder der Gefangenen. [3]Die Zustimmung darf nicht zur Unzeit widerrufen werden.

(5) [1]Maßnahmen nach Abs. 1 können in von privaten Unternehmen unterhaltenen Betrieben und sonstigen Einrichtungen durchgeführt werden. [2]Hierbei kann die technische und fachliche Leitung Angehörigen dieser Unternehmen übertragen werden.

Artikel 40 Unterricht

(1) [1]Für geeignete Gefangene, die den erfolgreichen Abschluss der Haupt- oder Mittelschule nicht erreicht haben, soll Unterricht in den zum erfolgreichen Abschluss der Mittelschule führenden Fächern oder ein der Förderschule entsprechender Unterricht vorgesehen werden. [2]Bei der beruflichen Ausbildung ist berufsbildender Unterricht vorzusehen; dies gilt auch für die berufliche Weiterbildung, soweit die Art der Maßnahme es erfordert.

(2) Gefangene haben an einem von der Anstalt angebotenen Deutschunterricht teilzunehmen, wenn sie der deutschen Sprache nicht ausreichend mächtig sind, um sich nach ihrer Entlassung im Alltag fließend in deutscher Sprache verständigen zu können, und körperlich sowie geistig dazu in der Lage sind.

(3) [1]Gefangene haben an einem von der Anstalt angebotenen Integrationsunterricht teilzunehmen, wenn sie Integrationsdefizite aufweisen und körperlich sowie geistig dazu in der Lage sind. [2]Der Integrationsunterricht dient den in Art. 1 des Bayerischen Integrationsgesetzes genannten Integrationszielen.

(4) Unterricht soll während der Arbeitszeit stattfinden.

Artikel 41 Zeugnisse über Bildungsmaßnahmen

Aus dem Zeugnis über eine Bildungsmaßnahme darf die Inhaftierung eines Teilnehmers oder einer Teilnehmerin nicht erkennbar sein.

Artikel 42 Freies Beschäftigungsverhältnis, Selbstbeschäftigung

(1) [1]Gefangenen soll gestattet werden, einer Arbeit, Berufsausbildung oder beruflichen Weiterbildung auf der Grundlage eines freien Beschäftigungsverhältnisses außerhalb der Anstalt nachzugehen, wenn dies im Rahmen des Vollzugsplans dem Ziel dient, Fähigkeiten für eine Erwerbstätigkeit nach der Entlassung zu vermitteln, zu erhalten oder zu fördern und nicht überwiegende Gründe des Vollzugs entgegenstehen. [2]Art. 13 Abs. 1 Nr. 1, Abs. 2, Art. 15 und 16 bleiben unberührt.

(2) Gefangenen kann gestattet werden, sich selbst zu beschäftigen.

(3) Die Anstalt kann verlangen, dass ihr das Entgelt zur Gutschrift für den Gefangenen oder die Gefangene überwiesen wird.

Artikel 43 Arbeitspflicht

[1]Gefangene sind verpflichtet, eine ihnen zugewiesene, ihren Fähigkeiten angemessene Arbeit oder arbeitstherapeutische Beschäftigung auszuüben, soweit sie dazu körperlich und geistig in der Lage sind. [2]Sie können zu Hilfstätigkeiten in der Anstalt verpflichtet werden. [3]Diese Tätigkeiten sollen in der Regel nicht über drei Monate jährlich hinausgehen. [4]Die Sätze 1 und 2 gelten nicht für Gefangene, die über 65 Jahre alt sind, und nicht für werdende und stillende Mütter, soweit gesetzliche Beschäftigungsverbote zum Schutz erwerbstätiger Mütter bestehen.

Artikel 44 Ablösung

Gefangene können von einer Beschäftigung oder einem Unterricht nach Art. 39, 40, 42 oder 43 Satz 2 abgelöst werden, wenn dies aus Gründen der Sicherheit oder Ordnung der Anstalt oder aus Gründen der Behandlung erforderlich ist oder wenn sich herausstellt, dass sie den Anforderungen nicht genügen.

Artikel 45 Freistellung von der Arbeitspflicht

(1) [1]Haben die Gefangenen ein Jahr lang eine Beschäftigung nach Art. 39 oder Hilfstätigkeiten nach Art. 43 Satz 2 ausgeübt, so können sie beanspruchen, 18 Werktage von der Arbeitspflicht freigestellt zu werden. [2]Zeiten, in denen Gefangene infolge Krankheit an ihrer Arbeitsleistung verhindert waren, werden bis zu sechs Wochen jährlich angerechnet.

(2) Auf die Zeit der Freistellung wird Urlaub aus der Haft (Art. 14, 37) angerechnet, soweit er in die Arbeitszeit fällt und nicht wegen einer lebensgefährlichen Erkrankung oder des Todes eines oder einer Angehörigen erteilt worden ist.

(3) Die Gefangenen erhalten für die Zeit der Freistellung ihre zuletzt gezahlten Bezüge weiter.

(4) Urlaubsregelungen der Beschäftigungsverhältnisse außerhalb des Strafvollzugs bleiben unberührt.

Artikel 46[1)] Arbeitsentgelt, Arbeitsurlaub, Anrechnung der Freistellung auf den Entlassungszeitpunkt

(1) Die Arbeit der Gefangenen wird anerkannt durch Arbeitsentgelt und eine Freistellung von der Arbeit, die auch als Urlaub aus der Haft (Arbeitsurlaub) genutzt oder auf den Entlassungszeitpunkt angerechnet werden kann.

(2) [1]Üben Gefangene eine zugewiesene Arbeit oder eine Hilfstätigkeit nach Art. 43 Satz 2 aus, so erhalten sie ein Arbeitsentgelt. [2]Der Bemessung des Arbeitsentgelts sind 9 v.H. der Bezugsgröße nach § 18 des Vierten Buches Sozialgesetzbuch (SGB IV) zugrunde zu legen (Eckvergütung). [3]Ein Tagessatz ist der zweihundertfünfzigste Teil der Eckvergütung; das Arbeitsentgelt wird nach einem Stundensatz bemessen.

(3) [1]Das Arbeitsentgelt kann je nach Leistung der Gefangenen und der Art der Arbeit gestuft werden. [2]75 v.H. der Eckvergütung dürfen nur dann unterschritten werden, wenn die Arbeitsleistungen der Gefangenen den Mindestanforderungen nicht genügen.

(4) Üben Gefangene eine zugewiesene arbeitstherapeutische Beschäftigung aus, erhalten sie ein Arbeitsentgelt, soweit dies der Art ihrer Beschäftigung und ihrer Arbeitsleistung entspricht.

(5) Das Arbeitsentgelt ist den Gefangenen schriftlich bekannt zu geben.

(6) [1]Haben die Gefangenen zwei Monate lang zusammenhängend eine Beschäftigung nach Art. 39 oder eine Hilfstätigkeit nach Art. 43 Satz 2 ausgeübt, so werden sie auf ihren Antrag hin einen Werktag von der Arbeit freigestellt. [2]Die Regelung des Art. 45 bleibt unberührt. [3]Durch Zeiten, in denen die Gefangenen ohne Verschulden durch Krankheit, Ausführung, Ausgang, Urlaub aus der Haft, Freistellung von der Arbeitspflicht oder sonstige nicht von ihnen zu vertretende Gründe an der Arbeitsleistung gehindert sind, wird die Frist nach Satz 1 gehemmt. [4]Beschäftigungszeiträume von weniger als zwei Monaten bleiben unberücksichtigt.

(7) [1]Die Gefangenen können beantragen, dass die Freistellung nach Abs. 6 in Form von Arbeitsurlaub gewährt wird. [2]Art. 13 Abs. 2, Art. 14 Abs. 2, 3 und 5, Art. 15 und 16 gelten entsprechend.

---

1) Art. 46 Abs. 2, Abs. 3 und Abs. 6 ist gem. Urt. des BVerfG – 2 BvR 166/16 und 2 BvR 1683/17 – v. 20.6.2023 (BGBl. 2023 I Nr. 181) mit dem Resozialisierungsgebot aus Artikel 2 Absatz 1 in Verbindung mit Artikel 1 Absatz 1 des Grundgesetzes unvereinbar..

(8) Art. 45 Abs. 3 gilt entsprechend.

(9) Nehmen die Gefangenen nicht innerhalb eines Jahres nach Vorliegen der Voraussetzungen die Freistellung nach Abs. 6 Satz 1 oder Abs. 7 Satz 1 in Anspruch oder kann die Freistellung nach Maßgabe der Regelung des Abs. 7 Satz 2 nicht gewährt werden, so wird die Freistellung nach Abs. 6 Satz 1 von der Anstalt auf den Entlassungszeitpunkt angerechnet.

(10) Eine Anrechnung nach Abs. 9 ist ausgeschlossen,

1. soweit eine lebenslange Freiheitsstrafe verbüßt wird und ein Entlassungszeitpunkt noch nicht bestimmt ist,
2. bei einer Aussetzung der Vollstreckung des Restes einer Freiheitsstrafe zur Bewährung, soweit wegen des von der Entscheidung des Gerichts bis zur Entlassung verbleibenden Zeitraums eine Anrechnung nicht mehr möglich ist,
3. wenn dies vom Gericht angeordnet wird, weil bei einer Aussetzung der Vollstreckung des Restes einer Freiheitsstrafe zur Bewährung die Lebensverhältnisse des oder der Gefangenen oder die Wirkungen, die von der Aussetzung für ihn oder sie zu erwarten sind, die Vollstreckung bis zu einem bestimmten Zeitpunkt erfordern,
4. wenn nach § 456a Abs. 1 StPO von der Vollstreckung abgesehen wird,
5. wenn der oder die Gefangene im Gnadenweg aus der Haft entlassen wird.

(11) [1]Soweit eine Anrechnung nach Abs. 10 ausgeschlossen ist, erhalten die Gefangenen bei Entlassung für ihre Tätigkeit nach Abs. 2 als Ausgleichsentschädigung zusätzlich 15 v.H. des ihnen nach den Abs. 2 und 3 gewährten Entgelts oder der ihnen nach Art. 47 gewährten Ausbildungsbeihilfe. [2]Der Anspruch entsteht erst mit der Entlassung. [3]Gefangenen, bei denen eine Anrechnung nach Abs. 10 Nr. 1 ausgeschlossen ist, wird die Ausgleichszahlung bereits nach Verbüßung von jeweils zehn Jahren der lebenslangen Freiheitsstrafe zum Eigengeld (Art. 52) gutgeschrieben, soweit sie nicht vor diesem Zeitpunkt entlassen werden; § 57 Abs. 4 StGB gilt entsprechend.

Artikel 47 Ausbildungsbeihilfe

(1) [1]Nehmen Gefangene an einer Berufsausbildung, beruflichen Weiterbildung oder an einem Unterricht teil und sind sie zu diesem Zweck von der Arbeitspflicht freigestellt, so erhalten sie eine Ausbildungsbeihilfe, soweit ihnen keine Leistungen zum Lebensunterhalt zustehen, die freien Personen aus solchem Anlass gewährt werden. [2]Der Nachrang der Sozialhilfe nach § 2 Abs. 2 des Zwölften Buches Sozialgesetzbuch wird nicht berührt.

(2) Für die Bemessung der Ausbildungsbeihilfe gilt Art. 46 Abs. 2 und 3 entsprechend.

(3) Nehmen Gefangene während der Arbeitszeit stunden- oder tageweise am Unterricht oder an anderen zugewiesenen Maßnahmen gemäß Art. 39 Abs. 4 teil, so erhalten sie in Höhe des ihnen dadurch entgehenden Arbeitsentgelts eine Ausbildungsbeihilfe.

Artikel 48 Rechtsverordnung

Das Staatsministerium der Justiz wird ermächtigt, zur Durchführung der Art. 46 und 47 eine Rechtsverordnung über die Vergütungsstufen zu erlassen.

Artikel 49 Haftkostenbeitrag

(1) [1]Als Teil der Kosten der Vollstreckung der Rechtsfolgen einer Tat (§ 464a Abs. 1 Satz 2 StPO) erhebt die Anstalt von den Gefangenen einen Haftkostenbeitrag. [2]Ein Haftkostenbeitrag wird nicht erhoben, wenn der oder die Gefangene

1. Bezüge nach diesem Gesetz erhält oder
2. ohne Verschulden nicht arbeiten kann oder
3. nicht arbeitet, weil er oder sie nicht zur Arbeit verpflichtet ist.

[3]Haben Gefangene, die ohne Verschulden während eines zusammenhängenden Zeitraums von mehr als einem Monat nicht arbeiten können oder nicht arbeiten, weil sie nicht zur Arbeit verpflichtet sind, auf diese Zeit entfallende Einkünfte, so haben sie den Haftkostenbeitrag für diese Zeit bis zur Höhe der auf sie entfallenden Einkünfte zu entrichten. [4]Den Gefangenen muss ein Betrag verbleiben, der der Eckvergütung (Art. 46 Abs. 2 Satz 2) entspricht. [5]Von der Geltendmachung des Anspruchs ist abzusehen, soweit dies notwendig ist, um die Wiedereingliederung der Gefangenen in die Gemeinschaft nicht zu gefährden.

(2) [1]Der Haftkostenbeitrag wird im Kalenderjahr in Höhe des Betrags erhoben, der nach § 17 Abs. 1 Satz 1 Nr. 4 SGB IV durchschnittlich zum 1. Oktober des vorhergehenden Jahres zur Bewertung der

Sachbezüge festgesetzt ist. [2]Bei Selbstverpflegung entfallen die für die Verpflegung vorgesehenen Beträge. [3]Für den Wert der Unterkunft ist die festgesetzte Belegungsfähigkeit maßgebend.

(3) Die Selbstbeschäftigung (Art. 42 Abs. 2) kann davon abhängig gemacht werden, dass der oder die Gefangene einen Haftkostenbeitrag bis zur Höhe des in Abs. 2 genannten Satzes monatlich im Voraus entrichtet.

Abschnitt 6
Gelder der Gefangenen

Artikel 50 Hausgeld

(1) Gefangene dürfen von ihren in diesem Gesetz geregelten Bezügen drei Siebtel monatlich (Hausgeld) für den Einkauf (Art. 24 Abs. 1) oder anderweitig verwenden.

(2) Für Gefangene, die in einem freien Beschäftigungsverhältnis stehen (Art. 42 Abs. 1) oder denen gestattet ist, sich selbst zu beschäftigen (Art. 42 Abs. 2), wird aus ihren Bezügen ein angemessenes Hausgeld festgesetzt.

Artikel 51 Überbrückungsgeld

(1) Aus den in diesem Gesetz geregelten Bezügen und aus den Bezügen der Gefangenen, die in einem freien Beschäftigungsverhältnis stehen (Art. 42 Abs. 1) oder denen gestattet ist, sich selbst zu beschäftigen (Art. 42 Abs. 2), ist ein Überbrückungsgeld zu bilden, das den notwendigen Lebensunterhalt der Gefangenen und ihrer Unterhaltsberechtigten für die ersten vier Wochen nach der Entlassung sichern soll.

(2) [1]Das Überbrückungsgeld wird den Gefangenen bei der Entlassung in die Freiheit ausgezahlt. [2]Die Anstalt kann es auch ganz oder zum Teil den Bewährungshelfern oder einer mit der Entlassenenbetreuung befassten Stelle überweisen, die darüber entscheiden, wie das Geld innerhalb der ersten vier Wochen nach der Entlassung an die Gefangenen ausgezahlt wird. [3]Die Bewährungshelfer und die mit der Entlassenenbetreuung befasste Stelle sind verpflichtet, das Überbrückungsgeld von ihrem Vermögen gesondert zu halten. [4]Mit Zustimmung der Gefangenen kann das Überbrückungsgeld auch den Unterhaltsberechtigten überwiesen werden.

(3) Der Anstaltsleiter oder die Anstaltsleiterin kann gestatten, dass das Überbrückungsgeld für Ausgaben in Anspruch genommen wird, die der Eingliederung der Gefangenen dienen.

Artikel 52 Eigengeld

(1) [1]Als Eigengeld wird gutgeschrieben
1. eingebrachtes Geld,
2. Bezüge der Gefangenen, die nicht als Hausgeld, Haftkostenbeitrag oder Überbrückungsgeld in Anspruch genommen werden,
3. Geld, das für die Gefangenen eingezahlt wird.

[2]Art. 53 bleibt unberührt.

(2) Die Gefangenen können über ihr Eigengeld verfügen, soweit dieses nicht als Überbrückungsgeld notwendig ist.

Artikel 53 Sondergeld

[1]Für die Gefangenen kann zum Zweck des Sondereinkaufs gemäß Art. 25, für die Kosten der Telekommunikation gemäß Art. 35 oder für die Kosten einer Krankenbehandlung Geld einbezahlt werden. [2]Dieses ist als Sondergeld gutzuschreiben. [3]Kann das Geld nicht oder nicht in vollem Umfang für den konkret zu bezeichnenden Zweck eingesetzt werden, ist es zum Eigengeld gutzuschreiben.

Artikel 54 Taschengeld

[1]Wenn Gefangene ohne Verschulden kein Arbeitsentgelt und keine Ausbildungsbeihilfe erhalten, wird ihnen auf Antrag ein angemessenes Taschengeld gewährt, falls sie bedürftig sind. [2]Das Taschengeld darf für den Einkauf (Art. 24 Abs. 1) oder anderweitig verwendet werden.

Abschnitt 7
Religionsausübung

Artikel 55 Seelsorge
(1) [1]Den Gefangenen darf religiöse Betreuung durch einen Seelsorger oder eine Seelsorgerin ihrer Religionsgemeinschaft nicht versagt werden. [2]Auf ihren Wunsch ist ihnen zu helfen, mit einem Seelsorger oder einer Seelsorgerin ihrer Religionsgemeinschaft in Verbindung zu treten.
(2) [1]Gefangene dürfen grundlegende religiöse Schriften besitzen. [2]Sie dürfen ihnen nur bei grobem Missbrauch entzogen werden.
(3) Den Gefangenen sind Gegenstände des religiösen Gebrauchs in angemessenem Umfang zu belassen.

Artikel 56 Religiöse Veranstaltungen
(1) Gefangene haben das Recht, am Gottesdienst und an anderen religiösen Veranstaltungen ihres Bekenntnisses teilzunehmen.
(2) Zu dem Gottesdienst oder zu religiösen Veranstaltungen einer anderen Religionsgemeinschaft werden Gefangene zugelassen, wenn deren Seelsorger zustimmen.
(3) Gefangene können von der Teilnahme am Gottesdienst oder anderen religiösen Veranstaltungen ausgeschlossen werden, wenn dies aus überwiegenden Gründen der Sicherheit oder Ordnung geboten ist; der Seelsorger oder die Seelsorgerin soll vorher gehört werden.

Artikel 57 Weltanschauungsgemeinschaften
Für Angehörige weltanschaulicher Bekenntnisse gelten die Art. 55 und 56 entsprechend.

Abschnitt 8
Gesundheitsfürsorge

Artikel 58 Allgemeine Regeln
(1) [1]Für die körperliche und geistige Gesundheit der Gefangenen ist zu sorgen. [2]Art. 108 bleibt unberührt.
(2) Die Gefangenen haben die notwendigen Maßnahmen zum Gesundheitsschutz und zur Hygiene zu unterstützen.
(3) Der Schutz der Nichtraucher ist, soweit es bauliche und organisatorische Maßnahmen ermöglichen, zu gewährleisten.

Artikel 59 Gesundheitsuntersuchungen, medizinische Vorsorgeleistungen
(1) Gefangene, die das 35. Lebensjahr vollendet haben, haben jedes zweite Jahr Anspruch auf eine ärztliche Gesundheitsuntersuchung zur Früherkennung von Krankheiten, insbesondere zur Früherkennung von Herz-Kreislauf- und Nierenerkrankungen sowie der Zuckerkrankheit.
(2) Gefangene haben höchstens einmal jährlich Anspruch auf eine Untersuchung zur Früherkennung von Krebserkrankungen, Frauen frühestens vom Beginn des 20. Lebensjahres an, Männer frühestens vom Beginn des 45. Lebensjahres an.
(3) Voraussetzung für die Untersuchungen nach Abs. 1 und 2 ist, dass
1. es sich um Krankheiten handelt, die wirksam behandelt werden können,
2. das Vor- oder Frühstadium dieser Krankheiten durch diagnostische Maßnahmen erfassbar ist,
3. die Krankheitszeichen medizinisch-technisch genügend eindeutig zu erfassen sind.

(4) Weibliche Gefangene haben für ihre Kinder, die mit ihnen in der Anstalt untergebracht sind, Anspruch auf Untersuchungen zur Früherkennung von Krankheiten, die die körperliche oder geistige Entwicklung ihrer Kinder in nicht geringfügigem Maße gefährden.
(5) Gefangene haben Anspruch auf ärztliche Behandlung und Versorgung mit Arznei-, Verband-, Heil- und Hilfsmitteln, wenn diese notwendig sind, um
1. eine Schwächung der Gesundheit, die in absehbarer Zeit voraussichtlich zu einer Krankheit führen würde, zu beseitigen,
2. einer Gefährdung der gesundheitlichen Entwicklung eines Kindes entgegenzuwirken,
3. Krankheiten zu verhüten oder deren Verschlimmerung zu vermeiden oder
4. Pflegebedürftigkeit zu vermeiden.

Artikel 60 Krankenbehandlung

[1]Gefangene haben Anspruch auf Krankenbehandlung, wenn sie notwendig ist, um eine Krankheit zu erkennen, zu heilen, ihre Verschlimmerung zu verhüten oder Krankheitsbeschwerden zu lindern. [2]Die Krankenbehandlung umfasst

1. ärztliche Behandlung,
2. zahnärztliche Behandlung,
3. Versorgung mit Zahnersatz einschließlich Zahnkronen und Suprakonstruktionen,
4. Versorgung mit Arznei-, Verband-, Heil- und Hilfsmitteln,
5. Krankenhausbehandlung,
6. Leistungen zur medizinischen Rehabilitation und ergänzende Leistungen, soweit die Belange des Vollzugs dem nicht entgegenstehen.

Artikel 61 Versorgung mit Hilfsmitteln

(1) [1]Gefangene haben Anspruch auf Versorgung mit Seh- und Hörhilfen, Körperersatzstücken, orthopädischen und anderen Hilfsmitteln, die im Einzelfall erforderlich sind, um den Erfolg der Krankenbehandlung zu sichern, einer drohenden Behinderung vorzubeugen oder eine Behinderung auszugleichen, sofern dies nicht mit Rücksicht auf die Kürze des noch verbleibenden Freiheitsentzugs ungerechtfertigt ist und soweit die Hilfsmittel nicht als allgemeine Gebrauchsgegenstände des täglichen Lebens anzusehen sind. [2]Der Anspruch umfasst auch die ohne Verschulden des oder der Gefangenen notwendige Änderung, Instandsetzung und Ersatzbeschaffung von Hilfsmitteln sowie die Ausbildung in ihrem Gebrauch, soweit die Belange des Vollzugs dem nicht entgegenstehen.

(2) [1]Ein Anspruch auf Sehhilfen besteht nur, wenn der oder die Gefangene auf beiden Augen eine schwere Sehbeeinträchtigung im Sinn des § 33 Abs. 2 Satz 2 des Fünften Buches Sozialgesetzbuch aufweist. [2]Liegen diese Voraussetzungen nicht vor, können Gefangene Sehhilfen erhalten, wenn sie die Kosten tragen oder wenn sie bedürftig sind. [3]Ein Anspruch auf therapeutische Sehhilfen besteht, wenn diese der Behandlung von Augenverletzungen oder Augenerkrankungen dienen. [4]Anspruch auf Versorgung mit Kontaktlinsen besteht nur in medizinisch zwingend erforderlichen Ausnahmefällen. [5]Ein erneuter Anspruch auf Versorgung mit Sehhilfen besteht nur bei einer Änderung der Sehfähigkeit um mindestens 0,5 Dioptrien.

Artikel 62 Krankenbehandlung im Urlaub

Während eines Urlaubs oder Ausgangs haben Gefangene nur einen Anspruch auf Krankenbehandlung in der für sie zuständigen Anstalt.

Artikel 63 Art und Umfang der Leistungen, Kostenbeteiligung

(1) Für die Art der Gesundheitsuntersuchungen und medizinischen Vorsorgeleistungen sowie für den Umfang dieser Leistungen und der Leistungen zur Krankenbehandlung einschließlich der Versorgung mit Hilfsmitteln gelten die entsprechenden Vorschriften des Sozialgesetzbuchs und die auf Grund dieser Vorschriften getroffenen Regelungen.

(2) [1]Gefangene können an den Kosten der Krankenbehandlung im Sinn des Art. 60 in angemessenem Umfang beteiligt werden. [2]Für nicht verschreibungspflichtige Arzneimittel werden in der Regel die vollen Kosten erhoben.

Artikel 64 Ruhen der Ansprüche

Der Anspruch auf Leistungen nach den Art. 59 bis 61 ruht, solang die Gefangenen auf Grund eines freien Beschäftigungsverhältnisses (Art. 42 Abs. 1) krankenversichert sind.

Artikel 65 Ärztliche Behandlung zur sozialen Eingliederung

[1]Mit Zustimmung des oder der Gefangenen soll die Anstalt ärztliche Behandlungen, insbesondere Operationen oder prothetische Maßnahmen durchführen lassen, die ihre soziale Eingliederung fördern. [2]Die Kosten tragen die Gefangenen. [3]Sind sie dazu nicht in der Lage, kann die Anstalt die Kosten in begründeten Fällen in angemessenem Umfang übernehmen.

Artikel 66 Aufenthalt im Freien

Arbeiten Gefangene nicht im Freien, so wird ihnen täglich mindestens eine Stunde Aufenthalt im Freien ermöglicht, wenn die Witterung dies zu der festgesetzten Zeit zulässt.

Artikel 67 Überstellung, Verlegung

(1) Kranke Gefangene können in ein Anstaltskrankenhaus oder in eine für die Behandlung ihrer Krankheit besser geeignete Anstalt überstellt oder verlegt werden.

(2) Kann die Krankheit in einer Anstalt oder einem Anstaltskrankenhaus nicht erkannt oder behandelt werden oder ist es nicht möglich, die Gefangenen rechtzeitig in ein Anstaltskrankenhaus zu überstellen oder zu verlegen, sind sie in ein Krankenhaus außerhalb des Vollzugs zu bringen.

Artikel 68 Benachrichtigung bei Erkrankung oder Todesfall

(1) [1]Werden Gefangene schwer krank, so ist ein Angehöriger, eine Person ihres Vertrauens oder der gesetzliche Vertreter oder die gesetzliche Vertreterin unverzüglich zu benachrichtigen. [2]Dasselbe gilt, wenn Gefangene sterben.

(2) Dem Wunsch der Gefangenen, auch andere Personen zu benachrichtigen, soll nach Möglichkeit entsprochen werden.

Abschnitt 9

Freizeit

Artikel 69 Allgemeines

[1]Gefangene erhalten Gelegenheit, sich in ihrer Freizeit sinnvoll zu beschäftigen. [2]Im Rahmen des Behandlungsauftrags sollen die Gefangenen Gelegenheit erhalten, eine Bücherei zu benutzen und an sonstigen Freizeitangeboten der Anstalt teilzunehmen, insbesondere an Unterricht, Lehrgängen, sonstigen Veranstaltungen der Weiterbildung, Sport, Freizeitgruppen, Gruppengesprächen sowie kulturellen Veranstaltungen.

Artikel 70 Zeitungen und Zeitschriften

(1) Gefangene dürfen Zeitungen und Zeitschriften in angemessenem Umfang durch Vermittlung der Anstalt beziehen.

(2) [1]Ausgeschlossen sind Zeitungen und Zeitschriften, deren Verbreitung mit Strafe oder Geldbuße bedroht ist. [2]Einzelne Ausgaben oder Teile von Zeitungen oder Zeitschriften können den Gefangenen vorenthalten werden, wenn sie die Erfüllung des Behandlungsauftrags oder die Sicherheit oder Ordnung der Anstalt erheblich gefährden würden.

Artikel 71 Hörfunk und Fernsehen

(1) [1]Eigene Hörfunk- und Fernsehgeräte werden unter den Voraussetzungen des Art. 72 zugelassen. [2]Die Betriebskosten können den Gefangenen auferlegt werden.

(2) Der Hörfunk- und Fernsehempfang kann vorübergehend ausgesetzt oder einzelnen Gefangenen untersagt werden, wenn dies zur Aufrechterhaltung der Sicherheit oder Ordnung der Anstalt unerlässlich ist.

Artikel 72 Besitz von Gegenständen für die Freizeitbeschäftigung

(1) Gefangene dürfen in angemessenem Umfang Bücher und andere Gegenstände zur Fortbildung oder zur Freizeitbeschäftigung besitzen.

(2) Dies gilt nicht, wenn der Besitz, die Überlassung oder die Benutzung des Gegenstands

1. mit Strafe oder Geldbuße bedroht wäre oder
2. die Erfüllung des Behandlungsauftrags oder die Sicherheit oder Ordnung der Anstalt gefährden würde; eine solche Gefährdung liegt in der Regel bei elektronischen Unterhaltungsmedien vor.

(3) Die Erlaubnis kann unter den Voraussetzungen des Abs. 2 widerrufen werden.

Artikel 73 Kostenbeteiligung

Die Gefangenen können in angemessenem Umfang an den Stromkosten, die durch die Nutzung der in ihrem Besitz befindlichen Gegenstände entstehen, beteiligt werden.

Abschnitt 10

Soziale und psychologische Hilfe

Artikel 74 Grundsatz

Die Beratungs-, Betreuungs- und Behandlungsangebote der Anstalt dienen dazu, die für die Tat ursächlichen Defizite des oder der Gefangenen abzubauen, zur Lösung persönlicher Schwierigkeiten beizutragen und die Entlassung vorzubereiten.

Artikel 75 Soziale Hilfe

Die soziale Hilfe soll darauf gerichtet sein, die Gefangenen in die Lage zu versetzen, ihre Angelegenheiten selbst zu ordnen und zu regeln.

Artikel 76 Psychologische Behandlung

(1) Psychologische Behandlungsmaßnahmen setzen eine diagnostische Abklärung und eine Einschätzung des Rückfallrisikos voraus.

(2) Die psychotherapeutischen Behandlungsmethoden haben sich an den nach dem Psychotherapeutengesetz anerkannten Verfahren, die sonstigen psychologischen Behandlungsmaßnahmen an den wissenschaftlichen Erkenntnissen über die Behandlung von Straftätern zu orientieren.

Artikel 77 Hilfe bei der Aufnahme

(1) Bei der Aufnahme wird den Gefangenen geholfen, die notwendigen Maßnahmen für hilfsbedürftige Angehörige zu veranlassen und ihre Habe außerhalb der Anstalt sicherzustellen.

(2) Die Gefangenen sind über die Aufrechterhaltung einer Sozialversicherung zu beraten.

Artikel 78 Hilfe während des Vollzugs

Die Gefangenen werden in dem Bemühen unterstützt, ihre Rechte und Pflichten wahrzunehmen, insbesondere das Wahlrecht auszuüben, sowie für Unterhaltsberechtigte zu sorgen.

Artikel 79 Hilfe zur Entlassung

[1]Um die Entlassung vorzubereiten, sind die Gefangenen bei der Ordnung ihrer persönlichen, wirtschaftlichen und sozialen Angelegenheiten zu beraten. [2]Die Beratung erstreckt sich auch auf die Benennung der für Sozialleistungen zuständigen Stellen. [3]Den Gefangenen ist insbesondere zu helfen, Arbeit, Unterkunft und persönlichen Beistand für die Zeit nach der Entlassung zu finden.

Artikel 80 Entlassungsbeihilfe

(1) Die Gefangenen erhalten, soweit ihre eigenen Mittel nicht ausreichen, von der Anstalt eine Beihilfe zu den Reisekosten sowie eine Überbrückungsbeihilfe und erforderlichenfalls ausreichende Kleidung.

(2) Die Überbrückungsbeihilfe soll die Gefangenen in die Lage versetzen, ohne Inanspruchnahme fremder Hilfe ihren notwendigen Lebensunterhalt zu bestreiten, bis sie ihn anderweitig decken können.

(3) [1]Art. 51 Abs. 2 Satz 2 und 3 gilt entsprechend. [2]Die Überbrückungsbeihilfe kann ganz oder teilweise auch den Unterhaltsberechtigten überwiesen werden.

Artikel 81 Hilfe nach Entlassung

Auf Antrag der Gefangenen kann die Anstalt nach deren Entlassung vorübergehend Hilfestellung im Einzelfall gewähren, soweit diese nicht anderweitig durchgeführt werden kann und der Erfolg der Behandlung der Gefangenen gefährdet ist.

Abschnitt 11

Besondere Vorschriften für den Frauenstrafvollzug

Artikel 82 Leistungen bei Schwangerschaft und Mutterschaft

(1) [1]Bei einer Schwangeren oder einer Gefangenen, die unlängst entbunden hat, ist auf ihren Zustand Rücksicht zu nehmen. [2]Die Vorschriften des Mutterschutzgesetzes über die Gestaltung des Arbeitsplatzes sind entsprechend anzuwenden.

(2) [1]Die Gefangene hat während der Schwangerschaft, bei und nach der Entbindung Anspruch auf ärztliche Betreuung und auf Hebammenhilfe in der Anstalt. [2]Zur ärztlichen Betreuung während der Schwangerschaft gehören insbesondere Untersuchungen zur Feststellung der Schwangerschaft sowie Vorsorgeuntersuchungen einschließlich der laborärztlichen Untersuchungen.

(3) [1]Zur Entbindung ist die Schwangere in ein Krankenhaus außerhalb des Vollzugs zu bringen. [2]Ist dies aus besonderen Gründen nicht angezeigt, so ist die Entbindung in einer Anstalt mit Entbindungs-

abteilung vorzunehmen. [3]Bei der Entbindung wird Hilfe durch eine Hebamme und, falls erforderlich, durch einen Arzt oder eine Ärztin gewährt.

Artikel 83 Arznei-, Verband- und Heilmittel

Bei Schwangerschaftsbeschwerden und im Zusammenhang mit der Entbindung werden Arznei-, Verband- und Heilmittel geleistet.

Artikel 84 Art, Umfang und Ruhen der Leistungen bei Schwangerschaft und Mutterschaft

Art. 62, 63 Abs. 1, Art. 64 und 67 gelten für die Leistungen nach Art. 82 und 83 entsprechend.

Artikel 85 Geburtsanzeige

In der Anzeige der Geburt an das Standesamt dürfen die Anstalt als Geburtsstätte des Kindes, das Verhältnis der anzeigenden Person zur Anstalt und die Inhaftierung der Mutter nicht vermerkt sein.

Artikel 86 Mütter mit Kindern

(1) [1]Ist das Kind einer Gefangenen noch nicht schulpflichtig, so kann es mit Zustimmung der aufenthaltsbestimmungsberechtigten Person in der Anstalt untergebracht werden, in der sich seine Mutter befindet, wenn dies seinem Wohl entspricht. [2]Vor der Unterbringung ist das Jugendamt zu hören.

(2) [1]Die Unterbringung einschließlich der Gesundheitsfürsorge erfolgt auf Kosten der für das Kind unterhaltspflichtigen Person. [2]Von der Geltendmachung des Kostenersatzanspruchs kann abgesehen werden, wenn hierdurch die gemeinsame Unterbringung von Mutter und Kind gefährdet würde.

(3) [1]Kann die Krankheit eines nach Abs. 1 mit der Mutter in der Anstalt untergebrachten Kindes dort nicht erkannt oder behandelt werden, ist das Kind in ein Krankenhaus außerhalb des Vollzugs zu bringen. [2]Soweit die Anwesenheit der Mutter medizinisch erforderlich ist und vollzugliche Gründe nicht entgegenstehen, ist auch die Mutter dorthin zu bringen.

Abschnitt 12

Sicherheit und Ordnung

Artikel 87 Grundsatz

(1) Das Verantwortungsbewusstsein der Gefangenen für ein geordnetes Zusammenleben in der Anstalt ist zu wecken und zu fördern.

(2) Die Pflichten und Beschränkungen, die den Gefangenen zur Aufrechterhaltung der Sicherheit oder Ordnung der Anstalt auferlegt werden, sind so zu wählen, dass sie in einem angemessenen Verhältnis zu ihrem Zweck stehen und die Gefangenen nicht mehr und nicht länger als notwendig beeinträchtigen.

Artikel 88 Verhaltensvorschriften

(1) [1]Die Gefangenen haben sich nach der Tageseinteilung der Anstalt (Arbeitszeit, Freizeit, Ruhezeit) zu richten. [2]Sie dürfen durch ihr Verhalten gegenüber Vollzugsbediensteten, Mitgefangenen und anderen Personen das geordnete Zusammenleben nicht stören.

(2) [1]Die Gefangenen haben die Anordnungen der Vollzugsbediensteten zu befolgen, auch wenn sie sich durch sie beschwert fühlen. [2]Einen ihnen zugewiesenen Bereich dürfen sie nicht ohne Erlaubnis verlassen.

(3) Ihren Haftraum und die ihnen von der Anstalt überlassenen Sachen haben sie in Ordnung zu halten und schonend zu behandeln.

(4) Die Gefangenen haben Umstände, die eine Gefahr für das Leben oder eine erhebliche Gefahr für die Gesundheit einer Person bedeuten, unverzüglich zu melden.

Artikel 89 Ersatz von Aufwendungen

(1) [1]Die Gefangenen sind verpflichtet, der Anstalt Aufwendungen zu ersetzen, die sie durch eine vorsätzliche oder grob fahrlässige Selbstverletzung oder Verletzung anderer Gefangener verursacht haben. [2]Ansprüche aus sonstigen Rechtsvorschriften bleiben unberührt.

(2) Bei der Geltendmachung dieser Forderungen kann auch ein den dreifachen Tagessatz der Eckvergütung nach Art. 46 Abs. 2 Satz 2 übersteigender Teil des Hausgeldes in Anspruch genommen werden.

(3) Für die in Abs. 1 genannten Forderungen ist der ordentliche Rechtsweg gegeben.

(4) Von der Aufrechnung oder Vollstreckung wegen der in Abs. 1 genannten Forderungen ist abzusehen, wenn hierdurch die Behandlung der Gefangenen oder ihre Eingliederung behindert würde.

Artikel 90 Eingebrachte Sachen, persönlicher Gewahrsam

(1) [1]Die Gefangenen dürfen nur Sachen in Gewahrsam haben oder annehmen, die ihnen von der Anstalt oder mit ihrer Zustimmung überlassen werden. [2]Ohne Zustimmung dürfen sie Sachen weder abgeben noch annehmen, außer solche von geringem Wert. [3]Die Anstalt kann die Abgabe, Annahme und den Gewahrsam auch dieser Sachen von ihrer Zustimmung abhängig machen.

(2) [1]Eingebrachte Sachen, die die Gefangenen nicht in Gewahrsam haben dürfen, sind für sie aufzubewahren, sofern dies nach Art und Umfang möglich ist. [2]Den Gefangenen wird Gelegenheit gegeben, ihre Sachen, die sie während des Vollzugs und für ihre Entlassung nicht benötigen, abzusenden.

(3) Weigern sich Gefangene, eingebrachtes Gut, dessen Aufbewahrung nach Art und Umfang nicht möglich ist, aus der Anstalt zu verbringen, so ist die Anstalt berechtigt, diese Gegenstände auf Kosten der Gefangenen aus der Anstalt entfernen zu lassen.

(4) Aufzeichnungen und andere Gegenstände, die Kenntnisse über Sicherungsvorkehrungen der Anstalt vermitteln, dürfen von der Anstalt vernichtet oder unbrauchbar gemacht werden.

Artikel 91 Durchsuchung

(1) [1]Gefangene, ihre Sachen und die Hafträume dürfen durchsucht werden. [2]Die Durchsuchung männlicher Gefangener darf nur von Männern, die Durchsuchung weiblicher Gefangener darf nur von Frauen vorgenommen werden; dies gilt nicht für das Absuchen der Gefangenen mit technischen Mitteln oder mit sonstigen Hilfsmitteln. [3]Das Schamgefühl ist zu schonen.

(2) [1]Nur bei Gefahr im Verzug oder auf Anordnung des Anstaltsleiters oder der Anstaltsleiterin im Einzelfall ist es zulässig, eine mit einer Entkleidung verbundene körperliche Durchsuchung vorzunehmen. [2]Sie darf bei männlichen Gefangenen nur in Gegenwart von Männern, bei weiblichen Gefangenen nur in Gegenwart von Frauen erfolgen. [3]Sie ist in einem geschlossenen Raum durchzuführen. [4]Andere Gefangene dürfen nicht anwesend sein.

(3) Der Anstaltsleiter oder die Anstaltsleiterin kann allgemein anordnen, dass Gefangene bei der Aufnahme, nach Kontakten mit Besuchern und nach jeder Abwesenheit von der Anstalt nach Abs. 2 zu durchsuchen sind.

(4) [1]Elektronische Datenspeicher sowie elektronische Geräte mit Datenspeichern, die Gefangene ohne Erlaubnis der Anstalt in Gewahrsam haben, dürfen auf schriftliche Anordnung des Anstaltsleiters oder der Anstaltsleiterin im Einzelfall ausgelesen werden, soweit tatsächliche Anhaltspunkte die Annahme rechtfertigen, dass dies zu vollzuglichen Zwecken oder für die in Art. 197 Abs. 2 genannten Zwecke erforderlich ist. [2]Die so erhobenen Daten dürfen nur für die in Satz 1 genannten Zwecke verarbeitet werden.

(5) [1]Nach Abs. 4 erhobene Daten dürfen nicht weiterverarbeitet werden, soweit

1. sie Inhalte betreffen, über die das Zeugnis nach den §§ 53, 53a StPO verweigert werden könnte, oder sie einem Vertrauensverhältnis mit anderen Berufsgeheimnisträgern zuzuordnen sind oder
2. sie dem Kernbereich privater Lebensgestaltung zuzurechnen sind.

[2]Für Gefangene gilt Satz 1 Nr. 2 nur, soweit die weitere Verarbeitung auch unter Berücksichtigung der verfolgten Verarbeitungszwecke sowie der Unzulässigkeit des Besitzes und der Nutzung des Datenspeichers für die betroffenen Gefangenen unzumutbar ist. [3]Soweit die weitere Verarbeitung nach den Sätzen 1 und 2 unzulässig ist, sind die Daten unverzüglich zu löschen. [4]Die Erfassung und die Löschung der Daten sind zu dokumentieren. [5]Für die Dokumentation gilt Art. 199 Abs. 4 entsprechend.

(6) [1]Die Gefangenen sind bei der Aufnahme über die Möglichkeit des Auslesens von Datenspeichern zu belehren. [2]Die Belehrung ist aktenkundig zu machen.

Artikel 92 Sichere Unterbringung

Gefangene können in eine Anstalt verlegt werden, die zu ihrer sicheren Unterbringung besser geeignet ist, wenn in erhöhtem Maß Fluchtgefahr gegeben ist oder sonst ihr Verhalten oder ihr Zustand eine Gefahr für die Sicherheit oder Ordnung der Anstalt darstellt.

Artikel 93 Erkennungsdienstliche Maßnahmen

(1) Zur Sicherung des Vollzugs, zur Aufrechterhaltung der Sicherheit oder Ordnung der Anstalt oder zur Identitätsfeststellung sind mit Kenntnis der Gefangenen zulässig

1. die Aufnahme von Lichtbildern,
2. die Feststellung äußerlicher körperlicher Merkmale,

3. Messungen,
4. die Erfassung biometrischer Merkmale von Fingern, Händen, Gesicht und Stimme.

(2) [1]Die hierbei gewonnenen Unterlagen oder Daten werden zu den Gefangenenpersonalakten genommen oder in personenbezogenen Dateien gespeichert. [2]Sie können auch in kriminalpolizeilichen Sammlungen verwahrt werden. [3]Die nach Abs. 1 erhobenen Daten dürfen nur für die in Abs. 1, Art. 95 Abs. 2 und Art. 197 Abs. 2 Satz 1 Nr. 3 genannten Zwecke verarbeitet und genutzt werden. [4]Art. 201 Abs. 4 Satz 2 bleibt unberührt.

Artikel 94 Maßnahmen zur Feststellung von Suchtmittelkonsum

(1) [1]Zur Aufrechterhaltung der Sicherheit und Ordnung der Anstalt kann der Anstaltsleiter oder die Anstaltsleiterin allgemein oder im Einzelfall Maßnahmen anordnen, die geeignet sind, den Missbrauch von Suchtmitteln festzustellen. [2]Diese Maßnahmen dürfen nicht mit einem körperlichen Eingriff verbunden sein.

(2) Wird Suchtmittelmissbrauch festgestellt, können die Kosten der Maßnahme den Gefangenen auferlegt werden.

Artikel 95 Festnahmerecht

(1) Gefangene, die entwichen sind oder sich sonst ohne Erlaubnis außerhalb der Anstalt aufhalten, können durch die Anstalt oder auf ihre Veranlassung hin festgenommen und in die Anstalt zurückgebracht werden.

(2) Die nach diesem Gesetz erhobenen Daten dürfen den Vollstreckungs- und Strafverfolgungsbehörden übermittelt werden, soweit dies für Zwecke der Fahndung und Festnahme der entwichenen oder sich sonst ohne Erlaubnis außerhalb der Anstalt aufhaltenden Gefangenen erforderlich ist.

Artikel 96 Besondere Sicherungsmaßnahmen

(1) Gegen Gefangene können besondere Sicherungsmaßnahmen angeordnet werden, wenn nach ihrem Verhalten oder auf Grund ihres seelischen Zustands in erhöhtem Maß Fluchtgefahr oder die Gefahr von Gewalttätigkeiten gegen Personen oder Sachen oder die Gefahr des Selbstmords oder der Selbstverletzung besteht.

(2) Als besondere Sicherungsmaßnahmen sind zulässig:
1. der Entzug oder die Vorenthaltung von Gegenständen,
2. die ständige Beobachtung, auch mit technischen Mitteln,
3. die Absonderung von anderen Gefangenen,
4. der Entzug oder die Beschränkung des Aufenthalts im Freien,
5. die Unterbringung in einem besonders gesicherten Haftraum ohne gefährdende Gegenstände und
6. die Fesselung.

(3) Maßnahmen nach Abs. 2 Nr. 1, 3 bis 5 sind auch zulässig, wenn die Gefahr einer Befreiung oder eine erhebliche Störung der Anstaltsordnung anders nicht vermieden oder behoben werden kann.

(4) Bei einer Ausführung, Vorführung oder beim Transport ist die Fesselung auch dann zulässig, wenn aus anderen Gründen als denen des Abs. 1 in erhöhtem Maß Fluchtgefahr besteht.

(5) Besondere Sicherungsmaßnahmen dürfen nur soweit aufrechterhalten werden, als es ihr Zweck erfordert.

Artikel 97 Einzelhaft

(1) Die unausgesetzte Absonderung eines oder einer Gefangenen (Einzelhaft) ist nur zulässig, wenn dies aus Gründen, die in der Person des oder der Gefangenen liegen, unerlässlich ist.

(2) Einzelhaft von mehr als drei Monaten Gesamtdauer in einem Jahr bedarf der Zustimmung der Aufsichtsbehörde.

Artikel 98 Fesselung, Fixierung

(1) [1]Fesseln dürfen nur an den Händen oder an den Füßen, im Ausnahmefall auch an Händen und Füßen angelegt werden; Satz 2 und Abs. 2 bleiben unberührt. [2]Im Interesse des oder der Gefangenen kann der Anstaltsleiter oder die Anstaltsleiterin eine andere Art der Fesselung anordnen. [3]Die Fesselung wird zeitweise gelockert, soweit dies notwendig ist.

(2) [1]Eine Fesselung der Gefangenen, durch welche die Bewegungsfreiheit an allen Gliedmaßen aufgehoben wird (Fixierung), ist nur zulässig, wenn und solange sie zur Abwendung einer gegenwärtigen

erheblichen Gefahr von Gewalttätigkeiten gegen Personen oder des Selbstmords oder der Selbstverletzung unerlässlich ist. [2]Es sind zu dokumentieren
1. die Anordnung der Fixierung und deren Gründe,
2. Entscheidungen zur Fortdauer,
3. die Durchführung und Überwachung der Maßnahmen einschließlich der Beteiligung des ärztlichen Dienstes und
4. der Hinweis nach Satz 3.

[3]Nach Beendigung der Fixierung sind die Gefangenen auf die Möglichkeit hinzuweisen, die Zulässigkeit der Fixierung nachträglich gerichtlich überprüfen zu lassen.

Artikel 99 Anordnung besonderer Sicherungsmaßnahmen, Verfahren

(1) [1]Besondere Sicherungsmaßnahmen ordnet vorbehaltlich des Abs. 3 der Anstaltsleiter oder die Anstaltsleiterin an. [2]Bei Gefahr im Verzug können auch andere Bedienstete der Anstalt diese Maßnahmen vorläufig anordnen. [3]Die Entscheidung des Anstaltsleiters oder der Anstaltsleiterin ist unverzüglich einzuholen.

(2) [1]Vorher ist der Arzt oder die Ärztin zu hören, wenn
1. Gefangene ärztlich behandelt oder beobachtet werden,
2. der seelische Zustand der Gefangenen Anlass der Maßnahme ist oder
3. eine Fixierung angeordnet werden soll.

[2]Ist dies wegen Gefahr im Verzug nicht möglich, wird die ärztliche Stellungnahme unverzüglich eingeholt.

(3) [1]Die Fixierung bedarf der vorherigen Anordnung des zuständigen Gerichts, es sei denn, es handelt sich um eine kurzfristige Maßnahme. [2]Bei Gefahr im Verzug kann ohne vorherige Anordnung nach Satz 1 mit der Fixierung begonnen werden. [3]Die richterliche Entscheidung ist unverzüglich nachzuholen, es sei denn, es ist absehbar, dass die Fixierung vor Erlangung einer richterlichen Entscheidung beendet sein und eine zeitnahe Wiederholung nicht erforderlich werden wird.

(4) [1]Während der Absonderung von anderen Gefangenen, der Unterbringung in einem besonders gesicherten Haftraum oder der Fixierung sind die Gefangenen in besonderem Maß zu betreuen. [2]Sind die Gefangenen fixiert oder während der Absonderung oder der Unterbringung in einem besonders gesicherten Haftraum sonst gefesselt, sind sie durch geeignete Bedienstete ständig und unmittelbar zu beobachten. [3]Bei der Fixierung dürfen nur Bedienstete zur Beobachtung eingesetzt werden, die ärztlich in solche Aufgaben eingewiesen wurden.

Artikel 100 Ärztliche Überwachung

(1) [1]Gefangene, die in einem besonders gesicherten Haftraum untergebracht oder gefesselt sind (Art. 96 Abs. 2 Nr. 5 und 6), sucht der Arzt oder die Ärztin alsbald und in der Folge möglichst täglich auf. [2]Dies gilt nicht bei einer Fesselung während einer Ausführung, Vorführung oder eines Transports (Art. 96 Abs. 4). [3]Bei einer Fixierung stellt der Arzt oder die Ärztin eine angemessene ärztliche Überwachung sicher.

(2) Der Arzt oder die Ärztin ist regelmäßig zu hören, solang Gefangenen der tägliche Aufenthalt im Freien entzogen wird.

Abschnitt 13

Unmittelbarer Zwang

Artikel 101 Allgemeine Voraussetzungen

(1) Bedienstete der Anstalten dürfen unmittelbaren Zwang anwenden, wenn sie Vollzugs- und Sicherungsmaßnahmen rechtmäßig durchführen und der damit verfolgte Zweck auf keine andere Weise erreicht werden kann.

(2) Gegen andere Personen als Gefangene darf unmittelbarer Zwang angewendet werden, wenn sie es unternehmen, Gefangene zu befreien oder in den Anstaltsbereich widerrechtlich einzudringen, oder wenn sie sich unbefugt darin aufhalten.

(3) Das Recht zu unmittelbarem Zwang auf Grund anderer Regelungen bleibt unberührt.

Artikel 102 Begriffsbestimmungen

(1) Unmittelbarer Zwang ist die Einwirkung auf Personen oder Sachen durch körperliche Gewalt, ihre Hilfsmittel und durch Waffen.

(2) Körperliche Gewalt ist jede unmittelbare körperliche Einwirkung auf Personen oder Sachen.

(3) Hilfsmittel der körperlichen Gewalt sind insbesondere Fesseln.

(4) Waffen sind die dienstlich zugelassenen Hieb- und Schusswaffen sowie Reizstoffe.

Artikel 103 Grundsatz der Verhältnismäßigkeit

(1) Unter mehreren möglichen und geeigneten Maßnahmen des unmittelbaren Zwangs sind diejenigen zu wählen, die den Einzelnen und die Allgemeinheit voraussichtlich am wenigsten beeinträchtigen.

(2) Unmittelbarer Zwang unterbleibt, wenn ein durch ihn zu erwartender Schaden erkennbar außer Verhältnis zu dem angestrebten Erfolg steht.

Artikel 104 Handeln auf Anordnung

(1) Wird unmittelbarer Zwang von einer vorgesetzten oder sonst befugten Person angeordnet, sind Vollzugsbedienstete verpflichtet, ihn anzuwenden, es sei denn, die Anordnung verletzt die Menschenwürde oder ist nicht zu dienstlichen Zwecken erteilt worden.

(2) [1]Die Anordnung darf nicht befolgt werden, wenn dadurch eine Straftat begangen würde. [2]Befolgen Vollzugsbedienstete sie trotzdem, trifft sie eine Schuld nur, wenn sie erkennen oder wenn es nach den ihnen bekannten Umständen offensichtlich ist, dass dadurch eine Straftat begangen wird.

(3) [1]Bedenken gegen die Rechtmäßigkeit der Anordnung haben die Vollzugsbediensteten der anordnenden Person gegenüber vorzubringen, soweit das nach den Umständen möglich ist. [2]Abweichende Vorschriften des allgemeinen Beamtenrechts über die Mitteilung solcher Bedenken an einen Vorgesetzten (§ 36 Abs. 2 und 3 des Beamtenstatusgesetzes) sind nicht anzuwenden.

Artikel 105 Androhung

[1]Unmittelbarer Zwang ist vorher anzudrohen. [2]Die Androhung darf nur dann unterbleiben, wenn die Umstände sie nicht zulassen oder unmittelbarer Zwang sofort angewendet werden muss, um eine rechtswidrige Tat, die den Tatbestand eines Strafgesetzes erfüllt, zu verhindern oder eine gegenwärtige Gefahr abzuwenden.

Artikel 106 Allgemeine Vorschriften für den Schusswaffengebrauch

(1) [1]Schusswaffen dürfen nur gebraucht werden, wenn andere Maßnahmen des unmittelbaren Zwangs bereits erfolglos waren oder keinen Erfolg versprechen. [2]Gegen Personen ist ihr Gebrauch nur zulässig, wenn der Zweck nicht durch Waffenwirkung gegen Sachen erreicht wird.

(2) [1]Schusswaffen dürfen nur die dazu bestimmten Vollzugsbediensteten gebrauchen und nur, um angriffs- oder fluchtunfähig zu machen. [2]Ihr Gebrauch unterbleibt, wenn dadurch erkennbar Unbeteiligte mit hoher Wahrscheinlichkeit gefährdet würden.

(3) [1]Der Gebrauch von Schusswaffen ist vorher anzudrohen. [2]Als Androhung gilt auch ein Warnschuss. [3]Ohne Androhung dürfen Schusswaffen nur dann gebraucht werden, wenn das zur Abwehr einer gegenwärtigen Gefahr für Leib oder Leben erforderlich ist.

Artikel 107 Besondere Vorschriften für den Schusswaffengebrauch

(1) [1]Gegen Gefangene dürfen Schusswaffen gebraucht werden,

1. wenn sie eine Waffe oder ein anderes gefährliches Werkzeug trotz wiederholter Aufforderung nicht ablegen,
2. wenn sie eine Meuterei (§ 121 StGB) unternehmen oder
3. um ihre Flucht zu vereiteln oder um sie wieder zu ergreifen.

[2]Um die Flucht aus einer Einrichtung des offenen Vollzugs zu vereiteln, dürfen keine Schusswaffen gebraucht werden.

(2) Gegen andere Personen dürfen Schusswaffen gebraucht werden, wenn sie es unternehmen, Gefangene gewaltsam zu befreien oder gewaltsam in eine Anstalt einzudringen.

Artikel 108 Zwangsmaßnahmen auf dem Gebiet der Gesundheitsfürsorge

(1) Medizinische Untersuchung und Behandlung sowie Ernährung sind auch gegen den natürlichen Willen der Gefangenen zulässig, um

1. eine konkrete Gefahr für das Leben oder eine konkrete schwerwiegende Gefahr für die Gesundheit der betroffenen Gefangenen oder
2. eine konkrete Gefahr für das Leben oder die Gesundheit einer dritten Person

abzuwenden.

(2) Maßnahmen nach Abs. 1 dürfen nur angeordnet werden, wenn

1. ärztlich über Art, Dauer, Erfolgsaussichten und Risiken der beabsichtigten Maßnahmen aufgeklärt wurde,
2. zuvor frühzeitig, ernsthaft und ohne Druck auszuüben versucht wurde, die Zustimmung der Gefangenen zu erhalten,
3. die Maßnahmen zur Abwehr der Gefahr geeignet sind,
4. mildere Mittel keinen Erfolg versprechen,
5. der zu erwartende Nutzen die zu erwartenden Beeinträchtigungen deutlich überwiegt,
6. Art und Dauer auf das zwingend erforderliche Maß beschränkt werden und
7. in den Fällen des Abs. 1 Nr. 1 zusätzlich
   a) die betroffenen Gefangenen krankheitsbedingt nicht zur Einsicht in die Notwendigkeit der Maßnahme oder zum Handeln gemäß dieser Einsicht fähig sind und
   b) der nach § 1827 des Bürgerlichen Gesetzbuches (BGB) zu beachtende Wille der Gefangenen nicht entgegensteht.

(3) [1]Die Maßnahmen dürfen nur auf Anordnung und unter Leitung eines Arztes oder einer Ärztin durchgeführt werden. [2]Die Anordnung bedarf der Zustimmung des Anstaltsleiters oder der Anstaltsleiterin. [3]Sie gilt höchstens für die Dauer von zwölf Wochen und kann wiederholt getroffen werden. [4]Das Recht zur Leistung erster Hilfe für den Fall, dass ein Arzt oder eine Ärztin nicht rechtzeitig erreichbar und mit dem Aufschub Lebensgefahr verbunden ist, bleibt unbeschadet. [5]Die Maßnahmen sind zu dokumentieren; dabei werden festgehalten:

1. die Gründe für ihre Anordnung,
2. ihr Zwangscharakter,
3. die Art und Weise ihrer Durchführung,
4. die vorgenommenen Kontrollen,
5. die ärztliche Überwachung der Wirksamkeit,
6. die Aufklärung nach Abs. 2 Nr. 1 und der Versuch, die Zustimmung des Gefangenen zu erhalten, nach Abs. 2 Nr. 2,
7. Erklärungen des oder der Gefangenen, die im Zusammenhang mit Zwangsmaßnahmen von Bedeutung sein können.

(4) [1]Die Anordnung der Maßnahme ist vor ihrer Durchführung schriftlich bekannt zu geben

1. dem oder der Gefangenen und
2. einem Betreuer oder einem Bevollmächtigten im Sinn des § 1896 Abs. 2 Satz 2 BGB; soweit eine solche Person nicht bekannt ist, regt die Justizvollzugsanstalt unverzüglich die Bestellung eines Betreuers bei Gericht an.

[2]Die Bekanntgabe ist mit der Belehrung zu verbinden, dass gegen die Anordnung bei Gericht um einstweiligen Rechtsschutz nachgesucht und Antrag auf gerichtliche Entscheidung gestellt werden kann. [3]Die Maßnahme darf erst dann vollzogen werden, wenn der oder die Gefangene und eine Person nach Satz 1 Nr. 2 die Gelegenheit hatten, eine gerichtliche Entscheidung herbeizuführen.

(5) [1]Bei Gefahr in Verzug kann von den Vorgaben gemäß Abs. 2 Nr. 1, 2, Abs. 3 Satz 2 und Abs. 4 abgewichen werden. [2]Unterbliebene Mitteilungen nach Abs. 2 Nr. 1 sowie Abs. 4 Satz 1 sind unverzüglich nachzuholen.

(6) Die zwangsweise körperliche Untersuchung zum Gesundheitsschutz und zur Hygiene ist über die Abs. 1 bis 5 hinaus zulässig, wenn sie nicht mit einem körperlichen Eingriff verbunden ist.

Abschnitt 14

Disziplinarmaßnahmen

Artikel 109 Voraussetzungen

(1) Verstoßen Gefangene schuldhaft gegen Pflichten, die ihnen durch dieses Gesetz oder auf Grund dieses Gesetzes auferlegt sind, kann der Anstaltsleiter oder die Anstaltsleiterin gegen sie Disziplinarmaßnahmen anordnen.

(2) Von einer Disziplinarmaßnahme wird abgesehen, wenn es genügt, die Gefangenen zu verwarnen.

(3) Eine Disziplinarmaßnahme ist auch zulässig, wenn wegen derselben Verfehlung ein Straf- oder Bußgeldverfahren eingeleitet wird.

Artikel 110 Arten der Disziplinarmaßnahmen

(1) Die zulässigen Disziplinarmaßnahmen sind:

1. Verweis,
2. die Beschränkung oder der Entzug der Verfügung über das Hausgeld und des Einkaufs gemäß Art. 24 und 25 bis zu drei Monaten,
3. die Beschränkung oder der Entzug des Hörfunk- und Fernsehempfangs bis zu drei Monaten,
4. die Beschränkung oder der Entzug der Gegenstände für eine Beschäftigung in der Freizeit oder der Teilnahme an gemeinschaftlichen Veranstaltungen bis zu drei Monaten,
5. die getrennte Unterbringung während der Freizeit bis zu vier Wochen,
6. der Entzug der zugewiesenen Arbeit oder Beschäftigung bis zu vier Wochen unter Wegfall der in diesem Gesetz geregelten Bezüge,
7. die Beschränkung des Verkehrs mit Personen außerhalb der Anstalt auf dringende Fälle bis zu drei Monaten,
8. Arrest bis zu vier Wochen.

(2) Arrest darf nur wegen schwerer oder mehrfach wiederholter Verfehlungen verhängt werden.

(3) Mehrere Disziplinarmaßnahmen können miteinander verbunden werden.

Artikel 111 Vollzug der Disziplinarmaßnahmen, Aussetzung zur Bewährung

(1) Disziplinarmaßnahmen werden in der Regel sofort vollstreckt.

(2) Eine Disziplinarmaßnahme kann ganz oder teilweise bis zu sechs Monaten zur Bewährung ausgesetzt werden.

(3) Wird die Verfügung über das Hausgeld beschränkt oder entzogen, ist das in dieser Zeit anfallende Hausgeld dem Überbrückungsgeld hinzuzurechnen.

(4) [1]Wird der Verkehr der Gefangenen mit Personen außerhalb der Anstalt eingeschränkt, ist ihnen Gelegenheit zu geben, dies einer Person, mit der sie im Schriftwechsel stehen oder die sie zu besuchen pflegt, mitzuteilen. [2]Der Schriftwechsel mit den in Art. 32 Abs. 1 und 2 genannten Empfängern, mit Gerichten und Justizbehörden in der Bundesrepublik Deutschland sowie mit Rechtsanwälten und Notaren in einer den Gefangenen oder die Gefangene betreffenden Rechtssache bleibt unbeschränkt.

(5) [1]Arrest wird in Einzelhaft vollzogen. [2]Gefangene können in einem besonderen Arrestraum untergebracht werden, der den Anforderungen entsprechen muss, die an einen zum Aufenthalt bei Tag und Nacht bestimmten Haftraum gestellt werden. [3]Soweit nichts anderes angeordnet wird, ruhen die Befugnisse der Gefangenen aus den Art. 21, 22, 24, 25, 39, 40 und 70 bis 72.

Artikel 112 Disziplinarbefugnis

(1) [1]Disziplinarmaßnahmen ordnet der Anstaltsleiter oder die Anstaltsleiterin an. [2]Bei einer Verfehlung auf dem Weg in eine andere Anstalt zum Zweck der Verlegung oder bei einer Überstellung ist der Leiter oder die Leiterin der Bestimmungsanstalt zuständig. [3]Ist im Fall einer Überstellung die Durchführung des Disziplinarverfahrens dort aus besonderen Gründen nicht möglich, liegt die Disziplinarbefugnis bei dem Leiter oder der Leiterin der Stammanstalt.

(2) Die Aufsichtsbehörde entscheidet, wenn sich die Verfehlung des oder der Gefangenen gegen den Anstaltsleiter oder die Anstaltsleiterin richtet.

(3) [1]Disziplinarmaßnahmen, die gegen Gefangene in einer anderen Anstalt oder während einer Untersuchungshaft angeordnet worden sind, werden auf Ersuchen vollstreckt. [2]Art. 111 Abs. 2 bleibt unberührt.

Artikel 113 Verfahren

(1) [1]Der Sachverhalt ist zu klären. [2]Vor der Anhörung werden die Gefangenen darüber unterrichtet, welche Verfehlung ihnen zur Last gelegt wird und dass es ihnen freisteht, sich zur Sache zu äußern. [3]Die Erhebungen, insbesondere die Einlassungen der Gefangenen, werden schriftlich festgehalten.

(2) Bei schweren Verstößen soll der Anstaltsleiter oder die Anstaltsleiterin sich vor der Entscheidung in einer Konferenz mit Personen besprechen, die bei der Behandlung der Gefangenen mitwirken.

(3) Die Entscheidung wird den Gefangenen mündlich eröffnet und mit einer kurzen Begründung schriftlich abgefasst.

Artikel 114 Ärztliche Mitwirkung

(1) [1]Bevor der Arrest vollzogen wird, ist der Arzt oder die Ärztin zu hören. [2]Während des Arrests stehen die Gefangenen unter ärztlicher Aufsicht.

(2) Der Vollzug des Arrests unterbleibt oder wird unterbrochen, wenn die Gesundheit der Gefangenen gefährdet würde.

Abschnitt 15

Beschwerde, Aufhebung von Maßnahmen und Gefangenenmitverantwortung

Artikel 115 Beschwerde

(1) [1]Gefangene erhalten Gelegenheit, sich mit Wünschen, Anregungen und Beschwerden in Angelegenheiten, die sie selbst betreffen, an den Anstaltsleiter oder die Anstaltsleiterin zu wenden. [2]Regelmäßige Sprechstunden sind einzurichten.

(2) Besichtigen Vertreter der Aufsichtsbehörde die Anstalt, so ist zu gewährleisten, dass Gefangene sich in Angelegenheiten, die sie selbst betreffen, an diese wenden können.

(3) Die Möglichkeit der Dienstaufsichtsbeschwerde bleibt unberührt.

Artikel 115a Aufhebung von Maßnahmen

[1]Kann der Zweck einer vollzuglichen Maßnahme dauerhaft nicht erreicht werden, so soll sie beendet werden. [2]Im Übrigen gelten für den Widerruf und die Rücknahme von Maßnahmen nach diesem Gesetz Art. 48 bis 49a des Bayerischen Verwaltungsverfahrensgesetzes entsprechend, soweit dieses Gesetz keine abweichende Regelung enthält.

Artikel 116 Gefangenenmitverantwortung

(1) [1]Den Gefangenen soll ermöglicht werden, an der Verantwortung für Angelegenheiten von gemeinsamem Interesse teilzunehmen, die sich ihrer Eigenart und der Aufgabe der Anstalt nach für ihre Mitwirkung eignen. [2]Eine weitgehende Übernahme der Mitverantwortung für die alltäglichen Abläufe wird angestrebt.

(2) [1]Die Einrichtung von Mitwirkungsgremien wird von den Anstalten gefördert und begleitet. [2]Den Gefangenen soll insbesondere ermöglicht werden, Vertreter zu wählen, die die gemeinsamen Interessen an den Anstaltsleiter oder die Anstaltsleiterin und den Beirat herantragen können.

Abschnitt 16

Sozialtherapeutische Einrichtungen

Artikel 117 Sozialtherapeutische Einrichtungen

Die Behandlung nach Art. 11 erfolgt in sozialtherapeutischen Anstalten oder Abteilungen (sozialtherapeutische Einrichtungen).

Artikel 118 Urlaub zur Vorbereitung der Entlassung

(1) [1]Gefangenen kann zur Vorbereitung der Entlassung von dem Anstaltsleiter oder der Anstaltsleiterin Sonderurlaub bis zu sechs Monaten gewährt werden. [2]Art. 13 Abs. 2, Art. 14 Abs. 5 und Art. 15 gelten entsprechend.

(2) [1]Den Beurlaubten sollen für den Urlaub Weisungen erteilt werden. [2]Sie können insbesondere angewiesen werden, sich einer von der Anstalt bestimmten Betreuungsperson zu unterstellen und jeweils für kurze Zeit in die Anstalt zurückzukehren.

(3) [1]Art. 16 Abs. 2 gilt entsprechend. [2]Der Urlaub wird widerrufen, wenn dies für die Behandlung der Gefangenen notwendig ist.

Artikel 119 Nachsorge
Die sozialtherapeutischen Einrichtungen sollen nach Entlassung der Gefangenen die im Vollzug begonnene Betreuung vorübergehend fortführen, soweit diese nicht anderweitig durchgeführt werden kann.

Artikel 120 Aufnahme auf freiwilliger Grundlage
(1) [1]Frühere Gefangene können auf Antrag vorübergehend wieder in die sozialtherapeutische Einrichtung aufgenommen werden, wenn der Erfolg ihrer Behandlung gefährdet und ein Aufenthalt in der Einrichtung aus diesem Grund gerechtfertigt ist. [2]Ein Widerruf des Antrags darf nicht zur Unzeit erfolgen.
(2) [1]Gegen die Aufgenommenen dürfen Maßnahmen des Vollzugs nicht mit unmittelbarem Zwang durchgesetzt werden. [2]Art. 101 Abs. 2 und 3 bleiben unberührt.

Teil 3
Vollzug der Jugendstrafe

Artikel 121 Aufgaben des Jugendstrafvollzugs
[1]Der Vollzug der Jugendstrafe dient dem Schutz der Allgemeinheit vor weiteren Straftaten. [2]Die Gefangenen im Vollzug der Jugendstrafe (junge Gefangene) sollen dazu erzogen werden, künftig einen rechtschaffenen Lebenswandel in sozialer Verantwortung zu führen (Erziehungsauftrag).

Artikel 122 Anwendung anderer Vorschriften
Für den Vollzug der Jugendstrafe gelten die Vorschriften des Teils 2 über den Vollzug der Freiheitsstrafe entsprechend, soweit in diesem Teil nichts anderes bestimmt ist.

Artikel 123 Behandlung im Vollzug der Jugendstrafe
(1) Für die Behandlung gilt Art. 3 entsprechend.
(2) Die jungen Gefangenen sind verpflichtet, an der Erfüllung des Erziehungsauftrags mitzuwirken.
(3) [1]Die jungen Gefangenen sind während der Arbeitszeit zur Teilnahme an schulischen und beruflichen Maßnahmen oder speziellen Maßnahmen zur Förderung ihrer schulischen, beruflichen oder persönlichen Entwicklung oder zur Arbeit, arbeitstherapeutischen oder sonstigen Beschäftigung verpflichtet, soweit sie dazu körperlich und geistig in der Lage sind. [2]Bei gleichermaßen geeigneten Maßnahmen zur Erfüllung des Erziehungsauftrags hat die Ausbildung Vorrang.
(4) Weibliche junge Gefangene können auch an den Behandlungsmaßnahmen für weibliche erwachsene Gefangene teilnehmen.

Artikel 124 Ausstattung des Jugendstrafvollzugs
Personelle Ausstattung, sachliche Mittel und Organisation werden am Erziehungsauftrag und an den besonderen Bedürfnissen junger Gefangener ausgerichtet.

Artikel 125 Stellung der jungen Gefangenen
(1) [1]Die jungen Gefangenen unterliegen den in diesem Gesetz vorgesehenen Beschränkungen ihrer Freiheit. [2]Soweit dieses Gesetz keine besonderen Regelungen enthält, dürfen ihnen nur Beschränkungen auferlegt werden, die zur Aufrechterhaltung der Sicherheit oder zur Abwendung einer Störung der Ordnung der Jugendstrafvollzugsanstalt erforderlich sind.
(2) Vollzugliche Maßnahmen sollen den jungen Gefangenen erläutert werden.

Artikel 126 Zusammenarbeit mit Behörden und freien Trägern
(1) [1]Die Jugendstrafvollzugsanstalten arbeiten mit fachbezogenen außervollzuglichen Einrichtungen und Organisationen eng zusammen. [2]Dies gilt insbesondere für Schulen und Schulaufsichtsbehörden, Einrichtungen für berufliche Bildung, Behörden und Stellen der staatlichen und privaten Straffälligenhilfe, die Jugendgerichtshilfe, Träger der öffentlichen und freien Jugendhilfe, Polizeibehörden, Agenturen für Arbeit, Gesundheits- und Ausländerbehörden, Suchtberatungsstellen und Schuldnerberatung, Ausländer- und Integrationsbeauftragte, Träger der Sozialversicherung und der Sozialhilfe, Hilfeeinrichtungen anderer Behörden und Träger der freien Wohlfahrtspflege.
(2) [1]Die Personensorgeberechtigten werden in die Planung und Gestaltung des Vollzugs einbezogen, soweit dies zweckmäßig ist. [2]Dies ist zwingend, wenn die Personensorgeberechtigten anders ihrer gesetzlichen Verpflichtung nicht nachkommen können.

Artikel 127 Ehrenamtliche Mitarbeit

(1) Die Jugendstrafvollzugsanstalten arbeiten in besonderer Weise mit Personen und Vereinen, deren Einfluss die Eingliederung der jungen Gefangenen fördern kann, zusammen.

(2) Jungen Gefangenen, die den sozialen Anschluss verloren haben, sollen durch die Anstalt nach Möglichkeit vertrauenswürdige Personen vermittelt werden, die sie bei der Wiedereingliederung in die Gesellschaft unterstützen (ehrenamtliche Betreuer).

(3) Zur Unterstützung bei der Erfüllung des Erziehungsauftrags sollen nach Möglichkeit vertrauenswürdige Personen in der Anstalt mitarbeiten, die in der Lage sind, die Erziehungsmaßnahmen der Jugendstrafvollzugsanstalt sinnvoll zu ergänzen (ehrenamtliche Mitarbeiter).

Artikel 128 Aufnahmeverfahren

[1]Für das Aufnahmeverfahren gilt Art. 7 entsprechend. [2]Das für die Mitwirkung in dem Verfahren nach dem Jugendgerichtsgesetz (JGG) nach § 87b des Achten Buches Sozialgesetzbuch zuständige Jugendamt wird von der Aufnahme unterrichtet. [3]Die Personensorgeberechtigten sollen von der Aufnahme unterrichtet werden.

Artikel 129 Behandlungsuntersuchung, Beteiligung der jungen Gefangenen, Zugangsabteilung

(1) Nach dem Aufnahmeverfahren werden den jungen Gefangenen der Erziehungsauftrag der Jugendstrafvollzugsanstalt sowie die vorhandenen Unterrichts-, Bildungs-, Arbeits- und Freizeitmaßnahmen erläutert.

(2) [1]Die Untersuchung zur Vorbereitung der Erziehung erstreckt sich auf die Persönlichkeit, die Lebensverhältnisse sowie alle Umstände, deren Kenntnis für eine planvolle Behandlung und für die Eingliederung nach der Entlassung notwendig erscheint. [2]Es ist zu prüfen, ob eine Verlegung in eine sozialtherapeutische Einrichtung nach Art. 132 oder andere therapeutische Maßnahmen angezeigt sind.

(3) [1]Die Planung der Behandlung und die Bedeutung des Vollzugsplans werden den jungen Gefangenen mitgeteilt. [2]Sie sollen zu sinnvollen Anregungen und Vorschlägen ermutigt werden.

(4) Die jungen Gefangenen sollen bei Strafantritt in der Jugendstrafvollzugsanstalt für wenigstens eine Woche in einer hierfür eingerichteten eigenen Abteilung (Zugangsabteilung) untergebracht werden.

Artikel 130 Vollzugsplan

(1) Für den Vollzugsplan gilt Art. 9 Abs. 1 und 2 entsprechend mit der Maßgabe, dass bei den pädagogischen Maßnahmen auch aufzunehmen ist, welche schulischen, berufsorientierenden, -qualifizierenden oder arbeitstherapeutischen Maßnahmen zu ergreifen sind.

(2) [1]Die Personensorgeberechtigten können Anregungen und Vorschläge einbringen. [2]Auf Verlangen können die Regelungen des Vollzugsplans den Personensorgeberechtigten bekannt gegeben werden, wenn hierdurch die Erfüllung des Erziehungsauftrags nicht beeinträchtigt wird.

(3) Über eine Verlegung in eine sozialtherapeutische Einrichtung gemäß Art. 132 Abs. 1 oder 2 ist jeweils nach Ablauf von sechs Monaten neu zu entscheiden.

Artikel 131 Verlegung, Überstellung, Ausantwortung

(1) [1]Junge Gefangene können abweichend vom Vollstreckungsplan in eine andere Jugendstrafvollzugsanstalt verlegt werden, wenn die Erfüllung des Erziehungsauftrags oder die Eingliederung nach der Entlassung hierdurch gefördert wird, eine Störung der Ordnung der Jugendstrafvollzugsanstalt auf andere Weise nicht vermieden werden kann oder wenn Gründe der Vollzugsorganisation oder andere wichtige Gründe eine Verlegung erforderlich machen. [2]Auf die Struktur der aufnehmenden Anstalt ist Rücksicht zu nehmen.

(2) Junge Gefangene dürfen aus wichtigem Grund, insbesondere zur Erleichterung einer schulischen oder beruflichen Maßnahme, in eine andere Jugendstrafvollzugsanstalt oder in eine Anstalt für den Vollzug von Freiheitsstrafe überstellt werden.

(3) Für die Ausantwortung gilt Art. 10 Abs. 3 entsprechend.

(4) [1]Die Jugendämter werden von der Verlegung unterrichtet. [2]Die Personensorgeberechtigten sollen von der Verlegung unterrichtet werden.

Artikel 132 Verlegung in eine sozialtherapeutische Einrichtung

(1) Junge Gefangene sind in eine sozialtherapeutische Einrichtung einer Jugendstrafvollzugsanstalt zu verlegen, wenn die Wiederholung einer Straftat nach den §§ 174 bis 180 oder § 182 StGB zu befürchten

und die Behandlung in einer sozialtherapeutischen Einrichtung nach Art. 129 Abs. 2 Satz 2 oder Art. 130 Abs. 3 angezeigt ist.

(2) Andere junge Gefangene, von denen schwerwiegende Straftaten gegen Leib oder Leben oder gegen die sexuelle Selbstbestimmung zu erwarten sind, sollen in eine sozialtherapeutische Einrichtung einer Jugendstrafvollzugsanstalt verlegt werden, wenn deren besondere therapeutische Mittel und soziale Hilfen zu ihrer Resozialisierung angezeigt sind.

(3) Art. 11 Abs. 3 bis 5 und Art. 117 gelten entsprechend.

Artikel 133 Geschlossener Vollzug und offener Vollzug

Art. 12 gilt entsprechend mit der Maßgabe, dass zu einer Unterbringung in einer Einrichtung des offenen Vollzugs die Zustimmung der jungen Gefangenen nicht erforderlich ist.

Artikel 134 Lockerungen des Vollzugs

(1) Für die Lockerungen des Vollzugs gilt Art. 13 Abs. 1 entsprechend.

(2) Die Lockerungen dürfen zur Erfüllung des Erziehungsauftrags oder zur Förderung der Wiedereingliederung mit Zustimmung der jungen Gefangenen gewährt werden, wenn verantwortet werden kann zu erproben, dass sie sich nicht dem Vollzug der Jugendstrafe entziehen und die Lockerungen nicht zur Begehung von Straftaten missbrauchen werden.

(3) Art. 15 und 16 gelten entsprechend.

Artikel 135 Urlaub aus der Haft

(1) Jungen Gefangenen kann Urlaub aus der Haft als Behandlungsmaßnahme bis zu 21 Kalendertagen im Vollstreckungsjahr gewährt werden.

(2) [1]Jungen Gefangenen, die zum Freigang (Art. 13 Abs. 1 Nr. 1) zugelassen sind, kann innerhalb von neun Monaten vor der Entlassung weiterer Urlaub bis zu sechs Tagen im Monat gewährt werden. [2]Art. 136 Abs. 5 Satz 1 findet keine Anwendung.

(3) Art. 15, 16 und 134 Abs. 2 gelten entsprechend.

(4) Durch den Urlaub wird die Vollstreckung der Jugendstrafe nicht unterbrochen.

Artikel 136 Entlassungsvorbereitung

(1) [1]Rechtzeitig vor dem voraussichtlichen Entlassungstermin arbeiten die Jugendstrafvollzugsanstalten mit vertrauenswürdigen Dritten und Institutionen außerhalb des Vollzugs zusammen, um zu erreichen, dass die jungen Gefangenen bei der Entlassung über eine geeignete Unterbringung und eine Arbeits- oder Ausbildungsstelle verfügen. [2]Die Jugendämter und, soweit angeordnet, die Bewährungshilfe werden unterrichtet. [3]Die Personensorgeberechtigten werden unterrichtet, wenn dies nicht der Erfüllung des Erziehungsauftrags widerspricht.

(2) Um die Entlassung vorzubereiten, soll der Vollzug gelockert werden (Art. 134).

(3) Junge Gefangene können in den offenen Vollzug (Art. 133 in Verbindung mit Art. 12 Abs. 2) verlegt werden, wenn dies der Vorbereitung der Entlassung dient.

(4) Die Jugendstrafvollzugsanstalten können eigene Abteilungen einrichten, in die die jungen Gefangenen kurz vor ihrer Entlassung verlegt werden (Entlassungsabteilung).

(5) [1]Innerhalb von vier Monaten vor der Entlassung kann zu deren Vorbereitung Sonderurlaub bis zu einem Monat gewährt werden. [2]Art. 15, 16, 134 Abs. 2 und Art. 135 Abs. 4 gelten entsprechend.

Artikel 137 Entlassung, Unterbringung auf freiwilliger Grundlage

(1) Für den Entlassungszeitpunkt und die Entlassungsbeihilfe gelten Art. 18 und 80 entsprechend.

(2) [1]Die Jugendstrafvollzugsanstalt kann auf Antrag der jungen Gefangenen nach Entlassung die im Vollzug begonnene Betreuung vorübergehend fortführen, soweit diese nicht anderweitig durchgeführt werden kann. [2]Hierzu können junge Gefangene auf Antrag auch vorübergehend über den Entlassungszeitpunkt hinaus in einer Abteilung des offenen Vollzugs verbleiben oder in einer solchen nach Entlassung wieder aufgenommen werden, wenn der Erfolg der Erziehung gefährdet und ein Aufenthalt in der Jugendstrafvollzugsanstalt aus diesem Grund gerechtfertigt ist. [3]Ein Widerruf des Antrags darf nicht zur Unzeit erfolgen. [4]Nach dem Entlassungszeitpunkt oder der Wiederaufnahme sind die nach diesem Gesetz geltenden Vorschriften mit der Maßgabe entsprechend anzuwenden, dass Maßnahmen des Vollzugs nicht mit unmittelbarem Zwang durchgesetzt werden dürfen. [5]Art. 101 Abs. 2 und 3 bleiben unberührt.

Artikel 138 Unterbringung während der Ausbildung, Arbeit und Freizeit

(1) [1]Unterricht, Berufsausbildung, berufliche Fortbildung, Umschulung, Arbeit sowie arbeitstherapeutische und sonstige Beschäftigung während der Arbeitszeit finden in Gemeinschaft statt. [2]Die gemeinsame Schul- und Berufsausbildung weiblicher und männlicher junger Gefangener ist zulässig.

(2) [1]Während der Freizeit können sich die jungen Gefangenen in Gemeinschaft mit anderen aufhalten. [2]Für die Teilnahme an gemeinschaftlichen Veranstaltungen kann der Anstaltsleiter oder die Anstaltsleiterin mit Rücksicht auf die räumlichen, personellen und organisatorischen Verhältnisse der Anstalt besondere Regelungen treffen.

(3) Die gemeinschaftliche Unterbringung während der Arbeitszeit und Freizeit kann eingeschränkt werden, wenn

1. ein schädlicher Einfluss auf andere junge Gefangene zu befürchten ist,
2. junge Gefangene nach Art. 129 untersucht werden, aber nicht länger als zwei Monate,
3. es die Sicherheit oder Ordnung der Anstalt erfordert oder
4. die jungen Gefangenen zustimmen.

(4) Die gemeinschaftliche Unterbringung kann ferner eingeschränkt werden, wenn dies aus erzieherischen Gründen angezeigt ist.

Artikel 139 Unterbringung während der Ruhezeit

(1) Für die Unterbringung in der Ruhezeit gilt Art. 20 entsprechend.

(2) [1]Weibliche junge Gefangene können in getrennten Abteilungen des Strafvollzugs für erwachsene Frauen untergebracht werden. [2]Weibliche junge und erwachsene Gefangene, die gemeinsam mit ihren Kindern untergebracht sind (Art. 151 Abs. 1 Satz 1, Art. 86 Abs. 1 Satz 1), können gemeinsam in einer getrennten Abteilung des Strafvollzugs für erwachsene Frauen untergebracht werden. [3]Männliche junge Gefangene können vorübergehend in einer Anstalt für den Vollzug von Freiheitsstrafe an erwachsenen Männern untergebracht werden, wenn dies zur Aufnahme oder Fortführung einer schulischen oder beruflichen Ausbildung oder einer Erwerbstätigkeit erforderlich ist. [4]Der Vollzug erfolgt nach den Vorschriften dieses Teils.

Artikel 140 Unterbringung in Wohngruppen

(1) Geeignete junge Gefangene können in Wohngruppen untergebracht werden, deren Größe sich nach dem Erziehungsauftrag bemisst.

(2) Wohngruppenvollzug wird von pädagogisch ausgebildeten Bediensteten geleitet, verfügt über Räume für gemeinschaftliche Beschäftigung und bietet besondere Behandlungs- und Freizeitangebote.

(3) Nicht für die Unterbringung in der Wohngruppe geeignet sind in der Regel junge Gefangene, die auf Grund ihres Verhaltens nicht gruppenfähig sind oder eine Gefährdung der Sicherheit oder Ordnung der Jugendstrafvollzugsanstalt darstellen oder die die Freiräume der Wohngruppe wiederholt missbrauchen.

Artikel 141 Ausstattung des Haftraums und persönlicher Besitz

Art. 21 gilt entsprechend mit der Maßgabe, dass auch Vorkehrungen und Gegenstände ausgeschlossen werden können, die die Erfüllung des Erziehungsauftrags gefährden.

Artikel 142 Kleidung

[1]Art. 22 gilt entsprechend mit der Maßgabe, dass der Anstaltsleiter oder die Anstaltsleiterin in der Jugendstrafvollzugsanstalt oder in bestimmten Abteilungen mit Zustimmung der Aufsichtsbehörde das Tragen eigener Kleidung allgemein zulassen kann. [2]Dies gilt insbesondere in Wohngruppen (Art. 140).

Artikel 143 Anstaltsverpflegung

[1]Zusammensetzung und Nährwert der Anstaltsverpflegung werden ärztlich überwacht und entsprechen den besonderen Anforderungen an eine gesunde Ernährung junger Menschen. [2]Auf ärztliche Anordnung wird besondere Verpflegung gewährt. [3]Den jungen Gefangenen ist zu ermöglichen, Speisevorschriften ihrer Religionsgemeinschaft zu befolgen.

Artikel 144 Besuch, Schriftwechsel, Pakete, Urlaub, Ausgang und Ausführung aus wichtigem Anlass

(1) Art. 26 bis 38 gelten entsprechend, soweit sich aus den folgenden Absätzen nicht etwas anderes ergibt.

(2) [1]Abweichend von Art. 27 Abs. 1 Satz 2 beträgt die Gesamtdauer des Besuchs mindestens vier Stunden im Monat. [2]Hierauf können Ausführungen oder Ausgänge, die den jungen Gefangenen gewährt wurden, angerechnet werden. [3]Abweichend von Art. 28 kann der Anstaltsleiter oder die Anstaltsleiterin Besuche auch untersagen, wenn bei minderjährigen Gefangenen Personensorgeberechtigte nicht einverstanden sind.

(3) [1]Für Kinder junger Gefangener können Sonderbesuche vorgesehen werden, die auf die Regelbesuchszeiten nicht angerechnet werden, wenn dies mit dem Erziehungsauftrag und dem Kindeswohl vereinbar ist. [2]Durch eine Bescheinigung des Jugendamts muss nachgewiesen werden, dass der Sonderbesuch dem Kindeswohl entspricht.

(4) [1]Auf Besuche von Beiständen nach § 69 JGG findet Art. 29 entsprechende Anwendung. [2]Art. 29 Satz 1 und 2 gilt auch für Angehörige der Jugendgerichtshilfe. [3]Für Besuche der in Satz 1 und 2 genannten Personen gilt Art. 30 Abs. 5 und 6 entsprechend.

(5) Abweichend von Art. 30 Abs. 4 darf ein Besuch auch abgebrochen werden, wenn von der besuchenden Person ein schädlicher Einfluss auf den jungen Gefangenen oder die jungen Gefangene ausgeübt wird.

(6) Abweichend von Art. 31 Abs. 2 kann der Anstaltsleiter oder die Anstaltsleiterin den Schriftwechsel mit bestimmten Personen auch untersagen, wenn bei minderjährigen Gefangenen Personensorgeberechtigte nicht einverstanden sind.

(7) Auf den Schriftverkehr mit Beiständen nach § 69 JGG findet Art. 32 Abs. 1 entsprechende Anwendung.

(8) Art. 37 und 38 gelten entsprechend mit der Maßgabe, dass an die Stelle der dort genannten Art. 13 Abs. 2 und Art. 14 Abs. 5 die Art. 134 Abs. 2 und Art. 135 Abs. 4 treten.

Artikel 145 Unterricht, Ausbildung

(1) Dem Unterricht kommt im Jugendstrafvollzug besondere Bedeutung zu.

(2) [1]Schulpflichtige junge Gefangene erhalten Mittelschul-, Förderschul- und Berufsschulunterricht in Anlehnung an die für öffentliche Schulen geltenden Vorschriften. [2]An dem Unterricht können auch nicht schulpflichtige junge Gefangene teilnehmen.

(3) Daneben soll nach Möglichkeit Unterricht zur Erlangung anderer staatlich anerkannter Schulabschlüsse sowie lebenskundlicher Unterricht, soziales Training, berufsbildender Unterricht auf Einzelgebieten und Deutschunterricht erteilt werden.

(4) Bei der beruflichen Ausbildung oder Umschulung ist berufsbildender Unterricht vorzusehen; dies gilt auch für die berufliche Weiterbildung, soweit die Art der Maßnahme es erfordert.

(5) Art. 40 Abs. 4 und Art. 41 gelten entsprechend.

Artikel 146 Beschäftigung

(1) Geeigneten jungen Gefangenen soll Gelegenheit zur Berufsausbildung, beruflichen Weiterbildung oder Teilnahme an anderen ausbildenden oder weiterbildenden Maßnahmen gegeben werden.

(2) [1]Die in den Einrichtungen des Vollzugs Auszubildenden sollen auf die Abschlussprüfungen nach dem Berufsbildungsgesetz oder der Handwerksordnung vorbereitet werden. [2]Die für die Zulassung zur Prüfung erforderliche Bescheinigung wird von der Jugendstrafvollzugsanstalt ausgestellt, wenn der oder die Auszubildende die Voraussetzungen erfüllt.

(3) Art. 39 Abs. 1, 2, 3 und 5, Art. 43 Satz 2, 3 und 4 Alternative 2 sowie Art. 45 gelten für die Arbeit in den Jugendstrafvollzugsanstalten entsprechend.

Artikel 147 Freies Beschäftigungsverhältnis

Art. 42 Abs. 1 und 3 gilt entsprechend mit der Maßgabe, dass an die Stelle des dort genannten Art. 13 Abs. 2 Art. 134 Abs. 2 tritt.

Artikel 148 Ablösung

Art. 44 gilt entsprechend mit der Maßgabe, dass eine Ablösung auch erfolgen kann, wenn dies aus erzieherischen Gründen angezeigt ist.

Artikel 149 Arbeitsentgelt, Arbeitsurlaub, Anrechnung der Freistellung auf den Entlassungszeitpunkt, Ausbildungsbeihilfe, Taschengeld

(1) [1]Üben junge Gefangene eine ihnen zugewiesene Arbeit aus, so erhalten sie unbeschadet der Vorschriften des Jugendarbeitsschutzgesetzes über die Akkordarbeit und tempoabhängige Arbeit ein nach

Art. 46 Abs. 2 und 3 zu bemessendes Arbeitsentgelt. [2]Üben sie eine sonstige zugewiesene Beschäftigung oder Hilfstätigkeit aus, so erhalten sie ein Arbeitsentgelt nach Satz 1, soweit dies der Art ihrer Beschäftigung und ihrer Arbeitsleistung entspricht. [3]Art. 46 Abs. 5 bis 11 gilt entsprechend.

(2) Art. 47 gilt entsprechend mit der Maßgabe, dass der Anstaltsleiter oder die Anstaltsleiterin den jungen Gefangenen auch dann eine Ausbildungsbeihilfe gewähren kann, wenn sie an therapeutischen Maßnahmen teilnehmen.

(3) Art. 54 gilt für das Taschengeld entsprechend.

Artikel 150 Haftkostenbeitrag, Gelder

Art. 49 bis 53 gelten entsprechend mit der Maßgabe, dass

1. aus besonderen Gründen, insbesondere zur Förderung von Unterhaltszahlungen, Schadenswiedergutmachung, sonstiger Schuldenregulierung oder für besondere Aufwendungen zur Wiedereingliederung, ganz oder teilweise von der Erhebung eines Haftkostenbeitrags abgesehen werden kann,
2. die Jugendstrafvollzugsanstalt das Überbrückungsgeld ganz oder teilweise auch den Personensorgeberechtigten überweisen kann, die darüber entscheiden, wie das Geld innerhalb der ersten vier Wochen nach der Entlassung an die jungen Gefangenen ausgezahlt wird.

Artikel 151 Gesundheitsfürsorge

(1) [1]Art. 58, Art. 59 Abs. 2 bis 5, Art. 60, Art. 62 bis 65, Art. 67 und 68 sowie Art. 82 bis 86 gelten entsprechend. [2]Art. 61 gilt entsprechend mit der Maßgabe, dass ein Verschulden der jungen Gefangenen in der Regel unbeachtlich bleiben kann und nicht für junge Gefangene gilt, die das 18. Lebensjahr noch nicht vollendet haben.

(2) Junge Gefangene, die das 18. Lebensjahr noch nicht vollendet haben, können sich zur Verhütung von Zahnerkrankungen einmal in jedem Kalenderhalbjahr zahnärztlich untersuchen lassen.

(3) [1]Die Rechte der Personensorgeberechtigten werden beachtet. [2]Insbesondere werden die Personensorgeberechtigten stets von einer schweren Erkrankung oder dem Tod minderjähriger Gefangener benachrichtigt.

(4) Arbeiten junge Gefangene nicht im Freien, so haben sie sich täglich mindestens eine Stunde, an arbeits- und ausbildungsfreien Tagen mindestens zwei Stunden im Freien aufzuhalten, wenn die Witterung dies zu der festgesetzten Zeit zulässt.

Artikel 152 Freizeit

(1) [1]Junge Gefangene sind zur Teilnahme und Mitwirkung an Angeboten der Freizeitgestaltung zu motivieren und anzuleiten. [2]Sie sollen insbesondere am Unterricht, am Fernunterricht, an Lehrgängen und sonstigen Veranstaltungen der Fortbildung, an Freizeitgruppen und Gruppengesprächen teilnehmen und ermutigt werden, eine Bücherei zu benutzen sowie den verantwortungsvollen Umgang mit neuen Medien zu erlernen, soweit dies mit der Sicherheit in der Jugendstrafvollzugsanstalt vereinbar ist.

(2) [1]Art. 70, 72 und 73 gelten entsprechend. [2]Art. 71 gilt entsprechend mit der Maßgabe, dass der Anstaltsleiter oder die Anstaltsleiterin festlegen kann, ob und unter welchen zusätzlichen Voraussetzungen eigene Fernsehgeräte zugelassen werden. [3]Elektronische Unterhaltungsmedien, die keinen pädagogischen Wert haben, sind nicht zugelassen.

Artikel 153 Sport

(1) [1]Der sportlichen Betätigung kommt im Jugendstrafvollzug besondere Bedeutung zu. [2]Hierfür sind ausreichende Angebote vorzuhalten.

(2) Junge Gefangene sind, soweit sie dazu körperlich in der Lage sind, zur Teilnahme an Sportveranstaltungen anzuhalten.

(3) Insbesondere während des Aufenthalts im Freien (Art. 151 Abs. 4) ist den jungen Gefangenen Gelegenheit zur sportlichen Betätigung zu geben.

Artikel 154 Sicherheit und Ordnung; unmittelbarer Zwang

(1) Art. 87 bis 100 gelten entsprechend mit der Maßgabe, dass Art. 100 Abs. 2 auch in den Fällen des Art. 97 Abs. 2 anzuwenden ist.

(2) [1]Art. 108 gilt entsprechend mit der Maßgabe, dass bei minderjährigen Gefangenen die Personensorgeberechtigten an die Stelle der Personen nach Art. 108 Abs. 4 Satz 1 Nr. 2 treten. [2]Der Durchfüh-

rung von Maßnahmen nach Art. 108 Abs. 1 Nr. 1 müssen sie zustimmen. [3]Bei Gefahr in Verzug kann von Satz 2 abgewichen werden.

Artikel 155 Erzieherische Maßnahmen

(1) [1]Verstoßen junge Gefangene schuldhaft gegen Pflichten, die ihnen durch dieses Gesetz oder auf Grund dieses Gesetzes auferlegt sind, kann unmittelbar auf die Pflichtverletzung eine Maßnahme angeordnet werden, die geeignet ist, ihnen ihr Fehlverhalten bewusst zu machen (erzieherische Maßnahme). [2]Erzieherische Maßnahmen sind insbesondere die Erteilung von Weisungen und Auflagen sowie beschränkende Anordnungen in Bezug auf die Freizeit bis zur Dauer einer Woche.

(2) Der Anstaltsleiter oder die Anstaltsleiterin legt fest, welche Bediensteten befugt sind, Maßnahmen nach Abs. 1 anzuordnen.

Artikel 156 Disziplinarmaßnahmen

(1) Reichen bei schuldhaften Pflichtverstößen Maßnahmen nach Art. 155 nicht aus, kann der Anstaltsleiter oder die Anstaltsleiterin gegen junge Gefangene Disziplinarmaßnahmen anordnen.

(2) Art. 109 Abs. 3 gilt entsprechend.

(3) Die zulässigen Disziplinarmaßnahmen sind:

1. die Beschränkung oder der Entzug der Verfügung über das Hausgeld und des Einkaufs gemäß Art. 122 in Verbindung mit Art. 24 und 25 bis zu zwei Monaten,
2. die Beschränkung oder der Entzug des Hörfunk- und Fernsehempfangs bis zu drei Monaten,
3. die Beschränkung oder der Entzug der Gegenstände für eine Beschäftigung in der Freizeit oder der Teilnahme an gemeinschaftlichen Veranstaltungen bis zu drei Monaten,
4. die getrennte Unterbringung während der Freizeit bis zu vier Wochen,
5. der Entzug der zugewiesenen Arbeit oder Beschäftigung bis zu vier Wochen unter Wegfall der in diesem Gesetz geregelten Bezüge,
6. die Beschränkung des Verkehrs mit Personen außerhalb der Anstalt auf dringende Fälle bis zu drei Monaten,
7. Arrest bis zu zwei Wochen.

(4) Art. 110 Abs. 2 und 3, Art. 111 bis 114 gelten entsprechend mit der Maßgabe, dass die Höchstfrist der Aussetzung zur Bewährung nach Art. 111 Abs. 2 drei Monate beträgt.

Artikel 157 Vollzugsbedienstete

Die Bediensteten müssen für die Erfüllung des Erziehungsauftrags geeignet und ausgebildet sein.

Artikel 158 Gefangenenvertretung

[1]Den jungen Gefangenen soll ermöglicht werden, Vertreter zu wählen, die die gemeinsamen Interessen der jungen Gefangenen an den Anstaltsleiter oder die Anstaltsleiterin herantragen. [2]Die Vorschläge sollen mit den Vertretern erörtert werden.

Teil 4

Besondere Vorschriften bei angeordneter oder vorbehaltener Sicherungsverwahrung

Abschnitt 1

Besondere Vorschriften bei angeordneter oder vorbehaltener Sicherungsverwahrung im Vollzug der Freiheitsstrafe

Artikel 159 Gestaltung des Vollzugs

[1]Bei angeordneter oder vorbehaltener Sicherungsverwahrung dient der Vollzug der Freiheitsstrafe neben den in Art. 2 genannten Aufgaben dem Ziel, die Gefährlichkeit der Gefangenen für die Allgemeinheit so zu mindern, dass die Vollstreckung der Sicherungsverwahrung oder deren Anordnung möglichst entbehrlich wird. [2]Dies erfordert die Mitwirkung der Gefangenen. [3]Die Bereitschaft der Gefangenen hierzu ist fortwährend zu wecken und zu fördern. [4]Die Motivationsmaßnahmen sind zu dokumentieren.

Artikel 160 Behandlungsuntersuchung

[1]An das Aufnahmeverfahren schließt sich zur Vorbereitung der Vollzugsplanung unverzüglich eine umfassende Behandlungsuntersuchung nach Art. 8 unter Berücksichtigung des Stands der wissenschaftlichen Erkenntnisse an, die sich auf alle Umstände, deren Kenntnis für eine planvolle Behandlung

der Gefährlichkeit der Gefangenen zum Schutz der Allgemeinheit und für die Eingliederung nach ihrer Entlassung notwendig ist, erstreckt. [2]Im Rahmen der Behandlungsuntersuchung sind insbesondere die Ursachen der Straftaten, die individuellen Risikofaktoren sowie der Behandlungsbedarf, die Behandlungsfähigkeit und die Behandlungsmotivation der Gefangenen festzustellen. [3]Gleichzeitig sollen die Fähigkeiten der Gefangenen ermittelt werden, deren Stärkung einer Gefährlichkeit für die Allgemeinheit entgegenwirkt. [4]Erkenntnisse aus vorangegangenen Freiheitsentziehungen sind einzubeziehen.

Artikel 161 Vollzugsplan

(1) [1]Auf der Grundlage der in der Behandlungsuntersuchung gewonnenen Erkenntnisse wird unverzüglich ein Vollzugsplan nach Art. 9 aufgestellt, der die individuellen Behandlungsziele festlegt und die zu ihrem Erreichen geeigneten und erforderlichen Maßnahmen benennt. [2]Er enthält insbesondere Angaben über

1. sozialtherapeutische, psychotherapeutische oder psychiatrische Behandlungsmaßnahmen,
2. andere Einzel- oder Gruppenbehandlungsmaßnahmen,
3. Maßnahmen zur Förderung der Behandlungsbereitschaft,
4. die Unterbringung in einer sozialtherapeutischen Einrichtung,
5. die Zuweisung zu Wohngruppen,
6. Art und Umfang der Beschäftigung,
7. Vorschläge zur Gestaltung der Freizeit,
8. Vorschläge zur Ordnung der finanziellen Verhältnisse,
9. Vorschläge zur Ordnung der familiären Verhältnisse,
10. Vorschläge zur Förderung von Außenkontakten,
11. Maßnahmen zur Vorbereitung eines sozialen Empfangsraums,
12. Vollzugslockerungen, Urlaub und offener Vollzug,
13. Maßnahmen der Entlassungsvorbereitung und Nachsorge.

(2) [1]Der Vollzugsplan ist fortlaufend der Entwicklung der Gefangenen anzupassen und mit weiteren für die Behandlung bedeutsamen Erkenntnissen in Einklang zu halten. [2]Hierfür hat der Vollzugsplan eine angemessene Frist vorzusehen, die sechs Monate nicht übersteigen soll.

(3) An der Behandlung mitwirkende Personen außerhalb des Vollzugs sollen in die Planung einbezogen werden.

(4) [1]Die Vollzugsplanung wird mit den Gefangenen erörtert. [2]Der Vollzugsplan ist ihnen auszuhändigen.

Artikel 162 Behandlung, Verlegung in eine sozialtherapeutische Einrichtung

(1) [1]Den Gefangenen sind die neben Art. 3 erforderlichen Behandlungsmaßnahmen nach § 66c Abs. 2 StGB anzubieten. [2]Diese haben wissenschaftliche Erkenntnisse zu berücksichtigen. [3]Bei der Behandlung wirken Bedienstete der verschiedenen Fachrichtungen in enger Abstimmung zusammen. [4]Seelsorgerische Betreuung ist anzubieten. [5]Soweit dies erforderlich ist, sind externe Fachkräfte einzubeziehen. [6]Den Gefangenen sollen feste Ansprechpartner zur Verfügung stehen.

(2) [1]Ist Sicherungsverwahrung angeordnet oder vorbehalten, sind Gefangene bereits während des Vollzugs der Freiheitsstrafe in eine sozialtherapeutische Einrichtung zu verlegen, wenn die Teilnahme an den dortigen Behandlungsprogrammen zur Verringerung ihrer Gefährlichkeit für die Allgemeinheit angezeigt ist. [2]Die Verlegung soll zu einem Zeitpunkt erfolgen, der den Abschluss der Behandlung während des Vollzugs der Freiheitsstrafe erwarten lässt.

Artikel 163 Urlaub zur Vorbereitung der Entlassung, Nachsorge und Aufnahme auf freiwilliger Grundlage

Bei angeordneter und vorbehaltener Sicherungsverwahrung gelten Art. 118 bis 120 entsprechend.

Abschnitt 2

Besondere Vorschriften bei vorbehaltener Sicherungsverwahrung im Vollzug der Jugendstrafe

Artikel 164 Vorbehaltene Sicherungsverwahrung

[1]Ist bei Gefangenen im Vollzug der Jugendstrafe die Anordnung der Sicherungsverwahrung vorbehalten, gelten die Vorschriften in Abschnitt 1 entsprechend, soweit Zweck und Eigenart des Vollzugs der Jugendstrafe nicht entgegenstehen. [2]§ 7 Abs. 3 und § 106 Abs. 5 JGG bleiben unberührt.

Teil 5
Vollzugsbehörden

Abschnitt 1
Arten und Einrichtung der Justizvollzugsanstalten

Artikel 165 Justizvollzugsanstalten
Die in Art. 1 genannten Freiheitsentziehungen werden in Justizvollzugsanstalten vollzogen.

Artikel 166 Trennung des Vollzugs
(1) Jugendstrafe wird in eigenen Justizvollzugsanstalten (Jugendstrafvollzugsanstalten) vollzogen.
(2) Frauen und Männer sind getrennt voneinander in gesonderten Anstalten oder Abteilungen unterzubringen.
(3) Von der getrennten Unterbringung nach Abs. 2 darf abgewichen werden, um den Gefangenen die Teilnahme an Behandlungsmaßnahmen in einer anderen Anstalt oder in einer anderen Abteilung zu ermöglichen.

Artikel 167 Differenzierung
(1) Für den Vollzug der Freiheitsstrafe und der Jugendstrafe sind Haftplätze in verschiedenen Anstalten oder Abteilungen vorzusehen, die den unterschiedlichen Behandlungsbedürfnissen der Gefangenen und den Sicherheitserfordernissen Rechnung tragen.
(2) [1]In Anstalten des geschlossenen Vollzugs gewährleisten besondere bauliche und technische Vorkehrungen eine sichere Unterbringung der Gefangenen. [2]Einrichtungen des offenen Vollzugs sehen nur verminderte Vorkehrungen gegen Entweichungen vor.

Artikel 168 Einrichtungen für Mütter mit Kindern
In Anstalten für Frauen sollen Einrichtungen vorgesehen werden, in denen Mütter mit ihren Kindern untergebracht werden können.

Artikel 169 Gestaltung der Anstalten
(1) Justizvollzugsanstalten sind so zu gestalten, dass eine auf die Bedürfnisse der Einzelnen abgestellte Behandlung gewährleistet ist.
(2) Die Anstalten sollen so gegliedert werden, dass die Gefangenen in überschaubaren Betreuungs- und Behandlungsgruppen zusammengefasst werden können.

Artikel 170 Größe und Ausgestaltung der Räume
[1]Räume für den Aufenthalt während der Ruhe- und Freizeit sowie Gemeinschafts- und Besuchsräume sind wohnlich oder sonst ihrem Zweck entsprechend auszugestalten. [2]Sie müssen hinreichend Luftinhalt haben und für eine gesunde Lebensführung ausreichend mit Heizung und Lüftung, Boden- und Fensterfläche ausgestattet sein.

Artikel 171 Festsetzung der Belegungsfähigkeit
[1]Das Staatsministerium der Justiz setzt die Belegungsfähigkeit für jede Anstalt so fest, dass eine angemessene Unterbringung während der Ruhezeit (Art. 20) gewährleistet ist. [2]Dabei ist zu berücksichtigen, dass eine ausreichende Anzahl von Plätzen für Arbeit, Ausbildung und Weiterbildung sowie von Räumen für Seelsorge, Freizeit, Sport, therapeutische Maßnahmen und Besuche zur Verfügung steht.

Artikel 172 Verbot der Überbelegung
(1) Hafträume dürfen nicht mit mehr Personen als zugelassen belegt werden.
(2) Ausnahmen hiervon sind nur vorübergehend und nur mit Zustimmung des Staatsministeriums der Justiz zulässig.

Abschnitt 2
Aufsicht über die Justizvollzugsanstalten

Artikel 173 Aufsichtsbehörde
(1) Das Staatsministerium der Justiz führt die Aufsicht über die Justizvollzugsanstalten (Aufsichtsbehörde).
(2) [1]Soweit die Aufsichtsbehörde nicht über eigene Fachkräfte verfügt, ist fachliche Beratung sicherzustellen. [2]Hierzu können Fachberater oder Fachberaterinnen bestellt werden.

Artikel 174 Vollstreckungsplan
Die Aufsichtsbehörde regelt in dem Vollstreckungsplan für den Freistaat Bayern die örtliche und sachliche Zuständigkeit der Justizvollzugsanstalten nach allgemeinen Merkmalen.

Abschnitt 3
Innerer Aufbau der Justizvollzugsanstalten

Artikel 175 Zusammenarbeit
(1) [1]Alle im Vollzug Tätigen arbeiten zusammen und wirken daran mit, die Aufgaben des Vollzugs zu erfüllen. [2]Die Sicherheit der Anstalt ist durch die erforderlichen organisatorischen Maßnahmen und geeignete Behandlungsmaßnahmen zu gewährleisten.
(2) Die Anstalten arbeiten mit Behörden, Verbänden der freien Wohlfahrtspflege, Vereinen und Personen, deren Einfluss die Eingliederung der Gefangenen fördern kann, eng zusammen.
(3) Die Anstalt stellt durch geeignete organisatorische Maßnahmen sicher, dass die Bundesagentur für Arbeit die ihr obliegenden Aufgaben wie Berufsberatung, Ausbildungsvermittlung und Arbeitsvermittlung durchführen kann.
(4) Soweit erforderlich, ist zur Entlassungsvorbereitung insbesondere mit der Bewährungshilfe, den Aufsichtsstellen für die Führungsaufsicht und den Einrichtungen der Strafentlassenenhilfe frühzeitig Kontakt aufzunehmen.

Artikel 176 Vollzugsbedienstete
(1) [1]Die Aufgaben der Justizvollzugsanstalten werden von Vollzugsbeamten wahrgenommen. [2]Aus besonderen Gründen können sie auch anderen Bediensteten der Justizvollzugsanstalten sowie nebenamtlichen oder vertraglich verpflichteten Personen übertragen werden.
(2) Für jede Anstalt ist entsprechend ihrer Aufgabe die erforderliche Anzahl von Bediensteten der verschiedenen Berufsgruppen, insbesondere des allgemeinen Vollzugsdienstes, des Werkdienstes, des Krankenpflegedienstes und des Verwaltungsdienstes, sowie von Seelsorgern, Ärzten, Pädagogen, Psychologen und Sozialarbeitern vorzusehen.

Artikel 177 Anstaltsleiter oder Anstaltsleiterin
(1) [1]Für jede Justizvollzugsanstalt ist ein Beamter oder eine Beamtin, der oder die für ein Amt ab der Besoldungsgruppe A 14 qualifiziert ist, hauptamtlich mit der Leitung zu beauftragen (Anstaltsleiter oder Anstaltsleiterin). [2]Aus besonderen Gründen kann eine Anstalt auch von einem Beamten oder einer Beamtin, der oder die für ein Amt ab der Besoldungsgruppe A 10 qualifiziert ist, geleitet werden.
(2) [1]Der Anstaltsleiter oder die Anstaltsleiterin vertritt die Anstalt nach außen. [2]Er oder sie trägt die Verantwortung für den gesamten Vollzug, soweit nicht bestimmte Aufgabenbereiche der Verantwortung anderer Vollzugsbediensteter oder ihrer gemeinsamen Verantwortung übertragen sind.
(3) Die Befugnis, die Durchsuchung nach Art. 91 Abs. 2, die besonderen Sicherungsmaßnahmen nach Art. 96 und die Disziplinarmaßnahmen nach Art. 110 anzuordnen oder einer Zwangsmaßnahme auf dem Gebiet der Gesundheitsfürsorge nach Art. 108 zuzustimmen, darf nur mit Zustimmung der Aufsichtsbehörde übertragen werden.

Artikel 178 Seelsorge
(1) Seelsorger werden im Einvernehmen mit der jeweiligen Religionsgemeinschaft im Hauptamt bestellt oder vertraglich verpflichtet.
(2) Wenn die geringe Anzahl der Angehörigen einer Religionsgemeinschaft eine Seelsorge nach Abs. 1 nicht rechtfertigt, ist die seelsorgerische Betreuung auf andere Weise zuzulassen.
(3) Mit Zustimmung des Anstaltsleiters oder der Anstaltsleiterin dürfen die Anstaltsseelsorger sich freier Seelsorgehelfer bedienen und für Gottesdienste sowie für andere religiöse Veranstaltungen Seelsorger von außen zuziehen.
(4) [1]Den Seelsorgern obliegt insbesondere die religiöse Betreuung der Gefangenen. [2]Die Seelsorger wirken ferner mit bei der Behandlungsuntersuchung der Gefangenen, bei der Aufstellung, Durchführung und Änderung des Vollzugsplans, bei der Freizeitgestaltung der Gefangenen, bei der sozialen Hilfe für die Gefangenen und bei der Aus- und Fortbildung der Vollzugsbediensteten.

Artikel 179 Ärztliche Versorgung

(1) [1]Die ärztliche Versorgung ist durch hauptamtliche Ärzte sicherzustellen. [2]Sie kann aus besonderen Gründen nebenamtlichen oder vertraglich verpflichteten Ärzten übertragen werden.

(2) [1]Die Pflege der Kranken soll von Personen ausgeübt werden, die eine Erlaubnis nach dem Krankenpflegegesetz besitzen. [2]Solang Personen im Sinn von Satz 1 nicht zur Verfügung stehen, können auch Bedienstete eingesetzt werden, die eine sonstige Ausbildung in der Krankenpflege erfahren haben.

(3) [1]Den Ärzten obliegt insbesondere die Gesundheitsfürsorge für die Gefangenen, die Überwachung der gesundheitlichen und hygienischen Verhältnisse in der Anstalt, die ärztliche Überwachung der Anstaltsverpflegung und die Durchführung von Zwangsmaßnahmen auf dem Gebiet der Gesundheitsfürsorge. [2]Sie wirken ferner mit bei der Behandlungsuntersuchung der Gefangenen, bei der Aufstellung, Durchführung und Änderung des Vollzugsplans, bei der Beurteilung der Gefangenen, bei der Anordnung und beim Vollzug besonderer Sicherungsmaßnahmen und von Disziplinarmaßnahmen in dem vorgesehenen Umfang sowie bei der Aus- und Fortbildung der Vollzugsbediensteten.

Artikel 180 Pädagogischer Dienst

(1) [1]Die pädagogische Behandlung ist durch hauptamtliche Lehrkräfte sicherzustellen. [2]Aus besonderen Gründen kann sie auch nebenamtlichen oder vertraglich verpflichteten Lehrkräften übertragen werden.

(2) [1]Den Lehrkräften obliegt insbesondere die Erteilung von Unterricht und die Organisation der Ausbildung für die Gefangenen, die Sorge für sonstige Maßnahmen der Aus- und Weiterbildung der Gefangenen sowie die Beratung und Betreuung der Gefangenen in Fragen der Aus- und Weiterbildung. [2]Die Lehrkräfte wirken ferner mit bei der Behandlungsuntersuchung der Gefangenen, bei der Aufstellung, Durchführung und Änderung des Vollzugsplans, bei der Beurteilung und der Freizeitgestaltung der Gefangenen, der Gestaltung des kulturellen Lebens der Anstalt sowie bei der Aus- und Fortbildung der Vollzugsbediensteten.

Artikel 181 Sozialdienst

(1) Die sozialpädagogische Behandlung und Betreuung der Gefangenen ist durch hauptamtliche Sozialarbeiter sicherzustellen.

(2) [1]Den Sozialarbeitern obliegt insbesondere die soziale Hilfe für die Gefangenen. [2]Die Sozialarbeiter wirken ferner mit bei der Behandlungsuntersuchung der Gefangenen, bei der Aufstellung, Durchführung und Änderung des Vollzugsplans, bei der Beurteilung und der Freizeitgestaltung der Gefangenen sowie bei der Aus- und Fortbildung der Vollzugsbediensteten.

Artikel 182 Psychologischer Dienst

(1) [1]Die psychologische Behandlung ist durch hauptamtliche Psychologen sicherzustellen. [2]Aus besonderen Gründen kann sie nebenamtlichen oder vertraglich verpflichteten Psychologen übertragen werden.

(2) [1]Zu den Aufgaben des psychologischen Dienstes gehören insbesondere Diagnostik und Prognostik, Krisenintervention und psychologische Beratung, Psychotherapie sowie Dokumentation und Evaluation. [2]Die Psychologen wirken ferner mit bei der Behandlungsuntersuchung der Gefangenen, der Aufstellung, Durchführung und Änderung des Vollzugsplans sowie der Personalauswahl, Organisationsentwicklung und Aus- und Fortbildung des Personals.

Artikel 183 Konferenzen

Zur Aufstellung und Überprüfung des Vollzugsplans und zur Vorbereitung wichtiger Entscheidungen im Vollzug führt der Anstaltsleiter oder die Anstaltsleiterin Konferenzen mit den an der Behandlung maßgeblich Beteiligten durch.

Artikel 184 Hausordnung

(1) [1]Der Anstaltsleiter oder die Anstaltsleiterin erlässt eine Hausordnung. [2]Sie bedarf der Zustimmung der Aufsichtsbehörde.

(2) In die Hausordnung sind insbesondere die Anordnungen aufzunehmen über

1. Besuchszeiten, Häufigkeit und Dauer der Besuche,
2. Arbeitszeit, Freizeit und Ruhezeit,

3. auf der Grundlage dieses Gesetzes besonders auferlegte Pflichten sowie
4. die Gelegenheit, Anträge und Beschwerden anzubringen, oder sich an Vertreter der Aufsichtsbehörde zu wenden.

(3) Gefangene erhalten einen Abdruck der Hausordnung.

Abschnitt 4
Anstaltsbeiräte

Artikel 185 Beiräte

(1) Bei den Justizvollzugsanstalten sind Beiräte zu bilden.

(2) [1]Der oder die Vorsitzende und deren Vertreter werden aus der Mitte des Bayerischen Landtags gewählt. [2]Vollzugsbedienstete dürfen nicht Mitglieder der Beiräte sein.

(3) Die Mitglieder der Beiräte arbeiten ehrenamtlich.

Artikel 186 Aufgaben

[1]Die Mitglieder des Beirats wirken bei der Gestaltung des Vollzugs und bei der Betreuung der Gefangenen mit. [2]Sie unterstützen den Anstaltsleiter oder die Anstaltsleiterin durch Anregungen und Verbesserungsvorschläge und helfen bei der Eingliederung der Gefangenen nach der Entlassung.

Artikel 187 Befugnisse

(1) [1]Die Mitglieder des Beirats können insbesondere Wünsche, Anregungen und Beanstandungen entgegennehmen. [2]Sie können sich über die Unterbringung, Beschäftigung, berufliche Bildung, Verpflegung, ärztliche Versorgung und Behandlung unterrichten sowie die Anstalt und ihre Einrichtungen besichtigen.

(2) [1]Die Mitglieder des Beirats können die Gefangenen in ihren Räumen aufsuchen. [2]Aussprache und Schriftwechsel werden nicht überwacht.

Artikel 188 Pflicht zur Verschwiegenheit

[1]Die Mitglieder des Beirats sind verpflichtet, außerhalb ihres Amtes über alle Angelegenheiten, die ihrer Natur nach vertraulich sind, besonders über Namen und Persönlichkeit der Gefangenen, Verschwiegenheit zu bewahren. [2]Dies gilt auch nach Beendigung ihres Amtes.

Abschnitt 5
Kriminologische Forschung im Strafvollzug

Artikel 189 Kriminologischer Dienst

(1) Dem kriminologischen Dienst obliegt es, in Zusammenarbeit mit den Einrichtungen der Forschung den Vollzug, insbesondere die Behandlungsmethoden, wissenschaftlich fortzuentwickeln und seine Ergebnisse für Zwecke der Strafrechtspflege nutzbar zu machen.

(2) Art. 197 Abs. 4a gilt entsprechend.

Teil 6
Vollzug des Strafarrests, Akten, Datenschutz, Arbeitslosenversicherung

Abschnitt 1
Vollzug des Strafarrests in Justizvollzugsanstalten

Artikel 190 Grundsatz

[1]Für den Vollzug des Strafarrests in Justizvollzugsanstalten gelten die Vorschriften über den Vollzug der Freiheitsstrafe (Art. 2 bis 116) entsprechend, soweit im Folgenden nichts anderes bestimmt ist. [2]Art. 49 findet nur in den Fällen einer in Art. 42 erwähnten Beschäftigung Anwendung.

Artikel 191 Unterbringung, Besuche und Schriftverkehr

(1) [1]Eine gemeinsame Unterbringung während der Arbeit, Freizeit und Ruhezeit (Art. 19 und 20) ist nur mit Einwilligung der Gefangenen zulässig. [2]Dies gilt nicht, wenn Strafarrest in Unterbrechung einer Strafhaft oder einer Unterbringung im Vollzug einer freiheitsentziehenden Maßregel der Besserung und Sicherung vollzogen wird.

(2) Den Gefangenen soll gestattet werden, einmal wöchentlich Besuch zu empfangen.

(3) Besuche und Schriftwechsel dürfen nur untersagt oder überwacht werden, wenn dies aus Gründen der Sicherheit oder Ordnung der Anstalt notwendig ist.

Artikel 192 Kleidung, Wäsche und Bettzeug

Gefangene dürfen eigene Kleidung, Wäsche und eigenes Bettzeug benutzen, wenn Gründe der Sicherheit nicht entgegenstehen und die Gefangenen für Reinigung, Instandsetzung und regelmäßigen Wechsel auf eigene Kosten sorgen.

Artikel 193 Einkauf

Gefangene dürfen Nahrungs- und Genussmittel sowie Mittel zur Körperpflege in angemessenem Umfang durch Vermittlung der Anstalt auf eigene Kosten erwerben.

Artikel 194 Unmittelbarer Zwang

[1]Beim Vollzug des Strafarrests dürfen zur Vereitelung einer Flucht oder zur Wiederergreifung (Art. 107 Abs. 1 Nr. 3) keine Schusswaffen gebraucht werden. [2]Dies gilt nicht, wenn Strafarrest in Unterbrechung einer Untersuchungshaft, einer Strafhaft oder einer Unterbringung im Vollzug einer freiheitsentziehenden Maßregel der Besserung und Sicherung vollzogen wird.

Abschnitt 2
Akten

Artikel 195 Akten

(1) Über jeden Gefangenen und jede Gefangene werden Personalakten geführt (Gefangenenpersonalakten).

(2) Für jeden Gefangenen und jede Gefangene sind vom Arzt oder der Ärztin Gesundheitsakten zu führen.

(3) Über die im Rahmen einer Therapie erhobenen Daten im Sinn von Art. 201 Abs. 1 Satz 1 Nr. 2 und 3 sind Therapieakten zu führen.

(4) Die in Abs. 1 bis 3 genannten Akten können auch elektronisch geführt werden.

Abschnitt 3
Datenschutz

Artikel 196 Datenerhebung

(1) [1]Die Anstalt darf personenbezogene Daten erheben, soweit deren Kenntnis für die Erfüllung ihrer Aufgaben erforderlich ist. [2]Sie darf beim Landesamt für Verfassungsschutz Anfragen nach vorhandenen Erkenntnissen stellen, die für die Aufrechterhaltung der Sicherheit und Ordnung der Anstalt erhebliche Bedeutung haben. [3]Bei Gefangenen soll von der Abfrage nur abgesehen werden, wenn im Einzelfall auf Grund einer Gesamtwürdigung eine Gefährdung der Sicherheit oder Ordnung der Anstalt ausgeschlossen wird.

(2) [1]Daten über Personen, die nicht Gefangene sind, dürfen ohne ihre Mitwirkung bei Personen oder Stellen außerhalb der Anstalt nur erhoben werden, wenn sie für die Behandlung der Gefangenen, die Sicherheit der Anstalt oder die Sicherung des Vollzugs einer Freiheitsstrafe unerlässlich sind und die Art der Erhebung schutzwürdige Interessen der betroffenen Person nicht beeinträchtigt. [2]Im Übrigen gilt Art. 4 Abs. 2 des Bayerischen Datenschutzgesetzes (BayDSG) entsprechend.

Artikel 197 Datenweiterverarbeitung

(1) [1]Die Anstalt darf personenbezogene Daten weiterverarbeiten, soweit dies für die Erfüllung ihrer Aufgaben erforderlich ist. [2]Die Anstalt kann Gefangene verpflichten, einen Lichtbildausweis mit sich zu führen, wenn dies aus Gründen der Sicherheit oder Ordnung der Anstalt erforderlich ist.

(2) [1]Die Verarbeitung personenbezogener Daten für andere Zwecke ist zulässig, soweit dies

1. zur Abwehr erheblicher Nachteile für das Gemeinwohl oder einer Gefahr für die öffentliche Sicherheit,
2. zur Abwehr einer schwerwiegenden Beeinträchtigung der Rechte einer anderen Person,
3. zur Verhinderung oder Verfolgung von Ordnungswidrigkeiten, durch die die Sicherheit oder Ordnung der Anstalt gefährdet werden, oder von Straftaten oder
4. für Maßnahmen der Strafvollstreckung oder strafvollstreckungsrechtliche Entscheidungen

erforderlich ist. [2]Die Anstalten können personenbezogene Daten an Verfassungsschutzbehörden des Bundes oder der Länder, den Bundesnachrichtendienst und den Militärischen Abschirmdienst übermitteln, wenn die Daten konkrete Erkenntnisse zu einer Gefährdung der jeweiligen Rechtsgüter erkennen lassen, die für die Lagebeurteilung nach Maßgabe der Aufgaben der genannten Behörden bedeutsam sind; Art. 24 des Bayerischen Verfassungsschutzgesetzes bleibt unberührt.

(3) Eine Verarbeitung für andere Zwecke liegt über die Fälle des Art. 6 Abs. 1 BayDSG hinaus nicht vor, soweit sie dem gerichtlichen Rechtsschutz nach den §§ 109 bis 121 des Strafvollzugsgesetzes (StVollzG) dient.

(4) [1]Über die in Abs. 1 und 2 geregelten Zwecke hinaus dürfen zuständigen öffentlichen Stellen personenbezogene Daten übermittelt werden, soweit dies für

1. Maßnahmen der Gerichtshilfe, Jugendgerichtshilfe, Bewährungshilfe oder Führungsaufsicht,
2. Entscheidungen in Gnadensachen,
3. Statistiken der Rechtspflege,
4. sozialrechtliche Maßnahmen,
5. die Einleitung von Hilfsmaßnahmen für Angehörige (§ 11 Abs. 1 Nr. 1 StGB) der Gefangenen,
6. dienstliche Maßnahmen der Bundeswehr im Zusammenhang mit der Aufnahme und Entlassung von Soldaten,
7. ausländerrechtliche Maßnahmen oder
8. die Durchführung der Besteuerung oder die Geltendmachung von sonstigen Forderungen von juristischen Personen des öffentlichen Rechts

erforderlich ist. [2]Eine Übermittlung für andere Zwecke ist auch zulässig, soweit eine andere gesetzliche Vorschrift dies vorsieht und sich dabei ausdrücklich auf personenbezogene Daten über Gefangene bezieht.

(4a) [1]Die Regelungen der Strafprozessordnung für die Übermittlung personenbezogener Daten in Akten an Hochschulen, andere Einrichtungen, die wissenschaftliche Forschung betreiben, und öffentliche Stellen für wissenschaftliche Zwecke gelten entsprechend. [2]Es können auch elektronisch gespeicherte personenbezogene Daten übermittelt werden. [3]Die Übermittlung ist, soweit dies zur Erfüllung des jeweiligen Zwecks ausreicht, auf anonymisierte und pseudonymisierte Daten zu beschränken und kann auch auf elektronischem Wege erfolgen.

(5) [1]Öffentlichen und nichtöffentlichen Stellen darf die Anstalt auf schriftlichen Antrag mitteilen, ob sich eine Person in Haft befindet sowie ob und wann ihre Entlassung voraussichtlich bevorsteht und wie die Entlassungsadresse lautet, soweit

1. die Mitteilung zur Erfüllung der in der Zuständigkeit der öffentlichen Stelle liegenden Aufgaben erforderlich ist oder
2. von nichtöffentlichen Stellen ein berechtigtes Interesse an dieser Mitteilung glaubhaft dargelegt wird und die Gefangenen kein schutzwürdiges Interesse an dem Ausschluss der Übermittlung haben.

[2]Verletzten einer Straftat können darüber hinaus auf schriftlichen Antrag Auskünfte über die Vermögensverhältnisse von Gefangenen erteilt werden, wenn die Erteilung zur Feststellung oder Durchsetzung von Rechtsansprüchen im Zusammenhang mit der Straftat erforderlich ist. [3]Die Gefangenen werden vor der Mitteilung gehört, es sei denn, hierdurch droht eine Vereitelung des Zwecks der Mitteilung. [4]Ist die Anhörung unterblieben, werden die betroffenen Gefangenen über die Mitteilung der Anstalt nachträglich unterrichtet. [5]Besteht Anlass zu der Besorgnis, dass die Offenlegung von Lebensumständen von Verletzten einer Straftat deren Leib oder Leben gefährdet, kann die Offenlegung gegenüber den Gefangenen ganz unterbleiben. [6]Die Mitteilung der Anschrift der Verletzten an die Gefangenen bedarf der Einwilligung der Verletzten.

(6) [1]Akten mit personenbezogenen Daten dürfen nur anderen Justizvollzugsanstalten, Einrichtungen für Sicherungsverwahrung, Jugendarrestanstalten, den zur Dienst- oder Fachaufsicht oder zu dienstlichen Weisungen befugten Stellen, den für strafvollzugs-, strafvollstreckungs- und strafrechtliche Entscheidungen zuständigen Gerichten sowie den Strafvollstreckungs- und Strafverfolgungsbehörden überlassen werden; die Überlassung an andere öffentliche Stellen ist zulässig, soweit die Erteilung einer Auskunft einen unvertretbaren Aufwand erfordert oder nach Darlegung der Akteneinsicht begehrenden Stellen für die Erfüllung der Aufgabe nicht ausreicht. [2]Entsprechendes gilt für die Überlassung von Akten an die von der Anstalt mit Gutachten beauftragten Stellen.

(7) Bei der Überwachung der Besuche oder des Schriftwechsels sowie bei der Überwachung des Inhalts von Paketen bekannt gewordene personenbezogene Daten dürfen nur für die in Abs. 2 aufgeführten Zwecke, für das gerichtliche Verfahren nach den §§ 109 bis 121 StVollzG, zur Wahrung der Sicherheit oder Ordnung der Anstalt oder nach Anhörung der Gefangenen für Zwecke der Behandlung verarbeitet werden.

(8) Personenbezogene Daten, die gemäß Art. 196 Abs. 2 Satz 1 über Personen, die nicht Gefangene sind, erhoben worden sind, dürfen nur zur Erfüllung des Erhebungszwecks oder für die in Abs. 2 geregelten Zwecke verarbeitet werden.

(9) [1]Daten, die erhoben wurden, ohne dass die Voraussetzungen für ihre Erhebung vorgelegen haben, dürfen nur dann weiterverarbeitet werden, wenn dies erforderlich ist zur Abwehr einer gegenwärtigen Gefahr für

1. den Bestand oder die Sicherheit des Bundes oder eines Landes,
2. Leben, Gesundheit oder Freiheit oder
3. Güter der Allgemeinheit, deren Bedrohung die Grundlagen der Existenz der Menschen berührt.

[2]Über die Verarbeitung nach Satz 1 entscheidet der Anstaltsleiter oder die Anstaltsleiterin oder der Stellvertreter.

(10) [1]Soweit möglich soll erkennbar werden, ob Daten auf Tatsachen oder persönlichen Einschätzungen beruhen. [2]Bei einer Datenverarbeitung soll nach Möglichkeit unterschieden werden, ob die Daten Verdächtige, Verurteilte, Opfer oder andere Personen betreffen.

Artikel 198 Allgemeine Regelungen der Datenübermittlung

(1) [1]Die Anstalt unterlässt die Übermittlung personenbezogener Daten, die erkennbar unrichtig, unvollständig oder nicht mehr auf dem gegenwärtigen Stand sind. [2]Soweit möglich unterzieht sie die Daten vor Übermittlung einer diesbezüglichen Überprüfung. [3]Die empfangende Stelle beurteilt die Richtigkeit, Vollständigkeit, die Zuverlässigkeit und Aktualität der Daten in eigener Zuständigkeit. [4]Die übermittelnde Stelle fügt nach Möglichkeit die zur Prüfung erforderlichen Informationen bei.

(2) [1]Werden Daten nach ihrer Übermittlung nach Art. 202 Abs. 4 gelöscht oder wird nach Art. 202 Abs. 5 ihre Verarbeitung eingeschränkt, ist dies dem Empfänger unverzüglich mitzuteilen. [2]Erweisen sich personenbezogene Daten nach ihrer Übermittlung als unrichtig, sind sie unverzüglich zu berichtigen,

1. bei einer Übermittlung durch die Anstalt gegenüber der empfangenden Stelle, wenn dies zur Wahrung schutzwürdiger Interessen des Betroffenen erforderlich ist, und
2. bei einer Übermittlung an die Anstalt gegenüber der übermittelnden Stelle, soweit dies möglich und zumutbar ist.

(3) [1]Erweist sich die Übermittlung personenbezogener Daten als unrechtmäßig, ist dies der empfangenden Stelle unverzüglich mitzuteilen. [2]Die Daten dürfen von dieser nicht mehr verarbeitet werden und sind unverzüglich in der Verarbeitung einzuschränken, wenn sie zu Zwecken der Dokumentation noch benötigt werden; andernfalls sind sie von dieser unverzüglich zu löschen.

(4) [1]Die empfangende Stelle darf die übermittelten personenbezogenen Daten nur zu dem Zweck verarbeiten, zu dem sie ihr übermittelt worden sind. [2]Die empfangende Stelle darf die Daten für andere Zwecke nur verarbeiten, soweit sie ihr auch für diese Zwecke hätten übermittelt werden dürfen. [3]Bestehen für die Verarbeitung besondere Bedingungen, ist die empfangende Stelle darauf hinzuweisen. [4]Nicht öffentliche Stellen im Sinn des Art. 1 BayDSG bedürfen für die Weiterverarbeitung nach Satz 2 der Zustimmung der Anstalt; sie sind auf die Regelungen des Halbsatzes 1 sowie der Sätze 1 und 2 hinzuweisen.

(5) Die Anstalt darf auf Empfänger in anderen Mitgliedstaaten der Europäischen Union oder in Staaten, die die Bestimmungen des Schengen-Besitzstandes auf Grund eines Assoziierungsübereinkommens mit der Europäischen Union über die Umsetzung, Anwendung und Entwicklung des Schengen-Besitzstandes anwenden, sowie auf Organisationen der Europäischen Union keine Bedingungen anwenden, die nicht auch für entsprechende innerstaatliche Datenübermittlungen gelten.

Artikel 199 Zentrale Datei, automatisiertes Verfahren

(1) Die gemäß Art. 196 erhobenen Daten können für sämtliche Anstalten im Geltungsbereich dieses Gesetzes in einer zentralen Datei gespeichert werden.

(2) [1]Die Einrichtung eines automatisierten Verfahrens, das die Verarbeitung, insbesondere die Übermittlung oder den Abruf personenbezogener Daten aus der zentralen Datei gemäß den Art. 196 Abs. 1 Satz 2, Art. 197 Abs. 2 und 4 ermöglicht, ist zulässig. [2]Die automatisierte Übermittlung der für § 32 Abs. 2 Satz 1 des Bundeskriminalamtgesetzes erforderlichen personenbezogenen Daten kann auch anlassunabhängig erfolgen. [3]Art. 7 Abs. 1 Satz 2 BayDSG gilt entsprechend.

(3) [1]Folgende Verarbeitungsvorgänge nach Abs. 2 müssen protokolliert werden:
1. Erhebung,
2. Veränderung,
3. Abruf,
4. Offenlegung einschließlich Übermittlung,
5. Verknüpfung und
6. Löschung.

[2]Die Protokolle über Abrufe und Offenlegungen müssen die dafür maßgeblichen Gründe nennen sowie Datum und Uhrzeit dieser Vorgänge enthalten und, soweit möglich, die Feststellung der Identität der abrufenden oder offenlegenden Person sowie des Empfängers ermöglichen.

(4) [1]Die nach Abs. 3 erstellten Protokolle dürfen nur verwendet werden zur
1. Überprüfung der Rechtmäßigkeit der Datenverarbeitung einschließlich der Eigenüberwachung,
2. Gewährleistung der Integrität und Sicherheit der personenbezogenen Daten,
3. Verhütung oder Verfolgung von Straftaten und Ordnungswidrigkeiten und
4. Kontrolle durch den Landesbeauftragten für den Datenschutz (Landesbeauftragter).

[2]Sie sind dem Landesbeauftragten auf Anforderung in auswertbarer Weise zur Verfügung zu stellen. [3]Soweit sie für Zwecke des Satzes 1 nicht mehr benötigt werden, spätestens aber nach Ablauf des dritten Kalenderjahres, das dem Jahr der Protokollierung folgt, sind sie zu löschen. [4]Die Auswertung für Zwecke des Satzes 1 Nr. 3 bedarf der Anordnung des Anstaltsleiters oder der Anstaltsleiterin, der oder die die Anordnungsbefugnis allgemein oder im Einzelfall auf Beamte oder Beamtinnen, die die Voraussetzungen für den Einstieg in die vierte Qualifikationsebene erfüllen, delegieren kann.

Artikel 200 Datenschutz-Folgenabschätzung und Anhörung des Landesbeauftragten

(1) Soweit die Verarbeitung personenbezogener Daten automatisiert erfolgt, gelten Art. 35 Abs. 1, 2 und 7 der Verordnung (EU) 2016/679 (Datenschutz-Grundverordnung – DSGVO) und Art. 14 Abs. 1 BayDSG entsprechend.

(2) § 69 des Bundesdatenschutzgesetzes (BDSG) gilt entsprechend.

Artikel 201 Besondere Kategorien personenbezogener Daten, Schutz der Daten

(1) [1]Personenbezogene Daten, die
1. Ärzten, Zahnärzten oder Angehörigen eines solchen Heilberufs, der für die Berufsausübung oder die Führung der Berufsbezeichnung eine staatlich geregelte Ausbildung erfordert,
2. Berufspsychologen mit staatlich anerkannter wissenschaftlicher Abschlussprüfung,
3. staatlich anerkannten Sozialarbeitern oder staatlich anerkannten Sozialpädagogen

von Gefangenen als Geheimnis anvertraut oder über Gefangene sonst bekannt geworden sind, unterliegen auch gegenüber der Anstalt der Schweigepflicht. [2]Die in Satz 1 genannten Personen haben sich gegenüber dem Anstaltsleiter oder der Anstaltsleiterin zu offenbaren, soweit dies für die Aufgabenerfüllung der Anstalt oder zur Abwehr von erheblichen Gefahren für Leib oder Leben der Gefangenen oder Dritter erforderlich ist. [3]Der Arzt oder die Ärztin ist zur Offenbarung ihm oder ihr im Rahmen der allgemeinen Gesundheitsfürsorge bekannt gewordener Geheimnisse befugt, soweit dies für die Aufgabenerfüllung der Anstalt unerlässlich oder zur Abwehr von erheblichen Gefahren für Leib oder Leben der Gefangenen oder Dritter erforderlich ist. [4]Sonstige Offenbarungsbefugnisse, insbesondere nach einer Entbindung von der Schweigepflicht, bleiben unberührt. [5]Die Gefangenen sind vor der Erhebung über die nach den Sätzen 2 und 3 bestehenden Offenbarungsbefugnisse zu unterrichten.

(2) [1]Die nach Abs. 1 offenbarten Daten dürfen nur für den Zweck, für den sie offenbart wurden oder für den eine Offenbarung zulässig gewesen wäre, und nur unter denselben Voraussetzungen verarbeitet oder genutzt werden, unter denen eine in Abs. 1 Satz 1 Nr. 1 bis 3 genannte Person selbst hierzu befugt wäre. [2]Der Anstaltsleiter oder die Anstaltsleiterin kann unter diesen Voraussetzungen die unmittelbare Offenbarung gegenüber bestimmten Anstaltsbediensteten allgemein zulassen. [3]Warnhinweise, die

keinen Rückschluss auf konkrete Erkrankungen zulassen, sind zulässig, soweit dies zur Abwehr von erheblichen Gefahren für Leib oder Leben der Gefangenen oder Dritter erforderlich ist.

(3) Sofern Ärzte oder Psychologen außerhalb des Vollzugs mit der Untersuchung oder Behandlung Gefangener beauftragt werden, gilt Abs. 1 entsprechend mit der Maßgabe, dass die beauftragte Person auch zur Unterrichtung der in der Anstalt mit der entsprechenden Behandlung betrauten Person befugt ist.

(4) [1]Im Übrigen ist die Verarbeitung besonderer Kategorien personenbezogener Daten im Sinn des Art. 9 Abs. 1 DSGVO zulässig,

1. soweit andernfalls die Erfüllung vollzuglicher Aufgaben gefährdet oder wesentlich erschwert ist,
2. zur Abwehr von Gefahren für ein bedeutendes Rechtsgut,
3. wenn dies für Maßnahmen der Strafverfolgung und -vollstreckung, der Gerichtshilfe, Jugendgerichtshilfe, Bewährungshilfe oder Führungsaufsicht sowie für Entscheidungen in Gnadensachen erforderlich ist,
4. wenn die betroffene Person der Datenverarbeitung zugestimmt hat und die Daten nur für den Zweck verarbeitet werden, zu dem die Zustimmung erteilt wurde,
5. wenn die betroffene Person sie bereits offensichtlich öffentlich gemacht hat,
6. wenn dies zu Zwecken der Eigensicherung erforderlich ist oder
7. soweit dies für die in Art. 197 Abs. 4a und Art. 204 Abs. 4 genannten Zwecke erforderlich ist.

[2]Solche Daten sollen besonders gekennzeichnet und der Zugriff darauf besonders ausgestaltet werden, wenn und soweit dies der Schutz der betroffenen Personen erfordert. [3]Vor Erteilung der Zustimmung nach Satz 1 Nr. 4 ist die betroffene Person über den Zweck der Verarbeitung sowie darüber aufzuklären, dass sie die Zustimmung verweigern sowie jederzeit widerrufen kann; die Zustimmung ist zu dokumentieren. [4]Gesundheits- und Therapieakten sind getrennt von anderen Unterlagen zu führen und besonders zu sichern.

(5) Andere personenbezogene Daten über die Gefangenen dürfen vorbehaltlich abweichender Regelung innerhalb der Anstalt allgemein kenntlich gemacht werden, soweit dies für ein geordnetes Zusammenleben in der Anstalt erforderlich ist.

Artikel 202 Berichtigung, Löschung und Einschränkung der Verarbeitung

(1) [1]Personenbezogene Daten sind zu berichtigen, wenn sie unrichtig sind. [2]Die Berichtigung kann auch eine Ergänzung der Daten erforderlich machen, wenn eine mangelnde Vollständigkeit die Unrichtigkeit der Daten für den Verarbeitungszweck zur Folge hat. [3]Ist die Berichtigung nicht möglich oder nicht hinreichend, ist eine weitere Verarbeitung der Daten unzulässig.

(2) Die Anstalt soll angemessene Maßnahmen ergreifen, dass gespeicherte personenbezogene Daten sachlich richtig, vollständig und erforderlichenfalls auf dem neusten Stand sind, und zu diesem Zweck die Qualität der Daten überprüfen.

(3) [1]Die Speicherung von personenbezogenen Daten ist auf das erforderliche Maß zu beschränken. [2]Personenbezogene Daten sind spätestens fünf Jahre nach der Entlassung der Gefangenen oder ihrer Verlegung in eine andere Anstalt zu löschen. [3]Bis zum Ablauf einer Aufbewahrungsfrist nach Abs. 6 Satz 1 für die Gefangenenpersonalakten können die Angaben über Familienname, Vorname, Geburtsname, Geburtstag, Geburtsort, Eintritts- und Austrittsdatum der Gefangenen verarbeitet werden, soweit dies für das Auffinden der Gefangenenpersonalakte erforderlich ist.

(4) Personenbezogene Daten sind unverzüglich zu löschen, wenn

1. ihre Erhebung oder weitere Verarbeitung unzulässig war oder
2. sie zur Erfüllung einer rechtlichen Verpflichtung gelöscht werden müssen.

(5) [1]Die Löschung unterbleibt, soweit und solange

1. Grund zu der Annahme besteht, dass schutzwürdige Interessen der betroffenen Person beeinträchtigt würden,
2. die Daten für Beweiszwecke einer weiteren Aufbewahrung bedürfen,
3. dies zur Verfolgung oder Verhütung von Straftaten erforderlich ist,
4. dies im Einzelfall nicht oder nur mit unverhältnismäßig hohem Aufwand möglich ist,
5. dies zur Durchführung wissenschaftlicher Forschungsvorhaben nach Art. 197 Abs. 4a erforderlich ist oder
6. ein Fall des Art. 197 Abs. 9 vorliegt.

[2]In diesen Fällen sind die Daten in der Verarbeitung einzuschränken. [3]Sie dürfen nur zu den in Satz 1 Nr. 2, 3, 5 und 6 genannten Zwecken oder mit Einwilligung der betroffenen Person verarbeitet werden.

(6) [1]Die Löschung von Daten in Akten unterbleibt außerdem bis zum Ablauf von in Rechtsvorschriften bestimmten Aufbewahrungsfristen. [2]Die Akten können länger aufbewahrt werden, sofern dies im Einzelfall für die in Abs. 5 Satz 1 genannten Zwecke weiterhin erforderlich ist. [3]Abs. 5 Satz 2 und 3 gilt entsprechend. [4]Die Einschränkung der Verarbeitung endet, wenn die Gefangenen erneut zum Vollzug einer Freiheitsstrafe aufgenommen werden oder die betroffene Person einwilligt.

(7) [1]Es ist ein Verfahren festzulegen, das die Einhaltung der Fristen sicherstellt. [2]Die archivrechtlichen Vorschriften bleiben unberührt.

Artikel 203 Ausübung der Rechte der betroffenen Person

(1) [1]Die Anstalt informiert die Gefangenen und andere betroffene Personen in allgemeiner und verständlicher Form über

1. die Zwecke, zu denen personenbezogene Daten verarbeitet werden,
2. ihre Bezeichnung und Kontaktdaten und diejenigen des behördlichen Datenschutzbeauftragten,
3. die Kontaktdaten des Landesbeauftragten sowie das Recht, sich an ihn zu wenden,
4. die Rechte auf Auskunft, Berichtigung, Löschung und Einschränkung der Verarbeitung personenbezogener Daten.

[2]Die Anstalt weist auf Verlangen darüber hinaus in geeigneter Weise auf die Rechtsgrundlage der Datenerhebung sowie auf eine im Einzelfall bestehende gesetzliche Auskunftspflicht oder die Freiwilligkeit der Auskunft hin. [3]Über eine ohne ihre Kenntnis vorgenommene Erhebung personenbezogener Daten wird die betroffene Person unverzüglich unter Angabe dieser Daten unterrichtet.

(2) [1]Die Informationen nach Abs. 1 Satz 2 und 3 können zunächst unterbleiben, soweit und solange

1. die Erreichung der in Art. 196 Abs. 1 genannten Zwecke auf andere Weise gefährdet oder wesentlich erschwert würde,
2. dies für die in Art. 197 Abs. 2 genannten Zwecke erforderlich ist oder
3. anzunehmen ist, dass dies überwiegenden Interessen oder Belangen der betroffenen Person oder Dritter dient.

[2]Sind die Voraussetzungen nach Satz 1 entfallen, ist die betroffene Person zu benachrichtigen und sind unterbliebene Informationen unverzüglich zu erteilen. [3]Die Benachrichtigung hat zumindest die Angaben nach Abs. 1 Satz 1, die Rechtsgrundlage der Datenerhebung und gegebenenfalls der weiteren Verarbeitung, Informationen über die mutmaßliche Dauer der Datenspeicherung oder, falls diese Angabe nicht möglich ist, Kriterien hierfür sowie gegebenenfalls über die Kategorien der Empfänger der Daten zu enthalten. [4]Bezieht sich die Benachrichtigung auf die Herkunft personenbezogener Daten von oder deren Übermittlung an die Staatsanwaltschaft, Polizei, Finanzverwaltung, Organe der überörtlichen Rechnungsprüfung, den Verfassungsschutz, den Bundesnachrichtendienst, den Militärischen Abschirmdienst oder andere Behörden des Bundesministeriums der Verteidigung, ist sie nur nach Zustimmung dieser Stellen zulässig.

(3) [1]Die betroffene Person kann nach Maßgabe des Art. 202 Abs. 1, 4 und 5 die unverzügliche Berichtigung, Löschung oder Einschränkung der Verarbeitung verlangen. [2]Im Fall von Aussagen, Beurteilungen oder anderweitigen Wertungen betrifft die Frage der Richtigkeit nicht deren Inhalt, sondern die Tatsache, ob die Aussage, Beurteilung oder anderweitige Wertung so erfolgt ist. [3]Kann die Richtigkeit der Daten nicht erwiesen werden, werden die Daten in der Verarbeitung eingeschränkt. [4]In diesem Fall wird die betroffene Person unterrichtet, bevor die Einschränkung der Verarbeitung aufgehoben wird. [5]Bestehen begründete Zweifel an der Identität der antragstellenden Person, kann die Bearbeitung ihres Anliegens von der Erbringung geeigneter Nachweise abhängig gemacht werden.

(4) [1]Die betroffene Person wird unverzüglich darüber in Kenntnis gesetzt, wie mit dem Antrag nach Abs. 3 verfahren wird, falls über ihn nicht unverzüglich entschieden wird. [2]Soweit ein Antrag abgelehnt wird, ist die betroffene Person hierüber schriftlich und unter Mitteilung der Gründe zu unterrichten. [3]Sie ist darauf hinzuweisen, dass sie Beschwerde bei dem Landesbeauftragten einlegen, ihre Rechte auch über diesen ausüben oder gerichtlichen Rechtsschutz in Anspruch nehmen kann. [4]Abs. 2 Satz 1 gilt entsprechend.

(5) Bei offensichtlich unbegründeten oder in ungebührlichem Umfang gestellten Anträgen können angemessene Kosten erhoben werden, soweit nicht ausnahmsweise schon von der Bearbeitung abgesehen werden kann.

Artikel 204 Auskunftsrecht und Akteneinsicht

(1) [1]Die Anstalt teilt einer Person auf Antrag mit, ob sie betreffende personenbezogene Daten verarbeitet werden. [2]Ist dies der Fall, erhält die Person ihrem Antrag entsprechend Auskunft über sie betreffende personenbezogene Daten und über

1. die Rechtsgrundlage und die Zwecke der Verarbeitung,
2. verfügbare Informationen zur Herkunft der Daten oder, falls dies im Einzelfall nicht möglich ist, zu den Kategorien personenbezogener Daten, die verarbeitet werden,
3. die Empfänger, gegenüber denen die personenbezogenen Daten offengelegt wurden,
4. die für deren Speicherung vorgesehene Dauer oder, falls dies im Einzelfall nicht möglich ist, die Kriterien für deren Festlegung,
5. die bestehenden Rechte auf Berichtigung, Löschung oder Einschränkung der Verarbeitung und
6. die Kontaktdaten des Landesbeauftragten und die Möglichkeit, bei ihm Beschwerde einzulegen.

[3]Art. 203 Abs. 2 Satz 4 und Abs. 3 Satz 5 sowie Art. 10 Abs. 2 BayDSG gelten entsprechend.

(2) [1]Art. 203 Abs. 4 und 5 gilt entsprechend. [2]Die Gründe für die Ablehnung eines Antrags sind zu dokumentieren. [3]Sie sind dem Landesbeauftragten für dessen Kontrolle in auswertbarer Weise zur Verfügung zu stellen, soweit nicht die Aufsichtsbehörde im Einzelfall feststellt, dass dadurch die Sicherheit des Bundes oder eines Landes gefährdet würde. [4]Eine Mitteilung des Landesbeauftragten an die betroffene Person im Beschwerdeverfahren darf keine Rückschlüsse auf den Erkenntnisstand der Anstalt oder der in Art. 203 Abs. 2 Satz 4 genannten Stellen zulassen, sofern diese nicht einer weitergehenden Auskunft zustimmen.

(3) [1]Soweit eine Auskunft für die Wahrnehmung der rechtlichen Interessen der betroffenen Person nicht ausreicht und sie hierfür auf die Einsichtnahme angewiesen ist, erhält sie Akteneinsicht. [2]Abs. 1 Satz 3 gilt entsprechend.

(4) Die Mitglieder einer Delegation des Europäischen Ausschusses zur Verhütung von Folter und unmenschlicher oder erniedrigender Behandlung oder Strafe erhalten während des Besuchs in der Anstalt Einsicht in die Gefangenenpersonalakten und Gesundheitsakten, soweit dies zur Wahrnehmung der Aufgaben des Ausschusses erforderlich ist.

Artikel 205 Weitere Bestimmungen

(1) Die datenschutzrechtlichen Regelungen über Anstalten gelten entsprechend für die Aufsichtsbehörde.

(2) Die §§ 78 bis 81 BDSG gelten entsprechend.

(3) Das Bayerische Datenschutzgesetz findet ergänzend Anwendung.

Abschnitt 4

Arbeitslosenversicherung

Artikel 206 Einbehaltung von Beitragsteilen

Soweit die Anstalt Beiträge zur Bundesagentur für Arbeit zu entrichten hat, hat sie von dem Arbeitsentgelt oder der Ausbildungsbeihilfe einen Betrag einzubehalten, der dem Anteil der Gefangenen am Beitrag entsprechen würde, wenn sie diese Bezüge als Arbeitnehmer erhielten.

Teil 7

Schlussvorschriften

Artikel 207 Einschränkung von Grundrechten

Auf Grund dieses Gesetzes können die Grundrechte auf Leben, körperliche Unversehrtheit und Freiheit der Person sowie das Brief-, Post- und Fernmeldegeheimnis (Art. 2 Abs. 2 Satz 1 und 2 sowie Art. 10 Abs. 1 des Grundgesetzes, Art. 102 Abs. 1, Art. 112 Abs. 1 und Art. 109 der Verfassung) eingeschränkt werden.

Artikel 208 Regelungsumfang

Dieses Gesetz ersetzt im Freistaat Bayern § 92 Abs. 1 JGG sowie das Strafvollzugsgesetz mit Ausnahme der Vorschrift des § 43 Abs. 11 Satz 2 Halbsatz 2 StVollzG und der Vorschriften über den Pfändungsschutz (§ 50 Abs. 2 Satz 5, § 51 Abs. 4 und 5, § 75 Abs. 3, §§ 130 und 176 Abs. 4 StVollzG), das gerichtliche Verfahren (§§ 109 bis 121b und 130 StVollzG), die Untersuchungshaft (§ 177

StVollzG), die Sicherungsverwahrung (§§ 129 bis 135 StVollzG), die Unterbringung in einem psychiatrischen Krankenhaus und einer Entziehungsanstalt (§§ 136 bis 138 StVollzG), den Vollzug von Ordnungs-, Sicherungs-, Zwangs- und Erzwingungshaft (§§ 171 bis 175 StVollzG) sowie den unmittelbaren Zwang in Justizvollzugsanstalten beim Vollzug der Untersuchungshaft, der einstweiligen Unterbringung nach § 126a StPO, des Jugendarrests und der Ordnungs-, Sicherungs-, Zwangs- und Erzwingungshaft (§ 178 Abs. 1 und 2 StVollzG).

Artikel 209 Inkrafttreten, Außerkrafttreten

(1) [1]Dieses Gesetz tritt am 1. Januar 2008 in Kraft. [2]Abweichend von Satz 1 treten Art. 137 Abs. 2 Sätze 2 bis 5 am 1. Januar 2011 in Kraft.

(2) Art. 205 Abs. 4 tritt mit Ablauf des 6. Mai 2023 außer Kraft.

Artikel 210 ***[nicht mehr belegt]***

Gesetz über den Vollzug der Untersuchungshaft (Bayerisches Untersuchungshaftvollzugsgesetz – BayUVollzG)

Vom 20. Dezember 2011 (GVBl. S. 678)
(BayRS 312-1-J)
zuletzt geändert durch § 2 G zur Änderung des Bayerischen Strafvollzugsgesetzes und weiterer Rechtsvorschriften vom 21. Oktober 2022 (GVBl. S. 642)

Der Landtag des Freistaates Bayern hat das folgende Gesetz beschlossen, das hiermit bekannt gemacht wird:

Nichtamtliche Inhaltsübersicht

Teil 1

Anwendungsbereich

Artikel 1 Anwendungsbereich

(1) [1]Dieses Gesetz regelt den Vollzug der Untersuchungshaft nach §§ 112, 112a, 127b Abs. 2, § 230 Abs. 2, §§ 236, 329 Abs. 3, § 412 Satz 1 der Strafprozessordnung (StPO) sowie § 72 des Jugendgerichtsgesetzes (JGG). [2]Die Vorschriften dieses Gesetzes gelten entsprechend für den Vollzug

1. der in § 275a Abs. 6 und § 453c StPO geregelten freiheitsentziehenden Maßnahmen,
2. der Haft auf Grund vorläufiger Festnahme nach § 127 StPO, die in einer Justizvollzugsanstalt vollzogen wird, soweit es mit der Eigenart dieser Haft vereinbar ist,
3. der einstweiligen Unterbringung nach § 126a StPO, soweit diese in einer Justizvollzugsanstalt vollzogen wird.

[3]Der Vollzug der einstweiligen Unterbringung in einer Justizvollzugsanstalt ist nur für einen Zeitraum von 24 Stunden und nur dann zulässig, wenn eine sofortige Überführung in ein psychiatrisches Krankenhaus oder eine Entziehungsanstalt nicht möglich ist; in diesem Fall sind alle Sicherungsmaßnahmen zu treffen, die sich aus dem Zweck der Anordnung der einstweiligen Unterbringung ergeben.

(2) Die Untersuchungshaft wird in Justizvollzugsanstalten nach Art. 165 des Bayerischen Strafvollzugsgesetzes (BayStVollzG), vorrangig in einer besonderen Abteilung, vollzogen.

Teil 2
Grundsätze

Artikel 2 Zweck der Untersuchungshaft

Der Vollzug der Untersuchungshaft dient dem Zweck, durch sichere Unterbringung der Untersuchungsgefangenen die Durchführung eines geordneten Strafverfahrens zu gewährleisten und den in den gesetzlichen Haftgründen zum Ausdruck kommenden Gefahren zu begegnen.

Artikel 3 Stellung der Untersuchungsgefangenen

(1) Die Untersuchungsgefangenen gelten als unschuldig und sind entsprechend zu behandeln.

(2) Annehmlichkeiten und Beschäftigungen dürfen sie sich auf ihre Kosten verschaffen, soweit sie mit dem Zweck der Untersuchungshaft vereinbar sind und nicht die Sicherheit oder Ordnung der Anstalt stören.

(3) Soweit Bundes- oder Landesrecht eine besondere Regelung nicht enthält, dürfen den Untersuchungsgefangenen nur solche Beschränkungen auferlegt werden, die zur Aufrechterhaltung der Sicherheit, zur Abwendung einer schwerwiegenden Störung der Ordnung der Anstalt oder zur Umsetzung von Anordnungen nach § 119 StPO zur Bekämpfung einer Flucht-, Verdunkelungs- oder Wiederholungsgefahr (verfahrenssichernde Anordnungen) unerlässlich sind.

(4) Die Beschränkungen müssen in einem angemessenen Verhältnis zum Zweck der Anordnung stehen und dürfen die Untersuchungsgefangenen nicht mehr und nicht länger als notwendig beeinträchtigen.

(5) Das Verteidigungsinteresse der Untersuchungsgefangenen ist angemessen zu berücksichtigen.

Artikel 4 Gestaltung des Vollzugs

(1) Das Leben im Vollzug ist den allgemeinen Lebensverhältnissen anzugleichen, soweit der Zweck der Untersuchungshaft und die Erfordernisse eines geordneten Zusammenlebens in der Anstalt dies zulassen.

(2) [1]Schädlichen Folgen des Freiheitsentzugs ist entgegenzuwirken. [2]Den Untersuchungsgefangenen sollen Hilfen zur Verbesserung ihrer sozialen Situation angeboten werden, soweit es die besonderen Bedingungen der Untersuchungshaft zulassen. [3]Dem Erkennen von Suizidabsichten und der Verhütung von Selbsttötungen kommt eine besondere Bedeutung zu.

(3) Die Persönlichkeit der Untersuchungsgefangenen ist zu achten und ihr Ehrgefühl zu schonen.

Artikel 5 Trennung des Vollzugs

(1) [1]Die Untersuchungsgefangenen dürfen nicht mit Gefangenen anderer Haftarten in demselben Raum untergebracht werden. [2]Sie sind auch sonst von Gefangenen anderer Haftarten zu trennen. [3]Art. 11 Abs. 2 bleibt unberührt. [4]Ausnahmen sind zulässig, wenn die Untersuchungsgefangenen zustimmen. [5]Ausnahmen sind ferner jeweils vorübergehend zulässig, wenn dies aus Gründen der Sicherheit oder Ordnung der Anstalt oder anderen dringenden Gründen der Vollzugsorganisation erforderlich ist.

(2) [1]Männliche und weibliche Untersuchungsgefangene sind getrennt voneinander in gesonderten Anstalten oder Abteilungen unterzubringen. [2]Ausnahmen sind zulässig, um den Untersuchungsgefangenen die Teilnahme an Behandlungsangeboten in einer anderen Anstalt oder einer anderen Abteilung zu ermöglichen.

Artikel 6 Zuständigkeit

Die nach diesem Gesetz notwendigen Entscheidungen trifft der Anstaltsleiter oder die Anstaltsleiterin unter Beachtung der Belange des Strafverfahrens.

Artikel 7 Zusammenwirken der beteiligten Stellen

(1) Der Anstaltsleiter oder die Anstaltsleiterin hat verfahrenssichernde Anordnungen zu beachten und umzusetzen.

(2) [1]Der Anstaltsleiter oder die Anstaltsleiterin unterrichtet das Gericht oder die Staatsanwaltschaft über Erkenntnisse oder Maßnahmen, die aus Sicht der Anstalt für das Verfahren von Bedeutung sein können. [2]Die beteiligten Stellen arbeiten eng zusammen, um den Zweck des Untersuchungshaftvollzugs zu erfüllen und die Sicherheit und Ordnung der Anstalt sowie die Wahrung der Rechte der Untersuchungsgefangenen zu gewährleisten.

Teil 3
Vollzugsverlauf

Artikel 8 Aufnahme in die Anstalt

(1) Die Untersuchungsgefangenen werden auf Grund eines schriftlichen Aufnahmeersuchens in die nach dem Vollstreckungsplan (Art. 37 Satz 1 in Verbindung mit Art. 174 BayStVollzG) zuständige Anstalt aufgenommen, soweit das Gericht nicht im Einzelfall eine andere Anstalt bestimmt hat.

(2) [1]Die neu aufgenommenen Untersuchungsgefangenen werden über ihre Rechte und Pflichten in einer für sie verständlichen Form unterrichtet. [2]Mit ihnen wird ein Zugangsgespräch geführt. [3]Die Untersuchungsgefangenen werden alsbald ärztlich untersucht. [4]Sie werden auf die Möglichkeit von Hilfen durch die Fachdienste des Art. 37 Satz 1 in Verbindung mit Art. 178, 181 und 182 BayStVollzG hingewiesen.

(3) Beim Aufnahmeverfahren ist das Persönlichkeitsrecht der Untersuchungsgefangenen in besonderem Maße zu wahren.

Artikel 9 Verlegung, Überstellung

(1) Untersuchungsgefangene können in eine andere Anstalt verlegt oder überstellt werden, wenn es aus Gründen der Sicherheit oder Ordnung der Anstalt, der Vollzugsorganisation oder anderen wichtigen Gründen erforderlich ist.

(2) Art. 67 BayStVollzG gilt entsprechend.

(3) [1]Vor einer Verlegung oder Überstellung ist dem Gericht und der Staatsanwaltschaft Gelegenheit zur Stellungnahme zu geben. [2]Hiervon kann bei Gefahr im Verzug abgesehen werden; in diesem Fall sind das Gericht und die Staatsanwaltschaft unverzüglich zu unterrichten.

(4) [1]Die Verteidigung ist von einer Verlegung oder Überstellung unverzüglich zu unterrichten. [2]Den Untersuchungsgefangenen ist vor ihrer Verlegung oder Überstellung Gelegenheit zu geben, Angehörige oder eine Vertrauensperson zu benachrichtigen, soweit die Sicherheit oder Ordnung der Anstalt dadurch nicht gefährdet wird.

Artikel 10 Beendigung der Untersuchungshaft

(1) Auf Anordnung des Gerichts oder der Staatsanwaltschaft gemäß § 120 Abs. 3 Satz 2 StPO entlässt der Anstaltsleiter oder die Anstaltsleiterin die Untersuchungsgefangenen unverzüglich aus der Haft, es sei denn, es ist in anderer Sache eine richterlich angeordnete Freiheitsentziehung zu vollziehen.

(2) [1]Aus fürsorgerischen Gründen und auf Kosten der Anstalt kann Untersuchungsgefangenen auf Antrag der freiwillige Verbleib in der Anstalt bis zum Vormittag des zweiten auf den Eingang der Entlassungsanordnung folgenden Werktags gestattet werden. [2]Der freiwillige Verbleib setzt das schriftliche Einverständnis der Untersuchungsgefangenen voraus, dass die bisher bestehenden Beschränkungen bis zur Entlassung aufrechterhalten bleiben. [3]Ein Widerruf des Antrags darf nicht zur Unzeit erfolgen.

(3) [1]Bei Verurteilung zu einer Freiheits- oder Jugendstrafe, Sicherungsverwahrung oder Strafarrest, bei denen die Vollstreckung nicht zur Bewährung ausgesetzt wird, sind die Untersuchungsgefangenen mit Rechtskraft des Urteils nach den Vorschriften des Bayerischen Strafvollzugsgesetzes zu behandeln, soweit sich dies schon vor der Aufnahme zum Strafvollzug durchführen lässt. [2]Der Anstaltsleiter oder

die Anstaltsleiterin wirkt auf eine umgehende Verlegung in die zuständige Anstalt hin. 3Satz 1 gilt nicht, wenn auf Grund eines anderen Haftbefehls weiterhin Untersuchungshaft zu vollziehen ist.
(4) Abs. 3 gilt bei rechtskräftiger Anordnung einer mit Freiheitsentziehung verbundenen Maßregel nach § 63 oder § 64 des Strafgesetzbuchs (StGB) entsprechend.

Teil 4
Gestaltung des Lebens in der Anstalt

Artikel 11 Unterbringung

(1) 1Während der Ruhezeit werden die Untersuchungsgefangenen allein in ihren Hafträumen untergebracht. 2Mit ihrer Zustimmung können sie mit anderen Untersuchungsgefangenen gemeinsam untergebracht werden. 3Auch ohne ihre Zustimmung ist eine vorübergehende gemeinsame Unterbringung zulässig,
1. bei Gefahr für Leben oder Gesundheit oder bei Hilfsbedürftigkeit von Untersuchungsgefangenen oder
2. wenn und solange die räumlichen Verhältnisse der Anstalt dies zwingend erfordern.

4Art. 5 Abs. 1 bleibt unberührt.
(2) Den Untersuchungsgefangenen kann Gelegenheit gegeben werden, sich außerhalb der Ruhezeiten in Gemeinschaft mit anderen Gefangenen, auch anderer Haftarten, aufzuhalten, soweit es die räumlichen, personellen und organisatorischen Verhältnisse der Anstalt gestatten.
(3) Soweit es die Sicherheit oder Ordnung der Anstalt erfordert, kann
1. die gemeinschaftliche Unterbringung während der Ruhezeit eingeschränkt oder ausgeschlossen werden,
2. der gemeinschaftliche Aufenthalt außerhalb der Ruhezeit eingeschränkt oder ausgeschlossen werden sowie
3. die Trennung von einzelnen anderen Gefangenen angeordnet werden.

(4) Art. 20 Abs. 3 BayStVollzG gilt entsprechend.

Artikel 12 Beschäftigung, Bildungsmaßnahmen

(1) Die Untersuchungsgefangenen sind nicht zur Arbeit oder zu einer sonstigen Beschäftigung verpflichtet.
(2) 1Ihnen soll auf Verlangen nach Möglichkeit eine wirtschaftlich ergiebige Arbeit angeboten werden, die ihre Fähigkeiten, Fertigkeiten und Neigungen berücksichtigt. 2Untersuchungsgefangenen, die zu wirtschaftlich ergiebiger Arbeit nicht fähig sind, kann eine sonstige geeignete Beschäftigung angeboten werden. 3Die Untersuchungsgefangenen können sich auf ihre Kosten innerhalb der Anstalt selbst beschäftigen, soweit die Selbstbeschäftigung nicht die Sicherheit oder Ordnung der Anstalt beeinträchtigt. 4Mit ihrer Zustimmung können Untersuchungsgefangene zu Hilfstätigkeiten in der Anstalt herangezogen werden.
(3) 1Üben die Untersuchungsgefangenen eine ihnen angebotene Arbeit, Beschäftigung oder Hilfstätigkeit aus, so erhalten sie ein nach Art. 46 Abs. 2 bis 5 BayStVollzG sowie der Bayerischen Strafvollzugsvergütungsverordnung zu bemessendes und bekannt zu gebendes Arbeitsentgelt. 2Der Bemessung des Arbeitsentgelts sind 9 v.H. der Bezugsgröße nach § 18 des Vierten Buches Sozialgesetzbuch zugrunde zu legen (Eckvergütung).
(4) 1Geeigneten Untersuchungsgefangenen kann Gelegenheit zum Erwerb oder zur Verbesserung schulischer und beruflicher Kenntnisse gegeben werden, soweit es die besonderen Bedingungen der Untersuchungshaft zulassen. 2Art. 41 BayStVollzG gilt entsprechend.
(5) Art. 39 Abs. 5 und Art. 44 BayStVollzG gelten entsprechend.

Artikel 13 Freizeit

(1) 1Den Untersuchungsgefangenen ist Gelegenheit zu geben, sich in ihrer Freizeit zu beschäftigen. 2Insbesondere sollen Sportmöglichkeiten, Freizeitgruppen, Gemeinschaftsveranstaltungen, Veranstaltungen zur Weiterbildung und die Benutzung einer Anstaltsbücherei angeboten werden. 3Dieses Recht kann eingeschränkt oder aufgehoben werden, soweit die Sicherheit oder Ordnung der Anstalt gefährdet ist.
(2) 1Die Untersuchungsgefangenen dürfen durch Vermittlung der Anstalt auf eigene Kosten in angemessenem Umfang Zeitungen und Zeitschriften beziehen. 2Ausgeschlossen sind Zeitungen und Zeit-

schriften, deren Verbreitung mit Strafe oder Geldbuße bedroht ist. [3]Einzelne Ausgaben oder Teile von Zeitungen oder Zeitschriften können den Untersuchungsgefangenen vorenthalten werden, wenn sie die Sicherheit oder Ordnung der Anstalt erheblich gefährden würden.

(3) [1]Die Untersuchungsgefangenen dürfen durch Vermittlung der Anstalt auf eigene Kosten im Haftraum ein eigenes Hörfunk- und Fernsehgerät unter Rücksichtnahme auf die Belange der Mitgefangenen betreiben. [2]Der Hörfunk- und Fernsehempfang kann vorübergehend ausgesetzt oder einzelnen Untersuchungsgefangenen untersagt werden, wenn dies zur Aufrechterhaltung der Sicherheit oder Ordnung der Anstalt unerlässlich ist.

(4) [1]Die Untersuchungsgefangenen dürfen durch Vermittlung der Anstalt in angemessenem Umfang Bücher und andere Gegenstände zur Fortbildung oder zur Freizeitbeschäftigung besitzen. [2]Dieses Recht kann eingeschränkt oder aufgehoben werden, wenn der Besitz, die Überlassung oder die Benutzung des Gegenstands

1. mit Strafe oder Geldbuße bedroht wäre oder
2. die Sicherheit oder Ordnung der Anstalt gefährden würde.

(5) Art. 73 BayStVollzG gilt entsprechend.

Artikel 14 Lebenshaltung

(1) [1]Die Untersuchungsgefangenen dürfen eigene Kleidung und Wäsche tragen sowie eigenes Bettzeug benutzen, soweit sie auf eigene Kosten für Reinigung, Instandsetzung und regelmäßigen Wechsel sorgen. [2]Hierzu dürfen für die Untersuchungsgefangenen Kleidung, Wäsche und Bettzeug in der Anstalt abgegeben und dort abgeholt werden. [3]Der Anstaltsleiter oder die Anstaltsleiterin kann anordnen, dass Reinigung und Instandsetzung nur durch Vermittlung der Anstalt erfolgen dürfen.

(2) Die Untersuchungsgefangenen dürfen ihren Haftraum in angemessenem Umfang mit eigenen Sachen ausstatten, die ihnen mit Zustimmung oder auf Vermittlung der Anstalt überlassen worden sind.

(3) [1]Sie dürfen durch Vermittlung der Anstalt regelmäßig Nahrungs- und Genussmittel sowie andere Gegenstände des persönlichen Bedarfs in angemessenem Umfang kaufen. [2]Die Anstalt soll für ein Einkaufsangebot sorgen, das auf Wünsche und Bedürfnisse der Untersuchungsgefangenen Rücksicht nimmt.

(4) [1]Die Untersuchungsgefangenen dürfen sich in angemessener Weise auf eigene Kosten durch Vermittlung der Anstalt selbst verpflegen. [2]Die Verpflegung darf nur von Speise- oder Gastwirtschaften bezogen werden, die der Anstaltsleiter oder die Anstaltsleiterin bestimmt.

(5) Soweit es die Sicherheit oder Ordnung der Anstalt erfordert, können

1. die Rechte aus Abs. 1 ausgeschlossen oder eingeschränkt und
2. die in Abs. 2, 3 Satz 1 und Abs. 4 Satz 1 genannten Rechte eingeschränkt werden.

(6) Art. 24 Abs. 2 Satz 2 und 3 BayStVollzG gilt entsprechend.

Teil 5
Verkehr mit der Außenwelt

Artikel 15 Recht auf Besuch

(1) [1]Die Untersuchungsgefangenen dürfen im Rahmen der Vorschriften dieses Gesetzes regelmäßig Besuch empfangen. [2]Die Gesamtdauer beträgt mindestens zwei Stunden im Monat. [3]Soweit Satz 2 in der Anstalt erhebliche räumliche, personelle oder organisatorische Gründe entgegen stehen, beträgt die Gesamtdauer mindestens eine Stunde im Monat. [4]Das Weitere regelt die Hausordnung.

(2) In den ersten drei Monaten nach Aufnahme in die Anstalt gilt die Mindestbesuchsdauer von zwei Stunden im Monat uneingeschränkt.

Artikel 16 Zulassung zum Besuch

(1) [1]Aus Gründen der Sicherheit oder Ordnung der Anstalt kann die Zulassung von Personen zum Besuch davon abhängig gemacht werden, dass sich die Besucher durchsuchen oder mit technischen Mitteln oder sonstigen Hilfsmitteln auf verbotene Gegenstände absuchen lassen. [2]Zur Aufrechterhaltung der Sicherheit oder Ordnung der Anstalt kann die Anzahl der gleichzeitig zu einem Besuch zugelassenen Personen beschränkt werden.

(2) Der Anstaltsleiter oder die Anstaltsleiterin kann die Zulassung zum Besuch versagen oder von der Befolgung von Weisungen abhängig machen, wenn es die Sicherheit oder Ordnung der Anstalt erfordert.

Artikel 17 Überwachung von Besuchen

(1) [1]Besuche dürfen aus Gründen der Sicherheit oder Ordnung der Anstalt überwacht werden, es sei denn, es liegen im Einzelfall Erkenntnisse dafür vor, dass es der Überwachung nicht bedarf. [2]Die Überwachung und Aufzeichnung mit technischen Mitteln ist zulässig, wenn die Besucher und die Untersuchungsgefangenen vor dem Besuch darauf hingewiesen werden. [3]Die Aufzeichnungen sind spätestens nach Ablauf eines Monats zu löschen.

(2) [1]Die Unterhaltung darf nur überwacht werden, soweit dies im Einzelfall aus Gründen der Sicherheit oder Ordnung der Anstalt erforderlich ist. [2]Abs. 1 Satz 2 ist nicht anwendbar.

(3) [1]Gegenstände dürfen beim Besuch nur mit Erlaubnis des Anstaltsleiters oder der Anstaltsleiterin übergeben werden. [2]Zur Verhinderung der Übergabe von unerlaubten Gegenständen kann im Einzelfall angeordnet werden, dass der Besuch unter Verwendung einer Trennvorrichtung abzuwickeln ist.

(4) Besuche dürfen abgebrochen werden, wenn auf Grund des Verhaltens der Besucher oder der Untersuchungsgefangenen eine Gefährdung der Sicherheit oder Ordnung der Anstalt droht; im Übrigen gilt Art. 30 Abs. 4 BayStVollzG entsprechend.

Artikel 18 Recht auf Schriftwechsel

(1) [1]Die Untersuchungsgefangenen haben das Recht, im Rahmen der Vorschriften dieses Gesetzes unbeschränkt Schreiben abzusenden und zu empfangen. [2]Art. 31 Abs. 2 Nr. 1 BayStVollzG gilt entsprechend.

(2) [1]Die Kosten des Schriftverkehrs tragen die Untersuchungsgefangenen. [2]Sind die Untersuchungsgefangenen dazu nicht in der Lage, kann die Anstalt auf Antrag die Kosten in angemessenem Umfang übernehmen; dies betrifft insbesondere Schriftverkehr mit Ehegatten, Lebenspartnern und Verteidigern.

Artikel 19 Überwachung des Schriftwechsels, Weiterleitung und Aufbewahrung von Schreiben

(1) Ein- und ausgehende Schreiben werden überwacht.

(2) Von der Überwachung des gedanklichen Inhalts ein- und ausgehender Schreiben (Textkontrolle) wird abgesehen, wenn eine Gefährdung der Sicherheit und Ordnung der Anstalt nicht zu befürchten ist.

(3) Für die Ausnahmen von der Überwachung gilt Art. 32 Abs. 2 BayStVollzG entsprechend.

(4) Art. 33 BayStVollzG gilt entsprechend.

Artikel 20 Anhalten von Schreiben

(1) Schreiben können angehalten werden, wenn

1. es die Sicherheit oder Ordnung einer Anstalt erfordert,
2. die Weitergabe in Kenntnis ihres Inhalts einen Straf- oder Bußgeldtatbestand verwirklichen würde,
3. sie grob unrichtige oder erheblich entstellende Darstellungen von Anstaltsverhältnissen enthalten,
4. sie grobe Beleidigungen enthalten,
5. sie die Eingliederung anderer Gefangener gefährden können oder
6. sie in Geheimschrift, unlesbar, unverständlich oder ohne zwingenden Grund in einer fremden Sprache abgefasst sind; ein zwingender Grund zur Abfassung eines Schreibens in einer fremden Sprache liegt in der Regel nicht vor bei einem Schriftwechsel zwischen deutschen Untersuchungsgefangenen und Dritten, die die deutsche Staatsangehörigkeit oder ihren Lebensmittelpunkt im Geltungsbereich des Grundgesetzes haben.

(2) Entscheidungen nach Abs. 1 sind den betroffenen Untersuchungsgefangenen mitzuteilen.

(3) Soweit angehaltene Schreiben nicht nach §§ 94 und 98 StPO beschlagnahmt werden, werden sie behördlich verwahrt oder an den Absender zurückgegeben.

(4) Art. 34 Abs. 2 BayStVollzG gilt entsprechend.

(5) Schreiben, deren Überwachung nach Art. 19 Abs. 3 ausgeschlossen ist, dürfen nicht angehalten werden.

Artikel 21 Telekommunikation

(1) [1]Untersuchungsgefangenen kann nach pflichtgemäßem Ermessen, insbesondere unter Berücksichtigung der Sicherheit und Ordnung, der räumlichen, personellen und organisatorischen Verhältnisse der Anstalt sowie der Belange des Opferschutzes, gestattet werden, Telefongespräche zu führen. [2]Ein Telefongespräch möglichst zeitnah nach der Aufnahme in die Anstalt soll zugelassen werden.

(2) [1]Art. 16 Abs. 2, Art. 17 Abs. 1 Satz 1, Abs. 4 sowie Art. 18 Abs. 2 gelten entsprechend. [2]Bei einer Überwachung von Telefongesprächen gilt Art. 35 Abs. 1 Satz 3 und 4 BayStVollzG entsprechend.

(3) Art. 35 Abs. 2 und 4 BayStVollzG gilt entsprechend.

Artikel 22 Verkehr mit Verteidigern sowie besonderen Stellen

(1) [1]Mit ihren Verteidigern dürfen die Untersuchungsgefangenen ohne Beschränkung und Überwachung schriftlich und mündlich verkehren. [2]Für Besuche von Verteidigern gilt Art. 15 Abs. 1 Satz 4 entsprechend. [3]Nicht überwachte Telefongespräche mit Verteidigern sollen unter den Voraussetzungen des Art. 21 Abs. 1 zugelassen werden; Art. 18 Abs. 2 und Art. 21 Abs. 3 gelten entsprechend. [4]Art. 19 Abs. 1 findet mit der Maßgabe Anwendung, dass die Schreiben nicht geöffnet werden dürfen. [5]Art. 16 Abs. 1 Satz 1 gilt mit der Maßgabe entsprechend, dass eine Kenntnisnahme des gedanklichen Inhalts der von den Verteidigern mitgeführten Schriftstücke und sonstigen Unterlagen unzulässig ist. [6]Für deren Übergabe bedürfen sie keiner Erlaubnis nach Art. 17 Abs. 3 Satz 1. [7]§ 148 Abs. 2, § 148a StPO bleiben unberührt; diese Vorschriften gelten entsprechend, wenn gegen Untersuchungsgefangene wegen einer Straftat nach § 129a StGB, auch in Verbindung mit § 129b StGB, Überhaft vorgemerkt ist.

(2) Für den Verkehr von Untersuchungsgefangenen, die unter Bewährungs- oder Führungsaufsicht stehen oder über die ein Bericht der Gerichtshilfe angefordert ist, mit den Bediensteten der Bewährungshilfe, der Führungsaufsichtsstelle oder der Gerichtshilfe gilt Abs. 1 entsprechend.

(3) Für Besuche von Rechtsanwälten und Notaren in einer die Untersuchungsgefangenen betreffenden Rechtssache gelten Art. 29 Satz 1 und 2, Art. 30 Abs. 6 Satz 2 BayStVollzG entsprechend.

Artikel 23 Pakete

(1) [1]Die Untersuchungsgefangenen dürfen Pakete absenden und empfangen. [2]Für den Ausschluss von Gegenständen gelten Art. 24 Abs. 2 Satz 1, Art. 36 Abs. 1 Satz 3 BayStVollzG sowie Art. 18 Abs. 2 entsprechend.

(2) [1]Der Paketverkehr bedarf der vorherigen Erlaubnis. [2]Der Anstaltsleiter oder die Anstaltsleiterin kann die Erlaubnis versagen oder einschränken, wenn es die Sicherheit oder Ordnung der Anstalt erfordert. [3]Bei nachträglichem Eintreten oder Bekanntwerden solcher Umstände kann die Erlaubnis aufgehoben oder eingeschränkt werden.

(3) [1]Ein- und ausgehende Pakete werden überwacht. [2]Art. 33 Abs. 1 und Art. 36 Abs. 2 BayStVollzG gelten entsprechend.

(4) [1]Pakete oder einzelne darin enthaltene Gegenstände können angehalten werden, wenn es die Sicherheit oder Ordnung der Anstalt erfordert. [2]Art. 20 Abs. 2 gilt entsprechend.

Artikel 24 Vorführung, Ausführung, Ausantwortung

(1) [1]Vorführungen in dem der Inhaftierung zugrunde liegenden Strafverfahren erfolgen auf Anordnung des Gerichts oder der Staatsanwaltschaft. [2]Über Vorführungsersuchen in anderen Verfahren sind das Gericht und die Staatsanwaltschaft unverzüglich zu unterrichten.

(2) [1]Aus wichtigem Anlass können Untersuchungsgefangene auf ihren Antrag ausgeführt werden. [2]Ausführungen zur Befolgung einer gerichtlichen Ladung sind zu ermöglichen, soweit darin das persönliche Erscheinen der Untersuchungsgefangenen angeordnet ist oder die Untersuchungsgefangenen als Zeugen geladen sind.

(3) Untersuchungsgefangene dürfen auch ohne ihre Zustimmung ausgeführt werden, wenn dies aus vollzuglichen Gründen notwendig ist.

(4) [1]Die Kosten von Vorführungen und Ausführungen, die auf Antrag der Untersuchungsgefangenen oder überwiegend in deren Interesse durchgeführt werden, tragen in der Regel die Untersuchungsgefangenen; dies gilt auch, soweit den Untersuchungsgefangenen hinsichtlich der Kosten von Vorführungen und Ausführungen ein Erstattungsanspruch zusteht. [2]Die Höhe der Kosten sonstiger Vorführungen und Ausführungen, soweit sie Teil der Kosten des Strafverfahrens sind, teilt die Anstalt der Vollstreckungsbehörde mit.

(5) Untersuchungsgefangene dürfen zur Durchführung von Ermittlungsmaßnahmen, insbesondere zum Zweck der Vernehmung oder der Gegenüberstellung, befristet dem Gewahrsam einer Polizei-, Zoll- oder Finanzbehörde überlassen werden.

(6) [1]Vor Maßnahmen nach Abs. 2, 3 oder 5 ist dem Gericht und der Staatsanwaltschaft Gelegenheit zur Stellungnahme zu geben. [2]Hiervon kann bei Gefahr im Verzug abgesehen werden; in diesem Fall sind das Gericht und die Staatsanwaltschaft unverzüglich zu unterrichten.

Teil 6
Gesundheitliche und soziale Betreuung

Artikel 25 Gesundheitsfürsorge

(1) [1]Art. 58 Abs. 1 Satz 1, Abs. 2 und 3, Art. 59 bis 61, 63, 66 und 68 BayStVollzG über die Gesundheitsfürsorge und Krankenbehandlung, den Aufenthalt im Freien und über die Pflichten zur Benachrichtigung bei Erkrankung oder im Todesfall gelten entsprechend. [2]Über Satz 1 in Verbindung mit Art. 66 BayStVollzG hinaus soll Untersuchungsgefangenen, die an keiner Beschäftigung oder Bildungsmaßnahme nach Art. 12 teilnehmen, täglich eine weitere Stunde Aufenthalt im Freien ermöglicht werden, soweit es die räumlichen, personellen und organisatorischen Verhältnisse der Anstalt gestatten.

(2) [1]Nach Anhörung des Anstaltsarztes oder der Anstaltsärztin kann den Untersuchungsgefangenen auf ihren Antrag gestattet werden, auf eigene Kosten externen ärztlichen Rat einzuholen. [2]Die Konsultation erfolgt in der Regel in der Anstalt. [3]Die Erlaubnis kann versagt werden, wenn die betroffenen Untersuchungsgefangenen die gewählte ärztliche Vertrauensperson und den Anstaltsarzt oder die Anstaltsärztin nicht wechselseitig von der Schweigepflicht entbinden oder wenn es zur Aufrechterhaltung der Sicherheit oder Ordnung der Anstalt erforderlich ist.

(3) [1]Für Zwangsmaßnahmen auf dem Gebiet der Gesundheitsfürsorge gilt Art. 108 BayStVollzG entsprechend. [2]Zuvor ist dem Gericht, der Staatsanwaltschaft und der Verteidigung Gelegenheit zur Stellungnahme zu geben. [3]Hiervon kann bei Gefahr im Verzug abgesehen werden; in diesem Fall sind das Gericht, die Staatsanwaltschaft und die Verteidigung unverzüglich zu unterrichten.

Artikel 26 Soziale Hilfe

(1) [1]Den Untersuchungsgefangenen sind nach Möglichkeit bei der Aufnahme, während des Vollzugs der Untersuchungshaft und bei der Entlassung soziale Hilfen in der Anstalt anzubieten, um zur Lösung ihrer persönlichen Schwierigkeiten beizutragen. [2]Die Hilfe soll darauf gerichtet sein, die Untersuchungsgefangenen in die Lage zu versetzen, ihre Angelegenheiten selbst zu ordnen und zu regeln.

(2) [1]Alsbald nach der Aufnahme sind die Untersuchungsgefangenen über die Hilfeangebote zu unterrichten. [2]Art. 77 und 78 Abs. 1 BayStVollzG gelten entsprechend.

(3) [1]Die Beratung soll die Benennung von Stellen und Einrichtungen außerhalb der Anstalt umfassen, die sich um eine Vermeidung der weiteren Untersuchungshaft bemühen oder Hilfen in besonderen sozialen oder gesundheitlichen Problemlagen anbieten. [2]Auf Wunsch sind den Untersuchungsgefangenen Stellen und Einrichtungen zu benennen, die sie in ihrem Bemühen unterstützen können, einen Ausgleich mit dem Tatopfer zu erreichen.

(4) Die Anstalten arbeiten mit außervollzuglichen Einrichtungen und Organisationen sowie mit Personen und Vereinen, die soziale Hilfestellung leisten können, eng zusammen.

(5) Untersuchungsgefangene mit Deutsch- oder Integrationsdefiziten sollen dazu angehalten werden, freiwillig an dem in Art. 40 Abs. 2 und 3 BayStVollzG genannten Unterricht teilzunehmen.

Teil 7
Besondere Maßnahmen

Artikel 27 Besondere Sicherungsmaßnahmen

In entsprechender Anwendung der Art. 94, 96 bis 100 BayStVollzG können besondere Sicherungsmaßnahmen angeordnet werden.

Artikel 28 Disziplinarmaßnahmen

(1) [1]Verstoßen Untersuchungsgefangene schuldhaft gegen verfahrenssichernde Beschränkungen nach § 119 Abs. 1 StPO oder gegen Pflichten, die ihnen durch dieses Gesetz oder auf Grund dieses Gesetzes auferlegt sind, können gegen sie Disziplinarmaßnahmen angeordnet werden. [2]Art. 109 Abs. 2 und 3, Art. 110, 111 Abs. 1, 2 und 4 sowie Art. 112 bis 114 BayStVollzG gelten entsprechend. [3]Art. 111 Abs. 5 BayStVollzG gilt entsprechend mit der Maßgabe, dass die Befugnisse aus Art. 11 bis 14 ruhen, soweit nichts anderes angeordnet wird.

(2) [1]Durch die Anordnung und den Vollzug einer Disziplinarmaßnahme dürfen die Verteidigung und die Verhandlungsfähigkeit der Untersuchungsgefangenen nicht beeinträchtigt werden. [2]Die Verteidigung ist von der Anordnung einer Disziplinarmaßnahme unverzüglich zu unterrichten. [3]Eine Diszi-

plinarmaßnahme kann ganz oder zum Teil auch während einer der Untersuchungshaft unmittelbar nachfolgenden Untersuchungshaft, Strafhaft oder Sicherungsverwahrung oder einem unmittelbar nachfolgenden Strafarrest vollzogen werden.

Teil 8
Vorschriften für junge Untersuchungsgefangene

Artikel 29 Anwendungsbereich
Die Vorschriften des Teils 8 finden nach Maßgabe von § 89c JGG auf Untersuchungsgefangene, die zur Tatzeit das 21. Lebensjahr noch nicht vollendet hatten, ergänzend Anwendung, solange sie das 24. Lebensjahr noch nicht vollendet haben (junge Untersuchungsgefangene).

Artikel 30 Gestaltung des Vollzugs
(1) Der Vollzug der Untersuchungshaft an jungen Untersuchungsgefangenen soll erzieherisch gestaltet werden.
(2) [1]Hierzu sollen den jungen Untersuchungsgefangenen neben altersgemäßen Beschäftigungs-, Bildungs- und Freizeitmöglichkeiten auch sonstige entwicklungsfördernde Hilfestellungen angeboten werden. [2]Die Bereitschaft zur Annahme der Angebote ist zu wecken und zu fördern.
(3) [1]Die jungen Untersuchungsgefangenen unterliegen den in diesem Gesetz vorgesehenen Beschränkungen ihrer Freiheit. [2]Soweit dieses Gesetz Beschränkungen vorsieht, können diese jungen Untersuchungsgefangenen auch auferlegt werden, soweit es dringend geboten ist, um sie vor einer Gefährdung ihrer Entwicklung zu bewahren.
(4) [1]Die Personensorgeberechtigten sind von der Inhaftierung, der Verlegung und der Entlassung minderjähriger Untersuchungsgefangener unverzüglich zu unterrichten, soweit sie noch keine Kenntnis davon haben. [2]Auf Antrag sind sie über grundlegende Fragen der Vollzugsgestaltung nach Abs. 1 zu unterrichten; gleichzeitig soll ihnen die Gelegenheit gegeben werden, hierzu Anregungen zu geben.
(5) Art. 128 Satz 2 und Art. 131 Abs. 4 Satz 1 BayStVollzG gelten entsprechend.
(6) Art. 126 Abs. 1 und Art. 127 BayStVollzG gelten entsprechend, soweit Zweck und Eigenart der Untersuchungshaft nicht entgegenstehen.

Artikel 31 Ausstattung des Vollzugs
Personelle Ausstattung, sachliche Mittel und Organisation der Einrichtungen des Vollzugs der Untersuchungshaft an jungen Untersuchungsgefangenen werden an den Inhalten der Vollzugsgestaltung ausgerichtet.

Artikel 32 Verkehr mit der Außenwelt
(1) [1]Abweichend von Art. 15 Abs. 1 beträgt die Gesamtdauer des Besuchs für junge Untersuchungsgefangene mindestens vier Stunden im Monat. [2]Besuche von Personensorgeberechtigten der jungen Untersuchungsgefangenen werden grundsätzlich nicht auf die Regelbesuchszeiten angerechnet, wenn dies dem Erziehungsauftrag dient. [3]Art. 144 Abs. 3 BayStVollzG gilt entsprechend.
(2) Besuche bei minderjährigen Untersuchungsgefangenen, ihr Schriftwechsel, ihre Telefongespräche und ihr Paketverkehr mit bestimmten Personen können zusätzlich zu den Voraussetzungen der Art. 16, 20, 21 und 23 auch unterbunden werden, wenn die Personensorgeberechtigten nicht einverstanden sind.
(3) Für den Verkehr mit Betreuungspersonen, Erziehungsbeiständen, Beiständen nach § 69 JGG und Personen, die Aufgaben der Jugendgerichtshilfe wahrnehmen, gilt Art. 22 Abs. 1 entsprechend.

Artikel 33 Schulische und berufliche Aus- und Weiterbildung; Arbeit
(1) Schulpflichtige junge Untersuchungsgefangene nehmen in der Anstalt am allgemein- oder berufsbildenden Unterricht in Anlehnung an die für öffentliche Schulen geltenden Vorschriften teil, soweit die räumlichen und organisatorischen Verhältnisse der Anstalt dies zulassen.
(2) [1]Junge Untersuchungsgefangene sind nach den Vorgaben der Anstalt zur Teilnahme an schulischen und beruflichen Maßnahmen oder zu arbeitstherapeutischer oder sonstiger Beschäftigung verpflichtet, soweit sie dazu körperlich und geistig in der Lage sind. [2]Art. 40 Abs. 2 und 3 BayStVollzG gilt entsprechend.
(3) Junge Untersuchungsgefangene, die nicht an Maßnahmen nach Abs. 2 teilnehmen, sind aus erzieherischen Gründen zur Arbeit verpflichtet, soweit sie dazu körperlich und geistig in der Lage sind.

(4) [1]Art. 149 Abs. 1 Satz1 und 2 sowie Abs. 2 und Art. 46 Abs. 5 BayStVollzG über das Arbeitsentgelt und die Ausbildungsbeihilfe sowie die Bayerische Strafvollzugsvergütungsverordnung in der jeweils geltenden Fassung gelten entsprechend. [2]Vier Siebtel des Arbeitsentgelts oder der Ausbildungsbeihilfe sind wie Überbrückungsgeld nach Art. 150 Nr. 2 BayStVollzG in Verbindung mit Art. 51 BayStVollzG zu behandeln.

(5) [1]Für die in Abs. 1 bis 3 geregelten Maßnahmen gilt Art. 138 Abs. 1 BayStVollzG entsprechend. [2]Art. 11 Abs. 3 bleibt unberührt.

Artikel 34 Trennung des Vollzugs

(1) Bei jungen Untersuchungsgefangenen wird die Untersuchungshaft nach Möglichkeit in einer besonderen Abteilung einer Jugendstrafvollzugsanstalt oder einer Anstalt für den Vollzug von Freiheitsstrafe vollzogen.

(2) [1]Art. 5 bleibt unberührt. [2]Im Übrigen darf von einer getrennten Unterbringung nach Abs. 1 aus den in Art. 5 Abs. 1 Sätzen 4 und 5, Abs. 2 Satz 2 genannten Gründen nur abgewichen werden, wenn eine Vollzugsgestaltung nach Art. 30 Abs. 1 gewährleistet bleibt und die jungen Untersuchungsgefangenen vor schädlichen Einflüssen geschützt werden.

Artikel 35 Weitere Bestimmungen

1 [1]Geeignete junge Untersuchungsgefangene können in Wohngruppen (Art. 140 BayStVollzG) untergebracht werden. [2]Art. 11 Abs. 3 bleibt unberührt.

(2) Bei Einzelhaft von mehr als drei Monaten in einem Jahr ist der Arzt oder die Ärztin regelmäßig zu hören.

(3) Es gelten entsprechend:

1. Art. 151 BayStVollzG betreffend die Gesundheitsfürsorge,
2. Art. 152 Abs. 1 und 2 Satz 2 und 3 sowie Art. 153 BayStVollzG betreffend die Freizeitgestaltung,
3. Art. 158 BayStVollzG betreffend die Gefangenenvertretung und
4. die Art. 155 und 156 BayStVollzG betreffend erzieherische und Disziplinarmaßnahmen.

Teil 9

Ergänzende Anwendung anderer Gesetze

Artikel 36 Datenschutz

Art. 196 bis 205 BayStVollzG über den Schutz personenbezogener Daten finden beim Vollzug der Untersuchungshaft mit folgenden Maßgaben entsprechende Anwendung:

1. Die unter den Voraussetzungen des Art. 197 Abs. 5 Satz 1 BayStVollzG zulässige Mitteilung besteht in der Angabe, ob sich eine Person in der Anstalt in Untersuchungshaft befindet und wie die voraussichtliche Entlassungsadresse lautet. Art. 197 Abs. 5 Satz 2 BayStVollzG findet keine Anwendung.
2. Bei einer nicht nur vorläufigen Einstellung des Verfahrens, einer unanfechtbaren Ablehnung der Eröffnung des Hauptverfahrens oder einem rechtskräftigen Freispruch sind auf Antrag der Untersuchungsgefangenen die Stellen, die eine Mitteilung nach Art. 197 Abs. 5 Satz 1 BayStVollzG erhalten haben, über den Verfahrensausgang in Kenntnis zu setzen. Die Untersuchungsgefangenen sind auf ihr Antragsrecht bei der Anhörung oder der nachträglichen Unterrichtung (Art. 197 Abs. 5 Satz 3 und 4 BayStVollzG) hinzuweisen.
3. Bei personenbezogenen Daten von Untersuchungsgefangenen beträgt die Frist des Art. 202 Abs. 3 Satz 2 BayStVollzG
   a) einen Monat, soweit es sich um erkennungsdienstliche Daten im Sinn von Art. 37 Satz 1 in Verbindung mit Art. 93 Abs. 2 Satz 1 BayStVollzG handelt,
   b) im Übrigen zwei Jahre.
4. Vor einer Auskunft oder Gewährung von Akteneinsicht an die Betroffenen nach Art. 204 BayStVollzG ist dem Gericht und der Staatsanwaltschaft Gelegenheit zur Stellungnahme zu geben.

Artikel 37 Geltung sonstiger Vorschriften des Bayerischen Strafvollzugsgesetzes

[1]Art. 23, 25, 53, 55 bis 57, 82 bis 86, 88 bis 91, 93, 95, 101 bis 107, 115 bis 116, 167 bis 182, 184 bis 189, 195 und 206 BayStVollzG über die Anstaltsverpflegung, Sondereinkauf und Sondergeld, die Religionsausübung, weibliche Gefangene, die Sicherheit und Ordnung der Anstalt, den unmittelbaren

Zwang, das Beschwerderecht, die Aufhebung von Maßnahmen, die Gefangenenmitverantwortung, die Arten und Einrichtung der Justizvollzugsanstalten, die Aufsichtsbehörde, den Vollstreckungsplan, den inneren Aufbau der Anstalten, die Hausordnung, die Anstaltsbeiräte, die kriminologische Forschung, die Akten und die Einbehaltung von Beitragsanteilen finden entsprechende Anwendung, soweit Zweck und Eigenart der Untersuchungshaft nicht entgegenstehen. [2]Art. 3 bleibt unberührt.

Teil 10

Schlussvorschriften

Artikel 38 Einschränkung von Grundrechten

Auf Grund dieses Gesetzes können die Grundrechte auf Leben, körperliche Unversehrtheit und Freiheit der Person sowie das Brief-, Post- und Fernmeldegeheimnis (Art. 2 Abs. 2 Satz 1 und 2 sowie Art. 10 Abs. 1 des Grundgesetzes, Art. 102 Abs. 1, Art. 112 Abs. 1 und Art. 109 der Verfassung) eingeschränkt werden.

Artikel 39 Regelungsumfang

Dieses Gesetz ersetzt im Freistaat Bayern

1. § 177 StVollzG,
2. § 178 Abs. 1 StVollzG, soweit dort der unmittelbare Zwang im Vollzug der Untersuchungshaft geregelt ist.

Artikel 40 Inkrafttreten

Dieses Gesetz tritt am 1. Januar 2012 in Kraft.

Gesetz
über den Vollzug der Sicherungsverwahrung und der Therapieunterbringung
(Bayerisches Sicherungsverwahrungsvollzugsgesetz – BaySvVollzG)

Vom 22. Mai 2013 (GVBl. S. 275)
(BayRS 312-0-J)
zuletzt geändert durch § 5 G zur Änderung des Bayerischen Familiengeldgesetzes und anderer Gesetze vom 8. Juli 2020 (GVBl. S. 330)

Der Landtag des Freistaates Bayern hat das folgende Gesetz beschlossen, das hiermit bekannt gemacht wird:

Nichtamtliche Inhaltsübersicht

Teil 1
Anwendungsbereich

Artikel 1 Anwendungsbereich

(1) Dieses Gesetz regelt den Vollzug der Unterbringung in der Sicherungsverwahrung und den Vollzug der Therapieunterbringung.

(2) Die Sicherungsverwahrung und die Therapieunterbringung werden in Justizvollzugsanstalten nach Art. 165 des Bayerischen Strafvollzugsgesetzes (BayStVollzG) in einer besonderen Abteilung (Einrichtung für Sicherungsverwahrung) vollzogen.

(3) Die Therapieunterbringung wird ausnahmsweise in einem psychiatrischen Krankenhaus vollzogen, das die Voraussetzungen des § 2 Abs. 1 des Therapieunterbringungsgesetzes (ThUG) erfüllt, soweit dies im Einzelfall wegen einer schwerwiegenden psychischen Erkrankung medizinisch notwendig ist.

Teil 2
Grundsätze

Artikel 2 Ziele des Vollzugs

(1) Der Vollzug der Sicherungsverwahrung dient dem Ziel, die Gefährlichkeit der Sicherungsverwahrten für die Allgemeinheit so zu mindern, dass die Vollstreckung der Unterbringung möglichst bald zur Bewährung ausgesetzt oder für erledigt erklärt werden kann.

(2) Die Sicherungsverwahrten sollen befähigt werden, künftig in sozialer Verantwortung ein selbstbestimmtes Leben in Freiheit ohne Straftaten zu führen.

(3) Der Vollzug der Sicherungsverwahrung dient zugleich dem Schutz der Allgemeinheit vor weiteren Straftaten.

Artikel 3 Gestaltung des Vollzugs

(1) Der Vollzug der Sicherungsverwahrung ist freiheitsorientiert und therapiegerichtet auszugestalten.

(2) Den Sicherungsverwahrten sind geeignete Behandlungs- und Betreuungsmaßnahmen anzubieten, die sie befähigen, künftig ein selbstbestimmtes Leben in Freiheit und sozialer Verantwortung zu führen.

(3) [1]Das Leben im Vollzug ist den allgemeinen Lebensverhältnissen soweit als möglich anzugleichen. [2]Der Bezug zum Leben außerhalb des Vollzugs soll gefördert werden. [3]Der Vollzug ist darauf auszurichten, dass er den Sicherungsverwahrten hilft, sich in das Leben in Freiheit einzugliedern. [4]Schädlichen Folgen der Freiheitsentziehung ist entgegenzuwirken. [5]Dem Erkennen von Suizidabsichten und der Verhütung von Selbsttötungen kommt eine besondere Bedeutung zu.

(4) Die unterschiedlichen Lebenslagen und Bedürfnisse der Sicherungsverwahrten, insbesondere im Hinblick auf Alter, Geschlecht und Herkunft werden bei der Gestaltung des Vollzugs und bei allen Einzelmaßnahmen berücksichtigt.

Artikel 4 Mitwirkung und Motivierung

(1) [1]Um die Vollzugsziele zu erreichen, ist die Mitwirkung der Sicherungsverwahrten erforderlich. [2]Deren Bereitschaft hierzu ist fortwährend zu wecken und zu fördern. [3]Die Motivationsmaßnahmen sind zu dokumentieren.

(2) [1]Zur Motivierung können auch besondere Vergünstigungen gewährt oder bereits gewährte besondere Vergünstigungen wieder entzogen werden. [2]Die Ansprüche der Sicherungsverwahrten nach diesem Gesetz bleiben unberührt.

Artikel 5 Schutz der Allgemeinheit

Der Schutz der Allgemeinheit vor weiteren Straftaten wird durch eine sichere Unterbringung und sorgfältige Beaufsichtigung der Sicherungsverwahrten, eine gründliche Prüfung vollzugsöffnender Maßnahmen sowie geeignete Behandlungsmaßnahmen gewährleistet.

Artikel 6 Stellung der Sicherungsverwahrten

(1) [1]Die Sicherungsverwahrten unterliegen den in diesem Gesetz vorgesehenen Beschränkungen ihrer Freiheit. [2]Soweit das Gesetz eine besondere Regelung nicht enthält, dürfen ihnen nur solche Beschränkungen auferlegt werden, die zur Aufrechterhaltung der Sicherheit oder zur Abwendung einer schwerwiegenden Störung der Ordnung der Anstalt unerlässlich sind.

(2) [1]Von mehreren möglichen und geeigneten Maßnahmen ist diejenige zu wählen, die die Sicherungsverwahrten voraussichtlich am wenigsten beeinträchtigt. [2]Eine Maßnahme darf nicht zu einem Nachteil führen, der zu dem angestrebten Erfolg erkennbar außer Verhältnis steht. [3]Sie ist nur so lange zulässig, bis ihr Zweck erreicht ist oder nicht mehr erreicht werden kann.

Teil 3

Aufnahme und Behandlung

Artikel 7 Aufnahmeverfahren

(1) [1]Die Sicherungsverwahrten sind bei der Aufnahme über ihre Rechte und Pflichten in geeigneter Form zu unterrichten. [2]Mit den Sicherungsverwahrten ist unverzüglich ein Zugangsgespräch zu führen, in dem sie auch über die Ausgestaltung der Unterbringung informiert werden.

(2) Nach der Aufnahme werden die Sicherungsverwahrten alsbald ärztlich untersucht.

Artikel 8 Behandlungsuntersuchung

(1) An das Aufnahmeverfahren schließt sich zur Vorbereitung der Vollzugsplanung unverzüglich eine umfassende Behandlungsuntersuchung unter Berücksichtigung des Stands der wissenschaftlichen Erkenntnisse an.

(2) [1]Die Behandlungsuntersuchung erstreckt sich auf alle Umstände, deren Kenntnis für eine planvolle Behandlung der Gefährlichkeit der Sicherungsverwahrten zum Schutz der Allgemeinheit und für die Eingliederung nach ihrer Entlassung notwendig ist. [2]Im Rahmen der Behandlungsuntersuchung sind insbesondere die Ursachen der Straftaten, die individuellen Risikofaktoren sowie der Behandlungsbedarf, die Behandlungsfähigkeit und die Behandlungsmotivation der Sicherungsverwahrten festzustellen. [3]Gleichzeitig sollen die Fähigkeiten der Sicherungsverwahrten ermittelt werden, deren Stärkung einer Gefährlichkeit für die Allgemeinheit entgegenwirkt. [4]Erkenntnisse aus vorangegangenen Freiheitsentziehungen sind einzubeziehen.

Artikel 9 Vollzugsplan

(1) [1]Auf der Grundlage der in der Behandlungsuntersuchung gewonnenen Erkenntnisse wird unverzüglich ein Vollzugsplan aufgestellt, der die individuellen Behandlungsziele festlegt und die zu ihrem Erreichen geeigneten und erforderlichen Maßnahmen benennt. [2]Er enthält insbesondere Angaben über

1. sozialtherapeutische, psychotherapeutische oder psychiatrische Behandlungsmaßnahmen,
2. andere Einzel- oder Gruppenbehandlungsmaßnahmen,
3. Maßnahmen zur Förderung der Behandlungsbereitschaft,
4. die Unterbringung in einer sozialtherapeutischen Einrichtung,
5. die Zuweisung zu Wohngruppen,
6. Art und Umfang der aus behandlerischen Gründen angebotenen Beschäftigung,
7. Vorschläge zur Gestaltung der Freizeit,
8. Vorschläge zur Ordnung der finanziellen Verhältnisse,
9. Vorschläge zur Ordnung der familiären Verhältnisse,
10. Vorschläge zur Förderung von Außenkontakten,
11. Maßnahmen zur Vorbereitung eines sozialen Empfangsraums,
12. vollzugsöffnende Maßnahmen,
13. Maßnahmen der Entlassungsvorbereitung und Nachsorge.

(2) [1]Der Vollzugsplan ist fortlaufend der Entwicklung der Sicherungsverwahrten anzupassen und mit weiteren für die Behandlung bedeutsamen Erkenntnissen in Einklang zu halten. [2]Hierfür hat der Vollzugsplan eine angemessene Frist vorzusehen, die sechs Monate nicht übersteigen soll.

(3) An der Behandlung mitwirkende Personen außerhalb des Vollzugs sollen in die Planung einbezogen werden.

(4) [1]Die Vollzugsplanung wird mit den Sicherungsverwahrten erörtert. [2]Der Vollzugsplan ist ihnen auszuhändigen.

Artikel 10 Behandlung

(1) [1]Den Sicherungsverwahrten sind die zum Erreichen der Vollzugsziele erforderlichen Behandlungsmaßnahmen anzubieten. [2]Diese haben wissenschaftliche Erkenntnisse zu berücksichtigen. [3]Soweit standardisierte Angebote nicht ausreichen oder keinen Erfolg versprechen, sind individuelle Behandlungsangebote zu entwickeln.

(2) [1]Bei der Behandlung wirken Bedienstete der verschiedenen Fachrichtungen in enger Abstimmung zusammen. [2]Seelsorgerische Betreuung ist anzubieten. [3]Soweit erforderlich, sind externe Fachkräfte einzubeziehen. [4]Den Sicherungsverwahrten sollen feste Ansprechpartner zur Verfügung stehen.

Artikel 11 Sozialtherapeutische Behandlung
[1]Den Sicherungsverwahrten sind sozialtherapeutische Maßnahmen anzubieten, wenn dies aus behandlerischen Gründen angezeigt ist. [2]Die Behandlung soll in einer für den Vollzug der Sicherungsverwahrung zuständigen Anstalt erfolgen.

Artikel 12 Verlegung, Überstellung, Ausantwortung
(1) Die Sicherungsverwahrten können abweichend vom Vollstreckungsplan in eine andere für den Vollzug der Sicherungsverwahrung zuständige Anstalt verlegt oder überstellt werden, wenn
1. das Erreichen der Vollzugsziele hierdurch gefördert wird oder
2. zwingende Gründe der Vollzugsorganisation oder wichtige Gründe dies erfordern, insbesondere das Verhalten der Sicherungsverwahrten oder ihr Zustand eine Gefahr für die Sicherheit oder eine erhebliche Gefahr für die Ordnung der Anstalt darstellt.

(2) Die Sicherungsverwahrten dürfen ausnahmsweise in eine für den Vollzug anderer Freiheitsentziehungen zuständige Anstalt verlegt oder überstellt werden.
1. wenn es die Behandlung nach § 66c Abs. 1 Nr. 1 des Strafgesetzbuchs (StGB) erfordert, insbesondere für eine Behandlung in einer sozialtherapeutischen Einrichtung oder die Unterbringung zur Entlassungsvorbereitung in einer Einrichtung des offenen Vollzugs,
2. zur Durchführung einer Begutachtung,
3. wenn Sicherungsverwahrte dies aus wichtigem Grund beantragen oder
4. bei Notfällen, solange dies aus zwingenden Gründen der Vollzugsorganisation unerlässlich ist.

(3) Sicherungsverwahrte dürfen befristet dem Gewahrsam einer Polizei-, Zoll- oder Finanzbehörde überlassen werden.

Teil 4
Unterbringung

Artikel 13 Vollzugsform
Sicherungsverwahrte sind im geschlossenen Vollzug unterzubringen.

Artikel 14 Tageseinteilung
[1]Die Sicherungsverwahrten sollen durch die Tageseinteilung an eine eigenverantwortliche Lebensführung herangeführt werden. [2]Die Tageseinteilung umfasst insbesondere Zeiten der Behandlung, Beschäftigung, Nachtruhe sowie die Freizeit.

Artikel 15 Bewegungsfreiheit
(1) [1]Außerhalb der Nachtruhe dürfen sich die Sicherungsverwahrten in der Einrichtung für Sicherungsverwahrung frei bewegen. [2]Hierzu gehört auch ein Bereich im Freien. [3]Die Bewegungsfreiheit kann eingeschränkt werden, wenn
1. es die Sicherheit oder Ordnung der Anstalt erfordert oder
2. ein schädlicher Einfluss auf andere Sicherungsverwahrte zu befürchten ist.

(2) Im Übrigen dürfen die Sicherungsverwahrten einen ihnen zugewiesenen Bereich nicht ohne Erlaubnis verlassen.

Artikel 16 Unterbringung
(1) [1]Sicherungsverwahrte erhalten ein Zimmer zur alleinigen Nutzung. [2]Die Zimmer sind so zu gestalten, dass den Sicherungsverwahrten ein ausreichender Raum zum Wohnen und Schlafen zur Verfügung steht. [3]Ein baulich abgetrennter Sanitärbereich ist vorzusehen. [4]Die Größe des Zimmers beträgt einschließlich des Sanitärbereichs mindestens 15 Quadratmeter.
(2) [1]Sofern für Sicherungsverwahrte eine Gefahr für Leben oder Gesundheit besteht, können sie mit anderen gemeinsam untergebracht werden, wenn diese zustimmen. [2]Bei Hilfsbedürftigkeit können Sicherungsverwahrte mit anderen gemeinsam untergebracht werden, wenn beide zustimmen.

Artikel 17 Ausstattung des Zimmers und persönlicher Besitz
(1) Sicherungsverwahrte dürfen ihr Zimmer in angemessenem Umfang mit eigenen Gegenständen ausstatten.
(2) [1]Die Annahme, der Besitz und die Abgabe von Gegenständen bedürfen der Erlaubnis. [2]Diese darf versagt oder widerrufen werden, wenn die Annahme, der Besitz oder die Abgabe

1. die Sicherheit oder in schwerwiegender Weise die Ordnung der Anstalt beeinträchtigen würde,
2. das Erreichen der Vollzugsziele gefährden würde oder
3. mit Strafe oder Geldbuße bedroht wäre.

(3) [1]Gegenstände von geringem Wert dürfen ohne Erlaubnis an andere Sicherungsverwahrte weitergegeben und angenommen werden. [2]Die Anstalt kann die Weitergabe und Annahme solcher Gegenstände von ihrer Erlaubnis abhängig machen.

Artikel 18 Kleidung, Wäsche und Bettzeug

[1]Die Sicherungsverwahrten dürfen in der Einrichtung für Sicherungsverwahrung eigene Kleidung und Wäsche tragen sowie eigenes Bettzeug benutzen, soweit sie für Reinigung, Instandsetzung und regelmäßigen Wechsel sorgen. [2]Soweit erforderlich, wird Kleidung, Wäsche und Bettzeug zur alleinigen Nutzung zur Verfügung gestellt.

Artikel 19 Verpflegung

(1) [1]Die Sicherungsverwahrten nehmen an der Gemeinschaftsverpflegung teil. [2]Zusammensetzung und Nährwert der Verpflegung werden ärztlich überwacht. [3]Auf ärztliche Anordnung wird besondere Verpflegung gewährt. [4]Den Sicherungsverwahrten ist zu ermöglichen, Speisevorschriften ihrer Religionsgemeinschaft zu befolgen.

(2) [1]Geeigneten Sicherungsverwahrten soll unter behandlerischer Begleitung gestattet werden, die Verpflegung selbst zuzubereiten (Selbstverpflegung), soweit nicht die Sicherheit oder schwerwiegende Gründe der Ordnung der Anstalt entgegenstehen. [2]Die Sicherungsverwahrten sollen angeleitet werden, sich gesund zu ernähren.

(3) Verpflegen sich die Sicherungsverwahrten selbst, tragen sie die Kosten; dabei unterstützt die Anstalt sie durch eine zweckgebundene Leistung mindestens im Wert der ersparten Aufwendungen.

Artikel 20 Einkauf

(1) Die Sicherungsverwahrten erhalten die Möglichkeit, mindestens einmal wöchentlich unter Vermittlung der Anstalt in angemessenem Umfang einzukaufen.

(2) [1]Die Anstalt wirkt auf ein Angebot hin, das auf die Wünsche und Bedürfnisse der Sicherungsverwahrten Rücksicht nimmt. [2]Gegenstände, welche die Sicherheit und Ordnung der Anstalt gefährden, sind vom Einkauf ausgeschlossen.

(3) [1]Auf ärztliche Anordnung kann den Sicherungsverwahrten der Einkauf einzelner Nahrungs- und Genussmittel ganz oder teilweise untersagt werden, wenn zu befürchten ist, dass sie ihre Gesundheit ernsthaft gefährden. [2]In Krankenhäusern und Krankenabteilungen kann der Einkauf einzelner Nahrungs- und Genussmittel auf ärztliche Anordnung allgemein untersagt oder eingeschränkt werden.

(4) [1]Für den Einkauf können die Sicherungsverwahrten das Hausgeld (Art. 41), Taschengeld (Art. 45) oder Eigengeld, soweit dieses nicht als Überbrückungsgeld notwendig ist (Art. 43 Abs. 2), verwenden. [2]Mit Eigengeld, soweit dieses als Überbrückungsgeld notwendig ist, kann mit Zustimmung der Anstaltsleitung eingekauft werden, wenn Sicherungsverwahrte nicht über Gelder nach Satz 1 verfügen.

Teil 5

Außenkontakte

Artikel 21 Grundsatz

[1]Die Sicherungsverwahrten haben das Recht, Kontakte mit Personen außerhalb der Anstalt im Rahmen der Bestimmungen dieses Gesetzes zu pflegen. [2]Der Verkehr mit der Außenwelt sowie die Erhaltung und Schaffung des sozialen Empfangsraums sind zu fördern.

Artikel 22 Recht auf Besuch

(1) [1]Die Sicherungsverwahrten dürfen regelmäßig Besuch empfangen. [2]Die Gesamtdauer beträgt mindestens zwölf Stunden im Monat. [3]Das Weitere regelt die Hausordnung.

(2) Geeigneten Sicherungsverwahrten sollen über Abs. 1 hinausgehende mehrstündige, behandlerisch begleitete Besuche ermöglicht werden, wenn dies zur Förderung familiärer, partnerschaftlicher oder ihnen gleichzusetzender Kontakte der Sicherungsverwahrten geboten erscheint.

(3) Aus Gründen der Sicherheit oder Ordnung der Anstalt kann ein Besuch davon abhängig gemacht werden, dass sich die Besucher durchsuchen oder mit technischen Mitteln oder sonstigen Hilfsmitteln auf verbotene Gegenstände absuchen lassen.

Artikel 23 Untersagung der Besuche

Besuche können untersagt werden,

1. wenn die Sicherheit oder Ordnung der Anstalt gefährdet würde,
2. bei Besuchern, die nicht Angehörige der Sicherungsverwahrten im Sinn des Strafgesetzbuchs sind, wenn zu befürchten ist, dass sie einen schädlichen Einfluss auf die Sicherungsverwahrten haben oder deren Eingliederung behindern würden.

Artikel 24 Überwachung der Besuche

(1) [1]Die Besuche dürfen aus Gründen der Behandlung oder der Sicherheit oder Ordnung der Anstalt überwacht werden, es sei denn, es liegen im Einzelfall Erkenntnisse dafür vor, dass es der Überwachung nicht bedarf. [2]Die Überwachung und Aufzeichnung mit technischen Mitteln ist zulässig, wenn die Besucher und die Sicherungsverwahrten vor dem Besuch darauf hingewiesen werden. [3]Die Aufzeichnungen sind spätestens mit Ablauf eines Monats zu löschen.

(2) [1]Die Unterhaltung darf nur überwacht werden, soweit dies im Einzelfall aus den in Abs. 1 genannten Gründen erforderlich ist. [2]Abs. 1 Sätze 2 und 3 sind nicht anwendbar.

(3) Zur Verhinderung der Übergabe von unerlaubten Gegenständen kann im Einzelfall angeordnet werden, dass der Besuch unter Verwendung einer Trennvorrichtung abzuwickeln ist.

(4) [1]Ein Besuch darf abgebrochen werden, wenn Besucher oder Sicherungsverwahrte gegen die Vorschriften dieses Gesetzes oder die auf Grund dieses Gesetzes getroffenen Anordnungen trotz Abmahnung verstoßen. [2]Die Abmahnung unterbleibt, wenn es unerlässlich ist, den Besuch sofort abzubrechen.

(5) Gegenstände dürfen beim Besuch nur mit Erlaubnis übergeben werden.

Artikel 25 Telefongespräche

(1) [1]Den Sicherungsverwahrten ist zu gestatten, Telefongespräche unter Vermittlung der Anstalt während der Freizeit zu führen. [2]Im Übrigen können in dringenden Fällen Telefongespräche gestattet werden; Art. 15 Abs. 1 Satz 3 bleibt unberührt. [3]Die Vorschriften über den Besuch gelten entsprechend. [4]Eine beabsichtigte Überwachung teilt die Anstalt den Sicherungsverwahrten rechtzeitig vor Beginn des Telefongesprächs und den Gesprächspartnern der Sicherungsverwahrten unmittelbar nach Herstellung der Verbindung mit.

(2) [1]Die Kosten der Telefongespräche tragen die Sicherungsverwahrten. [2]Sind sie dazu nicht in der Lage, können die Kosten in begründeten Fällen in angemessenem Umfang übernommen werden.

(3) [1]Es dürfen technische Geräte zur Störung von Frequenzen betrieben werden, die der Herstellung unerlaubter Mobilfunkverbindungen auf dem Anstaltsgelände dienen. [2]Dabei sind die von der Bundesnetzagentur nach § 55 Abs. 1 Satz 5 des Telekommunikationsgesetzes festgelegten Rahmenbedingungen zu beachten. [3]Der Mobilfunkverkehr außerhalb des Geländes der Anstalt darf nicht beeinträchtigt werden.

Artikel 26 Recht auf Schriftwechsel

(1) Sicherungsverwahrte haben das Recht, unbeschränkt Schreiben abzusenden und zu empfangen.

(2) Der Schriftwechsel mit bestimmten Personen kann untersagt werden, wenn

1. die Sicherheit oder Ordnung der Anstalt gefährdet würde oder
2. zu befürchten ist, dass der Schriftwechsel mit Personen, die nicht Angehörige der Sicherungsverwahrten im Sinn des Strafgesetzbuchs sind, einen schädlichen Einfluss auf die Sicherungsverwahrten hat oder deren Eingliederung behindern würde.

(3) [1]Die Kosten des Schriftverkehrs tragen die Sicherungsverwahrten. [2]Sind sie dazu nicht in der Lage, können die Kosten in begründeten Fällen in angemessenem Umfang übernommen werden.

Artikel 27 Überwachung des Schriftwechsels

[1]Der Schriftwechsel von Sicherungsverwahrten darf ohne ihre Anwesenheit überwacht werden, soweit es aus Gründen der Behandlung oder der Sicherheit oder Ordnung der Anstalt erforderlich ist. [2]Art. 32 Abs. 2 BayStVollzG gilt entsprechend. [3]Art. 32 Abs. 4 bleibt unberührt.

Artikel 28 Weiterleitung von Schreiben, Aufbewahrung

(1) Sicherungsverwahrte haben Absendung und Empfang ihrer Schreiben durch die Anstalt vermitteln zu lassen, soweit nichts anderes gestattet ist.

(2) Eingehende und ausgehende Schreiben sind unverzüglich weiterzuleiten.

(3) Sicherungsverwahrte haben eingehende Schreiben unverschlossen zu verwahren, sofern nichts anderes gestattet wird; sie können sie verschlossen zur Habe geben.

Artikel 29 Anhalten von Schreiben

(1) Schreiben können angehalten werden, wenn
1. das Erreichen der Vollzugsziele oder die Sicherheit oder Ordnung der Anstalt gefährdet würde,
2. die Weitergabe in Kenntnis ihres Inhalts einen Straf- oder Bußgeldtatbestand verwirklichen würde,
3. Verletzte im Sinn der Strafprozeßordnung dies für an sie gerichtete Schreiben beantragen,
4. sie grob unrichtige oder erheblich entstellende Darstellungen von Anstaltsverhältnissen enthalten,
5. sie grobe Beleidigungen enthalten,
6. sie die Eingliederung anderer Sicherungsverwahrter gefährden können oder
7. sie in Geheimschrift, unlesbar, unverständlich oder ohne zwingenden Grund in einer fremden Sprache abgefasst sind; ein zwingender Grund zur Abfassung eines Schreibens in einer fremden Sprache liegt in der Regel nicht vor bei einem Schriftwechsel zwischen deutschen Sicherungsverwahrten und Dritten, die die deutsche Staatsangehörigkeit oder ihren Lebensmittelpunkt im Geltungsbereich des Grundgesetzes haben.

(2) Ausgehenden Schreiben, die unrichtige Darstellungen enthalten, kann ein Begleitschreiben beigefügt werden, wenn der oder die Sicherungsverwahrte auf der Absendung besteht.

(3) [1]Die Anhaltung der Schreiben wird den Sicherungsverwahrten mitgeteilt. [2]Angehaltene Schreiben werden behördlich verwahrt oder an den Absender zurückgegeben.

(4) Schreiben, deren Überwachung nach den Art. 27 und 32 Abs. 4 ausgeschlossen ist, dürfen nicht angehalten werden.

Artikel 30 Andere Formen der Telekommunikation

[1]Den Sicherungsverwahrten soll gestattet werden, andere von der Aufsichtsbehörde zugelassene Formen der Telekommunikation unter Vermittlung der Anstalt zu nutzen, wenn hierdurch die Sicherheit und Ordnung der Anstalt nicht gefährdet wird. [2]Im Übrigen finden die Vorschriften über den Schriftwechsel, den Besuch und über Telefongespräche entsprechende Anwendung.

Artikel 31 Pakete

(1) [1]Die Sicherungsverwahrten dürfen Pakete in angemessenem Umfang empfangen. [2]Gewicht und Größe einzelner Pakete können festgesetzt werden. [3]Pakete dürfen Gegenstände nicht enthalten, welche
1. die Sicherheit oder Ordnung der Anstalt oder
2. das Erreichen der Vollzugsziele gefährden.

(2) [1]Pakete sind in Gegenwart des oder der Sicherungsverwahrten zu öffnen. [2]Ausgeschlossene Gegenstände können zur Habe genommen oder dem Absender zurückgesandt werden. [3]Nicht ausgehändigte Gegenstände, durch die bei der Versendung oder Aufbewahrung Personen verletzt oder Sachschäden verursacht werden können, dürfen vernichtet werden. [4]Die hiernach getroffenen Maßnahmen werden dem oder der Sicherungsverwahrten eröffnet.

(3) Der Empfang von Paketen kann befristet untersagt werden, wenn dies wegen einer Gefährdung der Sicherheit oder Ordnung der Anstalt unerlässlich ist.

(4) [1]Den Sicherungsverwahrten ist zu gestatten, Pakete zu versenden. [2]Der Versand kann aus Gründen der Sicherheit oder Ordnung der Anstalt untersagt werden. [3]Zu diesem Zweck kann der Inhalt überprüft werden.

(5) [1]Die Kosten des Paketverkehrs nach Abs. 2 und 4 tragen die Sicherungsverwahrten. [2]Sind sie dazu nicht in der Lage, kann die Anstalt die Kosten in begründeten Fällen in angemessenem Umfang übernehmen.

Artikel 32 Außenkontakte mit bestimmten Personen

(1) [1]Besuche von Verteidigern, Angehörigen der Gerichtshilfe, der Bewährungshilfe und der Aufsichtsstellen für die Führungsaufsicht sowie von Rechtsanwälten oder Notaren in einer die Sicherungsverwahrten betreffenden Rechtssache sind zu gestatten. [2]Art. 22 Abs. 3 gilt entsprechend. [3]Eine inhaltliche Überprüfung der von dem Verteidiger oder der Verteidigerin mitgeführten Schriftstücke und sonstigen Unterlagen ist nicht zulässig. [4]Art. 32 Abs. 1 Sätze 2 und 3 BayStVollzG gelten entsprechend.

(2) Besuche von Verteidigern werden nicht überwacht.

(3) [1]Art. 24 Abs. 5 gilt nicht für die bei dem Besuch von Verteidigern übergebenen Schriftstücke und sonstigen Unterlagen sowie für die bei dem Besuch von Rechtsanwälten oder Notaren zur Erledigung einer die Sicherungsverwahrten betreffenden Rechtssache übergebenen Schriftstücke und sonstigen Unterlagen; bei dem Besuch von Rechtsanwälten oder Notaren kann die Übergabe aus Gründen der Sicherheit oder Ordnung der Anstalt von der Erlaubnis abhängig gemacht werden. [2]Art. 32 Abs. 1 Sätze 2 und 3 BayStVollzG gelten entsprechend.

(4) [1]Der Schriftwechsel der Sicherungsverwahrten mit ihren Verteidigern wird nicht überwacht. [2]Art. 32 Abs. 1 Sätze 2 und 3 BayStVollzG gelten entsprechend.

Teil 6
Beschäftigung und Vergütung

Artikel 33 Beschäftigung

(1) Sicherungsverwahrten sollen Arbeit, arbeitstherapeutische Beschäftigung sowie schulische und berufliche Bildung (Beschäftigung) angeboten werden, die ihre Fähigkeiten, Fertigkeiten und Neigungen berücksichtigen.

(2) Die Beschäftigung soll insbesondere dazu dienen, die Fähigkeiten und Fertigkeiten für eine regelmäßige Erwerbstätigkeit zur Sicherung des Lebensunterhalts nach der Entlassung und eine geordnete Tagesstruktur zu vermitteln, zu erhalten und zu fördern.

(3) [1]Maßnahmen nach Abs. 1 können in von privaten Unternehmen unterhaltenen Betrieben und sonstigen Einrichtungen durchgeführt werden. [2]Hierbei kann die technische und fachliche Leitung Angehörigen dieser Unternehmen übertragen werden.

Artikel 34 Zeugnisse über Bildungsmaßnahmen

Aus dem Zeugnis über eine schulische oder berufliche Bildungsmaßnahme darf der Vollzug der Sicherungsverwahrung nicht erkennbar sein.

Artikel 35 Freies Beschäftigungsverhältnis, Selbstbeschäftigung

(1) [1]Sicherungsverwahrten soll gestattet werden, einer Beschäftigung auf der Grundlage eines freien Beschäftigungsverhältnisses außerhalb der Anstalt nachzugehen, wenn dies im Rahmen des Vollzugsplans nach Art. 9 Abs. 1 Satz 2 Nr. 6 dem Ziel dient, Fähigkeiten für eine Erwerbstätigkeit nach der Entlassung zu vermitteln, zu erhalten oder zu fördern. [2]Art. 54 Abs. 1 Nr. 3 und Abs. 2 sowie Art. 56 und 57 bleiben unberührt.

(2) Sicherungsverwahrten soll gestattet werden, sich selbst zu beschäftigen, soweit nicht die Sicherheit oder Ordnung der Anstalt entgegensteht oder das Erreichen der Vollzugsziele gefährdet wird.

(3) Die Anstalt kann verlangen, dass ihr das Entgelt zur Gutschrift für die Sicherungsverwahrten überwiesen wird.

Artikel 36 Arbeit, arbeitstherapeutische Beschäftigung

Sicherungsverwahrte sind verpflichtet, eine ihnen aus behandlerischen Gründen zugewiesene, angemessene Arbeit oder arbeitstherapeutische Beschäftigung im Sinn des Art. 9 Abs. 1 Satz 2 Nr. 6 auszuüben, soweit sie dazu körperlich und geistig in der Lage sind.

Artikel 37 Ablösung

Sicherungsverwahrte können von einer Beschäftigung abgelöst werden, wenn dies aus Gründen der Sicherheit oder Ordnung der Anstalt oder aus Gründen der Behandlung erforderlich ist oder wenn sich herausstellt, dass sie den Anforderungen nicht genügen.

Artikel 38 Freistellung von der Beschäftigung

(1) [1]Haben Sicherungsverwahrte ein halbes Jahr lang eine angebotene Arbeit ausgeübt, so können sie beanspruchen, für die Dauer von zwölf Werktagen freigestellt zu werden. [2]Die Freistellung kann nur innerhalb eines Jahres nach Entstehung des Freistellungsanspruchs in Anspruch genommen werden. [3]Auf die Frist nach Satz 1 werden Zeiten,

1. in denen die Sicherungsverwahrten infolge Krankheit an ihrer Arbeitsleistung gehindert waren, mit bis zu drei Wochen,
2. in denen die Sicherungsverwahrten Verletztengeld nach § 47 Abs. 6 des Siebten Buches Sozialgesetzbuch erhalten haben,

3. in denen die Sicherungsverwahrten nach Satz 1 freigestellt waren und
4. die nach Abs. 3 auf die Freistellung angerechnet werden,

angerechnet. [4]Zeiten, in denen die Sicherungsverwahrten die angebotene Tätigkeit aus anderen Gründen nicht ausgeübt haben, können in angemessenem Umfang angerechnet werden. [5]Erfolgt keine Anrechnung nach den Sätzen 3 oder 4, so wird die Frist für die Dauer der Fehlzeit gehemmt. [6]Abweichend von Satz 5 wird die Frist durch eine Fehlzeit unterbrochen, die unter Berücksichtigung der Vollzugsziele nach Art. 2 Abs. 1 außer Verhältnis zur bereits erbrachten Arbeitsleistung steht.

(2) Der Zeitraum der Freistellung muss mit den betrieblichen Belangen sowie den schulischen und beruflichen Bildungsmaßnahmen vereinbar sein.

(3) Auf die Zeit der Freistellung wird Langzeitausgang nach Art. 54 Abs. 1 Nr. 2 angerechnet, soweit er in die Arbeitszeit fällt und nicht wegen einer lebensgefährlichen Erkrankung oder des Todes Angehöriger gewährt worden ist.

(4) [1]Den Sicherungsverwahrten wird für die Zeit der Freistellung das Arbeitsentgelt oder die Ausbildungsbeihilfe fortgezahlt. [2]Dabei ist in der Regel der Durchschnitt der letzten drei abgerechneten Monate im Vollzug der Sicherungsverwahrung vor der Freistellung zugrunde zu legen.

(5) Urlaubsregelungen der Beschäftigungsverhältnisse außerhalb des Vollzugs bleiben unberührt.

(6) Für eine arbeitstherapeutische Beschäftigung sowie für die schulische und berufliche Bildung gelten Abs. 1 bis 5 entsprechend.

(7) [1]Zeiten, in denen Sicherungsverwahrte im Vollzug einer vorangegangenen Freiheitsstrafe eine Beschäftigung nach Art. 39 BayStVollzG oder eine Hilfstätigkeit nach Art. 43 Satz 2 BayStVollzG ausgeübt haben, werden bei der Berechnung der Halbjahresfrist nach Abs. 1 berücksichtigt, wenn diese Zeiten noch keinen Anspruch auf Freistellung von der Arbeitspflicht nach Art. 45 Abs. 1 BayStVollzG begründet haben. [2]Nach Art. 45 Abs. 1 BayStVollzG erworbene Freistellungstage können im Vollzug der Sicherungsverwahrung in Anspruch genommen werden.

Artikel 39 Vergütung

(1) Sicherungsverwahrte, die eine angebotene Arbeit oder arbeitstherapeutische Beschäftigung ausüben, erhalten ein Arbeitsentgelt.

(2) [1]Für die Teilnahme an schulischer oder beruflicher Bildung während der Arbeitszeit erhalten Sicherungsverwahrte eine Ausbildungsbeihilfe, soweit ihnen keine Leistungen zum Lebensunterhalt zustehen, die freien Personen aus solchem Anlass gewährt werden. [2]Der Nachrang der Sozialhilfe nach § 2 Abs. 2 des Zwölften Buches Sozialgesetzbuch wird nicht berührt.

(3) [1]Der Bemessung des Arbeitsentgelts und der Ausbildungsbeihilfe (Vergütung) sind 16 v. H. der Bezugsgröße nach § 18 des Vierten Buches Sozialgesetzbuch zugrunde zu legen (Eckvergütung). [2]Ein Tagessatz ist der zweihundertfünfzigste Teil der Eckvergütung; die Vergütung wird nach einem Stundensatz bemessen.

(4) [1]Die Vergütung kann je nach der Leistung der Sicherungsverwahrten gestuft werden. [2]§ 1 Abs. 1 und 2, §§ 2, 4 Abs. 1 bis 3 und 5 der Bayerischen Strafvollzugsvergütungsverordnung gelten entsprechend.

(5) 88 v. H. der Eckvergütung dürfen nicht unterschritten werden.

(6) [1]Nehmen Sicherungsverwahrte an Behandlungsmaßnahmen nach Art. 9 Abs. 1 Satz 2 Nr. 1 oder Nr. 2 während ihrer Beschäftigungszeit teil, erhalten sie in Höhe der ihnen dadurch entgehenden Vergütung eine Ausbildungsbeihilfe. [2]In der Woche können bis zu zehn Behandlungsstunden vergütet werden.

(7) Soweit Beiträge zur Bundesagentur für Arbeit zu entrichten sind, ist von der Vergütung ein Betrag einzubehalten, der dem Anteil der Sicherungsverwahrten am Beitrag entsprechen würde, wenn sie diese Bezüge als Arbeitnehmer erhielten.

(8) Die Vergütung ist den Sicherungsverwahrten schriftlich bekannt zu geben.

Teil 7

Gelder der Sicherungsverwahrten, Kostenbeteiligung

Artikel 40 Gelder aus vorangegangenen Freiheitsentziehungen

Bei Aufnahme in den Vollzug der Sicherungsverwahrung werden vorhandene Gelder aus vorangegangenen Freiheitsentziehungen entsprechend Art. 41 bis 45 gutgeschrieben.

Artikel 41 Hausgeld

(1) Sicherungsverwahrte dürfen von ihrer Vergütung drei Siebtel monatlich (Hausgeld) für den Einkauf (Art. 20) oder anderweitig verwenden.

(2) Für Sicherungsverwahrte, die in einem freien Beschäftigungsverhältnis stehen (Art. 35 Abs. 1) oder denen gestattet ist, sich selbst zu beschäftigen (Art. 35 Abs. 2), wird aus ihren Bezügen ein angemessenes Hausgeld festgesetzt.

Artikel 42 Überbrückungsgeld

(1) Aus der Vergütung und aus den Bezügen der Sicherungsverwahrten, die in einem freien Beschäftigungsverhältnis stehen (Art. 35 Abs. 1) oder denen gestattet ist, sich selbst zu beschäftigen (Art. 35 Abs. 2), ist ein Überbrückungsgeld zu bilden, das den notwendigen Lebensunterhalt der Sicherungsverwahrten und ihrer Unterhaltsberechtigten für die ersten vier Wochen nach der Entlassung sichern soll.

(2) [1]Das Überbrückungsgeld wird den Sicherungsverwahrten bei der Entlassung in die Freiheit ausgezahlt. [2]Die Anstalt kann es auch ganz oder zum Teil den Bewährungshelfern oder einer mit der Entlassenenbetreuung befassten Stelle überweisen, die darüber entscheiden, wie das Geld innerhalb der ersten vier Wochen nach der Entlassung an die Sicherungsverwahrten ausgezahlt wird. [3]Die Bewährungshelfer und die mit der Entlassenenbetreuung befasste Stelle sind verpflichtet, das Überbrückungsgeld von ihrem Vermögen gesondert zu halten. [4]Mit Zustimmung der Sicherungsverwahrten kann das Überbrückungsgeld auch den Unterhaltsberechtigten überwiesen werden.

(3) Die Inanspruchnahme des Überbrückungsgelds für Ausgaben, die der Eingliederung der Sicherungsverwahrten dienen, kann gestattet werden.

Artikel 43 Eigengeld

(1) [1]Als Eigengeld werden gutgeschrieben

1. eingebrachtes Geld,
2. Vergütung im Sinn von Art. 39 Abs. 3 Satz 1, die nicht als Hausgeld oder Überbrückungsgeld in Anspruch genommen wird,
3. Bezüge der Sicherungsverwahrten, die in einem freien Beschäftigungsverhältnis stehen (Art. 35 Abs. 1) oder denen gestattet ist, sich selbst zu beschäftigen (Art. 35 Abs. 2), soweit diese Bezüge nicht als Hausgeld oder Überbrückungsgeld in Anspruch genommen werden,
4. Geld, das für die Sicherungsverwahrten eingezahlt wird.

[2]Art. 44 bleibt unberührt.

(2) [1]Die Sicherungsverwahrten können über ihr Eigengeld verfügen, soweit dieses nicht als Überbrückungsgeld notwendig ist. [2]Art. 20 Abs. 4 Satz 2 bleibt unberührt.

Artikel 44 Sondergeld

[1]Für die Sicherungsverwahrten kann für die Kosten einer Krankenbehandlung Geld einbezahlt werden. [2]Dieses ist als Sondergeld gutzuschreiben. [3]Kann das Geld nicht oder nicht in vollem Umfang für den konkret zu bezeichnenden Zweck eingesetzt werden, ist es zum Eigengeld gutzuschreiben.

Artikel 45 Taschengeld

(1) [1]Sicherungsverwahrten wird auf Antrag Taschengeld gewährt, falls sie bedürftig sind. [2]Eine Leistung nach Art. 19 Abs. 3 bleibt bei der Feststellung der Bedürftigkeit in dem Monat unberücksichtigt, für den die Leistung bestimmt ist.

(2) [1]Das monatliche Taschengeld entspricht dem zweieinhalbfachen Tagessatz der Eckvergütung (Art. 39 Abs. 3 Satz 1). [2]Taschengeld wird im Monat bis zum fünffachen Tagessatz der Eckvergütung gewährt, wenn Sicherungsverwahrte eine angebotene Arbeit oder arbeitstherapeutische Beschäftigung nach Art. 9 Abs. 1 Satz 2 Nr. 6 ausüben oder an Maßnahmen nach Art. 9 Abs. 1 Satz 2 Nr. 1 oder Nr. 2 teilnehmen. [3]Die Höhe des Taschengelds nach Satz 2 orientiert sich an der Bereitschaft zur Mitwirkung bei der Behandlung.

(3) Das Taschengeld darf für den Einkauf (Art. 20) oder anderweitig verwendet werden.

Artikel 46 Kostenbeteiligung

(1) An den Kosten für Unterbringung und Verpflegung werden die Sicherungsverwahrten nicht beteiligt.

(2) [1]An den Kosten für sonstige Leistungen können die Sicherungsverwahrten durch Erhebung von Kostenbeiträgen beteiligt werden. [2]Dies gilt insbesondere für

1. Leistungen auf dem Gebiet der Gesundheitsfürsorge, höchstens jedoch im Umfang der Beteiligung gesetzlich Versicherter (Art. 50 in Verbindung mit Art. 63 BayStVollzG),
2. Sehhilfen (Art. 50 in Verbindung mit Art. 61 Abs. 2 Satz 2 BayStVollzG),
3. ärztliche Behandlungen zur sozialen Eingliederung (Art. 50 in Verbindung mit Art. 65 BaySt-VollzG),
4. Stromkosten, die durch die Nutzung der in ihrem Besitz befindlichen Gegenstände entstehen,
5. Maßnahmen zur Feststellung von Suchtmittelkonsum (Art. 72 Abs. 2).

(3) [1]Von der Erhebung von Kostenbeiträgen ist abzusehen, soweit dies notwendig ist, um das Erreichen der Vollzugsziele nicht zu gefährden. [2]Für Zeiten, in denen Sicherungsverwahrte bedürftig sind, soll von der Erhebung von Kostenbeiträgen abgesehen werden.

Teil 8
Religionsausübung

Artikel 47 Seelsorge

(1) [1]Den Sicherungsverwahrten darf religiöse Betreuung durch einen Seelsorger oder eine Seelsorgerin ihrer Religionsgemeinschaft nicht versagt werden; Art. 10 Abs. 2 Satz 2 bleibt unberührt. [2]Auf ihren Wunsch ist ihnen zu helfen, mit einem Seelsorger oder einer Seelsorgerin ihrer Religionsgemeinschaft in Verbindung zu treten.
(2) [1]Sicherungsverwahrte dürfen religiöse Schriften besitzen. [2]Sie dürfen ihnen nur bei grobem Missbrauch entzogen werden.
(3) Den Sicherungsverwahrten sind Gegenstände des religiösen Gebrauchs in angemessenem Umfang zu belassen.

Artikel 48 Religiöse Veranstaltungen

(1) Sicherungsverwahrte haben das Recht, am Gottesdienst und an anderen religiösen Veranstaltungen ihres Bekenntnisses teilzunehmen.
(2) Zu dem Gottesdienst oder zu religiösen Veranstaltungen einer anderen Religionsgemeinschaft werden Sicherungsverwahrte zugelassen, wenn deren Seelsorger zustimmen.
(3) Sicherungsverwahrte können von der Teilnahme am Gottesdienst oder anderen religiösen Veranstaltungen ausgeschlossen werden, wenn dies aus überwiegenden Gründen der Sicherheit oder Ordnung der Anstalt geboten ist; der Seelsorger oder die Seelsorgerin soll vorher gehört werden.

Artikel 49 Weltanschauungsgemeinschaften

Für Angehörige weltanschaulicher Bekenntnisse gelten Art. 47 und 48 entsprechend.

Teil 9
Gesundheitsfürsorge

Artikel 50 Gesundheitsfürsorge

(1) Art. 58 bis 68 BayStVollzG über die Gesundheitsfürsorge gelten entsprechend, soweit Zweck und Eigenart der Sicherungsverwahrung nicht entgegenstehen.
(2) Art. 82 bis 85 BayStVollzG über den Frauenstrafvollzug gelten entsprechend, soweit Zweck und Eigenart der Sicherungsverwahrung nicht entgegenstehen.

Teil 10
Freizeit

Artikel 51 Freizeit

(1) [1]Die Sicherungsverwahrten erhalten Gelegenheit und Anregung, ihre Freizeit sinnvoll zu gestalten. [2]Die Anstalt hat insbesondere Angebote zur sportlichen und kulturellen Betätigung sowie Bildungsangebote vorzuhalten. [3]Die Benutzung einer Bücherei ist zu ermöglichen.
(2) [1]Die Sicherungsverwahrten sind zur Teilnahme und Mitwirkung an Angeboten der Freizeitgestaltung zu motivieren und anzuleiten. [2]Die Gestaltung der Freizeit kann auch dazu dienen, die Sicherungsverwahrten an die Behandlung heranzuführen.

Artikel 52 Zeitungen und Zeitschriften

(1) Sicherungsverwahrte dürfen Zeitungen und Zeitschriften in angemessenem Umfang durch Vermittlung der Anstalt beziehen.

(2) [1]Ausgeschlossen sind Zeitungen und Zeitschriften, deren Verbreitung mit Strafe oder Geldbuße bedroht ist. [2]Einzelne Ausgaben oder Teile von Zeitungen oder Zeitschriften können den Sicherungsverwahrten vorenthalten werden, wenn sie das Erreichen der Vollzugsziele oder die Sicherheit oder Ordnung der Anstalt erheblich gefährden würden.

Artikel 53 Hörfunk und Fernsehen

(1) [1]Eigene Hörfunk- und Fernsehgeräte werden unter den Voraussetzungen des Art. 52 zugelassen. [2]Die Betriebskosten können den Sicherungsverwahrten auferlegt werden.

(2) Der Hörfunk- und Fernsehempfang kann vorübergehend ausgesetzt oder einzelnen Sicherungsverwahrten untersagt werden, wenn dies zur Aufrechterhaltung der Sicherheit oder Ordnung der Anstalt unerlässlich ist.

Teil 11
Vollzugsöffnende Maßnahmen

Artikel 54 Vollzugsöffnende Maßnahmen

(1) Vollzugsöffnende Maßnahmen sind insbesondere

1. das Verlassen der Anstalt für eine bestimmte Tageszeit in Begleitung einer von der Anstalt zugelassenen Person (Begleitausgang) oder ohne Begleitung (Ausgang),
2. das Verlassen der Anstalt für mehr als einen Tag (Langzeitausgang) bis zu zwei Wochen,
3. die regelmäßige Beschäftigung außerhalb der Anstalt unter Aufsicht Vollzugsbediensteter (Außenbeschäftigung) oder ohne Aufsicht (Freigang).

(2) Vollzugsöffnende Maßnahmen nach Abs. 1 werden mit Zustimmung der Sicherungsverwahrten und nach Anhörung der Strafvollstreckungskammer zum Erreichen der Vollzugsziele gewährt, soweit nicht zwingende Gründe entgegenstehen, insbesondere konkrete Anhaltspunkte die Gefahr begründen, die Sicherungsverwahrten werden sich dem Vollzug der Sicherungsverwahrung entziehen oder die vollzugsöffnenden Maßnahmen zur Begehung von Straftaten missbrauchen.

(3) [1]Werden vollzugsöffnende Maßnahmen nach Abs. 1 nicht gewährt, ist den Sicherungsverwahrten mit ihrer Zustimmung das Verlassen der Anstalt unter ständiger und unmittelbarer Aufsicht Vollzugsbediensteter für eine bestimmte Tageszeit (Ausführung) zu gestatten. [2]Ausführungen erfolgen mindestens vier Mal im Jahr. [3]Sie dienen der Erhaltung der Lebenstüchtigkeit, der Förderung der Mitwirkung an der Behandlung oder der Vorbereitung weiterer vollzugsöffnender Maßnahmen und dürfen nur versagt werden, wenn konkrete Anhaltspunkte die Gefahr begründen, dass die Sicherungsverwahrten sich trotz besonderer Sicherungsmaßnahmen dem Vollzug der Sicherungsverwahrung entziehen oder die Ausführung zur Begehung erheblicher Straftaten missbrauchen werden. [4]Die Ausführungen unterbleiben auch dann, wenn die zur Sicherung erforderlichen Maßnahmen den Zweck der Ausführung gefährden.

Artikel 55 Vollzugsöffnende Maßnahmen aus wichtigem Anlass

(1) [1]Vollzugsöffnende Maßnahmen können auch aus wichtigem Anlass gewährt werden. [2]Wichtige Anlässe sind insbesondere die Teilnahme an gerichtlichen Terminen, die medizinische Behandlung der Sicherungsverwahrten sowie die lebensgefährliche Erkrankung oder der Tod Angehöriger der Sicherungsverwahrten. [3]Auf Ersuchen eines Gerichts werden die Sicherungsverwahrten vorgeführt.

(2) Art. 54 Abs. 2 und 3 gelten entsprechend.

(3) Ausführungen aus wichtigem Anlass sind auch ohne Zustimmung der Sicherungsverwahrten zulässig, wenn dies aus besonderen Gründen notwendig ist.

Artikel 56 Weisungen, Aufhebung von vollzugsöffnenden Maßnahmen

(1) Die Anstalt kann für die vollzugsöffnenden Maßnahmen Weisungen erteilen.

(2) Bei der Ausgestaltung der vollzugsöffnenden Maßnahmen ist den Belangen des Opfers Rechnung zu tragen.

(3) [1]Vollzugsöffnende Maßnahmen können widerrufen werden, wenn
1. sie auf Grund nachträglich eingetretener Umstände hätten versagt werden können,
2. die Sicherungsverwahrten die Maßnahmen missbrauchen oder
3. die Sicherungsverwahrten einer Weisung nicht nachkommen.

[2]Mit Wirkung für die Zukunft können vollzugsöffnende Maßnahmen zurückgenommen werden, wenn die Voraussetzungen für ihre Gewährung nicht vorgelegen haben.

Artikel 57 Begutachtung vor vollzugsöffnenden Maßnahmen

(1) [1]Die Gewährung vollzugsöffnender Maßnahmen ist besonders gründlich zu prüfen. [2]Hierzu soll ein Gutachten eingeholt werden. [3]Bei der Entscheidung sind auch die Feststellungen im Urteil und die im Ermittlungs- oder Strafverfahren erstatteten Gutachten zu berücksichtigen.

(2) [1]Die Begutachtung bedarf der Zustimmung der Sicherungsverwahrten. [2]Verweigern die Sicherungsverwahrten die Zustimmung, so begründet dies in der Regel die Annahme, dass die Voraussetzungen nach Art. 54 Abs. 2 für die Gewährung vollzugsöffnender Maßnahmen nicht gegeben sind. [3]Die Sicherungsverwahrten sind hierauf bei der Anordnung der Begutachtung hinzuweisen.

Artikel 58 Langzeitausgang, Verlegung in den offenen Vollzug zur Vorbereitung der Entlassung

(1) Die Anstalt kann den Sicherungsverwahrten unter den Voraussetzungen von Art. 54 Abs. 2 zur Vorbereitung der Entlassung Langzeitausgang bis zu sechs Monaten gewähren.

(2) [1]Den Sicherungsverwahrten sollen für den Langzeitausgang nach Abs. 1 Weisungen erteilt werden. [2]Sie können insbesondere angewiesen werden, sich einer bestimmten Betreuungsperson zu unterstellen, sich in Einrichtungen außerhalb des Vollzugs aufzuhalten und jeweils für kurze Zeit in die Anstalt zurückzukehren.

(3) Zur Entlassungsvorbereitung kann mit ihrer Zustimmung die Unterbringung in Einrichtungen des offenen Vollzugs erfolgen, wenn die Sicherungsverwahrten dessen besonderen Anforderungen genügen, insbesondere nicht konkrete Anhaltspunkte die Gefahr begründen, dass sie sich dem Vollzug entziehen oder die Unterbringung im offenen Vollzug zu Straftaten missbrauchen werden.

(4) Art. 57 gilt entsprechend.

Teil 12
Soziale Hilfe, Entlassung

Artikel 59 Soziale Hilfe

(1) [1]Die Sicherungsverwahrten können die soziale Hilfe der Anstalt in Anspruch nehmen, um ihre persönlichen Schwierigkeiten zu lösen und die Entlassung vorzubereiten. [2]Die soziale Hilfe soll darauf gerichtet sein, die Sicherungsverwahrten in die Lage zu versetzen, ihre Angelegenheiten selbst zu ordnen und zu regeln.

(2) Sicherungsverwahrte mit Deutsch- oder Integrationsdefiziten sollen dazu angehalten werden, auf freiwilliger Basis an dem in Art. 40 Abs. 2 und 3 BayStVollzG genannten Unterricht teilzunehmen, wenn dies dem Zweck der Sicherungsverwahrung nicht widerspricht und mit vertretbarem Aufwand ermöglicht werden kann.

Artikel 60 Hilfe bei der Aufnahme

(1) Bei der Aufnahme wird den Sicherungsverwahrten geholfen, insbesondere die notwendigen Maßnahmen für hilfsbedürftige Angehörige zu veranlassen und ihre Habe außerhalb der Anstalt sicherzustellen.

(2) Die Sicherungsverwahrten sind über die Aufrechterhaltung einer Sozialversicherung zu beraten.

Artikel 61 Hilfe während des Vollzugs, Täter-Opfer-Ausgleich

(1) Die Sicherungsverwahrten werden in dem Bemühen unterstützt, ihre Rechte und Pflichten wahrzunehmen, insbesondere das Wahlrecht auszuüben, sowie für Unterhaltsberechtigte zu sorgen.

(2) [1]Die Einsicht der Sicherungsverwahrten in ihre Verantwortung für die Tat, insbesondere für die beim Opfer verschuldeten Tatfolgen, soll geweckt werden. [2]Die Sicherungsverwahrten sind anzuhalten, den durch die Straftat verursachten Schaden zu regeln. [3]Die Durchführung eines Täter-Opfer-Ausgleichs ist in geeigneten Fällen anzustreben.

Artikel 62 Vorbereitung der Entlassung

[1]Um die Entlassung vorzubereiten, sind die Sicherungsverwahrten bei der Ordnung ihrer persönlichen, wirtschaftlichen und sozialen Angelegenheiten zu beraten. [2]Die Beratung erstreckt sich auch auf die Benennung der für Sozialleistungen zuständigen Stellen.

Artikel 63 Hilfe zur Entlassung

Die Anstalt wirkt darauf hin, dass die Sicherungsverwahrten nach ihrer Entlassung insbesondere über eine geeignete Unterkunft und eine Arbeits- oder Ausbildungsstelle verfügen sowie bei Bedarf in therapeutische oder andere nachsorgende Maßnahmen vermittelt werden.

Artikel 64 Entlassung

(1) [1]Die Sicherungsverwahrten sollen am Tag ihrer Entlassung möglichst frühzeitig, jedenfalls noch am Vormittag entlassen werden. [2]Bei Bedarf soll die Anstalt den Transport zur Unterkunft vermitteln.

(2) Fällt das Ende der Sicherungsverwahrung auf einen Samstag oder Sonntag, einen gesetzlichen Feiertag, den ersten Werktag nach Ostern oder Pfingsten oder in die Zeit vom 22. Dezember bis zum 6. Januar, so können die Sicherungsverwahrten an dem diesem Tag oder Zeitraum vorhergehenden Werktag entlassen werden, wenn fürsorgerische Gründe nicht entgegenstehen.

(3) Der Entlassungszeitpunkt kann bis zu fünf Tage vorverlegt werden, wenn die Sicherungsverwahrten zu ihrer Eingliederung hierauf dringend angewiesen sind.

(4) Sicherungsverwahrte erhalten, soweit ihre eigenen Mittel nicht ausreichen, eine Beihilfe zu den Reisekosten, eine Überbrückungsbeihilfe, erforderlichenfalls angemessene Kleidung und sonstige notwendige Unterstützung (Entlassungsbeihilfe).

(5) Die Überbrückungsbeihilfe soll die Sicherungsverwahrten in die Lage versetzen, ohne Inanspruchnahme fremder Hilfe ihren notwendigen Lebensunterhalt zu bestreiten, bis sie ihn anderweitig decken können.

(6) [1]Art. 42 Abs. 2 Sätze 2 und 3 gelten entsprechend. [2]Die Überbrückungsbeihilfe kann ganz oder teilweise auch den Unterhaltsberechtigten überwiesen werden.

Artikel 65 Nachgehende Betreuung

Die Anstalt kann den Sicherungsverwahrten auf Antrag auch nach der Entlassung Hilfestellung gewähren und die im Vollzug begonnene Betreuung vorübergehend fortführen, soweit diese nicht anderweitig zur Verfügung steht und der Erfolg der Behandlung gefährdet erscheint.

Artikel 66 Verbleib und Aufnahme auf freiwilliger Grundlage

(1) [1]Frühere Sicherungsverwahrte können auf ihren Antrag vorübergehend in einer Anstalt verbleiben oder wiederaufgenommen werden, wenn die Eingliederung gefährdet ist. [2]Der Verbleib und die Aufnahme sind jederzeit widerruflich.

(2) [1]Gegen verbliebene oder aufgenommene Personen dürfen Maßnahmen des Vollzugs nicht mit unmittelbarem Zwang durchgesetzt werden. [2]Art. 77 in Verbindung mit Art. 101 Abs. 2 und 3 BaySt-VollzG bleiben unberührt.

(3) [1]Bei Widerruf ihres Antrags sind die verbliebenen oder aufgenommenen Personen unverzüglich zu entlassen. [2]Ein Widerruf des Antrags darf nicht zur Unzeit erfolgen.

Teil 13
Sicherheit und Ordnung

Artikel 67 Grundsatz

(1) Das Verantwortungsbewusstsein der Sicherungsverwahrten für ein geordnetes Zusammenleben in der Anstalt ist zu wecken und zu fördern.

(2) Die Pflichten und Beschränkungen, die den Sicherungsverwahrten zur Aufrechterhaltung der Sicherheit oder Ordnung der Anstalt auferlegt werden, sind so zu wählen, dass sie in einem angemessenen Verhältnis zu ihrem Zweck stehen und die Sicherungsverwahrten nicht mehr und nicht länger als notwendig beeinträchtigen.

Artikel 68 Verhaltensvorschriften

(1) [1]Die Sicherungsverwahrten dürfen durch ihr Verhalten gegenüber Bediensteten, anderen Sicherungsverwahrten und Dritten das geordnete Zusammenleben in der Anstalt nicht stören. [2]Ihr Bewusst-

sein für ein gewaltfreies Zusammenleben ist zu entwickeln und zu stärken. [3]Sie sind zu einvernehmlicher Streitbeilegung zu befähigen.

(2) [1]Die Sicherungsverwahrten haben die Anordnungen der Bediensteten zu befolgen, auch wenn sie sich durch diese beschwert fühlen. [2]Einen ihnen zugewiesenen Bereich nach Art. 15 dürfen sie nicht ohne Erlaubnis verlassen.

(3) Die Sicherungsverwahrten sind verpflichtet, ihre Zimmer und die ihnen von der Anstalt überlassenen Sachen in Ordnung zu halten und schonend zu behandeln.

(4) Die Sicherungsverwahrten haben Umstände, die eine Gefahr für das Leben oder eine erhebliche Gefahr für die Gesundheit einer Person bedeuten, unverzüglich zu melden.

Artikel 69 Ersatz von Aufwendungen

(1) [1]Die Sicherungsverwahrten sind verpflichtet, der Anstalt Aufwendungen zu ersetzen, die sie durch eine vorsätzliche oder grob fahrlässige Selbstverletzung oder Verletzung anderer Sicherungsverwahrter oder Gefangener verursacht haben. [2]Ansprüche aus sonstigen Rechtsvorschriften bleiben unberührt.

(2) Bei der Geltendmachung dieser Forderungen kann auch ein den dreifachen Tagessatz der Eckvergütung nach Art. 39 Abs. 3 Satz 1 übersteigender Teil des Hausgelds in Anspruch genommen werden.

(3) Für die in Abs. 1 genannten Forderungen ist der ordentliche Rechtsweg gegeben.

(4) Von der Aufrechnung oder Vollstreckung wegen der in Abs. 1 genannten Forderungen ist abzusehen, wenn hierdurch die Behandlung der Sicherungsverwahrten oder ihre Eingliederung behindert würde.

Artikel 70 Durchsuchung

(1) [1]Sicherungsverwahrte, ihre Sachen und die Zimmer dürfen durchsucht werden. [2]Die Durchsuchung männlicher Sicherungsverwahrter darf nur von Männern, die Durchsuchung weiblicher Sicherungsverwahrter darf nur von Frauen vorgenommen werden; dies gilt nicht für das Absuchen der Sicherungsverwahrten mit technischen Mitteln oder mit sonstigen Hilfsmitteln. [3]Das Schamgefühl ist zu schonen.

(2) [1]Nur bei Gefahr im Verzug oder auf Anordnung der Anstaltsleitung im Einzelfall ist es zulässig, eine mit einer Entkleidung verbundene körperliche Durchsuchung vorzunehmen. [2]Sie darf bei männlichen Sicherungsverwahrten nur in Gegenwart von Männern, bei weiblichen Sicherungsverwahrten nur in Gegenwart von Frauen erfolgen. [3]Sie ist in einem geschlossenen Raum durchzuführen. [4]Andere Sicherungsverwahrte oder Gefangene dürfen nicht anwesend sein.

(3) Die Anstaltsleitung kann allgemein anordnen, dass Sicherungsverwahrte bei der Aufnahme, nach Kontakten mit Besuchern und vor und nach jeder Abwesenheit von der Einrichtung für Sicherungsverwahrung nach Abs. 2 zu durchsuchen sind.

(4) Art. 91 Abs. 4 bis 6 BayStVollzG gilt entsprechend.

Artikel 71 Erkennungsdienstliche Maßnahmen

(1) Zur Sicherung des Vollzugs, zur Aufrechterhaltung der Sicherheit oder Ordnung der Anstalt oder zur Identitätsfeststellung sind mit Kenntnis der Sicherungsverwahrten zulässig:

1. die Aufnahme von Lichtbildern,
2. die Feststellung äußerlicher körperlicher Merkmale,
3. Messungen,
4. die Erfassung biometrischer Merkmale von Fingern, Händen, Gesicht und Stimme.

(2) [1]Die hierbei gewonnenen Unterlagen oder Daten werden zu den Personalakten genommen oder in personenbezogenen Dateien gespeichert. [2]Sie können auch in kriminalpolizeilichen Sammlungen verwahrt werden. [3]Die nach Abs. 1 erhobenen Daten dürfen nur für die in Abs. 1, Art. 73 Abs. 2 und Art. 96 in Verbindung mit Art. 197 Abs. 2 Satz 1 Nr. 3 BayStVollzG genannten Zwecke verarbeitet werden. [4]Art. 201 Abs. 4 Satz 2 BayStVollzG bleibt unberührt.

Artikel 72 Maßnahmen zur Feststellung von Suchtmittelkonsum

(1) [1]Zur Aufrechterhaltung der Sicherheit und Ordnung der Anstalt kann die Anstaltsleitung allgemein oder im Einzelfall Maßnahmen anordnen, die geeignet sind, den Missbrauch von Suchtmitteln festzustellen. [2]Diese Maßnahmen dürfen nicht mit einem körperlichen Eingriff verbunden sein.

(2) Wird Suchtmittelmissbrauch festgestellt, können die Kosten der Maßnahme den Sicherungsverwahrten auferlegt werden.

Artikel 73 Festnahmerecht

(1) Sicherungsverwahrte, die entwichen sind oder sich sonst ohne Erlaubnis außerhalb der Anstalt aufhalten, können durch die Anstalt oder auf ihre Veranlassung hin festgenommen und in die Anstalt zurückgebracht werden.

(2) Die nach diesem Gesetz erhobenen Daten dürfen den Vollstreckungs- und Strafverfolgungsbehörden übermittelt werden, soweit dies für Zwecke der Fahndung und Festnahme der entwichenen oder sich sonst ohne Erlaubnis außerhalb der Anstalt aufhaltenden Sicherungsverwahrten erforderlich ist.

Artikel 74 Besondere Sicherungsmaßnahmen

(1) Gegen Sicherungsverwahrte können besondere Sicherungsmaßnahmen angeordnet werden, wenn nach ihrem Verhalten oder auf Grund ihres seelischen Zustands in erhöhtem Maß Fluchtgefahr oder die Gefahr von Gewalttätigkeiten gegen Personen oder Sachen oder die Gefahr der Selbsttötung oder der Selbstverletzung besteht.

(2) Als besondere Sicherungsmaßnahmen sind zulässig:
1. der Entzug oder die Vorenthaltung von Gegenständen,
2. die ständige Beobachtung der Sicherungsverwahrten, auch mit technischen Hilfsmitteln,
3. die Trennung von anderen Sicherungsverwahrten (Absonderung),
4. der Entzug oder die Beschränkung des Aufenthalts im Freien,
5. die Unterbringung in einem besonders gesicherten Raum ohne gefährdende Gegenstände und
6. die Fesselung.

(3) Maßnahmen nach Abs. 2 Nrn. 1, 3 bis 5 sind auch zulässig, wenn die Gefahr einer Befreiung oder eine erhebliche Störung der Ordnung der Anstalt anders nicht abgewendet werden kann.

(4) Eine Absonderung von mehr als 24 Stunden Dauer ist nur zulässig, wenn sie zur Abwehr einer in der Person der Sicherungsverwahrten liegenden Gefahr unerlässlich ist.

(5) [1]Fesseln dürfen nur an den Händen oder an den Füßen, im Ausnahmefall auch an Händen und Füßen angelegt werden; Satz 2 und Abs. 7 bleiben unberührt. [2]Im Interesse der Sicherungsverwahrten kann die Anstaltsleitung eine andere Art der Fesselung anordnen. [3]Die Fesselung kann zeitweise gelockert werden, soweit dies notwendig ist.

(6) Bei einer Ausführung, Vorführung oder beim Transport ist die Fesselung auch dann zulässig, wenn aus anderen Gründen als denen des Abs. 1 in erhöhtem Maß Fluchtgefahr besteht.

(7) Eine Fesselung der Sicherungsverwahrten, durch welche die Bewegungsfreiheit an allen Gliedmaßen aufgehoben wird (Fixierung), ist nur zulässig, wenn und solange sie zur Abwendung einer gegenwärtigen erheblichen Gefahr von Gewalttätigkeiten gegen Personen oder der Selbsttötung oder der Selbstverletzung unerlässlich ist.

Artikel 75 Anordnung besonderer Sicherungsmaßnahmen, Verfahren

(1) [1]Besondere Sicherungsmaßnahmen ordnet vorbehaltlich des Abs. 3 die Anstaltsleitung an. [2]Bei Gefahr im Verzug können auch andere Bedienstete diese Maßnahmen vorläufig anordnen; die Entscheidung der Anstaltsleitung ist unverzüglich nachzuholen.

(2) [1]Vorher ist der Arzt oder die Ärztin zu hören, wenn
1. Sicherungsverwahrte ärztlich behandelt oder beobachtet werden,
2. der seelische Zustand der Sicherungsverwahrten Anlass der Maßnahme ist oder
3. eine Fixierung angeordnet werden soll.

[2]Ist dies wegen Gefahr im Verzug nicht möglich, wird die Stellungnahme unverzüglich nachträglich eingeholt. [3]Die an der Behandlung maßgeblich beteiligten Personen sind alsbald zu unterrichten.

(3) [1]Die Fixierung bedarf der vorherigen Anordnung des zuständigen Gerichts, es sei denn, es handelt sich um eine kurzfristige Maßnahme. [2]Bei Gefahr im Verzug kann ohne vorherige Anordnung nach Satz 1 mit der Fixierung begonnen werden. [3]Die richterliche Entscheidung ist unverzüglich nachzuholen, es sei denn, es ist absehbar, dass die Fixierung vor Erlangung einer richterlichen Entscheidung beendet sein und eine zeitnahe Wiederholung nicht erforderlich werden wird.

(3a) (aufgehoben)

(4) [1]Besondere Sicherungsmaßnahmen dürfen nur soweit aufrecht erhalten werden, als es ihr Zweck erfordert. [2]Sie sind in angemessenen Abständen daraufhin zu überprüfen, ob und in welchem Umfang sie noch erforderlich sind.

(5) [1]Besondere Sicherungsmaßnahmen sollen den Sicherungsverwahrten erläutert werden. [2]Zu dokumentieren sind
1. die Anordnung,
2. Entscheidungen zur Fortdauer,
3. die Durchführung und Überwachung der Maßnahmen einschließlich der Beteiligung des ärztlichen Dienstes und
4. bei Fixierungen
   a) die Gründe der Anordnung und
   b) der Hinweis nach Satz 3.

[3]Nach Beendigung der Fixierung sind die Sicherungsverwahrten auf die Möglichkeit hinzuweisen, die Zulässigkeit der Fixierung nachträglich gerichtlich überprüfen zu lassen.

(6) [1]Besondere Sicherungsmaßnahmen nach Art. 74 Abs. 2 Nrn. 5 und 6 sind der Aufsichtsbehörde unverzüglich mitzuteilen, wenn sie länger als drei Tage aufrechterhalten werden. [2]Absonderung und Unterbringung in einem besonders gesicherten Raum von mehr als 30 Tagen Gesamtdauer innerhalb von zwölf Monaten bedürfen der Zustimmung der Aufsichtsbehörde.

(7) [1]Während der Absonderung, der Unterbringung in einem besonders gesicherten Raum oder der Fixierung sind die Sicherungsverwahrten in besonderem Maß zu betreuen. [2]Sind die Sicherungsverwahrten fixiert oder während der Absonderung oder der Unterbringung in einem besonders gesicherten Raum sonst gefesselt, sind sie durch geeignete Bedienstete ständig und unmittelbar zu beobachten. [3]Bei der Fixierung dürfen nur Bedienstete zur Beobachtung eingesetzt werden, die ärztlich in solche Aufgaben eingewiesen wurden.

Artikel 76 Ärztliche Überwachung

(1) [1]Sicherungsverwahrte, die in einem besonders gesicherten Haftraum untergebracht oder gefesselt sind (Art. 74 Abs. 2 Nrn. 5 und 6), sucht der Arzt oder die Ärztin alsbald und in der Folge möglichst täglich auf. [2]Dies gilt nicht bei einer Fesselung während einer Ausführung, Vorführung oder eines Transports (Art. 74 Abs. 6). [3]Bei einer Fixierung stellt der Arzt oder die Ärztin eine angemessene ärztliche Überwachung sicher.

(2) Der Arzt oder die Ärztin ist regelmäßig zu hören, solange Sicherungsverwahrten der tägliche Aufenthalt im Freien entzogen wird.

Teil 14
Unmittelbarer Zwang

Artikel 77 Unmittelbarer Zwang

Art. 101 bis 108 BayStVollzG gelten entsprechend, soweit Zweck und Eigenart der Sicherungsverwahrung nicht entgegenstehen.

Teil 15
Disziplinarmaßnahmen

Artikel 78 Disziplinarmaßnahmen

(1) [1]Verstoßen Sicherungsverwahrte schuldhaft gegen Pflichten, die ihnen durch dieses Gesetz oder auf Grund dieses Gesetzes auferlegt sind, kann die Anstaltsleitung gegen sie Disziplinarmaßnahmen anordnen. [2]Satz 1 gilt nicht für Verstöße gegen Art. 36.

(2) Von einer Disziplinarmaßnahme wird abgesehen, wenn es genügt, die Sicherungsverwahrten zu verwarnen.

(3) Zulässige Disziplinarmaßnahmen sind:
1. der Verweis,
2. der Ausschluss von einzelnen Freizeitveranstaltungen bis zu zwei Monaten,
3. die Beschränkung oder der Entzug der Bewegungsfreiheit außerhalb des Zimmers bis zu einem Monat,
4. die Beschränkung oder der Entzug des Fernsehempfangs bis zu einem Monat,
5. der Entzug von Geräten der Unterhaltungselektronik bis zu einem Monat und
6. Arrest bis zu vier Wochen.

(4) Mehrere Disziplinarmaßnahmen können miteinander verbunden werden.

(5) Zur Abwendung oder Milderung von Disziplinarmaßnahmen können im Wege einvernehmlicher Streitbeilegung Vereinbarungen getroffen werden, insbesondere über die Wiedergutmachung des Schadens, die Entschuldigung bei Geschädigten oder die Erbringung von Leistungen für die Gemeinschaft.

(6) Arrest darf nur wegen schwerer oder mehrfach wiederholter Verfehlungen verhängt werden.

(7) Disziplinarmaßnahmen sind auch zulässig, wenn wegen derselben Verfehlung ein Straf- oder Bußgeldverfahren eingeleitet wird.

(8) Unabhängig von einer disziplinarischen Ahndung sollen Pflichtverstöße nach Abs. 1 im Rahmen der Behandlung aufgearbeitet werden.

Artikel 79 Vollzug der Disziplinarmaßnahmen, Aussetzung zur Bewährung

(1) [1]Disziplinarmaßnahmen werden in der Regel sofort vollstreckt. [2]Die Vollstreckung ist auszusetzen, soweit es zur Gewährung eines effektiven Rechtsschutzes erforderlich ist.

(2) [1]Disziplinarmaßnahmen können ganz oder teilweise bis zu sechs Monaten zur Bewährung ausgesetzt werden. [2]Die Aussetzung zur Bewährung kann ganz oder teilweise widerrufen werden, wenn die Sicherungsverwahrten erneut schuldhaft gegen Pflichten verstoßen.

(3) Der Vollzug unterbleibt, wird verschoben oder unterbrochen, wenn durch diesen der Erfolg der Behandlung nachhaltig gefährdet wird.

(4) [1]Für die Dauer des Arrests werden die Sicherungsverwahrten abgesondert. [2]Sie können in einem besonderen Raum untergebracht werden, der den Anforderungen entsprechen muss, die an ein zum Aufenthalt bei Tag und Nacht bestimmtes Zimmer gestellt werden. [3]Soweit nichts anderes angeordnet ist, ruhen die Befugnisse der Sicherungsverwahrten zur Teilnahme an Maßnahmen außerhalb des Raums, in dem der Arrest vollzogen wird, sowie die Befugnisse zur Ausstattung des Zimmers mit eigenen Gegenständen, zum Fernsehempfang und zum Einkauf. [4]Gegenstände für die Freizeitbeschäftigung mit Ausnahme von Lesestoff sind nicht zugelassen.

(5) Für die Dauer des Arrests und bei einer Maßnahme nach Art. 78 Abs. 3 Nr. 3 bleiben die Rechte zur Teilnahme an unaufschiebbaren Behandlungsmaßnahmen, am Gottesdienst und auf einen täglichen mindestens einstündigen Aufenthalt im Freien unberührt.

Artikel 80 Disziplinarbefugnis

(1) [1]Disziplinarmaßnahmen ordnet die Anstaltsleitung an. [2]Bei einer Verfehlung auf dem Weg in eine andere Anstalt zum Zweck der Verlegung oder bei einer Überstellung ist die Anstaltsleitung am Bestimmungsort zuständig. [3]Ist im Fall einer Überstellung die Durchführung des Disziplinarverfahrens dort aus besonderen Gründen nicht möglich, liegt die Disziplinarbefugnis bei der Leitung der Stammanstalt.

(2) Die Aufsichtsbehörde entscheidet, wenn sich die Verfehlung gegen die Anstaltsleitung richtet.

(3) Disziplinarmaßnahmen, die gegen Sicherungsverwahrte in einer anderen Anstalt oder während einer vorangegangenen Freiheitsentziehung angeordnet worden sind, werden auf Ersuchen vollstreckt.

Artikel 81 Verfahren

(1) [1]Der Sachverhalt ist zu klären. [2]Vor der Anhörung werden die Sicherungsverwahrten darüber unterrichtet, welche Verfehlung ihnen zur Last gelegt wird und dass es ihnen freisteht, sich zur Sache zu äußern. [3]Die Erhebungen, insbesondere die Einlassungen der Sicherungsverwahrten, werden schriftlich festgehalten.

(2) [1]Die Anstaltsleitung soll sich vor der Entscheidung mit Personen besprechen, die maßgeblich an der Behandlung der Sicherungsverwahrten mitwirken. [2]Art. 75 Abs. 2 Satz 1 gilt entsprechend.

(3) Die Entscheidung wird den Sicherungsverwahrten mündlich eröffnet und mit einer kurzen Begründung schriftlich abgefasst.

(4) [1]Bevor der Arrest vollzogen wird, ist der Arzt oder die Ärztin zu hören. [2]Während des Arrests stehen die Sicherungsverwahrten unter ärztlicher Aufsicht. [3]Der Vollzug des Arrests unterbleibt oder wird unterbrochen, wenn die Gesundheit der Sicherungsverwahrten gefährdet würde.

Teil 16
Beschwerde, Aufhebung von Maßnahmen und Mitverantwortung

Artikel 82 Beschwerde und Aufhebung von Maßnahmen
Art. 115 und 115a BayStVollzG gelten entsprechend.

Artikel 83 Mitverantwortung
Art. 116 BayStVollzG gilt entsprechend, soweit Zweck und Eigenart der Sicherungsverwahrung nicht entgegenstehen.

Teil 17
Organisation, Trennungsgrundsätze

Artikel 84 Organisation
(1) Die Ausgestaltung einer Einrichtung für Sicherungsverwahrung muss therapeutischen Erfordernissen entsprechen und Wohngruppenvollzug ermöglichen.
(2) Es ist eine bedarfsgerechte Anzahl und Ausstattung von Plätzen insbesondere für therapeutische Maßnahmen, für Maßnahmen der Beschäftigung, Freizeit, Sport und Seelsorge vorzusehen.
(3) Zimmer, Gemeinschafts- und Besuchsräume sind wohnlich und zweckentsprechend auszustatten.
(4) Die höchstzulässige Belegung einer Einrichtung für Sicherungsverwahrung wird durch das Staatsministerium der Justiz festgesetzt.

Artikel 85 Trennungsgrundsätze
(1) Der Vollzug der Sicherungsverwahrung erfolgt getrennt vom Vollzug anderer Freiheitsentziehungen.
(2) [1]Der Vollzug der Sicherungsverwahrung kann in einer für den Vollzug anderer Freiheitsentziehungen bestimmten Anstalt oder Abteilung unter den in Art. 12 Abs. 2 oder Art. 50 in Verbindung mit Art. 67 BayStVollzG geregelten Voraussetzungen erfolgen. [2]In den Fällen des Art. 12 Abs. 2 müssen sich die Unterbringungsbedingungen im Rahmen der vorhandenen Gegebenheiten von denen für Gefangene unterscheiden. [3]Im Übrigen bleiben die Rechte der Sicherungsverwahrten nach diesem Gesetz unberührt.
(3) Weibliche und männliche Sicherungsverwahrte sind getrennt voneinander unterzubringen.
(4) Neben den Angeboten in einer Einrichtung für Sicherungsverwahrung ist eine Nutzung der übrigen Angebote der Anstalt, insbesondere im Bereich der Beschäftigung, der Freizeit, des Sports und der Religionsausübung auch gemeinsam mit Gefangenen zulässig.

Artikel 86 Anstaltsleitung
(1) [1]Die Anstaltsleitung trifft die nach diesem Gesetz notwendigen Entscheidungen. [2]Die Anstaltsleitung trägt die Verantwortung für den gesamten Vollzug der Sicherungsverwahrung, soweit nicht bestimmte Aufgabenbereiche der Verantwortung anderer Vollzugsbediensteter oder ihrer gemeinsamen Verantwortung übertragen sind.
(2) Die Befugnis, die Durchsuchung nach Art. 70 Abs. 2, die besonderen Sicherungsmaßnahmen nach Art. 74 und die Disziplinarmaßnahmen nach Art. 78 anzuordnen, darf nur mit Zustimmung der Aufsichtsbehörde übertragen werden.

Artikel 87 Bedienstete
(1) [1]Für den Vollzug der Sicherungsverwahrung ist die erforderliche Anzahl von Bediensteten der verschiedenen Berufsgruppen, insbesondere des allgemeinen Vollzugsdienstes, des Werkdienstes, des Krankenpflegedienstes und des Verwaltungsdienstes, sowie von Seelsorgern, Ärzten, Pädagogen, Psychologen und Sozialarbeitern vorzusehen, um eine Betreuung nach § 66c Abs. 1 Nr. 1 StGB zu gewährleisten. [2]Art. 178 bis 182 BayStVollzG gelten entsprechend.
(2) [1]Das Personal muss für den Vollzug der Sicherungsverwahrung persönlich geeignet und fachlich qualifiziert sein. [2]Fortbildungen sowie Praxisberatung und Praxisbegleitung für die Bediensteten werden regelmäßig durchgeführt.
(3) [1]Die Bediensteten des allgemeinen Vollzugsdienstes, des psychologischen und sozialen Dienstes sollen Wohngruppen zugeordnet werden. [2]Eine Betreuung in den Wohngruppen ist auch in der be-

schäftigungsfreien Zeit der Sicherungsverwahrten, insbesondere am Wochenende, in dem erforderlichen Umfang zu gewährleisten.

Artikel 88 Zusammenarbeit

(1) [1]Alle im Vollzug Tätigen arbeiten zusammen und wirken an dem Erreichen der Vollzugsziele mit. [2]Die Sicherheit der Anstalt ist durch die erforderlichen organisatorischen Maßnahmen und geeignete Behandlungsmaßnahmen zu gewährleisten.

(2) [1]Die Anstalt arbeitet mit öffentlichen Stellen, Verbänden der freien Wohlfahrtspflege, Vereinen und Personen, deren Einfluss die Eingliederung der Sicherungsverwahrten fördern kann, eng zusammen. [2]Die Unterstützung der Sicherungsverwahrten durch ehrenamtliche Betreuer und Mitarbeiter ist zu fördern.

(3) Die Anstalt stellt durch geeignete organisatorische Maßnahmen sicher, dass die Bundesagentur für Arbeit die ihr obliegenden Aufgaben wie Berufsberatung, Ausbildungsvermittlung und Arbeitsvermittlung durchführen kann.

(4) Zur Entlassungsvorbereitung ist insbesondere mit der Bewährungshilfe, den Aufsichtsstellen für die Führungsaufsicht und den Einrichtungen der Straffälligenhilfe frühzeitig Kontakt aufzunehmen.

Artikel 89 Konferenzen

Zur Aufstellung und Überprüfung des Vollzugsplans und zur Vorbereitung wichtiger Entscheidungen führt die Anstaltsleitung Konferenzen mit den an der Vollzugsgestaltung maßgeblich Beteiligten durch.

Artikel 90 Länderübergreifende Verlegungen

(1) Sicherungsverwahrte können mit Zustimmung des Staatsministeriums der Justiz in den Vollzug der Sicherungsverwahrung eines anderen Landes verlegt werden, wenn die in diesem Gesetz geregelten Voraussetzungen für eine Verlegung vorliegen und die zuständige Behörde des anderen Landes zustimmt.

(2) Sicherungsverwahrte aus einem anderen Land können mit Zustimmung des Staatsministeriums der Justiz in den Vollzug der Sicherungsverwahrung nach diesem Gesetz aufgenommen werden.

Artikel 91 Hausordnung

(1) [1]Die Anstaltsleitung erlässt eine Hausordnung für die Einrichtung für Sicherungsverwahrung. [2]Sie bedarf der Zustimmung der Aufsichtsbehörde.

(2) In die Hausordnung sind insbesondere die Anordnungen aufzunehmen über

1. Besuchszeiten, Häufigkeit und Dauer der Besuche,
2. Zeiten der Behandlung, der Beschäftigung und der Nachtruhe sowie die Freizeit,
3. auf der Grundlage dieses Gesetzes besonders auferlegte Pflichten sowie
4. die Gelegenheit, Anträge und Beschwerden anzubringen, oder sich an Vertreter der Aufsichtsbehörde zu wenden.

(3) Sicherungsverwahrte erhalten einen Abdruck der Hausordnung.

Teil 18
Anstaltsbeiräte, Aufsicht

Artikel 92 Beiräte

Ein nach Art. 185 Abs. 1 BayStVollzG gebildeter Beirat ist auch für die Angelegenheiten der Sicherungsverwahrten zuständig.

Artikel 93 Aufsichtsbehörde

Die Aufsicht über die Justizvollzugsanstalten nach Art. 173 Abs. 1 BayStVollzG durch das Staatsministerium der Justiz (Aufsichtsbehörde) umfasst auch den Vollzug der Sicherungsverwahrung.

Artikel 94 Vollstreckungsplan

Die Aufsichtsbehörde regelt in dem Vollstreckungsplan für den Freistaat Bayern die örtliche und sachliche Zuständigkeit der Justizvollzugsanstalten für den Vollzug der Sicherungsverwahrung nach allgemeinen Merkmalen.

Teil 19

Kriminologische Forschung

Artikel 95 Kriminologische Forschung, Evaluation

(1) [1]Die im Vollzug der Sicherungsverwahrung eingesetzten Therapien und sonstige Behandlungsmaßnahmen sind in Zusammenarbeit mit der Forschung und dem kriminologischen Dienst auf ihre Wirksamkeit wissenschaftlich zu überprüfen. [2]Auf Grundlage der gewonnenen Erkenntnisse sind Konzepte für den Einsatz vollzuglicher Maßnahmen zu entwickeln und fortzuschreiben.

(2) Art. 197 Abs. 4a BayStVollzG gilt entsprechend.

Teil 20

Akten und Datenschutz

Artikel 96 Akten und Datenschutz

Art. 195 BayStVollzG über die Akten sowie Art. 196 bis 205 BayStVollzG über den Schutz personenbezogener Daten finden beim Vollzug der Sicherungsverwahrung mit folgenden Maßgaben entsprechende Anwendung:

1. Die Verarbeitung und Nutzung personenbezogener Daten entsprechend Art. 197 Abs. 2 Satz 1 Nr. 4 BayStVollzG ist auch zulässig, soweit dies für Maßnahmen der Vollstreckung der Sicherungsverwahrung oder für Entscheidungen im Zusammenhang mit dem Vollzug der Sicherungsverwahrung erforderlich ist.
2. Art. 197 Abs. 7 BayStVollzG gilt auch für den Fall, dass die Nutzung anderer nach Art. 30 Satz 1 zugelassener Formen der Telekommunikation den Sicherungsverwahrten gestattet ist.

Teil 21

Besondere Vorschriften über den Vollzug der Therapieunterbringung

Artikel 97 Ziele des Vollzugs

(1) Der Vollzug der Therapieunterbringung dient dem Ziel, die infolge einer psychischen Störung bestehende Gefährlichkeit der Untergebrachten für die Allgemeinheit so zu mindern, dass die Anordnung der Therapieunterbringung möglichst bald aufgehoben werden kann.

(2) Art. 2 Abs. 2 und 3 gelten entsprechend.

Artikel 98 Gestaltung des Vollzugs

(1) [1]Der Vollzug der Therapieunterbringung ist medizinisch-therapeutisch und freiheitsorientiert auszurichten. [2]Er gewährleistet eine angemessene Behandlung der im Einzelfall vorliegenden psychischen Störung auf der Grundlage eines individuell zu erstellenden Behandlungsplans. [3]Die Unterbringung ist unter Berücksichtigung therapeutischer Gesichtspunkte und der Sicherheitsinteressen der Allgemeinheit so wenig wie möglich belastend auszugestalten. [4]Art. 3 Abs. 2 bis 4 gelten entsprechend.

(2) Soweit Zweck und Eigenart der Therapieunterbringung nicht entgegenstehen, finden auf den Vollzug der Therapieunterbringung in einer Einrichtung für Sicherungsverwahrung Art. 4 bis 96 mit folgenden Maßgaben entsprechende Anwendung:

1. Für den Fall, dass auf Grund der psychischen Störung im Einzelfall eine Behandlung wegen einer schwerwiegenden psychischen Erkrankung in einer Einrichtung im Sinn des Art. 1 Abs. 3 medizinisch notwendig ist, verlegt oder überstellt die Einrichtung für Sicherungsverwahrung im Einvernehmen mit der aufnehmenden Einrichtung nach Anhörung des nach § 4 ThUG zuständigen Gerichts die Untergebrachten in diese Einrichtung. Für das Verfahren im Fall der Rückverlegung oder -überstellung gilt Satz 1 entsprechend.
2. Bei der Gewährung von vollzugsöffnenden Maßnahmen sind auch medizinisch-therapeutische Gesichtspunkte zu berücksichtigen.
3. In den Fällen der Art. 54 Abs. 2 und Art. 58 Abs. 1 ist das nach § 4 ThUG zuständige Gericht anzuhören.
4. In den Fällen des Art. 96 in Verbindung mit Art. 197 Abs. 2, 3, 6 und 7 BayStVollzG ist eine Übermittlung von Daten auch an das nach § 4 ThUG und das für Entscheidungen nach § 327 des Gesetzes über das Verfahren in Familiensachen und in den Angelegenheiten der freiwilligen Gerichtsbarkeit zuständige Gericht zulässig.

(3) Soweit Zweck und Eigenart der Therapieunterbringung nicht entgegenstehen, finden auf den Vollzug der Therapieunterbringung in einem psychiatrischen Krankenhaus Art. 5 Abs. 2 Satz 2 bis 4, Art. 6 Abs. 2, Art. 7, 18 bis 26, 27 Abs. 1, 2 Satz 1 und 2, Abs. 4 und Art. 28 bis 32 des Bayerischen Psychisch-Kranken-Hilfe-Gesetzes (BayPsychKHG) entsprechende Anwendung.

Artikel 99 Unterrichtung

Die nach Art. 1 Abs. 2 oder 3 zuständige Einrichtung unterrichtet das nach § 4 ThUG zuständige Gericht und die Aufsichtsbehörde, sobald ihr Erkenntnisse dafür vorliegen, dass die Voraussetzungen für eine Unterbringung nicht mehr gegeben sind.

Artikel 100 Zuständigkeit

(1) Untere Verwaltungsbehörden im Sinn des Therapieunterbringungsgesetzes sind die Kreisverwaltungsbehörden.

(2) Zuständig für den Vollzug der Unterbringung ist in Fällen des Art. 1 Abs. 2 die Einrichtung für Sicherungsverwahrung.

(3) [1]Bei Unterbringungen nach Art. 1 Abs. 3 haben die Bezirke auf Ersuchen der Kreisverwaltungsbehörde die Unterbringung von Personen in geeigneten geschlossenen Einrichtungen nach Art. 1 Abs. 3 zu vollziehen. [2]Die Bezirke nehmen diese Aufgabe als Angelegenheit des übertragenen Wirkungskreises wahr. [3]Art. 95 Abs. 6 bis 9 des Gesetzes zur Ausführung der Sozialgesetze finden entsprechende Anwendung. [4]Örtlich zuständig für den Vollzug nach Art. 1 Abs. 3 ist der Bezirk, in dessen Bereich die zuständige Kreisverwaltungsbehörde ihren Sitz hat.

(4) [1]Die untergebrachte Person kann in eine andere geschlossene Einrichtung im Sinn des Art. 1 Abs. 3 eingewiesen oder verlegt werden, wenn dessen Voraussetzungen vorliegen und dadurch ihre Behandlung oder Eingliederung gefördert wird oder dies aus Gründen der Sicherheit oder der Vollzugsorganisation oder aus anderen wichtigen Gründen erforderlich ist. [2]Über die Verlegung entscheidet der Bezirk. [3]Soll die Verlegung in eine andere geschlossene Einrichtung im Sinn des Art. 1 Abs. 3 eines anderen Bezirks vorgenommen werden, bedarf sie der Zustimmung des aufnehmenden Bezirks; in dringenden Fällen kann die Zustimmung durch die Fachaufsichtsbehörde ersetzt werden. [4]Eine Verlegung in eine oder aus einer geeigneten geschlossenen Einrichtung eines anderen Landes unter den Voraussetzungen des Art. 1 Abs. 3 bedarf der Zustimmung der Fachaufsichtsbehörde. [5]Die Kreisverwaltungsbehörde hat das Verfahren infolge einer Einweisung oder Verlegung nach Satz 1 an die Kreisverwaltungsbehörde abzugeben, in deren Bereich die aufnehmende Einrichtung liegt.

(5) [1]Die Kreisverwaltungsbehörde kann sich zur Erfüllung der ihr durch das Therapieunterbringungsgesetz übertragenen Aufgaben der Mitwirkung der Polizei bedienen. [2]Dies gilt auch für die Bezirke bei Verlegungen untergebrachter Personen.

(6) Das Staatsministerium für Familie, Arbeit und Soziales führt die Fachaufsicht über die Bezirke hinsichtlich der ihnen durch Abs. 3 übertragenen Aufgaben.

Artikel 101 Kostentragung

(1) Die notwendigen Kosten der Therapieunterbringung trägt der Freistaat Bayern.

(2) Soweit Personen in Einrichtungen nach Art. 1 Abs. 3 untergebracht sind, werden den Bezirken die notwendigen Kosten nachträglich erstattet; die Kostenerstattung kann im Einvernehmen mit dem Bezirk auch in pauschalierter Form erfolgen.

Teil 22
Schlussbestimmungen

Artikel 102 Einschränkung von Grundrechten

Auf Grund dieses Gesetzes können die Grundrechte auf Leben, körperliche Unversehrtheit und Freiheit der Person sowie das Brief-, Post- und Fernmeldegeheimnis (Art. 2 Abs. 2 Sätze 1 und 2 sowie Art. 10 Abs. 1 des Grundgesetzes, Art. 102 Abs. 1, Art. 112 Abs. 1 und Art. 109 der Verfassung) eingeschränkt werden.

Artikel 103 Regelungsumfang

Dieses Gesetz ersetzt im Freistaat Bayern §§ 129 bis 135 des Gesetzes über den Vollzug der Freiheitsstrafe und der freiheitsentziehenden Maßregeln der Besserung und Sicherung (Strafvollzugsgesetz

– StVollzG), mit Ausnahme der Vorschriften über den Pfändungsschutz (§§ 130, 51 Abs. 4 und 5, § 75 Abs. 3 StVollzG) und über das gerichtliche Verfahren (§§ 130, 109 bis 121b StVollzG).

Artikel 104 Inkrafttreten

Dieses Gesetz tritt am 1. Juni 2013 in Kraft.

Artikel 105 (aufgehoben)

Gesetz über den Vollzug des Jugendarrestes (Bayerisches Jugendarrestvollzugsgesetz – BayJAVollzG)[1]

Vom 26. Juni 2018 (GVBl. S. 438)
(BayRS 312-2-4-J)

zuletzt geändert durch § 3 G zur Änderung des Bayerischen Strafvollzugsgesetzes und weiterer Rechtsvorschriften vom 21. Oktober 2022 (GVBl. S. 642)

Der Landtag des Freistaates Bayern hat das folgende Gesetz beschlossen, das hiermit bekannt gemacht wird:

Nichtamtliche Inhaltsübersicht

---

1) **Amtl. Anm.:** Art. 34 dieses Gesetzes dient zur Umsetzung der Richtlinie (EU) 2016/680.

Teil 1
Allgemeines

Artikel 1 Begriffsbestimmungen

(1) Dieses Gesetz regelt den Vollzug des Jugendarrestes (Vollzug) in einer Jugendarrestanstalt (Anstalt).

(2) Jugendliche im Sinne dieses Gesetzes sind auch Heranwachsende und Erwachsene, gegen die eine auf Jugendarrest erkennende Entscheidung vollstreckt wird.

Teil 2
Vollzug des Jugendarrestes

Kapitel 1
Allgemeine Bestimmungen

Artikel 2 Vollzugsziel, Vollzugsgestaltung

(1) Der Vollzug dient dem Ziel, die Jugendlichen zu befähigen, künftig eigenverantwortlich und ohne Straftaten zu leben.

(2) [1]Der Vollzug ist erzieherisch zu gestalten und auf die Erreichung des Vollzugsziels auszurichten. [2]Schädlichen Folgen des Vollzugs ist entgegenzuwirken. [3]Die unterschiedlichen Bedürfnisse der Jugendlichen, insbesondere im Hinblick auf Alter, Geschlecht und Herkunft, sind bei der Vollzugsgestaltung zu berücksichtigen.

Artikel 3 Leitlinien der erzieherischen Vollzugsgestaltung

(1) [1]Den Jugendlichen ist in geeigneter Weise zu vermitteln, dass sie Verantwortung für ihr Verhalten übernehmen und die notwendigen Folgerungen aus ihren Verfehlungen für ihr künftiges Leben ziehen müssen. [2]Der Vollzug soll dabei helfen, die Schwierigkeiten zu bewältigen, die zu den vorangegangenen Verfehlungen beigetragen haben.

(2) [1]Die erzieherische Vollzugsgestaltung erfolgt insbesondere durch Einzel- und Gruppenmaßnahmen zur Entwicklung und Stärkung der Fähigkeiten und Fertigkeiten der Jugendlichen im Hinblick auf ein künftiges Leben ohne Straftaten. [2]Zudem sind den Jugendlichen sozial angemessene Verhaltensweisen unter Achtung der Rechte anderer und ein an den verfassungsrechtlichen Grundsätzen ausgerichtetes Werteverständnis zu vermitteln. [3]Die Jugendlichen sind an einen geregelten Tagesablauf heranzuführen. [4]Sie werden darin unterstützt, ihre persönlichen, wirtschaftlichen und sozialen Schwierigkeiten zu beheben und ihre Angelegenheiten selbst zu regeln. [5]Art. 5a Abs. 2 des Bayerischen Strafvollzugsgesetzes (BayStVollzG) gilt entsprechend.

Artikel 4 Stellung der Jugendlichen, Mitwirkung

(1) Art. 125 BayStVollzG gilt entsprechend.

(2) [1]Die Jugendlichen sind verpflichtet, an Maßnahmen, die der Erreichung des Vollzugziels dienen, mitzuwirken. [2]Ihre Bereitschaft hierzu ist zu wecken und zu fördern.

Artikel 5 Zusammenarbeit

[1]Alle im Vollzug Tätigen arbeiten zusammen und wirken daran mit, das Vollzugsziel zu erreichen. [2]Die Anstalten arbeiten mit Behörden, Verbänden der freien Wohlfahrtspflege sowie geeigneten Organisationen und Personen eng zusammen, um das Vollzugsziel zu erreichen und auf eine Durchführung der für erforderlich erachteten Maßnahmen nach der Entlassung hinzuwirken.

Kapitel 2
Aufnahme, Planung

Artikel 6 Aufnahmeverfahren

(1) [1]Mit den Jugendlichen ist im Rahmen der Aufnahme ein Gespräch zu führen, in dem ihre Lebenssituation erörtert wird. [2]Die Jugendlichen werden über ihre Rechte und Pflichten in einer für sie verständlichen Form unterrichtet. [3]Ihnen wird die Hausordnung ausgehändigt und erläutert. [4]Auf Verlangen werden ihnen die gesetzlichen Bestimmungen über den Vollzug des Jugendarrestes zugänglich gemacht. [5]Art. 7 Abs. 3 BayStVollzG gilt entsprechend.

(2) [1]Die Personensorgeberechtigten, das zuständige Jugendamt und, wenn Jugendliche unter Bewährungsaufsicht stehen, die Bewährungshilfe sind von der Aufnahme zu unterrichten. [2]Die Unterrichtung kann unterbleiben, wenn die jeweilige Stelle zuvor über die Ladung informiert wurde und die Aufnahme nicht wesentlich später als zu dem in der Ladung angegebenen Termin erfolgt.

(3) [1]Werden der Anstalt bei der Aufnahme oder während des Vollzugs Tatsachen bekannt, die ein Absehen von der Vollstreckung oder deren Unterbrechung rechtfertigen können, unterrichtet sie unverzüglich die Vollstreckungsleitung. [2]Weibliche Jugendliche dürfen während der Schwangerschaft nach Vollendung der 20. Schwangerschaftswoche, während der gesetzlichen Schutzfrist nach der Entbindung und während sie stillen, nicht aufgenommen werden.

Artikel 7 Ermittlung des Förderbedarfs, Erziehungsplan

[1]Die Anstalt stellt den Förderbedarf fest und bestimmt die erforderlichen Fördermaßnahmen. [2]Diese werden mit den Jugendlichen besprochen; dabei werden deren Anregungen und Vorschläge angemessen einbezogen, soweit sie dem Vollzugsziel dienen. [3]Sofern Dauerarrest vollstreckt wird, soll ein Erziehungsplan schriftlich niedergelegt und den Jugendlichen ausgehändigt werden. [4]Auf Verlangen wird der Erziehungsplan den Personensorgeberechtigten übermittelt, falls dadurch nicht erhebliche erzieherische Nachteile drohen.

Kapitel 3
Unterbringung, Versorgung

Artikel 8 Unterbringung während der Ruhezeiten, Trennungsgebot

[1]Weibliche und männliche Jugendliche werden getrennt untergebracht. [2]Im Übrigen gilt Art. 20 Abs. 1 und 2 BayStVollzG mit der Maßgabe entsprechend, dass der gemeinsamen Unterbringung nach Art. 20 Abs. 1 Satz 2 BayStVollzG keine erzieherischen Gründe entgegenstehen dürfen.

Artikel 9 Verlegung, Überstellung

(1) [1]Art. 10 BayStVollzG gilt entsprechend. [2]Eine Verlegung zur Förderung der Eingliederung nach der Entlassung findet nicht statt.

(2) Jugendliche dürfen aus medizinischem oder anderem wichtigen Grund in eine andere Jugendarrestanstalt, eine Jugendstrafvollzugsanstalt oder eine für den Vollzug der Freiheitsstrafe zuständige Anstalt überstellt werden.

(3) Art. 131 Abs. 4 BayStVollzG gilt entsprechend.

Artikel 10 Aufenthalt außerhalb der Ruhezeiten

(1) [1]Außerhalb der Ruhezeiten halten sich die Jugendlichen grundsätzlich in Gemeinschaft auf. [2]Dies gilt nicht für die Zeit unmittelbar nach der Aufnahme, die insbesondere der inneren Reflexion dienen kann.

(2) Der gemeinschaftliche Aufenthalt kann eingeschränkt werden, wenn es die Sicherheit oder Ordnung der Anstalt erfordert oder eine schädliche Beeinflussung der Jugendlichen zu befürchten ist.

Artikel 11 Eingebrachte Sachen, persönlicher Gewahrsam

[1]Die Jugendlichen dürfen nur Sachen in Gewahrsam haben oder annehmen, die ihnen von der Anstalt oder mit deren Zustimmung überlassen werden. [2]Ohne Zustimmung der Anstalt dürfen die Jugendlichen keine Sachen an andere Jugendliche oder Dritte abgeben. [3]Die Anstalt kann die Zustimmung verweigern oder widerrufen, wenn die Gegenstände geeignet sind, die Sicherheit oder Ordnung der Anstalt oder die Erreichung des Vollzugsziels zu gefährden. [4]Sachen, die die Jugendlichen nicht in Gewahrsam haben dürfen, sind für sie aufzubewahren, sofern dies nach Art und Umfang möglich ist.

Artikel 12 Kleidung

(1) [1]Die Jugendlichen dürfen eigene Kleidung tragen. [2]Dieses Recht kann eingeschränkt oder ausgeschlossen werden, soweit es die Sicherheit oder Ordnung der Anstalt erfordert.

(2) Bei Bedarf stellt die Anstalt den Jugendlichen Anstaltskleidung zur Verfügung.

Artikel 13 Anstaltsverpflegung

[1]Die Jugendlichen erhalten Verpflegung durch die Anstalt. [2]Art. 143 BayStVollzG gilt entsprechend.

Artikel 14 Gesundheitsfürsorge

(1) [1]Die Anstalt unterstützt die Jugendlichen bei der Erhaltung ihrer körperlichen und geistigen Gesundheit. [2]Das Rauchen ist den Jugendlichen untersagt. [3]Die Jugendlichen haben die notwendigen Anordnungen zum Gesundheitsschutz und zur Hygiene zu befolgen.

(2) Die Jugendlichen haben sich täglich mindestens eine Stunde im Freien aufzuhalten, wenn die Witterung dies zu den festgesetzten Zeiten zulässt.

(3) [1]Jugendliche, die nicht krankenversichert sind, haben einen Anspruch auf notwendige medizinische Leistungen, die grundsätzlich nach dem Behandlungsanspruch nach der gesetzlichen Krankenversicherung zu bemessen sind. [2]Der Grundsatz der Wirtschaftlichkeit sowie die Dauer des Vollzugs sind dabei zu berücksichtigen. [3]Jugendlichen, die krankenversichert sind, können Leistungen nach Satz 1 gewährt werden, wenn dies aus vollzuglichen Gründen erforderlich ist.

Kapitel 4
Beschäftigung, Freizeit und Sport

Artikel 15 Beschäftigung

[1]Den Jugendlichen sind Maßnahmen zur lebenspraktischen, schulischen und beruflichen Entwicklung anzubieten. [2]Im Rahmen dieser Maßnahmen können ihnen Aufgaben innerhalb der Anstalt und sonstige gemeinnützige Tätigkeiten übertragen werden.

Artikel 16 Freizeit

(1) [1]Die Ausgestaltung der Freizeit orientiert sich am Vollzugsziel. [2]Die Anstalt hat Angebote zur sinnvollen und angeleiteten Freizeitgestaltung vorzuhalten. [3]Sie stellt insbesondere Angebote zur kulturellen Betätigung und eine angemessen ausgestattete Bibliothek zur Verfügung. [4]Die Jugendlichen sind zur Teilnahme und Mitwirkung an Maßnahmen der Freizeitgestaltung zu motivieren und anzuleiten.

(2) [1]Die Jugendlichen erhalten Zugang zum Rundfunk. [2]Eigene Hörfunk- oder Fernsehgeräte und sonstige eigene Geräte der Kommunikations-, Informations- und Unterhaltungselektronik sind nicht zugelassen.

Artikel 17 Sport

[1]Die Anstalt fördert die Bereitschaft der Jugendlichen, sich sportlich zu betätigen. [2]Art. 153 Abs. 1 BayStVollzG gilt entsprechend.

Kapitel 5
Außenkontakte

Artikel 18 Schriftwechsel, Pakete

(1) [1]Die Anstalt fördert die schriftliche Kommunikation der Jugendlichen. [2]Die Art. 31 bis 34 und 144 Abs. 6 und 7 BayStVollzG gelten entsprechend; an die Stelle der Anstaltsleitung tritt die Vollzugsleitung. [3]Werden ausgehende Schreiben angehalten, soll eine erzieherische Aufarbeitung erfolgen.

(2) [1]Den Jugendlichen kann in begründeten Ausnahmefällen gestattet werden, Pakete zu empfangen. [2]Gegenstände, die geeignet sind, die Sicherheit oder Ordnung der Anstalt zu gefährden, sowie Nahrungs- und Genussmittel dürfen nicht empfangen werden. [3]Art. 36 Abs. 2 BayStVollzG gilt entsprechend. [4]Der Versand von Paketen ist nicht zulässig.

Artikel 19 Besuche, Telefongespräche

(1) Den Jugendlichen kann in dringenden Fällen gestattet werden, Besuch zu empfangen oder unter Vermittlung der Anstalt Telefongespräche zu führen, wenn dies dem Vollzugsziel dient und die Sicherheit und Ordnung der Anstalt hierdurch nicht gefährdet werden.

(2) [1]Besuche dürfen abgebrochen werden, wenn das Vollzugsziel oder die Sicherheit und Ordnung der Anstalt gefährdet sind oder von der besuchenden Person ein schädlicher Einfluss auf die Jugendlichen ausgeübt wird. [2]Art. 27 Abs. 3, Art. 30 Abs. 1 bis 3 und 6, Art. 35 Abs. 1 Satz 2 bis 4 und Abs. 3 BayStVollzG gelten entsprechend. [3]Bei der Durchsuchung von Besuchern sind die Vorgaben des Art. 91 Abs. 1 Satz 2 und 3 BayStVollzG einzuhalten.

(3) [1]Besuche von

1. Verteidigern,
2. Beiständen nach § 69 des Jugendgerichtsgesetzes (JGG),
3. Betreuungshelfern nach § 10 Abs. 1 Satz 3 Nr. 5 JGG,
4. Angehörigen der Gerichts- und der Jugendgerichtshilfe, der Bewährungshilfe und der Aufsichtsstellen für die Führungsaufsicht,
5. bevollmächtigten Rechtsanwältinnen oder Rechtsanwälten und Notarinnen oder Notaren in einer die Jugendlichen betreffenden Rechtssache und
6. den in Art. 32 Abs. 2 Satz 1 BayStVollzG genannten Stellen

sind zu gestatten und werden nicht überwacht. [2]Satz 1 gilt entsprechend für Telefongespräche. [3]Art. 29 Satz 2 und 3 BayStVollzG gilt entsprechend.

Artikel 20 Aufenthalte außerhalb der Anstalt

(1) Aufenthalte außerhalb der Anstalt können Jugendlichen gestattet werden, wenn dies zur Erreichung des Vollzugsziels erforderlich ist.

(2) Aufenthalte außerhalb der Anstalt können darüber hinaus aus wichtigem Grund gestattet werden, insbesondere zur Teilnahme an gerichtlichen Terminen, zur medizinischen Behandlung sowie bei einer gegenwärtig lebensgefährlichen Erkrankung oder dem Tod naher Angehöriger.

(3) [1]Aufenthalte außerhalb der Anstalt dürfen nur gestattet werden, wenn nicht zu befürchten ist, dass die Jugendlichen diese nutzen, um sich dem Vollzug zu entziehen, oder den Aufenthalt außerhalb der Anstalt zu Straftaten missbrauchen werden. [2]Den Jugendlichen können Weisungen zur Ausgestaltung der Aufenthalte außerhalb der Anstalt erteilt werden. [3]Soweit erforderlich, werden sie durch von der Anstalt zugelassene Personen begleitet oder von Vollzugsbediensteten beaufsichtigt.

Kapitel 6
Religionsausübung

Artikel 21 Religionsausübung

Die Art. 55 bis 57 BayStVollzG gelten entsprechend.

Kapitel 7
Sicherheit und Ordnung

Artikel 22 Grundsätze, entsprechende Anwendung

(1) [1]Sicherheit und Ordnung der Einrichtung bilden die Grundlage des auf die Erreichung des Vollzugsziels ausgerichteten Anstaltslebens und tragen dazu bei, dass in der Anstalt ein gewaltfreies Klima herrscht. [2]Die Jugendlichen sind für das geordnete Zusammenleben in der Anstalt mitverantwortlich und müssen mit ihrem Verhalten dazu beitragen. [3]Ihr Bewusstsein hierfür ist zu wecken und zu fördern.

(2) Art. 87 Abs. 2, Art. 88, 91, 93, 94, 96, 98 bis 106 und 107 Abs. 2 BayStVollzG gelten mit folgenden Maßgaben entsprechend:

1. An die Stelle der Anstaltsleitung tritt die Vollzugsleitung.
2. In den Fällen des Art. 96 Abs. 2 Nr. 3, 5 und 6 BayStVollzG sind die Jugendlichen in besonderem Maße zu betreuen.
3. Der Gebrauch von Schusswaffen gegen die Jugendlichen ist ausgeschlossen.

Artikel 23 Verfehlungen

(1) Schuldhafte Verstöße der Jugendlichen gegen Pflichten, die ihnen durch oder auf Grund dieses Gesetzes auferlegt sind, sind alsbald in einem erzieherischen Gespräch zu erörtern und möglichst aufzuarbeiten.

(2) [1]Soweit ein erzieherisches Gespräch nicht ausreicht, um den Jugendlichen ihr Fehlverhalten bewusst zu machen, können darüber hinaus erzieherische Maßnahmen angeordnet werden, insbesondere

1. die Erteilung von Weisungen und Auflagen,
2. die Beschränkung der Nutzung oder der Entzug einzelner Gegenstände für die Freizeitbeschäftigung,
3. der Ausschluss von Freizeitveranstaltungen oder Gruppenangeboten bis zu drei Tagen und
4. der Verbleib im Arrestraum mit Ausnahme des Aufenthalts im Freien bis zu drei Tagen.

[2]Erzieherische Maßnahmen nach Satz 1 Nr. 4 sollen nur wegen schwerer oder mehrfach wiederholter Verfehlungen verhängt werden. [3]Auf einen möglichst engen zeitlichen und inhaltlichen Zusammenhang zwischen Verfehlung und erzieherischer Maßnahme ist zu achten.

(3) [1]Die Vollzugsleitung legt fest, welche Bedienstete befugt sind, erzieherische Maßnahmen anzuordnen. [2]Die Jugendlichen sind vor der Anordnung anzuhören. [3]Die Entscheidung ist schriftlich zu dokumentieren.

(4) [1]In geeigneten Fällen können im Wege einvernehmlicher Streitbeilegung Vereinbarungen mit den Jugendlichen getroffen werden. [2]Insbesondere kommen die Wiedergutmachung des Schadens, die Entschuldigung bei Geschädigten oder die Erbringung von Leistungen für die Gemeinschaft in Betracht. [3]Erfüllen die Jugendlichen die Vereinbarung, so ist von Maßnahmen nach Abs. 2 Satz 1 abzusehen.

Kapitel 8
Entlassung, Schlussbericht

Artikel 24 Vorbereitung der Entlassung, Entlassung

(1) Die Anstalt unterstützt und berät insbesondere in Zusammenarbeit mit dem Jugendamt, freien Trägern sowie bei unter Bewährungsaufsicht stehenden Jugendlichen der Bewährungshilfe die Jugendlichen bei der Einleitung von nachsorgenden Maßnahmen.

(2) Die Entlassung kann vorzeitig am Tag vor Ablauf der Arrestzeit erfolgen, wenn die Jugendlichen aus schulischen oder beruflichen Gründen hierauf angewiesen sind oder die Verkehrsverhältnisse dies erfordern.

(3) Bedürftigen Jugendlichen kann eine Entlassungsbeihilfe in Form eines Reisekostenzuschusses oder einer sonstigen Unterstützung gewährt werden.

Artikel 25 Schlussbericht, Entlassungsgespräch

(1) Zum Ende des Vollzugs wird ein Schlussbericht erstellt, der insbesondere folgende Angaben enthält:

1. die Übersicht über den Vollzugsverlauf, insbesondere über die durchgeführten Maßnahmen,
2. Aussagen zur Persönlichkeit und zu den gegenwärtigen Lebensumständen der Jugendlichen sowie zu ihrer Mitwirkung an der Erreichung des Vollzugsziels,
3. die Darlegung des Hilfebedarfs der Jugendlichen sowie die Empfehlung von weiteren externen Hilfsangeboten,
4. Vorschläge zu Auflagen und Weisungen bei unter Bewährungsaufsicht stehenden Jugendlichen.

(2) Der Inhalt des Schlussberichts wird den Jugendlichen in einem Entlassungsgespräch erläutert.

(3) [1]Der Schlussbericht ist zu den Vollzugsakten zu nehmen. [2]Je eine Ausfertigung des Berichts wird der Vollstreckungsleitung, der Jugendgerichtshilfe und bei unter Bewährungsaufsicht stehenden Jugendlichen der Bewährungshilfe übermittelt. [3]Auf Verlangen wird den Jugendlichen und den Personensorgeberechtigten eine Ausfertigung des Berichts übermittelt, falls dadurch nicht erhebliche erzieherische Nachteile drohen.

Kapitel 9
Beschwerde

Artikel 26 Beschwerde
Art. 115 Abs. 1 Satz 1, Abs. 2 und 3 BayStVollzG gilt – auch für die Vollzugsleitung – entsprechend.

Teil 3
Aufbau und Organisation der Anstalten, Aufsicht und Beiräte

Artikel 27 Anstalten
(1) [1]Der Jugendarrest wird getrennt von Strafgefangenen oder Gefangenen anderer Haftarten vollzogen. [2]Art. 9 Abs. 2 bleibt unberührt.
(2) Die Aufsichtsbehörde setzt die Belegungsfähigkeit der Anstalt so fest, dass eine angemessene Unterbringung gewährleistet ist.
(3) [1]Es sind bedarfsgerechte Räumlichkeiten für Gruppen- und Einzelmaßnahmen vorzusehen. [2]Gleiches gilt für Besuche, Freizeit, Sport und Seelsorge.

Artikel 28 Leitung der Anstalt und des Vollzugs
(1) Art. 177 Abs. 1 Satz 1 und 2 sowie Abs. 2 BayStVollzG gilt mit folgenden Maßgaben entsprechend:
1. Die Anstaltsleitung kann auch einer Jugendrichterin oder einem Jugendrichter des für den Ort der Anstalt zuständigen Amtsgerichts übertragen werden.
2. Die Verantwortung der Anstaltsleitung wird durch Abs. 3 begrenzt; in diesem Rahmen vertritt sie die Anstalt nicht nach außen.

(2) [1]Die Aufsichtsbehörde bestellt eine Jugendrichterin oder einen Jugendrichter des für den Ort der Anstalt zuständigen Amtsgerichts zur Vollzugsleiterin oder zum Vollzugsleiter der Anstalt (Vollzugsleitung). [2]Die Aufsichtsbehörde kann unter Beachtung der übrigen Vorgaben des Art. 177 Abs. 1 Satz 1 und 2 BayStVollzG auch eine Beamtin oder einen Beamten zur haupt- oder nebenamtlichen Vollzugsleitung bestellen. [3]In den Fällen des Satzes 2 tritt, wer nach der Geschäftsverteilung des am Ort des Vollzugs zuständigen Amtsgerichts als Jugendrichterin oder Jugendrichter zuständig ist, für die Anwendung des § 85 Abs. 1 JGG an die Stelle der Jugendrichterin oder des Jugendrichters, die oder der als Vollzugsleitung zuständig ist.
(3) [1]Die Vollzugsleitung trägt die Verantwortung für die inhaltliche Vollzugsgestaltung nach den Art. 2 bis 25 und 35 bis 37 und vertritt die Anstalt insofern nach außen. [2]Sie hat im Einzelfall wie im Allgemeinen auf das Erreichen des Vollzugsziels hinzuwirken.
(4) [1]Anstaltsleitung und Vollzugsleitung können einzelne Aufgabenbereiche und Befugnisse auf andere Bedienstete übertragen. [2]Die Aufsichtsbehörde kann sich die Zustimmung zur Übertragung vorbehalten.
(5) Die Aufsichtsbehörde bestellt jeweils eine Stellvertretung für die Anstalts- und Vollzugsleitung.

Artikel 29 Bedienstete
[1]Die Bediensteten müssen für die erzieherische Gestaltung des Vollzugs geeignet und qualifiziert sein. [2]Die Art. 176, 178 bis 182 BayStVollzG gelten entsprechend.

Artikel 30 Hausordnung
[1]Die Vollzugsleitung erlässt im Einvernehmen mit der Anstaltsleitung eine Hausordnung zur Gestaltung und Organisation des Vollzugsalltags auf der Grundlage dieses Gesetzes. [2]Darin sind insbesondere die Rechte und Pflichten der Jugendlichen und der Tagesablauf aufzunehmen. [3]Die Hausordnung bedarf der Zustimmung der Aufsichtsbehörde.

Artikel 31 Aufsichtsbehörde, Vollstreckungsplan
Art. 173 Abs. 1 und Art. 174 BayStVollzG gelten entsprechend.

Artikel 32 Beiräte
(1) [1]Für jede Anstalt ist ein nach Art. 185 BayStVollzG gebildeter Beirat zuständig. [2]Die Zuordnung erfolgt durch die Aufsichtsbehörde.
(2) Die Art. 186 bis 188 BayStVollzG gelten entsprechend.

Teil 4

Kriminologische Forschung, Akten und Datenschutz

Artikel 33 Kriminologische Forschung

Art. 189 BayStVollzG gilt entsprechend.

Artikel 34 Akten und Datenschutz

Art. 195 BayStVollzG über die Akten sowie die Art. 196 bis 205 BayStVollzG über den Schutz personenbezogener Daten gelten mit den folgenden Maßgaben entsprechend:

1. Die Verarbeitung personenbezogener Daten entsprechend Art. 197 Abs. 2 Satz 1 Nr. 4 BaySt-VollzG ist auch zulässig, soweit dies für Maßnahmen der Vollstreckung des Jugendarrestes oder für Entscheidungen im Zusammenhang mit der Vollstreckung des Jugendarrestes erforderlich ist.
2. Eine Verarbeitung für andere Zwecke liegt entsprechend Art. 197 Abs. 3 BayStVollzG auch nicht vor, soweit sie dem gerichtlichen Rechtsschutz nach § 92 JGG dient.
3. Neben den in Art. 197 Abs. 6 Satz 1 Halbsatz 1 BayStVollzG genannten Stellen dürfen Akten mit personenbezogenen Daten auch den für jugendarrestvollstreckungsrechtliche Entscheidungen zuständigen Stellen überlassen werden.

Teil 5

Freizeit- und Kurzarrest, Nichtbefolgungsarrest, Jugendarrest neben Jugendstrafe

Artikel 35 Freizeit- und Kurzarrest

(1) [1]Für den Freizeit- und Kurzarrest nach § 16 Abs. 2 und 3 JGG gelten die Vorschriften der Teile 2 und 3, soweit es die kurze Arrestdauer zulässt. [2]Maßnahmen zur erzieherischen Vollzugsgestaltung sollen angeboten werden, wenn das mit Blick auf die kurze Arrestdauer sinnvoll und möglich ist.

(2) [1]Eine ärztliche Untersuchung erfolgt nur, wenn Anhaltspunkte für eine Arrestuntauglichkeit oder für behandlungsbedürftige Erkrankungen vorliegen. [2]Die Art. 7 und 24 Abs. 1 finden keine Anwendung. [3]Ein Schlussbericht nach Art. 25 wird nur erstellt, wenn dies aus besonderen Gründen erforderlich ist.

Artikel 36 Nichtbefolgungsarrest

(1) [1]Im Vollzug des Arrestes nach § 11 Abs. 3, § 15 Abs. 3 Satz 2, § 23 Abs. 1 Satz 4, § 29 Satz 2, § 88 Abs. 6 Satz 1 JGG und § 98 Abs. 2 des Gesetzes über Ordnungswidrigkeiten (Nichtbefolgungsarrest) sind mit den Jugendlichen die Gründe für die Nichterfüllung der auferlegten Pflichten zu erörtern. [2]Sie sollen dazu angehalten und motiviert werden, die ihnen erteilten Weisungen oder Anordnungen zu befolgen und ihre Auflagen zu erfüllen.

(2) Der Schlussbericht nach Art. 25 Abs. 1 enthält zudem Angaben über die Befolgung von Weisungen oder Anordnungen sowie die Erfüllung von Auflagen während des Vollzugs.

(3) Für den Vollzug des Nichtbefolgungsarrestes in Form eines Freizeit- oder Kurzarrestes gilt zusätzlich Art. 35.

Artikel 37 Jugendarrest neben Jugendstrafe

(1) Bei der Gestaltung des Vollzugs des Jugendarrestes neben Jugendstrafe nach § 16a JGG sind insbesondere bei den Einzel- und Gruppenmaßnahmen nach Art. 3 Abs. 2 Satz 1 die in § 16a Abs. 1 Nr. 1 bis 3 JGG genannten Anordnungsgründe zu berücksichtigen.

(2) [1]Für den Vollzug des Jugendarrestes neben Jugendstrafe in Form eines Freizeit- oder Kurzarrestes gilt zusätzlich Art. 35. [2]Ein Schlussbericht nach Art. 25 Abs. 1 soll erstellt werden.

Teil 6

Schlussvorschriften

Artikel 37a *[aufgehoben]*

Artikel 38 Einschränkung von Grundrechten

Auf Grund dieses Gesetzes können die Grundrechte auf Leben, körperliche Unversehrtheit und Freiheit der Person (Art. 2 Abs. 2 Satz 1 und 2 des Grundgesetzes, Art. 102 Abs. 1, Art. 109 der Verfassung) und das Brief-, Post- und Fernmeldegeheimnis (Art. 10 Abs. 1 des Grundgesetzes, Art. 112 Abs. 1 der Verfassung) eingeschränkt werden.

Artikel 39 Inkrafttreten
Dieses Gesetz tritt am 1. Januar 2019 in Kraft.

Stichwortverzeichnis

Die **fetten** Zahlen verweisen auf die laufenden Nummern der Gesetze (vgl. Inhaltsverzeichnis), die **mageren** auf die Artikel, Paragraphen und Nummern.